KB090565

漢字能力檢定試驗
字源大辭典

사) 한국한문교육연구원 이사장
문학박사 **張 喜 久**

 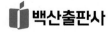 백산출판사

우리 단체의 8대 지향목표

= 한자 문화권 나라들 [교육·문화·사회적 논의] 후에 확장 예정 =

1. 일본의 한자능력검정 방향점 종합화 견문 탐색
2. 한국의 검정단체 검정용 한자 통일방안과 논의
3. 중국 간체자 · 일본 약자 보급과 한자검정 실시
4. 북한의 한자일반화 보급과 한자검정 실시 논의
5. 대만 간체자 · 약자보급과 한자검정 실시 논의
6. 홍콩 · 베트남 한자보급과 한자검정 실시 논의
7. 미주지역 한자보급과 한자검정 실시 협력방안
8. 유럽지역 한자보급과 한자검정 실시 협력방안

= 한자 문화권 국가 상호 발전에 적극 협력한다 =

발간사

한자가 우리나라에 유입된 지는 한사군 설치라는 BC 108여 년을 전후한다. 우리말은 있되 글이 없을 때, 어휘적인 소통이 빈약할 때 한자가 자연스럽게 우리 글로 정착되어 사용한 지가 어언 2200여 년이나 되지 않았나 싶다. 성군 세종께서 '바둑이, 장독, 엄마'와 같은 순우리말과 '구결(口訣)'은 있었지만, '한국, 국어, 중국' 그리고 '철학'과 같은 고급스러운 말과 글이 없어 한자로 읽고 표기할 수밖에 없었음을 안타깝게 여기셨다. 이렇게 생각한 세종께서는 지금으로부터 580여 년 전인 1446년에 훈민정음 28자를 제정 반포하여 한자와 함께 동등한 위치에 서서 한글과 한자를 혼용하도록 배려했다. 훈민정음 제정의 근본정신이 순우리말과 한자말을 혼용해야 한다는 생각으로 "용비어천가(龍飛御天歌)·월인천강지곡(月印千江之曲)·석보상절(釋譜詳節)"과 같은 국한혼용문의 본보기 글을 제시하기도 했다. 이렇게 해서 우리말로 정착된 곁가지인 〔순우리말〕과 본가지인 〔한자말〕의 참여비율이 자연스럽게 정착되면서 한글과 한자의 비율은 무려 30~70%라는 엄청난 범위를 차지하게 되었다. 우리가 사용하고 있는 사람이름(人名)이나 땅이름(地名), 그리고 교과서나 국어사전 등에 나오는 수많은 한자말들이 다 그러한 실정을 여실히 증명한다.

지금 한국과 같은 검정시험단체의 과잉을 방지하기 위한 수단으로 일본 정부의 적절한 한자 도입을 재빠르게 단행하곤 했다. 오랫동안 사용해 왔던 당용한자 1,945자를 2010년에는 191자를 추가하여 2,136자로 늘리더니만, 이를 2급 한자로 지정하여 국민적인 분위기를 조성해 갔다. 일본 문부성은 최하위 10급 80자를 소학교 1학년 수준으로 지정하면서, 일본대학 일반과정 레벨인 2급에서는 약 3,000자, 1급은 약 6,000자를 선정하여 발전적인 모습을 갖추는 눈치 빠른 조치로 언론의 뭇매를 피하면서 동시에 슬기롭게 대처했다. 일본 당국의 조치는 소학교 6학년 과정에서 1,006자를 익히도록 의무화하면서, 일본 기초급수 5급을 적정수준에 맞추었다. 여기에 994자를 더하여 중학교 3학년까지 과정으로 2,000자 수준 익히기를 의무적으로 권장하더니만, 준2급 한자 1,940자와 2급 한자 2,136자의 간격도 단순화시키는 수월성까지 보였다. 일본은 정부와 마찰 없이 한자의 증감을 쉽게 했고, 언론은 쌍수를 들어 모두 환영했다.

저자는 2007년 6월에 중국인민대학 대강당에서 〔中國文字政策의 得과 失:단독발표〕란 연구발표에서 중국이 이웃나라와 상의도 없이 저 혼자 간체자(間字)를 만들어 사용함에 따라 얻은 것(得)보다는 잃은 것(失)이 많았다는 점을 지적하면서 득과 실의 간극을 분석해 발표했다. 여기에서 세계적인 추세인 간자나 약자 제정은 참 좋은 일이지만, 문화의 한 핏줄을 감고 도는 한국·일본·대만과 같은 이웃나라와 충분한 상의도 없었다는 점을 지적했다. 이와 같은 발표물 내용이 인민일보에 소개됨에 따라 2009년 3월 전국공산당대회 정협(政協)의 회의주제가 되어 심도 높은 논의가 되었다는 발표도 접했다. 2008년 7월 오사카(大阪)교육대학 강연에서는 〔한중일 약자 제정은 필수〕라고 강조하면서 〔중국간자와 일본약자를 선별하여 대폭 받아들여야 한다〕는 점을 강조하여 적극적인 지지를 받아 언론에 소개되었다. 저자는 굳이 해서체(楷書體)인 정자만을 고집할 것이 아니라, 약자도 전폭적으로 수용해야 된다는 점을 강조했음이 이를 여실히 증명한다. 이것이 문자의 세계화를 염두에 둔 세계적인 추세다. 미국이 한국과 중국을 의식하며 한글과 한자를 받아들여 공부하는 모습을 보면서 '오늘의 우리와 내일의 우리'를 잘 갈무리해야 하는 엄연한 시점에 있음을 알자고도 했다. 이런 점들이 한자문화권 국가에 한자급수검정을 보급하고자 하는 이유다.

저자는 1980년도 중반부터 1990년도 중반까지 약 10여 년 동안 소년동아일보에 〔일일한자자료〕를 연재하여 전국의 지도자와 학생들의 뜨거운 호응과 격려를 받았다. 이런 호응을 바탕으로 1980년대 말에 연재했던 상용한자를 포함하여 1,836자를 묶어 〔解法漢字〕란 술이 두꺼운 책을 만들기 위해 동숭동에 사셨던 이희승(李熙昇) 박사님을 찾아가 추천사를 부탁받아 보관했고, 이응백(李應百) 박사님께도 찾아가 추천사를 부탁받아 보관했다. 책을 제작하는 편집에 들어가 전국 각처에서 쏟아지는 칭찬과 격려는 큰 힘이 되기에 충분했다. 이런 격려를 한 몸에 받았던 저자는 이제 팔순연(八旬宴)을 목전에 두면서 한자급수검정의 대미(大尾)를 장식하려는 야망의 꿈을 꾸게 될지도 모른다는 희망에 잠기면서 3,500자의 자원을 모두 다 풀어내는 대장정을 마쳤다. 자원을 풀이하고, 자원에 맞는 삽화를 그리면서, 필순을 정리했다. 낱말을 〔기초 → 기본 → 발전〕에 맞도록 정리한 10여 년 만에 〔한자능력검정시험 자원대사전〕 초교본(初校本)을 접했다. 도합 2,000여 쪽을 목전에 둔 방대한 원고를 어쭙잖게 구경했더니 허리며, 정신이며, 육체적 피로까지 쌓이면서 일생일대의 큰 잔치에 더없는 만족감으로 손을 덥석 잡았다.

우리 학생들은 쓰기본이나 문제집 풀이본과 같은 자료는 다수가 있다지만, 지도자가 지도할 수 있는 〔교사용 지도서〕가 없는 것은 응시자나 학생을 지도하는 지도자들의 부끄러움이 아닐 수 없다는 판단에 이른다. 학생들은 삽화와 함께 학습 자료와 한자를 통해서 학습하고, 지도하는 교사들은 삽화와 한자 자원에 의해서 한자를 올바로 지도하는 안내자가 되어야 한다는 마음으로 이 〔지도서와 학습서를 겸한 자료〕까지 간행한다. 경향 각지 유치원을 비롯한 각급 학교에서 열심히 가르치고 있는 선생님들의 따뜻한 배려 속에 〔한자능력검정시험 자원대사전〕이 크게 빛을 볼 수 있기를 기대하는 것은 온 국민의 뜨거운 요구와 함께 하는 일이라고 생각해 본다. 곧 〔자원대사전인 기본서 1권〕이야말로 8급부터 1급까지 직행하는 〔특급열차〕라 호칭할 수 있다면, 쓰기본이자 급수검정 문제지풀이 급수별 분할본이라 할 수 있는 분책 13권의 자료는 〔급행열차〕가 되지 않겠나 곰곰이 생각해 본다. 쓰고 익히는 합격의 영광이 함께 할 수 있으리라는 깊은 염원을 민족의 이름으로 여기 담았다. 북한까지 자원사전이 전파되기를 바란다.

이 자원사전이 출간될 수 있도록 노력을 아끼지 않으신 세 분의 고마움을 잊을 수 없다. 매 한자마다 〈기본과 발전〉 학습한자를 간추려 엮어주신 문진석 이사와 5급 이상의 한자심화를 육필(肉筆)로 그려주신 이인휴 화백과 인당 장정수 화백께 심심한 감사를 잊을 수 없다.

李熙昇 박사님! 李應百 박사님! 큰 가르침 주셨던 吳之湖 선생님 전에 삼가 이 책을 함께 바친다. 두 분 박사님께서는 이 자료를 보시고 극찬을 아끼지 않으시며 32년여 전에 흔쾌히 〔추천사〕를 써주셨던 큰 가르침에 깊은 감사드리오며, 이것이 추천사를 재등재하는 이유라고 생각한다. 해량(海諒)하시옵길 바란다. 필자는 하늘이 부여한 이 일을 기필코 우리 땅에서 이룩하겠사오니, 부디 세 분 모두 하늘나라에서 지켜주시옵기를 바란다. 길이 영면하시옵소서.

2020년 12월
(사)한국한문교육연구원 이사장 장희구(張喜久)

감수 및 추천의 글

「세계 속의 한국」을 심기 위한 금자탑

漢字가 중국에서 만들어진 문자였기에 남의 글, 남의 말이라는 생각은 이제 벗어나야 할 때가 되었다. 알파벳이 그리스 로마에서 만들어졌다고 해서 유럽제국에서는 남의 글 남의 말이라고 생각지는 않는다. 라틴어가 서양 문화의 밑거름이 되었고, 漢字는 동양 문화의 바탕을 형성하고 있기 때문이다.

미국이 資源大國 중국을 알기 위해 앞다투어 漢字를 공부하고 있는가 하면, 세계열강은 經濟大國 일본을 공부하기 위해 漢字를 익히고 있다. 한자 문화권에서 잔뼈가 굵은 한국이 열강의 틈바구니에서 더 이상 고립될 수는 없는 일이며, 우리 문화 발전의 저급화 경향을 더 이상 방관할 수만은 없다는 생각이다.

張喜久 同志는 이와 같은 언어교육에 대한 진리를 깨닫고 한자교육을 계통적으로 실시해왔고 그 결과 「한자 수수께끼 500선」이란 책을 내놓은 바 있다. 내용의 훌륭함이 높이 평가되어 국내 굴지의 일간지 등에 하루 한 자씩 그림과 함께 요약과 해설을 곁들여 발표하면서 깜짝 놀라운 자료를 만들어 내어 보임에 따라 ≪중략≫ 語文敎育의 金字塔을 쌓았다고 하겠다. 이제는 1,800 교육漢字와 그 외의 漢字를 이와 같은 원리에 의해 풀이하여 力著 「資源풀이 解法漢字」를 엮었다. 처음에 읽어 볼 때는 너무 쉬워서 어린아이 장난처럼 생각되었지만, 국민 초보 학습용으로는 훌륭하여 漢字를 처음 배우고자 하는 이들이 읽을 만한 좋은 책으로 생각한다. 또한 제반 漢字 초보 교육을 맡고 있는 지도자에게도 좋은 지침서가 될 것으로 믿고 이 책을 자신 있게 권하는 바이다.

張 同志가 심혈을 기울여 만든 본 책이 우리 한국 교육의 일대 전환점이 될 것으로 확신하며 力著의 출판에 즈음하여 아낌없는 찬사를 보낸다.

위 ≪추천의 글≫은 1991년에 발간된 장희구 저 「字源풀이 解法漢字」의 서론부로, 당시는 1,836자를 가려 뽑은 책자였다. 여기에 1,700여 자를 더 보완하여 3,500자를 본문의 내용과 같은 방법으로 증보했다. 일석 이희승(李熙昇, 1896~1989) 선생의 충정 어린 愛國心을 기리면서 여기에 담고, 살아 생전 어문교육을 아끼는 마음이 하늘에 닿을 것으로 믿어 의심치 않아서 '재추천'의 글로 다시 놓는다.

一石 李 熙 昇
前서울대학교 명예교수 前 韓國語文敎育硏究會長

감수 및 추천의 글

「이론과 실제」를 갖춘 훌륭한 학습서

우리나라에 漢字·漢文이 들어온 지 2천여 년, 그동안 우리 문화를 형성하고 발전시키는 데 큰 구실을 해왔다. 그리하여 오늘날 漢字語가 우리말 어휘(語彙)의 70%를 차지하고 있을 뿐 아니라 문장의 뼈대를 이루고 있다.

그러므로 국어 과목은 물론 다른 과목에서도 漢字의 뒷받침 없이는 漢字語彙의 뜻을 분명히 알 수 없고, 따라서 문장의 내용을 충분히 이해하기가 어렵다. 漢字는 그 조직이 사물의 모양을 그려 만들거나 소리와 뜻을 결부시켜 만든 것이 많으므로 그 원리인 자원을 연관 지어 배우면 흥미롭게 익힐 수 있다.

張 先生은 이렇게 자원(字源) 풀이식 漢字 교육이 매우 흥미 있고 알기 쉽게 받아들여짐에 용기를 얻어 1,800 교육한자 모두를 字源풀이로 확대하고 거기에다 성명(姓名)과 지명(地名) 등에 흔히 쓰이는 한자 36자를 더하여 총 1,836자에 대한 字源을 그림과 함께 풀이하여 요약과 해설을 곁들였다. 용례와 필순도 곁들였으니 漢字를 보다 완전히 익힐 수 있는 자료라 여겨진다.

이 책은 말하자면 일간지나 어린이 신문을 통하여 이미 그 효율성을 다진 자료를 엮은 것이므로 漢字 學習 자료로서는 단연 우위에 설 수 있다. 이러한 자료는 한 학자의 학습·지도 경험에서 우러나왔다는 데 뜻이 있고, 억측이 아니고 설문해자(說文解字) 등 전문 서적에 근거를 두어 이룩한 것이며, 이론과 실천의 양면을 아울러 갖춘 훌륭한 저작이라 할 수 있겠다.

한 장 한 장 넘기면서 읽어보아도 머릿속에 쏙쏙 들어가게 되어 있어서 漢字나 漢文을 공부할 때 자전(字典)으로 활용해도 기초적인 사실을 충분히 해결할 수 있는 좋은 자료이기에 추천한다. ≪중략≫ 장희구(張喜久) 선생의 오랜 각고(刻苦)의 열매가 우리나라 漢字교육에 크나큰 이바지 있기를 비는 바이다.

위 ≪추천의 말≫은 1991년에 발간된 장희구 저 「字源풀이 解法漢字」의 서론부로 당시는 1,836자를 가려 뽑은 책자였다. 여기 1,700여 자를 더 보완하여 3,500자를 본문의 내용과 같은 방법으로 증보했다. 난대 이응백(李應百, 1923~2010) 선생의 충정 어린 愛國心을 기리면서 여기에 담고, 살아생전 어문교육을 아끼는 마음이 하늘에 닿을 것으로 믿어 의심치 않아서 「재추천」의 글로 다시 놓는다.

蘭臺 李應百

前서울대학교 명예교수 前 (사)韓國語文會 이사장

한자의 육서원리

　지금으로부터 약 2000여 년 전인 후한 때 허신(許愼)이란 대학자가 있었다. 그는 당시에 널리 쓰이는 한자 9,353자를 가려서 그 한자들이 어떻게 이루어졌는가를 밝히는 자전을 저술했는데 이것이 동양한자학의 명보가 된〔설문해자(說文解字)〕다. 이 책이 자전으로서는 제일 오래된 책이고 오늘날까지도 비교적 정확한 것으로 알려진 명저로 알려진다.

　〈허신의 설문해자는 본문이 14권이고 서목 1권이 더 추가되어 수록되었고, 중문이 1,163자이며 해설한 글자만도 13만 3,441자에 이르는 아주 방대한 책이다. 허신은 최초로 부수배열법을 채택하여 한자 형태와 변방 구조에 따라 모두 540개의 부수를 분류해 놓는 한자배열의 새로운 역사를 썼다. 통행하던 전서를 주요 자체로 삼아 고문·주문 등의 이체자 등을 추가하였다. 글자마다〔상형·지사·형성·회의·전주·가차〕 등 '육서'에 따라 자형을 분석하고 자의를 해설하면서 독음을 식별해 놓았음이 특징이라 하겠다. 오늘날 쓰이는 214자 부수보다 갑절 이상이 많은 540자의 부수를 가름해 놓았다는 것은 이 분이야말로 문자학에 있어서 박식함과 자상함을 여실히 보여주는 증거라고 아니할 수 없다〉고 말할 수 있으리라.

　특히 허신은 이 책에서〔한자를 만든 원리(제자의 원리)〕와〔한자가 쓰이는 원리(운용의 원리)〕를 다음 여섯 가지로 분류하여 설명하고 있는데, 이를〔한자육서의 원리〕라고 부른다.

(1) 상형문자(象形文字) ⇒ 그림과 같은 문자
　　日(날 일) : 태양의 모양을 본떠서 하루의 '날'을 뜻한 글자이다.
　　〔月, 山, 川, 魚, 鳥〕등의 문자들이 쓰인다.

(2) 지사문자(指事文字) ⇒ 부호와 같은 문자
　　上(윗 상) : 기준선(一) 위에 점(·)이 있으니 '위'를 뜻한 글자이다.
　　〔中, 下, 一, 二, 九, 十〕등의 문자들이 쓰인다.

(3) 회의문자(會意文字) ⇒ 뜻만을 모은 문자
　　男(사내 남) : 밭(田)에 나가 힘들여(力) 일하는 사람인 '사내'를 뜻한 글자이다.
　　〔林, 森, 仕, 炎, 孝〕등의 문자들이 쓰인다.

(4) 형성문자(形聲文字) ⇒ 뜻과 음으로 이루어진 문자
　　城(성 성) : 국토(土)를 방위하려 흙을 쌓아 이룬(成) '성'을 뜻한 글자이다.
　　〔刊, 衝, 忙, 仙, 淸〕등의 문자들이 쓰인다.

(5) 전주문자(轉注文字) ⇒ 뜻만 따서 옮기는 문자

道(길 도 / 도리 도) : 사람이 다닌 도로의 '길'이지만, 정신적인 '길'인 글자다. 〔轉(바퀴가 굴러감), 注(땅에 물을 대다), 惡(악할 악, 미워할 오)〕 등으로 쓰이는 문자다. 다른 예를 들면 〔老〕자의 경우 허리를 구부리고 지팡이를 짚은 사람의 모습을 그린 상형문자로 본래는 "늙은이"라는 뜻을 담고 있지만 연륜이 쌓이면 그만큼 경험도 많아 주어진 일을 능수능란하게 잘한다는 데서 "익숙하게 되었음"을 뜻하는 문자로 쓰인다.

(6) 가차문자(假借文字) ⇒ 임시로 음만을 빌려와 쓰인 문자

弗(아닐 불 / 달러 불) : $(달러)가 한자로는 없으니 모양이 비슷한 '弗'을 임시로 빌려와서 사용한 미국 화폐의 단위로 전 세계 공통적으로 쓰인 경우다. 의성어, 의태어, 외래어 등을 표기하기 위하여 글자의 소리를 빌려다가 새로운 뜻을 갖게 된 문자다. 예시로 들었던 佛蘭西를 순우리말인 〔프랑스〕로, 五輪을 〔올림픽〕으로 발음한 경우다. 〔鐘 (쇠북 종)〕 대신에 〔鍾(술그릇 종 → 쇠북 종)〕으로 쓰거나, 〔脣(입술 순)〕 대신에 〔唇 (놀랄 진 → 입술 순)〕을 쓴 경우다.

옛 문헌을 읽어 해석할 때에 이처럼 전주문자(轉注文字)나 가차문자(假借文字)가 앞뒤 문장이나 상황에 따라서 상당했던 점도 특히 주의할 일이라 하겠다.

위에서 보인 바와 같이 육서의 원리 중에서 상형문자와 지사문자는 한자 구성의 기초가 되는 문자다. 회의문자와 형성문자는 상형과 지사의 기초 위에 다듬어진 〈응용적 문자〉이며, 전주문자와 가차문자는 음과 뜻이 바뀌는 〈운용적인 문자〉라고 할 수 있다. 위의 한자 구성의 여섯 가지 원리 중 전체 한자의 80% 이상이 형성문자이고, 10% 내외는 상형·지사·회의 문자로 되어 있음도 주의할 일이다. 육서는 책에 따라서나, 견해에 따라서 다소의 차이가 나오지만 처음 만들어 썼던 원리는 모두 같았을 것이라는 추측이 많다. 본 자원사전은 許慎 이 선택한 9,353자보다 훨씬 적은 3,500자에 불과하지만, 아래와 같은 국내외 서적과 국내 옥편도 두루 참고했다.

설문해자 원본은 찬자(撰者)인 동한(東漢)의 허신(許慎)이 쓴 원본을 인용했다. 다만 찬본 (撰本)보다는 원문이 자상하지 못하여 도서출판 천공서국(天工書局)의 진본인 단옥재 주 (段玉裁 注) 자료에 의지하면서 원문을 자상하게 풀어서 인용했다. 곧 중화민국(中華民國 1987年 8月 20日 本)에 근거하여 가깝게 두면서 원용했다.

① 일본 서적은 등당명보(藤堂明保) [한화대자전(漢和大字典)]에 의지한 바 컸고,
② 국내 서적은 유수현 外 [說文解字新解-540部數 切韻 總索] (弘益齋 2011)과
③ 안승덕 [教育 漢字의 學習과 指導] (玄文社 1977)
④ 장희구 [解法漢字 1836字] (世進社 1991)
⑤ 송영일 [字源 漢字의 定石] (明文堂 2016) 등을 원용했다.

한자어의 구조

한자어의 구조는 아래 여덟 가지 경우가 대표적이다. 그럼에도 불구하고 상대자(반대자), 유의자 (비슷한 한자), 약자만을 간추려 〔부록〕으로 싣는다. A단체서 제시하는 한자어의 구조를 간추려본다.

(1) **類義** 관계 → 뜻이 같거나 비슷한 한자끼리 연이은 결합
家屋(가옥 : 집) 計算(계산 : 셈) 道路(도로 : 길) 星辰(성신 : 별) 順序(순서 : 차례) 始初(시초 : 처음) 心情(심정 : 마음) 知識(지식 : 앎) 海洋(해양 : 바다)

(2) **相對** 관계 → 뜻이 서로 상대되는 한자끼리 연이은 결합
古今(고금 : 옛날과 지금) 父母(부모 : 아버지와 어머니) 兄弟(형제 : 형과 아우) 東西(동서 : 동쪽과 서쪽) 南北(남북 : 남쪽과 북쪽) 夫婦(부부 : 지아비와 지어미) 子女(자녀 : 아들과 딸) 上下(상하 : 위와 아래) 前後(전후 : 앞과 뒤) 左右(좌우 : 왼쪽과 오른쪽)

(3) **主述** 관계 → 주어와 서술어의 관계로 연이은 결합
國立(국립 : 나라에서 세움) 鷄鳴(계명 : 닭이 울다) 君命(군명 : 임금이 명령하다) 水流(수류 : 물이 흐르다) 人造(인조 : 사람이 만들다) 鳥飛(조비 : 새가 날다) 地動(지동 : 땅이 움직이다) 天高(천고 : 하늘이 높다) 馬肥(마비 : 말이 살찌다)

(4) **述補** 관계 → 서술어와 보어의 관계로 결합
歸鄕(귀향 : 고향으로 돌아가다) 登校(등교 : 학교에 가다) 無用(무용 : 쓸모가 없다) 伏地(복지 : 땅에 엎드리다) 入社(입사 : 회사에 들어가다) 沈水(침수 : 물에 잠기다)

(5) **述目** 관계 → 서술어와 목적어의 관계로 결합
看山(간산 : 산을 보다) 開會(개회 : 회의를 시작하다) 救國(구국 : 나라를 구하다) 成功(성공 : 공을 이루다) 植木(식목 : 나무를 심다) 乘車(승차 : 차를 타다) 溫故(온고 : 옛것을 익히다) 知新(지신 : 새것을 알다) 走馬(주마 : 말이 달리다) 作心(작심 : 마음을 작정하다) 愛國(애국 : 나라를 사랑하다)

(6) **修飾** 관계 → 수식어와 피수식어의 관계로 결합. 體言 수식과 用言 수식이 있음
① 관형어+체언 수식 → 高談(고담 : 고상한 말) 短杖(단장 : 짧은 지팡이) 明月(명월 : 밝은 달) 長江(장강 : 긴 강) 淸水(청수 : 맑은 물) 靑天(청천 : 푸른 하늘) 學校(학교 : 배움의 집〔터〕)
② 부사어+용언 수식 → 高飛(고비 : 높이 날다) 冷藏(냉장 : 차게 저장하다) 甚大(심대 : 매우 크다) 長流(장류 : 길게 흐르다) 恒愛(항애 : 끝없이 사랑하다)

(7) **疊語** 관계 → 뜻을 강조하기 위해 같은 글자를 결합
高高(고고 : 매우 높음) 曲曲(곡곡 : 굽이굽이) 急急(급급 : 매우 바쁨) 堂堂(당당 : 매우 의젓함) 深深(심심 : 아주 깊음) 悠悠(유유 : 아주 여유 있음) 年年(연년 : 해마다) 寂寂(적적 : 매우 고요함) 處處(처처 : 곳곳마다) 浩浩(호호 : 아주 넓고 큼)

(8) **融合** 관계 → 두 개 이상의 글자가 결합하여 새로운 글자의 뜻을 보임
光陰(광음 → 햇빛과 그늘 : 시간, 세월) 白眉(백미 → 흰 눈썹 : 뛰어난 사람) 秋毫(추호 → 가을철의 짐승 털 : 아주 적음) 春秋(춘추 → 봄과 가을 : 나이, 연세) 茶飯事(다반사 → 차 마시고 밥 먹는 일 : 모두 흔한 일) 未亡人(미망인 → 아직 따라 죽지 못한 사람 : 남편이 죽고 홀로 사는 여자)

한자의 필순

한자를 쓰는 데는 일정한 규칙이 있다. 필순은 한자를 그리는 것이 아니라 모양 있게 서사(書寫)하면서 빠르고 바르게 쓰는 방법이다. 부수자를 중심으로 상용한자의 필순을 대체적으로 익혀 두는 것이 필요하다. 일반적으로 알려진 필순의 원칙은 3가지 점선(點線)에 따라서, 두 가지 [대원칙]과 [일반원칙]이 존재한다. 필순의 원칙이 꼭 맞는 것만은 아니다. 예외적인 글자가 존재할 수도 있고, 서사자의 편의에 따라 쓰는 경우도 있어 특징별로 익혀둘 필요가 있을 것이다.

1. 3가지 기본적인 점(點)과 선(線)
   (1) 점 : 〔丶〕왼점, 〔丶〕오른 점, 〔丿〕오른 점 삐침, 〔丷〕치킴
   (2) 직선 : 〔一〕가로획, 〔丨〕세로획, 〔一〕평 갈고리, 〔亅〕왼 갈고리, 〔亅〕오른 갈고리,
       〔亅〕꺾음 갈고리
   (3) 곡선 : 〔丿〕삐침, 〔乀〕파임, 〔乚〕지게다리, 〔乀〕누운지게다리, 〔乚〕새가슴, 〔亅〕굽은 갈고리,
       〔辶〕책받침

2. 대원칙
   (1) 위(上)에서 아래(下)로 쓴다.
       예 二→ー二 / 三→ー二三
   (2) 왼쪽(左)에서 오른쪽(右)으로 쓴다.
       예 川→丿刂川 / 行→丿彳彳彳行行

3. 일반원칙
   (1) 가로획을 먼저 쓰고 세로획은 나중에 쓴다. 교차할 때도 마찬가지다.
       예 土→一十土 / 古→一十十古古
   (2) 복합적인 글자는 이의 대칭적인 원칙이 순서대로 적용된다.
       예 井→一二丰井
   (3) 좌우 대칭일 때는 가운데 획을 먼저 쓴다.
       예 小→丨小小 / 水→丨氵水水
   (4) 에운담(몸)은 먼저 긋는다.
       예 四→丨冂冂四四 / 田→丨冂日田田
   (5) 글자 전체를 꿰뚫는 획은 나중에 긋는다.
       예 中→丨口口中 / 母→乚毋毋母母
   (6) 삐침(丿)과 파임(乀)이 상호 어울릴 때는 삐침을 먼저 한다.
       예 父→丶丷父父
   (7) 오른쪽 위의 점은 맨 나중에 찍는다.
       예 代→丿亻仁代代 / 伐→丿亻仁代伐伐
   (8) 辶, 廴 받침은 맨 나중에 한다.
       예 延→丶二千壬任狂廷 / 迎→丶丩卬卬卬迎迎
   (9) 예서(隷書), 초서(草書) 등 독특한 필법은 예술가들의 서체 필순에 따른다.

한자의 부수

 部首는 옥편에서 漢字를 찾는 데 반드시 필요하기도 하지만, 形聲文字 의미부는 모두가 부수자이므로 한자의 뜻을 이해하는 데 불가피한 부분이기도 하다. 같은 부수자를 품에 안고 있는 漢字는 대체로 부수자가 지니는 '큰댁' 역할을 하고 있다고 보아야겠다. 예를 들면 '言(말씀 언)'이 부수자로 들어간 〔計, 討, 訓, 記, 說, 許〕 등은 모두 말이나 언어와 관계를 맺고 있는 성질을 지닌다. 女(여자 녀, 계집 녀)가 부수자로 들어간 〔好, 妃, 妙, 妨, 姉, 妻〕 등은 모두 女子와 관계된 부수의 위치에 놓이게 된다는 점이다. 부수자가 이른바 중대장 역할을 한다는 점에 주의해야겠다.

 부수자가 하나씩 놓이는 위치에 따라서 다음과 같이 여덟 가지 이름을 별도로 붙인다.

(1) 변(邊) : 부수 글자의 왼쪽 자리에 놓인 경우
  地(土와 也의 합자로, '흙 토' 부수자라고 부름)
  〔均, 坊, 坤, 城, 域〕 등의 한자는 부수자가 왼쪽에 놓임
(2) 방(榜) : 부수 글자의 오른쪽 자리에 놓인 경우
  利(禾와 刀(刂)의 합자로, '선 칼도 방'이라고 부름)
  〔刑, 判, 列, 到, 制〕 등의 한자는 부수자가 오른쪽에 놓임
(3) 머리 : 부수 글자가 머리 위에 놓인 경우
  崇(山과 宗의 합자로 '메 산' 부수자라고 부름)
  〔岸, 峯, 崩, 巖, 岩〕 등의 한자는 부수자가 머리에 놓임
(4) 발 : 부수 글자가 아래에 놓인 경우
  元(二와 儿의 합자로 '어진 사람 인' 부수자라 부름)
  〔兄, 充, 先, 免, 兒〕 등의 한자는 부수자가 발에 놓임
(5) 엄 : 부수 글자가 위쪽부터 왼쪽에 걸쳐 있는 경우
  尾(尸와 毛의 합자로 '주검시엄' 부수자라 부름)
  〔尺, 局, 居, 屈, 屋〕 등의 한자는 부수자가 엄의 자리에 놓임
(6) 받침 : 부수가 글자의 왼쪽부터 아래에 걸쳐 있는 경우
  道(首와 辶의 합자로 '책받침' 부수자라 부름)
  〔迎, 近, 述, 迷, 送〕 등의 한자는 부수자가 '책받침'에 놓임
(7) 몸(에운담) : 부수자가 글자를 에워싸고 있는 경우
  間(門과 口의 합자로 '문 문' 부수자라 부름)
  〔閉, 開, 閑, 間, 關〕 등의 한자는 부수자가 '몸'에 놓임
(8) 제부수 : 한 글자 전체가 그대로 부수인 경우
  魚('고기 어' 그대로를 부수자라 부름)
  〔車, 鳥, 鹿, 鼓, 鼎〕 등의 한자는 '제부수'에 놓임

 部首를 최초로 고안한 사람은 후한(後漢) 때의 문자학자(文字學者)인 허신(許愼 30~124년)이다. 그는 漢字의 삼요소〔形(모양), 音(소리), 意(뜻)〕를 밝히는 〔설문해자(說文解字)〕라는 술이 두꺼운 책을 저술했다. 당시에 존재하던 漢字 9,353자를 540개의 部首를 창안하여 모두 분류했다. 이후 淸나라 때에 이르러 〔강희자전(康熙字典)〕이 편찬되면서 더 필요한 부수는 새로 만들고, 불필요하거나 중복된 부수는 하나로 통합하면서 지금의 214개 部首로 정리하여 이른다.

한자의 장단음

　　세계 어느 나라든지 그 나라 언어만이 갖는 특징이 있다. 영어나 독일어는 강한 악센트, 일본어는 탁음과 반탁음, 백화어(白話語)를 구사하는 중국어는 고저장단(高低長短) 등이 속한다고 할 수 있다. 어느 나라 언어든지 그 언어만이 갖는 독특한 높낮이와 길고 짧음이라는 특징도 있어 언어를 휘어 감는다. 각 언어의 특징을 살려 생동감과 리듬감 있게 말함으로써 화자의 감정이 더욱 살아난다고 하겠다. 그렇다면 한국어의 특징은 무엇일까? 의문사를 대동한 억양의 높낮이와 평서문의 다정다감함에 있지 않을까 본다. 또한 국어사전에 〔쌍점(:)〕으로 표기되어 있는 첫음절의 장단음도 보인다. 괄호가 없는 〔:〕는 장음이고, 괄호가 있는〔(:)〕는 장음이거나 단음이다.

　　우리 선현들은 한시를 지어서 자기의 사상과 감정을 잘 나타냈다. 〔임의 침묵 · 알 수 없어요〕란 작품으로 우리에게 친근한 만해 한용운 선사는 일반적으로 서정적 자유시인으로 알려지지만, 사실 그의 작품에는 한시가 훨씬 더 많다. 게다가 작품성까지 우수하다는 것을 알고 있는 사람은 그리 많지 않은 것 같다. 한시의 율격은 철저하게 高低長短을 잘 지켰다. 한자검정 A단체의 특징적인 문항출제 경향에서 불과 몇 문제는 되지 않지만, 첫음절에서 장음으로 발음되는 문항이 출제되고 있다는 점을 수준 높게 사고 싶다. 우리말의 특징으로 보아 매우 좋은 현상이기 때문이다. 전국에서 열화와 같이 일고 있는 전국한시백일장이 크게 장려하고 있다는 생각이 언어의 신비성을 갖는다.

　　우리 국어의 고저장단(高低長短)은 '평상거입(平上去入)'이라는 사성(四聲)으로 구분하는 것이 음성학적인 일반적인 문법이라고 가르치고 있다. '평성(平聲)'은 평탄하고 짧은 소리이며, '상성(上聲)'은 길고 높은 소리다. '거성(去聲)'은 소리에 위엄이 있어서 장중(莊重)하며, '입성(入聲)'은 촉급(促急)하면서 아주 짧다는 특성을 지니고 있다. 곧 입성(入聲='ㄱ'·'ㄷ'·'ㅂ)과 'ㄹ'이 받침으로 들어가는 현상이 모두 단음(短音)으로 되어 있음이 특징으로 꼽힌다. 예를 들면 "學生"의 '學', "입학"의 '入', "吉鳥"의 '吉' 등의 받침이 〔入聲과 'ㄹ'로 끝나 모두 단음(短音)이 된다는 점이 특징이다. 그 외에 平聲, 上聲, 去聲은 모두 장음으로 바뀌는 반면, 평성(平聲)과 일부 거성(去聲)은 대체로 短音으로 바뀌는 경향이 있다. 이어서 장음도 되고, 단음도 되는 경우가 있는데, 이런 경우는 대체로 뜻이 달라지는 경우라 할 수 있을 것이다. 이 경우를 예로 들면, '長官(장:관)'을 호칭할 때의 長은 '어른 장'이라는 뜻으로 길게 발음하고, '長短(장단)'의 長은 '긴 장'으로 발음되는 소리가 짧게 난다. 이것이 우리말의 대체적인 특징이다.

　　우리 한국어에서 첫음절에 장단음이 있는 것은 대단히 좋은 언어적 구조를 갖는다. 한자어가 아닌 순우리말의 장음의 경우는 다음과 같다. 〔까:치 / 열:쇠 / 안:개 / 임:금(王) / 없:다 / 적:다(小量) / 작:다 / 거:짓말〕과 같은 장음들이 많다. 〔가:설(假說) / 검:사(檢査) / 자:석(磁石) / 자:회사(子會社)〕 등의 한자어들은 한국어의 언어적 특징을 갖는 비밀스러운 독특성을 보여 신비롭다 하겠다. 경기도의 〔廣州〕와 전라도의 〔光:州〕라는 동음이의어는 발음만으로도 구별할 수 있다. 우리 국어의 특징인 동음이의어의 구별도 유아시절부터 장단음의 교정지도는 발음이 가능하지만 중국이나 일본처럼 한자어를 익히지 못한 상황에서 언어적 습관이 굳어있지 않다는 점이 특별하다. 〔諫臣 / 奸臣〕, 〔永:東 / 嶺東〕, 〔鄭:仙女 / 丁仙女 / 程仙女〕들의 경우들이다. 이러한 현실은 한자를 제대로 가르치지 않아 '지적의 우(愚)'를 범했기 때문만은 아닐까? 따라서 이를 타개하는 방법은 한자를 가르치고 배우되 필서는 하지 않을지라도, 눈으로 보는 것만이라도 어렸을 때부터 한자를 익히는 것이다.

북한의 한자교육과 일본의 한자검정 현실

(1) 북한의 한자교육 현실

북한교육은 2원적 체제로 〔인민보통교육〕과 〔고급과정교육〕으로 나누어졌다고 알려진다. 북한의 한자교육은 〔1964년 김일성 1 · 3교시〕와 〔1966년 김일성 5 · 14교시〕에서 보인바, "한자를 쓰자. 한자를 쓰지 말자"는 갑론을박 논의가 계속되다가 1970년 「국한문독본」의 서문에서 김일성 교시내용 (1970. 6)은 노골화되었다. 이보다 먼저인 1953년 북한의 교육용 한자는 초등학교(인민학교) 5학년에 해당하는 초급중학교 1학년부터 3학년 간에 600자, 고급중학교 3년간에 1,200자, 계 1,800자가 일반적으로 뿌리내려져 있었다. 그럼에도 1970년부터는 엘리트(고급두뇌) 교육이란 측면에서 질적인 고급화를 기할 목적으로 보통교육용 한자 2,000자, 대학 교육용 한자 1,000자 등 3,000자를 새로 선정하여 국한문 혼용체 교육을 강화했다. 나라마다 학술적인 상용한자로 한자전용 내지는 자국어 병용으로 규정하면서 한자문화권 나라들이 다투어 상용하는 현실도 중요하다는 점이 매우 중시된다. 1970년 6월 「국한문독본」 서문에서 보인 김일성 교시는 다음과 같다. "학교에서는 한문을 배워 두는 것이 아주 중요합니다. (중략) 지금 한문 기초가 약합니다. 국가에서 국한문독본을 만들어서 기술학교까지 약 2,000자 정도 배워주어야겠습니다. 한문을 잘 배우도록 연구해야 합니다. 그렇다고 하여 너무 많이 배울 필요는 없습니다. 3,000자 정도면 충분합니다. 초중에서 기술학교까지 2,000자 정도, 대학에서 1,000자 정도 이렇게 3,000자 정도 배우는 것이 좋겠습니다."라고 말하는 등 3회에 걸친 교시(教示)가 인민한자교육의 기틀이다. 그렇지만 지금 북한의 한자급수검정은 거론조차 못하고 있으며, 인민의 지적 수준은 우민화(愚民化)의 틀에서 벗어나지 못하고 있다.

(2) 일본의 한자급수검정 현실

일본 한자교육은 해방 이후 당용한자(當用漢字) 1,945자를 제정하여 전국적인 일반화가 이룩되다가 2010년부터는 191자를 더 추가하여 현재 일본의 당용한자는 2,136자다. 이 한자를 통하여 소학교(초등학교) 6학년 과정에서 1,006자를 익히도록 의무화하면서 일본의 기초급수 5급의 적정수준 자리에 놓이게 된다. 여기에 994자를 더하여 중학교 3학년까지 과정으로 2,000자 수준 익히기를 의무적으로 권장하고 있으며, 준2급 한자 1,940자와 2급 한자 2,136자 사이를 어정거리는 모습이다. 이와 병행하여 일본에서 처음 시행되었던 1975년부터 공익재단법인 일본한자능력검정협회(公益財団法人 日本漢字能力検定協会) 시행 한검(漢檢〈かんけん〉/칸켄)이 전국적 한자능력 검정의 확산의 주체자이자 선도자다. 특히 1992년부터는 이 단체가 한검(漢検)으로 국가공인을 받아 시행하면서 지지기반을 구축하면서 2~3단체가 더 있어 국가공인에 합류하는 모습이지만, 다른 단체는 거의 미미한 수준이다. 이 단체에서 시행하는 한자체계는 10급부터 1급까지 12개 급수에 선정한 한자는 최하위 10급 80자를 소학교 1학년 수준으로 정하였고, 일본 대학 일반과정 레벨인 2급은 약 3,000자다. 1급에서 약 6,000자를 최고위급 발전적인 모습을 갖추어 국민적 한자급수검정의 수준을 잘 유지한다. 최근 일본에서는 새로운 제도를 도입하는 漢検의 CBT제도가 일본 한자교육의 움직임이란 분위기를 조성하고 있다. 1년에 3번씩(1회 6월, 2회 10월, 3회 다음 연도 2월) 시행하는 일반적인 한검 응시제도와는 상관없이 본인이 원하는 날짜에 맞추어 〔7급(640자)부터 2급(2,136자)까지〕는 누구나 어느 시간대나 컴퓨터로 응시가 가능하여 '좋은 제도'란 평가가 많다.

중국 인민일보(북경) 국제판(GLOBAL TIME) 특집 전면판을 지면관계로 1/2로 축소했음

정책연구 논문 요지 # 中國文字政策의 得과 失 硏究

강사 : (사)한국한문교육연구원 이사장 장희구(張喜久)

일시 : 2007년 5월 23일. 장소 : 중국인민대학 대강당

1. 논문의 집필 동기

중국이 20세기 중반을 전후하여 문자개혁 단행으로 현실적인 간화(簡化)를 시작할 무렵, 한국은 한글과 한자를 혼용하던 종래의 방침을 바꾸어 한글을 전용했다. 중국과 한국은 문자개혁의 표음화와 한글전용이라는 유사한 문제를 놓고 비슷한 시기에 진통을 겪어 지금에 이른다. 따라서 중국과 한국의 문자정책 표음화 문제는 '너와 나의 별개 문제'가 아니라 '우리들의 문제'라는 깊어진 고민 속에 이 논문이 집필되는 '출발점행동 고르기'가 시작되었다. 이는 오늘날 우리들의 현실이자 풀어야 할 과제다. <本文中에서>

2. 논문의 요지와 결론

지난날 교통수단이 발달되지 못하여 국가와 대륙에 따라서 언어와 문자가 달리 형성되었다. 비록 나라마다 언어는 다를지라도 문자는 상당 부분 공통적인 축을 형성하였다. 중국을 중심으로 한 표의문자인 '漢字文化圈'이 형성되었고, 서구를 중심으로 한 표음문자인 라틴어권으로 대표되는 '영어文化圈'이 형성되었다. 한자의 기본틀은 중국에서 만들어진 것임에 틀림없다. 그렇다고 중국 전용문자만은 아니다. 우수한 문자인 한자를 전해 받고 전해 주었던 역사적인 사실이 있었던 만큼 한국과 일본이라는 漢字文化圈의 공통문자는 한자다. 그럼에도 중국은 사회의 약속이라고 할 수 있는 문자 자체의 특수성을 감안할 때 이웃 나라도 돌아보지 않고 문자개혁을 단독으로 진행했다. 문자의 점진적인 발전이라는 역사적인 사실과 전통문화의 전승과 발전이라는 현실적인 요구를 잠시 잊고 일방통행식이란 「全力投球의 精神」으로 달려온 중국이었다.

중국의 簡字(간자) 사용은 획수를 줄여 書寫(서사)의 편의를 도모하는 성공적인 '實'은 거두었을지 모르지만, 본자의 시각적인 인지력과 파지력을 도모하지 못하는 '虛' 또한 컸다. 중국 문자정책의 '實'은 세계화를 염두에 두고 '表意文字(표의문자)의 表音化(표음화)'를 지향했다는 측면에서 성공했을지 모르겠지만, 역사의 단절을 가져오면서 정자(正字 : 繁體字)를 물라서 고문을 남의 나라 글이라고 여긴 나머지 도외시하는 젊은이들이 다수라는 측면에서 '虛' 또한 분명 적지 않았다. 중국 문자정책은 세계화를 지향하여 表意文字(표의문자)를 '라틴化'하여 簡化를 이룩하는데 성공하여 '實'이 채워졌을지는 모르지만, 한자문화권 나라와 합리적인 논의와 토론의 여과 없이 일방통행식으로 簡字(간자)의 고립화를 자초했다는 '虛' 또한 적지 않았다. 그래서 得보다는 失이 더 컸다.

찬란했던 역사와 세계화 발전을 지향하는 중국! 「山連水接 源遠流長(산연수접 원원류장)」이라 했듯이 지리적으로나 역사적으로 깊은 관계에 있는 한국과 중국! 그리고 한자라는 공통문자 때문에 비슷한 시기에 '文字改革(중국)'과 '漢字廢止(한국)'라는 문제를 놓고 앞다투기나 하듯 서로가 고민에 빠졌던 중국과 한국! 진정 중국을 아끼는 이웃 한국인 학자의 안타까운 이 외침에 대해 한번쯤 고민에 빠져보았으면 한다. 대단히 좋은 ≪孔子學院≫ 브랜드가 간체자를 통한 口語體(구어체) 중국어 익히기만이 아니라, 문헌을 통한 '孔子思想傳授'라는 잘 포장된 文語體(문어체) 수출품목 하나로 자리매김 하였으면 하는 바람이다.

3. 논문발표 후 중국의 변화 움직임

이 논문이 발표되고 난 2년 후 「중국 공산당 정치협의회(政協)」에서 ≪사회학적 접근을 위한 繁體字(번체자) 부흥≫에 대한 논의가 진지하게 이루어졌다고 한다. 또한 2009년 3월 1일부터 15일간 열리는 연중 가장 큰 정치행사인 [전국공산당최고인민대회]에서 이 문제가 정식 의제가 되어 논의되었다. 앞으로 이런 논의와 토론은 중국 공산당뿐만 아니라 중국교육부·대학·학회등에서 차원 높게 이루어질 것을 기대하며, 한국·일본·대만 등과 ≪번체자 부흥과 간체자 공동제정≫이란 두 마리 토끼를 양손에 잡을 수 있기를 기대해 본다.

자랑스러운 우리 문자와 국력의 자긍심

　2020년 10월 9일 한글날을 기하여 우리글이 세계문자올림픽에서 금메달을 차지했다. 이러한 희소식은 언제 들어도 기분이 좋다. 훈민정음이 만들어지기 전까지는 우리 민족에게는 상용하는 언어는 있었지만, 필기할 수 있는 글이 없었다. 세종대왕께서는 백성들이 상용하는 말을 기록할 수 있는 우리 글자를 만들어야겠다고 결심하기에 이른다.

　세종께서는 훈민정음을 몸소 창제하셨으며, 그 과정에서 과로로 눈병이 나서 청주의 초정으로 요양 가실 때도 한글연구에 관한 서류와 서적 등을 챙겨 갈 정도로 크나큰 열정을 보이셨다. 그리고 집현전 학사인 정인지·최항·박팽년·이개·이선로 같은 학자들에게 명하여 훈민정음의 설명서인 해례본 집필에 온 힘을 기울이도록 정성스럽게 독려하였다.

　이처럼 우리 한글은 위로는 임금이 직접 나서서 열성을 다했고, 아래로는 뛰어난 학자들이 온 힘을 다하여 소중하게 탄생시켰으니 우리나라의 독자적인 새로운 문자였다. 그 결과로, 세종 25년(1443년)에는 훈민정음 28자의 역사적인 제정을 만끽하게 된다. 세종대왕은 새로 만든 글자를 갖고 실제로 써보기도 하고, 직접 시험하여 완전을 기한 3년 후인 세종 28년(1446년)에 세상에 반포하여 우리글이 드디어 빛을 보았다. 세종대왕께서는 완벽한 실험을 거치기 위해 〔용비어천가, 월인천강지곡, 석보상절〕 등을 활용의 예시로 들면서 그 모범을 보였다.

　이같이 한글이 2020년 〈제2회 세계문자올림픽대회〉에서 금메달을 획득하였다는 반가운 발표는 우리글에 대한 뿌듯한 자긍심을 갖게 한다. 이를 주관하는 〈세계문자학회〉에 따르면, 10월 1일부터 4일까지 태국의 수도 방콕에서 열린 〈세계문자올림픽대회〉에서 한글이 당당히 1위에 올랐다는 발표에 수많은 국민들은 큰 자긍심과 뿌듯함을 느낀다.

　〈세계문자학회〉의 발표에 따르면 세계 27개국 문자가 서로 자웅(雌雄)을 가리며 경합을 벌였다고 한다. 그 27개국은 〔한국, 인도, 영국, 러시아, 독일, 우크라이나, 베트남, 폴란드, 터키, 세르비아, 불가리아, 아이슬란드, 에티오피아, 몰디브, 우간다, 포르투갈, 그리스, 스페인, 남아공, 울드, 말라야람, 구자라티, 푼자비, 말라시, 오리아, 뱅갈리, 캐나다〕 등이었다. 한자문화권의 나라로는 뜻글자인 상용한자라고 자랑삼아 말하는 중국과 일본의 참가가 없어서 다소 아쉽다고는 할 수 있겠다. 앞으로 문자 참가국을 점차 확대해 나아가야 한다는 의견들이 분분했다고 한다.

　각국을 대표하여 참가한 나라의 학자들은 이 대회에서 30여 분씩 자국의 고유문자 우수성을 참신하고 조리 있게 발표했다. 같이 엮어진 세계문자올림픽의 심사기준은 상당히 엄격했다고 했으니, ① 문자의 기원, ② 문자의 구조와 유형, ③ 글자의 수, ④ 글자의 결합능력, ⑤ 문자의 독립성과 독자성, ⑥ 문자의 실용성, ⑦ 문자의 응용과 개발성 등을 기초항목으로 나누어 평가했다고 한다. 위와 같은 엄격한 기준에 합당하도록 우리 한글이 〈세계문자올림픽대회〉에서 ≪가장 쓰기 쉽고, 가장 배우기 쉬우며, 가장 풍부하고 다양한 소리를 표현할 수 있는 문자≫를 찾아냈다는 취지도 선포됐다. 이 행사는 16개국이 경쟁했던 지난 2009년 제1회 대회에 이어 다시 1위를 차지함에 따라 제일 편한 문자 우수성을 세계적으로 재평가 받게 되었다.

이번 〈세계문자올림픽대회〉에서, 1위는 한국의 한글 문자, 2위는 인도의 텔루구 문자, 3위는 영어 알파벳 문자가 차지했다. 〈세계문자올림픽대회〉 마지막 날에는 참가한 각국의 학자들이 이구동성으로 '방콕선언문'을 소리 높여 발표했다고 한다. 이어서 〈자국 대학에 한국어 전문학과와 한국어 단기반〉 등을 설치하는 안을 담아 한글 보급에 노력하겠다는 말도 쏟아냈다. 훈민정음 창제의 곧고 올바른 세계화 정신을 탐스럽게 엿보였다. 이날 채택된 '방콕선언문'은 인구 100만 명 이상인 국가들과 함께 유네스코에 전달될 계획이라고 말했으니, '제577돌 우리 한글날'은 제1회 세계문자올림픽대회에 이어, 제2회 세계문자올림픽대회에서도 '금메달'을 획득하여 세계만방에 우리 한글의 우수성을 알리게 되었음을 자랑으로 여길 수밖에 없다. 다만 〔용·비어천가, 월인천강지곡, 석보상절〕 등에서 보이는 것처럼 한글은 소리글자인 특징으로 보아, 〈소리글자인 한글과 뜻글자인 한자를 공유 내지는 혼용할 수밖에 없는 특수성〉에 입각한 점까지 면밀하게 다루었으면 하는 생각도 떠올려본다. 국어사전에 보이는 수많은 동음이의어를 비롯하여, 70% 이상을 차지하는 한자어의 혼용문제는 어휘론적 측면에서 풀어야 할 우리들의 숙제라 하겠다.

우리는 이웃 나라를 침범하지 않았을 뿐만 아니라 정서적으로 매우 안정적인 민족이었다. 사회생활이나 가정생활을 하는 데 있어서 이웃을 크게 배려했던 헌신적 민족표본을 보였다. 그래서 그런지 아름다운 수식어나 부사어들이 오돌오돌 발달하여 곱고 아름다운 말씨를 구사하거나 폭넓게 사용하여 왔다. 이와 같은 순수한 우리말은 음성언어로 잘 발달하면서도 한사군 설치 이후에는 한자어가 자연스럽게 유입되면서 기록문화라는 문자언어가 우리 땅을 촉촉하게 적셨다. 학문하는 알찬 그릇인 한자어가 그 전체를 대표했고, 문학과 문화의 그릇은 물론 법률용어까지 한자어가 그 자리를 온통 야무지게 차지하였다. 한자어는 한자로 써야만 그 의미를 넉넉하게 파악할 것이니, 한자·한문 교육부재가 절름발이 교육을 만들었음은 자명한 일이다.

〈총체적 국력〉으로 보아 2020년에 통계를 잡아 발표한 세계 10대 강국은 〔미국, 러시아, 중국, 독일, 영국, 프랑스, 일본, 이스라엘, 사우디아라비아, 한국〕이라 했다. 아쉽게도 G7에 끼지는 못했지만, 앞으로 세계를 내다보는 G7강대국 대열에 낄 수 있을 것이라는 느긋한 자부심을 느끼게 될 날도 손가락을 세는 날이 머지않을 것이란 자긍심을 갖는다. 우리는 이런 꿈이 현실이 될 것이라는 큰 야망에 잠기면서 큰 자부심을 갖는다. 우리는 세계에서 가장 우수한 글자 1위인 〔한글〕을 가졌고, 세계에서 가장 아름다운 음악 1위인 〔아리랑〕을 가슴에 품었으며, 맛있고 영양가 풍부한 음식 1위인 〔비빔밥〕을 먹고 있어 큰 자부심을 갖는다. 이는 바야흐로 한류라는 세계적 물결을 타고 있는 〔K-Pop·싸이·BTS〕 등도 한국인 최정상의 독창성이라 할 수 있을 만한 왕관의 자리는 아닐까? 우리의 현실 생활상에서 실질적인 한자문화권에서 한자혼용 중요성이란 그 중심에 서서 한자능력검정용 한자의 통일성을 기하자는 석학(碩學)들의 대화에 푹신하게 젖어본다. 한글의 우수성과 함께 덩실덩실 우리 노래 〔아리랑〕도 발길을 붙잡는구나.

남광우(南廣祐) 박사는 저자의 단행본 〔국제화 시대의 한자교육〕 추천사에서 우리는 〔이웃 나라 日本의 경우처럼 각급 학교 모든 교과서에 한자를 섞어 초등학교에서 1천 자 정도, 중·고등학교까지 2천 자 정도를 가르쳐야 된다〕고 주장했다. 그래서 〔忠·孝·仁·義·禮·信 德目의 漢字를 제대로 알려 〈청소년 道德性 涵養〉에도 도움이 되게 해야 한다〕는 주장을 폈다.

일러두기 Ⅰ: 한자 학습 – 지도 안내과정 교과서적 평등교육 과정

본 〔한자능력검정시험 자원대사전〕이 한국에서 시행하고 있는 한자급수검정의 유일한 단행본이 되는 것이 최고이자 최선이라고 생각하고 있다. 그러나 현실적으로 이렇게 뿌리내리기까지는 넘어야할 산이 높다. 문제집을 읽고 풀면서 써보는 식의 방법만으론 결코 옳지 않다. 〔왜 이 한자가 만들어졌을까? 어떻게 공부하는 것이 바람직할까?〕라는 그 인과성을 알아서 바른 근본을 수립하여 8급부터 차분하게 공부해야만 한다는 점이다. 이 대사전적 한자 생성과 교육에 그 실마리를 던진다.

지도자의 충분한 안내, 학습자는 학습하려는 넘치는 의욕을 갖는 일이 얼마나 중요하다는 것을 우리는 실감한다.

(1) 삽화와 한자를 번갈아 보면서 한자 모양(자형)에 관심을 갖는다.
　　학습자들의 상호토의를 통해 한자 모양과 그 뜻을 유추하도록 한다.
(2) 지도교사가 한자 자원을 읽어 주거나 설명을 통해 한자를 이해한다.
　　학습자들이 함께 자리한 '짝꿍'끼리 자원을 통해 뜻과 음을 유추한다.
(3) 한자의 짜임새와 모양에 따라 훈음에 관심을 갖고 읽고 이해한다.
(4) 부수와 부수획수에 관심을 갖고, 필순에 의해 총획수를 살펴 알게 한다.
(5) 익힌 한자를 통해 활용 낱말을 이해할 수 있도록 반복하여 지도한다.
(6) 좌에서 우로, 위에서 아래라는 필순의 원칙에 따라 바른 필순을 안다.
(7) 동의자, 반대자, 유사자(모양이 비슷한 한자)에 관심을 갖고 자형을 이해한다.
(8) 본문 한자 마지막에 첨부된 〔사자성어〕와 부록의 〔사자성어〕는 많이 다르다.
(9) 본문 사자성어는 낱말(기초→기본→발전)과 연계하며 이해하려는 성어이고,
　　부록 사자성어는 문항 출제경향은 물론 우리 실생활에 널리 쓰이는 성어다.
　　급수별로 묶어서 부록으로 편찬한 사자성어를 자주 읽고 익히기를 권장한다.
(10) 사자성어 뒷면 〔2자 전의어(轉義語)·3자 전의어〕 급수별 익히기를 권장한다.
(11) 기본서인 〔한자능력검정시험 자원대사전〕은 지도자만 필요한 것만은 아니다. 학습자는 물론 각 가정에서 지도의 조력자로 돕는 학부모님의 필독서가 된다는 점을 권장한다.
(12) 기본서로 자리 잡은 〔한자능력검정시험 자원대사전〕이 기본 모델이 되어 급수별 한자쓰기, 학습문제지, 기출문제지 등 재학습용으로 13권이 출판되는 재성과가 이룩될 수도 있을 것이다.

학습자의 등을 도닥거리는 백 마디 칭찬이 학습자에게 큰 격려가 되기를 바란다.

학습은 반복이라고 한다. 한자가 완전히 우리글화로 되어버렸지만, 지난 60여 년 동안 흔하게 사용하지 않았기 때문에 〔남의 글·남의 문자〕라는 인식이 심어졌다. 한자는 남의 글이 아니다. 우리의 생활이자 우리 문자의 한 부분을 차지한다. 지도서에 보인 자원에 따라 반복하여 익히고 또 읽히도록 한다면 우리의 생활이 될 수 있을 것이라는 진언의 말씀을 드리고자 한다.

일러두기 Ⅱ: 한자 학습 – 지도 사고과정 대사전적 특수과정 교육

　[일러두기 Ⅱ]에서는 한자는 그림과 같은 문자로, 삽화를 통해서 익히면 편리하다는 점을 강조했다. 배우는 학생, 가르치는 지도자가 근본을 알고 차분하게 공부하면서 가르쳐야 한다. [교과서적 평등교육(Ⅰ)에서는 검정시험 준비에 몰두하는 과정의 한 모형도를 제시했고, 대사전적 특수교육(Ⅱ)에서는 공부하는 원리를 알며 학습–지도하는 모형도]를 제시했다. 아래 17개 항목은 삽화라는 특수상황 그림을 보면서 한자와의 연관성을 유추(類推)하는 과정으로 상상력을 낳게 하는 과정이라는 방법이다. 이런 경험들은 지난 40년간 필자에게도 부딪치는 큰 숙제덩이었다.

- 지도자는 장황하게 주입식으로 가르치려고만 하지 말고 안내만 해주어라.
- 학습자에게 지식을 스스로 터득하면서 상상하려는 창의적 시간을 주어라.

(1) 학습자가 삽화를 보며 이야기로 인지한다: 다양한 이야기가 나오게 한다.
(2) 또 다른 삽화를 상상하게 한다. 창의력에 의한 다양한 이야기가 도출된다.
(3) 지도자가 〈자원풀이〉를 읽는다. 학습자도 2회 반복하여 읽도록 권유한다.
(4) [삽화⇔한자⇔자원풀이]라는 일치점이 수평으로 알맞도록 가지런히 세운다.
(5) 자원(田+力=男?)이란 등식이 성립되도록 학습자 입을 통해 표현하게 한다.
(6) 자원을 통한 등식성립으로 학습자가 흥미를 갖게 되며 큰 자랑으로 여긴다.
(7) [기초학습] 한자 어휘의 뜻을 읽으면서 상용어휘의 뜻풀이란 진실을 안다.
(8) [기초학습] 한자 어휘 뜻을 몇 번씩 읽으면 상용어휘력이 부쩍 는다.
(9) [기초학습] 혼용 어휘 [국한혼용문]을 읽으며 어휘력 향상의 잣대를 잰다.
(10) 가능한 한 어휘력 향상 문장과 다른 문장도 읽고 상상력을 풍부하게 한다.
(11) [기본학습] 바로 위의 단계 한자어를 읽고 또 다른 문장을 만들어 활용한다.
(12) [기본학습] 한자어 유사 급수한자 어휘들을 읽으며 관련 한자어를 읽는다.
(13) [기본학습] 한글 낱말과 한자 어휘를 번갈아 읽어가며 상상력을 북돋는다.
(14) 가능한 한 같은 급수 한자어를 읽고, 상용한 다른 문장도 만들도록 한다.
(15) [발전학습] 2급·1급의 교재수록 외 어휘까지 학습할 수 있도록 권장한다.
(16) [발전학습] 출제 빈도가 높은 위와 아래 단계의 한자 어휘들의 모음이다.
(17) [발전학습] 〈출전〉은 [과거↔현재↔미래]를 아우른 한자검정의 미래지도다.

　위 17가지는 [삽화↔한자↔자원↔기초↔기본↔발전]이란 6단계 과정의 징검다리를 건넌다는 마음으로 단숨에 달려왔다. [사자성어, 반대자(어), 유의자(어), 약자] 등은 [자원풀이 아랫부분]과 [발전학습 아랫부분]에 있을 뿐만 아니라, [부록]에서도 상당 분량이 자세하게 첨부했다. 이 자료를 참고하길 바란다. [18쪽과 19쪽]에서는 [일러두기]를 두 형태로 안내했다.

출전(出典) 한자 어휘에 대한 견해와 전망

우리는 [출전(出典)]이란 어휘를 생각한다. 특급전용 대표 한자 [2478자] 중에서 사용빈도가 높은 한자를 옥편 속에서 사용할 태세를 갖추는 가교적인 역할을 한다. 곧 백산(白山)에서 출간된 [자원대사전]으로 한국 〈한자능력검정시험〉이란 혁신모양을 바꾸어 보겠다는 생각이다. 옥편 속의 한자를 [출전(出戰)]시켜 급수검정의 대열에 합류해야 한다는 [출전(出典)]부터 생각한다.

2급 전반부 상용한자 188자에서 20자가량, 2급 후반부 인명용 한자 350자에서 50자가량, 1급 1145자에서 130자가량을 간추리면 모두 200여 자가 된다. 이 200자를 출전 채비를 야무지게 가다듬어 2급 538자와 1급 1,145자와 언제 어디서나 잘 아울리는 출전용 한자로 준비해 두자는 제안이다. 곧 이 200자는 2급용과 1급용 200자를 포함하여 1,683자와 잘 어울릴 수 있을 뿐만 아니라, 특급Ⅱ한자와 특급한자 2,478자와도 썩 잘 어울리는 한자로 자리매김할 수 있을 것이란 생각이다. 다시 말해 출전용으로 대기 중인 2급용 한자와 1급 한자 예비용으로 간추린 200여 자는 1,683자와 특급Ⅱ한자와 특급한자 2,478자와 어울리어 훈음 읽기용으로 익히면서 특공대처럼 잘 어울렸으면 한다. 이 200여 자는 3∽4년마다 한 번씩 재선정할 수도 있고, 저·고급 수를 가리지 않고 읽기용 내지는 쓰기용으로 불시(不時)에 출제하는 등 늘 대비하는 마음으로, 더운 여름에 잠시 쉬어가는 건널목에 놓인 [그늘막]의 역할이 되었으면 좋겠다. 이 제안은 새로운 방안으로 한자문화권 나라들의 충분한 동의를 얻었을 때만이 가능하다. 또한 본 [기초⇒기본⇒발전]으로 익힘이란 한 바퀴 사이클에서 벗어난 [자원대사전] 읽기 및 쓰기용으로 구분하여 반듯하게 갈라치면서 기본어휘와 발전어휘로 배분해 보았으면 좋겠다. 이는 한국어문회가 제일의 급수검정 단체로 자리매김할 수 있도록 의도적이자 계획적인 구상이 되기를 요망한다.

21쪽에 난대 이응백(李應百) 박사의 다음 건의가 이를 잘 설명해 준다고 하겠다.『한국어문회 [5978자] 특급 이외의 한자를 매년 혹은 3년마다 주기를 바꾸어 재선정하여 읽기용으로 관리만 잘해 출제한다면, 하나의 안이 크게 주목을 받을 수 있겠다. [출전(出戰)] 채비를 갖추었다가 단체나 교육부에서 금년 읽기용으로 선포하면 바로 읽기용 문항으로 잘 익혔다가 [出典(출전) 완료]라고 할 수 있는 안이라 하겠는데, 한번쯤 시도해볼만한 가치가 있겠다.』

한국 한자능력검정시험의 첫 번째 줄기는 [국가공인단체]와 [비공인단체]라는 두 가닥과 한자능력검정 원조(元祖)와 같아 그 뿌리가 한국에서 만큼은 깊은 [한국어문회]라는 단체와 [비한국어문회]란 단체로 나눈다. [출전(出典)]의 대열에 끼지도 못하고 기본한자, 발전한자 대열도 합류하지 못한 상용어휘를 감싸고 돌고 돌아 출전(出戰)의 대열에 끼도록 해야겠다.

읽을 수 있는 〈기본한자⇒발전한자〉라는 대열에 낄 수 있기를 바란다. 그러면 수험생도 우리 선현의 시문(詩文)이나 역사(歷史)도 읽을 수 있지는 않을까 본다. 남광우(南廣祐) 박사는 저자의 단행본 추천사에 통렬한 한 마디를 토해낸다. [국제화시대의 한자교육]에서 [漢字는 한글과 함께 國字]라면서 [초등학교 1학년부터 한자의 음과 훈을 가르쳐 그 뜻과 표기, 발음을 옳게 가르치는 것이 국어교육의 정도(正道)라 했다. 교육부 비공인 읽기용 한자표를 선정하는 안도 생각해 봄직하다.

국가공인 축소와 검정용 한자선정 시급성(대담: 對談)

토론자: 一石 이희승/蘭汀 남광우/蘭臺 이응백

본 주제는 우리가 해결하여 후손에게 넘겨주기 위한 큰 위업이다. 다음은 가상적 주제를 내걸고, 이 시대 어문교육 석학(碩學)들께서 펼치신 자유토론방 내용을 옮긴 것이다.

一石 박사 : 우리의 어문교육 입장에서 한자교육 문제는 대단히 중요하다. 중국과 일본을 틈바구니하고 있는 모든 사정을 감안하여 정부에 건의하는 것이 적절한 조치의 하나라고 본다. [일본한자능력검정협회에서 시행하는 좋은 제도를 우리가 받아들였으니, 지식 배움이란 현실로 받아들여야만 되지 않을까 본다. 이런 의미를 생각한다면 [공동통일안]을 생각함직 하겠다.

蘭臺 박사 : 한국의 교수협의에서 올해의 사자성어를 선정한 이해를 촉구한다. 일본은 매년 12월 말이면 당해 연도에 흥행했던 한자 한 자를 선정하고 역사의 뒤안길에 허덕이는 국민의 깨우침이란 이념으로 삼고 있다. 이런 것들은 국민적인 감각을 익히는 중요한 시점이 된다는 점이 참으로 중요하다. 한국의 지성인들이 사자성어를 통해서 단순한 말로 의미들을 포괄하고 지역단체 등에서도 선정했으면 좋겠다.

蘭汀 박사 : 우리들이 한자를 익히는 주요한 목표는 우리말의 바른 이해에 있다. 일본은 2019년에는 새로운 왕 등극을 담는 【令】으로 했고, 2020년엔 집단적 코로나19를 【密】로 결정했다. 중국은 국가언어자원 연구센터에서 2006년부터 올해의 한자(汉语盘点)를 발표했고, 타이완과 타이베이시 문화국에서는 2008년부터 선정하여 타이완 연도 대표자가 있었으며, 싱가포르와 말레이시아 단체도 2011년부터 올해의 한자를 선정해서 국민적 지혜 일변도를 담아 왔다. 한자문화권에 속한 국가가 한자를 미끼로 하여 사회적인 품격을 조정했으면 한다.

蘭臺 박사 : 우리의 경우는 두 낱말로 할 수도 있고, 일본처럼 낱자로 할 수 있을 것이다.

蘭汀 박사: 한국 급수검정단체는 우후죽순처럼 국가공인을 내줄 것이 아니라, [일본한자능력검정협회처럼 옆가지가 늘어지듯이 지엽적인 한자능력검정이 크게 효과가 있을 것으로 기대된다.

蘭臺 박사 : 한국어문회 [5978자] 특급 이외의 한자를 매년 혹은 3년마다 한자를 바꾸어 선정하여 읽기용으로 바꾸어 출제하면 좋겠다. [출전(出戰) 채비를 갖추었다가 단체나 교육부에서 금년에 읽기용으로 선포하면 바로 눈으로 익혔다가 [出典(출전) 완료]하는 새로운 안이 좋겠다.

一石 박사 : 난대 난정 두 박사 의견도 다 일리가 있어 매우 좋은 안이다. 이 협회가 각 광역지역단체인 도도부현(都道府縣)으로도 신속하게 파급할 수 있었으면 더욱 좋겠다. 이와 같은 도도부현의 지역적인 파급은 지역발전 검정시험을 관리하는 것도 깊이 생각할 문제다. 그뿐만 아니라 한자급수검정용 한자를 (일부 공통한자) 공통으로 제정하는 문제도 신중하게 고민할 일이겠다. 단합된 노력을 기울여 급수검정을 제도화하고 한자를 공동으로 제정했으면 좋겠다.

蘭汀과 蘭臺가 一石의 중재 및 찬동에 지지를 표한다. 한자능력검정 국가공인을 당국 관계자들이 참여하에 [국가공인 법인단체 축소와 검정용 한자 통일안] 문제에 적극 동의한다. 다 동의하여 후진들에게 다각도의 지혜를 깨우쳐 법인단체를 조정하고 검정용 한자를 재검토한다.

大阪僑民新聞(오사카교민신문) / 광주매일신문 / 월간 계간 문학지   2008年7月15日(月)

일본을 뒤흔든 공통약자 제정 제안

국제화 지향을 위해서는 한중일 약자 재정은 필수 중국간자 일본약자 수용

장 희 구 문학박사
전 남부대 초빙교수
북경경무대 객좌교수

중국 문자 개혁은 得보다 失이 컸다

한국의 장희구 박사가 지난 2008년 7월 10일 (목) 오사카교육대학(大阪教育大學) 국제관에서 한자문화권 약자의 중요성을 강조한 논문을 발표해 화제가 되었다. 중국이 간체자를 사용하는 마당에, 한중일 동양3국은 약자의 통일성이 이룩되어야 한다고 했다. 일본 산케이신문(産經新聞:動靜), 오사카교민신문, 한국 광주매일신문 등에 약술되었던 [서론→본론→결론]부 초록을 재정리한 것이다. <편집자 註>

한자는 중국에서 만들어졌지만, 한국과 일본이 공유하고 있는 공통문자다. 서양의 그리스 로마에서 만들어진 표음문자인 라틴어가 알파벳 문자의 근원이 되었듯이, 중국에서 만들어진 한자가 동양문자의 근원이 되었다. 중국은 한사군 설치(BC 108년) 이후 한자를 한국에 전달해 주었고, 한국은 백제인 왕인 박사가 4세기경(AD 400여 년)에 천자문과 논어를 통해 일본에 한자를 전해 주었다. 이렇게 해서 문화어와 문명어인 한자를 통한 언어의 전파가 급속도로 이룩되었다.

언어와 문자는 공유성과 역사성을 전제로 한다. 오지호(吳之湖) 선생의 이론에 의하면 높은 곳의 언어와 문화가 낮은 쪽으로 자연스럽게 침투하거나 스며든다고 했다. 지역성과 변화성도 큰 축을 형성하는 것도 사실이다. 사회적인 여건으로 보아 문자의 변화 생성 발전의 불가피함은 막을 수는 없겠다.

이런 점을 인지하고는 있지만, 중국은 1956년부터 지금까지 2,500자의 번체자를 간체자로 바꾸어 사용하여 문자 표기의 이질화를 가져왔다. 한자라고 할 수도 없는 표의문자(뜻글자)의 표음문자(소리글자)화를 가져와 한국과 일본인들이 읽어 해독할 수 없는 간체자를 양산(量産)하고 말았다. 실로 안타깝고 위험스러운 일이 아닐 수 없다 하겠다.

이런 점을 안타깝게 여긴 나머지 지난 2007년 5월 중국인민대학(中國人民大學) 대강당에서 [중국문자 개혁의 득과 실 연구]라는 논문을 발표하면서 다음과 같은 결론을 맺었다. "중국 문자 정책은 세계화를 지향하여 표음문자를 라틴화하여 간화(簡化)를 이룩하는 데 성공하여 실(實)이 채워졌는지는 모르겠지만, 한자문화권 나라와 합리적인 논의와 토론의 여과 없이 일방 통행식으로 간자의 고립화를 자초했다는 허(虛) 또한 적지 않았다. 그래서 중국문자 개혁 자체는 득(得)보다는 실(失)이 더 컸다"고 발표함에 따라 큰 호응을 얻은 바 있다. 이 발표의 끝 부분 논의와 전망에서 앞으로 중국이 간체자를 새로 만들 때는 한국과 일본의 충분한 논의와 합의를 이룩함에 따라 공통된 문자가 되어야 한다는 점을 힘주어 강조하여 큰 호응을 얻었다.

이와 같은 외국학자의 따끔한 의견을 받아들인 중국에서는 2009년 3월 전국공산당최고인민대회 석상에서 문자개혁에 대한 문제가 정치협회(政協)의 한 의제가 되어 진지하게 논의된 바가 있고, 각 대학의 토론 주제가 되었다는 이야기도 전해진다. 세계 각국에 간체자와 중국어를 보급하려고 설치된 [공자학원(孔子學院)]에도 나름 따끔한 일침을 주는 주춧돌 추세를 만들어내기도 했다는 평가다.

차제에 한국과 일본은 중국 문자를 새롭게 보아야 할 중대한 기로에 서 있는 현실을 직시해야겠다. 중국에서 번체화하여 만들어 사용하고 있는 일부 간체자는 약자로 인정하여 한일 양국이 공통으로 받아들였으면 좋겠다. 이는 자국의 공통된 의견으로 보아 공론화가 더욱 절실하다는 의견을 제시한다. 다만 앞으로 새로운 약자(혹은 간체자)를 제정할 때는 위원회와 같은 기구를 두어 공통된 의견이란 논의와 여과과정을 거쳐 공통분모를 찾자는 것이 필자의 의견임을 거듭 제안한다. 문화와 문자의 공유화는 사고와 사상의 공유화를 이룩할 수 있기 때문이다. 이와 같은 제안에 대한 논의는 한국의 경우 표음 문자로 대표되는 알파벳이나 한글은 '씨실'이 되고, 표의문자로 대표되는 한자는 '날실'이란 양 날개가 되어 문화의 촘촘한 실타래를 잘 엮어야겠다는 한 의견이다. 이런 뜻에서 보면 표의문자로 대표되는 번체자나 간체자의 약자화 공유는 심오한 동양의 정신적 문화 산물이기 때문이다. 특히 일본은 약자의 생활화가 한국보다는 그 진폭이 넓고 크기 때문에 동양문자의 공통 사용 필요성은 더욱 절실하다 하겠다. ◆

차 례

한자능력검정시험
자원대사전

8급

[001~050]

大　年　女　南　金　軍　國　九　校　教
北　父　白　民　門　木　母　萬　六　東
十　室　水　小　先　西　生　三　山　四
弟　長　一　人　二　月　外　王　五
火　兄　韓　學　八　土　七　寸　青　中

부수	획수	총획
攴	7	11

가르칠 교 : 【001】

字源 〈회의〉 기억력이 왕성하고 모방을 잘하는 시기는 어릴 때
다. 어렸을 때의 일은 평생을 두고 잊히지 않는다고 했
다. 행동이 잘못되면 아랫도리 종아리를 걷고 회초리로 치
면서 가르치기도 했다. 어린이(子)가 바른 일을 잘 본받도
록(爻) 낭창낭창 회초리로 후려치면서(攵) [가르치다(敎)]
는 뜻이고 [교]로 읽는다.
同訓(가르칠 훈) 誨(가르칠 회) 反學(배울 학) 習(익힐 습)
回敎

필순 ノ 二 メ キ 考 考 考 考 教 教

기초 【기초한자어】 익히고, 【기본→발전한자어】 다지기
敎生(교생) 교육실습생
敎室(교실) 학생들이 공부하는 방
敎育(교육) 가르치어 지식을 줌
• 올바른 인성 敎育은 건강한 정신을 만든다.
• 敎室은 학생들이 공부하는 장소다.

기본 ⑧敎門(교문) 敎室(교실) ⑦敎育(교육) 敎主(교주)
道敎(도교) ⑥敎會(교회) 敎科書(교과서) ⑥敎區(교구)
敎書(교서) 敎勢(교세) 敎習(교습) 敎訓(교훈) ⑤敎養
(교양) 敎化(교화) ⑤校壇(교단) 敎示(교시) 敎材(교재)
說敎(설교) ④敎官(교관) 敎權(교권) 敎導(교도) 敎務
(교무) 敎師(교사) 敎授(교수) 敎職(교직) 佛敎(불교) 宗敎
(종교) 回敎(회교) ④敎範(교범) 敎條(교조) 敎派(교파)
儒敎(유교) ③敎鍊(교련) ③殉敎(순교)

발전 ②敎唆(교사) 胎敎(태교) 敎旨(교지) ①敎撫(교무) 敎坊
(교방) 敎馴(교순) 敎鞭(교편) 敎誨(교회) 撫敎(무교) 諭敎
(유교) 頹敎(퇴교)

사자성어 ③三遷之敎(삼천지교) ②碩座敎授(석좌교수)

부수	획수	총획
木	6	10

학교 교 : 【002】

字源 〈형성〉 나무가 굽어지면 다른 나무를 교차시켜 바르게 크
도록 잘 붙잡아 고정한다. 사람 몸과 마음도 바르게 되도
록 스승의 가르침을 애써 받는다. 스승의 따뜻한 가르침
을 받은 장소를 '학교'라고 불렀다. 나무(木)를 교차(交)시
켜서 바르게 잡듯이 사람이 교정하며 공부하는 [학교(校)]
를 뜻하고 [교]로 읽는다.
同庠(학교 상) 勘(헤아릴 감) 回交(사귈 교)

필순 一 十 オ 木 木 栌 栌 栌 校 校

기초 【기초한자어】 익히고, 【기본→발전한자어】 다지기
校外(교외) 학교 밖

校門(교문) 학교의 정문
校長(교장) 학교의 으뜸 직위
• 월요일에는 校長선생님이 훈화를 한다.
• 우리 학교 校門 앞에는 육교가 있다.

기본 ⑧校木(교복) 母校(모교) 學校(학교) ⑦敎內(교내)
校正(교정) ⑦校花(교화) 校歌(교가) 校紙(교지) 登校
(등교) 休校(휴교) ⑥校庭(교정) 分校(분교) ⑥校訓
(교훈) 開校(개교) 本校(본교) 愛校(애교) ⑤校友(교우)
⑤校則(교칙) 貴校(귀교) 他校(타교) ④校舍(교사)
校監(교감) 復校(복교) 將校(장교) 鄕校(향교) ④閉校
(폐교) 校誌(교지) ③廢校(폐교) ③校訂(교정) 校獵
(교렵) 校閱(교열)

발전 ②校尉(교위) ②庠校(상교) ①勘校(감교) 校勘(교감)
讎校(수교) 闡校(천교) 稗校(패교)

사자성어 ④校外指導(교외지도)

부수	획수	총획
乙	1	2

아홉 구 【003】

字源 〈지사〉 아홉 번째인 「구」는 마지막 숫자의 앞 단계. 아
홉 구(九)자 모양도 [十]의 좌우 아래를 살짝 구부려 치켜
든 비슷한 모양을 갖추고 있어 새롭다. 아홉을 운명의 숫
자라는 생각을 하기도 했다. 손가락 아홉을 쭈욱 펴는 모양
이나 사과 아홉이 잘 담겨진 모양을 가리켜서 [아홉(九)]
을 뜻하고 [구]로 읽는다.
回力(힘 력) 丸(둥글 환)

필순 ノ 九

기초 【기초한자어】 익히고, 【기본→발전한자어】 다지기
九九(구구) 곱셈에 쓰는 기초 공식
九十(구십) 십의 아홉 배가 넘는 수
九月(구월) 한 해의 아홉째 달
• 나는 이제는 九九단을 잘 외울 수 있다.
• 학기말 평균 시험 성적이 九十점이 되었다.

기본 ⑧九年(구년) 九萬(구만) 九日(구일) 九寸(구촌) 九月山
(구월산) ⑦九重(구중) 九地(구지) 九天(구천) 九萬里
(구만리) ⑥九功(구공) ⑤九品(구품) ⑤九牛(구우)
④九回(구회) 九官鳥(구관조) ④九泉(구천) ③九尺
(구척)

발전 ②九貊(구맥) 九鼎(구정) 九皐(구고) 九旻(구민) 九錫
(구석) 九淵(구연) 九垠(구은) 九采(구채) ①九逵
(구규) 九棘(구극)

사자성어 ⑧九十八九(십중팔구) ⑥九十春光(구십춘광) ⑥九死
一生(구사일생) ④九牛一毛(구우일모) ④九折羊腸(구절
양장) ③九曲肝腸(구곡간장) ②九重宮闕(구중궁궐)
②洪範九疇(홍범구주)

8급

부수	획수	총획
囗	8	11

나라 국 【004】

字源 〈회의〉 나라의 존립은 내부적인 조직은 외부로부터 침략을 막고 국민의 안녕을 도모하는 데 있다. 방비를 튼튼히 하여 적이 침략하지 못하게 해야 했다. 나라의 병사들이 튼튼하게 국토를 잘 지켜냈다. 국경선(囗) 부근에 무기(戈)를 들고 국민(口)과 국토(一)를 잘 지켰으니 [나라(國)]를 뜻하고 [국]으로 읽는다.
圖邦(나라 방) 回圖(그림 도) 園(동산 원) 圓(둥글 원) 域(지경 역) 일国

필순 丨 冂 冂 冂 冂 国 国 國 國 國 國

기초 【기초한자어】익히고, 【기본→발전한자어】다지기
國土(국토) 나라의 땅
國家(국가) 나라
國外(국외) 나라 밖
• 國家 대표 선수로 뽑히기 위해 열심히 노력한다.
• 우리 國土는 삼면이 바다로 둘러싸여 있다.

기본 8 國軍(국군) 國母(국모) 國學(국학) 母國(모국) 韓國(한국) 7Ⅱ國道(국도) 國力(국력) 國立(국립) 國名(국명) 國事(국사) 國手(국수) 7 國旗(국기) 國文(국문) 國語(국어) 祖國(조국) 6Ⅱ 國樂(국악) 6 國交(국교) 國號(국호) 強國(강국) 開國(개국) 愛國(애국) 5Ⅱ 國法(국법) 國史(국사) 5 國選(국선) 擧國(거국) 建國(건국) 救國(구국) 4Ⅱ 國慶(국경) 國境(국경) 國權(국권) 國難(국난) 國防(국방) 國勢(국세) 國是(국시) 國益(국익) 國政(국정) 國際(국제) 護國(호국) 興國(흥국) 國慶日(국경일) 4 國威(국위) 國籍(국적) 傾國(경국) 歸國(귀국) 3Ⅱ 國喪(국상) 國葬(국장) 國策(국책) 鎭國(쇄국) 我國(아국) 還國(환국) 賣國奴(매국노) 3 邦國(방국) 殉國(순국)

발전 2 國棋(국기) 國勳(국훈) 託國(탁국) 霸國(패국) 28 國宰(국상) 國楨(국정) 旁國(방국) 倭國(왜국) 國柄(국병) 國祚(국조) 槐安國(괴안국) 閻羅國(염라국) 1 衢國(구국) 國舅(국구) 國嗣(국사) 國甥(국생) 國壻(국서) 國粹(국수) 國讎(국수) 國冑(국주) 蕃國(번국) 藩國(번국) 疵國(자국) 肇國(조국)

사자성어 2 汎國民的(범국민적) 28 輔國安民(보국안민)

부수	획수	총획
車	2	9

군사 군 【005】

字源 〈회의〉 병사들이 싸우려 갈 때는 무기나 먹을 양식을 실은 수레를 끌고 갔다. 잔당일망정 하나도 남김없이 무찌르겠다는 굳은 의기에 찬 그러한 모습이었을 것이다. 군사들이 돌진하는 씩씩한 모습이겠다. 많은 군사들이 전차(車)를 둘러싸고(冖) 씩씩하게 나가니 [병사(軍)]인 [군사(軍)]를 뜻하고 [군]으로 읽는다.
圖兵(병사 병) 士(선비 사) 旅(나그네/군사 려) 回運(옮길 운) 揮(휘두를 휘)

필순 丨 冖 冖 冖 宣 宣 宣 宣 軍

기초 【기초한자어】익히고, 【기본→발전한자어】다지기
國軍(국군) 나라의 군대
大軍(대군) 군사가 많은 군대
學軍(학군) 학생 군사교육 부대
• 우리나라 國軍은 나라의 방패 역할을 한다.
• 중공군은 大軍을 이끌고 국경을 넘어왔다.

기본 8 軍民(군민) 軍中(군중) 白軍(백군) 水軍(수군) 女軍(여군) 靑軍(청군) 7Ⅱ 軍氣(군기) 軍事(군사) 軍車(군차) 空軍(공군) 農軍(농군) 海軍(해군) 7 軍歌(군가) 軍旗(군기) 6Ⅱ 軍部(군부) 軍用(군용) 6 軍番(군번) 軍服(군복) 行軍(행군) 強行軍(강행군) 5Ⅱ 軍士(군사) 友軍(우군) 陸軍(육군) 5 軍橋(군교) 軍馬(군마) 軍費(군비) 建軍(건군) 4Ⅱ 軍警(군경) 軍隊(군대) 軍律(군율) 軍備(군비) 軍港(군항) 減軍(감군) 將軍(장군) 敵軍(적군) 進軍(진군) 回軍(회군) 軍樂隊(군악대) 4 軍犬(군견) 軍紀(군기) 軍納(군납) 軍亂(군란) 軍糧(군량) 軍營(군영) 軍政(군정) 軍縮(군축) 軍票(군표) 援軍(원군) 從軍(종군) 豫備軍(예비군) 3Ⅱ 軍葬(군장) 我軍(아군) 3 叛軍(반군)

발전 2 軍帽(군모) 軍閥(군벌) 軍艦(군함) 軍靴(군화) 魔軍(마군) 駐軍(주군) 津軍(진군) 撤軍(철군) 駐屯軍(주둔군) 28 聚軍(취군) 1 軍檄(군격) 軍壘(군루) 軍鋒(군봉) 軍伍(군오) 軍戎(군융) 軍廚(군주) 軍麾(군휘) 將軍塚(장군총)

사자성어 4 白衣從軍(백의종군) 3Ⅱ 孤軍奮鬪(고군분투)

부수	획수	총획
金	0	8

성 김
쇠 금 【006】

字源 〈형성〉 우리나라에는 지하자원이 풍부하여 많은 종류가 생산된다. 금이나 은 같은 지하자원이 깊은 산 흙 속에 묻혀 있어 한때는 자원의 왕국이라고도 했다. 금이나 석탄과 같은 귀중한 자원들을 캐냈다. 깊은 산(亼) 흙(土) 속에 광물질(八)이 묻혀 있으니 강력한 [쇠붙이(金)]인 [성씨]를 뜻하고 [금] 혹은 [김]으로 읽는다.
圖鐵(쇠 철) 回仝(온전 전) 釜(가마 부)

필순 丿 人 亼 亼 全 全 金 金

기초 【기초한자어】익히고, 【기본→발전한자어】다지기
金山(금산) 금을 캐는 광산. 금광
白金(백금) 은백색의 금속 원소
年金(연금) 일정기간 동안 정기적으로 주는 돈
• 白金가격이 많이 오르면서 널뛰기 폭등했다.

8급

• 그들 부부는 정년퇴임 후 年金으로 생활한다.

기본 ⑧先金(선금) ⑦力金力(금력) 出金(출금) ⑦金色(금색) 千金(천금) 入金(입금) 入出金(입출금) ⑥公金(공금) 現金(현금) ⑥金言(금언) 合金(합금) 黃金(황금) 金石文(금석문) ⑤基金(기금) 金品(금품) ⑤金賞(금상) 料金(요금) 賞金(상금) 貯金(저금) ④誠金(성금) 金句(금구) 金貨(금화) 拜金(배금) 罰金(벌금) 稅金(세금) 送金(송금) ④金額(금액) 巨金(거금) 資金(자금) 殘金(잔금) 積金(적금) 金庫(금고) 金鑛(금광) 金髮(금발) ③金冠(금관) 金肥(금비) 金塔(금탑) 烏金(오금) 賃金(임금) 獻金(헌금) 金剛經(금강경) 金剛石(금강석) 金子塔(금자탑) ③金塊(금괴) 募金(모금)

발전 ②金融(금융) 鍛金(단금) 預金(예금) 金坑(금갱) 金闕(금궐) 金帽(금모) 供毛金(공탁금) 預入金(예입금) ②金蟾(금섬) 金鴨(금압) 金富軾(김부식) 金閼智(김알지) 金庾言(김유신) ①醵金(갹금) 金哥(김가) 金柑(금감) 金溝(금구) 金鉤(금구) 金橘(금귤) 金鍍(금도) 金皿(금명) 金珀(금박) 金箔(금박) 金帛(금백) 金瓶(금병) 金盆(금분) 金獅(금사) 金鞍(금안) 金孃(금양) 金鏞(금용) 金盞(금잔) 金簪(금잠) 金貂(금초) 金鎚(금추) 金鍼(금침) 金槌(금퇴) 淘金(도금) 鍍金(도금) 釐金(이금) 餠金(병금) 冶金(야금) 捐金(연금) 剩金(잉금) 汰金(태금)

사자성어 ④金科玉條(금과옥조) 金管樂器(금관악기) 金屬工藝(금속공예) ③金枝玉葉(금지옥엽) ②別段預金(별단예금) ②金旺之節(금왕지절)

부수	획수	총획
十	7	9

남녘 남【007】

字源 〈형성〉남쪽으로 갈수록 비가 많이 와서 나무와 풀이 무성하게 자란다. 한자문화권 나라는 주로 적도 이북에 있는 나라들이었다. 남쪽 나라의 이국 풍경이 잘 보이기도 했다. 남쪽으로 갈수록 초목이 무성해지는(市) 정도가 심해짐을 나타내어(羊) 따뜻한 기후를 상징하는 [남녘(南)]을 뜻하고 [남]으로 읽는다.
回北(북녘 북)

필순 一 十 ナ 内 内 内 南 南 南

기초 【기초한자어】익히고, 【기본→발전한자어】다지기
南山(남산) 남쪽에 있는 산
南北(남북) 남쪽과 북쪽
東南(동남) 동쪽과 남쪽
• 우리나라는 南北으로 나뉘어져 있다.
• 서울 南山에는 전망대가 매우 높다.

기본 ⑧南門(남문) 南韓(남한) 三南(삼남) 南國(남국) ⑦南下(남하) 南道(남도) 南方(남방) 南海(남해) 江南(강남) ⑥南部(남부) 南風(남풍) 對南(대남) ⑥南洋(남양) 南行(남행) 南向(남향) ⑤以南(이남) ⑤湖南(호남) ④南極(남극) 南端(남단) 南進(남진) 南侵(남침) 指南鐵(지남철) ④南派(남파) ③南殿(남전) 越南(월남) 嶺南(영남)

발전 ②南極圈(남극권) ②南宋(남송) 南誾(남은) 南怡(남이) 南鄭(남정) 淮南子(회남자) ①南溟(남명) 南畝(남무) 南蕃(남번) 南狩(남수)

사자성어 ⑦南男北女(남남북녀) ②南柯一夢(남가일몽)

부수	획수	총획
女	0	3

계집 녀【008】

字源 〈상형〉여자는 집안에서 살림을 도맡아 하거나 높은 부덕(婦德)을 쌓았다. 남편이나 윗사람의 말씀에 순종하면서 집안을 화목하게 이끌어 나가기에 힘을 썼다. 암전하고 덕스러운 그러한 모습을 본뜬 글자다. 여자가 얌전하게 앉은 올바른 모습을 본떠서 [여자]라고 불렀으니 [계집(女)]을 뜻하고 [녀(여)]로 읽는다.
⑤娘(계집 낭) 媛(계집 원) 姬(계집 희) 回男(사내 남) 郎(사내 랑) 回安(편안 안)

필순 く 女 女

기초 【기초한자어】익히고, 【기본→발전한자어】다지기
女大(여대) 여자 대학
女王(여왕) 여자 임금
父女(부녀) 아버지와 딸
• 여자 대학교를 약칭으로 '女大'라고 부른다.
• 아버지와 딸을 父女지간이라 부른다.

기본 ⑧女軍(여군) 女人(여인) 母女(모녀) 小女(소녀) 女先生(여선생) ⑦女子(여자) 下女(하녀) 海女(해녀) 孝女(효녀) ⑦女同生(여동생) 有夫女(유부녀) ⑥美女(미녀) 石女(석녀) ⑤女流(여류) 女性(여성) 女兒(여아) 女史(여사) 仙女(선녀) 養女(양녀) 兒女子(아녀자) ⑤女給(여급) ④女權(여권) 女息(여식) 宮女(궁녀) 修女(수녀) 聖女(성녀) 次女(차녀) 處女(처녀) ④女傑(여걸) 女優(여우) 女裝(여장) 烈女(열녀) 織女(직녀) ③女僧(여승) 貢女(공녀) 淑女(숙녀) 侍女(시녀) 女丈夫(여장부) ③厥女(궐녀) 姪女(질녀) 醜女(추녀)

발전 ⑥妖女(요녀) 處女膜(처녀막) ②倭女(왜녀) 熊女(웅녀) 媛女(원녀) ①嫁女(가녀) 嬌女(교녀) 妓女(기녀) 女閭(여려) 女楷(여해) 女衒(여현) 游女(유녀) 佚女(일녀) 嫡女(적녀) 娼女(창녀) 樵女(초녀) 妬女(투녀) 衒女(현녀)

사자성어 ⑥男女有別(남녀유별) ⑤女流文學(여류문학) 女流作家(여류작가) ②男負女戴(남부여대)

부수	획수	총획
干	3	6

해 년【009】

字源 〈형성〉 일 년에 한 번 농사를 지어 많은 곡식을 수확한다. 풍성한 가을곡식(禾)이 많이(千) 익은 기간으로 처음 글자는 [秊(해 년)]으로 쓰기도 했던 글자다. 이와 같은 글자들이 변해서 정착된 문자라 하겠다. 가을 곡식을 다 수확하고 씨앗(子←千)을 다 받았던 시절인 [年]으로 한 [해(年)]를 뜻하고 [년(연)]으로 읽는다.
回歲(해 세) 齡(나이 령) 回午(낮 오) 牛(소 우)

필순 ﾉ ﾉ ﾋ ﾋ 丘 年

기초 【기초한자어】익히고, 【기본→발전한자어】다지기
年中(연중) 한 해 동안
年長(연장) 자기보다 나이가 많음
靑年(청년) 젊은 남자. 젊은 사람
• 건강한 靑年들 도움으로 일이 빨리 끝났다.
• 우리 모임에는 年長자를 회장으로 정한다.

기본 ⑧年金(연금) 年年生(연년생) ⑦년 年間(연간) 每年(매년) 平年(평년) ⑦年老(연로) 來年(내년) 老年(노년) 少年(소년) ⑥년 年高(연고) 年始(연시) 年表(연표) 光年(광년) 今年(금년) 明年(명년) 新年(신년) 昨年(작년) ⑥年級(연급) 年例(연례) 年號(연호) 近年(근년) 例年(예년) 成年式(성년식) ⑤년 年歲(연세) 凶年(흉년) ⑤年末(연말) 年初(연초) 去年(거년) 停年(정년) 末年(말년) 初年(초년) ④년 年齒(연치) 康年(강년) 送年(송년) 往年(왕년) 豊年(풍년) 安息年(안식년) ④年輪(연륜) 甲年(갑년) 壯年(장년) ③년 年鑑(연감) 年輩(연배) 年譜(연보) 隔年(격년) 頃年(경년) 晩年(만년) 芳年(방년) 旬年(순년) 幼年(유년) 編年(편년) 荒年(황년) 同年輩(동년배) ③閏年(윤년) 享年(향년) 忘年會(망년회)

발전 ②瓜年(과년) 瑞年(서년) 年俸(연봉) ②者年(기년) 踰年(유년) 椿年(춘년) 禧年(희년) 年祚(연조) ①劫年(겁년) 曠年(광년) 朞年(기년) 年齡(연령) 嗇年(색년) 踰年(유년) 翌年(익년) 遐年(하년)

사자성어 ⑧生年月日(생년월일) ③百年佳約(백년가약)

부수	획수	총획
大	0	3

큰 대(:)【010】

字源 〈상형〉 하늘도 땅도 크고 이를 호령하는 사람 또한 만물의 영장으로 크다고 생각했다. 학문이 높은 사람은 청운의 큰 뜻을 품고 살아간다고 한다. 지구상의 세상은 온통 크고 만물을 호령할 만도 했겠다. 사람이 팔과 다리를 벌린 모양이나 고래와 같은 큰 짐승을 가리켜서 [크다(大)

는 뜻이고 [대]로 읽는다.
回太(클 태) 巨(클 거) 泰(클 태) 回小(작을 소) 回六(여섯 륙) 太(클 태) 犬(개 견)

필순 一 ナ 大

기초 【기초한자어】익히고, 【기본→발전한자어】다지기
大人(대인) 거인. 성인. 어른
大學(대학) 고등교육 기관의 한 가지
大國(대국) 땅이 넓거나 국력이 강한 나라
• 사촌 형은 서울에 있는 大學에 입학했다.
• 아버지께서는 나에게 大人이 되라고 가르치신다.

기본 ⑧大王(대왕) 大火(대화) ⑦년 大家(대가) 大道(대도) 大海(대해) 大事(대사) ⑦大旗(대기) 大氣(대기) 大便(대변) 大地(대지) 重大(중대) ⑥년 大科(대과) 大成(대성) 大業(대업) 大運(대운) 大戰(대전) 大會(대회) ⑥大路(대로) 大別(대별) 遠大(원대) ⑤년 大觀(대관) 大望(대망) 大商(대상) 廣大(광대) 偉大(위대) ⑤大擧(대거) 大吉(대길) 大量(대량) 大賞(대상) 大敗(대패) 雄大(웅대) 最大(최대) ④년 大監(대감) 大勢(대세) 大義(대의) 大衆(대중) 大波(대파) 盛大(성대) 增大(증대) 至大(지대) ④大系(대계) 大君(대군) 大略(대략) 壯大(장대) 大規模(대규모) ③년 大綱(대강) 大槪(대개) 大腦(대뇌) 大凡(대범) 大抵(대저) 大殿(대전) 誇大(과대) 寬大(관대) 肥大(비대) 甚大(심대) 大成殿(대성전) ③大僚(대료) 大幅(대폭) 擴大(확대)

발전 ②大闕(대궐) 大膽(대담) 大赦(대사) 大尉(대위) 大旨(대지) 大鋪(대포) 大虐(대학) 大艦(대함) 大型(대형) 大勳(대훈) 大呂(대려) 大鵬(대붕) 大柄(대병) 大鎌(대겸) 大阪(대판) 大峙洞(대치동) 大淵鹹(대연함) ①廣大(광대) 大喝(대갈) 大凱(대개) 大羹(대갱) 大譴(대견) 大魁(대괴) 大轎(대교) 大鉤(대구) 大逵(대규) 大朞(대기) 大戾(대려) 大牢(대뢰) 大戮(대륙) 大皿(대명) 大帛(대백) 大藩(대번) 大袖(대수) 大宛(대완) 大匠(대장) 大篆(대전) 大詔(대조) 大捷(대첩) 大腿(대퇴) 大鹹(대함) 大饗(대향) 大俠(대협) 大譓(대휘) 大諱(대휘) 尨大(방대) 猥大(외대) 膨大(팽대) 渾大(혼대)

사자성어 ④大同小異(대동소이) 大驚失色(대경실색) ③년大器晩成(대기만성) ②膽大心小(담대심소) ②閻羅大王(염라대왕)

부수	획수	총획
木	4	8

동녘 동【011】

字源 〈회의〉 태양은 새로움의 시작이며 희망찬 밝음이다. 멀리 떠오른 태양을 얼른 보면 마치 동구 밖 나뭇가지에 걸려 있는 것으로 보였으니 그 뜻만을 모았으리라. 글자의 모

8급

양만 얼른 보아도 그림이 훤히 보인다. 떠오른 밝은 해 (日)가 나뭇가지(木)에 걸렸으니 아침의 태양인 [동녘(東)]을 뜻하고 [동]으로 읽는다.

回西(서녘 서) 回束(묶을 속) 柬(가릴 간)

필순 一 ㄇ ㅁ 百 百 申 東 東

기초 【기초한자어】 익히고, 【기본→발전한자어】 다지기

東西(동서) 동쪽과 서쪽
東山(동산) 동쪽에 있는 산
中東(중동) 극동과 근동의 중간 지방
• 東山에 올라 소리치니 메아리 되어 돌아온다.
• 中東 여러 나라에서는 석유가 많이 생산된다.

기본 8東國(동국) 東南(동남) 東北(동북) 東西(동서) 東人(동인) 東學(동학) 東大門(동대문) 7I東方(동방) 東海(동해) 海東(해동) 7東天(동천) 6I東窓(동창) 6東京(동경) 東向(동향) 東洋(동양) 近東(근동) 5I東獨(동독) 關東(관동) 4I東經(동경) 東宮(동궁) 東壁(동벽) 東鄉(동향) 極東(극동) 4東君(동군) 嶺東(영동) 東南亞(동남아) 3東廟(동묘) 東夷(동이) 東軒(동헌)

발전 2東歐(동구) 洛東江(낙동강) 28東萊(동래) 東暹(동섬) 東濊(동예) 東魏(동위) 東晋(동진) 東皐(동고) 東后(동후) 1東籬(동리) 東宛(동완)

사자성어 7東問西答(동문서답) 5馬耳東風(마이동풍) 3I東奔西走(동분서주) 2東海揚塵(동해양진) 28遼東半島(요동반도)

부수	획수	총획
八	2	4

여섯 륙 【012】

字源 〈지사〉 초등학교 최고 학년은「육」이고 키가 큰 사람을 육척장신이라고 했다. 나이 육십이 되면 환갑이 되고, 법률도 육법(六法) 전서가 있어 주위를 적신다. 그래서 숫자 육에 대한 인식은 아주 남달랐다. 손가락 여섯을 위로 펴고 상자 안에 과자가 여섯인 모양을 가리켜서 [여섯(六)]을 뜻하고 [륙(육)]으로 읽는다.

回大(큰 대) 太(클 태) 犬(개 견)

필순 ` 一 ナ 六

기초 【기초한자어】 익히고, 【기본→발전한자어】 다지기

六日(육일) 엿새. 한 달의 여섯 번째 달
六十(육십) 십의 여섯 배가 되는 수
六兄弟(육형제) 여섯 명의 형제
• 그 공장은 六日동안 일을 하고 하루만 쉰다.
• 그들 六兄弟는 서로 사이좋게 지낸다.

기본 8六月(유월) 六學年(육학년) 7I六事(육사) 六寸(육촌) 6I六書(육서) 六面體(육면체) 6六感(육감)

6禮(육례) 六親(육친) 5I六法(육법) 死六臣(사육신) 4六甲(육갑) 3I六旬(육순)

발전 28六呂(육려) 六柄(육병) 六采(육채) 六六鱗(육육린) 1駕六(가륙) 六腑(육부) 六牲(육생) 六摯(육지) 六鑿(육착) 六爻(육효) 什六(십륙)

사자성어 6I三十六計(삼십육계)

부수	획수	총획
艹	9	13

일만 만 : 【013】

字源 〈상형〉 벌통이나 벌집에 한 마리의 여왕벌이 있고, 많은 일벌들이 같이 산다. 일벌들은 꽃을 찾아 날아다니며 그들은 식량이 되는 꿀을 따서 모은다. 모두는 여왕벌의 지시에 따른 것으로 알려진다. 벌의 촉각, 몸통, 발의 모양을 두루 본떠서 벌의 수효가 꽤 많다고 보았으니 [일만(萬)]을 뜻하고 [만]으로 읽는다.

역万

필순 一 ナ ゲ ガ 芐 苩 苒 莒 萬 萬 萬

기초 【기초한자어】 익히고, 【기본→발전한자어】 다지기

萬國(만국) 세계의 모든 나라
萬民(만민) 모든 백성. 모든 사람
十萬(십만) 만의 열 배가 되는 수
• 이번 집회에 十萬이 넘는 많은 군중이 모였다.
• 운동장에는 萬國旗가 높이 펄럭이고 있다.

기본 8萬軍(만군) 萬年(만년) 萬人(만인) 萬一(만일) 萬山中(만산중) 7I萬物(만물) 萬事(만사) 萬世(만세) 萬全(만전) 7萬里(만리) 萬國旗(만국기) 6I萬代(만대) 6萬感(만감) 萬石(만석) 5I萬能(만능) 萬福(만복) 萬歲(만세) 萬物相(만물상) 萬不當(만부당) 5萬無(만무) 4I萬康(만강) 萬難(만난) 3I萬若(만약) 拾萬(십만) 3萬邦(만방)

발전 28萬旺(만왕) 萬鎰(만일) 萬年芝(만년지) 1萬弩(만노) 萬萌(만맹) 萬樞(만추) 萬壑(만학) 萬喙(만훼)

사자성어 5I萬古不變(만고불변) 4I萬里長城(만리장성) 萬病通治(만병통치) 3I萬不得已(만부득이) 氣高萬丈(기고만장) 3千辛萬苦(천신만고) 森羅萬象(삼라만상) 28萬壽無疆(만수무강) 2萬頃滄波(만경창파)

부수	획수	총획
毋	1	5

어미 모 : 【014】

字源 〈지사〉 어머니 은혜는 바다보다 깊고 하늘보다 높다고 했다. 어머니는 포근한 사랑으로 감싸주고 알뜰한 정성으로

길러주었기 때문이다. '여자는 약하다 그러나 어머니는 강하다'는 말을 이를 대변하고 있다 하겠다. 어머니가 자식에게 젖을 먹이거나 품에 안은 모양을 가리켜 [어머니(母)]를 뜻하고 [모]로 읽는다.
回 父(아비 부) 子(아들/자식 자) 回 毋(말 무) 毌(꿰뚫을 관)

필순 ㄴ 乄 乭 乭 母

기초 【기초한자어】 익히고, 【기본→발전한자어】 다지기
母校(모교) 자기가 다녔던 학교
母女(모녀) 어머니와 딸
母國(모국) 자기가 태어난 나라
• 선배들이 추억을 그리며 母校를 방문했다.
• 외국에 가면 母國에 대한 그리움이 매우 크다.

기본 8 父母(부모) 生母(생모) 母弟(모제) 學父母(학부모)
71 母子(모자) 食母(식모) 7 老母(노모) 字母(자모)
祖母(조모) 61 母音(모음) 母體(모체) 代母(대모) 分母(분모) 代理母(대리모) 6 母親(모친) 51 母法(모법) 母性(모성) 母情(모정) 産母(산모) 雲母(운모) 母性愛(모성애) 41 航母(항모) 4 繼母(계모) 母乳(모유) 母系(모계) 乳母(유모) 酒母(주모) 未婚母(미혼모) 31 姑母(고모) 伯母(백모) 丈母(장모) 偏母(편모) 3 聘母(빙모) 庶母(서모) 岳母(악모) 漂母(표모)

발전 2 母胎(모태) 母艦(모함) 母型(모형) 胎母(태모) 28 母后(모후) 1 嫁母(가모) 舅母(구모) 酪母(낙모) 母艱(모간) 母舅(모구) 釀母(양모) 姨母(이모) 孕母(잉모) 嫡母(적모) 饌母(찬모)

사자성어 31 孟母三遷(맹모삼천) 賢母良妻(현모양처) 2 航空母艦(항공모함)

부수	획수	총획
木	0	4

나무 목 【015】

字源 〈상형〉 나무는 목재를 주고 땔감을 주어서 사람에게 이롭게 쓰인다. 우리는 '식목일'을 정하여 매년 나무를 심고 '육림의 날'을 정하여 나무를 잘 기르도록 한 이유들이다. 나무의 중요성이 강조되는 중요한 시기다. 산에서 옹기종기 울창하게 자라는 여러 나무의 모양을 본떠서 [나무(木)]를 뜻하고 [목]으로 읽는다.
回 樹(나무 수) 回 才(재주 재)

필순 一 十 才 木

기초 【기초한자어】 익히고, 【기본→발전한자어】 다지기
生木(생목) 생나무
木門(목문) 나무로 된 문
木金(목금) 나무와 금속
• 나무로 만든 木門은 옛 정취를 느끼게 해준다.

• 生木을 그늘에 말려서 악기 재료로 쓰기도 한다.

기본 8 木靑(목청) 土木(토목) 木生火(목생화) 71 木工(목공) 木手(목수) 7 木草(목초) 木花(목화) 老木(노목) 植木(식목) 草木(초목) 植木日(식목일) 61 角木(각목) 果木(과목) 6 木石(목석) 樹木(수목) 51 木材(목재) 木質(목질) 木性(목성) 廣木(광목) 材木(재목) 5 木馬(목마) 木炭(목탄) 木板(목판) 原木(원목) 板木(판목) 41 木造(목조) 木器(목기) 木星(목성) 檀木(단목) 伐木(벌목) 接木(접목) 布木(포목) 木工藝(목공예) 4 木管(목관) 刻木(각목) 巨木(거목) 雜木(잡목) 木蓮(목련) 31 木脚(목각) 木履(목리) 木版(목판) 臺木(대목) 玄木(현목) 木克土(목극토) 3 枯木(고목) 苗木(묘목) 木雁(목안) 木枕(목침) 枕木(침목)

발전 2 木瓜(목과) 木箱(목상) 木彫(목조) 28 槐木(괴목) 柴木(시목) 鑽木(찬목) 楸木(추목) 木彊(목강) 木槿(목근) 木覓山(목멱산) 1 喬木(교목) 枸木(구목) 撞木(당목) 木梗(목경) 木橙(목등) 木挽(목만) 木棉(목면) 木鼈(목별) 木煞(목살) 木犀(목서) 木鳶(목연) 木蔭(목음) 木匠(목장) 木箭(목전) 木柵(목책) 木槌(목퇴) 木牌(목패) 槃木(반목) 斧木(부목) 薪木(신목) 椽木(연목) 栓木(전목) 卉木(훼목)

사자성어 28 木旺之節(목왕지절)

부수	획수	총획
門	0	8

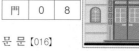

문 문 【016】

字源 〈상형〉 사람이 사는 집에는 창문, 방문, 부엌문 등 드나드는 문이 매우 많다. 나가고 들어옴이 잦은 곳에는 더욱 튼튼한 대문도 달았다. 사람의 드나듦이 잦은 곳에 큰 대문이 있어서 집의 상징이 되기도 했다. 출입이 잦아서 들고나는 출입문으로 튼튼한 대문의 모양을 본떠서 [문(門)]을 뜻하고 [문]으로 읽는다.
回 戸(집 호) 回 問(물을 문)

필순 丨 冂 冂 冃 冐 門 門 門

기초 【기초한자어】 익히고, 【기본→발전한자어】 다지기
校門(교문) 학교의 문
大門(대문) 큰 문
門中(문중) 성과 본이 같은 가까운 집안
• 校門앞 사거리에는 횡단보도가 있다.
• 우리 집 大門은 나무로 된 단단한 문이다.

기본 8 水門(수문) 門人(문인) 校門(교문) 北門(북문) 南大門(남대문) 東大門(동대문) 71 門前(문전) 門下(문하) 家門(가문) 正門(정문) 門下生(문하생) 門外漢(문외한) 7 入門(입문) 同門(동문) 後門(후문) 61 窓門(창문) 部門(부문) 6 開門(개문) 51 門客(문객) 門望(문망) 關門(관문) 5 鐵門(철문) 41 門戸(문호) 砲門(포문)

房門(방문) 佛門(불문) 玉門(옥문) 陰門(음문) 尊門
(존문) 破門(파문) 門間房(문간방) 4 專門(전문) 朱門
(주문) 閉門(폐문) 登龍門(등용문) 3Ⅰ 門衡(문형) 滅門
(멸문) 釋門(석문) 3 門閱(문열)

발전 2 門閥(문벌) 嗅門(후문) 勳門(훈문) 門闕(문궐) 28 槐門
(괴문) 旌門(정문) 門祚(문조) 1 渠門(거문) 叩門(고문)
敲門(고문) 棘門(극문) 鸞門(난문) 閭門(여문) 壘門(누문)
籬門(이문) 門眷(문권) 門隙(문극) 門閭(문려) 門燎
(문료) 門牡(문모) 門扉(문비) 門塾(문숙) 門牌(문패)
壁門(벽문) 噴門(분문) 羨門(연문) 衙門(아문) 詣門
(예문) 踵門(종문) 肛門(항문) 荊門(형문)

사자성어 6Ⅰ 門前成市(문전성시) 4Ⅰ 門戶開放(문호개방) 4 名
門巨族(명문거족) 28 杜門不出(두문불출) 門前沃畓
(문전옥답)

	부수	획수	총획
民	氏	1	5

백성 민【017】

字源 〈지사〉 여자는 여러 명의 자식을 낳아 기른다. 태어난 자
식이 성장하면서 나라 안에는 많은 백성이 잘 살도록 군
락이 형성된다. 한때 하나만 잘 기르자 했지만 요즈음은
많이 낳아 기르자는 국민운동이다. 여자(⻖ ← 母)가 자식
(一)을 낳아 기르게 되면 수효가 많음을 가리켜 [백성(民)]
을 뜻하고 [민]으로 읽는다.
밴王(임금 왕) 君(임금 군) 官(벼슬 관) 밴斤(날 근) 眠(잘 면)

필순 ⁊ ⁊ ⁊ ⼾ 民

기초 【기초한자어】 익히고, 【기본 → 발전한자어】 다지기
民生(민생) 국민의 생활
國民(국민) 그 나라의 백성
萬民(만민) 모든 백성
• 우리 國民은 매우 부지런하다고 소문이 나았다.
• 경찰관은 民生치안을 위해 불철주야 고생한다.

기본 8 民軍(민군) 人民(인민) 7Ⅰ 民家(민가) 民間(민간)
民事(민사) 農民(농민) 市民(시민) 平民(평민) 7 民心
(민심) 民主(민주) 住民(주민) 6Ⅰ 民意(민의) 6 民族
(민족) 民度(민도) 區民(구민) 民生苦(민생고) 5Ⅰ 民法
(민법) 民情(민정) 良民(양민) 流民(유민) 5 民選
(민선) 民願(민원) 漁民(어민) 原住民(원주민) 4Ⅰ 民權
(민권) 民俗(민속) 民謠(민요) 民衆(민중) 難民(난민)
牧民(목민) 貧民(빈민) 爲民(위민) 移民(이민) 治民(치민)
失鄕民(실향민) 4 民亂(민란) 民營(민영) 民怨(민원)
居民(거민) 3Ⅰ 民弊(민폐) 逸民(일민) 兆民(조민) 賤民
(천민) 流浪民(유랑민) 3 民泊(민박) 庶民(서민) 零細民
(영세민)

발전 2 貧民窟(빈민굴) 1 黎民(여민) 民膏(민고) 民譚(민담)
民閭(민려) 民坊(민방) 裔民(예민) 佚民(일민) 惰民(타민)

鰥民(환민) 猾民(활민) 恤民(휼민)

사자성어 3Ⅰ 民事訴訟(민사소송) 國泰民安(국태민안) 愚民
政治(우민정치) 2 汎國民的(범국민적) 28 輔國安民
(보국안민)

	부수	획수	총획
白	白	0	5

흰 백【018】

字源 〈지사〉 햇빛은 온 세상을 밝고 환하게 비춰준다. 온갖 생
물을 쑥쑥 자라게 해주며 어둡고 괴로운 곳까지 하얗게
비춰주어 어둠 없는 밝은 세상이 된다. 또한 낮과 밤의 어
김없는 교차로 지구라는 큰 맥도 잇는다. 밝은 햇볕(日)이
하늘 위에서(/) 환하게 비춰주었으니 그 색깔이 [희다(白)]
는 뜻이고 [백]으로 읽는다.
동素(본디/흴 소) 반黑(검을 흑) 玄(검을 현) 회日(날 일)
百(일백 백) 自(스스로 자) 曰(가로 왈)

필순 ⼃ ⼂ ⼌ 白 白

기초 【기초한자어】 익히고, 【기본 → 발전한자어】 다지기
白軍(백군) 흰 쪽의 편
白金(백금) 은백색의 금속 원소
白水(백수) 깨끗하고 맑은 물
• 깊은 산 속에서 흐르는 白水로 목을 축였다.
• 白金은 값이 매우 비싼 가격의 보석이다.

기본 8 白軍(백군) 白金(백금) 白木(백목) 白日(백일) 7Ⅰ 白話
(백화) 自白(자백) 白日場(백일장) 7 白旗(백기) 白文
(백문) 白色(백색) 白紙(백지) 白花(백화) 6Ⅰ 白書
(백서) 白雪(백설) 半白(반백) 6 白米(백미) 白夜(백야)
白衣(백의) 太白(태백) 5Ⅰ 白雲(백운) 告白(고백) 獨白
(독백) 白兵戰(백병전) 5 白馬(백마) 黑白(흑백) 4Ⅰ 白玉
(백옥) 白鳥(백조) 潔白(결백) 純白(순백) 餘白(여백)
精白(정백) 白內障(백내장) 4 白髮(백발) 白粉(백분)
白丁(백정) 3Ⅰ 白露(백로) 白墨(백묵) 白飯(백반) 白蛇
(백사) 白奏(백주) 白鶴(백학) 白虎(백호) 淡白(담백)
蒼白(창백) 白沙場(백사장) 3 白眉(백미) 傍白(방백)
漂白(표백)

발전 2 戴白(대백) 白鷗(백구) 白蔘(백삼) 白刃(백인) 白磁
(백자) 白膠木(백교목) 28 白琯(백관) 白鷺(백로) 白熊
(백웅) 白圭(백규) 白茅(백모) 白晳(백석) 白楡(백유)
1 蛋白(단백) 白鵠(백곡) 白駒(백구) 白撞(백당) 白蠟
(백랍) 白狼(백랑) 白粱(백량) 白燐(백린) 白描(백묘)
白礬(백반) 白帆(백범) 白璧(백벽) 白扇(백선) 白堊
(백악) 白狄(백적) 白睛(백정) 白菖(백창) 白疊(백첩)
白貂(백초) 白癡(백치) 白萍(백평) 白蒲(백포) 白瑕
(백하) 白狐(백호) 白虹(백홍) 粹白(수백) 曳白(예백)
狐白(호백)

사자성어 3 白骨難忘(백골난망)

8급

부수	획수	총획
父	0	4

아비 부 【019】

字源 〈상형〉 부모는 자식이 바른 길로 가기를 늘 원한다. 바르지 못한 자식에게 말로 타이르거나 회초리로 때리며 가르치기도 했으니 바로 훈육이다. 사랑스러운 자식을 품에 안고 부정을 사랑으로 표현하기도 했다. 회초리를 들고 자식을 훈계하면서 사랑스럽게 안은 모양을 본떠 [아비(父)]를 뜻하고 [부]로 읽는다.
回母(어미 모) 子(아들/자식 자) 回交(사귈 교)

필순 ノ ハ グ 父

기초 【기초한자어】 익히고, 【기본→발전한자어】 다지기
父母(부모) 아버지와 어머니
父女(부녀) 아버지와 딸
父子(부자) 아버지와 아들
• 모두들 父母님의 은혜는 하늘과 같다고 한다.
• 이웃집 父女는 늘 다정하게 지내고 산다.

기본 8父兄(부형) 國父(국부) 生父(생부) 父母國(부모국) 學父母(학부모) 學父兄(학부형) 7Ⅱ父子(부자) 家父長(가부장) 7老父(노부) 父老(부로) 祖父母(조부모) 6Ⅱ神父(신부) 代父(대부) 6父親(부친) 5漁父(어부) 4Ⅱ父權(부권) 師父(사부) 義父(의부) 4父系(부계) 繼父(계부) 聖父(성부) 叔父(숙부) 3Ⅱ伯父(백부) 父執(부집) 3聘父(빙부)

발전 1舅父(구부) 父舅(부구) 姨父(이부)

사자성어 6父子有親(부자유친) 5Ⅱ父傳子傳(부전자전) 3Ⅱ嚴父慈母(엄부자모) 2Ⅱ許由巢父(허유소부)

부수	획수	총획
匕	3	5

북녘 북
달아날 배 【020】

字源 〈회의〉 두 사람이 의견이 맞지 않아 반대의 입장에 서 있으니 마치 적대 관계와 같았다. 서로 다른 의견 충돌로 배반하여 반대쪽에 서는 것이다. 이런 태도는 배반한다고 하며 매섭게 찬 느낌도 받는다. 두 사람 의견이 서로 맞지 않아 등을 대고 앉아 있는 모습을 가리켜 북쪽인 [북녘(北)]을 뜻하고 [북]으로 읽는다.
동敗(패할 패) 回南(남녘 남) 勝(이길 승) 回比(견줄 비) 此(이 차) 兆(조 조)

필순 丨 ㅓ ㅕ ㅕ 北

기초 【기초한자어】 익히고, 【기본→발전한자어】 다지기
北國(북국) 북쪽의 추운 나라
北門(북문) 북쪽으로 난 문

北韓(북한) 우리나라 휴전선 북쪽지역
• 北韓에는 많은 국민들이 굶주리고 있다.
• 우리 집은 학교 北門쪽 경사진 기슭에 있다.

기본 8南北(남북) 東北(동북) 北軍(북군) 北學(북학) 7Ⅱ北道(북도) 北方(북방) 北上(북상) 全北(전북) 7北村(북촌) 6Ⅱ北部(북부) 北風(북풍) 北窓(북창) 6北向(북향) 5Ⅱ關北(관북) 以北(이북) 5北魚(북어) 敗北(패배) 4Ⅱ北極(북극) 北端(북단) 北斗(북두) 北伐(북벌) 北進(북진) 北伐論(북벌론) 3Ⅱ北辰(북신) 越北(월북) 3北緯(북위)

발전 2拉北(납북) 北歐(북구) 北闕(북궐) 北極圈(북극권) 28北宋(북송) 北魏(북위) 1北芒(북망) 北溟(북명) 北狄(북적) 北胺(북짐) 遁北(둔배) 挫北(좌배)

사자성어 7Ⅱ南男北女(남남북녀) 6北太平洋(북태평양) 4Ⅱ北斗七星(북두칠성)

부수	획수	총획
口	2	5

넉 사 : 【021】

字源 〈지사〉 숫자 중 네 번째인 '사'는 동서남북과 전후좌우 방향을 두루 가리키는 글자로 인식되었다. 나무막대 넷을 세로로 세워 하늘과 땅이 감싸는 모양도 두루 갖춘다. 숫자 넷은 사람이 싫어한다는 인식도 있다. 손가락 넷을 위로 편 모양이나 풍선 넷을 놓는 모양을 가리켜서 [넷(四)]을 뜻하고 [사]로 읽는다.
回西(서녘 서) 匹(짝 필)

필순 丨 冂 冂 冈 四

기초 【기초한자어】 익히고, 【기본→발전한자어】 다지기
四山(사산) 사면에 둘러서 있는 산들
四寸(사촌) 아버지 형제자매의 아들, 딸
四十(사십) 마흔
• 그는 철수와는 四寸형제간으로 정답다.
• 사방 둘레에는 四山으로 둘러 싸여 있다.

기본 8四民(사민) 四生(사생) 四大門(사대문) 四五月(사오월) 7Ⅱ四方(사방) 四時(사시) 四足(사족) 四海(사해) 6Ⅱ四角(사각) 四部(사부) 四書(사서) 四角形(사각형) 6四行(사행) 四通(사통) 4Ⅱ四端(사단) 四聖(사성) 四聲(사성) 4四季(사계) 四窮(사궁) 四君子(사군자) 3Ⅱ四維(사유) 四柱(사주)

발전 2四角帽(사각모) 28四旁(사방) 四皓(사호) 1四股(사고) 四衢(사구) 四瀆(사독) 四溟(사명) 四牡(사모) 四冊(사무) 四裔(사예) 四隅(사우) 四肢(사지)

사자성어 5三寒四溫(삼한사온) 4Ⅱ四書五經(사서오경) 四通八達(사통팔달) 文房四友(문방사우) 4張三李四(장삼이사) 3Ⅱ四分五裂(사분오열) 3四顧無親(사고무친) 朝三暮四(조삼모사) 28四面楚歌(사면초가)

부수	획수	총획
山	0	3

메 산 【022】

字源 〈상형〉우뚝 솟은 높은 산 주위에는 여러 개의 낮은 산들이 있다. 낮은 산은 높은 산의 허리를 감싸거나 둘러싸는 듯이 외곽에서 잘 보호하는 모습이다. 씨름할 때에 주위에서 관람하는 태도도 그렇게 보였겠다. 우뚝 솟아 있는 높은 산 주위에 낮은 산 모양을 본떠서 [산(山)] 혹은 [메(山)]를 뜻하고 [산]으로 읽는다.
圖陵(언덕 능) 岳(큰 산 악) 圖川(내 천) 江(강 강) 河(물 하) 海(바다 해) 水(물 수)

필순 ㅣ ㅛ 山

기초 【기초한자어】 익히고, 【기본→발전한자어】 다지기
山中(산중) 깊은 산속
山門(산문) 산의 어귀
山水(산수) 산과 물. 자연의 경치
• 우리나라는 山水가 매우 아름답기로 유명하다.
• 순희네는 山中 외딴집에서 외롭게 살고 있다.

기본 8山軍(산군) 南山(남산) 先山(선산) 靑山(청산) 火山(화산) 7山間(산간) 山下(산하) 江山(강산) 下山(하산) 7山林(산림) 山所(산소) 山川(산천) 山村(산촌) 山草(산초) 登山(등산) 入山(입산) 6山神(산신) 6山野(산야) 山行(산행) 野山(야산) 5山雲(산운) 5山景(산경) 山河(산하) 4山脈(산맥) 山寺(산사) 山城(산성) 山勢(산세) 治山(치산) 4山賊(산적) 山積(산적) 鑛山(광산) 3山莊(산장) 山頂(산정) 山菜(산채) 丘山(구산) 靈山(영산) 鎭山(진산) 3山岳(산악)

발전 2山蔘(산삼) 山峽(산협) 牙山灣(아산만) 28山岬(산갑) 山阜(산부) 山雉(산치) 岐山(기산) 廬山(여산) 釜山(부산) 礪山(여산) 蔚山(울산) 稷山(직산) 槐山郡(괴산군) 木覓山(목멱산) 長山串(장산곶) 雉岳山(치악산) 1巫山(무산) 汶山(문산) 盆山(분산) 山澗(산간) 山轎(산교) 山葵(산규) 山麓(산록) 山肋(산륵) 山礬(산반) 山棚(산붕) 山扉(산비) 山棲(산서) 山蒐(산수) 山靄(산애) 山櫻(산앵) 山虞(산우) 山嶼(산우) 山鵲(산작) 山齋(산재) 山猪(산저) 山巓(산전) 山脊(산척) 山樵(산초) 山蛤(산합) 山壚(산허) 泡山(포산) 峴山(현산)

사자성어 7人山人海(인산인해) 6山高水長(산고수장) 樂山樂水(요산요수) 4山海珍味(산해진미) 走馬看山(주마간산) 3山紫水明(산자수명) 28箕山之志(기산지지) 泰山如礪(태산여려)

부수	획수	총획
一	2	3

석 삼 【023】

字源 〈지사〉숫자 중에 세 번째인 「삼」은 세상이 이루어진 모든 조화의 원리를 갖춘다. 하늘과 땅 그리고 사람을 나타내어 으뜸으로 생각하기도 했다. '천지인(天地人) 삼재설'을 인류의 근원으로 생각하기도 했다. 손가락 셋을 편 모양이나 연필 세 자루가 놓인 모양들을 가리켜서 [셋(三)]을 뜻하고 [삼]으로 읽는다.
圖參(석 삼/참여할 참)

필순 一 二 三

기초 【기초한자어】 익히고, 【기본→발전한자어】 다지기
三軍(삼군) 전체의 군대(육군, 해군, 공군)
三寸(삼촌) 아버지의 형제
三日(삼일) 사흘. 한 달의 세 번째 날
• 이번 주에는 三日 동안 내내 시험을 본다.
• 국군의 날에는 三軍이 시가행진을 한다.

기본 8三國(삼국) 三南(삼남) 三門(삼문) 三韓(삼한) 三學年(삼학년) 7三男(삼남) 7三冬(삼동) 三面(삼면) 三色(삼색) 6三角(삼각) 三代(삼대) 三樂(삼락) 三角形(삼각형) 6三多(삼다) 三族(삼족) 5三流(삼류) 5三災(삼재) 三多島(삼다도) 4三經(삼경) 三權(삼권) 三府(삼부) 三次元(삼차원) 4三更(삼경) 三段(삼단) 三輪(삼륜) 三伏(삼복) 三人稱(삼인칭) 3三綱(삼강) 三振(삼진) 3三忘(삼망)

발전 2三赦(삼사) 三焦(삼초) 三斗塵(삼두진) 28三槐(삼괴) 三晋(삼진) 三陟(삼척) 三台(삼태) 三鉉(삼현) 三桓(삼환) 三迦葉(삼가섭) 三沙彌(삼사미) 1三稜(삼릉) 三昧(삼매) 三牲(삼생) 三宥(삼유) 三揖(삼읍) 三叉(삼차) 三諦(삼체) 三鍼(삼침) 三巴(삼파) 三澣(삼한) 三緘(삼함) 三稜錐(삼릉추)

사자성어 4三角關係(삼각관계) 三國統一(삼국통일) 三權分立(삼권분립) 4三段論法(삼단논법) 3孟母三遷(맹모삼천) 3朝三暮四(조삼모사) 2三旨相公(삼지상공) 28三顧草廬(삼고초려) 韋編三絕(위편삼절) 三國鼎立(삼국정립) 三分鼎立(삼분정립) 三分鼎足(삼분정족)

부수	획수	총획
生	0	5

날 생 【024】

字源 〈상형〉봄이 되면 풀이나 곡식 싹이 땅에서 고개를 쏘옥 내민다. 귀엽고 부드러운 싹이 새롭게 움터 나와 또 한 해를 줄기차게 살아간다. 나온 싹은 줄기를 내며 꽃을 피우고 열매를 맺는 등의 자기 몫을 다한다. 땅 위에서 쏘옥 얼굴을 내미는 싹 모양을 본떠서 [움터 나와(生)] [살다(生)]는 뜻이고 [생]으로 읽는다.
圖活(살 활) 出(날 출) 産(낳을 산) 圖死(죽을 사) 殺(죽일 살) 沒(빠질 몰) 滅(꺼질/멸할 멸)

8급

필순 ノ ト 느 牛 生

기초 【기초한자어】 익히고, 【기본→발전한자어】 다지기
生日(생일) 세상에 태어난 날
生木(생목) 베어서 아직 마르지 않은 나무
學生(학생) 배우는 사람
• 그 學生은 공부를 열심히 하고 있다.
• 生木을 불에 태우면 연기가 많이 난다.

기본 ⑧生長(생장) 生女(생녀) 生母(생모) 生父(생부) 生水
(생수) 生父母(생부모) ⑦Ⅰ生家(생가) 生氣(생기) 生動
(생동) 生食(생식) 生活(생활) 生後(생후) 平生(평생)
⑦生命(생명) 生色(생색) 生育(생육) 出生(출생) ⑥Ⅰ生計
(생계) 生成(생성) 生藥(생약) 生業(생업) 發生(발생)
放生(방생) 新生(신생) ⑥苦生(고생) 野生(야생) ⑤Ⅰ生産
(생산) 生鮮(생선) 養生(양생) 生必品(생필품) ⑤再生
(재생) ④Ⅰ生員(생원) 殺生(살생) 餘生(여생) 衆生(중생)
④存生(존생) 更生(갱생) 寄生(기생) 優生(우생) 儒生
(유생) 派生(파생) 厚生(후생) ③Ⅰ生硬(생경) 生辰(생신)
生菜(생채) 生彩(생채) 生捕(생포) 生還(생환) 蘇生(소생)
畜生(축생) 畢生(필생) 還生(환생) 微生物(미생물)
③生涯(생애) 攝生(섭생) 誕生(탄생) 生埋葬(생매장)

발전 ②胎生(태생) 幻生(환생) 生菓(생과) 生蔘(생삼) 生殖
(생식) 生殖器(생식기) 生活圈(생활권) 抗生劑(항생제)
②⑧生聚(생취) 生獐契(생장계) 蔣生傳(장생전) ①擒生
(금생) 妓生(기생) 蔓生(만생) 萌生(맹생) 生薑(생강)
生怯(생겁) 生梗(생경) 生擒(생금) 生黎(생려) 生剝(생박)
生縛(생박) 生帛(생백) 生魄(생백) 生蓄(생축) 生鰒(생복)
生祠(생사) 生疎(생소) 生螢(생조) 生卉(생훼) 甦生(소생)
瘦生(수생) 塾生(숙생) 寤生(오생) 迃生(우생) 蔭生(음생)
簇生(족생)

사자성어 ③Ⅰ醉生夢死(취생몽사) ②⑧釜中生魚(부중생어) 盧生
之夢(노생지몽)

부수	획수	총획
西	0	6

서녘 서 【025】

字源 〈상형〉 바쁜 하루를 마치고 나면 해가 서산으로 점차 기
운다. 온종일 열심히 활동했던 새들이 보금자리 둥지를
찾아들어 포근하게 잠을 즐긴다. 한 쌍이 앉아도 좋고 자
식을 살포시 품에 안으면 더욱 좋겠다. 해질녘에 새들이
보금자리 둥지를 찾거나 해가 넘는 모양을 본떠 [서녘(西)]
을 뜻하고 [서]로 읽는다.
回東(동녘 동) 回四(넉 사) 酉(닭 유)

필순 一 丆 兀 丙 西 西

기초 【기초한자어】 익히고, 【기본→발전한자어】 다지기
西山(서산) 서쪽에 있는 산

西門(서문) 서쪽으로 나 있는 문
西北(서북) 서쪽과 북쪽
• 초저녁 西山 위에 초승달이 둥실 떠 있다.
• 겨울철에는 세찬 西北풍이 매섭게 불어서 춥다.

기본 ⑧西學(서학) 西土(서토) 西國(서국) 東西(동서) 西小
門(서소문) 西大門(서대문) ⑦Ⅰ西方(서방) 西海(서해)
⑦西面(서면) ⑥Ⅰ西窓(서창) 西風(서풍) ⑥西洋(서양)
⑤Ⅰ西獨(서독) 關西(관서) ④西紀(서기) ③Ⅰ西曆(서력)
西岸(서안) 嶺西(영서) 佛蘭西(불란서)

발전 ②西歐(서구) ②⑧西魏(서위) 西晋(서진) 西遼(서료)
西疇(서주) 陝西省(섬서성)

사자성어 ⑦東問西答(동문서답) ⑥東西古今(동서고금) ④紅東
白西(홍동백서) ③Ⅰ西方淨土(서방정토) 東奔西走(동분
서주)

先

부수	획수	총획
儿	4	6

먼저 선 【026】

字源 〈회의〉 웃어른을 모시고 갈 때 뒤에서 약간 떨어져서 정
중하게 따라간다. 그렇지만 길이 익숙한 사람이 어른의
앞에 서고 그 외 사람은 어른의 뒤를 따랐던 것이다. 이것
이 어른을 잘 모신 올바른 태도였다. 웃어른이나 길에 익
숙했던 사람(儿←人)이 앞에(土) 서서 갔으니 [먼저(先)]
를 뜻하고 [선]으로 읽는다.
圖前(앞 전) 回後(뒤 후) 回洗(씻을 세)

필순 ノ ト 牛 生 步 先

기초 【기초한자어】 익히고, 【기본→발전한자어】 다지기
先生(선생) 교사의 존칭
先王(선왕) 선대의 임금
先人(선인) 조상. 선조. 옛날 사람
• "先生님! 그 문제는 너무 어렵습니다."
• 옛 先人들의 지혜를 거울삼아 살아야 한다.

기본 ⑧先金(선금) 先山(선산) 先學(선학) 先父兄(선부형)
⑦Ⅰ先物(선물) 先手(선수) 先子(선자) 先後(선후)
⑦先祖(선조) ⑥Ⅰ先代(선대) ⑥先頭(선두) 先例(선례)
先親(선친) 先行(선행) 行先地(행선지) ⑤Ⅰ先決(선결)
先約(선약) 先任(선임) 先着(선착) 先任者(선임자)
先入見(선입견) 先天性(선천성) ⑤先考(선고) 先賣
(선매) 先唱(선창) ④Ⅰ先導(선도) 先達(선달) 先佛(선불)
先取(선취) 先驗(선험) 先賢(선현) 先發隊(선발대)
④先覺(선각) 先納(선납) 先攻(선공) 先烈(선열) 先占
(선점) 機先(기선) 優先(우선) 先覺者(선각자) ③Ⅰ先貸
(선대) 先輩(선배) 率先(솔선) ③于先(우선) 先驅者
(선구자)

발전 ②⑧先疇(선주) 先秦(선진) 先后(선후) ①先拿(선나) 先

壟(선롱) 先鋒(선봉) 先妣(선비) 先祠(선사) 先游(선유) 先鞭(선편)

사자성어 5Ⅱ 先史時代(선사시대) 3Ⅱ 先見之明(선견지명) 3 立稻先賣(입도선매) 2 先斬後啓(선참후계) 28 先秦時代(선진시대)

부수	획수	총획
小	0	3

작을 소 : 【027】

字源 〈상형〉 물질은 작고 미세한 분자나 원자로 되어 있다. 이들은 서로 고리처럼 연결되어 있어서 상보적인 균형을 유지하고 있다. 큰 것보다는 작은 입자와 같은 것이 잘 응집해 있어서 착하고 귀엽게 보인다. 물질을 구성하는 점(·) 셋이 모였으니 크거나 작은 사람과 비교해서 [작다(小)]는 뜻이고 [소]로 읽는다.
回微(작을 미) 扁(작을 편) 凹大(큰 대) 巨(클 거) 泰(클 태) 回少(적을 소)

필순 亅 亅 小

기초 【기초한자어】 익히고, 【기본→발전한자어】 다지기
大小(대소) 크고 작음
小年(소년) 어린 남자 아이
小國(소국) 국력이 약하거나 국토가 작은 나라
• 어린 남자아이를 小年이라고 부른다.
• 물건의 大小는 견주어 보아야 잘 알게 된다.

기본 8 小女(소녀) 小木(소목) 小門(소문) 小生(소생) 小室(소실) 中小(중소) 小人國(소인국) 7Ⅰ 小事(소사) 小食(소식) 小子(소자) 小話(소화) 7 小心(소심) 小數(소수) 小便(소변) 6Ⅰ 小計(소계) 小雪(소설) 小作(소작) 小題(소제) 弱小(약소) 6 小路(소로) 小失(소실) 5Ⅰ 小變(소변) 小說(소설) 小臣(소신) 小兒(소아) 小品(소품) 過小(과소) 小道具(소도구) 5 小賣(소매) 小序(소서) 小寒(소한) 最小(최소) 4Ⅰ 小康(소강) 小隊(소대) 小包(소포) 極小(극소) 4 小仁(소인) 小腸(소장) 小銃(소총) 群小(군소) 縮小(축소) 小規模(소규모) 3Ⅰ 小鼓(소고) 小麥(소맥) 小盤(소반) 微小(미소) 3 小祥(소상) 小暑(소서) 小幅(소폭)

발전 2 小憩(소게) 小膽(소담) 小頓(소돈) 小艇(소정) 小型(소형) 28 鄧小平(등소평) 1 小水貊(소수맥) 1 小苛(소가) 小駕(소가) 小袴(소고) 小轎(소교) 小扱(소급) 小妓(소기) 小朞(소기) 小輦(소련) 小斂(소렴) 小牢(소뢰) 小皿(소명) 小藩(소번) 小忿(소분) 小祠(소사) 小什(소집) 小戎(소융) 小姨(소이) 小雀(소작) 小篆(소전) 小斟(소짐) 小腿(소퇴) 矮小(왜소) 窄小(착소) 狹小(협소)

사자성어 4Ⅰ 小康狀態(소강상태) 3Ⅰ 小乘佛敎(소승불교) 中

小企業(중소기업) 2 膽大心小(담대심소)

부수	획수	총획
水	0	4

물 수 【028】

字源 〈상형〉 예로부터 물은 사람이 살아가는 데 없어서는 안 될 주된 자원으로 생각했다. 곡식을 키워주기도 하고 식수원으로 쓰이는 등 인간 생존의 필수 자산이다. 인체에서 가장 필수적인 원소도 물로 보았다. 수원을 이루는 산골짜기에서 흘러내리거나 컵에 든 물의 모양을 본떠 [물(水)]을 뜻하고 [수]로 읽는다.
回江(강 강) 川(내 천) 河(물 하) 溪(시내 계) 凹火(불 화) 陸(뭍 륙) 凹永(길 영) 氷(얼음 빙)

필순 亅 亅 水 水

기초 【기초한자어】 익히고, 【기본→발전한자어】 다지기
生水(생수) 샘에서 나오는 물
水門(수문) 물의 양을 조절하는 문
水中(수중) 물속
• 그곳에 가면 水中식물을 관찰할 수 있다.
• 공복에 生水를 마시면 건강에 좋다고 한다.

기본 8 水國(수국) 水軍(수군) 水生(수생) 山水(산수) 水生木(수생목) 7Ⅰ 水道(수도) 水上(수상) 水平(수평) 食水(식수) 7 水草(수초) 6Ⅰ 水球(수구) 水理(수리) 水利(수리) 水分(수분) 藥水(약수) 6 水路(수로) 水溫(수온) 5Ⅰ 水質(수질) 水害(수해) 水仙花(수선화) 水洗式(수세식) 5 水位(수위) 給水(급수) 落水(낙수) 冷水(냉수) 湖水(호수) 水冷式(수냉식) 4Ⅰ 水星(수성) 水素(수소) 水深(수심) 水壓(수압) 水準(수준) 侵水(침수) 4 脫水(탈수) 3Ⅰ 水葬(수장) 淡水(담수) 漏水(누수) 潛水(잠수) 水墨畵(수묵화) 揚水機(양수기) 貯水池(저수지) 井華水(정화수) 3 汚水(오수)

발전 2 洛水(낙수) 潭水(담수) 水蔘(수삼) 28 沂水(기수) 淇水(기수) 湍水(단수) 沔水(면수) 汶水(문수) 泗水(사수) 洙水(수수) 水鴨(수압) 水晶(수정) 瀋水(심수) 邕水(옹수) 渭水(위수) 泓水(홍수) 小水貊(소수맥) 水溶性(수용성) 水踰里(수유리) 1 澗水(간수) 汨水(멱수) 蹈水(도수) 溜水(유수) 氾水(범수) 噴水(분수) 沸水(불수) 瀕水(빈수) 撒水(살수) 水蛟(수교) 水痘(수두) 水簾(수렴) 水溜(수류) 水珀(수박) 水畔(수반) 水濱(수빈) 水麝(수사) 水棲(수서) 水鼠(수서) 水筒(수통) 水泡(수포) 薪水(신수) 渦水(와수) 澄水(징수) 漲水(창수) 秤水(칭수) 鹹水(함수)

사자성어 6Ⅰ 水力發電(수력발전) 4Ⅰ 水理施設(수리시설) 水利施設(수리시설) 3Ⅰ 水魚之交(수어지교) 山紫水明(산자수명) 2 高水敷地(고수부지) 酸化水素(산화수소)

8급

부수	획수	총획
宀	6	9

室 집 실【029】

字源 〈회의〉 귓틀집을 사람 사는 처음 집이라 생각했다. 많은 변화와 발전을 거치면서 오늘날의 아주 편리한 집으로 발전해 왔을 것이다. 집에도 방과 거실 그리고 부엌 등이 있는데 방은 주거의 으뜸으로 여겼다. 집안(宀)에 사람이 오래도록 머물면서(至) 모여 사는 곳인 [방(室)]으로 [집(室)]을 뜻하고 [실]로 읽는다.
圖家(집 가) 堂(집 당) 屋(집 옥) 宅(집 택) 宇(집 우) 館(집 관) 宙(집 주) 圓空(빌 공) 至(이를 지)

필순 ﾉ 宀 宀 宀 宔 宯 宮 室 室

기초【기초한자어】익히고,【기본→발전한자어】다지기
室外(실외) 방이나 건물의 밖
室長(실장) 방의 우두머리
王室(왕실) 왕의 집안. 왕가
• 금주에 우리 분단은 室外 청소 당번이다.
• 영국의 王室 분위기는 한결 부드럽다고 한다.

기본 ⑧敎室(교실) 室人(실인) 小室(소실) ⑦Ⅰ室內(실내) 家室(가실) 內室(내실) 前室(전실) 正室(정실) ⑦入室(입실) 夕室(석실) 地下室(지하실) ⑥Ⅰ分室(분실) 圖書室(도서실) 音樂室(음악실) ⑥別室(별실) 病室(병실) 溫室(온실) 畫室(화실) 待合室(대합실) ⑤Ⅰ客室(객실) 産室(산실) ⑤亡室(망실) 浴室(욕실) ④Ⅰ密室(밀실) 暗室(암실) 應接室(응접실) ④居室(거실) 巨室(거실) 據室(거실) 寢室(침실) 祕書室(비서실) ③Ⅰ皇室(황실) 企劃室(기획실) ③妾室(첩실) 娛樂室(오락실)

발전 ②窟室(굴실) 蠶室(잠실) 室內靴(실내화) 休憩室(휴게실) ②⑧室廬(실려) 蓬室(봉실) ①煖室(난실) 堊室(악실) 庵室(암실) 闇室(암실) 蔭室(음실) 廚室(주실) 悍室(한실)

사자성어 ③Ⅰ高臺廣室(고대광실) ②⑧芝蘭之室(지란지실)

부수	획수	총획
十	0	2

十 열 십【030】

字源 〈가차〉 열 번째인 십은 모든 것이 다 완성된 숫자로 인식되었다. 묶음의 단위로 생각하여 열 개씩 묶어 한 단위로 여겼던 것이다. 그래서 이 [十]은 동서(一)와 남북(丨)이 서로 교차하는 모양을 갖추고 있다. 양손을 다 편 모양이나 케이크에 촛불 열 개가 켜진 모양을 가리켜서 [열(十)]을 뜻하고 [십]으로 읽는다.
圖拾(열 십 / 주울 습)

필순 一十

기초【기초한자어】익히고,【기본→발전한자어】다지기
十年(십년) 열 해
十二月(십이월) 한 해의 끝 달
十長生(십장생) 오래 사는 열 가지
• 十年이면 흔히 강산도 변한다고 했다.
• 十二月은 한 해의 마지막으로 보내는 달이다.

기본 ⑧九十(구십) 六十(육십) 二十(이십) 十長(십장) ⑦Ⅰ十全(십전) ⑦十里(십리) 十字(십자) ⑥Ⅰ十分(십분) ⑥十夜(십야) 十八番(십팔번) ⑤Ⅰ十仙(십선) ⑤十倍(십배) 十葉(십엽) 赤十字(적십자) ④Ⅰ十二支(십이지) 十進法(십진법) ④十干(십간) 十戒(십계) ③Ⅰ十字架(십자가)

발전 ②十枚(십매) 十升(십승)

사자성어 ⑧十中八九(십중팔구) ④十二指腸(십이지장)

부수	획수	총획
二	2	4

五 다섯 오 :【031】

字源 〈지사〉 숫자 중 다섯 번째인 '오'는 묶음의 기본 단위로 인식되어왔다. 다섯 개씩 묶어 헤아리면 매우 편리하여 늘 그렇게 인식되어 오기도 했다. 높은 하늘과 넓은 땅 사이에 음양이 서로 교차하는 모양이다. 다섯 손가락을 옆으로 펴는 모양이나 컵 다섯 개 모양을 가리켜 [다섯(五)]을 뜻하고 [오]로 읽는다.
回吾(나 오)

필순 一 丁 五 五

기초【기초한자어】익히고,【기본→발전한자어】다지기
五月(오월) 한 해 가운데 다섯째 달
五萬(오만) 만의 다섯 배가 되는 수
五日(오일) 닷새. 한 달의 다섯 번째 날
• 매년 五月 五日은 어린이 날이다.
• 운동장에는 五萬이나 되는 관중이 모였다.

기본 ⑦Ⅰ五時(오시) ⑦五色(오색) 五歌(오가) ⑥Ⅰ五角(오각) 五音(오음) 五線紙(오선지) ⑥五感(오감) 五苦(오고) 五目(오목) 五言(오언) 五行(오행) 五大洋(오대양) ⑤Ⅰ五福(오복) 五萬相(오만상) 五行說(오행설) ④Ⅰ五經(오경) 五官(오관) 五常(오상) 五味子(오미자) ④五更(오경) 五戒(오계) 五穀(오곡) 五輪(오륜) 五賊(오적) 五帝(오제)

발전 ②五魔(오마) 五瑞(오서) 五塵(오진) 五虐(오학) 五隻船(오척선) 五靈脂(오령지) ②⑧五鼎(오정) 五朵(오채) 五銖錢(오수전) ①五稼(오가) 五疳(오감) 五牲(오생) 五蘊(오온) 五甕(오옹)

사자성어 ④Ⅰ陰陽五行(음양오행) ③Ⅰ四分五裂(사분오열) 三

綱五倫(삼강오륜) ③ 五里霧中(오리무중) ② 春秋五霸
(춘추오패)

부수	획수	총획
王	0	4

임금 왕【032】

字源 〈상형〉 하늘(天)과 땅(地)과 사람(人)을 가리켜 삼덕이라
하여 귀하게 여겼다. 임금은 높은 덕망으로 천하를 호령
하며 백성들을 선정으로 다스렸던 것이다. 이를 가리켜서
흔히 천지인 삼재설이라 부르는 이유다. 하늘(一)과 땅(一)
과 사람(一)을 두루 꿰뚫으면서(丨) 잘 다스렸던 [임금(王)]
을 뜻하고 [왕]으로 읽는다.
圖君(임금 군) 帝(임금 제) 皇(임금 황) 凹民(백성 민)
臣(신하 신) 凹主(주인 주) 玉(구슬 옥)

필순 一 二 千 王

기초 【기초한자어】 익히고, 【기본→발전한자어】 다지기
王室(왕실) 임금의 집안
大王(대왕) 훌륭하고 업적이 뛰어난 왕
先王(선왕) 선대의 임금
• 世宗(세종) 大王께서 우리 한글을 만드셨다.
• 王室에서는 임금님을 '상감마마'라고 부른다.
기본 ⑧國王(국왕) 王國(왕국) 王大人(왕대인) 王中王(왕중왕)
⑦王家(왕가) 王子(왕자) 漢王(한왕) ⑦王命(왕명)
花王(화왕) ⑥王道(왕도) 王孫(왕손) 王者(왕자) 王朝
(왕조) 王族(왕족) 親王(친왕) ⑤Ⅰ生産王(생산왕) ⑤王都
(왕도) 王位(왕위) ④Ⅰ王權(왕권) 王宮(왕궁) 王政(왕정)
羅王(나왕) ④龍王(용왕) 帝王(제왕) 王座(왕좌) ③Ⅰ王冠
(왕관) 王陵(왕릉) 王妃(왕비) 王丈(왕장) 王母珠(왕모주)
발전 ②魔王(마왕) 霸王(패왕) 王姬(왕희) ② 禹王(우왕) 后王
(후왕) 溫祚王(온조왕) 王羲之(왕희지) ①梵王(범왕)
裨王(비왕) 王覲(왕근) 王迹(왕적) 王彗(왕혜) 鵲王(작왕)
紂王(주왕)
사자성어 ② 閻羅大王(염라대왕)

부수	획수	총획
夕	2	5

바깥 외 :【033】

字源 〈회의〉 운세를 알아보는 복점은 주로 아침의 맑은 정신에
쳤지만, 가끔 저녁에 치기도 했었다. 이런 점을 이른바 상
식 이전의 예외규정으로 보기도 했다. 세상을 살다보면
상식 이전의 예외규정도 더러 있었다. 아침에 점을 치지
않고 저녁(夕)에 치는 점(卜)은 예외규정으로 그 [바깥(外)]
을 뜻하고 [외]로 읽는다.

凹內(안 내) 中(가운데 중)

필순 ⺌ ⺈ 夕 列 外

기초 【기초한자어】 익히고, 【기본→발전한자어】 다지기
外國(외국) 다른 나라
內外(내외) 안과 밖
外四寸(외사촌) 외숙의 자녀
• 外國에 살고 있는 동포를 '교포'라 한다.
• 오늘 外四寸 형님이 집에 오신다고 한다.
기본 ⑧外人(외인) 中外(중외) ⑦Ⅰ外家(외가) 外道(외도)
外方(외방) 外食(외식) 市外(시외) 場外(장외) 海外
(해외) ⑦外面(외면) 外出(외출) ⑥Ⅰ外界(외계) 外科
(외과) 外部(외부) 外信(외신) 外風(외풍) 意外(의외)
體外(체외) ⑥外交(외교) 外孫(외손) 外野(외야) 外向
(외향) 番外(번외) 野外(야외) 例外(예외) 在外(재외)
號外(호외) ⑤Ⅰ外見(외견) 外觀(외관) 課外(과외) 以外
(이외) ⑤屋外(옥외) ④Ⅰ外勢(외세) 外敵(외적) 外製
(외제) 外港(외항) 外貨(외화) 列外(열외) 除外(제외)
④外勤(외근) 外傷(외상) 外叔(외숙) 外樣(외양) 外遊
(외유) ③Ⅰ外貌(외모) 外債(외채) 外戚(외척) 外換(외환)
③外賓(외빈) 郊外(교외) 涉外(섭외) 外販員(외판원)
발전 ②圈外(권외) 塵外(진외) 外託(외탁) 外艦(외함) 外濠
(외호) ②⑧疆外(강외) ①簾外(염외) 疎外(소외) 外廓(외곽)
外卦(외괘) 外寇(외구) 外舅(외구) 外藩(외번) 外甥(외생)
外禦(외어) 外虞(외우) 外游(외유)外氐(외저) 外塹(외참)
外寨(외채) 外婆(외취) 外套(외투) 外廏(외구)

사자성어 ③Ⅰ外柔內剛(외유내강)

부수	획수	총획
月	0	4

달 월【034】

字源 〈상형〉 초저녁에는 서쪽 하늘의 초승달을 볼 수 있고 새
벽녘에는 동쪽 하늘에서 그믐달을 볼 수 있다. 달 앞에 실
같은 구름이 갈지(之) 모양을 그으면서 넓게 깔려있는 있
는 상상적인 모습을 더러 볼 수 있다. 초저녁 초승달이나
새벽녘 그믐달 앞을 가린 구름의 모양을 본떠서 [달(月)]
을 뜻하고 [월]로 읽는다.
凹日(날 일) 凹目(눈 목)

필순 ノ 刀 月 月

기초 【기초한자어】 익히고, 【기본→발전한자어】 다지기
月中(월중) 그 달 동안
三月(삼월) 한 해 가운데 셋째 달
七月(칠월) 한 해 가운데 일곱째 달
• "月中행사 계획대로 여행을 가야만 한다."
• 三月 一日은 삼일절이니 태극기를 달아야지.

8급

기본 ⑺ 月食(월식) 月下(월하) 每月(매월) 日月(일월) 前月(전월) ⑺ 月內(월내) 月面(월면) 月色(월색) 月出(월출) 來月(내월) ⑹ 月光(월광) 今月(금월) 明月(명월) 半月(반월) 風月(풍월) ⑹ 月例(월례) 月別(월별) 月石(월석) ⑸ 客月(객월) 望月(망월) 歲月(세월) ⑸ 月給(월급) 月令(월령) 月末(월말) ⑷ 月經(월경) 月宮(월궁) 月報(월보) 月收(월수) 月次(월차) 滿月(만월) 煙月(연월) 至月(지월) 月桂冠(월계관) ⑷ 月氏(월씨) ⑶ 月刊(월간) 月曆(월력) 月賦(월부) 佳月(가월) 隔月(격월) 菊月(국월) 弄月(농월) 月宮殿(월궁전) ⑶ 閏月(윤월)

발전 ⑵ 纖月(섬월) 月窟(월굴) 月俸(월봉) 月貰(월세) 月窟水(월굴수) ㉘ 盈月(영월) 踰月(유월) 皓月(호월) 月耀(월요) 月老繩(월로승) ⑴ 辜月(고월) 皎月(교월) 期月(기월) 彎月(만월) 璧月(벽월) 徙月(사월) 宵月(소월) 月齡(월령) 月魄(월백) 月晦(월회) 月暈(월훈) 翌月(익월) 喘月(천월) 蒲月(포월)

사자성어 ⑷ 日就月將(일취월장) ⑶ 吟風弄月(음풍농월)

부수	획수	총획
二	0	2

두 이 : 【035】

자원 〈지사〉 숫자 중의 둘째인 「이」는 다음이고 버금이며 차하(次下)를 뜻한다. 나뭇젓가락 두 개를 옆으로 뉘어놓은 모양도 두루 갖추었다고 여겼다. 인간과 만물은 모두 두 개나 한 쌍을 이루어 결코 외롭지 않았다. 손가락 두 개를 옆으로 펴거나 공 두 개가 놓인 모양을 가리켜서 [둘(二)]을 뜻하고 [이]로 읽는다.
동 貳(두/갖은두 이)

필순

기초 【기초한자어】 익히고, 【기본 → 발전한자어】 다지기
二月(이월) 한 해 가운데 둘째 달
二日(이일) 이틀. 한 달의 두 번째 날
二年(이년) 두 해
• 二月에는 학년말을 정리하는 방학을 한다.
• 매월 二日은 봉사활동을 하는 날이다.

기본 ⑻ 二十(이십) 二人(이인) 二學年(이학년) ⑺ 不二(불이) ⑺ 二重(이중) 二天(이천) ⑹ 二分(이분) ⑹ 二言(이언) ⑸ 二元(이원) ⑸ 無二(무이) 二重唱(이중창) ⑷ 二律(이율) 二將(이장) 二鳥(이조) 二次(이차) 二毛作(이모작) 十二支(십이지) ⑷ 二君(이군) 二輪(이륜) 二輪車(이륜차) ⑶ 二塗(이도)

발전 ㉘ 二傅(이부) 二柄(이병) ⑴ 二哥(이가) 二竪(이수) 二爻(이효)

사자성어 ⑺ 二八靑春(이팔청춘) ⑹ 一口二言(일구이언) ⑷ 二律背反(이율배반) 一石二鳥(일석이조) ⑷ 不事二君(불사이군) 十二指腸(십이지장) ⑶ 二人三脚(이인삼각) ⑶ 唯一無二(유일무이) ⑵ 悼二將歌(도이장가)

부수	획수	총획
人	0	2

사람 인【036】

자원 〈상형〉 사람은 머리로 생각하며 손과 발로 움직이면서 활동한다. 다리를 앞으로 내딛고 손을 자유롭게 움직이면서 활동하는 것이다. 열심히 노력했던 움직임이 생산의 수단이 되고 몸을 튼튼히 하는 열쇠가 되었다. 두 발을 내딛으면서 씩씩하게 걸어가는 사람의 모양을 본떠서 [사람(人)]을 뜻하고 [인]으로 읽는다.
동 儿(어진 사람 인) 凹 畜(짐승 축) 獸(짐승 수) 回 八(여덟 팔) 入(들 입)

필순 ノ 人

기초 【기초한자어】 익히고, 【기본 → 발전한자어】 다지기
人生(인생) 사람이 살아 있는 동안
軍人(군인) 군대에 복무하는 사람
萬人(만인) 매우 많은 사람
• 人生은 짧고 예술은 길다는 말이 있다.
• 나는 씩씩한 軍人아저씨를 썩 좋아한다.

기본 ⑻ 人中(인중) 敎人(교인) ⑺ 人家(인가) 人間(인간) 人工(인공) 人氣(인기) 人道(인도) 人力(인력) 人物(인물) ⑺ 人口(인구) 人心(인심) 人面(인면) ⑹ 人才(인재) 人體(인체) 人和(인화) 成人(성인) ⑹ 愛人(애인) 野人(야인) 行人(행인) ⑸ 人格(인격) 人德(인덕) 人類(인류) 人望(인망) 人性(인성) 人情(인정) 人種(인종) 人質(인질) 法人(법인) 偉人(위인) 知性人(지성인) 知識人(지식인) ⑸ 人選(인선) 亡人(망인) 罪人(죄인) 原始人(원시인) ⑷ 人權(인권) 人造(인조) 故人(고인) 求人(구인) 達人(달인) 婦人(부인) 聖人(성인) 俗人(속인) 詩人(시인) 義人(의인) 賢人(현인) ⑷ 人傑(인걸) 證人(증인) ⑶ 人倫(인륜) 人跡(인적) 寡人(과인) 浪人(낭인) 凡人(범인) 喪人(상인) 戀人(연인) 丈人(장인) 哲人(철인) 超人(초인) 廢人(폐인) 宇宙人(우주인) ⑶ 佳人(가인) 囚人(수인) 隷人(예인) 異邦人(이방인)

발전 ⑵ 人蔘(인삼) 妖人(요인) 傭人(용인) 諜人(첩인) ㉘ 价人(개인) 賈人(고인) 貊人(맥인) 旁人(방인) 倭人(왜인) 鈗人(윤인) 伊人(이인) 甸人(전인) 邢人(형인) ⑴ 簡人(개인) 畸人(기인) 瞳人(동인) 蕃人(번인) 壁人(벽인) 嗣人(사인) 宵人(소인) 戍人(수인) 狩人(수인) 冶人(야인) 猥人(외인) 虞人(우인) 擬人(의인) 人乏(인핍) 人銜(인함) 廚人(주인) 稍人(초인) 癡人(치인) 巴人(파인) 函人(함인) 宦人(환인) 廏人(구인)

사자성어 ③Ⅱ 人面獸心(인면수심)　人之常情(인지상정)　③ 弘益人間(홍익인간)　② 人妖怪物(인요괴물)　②Ⅱ 旁若無人(방약무인)　人之準繩(인지준승)

부수	획수	총획
一	0	1

한 일【037】

字源 〈지사〉 숫자 중의 첫째인「일」은 처음이고 기본으로 여겼다. 그 자체만으로도 비로소 시작이고 새로운 출발점으로 생각했었다. 나뭇젓가락 하나를 옆으로 뉘어 놓은 모양도 잘 갖추었다는 정도로 깊이 인식되었다. 한 손가락을 위로 펴는 모양이나 지팡이 딱 하나를 가리켜서 [하나(一)]를 뜻하고 [일]로 읽는다.
동同(한가지 동) 壹(한/갖은 일) 땜等(무리 등)

필순 一

기초 【기초한자어】 익히고, 【기본→발전한자어】 다지기
一年(일년) 한 해
一生(일생) 살아있는 동안
一日(일일) 하루. 한 달의 첫 번째 날
• 一年은 열두 달로 이루어져 있다.
• 一月은 한 해가 시작되는 첫 달이다.

기본 8 一月(일월)　一學年(일학년)　7Ⅱ 一家(일가)　一方(일방)　全一(전일)　7 一心(일심)　一色(일색)　同一(동일)　6Ⅱ 一角(일각)　一理(일리)　一戰(일전)　一體(일체)　第一(제일)　6 一例(일례)　一定(일정)　合一(합일)　5Ⅱ 一念(일념)　一流(일류)　一說(일설)　一品(일품)　一當百(일당백)　5 一致(일치)　4Ⅱ 一邊(일변)　統一(통일)　一律的(일률적)　進一步(진일보)　4 一針(일침)　一派(일파)　一環(일환)　歸一(귀일)　均一(균일)　擇一(택일)　3Ⅱ 一貫(일관)　一瞬(일순)　一偏(일편)　劃一(획일)　金一封(금일봉)　劃一性(획일성)　一邊倒(일변도)　3 一躍(일약)　一軌(일궤)　唯一(유일)

발전 2 一葛(일갈)　一輛(일량)　一握(일악)　一塵(일진)　一札(일찰)　一蹴(일축)　一軸(일축)　酸化(일산화)　②Ⅱ 一頓(일돈)　1 一括(일괄)　一匡(일광)　一揆(일규)　一簞(일단)　一臘(일랍)　一壟(일롱)　一抹(일말)　一斑(일반)　一癖(일벽)　一瞥(일별)　一餠(일병)　一嗣(일사)　一蓑(일사)　一穗(일수)　一撮(일촬)

사자성어 ③Ⅱ 一家親戚(일가친척)　一騎當千(일기당천)　一刀兩斷(일도양단)　③ 一魚濁水(일어탁수)　一葉片舟(일엽편주)　② 一網打盡(일망타진)　滄海一粟(창해일속)　②Ⅱ 南柯一夢(남가일몽)　巢林一枝(소림일지)

부수	획수	총획
日	0	4

날 일【038】

字源 〈상형〉 태양은 따뜻한 햇볕을 주고 온갖 식물을 쑥쑥 자라게 해준다. 둥근 해 속을 자세히 살펴보면 검은 흑점이 가운데 있음을 안다. 이 흑점을 두고 오랜 세월 동안 이러쿵저러쿵하는 말이 많고 의문도 많았다. 아침에 떠오른 태양 가운데 흑점과 그 둥근 모양을 본떠서 하루의 [날(日)]을 뜻하고 [일]로 읽는다.
땜月(달 월) 비目(눈 목) 日(가로 왈)

필순 丨 冂 冂 日

기초 【기초한자어】 익히고, 【기본→발전한자어】 다지기
日月(일월) 해와 달
生日(생일) 태어난 날
三日(삼일) 한 달의 셋째 날
• 내 生日에 친구들을 초대하기로 했다.
• 이번 시험기간은 모두 三日이나 된다.

기본 8 日中(일중)　韓日(한일)　7Ⅱ 日氣(일기)　日記(일기)　日時(일시)　日食(일식)　平日(평일)　後日(후일)　7 日出(일출)　休日(휴일)　6Ⅱ 日光(일광)　日新(일신)　消日(소일)　6 昨日(작일)　日夜(일야)　美日(미일)　5Ⅱ 日課(일과)　日當(일당)　當日(당일)　5 日給(일급)　曜日(요일)　終日(종일)　4Ⅱ 日程(일정)　連日(연일)　4 日常(일상)　日收(일수)　日程(일정)　日帝(일제)　日誌(일지)　擇日(택일)　抗日(항일)　日射病(일사병)　3Ⅱ 日刊(일간)　日沒(일몰)　日辰(일진)　日淺(일천)　佳日(가일)　隔日(격일)　寧日(영일)　日較差(일교차)　日照權(일조권)　3 日軌(일궤)　日暮(일모)　忌日(기일)

발전 2 日俸(일봉)　日傘(일산)　駐日(주일)　遮日(차일)　1 曠日(광일)　臘日(납일)　曙日(서일)　醒日(성일)　翌日(익일)　日蹉(일차)　日暈(일훈)　齋日(재일)　挾日(협일)

사자성어 4 日就月將(일취월장)　在日同胞(재일동포)　②Ⅱ 炳如日星(병여일성)　旭日昇天(욱일승천)

부수	획수	총획
長	0	8

긴 장(:)【039】

字源 〈상형〉 수염 긴 노인은 세상의 온갖 풍파를 겪으면서 오랜 세월을 살아왔다. 괴로움과 고통을 한 몸에 겪고 어렵게 살아 온 질곡의 삶이었을 것이다. 지팡이 짚고 수염을 길러 도가 튼 늙은이로 인식되었다. 허리 굽은 노인이 지팡이 짚은 모양을 본떠 [어른(長)]이니 수염이 [길다(長)]는 뜻이고 [장]으로 읽는다.

圖永(길 영) 久(오랠 구) 땜短(짧을 단) 幼(어릴 유)
땜辰(별 진/때 신)

필순 丨 丆 丆 匚 匞 長 長 長

기초 【기초한자어】 익히고, 【기본→발전한자어】 다지기
長女(장녀) 큰딸. 맏딸
長大(장대) 길고 큼
校長(교장) 학교의 우두머리
• 집안의 큰아들을 흔히 長男이라고 한다.
• 우리 학교의 책임자는 校長선생님이시다.

기본 8長女(장녀) 長生(장생) 長長(장장) 長兄(장형) 生長
(생장) 學長(학장) 7Ⅱ長子(장자) 長足(장족) 家長(가장)
市長(시장) 7長老(장로) 長命(장명) 長文(장문) 邑長
(읍장) 6Ⅱ長短(장단) 長成(장성) 長身(장신) 長音(장음)
部長(부장) 成長(성장) 消長(소장) 6長者(장자) 族長
(족장) 特長(특장) 行長(행장) 訓長(훈장) 5Ⅱ長調
(장조) 課長(과장) 局長(국장) 團長(단장) 5長考(장고)
長技(장기) 長魚(장어) 長打(장타) 最長(최장) 4Ⅱ長官
(장관) 長詩(장시) 長指(장지) 係長(계장) 官長(관장)
助長(조장) 總長(총장) 波長(파장) 4長髮(장발) 長點
(장점) 長篇(장편) 機長(기장) 3Ⅱ長劍(장검) 長久(장구)
長壽(장수) 長征(장정) 署長(서장) 靈長(영장) 長距離
(장거리) 長生殿(장생전)

발전 2長靴(장화) 鬱長(울장) 坑長(갱장) 艦長(함장) 1亘長
(긍장) 坊長(방장) 瘦長(수장) 塾長(숙장) 什長(십장)
伍長(오장) 長檄(장격) 長頸(장경) 長鯨(장경) 長袴
(장고) 長衢(장구) 長鉤(장구) 長齡(장령) 長眄(장면)
長蓑(장사) 長嶼(장서) 長袖(장수) 長筵(장연) 長揖(장읍)
長齋(장재) 長嫡(장적) 長慊(장제) 長嗟(장차) 長塹(장참)
長槍(장창) 長鞭(장편) 長虹(장홍) 長喙(장훼) 齋長
(재장) 嫡長(적장) 酋長(추장)

사자성어 3Ⅱ長幼有序(장유유서)

부수	획수	총획
弓	4	7

아우 제 : 【040】

字源 〈상형〉 죽창을 가죽으로 감을 때 앞과 뒤, 위와 아래의 순
서에 의했다. 감아가는 순서는 한 가정의 형제간 순서와
같이 보였을 것이다. 대나무 위에서부터 칭칭 감는 순서
에서 마지막 단계를 뜻하기도 했다. 대나무에 가죽을
감는 모양이나 맨 아래 순서인 [동생(弟)]을 본떠 [아우(弟)]
를 뜻하고 [제]로 읽는다.
땜兄(형 형) 師(스승 사) 昆(맏 곤) 땜第(차례 제)

필순 丶 丷 쓰 쓰 吊 弟 弟

기초 【기초한자어】 익히고, 【기본→발전한자어】 다지기
弟子(제자) 스승의 가르침을 받은 사람

子弟(자제) 남의 아들을 높여 부르는 말
四兄弟(사형제) 아들이 네 명
• 이웃집 동수네는 아들만 四兄弟다.
• 오랫만에 반가운 弟子들 얼굴을 보았다.

기본 8兄弟(형제) 三兄弟(삼형제) 7弟夫(제부) 6愛弟
(애제) 親兄弟(친형제) 5Ⅱ首弟子(수제자) 4Ⅱ師弟
(사제) 3Ⅱ妻弟(처제) 愚弟(우제)

발전 1昆弟(곤제) 舅弟(구제) 遜弟(손제) 弟昆(제곤) 悌弟
(제제)

사자성어 4Ⅱ難兄難弟(난형난제) 呼兄呼弟(호형호제) 28泗
上弟子(사상제자)

부수	획수	총획
丨	3	4

가운데 중 【041】

字源 〈지사〉 사람은 일정한 테두리에 둑을 쌓거나 칸을 막아
자기 점령 소유로 했었다. 집 마당이나 담벼락들이 다 그
런 테두리로 되어있다. 어느 테두리의 중앙은 사람들이
주로 활동하는 무대가 되기도 했었다. 사방의 네모진 모양
(口)에 한복판을 아무지게 꿰뚫고 있으니(丨) [가운데(中)]
를 뜻하고 [중]으로 읽는다.
圖央(가운데 앙) 땜外(바깥 외) 邊(가 변) 際(즈음/가 제)
땜仲(버금 중)

필순 丨 冂 口 中

기초 【기초한자어】 익히고, 【기본→발전한자어】 다지기
中年(중년) 인생의 중간 나이
中國(중국) 우리나라의 북서쪽에 위치한 나라
中小(중소) 중간 정도인 것과 그 이하인 것
• 中年 행사의 일환으로 자연보호 운동을 한다.
• 中國은 땅도 넓고 인구도 많은 나라이다.

기본 8中外(중외) 門中(문중) 中學校(중학교) 7Ⅱ中間(중간)
中道(중도) 中世(중세) 中食(중식) 中正(중정) 7中秋
(중추) 命中(명중) 6Ⅱ中風(중풍) 中和(중화) 意中(의중)
集中(집중) 6中古(중고) 5Ⅱ中觀(중관) 中卒(중졸)
的中(적중) 5中領(중령) 中葉(중엽) 中止(중지) 貴中
(귀중) 熱中(열중) 4Ⅱ中斷(중단) 中隊(중대) 中毒(중독)
中退(중퇴) 眼中(안중) 4中堅(중견) 中繼(중계) 中略
(중략) 伏中(복중) 座中(좌중) 隱然中(은연중) 3Ⅱ中途
(중도) 中媒(중매) 中盤(중반) 中旬(중순) 中央(중앙)
中殿(중전) 中湯(중탕) 喪中(상중) 獄中(옥중) 醉中
(취중) 胸中(흉중) 中距離(중거리) 中耳炎(중이염)
腦卒中(뇌졸중) 3中庸(중용) 中塗(중도) 忌中(기중)
忙中閑(망중한)

발전 2閨中(규중) 中尉(중위) 中焦(중초) 中軸(중축) 中折帽
(중절모) 籠中鳥(농중조) 28湍中(단중) 1簡中(개중)

壙中(광중) 罫中(괘중) 溝中(구중) 渦中(와중) 隅中(우중) 中乖(중괴) 中鉤(중구) 中牢(중뢰) 中宸(중신) 中澣(중한)

사자성어 ③Ⅱ 中小企業(중소기업) ③ 五里霧中(오리무중) ②Ⅱ 釜中生魚(부중생어) 允執基中(윤집기중)

부수	획수	총획
靑	0	8

푸를 청【042】

字源 〈형성〉 초목이 싹터 나올 때는 약간의 붉은색을 띠다가 점차 자라면서 일반적으로 푸른색으로 변해 가는 특징이 있다. 대체적인 식물의 색깔 변화 모습이 그렇게 보인다. 꽃 피고 열매 맺는 일반적인 과정이다. 초목이 싹터(主←生) 자랄 때는 붉은(丹)색이었으나 자라면서 [푸른(靑)]색임을 뜻하고 [청]으로 읽는다.
圖綠(푸를 록) 碧(푸를 벽) 蒼(푸를 창) 翠(푸를/물총새 취) 回情(뜻 정) 淸(맑을 청) 回青

필순 一 二 ≠ 主 丰 靑 靑 靑

기초 【기초한자어】 익히고, 【기본 → 발전한자어】 다지기
靑山(청산) 나무가 무성한 푸른 산
靑年(청년) 청춘기에 있는 젊은 남자
靑軍(청군) 색에 따라 편을 갈라 푸른 쪽의 편
• 20세의 젊은 남자를 흔히 靑年이라고 부른다.
• 초등학교 때 靑軍과 白軍(백군)으로 서로 나뉘어 운동 경기를 하였다.

기본 ⑧ 靑白(청백) ⑦ 靑旗(청기) 靑春(청춘) 靑色(청색) 靑少年(청소년) ⑥Ⅱ 靑果(청과) 靑風(청풍) ⑥ 靑信號(청신호) ⑤Ⅱ 靑史(청사) 靑雲(청운) ⑤ 靑魚(청어) ④Ⅱ 靑寫眞(청사진) ④ 靑松(청송) 靑龍(청룡) 左靑龍(좌청룡) ③Ⅱ 靑丘(청구) 靑蛇(청사) 靑珠(청주) 丹靑(단청) 踏靑(답청)

발전 ② 靑桐(청동) 靑磁(청자) 靑翰(청한) 藍靑色(남청색) ②Ⅲ 靑廬(청려) 靑坡洞(청파동) ① 紺靑(감청) 硃靑(녹청) 靑襟(청금) 靑瞳(청동) 靑螺(청라) 靑梁(청량) 靑綸(청륜) 靑綾(청릉) 靑芒(청망) 靑杳(청묘) 靑蕪(청무) 靑蕃(청번) 靑孀(청상) 靑鴦(청앙) 靑窯(청요) 靑篁(청용) 靑椅(청의) 靑雀(청작) 靑氈(청전) 靑塚(청총) 靑芻(청추) 靑翠(청취) 靑萍(청평)

사자성어 ③Ⅱ 粉靑沙器(분청사기) ② 靑酸加里(청산가리) 靑出於藍(청출어람)

부수	획수	총획
寸	0	3

마디 촌 :【043】

字源 〈지사〉 손목에서 손가락 한마디의 부분을 가만히 만져보면 생명의 고동소리 같은 맥박이 두근두근 뛴다. 심장에서 피를 뿜어 온몸에 보내는 생명의 움직임이다. 이것이 맥박 뛰는 소리가 멈춘 순간 사람은 죽는다. 사람 손목에서 맥박이 뛰는 곳까지의 거리를 가리켜 한 치의 [마디(寸)]를 뜻하고 [촌]으로 읽는다.
圖節(마디 절) 回村(마을 촌) 才(재주 재)

필순 一 十 寸

기초 【기초한자어】 익히고, 【기본 → 발전한자어】 다지기
三寸(삼촌) 아버지의 친형제
五寸(오촌) 아버지의 사촌이나 사촌의 아들
外三寸(외삼촌) 어머니의 남자 형제
• 三寸은 우리집에서 인기가 많다.
• 삼촌과 함께 五寸의 친척을 알아보았다.

기본 ⑧ 寸土(촌토) 四寸(사촌) ⑦Ⅱ 方寸(방촌) ⑦ 寸數(촌수) ⑥Ⅱ 寸功(촌공) 寸意(촌의) 寸分(촌분) ⑤ 寸善(촌선) 寸鐵(촌철) ④Ⅱ 寸陰(촌음) 寸志(촌지) ④ 寸刻(촌각) 寸暇(촌가) 寸劇(촌극) 寸評(촌평)

발전 ② 寸札(촌찰) ②Ⅲ 銖寸(수촌) ① 寸脛(촌경) 寸隙(촌극) 寸描(촌묘)

사자성어 ④Ⅱ 一寸光陰(일촌광음) 寸鐵殺人(촌철살인) ②Ⅲ 銖積寸累(수적촌루)

부수	획수	총획
一	1	2

일곱 칠【044】

字源 〈지사〉 숫자 중의 일곱째인 「칠」은 길조로 생각했었다. 현대에선 '럭키 세븐'이라 하여 숫자의 일곱을 많이들 좋아했다. 어려운 일로 주사위 일곱을 놓고서 점괘를 쳤던 사람도 있어 기분 좋은 인식이었다. 손가락 일곱을 펴는 모양이나 일곱 송이 꽃이 핀 모양을 가리켜서 [일곱(七)]을 뜻하고 [칠]로 읽는다.

필순 一 七

기초 【기초한자어】 익히고, 【기본 → 발전한자어】 다지기
七十(칠십) 십의 일곱 배가 되는 수
七日(칠일) 이레. 한 달의 일곱 번째 날
七月(칠월) 한 해 가운데 일곱째 달
• 시골에 계신 七十 노모의 건강이 걱정된다.
• 1주일은 일요일부터 토요일까지 七日간이다.

기본 ⑧ 七年(칠년) 七氣(칠기) ⑦ 七千(칠천) 七夕(칠석) ⑥Ⅱ 七音(칠음) ⑥ 七言(칠언) 七大洋(칠대양) ⑤Ⅱ 七情(칠정) ④Ⅱ 七寶(칠보) 七星(칠성) 七星堂(칠성당) 七言詩(칠언시) 七面鳥(칠면조) ③Ⅱ 七旬(칠순)

발전 ② 七札(칠찰) ① 齋七(재칠)

부수	획수	총획
土	0	3

흙 토【045】

字源 〈상형〉 사람은 땅 위에서 생활하고 나무나 풀의 싹도 땅에 돋아나서 잘 자란다. 땅에서 자라난 싹은 햇볕과 물을 빨아들여 쑥쑥 자란다. 기름진 토지로 개량하여 생산력을 증대하면서 인류가 다 점령했다. 기름진 땅 위에 풀이나 곡식의 싹들이 돋아나 잘 자라는 모양을 본떠서 [흙(土)]을 뜻하고 [토]로 읽는다.
園地(땅 지) 壤(흙덩이 양) 回天(하늘 천) 乾(하늘 건)
回士(선비 사) 吐(토할 토)

필순 一 十 土

기초 【기초한자어】 익히고, 【기본→발전한자어】 다지기
國土(국토) 나라의 땅
土山(토산) 흙으로만 이루어진 산
土民(토민) 대대로 그 땅에서 살고 있는 백성
• 독도는 우리 國土이니 우리 손으로 지켜야 한다.
• 土山은 비가 많이 오면 산사태가 나서 土民들이 많은 위협을 받았다.

기본 8土人(토인) 土木學(토목학) 7Ⅱ農土(농토) 7出土(출토) 土地(토지) 6Ⅱ樂土(낙토) 風土(풍토) 6土石(토석) 本土(본토) 黃土(황토) 5Ⅱ土種(토종) 土質(토질) 土着(토착) 客土(객토) 土産品(토산품) 5土建(토건) 領土(영토) 4Ⅱ土器(토기) 土星(토성) 土城(토성) 土俗(토속) 鄕土(향토) 4土管(토관) 土卵(토란) 土龍(토룡) 土鍾(토종) 3Ⅱ土臺(토대) 土壤(토양) 土豪(토호) 凍土(동토) 泥土(이토) 淨土(정토) 尺土(척토) 荒土(황토) 腐葉土(부엽토) 3土塊(토괴) 土屯(토둔)

발전 2土窟(토굴) 土匪(토비) 塵土(진토) 焦土化(초토화) 28疆土(강토) 沃土(옥토) 聚土(취토) 土鴨(토압) 土埃(토애) 后土(후토) 土圭(토규) 土沃(토옥) 土旺(토왕) 土鼎(토정) 1膏土(고토) 曠土(광토) 捲土(권토) 壘土(누토) 糞土(분토) 瀉土(사토) 裔土(예토) 粘土(점토) 瘠土(척토) 撮土(촬토) 土腔(토강) 土芥(토개) 土梗(토경) 土膏(토고) 土囊(토낭) 土牢(토뢰) 土瓶(토병) 土塾(토침) 土堆(토퇴) 瑕土(하토) 鹹土(함토)

부수	획수	총획
八	0	2

여덟 팔【046】

字源 〈상형〉 숫자 중의 여덟째인 「팔」은 나눔의 기본으로 인식되었다. 몇 번을 나누어도 양쪽이 똑같이 나누어지는 기본적인 숫자라는 인식으로 심어졌던 것이다. 숫자인 팔은 공동체라는 기본 원리를 의미하기도 한다. 양손 네 손가락을 펴거나 구슬 여덟 개가 놓인 모양을 본떠서 [여덟(八)]을 뜻하고 [팔]로 읽는다.
回人(사람 인) 入(들 입)

필순 ノ 八

기초 【기초한자어】 익히고, 【기본→발전한자어】 다지기
八月(팔월) 한 해 가운데 여덟째 달
八寸(팔촌) 아버지의 육촌의 자녀와의 촌수
八十(팔십) 십의 여덟 배가 되는 수
• 음력 八月 十五日을 한가위 또는 추석이라 한다.
• 이웃에 사는 八寸형과 친형제처럼 지낸다.

기본 8七八月(칠팔월) 7Ⅱ八道(팔도) 八方(팔방) 7八字(팔자) 百八(백팔) 八不出(팔불출) 上八字(상팔자) 6Ⅱ八角(팔각) 八等身(팔등신) 三八線(삼팔선) 6十八番(십팔번) 5八景(팔경) 初八日(초파일) 4Ⅱ八達(팔달) 3八朔童(팔삭동)

발전 28八垠(팔은) 八佾(팔일) 八佾舞(팔일무) 1鑿八(착팔) 八哥(팔가) 八凱(팔개) 八股(팔고) 八卦(팔괘) 八魁(팔괴) 八戎(팔융) 八疵(팔자)

사자성어 8十中八九(십중팔구) 7二八靑春(이팔청춘) 6八方美人(팔방미인) 4Ⅱ四通八達(사통팔달) 3Ⅱ四柱八字(사주팔자) 百八煩惱(백팔번뇌) 2八年風塵(팔년풍진)

부수	획수	총획
子	13	16

배울 학【047】

字源 〈회의〉 사람은 매우 불안전한 상태로 태어난다. 점차 커가면서 바르게 살아가는 지혜를 배우면서 터득하고 올바르게 자랐던 것이다. 불안전한 상태로 태어난 어린이도 한 걸음 완전한 상태로 더 향한다. 사리에 어두운(冖) 아이(子)가 책을 손(臼)에 붙잡아 본받으며(爻) [배우다(學)]는 뜻이고 [학]으로 읽는다.
園習(익힐 습) 回敎(가르칠 교) 問(물을 문) 訓(가르칠 훈)
回覺(깨달을 각) 回学

필순

기초 【기초한자어】 익히고, 【기본→발전한자어】 다지기
學校(학교) 교육기관
學生(학생) 학교에서 공부하는 사람
學長(학장) 단과 대학의 장
• 學校는 우리들이 공부하는 장소다.
• 우리 학교 學生들은 교복을 단정히 잘 입는다.

8급

韓

부수	획수	총획
韋	8	17

한국 한(ː)【048】

字源 〈형성〉 인도의 시성 타고르는 한국을 [동방의 등불]이라
고 노래했다. '동방에 꺼지지 않는 등불 그는 동방의 빛'이
되리라 읊었다. '동방의 등불 그는 분명 한국의 영원한 표
상일지이니'라고 했었으니 해가 돋는(卓 ← 軑) 동쪽 나라
병영에서 성 둘레(韋)를 열심히 지키는 [나라 이름(韓)]을
뜻하고 [한]으로 읽는다.
回漢(한수/한나라 한) 緯(씨 위)

필순 一 十 古 直 卓 草 草 韓 韓 韓

기초 【기초한자어】 익히고, 【기본 → 발전한자어】 다지기
韓國(한국) 대한민국의 준말
韓日(한일) 한국과 일본
韓人(한인) 한국 사람
• 외국에는 우리 韓人들이 많이 거주하고 있다.
• 그는 이번에 韓國을 대표하는 선수로 뽑혔다.

兄

부수	획수	총획
儿	3	5

형 형【049】

字源 〈회의〉 형님은 나의 손윗사람으로 나에게 많은 조언을 해
준다. 학교 공부를 비롯해서 노는 법 등도 자상하게 지도
해 주신 분이 형님이다. 형님은 언제나 내 편이었고 착하
고 바르게 커가는 방법도 알려 준다. 입(口)으로 말하여
동생을 지도하는 사람(儿←人)으로 처음인 [맏(兄)]인
[형(兄)]을 뜻하고 [형]으로 읽는다.
동伯(맏 백) 允(맏 윤) 回弟(아우 제) 回況(상황 황)

필순 丨 口 口 尸 兄

기초 【기초한자어】 익히고, 【기본 → 발전한자어】 다지기
兄弟(형제) 형과 아우
學兄(학형) 학우의 존댓말
學父兄(학부형) 학생의 보호자
• 이웃집 兄弟는 얼굴이 서로 꼭 닮았다.
• 학교는 신학기마다 學父兄 총회를 한다.

火

부수	획수	총획
火	0	4

불 화(ː)【050】

字源 〈상형〉 사람들은 불을 발견하면서부터 보다 고급스런 문
명생활을 했다고 알려진다. 화로 같은 그릇에 모닥불을
피워서 불씨를 보관하여 다음에도 사용했다. 불의 발견
은 인류 문명의 커다란 혁명이었다. 장작더미에서 작은
불꽃을 내다가 활활 타오르는 불의 모양을 본떠 [불(火)]
을 뜻하고 [화]로 읽는다.
回水(물 수)

필순 丶 丶 丿 火

기초 【기초한자어】 익히고, 【기본 → 발전한자어】 다지기
火力(화력) 불의 힘
火木(화목) 땔나무
火山(화산) 마그마가 터져 나와 된 산
• 겨울에 사용할 火木을 구해야 한다.
• 火山이 폭발하면서 용암이 흘러나왔다.

8급

기본 ⑧火山(화산) 火中(화중) 火山學(화산학) ⑦Ⅰ火氣
(화기) 火食(화식) 火車(화차) 活火山(활화산) ⑦休火
山(휴화산) ⑥Ⅰ火急(화급) 火藥(화약) 發火(발화) 放火
(방화) 消火(소화) ⑥失火(실화) 死火山(사화산)
⑤Ⅰ火兵(화병) 火宅(화택) 客火(객화) 兵火(병화) ⑤火因
(화인) 火災(화재) 熱火(열화) ④Ⅰ火器(화기) 火星
(화성) 火印(화인) 火田(화전) 聖火(성화) 引火(인화)
防火(방화) 飛火(비화) 砲火(포화) 香火(향화) 導火線
(도화선) ④火傷(화상) 火刑(화형) 烈火(열화) 點火
(점화) 採火(채화) ③Ⅰ火爐(화로) 火葬(화장) 鬼化
(귀화) 耐火(내화) 鎭火(진화)

발전 ②鬱火(울화) 火蔘(화삼) ②Ⅱ火繩(화승) 火柴(화시)
火繩銃(화승총) ①Ⅱ痰火(담화) 燎火(요화) 燐火(인화)
烽火(봉화) 噴火(분화) 焚火(분화) 閃火(섬화) 訛火
(와화) 火盆(화분) 火鼠(화서) 火燼(화신) 火焰(화염)
火匠(화장) 火箸(화저) 火箭(화전)

사자성어 ⑥電光石火(전광석화) ③Ⅰ明若觀火(명약관화) ②Ⅱ火
旺之節(화왕지절)

한자능력검정시험
자원대사전

7급 II

[051~100]

家　間　江　車　工　空　氣　記　男　内

農　答　道　動　力　立　每　名　物　方

不　事　上　姓　世　手　市　時　食　安

午　右　子　自　場　全　前　電　正　足

左　直　平　下　漢　海　話　活　孝　後

부수	획수	총획
宀	7	10

家 집 가【051】

字源 〈형성〉 작고 보잘것없는 집을 초가삼간 '오막살이'라 말했다. 오막살이 같은 작은 집에서 돼지도 기르고 소나 닭과 같은 집짐승들도 많이 길렀다. 아마 사람이 사는 집을 짐승을 기르던 곳과 같이 생각했던 것 같다. 옛날에는 한 지붕(宀) 밑에서 돼지(豕)와 함께 살았다고 했었으니 [집(家)]을 뜻하고, [가]로 읽는다.
圄室(집 실) 堂(집 당) 屋(집 옥) 宅(집 택) 戶(집 호) 閣(집 각) 宙(집 주) 宇(집 우) 館(집 관) 回宗(마루 종) 蒙(어두울 몽) 冢(무덤 총)

필순 ` ` 宀 宀 宇 宇 宇 家 家 家

기초 【기초한자어】 익히고, 【기본→발전한자어】 다지기
家門(가문) 집안이나 문중
家長(가장) 한 가정을 이끌어 나가는 사람
民家(민가) 일반 국민의 집
• 철수네는 家門을 빛낸 인물이 많다.
• 이제는 장남인 네가 집안의 家長이다.

기본 7Ⅱ家內(가내) 家力(가력) 家事(가사) 家山(가산) 家世(가세) 家室(가실) 家長(가장) 名家(명가) 生家(생가) 人家(인가) 7草家(초가) 出家(출가) 6Ⅱ家計(가계) 家業(가업) 家庭(가정) 作家(작가) 6家禮(가례) 家訓(가훈) 親家(친가) 5Ⅱ家基(가기) 家福(가복) 家産(가산) 家臣(가신) 家財(가재) 家宅(가택) 客家(객가) 良家(양가) 商家(상가) 凶家(흉가) 5家規(가규) 4Ⅱ家難(가난) 家寶(가보) 家勢(가세) 家職(가직) 家統(가통) 家鄕(가향) 家戶(가호) 官家(관가) 宗家(종가) 治家(치가) 4家戒(가계) 家系(가계) 家君(가군) 家券(가권) 家屬(가속) 家損(가손) 家憲(가헌) 3Ⅱ家奴(가노) 家禽(가금) 家譜(가보) 家宴(가연) 家畜(가축) 率家(솔가) 妻家(처가) 廢家(폐가) 3家忌(가기) 家塗(가도) 家豚(가돈)

발전 2家垈(가대) 家閥(가벌) 貰家(세가) 28家鴨(가압) 家楨(가정) 庄家(장가) 1家僕(가복) 家嗣(가사) 家嫂(가수) 家塾(가숙) 家什(가집) 家醸(가양) 家稍(가초) 仇家(구가) 妓家(기가) 閭家(여가) 梵家(범가) 媤家(시가) 冤家(원가) 杖家(장가) 倡家(창가) 娼家(창가) 渾家(혼가)

부수	획수	총획
門	4	12

間 사이 간(:)【052】

字源 〈회의〉 아침에 떠오르는 찬란한 햇빛이 창문을 환하게 비춰준다. 하루 일과가 시작되면서 창문 틈이나 대문의 틈 사이를 통해서 햇살이 쏘옥 얼굴을 내민다. 빛이 사이로 스며들어 밝게 비춰주니 맑은 아침이다. 아침의 태양(日) 빛이 창문(門)이나 대문 틈으로 들어오니 어떤 [사이(間)]를 뜻하고 [간]으로 읽는다.
圄隔(사이 뜰 격) 隙(틈 극) 回間(물을 문) 聞(들을 문) 開(열 개) 閑(한가할 한)

필순 ` ` ⺉ ⺉ ⺉ 門 門 門 門 間 間 間

기초 【기초한자어】 익히고, 【기본→발전한자어】 다지기
間食(간식) 중간에 먹는 음식
年間(연간) 한 해 동안
中間(중간) 두 사물의 사이
• 두 시간이 지나면 맛있는 間食이 있다.
• 학교 中間 놀이 시간에 맞추어 줄넘기를 한다.

기본 7Ⅱ空間(공간) 民間(민간) 山間(산간) 世間(세간) 時間(시간) 人間(인간) 6Ⅱ間作(간작) 6間言(간언) 間紙(간지) 區間(구간) 近間(근간) 夜間(야간) 晝間(주간) 行間(행간) 5間選(간선) 期間(기간) 週間(주간) 4Ⅱ間斷(간단) 間伐(간벌) 間接(간접) 單間(단간) 4間或(간혹) 間斷(간단) 離間(이간) 3Ⅱ間隔(간격) 其間(기간) 幕間(막간) 瞬間(순간) 暫間(잠간) 3眉間(미간) 巷間(항간)

발전 2間諜(간첩) 1間隙(간극) 股間(고간) 窺間(규간) 坊間(방간) 幇間(방간) 腋間(액간) 讒間(참간) 艙間(창간) 晦間(회간)

부수	획수	총획
水	3	6

江 강 강【053】

字源 〈형성〉 넓은 중국 대륙에는 황허강, 랴오허강, 양자강 등 큰 강들이 굽이굽이 넘칠 만큼 매우 컸다. 그중에서 굽이침이 큰 강을 흔히 양자강이라고 불렀다. 그래서 흔히들 양자강이 중국 강 전체를 지칭하게 되었다. 굽이침(工)이 큰 강(氵←水)으로 처음엔 [양자강(江)]이었으나 [강(江)]이란 뜻이고 [강]으로 읽는다.
圄川(내 천) 河(물 하) 溪(시내 계) 水(물 수) 回山(메 산) 岳(큰 산 악) 回工(장인 공) 舡(큰배 홍)

필순 ` ` 氵 氵 江 江 江

기초 【기초한자어】 익히고, 【기본→발전한자어】 다지기
江南(강남) 강의 남쪽
江山(강산) 강과 산, 자연, 나라의 영토
江上(강상) 강의 위
• 한국은 산수가 아름다운 금수江山이다.
• 봄에 江南으로 갔던 제비가 다시 돌아온다.

기본 7Ⅱ江水(강수) 江月(강월) 江海(강해) 漢江(한강) 7江心

(강심) 江村(강촌) 大洞江(대동강) 6Ⅱ 江風(강풍) 6 江頭
(강두) 5 江湖(강호) 4Ⅱ 江邊(강변) 3Ⅱ 江陵(강릉) 江珠
(강주) 渡江(도강) 3 江郊(강교) 江幅(강폭)

발전 2 洛東江(낙동강) 2ⅠZ 江瑩(강형) 鴨綠江(압록강) 1 江芒
(강망) 江靡(강미) 江畔(강반) 江靄(강애) 江檻(강함)
澄江(징강)

사자성어 2ⅠZ 姚江學派(요강학파)

수레 거
수레 차 【054】

부수	획수	총획
車	0	7

字源 〈상형〉 소나 말이 끌고 다니던 수레는 옛날에 쓰인 유일
한 화물운반 수단이었다. 사람이 멀리 타고 다니던 편리
한 교통수단으로 이용되었던 것이다. 지금과 같은 자동차
가 아니라 소나 말이 끄는 수레였다. 짐을 가득 실은 바탕
과 땅에서 굴리는 수레바퀴 모양을 본떠서 [수레(車)]를
뜻하고 [거] 혹은 [차]로 읽는다.
图 輛(수레 량) 輿(수레 여) 回 東(동녘 동) 事(일 사)
軍(군사 군) 束(묶을 속)

필순

기초 【기초한자어】 익히고, 【기본→발전한자어】 다지기
車道(차도) 차가 다니도록 마련한 길
電車(전차) 전기의 힘으로 가는 차
人力車(인력거) 사람이 이끄는 수레
• 車道를 함부로 건너는 것은 매우 위험하다.
• 옛날에는 택시를 대신하여 人力車를 탔다.

기본 7Ⅱ 車道(차도) 水車(수차) 自動車(자동차) 下車(하차)
火車(화차) 7 車主(차주) 車便(차편) 白車(백차) 6Ⅱ 車線
(차선) 車窓(차창) 車體(차체) 急停車(급정거) 發車(발차)
戰車(전차) 6 車間(차간) 車路(차로) 5Ⅱ 車種(차종)
5 車費(차비) 汽車(기차) 馬車(마차) 洗車(세차) 停車
(정차) 牛車(우차) 停車場(정거장) 4Ⅱ 車票(차표) 配車
(배차) 貨車(화차) 4 車庫(차고) 車輪(차륜) 列車(열차)
拍車(박차) 自轉車(자전거) 3Ⅱ 車掌(차장) 乘車(승차)
廢車(폐차) 3 獵車(엽거) 舟車(주거) 2 車輛(차량)
車軸(차축) 駐車(주차) 紡車(방차) 車胤(차윤) 車塵(차진)
駐車場(주차장) 貳車(이거) 抛車(포거)

발전 1 車駕(거가) 車渠(거거) 車轟(거굉) 車扱(차급) 車輻
(거폭) 車轍(거철) 車轄(차할) 巾車(건거) 轎車(교차)
樞車(구거) 鸞車(난거) 輦車(연차) 蕃車(번거) 腕車
(완거) 枉車(왕거) 戎車(융거) 棧車(잔거) 椎車(추거)
馳車(치차) 簡車(통차) 罕車(한거) 頰車(협차)

사자성어 2ⅠZ 驥服鹽車(기복염거)

장인 공 【055】

부수	획수	총획
工	0	3

字源 〈상형〉 일상생활에서 널리 쓰이는 여러 가지 물건들은 전
문적인 기술자가 만든다. 정확하게 가로 세로에 맞게 치
수를 자로 재면서 정성들여서 만들었던 것이다. 구멍을
정교하게 파서 완전하도록 물건을 만든다. 물건을 만드는
사람과 그 연모의 모양을 본떠 [장인(工)] 혹은 [만들다(工)]
는 뜻이고 [공]으로 읽는다.
图 作(지을 작) 匠(장인 장) 造(지을 조) 回 土(흙 토)
江(강 강) 士(선비 사) 干(방패 간)

필순

기초 【기초한자어】 익히고, 【기본→발전한자어】 다지기
工學(공학) 공업에 관한 것을 연구하는 학문
工事(공사) 토목이나 건축 등에 관한 일
人工(인공) 자연적이 아닌 사람이 만든 것
• 人工호수에 구경 온 사람들이 많이 모였다.
• 집을 새로 짓는 일을 건축 工事라고 부른다.

기본 7Ⅱ 工事(공사) 工人(공인) 工場(공장) 女工(여공) 木工
(목공) 手工(수공) 人工(인공) 7 工夫(공부) 6Ⅱ 工高
(공고) 工業(공업) 工作(공작) 理工(이공) 手工業(수공업)
6 工大(공대) 石工(석공) 5Ⅱ 工具(공구) 工團(공단) 工兵
(공병) 工産(공산) 客工(객공) 着工(착공) 化工(화공)
工産品(공산품) 5 加功(가공) 技工(기공) 完工(완공)
鐵工(철공) 輕工業(경공업) 4Ⅱ 工藝(공예) 工具(공원)
工程(공정) 起工(기공) 細工(세공) 施工(시공) 職工
(직공) 工藝品(공예품) 3Ⅱ 工巧(공교) 陶工(도공) 沙工
(사공) 鑄工(주공)

발전 2 鍛工(단공) 靴工(화공) 2ⅠZ 甄工(견공) 1 工伎(공기)
工曹(공조) 工廠(공창) 伎工(기공) 帮工(방공) 冶工
(야공) 竣工(준공) 鍼工(침공) 舵工(타공)

사자성어 2 縫製工場(봉제공장)

빌 공 【056】

부수	획수	총획
穴	3	8

字源 〈형성〉 피리를 만들려면 대나무에 구멍을 적당하게 뚫는
다. 적군이 노출되지 않기 위한 방공호 또한 땅의 흙을 깊
게 파서 땅 속을 텅 비게 만들기도 했다. 물건이나 땅에
사용할 수 있도록 구멍을 파기도 했다. 구멍(穴)을 뚫도록
잘 만들어서(工) 속이 아주 텅 [비어(空)] 아무것도 [없대(空)]
는 뜻이고 [공]으로 읽는다.

圖虛(빌 허) 無(없을 무) 回滿(찰 만) 充(채울 충) 盈(찰 영) 回室(집 실) 完(완전할 완) 究(연구할 구)

필순 ` ` 宀 宀 灾 空 空 空 空

기초 【기초한자어】 익히고, 【기본→발전한자어】 다지기
空間(공간) 빈 곳
空白(공백) 글씨나 그림이 없는 곳
空中(공중) 하늘과 땅 사이의 빈 곳
• 비행기의 空中 묘기가 썩 볼 만했다.
• 우주 空間에는 수많은 별들을 볼 수 있다.

기본 7Ⅱ空軍(공군) 空氣(공기) 空名(공명) 空事(공사) 空手(공수) 空前(공전) 7空洞(공동) 6Ⅱ高空(고공) 對空(대공) 6空席(공석) 空言(공언) 空行(공행) 太空(태공) 5空冷(공랭) 空論(공론) 領空(영공) 4Ⅱ空想(공상) 空砲(공포) 空港(공항) 空虛(공허) 防空(방공) 低空(저공) 眞空(진공) 4空轉(공전) 空閑地(공한지) 危空(위공) 虛空(허공) 3Ⅱ架空(가공) 乾空(건공) 空欄(공란) 空腹(공복) 空輸(공수) 空襲(공습) 碧空(벽공) 蒼空(창공)

발전 2空閨(공규) 28空柯(공가) 鑽空(찬공) 防空壕(방공호) 1空竭(공갈) 空腔(공강) 空棺(공관) 空轎(공교) 空簞(공단) 空囹(공령) 空杳(공묘) 空瓶(공병) 空譬(공비) 空觴(공상) 空疎(공소) 空臆(공억) 空樽(공준) 空闊(공활) 匿空(익공) 壘空(누공) 圉空(어공) 舂空(용공) 澄空(징공) 鑿空(착공)

사자성어 4Ⅱ防空訓練(방공훈련) 3Ⅱ架空人物(가공인물) 2卓上空論(탁상공론) 2航空母艦(항공모함)

부수	획수	총획
气	6	10

기운 기【057】

字源 〈형성〉 솥에 쌀을 씻어 알맞은 양의 물을 붓고 불을 때면 고소한 밥이 된다. 불을 적당하게 때면 모락모락 김이 나면서 밥이 된 것이다. 구수하고 맛있는 밥이 되어 하루 세끼씩 밥을 먹으며 충분하게 살아간다. 솥에 쌀(米)을 넣고 밥을 지을 때 모락모락 나오는 증기(气)로 널리 [기운(氣)]을 뜻하고 [기]로 읽는다.
回汽(물 끓는 김 기) 畧气

필순 ` ` 丶 气 气 气 氣 氣 氣 氣

기초 【기초한자어】 익히고, 【기본→발전한자어】 다지기
生氣(생기) 싱싱하고 힘찬 기운
空氣(공기) 지구를 둘러싼 기체
人氣(인기) 세상 사람들의 좋은 평판
• 만약 空氣가 없으면 모든 생물은 죽는다.
• 이번 투표에서 人氣가 많아 일등으로 당선되었다.

기본 7Ⅱ人氣(인기) 日氣(일기) 活氣(활기) 氣力(기력) 7同氣

(동기) 心氣(심기) 6Ⅱ勇氣(용기) 氣分(기분) 氣運(기운) 氣體(기체) 氣球(기구) 6感氣(감기) 氣道(기도) 氣合(기합) 5Ⅱ客氣(객기) 氣流(기류) 氣質(기질) 氣品(기품) 元氣(원기) 5景氣(경기) 氣量(기량) 4Ⅱ氣勢(기세) 氣壓(기압) 氣絶(기절) 怒氣(노기) 殺氣(살기) 煙氣(연기) 精氣(정기) 香氣(향기) 虛氣(허기) 吸氣(흡기) 4穀氣(곡기) 氣象(기상) 氣候(기후) 氣壓(기압) 氣孔(기공) 氣管(기관) 窮氣(궁기) 驚氣(경기) 3Ⅱ狂氣(광기) 氣槪(기개) 氣像(기상) 濕氣(습기) 蒸氣(증기) 醉氣(취기) 稚氣(치기) 肺氣(폐기) 換氣(환기) 排氣(배기) 邪氣(사기) 3傲氣(오기)

발전 2瑞氣(서기) 霸氣(패기) 腎氣(신기) 妖氣(요기) 鬱氣(울기) 磁氣(자기) 沮氣(저기) 津氣(진기) 窒氣(질기) 胎氣(태기) 大氣圈(대기권) 28馥氣(복기) 沖氣(충기) 馨氣(형기) 薰氣(훈기) 1佢氣(거기) 氣魄(기백) 氣焰(기염) 氣泡(기포) 氣槀(기름) 氣噓(기허) 氣俠(기협) 煖氣(난기) 疝氣(산기) 爽氣(상기) 泄氣(설기) 洩氣(설기) 腋氣(액기) 穢氣(예기) 仗氣(장기) 腫氣(종기) 喘氣(천기) 惰氣(타기) 瘧氣(학기) 眩氣(현기) 衒氣(현기)

사자성어 4氣骨壯大(기골장대) 3Ⅱ浩然之氣(호연지기)

부수	획수	총획
言	3	10

기록할 기【058】

字源 〈형성〉 입으로 하는 언어를 문자로 남기는 것은 자기의 필요에 의해서였을 것이다. 가훈이나 금언을 비롯해서 금기사항까지도 많이들 남겼다. 했던 말이나 사건을 기록해 두어서 역사의 발전이 이룩되었다. 사람이 자기(己) 필요에 의해 말소리(言)를 글로 써서 두었으니 [기록하다(記)]는 뜻이고 [기]로 읽는다.
圖識(알 식/기록할 지) 錄(기록할 록) 誌(기록할 지) 回話(말씀 화) 計(셀 계) 訪(찾을 방) 紀(벼리 기)

필순 ` 一 二 言 言 言 言 言 言 記 記

기초 【기초한자어】 익히고, 【기본→발전한자어】 다지기
記事(기사) 사실을 적는 것
上記(상기) 위나 앞에 어떤 내용을 적음
後記(후기) 뒷날의 기록. 책 끝에 적은 글
• 아침 신문에서는 사회면이나 정치면 記事를 먼저 본다고 한다.
• 上記한 내용을 다시 고쳐 쓰고 난 다음에는 반드시 後記를 써둔다.

기본 7Ⅱ手記(수기) 前記(전기) 左記(좌기) 7記入(기입) 登記(등기) 6Ⅱ書記(서기) 表記(표기) 6記者(기자) 記號(기호) 禮記(예기) 速記(속기) 5Ⅱ舊記(구기) 記念(기념) 史記(사기) 傳記(전기) 筆記(필기) 4Ⅱ記錄(기록) 暗記(암기) 誤記(오기) 4雜記(잡기) 轉記(전기) 標記

(표기) ③1 記述(기술) 記憶(기억) 記載(기재) 銘記(명기) 簿記(부기) 追記(추기)

발전 ② 謄記(등기) 倂記(병기) 勳記(훈기) ① 烙記(낙기) 牢記(뇌기) 詔記(조기) 識記(참기) 撮記(촬기)

사자성어 ④ 移轉登記(이전등기)

부수	획수	총획
田	2	7

男 사내 남 【059】

字源 〈회의〉 남자는 가장으로서 지금의 직장이라고 할 수 있는 논밭에 나가 일을 했었다. 그런가 하면 여자는 집안에서 자식을 키우면서 살림을 도맡아했다. 남자의 역할이 중하여 바깥양반이라 했고, 주인장이라고 했다. 논밭(田)에 나가 식구를 먹여 살리기 위해 힘(力)들여 일하는 [사내(男)]를 뜻하고 [남]으로 읽는다.
⑤ 郎(사내 랑) ⑪ 女(계집 녀) 娘(계집 낭) 媛(계집 원) 姬(계집 희)

필순 丿 冂 冂 田 田 男 男

기초 【기초한자어】 익히고, 【기본→발전한자어】 다지기
男子(남자) 남성
男女(남녀) 남자와 여자
長男(장남) 맏아들
• 男子는 청년이 되면 군대를 가야 합니다.
• 男女노소 모두 모여 경기를 관람합니다.

기본 ⑦1 生男(생남) ⑦ 男便(남편) ⑥ 男根(남근) 美男(미남) ⑤1 男性(남성) ④1 得男(득남) 次男(차남) 快男(쾌남) ④ 男妹(남매) 男優(남우) 丁男(정남) ③1 妻男(처남) ③ 男爵(남작) 男裝(남장) 醜男(추남)

발전 ① 男覡(남격) 嫡男(적남)

사자성어 ⑦1 南男北女(남남북녀) ⑦ 男女老少(남녀노소) ⑤ 善男善女(선남선녀) ④1 男兒選好(남아선호) ③1 男尊女卑(남존여비) ② 男負女戴(남부여대)

부수	획수	총획
入	2	4

內 안 내 : 【060】

字源 〈회의〉 한 집안은 식구들이 함께 생활하는 테두리이고, 교실은 공부하는 구역의 어느 테두리이겠다. 사람은 이렇게 일정한 테두리 안이라는 공간이나 구역에서 생활하면서 웃으면서 옹기종기 살아간다. 사람(人)이 일정한 테두리(冂) 구역 속으로 들어갔으니(入) '속'인 안(內)으로 [들다(內)]는 뜻이고 [내]로 읽는다.
⑤ 裏(속 리) ⑪ 外(바깥 외) ⑩ 内

필순 丨 冂 冂 内

기초 【기초한자어】 익히고, 【기본→발전한자어】 다지기
道內(도내) 도의 안
內室(내실) 안주인이 거처하는 방
內國人(내국인) 자기 나라 사람
• 우리 道內에는 관광 명소가 많다.
• 아낙네가 거처하는 방을 內室이라 한다.

기본 ⑦1 家內(가내) 場內(장내) ⑦ 邑內(읍내) ⑥1 體內(체내) ⑥ 內通(내통) 內訓(내훈) ⑤1 以內(이내) 宅內(댁내) ⑤ 案內(안내) ④1 境內(경내) 內密(내밀) 內申(내신) 內容(내용) 內政(내정) 內包(내포) ④ 管內(관내) 內簡(내간) 內勤(내근) 內亂(내란) 內緣(내연) 內資(내자) 域內(역내) 營內(영내) ③1 內閣(내각) 內諾(내락) 內幕(내막) 內臟(내장) 殿內(전내) ③ 內賓(내빈)

발전 ② 內腎(내신) 內偵(내정) 內旨(내지) 內札(내찰) 內翰(내한) 內濠(내호) 坑內(갱내) 圈內(권내) 闕內(궐내) 胎內(태내) 室內靴(실내화) ②8 內輔(내보) 疆內(강내) 內獐島(내장도) ① 內艱(내간) 內卦(내괘) 內寇(내구) 內坊(내방) 內蘊(내온) 內讖(내참) 內寵(내총) 內逼(내핍) 內訌(내홍) 內宦(내환) 內廐(내구) 衙內(아내)

사자성어 ③1 內憂外患(내우외환) ③ 內政干涉(내정간섭)

부수	획수	총획
辰	6	13

農 농사 농 【061】

字源 〈형성〉 바쁜 농사철에는 별이 보이는 새벽부터 논밭에 나가서 열심히 일을 한다. 여인네들은 먹을 것을 준비하고, 남자들은 농구를 챙기면서 일을 하며 살았다. 새벽(辰)이면 수건(凶)을 쓰고 [농사]를 짓는 농부다. 별(辰)이 보이는 새벽부터 논밭(曲←田)에 나가 김매고 북하는 [농사(農)]를 뜻하고 [농]으로 읽는다.
⑤ 耕(밭갈 경) ⑪ 豊(풍년 풍) 晨(새벽 신) 濃(짙을 농)

필순 丨 冂 冂 冉 由 曲 曲 芦 芦 農 農

기초 【기초한자어】 익히고, 【기본→발전한자어】 다지기
農家(농가) 농사를 짓는 사람의 집, 가정
農土(농토) 농사짓는 땅
農事(농사) 논밭에서 농작물을 가꾸는 일
• 홍수 등으로 인해 재해로 農家의 타격이 크다.
• 農事일은 매우 번거롭고 힘든 생업이다.

기본 ⑦1 農家(농가) 農軍(농군) 農大(농대) 農民(농민) 農場(농장) 農學(농학) ⑦ 農歌(농가) 農老(농로) 農林(농림) 農夫(농부) 農地(농지) 農村(농촌) ⑥1 農樂(농악) 農藥(농약) 農業(농업) 農作(농작) 農作物(농작물) ⑥ 農路(농로) 農園(농원) ⑤1 農具(농구) 農産物(농산물) ⑤ 農牛(농우) 都農(도농) ④1 農謠(농요) 農政(농정) 富農(부농) 貧農

(빈농) ④ 勸農(권농) 歸農(귀농) 農酒(농주) 營農(영농)
③Ⅱ 農耕(농경) 廢農(폐농) 農繁期(농번기) ③ 篤農(독농)
발전 ① 農稼(농가) 農隙(농극) 農畝(농무) 農養(농사) 惰農
(타농)
사자성어 ⑤Ⅰ 集團農場(집단농장) 士農工商(사농공상)

부수	획수	총획
竹	6	12

答

대답 답 【062】

字源 〈형성〉 종이가 없던 시대에 대나무를 엮어서 글을 곱게
썼다. 이것을 죽책 혹은 죽찰이라고 하여 종이 대신 편지
지로 쓰기도 했다. 떨어져 나가지 않도록 실로 촘촘하게
엮어 만들어서 상대에게 엮어 보내었다. 대(竹)쪽에 글을
써서 글 내용에 모두 합당(合)하도록 회신하니 [대답(答)]
을 뜻하고 [답]으로 읽는다.
圖 兪(대답할/인도할 유) 回 問(물을 문) 諮(물을 자) 回 合
(합할 합) 笛(피리 적)

필순 丿 亻 片 竹 竹 竹 竹 竺 筌 筌 答 答

기초 【기초한자어】 익히고, 【기본→발전한자어】 다지기
名答(명답) 썩 잘한 대답
正答(정답) 옳은 답
自答(자답) 스스로 자기에게 대답함
• 시험문제의 正答을 맞추어 보았다.
• 선생님이 나의 대답을 名答이라고 하십니다.

기본 ⑦ 問答(문답) ⑥Ⅰ 答書(답서) 答信(답신) 對答(대답)
和答(화답) ⑥ 答禮(답례) ⑤Ⅰ 筆答(필답) ⑤ 答案(답안)
④Ⅰ 答訪(답방) 答狀(답장) 答申(답신) 報答(보답) 誤答
(오답) 應答(응답) 解答(해답) 確答(확답) 回答(회답)
④ 答辯(답변) 答辭(답사)
발전 ② 答札(답찰) ① 答酬(답수) 酬答(수답)
사자성어 ⑦ 東問西答(동문서답) 自問自答(자문자답) ⑤ 筆
答考査(필답고사) ③Ⅰ 愚問賢答(우문현답)

부수	획수	총획
辶	9	13

道

길 도: 【063】

字源 〈회의〉 사람이 사회생활을 하면서 꼭 지켜야 할 도덕적인
길이 있다. 흔히 이것을 [윤리]라고 하는데 '올바른 길 혹
은 '도덕적인 윤리의 길'로 여겼던 것이다. 걷는 도로와 윤
리의 길로 두루 통용된 용어다. 사람이 머리(首)로 생각하
면서 걸어야(辶) 할 올바른 [길(道)]과 걸어 다녔던 [길(道)]을
뜻하고 [도]로 읽는다.
圖 路(길 로) 理(다스릴 리) 程(한도/길 정) 途(길 도)

塗(칠할/길 도) 回 導(인도할 도)

필순 丷 丷 产 产 首 首 首 首 道 道 道

기초 【기초한자어】 익히고, 【기본→발전한자어】 다지기
道名(도명) 도의 이름
人道(인도) 사람이 다니는 길
車道(차도) 차가 다니도록 마련한 길
• 각 지역마다 습관적으로 부른 道名이 있다.
• 자동차가 다니는 도로를 車道라고 한다.

기본 ⑦Ⅰ 道教(도교) 道場(도장) 王道(왕도) 外道(외도) 孝道
(효도) ⑥Ⅰ 道理(도리) 道術(도술) ⑥ 道通(도통) ⑤Ⅰ 道具
(도구) 道德(도덕) ⑤ 鐵道(철도) ④Ⅰ 街道(가도) 權道
(권도) 得道(득도) 武道(무도) 報道(보도) 佛道(불도)
師道(사도) 勢道(세도) 修道(수도) 治道(치도) ④ 都廳
(도청) 酒道(주도) 彈道(탄도) ③Ⅰ 茶道(다도) 道伯(도백)
索道(삭도) 沿道(연도) 片道(편도) ③ 軌道(궤도) 道廳
(도청)
발전 ② 坑道(갱도) 尿道(요도) 遮道(차도) 霸道(패도) 道路網
(도로망) ②⑧ 蜀道(촉도) ① 嘉道(가도) 喝道(갈도) 衢道
(구도) 道弩(도노) 道畔(도반) 道樞(도추) 輦道(연도)
羨道(연도) 枉道(왕도) 佚道(일도) 棧道(잔도) 倡道(창도)
사자성어 ② 鋪裝道路(포장도로)

부수	획수	총획
力	9	11

動

움직일 동: 【064】

字源 〈형성〉 무거운 물건을 힘들여서 위로 올리거나 다른 곳으
로 옮겼다. 요즈음에는 주로 포클레인으로 옮기지만 옛날
에는 사람이 직접 옮겼다. 도구를 이용했더라도 팔뚝의
힘이 움직이는 바탕이 된 것이다. 무거운(重) 물건을 힘써
(力) 들어서 올리거나 다른 곳에 옮겼으니 [움직이다(動)]
는 뜻이고 [동]으로 읽는다.
圖 運(옮길 운) 搖(흔들 요) 回 停(머무를 정) 止(그칠 지)
靜(고요할 정) 寂(고요할 적) 回 衝(찌를 충)

필순 丿 亠 亡 斤 斤 斤 重 重 重 動 動

기초 【기초한자어】 익히고, 【기본→발전한자어】 다지기
動力(동력) 물체를 움직이는 힘
動物(동물) 생물을 식물과 함께 나눈 것의 하나
生動(생동) 살아 움직임
• 생물은 動物(동물)과 식물로 나눕니다.
• 국민의 성실과 근면은 경제 발전의 動力이다.

기본 ⑦Ⅰ 活動(활동) ⑦ 出動(출동) ⑥Ⅰ 始動(시동) 運動(운동)
⑥ 感動(감동) 使動(사동) 行動(행동) ⑤Ⅰ 能動(능동)
動産(동산) 變動(변동) 可動(가동) 舉動(거동) ④Ⅰ 起動

(기동) 動脈(동맥) 律動(율동) 移動(이동) 波動(파동) 暴動(폭동) 4 激動(격동) 動機(동기) 動靜(동정) 拍動 (박동) 制動(제동) 動態(동태) 機動力(기동력) 3Ⅱ 鼓動 (고동) 微動(미동) 振動(진동) 震動(진동) 策動(책동) 衝動(충동) 3 動搖(동요) 騷動(소동) 躍動(약동) 搖動 (요동)

발전 2 胎動(태동) 運動圈(운동권) 運動靴(운동화) 1 動悸 (동계) 動顛(동전) 動盪(동탕) 萌動(맹동) 扇動(선동) 煽動(선동) 顫動(전동) 蠢動(준동) 哄動(홍동) 泂動(흉동)

사자성어 4 驚天動地(경천동지) 3Ⅱ 輕擧妄動(경거망동)

부수	획수	총획
力	0	2

힘 력【065】

字源 〈상형〉 사람이 부지런히 일하려면 힘이 있어야 한다. '지혜의 힘과 체력의 힘은 나라를 튼튼히 할 수 있는 국력(國力)'이란 슬로건이 한때 유행했다. 이러한 동력이 나라 발전의 기반이 되었을 것이다. 팔이나 가슴에 튼튼하여 볼록한 몸매의 탄력성 있는 [힘살] 모양을 본떠서 [힘(力)]을 뜻하고 [력]으로 읽는다.
동 努(힘쓸 노) 回 九(아홉 구) 方(모 방) 刀(칼 도) 刃 (칼날 인)

필순 ㄱ 力

기초 【기초한자어】 익히고, 【기본 → 발전한자어】 다지기
力動(역동) 힘이 있게 움직임
水力(수력) 물의 힘
學力(학력) 학문의 실력
• 섬진강에는 水力 발전소가 없다.
• 學力이란 흔히 학문의 역량이라고도 한다.

기본 7Ⅱ 火力(화력) 活力(활력) 7 重力(중력) 6Ⅱ 力戰(역전) 風力(풍력) 5Ⅱ 筆力(필력) 效力(효력) 4Ⅱ 經力(경력) 權力(권력) 極力(극력) 努力(노력) 勢力(세력) 壓力 (압력) 餘力(여력) 精力(정력) 暴力(폭력) 協力(협력) 4 筋力(근력) 底力(저력) 盡力(진력) 彈力(탄력) 3Ⅱ 怪力 (괴력) 微力(미력) 浮力(부력) 凝集力(응집력)

발전 2 膽力(담력) 魔力(마력) 魅力(매력) 握力(악력) 磁力 (자력) 勢力圈(세력권) 28 力彊(역강) 1 竭力(갈력) 勁力(경력) 駑力(노력) 戮力(육력) 魄力(백력) 臂力 (비력) 腕力(완력) 惰力(타력)

부수	획수	총획
立	0	5

설 립【066】

字源 〈상형〉 사람은 두 발로 걷기도 하지만 땅 위에 의젓하게 서기도 한다. 사람에 따라서 다르지만 대체적으로 그 자태는 보무당당했을 것이다. 발걸음이 당당하면 그 모습이 의젓하게 보이면서 더 야무진 모습이다. 사람(亠←人)이 두 발로 땅(一) 위에 버티어 서는 모양을 본떠서 [서다(立)]는 뜻이고 [립]으로 읽는다.
동 建(세울 건) 起(일어날 기) 回 竝(나란히 병)

필순 丶 亠 亣 立 立

기초 【기초한자어】 익히고, 【기본 → 발전한자어】 다지기
自立(자립) 스스로 섬
立國(입국) 나라를 세움
直立(직립) 똑바로 섬
• 어려서부터 自立 정신을 키워야 한다.
• 사람은 다른 동물과 달리 直立 보행을 한다.

기본 7Ⅱ 立場(입장) 7 立地(입지) 立春(입춘) 6Ⅱ 對立(대립) 立體(입체) 成立(성립) 6 樹立(수립) 定立(정립) 5Ⅱ 立法 (입법) 立體的(입체적) 5 建立(건립) 立件(입건) 立案 (입안) 卓立(탁립) 4Ⅱ 起立(기립) 兩立(양립) 立志(입지) 設立(설립) 創立(창립) 4 孤立(고립) 亂立(난립) 立證 (입증) 立憲(입헌) 積立(적립) 組立(조립) 存立(존립) 冊立(책립) 確立(확립) 3Ⅱ 聯立(연립) 立脚(입각) 3 竝立 (병립) 擁立(옹립) 而立(이립)

발전 2 立勳(입훈) 28 鼎立(정립) 立后(입후) 1 鵠立(곡립) 立錐(입추) 竪立(수립) 愕立(악립) 聳立(용립) 雀立 (작립) 挺立(정립) 站立(참립) 簒立(찬립)

사자성어 3Ⅱ 立身揚名(입신양명)

부수	획수	총획
母	3	7

매양 매(ː)【067】

字源 〈형성〉 못자리에서 자란 어린모를 손으로 매서 모내기를 한다. 3~4포기씩 곱게 잡아 모내기를 정성껏 한다. 포기에는 열매 맺기 알맞을 만큼 유효분열이 이루어지며 모 포기가 쑥쑥 자라면서 풍년을 마주하게 된다. 어미(母) 포기에서 새로운 싹(𠂉←屮)이 돋아 나와 포기가 되니 [매양(每)]을 뜻하고 [매]로 읽는다.
동 常(떳떳할 상) 回 母(어미 모) 海(바다 해) 梅(매화 매) 悔(뉘우칠 회)

필순 丿 亠 仁 乞 母 每 每

기초 【기초한자어】 익히고, 【기본 → 발전한자어】 다지기
每日(매일) 날마다
每月(매월) 그달 그달
每事(매사) 하나하나의 모든 일. 일마다
• 每事에 관심을 두고 성의를 다한다.

• 每日 빠짐없이 일기를 쓴다.
기본 7Ⅰ 每年(매년) 每時(매시) 每人(매인) 6 每番(매번)
5Ⅱ 每週(매주) 4Ⅰ 每回(매회) 4 每樣(매양)

부수	획수	총획
口	3	6

이름 명【068】

字源 〈회의〉 저녁이 되면 사방이 어두워 서로의 얼굴을 분간하지 못하는 경우가 많다. 얼굴이 보이지 않기 때문에 이름을 불러 자기의 위치를 알리기도 했다. 달 뜨는 보름도 그랬고 합삭 되는 그믐에도 다 그랬다. 저녁(夕)이 되면 얼굴을 얼른 분간하지 못해서 입으로 불렀던(口) [이름(名)]을 뜻하고 [명]으로 읽는다.
圖號(이름 호) 稱(일컬을 칭) 回各(각각 각)

필순 ノ ク タ タ 名 名

기초 【기초한자어】익히고, 【기본→발전한자어】다지기
名山(명산) 이름난 산
名家(명가) 명망이 높은 가문
人名(인명) 사람의 이름
• 지리산은 우리나라에서 손꼽히는 名山이다.
• 우리 집안은 많은 인재를 배출한 名家입니다.
기본 7Ⅰ 名答(명답) 名手(명수) 姓名(성명) 學名(학명) 6Ⅱ 功名(공명) 題名(제명) 6 名醫(명의) 有名(유명) 名藥(명약) 名言(명언) 名作(명작) 作名(작명) 5Ⅱ 名望(명망) 名節(명절) 名筆(명필) 兒名(아명) 品名(품명) 筆名(필명) 5 擧名(거명) 슈名(영명) 賣名(매명) 名曲(명곡) 名技(명기) 汚名(오명) 罪名(죄명) 4Ⅱ 名聲(명성) 藝名(예명) 除名(제명) 呼名(호명) 3Ⅱ 佳名(가명) 累名(누명) 名簿(명부) 名譽(명예) 名著(명저) 芳名(방명) 署名(서명) 著名(저명) 芳名錄(방명록) 3 名宰相(명재상)
발전 2 名刹(명찰) 名札(명찰) 釣名(조명) 1 匿名(익명) 名妓(명기) 名藩(명번) 名倡(명창) 名娼(명창) 名帖(명첩) 名牒(명첩) 名宦(명환) 綽名(작명) 慝名(특명) 糊名(호명) 諱名(휘명)
사자성어 3Ⅱ 名實相符(명실상부) 立身揚名(입신양명)

부수	획수	총획
牛	4	8

물건 물【069】

字源 〈형성〉 옛날에는 소를 신성시하면서 하늘에 정성껏 제물로 바쳤다. 이렇듯 소를 제물로 바치는 대표적인 짐승으로 여겼던 것이다. 다른 제물도 좋겠지만 소를 제외한 제물은 생각할 수도 없었던 시절이었다. 제물로 바칠 때에

소(牛)를 제외하지 않았었으니(勿) 소가 [만물(物)]을 대표함을 뜻하고 [물]로 읽는다.
圖件(물건 건) 品(물건 품) 回心(마음 심) 回勿(말 물)

필순 ノ ト ⊢ 牛 牜 牧 物 物

기초 【기초한자어】익히고, 【기본→발전한자어】다지기
萬物(만물) 세상에 있는 모든 것
人物(인물) 사람
名物(명물) 어떤 지방의 이름난 사물
• 萬物이 다시 깨어나는 봄이 왔다.
• 우리 고장에는 훌륭한 人物이 많이 나왔다.
기본 7 物色(물색) 6Ⅱ 物體(물체) 藥物(약물) 風物(풍물) 現物(현물) 6 禮物(예물) 5Ⅱ 物價(물가) 物情(물정) 財物(재물) 凶物(흉물) 5 建物(건물) 賣物(매물) 4Ⅰ 器物(기물) 物議(물의) 寶物(보물) 祭物(제물) 退物(퇴물) 貨物(화물) 4 傑物(걸물) 穀物(곡물) 3Ⅰ 貢物(공물) 靈物(영물) 臟物(장물) 編物(편물) 刊行物(간행물) 乾魚物(건어물) 老廢物(노폐물) 微生物(미생물) 3 汚物(오물) 尤物(우물) 幣物(폐물) 唯物論(유물론)
발전 2 妖物(요물) 物魅(물매) 受託物(수탁물) 紙物鋪(지물포) 抛物線(포물선) 28 分泌物(분비물) 1 殼物(각물) 賂物(뇌물) 鱗物(인물) 膳物(선물) 什物(집물) 穢物(예물) 奠物(전물) 佩物(패물) 卉物(훼물)
사자성어 4Ⅱ 物心兩面(물심양면) 3Ⅰ 物我一體(물아일체) 無用之物(무용지물) 2 物理療法(물리요법)

부수	획수	총획
方	0	4

모 방【070】

字源 〈상형〉 농부가 건강한 모습으로 밭을 갈고 있다. 쟁기 허리를 타고 흙이 넘어가는 방향은 어김없이 일정하다고 보았다. 요즈음으로 말하면 이앙기로 심어 놓은 모가 네모지게 일정한 규칙을 유지했음으로 보았다. 농부가 쟁기질할 때 흙이 넘어간 모습을 본떠 일정한 [곳(方)]인 [방위(方)]를 뜻하고 [방]으로 읽는다.
圖楞(네모질 릉) 稜(모날 릉) 回圓(둥글 원) 回防(막을 방) 放(놓을 방) 芳(꽃다울 방)

필순 ` 一 亠 方

기초 【기초한자어】익히고, 【기본→발전한자어】다지기
方道(방도) 일에 대한 방법과 도리
前方(전방) 앞쪽. 제일선
東方(동방) 동쪽 지방
• 前方이 탁 트여 휴양지로 적합하다.
• 우리나라는 '東方예의지국'이다.
기본 7Ⅰ 方正(방정) 方寸(방촌) 平方(평방) 韓方(한방) 後方

7급Ⅱ

(후방) ⑦方便(방편) 方向(방향) 地方(지방) 向方(향방)
⑥方席(방석) 行方(행방) ⑤方案(방안) 方位(방위)
方物(방물) 方法(방법) ④Ⅱ邊方(변방) 處方(처방) 方程式
(방정식) ④妙方(묘방) 方針(방침) 祕方(비방) ③Ⅰ方途
(방도) 方伯(방백) 方策(방책) 雙方(쌍방) ③坤方(곤방)
朔方(삭방) 丑方(축방) 亥方(해방)

발전 ②療方(요방) 方劑(방제) ②8艮方(간방) 兌方(태방)
方珪(방규) 方峻(방준) ①方罫(방괘) 方矩(방구) 方伎
(방기) 方瞳(방동) 方睛(방정) 方牌(방패) 方頰(방협)
方賄(방회)

사자성어 ③Ⅰ西方淨土(서방정토)

부수	획수	총획
一	3	4

아닐 불/부【071】

字源 〈상형〉 새가 나뭇가지에 앉아 같은 무리를 찾아 넓은 하
늘로 날아간다. 그렇지 않으면 먹이를 찾아 하늘 높이 날
기도 했다. 멀리 날면 시야에서 사라지면서 영영 돌아오
지 않을 것 같다는 생각을 했을 것이다. 새가 하늘 높이
올라가 돌아오지 않을 것 같은 모양을 본떠 [아니다(不)]
는 뜻이고 [불/부]로 읽는다.
區未(아닐 미) 非(아닐 비) 否(아닐 부) 弗(아닐/말 불)
回可(옳을 가) 是(옳을/이 시) 回丕(클 비)

필순 一 プ 不 不

기초 【기초한자어】 익히고, 【기본→발전한자어】 다지기
不正(부정) 바르지 않음. 옳지 않음
不足(부족) 미치지 못하고 모자람
不平(불평) 공평하지 못함
• 친구 사이에 不平을 많이 하면 따돌림을 당한다.
• 不正하게 남을 속이는 것은 나쁜 짓이다.

기본 ⑦Ⅰ不下(불하) 不孝(불효) ⑦不便(불편) ⑥Ⅰ不幸(불행)
不和(불화) ⑥不在(부재) 不通(불통) ⑤Ⅰ不過(불과)
不當(부당) 不實(부실) 不參(불참) ⑤不買(불매) 不敗
(불패) ④Ⅰ不潔(불결) 不滿(불만) 不純(불순) 不忠(불충)
不治(불치) 不齒(불치) 不快(불쾌) ④不屈(불굴) 不遇
(불우) 不適(부적) 不況(불황) ③Ⅰ不恭(불공) 不拘(불구)
不渡(부도) 不滅(불멸) 不肖(불초) 不惑(불혹) 不凍液
(부동액) 不均衡(불균형) 不透明(불투명) ③不敏(불민)
不軌(불궤) 不祥事(불상사)

발전 ②不穩(불온) 不妊(불임) 腎不全(신부전) ①不堪(불감)
不辜(불고) 不逞(불령) 不昧(불매) 不剖(불부) 不屑
(불설) 不遜(불손) 不粹(불수) 不虞(불우) 不悌(부제)
不遑(불황) 不朽(불후) 不諱(불휘) 특51不姙(불임)

사자성어 ③搖之不動(요지부동) 不軌之心(불궤지심) ②不

共戴天(불공대천) 不俱戴天(불구대천) 不撤晝夜(불철
주야) 碩果不食(석과불식) 措手不及(조수불급) ②8杜門
不出(두문불출) 魚魯不辨(어로불변) 醴酒不設(예주
불설) 殷鑑不遠(은감불원) 自彊不息(자강불식)

부수	획수	총획
亅	7	8

일 사:【072】

字源 〈형성〉 역사는 누구의 간섭도 받지 않고 올바른 사실만을
간추려 기록했었다. 역사를 기록하는 사람들을 우리는 '사
관'이라 불렀다. 혹은 제사(祭祀)에서 종사하는 어떤 일
을 일삼는다는 뜻을 가리키기도 했다. 사람이 붓을 들어
서 올바르게 역사(史)의 기록(그 ←之)을 일삼는 데서
[일(事)]을 뜻하고 [사]로 읽는다.
區業(업 업) 務(힘쓸 무) 回車(수레 거/차)

필순 一 ㄱ ㅁ ㅂ ㅂ ㅂ ㅂ 事

기초 【기초한자어】 익히고, 【기본→발전한자어】 다지기
事物(사물) 일과 물건
事前(사전) 어떤 일이 있기 전
人事(인사) 공경하여 예를 표한 말이나 행동
• 전염병이 돌 때는 事前에 예방을 해야 한다.
• 웃어른께는 人事를 잘 해야 한다.

기본 ⑦Ⅰ軍事(군사) 農事(농사) 時事(시사) 後事(후사) ⑦事育
(사육) ⑥Ⅰ公事(공사) 理事(이사) ⑥事親(사친) ⑤Ⅰ奉事
(봉사) 事變(사변) 事實(사실) 知事(지사) ⑤擧事(거사)
領事(영사) ④Ⅰ監事(감사) 慶事(경사) 事端(사단) 事務
(사무) 議事(의사) 從事(종사) 處事(처사) 虛事(허사)
④判事(판사) 婚事(혼사) ③Ⅰ幹事(간사) 謀事(모사) 事項
(사항) 訟事(송사) 執事(집사) 茶飯事(다반사) ③隷事
(예사) 慘事(참사) 不祥事(불상사) 敍事詩(서사시)

발전 ①稼事(가사) 昧事(매사) 嗇事(색사) 戎事(융사) 稍事
(초사) 繪事(회사) 欠事(흠사)

사자성어 ④Ⅰ事大主義(사대주의) ④事必歸正(사필귀정) ③Ⅰ基
礎工事(기초공사) 已往之事(이왕지사) ③食少事煩
(식소사번)

부수	획수	총획
一	2	3

윗 상:【073】

字源 〈지사〉 어떤 물건을 사용하다가 탁자 위에 바르게 놓는다.
사과 같은 과일이나 사용했던 그릇을 상 위에 반듯이 놓
아서 가지런하게 관리했다. 기준이 된 식탁 위에 밥그릇

을 놓거나 숟가락도 질서정연하게 놓는다. 어느 기준이 된 탁자 위에 놓인 물건 모양을 손으로 가리켜서 [위(上)]를 뜻하고 [상]으로 읽는다.

图昇(오를 승) 凹下(아래 하) 回土(흙 토)

| 필순 | 丨 丄 上 |

기초 【기초한자어】 익히고, 【기본 → 발전한자어】 다지기
上空(상공) 높은 하늘
上下(상하) 위와 아래. 위아래
上氣(상기) 흥분이나 부끄럼으로 얼굴이 붉어짐
• 우리 집 上空으로 비행기가 날아간다.
• 어른과 어린이의 上下 간에는 질서가 있다.

기본 71上場(상장) 7祖上(조상) 紙上(지상) 6Ⅰ計上(계상) 6席上(석상) 5Ⅰ格上(격상) 以上(이상) 5壇上(단상) 上船(상선) 屋上(옥상) 4Ⅰ拜上(배상) 飛上(비상) 上達(상달) 上府(상부) 上聲(상성) 進上(진상) 4上納(상납) 上映(상영) 上篇(상편) 3Ⅰ上梁(상량) 上司(상사) 上訴(상소) 上旬(상순) 上奏(상주) 上策(상책) 獻上(헌상) 3零上(영상) 枕上(침상)

발전 2上揭(상게) 上弦(상현) 上廻(상회) 묘上(정상) 上棟(상동) 上旨(상지) 上位圈(상위권) 28疆上(강상) 上庠(상상) 沼上(소상) 灘上(탄상) 上頓(상돈) 上輔(상보) 1机上(궤상) 上卦(상괘) 上穹(상궁) 上膊(상박) 上緋(상비) 上顎(상악) 上腕(상완) 上饒(상요) 上諭(상유) 上游(상유) 上脂(상지) 上澣(상한) 上爻(상효) 筵上(연상)

사자성어 28泗上弟子(사상제자) 阪上走丸(판상주환)

	부수	획수	총획
姓	女	5	8

성 성 : 【074】

字源 〈형성〉 오늘날은 부계사회이지만 옛날에는 주로 모계사회를 따랐다. 어머니가 가족의 주축이 되어 삶의 계통을 이루었던 것이다. 모계사회에서는 자식이 태어나면 여자의 성씨를 따라서 썼음도 주지할 일이다. 여자(女)인 어머니가 그 자식을 낳으면(生) 여자 성씨로 썼으니 [성씨(姓)]를 뜻하고 [성]으로 읽는다.
图氏(각시/성시 씨) 回性(성품 성)

| 필순 | 乚 乄 女 女 女 女- 姓 姓 |

기초 【기초한자어】 익히고, 【기본 → 발전한자어】 다지기
姓名(성명) 성과 이름
大姓(대성) 집안이 번성한 성
萬姓(만성) 많은 성. 만민
• 모든 백성을 萬姓이라고도 불렀다.
• 자기의 姓名을 분명하게 밝혀야 한다.

기본 7百姓(백성) 6Ⅰ各姓(각성) 集姓村(집성촌) 6本姓(본성) 通姓名(통성명) 5他姓(타성) 4姓氏(성씨) 3Ⅰ稀姓(희성)

발전 僻姓(벽성) 1剝姓(박성) 姓銜(성함)

사자성어 6同姓同本(동성동본)

	부수	획수	총획
世	一	4	5

인간 세 : 【075】

字源 〈회의〉 사람이 결혼하여 자식을 낳으면 부모와 자식 간엔 한 세대가 벌어진다. 대략 30세의 차이가 난 것으로 보았던 것이다. 이후 30여 년이 지나 그 자식이 자식을 낳으면 할아버지가 되어 두 세대가 된다. 세 개의 십(十)을 이은 30년은 한 세대(世)가 되고 자손 대대의 세상에서 [인간=세상(世)]을 뜻하고 [세]로 읽는다.
图界(지경 계) 代(대신할 대) 凹也(어조사 야)

| 필순 | 一 十 卅 丗 世 |

기초 【기초한자어】 익히고, 【기본 → 발전한자어】 다지기
世上(세상) 인류가 살고 있는 지구 위
一世(일세) 사람의 일생
後世(후세) 나중 세상
• 어떤 소설가는 後世에 길이 남을 명작을 쓴다.
• 世上을 살다 보면 기쁨과 슬픔이 교차한다.

기본 71萬世(만세) 世人(세인) 7來世(내세) 出世(출세) 6Ⅰ世界(세계) 世代(세대) 現世(현세) 6近世(근세) 別世(별세) 世孫(세손) 世襲(세습) 4Ⅰ警世(경세) 世俗(세속) 世態(세태) 世波(세파) 俗世(속세) 處世(처세) 治世(치세) 4戒世(계세) 亂世(난세) 世系(세계) 世稱(세칭) 3Ⅰ蓋世(개세) 世襲(세습) 惑世(혹세) 稀世(희세) 3棄世(기세) 屢世(누세) 逝世(서세) 濁世(탁세)

발전 2塵世(진세) 世網(세망) 28細繩(세승) 周世鵬(주세붕) 赫居世(혁거세) 1曠世(광세) 遁世(둔세) 世仇(세구) 世嬰(세영) 世箴(세잠) 世嫡(세적) 世諦(세체) 夙世(숙세) 捐世(연세)

사자성어 2厭世主義(염세주의)

	부수	획수	총획
手	手	0	4

손 수(:) 【076】

字源 〈상형〉 발은 묵직하여 아버지 같지만, 손은 자상하여 어머니 같다. 손발이 동시에 움직여 활동하면 성공을 이룩

한다고 한다. 어머니 같은 손, 아버지 같은 발이 원초적인 움직임의 수단이었을 것이다. 사람이 몸을 자유롭게 움직여서 활동할 수 있는 다섯 손가락 모양을 본떠서 [손(手)]을 뜻하고 [수]로 읽는다.

回 足(발 족)

필순 一 二 三 手

기초 【기초한자어】 익히고, 【기본→발전한자어】 다지기
手工(수공) 손으로 만듦
先手(선수) 남이 하기 전에 앞질러 하는 행동
名手(명수) 솜씨나 소질이 뛰어난 사람
• 우리 누나는 사격의 名手로 국가대표 선수다.
• 그럴 줄 알고 나는 先手를 쳤다.

기본 7Ⅱ 手話(수화) 下手(하수) 7 歌手(가수) 旗手(기수) 入手(입수) 6Ⅱ 手術(수술) 6 訓手(훈수) 5Ⅱ 手當(수당) 着手(착수) 5 擧手(거수) 選手(선수) 祝手(축수) 打手(타수) 4Ⅱ 手續(수속) 手製(수제) 手票(수표) 義手(의수) 敵手(적수) 助手(조수) 4 拍手(박수) 投手(투수) 3Ⅱ 雙手(쌍수) 觸手(촉수) 捕手(포수) 3 把手(파수)

발전 2 魔手(마수) 隻手(척수) 手箱(수상) 手握(수악) 手札(수찰) 手翰(수한) 手製靴(수제화) 1 拱手(공수) 捲手(권수) 弩手(노수) 辣手(날수) 手巾(수건) 手袋(수대) 手摸(수모) 手拇(수무) 手搏(수박) 手捧(수봉) 袖手(수수) 手迹(수적) 手槍(수창) 按手(안수) 炙手(자수) 叉手(차수) 唾手(타수) 舵手(타수)

사자성어 3Ⅱ 束手無策(속수무책) 2 能手能爛(능수능란) 縫合手術(봉합수술) 措手不及(조수불급)

	부수	획수	총획
	巾	2	5

저자 시 : 【077】

字源 〈회의〉 5일마다 한 번씩 장날이 돌아온다. 온 동네는 축제의 분위기처럼 시장에 가기 위해 몹시 바쁘게 움직였다. 장날이면 보통 때 입던 옷을 그냥 벗어놔 두고 아껴두었던 나들이옷으로 입었다. 외출 때(巾)가 되면 옷을 갈아입고 시장에 나간(亠←之) 사람들이 많이 붐비니 [저자(市)]를 뜻하고 [시]로 읽는다.

回 都(도읍 도) 回 布(베 포) 巾(수건 건)

필순 一 亠 亠 亓 市

기초 【기초한자어】 익히고, 【기본→발전한자어】 다지기
市內(시내) 도시의 안
市長(시장) 시의 행정을 책임지는 장
市中(시중) 도시의 안
• 고장을 대표하는 市長이 있다.
• 집 앞에는 市內버스 정류장이 있다.

기본 7Ⅱ 市道(시도) 市立(시립) 市民(시민) 市場(시장) 5Ⅱ 市價(시가) 5 都市(도시) 市都(시도) 魚市場(어시장) 4Ⅱ 市街(시가) 市勢(시세) 市政(시정) 波市(파시) 市街地(시가지) 暗市場(암시장) 4 市營(시영) 市廳(시청) 市況(시황) 證市(증시) 3 市販(시판)

발전 2 市舶(시박) 撤市(철시) 市舶使(시박사) 28 賈市(고시) 1 闇市(여시) 市屠(시도) 市廛(시전) 市脯(시포) 蜃市(신시) 廛市(전시)

사자성어 6Ⅱ 門前成市(문전성시)

	부수	획수	총획
	日	6	10

때 시 【078】

字源 〈형성〉 봄·여름·가을·겨울이란 사철은 지구상에 어김없이 찾아와 계속하여 순환한다. 낮과 밤, 아침과 저녁도 규칙적으로 찾아온다. 이는 지구와 우주의 순환 원리에 의해 어김없이 돌아가는 자연의 이치다. 자연의 이치대로 태양(日)이 일정 규칙(寸)에 의해 돌아가는(土←之) [때(時)]를 뜻하고 [시]로 읽는다.

回 期(기약할 기) 回 待(기다릴 대) 特(특별할 특) 詩(시 시) 寺(절 사) 侍(모실 시)

필순 丨 冂 日 日 日 日 日 日 日 時 時

기초 【기초한자어】 익히고, 【기본→발전한자어】 다지기
時間(시간) 시각과 시각 사이
時事(시사) 그때 생긴 세상 일
日時(일시) 날과 때. 또는 날짜와 시간
• 약속 時間은 반드시 지켜야 한다.
• 결혼 청첩장에는 장소, 日時를 정확히 적어둔다.

기본 7Ⅱ 每時(매시) 四時(사시) 平時(평시) 6Ⅱ 時急(시급) 時運(시운) 戰時(전시) 6 時速(시속) 向時(향시) 5Ⅱ 時價(시가) 時局(시국) 時節(시절) 時調(시조) 時效(시효) 5 時期(시기) 4Ⅱ 常時(상시) 時論(시론) 時勢(시세) 時限(시한) 4 時點(시점) 時差(시차) 時評(시평) 適時(적시) 或時(혹시) 3Ⅱ 臨時(임시) 隨時(수시) 暫時(잠시) 卽時(즉시) 何時(하시) 時限附(시한부) 3 零時(영시) 酉時(유시) 丑時(축시)

발전 28 伊時(이시) 宋時烈(송시열) 1 時頒(시반) 爾時(이시)

사자성어 3Ⅱ 晩時之歎(만시지탄) 3 時宜適切(시의적절) 28 先秦時代(선진시대)

	부수	획수	총획
	食	0	9

밥/먹을 식 【079】

字源 〈회의〉 사람은 영양분을 골고루 섭취하기 위해서 여러 가지 음식을 먹고 산다. 그중에서도 밥은 가장 중하게 여겼다. 흔히 규칙적으로 먹는 밥을 삼시 세끼라 했으니 하루 세 번씩 밥을 먹었다. 사람(人)이 살기 위해서 즐겨(良) 먹는 음식으로 별쭉한 여러 식구들에게 고루 [밥을 먹이다(食)]는 뜻이고 [식]으로 읽는다.
圖飯(밥 반) 餐(밥 찬) 良(어질 량)

필순 ╱ 人 人 今 今 今 食 食 食

기초 【기초한자어】 익히고, 【기본→발전한자어】 다지기
間食(간식) 끼니와 끼니 사이에 음식을 먹음
食事(식사) 음식을 먹음
生食(생식) 날로 먹음
• 그들은 구운 고구마를 間食으로 먹었다.
• 모두들 食事시간은 즐겁게 여긴다.

기본 7급 食年(식년) 食母(식모) 韓食(한식) 後食(후식) 7급 食邑(식읍) 6급 食代(식대) 藥食(약식) 飮食(음식) 6급 定食(정식) 5급 宿食(숙식) 食客(식객) 5급 食費(식비) 寒食(한식) 4급 缺食(결식) 斷食(단식) 配食(배식) 試食(시식) 食蟲(식충) 絕食(절식) 4급 穀食(곡식) 食糧(식량) 寢食(침식) 混食(혼식) 3급 疏食(소사) 食率(식솔) 食鹽(식염) 菜食(채식) 偏食(편식) 食困症(식곤증) 食鹽水(식염수) 3급 食貪(식탐) 飽食(포식)

발전 2급 闕食(궐식) 饡食(잠식) 餐食(찬식) 食奉(식봉) 28 牟食(모식) 倭食(왜식) 食鼎(식정) 1급 喝食(갈식) 粒食(입식) 食巾(식건) 食匕(식비) 食糸(식서) 食餌(식이) 食炙(식자) 稍食(초식)

사자성어 2급 碩果不食(석과불식) 食玉炊桂(식옥취계)

부수	획수	총획
宀	3	6

편안 안【080】

字源 〈회의〉 가정주부는 집안에서 살림을 맡아 하며 자식들을 정성껏 돌보았다. 따뜻하고 포근함이 감도는 행복한 가정이다. 아버지에게는 아내이자, 자식에게는 어머니가 집에 있어야 편안하다고 생각했던 것이다. 집(宀)에 어머니인 여자(女)가 있어야 화기애애하고 화목하니 [편안하다(安)]는 뜻이고 [안]으로 읽는다.
圖便(편할 편) 全(온전 전) 平(평평할 평) 康(편안 강) 寧(편안 녕) 靖(편안할 정) 佚(편안할 일) 回危(위태할 위) 回案(책상 안) 宋(성 송)

필순 ╲ ╵ 宀 宀 安 安

기초 【기초한자어】 익히고, 【기본→발전한자어】 다지기
安全(안전) 평안하여 위험이 없음
平安(평안) 무사히 잘 있음

不安(불안) 안심이 되지 않아 마음이 조마조마함
• 산속에 고립되어 추위와 不安에 떨었다.
• 도로를 건널 때는 좌우를 살펴 安全하게 건넌다.

기본 7급 安家(안가) 7급 安門(문안) 安心(안심) 安住(안주) 便安(편안) 6급 公安(공안) 6급 安席(안석) 安定(안정) 5급 安價(안가) 安着(안착) 5급 安打(안타) 4급 未安(미안) 保安(보안) 安保(안보) 安息(안식) 安置(안치) 治安(치안) 4급 安否(안부) 安易(안이) 安危(안위) 安靜(안정) 慰安(위안) 3급 安寧(안녕) 安眠(안면) 安逸(안일) 安葬(안장) 3급 苟安(구안)

발전 2급 安穩(안온) 安輯(안집) 安胎(안태) 安全帽(안전모) 28 怡安(이안) 安頓(안돈) 安穆(안목) 安舒(안서) 安徽(안휘) 槐安國(괴안국) 槐安夢(괴안몽) 1급 撫安(무안) 安疆(안구) 安堵(안도) 安撫(안무) 安謐(안밀) 安晏(안안) 安佚(안일)

사자성어 3급 坐不安席(좌불안석) 28 輔國安民(보국안민)

부수	획수	총획
十	2	4

낮 오：【081】

字源 〈상형〉 낮 12시 이전의 오전 시각을 '음'이라 했고, 이후의 오후 시각을 '양'이라 했다. 선현들은 '절구 공이'를 세워서 그림자를 통해 점심을 먹어야 할 [오시(午)]를 알아 측정했으니 [한낮(午)]을 뜻하기도 한다. 음기(전)와 양기(후)의 시각이 교차되는 정오의 시점을 가리켜 오시인 [한낮(午)]을 뜻하고 [오]로 읽는다.
圖晝(낮 주) 回夜(밤 야) 回牛(소 우)

필순 ╱ ╵ ┌ 午

기초 【기초한자어】 익히고, 【기본→발전한자어】 다지기
午前(오전) 자정부터 정오까지
午後(오후) 정오부터 밤 12시까지
正午(정오) 낮 12시. 午正(오정)
• 오늘 午後에는 친구 집에 놀러가려고 한다.
• 예전에는 正午에 사이렌이 울렸다.

기본 7급 上午(상오) 午時(오시) 午午(오오) 下午(하오) 6급 子午線(자오선) 4급 端午(단오) 4급 甲午(갑오) 3급 午睡(오수)

발전 2급 午療(오료) 午餐(오찬) 子午圈(자오권)

부수	획수	총획
口	2	5

오른쪽 우：【082】

7급Ⅱ

字源 〈회의〉손을 들어 일할 때에 오른손이 주가 되고 왼손은 그 보조 역할을 한다. 그래서 그런지 오른손을 흔히 바른 손이라고 한다. 바른손으로 연필을 잡고 숟가락을 잡아서 밥을 먹고 중요한 일을 해냈다. 입(口)으로 하는 말과 함께 자유롭게 움직이는 올바른 손(ナ←又)으로 [오른쪽(右)]을 뜻하고 [우]로 읽는다.
回左(왼 좌) 回古(예 고) 石(돌 석)

필순 丿ナ大右右

기초 【기초한자어】 익히고, 【기본→발전한자어】 다지기
右軍(우군) 오른쪽에 있는 부대. 우익군
右方(우방) 오른쪽
右手(우수) 오른쪽에 있는 손. 오른손
• 그곳에는 도로의 右方에 안전 표지판이 있다.
• 찬성의 의미로 '右手를 들라'고 말한다.

기본 7Ⅱ左右(좌우) 7 右便(우편) 5Ⅱ右相(우상) 4Ⅱ極右 (극우) 4 右武(우무) 4 右傾(우경) 4 右派(우파) 3Ⅱ右翼 (우익) 右側(우측) 座右銘(좌우명)

발전 28 右揆(우규) 右弼(우필) 1 戎右(융우)

사자성어 4Ⅱ右往左往(우왕좌왕) 3Ⅱ左之右之(좌지우지) 左衝右突(좌충우돌)

부수	획수	총획
子	0	3

아들 자 【083】

字源 〈상형〉귀여운 어린 아이가 팔을 추켜들며 노는 모습을 본다. 엉엉 울다가도 방긋이 웃으면서 젖을 먹는 모습은 더없이 사랑스럽다. 아장아장 걸어 다니는 밝은 모습은 더욱더 사랑스럽게만 보였으니, 어린 아이가 앉아서 놀거나 아장아장 귀엽게 걸어 다니는 모양을 본떠서 [아들(子)]을 뜻하고 [자]로 읽는다.
回女(계집 녀) 母(어미 모) 父(아비 부) 回子(나 여) 了 (마칠 료) 矛(창 모)

필순 ┐了子

기초 【기초한자어】 익히고, 【기본→발전한자어】 다지기
子女(자녀) 아들과 딸
子母(자모) 아들과 어머니
子正(자정) 밤 12시
• 부모님은 평생을 子女들을 위해 희생하신다.
• 밤 12시를 子正이라고 한다.

기본 7Ⅱ子弟(자제) 弟子(제자) 孝子(효자) 7 夫子(부자) 6Ⅱ子音(자음) 6 子孫(자손) 5Ⅱ獨子(독자) 養子(양자) 5 量子(양자) 赤子(적자) 卓子(탁자) 4Ⅱ素子(소자) 子宮 (자궁) 子婦(자부) 子息(자식) 孔子(공자) 額子(액자) 册子(책자) 3Ⅱ娘子(낭자) 遺腹子(유복자) 3 庶子(서자)

子爵(자작)

발전 2 菓子(과자) 棋子(기자) 帽子(모자) 柏子(백자) 箱子 (상자) 荀子(순자) 子宮癌(자궁암) 28 箕子(기자) 吳子 (오자) 胤子(윤자) 杓子(표자) 老萊子(노래자) 鄧析子 (등석자) 趙子龍(조자룡) 淮南子(회남자) 1 腔子 (강자) 芥子(개자) 轎子(교자) 衲子(납자) 緞子(단자) 瞳子(동자) 癩子(나자) 邏子(나자) 綸子(윤자) 笠子 (입자) 粒子(입자) 胚子(배자) 嗣子(사자) 獅子(사자) 扇子(선자) 竪子(수자) 裔子(예자) 柚子(유자) 椅子 (의자) 姨子(이자) 嫡子(적자) 冑子(주자) 廚子(주자) 籤子(첨자) 帖子(첩자) 贅子(췌자) 蕩子(탕자) 悖子(패자) 庖子(포자)

사자성어 3Ⅱ梁上君子(양상군자) 28 泗上弟子(사상제자)

부수	획수	총획
自	0	6

스스로 자 【084】

字源 〈상형〉사람은 코로 들이키면서 고르게 숨쉰다. 곱고 향기로운 냄새도, 흉하고 고약스러운 냄새도 코로 맡는다. 사람의 얼굴 가운데 우뚝 솟은 코가 자기 스스로를 대표했던 것으로 생각했던 것 같다. 사람의 얼굴 가운데 솟아 냄새를 맡을 수 있는 코 모양을 본떠서 자기 [스스로(自)]를 뜻하고 [자]로 읽는다.
圖己(몸 기) 回他(다를 타) 回白(흰 백) 百(일백 백)

필순 ´丶自自自自

기초 【기초한자어】 익히고, 【기본→발전한자어】 다지기
自動(자동) 스스로 움직임
自活(자활) 자기 힘으로 살아감
自白(자백) 스스로의 죄를 고백함
• 경제적으로 自活할 수 있는 길이 열렸다.
• 범인이 범행 일체를 自白했다.

기본 7 自然(자연) 6Ⅱ各自(각자) 自省(자성) 自信(자신) 自身(자신) 自意(자의) 6 自習(자습) 自由(자유) 5Ⅱ自己 (자기) 自筆(자필) 5 自費(자비) 自他(자타) 4Ⅱ自擔 (자담) 自律(자율) 自殺(자살) 4 自覺(자각) 自負(자부) 自肅(자숙) 自慰(자위) 自讚(자찬) 自稱(자칭) 自派 (자파) 自爆(자폭) 3Ⅱ自滅(자멸) 自我(자아) 自若(자약) 3 自愧(자괴) 自慢(자만) 自酌(자작) 自薦(자천) 自慢心 (자만심) 自敍傳(자서전) 自販機(자판기)

발전 2 自刃(자인) 自炊(자취) 自虐(자학) 28 自彊(자강) 自儆 (자경) 1 自堪(자감) 自矜(자긍) 自縊(자액) 自釀(자양) 自嘲(자조) 自誅(자주) 自撰(자찬) 自貶(자폄) 自劾 (자핵) 自衒(자현) 自挾(자협) 自晦(자회)

사자성어 3Ⅱ悠悠自適(유유자적) 自激之心(자격지심) 3 自暴自棄(자포자기) 28 自彊不息(자강불식)

부수	획수	총획
土	9	12

마당 장 【085】

字源 〈형성〉 햇볕이 잘 쪼이는 땅을 따뜻한 양지라 부른다. 사람들은 양지쪽을 좋아하며 이런 곳에 집을 짓고 알뜰하게 살았다. 여러 사람이 모여 사는 군락이 형성되면 넓은 마당이 있고 회관 앞은 놀이터가 되었다. 햇볕(昜)이 잘 쪼이고 넓은 곳 양지쪽 공간의 땅(土)으로 여기니 [마당(場)]을 뜻하고 [장]으로 읽는다.
回陽(볕 양) 揚(날릴 양) 楊(버들 양) 腸(창자 장)

필순 一 十 土 土' 圹 圹 坦 坦 坦 場 場 場

기초 【기초한자어】 익히고, 【기본→발전한자어】 다지기
市場(시장) 상품을 사고파는 장소
立場(입장) 당면하고 있는 상황. 처지
場外(장외) 어떠한 곳의 바깥
• 4번 타자는 場外 홈런을 쳤습니다.
• 市場은 온갖 물건을 사고파는 곳입니다.

기본 7Ⅰ工場(공장) 農場(농장) 道場(도장) 上場(상장) 場內(장내) 後場(후장) 7登場(등장) 入場(입장) 場面(장면) 場所(장소) 出場(출장) 6Ⅰ球場(구장) 現場(현장) 會場(회장) 6開場(개장) 式場(식장) 5Ⅰ廣場(광장) 當場(당장) 5漁場(어장) 初場(초장) 4Ⅰ牧場(목장) 議場(의장) 職場(직장) 退場(퇴장) 4戒場(계장) 劇場(극장) 亂場(난장) 刑場(형장) 3Ⅰ白沙場(백사장) 荷置場(하치장) 3罷場(파장)

발전 2磁場(자장) 購販場(구판장) 駐車場(주차장) 1賭場(도장) 戎場(융장) 場圃(장포) 齋場(재장) 芻場(추장)

사자성어 3Ⅰ一場春夢(일장춘몽) 2縫製工場(봉제공장)

부수	획수	총획
入	4	6

온전 전 【086】

字源 〈회의〉 구슬이라 해서 모두 좋은 품질이 있는 것만은 아니다. 양질(良質)의 구슬도 있고 질이 떨어진 구슬도 있다. 제조 기술에 따라 양질은 값이 더 나가고 그렇지 못하면 값이 뚝 떨어졌던 것이다. 입을 통해 좋은 품질의 종류에 들어간(入) 양질의 구슬(王←玉)이라야 [온전하다(全)]는 뜻이고 [전]으로 읽는다.
图完(완전할 완) 回金(쇠 금)

필순 丿 入 仝 仐 全 全

기초 【기초한자어】 익히고, 【기본→발전한자어】 다지기
全國(전국) 온 나라
全校(전교) 학교 전체

全力(전력) 모든 힘, 온통의 힘
• 달리기에서 全力을 다해 1등을 했다.
• 내일 우리학교 全校생이 한 곳으로 소풍을 간다.

기본 7Ⅰ安全(안전) 全力(전력) 全一(전일) 7全紙(전지) 6Ⅰ全圖(전도) 全部(전부) 全書(전서) 全身(전신) 全集(전집) 全體(전체) 6全勝(전승) 5Ⅰ全能(전능) 5健全(건전) 完全(완전) 全景(전경) 全量(전량) 全無(전무) 全敗(전패) 4Ⅰ保全(보전) 全權(전권) 全擔(전담) 全盛(전성) 全員(전원) 全破(전파) 4全額(전액) 全域(전역) 全篇(전편) 3Ⅰ瓦全(와전) 全滅(전멸) 全貌(전모) 全燒(전소) 全載(전재)

발전 2穩全(온전) 全託(전탁) 腎不全(신부전) 安全帽(안전모) 1全鰒(전복) 全癒(전유) 全豹(전표) 全渾(전혼)

사자성어 3Ⅰ食飮全廢(식음전폐) 2腎不全症(신부전증)

부수	획수	총획
刀	7	9

앞 전 【087】

字源 〈형성〉 바다 가운데 배가 정박해 있는데 갑자기 태풍이 불었다. 우선 급하니 밧줄을 끊고 배를 앞으로 나가도록 한다. 그대로 있다가는 높은 파도에 배가 뒤집히거나 물속에 잠길 수밖에 없는 긴박한 상황이다. 멈춰(丷←止) 있는 배(月←舟)의 밧줄을 칼(刂←刀)로 끊고 나가니 [앞(前)]을 뜻하고 [전]으로 읽는다.
图先(먼저 선) 回後(뒤 후) 回刑(형벌 형)

필순 丶 丷 丷 广 广 前 前 前 前

기초 【기초한자어】 익히고, 【기본→발전한자어】 다지기
前後(전후) 앞뒤를 아울러 이르는 말
食前(식전) 밥을 먹기 전
日前(일전) 며칠 전
• 모든 사정을 前後에야 다 전해 들었다.
• 日前에 한 약속을 깜박 잊고 말았다.

기본 7Ⅰ空前(공전) 事前(사전) 午前(오전) 前記(전기) 前生(전생) 前室(전실) 直前(직전) 7前文(전문) 6Ⅰ前線(전선) 6目前(목전) 式前(식전) 前例(전례) 5Ⅰ以前(이전) 前過(전과) 前歷(전력) 前識(전식) 5倍前(배전) 前景(전경) 4Ⅰ如前(여전) 前衛(전위) 前提(전제) 前職(전직) 前進(전진) 4前略(전략) 前篇(전편) 從前(종전) 面前(면전) 3Ⅰ靈前(영전) 驛前(역전) 前奏(전주) 前妻(전처)

발전 2前哨(전초) 前勳(전훈) 前秦(전진) 前徽(전휘) 1衙前(아전) 前阿(전가) 前矩(전구) 前膊(전박) 前鋒(전봉) 前愆(전건) 前膝(전슬) 前詣(전예) 前迹(전적)

사자성어 3前輪驅動(전륜구동) 2Ⅱ門前沃畓(문전옥답) 前瞻後顧(전첨후고)

부수	획수	총획
雨	5	13

번개 전 : 【088】

字源 〈회의〉비가 내릴 때 우레와 같은 천둥이 치고 번쩍이는 빛을 발하는 번개도 친다. 이와 같은 번개의 전력 힘을 흔히 초강력이라고 한다. 이럴 때 전류가 흐르는 물품을 소지하면 벼락을 맞는 수가 많았다. 비(雨)가 내릴 때 펼쳐지는(毛←申) [번개(電)] 혹은 번개 친 하늘의 [전기(電)]를 뜻하고 [전]으로 읽는다.
回雪(눈 설) 雲(구름 운) 雷(우레 뢰) 露(이슬 로)

필순 一 「 戶 币 币 雨 雨 雨 雷 雷 電

기초 【기초한자어】익히고, 【기본→발전한자어】다지기
電工(전공) 전기공, 전기 공업
電力(전력) 전기의 힘
電氣(전기) 물체의 마찰에서 일어나는 현상
• 電力을 생산하는 곳을 발전소라 한다.
• 각종 전기공사는 電工들이 맡아서 일을 한다.

기본 ⑦Ⅱ電子(전자) 電話(전화) ⑦電算(전산) 休電(휴전) ⑥Ⅱ發電(발전) 電球(전구) 電信(전신) ⑥感電(감전) ⑤Ⅱ電流(전류) 節電(절전) 充電(충전) ⑤無電(무전) 電鐵(전철) 祝電(축전) 打電(타전) ④Ⅰ送電(송전) 電燈(전등) 電報(전보) 電送(전송) 電壓(전압) 電蓄(전축) 電波(전파) 蓄電(축전) ④電擊(전격) 電離(전리) 電源(전원) ③Ⅰ漏電(누전) 電池(전지) 震電(진전) 蓄電池(축전지) ③電逝(전서) 弔電(조전)

발전 ②電磁(전자) 電算網(전산망) 電磁波(전자파) ①閃電(섬전) 電戟(전극) 電抹(전말) 電瞥(전별) 電閃(전섬) 電馳(전치) 電泡(전포)

부수	획수	총획
止	1	5

바를 정 (:) 【089】

字源 〈회의〉하나밖에 없는 곧고 바른 길을 흔히 [正道(정도)]라고 했다. 모름지기 우리 선인들은 정의와 정도를 위해서 살아가는 수많은 지혜와 교훈을 준다. 하나에서 가만히 멈춰 서서 둘과 셋도 생각했으리라. 사람이 하나(一)밖에 없는 정도의 길에 멈춰(止) 서서 살피니 [바르다(正)]는 뜻이고 [정]으로 읽는다.
回直(곧을 직) 方(모 방) 匡(바를 광) 凹反(돌이킬 반) 誤(그릇될 오) 副(버금 부) 邪(간사할 사) 僞(거짓 위)

필순 一 丁 下 正 正

기초 【기초한자어】익히고, 【기본→발전한자어】다지기
正道(정도) 올바른 길. 정당한 도리

正直(정직) 마음이 바르고 곧음
正中(정중) 한가운데
• 실패한 기업은 正道에서 벗어났습니다.
• 사람은 正直해야만 신임을 받을 수 있다.

기본 ⑦Ⅱ方正(방정) 子正(자정) 正室(정실) 正午(정오) 中正(중정) ⑥Ⅰ反正(반정) ⑤Ⅰ正當(정당) 正史(정사) ⑤改正(개정) 査正(사정) 正初(정초) ④Ⅰ端正(단정) 是正(시정) 正官(정관) 正常(정상) 正義(정의) 正統(정통) 正確(정확) ④更正(경정) 肅正(숙정) 嚴正(엄정) 適正(적정) 正刻(정각) 正裝(정장) ③Ⅰ剛正(강정) 司正(사정) 賀正(하정) ③矯正(교정) 糾正(규정) 訂正(정정)

발전 ②正弦(정현) 衷正(충정) ②Ⅲ董正(동정) 殷正(은정) ①諫正(간정) 梗正(경정) 廓正(확정) 匡正(광정) 釐正(이정) 駁正(박정) 正諫(정간) 正鵠(정곡) 正匡(정광) 正臘(정랍) 正衙(정아) 正梢(정초) 叱正(질정) 楷正(해정)

부수	획수	총획
足	0	7

발 족 【090】

字源 〈상형〉발은 몸을 움직여 걷게 해 주어 몸의 체형을 유지해 준다. 그뿐만 아니라 몸 전체의 균형을 유지해 주기도 했다. 손과 발은 엇박자로 앞뒤를 향해 앞으로 저어서 나아가면서 몸 전체까지 보호한다. 사람이 두 다리를 움직여서 걷게 하는 [발목]과 [정강이] 모양을 본떠서 [발(足)]을 뜻하고 [족]으로 읽는다.
回豊(풍년 풍) 洽(흡족할 흡) 凹手(손 수) 回定(정할 정) 促(재촉할 촉)

필순 丨 口 口 尸 尸 足 足

기초 【기초한자어】익히고, 【기본→발전한자어】다지기
足下(족하) 발 밑
手足(수족) 손과 발
不足(부족) 일정한 기준에 미치지 못한 상태
• 그는 手足이 불편한 친한 친구를 도와준다.
• 나는 발표력이 不足해서 웅변학원에 다니고 있다.

기본 ⑦Ⅱ四足(사족) 自足(자족) 長足(장족) ⑥Ⅰ發足(발족) ⑥失足(실족) ⑤Ⅰ充足(충족) ④Ⅰ滿足(만족) 義足(의족) 豊足(풍족) ④戒足(계족) ③Ⅰ蛇足(사족) 裕足(유족) 足跡(족적) ③濯足(탁족)

발전 ②厭足(염족) ②Ⅲ驥足(기족) 頓足(돈족) 獐足(장족) 鼎足(정족) 駿足(준족) 聚足(취족) ①饒足(요족) 纏足(전족) 塡足(전족) 足蹈(족도) 足矮(족왜) 足剩(족잉) 捷足(첩족) 洽足(흡족)

사자성어 ⑤自給自足(자급자족) ③Ⅰ鳥足之血(조족지혈) ②Ⅲ三分鼎足(삼분정족)

부수	획수	총획
工	2	5

왼쪽 좌 : 【091】

字源 〈회의〉 목공은 양손에 도구를 잡고 나무의 치수를 바르게 쟀다. 왼손에는 자를, 오른손에는 연필이나 먹물 같은 도구를 잡아 치수를 쟀다. 정확한 치수에 따라 톱으로 절단하는 작업을 시작했던 것이다. 목공이 나무와 종이에 선을 그을 때 자(工)를 들고 그은 손(ナ←屮)으로 [왼쪽(左)]을 뜻하고 [좌]로 읽는다.
回右(오른 우) 回在(있을 재)

필순 一 ナ 左 左 左

기초 【기초한자어】 익히고, 【기본→발전한자어】 다지기
左方(좌방) 왼편
左手(좌수) 왼손
左右(좌우) 왼쪽과 오른쪽
• 차도를 건널 때는 左右를 잘 살핀다.
• 내 친구는 일을 할 때는 左手를 사용한다.

기본 7ᴵᴵ 左記(좌기) 4ᴵᴵ 極左(극좌) 左邊(좌변) 左心房(좌심방) 4 左傾(좌경) 左派(좌파) 證左(증좌) 左靑龍(좌청룡) 3ᴵᴵ 左翼(좌익) 左遷(좌천) 左側(좌측) 左翼手(좌익수)

발전 2ᴵᴵ 遼左(요좌) 1 左駙(좌부) 左黜(좌출)

사자성어 4ᴵᴵ 右往左往(우왕좌왕) 3ᴵᴵ 左之右之(좌지우지) 左衝右突(좌충우돌)

부수	획수	총획
目	3	8

곧을 직【092】

字源 〈회의〉 세상에 비밀이란 있을 수 없다. 쥐도 듣고 새도 보며 수많은 사람들 또한 이를 눈여겨 지켜보고 있기 때문이다. 그래서 입조심 손조심 그리고 사람 조심을 하면서 바르게 살라고들 주문했다. 열(十)개씩이나 되는 눈(目)으로 살펴보고 숨긴다고(ㄴ) 했으나 이를 [곧바로(直)] 안다는 뜻이고 [직]으로 읽는다.
图正(바를 정) 貞(곧을 정) 回曲(굽을 곡) 屈(굽을 굴) 回植(심을 식) 眞(참 진)

필순 一 十 广 方 育 育 直 直

기초 【기초한자어】 익히고, 【기본→발전한자어】 다지기
直答(직답) 직접 답함
直前(직전) 바로 앞
日直(일직) 그날 당번으로서 직장을 지킴
• 그 직장에서는 차례대로 日直을 업무를 맡는다.
• 그 사람은 여러 명의 구급대원들이 도착하기 直前에 구출되었다.

기본 7ᴵᴵ 正直(정직) 直後(직후) 下直(하직) 7 直面(직면) 6ᴵᴵ 直角(직각) 直線(직선) 6 直言(직언) 直通(직통) 直行(직행) 5ᴵᴵ 當職(당직) 宿直(숙직) 直結(직결) 直觀(직관) 5 曲直(곡직) 直賣(직매) 4ᴵᴵ 直視(직시) 直接(직접) 直進(직진) 直航(직항) 4 直覺(직각) 直系(직계) 直屬(직속) 直營(직영) 直腸(직장) 3ᴵᴵ 剛直(강직) 硬直(경직) 率直(솔직) 垂直(수직) 愚直(우직) 直徑(직경) 直譯(직역) 直輸入(직수입) 3 直播(직파) 直販(직판)

발전 2 直蔘(직삼) 2ᴵᴵ 亮直(양직) 彊直(강직) 繩直(승직) 1 訥直(눌직) 樸直(박직) 直諫(직간) 直躬(직궁) 直聳(직용) 直喩(직유) 直截(직절) 直鍼(직침) 直披(직피) 直轄(직할)

부수	획수	총획
干	2	5

평평할 평【093】

字源 〈지사〉 목의 성대를 울려 나온 소리는 목구멍을 통해서 사방으로 고루 퍼진다. 퍼져 나간 면이 평평하고 두루 고르게 사람들의 귀를 통해 울린 것으로 보았다. 곧 목의 성대를 울려서 다른 사람 귀에 전달된다. 말할 때에 입김(干)이 고루 퍼져(八) 나감을 나타내어 그 면이 [평평하다(平)]는 뜻이고 [평]으로 읽는다.
图安(편안 안) 等(무리 등) 和(화할 화) 均(고를 균) 坦(평탄할 탄) 回午(낮 오)

필순 一 ナ 万 立 平

기초 【기초한자어】 익히고, 【기본→발전한자어】 다지기
水平(수평) 기울지 않고 평평한 상태
平生(평생) 사람이 삶을 사는 내내 동안
平正(평정) 공평하고 정직함
• 손을 다리와 고루 水平이 되게 쭉 뻗었다.
• 이제야 비로소 마음의 平正을 되찾았구나.

기본 7ᴵᴵ 平年(평년) 平民(평민) 平方(평방) 平安(평안) 7 平面(평면) 6ᴵᴵ 公平(공평) 平等(평등) 平和(평화) 和平(화평) 6 太平(태평) 平服(평복) 平野(평야) 平行(평행) 5ᴵᴵ 平價(평가) 5 平原(평원) 4ᴵᴵ 平常(평상) 平聲(평성) 平素(평소) 平準(평준) 4 平均(평균) 平亂(평란) 平易(평이) 平靜(평정) 3ᴵᴵ 泰平(태평) 平凡(평범) 平壤(평양) 平衡(평형) 衡平(형평)

발전 2 升平(승평) 平穩(평온) 平津(평진) 平滑(평활) 2ᴵᴵ 扁平(편평) 平衍(평연) 平允(평윤) 平疇(평주) 鄧小平(등소평) 扁平足(편평족) 1 臘平(납평) 蕩平(탕평) 平曠(평광) 平瘉(평담) 平蕪(평무) 平謐(평밀) 平頒(평반) 平粹(평수) 平癒(평유) 平澄(평징) 平坦(평탄) 平闊(평활)

사자성어 2ᴵᴵ 平允之士(평윤지사)

7급Ⅱ

下

부수	획수	총획
一	2	3

아래 하 : 【094】

字源 〈지사〉 탁자 아래에 어떤 물건이 놓여있다. 쓰고 난 그릇이나 자주 쓰지 않았던 물건은 상 밑에 가지런하게 놓아두기도 했다. 우선 필요치 않은 책이나 물건도 책상 밑에 가지런하게 놓아두는 것이 정리이다. 어느 기준이 되는 탁자 아래에 놓여 있는 물건을 손으로 가리켜 [아래(下)]를 뜻하고 [하]로 읽는다.
⑧降(내릴 강/항복할 항) ⑫上(윗 상)

필순 一 丁 下

기초 【기초한자어】 익히고, 【기본→발전한자어】 다지기
門下(문하) 가르침을 받는 스승의 아래
下山(하산) 산에서 내려오거나 내려옴
下人(하인) 남의 집에 매여 일을 하는 사람
• 기상악화로 인해 일찍 下山하였다.
• 옛날 권세 있는 집안에는 下人이 많았다.

기본 ⑦Ⅱ上下(상하) ⑦下校(하교) ⑦天下(천하) ⑥Ⅱ高下(고하) 現下(현하) ⑥下野(하야) 下向(하향) ⑤Ⅱ下宿(하숙) ⑤貴下(귀하) 下落(하락) ④Ⅱ下請(하청) 下血(하혈) ④降下(강하) 座下(좌하) 下降(하강) 下層(하층) 下篇(하편) ③Ⅱ廊下(낭하) 幕下(막하) 卑下(비하) 殿下(전하) 下獄(하옥) ③却下(각하) 零下(영하) 下賜(하사)

발전 ②下劑(하제) 下焦(하초) 下弦(하현) 下廻(하회) 趨下(추하) 下位圈(하위권) ②Ⅲ下庠(하상) ①瞰下(감하) 机下(궤하) 輦下(연하) 籬下(이하) 盆下(분하) 瀉下(사하) 膝下(슬하) 咽下(인하) 廚下(주하) 墜下(추하) 陛下(폐하) 下疳(하감) 下瞰(하감) 下卦(하괘) 下矩(하구) 下簾(하렴) 下僚(하료) 下俚(하리) 下痢(하리) 下膊(하박) 下僕(하복) 下泄(하설) 下顎(하악) 下游(하유) 下咽(하인) 下箸(하저) 下帖(하첩) 下腿(하퇴) 下澣(하한) 下爻(하효) 麾下(휘하)

사자성어 ③Ⅱ下石上臺(하석상대) 下厚上薄(하후상박) 莫上莫下(막상막하) 嚴妻侍下(엄처시하) 層層侍下(층층시하) ②傘下團體(산하단체)

漢

부수	획수	총획
水	11	14

한나라 한 :
한수 한 : 【095】

字源 〈형성〉 중국의 유방(劉邦)이란 사람이 천하를 통일하여 양자강 상류인 한수 유역에 나라를 세웠다. 땅이 기름지고 찬란한 문화를 이룩했던 나라이다. 우리는 이 나라를 문물이 풍성했던 '한(漢)나라'라 부른다. 진흙(菫←堇)이 많은 양자강 상류 하천(氵←水) 이름에서 유래하여 [한수(漢)]를 뜻하고 [한]으로 읽는다.
⑪嘆(탄식할 탄)

필순 氵氵汀汼 汖淮淐淖漢漢

기초 【기초한자어】 익히고, 【기본→발전한자어】 다지기
漢江(한강) 서울을 지나 서해로 흐르는 강
漢水(한수) 큰 강. 한강을 달리 이르는 말
漢學(한학) 한문에 관한 학문, 한문학
• 서울지역의 漢江은 강토를 기름지게 하는 젖줄이다.
• 저희 조부님께서는 漢學을 많이 하셔서 한문 실력이 출중하신 분이다.

기본 ⑦Ⅱ漢王(한왕) 漢子(한자) 國漢(국한) 門外漢(문외한) ⑦漢文(한문) 漢字(한자) ⑥銀漢(은한) 漢陽(한양) 韓族(한족) 漢四郡(한사군) ⑤Ⅱ惡漢(악한) ④Ⅱ羅漢(나한) 漢城(한성) 漢詩(한시) 好色漢(호색한) ④巨漢(거한) ③Ⅱ怪漢(괴한) 無賴漢(무뢰한)

발전 ②漢菓(한과) ②Ⅲ蜀漢(촉한) 楚漢志(초한지) ①癩漢(나한) 癡漢(치한) 漢奸(한간) 兇漢(흉한)

사자성어 ②Ⅲ漢城判尹(한성판윤)

海

부수	획수	총획
水	7	10

바다 해 : 【096】

字源 〈형성〉 산골짜기에서 흐르던 물이 하류로 내려오면서 냇물이 된다. 냇물이 모여서 더 낮은 곳으로 흐르면 강물이 되어 바다로 향하게 된다. 물의 끊임없는 여행이자 지구를 풍성하고 살찌게 하는 순환과정이다. 여러 갈래(每)의 산골에서 흐르던 물(氵←水)이 한 곳으로 모이는 [바다(海)]를 뜻하고 [해]로 읽는다.
⑧洋(큰바다 양) 滄(큰바다 창) ⑪陸(뭍 륙) 空(빌 공) ⑪每(매양 매) 梅(매화 매) 悔(뉘우칠 회)

필순 丶丶氵氵汇汇海海海海

기초 【기초한자어】 익히고, 【기본→발전한자어】 다지기
海水(해수) 바닷물
海軍(해군) 해상 국방을 위한 군대
海物(해물) 바다에서 나는 온갖 물건. 해산물
• 海軍은 바다를 지킨다.
• 작년 여름에 제방이 터져서 海水가 넘쳐서 온 마을이 큰 변을 당했다.

기본 ⑦Ⅱ東海(동해) 海東(해동) 海外(해외) ⑦海草(해초) ⑥Ⅱ公海(공해) 海圖(해도) 海運(해운) 海戰(해전) 海風(해풍) ⑥苦海(고해) 海洋(해양) 黃海(황해) ⑤Ⅱ雲海(운해) 海流(해류) ⑤領海(영해) 河海(하해) 黑海

(흑해) 海水浴(해수욕) ④Ⅱ深海(심해) 航海(항해) 海警
(해경) 海難(해난) 海邊(해변) ④海底(해저) 海賊
(해적) ③Ⅰ碧海(벽해) 沿海(연해) 海拔(해발) 海恕
(해서) 海岸(해안) ③海潦(해량)

<big>발전</big> ②滄海(창해) 海鷗(해구) 海膽(해담) 海灣(해만) 海舶
(해박) 海蔘(해삼) 海峽(해협) 塵海(진해) 翰海(한해)
海狗腎(해구신) ②Ⅷ渤海(발해) 淵海(연해) 海甸(해전)
海聚(해취) 福聚海(복취해) 玄海灘(현해탄) ①勃海
(발해) 裨海(비해) 濱海(빈해) 瀕海(빈해) 髓海(수해)
漲海(창해) 海鯨(해경) 海鵠(해곡) 海棠(해당) 海鰻
(해만) 海畔(해반) 海濱(해빈) 海蜃(해신) 海堰(해언)
海裔(해예) 海隅(해우) 海溢(해일) 海苔(해태) 海涵
(해함) 海鹹(해함)

<big>사자성어</big> ③Ⅰ桑田碧海(상전벽해) ②屍山血海(시산혈해) 滄海
一粟(창해일속)

부수	획수	총획
言	6	13

말씀 화 【097】

<big>字源</big> 〈형성〉 '세 치 혀가 역사를 바꾸고 세상을 바꾼다.'는 말의
중요성을 한마디로 요약하고 있다고 하겠다. 흉한 말은
깊은 생각 끝에 입을 다물고 밝고 어진 말은 해야만 하겠
다. 입으로 말을 유익하게 해야 한다. 혀(舌)를 통해서 입
으로 나온 말(言)은 어질고 착해야만 했었으니 [말씀(話)]
을 뜻하고 [화]로 읽는다.
圖語(말씀 어) 言(말씀 언) 談(말씀 담) 說(말씀 설)
辯(말씀 변) 辭(말씀 사) 回活(살 활)

<big>필순</big> 丶 亠 二 言 言 言 訐 訐 話 話

<big>기초</big> 【기초한자어】 익히고, 【기본→발전한자어】 다지기
民話(민화) 민간에 전해 내려오는 옛날 이야기
手話(수화) 손짓으로 하는 말
電話(전화) 전화기로 말을 통함
• 나는 친구에게 電話를 걸어 만나기로 했다.
• 청각 장애인은 手話로 대화를 한다.

<big>기본</big> ⑦Ⅰ白話(백화) ⑦口話(구화) ⑥Ⅰ對話(대화) 童話(동화)
神話(신화) 話術(화술) 話題(화제) 會話(회화) ⑥夜話
(야화) 野話(야화) 通話(통화) 話頭(화두) 話者(화자)
訓話(훈화) ⑤Ⅰ史話(사화) 說話(설화) 實話(실화) 話法
(화법) ⑤談話(담화) ④Ⅰ講話(강화) 悲話(비화) 受話器
(수화기) ④祕話(비화) 送話機(송화기) ③Ⅰ佳話(가화)
詞話(사화) 逸話(일화)

<big>발전</big> ②揷話(삽화) 款話(관화) ②翁話柄(화병) ①嘉話(가화)
寓話(우화)

부수	획수	총획
水	6	9

살 활 【098】

<big>字源</big> 〈형성〉 냇물은 높은 곳에서 낮은 곳을 향해 흐른다. 그 모
습을 사람이 혀를 움직여 음식을 먹으면서 살아가는 모습
과 비교하기도 한다. 입안의 혀가 음식을 먹고 말을 하는
생명의 근원임을 알 수 있다. 냇물(氵←水)이 아래로 흘러
가듯이 사람이 혀(舌)로 음식물을 잘 먹으면서 [살다(活)]
는 뜻이고 [활]로 읽는다.
圖生(날 생) 死(죽을 사) 殺(죽일 살) 回浩(넓을 호)
話(말씀 화)

<big>필순</big> 丶 丶 氵 氵 汗 汗 汗 活 活

<big>기초</big> 【기초한자어】 익히고, 【기본→발전한자어】 다지기
活氣(활기) 활발한 기운이나 기개
活力(활력) 생기 있는 기운
生活(생활) 살아서 활동함
• 심신이 건강한 사람은 매사에 活力이 넘친다.
• 매일 같이 규칙적인 生活을 해야 건강하다.

<big>기본</big> ⑦Ⅰ自活(자활) 活動(활동) ⑦活字(활자) 活語(활어)
⑥Ⅰ活用(활용) ⑥死活(사활) 活路(활로) ⑤Ⅰ活性(활성)
活着(활착) 再活(재활) 活魚(활어) ④Ⅰ復活(부활)
快活(쾌활) 活貧(활빈) 復活(부활) ④活劇(활극) 活況
(활황) ③Ⅰ活版(활판) ③苟活(구활) 敏活(민활) 活躍
(활약)

<big>발전</big> ②生活圈(생활권) ②Ⅱ汨活(골활) 函活(함활) 活鱗(활린)
活潑(활발) 活栓(활전)

부수	획수	총획
子	4	7

효도 효 : 【099】

<big>字源</big> 〈회의〉 부모님은 점차 나이가 들어 늙어가면서 허리가 굽
는다. 허리가 굽으면 지팡이에 의지하여 보행을 했었다.
심지어는 허리 굽은 늙은 부모님을 자식이 등에 업으면서
까지 극진하게 모시기도 했다. 늙으신(耂←老) 부모님을
자식(子)이 등에 업어드리며 극진히 모셨으니 [효도(孝)]
를 뜻하고 [효]로 읽는다.
回老(늙을 로) 考(생각할 고) 者(놈 자)

<big>필순</big> 一 十 土 耂 耂 孝 孝

<big>기초</big> 【기초한자어】 익히고, 【기본→발전한자어】 다지기
孝女(효녀) 효성이 지극한 딸
孝道(효도) 부모를 잘 섬기는 도리
孝子(효자) 부모를 잘 섬기는 아들

7급Ⅱ

• 자식은 부모님께 孝道를 해야 한다.
• 심청이는 孝女로 이름이 나 있는 상징이 된다.

기본 7Ⅱ 不孝(불효) 孝子(효자) 7 孝心(효심) 6 孝行(효행)
4Ⅱ 忠孝(충효) 孝婦(효부) 孝誠(효성)

발전 28 孝廬(효려) 1 孝巾(효건) 孝悌(효제)

부수	획수	총획
彳	6	9

後

뒤 후 : 【100】

字源 〈회의〉 앞으로 걸어 나가려면 발걸음을 빨리 내딛어야 한다. 뒤따라오는 사람이 앞 사람보다 발걸음을 조금씩 빠르게 내딛었다. 그렇지만 어른을 모시고 갈 때에는 손아랫사람이 어른 뒤에서 따라 걷는다. 발걸음(彳)을 조금씩 (幺) 내딛으며 어른을 따라 늦게(夊) 나가니 [뒤지다(後)]는 뜻이고 [후]로 읽는다.
圖 昆(맏 곤) 凹 先(먼저 선) 前(앞 전)

필순 ´ ㇉ 彳 彳 彳 ㇏ 移 移 後 後

기초 【기초한자어】 익히고, 【기본→발전한자어】 다지기
後方(후방) 중심으로부터 뒤쪽
後食(후식) 식사 후에 먹는 간단한 음식
事後(사후) 일이 지난 뒤
• 일이 끝나면 事後처리를 잘 해야 한다.
• 後方도 잘 살피면서 운전을 해야 한다.

기본 7Ⅱ 先後(선후) 食後(식후) 午後(오후) 前後(전후) 後生
(후생) 後學(후학) 7 後天(후천) 6Ⅱ 戰後(전후) 後代
(후대) 後聞(후문) 後半(후반) 6 向後(향후) 後孫
(후손) 後園(후원) 5Ⅱ 産後(산후) 以後(이후) 後任
(후임) 5 落後(낙후) 後患(후환) 4Ⅱ 背後(배후) 絕後
(절후) 後宮(후궁) 後進(후진) 後退(후퇴) 4 後輪
(후륜) 後援(후원) 後篇(후편) 3Ⅱ 幕後(막후) 追後
(추후) 後輩(후배) 後悔(후회) 後遺症(후유증) 3 厥後
(궐후)

발전 2 後苑(후원) 後塵(후진) 28 後胤(후윤) 後魏(후위)
1 昆後(곤후) 歇後(헐후) 後勁(후경) 後昆(후곤) 後斂
(후렴) 後嗣(후사) 後裔(후예) 後凋(후조)

한자능력검정시험
자원대사전

7급

[101~150]

歌　口　旗　冬　同　洞　登　來　老　里
林　面　命　問　文　百　夫　色　夕　邑　…

里　夕　邑　天　休
老　色　育　千　花
來　算　有　紙　夏
登　夫　然　地　便
洞　百　語　重　出
同　文　心　住　春
冬　問　植　主　秋
旗　命　數　祖　村
口　面　所　字　草
歌　林　少　入　川

부수	획수	총획
欠	10	14

노래 가 【101】

字源 〈형성〉 노래는 즐거운 마음으로 입을 크게 벌려 부른다. 선현들은 노래는 하품하듯이 입을 크게 벌려 한다고 생각했다. 북, 장구에 맞추어 나오는 흥겨운 가락에 두 어깨를 덩실거렸으리라. 사람이 마치 하품(欠)을 하듯이 옳다(可)는 마음으로 입을 크게 벌리면서(可) 불렀던 [노래(歌)]를 뜻하고 [가]로 읽는다.
圄樂(즐길 락/노래 악/좋아할 요) 曲(굽을/노래 곡) 唱(부를 창) 謠(노래 요) 詠(읊을 영) 謳(노래 구) 回軟(연할 연)

필순 一ㄱㄱㄱ可可哥哥歌歌歌

기초 【기초한자어】 익히고, 【기본→발전한자어】 다지기
名歌(명가) 이름난 노래
歌手(가수) 노래 부르는 일을 업으로 하는 사람
歌人(가인) 노래를 짓거나 부르는 사람
• 누나는 장래 歌手가 되기 위해 노력한다.
• 그는 노래에 취미가 있어 名歌를 부른다.

기본 ⑦校歌(교가) 國歌(국가) 軍歌(군가) 農歌(농가) 長歌(장가) ⑥愛國歌(애국가) ⑤Ⅰ歌客(가객) 流行歌(유행가) ⑤歌曲(가곡) 歌唱(가창) 唱歌(창가) 祝歌(축가) ④Ⅰ歌謠(가요) 牧歌(목가) 悲歌(비가) 聖家(성가) 詩歌(시가) 鄉歌(향가) ④歌劇(가극) 歌舞(가무) 歌辭(가사) 頌歌(송가) 讚歌(찬가) ③Ⅰ歌詞(가사) 狂歌(광가) 戀歌(연가) 哀歌(애가) ③詠歌(영가)

발전 ②龜旨歌(구지가) ❷歌媛(가원) ①歌偈(가게) 歌嘔(가구) 歌謳(가구) 歌妓(가기) 歌榜(가방) 歌倡(가창) 歌唄(가패) 凱歌(개가) 嬌歌(교가) 謳歌(구가) 踏歌(도가) 菱歌(능가) 俚歌(이가) 挽歌(만가) 輓歌(만가) 榜歌(방가) 鶯歌(앵가) 艷歌(염가) 戎歌(융가) 樵歌(초가) 巴歌(파가)

사자성어 ④Ⅰ高聲放歌(고성방가) ②悼二將歌(도이장가) ❷四面楚歌(사면초가)

부수	획수	총획
口	0	3

입 구(:) 【102】

字源 〈상형〉 입은 사람의 생각과 감정을 전달하는 의사전달의 수단이다. 입을 통해 음식물을 먹어 소화 기능도 충실히 수행한다. 우리 생명을 유지하는 중요한 역할을 도맡은 신체의 중요한 부위가 입으로부터 비롯된다. 의사전달 수단이자 음식을 먹는 타원형인 입 모양을 본떠서 [입(口)]을 뜻하고 [구]로 읽는다.

필순 丨冂口

기초 【기초한자어】 익히고, 【기본→발전한자어】 다지기
入口(입구) 들어가는 곳
出口(출구) 나가는 곳
河口(하구) 강물이 바다로 흘러 들어가는 어귀
• 지하철역에서는 出口를 먼저 확인해야 한다.
• 저 빌딩 入口에 안내 표지판이 보인다.

기본 ⑦口語(구어) 口文(구문) 口話(구화) 家口(가구) 洞口(동구) 食口(식구) 人口(인구) ⑥Ⅰ窓口(창구) ⑥口頭(구두) 口號(구호) 黃口(황구) 通風口(통풍구) ⑤Ⅰ口實(구실) 口傳(구전) ⑤口令(구령) ④Ⅰ口味(구미) 口承(구승) 口演(구연) 經口(경구) 港口(항구) 戶口(호구) ④口辯(구변) 口座(구좌) 鷄口(계구) 鑛口(광구) 險口(험구) 口舌數(구설수) ③Ⅰ口訣(구결) 口徑(구경) 口述(구술) 浦口(포구) 虎口(호구) 突破口(돌파구)

발전 ②坑口(갱구) 口脂(구지) ①口倦(구권) 口訥(구눌) 口唾(구타) 口頰(구협) 訥口(눌구) 袂口(몌구) 繡口(수구) 袖口(수구) 餌口(이구) 藉口(자구) 讒口(참구) 瘡口(창구) 捷口(첩구) 侈口(치구) 緘口(함구) 糊口(호구)

사자성어 ⑥一口二言(일구이언) ⑤有口無言(유구무언) 耳目口鼻(이목구비) ④Ⅰ衆口難防(중구난방) ④異口同聲(이구동성) ③Ⅰ口蓋音化(구개음화) ③口尙乳臭(구상유취)

부수	획수	총획
方	10	14

기 기 【103】

字源 〈형성〉 군사들이 이동을 할 때 대장기를 중심으로 움직인다. 많은 부하를 지휘하기 위해서 대장이 보내는 신호 중 전군의 깃발을 이용했었다. 그 깃발에 따라 부하들이 일시적으로 움직였던 것이다. 전쟁에서 부하를 지휘하기 위해서 어느 한 곳(其)에서 높이 올린 대장기(队)로 [기(旗)]를 뜻하고 [기]로 읽는다.
圄旌(기 정) 幟(기 치) 回族(겨레 족) 旅(나그네 려)

필순 丶一方方方於於旗旗旗

기초 【기초한자어】 익히고, 【기본→발전한자어】 다지기
國旗(국기) 국가를 상징하는 기
軍旗(군기) 군에서 부대를 대표하는 기
旗手(기수) 군대나 단체에서 기를 든 사람
• 우리나라 國旗를 태극기라고 부른다.
• 각 군을 대표하는 軍旗가 한 곳에 모였다.

기본 ⑦校旗(교기) 大旗(대기) 白旗(백기) 靑旗(청기) 萬國旗(만국기) ⑥Ⅰ反旗(반기) 半旗(반기) ⑥旗章(기장)

5️⃣團旗(단기) 5️⃣船旗(선기) 赤旗(적기) 4️⃣太極旗
(태극기) 4️⃣五輪旗(오륜기) 3️⃣旗幅(기폭) 叛旗(반기)
弔旗(조기)

발전 2️⃣旗艦(기함) 2️⃣8️⃣旌旗(정기) 1️⃣旗竿(기간) 旗戟(기극)
旗幟(기치) 戍旗(수기) 槍旗(창기) 罕旗(한기)

부수	획수	총획
冫	3	5

겨울 동(ː)【104】

字源 〈회의〉 일 년 사계절 중 맨 마지막에 오는 절기는 겨울이
다. 매서운 북서풍이 불고 살얼음이 얼면 심한 추위가 엄
습해 온다. 활동하기에 상당히 불편하고 온갖 생물은 포
근하게 쉬게 되는 계절이 겨울이다. 일 년 사계절 중에서
맨 마지막(夊)에 오는 절기로 얼음(冫)이 어는 [겨울(冬)]
을 뜻하고 [동]으로 읽는다.
回夏(여름 하) 回夕(저녁 석)

필순 ノ ク 夂 久 冬

기초 【기초한자어】 익히고, 【기본→발전한자어】 다지기
冬天(동천) 겨울 하늘
冬休(동휴) 겨울철 휴가
三冬(삼동) 겨울 석 달
• 겨울철 석 달 동안을 三冬이라 한다.
• 冬天에 흰 눈이 내려 온 세상이 하얗게 변한다.

기본 7️⃣冬木(동목) 冬月(동월) 冬日(동일) 冬靑(동청) 冬夏
(동하) 立冬(입동) 秋冬(추동) 6️⃣冬服(동복) 5️⃣冬節
(동절) 客冬(객동) 5️⃣冬期(동기) 冬寒(동한) 冬節期
(동절기) 4️⃣冬至(동지) 暖冬(난동) 4️⃣冬季(동계)
3️⃣冬眠(동면) 孟冬(맹동) 越冬(월동)

발전 2️⃣冬柏(동백) 1️⃣冬釀(동양) 冬蟄(동칩) 游冬(유동)
肇冬(조동)

사자성어 4️⃣嚴冬雪寒(엄동설한)

부수	획수	총획
口	3	6

한가지 동【105】

字源 〈형성〉 민주주의 기본은 서로 다른 의견을 한가지로 모으
는 일이다. 민주국가는 한 사람의 의견보다는 여러 사람
의 의견을 존중하면서 국가를 영위했다. 여기에 따른 결
정이 다수의 의견으로 모은 것이다. 여러 사람의 의견(口)
을 한 곳에 모아(冂←凡) 생각을 같게 하니 [한가지(同)]
임을 뜻하고 [동]으로 읽는다.
图一(한 일) 共(한가지 공) 回等(무리 등) 異(다를 이)
回洞(골 동)

필순 丨 冂 冂 冋 同 同

기초 【기초한자어】 익히고, 【기본→발전한자어】 다지기
同氣(동기) 형제자매
同名(동명) 이름이 같음
同時(동시) 같은 때. 같은 시간
• 우리 반에는 同名 二人이 있다.
• 친구와 똑같은 행동을 同時에 해보았다.

기본 7️⃣同一(동일) 同國(동국) 同年(동년) 同門(동문) 同色
(동색) 同生(동생) 同數(동수) 同心(동심) 同學(동학)
不同(부동) 一同(일동) 6️⃣同等(동등) 同意(동의) 同窓
(동창) 共同(공동) 會同(회동) 6️⃣同感(동감) 同級
(동급) 同席(동석) 同族(동족) 合同(합동) 5️⃣同格
(동격) 同類(동류) 同宿(동숙) 同情(동정) 同調(동조)
同種(동종) 同質(동질) 5️⃣同期(동기) 4️⃣同議(동의)
同志(동지) 同鄕(동향) 帶同(대동) 協同(협동) 4️⃣同甲
(동갑) 同居(동거) 同系(동계) 同寢(동침) 同胞(동포)
混同(혼동) 3️⃣同盟(동맹) 同伴(동반) 同腹(동복) 同封
(동봉) 同乘(동승) 雷同(뇌동) 贊同(찬동) 同年輩(동년배)
3️⃣同僚(동료) 同軌(동궤)

발전 2️⃣8️⃣襄同(양동) 同鼎食(동정식) 1️⃣稼同(가동) 同衾
(동금) 同侶(동려) 同輦(동련) 同寮(동료) 同壻(동서)
同棲(동서) 同邀(동요) 同轍(동철) 同袍(동포) 同庖
(동포) 闇同(암동)

사자성어 6️⃣同苦同樂(동고동락) 4️⃣同名異人(동명이인) 3️⃣同
價紅裳(동가홍상) 附和雷同(부화뇌동) 3️⃣同病相憐
(동병상련) 和而不同(화이부동) 2️⃣和光同塵(화광동진)
2️⃣8️⃣吳越同舟(오월동주)

부수	획수	총획
水	6	9

고을 동ː
꿰뚫을 통ː【106】

字源 〈형성〉 배산임수라 하여 뒤에는 산이 있고 앞에는 물이
흐른 곳에 마을이 섰다. 그러면서 사람이 생활해 가는 데
가장 필요한 것은 바로 물이었다. 따라서 사람들은 물이
풍부한 곳에 옹기종기 모여 잘도 살았다. 물(氵←水)이 있
는 곳에서 같이(同) 사는 [고을(洞)]로 밝게 [통하다(洞)]는
뜻이고 [동] 혹은 [통]으로 읽는다.
图邑(고을 읍) 里(마을 리) 郡(고을 군) 通(통할 통) 達
(통달할 달) 穴(굴 혈) 窟(굴 굴) 回同(한가지 동) 桐(오동
나무 동)

필순 丶 丶 氵 氵 汩 洞 洞 洞 洞

기초 【기초한자어】 익히고, 【기본→발전한자어】 다지기
洞口(동구) 동네 어귀
洞民(동민) 한 동네 안에서 사는 사람

洞長(동장) 한 동네의 우두머리
• 우리 마을 洞口밖에는 당산나무가 있다.
• 모든 洞民이 한데 모여 경로잔치를 열었다.

기본 ⑦ 洞門(동문) 洞里(동리) 洞天(동천) 空洞(공동) ⑥Ⅱ 風洞
(풍동) ⑥ 通洞(통동) ⑤Ⅱ 仙洞(선동) 洞見(통견) ④Ⅱ 洞達
(통달) 洞察(통찰) ③Ⅱ 洞穴(동혈) ③ 洞燭(통촉)

발전 ② 洞窟(동굴) ②⑧ 大峙洞(대치동) 石串洞(석관동) 阿峴洞
(아현동) 鷹巖洞(응암동) 靑坡洞(청파동) 杏堂洞(행당동)
① 洞闢(동벽) 洞鑿(동착) 洞壑(동학) 霞洞(하동) 虹洞
(홍동) 洞簫(통소)

사자성어 ④Ⅱ 洞事務所(동사무소)

부수	획수	총획
癶	7	12

오를 등【107】

字源 〈형성〉 높고 험준한 산에 오르려면 발이 미끄러지지 않아
야 한다. 산을 오를 때 발판을 다듬어야 안전하게 산을 오
를 수 있다. 이른바 등산 도구를 잘 갖추어 올라야만 보다
완전한 등산이 되었던 것이다. 그릇처럼 생겼던 발판(豆)
을 잘 딛고(癶) 험준한 산을 타고 올랐으니 [오르다(登)]
는 뜻이고 [등]으로 읽는다.
图昇(오를 승) 騰(오를 등) 陟(오를 척) 回落(떨어질 락)
降(내릴 강) 回燈(등 등) 笑(웃을 소)

필순 ⁷ ⁷ ⁹ ⁹⁹ ⁹⁹ 癶 癶 癶 癶 癶 登 登

기초 【기초한자어】 익히고, 【기본→발전한자어】 다지기
登校(등교) 학교에 감
登山(등산) 산에 오름
登場(등장) 무대나 연단 위에 나옴
• 우리학교의 登校 시간은 8시까지다.
• 나는 일요일마다 아버지와 함께 登山을 한다.

기본 ⑦ 登記(등기) 登年(등년) 登天(등천) 登記所(등기소)
⑥Ⅰ 登科(등과) 登用(등용) ⑤Ⅰ 登仕(등사) ⑤ 登壇(등단)
登院(등원) 登板(등판) ④Ⅰ 登極(등극) 登錄(등록) 登程
(등정) ④ 登龍門(등용문) ③Ⅰ 登載(등재) 登頂(등정)
③ 登庸(등용) 咸登(함등)

발전 ② 登洛(등락) ②⑧ 登頓(등돈) 登祚(등조) ① 登攀(등반)
登眺(등조) 登擢(등탁) 登遐(등하) 攀登(반등) 擢登
(탁등) 飄登(표등)

사자성어 ③Ⅰ 登高自卑(등고자비)

부수	획수	총획
人	6	8

올 래(:)【108】

字源 〈상형〉 인간의 생명은 하늘의 뜻에 따른다는 말을 자주
한다. 생명 유지를 위해 즐겨 먹는 보리도 하늘에서 같이
보내온 것으로 생각했다. 보리는 저녁(夕) 늦게 하늘에서
왔다(來)는 설과 그 괘를 같이 하고 있다. 보리가 하늘의
뜻에 의해 인간에게 안겨주었다는 모양을 본떠 [오다(來)]
는 뜻이고 [래]로 읽는다.
回去(갈 거) 往(갈 왕) 回来

필순 ⁻ ⁻ ⁻ ⁻ ⁻ 來 來 來

기초 【기초한자어】 익히고, 【기본→발전한자어】 다지기
來年(내년) 올해의 다음 해. 명년
來日(내일) 오늘의 바로 다음 날
外來(외래) 외국에서 들어옴
• 來日은 우리 학교에서 시험이 있는 날이다.
• 언니들은 來年에 중학교에 입학하게 된다.

기본 ⑦ 來生(내생) 來世(내세) 來月(내월) 來春(내춘) 來韓
(내한) ⑥ 古來(고래) 近來(근래) 本來(본래) 由來(유래)
在來(재래) ⑤Ⅰ 來客(내객) 來到(내도) 來歷(내력) 來週
(내주) 到來(도래) 元來(원래) 以來(이래) 傳來(전래)
⑤ 去來(거래) ④Ⅰ 來訪(내방) 來往(내왕) 來侵(내침)
未來(미래) ④ 往來(왕래) 將來(장래) 從來(종래) 招來
(초래) ③Ⅰ 來臨(내림) 來襲(내습) 渡來(도래) 襲來(습래)
③ 來賓(내빈)

발전 ② 來診(내진) 來旨(내지) 來翰(내한) 舶來品(박래품)
②⑧ 覓來(멱래) 來牟(내모) 來胤(내윤) ① 拿來(나래)
來覲(내근) 爾來(이래)

사자성어 ② 彰往察來(창왕찰래)

부수	획수	총획
老	0	6

늙을 로(노) :
【109】

字源 〈상형〉 사람이 나이 들어 늙으면 허리가 굽고 흰머리가
난다. 젊은이들 못지않게 할 일은 많았고 미련 없이 봉사
할 일도 한 등 짊어진다. 이제는 모두 훌훌 털고 남기면서
건강을 제일로 여겼다. 허리 굽은(匕) 늙은이(耂=毛+人)
가 나이가 들어서 지팡이를 짚고 앞으로 가니 [늙다(老)]
는 뜻이고 [로(노)]로 읽는다.
图丈(어른 장) 翁(늙을 옹) 耆(늙을 기) 回少(적을 소)
童(아이 동) 幼(어릴 유) 稚(어릴 치) 回孝(효도 효) 考
(생각할 고)

필순 ⁻ ⁺ 土 耂 老 老

기초 【기초한자어】 익히고, 【기본→발전한자어】 다지기
老母(노모) 늙은 어머니
老人(노인) 나이가 많은 사람. 늙은이
老少(노소) 늙은이와 젊은이
• 젊은이는 老人을 공경하고 잘 보살펴야 한다.

7급

7급

• 남녀老少가 함께 어울려 뜻깊은 시간을 보냈다.

기본 ⑦老年(노년) 老色(노색) 老小(노소) 老父(노부) 老木
(노목) 老兄(노형) 農老(농로) 父老(부로) 長老(장로)
村老(촌로) 老父母(노부모) 老先生(노선생) 不老草
(불로초) ⑥Ⅱ老翁(노약) ⑥老病(노병) 老親(노친) 老弱者
(노약자) ⑤Ⅱ老兵(노병) 老化(노화) 敬老(경로) 養老(양로)
元老(원로) ⑤老患(노환) 養老院(양로원) ④Ⅰ老眼
(노안) 老將(노장) 早老(조로) ④老松(노송) 老益壯
(노익장) ③Ⅱ老鍊(노련) 老妄(노망) 老衰(노쇠) 老炎
(노염) 老幼(노유) 老莊(노장) 老人丈(노인장) 老廢物
(노폐물) ③老翁(노옹)

발전 ②老鋪(노포) ②Ⅱ老驥(노기) 老杜(노두) 老艾(노애) 老坡
(노파) 老檜(노회) 老萊子(노래자) ①老怯(노겁) 老狡
(노교) 老懦(노나) 老衲(노납) 老禿(노독) 老懶(노라)
老辣(노랄) 老齡(노령) 老魃(노발) 老鼈(노별) 老僕
(노복) 老憊(노비) 老鼠(노서) 老瘦(노수) 老蜃(노신)
老鶯(노앵) 老爺(노야) 老梢(노초) 老頹(노퇴) 老婆
(노파) 老圃(노포) 老猾(노활) 老朽(노후) 孀老(상로)
佚老(일로) 偕老(해로) 朽老(후로)

사자성어 ⑦男女老少(남녀노소) ④Ⅰ百戰老將(백전노장)

부수	획수	총획
里	0	7

마을 리 : 【110】

字源 〈회의〉 사람이 산을 일구어 밭을 만들면서 밭곡식이 주식
이 되었다. 밭을 개간해 물을 풍부히 하면 논이 되어 논농
사를 지었다. 그런 사이에 옹기종기 집들이 들어서면서
사람들이 함께 사는 한 마을이 되었다. 사람이 일구어 만
든 농토(田) 사이의 땅(土)으로 옹기종기 들어선 [마을(里)]
을 뜻하고 [리]로 읽는다.
圖村(마을 촌) 洞(골 동) 閭(마을 려) 回理(다스릴 리)
埋(묻을 매)

필순

기초 【기초한자어】 익히고, 【기본→발전한자어】 다지기
里長(이장) 한 마을의 우두머리
洞里(동리) 마을. 동네
十里(십리) 열 리. 보통 4킬로미터의 거리
• 우리 마을 里長님은 어려운 사람을 잘 도와준다.
• 그 마을에 학교가 없어서 꽤나 먼 十里길을 걸었다.

기본 ⑦里門(이문) 里數(이수) 里中(이중) 千里(천리) 下里
(하리) 海里(해리) 三千里(삼천리) ⑤里許(이허) ④Ⅰ康里
(강리) 鄕里(향리) 里程(이정) 千里眼(천리안) ④里程
標(이정표) ③里宰(이재)

발전 ②Ⅱ彌阿里(미아리) 水踰里(수유리) 獐項里(장항리)
①閭里(여리) 里魁(이괴) 里閭(이려) 裡里(이리) 里諺
(이언) 墟里(허리)

사자성어 ⑥不遠千里(불원천리) ④Ⅰ萬里長城(만리장성)
③Ⅰ明沙十里(명사십리) ③五里霧中(오리무중) ②靑酸
加里(청산가리) ②Ⅱ沃野千里(옥야천리) 瞻言百里(첨언
백리)

부수	획수	총획
木	4	8

수풀 림【111】

字源 〈회의〉 나무 하나만 서있으면 외롭게 보인다. 아빠 나무
(木)와 엄마 나무(木)가 나란히 서서 열매를 맺었으니 탐
스럽게만 보인다. 깊은 골 높은 산에 가면 나무들이 빽빽
하게 우거진 산림(森)을 이루며 살고 있다. 나무(木)들이
짝을 지어 나란히 서서 자라고 있었으니 [숲(林)]을 이룬
다는 뜻이고 [림]으로 읽는다.
圖森(수풀 삼) 回材(재목 재)

필순 一 十 才 才 木 村 材 林

기초 【기초한자어】 익히고, 【기본→발전한자어】 다지기
林間(임간) 숲 속, 수풀 사이
林木(임목) 수풀의 나무
山林(산림) 산과 숲
• 우리는 山林을 보호하여 푸른 숲을 만들겠다.
• 林木을 함부로 베어 낸다면 산사태가 일어난다.

기본 ⑦農林(농림) 林立(임립) 林山(임산) 國有林(국유림)
⑥Ⅰ林業(임업) ⑥林野(임야) 樹林(수림) ⑤士林(사림)
⑤原始林(원시림) ④Ⅰ密林(밀림) 造林(조림) 防風林
(방풍림) ④松林(송림) 儒林(유림) ③Ⅰ森林(삼림) 茂林
(무림)

발전 ②鬱林(울림) 翰林院(한림원) ②Ⅱ鄧林(등림) 杏林
(행림) ①喬林(교림) 麓林(녹림) 林麓(임록) 林叢
(임총) 矮林(왜림) 叢林(총림)

사자성어 ④Ⅰ竹林七賢(죽림칠현) ②Ⅱ巢林一枝(소림일지)

부수	획수	총획
面	0	9

낯 면 : 【112】

字源 〈상형〉 사람 얼굴은 앞면에서 보았을 때 둥글고 평평하게
보인다. 그래서 그런지 사람 얼굴을 일러 면상(面上)이라
고 했다. 흔히 [정말 볼 낯이 없습니다]라고 할 때 '낯은
면상인 얼굴을 말해주기도 했었다. 사람의 얼굴과 우뚝
솟은 코, 반짝이는 눈동자 등을 잘 본떠서 얼굴인 [낯(面)]
을 뜻하고 [면]으로 읽는다.
圖容(얼굴 용) 顔(낯 안) 貌(모양 모)

필순 一 ア ア 而 而 而 面 面 面

기초 【기초한자어】 익히고, 【기본 → 발전한자어】 다지기
面長(면장) 면 행정 기관의 우두머리
面前(면전) 대하여 보고 있는 앞
正面(정면) 꼭 마주 보이는 편
• 우리 고장 面長님은 머리가 대머리다.
• 그는 面前에서 큰 소리로 꾸중을 했다.

기본 ⑦面內(면내) 面里(면리) 面上(면상) 面色(면색) 面數
(면수) 面話(면화) 內面(내면) 方面(방면) 三面(삼면)
場面(장면) 紙面(지면) 平面(평면) 海面(해면) 6Ⅰ面會
(면회) 對面(대면) 反面(반면) 書面(서면) 體面(체면)
表面(표면) 6 面目(면목) 路面(노면) 畫面(화면) 5Ⅰ面相
(면상) 面識(면식) 面責(면책) 舊面(구면) 局面(국면)
當面(당면) 圖面(도면) 相面(상면) 洗面(세면) 5 面談
(면담) 初面(초면) 4Ⅰ面接(면접) 假面(가면) 鬼面(귀면)
斷面(단면) 滿面(만면) 眞面目(진면목) 4 面積(면적)
額面(액면) 3Ⅰ面刀(면도) 面貌(면모) 面像(면상) 面奏
(면주) 覆面(복면) 斜面(사면) 顔面(안면) 裏面(이면)
側面(측면) 鐵面皮(철면피)

발전 ① 嬌面(교면) 垢面(구면) 痘面(두면) 面垢(면구) 面罵
(면매) 面縛(면박) 面諭(면유) 面瘡(면창) 面詰(면힐)
瘦面(수면) 羞面(수면) 凹面(요면)

사자성어 3Ⅰ人面獸心(인면수심) 2Ⅰ四面楚歌(사면초가)

부수	획수	총획
口	5	8

목숨 명 : 【113】

字源 〈회의〉 윗사람이 아랫사람에게 말로 지시하여 일이 잘 되
도록 시키는 경우가 많다. 일종의 심부름이자 명령으로
시킨 것이다. 자잘하게 내린 명령도 있다. 받은 명령을 목
숨처럼 중하게 여기고 일 시킴을 받는다. 윗사람의 입(口)
으로 명령(令)을 내려 시키는 일은 [목숨(命)]처럼 중하다
는 뜻이고 [명]으로 읽는다.
圖壽(목숨 수) 令(하여금 령)

필순

기초 【기초한자어】 익히고, 【기본 → 발전한자어】 다지기
命名(명명) 이름을 붙이는 것
命中(명중) 겨냥한 곳에 바로 맞음
人命(인명) 사람의 목숨
• 화살을 쏘아 과녁의 중심에 命中시켰다.
• 人命을 소중히 여겨 안전사고에 주의하게.

기본 ⑦天命(천명) 下命(하명) 命數(명수) 命日(명일) 大命
(대명) 王命(왕명) 6Ⅰ短命(단명) 命題(명제) 生命(생명)
運命(운명) 6 別命(별명) 使命(사명) 特命(특명) 5Ⅰ宿命
(숙명) 任命(임명) 5 救命(구명) 亡命(망명) 命令(명령)

4Ⅰ命脈(명맥) 密命(밀명) 復命(복명) 非命(비명) 承命
(승명) 絶命(절명) 求命(구명) 4 嚴命(엄명) 延命
(연명) 殘命(잔명) 抗命(항명) 革命(혁명) 致命傷(치명상)
3Ⅰ壽命(수명) 御命(어명) 策命(책명) 3 乞命(걸명)
召命(소명)

발전 2Ⅰ丕命(비명) 佑命(우명) 祚命(조명) 欽命(흠명) ① 袞命
(곤명) 軀命(구명) 拿命(나명) 賭命(도명) 綸命(윤명)
寓命(우명) 殞命(운명) 勅命(칙명) 稟命(품명) 銜命(함명)

사자성어 3Ⅰ美人薄命(미인박명) 非命橫死(비명횡사) 2 託孤
寄命(탁고기명)

부수	획수	총획
口	8	11

물을 문 : 【114】

字源 〈형성〉 집안에 손님이 찾아오면 대문까지 친히 나가서 맞
이한다. 첫마디로 [안녕히 잘 계셨습니까?]라는 다정한
인사말부터 먼저 나눈다. 집에 찾아온 손님을 반갑게 맞
이하면서 속 깊은 정담을 나누기도 한다. 집안에 찾아온
손님에게 대문(門)을 열며 인사말(口)을 여쭈니 [묻다(問)]
는 뜻이고 [문]으로 읽는다.
圖諮(물을 자) 訊(물을 신) 回答(대답 답) 聞(들을 문) 聽
(들을 청) 回間(사이 간) 聞(들을 문) 開(열 개) 閑(한가할
한) 閉(닫을 폐)

필순

기초 【기초한자어】 익히고, 【기본 → 발전한자어】 다지기
自問(자문) 자신에게 물음
學問(학문) 배워서 익히는 일
問安(문안) 웃어른께 안부를 여쭘
• 우리는 아침마다 부모님께 問安인사를 드린다.
• 스스로 學問하는 사람은 겸손해야 한다.

기본 ⑦問名(문명) 問安(문안) 不問(불문) 下問(하문) 6Ⅰ問題
(문제) 反問(반문) 6 問病(문병) 5Ⅰ質問(질문) 問責
(문책) 說問(설문) 4Ⅰ檢問(검문) 問議(문의) 訪問(방문)
難問題(난문제) 4 疑問(의문) 問招(문초) 慰問(위문)
存問(존문) 探問(탐문) 3Ⅰ問喪(문상) 審問(심문) 愚問
(우문) 借問(차문) 策問(책문) 3 顧問(고문) 弔問(조문)

발전 2 諮問(자문) 問津(문진) 2Ⅰ鞫問(국문) ① 拷問(고문)
拿問(나문) 耗問(모문) 問曠(문광) 問訊(문신) 問歇
(문헐) 讎問(수문) 訊問(신문) 按問(안문) 杖問(장문)
斟問(짐문) 勅問(칙문) 喚問(환문) 恤問(휼문) 詰問
(힐문)

사자성어 ⑦東問西答(동문서답) 一問一答(일문일답) 5 不問
可知(불문가지) 不問曲直(불문곡직) 2 問鼎輕重(문정
경중)

7급

부수	획수	총획
文	0	4

글월 문【115】

字源 〈회의〉 사람이 정확한 생각과 판단을 내리기까지는 음양이 교차하는 시점에서 갈등도 많았다. 깊은 사색 속에 신중을 기하는 경우는 더욱 많았다. 자기의 깊은 생각이나 상대에게 정확히 전하기 위해 글을 쓴다. 사람의 머리(亠)로 음(丿)과 양(乀)이 교차하는 모양을 본떠서 [글월(文)]을 뜻하고 [문]으로 읽는다.
圖章(글 장) 書(글 서) 彩(채색 채) 回言(말씀 언) 武(호반 무) 回木(나무 목)

필순 　丶 一 亠 文

기초 【기초한자어】 익히고, 【기본→발전한자어】 다지기
國文(국문) 자기 나라 고유한 글
名文(명문) 썩 잘 지은 글
文物(문물) 문화의 산물, 모든 문화에 관한 것
• 3·1 독립 선언문은 우리나라의 名文이라 한다.
• 한글과 한자는 우리나라의 고유한 國文이다.

기본 ⑦文人(문인) 文答(문답) 文名(문명) 文字(문자) 文學(문학) 漢文(한문) 6II 文科(문과) 文明(문명) 文書(문서) 文身(문신) 文集(문집) 文體(문체) 表文(표문) 文教部(문교부) 公文書(공문서) ⑥文章(문장) 古文(고문) 例文(예문) 5II 文具(문구) 文法(문법) 文士(문사) 文臣(문신) 文筆(문필) 文化財(문화재) ⑤文壇(문단) 文案(문안) 原文(원문) 祝文(축문) 序文(서문) 4II 文官(문관) 文句(문구) 文脈(문맥) 文武(문무) 文藝(문예) 句文(구문) 論文(논문) 祭文(제문) 波文(파문) ④文庫(문고) 文段(문단) 文樣(문양) 構文(구문) 碑文(비문) 秘文(비문) 散文(산문) 3II 文盲(문맹) 文飾(문식) 文鎭(문진) 文彩(문채) 文獻(문헌) 文豪(문호) 銘文(명문) 韻文(운문) 呼訴文(호소문) ③文廟(문묘) 斯文(사문) 誓文(서문) 弔文(조문)

발전 ②歐文(구문) 文苑(문원) 文化圈(문화권) 28奎文(규문) 衍文(연문) 郁文(욱문) 徽文(휘문) 隋文帝(수문제) 晋文公(진문공) 淵蓋蘇文(연개소문) ①檄文(격문) 瀾文(난문) 綾文(능문) 文檄(문격) 文綺(문기) 文螺(문라) 文鸞(문란) 文鱗(문린) 文憑(문빙) 文繡(문수) 文訛(문와) 文箴(문잠) 文圃(문포) 文豹(문표) 文蛤(문합) 文虹(문홍) 斑文(반문) 跋文(발문) 梵文(범문) 諺文(언문) 艶文(염문) 篆文(전문) 呪文(주문) 註文(주문) 撰文(찬문) 綴文(철문) 贅文(췌문) 豹文(표문)

사자성어 4II 文房四友(문방사우) 3II 文武兼備(문무겸비) ②紡文績學(방문적학) 28沙鉢通文(사발통문)

부수	획수	총획
白	1	6

일백 백【116】

字源 〈형성〉 사물을 묶음으로 헤아릴 때 백 장씩 묶어 놓으면 단위를 쉽게 헤아린다. 백 장짜리 돈 뭉치가 그랬고 부피가 더 작은 뭉치도 그런 경향이 짙었다. 이른바 묶음의 단위를 소리치면서 헤아렸던 것이다. 하나(一)부터 일백까지 숫자로 크게 소리쳐(白) 셈하면서 헤아렸으니 [일백(百)]을 뜻하고 [백]으로 읽는다.
回白(흰 백) 自(스스로 자)

필순 　一 丁 丆 百 百 百

기초 【기초한자어】 익히고, 【기본→발전한자어】 다지기
百年(백년) 한 해의 백 배
百萬(백만) 만의 백 배. 썩 많은 수
百方(백방) 온갖 방법
• 교육은 百年 앞을 내다보는 큰 계획이라 한다.
• 그는 병을 낫기 위해 百方으로 알아보는 중이다.

기본 ⑦百花(백화) 數百(수백) 百家(백가) 百物(백물) 百事(백사) 百日(백일) 百年草(백년초) 6II 百果(백과) 百科(백과) 百戰(백전) ⑥百合(백합) 5II 百歲(백세) ⑤百選(백선) 4II 百貨(백화) ④百穀(백곡) 百日紅(백일홍) ③百僚(백료) 幾百(기백) 百斤(백근)

발전 ②百弗(백불) 百葉箱(백엽상) 28百揆(백규) ①百稼(백가) 百寮(백료)

사자성어 6II 百年大計(백년대계) 百發百中(백발백중) ⑥百萬長者(백만장자) 5II 百科事典(백과사전) ⑤百年河淸(백년하청) ④百家爭鳴(백가쟁명) 3II 百八念珠(백팔염주) 流芳百世(유방백세) ③百八煩惱(백팔번뇌) 28頓首百拜(돈수백배)

부수	획수	총획
大	1	4

지아비 부【117】

字源 〈회의〉 사내인 남자는 일정한 나이에 도달하면 신부를 맞이하여 장가를 든다. 예쁜 여자를 만나 새 가정을 꾸미는 부부가 된 것이다. 신부를 맞이하여 장가 든 사람은 성년이 되어 머리에 상투를 틀어 올렸다. 상투(一)를 틀고 장가든 사내(大←人)로 신부 쪽에서 부를 때인 [지아비(夫)]를 뜻하고 [부]로 읽는다.
回婦(며느리 부) 妻(아내 처) 回大(큰 대) 天(하늘 천) 夭(일찍 죽을 요)

필순 　一 二 ナ 夫

7급

기초 【기초한자어】 익히고, 【기본→발전한자어】 다지기
工夫(공부) 사람의 도리를 배움
人夫(인부) 품삯을 받고 육체노동을 하는 사람
夫人(부인) 남의 아내를 일컫는 존칭어
• 학생은 工夫를 열심히 해야만 훌륭한 사람이 된다.
• 아파트 공사장에서 많은 人夫들이 열심히 일한다.

기본 ⑦夫子(부자) 農夫(농부) 先夫(선부) 車夫(차부) 兄夫
(형부) 大夫人(대부인) 同夫人(동부인) ⑥病夫(병부)
5Ⅰ情夫(정부) 士大夫(사대부) ⑤亡夫(망부) 漁夫
(어부) 令夫人(영부인) 4Ⅱ父權(부권) 夫婦(부부) 牧夫
(목부) ④夫君(부군) 鑛夫(광부) 繼夫(계부) 妹夫
(매부) 3Ⅱ夫妻(부처) 狂夫(광부) 凡夫(범부) 驛夫
(역부) 丈夫(장부) 征夫(정부) ③姦夫(간부) 獵夫
(엽부) 醜夫(추부) 匹夫(필부)

발전 ②坑夫(갱부) 津夫(진부) 2Ⅱ筏夫(벌부) 芸夫(운부)
夫鉢(부발) ①褐夫(갈부) 怯夫(겁부) 轎夫(교부) 筏夫
(벌부) 夫鉢(부발) 嗇夫(색부) 膳夫(선부) 芸夫(운부)
姨夫(이부) 嗟夫(차부) 站夫(참부) 樵夫(초부) 鰥夫
(환부)

사자성어 4Ⅱ夫婦有別(부부유별) ④女必從夫(여필종부)

부수	획수	총획
竹	8	14

셈 산 : 【118】

字源 〈회의〉 대나무나 짐승 뼈로 물건을 가닥처럼 만들어 물건
을 셈 쳤다. 이를 [산가지]라고 불렀다. 이와 같은 산가지
는 숫자를 헤아리는데 매우 편리한 도구로 사용하는 필수
품이었으니 많이 애용되었다. 조개(具)를 양손에 쥐고
장난을 하듯이, 대나무(竹) 막대로 숫자를 자주 [세다(算)]
는 뜻이고 [산]으로 읽는다.
圐數(셈 수) 計(셀 계)

필순 ノ ㇒ ㇒ ㇒㇒ ㇒ 笋 管 管 笪 算 算

기초 【기초한자어】 익히고, 【기본→발전한자어】 다지기
算數(산수) 기초적인 셈법
算出(산출) 어떤 수치를 계산하여 냄
口算(구산) 입으로 계산
• 나는 算數 과목을 매우 좋아한다.
• 여러 물건 값을 계산하여 총가격을 算出했다.

기본 ⑦心算(심산) 算入(산입) 算學(산학) 電算(전산) 6Ⅰ計算
(계산) 公算(공산) 算術(산술) 淸算(청산) ⑥勝算(승산)
定算(정산) 算定(산정) 通算(통산) 合算(합산) 5Ⅰ決算
(결산) ⑤加算(가산) 打算(타산) 4Ⅱ減算(감산) 檢算
(검산) 暗算(암산) 誤算(오산) 逆算(역산) 精算(정산)
④豫算(예산) 推算(추산) 採算(채산) 3Ⅱ珠算(주산) 換算
(환산) 槪算(개산)

발전 ②謬算(유산) 電算網(전산망) ①臆算(억산)

부수	획수	총획
色	0	6

빛 색 【119】

字源 〈회의〉 사람은 불쾌함이나 그렇지 않은 기분이 얼굴 표정
으로 쉽게 나타난다. 사람의 선하고 맑은 마음씨도 표정
만 보아도 그냥 알 수 있다고 한다. 사람 얼굴이란 표정과
속마음이란 동질성으로 보았다. 양 무릎(巴)이 똑같듯이
본 마음씨가 얼굴 표정(㇒←人)으로 나타나는 [낯빛(色)]
을 뜻하고 [색]으로 읽는다.
圐光(빛 광) 彩(채색 채) 回邑(고을 읍)

필순 ノ ㇒ ㇔ ㇇ 角 色

기초 【기초한자어】 익히고, 【기본→발전한자어】 다지기
色紙(색지) 색종이
靑色(청색) 푸른색
白色(백색) 흰색
• 미술 시간에 色紙로 종이접기를 했다.
• 白色은 색깔이 전혀 없다는 것이 특징이다.

기본 ⑦國色(국색) 氣色(기색) 名色(명색) 物色(물색) 生色
(생색) 正色(정색) 6Ⅰ和色(화색) ⑥色感(색감) 度度
(색도) 綠色(녹색) 服色(복색) 本色(본색) 死色(사색)
特色(특색) 行色(행색) 5Ⅰ色相(색상) 色情(색정) 色調
(색조) 具色(구색) 變色(변색) 着色(착색) ⑤原色(원색)
敗色(패색) 無色(무색) 4Ⅱ色素(색소) 色鄕(색향) 難色
(난색) 配色(배색) 退色(퇴색) 好色(호색) ④脫色
(탈색) 色骨(색골) 色傷(색상) 窮色(궁색) 灰色(회색)
喜色(희색) 色眼鏡(색안경) 3Ⅱ色盲(색맹) 色慾(색욕)
色彩(색채) 脚色(각색) 薄色(박색) 補色(보색) 顔色
(안색) 染色(염색) 潤色(윤색) 彩色(채색) 染色體(염색체)
③冒色(모색)

발전 ②色魔(색마) 藍靑色(남청색) 2Ⅱ怡色(이색) 色采
(색채) ①褐色(갈색) 㿔色(비색) 色綾(색릉) 色駭(색해)
遜色(손색) 鳶色(연색) 艶色(염색) 愉色(유색) 嗔色(진색)
褪色(퇴색) 蒲色(포색)

사자성어 ④各樣各色(각양각색) 大驚失色(대경실색) 3Ⅱ古色
蒼然(고색창연)

부수	획수	총획
夕	0	3

저녁 석 【120】

字源 〈지사〉 해가 서쪽으로 기울면 점차 어둠이 스며온다. 초
승달이 희미하게 보인 채 아직은 덜 어두운 해질녘을 가

리키기도 한다. 초승달 앞에 희미하게 실구름이 가려있는 모양을 그대로 본뜬 글자다. 자형과 실문에서는 [月]과 같아서 구름이 초승달에 가린 모양을 본떴으니 [저녁/夕]을 뜻하고 [석]으로 읽는다.

園 夜(밤 야) 暮(저물 모) 凹 朝(아침 조) 旦(아침 단)
凹 多(많을 다)

필순 ㇀ 𠂊 夕

기초 【기초한자어】 익히고, 【기본 → 발전한자어】 다지기
夕食(석식) 저녁식사
月夕(월석) 달 밝은 밤
七夕(칠석) 음력 7월 7일, 칠석 명절
• 그만 夕食을 먹기 위해 잠시 집으로 돌아왔다.
• 이번 七夕에는 밤하늘의 별을 관찰할 수 있겠다.

기본 [7] 夕月(석월) 夕後(석후) 一夕(일석) 七夕(칠석) 夕室
(석실) 夕上食(석상식) [6] 夕陽(석양) 朝夕(조석) [5] 夕景
(석경) [4Ⅱ] 夕陰(석음) [3Ⅰ] 夕刊(석간)

발전 [2] 夕餐(석찬) [28] 熏夕(훈석) [1] 夕霭(석애) 夕奠(석전)
夕霞(석하) 爾夕(이석) 翌夕(익석)

사자성어 [5] 朝變夕改(조변석개)

부수	획수	총획
小	1	4

적을 소 : 【121】

字源 〈형성〉 나무나 연필과 같은 도구를 깎아내면 몸집이 점점 작아진다. 커다란 물건도 칼이나 도끼로 깎아내면 점차 작아지는 현상을 본다. 쌀 한가마를 헐어서 식구가 다 먹다보면 그 양도 많이 줄어들어 쑥쑥 적어진다. 물체 일부가 작게(小) 떨어져(ノ) 양이 주니 [적다(少)] 혹은 나이가 [젊다(少)]는 뜻이고 [소]로 읽는다.
園 寡(적을 과) 尟(적을 사) 凹 老(늙을 로) 多(많을 다)
凹 小(작을 소)

필순 ㇀ 亅 小 少

기초 【기초한자어】 익히고, 【기본 → 발전한자어】 다지기
少女(소녀) 아직 완전히 성숙하지 아니한 어린 여자 아이
少年(소년) 사내 아이. 젊은 나이
少數(소수) 적은 수. 얼마 되지 않는 수
• 흔히들 靑少年은 나라의 희망이라 말한다.
• 어머니는 어린 少女의 손을 꼭 잡고 걸어가고 있다.

기본 [7] 少年軍(소년군) 靑少年(청소년) [6] 多少(다소)
[5Ⅱ] 過少(과소) 鮮少(선소) [5] 少量(소량) 少領(소령)
最少(최소) [4Ⅱ] 減少(감소) 極少(극소) [4] 少額(소액)
少壯派(소장파) [3Ⅰ] 寡少(과소) 微少(미소) 稀少(희소)
[3] 僅少(근소)

발전 [2] 少尉(소위) [28] 少艾(소애) 少昊(소호) [1] 耗少(모소)
些少(사소) 少彎(소만) 疎少(소소) 乏少(핍소)

사자성어 [7] 男女老少(남녀노소) [6Ⅱ] 老少同樂(노소동락) [3] 少
數精銳(소수정예) 食少事煩(식소사번)

부수	획수	총획
戶	4	8

바 소 : 【122】

字源 〈형성〉 우리 선현들은 두짝문보다는 외짝문을 많이 사용했다. 외짝문을 열면 문이 활짝 열리기도 하지만, 반쯤 열려진 문으로 내다보면서 오는 손님을 마주쳤다. 마치 외짝문이 출입문 역할을 하도록 구상했다. 외짝문(戶)이 반쯤 열리듯 도끼(斤)에 찍혀 벌어진 [바(所)]의 장소인 그 [곳(所)]을 뜻하고 [소]로 읽는다.
園 處(곳 처)

필순 ㇀ ㇉ ㇕ 戶 戶 所 所 所

기초 【기초한자어】 익히고, 【기본 → 발전한자어】 다지기
所有(소유) 가지고 있음
住所(주소) 사는 곳
便所(변소) 대소변을 볼 수 있게 만들어 놓은 곳
• 이번에 친구 집의 住所가 바뀌었다 한다.
• 자주 사용하는 便所는 항상 청결하게 사용한다.

기본 [7] 所生(소생) 場所(장소) 所食(소식) 名所(명소) 所長
(소장) 所重(소중) 所出(소출) 山所(산소) 入所(입소)
出所(출소) 所有物(소유물) 所有主(소유주) [6Ⅱ] 所信
(소신) 急所(급소) 現住所(현주소) [6] 所感(소감) 所在
(소재) 所定(소정) 開所(개소) [5Ⅱ] 所見(소견) 所望
(소망) 所要(소요) 所任(소임) 宿所(숙소) 要所(요소)
所産(소산) 所以(소이) [5] 所願(소원) 所期(소기) [4Ⅱ] 所得
(소득) 處所(처소) 所爲(소위) 所請(소청) 配所(배소)
[4] 所管(소관) 所持(소지) 所屬(소속) 所避(소피) 居所
(거소) 墓所(묘소) [3Ⅰ] 所謂(소위) 所藏(소장) 所懷(소회)
所藏品(소장품) 印刷所(인쇄소) [3] 姦所(간소) 搜所聞
(수소문)

발전 [2] 哨所(초소) 託兒所(탁아소) [28] 耆老所(기로소)
[1] 殯所(빈소) 所轄(소할) 謫所(적소)

부수	획수	총획
攴	11	15

셈 수 : 【123】

字源 〈형성〉 여자는 부덕을 기르기 위해 주로 집에서 수양하며 주부수업을 받았다. 극히 잘못된 선현들 인식이었겠지만,

여자(女)는 속마음(中)이 비었다(毋) 하여 매우 어리석게 (婁) 보았었던 시절이 있었던 모양이다. 매우 어리석은(婁) 사람이 물건을 툭툭 때려가며(攵) 그 수효를 [세다(數)]는 뜻이고 [수]로 읽는다.

圖算(셈 산) 計(셀 계) 回樓(다락 루) 回数

필순 ﾉ 冖 뮤 吕 吕 婁 婁 婁 數 數

기초 【기초한자어】 익히고, 【기본→발전한자어】 다지기
數日(수일) 두서너 날
數學(수학) 수, 양 및 도형 등을 연구하는 학문
名數(명수) 사람의 수효
• 이번 數學시험에서 100점을 맞아서 기쁘다.
• 몸이 아파서 數日 동안 꿍꿍 앓아 누웠다.

기본 7同數(동수) 算數(산수) 數萬(수만) 數年(수년) 數十 (수십) 數語(수어) 有數(유수) 寸數(촌수) 數百萬(수백만) 6Ⅱ數理(수리) 數表(수표) 計數(계수) 等數(등수) 部數 (부수) 分數(분수) 術數(술수) 運數(운수) 6級數(급수) 數式(수식) 英數(영수) 定數(정수) 號數(호수) 5Ⅱ基數 (기수) 變數(변수) 實數(실수) 約數(약수) 財數(재수) 5數量(수량) 件數(건수) 都數(도수) 無數(무수) 倍數 (배수) 打數(타수) 手數料(수수료) 4Ⅱ數列(수열) 檢數 (검수) 係數(계수) 暗數(암수) 指數(지수) 總數(총수) 虛數(허수) 過半數(과반수) 4複數(복수) 卷數(권수) 段數(단수) 額數(액수) 張數(장수) 點數(점수) 回數券 (회수권) 3Ⅱ數値(수치) 偶數(우수) 劃數(획수) 橫數 (횡수) 疏數(소삭) 3數遞(삭체) 煩數(번삭)

발전 2枚數(매수) 坪數(평수) 數尿症(삭뇨증) 1簡數 (개수) 剩數(잉수)

사자성어 2數米而炊(수미이취)

부수	획수	총획
木	8	12

심을 식【124】

字源 〈형성〉 나무는 땅을 넓게 파고 뿌리를 잘 펴서 심는다. 줄기를 곧게 세워 기름진 흙을 넣고 넘어지지 않도록 바르게 심어야만 했었다. 그 위에 흙을 덮고 물을 주고 적당하게 밟아주면서 뿌리를 잘 뻗게 했다. 땅을 넓게 파고 뿌리를 잘 펴면서 곧게(直) 뻗도록 나무(木)를 조심히 [심다(植)] 는 뜻이고 [식]으로 읽는다.

圖栽(심을 재) 回拔(뽑을 발) 回直(곧을 직) 植(올벼 직) 殖(불릴 식)

필순 一 十 才 木 木 杧 柿 柿 柿 植 植

기초 【기초한자어】 익히고, 【기본→발전한자어】 다지기
植木(식목) 나무를 심음
植物(식물) 온갖 나무와 풀의 총칭

植字(식자) 인쇄소에서 활자로 판을 짜는 일
• 매년 4월 5일은 植木日로 나무를 심는다.
• 생물은 크게는 동물(動物)과 植物로 구분한다.

기본 7植民(식민) 植木日(식목일) 植民地(식민지) 6植樹 (식수) 5Ⅱ植種(식종) 5寫植(사식) 4Ⅱ移植(이식) 植毛 (식모) 假植(가식) 3Ⅱ植付(식부) 腐植(부식)

발전 2挿植(삽식) 1墾植(간식) 徒植(사식)

사자성어 2胎生植物(태생식물)

부수	획수	총획
心	0	4

마음 심【125】

字源 〈상형〉 사람 몸 어느 부분도 중요하지 아니한 곳은 없다. 그중에서 심장은 매우 중요한 역할을 하여 맥박이 뛰어야 사람 생명을 부지할 수 있다. 또한 심장이 있어서 사람 온몸에 피를 돌게 하여 맥박이 뛴다. 사람이 사는 데 중요한 가슴이 감싸 안은 심장의 모양을 본떠서 측은한 [마음(心)]을 뜻하고 [심]으로 읽는다.

圖性(성품 성) 回物(물건 물) 身(몸 신) 體(몸 체)

필순 ﾉ 心 心 心

기초 【기초한자어】 익히고, 【기본→발전한자어】 다지기
人心(인심) 사람의 마음
心事(심사) 마음에 생각하는 일
中心(중심) 가운데
• 정치를 못하면 人心이 사나워진다.
• 둥근 원의 한 가운데를 中心이라고 한다.

기본 7心地(심지) 心氣(심기) 江心(강심) 內心(내심) 重心 (중심) 孝心(효심) 6Ⅱ心理(심리) 童心(동심) 心身 (심신) 心弱(심약) 6苦心(고심) 本心(본심) 野心(야심) 5Ⅱ心性(심성) 心情(심정) 觀心(관심) 變心(변심) 良心 (양심) 5都心(도심) 操心(조심) 黑心(흑심) 4Ⅱ心境 (심경) 心血(심혈) 自尊心(자존심) 4心筋(심근) 心慮 (심려) 心證(심증) 心底(심저) 私心(사심) 傷心(상심) 點心(점심) 盡心(진심) 核心(핵심) 求心點(구심점) 3Ⅱ心琴 (심금) 心靈(심령) 心腹(심복) 心臟(심장) 心醉(심취) 丹心(단심) 銘心(명심) 腐心(부심) 邪心(사심) 愁心(수심) 心肝(심간) 慾心(욕심) 恒心(항심) 歡心(환심)

발전 2心魔(심마) 貳心(이심) 衷心(충심) 心膽(심담) 心旨 (심지) 心塵(심진) 28炯心(형심) 槿花心(근화심) 1怯心 (겁심) 嘔心(구심) 葵心(규심) 狼心(낭심) 忿心(분심) 心悸(심계) 心囊(심낭) 心魄(심백) 心惹(심약) 心匠(심장) 穢心(예심) 寓心(우심) 悛心(전심) 嫉心(질심) 惻心 (측심) 秤心(칭심) 妬心(투심) 婆心(파심) 炯心(형심)

사자성어 3Ⅱ切齒腐心(절치부심) 首丘初心(수구초심) 2膽大 心小(담대심소) 勞心焦思(노심초사)

부수	획수	총획
言	7	14

말씀 어 : 【126】

字源 〈형성〉 말의 진정한 의미는 자기주장을 설득력 있게 전달하여 상대를 이해시키는 데 있다. 상대를 대할 때 공손하고 예의 바른 말씨까지 매우 중요시했다. 말의 억양은 물론 손짓 발짓까지 곁들이는 경우도 많다. 자기(吾) 주장이나 생각을 상대에게 설득력 있게 말(言)을 하니 [말씀(語)]을 뜻하고 [어]로 읽는다.

圖話(말씀 화) 言(말씀 언) 談(말씀 담) 說(말씀 설) 辭(말씀 사) 辯(말씀 변) 回梧(오동나무 오)

필순 丶亠亍言言訂語語語語

기초 【기초한자어】 익히고, 【기본→발전한자어】 다지기
語氣(어기) 말하는 솜씨, 어투
語文(어문) 말과 글
國語(국어) 나랏말
• 우리 국민은 國語를 사랑하고 아껴야 한다.
• 語文교육은 우리 국어를 발전시키는 데 중요하다.

기본 7語中(어중) 語學(어학) 口語(구어) 主語(주어) 語文學(어문학) 外國語(외국어) 外來語(외래어) 6Ⅱ成語(성어) 術語(술어) 用語(용어) 6語感(어감) 語根(어근) 語頭(어두) 古語(고어) 言語(언어) 5Ⅱ語類(어류) 語法(어법) 語順(어순) 語調(어조) 敬語(경어) 流行語(유행어) 5語原(어원) 致語(치어) 4Ⅱ語句(어구) 語錄(어록) 語義(어의) 論語(논어) 單語(단어) 密語(밀어) 俗語(속어) 造語(조어) 4語群(어군) 語源(어원) 略語(약어) 隱語(은어) 標語(표어) 標準語(표준어) 3Ⅱ語幹(어간) 語尾(어미) 熟語(숙어) 失語症(실어증) 3敍述語(서술어)

발전 2款語(관어) 1懦語(나어) 鈴語(영어) 俚語(이어) 罵語(매어) 媚語(미어) 誹語(비어) 澁語(삽어) 語彙(어휘) 諺語(언어) 艶語(염어) 訛語(와어) 剩語(잉어) 鵲語(작어) 套語(투어) 諧語(해어)

부수	획수	총획
火	8	12

그럴 연 【127】

字源 〈형성〉 요즈음 우리 사회에서 개에 대한 풍토와 인식이 매우 달라졌다. 서양에서는 개를 '애완용'으로, 동양에서는 '보신탕용'으로 주로 많이 길렀다. 동양에서는 개를 잡을 때 불살라 털을 벗기면서 잡았었다. 개(犬)고기(月←肉)를 불(灬←火)에 구워 먹는 것은 당연히 [그러하다(然)]는 뜻이고 [연]으로 읽는다.

回否(아닐 부) 回燃(탈 연) 怨(원망할 원)

필순 丿クタタ夕夕外然然 然然

기초 【기초한자어】 익히고, 【기본→발전한자어】 다지기
然後(연후) 그러한 뒤
自然(자연) 저절로 그렇게 되는 모양
天然(천연) 사람의 힘을 가하지 않은 상태
• 사람에겐 自然을 보호하려는 마음이 중요하다.
• 제주도에 가면 天然동굴이 참으로 많다고 하더구나.

기본 7同然(동연) 不然(불연) 6Ⅱ果然(과연) 6本然(본연) 5Ⅱ當然(당연) 歷然(역연) 卒然(졸연) 必然(필연) 5然則(연즉) 卓然(탁연) 4Ⅱ斷然(단연) 端然(단연) 未然(미연) 4憤然(분연) 肅然(숙연) 隱然(은연) 依然(의연) 隱然中(은연중) 3Ⅱ蓋然(개연) 突然(돌연) 漠然(막연) 奮然(분연) 釋然(석연) 亦然(역연) 偶然(우연) 悠然(유연) 超然(초연) 泰然(태연) 忽然(홀연) 蓋然性(개연성) 3然而(연이) 懼然(구연) 漫然(만연) 雖然(수연) 漂然(표연)

발전 2蔑然(멸연) 鬱然(울연) 悽然(처연) 28頓然(돈연) 牟然(모연) 閔然(민연) 炳然(병연) 淵然(연연) 燁然(엽연) 瑩然(영연) 蔚然(울연) 燦然(찬연) 赫然(혁연) 煥然(환연) 1廓然(확연) 蹶然(궐연) 凜然(늠연) 惘然(망연) 杳然(묘연) 渺然(묘연) 蕪然(무연) 靡然(미연) 謐然(밀연) 瞥然(별연) 爽然(상연) 灑然(쇄연) 啞然(아연) 愕然(악연) 儼然(엄연) 宛然(완연) 巍然(외연) 窈然(요연) 聳然(용연) 毅然(의연) 綽然(작연) 猝然(졸연) 悴然(췌연) 坦然(탄연) 頹然(퇴연) 渾然(혼연) 喧然(훤연) 恤然(휼연) 洽然(흡연) 昂然(앙연) 特昂然(앙연)

부수	획수	총획
月	2	6

있을 유 : 【128】

字源 〈회의〉 음력으로 그믐이 되어 합삭된 이후 3~5일이 지나면 없어진 줄만 알았던 달이 초승달로 변해 반갑게 인사를 한다. 결국 없어진 줄만 알았던 달이 반갑게 나타나 지구를 환히 비춰주었던 것이다. 없어졌던 달(月)이 또다시(ナ←又) 생겨나서 지구를 환하게 비춰 주니 [있다(有)]는 뜻이고 [유]로 읽는다.

圖在(있을 재) 存(있을 존) 回無(없을 무) 虛(빌 허) 回右(오른쪽 우)

필순 丿ナオ有有有

기초 【기초한자어】 익히고, 【기본→발전한자어】 다지기
有力(유력) 힘이 있음. 가능성이 많음
有名(유명) 이름이 세상에 널리 알려져 있는 것
有心(유심) 마음에 생각하는 바가 있음
• 국회의원에 출마해서 당선이 有力하다고 한다.
• 동해안은 지형 탓인지 有名한 해수욕장이 참 많다.

7급

기본 ⑦ 有年(유년) 有數(유수) 所有(소유) 有事時(유사시) ⑥Ⅱ 功(유공) 有利(유리) 有用(유용) 有意(유의) 有形(유형) 共有(공유) ⑥ 有感(유감) 有道(유도) 有別(유별) 永有(영유) 特有(특유) ⑤Ⅱ 有結(유결) 有能(유능) 有望(유망) 有識(유식) 有情(유정) 有害(유해) 有效(유효) 有實樹(유실수) ⑤ 有給(유급) 有終(유종) 有罪(유죄) 固有(고유) 領有(영유) ④Ⅱ 有故(유고) 有毒(유독) 有勢(유세) 有益(유익) 有志(유지) 有限(유한) 保有(보유) 有權者(유권자) ④ 據有(거유) 占有(점유) 有機物(유기물) 專有物(전유물) ③Ⅱ 有償(유상) 烏有(오유) 含有(함유) 稀有(희유) 未曾有(미증유) ③ 享有(향유)

발전 ②⑧ 有巢氏(유소씨)

사자성어 ②⑧ 亢龍有悔(항룡유회)

부수	획수	총획
肉	4	8

기를 육【129】

字源 〈회의〉 사람은 불완전한 상태로 태어난다고 한다. 어려서는 어머니의 따뜻한 손길로, 커서는 선생님의 엄격한 가르침을 받으면서 잘 자라게 된다. 끊임없는 반복학습과 교육을 통해서만 자랄 수 있기 때문이다. 불완전한 아이(云←子)를 건강하고 완전하도록(月←肉) 잘 [기르다(育)]는 뜻이고 [육]으로 읽는다.
⑤ 養(기를 양) 飼(기를 사) 鞠(성/국문할 국) ⑩ 骨(뼈 골)

필순 亠 亠 云 产 育 育 育

기초 【기초한자어】 익히고, 【기본→발전한자어】 다지기
育林(육림) 임목을 기름
教育(교육) 가르치어 기름
生育(생육) 낳아서 기름
• 학교는 教育을 통해 인재를 육성하는 곳이다.
• 모든 생물은 生育과정이 좋아야 완전하다.

기본 ⑦ 教育場(교육장) ⑥Ⅱ 育成(육성) 發育(발육) 體育(체육) ⑥ 育英(육영) 訓育(훈육) ⑤Ⅱ 育兒(육아) 養育(양육) ④Ⅱ 保育(보육) ③ 育苗(육묘)

발전 ② 飼育(사육) ②⑧ 鞠育(국육) 薰育(훈육) ① 矜育(긍육) 撫育(무육) 蕃育(번육) 孕育(잉육) 誨育(회육)

부수	획수	총획
邑	0	7

고을 읍【130】

字源 〈회의〉 일정한 구역 안에 사람들이 옹기종기 모여서 산다. 마을보다는 더 많은 사람들이 모여 사는 곳으로 읍내를 성안(城內)이라고 했었다. 시(市)보다는 조금은 작지만 거기에는 목민관이 있었던 곳이다. 어느 일정한 경계(囗) 안으로 싸인 곳에서 많은 사람(巴←卩)들이 사는 [고을(邑)]을 뜻하고 [읍]으로 읽는다.
⑤ 洞(골 동) 郡(고을 군) 都(도읍 도) ⑩ 色(빛 색)

필순 丶 口 口 吕 吕 吊 邑

기초 【기초한자어】 익히고, 【기본→발전한자어】 다지기
邑內(읍내) 읍의 안
邑民(읍민) 읍내에 사는 사람
邑長(읍장) 읍의 행정 사무를 처리하는 우두머리
• 우리 고장 邑長님은 매우 부지런하시다.
• 우리 邑內에는 5일장이 있어서 매우 유명하다.

기본 ⑦ 邑人(읍인) 邑子(읍자) 邑村(읍촌) 小邑(소읍) 食邑(식읍) ⑥Ⅱ 邑圖(읍도) 邑會(읍회) ⑤ 都邑(도읍) ④ 邑誌(읍지) ③Ⅱ 偏邑(편읍) ③ 邑憐(읍련) 邑宰(읍재)

발전 ②⑧ 埰邑(채읍) 聚邑(취읍) ① 邑閭(읍려) 邑廛(읍전)

부수	획수	총획
入	0	2

들 입【131】

字源 〈지사〉 아주 오랜 옛날에는 땅 속에 구멍을 파고 살았다. 드나드는 출입구가 좁아서 매우 불편했지만 사람들은 허리를 구부리면서 출입했다. 출입하는 문이 매우 낮은 집에서도 한 가족은 그렇게 옹기종기 살았다. 사람이 문을 열고 허리 구부리고 들어가는 모양을 가리켜 안으로 [들다(入)]는 뜻이고 [입]으로 읽는다.
⑤ 納(들일 납) ⑩ 出(날 출) 落(떨어질 락) ⑩ 人(사람 인) 八(여덟 팔)

필순 丿 入

기초 【기초한자어】 익히고, 【기본→발전한자어】 다지기
出入(출입) 나가고 들어옴
入場(입장) 장내로 들어감
入學(입학) 학교에 처음 들어감
• 매년 삼월 초에는 入學식이 있다.
• 체육대회장에 선수단이 入場하고 있다.

기본 ⑦ 入口(입구) 入國(입국) 入校(입교) 入金(입금) 入力(입력) 入門(입문) 入室(입실) 入所(입소) 入住(입주) ⑥Ⅱ 入社(입사) 入會(입회) 入對(입대) ⑤Ⅱ 入養(입양) 流入(유입) 先入見(선입견) ⑤ 入賞(입상) 入選(입선) 入院(입원) 加入(가입) ④Ⅱ 入監(입감) 入聲(입성) 入試(입시) 導入(도입) 稅入(세입) 侵入(침입) 吸入(흡입) ④ 入庫(입고) 入納(입납) 入籍(입적) 入營(입영) 入憲(입헌) 迎入(영입) 轉入(전입) 投入(투입) ③Ⅱ 入寂(입적) 入閣(입각) 入館(입관) 入滅(입멸) 介入(개입) 突入(돌입) 沒入(몰입) 輸入(수입) 潛入(잠입) 差入(차입) 吹入(취입) 入荷(입하) 編入(편입)

발전 ②購入(구입) 搬入(반입) 揷入(삽입) 入闕(입궐) 入札
(입찰) 預入金(예입금) ① 拏入(나입) 撞入(당입) 入棺
(입관) 入觀(입관) 滲入(삼입)

사자성어 ③ 漸入佳境(점입가경)

부수	획수	총획
子	3	6

글자 자【132】

字源 〈회의〉 인구가 폭발적으로 증가하는 시절에 '산아제한'이
란 제도가 있었다. 지금과 같이 제한을 두지 않았던 시절
에 한 가정에 많은 자식을 두었던 것이다. 5남매 10남매
의 자식을 두는 대가족도 많이 있었다. 집안(宀)에 많은
자식(子)을 두듯이 상형과 지사자를 만들었으니 [글자(字)]
를 뜻하고 [자]로 읽는다.
回子(아들 자) 宇(집 우)

필순 丶丶宀宀宁字

기초 【기초한자어】 익히고, 【기본→발전한자어】 다지기
數字(숫자) 수를 나타내는 글자
文字(문자) 말을 표시하는 시각적 기호. 글자
正字(정자) 서체가 바르게 또박또박 쓴 글자
• 한자는 뜻이 있는 文字로 사고력을 길러준다.
• 한자나 모든 문자는 꼭 正字로 써야 한다.

기본 ⑦字間(자간) 字母(자모) 同字(동자) 植字(식자) 八字
(팔자) 漢字(한자) 活字(활자) 千字文(천자문) ⑥Ⅰ字形
(자형) 題字(제자) ⑥字號(자호) 字訓(자훈) 習字
(습자) 英字(영자) ⑤Ⅰ字典(자전) 識字(식자) ⑤ 赤字
(적자) 打字(타자) 黑字(흑자) ④Ⅰ字句(자구) 字解
(자해) 檢字(검자) 俗字(속자) 誤字(오자) 破字(파자)
④字源(자원) 刻字(각자) 略字(약자) 點字(점자) ③Ⅰ字幕
(자막) 墨字(묵자) 刺字(자자) 十字架(십자가)

발전 ②闕字(궐자) 僻字(벽자) 隻字(척자) 字型(자형) ②8衍字
(연자) ① 卍字(만자) 撫字(무자) 梵字(범자) 字孕(자잉)
煮字(자자) 字彙(자휘) 篆字(전자) 綴字(철자) 疊字
(첩자) 銜字(함자) 楷字(해자) 諱字(휘자)

부수	획수	총획
示	5	10

할아비 조【133】

字源 〈형성〉 요즈음 제사를 모실 때 사진(영정)을 쓰지만 옛날
에는 위패나 지방을 주로 썼다. 위패는 윗대 할아버지 때
부터 차곡차곡 모셔져 있었다. 사당이 유래하지 않을 때
는 가벼운 지방으로 대신했던 것이다. 사당에 윗대 할아
버지 위패(示)가 차곡차곡 쌓여(且) 있으니 [할아버지(祖)]

를 뜻하고 [조]로 읽는다.
回孫(손자 손) 回組(짤 조) 租(조세 조) 粗(거칠 조)

필순 一二千亓示衪衪祠祖祖

기초 【기초한자어】 익히고, 【기본→발전한자어】 다지기
祖國(조국) 조상 때부터 살던 나라
祖父母(조부모) 할아버지와 할머니
先祖(선조) 먼저 산 조상
• 우리들의 祖國은 바로 대한민국이다.
• 우리 先祖 중에는 높은 벼슬을 하신 분이 많다.

기본 ⑦祖母(조모) 祖上(조상) ⑥Ⅰ始祖(시조) 高祖父(고조부)
⑥ 開祖(개조) 遠祖(원조) 太祖(태조) ⑤Ⅰ元祖(원조)
⑤ 祖考(조고) 鼻祖(비조) ④Ⅰ祖武(조무) 祖宗(조종) 祖統
(조통) ④ 烈祖(열조) ③Ⅰ曾祖(증조) 玄祖(현조)

발전 ②8彭祖(팽조) 傳祖(부조) 趙光組(조광조) ① 妣祖(비조)
禰祖(이조) 祖妣(조비) 祖祠(조사) 祖餞(조전) 祖洽(조흡)

부수	획수	총획
丶	4	5

임금 주
주인 주【134】

字源 〈상형〉 가장(家長)은 집안의 주인이며 가족을 위해 헌신
적인 봉사를 자기 임무로 여겼다. 주로 아버지인 가장은
바깥일을 도맡아 했다. 집안 안위와 경제적인 책임을 지
면서 헌신하고 봉사하는 일을 도맡았다. 어두운 방안을
환하게 비춰주는 촛불처럼 가족을 위한 가장인 [주인(主)]
을 뜻하고 [주]로 읽는다.
圖王(임금 왕) 君(임금 군) 帝(임금 제) 皇(임금 황) 回民
(백성 민) 客(손 객) 從(좇을 종) 賓(손 빈) 僕(종 복) 回王
(임금 왕) 住(살 주)

필순 丶一一主主

기초 【기초한자어】 익히고, 【기본→발전한자어】 다지기
主食(주식) 주된 음식
主語(주어) 한 문장의 주체가 되는 말
主人(주인) 한 집안의 주장이 되는 사람
• 옆집 主人은 아침에 산책을 즐겨 한다.
• 우리 主食은 쌀이기에 농민에게 고마움을 늘 느낀다.

기본 ⑦主動(주동) 主力(주력) 主上(주상) 物主(물주) 自主
(자주) 地主(지주) ⑥Ⅰ主戰(주전) 主題(주제) 主體(주체)
神主(신주) 業主(업주) ⑥ 主番(주번) 主席(주석) ⑤Ⅰ主格
(주격) 主觀(주관) 主流(주류) 主要(주요) 主筆(주필)
客主(객주) ⑤ 主唱(주창) 船主(선주) 領主(영주) ④Ⅰ主導
(주도) 主婦(주부) 主演(주연) 主義(주의) 主將(주장) 城主
(성주) 爲主(위주) 祭主(제주) 戶主(호주) 貨主(화주)
④ 主管(주관) 主犯(주범) 主張(주장) 主從(주종) 君主
(군주) 婚主(혼주) ③Ⅰ主幹(주간) 主峯(주봉) 主催(주최)

盟主(맹주) 喪主(상주) 株主(주주) 荷主(하주) 主謀者
(주모자) ③ 主賓(주빈) 主宰(주재) 抱主(포주)

발전 ② 主旨(주지) 主軸(주축) ① 洑主(보주) 庵主(암주)
闇主(암주) 誼主(의주) 主辦(주판) 塚主(총주)

사자성어 ② 厭世主義(염세주의)

	부수	획수	총획
住	人	5	7

살 주 : 【135】

字源 〈형성〉 사람이 살 집이 마련되고 주변에 농토가 준비되면
몇 대에 걸쳐 한 곳에 머물러 살았다. 그런가 하면 유목민
이나 화전민 같은 사람들은 지형과 기후에 따라서 일정한
곳을 찾아서 옮겨 살기도 했다. 사람(亻←人)이 이사를 하
지 않고 일정한 곳에 주로(主) 오래 머물렀으니 [살다(住)]
는 뜻이고 [주]로 읽는다.
圄居(살 거) **回**主(임금/주인 주) 注(부을 주) 往(갈 왕)
佳(아름다울 가)

필순 ノ 亻 亻 亻 亻 住 住

기초 【기초한자어】 익히고, 【기본→발전한자어】 다지기
住家(주가) 사는 집
安住(안주) 편안하게 삶
入住(입주) 새로 들어가 삶
• 삼촌은 시골에 安住하며 농사일에 전념하신다.
• 비로소 새 아파트에 주민이 入住하기 시작했다.

기본 ⑦ 住民(주민) 住所(주소) 住所地(주소지) ⑥』現住所
(현주소) ⑥ 永住(영주) 衣食住(의식주) ⑤』住宅(주택)
⑤ 原住(원주) 原住民(원주민) ④』移住(이주) 永住權
(영주권) ④ 居住(거주) 住居(주거) 住居地(주거지)

발전 ② 住址(주지) ① 勒住(늑주) 搭住(탑주)

	부수	획수	총획
重	里	2	9

무거울 중 : 【136】

字源 〈형성〉 무거운 물건은 등에 짊어지고 운반한다. 그렇지만
[지게]를 발명하면서부터 무거운 짐도 거뜬히 운반했으리
라. 현대식의 다른 자원은 천 근(千)이나 되는 물건을 지
고 10리(里) 먼 길을 걷는다는 뜻도 있다. 사람이 무거운
짐을 지고 어렵게 걸어가는 모양을 본떠서 [무겁다(重)]는
뜻이고 [중]으로 읽는다.
圄複(겹칠 복) 疊(거듭 첩) **回**輕(가벼울 경) **回**里(마을 리)
動(움직일 동) 種(씨 종)

필순 ノ 亠 亍 千 千 盲 盲 重 重

기초 【기초한자어】 익히고, 【기본→발전한자어】 다지기
重大(중대) 매우 중요함
所重(소중) 중하게 여김
自重(자중) 자기의 언행을 신중하게 함
• 항상 重大한 일은 여러 사람과 의논한다.
• 모든 물건을 다룰 때에는 所重하게 살핀다.

기본 ⑦ 重力(중력) 重水(중수) 重心(중심) 二重(이중) ⑥』重用
(중용) 體重(체중) ⑥ 重病(중병) 重油(중유) ⑤』重要
(중요) 重任(중임) 重責(중책) 過重(과중) ⑤ 重建
(중건) 重量(중량) 重罪(중죄) 重唱(중창) 加重(가중)
貴重(귀중) 比重(비중) 輕重(경중) ④』重罰(중벌) 重稅
(중세) 重修(중수) 重視(중시) 重態(중태) 承重(승중)
尊重(존중) 置重(치중) ④ 重點(중점) 嚴重(엄중) 重機
(중기) 重犯(중범) 重複(중복) 重傷(중상) 重刑(중형)
重婚(중혼) 重厚(중후) ③』重刊(중간) 重譯(중역) 重役
(중역) 重版(중판) 莫重(막중) 愼重(신중) 重鎭(중진)
重奏(중주) 偏重(편중) 荷重(하중)

발전 ② 重淵(중연) 重鼎(중정) 重祚(중조) 鄭重(정중) ① 樸重
(박중) 孕重(잉중) 重繭(중견) 重睾(중고) 重楛(중곡)
重衾(중금) 重瞳(중동) 重黎(중려) 重賂(중뢰) 重溟(중명)
重蕃(중번) 重祠(중사) 重觴(중상) 重贖(중속) 重酬(중수)
重醸(중양) 重曹(중조) 重疊(중첩) 嗟重(차중) 疊重(첩중)

사자성어 ③』隱忍自重(은인자중) ② 九重宮闕(구중궁궐)

	부수	획수	총획
地	土	3	6

땅 지 【137】

字源 〈형성〉 비가 내려 촉촉하게 젖었던 대지를 뜨거운 태양이
비추면 메마른다. 젖었던 물기가 수증기 되어 올라가고
땅은 쉬엄쉬엄 마른다. 때로로 심하게 가뭄이 들면 논밭
엔 금이 벌어지면서 타들어 가기도 한다. 태양이 비춰서
토지(土)에서 김이 모락모락(也) 올라가면서 마르니 [땅(地)]
을 뜻하고 [지]로 읽는다.
圄坤(땅 곤) 輿(수레 여) **回**天(하늘 천) 乾(하늘 건) **回**池
(못 지)

필순 一 十 土 圵 圵 地

기초 【기초한자어】 익히고, 【기본→발전한자어】 다지기
地方(지방) 어느 방면의 땅. 서울 이외의 지역
地上(지상) 땅의 겉 부분이 되는 위
土地(토지) 땅. 논밭
• 아버지는 공무로 地方에 출장을 자주 다니신다.
• 척박한 土地라도 잘 가꾸면 기름진 땅이 된다.

기본 ⑦ 地力(지력) 地面(지면) 心地(심지) 土地(토지) ⑥』地球
(지구) 地代(지대) 地圖(지도) 地理(지리) 地利(지리)
地表(지표) 高地(고지) 地形(지형) 現地(현지) ⑥ 地區

(지구) 地目(지목) 地番(지번) 行先地(행선지) 地下道
(지하도) 5Ⅰ 地質(지질) 地價(지가) 客地(객지) 見地(견지)
局地(국지) 基地(기지) 團地(단지) 産地(산지) 陸地(육지)
任地(임지) 宅地(택지) 5 地位(지위) 領地(영지) 他地
(타지) 景勝地(경승지) 都會地(도회지) 4Ⅰ地境(지경)
地帶(지대) 地勢(지세) 境地(경지) 素地(소지) 餘地
(여지) 陰地(음지) 處地(처지) 測地(측지) 不毛地(불모지)
4 地域(지역) 地緣(지연) 地籍(지적) 地點(지점) 整地
(정지) 3Ⅰ地雷(지뢰) 地盤(지반) 地獄(지옥) 耕地(경지)
濕地(습지) 葬地(장지) 耕作地(경작지) 3 地塊(지괴)
輿地(여지) 發祥地(발상지) 避暑地(피서지)

발전 2 垈地(대지) 地軸(지축) 地閥(지벌) 地妖(지요) 28 甸地
(전지) 柴地(시지) 琛地(채지) 地垠(지은) 塢地利(오지리)
1 矩地(구지) 隙地(극지) 陋地(누지) 撲地(박지) 盆地
(분지) 柴地(시지) 地殼(지각) 地魄(지백) 地煞(지살)
地垠(지은) 地朕(지짐) 琛地(채지) 塚地(총지) 鹹地
(함지)

사자성어 2 高水敷地(고수부지)

부수	획수	총획
糸	4	10

종이 지【138】

字源 〈형성〉 종이는 펄프와 같은 나무줄기와 뿌리를 으깨어서
가공물을 첨가해서 만든다. 제조된 종이는 책이나 벽지로
많이 사용하면서 문화가 크게 발달했다. 종이에 글씨를
써서 상대에게 보내는 [편지]로도 쓰였다. 가는 실(糸) 섬
유질이 나무뿌리(氏)처럼 복잡하게 얽혀져 있는 [종이(紙)]
를 뜻하고 [지]로 읽는다.
回 低(낮을 저)

필순 ⺉⺌⺍⺌糸糸糸′紅紙紙紙

기초 【기초한자어】 익히고, 【기본 → 발전한자어】 다지기
紙面(지면) 종이의 겉면
紙上(지상) 글이나 기사가 실린 종이의 면
間紙(간지) 속종이
• 紙面에 그림을 오려서 작품을 만든다.
• 오늘 신문 紙上에 큰 사건 기사가 실렸다고 한다.

기본 7 紙物(지물) 答紙(답지) 白紙(백지) 色紙(색지) 外紙
(외지) 全紙(전지) 便紙(편지) 韓紙(한지) 休紙(휴지)
6Ⅰ 用紙(용지) 表紙(표지) 新聞紙(신문지) 6 別紙
(별지) 本紙(본지) 5Ⅰ 紙價(지가) 紙質(지질) 白紙化
(백지화) 5 原紙(원지) 板紙(판지) 答案紙(답안지)
4Ⅰ 印紙(인지) 壁紙(벽지) 製紙(제지) 破紙(파지) 減光紙
(감광지) 4 紙錢(지전) 簡紙(간지) 更紙(갱지) 證紙(증지)
標紙(표지) 3Ⅰ 臺紙(대지) 墨紙(묵지) 封紙(봉지) 片紙

(편지) 壯版紙(장판지) 化粧紙(화장지) 紙筆墨(지필묵)
3 紙幣(지폐)

발전 2 紙札(지찰) 紙型(지형) 揷紙(삽지) 紙物鋪(지물포)
28 紙繩(지승) 1 繭紙(견지) 罫紙(괘지) 撚紙(연지)
蠟紙(납지) 攀紙(반지) 箋紙(전지) 紙撚(지연) 紙鳶
(지연) 牒紙(첩지)

사자성어 2 紙筆硯墨(지필연묵)

부수	획수	총획
十	1	3

일천 천【139】

字源 〈형성〉 이 한자는 처음에 '대단히 많다'는 뜻으로 쓰였다.
'일천'의 쓰임을 끝자리로 생각했겠지만, '만'이나 '억'이 나
오면서 더욱 복잡해졌을 것이다. 숫자나 수효가 대단히
많다는 뜻도 담았겠다. 우리 몸(丨)에서 한 손은 머리(丿)
위로, 다른 손은 가슴(一)에 닿게 하며 헤아렸던 [일천(千)]
을 뜻하고 [천]으로 읽는다.
回 午(낮 오) 牛(소 우) 干(방패 간) 于(어조사 우)

필순 一二千

기초 【기초한자어】 익히고, 【기본 → 발전한자어】 다지기
千金(천금) 많은 돈
千里(천리) 십리의 백 갑절. 썩 먼 거리
千字文(천자문) 한자 천자를 모은 한문 학습의 입문서
• 우리가 보내는 이 시간은 千金보다 더 소중하다.
• 우리 반에 어릴 때 千字文을 공부한 친구가 있다.

기본 7 千軍(천군) 千年(천년) 千萬(천만) 千字(천자) 千秋
(천추) 數千(수천) 三千里(삼천리) 數千萬(수천만)
6 千古(천고) 5 千億(천억) 千里馬(천리마) 4Ⅰ 千里眼
(천리안) 4 千慮(천려) 千篇(천편) 3Ⅰ 千載(천재)
3 千斤(천근)

사자성어 6 千萬多幸(천만다행) 4 危險千萬(위험천만) 千
慮一失(천려일실) 千差萬別(천차만별) 千篇一律(천편
일률) 千態萬象(천태만상) 3Ⅰ 千載一遇(천재일우)
3 千辛萬苦(천신만고) 28 沃野千里(옥야천리)

부수	획수	총획
大	1	4

하늘 천【140】

字源 〈회의〉 하늘은 넓고 크며, 높고도 푸르다. 그래서 하늘을
두고 흔히 높푸른 저 창공이라고도 했었다. 하늘의 넓고
도 깊은 뜻을 두고 스승의 가르침은 늘 높은 이상과 청운
의 꿈을 간직하며 살아가라고도 했었다. 사람이 두 팔(大)
을 벌려 높은 이상을 가슴(一)에 품었다 했으니 [하늘(天)]

을 뜻하고 [천]으로 읽는다.

図乾(하늘 건) 穹(하늘 궁) 覆(다시 복/덮을 부) 回地(땅 지) 坤(땅 곤) 壤(흙덩이 양) 回夫(지아비 부) 夭(일찍 죽을 요)

[필순] 一 二 チ 天

[기초] 【기초한자어】 익히고, 【기본→발전한자어】 다지기
天國(천국) 하늘나라
天地(천지) 하늘과 땅
天生(천생) 하늘로부터 타고남
• 내 작은 방은 마음을 달래주는 유일한 내 天國이다.
• 우리 누나와 매형은 天生연분으로 잘 살고 있다.

[기본] [7]天氣(천기) 天命(천명) 天文(천문) 天然(천연) 天子(천자) 秋天(추천) 天文學(천문학) [6I]天堂(천당) 天理(천리) 天運(천운) 天才(천재) 天體(천체) 天幸(천행) [6]開天(개천) 別天地(별천지) [5I]天福(천복) 天性(천성) 天質(천질) 順天(순천) 雨天(우천) 樂天的(낙천적) [5]天壇(천단) 天馬(천마) 寒天(한천) [4I]天罰(천벌) 天敵(천적) 天職(천직) 天眞(천진) 天惠(천혜) 祭天(제천) [4]天干(천간) 天帝(천제) [3I]天啓(천계) 天桃(천도) 天倫(천륜) 天幕(천막) 天賦(천부) 天井(천정) 露天(노천) 昇天(승천) 炎天(염천) 蒼天(창천) 衝天(충천) 天日鹽(천일염) [3]天涯(천애) 天爵(천작) 晴天(청천)

[발전] [2]天魔(천마) 天網(천망) 葛天氏(갈천씨) 摩天樓(마천루) [28]旻天(민천) 天祐(천우) 天祜(천호) 沖天(충천) 昊天(호천) 皓天(호천) [1]穹天(궁천) 覲天(근천) 曇天(담천) 滔天(도천) 梵天(범천) 曙天(서천) 天譴(천견) 天昆(천곤) 天衢(천구) 天眷(천권) 天杳(천묘) 天畔(천반) 天嗣(천사) 天詔(천조) 天阻(천조) 天誅(천주) 天胅(천짐) 天覘(천참) 天倡(천창) 天娼(천창) 天寵(천총) 天樞(천추) 天癡(천치) 天秤(천칭) 天陛(천폐) 天稟(천품) 天壚(천허) 天祜(천호) 沖天(충천) 呑天(탄천)

[사자성어] [2]不俱戴天(불구대천) 天衣無縫(천의무봉) 天眞爛曼(천진난만) [28]天佑神助(천우신조) 旭日昇天(욱일승천) 衆口熏天(중구훈천) 昊天罔極(호천망극)

부수	획수	총획
川	0	3

내 천【141】

字源 〈상형〉 산골짝에 가보면 굽이굽이 흐르는 작은 개울물이 있다. 여러 개울물이 함께 모이면 졸졸졸 흐르는 비교적 넓은 시냇물과 합류한다. 여러 곳의 시냇물들이 모여서 강이 되고 너른 바다를 향해 유입된다. 개울물이나 시냇물이 산과 계곡에서 흘러내린 모양을 본떠서 [시내(川)]를 뜻하고 [천]으로 읽는다.

図河(물 하) 溪(시내 계) 回山(메 산) 回水(물 수)

[필순] ノ 川 川

[기초] 【기초한자어】 익히고, 【기본→발전한자어】 다지기
大川(대천) 큰 내. 이름난 내
名川(명천) 이름난 하천
山川(산천) 산과 내. 자연
• 우리나라의 山川은 비단같이 아름답다.
• 한강이나 낙동강은 大川에 속할 것이다.

[기본] [5]河川(하천) [4I]川邊(천변) [3I]乾川(건천) 溪川(계천) [3]川獵(천렵) 逝川(서천)

[발전] [28]漣川(연천) 沔川(면천) 沃川(옥천) 濬川(준천) 陜川(합천) 价川郡(개천군)

[사자성어] [7]山川草木(산천초목) [6]晝夜長川(주야장천) [4I]川邊風景(천변풍경)

부수	획수	총획
艸	6	10

풀 초【142】

字源 〈형성〉 이른 봄이 되면 새잎이 돋아나면서 새싹이 고개를 쏘옥 얼굴을 내민다. 새잎은 점차 파릇파릇한 풀잎으로 변하면서 잘 자란다. 그렇게 잘 자라다 보면 꽃대를 세우면서 꽃을 활짝 피우는 장관을 이룬다. 이른(早) 봄이 되면 파릇파릇 돋아나는 초목(艹←艸)의 새싹으로 [풀잎(草)]을 뜻하고 [초]로 읽는다.

回早(이를 조)

[필순] 一 艹 艹 艹 艹 莒 莒 苗 草 草

[기초] 【기초한자어】 익히고, 【기본→발전한자어】 다지기
草家(초가) 초가집
草木(초목) 풀과 나무
海草(해초) 바다풀
• 지금은 시골에 가도 草家를 볼 수 없다.
• 오월이면 草木이 무성하여 녹음이 우거진다.

[기본] [7]草食(초식) 草人(초인) 草地(초지) 木草(목초) 花草(화초) 不老草(불로초) [6I]草書(초서) [6]草綠(초록) 草本(초본) 草野(초야) 綠草(녹초) 行草(행초) [5I]史草(사초) [5]草案(초안) 草屋(초옥) 草原(초원) 葉草(엽초) [4I]起草(기초) 毒草(독초) 牧草(목초) 伐草(벌초) 煙草(연초) 除草(제초) 草創期(초창기) [4]草略(초략) 甘草(감초) 雜草(잡초) [3I]草稿(초고) 草露(초로) 草率(초솔) 乾草(건초) 蘭草(난초) 大麻草(대마초) [3]勿忘草(물망초)

[발전] [2]瑞草(서초) 纖草(섬초) [28]茅草(모초) 荀草(순초) 柴草(시초) 芝草(지초) 草萊(초래) 草廬(초려) 皐蘭草(고란초) [1]勁草(경초) 蔓草(만초) 麋草(미초) 穢草(예초) 矮草(왜초) 詔草(조초) 草芥(초개) 草駒(초구) 草寮(초료) 草眛(초매) 草棉(초면) 草癲(초미) 草跋(초발) 草菴(초암)

草穢(초예) 草篆(초전) 草詔(초조) 草葺(초즙)

사자성어 ③Ⅱ 草根木皮(초근목피) ②⑧ 三顧草廬(삼고초려)

부수	획수	총획
木	3	7

村 마을 촌 : 【143】

字源 〈형성〉 시골의 마을 어귀에는 느티나무가 있고 그 밑으로 맑은 개울물이 졸졸졸 흐른다. 물이 흐르는 부근에는 초가집들이 옹기종기 있어 아름답다. 마을 사람들이 취락을 이루어 모여 사는 한 촌락이다. 나무(木) 숲속에 질서 정연하게(寸) 집들이 옹기종기 들어서 있으니 [마을(村)]을 뜻하고 [촌]으로 읽는다.

圖里(마을 리) 落(떨어질 락) 府(마을 부) 署(마을 서) 閭(마을 려) 回寸(마디 촌) 林(수풀 림)

필순 一 十 才 木 木 村 村

기초 【기초한자어】 익히고, 【기본→발전한자어】 다지기
村老(촌로) 시골에 사는 노인
村長(촌장) 한 마을의 일을 맡아보는 우두머리
農村(농촌) 시골 마을
• 우리 마을 村長님은 나이가 꽤나 많다.
• 그들이 어제 農村봉사 활동을 나갔다 한다.

기본 ⑦村家(촌가) 村名(촌명) 村民(촌민) 江村(강촌) 山村(산촌) 邑村(읍촌) 村夫子(촌부자) ⑥Ⅱ班村(반촌) 集村(집촌) 地球村(지구촌) 集姓村(집성촌) ⑥村野(촌야) ⑤Ⅱ基地村(기지촌) ⑤村落(촌락) 漁村(어촌) 寒村(한촌) 無醫村(무의촌) ④Ⅱ村婦(촌부) 街村(가촌) 富村(부촌) 貧村(빈촌) 鄕村(향촌) 寺下村(사하촌) ④居村(거촌) 散村(산촌) 鑛山村(광산촌) ③Ⅱ浦村(포촌) ③隣村(인촌)

발전 ②僻村(벽촌) 村孃(촌양) ①村閭(촌려) 村塾(촌숙) 村釀(촌양) 村墟(촌허)

부수	획수	총획
禾	4	9

秋 가을 추 【144】

字源 〈형성〉 무더운 여름에 논밭에서 쑥쑥 자라던 곡식이 가을이면 누렇게 익는다. 가을을 두고 흔히 수확의 계절이고 황금의 계절이라고 부른다. 봄에 뿌렸던 씨앗이 가을이면 무르익으면서 수확하기 때문이리라. 따스한 햇볕(火)을 받아 토실토실 여문 곡식(禾)이 익어가는 계절로 [가을(秋)]을 뜻하고 [추]로 읽는다.

回春(봄 춘) 回私(사사 사) 松(소나무 송)

필순 一 二 千 千 千 禾 禾' 秋 秋

기초 【기초한자어】 익히고, 【기본→발전한자어】 다지기
秋夕(추석) 한가위
春秋(춘추) 봄과 가을. 나이
立秋(입추) 24절기의 하나
• 음력 8월 15일은 축제와 같은 秋夕명절이다.
• 春秋는 춥지도 않고 덥지도 않은 좋은 계절이다.

기본 ⑦秋氣(추기) 秋冬(추동) 秋山(추산) 秋色(추색) 秋水(추수) 秋月(추월) 秋日(추일) 中秋(중추) 千秋(천추) ⑥Ⅱ秋分(추분) ⑥春秋服(춘추복) ⑤Ⅱ客秋(객추) ④Ⅱ秋收(추수) 秋波(추파) ④秋季(추계) 秋穀(추곡) ③Ⅱ秋霜(추상) 晩秋(만추) 麥秋(맥추) 孟秋(맹추) ③秋享(추향) 秋毫(추호) 暮秋(모추)

발전 ②⑧秋旻(추민) 秋鷹(추응) ①凜秋(늠추) 肇秋(조추) 秋稼(추가) 秋穹(추궁) 秋斂(추렴) 秋螟(추명) 秋殞(추운) 秋游(추유) 秋蚓(추인) 秋砧(추침)

사자성어 ⑦春夏秋冬(춘하추동) ⑤秋風落葉(추풍낙엽) ③Ⅱ仲秋佳節(중추가절) 存亡之秋(존망지추) ②春秋五霸(춘추오패) ②⑧呂氏春秋(여씨춘추)

부수	획수	총획
日	5	9

春 봄 춘 【145】

字源 〈회의〉 봄이 되면 온갖 생물이 기지개를 쭉 켜면서 활동을 시작한다. 봄이 오는 소리를 듣고 온갖 생물들이 약진을 시작하기도 한다. 나뭇가지와 풀밭에서는 따스한 햇볕을 받아 새싹들이 속삭여 움터 나온다. 따스한 햇볕(日)을 받아 초목의 색(艸)이 움터(屯) 나오는 계절로 [봄(春)]을 뜻하고 [춘]으로 읽는다.

回秋(가을 추) 回奉(받들 봉) 泰(클 태) 舂(찧을 용)

필순 一 二 三 夫 表 春 春 春

기초 【기초한자어】 익히고, 【기본→발전한자어】 다지기
春色(춘색) 봄날 아름다운 경치
立春(입춘) 24절기의 하나
靑春(청춘) 새싹이 돋는 봄철. 젊은 나이
• 봄에 들어서는 절기를 立春이라고 한다.
• 春色이 짙어지는 걸 보니, 봄이 한창인 모양이다.

기본 ⑦春氣(춘기) 春山(춘산) 春川(춘천) 春秋(춘추) 春三月(춘삼월) ⑥Ⅱ春分(춘분) 春風(춘풍) 新春(신춘) ⑥春秋服(춘추복) ⑤Ⅱ春情(춘정) 客春(객춘) ⑤賣春(매춘) 初春(초춘) 思春期(사춘기) ④Ⅱ春府(춘부) 早春(조춘) 回春(회춘) ④春季(춘계) 春困(춘곤) 春窮(춘궁) 春窮期(춘궁기) ③Ⅱ春耕(춘경) 春蘭(춘란) 春夢(춘몽) 春府丈(춘부장)

발전 ②春融(춘융) ②⑧春塘(춘당) ①餞春(전춘) 春藿(춘곽) 春嬌(춘교) 春駒(춘구) 春蕪(춘무) 春坊(춘방) 春黍(춘서) 春宵(춘소) 春苑(춘수) 春筍(춘순) 春櫻(춘앵) 春鶯(춘앵)

사자성어 ⑦二八靑春(이팔청춘) ⑤立春大吉(입춘대길) ③Ⅰ陽春佳節(양춘가절) 一場春夢(일장춘몽) ②Ⅱ春秋鼎盛(춘추정성)

부수	획수	총획
凵	3	5

날 출 【146】

字源 〈상형〉 봄바람이 불고 봄비가 추적추적 내리면 온갖 풀들이 기운을 받아 쑥쑥 돋아나온다. 바람과 비를 맞으면 풀과 나무는 소복하게 싹이 튼다. 반가운 봄소식을 듣고 모든 새싹이 살며시 고개를 내민 것이다. 봄에 초목의 싹이 '쏘옥' 고개를 내민 모양을 본떠 새순이 돋아 [나오다(出)]는 뜻이고 [출]로 읽는다.

圖生(날 생) 進(나아갈 진) 凹入(들 입) 缺(이지러질 결) 納(들일 납) 沒(빠질 몰) 凹拙(옹졸할 졸)

필순 ㅣ ㅛ ㅛ 出 出

기초 【기초한자어】 익히고, 【기본 → 발전한자어】 다지기
出家(출가) 처녀가 시집을 감
出動(출동) 나가서 행동함
出生(출생) 세상에 태어남
• 내가 出生한 고향은 먼 시골이다.
• 갑작스런 사고 현장에 경찰이 드디어 出動했다.

기본 ⑦出口(출구) 出金(출금) 出力(출력) 出世(출세) 出所(출소) 出場(출장) 出土(출토) 家出(가출) 算出(산출) 外出(외출) 月出(월출) 日出(일출) 出生地(출생지) 出入門(출입문) ⑥Ⅰ出發(출발) 出身(출신) 出戰(출전) 出題(출제) 出現(출현) 各出(각출) 放出(방출) 表出(표출) ⑥出頭(출두) 出席(출석) 特出(특출) ⑤Ⅰ出兵(출병) 出仕(출사) 出産(출산) 出品(출품) 流出(유출) ⑤出馬(출마) 出漁(출어) 出願(출원) 出他(출타) 賣出(매출) 選出(선출) ④Ⅰ出監(출감) 出講(출강) 出衆(출중) 出處(출처) 出港(출항) 進出(진출) 提出(제출) 呼出(호출) ④出擊(출격) 出庫(출고) 出勤(출근) 出納(출납) 出迎(출영) 傑出(걸출) 轉出(전출) 差出(차출) 脫出(탈출) 派出(파출) ③Ⅰ出刊(출간) 出沒(출몰) 出獄(출옥) 出征(출정) 出版(출판) 出荷(출하) 供出(공출) 突出(돌출) 索出(색출) 輸出(수출) 摘出(적출) 出班奏(출반주) 腦出血(뇌출혈) ③庶出(서출)

발전 ②搬出(반출) 出藍(출람) 出塵(출진) ②Ⅱ出疆(출강) 出廬(출려) ①醵出(갹출) 瀉出(사출) 臆出(억출) 湧出(용출) 嫡出(적출) 挺出(정출) 繰出(조출) 簇出(족출) 疊出(첩출) 出棺(출관) 出壘(출루) 出帆(출범) 出捐(출연) 出遊(출유) 出萃(출췌) 出贅(출췌) 滲出(삼출)

사자성어 ②靑出於藍(청출어람) ②Ⅱ杜門不出(두문불출)

부수	획수	총획
人	7	9

편할 편(:)
똥오줌 변 【147】

字源 〈회의〉 사람들은 좀더 편리한 생활을 바란다. 쓰던 물건이 망가지면 망치 같은 기구로 고쳐서 편안하게 사용했다. 사람이 생활하면서 대소변이 마려워서 화장실에 가는 일은 자주 있었던 일상이다. 사람(亻←人)이 사용하기가 불편한 곳을 고쳐서(更) [편하다(便)] 혹은 편한 [변소(便)]를 뜻하고 [편/변]으로 읽는다.

圖安(편안 안) 康(편안 강) 寧(편안 녕) 糞(똥 분) 回更(다시 갱) 硬(굳을 경)

필순 丿 亻 亻 亻 伂 佰 佰 便 便

기초 【기초한자어】 익히고, 【기본 → 발전한자어】 다지기
便紙(편지) 소식을 적어 보내는 글
不便(불편) 편리하지 않음. 불편리
人便(인편) 사람에게 부탁하여 행함
• 마음을 표현하기엔 便紙가 참 좋습니다.
• 감기로 몸이 不便하여 학교에 가지 못했다.

기본 ⑦便安(편안) 男便(남편) 右便(우편) 車便(차편) 後便(후편) 便紙紙(편지지) 便所(변소) 大便(대변) 小便(소변) ⑥Ⅰ便利(편리) 形便(형편) 用便(용변) ⑥綠便(녹변) ⑤Ⅰ便法(편법) 相對便(상대편) ④Ⅰ便益(편익) 增便(증편) 便器(변기) 檢便(검변) ④便覽(편람) 便易(편이) 簡便(간편) 便痛(변통) 郵便(우편) 便祕(변비) ③Ⅰ便乘(편승) 便殿(편전) 越便(월편) 排便(배변) ③便宜(편의)

발전 ②便宜網(편의망) ②Ⅱ便妍(편연) ①便捷(편첩)

부수	획수	총획
夂	7	10

여름 하: 【148】

字源 〈회의〉 여름철이 되면 날씨가 찌는 듯이 무덥기만 하다. 그동안 많이 길렀던 머리도 보다 시원하게 짧게 깎고 짧은 팔에 반바지 옷도 번지르르 챙겨서 계절에 맞도록 즐겨 입었다. 날씨가 찌는 듯이 무더워서 모두들 머리(頁)를 짧게 깎고 다리(夂)까지 곱게 내놓고 지낸 [여름(夏)]을 뜻하고 [하]로 읽는다.
回冬(겨울 동)

필순 一 一 一 厂 厅 酉 百 百 頁 夏 夏

기초 【기초한자어】 익히고, 【기본 → 발전한자어】 다지기
夏冬(하동) 여름과 겨울
夏時(하시) 여름철
立夏(입하) 24절기의 하나. 이때부터 여름이 시작됨

• 夏冬은 기후가 반대이며 사람들은 이에 잘 적응한다.
• 여름에 처음으로 들어서는 절기를 立夏라고 한다.

기본 ⑦夏日(하일) 夏海(하해) 夏花(하화) ⑥夏服(하복)
⑤Ⅱ夏節(하절) 客夏(객하) ⑤夏期(하기) 夏節期(하절기)
⑷Ⅱ夏至(하지) ⑷夏季(하계) 夏傑(하걸) 夏穀(하곡) 華夏
(화하) ③Ⅰ孟夏(맹하)

발전 ②Ⅲ夏桀(하걸) 夏禹氏(하우씨) 夏后氏(하후씨) ①肇夏
(조하) 夏衾(하금) 夏臘(하랍) 夏禹(하우) 夏菖(하창)

부수	획수	총획
艸	4	8

꽃 화【149】

字源 〈형성〉 씨앗의 싹이 땅에 뿌려지면 쑥쑥 커서 자란다. 수분과 햇볕을 받아 자란 줄기가 자라 꽃봉오리를 맺으면 예쁘고 고운 꽃을 피우게도 된다. 탐스러운 꽃은 우리의 눈을 마냥 즐겁게 해주기도 한다. 어린 씨앗의 싹(艹←艸)이 점점 크고 변하면(化) 예쁘고 탐스럽게 피는 [꽃(花)]을 뜻하고 [화]로 읽는다.

回化(될 화) 貨(재물 화)

필순 一 十 卄 艹 艾 茫 花 花

기초 【기초한자어】 익히고, 【기본 → 발전한자어】 다지기
花木(화목) 꽃나무
花草(화초) 꽃이 피는 풀과 나무. 꽃나무
生花(생화) 살아있는 꽃
• 나는 花草 가꾸기에 취미가 많다.
• 흔히들 꽃은 生花와 조화(造花)로 구분한다.

기본 ⑦花心(화심) 花王(화왕) 花月(화월) 花草(화초) 花海
(화해) 國花(국화) 名花(명화) 木花(목화) 白花(백화)
百花(백화) ⑥Ⅰ花代(화대) 花信(화신) ⑥花園(화원)
開花(개화) 石花(석화) ⑤花壇(화단) 落花(낙화) 無花果
(무화과) ⑷Ⅰ花鳥(화조) 造花(조화) 眼花(안화) 解語花
(해어화) ⑷花粉(화분) 花鬪(화투) 花環(화환) 散花(산화)
松花(송화) 無窮花(무궁화) 花柳界(화류계) ③Ⅰ花顏(화안)
花郞(화랑) 菊花(국화) 桃花(도화) 梅花(매화) 蓮花
(연화) 荷花(하화) 獻花(헌화) 鳳仙花(봉선화) ③花押
(화압) 花燭(화촉) 梨花(이화)

발전 ②葛花(갈화) 揷花(삽화) 瑞花(서화) 妖花(요화) 苑花
(원화) 花苑(화원) 洛花(낙화) ②Ⅲ槐花(괴화) 槿花
(근화) 蘆花(노화) 琼花(종화) 聚花(취화) 杏花(행화)
花崗巖(화강암) 槿花心(근화심) ①鵑花(견화) 葵花
(규화) 蠟花(납화) 菱花(능화) 棉花(면화) 櫻花(앵화)
花魁(화괴) 花珀(화박) 花瓶(화병) 花盆(화분) 花瓷
(화자) 花箋(화전) 花蛤(화합) 花缸(화항) 花卉(화훼)

사자성어 ③錦上添花(금상첨화) 路柳牆花(노류장화)

부수	획수	총획
人	4	6

쉴 휴【150】

字源 〈회의〉 농부가 밭이나 논에 나가 일하다 보면 땀이 나고 피곤하여 잠시 쉰다. 시원한 그늘에서 쉬고 나면 새로운 힘이 솟는 것만 같다. 그래서 그런지 현대의 의료인들도 일하고 나면 자주 쉬라고 주문한다. 사람(亻←人)이 나무(木) 밑에 편히 앉아 땀을 식히며 쉬고 있으니 [쉬다(休)]는 뜻이고 [휴]로 읽는다.

圄息(쉴 식) 憩(쉴 게) 偈(쉴 게) 歇(쉴 헐) 回林(수풀 림)
休(몸 체)

필순 丿 亻 亻 什 伓 休

기초 【기초한자어】 익히고, 【기본 → 발전한자어】 다지기
休校(휴교) 학교가 한동안 수업을 쉼
休日(휴일) 일을 쉬고 노는 날
休紙(휴지) 못 쓰게 된 종이. 화장지
• 이번 休日엔 동생과 등산을 가기로 했다.
• 우리 학교는 개교기념일에는 休校한다고 한다.

기본 ⑦休民(휴민) 休電(휴전) 休學(휴학) 年休(연휴) 休火山
(휴화산) ⑥Ⅰ休業(휴업) 休戰(휴전) 休會(휴회) 公休(공휴)
公休日(공휴일) ⑤Ⅰ休德(휴덕) 休養(휴양) ⑤無休(무휴)
休止(휴지) ⑷Ⅰ休講(휴강) 休務(휴무) 休息(휴식) 休職
(휴직) 連休(연휴) ⑷休暇(휴가) 歸休(귀휴) 遊休(유휴)
③Ⅰ休刊(휴간) 休館(휴관) 休眠(휴면) 休廷(휴정) 休戚
(휴척)

발전 ②休診(휴진) 休勳(휴훈) 休憩室(휴게실) ②Ⅲ休祐
(휴우) ①休嘉(휴가) 休倦(휴권) 休屠(휴도) 休祉
(휴지) 休歇(휴헐)

사자성어 ⑷出産休暇(출산휴가)

한자능력검정시험
자원대사전

6급Ⅱ

[151~225]

各 角 界 計 高 公 共 功 果 科
光 球 今 急 短 堂 代 對 圖 讀
童 等 樂 利 理 明 聞 半 反 班
發 放 部 分 社 書 線 雪 成 省
消 術 始 信 新 神 身 弱 藥 業
勇 用 運 音 意 作 昨 才 戰
庭 第 題 注 集 窗 清 體 表 風
幸 現 形 和 會

부수	획수	총획
口	3	6

각각 각【151】

字源 〈회의〉 두 사람을 각각 따로따로 보내서 상대방 쪽의 사정을 알아보도록 하였다. 그들의 생각과 느낌이 서로 달라서 보고한 내용이 각각 엇갈린다. 앞사람과 뒷사람이 보았던 시각이나 판단의 관점이 다르다. 앞사람의 말과 뒤늦게(夊) 온 사람의 말(口)이 서로가 다 다르니 [각각(各)]을 뜻하고 [각]으로 읽는다.
回合(합할 합) 同(한가지 동) 共(한가지 공) 回客(손 객) 名(이름 명)

필순 ノ 夂 夂 各 各

기초 【기초한자어】 익히고, 【기본→발전한자어】 다지기
各各(각각) 제각기. 따로따로
各界(각계) 사회의 각 방면
各地(각지) 각 지방. 여러 곳
• 누구나 各各 자기 의견만 주장하면 단합이 안 된다.
• 방학이 되어 지방 各地로 봉사활동을 떠나더랍니다.

기본 6Ⅱ各色(각색) 各姓(각성) 各自(각자) 5Ⅱ各種(각종) 4Ⅱ各個(각개) 各房(각방) 各床(각상) 各處(각처) 4各散(각산) 各層(각층) 各派(각파) 3Ⅱ各樣(각양)

발전 1各廛(각전)

사자성어 4各個擊破(각개격파) 各個戰鬪(각개전투) 各界各層(각계각층) 各樣各色(각양각색) 3各自竝書(각자병서)

부수	획수	총획
角	0	7

뿔 각【152】

字源 〈상형〉 염소나 소 같은 짐승은 비교적 성질이 온순하다. 다른 짐승에게 공격을 받으면 뿔로 방어하면서 서로 맞대어 싸우기도 한다. 방어와 공격을 함께 하면서 뿔이란 주무기로 싸움을 시작했던 것이다. 염소나 소의 머리 부분에 쑤욱 나와 있는 두 개의 뿔 모양을 두루 본떠서 [뿔(角)]을 뜻하고 [각]으로 읽는다.
图稜(모날 능) 回用(쓸 용) 甬(날랠 용)

필순 ノ ク 角 角 角 角

기초 【기초한자어】 익히고, 【기본→발전한자어】 다지기
角度(각도) 각의 크기
角木(각목) 네모나게 자른 나무
頭角(두각) 머리 끝. 여럿 중에서 특히 뛰어난 학식이나 재능
• 角度가 직각보다 작은 각을 예각이라 한다.

• 데모 군중이 角木을 휘두르며 저항했다.

기본 6Ⅱ直角(직각) 對角線(대각선) 5Ⅱ角質(각질) 4Ⅱ角端(각단) 角帶(각대) 角燈(각등) 角狀(각상) 角聲(각성) 角星(각성) 角度器(각도기) 4角粉(각분) 角錢(각전) 角點(각점) 角層(각층) 3Ⅱ角戲(각희) 觸角(촉각) 3角逐(각축) 鹿角(녹각) 銳角(예각) 角逐戰(각축전)

발전 2角膜(각막) 四角帽(사각모) 28圭角(규각) 楞角(능각) 麟角(인각) 獐角(장각) 鷹角(응각) 1角巾(각건) 角繭(각견) 角袋(각대) 角犀(각서) 角黍(각서) 角觝(각저) 乖角(괴각) 稜角(능각) 芒角(망각) 犀角(서각) 爪角(조각)

사자성어 4Ⅱ角者無齒(각자무치)

6급Ⅱ

부수	획수	총획
田	4	9

지경 계：【153】

字源 〈형성〉 산이나 들을 일군 밭과 밭을 구분하기 위해 구역의 둑을 쌓아서 만들었다. 이 지경을 중심 삼아 너와 나의 소유로 삼았던 깃이다. 내 것에 대한 개념, 네 것에 대한 소유라는 한계가 분명했었다 한다. 밭과 밭(田) 사이(介)를 구분하여 그어놓은 높은 둑의 일정 한계로 [지경(界)]을 뜻하고 [계]로 읽는다.
图境(지경 경) 域(지경 역) 疆(지경 강) 回留(머무를 류)

필순 丨 口 曰 田 田 尹 尹 界 界

기초 【기초한자어】 익히고, 【기본→발전한자어】 다지기
各界(각계) 사회의 여러 분야
世界(세계) 지구 위의 모든 지역
學界(학계) 학문의 세계, 학자들의 세계
• 올림픽 경기에는 世界 각국의 선수들이 참가한다.
• 그의 논문이 學界에 크게 주목을 받고 있다.

기본 6Ⅱ界面(계면) 外界(외계) 6郡界(군계) 別世界(별세계) 5Ⅱ財界(재계) 5他界(타계) 4Ⅱ界限(계한) 境界(경계) 視界(시계) 眼界(안계) 政界(정계) 境界線(경계선) 經濟界(경제계) 4界盜(계도) 界域(계역) 界標(계표) 3Ⅱ臨界(임계)

발전 2魔界(마계) 塵界(진계) 28疆界(강계) 垠界(은계) 1界枋(계방) 畔界(반계) 蕃界(번계)

부수	획수	총획
言	2	9

셀 계：【154】

字源 〈회의〉 요즈음의 '십진법'은 가장 무난하면서도 편리하게

쓰이고 있다. 그래서 십진법에서는 '십은 모든 숫자의 기본이 된다고 가르친다. 십진법에 익숙한 우리들에게 2진법을 도입한다면 큰 혼란이 야기된다. 묶음의 기본이 되는 십(十)을 한 단위로 헤아려 꾀했으니(亅) [셈하다(計)]는 뜻이고 [계]로 읽는다.

图 算(셈 산) 數(셈 수) 策(꾀 책) 回 討(칠 토) 計(부고 부)

필순

기초 【기초한자어】 익히고, 【기본→발전한자어】 다지기
計算(계산) 수량을 셈
時計(시계) 시각을 나타내거나 시간을 재는 장치
合計(합계) 모아서 합함. 또는 그 합계
• 그는 計算능력이 뛰어나서 암산도 잘한다.
• 모든 時計는 시간이 정확해야 좋은 시계다.

기본 6Ⅱ計上(계상) 計數(계수) 大計(대계) 生計(생계) 日計(일계) 集計(집계) 會計(회계) 計算書(계산서) 6 計定(계정) 美人計(미인계) 5Ⅰ計理士(계리사) 5 計量(계량) 4Ⅰ計測(계측) 設計(설계) 爲計(위계) 總計(총계) 統計(통계) 4 計略(계략) 計座(계좌) 推計(추계) 計算機(계산기) 3Ⅰ累計(누계) 計巧(계교) 計策(계책) 計劃(계획) 家計簿(가계부)

발전 2 計網(계망) 1 奸計(간계) 計耗(계모) 計帖(계첩) 計偕(계해) 詭計(궤계) 猥計(외계)

사자성어 6Ⅱ三十六計(삼십육계)

부수	획수	총획
高	0	10

높을 고 【155】

字源 〈상형〉 성은 비교적 높은 땅에 세워졌고 그 위에는 망루가 있었다. 망루 위에는 국민의 생명과 재산을 보호하기 위해 병사들이 교대하면서 지켰다. 국가의 명을 받은 수위병들의 몫으로 지키는 시절도 있었다. 성(冋) 위에 세워져 있는 높은 망루(古) 모양을 본떠서 망루가 [높다(高)]는 뜻이고 [고]로 읽는다.

图 卓(높을 탁) 尊(높을 존) 崇(높을 숭) 埈(높을 준) 峻(높을 준) 亢(높을 항) 回 下(아래 하) 低(낮을 저) 卑(낮을 비)

필순

기초 【기초한자어】 익히고, 【기본→발전한자어】 다지기
高空(고공) 높은 하늘
高手(고수) 수가 높은 사람, 상수
高地(고지) 평지보다 높은 땅
• 국군의 날에 전투기가 高空비행 묘기를 한다.
• 그는 바둑을 잘 두어 高手라는 말을 듣는다.

기본 6Ⅱ高金利(고금리) 5Ⅰ高價品(고가품) 5 高貴(고귀) 4Ⅰ高潔(고결) 3Ⅰ高架(고가) 高尙(고상) 高僧(고승) 高揚

(고양) 高率(고율) 高滯(고체) 最高峯(최고봉) 3 高軌(고궤) 高騰(고등)

발전 2 高揭(고게) 高紳(고신) 高旨(고지) 28 高謨(고모) 高阜(고부) 高亢(고항) 高亮(고량) 高旻(고민) 高衍(고연) 高敞郡(고창군) 1 高脛(고경) 高廓(고곽) 高顴(고관) 高曠(고광) 高矩(고구) 高穹(고궁) 高蹈(고도) 高粱(고량) 高齡(고령) 高壟(고롱) 高壘(고루) 高邁(고매) 高蕪(고무) 高榜(고방) 高棚(고붕) 高庇(고비) 高爽(고상) 高翔(고상) 高棲(고서) 高灑(고쇄) 高蘊(고온) 高聳(고용) 高椅(고의) 高誼(고의) 高齋(고재) 高澄(고징) 高麈(고참) 高馳(고치) 高喊(고함) 高亢(고항) 高晦(고회)

사자성어 6Ⅱ高等學校(고등학교) 3Ⅰ高溫多濕(고온다습) 高臺廣室(고대광실) 氣高萬丈(기고만장) 眼高手卑(안고수비) 天高馬肥(천고마비) 3 高官大爵(고관대작) 2 高水敷地(고수부지) 28 高峯峻嶺(고봉준령)

부수	획수	총획
八	2	4

공평할 공 【156】

字源 〈회의〉 나랏일을 하는 사람을 공무원 혹은 정치인이라 한다. 이런 일을 하는 인물들은 사사로운 일에 관계되는 수가 상당히 많았다. 공무로 열심히 일하는 사람들이 사적인 주민들 업무에 관계한다는 뜻은 봉사다. 공무원이나 정치인이 사사로움(厶)을 등져서(八) 모든 일에 [공변되다(公)]는 뜻이고 [공]으로 읽는다.

回 私(사사 사)

필순

기초 【기초한자어】 익히고, 【기본→발전한자어】 다지기
公共(공공) 사회 일반이나 공중에 관계되는 것
公事(공사) 관청의 일, 또는 공공에 관계되는 일
公式(공식) 공적인 방식
• 公共장소에서는 공중도덕을 잘 지켜야 한다.
• 수학은 公式을 대입해서 푸는 문제가 특히 많다.

기본 6Ⅱ公金(공금) 公利(공리) 公明(공명) 公社(공사) 公安(공안) 公文書(공문서) 6 公開(공개) 5Ⅰ公告(공고) 公法(공법) 公約(공약) 公課金(공과금) 5 公賣(공매) 4Ⅰ公論(공론) 公權力(공권력) 4 公憤(공분) 公私(공사) 公判(공판) 公評(공평) 公納金(공납금) 3Ⅰ公債(공채) 公館長(공관장) 公企業(공기업)

발전 2 公翰(공한) 公俸(공봉) 公札(공찰) 28 公槐(공괴) 公輔(공보) 姜太公(강태공) 晉文公(진문공) 1 公僕(공복) 公憑(공빙) 公衙(공아) 公邸(공저) 公牒(공첩) 寓公(우공) 狙公(저공) 沛公(패공)

사자성어 4 先公後私(선공후사)

부수	획수	총획
八	4	6

한가지 공 :【157】

字源 〈회의〉 우리 선인들은 두레나 향약이라는 협동정신을 우리에게 잘 가르쳐 주고 있다. 비록 한 사람의 힘은 약하지만 여러 사람의 힘은 강하다고 가르친다. 그래서 공동생활이나 협동생활을 매우 중시해 왔었다. 이십 명(卄←艹)이나 더 되는 사람들이 두 손(ハ)으로 떠받치었으니 [함께(共)]를 뜻하고 [공]으로 읽는다.
동同(한가지 동) 반各(각각 각) 異(다를 이) 회洪(넓을 홍) 供(이바지할 공)

필순 　一　十　卄　世　共　共

기초 【기초한자어】 익히고, 【기본 → 발전한자어】 다지기
共感(공감) 남의 의견이나 감정에 대하여 자기도 같은 느낌이 듦
共同(공동) 일을 같이 함
共生(공생) 서로 도우며 함께 살아감
• 나는 그의 의견에 대하여 크게 共感한다.
• 나는 친구와 共同으로 봉사 활동을 했다.

기본 6Ⅱ共用(공용) 共有(공유) 公共(공공) 共學(공학) 反共(반공) 共和國(공화국) 6勝共(승공) 4Ⅱ共榮(공영) 容共(용공) 共産黨(공산당) 4共鳴(공명) 共犯(공범) 3Ⅱ共謀(공모) 滅共(멸공)

발전 2共匪(공비) 共産圈(공산권) 1共稼(공가) 靖共(정공)

사자성어 4Ⅱ天人共怒(천인공노)

부수	획수	총획
力	3	5

공 공【158】

字源 〈형성〉 개인의 일이나 국가를 위하는 일이나 할 것 없이 힘써서 노력해야 한다. 일을 성실하게 하는 데는 근면과 성실이 뒤따라야 하는 것이다. 부지런한 사람이 힘써서 성실하게 일을 하면 못할 것이 없다. 힘(力)들여 일하고(工) 나면 나와 남을 위해 이용되며 이바지했으니 [공(功)]을 뜻하고 [공]으로 읽는다.
동勳(공 훈) 반過(지날 과) 罪(허물 죄) 회切(끊을 절) 攻(칠 공) 巧(공교할 교) 朽(썩을 후)

필순 　一　丁　工　功　功

기초 【기초한자어】 익히고, 【기본 → 발전한자어】 다지기
功利(공리) 공로와 이익. 이익과 행복
成功(성공) 뜻이나 목적을 이룸
戰功(전공) 싸움에서의 공로

• 불철주야! 成功을 위한 노력이 좋은 결과를 낳았다.
• 전쟁터에 나아가 戰功을 크게 세우면도 훈장까지 받았다.

기본 6Ⅱ功名(공명) 5Ⅰ功德(공덕) 功勞(공로) 功臣(공신) 功效(공효) 4Ⅰ功過(공과) 恩功(은공)

발전 2功勳(공훈) 功閥(공벌) 1辜功(고공) 粗功(조공) 竣功(준공)

사자성어 4Ⅱ富貴功名(부귀공명) 論功行賞(논공행상) 3螢雪之功(형설지공) 2武功勳章(무공훈장)

부수	획수	총획
木	4	8

실과 과 :【159】

字源 〈상형〉 나무는 새싹이 돋고 무럭무럭 자라면서 잘 익은 열매를 맺는다. 맺은 열매는 탐스럽게 익어 사람이나 짐승의 먹을거리가 되었다. 먹이사슬, 먹이그물이라고 했듯이 서로가 먹고 먹히는 관계를 보였다. 나무(木) 위에서 주렁주렁 달려있는 과일(田←艹)의 모양을 본떠 [과일(果)]을 뜻하고 [과]로 읽는다.
동實(열매 실) 敢(감히/구태여 감) 반因(인할 인) 회東(동녘 동) 菓(과자 과)

필순 　丨　冂　冃　日　旦　甲　果　果

기초 【기초한자어】 익히고, 【기본 → 발전한자어】 다지기
果木(과목) 과실나무
果物(과물) 먹을 수 있는 나무의 열매
果樹(과수) 열매를 거두기 위하여 재배하는 나무의 총칭
• 수박이나 참외는 여름에 많이 나는 果物이다.
• 우리 고향에는 포도 果樹원이 있어 과일이 풍족하다.

기본 6Ⅱ果然(과연) 成果(성과) 藥果(약과) 戰果(전과) 靑果(청과) 水正果(수정과) 6果樹園(과수원) 5Ⅰ果實(과실) 結果(결과) 實果(실과) 效果(효과) 5因果(인과) 無花果(무화과) 4Ⅰ果斷性(과단성) 4果敢(과감) 3Ⅰ果糖(과당) 沙果(사과) 果菜類(과채류)

발전 2果箱(과상) 1殼果(각과) 勁果(경과) 果勁(과경) 果悍(과한) 漿果(장과)

사자성어 4Ⅱ因果應報(인과응보) 4五穀百果(오곡백과) 2碩果不食(석과불식)

부수	획수	총획
禾	4	9

과목 과【160】

字源 〈회의〉 볏짚에서 떨어낸 곡식이 산더미처럼 쌓였다. 그

양이 많아 작은되로 담아 헤아리지 않고 말로 헤아려 가마니에 담은 후에 정확한 양을 알아냈던 것이다. 더러는 가마니에 담아 저울로 헤아렸다. 곡식(禾)을 말(斗)에 담아 헤아린 과정으로 [조목(科)]이면서 교과서의 [과목(科)]을 뜻하고 [과]로 읽는다.

图目(눈 목) 回料(헤아릴 료)

필순 一 二 千 千 禾 禾 禾 科 科

기초 【기초한자어】 익히고, 【기본→발전한자어】 다지기
科目(과목) 학문을 분야별로 나눈 구분
文科(문과) 수학, 자연과학 이외의 학문
學科(학과) 학술의 분과
• 나는 특히 국어 科目을 좋아한다.
• 이번 시험 결과에 따라 學科를 선택하기로 했다.

기본 6Ⅱ科學(과학) 內科(내과) 大科(대과) 登科(등과) 理科(이과) 前科(전과) 教科書(교과서) 5Ⅱ兵科(병과) 5科擧(과거) 科落(과락) 罪科(죄과) 4Ⅱ武科(무과) 眼科(안과)

발전 2🅰田柴科(전시과)

사자성어 5Ⅱ百科事典(백과사전)

	부수	획수	총획
光	儿	4	6

빛 광【161】

字源 〈회의〉 지구와 태양은 매우 먼 거리에 있다고 한다. 이렇게 멀리 있지만, 사람들은 태양을 머리 위에서 아스라이 비추고 있는 불덩이로만 생각했다. 그 빛은 수억 년 동안 같은 위치에서 유익하게 비춰주었다. 사람(儿←人)의 머리 위에 비추는 불덩이(火)로 밝음을 주는 태양의 [빛(光)]을 뜻하고 [광]으로 읽는다.

图色(빛 색) 明(밝을 명) 彩(채색 채) 輝(빛날 휘) 耀(빛날 요) 耿(빛 경) 回陰(그늘 음) 曇(흐릴 담)

필순 丨 丨 业 半 光 光

기초 【기초한자어】 익히고, 【기본→발전한자어】 다지기
光明(광명) 밝은 빛. 밝고 환함
光線(광선) 빛의 줄기. 빛 에너지의 흐름을 나타내는 선
發光(발광) 빛을 뿜어 냄
• 죄를 지어 숨어살던 사람이 光明을 찾아 자수했다.
• 여름에는 직사光線을 많이 받으면 피부가 상한다.

기본 6Ⅱ光年(광년) 月光(월광) 6光度(광도) 光速(광속) 夜光(야광) 光合成(광합성) 5Ⅱ觀光(관광) 5光景(광경) 4Ⅱ光復(광복) 光陰(광음) 眼光(안광) 榮光(영광) 4光映(광영) 3Ⅱ光明珠(광명주) 3燭光(촉광) 螢光燈(형광등)

발전 2瑞光(서광) 遮光(차광) 光軸(광축) 光勳(광훈) 2🅰蟾光(섬광) 旭光(욱광) 晶光(정광) 光輔(광보) 光耀(광요) 光祚(광조) 光晃(광황) 趙光組(조광조) 1光芒(광망) 光焰(광염) 光艶(광염) 光膺(광응) 光瓓(광천) 光翠(광취)

光絢(광현) 光洽(광흡) 駒光(구광) 燐光(인광) 曙光(서광) 閃光(섬광) 風光(풍광) 霞光(하광)

사자성어 4Ⅱ一寸光陰(일촌광음) 2和光同塵(화광동진)

	부수	획수	총획
球	玉	7	11

공 구【162】

字源 〈형성〉 지금은 사기(砂器)로 만든 구슬이지만 옛날에는 옥돌로 갈아서 만든 그릇을 사용했다. 둥글게 갈아서 자주 문지르면 아름다운 빛깔이 나온다. 공(球)의 일반적인 원리와 인식은 늘 그렇게 생각했다. 귀한 옥돌(王←玉)을 어렵게 구(求)해 둥글고 아름답게 만든 [옥(球)]으로 [공(球)]을 뜻하고 [구]로 읽는다.

回救(구원할 구) 求(구할 구)

필순 一 二 干 王 玗 玗 玪 玡 球 球 球

기초 【기초한자어】 익히고, 【기본→발전한자어】 다지기
球速(구속) 야구(野球)에서 주로 투수(投手)가 던지는 공의 빠르기
球場(구장) 축구, 배구, 야구 등 구기를 하는 운동장
地球(지구) 공 모양의 땅. 인류와 여러 생물이 살고 있는 천체
• 地球는 스스로 돌기 때문에 밤, 낮이 뚜렷하게 구별된다.
• 오늘 동네 球場에 많은 시민들이 모여 축제를 했다.

기본 6Ⅱ氣球(기구) 電球(전구) 直球(직구) 北半球(북반구) 6球速(구속) 球根(구근) 野球(야구) 5Ⅱ球團(구단) 5球技(구기) 4Ⅱ眼球(안구) 白血球(백혈구) 赤血球(적혈구) 3Ⅱ球菌(구균) 球審(구심) 排球(배구)

발전 2籠球(농구) 網球(망구) 蹴球(축구) 蹴球狂(축구광) 1籃球(남구) 琉球(유구) 棒球(봉구) 膣球(질구) 楕球(타구)

	부수	획수	총획
今	人	2	4

이제 금【163】

字源 〈회의〉 살기에 좋은 오늘날이 있기까지는 수많은 세월이 흘렀다. 우리 선조들의 피나는 노력과 개척정신의 결과라고 말할 수 있을 것이다. 어제의 일은 과거가 되고 이제의 일은 새로운 일이 되는 것이다. 많은 세월이 흐르고 쌓이는 동안(厶) 오늘까지 이르렀으니(亼←厂) [이제(今)]를 뜻하고 [금]으로 읽는다.

回古(예 고) 昨(어제 작) 昔(예 석) 回令(하여금 령) 吟(읊을 음) 含(머금을 함)

필순 ノ 人 ㅅ 今

기초 【기초한자어】 익히고, 【기본→발전한자어】 다지기
今週(금주) 이번 주일. 이번 주
古今(고금) 옛적과 지금
方今(방금) 바로 이제. 금방
• 그는 급한 일이 있어서 方今 이곳을 떠났다.
• 今週에는 꼭 등산을 해야겠다고 마음먹고 있다.

기본 6Ⅱ今年(금년) 今時(금시) 今月(금월) 今日(금일) 今後
(금후) 昨今(작금) 今明間(금명간) 4今世紀(금세기)

발전 1今宵(금소) 爾今(이금)

사자성어 5今時初聞(금시초문) 3今昔之感(금석지감)

부수	획수	총획
心	5	9

急
급할 급【164】

字源 〈형성〉앞에 가던 사람이 빠르게 걸어서 갑자기 먼 거리
까지 가버렸다. 아직 물건을 챙기지 못한 사람이 그 뒤를
빨리 따라가려고 마음을 급히 서두르는 경우가 많았다.
앞 사람과 보조를 잘 맞춰서 걸어야 한다. 빨리 뒤쫓아 가
려고(刍 → 及) 서둘러 재촉하는 마음(心)으로 [급하다(急)]
는 뜻이고 [급]으로 읽는다.
圖速(빠를 속) 促(재촉할 촉) 迫(핍박할 박) 躁(조급할 조)
遑(급할 황) 回緩(느릴 완) 回怒(노할 노)

필순 ノ ク ㅋ ㅋ ㅌ 急 急 急 急

기초 【기초한자어】 익히고, 【기본→발전한자어】 다지기
急死(급사) 갑자기 죽음
急所(급소) 사물의 가장 중요한 부분
急速(급속) 사물의 발생이나 진행 따위가 몹시 빠름
• 그는 뜻밖의 재해로 急死하고 말았다.
• 권투 선수가 시합에서 急所를 맞아 기절했다.

기본 6Ⅱ時急(시급) 6急行(급행) 特急(특급) 5Ⅱ急流(급류)
急變(급변) 急性(급성) 5急救(급구) 急落(급락) 急冷
(급랭) 4Ⅱ急減(급감) 急求(급구) 急報(급보) 急造(급조)
急增(급증) 4急激(급격) 急錢(급전) 急派(급파) 危急
(위급) 3Ⅱ緩急(완급) 急迫(급박) 急襲(급습) 急症(급증)

발전 2急購(급구) 焦急(초급) 28急湍(급단) 急湍(급준)
浚急(준급) 1急縛(급박) 急煞(급살) 急飄(급표) 迅急
(신급) 躁急(조급) 凄急(처급) 喘急(천급) 遑急(황급)
恟急(흉급)

사자성어 2焦眉之急(초미지급)

부수	획수	총획
矢	7	12

短
짧을 단(:)【165】

字源 〈형성〉길이가 길고 짧음을 헤아릴 때 흔히 화살(矢)의 길
이 정도에 따라 이용된 적이 있다. 그래서 작은 것은 주로
콩(豆)으로 비유하여 이야기하곤 했다. 이런 경우는 작다
는 의미를 더 도탑게 강조했었다. 짧고 작음(豆)을 화살
(矢)로 재면서 비교하듯이 길이가 아주 짧아서 [짧다(短)]
는 뜻이고 [단]으로 읽는다.
圖矮(난쟁이 왜) 回長(긴 장) 回矩(모날/법도 구)

필순 ノ ㅅ ㅐ ㅐ ㅑ 矢 矢 知 知 知 短 短 短

기초 【기초한자어】 익히고, 【기본→발전한자어】 다지기
短命(단명) 명이 짧음
短文(단문) 짤막한 글. 짧은 문장
短信(단신) 짧은 편지
• 그는 短命해서 일찍 세상을 떠나고 말았다.
• 간략하게 쓴 편지를 그에 대한 短信이라 하지요.

기본 6Ⅱ短身(단신) 短時日(단시일) 5Ⅱ短見(단견) 5短筆
(단필) 短期(단기) 短打(단타) 4Ⅱ短波(단파) 4短慮(단려)
短點(단점) 短縮(단축) 短篇(단편) 3Ⅱ短劍(단검) 短刀(단도)
短距離(단거리)

발전 2短靴(단화) 短札(단찰) 1短褐(단갈) 短頸(단경)
短袴(단고) 短陋(단루) 短籬(단리) 短蓑(단사) 短椽
(단연) 短箋(단전) 短窄(단착) 短槍(단창) 短鍼(단침)
短弧(단호) 短狐(단호) 陋短(누단)

사자성어 6Ⅱ一長一短(일장일단) 4Ⅱ高低長短(고저장단)

부수	획수	총획
土	8	11

堂
집 당【166】

字源 〈형성〉큰 건물을 세우려면 땅을 깊이 파서 기초를 튼튼
히 다져야 한다. 땅을 튼튼하게 다진 후에 그 위에 다시
흙을 북돋았으니 기초공사인 것이다. 건물을 지으면서 영
구화를 위해 그 기초를 튼튼하게 다졌다. 흙(土)을 북돋아
높게(尚) 건물을 세웠으니 궁궐과 같이 크고 넓은 [집(堂)]
을 뜻하고 [당]으로 읽는다.
圖室(집 실) 家(집 가) 屋(집 옥) 宅(집 택) 院(집 원) 宮
(집 궁) 戶(집 호) 舍(집 사) 閣(집 각) 館(집 관) 宙(집 주)
宇(집 우) 回當(마땅 당) 常(떳떳할 상)

필순 ㅣ ㅣ ㅳ ㅄ ㅄ ㅄ 堂 堂 堂 堂

기초 【기초한자어】 익히고, 【기본→발전한자어】 다지기
堂堂(당당) 용모가 훤칠하고 행동이 정당한 모양
食堂(식당) 음식 등 식사를 만들어 손님에게 파는 집
書堂(서당) 사사로이 한문을 가르치는 곳. 글방
• 오늘은 전 가족이 食堂에 가서 저녁을 먹기로 했다.
• 군복을 입고 堂堂히 걸어오는 아들 모습이 흐뭇하다.

기본 6Ⅱ堂內(당내) 堂上(당상) 內堂(내당) 明堂(명당) 天堂
(천당) 學堂(학당) 6堂號(당호) 別堂(별당) 本堂(본당)

5Ⅱ法堂(법당) 4Ⅱ講堂(강당) 佛堂(불당) 聖堂(성당)
4 堂叔(당숙) 3Ⅱ慈堂(자당) 3 堂姪(당질)

발전 2Ⅱ椿堂(춘당) 杏堂洞(행당동) 1 堂壘(당루) 堂姨
(당이) 堂帖(당첩) 陪堂(배당) 祠堂(사당) 塾堂(숙당)
哄堂(홍당)

사자성어 6Ⅱ正正堂堂(정정당당)

부수	획수	총획
人	3	5

代
대신 대 : 【167】

字源 〈형성〉 자동차로 계속 달리다 보면 여러 가지 푯말을 군
데군데 볼 수 있다. 저 멀리 논에는 새를 쫓는 허수아비
가 세워져 있어 그런 풍경을 새롭게 한다. 사람을 대신하
여 서서 안내하고 새를 쫓는 행위. 표시를 내는 푯말
(弋)이 사람(亻=人)의 역할도 하고 있으니 [대신하다(代)]
는 뜻이고 [대]로 읽는다.
圖替(바꿀 체) 回伐(칠 벌)

필순 ノ 亻 亻 代 代

기초 【기초한자어】 익히고, 【기본 → 발전한자어】 다지기
代用(대용) 대신으로 씀
代表(대표) 전체를 표시할 만한 한 가지 물건이나
한 사람
代行(대행) 대신하여 행함
• 앞으로 나의 꿈은 우수한 국가代表 선수로 뽑히는
게 꿈이다.
• 종이컵은 유리컵의 代用品으로 많이들 사용하기
도 하다.

기본 6Ⅱ代金(대금) 代讀(대독) 代理(대리) 代母(대모) 代父
(대부) 代數(대수) 代身(대신) 代作(대작) 6 古代(고대)
交代(교대) 5Ⅱ代價(대가) 當代(당대) 歷代(역대) 近代化
(근대화) 5 代打(대타) 4 代納(대납) 代錢(대전) 代辯人
(대변인) 3Ⅱ累代(누대) 代役(대역) 稀代(희대) 代名詞
(대명사) 3 代替(대체)

발전 1 代饌(대전) 代辦(대판)

사자성어 3 世代交替(세대교체) 2Ⅱ先秦時代(선진시대)

부수	획수	총획
寸	11	14

對
대할 대 : 【168】

字源 〈회의〉 토론을 하거나 좌담을 할 때 이야깃거리에 따라
차분하게 대화한다. 단상에 선 사회자의 질문에 따라 참
석자들은 자기 의견을 개진하고 대답도 한다. 또한 이에
따라서 반대한 의견도 내서 토론한다. 많은(丵) 사람이 자

리(一)에 앉아 정해진 규칙(寸)에 따라 묻고 [대답하다(對)]
는 뜻이고 [대]로 읽는다.
圖答(대답할 답) 俞(대답할 유) 回業(업 업) 回对

필순 ` ` ` ` ` ` ` 丵 丵 丵 對 對

기초 【기초한자어】 익히고, 【기본 → 발전한자어】 다지기
對答(대답) 물음이나 부름 등에 응하는 말
對立(대립) 서로 반대되거나 모순된 관계
反對(반대) 방향이 정상이 아니고 거꾸로 됨
• 너무 감정 對立이 심하면 심하게 싸우게 된다.
• 우리들은 선생님의 질문에 성의껏 對答을 했다.

기본 6Ⅱ對空(대공) 對南(대남) 對等(대등) 對面(대면) 對外
(대외) 對日(대일) 對角線(대각선) 6 對美(대미) 對野
(대야) 5Ⅱ對價(대가) 對決(대결) 對局(대국) 對流(대류)
5 對談(대담) 對比(대비) 對案(대안) 4Ⅱ對備(대비)
對應(대응) 對敵(대적) 4 對象(대상) 對與(대여) 對陣
(대진) 對稱(대칭) 對抗(대항) 3Ⅱ對偶(대우) 對照
(대조) 對策(대책) 3 對替(대체)

발전 2Ⅱ對峙(대치) 對壕(대호) 1 對捧(대봉) 對酬(대수)
對牌(대패) 酬對(수대) 陛對(폐대)

사자성어 4Ⅱ對人關係(대인관계)

부수	획수	총획
囗	11	14

圖
그림 도 【169】

字源 〈회의〉 한 나라의 지형은 매우 복잡하게 얽힌 경우가 많
다. 나라를 다스리기 위해 구획을 긋고 적절하게 구분하
여 관찰사나 수령을 배치했다. 왕도정치 실현을 위한 큰
틀을 만들기 위한 구분을 잘 그었다. 나래(囗)의 어려운
(啚) 일을 다스리려 그렸던 [지도(圖)]와도 같은 [그림(圖)]
을 그려서 꾀했으니 [도]로 읽는다.
圖畫(그림 화) 繪(그림 회) 回園(동산 원) 團(둥글 단)
圓(둥글 원) 回図

필순 丨 冂 冂 冃 冎 岡 昌 啚 啚 圖 圖

기초 【기초한자어】 익히고, 【기본 → 발전한자어】 다지기
圖面(도면) 설계 따위의 내용을 제도기로써 그린 그림
圖表(도표) 그림과 표
圖形(도형) 형상 그림. 즉 면 선 점으로 사각형이나 원 따위
• 건축을 하려면 먼저 설계 圖面을 작성해야 한다.
• 그는 모든 통계를 圖表로 작성해 설명하기도 했다.

기본 6Ⅱ圖上(도상) 意圖(의도) 全圖(전도) 地圖(지도) 心電
圖(심전도) 6 圖式(도식) 圖畫(도화) 5 圖案(도안)
4Ⅱ圖錄(도록) 圖解(도해) 試圖(시도) 製圖(제도) 風俗圖
(풍속도) 4 構圖(구도) 略圖(약도) 縮圖(축도) 3Ⅱ圖鑑
(도감) 圖謀(도모) 企圖(기도) 版圖(판도) 腦電圖(뇌전도)

圖書館(도서관) ③ 圖遞(도체) 掛圖(괘도)

발전 ②꿱 冀圖(기도) 鵬圖(붕도) 丕圖(비도) ① 宏圖(굉도)
圖讖(도참) 圖繪(도회) 膺圖(응도) 繪圖(회도)

부수	획수	총획
言	15	22

讀 읽을 독
구절 두【170】

字源 〈회의〉노점에서 상인들이 물건을 팔 때 크게 외친다. 글을 외울 때에도 낭랑한 목소리로 읽으면 잘 기억이 된다고 하면서 음독(音讀)을 했었다. 독서 방법도 꽤나 다양하여 매우 편리한 대로 읽었다고 한다. 상인이 물건을 팔기(賣) 위해서 소리(言)를 치듯이 책을 소리 내어 [읽다(讀)]는 뜻이고 [독]으로 읽는다.
回賣(팔 매) 續(이을 속) 回読

필순 ﹅ ﹅ 言 言 訁 誌 誌 讀 讀 讀 讀

기초 【기초한자어】 익히고,【기본→발전한자어】다지기
讀書(독서) 책을 읽음
讀者(독자) 출판, 잡지 등의 출판물을 읽는 사람
讀後感(독후감) 책을 읽고 난 뒤의 느낌이나 그것을 적은 글
• 춥지도 덥지도 않은 가을은 讀書의 계절이다.
• 꾸준히 보는 讀者들이 있어 계속 글을 쓰기로 했다.

기본 6Ⅱ代讀(대독) ⑥ 讀本(독본) 多讀(다독) 速讀(속독)
愛讀(애독) 訓讀(훈독) 5Ⅱ朗讀(낭독) 讀圖法(독도법)
必讀書(필독서) 4Ⅱ讀經(독경) 讀破(독파) 講讀(강독)
精讀(정독) 解讀(해독) 讀解力(독해력) ④ 判讀(판독)
句讀法(구두점) 3Ⅱ熟讀(숙독) 吏讀(이두)

발전 ②購讀(구독) ②꿱 耽讀(탐독) ①捧讀(봉독) 諷讀(풍독)
披讀(피독)

사자성어 4Ⅱ牛耳讀經(우이독경) 3Ⅱ晝耕夜讀(주경야독)

부수	획수	총획
立	7	12

童 아이 동(:)【171】

字源 〈형성〉넓은 마을 앞 느티나무 밑에 어린이들이 놀 수 있는 큰 놀이터가 있다. 숨바꼭질도 하고 제기차기도 하면서 재미있게 놀고 있다. 특히 여자 어린이들은 고무줄 놀이를 하면서 즐겁게 뛰면서 잘 놀았다. 마을(里) 앞 놀이터에서 뛰어다니거나 서서(立) 장난치면서 노는 [아이(童)]을 뜻하고 [동]으로 읽는다.
圖兒(아이 아) 回丈(어른 장) 回里(마을 리)

필순 ﹅ ﹅ ﹅ 立 产 音 音 音 童 童

기초 【기초한자어】 익히고,【기본→발전한자어】다지기
童心(동심) 어린이의 마음
童話(동화) 어린이를 상대로 하는 재미있고 교훈이 될 만한 이야기
神童(신동) 재주와 슬기가 남달리 썩 뛰어난 아이
• 나는 동생에게 아름다운 童話를 들려주었다.
• 그는 어려서부터 神童이란 말을 자주 들었다.

기본 ⑥ 使童(사동) 5Ⅱ兒童(아동) 惡童(악동) 4Ⅱ童詩(동시)
童謠(동요) 牧童(목동) 玉童子(옥동자) ④ 童話冊(동화책)
3Ⅱ童顔(동안) 童貞(동정) ③ 八朔童(팔삭동)

발전 ②兒童靴(아동화) ①嬌童(교동) 狡童(교동) 童狡
(동교) 童妓(동기) 童梁(동량) 童昧(동매) 竪童(수동)
樵童(초동) 特孩童(해동) 特童卝(동관)

사자성어 3Ⅱ三尺童子(삼척동자)

부수	획수	총획
竹	6	12

等 무리 등 :【172】

字源 〈회의〉대쪽은 아무렇게나 쪼개도 결에 따라 가지런하고 반듯하게 나누어지는 습성이 있다. 이런 정신을 이어받았는지 관청 서류도 아주 찾기 쉽게 서류나 산가지를 가지런하게 정리하며 나누었음을 볼 수 있다. 관청(寺)에서 쓴 서류를 대쪽(竹)처럼 가지런히 정리한 등급인 [무리(等)]를 뜻하고 [등]으로 읽는다.
圖級(등급 급) 類(무리 류) 衆(무리 중) 隊(무리 대) 群(무리 군) 徒(무리 도) 回獨(홀로 독) 孤(외로울 고) 回待(기다릴 대) 持(가질 지) 特(특별할 특)

필순 ﹅ ﹅ ﹅ ﹅ 竹 竺 竺 笙 笙 等 等

기초 【기초한자어】 익히고,【기본→발전한자어】다지기
等級(등급) 수준이나 정도의 높고 낮음이나 좋고 나쁨을 나타내는 단계
對等(대등) 양쪽 사이에 낮고 못함 또는 높고 낮음이 없음
一等(일등) 등급이나 등수가 가장 으뜸인 것. 최고. 제일
• 성적의 상하구분을 위해서 새롭게 等級제로 바뀌었다.
• 우리 분단은 이번 운동회에서 달리기 부문에서 종합 一等을 했다.

기본 6Ⅱ等分(등분) 等數(등수) 等高線(등고선) 等身大(등신대)
⑥ 等溫(등온) 特等(특등) 5Ⅱ一等品(일등품) ⑤ 等位
(등위) 無等(무등) 比等(비등) 4Ⅱ等邊(등변) ④ 等差
(등차) 等閑(등한) 降等(강등) 均等(균등) 優等(우등)
差等(차등) 3Ⅱ越等(월등) 何等(하등) ③ 吾等(오등)
劣等感(열등감)

6급Ⅱ

발전 ② 勳等(훈등) ① 等牌(등패)
사자성어 6Ⅱ 中等學校(중등학교)

부수	획수	총획
木	11	15

즐길 락
노래 악【173】

字源 〈상형〉북이나 장구 같은 악기는 사람의 마음을 즐겁게 해준다. 큰 북이 가운데 있고 작은 북이 양쪽 가에 있어 흥거운 장단이 되어 풍악을 울리게 된다. 귀를 즐겁게 해주는 즐거운 풍악놀이에 박수를 보냈다. 양쪽에 떠받친 모양을 본떠서 [풍류(樂)]를 울렸으니 매우 [즐겁다(樂)]는 뜻이고 [락] 또는 [악]으로 읽는다.
圄歌(노래 가) 謠(노래 요) 喜(기쁠 희) 歡(기쁠 환) 悅(기쁠 열) 娛(즐길 오) 欣(기쁠 흔) 凹苦(쓸 고) 悲(슬플 비) 哀(슬플 애) 凹藥(약 약) 凹樂

필순 ノ イ 白 白 幻 絲 綏 樂 樂 樂

기초 【기초한자어】익히고, 【기본→발전한자어】다지기
苦樂(고락) 괴로움과 즐거움
音樂(음악) 사상이나 감정을 음을 소재로 하여 나타내는 예술
行樂(행락) 잘 놀고 즐겁게 지냄
• 그와 나는 苦樂을 같이하고 있는 친구 사이다.
• 사람이 많은 유원지에서는 行樂질서를 잘 지켜야 한다.

기본 6Ⅱ 道樂(도락) 三樂(삼락) 6 樂勝(낙승) 樂園(낙원) 5Ⅱ 樂觀(낙관) 樂團(악단) 樂士(악사) 5 樂曲(악곡) 4Ⅱ 極樂(극락) 快樂(쾌락) 樂器(악기) 樂隊(악대) 4 樂劇(악극) 歡樂街(환락가) 3Ⅱ 樂譜(악보) 3 娛樂(오락) 享樂(향락) 俱樂部(구락부) 管絃樂(관현악) 絃樂器(현악기)

발전 2Ⅱ 耽樂(탐락) 嬉樂(희락) ① 嘉樂(가악) 凱樂(개악) 妓樂(기악) 樂胥(낙서) 樂廚(낙주) 樂欣(낙흔) 梵樂(범악) 愉樂(유락) 遊樂(유락) 佚樂(일락) 偕樂(해락)

사자성어 6Ⅱ 樂山樂水(요산요수) 6 同苦同樂(동고동락) 2Ⅱ 琴瑟之樂(금슬지락)

부수	획수	총획
刀	5	7

이할 리【174】

字源 〈회의〉쟁기 보습으로 논밭의 흙을 상하로 뒤얽어 땅의 양분을 위와 아래를 골고루 하기 위해 쟁기질을 한다. 앞으로 가는 소가 뒤에 메어놓은 쟁기를 끌어당겨 갈아 뒤얽는다. 쟁기로 뒤얽는 과정이다. 쟁기의 보습(刂←刀)으로 농토를 갈아 농사지으니 벼(禾)에게 [이롭다(利)]

는 뜻이고 [리]로 읽는다.
圄益(더할 익) 得(얻을 득) 銳(날카로울 예) 凹害(해할 해) 凹和(화할 화) 科(과목 과)

필순 ノ 二 千 禾 禾 利 利

기초 【기초한자어】익히고, 【기본→발전한자어】다지기
利用(이용) 이롭게 사용함
利子(이자) 돈을 꾸어 쓴 대가로 치르는 일정한 비율의 금전
有利(유리) 이익이 있음. 이로움
• 이번 주에는 폐품을 利用한 과제물이 전시된다.
• 친구는 나에게 有利한 쪽으로 답변을 해주었다.

기본 6Ⅱ 公利(공리) 功利(공리) 名利(명리) 4Ⅱ 利權(이권) 利器(이기) 利得(이득) 利益(이익) 利敵(이적) 權利(권리) 單利(단리) 4 利點(이점) 複利(복리) 營利(영리) 3Ⅱ 利潤(이윤) 利劍(이검) 利率(이율) 謀利輩(모리배) 3 銳利(예리)

발전 2 利殖(이식) 利尿(이뇨) 利矛(이모) 2Ⅱ 牟利(모리) 墺地利(오지리) 墺太利(오태리) 伊太利(이태리) ① 利鋒(이봉) 利爪(이조) 利錐(이추) 犀利(서리) 剩利(잉리) 寵利(총리)

사자성어 3Ⅱ 高利貸金(고리대금) 私利私慾(사리사욕)

부수	획수	총획
玉	7	11

다스릴 리:【175】

字源 〈형성〉구슬을 문질러 닦아 두어야만 번쩍번쩍 윤이 난다. 세공이 구슬을 깎고 다듬어서 보기 좋은 구슬 모양을 만들기도 한다. 아주 섬세한 가공을 통해 보기 좋은 금붙이가 되어 한 줌 폐물이 되었던 것이다. 구슬(王←玉)을 문질러 무늬(里)가 나타나도록 이치에 맞게 [다스리다(理)]는 뜻이고 [리]로 읽는다.
圄治(다스릴 치) 轄(다스릴 할) 攝(다스릴/잡을 섭) 凹亂(어지러울 란) 凹里(마을 리) 埋(묻을 매)

필순 一 二 三 王 玡 珇 玾 理 理 理

기초 【기초한자어】익히고, 【기본→발전한자어】다지기
公理(공리) 널리 일반에 통용되는 도리
道理(도리) 사람이 마땅히 지켜야 할 바른 길
理由(이유) 까닭. 사유
• 道理에 어긋난 행동을 하면 사람 대우를 받지 못하는 수가 더러 있다.
• 키가 작다는 理由로 그는 농구선수가 되지 못했다.

기본 6Ⅱ 理工(이공) 理科(이과) 理事(이사) 敎理(교리) 代理(대리) 木理(목리) 物理(물리) 事理(사리) 6 病理(병리) 5Ⅱ 理性(이성) 理念(이념) 理材(이재) 5 理致(이치) 無理

(무리) ④Ⅰ 理論(이론) 理想(이상) 理容(이용) 理解(이해) 經理(경리) 論理(논리) 非理(비리) ④ 理屈(이굴) 理髮(이발) 管理(관리) 窮理(궁리) ③Ⅰ 倫理(윤리) 署理(서리) 審理(심리) ③ 辨理士(변리사)

발전 ② 綜理(종리) ②Ⅱ 燮理(섭리) ① 肌理(기리) 悖理(패리)

부수	획수	총획
日	4	8

밝을 명【176】

字源 〈회의〉 낮에는 해가 뜨고 밤에는 달이 떠서 온 세상을 환하게 비춰준다. 예로부터 해와 달을 세상에 환하게 비춰주는 기본으로 생각했다. 만약 해와 달이 없었다면 지구는 더 이상 막막하여 의미가 없다 하겠다. 지구에 해(日)가 뜨고 다시 달(月)이 떠서 온 세상을 비추니 [밝다(明)]는 뜻이고 [명]으로 읽는다.

동 白(흰 백) 光(빛 광) 朗(밝을 랑) 晢(밝을 철) 昭(밝을 소) 輝(빛날 휘) 晳(밝을 석) 瞭(밝을 료) 回 暗(어두울 암) 滅(꺼질/멸할 멸) 冥(어두울 명) 昏(어두울 혼) 回 朋(벗 붕)

필순 丨 冂 冂 日 旫 明 明 明

기초 【기초한자어】 익히고, 【기본→발전한자어】 다지기
明記(명기) 분명히 기록함
明堂(명당) 아주 좋은 묏자리나 집터
發明(발명) 새로운 것을 처음 만들어 냄
• 우리 할아버지 묘소는 明堂자리라고 한다.
• 에디슨은 훌륭한 發明家라고 말한다.

기본 ⑥Ⅰ 光明(광명) ⑥ 開明(개명) 明太祖(명태조) ⑤Ⅰ 決明子(결명자) 明示(명시) ④Ⅰ 明細(명세) 明暗(명암) 明快(명쾌) 明確(명확) 究明(구명) ④ 明朗(명랑) 透明(투명) 明滅(명멸) 明殿(명전) 明珠(명주) 克明(극명) 疏明(소명) 幽明(유명) 照明(조명) ③ 辨明(변명) 聰明(총명)

발전 ② 明晳(명석) 明旨(명지) ②Ⅱ 明彊(명강) 明亮(명량) 明膽(명섬) 明昭(명소) 明允(명윤) ① 黎明(여명) 明瞳(명동) 明瞭(명료) 明媚(명미) 明珀(명박) 明礬(명반) 明晳(명석) 明粹(명수) 明悉(명실) 明喩(명유) 明毅(명의) 明箴(명잠) 明匠(명장) 明詔(명조) 明澄(명징) 明諦(명체) 明詑(명타) 明絢(명현) 明晦(명회) 爽明(상명) 註明(주명) 闡明(천명) 嚮明(향명)

사자성어 ⑥Ⅰ 公明正大(공명정대) ④ 明鏡止水(명경지수) ③Ⅰ 明沙十里(명사십리) 明若觀火(명약관화) ② 明目張膽(명목장담)

부수	획수	총획
耳	8	14

들을 문(:)【177】

字源 〈형성〉 방 안에만 있으면 밖에서 하는 소리를 잘 들을 수 없다. 귀를 쫑긋하게 세우고 창문이나 대문에 대고 가만히 살피며 듣는 것이다. 사람의 귓바퀴(耳)가 있어 밖의 소리를 듣는 문(門)이란 뜻도 나타낸다. 문(門)에 귀(耳)를 대고 그 소리를 들으면 널리 소문이 날 만큼 잘 [듣다(聞)]는 뜻이고 [문]으로 읽는다.

동 聽(들을 청) 回 問(물을 문) 回 問(물을 문) 間(사이 간) 開(열 개) 閉(닫을 폐) 閑(한가할 한)

필순 丨 冂 冂 冂' 門 門 門 門 閏 閏 聞

기초 【기초한자어】 익히고, 【기본→발전한자어】 다지기
見聞(견문) 보고 들어서 얻은 지식
新聞(신문) 새로운 사건이나 화제 따위를 보도, 비평하는 정기 간행물
風聞(풍문) 사람들을 통하여 세상에 떠도는 확실하지 않은 소문
• 우리들은 見聞을 넓히기 위해 이번에 배낭여행을 떠나기로 했다.
• 風聞에 떠도는 말은 참으로 믿기가 어렵게 되었구나.

기본 ⑥Ⅰ 後聞(후문) ⑥ 美聞(미문) ⑤Ⅰ 舊聞(구문) ④Ⅰ 未聞(미문) 見聞錄(견문록) ④ 探聞(탐문) 聽聞會(청문회) ③Ⅰ 申聞鼓(신문고) ③ 醜聞(추문)

발전 ② 升聞鼓(승문고) ① 嘉聞(가문) 睹聞(도문) 訃聞(부문) 憑聞(빙문) 艷聞(염문) 洽聞(흡문)

사자성어 ⑥ 朝聞夕死(조문석사) ⑤ 今時初聞(금시초문) ④Ⅰ 前代未聞(전대미문) ③Ⅰ 稀代未聞(희대미문)

부수	획수	총획
十	3	5

반 반:【178】

字源 〈회의〉 어떤 물건을 반쪽으로 나누어 그 몫을 각각 공평하게 취하면 서로 편하다. 사과 같은 과일도 반으로 나누어 서로 한 조각씩을 취해 소유하기도 한다. 엿 한 가락을 두 사람이 똑같이 나누면 참 공평하다. 칼 같은 도구(丨)를 사용해 둘(二)로 나누어(八) 그 한 쪽을 취하니 [반(半)]을 뜻하고 [반]으로 읽는다.

回 美(아름다울 미) 羊(양 양)

필순 丶 丶 丷 半 半

기초 【기초한자어】 익히고, 【기본→발전한자어】 다지기
半球(반구) 지구면을 두 쪽으로 나눈 한 부분
半白(반백) 흑백이 섞인 머리 털. 반백(斑白)
半生(반생) 한 평생의 반
• 그는 半生을 의료 봉사 활동에 몸 바친 사람이다.
• 그는 半白이 되기까지 젊은 체력을 유지하고 있다.

기본 ⑥Ⅰ 半旗(반기) 半年(반년) 半分(반분) 半月(반월) 半音(반음) 半字(반자) ⑥ 半開(반개) ⑤Ⅰ 半切(반절) ⑤ 半島

(반도) 4Ⅱ 半減(반감) 半導體(반도체) 4 半額(반액) 半折(반절) 半點(반점) 半世紀(반세기) 3Ⅱ 半偏(반편)

발전 2 半裸(반라) 1 臘半(납반) 半袴(반고) 半衲(반납) 半帆(반범) 半臂(반비) 半袖(반수) 宵半(소반)

사자성어 4 半信半疑(반신반의) 3Ⅱ 半身不隨(반신불수) 2名 遼東半島(요동반도)

反

부수	획수	총획
又	2	4

돌이킬 반 :
돌아올 반 : 【179】

字源 〈형성〉 돌멩이 수집을 좋아하는 어떤 사람이 냇가에 가서 모양이 색다른 다른 돌멩이를 주웠다. 손에 들고 여러 가지의 쓸모를 생각하며 뒤척이며 살펴보기도 한다. 주운 돌이 제법 쓸모가 있을 것 같다. 돌멩이(厂)를 손(又)에 들고 앞뒤 반대로 잘 살펴보니 되풀이하면서 [돌이키다(反)]는 뜻이고 [반]으로 읽는다.

동 回(돌아올 회) 還(돌아올 환) 返(돌이킬 반) 반 正(바를 정) 贊(도울 찬) 비 友(벗 우)

필순 

기초 【기초한자어】 익히고, 【기본 → 발전한자어】 다지기

反對(반대) 어떤 사물의 대립
反動(반동) 어떤 작용에 대하여 그 반대로 작용함
反省(반성) 자기의 언행·생각 등의 잘잘못을 스스로 돌이켜 살핌
• 자기와 뜻이 다르다고 무조건 反對해서는 안 된다.
• 나는 하루 일을 反省하기 위해서 날마다 일기를 쓴다.

기본 6Ⅱ 反旗(반기) 反面(반면) 反問(반문) 6 反感(반감) 反目(반목) 反美(반미) 5 反落(반락) 反比例(반비례) 4Ⅱ 反論(반론) 反復(반복) 反逆(반역) 4 反擊(반격) 反骨(반골) 反攻(반공) 反亂(반란) 反射(반사) 3Ⅱ 反覆(반복) 反影(반영) 反側(반측) 反響(반향) 謀反(모반) 如反掌(여반장) 3 違反(위반)

발전 2 反託(반탁) 1 反躬(반궁) 反縛(반박) 反駁(반박) 反撥(반발) 反腋(반액) 反芻(반추) 反哺(반포) 隅反(우반)

사자성어 3Ⅱ 反覆無常(반복무상)

班

부수	획수	총획
玉	6	10

나눌 반 【180】

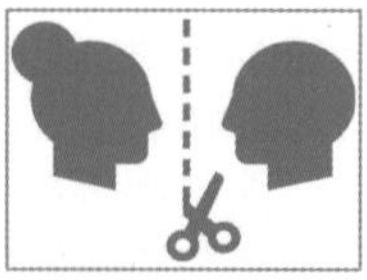

字源 〈형성〉 멀리 떠나는 두 사람이 증표를 남기면서 손을 맞잡고 서로 약속을 한다. 구슬을 두 쪽으로 같이 나누어 후일의 증표로 삼기로 했다. 얼굴을 쳐다보는 것처럼 서로가 잊지 말자는 굳은 약속이기도 했다. 구슬 둘(珏)을 칼(刂←刀)로 쪼개어 한쪽씩 증표로 삼았으니 [나누다(班)]를 뜻하고 [반]으로 읽는다.

동 分(나눌 분) 別(다를/나눌 별) 配(나눌/짝 배) 반 合(합할 합) 常(떳떳할/항상 상) 비 斑(아롱질 반)

필순 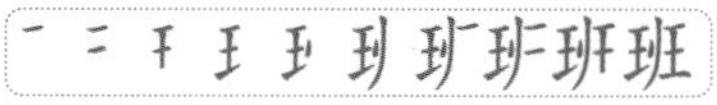

기초 【기초한자어】 익히고, 【기본 → 발전한자어】 다지기

班名(반명) 반의 이름
班長(반장) 반(班)이라는 이름을 붙인 집단의 통솔자 또는 책임자
合班(합반) 두 개 이상의 반을 합침
• 나는 우리 반 班長이 되어 열심히 봉사하고 싶다.
• 체육시간에는 合班을 해서 수업하는 경우가 많았다.

기본 6Ⅱ 班村(반촌) 文班(문반) 5Ⅱ 首班(수반) 5 班給(반급) 4Ⅱ 班師(반사) 班常(반상) 武班(무반) 兩班(양반) 班常會(반상회) 3Ⅱ 越班(월반)

발전 2 班閥(반벌) 班瑞(반서) 2名 班媛(반원) 1 班綴(반철)

發

부수	획수	총획
癶	7	12

필 발 【181】

字源 〈형성〉 들녘의 활짝 핀 유채밭에 꿩 한 마리가 훨훨 날아가고 있다. 수렵꾼이 그 곳에 엉금엉금 들어가 활을 쏘아 명중을 시켰다. 날아가는 새를 향해서 화살을 발사함에 따라 금방 새를 잡은 것이다. 들녘 유채밭에 들어가 서서(癹) 꿩을 향해 활(弓)을 쏘아 명중하니 웃음이 [피다(發)]는 뜻이고 [발]로 읽는다.

동 展(펼 전) 起(일어날 기) 射(쏠 사) 盛(성할 성) 興(일 흥) 반 着(붙을 착) 비 廢(폐할 폐) 약 発

필순 

기초 【기초한자어】 익히고, 【기본 → 발전한자어】 다지기

發言(발언) 말을 함. 의견을 말함, 또는 그 말
發電(발전) 전기를 일으킴
發生(발생) 생겨남. 태어남. 일이 비롯하여 일어남
• 나는 회의에 참석해서 첫 번째로 發言했다.
• 산업발달로 發電量(량)의 소비가 크게 늘었다.

기본 6Ⅱ 發光(발광) 發動(발동) 發明(발명) 5Ⅱ 發見(발견) 5 發給(발급) 發令(발령) 4Ⅱ 發起(발기) 發端(발단) 發達(발달) 發賣(발매) 增發(증발) 4 發覺(발각) 發券(발권) 3Ⅱ 發刊(발간) 發露(발로) 發付(발부) 發奮(발분) 發芽(발아) 發汗(발한) 啓發(계발) 妄發(망발) 奮發(분발) 誘發(유발) 摘發(적발) 曾發(증발) 徵發(징발) 觸發(촉발) 3 挑發(도발) 濫發(남발) 頻發(빈발) 發祥地(발상지)

발전 ②爛發(난발) 發掘(발굴) ②⑧發舒(발서) 發耀(발요) 發兌(발태) ①墾發(간발) 勃發(발발) 發癰(발오) 發赤(발적) 發祉(발지) 發疹(발진) 發蟄(발칩) 發酵(발효) 炸發(작발)

사자성어 ③Ⅰ突發事故(돌발사고) 一觸卽發(일촉즉발)

부수	획수	총획
攴	4	8

놓을 방(:)【182】

字源 〈형성〉 자식이 많은 집에 어린이들이 떠들어대어 시끄러우면 밖에 나가서 놀도록 내쫓았다. 어린이들을 귀찮게 생각했던 어른들 조치의 심산이었다. 집안이 시끄러우면 늘 어른들은 밖에서 놀라고 소리쳤다. 회초리로 심하게 쳐서(攵) 먼 곳(方)으로 내쫓아 자유롭게 놀게 [놓다(放)]는 뜻이고 [방]으로 읽는다.

图釋(풀 석) 解(풀 해) 蕩(방탕할 탕) 凹防(막을 방) 回效(본받을 효) 政(정사 정) 故(연고 고)

필순 ﹁ ﹢ ﹩ 方 方 扩 扩 放 放

기초 【기초한자어】 익히고, 【기본→발전한자어】 다지기
放心(방심) 마음을 다잡지 아니하고 놓아버림
放生(방생) 사람에게 잡힌 생물을 놓아 살려줌
放學(방학) 수업을 일정 기간 쉬는 일
• 운전을 할 때에 放心하면 위험하다.
• 학교에서는 여름과 겨울이면 放學을 한다.

기본 ⑥Ⅰ放水(방수) 放電(방전) 放出(방출) ⑥放言(방언) ⑤Ⅰ放課(방과) 放流(방류) 放任(방임) ⑤放談(방담) 放賣(방매) 放熱(방열) ④Ⅰ放牧(방목) 放送(방송) 放置(방치) ④放射(방사) 放映(방영) 放射能(방사능) ③Ⅰ放免(방면) 放浪(방랑) 放縱(방종) 追放(추방) ③放漫(방만) 放恣(방자)

발전 ②放尿(방뇨) 放赦(방사) 放飼(방사) 放膽文(방담문) ②⑧放鷹(방응) ①剝放(박방) 放懶(방라) 放邁(방매) 放榜(방방) 放擲(방척) 放黜(방출) 放惰(방타) 放蕩(방탕) 疎放(소방) 侈放(치방)

부수	획수	총획
邑	8	11

떼 부【183】

字源 〈형성〉 나라에서는 보통 큰 산이나 강을 중심으로 하여 행정구역을 나누었다. 그 지방의 특색이나 전통을 중시하면서 갈랐던 것이다. 생활습관은 물론 언어와 문화의 흐름까지도 고려한 조치였을 것이다. 나라 행정구역을 여러 고을(阝←邑)로 작게 나누었으니(咅) 숫자의 무리인

[떼(部)]를 뜻하고 [부]로 읽는다.
图類(무리 류) 隊(무리 대) 輩(무리 배) 凹獨(홀로 독) 單(홀단) 孤(외로울 고) 回郎(사내 랑)

필순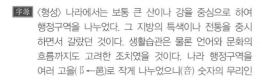

기초 【기초한자어】 익히고, 【기본→발전한자어】 다지기
部門(부문) 전체를 여러 가지로 갈라 분류한 하나하나의 부분
部分(부분) 전체를 몇 개로 나눈 것의 하나
部長(부장) 부의 책임자(우두머리)
• 그는 회사의 部長으로 승진하여 기쁘게 생각한다.
• 달의 한 部分만 가려지는 월식을 흔히 部分월식이라 한다.

기본 ⑥Ⅰ部數(부수) 部下(부하) 軍部(군부) 內部(내부) 外部(외부) 全部(전부) ⑥部族(부족) ⑤Ⅰ部類(부류) 部首(부수) 部品(부품) ⑤部落(부락) 部令(부령) 部位(부위) ④Ⅰ部隊(부대) 部員(부원) 部處(부처) ④部屬(부속) ③Ⅰ部署(부서)

발전 ①部伍(부오) 部帙(부질) 部彙(부휘) 銓部(전부)

사자성어 ②防諜部隊(방첩부대)

부수	획수	총획
刀	2	4

나눌 분(:)【184】

字源 〈회의〉 [八]이란 숫자는 나눔의 근본으로 생각했던 것 같다. [八]을 나누면 [四]가 되고 다시 나누면 [二]가 되는 기본이기 때문이다. 그래서 팔은 나눔의 근본으로 공평하여서 모두 좋아했던 숫자로 알려지고 있다. 칼(刀)로 숫자 여덟(八)을 반듯하게 나누었듯이 그 물건을 [나누다(分)]는 뜻이고 [분]으로 읽는다.

图區(구분할 구) 別(다를/나눌 별) 班(나눌 반) 配(나눌 배) 析(쪼갤 석) 割(벨 할) 凹合(합할 합) 回今(이제 금) 令(하여금 령)

필순 ﹁ 八 今 分

기초 【기초한자어】 익히고, 【기본→발전한자어】 다지기
分明(분명) 흐리지 않고 똑똑함
分別(분별) 일이나 물건을 제 분수대로 각각 나눌 수 있도록 똑같이 가름
分數(분수) 어떤 수를 다른 수로 나누는 것을 분자와 분모로 나타낸 것
• 자신의 의사 표시를 分明하게 해야만 서로 오해가 없다.
• 이제는 각자의 허영심을 버리고 자기 分數에 맞게 살아야만 한다.

기본 ⑥Ⅰ分家(분가) 分校(분교) ⑤Ⅰ分類(분류) 分流(분류)

6급Ⅱ

[5] 分量(분량) [4Ⅱ] 分權(분권) 分斷(분단) 分擔(분담) 分列(분열) [4] 分納(분납) 分段(분단) 分離(분리) [3Ⅱ] 分裂(분열) 分付(분부) 分讓(분양) 分割(분할) 糖分(당분) 分水嶺(분수령) [3] 分秒(분초) 分析(분석)

발전 [2] 分娩(분만) 分棟(분동) 分劑(분제) [2名] 分疆(분강) 分岐(분기) 銖分(수분) 鼎分(정분) 分泌物(분비물) 滋養分(자양분) [1] 釐分(이분) 剖分(부분) 分揀(분간) 分乖(분괴) 分襟(분금) 分袂(분메) 分謗(분방) 分銓(분전) 分披(분피) 分轄(분할) 彙分(휘분)

사자성어 [3Ⅱ] 四分五裂(사분오열)

6급Ⅱ

社

부수	획수	총획
示	3	8

모일 사【185】

字源 〈회의〉 설날이나 추석날 같은 명절이 되면 동네의 무궁한 발전을 기원하기 위해 '당집' 같은 곳에서 토지신께 제사를 모셨다. 가신(家神)이라고 하여 집안의 신에게 정성껏 제사를 드리기도 했었다고 한다. 여러 사람이 [모여서(社)] 토지(土) 신(示)께 발전을 기원하며 [제사 지내다(社)]는 뜻이고 [사]로 읽는다.

同 會(모일 회) 集(모을 집) 募(모을 모) 叢(떨기/모일 총) 비 祈(빌 기) 祀(제사 사)

필순 

기초 【기초한자어】 익히고, 【기본→발전한자어】 다지기

社長(사장) 회사의 대표자

社會(사회) 같은 무리끼리 모여 이루는 집단. 세상. 인류의 집단

本社(본사) 지사에 대해 주가 되는 회사

• 아버지는 작은 회사를 운영하는 社長님이다.

• 우리 회사는 서울에 本社가 있다고 들었다.

기본 [6Ⅱ] 新聞社(신문사) [6] 社交(사교) 愛社心(애사심) [5Ⅱ] 社告(사고) 社說(사설) 商社(상사) [5] 社規(사규) 社屋(사옥) [4Ⅱ] 社員(사원) [3Ⅱ] 社債(사채)

발전 [2名] 社稷(사직) 社稷壇(사직단) 社稷主(사직주) [1] 社祠(사사) 社鼠(사서)

사자성어 [3Ⅱ] 株式會社(주식회사) [2名] 宗廟社稷(종묘사직)

書

부수	획수	총획
曰	6	10

글 서【186】

字源 〈형성〉 말이나 소리는 한번 전해지면 남아있지 못하고 사라져 버린다. 보관하기 위해 붓을 들어 써놓을 수 있도록 문자를 고안했다. 이 방법은 지금도 전하고 있으니 이른바 녹취록이라고들 하겠다. 사람 입을 통해서 오래도록 전해오던 말(曰)을 붓(聿)을 들어 잘 써놓았으니 [글(書)]을 뜻하고 [서]로 읽는다.

同 文(글월 문) 章(글 장) 籍(문서 적) 册(책 책) 비 晝(낮 주) 畫(그림 화) 盡(다할 진)

필순 

기초 【기초한자어】 익히고, 【기본→발전한자어】 다지기

書頭(서두) 글의 첫머리

書式(서식) 서류의 양식, 서류를 작성하는 법식

書信(서신) 편지

• 모든 증서나 원서는 書式에 맞추어 작성해야만 한다.

• 書信을 보낼 때는 5자리의 우편번호를 잘 써야 한다.

기본 [6Ⅱ] 書記(서기) 書堂(서당) 書體(서체) [6] 書道(서도) 書畵(서화) [5Ⅱ] 書類(서류) 書店(서점) [5] 書案(서안) 書院(서원) [4Ⅱ] 書房(서방) 書藝(서예) [4] 書庫(서고) 書籍(서적) 覺書(각서) [3Ⅱ] 書架(서가) 但書(단서) 封書(봉서) 司書(사서) 譯書(역서) 著書(저서) 淨書(정서)

발전 [2] 購書(구서) 僻書(벽서) 妖書(요서) 勳書(훈서) 書箱(서상) 書紳(서신) 書傭(서용) 書札(서찰) 書翰(서한) [2名] 隋書(수서) 魏書(위서) 晋書(진서) [1] 蠟書(납서) 謗書(방서) 帛書(백서) 梵書(범서) 璽書(새서) 書痙(서경) 書櫃(서궤) 書几(서궤) 書袋(서대) 書癖(서벽) 書棚(서붕) 書齋(서재) 書廚(서주) 書帙(서질) 書帖(서첩) 書癡(서치) 書函(서함) 闇書(암서) 佚書(일서) 篆書(전서) 詔書(조서) 註書(주서) 讖書(참서) 捷書(첩서) 疊書(첩서) 套書(투서) 曝書(폭서) 諷書(풍서) 楷書(해서) [特Ⅱ] 晉書(진서)

線

부수	획수	총획
糸	9	15

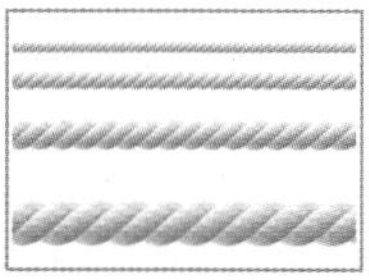

줄 선【187】

字源 〈형성〉 깊은 산 옹달샘에서 나오는 물줄기는 실처럼 그렇게 가늘게 굽이굽이 흘러서 졸졸졸 내려온다. 멀리서 보면 마치 선을 그어놓은 것처럼 가늘게 보이며 흐르는 모양도 썩 장관을 이룬다. 깊은 산 속의 작은 옹달샘(泉) 물이 실(糸)처럼 얽혀서 길고 가늘게만 흘러갔으니 [줄(線)]을 뜻하고 [선]으로 읽는다.

同 絃(줄 현) 비 終(마칠 종) 綿(솜 면) 錦(비단 금) 絹(비단 견)

필순 

기초 【기초한자어】 익히고, 【기본→발전한자어】 다지기

線路(선로) 열차나 전차의 바퀴가 굴러가는 길

光線(광선) 빛의 줄기

直線(직선) 두 점을 최단거리로 이은 곧은 줄

• 기차 개통식에 線路 위를 신나게 달린다.

• 자연적인 태양 光線에는 자외선이 있다.

[기본] 6Ⅱ 線上(선상) 對角線(대각선) 等高線(등고선) 五線紙
(오선지) 6 路線(노선) 死線(사선) 5 曲線(곡선) 無線
(무선) 4Ⅱ 單線(단선) 配線(배선) 導火線(도화선) 4 複線
(복선) 伏線(복선) 射線(사선) 警戒線(경계선) 放射線
(방사선) 3Ⅱ 脚線美(각선미) 海岸線(해안선) 紫外線
(자외선)

[발전] 2 流線型(유선형) 抛物線(포물선) 1 線綿(선면) 線描
(선묘) 渦線(와선) 唾線(타선)

[사자성어] 3Ⅱ 幹線道路(간선도로) 4Ⅱ 不連續線(불연속선)

부수	획수	총획
雨	3	11

눈 설 【188】

[字源] 〈형성〉 공중에 떠다니는 수증기가 겨울철에 찬 기운을 만
나면 얼어서 땅 위로 떨어지는 결정체가 바로 눈이다. 현
미경으로 자세히 살펴보면 여섯 모를 갖는 흰 결정체로
보인다. 이제야 첫눈이 왔다고 모두들 야단법석이다. 비
(雨)가 얼어서 손(크←手)으로 만져 볼 수 있는 [눈(雪)]
을 뜻하고 [설]로 읽는다.
回 電(번개 전) 雲(구름 운) 霜(서리 상)

[필순] 一 厂 广 炉 炉 炉 炉 雪 雪 雪 雪

[기초] 【기초한자어】 익히고, 【기본→발전한자어】 다지기
雪天(설천) 눈 내리는 하늘, 눈 내리는 날
大雪(대설) 상당히 많이 내리는 눈
白雪(백설) 흰 눈
• 하늘에 白雪이 분분하더니 온 천지가 하얗다.
• 겨울철 절기 중 大雪에 눈이 많이 온다고 한다.

[기본] 6Ⅱ 小雪(소설) 5 雪景(설경) 4Ⅱ 暴雪(폭설) 4 殘雪
(잔설) 積雪(적설) 降雪量(강설량) 3Ⅱ 雪糖(설탕) 雪辱
(설욕) 雪中梅(설중매) 3 螢雪(형설)

[발전] 2 瑞雪(서설) 雪膚(설부) 28 皓雪(호설) 1 粒雪(입설)
噴雪(분설) 雪仇(설구) 雪肌(설기) 雪冤(설원) 雪肢
(설지) 柿雪(시설)

[사자성어] 4 嚴冬雪寒(엄동설한) 3Ⅱ 雪上加霜(설상가상) 凍氷
寒雪(동빙한설) 28 霜雪之鷺(상설지로)

부수	획수	총획
戈	3	7

이룰 성 【189】

[字源] 〈형성〉 여름이 되면 나뭇가지가 새로 돋고 잎이 무성하게
우거지며 꽃이 피면서 열매를 맺는다. 무성한 나무는 여
름에는 활기찬 그늘도 되어주고 정자에 앉아 놀 수 있는

놀이터가 되기도 했던 것이다. 사람(ㄆ←人)이 창(戈)과
같은 도구를 이용해서 뜻한바 목적을 달성해 [이루다(成)]
는 뜻이고 [성]으로 읽는다.
圖 達(통달할 달) 就(나아갈 취) 敗(패할 패) 回 城(성 성)
戌(개 술) 戊(천간 무) 戍(수자리 수)

[필순] 一 厂 厂 万 成 成 成

[기초] 【기초한자어】 익히고, 【기본→발전한자어】 다지기
成功(성공) 목적을 이룸
成果(성과) 이루어진 결과
大成(대성) 크게 이룸. 큰 인물이 됨
• 흔히들 노력은 成功의 어머니라는 격언이 있다.
• 그동안 열심히 노력했던 결과 成果가 매우 좋다.

[기본] 6Ⅱ 成年(성년) 成立(성립) 成分(성분) 成事(성사) 成長
(성장) 生成(생성) 6 光合成(광합성) 5Ⅱ 結成(결성)
養成(양성) 4Ⅱ 達成(달성) 續成(속성) 守成(수성) 未完
成(미완성) 4 成績(성적) 成就(성취) 構成員(구성원)
3Ⅱ 成熟(성숙) 贊成(찬성) 編成(편성) 成均館(성균관)
3 旣成服(기성복)

[발전] 2 輯成(집성) 成層圈(성층권) 28 翊成(익성) 弼成
(필성) 1 夙成(숙성) 釀成(양성) 狄成(적성) 竣成
(준성) 纂成(찬성) 渾成(혼성)

[사자성어] 6Ⅱ 成形手術(성형수술) 門前成市(문전성시) 4Ⅱ 故
事成語(고사성어) 4 殺身成仁(살신성인) 3Ⅱ 三人成虎
(삼인성호) 大器晩成(대기만성) 2 合成樹脂(합성수지)

부수	획수	총획
目	4	9

살필 성
덜 생 【190】

[字源] 〈회의〉 과학적인 바른 태도는 어떤 사물이든지 예사로 보
지 않고 자세히 살펴보아야 한다. '왜 그럴까?' 하는 의문
을 갖고 궁리하고 연구하는 가운데 어떠한 사물도 허투루
보지 않고 자세히 살펴봐야 한다. 아무리 작을(少)지라도
이리저리 잘 뒤적여 가면서 눈(目)여겨 보니 [살피다(省)]
는 뜻이고 [성]으로 읽는다.
圖 略(간략할 략) 損(덜 손) 察(살필 찰) 減(덜 감) 際(즈음/
가 제) 審(살필 심) 回 看(볼 간) 劣(못할 렬)

[필순] 丿 丿 小 少 少 省 省 省 省

[기초] 【기초한자어】 익히고, 【기본→발전한자어】 다지기
反省(반성) 자기 과거의 행위에 대하여 그 선악을
고찰함
自省(자성) 스스로 반성함
省察(성찰) 깊이 생각함. 스스로 자기의 선악·시비
를 돌아봄
• 나의 잘못된 행동을 다시 한번 더 反省해본다.

• 이제는 잘잘못을 따지기 전에 스스로 自省하는 모습을 보여야 한다.

기본 ④省墓(성묘) 歸省(귀성) 省略(생략)

발전 ②⑧省楸(성추) 陝西省(섬서성) 新疆省(신강성) 遼寧省(요녕성) ①刪省(산생) 省耗(생모) 省計(성부)

사자성어 ⑥Ⅱ人事不省(인사불성) ③昏定晨省(혼정신성)

부수	획수	총획
水	7	10

消 사라질 소【191】

6급Ⅱ

字源 〈형성〉 소화탱크에 물을 실은 소방차가 불을 끄고 있다. 물이 다 떨어져 갈 무렵에 그 불이 꺼져 소방차의 역할을 다하였다. 물을 뿌리는 살수차도 마찬가지의 역할을 하게 되었으리라. 소방차에 담긴 물(氵←水)이 점점 줄어들면서(肖) 타오르던 불길이 꺼졌으니 점차 [사라지다(消)]는 뜻이고, [소]로 읽는다.

回滅(멸할 멸) 耗(소모할 모) 費(쓸 비) 凹現(나타날 현) 顯(나타날 현) 凹肖(닮을 초) 削(깎을 삭)

필순 ⟨ ⟩ ⟩ ⟩ 氵 氵 氵 氵 消 消 消

기초 【기초한자어】 익히고, 【기본→발전한자어】 다지기
消失(소실) 어디로 사라져 잃어버림. 사라져 없어짐
消日(소일) 별로 하는 일 없이 세월을 보냄
消火(소화) 건물이나 물건 등에 붙은 불을 끔
• 강원도에 있는 낙산사는 산불로 消失되었다.
• 화재에 대비해서 消火기를 꼭 비치해야만 한다.

기본 ⑥Ⅱ消長(소장) 消風(소풍) ⑤Ⅰ消化(소화) ④Ⅰ消毒(소독) 消燈(소등) 消防(소방) 消息(소식) 消印(소인) 解消(해소) 消極的(소극적) 消音器(소음기) ④消盡(소진) ③Ⅰ消滅(소멸) 消滯(소체)

발전 ②消融(소융) 消磁(소자) ①抹消(말소) 消耗(소모) 消歇(소헐)

부수	획수	총획
行	5	11

術 재주 술【192】

字源 〈형성〉 곡식인 기장과 약용으로 쓰는 삽주 뿌리는 여러 갈래이나 그 뻗어가는 길과 특징이 각기 다르다. 기장은 볏과에 속하는 일년생 초본이며, 삽주는 다년생 초본으로 근경이지만 종자가 전혀 다르다. 상용이나 약용으로 쓰인 기장과 삽주 뿌리(朮)처럼 여러 길(行)로 뻗은 [재주(術)]를 뜻하고 [술]로 읽는다.

回才(재주 재) 技(재주 기) 藝(재주 예) 凹述(펼 술)

필순 ⟨ ⟩ ⟩ ⟩ ⟩ 彳 彳 术 徘 徘 術 術

기초 【기초한자어】 익히고, 【기본→발전한자어】 다지기
道術(도술) 도가나 도사의 조화를 부리는 술법
手術(수술) 피부를 기구로 째거나 자르거나 하여 병을 다스리는 일
術數(술수) 술법. 술책
• 그는 오랫동안 병원에서 고질병인 염증 手術을 받았다.
• 중국에 있는 소림사는 道術을 닦는 곳으로 알려졌다.

기본 ⑥Ⅰ算術(산술) 心術(심술) 戰術(전술) 學術(학술) 話術(화술) 讀心術(독심술) ⑥美術(미술) 醫術(의술) ⑤Ⅰ術法(술법) ⑤技術(기술) ④Ⅰ武術(무술) 施術(시술) 藝術(예술) 處世術(처세술) 護身術(호신술) ④仁術(인술) 占星術(점성술) ③Ⅰ術策(술책) 劍術(검술) 弓術(궁술) 鍊金術(연금술)

발전 ②魔術(마술) 妖術(요술) 幻術(환술) ①詭術(궤술) 伎術(기술) 呪術(주술) 讖術(참술) 鍼術(침술) 挾術(협술)

사자성어 ②縫合手術(봉합수술) ②⑧岐黃之術(기황지술)

부수	획수	총획
女	5	8

始 비로소 시 :【193】

字源 〈형성〉 여자가 아기를 잉태하면 귀중한 생명체의 처음이 비로소 시작된다. 성격이나 인성까지도 이때부터 시작된다는 심리학자들의 이야기들이 많이 알려진다. 그래서 오래전부터 태교를 중하게 여겼다. 여자(女)의 뱃속에서 길러질(台) 어린 아기 생명체가 [비로소(始)] 이제 시작되었음을 뜻하고 [시]로 읽는다.

回初(처음 초) 創(비롯할 창) 凹終(마칠 종) 卒(마칠 졸) 末(끝 말) 端(끝 단) 了(마칠 료) 凹妃(왕비 비)

필순 ⟨ ⟩ 女 女 妇 妒 始 始

기초 【기초한자어】 익히고, 【기본→발전한자어】 다지기
始動(시동) 전동기나 기계 따위가 움직이기 시작함
始發(시발) 맨 처음의 출발이나 발차
始作(시작) 일을 처음으로 함. 쉬었다가 다시 비롯함
• 모든 일은 始作이 절반이라는 말이 있다.
• 차를 운전하기 위해 始動을 먼저 걸었다.

기본 ⑥Ⅰ始祖(시조) ⑥開始(개시) ⑤始終(시종) 始初(시초) 原始(원시) 始末書(시말서) ④Ⅰ始(위시) 創始(창시) 始務式(시무식)

발전 ②⑧秦始皇(진시황)

사자성어 ⑤年末年始(연말연시)

부수	획수	총획
人	7	9

믿을 신 : 【194】

字源 〈회의〉 사람이 입으로 하는 말은 마음의 소리라고 하여 많이들 신뢰했었다. 고매한 인격과 사람다운 품위를 그의 입을 통한 말 속에서 나타내고 있다. 말은 곧 그 사람의 됨됨이라고도 하며 인격을 뜻하기도 한다. 사람(亻←人)이 입으로 하는 말(言)은 마음의 소리일지니 [믿을(信)] 수 있다는 뜻이고 [신]으로 읽는다.
圄仰(우러를/믿을 앙) 諒(살펴알/믿을 량) 凹疑(의심할 의) 凹計(셀 계) 訃(부고 부)

필순 ノ 亻 亻 亻 信 信 信 信 信

기초 【기초한자어】 익히고, 【기본→발전한자어】 다지기
信教(신교) 종교를 믿음
信心(신심) 종교를 믿는 마음
信用(신용) 믿어 의심하지 않음
• 남에게 信用이 있어야만 진정으로 신뢰를 받는다.
• 교인은 信心이 두터워야 한다는 말을 많이 한다.

기본 ⑥信愛(신애) 51信念(신념) 信望(신망) 信奉(신봉) 41信義(신의) ④信徒(신도) 信條(신조) 信標(신표) 31信賴(신뢰) 信仰(신앙) 盲信(맹신) ③迷信(미신) 信誓(신서)

발전 ②溺信(익신) 信託(신탁) 28惇信(돈신) 信圭(신규) 金庾信(김유신) ①帛信(백신) 憑信(빙신) 信耗(신모) 信憑(신빙) 信伏(신장)

사자성어 28通信杜絕(통신두절)

부수	획수	총획
斤	9	13

새 신 【195】

字源 〈형성〉 나무도 늙으면 가지를 잘 뻗지 못하고 열매 맺음도 좋지 못하다고 한다. 뽕나무처럼 늙은 나무는 밑동을 베어 새순을 키우면 더 잘 자란다고 한다. 그렇지 않으면 감나무처럼 새롭게 접을 붙여 키운다. 서(立) 있는 나무(木)를 도끼로(斤) 잘랐던 그 자리서 [새순(新)]이 돋아 [새롭다(新)]는 뜻이고 [신]으로 읽는다.
凹古(예 고) 舊(예 구) 故(연고 고) 凹親(친할 친)

필순 ` 亠 立 辛 亲 亲 亲 新 新

기초 【기초한자어】 익히고, 【기본→발전한자어】 다지기
新綠(신록) 초여름의 초목이 가진 푸른 빛
新聞(신문) 새로운 소식
新書(신서) 새로 간행된 책

• 오늘 아침 新聞에 매우 놀라운 기사가 실려 있음을 보았다.
• 오래전부터 5월은 新綠의 계절이라고 말하기도 한다.

기본 61新年(신년) ⑥新式(신식) 51新鮮(신선) 新約(신약) 新任(신임) 新種(신종) 新參(신참) ⑤新規(신규) 41新官(신관) 新黨(신당) 新婦(신부) 新設(신설) 新接(신접) 新進(신진) 新築(신축) ④新奇(신기) 31維新(유신) 新刊(신간) 新館(신관) 新郎(신랑) 新版(신판) 刷新(쇄신) ③新銳(신예)

발전 ②新型(신형) 斬新(참신) 新機軸(신기축) 28新禧(신희) 新柯(신가) 新朵(신채) 儆新(경신) 新疆省(신강성)

사자성어 ③謹賀新年(근하신년)

부수	획수	총획
示	5	10

귀신 신 【196】

字源 〈형성〉 옛날에는 현대 과학으로도 불가사의한 신의 존재를 굳게 믿었던 것 같다. 세상의 모든 조화가 '신의 계시'에 있는 굳은 믿음이었을 것이다. 마치 신권주의 사회를 다시금 생각나게 한다. 온갖 세상 만물을 다 펴내면서(申) 하늘의 계시(示)를 내리시는 오묘한 그 신으로 [귀신(神)]을 뜻하고 [신]으로 읽는다.
圄鬼(귀신 귀) 靈(신령 령) 魂(넋 혼) 魄(넋 백) 凹祖(할아비 조) 伸(펼 신)

필순 ` ニ 亍 亍 示 示 示 神 神 神

기초 【기초한자어】 익히고, 【기본→발전한자어】 다지기
神明(신명) 하늘과 땅의 신령
神父(신부) 가톨릭에서, 사제(司祭) 서품을 받은 성직자
神主(신주) 죽은 사람의 위를 베푸는 나무 패
• 후손들은 사당에 神主를 모시고 제사를 지낸다.
• 성당에 가면 수녀님과 神父님이 있어서 강론을 한다.

기본 61神社(신사) 神意(신의) 神話(신화) 入神(입신) ⑥神通(신통) 失神(실신) 51神格(신격) 神仙(신선) 神性(신성) ⑤神技(신기) 神位(신위) 41神經(신경) 神聖(신성) ④神奇(신기) 神祕(신비) 降神(강신) 31神靈(신령) 神殿(신전) 鬼神(귀신) 山神靈(산신령)

발전 ②神託(신탁) 28神祐(신우) 神蔡(신채) 神祜(신호) 怡神(이신) ①神卦(신괘) 神疆(신구) 神倦(신권) 神痘(신두) 神鸞(신란) 神昉(신방) 神憑(신빙) 神粹(신수) 神邇(신수) 神崖(신애) 311神祕(신비)

사자성어 31神出鬼沒(신출귀몰) 精神薄弱(정신박약) ②精神病棟(정신병동) 28天佑神助(천우신조)

부수	획수	총획
身	0	7

몸 신【197】

字源 〈상형〉 사람의 몸은 크게 세 부분으로 나누어진다고 이야기한다. 머리로는 생각을 깊이 하고 가슴과 배는 건강을 유지하며, 손과 발은 활동의 주된 역할을 한다. 이와 같이 사람 몸은 모두 세 부분으로 나눈다. 사람 몸 전체의 세 부분으로 나누어진 그 옆모습을 본떠서 신체의 [몸(身)]을 뜻하고 [신]으로 읽는다.
圐體(몸 체) 己(몸 기) 軀(몸 구) 躬(몸 궁) 凹心(마음 심)

6급Ⅱ

필순 ´ ╱ ╱ ╱ 竹 自 身 身

기초 【기초한자어】 익히고, 【기본→발전한자어】 다지기
身長(신장) 사람의 키
身體(신체) 사람의 몸
長身(장신) 키가 큰 몸
• 대체적으로 농구 선수들은 身長이 큰 편이다.
• 나와 친한 친구는 身體가 비교적 약한 편이다.

기본 6Ⅱ身分(신분) 身上(신상) 代身(대신) 等身(등신) 文身(문신) 半身(반신) 6身病(신병) 病身(병신) 5Ⅰ當身(당신) 獨身(독신) 變身(변신) 5亡身(망신) 4Ⅰ身邊(신변) 單身(단신) 保身(보신) 4隱身(은신) 投身(투신) 避身(피신) 3Ⅰ補身(보신) 獻身(헌신) 3謹身(근신)

발전 2屍身(시신) 隻身(척신) 託身(탁신) 1僞身(뇌신) 焚身(분신) 碎身(쇄신) 瘦身(수신) 身垢(신구) 身虜(신로) 伏身(장신) 纏身(전신) 挺身(정신) 欠身(흠신)

사자성어 3Ⅰ身元照會(신원조회) 修身齊家(수신제가) 立身揚名(입신양명) 2身體髮膚(신체발부) 膽大於身(담대어신)

부수	획수	총획
弓	7	10

약할 약【198】

字源 〈회의〉 병아리나 새끼 새는 막 낳아 놓으면 힘이 없고 약하다. 활(弓)처럼 굽은 날개에 털(彡)이 몇 개씩 돋아 있어 날지도 못할 뿐더러 가냘프기 그지없다. 병아리나 날짐승의 새끼들이 갓 태어난 모습니다. 병아리나 어미 품의 새끼 새들이 파닥이는 두 날개 모양을 본떠서 [약하다(弱)]는 뜻이고 [약]으로 읽는다.
圐柔(보드러울 유) 懦(나약할 나) 凹強(강할 강) 凹羽(깃 우)

필순 ¬ ¬ ? 弓 弖 弱 弱 弱 弱 弱

기초 【기초한자어】 익히고, 【기본→발전한자어】 다지기
弱者(약자) 세력이 약한 사람. 또 약한 것
弱體(약체) 약한 몸
強弱(강약) 강함과 약함

• 모든 동물은 강자와 弱者 사이에 먹이 사슬이 있다.
• 악기를 연주할 때 음정과 박자의 強弱이 중요하다.

기본 6Ⅱ心弱(심약) 6老弱者(노약자) 5Ⅰ弱化(약화) 4Ⅰ弱勢(약세) 貧弱(빈약) 虛弱(허약) 4弱骨(약골) 弱點(약점) 3Ⅰ弱冠(약관) 微弱(미약) 薄弱(박약) 衰弱(쇠약) 軟弱(연약)

발전 2弱翰(약한) 膽弱(담약) 纖弱(섬약) 弱圈(약권) 1懦弱(나약) 蕃弱(번약) 弱怯(약겁) 弱莖(약경) 弱齡(약령) 弱腕(약완) 婉弱(완약) 脆弱(취약)

사자성어 4Ⅰ弱肉強食(약육강식)

부수	획수	총획
艸	15	19

약 약【199】

字源 〈형성〉 초목의 잎이나 뿌리를 말려서 여러 가지 처방에 의해 제조한 것이 '한약제'다. 한약재나 약초를 쓰기 때문에 처음 입에 댈 때는 써서 먹기 거북하나 몸을 편안하고 즐겁게 해준다고 한다. 초목(艹) 잎과 뿌리로써 병을 훨씬 낫게 하여 사람을 즐겁게(樂) 해주었다고 했으니 [약(藥)]을 뜻하고 [약]으로 읽는다.
圐劑(약제 제) 凹樂(즐길 락) 역薬

필순 ¬ ╷ ╷╵ 艹 ʑ 荶 苺 藥 藥 藥

기초 【기초한자어】 익히고, 【기본→발전한자어】 다지기
藥物(약물) 약제가 되는 물질. 약품
良藥(양약) 좋은 약
藥草(약초) 약용이 되는 풀. 약풀
• 약국의 藥物은 의사의 지시대로 섭취해야 한다.
• 깊은 산 속에는 몸에 좋은 藥草가 많이 있다.

기본 6Ⅱ藥果(약과) 藥理(약리) 農藥(농약) 名藥(명약) 生藥(생약) 韓藥(한약) 6洋藥(양약) 醫藥(의약) 5Ⅰ藥局(약국) 藥效(약효) 4Ⅰ藥房(약방) 藥師(약사) 毒藥(독약) 眼藥(안약) 製藥(제약) 齒藥(치약) 4藥酒(약주) 彈藥(탄약) 投藥(투약) 爆藥(폭약) 3Ⅰ補藥(보약) 靈藥(영약) 坐藥(좌약) 湯藥(탕약) 藥湯器(약탕기) 3賜藥(사약) 丸藥(환약)

발전 2麻藥(마약) 藥籠(약롱) 藥苑(약원) 藥劑(약제) 藥鋪(약포) 藥劑師(약제사) 1膏藥(고약) 媚藥(미약) 藥囊(약낭) 藥籃(약람) 藥餌(약이) 勺藥(작약) 炸藥(작약) 煎藥(전약) 瘡藥(창약) 硝藥(초약) 悍藥(한약)

사자성어 2藥籠中物(약롱중물)

부수	획수	총획
木	9	13

업 업【200】

字源 〈상형〉 궁중 음악은 화려하고 웅장하며 대단히 매혹적이었다. 악기와 그 받침대도 화려하게 꾸며서 곱게 만들어 썼던 것으로 보인다. 궁중 음악을 직업으로 한 사람들이 사용한 악기 모양은 더 곱게 꾸몄을 것이다. 악기 받침틀 모양을 본떠서 받침틀에 장식하는 자기의 일을 [직업(業)]으로 삼는다는 뜻이고 [업]으로 읽는다.
图事(일 사) 務(힘쓸 무)

필순 ⺊ ⺊⺊ ⺊⺊ ⺊⺊ ⺊⺊ 丵 丵 業

기초 【기초한자어】 익히고, 【기본 → 발전한자어】 다지기
業主(업주) 영업주
業體(업체) 사업이나 기업의 주체
實業(실업) 생산, 제작, 판매 등에 관한 사업
• 영업점 業主들이 다 모여서 결의대회를 한다.
• 영수의 형은 實業학교를 나와서 취직을 했다.

기본 6Ⅱ業界(업계) 業人(업인) 家業(가업) 農業(농업) 6業者(업자) 開業(개업) 5Ⅱ業種(업종) 課業(과업) 4Ⅱ業務(업무) 業報(업보) 4業績(업적) 鑛業(광업) 3Ⅱ企業(기업) 公企業(공기업) 私企業(사기업) 運輸業(운수업) 畜産業(축산업) 3怠業(태업) 罷業(파업)

발전 2覇業(패업) 勳業(훈업) 28業(비업) 鼎業(정업) 1窯業(요업) 肇業(조업) 纂業(찬업)

사자성어 3Ⅱ軍需産業(군수산업)

勇

부수	획수	총획
力	7	9

날랠 용 : 【201】

字源 〈형성〉 신체 건강한 젊은이는 날쌔고 민첩하다. 불의와는 타협하지 않으며 물이 솟아오르듯이 용감하게 나서서 싸웠었다. 젊은 투기는 그칠 줄 모르는 의기와 용기를 갖고 나서기 일쑤였다. 물이 푹푹 솟아오르듯이 젊은 힘(力)이 용솟음(甬)쳤다고 했으니 그 행동이 모두가 [날래다(勇)]는 뜻이고 [용]으로 읽는다.
图敢(감히/구태여 감) 猛(사나울 맹) 回男(사내 남)

필순 ⺈ ⺈ 甬 甬 甬 甬 甬 甬 勇 勇

기초 【기초한자어】 익히고, 【기본 → 발전한자어】 다지기
勇氣(용기) 씩씩하고 용감한 기운
勇名(용명) 용감하고 사납다는 명성
勇士(용사) 용기가 있는 사람
• 그는 전쟁에서 몸을 다쳐 傷痍(상이) 勇士가 되었다.
• 적과 싸울 때에는 힘찬 勇氣가 있어야 이길 수 있다.

기본 4Ⅱ勇斷(용단) 勇退(용퇴) 武勇談(무용담) 義勇軍(의용군) 4勇敢(용감) 勇壯(용장) 3Ⅱ勇猛(용맹) 3勇躍(용약)

발전 2蠻勇(만용) 勇膽(용담) 28賈勇(고용) 勇彊(용강) 1捲勇(권용) 隘勇(애용) 勇躁(용조) 勇俠(용협) 毅勇(의용) 豬勇(저용) 剽勇(표용) 悍勇(한용) 俠勇(협용)

用

부수	획수	총획
用	0	5

쓸 용 : 【202】

字源 〈회의〉 점술가가 하는 말이 맞으면 실행하기 어려운 일도 실천하려 하는 습성이 있었다. 사람들은 이를 자기 생활에 적절하게 이용하려고 했다. 무술이라고 해서 꼭 아니라고 고개를 살래살래 흔들지는 않았다. 점(⺊)을 쳐 적중하게(中) 맞으니 그대로 시행하면서도 적절하게 [쓰다(用)]는 뜻이고 [용]으로 읽는다.
图費(쓸 비) 需(쓰일/쓸 수) 回捨(버릴 사) 回丹(붉을 단)

필순 ⺈ ⺇ 月 月 用

기초 【기초한자어】 익히고, 【기본 → 발전한자어】 다지기
用度(용도) 씀씀이
用語(용어) 사용하는 말
利用(이용) 대상을 필요에 따라 이롭게 씀
• 폐품을 利用해 공작품을 만들었다.
• 그것을 문구용품 담을 用度로 제작했다.

기본 6Ⅱ用便(용변) 6用例(용례) 用言(용언) 5Ⅱ用具(용구) 用法(용법) 用兵(용병) 5用件(용건) 用量(용량) 4Ⅱ用器(용기) 用務(용무) 3Ⅱ用途(용도) 用役(용역) 兼用(겸용) 慣用(관용) 御用(어용) 徵用(징용) 貸用(대용) 借用證(차용증) 3濫用(남용) 竝用(병용) 遵用(준용)

발전 2併用(병용) 勳用(훈용) 28雇用(고용) 柄用(병용) 采用(채용) 1嗇用(색용) 泄用(설용) 用箋(용전) 饌用(찬용) 疊用(첩용) 貼用(첩용) 擢用(탁용) 佩用(패용)

運

부수	획수	총획
辶	9	13

옮길 운 : 【203】

字源 〈형성〉 군사들은 적이 쳐들어올 만한 장소를 찾아서 자기 부대를 몰래 옮겼다. 부대가 이동을 할 때는 무기와 보급 물자도 같이 옮긴 것이다. 육상과 병사들의 힘에 의해 무기를 옮기는 재래식 방법이었을 것이다. 군대(軍)가 무기와 보급 물자를 실은 전차를 몰고 가니(辶) [움직이다(運)]는 뜻이고 [운]으로 읽는다.
图動(움직일 동) 移(옮길 이) 搬(운반할 반) 回連(이을 련)

필순 ⺀ ⺼ 宣 宣 軍 軍 渾 渾 運

기초 【기초한자어】 익히고, 【기본 → 발전한자어】 다지기
運動(운동) 움직임
運行(운행) 운전하여 다님
幸運(행운) 행복한 운수
• 運動을 해야만 건강을 유지할 수 있다.
• 야간에 運行하는 기차를 야간열차라 부른다.

6급Ⅱ

6급Ⅱ

기본 6Ⅱ 運命(운명) 運數(운수) 運身(운신) 運用(운용) 家運(가운) 國運(국운) 氣運(기운) 大運(대운) 5Ⅱ 運筆(운필) 5 運河(운하) 吉運(길운) 4Ⅱ 運送(운송) 運航(운항) 武運(무운) 4 運轉(운전) 機運(기운) 3Ⅱ 運輪(운수) 運賃(운임) 3 厄運(액운)

발전 2 運搬(운반) 搬運(반운) 運動圈(운동권) 運動靴(운동화) 2⅄ 奎運(규운) 旺運(왕운) 運祚(운조) 呂運亨(여운형) 1 斡運(알운) 運邁(운매) 運斡(운알) 運漕(운조) 漕運(조운) 頹運(퇴운)

사자성어 2⅄ 運水搬柴(운수반시)

부수	획수	총획
音	0	9

音 소리 음【204】

字源 〈지사〉 소리에는 사람이 하는 말소리와 자연의 소리가 있어서 구분된다. 의미 있는 말소리에 목청을 올려 곡을 붙이면 아름다운 리듬이 되어 듣기에도 좋다. 사람들은 이런 아름답고 좋은 소리를 감상한다. 말소리(音←言)에 한(一) 소리를 더하여서 아름다운 음악인 곡으로 [소리(音)]를 뜻하고 [음]으로 읽는다.
동 聲(소리 성) 韻(운 운) 반 訓(가르칠 훈) 義(옳을 의) 비 意(뜻 의) 章(글 장)

필순 丶 亠 亠 立 立 곰 곰 音 音

기초 【기초한자어】 익히고, 【기본→발전한자어】 다지기
音色(음색) 그 음이 지닌 특유한 성질이나 울림
消音(소음) 소리를 없앰
和音(화음) 가락이 다른 둘 이상의 음이 함께 어울리는 소리
• 시끄러운 소리가 새나가지 않게 消音을 해야 한다.
• 우리학교 합창단은 和音이 잘 맞고 협조적이다.

기본 6Ⅱ 音讀(음독) 音信(음신) 音樂(음악) 高音(고음) 母音(모음) 半音(반음) 發音(발음) 6 音速(음속) 5Ⅱ 音節(음절) 福音(복음) 4Ⅱ 音聲(음성) 音素(음소) 音律(음률) 音波(음파) 錄音(녹음) 單音(단음) 得音(득음) 防音(방음) 4 音階(음계) 音域(음역) 音標(음표) 雜音(잡음) 3Ⅱ 音盤(음반) 音韻(음운) 音響(음향) 3 濁音(탁음)

발전 2 音름(음질) 音塵(음진) 翰音(한음) 2⅄ 瓊音(경음) 1 鯨音(경음) 訃音(부음) 音耗(음모) 音訊(음신) 音栓(음전) 音癡(음치) 綴音(철음) 唄音(패음)

사자성어 3Ⅱ 口蓋音化(구개음화)

부수	획수	총획
食	4	13

飮 마실 음(:)【205】

字源 〈형성〉 음식 중에서 마시는 음료수를 매우 중요시했다. 우리 몸의 거의 모두가 물로 되어 있을 뿐만 아니라 신진대사를 돕기 때문이다. 목마른 것은 사람 몸을 지탱해 주는 중요한 수분이 부족하기 때문이다. 입을 크게 벌려(欠) 물 같은 음료수(食)를 '꿀꺽 하면서 넘겼으니 [마시다(飮)]는 뜻이고 [음]으로 읽는다.
동 吸(마실 흡) 回 飯(밥 반) 飾(꾸밀 식) 回 飮

필순 丿 𠂊 𠂉 亽 亽 食 食 飮 飮 飮

기초 【기초한자어】 익히고, 【기본→발전한자어】 다지기
飮食(음식) 먹는 것과 마시는 것. 음식물
飮酒(음주) 술을 마심
米飮(미음) 쌀에 물을 붓고 푹 끓여 걸러낸 걸쭉한 음식
• 모든 飮食은 알맞게 먹어야 탈이 없다고 한다.
• 지나친 飮酒는 사람 건강을 해치기 쉽다.

기본 5Ⅱ 飮福(음복) 過飮(과음) 5 飮料(음료) 4Ⅱ 飮毒(음독) 試飮(시음) 暴飮(폭음) 3 飮泣(음읍)

발전 1 醶飮(갹음) 轟飮(굉음) 溜飮(유음) 觴飮(상음) 飮酩(음명) 飮漿(음장) 飮饌(음전) 勻飮(작음)

사자성어 3Ⅱ 食飮全廢(식음전폐) 2 飮至策勳(음지책훈)

부수	획수	총획
心	9	13

意 뜻 의 : 【206】

字源 〈회의〉 말을 흔히 [마음의 소리]라고 이야기한다. 입으로 하는 소리는 진실한 뜻이 담기거나 그 사람의 됨됨이를 표현해 주기도 한다. 그렇지 못하면 자칫 진실이 왜곡되어 [마음에도 없는 엉뚱한 소리]를 한다. 마음(心) 속에서 우러나오는 깊고도 진정한 생각의 소리(音)로서 [뜻(意)]을 의미하고 [의]로 읽는다.
동 思(생각 사) 義(뜻 의) 志(뜻 지) 趣(뜻 취) 旨(뜻 지) 비 章(글 장) 音(소리 음)

필순 丶 亠 亠 立 立 곰 곰 音 音 意 意

기초 【기초한자어】 익히고, 【기본→발전한자어】 다지기
意圖(의도) 하고자 하는 생각이나 계획
意外(의외) 뜻밖. 생각 밖
同意(동의) 같은 뜻
• 이번 기말 시험에 意外의 결과가 나와서 서운했다.
• 내가 처음부터 意圖한 대로 일을 끝마쳤으면 한다.

기본 6Ⅱ 意氣(의기) 意中(의중) 意表(의표) 民意(민의) 發意(발의) 6 意向(의향) 本意(본의) 5Ⅱ 意見(의견) 意識(의식) 決意(결의) 敬意(경의) 5 意思(의사) 4Ⅱ 意味(의미) 意義(의의) 意志(의지) 故意(고의) 3Ⅱ 隔意(격의) 意譯(의역) 意慾(의욕) 介意(개의) 3 弔意(조의)

발전 2 尿意(요의) 壹意(일의) 旨意(지의) 意衷(의충) 託意

(탁의) ① 懶意(나의) 屑意(설의) 宸意(신의) 寓意
(우의) 意匠(의장) 匠意(장의) 僉意(첨의)

부수	획수	총획
人	5	7

지을 작 【207】

字源 〈형성〉 모든 국민이 부지런히 일하여 생산에 참여할 때 복지국가는 기필코 이룩될 수 있을 것이다. 창조와 창안은 새로운 아이디어를 생산하여 낸다. 남이 하지 않는 생활을 재창조하는 작품이라 하겠다. 사람(亻←人)이 잠시(乍)도 쉬지 않고 열심히 일하여 새로운 것을 [짓는다(作)]는 뜻이고 [작]으로 읽는다.
圖造(지을 조) 創(비롯할 창) 製(지을 제) 著(지을 저) 撰(지을 찬) 回昨(어제 작)

필순

기초 【기초한자어】 익히고, 【기본→발전한자어】 다지기
始作(시작) 처음으로 함
新作(신작) 새로 지어 만듦
作動(작동) 기계의 운동 부분이 움직임. 또는 그 부분을 움직이게 함
• 모든 일은 始作도 중요하지만 끝맺임도 중요하다.
• 24시간이나 부족하도록 기계가 作動을 멈추지 않고 돌아가야만 한다.
기본 6Ⅱ作家(작가) 作名(작명) 作文(작문) 作色(작색) 作成(작성) 6作別(작별) 5Ⅱ作法(작법) 5作曲(작곡) 4Ⅱ作故(작고) 作黨(작당) 作詩(작시) 4作況(작황) 輪作(윤작) 3Ⅱ佳作(가작) 作詞(작사) 作弊(작폐) 振作(진작) 著作權(저작권) 3作嫌(작혐) 稻作(도작) 拙作(졸작)
발전 2 傭作(용작) 1 擬作(의작) 作坊(작방) 偕作(해작)

부수	획수	총획
日	5	9

어제 작 【208】

字源 〈형성〉 열심히 일을 하다 보면 하루해가 잠깐 사이에 지나가 버리는 경우가 참 많다. 이럴 때면 '벌써 시간이 이렇게 되었나?'라고 얘기하면서 가끔씩은 아쉬움을 드러내는 경우도 종종 있기도 했다. 하루 해(日)가 잠깐(乍) 사이에 오늘이 훌쩍 지나가 버렸으니 오늘 이전인 [어제(昨)]를 뜻하고 [작]으로 읽는다.
回今(이제 금) 回作(지을 작)

필순 ㅣ 冂 冂 日 日 日' 昨 昨 昨 昨

기초 【기초한자어】 익히고, 【기본→발전한자어】 다지기
昨今(작금) 어제와 오늘. 요즈음
昨年(작년) 지난해, 지난 연도
再昨(재작) 그저께
• 이제는 昨今의 일은 다 잊고 새 출발을 하려고 노력해야 한다.
• 昨年에 갔던 제비가 금년에 다시 돌아왔다고 모두들 야단법석이다.
기본 6Ⅱ昨日(작일)
발전 1 昨宵(작소)

부수	획수	총획
手	0	3

재주 재 【209】

字源 〈지사〉 초목의 싹은 처음에는 약하지만 자라면서 무성하여 꽃이 피면서 열매를 맺는다. 꽃이 피는 과정이나 열매를 맺는 과정들을 보면 어쩌면 인간 생명의 태어남과 성장이 비슷하다는 강한 느낌을 받는다. 초목(丨)의 싹(丿)이 땅(一) 위를 뚫고 자라는 능력도 썩 발전하니 [재주(才)]를 뜻하고 [재]로 읽는다.
圖術(재주 술) 技(재주 기) 藝(재주 예) 回木(나무 목) 寸(마디 촌) 丈(어른 장)

필순 一 十 才

기초 【기초한자어】 익히고, 【기본→발전한자어】 다지기
才氣(재기) 재주가 있는 기질
才能(재능) 재주와 능력
小才(소재) 조그마한 재주
• 그는 그림에 천부적인 才能이 있다는 소문이 많다.
• 사람들은 그의 넘치는 才氣에 감탄한다고 한다.
기본 6Ⅱ天才(천재) 6英才(영재) 5Ⅱ才德(재덕) 才士(재사) 才質(재질) 5才談(재담) 才量(재량) 才致(재치) 4秀才(수재) 3Ⅱ才幹(재간) 才弄(재롱) 鬼才(귀재) 3鈍才(둔재)
발전 2⑧才媛(재원) 1 奸才(간재) 才蘊(재온) 才藻(재조)
사자성어 5Ⅱ多才多能(다재다능) 3Ⅱ才色兼備(재색겸비) 才勝薄德(재승박덕) 才子佳人(재자가인)

부수	획수	총획
戈	12	16

싸움 전 【210】

字源 〈형성〉 화포 같은 무기를 수레에 싣고 창과 활을 든 병사들이 적군을 향해 앞으로 나아간다. 병사들이 빙 둘러 싸

고 화포를 밀고 당기며 앞으로 나간 것이다. 적군이 화포를 덮치게 되면 아군의 피해가 컸었다. 무기를 실은 수레(車)를 둘러싸고 창(戈)을 든 병사가 나가서 [싸우다(戰)]는 뜻이고 [전]으로 읽는다.

圖競(다툴 경) 爭(다툴 쟁) 鬪(싸움 투) 回和(화할 화)
回單(홑 단) 回戰, 战

필순 ᄂ ᄆ ᄆᄆ ᄆᄆ ᄆᄆ 咢 單 單 戰 戰

기초 【기초한자어】 익히고, 【기본→발전한자어】 다지기
戰功(전공) 싸움에서의 공로
戰死(전사) 싸움에서 죽음
戰術(전술) 작전의 수행 방법이나 기술
• 그가 6.25전쟁 때 戰死를 했다는 통보를 받았다.
• 우리 중대장님의 戰術力(력)은 매우 뛰어나다고 알려진다.

기본 6Ⅱ戰果(전과) 戰力(전력) 戰線(전선) 戰時(전시) 戰運(전운) 戰車(전차) 戰後(전후) 6戰勝(전승) 開戰(개전) 苦戰(고전) 交戰(교전) 5Ⅱ戰法(전법) 戰士(전사) 戰友(전우) 決戰(결전) 觀戰(관전) 5戰爭(전쟁) 4Ⅱ戰勢(전세) 戰亂(전란) 戰略(전략) 戰鬪(전투) 戰況(전황) 激戰(격전) 3Ⅱ騎馬戰(기마전) 肉薄戰(육박전) 3挑戰(도전) 角逐戰(각축전)

발전 2棋戰(기전) 戰艦(전함) 戰塵(전진) 戰怖(전포) 戰鬪艦(전투함) 1股戰(고전) 驕戰(교전) 搏戰(박전) 禦戰(어전) 戰悸(전계) 戰掉(전도) 戰慄(전율) 戰歿(전몰) 戰堡(전보) 戰鋒(전봉) 戰柵(전붕) 戰悚(전송) 戰捷(전첩) 戰惶(전황)

사자성어 3Ⅱ臨戰無退(임전무퇴)

뜰 정【211】

字源 〈회의〉 대궐의 별채에 벽면이 없어 지붕만 덮인 작은 집에 뜰이 있다. 흔히 이를 대궐의 작은 정원이라고도 부르기도 한다. 궁중 식솔들이 늦은 야간에도 정원에 나와 가볍게 거닐거나 휴식을 취하기도 했다. 백성이 사는 집안 뜰이며 벽 없이 지붕(广)만 덮인 작은 조정(廷)인 [뜰(庭)]을 뜻하고 [정]으로 읽는다.
回廷(조정 정)

필순 ᄂ 广 广 广 庄 庄 庭 庭 庭

기초 【기초한자어】 익히고, 【기본→발전한자어】 다지기
庭園(정원) 뜰, 특히 잘 가꾸어 놓은 넓은 뜰
家庭(가정) 한 가족이 살림하고 있는 집안
校庭(교정) 학교의 마당
• 우리 집은 화목한 家庭으로 남들이 부러워한다.
• 우리 집 庭園에는 요즈음 국화꽃이 만발해 있다.

기본 6Ⅱ庭球(정구) 6親庭(친정)
발전 2椿庭(춘정) 庭柯(정가) 1廬庭(노정)

부수	획수	총획
竹	5	11

차례 제:【212】

字源 〈회의〉 우리 사회는 질서가 있고 위아래 순서가 있어서 엄격하게 지켰다. 예절의 근본 원리를 여기에서 찾기도 했던 것이다. 대나무도 유심하게 살펴보면 위아래라는 마디의 순서가 엄격하게 있었다. 집안에서 형과 아우(弟←弟)란 순서가 엄격하듯 대나무(竹)도 질서가 있어 [차례(第)]를 뜻하고 [제]로 읽는다.
圖番(차례 번) 序(차례 서) 次(버금 차) 秩(차례 질) 宅(집 택) 回弟(아우 제)

필순 ᄼ ᄾ ᄿ ᄿᄿ ᄷᄷ ᄷᄷ 笃 笃 第 第

기초 【기초한자어】 익히고, 【기본→발전한자어】 다지기
第一(제일) 첫째. 가장
第三國(제삼국) 당사국이 아닌 다른 나라
登第(등제) 등과(登科). 과거에 합격함
• 내가 第一 좋아하는 과일은 사과다.
• 옛날 과거에 급제하는 것을 登第라 했다.

기본 6Ⅱ等第(등제) 6第三者(제삼자) 5Ⅱ第宅(제택) 5落第(낙제) 4Ⅱ第舍(제사) 鄕第(향제) 第五列(제오열)
발전 1邸第(저제) 擢第(탁제)
사자성어 4本第入納(본제입납) 3謁聖及第(알성급제)

부수	획수	총획
頁	9	18

제목 제【213】

字源 〈형성〉 사람의 이마 부분은 대단히 중요한 역할을 한다. 그 사람을 대표하거나 '길흉화복'도 알아냈던 것으로 보인다. 그래서 그런지 책의 장정(裝幀)도 중요한 구실을 하지만 글의 주제나 책제도 중요시했다. 처음 보아 바르게(是) 알 수 있는 글의 머리(頁)와 같은 [이마(題)]로 [제목(題)]을 뜻하고 [제]로 읽는다.
圖目(눈 목) 回類(무리 류) 提(끌 제)

필순 ᄆ 日 旦 무 무 是 是 題 題 題 題

기초 【기초한자어】 익히고, 【기본→발전한자어】 다지기
題名(제명) 표제의 이름
題目(제목) 겉장에 쓴 책의 이름. 글제
問題(문제) 해답을 필요로 하는 물음
• 그가 쓴 글의 題目이 썩 마음에 든다.

• 이번에 출제된 問題는 매우 어렵다고 말한다.

[기본] 6Ⅱ 題書(제서) 題字(제자) 命題(명제) 小題(소제) 主題(주제) 6 題言(제언) 題號(제호) 題畵(제화) 例題(예제) 5Ⅱ 題品(제품) 改題(개제) 課題(과제) 宿題(숙제) 5 無題(무제) 原題(원제) 4Ⅱ 題詩(제시) 難題(난제) 論題(논제) 演題(연제) 議題(의제) 4 題額(제액) 豫題(예제) 3Ⅱ 題奏(제주) 賦題(부제)

[발전] 2名 扁題(편제) 1 題跋(제발) 籤題(첨제)

부수	획수	총획
水	5	8

부을 주: 【214】

[字源] 〈형성〉 논에서 물이 충분해야만 잘 자랄 수 있는 벼가 심한 가뭄에 타들어 간다. 애태우던 농부가 저수지나 냇가에 양수기를 넣어 물을 뿜어 올리고 있다. 가뭄에 단비라고 했듯이 물을 뿜어내야만 해갈된다. 가뭄이 들어서 물(氵←水)이 주(主)로 많은 곳에서 물을 뿜어서 논에 [붓다(注)]는 뜻이고 [주]로 읽는다.
回 住(살 주) 主(임금/주인 주) 柱(기둥 주) 往(갈 왕)

[필순] ` ` 氵 氵 汁 汁 注 注

[기초] 【기초한자어】 익히고, 【기본→발전한자어】 다지기
注目(주목) 눈길을 한곳에 모아서 봄
注文(주문) 품종 수량 등을 일러 주고 부탁하는 일
注入(주입) 쏟아 넣음. 부어 넣음
• 어제는 서점에서 필요한 책을 注文했다.
• 주유소에 가서 차에 연료를 충분하게 注入했다.

[기본] 6Ⅱ 注意(주의) 6 注油(주유) 4Ⅱ 注視(주시) 受注(수주) 4 注射(주사) 傾注(경주) 3Ⅱ 脚注(각주)

[발전] 2 注昔(주조) 1 眷注(권주) 箋注(전주) 注瀉(주사) 注醮(주혜)

부수	획수	총획
隹	4	12

모을 집 【215】

[字源] 〈회의〉 새는 대부분 떼를 지어 높은 하늘을 날아다닌다. 높이 날다가 지쳐서 잠깐이라도 쉬기 위해서 나무 위에 앉기도 하는데 자기들끼리만 알 수 있는 말로 재잘거리는 모습이 그렇게도 귀엽다. 여러 마리의 새(隹)가 나무(木) 위에 떼를 지어 앉아서 종알대고 있으니 [모으다(集)]는 뜻이고 [집]으로 읽는다.
圄 會(모일 회) 社(모일 사) 團(둥글 단) 蓄(모을 축) 募(모을 모) 聚(모을 취) 凹 配(나눌 배) 散(흩을 산)

[필순] 亻 广 作 作 作 隹 隹 隼 集 集 集

[기초] 【기초한자어】 익히고, 【기본→발전한자어】 다지기
集計(집계) 모아서 합계함, 또는 그 합계
集成(집성) 모아서 체계 있는 것으로 이룸
集中(집중) 한 곳으로 모으게 함
• 이번 시험은 수학에 集中해서 공부했다.
• 선거 개표 결과를 수시로 集計해 발표하기로 했다.

[기본] 6Ⅱ 集注(집주) 全集(전집) 集會(집회) 文集(문집) 集大成(집대성) 6 集合(집합) 5Ⅱ 集結(집결) 集團(집단) 集約(집약) 結集(결집) 雲集(운집) 4Ⅱ 集配(집배) 密集(밀집) 收集(수집) 詩集(시집) 4 集積(집적) 採集(채집) 集散地(집산지) 3Ⅱ 徵集(징집) 集賢殿(집현전) 3 募集(모집) 召集(소집)

[발전] 2 集輯(집집) 2名 集聚(집취) 倻溪集(야계집) 1 翔集(상집) 蒐集(수집) 集註(집주) 撰集(찬집) 喚集(환집) 特 蝟集(위집)

[사자성어] 4 離合集散(이합집산)

부수	획수	총획
穴	6	11

창 창 【216】

[字源] 〈형성〉 창은 방안을 환하게 비춰주고 실내 공기를 더 맑게도 해준다. 창문은 마음의 문처럼 환하게 밝혀준 것으로 생각했던 것 같다. 그래서 집을 지으면 환기할 창문을 필수로 생각했음을 알 수 있을 것 같다. 벽면에 있는 창구멍(穴)을 마음(心)의 눈(厶←口)으로 생각했으니 [창(窓)]을 뜻하고 [창]으로 읽는다.
回 密(빽빽할 밀)

[필순] ` 宀 宀 穴 空 空 空 窓 窓 窓

[기초] 【기초한자어】 익히고, 【기본→발전한자어】 다지기
窓口(창구) 관람 시설 등의 매표소에서 돈을 받고 표를 내준 창
窓門(창문) 공기나 빛이 들어올 수 있게 벽에 만든 문
同窓(동창) 같은 학교에서 공부를 한 관계
• 방안 공기가 탁해서 窓門을 열고 환기를 시켰다.
• 오랜만에 보고 싶은 친구들을 만나기 위해 모교에서 同窓會(회)에 참석했다.

[기본] 6Ⅱ 東窓(동창) 北窓(북창) 西窓(서창) 車窓(차창) 5 鐵窓(철창) 4Ⅱ 窓戶紙(창호지) 3Ⅱ 隔窓(격창) 封窓(봉창)

[발전] 2名 芸窓(운창) 蓬窓(봉창) 1 紗窓(사창) 窓紗(창사)

[사자성어] 5Ⅱ 學窓時節(학창시절)

부수	획수	총획
水	8	11

맑을 청 【217】

6급Ⅱ

6급Ⅱ

字源 〈형성〉 골짜기에서 흐르던 물은 그지없이 깨끗하고 맑기만 하다. 물이 계속해 흐르다가 연못이 되고 호수를 이루어 많이 고인 곳이 있다. 흐르는 물이 맑고 푸르러서 그지없이 깨끗하고 고요하기만 하다. 호수나 연못에 고인 물(氵←水)이 깨끗하고 푸르러서(靑) 썩 고요하니 [맑다(淸)]는 뜻이고 [청]으로 읽는다.
圖潔(깨끗할 결) 淑(맑을 숙) 淨(깨끗할 정) 湜(물 맑을 식) 澈(맑을 철) 澹(맑을 담) 澄(맑을 징) 凹濁(흐릴 탁) 回靑(푸를 청) 請(청할 청)

필순 ﹒﹒氵氵氵清清清清清

기초 【기초한자어】 익히고, 【기본→발전한자어】 다지기
淸江(청강) 맑게 흐르는 강
淸明(청명) 날씨가 맑고 밝음. 24절기의 하나
淸風(청풍) 맑은 바람
• 날씨가 淸明한 날은 먼 곳까지 잘 보인다.
• 깊은 산 속 절간에 그지없는 淸風이 불어온다.

기본 ⑤淸談(청담) ④Ⅱ淸潔(청결) 淸掃(청소) 淸純(청순) 血淸(혈청) ④肅淸(숙청) 淸敎徒(청교도) ③Ⅱ淸殿(청전) 淸涼殿(청량전) ③淸塗(청도) 淸廉(청렴) 淸濁(청탁) 淸心丸(청심환)

발전 ②淸涼劑(청량제) 28淸亮(청량) 淸旻(청민) 淸湜(청식) 淸澈(청철) 淸楚(청초) 淸湍(청단) 淸漣(청련) 淸穆(청목) 淸蟾(청섬) 淸沖(청충) 淸徽(청휘) ①廓淸(확청) 瀝淸(역청) 拭淸(식청) 晏淸(안청) 淸嘉(청가) 淸勁(청경) 淸磬(청경) 淸刮(청괄) 淸曠(청광) 淸穹(청궁) 淸綺(청기) 淸澹(청담) 淸凜(청름) 淸謐(청밀) 淸梵(청범) 淸氾(청범) 淸爽(청상) 淸曙(청서) 淸漤(청설) 淸宵(청소) 淸灑(청쇄) 淸瘦(청수) 淸醇(청순) 淸晏(청안) 淸齋(청재) 淸靖(청정) 淸澄(청징) 淸脆(청취) 淸蕩(청탕)

사자성어 6Ⅱ淸風明月(청풍명월) ⑤百年河淸(백년하청) 28穆如淸風(목여청풍)

부수	획수	총획
骨	13	23

몸 체【218】

字源 〈형성〉 몸이 비대하다고 해서 반드시 건강한 것만은 아니다. 흔히 탄력성 있는 살이 많이 붙어 있을 때 건강하다고 말한다. 몸에 붙은 뼈에 근육 그리고 신진대사가 잘 이루어져야 건강하다. 몸에 뼈(骨)와 살이 풍성(豊)하게 붙어 있어서 본받을 만한 건강한 몸매를 유지하였으니 [몸(體)]을 뜻하고 [체]로 읽는다.
圖身(몸 신) 己(몸 기) 軀(몸 구) 躬(몸 궁) 凹心(마음 심) 回禮(예도 례) 回体

필순

기초 【기초한자어】 익히고, 【기본→발전한자어】 다지기
體重(체중) 몸의 무게, 지위가 높고 중함
物體(물체) 물건의 형체
全體(전체) (사물이나 현상의) 전부
• 밤에는 物體가 잘 보이지 않는구나.
• 씨름 선수는 대부분 體重이 많이 나가는 편이다.

기본 6Ⅱ體內(체내) 體力(체력) 體面(체면) 體外(체외) ⑥體感(체감) 體言(체언) 體溫(체온) 5Ⅱ體格(체격) 體能(체능) ④Ⅱ體得(체득) 體毛(체모) 體罰(체벌) ④體系(체계) 3Ⅱ媒體(매체) 體貌(체모) 體裁(체재)

발전 ②裸體(나체) 屍體(시체) 體型(체형) 28結晶體(결정체) ①軀體(구체) 胴體(동체) 澁體(삽체) 拗體(요체) 肢體(지체) 體腔(체강) 體軀(체구) 體魄(체백) 墜體(추체)

사자성어 3Ⅱ物我一體(물아일체) 軟體動物(연체동물) ②傘下團體(산하단체) 身體髮膚(신체발부)

부수	획수	총획
衣	3	8

겉 표【219】

字源 〈회의〉 추운 겨울이면 토끼나 양에게 옷 구실을 했던 가죽이나 털을 겉옷으로 입었다. 매서운 바람이 몰아치는 겨울이 되면 더 없이 따뜻하고 포근한 외투로 몸을 보호했다. 사람과 짐승의 상호 교환성이겠다. 털(毛)로 만든 옷(衣)인 외투를 걸치고 [바깥(表)]에 입는 옷이니 [겉면(表)]을 뜻하고 [표]로 읽는다.
圖皮(가죽 피) 凹裏(속 리) 回衣(옷 의) 衰(쇠할 쇠) 衷(속마음 충)

필순 一二三丰主丰丰表表

기초 【기초한자어】 익히고, 【기본→발전한자어】 다지기
表記(표기) 책, 문서, 봉투 등의 거죽에 기록함. 또는 그 기록
表面(표면) 겉으로 드러난 면
表現(표현) 의사나 감정 등을 드러내어 표면에 나타내는 일
• 액체의 表面에는 표면 장력이 있다고 한다.
• 그는 이제야 말로는 表現하기를 어색하다고 말한다.

기본 6Ⅱ表明(표명) 表文(표문) 表題(표제) 表紙(표지) 表出(표출) 公表(공표) 代表(대표) 圖表(도표) 發表(발표) 年表(연표) 意表(의표) 地表(지표) ⑥別表(별표) 5Ⅱ表決(표결) 表情(표정) 情表(정표) 價格表(가격표) ⑤表示(표시) 無表情(무표정) ④Ⅱ師表(사표) 出師表(출사표) 統計表(통계표) ④表象(표상) 辭表(사표) 亂數表(난수표) 3Ⅱ表皮(표피) 表奏(표주) 徵表(징표) 表裏(표리)

발전 ②表揭(표게) 表札(표찰) 塵表(진표) 風塵表(풍진표) ①表擢(표탁)

사자성어 3Ⅱ表裏不同(표리부동)

부수	획수	총획
風	0	9

바람 풍【220】

字源 〈형성〉 큰 바람이 땅을 지나간 다음에 병충해가 많이 발생한다. 공기가 널리 퍼짐에 따라서 모든 생물이 깨어나 움직임도 나타낸다고 했다. 태풍이 지나고 난 다음에 번성하는 일정 지역이 몸부림 친 현상이다. 무릇(凡) 태풍이 지난 다음 병충해(虫)가 많이 번성했다 했으니 [바람(風)]을 뜻하고 [풍]으로 읽는다.
回周(두루 주)

필순 丿 几 凡 凡 凬 凬 風 風 風

기초 【기초한자어】 익히고, 【기본→발전한자어】 다지기
風力(풍력) 바람의 힘
風水(풍수) 바람과 물
風習(풍습) 풍속과 습관
• 이제는 제주도에는 風力발전소가 생겼다.
• 추석에는 윷놀이하는 風習이 있었다고 한다.

기본 6Ⅱ風敎(풍교) 風物(풍물) 學風(학풍) 6風速(풍속) 5風景(풍경) 4Ⅱ風俗(풍속) 風齒(풍치) 殺風景(살풍경) 4威風(위풍) 驚風(경풍) 珍風景(진풍경) 破傷風(파상풍) 3Ⅱ風浪(풍랑) 風貌(풍모)

발전 2颱風(태풍) 風塵(풍진) 趨風(추풍) 廻風(회풍) 28倭風(왜풍) 風采(풍채) 薰風(훈풍) 風埃(풍애) 結繩風(결승풍) 1凱風(개풍) 勁風(경풍) 瘋風(경풍) 滔風(도풍) 陋風(누풍) 遡風(소풍) 迅風(신풍) 凄風(처풍) 侈風(치풍) 頹風(퇴풍) 飄風(표풍) 風矩(풍구) 風濤(풍도) 風鰻(풍만) 風靡(풍미) 風帆(풍범) 風痺(풍비) 風瘙(풍소) 風簫(풍소) 風馴(풍순) 風鳶(풍연) 風喩(풍유) 風迹(풍적) 風櫛(풍즐) 風鐸(풍탁) 風披(풍피)

사자성어 5Ⅱ風化作用(풍화작용) 5馬耳東風(마이동풍) 4Ⅱ風前燈火(풍전등화) 2風塵世上(풍진세상) 風塵表物(풍진표물) 風餐露宿(풍찬노숙) 28穆如淸風(목여청풍)

부수	획수	총획
千	5	8

다행 행：【221】

字源 〈회의〉 의술이 발달되지 못한 옛날에는 젊어서 죽는 경우가 참 많았던 모양이다. 나이 많은 지금까지 자손과 더불어 즐겁게 살고 있으니 행복하기만 하겠다. 오래도록 살았으니 축배의 잔을 들만큼 행복하다. 젊었을 적에 일찍 죽지(夭) 못하고(屰) 이리도 오랫도록 살았으니 [다행(幸)]이라는 뜻이고 [행]으로 읽는다.
回辛(매울 신)

필순 一 十 土 去 去 寺 寺 幸

기초 【기초한자어】 익히고, 【기본→발전한자어】 다지기
幸運(행운) 행복한 운수
多幸(다행) 운수가 좋음. 일이 좋게 됨. 뜻밖에 잘됨
不幸(불행) 행복하지 아니함
• 내년에는 모든 사람들에게 幸運이 오면 좋겠다.
• 그는 몸을 다쳐 不幸하게도 불구자가 되었다.

기본 6Ⅱ天幸(천행) 6行幸(행행) 5Ⅱ幸福(행복) 幸運兒(행운아)

발전 2幸姬(행희) 妖幸(요행) 28幸冀(행기) 1僥幸(요행) 寵幸(총행) 欣幸(흔행)

사자성어 6千萬多幸(천만다행)

부수	획수	총획
玉	7	11

나타날 현 : 【222】

字源 〈형성〉 구슬은 헝겊으로 문지를수록 더욱 빛이 난다. 모서리 진 구슬을 둥글게 갈고 닦고 문지르면 거울처럼 맑게 윤기가 나기도 한다. 흔히 '문지르고 닦는다'는 말이 여기에서 나왔을지도 모르겠다. 구슬(王←玉)을 갈고 문지르면 빛깔의 맑음이 눈에 보일 만큼) 잘 [나타나다(現)]는 뜻이고 [현]으로 읽는다.
图著(나타날 저) 顯(나타날 현) 凹消(사라질 소) 隱(숨을 은) 回理(마을 리) 規(법 규) 視(보일 시)

필순 二 千 王 王 玗 玔 玥 珇 珇 現 現

기초 【기초한자어】 익히고, 【기본→발전한자어】 다지기
現代(현대) 오늘날의 시대. 현시대
現在(현재) 이제. 이 세상의 과거와 미래와의 경계
出現(출현) 나타남. 나타나 보임
• 지금 現在는 박빙의 승부이나 앞으로는 잘 모르겠다.
• 경찰의 出現으로 인하여 도둑이 도망갔다.

기본 6Ⅱ現金(현금) 現今(현금) 現物(현물) 現世(현세) 現業(현업) 現場(현장) 現地(현지) 現下(현하) 現住所(현주소) 6現行(현행) 5Ⅱ現實(현실) 現品(현품) 具現(구현) 實現(실현) 5再現(재현) 4Ⅱ現狀(현상) 現職(현직) 4現象(현상) 現存(현존) 現況(현황) 現行犯(현행범) 3Ⅱ現夢(현몽) 現役(현역)

발전 2現札(현찰) 1踊現(용현)

부수	획수	총획
彡	4	7

모양 형【223】

字源 〈형성〉 붓글씨를 처음 배울 때에 밑으로 긋기 옆으로 긋기부터 점차 연습한다. 이렇게 획수를 그어 연습하는 것이 기초이다. 처음에는 바른 글씨가 되지 못하고 우물틀 같은 매우 어리숙한 모양이 되기도 한다. 붓(彡)을 잘 들어서 우물틀(开←井) 같은 형상의 그림을 그렸으니 [모양形]을 뜻하고 [형]으로 읽는다.
圆式(법 식) 態(모습 태) 容(얼굴 태) 樣(모양 양) 姿(모양 자) 象(코끼리 상) 像(모양 상) 貌(모양 모) 凹影(그림자 영) 凹刑(형벌 형)

필순 一 二 三 于 开 开 形 形 形

기초 【기초한자어】 익히고, 【기본→발전한자어】 다지기
形成(형성) 어떤 형태나 구조를 이룸
形便(형편) 일이 되어 가는 모양이나 경로
有形(유형) 형체가 있음
• 백두산은 화산이 폭발해서 形成되었다고 말한다.
• 가정 形便이 어려워 도시락을 싸오지 못한다.

기본 6Ⅱ形色(형색) 形體(형체) 地形(지형) 大形(대형) 圖形(도형) 成形(성형) 小形(소형) 外形(외형) 人形(인형) 字形(자형) 6形式(형식) 形言(형언) 5Ⅱ形局(형국) 形相(형상) 形質(형질) 變形(변형) 5固形(고형) 無形(무형) 原形(원형) 4Ⅱ形狀(형상) 形勢(형세) 形容(형용) 形態(형태) 圓形(원형) 4形象(형상) 象形(상형) 異形(이형)

발전 2纖形(섬형) 1魁形(괴형) 矩形(구형) 詭形(궤형) 畸形(기형) 菱形(능형) 彎形(만형) 扇形(선형) 梯形(제형) 凸形(철형) 形軀(형구) 形魄(형백) 形迹(형적) 形霞(형하) 形骸(형해)

사자성어 3形而上學(형이상학) 形而下學(형이하학)

부수	획수	총획
口	5	8

화할 화 【224】

字源 〈형성〉 1년간 애써 기른 벼를 가을이 되어 거둬들이니 마냥 즐겁기만 하다. 온 식구가 열심히 일하여 얻은 알찬 보람의 결과라 하겠다. 온갖 곡식이 풍성하여 독 안에 가득 차 있으니 가을의 즐거움이다. 벼(禾)를 수확하여 온 식구(口)들이 빙 둘러 앉아 오붓하게 먹었으니 [화목하다(和)]는 뜻이고 [화]로 읽는다.
圆平(평평할 평) 協(화할 협) 睦(화목할 목) 諧(화할 해) 穆(화목할 목) 沖(화할 충) 凹戰(싸움 전) 競(다툴 경) 爭(다툴 쟁) 鬪(싸움 투) 凹利(이할 리) 私(사사 사)

필순 一 二 千 才 禾 和 和 和

기초 【기초한자어】 익히고, 【기본→발전한자어】 다지기
和氣(화기) 온화한 기색. 화목한 기운
和合(화합) 화목하게 어울림

和平(평화) 평온하고 화목함
• 온 가족이 모인 방안은 和氣가 가득 찬 분위기다.
• 우리 국민은 平和를 사랑하는 민족이다.

기본 6Ⅱ和色(화색) 5Ⅱ和順(화순) 和約(화약) 3Ⅱ緩和(완화) 雙和湯(쌍화탕) 3斥和(척화) 飽和(포화) 違和感(위화감)

발전 2融和(융화) 穩和(온화) 和輯(화집) 和夷(화이) 趨和(추화) 28燮和(섭화) 雍和(옹화) 沖和(충화) 舒和(서화) 和穆(화목) 和昶(화창) 和沖(화충) 1鑾和(난화) 酬和(수화) 倡和(창화) 和嗜(화기) 和璧(화벽) 和粹(화수) 和綽(화작) 和悌(화제) 和諧(화해)

사자성어 3Ⅱ附和雷同(부화뇌동) 2和光同塵(화광동진) 和夷協同(화충협동)

부수	획수	총획
日	9	13

모일 회 : 【225】

字源 〈회의〉 여러 사람들이 한 자리에 앉아서 상호 의논을 통해 보다 발전적인 이야기들을 한 곳에 모은다. 흔히 의논을 '회의'라 했으니 국가적인 일로는 국회에서 의원들이 자기 의견을 말하는 것과 같았을 것이다. 의논하기 위해 사람이 모여(스←合) 수효가 더해졌으니(曾←會) [모이다(會)]는 뜻이고 [회]로 읽는다.
圆集(모을 집) 社(모일 사) 凹散(흩을 산) 離(떠날 리) 凹曾(일찍 증) 凹会

필순 人 스 今 合 合 合 會 會 會 會

기초 【기초한자어】 익히고, 【기본→발전한자어】 다지기
會食(회식) 여러 사람이 모여 같이 음식을 먹음
會話(회화) 서로 만나서 이야기함
入會(입회) 모임에 가입하여 회원이 됨
• 친목회를 열어 會食에 참석했다.
• 새롭게 친목회에 入會 신청을 다시 받는다.

기본 6Ⅱ會計(회계) 會同(회동) 會社(회사) 會心(회심) 會意(회의) 教會(교회) 國會(국회) 大會(대회) 面會(면회) 6會合(회합) 開會(개회) 5Ⅱ會見(회견) 流會(유회) 5會期(회기) 會談(회담) 會費(회비) 會則(회칙) 4Ⅱ會得(회득) 會報(회보) 會員(회원) 會議(회의) 牧會(목회) 密會(밀회) 4會誌(회지) 機會(기회) 3Ⅱ會館(회관) 司會(사회) 宴會(연회) 照會(조회) 懇談會(간담회)

발전 28彦會(언회) 1劫會(겁회) 齋會(재회) 黜會(출회) 會撮(회촬) 會綏(회치) 會辦(회판)

한자능력검정시험
자원대사전

6급

[226~300]

根綠本式溫在行
郡路服勝英章合
區禮病習永者特
交例別樹言醫通
苦頭番孫陽衣太
古度朴速洋銀親訓
京待米石野由畫黃
開多美席夜油族書
強級目死愛遠朝號
感近李使失園定向

부수	획수	총획
心	9	13

感

느낄 감 : 【226】

字源 〈형성〉 입후보자가 연단에서 열변을 토하면서 연설을 하고 있다. 열심히 일하겠다는 그의 깊은 생각에 많은 사람이 박수를 보낸다. 그리고 적극적인 지지를 표명한다. 반드시 지역을 위한 일을 하겠다고 한다. 모든(咸) 사람들이 고마운 마음(心)으로 생각하여 감동했으니 [느끼다(感)]는 뜻이고 [감]으로 읽는다.
圖覺(깨달을 각) 悟(깨달을 오) 回減(덜 감) 咸(다 함)

필순) 厂 厂 斤 后 后 咸 咸 咸 感 感

기초 【기초한자어】 익히고, 【기본→발전한자어】 다지기
感動(감동) 깊이 느끼어 마음이 움직임
感服(감복) 감동하여 마음이 쏠림
同感(동감) 남과 같은 생각이나 느낌
• 열창하는 가수의 모습에서 많은 感動을 받았다.
• 나는 그의 생각에 전적으로 同感입니다.

기본 ⑥感度(감도) ⑤Ⅱ感性(감성) 感情(감정) 感知(감지) 感化(감화) ④Ⅱ感謝(감사) 感想(감상) 感聲(감성) ④感覺(감각) 感激(감격) ③Ⅱ感銘(감명) 感染(감염) 感觸(감촉) 感悔(감회) 感懷(감회) 靈感(영감) 感歎詞(감탄사) 距離感(거리감) ③感泣(감읍) 鈍感(둔감) 敏感(민감)

발전 ②感戴(감대) ①感咽(감열) 感涕(감체) 感慟(감통) 感佩(감패) 媚感(미감) 惶感(황감) 嗅感(후감)

사자성어 ③Ⅱ隔世之感(격세지감)

부수	획수	총획
弓	8	11

強

강할 강 (:) 【227】

字源 〈형성〉 쌀을 갉아먹는 벌레는 '바구미'라고 알려진다. 찧어 놓은 지 썩 오래된 쌀은 바구미가 생겨 몸에 이로운 쌀눈을 갉아먹는다고 했다. 이런 쌀벌레의 위력은 여름철이면 많이들 잘 나타나곤 한다. 쌀을 갉아먹는 해충(虫)은 비록 작지만 그 피해는 크고(弘) 힘이 세니 [강하다(強)]는 뜻이고 [강]으로 읽는다.
圖健(굳셀 건) 硬(굳을 경) 勁(굳셀 경) 剛(굳셀 강) 回弱(약할 약)

필순)) 弓 弓 弜 弘 弘 弨 強 強 強

기초 【기초한자어】 익히고, 【기본→발전한자어】 다지기
強國(강국) 세력이 강한 나라, 강대국
強度(강도) 강렬한 정도. 굳기
強風(강풍) 세차게 부는 바람
• 쇠붙이는 強度가 큰 물체이기도 하다.

• 갑자기 強風이 불어 전신주가 넘어졌다.

기본 ⑥強弱(강약) 強速球(강속구) ⑤Ⅰ強調(강조) ⑤強健(강건) 強買(강매) 強賣(강매) ④Ⅰ強盛(강성) 強勢(강세) ④強勸(강권) 強盜(강도) 強烈(강렬) 強點(강점) ③Ⅰ強奪(강탈) 補強(보강) ③強姦(강간)

발전 ②強心劑(강심제) 強壯劑(강장제) ①頑強(완강) 拗強(요강) 強弩(강노) 強頑(강완) 強靭(강인)

부수	획수	총획
門	4	12

開

열 개 【228】

字源 〈형성〉 날이 밝아 아침이 되면 두 손으로 빗장을 빼서 열어 놓았다. 사람의 출입이 잦은 곳에 문을 닫고 여는 일을 능사로 했다. 어두운 밤이 되면 문(門)에 빗장(才)을 찔러서 문을 굳게 닫았다. 굳게 닫혔던 문(門)의 가로로 된 빗장(一)을 두 손(廾)으로 빼서 아래로 젖혔으니 [열다(開)]는 뜻이고 [개]로 읽는다.
圖啓(열 계) 闢(열 벽) 回閉(닫을 폐) 回間(물을 문) 聞(들을 문)

필순)) 厂 厂 厂 門 門 門 閂 開 開

기초 【기초한자어】 익히고, 【기본→발전한자어】 다지기
開校(개교) 학교를 세워 처음으로 운영을 시작함
開始(개시) 행동이나 일 따위를 처음 시작함
開國(개국) 새로 나라를 세움
• 오늘은 우리 학교 開校기념일이다.
• 우리나라의 시조는 고조선을 開國한 단군왕검이다.

기본 ⑥開發(개발) 開放(개방) 開所(개소) 開通(개통) 開學(개학) 開花(개화) 公開(공개) ⑤Ⅰ開館(개관) 開化(개화) ④Ⅰ開講(개강) 開缺(개결) 開城(개성) 開議(개의) 開票(개표) 開港(개항) 滿開(만개) 未開(미개) ④開管(개관) 開鑛(개광) 開閉(개폐) 開婚(개혼) 開式辭(개식사) ③Ⅰ開拓(개척) 疏開(소개)

발전 ②開掘(개굴) 開札(개찰) ②⑧開允(개윤) ①開墾(개간) 開曠(개광) 開襟(개금) 開淘(개도) 開闢(개벽) 開曙(개서) 開溗(개설) 開剪(개전) 廓開(확개) 劈開(벽개) 鑿開(착개) 綻開(탄개)

부수	획수	총획
亠	6	8

京

서울 경 【229】

字源 〈상형〉 임금님이 사는 집은 높은 언덕 위에 지었다. 이곳은 정치·경제·사회·문화의 중심지가 되었다. 임금이 사

는 궁전은 높은 곳에 있어야 고고할 것이라는 믿음과 함께 백성 위에서 늘 군림했었다. 높은(古←高) 언덕(小←丘) 위에 지은 궁성이 나라의 중심이 되었으니 [서울(京)]을 뜻하고 [경]으로 읽는다.

⑤都(도읍 도) 村(마을 촌) 鄕(시골 향) 凹涼(서늘할 량) 亭(정자 정) 亨(형통할 형) 享(누릴 향)

필순 `亠亠亠亠古古亨京京`

기초 【기초한자어】 익히고, 【기본→발전한자어】 다지기
上京(상경) 시골에서 서울로 올라옴. 서울로 감
入京(입경) 서울에 들어옴
在京(재경) 서울에 있음
• 시골에 계신 부모님께서 어제 上京하셨다.
• 그의 入京 소식에 공항이 마비될 지경이다.

기본 ⑥北京(북경) 東京(동경) ⑤京觀(경관) ④京府(경부) 京城(경성) 京田(경전) 京制(경제) 京察(경찰) 京鄕(경향) ④京劇(경극) 歸京(귀경) 京仁線(경인선) ③京畿(경기) ③京畓(경답)

발전 ②京闕(경궐) ㉘京峙(경치) 鎬京(호경) 京兆尹(경조윤) ①京輦(경련) 京坊(경방)

예 고 : 【230】

부수	획수	총획
口	2	5

字源 〈회의〉 새로운 뉴스감이 생겨나면 사람과 사람 사이의 입을 통해 몇 바퀴를 돌아가면서 전해진다. 발 없는 말이 천리를 간다고 했으니 그 말의 속도를 알 것 같다. 그래서 어제의 일은 이제 옛날의 것이 된다. 열(十) 사람이나 되는 사람 입(口)을 통했으니 이미 지나간 옛일이니 [옛(古)]을 뜻하고 [고]로 읽는다.

⑤舊(예 구) 故(연고 고) 久(오랠 구) 昔(예 석) 凹新(새 신) 今(이제 금) 凹右(오른 우) 石(돌 석) 占(점령할 점) 舌(혀 설)

필순 `一十土古古`

기초 【기초한자어】 익히고, 【기본→발전한자어】 다지기
古今(고금) 옛날과 지금을 아울러 이르는 말
古代(고대) 옛 시대
古物(고물) 오래된 물건
• 古今을 통해서 변하지 않는 것은 대자연이다.
• 고물상은 古物을 수집하는 곳이다.

기본 ⑥古家(고가) 古來(고래) 古木(고목) 古文(고문) 古書(고서) 古語(고어) 古風(고풍) 上古(상고) 太古(태고) 古書畵(고서화) ⑤古典(고전) 古參(고참) 考古學(고고학) 中古品(중고품) ④古宮(고궁) 復古(복고) ③古蹟(고적) 古稀(고희) 蒙古(몽고)

발전 ②古刹(고찰) ㉘耽古(탐고) ①古勁(고경) 古樸(고박) 古祠(고사) 古諺(고언) 古塚(고총) 曠古(광고) 亘古(궁고) 擬古(의고) 踵古(종고) 亘萬古(궁만고)

사자성어 ⑥東西古今(동서고금) 萬古不變(만고불변) 自古以來(자고이래) ③古色蒼然(고색창연)

쓸 고 【231】

부수	획수	총획
艸	5	9

字源 〈형성〉 오래된 풀일수록 약효가 좋아서 약초로서 많은 가치가 있다고 한다. 약은 입에 써야 한다는 말은 이 때문일 것이다. 봄철에 돋은 약초의 새싹이 여름철에 자라고 가을철에는 약이 올라야 된다. 약초에 쓰일 풀(艹)이 자란 지 오래되면(古) 써서 고통스러워했으니 많이 [괴롭다(苦)]는 뜻이고 [고]로 읽는다.

⑤難(어려울 난) 辛(매울 신) 艱(어려울 간) 凹樂(즐길 락) 甘(달 감) 凹若(같을 약) 芳(꽃다울 방)

필순 `一十十十十十十十苦苦`

기초 【기초한자어】 익히고, 【기본→발전한자어】 다지기
苦樂(고락) 괴로움과 즐거움
苦言(고언) 듣기는 싫으나 유익한 말
苦心(고심) 몹시 애씀. 몹시 마음을 태움
• 철수는 나와 苦樂을 같이 한 오랜 친구다.
• 나는 苦心 끝에 그 일을 착수하기로 결심했다.

기본 ⑥苦生(고생) 苦戰(고전) 苦學(고학) 苦海(고해) 苦行(고행) 生活苦(생활고) ⑤苦客(고객) 苦(객고) 勞苦(노고) ④苦難(고난) 苦味(고미) ④苦痛(고통) 刻苦(각고) ③苦役(고역) 獄苦(옥고) 忍苦(인고) ③苦惱(고뇌) 苦杯(고배) 辛苦(신고)

발전 ②苦蔘(고삼) 苦衷(고충) ㉘苦楚(고초) ①艱苦(간고) 苦艱(고간) 苦諫(고간) 苦箇(고개) 苦杞(고기) 苦悶(고민) 苦澁(고삽) 苦眩(고현) 澁苦(삽고) 鹹苦(함고)

사자성어 ④苦盡甘來(고진감래) ③鶴首苦待(학수고대) ③千辛萬苦(천신만고)

사귈 교 【232】

부수	획수	총획
亠	4	6

字源 〈상형〉 신체를 건강하게 유지하기 위해 등산도 하고 달리기도 열심히 한다. 뜀뛰기 운동을 할 때에는 다리를 교차시키면서 단련한다. 몸의 균형을 유지하기엔 다리운동이 적격이라는 경험담도 가끔 듣는다. 사람이 두 다리를 벌

려 교차시키거나, 벗이 되어 친하게 지내니 [사귀다(交)]는 뜻이고 [교]로 읽는다.

圆際(즈음/가 제) 回校(학교 교) 文(글월 문)

필순 `ㅗ ㅗ ㅡ 六 方 交`

기초 【기초한자어】 익히고, 【기본→발전한자어】 다지기
交代(교대) 서로 번갈아 함
交通(교통) 자동차 따위의 탈것을 이용하여 오고 감
外交(외교) 국가 간의 교섭
• 우리 집은 交通이 편리한 곳에 있다.
• 군대에서는 交代로 보초를 서게 된다.

기본 ⑥交感(교감) 交分(교분) 交信(교신) 國交(국교) 社交(사교) 親交(친교) ⑤Ⅰ交流(교류) 交友(교우) 性交(성교) ④Ⅰ交際(교제) 斷交(단교) 修交(수교) 絕交(절교) 外交官(외교관) ④交易(교역) 交遊(교유) 交雜(교잡) ③Ⅰ交尾(교미) 交付(교부) 交錯(교착) 交換(교환) ③交涉(교섭)

발전 ②交款(교관) 締交(체교) ①交頸(교경) 交鉤(교구) 交戟(교극) 交拏(교나) 交賭(교도) 交鋒(교봉) 交臂(교비) 交觴(교상) 交迭(교질) 交叉(교차) 交驩(교환) 交喙(교훼)

사자성어 ②芝蘭之交(지란지교)

부수	획수	총획
匚	9	11

구분할 구
지경 구 【233】

字源 〈회의〉하찮은 물건일망정 함부로 두지 않고 따로따로 구분해 놔두면 잘 보관과 관리를 할 수 있다. 일정한 구획을 정하여 쉽게 찾아서 편리하게 이용할 수도 있고 다음에도 물건을 쉽게 찾을 수 있다. 물건(品)을 잘 감추어(匚) 보관해 둔 칸으로 [나누다(區)]는 뜻과 행정구분인 [구역(區)]을 뜻하고 [구]로 읽는다.

圆別(다를 별) 分(나눌 분) 界(지경 계) 域(지경 역) 回合(합할 합) 回樞(지도리 추) 回区

필순 `一 アゥゥゥゥ品品品區`

기초 【기초한자어】 익히고, 【기본→발전한자어】 다지기
區間(구간) 일정한 구역의 안
區別(구별) 종류에 따라 갈라 놓음. 차별함
區分(구분) 구별하여 나눔
• 이웃집 쌍둥이는 형과 동생을 區分하기 어렵다.
• 진품과 가품을 區別하기 위한 규제가 있어야 한다.

기본 ⑥區內(구내) 地區(지구) ④區域(구역) 區廳(구청)

발전 ②區甸(구전) 蘆原區(노원구) ①僕區(복구) 奧區(오구)

사자성어 ④接道區域(접도구역)

부수	획수	총획
邑	7	10

고을 군ː 【234】

字源 〈형성〉 나라에서 임명하는 하급관리는 고을의 수령으로 흔히 '원님'이라고 불렀다. 시(市)보다는 규모가 작은 행정단위다. 수령 밑에는 육방이 있어서 사법 행정권 등을 부여하여 강하게 다스렸던 것이다. 수령이 임금(君) 명을 받아 일정 구역의 땅[阝←阜(邑)]을 잘 다스리는 [고을(郡)]을 뜻하고 [군]으로 읽는다.

圆邑(고을 읍) 洞(골 동) 縣(고을 현) 回群(무리 군) 君(임금 군) 郎(사내 랑)

필순 `フ ㄱ ㅋ 尹 尹 君 君 君' 君阝 郡`

기초 【기초한자어】 익히고, 【기본→발전한자어】 다지기
郡內(군내) 고을 안
郡民(군민) 고을에 사는 주민
郡守(군수) 군의 책임자
• 우리 군의 郡守는 군민의 복지를 위해 일한다.
• 군내 공설 운동장에서 郡民 체육대회가 열렸다.

기본 ⑥郡界(군계) ④郡廳(군청)

발전 ②价川郡(개천군) 高敞郡(고창군) 槐山郡(괴산군) 舒川郡(서천군) 燕岐郡(연기군) 長湍郡(장단군)

부수	획수	총획
木	6	10

뿌리 근 【235】

字源 〈형성〉 나무는 무성하게 자라지만 위로는 오르는 줄기의 끝이 있고 아래로는 '주욱' 뻗는 뿌리의 끝이 있어서 나무를 지탱해준다. 뿌리가 튼튼한 나무가 무성하게 잘 자란다는 말은 이를 잘 대변하고 있다. 나무(木) 아랫부분 끝에 그치어(艮) 있는 '밑동' 부분으로 근본이 되는 [뿌리(根)]를 뜻하고 [근]으로 읽는다.

圆本(근본 본) 源(근원 원) 回銀(은 은) 垠(지경 은) 恨(한할 한) 板(널 판)

필순 `一 十 オ オ 村 村' 村' 村' 根 根 根`

기초 【기초한자어】 익히고, 【기본→발전한자어】 다지기
根氣(근기) 근본이 되는 힘, 인내하고 감당할 만한 정력
根本(근본) 사물의 본바탕
草根(초근) 풀의 뿌리
• 나무는 根本이 튼튼해야만 잘 자란다.
• 옛날에는 草根과 목피를 먹을 정도로 어려웠다.

기본 ⑥球根(구근) 男根(남근) ⑤Ⅰ根性(근성) ④Ⅰ根絕(근절) 根治(근치) 毛根(모근) 齒根(치근) ④根據(근거) 根源

(근원) ③Ⅰ根幹(근간) 禍根(화근) 根抵當(근저당)
발전 ②葛根(갈근) 根塵(근진) ①根莖(근경) 根痼(근고)
根紐(근뉴) 根蟠(근반) 籬根(이근)
사자성어 ⑤事實無根(사실무근) ③Ⅰ草根木皮(초근목피)

부수	획수	총획
辶	4	8

가까울 근 : 【236】

字源 〈형성〉 물건을 저울로 달 때 저울추를 좌우로 옮기며 균형을 잘 맞춘다. 균형 잡힌 눈금을 헤아리면서 무게가 얼마인지를 바르게 측정한다. 이로 미루어 보아 저울에 써 놓은 눈금을 읽어 바른 무게를 안다. 물건을 달 때 저울추(斤)를 좌우로 조금씩 옮겨가는(辶←辵) 거리가 [가깝다(近)]는 뜻이고 [근]으로 읽는다.
回遠(멀 원) 回折(꺾을 절) 返(돌아올 반) 迷(미혹할 미) 沂(물 이름 기)

필순 ´ ㇒ ㇆ 斤 斤 沂 沂 近 近

기초 【기초한자어】 익히고, 【기본→발전한자어】 다지기
近代(근대) 지나간 지 얼마 안 되는 가까운 시대
近來(근래) 요사이, 근간
近海(근해) 육지에 상당히 가까운 바다
• 그는 近來들어 무척 몸이 쇠약해졌다.
• 우리 近海에서는 고기가 많이 잡히고 있다.
기본 ⑥近年(근년) 近東(근동) 近方(근방) 近世(근세) 近日(근일) 近者(근자) 親近(친근) ⑥遠近(원근) ⑤近因(근인) 最近(최근) ④Ⅰ接近(접근) 近視眼(근시안) ③Ⅰ近刊(근간) 近影(근영) 附近(부근) 側近(측근) ③近郊(근교) 近似(근사) 隣近(인근)
발전 ①近耗(근모) 俚近(이근) 輓近(만근)
사자성어 ③近親相姦(근친상간)

부수	획수	총획
糸	4	10

등급 급【237】

字源 〈형성〉 아무리 복잡하게 얽혀 있는 실도 앞과 뒤의 순서가 있다. 이 순서들은 차례에 따라 정리하면 질서정연한 모양이 된다. 여러 가지로 복잡하게 얽힌 것도 이렇게 가지런하게 정리해 두면 참으로 편리하다. 복잡한 실(系)도 앞과 뒤 순서에 따라 연결(及)되는 [고리]로서 [등급(級)]을 뜻하고 [급]으로 읽는다.
툉等(무리 등) 序(차례 서) 回約(맺을 약) 給(줄 급)

필순 ´ ㇜ ㇜ 幺 幺 糸 糸 糹 約 紉 級 級

기초 【기초한자어】 익히고, 【기본→발전한자어】 다지기
級數(급수) 우열에 따른 급수
級友(급우) 같은 학급에서 배우는 벗
高級(고급) 등급이나 계급이 높음
• 철수는 한자 級數검정 시험에 합격했다.
• 이번 교육은 高級반에서 받게 되어 있다.
기본 ⑥級訓(급훈) 等級(등급) 中級(중급) 特級(특급) 下級(하급) 學級(학급) ⑤Ⅰ首級(수급) ⑤初級(초급) 最上級(최상급) 重量級(중량급) ④Ⅰ留級(유급) 進級(진급) ④巨物級(거물급) ③Ⅰ昇級(승급)
발전 ②斬級(참급) 勳級(훈급) ①巍級(외급) 梯級(제급)

부수	획수	총획
夕	3	6

많을 다【238】

字源 〈회의〉 오늘 저녁이 가고 내일 저녁이 지나면 날짜는 쉼 없이 쌓이면서 계속 흘러간다. 무정한 세월이 흘러가면서 사람은 그렇게 늙어만 갔을 것이다. 수많은 세월은 나약한 인간을 늙고 병들게 만들어 간다. 달이 뜨고 별이 비친 오늘 밤(夕)과 내일 밤(夕)이 겹쳐서 거듭되니 [많다(多)]는 뜻이고 [다]로 읽는다.
回少(적을 소) 寡(적을 과) 回夕(저녁 석) 名(이름 명)

필순 ´ ㇇ 夕 夕 多 多

기초 【기초한자어】 익히고, 【기본→발전한자어】 다지기
多讀(다독) 책을 많이 읽음
多數(다수) 수가 많음. 대부분
多幸(다행) 운수가 좋음. 일이 좋게 됨
• 광장에서 多數의 인원이 모여 궐기대회를 했다.
• 큰 화재에도 불구하고 인명피해가 없는 게 多幸이다.
기본 ⑥多感(다감) 多大(다대) 多發(다발) 多分(다분) 多年生(다년생) 多方面(다방면) ⑤Ⅰ多福(다복) 多角的(다각적) ⑤多量(다량) 過多(과다) ④Ⅰ多極(다극) 多邊化(다변화) ④多辯(다변) 多額(다액) 多樣(다양) 多國籍(다국적) ③Ⅰ多寡(다과) 多濕(다습) ③多收穫(다수확)
발전 ②多岐(다기) 多祜(다호) ①多虞(다우) 猥多(외다) 饒多(요다)
사자성어 ④Ⅰ多多益善(다다익선) ③Ⅰ一夫多妻(일부다처) ②胃酸過多(위산과다)

부수	획수	총획
彳	6	9

기다릴 대 : 【239】

字源 〈형성〉 면사무소나 읍사무소 그리고 시청 같은 관청에서

는 여러 가지 행정 업무를 본다. 민원인은 주민등록 업무, 재산업무, 수납업무 등을 접수시켜 놓고 그 일이 잘 되어 나오기를 기원하면서 조용하게 기다린다. 관청(寺)에서 용무를 접수시켜 놓고 서성거리면서(彳) [기다리다(待)]는 뜻이고 [대]로 읽는다.

回 時(때 시) 特(특별할 특) 持(가질 지) 侍(모실 시)

필순 ノ ノ 彳 彳 彳 彳 彳 待 待 待

기초 【기초한자어】 익히고, 【기본 → 발전한자어】 다지기
待命(대명) 상부에서 내리는 명령을 기다림. 대기 명령
待合室(대합실) 병원 같은 곳에서 손님이 편하게 기다리도록 마련해 놓은 곳
特待(특대) 특별한 대우
• 그는 성적이 좋아서 特待를 받으며 입사했다.
• 승객들은 서울역 待合室에서 기차를 기다렸다.

기본 6 下待(하대) 5Ⅱ 待望(대망) 5 待期(대기) 待令(대령) 期待(기대) 冷待(냉대) 4Ⅱ 待接(대접) 應待(응대) 接待(접대) 4 待遇(대우) 待避(대피) 優待(우대) 招待(초대) 歡待(환대) 厚待(후대) 3Ⅱ 恭待(공대) 企待(기대) 賤待(천대)

발전 2 款待(관대) 虐待(학대) 1 寵待(총대)

사자성어 3Ⅱ 鶴首苦待(학수고대)

부수	획수	총획
广	6	9

법도 도(:)
헤아릴 탁【240】

字源 〈형성〉 한 사람이 하는 것보다 여러 사람이 함께하면 일이 정확하게 이루어진다. 서로의 각도가 잘 맞아 힘의 균형을 이루면 정확해진다. 이런 경우에 여러 사람이 손발이 잘 맞지 않으면 안 된다. 집(广)의 크기를 여러 사람(廿)이 손(又)으로 만져서 [재다(度)] 혹은 [헤아리다(度)]는 뜻이고 [도/탁]으로 읽는다.

回 例(법식 례) 法(법 법) 規(법 규) 量(헤아릴 량) 尺(자 척) 揆(헤아릴 규) 矩(모날/법도 구) 回 席(자리 석) 庶(여러 서)

필순 亠 广 广 庐 庐 庐 度 度

기초 【기초한자어】 익히고, 【기본 → 발전한자어】 다지기
角度(각도) 한 점에서 갈려 나간 두 선이 벌어진 정도
強度(강도) 강렬한 정도
度地(탁지) 토지를 측량함
• 쇠붙이는 強度가 매우 큰 물체다.
• 角度가 직각보다 큰 각을 둔각이라고 말한다.

기본 6 度數(도수) 感度(감도) 高度(고도) 光度(광도) 年度(연도) 民度(민도) 色度(색도) 5Ⅱ 法度(법도) 5 度量(도량) 加速度(가속도) 4Ⅱ 經度(경도) 極度(극도) 密度

(밀도) 度外視(도외시) 度支部(탁지부) 4 難易度(난이도) 3Ⅱ 濕度(습도) 尺度(척도) 度量衡(도량형) 3 頻度(빈도) 緯度(위도)

발전 2 濃度(농도) 預度(예탁) 2응 裏度(배도) 揆度(규탁) 1 矩度(구도) 度竿(도간) 度矩(도구) 度牒(도첩) 鹹度(함도) 臆度(억도) 忖度(촌탁)

사자성어 3 印度支那(인도지나)

부수	획수	총획
頁	7	16

머리 두【241】

字源 〈형성〉 사람은 머리로 지혜를 익히고 기술을 숙달하는 등 많은 것을 생각한다. 머리로 깊이 생각해야만 새로운 지혜가 생긴다. 멀리 보면 과거로부터 지나온 일이 제기(祭器)처럼 켜켜이 쌓이기도 한다. 목 위에 약간 길고 둥근 머리통(頁)의 제기(豆) 모양같이 생겼다 했으니 [머리(頭)]를 뜻하고 [두]로 읽는다.

回 首(머리 수) 頁(머리 혈) 回 尾(꼬리 미) 回 額(이마 액) 顔(얼굴 안)

필순 一 一 一 一 豆 豆 郖 頭 頭 頭 頭

기초 【기초한자어】 익히고, 【기본 → 발전한자어】 다지기
頭角(두각) 머리 끝. 우뚝 뛰어남
頭目(두목) 여러 사람 중 그 우두머리가 되는 사람
先頭(선두) 첫머리. 맨 앞
• 그림 공부를 열심히 하더니 화가로 頭角을 나타냈다.
• 집단의 한 우두머리를 흔히 頭目이라고 부른다.

기본 6 頭數(두수) 短頭(단두) 白頭(백두) 石頭(석두) 5Ⅱ 店頭(점두) 5 頭領(두령) 序頭(서두) 4Ⅱ 街頭(가두) 4 頭髮(두발) 頭痛(두통) 巨頭(거두) 乳頭(유두) 接頭辭(접두사) 3Ⅱ 頭腦(두뇌) 頭緒(두서) 沒頭(몰두) 頭蓋骨(두개골) 斷頭臺(단두대) 饅頭幕(원두막) 3 龜頭(귀두) 冒頭(모두)

발전 2 斬頭(참두) 喉頭(후두) 喉頭炎(후두염) 1 竿頭(간두) 閘頭(갑두) 叩頭(고두) 魁頭(괴두) 撞頭(대두) 禿頭(독두) 頭巾(두건) 頭頸(두경) 頭出(두주) 頭鮀(두타) 頭搭(두탑) 饅頭(만두) 樸頭(박두) 劈頭(벽두) 埠頭(부두) 搔頭(소두) 塾頭(숙두) 檣頭(장두) 纏頭(전두) 釘頭(정두) 套頭(투두)

사자성어 5 頭音法則(두음법칙) 3Ⅱ 龍頭蛇尾(용두사미) 徹頭徹尾(철두철미) 2응 蓬頭亂髮(봉두난발)

부수	획수	총획
人	6	8

법식 례:【242】

字源 〈형성〉 앞으로 줄을 지어 서는 대형을 '종대'라 했고, 옆으로 줄을 서는 대형을 '횡대'라 했다. 줄을 서는 대형은 지휘자의 지휘에 따라 길게 줄을 서는 사람들의 위치에 따라서 서로가 다르다. 사람(亻←人)들이 종대나 횡대 대형으로 줄을 지어 서서(列) 상호 견주어본 정도의 [법식(例)]을 뜻하고 [례]로 읽는다.
圄式(법 식) 度(법도 도) 法(법 법) 規(법 규) 則(법칙 칙) 典(법 전) 律(법칙 률) 範(법 범) 囘列(벌릴 렬) 烈(매울 렬)

필순

기초 【기초한자어】 익히고, 【기본→발전한자어】 다지기
例文(예문) 예로 드는 문장
例外(예외) 보통의 예에서 벗어난 일
例題(예제) 예로 드는 문제
• 시험문제는 例文을 잘 보고 풀어야 한다.
• 어떤 법칙에도 필요한 例外는 있다고 한다.

기본 ⑥例年(예년) 例事(예사) 事例(사례) 先例(선례) 用例(용례) 月例(월례) 前例(전례) 定例(정례) 通例(통례) ⑤Ⅰ類例(유례) 法例(법례) 實例(실례) 典例(전례) ⑤例規(예규) 例示(예시) 比例(비례) ④Ⅰ例句(예구) 常例(상례) 次例(차례) ④異例(이례) 條例(조례) 判例(판례) ③Ⅰ慣例(관례) 凡例(범례)

발전 ②赦例(사례) ①嘉例(가례)

예도 례 : 【243】

부수	획수	총획
示	13	18

字源 〈회의〉 결혼할 때에 예를 갖추는 절차는 비교적 복잡했다. 집에서 제사를 지낼 때도 법도에 맞는 예를 갖추어 정중하게 의식을 치렀던 것이다. 우리는 예를 적절하게 갖추었던 '동방예의지국'이라 불렸다. 음식을 가득하게(豊) 담아 혼례식과 제사(示)에 정중한 예절을 폈으니 [예도(禮)]를 뜻하고 [례]로 읽는다.
囘豊(풍년 풍) 圙礼

필순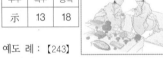

기초 【기초한자어】 익히고, 【기본→발전한자어】 다지기
禮度(예도) 예의와 법도
禮物(예물) 사례의 뜻을 표하거나 예의를 나타내기 위해 보낸 금전이나 물품
禮服(예복) 의식 때에 입는 옷
• 예의와 모든 법도에 따르는 일을 禮度라 한다.
• 결혼식장에서 신랑 신부가 禮物을 교환한다.

기본 ⑥禮記(예기) 家禮(가례) 答禮(답례) 目禮(목례) ⑤Ⅰ禮法(예법) 禮節(예절) 敬禮(경례) ⑤無禮(무례) ④Ⅰ禮訪(예방) 禮拜(예배) 禮佛(예불) 禮砲(예포) 缺禮(결례)

---

④禮遇(예우) 禮儀(예의) 禮讚(예찬) ③Ⅰ冠禮(관례) 默禮(묵례) 巡禮(순례) 葬禮(장례) 茶禮(차례) 賀禮(하례)

발전 ②廻禮(회례) 禮帽(예모) ①嘉禮(가례) 苛禮(가례) 覲禮(근례) 禮鼠(예서) 禮誼(예의) 禮帖(예첩) 緬禮(면례) 懺禮(참례) 愿禮(특례) 悖禮(패례)

사자성어 ③Ⅰ虛禮虛飾(허례허식)

路

길 로 : 【244】

부수	획수	총획
足	6	13

字源 〈형성〉 사람마다 걸어 다니는 길이 서로 다르다. 발로 걷는 그 길도 다르지만 희망이나 소망 등이 달라서 하는 일. 하고 싶은 일들이 다 각각 다르다. 그래서 그런지 우리 생활에 천차만별의 직업도 볼 수 있다. 사람들이 저마다 소망하면서 발(足)로 걷는 길이 각각(各) 달랐으니 [길(路)]을 뜻하고 [로]로 읽는다.
圄道(길 도) 程(한도/길 정) 途(길 도) 囘略(간단할 략) 絡(이을/얽을 락) 洛(물 이름 락)

필순

기초 【기초한자어】 익히고, 【기본→발전한자어】 다지기
路線(노선) 한 지점에서 다른 지점에 이르는 도로
道路(도로) 사람이나 차들이 다니는 비교적 큰 길
通路(통로) 길을 통행함. 통행하는 길
• 道路를 가로로 건널 때는 신호를 잘 보아야 한다.
• 우리 집 입구는 通路가 좁아 통행에 불편하다.

기본 ⑥路面(노면) 路上(노상) 農路(농로) 大路(대로) ⑤末路(말로) ④Ⅰ路邊(노변) 經路(경로) 街路燈(가로등) ④路資(노자) 歸路(귀로) 險路(험로) ③Ⅰ路頂(노정) ③路幅(노폭) 迷路(미로)

발전 ②僻路(벽로) 遮路(차로) 峽路(협로) 道路網(도로망) ②⑧岐路(기로) 峻路(준로) 阪路(판로) 路旁(노방) ①嶇路(구로) 衢路(구로) 逵路(규로) 汲路(급로) 鷺路(난로) 輦路(연로) 路臼(노구) 路衢(노구) 路葵(노규) 迂路(우로) 叉路(차로) 捷路(첩로) 坦路(탄로) 荊路(형로) 宦路(환로)

사자성어 ⑥高速道路(고속도로) ③Ⅰ高架道路(고가도로) ②鋪裝道路(포장도로)

綠

푸를 록 【245】

부수	획수	총획
糸	8	14

字源 〈형성〉 나무껍질을 벗기면 속껍질에서는 섬유질이 나오

고 잎의 색깔처럼 푸른색을 띤다. 질긴 섬유질로 매우 매끄럽게 보였던 것이다. 역시 푸른색은 새로움을 상징하듯 싱싱함을 여실하게 보여준다. 단단한 나무를 잘 드는 연모로 깎을(彔) 때 속껍질 섬유질(糸) 빛깔이 [푸른 색(綠)]임을 뜻하고 [록]으로 읽는다.
周靑(푸를 청) 蒼(푸를 창) 碧(푸를 벽) 回錄(기록할 록) 緣(인연 연) 祿(녹 록) 回緑

필순 ` ⺈ ⺌ ⺌ 糸 糸' 糸' 絆 絆 綠 綠

기초 【기초한자어】 익히고, 【기본→발전한자어】 다지기
綠色(녹색) 파란색과 노란색의 중간색
綠地(녹지) 풀과 나무를 많이 심어 놓은 지역
靑綠(청록) 청록색. 녹색과 파란색의 중간색
• 綠色식물은 엽록소가 있어 이산화탄소를 흡수하고 산소를 배출한다.
• 綠地를 많이 조성해야만 공해를 막을 수 있다.
기본 ⑥綠草(녹초) 新綠(신록) ⑤Ⅱ綠化(녹화) ⑤綠末(녹말) ④Ⅱ綠豆(녹두) 綠陰(녹음) 綠內障(녹내장) 葉綠素(엽록소) ③Ⅱ綠肥(녹비) 綠茶(녹차)
발전 ②綠蠻(녹만) ②⑧綠槐(녹괴) 鴨綠江(압록강) ①綠瞳(녹동) 綠橙(녹등) 綠蠟(녹랍) 綠蕪(녹무) 綠礬(녹반) 綠蔭(녹음) 綠瓷(녹자) 綠蕉(녹초) 綠苔(녹태) 頒綠(반록) 緋綠(비록)
사자성어 ⑥綠水靑山(녹수청산) 草綠同色(초록동색) ③Ⅱ綠衣紅裳(녹의홍상)

	부수	획수	총획
李	木	3	7

오얏 리 :
성씨 리 :【246】

字源 〈형성〉 오얏은 흔히 '자두'라고 하는데 열매가 매우 진귀하였다고 한다. 열매가 잘 열리지도 않는데 일단 열매가 맺히면 보기에 썩 좋다고 한다. 이 나무에 근거한 한자는 우리의 성씨로도 널리 쓰인다. 나무(木)의 가지에 아주 진귀한 열매(子)가 달려 있는 모양에 연유하며 [오얏(李)]을 뜻하고 [리]로 읽는다.
回季(계절 계) 秀(빼어날 수)

필순 一 十 才 木 本 李 李

기초 【기초한자어】 익히고, 【기본→발전한자어】 다지기
李朝(이조) 이씨 조선을 줄여 이르는 말
李花(이화) 자두나무의 꽃
行李(행리) 길 가는 데 쓰는 모든 도구. 행장
• 李朝시대에는 임금이 나라를 다스리는 제도였다.
• 청순한 모습의 李花가 달빛 아래 더욱 빛나고 있다.
기본 ④李氏(이씨) ③Ⅱ桃李(도리)
발전 ②李孃(이양) ②⑧李塏(이개) 李玖(이구) 李相卨(이상설)

李垠(이은) 李珥(이이) 李滉(이황) ①李哿(이가) 李棗(이조)
사자성어 ④張三李四(장삼이사)

	부수	획수	총획
目	目	0	5

눈/볼 목【247】

字源 〈상형〉 앞을 못 보게 된다면 우리 생활이 매우 불편해질 것이다. 사람 눈은 타원형의 모양으로 흰 부분과 검은 부분으로 되어 있다. 검은 부분이 렌즈의 역할을 잘 하면서 사물을 자세히 볼 수 있게 해 준다. 사물을 관찰할 수 있는 사람들의 중요한 눈동자 모양을 두루 본떠 [눈(目)]을 뜻하고 [목]으로 읽는다.
周眼(눈 안) 回日(날 일) 月(달 월) 曰(가로 왈)

필순 丨 冂 冂 目 目

기초 【기초한자어】 익히고, 【기본→발전한자어】 다지기
目禮(목례) 눈으로 가볍게 하는 인사. 눈인사
目前(목전) 눈앞. 지금 당장
科目(과목) 학문이나 교과를 나눈 구분
• 눈으로만 하는 인사를 目禮라고 한다.
• 시험을 目前에 두고 열심히 공부했다.
기본 ⑥目下(목하) 頭目(두목) 面目(면목) 名目(명목) 反目(반목) 五目(오목) 題目(제목) 注目(주목) ⑤Ⅱ目的(목적) 德目(덕목) 要目(요목) 種目(종목) 品目(품목) 多目的(다목적) ⑤曲目(곡목) 費目(비목) 耳目(이목) 罪目(죄목) ④Ⅱ目錄(목록) 目次(목차) 目測(목측) 稅目(세목) 眼目(안목) 指目(지목) 眞面目(진면목) ④目擊(목격) 目標(목표) 條目(조목) ③Ⅱ綱目(강목) 項目(항목) 盲目的(맹목적) ③目睫(목섭)
발전 ②目爛(목란) 目出帽(목출모) ①刮目(괄목) 目倦(목권) 目睹(목도) 目汁(목즙) 榜目(방목) 鼠目(서목) 醒目(성목) 拭目(식목) 寓目(우목) 隅目(우목) 囑目(촉목)
사자성어 ③Ⅱ目不忍見(목불인견)

	부수	획수	총획
美	羊	3	9

아름다울 미(:)
【248】

字源 〈회의〉 호주 같은 나라에서는 수많은 양떼를 볼 수 있다. 양은 성질이 온순하고 착한 동물로 알려진다. 사람에게 가죽과 털도 주지만 질기고 맛이 좋은 고기도 주었으니 사람들은 온순한 양을 참 좋아했다. 온순하고 순한 양(羊)

이 커서(大) 튼튼하게 살이 찌면 생김새가 [아름답다(美)]
는 뜻이고 [미]로 읽는다.
圓 麗(고울 려) 佳(아름다울 가) 艶(고울 염) 回 醜(추할 추)
回 米(쌀 미) 羊(양 양)

필순 `丶 丷 宀 丷 并 羊 羊 美 美`

기초 【기초한자어】 익히고, 【기본→발전한자어】 다지기
美感(미감) 아름다움에 대한 느낌. 미에 대한 감각
美術(미술) 공간 및 시각의 미를 표현하는 예술
美人(미인) 아름다운 사람. 보통은 아름다운 여자를
가리킴
• 누나는 美人 대회의 심사 위원장을 맡았다.
• 나는 美術 시간만 되면 어쩐지 신이난다.

기본 ⑥ 美名(미명) 美文(미문) 美式(미식) 美食(미식) 美食
家(미식가) ⑤ 美觀(미관) 美德(미덕) 美意識(미의식)
⑤ 美談(미담) ④ 美麗(미려) 美味(미미) 美容(미용)
④ 美機(미기) ③ 美貌(미모) 美蘇(미소) 美粧院(미장원)
脚線美(각선미) 審美眼(심미안)

발전 ② 歐美(구미) 美姬(미희) ② 淘美(순미) 耽美(탐미) 美晳
(미석) ① 美妓(미기) 美謚(미시) 美醬(미장) 美饌(미찬)
美繪(미회) 醇美(순미) 艶美(염미) 絢美(현미)

사자성어 ④ 美辭麗句(미사여구) ② 皮膚美容(피부미용)

부수	획수	총획
米	0	6

쌀 미 【249】

字源 〈상형〉 쌀은 사람이 살아가는 데 중요한 곡식 중에 하나.
애써 농사지은 알곡식을 씷어 거친 속껍질을 벗겨내면 밥을
지었을 때 식감이 부드러운 하얀 백미가 된다. 옛날부터
오곡 중에 쌀을 으뜸으로 여기면서 주곡으로 사용했다고
한다. 벼를 탈곡하여 낟알을 씷어 하얗게 정미했으니 [쌀(米)]
을 뜻하고 [미]로 읽는다.
回 光(빛 광) 末(끝 말) 未(아닐 미)

필순 `丶 丷 丷 二 半 米 米`

기초 【기초한자어】 익히고, 【기본→발전한자어】 다지기
米飮(미음) 쌀을 묽게 쑨 죽
米作(미작) 벼를 심고 가꾸고 거두는 일
白米(백미) 흰 쌀
• 정미소에서는 벼를 찧어 白米로 만들어준다.
• 소화가 잘 안 되는 환자는 米飮을 먹곤 한다.

기본 ⑤ 節米(절미) ④ 精米所(정미소) ④ 米穀(미곡) 軍糧米
(군량미) ③ 祿米(녹미) 米壽(미수) 玄米(현미) 供養米
(공양미)

발전 ② 俸米(봉미) ② 米潘(미반) ① 淘米(도미) 粒米(입미)
米囊(미낭) 米粒(미립) 米棉(미면) 米汁(미즙) 薪米
(신미) 粗米(조미) 炒米(초미) 芻米(추미) 恤米(휼미)

사자성어 ④ 白米競走(백미경주)

부수	획수	총획
木	2	6

순박할 박 【250】

字源 〈형성〉 거북 등껍데기에서 나오는 여러 가지의 금으로 길
흉화복을 점쳤다고 한다. 나무껍질도 더 자세하게 보면
거북 등처럼 울퉁불퉁하게 생겼다. 육안으로 보아도 질박
함을 쉽게 보아 구별할 수 있다. 나무(木)껍질이 거북(卜)
등처럼 투박하게 생겼으니 [순박하다(朴)] 또는 [성씨(朴)]
로도 쓰이고 [박]으로 읽는다.
圓 質(바탕 질) 素(본디/흴 소) 回 材(재목 재)

필순 `一 十 才 木 朴 朴`

기초 【기초한자어】 익히고, 【기본→발전한자어】 다지기
朴君(박군) 박씨 성을 가진 친구나 손아랫사람을 부
르는 말
朴直(박직) 순박하고 정직함
素朴(소박) 꾸밈이나 거짓이 없이 생긴 그대로임
• 우리 선생님은 나를 朴君이라고 부른다.
• 그는 매우 朴直한 사람이다.

기본 ⑤ 質朴(질박) ④ 朴氏(박씨)

발전 ② 淳朴(순박) 朴魯(박로) 朴赫居世(박혁거세) ① 敲朴
(고박) 朴陋(박루) 朴漱(박삽) 疎朴(소박) 醇朴(순박)
頑朴(완박)

부수	획수	총획
田	7	12

차례 번 【251】

字源 〈상형〉 논밭에 씨앗을 뿌리고 지나간 농부의 발자국에 따
라서 물에 젖은 땅이 움푹 패인다. 땅이나 모래밭에 깊고
옅은 발자국 모양으로 슬며시 남는다. 오목하게 패인 발
자국은 질서정연하다는 뜻이겠다. 논밭(田)에 씨앗을 뿌
리고 지나간 농부의 발자국(釆) 모양을 본떠서 [차례(番)]
를 뜻하고 [번]으로 읽는다.
圓 第(차례 제) 序(차례 서) 次(버금 차) 秩(차례 질) 回 留
(머무를 류)

필순 `丶 丷 二 平 乎 采 采 番 番 番`

기초 【기초한자어】 익히고, 【기본→발전한자어】 다지기
番地(번지) 토지를 조각조각 나누어서 매겨 놓은 땅
의 번호
番號(번호) 차례를 나타내는 호수
當番(당번) 차례의 번이 됨 또는 그 사람

6급

• 전화번호부에서 친구 집 전화番號를 찾았다.
• 아파트는 같은 番地 안에 많은 세대가 살고 있다.

기본 ⑥ 番外(번외) 軍番(군번) 每番(매번) 主番(주번) 地番(지번) 十八番(십팔번) ⑤I 局番(국번) 順番(순번) 週番(주번) ④I 缺番(결번) ④ 不寢番(불침번) 輪番制(윤번제) ③I 吐番(토번) ③ 遞番(체번)

발전 ② 番款(번관)

사자성어 ④I 一連番號(일련번호)

부수	획수	총획
刀	5	7

別

다를 별
나눌 별【252】

字源 〈회의〉 쇠고기나 돼지고기는 잔뼈도 있지만 굵은 뼈가 더 많다. 식육점에서는 이런 고기의 뼈와 살을 서로 구별하여 잘라서 판매했다. 곧 국거리, 살코기 그리고 사골용으로 구별하여 따로 판매했다. 칼(刂←刀)로 살코기와 뼈(另←冎)를 잘라 잘 구분하면서 [나누었으니(別)] [다르다(別)]는 뜻이고 [별]로 읽는다.
圖 分(나눌 분) 班(나눌 반) 區(구분할 구) 他(다를 타) 選(가릴 선) 配(나눌/짝 배) 異(다를 이) 差(다를 차) 離(떠날 리) 凹 同(한가지 동) 共(한가지 공) 合(합할 합) 增(더할 증) 凹 列(벌릴 렬)

필순 丶 冂 口 另 別 別 別

기초 【기초한자어】 익히고, 【기본→발전한자어】 다지기
別堂(별당) 뒤에 따로 지은 집
別名(별명) 본이름 외에 지어부르는 이름
別世(별세) 세상을 하직함. 죽음의 높임말
• 친구의 別名은 구두쇠라고 한다.
• 할아버지께서는 향년 80세를 일기로 別世하셨다.

기본 ⑥ 別命(별명) 別別(별별) 別數(별수) 別食(별식) 別問題(별문제) 別世界(별세계) ⑤ 別曲(별곡) ④I 別個(별개) 別故(별고) 別味(별미) 別動隊(별동대) ④ 別差(별차) 別手段(별수단) ③I 別館(별관) 別途(별도) 別將(별장) 別殿(별전) 別策(별책) 鑑別(감별) 惜別(석별) ③ 別添(별첨)

발전 ②⑧ 別岐(별기) ① 乖別(괴별) 袂別(몌별) 別坊(별방) 別邸(별저) 揖別(읍별) 孕別(잉별) 銓別(전별) 餞別(전별) 闊別(활별)

사자성어 ⑤ 別無神通(별무신통) ② 別段預金(별단예금)

부수	획수	총획
疒	5	10

病

병 병:【253】

字源 〈형성〉 병이 들어 밤낮을 가리지 않고 통증이 오는 경우

가 있다. 낮보다 밤에 더 아픔이 오거나 열이 심한 병 증세는 온 식구를 불안하게 만든다. 몸에 병이 들어 심하게 위중한 때를 넘기기도 했었다. 밤새워서 불을 켜놓고(丙) 간호할 만큼 심하게 앓아서(疒) 그만 누웠으니 [병들다(病)]는 뜻이고 [병]으로 읽는다.
圖 患(근심 환) 疾(병 질)

필순 丶 亠 广 广 疒 疒 疒 病 病 病

기초 【기초한자어】 익히고, 【기본→발전한자어】 다지기
病名(병명) 병의 이름
病室(병실) 병원에서 환자가 있는 방
病者(병자) 병을 앓는 사람
• 병실에서 신음하는 病者들 고충이 이만저만이 아니다.
• 아직까지도 가족들은 그의 심한 病名을 밝히지 못하고 있다.

기본 ⑥ 病理(병리) 病死(병사) 病席(병석) 病身(병신) 病者(병자) 問病(문병) 發病(발병) ⑤I 病害(병해) ⑤ 病院(병원) 病因(병인) 病患(병환) 相思病(상사병) ④I 病缺(병결) 病床(병상) 病勢(병세) 病蟲(병충) ④ 病暇(병가) 病痛(병통) 看病(간병) 病看護(병간호) ③I 病菌(병균) 疾病(질병) 肺病(폐병) 傳染病(전염병) ③ 臥病(와병)

발전 ② 病棟(병동) 病魔(병마) 療病(요병) 診病(진병) 糖尿病(당뇨병) 皮膚病(피부병) ②⑧ 病巢(병소) ① 癎病(간병) 疳病(감병) 悸病(계병) 疸病(달병) 癩病(나병) 罹病(이병) 癖病(벽병) 病癖(병벽) 腺病(선병) 恙病(양병) 疵病(자병) 腫病(종병) 瘡病(창병)

사자성어 ④I 萬病通治(만병통치) ③ 同病相憐(동병상련) ② 精神病棟(정신병동)

부수	획수	총획
月	4	8

服

옷 복【254】

字源 〈회의〉 외부로부터 몸을 보호하기 위해서 옷을 껴입는다. 옷은 바람과 비 그리고 모진 추위를 막기 위해 입는다. 배(月←舟)를 선장이 잘 다스려(㞋) 의도한 방향으로 좇다(服)는 뜻으로 쓰이는 글자다. 또한 몸(月←肉)을 잘 다스려서(㞋) 신체를 보호하기 위해서 겉에 길져 입는 [옷(服)]을 뜻하고 [복]으로 읽는다.
圖 衣(옷 의) 凹 報(알릴 보) 腹(배 복)

필순 丿 刀 月 月 月 服 服 服

기초 【기초한자어】 익히고, 【기본→발전한자어】 다지기
服藥(복약) 약을 먹음
服用(복용) 약을 먹음
洋服(양복) 서양식 옷

• 그는 한약을 服用하고 난 다음에 병이 나았다.
• 衣服은 깨끗하고 단정하게 입어야 한다고 가르쳤다.

기본 ⑥服色(복색) 服人(복인) 服中(복중) 感服(감복) 校服
(교복) 軍服(군복) 內服(내복) 冬服(동복) 不服(불복)
⑤Ⅱ法服(법복) 說服(설복) ④Ⅱ素服(소복) 承服(승복)
服制(복제) 官服(관복) 防寒服(방한복) ④服裝(복장)
服從(복종) 屈服(굴복) 私服(사복) ③Ⅱ服飾(복식) 服役
(복역) 克服(극복) 喪服(상복) 僧服(승복) 征服(정복)
燕尾服(연미복) ③旣成服(기성복)

발전 ②冕服(면복) 欽服(흠복) ①袞服(곤복) 詭服(궤복)
尨服(방복) 榜服(방복) 服臆(복억) 服佩(복패) 膳服
(선복) 馴服(순복) 嗟服(차복) 憚服(탄복) 佩服(패복)
駭服(해복) 絢服(현복) 卉服(훼복) 欣服(흔복)

사자성어 ④Ⅱ服務期間(복무기간) ②驂服鹽車(기복염거)

부수	획수	총획
木	1	5

근본 본 【255】

字源 〈지사〉 나무가 쑥쑥 자라려면 뿌리가 튼튼하고 양분을 섭
취해야 한다. 튼튼하고 야무진 뿌리가 근본이 되고 바탕
이 된다는 뜻일 것이다. 그래서 흔히 뿌리 깊은 나무는 결
코 바람에 흔들리지 않는다고 했다. 나무(木)의 밑동인 뿌
리(一) 부분이 그 바탕이 되었음을 가리켜서 다 [근본(本)]
됨을 뜻하고 [본]으로 읽는다.
⑤根(뿌리 근) 源(근원 원) ⑩末(끝 말) ⑪木(나무 목) 未
(아닐 미)

필순 一 十 才 木 本

기초 【기초한자어】 익히고, 【기본→발전한자어】 다지기
本家(본가) 분가하기 이전의 본디의 집. 본집
本分(본분) 마땅히 지켜야 할 직분
本然(본연) 자연 그대로의 상태. 본디 그대로의 모습
• 本家의 어른들께서는 모두 건강하게 잘 계신다.
• 학생의 本分을 잊어서는 안 된다고 배웠다.

기본 ⑥本科(본과) 本校(본교) 本國(본국) 本堂(본당) 本來
(본래) 本名(본명) 本文(본문) 本部(본부) 本社(본사)
本色(본색) 本書(본서) 本線(본선) 本姓(본성) 本業
(본업) ⑤Ⅱ本局(본국) 本能(본능) 本流(본류) 本性
(본성) ④Ⅱ本官(본관) 本隊(본대) 本論(본론) ④本源
(본원) ③Ⅱ本館(본관) 本貫(본관) 本署(본서) 本妻
(본처) 脚本(각본) 稿本(고본)

발전 ②闕本(궐본) 謄本(등본) 本俸(본봉) 本旨(본지) ①摸本
(모본) 坊本(방본) 本莖(본경) 本訥(본눌) 本壘(본루)
本坊(본방) 本膳(본선) 本邸(본저) 本函(본함)

사자성어 ②歸巢本能(귀소본능)

6급

부수	획수	총획
人	6	8

하여금 사 :
부릴 사 : 【256】

字源 〈회의〉 회사나 관청에서 상관인 윗사람이 아랫사람에게
일을 그르치지 않도록 잘 시킨다. 시키는 그 과정이 세심
한 데까지 마음의 동요를 일으킬 수 있도록 정감이 넘치
게 가르쳤던 것이다. 윗사람인 상관(亻←人)이 아래관리
(吏)에게 일 시켜서 [부리다(使)] 혹은 [~으로 하여금(使)]
으로 쓰이고 [사]로 읽는다.
⑤令(하여금 령) 役(부릴 역) ⑩自(스스로 자) 勞(일할 로)
⑪史(사기 사) 吏(관리 리)

필순 丿 亻 亻 亻 仁 乍 乍 使 使

기초 【기초한자어】 익히고, 【기본→발전한자어】 다지기
使命(사명) 맡겨진 임무
使用(사용) 물건을 쓰거나 사람을 부림
使者(사자) 심부름을 하는 사람
• 그는 使命감이 뚜렷하고 일 처리가 확실하다.
• 모든 학용품은 많이 아껴서 使用해야만 한다.

기본 ⑥使動(사동) 大使(대사) 特使(특사) ⑤Ⅱ使臣(사신)
勞使(노사) 使節團(사절단) ④Ⅱ牧使(목사) 密使(밀사)
設使(설사) ③Ⅱ使役(사역) 公使館(공사관) ③驅使(구사)

발전 ②使札(사찰) 酷使(혹사) ②使价(사개) ①泛使(범사)
臂使(비사) 使嗾(사주) 勅使(칙사) 函使(함사)

사자성어 ⑤Ⅱ外交使節(외교사절) ③咸興差使(함흥차사)

부수	획수	총획
歹	2	6

죽을 사 : 【257】

字源 〈회의〉 사람은 태어나면 일정 기간 살다가 죽는다. 아주
먼 옛날에는 사람이 죽으면 땅에 묻지 않고 풀이나 나무
로 덮어 두었다. 전통적인 예법이었지만 살아나지나 않을
까 하는 기대에 섞인 생각이었을 것이다. 사람이 죽어(匕)
오랜 세월이 지나면 뼈(歹)만 앙상하게 남아서 [죽다(死)]
는 뜻이고 [사]로 읽는다.
⑤殺(죽일 살) ⑩生(날 생) 活(살 활)

필순 一 厂 万 歹 死 死

기초 【기초한자어】 익히고, 【기본→발전한자어】 다지기
死別(사별) 여의어 이별함
死後(사후) 죽은 후
死活(사활) 죽느냐 사느냐의 갈림길
• 할머니는 할아버지와 死別 후 혼자 사신 지가 썩
오래되셨다.
• 회사의 死活이 걸린 중대한 문제인데 이제 겨우

해결되었다.

[기본] ⑥ 死力(사력) 死物(사물) 死色(사색) 死線(사선) 5Ⅱ 死法(사법) 死産(사산) ⑤ 死亡(사망) 4Ⅱ 死境(사경) 死守(사수) ④ 死鬪(사투) 死刑(사형) 死傷者(사상자) 3Ⅱ 死滅(사멸) 死藏(사장) 凍死(동사) 沒死(몰사) 卽死(즉사) 橫死(횡사) ③ 枯死(고사) 殉死(순사) 慘死(참사)

[발전] ② 絞死(교사) 溺死(익사) 死屍(사시) 死胎(사태) ① 膿死(농사) 牢死(뇌사) 悶死(민사) 瀕死(빈사) 瀨死(빈사) 死肌(사기) 死魄(사백) 死喪(사양) 死骸(사해) 戍死(수사) 縊死(액사) 枉死(왕사) 夭死(요사) 殞死(운사) 冤死(원사) 謫死(적사) 猝死(졸사) 斃死(폐사) 特 寃死(원사)

[사자성어] 4Ⅱ 死生決斷(사생결단) 3Ⅱ 醉生夢死(취생몽사)

부수	획수	총획
巾	7	10

席

자리 석 【258】

[字源] 〈형성〉 여름철에는 화문석과 같은 돗자리를 깔고 앉고, 겨울철에는 천으로 만든 방석을 깔고 앉는다. 방이나 마루에 까는 깔개도 사용했다. 나이가 들면 살이 빠져서 맨 바닥에 그냥 앉기에는 불편하다. 여러 사람(庶←庶)이 앉을 수 있도록 천(巾)이나 질긴 풀로 만든 깔개로 [자리(席)]를 뜻하고 [석]으로 읽는다.
圄位(자리 위) 座(자리 좌) 回度(법도 도) 庶(여러 서)

[필순] 　亠广广庐庐庐庐席席

[기초] 【기초한자어】 익히고, 【기본→발전한자어】 다지기
空席(공석) 비어 있는 좌석이나 직위. 빈자리
出席(출석) 어떤 자리에 참석함
合席(합석) 한자리에 같이 앉음
• 나는 회의에 出席하여 자기 의견을 발표했다.
• 인사발령으로 제자리가 空席으로 남아있구나.

[기본] ⑥ 席上(석상) 同席(동석) 方席(방석) 病席(병석) 上席(상석) 安席(안석) 5Ⅱ 客席(객석) 首席(수석) ⑤ 末席(말석) 4Ⅱ 席次(석차) 缺席(결석) ④ 席卷(석권) 私席(사석) 座席(좌석) 酒席(주석) 3Ⅱ 坐席(좌석) 宴席(연석) 卽席(즉석)

[발전] 28 鼎席(정석) 鉉席(현석) ① 几席(궤석) 陪席(배석) 帆席(범석) 席捲(석권) 席帆(석범) 筍席(순석) 筵席(연석) 餞席(전석)

[사자성어] 3Ⅱ 坐不安席(좌불안석) ② 闕席裁判(궐석재판)

부수	획수	총획
石	0	5

石

돌 석 【259】

[字源] 〈상형〉 높은 곳의 물이 떨어지는 낭떠러지는 언덕 아래가 움푹 패여 있다. 그곳에 있던 흙은 빗물이 씻겨나가고 커다란 돌덩이만 남아 있다. 작은 돌은 물에 씻기어 다 달아서 그 부분이 매우 매끄럽기만 하다. 높은 언덕 밑에 굴러다니는 크고 작은 돌덩이 모양을 본떠서 보통의 [돌(石)]을 뜻하고 [석]으로 읽는다.
圄巖(바위 암) 回右(오른 우) 古(예 고)

[필순] 　一ア石石石

[기초] 【기초한자어】 익히고, 【기본→발전한자어】 다지기
石工(석공) 돌을 다듬는 사람. 석수
石油(석유) 천연으로 지하에서 솟아나는 탄화 수소류의 혼합물
化石(화석) 지질시대의 동식물이 암석 속에 그 모양이 남아 있는 돌
• 石工은 돌을 쪼아 우람한 비석을 만든다.
• 우리나라는 石油가 한 방울도 나지 않는다.

[기본] ⑥ 石淸(석청) 金石文(금석문) 大理石(대리석) 5Ⅱ 石材(석재) 望夫石(망부석) ⑤ 石炭(석탄) 4Ⅱ 舊石器(구석기) ④ 石刻(석각) 石灰(석회) 鑛石(광석) 3Ⅱ 石綿(석면) 石塔(석탑) 巖石(암석) 金剛石(금강석)

[발전] 磁石(자석) 石坑(석갱) 石窟(석굴) 28 珪石(규석) 礪石(여석) 石鼎(석정) 石芝(석지) 石泓(석홍) 石壕吏(석호리) 石串洞(석관동) 申乭石(신돌석) 石麒麟(석기린) 石龍芮(석용예) 蔣介石(장개석) 鮑石亭(포석정) ① 礫石(역석) 礬石(반석) 蟠石(반석) 砒石(비석) 石磬(석경) 石棺(석관) 石臼(석구) 石袋(석대) 石礫(석력) 石礫(석력) 石珀(석박) 石礬(석반) 石扉(석비) 石箭(석순) 石堰(석언) 石頑(석완) 石絨(석용) 石棧(석잔) 石槽(석조) 石鑿(석착) 石菖(석창) 石苔(석태) 碎石(쇄석) 隕石(운석) 箴石(잠석) 硝石(초석) 礁石(초석) 砧石(침석) 苔石(태석)

[사자성어] 4Ⅱ 石器時代(석기시대) 3Ⅱ 奇巖怪石(기암괴석) 他山之石(타산지석)

부수	획수	총획
辶	7	11

速

빠를 속 【260】

[字源] 〈형성〉 약속 시간이 많이 늦으면 말을 타거나 급하게 달려가기도 한다. 현대의 문화인은 한번 약속한 시간을 더욱 잘 지키려고 했다. 그럼에도 다른 사정이 있어 약속 시간을 어길 수 있기에 마음이 조급하다. 약속(束)했던 시간에 맞추기 위해 급하게 달려가니(辶) 속도가 [빠르다(速)]는 뜻이고 [속]으로 읽는다.
圄急(급할 급) 迅(빠를 신) 回徐(천천할 서) 緩(느릴 완) 遲(더딜/늦을 지) 回束(묶을 속)

6급

필순 

기초 【기초한자어】 익히고, 【기본→발전한자어】 다지기

速記(속기) 빨리 적음

速度(속도) 빠른 정도. 빠르기

時速(시속) 한 시간을 단위로 하여 잰 속도

- 법원 재판정에 가면 速記를 하는 사람이 있다.
- 운행 速度가 매우 빠른 도로가 고속도로다.

기본 [6] 速讀(속독) 速力(속력) 速成(속성) 速行(속행) 高速(고속) 光速(광속) [5Ⅱ] 速決(속결) [5] 速寫(속사) 加速(가속) [4Ⅱ] 速斷(속단) 速達(속달) 速報(속보) 減速(감속) 過速(과속) [4] 速攻(속공) [3Ⅱ] 超音速(초음속) [3] 拙速(졸속) 秒速(초속)

발전 [2] 速棋(속기) 快速艇(쾌속정) [1] 迅速(신속) 捷速(첩속)

사자성어 [5Ⅱ] 速戰速決(속전속결)

孫

부수	획수	총획
子	7	10

손자 손(:) 【261】

字源 〈회의〉 남아 선호 사상은 동양에서는 꽤 뿌리가 깊었던 것 같다. 자식은 아들만을 지칭하였고 아들이 장성하여 손자를 봐야 대를 끊지 않고 이은 것으로 생각했었다. 남존여비(男尊女卑) 사상이 그것이다. 슬하에 자식(子)이 있어서 그 대를 끊지 않고 이어갔으니(系) 자손인 [손자(孫)]를 뜻하고 [손]으로 읽는다.

동 胤(자손 윤) 반 祖(할아비 조) 비 係(맬 계)

필순 

기초 【기초한자어】 익히고, 【기본→발전한자어】 다지기

孫子(손자) 아들의 아들

世孫(세손) 시조로부터 몇 대째의 자손임을 나타내는 말

外孫(외손) 딸이 낳은 자식

- 할머니는 孫子를 무척 귀여워하신다.
- 저는 우리 가문의 10대 世孫이라 합니다.

기본 [6] 後孫(후손) [4Ⅱ] 宗孫(종손) [3Ⅱ] 曾孫(증손)

발전 [2名] 孫基禎(손기정) 孫星衍(손성연) 孫吳(손오) [1] 昆孫(곤손) 裔孫(예손) 嫡孫(적손)

사자성어 [6] 子子孫孫(자자손손)

樹

부수	획수	총획
木	12	16

나무 수 【262】

字源 〈형성〉 산에 가면 여러 종류의 나무를 볼 수 있다. 더러는 일정한 잡목도 있지만 같은 종류의 나무가 우람하게 서 있다. 나무 군(群)을 형성하고 있는 것이다. 소나무의 군, 잡목의 군을 형성하며 숲 풍경이 참 좋다. 식목해 놓은 나무(木)가 바르게 세워져야만(尌) 잘 자랄 수 있었으니 [나무(樹)]를 뜻하고 [수]로 읽는다.

동 木(나무 목) 林(수풀 림)

필순 

기초 【기초한자어】 익히고, 【기본→발전한자어】 다지기

樹立(수립) 국가나 정부, 제도나 계획 등을 이룩하여 세움

樹木(수목) 살아 있는 나무. 목본 식물의 총칭

植樹(식수) 나무를 심음

- 새 정부 정책 樹立이 확고해야만 나라가 튼튼하게 잘 지탱될 수 있다.
- 식목일은 나무를 가꾸고 植樹하는 날이다.

기본 [6] 樹林(수림) 樹海(수해) 果樹園(과수원) 花樹會(화수회) [5Ⅱ] 有實樹(유실수) [4Ⅱ] 樹液(수액) 街路樹(가로수) 常綠樹(상록수) [4] 針葉樹(침엽수) [3Ⅱ] 桂樹(계수)

발전 [2] 樹脂(수지) 樹勳(수훈) 苑樹(원수) [2名] 琪樹(기수) [1] 喬樹(교수) 禿樹(독수) 樹杞(수기) 樹齡(수령) 樹蔭(수음) 樹巓(수전) [特Ⅱ] 獒樹(오수)

사자성어 [3Ⅱ] 風樹之歎(풍수지탄) [2] 合成樹脂(합성수지)

習

부수	획수	총획
羽	5	11

익힐 습 【263】

字源 〈회의〉 둥우리에만 있던 새가 비로소 혼자서 나는 연습을 시작한다. 스스로 살아갈 수 있는 힘을 기르기 위해 열심히 익히는 것이었으리라. 새들의 연습은 늘 그렇게 힘껏 날기를 반복해야만 한다. 아직 어린 새가 날개(羽)를 파닥거려 스스로(白 ← 自) 날기를 연습했으니 곧 [익히다(習)]는 뜻이고 [습]으로 읽는다.

동 學(배울 학) 練(익힐 련) 慣(익숙할 관) 癖(버릇 벽) 반 敎(가르칠 교) 誨(가르칠 회) 비 翁(늙을 옹)

필순 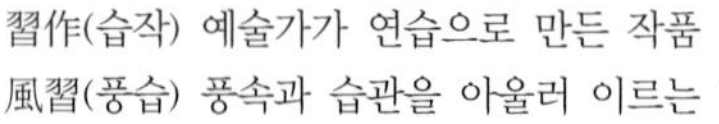

기초 【기초한자어】 익히고, 【기본→발전한자어】 다지기

習作(습작) 예술가가 연습으로 만든 작품

風習(풍습) 풍속과 습관을 아울러 이르는 말

學習(학습) 배워서 익힘

- 거기에는 習作하였던 많은 노트가 있다.
- 공부는 스스로 學習하는 데 있다고 가르친다.

기본 [6] 習字(습자) 敎習(교습) 自習(자습) [5Ⅱ] 習性(습성) 見習(견습) 實習(실습) 惡習(악습) 練習(연습) [5] 因習(인습)

⁴Ⅰ習得(습득) 習俗(습속) 講習(강습) 復習(복습) ⁴豫習
(예습) 常習犯(상습범) ³Ⅰ習慣(습관) 慣習(관습) 弊習
(폐습)

발전 ²謬習(유습) ¹習癖(습벽) 裔習(예습) 套習(투습)
悖習(패습)

사자성어 ⁴Ⅰ修習記者(수습기자) ³學而時習(학이시습)

부수	획수	총획
力	10	12

이길 승【264】

字源 〈형성〉 신체 각 부위가 튼튼해야만 겉모습으로 보아서 건
강하다고 말한다. 탄력성 있는 힘살이 불룩하게 많이 붙
어 있는 것으로 보았다. 그렇지만 마음과 생각이 건강한
사람들을 많이 원하기도 했었다. 육체(月←肉)에 굽은
(㐁) 힘살(力)이 많이 붙어 있으면 싸워서 꼭 [이기다(勝)]
는 뜻이고 [승]으로 읽는다.
동克(이길 극) 반敗(패할 패) 負(질 부)

필순 丿刀月月肸肸肸胖勝勝

기초 【기초한자어】 익히고, 【기본→발전한자어】 다지기
勝利(승리) 겨루거나 싸워서 이김
勝者(승자) 이긴 사람, 또는 이긴 편
勝戰(승전) 싸움에서 이김
• 우리 학교 야구부는 결승전에서 勝利했다.
• 勝者는 교만하지 말고 겸손해야 한다는구나.

기본 ⁶勝算(승산) 戰勝(전승) ⁵Ⅰ決勝(결승) ⁵必勝(필승)
勝景(승경) 勝敗(승패) 健勝(건승) 完勝(완승) ⁴Ⅰ勝勢
(승세) 壓勝(압승) ⁴勝機(승기) 勝負(승부) 優勝(우승)
³Ⅰ勝訴(승소)

발전 ²⁸勝塏(승개) ¹剋勝(극승)

사자성어 ³乘勝長驅(승승장구)

부수	획수	총획
弋	3	6

법 식【265】

字源 〈형성〉 목공이 기구를 만들 때 정성들여 나무를 다룬다.
나무의 생김새나 쓰임새로 보아 깎고 잘라가며 헤아렸
던 것이다. 세상 원리는 일정 법칙에 의해서 돌아간다.
따라서 목공은 나무 치수를 올바르게 잰다. 자(工)로 재
고 먹물(弋)로 표시해 정확하게 헤아리니 [법식(式)] 혹은
[예식(式)]을 뜻하고 [식]으로 읽는다.
동例(법식 례) 規(법 규) 則(법칙 칙) 法(법 법) 典(법 전)
律(법칙 률) 範(법 범) 반代(대신할 대)

필순 一二丁F式式

기초 【기초한자어】 익히고, 【기본→발전한자어】 다지기
公式(공식) 공적으로 규정한 형식
方式(방식) 일정한 형식
式場(식장) 의식을 올리는 장소
• 결혼 式場에 많은 하객이 한꺼번에 몰렸다.
• 수학에는 여러 가지 문제를 푸는 公式이 있다.

기본 ⁶Ⅰ開式(개식) 圖式(도식) 美式(미식) 書式(서식) 新式
(신식) 洋式(양식) 年式(연식) 禮式(예식) ⁵Ⅰ式順(식순)
式典(식전) 格式(격식) 舊式(구식) 法式(법식) ⁴Ⅰ單式
(단식) ⁴式辭(식사) 複式(복식) 略式(약식) 樣式
(양식) 儀式(의식) ³Ⅰ硬式(경식) 軟式(연식) 開幕式
(개막식) 除幕式(제막식)

발전 ²⁸倭式(왜식) ²戴冠式(대관식) ¹式閭(식려)

부수	획수	총획
大	2	5

잃을 실【266】

字源 〈형성〉 수중에 들어왔던 물건이 아무리 찾아봐도 없다.
모르는 사이에 곡선을 그리듯이 떨어져 없어지는 경우가
있다. 출발할 때에 미리 챙기지 못했거나, 오는 도중에 그
만 잃어버린 경우도 더러 있었다. 손(㐃←手)에 쥐었던
물건이 곡선(乀) 그리듯이 떨어져서 없어졌으니 [잃다(失)]
는 뜻이고 [실]로 읽는다.
동敗(패할 패) 喪(잃을 상) 忘(잊을 망) 반得(얻을 득)
반夫(지아비 부) 矢(화살 시)

필순 丿丨ㅡ午失

기초 【기초한자어】 익히고, 【기본→발전한자어】 다지기
失手(실수) 부주의로 잘못함. 또 그러한 행위
失時(실시) 시기를 놓침
失言(실언) 하지 않아야 할 말을 얼떨결에 함
• 매사에 失手를 줄이기 위해 서로가 노력한다.
• 남에게 失言을 하면 신뢰감이 없어진다.

기본 ⁶失禮(실례) 失利(실리) 失命(실명) 失名(실명) 失色
(실색) 失神(실신) 失業(실업) 失意(실의) 失足(실족)
⁵Ⅰ失格(실격) 失望(실망) ⁵失敗(실패) ⁴Ⅰ失權
(실권) 失勢(실세) 失笑(실소) 失職(실직) ⁴失機
(실기) 失點(실점) 損失(손실) ³Ⅰ燒失(소실) 失脚(실각)
失戀(실연) 失策(실책) 紛失(분실) 喪失(상실) 失語症
(실어증) ³失攝(실섭) 忘失(망실)

발전 ²失措(실조) ¹蹶失(궐실) 淪失(윤실) 失寐(실매)
失匕(실비) 失隕(실운) 失墜(실추) 跌失(질실)

6급

愛

부수	획수	총획
心	9	13

사랑 애(:) 【267】

字源 〈형성〉 흔히 앉으면 사랑을 이야기하곤 한다. 진정한 사랑은 무엇일까? 물건은 소유하며 손으로 정성껏 감쌀 수도 있지만 사람을 사귀고 싶을 때만은 그렇게 할 수 없다. 진정한 마음을 주고받아야 가능하겠다 싶다. 물건을 손(爫)으로 감싸듯(冖) 자꾸 마음(心)이 향해가니(夊) [사랑(愛)]을 뜻하고 [애]로 읽는다.

동 慈(사랑 자) 慕(그릴 모) 戀(그리워할 련) 寵(사랑할 총)
반 惡(미워할 오) 憎(미울 증)

필순 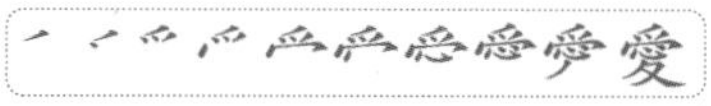

기초 【기초한자어】 익히고, 【기본 → 발전한자어】 다지기
愛國(애국) 자기 나라를 사랑함
愛人(애인) 사랑하는 사람. 연인
親愛(친애) 친밀하게 사랑하다
• 외국 생활을 오래 하다 보면 愛國자가 된다고 한다.
• 동지 이상으로 남다른 親愛의 정을 느낀다.

기본 [6] 愛校(애교) 愛社(애사) 愛用(애용) [5Ⅱ] 愛己(애기) 愛情(애정) 愛着(애착) 敬愛(경애) [4Ⅱ] 愛煙(애연) 愛好(애호) 愛護(애호) [4] 愛犬(애견) 愛稱(애칭) [3Ⅱ] 偏愛(편애) 愛惜(애석) 愛慾(애욕) 愛憎(애증) 戀愛(연애) 慈愛(자애) 愛妻家(애처가) [3] 愛誦(애송)

발전 [2] 溺愛(익애) 隻愛(척애) 愛戴(애대) 愛姬(애희) 酷愛(혹애) [1] 嘉愛(가애) 嬌愛(교애) 眷愛(권애) 嗜愛(기애) 吝愛(인애) 愛嬌(애교) 愛嗜(애기) 愛撫(애무) 愛嬰(애영) 愛寵(애총) 寵愛(총애)

사자성어 [3Ⅱ] 愛之重之(애지중지)

夜

부수	획수	총획
夕	5	8

밤 야: 【268】

字源 〈형성〉 사람의 가장 편안한 휴식은 밤에 곤하게 잠을 자는 것이라고 한다. 푹 자고 일어나면 기분이 상쾌하고 새로운 힘이 솟는 것만 같다. 일을 하고 나면 일을 한 만큼 충분한 휴식이 필요하다. 저녁에 해가 서산으로 넘어가고(夂←夕) 또 다시(亣←亦) 편하게 쉬어야만 하는 [밤(夜)]을 뜻하고 [야]로 읽는다.

반 午(낮 오) 晝(낮 주) 비 液(진 액)

필순 

기초 【기초한자어】 익히고, 【기본 → 발전한자어】 다지기
夜光(야광) 밤에 빛나는 빛. 달의 별칭
夜學(야학) 밤에 공부함
晝夜(주야) 밤낮
• 그는 낮에는 일하고 밤에는 夜學에 다닌다.
• 밤에는 빛이 나는 夜光 시계를 가지고 있다.

기본 [6] 夜食(야식) 夜行(야행) 夜話(야화) 白夜(백야) 夜會服(야회복) [5] 夜景(야경) 初夜(초야) [4Ⅱ] 夜陰(야음) 深夜(심야) 除夜(제야) 前夜祭(전야제) 不夜城(불야성) [4] 夜勤(야근) [3Ⅱ] 夜光珠(야광주) 夜盲症(야맹증)

발전 [2] 夜尿(야뇨) 夜餐(야찬) [1] 夙夜(숙야) 闇夜(암야) 夜邏(야라) 夜魄(야백) 夜梵(야범) 翌夜(익야) 夜光璧(야광벽)

사자성어 [3Ⅱ] 錦衣夜行(금의야행) 晝耕夜讀(주경야독) [2] 不撤晝夜(불철주야)

野

부수	획수	총획
里	4	11

들 야: 【269】

字源 〈형성〉 들에는 논과 밭이 있어 곡식이 잘 자라고 사람에게 여러 가지 이로움을 준다. 넓은 들판에서 햇볕을 받아 곡식이 무럭무럭 자란다. 즉 햇빛이 곡식을 잘 자라게 해주는 근본적인 바탕이 된다. 곡식이 자라서 이로움을 주는(予) 밭(田)이나 땅(土)이 있는 곳으로 넓은 [들(野)]을 뜻하고 [야]로 읽는다.

동 郊(들 교) 坪(들 평) 반 與(더불 여) 비 舒(펼 서)

필순 

기초 【기초한자어】 익히고, 【기본 → 발전한자어】 다지기
野心(야심) 남몰래 품은 소망
野生(야생) 동식물이 산이나 들에서 절로 나고 자람
分野(분야) 몇으로 나눈 각각의 범위
• 그는 정치에 대한 野心이 대단한 사람이다.
• 깊은 산속에 이름 모르는 野生花가 곱게 피었다.

기본 [6] 野球(야구) 野戰(야전) 野合(야합) 山野(산야) [5Ⅱ] 野望(야망) 野史(야사) 野性(야성) 廣野(광야) [5] 野談(야담) [4Ⅱ] 野黨(야당) 野俗(야속) 視野(시야) [4] 野營(야영) 野積(야적) 與野(여야) 野遊會(야유회) [3Ⅱ] 野薄(야박) 野卑(야비) 野獸(야수) 野慾(야욕) 野菜(야채) 荒野(황야)

발전 [2] 野蠻(야만) 凡野圈(범야권) [2名] 野鴨(야압) 野雉(야치) 野廬(야려) 沃野(옥야) [1] 曠野(광야) 燎野(요야) 樸野(박야) 曙野(서야) 疎野(소야) 野繭(야견) 野衲(야납) 野陋(야루) 野燐(야린) 野蕪(야무) 野扉(야비) 野牲(야생) 野犀(야서) 野靄(야애) 野釀(야양) 野諺(야언) 野豬(야저) 野眺(야조) 野叉(야차) 野翠(야취) 野狐(야호) 野卉(야훼)

사자성어 [2名] 沃野千里(옥야천리)

6급

부수	획수	총획
水	6	9

큰바다 양 【270】

[字源] 〈형성〉 배를 타고 넓은 바다로 나가면 망망대해를 볼 수 있다. 크게 넘실거리는 물결이 마치 양 떼 수천 마리가 움직이는 것 같이 질서정연하고 가지런하다. 그 움직임들을 보는 것만으로도 충분하다. 바다(氵← 水)의 물결침이 마치 양(羊) 떼가 움직이는 것 같이 넓었으니 [큰 바다(洋)]를 뜻하고 [양]으로 읽는다.
[동]滄(큰바다 창) [회]注(부을 주) 羊(양 양)

[필순] `ヽヽ氵氵氵氵汢洋洋洋`

[기초] 【기초한자어】 익히고, 【기본→발전한자어】 다지기
洋服(양복) 서양식 의복의 명칭
洋式(양식) 서양식
大洋(대양) 큰 바다
・洋服을 단정히 입고 결혼식장에 참석했다.
・우리 집 거실은 洋式가구로 꾸며져 있다.

[기본] ⑥洋食(양식) 洋藥(양약) 洋洋(양양) 洋銀(양은) 洋行(양행) 洋畫(양화) 南洋(남양) 東洋(동양) 西洋(서양) 海洋(해양) ⑤洋屋(양옥) 輕洋食(경양식) ④洋裝(양장) 洋酒(양주) 洋灰(양회) ③洋弓(양궁)

[발전] ②洋靴(양화) 巡洋艦(순양함) ②⑧汪洋(왕양) ①芒洋(망양) 洋襪(양말)

부수	획수	총획
阜	9	12

볕 양 【271】

[字源] 〈형성〉 아침 햇살은 동쪽에서 비추고 저녁 햇살은 서쪽에서 비춘다. 낮의 햇볕은 산언덕의 남쪽 땅을 따뜻하게 비추어 생물을 잘 자라게 해준다. 해가 잘 비춤에 따라서 지구상의 모든 생물은 무럭무럭 잘 자란다. 햇볕(昜)이 하루 종일 쬐는 산언덕(阝← 阜) 기슭의 따뜻한 양지인 [볕(陽)]을 뜻하고 [양]으로 읽는다.
[동]景(볕 경) [반]陰(그늘 음) [회]場(마당 장) 揚(날릴 양) 楊(버들 양)

[필순] `フ弓阝阝阝阡阳阳陽陽陽`

[기초] 【기초한자어】 익히고, 【기본→발전한자어】 다지기
陽光(양광) 봄날의 따뜻한 햇볕
陽地(양지) 볕이 바로 드는 땅
夕陽(석양) 저녁 해
・陽地에서는 식물이 잘 자란다.
・서산에 걸쳐있는 夕陽에 노을이 붉게 물들었다.

[기본] ⑥陽氣(양기) 太陽(태양) 漢陽(한양) ⑤陽性(양성)

⑤落陽(낙양) ④陽極(양극) 陰陽(음양) ④陽刻(양각) ③斜陽(사양)

[발전] ②陽傘(양산) 洛陽(낙양) 遮陽(차양) 歐陽修(구양수) ②⑧瀋陽(심양) 襄陽(양양) 渭陽(위양) 淮陽(회양) 陽旭(양욱) ①昆陽(곤양) 巫陽(무양) 翔陽(상양) 陽卦(양괘) 陽焰(양염) 艶陽(염양)

[사자성어] ③陽春佳節(양춘가절)

부수	획수	총획
言	0	7

말씀 언 【272】

[字源] 〈형성〉 사람은 입을 통해서 자신의 생각과 감정을 상대방에게 말로 전달한다. 말을 통해 심중(心中)에 꾹 담아 놓은 중요한 메시지나 의사를 상대방에게 전달하여 서로가 소통하게 된다. 윗입술(二)과 아랫입술(二)이 상호 자주 움직여서 입(口)으로 생각을 표현하였으니 [말씀(言)]을 뜻하고 [언]으로 읽는다.
[동]語(말씀 어) 話(말씀 화) 談(말씀 담) 說(말씀 설/달랠 세) 辭(말씀 사) [회]文(글월 문) 行(다닐 행)

[필순] `ヽ亠亠二言言言`

[기초] 【기초한자어】 익히고, 【기본→발전한자어】 다지기
言文(언문) 말과 글
言語(언어) 말. 의사 전달의 수단
發言(발언) 말을 냄. 말을 꺼냄. 또는 그 말
・일상 言語를 정확하게 전달한 사람이 똑똑하다.
・나는 회의에 나가 發言을 해서 내 뜻을 정확하고 바르게 알렸다.

[기본] ⑥言動(언동) 言明(언명) 間言(간언) 苦言(고언) 公言(공언) 金言(금언) 名言(명언) ⑤言約(언약) 言質(언질) 格言(격언) ⑤言爭(언쟁) ④言論(언론) 斷言(단언) ④言辯(언변) 言辭(언사) 宣言(선언) ③妄言(망언) 附言(부언) 偏言(편언) 言及(언급) 浮言(부언)

[발전] ②妖言(요언) 隻言(척언) 託言(탁언) 言旨(언지) ②⑧徽言(휘언) ①嘉言(가언) 諫言(간언) 怯言(겁언) 匡言(광언) 詭言(궤언) 訥言(눌언) 罵言(매언) 誣言(무언) 謗言(방언) 忿言(분언) 鄙言(비언) 諺言(언언) 寤言(오언) 寓言(우언) 諛言(유언) 箴言(잠언) 繰言(조언) 讒言(참언) 讖言(참언) 囑言(촉언) 芻言(추언) 贅言(췌언) 衒言(현언) 誨言(회언) 諱言(휘언)

[사자성어] ②言近旨遠(언근지원) ②⑧瞻言百里(첨언백리)

부수	획수	총획
水	1	5

길 영 : 【273】

字源 〈지사〉 산골물이 모이면 개울이 되고 개울물이 모이면 냇물이 되어 저 멀리 흐른다. 굽이쳐 흘러가는 모양은 멀리 보아도 큰 장관을 이룬다. 저 먼 들판에서 계곡물이 넘치듯이 흐르는 모양이 흔히 보인다. 저 멀리 산골짝에서 굽이굽이 물이 흐르는 모양을 본떠서 그 길이가 [길다(永)]는 뜻이고 [영]으로 읽는다.

图長(긴 장) 遠(멀 원) 久(오랠 구) 圆短(짧을 단) 圆水(물 수) 氷(얼음 빙)

필순 永

기초 【기초한자어】 익히고, 【기본→발전한자어】 다지기
永有(영유) 영원히 소유함
永遠(영원) 한없이 오래 계속되는 일. 끝이 없음
永生(영생) 영원한 생명. 영원한 삶
• 철수와의 우정은 앞으로도 永遠할 것이다.
• 永生의 길을 찾기 위해 종교를 갖게 되었다.

기본 6 永永(영영) 4Ⅱ 永續(영속) 永住權(영주권) 3Ⅱ 永訣(영결) 永久(영구) 永眠(영면)

발전 28 永祚(영조) 1 永肌(영기)

사자성어 4 永遠無窮(영원무궁)

부수	획수	총획
艸	5	9

꽃부리 영 【274】

字源 〈형성〉 꽃봉오리를 바라보면 가장자리 부분과 중심 부분으로 되어 있음을 안다. 중심 부분엔 암술과 수술이 있어서 열매를 맺는 역할을 한다. 열매를 맺는 초기의 단계로 오묘한 진리를 가르쳐 주었던 것이다. 초목(艹)의 꽃 중심부(央)에서 암술과 수술이 있는 곳으로 나누니 [꽃부리(英)]를 뜻하고 [영]으로 읽는다.

图特(특별할 특) 圆莫(없을 막) 央(가운데 앙)

필순 英英

기초 【기초한자어】 익히고, 【기본→발전한자어】 다지기
英語(영어) 영국, 미국의 공용어
英才(영재) 뛰어난 재능이나 지능 또는 그런 지능을 가진 사람
英特(영특) 영걸스럽고 특별함
• 나는 모든 과목 중에 英語공부가 가장 힘들다.
• 그는 머리가 英特해서 훌륭한 과학자가 되겠다.

기본 6 英國(영국) 英美(영미) 英數(영수) 育英(육영) 5Ⅱ 英材(영재) 5 英雄(영웅) 落英(낙영) 4Ⅱ 英詩(영시) 4 英傑(영걸) 群英(군영) 3Ⅱ 英靈(영령)

발전 28 英輔(영보) 1 英邁(영매) 英爽(영상) 英挺(영정) 英稟(영품) 英絢(영현) 褪英(퇴영)

사자성어 3Ⅱ 英雄豪傑(영웅호걸)

溫

부수	획수	총획
水	10	13

따뜻할 온 【275】

字源 〈형성〉 죄는 미워하되 사람은 미워하지 말라고 하였다. 죄인일망정 목마른 자에게 따뜻하게 목을 축여 주는 것을 바른 인도정신이라 한다. 물 한 그릇은 목마른 자에게는 커다란 선물이고 구세주와도 같다. 그릇(皿)에 물(氵←水)을 가득 담아서 죄인(囚)에게 목 축여주니 [따뜻하다(溫)]는 뜻이고 [온]으로 읽는다.

图暖(따뜻할 난) 煖(더울 난) 圆冷(찰 랭) 寒(찰 한) 凍(얼 동) 涼(서늘할 량) 回溫

필순 溫溫

기초 【기초한자어】 익히고, 【기본→발전한자어】 다지기
溫氣(온기) 따뜻한 기운
溫度(온도) 덥고 찬 정도. 온도계가 나타내는 도수
溫水(온수) 더운 물
• 겨울철은 溫度가 낮으니 건강에 특히 주의하시오.
• 목욕탕에 가면 따뜻한 溫水와 찬 냉수가 있다.

기본 6 溫室(온실) 溫風(온풍) 溫和(온화) 5Ⅱ 溫順(온순) 溫情(온정) 5 溫冷(온랭) 4Ⅱ 溫帶(온대) 溫床(온상) 4 常溫(상온) 保溫(보온) 溫厚(온후) 溫泉(온천) 3Ⅱ 溫突(온돌) 溫柔(온유) 恒溫(항온) 微溫的(미온적)

발전 2 溫坑(온갱) 溫滑(온활) 28 溫祚王(온조왕) 1 溫藉(온자) 溫瘧(온학)

사자성어 3Ⅱ 高溫多濕(고온다습)

園

부수	획수	총획
囗	10	13

동산 원 【276】

字源 〈형성〉 초가삼간(초려삼간) 집 둘레에 심은 감나무나 밤나무 열매가 주렁주렁 열려 있다. 그 주위에는 울타리로 둘러싸여 도둑을 방지했겠다. 이런 울타리를 삼아 자기 지역으로 한 구역을 삼았었다고 한다. 주렁주렁 열려있는(袁) 과일나무가 울타리(囗)에 둘러싸고 있으니 [동산(園)]을 뜻하고 [원]으로 읽는다.

圆團(둥글 단) 圓(둥글 원)

필순 園

기초 【기초한자어】 익히고, 【기본→발전한자어】 다지기
園林(원림) 집터에 딸린 수풀. 정원과 숲
樂園(낙원) 안락하게 살 수 있는 이상향
農園(농원) 주로 원예작물을 심어 가꾸는 농장
• 황무지를 개간해서 樂園으로 가꾸었다.

• 원예작물을 가꾸는 농장을 農園이라고 했다.

기초 ⑥ 園所(원소) 公園(공원) 庭園(정원) 學園(학원) 花園(화원) 果樹園(과수원) ⑤Ⅰ 園兒(원아) ④Ⅰ 園藝(원예) 田園(전원) ④ 園丁(원정) 遊園地(유원지) ③Ⅰ 莊園(장원) 園頭幕(원두막) 幼稚園(유치원)

발전 ② 園苑(원원) ②⑧ 庄園(장원) 淇園長(기원장) ① 紺園(감원) 園圃(원포)

부수	획수	총획
辶	10	14

멀 원 : 【277】

字源 〈형성〉 교통이 발달되지 못한 옛날에는 주로 걸어서 다녔다. 나들이옷을 입고 조금 멀리도 걸었다 하면 며칠씩 걸렸다고 한다. 자동차를 타고 다니는 지금 시절과 비교되지 않았음을 상상해 볼 수 있겠다. 사람이 나들이옷(袁)을 입고 걸어야 할 길(辶)이 아직도 많이 남았으니 [멀다(遠)]는 뜻이고 [원]으로 읽는다.
園 永(길 영) 悠(멀 유) 遙(멀 요) 遼(멀 료) 凹近(가까울 근) 凹逺

필순 一 十 ㄊ 쑤 声 亭 袁 袁 逺 遠

기초 【기초한자어】 익히고, 【기본→발전한자어】 다지기
遠近(원근) 멀고 가까움, 또는 먼 곳과 가까운 곳
遠大(원대) 규모가 크고 깊음
永遠(영원) 언제까지고 계속하여 끝이 없음
• 그림을 그릴 때는 遠近 관계를 잘 나타내야 한다.
• 친구는 遠大한 꿈을 품고 외국 유학을 떠났다.

기본 ⑥ 遠洋(원양) 遠心力(원심력) ⑤Ⅰ 敬遠(경원) ⑤ 遠景(원경) ④Ⅰ 遠視(원시) 深遠(심원) ④ 遠慮(원려) 望遠鏡(망원경) ③Ⅰ 遠隔(원격) 疏遠(소원) 遠征(원정) 久遠(구원) 遠距離(원거리)

발전 ②⑧ 遠謨(원모) 淵遠(연원) 邃遠(요원) 峻遠(준원) 崔致遠(최치원) ① 疎遠(소원) 蕭遠(소원) 迂遠(우원) 遠馨(원경) 遠辜(원고) 遠黎(원려) 遠藩(원번) 遠訃(원부) 遠戍(원수) 遠裔(원예) 遠謫(원적) 遠冑(원주) 峻遠(준원) 稍遠(초원) 黜遠(출원) 遐遠(하원)

사자성어 ⑥ 不遠千里(불원천리) ④ 遠交近攻(원교근공) ②⑧ 殷鑑不遠(은감불원)

부수	획수	총획
水	5	8

기름 유【278】

字源 〈형성〉 석유가 나오지 않던 시절에는 주로 나무 열매에서 기름을 짜내어 사용했다. 참기름 동백기름 등은 우리네

일상생활에서 주로 쓰는 기름이었다. 요즈음에도 기름은 인간 생활 중에서 필수품 중의 하나다. 곡식이나 나무열매로 말미암아(由) 짠 끈끈한 진액(氵←水)으로 [기름(油)]을 뜻하고 [유]로 읽는다.
園 脂(기름 지) 膏(기름 고) 回 由(말미암을 유) 抽(뽑을 추)

필순 丶 丶 氵 氵 沪 沖 油 油

기초 【기초한자어】 익히고, 【기본→발전한자어】 다지기
油然(유연) 구름이 힘 있게 피어나는 모양
石油(석유) 천연으로 지하에서 솟아난 탄화수소류의 혼합물
注油(주유) 자동차 등에 휘발유 따위를 주입함
• 중동 여러 나라에서는 石油가 많이 나고 있다.
• 注油所는 자동차에 연료를 주입하는 곳이다.

기본 ⑥ 油畫(유화) 重油(중유) ⑤Ⅰ 産油國(산유국) ⑤ 輕油(경유) 給油(급유) 原油(원유) ④Ⅰ 豆油(두유) 燈油(등유) 精油(정유) 香油(향유) 油壓式(유압식) 油印物(유인물) ④ 送油管(송유관) 揮發油(휘발유) ③Ⅰ 肝油(간유)

발전 ② 油脂(유지) 油蜜菓(유밀과) 潤滑油(윤활유) ① 鯨油(경유) 膏油(고유) 煤油(매유)

부수	획수	총획
田	0	5

말미암을 유【279】

字源 〈상형〉 무성한 나무의 잎과 줄기는 뿌리를 튼튼하게 해주면서 열매를 잘 맺게도 해준다. 잎과 줄기로 말미암아 영근 열매를 주렁주렁 맺게 해준다. 먹음직스러운 열매는 그럴 만한 조건에 맞아야 한다. 초목에 연유해 나무에 먹음직스러운 열매를 맺는 모양을 본떠서 [말미암다(由)]는 뜻이고 [유]로 읽는다.
回 申(납 신) 田(밭 전) 甲(갑옷 갑)

필순 ㅣ 冂 冂 由 由

기초 【기초한자어】 익히고, 【기본→발전한자어】 다지기
由來(유래) 사물이 연유하여 온 바. 내력
事由(사유) 일의 까닭. 연유
自由(자유) 남에게 구속받지 않고 마음대로 행동함
• 오래된 고찰에서 절의 由來에 대해서 잘 들었다.
• 빡빡한 일정을 소화하고 난 뒤의 自由시간이다.

기본 ⑥ 理由(이유) ④Ⅰ 經由(경유) ④ 緣由(연유) ③Ⅰ 由緒(유서)

발전 ② 呈由(정유) ②⑧ 由衍(유연) ① 紐由(유유)

부수	획수	총획
金	6	14

은 은【280】

6급

字源 〈형성〉 금(金)이나 동(銅)은 누른빛을 띠지만 은(銀)은 흰빛을 띤다. 머리에 꽂는 비녀나 수저는 은을 많이 섞어서 사용했다. 그래서 은(銀)에 대해서는 한정된(艮) 양의 쇠붙이(金)라는 의미를 부여하기도 했다. 쇠붙이(金)가 흰빛인 한 한계(艮)에 그치어 있으니 보물인 돈으로 [은(銀)]을 뜻하고 [은]으로 읽는다.
回 根(뿌리 근)

필순 ノ ト ト チ 牟 金 金 釘 釕 釘 銀 銀

기초 【기초한자어】 익히고, 【기본 → 발전한자어】 다지기
銀色(은색) 은빛
銀行(은행) 일반인 예금을 맡아 관리하는 금융기관
洋銀(양은) 구리, 니켈, 아연으로 된 은백색의 합금
• 洋銀은 녹지 않는 성질이 있어 식기 재료로 쓴다.
• 나는 銀行에 매달 저금을 하고 있다.

기본 ⑥ 水銀(수은) ⑤ 銀賞(은상) 銀魚(은어) 銀河水(은하수) ④Ⅱ 銀製(은제) 銀貨(은화) 金銀房(금은방) 銀行員(은행원) ④ 銀鑛(은광) 銀髮(은발) 銀錢(은전) 銀婚式(은혼식) ③Ⅱ 銀幕(은막) 銀粧刀(은장도) ③ 銀塊(은괴)

발전 ② 銀坑(은갱) 銀灣(은만) ②8 銀杏(은행) 銀蟾(은섬) 銀鴨(은압) 銀艾(은애) 銀釧(은천) ① 餠銀(병은) 碎銀(쇄은) 銀鉤(은구) 銀濤(은도) 銀鱗(은린) 銀箔(은박) 銀瓶(은병) 銀鰒(은복) 銀匙(은시) 銀釘(은정) 銀碇(은정) 銀惻(은측)

부수	획수	총획
衣	0	6

옷 의【281】

字源 〈상형〉 옷은 몸을 보호하고 사람 됨됨의 고상한 품위를 보이는 수단이 된다. 문명과 지혜가 발달할수록 옷의 모양과 색깔이 여러 가지로 변했다. 그래서 현대인들은 옷이 날개라는 말을 스스럼없이 한다. 위의 머리(亠)와 아래의 깃털(𧘇)이 달려있는 긴 치마의 모양을 본떠서 [옷(衣)]을 뜻하고 [의]로 읽는다.
동 服(옷 복) 回 依(의지할 의)

필순 丶 亠 ナ 才 衣 衣

기초 【기초한자어】 익히고, 【기본 → 발전한자어】 다지기
衣服(의복) 옷
下衣(하의) 몸의 아랫도리에 입는 옷
衣食住(의식주) 옷, 음식, 집. 인간생활의 3대 요소
• 개울물이 맑아 下衣를 걷어 올리고 발을 담갔다.
• 衣服은 항상 깨끗하고 단정하게 입어야만 한다.

기본 ⑥ 上衣(상의) 衣食住(의식주) ⑤Ⅰ 衣類(의류) ④Ⅰ 布衣(포의) ④ 脫衣(탈의) ③Ⅰ 衣冠(의관) 衣裳(의상) 麻衣(마의) 壽衣(수의) ③ 囚衣(수의)

발전 ② 葛衣(갈의) ②8 韋衣(위의) 衣鉢(의발) ① 褐衣(갈의) 袴衣(고의) 袞衣(곤의) 衲衣(납의) 搗衣(도의) 蓑衣(사의) 繡衣(수의) 絨衣(융의) 衣巾(의건) 衣襨(의금) 衣囊(의낭) 衣袂(의몌) 衣袖(의수) 衣廚(의주) 衣紐(의뉴) 僭衣(참의) 苔衣(태의) 曝衣(폭의) 澣衣(한의) 卉衣(훼의)

사자성어 ⑤Ⅰ 人相着衣(인상착의) ④Ⅰ 好衣好食(호의호식) ④ 白衣從軍(백의종군) ③Ⅰ 錦衣夜行(금의야행) 錦衣還鄕(금의환향) ② 天衣無縫(천의무봉)

부수	획수	총획
酉	11	18

의원 의【282】

字源 〈회의〉 술은 해독제라 하여 사람들이 약으로 즐겨 마셨다. 술은 의술도구로도 쓰였는데 화살(矢)이나 창(殳)으로 찔려 살이 움푹 팬(匚) 환자에게 조심스럽게 약술(酉)을 먹여 병을 [고치다(醫)]는 뜻으로도 쓰였다. 신음하며(殹) 몸부림치는 환자에게 약술(酉)을 먹여 병을 고쳤으니 [의원(醫)]을 뜻하고 [의]로 읽는다.
동 療(병고칠 료) 약 医

필순 匚 匚 医 医 殹 殹 殹 醫 醫 醫

기초 【기초한자어】 익히고, 【기본 → 발전한자어】 다지기
醫藥(의약) 의료에 쓰는 약품. 의술과 약품
名醫(명의) 이름난 의사
洋醫(양의) 서양 의학을 배운 의사
• 모든 醫藥品(품)은 위생관리를 철저히 해야 한다.
• 온 고을에 名醫로 소문난 의사를 찾아 갔다.

기본 ⑥ 醫術(의술) 韓醫學(한의학) ⑤Ⅰ 醫藥品(의약품) ⑤ 醫院(의원) 無醫村(무의촌) ④Ⅰ 醫師(의사) 醫務室(의무실) 軍醫官(군의관) 主治醫(주치의) ④ 專門醫(전문의) ③Ⅰ 獸醫師(수의사)

발전 ② 醫療(의료) 醫劑(의제) ① 俚醫(이의) 巫醫(무의) 瘍醫(양의)

사자성어 ③Ⅰ 東醫寶鑑(동의보감)

부수	획수	총획
老	5	9

놈 자【283】

字源 〈형성〉 나이가 많은 어른들에게 말을 높이고 아랫사람에게는 말을 낮추는 호칭의 풍습이 있다. 가끔 '이 놈, 저 놈' 하면서 이야기하는 경우도 있다. 상존하대(上尊下待)에서 비롯된 우리나라 풍습이다. 나이 든 어른(耂 ← 老)이 아랫사람에게 낮추어 말하니(白) [놈(者)] 혹은 [사람(者)]을 뜻하고 [자]로 읽는다.
回 老(늙을 로) 孝(효도 효) 著(지을 저) 약 者

필순 一 十 土 耂 耂 耂 者 者 者

기초 【기초한자어】 익히고, 【기본→발전한자어】 다지기
近者(근자) 근일. 요사이. 요즈음
記者(기자) 신문, 잡지, 방송 등 기사를 쓴 사람
讀者(독자) 책 등의 출판물을 읽는 사람
・그 사람은 近者에 더욱 신경이 날카로워졌다네.
・신문사 記者들은 다음날 나갈 원고를 다듬는다.

기본 6 強者(강자) 病者(병자) 死者(사자) 勝者(승자) 信者
(신자) 業者(업자) 王者(왕자) 5 亡者(망자) 4Ⅱ 牧者
(목자) 富者(부자) 4 或者(혹자) 勤勞者(근로자) 3Ⅱ 著者
(저자) 配偶者(배우자) 被疑者(피의자) 3 先驅者(선구자)

발전 2 諜者(첩자) 霸者(패자) 編輯者(편집자) 1 懦者(나자)
屠者(도자) 禿者(독자) 昧者(매자) 寵者(총자) 嚮者(향자)
俠者(협자) 宦者(환자) 特 覇者(패자)

부수	획수	총획
立	6	11

글 장【284】

字源 〈회의〉 사람이 하는 말소리는 의미가 통하도록 한 묶음씩
끊어진 모양새다. 이를 합하면 상대에게 전달하는 한 문
장이 되는 형태다. 저서나 논문에도 '장'이나 '절'로 나누어
구분 짓는 것도 다 그런 이유가 있겠다. 긴 문장에서 말소
리(音)가 한 묶음(十)씩 끊어져서 잘 기록되었으니 [글(章)]
을 뜻하고 [장]으로 읽는다.
回 文(글월 문) 書(글 서) 回 意(뜻 의)

필순 一 亠 立 产 产 音 音 音 童 章

기초 【기초한자어】 익히고, 【기본→발전한자어】 다지기
旗章(기장) 국기・군기・깃발・교기 등의 총칭
圖章(도장) 개인이나 단체의 이름을 새긴 물건
文章(문장) 생각이나 느낌을 글로 표현한 것
・'보기 쉽게, 알기 쉽게, 읽기 쉽게'가 文章三易다.
・서류를 결재할 때 圖章을 사용한다.

기본 6 章理(장리) 國章(국장) 樂章(악장) 中章(중장) 體力章
(체력장) 5 序章(서장) 終章(종장) 初章(초장) 4Ⅱ 章程
(장정) 印章(인장) 4 憲章(헌장) 3Ⅱ 章奏(장주) 喪章
(상장) 詞章派(사장파) 3 肩章(견장)

발전 2 勳章(훈장) 28 瓊章(경장) 奎章(규장) 徽章(휘장) 奎章閣
(규장각) 1 捺章(날장) 輓章(만장) 宸章(신장) 章什(장집)

사자성어 2 勤政勳章(근정훈장) 武功勳章(무공훈장)

부수	획수	총획
土	3	6

있을 재:【285】

字源 〈형성〉 봄이 되어 겨우내 움츠렸던 새싹이 '쏘옥' 고개를
내민다. 허허벌판이었던 대지가 새 생명으로 가득 차서
모두 파랗게 보이기도 한다. 파란 잎을 틔우고 꽃을 피우
며 열매를 맺기 위한 몸부림이다. 새싹(才←才)이 흙(土)
위로 고개를 '쏘옥' 내밀어대니 풀이 땅 위에 [있다(在)]는
뜻이고 [재]로 읽는다.
圖 有(있을 유) 存(있을 존) 凹 無(없을 무) 回 左(왼 좌)
布(베 포)

필순 一 ナ 才 才 在 在

기초 【기초한자어】 익히고, 【기본→발전한자어】 다지기
在家(재가) 집에 있음
在京(재경) 서울에 있음
在野(재야) 벼슬길에 오르지 않고 민간에 있음
・그는 在京 향우회의 간부를 맡아 열심히 노력한다.
・몸이 아파 조퇴한 후에 在家하고 있다.

기본 6 在來(재래) 在中(재중) 在學(재학) 內在(내재) 現在
(현재) 在所者(재소자) 不在者(부재자) 所在地(소재지)
5Ⅱ 實在(실재) 在任中(재임중) 5 健在(건재) 4 在庫
(재고) 在籍(재적) 散在(산재) 殘在(잔재) 存在(존재)
3Ⅱ 介在(개재) 潛在(잠재) 滯在(체재) 偏在(편재)

발전 2 駐在(주재) 1 在歿(재몰) 在撫(재무) 在宥(재유)
晦在(회재)

사자성어 2 癌的存在(암적존재)

부수	획수	총획
宀	5	8

정할 정 :【286】

字源 〈회의〉 우리의 피 속에는 '선비정신'이 맥맥하게 흐르고
있다. 고매한 인격과 바른 의관을 정제하는 것이 '예의범
절'의 으뜸이라고 생각하면서 생활했다. 흔히 언행이라고
했듯이 말과 행동을 바르게 해야 한다. 집안(宀)에서 바르
게(疋←正) 자리잡아서 흐트러짐이 없으니 [정하다(定)]
는 뜻이고 [정]으로 읽는다.
回 宅(집 택) 回 之

필순 丶 宀 宁 宁 宇 宇 定 定

기초 【기초한자어】 익히고, 【기본→발전한자어】 다지기
定理(정리) 수학적으로 참이라고 여기는 명제
定形(정형) 일정한 형식
安定(안정) 안전하게 자리잡음
・수학, 과학은 여러 定理로써 사실을 증명한다.
・생활이 安定되어야 가족이 화목하게 지낸다.

기본 6 定例(정례) 定立(정립) 定石(정석) 5Ⅱ 定價(정가)
定說(정설) 決定(결정) 5 定量(정량) 改定(개정) 4Ⅱ 檢定
(검정) 4 定額(정액) 定評(정평) 定婚(정혼) 3Ⅱ 鑑定(감정)
策定(책정) 定礎(정초) 暫定的(잠정적) 3 肯定(긍정)

발전 ②定款(정관) 定置網(정치망) 定型(정형) ②급 欽定
(흠정) 定鼎(정정) ①勘定(감정) 剋定(극정) 釐定(이정)
刪定(산정) 剪定(전정)

사자성어 ③旣定事實(기정사실) 昏定晨省(혼정신성) ②紳士
協定(신사협정)

부수	획수	총획
月	8	12

아침 조【287】

字源 〈형성〉 아침은 찬란한 희망이요, 저녁은 조용한 휴식이다.
아침은 희망찬 시작이요, 저녁은 휴식을 위한 하루의 정
리다. 아침과 저녁은 해오름과 해무리를 통하며 이룩되는
극한적 반대에 위치해 있다고 한다. 찬란한 태양이 저 멀
리 떠오를(卓) 때에 조각배(月←舟)가 보였으니 [아침(朝)]
을 뜻하고 [조]로 읽는다.
回夕(저녁 석) 野(들 야) 暮(저물 모) 回潮(조수 조)

필순 ` 十 卉 古 直 卓 朝 朝朝朝

기초 【기초한자어】 익히고, 【기본→발전한자어】 다지기
朝夕(조석) 아침과 저녁
朝食(조식) 아침밥
朝野(조야) 조정과 민간
• 가을이 깊어가니 朝夕으로 쌀쌀한 바람이 불어온다.
• 그는 요즈음 朝食으로 빵과 우유를 먹고 지낸다.

기본 ⑥朝禮(조례) 朝服(조복) 朝會(조회) 王朝(왕조) ⑤급朝鮮
(조선) 朝臣(조신) 朝見(조현) ③급朝貢(조공) 朝飯(조반)
朝廷(조정)

발전 ②朝旨(조지) 朝餐(조찬) ②급朝柄(조병) 朝旭(조욱)
①晏朝(안조) 翌朝(익조) 朝眷(조권) 朝覲(조근) 朝靄
(조애) 朝哺(조포) 詰朝(힐조)

사자성어 ⑤朝變夕改(조변석개) ③급朝刊新聞(조간신문) 早朝
割引(조조할인) ③朝令暮改(조령모개) 朝三暮四(조삼
모사) ②급朝聚暮散(조취모산)

부수	획수	총획
方	7	11

겨레 족【288】

字源 〈회의〉 같은 핏줄 무리들은 함께 살았다. 적이 무섭게 공
격해 오면 깃발을 앞에 세우고 화살을 마구 쏘면서 적을
막아냈던 것이다. '자생(自生)'이라는 최소한의 방법을 스
스로 길을 찾아가면서 살아간 삶이다. 한 핏줄의 무리들
이 깃발(方)을 세우고 화살(矢)로 적을 무찌르니 [겨레(族)]
를 뜻하고 [족]으로 읽는다.
回旅(나그네 려) 施(베풀 시) 旋(돌 선)

필순 ` 亠 亍 方 方 扩 扩 扩 族 族

기초 【기초한자어】 익히고, 【기본→발전한자어】 다지기
同族(동족) 같은 겨레
民族(민족) 동일한 지역, 언어, 생활 등을 갖는 인간집단
親族(친족) 촌수가 가까운 일가
• 우리 民族은 예로부터 백의민족이라고 했다.
• 6.25전쟁이 同族상잔의 비극이었음은 다 안다.

기본 ⑥族長(족장) 家族(가족) 部族(부족) 水族(수족) 大家族
(대가족) ⑤급種族(종족) ⑤貴族(귀족) 魚族(어족) 擧族的
(거족적) ④급宗族(종족) 血族(혈족) ④族屬(족속) 氏族
(씨족) 遺族(유족) 核家族(핵가족) ③급族譜(족보) 滅族
(멸족) 妻族(처족) 豪族(호족) 皇族(황족)

발전 ②閥族(벌족) 族閥(족벌) ②급彊族(강족) 貊族(맥족)
鼎族(정족) ①觳族(각족) 陋族(누족) 貊族(맥족) 族褒
(족포) 族庖(족포) 族罕(족한) 族麾(족휘)

사자성어 ④급倍達民族(배달민족)

부수	획수	총획
日	7	11

낮 주【289】

字源 〈회의〉 태양이 지구를 비추면, 비춘 쪽은 낮이 되고 비추
지 않은 쪽은 밤이 된다. 이는 지구의 자전 때문에 밤과
낮이 교차되며 생기는 끊임없는 지구의 현상으로 지구의
모든 생물들을 잘 살게 한다. 해(日)가 비춰(一) 밝음과 어
두움을 어김없이 구획하니(聿←畫) 훤하게 밝은 [낮(晝)]
을 뜻하고 [주]로 읽는다.
동午(낮 오) 回夜(밤 야) 宵(밤 소) 回畵(그림 화) 書(글 서)
액昼

필순 ` 一 ㄱ ㅋ 聿 晝 晝 書 書 書 晝

기초 【기초한자어】 익히고, 【기본→발전한자어】 다지기
晝間(주간) 낮 동안
晝夜(주야) 낮과 밤. 밤낮
晝寢(주침) 낮잠. 오침
• 한여름에는 짧은 晝寢으로 삶의 활력소를 찾을 수
있다고 가르친다.
• 철수네 식당은 晝夜로 계속 영업을 한다.

기본 ⑥白晝(백주)

발전 ②晝餐(주찬) ①晝宵(주소)

사자성어 ③급晝耕夜讀(주경야독) ②不撤晝夜(불철주야)

부수	획수	총획
見	9	16

친할 친【290】

字源 〈형성〉 숲에서는 여러 그루의 나무가 싹이 튼다. 유효분 얼까지 계산을 하면 더 많은 양이 될 수도 있다. 우리네 인간들도 자식을 많이 낳아 기르는 것은 하늘의 거룩한 뜻으로 생각했던 모양이다. 나무(木)가 땅에 서있는(立) 포기(亲)처럼 자식을 낳아서 잘 살폈으니(見) [친하다(親)]는 뜻이고 [친]으로 읽는다.
回疎(소통할 소) 回新(새 신) 視(볼 시)

필순 ⟨ ⟩ 亠 亡 立 产 辛 亲 亲 亲 亲 新 親 親 親

기초 【기초한자어】 익히고, 【기본 → 발전한자어】 다지기
親交(친교) 친밀한 사귐
親近(친근) 사귀어 지내는 사이가 매우 가까움
親族(친족) 촌수가 가까운 인척
• 그와 나는 親交가 두터운 사이다.
• 촌수가 상당히 가까운 겨레붙이를 親族이라 한다.

기본 ⑥親家(친가) 親分(친분) 親書(친서) 親庭(친정) 事親(사친) ⑤親舊(친구) 親友(친우) 親切(친절) 親知(친지) 親筆(친필) 養親(양친) ④親權(친권) 親密(친밀) 親政(친정) 兩親(양친) ③親睦(친목) 親喪(친상) 親戚(친척) 雙親(쌍친) ③親閱(친열)

발전 ②親札(친찰) ①觀親(근친) 冤親(원친) 親眷(친권) 親侶(친려) 親藩(친번) 親疎(친소) 親炙(친자) 親饒(친전) 親寵(친총)

부수	획수	총획
大	1	4

클 태【291】

字源 〈지사〉 깨끗한 공기를 마시고 맑은 정신을 유지하기 위해 아침 일찍 산에 올라가면 동녘에서 찬란한 태양이 어느새 조금씩 떠오른다. 불타는 마음도 태양만큼 크며 영근 꿈은 더 크기만 했으리. 태양(·)이 뜨는 동녘을 바라보면서 두 팔과 다리를 쭈욱 벌렸으니(大) 더없이 [크다(太)]는 뜻이고 [태]로 읽는다.
통大(큰 대) 偉(클 위) 巨(클 거) 泰(클 태) 碩(클 석) 回小(작을 소) 微(작을 미) 回六(여섯 륙) 犬(개 견)

필순 一 ナ 大 太

기초 【기초한자어】 익히고, 【기본 → 발전한자어】 다지기
太古(태고) 아주 오랜 옛날
太半(태반) 거의 3분의 2가 넘음을 이르는 말
太陽(태양) 해. 화륜
• 太陽을 하늘에서 타고 있는 불덩어리라 한다.
• 太古的(적) 원시인들의 생활상을 봤다.

기본 ⑥太空(태공) 太白(태백) 太祖(태조) 太平(태평) 明太(명태) 太不足(태부족) 太上王(태상왕) 太平洋(태평양) ⑤太初(태초) ④太極(태극) 太宗(태종) 豆太(두태) 太極旗(태극기) ③太甚(태심) 太極殿(태극전) 太陰曆

(태음력) ③太宰(태재)

발전 ②8太后(태후) 樺太(화태) 太傅(태부) 太皓(태호) 姜太公(강태공) 墺太利(오태리) 伊太利(이태리) 皇太后(황태후) ①太牢(태뢰) 太僕(태복) 太爺(태야) 太婆(태파)

사자성어 ④太平聖代(태평성대) ②8太上皇后(태상황후)

부수	획수	총획
辶	7	11

통할 통【292】

字源 〈형성〉 골목길은 구불구불 굽어 있고 길의 폭도 매우 비좁다. 좁은 길과 길이 서로 이어지면서 큰 길이 나오게 된다. 이와 같은 길을 걷다보면 널따란 신작로 길로 이어져 나오게도 되어 확 트이게 된다. 작은 골목길(甬)이 큰 길로 이어지면서(辶) 두 길이 서로 어울려서 잘 [통하다(通)]는 뜻이고 [통]으로 읽는다.
통達(통달할 달) 貫(꿸 관) 徹(통할 철) 透(사무칠 투) 融(녹을 융) 回痛(아플 통)

필순 ⟨ ⟩ フ ヲ 戸 甬 甬 甬 浦 涌 涌 通

기초 【기초한자어】 익히고, 【기본 → 발전한자어】 다지기
通路(통로) 통행하는 길
通信(통신) 소식을 전함
通話(통화) 전화로 말을 주고받음
• 지금은 通信방법이 무선으로 이루어지고 있다.
• 通話量(량)이 많아 연결이 잘 되지 않는다.

기본 ⑥通讀(통독) 通例(통례) 通分(통분) ⑤通告(통고) 通關(통관) 通念(통념) ④通過(통과) 通禁(통금) 通達(통달) 通論(통론) 通報(통보) 通貨(통화) ④通卷(통권) 通勤(통근) ③通譯(통역) 通弊(통폐) 貫通(관통) 疏通(소통) ③姦通(간통) 亨通(형통)

발전 ②融通(융통) ②8通敞(통창) ①粗通(조통) 通衢(통구) 通逵(통규) 通帛(통백) 通宵(통소) 通牒(통첩) 通喚(통환) 通宦(통환) 通洽(통흡)

부수	획수	총획
牛	6	10

특별할 특【293】

字源 〈형성〉 우량의 소를 번식시키기 위해서 관청에서는 우량 종우(種牛)인 수소를 길렀다. 보통 소와 교배시켜 좋은 종자의 소를 번식시켜 일반에 공급하기 위해서이다. 이는 국가에서 적극 장려하는 제도로 알려진다. 관청(寺)에서 길렀던 종우(牛)는 일반의 소와는 많이 달라 [특별하다(特)]는 뜻이고 [특]으로 읽는다.
통異(다를 이) 殊(다를 수) 回普(넓을 보) 遍(두루 편)

6급

回待(기다릴 대) 持(가질 지) 侍(모실 시)

필순

기초 【기초한자어】 익히고, 【기본→발전한자어】 다지기
特級(특급) 특별한 등급
特別(특별) 보통과 다름
特有(특유) 그것만이 특별히 가지고 있음
• 이번의 동창회 모임에 特別히 은사님을 모셨다.
• 그는 特有의 몸짓으로 여러 사람을 웃었다.

기본 ⑥特等(특등) 特使(특사) 特用(특용) 特長(특장) 特電
(특전) 特定(특정) 特出(특출) 5Ⅰ特性(특성) 特典(특전)
特種(특종) ⑤特選(특선) 4Ⅰ特講(특강) 特權(특권)
特報(특보) 特製(특제) 特進(특진) ④特異(특이) 特採
(특채) 特派(특파) 3Ⅰ特徵(특징) 超特急(초특급)

발전 ②特赦(특사) 特診(특진) 特輯(특집) 特旨(특지) 28特峙
(특치) 峻特(준특) ①挺特(정특) 特磬(특경) 特詭(특궤)
特牲(특생) 特棲(특서) 特舂(특용) 特宥(특유) 特珽(특정)
特稟(특품)

부수	획수	총획
口	3	6

합할 합【294】

字源 〈회의〉 사람의 생각과 뜻은 각기 달라 모든 의견에 일치
하지 못한다. 이의 일치점을 찾기 위해서 서로 의논도 하
고 이야기도 나누다 보면 마음이 서로 같아진다. 마음이
서로 같아야만 생각도 상통하게 된다. 여러(스) 사람의 말
(口)이 하나로 일치하여 의논해 정을 나누며 [합하다(合)]
는 뜻이고 [합]으로 읽는다.
圆集(모을 집) 倂(아우를 병) 回分(나눌 분) 區(구분할/
지경 구) 回令(이제 금) 슈(하여금 령)

필순 ノ 人 스 스 合 合

기초 【기초한자어】 익히고, 【기본→발전한자어】 다지기
合計(합계) (수나 양을) 합하여 셈함. 합산. 계. 총계
合心(합심) 마음을 한군데로 합함
合一(합일) 여럿이 합하여 하나가 됨
• 이번에 구입한 물건 값의 合計를 내 보았다.
• 모두들 合心하여 힘을 합치니 문제해결이 쉽다.

기본 ⑥合金(합금) 合同(합동) 合理(합리) 合本(합본) 合算
(합산) 合席(합석) 5Ⅰ合格(합격) 合當(합당) 合流(합류)
合法(합법) 4Ⅰ合宮(합궁) 3Ⅰ合乘(합승) 合葬(합장)
合掌(합장) 合奏(합주) 封合(봉합) 附合(부합) 符合
(부합) 統廢合(통폐합) ③合邦(합방)

발전 ②倂合(병합) 融合(융합) 綜合(종합) 合倂(합병) 合倂症
(합병증) 綜合的(종합적) 28聚合(취합) ①勘合(감합)
鳩合(구합) 蘊合(온합) 合股(합고) 合拱(합공) 合遝
(합답) 合璧(합벽) 合煎(합전) 合驩(합환)

사자성어 3Ⅰ烏合之卒(오합지졸) ②合成樹脂(합성수지) 縫合
手術(봉합수술)

부수	획수	총획
行	0	6

다닐 행(:)
항렬 항【295】

字源 〈상형〉 왼발과 오른발을 자축거리면서 두 발을 교대로 하
여 움직이면 점차 걷게 된다. 그래서 사람이 걸어 다니며
일을 하면서 일상생활을 하게 된다. 두 발을 교대로 자축
거려 앞으로 나아가면서 걷는다. 왼발을 자축거리고(彳),
오른발을 자축거려(亍) 서로 움직여서 걸어 [다니다(行)]
는 뜻이고 [행]으로 읽는다.
圆動(움직일 동) 爲(할 위) 回言(말씀 언) 回往(갈 왕)

필순 ノ ノ イ 彳 行 行

기초 【기초한자어】 익히고, 【기본→발전한자어】 다지기
行軍(행군) (군대 등에서) 줄을 지어 걸어감
行動(행동) 몸을 움직여 동작함
行方(행방) 간 곳. 간 방향
• 남에게 의심받을 行動일랑 이제는 모두 삼가
야 하지 않겠는가?
• 국군의 날! 군인들이 대열을 지어 용감하게 行
軍하려고 한다.

기본 ⑥行間(행간) 行路(행로) 行事(행사) 行使(행사) 行色
(행색) 行書(행서) 行人(행인) 5Ⅰ行商(행상) 行實
(행실) 4Ⅰ行列(행렬) 行步(행보) 行星(행성) 行勢(행세)
行員(행원) 行爲(행위) 行列(항렬) 3Ⅰ行脚(행각) 行廊
(행랑) 行蹟(행적) 刊行(간행) 尾行(미행) 隨行(수행)
緩行(완행) ③竝行(병행) 攝行(섭행) 遂行(수행) 恣行
(자행) 醜行(추행)

발전 ②蠻行(만행) 飛行艇(비행정) 28琦行(기행) 礪行
(여행) ①轎行(교행) 躬行(궁행) 侶行(여행) 頒行
(반행) 陪行(배행) 梵行(범행) 宵行(소행) 馴行(순행)
膝行(슬행) 鴛行(원행) 癡行(치행) 勅行(칙행) 爬行
(파행) 跛行(파행) 偕行(해행) 行儺(행나) 行囊(행낭)
行侶(행려) 行笠(행립) 行袂(행몌) 行祠(행사) 行觴
(행상) 行成(행수) 行伍(항오) 行誼(행의) 行迹(행적)
兇行(흉행)

부수	획수	총획
口	3	6

향할 향 :【296】

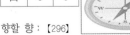

字源 〈상형〉 남쪽 창문으로 시원한 바람이 불어오고 북쪽 창문

으로 탁한 공기가 빠져 나간다. 두 문은 서로 마주 보면서 향하고 있어야만 공기 소통이 아주 잘 된다. 한 쪽은 남쪽을 향하고 한 쪽은 북쪽을 향한 반대다. 북쪽을 향하는 창문을 본떠서 남쪽 창문과 마주보아서 서로가 [향하다(向)]는 뜻이고 [향]으로 읽는다.
回背(등 배) 回同(한가지 동)

필순

기초 【기초한자어】익히고, 【기본→발전한자어】다지기
向上(향상) 위로 오름. 차차 나아짐
向學(향학) 배움에 뜻을 두고 그 길로 나아감
方向(방향) 향하는 쪽. 방위. 뜻이 향하는 곳
• 열심히 노력한 결과 학과 성적이 많이 向上되었다.
• 겨울에는 북서쪽 方向에서 찬바람이 불어온다.

기본 6 向發(향발) 向方(향방) 向時(향시) 南向(남향) 東向(동향) 動向(동향) 意向(의향) 風向(풍향) 下向(하향) 5I 性向(성향) 內向性(내향성) 外向性(외향성) 4I 向拜(향배) 指向(지향) 志向(지향) 4 傾向(경향) 轉向(전향) 趣向(취향) 3I 偏向(편향)

발전 2 廻向(회향) 趨向(추향)

부수	획수	총획
虍	7	13

이름 호(:) 【297】

字源 〈형성〉 범이라고 불리는 호랑이를 흔히 산 속의 왕이라고 부르기도 한다. 그 소리가 우렁차며 날쌔고 매우 사납다고 하였다. 그가 한번 크게 울부짖으면 산이 온통 쩌렁쩌렁한 소리로 울린다고 했으니 말이다. 범(虎)이 우렁차게 울부짖는 소리(号)처럼 큰 소리로 부르짖는 [이름(號)]을 뜻하고 [호]로 읽는다.
동名(이름 명) 回号

필순

기초 【기초한자어】익히고, 【기본→발전한자어】다지기
國號(국호) (공식적인) 나라의 이름. 국명
番號(번호) 차례를 나타내는 호수
年號(연호) 임금의 재위 연대에 붙이는 칭호
• 수험 番號가 1번으로 고사장에서 맨 앞에 앉았다.
• 우리나라 國號는 대한민국이다.

기본 6 號數(호수) 口號(구호) 今號(금호) 記號(기호) 信號(신호) 字號(자호) 號外(호외) 題號(제호) 5I 商號(상호) 5 號令(호령) 屋號(옥호) 赤信號(적신호) 4I 怒號(노호) 暗號(암호) 4 略號(약호) 稱號(칭호) 3I 號哭(호곡) 雅號(아호) 符號(부호) 3 號泣(호읍)

발전 2 號俸(호봉) 28 徽號(휘호) 1 諡號(시호) 綽號(작호)

諡號(체호) 號踊(호용) 號慟(호통) 號筒(호통) 吼號(후호)

사자성어 4 郵便番號(우편번호)

부수	획수	총획
田	7	12

그림 화 :
그을(劃) 획 【298】

字源 〈회의〉 사람이 먹는 것을 '삶의 제일'로 여겼다. 그래서 그런지 논밭의 경계도 분명히 그려놓고 그 한계를 삼았던 것이다. 종이에 그림을 그릴 때도 모두 이렇게 했던 모습을 그 원형으로 삼았었다. 붓(聿)을 잡고 도화지(丨)인 밭(田)에다 경계선을 그었으니 [그림(畫)] 혹은 [그리다(畫)]는 뜻이고 [화/획]으로 읽는다.
동圖(그림 도) 回書(글 서) 晝(낮 주) 回画

필순

기초 【기초한자어】익히고, 【기본→발전한자어】다지기
畫家(화가) 그림 그리기를 전문으로 하는 사람
畫室(화실) 화가 또는 조각가가 작품을 만드는 방
名畫(명화) 이름난 그림. 잘 그린 그림
• 그는 장래 희망이 畫家라고 말한다.
• 그의 畫室에는 名畫들이 많이 걸려있다.

기본 6 畫面(화면) 書畫(서화) 洋畫(양화) 外畫(외화) 油畫(유화) 5I 畫法(화법) 畫筆(화필) 5 畫板(화판) 原畫(원화) 4I 錄畫(녹화) 壁畫(벽화) 佛畫(불화) 詩畫(시화) 印畫(인화) 4 映畫(영화) 靜物畫(정물화) 3I 墨畫(묵화) 版畫(판화) 畫廊(화랑) 畫伯(화백) 自畫像(자화상) 彩色畫(채색화) 肖像畫(초상화) 3 畫幅(화폭) 漫畫(만화) 邦畫(방화)

발전 2 揷畫(삽화) 濃彩畫(농채화) 1 描畫(묘화) 壁畫(벽획) 畫餠(화병) 畫扉(화비) 畫叉(화차) 繪畫(회화)

사자성어 4 自畫自讚(자화자찬)

부수	획수	총획
黃	0	12

누를 황 【299】

字源 〈회의〉 산이나 들을 일구어 만든 밭 빛깔은 마치 황토색이다. 중국 황허강 유역도 누렇게 보였다. 우리 토질이 누런 빛깔을 띤다거나 큰 비가 내려서 황톳물이 범람한 것도 이와 같은 맥락이겠다. 중국 황허강 유역에 있는 여러 밭(田)의 빛깔(茣)이 다 황토색으로 보였으니 [누렇다(黃)]는 뜻이고 [황]으로 읽는다.
回寅(범 인) 廣(넓을 광) 回黄

필순 一十卄艹芒芸苗苗黄黄

【기초】【기초한자어】익히고, 【기본→발전한자어】다지기
黃金(황금) 금, 돈, 즉 재물을 뜻함
黃土(황토) 누렇고 거무스름한 흙
黃海(황해) 한반도와 중국에 둘러싸인 바다
• 黃金에 눈이 어두우면 재앙을 당하기 쉽다.
• 우리나라 서쪽 바다를 널리 黃海라 부른다.

【기본】 ⑥黃口(황구) 黃道(황도) ⑤Ⅰ黃人種(황인종) ⑤黃牛
(황우) 牛黃(우황) ④Ⅰ黃鳥(황조) ④黃泉(황천) 朱黃(주황)
③Ⅰ黃桃(황도) 黃禍(황화) 浮黃(부황) ③黃狗(황구) 黃昏(황혼)

【발전】 ②硫黃(유황) 黃酸(황산) 黃塵(황진) 亞黃酸(아황산)
②⑧黃鴨(황압) 黃埃(황애) 黃廬(황려) 黃巢(황소) 鴨黃
(압황) ①渠黃(거황) 蛋黃(단황) 詔黃(조황) 蒲黃(포황)
黃柑(황감) 黃鵠(황곡) 黃嬌(황교) 黃疸(황달) 黃橙(황등)
黃蠟(황랍) 黃粱(황량) 黃礫(황력) 黃燐(황린) 黃榜
(황방) 黃紗(황사) 黃黍(황서) 黃鴦(황앙) 黃鶯(황앵)
黃雀(황작) 黃腫(황종) 黃荊(황형)

【사자성어】 ⑤Ⅰ黃金萬能(황금만능) ③Ⅰ黃金分割(황금분할) ②⑧岐
黃之術(기황지술)

부수	획수	총획
言	3	10

訓

가르칠 훈 : 【300】

【字源】 〈형성〉 물이 높은 곳에서 낮은 곳으로 점차 흐르는 것처
럼 나이 많은 윗사람이 아랫사람에게 바르게 사는 지혜와
진리를 가르친다. '순리대로 위에서 아래로'라는 순서에
맞게 몸과 마음을 훈육하기도 했었다. 냇물(川)이 위에서
아래로 흐르듯이 윗사람이 말(言)로 타일러 [가르치다(訓)]
는 뜻이고 [훈]으로 읽는다.
圖敎(가르칠 교) 導(인도할 도) 誨(가르칠 회) 回學(배울 학)
習(익힐 습)

필순 ` 亠 亖 亖 言 言 言 訂 訓 訓

【기초】【기초한자어】익히고, 【기본→발전한자어】다지기
訓育(훈육) 가르쳐 기름
訓長(훈장) 글방의 선생
訓話(훈화) 교훈하는 말
• 서당에서 訓長선생님의 가르침을 받았다.
• 교장 선생님은 조회에서 訓話를 하신다.

【기본】 ⑥訓讀(훈독) 訓放(훈방) 訓手(훈수) 家訓(가훈) 敎訓
(교훈) 校訓(교훈) 級訓(급훈) 內訓(내훈) 社訓(사훈)
音訓(음훈) 字訓(자훈) ⑤Ⅰ訓練(훈련) ⑤訓令(훈령)
訓示(훈시) ④Ⅰ政訓(정훈) ④訓戒(훈계) ③Ⅰ訓釋(훈석)

【발전】 ③Ⅰ謨訓(모훈) ②⑧丕訓(비훈) ①箴訓(잠훈) 訓喩(훈유)
訓諭(훈유) 訓誨(훈회)

【사자성어】 ⑥訓民正音(훈민정음) ③Ⅰ訓蒙字會(훈몽자회) 詩
禮之訓(시례지훈)

6급

한자능력검정시험
자원대사전

5급 II

[301~400]

過能練奉性兒以店參凶
課念歷福說實偉節着效
告己旅兵鮮臣元切質化
敬基良變仙識雲展知害
結局朗法相順雨典週筆
決舊獨望陸商宿友傳必
見具到陸望首要的州品
格廣德類士束養財種宅
客關當流史洗約材調充
價觀團勞仕歲惡任情責

부수	획수	총획
人	13	15

價 값 가【301】

字源 〈형성〉 노점 가게나 상설 시장에서 물건의 거래가 이루어진다. 수요와 공급에 따라서 매도자와 매수자 사이에 값이 형성되어 물건이 거래된 것이다. 어찌 보면 물물교환과 같은 자연스런 거래라 하겠다. 사람(亻←人)이 가게(賈)에서 물건을 사고 팔 때에 형성되는 어떤 가치로 [값(價)]을 뜻하고 [가]로 읽는다.
동値(값 치) 回賣(팔 매) 買(살 매) 賈(장사 고) 약価

필순 ノイイ戸戸價價價價價

기초 【기초한자어】 익히고, 【기본→발전한자어】 다지기
價値(가치) 사물이 지니고 있는 쓸모
定價(정가) 정해진 값. 값을 정함
價格(가격) 물건의 값
• 價値가 있는 물건은 높은 價格으로 매매된다.
• 요즈음 원산지 표기 등 定價를 잘 매겨서 판다.

기본 5Ⅰ 高價(고가) 代價(대가) 市價(시가) 5 原價(원가) 4Ⅰ 單價(단가) 低價(저가) 呼價(호가) 4 價額(가액) 酒價(주가) 評價(평가) 營養價(영양가) 3Ⅰ 株價(주가)

발전 1 歇價(헐가)

사자성어 3Ⅰ 同價紅裳(동가홍상) 稀少價値(희소가치) 2 坪當價格(평당가격)

부수	획수	총획
宀	6	9

客 손 객【302】

字源 〈형성〉 웃어른이나 이웃 친지 집을 찾아 문안 인사를 여쭙거나 지도 말씀을 받을 때가 더러 있다. 일을 하다가도 날이 저물면 객주점을 찾기도 했다. 이른바 낯선 손님이 되어 쉴 만한 집을 찾아든 것이다. 멀고 가까운 곳에서 쉴 수 있는 곳(宀)으로 제각기들(各) 찾아왔으니 [손님(客)]을 뜻하고 [객]으로 읽는다.
동旅(나그네 려) 賓(손 빈) 回主(주인 주) 回容(얼굴 용) 各(각각 각)

필순 丶丶宀宀宀次安客客

기초 【기초한자어】 익히고, 【기본→발전한자어】 다지기
客席(객석) 손님이 앉는 자리
客氣(객기) 객쩍게 부리는 혈기
主客(주객) 주인과 손님
• 主客이 모두 客氣를 부리고 있어 웃었다.
• 客席에 앉은 사람들이 모두 박수를 쳤다.

기본 5Ⅰ 客家(객가) 客苦(객고) 客工(객공) 客觀(객관) 客軍(객군) 客年(객년) 客堂(객당) 客待(객대) 客冬(객동) 客旅(객려) 客禮(객례) 客兵(객병) 客使(객사) 5 客談(객담) 客費(객비) 4Ⅰ 客官(객관) 客味(객미) 客房(객방) 客舍(객사) 客狀(객상) 客床(객상) 4 客居(객거) 客慮(객려) 客辭(객사) 3Ⅰ 客虎(객호) 乘客(승객) 賀客(하객)

발전 2 棋客(기객) 偵客(정객) 1 嘉客(가객) 客坊(객방) 客帆(객범) 客邸(객저) 嬌客(교객) 驕客(교객) 陪客(배객) 謫客(적객) 逋客(포객) 飄客(표객) 俠客(협객)

부수	획수	총획
木	6	10

格 격식 격【303】

字源 〈형성〉 나뭇가지나 줄기는 아무렇게나 뻗어 있는 것 같지만 그렇지 않다. 나무 부위 영양 공급과 햇볕이 미치는 만큼만 뻗어 있는 것을 알게 된다. 사람으로 말하면 뿌리는 만큼만 거둬 수확하는 것이다. 나뭇가지(木)가 제각기(各) 멋대로 뻗은 것처럼 보이지만 규정된 어떤 [격식(格)]에 따른다는 뜻이고 [격]으로 읽는다.
동式(법 식) 回落(떨어질 락) 洛(물이름 락)

필순 一十十才才杉枚格格格

기초 【기초한자어】 익히고, 【기본→발전한자어】 다지기
格式(격식) 격에 어울리는 법식
格言(격언) 사리에 맞아 교훈이 될 만한 짧은 말
人格(인격) 사람의 품격. 고상한 인물
• 格式에 맞는 언행이 도리어 돋보이는 人格을 갖춘 사람이다.
• 수많은 고사성어나 格言은 아주 커다란 귀감이 되기도 한다.

기본 5Ⅰ 格上(격상) 格子(격자) 格調(격조) 格下(격하) 同格(동격) 性格(성격) 神格(신격) 失格(실격) 主格(주격) 體格(체격) 品格(품격) 合格(합격) 5 格致(격치) 規格(규격) 4Ⅰ 破格(파격) 4 格納(격납) 格差(격차) 格鬪(격투) 骨格(골격) 嚴格(엄격) 資格(자격) 適格(적격) 3Ⅰ 昇格(승격)

발전 1 格牢(격로) 縛格(박격)

사자성어 2 坪當價格(평당가격)

부수	획수	총획
見	0	7

見 볼 견：【304】

字源 〈상형〉 사람은 눈으로 사물을 살피면서 사리를 판단한다. 선악을 구별하기도 하고 참과 거짓을 잘도 판단한다. 사람이 인간으로서 올바른 도리도 판단하며 예의범절을 깍듯하게 지키면서 살았던 것이다. 사람(儿←人)이 두 눈(目)을 크게 뜨면서 사물을 자세하게 잘 살피니 [보다(見)]는 뜻이고 [견]으로 읽는다.
同 觀(볼 관) 視(볼 시) 監(볼 감) 看(볼 간) 反 隱(숨을 은)
비 具(갖출 구) 貝(조개 패) 頁(머리 혈)

필순 

기초 【기초한자어】 익히고, 【기본 → 발전한자어】 다지기
見聞(견문) 보고 들음. 또는 그 지식
見學(견학) 실제로 보고 학습함
意見(의견) 어떤 일에 대한 생각
• 見學을 통해 많은 見聞을 넓혀야 한다.
• 많은 사람들의 意見을 들어 제시했다.

기본 5Ⅱ 見本(견본) 見習(견습) 見識(견식) 4Ⅱ 見背(견배) 見佛(견불) 4 見解(견해) 政見(정견) 見困(견곤) 見屈(견굴) 見機(견기) 見積(견적) 見樣(견양) 私見(사견) 豫見(예견) 異見(이견) 3Ⅱ 見執(견집) 偏見(편견) 3 謁見(알현)

발전 2 謬見(유견) 僻見(벽견) 1 倨見(거견) 窺見(규견) 覲見(근현) 陋見(누견) 瞥見(별견) 鄙見(비견) 臆見(억견) 灼見(작견) 披見(피견) 罕見(한견)

사자성어 3Ⅱ 目不忍見(목불인견) 先見之明(선견지명)

決

부수	획수	총획
水	4	7

결단할 결 【305】

字源 〈형성〉 한꺼번에 비가 많이 내려 논을 휩쓸어 버리는 경우가 더러 있다. 논둑을 적당하게 터서 물 조절을 알맞게 해야 한다. 흔히 비 온 날 물꼬를 낮추기 위해 비를 맞고 논에 나간 경우가 그것이다. 물(氵←水)이 잘 빠지도록 둑을 야무지게 터서(夬) 결단하여 끊었으니 [결단하다(決)]는 뜻이고 [결]로 읽는다.
同 斷(끊을 단) 判(판단할 판) 潰(무너질 궤) 비 快(쾌할 쾌) 缺(이지러질 결)

필순 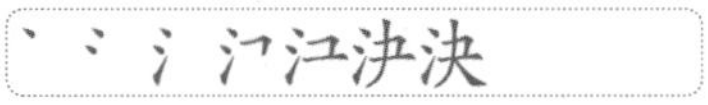

기초 【기초한자어】 익히고, 【기본 → 발전한자어】 다지기
決死(결사) 죽음을 각오하고 결심함
決算(결산) 계산을 마감함
速決(속결) 신속하게 결정함. 빠르게 결정함
• 무엇이나 速決하는 사람이라야 決算도 빠르다.
• 충무공 이순신 장군은 決死 정신으로 싸워서 크게 승리했다.

기본 5Ⅱ 決勝(결승) 決心(결심) 決意(결의) 決戰(결전) 決定(결정) 決行(결행) 對決(대결) 決明子(결명자) 5 決選(결선) 決案(결안) 可決(가결) 4Ⅱ 決斷(결단) 決議(결의) 決處(결처) 未決(미결) 4 決鬪(결투) 決判(결판) 否決(부결) 判決(판결) 3Ⅱ 決裂(결렬) 決裁(결재) 卽決(즉결)

발전 2 諮決(자결) 1 決潰(결궤) 決賭(결도) 決溜(결류) 決耘(결운) 潰決(궤결) 剖決(부결) 臆決(억결) 溢決(일결)

結

부수	획수	총획
糸	6	12

맺을 결 【306】

字源 〈형성〉 문자가 없던 시대에는 실로 매듭을 지어 자기의 의사를 잘 표현했다. 좋은 일이 있을 때 서로 손가락 걸면서 굳은 약속을 하기도 했다. 흔히들 '약속을 맺는다. 마음으로 굳게 맹세한다.'고 했다. 실(糸)을 매듭지어 잘 묶으면서 좋은(吉) 일을 마음 굳게도 약속했었으니 [맺다(結)]는 뜻이고 [결]로 읽는다.
同 契(맺을 계) 約(맺을 약) 締(맺을 체) 構(얽을 구) 紐(맺을 뉴) 縛(얽을 박) 束(묶을 속) 反 解(풀 해) 비 納(들일 납) 終(마칠 종)

필순 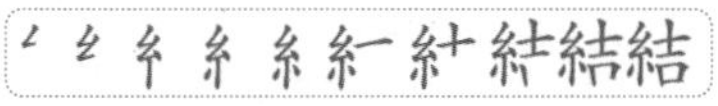

기초 【기초한자어】 익히고, 【기본 → 발전한자어】 다지기
結果(결과) 열매를 맺음
結局(결국) 일이 귀결되는 마당
終結(종결) 일을 끝냄
• 結局에는 좋은 結果로 잘 귀결되어 기쁘다.
• 이제 이 일이 끝나면서 終結 단계가 되었구나.

기본 5Ⅱ 結束(결속) 結實(결실) 5 結氷(결빙) 結願(결원) 4Ⅱ 結講(결강) 結句(결구) 結黨(결당) 結稅(결세) 結義(결의) 結制(결제) 4 結構(결구) 結納(결납) 結髮(결발) 結負(결부) 結辭(결사) 結怨(결원) 結腸(결장) 結錢(결전) 3Ⅱ 結尾(결미) 結像(결상) 結滯(결체) 3 妥結(타결)

발전 2 結託(결탁) 結膜(결막) 鬱結(울결) 締結(체결) 結膜炎(결막염) 2名 結晶(결정) 結晶體(결정체) 1 結紐(결뉴) 結縛(결박) 結澁(결삽) 結庵(결암) 結冤(결원) 括結(괄결) 撫結(무결) 蘊結(온결) 冤結(원결) 纏結(전결) 穿結(천결) 熾結(치결)

사자성어 2名 結弓獐皮(결궁장피)

敬

부수	획수	총획
攴	9	13

공경 경 : 【307】

5급Ⅱ

字源 〈회의〉 어른이 회초리를 들고 때리는 매는 진정성이 숨어 있어 달게 받았다. 거기에는 [참되고 바르게 살라]는 진정한 마음이 스며있는 사랑이었기 때문이겠다. 눈물을 줄줄 흘리며 반성도 하고 다짐도 했다. 진실한(苟) 마음으로 채찍질하며(攵) 훈계하셨던 분을 참으로 [공경하다(敬)]는 뜻이고 [경]으로 읽는다.
동 恭(공손할 공) 虔(공경할 건) 遜(겸손할 손) 回 警(깨우칠 경) 驚(놀랄 경)

필순 一 十 艹 芍 芍 苟 苟 荀 敬 敬

기초 【기초한자어】 익히고, 【기본→발전한자어】 다지기
敬禮(경례) 경의를 표시하며 인사함
敬老(경로) 노인을 공경함
敬意(경의) 존경하는 마음
• 노장군에게 진심으로 敬意를 표하는 마음으로 敬禮를 하였다.
• 요즈음 시대에 敬老 孝親(효친)사상을 많이 강조하고 있는 추세다.

기본 5Ⅱ 敬愛(경애) 敬語(경어) 敬遠(경원) 敬天(경천) 4Ⅱ 敬拜(경배) 尊敬(존경) 4 敬稱(경칭) 敬歎(경탄) 3Ⅱ 敬慕(경모) 恭敬(공경)

발전 2 敬呈(경정) 敬孚(경부) 28 瞻敬(첨경) 1 敬虔(경건) 敬遜(경손) 敬寵(경총) 敬憚(경탄)

사자성어 5Ⅱ 敬天愛人(경천애인)

부수	획수	총획
口	4	7

고할 고 :
청할 곡 【308】

字源 〈회의〉 후손이 선조의 제사를 모실 때에 극진히 정성을 쏟다. 몸과 마음을 정성스럽게 하여 음식을 장만하고 제사에 쓰일 술도 정성껏 빚었다. 마련한 음식 중에서도 소의 머리를 가장 으뜸으로 생각했다. 소(牛)머리를 제사상에 차려놓고 입(口)으로 축문을 암송했으니 [고하다(告)]는 뜻이고 [고]로 읽는다.
동 報(알릴 보) 申(납 신) 白(흰 백) 示(보일 시) 喩(깨우칠 유) 諭(타이를 유) 回 浩(클 호) 舌(혀 설)

필순 ノ 亠 屮 生 告 告 告

기초 【기초한자어】 익히고, 【기본→발전한자어】 다지기
告白(고백) 숨기지 않고 솔직하게 말함
告別(고별) 이별을 고함
廣告(광고) 많은 사람이 알도록 널리 알림
• 어쩔 수 없이 告別하였음을 이제야 告白하게 되었다.
• 요즈음 사회가 다변화되면서 廣告가 많아졌다.

기본 5Ⅱ 告發(고발) 公告(공고) 社告(사고) 上告(상고) 告知書(고지서) 5 告示(고시) 原告(원고) 4Ⅱ 警告(경고) 論告

(논고) 密告(밀고) 報告(보고) 申告(신고) 4 戒告(계고) 勸告(권고) 宣告(선고) 豫告(예고) 3Ⅱ 告祀(고사) 告訴(고소) 啓告(계고) 追告(추고) 被告(피고) 3 謹告(근고)

발전 2 敷告(부고) 1 譴告(견고) 告訃(고부) 告遡(고소) 告喩(고유) 告劾(고핵) 誣告(무고) 訃告(부고) 枉告(왕고) 諭告(유고) 詔告(조고) 饗告(향고)

사자성어 4Ⅱ 告解聖事(고해성사)

부수	획수	총획
言	8	15

공부할 과(:)
【309】

字源 〈형성〉 공부를 하고 나면 일정 범위 내에서 피드백 과정으로 시험을 보았다. 학생들은 이해의 정도를, 가르치는 교사에게는 지도했던 내용의 반성 자료가 된다. 또한 일정한 숫자의 인원을 뽑는 기준이 된다. 공부했던 과목의 결과(果)를 말(言)이나 글로 물어 시험하여 [공부하다(課)]는 뜻이고 [과]로 읽는다.
동 程(한도 정) 回 諾(허락할 낙) 誇(자랑할 과)

필순 丶 亠 言 言 言 訂 評 評 課 課

기초 【기초한자어】 익히고, 【기본→발전한자어】 다지기
課外(과외) 정해진 과정 이외에 하는 일이나 공부
課題(과제) 부과된 제목이나 문제
日課(일과) 날마다 일정하게 하는 일
• 오늘 日課 중에서 課外를 하고 나니 마음이 참 편안하다.
• 과외를 열심히 하다 보니 학교 課題를 할 시간이 없어 문제다.

기본 5Ⅱ 課業(과업) 公課金(공과금) 5 考課(고과) 4Ⅱ 課程(과정) 3Ⅱ 課役(과역) 賦課(부과) 租課(조과)

발전 2 闕課(궐과) 1 辦課(판과)

부수	획수	총획
辶	9	13

지날 과 : 【310】

字源 〈형성〉 입으로 하는 말은 생명과 같다고 했다. 말을 잘못해서 화를 입는 경우가 썩 많았다. 그래서 말을 조심하라고 가르쳤다. 언행(言行)이라 했으니 말과 행동을 같은 선상에 놓고 조심하라고 가르친다. 입이 비뚤어진(咼) 것처럼 말이 잘못 나가(辶←辵) 큰 화를 입으니 [지나다(過)]을 뜻하고 [과]로 읽는다.
동 失(잃을 실) 誤(그릇할 오) 去(갈 거) 謬(그릇할 류) 剩(남을 잉) 回 功(공 공) 禍(재앙 화)

5급Ⅱ

필순 冂 冂 冎 冎 咼 咼 咼 渦 渦 過

기초 【기초한자어】 익히고, 【기본→발전한자어】 다지기
過去(과거) 이미 지나간 때
過多(과다) 지나치게 많음
通過(통과) 통하여 지나감
• 이번 영화 상영에서 무료 입장객을 過多하게 通過
시켰다는 지적이다.
• 지난 過去는 더 이상은 묻지 말고 이제는 묻어버
렸으면 참 좋겠다.

기본 5Ⅱ 過年(과년) 過當(과당) 過勞(과로) 過分(과분) 過歲
(과세) 過小(과소) 過速(과속) 過信(과신) 過失(과실)
過言(과언) 過不足(과부족) 5 過熱(과열) 4 過激(과격)
過納(과납) 3Ⅱ 默過(묵과) 過慾(과욕) 超過(초과) 過渡期
(과도기) 3 過敏(과민)

발전 2 過謬(과류) 1 過眷(과권) 過隙(과극) 過剩(과잉) 過褒
(과포) 濾過(여과) 饒過(요과) 剩過(잉과) 蹉過(차과)

사자성어 4 過大包裝(과대포장) 3Ⅱ 改過遷善(개과천선) 2 胃
酸過多(위산과다)

부수	획수	총획
見	8	25

볼 관【311】

字源 〈형성〉 황새의 목은 많이 길다. 자기를 해치려는 적이 오
는가를 살피면서 먹이도 두리번거리면서 찾아 살피는 습
성이 있다. 먹이를 잡아 놓고도 얼른 먹지 않고 자세하게
그 동태를 늘 살피는 버릇도 있다. 황새(雚)가 먹이를 찾
기 위해서 사방을 지세하게 살펴 보았으니(見) [보다(觀)]
는 뜻이고 [관]으로 읽는다.
图 見(볼 견) 看(볼 간) 視(볼 시) 監(볼 감) 覽(볼 람) 察
(살필 찰) 回 權(권세 권) 勸(권할 권) 歡(기쁠 환) 回 観, 观

필순 艹 艹 苷 苩 苩 萑 萑 雚 雚 觀 觀 觀

기초 【기초한자어】 익히고, 【기본→발전한자어】 다지기
觀客(관객) 구경하는 사람
觀光(관광) 경치나 명소를 구경하는 일
外觀(외관) 겉모습
• 觀光을 하면서 특별히 外觀만 볼 것만은 아니라네.
• 오랫동안 숨겨진 內部도 보는 觀客이어야겠구먼.

기본 5Ⅱ 觀念(관념) 觀望(관망) 觀相(관상) 觀戰(관전) 美觀
(미관) 史觀(사관) 主觀(주관) 直觀(직관) 參觀(참관)
人生觀(인생관) 5 可觀(가관) 景觀(경관) 4Ⅱ 觀燈(관등)
達觀(달관) 悲觀(비관) 觀測通(관측통) 觀察使(관찰사)
4 觀覽(관람) 觀點(관점) 壯觀(장관) 3Ⅱ 觀照(관조)
槪觀(개관)

발전 2 觀關(관궐) 28 旁觀(방관) 觀魏(관위) 1 陪觀(배관)
泛觀(범관) 瞥觀(별관) 俯觀(부관) 眂觀(저관) 諦觀(체관)
頰觀(협관)

사자성어 3Ⅱ 明若觀火(명약관화)

부수	획수	총획
門	11	19

관계할 관【312】

字源 〈형성〉 여인네가 베틀 위에 앉아 북에 실을 꿰어 가로로
왕래하면서 옷 베를 짠다. 북이 가로로 왔다갔다하듯이
문에 빗장도 질러 왕래하게 했다. 이렇게 되면 좌우로 움
직이지 않아서 그만 정지상태다. 베틀의 북에 빗장을 잘
꿰듯이(丱) 문(門)을 닫고 안에서 잠그니 [관계하다(關)]를
뜻하고 [관]으로 읽는다.
图 係(맬 계) 鍵(자물쇠 건) 銷(녹일 소) 與(더불 여) 回 開
(열 개) 閉(닫을 폐) 回 関

필순 冂 冂 門 門 門 閃 閔 閣 關 關 關

기초 【기초한자어】 익히고, 【기본→발전한자어】 다지기
關門(관문) 국경이나 요새의 성문
關心(관심) 마음에 두고 잊지 아니함
通關(통관) 화물 수출입의 허가를 받고 통과함
• 상품의 通關은 關門을 지키는 세관원의 임무다.
• 그는 文化에 높은 關心을 갖고 사는 예술인이다.

기본 5Ⅱ 關北(관북) 關節(관절) 相關(상관) 有關(유관) 4Ⅱ 關係
(관계) 關稅(관세) 難關(난관) 稅關(세관) 4 關節炎
(관절염) 關與(관여) 3Ⅱ 關聯(관련) 玄關(현관)

발전 2 關津(관진) 關託(관탁) 28 關鍵(관건) 關尹(관윤)
1 鍵關(건관) 關牡(관모) 關腕(관완)

부수	획수	총획
广	12	15

넓을 광 :【313】

字源 〈형성〉 황허강 유역에는 황토빛 넓은 땅이 즐비하게 있었
다. 농사를 짓기 위해서는 물이 많이 필요했지만 집은 물
의 범람이 없는 곳에 짓고 살았다. 물의 필요성을 잘 알
고 집을 반듯하게 짓고 농사를 지었다. 황토(黃)빛 너른
들판에 아담하게 집(广)을 지을 터전을 잡으니 [넓다(廣)]
는 뜻이고 [광]으로 읽는다.
图 博(넓을 박) 汎(넓을 범) 漠(넓을 막) 衍(넓을 연) 闊
(넓을 활) 回 狹(좁을 협) 回 黃(누를 황) 鑛(쇳돌 광) 擴
(넓힐 확) 回 广

필순 亠 广 广 产 庐 庐 庐 廣 廣 廣 廣

廣 (좌측 상단 기초 내용)

【기초한자어】익히고, 【기본→발전한자어】다지기
廣大(광대) 넓고 큼
廣野(광야) 넓은 들판
廣場(광장) 넓은 마당
• 중국 북경의 '모택동 廣場'은 廣大하기 그지없구나.
• 연구팀은 廣野에서 야생식물을 관찰하고 있다.

기본 5Ⅰ 廣告(광고) 4Ⅰ 廣義(광의) 4 廣域(광역) 廣範圍(광범위)
長廣舌(장광설) 3 廣軌(광궤) 廣塗(광도)

발전 2급 廣遼(광료) 廣衍(광연) 廣淵(광연) 廣敞(광창) 1 廣牡
(광모) 廣汎(광범) 廣闢(광벽) 廣狹(광협) 廣闊(광활)

사자성어 3Ⅰ 高臺廣室(고대광실)

부수	획수	총획
八	6	8

갖출 구(:)【314】

字源 〈회의〉예나 지금이나 돈은 생활에 매우 편리했던 것을
알 수 있다. 돈은 편리한 경제생활을 영위하면서부터 그
필요성이 절실했을 것이다. 손에 돈을 한꺼번에 쥐었으니
완전하게 갖춘 것으로 여겼다. 양 손(ㅠ←艹)에 돈으로
사용한 조개(貝)를 한 움큼씩 쥐게 되었으니 [갖추다(具)]
는 뜻이고 [구]로 읽는다.
圄 備(갖출 비) 凹 且(또 차) 其(그 기) 俱(함께 구) 貝(조개 패)

필순 丨 ∏ ∏ ∄ 月 且 具 具 具

기초 【기초한자어】익히고, 【기본→발전한자어】다지기
具體(구체) 전체를 완전하게 갖춤
具色(구색) 여러 가지 물건을 골고루 갖춤
家具(가구) 집안 살림에 쓰이는 기구
• 여기에 있는 家具는 具色을 다 갖추어 반듯하다.
• 모든 사항을 이제는 보다 具體的(적)으로 설명해
야만 옳겠다고 생각한다.

기본 5Ⅰ 具現(구현) 工具(공구) 道具(도구) 具體化(구체화)
筆記具(필기구) 4Ⅰ 具備(구비) 具眼(구안) 器具(기구)
4 具象(구상) 機具(기구) 寢具(침구) 裝身具(장신구)
3Ⅰ 具陳(구진)

발전 2급 鑽具(찬구) 具瞻(구첨) 1 衾具(금구) 榜具(방구) 什具
(집구) 釀具(양구) 唾具(타구)

부수	획수	총획
臼	12	18

예 구:【315】

字源 〈형성〉부엉이가 오랜만에 나타나 울었기 때문에 붙여진
이름인지도 모르겠다. 오랜(久)만에 나타난 새라는 이름
을 따서 붙여지면서 이름답게 두 뿔이 솟고 몸뚱이가 절
구통(臼)과 같았다. 두 뿔(艹←丱)과 몸이 절구통 같은

새(隹)를 말하나 '久'의 음을 빌려서 아주 오래된 [옛(舊)]
을 뜻하고 [구]로 읽는다.
圄 古(예 고) 故(연고 고) 久(오랠 구) 凹 新(새 신) 약 旧

필순 艹 艹 艹 芢 苤 萑 雈 舊 舊 舊

기초 【기초한자어】익히고, 【기본→발전한자어】다지기
舊面(구면) 알게 된 지 오래된 얼굴
舊式(구식) 옛 격식, 케케묵어 시대에 뒤떨어짐
親舊(친구) 예전부터 친한 사이. 친하게 사귀는 벗
• 모임에 舊面의 親舊가 많지 않아 서먹서먹했다.
• 신식 무기가 나오면서부터 舊式 무기는 이제 점점
인기가 없다는 논의가 일고 있다.

기본 5Ⅰ 舊敎(구교) 舊習(구습) 舊惡(구악) 舊正(구정) 舊形
(구형) 新舊(신구) 4Ⅰ 舊官(구관) 復舊(복구) 舊石器
(구석기) 4 依舊(의구) 3 舊嫌(구혐)

발전 2급 舊憾(구감) 舊型(구형) 舊勳(구훈) 勳舊派(훈구파)
2급 舊址(구지) 1 舊眷(구권) 舊臘(구랍) 舊簾(구렴)
舊癖(구벽) 舊祠(구사) 舊套(구투) 舊鐶(구환) 舊痕(구흔)
舊欠(구흠)

사자성어 4 舊態依然(구태의연) 送舊迎新(송구영신)

부수	획수	총획
尸	4	7

판 국【316】

字源 〈회의〉소유한 땅을 정확하게 헤아리기 위해서 측량을 많
이 했다. 땅의 한계가 되는 곳에 금을 그려서 자기 소유로
정하기도 했다. 도면과 같은 더 자상한 그림을 그려가면
서 자기 소유로 했다. 측량 도구(尸←尺)로 경계를 긋고
말(口)로 한계를 지어서 바둑[판]처럼 나눈 [부분(局)]
을 뜻하고 [국]으로 읽는다.
凹 居(살 거) 屋(집 옥) 尾(꼬리 미)

필순 ⁊ ⁊ 尸 尸 局 局 局

기초 【기초한자어】익히고, 【기본→발전한자어】다지기
局面(국면) 일이 되어 가는 형편
當局(당국) 어떤 일을 담당하는 곳
結局(결국) 일의 끝 부분. 또는 끝에 이르러
• 이 일은 結局 관계 當局에서 해결해야만 했다.
• 어느 局面에 이르면 반드시 해결되게 될 것이다.

기본 5Ⅰ 局番(국번) 局部(국부) 局長(국장) 開局(개국) 對局
(대국) 本局(본국) 分局(분국) 時局(시국) 藥局(약국)
形局(형국) 局外者(국외자) 局地戰(국지전) 電話局
(전화국) 5 局量(국량) 終局(종국) 4Ⅰ 局限(국한) 難局
(난국) 政局(정국) 支局(지국) 總局(총국) 破局(파국)
放送局(방송국) 事務局(사무국) 4 亂局(난국)

발전 2급 棋局(기국) 2급 楸局(추국) 1 局窄(국착) 騙局(편국)

부수	획수	총획
土	8	11

터 기【317】

字源 〈형성〉 집을 지으려면 평지보다 높게 흙을 쌓아 올렸다. 기둥 설 곳은 흙을 파서 기초를 다듬고 주춧돌을 묻기도 했다. 집 지을 토대를 충분하게 만든 다음에 높은 기둥을 점차 세웠으니 외벽을 잘 붙인다. 흙(土)을 쌓아 올려서 집 지을 토대(其)를 잘 마련하여 그 바탕을 이루는 [터(基)]를 뜻하고 [기]로 읽는다.
图址(터 지) 回墓(무덤 묘) 其(그 기)

필순 一 艹 廿 甘 其 芇 其 其 基 基 基

기초 【기초한자어】 익히고, 【기본→발전한자어】 다지기
基金(기금) 목적에 쓰일 기본적인 자금
基本(기본) 사물이나 현상의 기초가 되는 근본
國基(국기) 나라를 유지하는 기본 틀
• 발전 基金을 효과적으로 활용해야 할 것이다.
• 사람은 基本이 바로서는 것을 모두 다 원한다.

기본 5II 基數(기수) 基地(기지) 5 基因(기인) 4II 基準(기준) 基督敎(기독교) 基本權(기본권) 4 基底(기저) 3II 基礎(기초)

발전 2 基軸(기축) 28 基楨(기정) 丕基(비기) 孫基禎(손기정) 1 肇基(조기)

사자성어 4II 基調演說(기조연설) 3II 基幹産業(기간산업)

부수	획수	총획
己	0	3

몸 기【318】

字源 〈상형〉 나이가 어리거나 지위가 낮은 사람은 웃어른께 정중하게 인사를 잘 한다. 인사하는 모양이나 태도로 보아 그 사람의 인격을 가늠하기도 한다. 실 끝이 굽은 모양을 가리켜 [여섯째 천간(己)]을 뜻한다고도 한다. 사람이 허리를 굽혀서 정중하게 인사하는 모양을 본떠서 [자기(己)]의 몸을 뜻하고 [기]로 읽는다.
图身(몸 신) 自(스스로 자) 體(몸 체) 回已(이미 이) 巳(뱀 사) 乙(새 을)

필순 一 フ 己

기초 【기초한자어】 익히고, 【기본→발전한자어】 다지기
己物(기물) 자신의 물건
自己(자기) 그 사람 자신
知己(지기) 자신을 알아주는 매우 친한 벗
• 오래 아는 知己들만이 결국 自己를 인정해 주었다.
• 己物과 기이한 물건인 奇物(기물)은 많이 다르다.

기본 3II 克己(극기)
발전 1 枉己(왕기)
사자성어 4II 己未運動(기미운동) 利己主義(이기주의) 3II 克己訓鍊(극기훈련) 3 己卯士禍(기묘사화)

부수	획수	총획
心	4	8

생각 념 : 【319】

字源 〈형성〉 어떤 일을 마음 속 깊이 생각하는 경우가 많았다. 지금까지도 잊혀지지 않아 생각나고 깊은 뇌리 속에 떠나지 않는 사랑이 있다. 마음 속 깊은 곳에 잠재되어 온통 떠나지 않고 있기 때문이리라. 옛날 일을 오늘(今)날까지 잊지 않고 마음(心)속으로 깊이 기억하니 [생각하다(念)]는 뜻이고 [념]으로 읽는다.
图考(생각할 고) 思(생각 사) 想(생각 상) 慮(생각할 려) 憶(생각할 억) 惟(생각할 유) 回忍(참을 인)

필순 ノ 人 人 今 今 念 念 念

기초 【기초한자어】 익히고, 【기본→발전한자어】 다지기
念頭(염두) 생각
念願(염원) 늘 마음에 생각하며 간절히 바람
理念(이념) 최고의 것으로 여긴 근본적 생각
• 우리의 理念이 이루어질 그 날을 꼭 念願하자꾸나.
• 지난번에 약속했던 일들을 잘 念頭하고 있겠지.

기본 5II 觀念(관념) 記念(기념) 信念(신념) 一念(일념) 4II 念佛(염불) 斷念(단념) 想念(상념) 餘念(여념) 留念(유념) 空念佛(공염불) 4 念慮(염려) 紀念(기념) 雜念(잡념) 專念(전념) 記念碑(기념비) 3II 念珠(염주) 槪念(개념) 默念(묵념) 執念(집념) 追念辭(추념사) 3 掛念(괘념)

발전 28 欽念(흠념) 1 宸念(신념) 諦念(체념)
사자성어 4II 無念無想(무념무상)

부수	획수	총획
肉	6	10

능할 능【320】

字源 〈형성〉 '재주는 곰이 부리고 돈은 사람이 받는다'는 우리 속담이 있다. '곰 같은 놈'이라는 말은 비록 행동은 느리지만 일은 빈틈없이 한다는 뜻일 게다. 위의 곰과 같이 빗대는 말은 우리 생활엔 꽤 많다. 곰 주둥이(厶)와 몸뚱이(月←肉) 그리고 네 발(匕) 모양을 두루 모아서 [능하다(能)]는 뜻이고 [능]으로 읽는다.
回態(모습 태) 熊(곰 웅) 罷(마칠 파)

필순 ㄥ ㄠ ㅏ 育 育 育 育 能 能 能

기초 【기초한자어】 익히고, 【기본→발전한자어】 다지기
能動(능동) 제 마음이 내켜서 함
能力(능력) 일을 능력껏 감당해내는 힘
能通(능통) 모든 일을 썩 잘함
· 그의 能力으로 보아 그 일은 能通하게 처리할 수 있을 것이라 생각한다.
· 이제는 부정적인 생각보다는 能動的(적)으로 일을 차분히 하시게나.

기본 ⑤Ⅰ能事(능사) 萬能(만능) 本能(본능) 不能(불능) 性能(성능) 有能(유능) 才能(재능) 全能(전능) 體能(체능) 效能(효능) ⑤可能(가능) 技能(기능) 無能(무능) 技能工(기능공) ④Ⅰ官能(관능) 權能(권능) 藝能(예능) ④機能(기능) 放射能(방사능) ③Ⅰ能率(능률) 能熟(능숙)

발전 ①伎能(기능)

사자성어 ⑤Ⅰ能小能大(능소능대) 多才多能(다재다능) 人工知能(인공지능) ②能手能爛(능수능란) ②⑧歸巢本能(귀소본능)

부수	획수	총획
囗	11	14

둥글 단【321】

字源 〈형성〉 뜻이 같고 마음이 통하는 사람이 모임과 같은 '계'를 만들어 우정 모임을 조성한다. 마음을 터놓고 이야기하는 가운데 인생을 이야기한다. 친한 친구는 늘 마음의 진실을 터놓고 논의하고 토론했다. 여러 사람이 오로지(專) 한 마음으로 똘똘 뭉쳐서 (囗) 앉았으니 [둥글다(團)]는 뜻이고 [단]으로 읽는다.
回圓(둥글 원) 丸(둥글 환) 回傳(전할 전) 園(동산 원) 약団

필순

기초 【기초한자어】 익히고, 【기본→발전한자어】 다지기
團結(단결) 많은 사람이 한데 뭉침
團合(단합) 많은 사람이 한데 뭉침
集團(집단) 행동을 함께하는 생활체의 집합
· 우리 集團은 團合된 마음으로 일을 하자고 한다.
· 우리가 필요한 건 오직 團結뿐이니 열심히 하게.

기본 ⑤Ⅰ團旗(단기) 團束(단속) 團長(단장) 團地(단지) 團體(단체) 工團(공단) 球團(구단) 社團(사단) 旅團(여단) 入團(입단) 財團(재단) ⑤曲馬團(곡마단) 調査團(조사단) 合唱團(합창단) ④Ⅰ團員(단원) 師團(사단) 大團員(대단원)

발전 ②團匪(단비) 團焦(단초) ②⑧團聚(단취) ①膿團(농단) 團裘(단서) 團扇(단선) 特Ⅰ團欒(단란)

사자성어 ⑤Ⅰ社團法人(사단법인) ⑤一致團結(일치단결) ②傘下團體(산하단체)

부수	획수	총획
田	8	13

마땅 당【322】

字源 〈형성〉 선조 대대로 농사짓는 일을 으뜸으로 생각했다. 그래서 논밭을 가장 으뜸으로 여겼던 것이다. 농사를 짓는 터전이 되는 논밭도 소중하게 여겼다. 논밭 모습이 비슷비슷하여 서로가 맞바꿈도 뜻하고 있다. 곡식을 가꾸어 자라게 해주는 논밭(田)을 숭상(尙)함은 [마땅하다(當)]는 뜻이고 [당]으로 읽는다.
回該(마땅 해) 回否(아닐 부) 落(떨어질 락) 回堂(집 당) 黨(무리 당) 常(떳떳할 상) 약当

필순

기초 【기초한자어】 익히고, 【기본→발전한자어】 다지기
當然(당연) 마땅히 그러함
當面(당면) 일이 바로 눈앞에 당함
相當(상당) 무엇에 해당하거나 알맞음
· 當面한 문제들을 해결하는 것은 너무도 當然하다.
· 물건을 사면 그에 相當한 값을 반드시 치른다.

기본 ⑤Ⅰ當局(당국) 當到(당도) 當番(당번) 當時(당시) 當身(당신) 當分間(당분간) 當事者(당사자) ⑤當落(당락) 當選(당선) ④Ⅰ當爲性(당위성) ④當座(당좌) ③Ⅰ當付(당부) 當惑(당혹) 割當(할당) 根抵當(근저당) ③當塗(당도) 宜當(의당) 該當(해당) 安當性(타당성)

발전 ②穩當(온당) 當軸(당축) 當鋪(당포) 當選圈(당선권) 典當鋪(전당포) ②⑧允當(윤당) ①勘當(감당) 當爾(당이) 當讖(당참)

사자성어 ③普遍妥當(보편타당) ②坪當價格(평당가격)

부수	획수	총획
彳	12	15

큰 덕【323】

字源 〈형성〉 배워서 행동에 옮기지 못하면 어리석게 행동하면서도 배우지 못하면 위태롭다고 가르친다. 젊어서 부지런히 배워서 바르게 행동하는 지혜가 반드시 필요한 부분이리라. 그래서 흔히들 '학언행'이라 했다. 학문과 인격이 높아서 (悳) 말과 행동으로 바로 실천하니(彳) [크다(德)]는 뜻이고 [덕]으로 읽는다.
回惪(큰 덕) 약德

필순 ⁊ 彳 彳 彳 彳 徉 德 德 德 德

기초 【기초한자어】 익히고, 【기본→발전한자어】 다지기
德談(덕담) 잘 되기를 바라는 말
道德(도덕) 사람으로 지켜야 할 도리
美德(미덕) 아름다운 덕행

• 설날 아침에 德談을 하는 것은 우리의 美德이었다.
• 선생님은 우리가 道德的(적)인 사람이 되기를 진심으로 바라고 있다.

기본 5Ⅱ 德望(덕망) 德目(덕목) 德分(덕분) 德性(덕성) 德行(덕행) 功德(공덕) 變德(변덕) 不德(부덕) 惡德(악덕) 人德(인덕) 4Ⅱ 婦德(부덕) 聖德(성덕) 盛德(성덕) 恩德(은덕) 4 厚德(후덕)

발전 2 碩德(석덕) 彰德(창덕) 勳德(훈덕) 28 德沼(덕소) 惇德(돈덕) 盈德(영덕) 耀德(요덕) 峻德(준덕) 台德(이덕) 1 滔德(도덕) 邁德(매덕) 爽德(상덕) 穢德(예덕) 諭德(유덕) 蔭德(음덕) 悖德(패덕)

사자성어 4Ⅱ 公衆道德(공중도덕) 3 背恩忘德(배은망덕)

부수	획수	총획
刀	6	8

이를 도 : 【324】

字源 〈형성〉 목적한 곳에 도착하려면 험난한 고비가 참 많았던 것 같다. 맹수도 있고 도적도 있어서 주로 칼을 몸에 지니고 다녔다. 도적이나 맹수로부터 몸을 보호하려는 신변보호용으로 사용했던 것이다. 으슥하거나 위험한 곳을 지날 때에 칼(刂←刀)을 지니고 찾아서 갔으니 至 [이르다(到)]는 뜻이고 [도]로 읽는다.
圄達(통달할 달) 着(붙을 착) 至(이를 지) 致(이를 치) 回倒(넘어질 도)

필순

기초 【기초한자어】 익히고, 【기본→발전한자어】 다지기
到來(도래) 와서 닿음. 닥쳐옴
到着(도착) 목적지에 다다름
周到(주도) 조심한 마음이 빈틈없이 미침
• 앞으로 到來할 일에 대비하여 더 일찍 到着했다.
• 그는 성격이 꼼꼼하여 모든 일에 周到면밀하다.

기본 5Ⅱ 來到(내도) 當到(당도) 4Ⅱ 到達(도달) 到處(도처) 殺到(쇄도)

발전 2 闕到(궐도) 1 馳到(치도)

사자성어 4 用意周到(용의주도) 3Ⅱ 周到綿密(주도면밀)

부수	획수	총획
犬	13	16

홀로 독 【325】

字源 〈형성〉 개와 큰 닭이 만나면 잘 싸운다. 싸움이 시작되면 끝내는 개가 승리하고 닭은 쫓기는 가엾은 신세가 되기도 한다. 처음엔 기필코 개에게 이기리라는 기세등등하지만 끝내는 힘이 모자란 닭이 지고 만다. 개(犭)와 닭(蜀)이 잘 싸워서 함께 두지 못해서 결국 따로 놓았으니 [홀로(獨)]

를 뜻하고 [독]으로 읽는다.
圄(외로울 고) 單(홀 단) 衆(무리 중) 群(무리 군) 徒(무리 도) 回燭(촛불 촉) 濁(흐릴 탁) 觸(닿을 촉) 回独

필순

기초 【기초한자어】 익히고, 【기본→발전한자어】 다지기
獨立(독립) 남에 예속되거나 의존하지 않음
獨善(독선) 자기 혼자만 옳다고 믿고 행함
獨特(독특) 특별히 다름
• 그만의 獨特한 일을 하기 위해 이번에 獨立하였다.
• 그는 매사에 고집이 세고 獨善的(적)인 사람이라고 널리 알려진다.

기본 5Ⅱ 獨白(독백) 獨食(독식) 獨身(독신) 獨語(독어) 獨子(독자) 5 獨唱(독창) 4Ⅱ 獨斷(독단) 獨房(독방) 獨床(독상) 獨走(독주) 獨步的(독보적) 4 孤獨(고독) 3Ⅱ 獨逸(독일) 獨裁(독재) 獨舞臺(독무대) 3 惟獨(유독)

발전 1 獨擅(독천)

사자성어 4Ⅱ 獨不將軍(독불장군) 獨守空房(독수공방) 3 唯我獨尊(유아독존)

부수	획수	총획
月	7	11

밝을 랑 : 【326】

字源 〈형성〉 어질고 착한 사람을 맑고 밝은 달빛에 비유하기도 한다. 달빛은 깨끗하고 맑기 때문에 이런 비유의 노래들이 상당히 많았을 것이다. '달아 달아 밝은 달아 이태백이 놀던 달아…'하면서 부른 노래처럼. 착한(良) 사람의 마음씨는 달빛(月)처럼 환하고 명랑하다고 했으니 [밝다(朗)]는 뜻이고 [랑]으로 읽는다.
圄明(밝을 명) 哲(밝을 철) 亮(밝을 량) 昞(밝을 병) 回暗(어두울 암) 回良(어질 량) 郎(사내 랑) 回朗

필순

기초 【기초한자어】 익히고, 【기본→발전한자어】 다지기
朗讀(낭독) 소리를 크게 내어 읽음
朗朗(낭랑) 소리가 내우 맑고 또랑또랑함
明朗(명랑) 맑고 밝음. 밝고 쾌활함
• 明朗한 아이였기에 말소리도 朗朗하기 그지없다.
• 독서에는 黙讀(묵독)도 있고 똑똑한 朗讀도 있다.

기본 4Ⅱ 朗報(낭보) 3 朗誦(낭송)

발전 2 融朗(융랑) 1 曠朗(광랑) 朗諷(낭풍)

부수	획수	총획
良	1	7

어질 량 【327】

字源 〈상형〉 농사를 지으면 여문 곡식도 있지만 먹기에 거북한 쭉정이도 있다. 탈곡을 마치면 지푸라기나 돌멩이도 있어 이런 것들을 일일이 골라내야 한다. 바람에 쭉정이를 날리거나 손으로 낱낱이 골라냈다. 풍구에 곡식을 잘 내리면서 정선하는 모양을 본떠서 알곡식이 알차니 [어질다(良)]는 뜻이고 [량]으로 읽는다.
圖賢(어질 현) 仁(어질 인) 善(착할 선) 好(좋을 호) 回否(아닐 부) 回食(밥/먹을 식) 郎(사내 랑) 朗(밝을 랑)

필순 ` ㄱ ㄳ ㅋ 白 白 良 良

기초 【기초한자어】 익히고, 【기본→발전한자어】 다지기
良民(양민) 선량한 백성
良家(양가) 선량한 백성의 집
改良(개량) 나쁜 점을 고쳐서 좋게 함
• 良家에 사는 良民들은 마음씨가 고왔다고 한다.
• 선생님께서는 또 무엇을 改良하시겠다 하시나요?

기본 5Ⅱ良書(양서) 良識(양식) 良心(양심) 良藥(양약) 不良(불량) 5善良(선량) 4Ⅱ良好(양호) 良貨(양화) 4優良(우량) 閑良(한량) 優良兒(우량아) 3Ⅱ良久(양구)

발전 2良劑(양제) 2B良傅(양부) 良輔(양보) 良媛(양원) 良弼(양필) 淳良(순량) 駿良(준량) 卞季良(변계량) 1良嬪(양빈) 良宵(양소) 良媛(양원) 良箴(양잠) 良匠(양장) 良鍼(양침) 良疱(양포) 馴良(순량)

사자성어 5Ⅱ不良少年(불량소년) 消化不良(소화불량) 3Ⅱ賢母良妻(현모양처)

부수	획수	총획
方	6	10

나그네 려【328】

字源 〈회의〉 군부대는 일정한 곳에 머무를 수는 없다. 적의 공격요소나 허를 찾아서 자주 이동해야만 승리로 이끌 수 있다. 이는 완전한 승전하기 위한 전술이다. 이동할 때 깃발을 앞세우고 이동했다. 부대가 깃발을 앞세우고(방←가) 병사들이 따라서(氏←從) 이동했으니 [나그네(旅)]임을 뜻하고 [려]로 읽는다.
圖客(손 객) 賓(손 빈) 回主(주인 주) 回族(겨레 족) 旋(돌 선) 回旅

필순 ` 亠 方 方 方 扩 扩 旅 旅 旅

기초 【기초한자어】 익히고, 【기본→발전한자어】 다지기
旅客(여객) 여행하는 사람
旅行(여행) 업무나 유람 목적으로 외국에 감
旅費(여비) 여행을 하는 데 필요한 자금
• 旅行에 불만이 있지만 旅客들은 모두 동의했다.
• 이제는 여행을 떠나는 旅費를 마련해야 되겠지.

기본 5Ⅱ旅團(여단) 旅情(여정) 4Ⅱ旅毒(여독) 4旅券(여권) 旅裝(여장) 3Ⅱ旅館(여관) 旅愁(여수)

발전 2旅炊(여취) 1旅寓(여우)

부수	획수	총획
止	12	16

지날 력【329】

字源 〈형성〉 '지구는 45억년을, 공룡은 5억년을, 인류는 약 100만 년의 역사를 가졌다' 한다. 오랜 세월동안 진화되고 발전했다. 그렇다면 공룡이 지구를 약 5억년 지배했던 것이 아닌가 하는 생각이 든다. 오랜 세월(厤)에 걸쳐 발전해 온 사실의 발자취(止)를 겪어 체험하니 [지나다(歷)]는 뜻이고 [력]으로 읽는다.
圖經(지날 경) 履(밟을 리) 回曆(책력 력) 回歴

필순 一 厂 厂 厂 匠 厤 厤 歷 歷 歷

기초 【기초한자어】 익히고, 【기본→발전한자어】 다지기
歷代(역대) 여러 대를 이어 옴
歷史(역사) 인류 사회의 변천과 흥망의 기록
歷任(역임) 여러 벼슬을 차례로 지냄
• 歷史를 보면 歷代에 걸쳐 정승 자리를 지냈다.
• 그 분은 두루 정승 자리를 歷任한 명망가라고 한다.

기본 5Ⅱ歷然(역연) 來歷(내력) 病歷(병력) 前歷(전력) 學歷(학력) 4Ⅱ歷訪(역방) 歷程(역정) 經歷(경력) 4略歷(약력) 3遍歷(편력)

발전 2B踰歷(유력) 1霹歷(벽력)

부수	획수	총획
糸	9	15

익힐 련 :【330】

字源 〈형성〉 누에에서 뽑아낸 실이나 삼에서 가려낸 실을 물에 삶아 불순물을 완전히 제거하거나 색깔을 바래게 했다. 깨끗하고 밝은 색으로 변한 것이다. 실을 정제하고 옷감의 주산물을 추출한 과정이기도 했다. 실(糸)을 잘 삶아서 불순물을 제거하여(柬) [가리는(練)] 일을 반복했으니 [익히다(練)]는 뜻이고 [련]으로 읽는다.
圖習(익힐 습) 修(닦을 수) 回鍊(쇠불릴 련) 回練

필순 ㄥ ㄠ ㅅ 糸 糸 糸 紳 紳 練 練 練

기초 【기초한자어】 익히고, 【기본→발전한자어】 다지기
練兵(연병) 평소에 군사들이 훈련하는 일
練習(연습) 학예·기술 등을 되풀이해 익힘
訓練(훈련) 무예나 기술 등을 실제로 익힘
• 학생은 반복하여 練習하고 군인들은 訓練해야 한다.
• 군인들이 練兵場(장)에서 심신을 단련하고 있다.

기본 5Ⅱ練服(연복) 練日(연일) 洗練(세련) 練兵場(연병장)

訓練兵(훈련병)[4Ⅱ] 練武(연무) 修練(수련) 調練師(조련사)
[4] 練絲(연사)[3Ⅱ] 熟練(숙련) 練染(연염) 熟練工(숙련공)
[3] 練祥(연상)

발전 [1] 蒐練(수련) 闇練(암련) 疋練(필련) 絢練(현련)

부수	획수	총획
力	10	12

일할 로【331】

字源 〈형성〉 옛날 아주머니들은 베짜기, 방아찧기, 빨래하기 등 하루 종일 고된 일을 했다. 호롱불을 켜놓고 밤까지도 수 많은 일을 했다. 고된 일을 즐거운 마음으로 혼자 다 짊어 지고 힘들게 살았다고 한다. 집안(冖) 일을 하려고 밝은 불(炏)을 환히 켜놓고 힘(力)들여서 수고하니 [일하다(勞)] 는 뜻이고 [로]로 읽는다.
圖務(힘쓸 무) 勤(부지런할 근) 圖使(부릴 사) 回榮(영화 영) 營(경영할 영) 螢(반딧불 형) 回労

필순

기초 【기초한자어】익히고, 【기본→발전한자어】다지기
勞動(노동) 마음과 몸을 움직여 일을 함
勞力(노력) 힘을 들여 일을 함
功勞(공로) 어떤 일에 이바지한 공적과 노력
• 끊임없는 勞力의 功勞를 인정받아 승진했다.
• 노동자들은 勞動의 대가를 받고 일을 열심히 한다.

기본 [5Ⅰ] 勞苦(노고) 勞使(노사) 勞動者(노동자) 重勞動(중노동)
[4Ⅰ] 勞總(노총) 過勞(과로) 勞務者(노무자) [4] 勞困(노곤)
勤勞(근로) 徒勞(도로) 慰勞(위로) 疲勞(피로) [3Ⅰ] 勞賃
(노임) 勞役(노역)

발전 [2] 勳勞(훈로) [28] 旌勞(정로) [1] 勞咳(노해) 勞懈(노해)
撫勞(무로)

사자성어 [4Ⅰ] 不勞所得(불로소득) [4] 勞動組合(노동조합) [2] 勞心
焦思(노심초사)

부수	획수	총획
水	7	10

흐를 류【332】

字源 〈회의〉 사람이 어머니 뱃속에서 자랄 때 양수란 물속에서 자란다고 한다. 일정 기간이 되면 양수가 터지면서 아이 가 태어나 세상의 공기를 마시기 위한 첫 울음이다. 이것이 세상의 첫 호흡인 것이다. 양수(氵←水)와 함께 머리가 세 상에 처음으로 나오니(㐬) [흐르다(流)] 혹은 [나오다(流)] 는 뜻이고 [류]로 읽는다.
圖浪(물결 랑) 回疏(소통할 소)

필순

기초 【기초한자어】익히고, 【기본→발전한자어】다지기
流動(유동) 액체 같은 것이 흘러 움직임
流水(유수) 흐르는 물
交流(교류) 문화·사상 등이 오가면서 섞임
• 정체보다 流動이 좋고 인하여 交流가 이루어진다.
• 덧없이 흐르는 세월을 흔히 流水와도 같다고 한다.

기본 [5Ⅰ] 流産(유산) 流失(유실) 流通(유통) 流會(유회) [5] 流量
(유량) 流氷(유빙) [4Ⅰ] 流麗(유려) 流配(유배) 流星(유성)
流波(유파) 流布(유포) 流血(유혈) [4] 流域(유역) 流轉
(유전) 流彈(유탄) 激流(격류) [3Ⅰ] 流浪(유랑) 還流(환류)
橫流(횡류) [3] 濁流(탁류) 漂流(표류)

발전 [2] 流傭(유용) 流線型(유선형) 流車軸(유차축) [28] 湍流
(단류) 流衍(유연) [1] 汲流(급류) 流喝(유갈) 流寇
(유구) 流沫(유말) 流邁(유매) 流眄(유면) 流觴(유상)
流鶯(유앵) 流裔(유예) 流寓(유우) 流謫(유적) 流涕
(유체) 流萍(유평) 流湍(유포) 流飆(유표) 流彗(유혜)
流洽(유흡) 泆流(복류) 潟流(석류) 遡流(소류) 斡流
(알류) 溢流(일류) 嫡流(적류) 貶流(폄류)

부수	획수	총획
頁	10	19

무리 류(:)【333】

字源 〈형성〉 개가 쌀겨를 먹다가 서로가 얼굴을 쳐다보면 구별 할 수 없을 만큼 비슷비슷하게 보였을 것이다. 쌀겨가 주 둥이를 비롯하여 입 언저리에도 묻어있다. 사람들도 그것 을 보았을 때 웃음이 나오게 된다. 개(犬)의 주둥이(頁) 부 근에 쌀겨(米)가 묻어 얼굴을 구분하지 못하니 [무리(類)] 를 뜻하고 [류]로 읽는다.
圖群(무리 군) 衆(무리 중) 徒(무리 도) 等(무리 등) 回題
(제목 제) 額(이마 액)

필순

기초 【기초한자어】익히고, 【기본→발전한자어】다지기
類例(유례) 같거나 비슷한 예
類別(유별) 종류에 따라 나누어 구분함
分類(분류) 사물을 공통성질에 따라 가름
• 그 물건들을 類別로 나누어 分類하기도 했다.
• 그와 같은 일일랑 그 類例를 찾을 수가 없구나.

기본 [5Ⅰ] 同類(동류) 部類(부류) 書類(서류) 語類(어류) 衣類
(의류) 人類(인류) 種類(종류) 人類愛(인류애) [5] 魚類
(어류) [4Ⅰ] 肉類(육류) 鳥類(조류) [4] 類推(유추) 酒類
(주류) [3] 類似(유사)

발전 [2] 類型(유형) [28] 類聚(유취) [1] 類祠(유사) 麵類(면류)
譬類(비류) 薯類(서류) 藻類(조류) 簒類(찬류) 悖類(패류)

彙類(휘류)

사자성어 5Ⅱ 類萬不同(유만부동) 4 類類相從(유유상종)

부수	획수	총획
阜	8	11

뭍 륙【334】

字源 〈회의〉 육지는 섬에 비해 높고 낮은 산이 많고 평지도 많다. 그래서 섬 지방에서 육지를 부를 때 흔히 [뭍]이라 했다. 이런 점을 감안해 섬 처녀들을 보고 '다음에 커서 제발 부탁인데 뭍으로 시집가라'고 했다. 언덕(阝)처럼 생긴 흙덩어리(坴)가 높고 낮게 잘 깔려있는 뭍으로 [육지(陸)]를 뜻하고 [륙(육)]으로 읽는다.
圏地(땅 지) 回海(바다 해) 空(빌 공) 回睦(화목할 목) 陵(언덕 릉) 隆(높을 륭)

필순 ` ⁊ 阝 阝 阧 陸 陸 陸 陸 陸 陸

기초 【기초한자어】 익히고, 【기본→발전한자어】 다지기
陸路(육로) 육상의 길
陸地(육지) 물에 덮이지 않은 지구의 표면
上陸(상륙) 배에서 육지로 오름
• 드디어 上陸하여 陸路를 따라 진격하기 시작했다.
• 陸地의 끝자락을 흔히 土末(토말)이라 부른다.

기본 5Ⅱ 陸軍(육군) 陸士(육사) 陸上(육상) 內陸(내륙) 大陸(대륙) 水陸(수륙) 着陸(착륙) 新大陸(신대륙) 5 陸橋(육교) 4Ⅱ 陸送(육송) 離陸(이륙) 3Ⅱ 陸梁(육량) 揚陸(양륙) 3 陸稻(육도)

발전 2B 陸九淵(육구연) 1 陸穹(육궁)

사자성어 5 陸上競技(육상경기)

부수	획수	총획
月	7	11

바랄 망 : 【335】

字源 〈회의〉 달은 기다림이자 달램이었다는 말이 전한다. 임 오기를 기다림이자 임이 올 때까지 마음을 달래는 것이었을까. 떠난 임을 달을 보며 기다렸고 보고픈 그 마음을 애써가며 달랬기 때문이리라. 합삭이 되어서 보이지 않던(亡) 달(月)을 우두커니 서서(壬) 기다렸으니 [바라다(望)]는 뜻이고 [망]으로 읽는다.
圏希(바랄 희) 願(원할 원) 冀(바랄 기)

필순 ` ⼇ ⼵ ⼳ 珅 玥 玥 玥 望 望 望

기초 【기초한자어】 익히고, 【기본→발전한자어】 다지기
望月(망월) 보름달. 달을 바라봄
大望(대망) 큰 희망이나 야망

希望(희망) 어떤 일을 이루면서 얻고자 바람
• '希望을 가져라. 大望의 꿈도 갖자'고 격려했다.
• 한 달에 한 번씩 달이 꽉 차는 望月을 보곤 합니다.

기본 5Ⅱ 觀望(관망) 待望(대망) 德望(덕망) 名望(명망) 所望(소망) 信望(신망) 失望(실망) 野望(야망) 5 落望(낙망) 4Ⅱ 望鄉(망향) 4 望遠鏡(망원경) 3Ⅱ 望臺(망대) 望樓(망루) 企望(기망) 仰望(앙망) 慾望(욕망) 有望株(유망주) 潛望鏡(잠망경) 渴望(갈망) 既望(기망) 朔望(삭망) 輿望(여망)

발전 2 碩望(석망) 2B 冀望(기망) 彌望(미망) 瞻望(첨망) 望舒(망서) 1 望堡(망보) 望祠(망사) 毋望(무망) 羨望(선망) 眺望(조망)

부수	획수	총획
水	5	8

법 법【336】

字源 〈회의〉 물이 높은 곳에서 낮은 곳으로 흘러가는 것은 당연한 이치다. 물이 높은 곳에서 낮은 곳으로 흐르는 원리는 낙차에 의한 것이다. 지구 중심에서 물체를 끌어당기는 인력에 의한 원리 때문이다. 물(氵←水)이 아래로 흐르는(去) 것은 당연하니 사람이 지켜야 할 도리인 [법(法)]을 뜻하고 [법]으로 읽는다.
圏規(법 규) 律(법칙 률) 範(법 범) 式(법 식) 則(법칙 칙) 度(법도 도) 例(법식 례) 典(법 전) 憲(법 헌) 回注(부을 주) 洋(큰바다 양)

필순 ` ` 氵 氵 汁 注 法 法

기초 【기초한자어】 익히고, 【기본→발전한자어】 다지기
法規(법규) 국민의 권리나 의무를 규정하는 법률
法堂(법당) 불상을 안치하고 설법하는 절의 전당
用法(용법) 사용하는 방법
• 국가 통치를 위해서 많은 法規를 정하고 있다.
• 用法까지도 法規로 일일이 규정해 놓지는 않는다.

기본 5Ⅱ 法科(법과) 法度(법도) 法例(법례) 法名(법명) 法服(법복) 法語(법어) 法衣(법의) 5 法令(법령) 法案(법안) 法院(법원) 的的(법적) 4Ⅱ 法官(법관) 法律(법률) 認法(인법) 法務士(법무사) 3Ⅱ 法鼓(법고) 法殿(법전) 法廷(법정) 拳法(권법) 3 違法(위법) 遵法(준법) 辨證法(변증법)

발전 2 法網(법망) 魔法(마법) 療法(요법) 酷法(혹법) 幻法(환법) 尼法師(이법사) 胎息法(태식법) 2B 峻法(준법) 1 苛法(가법) 拿法(나법) 法偈(법게) 法螺(법라) 法臘(법랍) 法侶(법려) 法賻(법부) 法嗣(법사) 法筵(법연) 法爾(법이) 法曹(법조) 法帖(법첩) 諡法(시법) 枉法(왕법) 撓法(요법) 槍法(창법)

사자성어 3Ⅱ 司法書士(사법서사) 2 衝擊療法(충격요법)

부수	획수	총획
言	16	23

변할 변 : 【337】

字源 〈형성〉 잘못을 저지르면 웃어른에게 타이름을 받거나 회초리를 맞기도 한다. 어른의 훈육을 받고 무럭무럭 커가기도 한다. 어른이 타이른 말은 비교적 길어서 어린이는 이른 바 잔소리로 들렸던 모양이다. 실(絲)처럼 긴 이야기(言)로 타일러 매로 때리니(攵) 행동이 많이 [변하다(變)]는 뜻이고 [변]으로 읽는다.
圖 化(될 화) 改(고칠 개) 更(고칠 경) 易(바꿀 역) 革(가죽 혁)
回 戀(그릴 련) 燮(불꽃 섭) 蠻(오랑캐 만) 回 変

필순 亠 亠 言 言 絴 結 結縫 縫縫 縫 變 變 變

기초 【기초한자어】익히고, 【기본→발전한자어】다지기
變德(변덕) 이랬다저랬다 잘 변하는 성질
變身(변신) 몸의 모양을 바꿈
事變(사변) 피할 수 없는 재앙이나 변고
• 분위기가 變德스럽더니 드디어 事變을 일으켰다.
• 갑작스러운 變身은 올바른 대접을 받지 못한다.

기본 5Ⅱ 變動(변동) 變死(변사) 變色(변색) 變性(변성) 變速(변속) 變數(변수) 變心(변심) 變節(변절) 變種(변종) 變質(변질) 4Ⅱ 變聲(변성) 變移(변이) 變造(변조) 4 變更(변경) 變亂(변란) 變異(변이) 變裝(변장) 3Ⅱ 變遷(변천) 變貌(변모) 變換(변환) 怪變(괴변) 突變(돌변) 逢變(봉변) 3 慘變(참변)
발전 2 變幻(변환) 1 兇變(흉변)
사자성어 2 滄桑之變(창상지변)

부수	획수	총획
八	5	7

군사 병 【338】

字源 〈회의〉 도끼를 들고 나를 해치려는 무리를 일시에 공격하여 무찔렀다. 그들은 성벽이나 적을 방어하기도 했다. 성벽이나 변방을 지켜내는 국토의 불침번으로 그 옛날이나 오늘에도 밤잠을 설친다. 나라를 지키려고 도끼(斤)를 양손에 꽉 붙잡고(六→廾) 적을 잘 방어했었으니 [군사(兵)]를 뜻하고 [병]으로 읽는다.
圖 軍(군사 군) 卒(마칠 졸) 士(선비 사) 戎(병장기/오랑캐 융)
回 將(장수 장) 帥(장수 수) 丘 丘(언덕 구)

필순 亅 亠 丌 斤 斤 兵 兵

기초 【기초한자어】익히고, 【기본→발전한자어】다지기
兵役(병역) 일정 기간 군대에 복무하는 일
新兵(신병) 새로 입영한 병정

勇兵(용병) 용감한 군사
• 新兵은 兵役을 필하기 위해 훈련을 받는다.
• 사변이 일어나기 전에 勇兵들의 활약이 많았다.

기본 5Ⅱ 兵科(병과) 兵力(병력) 兵馬(병마) 兵士(병사) 兵事(병사) 兵卒(병졸) 兵火(병화) 工兵(공병) 老兵(노병) 4Ⅱ 兵權(병권) 兵器(병기) 兵舍(병사) 民兵隊(민병대) 4 兵亂(병란) 兵營(병영) 兵籍(병적) 兵丁(병정) 伏兵(복병) 私兵(사병) 兵務廳(병무청) 救援兵(구원병) 3Ⅱ 兵役(병역) 徵兵(징병) 騎兵隊(기병대) 3 皆兵制(개병제)
발전 2 兵戈(병과) 兵塵(병진) 兵艦(병함) 雇兵(고병) 傭兵(용병) 駐兵(주병) 撤兵(철병) 哨兵(초병) 23 柄兵(병병) 倭兵(왜병) 1 驍兵(교병) 虜兵(노병) 勒兵(늑병) 兵寇(병구) 兵戟(병극) 兵殲(병섬) 兵伍(병오) 兵戎(병융) 兵仗(병장) 兵站(병참) 兵訌(병홍) 忿兵(분병) 祠兵(사병) 犀兵(서병) 衙兵(아병) 戎兵(융병) 凋兵(조병) 汰兵(태병)

부수	획수	총획
示	9	14

복 복 【339】

字源 〈회의〉 제사를 지낼 때 술과 음식을 장만하여 술잔과 제기에 가득 담아 놓는다. 삼가 감사하는 기원이며 복을 비는 간절한 소망이었을 것이다. 후손된 차분한 마음이자 올바른 도리라고 할 수 있을 것 같다. 신(示)께 제사를 지낼 때 술과 음식을 가득하게 채웠으니(畐) [복(福)]을 받는다는 뜻이고 [복]으로 읽는다.
圖 祐(복 우) 祚(복 조) 祜(복 호) 禧(복 희) 祉(복 지) 慶(경사 경) 回 禍(재앙 화) 災(재앙 재) 殃(재앙 앙) 回 副(버금 부) 富(부자 부)

필순 一 亍 亍 禾 禾 禰 禰 禰 禍 福 福

기초 【기초한자어】익히고, 【기본→발전한자어】다지기
祝福(축복) 앞날의 행복을 빎
多福(다복) 복이 많음
食福(식복) 먹을 복
• 多福하기를 간절하게 비는 祝福의 말씀을 했다.
• 이 복 저 복 복 중에서 食福이 최고라고 말한다.

기본 5Ⅱ 福金(복금) 福利(복리) 福音(복음) 萬福(만복) 五福(오복) 幸福(행복) 福不福(복불복) 4Ⅱ 康福(강복) 福德房(복덕방) 4 福券(복권) 降福(강복) 3Ⅱ 福祿(복록) 薄福(박복) 壽福(수복) 裕福(유복) 禍福(화복) 3 冥福(명복)
발전 23 福岡(복강) 福祐(복우) 福祚(복조) 福祜(복호) 福禧(복희) 1 禱福(도복) 福祉(복지) 福脯(복포) 祉福(지복) 遐福(하복) 宦福(환복)
사자성어 5Ⅱ 國利民福(국리민복) 3Ⅱ 轉禍爲福(전화위복)

 5급Ⅱ

부수	획수	총획
大	5	8

받들 봉 : 【340】

字源 〈회의〉 축하할 만큼 훌륭한 일을 하면 꽃다발을 주어 격려했다. 옛날 옛적 과거 시험에 합격하면 온 집안이 떠나갈 듯이 푸짐한 잔치를 베풀어 이웃을 대접하며 축하와 격려를 하면서 승승장구를 빌었다. 축하하기 위해 무성하게(丰) 자란 꽃을 두(卄) 손(扌←手)으로 [받들다(奉)]는 뜻이고 [봉]으로 읽는다.
图仕(섬길 사) 捧(받들 봉) 承(이을 승) 獻(드릴 헌) 回春(봄 춘)

필순 一 二 三 声 夫 夫 表 奉

기초 【기초한자어】 익히고, 【기본→발전한자어】 다지기
奉養(봉양) 부모나 웃어른을 받들어 섬김
奉仕(봉사) 남을 위해 자기를 돌보지 않고 노력함
信奉(신봉) 믿고 받듦
• 부모님 奉養을 잘하는 사람이 남에게 奉仕도 잘한다.
• 남의 말이나 행동을 믿고 오래 信奉하는 것이 좋다.

기본 5ⅠI 奉事(봉사) 奉行(봉행) 5I 奉唱(봉창) 奉祝(봉축) 3ⅠI 奉獻(봉헌)

발전 2 奉戴(봉대) 奉呈(봉정) 奉旨(봉지) 28 瞻奉(첨봉) 1 虔奉(건봉) 緬奉(면봉) 奉檄(봉격) 奉陪(봉배) 奉嬪(봉빈) 奉祠(봉사) 奉邀(봉요) 嗣奉(사봉)

사자성어 3ⅠI 滅私奉公(멸사봉공)

부수	획수	총획
人	3	5

섬길 사(:) 【341】

字源 〈형성〉 선비는 공부를 많이 하고도 벼슬에 나아가지 않았다. 높은 학문과 덕성을 쌓고 깊은 수양을 쌓아갔던 것이다. 벼슬보다는 인간다운 참다운 지혜와 덕망을 우선한 것이 선비정신은 아니었을까. 선비(士)된 사람(亻←人)이 학문과 덕망을 높이 쌓아 벼슬길에 나갔으니 [섬기다(仕)]를 뜻하고 [사]로 읽는다.
图奉(받들 봉) 回士(선비 사) 任(맡길 임) 付(부칠 부)

필순 丿 亻 亻 仕 仕

기초 【기초한자어】 익히고, 【기본→발전한자어】 다지기
出仕(출사) 벼슬길에 나아감
奉仕(봉사) 국가나 사회를 위해 자신을 헌신함
給仕(급사) 관공서 등에서 심부름하는 아이
• 그가 出仕하여 국가에 奉仕하기 시작하였다.
• 옛날과 같은 給仕제도가 지금도 상당히 많다.

기본 4I 仕官(사관)

발전 2 闕仕(궐사) 奉仕網(봉사망) 1 仕宦(사환) 蔭仕(음사)

부수	획수	총획
口	2	5

사기 사 : 【342】

字源 〈회의〉 역사란 좋은 점도 있고 좋지 못한 점도 있었다. 이 모든 것을 후세 사람들이 올바로 볼 수 있도록 바르게 기록으로 남도록 했다. 이것이 역사의 사명이고 오늘을 바르게 살리는 지혜의 한 모습이다. 후세 사가들이 손(才←手)으로 붓을 들어 공정히(中) 쓴 글로 역사인 [사기(史)]를 뜻하고 [사]로 읽는다.
回使(하여금/부릴 사) 吏(관리 리)

필순 丶 口 口 史 史

기초 【기초한자어】 익히고, 【기본→발전한자어】 다지기
史觀(사관) 역사적 사실의 근본적인 견해
史記(사기) 역사상의 사실을 기록한 책
野史(야사) 민간에서 사사로이 기록한 역사
• 史記를 보면 기록자의 史觀에 따라 많이 다르다.
• 正史(정사)도 있었지만, 野史같은 부분도 있다.

기본 5ⅠI 史家(사가) 史書(사서) 史實(사실) 史學(사학) 史話(사화) 古史(고사) 國史(국사) 歷史(역사) 正史(정사) 靑史(청사) 通史(통사) 5I 史料(사료) 4I 史官(사관) 4 史劇(사극) 略史(약사) 3ⅠI 史蹟(사적)

발전 28 遼史(요사) 1 巫史(무사) 史牒(사첩) 丞史(승사) 繹史(역사) 穢史(예사) 稗史(패사)

사자성어 5ⅠI 先史時代(선사시대) 3ⅠI 暗行御史(암행어사)

부수	획수	총획
士	0	3

선비 사 : 【343】

字源 〈회의〉 숫자 중에 '一'은 처음이고 '十'은 끝을 나타냈다고 한다. 일(一)부터 십(十)까지의 숫자가 결합하여 비교적 완전해진다는 생각을 했던 것 같다. 숫자로 복점을 쳤던 것으로도 알려진다. [一]부터 [十]은 재능과 지혜가 다 뛰어나서 모두들 완전했을 것으로 꼭 믿었으니 [선비(士)]를 뜻하고 [사]로 읽는다.
图兵(병사 병) 軍(군사 군) 卒(마칠 졸) 回民(백성 민) 回土(흙 토) 仕(섬길 사)

필순 一 十 士

기초 【기초한자어】 익히고, 【기본→발전한자어】 다지기
博士(박사) 연구 성과가 있는 사람에게 준 학위

5급Ⅱ

士氣(사기) 사람이 단결하여 일을 할 때의 기세
技士(기사) 기술계 기술 자격 등급의 하나
• 博士라 하여도 技士의 특정 기술까지 모두 알지는 못한다.
• 무슨 일을 하고자 할 때 士氣가 꼭 필요하다.

기본 ⑤Ⅱ士林(사림) 士兵(사병) 軍士(군사) 名士(명사) 勇士(용사) 士大夫(사대부) 計理士(계리사) ④Ⅱ士官(사관) 講士(강사) 志士(지사) 建築士(건축사) ④辯士(변사) 機關士(기관사) 辯護士(변호사) ③Ⅱ士禍(사화) 騎士(기사) 操縱士(조종사) ③辨理士(변리사)

발전 ②碩士(석사) 紳士(신사) 准士官(준사관) ②⑧彦士(언사) ①駕士(가사) 梵士(범사) 士伍(사오) 游士(유사) 戎士(융사) 誼士(의사) 爪士(조사) 闡士(천사) 衒士(현사) 俠士(협사)

사자성어 ⑤Ⅱ士農工商(사농공상) ②紳士協定(신사협정)

부수	획수	총획
生	6	11

낳을 산 : 【344】

字源 〈형성〉 큰 사람이 될 아들을 낳으려면 용을 보았다거나 신선을 만났다는 태몽을 꿔야 한다는 말을 한다. 장차 나라를 위해 열심히 일할 커다란 인물로 등장한다. 바로 이게 길몽 중에서도 길몽이겠다. 나라에 쓰이게 될 큰 인물(产←彥)될 아이를 생산해 냈으니(生) 인물을 [낳다(産)]는 뜻이고 [산]으로 읽는다.
圖生(날 생) 誕(낳을 탄) 娩(낳을 만)

필순 ` 亠 亠 立 产 产 产 产 彥 産 産

기초 【기초한자어】 익히고, 【기본→발전한자어】 다지기
産業(산업) 사람이 생활하기 위하여 하는 일
産物(산물) 그 지방에서 산출되는 물건
財産(재산) 재화나 자산을 통틀어 이른 말
• 産業의 발달로 우리 産物이 큰 명성을 얻었다.
• 사람이 살아가는 데 있어서 財産은 꼭 필요하다.

기본 ⑤Ⅱ産苦(산고) 産母(산모) 産室(산실) 産地(산지) 家産(가산) 國産(국산) 産油國(산유국) 工産品(공산품) 農産物(농산물) ④Ⅱ減産(감산) 難産(난산) 禁治産(금치산) ④産卵(산란) 資産(자산) ③Ⅱ倒産(도산) 畜産(축산)

발전 ②殖産(식산) 共産圈(공산권) ①産婆(산파)

사자성어 ④Ⅱ産兒制限(산아제한) 共産主義(공산주의)

부수	획수	총획
口	8	11

장사 상【345】

字源 〈회의〉 물건을 팔려는 사람과 사려는 사람의 의견이 서로 일치되면서 물건 값이 형성되고 장사가 이루어진다. 이것이 현대에도 두루 통하는 물건 거래의 한 수단이자 방법으로 알려진다. 어떤 것(冏←其)에 대한 의견을 밝혀서 (冏) 물건을 팔고 사면 값어치가 형성되었으니 [장사(商)]를 뜻하고 [상]으로 읽는다.
圖量(헤아릴 량) 賈(장사 고) 回適(맞을 적)

필순 ` 亠 亠 产 产 产 商 商 商 商

기초 【기초한자어】 익히고, 【기본→발전한자어】 다지기
商品(상품) 물건을 사고파는 일
商船(상선) 상업상의 목적에 쓰이는 선박
商店(상점) 시설을 갖추고 물건을 파는 곳
• 商船이 컨테이너 商品을 싣고 외국에 가고 있다.
• 부모님께서 商店으로 가는 모습에 가슴이 뿌듯하다.

기본 ⑤Ⅱ商家(상가) 商法(상법) 商社(상사) 商術(상술) 商業(상업) 商人(상인) 商號(상호) 商會(상회) 通商(통상) ⑤商量(상량) 商去來(상거래) 建材商(건재상) 都賣商(도매상) 小賣商(소매상) ④Ⅱ商街(상가) 隊商(대상) 協商(협상) ④商標(상표) 巨商(거상) ③Ⅱ商魂(상혼)

발전 ②商圈(상권) 商舶(상박) 商鋪(상포) 灣商(만상) ②⑧商賈(상고) 商兌(상태) 殷商(은상) ①商埠(상부)

사자성어 ⑤Ⅱ士農工商(사농공상) ②⑧商山四皓(상산사호)

부수	획수	총획
目	4	9

서로 상【346】

字源 〈회의〉 사물을 자세히 보려고 높은 나무 위에 올라서 멀고 가까움까지 본다. 모든 사물을 보다 똑똑하게, 보다 시원스럽게 잘 보이기 때문이겠다. 악장사 굿을 보려고 어린 아이를 목말 태운 모습도 보인다. 나무(木) 위에 올라 사람이나 사물을 눈(目)으로 잘 살폈으니 [서로(相)]를 뜻하고 [상]으로 읽는다.
圖互(서로 호) 回想(생각 상)

필순 一 十 才 木 木 相 相 相 相

기초 【기초한자어】 익히고, 【기본→발전한자어】 다지기
相對(상대) 서로 마주 대함. 또는 그 대상
相談(상담) 대책 따위를 세우기 위해 상의함
首相(수상) 내각의 우두머리. 국무총리
• 相對를 앞에 두고 相談할 때에 잘 들어야 할 것이다.
• 방송에 나왔던 首相의 말을 귀담아 들어야 한다.

기본 ⑤Ⅱ相關(상관) 相面(상면) 相反(상반) 相半(상반) 相法(상법) 相通(상통) 觀相(관상) 色相(색상) ④Ⅱ相續(상속) 相殺(상쇄) 相應(상응) 相議(상의) 相好(상호) ④相異(상이) ③Ⅱ相隔(상격) 相補(상보) 相逢(상봉) 相値(상치)

5급Ⅱ

皮相的(피상적) ③ 相朞(상기) 相互(상호)

발전 貳相(이상) 幻相(환상) **2급** 輔相(보상) 蜀相(촉상)
李相卨(이상설) **1급** 相剋(상극) 相撲(상박) 相胥(상서)
相邀(상요) 相觝(상저) 丞相(승상) 樞相(추상)

사자성어 **3급** 相扶相助(상부상조) 相乘作用(상승작용) 名實
相符(명실상부) ③ 同病相憐(동병상련)

부수	획수	총획
人	3	5

신선 선【347】

字源 〈형성〉 깊은 산에 들어가 높은 학문과 뛰어난 무예를 닦
는 사람을 흔히 신선이라 호칭한다. 앞날을 미리 예언하
고 초능력을 발휘하기도 한다. 닦은 무예는 호신용이 되
지만 인류의 안위를 위해서도 사용된다. 사람(亻←人)이
깊은 산(山)속에 들어가 큰 도(道)를 닦았으니 [신선(仙)]
을 뜻하고 [선]으로 읽는다.
回 化(될 화)

필순 ノ 亻 仙 仙 仙

기초 【기초한자어】 익히고, 【기본 → 발전한자어】 다지기
仙人(선인) 신통력을 가진 사람
神仙(신선) 선도를 닦아 도에 통하는 사람
詩仙(시선) 선풍이 있는 천재적인 시인
• 두보를 仙人 중의 詩仙이라 할 수 있을까?
• 요즈음 神仙이라고 불리는 사람은 거의 없다.

기본 **5Ⅱ** 仙女(선녀) 十仙(십선) 水仙花(수선화) **4Ⅱ** 仙境
(선경) 仙導(선도) **3Ⅱ** 仙人掌(선인장) 鳳仙花(봉선화)

발전 ② 仙窟(선굴) **2급** 仙呂宮(선려궁) **1급** 仙駕(선가) 仙梵
(선범) 仙鼠(선서) 仙麛(선장)

사자성어 ④ 仙風道骨(선풍도골)

부수	획수	총획
魚	6	17

고울 선【348】

字源 〈형성〉 양고기를 육지의 으뜸으로, 물고기를 바다의 으뜸
으로 생각했던 것 같다. 물고기를 잡으면 퍼덕퍼덕 싱싱
하게 보여 마구 뛴다. 살아서 바다에 다시 들어가고 싶다
는 의욕을 보임은 아닐까. 양고기(羊)가 싱싱하듯 물고기
(魚)도 금방 잡으면 [고운(鮮)] 빛깔의 싱싱한 [생선(鮮)]임
을 뜻하고 [선]으로 읽는다.
圖 麗(고울 려) 美(아름다울 미) 回 漁(고기잡을 어)

필순 ノ 𠂊 𠂢 角 角 魚 魚 魚 魚 鮮 鮮

기초 【기초한자어】 익히고, 【기본 → 발전한자어】 다지기
鮮明(선명) 산뜻하고 밝음
生鮮(생선) 말리거나 절이지 않은 것
新鮮(신선) 새롭고 산뜻함
• 新鮮한 生鮮을 고르려면 고기 보는 안목이 첫째다.
• 생선은 눈알이 鮮明한 것을 고르면 고기질이 신
선하다고 말한다.

기본 **5Ⅱ** 鮮度(선도) 鮮少(선소) **5급** 鮮魚(선어) **4Ⅱ** 鮮血(선혈)

발전 **2급** 鮮耀(선요) **1급** 鮮媚(선미) 鮮繪(선회) 鮮膾(선회)

부수	획수	총획
言	7	14

말씀 설【349】
달랠 세 : /기뻐할 열

字源 〈형성〉 말은 호소력이 있어야 하고 가슴에 와 닿아야 한
다. 상대를 설득하고 달래 가면서 그 마음까지도 기쁘게
해주어야 한다. 이것이야말로 진정으로 상대방을 설득하
고 내 사람으로 만든 최고이다. 상대방이 기뻐하도록(兌)
자세히 밝히면서 [달래어] 이야기했으니(言) [말씀(說)]을
뜻하고 [설]로 읽는다.
圖 談(말씀 담) 言(말씀 언) 話(말씀 화) 語(말씀 어) 辯
(말씀 변) 回 設(베풀 설) 稅(세금 세) 脫(벗을 탈) 回 説

필순 一 亠 亖 言 言 言 訪 訪 訪 說 說 說

기초 【기초한자어】 익히고, 【기본 → 발전한자어】 다지기
說敎(설교) 종교상의 교리를 널리 설명함
說明(설명) 이유나 의의를 알기 쉽게 밝혀 말함
學說(학설) 학문상의 주장이나 논설
• 그 교수는 學說을 보다 알기 쉽게 說明하였다.
• 그 목사는 불교에 대한 이해도 잘 說敎한 달변가다.

기본 **5Ⅱ** 說法(설법) 說服(설복) 說話(설화) 發說(발설) 社說
(사설) 小說(소설) 力說(역설) **5급** 序說(서설) **4Ⅱ** 說得
(설득) 說破(설파) 假說(가설) 論說(논설) 逆說(역설)
演說(연설) **4급** 說伏(설복) 辭說(사설) 異說(이설) 遊說
(유세) **3Ⅱ** 浪說(낭설) 辱說(욕설) ③ 却說(각설)

발전 ② 僻說(벽설) 倂合說(병합설) **1급** 譬說(비설) 臆說
(억설) 讒說(참설) 叢說(총설) 悖說(패설) 稗說(패설)
兇說(흉설)

사자성어 **5Ⅱ** 語不成說(어불성설) **4Ⅱ** 說往說來(설왕설래) ④ 甘言
利說(감언이설)

부수	획수	총획
心	5	8

성품 성 :【350】

字源 〈회의〉 사람은 태어나면서부터 본바탕의 성격이 이루어

진다고 한다. 사회적인 환경과 끊임없는 교육을 통해 이를 더욱 북돋아주기도 한다. 교육을 받아야 할 국가적인 시책의 중요성들이 여기에도 있다. 사람이 세상에 태어날(生) 때부터 타고나는 마음씨(忄←心)가 근본인 [성품(性)]을 뜻하고 [성]으로 읽는다.

图心(마음 심) 回姓(성 성)

필순 ` ´ ´ 忄 忄 忄 忄 忄 性 性

기초 【기초한자어】 익히고, 【기본→발전한자어】 다지기
性格(성격) 각 개인의 특유한 성질
性質(성질) 날 때부터 가지고 있는 기질
人性(인성) 사람의 성품
• 타고난 性質이 人性의 바탕이 된다고 한다.
• 그러한 것들이 性格으로 잘 나타나고 있다.

기본 5Ⅰ性別(성별) 性教育(성교육) 性理學(성리학) 4Ⅰ性味(성미) 4屬性(속성) 3Ⅰ性徵(성징) 乾性(건성) 硬性(경성) 慣性(관성) 耐性(내성) 性轉換(성전환) 蓋然性(개연성) 習慣性(습관성) 柔軟性(유연성) 特殊性(특수성) 含蓄性(함축성) 3慢性(만성) 劣性(열성) 妥當性(타당성)

발전 2僻性(벽성) 酸性(산성) 磁性(자성) 28水溶性(수용성) 1懶性(나성) 癖性(벽성) 性癖(성벽) 馴性(순성) 惰性(타성) 稟性(품성)

사자성어 3Ⅰ同性戀愛(동성연애)

부수	획수	총획
水	6	9

洗 씻을 세: 【352】

字源 〈형성〉 손발을 먼저 씻고 머리를 감은 후에 목욕탕에 들어가는 것이 상식이다. 특별한 순서는 없지만 습관적으로 그렇게 해 왔다. 머리를 쓰다듬는 정제의 역할을 하는 것을 하늘 도리로 생각했으니 말이다. 물(氵←水)을 떠놓고 손발 먼저(先) 닦은 후에 몸에 물을 축여서 [씻는다(洗)]는 뜻이고 [세]로 읽는다.

图濯(씻을 탁) 滌(씻을 척) 回先(먼저 선) 流(흐를 류)

필순 ` ` ` ` 氵 氵 泮 泮 洗 洗 洗

기초 【기초한자어】 익히고, 【기본→발전한자어】 다지기
洗練(세련) 갈고 다듬어 우아하고 고상하게 함
洗手(세수) 낯을 씻음
洗車(세차) 차를 닦고 씻음
• 洗手를 하고 洗練된 옷차림으로 외출을 했다.
• 비가 온 뒤로 말끔히 洗車한 승용차로 떠났다.

기본 5Ⅰ洗禮(세례) 水洗式(수세식) 4Ⅰ洗眼(세안) 4洗髮(세발) 3Ⅰ洗腦(세뇌) 洗面臺(세면대)

발전 2洗劑(세제) 1淘洗(도세) 瓶洗(병세) 洗刮(세괄) 洗拭(세식) 梳洗(소세) 懺洗(참세) 滌洗(척세)

부수	획수	총획
止	9	13

歲 해 세: 【351】

字源 〈형성〉 유목민은 겨울을 만나면 모든 추위도 이기고 강한 적을 만나면 싸워서 이겼다. 그러다 보면 시간이 흘러 한 해가 바뀌면서 낯선 고장에서 낯선 얼굴을 흔히 만난다. 모두가 세월과의 전쟁 놀음인 것이다. 추위와 적을 대적해 싸우다 보니(戌) 해가 바뀌어 이동해 가니(步) [해(歲)]를 뜻하고 [세]로 읽는다.

图年(해 년) 威(위엄 위) 濊(깊은 예) 回岁, 嵗

필순 ` ⺊ ⺊ ⺊ 步 ⺊ ⺊ ⺊ ⺊ 歲 歲 歲

기초 【기초한자어】 익히고, 【기본→발전한자어】 다지기
歲月(세월) 흘러가는 시간
歲入(세입) 일 년이나 한 회계 연도의 총수입
萬歲(만세) 오랜 세월
• 이 좋은 歲月이 萬歲토록 갔으면 참 좋겠다.
• 歲入에 따라 歲出을 정하는 것이 더 좋겠다.

기본 5Ⅰ歲時(세시) 歲出(세출) 年歲(연세) 4Ⅰ歲拜(세배) 歲次(세차) 過歲(과세)

발전 1嘉歲(가세) 嗣歲(사세) 肇歲(조세)

부수	획수	총획
木	3	7

束 묶을 속【353】

字源 〈회의〉 도막난 통나무나 쪼갠 장작은 일정한 개수씩 묶어두면 헤아리기가 쉽다. 보관하기도 쉴 뿐만 아니라 운반하기에는 더욱 편리하다. 물건을 잘 헤아리거나 운반을 용이하기 위한 관리방법의 하나였다. 통나무(木)나 장작을 줄로 감아서 한 다발(口)씩 꽁꽁 동여맸으니 [묶다(束)]는 뜻이고 [속]으로 읽는다.

图結(맺을 결) 約(맺을 약) 縛(묶을 박) 回解(풀 해) 釋(풀 석) 回速(빠를 속) 東(동녘 동) 柬(가릴 간)

필순 ` ⼀ ⼕ ⼕ 申 束 束

기초 【기초한자어】 익히고, 【기본→발전한자어】 다지기
束手(속수) 손이 묶여 어찌할 도리가 없음
約束(약속) 장래에 할 일에 관해 서로 언약해 정함
結束(결속) 뜻이 같은 사람끼리 하나로 뭉침
• 서로 約束을 지켜 結束하고 있다고 한다.
• 이제 그 일은 束手無策(무책)이 되고 말았다.

기본 5Ⅰ團束(단속) 4Ⅰ檢束(검속) 3Ⅰ拘束(구속)

발전 2磁束(자속) 1束縛(속박) 束帛(속백) 束薪(속신) 束脯(속포)

사자성어 ③Ⅰ 束手無策(속수무책)

부수	획수	총획
首	0	9

머리 수【354】

字源 〈상형〉 흔히 목덜미 윗부분을 '머리'라고 하여 중요시했다. 머리로 생각하고 판단을 내려 사리의 시시비비를 분명하게 했다. 머리는 인체에서 중요한 역할을 했기에 뇌파의 진동으로 보기도 했으니 말이다. 위로는 검고 부드러운 머리털과 아래로는 눈과 코 등을 본떠서 [머리(首)]를 뜻하고 [수]로 읽는다.
圖頭(머리 두) 頁(머리 혈) 魁(괴수 괴) 떼尾(꼬리 미) 떼眞(참 진)

필순 丶 丷 ⺍ 产 产 首 首 首 首

기초 【기초한자어】 익히고, 【기본→발전한자어】 다지기
首都(수도) 한 나라의 중심 도시
首席(수석) 맨 윗자리
自首(자수) 스스로 죄를 수사기관에 밝힘
• 首都圈(권) 유수한 대학에 首席으로 입학했다.
• 피해 다니던 그는 自首를 하기로 결심했다.

기본 ⑤Ⅰ 首班(수반) 首相(수상) 部首(부수) 元首(원수) 首弟子(수제자) ⑤ 首領(수령) 首位(수위) 船首(선수) ④Ⅰ 黨首(당수) ③Ⅰ 首腦(수뇌) ③ 首肯(수긍)

발전 ② 斬首(참수) 首虐(수학) 絞首(교수대) 絞首刑(교수형) ②Ⅲ 皓首(호수) 首祚(수조) ① 叩首(고수) 魁首(괴수) 俛首(면수) 匕首(비수) 搔首(소수) 首魁(수괴) 首鼠(수서) 首陀(수타) 倡首(창수)

사자성어 ③Ⅰ 鶴首苦待(학수고대) ②Ⅲ 頓首百拜(돈수백배) 首邱初心(수구초심)

부수	획수	총획
宀	8	11

잘 숙
별자리 수:【355】

字源 〈형성〉 여관은 멀리 여행하는 사람들에게 반드시 필요한 임시 거처였다. 오랫동안 길을 걷던 나그네들이 피곤한 몸을 풀고 쉬어 자는 곳이다. 여행길에서나마 가족끼리의 안전한 휴식처가 되기도 했었다. 많은(百) 나그네(亻←人)가 여관집(宀)에 들어가 쉴 수 있는 곳에서 [자다(宿)]는 뜻이고 [숙]으로 읽는다.
圖寢(잠잘 침) 眠(잠잘 면) 睡(졸음 수) 떼縮(줄일 축)

필순 丶 丶 宀 宀 宀 宁 宿 宿 宿 宿

기초 【기초한자어】 익히고, 【기본→발전한자어】 다지기
宿命(숙명) 타고난 운명

宿題(숙제) (학생에게) 내어주는 과제
宿所(숙소) 주로 객지에서 머물러 묵는 곳
• 그는 宿所에 돌아오자마자 宿題부터 먼저 했다.
• 자기가 타고난 운명을 宿命으로 받아들여야 한다.

기본 ⑤Ⅰ 宿食(숙식) 宿主(숙주) 宿直(숙직) 同宿(동숙) 下宿(하숙) 合宿(합숙) 旅人宿(여인숙) ⑤ 宿患(숙환) ④Ⅰ 宿敵(숙적) 留宿(유숙) ④ 宿怨(숙원) 投宿(투숙) 混宿(혼숙) 寄宿舍(기숙사) ③Ⅰ 宿滯(숙체) 宿醉(숙취) 露宿(노숙) ③ 宿泊(숙박) 宿嫌(숙혐)

발전 ② 宿憾(숙감) ②Ⅲ 奎宿(규수) 昴宿(묘수) ① 魁宿(괴숙) 宿眷(숙권) 宿瘤(숙류) 宿坊(숙방) 宿棲(숙서) 宿逋(숙포) 寅宿(우숙) 碇宿(정숙) 歇宿(헐숙)

사자성어 ⑤ 宿願事業(숙원사업)

부수	획수	총획
頁	3	12

순할 순:【356】

字源 〈형성〉 생각이 얼른 떠오르지 않을 때 침통한 표정을 한다. 만물과 사리를 잘 알고 있으면 환하게 웃으면서 밝은 빛이 띠겠지만 그렇지 않은 얼굴이다. 생각이란 실타래가 순서에 따라 잘 풀리기 때문이다. 물(川←巛)이 흐르듯이 생각이 머리(頁)에 떠올라 얼굴빛이 밝아 [순하다(順)]는 뜻이고 [순]으로 읽는다.
떼逆(거스를 역) 떼須(모름지기 수) 頂(정수리 정)

필순 丿 丿ㅣ 丿ㅣ丿 丿丿丿 順 順 順 順 順 順

기초 【기초한자어】 익히고, 【기본→발전한자어】 다지기
順理(순리) 마땅한 도리나 이치
順序(순서) 정하여져 있는 차례
順行(순행) 차례대로 진행됨
• 順序에 따라 일하는 것으로 보아서 順理에 맞겠구나.
• 일은 順行으로 처리해야만 세상 이치가 원만하게 된다.

기본 ⑤Ⅰ 順番(순번) 順産(순산) 順調(순조) 順天(순천) 順風(순풍) 不順(불순) 式順(식순) 語順(어순) 溫順(온순) 和順(화순) 畫順(획순) ⑤ 順位(순위) 無順(무순) 耳順(이순) ④Ⅰ 順列(순열) 順應(순응) 順次(순차) 逆順(역순) ④ 順延(순연) 順從(순종) 歸順(귀순)

발전 ② 順娩(순만) ① 婉順(완순)

부수	획수	총획
言	12	19

알 식
기록할 지【357】

字源 〈형성〉 말이나 소리는 한번 지나면 오래 남지 못한다. 여러 사람에게 알려주고 싶지만 문자 완성이 미비하여 알기 쉽게 하기 위해 벽이나 돌에 표시물을 새겼다. 이것이 이른바 문자언어의 시초였을 것이다. 전해오는 말(言)이나 소리(音)를 칼(戈)이나 연모로 새겨서 [알다(識)]와 [기록(識)]을 뜻하고 [식] 혹은 [지]로 읽는다.
圄知(알 지) 認(알 인) 回職(직분 직) 織(짤 직)

필순

기초 【기초한자어】 익히고, 【기본→발전한자어】 다지기
識見(식견) 사물을 올바르게 판단할 수 있는 능력
識別(식별) 사물의 성질이나 종류 등을 구별함
無意識(무의식) 의식이 없음
• 無意識 중에도 識別를 했다고 하니 참 다행이다.
• 識見이 탁월한 사람은 판단도 잘 한다고 한다.

기본 5Ⅱ 識字(식자) 見識(견식) 良識(양식) 有識(유식) 意識(의식) 知識(지식) 學識(학식) 美意識(미의식) 5 無識(무식) 4Ⅱ 博識(박식) 常識(상식) 認識(인식) 4 智識(지식) 標識(표지) 面識犯(면식범) 3Ⅱ 鑑識(감식) 沒常識(몰상식) 3 唯識(유식) 謹識(근지)

발전 1 識馴(식순) 識荊(식형) 特1 識鑒(식감)

사자성어 4Ⅱ 博學多識(박학다식) 4 危機意識(위기의식)

	부수	획수	총획
臣	臣	0	6

신하 신【358】

字源 〈상형〉 임금님 밑에 지금의 장관 격인 '이조, 호조, 예조, 병조 형조, 공조' 등 6조 판서가 있었다. 상호 유기적인 관련을 갖고 임금님께 충성을 다했던 것이다. 허리를 굽히며 충성하는 신하의 전형을 보였다. 임금님 앞에서 머리를 조아리면서 허리를 굽히는 모양을 잘 본떠서 [신하(臣)]를 뜻하고 [신]으로 읽는다.
回君(임금 군) 王(임금 왕) 帝(임금 제) 皇(임금 황) 民(백성 민) 回巨(클 거) 臥(누울 와)

필순 一 一 丆 丂 丏 臣

기초 【기초한자어】 익히고, 【기본→발전한자어】 다지기
臣下(신하) 임금을 섬기며 벼슬하는 사람
功臣(공신) 나라에 공로가 있는 신하
忠臣(충신) 충성스러운 신하
• 왕의 臣下 중에서 忠臣이 몇이나 되는가?
• 나라가 창업될 때는 功臣이 뒤따라야 했었다.

기본 5Ⅱ 家臣(가신) 使臣(사신) 小臣(소신) 4 君臣(군신) 3 臣僚(신료) 姦臣(간신)

발전 2 貳臣(이신) 勳臣(훈신) 1 藩臣(번신) 竪臣(수신) 臣虜(신로) 臣僕(신복) 寵臣(총신)

사자성어 4 君臣有義(군신유의) 2 喉舌之臣(후설지신)

	부수	획수	총획
實	宀	11	14

열매 실【359】

字源 〈회의〉 곡식이 여물어야 풍년이 들고 그것을 먹지 않아도 배가 불렀다. 부잣집에서 창고에 돈꿰미나 곡식이 가득 찼으니 풍성함을 저절로 느낀다. 배를 두드려 풍년을 구가했던 노랫소리가 들리는 듯하다. 집안(宀) 창고가 가득 찰(貫) 만큼 농사가 풍년이 잘 들면서 익었으니 [열매(實)]를 뜻하고 [실]로 읽는다.
圄果(실과 과) 回虛(빌 허) 空(빌 공) 否(아닐 부) 回貫(꿸 관) 回実

필순 丶 丷 宀 宀 宲 宲 宲 實 實 實

기초 【기초한자어】 익히고, 【기본→발전한자어】 다지기
實果(실과) 먹을 수 있는 초목의 열매
實感(실감) 실제로 대하고 있는 것처럼 느낌
不實(부실) 믿음성이 적음. 내용이 충분치 않음
• 가뭄으로 인해 不實한 實果가 그리 많지 않았다.
• 모든 일에는 實感實情이 뒤따라야 한다는 법이다.

기본 5Ⅱ 實科(실과) 實力(실력) 實例(실례) 實利(실리) 實名(실명) 實物(실물) 實事(실사) 實相(실상) 實數(실수) 果實(과실) 5 實技(실기) 實費(실비) 4Ⅱ 實權(실권) 實錄(실록) 實務(실무) 實狀(실상) 實勢(실세) 3Ⅱ 實像(실상) 實踐(실천) 實吐(실토) 其實(기실) 梅實(매실) 3 篤實(독실)

발전 2 藍實(남실) 28 槐實(괴실) 1 殼實(각실) 槐實(괴실) 樸實(박실) 爽實(상실) 翔實(상실) 實蕃(실번) 實穗(실수) 顚實(전실) 樽實(준실) 萍實(평실)

사자성어 3Ⅱ 名實相符(명실상부) 3 旣定事實(기정사실)

	부수	획수	총획
兒	儿	6	8

아이 아【360】

字源 〈회의〉 갓난아이 머리 윗부분을 만지면 물렁물렁한 숨구멍이 있음을 알게 된다. 두개골이 아직은 접착이 되지 않았기 때문이다. 이 두개골은 사람이 점점 자라면서 접착되고 성숙한 모습으로 자라게 된다. 아직은 어려서 두개골(臼)이 접착되지 않은 모양(儿←人)을 본떠서 [아이(兒)]를 뜻하고 [아]로 읽는다.
圄童(아이 동) 回長(긴 장) 丈(어른 장) 回児

필순 丶 丶 丫 臼 臼 臼 兒 兒

기초 【기초한자어】 익히고, 【기본→발전한자어】 다지기
兒童(아동) 어린이. 초등학교에서 배우는 아이
育兒(육아) 아직 어린 아이를 기름
健兒(건아) 건강한 아이
• 요즈음 兒童들은 모두 育兒 교육까지 받는다.
• 이런 이유로 인해서 마을에서 健兒들이 많다.

기본 5급 兒名(아명) 家兒(가아) 産兒(산아) 兒女子(아녀자)
小兒科(소아과) 風雲兒(풍운아) 幸運兒(행운아) 5급 院兒
(원아) 4급Ⅱ 快男兒(쾌남아) 4급 孤兒(고아) 乳兒(유아)
優良兒(우량아) 3급Ⅱ 兒役(아역) 幼兒(유아) 未熟兒(미숙아)
3급 棄兒(기아) 豚兒(돈아)

발전 2급 溺兒(익아) 蠶兒(잠아) 胎兒(태아) 多胎兒(다태아)
小兒癌(소아암) 兒童靴(아동화) 1급 拐兒(괴아) 嬌兒
(교아) 驕兒(교아) 屠兒(도아) 猫兒(묘아) 兒曹(아조)
鶯兒(앵아) 嬰兒(영아) 寵兒(총아)

부수	획수	총획
心	8	12

악할 악
미워할 오【361】

字源 〈형성〉 겉모양이 추한 사람을 보면 미워하는 마음이 먼저
생긴다. 얼굴 모양이며 의복차림부터 그러한 느낌을 받는
다는 것이다. 악한 사람의 전형(典型)을 첫인상인 얼굴에
서부터 보이는 경우라고 하겠다. 추한(亞) 사람을 만나면
더욱 미워하는 마음(心)이 생기니 [악하다/미워하다(惡)]
는 뜻이고 [악/오]로 읽는다.
回憎(미울 증) 慝(사특할 특) 善(착할 선) 好(좋을 호)
回恩(은혜 은) 悲(슬플 비) 亞(버금 아) 딸惡

필순

기초 【기초한자어】 익히고, 【기본→발전한자어】 다지기
惡談(악담) 남의 일을 나쁘게 말하는 것
害惡(해악) 해가 되는 나쁜 일
惡夢(악몽) 꿈자리가 사나운 꿈
• 이젠 남에게 害惡이 되는 惡談이랑 하지 말아라.
• 오랫동안 우리 서로는 질긴 惡夢에서 시달려 왔잖아.

기본 5급 惡感(악감) 惡德(악덕) 惡童(악동) 惡名(악명) 惡法
(악법) 惡相(악상) 惡性(악성) 惡心(악심) 5급 惡寒(오한)
4급Ⅱ 惡黨(악당) 4급 惡評(악평) 3급Ⅱ 惡鬼(악귀) 惡靈(악령)
惡役(악역) 惡疾(악질) 惡妻(악처) 惡弊(악폐) 邪惡
(사악) 3급 劣惡(열악) 醜惡(추악) 憎惡(증오) 嫌惡
(혐오) 惡循環(악순환)

발전 2급 惡魔(악마) 妖惡(요악) 酷惡(혹악) 1급 奸惡(간악)
狡惡(교악) 惡棍(악곤) 惡辣(악랄) 惡戾(악려) 惡罵
(악매) 惡癖(악벽) 惡阻(악조) 惡瘡(악창) 頑惡(완악)
粗惡(조악) 嫉惡(질악) 慝惡(특악) 悖惡(패악) 猾惡
(활악) 篡惡(찬악) 仇惡(구오) 猜惡(시오)

사자성어 4급 惡戰苦鬪(악전고투) 3급 勸善懲惡(권선징악)

부수	획수	총획
糸	3	9

맺을 약【362】

字源 〈형성〉 문자가 없던 시절에 나무에 매듭을 묶어 자기 의
사를 표현했었다. 서로 굳게 언약할 때에도 손가락을 걸
면서 약속했으리라. 말과 함께 이룩될 그 약속은 절대로
변함이 없었을 것이라면서. 실(糸)로 매듭을 작게(勺) 맺
는다는 뜻이었으나 손가락을 [대략(約)] 걸면서 [맺다(約)]
는 뜻이고 [약]으로 읽는다.
回束(묶을 속) 結(맺을 결) 契(맺을 계) 締(맺을 체) 回解
(풀 해) 回給(줄 급) 級(등급 급)

필순

기초 【기초한자어】 익히고, 【기본→발전한자어】 다지기
約束(약속) 어떤 일을 하기로 정해놓고 다짐함
約定(약정) 약속하여 정함
先約(선약) 먼저 약속함
• 우리들은 約束을 문서로 約定하여 두었다.
• 그 신사는 先約이 있다고 급히 나갔다.

기본 5급 約分(약분) 約數(약수) 公約(공약) 言約(언약) 要約
(요약) 節約(절약) 5급 規約(규약) 期約(기약) 4급Ⅱ 密約
(밀약) 制約(제약) 4급 約略(약략) 約婚(약혼) 儉約(검약)
豫約(예약) 條約(조약) 3급Ⅱ 盟約(맹약) 3급 違約金(위약금)

발전 2급 約款(약관) 締約(체약) 1급 括約(괄약) 約勅(약칙)
綽約(작약)

사자성어 4급 友好條約(우호조약) 3급Ⅱ 百年佳約(백년가약) 隨意
契約(수의계약)

부수	획수	총획
食	6	15

기를 양 : 【363】

字源 〈형성〉 양은 어질고 먹여 기르기에 쉬운 동물이라고 한다.
양이 어진 것처럼 사람도 학문과 덕망을 어질게 가르쳐
기른 것으로 생각했던 것 같다. 교육을 일러서 육성(育成)
혹은 양성(養成)이라고도 했다니, 순한 양(羊)을 풀임
같은 음식들(食)을 잘 먹여가면서 가르치니 [기르다(養)]
는 뜻이고 [양]으로 읽는다.
回育(기를 육) 飼(기를 사)

필순

기초 【기초한자어】 익히고, 【기본→발전한자어】 다지기
養子(양자) 입양으로 자식 자격을 얻은 사람
養成(양성) 가르쳐서 기름
敎養(교양) 가르쳐 기름
• 지도자 養成과정을 마치니 敎養이 넘쳤다.

• 우리나라에서는 養子를 들이는 사람이 많았다.

기본 5Ⅱ養女(양녀) 養病(양병) 養分(양분) 養生(양생) 養育
(양육) 養親(양친) 奉養(봉양) 入養(입양) 休養(휴양)
5養魚(양어) 養老院(양로원) 4Ⅱ保養(보양) 修養(수양)
收養(수양) 4養鷄(양계) 營養(영양) 靜養(정양) 3Ⅱ供養
(공양) 培養(배양) 扶養(부양) 3養豚(양돈) 養蜂(양봉)

발전 2飼養(사양) 養殖(양식) 養蠶(양잠) 療養(요양) 營養
劑(영양제) 28養艾(양애) 鞠養(국양) 滋養分(자양분)
1撫養(무양) 俯養(부양) 馴養(순양) 養鰻(양만) 哺養
(포양) 涵養(함양)

사자성어 4營養失調(영양실조) 3Ⅱ養虎遺患(양호유환)

부수	획수	총획
襾	3	9

요긴할 요(:)
【364】

字源 〈상형〉 사람의 허리에는 많은 신경이 집중되어 있다고 한
다. 집중되어 있는 신경은 몸의 균형을 유지시켜주는 중
요한 역할을 한다. 힘의 근원이 되어서 일을 할 수 있는
원동력을 제공해 주기도 한다. 사람 몸의 전체 부분 중에
서 특별히 중요한 허리의 모양을 본떠서 [요긴하다(要)]는
뜻이고 [요]로 읽는다.
图緊(긴할 긴) 求(구할 구) 回腰(허리 요)

필순 一 一 一 一 一 一 一 要 要

기초 【기초한자어】 익히고, 【기본→발전한자어】 다지기
要件(요건) 요긴한 일이나 조건
要所(요소) 중요한 장소
主要(주요) 주되고 중요함
• 각 要所마다 主要 내용이 있으니 주의하시게.
• 자네 채용 건은 要件만 되면 잘 될 것으로 보네.

기본 5Ⅱ要路(요로) 要望(요망) 要約(요약) 要人(요인) 5要談
(요담) 要領(요령) 要因(요인) 4Ⅱ要求(요구) 要素(요소)
要員(요원) 4要覽(요람) 要點(요점) 3Ⅱ要綱(요강)
要緊(요긴) 要塞(요새) 槪要(개요) 需要(수요) 摘要
(적요) 3要誓(요서)

발전 2要旨(요지) 要津(요진) 要斬(요참) 1襟要(금요) 要眄
(요면) 要寒(요채) 要諦(요체) 要樞(요추) 樞要(추요)

부수	획수	총획
又	2	4

벗 우:【365】

字源 〈회의〉 친분을 유지하려면 자주 만나야 한다. 자주 만나
서 이야기를 하다보면 훈훈한 정이 넘치면서 더 친해진
다. 자주 만남 속의 친함을 의미하게 된다. 친하다는 것은

결국 자주 만나 정을 통하는 사이다. 친구끼리 왼손(ナ←
ヰ)과 오른손(又)을 서로 맞잡고 친하게 지낸 [벗(友)]을
뜻하고 [우]로 읽는다.
图朋(벗 붕) 回反(돌이킬 반)

필순 一 ナ 方 友

기초 【기초한자어】 익히고, 【기본→발전한자어】 다지기
友愛(우애) 형제간이나 친구 사이의 두터운 정
友情(우정) 친구 사이의 정
學友(학우) 학교에서 같이 공부하는 벗
• 學友들 간에는 깊은 友情이 특히 남다르다.
• 그는 형제간이나 친구 간에 友愛가 참 두텁다.

기본 5Ⅱ友軍(우군) 友人(우인) 敎友(교우) 交友(교우) 校友
(교우) 級友(급우) 社友(사우) 戰友(전우) 親友(친우)
4Ⅱ鄕友會(향우회) 血友病(혈우병) 3友邦(우방) 朋友
(붕우) 僚友(요우)

발전 28燮友(섭우) 允友(윤우) 胤友(윤우) 友穆(우목) 友傅
(우부) 1友悌(우제) 悌友(제우)

사자성어 5歲寒三友(세한삼우) 4Ⅱ文房四友(문방사우) 竹馬
故友(죽마고우) 4友好條約(우호조약)

부수	획수	총획
雨	0	8

비 우:【366】

字源 〈상형〉 비는 갑자기 쏟아지는 '소나기', 촉촉이 내리는 '이
슬비, 가랑비' 등이 있다. 그뿐만이 아니라 퍼붓듯이 펑펑
내리는 '폭풍우'를 동반하는 억수 같은 비도 있다. 이런 비
는 어떻게 종잡을 수 없다. 높은 하늘(一) 먹구름(巾)에서
빗방울(ㄘㄘ)이 땅에 소복하게 내리는 모양을 본떠 [비(雨)]
를 뜻하고 [우]로 읽는다.
回晴(갤 청) 回兩(두 량)

필순 一 一 一 一 一 雨 雨 雨

기초 【기초한자어】 익히고, 【기본→발전한자어】 다지기
雨期(우기) 1년 중에서 비가 많이 오는 시기
雨量(우량) 비가 내린 분량
雨天(우천) 비가 내리는 날
• 雨天일 때는 雨量과 상관없이 우산을 챙긴다.
• 雨期가 돌아오면 집안 단속을 잘 해야 한다.

기본 5Ⅱ雨水(우수) 4Ⅱ雨備(우비) 陰雨(음우) 暴雨(폭우)
測雨器(측우기) 4降雨量(강우량) 3Ⅱ雨露(우로) 祈雨祭
(기우제)

발전 2雨傘(우산) 沐雨(목우) 瑞雨(서우) 28滋雨(자우)
1禱雨(도우) 迅雨(신우) 雨簑(우사) 雨蝕(우식) 雨泡
(우포)

5급Ⅱ

雲

사자성어 [3Ⅱ]豪雨警報(호우경보) [2]雨如車軸(우여차축)

	부수	획수	총획
雲	雨	4	12

구름 운 【367】

字源 〈상형〉 햇볕이 쬐면 땅의 수증기가 하늘로 올라가는 김이 보인다. 올라간 수증기는 다시 구름이 되어 짙게 뭉쳐지면 땅에 비를 촉촉하게 내린다. 구름이 만들어지면서 물이 순환하는 사이클의 원리라 한다. 땅의 수증기(云)가 하늘 높이 올라 뭉쳐져서 비(雨)를 내리게 했으니 [구름(雲)]을 뜻하고 [운]으로 읽는다.
回雪(눈 설) 電(번개 전) 露(이슬 로)

필순 一 厂 戶 币 示 示 雪 雪 雲 雲

기초 【기초한자어】 익히고, 【기본→발전한자어】 다지기
雲集(운집) 구름처럼 많이 모임
雲海(운해) 바다처럼 넓게 드리운 구름
風雲(풍운) 바람과 구름
• 雲集한 사람들은 발아래 雲海에 감탄했다.
• 靑雲의 꿈을 꾸고 風雲兒(아)처럼 떠났다.

기본 [5Ⅱ]雲母(운모) 白雲(백운) 戰雲(전운) 靑雲(청운) 風雲兒(풍운아) [4Ⅱ]星雲(성운) 暗雲(암운) [3]雲屯(운둔) 祥雲(상운)

발전 [2]雲脂(운지) 雲翰(운한) 瑞雲(서운) 妖雲(요운) 峽雲(협운) [28]雲聚(운취) [1]凌雲(능운) 雲衢(운구) 雲帆(운범) 雲擘(운벽) 雲翔(운상) 雲椅(운의) 雲梯(운제) 雲萃(운췌) 雲霞(운하) 雲宇(운우) 棧雲(잔운) 叢雲(총운)

사자성어 [2]籠鳥戀雲(농조연운)

元

	부수	획수	총획
元	儿	2	4

으뜸 원 【368】

字源 〈지사〉 사람의 신체 어느 부분도 중요하지 않은 곳이 없겠다. 그중에서도 머리는 깊이 있게 생각하고 올바른 판단을 내려주는 중요한 부분이다. 그래서 사람 두뇌가 속 깊은 성공을 한다고들 말했었다. 사람(儿←人)의 신체 중에서 윗부분으로 여긴 머리(二←) 부분이 [으뜸(元)]이란 뜻이고 [원]으로 읽는다.
回完(완전할 완)

필순 一 二 亍 元

기초 【기초한자어】 익히고, 【기본→발전한자어】 다지기
元氣(원기) 만물의 근원이 되는 기운
元金(원금) 이자를 제외한 원래의 액수

紀元(기원) 연대를 헤아리는 기준이 되는 해
• 元金을 되찾았더니 이제 元氣가 솟아났다.
• 紀元前에는 문자가 없어서 참 힘들었겠다.

기본 [5Ⅱ]元年(원년) 元來(원래) 元老(원로) 元首(원수) 元子(원자) 元祖(원조) 多元(다원) 二元(이원) 一元(일원) 元利金(원리금) [4Ⅱ]元素(원소) 單元(단원) 復元(복원) 次元(차원) 高次元(고차원) 三次元(삼차원) [4]壯元(장원) [3Ⅱ]元旦(원단) 元帥(원수) [3]元宰(원재)

발전 [2]元勳(원훈) [28]元輔(원보) 元魏(원위) 元弼(원필) 元后(원후) 元祐體(원우체) [1]阮元(완원) 元凱(원개) 元魁(원괴) 元舅(원구) 元駒(원구) 元嫡(원적) 元兇(원흉)

偉

	부수	획수	총획
偉	人	9	11

클 위 【369】

字源 〈형성〉 생각이 깊고 남을 위해 일한 사람을 흔히 봉사자라고 한다. 보통 사람보다 크고 탁월한 생각을 하는 위대한 사람들이다. 사람은 한 번 태어나서 봉사하고 미덥게 살 필요가 있지 않을까 본다. 보통 사람(亻←人)과는 특별하게 달리(韋) 보이는 사람은 품은 생각이 [위대하다(偉)]는 뜻이고 [위]로 읽는다.
동大(큰 대) 巨(클 거) 太(클 태) 弘(클 홍) 回小(작을 소) 回違(어긋날 위)

필순 丿 亻 亻 件 件 停 停 偉 偉 偉

기초 【기초한자어】 익히고, 【기본→발전한자어】 다지기
偉大(위대) 크게 뛰어나고 훌륭함
偉力(위력) 위대한 힘. 뛰어난 힘
偉人(위인) 위대하거나 도량이 넓은 사람
• 偉大한 공적을 남긴 사람을 偉人이라 칭하게 했다.
• 자기의 偉力이라 해서 모든 일이 쉽게 이루어지지는 않는다.

기본 [5Ⅱ]偉業(위업) [4Ⅱ]偉容(위용)
발전 [2]偉勳(위훈) [1]魁偉(괴위) 偉饌(위전)

以

	부수	획수	총획
以	人	3	5

써 이 : 【370】

字源 〈형성〉 쟁기를 사용하여 논과 밭을 갈아 농사를 짓는 것은 위대한 발명이다. 쟁기를 사용함에 따라 땅을 위아래로 갈아엎어서 농사의 혁명을 이룩했던 것이다. 경작기술의 개혁과도 같은 맥락을 이룬다. 사람(人)이 쟁기(㠯←)를 써서 논과 밭을 갈았으니 [쓴다(以)] 혹은 [~으로써(以)]를 뜻하고 [이]로 읽는다.

圓似(사)

필순 ㅣ ㄴ ㅌ 以 以

기초 【기초한자어】 익히고, 【기본→발전한자어】 다지기
以前(이전) 이제보다 전. 아주 전
以來(이래) 그 뒤로. 그러한 뒤로
所以(소이) 까닭
• 모든 일은 하기 以前보다 한 以後가 중요하다.
• 그래서 말인데, 중요한 所以가 여기에 있었네.

기본 5Ⅰ 以南(이남) 以內(이내) 以北(이북) 以上(이상) 以外
(이외) 以下(이하) 以後(이후) 所以然(소이연) 4Ⅰ 以爲
(이위) 深以廣(심이광)

발전 28 以類聚(이유취)

사자성어 5Ⅰ 以實直告(이실직고) 以心傳心(이심전심) 自古
以來(자고이래) 4Ⅰ 以熱治熱(이열치열)

	부수	획수	총획
任	人	4	6

맡길 임(ː) 【371】

字源 〈형성〉 어린이는 언제까지나 웃어른에게 의지할 수는 없
다. 어느 정도 크면 혼자서 자립할 수 있는 일을 미리 마
련하거나 기술을 익혀야 된다. 그렇지 않으면 독자적으로
살아가는 큰 밑천을 잃게 된다. 어른(亻←人)이 어린이에
게 짐을 짊어지고(壬) 가도록 책임지우면서 [맡기다(任)]
는 뜻이고 [임]으로 읽는다.
圖擔(멜 담) 委(맡길 위) 托(맡길 탁) 預(맡길/미리 예)
回免(면할 면) 回仕(섬길 사) 件(물건 건)

필순 ノ イ 仁 仁 仟 任

기초 【기초한자어】 익히고, 【기본→발전한자어】 다지기
任期(임기) 책임을 맡아보는 정해진 기간
任命(임명) 일정한 지위나 임무를 맡김
信任(신임) 믿고 일을 맡기는 일
• 任期가 끝난 시점부터 상부의 信任을 받는다.
• 비로소 所長(소장)으로 승진하면서 任命되었다.

기본 5Ⅰ 任用(임용) 任意(임의) 任地(임지) 大任(대임) 放任
(방임) 4Ⅰ 任官(임관) 任務(임무) 任員(임원) 任置(임치)
擔任(담임) 4 辭任(사임) 委任(위임) 離任(이임) 3Ⅰ 兼任
(겸임) 3 赴任(부임)

발전 1 坊任(방임) 藩任(번임) 齋任(재임) 勅任(칙임)

	부수	획수	총획
材	木	3	7

재목 재 【372】

字源 〈형성〉 양옥이나 아파트는 튼튼한 철근을 넣고 시멘트를
부어 만든다. 그렇지만 한옥은 양옥과는 달라서 나무나
흙을 써서 짓는다. 이런 나무 재목은 기둥과 들보가 된다.
요즈음은 한옥을 선호하는 시대다. 집을 지을 때 바탕(才)
이 되면서 집 뼈대의 근본이 되는 나무(木)로 [재목(材)]을
뜻하고 [재]로 읽는다.
回林(수풀 림) 村(마을 촌)

필순 一 十 オ 木 村 材

기초 【기초한자어】 익히고, 【기본→발전한자어】 다지기
材料(재료) 물건을 만드는 감
材木(재목) 건축·토목·가구의 재료로 쓰는 나무
人材(인재) 학식이나 능력이 뛰어난 사람
• 가구의 材料가 되는 材木은 잘 골라야 한다.
• 人材를 고르게 登用해야 한다고 말을 한다.

기본 5Ⅰ 教材(교재) 木材(목재) 石材(석재) 惡材(악재) 樂材
(악재) 藥材(약재) 5 建材商(건재상) 4Ⅰ 素材(소재)
製材(제재) 取材(취재) 4 骨材(골재) 資材(자재) 機資
材(기자재)

발전 1 棺材(관재) 宏材(굉재) 乏材(핍재)

사자성어 4 適材適所(적재적소) 2 棟梁之材(동량지재)

	부수	획수	총획
財	貝	3	10

재물 재 【373】

字源 〈형성〉 자본주의 사회에서 기본적으로 필요한 것은 '돈'으
로 인식했다. 화폐경제가 발달한 오늘날 인간생활은 마치
돈의 노예가 되어 있는 듯하게 말한다. 생활이 편리하면
서 앞으로도 더 그럴 것은 뻔하다. 사람들이 생활하는 데
기본적으로 필요한 바탕(才)이 되는 돈(貝)으로 [재물(財)]
을 뜻하고 [재]로 읽는다.
圖資(재물 자) 貨(재물 화) 賄(재물 회) 回敗(패할 패)

필순 ㅣ 冂 冂 冃 目 貝 貝 貝 財 財

기초 【기초한자어】 익히고, 【기본→발전한자어】 다지기
財界(재계) 실업가나 금융업자의 세계
財物(재물) 돈과 값이 나가는 물건
財産(재산) 경제적 가치가 있는 모든 것
• 財産은 사업 투자 밑천이라는 것을 財界는 안다.
• 財物을 손상하는 것은 未來(미래)를 어둡게 한다.

기본 5Ⅰ 財團(재단) 財力(재력) 理財(이재) 文化財(문화재)
4Ⅰ 財政(재정) 財貨(재화) 蓄財(축재) 4 財源(재원)
私財(사재) 損財(손재) 3Ⅰ 橫財(횡재)

발전 2 財閥(재벌) 殖財(식재) 1 財囊(재낭) 財帛(재백)
財賄(재회)

사자성어 5Ⅰ 家財道具(가재도구)

부수	획수	총획
白	3	8

的 과녁 적【374】

字源 〈형성〉화살의 표적인 과녁은 판에 동그라미 여러 개가 질서정연하게 겹쳐있다. 화살을 쏘아 과녁을 적실하게 맞히면 되는데 바로 명중인 '적중'이다. 동그라미가 겹쳐진 과녁을 흰 태양처럼 보았던 것 같다. 흰(白) 태양처럼 생겼지만 비교적 작았으니(勺) [적실하다(的)] 혹은 [과녁(的)]을 뜻하고 [적]으로 읽는다.
回酌(술따를 작)

필순 ' ⁁ ⁁ ⁁ ⁁ 白 白 的 的

기초 【기초한자어】 익히고, 【기본 → 발전한자어】 다지기
的中(적중) 꼭 들어맞음
公的(공적) 공공에 관한 것
目的(목적) 이룩하거나 도달하려는 목표
• 이 돈은 公的 目的을 위해 쓰이도록 해야 한다.
• 요즈음 학원가에서 '的中'이란 말을 자주 사용한다.

기본 5Ⅱ的實(적실) 內的(내적) 物的(물적) 法的(법적) 病的(병적) 5心的(심적) 量的(양적) 知的(지적) 4Ⅱ的確(적확) 4劇的(극적) 私的(사적) 標的(표적) 感傷的(감상적) 組織的(조직적) 3Ⅱ橫的(횡적) 可及的(가급적) 盲目的(맹목적) 天賦的(천부적) 超人的(초인적) 皮相的(피상적) 恒久的(항구적) 劃期的(획기적)

발전 2綜合的(종합적) 的款(적관) 1鵠的(곡적)

사자성어 2汎國民的(범국민적) 癌的存在(암적존재)

부수	획수	총획
人	11	13

傳 전할 전【375】

字源 〈형성〉실 끝을 한 손으로 잡아 올리면 실패가 아래로 내려가며 실이 잘 풀린다. 너무 길어서 다른 사람에게 전하면서 붙잡게도 하는 경우가 더러 있다. 실의 바른 사용을 위해 실패에 미리 감기도 했었다. 풀리는 실패(叀)를 손(寸)으로 잘 끌어들여 다른 사람(亻←人)에게 [전하다(傳)]는 뜻이고 [전]으로 읽는다.
回專(오로지 전) 回伝

필순 丿 亻 亻 佰 佰 佰 俥 俥 傳 傳

기초 【기초한자어】 익히고, 【기본 → 발전한자어】 다지기
傳記(전기) 개인의 일생을 적은 기록
傳來(전래) 예부터 전하여 내려옴
傳說(전설) 예로부터 전해 내려오는 이야기
• 민간에 傳來하여 오던 것을 흔히 傳說이라 했다.
• 개인의 업적 등을 기록한 傳記가 꽤 폭넓구나.

기본 5Ⅱ傳言(전언) 口傳(구전) 偉人傳(위인전) 4Ⅱ傳送(전송) 傳受(전수) 傳授(전수) 傳統(전통) 經傳(경전) 列傳(열전) 傳道師(전도사) 4宣傳(선전) 遺傳(유전) 評傳(평전) 3Ⅱ傳乘(전승) 傳染(전염) 3自敍傳(자서전)

발전 2傳旨(전지) 傳餐(전찬) 28傳鉢(전발) 傳胤(전윤) 1迅傳(신전) 傳帖(전첩) 傳風(전풍) 廚傳(주전)

사자성어 5Ⅱ父傳子傳(부전자전) 以心傳心(이심전심)

부수	획수	총획
八	6	8

典 법 전 :【376】

字源 〈회의〉성인들의 언행을 적은 글을 이른바 '경전(經典)'이라고 했다. 사람이 지켜야 할 법규를 적어 놓은 책을 '법전(法典)'이라고 한다. 사람이 살아가면서 두고두고 보아야 할 보물과도 같은 귀중한 책이다. 사람이 꼭 보아야 할 책(册)이 책상(丌←丌)에 즐비하게 꽂혀 있으니 [법(典)]을 뜻하고 [전]으로 읽는다.
圖法(법 법) 式(법 식) 律(법칙 률) 規(법 규) 範(법 범) 則(법칙 칙) 度(법도 도) 例(법식 례) 籍(문서 적) 回曲(굽을 곡)

필순 丨 冂 冃 冉 曲 曲 典 典

기초 【기초한자어】 익히고, 【기본 → 발전한자어】 다지기
典禮(전례) 왕실 또는 나라의 의식
法典(법전) 법률 책
古典(고전) 옛날의 법식이나 의식
• 法典으로 법률 공부도 하고 古典 등도 읽었다.
• 그들 부부는 典禮에 의한 혼례를 올렸다고 한다.

기본 5Ⅱ典質(전질) 大典(대전) 事典(사전) 式典(식전) 藥典(약전) 字典(자전) 出典(출전) 5原典(원전) 4Ⅱ經典(경전) 佛典(불전) 盛典(성전) 祭典(제전) 4典範(전범) 典籍(전적) 辭典(사전) 儀典(의전) 3Ⅱ典掌(전장) 典獄署(전옥서) 3典押(전압)

발전 2典型(전형) 典當鋪(전당포) 1典膳(전선) 典貼(전첩) 典庖(전포) 典廐(전구) 貼典(첩전) 墜典(추전)

사자성어 5Ⅱ全國體典(전국체전)

부수	획수	총획
尸	7	10

展 펼 전 :【377】

字源 〈형성〉비단옷을 입으면 활동하기에 상당히 불편하다. 값이 비싸기 때문에 조심성이 더욱 많아지기 때문이겠다. 선현들이 발견했던 생활도구들이 특별한 것도 많았지만 때에 따라 불편한 것도 있었다. 입었던 비단옷을 벗어두고(衰←襃) 누워서 피곤한 몸(尸)을 쉬면서 [펴다(展)]

5급Ⅱ

는 뜻이고 [전]으로 읽는다.
圖伸(펼 신) 鋪(펼 포) 舒(펼 서) 回屋(집 옥) 尾(꼬리 미)

필순 一 フ コ ア 戸 戸 戸 屏 屏 屛 展

기초 【기초한자어】 익히고, 【기본→발전한자어】 다지기
展開(전개) 사건이나 이야기 따위를 펼침
展示(전시) 물품 따위를 늘어 놓아 보임
發展(발전) 좋은 상태로 되어 감
• 展示된 작품을 보니 이제 크게 發展하겠구나.
• 이번 사건이 참으로 오묘하게 展開되고 있구나.

기본 5Ⅰ展望(전망) 國展(국전) 美展(미전) 4Ⅰ進展(진전)
4展墓(전묘) 展覽會(전람회) 3展閱(전열)

발전 2Ⅱ展舒(전서) 舒展(서전) 1展牲(전생) 展采(전채)
披展(피전)

부수	획수	총획
刀	2	4

切
끊을 절
온통 체【378】

字源 〈형성〉 질기고 단단한 물건은 한 번에 칼질하여서 잘 나
누어지지 않는다. 한 곳을 여러 차례 칼을 대서 잘게 자르
는 경우가 많았다. 도살장에서 질긴 고기를 칼로 절단할
때도 이와 마찬가지이다. 일곱 번(七)이나 될 만큼 칼질
(刀)을 하여 물건을 [끊고(切)] 잘라냈으나 다 [온통(切)]
이라는 뜻이고 [절]과 [체]로 읽는다.
圖斷(끊을 단) 絕(끊을 절) 回繼(이을 계) 續(이을 속)

필순 一 七 切 切

기초 【기초한자어】 익히고, 【기본→발전한자어】 다지기
切感(절감) 절실히 느낌. 깊이 느낌
親切(친절) 매우 정답고 고분고분함
一切(일체) 모든 것. 온갖 것
• 자존심을 一切 버리고 親切한 것이 좋겠다.
• 이제 다시 보니 많이 변한 것을 切感하겠구나.

기본 5Ⅰ切開(절개) 切望(절망) 切上(절상) 切實(절실) 切親
(절친) 切下(절하) 半切(반절) 品切(품절) 4Ⅰ切斷(절단)
切除(절제) 4適切(적절) 3Ⅰ貸切(대절) 切迫(절박)
懇切(간절) 哀切(애절)

발전 2Ⅱ楚切(초절) 1切諫(절간) 切剝(절박) 凄切(처절)

사자성어 3Ⅰ切齒腐心(절치부심) 3時宜適切(시의적절)

부수	획수	총획
竹	9	15

節
마디 절【379】

字源 〈형성〉 대나무는 점차 자라 올라가면서 마디가 생기는데,

그 마디는 매우 절도가 있어 보인다. 그래서 굵은 마디를
흔히 '절개'라고도 불렀다. 아마도 '남자배짱, 여자절개'라
는 말이 여기서 나왔는지 모른다. 대나무(竹)가 자람(卽)
에 따라서 점차 굵은 부위가 토실토실해졌으니 [마디(節)]
를 뜻하고 [절]로 읽는다.
圖寸(마디 촌) 季(계절 계) 回範(법 범) 回節

필순 丿 亻 竹 竹 竺 竺 笁 筲 筲 筲 節

기초 【기초한자어】 익히고, 【기본→발전한자어】 다지기
節度(절도) 말이나 행동의 적당한 정도
節電(절전) 전기를 아껴 씀
名節(명절) 전통적으로 해마다 지켜 즐기는 날
• 名節 같은 날에도 節電하는 것이 좋겠구나!
• 그의 節度있는 태도에 감탄하는 사람이 많다.

기본 5Ⅰ節氣(절기) 節目(절목) 節米(절미) 節水(절수) 節約
(절약) 節後(절후) 關節(관절) 變節(변절) 使節(사절)
5節操(절조) 4Ⅰ節減(절감) 節婦(절부) 節制(절제) 節次
(절차) 句節(구절) 4節儉(절검) 季節(계절) 3Ⅰ節槪
(절개) 節介(절개) 貞節(정절) 節奏(절주) 換節期(환절기)

발전 2瑞節(서절) 2Ⅱ旌節(정절) 峻節(준절) 1爽節(상절)
璽節(새절) 節嗇(절색) 節窄(절착) 節夾(절협) 節麾(절휘)
挺節(정절) 靖節(정절) 蒲節(포절) 麾節(휘절)

사자성어 3Ⅰ禮儀凡節(예의범절) 仲秋佳節(중추가절)

부수	획수	총획
广	5	8

店
가게 점 :【380】

字源 〈형성〉 사람 왕래가 빈번한 길모퉁이 집을 헐어 물건을
잔뜩 진열해 파는 구멍가게가 있다. 날마다 쓰기에 편리
한 일용품을 팔고 있는 가게다. 동네 아저씨들이 빙 앉아
서 막걸리 파티를 벌리는 장소였으리라. 집(广)의 한쪽을
잘 헐어내 일용품을 진열하여 파는 곳(占)으로 [가게(店)]
를 뜻하고 [점]으로 읽는다.
圖鋪(가게 포) 回底(밑 저)

필순 丶 一 广 广 庐 庐 店 店

기초 【기초한자어】 익히고, 【기본→발전한자어】 다지기
商店(상점) 물건을 파는 곳, 즉 가게
書店(서점) 책을 파는 가게
店員(점원) 가게에 고용되어 물건을 파는 사람
• 그 書店의 店員은 친절하기로 소문나 있다.
• 이제는 옛날 商店 점원과는 달라야 하겠지.

기본 5Ⅰ開店(개점) 本店(본점) 分店(분점) 飮食店(음식점)
4Ⅰ支店(지점) 百貨店(백화점) 4酒店(주점) 3Ⅰ飯店
(반점) 露店商(노점상) 連鎖店(연쇄점)

발전 2店鋪(점포) 製菓店(제과점) 1坊店(방점) 邸店(저점)

부수	획수	총획
心	8	11

情 뜻 정【381】

字源 〈형성〉 사람에겐 따뜻함과 포근함이 있고 눈물과 사랑이 있다고 말한다. '법' 이전에 '도덕'이 있고, '도덕' 이전에 따스한 '정'이 있다고 말한다. 요즈음 말로는 정은 사랑으로 열매를 맺는다는 이야기와 통한다. 진실한 마음(忄←心)에서 우러나오는 깨끗하고 고마운(靑) 사랑으로 [뜻(情)]을 의미하고 [정]으로 읽는다.

圖 意(뜻 의) 志(뜻 지) 趣(뜻 취) 誼(정 의) 回 精(정할 정)

필순 ﹅ ﹅ 忄 忄 忄 忄 忭 情 情 情 情

기초 【기초한자어】 익히고, 【기본→발전한자어】 다지기
情景(정경) 마음에 감흥을 일으키는 경치
友情(우정) 벗 사이의 정
感情(감정) 느끼어 일어나는 마음
• 友情은 일시적인 感情으로 이루지지는 않는다.
• 관광을 가면 보는 情景에도 흠뻑 취하게 된다.

기본 5Ⅱ 情感(정감) 情理(정리) 情調(정조) 情表(정표) 母情(모정) 物情(물정) 5 情談(정담) 情熱(정열) 冷情(냉정) 無情(무정) 4Ⅱ 情婦(정부) 情勢(정세) 4 情趣(정취) 情況(정황) 激情(격정) 3Ⅱ 情緖(정서) 情慾(정욕) 慕情(모정) 薄情(박정) 戀情(연정) 3 情塗(정도)

발전 2 情款(정관) 情望(정망) 情塡(정진) 衷情(충정) 情報網(정보망) 28 舒情(서정) 1 紐情(유정) 撫情(무정) 抒情(서정) 艶情(염정) 情覺(정교) 情耆(정기) 情疏(정소) 情誼(정의) 情癡(정치) 癡情(치정) 劾情(핵정) 宦情(환정)

부수	획수	총획
言	8	15

調 고를 조【382】

字源 〈형성〉 말은 이치에 맞고 조리가 있어야 설득력이 있다고 한다. 성량이나 어조가 자못 골랐을 때 잘 어울리게 된다. 그래서 말은 조리 있게 성량을 잘 조절하면서 하라고 했다. 사람이 입으로 하는 말(言)은 여러 곳에 두루(周) 잘 어울리도록 그 성량을 잘 조절한다 했으니 [고르다(調)]는 뜻이고 [조]로 읽는다.

圖 均(고를 균) 和(화할 화) 回 周(두루 주) 週(주일 주) 謂(이를 위)

필순 ﹅ ﹅ 言 言 言 訂 訆 訆 調 調 調

기초 【기초한자어】 익히고, 【기본→발전한자어】 다지기
調和(조화) 대립이나 어긋남이 없음
調練(조련) 병사를 훈련함

強調(강조) 어떤 부분을 특별히 주장함
• 調練함에 있어서 정신무장을 특히 強調하였다.
• 모든 일에 調和롭게 하는 것이 특히 중요하다.

기본 5Ⅱ 調理(조리) 調書(조서) 調節(조절) 格調(격조) 高調(고조) 基調(기조) 短調(단조) 同調(동조) 色調(색조) 順調(순조) 5 調査(조사) 調停(조정) 曲調(곡조) 4Ⅱ 調達(조달) 調律(조율) 調印(조인) 論調(논조) 單調(단조) 步調(보조) 4 調整(조정) 亂調(난조) 散調(산조) 3Ⅱ 弄調(농조) 哀調(애조)

발전 2 調劑(조제) 28 調燮(조섭) 1 煎調(전조) 調馴(조순)

부수	획수	총획
十	6	8

卒 마칠 졸【383】

字源 〈회의〉 낮은 계급의 졸병은 전쟁을 할 때에 제일선에 나서서 싸웠다. 장교에 비하여 복장이나 계급장에서도 큰 차이가 난다. 장군은 부대의 뒤에서 작전을 지휘하고 감독 역할을 하나 장졸은 다르다. 낮은 계급(一) 복장(𠂤←衣)을 한 [군사(卒)] 혹은 졸병은 빨리 죽으니 [마치다(卒)]는 뜻이고 [졸]로 읽는다.

圖 兵(병사 병) 士(선비 사) 軍(군사 군) 終(마칠 종) 罷(마칠 파) 回 將(장수 장) 帥(장수 수) 반 卆

필순 ﹅ 亠 亠 𠂇 𠂇 𠀎 卒 卒

기초 【기초한자어】 익히고, 【기본→발전한자어】 다지기
卒年(졸년) 죽은 해, 또는 죽은 나이
卒業(졸업) 정해진 교과 과정을 마침
卒兵(졸병) 직위가 낮은 병사
• 卒兵도 훈련 과정을 卒業하면 계급이 오른다.
• 흔히 어른이 되어 죽은 나이를 卒年이라고 한다.

기본 5Ⅱ 卒然(졸연) 高卒(고졸) 國卒(국졸) 大卒(대졸) 中卒(중졸) 4 卒徒(졸도) 3Ⅱ 卒哭(졸곡) 倉卒間(창졸간)

발전 2 津卒(진졸) 1 邏卒(나졸) 戍卒(수졸) 狄卒(적졸) 卒罵(졸매) 卒愕(졸악) 卒爾(졸이) 惰卒(타졸)

부수	획수	총획
禾	9	14

種 씨 종(:)【384】

字源 〈형성〉 농사를 지으려면 우수한 종자가 있어야 한다. 지난해 갈무리하였던 종자를 심거나 시험장의 우량종으로 길렀던 씨를 구입하여 땅에 뿌려 심는다. 봄철의 모내기의 경우 모판에 미리 심는다. 농사(禾)를 짓는 데 중요한(重) 구실을 하는 물건으로 뿌려서 심는 종자인 [씨(種)]를 뜻하고 [종]으로 읽는다.

圖 核(씨 핵) 回 鍾(쇠북 종)

5급Ⅱ

필순

기초 【기초한자어】 익히고, 【기본→발전한자어】 다지기
種類(종류) 어떤 기준에 따라서 나눈 갈래
種族(종족) 같은 종류에 딸린 것
特種(특종) 특별한 종류
• 이렇게 種類가 많을 때는 特種이라야 한다.
• 모든 생물은 種族 보존을 위해서 번식본능이란 의식을 지니고 있다.

기본 5Ⅱ種目(종목) 種別(종별) 種子(종자) 各種(각종) 變種(변종) 別種(별종) 新種(신종) 惡種(악종) 業種(업종) 人種(인종) 車種(차종) 土種(토종) 品種(품종) 5改良種(개량종) 4Ⅱ種藝(종예) 純種(순종) 接種(접종) 職種(직종) 4甲種(갑종) 雜種(잡종) 3種豚(종돈) 播種(파종)

발전 2蠻種(만종) 蠶種(잠종) 28倭種(왜종) 1芒種(망종) 盆種(분종) 種荳(종두) 種粒(종립) 種祠(종사) 罕種(한종)

州
부수	획수	총획
川	3	6

고을 주【385】

字源 〈회의〉 어느 한 지방과 지방을 나누기 위해서 강이나 산 등성이를 중심으로 해서 경계를 삼았다. 특히 '목사'가 다스렸던 '州'가 그런 형태였다. 나주·전주·청주와 같은 지역이 모두 다 그랬음이 알려진다. 내(川)의 가운데 크고 작게 솟아난 땅(ハ)으로 일정한 한 지역이었던 [고을(州)]을 뜻하고 [주]로 읽는다.
回郡(고을 군) 邑(고을 읍) 洞(골 동) 回川(내 천) 洲(물가 주)

필순

기초 【기초한자어】 익히고, 【기본→발전한자어】 다지기
州郡(주군) 주와 군. 도시에 대하여 지방
州都(주도) 주의 관청이 있는 도시
全州(전주) 전라북도 중앙부에 있는 시
• 州都로서의 全州는 고풍스러운 데가 참 많다.
• 州郡은 주읍에 군청이 있는 도읍을 말한다.

기본 3主宰(주재)

발전 28冀州(기주) 岐州(기주) 驪州(여주) 晉州(진주) 坡洲(파주) 1州閭(주려)

週
부수	획수	총획
辵	8	12

주일 주【386】

字源 〈형성〉 사람은 일정한 일을 하면서 두루 미치는 경험을 하면서 산다. 한 주일의 바쁜 일정도 경험하고 열심히 공부하면서 일도 하게 된다. 주일 근무의 이유나 휴일이란 진정한 의미도 여기에 있겠다. 사람이 걸음(辶←辵)을 걸어가면서 여러 곳에 두루(周) 미치게 했으니 [주일(週)]을 뜻하고 [주]로 읽는다.
回調(고를 조) 周(두루 주)

필순

기초 【기초한자어】 익히고, 【기본→발전한자어】 다지기
週間(주간) 한 주일 동안
週末(주말) 한 주일의 끝
今週(금주) 이번 주
• 今週 週末에는 단풍놀이나 가려고 한다.
• 그는 한 週刊의 계획을 잘 세워서 공부하고 있다.

기본 5Ⅱ週年(주년) 週番(주번) 週日(주일) 來週(내주) 每週(매주) 5週給(주급) 週期(주기) 週初(주초) 4Ⅱ週報(주보) 3Ⅱ週刊(주간) 隔週(격주)

발전 1翌週(익주)

知
부수	획수	총획
矢	3	8

알 지【387】

字源 〈회의〉 한 사람이 이야기를 하면 상대방이 빨리 알아듣고 응답해 오는 경우가 많다. 이와 같이 말의 내용을 아는 경우는 마치 날아가는 화살처럼 빠르게 인식했던 것 같다. 즉석 소통의 경우들도 있었다. 날아가는 화살(矢)처럼 입(口)으로 하는 말을 참 빠르게 알아차렸으니 [알다(知)]의 뜻이고 [지]로 읽는다.
回識(알 식) 認(알 인) 回行(다닐 행)

필순

기초 【기초한자어】 익히고, 【기본→발전한자어】 다지기
知能(지능) 두뇌의 작용, 지적활동의 능력
通知(통지) 기별하여 알림
告知(고지) 어떤 사실을 관계자에게 알림
• 국가가 개인에게 告知할 사항을 미리 通知한다.
• 그 아동은 성인에 비해 知能 指數(지수)가 높다.

기본 5Ⅱ知己(지기) 知面(지면) 知名(지명) 知事(지사) 知性(지성) 知識(지식) 知人(지인) 知的(지적) 感知(감지) 親知(친지) 道知事(도지사) 5無知(무지) 4Ⅱ未知(미지) 認知(인지) 4知覺(지각) 周知(주지) 探知(탐지) 3Ⅱ沒知覺(몰지각)

발전 2諜知(첩지) 1窺知(규지)

사자성어 5Ⅱ知行合一(지행합일) 5不問可知(불문가지) 4Ⅱ溫故知新(온고지신)

부수	획수	총획
貝	8	15

質 바탕 질【388】

字源 〈형성〉 현대 사회일수록 사람에게 기본적으로 필요한 것은 돈이라는 인식이 많다. 모든 경제활동이 돈으로부터 출발되기 때문이다. 자본주의 사회가 되면서 돈은 우리 생활의 정다운 모습으로 자리 잡았다 하겠다. 경제활동을 하는 데 있어서 돈(貝)이 그 모탕(所)을 이루며 [바탕(質)]을 형성했으니 [질]로 읽는다.
區 本(근본 본) 素(본디 소) 朴(성씨 박) 樸(순박할 박) 正(바를 정) 回贄(도울 찬) 回厇

필순 ` ^ ^ ^ ^ ^ 質 質 質 質

기초 【기초한자어】 익히고, 【기본→발전한자어】 다지기
質問(질문) 모르는 것을 물어 봄
變質(변질) 성질이나 물질이 변함
本質(본질) 근본적인 성질이나 요소
• 그만 本質에서 벗어난 質問은 하지 말아라.
• 음식이 오래되어 그만 變質이 되었구나.

기본 5Ⅱ質責(질책) 角質(각질) 氣質(기질) 對質(대질) 同質(동질) 木質(목질) 物質(물질) 性質(성질) 水質(수질) 實質(실질) 惡質(악질) 弱質(약질) 良質(양질) 言質(언질) 人質(인질) 5質量(질량) 4Ⅱ質權(질권) 素質(소질) 4質疑(질의) 均質(균질) 異質(이질) 資質(자질) 3Ⅱ硬質(경질)

발전 2質劑(질제) 瑞質(서질) 纖質(섬질) 1樸質(박질) 艶質(염질) 質訥(질눌) 質樸(질박) 稟質(품질)

부수	획수	총획
羊	6	12

着 붙을 착【389】

字源 〈형성〉 양떼들은 군락을 이루면서 먹이를 찾거나 생존을 유지해 간다. 동료나 어미가 어디에 있나 하며 눈을 부릅뜨면서 위치나 행동 등을 살피기도 한다. 곧 서로의 신체를 부딪치면서 떼를 이루며 산다. 호주 같은 곳에서 양(羊)들이 눈(目)을 부릅뜨면서 둘이서 껴안듯이 [붙어서(着)]사니 [착]으로 읽는다.
區 到(이를 도) 附(붙을 부) 回發(필 발) 回差(다를 차)

필순 ` ` ` ` 羊 羊 羊 着 着 着

기초 【기초한자어】 익히고, 【기본→발전한자어】 다지기
着陸(착륙) 비행기가 육지에 내림
定着(정착) 한 곳에 자리 잡아 삶
着想(착상) 새 생각이나 구상이 떠오름

• 그곳에 定着한 지 하루 만에 기발한 着想이 떠올랐다.
• 새로운 着想이 떠올라 이제야 바른 研究(연구)를 시작하게 되었구나.

기본 5Ⅱ着工(착공) 着服(착복) 着色(착색) 着生(착생) 着席(착석) 着手(착수) 着實(착실) 着用(착용) 着衣(착의) 4Ⅱ着床(착상) 着眼(착안) 吸着(흡착) 4歸着(귀착) 3Ⅱ着劍(착검) 倒着(도착) 逢着(봉착) 附着(부착) 執着(집착) 沈着(침착) 終着驛(종착역)

발전 2着帽(착모) 着靴(착화) 膠着(교착) 1喫着(끽착) 撞着(당착) 瞞着(만착) 縛着(박착) 纏着(전착) 粘着(점착) 着鞭(착편) 帖着(첩착)

부수	획수	총획
厶	9	11

參 참여할 참
석 삼【390】

字源 〈형성〉 사람들이 모이는 모임에서 좋은 인상을 보이려는 노력을 많이 했다. 옷과 머리를 장식하고 참여했을 것이다. 특히 머리의 장식은 그답게 보이는 예의의 요체였다. 사람(人)이 머리(彡)에 장식하는 비녀(厶)를 꽂고 의식에 [참여하다(參)]는 뜻이고 [참]으로 읽는다. '彡'과 '厶'에 연상되어서 '三'의 '갖은자'이다.
區 三(석 삼) 與(더불 여) 回慘(참혹할 참) 蔘(삼 삼) 回参

필순 ` ^ ^ ^ 厽 厽 夅 夅 夅 參 參

기초 【기초한자어】 익히고, 【기본→발전한자어】 다지기
參加(참가) 단체에 관여하여 참석해 가입함
古參(고참) 오래전부터 직장에 머물러 있던 사람
參席(참석) 자리에 참여함
• 古參인 그가 參席하자 모두들 박수를 쳤다.
• 參加한 모든 사람이 그의 강의를 주의 깊게 들었다.

기본 5Ⅱ參見(참견) 參觀(참관) 參禮(참례) 參戰(참전) 不參(불참) 新參(신참) 5參考(참고) 4Ⅱ參拜(참배) 4參與(참여) 持參(지참) 參酌(삼참) 3Ⅱ參謀(참모) 參禪(참선) 參照(참조) 3參酌(참작)

발전 2參預(참예) 趨參(추참) 1衙參(아참) 曹參(조참) 參覲(참근) 參譚(참담) 參詣(참예) 參纂(참찬) 參緘(참함)

부수	획수	총획
貝	4	11

責 꾸짖을 책【391】

字源 〈형성〉 급하게 필요하여 이웃 영감님께 돈을 빌려서 썼다. 며칠 후 구두쇠 영감은 빌려 준 돈을 갚으라고 가시로 찌

5급Ⅱ

르듯이 재촉해댄다. 심하면 욕도 하고 더욱 심하게 꾸지
람도 하는 경우가 종종 있었다. 꾸어 쓴 돈(貝)을 가시(朿
←束)로 찌르듯이 막 재촉하면서 [꾸짖어(責)] [책임(責)]
을 지운다는 뜻이고 [책]으로 읽는다.
㊁叱(꾸짖을 질) 罵(꾸짖을 매) 任(맡길 임) ㊃讚(기릴 찬)
㊄貴(귀할 귀) 債(빚 채)

필순 一十丰圭青青青青青責責

기초 【기초한자어】 익히고, 【기본→발전한자어】 다지기
責望(책망) 잘못을 들어 꾸짖음
責任(책임) 맡아서 해야 할 임무나 의무
問責(문책) 일의 책임을 물어 꾸짖음
• 직장에서 問責받고 집에서는 責望을 듣기도 했다.
• 이제야말로 나는 큰 責任을 절감하고 있다.

기본 5Ⅱ見責(견책) 自責(자책) 重責(중책) 5責善(책선)
罪責(죄책) 無責任(무책임) 4Ⅱ責務(책무) 責罰(책벌)
罰責(벌책) 職責(직책) 總責(총책) 3Ⅱ免責(면책)

발전 2Ⅱ峻責(준책) 1呵責(가책) 譴責(견책) 拷責(고책)
訊責(신책) 誅責(주책) 嗔責(진책) 責躬(책궁) 責罵
(책매) 責黜(책출) 笞責(태책) 詰責(힐책)

사자성어 4Ⅱ連帶責任(연대책임) 4引責辭退(인책사퇴)

채울 충 【392】

	부수	획수	총획
	儿	4	6

字源 〈회의〉갓난아기는 완벽한 성인으로서 구실을 다 하지 못
한다. 혼자 먹거나 걸어 다닐 수도 없기 때문이다. 어른의
도움이 필요하고 성인들 보호 아래 자라기도 한다. 이는
아이가 성장을 이룩하는 한 과정이겠다. 갓난아기(厷←子)
가 걸을(儿) 수 있을 만큼 자라면서 채워지니 [채우다(充)]
는 뜻이고 [충]으로 읽는다.
㊁滿(찰 만) 塡(메울 전) ㊄允(맏 윤)

필순

기초 【기초한자어】 익히고, 【기본→발전한자어】 다지기
充當(충당) 알맞게 채워서 메움
充滿(충만) 가득하게 참
充分(충분) 모자람이 없이 차거나 넉넉함
• 찬사의 말은 기쁨이 充滿하기에 매우 充分했다.
• 전기 배터리가 다 되어 이제는 充當해야겠는 걸.

기본 5Ⅱ充實(충실) 充足(충족) 不充分(불충분) 5充位
(충위) 充耳(충이) 4Ⅱ充員(충원) 充血(충혈) 3Ⅱ補充
(보충) 3擴充(확충)

발전 2充棟(충동) 2Ⅱ充盈(충영) 1塡充(전충) 充羨(충선)
充咽(충열) 充溢(충일) 充塡(충전)

집 택/댁 【393】

	부수	획수	총획
	宀	3	6

字源 〈형성〉낮에는 활동을 하고 밤에는 편하게 쉬어야 할 집
은 옛날부터 사람들 보금자리였다. 집에 의지하여 사람들
이 사는 생활공간이었던 것이다. 그래서 집은 인류가 생
활을 시작하면서부터 생겼다고 하겠다. 지붕(宀) 위를 덮
어 씌워서 사람이 의지(乇)하며 사는 보금자리인 [집(宅)]
을 뜻하고 [택/댁]으로 읽는다.
㊁戶(집 호) 室(집 실) 堂(집 당) 屋(집 옥) 舍(집 사) 家
(집 가) 閣(집 각) 館(집 관) 宇(집 우) ㊃完(완전할 완) 托
(맡길 탁)

필순 丶丶宀宁宅宅

기초 【기초한자어】 익히고, 【기본→발전한자어】 다지기
宅配(택배) 물건을 집으로 배달해 줌
宅地(택지) 집을 짓기 위한 땅
住宅(주택) 사람들이 들어 사는 집
• 宅配가 하루 만에 住宅에 배달되고 있다.
• 집을 지으려면 宅地를 마련하는 일이 먼저다.

기본 5Ⅱ家宅(가택) 社宅(사택) 陽宅(양택) 自宅(자택) 宅內
(댁내) 4Ⅱ舍宅(사택) 陰宅(음택) 4私宅(사택) 3Ⅱ宅兆
(택조) 幽宅(유택)

발전 2宅診(택진) 2Ⅱ廬宅(여택) 1泛宅(범택) 徙宅(사택)
邸宅(저택) 綴宅(철택) 媤宅(시댁)

물건 품 : 【394】

	부수	획수	총획
	口	6	9

字源 〈회의〉좋은 물건은 여러 사람 입을 통해서 오르내린다.
물건 값이 비싸지만 그 소문이 자자하게 널리 퍼지기도
했다. 좋은 품질(品質)에 속한 귀한 물건으로 그런 소문
이 뜬 입소문으로 널리 퍼진 것이다. 입(口)과 입(口)에 오
르내려서 여러 사람 입(口)으로 좋은 소문이 난 [물건(品)]
을 뜻하고 [품]으로 읽는다.
㊁物(물건 물) 件(물건 건)

필순 丨口口口口口品品品

기초 【기초한자어】 익히고, 【기본→발전한자어】 다지기
品切(품절) 물건이 생산되지 않아서 없음
部品(부품) 기계 따위 어떤 부분에 쓰인 물건
性品(성품) 성질과 됨됨이
• 자동차 部品이 品切되자 고치지 못하고 있다.
• 그의 性品 됨됨이가 참으로 모범을 보인다.

기본 ⑤Ⅰ 品格(품격) 品名(품명) 品目(품목) 品性(품성) 品種(품종) 品質(품질) 品行(품행) 金品(금품) 氣品(기품) 名品(명품) 物品(물품) 商品(상품) ⑤ 品貴(품귀) 景品(경품) 賞品(상품) ④Ⅰ 備品(비품) ④ 納品(납품) ③Ⅰ 品詞(품사) 廢品(폐품) 副賞品(부상품) 化粧品(화장품) ③ 返品(반품) 類似品(유사품)

발전 ②菓品(과품) 舶來品(박래품) ②⑧骨董品(골동품) ①品藻(품조) 品繪(품회) 品彙(품휘)

	부수	획수	총획
必	心	1	5

반드시 필【395】

字源 〈회의〉 마음만 굳게 먹으면 못할 일이 없다고 생각했던 모양이다. 굳은 마음이 자기 행동을 통솔하여 '기필코'라는 성취 결과가 알뜰하게 나타나기 때문이겠다. 성취는 '기필코'라는 세 글자의 결과라 한다. 자기가 생각했던 바를 또 다시 마음(心)으로 굳게 결심(ノ)하니 [반드시(必)]를 뜻하고 [필]로 읽는다.
图 須(모름지기 수) 回 心(마음 심)

필순 ` ソ 必 必 必

기초 【기초한자어】 익히고, 【기본→발전한자어】 다지기
必要(필요) 꼭 소용이 됨
必勝(필승) 반드시 이김
期必(기필) 꼭 이루어지기를 기약함
• 期必코 이겨야 한다는 必勝의 각오로 단단히 한다.
• 인간은 자기의 必要에 의해서 돈을 만들어 썼다.

기본 ⑤Ⅰ 必讀書(필독서) 必要惡(필요악) 生必品(생필품) ③Ⅰ 必需品(필수품) ③ 必須(필수)

사자성어 ④Ⅰ 信賞必罰(신상필벌) ④ 事必歸正(사필귀정) ③Ⅰ 生者必滅(생자필멸)

	부수	획수	총획
筆	竹	6	12

붓 필【396】

字源 〈회의〉 요즈음은 연필이니 볼펜으로 글씨를 쓰지만 옛날에는 붓으로 글씨를 썼다. 붓은 가느다란 족제비 털에 대 자루를 끼워 만들었다. 붓의 생명을 바로 붓끝이라고 했듯이 털이 곧 생명줄이었던 것이다. 주로 필기구로 썼던 붓털(聿)에 대(竹)로 된 자루를 꼭 끼워서 만드는 [붓(筆)]을 뜻하고 [필]로 읽는다.
图 毫(붓 호)

필순 ノ ⺮ ⺮ ⺮ 竺 竺 竺 竺 竿 筆

기초 【기초한자어】 익히고, 【기본→발전한자어】 다지기
筆答(필답) 글로 써서 대답함
筆記(필기) 붓으로 글씨를 씀
親筆(친필) 순수 쓴 글씨. 육필
• 筆記 시험이란 대개 親筆로 답을 쓴 수기다.
• 말로도 충분하겠지만 꼭 筆答을 요구한다네.

기본 ⑤Ⅰ 筆力(필력) 筆名(필명) 筆法(필법) 筆順(필순) 筆者(필자) 筆體(필체) ⑤ 筆談(필담) 筆致(필치) 加筆(가필) 曲筆(곡필) ④ 筆舌(필설) 粉筆(분필) 鉛筆(연필) ③Ⅰ 筆耕(필경) 筆迹(필적) 筆禍(필화) 隨筆(수필) 紙筆墨(지필묵) ③ 漫筆(만필)

발전 ②筆帽(필모) 筆硯(필연) 筆札(필찰) 筆翰(필한) ②⑧麟筆(인필) ①禿筆(독필) 撲筆(박필) 宸筆(신필) 椽筆(연필) 簪筆(잠필) 顚筆(전필) 筆呵(필가) 筆鋒(필봉) 筆刪(필산) 筆匠(필장) 筆迹(필적) 筆誅(필주)

사자성어 ②紙筆硯墨(지필연묵)

	부수	획수	총획
害	宀	7	10

해칠 해 : 【397】

字源 〈회의〉 사람에겐 좋은 점도 많지만 그에 따라 허물도 있어 희비가 교차된다고 한다. 방안에서 남의 허물을 들추어 흉을 보기도 한다. 개인과 사회를 위해 참으로 좋지 못한 결과를 초래하게 되기도 한다. 집(宀)에 앉아서 남의 흉을 보는 등 막 어지럽게(丯) 말(口)을 하니 [해치다(害)]는 뜻이고 [해]로 읽는다.
图 毒(독 독) 損(덜 손) 回 利(이할 리) 回 割(벨 할) 憲(법 헌)

필순 ` ⺌ 宀 宀 宇 宝 宝 害 害 害

기초 【기초한자어】 익히고, 【기본→발전한자어】 다지기
損害(손해) 해를 봄. 손상함
害惡(해악) 해가 되는 나쁜 영향
水害(수해) 큰물 때문에 받는 해로움
• 그가 끼친 害惡으로 말미암아 損害가 너무 컸다.
• 지난해에는 비가 와서 그냥 水害를 입고 말았다.

기본 ⑤Ⅰ 公害(공해) 病害(병해) 要害(요해) 有害(유해) 利害(이해) 自害(자해) ⑤ 加害(가해) 冷害(냉해) ④Ⅰ 害毒(해독) 害蟲(해충) 殺害(살해) 陰害(음해) ④ 妨害(방해) 傷害(상해) 危害(위해) ③Ⅰ 迫害(박해) 霜害(상해) 弊害(폐해) 被害(피해) ③ 旱害(한해)

발전 ②害虐(해학) 沮害(저해) 酷害(혹해) ①劫害(겁해) 寇害(구해) 毋害(무해) 弑害(시해) 隘害(애해) 狙害(저해) 嫉害(질해)

사자성어 ③Ⅰ 被害妄想(피해망상)

化

부수	획수	총획
匕	2	4

될 화(ː)【398】

字源 〈회의〉 사람이 잘못했던 과거를 청산하고 새로운 삶의 터전을 마련하여 사는 경우가 많다. 인간의 지혜가 발달하면서 보고 들은 敎化(교화)의 힘을 입은 것은 바로 덕을 쌓아 가는 행위다. 사람(亻←人)이 덕을 쌓아 가면서 좋은 방향으로 교화(匕)해 성취하여 잘 나아가니 [되다(化)]는 뜻이고 [화]로 읽는다.
圖變(변할 변) 回北(북녘 북) 比(견줄 비) 仁(어질 인)

필순 ノ 亻 亻 化

기초 【기초한자어】 익히고, 【기본→발전한자어】 다지기
消化(소화) 음식물을 분해해 영양분을 흡수함
文化(문화) 문명 발달로 편리하게 되는 일
化學(화학) 성질과 작용 등을 연구한 자연과학
• 우리 文化를 다 消化하여 설명하기는 쉽지 않다.
• 化學의 유기적 관계가 자연과학을 대변하기도 한다.

기본 5Ⅱ化工(화공) 化石(화석) 化成(화성) 化身(화신) 化合(화합) 感化(감화) 强化(강화) 開化(개화) 敎化(교화) 老化(노화) 綠化(녹화) 同化(동화) 美化(미화) 4激化(격화) 歸化(귀화) 劇化(극화) 3Ⅱ化粧(화장) 軟化(연화) 鹽化(염화) 淨化(정화) 企業化(기업화) 荒廢化(황폐화) 3鈍化(둔화)

발전 2酸化(산화) 融化(융화) 文化圈(문화권) 一酸化(일산화) 焦土化(초토화) 23薰化(훈화) 1弓化(궁화) 遁化(둔화) 孵化(부화) 醇化(순화) 化膿(화농) 化醇(화순) 化洽(화흡) 洽化(흡화)

사자성어 2酸化水素(산화수소)

效

부수	획수	총획
攵	6	10

본받을 효ː【399】

字源 〈형성〉 사람은 친구를 잘못 사귀어 사회에서 크게 지탄의 대상이 되기도 했다. 그래서 어질고 착한 친구를 사귀라고 했고 모범적인 은사를 따르라고 했다. 그 행동과 어휘력 있는 말씨도 본받으라고 했다. 어질고도 착한 친구를 사귀도록(交) 말로 타일러서(攵) 좋은 점을 [본받는다(效)]는 뜻이고 [효]로 읽는다.
回敎(가르칠 교) 救(구원할 구) 劍効

필순 丶 ㄴ 亠 亠 亥 亥 交 交 效 效

기초 【기초한자어】 익히고, 【기본→발전한자어】 다지기
效果(효과) 효력이 나타나는 결과

發效(발효) 효과가 발생함
特效(특효) 특별한 효험이나 효과
• 特效약이라더니 效果가 없기는 마찬가지다.
• 이제는 發效의 특징을 알고 약을 쓸 때가 되었다.

기본 5Ⅱ效能(효능) 效力(효력) 效死(효사) 效用(효용) 時效(시효) 實效(실효) 失效(실효) 藥效(약효) 5效則(효칙) 無效(무효) 4Ⅱ效驗(효험) 3Ⅱ奏效(주효)

발전 2勳效(훈효)

사자성어 5Ⅱ溫室效果(온실효과) 5展示效果(전시효과)

凶

부수	획수	총획
凵	2	4

흉할 흉【400】

字源 〈상형〉 하루 운수가 나쁘면 뒤로 넘어져도 코를 다친다 했다. 엉뚱한 일이 닥쳐 화를 당한 경우다. 가시(乂)가 가득한 곳((凵)에 가면 운수가 사납다 했으니, '그것 참 흉측(凶測)스런 지고'라고 말을 했다. 땅이 패이고(凵) 가운데 금이 간(乂)곳에 가는 것은 재앙이 따랐으니 [흉하다(凶)]는 뜻이고 [흉]으로 읽는다.
圖禍(재앙 화) 災(재앙 재) 惡(악할 악) 殃(재앙 앙) 猛(사나울 맹) 暴(사나울 폭) 回吉(길할 길) 福(복 복) 豊(풍년 풍)

필순 ノ 乂 凵 凶

기초 【기초한자어】 익히고, 【기본→발전한자어】 다지기
凶家(흉가) 흉한 일을 당하는 불길한 집
凶計(흉계) 흉악한 계략
凶年(흉년) 농작물이 잘 되지 않은 해
• 3년 凶年에 집을 버린 凶家들이 많았다.
• 여기저기서 凶計를 꾸미는 모습이 보인다.

기본 5Ⅱ凶物(흉물) 凶事(흉사) 凶相(흉상) 凶惡(흉악) 凶作(흉작) 元凶(원흉) 5凶漁(흉어) 吉凶(길흉) 4Ⅱ凶器(흉기) 凶測(흉측) 陰凶(음흉) 4凶彈(흉탄) 3Ⅱ凶夢(흉몽) 凶兆(흉조)

발전 2凶札(흉찰) 凶虐(흉학) 妖凶(요흉) 23凶桀(흉걸) 1奸凶(간흉) 凶狡(흉교) 凶寇(흉구) 凶饉(흉근) 凶戾(흉려) 凶勃(흉발) 凶煞(흉살) 凶悖(흉패) 凶悍(흉한) 凶俠(흉협)

사자성어 5凶惡無道(흉악무도) 3Ⅱ吉凶禍福(길흉화복)

5급Ⅱ

한자능력검정시험
자원대사전

5급

[401~500]

競 建 健 件 舉 去 改 可 加
技 規 貴 救 橋 曲 考 固 輕
量 落 都 島 談 壇 吉 汽 期
倍 賣 買 亡 末 馬 料 領 令
善 賞 查 思 寫 氷 鼻 費 比
屋 熱 億 魚 漁 案 示 選 船
耳 願 院 原 雄 牛 浴 曜 完
罪 操 停 赤 貯 爭 災 再 因
打 則 致 祝 最 初 鐵 唱 止
黑 湖 許 寒 河 敗 板 炭 卓

景 冷 無 序 葉 位 終 他 患
給

부수	획수	총획
力	3	5

加 더할 가【401】

字源 〈회의〉 열심히 노력한 만큼 성공은 꼭 있기 마련이다. 남과 더불어 약속도 하지만 자기 마음속으로 굳게 다짐도 한다. 자기 노력의 결과 이상보다는, 노력한 만큼의 결과를 기대하는 국민성이 요구된다. 입(口)으로 굳게 약속하면서 힘써서(力) 노력하고 있었으니 성공을 [더하다(加)]는 뜻이고 [가]로 읽는다.
⑤增(더할 증) 添(더할 첨) 益(더할 익) 累(여러 루)
⑪減(덜 감) 削(깎을 삭) 除(덜 제) 損(덜 손) 刪(깎을 산)
⑪功(공 공)

필순 ㄱ 力 加 加 加

기초 【기초한자어】 익히고, 【기본→발전한자어】 다지기
加減(가감) 더하거나 더는 일
加速(가속) 속도를 더함
加算(가산) 더하여 계산함
• 차 속도를 加減하면서 함께 달리기를 시작했다.
• 가감승제는 加算을 경쟁하며 계산한다.

기본 ⑤加熱(가열) 加速度(가속도) ④Ⅱ加擔(가담) 加羅(가라) 加味(가미) 加稅(가세) 加勢(가세) 加律(가율) 加恩(가은) ④加擊(가격) 加階(가계) 加納(가납) 加額(가액) 加資(가자) 加錢(가전) 加點(가점) ③Ⅱ加累(가루) 加麻(가마) 加飾(가식) ③加敍(가서) 加贈(가증)

발전 ②加療(가료) 加俸(가봉) 加餐(가찬) ①加譴(가견) 加刪(가산) 加膳(가선)

사자성어 ③Ⅱ加用貢物(가용공물) 加減乘除(가감승제) ②青酸加里(청산가리)

부수	획수	총획
口	2	5

可 옳을 가:【402】

字源 〈형성〉 웃는 얼굴에 침 뱉지 못한다는 속담이 있다. 사람이 웃는 가운데 적당한 인간관계가 성립하여 성공을 거둘 수 있다는 뜻일 것이다. 상대방의 신중한 의사를 존중하는 것은 당연하고 옳은 일이다. 상대방의 의사를 손충하여 웃으면서(丁) 흔쾌히 입(口)으로 승낙했으니 [옳다(可)]는 뜻이고 [가]로 읽는다.
⑤義(옳을 의) ⑪否(아닐 부) 不(아니 불) ⑪何(어찌 하) 司(맡을 사) 河(물 하)

필순 ㄱ ㅁ ㅁ ㅁ 可

기초 【기초한자어】 익히고, 【기본→발전한자어】 다지기
可決(가결) 의안을 옳다고 결정함

認可(인가) 법률 행위를 보충해 효력을 완성하는 일
可望(가망) 될 만하거나 가능성이 있는 희망
• 비로소 의회에서는 사업 認可를 可決하였다.
• 可望이 없는 일은 처음부터 하지 않았어야만 했다.

기본 ⑤可能(가능) 可用(가용) 不可(불가) ④Ⅱ可笑(가소) 可逆(가역) 可票(가표) 可縮性(가축성) ④可驚(가경) 可否(가부) 可危(가위) 可疑(가의) 可採(가채) ③Ⅱ可憎(가증) 可汗(가한) 裁可(재가)

발전 ②秋可(윤가) ①可矜(가긍) 恰可(흡가)

사자성어 ④Ⅱ可視光線(가시광선) 不可思議(불가사의) 燈火可親(등화가친) ④可否決定(가부결정) 可居之地(가거지지)

부수	획수	총획
攴	3	7

改 고칠 개(:)【403】

字源 〈형성〉 사람은 누구에게나 비록 작을지라도 잘못은 있다. 그렇지만 자기 잘못을 깊이 깨닫고 고치려고 노력하는 사람은 올바르다고 이야기한다. 일말의 개정의 정을 간직하려는 선한 사람이 택할 수 있는 길이다. 자기(己) 잘못을 회초리로 후려치듯이(攴) 바르게 잡으면서 [고치다(改)]는 뜻이고 [개]로 읽는다.
⑤更(고칠 경) 悛(고칠 전) ⑪攻(칠 공) 收(거둘 수) 政(정사 정)

필순 ㄱ ㄱ ㄹ ㄹ 구 改 改

기초 【기초한자어】 익히고, 【기본→발전한자어】 다지기
改正(개정) 고쳐 바르게 함
改名(개명) 이름을 고침
改善(개선) 잘못이나 나쁜 짓을 좋게 만듦
• 생활 改善을 위해 관계 법규를 모두 改正했다.
• 그는 오래전부터 생각하다가 이번에야 改名했다.

기본 ⑤改良(개량) ④Ⅱ改備(개비) 改修(개수) 改造(개조) 改築(개축) 改置(개치) 改票(개표) ④改差(개차) 改痛(개통) 改標(개표) 改憲(개헌) 改革(개혁) ③Ⅱ改閣(개각) 改稿(개고) 改鑄(개주) 悔改(회개)

발전 ②改札(개찰) ①改嫁(개가) 改刪(개산) 改悛(개전) 改撰(개찬) 改轍(개철) 釐改(이개) 刪改(산개) 撓改(요개) 悛改(전개)

사자성어 ⑤朝變夕改(조변석개) ③Ⅱ改過遷善(개과천선) ③朝令暮改(조령모개)

부수	획수	총획
厶	3	5

去 갈 거:【404】

5급

字源 〈형성〉 빈 그릇(ㅁ) 뚜껑(士)을 우선 덮고 [나가다(去)]는 뜻이 있는 한자다. 사람이 아침 출근 시간이나 등교시간에 맞추려면 매우 바쁘게 서두른다. 온 식구가 자기 일터나 학교를 찾아 나서는 아침은 분주하다. 사람(士←大)이 아침밥(ㅁ) 먹자마자 학교나 일터를 찾아 나서니 [가다(去)]는 뜻이고 [거]로 읽는다.
園往(갈 왕) 過(지날 과) 來(올 래) 留(머무를 유) 回法(법 법) 怯(겁낼 겁) 劫(위협할 겁)

필순 一 十 土 去 去

기초 【기초한자어】 익히고, 【기본→발전한자어】 다지기
去來(거래) 감과 옴. 왕래
去年(거년) 작년. 지난해
過去(과거) 지나간 때. 옛날
• 요즈음 過去 어느 때보다 去來가 활발하다.
• 去年보다는 今年의 장사가 참 잘된 편이다.

기본 ⑤去冷(거냉) ④⑪去毒(거독) 去聲(거성) 去勢(거세) 去處(거처) 收去(수거) 除去(제거) 退去(퇴거) ④去就(거취) ③⑪去皮(거피)

발전 ②撤去(철거) ①去矜(거긍) 去藥(거약) 斂去(염거) 抹去(말거) 撥去(발거) 擲去(척거)

사자성어 ⑤七去之惡(칠거지악)

부수	획수	총획
手	14	18

들 거 : 【405】

字源 〈회의〉 '두레'나 '향약'은 우리 선현들이 보여준 협동 정신의 한 본보기였다. 서로 아끼면서 도와주고 도움을 받는 협동정신의 모범을 보였다. 이 말의 원형은 순우리말로는 '품앗이'라는 미풍을 남겼다. 여러(與) 사람이 서로 손(手)을 맞잡으면서 움직여 일으켜 세웠으니 드높이 [들다(擧)]는 뜻이고 [거]로 읽는다.
園動(움직일 동) 揭(들 게) 擢(뽑을 탁) 回與(더불 여) 興(일 흥) 譽(명예 예) 回舉, 擧

필순 ⌐ ⌐ ⌐ ⌐ ⌐ 钟 钟 與 與 擧 擧

기초 【기초한자어】 익히고, 【기본→발전한자어】 다지기
擧動(거동) 행동하는 짓이나 태도
擧行(거행) 집행함. 공적으로 행함
擧手(거수) 손을 듦. 경례하는 의식
• 擧手경례까지 하는 등 擧動이 수상하였다.
• 결국 국회 동의를 얻어 선거법 개정을 擧行했다.

기본 ⑤擧國(거국) 擧名(거명) 擧事(거사) 擧用(거용) 擧止(거지) 科擧(과거) 大擧(대거) 選擧(선거) 長擧(장거) ④⑪擧論(거론) 檢擧(검거) 列擧(열거) 義擧(의거) 擧黨的(거당적) ③擧皆(거개) 薦擧(천거)

발전 ②擧措(거조) 枚擧(매거) ①擧觴(거상) 擧重(거중) 擧擢(거탁) 擧劾(거핵) 擡擧(대거) 捷擧(첩거) 擺擧(탁거) 遐擧(하거) 駭擧(해거)

사자성어 ⑤擧手敬禮(거수경례) 一擧一動(일거일동) 行動擧止(행동거지) ③⑪輕擧妄動(경거망동) 被選擧權(피선거권) ②補闕選擧(보궐선거)

부수	획수	총획
人	4	6

물건 건 【406】

字源 〈형성〉 농촌에서 소를 키우는 것은 큰 자산으로 생각했었다. 생활공간인 집이나 농토와는 별개의 재산이며 특별한 자산이었던 것이다. 이렇게 하여 자식 학비를 마련하기도 하는 등 후덕한 재산이었다. 사람(亻←人)이 소(牛)를 키운 일은 큰 재산으로 구별했던 [사건(件)] 혹은 [물건(件)]을 뜻하고 [건]으로 읽는다.
園物(물건 물) 品(물건 품) 回仕(섬길 사) 任(맡길 임) 佳(아름다울 가)

필순 ノ イ イ 仁 件 件

기초 【기초한자어】 익히고, 【기본→발전한자어】 다지기
事件(사건) 일거리. 뜻밖에 일어난 일
件數(건수) 사물, 사건의 수
物件(물건) 정해진 모양을 가진 모든 물질
• 件數가 많아지니 事件도 이곳저곳에서 터졌다.
• 物件의 질을 보아서 가격을 매기는 것이 옳다.

기본 ⑤件名(건명) 案件(안건) 要件(요건) 用件(용건) 人件費(인건비) ④⑪餘件(여건) ④與件(여건) 條件(조건) 無條件(무조건)

발전 ①侈件(치건)

사자성어 ④立地條件(입지조건) 條件反射(조건반사)

부수	획수	총획
人	9	11

굳셀 건 : 【407】

字源 〈형성〉 마음과 생각이 건전하고 몸을 바르게 세우면 건강한 사람이라고 한다. 힘센 근육과 단련된 피부를 갖추었을 때도 건강하다고도 한다. 그래서 건강의 요소를 심신(心身)에서 찾는 사람이 많다. 사람(亻←人)이 몸자세를 바르게 세우면서(建) 튼튼하고 건강해졌으니 [굳세다(健)]는 뜻이고 [건]으로 읽는다.
園康(편안 강) 剛(굳셀 강) 勁(굳셀 경) 回弱(약할 약) 回建(세울 건)

필순 亻 亻 亻 亻 亻 亻 亻 亻 亻 律 健 健 健

기초 【기초한자어】익히고, 【기본→발전한자어】다지기
健實(건실) 건전하고 착실함
健兒(건아) 혈기가 왕성한 사나이
強健(강건) 굳세고 건강함
• 強健하고 健實한 사람으로 성장해야만 하네.
• 부디 올바른 健兒로 자라기를 진정으로 바란다.

기본 ⑤ 健勝(건승) 健全(건전) 不健全(불건전) ④Ⅰ 健康
(건강) 健婦(건부) 保健(보건) ④ 健壯(건장) 健鬪(건투)
③Ⅰ 健脚(건각) 健胃(건위) 剛健(강건) ③ 健忘症(건망증)

발전 ② 穩健(온건) ① 健爽(건상) 健羨(건선) 魁健(괴건)

부수	획수	총획
廴	6	9

세울 건 :【408】

字源 〈회의〉국법은 서울에서 세워지고 지방까지 알려지게 하
여 튼튼한 기반이 되었다. 국민이 이를 바르게 지켰을 때
나라의 기틀이 바로 잡힌다. 오늘날과 별반 다를 바가 없
이 지엄했었겠다. 국법은 붓(聿)을 들어 바르게 써서(廴)
지방에까지 널리 알려 나라의 기강을 바르게 [세우다(建)]
는 뜻이고 [건]으로 읽는다.
图 立(설 립) 凹 崩(무너질 붕) 壞(무너질 괴) 回 健(굳셀 건)

필순 一 ㄱ ㅋ ㅋ ㅋ 聿 聿 建 建

기초 【기초한자어】익히고, 【기본→발전한자어】다지기
建國(건국) 새로 나라를 세움
建物(건물) 가옥, 창고 등의 건축물
建設(건설) 건물이나 조직을 만들어 세움
• 建設회사들이 建物을 많이 건축하고 있다.
• 우리는 建國 이념을 생각하면서 행동해야겠지.

기본 ⑤ 建軍(건군) ④Ⅰ 建極(건극) 建玉(건옥) 建議(건의) 建除
(건제) 建制(건제) 建造(건조) 建築(건축) 建興(건흥)
建議案(건의안) 建築物(건축물) 建築費(건축비) 假建
物(가건물) ④ 建碑(건비) ③Ⅰ 建議(건주) 啓建(계건)

발전 ② 建坪(건평) 延建坪(연건평) ① 建蓋(건잔)
사자성어 ③Ⅰ 封建主義(봉건주의)

부수	획수	총획
日	8	12

볕 경(:)
그림자 영【409】

字源 〈형성〉임금이 궁전에서 대신들을 모아놓고 정사를 의논
했다. 태양마저 밝게 비춰주어 축하하듯이 맑은 날씨를
보인다. 임금은 대신들이 바라는 정사를 다 들은 후에 지

엄한 명령을 내렸던 것이다. 밝은 태양(日)이 정사를 의논
하는 신성한 궁전(京)을 밝게 비추었던 그 경치로 [볕(景)]
을 뜻하고 [경]으로 읽는다.
图 陽(볕 양) 光(빛 광) 回 影(그림자 영)

필순 丨 冂 日 旦 旦 昌 昙 景 景 景

기초 【기초한자어】익히고, 【기본→발전한자어】다지기
景觀(경관) 특색이 있는 풍경의 일정 지역
景氣(경기) 경제 활동의 상황
光景(광경) 눈에 보이는 경치. 또는 어떤 장면
• 눈앞의 光景은 보기 드문 景觀으로 펼쳐진다.
• 요즈음 景氣가 좋지 않아서 살기가 참 힘들구나.

기본 ⑤ 景光(경광) 景福(경복) 景致(경치) 景品(경품) 雪景
(설경) 夜景(야경) 全景(전경) 不景氣(불경기) ④Ⅰ 絶景
(절경) 造景(조경) 好景氣(호경기) 景福宮(경복궁) ④ 景況
(경황) 珍風景(진풍경) ③Ⅰ 景槪(경개) 佳景(가경)

발전 ②⑧ 景祚(경조) ① 博景(박경) 盆景(분경) 曙景(서경)

부수	획수	총획
立	15	20

다툴 경 :【410】

字源 〈회의〉싸우는 방법도 여러 가지가 있다. 극한의 전쟁, 주
먹으로 때린 투쟁, 말로 겨루어 다투는 투쟁 등이 있었다.
자기의 쟁취를 위해서 펼쳐지는 영역을 차지하겠다는 필
사의 투쟁으로 경쟁한 것이다. 두 사람(儿・儿)이 마주 서
서(立・立) 심할 만큼 말(口・口)로 싸웠으니 [다투다(競)]
는 뜻이고 [경]으로 읽는다.
图 爭(다툴 쟁) 鬪(싸움 투) 戰(싸움 전) 凹 和(화할 화)
回 兢(삼갈 긍)

필순 亠 亠 立 产 产 竞 竞 竞 竞 競 競

기초 【기초한자어】익히고, 【기본→발전한자어】다지기
競技(경기) 기술의 낫고 못함을 겨룸. 운동경기
競買(경매) 물건을 팔겠다는 사람에게 물건을 사들임
競爭(경쟁) 같은 목적에 관하여 서로 겨루어 다툼
• 모든 운동 競技는 상대를 이겨야 하는 競爭이다.
• 물건은 競買하는 방법도 있지만 수의계약도 있다.

기본 ⑤ 競落(경락) 競馬(경마) 競賣(경매) 競合(경합) ④Ⅰ 競步
(경보) 競演(경연) 競走(경주) 競進(경진) ③ 競舟(경주)

발전 ② 競艇(경정) ① 競賭(경도) 競漕(경조) 蹴競(조경)
馳競(치경)

부수	획수	총획
車	7	14

가벼울 경【411】

5급

字源 〈형성〉 물이 나오는 길은 구불구불하고도 질컥질컥했었다. 우마(牛馬)가 끄는 물길같이 구불구불한 오솔길을 수레는 잘도 찾아 달렸다. 더 빨리 가려는 우마를 재촉하는 주인장의 장단에 맞춘 것으로 보았다. 수레(車)가 물줄기(巠) 같은 굽은 길을 잘도 찾아서 달려갔으니 [가볍다(輕)]는 뜻이고 [경]으로 읽는다.
圓重(무거울 중) 回經(지날 경) 徑(길 경) 回輕

필순 一 ㄷ ㅍ 盲 亘 車 軒 輕 輕 輕

기초 【기초한자어】 익히고, 【기본→발전한자어】 다지기
輕量(경량) 가벼운 무게
輕重(경중) 가벼움과 무거움
輕油(경유) 중유와 등유 사이의 유분
• 어떤 경기는 체중의 輕重을 가려야 한다.
• 輕量 따지는 일을 잘해야 된다고 말한다지.

기본 ⑤ 輕洋食(경양식) 輕音樂(경음악) ④Ⅱ 輕減(경감) 輕視(경시) 輕快(경쾌) ④ 輕犯(경범) 輕傷(경상) ③Ⅱ 輕妄(경망) 輕微(경미) 輕薄(경박) 輕率(경솔) 輕症(경증) ③ 輕侮(경모)

발전 ② 輕蔑(경멸) ① 輕狡(경교) 輕軀(경구) 輕軌(경궤) 輕衾(경금) 輕綺(경기) 輕煖(경난) 輕輦(경련) 輕帆(경범) 輕紗(경사) 輕袖(경수) 輕迅(경신) 輕蹄(경제) 輕蕩(경탕) 輕猾(경활) 飄輕(표경)

사자성어 ③Ⅱ 輕擧妄動(경거망동)

부수	획수	총획
囗	5	8

굳을 고(:)【412】

字源 〈형성〉 성벽은 외적의 침입을 막기 위한 든든한 방어망이었다. 다른 지방에서 온 사람들이 함부로 들어오지 못하도록 방비하며 만들었다. 옛적에 한양도성을 든든하게 막았던 경우가 연상된다. 세운 지 비교적 오래된(古) 성벽(囗)일수록 기초는 물론 벽면이 아주 [굳고(固)] [단단하다(固)]는 뜻이고 [고]로 읽는다.
圓堅(굳을 견) 確(굳을 확) 硬(굳을 경) 凹軟(연할 연) 柔(부드러울 유) 凹囚(가둘 수) 因(인할 인) 困(곤할 곤)

필순 丨 冂 冂 門 門 周 周 固

기초 【기초한자어】 익히고, 【기본→발전한자어】 다지기
固有(고유) 본디부터 가지고 있음
固定(고정) 한 곳에서 움직이지 않게 함
固體(고체) 모양과 피부가 변형되지 않는 물건
• 固有의 규정에 따라 固定된 급여를 받는다.
• 固體와 液體가 있어 각별한 주의가 요망된다.

기본 ⑤ 固着(고착) 固形(고형) ④Ⅱ 固守(고수) ④ 固辭(고사) 堅固(견고) ③Ⅱ 固執(고집) 固滯(고체) ③ 凝固(응고)

발전 ② 膠固(교고) ① 個固(거고) 固諫(고간) 固匣(고갑) 固

(고루) 固邀(고요) 鞏固(공고) 頑固(완고)

사자성어 ④Ⅱ 確固不動(확고부동)

부수	획수	총획
老	2	6

생각할 고(:)
【413】

字源 〈형성〉 옛날에 남자가 나이가 들면 긴 아랫수염과 짧은 윗수염을 길렀다. 노인의 체모도 갖추고 나이 먹은 모습을 보였다. 수염은 면상에 있어 사람 얼굴을 젊을 때와 다르게 하면서 지난날의 생각에 잠긴다. 성장(丂)이 멈추고 허리 굽은 노인(耂←老)이 장수해 늙어가면서 [생각하다(考)]는 뜻이고 [고]로 읽는다.
圓思(생각 사) 想(생각 상) 念(생각 념) 慮(생각할 려) 究(연구할 구) 凹妣(죽은 어미 비) 回老(늙을 로) 孝(효도 효)

필순 一 十 土 耂 耂 考

기초 【기초한자어】 익히고, 【기본→발전한자어】 다지기
思考(사고) 생각하고 궁리함
考案(고안) 어떤 일을 생각하여 냄
參考(참고) 살펴서 생각함
• 우리들의 오랜 思考 끝에 나온 考案일세.
• 이번에 만든 제품은 많이 애쓴 것이니 參考하시게.

기본 ⑤ 考課(고과) 先考(선고) 長考(장고) 再考(재고) 祖考(조고) 考古學(고고학) ④Ⅱ 考究(고구) 考試(고시) 考察(고찰) 論考(논고) 備考(비고) ④ 考慮(고려) 考證(고증) 顯考(현고) ③Ⅱ 考較(고교) ③ 考閱(고열) 考訂(고정)

발전 ① 考槃(고반) 考妣(고비) 考訊(고신) 考按(고안) 妣考(비고) 銓考(전고)

부수	획수	총획
日	2	6

굽을 곡【414】

字源 〈상형〉 생활 주위에는 곧바른 물건도 많지만 굽은 물건이 더 많은 것 같다. 밥상에 오르는 그릇이나 대바구니 등 생활 일용품이 거의 그렇다. 곧음과 굽음이란 정반(正反)의 원리 속에 살아가고 있다. 주위에 있는 대바구니나 밥그릇처럼 휘어지듯 굽어있는 여러 모양을 본떠서 [굽다(曲)]는 뜻이고 [곡]으로 읽는다.
圓屈(굽을 굴) 歌(노래 가) 謠(노래 요) 鞠(공/국문할 국) 凹撓(어지러울 뇨) 直(곧을 직) 回由(말미암을 유) 田(밭 전)

필순 丨 冂 日 冉 曲 曲

기초 【기초한자어】 익히고, 【기본→발전한자어】 다지기
曲目(곡목) 연주할 곡명을 적어 놓은 목록

歌曲(가곡) 노래
作曲(작곡) 음악을 지어냄
• 그 아저씨는 歌曲을 作曲하는 유명하신 분이다.
• 작곡가는 曲을 지어놓고 曲目에 올렸다.

[기본] ⑤ 曲水(곡수) 曲流(곡류) 曲藝(곡예) 曲節(곡절) 曲筆
(곡필) 名曲(명곡) 別曲(별곡) 曲馬團(곡마단) 曲線美
(곡선미) ④Ⅱ 曲解(곡해) ④ 曲折(곡절) 曲盡(곡진) 屈曲
(굴곡) 曲射砲(곡사포) ③Ⅰ 懇曲(간곡) 編曲(편곡) 戲曲
(희곡) 雙曲線(쌍곡선)

[발전] ② 曲蔘(곡삼) 款曲(관곡) 歪曲(왜곡) ②⑧ 曲阜(곡부) 曲鞠
(곡국) 曲允(곡윤) ① 奸曲(간곡) 曲飯(곡간) 曲肱(곡굉)
曲几(곡궤) 曲戟(곡극) 曲媚(곡미) 曲庇(곡비) 曲宛(곡완)
曲堯(곡뇨) 曲隈(곡우) 曲棧(곡잔) 曲杖(곡장) 曲脊(곡척)
彎曲(만곡) 婉曲(완곡) 枉曲(왕곡) 迂曲(우곡) 隅曲(우곡)
詰曲(힐곡)

[사자성어] ⑤ 不問曲直(불문곡직) ③Ⅰ 九曲肝腸(구곡간장)

부수	획수	총획
木	12	16

다리 교【415】

[字源] 〈형성〉 요즈음 다리는 기다란 철이나 단단한 시멘트를 썼
지만, 옛날의 다리는 큰키나무를 썼다. 큰키나무를 길게
걸쳐 손쉽게 만들었던 것이다. 선죽교를 보면 나무가 아
니라 큰 돌다리임도 알 수 있다. 강이나 늪을 잘 건너기
위해서 큰키나무(喬)를 걸쳐놓은 긴 나무(木)로 [다리(橋)]
를 뜻하고 [교]로 읽는다.
[동] 梁(들보 량) 脚(다리 각) [유] 僑(더부살이 교) 矯(바로잡
을 교) 稿(원고 고)

[필순] 一 十 オ 杧 杧 杩 桥 桥 桥 橋 橋

[기초] 【기초한자어】 익히고, 【기본→발전한자어】 다지기
大橋(대교) 큰 강이나 섬을 잇는 커다란 다리
陸橋(육교) 안전하게 건너갈 수 있는 다리
人道橋(인도교) 사람이 다니도록 놓은 다리
• 大橋나 陸橋나 다 인위적으로 놓은 큰 다리다.
• 사람들이 다닌 人道橋는 관광객들이 많이 다닌다.

[기본] ⑤ 石橋(석교) 鐵橋(철교) ③Ⅰ 橋脚(교각) 橋梁(교량)
架橋(가교) 浮橋(부교)

[발전] ②⑧ 筏橋(벌교) ① 橋畔(교반) 橋柵(교책) 鞍橋(안교)
鵲橋(작교) 棧橋(잔교) 虹橋(홍교)

부수	획수	총획
攴	7	11

구원할 구 :【416】

[字源] 〈형성〉 길을 걷다가 깊이 파놓은 웅덩이에 빠지는 경우가
흔히 있다. [살려주세요!]하는 소리에 지나가던 사람이 긴
막대기를 넣어 구해주었다. 나 몰라라 할 수도 있겠지만
인정에 따른 고마운 사람이다. 웅덩이에 빠졌던 사람을
긴 막대기(攵)를 넣어서 구해주었으니(求) [구원하다(救)]
는 뜻이고 [구]로 읽는다.
[동] 護(도울 호) 濟(건널 제) 援(도울 원) 恤(불쌍할 휼)
[회] 球(공 구) 求(구할 구)

[필순] 一 十 十 才 求 求 求 邽 救 救 救

[기초] 【기초한자어】 익히고, 【기본→발전한자어】 다지기
救命(구명) 목숨을 구함
救助(구조) 구해내어 도와줌
自救(자구) 스스로 구함
• 自救책이 없으면 주위의 救助라야 안전하다.
• 바다에 들 때에는 救命조끼야말로 필수적이다.

[기본] ⑤ 救國(구국) 救出(구출) 救急藥(구급약) 救世軍(구세군)
④Ⅱ 救濟(구제) 救護(구호) ④ 救援(구원)

[발전] ② 救命艇(구명정) ① 灌救(관구) 匡救(광구) 救恤
(구휼) 拯救(증구) 撈救(노구) 恤救(휼구)

부수	획수	총획
貝	5	12

귀할 귀 :【417】

[字源] 〈형성〉 금이나 은 같은 귀한 보물은 아무렇게나 놔두지
않는다. 포대기에 싸고 광주리에 담아서 깊은 곳에 놔두
었다. 어찌 보면 대대로 물림이나 되는 것처럼 가보로 여
기면서 잘 간수하기도 했다. 광주리(虫←臾)에 금괴와 같
은 돈(貝)을 넣어서 깊은 곳에 두었으니 아주 [귀하다(貴)]
는 뜻이고 [귀]로 읽는다.
[동] 稀(드물 희) 重(무거울 중) [반] 賤(천할 천) [회] 責(꾸짖을 책)
貧(가난할 빈) 貢(바칠 공) 員(인원 원)

[필순] 丶 口 口 虫 虫 虫 串 串 串 貴 貴 貴

[기초] 【기초한자어】 익히고, 【기본→발전한자어】 다지기
貴人(귀인) 신분이 존귀한 사람
貴族(귀족) 가문이 귀하고 신분이 높은 사람
高貴(고귀) 지위가 높고 귀함
• 貴人들의 모임에는 高貴한 신분들만 모인다.
• 옛날에는 貴族들이 크게 대우를 받았다.

[기본] ⑤ 貴宅(귀댁) 貴中(귀중) 貴體(귀체) 貴下(귀하) 品貴
(품귀) 貴公子(귀공자) 貴重品(귀중품) ④Ⅱ 貴官(귀관)
尊貴(존귀) 貴婦人(귀부인) ④ 貴骨(귀골) 珍貴(진귀)
貴金屬(귀금속) ③Ⅰ 貴賤(귀천) 稀貴(희귀) ③ 貴賓
(귀빈)

[발전] ② 貴紳(귀신) 貴孃(귀양) 貴札(귀찰) 貴翰(귀한) 勳貴
(훈귀) ②⑧ 貴庾(귀유) ① 貴嬪(귀빈) 貴酬(귀수) 貴諺

5급

(귀언) 翔貴(상귀) 踊貴(용귀) 昂貴(앙귀)
사자성어 ④Ⅰ富貴功名(부귀공명) ④富貴榮華(부귀영화)

	부수	획수	총획
規 법 규【418】	見	4	11	

字源 〈회의〉 덕망이 높고 인품이 훌륭한 사람은 통찰력이 예민하여 사물을 멀리 내다 볼 줄을 안다. 사물을 바로 보는 판단력 때문이다. 그런 사람은 사물에 대한 집착력도 강하여 자기의 뜻한 바를 이룩한다. 덕망이 높고 인품이 훌륭한 사람(夫)은 바르게 사물을 보았다고(見) 했으니 [법(規)]을 뜻하고 [규]로 읽는다.

圖式(법 식) 律(법칙 률) 法(법 법) 則(법칙 칙) 範(법 범) 格(격식 격) 度(법도 도) 例(법식 례) 回現(나타날 현)

필순 一 二 丰 夫 夫 丮 却 却 却 規 規

기초 【기초한자어】 익히고, 【기본→발전한자어】 다지기
規格(규격) 사물의 표준이 되는 규정
規約(규약) 서로 협의하여 정한 규칙
法規(법규) 법률의 규정, 규칙, 규범을 이름
• 관련 法規와 회사 規約에 잘 따라 제조되고 있다.
• 이제는 제 規格에 맞는 정품만을 사용해야겠구나.

기본 ⑤規切(규절) 規定(규정) 規則(규칙) 內規(내규) 例規(예규) 社規(사규) 新規(신규) 正規(정규) 不規則(불규칙) ④Ⅰ規律(규율) 規程(규정) 規制(규제) 規準(규준) ④規戒(규계) 規模(규모) 規範(규범) 大規模(대규모)

발전 ①宏規(굉규) 規誨(규회)

	부수	획수	총획
給 줄 급【419】	糸	6	12	

字源 〈형성〉 연(鳶)을 날릴 때 실패를 계속해서 풀어주면 높고 멀리 난다. 재물도 많이 모으면 계속해서 깊이 간직해 두었다. 일부를 놓아주고 잡아당기는 이치는 연이나 재물에서도 마찬가지였을 것이다. 실(糸)을 잘 모아서(合) 길게 이어가듯이 재물을 계속 모아 주었다고 했으니 [주다(給)]는 뜻이고 [급]으로 읽는다.

圖授(줄 수) 與(더불/줄 여) 贈(줄 증) 賜(줄 사) 回受(받을 수) 回約(맺을 약) 級(등급 급) 終(마칠 종) 絡(이을/얽을 락)

필순 乙 幺 幺 半 糸 糸 糸 糸 給 給 給

기초 【기초한자어】 익히고, 【기본→발전한자어】 다지기
給料(급료) 일정 기간 대가로 지불된 보수

給水(급수) 물을 대어줌
發給(발급) 발행하여 줌
• 給料를 처음 發給받은 카드로 결제했다.
• 이제 가뭄이 들어 給水를 시작하려고 한다.

기본 ⑤給仕(급사) 給食(급식) 給油(급유) 都給(도급) 無給(무급) 女給(여급) 日給(일급) 基本給(기본급) ④Ⅰ官給(관급) 配給(배급) 支給(지급) ④給與(급여) ③Ⅰ供給(공급) 補給(보급) 需給(수급)

발전 ②俸給(봉급) ①給賻(급부) 頒給(반급) 饒給(요급) 捷給(첩급) 寵給(총급)

사자성어 ④Ⅰ支給停止(지급정지)

	부수	획수	총획
技 재주 기【420】	手	4	7	

字源 〈형성〉 머리가 명석하고 재주가 있는 사람도 많았다. 그림이나 글씨 그리고 물건을 만드는 손재주까지 뛰어난 사람들도 적지 않았다. 우리 주위에는 다양한 재주를 소지한 사람도 풍성하다. 다섯 손가락(扌←手)으로 여러 가지를 헤아리면서(支) 잘 만들었던 기술로 사람의 [재주(技)]를 뜻하고 [기]로 읽는다.

圖才(재주 재) 藝(재주 예) 術(재주 술) 倆(재주 량) 回打(칠 타) 枝(가지 지) 妓(기생 기)

필순 一 十 扌 扌 扩 抃 技

기초 【기초한자어】 익히고, 【기본→발전한자어】 다지기
技能(기능) 기술적인 능력이나 재능
技術(기술) 어떤 일을 능률적으로 하는 솜씨
特技(특기) 특수한 기능
• 숨겨 놓은 技能과 技術을 마음껏 뽐내었다.
• 재능을 자랑하는 이런 시간을 '特技자랑'이라 한다.

기본 ⑤技能士(기능사) 技工(기공) 技法(기법) 技士(기사) 競技(경기) 球技(구기) 神技(신기) 實技(실기) 長技(장기) ④Ⅰ技藝(기예) 演技(연기) 個人技(개인기) ④妙技(묘기) 雜技(잡기) ③Ⅰ技巧(기교)

발전 ②纖技(섬기) ②⑧繩技(승기) ①技倆(기량) 技癢(기양) 賭技(도기)

사자성어 ④酒色雜技(주색잡기) ②技能妖術(기능요술)

	부수	획수	총획
期 기약할 기【421】	月	8	12	

字源 〈형성〉 달이 뜨면 만나기로 했던 사람을 만날 수 있다. 그래서 달은 그리움이고 향수이며 만남이라고 한다. 보름달

5급

은 더욱 그러하여 많은 사람들이 달과 함께 노래하고 자신만의 외로움을 달랬었다. 보름달(月)이 떠오른 그(其)날 밤에 그리운 사람을 만나고 나서도 다음을 [기약하다(期)]는 뜻이고 [기]로 읽는다.
圖 約(맺을 약) 回 其(그 기) 欺(속일 기)

필순 一 十 廾 丗 丗 甘 其 其 期 期 期

기초 【기초한자어】 익히고, 【기본→발전한자어】 다지기
期間(기간) 일정한 시기부터 다른 일정한 시기까지의 사이
期待(기대) 어느 때로 정하여 기다림
期約(기약) 때를 정하여 약속함
• 그가 오기로 期約한 시간이 이제 되어간다.
• 방학 期間에 친척들을 만날 일이 期待된다.
기본 5 期年(기년) 期末(기말) 期成(기성) 期必(기필) 短期(단기) 同期(동기) 所期(소기) 定期(정기) 週期(주기) 初期(초기) 學期(학기) 4Ⅱ 期限(기한) 早期(조기) 次期(차기) 4 納期(납기) 婚期(혼기) 3Ⅱ 劃期的(획기적)
발전 2 末期癌(말기암) 1 嫁期(가기) 弛期(이기)
사자성어 4Ⅱ 早期敎育(조기교육)

부수	획수	총획
水	4	7

김 기 【422】

字源 〈형성〉 기차나 증기 기관차가 달리기 위해서 물이 증발하는 그러한 엔진을 사용했다. 물이 증발하는 힘을 이용해서 차가 앞으로 나아간다. 증기기관의 처음 원리는 모두 다 그랬다. 연료로 물(氵)이 증발한 기운(气)에 의해서 증기기관차가 앞으로 잘 나갔으니 물을 끓이는 [김(汽)]을 뜻하고 [기]로 읽는다.
回 氣(기운 기)

필순 ` ˊ ˋ 氵 氵 汽 汽 汽

기초 【기초한자어】 익히고, 【기본→발전한자어】 다지기
蒸氣(증기) 수증기 액체나 고체가 증발한 기체
汽車(기차) 증기기관을 동력으로 움직이는 차
汽船(기선) 증기기관을 동력으로 움직이는 배
• 汽車나 汽船은 蒸氣에 의해 기관이 움직이게 한다.
• 센 蒸氣機關(기관)에 의해서 열차가 움직였다.
기본 4 汽管(기관) 3Ⅱ 汽笛(기적)
발전 1 汽筒(기통)

부수	획수	총획
口	3	6

길할 길 【423】

字源 〈회의〉 선비는 높은 학문과 덕망을 스스로 닦으면서도 벼슬에 나아가지 않았다. 모든 행동이 사리에 밝고 올바른 말을 했다. 아랫사람들을 작은 목소리로 다스리고 배려하는 정신력도 있었다. 학식과 덕망이 높은 선비(士)의 입(口)에서 나온 말은 모두가 좋았다고 했으니 [길하다(吉)]는 뜻이고 [길]로 읽는다.
回 凶(흉할 흉) 回 喆(밝을 철)

필순 一 十 士 吉 吉 吉

기초 【기초한자어】 익히고, 【기본→발전한자어】 다지기
大吉(대길) 썩 좋음
吉凶(길흉) 길함과 흉함. 좋고 나쁨
不吉(불길) 좋지 않음
• 吉凶을 점치고 났더니 不吉한 생각이 들기도 한다.
• 좋은 운명이 결정되어 이제야말로 大吉하겠네.
기본 5 吉年(길년) 吉禮(길례) 吉運(길운) 吉日(길일) 4Ⅱ 吉報(길보) 吉鳥(길조) 3Ⅱ 吉夢(길몽) 吉兆(길조)
발전 2 吉瑞(길서) 28 吉祚(길조) 1 吉卦(길괘)
사자성어 5 立春大吉(입춘대길) 3Ⅱ 吉凶禍福(길흉화복)

부수	획수	총획
土	13	16

단 단 【424】

字源 〈형성〉 보통 5대가 지나면 씨족들의 제각에서 함께 제사를 모시는 통상적인 의례를 지냈다. 후손들은 제단에 올라가 공손하게 절을 하면서 깍듯한 예의를 갖추며 제사를 모셨던 것이다. 흠향하며 제사 지낼 수 있도록 흙(土)으로 넓고 크게(亶) 쌓아 올려 만들었던 제터인 [제단(壇)]을 뜻하고 [단]으로 읽는다.
回 檀(박달나무 단)

필순 一 十 圹 圹 圹 垆 垆 垆 壇 壇 壇 壇

기초 【기초한자어】 익히고, 【기본→발전한자어】 다지기
敎壇(교단) 교사가 강의할 때 올라서는 단
登壇(등단) 교단이나 강단에 오르는 일
文壇(문단) 글을 업으로 하는 문인들 사회
• 그는 敎壇에 계셨는데 文壇에서도 활동하시구나.
• 몇 번을 떨어졌는데도 이제야 登壇해서 기쁘구나.
기본 5 壇上(단상) 樂壇(악단) 花壇(화단) 4Ⅱ 講壇(강단) 演壇(연단) 祭壇(제단)
발전 28 杏壇(행단) 1 燎壇(요단) 戎壇(융단) 齋壇(재단)

부수	획수	총획
言	8	15

말씀 담 【425】

5급

字源 〈형성〉할아버지들은 화롯가에 둘러 앉아 지난 추억을 더듬으며 이야기한다. 농사짓는 이야기도 하고 자식들의 장래 문제도 이야기한다. 더 중요한 것은 사후 일에 대하여 걱정하는 이야기도 나눈다. 화롯가의 불씨(炎)를 가운데 놓고 주고받으면서 나누었던 이야깃거리(言)로 [말씀(談)]을 뜻하고 [담]으로 읽는다.
国話(말씀 화) 語(말씀 어) 言(말씀 언) 說(말씀 설) 辭(말씀 사) 辯(말씀 변) 回誠(정성 성) 淡(맑을 담)

필순 `ⁿ ⁼ ⁼ 言 言 言 言ⁿ 診 談 談 談

기초 【기초한자어】익히고, 【기본→발전한자어】다지기
談話(담화) 허물없이 이야기를 나눔
相談(상담) 상업상의 대화나 교섭
會談(회담) 만나거나 모여서 의논함
• 會談 자리에서 논제 외의 談話까지 있었다.
• 이제는 相談할 시간이 끝났으니 다들 고생하시게.
기본 5 談合(담합) 客談(객담) 古談(고담) 對談(대담) 德談(덕담) 面談(면담) 美談(미담) 放談(방담) 41 談論(담론) 談笑(담소) 密談(밀담) 4 談判(담판) 雜談(잡담) 座談(좌담) 險談(험담) 婚談(혼담) 歡談(환담) 3I 怪談(괴담) 弄談(농담) 懇談會(간담회)
발전 2 款談(관담) 28 鼎談(정담) 談柄(담병) 1 談鋒(담봉) 談筵(담연) 談叢(담총) 游談(유담) 叢談(총담) 贅談(췌담) 悖談(패담)
사자성어 3I 豪言壯談(호언장담)

부수	획수	총획
山	7	10

섬 도【426】

字源 〈형성〉섬은 넓은 바다 가운데 외로운 주마등과 같다고들 한다. 그곳은 새들이 머무는 휴식처와 같이 생각했다. 새들이 날아가다가 섬에서 잠시 휴식을 취하거나 애써 안식처를 만들었다. 높은 하늘을 날아다니던 새(鳥←鳥)가 바다 가운데 있는 산(山)에 동그마니 앉았으니 [섬(島)]을 뜻하고 [도]로 읽는다.
国嶼(섬 서) 回鳥(새 조) 烏(까마귀 오)

필순 ´ ⁿ ⁿ ⁿ 自 自 鳥 島 島 島

기초 【기초한자어】익히고, 【기본→발전한자어】다지기
落島(낙도) 외따로 떨어져 있는 섬
半島(반도) 삼면이 바다로 둘러싸인 땅
韓半島(한반도) 우리나라 전체를 포함한 반도
• 韓半島는 半島 국가로 크고 작은 섬이 있다.
• 우리나라는 유독 섬이 많고 落島 또한 많다.
기본 5 三多島(삼다도) 41 列島(열도) 4 群島(군도)
발전 28 賈島(가도) 莞島(완도) 獐島(장도) 竹串島(죽곶도)

內獐島(내장도) 1 島嶼(도서)
사자성어 28 遼東半島(요동반도)

부수	획수	총획
邑	9	12

도읍 도【427】

字源 〈형성〉사람들이 많이 살고 있는 곳을 도시 혹은 도회지라고 한다. 도시는 고을보다 많은 사람들이 살면서 많이 붐빈다. 도시의 반대 개념은 농촌이겠는데, 인구의 밀집도는 상상을 초월한다. 고을(阝←邑) 중에서 특히 많은 사람들이 살고 있는 서울 같은 뜻으로 쓰였으니 [도읍(都)]을 뜻하고 [도]로 읽는다.
国市(저자 시) 邑(고을 읍) 回農(농사 농) 回者(놈 자) 著(나타날 저)

필순 一 十 土 耂 耂 耂 者 者′ 者了 都

기초 【기초한자어】익히고, 【기본→발전한자어】다지기
都市(도시) 정치, 경제, 문화의 중심인 지역
都農(도농) 도시와 농촌
首都(수도) 한 나라의 으뜸이 되는 도읍
• 이 都市는 지형으로 보아 首都로서 손색이 없다.
• 도시와 농촌을 아우른 약칭을 都農이라고 한다.
기본 5 都給(도급) 都心(도심) 都下(도하) 都合(도합) 古都(고도) 王都(왕도) 都賣商(도매상) 都邑地(도읍지) 都會地(도회지) 41 都城(도성) 港都(항도) 4 都散賣(도산매) 3I 遷都(천도) 還都(환도)
발전 28 都賈(도고) 都盧(도로) 2 都尉(도위) 1 都輦(도련) 都鄙(도비) 都蔗(도자) 都匠(도장) 陪都(배도) 奠都(전도)

부수	획수	총획
艸	9	13

떨어질 락【428】

字源 〈형성〉물방울은 높은 곳에서 낮은 곳으로 떨어진다. 단풍나무 잎도 가을에 빨갛게 물들어 나무 위에서 땅으로 하염없이 떨어진다. 지구가 끌어당기는 만류인력의 법칙에 의한 현상이기도 하다. 물방울이 아래로 떨어지듯이(洛) 많은 초목(艹)이 낙엽이 되어 아래로 [떨어지다(落)]는 뜻이고 [락]으로 읽는다.
国墮(떨어질 타) 零(떨어질 령) 墜(떨어질 추) 回騰(오를 등) 登(오를 등) 回路(길 로) 洛(물이름 락) 絡(이을 락)

필순 一 十 卄 艹 艹 汁 莎 莎 莎 落 落

기초 【기초한자어】 익히고, 【기본→발전한자어】 다지기
落望(낙망) 희망을 잃음. 희망이 없어짐
落書(낙서) 함부로 글자나 그림을 그림
下落(하락) 아래로 떨어짐
• 인기가 下落할 때도 落望하지 않아야 한다.
• 함부로 여기에 落書하지 말아라.

기본 ⑤落島(낙도) 落馬(낙마) 落選(낙선) 落水(낙수) 落葉(낙엽) 落第(낙제) 落着(낙착) 落下(낙하) 4Ⅱ落鄕(낙향) ④落傷(낙상) 落張(낙장) 落差(낙차) 群落(군락) 段落(단락) 脫落(탈락) 3Ⅱ落雷(낙뢰) 落照(낙조) 漏落(누락) 沒落(몰락) 衰落(쇠락) 陷落(함락) ③落薦(낙천) 墮落(타락)

발전 ②落款(낙관) 落膽(낙담) 落塵(낙진) 落札(낙찰) 落胎(낙태) 28聚落(취락) ①落棠(낙당) 落寞(낙막) 落剝(낙박) 落魄(낙백) 落帆(낙범) 落伍(낙오) 落瀑(낙폭) 落霞(낙하) 連落(연락) 牢落(뇌락) 磊落(뇌락) 淪落(윤락) 剝落(박락) 撲落(박락) 藩落(번락) 灑落(쇄락) 萎落(위락) 顚落(전락) 凋落(조락) 墜落(추락) 頹落(퇴락) 飄落(표락) 墟落(허락) 闊落(활락)

사자성어 ④落落長松(낙락장송)

찰 랭 :【429】

字源 〈형성〉 관공서에서 상관이 내린 명령은 공적(公的)인 것으로 다정한 맛이 없다. 따뜻한 인간미가 없고 냉정한 지적으로도 생각했었다. 그렇지만 그 명령을 받아서 업무를 추진한 것이 현실이다. 상관이 업무로 내리는 엄한 명령(令)은 마치 얼음장(冫←氷)과 같이 쌀쌀맞아서 [차다(冷)]는 뜻이고 [랭(냉)]으로 읽는다.
回寒(찰 한) 涼(서늘할 량) 回溫(따뜻할 온) 暖(따뜻할 난) 暑(더울 서) 炎(불꽃 염) 熱(더울 열) 煖(더울 난) 回令(명령할 령) 今(이제 금)

필순 ` 丶 冫 冫 冷 冷 冷

기초 【기초한자어】 익히고, 【기본→발전한자어】 다지기
冷氣(냉기) 차가운 기운
冷水(냉수) 데우지 아니한 맹물
冷情(냉정) 매정하고 쌀쌀함
• 그는 冷情한 사람이라 항상 冷氣가 맴돈다.
• 속이 뻑뻑할 때는 冷水를 마시면 더 낫다.

기본 ⑤冷待(냉대) 冷溫(냉온) 冷戰(냉전) 冷害(냉해) 空冷(공랭) 急冷(급랭) 溫冷(온랭) 寒冷(한랭) 水冷式(수냉식) 4Ⅱ冷帶(냉대) 冷房(냉방) 冷笑(냉소) 冷血(냉혈) ④冷嚴(냉엄) 冷靜(냉정) 3Ⅱ冷凍(냉동) 冷濕(냉습) 冷湯(냉탕) 冷淡(냉담) 冷徹(냉철) 熱冷(숙랭) 冷藏車(냉장고) ③冷却(냉각)

발전 ②冷酷(냉혹) 冷僻(냉벽) ①冷澗(냉간) 冷洵(냉도) 冷痺(냉비) 冷艶(냉염) 冷宦(냉환)

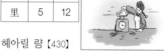

헤아릴 량【430】

字源 〈형성〉 새 물건이 있으면 말(斗)이나 저울을 사용해 무게나 용량을 잰다. 쌀이 몇 말이다. 고추가 몇 근이 된다는 등의 헤아림들이다. 용량을 알아내야만 마음이 시원하고 개운하다는 느낌이 든다고 한다. 물건(日)을 말질하면서 저울질하여 무게(軍←重)를 잘 쟀으니 [헤아리다(量)]는 뜻이고 [량]으로 읽는다.
回商(장사 상) 料(헤아릴 료) 回重(무거울 중)

필순 ` 口 日 旦 昌 昌 昌 量 量 量

기초 【기초한자어】 익히고, 【기본→발전한자어】 다지기
少量(소량) 적은 양
熱量(열량) 물질의 온도를 높이는 열의 양
力量(역량) 어떤 일을 해낼 수 있는 힘
• 少量만 첨가해도 熱量을 많이 올릴 수 있겠다.
• 그는 모든 방면에서 탁월한 力量이 있는 사람이다.

기본 ⑤量産(양산) 量的(양적) 輕量(경량) 計量(계량) 多量(다량) 分量(분량) 商量(상량) 水量(수량) 數量(수량) 雨量(우량) 流量(유량) 定量(정량) 質量(질량) 4Ⅱ減量(감량) 檢量(검량) 聲量(성량) 容量(용량) 計量器(계량기) ④適量(적량) 酒量(주량) 降雪量(강설량) 降雨量(강우량) 3Ⅱ微量(미량) 雅量(아량) 裁量(재량) 載量(재량) 含量(함량) 度量衡(도량형) 肺活量(폐활량) ③斤量(근량)

발전 ①狹量(협량)

사자성어 ③感慨無量(감개무량)

명령할 령(:)
【431】

字源 〈회의〉 우두머리인 대장이 부하들을 불러 놓고 작전계획을 세우거나 엄한 명령을 내린다. 부하들은 무릎을 꿇고 그 명령을 귀담아 들어 계획을 세운다. 전쟁 중에 명령에 따르지 않으면 바로 총살이다. 대장이 부하 여러(스) 명에게 무릎을 꿇려놓고(㔾) 작전 계획을 [명령하다(令)]는 뜻이고 [령]으로 읽는다.
回使(하여금/부릴 사) 命(목숨 명) 回今(이제 금) 冷(찰 랭)

필순

<table>
<tr><td>부수</td><td>획수</td><td>총획</td></tr>
<tr><td>里</td><td>5</td><td>12</td></tr>
</table>

<table>
<tr><td>부수</td><td>획수</td><td>총획</td></tr>
<tr><td>冫</td><td>5</td><td>7</td></tr>
</table>

<table>
<tr><td>부수</td><td>획수</td><td>총획</td></tr>
<tr><td>人</td><td>3</td><td>5</td></tr>
</table>

5급

5급

기초 【기초한자어】 익히고, 【기본→발전한자어】 다지기
法令(법령) 법령과 명령의 통칭
令愛(영애) 남의 딸을 높여 부르는 말
命令(명령) 아랫사람에게 내린 윗사람의 분부
• 장관이라 해도 法令에 따라 命令할 수가 있다.
• 대통령의 친딸을 흔히 令愛라고 불렀다.

기본 ⑤令節(영절) 待令(대령) 道令(도령) 發令(발령) 部令
(부령) 藥令市(약령시) 令夫人(영부인) ④Ⅱ令息(영식)
令狀(영장) 假令(가령) 設令(설령) 禁足令(금족령)
施行令(시행령) ④辭令(사령) 戒嚴令(계엄령) ③Ⅱ司令官
(사령관) ③縣令(현령)

발전 ②令孃(영양) 令嬡(영지) 赦令(사령) ②Ⅲ令媛(영원) 令尹
(영윤) 令胤(영윤) ①令嗣(영사) 令謚(영시) 令坦(영탄)
榜令(방령) 藉令(자령) 詔令(조령)

사자성어 ③朝令暮改(조령모개)

부수	획수	총획
頁	5	14

거느릴 령【432】

字源 〈형성〉 지도자의 역할은 참으로 지엄하고도 크다. 집단
의 단결과 일의 능률을 올릴 뿐만 아니라 사기를 북돋아
주기도 한다. 머리(頁)를 잘 따르는 옷깃(令)으로도 쓰인
한자이다. 집단의 우두머리(頁)가 아랫사람에게 명령(令)
을 내려 오직 순종으로 잘 다스렸으니 [거느리다(領)]는
뜻이고 [령]으로 읽는다.
⑤統(거느릴 통) 率(거느릴 솔) 御(거느릴 어) 受(받을 수)
⑪頂(정수리 정) 頌(기릴 송) 嶺(고개 령)

필순 ノ ノ ゝ 仒 仒 佾 領 領 領 領

기초 【기초한자어】 익히고, 【기본→발전한자어】 다지기
領空(영공) 한 나라의 주권이 미치는 하늘 공간
領土(영토) 한 나라의 주권이 미치는 땅
要領(요령) 사물의 요긴하고 으뜸되는 줄거리
• 領空도 우리 領土이기에 잘 지켜야 한다.
• 어떤 일이 발생하였을 때 要領이 있어야 한다.

기본 ⑤領內(영내) 領事(영사) 領有(영유) 領主(영주) 領地
(영지) 領海(영해) 敎領(교령) 頭領(두령) 首領(수령)
④Ⅱ領收(영수) 受領(수령) 領導者(영도자) 領議政(영의정)
領置金(영치금) 大統領(대통령) ④領域(영역) 占領(점령)
③Ⅱ綱領(강령) 橫領(횡령)

발전 ②Ⅲ領袖(영수) ①頸領(경령) 咽領(인령) 酋領(추령)

부수	획수	총획
斗	6	10

헤아릴 료(:)
【433】

字源 〈회의〉 수확한 곡식이 산더미처럼 쌓여 있다. 가마니에
담아 저울질하거나 낱낱이 말질하여 정확한 숫자를 헤아
려서 담았다. 나라에서 사들이는 매상을 하거나 창고에
보관하기도 했다. 수확하여 거두어두었던 곡식(米)을 잘
말질하여서(斗) 그 숫자를 바르게 알아서 [헤아리다(料)]
는 뜻이고 [료]로 읽는다.
⑤量(헤아릴 량) 商(장사 상) 測(헤아릴 측) 度(법도 도/헤
아릴 탁) ④Ⅱ科(과목 과) 斜(비낄 사)

필순 ` ` ` ⻀ ⺦ ⺦ ⺦ 米 米 料 料

기초 【기초한자어】 익히고, 【기본→발전한자어】 다지기
料金(요금) 사물을 사용한 대가로 지불한 금전
料理(요리) 음식을 만드는 일
無料(무료) 요금이 쓰이지 않음
• 料金이 너무 싸니 차라리 無料로 하겠다고 했다.
• 그 주방장의 料理하는 솜씨가 참 대단하구나.

기본 ⑤料量(요량) 給料(급료) 史料(사료) 思料(사료) 原料
(원료) 材料(재료) 手數料(수수료) 食料品(식료품) 飮料水
(음료수) 淸料理(청요리) 通行料(통행료) ④Ⅱ送料(송료)
香料(향료) 調味料(조미료) ④資料(자료) ③Ⅱ料亭(요정)
稿料(고료) 顔料(안료) 染料(염료) 賃貸料(임대료) ③過怠料
(과태료) 香辛料(향신료)

발전 ②飼料(사료) ①諦料(체료)

부수	획수	총획
馬	0	10

말 마 : 【434】

字源 〈상형〉 교통수단으로 알맞은 짐승을 흔히 우마(牛馬)라고
말했다. 말은 우리에게는 매우 유용한 짐승이었다. 왕래
하거나 물건을 운반할 때 말을 사용함으로써 우리의 교통
수단이 되었다. 전쟁통에 쏜살같이 달리는 말의 머리와
목덜미 그리고 몸통과 발의 모양을 두루 본떠서 [말(馬)]
을 뜻하고 [마]로 읽는다.
⑪篤(도타울 독)

필순 ㅣ 厂 ㅌ 匡 匡 馬 馬 馬 馬 馬

기초 【기초한자어】 익히고, 【기본→발전한자어】 다지기
馬車(마차) 말이 끄는 수레
馬夫(마부) 말을 부려 마차나 수레를 모는 사람
牛馬(우마) 소와 말
• 馬車를 모는 사람을 牛馬꾼이라고 불렀다.
• 馬夫들의 생활상은 참으로 어려웠을 것 같다.

기본 ⑤馬力(마력) 競馬(경마) 軍馬(군마) 落馬(낙마) 名馬
(명마) 木馬(목마) 白馬(백마) 車馬費(거마비) 曲馬團
(곡마단) ④馬券(마권) 馬賊(마적) ③Ⅱ馬脚(마각) 乘馬
(승마) 騎馬隊(기마대) ③馬匹(마필)

발전 ②馬融(마융) ②Ⅲ駿馬(준마) ①駒馬(구마) 駱馬(낙마)

馬褐(마갈) 馬齡(마령) 馬勃(마발) 馬坊(마방) 馬糞(마분) 馬棧(마잔) 馬迹(마적) 馬氈(마전) 馬蹄(마제) 馬槽(마조) 馬藻(마조) 馬鞭(마편) 馬疋(마필) 馬銜(마함) 馬廐(마구) 班馬(반마) 駙馬(부마) 扇馬(선마) 鞍馬(안마) 戎馬(융마) 仗馬(장마) 瘠馬(척마) 馳馬(치마) 疋馬(필마) 悍馬(한마)

사자성어 ⑤ 馬耳東風(마이동풍) ④ 走馬看山(주마간산) 布帳馬車(포장마차) 回轉木馬(회전목마) ③ 塞翁之馬(새옹지마) 28 驪色之馬(여색지마)

부수	획수	총획
木	1	5

끝 말【435】

字源 〈지사〉 나무는 뿌리와 잎줄기 부분이 확실해야만 잘 자랄 수 있다. 끝부분에서 새순이 나오고 잎이 자라면서 열매를 잘 맺는다. 열매 맺음이 잘되는 것은 적당한 양분과 기후의 덕분이라 한다. 나무(木)의 순이 뾰족하게 올라 나오는 곁가지(一) 부분을 가리켜서 나무의 끝자락인 [끝(末)]을 뜻하고 [말]로 읽는다.

圈端(끝 단) 終(마칠 종) 粉(가루 분) 尾(꼬리 미) 回始(비로소 시) 初(처음 초) 本(근본 본) 回未(아닐 미)

필순 一二 キ 末 末

기초 【기초한자어】 익히고, 【기본→발전한자어】 다지기
末期(말기) 일생의 끝 무렵
末世(말세) 정치, 도덕이 끝판이 된 세상
本末(본말) 일의 처음과 끝
• 한 세기 末期 증상을 보이는 末世가 되었음인가.
• 세상에는 本末이 뒤집히는 현상을 자주 본다.

기본 ⑤ 末技(말기) 末年(말년) 末路(말로) 末席(말석) 末日(말일) 結末(결말) 綠末(녹말) 年末(연말) 月末(월말) 終末(종말) 週末(주말) 始末書(시말서) ④I 末端(말단) ④ 末伏(말복) 卷末(권말) 粉末(분말) 端末機(단말기) ③I 末尾(말미) ③ 末僚(말료)

발전 ② 末期癌(말기암) ① 末躬(말궁) 末萌(말맹) 末曹(말조) 末梢(말초) 些末(사말) 裔末(예말) 顚末(전말)

사자성어 ⑤ 期末考査(기말고사) ③I 微官末職(미관말직)

부수	획수	총획
亠	1	3

망할 망【436】

字源 〈회의〉 사람이 한때의 잘못이나 실수로 인하여 여러 사람 앞에 나서기가 두려운 경우가 썩 많았다. 부끄러운 생각

이 겹치거나 굳이 모양을 갖추어 얼굴 보기가 민망하기 때문일 수도 있으려니. 사람(亠←人)이 잘못으로 인해서 다른 사람 앞에 선뜻 나서지를 못했으니(ㄴ) [망하다(亡)]는 뜻이고 [망]으로 읽는다.

圈逃(도망할 도) 死(죽을 사) 滅(멸할 멸) 衰(쇠할 쇠) 逋(도망갈 포) 回興(일 흥) 盛(성할 성) 存(있을 존) 回忘(잊을 망)

필순 ` 亠 亡

기초 【기초한자어】 익히고, 【기본→발전한자어】 다지기
亡國(망국) 그만 망하여 없어진 나라
亡命(망명) 제 나라에 살지 못해 타국으로 피함
亡失(망실) 잃어버림
• 그들은 亡國의 한을 품고 亡命길에 올랐다.
• 성인이 되어 젊은시절을 그만 亡失해 버렸다.

기본 ⑤ 亡人(망인) 亡者(망자) 死亡(사망) 敗亡(패망) ④I 未亡人(미망인) ④ 逃亡(도망) ③I 亡靈(망령) 亡兆(망조) 滅亡(멸망)

발전 ② 亡闕(망궐) ① 梏亡(곡망) 亡匿(망닉) 亡虜(망로) 亡聊(망료) 亡魄(망백) 亡逋(망포)

사자성어 ⑤ 敗家亡身(패가망신) ③I 興亡盛衰(흥망성쇠) ③ 脣亡齒寒(순망치한)

부수	획수	총획
貝	5	12

살 매 :【437】

字源 〈회의〉 생활필수품은 시장이나 생산지에서 쉽게 살 수 있다. 필요에 의해 산 물건을 시장바구니 같은 그릇에 담아 운반했었다. 일반 소비자가 자기의 필요에 의해서 물건을 사는 경우도 썩 많았다. 돈과 바꾸었던 여러 가지 물건을 바구니 같은 망태기(罒←网)를 그릇을 삼아서 [사다(買)]는 뜻이고 [매]로 읽는다.

圈購(살 구) 回賣(팔 매) 販(팔 판)

필순 丨 冂 罒 罒 罒 罒 買 買 買 買

기초 【기초한자어】 익히고, 【기본→발전한자어】 다지기
賣買(매매) 물건을 팔고 사는 일
買入(매입) 사들임
買得(매득) 싼값으로 삼. 물건을 사들임
• 買入과 買得은 같은 뜻이라고 말을 한다.
• 賣買에 있어 賣出(매출)이 영업을 좌우한다.

기본 ⑤ 買氣(매기) 買名(매명) 買上(매상) 買食(매식) 不買(불매) ④I 買收(매수) 買受(매수) 買票(매표) 收買(수매) ④ 豫買(예매) ③I 賤買(천매) ③ 零買(영매)

발전 ② 購買(구매) 預買(예매) ① 勒買(늑매) 買辦(매판)

사자성어 ⑤ 不買運動(불매운동) ③I 買占賣惜(매점매석)

5급

부수	획수	총획
貝	8	15

賣 팔 매(:)【438】

字源 〈회의〉 물건의 유통과정은 복잡한 절차를 거친다. 공장에서 도매상으로, 소매상으로 넘겨지면서 일반 소비자들 손에 들어간다. 운송 거리가 있다면 그 안에 몇 단계의 유통과정을 거친다. 한번 사들였던(買) 물건을 다시 내놓아서 (士←出) 다른 사람에게 또 다시 넘겨주었으니 [팔다(賣)]는 뜻이고 [매]로 읽는다.
圖販(팔 판) 回買(살 매) 購(살 구) 回売

필순 一 十 士 古 古 声 青 青 賣 賣 賣

기초 【기초한자어】 익히고, 【기본→발전한자어】 다지기
賣店(매점) 일용품을 파는 소규모 가게
賣買(매매) 물건을 팔고 사는 일
發賣(발매) 물건을 팖, 또는 팔기 시작함
• 우리 賣店에서는 버스표도 發賣하고 있다.
• 賣買가 활발하였을 때 경기가 살아난다고 한다.

기본 5 賣名(매명) 賣物(매물) 強賣(강매) 競賣(경매) 公賣(공매) 急賣(급매) 都賣(도매) 先賣(선매) 小賣(소매) 4I 賣血(매혈) 密賣(밀매) 賣笑婦(매소부) 賣春婦(매춘부) 非賣品(비매품) 4 賣盡(매진) 散賣(산매) 豫賣(예매) 專賣(전매) 投賣(투매) 3I 賣渡(매도) 賣淫(매음) 賣國奴(매국노) 3 賣却(매각) 販賣(판매)
발전 2 賣店網(매점망) 1 衒賣(현매)
사자성어 4I 賣官賣職(매관매직)

부수	획수	총획
火	8	12

無 없을 무【439】

字源 〈회의〉 사람이 두 손에 한삼을 끼거나 나뭇가지를 들고 춤추는 모양은 화려하다. 춤출 때는 무성한 모습으로 의기 당당하나 끝나면 조용하고 허전하다. 마치 무의 경지에 접어드는 모양이다. 한삼을 양 손에 끼고 나뭇가지를 흔들며 춤춘 모양은 화려하나 이후는 차분하여 [없다(無)]는 뜻이고 [무]로 읽는다.
圖莫(없을 막) 罔(그물 망) 凹有(있을 유) 存(있을 존) 在(있을 재) 回舞(춤출 무) 回无

필순 丿 二 仁 仁 午 無 無 無 無

기초 【기초한자어】 익히고, 【기본→발전한자어】 다지기
無識(무식) 아는 것이 없음
無公害(무공해) 공해가 없음
無關心(무관심) 관심이 없음

• 많은 사람들이 無公害에 대해 대단히 無識하다.
• 그는 無關心한 것인지 이젠 아무런 반응도 없다.

기본 3I 無謀(무모) 無雙(무쌍) 無顏(무안) 無價值(무가치) 無賴漢(무뢰한) 無我境(무아경) 無慈悲(무자비) 無盡藏(무진장)
발전 2 無礙(무애) 無縫塔(무봉탑) 2B 無疆(무강) 無錫(무석) 1 無辜(무고) 無垢(무구) 無聊(무료) 無恙(무양) 無虞(무우) 無疵(무자)
사자성어 3I 無病長壽(무병장수) 無人之境(무인지경) 束手無策(속수무책) 臨戰無退(임전무퇴) 縱橫無盡(종횡무진) 虛無孟浪(허무맹랑) 3 四顧無親(사고무친) 傍若無人(방약무인) 2 天衣無縫(천의무봉)

부수	획수	총획
人	8	10

倍 곱 배(:)【440】

字源 〈형성〉 사과나 배 같은 과일을 가르면 두 토막이나 네 토막이 각각 생긴 것이다. 가르는 숫자에 따라서 갑절이 이루어지면서 나누어진다. 나눔의 원리에 따라서 배(倍)가 되어가는 순서의 원리다. 사람(亻←人)이 사과와 같은 물건을 몇 차례씩 똑같이 가르면(咅) 배가 되었으니 [곱(倍)]임을 뜻하고 [배]로 읽는다.
回培(북돋을 배) 部(떼 부)

필순 丿 亻 亻 仁 仁 仵 倍 倍 倍 倍

기초 【기초한자어】 익히고, 【기본→발전한자어】 다지기
倍加(배가) 갑절로 늘림
倍數(배수) 갑절이 되는 수
萬倍(만배) 배수가 만임
• 수를 倍加하다보면 萬倍가 넘기도 한다.
• 흔히 倍數란 무섭게 늘어나는 수라고도 한다.

기본 5 公倍數(공배수) 4 倍額(배액) 3I 倍率(배율)
발전 2 倍俸(배봉) 1 倍畔(배반)
사자성어 5 勇氣百倍(용기백배) 4I 倍達民族(배달민족)

부수	획수	총획
比	0	4

比 견줄 비 : 【441】

字源 〈상형〉 키를 맞추어 볼 때는 서로 나란히 서서 손가락이나 막대로 재면서 얼마만큼 컸는가를 견주어 본다. 키기 큰 사람과 작은 사람이 나란히 서서 키를 맞추며 곧 서로를 비교해 본다. 키가 비슷비슷한 두 사람이 나란히 서서 서로의 키가 얼마큼이나 더 큰지 서로 살펴서 [견주다(比)]는 뜻이고 [비]로 읽는다.
圖較(견줄 교) 回北(북녘 북) 此(이 차)

필순 一 ナ ゟ 比

기초 【기초한자어】 익히고, 【기본→발전한자어】 다지기
比較(비교) 서로 견주어 봄
比重(비중) 부피의 표준물질 질량과의 비
對比(대비) 서로 맞대어 비교함
• 회사에서 두 사람의 比重을 比較하니 비슷하다.
• 상호 對比를 통해서 많고 적음을 쉽게 알 수 있다.

기본 ⑤ 比等(비등) 比例(비례) 反比例(반비례) 正比例(정비례)
③Ⅱ 比率(비율) ③ 比肩(비견)

발전 ② 比丘尼(비구니) 比輯(비집) ① 鱗比(인비) 比閭(비려)
比疎(비소) 比喩(비유) 比擬(비의) 比踵(비종) 櫛比(즐비)
諧比(해비) 洽比(흡비)

부수	획수	총획
貝	5	12

쓸 비 : 【442】

字源 〈형성〉 돈은 알뜰하게 모아서 멋지고 보람되게 잘 써야 한다고 했다. 멋지게란 사회나 공익을 위해 봉사와 감사의 마음을 담는다는 뜻일 게다. 나보다는 남을 먼저 배려하는 정신임을 은은하게 보였다. 그렇지만 돈(貝)을 마구 버리렇이(弗) 아무렇게나 [썼으니(費)] 마구 [소비하다(費)]는 뜻이고 [비]로 읽는다.
回用(쓸 용) 耗(소모할 모) 回資(재물 자) 賃(품삯 임)

필순

기초 【기초한자어】 익히고, 【기본→발전한자어】 다지기
費目(비목) 비용을 용도에 따라 분류한 항목
費用(비용) 무엇을 사거나 어떤 일을 하는 비용
學費(학비) 공부하며 학문을 닦는 데에 드는 비용
• 學費뿐만 아니라 費目을 따져서 계산하기도 한다.
• 그 일을 진행하는 데 있어서 費用은 얼마나 들까?

기본 ⑤ 國費(국비) 軍費(군비) 社費(사비) 消費(소비) 食費(식비) 實費(실비) 旅費(여비) 自費(자비) 車馬費(거마비) 光熱費(광열비) 消費者(소비자) 養育費(양육비) 人件費(인건비) ④Ⅱ 經費(경비) 間接費(간접비) 經常費(경상비) 過消費(과소비) ④ 私費(사비) 機密費(기밀비) 豫備費(예비비) ③Ⅱ 浪費(낭비) 維持費(유지비)

발전 ② 診療費(진료비) ① 釀費(양비) 廚費(주비)

사자성어 ② 消費預金(소비예금)

부수	획수	총획
鼻	0	14

코 비 : 【443】

字源 〈형성〉 코는 사람 얼굴 중앙에 있고 숨을 들이마신다. 코(鼻)가 자기 흔히 자신(自)을 나타내기도 했었다. 얼굴 한 중앙에 있으며 공기를 들이마시며 냄새를 분간하는 역할도 했다. 사람 얼굴 중앙에 있어 공기를 스스럼없이(自) 마시는 받침대(ㅠ) 역할(田←由)을 잘하고 있는 [코(鼻)]를 뜻하고 [비]로 읽는다.

필순

기초 【기초한자어】 익히고, 【기본→발전한자어】 다지기
鼻笑(비소) 코웃음
鼻音(비음) 입 안 통로를 막고 코로 공기를 내보내면서 내는 소리
鼻祖(비조) 어떤 일을 가장 먼저 시작한 사람
• 鼻音으로 인하여 鼻笑를 하다니 괘씸하구나.
• 흔히 나라를 창업한 사람을 鼻祖라 부른다.

기본 ④Ⅱ 鼻血(비혈) ④ 鼻孔(비공) ③Ⅱ 鼻炎(비염)

발전 ② 酸鼻(산비) ① 鼻勻(비작) 鼻涕(비체) 鞍鼻(안비)

사자성어 ⑤ 耳目口鼻(이목구비)

부수	획수	총획
水	1	5

얼음 빙 【444】

字源 〈회의〉 추운 겨울이 되면 흐르던 냇물이나 양동이에 떠놓은 물이 언다. 지붕에서 뚝뚝 떨어지면 물도 얼어서 고드름이 된다. 추운 겨울이 되면 물만 어는 것이 아니라 사람 마음도 꽁꽁 언다. 매우 추운 겨울에 냇물(水)이 꽁꽁 얼어붙었으니(ㆍ) 고체인 고드름이 되어 얼음이 [얼다(氷)]는 뜻이고 [빙]으로 읽는다.
回炭(숯 탄) 回永(길 영) 水(물 수)

필순 丿 ㆍ 冫 氷 氷

기초 【기초한자어】 익히고, 【기본→발전한자어】 다지기
氷板(빙판) 얼음이 깔린 길바닥
氷河(빙하) 수천 년 동안 쌓인 눈이 얼음덩어리로 변해 만들어진 거대한 얼음덩어리
氷水(빙수) 얼음물. 덩이 얼음을 갈아서 설탕, 과즙을 섞은 것
• 氷河의 氷板에서는 스케이트를 탈 수 없다.
• 팥빙수 같은 여름 음식은 氷水를 사용한다.

기본 ⑤ 氷結(빙결) 氷球(빙구) 結氷(결빙) ④Ⅱ 氷壁(빙벽) 製氷(제빙) ④ 解氷(해빙) ③Ⅱ 氷庫(빙고) 氷點(빙점) ③ 氷凝(빙응)

발전 ② 氷菓(빙과) 滑氷(활빙) ① 斧氷(부빙) 氷囊(빙낭) 氷溜(빙류) 氷鼠(빙서)

사자성어 ⑤ 氷山一角(빙산일각) 氷上競技(빙상경기) ③Ⅱ 凍氷寒雪(동빙한설)

5급

寫

부수	획수	총획
宀	12	15

베낄 사【445】

字源 〈형성〉 알을 낳은 까치는 둥우리를 찾아와 자리를 옮겨 앉는다. 글씨나 그림을 연습 삼아서 하듯이 반복하는 일을 습관적으로 한다. 옮겨 앉는 모습은 바른 글씨 쓰는 모습으로 생각했겠다. 까치(舄)가 둥우리(宀)에서 이리저리 자리를 옮겨 앉듯이 글씨나 그림을 옮겨서 [베끼다(寫)]는 뜻이고 [사]로 읽는다.
图謄(베낄 등) 回写, 寫

필순 宀宀宀宀宮宮宮寫寫寫

기초 【기초한자어】 익히고, 【기본→발전한자어】 다지기
寫本(사본) 문서나 책을 베끼어 옮김
寫眞(사진) 실물의 모양을 그대로 그려 냄
筆寫體(필사체) 로마자를 펜으로 쓸 때의 자체
• 寫本을 대하니 마치 寫眞을 보듯이 선명하구나.
• 筆寫體를 잘 쓰는 사람이 썩 많지는 않다.
기본 41 試寫會(시사회) 靑寫眞(청사진) 4 模寫(모사) 複寫(복사) 映寫機(영사기) 31 被寫體(피사체)
발전 2 謄寫(등사) 23 頓寫(돈사) 1 摸寫(모사) 描寫(묘사) 貼寫(첩사)
사자성어 5 寫生大會(사생대회) 41 寫實主義(사실주의)

思

부수	획수	총획
心	5	9

생각 사(:)【446】

字源 〈회의〉 어떤 일을 눈으로 보면 뇌 속에 전달되고 그것의 옳고 그름이 판단하게 된다. 행운의 대안까지도 결정되는 경우가 많았다. 노력도 중요하고 행운도 따라야 되지만 생각을 깊숙이 해야 한다. 사람이 마음(心) 속에 간직했던 바의 일을 머리(田←囟)속에 깊이 담아서 [생각하다(思)]는 뜻이고 [사]로 읽는다.
图想(생각 상) 念(생각 념) 考(생각할 고) 慮(생각할 려) 惟(생각할 유) 慕(그릴 모) 回恩(은혜 은)

필순 丨冂日田田思思思思

기초 【기초한자어】 익히고, 【기본→발전한자어】 다지기
思考(사고) 생각하고 궁리함
相思病(상사병) 연정에 사로잡히어 생기는 병
思春期(사춘기) 이성에 대해 관심을 갖는 젊은 시절
• 思春期의 청소년은 思考의 방향이 한정되어 있다.
• 연정에 사로 잡혀 생겨난 相思病도 무섭다.
기본 5 思料(사료) 41 思想(사상) 4 思慮(사려) 思潮(사조) 意思(의사) 31 思慕(사모) 思索(사색) 3 思惟(사유)

발전 2 潭思(담사) 1 譚思(담사) 遁思(둔사) 思繹(사역)
사자성어 5 思考方式(사고방식) 41 不可思議(불가사의) 31 易地思之(역지사지) 深思熟考(심사숙고) 2 勞心焦思(노심초사)

查

부수	획수	총획
木	5	9

조사할 사【447】

字源 〈형성〉 여러 가지 모양으로 된 나무가 산더미처럼 쌓여 있다. 나무의 모양이나 쓰임새로 보아 내게 필요한 것은 찾아내고 골라내야 한다. 인간은 필요한 것을 찾는 가운데 창조력이 생긴다. 계속 쌓이는(且) 나무(木) 더미 속에서 필요한 재목을 고르면서 찾아냈으니 [조사하다(查)]는 뜻이고 [사]로 읽는다.
图探(찾을 탐) 檢(검사할 검) 閱(볼 열) 察(살필 찰)

필순 一十才木杏杏查查

기초 【기초한자어】 익히고, 【기본→발전한자어】 다지기
查正(사정) 조사하여 그릇된 것을 바로잡음
實査(실사) 실제로 검사하거나 조사함
調査(조사) 사실의 내용을 자세히 살펴 찾아 봄
• 감사원에서는 實査를 통해 査正하기로 결정했다.
• 잘못된 일이 있으면 調査를 받아야 마땅하다.
기본 5 査實(사실) 內査(내사) 査夫人(사부인) 41 査察(사찰) 檢査(검사) 走査(주사) 4 探査(탐사) 査證(사증) 31 査丈(사장) 鑑査(감사) 踏査(답사) 審査(심사)
발전 23 査頓(사돈) 1 勘査(감사)
사자성어 5 期末考査(기말고사) 4 入國査證(입국사증)

賞

부수	획수	총획
貝	8	15

상줄 상【448】

字源 〈형성〉 나라에 공로가 큰 사람에게는 쌀 같은 재물로 상을 내렸다. 자기 직분에 충실한 사람은 상장과 상품을 내려 표창했었다. 나라에서 자기 공로에 맞게 상을 내리도록 대상자를 선정한다. 많은 공로가 있음을 높이(尚) 치하하면서 상장과 상품(貝)을 내려 수여해 주니 [상주다(賞)]는 뜻이고 [상]으로 읽는다.
回罰(벌할 벌) 回償(갚을 상)

필순 ⺌⺌⺌尚尚尚尚賞賞賞

기초 【기초한자어】 익히고, 【기본→발전한자어】 다지기
賞金(상금) 상으로 주는 돈
賞品(상품) 상으로 주는 물건

大賞(대상) 많은 상 중에서 으뜸인 상
• 이번에 받은 大賞에는 賞金이 썩 많구나.
• 이번에는 수상하면 상금도 받지만 賞品도 받는다.

기본 ⑤ 觀賞(관상) 入賞(입상) 賞春客(상춘객) ④Ⅰ賞罰
(상벌) 賞狀(상장) 受賞(수상) 施賞(시상) ④ 賞與金
(상여금) ③Ⅰ 鑑賞(감상) 懸賞金(현상금)

발전 ② 勳賞(훈상) ②⑧ 旌賞(정상) ① 賞牓(상방) 賞賻(상부)
賞牌(상패) 嗟賞(차상) 褒賞(포상) 欣賞(흔상)

사자성어 ④Ⅰ 論功行賞(논공행상) 信賞必罰(신상필벌)

부수	획수	총획
广	4	7

차례 서:【449】

字源 〈형성〉 집의 안채에는 주인이 거주하고 사랑채에는 손님
을 맞이하거나 바깥주인의 서재나 손님맞이용으로 사용
했다. 어려운 인생살이의 경험이나 정담은 다 이곳에서
이루어졌을 것으로 보인다. 집안(广)의 안채와 사랑채를
구별하기(予) 위하여 담을 높이 쌓아 놓았으니 [차례(序)]
를 뜻하고 [서]로 읽는다.
圖第(차례 제) 番(차례 번) 秩(차례 질) 敍(펼/차례 서)
回跋(밟을 발) 字(글자 자) 抒(풀 서)

필순 丶 亠 广 序 序 庁 序

기초 【기초한자어】 익히고, 【기본→발전한자어】 다지기
序文(서문) 머리말
序說(서설) 본론에 들어가기 전의 도입부
順序(순서) 정하여져 있는 차례
• 책을 펴서 먼저 序文을 읽고 序說을 살펴본다.
• 말하는 順序에 따라서 글의 내용이 전혀 다르다.

기본 ⑤ 序曲(서곡) 序頭(서두) 序言(서언) ④Ⅰ序列(서열)
序論(서론) 序詩(서시) 序次(서차) ③Ⅰ序奏(서주) 序幕
(서막) 秩序(질서)

발전 ②⑧ 鷺序(노서) 庠序(상서) ① 序跋(서발)

사자성어 ③Ⅰ 長幼有序(장유유서)

부수	획수	총획
口	9	12

착할 선:【450】

字源 〈회의〉 염소라고 불리는 양은 순한 짐승으로 통해왔다.
하나하나의 태도와 행동이 온순하고 착하기 때문이다. 그
래서 어질고 착한 사람을 흔히들 순한 양에 비유해 왔음
이 우리네 생각이었다. 양(羊)처럼 성격이 온순하고 착한
사람이면 두말(廿←言)할 것도 없이 바르고 [착하다(善)]
는 뜻이고 [선]으로 읽는다.
圖良(어질 량) 回惡(악할 악) 回美(아름다울 미)

필순

기초 【기초한자어】 익히고, 【기본→발전한자어】 다지기
善良(선량) 착하고 어짊
善惡(선악) 착함과 악함
改善(개선) 나쁜 점을 고쳐 좋게 함
• 善惡을 가려 꾸준히 改善해 가면서 살아야겠구나.
• 그는 몇 번이고 善良한 사람이 되겠다고 다짐했다.

기본 ⑤ 善價(선가) 善心(선심) 善用(선용) 善意(선의) 善戰
(선전) 善行(선행) 獨善(독선) 最善(최선) 親善(친선)
性善說(성선설) ④Ⅰ善導(선도) 善政(선정) 善處(선처)
眞善美(진선미) ④ 積善(적선) ③Ⅰ僞善(위선) 慈善
(자선) 次善策(차선책) ③ 善隣(선린)

발전 ②⑧ 旌善(정선) ① 善諡(선시) 善諭(선유) 善誘(선유)
善喲(선조) 善謔(선학) 善誨(선회)

사자성어 ⑤ 善男善女(선남선녀) ④Ⅰ多多益善(다다익선) ③Ⅰ改過
遷善(개과천선) ③ 勸善懲惡(권선징악)

부수	획수	총획
舟	5	11

배 선【451】

字源 〈형성〉 예나 지금이나 배는 섬과 육지를 오고가는 역할을
했다. 강 건너 이쪽과 저쪽을 오가는 중간자 역할을 했던
것이다. 이쪽 사람을 저쪽에 실어다 주는 가교적인 역할
을 했던 수단이 배였다. 배(舟)는 깊은 바다나 늪(㕣)과
같은 강을 건너가서 물건이나 사람을 운반했으니 [배(船)]
를 뜻하고 [선]으로 읽는다.
圖舟(배 주) 航(배 항) 舶(배 박) 艇(배 정) 艦(큰배 함)
回般(일반 반) 回松

필순 丿 丿 月 月 舟 舟 舟 船 船 船

기초 【기초한자어】 익히고, 【기본→발전한자어】 다지기
船首(선수) 뱃머리. 배의 맨 앞
船長(선장) 선원의 우두머리
汽船(기선) 증기의 힘을 이용해 가는 배
• 이 汽船의 船長은 빙산을 피해서 잘도 나간다.
• 이제는 船首를 좌우로 돌려가면서 진행하게나.

기본 ⑤ 船上(선상) 船人(선인) 船主(선주) 上船(상선) 商船
(상선) 漁船(어선) 下船(하선) 旅客船(여객선) ④Ⅰ船員
(선원) 造船(조선) 救助船(구조선) 飛行船(비행선)
外航船(외항선) 貨物船(화물선) ④ 船積(선적) ③Ⅰ乘船
(승선) 宇宙船(우주선) 蒸氣船(증기선)

발전 ② 船舶(선박) 傭船(용선) 釣船(조선) 艦船(함선) 五隻船
(오척선) ②⑧ 賈船(고선) ① 榜船(방선) 帆船(범선) 氾船
(범선) 船渠(선거) 船埠(선부) 船艙(선창) 船暈(선훈)
漕船(조선) 搭船(탑선) 撑船(탱선) 暈船(훈선)

5급

5급

부수	획수	총획
辶	12	16

가릴 선 : 【452】

字源 〈형성〉 제사를 모시려면 몸과 마음이 단정한 사람으로 거듭 다듬어야 했다. 초상이 나거나 해산했던 사람을 집안에 들이지 않았다. 떠나신 귀신이 행여나 음식을 음복하지 않을까 걱정해서다. 제사를 모시려고 갈(辶) 때에 착한 사람을 미리 골라 선정하여(巽) 뽑았으니 [가리다(選)]는 뜻이고 [선]으로 읽는다.

동拔(뽑을 발) 擇(가릴 택) 別(나눌 별) 揀(가릴 간) 擢(뽑을 탁) 回遺(보낼 유) 遣(보낼 견)

필순 ⺆ ⺆ 뜨 뜨 띤 ⺆ 巺 巽 巽 選 選

기초 【기초한자어】 익히고, 【기본→발전한자어】 다지기
選手(선수) 운동경기나 기술 경쟁에 뽑힌 사람
選擧(선거) 여러 사람 가운데서 뽑아서 추천함
入選(입선) 응모하여 출품한 작품으로 뽑는 범위
• 選擧에서 승리하니 마치 選手가 개선하는 것 같다.
• 이번 출품작에서 入選함에 따라 자부심이 생겼다.

기본 ⑤選曲(선곡) 選別(선별) 選任(선임) 選定(선정) 選出(선출) 間選(간선) 改選(개선) ④Ⅱ選好度(선호도) ④選擇(선택) 嚴選(엄선) 豫選(예선) 當選(당선) 選好(선호) 精選(정선) ③Ⅱ選拔(선발) 補選(보선) 被選(피선)

발전 ②當選圈(당선권) ①揀選(간선) 魁選(괴선) 選揀(선간) 選揄(선유) 選擢(선탁) 蒐選(수선)

사자성어 ④Ⅱ官選理事(관선이사) ④決選投票(결선투표) 國選辯護(국선변호) ③取捨選擇(취사선택) ②補闕選擧(보궐선거)

부수	획수	총획
示	0	5

보일 시 : 【453】

字源 〈상형〉 좋은 일이나 좋지 못한 일을 예언할 때 하늘에서 별이 비췄다. 하늘은 이렇게 또 다른 슬기를 보였다. 하늘은 땅에 미칠 일을 미리 예언이라도 하는 듯 길흉을 점쳐 보였던 것이다. 높은 하늘(二←亠)에서 '해와 달과 별(小)'이 곱게 비추며 길흉을 점쳐 보였다 했으니 [보이다(示)]는 뜻이고 [시]로 읽는다.

동視(볼 시) 見(볼 견) 監(볼 감) 觀(볼 관) 覽(볼 람) 閱(볼 열)

필순 ⺀ 二 亍 示 示

기초 【기초한자어】 익히고, 【기본→발전한자어】 다지기
告示(고시) 일반에게 널리 알림. 공시
明示(명시) 분명하게 가리킴
表示(표시) 겉으로 드러내 보임

• 이번 告示에서 그 법령은 明示되지 않았다.
• 겉으로 表示되지 않는 것은 모두가 거짓이다.

기본 ⑤公示(공시) 敎示(교시) 例示(예시) 展示(전시) ④Ⅱ示達(시달) 提示(제시) 指示(지시) 暗示(암시) ④示範(시범) 示威(시위) 豫示(예시) 標示(표시) ③Ⅱ啓示(계시) 誇示(과시) 黙示(묵시)

발전 ②揭示(게시) 示唆(시사) 呈示(정시) 彰示(창시) ②⑧耀示(요시) ①諭示(유시) 貼示(첩시)

부수	획수	총획
木	6	10

책상 안 : 【454】

字源 〈형성〉 책상에 앉아 공부하면서 많은 궁리를 한다. 새로운 아이디어를 내기도 하면서 창조적인 새 기틀을 마련했던 것이다. 세상의 이치를 알고 바르게 사는 새로운 지혜를 터득하기도 했었다. 편안히(安) 공부할 수 있도록 나무(木)로 만든 [책상(案)] 앞에 앉아서 곰곰이 [생각하다(案)]는 뜻이고 [안]으로 읽는다.

동床(상 상) 机(책상 궤) 回安(편안 안)

필순 ⺀ ⺀ 宀 宀 安 安 宯 宰 案 案

기초 【기초한자어】 익히고, 【기본→발전한자어】 다지기
案內(안내) 어떤 곳에 데려다 줌
案件(안건) 조사하거나 토의해야 할 사항
方案(방안) 일을 처리할 방법이나 계획
• 案件을 잘 토의하여 좋은 方案을 강구하시게.
• 그녀의 案內에 따라 이번 여행은 대성공이다.

기본 ⑤案席(안석) 考案(고안) 答案(답안) 代案(대안) 對案(대안) 圖案(도안) 文案(문안) 法案(법안) 書案(서안) 原案(원안) 立案(입안) ④Ⅱ檢案(검안) 起案(기안) 斷案(단안) 議案(의안) ④妙案(묘안) 酒案床(주안상) ③Ⅱ腹案(복안) 懸案(현안) ③安協案(타협안)

발전 ②⑧案衍(안연) ①机案(궤안) 案堵(안도) 氈案(전안) 牒案(첩안)

부수	획수	총획
水	11	14

고기잡을 어 【455】

字源 〈형성〉 물에 사는 고기를 낚시나 그물을 사용하여 잡는다. 낚시터에 앉은 강태공이나 배를 탄 어부들이 고기를 탐내어 잡는 것이다. 술안줏감으로 안성맞춤이었고 찌개를 끓이면 구수한 일미다. 물(氵←水)에서 사는 고기(魚)를 탐내어 긴 낚시나 촘촘한 그물로 잡았으니 [고기잡다(漁)]는 뜻이고 [어]로 읽는다.

回撈(건질 로) 回魚(물고기 어)

필순 ⺡ ⺡ ⺡ 氵 氵 沽 沽 洆 渔 渔 漁 漁

기초 【기초한자어】 익히고, 【기본→발전한자어】 다지기
漁夫(어부) 고기잡이를 업으로 하는 사람
漁船(어선) 고기잡이를 전문으로 하는 배
漁村(어촌) 어부들이 사는 바닷가 마을
• 漁村의 漁夫들은 날마다 어구를 손질하고 있다.
• 그 마을 사람들은 漁船 한 척 갖기를 바란다.

기본 ⑤ 漁父(어부) 漁場(어장) 出漁(출어) 農漁民(농어민)
④ⅰ 漁港(어항) 禁漁(금어) ③ⅰ 漁獲(어획) ③ 漁獵(어렵)

발전 ② 漁網(어망) ① 撈漁(노어) 漁撈(어로) 漁蓑(어사)

사자성어 ③ⅰ 漁父之利(어부지리)

부수	획수	총획
魚	0	11

물고기 어【456】

字源 〈상형〉 맑은 호숫가나 연못에서 많은 물고기들이 놀고 있다. 깊은 곳으로 자맥질하거나 위로 솟구치기도 하면서 헤엄을 치고 논다. 맑고 고운 물고기가 티 없이 유유하게 노는 모습이 한가롭다. 맑은 물에 사는 많은 물고기들의 머리·몸통·지느러미 모양을 두루 본떠서 [물고기(魚)]를 뜻하고 [어]로 읽는다.
回漁(고기잡을 어)

필순 ⺈ ⺈ ⺈ ⺈ 冎 角 角 魚 魚 魚 魚

기초 【기초한자어】 익히고, 【기본→발전한자어】 다지기
魚類(어류) 물고기 종류
北魚(북어) 마른 명태
人魚(인어) 사람처럼 생긴 상상의 고기
• 魚類 중에서 명태는 凍太처럼 얼리거나 北魚처럼 말려서 보관하기도 한다.
• 실제로 人魚를 보는 사람은 없다고 할 것이다.

기본 ⑤ 魚物(어물) 魚族(어족) 大魚(대어) 養魚(양어) 銀魚(은어) 長魚(장어) 靑魚(청어) 活魚(활어) ④ⅰ 魚肉(어육) ③ⅰ 乾魚物(건어물)

발전 ② 魚網(어망) 釣魚(조어) 28 魚串(어관) ① 鯨魚(경어) 跋魚(발어) 鰒魚(복어) 魚繭(어견) 魚潰(어궤) 魚袋(어대) 魚籃(어람) 魚鱗(어린) 魚箔(어박) 魚鼈(어별) 魚鳶(어연) 魚炙(어적) 魚醬(어장) 魚藻(어조) 魚樵(어초) 魚蝦(어하) 魚膾(어회) 鰍魚(추어) 鯇魚(환어)

사자성어 ④ 緣木求魚(연목구어) ③ⅰ 魚頭肉尾(어두육미) 水魚之交(수어지교) ② 魚網鴻離(어망홍리) 28 魚魯不辨(어로불변) 釜中生魚(부중생어)

부수	획수	총획
人	13	15

억 억【457】

字源 〈형성〉 사람이 하고자 하는 일이나 욕심은 무한정하다. 하고자 하는 일이 이룩되면 마음이 편안하다. 비가 억수같이 쏟아지거나, 큰 수의 단위인 [억]은 많다는 뜻이다. 사람(亻←人) 일이 자기 뜻(意)대로 잘 이룩되었으니 마음속이 [편안하다(億)] 또는 더없이 많은 수효인 [억(億)]을 뜻하고 [억]으로 읽는다.
回意(뜻 의) 憶(생각할 억)

필순 亻 亻 亻 亻 佐 佐 倍 倍 倍 億 億

기초 【기초한자어】 익히고, 【기본→발전한자어】 다지기
億萬(억만) 셀 수 없을 만큼 매우 큰 수
數億(수억) 억의 두 서너 곱절. 몇 억
億臺(억대) 억으로 헤아릴 만큼 많음
• 그는 數億을 더해 億萬 장자가 되었다고 한다.
• 그 분은 億臺의 재산가로 이름이 많이 알려졌다.

발전 ① 億逞(억령)

사자성어 ⑤ 億萬長者(억만장자) ③ⅰ 億兆蒼生(억조창생)

5급

부수	획수	총획
火	11	15

더울 열【458】

字源 〈형성〉 불길과 불길이 마주치면 그 힘이 더 세차고 뜨겁다. 그 곁에 있으면 더워서 땀이 주룩주룩 흐른다. 헨리 W. 롱펠로의 〈마을의 대장장이〉는 쇠망치 소리와 말울음 소리로 묘사된다. 활활 타는 불길(灬←火)의 힘이 매우 왕성하고 세차면서(執←勢) 참 뜨거웠으니 이제는 [덥다(熱)]는 뜻이고 [열]로 읽는다.
图暑(더울 서) 回寒(찰 한) 冷(찰 랭) 回勢(형세 세) 藝(재주 예)

필순 一 十 土 굴 亖 坴 埶 執 執 熱 熱

기초 【기초한자어】 익히고, 【기본→발전한자어】 다지기
熱氣(열기) 뜨거운 공기. 고조된 흥분
熱望(열망) 열심히 바람. 간절히 바람
加熱(가열) 열을 가함
• 대학에 대한 熱望이 학습 熱氣로 뜨겁구나.
• 조금 더 加熱을 했더니 분위기가 자못 다르구나.

기본 ⑤ 熱量(열량) 熱病(열병) 熱心(열심) 熱愛(열애) 熱意(열의) 熱戰(열전) 熱情(열정) 熱中(열중) ④ⅰ 熱帶(열대) 熱誠(열성) 熱演(열연) ④ 熱烈(열렬) ③ⅰ 熱湯(열탕) 微熱(미열) 亞熱帶(아열대) ③ 稻熱病(도열병)

발전 2 滄熱(창열) 解熱劑(해열제) 1 沸熱(비열) 熱蹶(열궐) 熾熱(치열)

葉

부수	획수	총획
艸	9	13

잎 엽/성 섭 【459】

字源 〈형성〉 초목의 잎은 해마다 봄이 되면 엷은 잎이 쏘옥 올라온다. 나무나 풀 종류에 따라서 잎의 모양은 각기 다르나 나오는 시기는 거의 비슷하다. 꽃대를 바로 세우면서 꽃이 피고 열매들도 맺는 계절이다. 초(艹←艸) 목(木)에서 해마다(世) 어김없이 나온 엷고도 얇은 어린 [잎(葉)]을 뜻하고 [엽]으로 읽는다.
비 棄(버릴 기) 牒(편지 첩)

필순 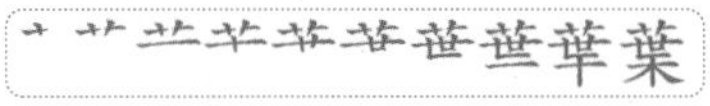

기초 【기초한자어】 익히고, 【기본 → 발전한자어】 다지기
葉書(엽서) 우편 엽서의 준말
末葉(말엽) 맨 끝 무렵의 시대
枝葉(지엽) 가지와 잎
• 葉書에 枝葉的인 말만 써 놓아서 알 수 없구나.
• 조선 末葉에 일본이 침략을 감행해 들어왔다.

기본 5 葉草(엽초) 十葉(십엽) 中葉(중엽) 初葉(초엽) 4Ⅱ 葉綠素(엽록소) 4 葉錢(엽전) 松葉酒(송엽주) 針葉樹(침엽수) 3Ⅱ 葉茶(엽차) 葉菜(엽채) 腐葉土(부엽토) 3 枯葉(고엽)

발전 2 胎葉(태엽) 札葉(찰엽) 2급 迦葉(가섭) 柯葉(가엽) 槐葉(괴엽) 艾葉(애엽) 葉柄(엽병) 1 勁葉(경엽) 橘葉(귤엽) 葉緣(엽연) 簇葉(족엽) 蕉葉(초엽)

사자성어 5 觀葉植物(관엽식물) 4Ⅱ 官製葉書(관제엽서) 3Ⅱ 金枝玉葉(금지옥엽) 3 一葉片舟(일엽편주) 2급 瓊枝玉葉(경지옥엽)

屋

부수	획수	총획
尸	6	9

집 옥 【460】

字源 〈회의〉 떠돌아다니는 유목 생활을 하다 보면 농경지가 마련되면서 자기 거처를 준비했을 것이다. 유목민들의 일반적인 한 생활 형태였다. 이렇게 보면 화전민들도 아마 같은 형태였으리라. 일을 하고 사람이 편하게 누워서 쉴 수 있는 곳(尸)에 이르러서(至) 거처를 마련했으니 [집(屋)]을 뜻하고 [옥]으로 읽는다.
동 家(집 가) 館(집 관) 堂(집 당) 室(집 실) 宅(집 택) 宇(집 우) 宙(집 주) 舍(집 사) 비 居(살 거) 尾(꼬리 미)

필순 

기초 【기초한자어】 익히고, 【기본 → 발전한자어】 다지기
屋上(옥상) 지붕 위
屋外(옥외) 집 밖, 실외
家屋(가옥) 사람이 사는 집
• 많은 家屋이 屋上에 옥탑방으로 만들어 사용된다.
• 屋外 시설을 잘 꾸며야만 아담해 보인다.

기본 5 屋內(옥내) 古屋(고옥) 社屋(사옥) 洋屋(양옥) 草屋(초옥)

발전 2 屋棟(옥동) 帽屋(모옥) 2급 茅屋(모옥) 1 陋屋(누옥) 祠屋(사옥) 壻屋(서옥) 屋椽(옥연) 屋脊(옥척) 蝸屋(와옥) 矮屋(왜옥) 葺屋(즙옥) 庖屋(포옥)

完

부수	획수	총획
宀	4	7

완전할 완 【461】

字源 〈형성〉 아버지의 위엄스러움과 어머니의 포근함이 서로 조화를 이루었을 때 가정은 편안하다. 가정의 평안함은 이러한 정신에서부터 출발한다고 했다. 완전하게 음양의 조화를 이룬 것이다. 남녀 두(二) 사람(儿←人)이 서로 만나서 한 가정(宀)을 이루면서 잘 살아가니 [완전하다(完)]는 뜻이고 [완]으로 읽는다.
동 全(온전 전) 비 元(으뜸 원) 宗(마루 종) 宅(집 택)

필순 

기초 【기초한자어】 익히고, 【기본 → 발전한자어】 다지기
完全(완전) 부족함이 없음
完結(완결) 완전하게 끝을 맺음
未完(미완) 아직 완전하지 못함
• 이것을 完全하게 마무리했더니 完結되었다.
• 아직도 未完의 일들이 남아있다고 하는구나.

기본 5 完決(완결) 完工(완공) 完成(완성) 完勝(완승) 完敗(완패) 不完全(불완전) 4Ⅱ 完備(완비) 完治(완치) 完快(완쾌) 完製品(완제품) 4 完納(완납) 3Ⅱ 完拂(완불) 完熟(완숙) 補完(보완) 3 完了(완료) 完遂(완수)

발전 2 完輯(완집) 2급 完聚(완취) 1 完牢(완뢰) 完璧(완벽) 完葺(완즙)

曜

부수	획수	총획
日	14	18

빛날 요: 【462】

字源 〈형성〉 꿩은 덤불 속에 있다가 햇빛이 나오면 활동을 시

5급

작하며 높이 뛰어 올랐다. 꿩은 햇볕을 좋아하며 번식기에는 수꿩이 암꿩에게 자기를 과시하며 날개와 등을 높이 세워 호감을 준다. 덤불 속에 있는 꿩깃(翟)을 햇빛(日)이 잘도 비추었으니 뛰어나게 [빛나다(曜)] 혹은 [요일(曜)]을 뜻하고 [요]로 읽는다.

图華(빛날 화) 輝(빛날 휘) 煜(빛날 욱) 耀(빛날 요) 燦(빛날 찬) 煥(빛날 환) 回躍(뛸 약)

필순 𝍩 日 日' 日² 日³ 日⁴ 日⁴ 日⁴ 曜 曜 曜

기초 【기초한자어】 익히고, 【기본→발전한자어】 다지기
曜日(요일) 일, 월, 화, 수, 목, 금, 토의 날들
日曜日(일요일) 한 주일의 첫날
七曜日(칠요일) 일, 월, 화, 수, 목, 금, 토의 일곱
• 우리는 七曜日 중 土曜日과 日曜日 이틀을 쉰다.
• 曜日 제도는 근로자들의 편의를 위한 제도가 아닐까.

기본 5 曜曜(요요) 金曜日(금요일) 木曜日(목요일) 水曜日(수요일) 月曜日(월요일) 土曜日(토요일) 火曜日(화요일) 3Ⅱ 曜靈(요령)

발전 2 皓曜(호요) 2급 曜㬎(요욱) 昆曜(황요) 1 芒曜(망요) 曜魄(요백)

부수	획수	총획
水	7	10

목욕할 욕 【463】

字源 〈형성〉 산골짜기에는 맑은 물이 흐른다. 작은 폭포에 패여 늪을 이룬 곳에 들어가 목욕하고 나면 정신이 바짝 든다. 목욕의 깊은 의미가 녹아있는 것처럼 새 정신이 막 들고 맑고 깨끗하기만 하다. 산골짜기(谷)에서 졸졸 흐르는 맑은 늪의 물속(氵←水)에 풍덩 들어가서 [목욕하다(浴)]는 뜻이고 [욕]으로 읽는다.

图沐(머리감을 목) 回谷(골 곡) 俗(풍속 속)

필순 丶 丶 氵 氵' 氵' 汐 汾 浴 浴 浴

기초 【기초한자어】 익히고, 【기본→발전한자어】 다지기
浴室(욕실) 목욕하는 방
入浴(입욕) 목욕탕에 들어감. 또는 목욕을 함
浴客(욕객) 목욕하려고 온 손님
• 浴室에 따뜻한 물이 있어 入浴하기에 참 좋다.
• 수질이 좋은 온천장에는 浴客이 매우 많다.

기본 5 日光浴(일광욕) 3Ⅱ 浴殿(욕전) 森林浴(삼림욕)

발전 2 沐浴(목욕) 沐浴湯(목욕탕) 1 浴盆(욕분) 浴槽(욕조)

사자성어 5 海水浴場(해수욕장)

부수	획수	총획
牛	0	4

소 우 【464】

字源 〈상형〉 옛날부터 지금에 이르기까지 소는 우리에게 매우 편리한 짐승이었다. 논과 밭을 갈아주고 고기나 가죽을 주기 때문이리라. 힘이 세기 때문에 물건을 나르는 운반 수단으로도 널리 이용되었다. 머리 위에 두 뿔이 쏘옥 돋고 엉금엉금 걸어 다니는 소의 옆모양을 본떠서 [소(牛)]를 뜻하고 [우]로 읽는다.

图丑(소 축) 回午(낮 오) 年(해 년)

필순 丿 𠂉 二 牛

기초 【기초한자어】 익히고, 【기본→발전한자어】 다지기
牛角(우각) 소의 뿔
牛黃(우황) 소의 쓸개에 병적으로 뭉친 물건
韓牛(한우) 한국의 소
• 韓牛의 牛角은 싸움소와 달라서 뭉툭하게 생겼다.
• 요즈음 牛黃 淸心丸(청심환)이 많은 매력을 이긴다.

기본 5 農牛(농우) 黃牛(황우) 4 牛乳(우유) 鬪牛(투우) 3Ⅱ 碧昌牛(벽창우) 肥肉牛(비육우)

발전 2 牛膽(우담) 牛腎(우신) 1 牡牛(모우) 蝸牛(와우) 牛痘(우두) 牛梵(우범) 牛蹄(우제) 牛饌(우찬)

사자성어 4Ⅱ 牛耳讀經(우이독경) 九牛一毛(구우일모) 3 矯角殺牛(교각살우) 2급 牛毛麟角(우모인각)

부수	획수	총획
隹	4	12

수컷 웅 【465】

字源 〈형성〉 짐승의 암컷은 비교적 얌전하고 수컷은 사납고 날쌔다. 수컷은 발이나 이빨이 더 날카롭고 아주 매섭다. 이와 같은 현실은 사람도 같은 입장이겠다. 여자보다는 남자가 훨씬 드세다. 암컷보다 더 발(厷)이나 팔의 힘이 보다 센 새(隹)로 [수컷(雄)] 혹은 수컷이 보다 [씩씩하다(雄)]는 뜻이고 [웅]으로 읽는다.

回雌(암컷 자) 回稚(어릴 치)

필순 一 ナ 𠂇 厷 𨛜 𨛜 𨛜 雄 雄 雄

기초 【기초한자어】 익히고, 【기본→발전한자어】 다지기
雄大(웅대) 웅장하고 큼
雄飛(웅비) 힘차고 씩씩하게 뻗어 나아감
英雄(영웅) 재능과 지식이 특히 뛰어난 사람
• 부디 雄大한 꿈을 갖고 雄飛하기를 바란다네.

5급

• 청년들이여! 英雄의 꿈을 갖고 飛躍(비약)하라.

기본 ④ 雄據(웅거) 雄辯(웅변) 雄壯(웅장)

발전 ② 雌雄(자웅) ②⅜ 雄彊(웅강) 雄謨(웅모) 桓雄(환웅) ① 雄勁(웅경) 雄鯨(웅경) 雄魁(웅괴) 雄狡(웅교) 雄芒(웅망) 雄邁(웅매) 雄藩(웅번) 雄猜(웅시) 雄擅(웅천) 雄捷(웅첩) 雄侈(웅치) 雄桿(웅한) 雄狐(웅호) 雄渾(웅혼) 雄虹(웅홍)

사자성어 ③① 群雄割據(군웅할거) ②⅜ 雄辯彊據(웅변강거)

부수	획수	총획
厂	8	10

언덕 원【466】

字源 〈회의〉 물은 뿌리 깊은 나무에 근원하여 바위나 언덕 밑에서 솟는다. 근원이 확실하면 물은 거듭 콸콸 솟아오른다. 그래서 용비어천가에서는 뿌리 깊은 나무는 바람에 흔들리지 않는다고 했으리라. 굴 바위(厂)에서 솟아나온 샘물(泉←泉)이 많은 물의 [근원(原)]이 된 [언덕(原)]을 뜻하고 [원]으로 읽는다.

[圖]丘(언덕 구) 陵(언덕 릉) 岸(언덕 안) 厓(언덕 애) 邱(언덕 구) 皐(언덕 고) [回]源(근원 원)

필순 一 厂 厂 厂 厃 厗 盾 原 原 原

기초 【기초한자어】 익히고, 【기본→발전한자어】 다지기
原告(원고) 소송을 제기하는 재판의 청구자
原料(원료) 생산에 쓰이는 재료
高原(고원) 주위보다 지형이 높고 너른 들판
• 高原에서 재배한 감자는 당면의 原料였다.
• 原告가 있어야만 재판(裁判)하는 경우가 많다.

기본 ⑤ 原價(원가) 原理(원리) 原名(원명) 原木(원목) 原文(원문) 原本(원본) 原色(원색) 原書(원서) 原始(원시) 原案(원안) 原音(원음) 原因(원인) 原字(원자) ④① 原論(원론) 原毛(원모) 原狀(원상) ④ 原絲(원사) ③① 原稿(원고) 原綿(원면) 原簿(원부) 原審(원심) 原版(원판) 病原菌(병원균)

발전 ② 原型(원형) 原楸(원사) ②⅜ 峻原(준원) 蘆原區(노원구) ① 蘆原(노원) 原宥(원유)

부수	획수	총획
阜	7	10

집 원【467】

字源 〈형성〉 담장은 처음에는 관청 주위에만 쌓았던 것 같다. 잡인 출입을 방지하고 시설물을 안전하게 보호하기 위해 서였을 것이다. 또한 집안의 울타리를 높이 쌓고 생활했기 때문이기도 했으리라. 둘레가 언덕(阝←阜)같이 높은 담장으로 튼튼하고(完) 아무지게 둘러싸여 있는 [집(院)]

을 뜻하고 [원]으로 읽는다.

[圖]家(집 가) 堂(집 당) 室(집 실) 屋(집 옥) 宅(집 택) 館(집 관) 宙(집 주) 宇(집 우) [回]完(완전할 완)

필순 ' 了 阝 阝 阝 阶 阶 陀 院 院

기초 【기초한자어】 익히고, 【기본→발전한자어】 다지기
院內(원내) '院'자가 붙은 각종 기관의 내부
開院(개원) 학원, 병원 등을 처음으로 엶
醫院(의원) 병자나 부상자의 치료를 위한 시설
• 얼마 전에 開院한 醫院에서 사고가 났다.
• 사찰의 院內가 많이 아름답다고 소문났다.

기본 ⑤ 院生(원생) 院長(원장) 登院(등원) 法院(법원) 病院(병원) 本院(본원) 上院(상원) 書院(서원) 入院(입원) 學院(학원) 大學院(대학원) 養老院(양로원) ④① 寺院(사원) 議院(의원) 支院(지원) 退院(퇴원) 監査院(감사원) ④ 大院君(대원군) 府院君(부원군)

발전 ② 梣院(기원) 尼院(이원) 翰林院(한림원) ① 妓院(기원) 祠院(사원)

부수	획수	총획
頁	10	19

원할 원：【468】

字源 〈형성〉 골똘한 생각은 새로운 창조의 기틀이 되면서 희망으로 용솟음치기도 했다. 큰 희망은 그 무엇을 진정으로 바라고 원하게도 해주었다. 자기가 바라는 바를 달성하려는 목표점이다. 사람 머리(頁)가 명석한 생각의 근원(原)이 되어서 자기가 달성하려는 바를 바라니 [원하다(願)]는 뜻이고 [원]으로 읽는다.

[圖]望(바랄 망) 冀(바랄 기) 希(바랄 희)

필순 厂 厃 厈 盾 原 原 原' 願 願 願 願

기초 【기초한자어】 익히고, 【기본→발전한자어】 다지기
願望(원망) 원하고 바람
願書(원서) 지원 또는 청원한 뜻을 적은 서류
所願(소원) 원함, 원하는 바
• 나는 願望하던 대학에 所願대로 입학을 했다.
• 모든 일은 願書만 냈다고 다 통하는 건 아니다.

기본 ⑤ 民願(민원) 宿願(숙원) 念願(염원) 自願(자원) 祝願(축원) 出願(출원) ④① 素願(소원) 請願(청원) ④ 悲願(비원) 歎願書(탄원서) ③① 祈願(기원) 哀願(애원)

발전 ②⅜ 冀願(기원) ① 呪願(주원)

부수	획수	총획
人	5	7

자리 위【469】

字源 〈회의〉 조정 대신들이 자리를 잡는 순서는 석차의 등급별로 했을 것이다. 정일품, 정이품, 종일품, 종이품과 같은 벼슬의 순서였으니 말이다. 경복궁 앞뜰에는 이런 품계석이 있어 그때를 말해준다. 임금의 앞에서 여러 신하(亻←人)들이 미리 정해진 자기 위치에 섰던(立) [자리(位)]를 뜻하고 [위]로 읽는다.
圓座(자리 좌) 席(자리 석) 回他(다를 타)

필순 ノ 亻 亻 亻 亇 位 位

기초 【기초한자어】 익히고, 【기본→발전한자어】 다지기
方位(방위) 동서남북을 기준으로 정한 방향
位相(위상) 어떤 사물이 다른 사물과의 관계 속에서 가지는 위치나 양심
品位(품위) 사람이나 물건이 지닌 좋은 인상
• 그의 品位있는 말씨가 位相을 많이 높여주었다.
• 서 있는 자기 자리의 方位까지 합해 말한다.

기본 ⑤各位(각위) 高位(고위) 同位(동위) 本位(본위) 部位(부위) 水位(수위) 神位(신위) 王位(왕위) 在位(재위) 地位(지위) 體位(체위) ④Ⅱ位置(위치) 單位(단위) 職位(직위) 退位(퇴위) ④優位(우위) 帝位(제위) ③Ⅰ諸位(제위) 卽位(즉위) ③爵位(작위) 攝位(섭위)

발전 ②闕位(궐위) 上位圈(상위권) 下位圈(하위권) ①遜位(손위) 位牌(위패) 篡位(찬위)

사자성어 ③Ⅰ位階秩序(위계질서)

	부수	획수	총획
耳	耳	0	6

귀 이 : 【470】

字源 〈상형〉 사람의 귀는 외부에서 들려오는 소리가 귓바퀴에 부딪쳐서 고막을 울려 듣는다. 귀로 인식하는 소리의 중요성은 매우 크단다. 반타원형인 귓바퀴가 귀 전체를 대변해 준다. 외부에서 들려온 소리를 자세히 들어서 상대방 고막에 전달하는 귓바퀴 모양을 널리 본떠서 [귀(耳)]를 뜻하고 [이]로 읽는다.
回目(눈 목)

필순 一 下 下 F 王 耳

기초 【기초한자어】 익히고, 【기본→발전한자어】 다지기
耳順(이순) 예순 살이 되는 나이. 논어에 나옴
耳目(이목) 귀와 눈
牛耳(우이) 소의 귀
• 耳順의 나이가 되니 남의 耳目이 두렵다.
• '흔히 쇠귀에 경 읽기'라 했으니, 牛耳겠다.

기본 ⑤石耳(석이)

발전 ②Ⅱ鼎耳(정이) ①俚耳(이이) 聳耳(용이) 耳倦(이권) 耳聾(이롱) 耳鼠(이서) 穿耳(천이) 謟耳(첨이) 帖耳(첩이)

사자성어 ⑤耳目口鼻(이목구비) 馬耳東風(마이동풍) ④Ⅱ牛耳讀經(우이독경) ②Ⅱ獐耳細辛(장이세신)

	부수	획수	총획
因	囗	3	6

인할 인 【471】

字源 〈회의〉 사람은 일정한 테두리 안에서 생활하면서 살아간다. 이는 울타리가 막아진 담장일 수도 있고 일정한 활동구역일 수도 있다. 사람은 자기의 활동구역 안을 벗어나지 못하고 살아가는 것이다. 사람(大)이 담장 안 같은 구역(囗)에서 활동하는 원인, 이유가 있으니 [인하다(因)]는 뜻이고 [인]으로 읽는다.
圓緣(인연 연) 回果(실과 과) 回困(곤할 곤) 囚(가둘 수)

필순 丨 冂 冂 冈 因 因

기초 【기초한자어】 익히고, 【기본→발전한자어】 다지기
因果(인과) 원인과 결과
因習(인습) 예전부터 전해 내려오는 풍습
基因(기인) 일이 일어나는 원인
• 이는 因習에 基因한 어처구니없는 일이다.
• 흔히 원인과 결과라는 因果에 의한 것이다.

기본 ⑤因子(인자) 近因(근인) 病因(병인) 死因(사인) 心因(심인) 要因(요인) 原因(원인) 主因(주인) 火因(화인) ④Ⅱ起因(기인) ④因緣(인연) ③Ⅰ因襲(인습)

발전 ②Ⅱ桓因(환인) ①因窘(인군) 因懶(인라) 因癆(인로) 因縛(인박) 因絆(인반) 因憊(인비) 因隘(인애)

사자성어 ⑤因人成事(인인성사) ④Ⅱ因果應報(인과응보) 因數分解(인수분해) ④遺傳因子(유전인자)

	부수	획수	총획
再	冂	4	6

두 재 : 【472】

字源 〈상형〉 어떤 일이든지 처음부터 성공하기란 퍽이나 어렵다. 했던 일을 몇 번이고 반복 실행하고 도전했을 때 옳게 이루어진다. 그래서 흔히들 칠전팔기라 했으니 꾸준한 도전 정신이겠다. 첫 번째(一)에 하던 일(冂)이 두 번째(二)에도 그대로 답습하듯이 옮겨졌으니(丨) 두 번째인 [두(再)]를 뜻하고 [재]로 읽는다.
圓兩(두 량) 雙(두 쌍) 回用(쓸 용)

필순 一 厂 厂 丏 再 再

기초 【기초한자어】 익히고, 【기본→발전한자어】 다지기
再開(재개) 끊기거나 쉬었던 일을 다시 시작함

5급

再考(재고) 다시 한번 자세하게 생각함
再會(재회) 두 번째 갖는 모임. 다시 만남
• 실패한 일을 再開한 일은 再考하기를 바란다.
• 두 사람은 헤어졌다가 再會의 기쁨을 맞이했다.

기본 ⑤再建(재건) 再生(재생) 再選(재선) 再任(재임) 再唱(재창) 再現(재현) 再活(재활) 再開發(재개발) 再發見(재발견) ④ⅠI再起(재기) 再論(재론) 再拜(재배) 再修(재수) 再演(재연) 再次(재차) 再請(재청) ④再婚(재혼) 再製酒(재제주) ③ⅠI再臨(재림) 再審(재심) 再湯(재탕) 再版(재판) 再編(재편)

발전 ②Ⅱ再祚(재조) ①再墾(재간) 再繰(재조)

사자성어 ④ⅠI非一非再(비일비재)

부수	획수	총획
火	3	7

재앙 재【473】

字源 〈형성〉 큰비가 내려 할퀸 흔적이 '수재(水災)'다. 부주의로 인해 불이 나서 뼈대만 앙상하게 남는 경우가 허다한데 이는 '화재(火災)'다. 수재이든 화재이든 간에 인간이 만든 재앙은 엄청나다. 엄청난 물(巛←水)이 휩쓸고 지나간 뒤에 불(火)이 나서 타버리는 다른 사고가 났으니 [재앙(災)]을 뜻하고 [재]로 읽는다.
图殃(재앙 앙) 禍(재앙 화) 厄(액 액) 凹福(복 복) 凹炎(불꽃 염)

필순 〈 〃 巛 巛 災 災 災

기초 【기초한자어】 익히고, 【기본→발전한자어】 다지기
災難(재난) 뜻밖의 불행한 일
災害(재해) 재앙으로 말미암은 피해
火災(화재) 불로 인한 재앙
• 火災같은 災害는 뜻밖에 일어날 수 있다.
• 불로 인한 災難인 만큼 항상 대비해야겠다.

기본 ⑤三災(삼재) 水災(수재) ④ⅠI官災(관재) ③ⅠI災禍(재화) 橫災(횡재) ③災殃(재앙) 災厄(재액)

발전 ②災妖(재요) ①罹災(이재)

사자성어 ⑤天災地變(천재지변)

부수	획수	총획
爪	4	8

다툴 쟁【474】

字源 〈회의〉 미워하는 마음이 점점 싹트면 언젠가는 때리면서 싸우는 경우가 따른다. 손과 손을 맞잡고 밀고 당기면서 때리는 싸움으로 번진다. 어떤 때는 커다란 싸움으로 번지는 수가 있다. 사람이 서로의 손(爪)과 손(彐←크)으로

막 끌어(亅) 당기고 또한 밀며 싸우고 있으니 [다투다(爭)]는 뜻이고 [쟁]으로 읽는다.
图競(다툴 경) 戰(싸움 전) 鬪(싸울 투) 凹和(화할 화) 凹淨(깨끗할 정) 回争

필순 〈 〃 〃 〃 严 严 爭 爭

기초 【기초한자어】 익히고, 【기본→발전한자어】 다지기
競爭(경쟁) 같은 목적에 관하여 서로 겨루어 다툼
分爭(분쟁) 패로 갈라져 다툼
戰爭(전쟁) 국가와 국가 사이의 무력에 의한 투쟁
• 競爭을 빨리 종식하지 않으면 分爭이 일기 쉽다.
• 分爭이 심하면 戰爭으로 발전하게 된다고 한다.

기본 ⑤言爭(언쟁) ④ⅠI爭議(쟁의) 爭取(쟁취) 論爭(논쟁) 黨爭(당쟁) ④爭點(쟁점) 鬪爭(투쟁) 抗爭(항쟁) ③ⅠI紛爭(분쟁) 爭衡(쟁형) 爭奪戰(쟁탈전)

발전 ②爭霸(쟁패) ①乖爭(괴쟁) 忿爭(분쟁) 爭戾(쟁려) 爭鋒(쟁봉) 爭忿(쟁분) 挺爭(정쟁)

사자성어 ④百家爭鳴(백가쟁명)

부수	획수	총획
貝	5	12

쌓을 저:【475】

字源 〈형성〉 애써 노력하여 얻은 재물은 필요한 만큼 쓰고 저축하라고 가르친다. 노후의 생활 기반이 되고 가난한 사람들을 도우면서 더불어 살게 된다. 인간이 군락을 이루면서 산다는 것은 이런 원리다. 온 집안(宀)에 재물(貝)을 풍성하게(丁) 감추어서 많이 저축해 두었으니 [쌓다(貯)]는 뜻이고 [저]로 읽는다.
图蓄(모을 축) 築(쌓을 축) 積(쌓을 적) 凹崩(무너질 붕) 壞(무너질 괴)

필순 丨 冂 冂 目 目 貝 貝 貯 貯 貯 貯 貯

기초 【기초한자어】 익히고, 【기본→발전한자어】 다지기
貯金(저금) 돈을 모아 둠, 또는 그 돈
貯水(저수) 물을 모아 둠
貯蓄(저축) 모아 쌓아 둠
• 평생 동안 貯蓄한 돈이 많아서 기금이 되었다.
• 貯水와 貯金은 같은 의미를 갖는 수가 많다.

기본 ⑤貯炭(저탄) ③ⅠI貯藏(저장)

발전 ②Ⅱ貯柴(저시)

부수	획수	총획
赤	0	7

붉을 적【476】

字源 〈회의〉 겨울에는 기후가 건조하고 날씨가 춥다. 방안에서

사용할 수밖에 없는 난방 기구는 부주의로 인하여 큰 사고가 일어나는 수가 있다. 이럴 때일수록 조심하고도 또 조심해야만 한다. 큰 건물(土←大)에서 그만 불(小←火)이 나 불꽃을 내면서 활활 타오르고 있었으니 [붉다(赤)]는 뜻이고 [적]으로 읽는다.
圖丹(붉을 단) 朱(붉을 주) 紅(붉을 홍) 回亦(또 역)

필순 一 十 土 ナ 方 赤 赤

기초 【기초한자어】 익히고, 【기본→발전한자어】 다지기
赤色(적색) 붉은 색. 빨강
赤信號(적신호) 교통기관의 정지 신호
赤外線(적외선) 잘 뚫는 통신기에 쓰인 전자파
• 赤信號는 赤色으로서 주의나 경계를 뜻한다.
• 赤外線은 인체에 해로우니 큰 주의가 요망된다.

기본 ⑤赤軍(적군) 赤旗(적기) 赤身(적신) 赤子(적자) 赤字(적자) 赤化(적화) 赤十字(적십자) ④Ⅱ赤貧(적빈) 赤誠(적성) 赤血球(적혈구) ④赤潮(적조) ③Ⅱ赤壁賦(적벽부)

발전 ②赤裸(적라) ②⑧赤繩(적승) □赤脛(적경) 赤股(적고) 赤曇(적담) 赤痢(적리) 赤燐(적린) 赤芒(적망) 赤狄(적적) 赤腫(적종) 赤幟(적치) 赤頰(적협)

사자성어 ④Ⅱ赤貧如洗(적빈여세) ③Ⅱ赤手空拳(적수공권)

부수	획수	총획
人	9	11

머무를 정 【477】

字源 〈형성〉 교통수단이 발달하지 못했던 시절에는 걸어서 이동했다. 먼 길을 걸으면 피곤하여 나무 그늘을 찾아 잠시 쉬었다. 피곤에 지친 나머지 잠시 눈을 붙이고 나면 그 잠은 바로 꿀맛이겠다. 사람(亻←人)이 길을 걷다가 휴식하는 정자(亭)에 들어가서 잠시 쉬고 있으니 [머무르다(停)]는 뜻이고 [정]으로 읽는다.
圖留(머무를 류) 止(그칠 지) 住(살 주) 泊(머무를 박) 駐(머무를 주) 回亭(정자 정)

필순 亻 亻 亻 亻 亻 亻 亻 亻 停 停 停

기초 【기초한자어】 익히고, 【기본→발전한자어】 다지기
停止(정지) 움직이고 있던 것이 멈춤
停年(정년) 직장을 퇴직하도록 정해진 나이
停學(정학) 일정 기간 학교에 못 나오는 처벌
• 停年을 하고 나니 모든 일이 停止된 듯하구나.
• 학생 품위에 어긋난 일을 하면 停學 당하기 쉽다.

기본 ⑤停電(정전) 停戰(정전) 停會(정회) 調停(조정) 停車場(정거장) 急停車(급정거) ④Ⅱ停留場(정류장) ③Ⅱ停刊(정간) 停滯(정체)

발전 ②停駐(정주) ②⑧停頓(정돈) □勒停(늑정) 槃停(반정) 停頓(정돈) 停輦(정련) 停匙(정시)

사자성어 ④營業停止(영업정지)

부수	획수	총획
手	13	16

잡을 조(:) 【478】

字源 〈형성〉 깊은 산속에서 지저귀는 새소리는 귀를 즐겁게 한다. 그렇지만 오래 듣다보면 그것도 귀를 따갑게 하여 시끄럽게 들린다. 자연의 소리는 그대로 인간의 마음을 마구 흔들어 댄다. 나무(木) 위에 앉은 새가 지저귀면서(品) 울어대니 손(扌←手)을 들어 여린 마음을 휘어 [잡다(操)]는 뜻이고 [조]로 읽는다.
圖執(잡을 집) 狗(잡을 구) 捉(잡을 착) 捕(잡을 포) 回燥(마를 조)

필순 一 十 扌 扩 护 护 操 操 操 操

기초 【기초한자어】 익히고, 【기본→발전한자어】 다지기
操心(조심) 잘못이나 실수가 없게 마음을 씀
操作(조작) 기계나 장치 등을 움직이게 함
體操(체조) 신체의 결함을 교정하는 운동
• 體操 한 동작 한 동작을 操心하면서 배웠다.
• 그는 기계를 잘 操作할 수 있는 능력이 있다.

기본 ⑤操身(조신) 操業(조업) 操筆(조필) 操行(조행) 情操(정조) ④Ⅱ志操(지조) ③Ⅱ操鍊(조련) 操縱(조종)

발전 ②⑧操向杆(조향간) □操刺(조랄) 曹操(조조)

부수	획수	총획
糸	5	11

마칠 종 【479】

字源 〈형성〉 실패에 실을 감다가 그 끝을 매듭지어 표시해 놓는다. 실을 감다가 일시적으로 그 끝이 보여서 마치는 경우가 허다했었다. 겨울(冬)에까지 실(糸)을 감아 [마치다]는 뜻도 있다. 실(糸)을 모두 다 감고 그 끝을 얼음에 얼리듯이(冬) 매듭지어서 잘 두었으니 [마치어(終)] [끝내다(終)]는 뜻이고 [종]으로 읽는다.
圖末(끝 말) 了(마칠 료) 端(끝 단) 卒(마칠 졸) 結(맺을 결) 止(그칠 지) 回始(비로소 시) 初(처음 초) 回納(들일 납)

필순 乚 乚 幺 幺 糸 糸 紅 紅 終 終 終

기초 【기초한자어】 익히고, 【기본→발전한자어】 다지기
終結(종결) 일을 끝막음. 또는 끝냄
終身(종신) 한 평생을 마침. 살아 있는 동안
始終(시종) 처음과 끝. 처음부터 끝까지
• 始終이 분명치 않아서 終結을 맺지 못하겠다.
• 내가 終身토록 노력한 일인데 그럴 수는 없다.

기본 ⑤ 終局(종국) 終禮(종례) 終末(종말) 始終(종시) 終戰
(종전) 終止(종지) 最終(최종) ④Ⅱ 終講(종강) ④ 終映
(종영) 終刊(종간) ③Ⅱ 終刊(종간) 終幕(종막) 終盤
(종반) 臨終(임종) 終着驛(종착역) ③ 終乃(종내) 終了
(종료) 終焉(종언)

발전 ① 終宵(종소) 終熄(종식)

사자성어 ④Ⅱ 自初至終(자초지종) 終無消息(종무소식)

부수	획수	총획
网	8	13

罪

허물 죄 : 【480】

字源 〈형성〉 그물에 걸려 든 새는 새장 안에 가두어 두었다. 흉
하고 나쁜 짓을 하는 사람은 새장의 그물 속 같은 감옥
안에 가두어 두었다. 그래서 흔히들 그러한 사람들을 죄
를 진 죄인이라고 했다. 마치 새를 잡는 그물(罒←网)
에 걸려들 만큼 몹시 나쁜(非) 짓을 했었으니 [허물(罪)]을
뜻하고 [죄]라고 읽는다.
동 過(지날 과) 辜(허물 고)

필순 ﹃ ﹄ ﹄ 罒 罪 罪 罪 罪 罪 罪 罪

기초 【기초한자어】 익히고, 【기본→발전한자어】 다지기
罪名(죄명) 죄의 이름(절도죄, 위증죄 등)
罪人(죄인) 죄를 지은 사람
原罪(원죄) 죄를 용서해 더하지 않는 형
• 저 罪人의 罪名이 무엇이라 하오리까?
• 原罪를 참작하여 이 정도면 되겠습니다.

기본 ⑤ 罪科(죄과) 罪目(죄목) 罪惡(죄악) 罪質(죄질) 大罪
(대죄) 無罪(무죄) 有罪(유죄) 重罪(중죄) ④Ⅱ 罪過
(죄과) 罪狀(죄상) 論罪(논죄) 斷罪(단죄) 謝罪(사죄)
餘罪(여죄) ④ 犯罪(범죄) 輕犯罪(경범죄) ③Ⅱ 免罪符
(면죄부) 雙罰罪(쌍벌죄) ③ 罪囚(죄수)

발전 ② 赦罪(사죄) 斬罪(참죄) ① 辜罪(고죄) 誣罪(무죄)
贖罪(속죄) 枉罪(왕죄) 冤罪(원죄) 杖罪(장죄) 罪譴
(죄견) 罪辜(죄고) 罪戾(죄려) 罪梯(죄제)

부수	획수	총획
止	0	4

止

그칠 지 【481】

字源 〈상형〉 사람이 발을 한 발 두 발 내딛으면 걸어 움직여
활동을 시작한다. 한참 걷다가 발을 멈추면 그 자리에 그
만 그치어 움직이지 않는 것이다. 움직임은 건강에 좋아
서, 다음 활동의 밑거름이 된다고 한다. 사람이 땅에 발을
내딛고 서서도 발바닥이 움직이지 않았으니 [그치다(止)]
는 뜻이고 [지]로 읽는다.
동 停(머무를 정) 禁(금할 금)

필순 丨 卜 止 止

기초 【기초한자어】 익히고, 【기본→발전한자어】 다지기
止水(지수) 흐르지 않고 괴어 있는 물
禁止(금지) 말려서 하지 못하게 함
停止(정지) 중도에서 멈추거나 그침
• 운전면허 停止처분은 운전을 금지한다는 뜻이다.
• 물이 흐르지 않는 止水는 물이 그만 썩고 만다.

기본 ⑤ 終止(종지) ④Ⅱ 止血(지혈) 防止(방지) 制止(제지)
解止(해지) ④ 靜止(정지) 閉止(폐지) ③Ⅱ 止揚(지양)
抑止(억지) 廢止(폐지)

발전 ② 沮止(저지) 遮止(차지) 止駐(지주) 止血劑(지혈제)
② 艮止(간지) ① 呵止(가지) 諫止(간지) 戾止(여지)

사자성어 ⑤ 行動擧止(행동거지) ④ 明鏡止水(명경지수)

부수	획수	총획
口	8	11

唱

부를 창 : 【482】

字源 〈형성〉 괴롭고 우울할 때는 노래를 부르면 마음이 후련해
진다. 신이 나서 콧노래나 입을 벌려 노래 부르면 마음은
더욱 풍성해진다. 노래는 아무래도 사람의 마음을 흥겹게
하는 모양이다. 마냥 즐거워하면서 입(口)을 크게 벌리면
마음이 마냥 풍성하여(昌) 말을 꺼내 [노래 부르다(唱)]는
뜻이고 [창]으로 읽는다.
동 歌(노래 가) 㗊(창성할 창)

필순 丨 口 口 呵 呵 呵 唱 唱 唱 唱 唱

기초 【기초한자어】 익히고, 【기본→발전한자어】 다지기
唱法(창법) 노래나 소리를 하는 방법
歌唱(가창) 노래를 부름
愛唱曲(애창곡) 가장 즐기어 부르는 노래
• 그는 唱歌를 좋아하는지라 愛唱曲이라면 금방 불
렀다.
• 그는 독특한 唱法으로 아는 노래를 잘도 불렀다.

기본 ⑤ 唱歌(창가) 獨唱(독창) 名唱(명창) 奉唱(봉창) 先唱
(선창) 再唱(재창) 主唱(주창) 重唱(중창) 合唱(합창)
④Ⅱ 唱導(창도) 復唱(복창) 提唱(제창) ④ 唱劇(창극)

발전 ① 謳唱(구창) 菱唱(능창) 裳唱(사창) 酬唱(수창) 唱酬
(창수) 哄唱(홍창)

사자성어 ③Ⅱ 夫唱婦隨(부창부수)

부수	획수	총획
金	13	21

鐵

쇠 철 【483】

5급

字源 〈형성〉 문명이 발달되지 못한 옛날에는 쇠붙이는 필수 생
활용품의 일부였을 것이다. 그중에서도 적을 사살하는 데
아주 필요한 도구였다. 끝이 매우 뾰족한 쇠붙이는 상대
를 제압하는 데 퍽 용이했다. 날카로운(戴) 무기를 다듬을
수 있게 단단한 금속(金)으로 만들었으니 [쇠붙이(鐵)]를
뜻하고 [철]로 읽는다.
圖金(쇠 금) 鋼(강철 강) 回石(돌 석) 回鉄

필순 ノ ト ケ 牟 金 釒 鈝 鉎 鐯 鑝 鐵鐵

기초 【기초한자어】 익히고, 【기본→발전한자어】 다지기
鐵道(철도) 선로 위에 열차가 운행한 운송수단
鐵則(철칙) 엄격한 규칙. 절대적인 규칙
古鐵(고철) 낡은 쇠
• 鐵道 기관사는 鐵則을 지켜서 사고를 방지한다.
• 쓰지 못한 古鐵일랑 팔아서 연명한 사람들이 있다.

기본 ⑤鐵工(철공) 鐵橋(철교) 鐵路(철로) 鐵門(철문) 鐵物
(철물) 鐵石(철석) 鐵人(철인) 鐵窓(철창) 鐵板(철판)
洋鐵(양철) 電鐵(전철) 地下鐵(지하철) ④Ⅰ鐵器(철기)
鐵壁(철벽) 鐵製(철제) 製鐵所(제철소) ④鐵甲(철갑)
鐵鑛(철광) 鐵筋(철근) 鐵絲(철사) ③Ⅰ鐵鋼(철강) 鐵拳
(철권) 鋼鐵(강철) 鐵面皮(철면피)

발전 ②鐵網(철망) 鍛鐵(단철) 鐵條網(철조망) 28鐵冕
(철면) 鐵鉢(철발) 鐵甕城(철옹성) ①銑鐵(선철) 炙鐵
(적철) 蹄鐵(제철) 鐵拐(철괴) 鐵菱(철릉) 鐵瓶(철병)
鐵棒(철봉) 鐵扇(철비) 鐵扇(철선) 鐵腕(철완) 鐵匠
(철장) 鐵杖(철장) 鐵漿(철장) 鐵蹄(철제) 鐵槍(철창)
鐵柵(철책) 鐵鎚(철추) 鐵鍼(철침) 鐵搭(철탑) 鐵槌
(철퇴) 佩鐵(패철)

사자성어 ④Ⅰ寸鐵殺人(촌철살인)

부수	획수	총획
刀	5	7

처음 초【484】

字源 〈회의〉 옷을 만들 때 맨 처음 하는 일은 밑그림을 그리는
일과 가위질하는 일이다. 이때에 비로소 옷의 골격이 이
룩되는 것이다. 곧 옷 재단으로 인해 기초가 마련되는 중
요한 부분이다. 옷감(衤←衣)인 천에 가위질(刀)을 맨 먼
저 하는 것이 옷을 처음 만든 일이라고 했으니 [처음(初)]
을 뜻하고 [초]로 읽는다.
圖始(비로소 시) 創(비롯할 창) 回終(마칠 종) 末(끝 말)
了(마칠 료) 端(끝 단)

필순 ` ﹀ ﻱ 礻 礻 初初

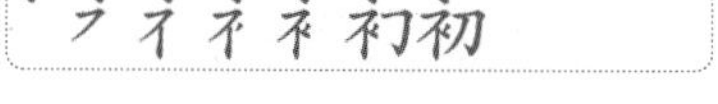

기초 【기초한자어】 익히고, 【기본→발전한자어】 다지기
初面(초면) 처음으로 대하는 얼굴이나 처지
初代(초대) 어떤 계통의 최초의 사람
始初(시초) 맨 처음

• 初代 기관장과 初面인 직원들은 많이 긴장했다.
• 그것은 始初부터가 잘못된 것이었다고 본다.

기본 ⑤初級(초급) 初給(초급) 初期(초기) 初年(초년) 初等
(초등) 初産(초산) 初選(초선) ④Ⅰ初經(초경) 初步(초보)
初聲(초성) ④初段(초단) 初伏(초복) ③Ⅰ初盤(초반)
初刊(초간) 初旬(초순) 初審(초심) 初版(초판) 初喪(초상)

발전 ②初俸(초봉) 28初旭(초욱) ①劫初(겁초) 初臘(초랍)
初曙(초서) 初肇(초조) 初爻(초효)

사자성어 ③Ⅰ初志一貫(초지일관) 初度巡視(초도순시) ③初
動搜査(초동수사) 28首邱初心(수구초심)

부수	획수	총획
日	8	12

가장 최:【485】

字源 〈회의〉 말을 잘해서 적군의 귀를 베어왔던 전쟁도 있기는
있었던 모양이다. 서희 장군이 소손녕에게 말을 잘해 물
러가게 했던 전쟁도 생각나게 한다. 말은 상대방을 설득
시키는 도구와 같다. 사람이 말(曰)을 잘해서 적의 귀(耳)
를 또(又) 취해 가져서(取) 승리로 이끌었으니 [가장(最)]
을 뜻하고 [최]로 읽는다.
回聖(성인 성)

필순  冂 曱 曰 旵 旵 旵 � 昻 昻 最 最

기초 【기초한자어】 익히고, 【기본→발전한자어】 다지기
最高(최고) 가장 높음. 제일임
最善(최선) 가장 좋거나 훌륭한 것
最短(최단) 가장 짧음
• 이것은 最短 시간에 最善을 다해야만 하겠네.
• 이제는 우리 最高의 걸작품을 만들어야만 한다.

기본 ⑤最強(최강) 最古(최고) 最近(최근) 最多(최다) 最大
(최대) 最良(최량) 最小(최소) 最少(최소) 最新(최신)
最惡(최악) 最長(최장) 最終(최종) 最初(최초) 最後(최후)
④Ⅰ最低(최저) ④最適(최적) ③Ⅰ最殿(최전) ③最尖端
(최첨단)

발전 ②最新型(최신형) ①最嗜(최기) 最歇(최헐)

부수	획수	총획
示	5	10

빌 축【486】

字源 〈회의〉 제삿날이 돌아오면 가족들이 모여서 정성을 드려
제사를 모신다. 몸과 마음을 단정히 하고 축문을 읽으며
가족의 안위를 위해 소망을 빈다. 후손된 진정한 마음을
담았던 것은 아니었을까. 수많은 자손들(儿←人)이 선현
의 제사상(示) 앞에서 축문을 읽으며(口) 소망을 [빌다(祝)]

5급

는 뜻이고 [축]으로 읽는다.
圖 祈(빌 기) 禱(빌 도) 慶(경사 경) 回 稅(세금 세)

필순 一 二 亍 亍 示 示 礻 祀 祀 祝

기초 【기초한자어】익히고, 【기본→발전한자어】다지기
祝歌(축가) 축하하는 뜻으로 부른 노래
祝福(축복) 남의 행복을 빎
自祝(자축) 제 스스로를 축하함
• 진정으로 自祝하는 자리에서 祝歌를 불렀다.
• 이제는 힘차게 노래를 불러 祝福해 주어야겠다.

기본 5 祝文(축문) 祝手(축수) 祝願(축원) 祝典(축전) 祝電
(축전) 奉祝(봉축) 4ⅠⅠ 祝官(축관) 慶祝(경축) 祝祭(축제)
祭祝(제축) 4 祝髮(축발) 祝辭(축사) 祝儀(축의) 頌祝
(송축) 3Ⅰ 祝壽(축수) 祝賀(축하) 仰祝(앙축) 3 祝杯
(축배)

발전 2 祝融(축융) 祝融峯(축융봉) 1 巫祝(무축) 詛祝
(저축) 祝禱(축도)

	부수	획수	총획
致	至	4	10

이를 치 : 【487】

字源 〈회의〉일을 성취하려면 목적지에 도착하여 충분하게 이
야기하거나 스스로 처리한다. 일을 하려는 성취 욕구를
충분하게 충족하기도 한다. 일은 성취욕구와 목적의식이
있을 때 이룩되는 것이다. 사람이 일정한 장소로 가서(至)
도달했던(夂←夊) 바의 목적대로의 자기 소망에 [이르다(致)]
는 뜻이고 [치]로 읽는다.
圖 到(이를 도) 至(이를 지) 回 姪(조카 질)

필순

기초 【기초한자어】익히고, 【기본→발전한자어】다지기
致命(치명) 죽을 지경에 이름
景致(경치) 산수 등 자연계의 아름다운 현상
理致(이치) 사물의 정당한 조리
• 景致를 어찌 理致로 따지겠나, 감성으로 느껴야지.
• 그들은 모험을 걸고 무조건 뛰기만 했기에 致命傷
을 당했다.

기본 5 致家(치가) 致敬(치경) 致仕(치사) 致身(치신) 致語
(치어) 致位(치위) 致意(치의) 一致(일치) 才致(재치)
風致(풍치) 筆致(필치) 合致(합치) 4Ⅰ 致富(치부) 致謝
(치사) 致誠(치성) 4 致命傷(치명상) 致辭(치사) 招致
(초치) 功致辭(공치사) 3Ⅰ 致詞(치사) 致賀(치하) 韻致
(운치) 3 致享(치향)

발전 2 拉致(납치) 28 崔致遠(최치원) 1 檄致(격치) 拿致
(나치) 馴致(순치) 致齋(치재) 檻致(함치)

	부수	획수	총획
則	刀	7	9

법칙 칙
곧 즉 【488】

字源 〈회의〉조개껍질은 한 조각 크기나 모습이 똑같아서 나누
기에 아주 공평했다. 조개를 나눌 때도 입이 벌어지면 곧
장 갈라지는 습성도 인용된다. 호박이나 참외 그리고 수박
도 다 마찬가지이겠다. 바닷가에 사는 조개(貝)를 칼(刂←
刀)로 잘 나눠서 갈라야만 했었으니 나눔이란 [법칙(則)]
임을 뜻하고 [즉] 혹은 [칙]으로 읽는다.
圖 法(법 법) 規(법 규) 律(법칙 률) 回 測(헤아릴 측) 側(곁 측)

필순 丨 冂 冂 目 目 貝 貝 貝 則

기초 【기초한자어】익히고, 【기본→발전한자어】다지기
規則(규칙) 다같이 지키기로 약속한 법칙
反則(반칙) 규칙을 어김. 규칙에 어긋남
原則(원칙) 근본이 되는 규칙
• 原則을 잘 지켜서 規則에 어긋나지 않게 잘 하라.
• 이제는 우리 생활에 反則일랑 없어야 되겠지.

기본 5 校則(교칙) 法則(법칙) 變則(변칙) 鐵則(철칙) 學則
(학칙) 會則(회칙) 然則(연즉) 不規則(불규칙) 4Ⅰ 稅則
(세칙) 守則(수칙) 準則(준칙) 總則(총칙) 4 犯則(범칙)
3Ⅰ 附則(부칙) 3 軌則(궤칙)

발전 1 楷則(해칙)

	부수	획수	총획
他	人	3	5

다를 타 【489】

字源 〈형성〉가장 쌀쌀하고 냉정한 짐승을 뱀으로 생각하는 관
습이 있었다. 뱀의 몸뚱이를 손으로 만져보면 얼음장같이
쌀쌀하고 차갑기 때문이다. 다른 사람들도 이렇게 생각했
던 것은 아닐까. 자신(亻←人) 이외의 사람은 모두가 뱀
(也)처럼 쌀쌀맞다고 생각하여 모두는 각각 [다르다(他)]
는 뜻이고 [타]로 읽는다.
圖 異(다를 이) 別(나눌/다를 별) 殊(다를 수) 差(다를 차)
回 自(스스로 자) 回 地(땅 지) 池(못 지)

필순 丿 亻 亻 他 他

기초 【기초한자어】익히고, 【기본→발전한자어】다지기
他國(타국) 다른 나라. 외국
他律(타율) 자신의 의지와 관계없는 원칙
自他(자타) 자기와 남
• 그는 他律에 의해 他國으로 추방되고 말았다.
• 그러한 사실은 自他가 다 인정하고 있는 사실이다.

기본 [5] 他界(타계) 他力(타력) 他姓(타성) 他意(타의) 他人(타인) 出他(출타) 他方面(타방면) [4Ⅱ] 他官(타관) 他殺(타살) 他鄕(타향) 餘他(여타) [4] 依他(의타) [3Ⅱ] 排他(배타) 他動詞(타동사)

발전 [2名] 他岐(타기) [1] 靡他(미타)

사자성어 [4] 自他共存(자타공존) [3Ⅱ] 他山之石(타산지석)

打

부수	획수	총획
手	2	5

칠 타 :【490】

字源 〈형성〉 기둥을 세우거나 물건을 만들 때 못을 박아 연결한다. 한 손에는 망치를 들고 다른 한 손에는 못을 박았다. 망치를 잘못 휘두르다가는 그만 손가락을 다치는 수가 있어 조심성이 꼭 필요하다. 한 손(扌←手)에는 망치를 들고 다른 한 손에는 못(丁)을 박아 연결하면서 [치다(打)]는 뜻이고 [타]로 읽는다.

[동] 擊(칠 격) 攻(칠 공) 伐(칠 벌) 討(칠 토) 撞(칠 당) 撲(칠 박) [반] 防(막을 방) 守(지킬 수) [비] 抒(풀 서)

필순 

기초 【기초한자어】 익히고, 【기본 → 발전한자어】 다지기

打開(타개) 막힌 일 따위가 잘 풀어 엶

打電(타전) 무전이나 전보를 침

強打(강타) 세게 때림

- 그의 強打로 상대가 KO되자, 각국으로 打電되었다.
- 이제는 못했던 일을 잘 하도록 打開해야겠네.

기본 [5] 他力(타력) 打令(타령) 打算(타산) 打線(타선) 打手(타수) 打數(타수) 打字(타자) 打者(타자) 短打(단타) 代打(대타) 十打(십타) 安打(안타) [4Ⅱ] 打殺(타살) 打破(타파) 連打(연타) [4] 打擊(타격) 打點(타점) 打鍾(타종) 亂打(난타) [3Ⅱ] 打倒(타도) 打率(타율) 猛打(맹타)

발전 [2] 毆打(구타) 打診(타진) [1] 拷打(고타) 毆打(구타) 樸打(박타) 椎打(추타) 打撲(타박) 打栓(타전) 打擲(타척)

사자성어 [2] 一網打盡(일망타진)

卓

부수	획수	총획
十	6	8

높을 탁【491】

字源 〈회의〉 사람이 나이가 들어가면 동틀 무렵인 새벽부터 활동한다. 체질적으로 어찌할 수 없는 나이 탓으로 새벽잠이 없다. 사람(⺊←匕)이 새벽녘 동틀 무렵에 일찍(早) 활동하다는 뜻도 있다. 새벽녘(早) 해가 하늘 위(⺊←上)로 높이 떠올라 그 위용이 자랑스럽고 거룩하여 [높다(卓)]는 뜻이고 [탁]으로 읽는다.

[동] 高(높을 고) 尙(오히려 상) 越(넘을 월) [반] 低(밑 저) 卑(낮을 비) [비] 早(이를 조)

필순 

기초 【기초한자어】 익히고, 【기본 → 발전한자어】 다지기

卓見(탁견) 뛰어난 의견이나 견해

食卓(식탁) 식사용의 탁자

敎卓(교탁) 가르칠 때 책 따위를 둔 탁자

- 어찌 敎卓과 식탁을 같이 생각할 수 있겠소이까.
- 그는 卓見을 펼치지만 알아주는 사람은 별로 없다.

기본 [5] 卓球(탁구) 卓立(탁립) 卓然(탁연) 卓子(탁자) [4Ⅱ] 圓卓(원탁) [3Ⅱ] 卓冠(탁관) 卓拔(탁발) 卓越(탁월) 卓超(탁초)

발전 [2名] 卓峙(탁치) [1] 卓詭(탁궤) 卓犖(탁락) 卓爾(탁이) 卓綽(탁작)

사자성어 [4Ⅱ] 卓上空論(탁상공론)

炭

부수	획수	총획
火	5	9

숯 탄 :【492】

字源 〈형성〉 숯가마를 만들어 장작불을 피워서 검정 숯을 구웠다. 공기구멍을 모두 다 막고 알맞게 태우면 시커먼 숯으로 구워져 나온다. 이글거리는 숯불에 한약도 달였었고 고기도 구워서 먹었다. 산언덕(屵←岸)에 자리한 숯가마에다 불(火)을 피워 나무를 태워서 나오는 검은 [숯(炭)]을 뜻하고 [탄]으로 읽는다.

[반] 氷(얼음 빙) [비] 灰(재 회)

필순 

기초 【기초한자어】 익히고, 【기본 → 발전한자어】 다지기

木炭(목탄) 나무로 만든 숯

石炭(석탄) 압력에 의해 변질된 퇴적암

貯炭(저탄) 석탄, 숯 따위를 모아 간수함

- 예부터 연료로 石炭이 木炭보다 오래 탔다.
- 겨울을 나기 위해서 貯炭을 비축했었던 모양이다.

기본 [5] 炭水(탄수) 白炭(백탄) [4Ⅱ] 炭素(탄소) 無煙炭(무연탄) [4] 炭鑛(탄광) 炭層(탄층) 採炭(채탄) 九孔炭(구공탄) [3Ⅱ] 貯藏炭(저장탄) [3] 塗炭(도탄)

발전 [2] 炭坑(탄갱) 炭酸(탄산) 煉炭(연탄) [2名] 柴炭(시탄) 炭峴(탄현) [1] 褐炭(갈탄) 煤炭(매탄) 薪炭(신탄) 骸炭(해탄)

사자성어 [4Ⅱ] 炭化水素(탄화수소)

板

부수	획수	총획
木	4	8

널 판【493】

字源 〈형성〉 널조각은 굵은 통나무를 톱으로 켜서 넓적하고 반듯하게 만든다. 잘 켜는 널조각은 우리 생활에 매우 편리하게 사용했다. 특히 판자는 집안 아무 곳에나 붙여 외부로부터 바람을 막았다. 예리한 톱으로 기다란 통나무를 위와 아래로 뒤집었다 엎었다 하며 켜서 만든 [널조각(板)]을 뜻하고 [판]으로 읽는다.
回根(뿌리 근) 版(판목 판)

필순 一 十 才 木 朷 朽 板 板

기초 【기초한자어】 익히고, 【기본→발전한자어】 다지기
板本(판본) 목판으로 박은 책
板子(판자) 널빤지
木板(목판) 나무에 글이나 그림을 새긴 판
• 대장경은 木板으로 찍은 최초의 板本이었다.
• 板子는 널빤지인데 벽을 막는 원조였다고 한다.

기본 ⑤板木(판목) 板書(판서) 板紙(판지) 京板(경판) 氷板(빙판) 完板(완판) 鐵板(철판) 合板(합판) 畫板(화판) 黑板(흑판) 4Ⅱ經板(경판) ④板刻(판각) 看板(간판) 甲板(갑판) 降板(강판) 3Ⅱ鋼板(강판) 坐板(좌판) 珠板(주판) 漆板(칠판) ③苗板(묘판)

발전 ②揭板(게판) 模型板(모형판) 揷紙板(삽지판) 屍狀板(시상판) ①棺板(관판) 板撈(판로) 板榜(판방)

부수	획수	총획
攵	7	11

패할 패 : 【494】

字源 〈형성〉 두 개의 물건이 서로 부딪치면 어느 한 쪽이 더 많이 부서지는 경우가 흔히 있다. 어느 한쪽은 깨지고 어느 한쪽은 부서지는 경우도 잘 생긴다. 완고한 쪽도 부서지지 않으면 멍이 든다. 돈(貝)을 주고 산 물건이 서로 부딪치면서(攵) 한 쪽이 멍이 들면서 깨졌으니 [패하다(敗)]는 뜻이고 [패]로 읽는다.
回負(질 부) 北(달아날 배) 亡(망할 망) 回勝(이길 승) 克(이길 극) 成(이룰 성) 興(일 흥)

필순 丨 冂 冃 目 目 貝 貝 貶 敗 敗

기초 【기초한자어】 익히고, 【기본→발전한자어】 다지기
敗亡(패망) 싸움에서 져서 망함
敗戰(패전) 전쟁이나 경기 등에서 짐
勝敗(승패) 이기는 것과 지는 것
• 勝敗의 세계는 참으로 냉정하다.
• 敗戰하자마자 나라마저 敗亡하기에 이르렀다.

기본 ⑤敗北(패배) 敗色(패색) 敗子(패자) 大敗(대패) 不敗(불패) 成敗(성패) 失敗(실패) 完敗(완패) 全敗(전패) 4Ⅱ敗走(패주) 敗退(패퇴) 連敗(연패) ④憤敗(분패) 敗殘兵(패잔병) 3Ⅱ覆敗(복패) 腐敗(부패) 敗訴(패소)

惜敗(석패) 敗血症(패혈증) ③慘敗(참패)

발전 ②酸敗(산패) ①潰敗(궤패) 撓敗(요패) 蕩敗(탕패) 敗潰(패궤) 敗遁(패둔) 敗碎(패쇄) 敗瘻(패뇨) 敗甎(패전) 敗蕉(패초) 敗頹(패퇴) 敗朽(패후) 朽敗(후패)

사자성어 ⑤敗家亡身(패가망신)

부수	획수	총획
水	5	8

물 하 【495】

字源 〈형성〉 큰비가 내리면 인천 앞바다까지 누런 황토물이 된다고 하여 '황해'라고 했다. 한국에서 유입된 황토물, 중국에서 유입된 황토물이 합쳐진 색깔이리라. 압록강의 물도 마찬가지였겠다. 처음에는 황하강을 뜻했었지만, 입을 벌릴(可) 만큼 넓고도 큰 강(氵←水)으로 유입되는 [물(河)]을 뜻하고 [하]로 읽는다.
回江(강 강) 川(내 천) 水(물 수) 回山(메 산) 回何(어찌 하)

필순 丶 氵 氵 汀 沪 沪 河 河

기초 【기초한자어】 익히고, 【기본→발전한자어】 다지기
河口(하구) 강물이 다른 강으로 흘러듦
氷河(빙하) 거대한 얼음덩이가 흘러 다니는 물
山河(산하) 산과 강
• 우리 山河의 대부분 河口는 퇴적한 사토이다.
• 북극지방에는 얼음이 녹아 氷河가 되었다고 한다.

기본 ⑤河馬(하마) 河上(하상) 河川(하천) 河海(하해) 運河(운하) 銀河水(은하수)

발전 ②河津(하진) 28沂河(기하) 淇河(기하) 泗河(사하) 遼河(요하) ①洮河(도하) 河畔(하반) 河套(하투)

사자성어 ⑤大河小說(대하소설) 百年河淸(백년하청)

부수	획수	총획
宀	9	12

찰 한 【496】

字源 〈회의〉 집안에 문이 많으면, 밖의 찬 공기가 방안으로 들어와 매우 춥다. 입김이 서리고 손발이 시려 집안 전체가 썰렁해져 춥다. 문풍지를 바르고 바람구멍을 막아서 추운 겨울을 대비한다. 작은 문틈(宀)이지만 차가운(氵←氷) 공기가 많이 들어와서 온 방안이 얼음 얼 정도로 [차다(寒)]는 뜻이고 [한]으로 읽는다.
回冷(찰 랭) 凜(찰 름) 凄(쓸쓸할/찰 처) 回溫(따뜻할 온) 熱(더울 열) 暖(따뜻할 난) 煖(더울 난) 暑(더울 서) 回塞(막힐 색/변방 새)

필순 宀 宁 宇 宙 宝 宲 宲 寒 寒 寒

【기초】【기초한자어】 익히고, 【기본→발전한자어】 다지기
寒氣(한기) 찬 기운. 몸이 으스스한 기운
寒害(한해) 심한 추위로 농작물이 입는 해
惡寒(오한) 몸에 열이 나며 오슬오슬 추운 증세
•寒氣가 몸 깊숙이 파고들자 惡寒으로 떨었다.
•금년 농사는 날씨가 너무 추워 寒害일 것만 같구나.

【기본】 ⑤ 寒冷(한랭) 寒流(한류) 寒食(한식) 寒天(한천) 寒村(한촌) 大寒(대한) 小寒(소한) ④Ⅰ寒暖(한난) 寒帶(한대) 寒波(한파) 極寒(극한) 防寒服(방한복) ③Ⅰ寒微(한미) 耐寒(내한)

【발전】 ② 酷寒(혹한) 防寒帽(방한모) ②⑧寒蟾(한섬) 寒泓(한홍) ① 澄寒(발한) 禦寒(어한) 猝寒(졸한) 凄寒(처한) 寒刮(한괄) 寒葵(한규) 寒煖(한난) 寒衲(한납) 寒臘(한랍) 寒陋(한루) 寒慄(한율) 寒凜(한름) 寒芒(한망) 寒蚓(한인) 寒獐(한장) 寒凄(한처) 寒砧(한침) 寒庖(한포) 寒墟(한허) 寒卉(한훼) 寒兌(한훙)

【사자성어】 ⑤ 三寒四溫(삼한사온) ④ 嚴冬雪寒(엄동설한) ③Ⅰ 凍氷寒雪(동빙한설) ③ 脣亡齒寒(순망치한)

부수	획수	총획
言	4	11

허락할 허 【497】

【字源】〈형성〉 사람은 '접촉의 원리'나 '만남의 원리'를 생각하면서 살았던 것 같다. 살면서 자주 만나야 따뜻함이 오가고 뜻이 서로 같아진다는 말이겠다. 그래서 사람은 자주 만나야 한다고들 했다. 상대방의 자세한 속사정 이야기(言)를 듣고 의견이 서로가 일치되면서(午) [허락하다(許)]는 뜻이고 [허]로 읽는다.
回可(옳을 가) 諾(허락할 낙) 回評(평할 평)

【필순】 ﾉ ﾗ ﾗ ﾗ ﾗ ﾗ ﾗ ﾗ 許許

【기초】【기초한자어】 익히고, 【기본→발전한자어】 다지기
許可(허가) 들어줌. 허락
許容(허용) 허락하여 용납함
特許(특허) 특별히 허락함
•새로운 기술과 제품을 特許받기란 쉽지 않다는구나.
•그 방법을 許可 받아야만 물건 제작이 許容되겠네.

【기본】 ⑤ 許多(허다) 無許可(무허가) 十里許(십리허) ④Ⅰ官許(관허) 認許(인허) ③Ⅰ免許(면허) 許諾(허락) 許衡(허형) 何許人(하허인) ③ 幾許(기허)

【발전】 ② 赦許(사허) ②⑧亮許(양허) 允許(윤허)

부수	획수	총획
水	9	12

호수 호 【498】

【字源】〈형성〉 저수지나 호수는 농사를 짓거나 발전을 일으키는 물을 저장하기 위해서 만든다. 호수나 저수지에 저장한 물은 많고 넓기 때문에 아득하게 보였다. 고인 물이 대단하게 많은 양이다. 고여 있는 저수지(氵←水)보다 물의 양이 아주 많아서 멀고도(胡) 아득하게 보였으니 [호수(湖)]를 뜻하고 [호]로 읽는다.
回胡(되 호)

【필순】 ﾉ ﾗ ﾗ 氵 汸 湃 活 湖 湖湖湖

【기초】【기초한자어】 익히고, 【기본→발전한자어】 다지기
湖水(호수) 땅이 우묵하게 파여 연못이나 늪보다 넓고 깊게 물이 괴어 있는 곳
湖心(호심) 호수의 가운데
江湖(강호) 강과 호수. 자연. 시골. 일반 세상. 예전에 은자(隱者) 등이 현실을 도피하여 생활하던 자연
•거기에는 여러 江湖가 있는데 天池만큼이나 크다.
•호수 중심부를 湖心으로 대변해 주고도 있다는구나.

【기본】 ⑤ 湖南(호남) ③Ⅰ畿湖(기호)

【발전】 ②⑧浚湖(준호) 鼎湖(정호) ① 澄湖(징호) 湖畔(호반)

부수	획수	총획
心	7	11

근심 환: 【499】

【字源】〈형성〉 대밭을 지나다가 긴 대나무 꼬챙이로 발을 찔리면 아프고 고통스럽다. 대나무 밭에 들어가려면 미리 조심을 해야 한다. 대나무 밭에 들어가서 다치면 근심스런 병이 되기 때문이라 하겠다. 예리하고 긴 대나무 꼬챙이(串)로 발을 찌르게 되면 마음(心)이 심하게 아팠으니 [근심(患)]을 뜻하고 [환]으로 읽는다.
回憂(근심 우) 愁(근심 수) 回忠(충성 충)

【필순】 ﾉ ﾛ ﾛ ﾌ ﾛ 串 串 患 患 患

【기초】【기초한자어】 익히고, 【기본→발전한자어】 다지기
病患(병환) 병을 높여 이르는 말
患者(환자) 병을 앓는 사람
老患(노환) 늙어 쇠약해서 오는 병
•요즈음 患者들 중 老患이 심한 사람이 많다.
•病患이 깊지 않아도 주의가 요망된다 하겠지요.

【기본】 ⑤ 患部(환부) 急患(급환) 宿患(숙환) 外患(외환) 後患(후환) 重患者(중환자) ④Ⅰ患難(환난) ④ 患亂(환란) ③Ⅰ憂患(우환) 疾患(질환)

【발전】 ② 胎患(태환) ① 艱患(간환) 寇患(구환) 癩患(나환)

【사자성어】 ⑤ 外來患者(외래환자) ④Ⅰ有備無患(유비무환) ③Ⅰ內憂外患(내우외환) 識字憂患(식자우환) 養虎遺患(양호유환)

5급

부수	획수	총획
黑	0	12

검을 흑【500】

字源 〈상형〉 불을 땔 때 바람이 반대 방향에서 불면 집안에 연기가 자욱하다. 이럴 때 연기가 빠져 나가지 못하여 온 집안에 자욱하게 끼게 된다. 얼른 문을 열어 연기가 모두 나가도록 조치해야 한다. 불 땔 때에 연기(灬←炎)가 거멓게 창(罒) 밖으로 나가면서 까맣게 그을렸으니 [검다(黑)]는 뜻이고 [흑]으로 읽는다.
图暗(어두울 암) 漆(옻 칠) 玄(검을 현) 맨白(흰 백) 回墨(먹 묵) 역黑

필순 ⌐ ⌐ ⌐ 四 甲 里 里 黑 黑 黑 黑

기초 【기초한자어】 익히고, 【기본→발전한자어】 다지기
黑白(흑백) 검은 빛과 흰 빛. 잘잘못
黑心(흑심) 음흉하고 부정한 마음
黑板(흑판) 검정 칠을 하여 분필로 글씨를 쓰는 판
• 黑板에 백묵으로 글씨를 쓰면 黑白의 대비가 된다.
• 이제 그와 같은 黑心일랑 버리고 다니시죠.

기본 ⑤黑色(흑색) 黑人(흑인) 黑子(흑자) 黑海(흑해) 黑死病(흑사병) ④Ⅱ黑煙(흑연) 暗黑(암흑) ④黑髮(흑발) 黑鉛(흑연) 黑點(흑점) ③Ⅱ黑幕(흑막) 漆黑(칠흑) 黑雪糖(흑설탕)

발전 ①黑蛟(흑교) 黑疸(흑달) 黑黍(흑서) 黑鼠(흑서) 黑睛(흑정) 黑貂(흑초) 黑柿(흑시)

사자성어 ③黑衣宰相(흑의재상)

5급

한자능력검정시험
자원대사전

4급II

[501~750]

係怒豆牧壁悲聖收液員將除志蟲砲惠
警努斗毛罰備盛修壓容認濟至忠布協
慶難銅脈伐飛城受暗遙印製支築包血
境暖督滿律佛設送申玉往引提增蓄破賢
經器毒律背佛設送誤移制準銃總波驗
潔起導拜復想息藝議精竹請統鄉興希
缺禁隊錄房婦狀掃詩榮義政走處態香吸
檢極帶列副床笑視煙應程宗創快解回
個權黨擔殺勢逆恩絕鳥尊察侵航
講達麗連博副步謝施肉田造進次齒港貨
康究檀兩味寶師稅是研肉田造次齒港貨好
監求斷未報舍細如衛敵助真治豐護好
減句斷羅燈務保寺聲純為低早職側票呼
街官端燈務保寺聲純如低敵助真治豐護
假故單得武邊貧誠授羊圓障際指取暴戶

부수	획수	총획
人	9	11

거짓 가 : 【501】

字源 〈형성〉 거짓말을 자주 하는 사람들을 만난다. 남의 귀를 속이고 돈을 뜯어내는 사람도 상당히 많다. 사회를 위해서 바람직스럽지 못한 일이지만, 경제를 우선으로 하다 보니 불가항력적인 것 같다. 사람(亻←人)의 마음 씀이 바르지 못하여(叚) 자주 거짓말로 자기를 꾸며대니 [거짓(假)]을 뜻하고 [가]로 읽는다.
圓僞(거짓 위) 凹眞(참 진) 回暇(틈/겨를 가) 凹仮

필순 亻 亻 亻 亻 作 作 作 假 假 假

기초 【기초한자어】 익히고, 【기본→발전한자어】 다지기
假令(가령) 무슨 일을 가정할 때 쓰는 말
假想(가상) 사실이라고 가정하여 생각하는 것
假設(가설) 임시로 설치함
• 假令 너에게 그런 행운이 갑자기 찾아온다면 너는 어떻게 하겠니?
• 假設을 세우고 하나하나 증명해 나가는 것이 가장 중요하겠다.

기본 ④Ⅰ 假道(가도) 假量(가량) 假面(가면) 假名(가명) 假使(가사) 假建物(가건물) 假登記(가등기) 假文書(가문서) 假分數(가분수) ④ 假骨(가골) 假髮(가발) 假裝(가장) ③Ⅰ 假飾(가식) 假葬(가장) ③ 假攝(가섭) 假睡(가수)
발전 ② 假縫(가봉) 假託(가탁) ① 假寐(가매) 假喘(가천) 槀假(품가)

부수	획수	총획
行	6	12

거리 가(:) 【502】

字源 〈형성〉 '오거리'나 '네거리'라는 갈라진 길의 로터리가 참 많다. 이런 길은 사람들이 많이 다니고 있어서 상당히 복잡하다. 우마(牛馬)는 물론 사람들이 많이 다니는 거리는 더 많이 복잡하다. 여러 사람이 걸어 다니는(行) 길로 다들 가는 방향이 달라서 갈라진 길(圭)이었으니 [거리(街)]를 뜻하고 [가]로 읽는다.
圓道(길 도) 路(길 로) 巷(거리 항) 衢(네거리 구) 回往(갈 왕) 桂(계수나무 계) 掛(걸 괘)

필순 彳 彳 彳 彳 往 往 往 街 街

기초 【기초한자어】 익히고, 【기본→발전한자어】 다지기
街道(가도) 큰 도로
街頭(가두) 시가지의 길거리
商街(상가) 장사를 업으로 하는 집
• 이번에 거리 축제의 일환으로 街頭행진을 한다.

• 모든 商街들은 가게 문을 닫고 같이 街道에서 열리는 축제를 즐겼다.

기본 ④Ⅰ 街談(가담) 街燈(가등) 街路(가로) 街上(가상) 街業(가업) 街村(가촌) 市街(시가) 街路燈(가로등) 街路樹(가로수) 大學街(대학가) ④ 紅燈街(홍등가) 歡樂街(환락가) ③Ⅰ 繁華街(번화가) ③ 街販(가판) 街巷(가항)
발전 ② 金融街(금융가) ① 街衢(가구) 街邏(가라) 街坊(가방) 街娼(가창) 衢街(구가) 陋街(누가) 游街(유가)

부수	획수	총획
水	9	12

덜 감 : 【503】

字源 〈형성〉 백두산 천지는 언제나 물이 가득 차있지만, 한라산 백록담은 가끔 물의 바닥이 보일 정도까지 다 되어 마른다고 한다. 남북의 우리 명산들도 다 시를 쓰는지 대구를 이루고 있는 모습이다. 가두어 둔 물(氵)이 줄어들어 바닥이 보일 정도로 모두(咸) 말라 들었으니 [덜다(減)]는 뜻이고 [감]으로 읽는다.
圓省(살필 성/덜 생) 除(덜 제) 損(덜 손) 削(깎을 삭) 凹加(더할 가) 增(더할 증) 添(더할 첨) 回感(느낄 감) 滅(멸할 멸) 咸(다 함) 凹减

필순 氵 氵 氵 汀 沥 沥 沥 減 減

기초 【기초한자어】 익히고, 【기본→발전한자어】 다지기
減産(감산) 생산이 주는 것
減少(감소) 줄어서 적어짐
減員(감원) 인원수를 줄임
• 회사가 요즈음 경기불황으로 減産에 들어갔다.
• 농촌의 급격한 인구 減少로 이제는 減員할 수밖에 없는 딱한 실정이다.

기본 ④Ⅰ 減價(감가) 減軍(감군) 減等(감등) 減量(감량) 減配(감배) 減算(감산) 減稅(감세) 減勢(감세) 減速(감속) 減殺(감쇄) 減水(감수) 減收(감수) 減數(감수) 輕減(경감) 節減(절감) 增減(증감) ④ 減點(감점) 減縮(감축) 減刑(감형) 激減(격감) ③Ⅰ 減免(감면) 減壽(감수) 削減(삭감)
발전 ② 減俸(감봉) 減撤(감철) ① 減耗(감모) 減黜(감출) 耗減(모감) 蕩減(탕감)
사자성어 ③Ⅰ 加減乘除(가감승제) ③ 減價償却(감가상각)

부수	획수	총획
皿	9	14

볼 감 【504】

字源 〈회의〉 시집간 새색시는 자기 얼굴을 보기 위해 거울 볼 틈도 없다. 빨래하고 밥하고 집안일을 돌보기 때문에 분주한 것이다. 옛적의 시를 보면 세숫대야에 물을 떠놓고 얼굴을 보았다. 머리카락의 정돈함을 보려고 그릇(皿)에 물(一)을 떠놓고 고개 숙여(臥) 자기의 얼굴을 [보다(監)]는 뜻이고 [감]으로 읽는다.
图 觀(볼 관) 見(볼 견) 視(볼 시) 察(살필 찰) 看(볼 간) 覽(볼 람) 回鑑(거울 감) 濫(넘칠 람) 藍(쪽 람) 回监

필순

기초 【기초한자어】 익히고, 【기본→발전한자어】 다지기
監房(감방) 죄수를 가두어 두는 방
監事(감사) 법인의 재산을 맡은 기관·사람
監視(감시) 경계하기 위해 감독하고 살핌
• 잘못을 저질러 하루 종일 방안에 있었더니 답답함이 마치 監房같다.
• 그 회사 監査(감사)는 주민 안전과 사고예방을 위해 監視카메라를 달았다.

기본 4Ⅱ監觀(감관) 監禁(감금) 監督(감독) 監理(감리) 監査(감사) 監修(감수) 監院(감원) 監察(감찰) 警監(경감) 校監(교감) 大監(대감) 舍監(사감) 收監(수감) 令監(영감) 移監(이감) 入監(입감) 教育監(교육감) 治安監(치안감) 4監營(감영) 3Ⅱ監奴(감노) 監葬(감장) 3監押(감압)
발전 28台監(태감) 1監祠(감사)

康

부수	획수	총획
广	8	11

편안 강【505】

字源 〈형성〉 정미공장의 시설이 미흡했던 시절에는 절구로 방아를 찧었다. 디딜방아나 절구질에 의지하여 절구통에 곡식을 넣고 찧었다. 요즈음의 기계정미는 편안하게 정미하는 것이다. 절구에 낟알 곡식(庚)을 넣고 찧은 쌀(米)로 밥을 지어서 먹었더니 마음이 흡족하여 매우 [편안하다(康)]는 뜻이고 [강]으로 읽는다.
图 安(편안 안) 便(편할 편) 健(굳셀 건) 寧(편안할 녕) 回慶(경사 경) 庚(별 경)

필순 ⺀广户户庐庚庚康康康

기초 【기초한자어】 익히고, 【기본→발전한자어】 다지기
康福(강복) 건강하고 행복함
康健(강건) 기력이 튼튼함
健康(건강) 병 없이 좋은 기능을 가진 상태에 있음
• 健康한 마음으로 있어야만 힘든 狀況(상황)에서도 능히 이겨낼 수 있다.
• 팔십 노인답지 않게 이렇게 康健하시니 부디 康福을 누리옵소서.

기본 4Ⅱ康國(강국) 康年(강년) 康里(강리) 小康(소강) 4康居(강거) 3Ⅱ康寧(강녕)
발전 28杜康(두강) 1康逵(강규) 凱康(개강)

講

부수	획수	총획
言	10	17

욀 강 :【506】

字源 〈형성〉 공부를 할 때 올바른 것 좋은 것만 알면 공부하는 자세가 석연치 않다. 그에 따른 반대, 비유, 예시들을 알아가면서 익히는 것이 대단히 좋다. 선현들의 글에서도 이와 같은 반대어가 많다. 나무를 차곡차곡 어긋나게 쌓았듯이(冓) 여러 가지 말(言)로 설명하여 가며 [외다(講)]는 뜻이고 [강]으로 읽는다.
图 解(풀 해) 釋(풀 석) 誦(욀 송) 回構(얽을 구) 購(살 구)

필순 ⺀亠言言言語詳講講講講

기초 【기초한자어】 익히고, 【기본→발전한자어】 다지기
講壇(강단) 강의나 설교 때 올라가게 만든 자리
受講(수강) 강의를 받음
聽講(청강) 강의를 들음
• 목사님이 설교를 하시고자 講壇에 올라가신다.
• 듣고 싶은 강의에 受講신청하거나 聽講도 하겠다.

기본 4Ⅱ講究(강구) 講堂(강당) 講讀(강독) 講論(강론) 講士(강사) 講師(강사) 講義(강의) 講話(강화) 講和(강화) 開講(개강) 缺講(결강) 終講(종강) 出講(출강) 特講(특강) 休講(휴강) 講習會(강습회) 講演會(강연회) 講義室(강의실) 4講評(강평)
발전 2尼講(이강) 1講繹(강역) 講筵(강연) 按講(안강)

個

부수	획수	총획
人	8	10

낱 개(:)【507】

字源 〈형성〉 전쟁할 때 살아 움직인 사람을 얼른 헤아리기 어려웠다. 적군이든 아군이든 죽어 있는 사람의 수효는 쉽게 헤아렸다. 물건이나 사람을 헤아릴 때, 낱낱의 숫자를 일일이 헤아린 것이다. 사람(亻←人)이 물건 개수를 바르게 셀 수 있는 것은 물건이 굳은(固) 것이었으니 [낱(個)]을 뜻하고 [개]로 읽는다.
图 枚(낱 매) 回固(굳을 고) 엽个

필순 ノ亻亻们们们個個個個

기초 【기초한자어】 익히고, 【기본→발전한자어】 다지기
個別(개별) 하나하나. 따로따로 나눔.
個人(개인) 국가나 사회를 구성하는 낱낱의 사람

4급Ⅱ

個體(개체) 개개의 사물
• 오늘부터 個別적으로 진학상담을 시작하려고 한다.
• 민주사회에서는 個人의 인격을 존중하고 個體를 안전하게 보전하기를 바란다.

기본 ④Ⅱ 個當(개당) 個物(개물) 個性(개성) 個數(개수) 半個 (반개) 別個(별개) 個別的(개별적) 個人技(개인기)

사자성어 ④ 各個擊破(각개격파) ② 個別潤滑(개별윤활)

부수	획수	총획
木	13	17

검사할 검 : 【508】

字源 〈형성〉 중요한 물건이나 기밀문서를 멀리 보내려 할 때는 나무 상자에 넣어 겉을 봉하고 검인을 찍어 비밀리에 보냈다. 속에 든 물건을 다시 보아 검사하는 경우도 있다. 세관에서는 자세히 검사한다. 나무(木) 상자 속 물건을 아무나(僉) 보지 못하도록 야무지게 봉인하니 [검사하다(檢)]는 뜻이고 [검]으로 읽는다.
동 査(조사할 사) 督(감독할 독) 察(살필 찰) 閱(볼 열) 勘 (헤아릴 감) 按(누를 안) 回 險(험할 험) 儉(검소할 검) 劍 (칼 검) 약 検

필순 十 木 木 杧 杧 柃 柃 柃 檢 檢 檢

기초 【기초한자어】 익히고, 【기본→발전한자어】 다지기
檢問(검문) 검사하고 물음
檢定(검정) 어떤 일에 자격이 있고 없음을 검사함
檢討(검토) 내용을 충분히 조사하여 연구함
• 이제는 음주측정을 하기 위해서 그곳에 檢問臺(대)를 설치하면 좋겠다.
• 고등학교 졸업 檢定고시 제도를 檢討해야겠다.

기본 ④Ⅱ 檢擧(검거) 檢見(검견) 檢官(검관) 檢斷(검단) 檢督 (검독) 檢量(검량) 檢流(검류) 檢律(검률) 檢便(검변) 檢事(검사) 檢算(검산) 檢水(검수) 檢數(검수) 檢視(검시) 檢案(검안) 檢藥(검약) 檢溫(검온) 檢字(검자) 檢察(검찰) 檢出(검출) 檢波(검파) 檢問所(검문소) ④ 檢鏡(검경) 檢納(검납) 檢卵(검란) 點檢(점검) ③Ⅱ 臨檢(임검)

발전 ② 檢尿(검뇨) 檢屍(검시) 檢診(검진) ① 勘檢(감검) 檢勘 (검감) 檢痰(검담) 檢按(검안) 檢勅(검칙) 訊檢(신검) 按檢(안검) 崖檢(애검)

부수	획수	총획
水	12	15

깨끗할 결 【509】

字源 〈형성〉 삼에서 뽑은 실은 처음은 누런 빛깔이었다. 여러 번 물에 빨고 햇볕에 말려서 바래내면 하얀 색깔이 된다.

옷감의 깨끗함을 보이기 위한 방법일 것이다. 무명베도 마찬가지 공정이다. 물(氵)에 삼에서 뽑은 실(糸)을 넣고 빨아놓으면 색깔이 하얗게 되었으니 (初) [깨끗하다(潔)]는 뜻이고 [결]로 읽는다.
동 白(흰 백) 淸(맑을 청) 純(순수할 순) 淨(깨끗할 정) 齋 (재계할/집 재) 回 醜(추할 추) 濁(흐릴 탁) 回 契(맺을 계) 약 潔

필순 氵 氵 氵 沣 沣 浐 浐 潔 潔 潔 潔

기초 【기초한자어】 익히고, 【기본→발전한자어】 다지기
潔白(결백) 깨끗하고 흼
純潔(순결) 몸과 마음이 아주 깨끗함
淸潔(청결) 맑고 깨끗함
• 여름철에는 식당 주변은 항상 淸潔을 유지해야 한다.
• 증거물 확보로 이제 그의 潔白이 입증되었으니 한결 淸潔하겠네.

기본 ④Ⅱ 潔身(결신) 高潔(고결) 不潔(불결) ④ 簡潔(간결) ③Ⅱ 淨潔(정결)

발전 ② 潔衷(결충) ②⑧ 潔馨(결형) ① 潔癖(결벽) 皎潔 (교결) 齋潔(재결)

부수	획수	총획
缶	4	10

이지러질 결 【510】

字源 〈회의〉 장독처럼 큰 질그릇을 옮기다 보면 깨지거나 이지러지기 쉽다. 사기그릇도 부딪치거나 떨어뜨리면 쉽게 깨지게 된다. 특히 옹기그릇을 굽기 전에 옮기는 일은 중요하게 생각하여 조심히 옮겼다. 질그릇(缶)이 서로 부딪쳐서 깨지거나 갈라져(夬) 흠집이 생겼으니 [이지러지다(缺)]는 뜻이고 [결]로 읽는다.
동 乏(모자랄 핍) 回 出(날 출) 決(결단할 결) 快(쾌할 쾌) 약 欠

필순 ノ ト 느 午 午 岳 岳 缶 缺 缺

기초 【기초한자어】 익히고, 【기본→발전한자어】 다지기
缺席(결석) 출석하여야 할 경우에 출석하지 아니함
缺損(결손) 축이 나거나 손해가 남
缺食(결식) 끼니를 거름
• 요즈음 감기 몸살로 인하여 오늘은 缺席을 했다.
• 경기불황으로 缺損에 생기면서 缺食 아동도 많이 늘어났다.

기본 ④Ⅱ 缺講(결강) 缺禮(결례) 缺如(결여) 缺員(결원) 缺航 (결항) 病缺(병결) ④ 缺勤(결근) 缺點(결점) ③Ⅱ 缺陷 (결함) 補缺(보결)

발전 ② 缺札(결찰) ① 缺罹(결리) 缺盆(결분) 缺乏(결핍) 淪缺 (윤결) 剝缺(박결) 凋缺(조결) 頹缺(퇴결) 欠缺(흠결)

4급Ⅱ

사자성어 4Ⅱ完全無缺(완전무결) 4 缺損家庭(결손가정)

부수	획수	총획
土	11	14

境 지경 경【511】

字源 〈형성〉 국토의 대체적인 끝부분으로 하여 국경을 정했다. 국경을 나라 땅이 마치는 가장자리로 생각하였고 이곳의 방비를 더욱 튼튼히 하였다. 국토를 열심히 지키겠다는 우리들의 결의였다. 국가의 귀중한 영토(土)가 마지막 끝난 가장자리 끝 부분(竟)인 경계의 지역으로 [지경(境)]을 뜻하고 [경]으로 읽는다.
图 界(지경 계) 域(지경 역) 疆(지경 강) 回 意(뜻 의) 鏡(거울 경) 竟(마침내 경)

필순

기초 【기초한자어】 익히고, 【기본→발전한자어】 다지기
境遇(경우) 놓여 있는 조건이나 놓이게 된 형편
心境(심경) 마음의 상태
環境(환경) 주위의 사물, 사정
• 온전한 생태계 보호를 위해 環境보존운동을 활발하게 전개하였다.
• 만약 오늘 비가 올 境遇엔 나의 心境은 하루 종일 고달프겠는데.

기본 4Ⅱ境界(경계) 境内(경내) 境地(경지) 國境(국경) 邊境(변경) 死境(사경) 仙境(선경) 逆境(역경) 接境(접경) 地境(지경) 國境線(국경선) 4 困境(곤경) 祕境(비경) 3Ⅱ越境(월경) 無我境(무아경)

발전 2 塵境(진경) 1 窘境(군경) 奧境(오경) 蔗境(자경)

부수	획수	총획
心	11	15

慶 경사 경 : 【512】

字源 〈회의〉 사슴의 뿔은 보약에 쓰이는 약재의 으뜸으로 마치 화폐와 같이 생각했다. 사슴 뿔 자체를 아주 귀하게 생각했던 것이다. 이는 어느 한쪽으로 비스듬하게 기울어지는 정도를 생각했다. 좋은 일이 생겨서 사슴(鹿)을 가지고 (夂) 가서 마음(心)으로 축하해 주었으니 큰 [경사(慶)]를 뜻하고 [경]으로 읽는다.
图 福(복 복) 祝(빌 축) 賀(하례할 하) 弔(조상할 조) 回 麗(고울 려) 鹿(사슴 록) 薦(천거할 천) 庆

필순

기초 【기초한자어】 익히고, 【기본→발전한자어】 다지기
慶事(경사) 축하할 만한 기쁜 일

慶祝(경축) 경사로운 일을 축하함
慶賀(경하) 기쁘고 즐거운 일에 축하의 뜻을 표함
• 광복절 慶祝 行事가 TV로 생중계 되고 있다.
• 이제 새 家族이 태어났으니 慶事스런 날이므로 모두가 慶賀해야겠구나.

기본 4Ⅱ慶節(경절) 大慶(대경) 同慶(동경) 慶祝日(경축일) 國慶日(국경일) 3 慶弔(경조)

발전 2 慶瑞(경서) 2⊠ 祚慶(조경) 1 嘉慶(가경) 慶宥(경유)

부수	획수	총획
糸	7	13

經 지날/글 경【513】

字源 〈형성〉 땅 속에서 솟아오르는 물줄기는 상하좌우로 얽혀졌다가 땅 위로 솟아오른다. 이렇듯이 매우 귀중한 책도 잘 얽혀가면서 맸다. 어떠한 장소를 거치면서 가거나 오거나 하는 것을 말한다. 베를 짜는(巠) 것처럼 실(糸)로 짜서 책을 엮으며, 기초를 닦고 다스리어 [지나다(經)]는 뜻이고 [경]으로 읽는다.
图 理(다스릴 리) 過(지날 과) 歷(지날 력) 營(경영할 영) 回 緯(씨 위) 輕(가벼울 경) 徑(지름길 경) 回 経

필순

기초 【기초한자어】 익히고, 【기본→발전한자어】 다지기
經過(경과) 때의 지나감
經歷(경력) 겪어 지내온 일들
經路(경로) 지나가는 길
• 그 사람의 經歷을 보니 人生 경로는 험난했다.
• 시간이 經過됨에 따라 도피의 經路가 밝혀졌다.

기본 4Ⅱ經口(경구) 經國(경국) 經度(경도) 經力(경력) 經理(경리) 經費(경비) 經常(경상) 經書(경서) 經由(경유) 經典(경전) 經濟(경제) 經常費(경상비) 4 經營(경영) 3Ⅱ經穴(경혈) 金剛經(금강경) 3 經緯(경위)

발전 2 經肯(경지) 2⊠ 楞嚴經(능엄경) 1 經綸(경륜) 經屑(경설) 經塚(경총) 經函(경함) 擬經(의경) 帖經(첩경)

사자성어 4Ⅱ經世濟民(경세제민)

부수	획수	총획
言	13	20

警 깨우칠 경 : 【514】

字源 〈회의〉 거짓말을 자주하고 행동이 거친 사람은 늘 주의를 받는다. 회초리를 맞기도 하지만 따뜻한 말의 채찍을 받기도 했다. 사람이 이제야 자기 잘못을 깨달아 그 올바름을 비로소 알게 된다. 공순한 말(言)과 행동으로 상대방에게 늘 공경(敬)한 마음을 쓰면서도 자신을 [깨우치다(警)]는 뜻이고 [경]으로 읽는다.

圖覺(깨달을 각) 戒(경계할 계) 回敬(공경 경) 驚(놀랄 경)

필순 ⺍ ⺌ ⺌⺌ ⺌⺌ ⺌⺌ 敬 敬 警 警 警

기초 【기초한자어】 익히고, 【기본→발전한자어】 다지기
警告(경고) 주의하라고 경계하여 알림
警護(경호) 경계하고 보호함
軍警(군경) 군대와 경찰
• 대통령 전용차가 지나는 길에 警護가 삼엄했다.
• 警告음이 계속되니 軍警 합동으로 철저한 경비에 들어갔다.

기본 4Ⅱ警監(경감) 警科(경과) 警句(경구) 警務(경무) 警防
(경방) 警報(경보) 警部(경부) 警備(경비) 警省(경성)
警世(경세) 警長(경장) 警政(경정) 警正(경정) 警察
(경찰) 警責(경책) 夜警(야경) 警護員(경호원) 4警覺
(경각) 警戒(경계) 警鍾(경종) 警標(경표) 警覺心(경각심)
3Ⅱ警吏(경리) 巡警(순경)

발전 2警備網(경비망) 1警邏(경라) 警迹(경적) 寇警(구경)
烽警(봉경) 猜警(시경)

부수	획수	총획
人	7	9

맬 계:【515】

字源 〈형성〉 사람이 살아가려면 어떤 일에 많이 관계된다. 떨
어진 물건을 이으려면 두 끝을 아무지게 연결하여야 하는
이치와도 같다. 풀리지 않도록 양쪽 끝을 감아서 서로 매
듭을 만든 것이다. 사람(亻←人)이 어떤 일에 관계하거나
물건을 연결하여 굳게 이었으니(糸) 어디에 [매다(係)]는
뜻이고 [계]로 읽는다.
圖繫(맬 계) 回系(이어맬 계) 絲(실 사) 紅(붉을 홍)

필순 丿 亻 亻 亻 伝 係 係 係 係

기초 【기초한자어】 익히고, 【기본→발전한자어】 다지기
係員(계원) 한 계에서 일보는 사람
係爭(계쟁) 소송에 있어서 당사자 간의 다툼질
關係(관계) 둘 이상이 서로가 걸림
• 오늘은 새로 들어온 係員의 축하회가 열릴 모양
이다.
• 그는 이제 係爭을 하지 않고 자기와 關係된 일은
책임지겠다고 한다.

기본 4Ⅱ係數(계수) 係長(계장) 3Ⅱ係累(계루)
발전 1係羈(계기)

부수	획수	총획
攴	5	9

연고 고(:)【516】

字源 〈형성〉 했던 일에 잘못이 있으면 그 까닭부터 먼저 생각
한다. 이제 앞으로의 일이 잘 될 수 있도록 노력하는 사람
이 성공할 수 있다고 한다. 혈통이나 정분 그리고 법률 따
위로 인연을 맺은 관계란다. 옛일(古)을 돌이켜서 낱낱이
헤아려 짚어가면서 (攵) 그 까닭을 살폈으니 [연고(故)]를
뜻하고 [고]로 읽는다.
圖舊(예 구) 回姑(시어미 고) 枯(마를 고)

필순 一 十 十 古 古 古 苦 故 故

기초 【기초한자어】 익히고, 【기본→발전한자어】 다지기
故國(고국) 옛 나라, 자기가 태어난 나라
故人(고인) 죽은 사람
事故(사고) 평시에는 전혀 있지 아니하고 갑자기 일
어난 뜻밖의 사건
• 뜻밖의 사고로 故人이 된 그의 명복을 빈다.
• 事故로 인해 한줌의 재가 되어 故國의 품으로 돌
아왔다.

기본 4Ⅱ故事(고사) 故意(고의) 故障(고장) 故鄕(고향) 無故
(무고) 有故(유고) 作故(작고) 4緣故(연고) 3忌故
(기고)

발전 2故苑(고원) 託故(탁고) 28故巢(고소) 故疇(고주) 故址
(고지) 1故袴(고고) 故侶(고려) 故棲(고서) 故瘡(고창)
故墟(고허) 垢故(구고)

사자성어 4Ⅱ溫故知新(온고지신) 竹馬故友(죽마고우)

부수	획수	총획
宀	5	8

벼슬 관【517】

字源 〈회의〉 관청 안에서는 여러 계층의 벼슬아치들이 일을 한
다. 그 계층에는 일정한 등급이 있어서 질서가 정연했었
다. 그 옛날 관청에 나가서 나랏일을 맡아 다스리는 자리
나 그 일을 이른다. 관청(宀)에서 여러 계층 사람들이 자
기가 맡은(㠯) 바의 일을 계속해 진행했으니 [벼슬(官)]을
뜻하고 [관]으로 읽는다.
圖爵(벼슬 작) 尉(벼슬 위) 尹(성 윤) 回民(백성 민) 私
(사사 사) 回宮(집 궁) 管(대롱 관)

필순 ⺍ ⺍ 宀 宀 宀 官 官 官

기초 【기초한자어】 익히고, 【기본→발전한자어】 다지기
官職(관직) 관리의 직제, 직무, 벼슬
官廳(관청) 관리들이 나랏일을 맡아보는 기관
器官(기관) 일정한 기능을 가진 생물체의 한 부분
• 오랫동안 官職에 있다 보니 행동에 제약을 받는다.
• 소화 器官이 매우 약해져 이제는 그만 官廳 자리
에서 물러나야겠다.

기본 4Ⅱ官家(관가) 官界(관계) 官權(관권) 官能(관능) 官報

4급Ⅱ

(관보) 官服(관복) 官事(관사) 官舍(관사) 官運(관운) 官印(관인) 官認(관인) 官許(관허) 警官(경관) 舊官(구관) 内官(내관) ④ 官營(관영) ③Ⅱ 官吏(관리) 官公署(관공서) ③ 官繫(관계) 官僚(관료)

[발전] ② 官閥(관벌) 官俸(관봉) 尉官(위관) 准士官(준사관) ②⑧ 官媛(관원) 官尹(관윤) ① 官妓(관기) 官侶(관려) 官衙(관아) 官箴(관잠) 官楷(관해) 祠官(사관) 衙官(아관) 虞官(우관) 蔭官(음관) 銓官(전관) 稗官(패관) 宦官(환관) 嗅官(후관)

[사자성어] ③ 高官大爵(고관대작) 貪官汚吏(탐관오리)

부수	획수	총획
口	2	5

글귀 구 【518】

[字源] 〈회의〉 글을 읽을 때에 한 묶음의 단위로 끊어서 읽는다. 글을 서사할 때에는 자기의 사상과 감정을 충분하게 전달할 수 있도록 했던 것이다. 불과 몇 글자나 몇 낱말로 이루어진 아주 짧은 글이다. 기다란 글을 한 묶음(勹) 단위로 끊어 소리쳐서(口) 읽거나 글씨로 쓴 문장의 [글귀(句)]를 뜻하고 [구]로 읽는다.
圖 文(글월 문) 回 包(쌀 포) 旬(열흘 순) 戀 勾

[필순] ノ 勹 勾 句 句

[기초] 【기초한자어】 익히고, 【기본→발전한자어】 다지기
句節(구절) 한 토막의 글이나 말
語句(어구) 말의 한 토막
絕句(절구) 한시의 근체시의 하나
• 漢詩를 살펴보니 句節마다 깊은 뜻을 담고 있다.
• 오언사구인 語句로 된 漢詩를 오언 絕句라 한다.

[기본] ④Ⅱ 結句(결구) 警句(경구) 文句(문구) 字句(자구) ④ 句讀點(구두점)

[발전] ② 隻句(척구) ②⑧ 覓句(멱구) ① 揭句(게구) 句偈(구거) 句股(구고) 句戟(구극) 句芒(구망) 句贅(구췌) 截句(절구) 贅句(췌구)

[사자성어] ④Ⅱ 一言半句(일언반구) ④ 美辭麗句(미사여구)

부수	획수	총획
水	2	7

구할 구 【519】

[字源] 〈상형〉 가죽 옷은 가격이 비싸고 구하기가 매우 힘들었다. 그래서 사람들은 더욱 가죽 옷을 구해서 입고 싶어 했을 것이다. 바로 이것이 희소성이라 하겠다. 필요한 물건을 구해서 사용했었다. 구하기가 힘든 가죽옷 모양을 본떠서 누구나 그것을 입고 싶어 하던 옷을 쉽게 [구하다(求)]는 뜻이고 [구]로 읽는다.

圖 索(찾을 색) 乞(빌 걸) 回 球(공 구) 氷(얼음 빙) 救(구원할 구)

[필순] 一 十 十 才 求 求 求

[기초] 【기초한자어】 익히고, 【기본→발전한자어】 다지기
求道(구도) 진리나 종교적인 깨달음의 경지를 구함
求職(구직) 직업을 구함
探求(탐구) 더듬어 찾아 구함
• 요즈음 경기 불황으로 인하여 젊은이들이 심한 求職난을 겪고 있다.
• 잃어버린 求道를 探求하기 위해 百方으로 노력한다.

[기본] ④Ⅱ 求愛(구애) 急求(급구) 要求(요구) 請求書(청구서) ④ 求刑(구형) 求婚(구혼) 求心點(구심점) ③Ⅱ 懇求(간구) 促求(촉구) 追求(추구) ③ 求乞(구걸)

[발전] ① 苟求(가구) 誅求(주구)

[사자성어] ④ 緣木求魚(연목구어) ③Ⅱ 欲求不滿(욕구불만) ③ 刻舟求劍(각주구검)

부수	획수	총획
穴	2	7

궁구할 구 【520】

[字源] 〈형성〉 만장굴(제주)이나 고수동굴(충북) 같은 신비의 굴은 인간 노력에 의해 빛을 보았다. 이것들이 파헤쳐짐에 따라 자연의 신비스러움에 숙연해진다. 이치나 진리를 깊이 파면서 연구한 것이다. 굽이굽이 굽이진(九) 깊은 굴(穴)에 들어가 사실을 다 파헤쳐서 연구하니 [궁구하다(究)]는 뜻이고 [구]로 읽는다.
圖 考(생각할 고) 硏(갈 연) 竟(마침내 경) 回 空(빌 공) 突(갑자기 돌)

[필순] ` 宀 宀 宀 宀 究 究 究

[기초] 【기초한자어】 익히고, 【기본→발전한자어】 다지기
究明(구명) 깊이 연구하여 밝힘
窮究(궁구) 속속들이 깊이 연구함
硏究(연구) 깊이 조사하여 밝힘
• 밤늦게까지 硏究를 거듭하여 커다란 成果를 이루어서 업적을 남겼다.
• 그는 항상 학문에 窮究하고 이치를 究明하기 위해 노력하는 명사이다.

[기본] ④Ⅱ 究極(구극) 講究(강구) 學究熱(학구열) ③ 究竟(구경)

[발전] ① 究詰(구힐) 闡究(천구)

부수	획수	총획
宀	7	10

집 궁 【521】

4급Ⅱ

字源 〈상형〉 의식주는 사람이 살아가는 3대 구비요건으로 중히 여겼다. 몸담아 살고 있는 주거는 아무리 설명해도 부족함이 없겠다. 사람이 들어서 살거나 활동할 수 있도록 지은 건축물이다. 사람이 몸(몸←躬) 담고 사는 [집(宀)]이었으나 진나라 이후부터 일반적 [집(宮)] 또는 [궁궐(宮)]로 쓰였으며 [궁]으로 읽는다.

图室(집 실) 家(집 가) 堂(집 당) 宅(집 택) 屋(집 옥) 戶(집 호) 殿(전각 전) 閣(집 각) 館(집 관) 闕(대궐 궐) 回官(벼슬 관)

必순 丶丶宀宀宁宁宫宫宫宫

기초 【기초한자어】 익히고, 【기본→발전한자어】 다지기
宮女(궁녀) 궁궐 안에서 내전을 모시는 내명부 총칭
宮合(궁합) 혼인할 신랑, 신부의 사주로 길흉을 점침
古宮(고궁) 옛 궁궐
• 낙화암에는 삼천 宮女의 넋이 서려있는 듯하다.
• 옛 古宮은 역사적 사실과 시대상을 잘 보여주어 宮合이 잘 맞았다.

기본 4Ⅱ宮城(궁성) 宮調(궁조) 宮體(궁체) 王宮(왕궁) 月宮(월궁) 子宮(자궁) 合宮(합궁) 後宮(후궁) 4宮刑(궁형) 龍宮(용궁) 3Ⅱ宮殿(궁전) 尙宮(상궁) 皇宮(황궁)

발전 2宮闕(궁궐) 宮苑(궁원) 子宮癌(자궁암) 28宮娥(궁아) 璇宮(선궁) 璿宮(선궁) 蟾宮(섬궁) 后宮(후궁) 1宮妓(궁기) 宮廐(궁구) 宮侶(궁려) 宮坊(궁방) 宮陛(궁폐) 嬪宮(빈궁) 殯宮(빈궁) 齋宮(재궁) 沛宮(패궁) 春宮坊(춘궁방)

사자성어 4Ⅱ宮庭文學(궁정문학) 2九重宮闕(구중궁궐)

부수	획수	총획
木	18	22

권세 권 【522】

字源 〈형성〉 황새가 두 눈을 두리번거리며 먹이를 찾는다. 이렇듯이 사람이 저울대(木) 눈을 살펴보았으니 雚(황새) '저울질하다'는 뜻으로도 쓰였다. 권력과 세력이란 두 말을 아울러 이르는 말이다. 목이 긴 황새(雚)들은 나무(木)가지에 앉아 주위를 살피면서 의젓한 자태를 보였으니 [권세(權)]를 뜻하고 [권]으로 읽는다.

图稱(일컬을 칭) 衡(저울대 형) 回觀(볼 관) 勸(권할 권) 歡(기쁠 환) 回権, 权

必순 十才扌扌扩扩扩榁榁權權

기초 【기초한자어】 익히고, 【기본→발전한자어】 다지기
權利(권리) 권세와 이익
權勢(권세) 권력과 세력
權限(권한) 권리의 범위
• 모든 사람은 인간답게 대접받을 權利가 주어진다.
• 하늘 높은 줄 모르던 權勢와 權限도 무던한 歲月

이 가면 그냥 쇠한다.

기본 4Ⅱ權能(권능) 權道(권도) 權度(권도) 權量(권량) 權力(권력) 權益(권익) 官權(관권) 敎權(교권) 復權(복권) 父權(부권) 分權(분권) 女權(여권) 利權(이권) 公權力(공권력) 4權威(권위) 權座(권좌) 權稱(권칭) 投票權(투표권) 3Ⅱ權衡(권형) 越權(월권) 執權(집권) 債權(채권) 著作權(저작권) 3權攝(권섭)

발전 2權軸(권축) 霸權(패권) 28權柄(권병) 秉權(병권) 1權藉(권자) 擅權(천권)

사자성어 3Ⅱ權謀術數(권모술수)

부수	획수	총획
木	9	13

극진할 극
다할 극 【523】

字源 〈형성〉 집을 지을 때 기둥을 세우고 들보를 올리는 작업을 상량(上樑)이라고 한다. 이 작업은 매우 정성을 들이면서 신중하게 했었다. 쏟아 붓는 그 마음이나 대접이 매우 정성스럽다고 하겠다. 집 형태가 되는 들보(木)를 상량할 때 작업은 신속하고 빨리(亟) 했었으니 [극진하다(極)]는 뜻이고 [극]으로 읽는다.

图端(끝 단) 至(이를 지) 窮(다할 궁) 盡(다할 진) 甚(심할 심) 回樞(지도리 추)

必순 十才木木朽朽柯柯柯極

기초 【기초한자어】 익히고, 【기본→발전한자어】 다지기
極端(극단) 맨 끝. 맨 끄트머리
極盡(극진) 힘이나 마음을 다함
極致(극치) 더 갈 수 없는 극단에 이름
• 모처럼 집에 찾아온 손님을 極盡하게 대접했다.
• 매사에 極端的(적)인 행동은 이제 훌륭한 極致를 낳고 있어 칭송이 자자하다.

기본 4Ⅱ極光(극광) 極度(극도) 極東(극동) 極力(극력) 極貧(극빈) 極小(극소) 極少(극소) 極言(극언) 極右(극우) 極左(극좌) 極大化(극대화) 4極烈(극렬) 極祕(극비) 極點(극점) 極讚(극찬) 窮極(궁극) 3Ⅱ極甚(극심) 3罔極(망극)

발전 2磁極(자극) 南極圈(남극권) 北極圈(북극권) 28峻極(준극) 1極贖(극속) 極摯(극지) 倦極(권극)

사자성어 4Ⅱ極樂往生(극락왕생) 極惡無道(극악무도) 28昊天罔極(호천망극)

부수	획수	총획
示	8	13

금할 금 : 【524】

4급Ⅱ

字源 〈형성〉 신을 모신 사당 주위는 매우 신성시했었다. 함부로 드나들 수 없게 했을 뿐만 아니라 나무도 베지 않고 자연 그대로 보전했다. 함부로 사람들이 드나들지 못하도록 엄중하게 했다. 토지신(示)을 모신 사당 주위의 숲(林)은 함부로 베지 못하도록 잘 단속했으니 [금하다(禁)]는 뜻이고 [금]으로 읽는다.
圄止(그칠 지) 忌(꺼릴 기) 錮(막을 고) 回礎(주춧돌 초) 楚(초나라 초)

필순 一 十 才 未 朴 林 林 埜 埜 禁

기초 【기초한자어】 익히고, 【기본→발전한자어】 다지기
禁物(금물) 좋지 못한 일
禁食(금식) 일정한 계율을 위해 음식을 안 먹음
禁止(금지) 금하여 못하게 함
• 요즈음 공사장 앞에 출입 禁止 표지판이 서 있다.
• 학생이 유흥장에 출입하는 것은 禁物이며, 禁止판이 붙었다.

기본 ④Ⅱ 禁軍(금군) 禁書(금서) 禁煙(금연) 禁中(금중) 監禁(감금) 解禁(해금) 禁足令(금족령) ④ 禁轉(금전) 禁酒(금주) 禁婚(금혼) 嚴禁(엄금) ③Ⅱ 禁慾(금욕) 拘禁(구금) ③ 禁忌(금기)

발전 ② 禁闕(금궐) 禁網(금망) ① 禁錮(금고) 禁奧(금오) 禁陛(금폐) 禁圃(금포) 弛禁(이금)

사자성어 ④Ⅱ 禁治産者(금치산자)

부수	획수	총획
口	13	16

그릇 기 【525】

字源 〈회의〉 개고기는 '보신탕'으로 삼복(三伏) 더위에 많이들 먹었다. 인심이 후해서 혼자 먹지 않고 그릇에 수북이 담아 나누어 골고루 먹었다. 물건이나 음식을 담는 도구를 통틀어 말한 그릇이다. 개(犬)고기를 담아서 여러 사람이(口口) 같이 나누어 먹었던 옹기로 널리 쓰는 [그릇(器)]을 뜻하고 [기]로 읽는다.
圄具(갖출 구) 皿(그릇 명) 什(세간 집/열사람 십) 回哭(울 곡) 回噐

필순 口 口 叩 叩 咢 哭 哭 器 器 器

기초 【기초한자어】 익히고, 【기본→발전한자어】 다지기
器具(기구) 세간, 그릇, 도구 따위를 통틀어 일컬음
器量(기량) 사람의 덕량과 재능
武器(무기) 전쟁에 쓰이는 온갖 기구
• 그 집 주방에는 조리 器具들이 즐비하다.
• 器量이 넉넉지 못한 범인이 武器를 들고 위협했다.

기본 ④Ⅱ 器官(기관) 器物(기물) 器樂(기악) 器材(기재) 器才(기재) 計器(계기) 利器(이기) 木器(목기) 便器(변기) 兵器(병기) 性器(성기) 容器(용기) 火器(화기) 凶器(흉기) 計量器(계량기) 消音器(소음기) 呼吸器(호흡기) ④ 核武器(핵무기) ③Ⅰ 器械(기계) 沙器(사기) 藥湯器(약탕기)

발전 ② 磁器(자기) 生殖器(생식기) 聽診器(청진기) ② 甕器(옹기) ① 稼器(가기) 汲器(급기) 器皿(기명) 器蘊(기온) 器仗(기장) 祠器(사기) 粹器(수기) 什器(집기) 鍮器(유기) 瓷器(자기)

사자성어 ③Ⅰ 大器晩成(대기만성) 粉靑沙器(분청사기) ② 棟梁之器(동량지기)

부수	획수	총획
走	3	10

일어날 기 【526】

字源 〈형성〉 달리기를 하려면 출발선에 나와서 허리를 굽혀 출발 자세를 취한다. 출발 신호와 함께 몸을 일으켜 전력질주로 달린 것이다. 일정한 자리에서 앉거나 앉았다가 다시 일어서는 모습이다. 멀리 달리려고(走) 출발선 위에 손을 댄 후에 윗몸(己)을 빨리 치켜들었으니 [일어나다(起)]는 뜻이고 [기]로 읽는다.
圄立(설 립) 發(필 발) 回結(맺을 결) 伏(엎드릴 복) 寢(잠잘 침) 臥(누울 와) 陷(빠질 함) 回越(넘을 월) 赴(다다를 부)

필순 一 十 土 キ キ 走 走 起 起 起

기초 【기초한자어】 익히고, 【기본→발전한자어】 다지기
起立(기립) 앉았다가 일어나서 섬
起源(기원) 사물이 생긴 근원
提起(제기) 의견을 붙이어 의논할 것을 내어놓음
• 뛰어난 연기에 모든 관중이 일어나 일제히 起立박수를 열렬히 보냈다.
• 이와 같은 起源을 잘 알고 난 후에 오히려 피해자 측에서 소송을 提起했다.

기본 ④Ⅱ 起工(기공) 起動(기동) 起案(기안) 起用(기용) 起因(기인) 起草(기초) ④ 起居(기거) 起伏(기복) 起點(기점) 起寢(기침) 起重機(기중기) ③Ⅰ 起訴(기소) 突起(돌기) ③ 蜂起(봉기)

발전 ② 起刹(기찰) 倂起(병기) 惹起(야기) ② 殷起(은기) ① 蹶起(궐기) 勃起(발기) 鋒起(봉기) 夙起(숙기) 雯起(안기) 涌起(용기) 聳起(용기) 喚起(환기)

사자성어 ④Ⅱ 起死回生(기사회생) ④ 起承轉結(기승전결)

부수	획수	총획
日	9	13

따뜻할 난 : 【527】

字源 〈형성〉 봄이 되면 따사로운 햇볕이 내리 쬐어 움츠렸던 어깨가 풀리면서 몸이 느즈러진다. 따뜻함과 피곤함이 서로 겹쳐진 것이다. 봄에는 쾌적한 느낌이 들 정도로 온도가 적당하여 활동을 한다. 햇볕(日)이 잘 쬐어 온몸이 느즈러질(爰) 정도로 잘 풀어졌으니 날씨가 [따뜻하다(暖)]는 뜻이고 [난]으로 읽는다.
周溫(따뜻할 온) 凹寒(찰 한) 冷(찰 랭) 涼(서늘할 량)
凹援(도울 원) 緩(느릴 완) 媛(계집 원)

필순

기초 【기초한자어】 익히고, 【기본 → 발전한자어】 다지기
暖帶(난대) 열대와 온대의 사이에 걸쳐 있는 기후대
暖流(난류) 적도 부근에서 고위도 방향으로 흐르는 온도가 높은 해류
暖房(난방) 방을 덥게 함
· 寒流와 暖流가 만나는 곳도 暖帶라 할 수 있을까.
· 올 겨울은 추운 날씨가 잦더니만 暖房기구가 잘 팔린다.

기본 4Ⅱ 暖冬(난동)
발전 2 暖帽(난모) 1 暖簾(난렴) 暖寮(난료)

	부수	획수	총획
難	隹	11	19

어려울 난(:) 【528】

字源 〈형성〉 새는 나무나 전깃줄 위에 마음대로 앉고 다시 날아간다. 먹을 것을 찾아 진흙 밭 위에 앉았다가 그만 발이 빠져서 퍼드덕거리기도 한다. 몸이 피곤하여 일어서기가 까다롭고 힘이 든다. 진흙(堇) 속에 발이 빠진 새(隹)가 높이 날아가려고 퍼드덕거리지만 벗어나기 [어렵다(難)]는 뜻이고 [난]으로 읽는다.
周苦(쓸 고) 艱(어려울 간) 凹易(바꿀 역/쉬울 이) 凹漢(한나라 한) 歎(탄식할 탄) 離(떠날 리) 艱(어려울 간)

필순

기초 【기초한자어】 익히고, 【기본 → 발전한자어】 다지기
難聽(난청) 청각 기관의 장애로 듣는 힘이 낮아짐
苦難(고난) 괴로움과 어려움
非難(비난) 남의 잘못이나 흠을 책잡음
· 그는 지금까지 모진 苦難을 이기고 결국에는 크게 성공했다.
· 주변의 非難에도 나는 아랑곳하지 않고 나의 難聽의 어려움을 크게 호소했다.

기본 4Ⅱ 難關(난관) 難局(난국) 難民(난민) 難産(난산) 難色(난색) 難題(난제) 難處(난처) 難破(난파) 難航(난항) 難解(난해) 難工事(난공사) 4 難易度(난이도)
발전 1 艱難(간난) 寇難(구난) 難艱(난간) 難堪(난감) 難駁

(난박) 難澁(난삽) 難詰(난힐) 罹難(이난) 靖難(정난) 遭難(조난) 阻難(조난) 詰難(힐난)
사자성어 4Ⅱ 難兄難弟(난형난제) 4 難攻不落(난공불락) 3 刻骨難忘(각골난망) 白骨難忘(백골난망)

	부수	획수	총획
努	力	5	7

힘쓸 노 【529】

字源 〈형성〉 자유가 보장되지 못한 노예제도가 성행했었다. 사람임에도 다른 사람에게 팔려가고 주인을 위해서 봉사하는 것이 그들의 전부였다. 어려움을 끝까지 참아 가면서 꾸준하게 노력했다. 신분이 매우 낮은 사람이 남의 집 종(奴)처럼 힘(力)을 들여 일만 열심히 했으니 [힘쓰다(努)]는 뜻이고 [노]로 읽는다.
周力(힘 력) 務(힘쓸 무) 勉(힘쓸 면) 勵(힘쓸 려) 凹怒(성낼 노) 奴(종 노)

필순

기초 【기초한자어】 익히고, 【기본 → 발전한자어】 다지기
努力(노력) 힘을 씀. 힘을 다함
努肉(노육) 헌 데에 두드러지게 내민 군더더기 살
努責(노책) 대변이 나오지 않고 안간힘만 쓰는 일
· 죽은 짐승고기와 같은 굳은 살을 努肉이라 한다.
· 대변을 보려고 많이 努力하고 努責도 하지만 모두가 소용이 없다.

	부수	획수	총획
怒	心	5	9

성낼 노 : 【530】

字源 〈형성〉 노예는 이리저리 팔려 다니며 주인이 시키는 일을 열심히 하면 되었다. 그도 사람이기에 간섭이 너무 심하면 성낸 얼굴을 했을 것이다. 화를 내거나 현상이 격하고 거친 기운을 낸다. 많은 혹사를 당한 종(奴)이 주인장에게 자기의 노여운 마음(心)을 나타냈으니 [성내다(怒)]는 뜻이고 [노]로 읽는다.
周憤(분할 분) 哮(성낼 효) 凹喜(기쁠 희) 凹努(힘쓸 노) 奴(종 노) 恕(용서할 서)

필순

기초 【기초한자어】 익히고, 【기본 → 발전한자어】 다지기
怒氣(노기) 성이 난 얼굴빛
激怒(격노) 몹시 성을 냄
憤怒(분노) 분하여 성을 냄
· 그는 참다가 결국 화가 나서 얼굴에 怒氣를 드

4급Ⅱ

러내고야 말았다.
• 끓어오르는 激怒였지만 憤怒를 가라앉히느라 깊은 심호흡을 했다.

기본 4Ⅱ 怒號(노호) 大怒(대노)

발전 2 鬱怒(울노) 28 赫怒(혁노) 1 呵怒(가노) 譴怒(견노) 怒譴(노견) 怒濤(노도) 怒罵(노매) 怒狀(노복) 怒臂(노비) 怒叱(노질) 怒漲(노창) 怒哮(노효) 勃怒(발노) 忿怒(분노) 憑怒(빙노) 宸怒(신노) 躁怒(조노) 嗔怒(진노) 吼怒(후노)

사자성어 4Ⅱ 怒發大發(노발대발) 天人共怒(천인공노)

부수	획수	총획
口	9	12

홑 단 【531】

字源 〈형성〉 수레바퀴는 나무를 둥글게 만들고 양 가에 쇠붙이를 붙여서 굴리게 했었다. 바퀴는 대장간에서 다듬은 쇠바퀴를 달아 나무 닳음을 방지했었다. 짝이 맞거나 겹으로 되지 않았던 것이다. 식구들을 먹여(口口) 살리기 위해서 밭으로(田) 자주(十) 나가 혼자 열심히 일했으니 [홑(單)]을 뜻하고 [단]으로 읽는다.
图 獨(홀로 독) 回 複(겹칠 복) 回 彈(탄알 탄) 禪(선 선) 回 単

필순 ` ′ ⼝ ⼝⼝ ⼝⼝ ⼝⼝ ⼝⼝ 單 單 單

기초 【기초한자어】 익히고, 【기본→발전한자어】 다지기
單價(단가) 각 단위마다의 값
單獨(단독) 단 하나. 단 한 사람
單純(단순) 복잡하지 않고 간단함
• 인기를 얻어 이번에 처음으로 單獨콘서트를 연다.
• 물건 값은 單價를 매기는데 그 계산법이 아주 單純하지 않다고 말한다.

기본 4Ⅱ 單間(단간) 單科(단과) 單利(단리) 單色(단색) 單線(단선) 單數(단수) 單手(단수) 單語(단어) 單元(단원) 單位(단위) 單音(단음) 單一(단일) 單子(단자) 單調(단조) 名單(명단) 食單(식단) 傳單(전단) 單行本(단행본) 4 單複(단복) 單層(단층) 簡單(간단) 孤單(고단) 單細胞(단세포)

발전 1 單衾(단금) 單陋(단루) 單笥(단사) 單棲(단서) 單蹄(단제) 嬋單(상단)

사자성어 3Ⅱ 單刀直入(단도직입)

부수	획수	총획
斤	14	18

끊을 단 : 【532】

字源 〈회의〉 가내수공업으로 바느질하는 공장에서 옷을 만들기 위해 실을 사용한다. 실타래를 연모로 잘라 알맞은 크기로 정하면서 사용했다. 붙어있지 않게 따로따로 떨어지도록 잘라 가른다. 아주 작고(幺)도 가느다란 실로(幺) 계속 이어진(㡭←繼) 실타래를 도끼(斤)로 잘라서 [끊다(斷)]는 뜻이고 [단]으로 읽는다.
图 決(결단할 결) 切(끊을 절) 絶(끊을 절) 截(끊을 절) 回 連(이을 련) 續(이을 속) 承(이을 승) 係(맬 계) 回 繼(이을 계) 回 断

필순 ` 幺 幺幺 幺幺 幺幺 㡭 㡭 㡭 斷 斷 斷

기초 【기초한자어】 익히고, 【기본→발전한자어】 다지기
斷念(단념) 생각을 아주 끊어 버림
斷言(단언) 주저하지 아니하고 딱 잘라 말함
剛斷(강단) 과단성 있게 결단하는 힘
• 밖에 나가려다 비가 내려 그만 斷念하고 말았다.
• 어머니는 剛斷있는 행동으로, 흡족하지 않으면 금방 斷念하고 만다.

기본 4Ⅱ 斷交(단교) 斷面(단면) 斷産(단산) 斷線(단선) 斷續(단속) 斷水(단수) 斷食(단식) 斷案(단안) 斷然(단연) 斷電(단전) 斷絶(단절) 斷定(단정) 斷罪(단죄) 斷指(단지) 中斷(중단) 斷熱材(단열재) 4 斷髮(단발) 斷層(단층) 判斷力(판단력) 3Ⅱ 斷片(단편) 裁斷(재단) 斷頭臺(단두대)

발전 2 診斷(진단) 遮斷(차단) 1 揫斷(연단) 斷咽(단인) 斷棧(단잔) 斷箭(단전) 斷截(단절) 斷綻(단탄) 壟斷(농단) 剖斷(부단) 宸斷(신단) 臆斷(억단) 剪斷(전단) 截斷(절단) 擅斷(천단) 勅斷(칙단) 朽斷(후단)

사자성어 3Ⅱ 斷機之戒(단기지계) 優柔不斷(우유부단) 橫斷步道(횡단보도)

부수	획수	총획
木	13	17

박달나무 단 【533】

字源 〈형성〉 박달나무는 단단하여 도장을 파는 나무로 사용했다. 나이테가 많고 오래도록 자라면 단단하기가 좋아 도장용으로 안성맞춤이었다. 나무질이 단단하여 건축재료와 가구재로도 많이 쓰였다. 키가 크고(亶) 알속이 단단하여 도장파기에 아주 좋았던 나무(木)로 [박달나무(檀)]를 뜻하고 [단]으로 읽는다.
回 壇(단 단)

필순 ⼀ ⼗ ⼤ 木 木 栌 柿 椇 椐 檀 檀 檀 檀

기초 【기초한자어】 익히고, 【기본→발전한자어】 다지기
檀君(단군) 한국의 국조로 받드는 태초의 임금
檀紀(단기) 단군이 즉위한 해
震檀(진단) 우리나라를 예스럽게 이르는 말

• 동방과 우리나라 시조가 檀君인 까닭에서 震檀이란 말이 나왔다.
• 檀紀는 檀君이 즉위한 해를 그 원년으로 삼는다.

기본 4Ⅱ 檀木(단목)

발전 2名 檀桓(단환) 1 檀槽(단조)

端

부수	획수	총획
立	9	14

끝 단【534】

字源 〈형성〉 초목의 새로운 잎은 약하고 힘없어 보이지만 잘 자라면 끝이 뾰족해진다. 실 끝처럼 끝이 날카롭다고 생각했다. 일정한 공간이나 사물에서, 더는 이어지지 않는 지점이나 부분이다. 꽃이나 나무가 움터 나와 서서(立) 자란 풀이 실 끝(耑)처럼 날카로운 실마리 같아 그 [끝(端)]을 뜻하고 [단]으로 읽는다.

동 正(바를 정) 末(끝 말) 終(마칠 종) 極(극진할 극) 반 發(필 발) 始(비로소 시) 初(처음 초) 비 瑞(상서로울 서)

필순 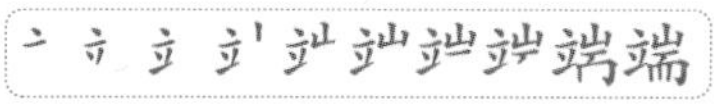

기초 【기초한자어】 익히고, 【기본 → 발전한자어】 다지기

極端(극단) 맨 끝. 맨 끄트머리
端午(단오) 민속에서 음력 오월 초닷샛날의 명절
發端(발단) 일의 첫머리가 처음으로 일어남

• 5월에 드는 端午는 우리나라 고유 名節 중 하나다.
• 결국 그가 極端을 선택했던 것은 여러 가지의 이유가 그 發端이라고 한다.

기본 4Ⅱ 端麗(단려) 端的(단적) 端正(단정) 南端(남단) 多端(다단) 末端(말단) 四端(사단) 事端(사단) 上端(상단) 兩端(양단) 一端(일단) 下端(하단) 4 端裝(단장) 異端(이단) 端末機(단말기) 3Ⅱ 端緖(단서) 端雅(단아) 端役(단역) 弊端(폐단) 3 尖端(첨단)

발전 2 惹端(야단) 2名 端揆(단규) 1 端拱(단공) 端粹(단수) 端膝(단슬) 端崖(단애) 端隅(단우) 端揖(단읍) 端唄(단패) 鋒端(봉단) 椽端(연단) 侈端(치단)

達

부수	획수	총획
辶	9	13

통달할 달【535】

字源 〈형성〉 짐승이나 사람이 그 어미를 따르는 것은 마찬가지인 것 같다. 어미에게는 극진한 사랑의 모정(母情)이 담겨 있기 때문이겠다. 숙련된 어떤 일에 대해 익히 알고 있어서 막힘이 없다. 어린 새끼 양(幸←羍)이 어미 양의 뒤를 잘 따르면서(辶) 그 다다름이 능했으니 [통달하다(達)]는 뜻이고 [달]로 읽는다.

동 成(이룰 성) 通(통할 통) 到(이를 도) 비 遠(멀 원) 送(보낼 송)

필순 

기초 【기초한자어】 익히고, 【기본 → 발전한자어】 다지기

達觀(달관) 활달하여 세속을 벗어난 높은 견식
達成(달성) 뜻하는 바를 이룸
配達(배달) 물건을 가져다가 날라줌

• 그는 날마다 達觀의 경지에 도달하듯이 기도를 한다.
• 이번 달 목표를 達成한 우수사원에게는 집으로 상품이 配達될 것이다.

기본 4Ⅱ 達人(달인) 達筆(달필) 到達(도달) 得達(득달) 未達(미달) 先達(선달) 速達(속달) 送達(송달) 榮達(영달) 傳達(전달) 通達(통달) 洞達(통달) 用達車(용달차) 4 達辯(달변) 調達廳(조달청) 3Ⅱ 乾達(건달)

발전 2 綜達(종달) 2名 亮達(양달) 睿達(예달) 1 曠達(광달) 宏達(굉달) 邁達(매달) 爽達(상달) 悉達(실달) 諭達(유달) 稟達(품달) 宦達(환달) 闊達(활달)

사자성어 4Ⅱ 四通八達(사통팔달)

擔

부수	획수	총획
手	13	16

멜 담【536】

字源 〈형성〉 지게나 어깻죽지에 짐을 짊어지려고 할 때 이리저리 뒤적여 살펴본다. 손으로 매만져서 내용물을 확인하기도 한 것이다. 어깨에 무거운 짐을 올려놓기도 하고 걸치거나 끌어 올려서 운반한다. 자세히 살펴보고(詹) 손(扌)으로 매만져본 다음에 지게에 짐을 짊어졌으니 [메다(擔)]는 뜻이고 [담]으로 읽는다.

동 任(맡길 임) 負(질 부) 비 膽(쓸개 담) 약 担

필순 

기초 【기초한자어】 익히고, 【기본 → 발전한자어】 다지기

擔當(담당) 어떤 일을 넘겨 맡음
加擔(가담) 거들어 도와 줌
負擔(부담) 어떠한 일을 맡아서 의무나 책임을 짐

• 〔나의 장래〕에 대한 부모님의 기대에 負擔을 느낀다.
• 이번 집회에 加擔한 사람은 앞으로 큰일을 擔當하게 될 것이다.

기본 4Ⅱ 擔保(담보) 擔稅(담세) 擔任(담임) 分擔(분담) 自擔(자담) 全擔(전담) 4 專擔(전담) 3Ⅱ 荷擔(하담)

발전 1 擔糞(담분)

黨

부수	획수	총획
黑	8	20

무리 당【537】

字源 〈형성〉 세상이 혼탁해도 선구자는 반드시 있었다. 이런 선구자들이 나라의 위태로움을 알고 멀리 만주벌판을 누비면서 독립운동을 했다. 여럿이 함께 모여 있는 떼로 반역 무리 등으로도 쓰였으리. 현세의 어둡고(黑) 답답함을 개선하려고 높은(尚) 뜻을 품고 모두 모였으니 [무리(黨)]를 뜻하고 [당]으로 읽는다.
圖衆(무리 중) 群(무리 군) 徒(무리 도) 回掌(손바닥 장) 裳(치마 상) 嘗(맛볼 상) 回党

필순

기초 【기초한자어】익히고, 【기본→발전한자어】다지기
黨員(당원) 당파를 이룬 사람
黨爭(당쟁) 당파를 이루어 서로 싸움
結黨(결당) 정당을 결성함
• 국민들의 눈에 비친 黨員들의 黨爭이 볼썽사납다.
• 黨權을 잡기 위해 반드시 結黨해야만 합니다.

기본 ④Ⅱ黨權(당권) 黨論(당론) 黨費(당비) 黨舍(당사) 黨勢(당세) 黨首(당수) 公黨(공당) 共産黨(공산당) ④黨略(당략) 黨籍(당적) 黨派(당파) 黨憲(당헌) 徒黨(도당) 與黨(여당) 殘黨(잔당) 脫黨(탈당) ③朋黨(붕당)

발전 ②黨閥(당벌) ②Ⅲ聚黨(취당) ①奸黨(간당) 魁黨(괴당) 黨錮(당고) 黨魁(당괴) 兇黨(흉당)

사자성어 ③Ⅱ一黨獨裁(일당독재) 不偏不黨(불편부당)

	부수	획수	총획
帶	巾	8	11

띠 대(:)【538】

字源 〈상형〉 혁대는 허리를 보호하는 중요한 구실을 한다. 허리춤의 바지가 내려가지 못하면서 허리를 단단히 묶어 힘쓰게 했다. 사람 의복의 허리에 둘러 앞이 벙긋이 벌어지지 않게 하는 끈이었다. 천(巾)을 여러 겹으로 겹쳐 장식품을 달아 어전에서 찼던 띠(卅←帶) 모양을 본떠서 [띠(帶)]를 뜻하고 [대]로 읽는다.
圖紳(띠 신) 回帶

필순 一十卄卅卅卅世帶帶帶

기초 【기초한자어】익히고, 【기본→발전한자어】다지기
地帶(지대) 어떤 한정된 땅의 구역 안
革帶(혁대) 가죽으로 만든 띠
携帶(휴대) 물건을 손에 들거나 몸에 지님
• 인근 공장 地帶에서 많은 소음과 매연이 발생한다.
• 携帶전화기를 革帶에 꼭 찬 사람도 상당하다.

기본 ④Ⅱ帶同(대동) 暖帶(난대) 聲帶(성대) 眼帶(안대) 熱帶(열대) 玉帶(옥대) 溫帶(온대) 一帶(일대) 寒帶(한대) 救命帶(구명대) ③Ⅱ帶劍(대검) 附帶(부대) 帶妻僧(대처승) ③腰帶(요대) 携帶(휴대)

발전 ②Ⅷ韋帶(위대) ①拐帶(괴대) 襟帶(금대) 帶鉤(대구) 帶笏(대홀) 繃帶(붕대) 靭帶(인대) 簪帶(잠대)

사자성어 ④Ⅱ連帶責任(연대책임)

	부수	획수	총획
隊	阜	9	12

무리 대【539】

字源 〈형성〉 멧돼지들은 무리로 다닌다. 햇볕이 드는 평평한 골짜기에서는 이리 뛰고 저리 뛰면서 함부로 땅을 파헤쳐 농작물에 피해를 준다. 여럿이 모여 있는 떼로 반역무리 늑대무리들도 그렇다. 멧돼지(豕) 떼들이 산언덕(阝←阜)이 갈라진(人) 으슥진 곳을 함께 다니는 떼로 [무리(隊)]를 뜻하고 [대]로 읽는다.
圖等(무리 등) 類(무리 류) 衆(무리 중) 黨(무리 당) 群(무리 군) 徒(무리 도) 回獨(홀로 독) 回豚(돼지 돈) 遂(드디어 수) 逐(쫓을 축)

필순 ３ ３ ３' ３^ ３^ ３^ 隊隊隊隊

기초 【기초한자어】익히고, 【기본→발전한자어】다지기
隊列(대열) 무리를 지어 죽 늘어선 행렬
入隊(입대) 군대에 들어가 군인이 됨
縱隊(종대) 지휘 계통 구성단위가 세로로 열을 지음
• 이번에 친구랑 같이 동반 入隊하기로 했다.
• 入隊한 군인들은 隊列을 이루어 市街 행진을 한다.

기본 ④Ⅱ隊商(대상) 隊員(대원) 隊長(대장) 軍隊(군대) 部隊(부대) 除隊(제대) 中隊(중대) 先發隊(선발대) 後發隊(후발대) ④探險隊(탐험대) ③Ⅱ橫隊(횡대) 編隊(편대)

발전 ②艦隊(함대) ①仗隊(장대) 站隊(참대)

사자성어 ④原隊復歸(원대복귀) ②防諜部隊(방첩부대)

	부수	획수	총획
導	寸	13	16

인도할 도 :【540】

字源 〈형성〉 낯선 지방에 가면 길이 서툴고 가야 할 방향까지도 모르는 경우가 많다. 그 지방에 사는 지역민들에게 길을 물어야만 했었다. 정신적으로, 사상적으로, 정서적으로 지도하여 이끌어 준다. 이 고장에 낯선 길손에게 서툰 길(道)을 손가락(寸←手)으로 가리켜서 이끌어 [인도하다(導)]는 뜻이고 [도]로 읽는다.
圖訓(가르칠 훈) 引(끌 인) 回道(길 도)

필순 ⺍ ⺍' 首 首 首 渞 道 道 導 導

기초 【기초한자어】익히고, 【기본→발전한자어】다지기
導入(도입) 끌어들임. 인도하여 들임

先導(선도) 남의 앞에 서서 인도함
引導(인도) 이끌어 가르침
• 첨단장비의 導入으로 생산량을 先導했다.
• 무지한 백성을 바른 길로 引導하는 것이 무엇보다 더 시급한 문제다.
[기본] ④Ⅱ 導出(도출) 敎導(교도) 善導(선도) 誤導(오도) 傳導(전도) 主導(주도) 指導(지도) 導火線(도화선) 半導體(반도체) 領導者(영도자) ③Ⅰ 啓導(계도) 誘導彈(유도탄) ③ 矯導所(교도소)
[발전] 28 弼導(필도) ① 嚮導(향도)

부수	획수	총획
毋	4	8

毒
독 독【541】

[字源] 〈형성〉 풀임에는 사람을 이롭게 하거나 해롭게 하는 풀이 있다. 몸에 이로우면 약이 되고 해로우면 독이 된다는 말이 옛말은 아닌 듯싶다. 냄새가 지나치게 자극적이고 심하기도 한다. 해로운 독풀(屮)이 사람의 마음을 음란(毒)하게 하고 몸에도 해롭게 했다고 하니 [독(毒)]이라는 뜻이고 [독]으로 읽는다.
图 害(해할 해) 回 靑(푸를 청) 열 毒

[필순] 一 二 丰 主 丰 青 青 毒 毒

[기초] 【기초한자어】 익히고, 【기본→발전한자어】 다지기
毒藥(독약) 사람이나 동물의 건강 및 생명을 해치는 독성의 약제
毒性(독성) 독기가 있는 성분
餘毒(여독) 채 풀리지 않고 남아 있는 독기
• 산후조리가 제대로 되지 않아 餘毒을 다스리느라 고생을 참 많이 했다.
• 毒性이 강한 버섯을 잘못 섭취하면 毒藥으로 매우 위험하다.
[기본] ④Ⅱ 毒氣(독기) 毒物(독물) 毒婦(독부) 毒死(독사) 毒殺(독살) 毒素(독소) 毒種(독종) 毒草(독초) 毒蟲(독충) 路毒(노독) 無毒(무독) 消毒(소독) 旅毒(여독) 防毒面(방독면) ④ 毒酒(독주) 酒毒(주독) 毒劇物(독극물) 毒舌家(독설가) ③Ⅰ 毒蛇(독사) 毒牙(독아) 梅毒(매독) 猛毒(맹독)
[발전] 28 胎毒(태독) 酷毒(혹독) 尿毒症(요독증) ① 毒辣(독랄) 毒煞(독살) 毒箭(독전) 戎毒(융독) 杖毒(장독) 腫毒(종독) 瘡毒(창독) 悍毒(한독)

부수	획수	총획
目	8	13

督
감독할 독【542】

[字源] 〈형성〉 철없는 어린 아이들은 가끔 엉뚱한 사고를 내는 수가 있다. 사리를 분별하지 못하고 판단력이 흐려지기 때문이겠다. 행동이나 생각에 잘못이 없도록 보살피고 또 단속한다. 철없이 구는 어린(叔) 아이가 안전 활동을 잘 하도록 꾸준히 살피면서(目) 독찰했으니 [감독하다(督)]는 뜻이고 [독]으로 읽는다.
图 監(볼 감) 回 叔(아재비 숙) 淑(맑을 숙)

[필순] 丨 卜 上 占 未 赤 叔 叔 督 督 督

[기초] 【기초한자어】 익히고, 【기본→발전한자어】 다지기
督促(독촉) 빨리 서둘러 하도록 재촉하는 것
監督(감독) 어떤 일이나 잘못이 없도록 보살펴 다잡음
總督(총독) 구역 안의 정무와 군무를 통합한 벼슬
• 나는 공과금 미납으로 드디어 督促장을 받았다.
• 고사장에는 監督관과 總督인 總監督官이 동시에 들어온다.
[기본] ④Ⅱ 提督(제독) 基督敎(기독교) ③Ⅰ 督勵(독려) ③ 督攝(독섭)
[발전] 2 督趣(독촉) 28 董督(동독) ① 督撫(독무) 煎督(전독)

부수	획수	총획
金	6	14

銅
구리 동【543】

[字源] 〈형성〉 구리는 자연동과 화합동이 있는데 빛이 붉고 윤이 나는 광물질이다. 은(銀) 다음으로 전기 및 열이 잘 통하고 금과 비슷한 색깔을 띤다. 구리는 겉 색깔이 광택이 있는 붉은색 금속 원소라고 한다. 표면의 빛깔이 금빛(金)과도 같았던(同) 불그스레했던 색깔의 쇠붙이인 [구리(銅)]를 뜻하고 [동]으로 읽는다.
回 針(바늘 침) 銘(새길 명) 桐(오동나무 동)

[필순] 丿 𠂉 𠂤 牟 余 金 金 鈤 鈤 銅 銅

[기초] 【기초한자어】 익히고, 【기본→발전한자어】 다지기
銅鏡(동경) 구리로 만든 거울
銅錢(동전) 구리로 만든 돈
靑銅器(청동기) 구리와 주석 합금으로 주조한 기구
• 銅錢을 모아 불우 이웃돕기 성금으로 내기로 했다.
• 구리로 갈아 만든 거울은 銅鏡인바, 靑銅器 문화의 산물은 아닐까 한다.
[기본] ④Ⅱ 古銅色(고동색) ③Ⅰ 銅像(동상) 銅版(동판)
[발전] 2 銅坑(동갱) 28 銅鉢(동발) ① 銅瓶(동병)

부수	획수	총획
斗	0	4

斗
말 두【544】

4급Ⅱ

字源 〈상형〉볏짚이나 보릿단에서 털어낸 곡식 양을 헤아리기 위해 '되'나 '말'을 썼다. 말은 중간 양의 곡식을 헤아리는 데에 사용했다고 한다. 곡식이나 가루, 액체 등의 부피 단위를 나타내기도 했다. 곡식의 용량을 흔히들 헤아려서 널리 사용했던 18리터들이 말의 모양을 본떠서 [말(斗)]을 뜻하고 [두]로 읽는다.

필순 ﾞ ﾞ ﾞ ﾞ斗

기초 【기초한자어】 익히고, 【기본→발전한자어】 다지기
斗起(두기) 우뚝 솟음
斗量(두량) 되나 말로 곡식을 되어서 셈
泰斗(태두) 세상 사람에게 존경 받는 사람
• 세상 사람에게 많은 존경을 받는 사람을 泰斗라 부른다.
• 斗起를 즐기는가 하면 斗量하는 데 크게 재미를 붙이는 사람도 있다.

기본 4Ⅱ斗牛(두우) 4 斗穀(두곡)

발전 2 斗膽(두담) 斗升(두승) 尉斗(위두) 2특 斗箕(두기) 斗柄(두병) 斗杓(두표) 1 斛斗(각두) 斗甁(두용) 斗桶(두통)

사자성어 4Ⅱ北斗七星(북두칠성) 4 斗酒不辭(두주불사) 3Ⅱ泰山北斗(태산북두)

부수	획수	총획
豆	0	7

콩 두 【545】

字源 〈상형〉제사 모실 때 쓰는 그릇을 '제기(祭器)'라고 한다. 제기의 모양이 콩꼬투리 같고 좀콩(荅)과 통하여 콩의 뜻으로 차용해 썼다. 단백질이 많이 함유되어 있는 된장, 두부나 기름의 재료로 쓰였다. 제사를 지내는 그릇의 모양이 마치 콩꼬투리 같음을 본떠 음을 차용했으니 [콩(豆)]을 뜻하고 [두]로 읽는다.
回豈(어찌 기)

필순 一 ﾞ 一 一 一 豆 豆

기초 【기초한자어】 익히고, 【기본→발전한자어】 다지기
豆腐(두부) 콩으로 만든 음식의 하나
豆太(두태) 콩팥군의 두목을 말함
綠豆(녹두) 밭에 심는 콩과에 딸린 한해살이풀
• 그는 콩을 갈아 직접 손으로 만든 豆腐를 좋아한다.
• 綠豆粥(죽)은 우리 몸의 해독작용을 한다고 한다.

기본 4Ⅱ豆油(두유) 豆乳(두유) 大豆(대두)

발전 2 蠶豆(잠두) 2특 扁豆(편두) 1 豆剖(두부) 豆醬(두장) 巴豆(파두)

부수	획수	총획
彳	8	11

얻을 득 【546】

字源 〈회의〉애써 찾는 것은 구하는 것이나, 우연히 찾는 것은 얻은 것으로 보았다. 얻은 것은 노력의 대가없이 쥔 것이라 하겠다. 물건을 받아 가지거나 자기 것이 아닌 것을 자기 것으로 했다. 할 일 없이 서성거리면서 걷다가(彳) 돈뭉치(旦)를 한 손(寸)에 모두 벌었으니 보화를 [얻는다(得)]는 뜻이고 [득]으로 읽는다.
园獲(얻을 획) 回失(잃을 실) 喪(잃을 상)

필순 ﾞ 彳 彳 彳 彳 彳 得 得 得 得 得

기초 【기초한자어】 익히고, 【기본→발전한자어】 다지기
得點(득점) 점수를 얻음
所得(소득) 수입이 되는 이익
利得(이득) 이익을 얻음
• 점점 所得이 줄어들어 형편이 더욱 어려워진다.
• 신상품의 得點이 좋아 많은 利得을 얻게 되었다.

기본 4Ⅱ得達(득달) 得道(득도) 得勢(득세) 得失(득실) 得意(득의) 得票(득표) 求得(구득) 說得(설득) 體得(체득) 不得不(부득불) 4 納得(납득) 3Ⅱ拾得(습득) 獲得(획득) 3 旣得權(기득권)

발전 2특 覓得(멱득) 1 得髓(득수) 娶得(취득) 攄得(터득)

사자성어 4Ⅱ高所得者(고소득자) 國民所得(국민소득) 不當利得(부당이득) 不勞所得(불로소득) 3Ⅱ讓渡所得(양도소득)

부수	획수	총획
火	12	16

등 등 【547】

字源 〈형성〉호롱불은 방안을 환하게 비춰 준다. 켠 불을 방바닥에 놓아두면 위험하기 때문에 비교적 높은 곳에 얹어 두었던 것이다. 기름을 붓고서 심지를 꽂아 불을 붙이도록 만들었던 그릇이다. 작은 호롱불(火)을 켜서 높은(登) 곳에 올려놓아 방을 환하게 비추게 했으니 [등(燈)]을 뜻하고 [등]으로 읽는다.
回登(오를 등) 證(증거 증) 回灯

필순 ﾞ 火 火 火 火 燃 燃 燈 燈 燈

기초 【기초한자어】 익히고, 【기본→발전한자어】 다지기
燈臺(등대) 바닷가에 세워 밤에 다니는 배의 길잡이가 됨
燒燈(소등) 횃불
街路燈(가로등) 길거리에 달아 놓은 등
• 어두운 밤 燈臺가 바다의 뱃길을 훤히 밝히고 있다.

4급Ⅱ

• 요즈음 거리의 街路燈도 燒燈을 하여 전력을 아끼고 있다고 한다.

기본 ④Ⅰ 燈油(등유) 觀燈(관등) 石燈(석등) 消燈(소등) 電燈(전등) 白熱燈(백열등) ④ 燃燈(연등) 點燈(점등) 標識燈(표지등) 紅燈街(홍등가) ③Ⅰ 照明燈(조명등) ③ 螢光燈(형광등)

발전 ② 燈籠(등롱) 燈籠草(등롱초) 幻燈機(환등기) ① 燈穗(등수) 燈盞(등잔)

사자성어 ④Ⅰ 燈下不明(등하불명) 燈火可親(등화가친) 風前燈火(풍전등화)

부수	획수	총획
网	14	19

벌릴 라【548】

字源 〈회의〉새를 잡기 위해서 그물을 칠 때에 네 모서리를 잡아서 쫙 펴서 사용했다. 구겨진 곳이 없고 장애물도 없어야 잘 걸린다. 접혀 있는 것을 펴서 뻗치거나 사이를 더 떼어서 넓힌다. 새를 잡는 그물(罒←网)의 네 모서리에 도톰한 벼리를 잘 매서(維) 바로 펴놓았으니 [벌리다(羅)]는 뜻이고 [라]로 읽는다.
圖列(벌릴 렬) 網(그물 망) 回離(떠날 리) 罷(마칠 파)

필순 ⿱⿰丨冂 罒 罓 罘 羅 羅 羅 羅 羅

기초 【기초한자어】 익히고, 【기본→발전한자어】 다지기
羅列(나열) 평면 위에 죽 벌이어 놓는 것
羅漢(나한) 부처의 제자들
新羅(신라) 우리나라 삼국 시대의 한 나라
• 동생은 모든 장난감을 羅列해 놓고 잘도 놀고 있다.
• 新羅시대의 花郎徒(화랑도) 정신 속에 羅漢의 모습을 찾게 된다.

기본 ④Ⅰ 羅城(나성) 羅王(나왕) ③Ⅰ 羅針盤(나침반) 徐羅伐(서라벌)

발전 ② 羅網(나망) 羅敷(나부) 羅刹(나찰) 網羅(망라) 纖羅(섬라) 總網羅(총망라) 2급 羅甸(나전) 伽羅(가라) 暹羅(섬라) 耽羅(탐라) 羅甸語(나전어) 閻羅國(염라국) ① 汨羅(멱라) 羅衾(나금) 羅綺(나기) 羅襪(나말) 羅繃(나붕) 羅紗(나사) 羅扇(나선) 羅袖(나수) 羅雀(나작) 羅綴(나철) 濾水羅(여수라) 綾羅(능라) 鱗羅(인라) 娑羅(사라) 紗羅(사라) 蒐羅(수라) 雀羅(작라)

사자성어 ③Ⅰ 森羅萬象(삼라만상) 阿修羅場(아수라장) 2급 閻羅大王(염라대왕)

부수	획수	총획
人	6	8

두 량:【549】

字源 〈상형〉두 마리 말이 끄는 마차를 흔히 쌍두마차라고 부른다. 재빠르게 달려서 목적지까지 쉽게 갈 수 있다. 두 마리의 말은 서로 경주라도 할 양으로 죽을 힘을 다해서 달려 나갔었다. 양쪽의 칸막이에 두 마리 말이 하나씩(一) 들어(兩←入) 있어서 각 편이 쌍쌍이 달렸으니 [둘(兩)]을 뜻하고 [량]으로 읽는다.
圖二(두 이) 再(두 재) 雙(쌍 쌍) 回雨(비 우) 回両

필순 ⿱一 ⿵冂 ⿵冂丅 雨 雨 雨 兩 兩

기초 【기초한자어】 익히고, 【기본→발전한자어】 다지기
兩家(양가) 두 집안
兩立(양립) 두 사물이 동시에 서로 지장 없이 섬
兩親(양친) 아버지와 어머니
• 신랑, 신부 兩家 부모님을 모시고 결혼식을 올린다.
• 兩親이 사시어 兩立했을 때 天壽를 다한 것이다.

기본 ④Ⅰ 兩國(양국) 兩極(양극) 兩端(양단) 兩大(양대) 兩論(양론) 兩面(양면) 兩班(양반) 兩半(양반) 兩分(양분) 兩性(양성)

발전 ② 兩握(양악) 28 兩岐(양기) 銖兩(수량) ① 兩胐(양륵) 兩腋(양액)

사자성어 ④Ⅰ 物心兩面(물심양면) 一擧兩得(일거양득) 進退兩難(진퇴양난) ④ 兩者擇一(양자택일) ③Ⅰ 一刀兩斷(일도양단)

부수	획수	총획
鹿	8	19

고울 려【550】

字源 〈회의〉사슴은 한 쌍이나 그 이상이 떼 지어 다닌다. 색깔을 비롯해서 새순처럼 길어난 뿔은 하는 짓이 맑고도 예쁘기도 했다. 둘은 하나에 하나를 더한 수이나 숫자의 두 번째이기도 한다. 많은 사슴(鹿)이 서로 가깝게 붙어서(丽) 떼를 지어 다니는 모습이 맑고도 예뻤으니 [곱다(麗)]는 뜻이고 [려]로 읽는다.
圖美(아름다울 미) 鮮(고울 선) 姸(고울 연) 回鹿(사슴 록) 回麗

필순 ⿱一 ⿱⿰丙丙 ⿱⿰丙丙 丽 严 严 麗 麗 麗 麗 麗

기초 【기초한자어】 익히고, 【기본→발전한자어】 다지기
麗人(여인) 얼굴이 고운 여자
秀麗(수려) 다른 것보다 뛰어나고 아름다움
華麗(화려) 빛나고 아름다움
• 금강산의 秀麗한 경치에 그만 넋을 잃고 말았다.
• 그녀의 華麗한 입장에 다른 麗人들은 그만 넋을 잃었다.

기본 ④Ⅰ 麗謠(여요) 高麗(고려) 美麗(미려) 流麗(유려) 高句麗(고구려) ③Ⅰ 高麗葬(고려장)

발전 ② 纖麗(섬려) 28 姸麗(연려) 敞麗(창려) 煥麗(환려) 麗采

(여채) ① 綺麗(기려) 麗靡(여미) 麗艷(여염) 麗藻(여조) 奢麗(사려) 艷麗(염려) 婉麗(완려)

사자성어 ④ 美辭麗句(미사여구)

부수	획수	총획
辶	7	11

이을 련【551】

字源 〈회의〉 차바퀴는 처음 출발 장소에서부터 끊이지 않고 계속 잇달아 진다. 연속해서 굴러감에 따라서 움직여 나아가기 위한 연속동작이라 말한다. 끊어지지 않고 계속될 수 있도록 쭉 이어지는 현상이다. 차(車) 바퀴가 쭉 잇달아 굴러가듯이(辶) 일이 계속하여 이어졌으니 [잇다(連)]는 뜻이고 [련]으로 읽는다.
圖續(이을 속) 承(이을 승) 接(이을 접) 係(맬 계) 繼(이을 계) 絡(이을 락) 絕(끊을 절) 斷(끊을 단) 回運(옮길 운) 進(나아갈 진) 蓮(연꽃 련)

필순 一 厂 百 百 亘 車 軍 浬 連 連

기초 【기초한자어】 익히고, 【기본→발전한자어】 다지기
連繫(연계) 이어서 매는 일
連續(연속) 끊이지 않고 죽 이음
連休(연휴) 이틀 이상 휴일이 겹침
• 우리 팀 선수가 連續해서 골을 넣었다.
• 이번 설 連休 때는 온 가족이 다 連繫되어 있다.

기본 ④ 連結(연결) 連發(연발) 連勝(연승) 連日(연일) 連作(연작) 連打(연타) 連敗(연패) 連行(연행) 不連續(불연속) ④ 連判狀(연판장) ③ 連累(연루) 連署(연서) 連坐(연좌)

발전 ② 連霸(연패) ① 鈎連(구련) 連續(연박) 連繫(연반) 連絆(연반) 連璧(연벽) 連嶼(연서) 連墻(연장) 連柵(연책) 連綴(연철)

사자성어 ④ 連席會議(연석회의) 一連番號(일련번호) ③ 連載小說(연재소설) 連鎖反應(연쇄반응)

부수	획수	총획
刀	4	6

벌릴 렬【552】

字源 〈형성〉 푸줏간에서 소나 돼지 같은 짐승을 잡아서 살과 뼈를 구분했다. 구분한 살코기와 뼈를 가지런히 늘어놓아 진열했다. 사이를 조금씩 떼어서 넓히거나 접혀 있는 부위를 펴서 뻗쳤다. 예리한 칼(刂)로 짐승의 살과 뼈를 발라내서(歹) 가지런하도록 잘 펴 놓았으니 [벌리다(列)]는 뜻이고 [렬]로 읽는다.
圖羅(벌릴 라) 回別(다를 별) 刑(형벌 형) 判(판단할 판)

필순 一 丆 万 歹 列 列

기초 【기초한자어】 익히고, 【기본→발전한자어】 다지기
列擧(열거) 하나씩 들어 말함
分列(분열) 각각 나눠서 벌려 놓음
陳列(진열) 여러 사람에게 보이기 위하여 물건을 죽 벌여 놓음
• 국군의 날 장병들이 分列 行進하는 모습이 장관이다.
• 진정 자네가 陳列欌 안에 서있는 마네킹을 일일이 다 列擧하겠단 말인가.

기본 ④ 列强(열강) 列國(열국) 列島(열도) 列聖(열성) 列星(열성) 列傳(열전) 列車(열차) 羅列(나열) 隊列(대열) 配列(배열) 序列(서열) 數列(수열) 順列(순열) 前列(전열) 戰列(전열) 齒列(치열) ④ 系列(계열) ③ 葬列(장렬) ③ 列繫(열계) 列眉(열미) 竝列(병렬)

발전 ② 棋列(기열) ② 列峙(열치) ① 堵列(도열) 列棘(열극) 列藩(열번) 伍列(오열) 鴛列(원열) 陛列(폐열) 函列(함렬)

부수	획수	총획
金	8	16

기록할 록【553】

字源 〈형성〉 팔만대장경은 실로 엄청난 작업이었다. 나무를 베어서 물에 담갔다가 찌고 또 말려서 한 자씩 파고 깎아서 새긴 작업이다. 글이나 기호로 적거나 사실 따위를 새겨내는 엄청난 일이었다. 예리한 쇠붙이(金)로 나무를 파거나 잘 깎아서(彔) 글자를 새겨 넣었으니 [기록하다(錄)]는 뜻이고 [록]으로 읽는다.
圖記(기록할 기) 識(기록할 지/알 식) 誌(기록할 지) 回綠(푸를 록) 祿(녹 록) 緣(인연 연) 回錄, 录

필순 ノ 스 스 金 金 金 鈩 鈩 鈩 錄 錄

기초 【기초한자어】 익히고, 【기본→발전한자어】 다지기
錄畫(녹화) 사물의 움직임이나 모양 따위를 테이프 등에 처리함
登錄(등록) 문서에 올리는 일
收錄(수록) 일정한 계통의 것 등을 모아서 적음
• 오늘 저녁 9시부터 어제 시상식이 錄畫 방영된다.
• 새로 출간된 음반을 등록하고 좋아하는 곡이 여러 개가 收錄되었다.

기본 ④ 錄音(녹음) 記錄(기록) 目錄(목록) 史錄(사록) 實錄(실록) 語錄(어록) 新記錄(신기록) ④ 紀錄(기록) 採錄(채록) ③ 附錄(부록) 默示錄(묵시록) 芳名錄(방명록) ③ 抄錄(초록) 備忘錄(비망록)

발전 ② 謄錄(등록) 輯錄(집록) ② 懲毖錄(징비록) ① 錄牒(녹첩) 撰錄(찬록) 纂錄(찬록)

부수	획수	총획
言	8	15

논할 론【554】

字源 〈형성〉 여러 사람의 말이 서로 오고 갈 때 합리적이고 논리적인 의견으로 좁혀진다. 책을 읽어 지식이 풍부할 때 논리가 더욱 정연하다. 이치나 시시비비를 따져 자신의 의견도 말한다. 많은(侖) 책을 정독하여 읽고 자기가 주장한 바에 맞게 이야기(言)로 평론을 했으니 [논하다(論)]는 뜻이고 [론]으로 읽는다.
圖議(의논할 의) 評(평할 평) 回輪(바퀴 륜) 倫(인륜 륜)

필순 丶亠言言言訟論論論論論

기초 【기초한자어】 익히고, 【기본→발전한자어】 다지기
論據(논거) 논설이나 논쟁의 근거
論議(논의) 서로 의견을 논술하여 토의함
反論(반론) 남의 논설이나 비난에 대하여 반박함
• 國會에서 통일을 위한 論議가 한창 진행 중이다.
• 그의 주장은 論據가 確實하여 별다른 反論이 없어 칭찬이 자자하다.

기본 4Ⅱ論客(논객) 論考(논고) 論告(논고) 論壇(논단) 論理(논리) 論文(논문) 論法(논법) 論說(논설) 論語(논어) 論外(논외) 論爭(논쟁) 論題(논제) 論調(논조) 論罪(논죄) 講論(강론) 4論評(논평) 3Ⅱ論及(논급) 論述(논술) 論衡(논형) 槪論(개론) 莫論(막론) 緖論(서론) 3唯物論(유물론) 唯心論(유심론)

발전 2論旨(논지) 汎論(범론) 僻論(벽론) 28魯論(노론) 峻論(준론) 1竭論(갈론) 論駁(논박) 論鋒(논봉) 論繹(논역) 論撰(논찬) 論纂(논찬) 駁論(박론) 謗論(방론) 氾論(범론) 刻論(핵론)

사자성어 4Ⅱ論功行賞(논공행상)

부수	획수	총획
田	5	10

머무를 류【555】

字源 〈형성〉 바쁜 농사철이 되면 온 집안 식구가 일해도 오히려 일손만은 늘 부족한 상태가 지속된다. 온 식구가 모두 일을 해도 농번기에 달린 일손을 위해 함께 다 같이 나서야 한다. 매우 바쁜 농사철에 집안 문을 바르게 걸어 잠그고(卯←夘) 논밭(田)으로 함께 나가 밖에 [머물다(留)]는 뜻이고 [류]로 읽는다.
圖住(살 주) 停(머무를 정) 泊(머무를 박) 駐(머무를 주) 回番(차례 번)

필순 丶丆丆夘夘卯留留留留

기초 【기초한자어】 익히고, 【기본→발전한자어】 다지기
留念(유념) 기억해 두고 생각함
留保(유보) 뒷날로 미루어 둠
殘留(잔류) 남아서 쳐져 있음
• 회사 여건이 좋지 않아 임금 인상이 留保되었다.
• 모든 일은 殘留가 없도록 특별히 留念해서 처리했으면 참 좋겠구나.

기본 4Ⅱ留級(유급) 留宿(유숙) 留意(유의) 留任(유임) 留學(유학) 保留(보류) 留置場(유치장) 停留場(정류장) 4居留(거류) 遺留品(유류품) 3Ⅱ拘留(구류) 留滯(유체) 抑留(억류) 3留繫(유계) 押留(압류)

발전 2駐留(주류) 1挽留(만류) 奄留(엄류)

부수	획수	총획
彳	6	9

법칙 률【556】

字源 〈형성〉 헌법을 비롯한 모든 법률은 지켜야 할 바를 기록으로 남겼다. 법칙은 백성을 다스리는 기준의 잣대로 세 가지 요건에 맞아야 한다. 보편적 일반화. 경험적 언명. 참이 되는 언명이다. 사람이 사회 생활하면서 지켜야 할(彳) 바를 붓(聿)으로 규정하며 썼다고 했으니 [법칙(律)]을 뜻하고 [률]로 읽는다.
圖式(법 식) 例(법식 례) 法(법 법) 規(법 규) 則(법칙 칙) 回津(나루 진)

필순 丿彳彳彳彳彳律律律

기초 【기초한자어】 익히고, 【기본→발전한자어】 다지기
法律(법률) 헌법보다는 아래고, 명령이나 규칙보다는 위인 법
自律(자율) 스스로 자기의 방종을 억제함
調律(조율) 악기의 음을 표준음에 맞추어 고르는 일
• 소송에 내비해 미리 法律 자문을 받아 두고 있다.
• 自律 演奏(연주)를 하기 전에 현악기 음을 잘 調律해 보는 일이 중요하다네.

기본 4Ⅱ律動(율동) 律法(율법) 律士(율사) 律師(율사) 律詩(율시) 軍律(군율) 規律(규율) 音律(음률) 他律(타율) 4戒律(계율) 紀律(기율) 3Ⅱ排律(배율) 旋律(선율) 韻律(운율)

발전 28律呂(율려) 秦律(진율) 1擬律(의율)

사자성어 4Ⅱ二律背反(이율배반)

부수	획수	총획
水	11	14

찰 만(:)【557】

字源 〈형성〉 밥그릇이나 양동이에 물을 가득 부으면 어느 양만큼만 들어가고 그 나머지는 밖으로 넘친다. 그릇에 들어갈 양만큼만 들어가고 그 나머지는 넘친 것이다. 그릇에 물(氵)을 가득 담아 그릇 평면과 물의 면이 고루 평평하도록 했으니 [滿←滿] 물이 가득 [차다(滿)]는 뜻이고 [만]으로 읽는다.
⑤充(채울 충) 盈(찰 영) 回空(빌 공) 虛(빌 허) 干(방패 간) 回滿

필순 氵氵氵汁汁汁滿滿滿滿滿

기초 【기초한자어】 익히고, 【기본 → 발전한자어】 다지기
滿開(만개) 꽃이 활짝 핌
滿點(만점) 규정한 점수에 이른 점수
滿足(만족) 마음에 모자람이 없어 흐뭇함
• 봄비를 촉촉이 맞고 정원에 모든 꽃들이 滿開했다.
• 이번 학기말 시험에서 滿點을 받아 주위의 칭찬을 받아 매우 滿足스럽구나.

기본 4Ⅱ滿期(만기) 滿面(만면) 滿發(만발) 滿船(만선) 滿員(만원) 滿月(만월) 未滿(미만) 不滿(불만) 圓滿(원만) 滿天下(만천하) 4滿潮(만조) 3Ⅱ滿洲(만주) 滿珠(만주) 肥滿(비만) 3滿了(만료) 滿朔(만삭) 飽滿(포만)

발전 2Ⅱ彌滿(미만) 盈滿(영만) 1滿腔(만강) 滿喫(만끽) 滿壘(만루) 滿箔(만박) 滿帆(만범) 滿甕(만옹) 滿溢(만일) 滿盞(만잔) 滿斟(만짐) 撲滿(박만) 漲滿(창만) 脹滿(창만)

사자성어 4Ⅱ滿場一致(만장일치) 自信滿滿(자신만만)

부수	획수	총획
肉	6	10

줄기 맥【558】

字源 〈회의〉 나라 안에는 많은 도로가 있어서 운반 작용을 하듯이 몸속에도 피의 도로가 많다. 이를 혈관이라고 한다. 줄기는 식물의 몸을 지탱하며 물과 양분의 통로가 되는 물의 기관이 된다. 자유롭게 활동할 수 있도록 몸(月) 속에 피가 흐르는 어느 갈래(辰→派)의 혈관인 [줄기(脈)]를 뜻하고 [맥]으로 읽는다.
⑤幹(줄기 간) 絡(이을 락) 回派(물결 파)

필순 丿丿月月月䏰䏰脈脈脈

기초 【기초한자어】 익히고, 【기본 → 발전한자어】 다지기
脈搏(맥박) 심장이 오므라졌다 펴졌다 하며 뛰는 맥
鑛脈(광맥) 광물의 줄기
文脈(문맥) 문장의 줄거리, 글의 맥락
• 친구랑 달리기 시합을 했더니 脈搏이 빨라졌다.
• 鑛脈을 찾아내듯이 앞뒤 文脈에 맞추어 가면서 글

을 써야 한다.

기본 4Ⅱ脈脈(맥맥) 動脈(동맥) 命脈(명맥) 山脈(산맥) 水脈(수맥) 人脈(인맥) 血脈(혈맥) 4脈管(맥관) 亂脈(난맥) 靜脈(정맥)

발전 2診脈(진맥)

사자성어 4Ⅱ一脈相通(일맥상통) 4氣盡脈盡(기진맥진)

부수	획수	총획
毛	0	4

터럭 모【559】

字源 〈상형〉 사람의 머리나 짐승의 몸에는 길고 짧은 털이 나와 있다. 털은 살결을 보호해 주고 추위나 더위를 막아주는 역할을 했다. 그래서 털은 짐승에겐 옷을, 사람에게 땀의 배설 기능까지 했다. 사람이나 짐승 살갗에 수북하게 자라나서 추위나 더위를 막는 털 모양을 본떠 [터럭(毛)]을 뜻하고 [모]로 읽는다.
⑤髮(터럭 발) 毫(터럭 호) 回手(손 수)

필순 丿二三毛

기초 【기초한자어】 익히고, 【기본 → 발전한자어】 다지기
毛髮(모발) 사람의 몸에 난 온갖 털
毛織(모직) 털실로 짠 피류
毛布(모포) 담요
• 머리숱이 적어서 결국 毛髮 이식을 받았다.
• 감기 몸살로 毛織으로 된 毛布로 싸고 있어도 자꾸만 寒氣가 든다.

기본 4Ⅱ毛根(모근) 毛筆(모필) 純毛(순모) 羊毛(양모) 原毛(원모) 體毛(체모) 不毛地(불모지) 二毛作(이모작) 黃毛筆(황모필) 4毛骨(모골) 毛絲(모사) 紅毛(홍모) 3Ⅱ毛皮(모피)

발전 2毛彫(모조) 翰毛(한모) 28毛銖(모수) 獐毛(장모) 1燎毛(요모) 鱗毛(인모) 毛褐(모갈) 竪毛(수모) 腋毛(액모) 豬毛(저모)

사자성어 4Ⅱ九牛一毛(구우일모) 4毛細血管(모세혈관)

부수	획수	총획
牛	4	8

칠 목【560】

字源 〈형성〉 부드러운 풀이 잘 자라는 곳에 소와 같은 짐승을 놓아먹인다. 이 곳에서는 방목하여 목동이 회초리를 들고 보살피면서 기른 것이다. 목동이 힘껏 매를 때리거나 두드린 일도 있다. 낭창낭창한 회초리를 들고 여러 마리의 소(牛)와 양을 보살피며(攵) 잘도 길렀으니 [치다(牧)]는 뜻이고 [목]으로 읽는다.

🔟養(기를 양) 📖物(물건 물)

필순 ノ ト 仁 午 牛' 牛' 牧 牧

기초 【기초한자어】 익히고, 【기본→발전한자어】 다지기
牧童(목동) 소치는 아이
牧場(목장) 소, 말, 양 따위를 놓아먹인 넓은 구역
牧草(목초) 소, 말, 양 등을 먹이는 풀
• 외양간에 있는 소들에게 牧草를 가져다 먹였더
　니 잘도 자랐다.
• 이제는 牧場에 牧童의 피리소리는 없어지고, 양
　떼만이 한가롭기 그지 없구나.

기본 4Ⅱ牧歌(목가) 牧夫(목부) 牧師(목사) 牧牛(목우) 牧者
(목자) 牧會(목회) 軍牧(군목) 放牧(방목) 4遊牧民
(유목민) 3Ⅱ牧畜(목축) 府牧懸(부목현)

발전 1牧豎(목추) 游牧(유목)

사자성어 4Ⅱ牧民心書(목민심서)

부수	획수	총획
力	9	11

힘쓸 무 : 【561】

字源 〈형성〉 맨손으로 하는 것보다는 도구를 사용하면서부터
인간의 지혜는 많이 발달하였다. 그 옛날 수렵 시대는 더
욱 그러했을 것이다. 여러 가지 어려움을 참아 가면서 꾸
준히 노력한 결과다. 창(矛)으로 찌르고 예리한 자루로 후
려치면서(攵) 직무에 힘써서(力) 노력했으니 [힘쓰다(務)]
는 뜻이고 [무]로 읽는다.
🔟勞(일할 로) 努(힘쓸 노) 勉(힘쓸 면) 勵(힘쓸 려)

필순 ⁷ ⁷ ⁷ 予 矛 矛' 矜 矜 矜 務 務

기초 【기초한자어】 익히고, 【기본→발전한자어】 다지기
勞務(노무) 육체적 노력을 들여 하는 노동 근무
業務(업무) 맡아서 하는 일
任務(임무) 맡은 사무 또는 업무
• 육체노동을 하는 사람을 勞務者(자)라 한다.
•주어진 任務에 충실했지만 제 시간에 業務가 끝나
　지 않아서 야근을 했다.

기본 4Ⅱ警務官(경무관) 敎務室(교무실) 內務部(내무부)
法務士(법무사) 事務室(사무실) 4激務(격무) 3Ⅱ兼務
(겸무) 執務(집무) 稅務署(세무서) 乘務員(승무원)
債務者(채무자) 3庶務課(서무과)

발전 28務后(무후) 1碎務(쇄무) 樞務(추무)

사자성어 4Ⅱ務實力行(무실역행) 服務期間(복무기간) 4主
務官廳(주무관청) 3Ⅱ雙務協定(쌍무협정) 3職務遺棄
(직무유기)

부수	획수	총획
止	4	8

호반 무 : 【562】

字源 〈회의〉 국가의 존립을 위해 외부의 적을 막아야 했다. 국
민의 생명과 재산을 보호하기 위해 안전하게 지키면서 보
호했다. 호반은 호수와 땅이 맞닿은 곳이다. 국토를 침략
한 자로부터 방비했었다. 창(弋←戈)을 들고 침입해 오는
적을 미리 방지하기(止) 위하여 조직된 군사로 [호반(武)]
을 뜻하고 [무]로 읽는다.
📖文(글월 문)

필순 ⁻ ⁻ ⁻ 下 下 正 正 武 武

기초 【기초한자어】 익히고, 【기본→발전한자어】 다지기
武器(무기) 전쟁에 쓰이는 총검, 화포 등의 기구
武力(무력) 군사상의 힘
武術(무술) 무도에 관한 기술
• 연병장에서 軍人들의 武術 시범이 있었다.
• 武力으로 침략하려는 대량 살상 武器 생산을 이제
　는 그만 두어야 한다.

기본 4Ⅱ武功(무공) 武官(무관) 武斷(무단) 武道(무도) 武士
(무사) 武神(무신) 武藝(무예) 武人(무인) 武將(무장)
光武(광무) 文武(문무) 武勇談(무용담) 4威武(위무)
非武裝(비무장) 3Ⅱ武英殿(무영전) 尙武(상무) 玄武(현무)

발전 2武勳(무훈) 28武彊(무강) 魏武帝(위무제) 1毅武
(의무) 踵武(종무)

사자성어 4Ⅱ化學武器(화학무기) 3Ⅱ武陵桃源(무릉도원) 武
運長久(무운장구) 2武功勳章(무공훈장)

부수	획수	총획
口	5	8

맛 미 : 【563】

字源 〈형성〉 철이 바뀌면 싱싱한 과일이 먹음직스럽게 나온다.
사과, 수박, 딸기 등 금년 들어 아직 먹어 보지도 못한
풍성한 과일들이다. 몸소 겪거나 느끼니 실제로 체험해
보는 것이겠다. 금년에 들어서서 아직까지 먹어보지 못했
던(未) 맛이 있는 과일을 입(口)에 대면서 [맛보다(味)]는
뜻이고 [미]로 읽는다.
📖未(아닐 미) 末(끝 말)

필순 ⁱ ⁿ ⁿ ⁿ' ⁿ' 哧 哧 味

기초 【기초한자어】 익히고, 【기본→발전한자어】 다지기
味覺(미각) 맛을 느끼는 감각
別味(별미) 유달리 좋은 맛
意味(의미) 사물의 뜻

• 상대방이 무슨 意味로 그런 말을 하게 되었는지 더 생각해 봐야 하겠다.
• 입맛이 없을 때에는 味覺을 살릴 만한 別味의 음식을 많이 먹어야 한다.

기본 ④Ⅱ加味(가미) 口味(구미) 氣味(기미) 性味(성미) 風味(풍미) 興味(흥미) 五味子(오미자) 人情味(인정미) 調味料(조미료) ④ 妙味(묘미) 珍味(진미) 甘味料(감미료) 惡趣味(악취미) ③ 吟味(음미)

발전 ②酸味(산미) ②Ⅱ耽味(탐미) ①醇味(순미) 繹味(역미) 溢味(일미) 嚼味(작미) 脆味(취미) 宦味(환미)

사자성어 ④山海珍味(산해진미) ③無味乾燥(무미건조)

부수	획수	총획
木	1	5

아닐 미(:) 【564】

字源 〈상형〉 봄이 되면 나무에 새싹이 돋고 가지를 친다. 나뭇잎이 무성하게 자라 잎이 우거지면 뒤쪽의 모습이 잘 보이지 않았다. 그런 사실이나 내용을 '아니다'라고 부정하는 관계에 놓인다. 무성한 나뭇잎에 가려서(一) 나무(木)의 뒤쪽이 아직 잘 보이지 않는다고 했으니 [아니다(未)]는 뜻이고 [미]로 읽는다.
圖不(아닐 불) 非(아닐 비) 否(아닐 부) 弗(아닐/말 불) 回末(끝 말)

필순

기초 【기초한자어】 익히고, 【기본→발전한자어】 다지기
未納(미납) 아직 내지 못함
未來(미래) 아직 오지 않은 때
未滿(미만) 정한 수효나 정도에 차지 못함
• 접수마감 시간을 그만 놓쳐 未納者(자)가 되었다.
• 아직도 나이가 未滿인 未來에 나는 장차 어떤 사람이 될까 곰곰이 상상해 본다.

기본 ④Ⅱ未擧(미거) 未達(미달) 未練(미련) 未明(미명) 未聞(미문) 未備(미비) 未時(미시) 未成年(미성년) 未收金(미수금) 未亡人(미망인) ③Ⅱ未久(미구) 未及(미급) 未詳(미상) 未開拓(미개척) 未熟兒(미숙아) 乙未年(을미년) ③未遂(미수) 未決囚(미결수)

발전 ②未穩(미온) ①未墾(미간) 未銓(미전) 未宦(미환) 未遑(미황)

사자성어 ③Ⅱ前人未踏(전인미답)

부수	획수	총획
宀	8	11

빽빽할 밀 【565】

字源 〈형성〉 금이나 은 같은 보석은 나무숲이 울창한 깊은 산속에서 캐낸다. 현대 과학으로 광맥의 줄기를 찾아 캐냈었다. 우수 과학에 힘입었다. 남에게 알리지 않고 숨겨 있는 일이겠다. 나무숲이 빽빽한(宓) 산(山)에서 보석을 정성스럽게 캐냈으니 숨겨졌던 [비밀(密)] 또는 [빽빽하다(密)]는 뜻이고 [밀]로 읽는다.
圖緻(빽빽할 치) 回疏(소통할 소) 回蜜(꿀 밀)

필순

기초 【기초한자어】 익히고, 【기본→발전한자어】 다지기
密接(밀접) 빈틈없이 가깝게 맞닿음
密閉(밀폐) 꼭 막음
祕密(비밀) 남에게는 알려서는 안 되는 일
• 密閉된 공간에 들어 가면 공포심이 생긴다.
• 이는 아무도 모르는 나만이 아는 祕密공간이다.

기본 ④Ⅱ密告(밀고) 密談(밀담) 密度(밀도) 密林(밀림) 密賣(밀매) 密使(밀사) 密室(밀실) 密約(밀약) 密語(밀어) 密造(밀조) 密集(밀집) 密着(밀착) 密航(밀항) 密會(밀회) ④密酒(밀주) 密派(밀파) ③Ⅱ密封(밀봉) 密輸(밀수) 密奏(밀주) 緊密(긴밀) 密貿易(밀무역) ③密獵(밀렵)

발전 ②密網(밀망) 密偵(밀정) 密旨(밀지) ②Ⅱ密聚(밀취) ①密蘊(밀온) 密栓(밀전) 密櫛(밀즐) 密緻(밀치) 密辦(밀판) 密萍(밀평) 密函(밀함) 密詰(밀힐) 疏密(소밀) 宥密(유밀) 精密(정밀) 稠密(조밀) 樞密(추밀) 緻密(치밀)

사자성어 ④Ⅱ過密學級(과밀학급) ③Ⅱ周到綿密(주도면밀)

부수	획수	총획
十	10	12

넓을 박 【566】

字源 〈회의〉 사람이 고른 인성을 소유하고 여러 방면으로 두루 알고 있으면 널리 쓰이게 된다. 학문뿐만 아니라 지혜도 이와 마찬가지다. 사람을 폭넓게 사귀는 것도 고른 인성에 해당되겠다. 여러(十) 방면에 걸쳐서 있는 일이 법도(寸)에 꼬옥 맞도록 크게(甫) 펼쳐놓았으니 [넓다(博)]는 뜻이고 [박]으로 읽는다.
圖廣(넓을 광) 漠(넓을 막) 汎(넓을 범) 回捕(잡을 포) 搏(두드릴 박)

필순 十 十 ナ ナ 忄 忄 博 博 博 博

기초 【기초한자어】 익히고, 【기본→발전한자어】 다지기
博士(박사) 일정한 학술을 전공하여 가장 높은 학위
博識(박식) 보고 들은 것이 넓어 아는 것이 많음
該博(해박) 모든 것을 널리 앎
• 내 친구는 실제로 아는 것보다 博識해 보인다.
• 전문 분야의 博士는 該博한 지식으로 자기 역할을 충실하게 잘하는 사람이다.

기본 ④ 博覽會(박람회) ③Ⅰ 博物館(박물관)
발전 ② 博薄(박부) 博棋(박기) 博碩(박석) 博綜(박종) ① 褐博
(갈박) 宏博(굉박) 賭博(도박) 博氾(박범) 博洽(박흡)
氾博(범박) 蒲博(포박)
사자성어 ④Ⅰ 博愛主義(박애주의) 博學多識(박학다식)

	부수	획수	총획
	戶	4	8

방 방【567】

字源 〈형성〉 방은 사람이 거처하는 집 가운데서 가장 으뜸이다.
누워 편하게 쉴 수도 있고 가족끼리 오붓한 한때를 지낼
수도 있다. 사람이 거처하거나 일을 하기 위하여 벽 따위
로 막아 만든 칸이다. 거처하는 자기 집(戶)의 중심 한 쪽
(方)을 사람들 생활이 편하게 쉴 수 있도록 만든 [방(房)]
을 뜻하고 [방]으로 읽는다.
回屋(집 옥)

필순 `丶 宀 ニ 戶 戶 房 房 房`

기초 【기초한자어】 익히고, 【기본→발전한자어】 다지기
房門(방문) 방을 드나드는 문
暖房(난방) 방을 덥게 함
藥房(약방) 한약을 지어 파는 곳
• 이 건물은 냉暖房시설이 잘 갖추어져 있다.
• 房門 사이를 두고 藥房이 있어 늦게까지 장사한다.
기본 ④Ⅰ 監房(감방) 書房(서방) 神房(신방) 金銀房(금은방)
門間房(문간방) 福德房(복덕방) ④ 乳房(유방) 册房(책방)
③Ⅰ 茶房(다방) 舍廊房(사랑방)
발전 ② 閨房(규방) 尼房(이방) 房貰(방세) 乳房癌(유방암)
① 煖房(난방) 笠房(입방) 棧房(잔방) 廛房(전방) 廚房
(주방) 饌房(찬방) 廠房(창방)
사자성어 ④Ⅰ 獨守空房(독수공방) 文房四友(문방사우) ②⑧ 房
杜姚宋(방두요송)

	부수	획수	총획
	言	4	11

찾을 방:【568】

字源 〈형성〉 어려운 문제에 부딪히면 혼자 고민하는 경우가 많
았다. 전문가나 선배를 찾아가서 의논하면 그 실마리가
풀리기도 했다. 발견하기 위해서 살피거나 한번 빼앗긴
것을 다시 가져온다. 묘안의 한 방법(方)을 서로 의논(言)
하려고 웃어른을 찾아뵙고 지도를 받았으니 [찾다(訪)]는
뜻이고 [방]으로 읽는다.
圖探(찾을 탐) 索(찾을 색) 尋(찾을 심) 搜(찾을 수) 回記
(기록할 기) 計(셀 계)

필순 `丶 ニ ニ 亍 言 言 言 言 訪 訪 訪`

기초 【기초한자어】 익히고, 【기본→발전한자어】 다지기
訪韓(방한) 한국을 방문함
來訪(내방) 손님이 찾아옴
探訪(탐방) 탐문하여 찾아 봄
• 외국 사절단이 訪韓하게 되면 긴밀하게 협의한다.
• 외국에서 찾아오니 來訪이요, 내가 외국으로 찾아
가면 探訪이라 한다.
기본 ④Ⅰ 訪問(방문) 訪議(방의) 答訪(답방) 禮訪(예방) ③Ⅰ 巡訪
(순방) ③ 尋訪(심방)
발전 ① 訊訪(신방)

	부수	획수	총획
	阜	4	7

막을 방【569】

字源 〈형성〉 홍수가 져서 논과 밭으로 물이 넘쳐서 들어와 농
사를 망쳐 버리는 경우가 많았다. 둑을 높이 쌓아서 넘쳐
드는 물을 막아 서로 통하지 못하도록 미리 방비하였다.
물이 넉넉하게 흐른 곳(方)에 언덕(阝←阜)을 높이 쌓아올
려 놓아 물이 더는 새지 못하도록 조치했으니 [막다(防)]
는 뜻이고 [방]으로 읽는다.
圖守(지킬 수) 衛(지킬 위) 拒(막을 거) 抵(막을 저) 禦
(막을 어) 回放(놓을 방) 攻(칠 공) 擊(칠 격) 回放(놓을 방)
妨(방해할 방)

필순 `フ ㄱ 阝 阝 阝 防 防`

기초 【기초한자어】 익히고, 【기본→발전한자어】 다지기
防犯(방범) 범죄가 생기지 않도록 미리 막음
防止(방지) 어떤 일이나 현상이 일어나지 못하게
막음
防風(방풍) 바람을 막아냄
• 나무를 많이 심어서 防風에 힘을 써야 한다.
• 자율 防犯대원들의 왕성한 활동으로 요즈음은 범
죄가 많이 防止되었다.
기본 ④Ⅰ 防空(방공) 防壁(방벽) 防備(방비) 防水(방수) 防守
(방수) 防衛(방위) 防音(방음) 防除(방제) 防護(방호)
防火(방화) 國防(국방) 防寒服(방한복) 無防備(무방비)
④ 防彈(방탄) 攻防(공방) ③Ⅰ 防疫(방역) ③ 堤防(제방)
防波堤(방파제)
발전 ② 防塵(방진) 防腐劑(방부제) 防蟲網(방충망) 防臭劑
(방취제) 防寒帽(방한모) ②⑧ 雍防(옹방) 防空壕(방공호)
① 防溝(방구) 防禦(방어) 防牌(방패)
사자성어 ② 防諜部隊(방첩부대)

4급Ⅱ

拜

부수	획수	총획
手	5	9

절 배 : 【570】

字源 〈형성〉 어른을 방에서 뵐 때 큰 절을 한다. 손바닥을 방에 대고 허리를 굽혀 정중하게 인사를 한 것이다. 진심으로 공경의 뜻이 담겨 있다. 공경으로 몸을 굽히는 정중한 인사 예법이다. 사람이 두 손(手·手)을 아래로(下) 구부려서 어른께 정중하게 절을 드렸다는 데서 공손한 [절(拜)]을 뜻하고 [배]로 읽는다.
回非(아닐 비) 回拜

필순 一 二 三 手 手 手 手 拜 拜

기초 【기초한자어】 익히고, 【기본→발전한자어】 다지기
拜謁(배알) 높거나 존경하는 사람을 찾아가서 뵘
崇拜(숭배) 우러러 공경함
再拜(재배) 두 번 하는 절
• 신년 인사차 은사님을 拜謁하고 나왔다.
• 진심으로 성웅 이순신 장군을 崇拜하는 마음을 담아 再拜를 드렸다.

기본 4Ⅱ拜見(배견) 拜禮(배례) 拜命(배명) 拜上(배상) 敬拜(경배) 歲拜(세배) 禮拜(예배) 參拜(참배) 4 拜伏(배복)

발전 2 拜呈(배정) 趨拜(추배) 拜塵(배진) 28 拜俛(배면) 拜芝(배지) 1 拜栱(배공) 拜稌(배도) 拜奉(배봉) 拜俯(배부) 拜揖(배읍) 拜詔(배조) 俯拜(부배)

사자성어 4Ⅱ拜金思想(배금사상) 28 頓首百拜(돈수백배)

背

부수	획수	총획
肉	5	9

등 배 : 【571】

字源 〈형성〉 서로 뜻이 맞지 않아 돌아섰을 경우를 흔히 '등졌다'고 이야기한다. 서로 앞을 보고 이야기해야 하는데, 그렇지 못한 처지를 짐작할 수 있어 보인다. 서로의 정 관계가 끊겼거나 마음이 떠나있다. 서로가 앞을 보지도 않고 배반(北)하듯이 몸(月)을 돌려 뒤돌아서 있으니 [등(背)]을 뜻하고 [배]로 읽는다.
回向(향할 향) 腹(배 복) 回肯(즐길 긍)

필순 丨 丨 ㅋ ㅋ ㅋ느 背 背 背 背

기초 【기초한자어】 익히고, 【기본→발전한자어】 다지기
背景(배경) 뒤의 경치
背叛(배반) 신의를 저버리고 등짐
背信(배신) 신의를 저버림
• 부대 뒤로 펼쳐진 背景이 아름답다.
• 그들은 서로가 背叛하듯이 악의적인 背信感(감)에 마음 속에 가득 차 있다.

기본 4Ⅱ背反(배반) 背番(배번) 背書(배서) 背任(배임) 背後(배후) 向背(향배) 4 背水陣(배수진) 3 背泳(배영) 背誕(배탄) 違背(위배)

발전 1 乖背(괴배) 背囊(배낭) 背戾(배려) 背馳(배치) 捐背(연배) 炙背(자배) 曝背(폭배) 嚮背(향배)

사자성어 4Ⅱ二律背反(이율배반) 3Ⅱ面從腹背(면종복배) 3 背恩忘德(배은망덕)

配

부수	획수	총획
酉	3	10

나눌/짝 배 : 【572】

字源 〈형성〉 결혼할 때 신랑 신부는 절차에 의해 절을 하고 술을 서로 나눈다. 술을 따를 때 삼가는 마음으로 몸을 구부린다. 정중한 신랑 신부의 예의이다. 서로 잘 어울려 한 벌이나 한 쌍을 이룬다. 결혼을 하는 신랑 신부가 혼례식 때 몸(己)을 구부려서 술(酉)을 따라 정성들이니 [짝(配)]을 뜻하고 [배]로 읽는다.
동 分(나눌 분) 班(나눌 반) 偶(짝 우) 伴(짝 반) 匹(짝 필) 侶(짝 려) 回酌(술부을 작)

필순 一 丆 丆 万 丙 丙 酉 酉 酉 配

기초 【기초한자어】 익히고, 【기본→발전한자어】 다지기
配達(배달) 물건을 가져다가 날라줌
配慮(배려) 이리저리 마음을 씀
配役(배역) 연극, 영화 따위에서 배우가 맡은 역할
• 고객 차원의 配達 서비스가 이제는 많이 좋아졌다.
• 내가 원하는 配役이 있으니 조금만 더 配慮해 주었으면 좋겠구나.

기본 4Ⅱ配給(배급) 配當(배당) 配本(배본) 配分(배분) 配色(배색) 配線(배선) 配所(배소) 配食(배식) 配列(배열) 配電(배전) 配定(배정) 配車(배차) 配置(배치) 配布(배포) 配合(배합) 交配(교배) 4 配管(배관) 配屬(배속) 3Ⅱ配付(배부) 喪配(상배) 配偶者(배우자) 3 配匹(배필)

발전 2 配劑(배제) 1 配擬(배의) 配墳(배전)

사자성어 3 天定配匹(천정배필)

伐

부수	획수	총획
人	4	6

칠 벌 【573】

字源 〈회의〉 창과 활 그리고 칼은 옛날에 썼던 유일한 무기였다. 적을 무찌르기 위해서는 창이나 칼을 들고 쳐들어가서 무찔렀던 것이다. 힘껏 때리거나 두들기며, 공격하거나 논박하는 일이다. 각자의 생존을 위해 사람들(亻←人)이 창(戈)이나 칼을 들고 적의 목을 베었으니 [치다(伐)]는 뜻이고 [벌]로 읽는다.

4급Ⅱ

圖擊(칠 격) 攻(칠 공) 討(칠 토) 征(칠 정) 回防(막을 방) 守(지킬 수) 回代(이을 대) 任(맡길 임)

필순 ノ イ 仁 代 代 伐 伐

기초 【기초한자어】 익히고, 【기본→발전한자어】 다지기
伐木(벌목) 나무를 벰
伐草(벌초) 무덤의 잡초를 베는 일
征伐(정벌) 죄가 있는 무리를 군대로써 침
• 이조시대 때 북방 오랑캐의 침범이 매우 잦아 征伐에 힘썼다.
• 한식 일을 맞아 산소에 가서 伐草를 하고 伐木도 했더니 산소 주변이 깨끗했다.

기본 4Ⅱ間伐(간벌) 北伐(북벌) 殺伐(살벌) 4伐採(벌채) 盜伐(도벌) 輪伐(윤벌) 採伐(채벌) 討伐(토벌) 3濫伐 (남벌)

발전 2斬伐(참벌) 2Ⅱ變伐(섭벌) 伐柯(벌가) 1伐矜(벌긍) 伐挫(벌좌) 攘伐(양벌) 剪伐(전벌) 誅伐(주벌)

사자성어 4Ⅱ不伐不德(불벌부덕)

부수	획수	총획
网	9	14

벌할 벌【574】

字源 〈회의〉 선량한 사람에게 고의적으로 피해를 주는 사람이 많았다. 이와 같이 공공질서를 어지럽히는 얄미운 사람은 꾸짖거나 매로 다스렸다. 현행범에게는 정신적, 육체적 괴로움을 내렸다. 중죄인을 사로잡아서(罒) 칼로 끊거나 또는 말로 크게 꾸짖으면서(訓) 심하도록 [벌주다(罰)]는 뜻이고 [벌]로 읽는다.
圖罪(허물 죄) 回賞(상줄 상) 回罪(허물 죄)

필순 ᄀ ᅲ 罒 罒 罰 罰 罰 罰 罰 罰

기초 【기초한자어】 익히고, 【기본→발전한자어】 다지기
罰點(벌점) 잘못한 것에 대해 벌로 따지는 점수
體罰(체벌) 몸에 고통을 주는 벌
刑罰(형벌) 죄지은 사람에게 주는 벌
• 교통법규 위반으로 비로소 罰點이 매겨졌다.
• 사회사범에게 體罰을 가하는가 하면 심한 형벌을 가하기도 했다.

기본 4Ⅱ罰金(벌금) 罰責(벌책) 罰則(벌칙) 賞罰(상벌) 重罰 (중벌) 處罰(처벌) 天罰(천벌) 4嚴罰(엄벌) 3Ⅱ雙罰罪 (쌍벌죄) 3懲罰(징벌)

발전 2罰俸(벌봉) 2Ⅱ陟罰(척벌) 1撻罰(달벌) 撲罰(박벌) 佚罰(일벌) 杖罰(장벌) 誅罰(주벌) 黜罰(출벌) 鞭罰 (편벌)

사자성어 4Ⅱ信賞必罰(신상필벌) 4一罰百戒(일벌백계)

부수	획수	총획
土	13	16

벽 벽【575】

字源 〈형성〉 성안을 보호하기 위해서 성벽을 높이 쌓았다. 집 안에서도 찬바람을 막기 위하여 흙이나 돌로 바람막이 벽도 높이 쌓았었다. 방이나 집 등의 바깥 둘레를 막은 수직 건조물들도 있었다. 나를 치려는 적을 방어하기(辟) 위해서 흙(土)이나 돌로 쌓았던 성벽으로 바람벽인 [벽(壁)]을 뜻하고 [벽]으로 읽는다.
回碧(푸를 벽)

필순 ᄀ ᄀ ᄆ 尸 尸 尼 尼 辟 辟 辟 壁 壁 壁

기초 【기초한자어】 익히고, 【기본→발전한자어】 다지기
壁報(벽보) 여러 사람에게 알리는 기사를 붙임
壁畫(벽화) 건물이나 무덤 따위의 벽에 그린 그림
巖壁(암벽) 깎아지른 듯이 험하게 솟은 바위
• 선거입후보자들의 신상이 壁報에 공개되었다.
• 겨울철 巖壁 등반을 하면서 산 정상에서 커다란 壁畫를 발견했다.

기본 4Ⅱ壁紙(벽지) 防壁(방벽) 氷壁(빙벽) 石壁(석벽) 城壁 (성벽) 障壁(장벽) 絕壁(절벽) 3Ⅱ胃壁(위벽) 赤壁賦 (적벽부)

발전 2磁壁(자벽) 防塵壁(방진벽) 纖維壁(섬유벽) 2Ⅱ壁壕 (벽호) 1壘壁(누벽) 壁壘(벽루) 堡壁(보벽) 堊壁(악벽)

사자성어 3Ⅱ奇巖絕壁(기암절벽)

부수	획수	총획
辶	15	19

가 변【576】

字源 〈형성〉 길모퉁이나 도형의 모서리는 가장자리의 곁이다. 뚫려 있는 구멍이라면 보이지 않는 곳으로 맨 마지막 부분이라고 하겠다. '가'를 사용하는 용어가 상당하겠는데 '시냇가, 물가'도 있다. 구멍(穴) 깊었던 그쪽(方)으로 부터 (自) 점차 연이어서 찾아가는(辶) 가장자리인 [가(邊)]를 뜻하고 [변]으로 읽는다.
圖際(즈음/가 제) 回辺, 边

필순 ' 宀 白 白 泉 泉 息 臱 臱 邊 邊

기초 【기초한자어】 익히고, 【기본→발전한자어】 다지기
邊境(변경) 나라의 경계가 되는 변두리의 땅
周邊(주변) 주위의 가장자리
身邊(신변) 몸과 몸의 주위
• 국가 간의 邊境에서는 분쟁이 자주 발생한다.
• 학교 周邊을 정화하려면 身邊에 위험이 따른다.

4급Ⅱ

기본 41 邊利(변리) 邊方(변방) 江邊(강변) 官邊(관변) 路邊(노변) 對邊(대변) 等邊(등변) 無邊(무변) 年邊(연변) 海邊(해변) 往路邊(가로변) 多邊化(다변화) 4 邊錢(변전) 底邊(저변) 3 沿邊(연변) 借邊(차변) 一邊倒(일변도) 邊之邊(변지변)

발전 28 邊疆(변강) 1 籬邊(이변) 邊返(변구) 邊隙(변극) 邊壘(변루) 邊籬(변소) 邊戍(변수) 邊裔(변예) 邊隅(변우) 戍邊(수변) 膝邊(슬변) 靖邊(정변)

사자성어 41 邊上加邊(변상가변) 3 爐邊談話(노변담화)

부수	획수	총획
人	7	9

保 지킬 보(:)【577】

字源 〈회의〉어머니가 어린 아이를 낳아서 정성스럽게 기른다. 무릎에 안고 젖을 먹이거나 등에 업고 다니며 정성껏 기른다. 아이를 잃지 않도록 하거나, 떠나지 않고 잘 살피거나 머물며 기른다. 어머니(亻←人)가 사랑스런 아이를 가슴에 껴안고(呆) 정성을 다해서 보살폈으니 [지키다(保)]는 뜻이고 [보]로 읽는다.
圖衛(지킬 위) 守(지킬 수) 護(도울 호) 回條(가지 조)

필순 ノ 亻 亻 仃 伒 伲 保 保 保

기초 【기초한자어】익히고, 【기본→발전한자어】다지기
保健(보건) 건강을 보전함
保存(보존) 잘 지니어 잃지 않도록 함
保證(보증) 남의 신분이나 행동을 뒷받침해 책임짐
• 保健所(소)에 들러서 미리 예방 접종을 맞았다.
• 유물 保存을 위해서 약품처리를 잘 하여서 保證書(서)를 달았다.

기본 41 保安(보안) 保溫(보온) 保稅(보세) 保守(보수) 保身(보신) 保有(보유) 保育(보육) 保障(보장) 保全(보전) 保護(보호) 擔保(담보) 安保(안보) 留保(유보) 確保(확보) 保合勢(보합세) 4 保管(보관) 保險(보험) 保眼鏡(보안경) 3 保菌(보균) 保釋(보석) 保衡(보형)

발전 2 保傭(보용) 28 保佑(보우) 保艾(보애) 保聚(보취) 保彌(보미) 1 保躬(보궁) 保庇(보비) 保伍(보오) 保宥(보유) 保恤(보휼) 庇保(비보)

부수	획수	총획
土	9	12

報 갚을 보 :【578】

字源 〈회의〉법을 크게 어기는 사람은 신문이나 방송을 통해 알려진다. 그의 죄상을 모든 국민들이 잘 알고 있어야 된다는 것이 국민적인 여론이겠다. 이미 세상이 깜짝 놀라

도록 여론화도 되어있다. 요행하게도(幸) 놀랄 만한 죄인을 벌로 다스려서(艮←艮) 그 죗값을 알리면서 [갚다(報)]는 뜻이고 [보]로 읽는다.
圖告(고할 고) 償(갚을 상) 酬(갚을 수) 回服(옷 복)

필순 十 土 圡 圥 幸 幸 幸 헑 郣 報 報

기초 【기초한자어】익히고, 【기본→발전한자어】다지기
報告(보고) 남의 호의나 은혜를 갚음
報答(보답) 입은 혜택이나 은혜를 갚음
情報(정보) 사정이나 정황의 보고
• 그는 아무런 報答도 바라지 않고 그녀에게 큰 도움을 주었다.
• 관광에 관한 모든 情報가 미리 報告되어 있는 상태라니 이제는 많이 안심이 된다.

기본 41 報國(보국) 報道(보도) 報復(보복) 警報(경보) 官報(관보) 急報(급보) 朗報(낭보) 壁報(벽보) 悲報(비보) 速報(속보) 續報(속보) 業報(업보) 誤報(오보) 月報(월보) 電報(전보) 通報(통보) 畫報(화보) 會報(회보) 4 豫報(예보) 3 報覆(보복) 報償(보상) 旬報(순보) 3 弘報(홍보)

발전 2 諜報(첩보) 情報網(정보망) 1 誣報(무보) 報祠(보사) 報酬(보수) 報牒(보첩) 訃報(부보) 酬報(수보) 鵲報(작보) 邸報(저보) 牒報(첩보) 饗報(향보) 彙報(휘보)

사자성어 41 結草報恩(결초보은) 因果應報(인과응보)

부수	획수	총획
宀	17	20

寶 보배 보 :【579】

字源 〈회의〉집안에 금은보화가 많이 있으면 부자로 생각하였다. 장롱 속의 큰 그릇에 구슬이 가득 들어있다는 뜻이다. 대단히 귀중하며 꼭 필요한 사람으로 자산을 비유적으로 이르는 말이겠다. 집안(宀)에 있는 커다란 그릇(缶)에 구슬(王←玉)과 같은 재물(貝)들이 들어있으니 [보배(寶)]를 뜻하고 [보]로 읽는다.
圖珍(보배 진) 回實(열매 실) 回宝

필순 宀 宀 宁 宇 寍 寍 寍 寍 寶 寶

기초 【기초한자어】익히고, 【기본→발전한자어】다지기
寶庫(보고) 귀중한 물건을 간수하여 두는 곳
寶石(보석) 흔히 몸치장 할 때 쓰는 귀중한 광물
家寶(가보) 대대로 전하여 내려오는 집안의 보물
• 우리 집은 대대로 내려오는 家寶가 상당하다.
• 저 자수정은 내가 제일 좋아하는 寶石이며, 나만의 寶庫에 잘 간수되어 있다.

기본 41 寶物(보물) 寶座(보좌) 寶貨(보화) 七寶(칠보) 3 寶鑑(보감) 寶劍(보검) 寶藏(보장) 寶珠(보주)

발전 ②寶刹(보찰) ②8寶祚(보조) ①寶偈(보게) 寶輅(보뢰) 寶媒(보매) 寶璧(보벽) 寶扇(보선) 寶唾(보타) 什寶(집보)

사자성어 ④ 常平通寶(상평통보)

	부수	획수	총획
步	止	3	7

걸음 보:【580】

字源 〈상형〉사람의 걸음걸이는 차바퀴 돌아가듯이 연속동작으로 이루어진 것만은 아니다. 한 발 한 발 내딛는 작은 걸음부터 전진하게 된다. 걸음은 두 발을 번갈아 옮겨 놓는 연속 동작이다. 일단은 한 발짝 뒤로 멈추었다가(止) 다시 밟아서 조금씩(少) 나아가며 걸어갔으니 [걸음(步)]을 뜻하고 [보]로 읽는다.
回渉(건널 섭)

필순

기초 【기초한자어】 익히고, 【기본→발전한자어】 다지기
步幅(보폭) 걸음의 발자국과 발자국 사이의 거리
徒步(도보) 타지 않고 걸어서 감
散步(산보) 바람을 쐬기 위해 이리저리 거넒
• 학교까지의 거리가 꽤 되지만 徒步로 통학한다.
• 步幅은 비록 작지만, 散步하는 심정으로 걷는다.

기본 ④ 步道(보도) 步兵(보병) 步調(보조) 步行(보행) 競步(경보) 進步(진보) 初步(초보) 退步(퇴보) 行步(행보) 獨步的(독보적) 進一步(진일보) ④ 巨步(거보) 段步(단보) ③ 踏步(답보) 讓步(양보) ③ 驅步(구보)

발전 ②步哨(보초) 駐步(주보) 趨步(추보) ①矩步(구보) 步輦(보련) 步叉(보차) 跙步(지보) 讖步(참보) 闊步(활보)

사자성어 ④ 步武堂堂(보무당당) ③ 橫斷步道(횡단보도)

	부수	획수	총획
復	彳	9	12

회복할 복
다시 부:【581】

字源 〈형성〉어떤 일을 하거나 길을 걷다가 다시 되돌아오는 경우가 더러 있다. 아팠던 몸이 완쾌하여 다시 회복되어 평상시보다 많은 활동을 하게 된다. 본래 매우 좋은 상태로 되돌리거나 되찾는다. 용무를 위해서 갔던(彳) 길을 다시 되돌았다 돌아오니(夏) [회복하다(復)] 또는 [다시(復)]를 뜻하고 [복/부]로 읽는다.
园回(돌아올 회) 回往(갈 왕) 回複(겹칠 복) 腹(배 복)

필순

기초 【기초한자어】 익히고, 【기본→발전한자어】 다지기
復興(부흥) 한 번 쇠퇴한 것이 다시 성하여 일어남

反復(반복) 한 가지 일을 되풀이함
復舊(복구) 그전 모양으로 되게 함
• 종교 단체 교인들이 함께 모여서 復興會(회)를 열자고 결의했다.
• 이번에 출토된 유물을 反復하여 다듬어서 원형에 가깝게 復舊시켰더니 시원하다.

기본 ④ 復校(복교) 復權(복권) 復命(복명) 復習(복습) 復元(복원) 復原(복원) 復職(복직) 復唱(복창) 復學(복학) 光復(광복) 報復(보복) 修復(수복) 往復(왕복) 回復(회복) 復活(부활) ④ 復歸(복귀) 復籍(복적)

발전 ②復碁(복기) ①剝復(박복) 復讎(복수) 恢復(회복)

사자성어 ③ 文藝復興(문예부흥)

	부수	획수	총획
副	刀	9	11

버금 부:【582】

字源 〈형성〉햅쌀로 빚은 술로 종묘에 제일 먼저 제사를 모신다. 그 다음은 토지신에게 정중하게 제사를 모시며 내년의 풍작을 기원한다. 등급이나 수준 그리고 차례 등에서 으뜸의 바로 다음이다. 예리한 칼(刂)로 한 번에 자르듯이 술(畐)을 나눠 모시는 일은 다음의 일이었으니 [버금(副)]을 뜻하고 [부]로 읽는다.
园次(버금 차) 亞(버금 아) 仲(버금 중) 回正(바를 정) 回富(부자 부) 福(복 복) 幅(폭 폭)

필순

기초 【기초한자어】 익히고, 【기본→발전한자어】 다지기
副本(부본) 원본과 똑같이 참고로 보관하는 서류
副賞(부상) 상장 밖에 덧붙여 주는 상
副業(부업) 본 직업의 겨를을 틈틈이 타서 하는 일
• 우리들은 퇴근 후에는 副業으로 아르바이트를 한다.
• 싱징을 빈아 부본을 만들어 놓고 副賞으로 학용품 세트까지 받았다.

기본 ④ 副官(부관) 副木(부목) 副食(부식) 副長(부장) 副題(부제) 副産物(부산물) 副作用(부작용) 副次的(부차적) ③ 副詞(부사) 副葬(부장)

발전 ②副腎(부신) 副祿(부위) 副鹽(부장) 副軸(부축) ①副槨(부곽) 副棺(부관) 副輦(부련) 副扉(부비) 副衙(부아) 副牌(부패)

사자성어 ④ 正副統領(정부통령)

	부수	획수	총획
婦	女	8	11

며느리 부【583】

4급 II

字源 〈회의〉 시집간 여자의 으뜸은 깨끗함에 있다. 남편 쪽에서는 아내요 시부모 쪽에서는 며느리인 여자가 걸레를 들고 깨끗이 청소한다. 아들이 장가를 들어 새로 맞이하는 아내를 뜻한다. 시집간 여자(女)가 손에 비를 들고 집 안팎을 청소(帚)하면서 시부모를 잘도 모셨으니 [며느리(婦)]임을 뜻하고 [부]로 읽는다.
回夫(지아비 부) 姑(시어미 고) 回掃(쓸 소) 歸(돌아갈 귀)

필순 乚 乛 女 女 女′ 女帚 女帚 婦 婦 婦 婦

기초 【기초한자어】 익히고, 【기본→발전한자어】 다지기
夫婦(부부) 남편과 아내
新婦(신부) 갓 결혼한 색시
姪婦(질부) 조카며느리
• 老(노)夫婦는 저녁마다 같이 산책을 한다.
• 새로 맞이한 新婦는 나오는 姪婦간이 된다고 한다.

기본 4Ⅱ 婦德(부덕) 婦道(부도) 婦人(부인) 子婦(자부) 情婦(정부) 主婦(주부) 孝婦(효부) 貴婦人(귀부인) 接待婦(접대부) 4 慰安婦(위안부) 派出婦(파출부) 3Ⅱ 姑婦(고부) 寡婦(과부) 3 姦婦(간부) 酌婦(작부)

발전 2 裸婦(나부) 妖婦(요부) 妊婦(임부) 23 萊婦(내부) 1 奸婦(간부) 鳩婦(구부) 懶婦(나부) 俚婦(이부) 婦緣(부연) 孀婦(상부) 鼠婦(서부) 孕婦(잉부) 娼婦(창부) 樵婦(초부) 悍婦(한부) 荊婦(형부)

사자성어 3Ⅱ 夫唱婦隨(부창부수)

부수	획수	총획
宀	9	12

부자 부 : 【584】

字源 〈형성〉 부자가 많은 농사를 지으려면 우선 인부들이 필요했다. 일의 능률을 올릴 때 막걸리 같은 알코올은 일을 하는 촉진제가 되었다. 부자는 재산이 아주 많은 사람으로 그 지방의 재력가라 한다. 집안의 술독(畐)마다 가득 들어 있는 집(宀)은 농사가 많고 넉넉하다 했으니 [부자(富)]임을 뜻하고 [부]로 읽는다.
图裕(넉넉할 유) 回貧(가난할 빈) 回副(버금 부) 幅(폭 폭) 回冨

필순 宀宀宀宀宀宁富富富富富

기초 【기초한자어】 익히고, 【기본→발전한자어】 다지기
富貴(부귀) 재산이 넉넉하고 지위가 높음
豊富(풍부) 넉넉하고 많음
貧富(빈부) 가난함과 넉넉함
• 그 곳에는 豊富한 지하자원이 매장되어 있다.
• 富貴가 늘면서 貧富의 격차가 심하게 벌어진다.

기본 4Ⅱ 富強(부강) 富農(부농) 富者(부자) 富村(부촌) 富戶(부호) 國富(국부) 致富(치부) 富益富(부익부) 4 甲富(갑부) 巨富(거부) 3Ⅱ 富裕(부유)

발전 23 富衍(부연) 殷富(은부) 金富軾(김부식) 1 宏富(굉부) 富饒(부요) 富溢(부일) 饒富(요부) 猝富(졸부)

사자성어 4Ⅱ 富國強兵(부국강병) 年富力強(연부역강)

부수	획수	총획
广	5	8

마을 부(:) 【585】

字源 〈형성〉 옛날 관청에서 주로 많이 했던 일은 세금을 거둬들이는 일이었다 한다. 세금을 현물로 받아서 곳집에 차곡차곡 보관하기도 했다. 대개 시골집에서 여러 집이 한데 모여 사는 곳을 뜻한다. 서로가 주고받은(付) 세금 문서를 잘 보관하는 곳(广)으로 곳집인 관청으로 [마을(府)]을 뜻하고 [부]로 읽는다.
图廳(관청 청) 署(마을 서) 衙(마을 아) 回附(붙을 부) 符(부호 부)

필순 亠广广广庐府府府

기초 【기초한자어】 익히고, 【기본→발전한자어】 다지기
府君(부군) '죽은 아버지'나 '남자 조상'의 높임말
政府(정부) 국가를 다스리는 기관
議政府(의정부) 조선 왕조 행정부의 최고 기관
• 議政府는 국왕 아래의 국정과 모든 백관을 통섭하는 최고 기관이었다.
• 새 政府가 들어서면서, 전쟁통에 잃은 府君에 대한 추모의 열기가 매우 드높구나.

기본 4Ⅱ 府使(부사) 學府(학부) 都護府(도호부) 立法府(입법부) 政府米(정부미) 總督府(총독부) 行政府(행정부) 4 府庫(부고) 3Ⅱ 幕府(막부) 司法府(사법부) 司憲府(사헌부)

발전 23 椿府(춘부) 椿府丈(춘부장)

사자성어 4Ⅱ 三府要人(삼부요인)

부수	획수	총획
人	5	7

부처 불 【586】

字源 〈형성〉 절에 가면 주지 스님과 동자승이 대비된다. 또한 부처님의 상을 많이 볼 수 있다. 많은 사람이 불공을 드리며 부처의 가르침을 믿는다. 불교의 교조인 석가모니를 달리 '부처'라고 이른다. 사람(亻←人)이 아니나(弗) 사람과 비슷하고 신의 경지에 도달한 존재로 보아 [부처(佛)]를 뜻하고 [불]로 읽는다.
回拂(떨칠 불) 弗(아닐/말 불) 回仏

필순 丿亻亻亻亻佛佛佛

4급Ⅱ

【기초】 【기초한자어】 익히고, 【기본→발전한자어】 다지기
佛家(불가) 불교를 믿는 사람
佛經(불경) 불교의 경전
佛供(불공) 부처의 앞에 공양하는 일
• 법당에서 스님의 佛經 소리가 은은하게 들린다.
• '부처님께서 오신 날에는 불교를 믿는 佛者들이
모여 佛供을 드린다.

【기본】 4Ⅱ佛敎(불교) 佛國(불국) 佛堂(불당) 佛道(불도) 佛門
(불문) 佛文(불문) 佛法(불법) 佛心(불심) 佛語(불어)
4佛徒(불도) 3Ⅱ佛像(불상) 捛譯(불역) 佛殿(불전) 排佛
(배불) 佛蘭西(불란서)

【발전】 2佛鬱(불울) 佛刹(불찰) 28佛廬(불려) 佛鉢(불발)
佛鉢宇(불발우) 1灌佛(관불) 佛偈(불게) 佛祠(불사)
佛陀(불타)

부수	획수	총획
人	10	12

갖출 비 : 【587】

【字源】 〈형성〉 만약의 어려운 사태를 대비해서 미리 갖추어 두어
야 된다고 해서 '유비무환'이라고 했다. 여유 있을 때, 다
음을 위해 잘 비축해 둔다는 성어다. 일정하게 차리거나
비축한다. 사람(亻=人)이 세상을 살아가면서 만약에 쓸
일까 염려되어서 갖추어 잘 준비(葡)해 두니 [갖추다(備)]
는 뜻이고 [비]로 읽는다.
回具(갖출 구) 該(갖출 해)

【필순】 亻 亻⺁ 亻⺁ 伊 伊 俏 俏 備 備

【기초】 【기초한자어】 익히고, 【기본→발전한자어】 다지기
備考(비고) 참고하기 위해 준비해 놓음
備蓄(비축) 미리 장만하여 모아 둠
準備(준비) 미리 마련해 갖춤
• 그는 1년 정도의 準備 기간을 거친 뒤 비로소 새로
운 사업을 시작했다.
• 풍년 때에 양곡을 備考하거나 備蓄했다가 흉년 때
에 백성들에게 방출한다.

【기본】 4Ⅱ備品(비품) 改備(개비) 警備(경비) 具備(구비) 軍備
(군비) 對備(대비) 未備(미비) 防備(방비) 不備(불비)
無防備(무방비) 4豫備(예비) 裝備(장비) 整備(정비)
豫備費(예비비) 3Ⅱ兼備(겸비) 3備忘錄(비망록)

【발전】 2預備(예비) 28儆備(경비) 劉備(유비) 1備悉(비실)
醇備(순비)

부수	획수	총획
心	8	12

슬플 비 : 【588】

【字源】 〈형성〉 언제나 기쁘고 활기찬 일만 있으면 참 좋겠다. 그
렇지만 마음이 어둡고 쓸쓸한 일들이 있어 늘 가슴을 아
프게도 했으니 이것이 가슴앓이리라. 원통하거나 불쌍히
여겨 마음이 괴롭고 아프다. 좋지 못한(非) 일로 인해 애
태우며 마음(心)속으로 크게 염려했었으니 [슬프다(悲)]는
뜻이고 [비]로 읽는다.
回哀(슬플 애) 嗚(슬플 오) 慨(슬퍼할 개) 慘(참혹할 참)
愴(슬플 창) 惻(슬플 측) 回樂(즐길 락) 喜(기쁠 희) 歡
(기쁠 환) 驩(기뻐할 환) 回非(아닐 비)

【필순】 丿 ノ 크 커 非 非 非 悲 悲 悲

【기초】 【기초한자어】 익히고, 【기본→발전한자어】 다지기
悲報(비보) 슬픈 소식
悲壯(비장) 비참하면서도 장대함
喜悲(희비) 기쁨과 슬픔
• 부친이 사망했다는 뜻밖의 悲報에 망연자실했다.
• 신약개발에 悲壯한 각오로 硏究한 결과 숱한 喜悲
가 엇갈렸다고 한다.

【기본】 4Ⅱ悲歌(비가) 悲觀(비관) 悲運(비운) 悲話(비화) 4悲劇
(비극) 悲鳴(비명) 悲痛(비통) 3Ⅱ悲戀(비련) 悲哀(비애)
慈悲(자비) 無慈悲(무자비) 3悲慘(비참)

【발전】 2悲感(비감) 悲悼(비도) 1悲悸(비계) 悲摎(비교) 悲咽
(비열) 悲啼(비제) 悲嗟(비차) 悲愴(비창) 悲惻(비측)
悲驩(비환)

【사자성어】 4一喜一悲(일희일비) 3Ⅱ大慈大悲(대자대비)

부수	획수	총획
非	0	8

아닐 비(:) 【589】

【字源】 〈지사〉 새의 두 날개는 모양이나 크기가 같아서 균형을
잃지 않는다. 두 날개는 엇갈려 반대 방향에 있으면서 날
개의 균형을 잡는다. 사실이나 그러한 내용을 부정하는
관계에 있다. 한 쌍의 새가 두 날개를 쫘악 펴고 날아가는
모양을 가리켜서 어긋나기에 같은 방향이 [아니다(非)]는
뜻이고 [비]로 읽는다.
回不(아니 불) 未(아닐 미) 否(아닐 부) 回可(옳을 가) 是
(옳을 시) 回北(북녘 북) 兆(억조 조)

【필순】 丿 ノ 크 커 非 非 非 非

【기초】 【기초한자어】 익히고, 【기본→발전한자어】 다지기
非難(비난) 남의 잘못이나 결점을 책잡음
非常(비상) 예사롭지 않고 특별함
非行(비행) 잘못되거나 그릇된 행위
• 재난위기 克服을 위해 非常 대책회의가 열렸다.
• 非行으로 인해 잘못을 저질러 여러 사람으로부터
非難의 대상이 되었다.

4급Ⅱ

[기본] [4Ⅱ]非禮(비례) 非理(비리) 非命(비명) 非番(비번) 非情(비정) 是非(시비) 非賣品(비매품) 非正常(비정상) [4]非金屬(비금속) 非武裝(비무장) [3Ⅱ]非凡(비범) 非能率(비능률) [3]非違(비위) 似而非(사이비)

[사자성어] [4Ⅱ]非民主的(비민주적) 非一非再(비일비재) 是非曲直(시비곡직) [3]非夢似夢(비몽사몽)

	부수	획수	총획
飛	飛	0	9

날 비【590】

[字源] 〈상형〉새는 두 날개를 활짝 펴서 하늘을 날아다닌다. 흰 구름을 찾아서. 때로는 친구를 찾아서 멀리 그리고 높게 난다. 어느 지점을 지정하지 못한 외로운 새다. 날다가 친구를 만나면 새 친구란다. 나뭇가지 위에 정답게 앉아있던 새가 하늘을 향해 날아가는 모양을 본떠서 [날다(飛)]는 뜻이고 [비]로 읽는다.
圖翔(날 상) 凹踊(뛸 용)

[필순] 乁 乁 乁 飞 飞 飞 飛 飛 飛

[기초] 【기초한자어】 익히고, 【기본→발전한자어】 다지기
飛上(비상) 날아오름
飛行(비행) 공중으로 날아감
飛火(비화) 어떤 일의 영향이 다른 데까지 번짐
• 아이들 싸움이 엉뚱한 방향으로 飛火하고 있다.
• 飛行機(기)가 요란한 소리를 내며 飛上하고 있어 새롭게 보여서 믿음직스럽다.

[기본] [4Ⅱ]飛報(비보) 飛魚(비어) 雄飛(웅비) [4]飛行機(비행기) [3Ⅱ]飛閣(비각) [3]飛躍(비약)

[발전] [2]飛膜(비막) 飛蔘(비삼) 飛札(비찰) [28]鵬飛(붕비) [1]飛檄(비격) 飛鸞(비란) 飛廬(비려) 飛溜(비류) 飛沫(비말) 飛蝀(비명) 飛翔(비상) 飛觴(비상) 飛鼠(비서) 飛灑(비쇄) 飛鳶(비연) 飛踊(비용) 飛隕(비운) 飛猿(비원) 飛棧(비잔) 飛箭(비전) 飛梯(비제) 飛馳(비치) 飛陛(비폐) 飛瀑(비폭)

[사자성어] [3]烏飛梨落(오비이락)

	부수	획수	총획
貧	貝	4	11

가난할 빈【591】

[字源] 〈형성〉노력해 얻은 재물을 꼭 써야 할 곳에 쓰면서 잘 모아야 한다. 알뜰한 저축은 생활의 활력소가 되고 사회 생활의 기초가 된다. 아무래도 돈을 헤프게 쓰는 사람도 있어 지탄의 대상이다. 아끼고 애써서 벌었던 돈(貝)을 헛되이 나누어(分) 마구 써버리니 그 생활이 [가난하다(貧)]는 뜻이고 [빈]으로 읽는다.
圖窮(궁할 궁) 困(곤할 곤) 凹富(부자 부) 優(넉넉할 우) 凹貪(탐할 탐)

[필순] 八 今 分 分 笒 笒 督 督 貧 貧

[기초] 【기초한자어】 익히고, 【기본→발전한자어】 다지기
貧困(빈곤) 가난하고 궁색하여 살기 어려움
貧民(빈민) 가난한 백성
貧血(빈혈) 피 속의 적혈구나 혈색소의 수가 적음
• 영양이 부족한 많은 어린이들이 貧血 症勢(증세)를 보이고 있다.
• 아프리카의 많은 나라가 貧困層(층)이 많고 지금도 貧困에 시달리고 있다.

[기본] [4Ⅱ]貧國(빈국) 貧農(빈농) 貧村(빈촌) 貧寒(빈한) 極貧(극빈) 赤貧(적빈) 淸貧(청빈) 貧益貧(빈익빈) 活貧黨(활빈당) [4]貧窮(빈궁)

[발전] [2]貧民窟(빈민굴) [1]貧竭(빈갈) 貧陋(빈루) 貧隘(빈애) 貧悴(빈췌) 貧乏(빈핍) 貧鰥(빈환) 惰貧(타빈) 恤貧(휼빈)

[사자성어] [4Ⅱ]貧者一燈(빈자일등) [4]貧富格差(빈부격차) 外華內貧(외화내빈)

	부수	획수	총획
寺	寸	3	6

절 사
관청 시【592】

[字源] 〈회의〉관청의 처음은 사찰에서부터 출발되었다고 한다. 불교를 국교로 숭상했던 고려를 보면 짐작이 가고 중국의 역사적인 사실도 알겠다. 차츰 사찰은 떨어져 나가고 공직청만 남아 독립했다. 일정한 규칙(寸)에 따라서 토지를 (土)를 관리하는 [관청(寺)]을 의미했으나 사찰인 [절(寺)]을 뜻하고 [사/시]로 읽는다.
圖刹(절 찰) 伽(절 가) 凹待(기다릴 대) 侍(모실 시)

[필순] 一 十 土 圡 寺 寺

[기초] 【기초한자어】 익히고, 【기본→발전한자어】 다지기
寺塔(사탑) 절에 있는 탑
寺刹(사찰) 절. 사원
山寺(산사) 산 속에 있는 절
• 불공을 드리려 寺塔으로 유명한 寺刹을 찾았다.
• 새벽에는 산속에 있는 山寺에서 종소리가 은은하게 퍼졌으니 이른바 '산사의 종소리'다.

[기본] [4Ⅱ]寺院(사원)

[발전] [2]尼寺(이사) [28]岬寺(갑사) 寺址(사지) 皐蘭寺(고란사) 芬皇寺(분황사) 檜巖寺(회암사)

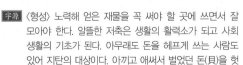

4급Ⅱ

부수	획수	총획
巾	7	10

師 스승 사【593】

字源 〈회의〉 스승은 지식을 가르치며 올바른 인격을 형성시킨 지도자다. 덕과 인품이 빼어났던 사표의 모범이었다. 학창시절의 사표도 되었지만 졸업 후 추수지도(追修指導)에서 그 힘이 더욱 컸을 것이다. 함께 모여(自)있는 제자들에게 빙 둘러(帀) 싸였으며 덕과 인품이 뛰어났던 [스승(師)]을 뜻하고 [사]로 읽는다.

圖傳(스승 부) 回弟(아우 제) 回帥(장수 수) 回師

필순 ´ ⺈ ⺈ ⺁ 𠂤 𠂤 師 師 師 師

기초 【기초한자어】 익히고, 【기본→발전한자어】 다지기
師道(사도) 스승이 마땅히 지켜야 할 도리
師弟(사제) 스승과 제자
藥師(약사) 약품의 조제, 감정, 보존에 관한 실무자
• 조제실 안에 있는 藥師는 바쁜 손놀림으로 약을 빠르게 조제하고 있다.
• 師弟지간에는 師道의 정 때문에 뗄레야 뗄 수가 없는 사이가 넉넉하게 넘친다.

기본 ④Ⅱ 師團(사단) 師父(사부) 師表(사표) 講師(강사) 敎師(교사) 技師(기사) 大師(대사) 牧師(목사) 恩師(은사) 醫師(의사) 師親會(사친회) 料理師(요리사) ④ 看護師(간호사) ③Ⅱ 禪師(선사)

발전 ② 尼法師(이법사) 裁縫師(재봉사) ②⑧ 賈師(고사) 師傅(사부) 師尹(사윤) ① 灸師(구사) 弩師(노사) 師矩(사구) 師傅(사부) 師尹(사윤) 圃師(포사)

사자성어 ④ 師範學校(사범학교)

부수	획수	총획
舌	2	8

舍 집 사【594】

字源 〈형성〉 사람이 살아가려면 안식처인 집이 있어야 한다. 의식주에서 말하고 있듯이 집을 중요시 생각했다. 인간의 모든 행복의 근원도 집에서부터 비롯되고 사회적인 생활의 원점도 집에서부터. 지붕(亼)을 아무지게 받쳐주는 기둥(干)이 있고 바람을 막는 벽면(口)으로 싸인 [집(舍)]을 뜻하고 [사]로 읽는다.

圖室(집 실) 家(집 가) 屋(집 옥) 堂(집 당) 宅(집 택) 宇(집 우) 宙(집 주) 館(집 관) 回余(나 여)

필순 ノ 人 ⼋ ⼈ 仐 仐 舍 舍

기초 【기초한자어】 익히고, 【기본→발전한자어】 다지기
舍監(사감) 기숙사에서 기숙생들의 모든 생활을 감독하는 사람

숙宅(사택) 기관에서 근무하는 직원을 위하여 지은 살림집
館舍(관사) 외국 사신을 머물러 묵게 하는 집
• 舍監 선생의 엄중한 말씀에 따라 규칙적인 생활을 하고 있다.
• 舍宅인 館舍에 머물고 있는 동안 오직 공부만 열심히하여 합격했다.

기본 ④Ⅱ 舍兄(사형) 客舍(객사) 官舍(관사) 校舍(교사) ④ 廳舍(청사) 寄宿舍(기숙사) ③Ⅱ 畜舍(축사) 幕舍(막사) 舍廊房(사랑방)

발전 ②⑧ 頓舍(돈사) 廬舍(여사) 舍采(사채) ① 寮舍(요사) 壘舍(누사) 坊舍(방사) 塾舍(숙사) 寓舍(우사) 齋舍(재사) 邸舍(저사) 頹舍(퇴사) 廐舍(구사)

사자성어 ④Ⅱ 不舍晝夜(불사주야)

부수	획수	총획
言	10	17

謝 사례할 사 :【595】

字源 〈형성〉 다른 사람과 이야기할 때 의미가 정확하고, 가부(可否)가 확실해야만 전달이 용이하다. 옳고 그름을 확실하게 이야기하는 것이 요즈음 경향이다. 이해가 불분명하면 반복을 해야 된다. 과녁을 향해 시원하게 활 쏘듯이(射) 딱 끊어서 말해(言) 사죄하듯 사절하니 [사례하다(謝)]는 뜻이고 [사]로 읽는다.

回射(쏠 사)

필순 ⺀ ⼆ 言 訂 訇 訽 謝 謝 謝 謝

기초 【기초한자어】 익히고, 【기본→발전한자어】 다지기
謝恩(사은) 은혜에 감사함
感謝(감사) 고마움. 고마워하는 마음
謝禮(사례) 언행으로나 물품으로 고마운 뜻을 나타냄
• 백화점에서는 고객 謝恩 行事 세일이 한창이다.
• 잃어버린 물건을 찾아준 분에 대한 感謝의 謝禮를 정중하게 드렸다.

기본 ④Ⅱ 謝過(사과) 謝意(사의) 謝絶(사절) 謝罪(사죄) 謝肉祭(사육제) ④ 厚謝(후사) ③Ⅱ 薄謝(박사) 陳謝(진사)

발전 ②⑧ 謝赫(사혁) 頓謝(돈사) ① 賂謝(뇌사) 淪謝(윤사) 凋謝(조사)

사자성어 ③Ⅱ 新陳代謝(신진대사)

부수	획수	총획
殳	7	11

殺 죽일 살
감할 쇄 :【596】

字源 〈형성〉 나무를 베려면 도끼 같은 재래식 방법의 연모를

썼다. 매우 낡은 방법이었지만 톱이 나오기 이전엔 좋은 방법이었다. 그래서 톱은 위대한 인류의 방법으로 생각했었다. 예리한 낫으로 풀을 베듯이(乂) 나무(木)를 도끼로 찍고(丶) 후려쳐(殳) [감하면서(殺)] 사로잡아 [죽이다(殺)]는 뜻이고 [살]로 읽는다.

園死(죽을 사) 戮(죽일 육) 四生(날 생) 活(살 활) 四殺

필순 ノ メ チ 予 弟 杀 杀 杀 杀 殺 殺

기초 【기초한자어】 익히고, 【기본→발전한자어】 다지기
殺菌(살균) 병원체 및 그 밖의 미생물을 죽임
殺氣(살기) 무섭고 거친 기운
殺到(쇄도) 세차게 몰려듦
• 모든 의료 기구는 殺菌을 해서 사용해야만 한다.
• 殺到하는 공격수들의 눈에서 殺氣를 느꼈다.

기본 4Ⅱ 殺伐(살벌) 殺意(살의) 殺蟲(살충) 殺害(살해) 毒殺 (독살) 殺風景(살풍경) 等殺(등쇄) 相殺(상쇄) 4盜殺 (도살) 射殺(사살) 降殺(강쇄) 驚殺(경쇄) 3Ⅱ沒殺(몰살) 被殺(피살) 3惱殺(뇌쇄)

발전 2絞殺(교살) 倂殺(병살) 斬殺(참살) 虐殺(학살) 殺蟲劑 (살충제) 1毆殺(구살) 屠殺(도살) 抹殺(말살) 誣殺 (무살) 搏殺(박살) 撲殺(박살) 殺戮(살육) 牲殺(생살) 讎殺(수살) 弑殺(시살) 按殺(안살) 縊殺(액살) 誅殺 (주살) 擲殺(척살) 擅殺(천살) 妬殺(투살) 鞭殺 (편살)

사자성어 4殺身成仁(살신성인) 3矯角殺牛(교각살우)

부수	획수	총획
广	4	7

상 상【597】

字源 〈형성〉정승이나 사대부 가정에서 더운 여름에 집안의 그늘진 곳이나 안방에 나무로 만든 평상을 설치해 두었다. 흘린 땀을 식히거나 낮잠을 챙기기 위해서다. 여름을 시원하게 보내기 위한 지혜다. 피곤하여 집안(广)에서 편하게 누워 쉴 수 있도록 나무(木)로 만든 평상으로 [상(床)]을 뜻하고 [상]으로 읽는다.
園案(책상 안)

필순 亠 广 广 庄 庄 床

기초 【기초한자어】 익히고, 【기본→발전한자어】 다지기
病床(병상) 병자가 눕거나 또는 누워 있는 자리
平床(평상) 나무로 만든 침상의 한 가지
册床(책상) 책을 읽거나 글씨를 쓰는 데 아래에 받치고 쓰는 상
• 정승은 平床에 큰대자로 누워서 코를 골며 잔다.
• 그분은 病床에 누우신 지 여러 해 동안 册床에 앉아 본 적이 없다구나.

기본 4Ⅱ 起床(기상) 獨床(독상) 溫床(온상) 着床(착상) 交子床 (교자상) 4酒案床(주안상) 3Ⅱ兼床(겸상) 沈床(침상) 飯床器(반상기) 3床播(상파) 苗床(묘상)

발전 2藤床(등상) 揷床(삽상) 1匡床(광상) 菊床(면상) 床几(상궤)

사자성어 3Ⅱ同床異夢(동상이몽) 臨床實驗(임상실험)

부수	획수	총획
巾	8	11

떳떳할 상【598】

字源 〈형성〉사람은 고상한 인격을 갖추면서 품위 있는 옷을 입었다. 그래서 [의식주(衣食住)] 중에서 옷을 제일의 반열에 놓으면서 으뜸으로 쳤었다. 옷이 날개란 말은 이 때문에 생겼을 것이다. 자기의 고상한(尙) 품위를 외부에 나타내기 위해서 늘 고운 옷(巾)을 입었으니 [떳떳하다(常)]는 뜻이고 [상]으로 읽는다.
園恒(항상 항) 凡(무릇 범) 四班(나눌 반) 回堂(집 당) 當(마땅 당) 尙(오히려 상)

필순 丨 丬 丬 丬 尙 尙 常 常 常 常

기초 【기초한자어】 익히고, 【기본→발전한자어】 다지기
常習(상습) 늘 하는 버릇
常識(상식) 누구나 가지고 있는 흔해 빠진 지식
常用(상용) 일반적으로 사용함
• 常識에 벗어난 행동을 常習적으로 하여 눈살을 찌푸리게 한다.
• 온 국민이 常用할 수 있는 일반적인 단어를 선정해 사용하자는 운동이 한창이다.

기본 4Ⅱ 常道(상도) 常例(상례) 常理(상리) 常務(상무) 常民 (상민) 常設(상설) 常時(상시) 常溫(상온) 常主(상주) 班常(반상) 非常(비상) 常綠樹(상록수) 常備軍(상비군) 經常費(경상비) 4常勤(상근) 常存(상존) 3Ⅱ凡常 (범상) 沒常識(몰상식) 3常軌(상궤)

발전 2常駐(상주) 常餐(상찬) 1常譚(상담) 常鱗(상린) 常膳 (상선) 常羞(상수) 常套(상투)

사자성어 4Ⅱ無常出入(무상출입) 兵家常事(병가상사) 常任 理事(상임이사)

부수	획수	총획
心	9	13

생각 상 :【599】

字源 〈형성〉교통과 통신이 발달하지 않았던 시절에는 멀리 떨어져 있는 사람의 얼굴도 보지 못하고 소식도 모른 채 서로 그리워하며 지내곤 했다. 깊은 연정이 담겨있기 때문

이겠다. 사모의 정이리. 좋아하는 사람을 서로(相)가 바라 보듯이 마음(心) 속으로만 보고 싶어 하면서 [생각하다(想)] 는 뜻이고 [상]으로 읽는다.

圖 思(생각 사) 念(생각 념) 考(생각할 고) 慮(생각할 려) 憶(생각할 억) 惟(생각할 유) 回 相(서로 상)

필순 一 十 木 朾 相 相 相 想 想 想

기초 【기초한자어】 익히고, 【기본→발전한자어】 다지기
想念(상념) 마음속에 품는 여러 가지 생각
空想(공상) 이루어질 수 없는 헛된 생각
思想(사상) 사람이 품고 있는 생각이나 견해
• 그의 思想은 언제나 일관되었다.
• 헛된 想念과 空想으로 마음에 상처만 입고 있구나.

기본 41 想起(상기) 假想(가상) 感想(감상) 發想(발상) 詩想 (시상) 惡想(악상) 理想(이상) 着想(착상) 回想(회상) 4 構想(구상) 豫想(예상) 31 想像(상상) 夢想(몽상) 聯想 (연상) 3 冥想(명상)

발전 2 預想(예상) 謬想(유상) 幻想(환상) 28 沖想(충상)

사자성어 41 無念無想(무념무상) 4 奇想天外(기상천외) 31 被 害妄想(피해망상)

부수	획수	총획
犬	4	8

형상 상
문서 장 【600】

字源 〈형성〉 대문 앞에 짐승의 모양을 그려 잡인이 들어오지 못하게 일시적으로 만들었다. 널빤지(爿)로 만든 개(犬)의 모양이나 글씨를 그 집의 대문 앞에 크게 써서 놓았으니 일반적인 [형상]이나 모양을 뜻했다. 넓은 널빤지(爿)에 개(犬)의 [형상(狀)]이나 글씨를 새겨놓은 [문서(狀)]를 뜻하고 [상] 혹은 [장]으로 읽는다.

圖 態(모습 태) 券(문서 권) 簿(문서 부) 回 壯(장할 장) 悪 状

필순 丨 丬 丬 爿 爿 犹 狀 狀

기초 【기초한자어】 익히고, 【기본→발전한자어】 다지기
狀態(상태) 사물이나 현상이 현재 처해 있는 형편
狀況(상황) 어떤 일이 되어 가는 과정이나 상태
答狀(답장) 회답하여 보내는 편지
• 쓰러지기 직전의 狀態로 결국 목적지에 도착했다.
• 매우 절박한 狀況 속에서도 결국 희망을 버리지 않고 答狀을 썼다.

기본 41 病狀(병상) 實狀(실상) 原狀(원상) 罪狀(죄상) 現狀 (현상) 形狀(형상) 賞狀(상장) 上狀(상장) 案內狀(안내장) 4 窮狀(궁상) 異狀(이상) 環狀(환상) 險狀(험상) 委任狀 (위임장) 招待狀(초대장) 31 狀啓(장계) 告訴狀(고소장)

발전 2 膠狀(교상) 1 臼狀(구상) 鉤狀(구상) 牒狀(첩장)

효狀(핵장)

사자성어 波狀攻擊(파상공격) 31 拘束令狀(구속영장) 3 情 狀參酌(정상참작) 김集令狀(소집영장)

부수	획수	총획
言	4	11

베풀 설 【601】

字源 〈회의〉 어떤 일에 서툴거나 경험이 부족한 사람이 혼자 일하기란 어렵다. 전문가나 선임자가 곁에서 타일러 가르쳐 주어야 한다. 받아서 누리게 하거나 널리 잔치를 차려 벌인 일이다. 어떤 한 분야의 전문가가 작업(殳)을 잘 할 수 있도록 말(言)로 지시하면서 타일렀으니 [베풀다(設)] 는 뜻이고 [설]로 읽는다.

圖 建(세울 건) 施(베풀 시) 鋪(펼/가게 포) 敷(펼 부) 回 話 (말씀 화) 說(말씀 설)

필순 丶 亠 亖 言 言 言 訝 訝 設 設

기초 【기초한자어】 익히고, 【기본→발전한자어】 다지기
設令(설령) 그렇다 치더라도
設備(설비) 어떤 목적에 필요한 기계, 기구를 설치함
改設(개설) 새로 수리하거나 기구를 변경하여 설치함
• 주민의 안전을 위해 방범 設備를 갖추었다.
• 設令 그렇다고 하더라도 우리 마을 농업용수는 내가 꼭 새로 改設하겠다.

기본 41 設計(설계) 設立(설립) 設問(설문) 設使(설사) 設定 (설정) 設置(설치) 加設(가설) 開設(개설) 建設(건설) 常設(상설) 施設(시설) 新設(신설) 增設(증설) 4 設或 (설혹) 私設(사설) 31 附設(부설) 3 竝設(병설)

발전 2 敷設(부설) 倂設(병설) 鋪設(포설) 1 說弧(설호) 訛設(와설)

사자성어 41 爲人設官(위인설관) 28 醴酒不設(예주불설)

부수	획수	총획
土	7	10

재 성 【602】

字源 〈형성〉 북한산성이나 수원성, 행주산성 등은 흙이나 돌을 높이 쌓아 적의 침입을 철저하게 방지했다. 중국의 만리 장성 등도 마찬가지이다. 길이 나 있어서 넘어 다닐 수 있는 높은 산의 고개이다. 국토를 방위하려고 흙(土)을 높이 쌓아 이루었던(成) 보루와도 같은 성곽으로 통상 [재(城)] 를 뜻하고 [성]으로 읽는다.

圖 郭(외성 곽) 回 成(이룰 성) 誠(정성 성)

필순 一 十 土 圤 圤 圤 圻 城 城 城

4급Ⅱ

기초 【기초한자어】 익히고, 【기본→발전한자어】 다지기

城壁(성벽) 성의 담벼락

都城(도성) 서울

築城(축성) 성을 쌓음

• 무너진 城壁을 허물고 새롭게 築城했다.

• 옛날에는 서울을 都城이라고 불렀다.

기본 ④Ⅱ 城主(성주) 宮城(궁성) 內城(내성) 山城(산성) 土城(토성) 不夜城(불야성) ④ 孤城(고성) 華城(화성) ③Ⅱ 牙城(아성) ③ 城郭(성곽)

발전 ② 城闕(성궐) 城濠(성호) 籠城(농성) ②❽ 杆城(간성) 城址(성지) 鐵甕城(철옹성) ① 聊城(요성) 壘城(누성) 蓑城(사성) 城阫(성곽) 城麓(성록) 城壘(성루) 城堡(성보) 城戍(성수) 城柵(성책) 城狐(성호) 嬰城(영성)

사자성어 ④Ⅱ 萬里長城(만리장성) ③Ⅱ 城下之盟(성하지맹) ②❽ 漢城判尹(한성판윤)

부수	획수	총획
日	5	9

별 성 【603】

字源 〈형성〉 깜깜한 밤하늘에 반짝반짝 빛나는 별이 제 빛을 발휘한다. 친구 되어 가까이 있는 별, 사이가 좋지 않아 멀리 떨어져 있는 별들도 굼실거린다. 우주에서 여러 곳에 반짝이는 천체의 여러 가지 별들이다. 밤하늘에 밝은 (日) 빛을 내면서(生) 멀리 떠 있는 무수한 숫자의 [별(星)]을 뜻하고 [성]으로 읽는다.

回 辰(별 진) 庚(별 경) 回 是(이 시) 易(바꿀 역/쉬울 이) 皇(임금 황)

필순 丶 ㄇ ㄇ 日 旦 旱 早 星 星

기초 【기초한자어】 익히고, 【기본→발전한자어】 다지기

星雲(성운) 군데군데에 흐릿하게 보이는 별의 떼

星座(성좌) 별자리

衛星(위성) 행성의 주위를 운행하는 별

• 천문대 관측소에서 비로소 星座를 찾아보았다.

• 천문대 망원경으로 星雲과 衛星의 위치를 잘 관찰할 수가 있었다.

기본 ④Ⅱ 星宿(성수) 星火(성화) 流星(유성) 將星(장성) 北極星(북극성) 七星堂(칠성당) ④ 星條旗(성조기) 占星術(점성술) ③Ⅱ 星霜(성상) 恒星(항성) 惑星(혹성)

발전 ② 星津(성진) 戴星(대성) 妖星(요성) ②❽ 奎星(규성) 箕星(기성) 星昴(성묘) 星榆(성유) 瞻星臺(첨성대) ① 魁星(괴성) 紐星(유성) 曙星(서성) 星芒(성망) 星纏(성전) 星馳(성치) 隕星(운성) 彗星(혜성) 煌星(황성)

사자성어 ②❽ 炳如日星(병여일성)

부수	획수	총획
皿	7	12

성할 성 : 【604】

字源 〈형성〉 제사 지낼 때 접시 위에 떡 같은 음식을 높이 쌓아 올렸다. 손님을 모실 때도 음식을 풍성하게 쌓아 올렸던 것이다. 이렇게 준비한 음식으로 자손이 번성하게 해달라고 조상께 빌었다. 정중하게 제사를 모시는 그릇(皿) 위에 음식을 또 쌓아서(成) 올려 놓아 꽤 성대하여 [성하다(盛)]는 뜻이고 [성]으로 읽는다.

回 興(일 흥) 茂(무성할 무) 隆(높을 륭) 繁(번성할 번) 旺(왕성할 왕) 回 亡(망할 망) 衰(쇠할 쇠) 回 成(이룰 성) 城(재 성) 誠(정성 성)

필순 丿 厂 厂 厂 成 成 成 盛 盛 盛

기초 【기초한자어】 익히고, 【기본→발전한자어】 다지기

盛德(성덕) 크고 훌륭한 덕

盛行(성행) 매우 왕성하게 유행함

豊盛(풍성) 넉넉하고 많음

• 상류 사회에는 사치 풍조가 星行하고 있다.

• 높은 聖德을 입어 금년은 풍년이 들어 오곡이 豊盛하겠구나.

기본 ④Ⅱ 盛大(성대) 盛業(성업) 強盛(강성) 全盛(전성) 興盛(흥성) ④ 盛裝(성장) 盛況(성황) ③Ⅱ 盛衰(성쇠) 茂盛(무성) 繁盛(번성) 隆盛(융성) 盛需期(성수기)

발전 ② 盛旨(성지) 盛勳(성훈) ②❽ 盛彊(성강) 旺盛(왕성) 殷盛(은성) ① 蕃盛(번성) 醒日(성일) 盛饌(성전) 盛饌(성찬) 盛寵(성총) 盛熾(성치) 猥盛(외성) 熾盛(치성)

사자성어 ③Ⅱ 盛水不漏(성수불루)

부수	획수	총획
耳	7	13

성인 성 : 【605】

字源 〈형성〉 사실과 사물을 보고 사리에 공평한 사람을 '성인'이라 한다. 예수, 석가, 공자 같은 분이나 그런 반열에 드는 분들이다. 덕과 지혜가 뛰어나고 사리에 정통한 사람을 우러러 받들었다. 귀(耳)로 말을 잘 듣고 사리가 통해서 공평하도록 덕을 확연하게 드러냈으니(呈) [성인(聖)]을 뜻하고 [성]으로 읽는다.

回 最(가장 최)

필순 丆 ㅜ ⺒ ㅌ 耳 耵 耵 聖 聖 聖

기초 【기초한자어】 익히고, 【기본→발전한자어】 다지기

聖君(성군) 덕이 뛰어난 어진 임금

聖人(성인) 만인의 스승이 될 만한 사람

神聖(신성) 신과 같이 성스러움
• 세종대왕은 學問과 科學에 조예가 깊은 위대한 聖君이셨다.
• 聖人도 世上을 잘 만나서 태어나야만 神聖으로 모신다 한다.

기본 4Ⅱ 聖歌(성가) 聖經(성경) 聖句(성구) 聖女(성녀) 聖堂(성당) 聖母(성모) 聖父(성부) 聖上(성상) 聖恩(성은) 聖者(성자) 聖子(성자) 聖典(성전) 聖職(성직) 聖體(성체) 聖賢(성현) 4 聖徒(성도) 聖域(성역)

발전 2 聖旨(성지) 聖餐(성찬) 聖札(성찰) 聖衷(성충) 聖胎(성태) 棋聖(기성) 聖餐式(성찬식) 2급 聖謨(성모) 聖祚(성조) 1 聖矩(성구) 聖躬(성궁) 聖嗣(성사) 聖詔(성조) 聖誨(성회)

사자성어 3 謁聖及第(알성급제)

부수	획수	총획
耳	11	17

소리 성【606】

字源 〈형성〉악기는 아름다운 소리를 낸다. 북, 징, 피리, 피아노 등 어느 것 없이 새로운 힘과 흥을 돋운다. 음악이 생활을 넉넉하게 하는 활력소다. 청각 작용을 일으키는 공기의 파동이 '소리'일지니. 곱고 고운 악기(声)를 대로 치거나(殳) 손으로 퉁겨 귀(耳)로 듣게 했으니 [소리(聲)]를 뜻하고 [성]으로 읽는다.
图音(소리 음) 回擊(칠 격) 穀(곡식 곡) 回声

필순 一 土 士 声 声 殸 殸 聲 聲 聲

기초 【기초한자어】익히고, 【기본→발전한자어】다지기
聲明(성명) 세상에 공언하여 의견을 발표함
聲優(성우) 모습은 나타내지 않으며 목소리만으로 출연한 배우
歎聲(탄성) 감탄하는 소리
• 원래의 목소리보다 聲優의 더빙 소리가 잘 어울린다.
• 가혹한 정치에 백성들은 聲名書(서)를 냈더니 각 지에서 歎聲이 자자했다.

기본 4Ⅱ 聲帶(성대) 聲量(성량) 聲律(성률) 聲望(성망) 聲調(성조) 假聲(가성) 去聲(거성) 名聲(명성) 聲樂家(성악가) 4 聲援(성원) 聲討(성토) 怨聲(원성) 歡呼聲(환호성) 3Ⅱ 哭聲(곡성) 3 擴聲器(확성기)

발전 2급 鄭聲(정성) 秦聲(진성) 灘聲(탄성) 1 怯聲(겁성) 嬌聲(교성) 濤聲(도성) 沸聲(비성) 聲伎(성기) 聲妓(성기) 聲焰(성염) 聲吞(성탄) 豺聲(시성) 鶯聲(앵성) 穢聲(예성) 鵲聲(작성) 砧聲(침성) 吞聲(탄성) 喊聲(함성) 諧聲(해성) 喚聲(환성)

사자성어 2급 高聲放歌(고성방가) 4 聲東擊西(성동격서) 無聲映畫(무성영화) 3Ⅱ 大聲痛哭(대성통곡)

부수	획수	총획
言	7	14

정성 성【607】

字源 〈형성〉입으로 약속했던 것은 아주 값지고 귀하다. 이것이 지켜지지 않을 때 '실없는 사람. 못 믿을 사람'이라고들 비아냥거린다. 자기의 온갖 힘을 다하려는 진실되고 성실한 마음씨일 지니. 입으로 했던 이야기(言)를 잘 지켜서 꼭 성취(成)할 수 있도록 진실하게 마음을 쓰니 [정성(誠)]을 뜻하고 [성]으로 읽는다.
图款(항목 관) 回城(재 성) 試(시험 시)

필순 一 二 言 言 言 訢 訢 訪 誠 誠 誠

기초 【기초한자어】익히고, 【기본→발전한자어】다지기
成實(성실) 정성스럽고 참됨
忠誠(충성) 마음에서 우러나는 정성
孝誠(효성) 마음을 다해 부모를 섬기는 정성
• 그는 부모님을 위하는 孝誠이 지극하다.
• 그는 몸과 마음을 다 바쳐 成實하게 국가에 忠誠하려는 사람이다.

기본 4Ⅱ 誠金(성금) 誠意(성의) 熱誠(열성) 精誠(정성) 至誠(지성) 不誠實(불성실)

발전 2 款誠(관성) 衷誠(충성) 1 竭誠(갈성)

부수	획수	총획
力	11	13

형세 세:【608】

字源 〈형성〉나무를 심을 때 뿌리를 잘 펴면서 심어야만 한다. 그리고 물을 충분히 주는 등 정성을 들여 심고 잘 가꾸었을 때 잘 자라게 된다. 일이 잘 되어 가는 형편이나 지금의 사정을 뜻하고 있다. 정성 들여 심었던(埶) 나무가 이제 그 세력(力)을 얻어 쑥쑥 자라났으니 [권세(勢)]인 [형세(勢)]를 뜻하고 [세]로 읽는다.
图權(권세 권) 回熱(더울 열) 藝(재주 예)

필순 一 土 士 キ 坴 坴 埶 埶 勢 勢

기초 【기초한자어】익히고, 【기본→발전한자어】다지기
勢力(세력) 남을 복종시키는 기세와 힘
氣勢(기세) 기운과 세력
優勢(우세) 세력, 형세 등이 남보다 나음
• 그들은 주도권 장악을 위한 勢力다툼을 할 氣勢다.
• 상호 간 '우호 협력 관계'는 勢力의 균형이 깨졌을 때 優勢한 쪽이 승리한다.

기본 4Ⅱ 勢道(세도) 加勢(가세) 強勢(강세) 去勢(거세) 敎勢(교세) 權勢(권세) 大勢(대세) 得勢(득세) 兵勢(병세) 4 攻勢(공세) 威勢(위세) 3Ⅱ 症勢(증세) 3 劣勢(열세)

4급Ⅱ

발전 ②趨勢(추세) 勢力圈(세력권) 驛勢圈(역세권) ①勢焰
(세염) 頹勢(퇴세)

사자성어 ③I 伯仲之勢(백중지세)

부수	획수	총획
禾	7	12

세금 세:【609】

字源 〈형성〉 세금은 국가나 지방 단체가 필요한 경비를 위해
국민이 부담하는 돈이다. 요즈음은 돈으로 세금을 내지만
옛날에는 알곡식으로 냈다. 쭉정이를 불어내고 갈무리를
잘하여 일등품으로 손질했다. 거둬들인 볏짚에서 털어 낸
(兌) 알곡식(禾)을 나라 살림의 몫으로 바쳤으니 [세금(稅)]
을 뜻하고 [세]로 읽는다.

동租(조세 조) 回脫(벗을 탈) 悅(기쁠 열) 銳(날카로울 예)

필순

기초 【기초한자어】 익히고, 【기본 → 발전한자어】 다지기
稅關(세관) 재무부 관세청에 속하는 한 관청
課稅(과세) 세금을 매김
納稅(납세) 나라에 세금을 바침
• 稅關을 통과하지 않는 밀수입을 근절시켜야 한다.
• 사업장 영업 수입에 대한 課稅자료로 納稅의 의무
　를 지는 것이 일반화되었다.

기본 ④I稅金(세금) 稅法(세법) 稅收(세수) 稅入(세입) 稅制
(세제) 減稅(감세) 關稅(관세) 間接稅(간접세) 所得稅
(소득세) 有名稅(유명세) ④稅源(세원) 甲勤稅(갑근세)
國稅廳(국세청) ③I稅吏(세리) 稅率(세율) 免稅(면세)
租稅(조세) 擔稅率(담세율) 稅務署(세무서) ③贈與稅
(증여세)

발전 ①苛稅(가세) 洑稅(보세) 稅斂(세렴)

사자성어 ④I保稅物品(보세물품)

부수	획수	총획
糸	5	11

가늘 세:【610】

字源 〈형성〉 봄과 가을에 기른 누에는 넉잠을 자고 나면 실을
토해낸다고 한다. 토해낸 실은 타원형의 고치가 되고 자
신은 한 줌 번데기가 된다. 길이에 비해 너비가 좁거나 둘
레의 굵기가 잘다. 누에의 머리(田←囟)부분에서 술술 풀
려 나왔던 누에고치의 명주실(糸)이 아주 [가늘다(細)]는
뜻이고 [세]로 읽는다.

동微(작을 미) 纖(가늘 섬) 回大(큰 대) 回紳(띠 신)

필순

기초 【기초한자어】 익히고, 【기본 → 발전한자어】 다지기
細密(세밀) 잘고 자세함
細分(세분) 여럿으로 잘게 나눔
細胞(세포) 생물체를 구성하는 가장 기본적인 단위
• 요즈음은 細密한 관찰이 필요한 자료가 요구된다.
• 細胞 분열처럼 업무를 細分하여 전문적으로 분담
　하여 일의 능률을 올렸다.

기본 ④I細工(세공) 細心(세심) 細則(세칙) 細筆(세필) 明細書
(명세서) ③I細菌(세균) 微細(미세) 詳細(상세)

발전 ②細葛(세갈) 細滑(세활) 纖細(섬세) 癌細胞(암세포)
③8細瑾(세근) 細漣(세련) ①呰細(사세) 細苛(세가)
細徑(세경) 細肌(세기) 細綾(세릉) 細鱗(세린) 細碎
(세쇄) 細疵(세자) 細斟(세짐) 仔細(자세)

사자성어 ③零細業者(영세업자) ②8獐耳細辛(장이세신)

부수	획수	총획
手	8	11

쓸 소(:)【611】

字源 〈회의〉 청소를 할 때 바로 쓸어낸 다음 걸레로 구석구석
을 잘 닦아야만 집안이 말끔해진다. 주위의 청결을 미덕
으로 삼는 문화인이리라. 비와 걸레로 몰아 치우거나 한
데 모아서 버린 것이다. 손바닥(扌)에 빗자루(帚)를 들고
먼지와 쓰레기를 잘 쓸어내면서 청소했었으니 [쓸다(掃)]
는 뜻이고 [소]로 읽는다.

동蕩(방탕할 탕) 回婦(며느리 부) 歸(돌아갈 귀)

필순

기초 【기초한자어】 익히고, 【기본 → 발전한자어】 다지기
掃除(소제) 떨고 쓸고 닦아서 깨끗이 함
掃地(소지) 땅을 씀
一掃(일소) 모조리 쓸어버림
• 할머니는 우리를 보고 깨끗이 掃除하라고 하신다.
• 우리 사회의 모든 악습일랑 깨끗하게 掃地하듯이
　一掃해야 하겠다.

기본 ④I淸掃(청소) ③I掃滅(소멸)

발전 ①掃糞(소분) 掃截(소절) 掃蕩(소탕) 掃彗(소혜) 灑掃
(쇄소) 彗掃(혜소)

사자성어 ④機銃掃射(기총소사)

부수	획수	총획
竹	4	10

웃음 소:【612】

字源 〈형성〉 대나무는 바람이 조금만 불어도 좌우로 흔들린다.
흔들리는 모양이 사람이 배꼽을 쥐며 웃는 모습과 같이
보았던 것 같다. 기쁘거나 우습거나 소리를 내서 웃는 마

4급Ⅱ

음을 나타냈겠다. 바람에 대나무(竹)가 좌우로 흔들리는 모양이 사람이 허리를 굽혀서(夭) 웃는 것처럼 [웃대(笑)]는 뜻이고 [소]로 읽는다.
圖 哭(울 곡) 泣(울 읍) 圖 答(대답 답)

필순

기초 【기초한자어】 익히고, 【기본→발전한자어】 다지기
苦笑(고소) 쓴웃음
失笑(실소) 알지 못하는 사이 웃음이 툭 터져 나옴
爆笑(폭소) 여럿이 폭발하듯이 갑자기 웃는 웃음
• 그의 터무니없는 거짓말에 모두가 苦笑를 지었다.
• 나는 동생의 말도 안 되는 소리에 失笑는 물론 爆笑가 쏟아졌다.

기본 4Ⅱ 可笑(가소) 假笑(가소) 冷笑(냉소) 談笑(담소) 4 笑納(소납)

발전 2 熙笑(희소) 23 笑柄(소병) 1 轟笑(굉소) 戮笑(육소) 媚笑(미소) 鄙笑(비소) 嚬笑(빈소) 笑呵(소가) 笑罵(소매) 笑嗤(소치) 笑跛(소파) 嘲笑(조소) 諂笑(첨소) 嗤笑(치소) 謔笑(학소) 哄笑(홍소)

사자성어 3Ⅱ 拍掌大笑(박장대소) 破顔大笑(파안대소)

	부수	획수	총획
素	糸	4	10

흴 소 (:) 【613】

字源 〈회의〉 명주와 비단은 최고급의 옷감으로 생각했다. 흰옷은 우리 민족의 숨결이 숨어 있고, 흰색은 모든 색의 바탕을 이루는 등 서열 일 번이었다. 색깔이 눈이나 우유의 빛깔과 같아서 하얗다. 세탁하여 빨아놓은(主) 명주실(糸)로 짠 옷감 색깔이 흰빛인 [바탕(素)]이 되었으니 [희다(素)]는 뜻이고 [소]로 읽는다.
圖 朴(성/소박할 박) 質(바탕 질) 樸(순박할 박) 圖 累(여러 루) 紊(어지러울 문)

필순 一 二 十 圭 主 主 夬 素 素 素

기초 【기초한자어】 익히고, 【기본→발전한자어】 다지기
素朴(소박) 꾸밈이나 거짓이 없는 순수하고 순박함
素材(소재) 문학·예술 작품의 기본 재료
素質(소질) 타고난 성질
• 素朴하지만 정갈한 시골 밥상이 입맛을 돋운다.
• 素材가 없다고 글 못쓰니 작가로서의 素質이 없나보다.

기본 4Ⅱ 素望(소망) 素食(소식) 素養(소양) 素因(소인) 素子(소자) 素地(소지) 素行(소행) 毒素(독소) 色素(색소) 水素(수소) 要素(요소) 元素(원소) 炭素(탄소) 平素(평소) 葉綠素(엽록소) 活力素(활력소) 4 儉素(검소)

발전 2 素懷(소회) 素饌(소찬) 酸素(산소) 窒素(질소) 23 素蟾(소섬) 1 硅素(규소) 樸素(박소) 砒素(비소) 素蛟(소교)

	부수	획수	총획
俗	人	7	9

풍속 속 【614】

字源 〈형성〉 사람이 사는 집들은 주로 냇가의 줄기를 따라서 옹기종기 모여 있었다. 물은 사람이 살아가는 바탕이 되었기 때문이다. 풍속은 옛날부터 전해오는 생활 전반의 습관이나 버릇들을 이른다. 여러 사람(亻←人)이 한 골짝(谷)에서 오래 살면 같은 습관들이 형성됐다는 [풍속(俗)]을 뜻하고 [속]으로 읽는다.
圖 浴(목욕할 욕) 谷(골 곡) 裕(넉넉할 유)

필순 丿 亻 亻 亼 仒 伀 伀 俗 俗

기초 【기초한자어】 익히고, 【기본→발전한자어】 다지기
俗談(속담) 예로부터 전해져 오는 격언
世俗(세속) 속된 세상
土俗(토속) 그 지방의 특유한 습관이나 풍속
• 世俗에 묻혀 살다보니 이제는 俗人이 다 되었다.
• 俗談 같지만, 서구화되어 먹을거리가 풍부하지만 土俗的(적)인 음식이 더 좋다.

기본 4Ⅱ 俗物(속물) 俗說(속설) 俗世(속세) 俗語(속어) 俗謠(속요) 俗人(속인) 俗字(속자) 民俗(민속) 習俗(습속) 野俗(야속) 低俗(저속) 通俗(통속) 風俗畫(풍속화) 4 俗稱(속칭) 脫俗(탈속) 3Ⅱ 卑俗(비속) 還俗(환속)

발전 2 塵俗(진속) 1 聾俗(농속) 巫俗(무속) 俗陋(속루) 俗諺(속언) 俗諦(속체) 頹俗(퇴속)

사자성어 4Ⅱ 美風良俗(미풍양속)

	부수	획수	총획
績	糸	15	21

이을 속 【615】

字源 〈형성〉 시장에서 물건을 사고파는 일은 하루도 그칠 날이 없다. 이는 생산과 소비를 촉진시켜 삶의 원동력이 되기 때문이다. 끊어지지 않고 계속되거나 끝을 맞대 붙여서 하나로 만든다. 실타래(糸)가 계속 이어짐이 물건을 파는(賣) 아낙네 말처럼 쭉 잇닿아 풀려 나왔으니 [잇다(績)]는 뜻이고 [속]으로 읽는다.
圖 連(이을 련) 承(이을 승) 係(맬 계) 繼(이을 계) 絡(이을 락) 圖 絶(끊을 절) 斷(끊을 단) 圖 讀(읽을 독) 回 続

필순 幺 糸 糽 紂 綪 綪 績 績 績

기초 【기초한자어】 익히고, 【기본→발전한자어】 다지기
績出(속출) 잇달아 나옴
績篇(속편) 이미 펴낸 책에 잇대어 편찬한 책
存續(존속) 계속 존재함
• 화재로 인하여 부상자들이 績出하고 있다.
• 전편의 인기에 힘입어 다시 績篇이 出刊되어 지금 存續하고 있다.

기본 4Ⅱ 續講(속강) 續報(속보) 續行(속행) 續會(속회) 相續
(상속) 手續(수속) 連續(연속) 永續(영속) 接續(접속)
4 繼續(계속) 勤續(근속) 持續(지속) 3Ⅱ 續刊(속간) 續編
(속편) 3 續絃(속현)
발전 2 續輯(속집) 1 嗣續(사속) 續貂(속초)
사자성어 4Ⅱ 不連續線(불연속선)

보낼 송 : 【616】

字源 〈형성〉우리 노래 속에는 헤어지기 싫어하는 가사들이 상당히 많다. 서로 이별하는 마음이야 서운하겠지만 또 다른 날 재회를 위해서는 웃으면서 보낸다. 이별의 아픔을 달래려는 간절한 마음이리라. 멀리 떠나는(辶) 사람이 많이 서운하기는 했었지만 이제 웃으면서(癶←笑) [보내다(送)]는 뜻이고 [송]으로 읽는다.
圖 輸(보낼 수) 遣(보낼 견) 凹 受(받을 수) 迎(맞을 영)
凹 逆(거스를 역) 途(길 도)

필순 ノ 八 凵 凵 ヅ 癶 癶 癶 送 送

기초 【기초한자어】 익히고, 【기본→발전한자어】 다지기
送別(송별) 떠나는 사람을 보냄
送信(송신) 통신을 보냄
歡送(환송) 기쁘게 보냄
• 지방으로 전근하는 동료의 送別회가 있었다.
• 나는 공항에서 떠나는 친구 歡送을 나가면서 문자로도 送信했다.

기본 4Ⅱ 送致(송치) 急送(급송) 發送(발송) 放送(방송) 運送
(운송) 傳送(전송) 電送(전송) 虛送(허송) 4 郵送(우송)
轉送(전송) 送水管(송수관) 送風機(송풍기) 送話機
(송화기) 3Ⅱ 送還(송환) 輸送(수송) 還送(환송) 葬送曲
(장송곡) 3 返送(반송)
발전 2 呈送(정송) 託送(탁송) 1 餽送(고송) 拿送(나송) 輓送
(만송) 餞送(전송) 檻送(함송)
사자성어 4Ⅱ 公示送達(공시송달)

부수	획수	총획
宀	3	6

지킬 수 【617】

字源 〈회의〉일반 관청에는 '수위'가 있고 군대에는 '위병'이나 '헌병'이 있어 정문을 잘 지킨다. 관청이나 병사들을 안전하게 지켜 준 것이다. 잃지 않도록 하거나 떠나지 않고 거기에 살피거나 머무른다. 일반 관청(宀) 집 규칙(寸)에 따라서 건물에 대한 기밀을 정성껏 보살피면서 [지키다(守)]는 뜻이고 [수]로 읽는다.
圖 防(막을 방) 衛(지킬 위) 保(지킬 보) 凹 攻(칠 공) 擊
(칠 격) 凹 宇(집 우)

필순 ヽ 宀 宀 宁 守 守

기초 【기초한자어】 익히고, 【기본→발전한자어】 다지기
守備(수비) 적의 침입으로부터 지키어 방비함
保守(보수) 오랜 습관·제도·방법을 그대로 지킴
嚴守(엄수) 엄격히 지킴
• 우리 군의 철통 같은 守備에 온 국민은 편하다.
• 保守라 했듯이, 신용있는 사람은 약속을 嚴守한다.

기본 4Ⅱ 守領(수령) 守兵(수병) 守成(수성) 守勢(수세) 守衛
(수위) 守節(수절) 守則(수칙) 守護(수호) 固守(고수)
郡守(군수) 死守(사수) 守門將(수문장) 4 看守(간수)
守舊派(수구파) 3Ⅱ 守錢奴(수전노) 3 宰守(재수) 遵守
(준수)
발전 28 守彊(수강) 1 恪守(각수) 嗣守(사수) 守燎(수료)
守嗣(수사) 戍守(수수) 守塚(수총) 頑守(완수)
사자성어 4 攻守交代(공수교대)

부수	획수	총획
人	8	10

닦을 수 【618】

字源 〈형성〉깊은 계곡의 물은 하류까지 멀리 흐른다. 계곡의 물에 머리와 몸을 닦고 나면 몸과 마음이 맑아 개운해진다. 거죽에 묻어 있는 먼지나 때 따위를 없애거나 문지르거나 다 씻는다. 저 멀리(攸) 흐르는 맑은 물에 머리(彡)를 감고 몸과 마음을 바르게 다듬었으니 꾸밈없이 [닦다(修)]는 뜻이고 [수]로 읽는다.
圖 習(익힐 습) 硏(갈 연) 飾(꾸밀 식) 葺(기울 즙) 凹 條
(가지 조) 悠(멀 유)

필순 ノ 亻 亻 亻 俏 俏 俏 修 修 修

기초 【기초한자어】 익히고, 【기본→발전한자어】 다지기
修鍊(수련) 몸과 마음을 갈고 단련함
修了(수료) 일정한 기간에 정해진 학과를 다 배워서 마침

4급Ⅱ

修正(수정) 바로 잡아서 고침
• 몸과 마음을 단련하고자 修鍊院(원)으로 들어갔다.
• 誤字를 修正하여 논문을 잘 만들어 修了했다.

기본 4Ⅱ 修交(수교) 修女(수녀) 修道(수도) 修理(수리) 修史(수사) 修士(수사) 修繕(수선) 修習(수습) 修養(수양) 修業(수업) 修築(수축) 修學(수학) 修行(수행) 監修(감수) 改修(개수) 4 修辭(수사) 修整(수정) 嚴修(엄수) 3Ⅱ 修飾(수식) 補修(보수) 編修(편수) 3 修訂(수정)

발전 2 修煉(수련) 修繕(수선) 歐陽修(구양수) 1 修竿(수간) 修莖(수경) 修鯨(수경) 修綸(수륜) 修袖(수수) 修椽(수연) 修葺(수즙) 修勅(수칙)

사자성어 4 修好條約(수호조약) 3Ⅱ 修身齊家(수신제가) 2급 頓悟漸修(돈오점수)

부수	획수	총획
又	6	8

받을 수 (:)【619】

字源 〈회의〉 물건을 선사할 때 포장지에 싸서 정중히 드렸다. 받는 사람에게 올바른 예의를 지키려는 훈훈한 정성이다. 상대로부터 입었거나 당했거나 응하면서 주고받는 정성 어린 행위이겠다. 손가락이나 손톱(爫)으로 물건을 소복하게 덮어서(冖) 공손하게 드렸으니 손(又)으로 [받다(受)]는 뜻이고 [수]로 읽는다.
圖領(거느릴 령) 回給(줄 급) 授(줄 수) 與(줄 여) 拂(떨칠 불) 賜(줄 사) 贈(줄 증) 回授(줄 수)

필순

기초 【기초한자어】 익히고, 【기본→발전한자어】 다지기
受難(수난) 재난을 당함
受信(수신) 우편이나 전보 따위의 통신을 받음
受益(수익) 이익을 얻음
• 요즈음 우리 가족에게는 뜻하지 않은 受難이 닥쳤다.
• 행사의 受益金을 불우이웃을 돕는 데 쓴다는 受信을 받고 매우 기뻤다.

기본 4Ⅱ 受給(수급) 受動(수동) 受領(수령) 受理(수리) 受配(수배) 受賞(수상) 收受(수수) 受用(수용) 受容(수용) 受任(수임) 受精(수정) 受惠(수혜) 買受(매수) 授受(수수) 領受(영수) 傳受(전수) 接受(접수) 受講生(수강생) 受取人(수취인) 受驗生(수험생) 4 受納(수납) 甘受(감수) 3Ⅱ 受諾(수락) 受像機(수상기) 3 受侮(수모)

발전 2 膚受(부수) 受精卵(수정란) 受診(수진) 受精型(수정형) 1 受呵(수가) 膺受(응수) 禀受(품수)

사자성어 4 引繼引受(인계인수)

부수	획수	총획
攴	2	6

거둘 수【620】

字源 〈형성〉 벼를 낫으로 벤 후 햇볕에 말린 다음 도리깨로 두들겨서 털었다. 도리깨로 두들기면 낟알이 벼에서 떨어져 수확할 수 있었다. 이처럼 돈이나 물건에도 모두 적용하여 사용할 수 있었다. 벼이삭에 얽혀 붙어있는(丩←叫) 낟알을 도리깨로 쳐가면서(攵) 수확했으니 [거두다(收)]는 뜻이고 [수]로 읽는다.
圖拾(주울 습/열 십) 穫(거둘 확) 撤(거둘 철) 斂(거둘 렴) 回給(줄 급) 支(지탱할 지) 回改(고칠 개) 攻(칠 공) 回収

필순 ㄴ 니 니' 饣 饣 收 收

기초 【기초한자어】 익히고, 【기본→발전한자어】 다지기
收錄(수록) 기록하여 넣음
收集(수집) 거두어 모음
收穫(수확) 곡식을 거두어들임
• 이번 대회에서 새로운 인재를 발굴한 收穫이 크다.
• 한 권의 책에 무려 백여 편에 달하는 시를 收集하여 收錄하였다.

기본 4Ⅱ 收監(수감) 收買(수매) 收復(수복) 收養(수양) 收用(수용) 收容(수용) 收益(수익) 收入(수입) 收支(수지) 買收(매수) 未收(미수) 月收(월수) 日收(일수) 秋收(추수) 回收(회수) 吸收(흡수) 4 收納(수납) 收縮(수축) 領收證(영수증) 3Ⅱ 收拾(수습) 收藏(수장) 收賄(수회) 沒收(몰수) 徵收(징수) 還收(환수) 收奪(수탈)

발전 2 收屍(수시) 收輯(수집) 撤收(철수) 28 收聚(수취) 1 收括(수괄) 收斂(수렴) 收摸(수모) 收拭(수식) 收賄(수회)

사자성어 2 吸收合倂(흡수합병)

부수	획수	총획
手	8	11

줄 수【621】

字源 〈형성〉 주는 정과 받는 정은 모두를 흐뭇하게 한다. 귀한 물건을 내밀어 주기도 하지만, 작고 값싼 물건도 주는 이의 마음은 빛이 난다. 선물꾸러미를 상대방에게 갖도록 하거나 건네어 베푼다. 어떤 물건을 상대방이 받을(受) 수 있을 만한 가까운 거리에서 손(扌)을 내밀면서 [주다(授)]는 뜻이고 [수]로 읽는다.
圖給(줄 급) 與(줄 여) 賜(줄 사) 贈(줄 증) 回受(받을 수) 回受(받을 수)

 4급Ⅱ

필순

기초 【기초한자어】 익히고, 【기본→발전한자어】 다지기
授賞(수상) 상을 줌
授業(수업) 학업이나 기술을 가르쳐 줌
教授(교수) 교수, 부교수, 조교수, 강사 등 대학 교원
• 이번 졸업식장에서 졸업생 대표로 授賞을 했다.
• 教授님의 지도에 따라 1주일에 한 번씩 노래 修業을 꾸준히 받고 있다.

기본 4Ⅱ 授受(수수) 授精(수정) 傳授(전수) 4 授與(수여) 授乳(수유)

발전 1 誨授(회수)

사자성어 2 碩座敎授(석좌교수)

純	부수	획수	총획
	糸	4	10

순수할 순【622】

字源 〈형성〉 소파 방정환 선생은 어린이를 이 세상에서 가장 티 없이 맑고 순수하다고 극찬했다. 뾰족하게 내민 새싹도 순수함은 마찬가지였을 것이다. 사사로운 자기 욕심이나 불순한 생각이 없었다. 가느다란 실(糸)처럼 미세하게 돋아난 새싹(屯←屮+丿)이 깨끗했었다니 [순수하다(純)]는 뜻이고 [순]으로 읽는다.
回潔(깨끗할 결) 粹(순수할 수) 回鈍(둔할 둔)

필순

기초 【기초한자어】 익히고, 【기본→발전한자어】 다지기
純金(순금) 다른 잡물이 섞이지 아니한 황금
純度(순도) 품질의 순수한 정도
純眞(순진) 마음에 꾸밈이 없고 참됨
• 결혼 예물로 純金 반지를 서로 교환하였다.
• 純度가 많이 높을수록 그 純眞性(성)까지도 높다고 할 수 있을까?

기본 4Ⅱ 純潔(순결) 純毛(순모) 純白(순백) 純情(순정) 純種(순종) 純化(순화) 單純(단순) 不純(불순) 清純(청순) 3Ⅱ 純綿(순면)

발전 23 純殷(순은) 1 純鉤(순구) 純樸(순박) 純粹(순수) 純禧(순희) 綴純(철순)

承	부수	획수	총획
	手	4	8

이을 승【623】

字源 〈회의〉 아버지의 유업을 자식이 그대로 잇는 경우가 많았다. 요즈음은 재벌3세 그리고 4세까지 넘어가면서 유지를

이어받아 재벌이 된다. 끊어지지 않고 계속하여 유업을 잇는다는 뜻이다. 물(水)이 높은 곳에서 아래로 흐르는 것처럼 자식(子)이 부모의 뜻을 제 손(手)으로 직접 [잇다(承)]는 뜻이고 [승]으로 읽는다.
回奉(받들 봉) 連(이을 련) 續(이을 속) 接(이을 접) 繼(이을 계) 捧(받들 봉) 凹絶(끊을 절) 斷(끊을 단) 回丞(도울 승)

필순

기초 【기초한자어】 익히고, 【기본→발전한자어】 다지기
承繼(승계) 뒤를 이어서 받음
承認(승인) 일정한 사실을 인정하는 행위
繼承(계승) 조상이나 전임자의 뒤를 이어받음
• 조상의 높은 학문과 기술을 繼承 발전시켜야 한다.
• 과장의 承認을 받아 전임자의 뒤를 이어 귀중한 업무를 承繼받는다.

기본 4Ⅱ 承命(승명) 承服(승복) 承恩(승은) 承前(승전) 承重(승중) 口承(구승) 傳承(전승) 3Ⅱ 承諾(승낙)

발전 2 承款(승관) 承旨(승지) 承塵(승진) 紹承(소승) 23 承允(승윤) 1 媚承(미승) 承捧(승봉) 承訃(승부) 承藉(승자) 承稟(승품) 承乏(승핍)

사자성어 4 起承轉結(기승전결)

施	부수	획수	총획
	方	5	9

베풀 시:【624】

字源 〈형성〉 씨족 사회에서도 사람들이 함께 같은 농터에서 일을 했다. 다른 무리들과 잘 구분하기 위해서 둘둘 말아두었던 기를 펴서 꽂았다. 받아서 누리게 하거나 잔치를 걸게 차려서 벌인다. 둘둘 말렸던(也) 깃발(㫃)을 다시 펴듯이 일을 열심히 하면서도 주위를 잘 살폈으니 [베풀다(施)]는 뜻이고 [시]로 읽는다.
回設(베풀 설) 宣(베풀 선) 張(베풀 장) 陳(베풀 진) 回族(겨레 족) 旅(나그네 려) 旋(돌 선)

필순 ` ` 亠 方 方 扩 扩 拡 施 施

기초 【기초한자어】 익히고, 【기본→발전한자어】 다지기
施工(시공) 공사를 실시함
施賞(시상) 상을 주는 일
施行(시행) 실제로 행함
• 긴 터널을 삼 년 이내에 施工하기로 계약했다.
• 이 일을 施行하기에 앞서 施賞부터 먼저 하는 것이 더욱 좋겠다.

기본 4Ⅱ 施設(시설) 施術(시술) 施政(시정) 施主(시주) 實施(실시) 3Ⅱ 施肥(시비) 施策(시책)

발전 2 施療(시료) 1 施齋(시재) 施錠(시정) 施鍼(시침)

부수	획수	총획
日	5	9

是
옳을 시 : 【625】

字源 〈회의〉 태양은 온 세상을 곱고 밝게 비춰 준다. 외로운 사람이나 슬픈 사람에게도 차별하지 않고 세상을 두루 비춰 준 것이다. 어떤 기준에 비추어 보아 조금도 어긋남이 없다는 뜻이겠다. 태양(日)이 바르고 공정하게(疋←正) 땅을 비춰주니 온 세상이 밝고 맑아서 [옳다(是)] 또는 [이(是)]를 뜻하고 [시]로 읽는다.
圈 此(이 차) 回 非(아닐 비) 彼(저 피) 回 定(정할 정) 晨(새벽 신)

필순 丶 一 口 曰 旦 로 므 무 문 是

기초 【기초한자어】 익히고, 【기본→발전한자어】 다지기
是非(시비) 잘잘못
是日(시일) 이 날
是正(시정) 그릇된 것을 바로잡음
• 물건값 홍정이 是非가 되어 큰 싸움이 되었다.
• 잘못된 慣行을 이제 是日을 넘기지 말고 是正하도록 하시게.

기본 4Ⅱ 是認(시인) 國是(국시) 必是(필시) 4 或是(혹시) 3Ⅱ 亦是(역시)

발전 2 壹是(일시)

사자성어 4Ⅱ 是是非非(시시비비) 3Ⅱ 如是我聞(여시아문)

부수	획수	총획
見	5	12

視
볼 시 : 【626】

字源 〈형성〉 사물을 자세하게 살피려면 나 혼자만 보아서는 안 된다. 내가 관찰하지 못한 점을 상대방이 발견하여 지적하는 수가 많다. 눈으로 인식하거나 어떠하다고 생각하면서 평가한 것이다. 내가 자세히 살펴보고(見) 남에게도 살피도록 내밀어 보도록(示) 하며 잘 살폈으니 [보다(視)]는 뜻이고 [시]로 읽는다.
圈 示(보일 시) 見(볼 견) 監(볼 감) 察(살필 찰) 觀(볼 관) 覽(볼 람) 眺(바라볼 조) 回 親(친할 친)

필순 丶 一 亍 示 礻 礻 礻 礻 視 視

기초 【기초한자어】 익히고, 【기본→발전한자어】 다지기
視野(시야) 눈의 보는 힘이 미치는 범위
視差(시차) 천체의 한 점을 두 지점에서 바라볼 때의 방향의 차
監視(감시) 경계하기 위하여 미리 감독하고 살피어 봄
• 아군은 적군의 움직임을 철저하게 監視한다.
• 산에 올라 내려다보니 視差가 있기는 했지만 視野

가 확 트여 아주 좋았다.

기본 4Ⅱ 視角(시각) 視界(시계) 視力(시력) 視線(시선) 視察(시찰) 輕視(경시) 無視(무시) 遠視(원시) 注視(주시) 4 視覺(시각) 視點(시점) 亂視(난시) 3Ⅱ 斜視(사시) 巡視(순시) 坐視(좌시) 疾視(질시) 錯視(착시) 賤視(천시) 透視(투시) 微視的(미시적)

발전 2 蔑視(멸시) 28 視瞻(시첨) 侁視(면시) 鷹視(응시) 1 瞰視(감시) 倨視(거시) 眄視(면시) 俯視(부시) 視眺(시조) 愕視(악시) 嫉視(질시) 亥時(해시)

사자성어 3Ⅱ 可視距離(가시거리)

부수	획수	총획
言	6	13

試
시험할 시(:)
【627】

字源 〈형성〉 공부했던 내용을 알아보기 위해서 시험을 본다. 형성평가, 월말평가, 그리고 기말평가도 있으며 취직시험 등도 많다. 실제로 검사하고 평가하거나 절차에 따라 알아보고 평가한 것이다. 평상하는 말(言)이나 글로 일정 방식(式)에 따라서 비교하면서 물어보았으니 [시험하다(試)]는 뜻이고 [시]로 읽는다.
圈 驗(시험 험) 回 誠(정성 성) 評(평할 평)

필순 丶 二 言 言 言 言 訂 訂 試 試

기초 【기초한자어】 익히고, 【기본→발전한자어】 다지기
試圖(시도) 무엇을 이루어 보려고 행동하는 것
試食(시식) 요리하는 솜씨와 맛을 보기 위하여 먹어 봄
試合(시합) 운동 경기 따위를 겨룸
• 그는 몇 번의 試圖 끝에 이번 선거에서 국회의원에 당선되었다.
• 신제품 홍보를 위한 試食會(회)가 있고 난 후에 試合으로 서로 겨루었다.

기본 4Ⅱ 試料(시료) 試藥(시약) 試用(시용) 試飲(시음) 試作(시작) 試驗(시험) 考試(고시) 應試(응시) 入試(입시) 試金石(시금석) 試寫會(시사회) 4 試運轉(시운전) 3Ⅱ 試鍊(시련)

발전 2 試掘(시굴) 試膽(시담) 1 試榜(시방) 試錐(시추) 諦試(체시)

사자성어 4Ⅱ 筆記試驗(필기시험)

부수	획수	총획
言	6	13

詩
시 시 【628】

字源 〈형성〉 감정이나 자기의 정서를 짧게 써가는 글이 '시(詩)'다. 이에 반해 소설이나 수필은 자기의 생각을 설명을 붙

4급Ⅱ

여가면서 쓴 산문이다. 정서나 사상 따위를 운율을 지닌 함축적 언어로 표현한다. 논리적인 글(言)을 사용해 감정이나 정서를 규칙(寸)에 따라서 써가니(士←之) [시(詩)]를 뜻하고 [시]로 읽는다.

圖 歌(노래 가) 回 時(때 시)

필순 二 十 言 言 言 言 計 計 詩 詩

기초 【기초한자어】 익히고, 【기본→발전한자어】 다지기
詩想(시상) 시의 구상
詩集(시집) 시를 여러 편 모아서 엮은 책
詩評(시평) 시에 대한 비평
• 이른 아침 해가 뜨기 전에는 詩想이 잘 떠오른다.
• 새로 나온 詩集에 대한 詩評이 일간지 신문에 많이 실려 나왔다.

기본 4Ⅱ 詩歌(시가) 詩經(시경) 詩論(시론) 詩人(시인) 詩作(시작) 詩的(시적) 詩情(시정) 詩題(시제) 詩風(시풍) 詩學(시학) 詩畫(시화) 童詩(동시) 序詩(서시) 作詩(작시) 長詩(장시) 漢詩(한시) 4 詩篇(시편) 3 敍事詩(서사시)

발전 2 詩魔(시마) 詩軸(시축) 廻文詩(회문시) 28 采詩(채시) 1 譚詩(담시) 刪詩(산시) 詩囊(시낭) 詩侶(시려) 詩癖(시벽) 詩什(시집) 詩顚(시전) 詩讖(시참) 詩逋(시포)

부수	획수	총획
心	6	10

쉴 식 【629】

字源 〈회의〉 사람은 코로 숨을 쉰다. 산소를 들이마시어 폐에 미치고 난 후에 폐에 있는 이산화탄소를 다시 내뿜는 일이 숨을 쉬는 호흡 작용이다. 공기를 코로 들이마시고 내보내는 일을 거듭한다. 들숨과 날숨이 코(自←鼻)로 드나들어 심장(心)을 거듭 싼 폐까지 미쳤으니 [숨 쉬다(息)]는 뜻이고 [식]으로 읽는다.

圖 休(쉴 휴) 憩(쉴 게) 回 惡(악할 악)

필순 ' ｢ ｢ 斤 斤 自 自 自 息 息 息

기초 【기초한자어】 익히고, 【기본→발전한자어】 다지기
女息(여식) 남에게 자기 딸을 이르는 말
歎息(탄식) 한숨 쉬며 한탄함
休息(휴식) 하던 일을 멈추고 잠깐 동안 쉼
• 그동안 제 女息을 잘 보살펴 주시어 감사합니다.
• 모처럼 休息기간을 가졌더니 歎息이 다 나온다.

기본 4Ⅱ 安息(안식) 슈息(영식) 利息(이식) 子息(자식) 安息處(안식처) 4 喜消息(희소식) 3Ⅱ 蘇息(소식) 姑息的(고식적) 瞬息間(순식간)

발전 2 憩息(게식) 窒息(질식) 胎息(태식) 胎息法(태식법)

---

1 寐息(매식) 棲息(서식) 甦息(소식) 悚息(송식) 息耗(식모) 息偃(식언) 息喘(식천) 晏息(안식) 雀息(작식) 踵息(종식) 喘息(천식) 帖息(첩식) 喙息(훼식)

사자성어 4Ⅱ 自強不息(자강불식) 28 自彊不息(자강불식)

부수	획수	총획
田	0	5

납 신 【630】

字源 〈상형〉 일을 열심히 하다 보면 허리와 팔다리 운동량이 부족하다. 양손을 허리 부분에 대고 기지개 켜는 모양으로 쉰다. 아홉째 지지이며 방향은 서남서, 시는 오후 3시~5시 사이며 띠는 원숭이다. 비가 오려고 번갯불이 온 하늘을 수놓아 저렇게 펴지니 [납(申)] 혹은 [아홉째 지지(申)]를 뜻하고 [신]으로 읽는다.

圖 告(고할 고) 回 田(밭 전) 甲(갑옷 갑) 伸(펼 신)

필순 ｜ 冂 冂 日 申

기초 【기초한자어】 익히고, 【기본→발전한자어】 다지기
申告(신고) 국민이 행정 관청에 일정 사실을 진술함
申請(신청) 신고하여 청구함
內申(내신) 어떤 문제나 의견을 갖추어 공개함
• 주민들의 불편을 申告받는 센터가 새로 생겼다.
• 內申 성적이 상당히 좋아 퀴즈 大會에 나가려고 申請書(서)를 냈다.

기본 4Ⅱ 申方(신방) 上申(상신) 3Ⅱ 申奏(신주) 申聞鼓(신문고)

발전 2 申託(신탁) 28 申儆(신경) 申呂(신려) 申乞石(신돌석) 1 申昉(신방)

사자성어 4 甲申政變(갑신정변) 3Ⅱ 申申當付(신신당부) 2 申付託(신신부탁)

부수	획수	총획
水	8	11

깊을 심 【631】

字源 〈형성〉 물 흐르는 속도가 빠르거나 폭포처럼 빨리 물이 흐른다. 물이 떨어지는 곳은 깊이 파여 있다. 오랜 기간 파여서 깊겠다. 폭포는 위에서부터 밑까지의 길이가 매우 길다. 흐르는 물 속도가 빠르고 폭포 떨어지는 곳에 늪이 파여 있어서 물(氵←水)의 밑바닥(罙)까지 보이니 [깊다(深)]는 뜻이고 [심]으로 읽는다.

圖 奧(깊을 오) 回 淺(얕을 천) 探(찾을 탐)

필순 ﹑ 氵 氵 汀 泙 浮 浮 浮 深 深

기초 【기초한자어】 익히고, 【기본→발전한자어】 다지기
深刻(심각) 마음에 깊이 새겨 두는 일

深海(심해) 깊은 바다
深化(심화) 깊게 함
• 대수롭지 않게 여기던 일이 深刻한 후유증을 낳았다.
• 深化학습을 받으면서부터 深海라는 낱말 뜻을 비로소 알게 되었다.

기본 4급Ⅱ 深度(심도) 水深(수심) 夜深(야심) 深呼吸(심호흡)
4급 深趣(심취) 深層(심층) 3급Ⅱ 深殿(심전)

발전 2급 深坑(심갱) 深窟(심굴) 深悼(심도) 深僻(심벽) 深穩(심온) 深旨(심지) 深衷(심충) 深酷(심혹) 2급 深淵(심연) 深泓(심홍) 湍深(단심) 1급 艱深(간심) 深曠(심광) 深卷(심권) 深昧(심매) 深杳(심묘) 深奧(심오) 深冤(심원) 深啼(심제) 深蒲(심포) 阻深(조심)

사자성어 3급Ⅱ 深思熟考(심사숙고) 深山幽谷(심산유곡) 2급 深淵薄氷(심연박빙)

부수	획수	총획
目	6	11

눈 안 : 【632】

字源 〈형성〉 사람의 눈은 흰 부분과 검정 부분으로 되어 있다. 검정 부분은 흰 부분의 일정한 범위만을 돌면서 사물을 관찰한다. 빛의 강약 눈에 든 파장을 받아서 뇌에 시각을 전달하는 감각기관이다. 검은 눈동자(目)가 흰자위의 어느 한도(艮) 내에서만 움직이면서 잘 돌고 있는 [눈(眼)]을 뜻하고 [안]으로 읽는다.
圖目(눈 목) 回眠(잠잘 면)

필순 丨 冂 冂 目 目ꟻ 目ꟻ 目ꟻ 盯 眼 眼 眼

기초 【기초한자어】 익히고, 【기본→발전한자어】 다지기
眼鏡(안경) 눈을 보호하거나 시력을 돕는 기구
眼目(안목) 사물을 분별하는 견식
主眼(주안) 주되는 목표
• 나는 요즈음 시력이 나빠져서 眼鏡을 맞추었다.
• 그는 남다른 眼目을 가졌다지만 主眼点이란 초점만큼은 흐린다오.

기본 4급Ⅱ 眼科(안과) 眼光(안광) 眼球(안구) 眼帶(안대) 眼藥(안약) 眼中(안중) 開眼(개안) 老眼(노안) 肉眼(육안) 義眼(의안) 着眼(착안) 血眼(혈안) 近視眼(근시안) 方眼紙(방안지) 白眼視(백안시) 3급Ⅱ 眼珠(안주) 眼疾(안질) 審美眼(심미안) 雙眼鏡(쌍안경)

발전 2급 礙眼(애안) 隻眼(척안) 2급 眼采(안채) 炯眼(형안) 眼如鷹(안여응) 1급 榜眼(방안) 眼睛(안정) 箭眼(전안) 炯眼(형안)

사자성어 4급Ⅱ 眼下無人(안하무인) 3급Ⅱ 眼高手卑(안고수비)

暗

부수	획수	총획
日	9	13

어두울 암 : 【633】

字源 〈형성〉 캄캄한 밤이 되면 귀뚜라미나 풀벌레나 호랑이 같은 사나운 맹수가 크게 울었다. 소름이 끼치는 무서운 어두움이었음을 직감하게 된다. 빛이 없어 주변 사물이 잘 보이지 않는 상태에 있다. 해(日)가 진 후에 어두워 사나운 맹수 소리(音)가 은은하게 들렸으니 날이 [어둡다(暗)]는 뜻이고 [암]으로 읽는다.
圖冥(어두울 명) 昏(어두울 혼) 昧(어두울 매) 暝(저물 명)
回明(밝을 명) 回音(소리 음) 韻(운 운)

필순 丨 冂 日 日ꟷ 日ꟷ 日ꟷ 日立 暗 暗 暗 暗

기초 【기초한자어】 익히고, 【기본→발전한자어】 다지기
暗記(암기) 머릿속에 외워두고 잊지 않음
暗室(암실) 빛살이 들어오지 않도록 밀폐한 방
明暗(명암) 밝음과 어두움
• 나는 다른 사람보다 暗記력이 좋다는 말을 듣는다.
• 明暗이 엇갈리는 현상 속에서 暗室에서 사진 현상을 했다.

기본 4급Ⅱ 暗君(암군) 暗算(암산) 暗殺(암살) 暗示(암시) 暗雲(암운) 暗號(암호) 暗黑(암흑) 暗去來(암거래) 暗市場(암시장) 4급 暗鬪(암투) 暗標(암표) 3급Ⅱ 暗鬼(암귀) 暗愚(암우) 3급 暗誦(암송) 暗埋葬(암매장)

발전 2급 暗款(암관) 暗窟(암굴) 1급 暗渠(암거) 暗澹(암담) 暗昧(암매) 暗唵(암아) 暗曖(암애) 暗礁(암초) 暗暈(암훈)

사자성어 3급Ⅱ 暗行御史(암행어사)

壓

부수	획수	총획
土	14	17

누를 압 【634】

字源 〈형성〉 콩을 맷돌에 갈아 누르면 단백질의 진액이 질펀하게 나온다. 구겨진 것이나 물 묻은 종이를 눌러놓으면 쫙 펴지면서 반듯하게 된다. 표면 전체나 일부분에 대하여 힘이나 무게를 가한 일이다. 땅(土)이 꺼지도록 힘껏 밟거나 대상물을 땅에 대고 마구 압박했으니(厭) [누르다(壓)]는 뜻이고 [압]으로 읽는다.
圖抑(누를 억) 押(누를 압) 回厭(싫어할 염) 回压

필순 厂 厃 厃 厃 厗 厭 厭 厭 壓 壓

기초 【기초한자어】 익히고, 【기본→발전한자어】 다지기
壓卷(압권) 가장 뛰어난 부분

4급Ⅱ

壓力(압력) 권세 따위로 누르는 힘
壓縮(압축) 눌러서 찌그러뜨림
• 그날 행사의 壓卷은 선생님의 장기 자랑이었다.
• 캔을 버릴 때에는 壓力을 가해 壓縮시켜야 한다.

기본 4Ⅱ 壓死(압사) 壓勝(압승) 加壓(가압) 強壓(강압) 水壓
(수압) 電壓(전압) 制壓(제압) 地壓(지압) 指壓(지압) 血壓
(혈압) 高氣壓(고기압) 高壓線(고압선) 高血壓(고혈압)
變壓器(변압기) 低氣壓(저기압) 4 威壓(위압) 彈壓(탄압)
3Ⅱ 壓倒(압도) 壓迫(압박) 抑壓(억압) 鎮壓(진압)
발전 2 壓診(압진) 壓軸(압축) 1 壓搾(압착)
사자성어 2 減壓療法(감압요법)

부수	획수	총획
水	8	11

진 액【635】

字源 〈형성〉 식물은 밤에 잘 자란다. 낮에 비추었던 햇볕을 잎
에서 탄소동화작용을 하여 저장하였다가 밤에 줄기와 뿌
리 등에 보낸다. 그리고 뿌리에서는 수분을 빨아들여 줄
기와 잎에도 보낸다. 밤(夜)이면 쑥쑥 성장했던 식물들이
땅속의 물기(氵)를 흡수하여서 만든 나무즙인 [진(液)]을
뜻하고 [액]으로 읽는다.
동 汁(즙 즙) 회 夜(밤 야)

필순 氵氵氵氵氵氵氵液液液液

기초 【기초한자어】 익히고, 【기본→발전한자어】 다지기
液體(액체) 일정 부피는 있으나 모양이 없는 물질
液化(액화) 기체나 고체가 액체로 변함
血液(혈액) 사람 몸 안에 돌며 산소와 영양을 공급함
• 활달한 성격의 나는 血液형이 O형이다.
• 液體를 분출하며 液化하는 기계를 만들었다.

기본 4Ⅱ 水液(수액) 樹液(수액) 精液(정액) 3Ⅱ 湯液(탕액)
不凍液(부동액)
발전 2 融液(융액) 脂液(지액) 津液(진액) 血液型(혈액형)
28 溶液(용액) 1 瀝液(역액) 粹液(수액) 粘液(점액)
臍液(췌액) 唾液(타액)

부수	획수	총획
羊	0	6

양 양【636】

字源 〈상형〉 양은 털과 가죽, 고기를 주어 사람에게 이로운 짐
승이다. 성질이 온순하며 방목하기에 좋고 길들이기도 썩
용이하다고 한다. 염소보다 옹골차며, 뿔이 있을 경우 더
분기하며 아래턱에는 수염이 없다. 성질이 매우 온순하고
질긴 털과 가죽을 떼어 주는 양의 모양을 본떠서 [양(羊)]
을 뜻하고 [양]으로 읽는다.

회 美(아름다울 미) 洋(큰바다 양)

필순 丶丷丷羊羊

기초 【기초한자어】 익히고, 【기본→발전한자어】 다지기
羊毛(양모) 양의 털
羊皮(양피) 양의 가죽
山羊(산양) 염소
• 羊毛로 짠 스웨터가 참 따뜻하다.
• 羊皮는 부드러운 옷감으로 山羊에서 나온다.

기본 3Ⅱ 綿羊(면양)
발전 28 羊祜(양호) 1 羊溝(양구) 羊肋(양륵) 羊棧(양잔)
緬羊(면양) 檻羊(함양) 犧羊(희양)
사자성어 4 九折羊腸(구절양장) 3 羊頭狗肉(양두구육)

부수	획수	총획
女	3	6

같을 여【637】

字源 〈형성〉 옛날에 여자는 어려서는 부모님 말씀에, 결혼해서
는 남편의 뜻에, 늙어서는 자식의 말을 호응해 따랐다. 그
래서 '삼종지도'라 불렸다. 여자의 운명이자 반드시 걸어
야 할 길이다. 순박하다고 이름난 여자(女)가 부모 · 남편 ·
자식 말(口)을 자기와 동일한 의지로 생각했으니 [같다(如)]
는 뜻이고 [여]로 읽는다.

동 若(같을 약) 肖(같을 초) 凹 他(다를 타) 異(다를 이)
凹 奴(종 노) 恕(용서할 서)

필순 ㄴ 女 女 如 如 如

기초 【기초한자어】 익히고, 【기본→발전한자어】 다지기
如干(여간) 얼마 되지 아니함
如何(여하) 어떠함
缺如(결여) 있어야 할 것이 없거나 모자람
• 그 아이는 如干해서는 울거나 아무진 데가 있다.
• 성공은 노력 如何에 달렸으며 조금도 缺如된 데가
없는 것이 특징이다.

기본 4Ⅱ 如前(여전) 4 如或(여혹) 3Ⅱ 如此(여차) 如反掌
(여반장) 如意珠(여의주) 何如間(하여간)
발전 28 眼如鷹(안여응) 1 皎如(교여) 澹如(담여) 勃如
(발여) 晏如(안여) 繹如(역여) 奧如(오여) 婉如(완여)
사자성어 4Ⅱ 萬事如意(만사여의) 2 如飛如翰(여비여한) 28 穆如
清風(목여청풍) 炳如日星(병여일성) 泰山如礪(태산여려)

부수	획수	총획
食	7	16

남을 여【638】

字源 〈형성〉 음식을 나누어 먹는 것만큼 따뜻한 정이 오고 감은 없다. 그래서 예부터 정다운 사람끼리 여유분의 약주나 식사를 같이 했다. 지금까지 잊히거나 없어지지 않고 뒤를 이어 전한다. 여러 가지 음식(食)을 골고루 만들어 다른 사람과 나눠 먹을 만큼 여유(余) 있었으니 [남다(餘)]는 뜻이고 [여]로 읽는다.
图 殘(남을 잔) 暇(틈/겨를 가) 裕(넉넉할 유) 饒(넉넉할 요) 剩(남을 잉) 回除(덜 제) 徐(천천히 서) 回余

필순 ノ ケ ケ 今 今 食 飠 飠 飠 餘 餘

기초 【기초한자어】 익히고, 【기본→발전한자어】 다지기
餘暇(여가) 남은 시간
餘生(여생) 앞으로 남은 생애
餘恨(여한) 남은 원한
• 餘暇 활동을 하기 위해 문화센터에 나간다.
• 부모님께서 餘生을 오래도록 편안하게 보내신다면 앞으로 餘恨이 없겠다.

기본 4Ⅱ餘技(여기) 餘念(여념) 餘談(여담) 餘力(여력) 餘祿(여록) 餘望(여망) 餘白(여백) 餘分(여분) 餘勢(여세) 餘罪(여죄) 餘地(여지) 餘他(여타) 餘波(여파) 餘興(여흥) 4殘餘(잔여) 3Ⅱ餘墨(여묵) 餘韻(여운) 餘裕(여유) 3餘滴(여적)

발전 2餘塵(여진) 28餘祚(여조) 餘址(여지) 餘馨(여형) 餘薰(여훈) 1劫餘(겁여) 羨餘(선여) 宵餘(소여) 爐餘(신여) 餘瀝(여력) 餘齡(여령) 餘忿(여분) 餘胥(여서) 餘燼(여신) 餘裔(여예) 餘蘊(여온) 餘饒(여요) 餘剩(여잉) 餘喘(여천) 剩餘(잉여)

사자성어 3Ⅱ窮餘之策(궁여지책)

부수	획수	총획
辶	6	10

거스를 역 【639】

字源 〈형성〉 마주 오던 사람이 스쳐 지나간 다음에 서로 반대 방향으로 걸어간다. 목적이 다르고 가는 길이 서로 다르기 때문에 거스른다고 말한다. 뒤를 따르지 않고 그에 반대되는 방향을 취한다. 서로 상대되는 두 사람이 반대되는(屰) 방향으로 지나쳐서 걸어갔으니 [거스르다(逆)]는 뜻이고 [역]으로 읽는다.
回順(순할 순)

필순 ` ` ` ゛ ゛ ゛ 屰 屰 逆 逆

기초 【기초한자어】 익히고, 【기본→발전한자어】 다지기
逆境(역경) 일이 뜻대로 되지 않는 불행한 환경
逆流(역류) 거꾸로 흐름
拒逆(거역) 윗사람의 명령이나 뜻을 어김
• 장마로 홍수가 지자 하수구에서 물이 逆流하였다.

• 逆境이나 拒逆을 이겨내고 정상에 올라 기쁘다.

기본 4Ⅱ逆旅(역려) 逆算(역산) 逆說(역설) 逆順(역순) 逆戰(역전) 逆情(역정) 逆風(역풍) 4逆賊(역적) 逆轉(역전) 逆報(역조) 逆鳳(역조) 逆行(역행) 逆婚(역혼) 反逆(반역) 逆利用(역이용) 大逆罪(대역죄) 3Ⅱ逆謀(역모) 逆襲(역습) 莫逆(막역) 附逆(부역) 3叛逆(반역)

발전 1畔逆(반역) 弑逆(시역) 逆睹(역도) 逆戻(역려) 逆鱗(역린) 逆溢(역일) 悖逆(패역) 篡逆(찬역)

부수	획수	총획
水	11	14

펼 연 : 【640】

字源 〈형성〉 상쾌한 아침에 넓은 호숫가에 나가면 고운 풍경이 펼쳐진다. 먼 동쪽부터 눈앞에 물살이 아롱아롱 빛을 발한다. 가린 것을 가만히 젖히면서 벌려서 그 속살이 훤히 드러나도록 했다. 따스한 동쪽(寅) 햇볕을 받은 물살(氵)이 빛을 발하면서 빛을 [펴다(演)] 또는 [연극하다(演)]는 뜻이고 [연]으로 읽는다.
图 敷(펼 부) 回寅(범 인)

필순 ` 氵 氵 汀 汀 泸 泸 渲 渲 演 演 演

기초 【기초한자어】 익히고, 【기본→발전한자어】 다지기
演技(연기) 연극, 곡예 등의 기예를 보이는 일
演說(연설) 여러 사람 앞에서 체계를 세워 주장함
講演(강연) 사물의 뜻을 부연하여 논술함
• 국제 문제에 대한 講演(회)이 개최되고 있다.
• 사람들은 그 분의 演說을 듣고 난 후에 주변 사람의 演技를 보았다.

기본 4Ⅱ演壇(연단) 演士(연사) 演習(연습) 演承(연승) 演藝(연예) 演題(연제) 演出(연출) 競演(경연) 公演(공연) 口演(구연) 上演(상연) 試演(시연) 熱演(열연) 再演(재연) 助演(조연) 主演(주연) 初演(초연) 出演(출연) 協演(협연) 4演劇(연극)

발전 2演奏靴(연주화) 講演網(강연망) 1演繹(연역) 演撰(연찬)

부수	획수	총획
火	9	13

연기 연 【641】

字源 〈형성〉 아궁이에 나무를 넣고 불을 지피면 검은 연기가 나면서 잘 탄다. 물기 없이 잘 마른 나무는 잘 타고 물기가 있으면 검은 연기를 내며 잘 탄다. 나무 다발이나 기름기가 탈 때에도 검은 기체가 생긴다. 아궁이(垔)에는 아직도 덜 마른 나무를 넣고 불(火)을 피워 나왔던 [연기(煙)]

4급Ⅱ

를 뜻하고 [연]으로 읽는다.
圏煤(그을음 매)

기초 【기초한자어】 익히고, 【기본→발전한자어】 다지기
煙氣(연기) 물건이 불에 탈 때 일어나는 흐릿한 기체
煙草(연초) 담배
禁煙(금연) 담배를 끊음.
• 요즈음 건강을 위해 禁煙하는 사람이 많아졌다.
• 온 방안이 煙草를 태우니 뿌연 煙氣가 가득하다.

기본 [4Ⅱ]煙月(연월) 砲煙(포연) 黑煙(흑연) 吸煙(흡연) 無煙炭
(무연탄) 愛煙家(애연가) [3Ⅰ]煙幕(연막) [3]煙霧(연무)

발전 [2]塵煙(진연) [2급]煙埃(연애) [1]狼煙(낭연) 煤煙(매연)
蚊煙(문연) 烽煙(봉연) 煙淪(연륜) 煙曙(연서) 煙燼
(연신) 煙筒(연통) 涌煙(용연) 硝煙(초연)

부수	획수	총획
石	6	11

갈 연 : 【642】

字源 〈형성〉 석공(石工)은 울퉁불퉁한 돌 면을 평평하게 깎고
다듬어 글씨를 잘 새긴다. 이렇듯 독실하게 학문을 연구
할 때는 책을 읽고 궁리한다. 맞대고 골똘하게 궁리하고
연구한 일이다. 울퉁불퉁한 돌(石) 면이 고르고 평평하도
록(幵) 잘 [갈다(研) 또는 잘도 닦으면서 점차 [연구하다(研)]
는 뜻이고 [연]으로 읽는다.
圏究(연구할 구) 修(닦을 수) 磨(갈 마) 약研

기초 【기초한자어】 익히고, 【기본→발전한자어】 다지기
研究(연구) 깊이 조사하여 밝힘
研磨(연마) 갈고 닦음
研修(연수) 학문 따위를 연구하고 닦음
• 무술을 研磨하여 대회에 나가 상을 받았다.
• 사법 研修 기간에 研究하여 일등을 차지했다.

발전 [2급]研鑽(연찬) [1]研娼(연창) 研槌(연퇴)

부수	획수	총획
木	10	14

영화 영 【643】

字源 〈형성〉 오곡이 잘 자라고 나뭇가지에 열린 열매들이 풍성
한 계절이 바로 가을이다. 만백성이 풍년을 염원하는
축제의 분위기에 휩싸인다. 영화는 귀하게 되어서 이름이
세상에 빛날 만하다. 앙상한 나무(木)에서 꽃이 피어서 무
성한 열매가 햇빛에 빛을 발하니(炒←熒) [영화(榮)]롭다

는 뜻이고 [영]으로 읽는다.
圏華(빛날 화) 繁(번성할 번) 回辱(욕될 욕) 枯(마를 고)
回營(경영할 영) 瑩(반딧불 형) 약栄

기초 【기초한자어】 익히고, 【기본→발전한자어】 다지기
榮光(영광) 남이 하지 못한 어려운 일을 해낸 영예
榮華(영화) 세상에 드러나는 영광
繁榮(번영) 번성하고 영화롭게 됨
• 날로 繁榮하는 企業을 만들기 위해 努力합시다.
• 오늘의 이 榮光과 榮華를 여러분께 돌리려 한다.

기본 [4Ⅱ]榮達(영달) 共榮(공영) 虛榮(허영) [4]榮轉(영전)
[3Ⅰ]榮譽(영예) 榮辱(영욕) [3]榮途(영도)

발전 [2급]榮耀(영요) [1]榮褒(영포)

사자성어 [3]榮枯盛衰(영고성쇠)

부수	획수	총획
艸	15	19

재주 예 : 【644】

字源 〈회의〉 농작물을 재배하는 데에는 기술과 경험이 꼭 필요
하다. 때에 맞추어 김도 매주고 거름을 주며 농약도 적절
하게 줘야 한다. 재주란 총명한 기운이 넘쳐서 자라는 타
고난 소질이나 재능이다. 온갖 초목(艹)에게 기세(執←勢)가
등등하게 있게 하려면 필요 기술에 이르니(云) [재주(藝)]
를 뜻하고 [예]로 읽는다.
圏術(재주 술) 才(재주 재) 技(재주 기) 回熱(더울 열)
勢(형세 세) 약芸, 藝

기초 【기초한자어】 익히고, 【기본→발전한자어】 다지기
藝能(예능) 연극, 음악, 무용 등의 예술에 관한 기예
工藝(공예) 공작에 관한 기술
手藝(수예) 자수 등 손으로 하는 기예
• 그 공장의 工藝品은 우수하여 수출하고 있다.
• 그는 藝能과 工藝에 타고난 특별한 소질이 있다.

기본 [4Ⅱ]藝名(예명) 藝術(예술) 曲藝(곡예) 技藝(기예) 武藝
(무예) 文藝(문예) 書藝(서예) 園藝(원예) 學藝(학예)
民藝品(민예품) [3Ⅰ]陶藝(도예)

발전 [2]藝苑(예원) [1]伎藝(기예) 藝妓(예기)

사자성어 [2급]藝文類聚(예문유취)

부수	획수	총획
言	7	14

그르칠 오 : 【645】

字源 〈형성〉 크게 장담하는 사람치고 실속 있는 경우 드물다는 이야기가 있다. 신중하면서 여유 있는 생활이 가장 값지다는 이야기일 게다. 행동이나 태도를 잘못하면 오히려 일이 어그러지게 된다. 어떤 일로 큰소리(吳)를 치면서 장담하는 말(言)도 오히려 일이 틀려 나쁘게 [그르치다(誤)]는 뜻이고 [오]로 읽는다.
區 過(지날 과) 錯(어긋날 착) 謬(그르칠 류) 訛(그릇될 와)
凹 正(바를 정) 回 娛(즐길 오)

필순 ⟨image⟩ 誤誤誤

기초 【기초한자어】 익히고, 【기본→발전한자어】 다지기
誤答(오답) 그릇된 대답
誤報(오보) 그릇된 보도
誤差(오차) 참값과 근삿값의 차이
• 지난 신문에 난 보도가 誤報라고 알려진다.
• 誤答노트를 작성했더니 誤差 範圍(범위)를 넘어서서 많이 좋아졌다.

기본 4Ⅱ 誤記(오기) 誤導(오도) 誤發(오발) 誤算(오산) 誤用(오용) 誤認(오인) 誤入(오입) 誤字(오자) 誤解(오해) 過誤(과오) 正誤表(정오표) 4 誤判(오판) 3Ⅱ 誤審(오심) 誤譯(오역) 錯誤(착오)

발전 2 誤謬(오류) 誤診(오진) 闕誤(궐오) 1 誤厥(오궐) 勘誤(감오)

부수	획수	총획
玉	0	5

구슬 옥【646】

字源 〈상형〉 구슬은 실로 예쁘게 꿰어야만 보기도 좋고 값어치 있게 보인다. 목에 걸기도 하고 장식품으로 놔두고 감상하기도 한다. 구슬을 귀하게 여겼던 풍조다. 유리나 보석 등을 둥글게 만든 것이다. 구슬 세(三)개를 끈으로 잘게 뚫어서(l) 하나씩(丶) 잘 잇는 모양을 본떠서 [구슬(玉)]을 뜻하고 [옥]으로 읽는다.
區 珠(구슬 주) 璧(구슬 벽) 凹 石(돌 석) 回 王(임금 왕) 主(주인 주)

필순  一 二 干 王 玉

기초 【기초한자어】 익히고, 【기본→발전한자어】 다지기
玉座(옥좌) 임금이 앉는 자리
玉篇(옥편) 한자의 글자를 풀어 차례로 모은 책
珠玉(주옥) 구슬과 옥
• 백성들의 환호 속에 왕은 드디어 玉座에 올랐다.
• 한자 공부를 잘하려면 珠玉과 같은 玉篇을 자주 보아야만 한다.

기본 4 玉骨(옥골) 紅玉(홍옥) 玉指環(옥지환) 3Ⅱ 玉衡(옥형)

발전 2 玉塵(옥진) 玉札(옥찰) 瑞玉(서옥) 彫玉(조옥) 琢玉

(탁옥) 2Ⅲ 玉琯(옥관) 玉蟾(옥섬) 玉珥(옥이) 玉瓚(옥찬) 玉釧(옥천) 玉杓(옥표) 瑄玉(선옥) 允玉(윤옥) 胤玉(윤옥) 1 瓊玉(경옥) 璧玉(벽옥) 玉匣(옥갑) 玉繭(옥견) 玉磬(옥경) 玉昆(옥곤) 玉顆(옥과) 玉琯(옥관) 玉輦(옥련) 玉簾(옥렴) 玉礬(옥반) 玉帛(옥백) 玉魄(옥백) 玉璧(옥벽) 玉匕(옥비) 玉觴(옥상) 玉簫(옥소) 玉匙(옥시) 玉宸(옥신) 玉盞(옥잔) 玉簪(옥잠) 玉箸(옥저) 玉佩(옥패) 玉陛(옥폐) 玉函(옥함) 玉缸(옥항) 翠玉(취옥)

사자성어 3Ⅱ 金枝玉葉(금지옥엽) 4 金科玉條(금과옥조) 2Ⅲ 瓊樓玉宇(경루옥우) 瓊枝玉葉(경지옥엽)

부수	획수	총획
彳	5	8

갈 왕 :【647】

字源 〈형성〉 한 생명이 태어나서 번식하고 일정 기간 살고 나면 죽어서 없어진다. 이것은 생물의 생사에서 비롯한 세상이 변화해 가는 모든 이치이다. 자리를 옮겨 움직이거나 바른 이치로 살아간다. 생물(主←生)이 움터 나와서 일정 동안 살다가 비로소 죽어간다 했으니(彳) [가다(往)]는 뜻이고 [왕]으로 읽는다.
區 去(갈 거) 凹 來(올 래) 復(회복할 복/다시 부) 返(돌이킬 반) 回 住(살 주)

필순 ' ' 彳 彳 彳 往 往 往

기초 【기초한자어】 익히고, 【기본→발전한자어】 다지기
往年(왕년) 지나간 해
往來(왕래) 가고 오고 함
往復(왕복) 갔다가 돌아옴
• 그곳을 往復하는 데 네 시간에 걸려서 다녀왔다.
• 往年에 사귀었던 친구를 오랜만에 만난 후부터 이제는 자주 往來한다.

기본 4Ⅱ 往往(왕왕) 來往(내왕) 3Ⅱ 已往(이왕) 3 旣往(기왕) 遞往(체왕)

발전 2 往診(왕진) 1 往誨(왕회) 嚮往(향왕)

사자성어 4Ⅱ 古往今來(고왕금래) 極樂往生(극락왕생) 說往說來(설왕설래) 右往左往(우왕좌왕) 2 彰往察來(창왕찰래)

부수	획수	총획
言	10	17

노래 요【648】

字源 〈형성〉 자기 흥에 겨워서 남자는 지게 목발을 치고, 여자는 질그릇을 치면서 흥겹게 노래했다. 노랫소리만 있지

곡이 없는 민간 노래다. 일반 사람들이 흥에 겨워 살갑게 불렀던 노래다. 옹기나 질그릇(缶)을 흥겹게 두들기듯이 말소리(言)에 리듬을 붙여 흥겹게 불렀던 우리 [노래(謠)]를 뜻하고 [요]로 읽는다.

屠歌(노래 가) 曲(굽을 곡) 謳(노래 구) 回搖(흔들 요) 遙(멀 요) 回謡

필순

기초 【기초한자어】 익히고, 【기본→발전한자어】 다지기
歌謠(가요) 악가나 민요, 속요, 동요, 유행가 등의 총칭
童謠(동요) 어린이 생활 감정이나 심리를 나타낸 노래
民謠(민요) 민중생활의 생활 감정을 담은 노래
• 이번에 항간에 떠돌던 民謠를 모아 책을 만들었다.
• 이번에 시장기 쟁탈 童謠 대회와 歌謠 대회에 나가서 금상을 탔다.

기본 4Ⅱ謠言(요언) 農謠(농요) 俗謠(속요)

발전 1謳謠(구요) 謠謳(요구)

부수	획수	총획
宀	7	10

얼굴 용【649】

字源 〈회의〉 산등성이는 볼록하여 부자처럼 보이나 골짜기는 텅 비어 있어 가난하게만 보인다. 우리 선인은 이렇게 문학적인 상상력을 발휘했다. 얼굴은 눈이나 코, 입이 있는 머리의 앞면이다. 골짜기(谷)처럼 텅 빈 집(宀)에 물건과 재물을 많이 넣을 수 있듯이 많은 표정을 담을 수 있는 [얼굴(容)]을 뜻하고 [용]으로 읽는다.

屠面(낯 면) 顔(낯 안) 貌(모양 모)

필순 ⎡ ⎡ 宀 宀 宋 宏 容 容 容 容

기초 【기초한자어】 익히고, 【기본→발전한자어】 다지기
容恕(용서) 관용을 베풀어 벌하지 않음
容易(용이) 어렵지 않음. 쉬움
許容(허용) 허락하고 용납함
• 잘못을 容恕하는 寬容(관용)을 베풀었다.
• 사장님께서 관리가 容易한 장비를 구입하는 것을 許容하셨다.

기본 4Ⅱ容共(용공) 容器(용기) 容量(용량) 容認(용인) 容態(용태) 內容(내용) 美容(미용) 收容(수용) 受容(수용) 偉容(위용) 理容(이용) 包容(포용) 4容納(용납) 容積(용적) 容疑者(용의자) 3Ⅱ容貌(용모) 寬容(관용) 陳容(진용) 形容詞(형용사)

발전 2容赦(용사) 23雍容(옹용) 嬅容(화용) 1澹容(담용) 斂容(염용) 瘦容(수용) 冶容(야용) 容媚(용미) 容膝(용슬) 容叡(용예) 容膾(용회) 容喙(용훼) 悛容(전용) 悴容(췌용) 惰容(타용)

부수	획수	총획
口	7	10

員 인원 원【650】

字源 〈형성〉 지금은 일반인도 돈을 헤아리지만 옛날엔 관청의 관원들이 많이 헤아렸다. 돈이 많은 사람들에게 일반화되었다는 증거일 것이다. 돈을 받고 일하는 사람이라는 데서 인원을 뜻한다. 모양이 둥글게(口←○) 생긴 엽전(貝)을 쓸모 있게 헤아리는 [관원(員)] 혹은 그 모든 [인원(員)]을 뜻하고 [원]으로 읽는다.

回音(소리 음) 貢(바칠 공) 貫(꿸 관) 貝(조개 패) 回貟

필순 ⎡ ⎡ 口 口 口 甼 昌 員 員 員

기초 【기초한자어】 익히고, 【기본→발전한자어】 다지기
減員(감원) 인원수를 줄임
黨員(당원) 당파를 이룬 사람
滿員(만원) 정한 인원이 다 참
• 회사 사정이 어려워 減員이 있을 예정이다.
• 통근버스는 항상 여러 명의 黨員으로 滿員 사례다.

기본 4Ⅱ員石(원석) 客員(객원) 缺員(결원) 工員(공원) 官員(관원) 敎員(교원) 團員(단원) 隊員(대원) 動員(동원) 4委員(위원) 3Ⅱ契員(계원) 乘務員(승무원) 3外販員(외판원)

발전 2闕員(궐원) 1員幅(원복) 剩員(잉원) 僉員(첨원)

부수	획수	총획
口	10	13

圓 둥글 원【651】

字源 〈형성〉 동전은 동그랗게 만들고 가운데에 구멍을 뚫어 꿸 수 있게 했다. 도성의 성벽도 안에 있는 도심을 중심으로 동그랗게 쌓았다. 장난감 모양이 공이나 원과 같거나 상당히 비슷했다. 교환을 위한 수단으로 둘레(口)가 다 동그랗고(員) 가운데에는 구멍이 뻥 뚫렸으니 [둥글다(圓)]는 뜻이고 [원]으로 읽는다.

屠團(둥글 단) 丸(둥글 환) 回圍(동산 원) 圑(둥글 단)

필순 ⎡ ⎡ 冂 冋 冋 冋 同 圎 圎 圓 圓 圓

기초 【기초한자어】 익히고, 【기본→발전한자어】 다지기
圓滿(원만) 충분히 가득 참
圓卓(원탁) (위의 판이) 둥근 탁자
團圓(단원) 둥근 것
• 그는 성격이 圓滿해서 같이 하는 친구가 많다.
• 시립 합창단 團圓들은 圓卓에 앉아 연주를 시작했다.

기본 ④Ⅱ 圓光(원광) 一圓(일원) ③Ⅱ 圓熟(원숙) 投圓盤(투원반)
발전 ② 圓融(원융) 圓滑(원활) 2⒏ 圓頓(원돈) ① 圓笠(원립)
圓魄(원백) 圓弧(원호) 楕圓(타원)

부수	획수	총획
爪	8	12

하/할 위(:) 【652】

字源 〈상형〉 원숭이는 재주를 잘 부린다. 나무에 오르기도 하
고 사람처럼 고개를 갸우뚱거리기도 하는 등 재주가 대단
했다. 사람들은 원숭이 재주를 높이 사 오래전부터 원숭
이로 공연을 벌여왔다. 원숭이가 머리를 긁적이며 사람
흉내를 내는 등 여러 모양을 본떠서 무엇이나 잘 [하다(爲)]
는 뜻이고 [위]로 읽는다.
回 僞(거짓 위) 回 為

필순 ′ ′′ ′′ ′′′ 爫 爫 爲 爲 爲 爲

기초 【기초한자어】 익히고, 【기본→발전한자어】 다지기
爲始(위시) 첫 번을 삼아 시작함
營爲(영위) 일을 경영함
行爲(행위) 사람이 행하는 짓
• 그를 爲始하여 여러 사람이 그 일을 營爲한다.
• 이번에 그가 저지른 行爲는 너무나 지나쳤다.

기본 ④Ⅱ 爲己(위기) 爲民(위민) 爲業(위업) 爲人(위인) 爲主
(위주) 當爲(당위) 無爲(무위) 作爲(작위) 無作爲(무작위)
爲政者(위정자) 人爲的(인위적)
발전 ① 爾爲(이위)
사자성어 ④ 無爲徒食(무위도식) ③Ⅱ 轉禍爲福(전화위복) ③ 指
鹿爲馬(지록위마)

부수	획수	총획
行	9	15

지킬 위 【653】

字源 〈회의〉 순찰병이나 순라군이 성 주위를 에워싸며 지켰다.
경계를 하는 군인들도 막사 주위에서 서성거리며 경계근
무를 섰다. 성을 지키기 위해 떠나지 않고 장소를 살피거
나 머무른 것이다. 순라꾼들이 둘레를 빙 에워싸고(韋←
圍) 여러 곳을 돌아다니면서(行) 경계했으니 [지키다(衛)]
는 뜻이고 [위]로 읽는다.
圖 防(막을 방) 守(지킬 수) 保(지킬 보) 回 攻(칠 공) 擊
(칠 격) 回 衝(찌를 충) 衙(마을 아)

필순 ′ ′′ ′′ ′′′ ′′′ 律 律 律 律 律 衛 衛

기초 【기초한자어】 익히고, 【기본→발전한자어】 다지기
衛星(위성) 행성의 주위를 도는 별

防衛(방위) 적의 공격을 막아서 지킴
護衛(호위) 따라다니면서 신변을 경호함
• 국가마다 防衛 産業(산업)에 많은 예산을 소비한다.
• 그의 주변을 衛星처럼 護衛兵들이 에워싸고 있다.

기본 ④Ⅱ 衛生(위생) 警衛(경위) 守衛(수위) 自衛(자위) ③Ⅱ 侍衛
(시위) ③ 擁衛(옹위)
발전 ② 衛戍(위수) 2⒏ 衛輔(위보) 扈衛(호위) ① 戍衛(수위)
사자성어 ④Ⅱ 前衛藝術(전위예술) 正當防衛(정당방위)

부수	획수	총획
肉	0	6

고기 육 【654】

字源 〈상형〉 걸음을 걷는 소나 돼지의 뒷다리 힘줄이 탄력성
있게 모아지면서 굵어진다. 도축장에서 잡아 식육점에 걸
어 두면 더 먹음직스럽게 보인다. 식육은 식용할 수 있는
각종 짐승의 살코기를 뜻한다. 쇠고기와 같은 먹음직스런
고깃덩이의 탄력성이 있는 힘살 모양을 본떠서 [고기(肉)]
를 뜻하고 [육]으로 읽는다.
圖 身(몸 신) 體(몸 체) 回 內(안 내)

필순 ′ 冂 冂 内 内 肉 肉

기초 【기초한자어】 익히고, 【기본→발전한자어】 다지기
肉類(육류) 식용의 고기 종류
肉聲(육성) 사람의 입에서 직접 나오는 소리
肉體(육체) 구체적인 물체로서의 인간의 몸뚱이
• 肉類 섭취 증가로 成人病이 날로 증가하고 있다.
• 살아생전에 肉體美(미)를 자랑하던 유명인의 肉聲
녹음테이프가 이번에 발견됐다.

기본 ④Ⅱ 肉感(육감) 肉味(육미) 肉食(육식) 肉身(육신) 肉眼
(육안) 肉親(육친) 肉筆(육필) 食肉(식육) 魚肉(어육)
④ 肉彈(육탄) 筋肉質(근육질) ③Ⅱ 肉慾(육욕) 肉滯(육체)
靈肉(영육) 肉薄戰(육박전) 苦肉策(고육책) 糖水肉
(탕수육)
발전 ② 煉肉(연육) 脂肉(지육) 2⒏ 鼎肉(정육) ① 肌肉(기육)
臀肉(둔육) 粱肉(양육) 肉羹(육갱) 肉籬(육리) 肉醬
(육장) 肉棗(육조) 肉汁(육즙) 肉膾(육회) 豬肉(저육)
脯肉(포육)
사자성어 ④ 骨肉相殘(골육상잔) ③Ⅱ 羊頭狗肉(양두구육) 魚
頭肉尾(어두육미) 酒池肉林(주지육림)

부수	획수	총획
心	6	10

은혜 은 【655】

字源 〈형성〉 은혜는 받는 것보다 주는 것이 더욱 아름답고 값

지다고 말한다. 내가 준 도움으로 상대방이 감사하는 마음이 생기기 때문에 나에게 은혜를 베풀어 사이가 돈독해질 수 있기 때문이다. 진정한 마음(心)을 다해 줌으로 인하여(因) 얼굴에 나타나서 남에게 베풀던 [은혜(恩)]를 뜻하고 [은]으로 읽는다.

圄惠(은혜 혜) 寵(사랑할 총) 回怨(원망할 원) 讐(원수 수) 回思(생각 사)

필순 丨 冂 冂 囙 因 因 恩 恩 恩

기초 【기초한자어】 익히고, 【기본→발전한자어】 다지기
恩功(은공) 은혜와 공로
恩德(은덕) 은혜와 덕
恩惠(은혜) 자연이나 남에게서 받는 고마운 혜택
• 그는 어느 독지가의 恩德으로 大學을 무사히 卒業(졸업)할 수 있었다.
• 어머니의 恩惠는 하늘보다도 넓고 바다보다도 깊어서 그 恩功을 갚아드리고 싶다.

기본 4Ⅱ 恩師(은사) 恩人(은인) 恩典(은전) 恩情(은정) 報恩(보은) 謝恩會(사은회) ③ 忘恩(망은)

발전 ② 恩赦(은사) 28 恩傅(은부) 恩錫(은석) ① 曠恩(광은) 恩眷(은권) 恩眄(은면) 恩撫(은무) 恩蔭(은음) 恩恤(은휼) 寵恩(총은)

사자성어 4Ⅱ 結草報恩(결초보은) ③ 背恩忘德(배은망덕)

부수	획수	총획
阜	8	11

그늘 음 【656】

字源 〈형성〉 햇볕이 잘 드는 곳을 '양달', 그늘진 곳을 '음달'이라고 한다. 음달 중에도 단 한 번도 햇볕이 들지 않는 곳도 있었을 것이다. 어떤 불투명한 물체에 가려서 빛이 전혀 닿지 않는 상태이겠다. 높은 산 중턱 언덕(阝←阜)에 가려서 햇볕이 잘 들지 않는 으슥진 곳(숲)으로 [그늘(陰)]을 뜻하고 [음]으로 읽는다.

回陽(볕 양) 景(볕 경) 晴(갤 청)

필순 丶 阝 阝 阝 阴 陰 陰 陰 陰 陰 陰

기초 【기초한자어】 익히고, 【기본→발전한자어】 다지기
陰德(음덕) 숨은 덕행
陰謀(음모) 남이 모르게 일을 꾸미는 악한 꾀
陰地(음지) 그늘진 곳
• 그들은 반역을 陰謀하다가 발각되어 드디어 사형을 선고받았다.
• 陰地가 있으면 반드시 陽地(양지)가 있으니, 이제는 자네의 德行을 잘 고려해야겠네.

기본 4Ⅱ 陰氣(음기) 陰冷(음냉) 陰門(음문) 陰府(음부) 陰部(음부) 陰聲(음성) 陰陽(음양) 陰害(음해) 陰凶(음흉) 光陰

(광음) 綠陰(녹음) 夜陰(야음) 寸陰(촌음) ④ 陰刻(음각) 陰散(음산) ③Ⅰ 陰曆(음력) 陰濕(음습) 陰沈(음침) 滯陰(체음)

발전 ② 陰鬱(음울) ① 陰喝(음갈) 陰卦(음괘) 陰溝(음구) 陰囊(음낭) 陰俯(음부) 陰鼠(음서) 陰腫(음종) 陰苔(음태) 陰慝(음특) 陰晦(음회)

부수	획수	총획
心	13	17

응할 응 : 【657】

字源 〈형성〉 매는 개처럼 사람을 가까이했던 것 같다. 그래서 사람을 따르고 날짐승을 잡아와서 주었던 것이 아닌가 생각된다. 무엇에 응한다는 것은 요구를 그대로 받아들이거나 답한다는 의미다. 날던 매(雁←鷹)가 날짐승을 잡아와서 마음(心)을 흐뭇하게 해주었다 했으니 [응하다(應)]는 뜻이고 [응]으로 읽는다.

圄諾(허락할 낙) 回雁(기러기 안) 回応

필순 丶 广 广 庐 庐 庐 雁 雁 雁 應 應

기초 【기초한자어】 익히고, 【기본→발전한자어】 다지기
應當(응당) 지극히 마땅함
應援(응원) 호응하며 도와줌
反應(반응) 자극이나 작용에 대응하여 일어남
• 아닙니다. 저는 應當 해야 할 일을 했을 뿐입니다.
• 아무리 자극해도 反應이 없다가 힘껏 應援을 했더니만 많이 달라졌다.

기본 4Ⅱ 應答(응답) 應待(응대) 應對(응대) 應分(응분) 應試(응시) 應用(응용) 應戰(응전) 應接(응접) 對應(대응) 不應(불응) 相應(상응) 順應(순응) 呼應(호응) ④ 應射(응사) 適應(적응) ③Ⅰ 應酬(응수) ③ 應募(응모)

발전 ② 應札(응찰) ① 應酬(응수) 酬應(수응) 饗應(향응)

사자성어 4Ⅱ 因果應報(인과응보) ③Ⅰ 臨機應變(임기응변)

부수	획수	총획
羊	7	13

옳을 의 : 【658】

字源 〈회의〉 이 세상 누구도 나만 같지 못하다는 속담 같은 말이 있다. 나는 언제나 바르고 착하고 선하게 생각한다는 데서 비롯된 말이겠다. 어떠한 기준에 비추어 보아도 어긋남이 전혀 없었다. 나의(我) 마음을 순한 양(羊)처럼 착하고 의리 있다는 그 말이 꼭 들어맞았으니 [옳다(義)]는 뜻이고 [의]로 읽는다.

圄可(옳을 가) 回儀(거동 의)

4급Ⅱ

필순 `ヽ ﾉﾚ ﾚﾉﾑ ﾕﾍ ﾕﾍ 羊 羊 義 義`

기초 【기초한자어】익히고, 【기본→발전한자어】다지기
義理(의리) 사람으로서 행하여야 할 옳은 길
義務(의무) 일정한 사람에게 부과되어 반드시 실행해야 하는 일
定義(정의) 술어의 의미를 명백히 하여 개념의 내용을 한정하는 일
• 그는 친구에게 끝까지 義理를 지켰다.
• 교육은 義務라고 定義하겠지만, 그게 과연 옳은 말인지 잘 모르겠다.

기본 ④Ⅰ義擧(의거) 義警(의경) 義兵(의병) 義父(의부) 義眼(의안) 義絕(의절) 義足(의족) 義齒(의치) 講義(강의) 結義(결의) 廣義(광의) 大義(대의) 道義(도의) 字義(자의) 主義(주의) 忠義(충의) 義勇軍(의용군) 義兄弟(의형제) ④義憤(의분) 義賊(의적)

발전 ②8衍義(연의) 義淵(의연) ②旨義(지의) ①義渠(의거) 義妓(의기) 義侶(의려) 義塾(의숙) 義捐(의연) 義漿(의장) 義肢(의지) 義塚(의총) 仗義(장의)

사자성어 ④君臣有義(군신유의) ②厭世主義(염세주의)

부수	획수	총획
言	13	20

의논할 의(:) 【659】

字源 〈형성〉 여러 사람이 모여 이야기하다 보면 제각기 다른 주장이 제기된다. 서로 다른 의견 중에서 공통점을 찾는 것이 바로 의논이었다. 일을 해결하기 위해서 의견을 서로 주고받았다. 여러 사람이 수군거리며 하는 말(言)에서 올바른(義) 공통점을 가려내어 찾아냈으니 [의논하다(議)]는 뜻이고 [의]로 읽는다.
图論(논할 론) 回講(욀 강)

필순 `ノ 亠 言 訁 訁 訁 詳 詳 議 議`

기초 【기초한자어】익히고, 【기본→발전한자어】다지기
議決(의결) 의논하여 결정함
議員(의원) 일반적으로 합의 기관의 구성원
抗議(항의) 반대의 뜻을 주장함
• 그 프로그램이 나간 후 방송사에 抗議가 빗발쳤다.
• 이사회 議員들의 議決에 따라 조치가 취해질 것이다.

기본 ④Ⅰ議席(의석) 議案(의안) 議院(의원) 議長(의장) 議場(의장) 議題(의제) 議會(의회) 建議(건의) 決議(결의) 論議(논의) 同議(동의) 動議(동의) 問議(문의) 物議(물의) 發議(발의) 相議(상의) 爭議(쟁의) 提議(제의) 合議(합의) 會議(회의) ④異議(이의) 討議(토의) ③Ⅰ閣議(각의) 謀議(모의) 熟議(숙의) 審議(심의) 奏議(주의)

발전 ②諮議(자의) 沮議(저의) ①駁議(박의) 諡議(시의)

斂議(첨의) 贅議(췌의) 稟議(품의)

부수	획수	총획
禾	6	11

옮길 이 【660】

字源 〈형성〉 벼 종자를 못자리에 밀식으로 뿌려서 얼마간 자라면 본밭인 논에 옮겨 심는다. 이렇게 옮겨 심는 일을 농촌에서는 '모내기'라고 한다. 모판에서 다른 곳으로 가져다가 놓고 심는다. 못자리에 잘 자라난 많은(多) 양의 모(禾)를 이제 본밭에서 자라도록 옮겨서 심었으니 [옮기다(移)]는 뜻이고 [이]로 읽는다.
图運(옮길 운) 轉(구를 전) 搬(옮길 반) 徙(옮길 사) 回利(이할 리)

필순 `二 千 禾 禾 禾 秒 移 移 移 移`

기초 【기초한자어】익히고, 【기본→발전한자어】다지기
移動(이동) 움직여 옮김
移植(이식) 식물 따위를 옮겨 심음
移行(이행) 옮기어 감
• 거리를 移動하면서 홍보활동을 했다.
• 장기移植 수술은 의료 수준의 발전에 따라 새로운 차원으로 이행하였다.

기본 ④Ⅰ移監(이감) 移民(이민) 移送(이송) 移住(이주) 移職(이직) 變移(변이) ④移管(이관) 移籍(이적) 移轉(이전) 轉移(전이) ③Ⅰ移越(이월) 移葬(이장) ③移替(이체)

발전 ②搬移(반이) ①移斡(이알) 移牒(이첩)

부수	획수	총획
皿	5	10

더할 익 【661】

字源 〈회의〉 물이 담겨져 있는 그릇에 물을 부어서 넘실넘실 넘칠 만큼 더 채우는 경우가 있다. 제사 지낼 때도 술잔에 첨잔을 하면서 술을 부었다. 더 많이 보태어서 많게 하거나 더 늘리는 일도 된다. 물(氺←水)이 가득 담겨진 그릇(皿)에 물을 부어서 그득히 채웠으니 물을 [더하다(益)]는 뜻이고 [익]으로 읽는다.
图加(더할 가) 增(더할 증) 添(더할 첨) 回減(덜 감) 除(덜 제) 損(덜 손) 回益

필순 `ノ 八 公 公 公 浴 浴 谷 谷 益 益`

기초 【기초한자어】익히고, 【기본→발전한자어】다지기
權益(권익) 권리와 이익
收益(수익) 이익을 거둠

4급Ⅱ

利益(이익) 물질적으로나 정신적인 보탬이 됨
• 장사가 잘 되어서 지난달보다 순수利益金(금)이 두 배가 넘었다.
• 權益을 위한 바자회의 收益金(금)을 모두 양로원에 전달했다.

기본 ④Ⅰ 益鳥(익조) 公益(공익) 國益(국익) 無益(무익) 受益(수익) 純益(순익) 有益(유익) 便益(편익) ④ 損益(손익) 差益(차익) 老益壯(노익장) ③Ⅰ 益甚(익심)

발전 ②⑧ 毖益(비익) ① 饒益(요익)

사자성어 ③ 弘益人間(홍익인간)

부수	획수	총획
卩	4	6

印 도장 인【662】

字源 〈회의〉 붓글씨를 쓰고 난 다음에 자기 얼굴을 나타내게 도장을 찍는다. 문서를 계약할 때도 약조를 하는 도장을 찍었던 것이다. 이름이나 글자를 나무, 뿔, 고무 등에 새겨 증명을 나타내는 문건이다. 무릎(卩)을 꿇고 손가락(丰←爪) 사이를 아물게 붙잡고 인주로 찍었던 [도장(印)]을 뜻하고 [인]으로 읽는다.
回 卯(토끼 묘)

필순 ´ ㄳ ㅌ ㅌ ㅌ 印印

기초 【기초한자어】 익히고, 【기본→발전한자어】 다지기
印象(인상) 깊이 느껴 잊혀지지 않는 일
印朱(인주) 도장을 찍는 데 쓰는 붉은 빛의 재료
印章(인장) 도장. 인감
• 상대편 선수에게 강렬한 印象을 남겨야 한다.
• 그는 오른손 엄지에 印朱를 묻혀 서류에 자기 印章을 찍었다.

기본 ④Ⅰ 印本(인본) 印稅(인세) 印紙(인지) 印出(인출) 官印(관인) 消印(소인) 調印(조인) 職印(직인) ④ 刻印(각인) ③Ⅰ 印鑑(인감) 印刷(인쇄) 封印(봉인) 影印(영인)

발전 ② 印籠(인롱) 印札(인찰) ① 捺印(날인) 烙印(낙인) 煤印(매인) 拇印(무인) 印綿(인면) 印璧(인벽) 印呪(인주) 爪印(조인)

부수	획수	총획
弓	1	4

引 끌 인【663】

字源 〈지사〉 화살을 힘껏 끌어당기면서 정신력을 한 곳에 집중시켰을 때 명중률이 매우 높다고 한다. 사람들은 이런 곳에 끌어다가 인도했던 것이다. 정신적, 사상적, 정서적으

로 지도해 이끌기도 했다. 활시위(弓)에 화살(ㅣ)을 아무지게 채워 당겼으니 [끌다(引)] 또는 함께 [인도하다(引)]는 뜻이고 [인]으로 읽는다.
통 導(인도할 도) 牽(이끌/끌 견) 回 推(밀 추) 回 弘(클 홍)

필순 ㄱ ㄱ 弓 引

기초 【기초한자어】 익히고, 【기본→발전한자어】 다지기
引繼(인계) 하던 일을 넘겨주거나 받는 일
引力(인력) 물질이 서로 당기는 힘
引出(인출) 예금, 저금을 찾아냄
• 다른 보직으로 발령을 받아서 인수 引繼를 했다.
• 요즈음 전국 어디에서나 은행에서 예금과 引出이 가능해졌다.

기본 ④Ⅰ 引見(인견) 引導(인도) 引上(인상) 引用(인용) 引接(인접) 引責(인책) 引下(인하) 吸引(흡인) ③Ⅰ 引率(인솔) 引揚(인양) 誘引(유인) ③ 引伸(인신) 引攝(인섭) 引嫌(인혐)

발전 ② 底引網(저인망) ① 拏引(나인) 挽引(만인) 蔓引(만인) 誣引(무인) 引喝(인갈) 引汲(인급) 引喩(인유)

사자성어 ④ 引繼引受(인계인수) ③Ⅰ 凡人引渡(범인인도) ②⑧ 引繩批根(인승비근)

부수	획수	총획
言	7	14

認 알 인【664】

字源 〈형성〉 상대의 인격과 덕망을 존중하는 태도는 말을 진지하게 듣는 데에 있다고 한다. 귀에 잠시 거슬려도 참으면서 듣는 태도가 더더욱 중요하다 하겠다. 확실히 그렇다고 여기거나 안정시키는 일도 된다. 한 번 말한(言) 내용을 끝까지 참고(忍) 다 들어서 [알다(認)] 또는 [인정하다(認)]는 뜻이고 [인]으로 읽는다.
통 識(알 식) 知(알 지) 回 調(고를 조)

필순 ㆍ ㆁ 言 言 言㓱認認認 認 認

기초 【기초한자어】 익히고, 【기본→발전한자어】 다지기
認識(인식) 사물을 분별하고 판단하여 아는 일
認定(인정) 옳다고 믿고 정하는 일
承認(승인) 일정한 사실을 인정하는 행위
• 이제는 잘못을 認定하고 그릇된 認識을 고쳐야겠다.
• 학교장의 정당한 承認 없이는 이 대회에는 절대로 참가할 수 없다.

기본 ④Ⅰ 認可(인가) 認知(인지) 認許(인허) 公認(공인) 官認(관인) 是認(시인) 誤認(오인) 容認(용인) 自認(자인) 確認(확인) 檢認定(검인정) 未確認(미확인) ④ 否認(부인) ③Ⅰ 默認(묵인)

발전 ② 認准(인준)

將

부수	획수	총획
寸	8	11

장수 장(:)【665】

字源 〈형성〉 장수의 처음 의미는 씨족장에서 비롯되었을 것이다. '강한 장수 밑에 약한 병졸 없다'는 것은 장수가 강하면 병사도 강하다는 말이다. 군사를 거느리고 지휘하는 우두머리를 가리킨다고 했다. 긴 널빤지(爿)에 고기(月←肉)를 펴놓고 법도(寸)에 따라 국가의 제사를 지냈던 [장수(將)]를 뜻하고 [장]으로 읽는다.
圖帥(장수 수) 回軍(군사 군) 兵(병사 병) 士(선비 사) 卒(마칠 졸) 回獎(장려할 장) 回将

필순 丿 丬 丬 丬 扑 扑 护 將 將

기초 【기초한자어】 익히고, 【기본 → 발전한자어】 다지기
將來(장래) 앞으로 닥쳐올 때
老將(노장) 늙은 장수
武將(무장) 무술에 뛰어나고 군대를 거느린 우두머리
• 젊은 장수 못지않은 老將의 기개에 군사들의 불타는 듯한 사기는 치솟는다.
• 우리들의 將來 희망을 발표하고 武裝의 길로 나아가기를 다짐했다.

기본 4Ⅱ將校(장교) 將軍(장군) 將兵(장병) 將星(장성) 將養(장양) 將次(장차) 名將(명장) 小將(소장) 主將(주장) 守門將(수문장) 4智將(지장) 3Ⅰ將帥(장수) 猛將(맹장)

발전 2將棋(장기) 准將(준장) 2⃝倭將(왜장) 將弁(장변) 1虜將(노장) 裨將(비장) 將牢(장뢰) 將毌(장무) 將鼈(장별)

사자성어 4Ⅱ獨不將軍(독불장군) 4日就月將(일취월장) 2悼二將歌(도이장가) 2⃝熊虎之將(웅호지장)

障

부수	획수	총획
阜	11	14

막을 장【666】

字源 〈형성〉 문장은 장과 절이 있어 내용이 끊어진다. 특히 장과 장 사이는 완전히 다른 글로 이어지거나 내용이나 형식이 완전하게 뒤바뀌는 게 흔하다. 통하지 못하게 하거나 일어나지 않도록 막는다. 글의 장(章)과 장이 끊어지듯이 언덕(阝←阜)이 가로 놓여 있다고 했었으니 [막다(障)]는 뜻이고 [장]으로 읽는다.
圖防(막을 방) 拒(막을 거) 抵(막을 저) 礙(거리낄 애) 回章(글 장) 陣(진칠 진)

필순 阝 阝 阝 阝 阝 阵 陪 陪 陪 障 障

기초 【기초한자어】 익히고, 【기본 → 발전한자어】 다지기
障害(장해) 거리끼어 해가 됨

故障(고장) 기계나 설비 따위 기능에 이상이 생김
保障(보장) 일이 잘 되도록 보호하거나 뒷받침함
• 노후 생활을 保障하기 위해 保險(보험)에 들었다.
• 탈곡기 故障으로 障碍가 생겨 오늘은 일을 더 할 수가 없구나.

기본 4Ⅱ障壁(장벽) 支障(지장) 綠內障(녹내장) 白內障(백내장)

발전 2障礙(장애) 1堡障(보장) 紗障(사장) 障扇(장선)

低

부수	획수	총획
人	5	7

낮을 저:【667】

字源 〈형성〉 사람이 집단생활을 하는 데에는 지배자와 지배를 받는 피지배자가 있다. 피지배자는 고개를 숙여서 늘 자기를 낮추는 자세다. 일정 기준이나 보통에는 미치지 못하는 상태에 있기도 하다. 손아래인 사람(亻)이 지배자 앞에서 고개를 숙이면서 몸을 낮추었으니(氐) [낮다(低)]는 뜻이고 [저]로 읽는다.
圖卑(낮을 비) 回高(높을 고) 昻(높을 앙) 回底(밑 저) 抵(막을 저)

필순 丿 亻 亻 亻 仟 仟 低 低

기초 【기초한자어】 익히고, 【기본 → 발전한자어】 다지기
低俗(저속) 품격이 낮고 속됨
低溫(저온) 낮은 온도
低調(저조) 낮은 가락. 능률이 오르지 않음
• 생선은 低溫처리를 하면 신선도가 유지된다.
• 계속되는 고객의 低俗한 언행에 사원들의 능률이 低調하다.

기본 4Ⅱ低價(저가) 低空(저공) 低級(저급) 低頭(저두) 低利(저리) 低音(저음) 低地(저지) 低質(저질) 低下(저하) 高低(고저) 低氣壓(저기압) 低血壓(저혈압) 4低姿勢(저자세) 3Ⅰ低率(저율) 低賃金(저임금) 3低廉(저렴)

발전 1低昂(저앙)

敵

부수	획수	총획
攴	11	15

대적할 적【668】

字源 〈형성〉 적군이 진지를 구축하고 무기를 요소에 배치하는 분위기가 감지된다. 아마 이제는 장기전에 들어갈 움직임을 보이고 있다. 아군과 적군이 맞서 싸우거나 시합 등에서 맞서 겨루게 된다. 적의 두목이 있는 근거지(啇)를 치기(攵) 위해 무찌르면서 달려나갔으니 [대적하다(敵)]를 뜻하고 [적]으로 읽는다.
圖讎(원수 수) 回敲(두드릴 고)

4급Ⅱ

필순 亠 ㅎ 肖 肖 商 商 啇 蔏 敵

기초 【기초한자어】 익히고, 【기본→발전한자어】 다지기
敵手(적수) 힘이 비슷한 상대
強敵(강적) 강한 적수
天敵(천적) 잡아먹히는 생물에 대하여 잡아먹는 생물을 이름
• 생태계의 天敵 관계에 있는 동물에 대해 알아본다.
• 그가 대단한 強敵이라고는 하지만, 이제는 나의 敵手가 되지는 못한다.

기본 4Ⅱ 敵國(적국) 敵軍(적군) 敵對(적대) 敵意(적의) 敵情(적정) 敵地(적지) 對敵(대적) 無敵(무적) 宿敵(숙적) 外敵(외적) 政敵(정적) 敵對感(적대감) 4 敵陣(적진) 3 匹敵(필적)

발전 2 敵艦(적함) 1 敵愾(적개) 敵虜(적로) 敵壘(적루) 敵鋒(적봉) 敵讎(적수) 勁敵(경적) 仇敵(구적) 讎敵(수적) 頑敵(완적)

사자성어 4Ⅱ 利敵行爲(이적행위) 3Ⅰ 衆寡不敵(중과부적)

부수	획수	총획
田	0	5

밭 전 【669】

字源 〈상형〉 사람이 한 곳에 정착 생활을 하면서 밭을 일구어 농사를 지었다. 밭의 사방에 둑을 쌓아서 경계를 지었던 일도 빈번했었다. 밭에는 물을 전혀 대지 않고 작물을 심어 가꾸는 기름진 땅이었으리라. 산이나 냇가를 일구어 사방을 반듯하게 만들어 놓은 밭 모양을 본떠서 [밭(田)]을 뜻하고 [전]으로 읽는다.
回 畓(논 답) 回 由(말미암을 유) 申(납 신) 甲(갑옷 갑)

필순 丨 冂 冃 用 田

기초 【기초한자어】 익히고, 【기본→발전한자어】 다지기
田園(전원) 논밭과 동산
田地(전지) 전답
鹽田(염전) 소금을 만들기 위해 바닷물을 끌어들여 밭처럼 만든 곳
• 바닷바람을 맞으며 鹽田에서 소금을 만들고 있다.
• 노후에는 시골에 낙향하여 田地를 만들어 田園생활을 하려 한다.

기본 4Ⅱ 火田民(화전민) 3Ⅰ 丹田(단전) 3 田畓(전답) 田獵(전렵)

발전 28 圭田(규전) 甫田(보전) 沃田(옥전) 田廬(전려) 田疇(전주) 阪田(판전) 田柴科(전시과) 1 墾田(간전) 漑田(개전) 藿田(곽전) 璧田(벽전) 狩田(수전) 蒐田(수전)

秧田(앙전) 田螺(전라) 田間(전려) 田畝(전묘) 田鼠(전서) 田狩(전수) 苔田(태전) 圃田(포전)

사자성어 3Ⅰ 耕者有田(경자유전) 桑田碧海(상전벽해) 我田引水(아전인수)

부수	획수	총획
糸	6	12

끊을 절 【670】

字源 〈회의〉 길게 묶어진 실을 짧게 끊어 바늘에 꿰어 쓰려고 한다. 아깝지만 실타래의 마디를 과감하게 자르는 수밖에 없다. 조금은 더 따내야 할 것이다. 따로따로 떨어지도록 잘라 가르기도 한다. 긴 실타래(糸) 부분의 어떤 마디(巴)를 칼(刀)로 자르게 되면 떨어지게 되었으니 [끊다(絶)]는 뜻이고 [절]로 읽는다.
圖 切(끊을 절) 斷(끊을 단) 回 結(맺을 결) 連(이을 련) 續(이을 속) 繼(이을 계) 嗣(이을 사)

필순 乙 幺 糸 糸 紅 紅 紗 絲 絕 絕 絕

기초 【기초한자어】 익히고, 【기본→발전한자어】 다지기
絶壁(절벽) 가파르고 급한 낭떠러지
絶緣(절연) 인연이나 관계를 아주 끊음
謝絶(사절) 거절함
• 그 산은 奇巖(기암) 絶壁으로 둘러싸여 있다.
• 개별적인 방문을 謝絶한다지만, 사실상 사람과 絶緣한 상태다.

기본 4Ⅱ 絶景(절경) 絶交(절교) 絶斷(절단) 絶對(절대) 絶望(절망) 絶命(절명) 絶食(절식) 絶筆(절필) 絶後(절후) 根絶(근절) 氣絶(기절) 斷絶(단절) 4 絶妙(절묘) 絶讚(절찬) 拒絶(거절) 3 絶叫(절규) 昏絶(혼절)

발전 2 絶塵(절진) 遮絶(차절) 悽絶(처절) 28 絶垠(절은) 絶峻(절준) 絶亢(절항) 1 悶絶(민절) 隕絶(운절) 絶乏(절핍) 絶壑(절학) 腿節(퇴절)

사자성어 4 絶海孤島(절해고도) 3 抱腹絶倒(포복절도) 28 韋編三絶(위편삼절) 通信杜絶(통신두절)

부수	획수	총획
手	8	11

이을 접 【671】

字源 〈형성〉 옛날의 양반이나 지주들은 여러 명의 하녀와 첩을 두었다. 집안을 두루 살피거나 손님을 융숭히 대접하도록 하였던 것이다. 끊어지지 않고 계속되게 이으면서 서로 관계를 맺어 준다. 여자인 첩(妾)이 밖으로 나와서 손님(扌)을 안내했으니 그 정분을 [잇다(接)] 또는 [사귀다(接)]는 뜻이고 [접]으로 읽는다.

유繪(이을 속) 連(이을 련) 繼(이을 계) 絡(이을/얽을 락)
비妾(첩 첩)

필순 扌 扌 扌 扩 扩 护 护 挵 接 接

기초 【기초한자어】 익히고, 【기본 → 발전한자어】 다지기
接境(접경) 경계가 서로 접함
接待(접대) 손을 맞아서 대접함
接續(접속) 서로 맞대어 이음
• 국경을 서로 맞대고 있는 接境지역은 충돌이 자주
  일어난다.
• 손님을 接待하면서 사귀었더니, 새로운 接續 통로
  가 되곤 했다.

기본 4Ⅱ接見(접견) 接近(접근) 接木(접목) 接線(접선) 接收
(접수) 接受(접수) 接戰(접전) 接種(접종) 接着(접착)
接合(접합) 間接(간접) 交接(교접) 近接(근접) 待接(대접)
面接(면접) 4接骨(접골) 接點(접점) 迎接(영접) 接頭
辭(접두사) 3Ⅱ接觸(접촉) 接尾辭(접미사)

발전 2급鎔接(용접) 晋接(진접) 1觀接(근접) 鱗接(인접)
陪接(배접) 寓接(우접) 奠接(전접) 接襲(접습) 接町(접정)
接踵(접종) 踵接(종접)

사자성어 3Ⅱ皮骨相接(피골상접)

부수	획수	총획
攵	5	9

정사 정【672】

字源 〈형성〉 나랏일을 보는 데는 여러 가지 어려운 문제들이
참으로 많았다. 어둡고 좋지 못한 일들이 정사 곳곳에서
일어나기도 했다. 그럴 때마다 조정에서는 잘못된 것을
바로잡고자 했다. 좋지 못한 일이 있어 늘 수정되면서 바
르게(正) 실천하도록 회초리(攵)로 후려쳤으니 [정사(政)]
를 뜻하고 [정]으로 읽는다.
유治(다스릴 치) 비放(놓을 방) 效(본받을 효)

필순 一 下 下 正 正 正 政 政

기초 【기초한자어】 익히고, 【기본 → 발전한자어】 다지기
政權(정권) 정치상의 권력
政界(정계) 정치 또는 정치가의 사회
行政(행정) 정치를 행함
• 이번 선거로 50년 만에 政權이 교체되었다.
• 이 사안은 行政이 기본이 되어서 政界에 파다하게
  파급되었다.

기본 4Ⅱ政客(정객) 政見(정견) 政經(정경) 政局(정국) 政堂
(정당) 政變(정변) 政府(정부) 政社(정사) 政勢(정세)
政治(정치) 軍政(군정) 農政(농정) 財政(재정) 暴政(폭정)
學政(학정) 反政府(반정부) 爲政者(위정자) 4政略
(정략) 政績(정적) 3Ⅱ政綱(정강) 政策(정책) 3政途
(정도)

발전 2政網(정망) 虐政(학정) 酷政(혹정) 2급倭政(왜정)
政柄(정병) 1稼政(가정) 苛政(가정) 謗政(방정) 秕政
(비정) 觴政(상정) 政樞(정추)
사자성어 2勤政勳章(근정훈장)

부수	획수	총획
禾	7	12

한도 정【673】

字源 〈형성〉 바쁜 농사철에는 수확한 벼를 볏가리에 우선 쌓아
두었다. 좀 더 한가해지면 볏가리를 벗긴 후에 천천히 탈
곡했다. 너무 바쁘기 때문이다. 한정된 정도만이라도 우
선 그랬다. 벼 베기를 마친 후 볏가리(禾)를 고르게 드러
내(呈) 쌓고 헤아리는 정도가 되었으니 어느 [한도(程)]를
뜻하고 [정]으로 읽는다.
유道(길 도) 路(길 로) 비稅(세금 세)

필순 一 千 禾 禾 利 利 利 彩 程 程 程

기초 【기초한자어】 익히고, 【기본 → 발전한자어】 다지기
課程(과정) 과업의 정도
旅程(여정) 여행의 과정이나 일정
日程(일정) 그 날에 할 일정
• 오늘은 초등학교 課程을 마치는 졸업식 날이다.
• 오늘 日程은 旅程을 보아 가며 차차 정하겠다.

기본 4Ⅱ工程(공정) 過程(과정) 科程(과정) 規程(규정) 道程
(도정) 登程(등정) 路程(노정) 上程(상정) 程道(정도)
路程記(노정기) 方程式(방정식) 4射程(사정) 里程標
(이정표)

발전 2급揆程(규정) 1倦程(권정)

부수	획수	총획
米	8	14

정할 정【674】

字源 〈형성〉 날씨가 맑으면 하늘이 푸르게 보이고 깨끗한 물
또한 파랗게 보인다. 쌀도 깨끗한 빛깔이 나도록 찧었을
정도였으니 가히 알 만하겠다. 정성을 다 들였기에 거칠
지 않고 참 곱다. 탈곡했던 낟알을 쌀(米)로 푸른(靑) 빛깔
이 나도록 찧어서 온갖 정성을 다 들이면서 [정하다(精)]
는 뜻이고 [정]으로 읽는다.
비粗(거칠 조) 비情(뜻 정)

필순 丷 丷 半 半 米 米 米 糒 精 精 精

기초 【기초한자어】 익히고, 【기본 → 발전한자어】 다지기
精潔(정결) 순수하고 깨끗함
精巧(정교) 정밀하고 교묘함

4급Ⅱ

精通(정통) 어떤 사물에 밝고 자세히 통함
• 보석은 精潔한 관계로 잘 다듬고 精巧하게 가공해야 한다.
• 우선 해외 수주 분야에 精通해야 수출이 잘 된다고 한다.

[기본] ④Ⅱ 精氣(정기) 精讀(정독) 精力(정력) 精密(정밀) 精白(정백) 精兵(정병) 精算(정산) 精選(정선) 精誠(정성) 精細(정세) 精神(정신) 精液(정액) 精油(정유) 精子(정자) 精製(정제) 精進(정진) ④ 射精(사정) 酒精(주정) 精華(정화) 情勤賞(정근상) ③Ⅰ 精靈(정령) 精麥(정맥) ③ 精銳(정예)

[발전] ② 蔘精(삼정) 腎精(신정) 精紡(정방) ②⑧ 精巢(정소) ① 搗精(도정) 精度(정건) 精勁(정경) 精芒(정망) 精魄(정백) 精爽(정상) 精邃(정수) 精悉(정실) 精奧(정오) 靜穩(정온) 精鑿(정착) 精翠(정취) 精緻(정치) 精辦(정판) 精悍(정한) 精洽(정흡)

부수	획수	총획
刀	6	8

절제할 제 : 【675】

[字源] 〈회의〉 땅이 기름지고 물만 풍부하면 나무는 언제든 잘 자랐다. 관상수로 심어 놓은 나무는 칼로 잘라서 그 모양을 내기도 한다. 정도를 넘지 않도록 늘 알맞게 조절하거나 제어했다. 무성하게 자란 나뭇가지(伟←末)를 칼(刂)로 잘라서 아무렇게나 뻗은 가지를 억제하니 [절제하다(制)]는 뜻이고 [제]로 읽는다.
回製(지을 제) 刷(인쇄할 쇄)

[필순]

[기초] 【기초한자어】 익히고, 【기본→발전한자어】 다지기
制度(제도) 제정된 법규
制止(제지) 하려고 하는 일을 말리어서 못하게 함
節制(절제) 알맞게 조절함
• 현실에 맞도록 制度를 改革(개혁)해야 한다.
• 건강을 위해 술과 담배를 節制할테니 너희도 나를 制止해 줘야 한다.

[기본] ④Ⅱ 制動(제동) 制服(제복) 制書(제서) 制壓(제압) 制約(제약) 制定(제정) 制限(제한) 自制(자제) ④ 制憲(제헌) 强制(강제) 官制(관제) 規制(규제) 法制(법제) 稅制(세제) 專制(전제) 體制(체제) 統制(통제) 學制(학제) 制空權(제공권) 許可制(허가제) ③Ⅰ 制御(제어) 制裁(제재) 抑制(억제) 內閣制(내각제) ③ 軌制(궤제)

[발전] ② 制帽(제모) 提奉(제봉) 制霸(제패) ① 劫制(겁제) 馴制(순제) 制撫(제무) 制煞(제살) 制禦(제어) 制詔(제조) 制撰(제찬) 制勅(제칙) 緘制(함제)

부수	획수	총획
手	9	12

끌 제 【676】

[字源] 〈형성〉 물이 든 그릇은 두 손으로 정중히 들어 올려야 한다. 무거운 물건을 혼자 움직이지 못할 때는 물건을 바르게 끌어 당겨야만 했다. 바닥에 댄 채로 한쪽으로 힘껏 잡아당기면서 이끈 것이다. 물건을 두 손(扌)으로 바르게(是) 잡아당겨서 가까운 곳으로 들면서 옮기니 [끌다(提)]는 뜻이고 [제]로 읽는다.
圄引(끌 인) 牽(끌 견) 携(이끌 휴) 回堤(둑 제)

[필순]

[기초] 【기초한자어】 익히고, 【기본→발전한자어】 다지기
提示(제시) 어떤 의사를 글이나 말로 드러내어 보임
提案(제안) 계획을 제출함
前提(전제) 사물을 의논할 때 먼저 내세우는 기본
• 근본적인 해결책 提示가 없이 마구잡이 政策(정책)이 겉돌고 있다.
• 상대방과 계약을 맺는 것을 前提로 한 提案書(서)를 제출했다.

[기본] ④Ⅱ 提高(제고) 提起(제기) 提督(제독) 提言(제언) 提議(제의) 提請(제청) 提出(제출) ③Ⅰ 提供(제공) 提訴(제소) ③ 提携(제휴)

[발전] ② 提呈(제정) ① 提腕(제완) 嬰提(영제) 闡提(천제) 槌提(퇴제) 菩提(보리) 菩提樹(보리수)

[사자성어] ④Ⅱ 提燈行列(제등행렬)

부수	획수	총획
水	14	17

건널 제 : 【677】

[字源] 〈형성〉 혼자서는 위험하기 때문에 물가에 가지 말라고 하였다. 만약의 사고에 대비하여 여러 사람이 같이 가서 손을 잡고 건너야만 했다. 한편에서 맞은편으로, 한쪽에서 다른 쪽으로 옮기어 갔다. 물이 많은 냇물(氵)을 여러 사람이 협조하여 서로들(齊) 손잡고 나갔으니 [건너다(濟)]는 뜻이고 [제]로 읽는다.
圄渡(건널 도) 回齊(가지런할 제) 回済

[필순] ﾠ

[기초] 【기초한자어】 익히고, 【기본→발전한자어】 다지기
濟度(제도) 보살이 중생을 고해에서 건져 극락세계로 건네줌
決濟(결제) 결정하여 끝맺음
救濟(구제) 어려운 지경에 빠진 사람을 구하여 냄

· 경영난에 빠진 회사가 어음 決濟일까지 겹쳐 초비
상이다.
· 부도난 회사를 制度하기 위한 救濟 방안을 모색
중이라 한다.

[기본] 4Ⅱ濟美(제미) 濟民(제민) 濟世(제세) 經濟(경제) 3濟濟
(변제) 弘濟(홍제)
[발전] 2Ⅱ亮濟(양제) 1匡濟(광제)
[사자성어] 4Ⅱ濟濟多士(제제다사) 經世濟民(경세제민) 4共
濟組合(공제조합)

부수	획수	총획
示	6	11

제사 제 : 【678】

[字源] 〈회의〉 제사 지낼 때 제물을 으뜸으로 여겼다. 물고기는
동쪽에, 육고기는 서쪽에 놓았으니 '어동육서(魚東肉西)'
이다. 신령이나 죽은 사람의 넋에게 음식을 차려 놓고 정
성을 표하는 의식이었다. 두 손(又←手)에 고기(月←肉)를
들고 제단(示)에 놓아 그 정성을 다하여 기리니 [제사(祭)]
를 뜻하고 [제]로 읽는다.
[동]祀(제사 사) [회]察(살필 찰)

[필순] クタ夕尹 夘 妡 奴 奴 祭 祭 祭

[기초] 【기초한자어】 익히고, 【기본→발전한자어】 다지기
祭物(제물) 제사에 쓰는 음식
祭祀(제사) 죽은 사람의 넋에게 음식을 차려서 정성
을 표한 예절
祝祭(축제) 축하의 제전
· 햇과일과 곡식으로 祭物을 정성스럽게 마련했다.
· 신께 祭祀를 모신 다음 盛大(성대)한 거리 祝祭가
열린다고 한다.

[기본] 4Ⅱ祭官(제관) 祭器(제기) 祭壇(제단) 祭禮(제례) 祭文
(제문) 祭服(제복) 祭典(제전) 祭主(제주) 時祭(시제)
藝術祭(예술제) 4祭酒(제주) 3Ⅱ祭需(제수) 司祭(사제)
祈雨祭(기우제) 慰靈祭(위령제) 3祭享(제향) 忌祭(기제)
[발전] 2祭靴(제화) 闕祭(궐제) 2Ⅱ殷祭(은제) 1臘祭(납제)
燎祭(요제) 賻祭(부제) 祠祭(사제) 祭奠(제전) 祭饗
(제향)
[사자성어] 3Ⅱ冠婚喪祭(관혼상제)

부수	획수	총획
衣	8	14

지을 제 : 【679】

[字源] 〈형성〉 넓고 긴 천을 적당히 잘라서 옷을 만든다. 치수에

맞게 마름질하고 단단히 바느질하면 품위 있고 맵시 있는
옷이 된다. 의식주라 했듯이 생활에 관련된 재료를 들여
서 만든다. 옷감(衣)을 치수에 맞도록 잘 마름질하여 쉽고
편하게 입을 수 있도록 잘 만들었으니 (制) 옷을 [짓다(製)]
는 뜻이고 [제]로 읽는다.
[동]作(지을 작) 造(지을 조) [회]制(절제할 제)

[필순] ᠁ ᠁ 牛 制 制 制 製 製 製

[기초] 【기초한자어】 익히고, 【기본→발전한자어】 다지기
製圖(제도) 기계, 건축물, 공작물 등의 도안
製品(제품) 원료를 써서 만들어 낸 물품
複製(복제) 본디의 것과 똑같은 것을 만듦
· 상점에는 저렴한 가격의 질 좋은 製品들로 가득
차 있다.
· 첫 제품은 製圖를 잘하여 만들었기 때문에 複製가
상당히 쉬워졌다.

[기본] 4Ⅱ製本(제본) 製氷(제빙) 製藥(제약) 製作(제작) 製材
(제재) 製造(제조) 製紙(제지) 製鐵(제철) 木製(목제)
美製(미제) 4製粉(제분) 私製(사제) 3Ⅱ製鋼(제강)
製糖(제당) 製鍊(제련)
[발전] 2製菓(제과) 製劑(제제) 製菓店(제과점) 手製靴(수제화)
1剝製(박제) 擬製(의제) 製絨(제융)
[사자성어] 2縫製工場(봉제공장)

부수	획수	총획
阜	7	10

덜 제【680】

[字源] 〈형성〉 큰 건물을 오르려고 섬돌로 쌓아올린 계단을 만들
어 사용했다. 지금같이 콘크리트로 반듯하게 만든 층계였
다. 건물을 오를 때 고통이나 어려움을 조금이라도 줄이
려고 만든 것이다. 건물 주위 여분(余)의 땅에 쌓아올린
(阝←阜) 돌계단에 올랐으니 마침내 그 수고를 [덜다(除)]
는 뜻이고 [제]로 읽는다.
[동]減(덜 감) 削(깎을 삭) [반]加(더할 가) 增(더할 증) 添
(더할 첨) [회]徐(천천할 서)

[필순] ᠁ ᠁ 阝 阝' 阝' 阝^ 除 除 除 除

[기초] 【기초한자어】 익히고, 【기본→발전한자어】 다지기
除去(제거) 덜어 없앰
除隊(제대) 현역병이 복무 해제로 예비역에 편입됨
解除(해제) 강제나 금지 따위를 풀어서 자유롭게 함
· 현역병 義務(의무)를 마치고 비로소 除隊의 특명
을 받았다.
· 앞길을 가로막는 장애물을 모두 解除하거나 그것
을 除去해야 한다.

[기본] 4Ⅱ除毒(제독) 除名(제명) 除番(제번) 除法(제법) 除雪
(제설) 除授(제수) 除夜(제야) 除外(제외) 防除(방제)

4급Ⅱ

掃除(소제) 切除(절제) ④ 除籍(제적) ③ 除幕(제막) 免除
(면제) 排除(배제) 削除(삭제)
발전 ② 撤除(철제) 除害劑(제해제) ① 糞除(분제) 攘除
(양제) 除糞(제분) 除剪(제전) 懺除(참제)

	부수	획수	총획
際	阜	11	14

즈음/가 제 : 【681】

字源 〈형성〉 언덕과 언덕, 산과 산이 맞닿은 곳에 소통의 장소
를 만들었다. 제(際)는 교제(交際) 또는 서로 사귐이라 한
다. 특히 국제적인 행사에서 나라 간의 교제를 실제로 마
주 앉아서 했다. 언덕과 언덕(阝)이 맞닿은 곳에서 서로
접촉하며 제사(祭)를 정성들여 지내는 언덕으로 주변의
[가(際)]를 뜻하고 [제]로 읽는다.
圄交(사귈 교) 回祭(제사 제)

필순 ３ 阝 阝 阝 阝 阝 阝 阝 阝 際 際

기초 【기초한자어】 익히고, 【기본→발전한자어】 다지기
際會(제회) 임금과 신하 사이에 뜻이 잘 맞음
交際(교제) 서로 사귐
實際(실제) 현실의 경우나 형편을 말함
• 청춘 남녀가 交際하는 것은 자연스러운 일이다.
• 이론보다는 實際에서 임금과 신하가 뜻이 맞았으
니 際會의 기쁨이라 하겠다.
기본 ④Ⅰ國際(국제) ④ 際遇(제우) ③Ⅰ此際(차제) ③ 際厓(제애)
발전 ② 鵬際(붕제) 垠際(은제) ① 遭際(조제)

	부수	획수	총획
助	力	5	7

도울 조 : 【682】

字源 〈형성〉 짐을 실은 수레가 비탈진 언덕길을 어렵게 올라가
고 있다. 뒤에서 사람이 힘들여 밀어주면 수레는 쉽게 올
라가는 경우가 많았다. 친구의 일이 잘 되도록 힘을 보탰
더니 큰 힘이 되었다. 서로 돕는 협동이라 했으니 혼자 하
던 일을 또(且) 다른 한 사람 힘(力)을 더하면서 [돕다(助)]
는 뜻이고 [조]로 읽는다.
圄護(도울 호) 援(도울 원) 扶(도울 부) 佐(도울 좌) 佑
(도울 우) 幇(도울 방) 回肋(갈빗대 륵)

필순 １ 冂 冂 冃 且 町 助

기초 【기초한자어】 익히고, 【기본→발전한자어】 다지기
助力(조력) 힘을 써 도와줌
助演(조연) 주연의 연기를 보조함
補助(보조) 물질적으로 보태어 도움

• 아버지는 내 인생의 커다란 助力者(자)이시다.
• 주방의 補助로 시작했지만 지금까지도 늘 助演일
뿐 주방장은 아니었다.
기본 ④Ⅰ助敎(조교) 助産(조산) 助手(조수) 助言(조언) 助長
(조장) 救助(구조) 內助(내조) 協助(협조) ④ 援助(원조)
③Ⅰ助詞(조사) 助役(조역) 扶助(부조) 贊助(찬조) 助動
詞(조동사) ③ 傍助(방조)
발전 ②⑧ 佑助(우조) 祐助(우조) ① 幇助(방조) 賻助(부조)
裨助(비조) 捐助(연조) 助幇(조방) 助賻(조부) 助贖
(조속) 助奠(조전) 纂助(찬조)
사자성어 ③Ⅰ相扶相助(상부상조) ②⑧ 天佑神助(천우신조)

	부수	획수	총획
早	日	2	6

이를 조 : 【683】

字源 〈회의〉 아침 일찍 산에 올라 맑은 공기를 마시면서 햇살
을 바라보면 기분이 상쾌하다. 해가 살며시 떠올라 세상
을 밝게 해준다. 시작하는 일이 시간적으로 일정한 기준
보다 이르게 했다. 아침이 되어 해(日)가 처음(十←甲) 먼
동쪽으로 [이르러(早)] 세상을 밝게 비춰주었으니 [일찍(早)]
을 뜻하고 [조]로 읽는다.
圄速(빠를 속) 曉(새벽 효) 晨(새벽 신) 旦(아침 단) 夕
(저녁 석) 晚(늦을 만) 回旱(가물 한)

필순 丨 冂 冂 日 旦 早

기초 【기초한자어】 익히고, 【기본→발전한자어】 다지기
早速(조속) 매우 이르고도 빠름
早熟(조숙) 나이에 비해 신체적, 정신적 발육이 이름
早退(조퇴) 정한 시간 이전에 물러감
• 早速한 시일 내에 방문하여 상담드리겠습니다.
• 저는 早熟하게 컸던 관계로 늘 몸이 아파 早退를
하면서 자랐습니다.
기본 ④Ⅰ早期(조기) 早老(조로) 早産(조산) ④ 早婚(조혼)
③Ⅰ早漏(조루) 早晚間(조만간)
발전 ① 早夭(조요) 早鰥(조환)
사자성어 ④Ⅰ早失父母(조실부모) ③Ⅰ早朝割引(조조할인) 時
機尙早(시기상조)

	부수	획수	총획
造	辶	7	11

지을 조 : 【684】

字源 〈형성〉 어떤 일을 하려 할 때 윗사람에게 지도의 말씀을
정중하게 청하는 것이 좋다. 경험과 연륜의 이야기는 세

4급Ⅱ

상사는 데 있어서 많은 참고가 된다. 마루를 새롭게 까는 데 재료를 더 들여 잘 만들었다. 윗사람에게 알리려고(告) 앞으로 나아가(辶) 계획하여 만든 일을 이루니 [짓다(造)]는 뜻이고 [조]로 읽는다.

툉 作(지을 작) 製(지을 제) 著(나타날 저) 回 浩(넓을 호)

필순 ノ 屮 生 牛 告 告 告 造 造 造

기초 【기초한자어】 익히고, 【기본 → 발전한자어】 다지기
造景(조경) 경치를 아름답게 꾸밈
改造(개조) 좋아지게 고쳐 만들거나 변화시킴
僞造(위조) 진짜와 비슷하게 물건을 만듦
• 造景 事業(사업)이 잘 돼 훌륭한 정원으로 꾸몄다.
• 진짜를 改造했다고 하더라도 僞造品이니 불법이다.

기본 4Ⅱ 造林(조림) 造船(조선) 造成(조성) 造語(조어) 造作(조작) 造形(조형) 造化(조화) 造花(조화) 建造(건조) 急造(급조) 變造(변조) 石造(석조) 製造(제조) 創造(창조) 築造(축조) 造物主(조물주) 4 構造(구조) 模造(모조) 3Ⅱ 被造物(피조물)

발전 2 造菓(조과) 造巖(조암) 28 鎔造(용조) 1 捏造(날조) 摸造(모조) 釀造(양조) 擬造(의조) 造昧(조매) 造謗(조방) 造詣(조예) 肇造(조조)

사자성어 3 造幣公社(조폐공사)

 鳥

부수	획수	총획
鳥	0	11

새 조【685】

字源 〈상형〉 새는 하늘을 날아다니며 나무 위나 전깃줄에 앉아서 정답게 이야기한다. 몸통과 다리를 기둥 삼아 동그마니 앉기도 하며 재롱을 부린다. 온 몸이 깃털로 덮였고, 앞다리는 날개로 변화됐다. 나무 위에 앉아 있는 새의 주둥이 · 머리 · 날개 · 다리의 모양을 두루 본떠서 [새(鳥)]를 뜻하고 [조]로 읽는다.

툉 乙(새 을) 禽(새 금) 回 島(섬 도) 烏(까마귀 오)

필순 丿 冂 冂 鸟 鸟 鸟 鸟 鳥 鳥 鳥 鳥

기초 【기초한자어】 익히고, 【기본 → 발전한자어】 다지기
鳥類(조류) 파충류에서 진화된 것으로 입이 부리로 되어 있음
吉鳥(길조) 길한 일이 생길 때 사람에게 미리 알려 준다는 새
不死鳥(불사조) 죽지 않는다는 전설 속의 새
• 鳥類圖鑑(도감)을 보니 환경파괴 때문에 사라져 간 새들이 썩 많다.
• 어려운 환경에서도 吉鳥는 不死鳥처럼 꿋꿋이 이겨나가는 모습이다.

기본 4Ⅱ 白鳥(백조) 七面鳥(칠면조) 4 候鳥(후조) 3Ⅱ 鳥獸(조수)

발전 2 瑞鳥(서조) 鳥網(조망) 籠中鳥(농중조) 28 蜀鳥(촉조) 1 啼鳥(제조) 鳥瞰(조감) 鳥肌(조기) 鳥壘(조루) 鳥雀(조작) 鳥鵲(조작) 鳥迹(조적) 鳥篆(조전) 鳥喙(조훼) 駝鳥(타조)

사자성어 4Ⅱ 一石二鳥(일석이조) 3Ⅱ 鳥足之血(조족지혈) 2 籠鳥戀雲(농조연운)

 尊

부수	획수	총획
寸	9	12

높을 존【686】

字源 〈회의〉 윗사람께 술잔을 드릴 때에 두 손으로 높이 들어 정중하게 권한다. 제사지낼 때도 정성껏 술을 부어 영정 앞에 술잔을 놓는다. 공손하고 존경하는 마음이나 태도로 대하여 삼가 섬긴다. 두 손(寸)으로 술잔(酋)을 높이 잡고서 윗사람에게 정성으로 바치면서 공경했으니 [높다(尊)]는 뜻이고 [존]으로 읽는다.

툉 高(높을 고) 卓(높을 탁) 貴(귀할 귀) 崇(높을 숭) 隆(높을 륭) 凹 卑(낮을 비) 侍(모실 시) 回 遵(좇을 준)

필순 八 八 丷 午 芍 芍 酋 酋 酋 酋 尊 尊

기초 【기초한자어】 익히고, 【기본 → 발전한자어】 다지기
尊敬(존경) 존중히 여겨 공경함
尊屬(존속) 부모 및 그와 같은 항렬 이상의 혈족
尊嚴(존엄) 높고 엄숙함
• 평소에 尊敬하는 여러 스승님을 찾아뵈었다.
• 尊屬 중에는 尊嚴하신 선대 어르신이 상당히 계셨다 한다.

기본 4Ⅱ 尊貴(존귀) 尊重(존중) 尊兄(존형) 自尊心(자존심) 4 尊稱(존칭)

발전 2 尊札(존찰) 尊翰(존한) 1 尊卦(존괘) 尊寵(존총) 尊饗(존향) 尊諱(존휘) 僉尊(첨존)

사자성어 4 直系尊屬(직계존속) 3Ⅱ 男尊女卑(남존여비) 3 唯我獨尊(유아독존)

 宗

부수	획수	총획
宀	5	8

마루 종【687】

字源 〈회의〉 윗대 선조에게 제사 모시는 집을 '사당'이라고 했다. 사당에는 긴 마루가 있다. 전통 가옥에서 방 앞. 지면으로부터 높이 떨어져 있는 공간에 널빤지를 길고 평평하게 깔아 놓은 것이다. 종가(宀)에서나 사당의 피붙이인 씨족 어르신을 으뜸(示)으로 모시며 생각했으니 [마루(宗)]를 뜻하고 [종]으로 읽는다.

툉 廟(사당 묘) 回 完(완전할 완)

필순 `丶宀宀宇宗宗`

기초 【기초한자어】 익히고, 【기본→발전한자어】 다지기
宗家(종가) 문중에서 족보상 맏이로 내려온 큰집
宗團(종단) 종교 또는 종파의 단체
宗孫(종손) 종가의 대를 이을 맏손자
• 세월이 흘렀지만 宗家의 고택은 宗孫들이 관리하여 여전히 위풍당당하다.
• 우리 宗團에서는 불우이웃을 돕기 위해 모금활동을 하고 있다.

기본 4Ⅱ 宗敎(종교) 宗族(종족) 宗親(종친) 改宗(개종) 祖宗(조종) 宗主國(종주국) 4 宗氏(종씨) 宗派(종파) 儒宗(유종) 3 宗廟(종묘)

발전 2 宗旨(종지) 28 睿宗(예종) 1 宗藩(종번) 宗匠(종장)

사자성어 28 宗廟社稷(종묘사직)

부수	획수	총획
走	0	7

달릴 주【688】

字源 〈회의〉 달리기를 할 때 머리를 앞으로 약간 숙인 채 양다리를 벌리며 전진하여 나아간다. 처음부터 전력질주로 나간 것이다. 달음질하여 빠르게 뛰어 간다거나 빠른 속도로 움직인다. 사람(土←大)이 운동경기를 하려고 양다리(疋←止)를 넓게 벌려 앞으로 달음질하니 [달리다(走)]는 뜻이고 [주]로 읽는다.
圖 奔(달릴 분) 回 赤(붉을 적)

필순 `一 十 土 丰 丰 走 走`

기초 【기초한자어】 익히고, 【기본→발전한자어】 다지기
走力(주력) 빠르고 오랫동안 달리는 힘
競走(경주) 거리를 정해 놓고 달음질하여 다툼
逃走(도주) 피하거나 쫓겨서 달아남
• 逃走路(로)를 차단하여 범인 검거에 성공했다.
• 그는 走力이 높아 100m 競走에서 1등을 차지했다.

기본 4Ⅱ 走査(주사) 走者(주자) 走行(주행) 獨走(독주) 力走(역주) 敗走(패주) 走馬燈(주마등) 4 脫走(탈주) 3Ⅱ 奔走(분주) 縱走(종주) 疾走(질주) 3 走狗(주구)

발전 2 滑走(활주) 趨走(추주) 28 走軻(주가) 1 遁走(둔주) 走壘(주루) 馳走(치주)

사자성어 4 走馬看山(주마간산) 3Ⅱ 東奔西走(동분서주) 28 阪上走丸(판상주환)

부수	획수	총획
竹	0	6

대 죽【689】

字源 〈상형〉 대나무는 매화, 난초, 국화와 함께 널리 '사군자'라 칭한다. 곧고 꿋꿋하기 때문에 대쪽과 같은 절개라고 흔히 이야기한다. 대쪽의 굳은 절개는 아마도 춘향과 같은 인물을 그렸을 것 같다. 줄기가 곧고 잎 끝이 예리할 정도로 뾰족하여 군락을 이루고 자란 대나무를 본떠서 [대(竹)]를 뜻하고 [죽]으로 읽는다.

필순 `ㅅ ㅅ ㅆ 竹`

기초 【기초한자어】 익히고, 【기본→발전한자어】 다지기
竹夫人(죽부인) 대오리로 길고 둥글게 만든 제구
松竹(송죽) 소나무와 대나무
爆竹(폭죽) 화약을 재어 터뜨려서 소리가 나게 하는 물건
• 아이들은 爆竹놀이에 신이 나서 푹 빠졌다.
• 더운 여름에는 松竹이라고 했듯이, 竹夫人만 한 게 없다고 한다.

기본 4 竹簡(죽간) 3Ⅱ 竹刀(죽도)

발전 2 竹胎(죽태) 28 竹串島(죽곶도) 1 斑竹(반죽) 檣竹(장죽) 竹几(죽궤) 竹籃(죽람) 竹簾(죽렴) 竹籬(죽리) 竹萌(죽맹) 竹帛(죽백) 竹扉(죽비) 竹椽(죽연) 竹箸(죽저) 竹柵(죽책) 竹叢(죽총) 竹牌(죽패)

사자성어 4Ⅱ 竹林七賢(죽림칠현) 竹馬故友(죽마고우) 3Ⅱ 破竹之勢(파죽지세)

부수	획수	총획
水	10	13

준할 준 : 【690】

字源 〈형성〉 '유조' 또는 '표조'라고 불리는 새매는 숲속에서 사는 새라고 한다. 수컷은 '난추니' 암컷은 '익더귀'라고들 불리는 새이기도 하다. 어떤 본보기에 비추어서 그 본 대로 따른다고 했다. 새매(隼)가 물 위를 날 때 물(氵) 면이 어떤 [법도(準)]가 있다는 뜻과 면이 평평했으니 [준하다(準)]는 뜻이고 [준]으로 읽는다.
圖 平(평평할 평) 回 准(비준 준) 回 準

필순 `丶 氵 氵 氵 汸 沏 浒 准 淮 準 準`

기초 【기초한자어】 익히고, 【기본→발전한자어】 다지기
準備(준비) 필요한 것을 미리 마련하여 갖춤
基準(기준) 사물의 기본이 되는 표준
平準(평준) 사물을 균일하게 조정하는 일
• 새로운 基準을 적용하여 심사해야만 좋겠구나.
• 平準이 되도록 사전에 조사하여 準備해야 한다.

기본 4Ⅱ 準用(준용) 準則(준칙) 水準(수준) 準決勝(준결승) 4 準據(준거) 標準(표준) 準優勝(준우승) 標準語(표준어) 3Ⅱ 隆準(융준) 照準(조준) 準租稅(준조세)

발전 28 準繩(준승) 1 準憑(준빙)

부수	획수	총획
血	6	12

무리 중 : 【691】

字源 〈회의〉 같은 혈통을 이은 사람들이 함께 모여서 제사를 모셨다. 윗대 할아버지나 종묘에 제사를 모시는 일을 흔히 '시제(時祭)'라고 불렀다. '무리'란 많은 사람들이 함께 모여 있는 떼를 의미한다. 시제 때에 혈통(血)이 같은 사람들(乑)이 함께 모여서 가풍을 의논했었으니 [무리(衆)]를 뜻하고 [중]으로 읽는다.

圖等(무리 등) 類(무리 류) 群(무리 군) 徒(무리 도) 回寡(적을 과) 回聚(모을 취)

필순 ノ ナ ⼧ 血 血 血 朂 朞 衆 衆

기초 【기초한자어】 익히고, 【기본→발전한자어】 다지기
公衆(공중) 사회를 이루는 일반 사람
觀衆(관중) 구경하는 무리
聽衆(청중) 강연, 설교를 듣는 군중
• 觀衆들의 환호성 때문에 集中(집중)이 안 된다.
• 公衆道德(도덕)에 관한 강의를 들으려고 聽衆들이 벌 떼와 같이 많이 모였다.

기본 4Ⅱ衆論(중론) 衆生(중생) 大衆(대중) 民衆(민중) 出衆(출중) 合衆國(합중국) 4衆智(중지) 衆評(중평) 群衆(군중)

발전 1衆萌(중맹) 衆祉(중지) 衆喙(중훼)

사자성어 4Ⅱ衆口難防(중구난방) 3Ⅱ衆寡不敵(중과부적) 2衆口熏天(중구훈천)

부수	획수	총획
土	12	15

더할 증 【692】

字源 〈형성〉 수도 공사를 하거나 집을 짓기 위해 흙을 파낸다. 파낸 흙이 한 곳에 쌓이고 쌓이면 높이 올라 쌓이면서 커다란 공사가 형성된 것이다. 어떤 물건에 다른 물건을 더 보태서 더 많게 하거나 늘린다. 삽으로 흙(土)을 파서 높다랗게 거듭(曾)하여서 쌓아 올렸으니 점점 [더하다(增)]는 뜻이고 [증]으로 읽는다.

圖加(더할 가) 益(더할 익) 添(더할 첨) 回減(덜 감) 除(덜 제) 損(덜 손) 削(깎을 삭) 刪(깎을 산) 回僧(중 승) 回増

필순 一 十 土 圹 圹 圬 均 垇 堷 增 增 增

기초 【기초한자어】 익히고, 【기본→발전한자어】 다지기
增强(증강) 인원, 설비 등을 더하여 굳세게 함
急增(급증) 갑자기 증가함
增幅(증폭) 사물의 범위를 넓혀 크게 한 것

• 요즈음 계속되는 무더위로 전기 소비량이 急增했다.
• 인원과 설비를 增强하였더니 사무의 增幅이 확산되어 근무하기가 편안하다.

기본 4Ⅱ增加(증가) 增感(증감) 增大(증대) 增産(증산) 增設(증설) 增員(증원) 增進(증진) 增築(증축) 增便(증편) 4增額(증액) 增資(증자) 3Ⅱ增補(증보) 累增(누증) 漸增(점증) 割增(할증) 3遞增(체증)

발전 2增俸(증봉) 增殖(증식) 1增劫(증겁) 增捧(증봉) 增刪(증산) 增註(증주)

부수	획수	총획
心	3	7

뜻 지【693】

字源 〈회의〉 마음이 어지러운 사람은 행동이 올바르지 못하다. 그래서 마음과 행동은 불가분의 관계가 있다고 하였고, 흔히 '언행일치(言行一致)'라고도 했다. 말이나 글 또는 어떤 행동으로 나타내는 내용들이겠다. 사람의 마음(心) 씀이 높은 곳으로 향해서 갔으니(士←之) 높고도 큰 [뜻(志)]을 의미하고 [지]로 읽는다.

圖意(뜻 의) 情(뜻 정) 趣(뜻 취) 旨(뜻 지)

필순 一 十 士 志 志 志 志

기초 【기초한자어】 익히고, 【기본→발전한자어】 다지기
志願(지원) 뜻이 있어 지망함
志向(지향) 뜻이 쏠리는 방향
有志(유지) 마을이나 지역에서 명망이 있는 사람

• 이번 사원모집에 志願書를 낸 사람이 많았다.
• 그분은 우리 지역의 有志로 상생을 志向하신다.

기본 4Ⅱ志望(지망) 志士(지사) 志操(지조) 同志(동지) 立志(입지) 意志(의지) 寸志(촌지) 三國志(삼국지) 4鬪志(투지) 3篤志家(독지가)

발전 2楚漢志(초한지) 1鵠志(곡지) 喬志(교지) 逞志(영지) 遜志(손지) 夙志(숙지)

사자성어 3Ⅱ初志一貫(초지일관) 2箕山之志(기산지지)

부수	획수	총획
手	6	9

가리킬 지 【694】

字源 〈형성〉 가정주부가 음식을 만들 때 손가락으로 음식 맛을 슬쩍 본다. 그것은 어른보다 먼저 먹는 것이 아니라 어른의 입맛에 맞추기 위한 선행이다. 특별히 짚어 보이거나 미리 알린 행위다. 손가락(扌)으로 가리키며 사물의 뜻(旨)을 설명했었고 일일이 짚어가며 알리니 [가리키다(指)]는 뜻이고 [지]로 읽는다.

回脂(기름 지)

필순 一 十 扌 扌 扩 扩 指 指 指

기초 【기초한자어】익히고, 【기본→발전한자어】다지기
指導(지도) 어떤 목적이나 방향에 따라 가르쳐 이끎
指示(지시) 가리켜 보이는 것
指標(지표) 방향을 가리키는 표지
• 선배님들의 많은 指導 鞭撻(편달)을 간곡히 부탁
드립니다.
• 아버지의 指示가 내 삶의 한 指標가 되었음은 누
구나 잘 아는 사실이다.

기본 ④Ⅱ指令(지령) 指名(지명) 指目(지목) 指數(지수) 指壓
(지압) 指章(지장) 指定(지정) 指向(지향) 斷指(단지)
長指(장지) 中指(중지) 指南鐵(지남철) ④指針(지침)
指稱(지칭) 指彈(지탄) 指揮(지휘) 屈指(굴지) ③Ⅰ指摘
(지적)

발전 ①拇指(무지) 擘指(벽지) 指撥(지발) 指爪(지조) 指嗾
(지주) 指麾(지휘) 錐指(추지)

사자성어 ④十二指腸(십이지장) ③Ⅰ指呼之間(지호지간) ③指
鹿爲馬(지록위마) 指天爲誓(지천위서)

부수	획수	총획
支	0	4

지탱할 지 【695】

字源 〈회의〉나무를 땅에 심을 때 한 손은 나무를 잡으면서 곧
고 바르게 심어야 한다. 뿌리는 골고루 펴면서 아무지게
잡은 것이다. 좀 더 그 일을 오래 버티거나 몸으로 배겨
내게 하는 뜻이다. 지팡이(十)와 같은 나무 막대기를 손
(又←手)으로 꽉 잡고 더듬거리면서 겨우 [지탱하다(支)]
는 뜻이고 [지]로 읽는다.
回撐(버틸 탱) 回技(재주 기) 伎(재간 기)

필순

기초 【기초한자어】익히고, 【기본→발전한자어】다지기
支給(지급) 내어 줌. 치러 줌
支援(지원) 지지하여 도움
支出(지출) 어떤 목적을 위하여 금전을 지불하는 일
• 이번 달은 모든 사원에게 특별 보너스를 支給했다.
• 회사방침으로 支援예산을 늘려 사원들의 복지 후
생비로 支出했다.

기본 ④Ⅱ支局(지국) 支流(지류) 支配(지배) 支部(지부) 支佛
(지불) 支社(지사) 支院(지원) 支障(지장) 支店(지점)
收支(수지) 度支(탁지) 十二支(십이지) ④支持(지지)
依支(의지) 氣管支(기관지) ③Ⅰ支署(지서) 支柱(지주)

발전 ②支軸(지축) ①支叉(지차) 支撑(지탱) 撐支(탱지)

사자성어 ④Ⅱ假支給金(가지급금) ③Ⅰ支離滅裂(지리멸렬)

부수	획수	총획
至	0	6

이를 지 【696】

字源 〈상형〉새는 하늘 위를 날아다니다가 쉬고 싶을 때는 나
뭇가지나 땅 위에 내려와 앉는다. 땅이나 나뭇가지에 도
달하여서 이른 것이다. 어떤 장소나 시간에 움직이면서
와 닿는다는 뜻이겠다. 하늘(厶)을 훨훨 날던(一) 새가 땅
(土)에 금방 [이르면서(至)] 평생 살아갈 땅에 [이르다(至)]
는 뜻이고 [지]로 읽는다.
圖到(이를 도) 致(이를 치) 着(붙을 착) 遝(뒤섞일 답)

필순 一 工 丂 互 亙 至 至

기초 【기초한자어】익히고, 【기본→발전한자어】다지기
至極(지극) 어떠한 정도나 상태 따위가 극도에 이름
至大(지대) 더할 수 없이 아주 큼
冬至(동지) 12월 22-23일경에 해당하고 음력 동짓달
에 듦
• 그녀는 부모님께 효성이 至極하다.
• 冬至가 우리 삶의 기후에 끼치는 影響(영향)은 至
大하다.

기본 ④Ⅱ至今(지금) 至難(지난) 至當(지당) 至毒(지독) 至樂
(지락) 至論(지론) 至上(지상) 至誠(지성) 至月(지월)
至日(지일) 至尊(지존) 至親(지친) 夏至(하지) ④至嚴
(지엄) ③Ⅰ踏至(답지) ③乃至(내지) 甚至於(심지어)

발전 ①遝至(답지) 至諫(지간) 至闇(지암) 至驩(지환)

사자성어 ④Ⅱ自初至終(자초지종)

부수	획수	총획
耳	12	18

직분 직 【697】

字源 〈형성〉전해온 내용을 귀로 들어 그림으로 새기는 '장인
(匠人)'이 있었다. 질그릇이나 벽에 창칼이나 물감으로 그
것을 일일이 새겼다. 직무상으로 마땅히 지키면서 해야
할 본분이기도 했었다. 상대방의 말(音)을 귀(耳)로 듣고
창(戈)이나 칼로 새기는 일을 했던 직책으로 그 [직분(職)]
을 뜻하고 [직]으로 읽는다.
圖官(벼슬 관) 回識(알 식) 織(짤 직)

필순 「 Γ Γ 耳 耳 耶 聇 聇 職 職

기초 【기초한자어】익히고, 【기본→발전한자어】다지기
職務(직무) 담당하여 맡은 사무
職業(직업) 생계를 위하여 종사하는 일
辭職(사직) 맡은 바 직무를 내어놓고 그만 둠
• 그는 회사에서 職務 대행으로 발령을 받았다.

• 대대적인 職業轉換(전환)으로 인하여 그만 회사에 辭職書(서)를 제출했다.

기본 4Ⅱ 職工(직공) 職權(직권) 職能(직능) 職分(직분) 職員(직원) 職位(직위) 職人(직인) 職場(직장) 職種(직종) 職責(직책) 公職(공직) 官職(관직) 敎職(교직) 求職(구직) 無職(무직) 復職(복직) 4 離職(이직) 3Ⅱ 兼職(겸직) 免職(면직) 補職(보직) 3 職僚(직료) 殉職(순직)

발전 1 袞職(곤직) 曠職(광직) 瀆職(독직) 蕃職(번직)

사자성어 3Ⅱ 削奪官職(삭탈관직) 微官末職(미관말직)

부수	획수	총획
目	5	10

참 진 【698】

字源 〈회의〉 신선은 깊은 산에서 도를 닦고 사람 눈에는 보이지도 않게 [승천(昇天)]한 것으로 생각하였다. 진세의 먼지를 둘러쓰지 않겠다는 뜻은 아닐까. 그 사람의 태도로 보아 거짓이 없고 진실되었을 게다. 사람이 신선되어(匕) 눈(目)에 보이지 않게(ㄴ) 하늘에 오르니(八) [참되다(眞)]는 뜻이고 [진]으로 읽는다.
동 實(열매 실) 반 假(거짓 가) 僞(거짓 위) 回 直(곧을 직) 역 真

필순 一 匕 匕 卢 占 卣 盲 眞 眞 眞

기초 【기초한자어】 익히고, 【기본→발전한자어】 다지기
眞價(진가) 참된 값어치
眞理(진리) 참된 도리
眞實(진실) 거짓이 아닌 사실
• 오늘날에야 비로소 그의 예술 작품의 眞價를 알아보게 되었다.
• 歪曲(왜곡)된 眞實은 언젠가는 眞理로 밝혀지게 될 것이다.

기본 4Ⅱ 眞空(진공) 眞談(진담) 眞味(진미) 眞相(진상) 眞性(진성) 眞數(진수) 眞心(진심) 眞言(진언) 眞意(진의) 眞正(진정) 眞情(진정) 眞品(진품) 寫眞(사진) 純眞(순진) 眞面目(진면목) 眞善美(진선미) 4 眞犯(진범) 眞否(진부) 眞紅色(진홍색) 3Ⅱ 眞率(진솔) 眞影(진영) 眞僞(진위) 眞珠(진주) 迫眞(박진) 3 眞宰(진재)

발전 1 眞箇(진개) 眞臘(진랍) 眞帆(진범) 眞粹(진수) 眞髓(진수) 眞鍮(진유) 眞摯(진지) 眞諦(진체) 眞楷(진해) 逼眞(핍진)

사자성어 2 天眞爛漫(천진난만)

부수	획수	총획
辶	8	12

나아갈 진 : 【699】

字源 〈형성〉 새는 두 발을 교대로 걷기도 하고 모아서 종종 뛰기도 한다. 새에게는 후퇴가 있을 수 없고 오직 전진만이 있을 뿐이다. 좀 더 나은 상태를 바라보면서 계속하여 지향해 나간다. 새(隹)가 땅 위를 걸을 때에 두 발을 함께 모아서 뛰어 올라서 앞으로 나갔으니(辶) [나아가다(進)]는 뜻이고 [진]으로 읽는다.
동 出(날 출) 就(나아갈 취) 陟(오를 척) 回 來(올 래) 退(물러날 퇴)

필순 亻 亻 亻 隹 隹 隹 隹 淮 進 進

기초 【기초한자어】 익히고, 【기본→발전한자어】 다지기
進路(진로) 앞으로 나아가는 길
進行(진행) 앞으로 나아감
推進(추진) 밀고 나아감
• 졸업 후 나의 進路에 대해 깊이 생각해 봐야 한다.
• 일을 해결하는 進行速度(속도)로 보아 推進力의 정도를 차분하게 조절하겠다.

기본 4Ⅱ 進軍(진군) 進級(진급) 進度(진도) 進步(진보) 進取(진취) 進退(진퇴) 進學(진학) 進化(진화) 競進(경진) 4 進甲(진갑) 進擊(진격) 3Ⅱ 累進(누진) 突進(돌진) 進奏吏(진주리) 進奏院(진주원) 3 躍進(약진) 遞進(체진) 遲進兒(지진아)

발전 2 進呈(진정) 進駐(진주) 趨進(추진) 28 進陟(진척) 頓進(돈진) 亢進(항진) 1 邁進(매진) 躁進(조진) 進壘(진루) 進攘(진양) 進擬(진의) 進奠(진전) 進逼(진핍)

사자성어 3 遲遲不進(지지부진)

부수	획수	총획
欠	2	6

버금 차 【700】

字源 〈형성〉 몸이 너무 피곤해 아무리 열심히 해도 성과가 오르지 않는 경우가 있다. 잠깐 쉬었다가 다음에 더 열심히 해야 할 판이다. 잠시 쉬는 것은 다음의 도약을 위해서 좋은 보약이다. 잠시 몸이 피곤하여 입을 벌려서 하품(欠)을 하며 조금 쉬고 난 다음(冫←二)에 일을 했으니 [버금(次)]을 뜻하고 [차]로 읽는다.
동 第(차례 제) 副(버금 부) 亞(버금 아) 仲(버금 중) 回 吹(불 취)

필순 丶 丶 冫 次 次 次

기초 【기초한자어】 익히고, 【기본→발전한자어】 다지기
次例(차례) 순서 있게 벌여 나가는 관계
次席(차석) 수석의 다음 자리
目次(목차) 책 따위의 기사의 순서, 목록
• 입장객들이 줄을 서서 次例대로 들어오고 있다.
• 진행은 부회장인 次席이 目次에 따라 진행하였다.

기본 4Ⅱ 次官(차관) 次期(차기) 次男(차남) 次女(차녀) 次善

(차선) 次元(차원) 次長(차장) 次第(차제) 年次(연차) 順次的(순차적) ④ 次點(차점) ③ 屢次(누차)

[발전] 23 異次頓(이차돈) ① 鱗次(인차) 冊次(산차) 銓次(전차) 紬次(주차) 撰次(찬차) 疊次(첩차)

부수	획수	총획
宀	11	14

살필 찰【701】

[字源] 〈형성〉 제사 지낼 때 몸과 마음을 단정히 하고 불결한 것이 없도록 했다. 깨끗하고 정성스러운 마음으로 바친 것이다. 미리 주의하여 잘 둘러보거나 주의하여 관찰하면서 미루어 헤아렸다. 후손이 정결하게 제사(祭) 모실 때에 집안(宀)에 불결함이 없고, 깨끗함의 여부를 잘 [살피다(察)]는 뜻이고 [찰]로 읽는다.
图省(살필 성) 見(볼 견) 觀(볼 관) 監(볼 감) 審(살필 심) 按(누를 안) 回際(즈음 제) 祭(제사 제)

[필순]

[기초] 【기초한자어】 익히고, 【기본→발전한자어】 다지기
監察(감찰) 감시하여 살핌
警察(경찰) 공공질서 유지와 장해 제거에 노력함
査察(사찰) 조사하여 살핌
•세말하게 監察을 받는 것은 비단 警察만이 아니라고 하겠소.
•이 대회 유치상황을 살피기 위한 査察團(단)이 訪韓한다오.

[기본] ④ 檢察(검찰) 考察(고찰) 觀察(관찰) 不察(불찰) 省察(성찰) 視察(시찰) 洞察(통찰) ③ 巡察(순찰) 貞察(정찰) 偏察(편찰)

[발전] ② 偵察(정찰) 診察(진찰) 23 箕察(기찰) 繩察(승찰) 亮察(양찰) ① 俯察(부찰) 猜察(시찰) 按察(안찰) 察奴(찰안)

[사자성어] ② 彰往察來(창왕찰래)

부수	획수	총획
刀	10	12

비롯할 창:【702】

[字源] 〈형성〉 집을 지으려면 기둥이나 들보가 될 목재를 깎고 다듬는 데서 시작된다. 정확한 치수를 재고 알맞게 잘라서 다듬었던 것이다. 어떤 물건이 좋은지 여러 개 중에서 처음으로 삼았다. 새로 집(倉)을 지으려고 재목을 잘 깎고(刂) 주춧돌을 놓아 가면서 시작했으니 [비롯하다(創)]는 뜻이고 [창]으로 읽는다.
图始(비로소 시) 作(지을 작) 初(처음 초) 造(지을 조) 回倉(곳집 창)

[필순]

[기초] 【기초한자어】 익히고, 【기본→발전한자어】 다지기
創立(창립) 학교, 회사 등을 처음으로 설립함
創業(창업) 나라를 처음으로 세움
創造(창조) 처음으로 만듦
•會社(회사) 創立기념일을 맞이하여 다양한 행사가 준비되었다.
•이제 創業정신을 본받아 創造的(적) 능력을 발휘해야만 되겠소.

[기본] ④ 創建(창건) 創設(창설) 創始(창시) 創案(창안) 創意(창의) 創作(창작) 創製(창제) 創出(창출) 創世記(창세기) 獨創的(독창적) 草創期(초창기) ④ 創傷(창상) ③ 創刊(창간)

[발전] 23 創艾(창애) ① 創痍(창이)

[사자성어] ④ 創氏改名(창씨개명)

부수	획수	총획
虍	5	11

곳 처:【703】

[字源] 〈회의〉 호랑이를 동물의 왕이라고 했다. 그는 의젓한 자태를 자랑하며 비교적 높은 곳이나 깊은 안식처에서 살면서 목숨을 이어 갔다. 몸 크기가 기준이나 표준보다 크고 아주 무거웠다. 호랑이(虍←虎)가 걸음(夂)을 잠시 멈춰 걸상(几)만 한 [곳(處)]에 거처하면서 그곳에서 [살다(處)]는 뜻이고 [처]로 읽는다.
图所(바 소) 回虎(범 호) 回処

[필순]

[기초] 【기초한자어】 익히고, 【기본→발전한자어】 다지기
處斷(처단) 처치하여 결단함
近處(근처) 가까운 곳
傷處(상처) 부상을 입은 자리
•그들은 정부에 친일파 處斷을 강력히 건의하였다.
•학교 近處에서 이렇게 큰 傷處가 날 줄을 몰랐다.

[기본] ④ 處決(처결) 處女(처녀) 處理(처리) 處方(처방) 處罰(처벌) 處分(처분) 處事(처사) 處世(처세) 處所(처소) 處身(처신) 處地(처지) 處置(처치) 各處(각처) 去處(거처) 難處(난처) 對處(대처) 到處(도처) 部處(부처) 善處(선처) 自處(자처) 出處(출처) 假處分(가처분) 熱處理(열처리) ④ 處遇(처우) 處刑(처형) 居處(거처) 婚處(혼처) ③ 處暑(처서) 某處(모처)

[발전] ② 處斬(처참) 僻處(벽처) 措處(조처) ① 拿處(나처) 凹處(요처) 腫處(종처) 稟處(품처) 鰥處(환처) 欠處(흠처)

사자성어 ③Ⅰ即決處分(즉결처분) ②陵遲處斬(능지처참)

부수	획수	총획
言	8	15

청할 청【704】

字源 〈형성〉 젊은이는 은사나 선배를 찾아뵙고 좋은 말을 들었다. 예의와 품위를 갖추면서 정중하게 부탁의 말도 지도받았다. 피아노를 고쳐 달라고 간곡하게 당부하거나 부탁하는 식이겠다. 어떤 젊은이(靑)가 웃어른을 뵙고 인생에 대한 진지한 말씀(言)을 물으면서 간곡하게 [청하다(請)]는 뜻이고 [청]으로 읽는다.
동願(원할 원) 囑(부탁할 촉) 回淸(맑을 청) 晴(갤 청) 약請

필순 `丶亠言言言言請請請請請`

기초 【기초한자어】 익히고, 【기본→발전한자어】 다지기
請婚(청혼) 결혼하기를 청함
申請(신청) 신고하여 청구함
要請(요청) 요긴하게 청함
• 어제는 은행에 학자금 貸出(대출) 申請하러 갔었다.
• 그 남자는 나에게 어렵게 請婚을 要請하였다.

기본 ④Ⅰ請求(청구) 請約(청약) 請願(청원) 請由(청유) 強請(강청) 所請(소청) 自請(자청) 再請(재청) 提請(제청) 下請(하청) 不請客(불청객) ④請負(청부) 招請(초청) ③Ⅰ懇請(간청) 訴請(소청) 奏請(주청)

발전 ②請旨(청지) 請札(청찰) 請託(청탁) ②⑧彊請(강청) ①禱請(도청) 邀請(요청) 請禱(청도) 請帖(청첩) 請牒(청첩) 請囑(청촉)

부수	획수	총획
糸	11	17

다 총:【705】

字源 〈형성〉 이삿짐을 쌀 때 시간이 급하면 보자기에 싸든지 대충 끈으로 합하여 묶는다. 우선 운반하기에 편하도록 하기 위해서다. 정해진 일정한 기준에서 하나도 빼거나 남기지 않고 다 전부를 뜻한다. 시간이 매우 바빠서(悤) 번잡함을 실(糸)로 묶듯이 모두 [다(總)] 합해서 거느린다는 뜻이고 [총]으로 읽는다.
동合(합할 합) 皆(다 개) 咸(다 함) 回個(낱 개) 枚(낱 매) 回統(거느릴 통) 聰(귀밝을 총) 약総, 縂

필순 `丶ㄠ糸糸糸紗紗綯綯總總`

기초 【기초한자어】 익히고, 【기본→발전한자어】 다지기
總力(총력) 전체의 모든 힘

總額(총액) 모두를 합한 액수
總評(총평) 총체적인 평가나 평정
• 우리 회사는 수출에 總力을 기울여 매출 1위를 되찾았다.
• 공과금 總額이 지난달보다 많았다고 하니 진정으로 總評이 필요하겠다.

기본 ④Ⅰ總角(총각) 總警(총경) 總計(총계) 總局(총국) 總量(총량) 總論(총론) 總理(총리) 總務(총무) 總數(총수) 總員(총원) 總長(총장) ④總點(총점) ③Ⅰ總帥(총수) 總裁(총재) ③總攝(총섭) 總販(총판) 總罷業(총파업)

발전 ②總網羅(총망라) ②⑧總聚(총취) ①總括(총괄) 總辦(총판) 總轄(총할)

부수	획수	총획
金	6	14

총 총【706】

字源 〈형성〉 금속으로 만든 도끼 뭉치에 단단한 나무를 깎아 자루를 끼운다. 구멍과 자루는 모두 꽉 차서 빠지지 않는다. 화약의 힘으로 탄환을 발사하는 무기인 총포를 통틀어 일컫기도 한다. 긴 도끼(金) 자루를 채웠더니(充) 둥그렇게 뚫린 [도끼구멍(銃)]이었으나. 탄환이 나가는 [총(銃)]을 뜻하고 [총]으로 읽는다.
回統(거느릴 통)

필순 `丿ㅗ午余金釒釒釷鉎銃銃`

기초 【기초한자어】 익히고, 【기본→발전한자어】 다지기
銃擊(총격) 총으로 쏨
銃傷(총상) 총에 맞은 상처
銃聲(총성) 총소리
• 교전인지 공포인지 도무지 알 수 없는 銃聲이 저 멀리서 들린다.
• 갑작스런 銃擊으로 銃傷을 입고 쓰러진 동료를 부축했다.

기본 ④Ⅰ銃器(총기) 銃殺(총살) 銃砲(총포) 小銃(소총) 長銃(장총) ④銃彈(총탄) 機關銃(기관총) ③Ⅰ銃劍(총검) 拳銃(권총) ③銃獵(총렵) 獵銃(엽총)

발전 ②⑧火繩銃(화승총)

사자성어 ④機銃掃射(기총소사)

부수	획수	총획
竹	10	16

쌓을 축【707】

字源 〈형성〉 초가집을 지을 때 나무로 기둥을 세우고 대로 엮어 흙을 붙여 벽면을 만들었다. 비탈진 곳이라면 먼저 축대를 쌓는 일도 결코 잊지 않았다. 재료를 하나씩 차곡차곡 포개어 얹어서 만든다. 나무(木)와 대(竹)를 갖고서(凡)

기둥과 벽을 다부지게 만들어(工) 다지면서 [쌓다(築)]는 뜻이고 [축]으로 읽는다.
圐貯(쌓을 저) 積(쌓을 적) 構(얽을 구)

필순

기초 【기초한자어】 익히고, 【기본→발전한자어】 다지기
改築(개축) 낡은 것을 다시 고쳐 짓거나 쌓음
構築(구축) 쌓아 올려 만듦
新築(신축) 새로 건축함
• 요즈음은 낙도나 오지까지 통신망이 잘 構築되었다.
• 학생 수가 점차 늘어남에 따라 교실을 改築하고 新築을 해야겠구나.

기본 4Ⅱ築城(축성) 築造(축조) 築港(축항) 建築(건축) 增築(증축) 3Ⅱ築臺(축대)
발전 2傭築(용축) 1穿築(천축)

	부수	획수	총획
蓄	艹	10	14

모을 축【708】

字源 〈형성〉 가을철이 되면 농촌의 일손은 정신없이 바쁘다. 미처 다 탈곡하지 못한 벼는 논에 쌓아 두고 짚으로 대강 덮어 두었다. 사방으로 흩어져 있는 많은 물건들을 한 곳으로 모두 합친 것이다. 곡식을 높이 쌓아놓고(畜) 짚(艹←艸)으로 위를 차곡차곡히 덮어 두었으니 [모으다(蓄)]는 뜻이고 [축]으로 읽는다.
圐集(모을 집) 貯(쌓을 저) 積(쌓을 적) 募(모을 모) 回畜(짐승 축)

필순

기초 【기초한자어】 익히고, 【기본→발전한자어】 다지기
蓄積(축적) 많이 모이는 일
貯蓄(저축) 절약하여 모아 둠
含蓄(함축) 짧은 말이나 글 따위에 집약되어 간직함
• 蓄積된 기술 덕분에 우리나라는 세계 어디에서도 경쟁력을 갖추었다.
• 문장의 含蓄된 의미를 찾는 일은 결코 貯蓄과 같다고는 할 수는 없다.

기본 4Ⅱ蓄財(축재) 備蓄(비축) 電蓄(전축) 4蓄怨(축원) 蓄音機(축음기) 3Ⅱ蓄電也(축전지) 3蓄妾(축첩)
발전 28蓄聚(축취) 1蘊蓄(온축) 涵蓄(함축)
사자성어 4Ⅱ不正蓄財(부정축재)

	부수	획수	총획
忠	心	4	8

충성 충【709】

字源 〈형성〉 진정한 마음의 오고 감이 적을 때 우리 사회는 어둡고 믿음이 사라진다. 우리에게는 진정한 성심과 충성이 필요하다 하겠다. 국가나 임금, 윗사람 등을 위해 몸과 마음을 다함이겠다. 진정한 마음(心) 속(中)에서 우러나오는 정성이나 그 뜻이 표정의 성심으로 보였으니 [충성(忠)]을 뜻하고 [충]으로 읽는다.
回逆(거스릴 역) 奸(간사할 간) 回患(근심 환)

필순

기초 【기초한자어】 익히고, 【기본→발전한자어】 다지기
忠告(충고) 충심으로 남의 허물을 경계함
忠誠(충성) 마음에서 우러나는 정성
忠心(충심) 충성스러운 마음
• 어머니의 간곡한 忠告 덕분에 공부를 열심히 하여 합격했다.
• 그 신하의 죽음을 무릅쓴 忠心과 忠誠에 임금의 마음도 움직이기 시작했다.

기본 4Ⅱ忠臣(충신) 忠實(충실) 忠言(충언) 忠義(충의) 忠節(충절) 忠孝(충효) 不忠(불충) 4忠犬(충견) 顯忠日(현충일) 3Ⅱ忠魂(충혼)
발전 28忠亮(충량) 忠謨(충모) 忠允(충윤) 1竭忠(갈충) 陋忠(누충) 忠恪(충각) 忠諫(충간) 忠勁(충경) 忠僕(충복) 忠毅(충의)

	부수	획수	총획
蟲	虫	12	18

벌레 충【710】

字源 〈회의〉 벌레에는 여러 종류가 있다. 이로운 것도 있고, 해로운 것도 있으니, 모두 합해서 벌레라고 부른다. 작은 동물들과 곤충을 비롯하여 기생충과 같은 하등 동물까지 아우르고 있다. 사람에게 이로움과 해로움을 주는 여러 마리 벌레(虫)들을 다 합했다고 했으니 수많은 [벌레(蟲)]들을 뜻하고 [충]으로 읽는다.
回虫

필순

기초 【기초한자어】 익히고, 【기본→발전한자어】 다지기
害蟲(해충) 사람이나 농작물에 해를 주는 벌레의 총칭
蟲齒(충치) 벌레 먹은 이
毒蟲(독충) 독이 있는 벌레
• 해마다 毒蟲을 포함한 害蟲의 피해가 늘어나고 있는 실정이다.
• 단 음식을 좋아하는 아이는 그만 蟲齒가 많다.

기본 4Ⅱ蟲災(충재) 病蟲害(병충해) 4寄生蟲(기생충)
발전 2殺蟲劑(살충제) 1狡蟲(교충) 尿蟲(여충) 螟蟲(명충) 仔蟲(자충) 蟲螟(충명) 蟄蟲(칩충) 爬蟲(파충) 蛔蟲(회충)

부수	획수	총획
又	6	8

가질 취 : 【711】

[字源] 〈회의〉 옛날의 전쟁에서는 적군을 죽이거나 잡으면 귀를 베어오도록 하였다. 귀의 숫자에 따라서 전공(戰功)을 삼았던 모양이다. 손에 쥐고 몸 등에 있게 하여 자기 것으로 하거나 지닌다. 오른손(又)으로는 칼을 들고, 왼손으로 적군의 귀(耳)를 베어 와서 큰 전공을 삼았으니 [가지다(取)]를 뜻하고 [취]로 읽는다.
图得(얻을 득) 持(가질 지) 回貸(빌릴 대) 捨(버릴 사)
回敢(감히/구태여 감) 聚(모을 취)

[필순] 一丅丆ㅌ耳耴取取

[기초] 【기초한자어】 익히고, 【기본 → 발전한자어】 다지기
取得(취득) 자기 소유로 함
取消(취소) 기재하거나 진술한 사실을 말살함
聽取(청취) 방송이나 진술 따위를 자세히 들음
• 우리는 資格證(자격증)을 取得할 때마다 뿌듯한 보람을 느낀다.
• 여론을 聽取하여 政策(정책)에 반영하거나 이를 取消하기도 한다.

[기본] 4I取食(취식) 取材(취재) 取調(취조) 爭取(쟁취) 受取人(수취인) 進取的(진취적) 4略取(약취) 採取(채취) 3I奪取(탈취) 3詐取(사취) 攝取(섭취)

[발전] 28年取(모취) 1 撈取(노취) 剪取(전취) 搾取(착취) 取扱(취급) 騙取(편취)

[사자성어] 4無錢取食(무전취식) 3取捨選擇(취사선택)

부수	획수	총획
水	9	12

헤아릴 측【712】

[字源] 〈형성〉 냇가나 호수가 있는 곳의 넓이나 길이를 헤아렸다. 공식이나 법칙에 의해서 길이와 각도를 쟀을 것이다. 하나씩 더해서 '꼽다'는 뜻과 함께라는 속뜻을 미루어 짐작하거나 가늠한다. 물(氵)이 있는 곳에서 그 깊이를 규칙(則)에 따라 정도를 잘 재서 알게 했었으니 [헤아리다(測)]를 뜻하고 [측]으로 읽는다.
图度(법도 도/헤아릴 탁) 量(헤아릴 량) 料(헤아릴 료) 揆(헤아릴 규) 回側(곁 측)

[필순] 丶丶氵氵汀沪沪沪測測測

[기초] 【기초한자어】 익히고, 【기본 → 발전한자어】 다지기
測定(측정) 헤아려 정함
觀測(관측) 자연 현상의 추이

豫測(예측) 앞으로 있을 일을 미리 추측함
• 수질오염 測定을 위해 해당 기관에서 사람이 나온다.
• 가뭄으로 산불이 豫測되거나 觀測되는 상황이다.

[기본] 4I測量(측량) 測地(측지) 計測(계측) 目測(목측) 實測(실측) 凶測(흉측) 測雨器(측우기) 4推測(추측) 測候所(측후소)

[발전] 28測揆(측규) 1窺測(규측) 臆測(억측)

[사자성어] 3怪常罔測(괴상망측)

부수	획수	총획
水	5	8

다스릴 치【713】

[字源] 〈형성〉 황허강 유역은 큰 비만 오면, 기름진 농경지가 많이 유실되었다. 임금의 가장 큰 일은 물을 잘 관리하는 '치수(治水)'였을 것이다. 이 일만 잘 관리하여 보살피면서 이끌던 임금도 있었다. 홍수가 범람한 강물(氵)을 잘 다독거리면서(台) 농사를 잘 짓게 했으니 [다스리다(治)]를 뜻하고 [치]로 읽는다.
图理(다스릴 리) 政(정사 정) 經(지날/글 경) 攝(다스릴 섭)
回亂(어지러울 란) 回始(비로소 시) 汝(너 여) 冶(풀무 야)

[필순] 丶丶氵氵冫治治治

[기초] 【기초한자어】 익히고, 【기본 → 발전한자어】 다지기
治水(치수) 수리 시설을 잘 하여 하천, 호수 등의 범람이나 가뭄의 피해를 막음
治安(치안) 나라를 편안하게 다스림
法治(법치) 법률에 의하여 나라를 다스리는 일
• 옛적부터 治水는 임금의 커다란 임무이자 가장 어렵고 힘든 일이었다.
• 法治主義(주의)에 입각하여 治安을 공정하게 다독였던 때가 있었다.

[기본] 4I治家(치가) 治國(치국) 治道(치도) 治理(치리) 治民(치민) 治山(치산) 治世(치세) 治下(치하) 內治(내치) 4治略(치략) 治裝(치장) 治積(치적) 3I治粧(치장) 治濕(치습)

[발전] 2治療(치료) 療治(요치) 診治(진치) 28鞠治(국치) 繩治(승치) 1訊治(신치) 治躬(치궁) 治癒(치유) 治迹(치적) 治茸(치즙) 歇治(헐치)

부수	획수	총획
网	8	13

둘 치 : 【714】

[字源] 〈형성〉 새를 잡기 위해서 새 망을 설치해 두었다. 논밭에 새떼들을 보면 지체 없이 곡식농사의 유실을 막아야 했었

4급Ⅱ

다. 그곳에 있도록 놓거나, 음식을 어떤 곳에다 잘 간직하면서 보관했다. 새를 잡는 그물(罒←网)를 바르게(直) 설치하여 그 곳에 [두다(置)] 혹은 훈방하여 [베풀다(置)]는 뜻이고 [치]로 읽는다.
圖措(둘 조) 圓直(곧을 직)

필순 一罒罒罒罒罘罘罘罘置

기초 【기초한자어】 익히고, 【기본→발전한자어】 다지기
代置(대치) 다른 것으로 대신 놓음
設置(설치) 달거나 매거나 붙이는 일
位置(위치) 자리나 처소. 장소
• 가게는 사람 왕래가 많은 사거리에 位置했다.
• 헌 가구를 버리고 새로운 운동기구를 代置하여 좋은 기구를 設置하기로 했다.

기본 4Ⅱ 置毒(치독) 置中(치중) 放置(방치) 配置(배치) 備置(비치) 安置(안치) 領置(영치) 任置(임치) 處置(처치) 留置場(유치장) 4 置酒(치주) 置標(치표) 裝置(장치) 3Ⅱ 置簿(치부) 置換(치환) 拘置(구치) 倒置(도치) 前置詞(전치사) 荷置場(하치장)

발전 2 預置(예치) 措置(조치) 抛置(포치) 定置網(정치망) 1 置塚(치총) 置錐(치추)

사자성어 3Ⅱ 置之度外(치지도외)

이 치 【715】

부수	획수	총획
齒	0	15

字源 〈형성〉 사람은 이로써 음식을 씹어 먹는다. 잘 씹어 넘겼을 때 소화가 잘되고 건강하다. 그래서 이가 보배라는 이야기를 한다. 사람의 '이'를 이르는 말이지만, 점잖게 이르는 말은 치아(齒牙)다. 사람 입안 위와 아래에 가지런하게 나와서 음식물을 씹어 먹는 이의 모양을 본떠서 [이(齒)]를 뜻하고 [치]로 읽는다.
圖牙(어금니 아) 圓齒

필순 丨丨丨止止齿齿齿齿齒齒

기초 【기초한자어】 익히고, 【기본→발전한자어】 다지기
齒骨(치골) 이가 박혀있는 위아래턱의 뼈
齒牙(치아) 이의 점잖은 일컬음
齒藥(치약) 이를 닦는 데 쓰는 약
• 잘못된 칫솔 사용으로 齒骨이 드러나는 경우가 흔하다.
• 이 齒藥은 齒牙의 미백 효과가 아주 뛰어나다.

기본 4Ⅱ 齒科(치과) 齒德(치덕) 齒石(치석) 齒列(치열) 不齒(불치) 年齒(연치) 義齒(의치) 蟲齒(충치) 4 齒痛(치통)

발전 28 皓齒(호치) 1 臼齒(구치) 駒齒(구치) 齒槽(치조)

사자성어 3Ⅱ 切齒腐心(절치부심) 3 脣亡齒寒(순망치한) 28 丹脣皓齒(단순호치)

침노할 침 【716】

부수	획수	총획
人	7	9

字源 〈회의〉 비를 들고 청소할 때 조금씩 쓸어 가야만 마당이나 길 전체가 깨끗하게 청소된다. 욕심 많게 한꺼번에 쓸어 가면 빗자루에 그만 넘친다. 성가시게 달라붙어 손해를 끼치거나 해친다. 사람(亻←人)이 집안 활동하면서 손(又)에 비(彐←帚)를 들고 쓸듯이 침범하니 [침노하다(侵)]는 뜻이고 [침]으로 읽는다.
圖犯(범할 범) 掠(노략질할 략) 擄(노략질할 로) 圓浸(잠길 침)

필순 丿亻亻亻亻亻亻侵侵

기초 【기초한자어】 익히고, 【기본→발전한자어】 다지기
侵攻(침공) 침입하여 공격함
侵略(침략) 정당한 이유 없이 남의 나라에 쳐들어감
侵入(침입) 침범하여 들어감
• 적의 侵略에 대비하여 국방을 튼튼히 해야 한다.
• 절도범의 侵入으로 집이 난장판이 되어 侵攻에 대비해야겠다.

기본 4Ⅱ 侵害(침해) 南侵(남침) 來侵(내침) 再侵(재침) 不可侵(불가침) 4 侵犯(침범) 3Ⅱ 侵奪(침탈) 3 侵掠(침략)

발전 2 侵虐(침학) 28 侵疆(침강) 侵牟(침모) 1 兜侵(두침) 稍侵(초침) 侵寇(침구) 侵肌(침기) 侵擄(침노) 侵凌(침릉) 侵蝕(침식) 侵軋(침알) 侵撓(침뇨) 侵擾(침요)

쾌할 쾌 【717】

부수	획수	총획
心	4	7

字源 〈형성〉 꼭 이룩해야만 마음이 시원스럽게 생각하는 경우가 많았다. 주저함과 두려움 때문에 선뜻 결정하지 못하고 망설인다. 기분이 상쾌하고 좋다거나 몸에 병이 다 나아 가뿐하단 뜻이다. 마음(忄)속으로 심하게 걸린 바를 결단해서(夬←決) 처리했더니만 다 기뻐했으니 [쾌하다(快)]는 뜻이고 [쾌]로 읽는다.
圖爽(시원할 상) 逞(쾌할 령) 圓鈍(둔할 둔) 圓決(결단할 결) 抉(도려낼 결)

필순 丿丿忄忄忔快快

기초 【기초한자어】 익히고, 【기본→발전한자어】 다지기
快適(쾌적) 심신에 적합하여 기분이 썩 좋음
完快(완쾌) 병이 완전하게 나음
痛快(통쾌) 아주 유쾌함
• 손님을 맞을 때는 快適한 환경이 중요하다.
• 몸이 다 完快되어 이제는 기분이 痛快하다.

4급Ⅱ

기본 ④Ⅱ快感(쾌감) 快擧(쾌거) 快樂(쾌락) 快走(쾌주) 快活
(쾌활) 輕快(경쾌) 明快(명쾌) 不快(불쾌) 快男兒(쾌남아)
快速船(쾌속선) ④快差(쾌차) ③Ⅱ快刀(쾌도) 快諾(쾌락)
豪快(호쾌) ③快哉(쾌재) 快晴(쾌청)

발전 ②快速艇(쾌속정) ①爽快(상쾌) 快宏(쾌굉) 快癒(쾌유)
快箭(쾌전) 快闊(쾌활) 欣快(흔쾌)

사자성어 ④Ⅱ不快指數(불쾌지수)

부수	획수	총획
心	10	14

모습 태 : 【718】

字源 〈회의〉흔히 얼굴은 마음의 거울이라고 했다. 얼굴빛만
보아도 마음을 알 수 있고, 태도의 변화까지를 미루어 짐
작할 수 있다고 했다. 사람의 생긴 모양이나 자연과 사물
등의 겉모양을 말한다. 마음(心) 속 성정의 움직임이 얼굴
로 나타나서 능히(能) 그 겉 [모습(態)]까지도 짐작하겠다
는 뜻이고 [태]로 읽는다.
圖形(모양 형) 樣(모양 양) 姿(모양 자) 像(모양 상) 回能
(능할 능) 熊(곰 웅)

필순 ﾉ ﾑ ﾑ 台 育 育 育 能 態 態 態

기초 【기초한자어】 익히고, 【기본→발전한자어】 다지기
態度(태도) 속의 뜻이 드러나 보이는 겉모양
狀態(상태) 사물이나 현상이 현재 처하여 있는 형편
實態(실태) 실제 모양, 그대로의 모양
• 이번 일에 대한 그의 態度는 정중하지 못한 처사다.
• 학교생활 狀態에 따라서, 가정환경의 實態를 미리
작성해 보았다.

기본 ④Ⅱ態勢(태세) 動態(동태) 變態(변태) 事態(사태) 生態
(생태) 世態(세태) 容態(용태) 作態(작태) 重態(중태)
形態(형태) ④樣態(양태) 姿態(자태) ③醜態(추태)

발전 ②妖態(요태) ①陋態(누태) 媚態(미태) 艶態(염태)
擬態(의태) 綽態(작태)

사자성어 ④舊態依然(구태의연) 千態萬象(천태만상)

부수	획수	총획
糸	6	12

거느릴 통 : 【719】

字源 〈형성〉누에는 실을 풀어 감아 멋진 누에고치를 만든다.
타원형으로 된 고치는 한 줄기로 계속 이어져 끊이지 않
고 잇는다. 장군이 일선 현지에서 군대 따위를 휘하에 두
고 통솔한 것과 유사하다. 누에고치의 실(糸)로 꽉 채워진
(充) 실마리가 어느 한 계통을 이루었으니 [거느리다(統)]
는 뜻이고 [통]으로 읽는다.
圖合(합할 합) 領(거느릴 령) 御(거느릴 어) 率(거느릴 솔/

비율 률) 總(다 총) 帥(거느릴 솔/장수 수) 回銃(총 총)
充(채울 충)

필순 ﾉ ﾑ ﾅ 糸 糸 糸 ˊ 紅 紅 紵 統

기초 【기초한자어】 익히고, 【기본→발전한자어】 다지기
統計(통계) 어떤 현상을 한눈에 알아보기 쉽게 일정
한 체계에 따라 숫자로 나타냄
系統(계통) 일정한 차례에 따라 이어져 있는 것
傳統(전통) 계통을 받아 전함
• 이번 비는 統計를 시작한 이후 최대의 강수량이다.
• 우리 할머니께서는 傳統음식의 系統을 이으신 분
이다.

기본 ④Ⅱ統監(통감) 統一(통일) 統將(통장) 統制(통제) 統治
(통치) 統合(통합) 家統(가통) 法統(법통) 心統(심통)
正統(정통) 體統(체통) 總統(총통) 血統(혈통) ③Ⅱ統率
(통솔) 統帥權(통수권) ③統攝(통섭)

발전 ②統輯(통집) 旨統(지통) ②⑧龐統(방통) ①嫡統(적통)
統嗣(통사) 統轄(통할)

부수	획수	총획
辶	6	10

물러날 퇴 : 【720】

字源 〈회의〉뉘엿뉘엿 넘어간 해가 서쪽하늘에 걸려 그치어 있
는 것처럼 생각했다. 서산의 억누름에 물러난 것으로 본
것이다. 해가 지면 직장과 같은 곳에서 하던 일을 내놓고
나온다. 해가 서쪽 하늘에 그쳐(艮) 뉘엿뉘엿 물러가
(辶) 있으니 우리도 이제는 그만 피곤하여서 [물러나다(退)]
를 뜻하고 [퇴]로 읽는다.
圖却(물리칠 각) 進(나아갈 진) 就(나아갈 취) 回近
(가까울 근) 迫(핍박할 박)

필순 ﾌ ﾋ ﾖ ﾖ 尸 尸 艮 ˋ艮 ﾟ艮 退 退

기초 【기초한자어】 익히고, 【기본→발전한자어】 다지기
辭退(사퇴) 받거나 응하지 않고 사양함
隱退(은퇴) 현재의 직무에서 물러남
脫退(탈퇴) 관계를 끊고 물러남
• 이번 사태에 대하여 책임을 지고 辭退하기로 했다.
• 부득이한 사유로 인하여 그만 隱退하면서 이제는
脫退까지 해야 할 형편이다.

기본 ④Ⅱ退去(퇴거) 退路(퇴로) 退物(퇴물) 退步(퇴보) 退社
(퇴사) 退色(퇴색) 退院(퇴원) 退位(퇴위) 退任(퇴임)
退場(퇴장) 退職(퇴직) 退治(퇴치) 退學(퇴학) 退行(퇴행)
退化(퇴화) 減退(감퇴) 勇退(용퇴) ④退勤(퇴근) 退潮
(퇴조) 退酒(퇴주) 退陣(퇴진) 擊退(격퇴) ③Ⅱ退役(퇴역)
退藏(퇴장) 退廷(퇴정) 衰退(쇠퇴) ③退却(퇴각)

발전 ②退闕(퇴궐) 退艦(퇴함) 撤退(철퇴) 幻退(환퇴) ①退儒
(퇴나) 退匿(퇴닉) 退衙(퇴아) 退闇(퇴암) 退嬰(퇴영)

4급Ⅱ

貶退(폄퇴)

사자성어 3Ⅱ 臨戰無退(임전무퇴)

부수	획수	총획
水	5	8

물결 파【721】

字源 〈형성〉 미풍이 불면 강이나 바다는 잔잔하게 물결이 인다. 그러나 태풍이 불면 집채만 한 성난 파도가 집어 삼킬 듯이 출렁인다. 파도처럼 움직이는 모양이나 현상을 비유적으로 이르는 말이다. 심한 바람 때문에 물(氵) 표면(皮)이 마치 살아있는 것처럼 크게 움직였다 했으니 [물결(波)]을 뜻하고 [파]로 읽는다.
圖浪(물결 랑) 濤(물결 도) 瀾(물결 란) 回派(갈래 파) 彼(저 피)

필순 `丶丶氵氵汀汗沪波波`

기초 【기초한자어】 익히고, 【기본→발전한자어】 다지기
波動(파동) 물결의 움직임
餘波(여파) 주위에 미치는 영향
電波(전파) 적외선 이상의 파장을 가진 전자기파
• 오일 波動이 오기 전에 우리는 事前(사전)에 준비해둬야 한다.
• 세계 곳곳의 사건사고의 餘波로 인해 지금은 실시간으로 電波를 타고 있다.

기본 4Ⅱ波高(파고) 波文(파문) 波市(파시) 波長(파장) 短波(단파) 世波(세파) 音波(음파) 人波(인파) 秋波(추파) 風波(풍파) 寒波(한파) 4高周波(고주파) 周波數(주파수) 3Ⅱ波及(파급) 波浪(파랑) 腦波(뇌파) 超短波(초단파) 超音波(초음파) 3防波堤(방파제)

발전 1鯨波(경파) 濤波(도파) 瀾波(난파) 簾波(염파) 凌波(능파) 頹波(퇴파) 波濤(파도) 波瀾(파란) 波蕩(파탕)

사자성어 4Ⅱ平地風波(평지풍파)

부수	획수	총획
石	5	10

깨뜨릴 파 :【722】

字源 〈형성〉 보통 돌은 모가 나고 거칠거칠하다. 물을 타고 하류로 내려 오다보면 깨지고 깎이어서 작고 몽글몽글한 고운 돌이 되었다. 단단한 물체가 물에 의해 조각이 나고 부서진 것이다. 홍수가 난 물의 힘에 의해 돌(石)의 표면(皮)이 깎여나가면서 부서지기가 썩 쉬웠으니 [깨뜨리다(破)]는 뜻이고 [파]로 읽는다.
圖裂(찢어질 렬) 壞(무너질 괴) 碎(부술 쇄) 回波(물결 파) 彼(저 피)

필순 `一厂オ石石矴矴砕破破`

기초 【기초한자어】 익히고, 【기본→발전한자어】 다지기
破壞(파괴) 깨뜨리어 헐어버림
破産(파산) 가산을 모두 잃어버림
破損(파손) 깨어져 못 쓰게 됨
• 환경 破壞로 인한 세계 각 나라별 재해가 날로 심각하기만 하다.
• 그 사고로 수출품이 전부 破損됨은 물론 회사까지 破産하고야 말았다.

기본 4Ⅱ破格(파격) 破局(파국) 破門(파문) 破船(파선) 破字(파자) 破材(파재) 破題(파제) 破紙(파지) 4破鏡(파경) 破戒(파계) 3Ⅱ破滅(파멸) 破裂(파열) 破片(파편) 踏破(답파) 突破(돌파) 凍破(동파) 3破棄(파기) 破廉恥(파렴치)

발전 2破瓜(파과) 破膽(파담) 1喝破(갈파) 轟破(굉파) 喫破(끽파) 劈破(벽파) 剖破(부파) 說破(설파) 碎破(쇄파) 截破(절파) 椎破(추파) 脆破(취파) 綻破(탄파) 破袴(파고) 破綻(파탄)

사자성어 3Ⅱ破竹之勢(파죽지세) 破顔大笑(파안대소)

부수	획수	총획
勹	3	5

쌀 포(:)【723】

字源 〈상형〉 어머니 뱃속에 있는 태아부터 아기를 기른 것으로 보았다. 포대에 싸인 아기의 모양을 본떠서 [싸다(包)]는 뜻을 담고 있는 한자다. 세상에 태어난 이후에도 사랑과 포용으로 잘 감싸 안았다. 뱃속에서 자라는 아이(巳)의 태보를 감싸고(勹) 있는 소중한 그 모양을 본떠서 [싸다(包)]는 뜻이고 [포]로 읽는다.
圖容(얼굴 용) 裝(꾸밀 장) 圍(애워쌀 위) 飾(꾸밀 식) 含(머금을 함) 括(묶을 괄) 回句(글귀 구) 抱(안을 포)

필순 `丿勹勹匇包`

기초 【기초한자어】 익히고, 【기본→발전한자어】 다지기
包攝(포섭) 상대를 허용하여 받아들임
包圍(포위) 도망가지 못하도록 둘러쌈
包裝(포장) 물건을 싸서 꾸림
• 요즈음 겉치레의 包裝이 점점 줄어들고 있는 추세다.
• 包圍網(망)에 둘러싸인 그는 적에게 완전히 包攝되고 말았다.

기본 4Ⅱ包容(포용) 內包(내포) 小包(소포) 3Ⅱ包覆(포복) 包含(포함)

발전 2包蔘(포삼) 包圍網(포위망) 1橘包(귤포) 牢包(뇌포) 麪包(면포) 包括(포괄) 包橘(포귤) 包纏(포전) 包涵(포함)

부수	획수	총획
巾	2	5

베 포(:)
보시 보 : 【724】

字源 〈형성〉 구겨진 옷감을 펴려고 방망이질을 한다. 풀을 먹여 빳빳하게 펴서 구김이 없게 다리미로 폈다. 잘 젖혀 벌리거나 굽은 것이나 오므라든 것까지도 곧게 했다. 다듬잇돌에 천(巾)을 쫙 펴 놓고 손(ナ←手)으로 방망이로 두들겨서 옷 베를 [펴대(布)] 또는 널리 펴지는 [보시(布)]를 뜻하고 [포] 또는 [보]로 읽는다.
回 在(있을 재)

필순 一ナオ右布

기초 【기초한자어】 익히고, 【기본→발전한자어】 다지기
布告(포고) 일반에게 널리 알림
布陣(포진) 진을 침
分布(분포) 흩어져 퍼져 있음
• 조정에서는 백성들에게 布告文을 낭독하게 되었다.
• 적이 사방으로 分布되어 있어 성벽 바깥쪽으로 모든 병사들을 布陣시켰다.

기본 4Ⅱ 布教(포교) 布木(포목) 布石(포석) 布衣(포의) 公布(공포) 毛布(모포) 發布(발포) 流布(유포) 配布(배포) 4 布帳(포장) 宣布(선포) 3Ⅱ 布覆(포복) 布覆(포부) 麻布(마포) 濕布(습포) 3 塗布(도포)

발전 2 葛布(갈포) 撤布(철포) 28 韋布(위포) 1 巾布(건포) 昆布(곤포) 殮布(염포) 綸布(윤포) 棉布(면포) 斑布(반포) 頒布(반포) 帛布(백포) 帆布(범포) 撒布(살포) 廛布(전포) 蕉布(초포) 布褐(포갈) 布巾(포건) 布衾(포금) 布袋(포대) 布帛(포백) 布帆(포범) 布薩(포살) 瀑布(폭포)

부수	획수	총획
石	5	10

대포 포 : 【725】

字源 〈형성〉 현대전은 병사들 전쟁이라기보다는 무기의 전쟁이라고 하는 것이 옳겠다. 대포로 적진을 완전하게 괴멸시키는 전쟁을 넘어서고 있다. 핵무기의 등장 경쟁까지 벌이고 있기 때문이다. 단단한 돌(石) 같은 총알이나 대포알을 포대 안에 잘 싸서(包) 멀리 날려 보내니 [대포(砲)]를 뜻하고 [포]로 읽는다.
回 胞(세포 포) 抱(안을 포)

필순

기초 【기초한자어】 익히고, 【기본→발전한자어】 다지기
砲擊(포격) 대포를 쏨
砲手(포수) 총으로 짐승을 잡는 사냥꾼

發砲(발포) 총포를 쏨
• 砲手의 총소리에 도망가던 노루가 그 자리에 쓰러졌다.
• 가까이서 들렸던 發砲 소리에 이어 砲擊이 시작되는 상황이다.

기본 4Ⅱ 砲門(포문) 砲兵(포병) 砲聲(포성) 砲煙(포연) 砲火(포화) 空砲(공포) 大砲(대포) 銃砲(총포) 祝砲(축포) 十字砲(십자포) 4 砲彈(포탄) 高射砲(고사포) 曲射砲(곡사포) 3Ⅱ 迫擊砲(박격포) 3 投砲丸(투포환)

발전 2 砲艦(포함) 艦砲(함포) 1 臼砲(구포) 弩砲(노포)

부수	획수	총획
日	11	15

사나울 폭
모질 포 : 【726】

字源 〈회의〉 쌀가마니를 드는 농부의 손은 매듭져 사납게 보인다. 그들의 거친 손이 있었기에 도시 사람들은 든든하게 밥을 먹는다. 성질이나 행동이 거칠고 억세며 생김새가 험하고 무섭다고 한다. 물(水)은 수해를 일으키고 해(日)는 가뭄을 가져와서 둘 다 함께(共) 몰아친다면 [사납다(暴)]는 뜻이고 [폭/포]로 읽는다.
同 猛(사나울 맹) 露(이슬 로) 虐(모질 학) 悍(사나울 한)
回 爆(불터질 폭)

필순

기초 【기초한자어】 익히고, 【기본→발전한자어】 다지기
暴發(폭발) 갑작스럽게 터짐
暴惡(포악) 사납고 악함
暴行(폭행) 난폭한 행동
• 감정을 다스리지 못하고 순간에 暴發한다.
• 暴惡한 사람은 끝내가서는 暴行까지 저지르는 수가 있다.

기본 4Ⅱ 暴動(폭동) 暴力(폭력) 暴雪(폭설) 暴言(폭언) 暴雨(폭우) 暴政(폭정) 暴利(폭리) 暴飮(폭음) 暴落(폭락) 暴風雨(폭풍우) 4 暴徒(폭도) 暴酒(폭주) 亂暴(난폭) 3Ⅱ 暴露(폭로) 暴炎(폭염) 橫暴(횡포) 3 暴騰(폭등) 暴暑(폭서)

발전 2 暴虐(포학) 暴酷(폭혹) 28 暴桀(폭걸) 1 驕暴(교포) 粗暴(조포) 暴苛(폭가) 暴勃(폭발) 暴漲(폭창) 暴悖(폭패) 暴骭(폭한) 暴駭(폭해) 兇暴(흉포)

사자성어 3 自暴自棄(자포자기)

부수	획수	총획
示	6	11

표 표 【727】

4급Ⅱ

字源 〈회의〉 물건을 포장할 때 중심부를 단단히 맨다. 균형을 유지하기 위하여 잡는 자리를 만들거나 꼬리표도 그 자리에 잘 붙였다. 선거를 하는 표 란에도 기입하여서 그 증거가 되도록 한 쪽지다. 어떤 물건의 한 중심부(覀←要)에 눈에 잘 뜨이도록(示) 색깔로 표시해 두었으니 [표(票)]를 뜻하고 [표]로 읽는다.
回標(표할 표) 栗(밤 률) 粟(조 속)

필순 一 一 一 两 两 西 西 覀 覀 票 票

기초 【기초한자어】 익히고, 【기본→발전한자어】 다지기
開票(개표) 투표함을 열어 득표의 결과를 셈함
郵票(우표) 우편 요금을 낸 표시로 우편물에 붙이는 증표
投票(투표) 선거 또는 채결할 때에 의견을 기입하여 제출하는 일
• 곧이어 이번 선거의 開票가 시작되겠습니다.
• 이번 선거는 郵票를 붙인 郵便(우편) 投票로 참여하기로 했습니다.

기본 4Ⅱ 票決(표결) 票然(표연) 計票(계표) 得票(득표) 手票(수표) 暗票(암표) 車票(차표) 價格票(가격표) 空手票(공수표) 記票所(기표소) 賣票所(매표소) 番號票(번호표) 4 否票(부표) 3Ⅱ 換票(환표) 浮動票(부동표)

발전 2급 票姚(표요) 1 票函(표함)

사자성어 4Ⅱ 買票行爲(매표행위)

부수	획수	총획
豆	6	13

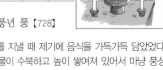

풍년 풍 【728】

字源 〈상형〉 제사를 지낼 때 제기에 음식을 가득가득 담았다. 그릇마다 제물이 수북하고 높이 쌓여져 있어서 마냥 풍성하게만 보였다. 그 해의 농사가 잘 되어 수확이 많은 해가 풍성한 풍년이겠다. 명절이나 제사 지낼 때 음식이 제기에 가득 담겨진 풍성한 모양을 두루 본떠서 [풍년(豐)]을 뜻하고 [풍]으로 읽는다.
圖足(발 족) 厚(두터울 후) 饒(넉넉할 요) 凹凶(흉할 흉) 回禮(예도 례)

필순 丨 冂 冃 曲 曲 曹 豐 豐 豐 豐

기초 【기초한자어】 익히고, 【기본→발전한자어】 다지기
豐年(풍년) 농사가 잘 되고 곡식이 잘 여무는 일
豐滿(풍만) 물건이 풍족하여 그득함
豐富(풍부) 넉넉하고 많음
• 豐年이 든 들녘은 보기만 해도 마음이 넉넉하다.
• 豐富한 지하자원으로 살림이 豐滿하기만 하구나.

기본 4Ⅱ 豐盛(풍성) 豐作(풍작)

발전 1 豐膏(풍고) 豐肌(풍기) 豐奢(풍사) 豐羨(풍선) 豐羞

(풍수) 豐艶(풍염) 豐饒(풍요) 豐溢(풍일) 豐饌(풍찬) 豐熾(풍치) 豐頰(풍협)

사자성어 4Ⅱ 時和年豐(시화연풍)

부수	획수	총획
阜	6	9

한할 한 : 【729】

字源 〈형성〉 높고 험한 산을 오르면 막히는 곳이 있고 훤히 트인 곳도 있다. 꽉 막히는 곳이 때로는 인간의 생활의 근거지가 되기도 했다. 무엇에 한정된다는 뜻과 같이 쓰이는 한자용어이겠다. 구릉진 높은 언덕(阝←阜)이 바람막이로 꽉 막힌(艮) 곳이 큰 생활 근거지가 되었으니 [한하다(限)]는 뜻이고 [한]으로 읽는다.
回根(뿌리 근) 恨(한 한)

필순 ＇ 阝 阝 阝 阝 阝 阝 限 限 限

기초 【기초한자어】 익히고, 【기본→발전한자어】 다지기
限度(한도) 일정하게 정한 정도
局限(국한) 어느 국부에 한정함
期限(기한) 미리 약속하여 놓은 때
• 내가 아는 限度에 局限해서는 더 이상 할 말이 없다.
• 우리는 납품 期限을 맞추느라고 밤샘 작업도 마다하지 않았다.

기본 4Ⅱ 限界(한계) 限定(한정) 無限(무한) 上限(상한) 時限(시한) 年限(연한) 有限(유한) 制限(제한) 下限(하한) 無期限(무기한) 無制限(무제한) 無限大(무한대) 無限量(무한량) 無限定(무한정) 最大限(최대한) 最小限(최소한)

발전 2급 踰限(유한) 疆限(강한) 1 阻限(조한)

사자성어 4 限界狀況(한계상황)

부수	획수	총획
水	9	12

항구 항 : 【730】

字源 〈형성〉 배가 다니는 길은 뱃길이자 항로다. 자동차가 일정한 도로만 다니듯이 배도 그렇게 한다. 항구는 배가 안전하게 드나들도록 바닷가에 부두를 설비한 곳이며 수륙교통의 연락을 했다. 커다란 배가 다닐 수 있도록 바다(氵)에서 뱃길(巷)을 안내하는 역할을 했었으니 [항구(港)]를 뜻하고 [항]으로 읽는다.
回巷(거리 항)

필순 ＇ 氵 氵 汁 汫 洪 洪 洪 港 港

기초 【기초한자어】 익히고, 【기본→발전한자어】 다지기
港口(항구) 해안에 배를 댈 수 있게 설치한 곳

開港(개항) 외국 선박의 출입을 허가하는 것
空港(공항) 항공기가 뜨고 나는 곳
• 고기잡이 나갔던 어선들이 속속 港口에 들어온다.
• 開港 이래로 空港까지 마중 나온 큰 행사였다.

기본 ④Ⅱ港都(항도) 軍港(군항) 商港(상항) 漁港(어항) 外港
(외항) 入港(입항) 出港(출항) ④ 歸港(귀항) 寄港(기항)

발전 ②港灣(항만) ① 閘港(갑항)

부수	획수	총획
舟	4	10

배 항 : 【731】

字源 〈형성〉 자동차를 운전하는 사람이 기사라면, 배를 운전하
는 사람은 항해사다. 일정한 항로를 따라 밤에도 꾸준하
게 항해한다. 사람이나 물건을 싣고 물위를 떠다니도록
만들었다. 우뚝 선(亢) 돛단배(舟)를 타고 가까운 물길을
가로로 멀리 건너서 목적지까지 무사히 갔었으니 [배(航)]
를 뜻하고 [항]으로 읽는다.
圖船(배 선) 舟(배 주) 舶(배 박) 艇(배 정) 回船(배 선)

필순 ′ ′ ′ ′ ′ 户 舟 舟 舟 舟 舟 航

기초 【기초한자어】 익히고, 【기본→발전한자어】 다지기
航海(항해) 배를 타고 바다를 건넘
歸航(귀항) 돌아오는 배의 항해
運航(운항) 배 또는 항공기에 여객이나 화물을 실음
• 긴 航海 일정을 마치고 오늘 무사히 돌아왔다.
• 배 귀항 시간에 맞추면서 정확한 運航 시간을 잘
맞추도록 재촉했다.

기본 ④Ⅱ航路(항로) 航母(항모) 航速(항속) 缺航(결항) 難航
(난항) 密航(밀항) 直航(직항) 出航(출항) 回航(회항)
航法士(항법사) 外航船(외항선) ④ 就航(취항) 航空機
(항공기) ③Ⅱ渡航(도항) 巡航(순항)

발전 ① 桴航(제항)

사자성어 ④航空郵便(항공우편) ②航空母艦(항공모함)

부수	획수	총획
角	6	13

풀 해 : 【732】

字源 〈회의〉 소의 머리를 제물의 으뜸으로 생각하였던 것 같다.
도대체 소머리가 어떠했기에 제물의 으뜸인가를 불가사
의한 의문으로 생각했을 것이다. 문제를 해결하거나 그
답을 밝혀내기 위해서 예리한 칼(刀)로 소(牛)의 두 뿔(角)
을 갈라보고 뿔에 담긴 불가사의를 어느 정도 [풀다(解)]
는 뜻이고 [해]로 읽는다.
圖放(놓을 방) 消(사라질 소) 釋(풀 석) 散(흩을 산) 弛

(늦출 이) 註(글 뜻 풀 주) 回結(맺을 결)

필순 ′ ′ 户 户 角 角 角 角 解 解 解

기초 【기초한자어】 익히고, 【기본→발전한자어】 다지기
解決(해결) 어려운 문제를 풂
解說(해설) 뜻을 알기 쉽게 풀어 설명함
解消(해소) 어떤 상태나 관계를 풀어 없앰
• 勞使間(노사간) 반대인 이견이 극적으로 어느 정
도 解決되었다는 소식이다.
• 실업난 解消를 위해 정부 차원의 실질적인 부양책
이란 解說이 필요하겠다.

기본 ④Ⅱ解答(해답) 解讀(해독) 解毒(해독) 解得(해득) 解明
(해명) 解放(해방) 解氷(해빙) 解産(해산) 解約(해약)
④解散(해산) 解脫(해탈) ③Ⅱ解免(해면) 解夢(해몽)
解釋(해석) ③ 解渴(해갈) 解析(해석)

발전 ②解雇(해고) 解傭(해용) 熔解(용해) 融解(융해) 沮解
(저해) 解熱劑(해열제) 23 溶解(용해) 鎔解(용해) ① 譬解
(비해) 諺解(언해) 弛解(이해) 註解(주해) 肢解(지해)
稍解(초해) 解褐(해갈) 解巾(해건) 解紐(해뉴) 解悶
(해민) 解剝(해박) 解剖(해부) 解祠(해사) 解煞(해살)
解鞍(해안) 解喩(해유) 解嘲(해조) 解註(해주)

부수	획수	총획
邑	10	13

시골 향 【733】

字源 〈회의〉 시골에서는 된장에 풋고추를 넣어 꽁보리밥일망
정 빙 둘러 앉아서 맛있게 먹었다. 고향 맛을 여실하게 풍
기는 고소한 밥이다. 교외라 했으니 도시에서 다소 떨어
져 있는 지역이다. 두메산골 안락한 촌락(乡+阝)에서 고
소한 밥(皀)을 여러 사람이 나누어 먹었으니 [시골(鄉)]을
뜻하고 [향]으로 읽는다.
圖村(마을 촌) 回京(서울 경) 回響(울릴 향) 卿(벼슬 경)
回鄕

필순 ′ 乡 乡 刹 纠 纠 纪 纪 纪 鄕

기초 【기초한자어】 익히고, 【기본→발전한자어】 다지기
鄕校(향교) 조선 시대의 지방 교육 기관
歸鄕(귀향) 고향으로 돌아옴, 돌아감
故鄕(고향) 자기가 태어나고 자란 고장
• 기차역에는 歸鄕客(객)들로 가득 차 있다.
• 故鄕의 남산 밑에 전통적인 鄕校가 있어 옛 것에
대한 향수를 맛본다.

기본 ④Ⅱ鄕歌(향가) 鄕軍(향군) 鄕里(향리) 鄕樂(향악) 鄕約
(향약) 鄕村(향촌) 鄕土(향토) 京鄕(경향) 同鄕(동향)
落鄕(낙향) 望鄕(망향) 本鄕(본향) 思鄕(사향) 色鄕
(색향) 他鄕(타향) 鄕友會(향우회) 失鄕民(실향민)
理想鄕(이상향) ③Ⅱ鄕愁(향수)

발전 ②鄕紳(향신) ①杖鄕(장향) 悖鄕(패향) 萍鄕(평향) 鄕閭(향려) 鄕塾(향숙)

부수	획수	총획
香	0	9

향기 향【734】

字源 〈회의〉 일 년 동안 애써 지은 햅쌀로 밥을 해서 먹으면 향기가 풍긴다. 고향의 진한 내음이 풍겨 나올 정도로 고소하고 감미롭다. 고향에서 꽃이나 향 내음에 취하는 매우 좋은 냄새다. 금년에 생산된 햅쌀(禾)로 밥을 해서 입(口)에 넣었더니(一) 그 맛이 달고도 고소하여 [향기(香)]라는 뜻이고 [향]으로 읽는다.
동 闇(향기 은) 馥(향기 복) 回 春(봄 춘) 番(차례 번)

필순

기초 【기초한자어】 익히고, 【기본→발전한자어】 다지기
香料(향료) 향을 만드는 재료
香氣(향기) 향냄새
香水(향수) 향료를 섞어 만든 향기로운 냄새가 나는 물
• 식물에서 香料를 추출해 향수를 만들기도 한다.
• 봄이 되니 香水가 풍기듯이 사방이 香氣롭다.

기본 ④Ⅱ香油(향유) 香火(향화) ③Ⅰ香爐(향로) 墨香(묵향) ③香辛料(향신료)

발전 ②香籠(향롱) 芳香劑(방향제) 鬱金香(울금향) ②⑧香馥(향복) 香獐(향장) 香薰(향훈) 芬香(분향) 芸香(운향) 馨香(형향) 薰陸香(훈육향) ①煖香(난향) 抹香(말향) 焚香(분향) 麝香(사향) 佩香(패향) 香橘(향귤) 香囊(향낭) 香撞(향당) 香袋(향대) 香橙(향등) 香螺(향라) 香辣(향랄) 香蠟(향랍) 香輦(향련) 香袂(향메) 香梵(향범) 香麝(향사) 香鼠(향서) 香羞(향수) 香餌(향이) 香盒(향합)

부수	획수	총획
虍	6	12

빌 허【735】

字源 〈형성〉 범을 맨손으로 잡기란 힘들 뿐만 아니라 위험하기도 했다. 빈 함정을 만들어 놓고 범이 함정에 빠지면 잡는다. 함정에 사물 등이 들어 있지 않게 텅 비게 만들었다. 사나운 범(虍←虎)을 잡기 위해서 산이나 큰 언덕(业←丘)에 아무 것도 없이 텅 빈 큰 함정을 만들었으니 [비다(虛)]는 뜻이고 [허]로 읽는다.
동 空(빌 공) 無(없을 무) 僞(거짓 위) 回 實(열매 실) 滿(찰 만) 回 處(곳 처) 虎(범 호) 역 虚

필순

기초 【기초한자어】 익히고, 【기본→발전한자어】 다지기
虛空(허공) 텅 빈 공중
虛構(허구) 사실에 없는 일을 얽어서 꾸밈
虛弱(허약) 마음이나 몸이 튼튼하지 못하고 약함
• 바람 따라 사라진 풍선을 좇아 虛空만 바라본다.
• 虛構임에도 불구하고 虛弱한 마음 한 구석에 진한 감동을 주누나.

기본 ④Ⅱ虛氣(허기) 虛無(허무) 虛費(허비) 虛事(허사) 虛想(허상) 虛勢(허세) 虛送(허송) 虛數(허수) 虛實(허실) 虛言(허언) 虛風(허풍) 空虛(공허) 虛榮心(허영심) ④虛辭(허사) 虛點(허점) ③Ⅰ虛妄(허망) 虛像(허상) 虛慾(허욕) 虛僞(허위) 虛荒(허황) ③虛飢(허기)

발전 ②⑧盈虛(영허) 沖虛(충허) ①憑虛(빙허) 闇虛(암허) 盈虛(영허) 虛喝(허갈) 虛竭(허갈) 虛匣(허갑) 虛詭(허궤) 虛昧(허매) 虛耗(허모) 虛誣(허무) 虛謗(허방) 虛幟(허치)

사자성어 ④虛張聲勢(허장성세) ③Ⅰ虛禮虛飾(허례허식) 虛無孟浪(허무맹랑) ②腎虛腰痛(신허요통)

부수	획수	총획
馬	13	23

시험할 험：【736】

字源 〈형성〉 우마라고 했듯이 옛적의 말(馬)은 중요한 교통 운반 수단이었다. 전쟁의 승패까지도 말의 역할에 의해 좌우하였다고 말할 정도였다. 그래서 말을 두고 실제로 검사하고 평가하기도 했었다. 재빠른 말(馬)의 용맹성을 여러(僉) 사람들이 살펴가면서 평가했었으니 [시험하다(驗)]는 뜻이고 [험]으로 읽는다.
동 試(시험 시) 回 檢(검사할 검) 儉(검소할 검) 險(험할 험) 역 験

필순

기초 【기초한자어】 익히고, 【기본→발전한자어】 다지기
經驗(경험) 실제로 보고 듣고 겪은 일
實驗(실험) 실제로 시험하는 것
體驗(체험) 몸소 경험함
• 몸소 體驗해보기 전에는 감동을 전할 수 없겠다.
• 經驗을 바탕으로 쓴 자전적 소설은 혹시 實驗은 아니었을까?

기본 ④Ⅱ先驗(선험) 受驗(수험) 試驗(시험) 效驗(효험) ④證驗(증험) ③Ⅰ驗覆(험복) 靈驗(영험)

발전 ①驗訊(험신)

부수	획수	총획
貝	8	15

어질 현 【737】

字源 〈형성〉 돈은 개미처럼 벌어 황소처럼 써야 한다고 한다. 돈을 벌 때는 피땀을 흘려서 벌고, 쓸 때는 값있고 뜻있게 써야 하는 것일 게다. 돈을 바르게 사용할 줄 알아야 너그럽고 덕행이 높았다. 굳은(臤) 마음으로 결심하여 돈(貝)을 벌어서 사회를 위해서 즐겁게 봉사했으니 [어질다(賢)]는 뜻이고 [현]으로 읽는다.
圄良(어질 량) 仁(어질 인) 回惡(악할 악) 愚(어리석을 우)
回資(재물 자) 賃(품삯 임) 回賢

필순 ー Ｚ Ｆ 臣 臤 臤 臤 臤 臤 賢 賢 賢

기초 【기초한자어】 익히고, 【기본→발전한자어】 다지기
賢明(현명) 마음이 어질고 영리하여 사리에 밝음
賢者(현자) 어질고 총명하여 성인의 다음가는 사람
聖賢(성현) 성인과 현인
• 그는 賢明한 언동으로 존경을 받은 賢者다.
• 공자는 세기를 넘나드는 賢聖으로 일컬어진다.
기본 4Ⅱ賢友(현우) 賢人(현인) 名賢(명현) 先賢(선현) 3Ⅱ賢淑(현숙) 3賢宰(현재)
발전 28賢輔(현보) 1賢舅(현구) 賢壻(현서) 賢蘊(현온)
사자성어 4Ⅱ竹林七賢(죽림칠현) 3Ⅱ賢母良妻(현모양처)

부수	획수	총획
血	0	6

피 혈 【738】

字源 〈지사〉 옛날 중국에서는 짐승을 잡아 피를 제사상에 놓고 제사를 지냈다고 알려진다. 피는 목기 같은 그릇에 담았던 점도 잘 알 수 있겠다. 피는 동물의 순환 기관을 통해 전신을 흐르는 붉은색 체액이다. 덩치가 큰 짐승을 잡아서 그 피(丿)를 그릇(皿)에 넘치게 담은 모양을 본떠 [피(血)]를 뜻하고 [혈]로 읽는다.
回皿(그릇 명)

필순 丿 亠 冇 血 血 血

기초 【기초한자어】 익히고, 【기본→발전한자어】 다지기
血管(혈관) 혈액을 체내의 각부로 보내는 관
血緣(혈연) 같은 핏줄에 의하여 연결된 인연
獻血(헌혈) 자기의 피를 다른 사람에게 뽑아 주는 일
• 血管에 주삿바늘을 넣어 獻血을 시작했다.
• 요즘에는 血緣의 중요성이 예전만 못하다.
기본 4Ⅱ血氣(혈기) 血路(혈로) 血脈(혈맥) 血書(혈서) 血眼(혈안) 血壓(혈압) 血液(혈액) 血肉(혈육) 血戰(혈전)

血族(혈족) 血淸(혈청) 血統(혈통) 貧血(빈혈) 鮮血(선혈) 止血(지혈) 4血鬪(혈투) 3Ⅱ血糖(혈당) 血漏(혈루) 血盟(혈맹) 輸血(수혈) 腦出血(뇌출혈) 吸血鬼(흡혈귀)
발전 2血尿(혈뇨) 尿血(요혈) 鬱血(울혈) 血液型(혈액형) 止血劑(지혈제) 28血胤(혈윤) 獐血(장혈) 1頸血(경혈) 膏血(고혈) 膿血(농혈) 瀝血(역혈) 瘀血(어혈) 溢血(일혈) 啼血(제혈) 血痰(혈담) 血痢(혈사) 血漿(혈장) 血栓(혈전) 血痔(혈치) 血痕(혈흔) 血滲(혈삼)
사자성어 3Ⅱ鳥足之血(조족지혈) 2屍山血海(시산혈해)

부수	획수	총획
十	6	8

화합할 협 【739】

字源 〈형성〉 한 사람의 힘은 매우 부족하고 미약하다. 두 사람 이상이 힘을 합하면 더욱 강해지고 어려운 일은 보다 쉽게 성사시킬 수 있다. 여러 사람이 힘을 합하니 상태가 좋게 변화한다. 열(十) 사람이 넘는 많은 사람이 모두 힘을 합쳐서(劦) 그 일을 도와주었다고 했으니 [화합하다(協)]는 뜻이고 [협]으로 읽는다.
圄和(화할 화) 回戰(싸움 전) 競(다툴 경) 爭(다툴 쟁) 鬪(싸움 투)

필순 一 十 十 劧 劧 協 協 協 協

기초 【기초한자어】 익히고, 【기본→발전한자어】 다지기
協同(협동) 힘과 마음을 함께 합함
協助(협조) 힘을 보태어 서로 도움
協贊(협찬) 협력하여 찬성함
• 어려울 때일수록 한 마음으로 協同 정신을 발휘해야 한다.
• 대회 준비를 위해 서로 協助하여 많은 곳에서 協贊을 해 주셨다.
기본 4Ⅱ協力(협력) 協商(협상) 協心(협심) 協約(협약) 協議(협의) 協定(협정) 協調(협조) 協會(협회) 3Ⅱ協奏(협주) 3妥協(타협)
발전 1協洽(협흡)
사자성어 4Ⅱ不協和音(불협화음) 4協同組合(협동조합) 2紳士協定(신사협정)

부수	획수	총획
心	8	12

은혜 혜 : 【740】

字源 〈회의〉 말과 행동이 바르고 마음이 어질면 덕(德)을 갖춘 사람이라고 말한다. 문명된 사회일수록 언행이 바른 덕인

이 많이 있었던 모양이다. 은혜는 사랑으로 베풀어 주는 신세나 혜택이 크겠다. 언행을 오로지(叀) 삼가면서 인자한 마음(心)으로 타인을 위해서 더 베풀었으니 [은혜(惠)]를 뜻하고 [혜]로 읽는다.

图 恩(은혜 은) 澤(못 택) 回 專(오로지 전) 回 恵

필순 一 广 亩 盲 亩 重 重 惠 惠 惠

기초 【기초한자어】 익히고, 【기본→발전한자어】 다지기
惠澤(혜택) 자연이나 단체 등이 사람에게 베푸는 이익
施惠(시혜) 은혜를 베풂
恩惠(은혜) 자연이나 남에게서 받는 고마운 혜택
• 세금 惠澤을 받기 위해 關聯(관련) 서류를 제출했다.
• 어머님 恩惠는 하늘보다도 넓고 바다보다도 깊다.

기본 ④ 惠書(혜서) 惠聲(혜성) 惠政(혜정) 天惠(천혜) ④ 惠存(혜존) ③ 慈惠(자혜) ③ 惠賜(혜사) 惠贈(혜증) 互惠(호혜)

발전 ② 惠棟(혜동) 惠札(혜찰) 惠翰(혜한) ② 惇惠(돈혜) ① 箋惠(전혜) 惠恤(혜휼)

부를 호【741】

字源 〈형성〉 두 사람이 마주 서서 말다툼하여 싸울 때가 있다. 너무 흥분되다 보면 숨을 가쁘게 내쉬는 경우도 있었다. 주위를 끌거나 오라고 하기 위해 소리를 치거나 손짓을 하는 행위다. 입(口)에 있는 입김이 밖으로 나가도록 '호호(乎)'할 때 숨을 크게 들이쉰 다음 불어 내니 [부르다(呼)]는 뜻이고 [호]로 읽는다.

图 唱(부를 창) 噓(불 허) 回 吸(마실 흡) 應(응할 응) 回 乎(어조사 호)

필순

기초 【기초한자어】 익히고, 【기본→발전한자어】 다지기
呼名(호명) 이름을 부름
呼應(호응) 부름에 따라 대답함
歡呼(환호) 기쁘고 반가워서 고함을 지름
• 각자들 呼名에 맞추어서 단상 위로 올라가시게.
• 신상품이 많은 歡呼를 받아 고객들의 呼應이 좋겠다.

기본 ④ 呼價(호가) 呼客(호객) 呼出(호출) 呼吸(호흡) 深呼吸(심호흡) ④ 呼稱(호칭) 點呼(점호) ③ 呼訴(호소) ③ 騰呼(등호) 嗚呼(오호)

발전 ② 呼沖(호충) 頓呼法(돈호법) ① 呻呼(신호) 呼喝(호갈) 呼嗟(호차) 呼噓(호허) 呼喚(호환) 喚呼(환호)

사자성어 ④ 呼兄呼弟(호형호제)

부수	획수	총획
女	3	6

좋을 호:【742】

字源 〈회의〉 여자가 결혼을 하면 자식을 낳아서 알뜰하게 기른다. 낳은 그 자식이 씩씩하고 바르게 커가는 모습을 보고 매우 좋아한다. 상대하는 사람에게 마음이 기울거나 호의를 갖기도 한다. 여자(女)가 사랑스러운 자기 자식(子)을 키우면서 정갈스럽고 단정하게 지도했으니 더 [좋다(好)]는 뜻이고 [호]로 읽는다.

图 良(어질 량) 回 惡(미워할 오/악할 악) 回 妃(왕비 비) 奴(종 노)

필순 ﾑ ﾑ ﾑ 女 好 好

기초 【기초한자어】 익히고, 【기본→발전한자어】 다지기
好感(호감) 좋은 감정
良好(양호) 대단히 좋음
友好(우호) 개인이나 나라끼리 서로 사이가 좋음
• 그는 好感가는 좋은 인상을 가졌다.
• 그와는 良好한 관계로 友好的(적)인 사이다.

기본 ④ 好價(호가) 好美(호미) 好事(호사) 好色(호색) 好惡(호오) 好意(호의) 好材(호재) 好戰(호전) 好調(호조) 絶好(절호) 好景氣(호경기) 好戰的(호전적) 好色漢(호색한) 好時節(호시절) 同好人(동호인) ④ 好機(호기) 好況(호황) 好評(호평) 好奇心(호기심) ③ 好喪(호상)

발전 ① 嗜好(기호) 好箇(호개) 好侶(호려) 好穗(호수) 好羞(호수) 好餌(호이) 好氈(호전) 恰好(흡호)

사자성어 ④ 好衣好食(호의호식) ④ 無骨好人(무골호인) 友好條約(우호조약) ② 好事多魔(호사다마)

부수	획수	총획
戶	0	4

집 호:【743】

字源 〈상형〉 출입이 빈번한 방에 한 짝 문을 달았다. 이런 문을 외짝문·지게문이라고 불렀는데, 발전하여 집 전체를 대신하여 부르기도 했다. 호구와 호주와 같은 용어가 뒷받침 하는 용어들이다. 사람들이 자주 드나드는 출입구이지만 작은 외짝문 모양을 잘 본떠서 [집(戶)]의 [지게문(戶)]을 뜻하고 [호]로 읽는다.

图 室(집 실) 門(문 문) 家(집 가) 堂(집 당) 屋(집 옥) 宅(집 택) 館(집 관) 閣(집 각) 回 尸(주검 시)

필순 ﾑ ﾑ 戶 戶

기초 【기초한자어】 익히고, 【기본→발전한자어】 다지기
戶口(호구) 호적상으로 집의 수효와 사람의 수효

戶籍(호적) 호수와 한 집안의 식구를 적은 부책
戶主(호주) 한 집안의 주장이 되는 주인
• 집안의 어른이신 아버지 부재로 내가 戶主가 되었다.
• 戶籍에 따라 戶口조사를 전국적으로 실시했다.
기본 4Ⅱ 戶當(호당) 戶別(호별) 門戶(문호) 窓戶(창호)
발전 2 葛戶(갈호) 28 蓬戶(봉호) 1 闢戶(벽호) 扉戶(비호)
窯戶(요호) 匠戶(장호) 樵戶(초호) 塚戶(총호) 戶扇
(호선) 戶帖(호첩) 戶樞(호추)
사자성어 4Ⅱ 家家戶戶(가가호호) 門戶開放(문호개방)

부수	획수	총획
言	14	21

도울 호 : 【744】

字源 〈형성〉 마음이 어진 사람은 다른 사람의 잘못을 열 번이
고 용서한다. 여러 번 용서하다 보면 스스로 뉘우쳐서 참
된 사람이 되는 경우도 더러 있다. 용서와 화해는 우리 사
회를 더욱 밝게 한다. 숨김없이 자기 잘못을 말(言)로 헤
아려(蒦) 바른 길로 가도록 [보호하다(護)] 또는 [돕다(護)]
는 뜻이고 [호]로 읽는다.
圖 助(도울 조) 援(도울 원) 扶(도울 부) 輔(도울 보) 回 獲
(얻을 획) 穫(거둘 확)

필순 ㄴ ㄹ 言 言 言 言 言 護 護 護 護

기초 【기초한자어】 익히고, 【기본→발전한자어】 다지기
護衛(호위) 따라다니면서 신변을 경호함
警護(경호) 경계하고 보호함
辯護(변호) 남을 위하여 변명하고 감싸면서 도움
• 신변을 警護하는 사람을 둘 만큼 신경이 날카롭다.
• 소송을 위해 辯護士를 선임하며 護衛도 받았다.
기본 4Ⅱ 護國(호국) 護送(호송) 加護(가호) 救護(구호) 防護
(방호) 保護(보호) 守護(수호) 愛護(애호) 護身術(호신술)
養護室(양호실) 4 護憲(호헌) 看護(간호) 援護(원호)
3 擁護(옹호)
발전 28 輔護(보호) 1 阿護(가호) 庇護(비호) 護佑(호유)

부수	획수	총획
貝	4	11

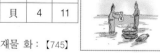

재물 화 : 【745】

字源 〈형성〉 쌀이나 포목과 같은 물건은 돈과 같이 취급했었다.
생활필수품으로서 물물 교환의 수단으로 이용했던 품목
들이다. 옛날에 화폐가 흔치 않았던 시절에 그렇게도 교
환했었음도 알 수 있다. 흔히 사용하는 돈(貝)으로 바꾸어
(化) 이용할 수 있는 포목과 같은 값진 물건으로 [재물(貨)]

이나 [재화(貨)]를 뜻하고 [화]로 읽는다.
圖 財(재물 재) 資(재물 자) 幣(화폐 폐) 賄(재물/뇌물 회)
回 資(재물 자) 貨(품삯 임)

필순 イ イ イ 化 化 代 件 貨 貨 貨 貨

기초 【기초한자어】 익히고, 【기본→발전한자어】 다지기
外貨(외화) 외국 화폐
金貨(금화) 금으로 만든 화폐
通貨(통화) 한 나라 안에서 유통 수단
• 세계적인 금융위기가 결국에는 外貨의 가치를
높이고야 말았다.
• 通貨量(량)의 증가로 인플레이션이 일어나자 금화
매입량이 많이 늘었다.
기본 4Ⅱ 貨物(화물) 貨主(화주) 貨車(화차) 美貨(미화) 寶貨
(보화) 惡貨(악화) 良貨(양화) 銀貨(은화) 日貨(일화)
財貨(재화) 韓貨(한화) 百貨店(백화점) 手貨物(수화물)
4 雜貨(잡화) 3Ⅱ 硬貨(경화) 3 貨幣(화폐)
발전 2 蔘貨(삼화) 殖貨(식화) 1 碎貨(쇄화) 貨賂(화뢰)
貨賄(화회)
사자성어 2 外貨預金(외화예금)

부수	획수	총획
石	10	15

굳을 확 【746】

字源 〈형성〉 뜻이 굳고 확실한 사람은 주위의 어떠한 혼탁함에
도 좀체 물들지 않는다. 마음과 행동이 바르기 때문에 혼
동의 세상과도 타협하지 않는다. 마음이 정확하고 행동이
바르기 때문이다. 자기 뜻만은 돌(石)과 같이 굳고 지조와
덕망이 높아서(隺) [확실하다(確)] 또는 의지가 [굳다(確)]
는 뜻이고 [확]으로 읽는다.
圖 固(굳을 고) 堅(굳을 견) 硬(굳을 경) 鞏(굳을 공) 回 軟
(연할 연) 回 鶴(학 학)

필순 ﾉ 石 石 矿 矿 硭 硭 確 確 確 確

기초 【기초한자어】 익히고, 【기본→발전한자어】 다지기
確立(확립) 기초, 내용이 굳게 섬
確定(확정) 꽉 결단하여서 틀림없이 정함
正確(정확) 바르고 확실함
• 새 왕조는 통치 체제의 確立에 주안점을 두었다.
• 確定된 돈 계산일랑 항상 正確히 해야만 하겠네.
기본 4Ⅱ 確固(확고) 確答(확답) 確保(확보) 確信(확신) 確實
(확실) 確約(확약) 確言(확언) 確認(확인) 明確(명확)
精確(정확) 未確認(미확인) 不確實(불확실) 4 確證
(확증) 3Ⅱ 確率(확률)
발전 2 確診(확진) 1 瞭確(요확) 牢確(뇌확)
사자성어 4Ⅱ 確固不動(확고부동)

4급Ⅱ

부수	획수	총획
□	3	6

돌아올 회【747】

字源 〈상형〉 팽이는 가운데 부분이 중심이 되어 빙빙 돌게 된다. 자동차 바퀴도 축을 중심으로 하여 한 방향으로만 돌아가는 것이다. 지구가 중심축을 기준으로 돌아가는 원리와 같은 것이겠다. 팽이나 자동차 같은 장난감 가운데를 중심 삼아 잘도 돌아가는 모양을 본떠서 [돌아오다(回)]는 뜻이고 [회]로 읽는다.
圄歸(돌아갈 귀) 轉(구를 전) 還(돌아올 환) 旋(돌 선)
回固(군을 고)

필순 丨 冂 冂 冋 回 回

기초 【기초한자어】 익히고, 【기본→발전한자어】 다지기
回甲(회갑) 만 60세의 생일
回答(회답) 물음, 서신, 연락 따위에 대한 대답
回復(회복) 나빠진 상태에서 다시 좋은 상태로 되돌림
• 오늘은 아버지의 回甲宴(연)이 있는 날이니 이제는 꼭 回答해 주시겠구나.
• 이제 그 환자는 수술실에서 回復室(실)로 옮겨 지금 안정 중이라고 하는구면.

기본 4Ⅱ回軍(회군) 回路(회로) 回容(회용) 回想(회상) 回船(회선) 回線(회선) 回收(회수) 回數(회수) 回信(회신) 回心(회심) 回春(회춘) 回航(회항) 今回(금회) 每回(매회) 數回(수회) 4回歸(회귀) 回覽(회람) 回遊(회유) 回轉(회전) 回避(회피) 回婚(회혼) 3Ⅱ回廊(회랑) 回附(회부) 回邪(회사) 回旋(회선) 旋回(선회) 3回顧(회고)

발전 2回診(회진) 撤回(철회) 1挽回(만회) 迂回(우회) 回翔(회상) 回游(회유) 回漕(회조) 回燀(회탄)

부수	획수	총획
□	4	7

마실 흡【748】

字源 〈형성〉 입으로 마신 맑은 공기는 허파에까지 전달된다. 온몸의 활동을 통해서 배출된 공기는 입과 코를 통해서 밖으로 나온다. 물의 순환이란 원리처럼 우리 몸 공기도 순환을 반복한다. 입(口)으로 길게 산소를 마셔서 숨이 허파까지 깊숙하게 미치도록(及) 들이쉬었으니 [마시다(吸)]는 뜻이고 [흡]으로 읽는다.
圄飮(마실 음) 回呼(부를 호) 回及(미칠 급)

필순 丨 冂 口 口 叨 吸 吸

기초 【기초한자어】 익히고, 【기본→발전한자어】 다지기
吸收(흡수) 빨아서 거두어들임.
吸入(흡입) 빨아들임

呼吸(호흡) 사람이나 동물이 코로 공기를 들이마시고 내쉬는 기운
• 갑자기 코가 막혀 그만 呼吸이 거칠어졌다.
• 땅으로 오염 물질이 吸收되면서 吸入되었다.

기본 4Ⅱ吸氣(흡기) 吸力(흡력) 吸水(흡수) 吸煙(흡연) 吸引(흡인) 吸着(흡착) 深呼吸(심호흡) 3Ⅱ吸盤(흡반) 吸血鬼(흡혈귀)

발전 1噓吸(허흡)

사자성어 2吸收合併(흡수합병)

부수	획수	총획
臼	9	16

일 흥(:)【749】

字源 〈회의〉 혼자 하는 일은 많이 힘들지만 두 사람이 힘을 합하면 더 쉽다. 그래서 흔히들 '1+1=2+α'라는 공식을 많이 이야기한다. 두 사람이 힘을 합하면 새로운 'α'라는 힘이 더 생긴다는 뜻도 담았다. 많은 사람이 힘을 합하면서 (同) 손을 마주 잡고(舁) [흥겹게(興)] 일을 했으니 [일다(興)]는 뜻이고 [흥]으로 읽는다.
圄盛(성할 성) 起(일어날 기) 隆(높을 륭) 旺(왕성할 왕)
回亡(망할 망) 敗(패할 패) 衰(쇠할 쇠) 回擧(들 거) 輿(더불 여) 興(수레 여) 回兴

필순 𦥑 𦥑 𦥑 𦥑 𦥑 𦥑 𦥑 𦥑 興 興

기초 【기초한자어】 익히고, 【기본→발전한자어】 다지기
興味(흥미) 흥을 느끼는 재미
遊興(유흥) 재미있게 놂
卽興(즉흥) 그 자리에서 일어나는 흥치
• 興味로운 일에는 집중력이 대단하다.
• 遊興場에서 卽興的으로 한 연설이지만 많은 감동을 주었다.

기본 4Ⅱ興國(흥국) 興亡(흥망) 興盛(흥성) 興業(흥업) 興行(흥행) 發興(발흥) 復興(부흥) 新興(신흥) 餘興(여흥) 中興(중흥) 興信所(흥신소) 4興趣(흥취) 3Ⅱ興奮(흥분) 振興(진흥) 醉興(취흥) 3遞興(체흥)

발전 2紹興(소흥) 鬱興(울흥) 28興旺(흥왕) 1勃興(발흥) 夙興(숙흥) 興轎(흥교) 興寤(흥오)

사자성어 4興盡悲來(흥진비래) 3Ⅱ興亡盛衰(흥망성쇠)

부수	획수	총획
巾	4	7

바랄 희【750】

字源 〈회의〉 아름다운 무늬와 오색찬란한 옷감은 다들 갖고 싶고 입고 싶어 했다. 구하기가 힘들고 어렵기 때문이다. 사

4급Ⅱ

람들의 기대심리는 구하기가 힘든 것을 더 갖고 싶어 했음을 생각하면 이해된다. 아름다운 무늬(爻)와 고운 천(巾)은 매우 귀해서 모두 입고 싶어 했었으니 [바라다(希)]는 뜻이고 [희]로 읽는다.

图 望(바랄 망) 願(원할 원) 回 布(베 포)

필순 ノ メ ナ チ ギ 希 希

기초 【기초한자어】 익히고, 【기본→발전한자어】 다지기
希求(희구) 바라고 요구함
希望(희망) 앞일에 대하여 기대를 가지고 바람
希願(희원) 앞일에 대한 바람
• 南北 이산가족들의 希願이 빨리 이루어지길 진심으로 바란다.
• 우리들에게 미래에 대한 希望이 없다면 우리 아이들의 希求도 없을 것이다.

발전 ② 希購(희구) 希旨(희지) ② 希冀(희기) 希覬(희면)
① 希臘(희랍)

4급Ⅱ

한자능력검정시험
자원대사전

4급

[751~1000]

傑鷄券盜鳴負屬延圍恣適從讚彈爆婚
居繼窮徒勉否舌域危姊賊存差稱胞混
據階屈段妹複宣易源仁績潮陳針閉或
拒戒群納離伏傷與援異籍組盡層革顯
巨季君寄象嚴郵怨疑積條珍寢評刑喜
降系構柳範辭散樣遇依裝靜織趣判揮
甲驚鑛機龍犯絲氏優隱腸整縮就派險厚
敢鏡管奇烈私崇豫儒張丁推鬪投核憲候
甘更攻勤慮妨肅映帳占證招痛閑況灰
簡傾孔糧髮筋射秀營乳獎壯折朱聽擇討恨歡
看犬骨劇略拍碑叔迎遊壯折聽擇恨況
干堅困均覽舞秘迎遊遺壯折朱聽擇避環
覺激穀歸卯墓批頌燃營慰雜錢轉座冊脫疲華
刻擊庫勸亂妙粉松鉛威殘轉冊脫避環歡
暇儉孤卷挑模憤損緣委資專鐘探歎標紅

부수	획수	총획
日	9	13

겨를 가: 【751】

〈형성〉 예나 지금이나 휴가는 비슷한 의미인 것 같다. 휴가는 일로 바빠서 피곤해진 몸을 풀면서 한가하게 지내는 것이다. 어떤 일을 하다가 다른 일로 돌릴 수 있는 시간적인 여유이겠다. 모처럼 며칠 동안 휴가(日)를 얻어(叚) 그 동안에 힘들었던 몸을 풀며 한가하게 쉬었으니 [겨를(暇)]을 뜻하고 [가]로 읽는다.
图隙(틈 극) 回假(거짓 가)

필순 刀 刀 日 日' 日' 日ʔ 日ʔ 日ʔ 日ʔ 日ʔ 暇 暇

기초【기초한자어】익히고,【기본→발전한자어】다지기
病暇(병가) 병으로 말미암아 얻는 휴가
餘暇(여가) 남은 시간
休暇(휴가) 학교, 직장 따위에서 일정 기간 쉬는 일
• 病暇나 餘暇시간에는 자기 취미활동을 하면서 지낸다.
• 여름 休暇철을 맞아 휴양지에는 여행객들로 와자지껄 붐빈다.

기본 4 暇式(가식) 暇日(가일) 公暇(공가) 寸暇(촌가) 閑暇(한가) 3 奚暇(해가)

발전 1 暇隙(가극)

부수	획수	총획
刀	6	8

새길 각 【752】

〈형성〉 오동포동한 돼지가 우리 안에 갇혀 있다가 밖에 나왔다. 뛰어 다니면 땅이 파여서 깊은 발자국을 남긴다. 실로 박거나 날카로운 끌 같은 도구로 조각한 것만 같다. 돼지(亥)가 마당이나 논바닥을 지나가면 땅이 패여 자국이 남듯이 나무판을 칼(刂←刀)로 파서 판에 [새기다(刻)]는 뜻이고 [각]으로 읽는다.
图刊(새길 간) 銘(새길 명) 彫(새길 조) 回核(씨 핵) 該(갖출 해)

필순 、 一 亠 亥 亥 亥 亥 刻

기초【기초한자어】익히고,【기본→발전한자어】다지기
刻苦(각고) 몹시 애씀
正刻(정각) 틀림없는 그 시각
時刻(시각) 시간의 어떤 일순에 있어서의 시점
• 이번에 받은 상은 刻苦의 노력으로 얻은 결과다.
• 항상 正刻이면 교실로 들어와 끝나는 시각에 나간다.

기본 4 刻骨(각골) 刻木(각목) 刻石(각석) 刻心(각심) 刻印

(각인) 刻字(각자) 刻板(각판) 石刻(석각) 深刻(심각) 陽刻(양각) 陰刻(음각) 寸刻(촌각) 板刻(판각) 3 刻漏(각루) 刻削(각삭) 刻銘(각명) 刻薄(각박) 頃刻(경각) 漏刻(누각) 浮刻(부각) 卽刻(즉각) 3 飜刻(번각) 遲刻(지각)

발전 2 彫刻(조각) 28 刻珉(각민) 1 苛刻(가각) 刻剝(각박) 刻涅(각날) 刻鑿(각착) 刻繪(각회) 俄刻(아각) 枉刻(왕각) 篆刻(전각)

사자성어 4 刻骨痛恨(각골통한) 3 刻骨銘心(각골명심) 3 刻骨難忘(각골난망)

부수	획수	총획
見	13	20

깨달을 각 【753】

〈회의〉 눈으로 보고 머리로 생각하면서 배우며 익힌다. 새로움을 발견하려는 진취적인 생각과 자성하는 가운데 발전이 있으리라. 잘 알아 이해해서 참뜻을 환하게 알게 되는 일이겠다. 다른 사물을 잘 살펴보고(見) 자세히 생각하면서 널리 배워서(與←學) 알게 되었으니 [깨닫다(覺)]는 뜻이고 [각]으로 읽는다.
图警(깨우칠 경) 悟(깨달을 오) 寤(잠깰 오) 回學(배울 학) 약覚

필순 𝄖 𝄗 𝄘 𝄙 𝄚 與 學 舉 舉 覺

기초【기초한자어】익히고,【기본→발전한자어】다지기
感覺(감각) 자극에 의하여 생기는 느낌
發覺(발각) 숨겨졌던 일이 드러남
錯覺(착각) 잘못 보거나 듣거나 느끼는 것
• 感覺이 뛰어난 탐지견 덕분에 밀수품이 發覺되었다.
• 할머니는 가끔 언니와 나를 錯覺하기도 한다.

기본 4 覺苦(각고) 覺書(각서) 覺樹(각수) 覺知(각지) 覺行(각행) 味覺(미각) 先覺(선각) 視覺(시각) 自覺(자각) 知覺(지각) 直覺(직각) 聽覺(청각) 警覺心(경각심) 3 覺悟(각오) 妄覺(망각) 觸覺(촉각) 臭覺(취각)

발전 2 幻覺(환각) 1 覺寐(각매) 覺醒(각성) 覺寤(각오) 醒覺(성각) 嗅覺(후각)

사자성어 4 見聞覺知(견문각지)

부수	획수	총획
干	0	3

방패 간 【754】

〈상형〉 싸움터에서는 예기치 않은 화살이나 창이 날아든다. 잘못하여 죽거나 다치는 경우가 참 많았다. 방패는 적의 창, 칼, 화살 등을 막는 무기다. 한 손에는 방패를 들고

4급

적의 화살이나 창을 막았다. 적을 맞이하여 창이나 화살을 막았던 방패의 모양을 본떠서 방어용인 [방패(干)]를 뜻하고 [간]으로 읽는다.

圖盾(방패 순) 回滿(찰 만) 戈(창 과) 矛(창 모) 回午(낮 오) 千(일천 천) 牛(소 우) 于(어조사 우)

필순 一 二 干

기초 【기초한자어】 익히고, 【기본 → 발전한자어】 다지기
干滿(간만) 간조와 만조. 밀물과 썰물
干涉(간섭) 이래라저래라 하면서 영향을 줌
干與(간여) 간섭하여 참여함
• 여름철만 되면 潮水(조수) 干滿의 차로 우리 마을은 항상 물에 잠긴다.
• 남의 일에 지나친 干涉이나 干與는 인간관계에 매우 해롭다고 말한다.

기본 ④干連(간련) 干城(간성) 干潮(간조) 干證(간증) 干支(간지) 十干(십간) 如干(여간) 天干(천간) ③1欄干(난간) 若干(약간) 干拓地(간척지) ③干冒(간모)

발전 ②干戈(간과) 干預(간예) ①闌干(암간)

부수	획수	총획
目	4	9

볼 간【755】

字源 〈회의〉 사물을 자세히 보고 싶을 때 눈을 흘리거나 손을 눈언저리 위에 대고 눈여겨본다. 조금 먼 거리일 경우에는 더욱 그렇게 했었다. 어떤 존재나 모습 등을 눈으로 보아 인식하는 일이었다. 한 손(手)을 눈(目) 언저리에 대고 먼 곳에 있는 사물을 자세하게 살펴 보았으니 [보다(看)]는 뜻이고 [간]으로 읽는다.

圖觀(볼 관) 見(볼 견) 監(볼 감) 視(볼 시) 回省(살필 성) 着(붙을 착) 差(다를 차)

필순

기초 【기초한자어】 익히고, 【기본 → 발전한자어】 다지기
看病(간병) 병자 옆에서 보살펴 구원함
看守(간수) 망을 봄
看板(간판) 상점 등에 내건 표지
• 看病人이나 看守의 도움 없이는 하루도 생활하기가 어렵고 힘들다.
• 드디어 내일은 기다리던 개업 看板을 다는 날이다.

기본 ④看過(간과) 看破(간파) 看護(간호) ③1看役(간역) 看疾(간질)

발전 ②看棋(간기) ①看做(간주) 泛看(범간) 羞看(수간) 歇看(헐간)

사자성어 ④走馬看山(주마간산)

부수	획수	총획
竹	12	18

대쪽 간(:)【756】

字源 〈형성〉 편지나 문서를 대쪽에 정성껏 써서 보냈다. 가느다란 대쪽을 여러 개 엮어서 글을 썼으니 이것을 '죽찰'이라고도 했다. 사람 개개의 곧은 성미나 절개를 비유적으로 이르기도 한다. 대쪽(竹)을 차곡차곡 엮은 사이(間)에 글씨를 써서 상대에게 보냈으니 [대쪽(簡)] 또는 [편지(簡)]를 뜻하고 [간]으로 읽는다.

圖略(간략할 략) 擇(가릴 택) 札(편지 찰) 回細(가늘 세) 回間(사이 간) 節(마디 절) 範(법 범)

필순

기초 【기초한자어】 익히고, 【기본 → 발전한자어】 다지기
簡潔(간결) 간단하고 깨끗함
簡單(간단) 간략하고 또렷함
書簡(서간) 편지
• 그의 簡潔한 문장력은 매우 뛰어나다.
• 요즘에는 書簡 대신 簡單한 이메일을 많이 쓴다.

기본 ④簡略(간략) 簡明(간명) 簡素(간소) 簡約(간약) 簡要(간요) 簡易(간이) 簡紙(간지) 簡册(간책) 簡擇(간택) 簡便(간편) 內簡(내간) 竹簡(죽간) ③1簡易驛(간이역) ③簡捜(간수) 簡閱(간열)

발전 ②簡札(간찰) ①簡樸(간박) 簡捷(간첩) 簡闊(간활) 銓簡(전간)

부수	획수	총획
攵	8	12

감히 감:【757】

字源 〈형성〉 '감히'란 '두려움과 송구함을 무릅쓰고'라는 뜻을 담는다. 상황에 따라서는 '말이나 행동이 주제넘다'라는 뜻도 함께 담는다. 차마 두려움을 무릅쓰고 과감하고 저돌적으로 매서운 칼을 들어 상대를 쳐서(攵) 귀(耳)를 베어(工) 가져오도록 하여 매우 굳셌으니 [감히(敢)]를 뜻하고 [감]으로 읽는다.

圖勇(날랠 용) 回取(취할 취) 嚴(엄할 엄)

필순

기초 【기초한자어】 익히고, 【기본 → 발전한자어】 다지기
敢請(감청) 감히 청함
果敢(과감) 결단성 있고 용감하게 행동함
勇敢(용감) 씩씩하고 겁이 없으며 기운참
• 敢(감)히 請(청)하건대, 이번 일은 果敢하게 결단을 내리셔야 합니다.
• 한 시민의 勇敢한 행동이 여러 사람을 구했다.

기본 ④敢犯(감범) 敢死(감사) 敢戰(감전) 敢鬪(감투) 敢行
(감행) ③ 豈敢(기감)

사자성어 ④敢言之地(감언지지) 敢不生心(감불생심) ③ 焉
敢生心(언감생심)

부수	획수	총획
甘	0	5

달 감 【758】

字源 〈지사〉혀는 음식물의 여러 맛(단맛, 쓴맛, 짠맛, 신맛)을
잘 감지한다. 침샘에서 침이 나와 소화도 도와준다. 그중
단맛은 꿀이나 설탕의 맛과 같으며 마땅하여 기꺼워서 입
에 당기도록 좋다. 혀(廿) 가운데에 맛있는 음식물(一)이
얹혀 있어 먹음직스러웠으니 그 맛이 감미로워 [달다(甘)]는
뜻이고 [감]으로 읽는다.
回苦(쓸 고) 回日(날 일) 目(눈 목) 甚(심할 심)

필순 一 十 十 廿 甘

기초 【기초한자어】 익히고, 【기본→발전한자어】 다지기
甘味(감미) 단맛
甘受(감수) 책망이나 괴로움 따위를 달게 받음
甘言(감언) 달콤한 말
• 甘味로운 커피 향을 맡고 있다.
• 甘言異說에 속아 징역까지 甘受해야 했다.

기본 ④甘結(감결) 甘苦(감고) 甘美(감미) 甘辭(감사) 甘水
(감수) 甘食(감식) 甘心(감심) 甘雨(감우) 甘油(감유)
甘精(감정) 甘酒(감주) 甘泉(감천) 甘草(감초) 甘味料
(감미료) ③ 甘湯(감탕) 甘井(감정)

발전 ② 甘瓜(감과) 甘藍(감람) 甘旨(감지) 旨甘(지감) 28 甘醴
(감례) ① 甘橘(감귤) 甘嗜(감기) 甘煖(감난) 甘棠(감당)
甘暝(감명) 甘鰒(감복) 甘鼠(감서) 甘醇(감순) 甘蔗(감자)
甘饌(감찬) 甘蕉(감초) 甘呑(감탄) 甘鹹(감함)

사자성어 ④甘言利說(감언이설) 苦盡甘來(고진감래) ① 甘呑
苦吐(감탄고토)

부수	획수	총획
田	0	5

갑옷 갑 【759】

字源 〈상형〉콩 같은 열매가 땅 위에 떨어져서 뿌리가 내리면
서 떡잎이 쏘옥 올라온다. 마치 두꺼운 갑옷을 뚫고 나온
것 같다. 전쟁에서는 갑옷을 입어서 적의 화살이나 창검
으로부터 제 몸을 보호한다. 추위를 뚫고 식물의 싹이 땅
에 쏘옥 돋은 모양을 본떠서 [갑옷(甲)] 또는 [첫째 천간(甲)]
을 뜻하고 [갑]으로 읽는다.
圖鉀(갑옷 갑) 殼(껍질 각) 回中(가운데 중) 由(말미암을 유)
申(납 신) 田(밭 전)

필순 丨 冂 冃 日 甲

기초 【기초한자어】 익히고, 【기본→발전한자어】 다지기
甲富(갑부) 첫째가는 부자
甲板(갑판) 큰 배나 군함 위에 철판으로 깐 바닥
同甲(동갑) 같은 나이
• 선원들은 아침마다 甲板 위에 모여 체조를 한다.
• 同甲내기인 그는 우리나라에서 제일가는 甲富다.

기본 ④甲家(갑가) 甲年(갑년) 甲利(갑리) 甲班(갑반) 甲方
(갑방) 甲邊(갑변) 甲兵(갑병) 甲部(갑부) 甲士(갑사)
甲狀(갑상) 甲時(갑시) 甲申(갑신) 甲夜(갑야) 甲葉(갑엽)
甲午(갑오) 甲衣(갑의) 甲日(갑일) 甲子(갑자) 甲種(갑종)
甲蟲(갑충) 堅甲(견갑) 機甲(기갑) 六甲(육갑) 進甲
(진갑) 鐵甲(철갑) 華甲(화갑) 環甲(환갑) 回甲(회갑)
甲板長(갑판장) 甲勤稅(갑근세) 裝甲車(장갑차) ③① 甲盤
(갑반) 甲宴(갑연) 還甲(환갑) ③ 龜甲(귀갑)

발전 ② 甲刹(갑찰) 28 甲乫(갑돌) ① 甲袋(갑대) 甲煎(갑전)
魁甲(괴갑) 遁甲(둔갑) 鱗甲(인갑) 鱉甲(별갑) 緋甲
(비갑) 犀甲(서갑) 戍甲(수갑) 膝甲(슬갑) 牌甲(패갑)

사자성어 ④甲申政變(갑신정변)

부수	획수	총획
阜	6	9

내릴 강 :
항복할 항 【760】

字源 〈회의〉산을 오를 때는 힘들어도 내려올 때는 편안하고도
매우 쉽다. 싸우던 군사들도 높은 언덕에서 내려오면서
항복하기도 했다. 올라간 높은 곳으로부터 이제는 그만
옮겨 내려온다. 적군이 산이나 언덕(阝←阜)에서 아래로
'내려오며(夅)' 드디어 무기를 버리면서 [항복하다(降)]는
뜻이고 [강] 또는 [항]으로 읽는다.
圖下(아래 하) 伏(엎드릴 복) 回昇(오를 승) 登(오를 등)
陟(오를 척) 回隆(높을 륭) 陵(언덕 릉)

필순 ´ ³ ⻖ ⻖¹ ⻖² 隆 降 降 降

기초 【기초한자어】 익히고, 【기본→발전한자어】 다지기
降等(강등) 등급, 계급이 내림
下降(하강) 공중에서 아래쪽으로 내림
降伏(항복) 전쟁, 싸움에서 힘에 눌려 적에게 굴복함
• 우리 군이 降伏하여 장군이 降等당했다.
• 주가가 연일 下降 곡선을 그리고 있다.

기본 ④降階(강계) 降壇(강단) 降福(강복) 降水(강수) 降神
(강신) 降雨(강우) 降板(강판) 降下(강하) 降書(항서)
投降(투항) 降雪量(강설량) 降水量(강수량) ③① 降臨
(강림) 沈降(침강) 昇降機(승강기) ③ 降誕(강탄) 誕降
(탄강)

발전 ② 滑降(활강) 降瑞(강서) 降衷(강충) 28 降祐(강우)

4급

陟降(척강) ① 降嫁(강가) 謫降(적강) 貶降(폄강) 降虜(항로)

부수	획수	총획
尸	5	8

살 거 【761】

字源 〈형성〉 사람이 집을 마련해서 살면 몇 대를 계속해서 한 집에서 오래 살았다. 논밭이 마련되고 선조가 묻혀있기 때문이었다. 목숨을 이어 가거나 어느 곳에서 자리를 잡고 머무르며 지냈다. 사람이 넉넉하게 생활할 수 있는 집(尸)에서 오랫(古)동안 머물면서 거처했으니 [살다(居)]는 뜻이고 [거]로 읽는다.
国住(살 주) 活(살 활) 家(집 가) 留(머무를 류) 館(집 관) 回局(판 국) 屋(집 옥) 屈(굽을 굴) 尾(꼬리 미)

필순 ㄱ ㄱ 尸 尸 居 居 居 居

기초 【기초한자어】 익히고, 【기본→발전한자어】 다지기
居住(거주) 일정한 곳에 자리를 잡고 머물러 삶
居室(거실) 거처하는 방
隱居(은거) 세상을 피해 숨어 삶
• 한 곳에 오래 居住하여 이웃과 관계가 돈독하다.
• 세상을 등지고 그의 居室에서 隱居해 왔었다.

기본 ④居家(거가) 居官(거관) 居留(거류) 居民(거민) 居士(거사) 居山(거산) 居常(거상) 居生(거생) 居所(거소) 居接(거접) 居停(거정) 居處(거처) 居村(거촌) 居宅(거택) 居鄕(거향) 居留民(거류민) 居西干(거서간) 居住地(거주지) 家居(가거) 康居(강거) 客居(객거) 群居(군거) 寄居(기거) 起居(기거) 同居(동거) 別居(별거) 雜居(잡거) 占居(점거) 住居(주거) ③⑪居喪(거상) 索居(삭거) 逸居(일거) 穴居(혈거) ③屛居(병거) 卜居(복거)

발전 ②僑居(교거) 窟居(굴거) ②⑧赫居世(혁거세) ① 徙居(사거) 棲居(서거) 饒居(요거) 寓居(우거) 佚居(일거) 謫居(적거) 奠居(전거) 蟄居(칩거) 鰥居(환거)

부수	획수	총획
工	2	5

클 거 : 【762】

字源 〈상형〉 목공이 큰 자나 긴 줄자를 써서 나무의 정확한 치수를 헤아렸다. 헤아렸던 나무를 깎거나 자르기도 하면서 다듬었던 것이다. 다른 일반의 자와 비교했을 때 그 정도가 더한 상태였다. 'ㄱ'자 모양으로 90도 각도로 만들었던 곱자인 손잡이가 있는 모양을 본뜬 글자로 [크다(巨)]는 뜻이고 [거]로 읽는다.

国大(큰 대) 太(클 태) 偉(클 위) 泰(클 태) 碩(클 석) 回小(작을 소) 細(가늘 세) 微(작을 미) 扁(작을 편) 回臣(신하 신)

필순 ㄱ ㄱ ㄱ 巨 巨

기초 【기초한자어】 익히고, 【기본→발전한자어】 다지기
巨金(거금) 많은 돈
巨大(거대) 엄청나게 큼
巨人(거인) 몸이 아주 큰 사람
• 몸집이 巨大한 그는 먹는 것도 보통보다 두 배다.
• 巨金을 손에 쥔 농구선수 중에는 키가 2m가 넘는 巨人도 있다.

기본 ④巨家(거가) 巨盜(거도) 巨頭(거두) 巨木(거목) 巨物(거물) 巨步(거보) 巨富(거부) 巨事(거사) 巨商(거상) 巨石(거석) 巨船(거선) 巨勢(거세) 巨室(거실) 巨額(거액) 巨漢(거한) 巨物級(거물급) 巨視的(거시적) ③⑪巨閣(거각) 巨役(거역) ③巨奸(거간)

발전 ②巨刹(거찰) 巨艦(거함) 巨款(거관) ① 巨鯨(거경) 巨魁(거괴) 巨溟(거명) 巨擘(거벽) 巨鼈(거별) 巨匠(거장) 巨嘴(거치)

사자성어 ④名門巨族(명문거족)

부수	획수	총획
手	5	8

막을 거 : 【763】

字源 〈형성〉 남을 지혜와 덕으로 굴복시키려 하지 않고 힘으로 짓누르려는 사람이 많았던 것 같다. 이런 사람을 보면 맞서서 막아냈다. 전혀 통하지 못하게 하거나 다른 영향을 미치지 못하게 해야 한다. 자기 힘을 믿고 덤비는 자가 손(扌)을 크게(巨) 휘두르면서 맞서서 잘 싸웠으니 [막다(拒)]는 뜻이고 [거]로 읽는다.
国防(막을 방) 障(막을 장) 抗(겨룰 항) 抵(막을 저) 回距(상거할 거) 巨(클 거) 倨(거만할 거)

필순 ㄱ ㅓ ㅓ 扩 扩 折 拒 拒

기초 【기초한자어】 익히고, 【기본→발전한자어】 다지기
拒否(거부) 거절하여 받아들이지 않음
拒絕(거절) 남의 요구 따위를 응낙하지 않고 물리침
拒逆(거역) 윗사람의 명령이나 뜻을 어김
• 그는 지나친 다이어트로 음식을 拒否하는 拒食症(거식증)에 걸렸다.
• 그는 음식을 더 먹기는 拒逆했지만, 돈을 받기는 拒絕하지 못한 모습을 보였다.

기본 ④拒納(거납) 拒守(거수) 拒戰(거전) 障拒(장거) 抗拒(항거) 拒否權(거부권) ③拒却(거각)

발전 ②⑧峻拒(준거) ① 拒諱(거휘) 牢拒(뇌거)

부수	획수	총획
手	13	16

근거 거 【764】

字源 〈형성〉 호랑이나 산돼지에게 쫓기던 원숭이가 나무 위에 올라 위기일발을 모면했다. 노인은 지팡이에 의지하면서 겨우 걸어간다. 어떤 일이나 행동을 하는 데 있어서 그 터전이 되었던 근거라 한다. 원숭이(豦)가 나무에 매달리듯이 노인이 힘이 없어서 지팡이 짚고(扌) 있으니 그 [근거(據)]를 뜻하고 [거]로 읽는다.
图依(의지할 의) 回劇(심할 극) 戱(놀이 희) 回拠

필순 扌 扌 扌゛ 扩 扩 护 护 捸 捸 據

기초 【기초한자어】 익히고, 【기본→발전한자어】 다지기
根據(근거) 근본이 되는 토대
依據(의거) 어떤 사실에 근거함
證據(증거) 어떤 사실을 증명할 수 있는 근거
• 판사는 법에 根據해 재판을 하지만, 依據란 말은 잘 쓰지 않는다.
• 죄를 입증할 만한 證據物(물)이 충분하게 있어야 한다고 말한다.

기본 ④據守(거수) 據室(거실) 據有(거유) 據點(거점) 論據(논거) 盤據(반거) 雄據(웅거) 竊據(절거) 占據(점거) 準據(준거) 根據地(근거지) ③1據執(거집) 割據(할거)

발전 28據軾(거식) ①憑據(빙거) 按據(안거) 扼據(액거)

부수	획수	총획
人	10	12

뛰어날 걸 【765】

字源 〈형성〉 지식이 풍부하고 덕망이 높은 사람은 존경받는다. 행동이 의젓하고 서두르지 않는 사람은 보통 사람과는 특별히 다르다. 또 다른 비교 대상보다는 두드러지게 훨씬 높거나 낫다. 많은 사람(亻) 중에서 인품이 훌륭하여 특히 빼어나거나(桀) 타인보다 썩 잘생겼으니 [뛰어나다(傑)]는 뜻이고 [걸]로 읽는다.
图秀(빼어날 수) 俊(준걸 준) 杰(뛰어날 걸) 回拙(졸할 졸) 劣(못할 렬) 回隣(이웃 린) 憐(불쌍히 여길 련)

필순 亻 亻 亻゛ 亻゛ 亻夘 亻夘 亻舛 傑 傑 傑

기초 【기초한자어】 익히고, 【기본→발전한자어】 다지기
傑出(걸출) 남보다 썩 뛰어남
怪傑(괴걸) 괴상한 재주나 힘이 있는 호걸
女傑(여걸) 호걸스러운 여자
• 투수 중에는 타자보다 傑出한 선수들이 많았다.
• 그녀는 怪傑하면서도, 强忍(강인)한 女傑型이다.

기본 ④傑觀(걸관) 傑句(걸구) 傑氣(걸기) 傑立(걸립) 傑物(걸물) 傑舍(걸사) 傑士(걸사) 傑作(걸작) 傑行(걸행) 英傑(영걸) 人傑(인걸) 夏傑(하걸) ③1豪傑(호걸) ③俊傑(준걸)

발전 ①魁傑(괴걸) 宏傑(굉걸) 挺傑(정걸)

부수	획수	총획
人	13	15

검소할 검 【766】

字源 〈형성〉 근검절약은 예나 지금이나 중요하게 강조되었던 것 같다. 절약하며 성실하게 살아가는 사람은 많은 칭찬을 받았다. 함부로 낭비하거나 폼나게 사치하지 않고 수수하다는 뜻일게다. 생활 물자를 절약한 사람(亻)은 근검절약하여 모든(僉) 사람들이 다 칭찬했으니 [검소하다(儉)]는 뜻이고 [검]으로 읽는다.
回奢(사치할 사) 侈(사치할 치) 回檢(검사할 검) 險(험할 험) 劍(칼 검) 回俭

필순 亻 亻 亻゛ 亻゛ 亻〃 儉 儉 儉 儉 儉

기초 【기초한자어】 익히고, 【기본→발전한자어】 다지기
儉素(검소) 사치스럽지 않고 수수함
儉約(검약) 검소하게 절약하여 사용함
勤儉(근검) 부지런하고 검소함
• 아버지는 자녀들에게 勤儉절약을 강조한다.
• 어머니의 儉素하고 儉約한 생활은 집안이 넉넉해도 변함이 없다.

기본 ④儉年(검년) 儉德(검덕) 儉省(검생) 節儉(절검)

발전 ①儉吝(검린) 儉嗇(검색)

사자성어 ④勤儉節約(근검절약)

부수	획수	총획
手	13	17

칠 격 【767】

字源 〈형성〉 전쟁이 일어나면 마차와 마차가 부딪치면서 혈전이 벌어진다. 전술에 따라서 무기를 들고 죽고 죽이는 일대 접전도 벌어진다. 적을 힘껏 때리거나 죽을 만큼 두드려 팬다. 길 가던 마차가 서로가 부딪치는(毄) 것처럼, 손(手)에 힘든 무기를 들고 적군을 내리부수면서 [치다(擊)]는 뜻이고 [격]으로 읽는다.
图打(칠 타) 伐(칠 벌) 攻(칠 공) 征(칠 정) 叩(두드릴 고) 撞(칠 당) 搏(두드릴 박) 撲(칠 박) 回守(지킬 수) 防(막을 방) 回繫(맬 계) 聲(소리 성) 回擊

필순 一 一 西 亜 車 車 軎 軗 毄 毄 擊

기초 【기초한자어】 익히고, 【기본→발전한자어】 다지기
擊破(격파) 쳐부숨
攻擊(공격) 나아가 적을 침
目擊(목격) 직접 자기의 눈으로 봄
• 태권도장에서 사범님의 擊破 시범은 대단했다.
• 적군의 줄기찬 攻擊에 가담한 장면을 目擊하니 감회가 새롭다.

기본 ④ 擊發(격발) 擊退(격퇴) 加擊(가격) 反擊(반격) 射擊(사격) 一擊(일격) 電擊(전격) 進擊(진격) 銃擊(총격) 出擊(출격) 打擊(타격) 砲擊(포격) 爆擊(폭격) 遊擊隊(유격대) ③① 擊滅(격멸) 擊追(격추) 擊沈(격침) 突擊(돌격) 排擊(배격) 襲擊(습격) 追擊(추격) 衝擊(충격) 被擊(피격)

발전 ② 遮擊(차격) 擊斬(격참) ① 擊磬(격경) 擊叩(격고) 擊蹶(격궐) 擊撞(격당) 擊搏(격박) 擊撲(격박) 擊汰(격태) 敲擊(고격) 毆擊(구격) 搏擊(박격) 駁擊(박격) 邀擊(요격) 狙擊(저격) 椎擊(추격) 笞擊(태격) 鞭擊(편격) 笏擊(홀격) 擊賊笏(격적홀)

사자성어 ④ 人身攻擊(인신공격) ② 衝擊療法(충격요법)

부수	획수	총획
水	13	16

격할 격【768】

字源 〈형성〉 바람이 몹시 불면 큰 물결이 일어나면서 커다란 바위에 부딪친다. 부딪친 물결은 흰 거품이 일면서 과격하게 부서지는 모습을 본다. 몹시 급하고 거세며, 그들 행동이나 몸짓이 빠르고 거칠다. 물(氵)이 내쳐서(攵) 흐르다가 흰 거품(白)이 방향(方)을 따라서 내리니 [격하다(激)]는 뜻이고 [격]으로 읽는다.
图 烈(매울 렬) 衝(찌를 충) 回 倣(본뜰 방) 傲(거만할 오)

필순

기초 【기초한자어】 익히고, 【기본→발전한자어】 다지기
激憤(격분) 몹시 분개함
過激(과격) 지나치게 격렬함
感激(감격) 강한 인상을 받아 감정이 솟구쳐 일어남
• 우리나라 선수의 승리는 온 국민을 感激하게 했다.
• 평소에는 조용한 성격이 激憤을 하면 매우 過激한 성격으로 나타난다.

기본 ④ 激減(격감) 激勸(격권) 激怒(격노) 激動(격동) 激落(격락) 激烈(격렬) 激論(격론) 激流(격류) 激務(격무) 激發(격발) 激變(격변) 激賞(격상) 激聲(격성) 激成(격성) 激語(격어) 激音(격음) 激奬(격장) 激戰(격전) 激切(격절) 激情(격정) 激增(격증) 激讚(격찬) 激痛(격통) 激鬪(격투) 激波(격파) 激爆(격폭) 激化(격화) 急激(급격) ③① 激突(격돌) 激浪(격랑) 激勵(격려) 激奮

(격분) 激甚(격심)

발전 ②⑧ 峻激(준격) ① 激詭(격궤) 激忿(격분) 激迅(격신) 激箭(격전) 激昻(격앙) 詭激(궤격) 噴激(분격)

부수	획수	총획
土	8	11

굳을 견【769】

字源 〈형성〉 '굳다'와 '굳세다'는 같이 쓰인다. 비가 내린 다음 사람의 발길이 오가면 땅은 자꾸 굳는다. 누르는 압력과 중력 때문에 굳기도 한다. 나갈 태세나 태도 따위가 튼튼하고 단단하다. 가뭄에 땅(土)이 단단히(臤) [굳다(堅)] 또는 강직한 신하(臣)가 땅(土)을 또(又) 밟았으니 [굳다(堅)]는 뜻이고 [견]으로 읽는다.
图 强(강할 강) 固(굳을 고) 確(굳을 확) 硬(굳을 경) 剛(굳셀 강) 勁(굳셀 경) 凹 柔(부드러울 유) 囲 賢(어질 현) 緊(긴할 긴) 臥(누울 와) 竪(세울 수) 回 竪

필순

기초 【기초한자어】 익히고, 【기본→발전한자어】 다지기
堅固(견고) 굳세고 단단함
堅實(견실) 확실하고 틀림없음
中堅(중견) 어떤 단체나 사회에서 중심이 되는 사람
• 보면 볼수록 匠人(장인)의 숨결이 은은하게 느껴지는 堅固한 작품이다.
• 조그맣고 堅實한 사업체가 어느덧 中堅企業(기업)으로 성장했다.

기본 ④ 堅甲(견갑) 堅強(견강) 堅決(견결) 堅果(견과) 堅利(견리) 堅氷(견빙) 堅石(견석) 堅城(견성) 堅守(견수) 堅信(견신) 堅約(견약) 堅持(견지) 堅確(견확) 中堅手(중견수) ③① 堅硬(견경) 堅剛(견강) 堅忍(견인) 堅執(견집)

발전 ① 堅殼(견각) 堅勁(견경) 堅牢(견뢰) 堅壘(견루) 堅靭(견인) 堅緻(견치) 悍堅(한견)

사자성어 ④ 中堅作家(중견작가)

부수	획수	총획
犬	0	4

개 견【770】

字源 〈상형〉 개는 네 발로 걸어 다닌다. 반가운 사람을 만나면 뒷발을 버티고 앞발을 들어 오를 듯이 펄쩍펄쩍 뛴다. 냄새를 잘 맡고 귀와 눈이 밝아 도둑을 잘 지키며 사냥과 군사용으로 부렸다. 뒷발을 펄쩍 뛰며 땅에 버티고 앞발을 쳐들면서 주인을 잘 맞이한 개 모양을 본떠서 [개(犬)]를 뜻하고 [견]으로 읽는다.

圈狗(개 구) 戌(개 술) 回大(큰 대) 六(여섯 육) 太(클 태) 丈(어른 장)

필순 一 ナ 大 犬

기초 【기초한자어】 익히고, 【기본→발전한자어】 다지기
猛犬(맹견) 사나운 개
愛犬(애견) 사랑하는 개
忠犬(충견) 주인에게 충실한 개
• 오늘 愛犬센터에 가 강아지 한 마리를 분양 받았다.
• 우리 집 개는 내 말을 잘 듣는 忠犬이지만 다른 사람에게는 猛犬이기도 하다.

기본 ④犬公(견공) 犬馬(견마) 犬齒(견치) 軍犬(군견) 名犬(명견) 鬪犬(투견) ③Ⅱ狂犬(광견) 狂犬病(광견병) ③獵犬(엽견)

발전 ②Ⅱ鷹犬(응견) 駿犬(준견) ①犬猿(견원) 狡犬(교견) 尨犬(방견) 卉犬(훼견)

사자성어 ③Ⅱ犬馬之勞(견마지로)

부수	획수	총획
人	11	13

기울 경【771】

字源 〈형성〉가벼운 운동을 하기 위해서 고개를 좌우로 움직인다. 팔다리를 앞뒤로 휘둘러 움직이면서 순환 운동을 시작하기도 한다. 몸이나 자세를 비스듬히 하여 낮아지거나 비뚤어지다는 뜻이겠다. 사람(亻)이 걸음을 걸을 때 고개를 비뚤어지게(頃) 치우쳐 젖혀서 경사졌으니 [기울다(傾)]는 뜻이고 [경]으로 읽는다.
圈斜(비낄 사) 倒(넘어질 도) 歪(기울 왜) 回境(지경 경) 頃(이랑 경)

필순 亻 亻 亻 佢 佢 佢 佢 傾 傾 傾

기초 【기초한자어】 익히고, 【기본→발전한자어】 다지기
傾斜(경사) 비스듬히 기울어짐
傾注(경주) 한 곳으로 주의나 힘을 기울여 모음
傾聽(경청) 귀를 기울이고 주의해서 들음
• 우리 집 앞의 傾斜가 심해 겨울철이면 위험하다.
• 국민 경제위기 극복 강연을 傾聽한 후 그 노력에 傾注하기로 했다.

기본 ④傾角(경각) 傾庫(경고) 傾國(경국) 傾度(경도) 傾性(경성) 傾差(경차) 傾河(경하) 傾向(경향) 右傾(우경) 左傾(좌경) ③Ⅱ傾覆(경복) 傾倒(경도) 急傾斜(급경사)

발전 ①傾竭(경갈) 傾囊(경낭) 傾籃(경람) 傾盆(경분) 傾瀉(경사) 傾膝(경슬) 傾弛(경이) 傾顚(경전) 傾跌(경질) 傾窄(경착) 傾墜(경추) 傾頹(경퇴) 傾駭(경해) 葵傾(규경) 崎傾(기경) 靡傾(미경)

사자성어 ③Ⅱ傾國之色(경국지색)

부수	획수	총획
曰	3	7

고칠 경
다시 갱:【772】

字源 〈형성〉사리에 밝지 못한 신사일지라도 바르지 못한 길로 가기 쉽다. 어린이도 밝고 바르게 커가도록 지도하고 잘 안내해야 한다. 행동이 잘못되거나 틀린 것을 올바르게 하도록 했었다. 비록 신사의 한(一)마디 말(曰)도 어진(乂) 뜻에서 나온 말이 아니라면 [다시(更)] 행동을 [고치다(更)]는 뜻이고 [경] 또는 [갱]으로 읽는다.
圈改(고칠 개) 復(회복할 복/다시 부) 迭(갈마들 질) 回便(편할 편) 史(사기 사) 吏(관리 리) 硬(굳을 경) 曳(끌 예)

필순 一 ㄓ ㅠ 百 百 更 更

기초 【기초한자어】 익히고, 【기본→발전한자어】 다지기
更生(갱생) 죽을 지경에서 다시 살아남
更新(갱신) 다시 새로워짐
五更(오경) 하룻밤을 다섯으로 나누었을 때 다섯째
• 재활을 돕기 위한 更院院(원)은 五更이 지났어도 성실한 진료를 한다.
• 개인정보 유출을 막기 위해 비밀번호로 자주 更新해야 한다.

기본 ④更紙(갱지) 更張(경장) 更點(경점) 更正(경정) 變更(변경) 三更(삼경) 更年期(갱년기) ③Ⅱ更蘇(갱소) 更巡(경순) 更換(경환) 追更(추경)

발전 ①更紗(갱사) 更戍(경수) 更迭(경질) 悛更(전경)

부수	획수	총획
金	11	19

거울 경:【773】

字源 〈형성〉쇠붙이를 문지르면 광채가 나서 사물을 비추게 된다. 거울은 지금 유리에 수은을 발라 만들지만 처음엔 쇠붙이를 닦았던 것이다. 빛의 반사를 이용해 물체의 형상을 비추어 보인다. 녹이 많이 슨 쇠붙이(金)를 자주 문질러서 잘 닦으면 마침내(竟) 광채가 환하게 났으니 [거울(鏡)]을 뜻하고 [경]으로 읽는다.
圈鑑(거울 감) 回境(지경 경) 竟(마침내 경)

필순 亻 ㄷ 仝 金 金 釒 鈴 鈴 鎬 鎬 鏡

기초 【기초한자어】 익히고, 【기본→발전한자어】 다지기
鏡臺(경대) 거울을 달아 세운 화장대의 한 가지
眼鏡(안경) 눈을 보호해 시력을 돕기 위해 쓰는 기구
水鏡(수경) 물속에서 쓰는 안경
• 할머니 시집 올 때 가져 오신 鏡臺가 지금도 있다.
• 물속에서는 水鏡을 쓰지만 물 밖에서는 眼鏡을 쓴다.

기본 ④鏡面(경면) 鏡映(경영) 鏡察(경찰) 色眼鏡(색안경)

4급

望遠鏡(망원경) ③Ⅰ 鏡架(경가) 鏡鑑(경감) 鏡像(경상)
雙眼鏡(쌍안경) ③ 擴大鏡(확대경)

발전 ②8 鏡澈(경철) 瑩鏡(영경) ① 鏡匣(경갑) 皎鏡(교경)
鵲鏡(작경) 藻鏡(조경)

사자성어 ④ 鏡花水月(경화수월) 明鏡止水(명경지수)

부수	획수	총획
馬	13	23

놀랄 경【774】

字源 〈형성〉 말은 주인의 의도한 방향을 잘 알아서 따른다. 충
성심이 강하여 넘어지는 순간까지도 주인을 위해 끝까지
봉사한다. 뜻밖에 벌어진 일에 마음이 불안하여 놀라 가
슴이 자꾸 뛴다. 주인에게 극진하게 존경심(敬)이 많았던
말(馬)이 다른 사람의 말을 만나기만 하면 잘 [놀라다(驚)]
는 뜻이고 [경]으로 읽는다.
圖 訝(의심할 아) 愕(놀랄 악) 駭(놀랄 해) 回 敬(공경 경)
警(깨우칠 경)

필순 ⺊ ⺊ ⺮ 芍 苟 敬 敬 驚 驚 驚

기초 【기초한자어】 익히고, 【기본→발전한자어】 다지기
驚倒(경도) 놀라 자빠짐
驚異(경이) 놀라서 이상히 여김
驚歎(경탄) 매우 감탄함
• 죽은 줄 알았던 아들이 살아 돌아오자 할머니는
  그만 驚倒되셨다.
• 자연 경관의 驚異로움에 새삼 驚歎을 금치 못했다.

기본 ④ 驚句(경구) 驚起(경기) 驚氣(경기) 驚風(경풍) 可驚
(가경) ③Ⅰ 驚怪(경괴) 勿驚(물경) 震驚(진경) ③ 驚騷
(경소) 驚搖(경요)

발전 ② 驚悼(경도) 驚怖(경포) ②8 驚湍(경단) ① 驚悸(경계)
驚蹶(경궐) 驚濤(경도) 驚遁(경둔) 驚瀾(경란) 驚鱗
(경린) 驚淼(경묘) 驚翔(경상) 驚訝(경아) 驚愕(경악)
驚擾(경요) 驚蟄(경칩) 驚駭(경해) 驚惶(경황)

사자성어 ④ 驚天動地(경천동지) 大驚失色(대경실색)

부수	획수	총획
子	5	8

계절 계 :【775】

字源 〈회의〉 농부는 곡식의 씨앗을 철에 맞추어 뿌린다. 김도
매주고 북도 해주는 등 알맞게 손질하면서 보살펴 기른
다. 계절은 일 년 동안 기후 현상의 차이에 따라 나누는
한 철을 뜻한다. 계절이 바뀌어 곡식(禾) 씨앗(子)이 땅에
서 자라는 한 계절의 [철(季)] 또는 마지막 끝인 [계절(季)]
을 뜻하고 [계]로 읽는다.
圖 末(끝 말) 節(마디 절) 回 李(오얏 리) 秀(빼어날 수)

委(맡길 위)

필순 ⺊ ⺊ 千 禾 禾 季 季 季

기초 【기초한자어】 익히고, 【기본→발전한자어】 다지기
季刊(계간) 1년에 네 번 정기적으로 철마다 간행함
季節(계절) 한 해를 날씨에 따라 나눈 그 한 철
冬季(동계) 겨울의 계절
• 季節이 바뀐지도 모르게 또 季刊誌(지) 발간을 서
  둘러야겠다.
• 이제 선수들은 冬季訓練(훈련)이 시작되었다.

기본 ④ 季氏(계씨) 四季(사계) 秋季(추계) 春季(춘계) 夏季
(하계)

발전 ②8 卞季良(변계량) ① 季嫂(계수) 昆季(곤계)

사자성어 ② 季札掛劍(계찰괘검)

부수	획수	총획
戈	3	7

경계할 계 :【776】

字源 〈회의〉 국경 부근이나 성 주변에 군사들이 경계 근무를
섰다. 적이나 난폭한 무리를 살피고 방지하기 위해서 준
비하기도 한다. 염려된 사고나 잘못에 미리 마음을 가다
듬어 조심한 뜻도 담는다. 혹시 적이 다시 쳐들어오거나
않을까 염려되어 두 손(廾)에 창(戈)을 잡고 [경계하다(戒)]
는 뜻이고 [계]로 읽는다.
圖 警(깨우칠 경) 儆(경계할 경) 回 成(이룰 성) 械(기계 계)
戎(병장 기/오랑캐 융)

필순 ⺊ ⺊ 二 三 开 戒 戒 戒

기초 【기초한자어】 익히고, 【기본→발전한자어】 다지기
戒律(계율) 중이 지켜야 할 율법
戒飮(계음) 술 마시기를 삼가고 경계함
警戒(경계) 잘못이 일어나지 않도록 조심하는 것
• 이 사찰에서는 스님의 戒律을 엄격히 지켜야 하오.
• 밤길을 걸을 때는 특히 戒飮을 명심하고 警戒心을
  참으로 늦추면 안 된다.

기본 ④ 戒告(계고) 戒功(계공) 戒具(계구) 戒器(계기) 戒壇
(계단) 戒德(계덕) 戒力(계력) 戒令(계령) 戒名(계명)
戒文(계문) 戒法(계법) 戒色(계색) 戒世(계세) 戒身(계신)
戒心(계심) 戒嚴(계엄) 戒場(계장) 戒足(계족) 戒責
(계책) 戒體(계체) 戒行(계행) 戒香(계향) 戒護(계호)
家戒(가계) 規戒(규계) 十戒(십계) 破戒(파계) 訓戒
(훈계) 戒嚴令(계엄령) ③Ⅰ 戒刀(계도) 鑑戒(감계) ③ 懲戒
(징계)

발전 ②8 儆戒(경계) 兢戒(긍계) ① 箴戒(잠계) 齋戒(재계)
勅戒(칙계)

사자성어 ④ 世俗五戒(세속오계)

系

부수	획수	총획
糸	1	7

이어맬 계 : 【777】

字源 〈회의〉 계속해서 이어지는 실도 있지만 도막도막 끊어진 실도 있다. 도막난 실의 끝은 낱낱이 이어야 실로서의 가치를 잘 한다. 쭈-욱 끊어지지 않고 계속되게 하거나 잘 연결해서 하나로 만든다. 실(糸)의 끝부분(ノ)을 단단하게 연결하여 매는 모양을 본떠서 [잇다(系)] 또는 [혈통(系)]을 뜻하고 [계]로 읽는다.

[비] 係(맬 계) 糸(실 사)

필순 

기초 【기초한자어】 익히고, 【기본 → 발전한자어】 다지기

系統(계통) 일정한 차례에 따라 이어져 있는 것

直系(직계) 친자 관계에 의하여 이어져 있는 계통

體系(체계) 낱낱이 다른 것을 통일한 조직

- 필요한 자료를 수집하여 體系的(적)으로 정리해 두었다.
- 집안의 系統에 따라 直系가족만 모여도 대식구가 된다.

기본 [4] 系圖(계도) 系列(계열) 家系(가계) 大系(대계) 同系(동계) 母系(모계) 父系(부계) 世系(세계) [3Ⅱ] 系譜(계보) [3] 傍系(방계)

발전 [2名] 旁系(방계) [1] 系絆(계반)

사자성어 [4] 母系社會(모계사회) 直系尊屬(직계존속) [3Ⅱ] 直系卑屬(직계비속)

繼

부수	획수	총획
糸	14	20

이을 계 : 【778】

字源 〈형성〉 삼대에서 벗긴 실은 도막이 나 있어서 무릎과 손바닥을 이용하여 풀리지 않게 단단하게 잇는다. 도막난 실도 매듭져 이어서 썼던 것이다. 끈이 끊어지지 않도록 계속되게 연이어진다. 여러 도막의 실(糸)을 계속하여 매듭지어 연결해 가면서(㡭) 실패에 쭈-욱 감았으니 [잇다(繼)]는 뜻이고 [계]로 읽는다.

[동] 連(이을 련) 續(이을 속) 承(이을 승) 嗣(이을 사) [반] 斷(끊을 단) 絕(끊을 절) [비] 斷(끊을 단) [약] 継

필순 

기초 【기초한자어】 익히고, 【기본 → 발전한자어】 다지기

繼母(계모) 아버지의 후처

繼續(계속) 끊어지지 않고 뒤를 이어 나감

繼走(계주) 이어달리기

- 퇴근시간이 되니 차들이 繼續해서 거리로 몰려나온다.
- 나는 繼母님의 손을 잡고 마지막 繼走에 전속력으로 달렸다.

기본 [4] 繼父(계부) 繼夫(계부) 繼承(계승) 後繼者(후계자) [3Ⅱ] 繼緖(계서) 繼襲(계습) 繼妻(계처) [3] 繼軌(계궤)

발전 [2] 繼紹(계소)

사자성어 [4] 引繼引受(인계인수) 中繼放送(중계방송)

階

부수	획수	총획
阜	9	12

섬돌 계 【779】

字源 〈형성〉 툇마루는 상당히 높기 때문에 섬돌을 딛고 올라야 했었다. 지금은 시멘트 계단이지만 옛날에는 툇돌을 포개어 놓았다. 집의 본채와 뜰을 오르내릴 수 있도록 만든 돌 층계였다. 툇마루 앞면에 여러(皆) 개의 툇돌을 언덕(阝←阜)처럼 높다랗게 쌓아 연이어서 잘 놓았으니 [섬돌(階)]을 뜻하고 [계]로 읽는다.

[동] 級(등급 급) 段(층계 단) 層(층 층) [비] 陸(뭍 륙) 皆(다 개) 陛(섬돌 폐)

필순 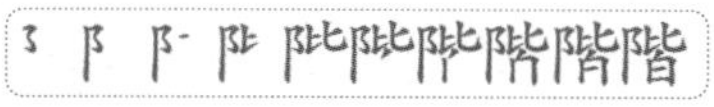

기초 【기초한자어】 익히고, 【기본 → 발전한자어】 다지기

階段(계단) 층층대

階層(계층) 사회를 구성하는 여러 가지 층

音階(음계) 음악에 쓰이는 음 높이의 차례대로 배열

- 그 階段은 귀족 階層만 사용할 수 있었다.
- 아름다운 音階에 맞추어 학원에서 피아노를 친다.

기본 [4] 階級(계급) 加階(가계) 降階(강계) 段階(단계) 位階(위계) 層階(층계) 品階(품계) [3Ⅱ] 殿階(전계)

발전 [2] 勳階(훈계) [2名] 台階(태계) [1] 階梯(계제) 螺階(나계) 梯階(제계) 躇階(착계)

사자성어 [4] 無産階級(무산계급)

鷄

부수	획수	총획
鳥	10	21

닭 계 【780】

字源 〈형성〉 닭은 새 종류로 보았던 것 같다. 배의 모양이 서로 다른 새에 비해 유달리 커서 알을 품어서 키우고 병아리도 품어서 자라게 해 준다. 닭은 주로 알과 닭고기를 얻기 위해서 집에서 사육한다. 배의 너비와 모양이 다른 날짐승보다 유달리 커 보이는(奚) 새(鳥)의 한 종류로 [닭(鷄)]을 뜻하고 [계]로 읽는다.

[동] 酉(닭 유) [비] 鶴(학 학)

4급

필순 

기초 【기초한자어】 익히고, 【기본 → 발전한자어】 다지기

鷄冠(계관) 닭의 볏

鷄卵(계란) 닭의 알

養鷄場(양계장) 닭을 집단으로 키우는 설비를 갖춘 곳

- 나는 음식 중에서 鷄卵찜을 제일 좋아한다.
- 시골집에서 鷄冠을 한 수탉을 많이 기르는 養鷄場을 보았다.

기본 4 鷄口(계구) 鷄鳴(계명) 養鷄(양계) 鬪鷄(투계) 3Ⅱ 錦鷄(금계) 烏骨鷄(오골계)

발전 2 蔘鷄湯(삼계탕) 1 鷄澗(계간) 鷄肋(계륵) 鷄棲(계서) 鷄黍(계서) 鷄雀(계작) 矮鷄(왜계) 駝鷄(타계) 醯鷄(혜계)

사자성어 4 鷄卵有骨(계란유골) 3Ⅱ 群鷄一鶴(군계일학) 3 鷄鳴狗盜(계명구도)

孤

부수	획수	총획
子	5	8

외로울 고 【781】

字源 〈형성〉 왕성하게 커가던 오이가 열매를 맺고 나면 성장이 그치고 잎줄기가 마른다. 마른 잎줄기는 부모를 잃은 것처럼 보였던 모양이다. 혼자 있거나 의지할 대상이 없어 고독하고 쓸쓸하다. 오이 열매(瓜)가 주렁주렁 외롭게 자라듯이 자식(子)이 부모를 일찍 여의었으니 [외롭다(孤)]는 뜻이고 [고]로 읽는다.

동 獨(홀로 독) 寂(고요할 적) 비 瓜(외 과) 爪(손톱 조) 弧(활 호) 狐(여우 호)

필순 

기초 【기초한자어】 익히고, 【기본 → 발전한자어】 다지기

孤獨(고독) 마음을 함께 할 사람이 없음

孤立(고립) 끊어져 벗어날 수 없는 상태

孤兒(고아) 부모 없이 홀로 된 아이

- 폭풍우로 섬 전체가 육지와 통신이 완전하게 끊겨 孤立되었다.
- 어려서 부모를 일찍 여의고 나서 孤獨 속에 그만 孤兒가 되고 말았다.

기본 4 孤苦(고고) 孤高(고고) 孤單(고단) 孤島(고도) 孤城(고성) 3Ⅱ 孤寂(고적)

발전 1 孤衾(고금) 孤壘(고루) 孤陋(고루) 孤帆(고범) 孤孀(고상) 孤撐(고탱) 孤飄(고표)

사자성어 4 絶海孤島(절해고도) 3Ⅱ 孤軍奮鬪(고군분투) 2 託孤寄命(탁고기명)

庫

부수	획수	총획
广	7	10

곳집 고 【782】

字源 〈회의〉 전차는 전쟁터에서 썼던 아주 중요한 무기의 하나였다. 도난을 방지하기 위해 밤이나 쉬는 때에는 창고에 넣어 두었다. 물건을 높이 쌓아 두거나 잘 보관하기 위하여 지은 헛간집이다. 전쟁의 싸움터에서 아주 귀중했던 전차(車)를 넣어 두었던 집(广)으로 [곳집(庫)] 또는 [창고(庫)]를 뜻하고 [고]로 읽는다.

동 倉(곳집 창) 비 康(편안 강) 庚(별 경)

필순 

기초 【기초한자어】 익히고, 【기본 → 발전한자어】 다지기

國庫(국고) 나라의 수입, 지출을 관리하는 기관

在庫(재고) 창고 따위에 있음

倉庫(창고) 물건을 저장하거나 보관하는 건물

- 國庫를 잘 관리해야 나라가 튼튼해진다.
- 倉庫에 제품이 많이 쌓여 있어서 在庫정리가 필요하겠구나.

기본 4 傾庫(경고) 金庫(금고) 文庫(문고) 寶庫(보고) 府庫(부고) 氷庫(빙고) 書庫(서고) 入庫(입고) 車庫(차고) 出庫(출고) 彈藥庫(탄약고) 火藥庫(화약고) 3Ⅱ 冷藏庫(냉장고)

발전 1 庫裡(고리) 勅庫(칙고)

穀

부수	획수	총획
禾	10	15

곡식 곡 【783】

字源 〈형성〉 곡식의 대부분은 표피가 두꺼운 껍질로 둘러싸여 있다. 영글고 야무진 껍질을 벗기는 작업을 '정미'라고 한다. 오곡은 양식이 되는 쌀, 보리, 콩, 밀, 조, 기장 등을 통틀어 이른다. 두꺼운 껍질(殼)에 잘 익어 자란 씨앗이 찬 벼(禾)로서 사람들이 즐겨 먹는 주된 양식인 [곡식(穀)]을 뜻하고 [곡]으로 읽는다.

동 糧(양식 량) 비 聲(소리 성) 毁(헐 훼) 款(항목 관) 약 穀

필순 

기초 【기초한자어】 익히고, 【기본 → 발전한자어】 다지기

穀倉(곡창) 곡식이 많이 나는 곳

穀食(곡식) 벼, 보리, 밀, 조, 수수, 기장 따위를 통틀어 일컫는 말

雜穀(잡곡) 멥쌀, 찹쌀 이외의 모든 곡식

- 예부터 호남은 穀倉 地帶(지대)로 불렸다.
- 여러 穀食을 혼합한 雜穀을 먹어야 건강에 좋다.

4급

[기본] ④穀價(곡가) 穀氣(곡기) 穀類(곡류) 穀物(곡물) 穀日
(곡일) 斗穀(두곡) 米穀(미곡) 百穀(백곡) 糧穀(양곡)
五穀(오곡) 秋穀(추곡) 脫穀(탈곡) 夏穀(하곡) 脫穀機
(탈곡기) ③Ⅰ穀紋(곡문) 穀倉(곡창) 貿穀(무곡) ③ 畓穀
(답곡) 禾穀(화곡)

[발전] ②Ⅱ聚穀(취곡) ① 嘉穀(가곡) 穀臼(곡구) 穀亘(곡달)
穀壁(곡벽) 穀鼠(곡서) 綺穀(기곡) 芒穀(망곡)

[사자성어] ④五穀百果(오곡백과)

부수	획수	총획
囗	4	7

困 곤할 곤 : 【784】

[字源] 〈회의〉꽉 막힌 울안보다는 툭 터진 넓은 곳이 좋았다. 사
람이 울안에 갇혀 있으니 [因:인]이요, 나무가 갇혀 있으
니 [困:곤]이 된다. 꽉 막혀 있으니 몸에 기운이 하나도
없어서 나른하기만 하다. 중죄인을 감옥에 가두듯이 꽉
막힌 울안(囗)에 나무(木)가 갇혀서 자라니 [곤하다(困)]
는 뜻이고 [곤]으로 읽는다.
圖窮(궁할 궁) 疲(피곤할 피) 窘(군색할 군) 憊(고단할 비)
悴(파리할 췌) 乏(모자랄 핍) 回因(인할 인) 囚(가둘 수)

[필순]

[기초] 【기초한자어】 익히고, 【기본→발전한자어】 다지기
困境(곤경) 어렵고 딱한 형편이나 처지
疲困(피곤) 몸이나 마음이 지치어 고달픔
春困(춘곤) 봄날에 느끼는 느른한 기운
• 困境에 처한 친구를 도왔다.
• 봄이면 春困症 때문에 온몸이 疲困할 때가 있다.

[기본] ④困窮(곤궁) 困馬(곤마) 見困(견곤) 勞困(노곤) 貧困
(빈곤) ③Ⅰ困辱(곤욕) 困惑(곤혹) 食困症(식곤증) ③ 困屯
(곤둔)

[발전] ②Ⅱ困頓(곤돈) ① 困悴(곤췌) 窘困(군곤) 乏困(핍곤)

부수	획수	총획
骨	0	10

骨 뼈 골 【785】

[字源] 〈회의〉모든 동물의 몸은 뼈와 근육인 살로 이루어져 있
다. 뼈는 골격이라고 하며 신체의 요긴한 부분으로 몸을
지탱하는 역할을 한다. 척추동물의 살 속 몸을 지탱하고
보호하는 단단한 물질이다. 몸집에 살점(月)이 없이(冎)
뼈대만 남은 몸 부분으로 뼈가 섞인 고기였으니 [뼈(骨)]
를 뜻하고 [골]로 읽는다.
圖骸(뼈 해) 回肉(고기 육) 回育(기를 육)

[필순]

[기초] 【기초한자어】 익히고, 【기본→발전한자어】 다지기
骨格(골격) 뼈대
骨折(골절) 뼈가 부러짐
弱骨(약골) 몸이 약한 사람
• 키가 점점 커감에 骨格이 長大(장대)해졌다.
• 평상시 弱骨이라고 소문난 그가 자전거를 타다 넘
어져 다리가 骨折되었다.

[기본] ④骨相(골상) 骨子(골자) 骨材(골재) 假骨(가골) 刻骨
(각골) 貴骨(귀골) 筋骨(근골) 毛骨(모골) 無骨(무골)
反骨(반골) 色骨(색골) 玉骨(옥골) 遺骨(유골) 折骨(절골)
接骨(접골) 眞骨(진골) 鐵骨(철골) 齒骨(치골) 納骨堂
(납골당) ③Ⅰ骨幹(골간) 骨盤(골반) 露骨(노골) 尾骨
(미골) 軟骨(연골) 皮骨(피골) 頭蓋骨(두개골) ③ 肩骨
(견골) 枯骨(고골) 皆骨山(개골산)

[발전] ②骨膜(골막) ②Ⅱ骨董(골동) 駿骨(준골) 骨董品(골동품)
① 頸骨(경골) 骨梗(골경) 骨髓(골수) 骨牌(골패) 骨骸
(골해) 顴骨(관골) 枸骨(구골) 肌骨(기골) 肋骨(늑골)
腕骨(완골) 灼骨(작골) 肢骨(지골) 脊骨(척골) 癡骨
(치골) 骸骨(해골) 俠骨(협골) 朽骨(후골)

[사자성어] ④骨肉相殘(골육상잔) 甲骨文字(갑골문자) 鷄卵有骨
(계란유골) 無骨好人(무골호인) ③Ⅰ皮骨相接(피골상접)
③ 刻骨難忘(각골난망) 白骨難忘(백골난망) ②換骨奪胎
(환골탈태)

부수	획수	총획
子	1	4

孔 구멍 공 : 【786】

[字源] 〈회의〉뱃속에 든 태아는 탯줄에 매달려 숨을 쉬고 먹을
것도 자주 취한다. 열 달이 되어 태어난 아기가 젖을 먹으
면서 쑥쑥 자란다. 구멍은 뚫어지거나 파내어 빈틈이 생
긴 자리인바, 젖꼭지의 구멍이겠다. 태어난 아이(子)가 탯
줄(乚←乙)에 매달려서 젖을 잘 빠는 젖꼭지인 [구멍(孔)]
을 뜻하고 [공]으로 읽는다.
圖穴(굴 혈) 回乳(젖 유) 浮(뜰 부)

[필순] フ了子孔

[기초] 【기초한자어】 익히고, 【기본→발전한자어】 다지기
孔劇(공극) 매우 급박함
氣孔(기공) 숨구멍
九孔炭(구공탄) 구멍이 아홉이 뚫린 구멍탄
• 겨울철이면 난방을 위해 九孔炭을 사용한다.
• 방안 공기가 탁해서 孔劇할 만큼이나 그만 氣孔이
막힐 지경이다.

4급

기본 ④孔子(공자) 鼻孔(비공) ③Ⅰ孔穴(공혈)

발전 ②孔碩(공석) 孔融(공융) ①孔隙(공극) 孔雀(공작) 瞳孔(동공) 鍼孔(침공)

부수	획수	총획
攴	3	7

攻

칠 공:【787】

字源 〈형성〉 남을 함부로 침략하는 것은 좋지 않지만 침략해 오는 적은 꼭 막아야 한다. 의연한 자세로 막아내서 나와 아군을 보호해야 한다. 적은 힘껏 때리거나 두드려서 필연코 막는다. 외부로부터 침략해 오는 적을 무기(工)를 들고 마구 거칠게 쳐내고(攵) 막아내어 다스리니 [치다(攻)]는 뜻이고 [공]으로 읽는다.
图打(칠 타) 伐(칠 벌) 侵(침노할 침) 擊(칠 격) 討(칠 토)
回防(막을 방) 守(지킬 수) 回功(공 공) 改(고칠 개) 政(정사 정)

필순 一丁工工攻攻攻

기초 【기초한자어】 익히고, 【기본→발전한자어】 다지기
攻擊(공격) 나아가 적을 침
專攻(전공) 한 가지 부문의 전문 연구
侵攻(침공) 침입하여 공격함
• 나는 대학에서 專攻한 분야에서 일을 하고 싶다.
• 상대방이 侵攻하면 약점을 파악해 攻擊을 한다.

기본 ④攻略(공략) 攻防(공방) 攻勢(공세) 攻守(공수) 強攻(강공) 反攻(반공) 先攻(선공) 速攻(속공) 攻防戰(공방전) 特攻隊(특공대) ③Ⅰ攻襲(공습)

발전 ②攻掘(공굴) 攻療(공료) ①攻剽(공표) 攻逼(공핍) 焚攻(분공) 挾攻(협공)

부수	획수	총획
竹	8	14

管

대롱 관【788】

字源 〈형성〉 대로 만든 쌍피리는 구멍이 여러 개 있다. 구멍을 손가락으로 조율하여 불어서 소리를 낸다. 조율을 자유자재로 하기에는 많은 연습이 필요하다. 가느스름하고 속이 빈 통대의 토막이다. 관청(官) 직원에게 널리 알리려고 대(竹)에 구멍을 뚫어서 사용했던 편리한 피리로 [대롱(管)]을 뜻하고 [관]으로 읽는다.
图理(다스릴 리) 掌(손바닥 장) 籬(쓸쓸할 소) 轄(다스릴 할)
回官(벼슬 관)

필순 ⺮⺮⺮⺮⺮⺮管管管管

기초 【기초한자어】 익히고, 【기본→발전한자어】 다지기
管理(관리) 사물을 관할 처리함
管掌(관장) 차지하여 맡아봄
保管(보관) 물건을 안전하게 두는 것
• 청소함 정리는 내가 管掌하니 편리하다.
• 보석은 保管하며 管理를 잘해야만 분실할 염려가 없다.

기본 ④管內(관내) 管下(관하) 開管(개관) 汽管(기관) 卵管(난관) 脈管(맥관) 木管(목관) 配管(배관) 絲管(사관) 所管(소관) 移管(이관) 主管(주관) 總管(총관) 土管(토관) 血管(혈관) 眞空管(진공관) ③Ⅰ管奏(관주) 雷管(뇌관) 管制塔(관제탑) ③管攝(관섭) 管絃樂(관현악)

발전 ②管葛(관갈) 管翰(관한) 腎管(신관) 綜管(종관) ②⑧管鍵(관건) 蘆管(노관) 管蔡(관채) ①管窺(관규) 管籥(관소) 管轄(관할) 簫管(소관) 臁管(췌관)

사자성어 ③Ⅰ氣管支炎(기관지염) ②⑧管鮑之交(관포지교)

부수	획수	총획
金	15	23

鑛

쇳돌 광:【789】

字源 〈형성〉 금, 은, 석탄 등의 지하자원은 산이나 땅속에 무진장 묻혀 있다. 여러 가지 시설을 갖추어서 광부들이 그 안에 들어가서 캐낸다. 쇳돌은 쇠붙이의 성분이 들어 있어서 쇠 성분만 골라냈다. 넓은(廣) 땅이나 깊은 산 속에 수없이 많이 묻혀 있는 쇠붙이(金)인 광석 물질로 [쇳돌(鑛)]을 뜻하고 [광]으로 읽는다.
回廣(넓을 광) 擴(넓힐 확) 回鉱

필순 ⺈⺈金釒鉱鉱鑛鑛鑛鑛

기초 【기초한자어】 익히고, 【기본→발전한자어】 다지기
鑛物(광물) 천연으로 땅속에 있는 무기물
鑛山(광산) 유용한 광물을 캐내는 산
炭鑛(탄광) 석탄을 캐내는 장소
• 금은보석 등 많은 鑛物들이 사람들의 마음을 사로잡는다.
• 鑛山이 발달했을 때는 炭鑛村(촌)에도 많은 사람들이 모여 살았다.

기본 ④鑛區(광구) 鑛口(광구) 鑛脈(광맥) 鑛夫(광부) 鑛石(광석) 鑛業(광업) 鑛泉(광천) 開鑛(개광) 金鑛(금광) 銀鑛(은광) 採鑛(채광) 鐵鑛(철광) 鑛工業(광공업) ③Ⅰ廢鑛(폐광)

발전 ②鑛坑(광갱) 熔鑛爐(용광로) ②⑧錫鑛(석광) 鎔鑛爐(용광로) ①碎鑛(쇄광)

부수	획수	총획
木	10	14

얽을 구【790】

字源 〈형성〉 산에서 베어낸 통나무는 아무렇게나 놔두지 않는다. 상하좌우로 잘 얽어서 쌓아 두면 보기도 좋고 잘 마르기도 한다. 잘 얽어서 노끈이나 줄 따위로 이리저리 걸어서 묶어 놓는다. 여러 개의 통나무(木)를 우물틀 모양으로 엇갈리면서 쌓아(冓) 올렸던 모양으로 아주 잘 [얽다(構)]는 뜻이고 [구]로 읽는다.
圖造(지을 조) 築(쌓을 축) 回講(욀 강) 購(살 구)

필순 十 才 ォ ォ 杵 椹 桾 槎 構 構

기초 【기초한자어】 익히고, 【기본→발전한자어】 다지기
構圖(구도) 미적 효과를 얻기 위해 조화되게 배치함
構想(구상) 어떤 일을 어떠한 계획으로 하겠다는 생각
構造(구조) 꾸밈새
· 그 집 構造는 生活에 편리하도록 짜여 있다.
· 構想을 잘 해야 좋은 構圖를 세워 설계할 수 있다.

기본 ④構內(구내) 構文(구문) 構成(구성) 構築(구축) 結構(결구) 機構(기구) 虛構(허구) 虛構性(허구성) ③Ⅱ架構(가구)

발전 ②締構(체구) ①構扮(구분) 鱗構(인구) 讒構(참구)

부수	획수	총획
口	4	7

임금 군【791】

字源 〈회의〉 전제 정치하에서는 세습 왕조로서 대를 이은 임금이 나라를 잘 다스렸다. 임금은 백성이 잘 살 수 있도록 크게 힘썼던 것이다. 임금은 군주의 국가에서 최고의 원수직을 말한다. 손(⼐←又)에 막대기(丿) 같은 지휘봉을 쥐고 입(口)으로 호령하면서 다스리는 제왕인 [임금(君)]을 뜻하고 [군]으로 읽는다.
圖王(임금 왕) 主(임금/주인 주) 帝(임금 제) 皇(임금 황) 回民(백성 민) 臣(신하 신) 回郡(고을 군) 群(무리 군)

필순 ㄱ ㄱ ㅋ ㅋ ㅋ 君 君

기초 【기초한자어】 익히고, 【기본→발전한자어】 다지기
君主(군주) 임금, 왕
聖君(성군) 덕이 뛰어나고 어진 임금
暴君(폭군) 포악한 군주
· 정조는 선왕의 뜻인 당파 싸움을 막으려고 애썼던 독실한 君主였다.
· 학문과 과학에 조예가 깊은 聖君도 있었지만 이름난 暴君도 있었다.

기본 ④君臣(군신) 君子(군자) 家君(가군) 檀君(단군) 大君

(대군) 東君(동군) 夫君(부군) 府君(부군) 暗君(암군) 四君子(사군자) ③Ⅱ君臨(군림) 郎君(낭군) 諸君(제군)

발전 ②允君(윤군) 胤君(윤군) ①嗣君(사군)

사자성어 ④不事二君(불사이군) 君臣有義(군신유의) ③Ⅱ梁上君子(양상군자)

부수	획수	총획
羊	7	13

무리 군【792】

字源 〈형성〉 왕조 정치는 임금의 나라로서 만백성을 거느리는 것으로 여겼다. 목동 또한 많은 무리의 양을 거느린다는 데는 맥이 일치한다. 같은 종의 무리가 여럿이 함께 모여 있는 것을 떼라 한다. 임금(君)이 많은 백성을 거느리듯이, 목동이 떼 지은 양(羊)을 정성스레 쳤으니 [무리(群)]를 뜻하고 [군]으로 읽는다.
圖衆(무리 중) 黨(무리 당) 徒(무리 도) 輩(무리 배) 黎(검을 려) 回獨(홀로 독) 孤(외로울 고) 回郡(고을 군) 君(임금 군)

필순 ㄱ ㅋ ㅋ 尹 君 君' 君' 君' 群' 群' 群 群

기초 【기초한자어】 익히고, 【기본→발전한자어】 다지기
群島(군도) 모여 있는 작고 큰 여러 섬
群落(군락) 많은 부락
學群(학군) 지역별로 나누어 설정한 몇 개의 중등학교의 무리
· 南海岸에는 크고 작은 群島가 형성되어 壯觀을 이룬다.
· 群落을 잘 설정하고 學群을 잘 조정하여서 적절하게 학생들을 배정한다.

기본 ④群居(군거) 群舞(군무) 群民(군민) 群生(군생) 群小(군소) 群英(군영) 群衆(군중) 魚群(어군) 語群(어군) ③Ⅱ拔群(발군) 群像(군상) 症候群(증후군) ③群僚(군료)

발전 ②群聚(군취) ①群機(군기) 群黎(군려) 群謗(군방) 群翔(군상) 群丞(군승) 群鵲(군작) 群萃(군췌) 群兜(군흉) 蚊群(문군)

사자성어 ④群衆心理(군중심리) ③Ⅱ群鷄一鶴(군계일학) 群雄割據(군웅할거)

부수	획수	총획
尸	5	8

굽힐 굴【793】

字源 〈형성〉 소나 말은 꼬리를 사람의 손처럼 편리하게 쓴다. 물을 끼얹기도 하고 날짐승을 날리기도 하면서 편리하게

4급

쓴다. 직선 방향의 다른 각도로 치우치거나 안쪽으로 접히는 역할도 한다. 각종 짐승들의 척추 끝에 나오는(出) 꼬리(尸←尾)가 마치 굽혔듯이 말려있으니 [굽히다(屈)]는 뜻이고 [굴]로 읽는다.

⑤曲(굽을 곡) 折(꺾을 절) 枉(굽을 왕) 撓(휠 뇨) ⑪直(곧을 직) 伸(펼 신) ⑥屋(집 옥) 尾(꼬리 미)

필순 `フ コ 尸 尸 屈 屈 屈 屈`

기초 【기초한자어】익히고,【기본→발전한자어】다지기
屈服(굴복) 굽히어 복종함
屈折(굴절) 휘어서 꺾이는 것
卑屈(비굴) 비겁하여 용기가 없고 품성이 천함
• 상대를 屈服시킬 만큼 자기 의사 표현을 분명하게 한다.
• 卑屈은 비겁한 용기이지만, 屈折은 휘어서 꺾임이다.

기본 ④屈強(굴강) 屈曲(굴곡) 屈力(굴력) 屈伏(굴복) 屈指(굴지) 見屈(견굴) 不屈(불굴) ③〕屈辱(굴욕) ③屈伸(굴신)

발전 ①屈紐(굴뉴) 屈蟠(굴반) 淪屈(윤굴) 彎屈(만굴) 撓屈(요굴) 冤屈(원굴) 詰屈(힐굴)

사자성어 ④百折不屈(백절불굴)

궁할 궁【794】

부수	획수	총획
穴	10	15

字源 〈형성〉 땅에 파놓은 굴은 길이나 깊이의 한계가 있다. 어느 정도 들어가면 앞이 꽉 막히고 캄캄하다. 곤궁하기가 이를 데 없다. 어느 한계에서 더 이상은 부족하여 넉넉하지 못한 상태를 이른다. 허리(身)를 90도로 구부리고(弓←몸) 굴 속(穴)에 들어가면 끝이 보이지 않았으니 [궁하다(窮)]는 뜻이고 [궁]으로 읽는다.

⑤貧(가난할 빈) 究(연구할 구) 極(다할 극) 困(곤할 곤) 盡(다할 진) 塞(막힐 색/변방 새) 竭(다할 갈) 窘(군색할 군) 乏(가난할 핍) 逼(핍박할 핍) ⑪射(쏠 사)

필순 `ノ 宀 宀 宀 宁 宵 宵 穿 穿 穿 窮`

기초 【기초한자어】익히고,【기본→발전한자어】다지기
窮極(궁극) 극도에 달함. 마지막
窮理(궁리) 일이나 물건을 헤아리며 이치를 연구함
貧窮(빈궁) 가난하여 궁함
• 그는 지금은 貧窮하지만 窮極적인 목표는 위대한 과학자가 되는 일이다.
• 생각에 깊이 잠긴 나머지 이 窮理 저 窮理를 하다 그만 잠을 설쳤다.

기본 ④窮究(궁구) 窮氣(궁기) 窮狀(궁상) 窮色(궁색) 窮地(궁지) 困窮(곤궁) 無窮(무궁) 四窮(사궁) 追窮(추궁)

春窮(춘궁) 無窮花(무궁화) ③〕窮迫(궁박) 窮塞(궁색)

발전 ②窮僻(궁벽) ②⑧窮廬(궁려) 窮覓(궁멱) ①窮竭(궁갈) 窮寇(궁구) 窮窘(궁군) 窮臘(궁랍) 窮麟(궁린) 窮溟(궁명) 窮鼠(궁서) 窮桎(궁질) 窮轍(궁환) 窮詰(궁힐) 詰窮(힐궁)

사자성어 ④無窮無盡(무궁무진) ③〕窮餘之策(궁여지책)

문서 권【795】

부수	획수	총획
刀	6	8

字源 〈형성〉 계약관계가 이루어질 때 두 부씩 똑같이 작성하여 보관했다. 한 부는 계약자 몫이고, 다른 한 부는 피계약자의 몫이었다. 글이나 기호 등으로 일정 의사나 관념 그리고 사상들이 보인다. 굳게 했던 약속을 글씨나 그림으로 새겨서(刀) 그 한 쪽을 바로 움켜쥐었으니 券 [문서(券)]를 뜻하고 [권]으로 읽는다.

⑤籍(문서 적) 契(맺을 계) 簿(문서 부) ⑪卷(책 권) 拳(주먹 권)

필순 `ノ ヽ ㅛ 쓰 半 失 夯 券`

기초 【기초한자어】익히고,【기본→발전한자어】다지기
旅券(여권) 외국에 여행하는 것을 승인하는 증서
證券(증권) 증거로 되는 문권
入場券(입장권) 입장할 때 필요한 표
• 入場券 豫買(예매)를 위해 차례를 기다리고 있다.
• 證券 會社(회사)에 들렸다가, 시청에 들어가서 旅券을 신청했다.

기본 ④家券(가권) 馬券(마권) 發券(발권) 福券(복권) 食券(식권) 回數券(회수권) ③〕契券(계권) 株券(주권) 債券(채권) 割引券(할인권) ③誓券(서권) ①巾券(건권)

발전 ②旌券(정권) 療養券(요양권) 診療券(진료권)

책 권(:)【796】

부수	획수	총획
卩	6	8

字源 〈형성〉 대쪽에 글을 써서 책을 만들었다. 글을 쓴 대쪽은 무릎을 구부리고 하나하나 얽혀서 만들었던 것이다. 사람의 사상이나 감정을 글이나 그림으로 적거나 인쇄하여 낱장으로 묶은 일이다. 무릎(卩)을 바르게 구부리고(券) 대쪽에 글을 새겨서 정성을 들여서 잘 얽어놓았으니 [책(卷)]을 뜻하고 [권]으로 읽는다.

⑤册(책 책) 篇(책 편) ⑪券(문서 권) 拳(주먹 권)

필순 `ノ ヽ ㅛ 쓰 半 失 夯 卷`

기초 【기초한자어】 익히고, 【기본→발전한자어】 다지기
席卷(석권) 닥치는 대로 영역을 휩쓸
上卷(상권) 상, 하, 두 권. 상, 중, 하 세 권의 첫째 권
壓卷(압권) 여러 책 가운데 제일 잘 된 책
• 그의 표정 연기는 정말 정말 壓卷이었다.
• 이번에 發行(발행)된 시리즈 上卷은 출간의 모든
  책 가운데 단연 席卷했다.

기본 ④卷頭(권두) 卷末(권말) 卷數(권수) 通卷(통권) 下卷
(하권)

발전 ②卷軸(권축) ②⑧舒卷(서권) 卷舒(권서) ①卷帙
(권질)

부수	획수	총획
力	18	20

권할 권 : 【797】

字源 〈형성〉 황새는 사람이나 식물에게 해로운 곤충을 잡아먹
는다. 황새끼리는 무척 사이가 좋고 본받을 점이 많은 것
으로 보았다. 다른 사람에게 골라서 추천하고 행동하게
부추기다는 뜻도 담는다. 부지런하기만 한 황새(萑)처럼
착하고 바른 일을 더 힘써서(力) 실천하도록 [권하다(勸)]
는 뜻이고 [권]으로 읽는다.
동獎(장려할 장) 勉(힘쓸 면) 勵(힘쓸 려) 回觀(볼 관) 權
(권세 권) 歡(기쁠 환) 약劝, 勧

기초 【기초한자어】 익히고, 【기본→발전한자어】 다지기
勸告(권고) 어떤 행위를 하도록 권함
勸誘(권유) 상대편이 어떤 일을 하도록 권함
勸酒(권주) 술을 권함
• 의사의 간곡한 勸告로 드디어 運動(운동)을 시작
  했다.
• 아버지가 아들에게 술 들기를 勸誘하며 勸酒歌
  (가)까지 청한다.

기본 ④勸農(권농) 勸勉(권면) 勸士(권사) 勸獎(권장) 勸學
(권학) 強勸(강권) 激勸(격권)

발전 ②勸奬(권장) ①諫勸(간권) 靡勸(미권) 喩勸(유권)
褒勸(포권)

사자성어 ③勸善懲惡(권선징악)

부수	획수	총획
止	14	18

돌아갈 귀 : 【798】

字源 〈회의〉 시집갔던 여자가 오랜만에 친정집에 다니러 갔던

모양이다. 친척들과 재미있는 이야기를 하다 보니 여러
날이 지났다. 옛날 그때는 그랬다. 원래 있던 곳이나 이전
으로 다시 가다는 뜻이다. 신부인 아내(帚←婦)가 친정에
서 여러(歸) 날을 머무른(止) 후에 시댁으로 [돌아가다(歸)]
는 뜻이고 [귀]로 읽는다.
回回(돌아올 회) 還(돌아올 환) 回婦(며느리 부) 掃(쓸 소)
약帰

기초 【기초한자어】 익히고, 【기본→발전한자어】 다지기
歸家(귀가) 집으로 돌아감
歸國(귀국) 외국에서 본국으로 돌아감
歸農(귀농) 다시 농사일로 돌아감
• 歸農의 즐거움은 또한 이런 곳에 있었나 봅니다.
• 오랜만의 歸國이라 친구들과 넉넉하게 놀다가 밤
  늦게 歸家했다.

기본 ④歸結(귀결) 歸京(귀경) 歸路(귀로) 歸省(귀성) 歸屬
(귀속) 歸順(귀순) 歸依(귀의) 歸一(귀일) 歸任(귀임)
歸着(귀착) 歸港(귀항) 歸鄕(귀향) 歸化(귀화) 歸休
(귀휴) 未歸(미귀) 復歸(복귀) 不歸(불귀) ③①歸還(귀환)
③遣歸(견귀) 于歸(우귀) 適歸(적귀) 回歸(회귀)

발전 ②歸趨(귀추) ①凱歸(개귀) 歸嫁(귀가) 歸帆(귀범) 歸賓
(귀빈) 歸憑(귀빙) 歸檣(귀장)

사자성어 ④事必歸正(사필귀정) ②⑧歸巢本能(귀소본능)

부수	획수	총획
土	4	7

고를 균 【799】

字源 〈형성〉 두 사람이 물건을 똑같이 나누어 가지면 공평하다.
땅에 씨를 뿌릴 때도 땅의 면을 평평하게 골라 골고루 뿌
렸다. 가려 집어내거나 다른 것에 견주어 치우쳐 들쭉날
쭉함 없이 고른 것이다. 단단히 포장된(勹) 물건을 이등분
(二) 하듯이 치우침이 없이(勻) 땅(土)을 파서 [고르다(均)]
는 뜻이고 [균]으로 읽는다.
동平(평평할 평) 等(무리 등) 調(고를 조) 衡(저울대 형)
回拘(잡을 구) 杓(자루 표)

필순 一 十 土 圵 圴 均 均

기초 【기초한자어】 익히고, 【기본→발전한자어】 다지기
均等(균등) 차별 없이 고름
均配(균배) 고르게 나누어 줌
均分(균분) 여럿이 고르게 나눔
• 신입 사원을 여러 부서에 적절하게 均配다.
• 크기별로 均等하게 均分하는 것만이 나눔의 기본
  적인 원리라 한다.

기본 ④均一(균일) 均質(균질) 平均(평균) ③①均衡(균형)

4급

均排(균배) 成均館(성균관) 平均臺(평균대)
발전 ②均穩(균온) ①均霑(균점)

부수	획수	총획
刀	13	15

劇 심할 극【800】

字源 〈형성〉 호랑이와 멧돼지가 물고 뜯고 싸우다가 크게 다쳤다. 두 짐승의 싸움에서 '격렬함'을 표현했지만, 연극에서 배우가 격렬하게 움직인다는 점에서 연극이라는 한계도 있다. 호랑이(虍←虎)나 멧돼지(豕) 같은 들짐승들이 힘(刂←力)으로 싸워서 어느 한쪽이 이겼으니 [심하다(劇)]는 뜻이고 [극]으로 읽는다.
圄甚(심할 심) 酷(심할 혹) 回據(근거 거) 獻(드릴 헌)

필순 ⺊⺊广卢卢声虍虘虘虘劇

기초 【기초한자어】 익히고, 【기본→발전한자어】 다지기
劇本(극본) 각본
悲劇(비극) 죽음, 파멸, 패배, 고뇌 등 불행한 연극
喜劇(희극) 익살과 풍자로 관객을 웃기는 연극
• 喜劇 배우는 사람들에게 웃음을 주는 직업이겠다.
• 셰익스피어 悲劇의 劇本을 받아 보았다.

기본 ④劇團(극단) 劇藥(극약) 劇場(극장) 劇的(극적) 劇化(극화) 歌劇(가극) 京劇(경극) 孔劇(공극) 史劇(사극) 樂劇(악극) 演劇(연극) 唱劇(창극) 寸劇(촌극) 活劇(활극) 劇作家(극작가) 新派劇(신파극) 連續劇(연속극) 人形劇(인형극) ③ㅣ戲劇(희극) ③惨劇(참극)

발전 ②夢幻劇(몽환극) 探偵劇(탐정극) ②⑧劇旁(극방) ①劇寇(극구) 劇虜(극로) 碎劇(쇄극) 猿劇(원극) 叢劇(총극) 謔劇(학극)

부수	획수	총획
竹	6	12

筋 힘줄 근【801】

字源 〈회의〉 대나무 뿌리는 사방으로 얽혀졌다. 대밭에 대나무를 쳐다보면 하늘을 찌를 듯하나, 뿌리의 얽혀짐은 더 복잡하다고 한다. 대 뿌리의 얽혀짐은 사람의 인과관계처럼 그렇게 복잡했을 것이다. 성긴 대나무의 그 뿌리(笶)처럼 사람 몸(月)에도 핏줄이 복잡하도록 얽혀 있는 [힘줄(筋)]을 뜻하고 [근]으로 읽는다.
回箱(상자 상)

필순 ⺈⺈⺮⺮竹竺笁筋筋筋

기초 【기초한자어】 익히고, 【기본→발전한자어】 다지기
筋骨(근골) 근육과 뼈

筋力(근력) 근육의 힘
鐵筋(철근) 콘크리트 속을 뼈대로 삼는 쇠막대
• 鐵筋 콘크리트 구조물은 튼튼하고 수명이 길다.
• 유산소 운동은 筋骨 혹은 筋力 운동을 같이 하는 것이 좋다.

기본 ④筋肉(근육) 心筋(심근) 筋肉質(근육질)
발전 ②筋膜(근막) 筋骨型(근골형) ①筋骸(근해) 骸筋(해근)

부수	획수	총획
力	11	13

勤 부지런할 근(:)【802】

字源 〈형성〉 물 빠짐이 좋지 않은 진흙 밭이나 논에 들어가 일하기란 힘들다. 한 톨이라도 더 수확하려고 부지런히 일한다. 게으름을 피우지 않고 일하는 데에 열성적이며 꾸준하다. 질컥거리도록 발이 깊이 빠지는 진흙(堇) 밭에 들어가 힘(力)을 들여서 열심히 일하니 [부지런하다(勤)]는 뜻이고 [근]으로 읽는다.
圄勉(힘쓸 면) 回怠(게으를 태) 慢(거만할 만) 惰(게으를 타) 回謹(삼갈 근) 僅(겨우 근) 槿(무궁화 근)

필순 一艹芐芐芦苗菫菫勤勤

기초 【기초한자어】 익히고, 【기본→발전한자어】 다지기
勤勉(근면) 부지런히 노력함
勤務(근무) 일에 종사함
通勤(통근) 집에서 직장에 근무하러 다님
• 출근시간대의 通勤 버스 안은 사람들로 붐빈다.
• 勤勉한 사람은 勤務 시간을 적절하게 조절하여 열심히 일한다.

기본 ④勤儉(근검) 勤勞(근로) 勤續(근속) 勤實(근실) 勤學(근학) 缺勤(결근) 內勤(내근) 常勤(상근) 夜勤(야근) 外勤(외근) 轉勤(전근) 出勤(출근) 退勤(퇴근) ③皆勤(개근)

발전 ①勤恪(근각) 勤墾(근간) 勤惰(근타) 恪勤(각근)
사자성어 ②勤政勳章(근정훈장)

부수	획수	총획
大	5	8

奇 기특할 기【803】

字源 〈형성〉 보통보다는 달리 보이는 물건을 기이하다고 한다. 특별하게 크거나 흔히 볼 수 없는 진귀한 물건들이었다. 다른 보통 것보다 더 뛰어나고 특별하여 귀염성이 있는 물건도 있다. 모양이 크고(大) 곱게 꾸민 물건은 특별히 보배스럽다고 가히(可) 이야기를 했으니 [기특하다(奇)]는 뜻이고 [기]로 읽는다.

유特(특별할 특) 怪(괴이할 괴) 回寄(부칠 기)

필순 一 ナ 大 杏 夺 奇 奇 奇

기초 【기초한자어】 익히고, 【기본→발전한자어】 다지기
奇異(기이) 기묘하고 이상함
奇智(기지) 기발하고 특출한 지혜
新奇(신기) 새롭고 기이함
• 초자연적인 奇異한 현상이 발생하고야 말았다.
• 그 친구의 이러한 奇智는 참으로 新奇할 만하다 하겠다.

기본 ④ 奇談(기담) 奇妙(기묘) 奇書(기서) 奇聲(기성) 奇緣(기연) 奇遇(기우) 奇人(기인) 奇籍(기적) 奇特(기특) 神奇(신기) 珍奇(진기) 好奇心(호기심) ③Ⅱ 奇怪(기괴) 奇薄(기박) 奇拔(기발) 奇襲(기습) 奇巖(기암) 奇蹟(기적) 怪奇(괴기) ③ 獵奇(엽기)
발전 ② 奇僻(기벽) 奇瑞(기서) 奇勳(기훈) 28 奇謨(기모) 奇峻(기준) ① 奇詭(기궤) 奇譚(기담) 奇媒(기매) 奇癖(기벽) 奇澁(기삽) 奇咳(기해) 恢奇(회기)

사자성어 ④ 奇想天外(기상천외) ③Ⅱ 奇巖怪石(기암괴석)

부수	획수	총획
宀	8	11

부칠 기【804】

字源 〈형성〉'시절이 하 수상하니 올동말동 하여라'라는 시구가 있다. 병자호란 같은 때가 사람의 운명을 좌우했던 한 일면들이다. 사람이 인편이나 체신, 운송 수단을 통하여 소식을 타인에게 전했다. 사람이 더 좋은 시절을 만나지 못해서(奇) 남의 집(宀)에 의지하여서 붙어사니 [부치다(寄)]는 뜻이고 [기]로 읽는다.
유付(줄 부) 附(붙을 부) 寓(부칠 우) 回奇(기이할 기)

필순 宀 宀 宀 宁 宖 宖 寄 寄 寄

기초 【기초한자어】 익히고, 【기본→발전한자어】 다지기
寄與(기여) 도움이 되는 구실을 하는 것
寄贈(기증) 금품이나 물품 등을 타인에게 줌
寄宿舍(기숙사) 학교 같은 기관에 딸려 있는 소속원이 기숙한 곳
• 앞으로 사회에 寄與할 수 있는 인재가 되고 싶다.
• 이번의 구호품은 寄宿舍 사원들에게 寄贈했으면 참 좋겠다.

기본 ④ 寄居(기거) 寄留(기류) 寄生(기생) 寄宿(기숙) 寄食(기식) 寄港(기항) 寄生蟲(기생충) ③Ⅱ 寄稿(기고) 寄附(기부) 寄附金(기부금)
발전 ② 寄託(기탁) ① 眷寄(권기) 寄汲(기급) 寄挺(기정)

사자성어 ② 託孤寄命(탁고기명)

부수	획수	총획
木	12	16

틀 기【805】

字源 〈형성〉의식주를 인간생활의 제일로 생각하며 살아간다. 이렇게 보면 옷을 짜는 베틀은 사람이 만든 기계의 으뜸으로 여겨 왔던 것 같다. 삼베, 명주, 무명 따위의 피륙을 짜는 틀이다. 나무(木)로 잘 깎아서 만든 베틀(幾)이었지만 사람이 여러 가지의 생산 활동에 관계되었던 [틀(機)]을 뜻하고 [기]로 읽는다.
유械(기계 계) 回畿(경기 기) 幾(몇 기)

필순 十 オ 木 朴 杉 栏 栏 機 機

기초 【기초한자어】 익히고, 【기본→발전한자어】 다지기
機關(기관) 물건을 활동시키는 장치를 한 기계
機構(기구) 얽혀 세운 구조나 구조물
機會(기회) 공교롭게 보람 있는 고비
• 내가 나설 수 있는 機會를 언제나 엿보고 있다.
• 작은 도시 機構에 소속된 機關長(장)의 영향력은 참으로 컸다.

기본 ④ 機甲(기갑) 機具(기구) 機能(기능) 機動(기동) 機密(기밀) 機先(기선) 機運(기운) 機長(기장) 機種(기종) 見機(견기) 待機(대기) 動機(동기) 美機(미기) 勝機(승기) 時機(시기) 失機(실기) 危機(위기) 適機(적기) 轉機(전기) 重機(중기) 投機(투기) 好機(호기) 機資材(기자재) ③Ⅱ 機械(기계) 機微(기미) 契機(계기) 乘機(승기) ③ 機敏(기민)
발전 ② 機軸(기축) 幻燈機(환등기) 機綜(기종) ① 機鋒(기봉) 機槍(기창) 機樞(기추) 樞機(추기)

사자성어 ③Ⅱ 臨機應變(임기응변)

4급

부수	획수	총획
糸	3	9

벼리 기【806】

字源 〈형성〉어부가 그물을 대로 엮어 만들 때 똑같은 길이로 실과 실을 상호 연결한다. 마치 척추 마디처럼 골고루 엮었던 것이다. 어떤 일이나 읽었던 글에서 중요한 뼈대가 되는 줄거리라는 뜻도 있다. 그물코를 잘 얽어서 꿰매듯이 사람 척추 뼈(己)마디처럼 실(糸)로 잘 엮어서 만든 [벼리(紀)]를 뜻하고 [기]로 읽는다.
유綱(벼리 강) 維(벼리 유) 回紅(붉을 홍)

필순 ㄥ ㄠ ㄠ 幺 糸 糸 紀 紀 紀

기초 【기초한자어】 익히고, 【기본→발전한자어】 다지기
紀念(기념) 뒤에 어떤 일을 상기할 근거로 삼음
軍紀(군기) 군대의 규율 및 풍기

西紀(서기) 기원후
• 공사 착공을 紀念하기 위한 행사가 있었다.
• 西紀 元年(원년)부터 군인들의 엄한 軍紀는 있었
  을 것이다.

[기본] ④紀錄(기록) 紀律(기율) 紀元(기원) 紀傳(기전) 紀行
(기행) 官紀(관기) 檀紀(단기) 黨紀(당기) 世紀(세기)
紀元前(기원전) 紀傳體(기전체) 紀行文(기행문) 今世紀
(금세기) ③Ⅱ紀綱(기강)

부수	획수	총획
糸	4	10

納 들일 납【807】

[字源] 〈형성〉 실타래나 무명옷을 물에 담그면 물을 빨아들인다.
실타래 쪽의 입장에서 볼 때 물을 안으로 받아들였음이
다. 어떤 일에 재미나 맛 그리고 버릇 등이 몸에 배게 한
다는 뜻이다. 두툼한 실타래(糸)가 물을 빨아들이듯이 보
배 같은 자금을 안으로(內) 거두어 들이니 [들이다(納)]는
뜻이고 [납]으로 읽는다.
圖入(들 입) 貢(바칠 공) 獻(드릴 헌) 回出(날 출) 回結
(맺을 결) 終(마칠 종) 組(짤 조)

[필순] ⺌⺌⺍⺋糸糸糸糸紇紈納納

[기초] 【기초한자어】 익히고, 【기본→발전한자어】 다지기
納得(납득) 남의 말이나 행동을 잘 알아 이해함
納稅(납세) 나라에 세금을 바침
受納(수납) 받아서 넣어 둠
• 월말이라 은행의 受納 窓口(창구)가 사람들로 붐빈다.
• 국민의 納稅에 대하여 納得하지 못하면 충분한
  啓蒙(계몽)에 나서기로 했다.

[기본] ④納骨(납골) 納期(납기) 納本(납본) 納入(납입) 納品
(납품) 納會(납회) 加納(가납) 拒納(거납) 檢納(검납)
格納(격납) 公納(공납) 過納(과납) 軍納(군납) 歸納(귀납)
代納(대납) 未納(미납) 半納(반납) 別納(별납)
分納(분납) 上納(상납) 先納(선납) 收納(수납) 完納
(완납) 容納(용납) 出納(출납) 納骨堂(납골당) 格納
庫(격납고) 歸納法(귀납법) ③Ⅱ納凉(납량) 納付(납부)
滯納(체납) 畢納(필납) 獻納(헌납) ③返納(반납)

[발전] ②呈納(정납) 納款(납관) ②⑧允納(윤납) 納采(납채)
①嘉納(가납) 納賂(납뢰) 納鼈(납별) 納陛(납폐) 捧納
(봉납) 袖納(수납)

부수	획수	총획
殳	5	9

段 층계 단【808】

[字源] 〈형성〉 석공이 '정'으로 커다란 돌을 쪼면 계층이 져서 금
이 나고 결국은 조각조각 깨어진다. 돌멩이를 자유자재
로 움직인 것이다. 층계 사이를 밟으면서 오르내릴 수
있도록 만든 계단이다. 예리한 '정'의 끝으로(⻊←⺼) 돌
멩이를 내리쳤더니만(殳) [층계(段)]를 이루면서 깨지며
[조각나다(段)]는 뜻이고 [단]으로 읽는다.
圖階(섬돌 계) 層(층 층) 回投(던질 투)

[필순] ⺊⺊⺊⺊⺊⺁⺁⺁段段

[기초] 【기초한자어】 익히고, 【기본→발전한자어】 다지기
段階(단계) 일의 차례를 따라 나아가는 과정
文段(문단) 문맥상의 단락
手段(수단) 목적을 이루기 위한 방법
• 공사가 이제 마무리 段階에 이르렀다고 한다.
• 手段 方法(방법)을 가리지 않고 기사문처럼 文段
  을 비교적 짧게 정리하시게.

[기본] ④段落(단락) 段步(단보) 段數(단수) 階段(계단) 分段
(분단) 上段(상단) 一段(일단) 全段(전단) 初段(초단)
下段(하단) 一段落(일단락) 高段數(고단수) ③Ⅱ昇段
(승단)

[발전] ①段罫(단괘)

[사자성어] ④三段論法(삼단논법) ②別段預金(별단예금)

부수	획수	총획
彳	7	10

徒 무리 도【809】

[字源] 〈형성〉 지구 위에 살고 있는 사람들의 1차적인 교통수단
은 두 발로 걸어 다니는 것이었다. 이후 점차 자동차와 같
은 교통수단으로 발전했겠다. '무리'는 여럿이 함께 모여
있는 떼다. 활발하게 활동하기 위해 두 발(止)로 땅(土)을
즈려 밟아서 자축거리는(彳) 하 많은 사람들로 한 [무리(徒)]
를 뜻하고 [도]로 읽는다.
圖等(무리 등) 黨(무리 당) 衆(무리 중) 隊(무리 대) 群
(무리 군) 輩(무리 배) 回獨(홀로 독) 孤(외로울 고) 回待
(기다릴 대) 從(좇을 종) 徙(옮길 사)

[필순] ⺈⺈⺈⺈⺈⺈⺈⺈徒徒

[기초] 【기초한자어】 익히고, 【기본→발전한자어】 다지기
徒黨(도당) 떼를 지은 무리
徒勞(도로) 보람도 없이 애만 씀
信徒(신도) 일정 종교를 신앙하는 교단
• 이번 부활절 예배에 많은 信徒들이 참석했다.
• 산적 徒黨들은 반란을 꾀했으나 徒勞에 그쳤다.

[기본] ④徒配(도배) 徒步(도보) 徒刑(도형) 敎徒(교도) 佛徒
(불도) 使徒(사도) 生徒(생도) 聖徒(성도) 賊徒(적도)
卒徒(졸도) 暴徒(폭도) 學徒(학도) 淸敎徒(청교도)
③Ⅱ徒輩(도배) 花郞徒(화랑도) ③叛徒(반도)

발전 ②匪徒(비도) ①奸徒(간도) 棍徒(곤도) 徒侶(도려) 徒搏(도박) 徒胥(도서) 徒爾(도이) 靡徒(미도) 胥徒 (서도)

사자성어 ④徒手體操(도수체조) 無爲徒食(무위도식)

부수	획수	총획
皿	7	12

도둑 도(ː) 【810】

字源 〈회의〉 '견물생심'이라 했다. 갖고 싶지 않다가도 실물을 보면 욕심이 생긴다. 먹는 음식을 보면 더욱 그렇다. '도둑'은 탐이 나서 남의 물건을 훔치거나 빼앗는 무리들을 이른단다. 음식이 그릇(皿)에 가득하게 담겨 있어서 눈으로 보면 침(沈)을 흘리면서 훔쳐 먹는다고 했으니 [도둑(盜)] 을 뜻하고 [도]로 읽는다.
圖賊(도둑 적) 竊(훔칠 절) 回漆(옷 칠) 恣(방자할 자) 溫(따 뜻할 온)

필순 ⌐ ⇀ 氵 汀 汁 次 次 盗 盗 盗 盜

기초 【기초한자어】 익히고, 【기본→발전한자어】 다지기
盜用(도용) 남의 명의나 물건을 몰래 씀
盜聽(도청) 몰래 엿들음
竊盜(절도) 남의 물건을 몰래 훔치는 일
• 유명상표를 盜用하는 것은 竊盜나 다름없다.
• 과거 독재정치에서 盜聽을 일삼았다.

기본 ④盜難(도난) 盜伐(도벌) 盜殺(도살) 盜賊(도적) 強盜 (강도) 巨盜(거도) 界盜(계도) 大盜(대도) ③I盜鑄(도주) 盜汗(도한) 怪盜(괴도) 捕盜(포도) ③盜竊(도절)

발전 ②盜掘(도굴) ①寇盜(구도) 剽盜(표도)

사자성어 ③I捕盜大將(포도대장)

부수	획수	총획
辶	6	10

도망할 도 【811】

字源 〈형성〉 죄지은 자는 경찰을 보면 슬슬 피한다. 죄를 지 으려고 마음 먹고 나섰던 자가 감시원을 발견하면 또한 피해서 달아난다. '도망하다'는 남몰래 슬슬 피하거나 쫓 기듯이 멀리 달아나다는 뜻이다. 죄를 지을 조짐(兆)이 있는 사람을 철저히 감시했더니 슬슬 눈을 피해서(辶) [도망하다(逃)]는 뜻이고 [도]로 읽는다.
圖亡(망할 망) 避(피할 피) 回桃(복숭아 도) 挑(돋울 도) 跳(뛸 도)

필순 ⌐ ⌐ ⌐ 兆 兆 兆 洮 洮 逃 逃

기초 【기초한자어】 익히고, 【기본→발전한자어】 다지기
逃亡(도망) 피하여 달아남
逃走(도주) 피하거나 쫓겨서 달아남
逃避(도피) 도망하여 몸을 피함
• 경찰은 범인들의 逃走를 막기 위해 警戒網(경계망) 을 폈다.
• 오랜 逃避생활로 이젠 逃走에 진절머리가 난다고 말한다.

발전 ①逃遁(도둔) 遁逃(둔도)

부수	획수	총획
乙	12	13

어지러울 란ː
【812】

字源 〈회의〉 실타래를 들고 실패에 감아 가다가 그만 뒤얽혀 버렸다. 실 끝도 찾기가 어려울 뿐만 아니라 가닥마저 찾 아내기는 더 힘들다. 그만 판단이 흐리고 실마리가 아뜩 아뜩하다는 뜻이란다. 굽어(乚←乙) 얽혀진 실타래를 점 차 풀어서 잘 다스리지(爲)를 못했었으니 [어지럽다(亂)]는 뜻이고 [란]으로 읽는다.
圖紛(어지러울 분) 紊(어지러울/문란할 문) 攪(흔들 교) 回辭(말씀 사) 鬪亂

필순 ⌐ ⌐ ⌐ 爫 圅 圅 屑 屑 爲 爲 亂 亂

기초 【기초한자어】 익히고, 【기본→발전한자어】 다지기
亂離(난리) 전쟁, 재해로 세상이 소란하고 질서가 없음
亂暴(난폭) 거칠고 사나움
散亂(산란) 흩어져 어지러움
• 자연재해가 심한 지역은 亂離가 났다고 한다.
• 亂暴한 그를 보면 마음이 散亂하다.

기본 ④亂局(난국) 亂動(난동) 亂立(난립) 亂脈(난맥) 亂舞 (난무) 亂髮(난발) 亂射(난사) 亂世(난세) 亂視(난시) 亂入(난입) 亂雜(난잡) 亂調(난조) 亂場(난장) 亂政 (난정) 亂打(난타) 亂鬪(난투) 家亂(가란) 內亂(내란) 動亂(동란) 民亂(민란) 變亂(변란) 兵亂(병란) 危亂(위란) 戰亂(전란) 平亂(평란) 避亂(피란) 混亂(혼란) 患亂(환란) ③I亂麻(난마) 亂刺(난자) 狂亂(광란) 紛亂(분란) 淫亂 (음란) 錯亂(착란) 胡亂(호란) ③叛亂(반란)

발전 ②紊亂(문란) 亂揷(난삽) 亂虐(난학) ②8倭亂(왜란) ①藿亂(곽란) 乖亂(괴란) 攪亂(교란) 寇亂(구란) 潰亂 (궤란) 亂攪(난교) 亂潰(난궤) 亂撲(난박) 亂撥(난발) 亂槍(난창) 亂礁(난초) 凌亂(능란) 燐亂(인란) 勃亂 (발란) 撥亂(발란) 撓亂(요란) 擾亂(요란) 僭亂(참란) 悖亂(패란)

사자성어 ④亂中日記(난중일기) ②8蓬頭亂髮(봉두난발) 壬 辰倭亂(임진왜란)

4급

부수	획수	총획
卩	5	7

알 란 【813】

字源 〈상형〉 닭이나 새는 둥우리에 다소곳이 알을 낳는다. 타원형으로 생긴 알이 둥글고 귀여우며 매우 탐스럽게 보인다. 우리 어머니들은 이 알로 도시락 반찬을 싸서 주었다. 닭이 낳은 알이다. 닭이 알을 낳아서 둥지 안에 귀엽고 동그마니 놓여 있는 두 개의 알 모양을 두루 본떠서 [알(卵)]을 뜻하고 [란]으로 읽는다.
回 卯(토끼 묘)

필순 ⺀ ⺊ ⺘ 匤 匤丁匤卯卵

기초 【기초한자어】 익히고, 【기본→발전한자어】 다지기
明卵(명란) 명태의 알
産卵(산란) 알을 낳음
土卵(토란) 천남성과에 속하는 다년초
• 아버지의 도시락으로 항상 明卵젓과 土卵국을 곱게 싸서 드린다.
• 연어는 産卵하기 위해 강을 거슬러 오른다.

기본 ④ 卵管(난관) 卵白(난백) 卵子(난자) 檢卵(검란) 鷄卵(계란) 熟卵(숙란) 無精卵(무정란) ③Ⅰ 果卵(누란) 排卵(배란)

발전 ㉘ 卵巢(난소) ① 鵠卵(곡란) 卵殼(난각) 鰒卵(복란) 孵卵(부란)

사자성어 ④ 卵生動物(난생동물)

부수	획수	총획
見	14	21

볼 람 【814】

字源 〈회의〉 어떤 것을 확인해서 살펴보는 것은 매우 바람직하다. 앞과 뒤, 좌와 우, 위와 아래 할 것 없이 두루 살펴보아야 한다. 내 눈으로 잘 보고 바르게 인식한다는 뜻이다. 두 눈으로 잘 살펴서 좌우 앞뒤를 자세히 보고(監)도 물거울(監)로 자기 모습을 자세히 살펴보았으니(見) [보다(覽)]는 뜻이고 [람]으로 읽는다.
图 見(볼 견) 觀(볼 관) 視(볼 시) 監(볼 감) 回 賢(어질 현) 緊(긴할 긴) 回 覧

필순 ⺀ ⺜ ⺕ 臣 臣⼾ 臣⼾ 臨 臨 臸 臸 覽

기초 【기초한자어】 익히고, 【기본→발전한자어】 다지기
觀覽(관람) 연극, 영화 따위를 구경함
便覽(편람) 보기에 편리하도록 간명하게 만든 책
回覽(회람) 여러 사람이 차례로 돌려봄
• 친구와 주말에는 꼭 영화 觀覽을 하기로 했다.
• 도서관에도 圖書(도서) 便覽을 전자책으로 했더니

回覽하기가 참 좋다.

기본 ④ 要覽(요람) 遊覽(유람) 博覽會(박람회) 一覽表(일람표) 展覽會(전람회) ③ 閱覽(열람)

발전 ② 綜覽(종람) ① 泛覽(범람) 俯覽(부람) 眺覽(조람) 披覽(피람) 洽覽(흡람)

사자성어 ㉘ 覽揆之辰(남규지신)

부수	획수	총획
田	6	11

간략할 략 【815】

字源 〈형성〉 도량형이 발달되기 이전에 일군 밭의 경계를 목측이나 대충 발걸음에 의해서 정했다. 각각 주인이 합의에 의한 것이었다. 내용이 그리 복잡하지 않고 썩 간단했다. 간 밭(田)의 경계를 각자(各)의 발걸음과 눈대중에 의해서 대강을 편하게 정했으니 대체적으로 [간략하다(略)]는 뜻이고 [략]으로 읽는다.
图 計(셀 계) 省(살필 성/덜 생) 策(꾀 책) 簡(간략할 간) 回 路(길 로)

필순 ⼁ 日 田 田 田 眇 畍 畍 略 略 略

기초 【기초한자어】 익히고, 【기본→발전한자어】 다지기
略圖(약도) 간략하게 줄여서 주요한 것만 그린 도면이나 지도
略字(약자) 한문 글자의 획수가 많은 것을 쉽게 줄여서 쓰는 글자
簡略(간략) 손쉽고도 간단함
• 略圖를 보고 가고자 하는 목적지를 찾아 나섰다.
• 중국이나 일본은 略字를 써서 簡略하게 표기한다.

기본 ④ 略歷(약력) 略史(약사) 略述(약술) 略式(약식) 略語(약어) 略取(약취) 略稱(약칭) 略號(약호) 計略(계략) 攻略(공략) 黨略(당략) 大略(대략) 省略(생략) 約略(약략) 前略(전략) 戰略(전략) 電略(전략) 政略(정략) 中略(중략) 智略(지략) 草略(초략) 治略(치략) 侵略(침략) 脫落(탈락) 下略(하략) ③Ⅰ 略述(약술) 槪略(개략) 謀略(모략) 疏略(소략) 策略(책략) ③ 較略(교략)

발전 ② 膽略(담략) 倂略(병략) 霸略(패략) ① 劫略(겁략) 虜略(노략) 刪略(산략) 疎略(소략) 闊略(활략)

사자성어 ㉘ 璿源略譜(선원약보)

부수	획수	총획
米	12	18

양식 량 【816】

字源 〈형성〉 홉, 되, 말 등은 곡식의 용량을 헤아리는 기구다. 한 가마, 한 섬씩을 쌀통에 넣어 몇 달 동안씩 식구들이

먹을 식량이다. 사람이 앞으로 생존하기 위하여 반드시 필요한 먹을거리다. 사람이 먹을 양식을 대강 헤아리는(量) 총칭이며 주로 먹을거리인 쌀(米)이었으니 [양식(糧)]을 뜻하고 [량]으로 읽는다.
[동] 穀(곡식 곡) [비] 精(정할 정)

필순 

기초 【기초한자어】 익히고, 【기본 → 발전한자어】 다지기
糧穀(양곡) 양식으로 쓰는 곡식
糧食(양식) 식용인 곡식. 식량, 군량
食糧(식량) 먹을 식량
- 6.25전쟁 때까지만 해도 糧食이 부족해 食糧 배급을 했던 때가 있었다.
- 태초부터 糧穀은 인류의 귀중한 먹을거리로 중요시했으리라.

기본 [4] 軍糧(군량) 軍糧米(군량미) 絕糧(절량) [3] 糧稻(양도) 糧粟(양속)
발전 [2名] 柴糧(시량)

慮

부수	획수	총획
心	11	15

생각할 려 : 【817】

字源 〈형성〉 꼬마 어린이를 보살피다가 울면 '호랑이가 온다' 하며 달랬다. 그만큼 호랑이를 무섭고 대단히 두려운 존재로 여겼다. '생각하다'는 그 사람을 깊이 있게 헤아리거나 고려하다는 뜻이다. 길을 걷다가 혹시 호랑이(虍←虎)가 나타나지나 않을까 염려하는(思) 마음으로 [생각하다(慮)]는 뜻이고 [려]로 읽는다.
[동] 思(생각 사) 念(생각 념) 考(생각할 고) 想(생각 상) 憶(생각할 억) 惟(생각할 유) [비] 盧(성 로) 膚(살갗 부)

필순 

기초 【기초한자어】 익히고, 【기본 → 발전한자어】 다지기
配慮(배려) 보살펴 주려고 이리저리 마음을 써 줌
心慮(심려) 마음속으로 걱정함
念慮(염려) 여러 가지로 헤아려 걱정하는 것
- 부모님께 心慮를 끼쳐드려 참으로 罪悚(죄송)하다.
- 주변 사람들의 念慮와 配慮 덕분에 힘든 고비를 잘 넘겼습니다.

기본 [4] 客慮(객려) 考慮(고려) 短慮(단려) 無慮(무려) 思慮(사려) 深慮(심려) 遠慮(원려) [3Ⅱ] 憂慮(우려) [3] 顧慮(고려)
발전 [2] 預慮(예려) [1] 宸慮(신려)
사자성어 [4] 千慮一失(천려일실)

烈

부수	획수	총획
火	6	10

매울 렬 【818】

字源 〈형성〉 겨울철이 되면 부주의로 인하여 화재가 자주 발생한다. 화재가 크게 발생하면 연기가 심하게 나오고 매우 거세게 탔던 모양이다. 고추나 겨자 등을 맛보면 혓바닥이 알알함을 느낀다. 불(灬←火)이 마구 솟구쳐 퍼져나면서(列) 연기가 자욱하여 그냥 코끝이 찡했으니 [맵다(烈)]는 뜻이고 [렬]로 읽는다.
[동] 辛(매울 신) [비] 列(벌릴 렬) 裂(찢어질 렬)

필순 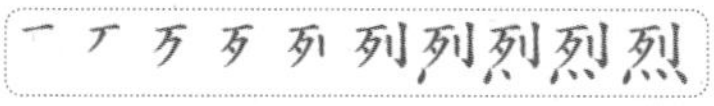

기초 【기초한자어】 익히고, 【기본 → 발전한자어】 다지기
烈女(열녀) 절개를 지키어 남의 모범이 될 만한 여자
熱烈(열렬) 흥분하여 태도나 행동이 걷잡을 수 없이 세참
強烈(강렬) 세차고 맹렬함
- 배우의 強烈한 눈빛에 팬들은 強烈히 환호한다.
- 과부의 절개에 감동하여 임금이 烈女비를 하사했다.

기본 [4] 烈士(열사) 烈祖(열조) 烈火(열화) 激烈(격렬) 極烈(극렬) 先烈(선열) 遺烈(유열) 壯烈(장렬) 忠烈(충렬) 痛烈(통렬) [3Ⅱ] 猛烈(맹렬) 貞烈(정렬)
발전 [2] 酷烈(혹렬) [2名] 峻烈(준열) 宋時烈(송시열)

龍

부수	획수	총획
龍	0	16

용 룡 【819】

字源 〈형성〉 뱀 모양과 비슷하면서도 땅에서 하늘로 승천한다는 상상의 동물인 '용'이 있었다. 용은 신령스러워 사람으로나 귀신으로 나타난다고 한다. 용은 상상의 동물 가운데 하나라 한다. 머리를 꼿꼿하게 바로 세워(立) 몸뚱이(月←肉)를 꿈틀거리면서 하늘로 나는(⾶←飛) [용(龍)]을 뜻하고 [룡]으로 읽는다.
[비] 襲(엄습할 습) [약] 竜

필순 

기초 【기초한자어】 익히고, 【기본 → 발전한자어】 다지기
龍宮(용궁) 바다 속에 있다고 하는 용왕의 궁전
龍馬(용마) 매우 잘 달리는 좋은 말
土龍(토룡) 지렁이
- 별주부전은 자라가 토끼를 龍宮에 데려간 이야기다.
- '龍馬'가 어른이라면, '土龍'은 어린이쯤으로 比喩(비유)하면 어떻게 될까요?

기본 ④龍頭(용두) 龍床(용상) 龍王(용왕) 靑龍(청룡) 登龍門(등용문) 左靑龍(좌청룡) ③I龍尾(용미) 龍顔(용안) 恐龍(공룡) 蛇龍(사룡) ③臥龍(와룡)

발전 ②龍膽(용담) 龍瑞(용서) ②⑧龍沼(용소) 龍淵(용연) 趙子龍(조자룡) ①袞龍(곤룡) 蛟龍(교룡) 龍袞(용곤) 龍蛟(용교) 龍駒(용구) 龍瞳(용동) 龍鱗(용린) 龍蟠(용반) 龍麝(용사) 龍犀(용서) 龍沼(용소) 龍邸(용저) 龍廐(용구) 蟄龍(칩룡)

사자성어 ③I龍頭蛇尾(용두사미) ③龍吟魚躍(용음어약) ②龍躍雲津(용약운진) 龍翰鳳翼(용한봉익) ②⑧驪龍之珠(여룡지주) 麟鳳龜龍(인봉귀룡) 亢龍有悔(항룡유회) 龍飛鳳峙(용비봉치)

부수	획수	총획
木	5	9

버들 류(:)【820】

字源 〈형성〉 버드나무는 실 같은 가지가 길고 잎도 매우 무성하다. 무성한 잎은 땅을 향하여 길게 늘어져 있기도 했다. 봄에 개울가나 들에서 암자색 꽃이 피었으며, 기둥은 목재로도 사용했었다. 얽히고 설킨 나뭇가지(木)가 무성하게(卯) 우거져서 땅을 향해서 축 늘어져 있으니 [버들(柳)]을 뜻하고 [류]로 읽는다.
回楊(버들 양)

필순 一十才木木丬杦柳柳柳

기초 【기초한자어】 익히고, 【기본→발전한자어】 다지기
柳器(유기) 껍질을 벗긴 버들가지로 만든 고리짝. 고리
細柳(세류) 가지가 가는 버드나무
花柳界(화류계) 기생 등 노는 계집의 사회
• 예전에는 柳器 안에 떡, 유과 같은 것을 담아뒀다.
• 세류를 부여잡았던 花柳界 최고의 꽃은 연생이라고 한다.

기본 ④路柳(노류) 花柳(화류) ③I垂柳(수류) 編柳(편류) ③楊柳(양류)

발전 ②⑧楡柳(유류) 柳塘(유당) ①杞柳(기류)

사자성어 ③路柳墻花(노류장화)

부수	획수	총획
車	8	15

바퀴 륜【821】

字源 〈형성〉 수레바퀴는 나무를 엇갈리고 쇠붙이를 붙여서 동그랗게 뭉쳐 만든다. 바퀴가 덜커덩거리면서 수레가 앞으로 나간 것이다. 돌리거나 굴리려고 둥근 테 모양으로 만든 물건이다. 단단한 쇠붙이를 둥글게 뭉쳐서(侖) 앞뒤로 멀리 갈 수 있도록 만들었던 수레(車)의 [바퀴(輪)]를 뜻하고 [륜]으로 읽는다.
回廻(돌 회) 回論(논할 론) 輸(보낼 수)

필순 一厂百亘車斬斬輪輪輪

기초 【기초한자어】 익히고, 【기본→발전한자어】 다지기
輪伐(윤벌) 해마다 산림의 일부를 차례로 벌채하는 일
輪作(윤작) 같은 땅에 농작물을 해마다 바꾸어 심는 일
年輪(연륜) 여러 해 동안의 노력에 의한 숙련도의 정도
• 국어시간에 輪作했던 경험을 발표하여 칭찬을 받았다.
• 해마다 輪伐하여 山林(산림)을 개량했던 年輪이 쌓여 이젠 쉽게 한다.

기본 ④輪番(윤번) 輪轉(윤전) 輪回(윤회) 五輪(오륜) 銀輪(은륜) 前輪(전륜) 車輪(차륜) 後輪(후륜) 輪轉機(윤전기) 三輪車(삼륜차) 五輪旗(오륜기) ③I輪禍(윤화) ③輪姦(윤간)

발전 ②輪廻(윤회) ①輪輻(윤복) 輪轄(윤할) 暈輪(훈륜)

부수	획수	총획
隹	11	19

떠날 리 : 【822】

字源 〈형성〉 날짐승인 철새는 한 곳에 머무르지 않고 평생을 계절 따라 이동하면서 살아간다. 이와 달리 네발 짐승은 자기 영역을 지키며 살아간다. '떠나다'는 있던 곳에서 다른 곳으로 옮긴다는 뜻이다. 네 발로 다니는 짐승(离)과 두 발인 날짐승(隹)은 같이 있지 못한다 했으니 [떠나다(離)]는 뜻이고 [리]로 읽는다.
回別(다를 별) 散(흩을 산) 回合(합할 합) 集(모을 집) 會(모일 회) 結(맺을 결) 回羅(벌릴 라) 回雖

필순 一亠古产离离离离离离离離

기초 【기초한자어】 익히고, 【기본→발전한자어】 다지기
離陸(이륙) 비행기가 날려고 육지에서 떠오름
離別(이별) 서로 갈려 떼어짐
離脫(이탈) 떨어져 나감
• 離陸하려던 비행기가 기상악화로 활주로에서 離脫하고 말았다.
• 사랑하는 연인과 離別했다.

기본 ④離間(이간) 離散(이산) 離任(이임) 離籍(이적) 離職(이직) 離婚(이혼) 亂離(난리) 別離(별리) 分離(분리) 遊離(유리) 陸離(육리) 電離(전리) ③I隔離(격리) 距離(거리) 長距離(장거리) ③騷離(소리)

발전 ①離擎(이경) 離壘(이루) 離癖(이미) 離蛑(이반) 離披(이피) 離解(이해) 離闊(이활)

사자성어 ④離合集散(이합집산) ③I支離滅裂(지리멸렬)

부수	획수	총획
女	5	8

妹

누이 매【823】

字源 〈형성〉 나이가 많은 누이를 '누나', 적은 누이를 '여동생'이라고 흔히 부른다. 누나나 여동생은 다 사랑스럽고 귀엽다. 누나나 여동생을 포함하여 남자의 여자 형제를 부르는 호칭이다. 흔히 자기의 누이(女) 중에서 나이가 가장 적고 아직은 철이 덜 들어(未) 어리광을 부린 손아래 [누이(妹)]를 뜻하고 [매]로 읽는다.
回姉(손위 누이 자)

필순 く 女 女 女 女二 女丰 女丰 妹

기초 【기초한자어】 익히고, 【기본→발전한자어】 다지기
妹夫(매부) 누이의 남편
妹兄(매형) 손위 누이의 남편
男妹(남매) 오라비와 누이
• 누나의 남편을 妹夫 혹은 妹兄이라고 부른다.
• 흔히들 男妹간의 우애는 참으로 돈독하다고 한다.
기본 ④ 姉妹(자매)
발전 ① 姨妹(이매)

부수	획수	총획
力	7	9

勉

힘쓸 면 :【824】

字源 〈형성〉 젊었을 때에 노력하지 않기 때문에 늘어서 고생한 사람이 많다. 여자들이 나이 젊었을 때 아이들을 낳아서 잘 길렀다. 온갖 어려움을 참아 가면서 꾸준하게 노력한다는 뜻이겠다. 사람이 늘어서 고생을 면하기(免) 위해 젊은 나이에 힘들여 가면서(力) 일을 했으니 [힘쓰다(勉)]는 뜻이고 [면]으로 읽는다.
圖務(힘쓸 무) 勵(힘쓸 려) 回晩(늦을 만)

필순 ' ク ク ケ 各 各 免 免 勉

기초 【기초한자어】 익히고, 【기본→발전한자어】 다지기
勉學(면학) 학문에 힘써 공부함
勤勉(근면) 부지런히 노력함
勸勉(권면) 타일러 힘쓰게 함
• 勉學에 힘쓴 덕에 드디어 就職(취직)에 성공했다.
• 勤勉 성실한 사람은 늘 '勸勉'을 강조하면서 實踐(실천)을 권장한다.
기본 ③ 勉勵(면려)
발전 ②⑧ 勉礪(면려) 勉彊(면강) ① 諷勉(풍면)

부수	획수	총획
鳥	3	14

鳴

울 명【825】

字源 〈회의〉 새는 입으로 노래를 하면서 운다. 제비는 '지지배배' 울고, 참새는 '짹짹'하는 것이 의사 전달 수단이 되었다고 한다. 기쁘거나 슬프거나 또한 아플 때 소리를 내며 눈물을 흘린다. 날이 저물어서 사랑스러운 엄마를 잃은 새(鳥)가 입(口)을 벌리면서 우는 소리가 퍼지니 [울다(鳴)]는 뜻이고 [명]으로 읽는다.
圖哭(울 곡) 泣(울 읍) 回笑(웃을 소) 回鳥(새 조) 烏(까마귀 오)

필순 l 口 口 口' 口l 口l 口p 咟 鳴 鳴 鳴

기초 【기초한자어】 익히고, 【기본→발전한자어】 다지기
鷄鳴(계명) 닭의 울음
自鳴鐘(자명종) 때가 되면 저절로 울려서 시간을 알리는 시계
悲鳴(비명) 갑작스러운 위험에 외마디 소리
• 鷄鳴이 들리기 전에 우리는 일어나야만 한다.
• 悲鳴 같은 自鳴鐘 소리에 단숨에 깨버렸다.
기본 ④ 自鳴(자명) 自鳴鐘(자명종) ③l 鳴禽(명금)
발전 ① 昆鳴(곤명) 鳴鳩(명구) 鳴鸞(명란) 鳴軋(명알) 鳴鳶(명연) 鳴箭(명전) 鳴鐸(명탁) 鳴咆(명포) 鳴吼(명후)
사자성어 ④ 百家爭鳴(백가쟁명) ② 磁氣共鳴(자기공명)

부수	획수	총획
木	11	15

模

본뜰 모【826】

字源 〈형성〉 작품을 여러 개 만들려 할 때 처음에는 모델로 한 개를 만든다. 무늬를 찍어 만들 때도 원판을 한 개만 우선 본떠 만든 것이다. 어느 하나를 본으로 삼아 그대로 여러 개 만들었다. 많은 종의 나무(木) 모양을 겹쳐서 여러 장을 만들어(莫) 쓰도록 규범으로 삼았으니 [본뜨다(模)]는 뜻이고 [모]로 읽는다.
圖寫(베낄 사) 範(법 범) 倣(본뜰 방) 擬(비길 의) 楷(본보기 해) 回漠(넓을 막)

필순 一 十 才 才 才 オ 杧 杧 模 模 模 模

기초 【기초한자어】 익히고, 【기본→발전한자어】 다지기
模唱(모창) 남의 노래를 흉내 내는 일
模範(모범) 본받아 배울 만한 본보기
規模(규모) 본보기가 될 만한 틀이나 제도

• 그의 模唱 실력은 作曲家(작곡가)들이 다 알아준다.
• 그의 설계는 천 평 規模인 건물의 模範이다.

기본 ④模寫(모사) 模樣(모양) 模作(모작) 模造(모조) 模造品(모조품) ③模倣(모방)

발전 ②模型(모형) ①模矩(모구) 模擬(모의) 模糊(모호) 楷模(해모)

	부수	획수	총획
墓	土	11	14

무덤 묘 : 【827】

字源 〈형성〉 사람이 나이 들면 인생의 황혼기에 접어들고 끝내 숨을 거둔다. 창창하던 시절은 가고 흙으로 덮인 무덤만이 남는다. 죽은 시신이 송장이나 유골을 묻은 곳이며 산 사람이 장차 묻혀야 할 곳이다. 뉘엿뉘엿 해가 숲에 가려서(莫) 보이지 않듯이 사람 시체를 흙(土)으로 덮던 [무덤(墓)]을 뜻하고 [묘]로 읽는다.
图墳(무덤 분) 回摹(그릴 모) 幕(장막 막) 募(뽑을 모)

필순 ⼀ ⼗ ⼟ ⾋ ⾋ ⾋ 莒 莫 莫 墓 墓

기초 【기초한자어】 익히고, 【기본→발전한자어】 다지기
省墓(성묘) 조상 산소에 인사를 드리고 산소를 살핌
墓域(묘역) 묘소로서 경계를 지은 구역
墓地(묘지) 무덤이 있는 땅
• 名節(명절) 때는 고향에 省墓를 다녀온다.
• 墓地가 조성된 墓域 근처에 휴게시설이 있어서 아주 편하다.

기본 ④墓碑(묘비) 墓所(묘소) ③展墓(전묘) ③І墓穴(묘혈) 丘墓(구묘) ③墳墓(분묘)

발전 ①誅墓(유묘) 塚墓(총묘) 墟墓(허묘)

	부수	획수	총획
妙	女	4	7

묘할 묘 : 【828】

字源 〈형성〉 여자는 뚱뚱하고 거북스런 몸보다는 날씬한 몸매가 썩 좋다. 나이 많지 않을 때가 훨씬 아름답게 보인다고 한다. 보통의 것과 달라 특색을 지녀서 이상야릇하고 신기하다. 나이가 젊고(少) 날씬한 몸맵시를 자랑하는 여자(女)의 마음을 도저히 알지 못한다고 했으니 [묘하다(妙)]는 뜻이고 [묘]로 읽는다.
回妨(방해할 방)

필순 ⼃ ⼥ ⼥ ⼥ ⼥ ⼥ ⼥

기초 【기초한자어】 익히고, 【기본→발전한자어】 다지기
妙味(묘미) 신비롭고 좋은 맛

妙案(묘안) 좋은 생각
絕妙(절묘) 아주 기묘함
• 問題(문제)를 해결할 수 있는 絕妙한 妙案이 떠올랐다.
• 요즈음 妙味가 우리 사회를 強打(강타)하고 있으니 妙한 일이다.

기본 ④妙計(묘계) 妙技(묘기) 妙方(묘방) 妙手(묘수) 妙藥(묘약) 奇妙(기묘) 妙態(묘태) ③І妙訣(묘결) 妙策(묘책) 巧妙(교묘) 微妙(미묘) 玄妙(현묘) ③尤妙(우묘)

발전 ②妙旨(묘지) ①妙妓(묘기) 妙齡(묘령) 妙麛(묘미) 妙諦(묘체) 妙楷(묘해) 奧妙(오묘) 宛妙(완묘)

	부수	획수	총획
舞	舛	8	14

춤출 무 : 【829】

字源 〈상형〉 흥겨운 일로 춤을 추려면 두 팔을 교대하며 위와 아래를 휘저어 발을 옮긴다. 발을 엇디뎌가면서 어깨와 발을 움직인 것이다. 장단에 맞추거나 흥에 겨워 팔다리를 율동적으로 움직인다. 걸을 때 발을 어긋나게(舛) 걷고 두 팔을 벌리면서 덩실덩실(無←無) 옮기며 [춤추다(舞)]는 뜻이고 [무]로 읽는다.
图踊(뛸 용) 份(줄 춤 일) 回無(없을 무)

필순 ⼃ ⼆ ⼿ 無 無 舞 舞 舞 舞 舞

기초 【기초한자어】 익히고, 【기본→발전한자어】 다지기
舞曲(무곡) 춤곡
歌舞(가무) 노래와 춤
亂舞(난무) 어지럽게 마구 추는 춤
• 아버지는 순 우리 歌曲과 歌舞를 자주 즐기신다.
• 아직 정제되지 않은 정보가 인터넷상에 亂舞하다.

기본 ④群舞(군무) 獨舞(독무) 圓舞(원무) ③І舞臺(무대) 劍舞(검무) 鼓舞(고무) 獨舞臺(독무대) 僧舞(승무) 鶴舞(학무)

발전 ②舞姬(무희) ①蹈舞(도무) 舞妓(무기) 舞蹈(무도) 舞扇(무선) 舞袖(무수) 舞筵(무연) 舞踊(무용) 翔舞(상무)

	부수	획수	총획
拍	手	5	8

칠 박 【830】

字源 〈형성〉 일을 열심히 잘했을 때 손뼉을 친다. 흥겨운 노래의 장단을 맞출 때도 손뼉을 쳐서 박자를 맞춰가면서 상호 응대했다. 위에서 힘껏 때리거나 옆에서 가볍게 두드린다는 뜻이다. 일을 잘 하여 격려를 하기 위해 장단 맞출 때 손(扌)으로 여러 번(白←百) 두드렸으니 [치다(拍)]는

뜻이고 [박]으로 읽는다.
回 迫(핍박할 박) 泊(머무를 박) 伯(맏 백)

필순

기초 【기초한자어】 익히고, 【기본→발전한자어】 다지기
拍手(박수) 기쁨과 환영을 나타낼 때 두 손뼉을 두드림
拍子(박자) 곡조의 진행하는 시간을 헤아리는 단위
拍車(박차) 어떠한 일의 촉진을 위하여 더하는 힘
• 납기일을 맞추기 위해서는 더욱 拍車를 가해 일을 해야 한다.
• 拍子에 맞추어 열창을 하여 많은 拍手를 받았다.

기본 ④ 拍動(박동) ③Ⅰ 拍掌(박장)

발전 ① 歇拍(헐박)

사자성어 ③Ⅰ 拍掌大笑(박장대소)

부수	획수	총획
髟	5	15

터럭 발【831】

字源 〈형성〉 개가 달려가면 꼬리가 축 쳐지면서 빗으로 잘 빗은 것처럼 보인다. 여자가 머리를 잘 빗으면 부드럽고 곱게 보인 것이다. 사람이나 길짐승 따위의 몸에 길게 난 굵거나 가는 털이다. 전진만이 특기인 개가 앞으로 달아날(犮) 때 꼬리처럼 빗질했던 머리카락(髟)으로 [터럭(髮)]을 뜻하고 [발]로 읽는다.
圓毛(터럭 모) 毫(터럭 호) 回 髪

필순 厂 厂 斤 斤 長 長ʼ 髟 髟 髣 髪 髮

기초 【기초한자어】 익히고, 【기본→발전한자어】 다지기
假髮(가발) 머리털로 모양을 만들어 머리에 쓰는 물건
頭髮(두발) 머리털
散髮(산발) 머리를 풀어헤침
• 대머리 아저씨는 상시 假髮을 쓰고 다니신다.
• 아침에 일어나면 頭髮이 흐트러지면서 散髮하게 보인다.

기본 ④ 金髮(금발) 短髮(단발) 斷髮令(단발령) 理髮所(이발소) 毛髮(모발) 白髮(백발) 洗髮(세발) 長髮(장발) 黑髮(흑발) ③Ⅰ 削髮(삭발)

발전 ② 握髮(악발) ②8 皓髮(호발) ① 鵠髮(곡발) 括髮(괄발) 螺髮(나발) 斂髮(염발) 斑髮(반발) 梳髮(소발) 涅髮(열발) 翠髮(취발) 披髮(피발)

사자성어 ④ 危機一髮(위기일발) ② 身體髮膚(신체발부) ②8 蓬頭亂髮(봉두난발)

부수	획수	총획
女	4	7

방해할 방【832】

字源 〈형성〉 여자 셋이 모이면 남을 것이 없다는 속담이 있다. 여자들은 시끄럽고 큰 소리 내며 떠드니 거리낀다는 뜻이다. 자주 헤살을 놓아 일을 제대로 못하게 방해하는 일도 된다. 여자(女)들이 용심을 부리면서 한쪽 방향(方)에서 심히 떠들며 일을 못하게 훼방을 놓았으니 [방해하다(妨)]는 뜻이고 [방]으로 읽는다.
圓害(해할 해) 回 放(놓을 방) 防(막을 방)

필순 乚 女 女 女 女ʼ 妨 妨

기초 【기초한자어】 익히고, 【기본→발전한자어】 다지기
妨害(방해) 남의 일에 헤살을 놓아 해를 끼침
無妨(무방) 괜찮음
• 공부하는데 동생이 자꾸 妨害를 부린다.
• 이제는 같은 침대에서 잠을 자도 無妨하겠네.

발전 ② 妨礙(방애) 妨沮(방저) ① 妨阻(방조)

부수	획수	총획
犬	2	5

범할 범 :【833】

字源 〈형성〉 사나운 개는 묶어두거나 개장 안에 가둬 기른다. 낯선 사람을 만나면 사납게 짖고 심하면 덤벼들어 물어뜯기도 제법이다. 이따금 실수나 잘못으로 생겨나게 일을 함부로 저지른다. 우리 속에 있는 개(犭)가 그만 고삐가 풀리면서 바짓자락(㔾←冂)을 꽉 물었으니 [범하다(犯)]는 뜻이고 [범]으로 읽는다.
回 狗(개 구)

필순 ノ 犭 犭 犭ʼ 犯 犯

기초 【기초한자어】 익히고, 【기본→발전한자어】 다지기
共犯(공범) 몇 사람이 공모하여 공동으로 행한 범죄
防犯(방범) 범죄를 방지함
侵犯(침범) 남의 권리, 재산, 영토 따위를 침노함
• 우리 동네에 自律(자율) 防犯隊(대)가 조직되었다.
• 남의 영해에 侵犯하여 불법조업을 하는 共犯이다.

기본 ④ 犯法(범법) 犯人(범인) 犯罪(범죄) 犯則(범칙) 犯行(범행) 敢犯(감범) 輕犯(경범) 雜犯(잡범) 再犯(재범) 戰犯(전범) 主犯(주범) 重犯(중범) 眞犯(진범) 初犯(초범) 强力犯(강력범) 犯則金(범칙금) 國事犯(국사범) 知能犯(지능범) 現行犯(현행범) ③Ⅰ 累犯(누범) ③ 冒犯(모범)

4급

발전 ②犯闕(범궐) ①犯蹈(범도) 犯諱(범휘) 虞犯(우범)
사자성어 ④完全犯罪(완전범죄)

부수	획수	총획
竹	9	15

법 범 : 【834】

字源 〈형성〉 수레나 자동차 바퀴의 남은 자국은 일정하다. 일정한 법도에 따라 자동적으로 움직이는 것 같은 자국을 자주 남겼다. 일상 생활의 예법과 제도, 법률 등의 지켜야 할 도리이다. 대나무(竹)에는 마디가 있고 수레(車)에는 축이 있고 몸(㔾)에는 예절과 절도가 있다는 데서 [법도(範)]를 뜻하고 [범]으로 읽는다.
圖式(법 식) 規(법 규) 法(법 법) 典(법 전) 則(법칙 칙) 律(법칙 률) 回節(마디 절)

필순 ノ ト トト ㄸ ㄸㄸ ㄸㄸ ㄸ 笆 筲 範 範

기초 【기초한자어】 익히고, 【기본→발전한자어】 다지기
範圍(범위) 테두리가 정해진 구역
規範(규범) 본보기가 될 만한 제도, 규모
模範(모범) 본받아 배울 만한 본보기
• 그는 품행이 단정하여 다른 사람의 模範이 된다.
• 무슨 일이든 規範의 範圍 안에서 행동해야 한다.
기본 ④家範(가범) 廣範(광범) 敎範(교범) 軌範(궤범) 師範(사범) 示範(시범) 儀範(의범) 典範(전범) 廣範圍(광범위) ③垂範(수범) 洪範(홍범) ③範軌(범궤)
발전 ②範疇(범주)
사자성어 ②洪範九疇(홍범구주)

부수	획수	총획
辛	14	21

말씀 변 : 【835】

字源 〈형성〉 변호사는 말을 유창하게 잘하여 죄인을 변호해 준다. 웅변대회 때 단상의 연사는 달변으로 말을 잘한다. 상대방이 언변이 좋아 말을 잘하여 높여서 이르는 말이겠다. 법정에서 원고와 피고의 죄를 자상하게 따져가면서 (辡) 송사할 때 말(言)을 하면서 잘 판별했으니 [말씀(辯)]을 뜻하고 [변]으로 읽는다.
圖語(말씀 어) 話(말씀 화) 言(말씀 언) 說(말씀 설) 辭(말씀 사) 詞(말/글 사) 回辨(분별할 변) 回弁

필순 ㆍ ㄲ ㄲ ㅍ ㅍ 辛 辡 辡 辯 辯 辯

기초 【기초한자어】 익히고, 【기본→발전한자어】 다지기
辯論(변론) 옳고 그른 것을 가려서 따짐
答辯(답변) 어떠한 물음에 밝히어 대답함

雄辯(웅변) 조리가 있고 힘차고 거침없는 변설
• 이치에 맞는 辯論으로 사람들의 마음을 사로잡았다.
• 질문에 대한 答辯을 雄辯調(조)로 하여서 매우 훌륭했다는 평을 받았다.
기본 ④辯士(변사) 辯護(변호) 強辯(강변) 口辯(구변) 多辯(다변) 達辯(달변) 言辯(언변) 熱辯(열변) 通辯(통변) 抗辯(항변) 辯護士(변호사) 代辯人(대변인)
발전 ①訥辯(눌변) 辯捷(변첩) 贅辯(췌변) 馳辯(치변)

부수	획수	총획
日	8	12

넓을 보 : 【836】

字源 〈회의〉 햇빛은 온 세상을 환하게 고루 비추지만 구름이 끼면 침침한 부분이 많다. 마치 햇빛이 없는 것처럼 어두워 보인다는 점이다. 면이나 바닥의 면적이 크거나 그 마음 또한 크고 너그럽겠다. 햇빛(日)이 평평한(並←竝) 구름층에 그만 가려서 어두운 부분이 많아졌으니 [넓대(普)]는 뜻이고 [보]로 읽는다.
圖廣(넓을 광) 博(넓을 박) 漠(넓을 막) 浩(넓을 호) 洪(넓을 홍) 遍(두루 편) 回狹(좁을 협) 回譜(족보 보) 晉(진나라 진)

필순 ㆍ ㆍ ㅛ ㅛ ㅛ 並 並 普 普 普

기초 【기초한자어】 익히고, 【기본→발전한자어】 다지기
普及(보급) 널리 퍼서 골고루 미치게 함
普施(보시) 은혜를 널리 베풂
普通(보통) 특별한 것이 없이 널리 통하여 예사로움
• 난민들에게 물자 普及을 위해 널리 자원봉사자들을 모집한다.
• 그는 普通 공양이 삼백 석씩 普施했다.
기본 ③普遍(보편) 普遍性(보편성)
발전 ②普衍(보연) 普魯士(보로사) ①普汎(보범) 普安(보안) 普霑(보점) 普洽(보흡)
사자성어 ③普遍妥當(보편타당)

부수	획수	총획
人	4	6

엎드릴 복 【837】

字源 〈회의〉 개는 사람을 잘 따르고 사람 또한 개를 매우 좋아한다. 그래서 애견(愛犬)이라 하였다. 그렇지만 낯선 사람을 만나면 잘 짖는다. 배를 바닥에 바짝 대고 팔과 다리를 길게 뻗는다. 사람(亻)에게 무조건적으로 순종하던 개(犬)가 사람을 공경하듯이 꿇고 앉아 있었으니 [엎드리다(伏)]

는 뜻이고 [복]으로 읽는다.
圆屈(굽힐 굴) 凹起(일어날 기) 回休(쉴 휴) 代(대신 대)
仗(의장 장)

필순  ノ 亻 亻 仁 伏 伏

기초 【기초한자어】 익히고, 【기본→발전한자어】 다지기
伏中(복중) 초복으로부터 말복까지 삼복
屈伏(굴복) 머리를 굽히어 꿇어 엎드림
起伏(기복) 일어났다 엎드렸다 함
・三伏中! 중복부터 말복 사이가 가장 덥다고 한다.
・결국에는 제 고집을 꺾고 屈伏하고야 말았다.

기본 ④伏望(복망) 伏兵(복병) 伏線(복선) 末伏(말복) 拜伏
(배복) 三伏(삼복) 設伏(설복) 初伏(초복) 降伏(항복)
③Ⅰ伏奏(복주) 伏慕(복모) 潛伏(잠복) 中伏(중복) 潛伏
期(잠복기) ③庚伏(경복) 埋伏(매복)

발전 ②伏屍(복시) 雌伏(자복) 伏魔殿(복마전) 28伏軾
(복식) 伏熊(복웅) 伏羲(복희) 伏羲氏(복희씨) ①匿伏
(익복) 伏辜(복고) 伏寇(복구) 伏弩(복노) 伏匿(복닉)
伏臘(복랍) 伏鱗(복린) 伏獅(복사) 伏眺(복조) 俯伏
(부복) 棲伏(서복) 冤伏(원복) 蟄伏(칩복)

사자성어 ④伏地不動(복지부동)

부수	획수	총획
衣	9	14

겹칠 복【838】

字源 〈형성〉 날씨가 추우면 옷을 여러 겹으로 포개어 입는다.
옷을 만들 때 겉옷 안에 또 다시 속옷감을 넣어 겹옷을
만들기도 했다. 서로 포개지거나 덧놓이어 더하면서 함께
착용한다는 뜻이다. 바람 불고 날씨가 매우 추워서 옷(ネ)을
겹으로 끼워서 거듭(复←復) 포개어 입었으니 [겹치다(複)]
는 뜻이고 [복]으로 읽는다.
凹單(홑 단) 回復(다시 부) 腹(배 복)

필순 ゝ ゙ ネ ネ ネ 衤 衤 衤 衤 衤 衤 衤 衤 複

기초 【기초한자어】 익히고, 【기본→발전한자어】 다지기
複寫(복사) 같은 것을 두 장 이상 베껴 만듦
複數(복수) 둘 이상의 수
複合(복합) 두 가지 이상이 거듭하여 합침
・선생님이 과제물로 複寫物(물)을 나누어주신다.
・複數의 현상이 複合的(적)으로 나타나서 이제는
핵심이 조금은 흐리다.

기본 ④複道(복도) 複利(복리) 複線(복선) 複式(복식) 複眼
(복안) 複雜(복잡) 複製(복제) 單複(단복) 重複(중복)

발전 ②複哨(복초) ①複衾(복금) 複塹(복참)

부수	획수	총획
口	4	7

아닐 부:【839】

字源 〈회의〉 상대방의 이야기를 듣고 '그것이 아니다'라고 부정
하는 경우가 종종 있다. 자기의 뜻에 맞지 않기 때문이었
을 것이다. 그와 같은 사실이나 자세한 내용을 부정하는
관계에서 늘 그렇게 했었다. 사람 곁에서 묻는 말에 입(口)
을 꽉 다물고 전혀 대답하지를 않았으니(不) [아니다(否)]
는 뜻이고 [부]로 읽는다.
圆不(아닐 불) 非(아닐 비) 未(아닐 미) 凹可(옳을 가)
回不(아닐 불) 告(고할 고)

필순 一 ア 不 不 不 否 否

기초 【기초한자어】 익히고, 【기본→발전한자어】 다지기
否決(부결) 의논하는 안건에 대해 옳지 않다는 결정
否定(부정) 그렇지 않거나 옳지 않다고 인정함
安否(안부) 평안함과 평안하지 아니함
・否決된 사항으로 否定的(적)인 반응을 보였다.
・부모님에게 安否電話(전화)라도 자주 드려야 한다.

기본 ④否認(부인) 否票(부표) 可否(가부) 拒否(거부) 與否
(여부) 眞否(진부) 拒否權(거부권) 否運(비운) ③Ⅰ適否
(적부) 贊否(찬부) 適否審(적부심) 否塞(비색)

발전 ①否戾(부려) 否剝(부박)

사자성어 ③曰可曰否(왈가왈부)

부수	획수	총획
貝	2	9

질 부:【840】

字源 〈회의〉 무거운 물건은 말이나 소에 의지하여 옮겨 실었다.
그런 가운데 비교적 가벼운 물건은 등에 짊어지고 다니면
서 걷는다. 자기 등에 짊어져서 얹거나 자신이 짊어질 몫
으로 했었다. 사람(ク←人)이 살아가기 위해서 생활에 필
요한 재물(貝)인 돈을 등에 짊어지고 다녔으니 [지다(負)]
는 뜻이고 [부]로 읽는다.
圆敗(패할 패) 擔(멜 담) 荷(멜 하) 凹勝(이길 승) 回員
(인원 원) 賀(하례할 하)

필순 ノ ク ク 各 各 各 自 負 負

기초 【기초한자어】 익히고, 【기본→발전한자어】 다지기
負傷(부상) 몸에 상처를 입음
負約(부약) 약속을 어기거나 저버림
請負(청부) 기일 안에 완성해야 할 일을 맡음
・약속된 날짜를 맞추지 못해 계약이 負約되었다.

• 공사장에서 負傷을 입어 請負한 일은 기일을 맞출
수 없겠다.

`기본` ④負擔(부담) 結負(결부) 勝負(승부) 自負(자부) 勝負
手(승부수) 自負心(자부심) ③負債(부채) 負荷(부하)
③抱負(포부)

`발전` ②負戴(부대) ①辜負(고부) 捧負(봉부) 負薪(부신) 負雀
(부작) 負逋(부포) 負荊(부형) 負欠(부흠) 逋負(포부)
欠負(흠부)

`사자성어` ②男負女戴(남부여대)

	부수	획수	총획
	心	12	15

憤 분할 분 : 【841】

`字源` 〈형성〉 이권 다툼 따위를 비롯해서 기분 나쁜 일 때문에
분한 생각이 든다. 마음을 안정시키지 못한 경우가 더러
있다. 일이 제대로 되지 않아 안타깝고 섭섭하다. 억울하
여 화가 나고 원통하다. 언짢은 일로 인해 마음(↑←心)으
로 실망이 커서(賁) 매우 못마땅하다 했으니 [분하다(憤)]
는 뜻이고 [분]으로 읽는다.
⑤怒(노할 노) 慨(슬퍼할 개) 愾(성낼 개) 回墳(무덤 분)

`필순` ｀ ｀ ｀ ｀ ｀ ｀ 忄 忄 忄 忄 忄 忄 憤 憤 憤 憤

`기초` 【기초한자어】 익히고, 【기본→발전한자어】 다지기
憤怒(분노) 분하여 성을 냄
憤痛(분통) 몹시 분하여 마음이 아픔
激憤(격분) 몹시 분개함
• 생각하면 머리끝까지 憤痛이 치밀지만 마음을
진정시켜 용케 참았다.
• 그는 激憤에 찬 목소리로 憤怒를 터뜨렸다.

`기본` ④憤死(분사) 憤然(분연) 憤敗(분패) 公憤(공분) 發憤
(발분) 義憤(의분) 痛憤(통분) ③憤慨(분개)

`발전` ②鬱憤(울분) ①慨憤(개분) 狡憤(교분) 憤愾(분개)
憤淪(분륜) 憤叱(분질) 憤嫉(분질) 冤憤(원분)

`사자성어` ③含憤蓄怨(함분축원)

	부수	획수	총획
	米	4	10

粉 가루 분(:) 【842】

`字源` 〈형성〉 명절이나 제사가 되면 떡을 만든다. 잘게 빻은 쌀
가루와 콩가루를 시루에 넣어서 익히면 맛있는 절편이
나 시루떡이 된다. 쌀가루가 아주 잘게 갈리거나 부스러
지는 가루가 된 것이다. 겉껍질을 잘 벗기고 난 쌀(米)이
나 밀 같은 곡식을 더 잘게 부수서 나누었으니(分) 하얀

[가루(粉)]를 뜻하고 [분]으로 읽는다.
⑤末(끝 말) 回紛(어지러울 분)

`필순` ｀ ｀ ｀ ヽ ⺶ ⺶ ⺶ ⺶ 粉 粉 粉

`기초` 【기초한자어】 익히고, 【기본→발전한자어】 다지기
粉末(분말) 가루
粉筆(분필) 칠판에 글씨 쓰는 백묵
花粉(화분) 수꽃술 꽃밥 속의 가루 물질
• 선생님께서 흑판에 粉筆로 판서를 하셨다.
• 전통과자인 다식은 소나무 花粉을 粉末로 만든다.

`기본` ④粉食(분식) 角粉(각분) 白粉(백분) 製粉(제분) ③粉飾
(분식) 軟粉紅(연분홍)

`발전` ②葛粉(갈분) 粉塵(분진) 脂粉(지분) ①麪粉(면분) 粉潰
(분궤) 粉肌(분기) 粉堵(분도) 粉碎(분쇄) 粉繪(분회)
澱粉(전분)

`사자성어` ③粉靑沙器(분청사기) ②脫脂粉乳(탈지분유)

	부수	획수	총획
	手	4	7

批 비평할 비 : 【843】

`字源` 〈형성〉 사리의 밝고 어두움과 판단의 옳고 그름을 판별해
가면서 우리 사회는 발전해 간다. 미추(美醜), 선악(善惡),
장단(長短), 시비(是非), 우열(優劣) 따위를 자세하게 평가
하면서 논의한다. 옳고 그름을 비교해가면서(比) 잘 판단
하고 손(扌)으로 지적하면서 시비를 평가하니 [비평하다(批)]
는 뜻이고 [비]로 읽는다.
⑤評(평할 평) 回比(견줄 비)

`필순` 一 十 扌 扌 批 批 批

`기초` 【기초한자어】 익히고, 【기본→발전한자어】 다지기
批點(비점) 시문의 잘된 곳을 찍는 점
批判(비판) 비평하여 판정함
批評(비평) 좋고 나쁨, 옳고 그름을 갈라 말함
• 이번에 발간된 시문에 비점을 찍은 곳이 많아서
호응이 매우 좋았다.
• 그의 연설을 신랄하게 批判하면서 批評集까지 속
간되었으니 많은 참고가 되겠구먼.

`기본` ③批把(비파)

`발전` ②批旨(비지) 批准(비준) ①批頰(비협)

`사자성어` ①匿名批評(익명비평)

	부수	획수	총획
	石	8	13

碑 비석 비 【844】

`4급`

字源 〈형성〉 비석은 훌륭한 업적을 남긴 선조의 사적을 돌에 새겨둔 유물이다. 후세에까지 오래도록 전하려 함이었겠다. 사람의 이름 및 그 행적을 나타내거나 사적이나 업적을 새겨 세운 것이다. 사람이 지나온 업적을 돌(石)에 새겨서 무덤 앞에 야트막하게(卑) 세워 두었으니 [비석(碑)]을 뜻하고 [비]로 읽는다.
回 婢(계집종 비) 卑(낮을 비)

필순 一丆石石石石石石石碑碑碑碑

기초 【기초한자어】 익히고, 【기본 → 발전한자어】 다지기
碑文(비문) 비석에 새긴 글
碑石(비석) 사적을 기념하기 위해 글을 새긴 돌
墓碑(묘비) 죽은 사람의 무덤 앞에 세우는 비석
• 이번에 선조의 墓碑에 새길 碑文을 작성해 주셨다.
• 그동안 많은 세월이 흘러서 묘는 오간 흔적이 없고, 碑石 하나만이 덩그렇게 놓여 있구나.

기본 ④ 建碑(건비) 記念碑(기념비) 頌德碑(송덕비) ③Ⅱ 碑銘(비명) 陵碑(능비)

발전 ① 勒碑(늑비) 頑碑(완비) 苔碑(태비)

사자성어 ④ 口碑文學(구비문학)

숨길 비【845】

부수	획수	총획
示	5	10

字源 〈형성〉 '선(善)'은 남이 보지 않게 베풀라고 하였다. 왼손이 하는 일은 오른손도 모르게 하라고도 하였다. 신은 반드시 알기 때문이리라. 다른 사람이 모르게 감추거나 드러내지 않는 일이다. 신(示)은 은밀히 움직여서 사람들이 반드시(必) 알지 못하도록 그 행적을 오래도록 [숨기다(祕)]는 뜻이고 [비]로 읽는다.
回 祈(빌 기)

필순 一二干干示示和祕祕祕祕

기초 【기초한자어】 익히고, 【기본 → 발전한자어】 다지기
祕密(비밀) 남에게 알리거나 드러내지 않는 일
祕話(비화) 세상에 드러나지 않은 이야기
神祕(신비) 보통 이론과 인식을 초월한 일
• 선생님! 젊은 날의 祕話를 말씀해주시면 합니다.
• 神祕로운 자연의 세계에 대해 그 祕密을 이제야말로 새로 배웠다.

기본 ④ 祕境(비경) 祕文(비문) 祕方(비방) 祕法(비법) 祕書(비서) 祕標(비표) 極祕(극비) 便祕(변비) 祕資金(비자금) ③Ⅱ 祕藏(비장) 祕策(비책) 默祕(묵비) 默祕權(묵비권)

발전 ② 祕苑(비원) ① 祕蘊(비온) 祕讖(비참) 緘祕(함비) 諱祕(휘비)

쏠 사(:)【846】

부수	획수	총획
寸	7	10

字源 〈회의〉 '전력투구' 정신이란 야구와 활쏘기의 운동경기에서 쓰인 용어라 한다. 매사 이런 정신이 반드시 있어야 성공할 수 있을 것이다. 조작해 화살이나 총알 등이 목표물을 향해 나가도록 했다. 명중률을 높이려고 온몸(身)으로 모든 신경을 집중해서 활(寸←矢)을 당겼으니 [쏘다(射)]는 뜻이고 [사]로 읽는다.
동 發(필 발) 回 謝(사례할 사)

필순 ´亻自自自身身身身射射

기초 【기초한자어】 익히고, 【기본 → 발전한자어】 다지기
射手(사수) 대포, 총, 활 따위를 쏘는 사람
射殺(사살) 총이나 활 등으로 쏘아 죽임
反射(반사) 한 방향으로 나간 파동이 되돌아옴
• 사격장에서 射手들이 射殺 훈련에 열중하고 있는 생생한 모습을 보았다.
• 강물에 햇빛이 反射되어 투명하고 얄팍스러운 물비늘을 이루었다.

기본 ④ 射擊(사격) 射線(사선) 射程(사정) 射精(사정) 射出(사출) 亂射(난사) 發射(발사) 放射(방사) 應射(응사) 注射(주사) 投射(투사) 速射砲(속사포) 熱射病(열사병) 日射病(일사병) 曲射砲(곡사포) 放射線(방사선) ③Ⅱ 射殿(사전) ③ 射獵(사렵)

발전 ① 瞰射(감사) 賭射(도사) 輻射(복사) 射圃(사포)

사자성어 ④ 條件反射(조건반사) 直射光線(직사광선)

4급

사사 사【847】

부수	획수	총획
禾	2	7

字源 〈형성〉 일 년 동안 애써 지은 곡식 단을 자기 팔 안에 끌어당긴다. 곡식 단을 품에 안으니 남의 것이 아닌 바로 자기 것이다. 공적으로 쓰인 성질이 아니고 개인적인 성질이 있다는 뜻이다. 일 년 동안 가꾼 볏단(禾)을 팔 안으로 끌어당겨서(厶) 자기 소유로만 삼았으니 [사사롭다(私)]는 뜻이고 [사]로 읽는다.
반 公(공평할 공) 回 秋(가을 추) 松(소나무 송)

필순 ´二千禾禾私私

기초 【기초한자어】 익히고, 【기본 → 발전한자어】 다지기
私兵(사병) 권세를 가진 개인이 사사로이 부린 병사
私服(사복) 관복, 제복이 아닌 보통 옷
私心(사심) 사욕을 채우려는 마음

• 나는 학교에서 귀가하면 꼭 私服으로 갈아입는다.
• 그는 私心이 없다고 했지만 사실은 私兵을 키워 왕위를 찬탈하려고 한다.

기본 ④ 私感(사감) 私見(사견) 私談(사담) 私立(사립) 私腹(사복) 私費(사비) 私事(사사) 私席(사석) 私設(사설) 私食(사식) 私信(사신) 私用(사용) 私有(사유) 私意(사의) 私財(사재) 私的(사적) 私製(사제) 私宅(사택) 私學(사학) 公私(공사) 私祭品(사제품) 私文書(사문서) 私生活(사생활) ③Ⅱ私淑(사숙) 私藏(사장) 私債(사채) 私企業(사기업) ③ 私嫌(사혐)

발전 ② 私憾(사감) 私札(사찰) ① 私艱(사간) 私忿(사분) 私塾(사숙) 私釀(사양) 私煮(사자) 私邸(사저) 私撰(사찬) 私娼(사창) 挾私(협사)

사자성어 ④ 私立學校(사립학교) 私設學院(사설학원) 私有財産(사유재산) ③Ⅱ 私利私慾(사리사욕) ③ 公私多忙(공사다망)

부수	획수	총획
糸	6	12

실 사【848】

字源 〈상형〉 옷을 만들 때 실로 바느질했다. 무명이나 명주에서 나온 실 묶음을 실타래라고 하는데 여러 겹 말았다. 고치, 털, 솜, 삼, 나일론 등을 가늘고 길게 자아내 꼬아서 만든 물건이다. 누에에서 계속 이어서 나온 명주실(糸)의 모양을 본떠서 실타래(糸)로 묶은 큰 덩치의 묶음으로 [실(絲)]을 뜻하고 [사]로 읽는다.
回線(줄 선) 縷(실 루) 역糸

필순 ⌁ ⌁ ⌁ ⌁ ⌁ 糸 糸′ 絲 絲 絲

기초 【기초한자어】 익히고, 【기본→발전한자어】 다지기
金絲(금사) 번쩍번쩍 빛난 금실
原絲(원사) 직물의 원료가 되는 실
鐵絲(철사) 가늘고 길게 만든 금속의 줄
• 펜치로 鐵絲를 구부리면서 다양한 모양을 만든다.
• 직물공장에서는 原絲를 이용한 金絲 옷감을 잘 말아서 만든다.

기본 ④ 絲管(사관) 毛絲(모사) 生絲(생사) 練絲(연사) 製絲(제사) ③Ⅱ綿絲(면사) 絹絲(견사) 牽絲(견사)

발전 ② 蠶絲(잠사) 裁縫絲(재봉사) ②⑧ 絲繩(사승)

사자성어 ④ 絲竹之音(사죽지음) 一絲不亂(일사분란) 製絲工場(제사공장)

부수	획수	총획
辛	12	19

말씀 사【849】

字源 〈회의〉 죄를 다스리기 위해서는 설득력 있게 설명해야만 했었다. 상대의 죄목 시시비비도 낱낱이 분별하여 이야기 했어야만 했다. 상대방의 말을 높이거나 자기 말을 겸손하도록 이르는 말이겠다. 다른 사람의 죄(辛)를 다스리려고(𤔔←亂) 상대방에게 잘 설명하였던 [말(辭)]인바, [말씀(辭)]을 뜻하고 [사]로 읽는다.
回語(말씀 어) 言(말씀 언) 說(말씀 설) 談(말씀 담) 讓(사양할 양) 回亂(어지러울 란) 역辞

필순 ⌁ ⌁⌁ ⌁⌁ ⌁⌁ 𤔲 𤔲 𤔲 𤔲ʻ 辭ʻ 辭

기초 【기초한자어】 익히고, 【기본→발전한자어】 다지기
辭表(사표) 어떤 직에서 물러나겠다는 뜻을 적은 글
修辭(수사) 말이나 글을 다듬고 적절하게 꾸며서 아름답게 하는 일
祝辭(축사) 축하하는 인사의 글이나 말
• 일신상 형편으로 인해 이번에 회사에 辭表를 냈다.
• 선생님의 祝辭에서 修辭가 전혀 이어지지 않았다.

기본 ④ 辭令(사령) 辭說(사설) 辭意(사의) 辭任(사임) 辭典(사전) 辭證(사증) 辭職(사직) 辭退(사퇴) 歌辭(가사) 甘辭(감사) 客辭(객사) 結辭(결사) 固辭(고사) 答辭(답사) 不辭(불사) 頌辭(송사) 式辭(식사) 言辭(언사) 讚辭(찬사) 致辭(치사) 稱辭(칭사) 虛辭(허사) 辭令狀(사령장) 辭職書(사직서) 記念辭(기념사) 功致辭(공치사) 主禮辭(주례사) ③Ⅱ辭決(사결) 辭免(사면) 辭讓(사양) 錯辭(조사) ③ 弔辭(조사)

발전 ② 措辭(조사) 託辭(탁사) 辭旨(사지) 追悼辭(추도사) ②⑧琦辭(기사) 辭柄(사병) ① 嘉辭(가사) 卦辭(괘사) 俚辭(이사) 蕪辭(무사) 媚辭(미사) 駁辭(박사) 跋辭(발사) 辭彙(사휘) 遜辭(손사) 碎辭(쇄사) 軋辭(알사) 諛辭(유사) 貶辭(폄사) 爻辭(효사)

사자성어 ④ 斗酒不辭(두주불사) 美辭麗句(미사여구)

부수	획수	총획
攴	8	12

흩을 산 :【850】

字源 〈형성〉 껍질을 벗긴 삼은 질기고 튼튼하지만 속대는 매우 약하다. 조각조각 부러지면서 가벼워서 자칫 흩뜨린다고 말했다. 여럿이 모인 아이들을 헤쳐서 각각 떨어지게 하다는 뜻이다. 한 곳에 함께(共) 살고 있는 짐승(月)을 긴 채찍을 휘두르면서(攵) 여럿이 나누었으니 [흩뜨리다(散)]는 뜻이고 [산]으로 읽는다.
回分(나눌 분) 解(풀 해) 離(떠날 리) 漫(흩어질 만) 回集(모일 집) 會(모일 회) 社(모일 사) 回肯(즐길 긍)

필순 一 艹 芏 芏 莊 莊 莊 莊 散 散

기초 【기초한자어】 익히고, 【기본→발전한자어】 다지기
散發(산발) 때때로 여기저기서 일어남

4급

分散(분산) 따로따로 흩어짐

解散(해산) 모인 사람이 헤어짐

• 散發的(적)으로 일어난 산불 때문에 鎭火(진화)에 애를 먹었다.

• 따로따로 흩어짐이란 分散과 서로 헤어짐이란 解散은 서로가 다르다.

기본 ④散見(산견) 散官(산관) 散亂(산란) 散賣(산매) 散文(산문) 散髮(산발) 散步(산보) 散藥(산약) 散在(산재) 散調(산조) 散村(산촌) 散花(산화) 散華(산화) 散會(산회) 各散(각산) 發散(발산) 陰散(음산) 離散(이산) 閑散(한산) 散漫(산만) 集散地(집산지) 散彈銃(산탄총) ③①散策(산책) 奔散(분산) 胃散(위산) ③散漫(산만) 散料(산료) 霧散(무산) 擴散(확산)

발전 ②沮散(저산) 散鬱(산울) ②⑧聚散(취산) ①耗散(모산) 槃散(반산) 潑散(발산) 魄散(백산) 徙散(사산) 散橫(산박) 散頒(산반) 泄散(설산) 蕭散(소산) 靄散(애산) 酒散(인산) 凋散(조산) 飄散(표산)

사자성어 ④離合集散(이합집산)

부수	획수	총획
豕	5	12

코끼리 상【851】

字源 〈상형〉 코끼리는 코가 크고 몸집도 크다. 그래서 코끼리를 가리켜 '거구'라고 한다. 웬만한 짐승들이 덤벼들다간 큰코다친다. 현재 땅 위에 사는 동물 가운데에서 가장 큰 짐승이다. 덩치가 큰 코끼리 코와 귀를 두루 본떠서 [코끼리(象)]를 뜻했지만 아직 실물은 보지 못했으니 [형상(象)]을 뜻하고 [상]으로 읽는다.
⑤形(모양 형) ⑪像(모양 상)

필순

기초 【기초한자어】 익히고, 【기본→발전한자어】 다지기

假像(가상) 거짓 물상

印象(인상) 어떤 대상을 보거나 들었을 때 사람 마음에 주는 느낌

現象(현상) 눈앞에 나타나 보이는 사물의 형상

• 인류에 영향을 끼친 假像의 인물에 대한 상상의 편지를 쓰도록 했으면 한다.

• 작년 여름의 열대야 現狀이 印象에 남았다.

기본 ④象形(상형) 觀象(관상) 具象(구상) 氣象(기상) 對象(대상) 物象(물상) 表象(표상) 形象(형상) ③①象牙(상아) 象徵(상징) 觀象臺(관상대) ③抽象(추상)

발전 ②象罔(상망) 象膽(상담) ②⑧象魏(상위) ①卦象(괘상) 象胥(상서) 象橧(상즐) 犧象(희상)

사자성어 ④象形文字(상형문자) 千態萬象(천태만상) ③①森羅萬象(삼라만상)

부수	획수	총획
人	11	13

다칠 상【852】

字源 〈형성〉 전공을 세우기 위해서는 적군을 많이 잡고 아군의 부상이 별로 없어야 한다. 싸우다 보면 서로가 많이 다치고 죽기도 하는 등 치열했다. 아군과 적군이 서로 부딪치어 넘어져서 상처를 입었다. 대항한 적군(亻)에게 몸을 다쳐서 활동을 할 수 없을 만큼 상처(昜)가 심하니 [다치다(傷)]는 뜻이고 [상]으로 읽는다.
⑤害(해할 해) 痍(상처 이) 愴(슬플 창) ⑪場(마당 장) 楊(버들 양) 湯(끓일 탕)

필순

기초 【기초한자어】 익히고, 【기본→발전한자어】 다지기

傷處(상처) 몸의 다친 자리

傷害(상해) 남의 몸에 상처를 내어 해를 입힘

感傷(감상) 마음에 느끼어 슬퍼함

• 傷處의 감염을 막기 위해 항생제 治療를 한다.

• 그에게 傷害를 입은 이후로 感傷에 빠졌다.

기본 ④傷心(상심) 輕傷(경상) 落傷(낙상) 負傷(부상) 殺傷(살상) 色傷(색상) 損傷(손상) 食傷(식상) 外傷(외상) 中傷(중상) 重傷(중상) 創傷(창상) 銃傷(총상) 火傷(화상) 致命傷(치명상) 破傷風(파상풍) ③①凍傷(동상) 裂傷(열상) ③毁傷(훼상)

발전 ②刃傷(인상) 傷悼(상도) ①傷痙(상경) 傷痍(상이) 傷痤(상좌) 傷瑳(상차) 傷涕(상체) 傷悴(상췌) 傷惻(상측) 傷痕(상흔) 鞍傷(안상) 夭傷(요상) 冤傷(원상) 痍傷(이상) 挫傷(좌상) 擦傷(찰상)

부수	획수	총획
宀	6	9

베풀 선【853】

字源 〈형성〉 임금님은 근정전이나 선정전 같은 대궐에서 집무를 보았다. 문무 대신들에게 지엄한 조서를 내리며 어진 정사를 폈던 것이다. 도움이나 은혜, 자선 그리고 축복을 받아 누린다는 뜻이다. 임금이 선정전 같은 큰 집(宀)에서 긴 조서를 내려서 어진 정사를 잘 폈으니(亘) [베풀다(宣)]는 뜻이고 [선]로 읽는다.
⑤設(베풀 설) 施(베풀 시) 布(베/펼 포) ⑪宜(마땅 의)

필순

기초 【기초한자어】 익히고, 【기본→발전한자어】 다지기

宣告(선고) 선언하여 널리 알림

宣明(선명) 일정한 사실을 분명하게 널리 말하여 밝힘

宣言(선언) 널리 펴서 말함. 외부에 정식으로 표명함

4급

• 3.1절 기념식에 독립 宣言文(문)이 낭독되었다.
• 교통 위반으로 벌금형이 宣告되자 이에 대한 宣明까지 계속 이어졌다.

기본 ④宣教(선교) 宣傳(선전) 宣布(선포) 宣教師(선교사) 宣傳官(선전관) ③旬宣(순선) 宣政殿(선정전) ③宣騰(선등) 宣誓(선서)

발전 ②宣旨(선지) 宣尼(선니) 宣託(선탁) ①宣撫(선무) 宣喚(선환) 宣洽(선흡)

사자성어 ③I國威宣揚(국위선양)

부수	획수	총획
舌	0	6

혀 설 【854】

字源 〈회의〉 혀는 음식 맛을 알게 하고 침을 내서 목으로 넘겨 삼키도록 돕는다. 또한 말을 하는 중요한 기관이 되어 의사를 전달한다. 동물의 입안에 붙어 맛을 구별하고 음식을 씹고 삼키는 육질 기관이다. 사람이 입(口)으로 음식을 먹거나 말을 할 때에 마치 방패(干)의 역할이 되었던 [혀(舌)]를 뜻하고 [설]로 읽는다.
回活(살 활) 古(예 고)

필순

기초 【기초한자어】익히고, 【기본→발전한자어】다지기
舌音(설음) 혀를 움직여서 내는 자음
舌戰(설전) 말다툼
毒舌(독설) 악독한 혀를 놀려 남을 해치는 말
• 국어시간에 'ㅅ'을 舌音으로 분류할 수 있겠는지 舌戰이 오갔다.
• 친구의 毒舌에 그저 정신이 멍해졌다.

기본 ④口舌(구설) 筆舌(필설) 舌端(설단) 口舌數(구설수) 長廣舌(장광설) ③I舌禍(설화)

발전 ②舌癌(설암) ①掉舌(도설) 舌鋒(설봉) 鶯舌(앵설)

사자성어 ②喉舌之臣(후설지신)

부수	획수	총획
尸	18	21

붙일 속 【855】

字源 〈형성〉 등뼈가 있는 고등동물을 흔히 척추동물이라고 한다. 원숭이와 개는 등뼈에 이어져 꼬리가 붙어있는 특징이라고 한다. 등뼈가 서로 맞닿아서 떨어지지 않도록 야무지게 붙어 있는 것이다. 짐승이나 벌레(蜀)의 꼬리(尸←尾)가 등뼈에 바짝 붙어 잘 이어져 있으므로 [붙이다(屬)]는 뜻이고 [속]으로 읽는다.

圖着(붙을 착) 附(붙을 부) 回獨(홀로 독) 囑(부탁할 촉) 回属

필순

기초 【기초한자어】익히고, 【기본→발전한자어】다지기
屬性(속성) 사물이 지니고 있는 특징이나 성질
所屬(소속) 일정한 기관이나 단체에 속함
從屬(종속) 주되는 것에 딸려 붙음
• 물질에 대한 屬性부터 따져 보아야 한다.
• 한때 그와 같은 所屬이었지만, 從屬되지는 않았다.

기본 ④屬國(속국) 屬島(속도) 屬文(속문) 貴金屬(귀금속) 家屬(가속) 歸屬(귀속) 等屬(등속) 配屬(배속) 部屬(부속) 非金屬(비금속) 轉屬(전속) 專屬(전속) 族屬(족속) 尊屬(존속) 直屬(직속) 重金屬(중금속) ③I附屬(부속) 卑屬(비속) 吏屬(이속) 還屬(환속) ③屬僚(속료) 隷屬(예속)

발전 ②屬厭(촉염) 屬託(촉탁) ①寮屬(요속) 綾屬(능속)

사자성어 ④直屬上官(직속상관)

부수	획수	총획
手	10	13

덜 손 : 【856】

字源 〈형성〉 동전은 지폐에 비하여 무겁고 잃어버리기 쉽다. 주머니에 넣어 둔 동전을 잃어버리면 손해를 보겠다. '덜다'는 더 적은 상태로 되게 한다. 일정한 수량을 전체 분량에서 떼 낸다는 의미이다. 자기 손(扌)에 쥐었던 둥근(員) 동전을 그만 놓쳐서 잃었으니 돈이 없어져 [덜다(損)]는 뜻이고 [손]으로 읽는다.

圖失(잃을 실) 害(해할 해) 減(덜 감) 除(덜 제) 傷(다칠 상) 貶(낮출 폄) 回加(더할 가) 益(더할 익) 增(더할 증) 得(얻을 득) 回員(인원 원) 投(던질 투) 捐(버릴 연)

필순

기초 【기초한자어】익히고, 【기본→발전한자어】다지기
缺損(결손) 축이 나거나 손해가 남
損失(손실) 축나서 없어짐
損害(손해) 남에게 빼앗겨 좋지 않게 된 상태
• 경기 불황으로 재고가 누적되어 損失폭이 컸다.
• 더 이상 큰 損害를 보아 缺損이 나기 전에 모든 물량을 처분해야겠다.

기본 ④損傷(손상) 損益(손익) 損財(손재) 家損(가손) 減損(감손) 破損(파손) ③I損壞(손괴) 貸損(대손) 換差損(환차손) ③汚損(오손)

발전 ②損胎(손태) ①耗損(모손) 損耗(손모) 損貶(손폄) 貶損(폄손) 朽損(후손)

사자성어 ③名譽毀損(명예훼손)

4급

부수	획수	총획
木	4	8

소나무 송 【857】

字源 〈형성〉소나무는 땔감이나 목재를 준다. 제재소에서 켜면 널빤지나 각목도 주어 사람들에게 이롭게 쓰이고 있는 나무다. 송유송(松油松)·여송(女松)·자송(雌松)·청송(靑松) 등으로 부르는 나무다. 나무(木) 중에서도 사람에게 널리(公) 이롭고 편리하게 쓰인 나무라고 한 [소나무(松)]를 뜻하고 [송]으로 읽는다.
回 秋(가을 추) 私(사사 사)

필순 一 十 才 才 才 朷 松 松

기초 【기초한자어】익히고, 【기본→발전한자어】다지기
松葉(송엽) 소나무의 잎
老松(노송) 늙은 소나무
靑松(청송) 푸른 솔
• 추석에는 松葉을 깔고 송편을 빚어서 모신다.
• 변하지 않는 靑松처럼, 묵묵한 저 老松처럼 꼭 그렇게만 살았으면.
기본 ④ 松林(송림) 松竹(송죽) 松花(송화) 赤松(적송) ③1 盤松(반송) 菜松花(채송화)
발전 ② 松柏(송백) 松脂(송지) 松津(송진) ②3 松檜(송회) ① 喬松(교송) 松喬(송교) 松濤(송도) 松煤(송매) 松肪(송방) 松秧(송앙)
사자성어 ④ 落落長松(낙락장송)

부수	획수	총획
頁	4	13

기릴 송 : 【858】

字源 〈형성〉강감찬 장군은 얼굴은 못생겼으나 인품과 덕망만은 훌륭하였다고 알려진다. '기리다'는 위대한 사람들의 우수한 점과 업적을 칭찬하고 기억하는 것을 의미한다. 훌륭한 업적을 기리는 일이다. 나라 안팎에서 얼굴(頁)과 인품이 훌륭하여 모든(公) 사람들이 칭찬하면서 [기리다(頌)]는 뜻이고 [송]으로 읽는다.
圄 讚(기릴 찬) 稱(일컬을 칭) 譽(기릴/명예 예) 回 領(거느릴 령) 額(이마 액)

필순 ' 八 公 公 公 公 公 公 公 公 公 公 公

기초 【기초한자어】익히고, 【기본→발전한자어】다지기
頌歌(송가) 공덕을 찬미하는 노래
頌辭(송사) 공덕을 찬송하는 말
讚頌(찬송) 덕을 기리고 찬양함
• 그는 이번 졸업식에서 頌辭를 맡기로 했다.

• 설교를 듣기 전에 頌歌를 부르는 讚頌시간이다.
기본 ④ 頌德(송덕) 頌祝(송축) 稱頌(칭송) 頌德碑(송덕비) 主婦頌(주부송)
발전 ① 偈頌(게송) 謳頌(구송) 攄頌(터송)

부수	획수	총획
禾	2	7

빼어날 수 【859】

字源 〈형성〉봄에 심은 벼가 따뜻한 햇볕과 비를 맞고 여름에 쑥쑥 자란다. 가을이 되면 벼 이삭의 맺음이 좋아 풍년가를 불렀다. 여럿 가운데에서 특히 두드러지게 영리하여 뛰어나다고 한다. 가을이 되어 벼이삭(禾)이 길게 패어서 (丿) 고개 숙이고(乃) 열매 맺음이 특별히 [빼어나다(秀)]는 뜻이고 [수]로 읽는다.
圄 優(넉넉할 우) 傑(뛰어날 걸) 俊(준걸 준) 挺(빼어날 정)
回 李(오얏 리) 季(계절 계) 委(맡길 위)

필순 一 二 千 禾 禾 秀 秀

기초 【기초한자어】익히고, 【기본→발전한자어】다지기
秀麗(수려) 산수의 경치나 사람의 얼굴이 빼어남
秀才(수재) 학문과 재능이 매우 뛰어난 사람
優秀(우수) 여럿 가운데 아주 뛰어남
• 정상에 올라 내려다 본 산세가 참으로 秀麗하다.
• 이번 신입사원 모집에서는 어느 때보다 優秀한 秀才들이 많이 모였다.
기본 ④ 秀英(수영) 俊秀(준수)
발전 ② 閨秀(규수) 鬱秀(울수) ②3 峻秀(준수) ① 秀爽(수상) 秀粹(수수) 秀聳(수용) 秀挺(수정) 挺秀(정수) 擢秀(탁수)

부수	획수	총획
又	6	8

아재비 숙 【860】

字源 〈형성〉아버지와 작은 아버지의 사이처럼 한 꼬투리 속의 콩들은 서로가 형제간이 된다. 다음 세대와는 서로 [아재비] 사이다. 삼촌뻘인 '아저씨'를 좀 더 낮추어 친근하게 이르는 말이다. 한 꼬투리에 여러 개의 콩(朩←叔)이 자라면서 또 다음(又) 세대와 사이는 삼촌 간으로 [아재비(叔)]를 뜻하고 [숙]으로 읽는다.
回 姪(조카 질) 回 淑(맑을 숙) 寂(고요할 적)

필순 ' 卜 卜 才 才 求 叔 叔

기초 【기초한자어】익히고, 【기본→발전한자어】다지기
叔行(숙항) 아저씨뻘이 되는 항렬

叔父(숙부) 아버지의 아우
堂叔(당숙) '종숙'의 친근한 일컬음
• 叔行뻘 되는 叔父님은 문중 일을 도맡아 하신다.
• 집안에 제일 큰 어른이신 堂叔께서는 가끔 우리
집으로 오신다.
기본 ④外叔(외숙) 外叔母(외숙모) ③叔姪(숙질)
발전 ②鮑叔牙(포숙아) ①嫂叔(수숙) 叔舅(숙구) 媤叔
(시숙)

부수	획수	총획
聿	7	13

엄숙할 숙【861】

字源 〈회의〉서커스를 할 때 아슬아슬한 장면을 보면 긴장하여
자못 엄숙해진다. 연못에서 막대기를 잡고 있는 것도 아
마 마찬가지였겠다. 사람은 얼굴에 위엄기가 있어서 매우
장엄하고 정숙하다. 연못(淵)에서 긴 막대기(丨)를 손(⺕)
에 쥐어 주면서 구제하려는 위험한 기분으로 [엄숙하다(肅)]
는 뜻이고 [숙]으로 읽는다.
圖嚴(엄할 엄) 虔(공경할 건) 回肅

필순

기초 【기초한자어】 익히고, 【기본→발전한자어】 다지기
肅然(숙연) 고요하고 엄숙함
肅正(숙정) 엄격히 바로 잡음
自肅(자숙) 스스로 행동을 조심하는 것
• 매우 肅然한 분위기 속에서 장례 예배를 보았다.
• 공직사회의 肅正을 단행하여 부정이 발각된 장관
은 自肅에 들어갔다.
기본 ④肅軍(숙군) 肅黨(숙당) 肅拜(숙배) 肅淸(숙청) 嚴肅
(엄숙) 靜肅(정숙) ③肅啓(숙계)
발전 ②雍肅(옹숙) ①恪肅(각숙) 虔肅(건숙) 匡肅(광숙) 肅虔
(숙건) 肅澄(숙징)

부수	획수	총획
山	8	11

높을 숭【862】

字源 〈형성〉산이 높고 커서 웅장하면 고개를 쳐들어 보면서
과연 높다고 생각한다. 지위가 높은 어른도 높이 받들어
공경의 예를 표한다. 자기 몸가짐을 조심스럽게 하여 어
른을 받들어 모셨다. 산(山)을 매우 높게만(宗) 생각했으
니 [공경하다(崇)]는 뜻과 함께 웃어른을 정성껏 [높이다(崇)]
는 뜻이고 [숭]으로 읽는다.
圖高(높을 고) 卓(높을 탁) 尊(높을 존) 隆(높을 륭) 尙
(오히려 상) 回宗(마루 종)

필순

기초 【기초한자어】 익히고, 【기본→발전한자어】 다지기
崇高(숭고) 존엄하고 고상함
崇拜(숭배) 거룩하게 높이어 공경함
崇尙(숭상) 높이어 소중하게 여김
• 그는 사람들의 敬慕(경모)와 崇拜를 한 몸에 받는다.
• 돌아가신 분의 崇高한 넋을 기려 崇尙하기로 했다.
기본 ③Ⅰ崇慕(숭모) 隆崇(융숭)
발전 ②崇棟(숭동) ②崇峻(숭준) ①崇曠(숭광) 崇緬(숭면)
崇祠(숭사) 崇蘊(숭온) 崇阻(숭조) 蘊崇(온숭)

부수	획수	총획
氏	0	4

각시 씨【863】

字源 〈상형〉한 나무에서 뻗은 뿌리는 곧은 것도 있지만 굽은 것
도 있다. 장애물이 있거나 영양분이 많은 곳을 찾아서 길게
뻗는다. 특정 인물을 시조로 하여 대대로 내려오는 혈연
집단이다. 나무 뿌리가 땅에서 깊숙하게 뻗거나 장애물로
인해 땅 위로 나온 것도 같은 나무뿌리로 [각시/성씨(氏)]
를 뜻하고 [씨]로 읽는다.
圖姓(성 성) 回民(백성 민)

필순

기초 【기초한자어】 익히고, 【기본→발전한자어】 다지기
氏族(씨족) 그 조상의 직계를 수장으로 하는 사회 집단
姓氏(성씨) 성을 높여 부르는 말
諸氏(제씨) '여러분'의 뜻으로 쓰는 말
• 부족사회는 혈연을 바탕으로 한 氏族을 구성단위
로 한다.
• 諸氏께서는 우리나라 姓氏 분포를 잘 알고 계시는가.
기본 ④季氏(계씨) 李氏(이씨) 朴氏(박씨) 宗氏(종씨) 創氏
(창씨) 兄氏(형씨) 無名氏(무명씨) ③Ⅰ伯氏(백씨) 沈氏
(심씨) ③郭氏(곽씨) 某氏(모씨)
발전 ②葛天氏(갈천씨) ②芮氏(예씨) 曹氏(조씨) 伏羲氏
(복희씨) 夏禹氏(하우씨) ①舅氏(구씨) 冶氏(야씨)
匠氏(장씨)
사자성어 ④氏族社會(씨족사회) 創氏改名(창씨개명) ②呂
氏春秋(여씨춘추)

부수	획수	총획
頁	9	18

이마 액【864】

字源 〈형성〉 사람 수효를 헤아릴 때 흔히 이마 부분을 손가락으로 가리킨다. 이마가 사람을 대표하여 가끔 운세를 점치기도 했다. 얼굴 눈썹 위로부터 머리털이 난 부분까지의 사이를 말한다. 먼 길 간 손님(客)을 전송할 때에 머리(頁)를 조아리며 정중하게 인사하는 부분으로 [이마(額)]를 뜻하고 [액]으로 읽는다.

통 頁(머리 혈) 回 顏(낯 안)

필순 `丶宀疒安客客額額額額`

기초 【기초한자어】 익히고, 【기본 → 발전한자어】 다지기
巨額(거액) 많은 액수의 금액
殘額(잔액) 나머지 금액
差額(차액) 어떤 액수에서 다른 어떤 액수를 감한 나머지
• 巨額의 기부금을 사회에 다시 내놓았다는 말에 박수를 보냈다.
• 선금을 내고 差額까지 지불하니 이제는 殘額이 얼마 남지 않았다.

기본 ④ 額面(액면) 額數(액수) 額子(액자) 價額(가액) 加額(가액) 減額(감액) 高額(고액) 廣額(광액) 金額(금액) 多額(다액) 半額(반액) 倍額(배액) 少額(소액) 全額(전액) 定額(정액) 題額(제액) 增額(증액) 總額(총액) ③Ⅰ 偏額(편액)

발전 ② 遮額(차액) 焦額(초액) ②⑧ 扁額(편액)

부수	획수	총획
木	11	15

모양 양【865】

字源 〈형성〉 도토리나무는 물을 많이 흡수한다. 특히 물에 잘 썩지 않는 단단한 나무라고 알려진다. 모양이란 겉으로 나타나는 생김새나 형상이며, 치장하거나 다듬어서 드러나거나 은은하게 풍긴다. 양(羊)의 창자처럼 긴(永) 모양의 나무(木)라는 데서 [상수리나무(樣)]라 했으니 [모양(樣)]을 뜻하고 [양]으로 읽는다.

통 形(모양 형) 相(서로 상) 態(모습 태) 姿(모양 자) 像(모양 상) 貌(모양 모)

필순 `十木ギギギギ样桙樣樣`

기초 【기초한자어】 익히고, 【기본 → 발전한자어】 다지기
樣式(양식) 일정한 모양과 방식
多樣(다양) 모양이나 양식이 여러 가지로 많음
模樣(모양) 겉으로 나타나는 생김새나 됨됨이
• 여러 가지의 模樣을 한 과자들이 잘 진열되어 있다.
• 주민센터에는 多樣한 樣式이 있어 무엇을 선택해야 할지 잘 모르겠다.

기본 ④ 樣相(양상) 樣態(양태) 各樣(각양) 見樣(견양) 每樣(매양) 文樣(문양) 成樣(성양) 外樣(외양) ③Ⅰ 貌樣(모양)

발전 ② 網樣質(망양질) ① 髓樣(수양)
사자성어 ④ 各樣各色(각양각색)

부수	획수	총획
口	17	20

엄할 엄【866】

字源 〈형성〉 부하를 지휘하는 대장은 우렁찬 호령과 따뜻한 인간애를 발휘했다. 그래서 대장은 전쟁을 성공적으로 이끌 수 있다 한다. '엄하다'는 철저하여 위엄이 있고, 딱딱하고 인정 없이 냉정하다는 뜻이다. 대장(厂)이 험한 얼굴로 부르는(吅) 명령이 엄중하여(敢) 부하들이 따르니 [엄하다(嚴)]는 뜻이고 [엄]으로 읽는다.

통 肅(엄숙할 숙) 峻(높을/준엄할 준) 回 巖(바위 암) 역 厳

필순 `丶口吕吅严严严严唇唇嚴嚴`

기초 【기초한자어】 익히고, 【기본 → 발전한자어】 다지기
嚴格(엄격) 언행이 엄숙하고 딱딱함
嚴選(엄선) 엄하게 가려 냄
嚴親(엄친) 엄하게 길러 주는 어버이라는 뜻
• 嚴格한 규제와 嚴選된 재료로 제품을 생산한다.
• 지금 존경하는 嚴親을 찾아뵙고 오는 길이다.

기본 ④ 嚴禁(엄금) 嚴命(엄명) 嚴密(엄밀) 嚴罰(엄벌) 嚴守(엄수) 嚴修(엄수) 嚴肅(엄숙) 嚴正(엄정) 嚴重(엄중) 戒嚴(계엄) 冷嚴(냉엄) 無嚴(무엄) 森嚴(삼엄) 威嚴(위엄) 尊嚴(존엄) 至嚴(지엄) 華嚴經(화엄경) ③Ⅰ 莊嚴(장엄) 森嚴(삼엄) ③ 謹嚴(근엄) 俊嚴(준엄)

발전 ② 嚴酷(엄혹) 嚴旨(엄지) ②⑧ 嚴峻(엄준) 峻嚴(준엄) 楞嚴經(능엄경) ① 凜嚴(늠엄) 嚴苛(엄가) 嚴虔(엄건) 嚴譴(엄견) 嚴剋(엄극) 嚴麓(엄록) 嚴慄(엄률) 嚴烽(엄봉) 嚴棲(엄서) 嚴悉(엄실) 嚴毅(엄의) 嚴礁(엄초) 嚴憚(엄탄)

사자성어 ④ 嚴冬雪寒(엄동설한) ③Ⅰ 嚴父慈母(엄부자모) 嚴妻侍下(엄처시하)

부수	획수	총획
臼	7	14

더불 여 :【867】

字源 〈회의〉 웃어른을 찾아뵙고 마음의 선물을 정성껏 드리는 것은 전해오는 우리네 미풍이었다. 주고받음의 따뜻한 인정이 흐른 것이다. 타인과 이웃 간에 서로 갖도록 건네주거나 베풀었다. 사람이 서로 손(臼)을 맞잡고 (廾) 마음을 함께하면서 깊은 정을 주고(与) 받았으니 [더불다(與)]라는 뜻이고 [여]로 읽는다.

통 給(줄 급) 授(줄 수) 贈(줄 증) 賜(줄 사) 參(참여할 참/

4급

석 삼) 回野(들 야) 受(받을 수) 回興(일 흥) 輿(수레 여)
回与

필순 丿 亻 亻 亻 亻 臼 臼 甪 甪 輿 輿

기초 【기초한자어】익히고, 【기본→발전한자어】다지기
輿件(여건) 주어진 조건
輿否(여부) 그러함과 그러하지 아니함
給與(급여) 봉급이나 임금 등의 총칭
• 給與 자동이체를 위해 은행에 가야만 하겠구나.
• 사실 輿否를 확인하여 輿件에 맞도록 곧 발표를
할 예정이다.

기본 ④與黨(여당) 與論(여론) 與受(여수) 與信(여신) 與野
(여야) 干與(간여) 關與(관여) 寄與(기여) 對與(대여)
受與(수여) 授與(수여) 參與(참여) 許與(허여) 賞與金
(상여금) ③貸與(대여) 供與(공여) 附與(부여) 賦與(부여)
讓與(양여) ③贈與(증여) 贈與稅(증여세)

발전 ②藍輿(남여) ①輿偕(여해)

사자성어 ④與民同樂(여민동락) ③生殺與奪(생살여탈)

부수	획수	총획
土	8	11

지경 역【868】

字源 〈형성〉 적의 침입을 막기 위해서 국경을 튼튼히 방비했다.
이는 나라를 지키는 국방의 의무이며 빈틈없는 경계 태세
를 갖추었다. 나라나 지역의 구간을 가르는 경계를 지경
이라고 말한다. 혹시(或) 다른 나라로부터 침입을 받으나
않을까 염려되는 땅(土)으로 나라의 국경인 [지경(域)]
을 뜻하고 [역]으로 읽는다.
圄區(지경 구) 界(지경 계) 境(지경 경) 回或(혹 혹)

필순 一 十 土 圠 圠 圻 圻 域 域 域

기초 【기초한자어】익히고, 【기본→발전한자어】다지기
域內(역내) 구역 또는 지역의 안
區域(구역) 일정한 기준에 의하여 갈라놓은 지역이
나 범위
領域(영역) 어떤 나라의 주권이 미치는 범위
• 각자가 맡은 域內의 區域을 깨끗이 청소하도록
이렇게 담당구역을 정했구나.
• 동물들은 領域 싸움에서 가끔 목숨을 잃기도 한다.

기본 ④界域(계역) 光域(광역) 廣域(광역) 流域(유역) 墓域
(묘역) 聖域(성역) 水域(수역) 音域(음역) 異域(이역)
全域(전역) 地域(지역) ③兆域(조역)

발전 ②疆域(강역) 槿域(근역) 禹域(우역) ①灌域(관역) 奧域
(오역) 肇域(조역) 壚域(허역)

부수	획수	총획
日	4	8

바꿀 역
쉬울 이 : 【869】

字源 〈상형〉 도마뱀은 머리와 몸뚱이에서 광채가 난다. 또한
햇빛을 받아 빛깔이 자주 변하기도 한다. 이전과 다른 것
으로 바뀐 것이다. 행하는 데 있어서 그다지 많은 수고나
노력이 필요치 않다. 어린 도마뱀 모양을 본떠서 그 빛깔
이 [바뀌다(易)] 혹은 그 빛깔을 자주 바꾸기가 [쉽다(易)]
는 뜻이고 [역/이]로 읽는다.
圄貿(무역할 무) 回難(어려울 난) 回場(마당 장) 是(이/
옳을 시)

필순 丨 冂 冂 日 日 馬 易 易

기초 【기초한자어】익히고, 【기본→발전한자어】다지기
交易(교역) 서로 물건을 사고팔아 바꿈
周易(주역) 중국의 점에 관한 책
容易(용이) 아주 쉬움
• 반도지형은 여러 나라와 交易하기에 容易하다.
• 어려운 周易을 해독하기에 오랜 시간이 걸렸다.

기본 ④易經(역경) 易書(역서) 易學(역학) 簡易(간이) 安易
(안이) 便易(편이) 平易(평이) ③貿易(무역) 密貿易
(밀무역)

발전 ①凱易(개이) 嘽易(치이) 諧易(해이)

사자성어 ③易地思之(역지사지)

부수	획수	총획
廴	4	7

늘일 연【870】

字源 〈형성〉 다리를 다치면 잘 걷지 못한다. 지팡이나 목발에
의지하기도 하지만 다친 다리 때문에 질질 끌면서 걸을
수밖에 없다. 두 손으로 힘차게 당겨 본디보다 더 길게 하
는 일이라 하겠다. 지루한 영토 분쟁을 위한 전쟁으로 다
리(足)를 다쳐서 발을 끌며(丿) 걸어가니(廴) [늘이다(延)]
는 뜻이고 [연]으로 읽는다.
圄遲(더딜 지) 回急(급할 급) 速(빠를 속) 回廷(조정 정)

필순 丿 亻 千 千 正 延 延

기초 【기초한자어】익히고, 【기본→발전한자어】다지기
延見(연견) 맞아들이어 만나봄
延期(연기) 정한 때를 뒤로 물림
延長(연장) 시간이나 물건의 길이 따위를 처음에 정
한 것보다 더 늘림
• 기상악화로 이번 경기가 다음날로 延期되었다.

• 연일 관객이 밀려와 延見하느라, 공연기간을 그만
延長하기로 했다는구나.

[기본] ④ 延吉(연길) 延命(연명) 延着(연착) 順延(순연) 延人員(연인원) ③Ⅱ 延拂(연불) 延滯(연체) 遷延(천연) ③ 遲延(지연)

[발전] ② 延建坪(연건평) ②8 延祚(연조) ① 蔓延(만연) 延瞰(연감) 延頸(연경) 延眷(연권) 延亘(연긍) 延齡(연령) 延叱(연질) 呪延(주연)

부수	획수	총획
火	12	16

탈 연 【871】

[字源] 〈회의〉 수렵하여 잡은 짐승이나 개 같은 가축을 잡으면 불을 피워서 구워 먹었다. 날 것으로 먹을 때보다 훨씬 맛이 있었으리라. 전체가 불이 붙어서 번지거나 불꽃이 활화산 되어 일어난다. 개와 같은 털이 있는 짐승을 잡아서 타는 불(火) 위에 올려 터럭을 뽑아 사르니(然) [타다(燃)]는 뜻이고 [연]으로 읽는다.
圖 燒(사를 소) 回 然(그럴 연)

[필순] ゛ 火 炒 炒 炒 炒 燃 燃 燃 燃

[기초] 【기초한자어】 익히고, 【기본→발전한자어】 다지기
燃燈(연등) 등을 달고 불을 켜는 명절의 뜻. 사월 초파일에 행함
燃料(연료) 불 때는 데에 쓸 감
內燃(내연) 기관의 기통 속에서 불이 탐
• 사찰마다 부처님 오신 날에 燃燈제가 열렸다.
• 內燃에 의하거나 燃料 부족으로 달리던 자동차가 도로에 멈춰 섰다.

[기본] ④ 不燃(불연) 再燃(재연) 可燃性(가연성) ③Ⅱ 燃燒(연소)

[발전] ① 燃犀(연서)

부수	획수	총획
糸	9	15

인연 연 【872】

[字源] 〈형성〉 천이 떨어지거나 실이 끊어지면 실 끝으로 매듭져 잇는다. 한 끝으로 인하여 이어지면 실이 인연되어 꿰맨 것이다. 사람과 사람 사이의 연분이나 사람이 상황이나 사물과 맺어지는 관계다. 중간에 끊어졌던(彖) 실(糸) 끝으로 인하여 매듭지어 이어졌으니 쭈욱 서로가 [인연(緣)]임을 뜻하고 [연]으로 읽는다.

[통] 因(인할 인) 回 綠(푸를 록) 錄(기록할 록) 祿(녹 록) 약 縁

[필순] ' 幺 幺 糸 糸 糽 紵 綿 絲 緣 緣

[기초] 【기초한자어】 익히고, 【기본→발전한자어】 다지기
緣分(연분) 하늘에서 마련한 인연
結緣(결연) 인연을 맺는 것
惡緣(악연) 좋지 못한 인연
• 그와 만남은 하늘이 맺어준 緣分 때문에 매우 쉽게 결연되었다.
• 좋은 인연으로 맺은 結緣도 있지만, 대단히 좋지 못한 惡緣도 있다.

[기본] ④ 緣故(연고) 緣邊(연변) 緣由(연유) 奇緣(기연) 內緣(내연) 因緣(인연) 絕緣(절연) 地緣(지연) 學緣(학연) 血緣(혈연) ③Ⅱ 緣飾(연식)

[발전] ② 塵緣(진연) 魔緣(마연) 傘緣(산연) 緣膜(연막) 絕緣劑(절연제) ① 攀緣(반연) 絆緣(반연) 緣竿(연간) 緣橘(연귤) 緣綺(연기)

[사자성어] ④ 緣木求魚(연목구어)

부수	획수	총획
金	5	13

납 연 【873】

[字源] 〈형성〉 호수나 늪의 물은 맑지 못해 푸른빛을 띤다. 수심이 깊다 보면 잿빛을 띠게 되어서 바닥까지는 훤히 잘 보이지는 않는다. 옛날부터 연금술사들은 납을 가장 오래된 금속으로 생각했다. 깊은 호수나 늪(㕣)의 아늑한 물빛처럼 푸르스름한 잿빛을 띠는 금속(金)으로 [납(鉛)]을 뜻하고 [연]으로 읽는다.
回 沿(물 따라갈 연) 약 鈆

[필순] ノ 仁 午 牟 金 釒 釦 釦 釦 鉛 鉛

[기초] 【기초한자어】 익히고, 【기본→발전한자어】 다지기
鉛筆(연필) 흑연 가루를 찰흙에 섞어서 잘 구워서 심을 만든 필기구
亞鉛(아연) 금속의 한 가지
黑鉛(흑연) 육방정계에 딸린 순수한 탄소로 된 광물
• 유치원생 조카는 鉛筆 쥐는 연습을 하고 있다.
• 금속의 한 가지인 亞鉛도 있지만, 연필을 만든 원료인 黑鉛도 있다.

[기본] ③Ⅱ 鉛版(연판)

[발전] ② 酸化鉛(산화연) 黃酸鉛(황산연) ① 鉛膏(연고) 鉛錘(연추)

4급

부수	획수	총획
日	5	9

비칠 영(ː) 【874】

字源 〈형성〉해는 지구상의 모든 물체를 밝게 비춰주며 생물이 잘 자랄 수 있는 힘도 준다. 세상 조화의 순리이며 근본이 되는 원리다. 빛이 다다라서 환하게 되거나 모습이 드러나거나 아롱거린다. 어두운 밤이 지나고 밝은 햇빛(日)이 하늘 가운데(央)에서 세상 물체를 밝고 원하게 [비추다(映)]는 뜻이고 [영]으로 읽는다.
동照(비칠 조) 暎(비칠 영) 燾(비칠 도) 回殃(재앙 앙)

필순 丨 冂 日 日 旫 旫 映 映 映

기초 【기초한자어】 익히고, 【기본→발전한자어】 다지기
映畫(영화) 실재의 현실처럼 느끼게 하는 극예술의 하나
反映(반영) 반사하여 비침
上映(상영) 극장 등에서 영화를 영사하여 공개함
• 우리 세상에 도는 유행어는 시대상을 反映하고 있다.
• 映畫 上映 시간에 맞춰 극장 앞에서 친구와 만나기로 약속했다.
기본 ④ 鏡映(경영) 放映(방영) 終映(종영) 映寫機(영사기) ③Ⅰ 映像(영상)
발전 ②8 炳映(병영) 耀映(요영) ① 映曖(영애)

부수	획수	총획
火	13	17

경영할 영 【875】

字源 〈형성〉가정 살림을 잘 해가려면 규모와 계획을 합리적으로 세워야 한다. 회사의 사업 또한 번성하게 규모와 계획을 짜면서 살아간다. 사업이나 경영을 계획적으로 관리하고 탄력적으로 운영한다. 환하고 밝은 빛(火火)이 움집(冖)과 같은 집(呂←宮)을 비춰서 꾸려갔으니 [경영하다(營)]는 뜻이고 [영]으로 읽는다.
回勞(일할 로) 榮(영화 영) 螢(반딧불 형) 回営

필순 丷 丷 卝 炏 炏 炏 炏 營 營 營 營

기초 【기초한자어】 익히고, 【기본→발전한자어】 다지기
經營(경영) 규모를 정하고 기초를 세워 일을 해 나감
國營(국영) 나라에서 경영함
運營(운영) 조직, 기구 따위를 운용하여 경영함
• 經營의 효율화를 위해 조직을 축소하기로 했다.
• 國營은 나라에서 經營(경영)하지만, 運營은 개인이 經營한다.
기본 ④ 營內(영내) 營農(영농) 營利(영리) 營養(영양) 營業(영업) 營外(영외) 營爲(영위) 監營(감영) 公營(공영)

官營(관영) 軍營(군영) 屯營(둔영) 民營(민영) 兵營(병영) 市營(시영) 野營(야영) 入營(입영) 直營(직영) 陣營(진영) 脫營(탈영) ③Ⅰ 營倉(영창)
발전 ② 營繕(영선) 營養劑(영양제) 營窟(영굴) 營療(영료) ① 營壘(영루) 營魄(영백) 營堡(영보)
사자성어 ④ 自營業者(자영업자)

부수	획수	총획
辶	4	8

맞을 영 【876】

字源 〈형성〉집에 찾아오는 손님을 동구 밖까지 나가서 친절하게 맞이했다. 인력거나 가마가 있으면 하인을 보내드리기도 했다. 오랜만에 집에 찾아온 손님을 정성을 다하여 예의로 맞이하는 일이다. 집으로 찾아온(辶) 손님을 문밖까지 친히 마중 나가서 높고(卬) 정중하게 받들어 [맞다(迎)]는 뜻이고 [영]으로 읽는다.
回送(보낼 송) 輸(보낼 수) 遣(보낼 견) 餞(보낼 전) 回仰(우러를 앙) 抑(누를 억)

필순 ′ 𠃋 卬 卬 卬 迎 迎 迎

기초 【기초한자어】 익히고, 【기본→발전한자어】 다지기
迎接(영접) 손님을 맞아서 대접함
迎合(영합) 남의 마음에 들도록 힘씀
歡迎(환영) 기쁜 마음으로 맞음
• 자기 관리에 힘써야지 순간적인 인기에 迎合해서 우쭐대서는 안 된다.
• 찾아온 귀한 손님을 迎接하고 크게 歡迎하는 것이 인간의 도리다.
기본 ④ 迎入(영입) 送迎(송영) 出迎(출영) ③ 迎賓(영빈)
발전 ② 趨迎(추영) ① 驩迎(환영)
사자성어 ④ 送舊迎新(송구영신)

부수	획수	총획
豕	9	16

미리 예ː 【877】

字源 〈형성〉코끼리가 먹이를 취할 때는 코로 냄새를 맡는다. 길고 둔한 코 같지만 날카롭고 예민하게 미리 판단했던 것으로 보인다. 집안에 어떤 일이 생기기 전에 미리 먼저 준비하는 일이다. 거구로 알려진 코끼리(象)이지만 먹이를 취할(予) 때에는 반드시 긴 코로 확인했으니 [미리(豫)]를 뜻하고 [예]로 읽는다.
回決(결단할 결) 回像(모양 상) 預(맡길 예) 回予

필순 ㄱ 그 予 予′ 予 豫 豫 豫 豫 豫 豫

기초 【기초한자어】 익히고, 【기본→발전한자어】 다지기
豫買(예매) 시기가 되기 전에 미리 삼
豫算(예산) 필요한 비용을 미리 계산한 금액
豫習(예습) 배울 것을 미리 익힘
• 豫買를 시작한 지 20분도 안 되어 매진되었다고 한다.
• 비용을 미리 계산하는 일은 豫算이지만, 미리 하는 공부는 豫習이라 한다.

기본 ④豫感(예감) 豫見(예견) 豫告(예고) 豫期(예기) 豫賣
(예매) 豫防(예방) 豫報(예보) 豫備(예비) 豫想(예상)
豫選(예선) 豫示(예시) 豫約(예약) 豫言(예언) 豫定
(예정) 豫題(예제) 豫測(예측) 豫行(예행) ③Ⅱ豫審(예심)
猶豫(유예)

발전 ②弗豫(불예) ①豫胥(예서)

사자성어 ④豫測不許(예측불허) ③Ⅱ起訴猶豫(기소유예) 執
行猶豫(집행유예)

부수	획수	총획
人	15	17

넉넉할 우【878】

字源 〈형성〉 서로 돕는 우리 사회에서는 남의 처지를 내 일과
같이 염려하기도 한다. 진정한 마음으로 걱정하는 성심이
진실로 요구되는 사회. 물건이 어떤 기준에 충분하게
차고도 남음이 있다. 다른 사람의 근심(憂)과 걱정까지도
염려해 주는 사람(亻)의 마음 씀씀이가 곱고 [넉넉하다(優)]
는 뜻이고 [우]로 읽는다.
圖秀(빼어날 수) 裕(넉넉할 유) 倡(광대 창) 回劣(못할 렬)
拙(졸할 졸) 回憂(근심 우)

필순 亻 亻 亻 侳 侵 倧 僿 僿 傊 傊

기초 【기초한자어】 익히고, 【기본→발전한자어】 다지기
優良(우량) 뛰어나게 좋음
優先(우선) 다른 것보다 앞섬
優秀(우수) 여럿 가운데 아주 뛰어남
• 전년도 성과가 좋은 優良기업을 탐방하기로 했다.
• 우리의 다짐은 優先은 優秀한 성적으로 대학에 합
격하는 일이다.

기본 ④優待(우대) 優等(우등) 優生(우생) 優性(우성) 優勢
(우세) 優勝(우승) 優位(우위) 男優(남우) 俳優(배우)
聲優(성우) 女優(여우) 準優勝(준우승) 最優秀(최우수)
③Ⅱ優雅(우아) 優越(우월) ③優劣(우열)

발전 ②優旨(우지) ①優倡(우창) 優娼(우창) 優擢(우탁) 優血
(우휼) 倡優(창우) 娼優(창우)

사자성어 ③Ⅱ優柔不斷(우유부단)

부수	획수	총획
辶	9	13

만날 우 : 【879】

字源 〈형성〉 짐승들은 먹이를 찾거나 누워서 쉴 곳을 찾아다닌
다. 때에 따라서는 할 일 없이 이리저리 산책하는 것처럼
거닐기도 한다. '오가다'는 일정한 곳에 가거나 와서 서로
마주 대한다. 짐승(禺)이 이리저리 돌아다니다(辶) 서로
마주치니 그 사실을 당연하다고 여겼듯이 자주 [만나다(遇)]
는 뜻이고 [우]로 읽는다.
圖逢(만날 봉) 回偶(짝 우) 愚(어리석을 우)

필순 冂 冂 日 吕 禺 禺 禺 喁 遇 遇

기초 【기초한자어】 익히고, 【기본→발전한자어】 다지기
待遇(대우) 예의를 갖추어 대함
不遇(불우) 좋은 때를 만나지 못하여 불행함
知遇(지우) 자기의 인격이나 학식을 남이 알고서 잘
대우함
• 不遇이웃돕기 성금이 어느 때보다도 많이 모아졌다.
• 극진하고 친절한 待遇도 좋지만, 知遇를 잘하는
몫도 중요하다 하겠다.

기본 ④遇害(우해) 境遇(경우) 奇遇(기우) 禮遇(예우) 際遇
(제우) 處遇(처우) ③Ⅱ値遇(치우)

발전 ②酷遇(혹우) ①迂遇(우우) 遭遇(조우)

사자성어 ③Ⅱ千載一遇(천재일우)

부수	획수	총획
邑	8	11

우편 우【880】

字源 〈회의〉 통신 수단으로 기발과 보발이란 파발제도가 있었
다. 기발은 25리에서, 보발은 30리에서 서로 교대했던 곳
이 역이다. 편지 및 소포 등의 물품을 전국이나 세계에 보
내는 일이다. 주변 변방(垂) 고을(阝←邑)과 소통할 수 있는
연락을 위해 교대했던 [역(郵)]으로 연락매체인 [우편(郵)]
을 뜻하고 [우]로 읽는다.
回垂(드리울 수) 睡(졸음 수)

필순 二 三 千 乒 乓 乗 乗 乗 乗 郵 郵

기초 【기초한자어】 익히고, 【기본→발전한자어】 다지기
郵送(우송) 물건이나 편지 따위를 우편으로 보냄
郵便(우편) 서신 등을 여러 곳에 송달하는 업무
郵票(우표) 우편 요금을 표시하는 증표
• 친구에게 생일 선물로 줄 책을 郵送했다.

• 郵便으로 편지를 부칠 때 봉투에는 꼭 郵票를 붙여야 한다.

[기본] ④郵便物(우편물) ③郵遞(우체)
[발전] ①郵丞(우승)
[사자성어] ④郵便番號(우편번호) 航空郵便(항공우편)

	부수	획수	총획
怨	心	5	9

원망할 원(:)
【881】

[字源] 〈형성〉 기분이 나쁘거나 마음이 걸리는 일이 있으면 잠을 못 잔다. 밤에 잠을 못 이루어 고민하는 경우가 흔히들 있었다. 원망이란 자기의 일을 못마땅하게 여겨서 탓하거나 불평을 품고 미워한다는 말이다. 편안한 잠자리에서 마냥 뒹굴면서(夗) 마음이 언짢아서 괴로워했으니(心) [원망하다(怨)]는 뜻이고 [원]으로 읽는다.
回恨(한 한) 回恩(은혜 은) 回怒(성낼 노)

[필순]

[기초] 【기초한자어】 익히고, 【기본→발전한자어】 다지기
怨望(원망) 남이 한 일을 못마땅하게 여겨 탓함
怨恨(원한) 원통하고 한 되는 생각
民怨(민원) 백성의 원망
• 친구 때문에 비록 넘어졌어도 그를 怨望하지 않았다.
• 民怨은 마음속으로 불만이 있거나 怨恨이 있기에 발생한다오.

[기본] ④怨聲(원성) 結怨(결원) 宿怨(숙원) 蓄怨(축원) ③Ⅰ哀怨(애원) ③怨嫌(원혐)
[발전] ②憾怨(감원) 閨怨(규원) ②恩賈怨(고원) ①仇怨(구원) 謗怨(방원) 誹怨(비원) 讎怨(수원) 猜怨(시원) 怨曠(원광) 怨劇(원극) 怨戾(원려) 怨滾(원방) 怨誹(원비) 怨讎(원수) 怨猜(원시) 怨枉(원왕) 怨詛(원저) 嗔怨(진원)

	부수	획수	총획
援	手	9	12

도울 원: 【882】

[字源] 〈형성〉 심 봉사가 물에 빠졌을 때 몽은사 화주승이 손을 내밀어 구제했다. 손을 끌어당겨서 구해주는 은혜를 베풀었던 심청 이야기가 전한다. 다른 사람 일이 잘 되도록 힘을 더 많이 더한 행위였다. 깊은 함정에 빠졌던 사람의 손(扌)을 재주껏 잡아당겨(爰) 밖으로 끌어내서 [돕다(援)]는 뜻이고 [원]으로 읽는다.
回救(구원할 구) 助(도울 조) 護(도울 호) 扶(도울 부) 贊(도울 찬) 佐(도울 좌) 回暖(따뜻할 난) 緩(느릴 완)

[필순]

[기초] 【기초한자어】 익히고, 【기본→발전한자어】 다지기
援助(원조) 도와 줌
應援(응원) 운동 경기 따위를 곁에서 성원함
支援(지원) 지지하여 도움
• 각 팀의 應援席(석)에서는 응원열기가 많이 치열하다.
• 援助 성격이 짙은 각 지역에서의 支援 물결이 殺到(쇄도)했다.

[기본] ④援繫(원계) 援軍(원군) 援用(원용) 援筆(원필) 援護(원호) 救援(구원) 聲援(성원) 增援(증원)
[발전] ①鉤援(구원) 攀援(반원) 畔援(반원) 援庇(원비)
[사자성어] ④孤立無援(고립무원)

	부수	획수	총획
源	水	10	13

근원 원 【883】

[字源] 〈회의〉 바위틈이나 언덕 밑에서 흘러나오는 샘물들이 큰 강을 이루는 근본이 된다. 이것이 근원이 되어 산골물이 되고 냇물이 되었다. 어떤 사물이나 현상 등이 비롯되고 있는 본바탕이다. 깊은 산속 언덕(厂) 밑에 졸졸졸 흐르는 샘(泉) 줄기가 물(氵)을 이룬 근본이 되었으니 [근원(源)]을 뜻하고 [원]으로 읽는다.
回根(뿌리 근) 本(근본 본) 回原(언덕 원)

[필순]

[기초] 【기초한자어】 익히고, 【기본→발전한자어】 다지기
源泉(원천) 물이 흘러나오는 근원
發源(발원) 물의 근원이 비롯함
資源(자원) 광물이나 임산물 같은 생산 물자
• 부의 源泉인 지하 資源 찾기에 혈안이 되었다.
• 우리는 이제야 한강의 發源地를 찾아 나섰다.

[기본] ④源流(원류) 根源(근원) 起源(기원) 本源(본원) 稅源(세원) 水源(수원) 語源(어원) 字源(자원) 財源(재원) 電源(전원) ③Ⅰ震源(진원) 供給源(공급원) ③汚染源(오염원)
[발전] ②恩淵源(연원) 濬源(준원) ①遡源(소원)
[사자성어] ③Ⅰ武陵桃源(무릉도원) 拔本塞源(발본색원) ②恩璿源略譜(선원약보)

	부수	획수	총획
危	卩	4	6

위태할 위 【884】

字源 〈회의〉깎아 내린 듯한 가파른 언덕에 한 어린이가 위험스럽게 놀고 있다. 밑으로 떨어지면 금방 다칠 위험에 처한 순간이다. 숨 가쁜 심정이었다. 마음 놓을 수 없을 정도로 보기가 위험했다. 사람이 깎은 듯이 서있는 벼랑(厂)에 다리 위에서 쭈그리고(㔾) 앉아있으니 [위태롭다(危)]는 뜻이고 [위]로 읽는다.
圓險(험할 험) 殆(거의/위태할 태) 回安(편안 안) 回厄(액 액)

필순 ノ ク ヶ 产 危 危

기초 【기초한자어】 익히고, 【기본→발전한자어】 다지기
危急(위급) 위태롭고 급함
危險(위험) 실패하거나 목숨을 다치게 할 만함
安危(안위) 편안함과 위태함
• 危險을 무릅쓰고 구출한 同僚(동료)에게 고마운 생각을 느낀다.
• 危急한 상황에서도 자신의 安危보다는 부하를 먼저 생각하는 상사의 뜻이 장하다.

기본 ④危機(위기) 危亂(위란) 危重(위중) 危害(위해) 危空(위공) 可危(가위) ③I危樓(위루) 危殆(위태) ③危篤(위독) 危懼心(위구심)

발전 ②危溺(위닉) ①危窘(위군) 危悚(위송) 危礁(위초)

사자성어 ④危機一髮(위기일발)

부수	획수	총획
□	9	12

에워쌀 위【885】

字源 〈형성〉군사들은 국방을 튼튼히 하는 것이 임무다. 성벽이나 국경에 서서 적이나 난폭한 무리가 쳐들어오지 못하게 방비했다. 어떤 사물의 테두리나 그 밖의 다른 언저리를 에워싼 것이다. 나라가 위태로운 시점에서 병사들이 성벽(□) 주위를 짝 둘러싸고 잘 지켰으니(韋) [둘레(圍)]를 뜻하고 [위]로 읽는다.
圓包(쌀 포) 回園(동산 원) 阅囲

필순 丨 冂 冂 冏 冏 冏 圊 圊 圍 圍

기초 【기초한자어】 익히고, 【기본→발전한자어】 다지기
範圍(범위) 테두리가 정해진 일정 구역
周圍(주위) 어떤 곳의 바깥
包圍(포위) 도망가지 못하도록 둘러쌈
• 점점 좁혀 오는 包圍망을 뚫고, 용케도 달아나서 살았구나.
• 範圍와 周圍는 어휘의 意味(의미)가 근본적으로 다르다.

기본 ③I胸圍(흉위) ③圍擁(위옹)

발전 ②包圍網(포위망) ①圍繞(위령) 圍墊(위참) 圍陀(위타)

暈圍(훈위)

부수	획수	총획
女	5	8

맡길 위【886】

字源 〈형성〉벼이삭이 익어 고개 숙이면 수확하도록 주인에게 의지하여 몸을 맡긴다. 여자도 결혼하면 남편에게 자기 몸을 의지한다. 그 일을 담당하는 등 일체의 책임을 지는 일이겠다. 가을이 되어 벼(禾)가 누렇게 익어서 고개를 숙이듯이 여자(女)가 남편에게 몸을 의지하여 [맡기다(委)]는 뜻이고 [위]로 읽는다.
圓任(맡길 임) 托(맡길 탁) 預(맡길/미리 예) 託(부탁할 탁)
回季(계절 계) 秀(빼어날 수)

필순 ノ 二 千 禾 禾 秀 委 委

기초 【기초한자어】 익히고, 【기본→발전한자어】 다지기
委細(위세) 상세(詳細)함
委任(위임) 어떤 일을 책임지워서 모두 맡김
委員會(위원회) 위원들이 모여서 하는 회의
• 몸이 아파 동료에게 임무를 委任하고 조퇴했다.
• 국회 각 상임 委員會의 회의가 시작되어 委細의 항목을 정했다.

기본 ④敎委(교위) 委棄(위기) 委員(위원) 委積(위적) 委任狀(위임장)

발전 ②委託(위탁) ②⑧委頓(위돈) ①委靡(위미) 委黍(위서) 委捐(위연) 委萎(위위) 委仗(위장) 委塡(위전) 委囑(위촉) 顚委(전위)

부수	획수	총획
女	6	9

위엄 위【887】

字源 〈형성〉언제부터인가 '여장부'란 말이 있었다. 여자는 간사스럽다고 했지만, 도끼 같은 무기를 들고 호령하면 그 위험을 보였으리니. 위세가 당당하게 있어 의젓하고 엄숙한 태도나 기세를 말한다. 연약한 여자(女)가 위험스럽게도 도끼(戌←戊)를 들고 있으니 그 자태가 자못 [위엄(威)]하다는 뜻이고 [위]로 읽는다.
圓嚴(엄할 엄) 回成(이룰 성) 滅(멸할 멸)

필순 一 厂 厂 厈 戌 戌 威 威 威

기초 【기초한자어】 익히고, 【기본→발전한자어】 다지기
威勢(위세) 사람을 두렵게 하여 복종시키는 힘
威嚴(위엄) 위광이 있어 엄숙함
權威(권위) 권력과 위엄

4급

• 權威를 앞세우기보다는 동료로서 직원을 감싼다.
• 사장님은 威勢와 威嚴있는 어조로 직원들에게 우렁차게 말씀하신다.

기본 ④威力(위력) 威武(위무) 威信(위신) 威壓(위압) 威儀(위의) 威風(위풍) 國威(국위) 示威(시위) ③I猛威(맹위) 威脅(위협)

발전 ②威網(위망) 威虐(위학) ②8威柄(위병) ①稜威(능위) 宸威(신위) 威憺(위담) 威稜(위릉)

부수	획수	총획
心	11	15

위로할 위【888】

字源 〈형성〉 환자를 위문할 때 마음을 편히 가질 수 있도록 따뜻한 말로 위로한다. 쾌유를 빌면서 과일과 같은 물건도 사다가 드린다. 일을 덜어 주려고 따뜻한 말로 그를 베풀어 달래고 감싼 행위다. 상대에게 마음(心)이 편하도록(尉) 따뜻한 말로 다독이면서 힘껏 격려했으니 [위로하다(慰)]는 뜻이고 [위]로 읽는다.
回尉(벼슬 위)

필순 ᄀ尸尸尿尿尿一尉尉慰慰

기초 【기초한자어】 익히고, 【기본→발전한자어】 다지기
慰勞(위로) 고달픔을 풀도록 따뜻하게 대하여 줌
慰問(위문) 위로하기 위해 문안함
慰安(위안) 위로하여 마음을 편안하게 함
• 慰問을 가서 진심어린 따뜻한 말 한마디는 큰 慰勞가 된다.
• 큰 화재에서 살아남았다는 것을 慰安으로 삼았다.

기본 ④自慰(자위) ③I慰靈(위령) 慰靈祭(위령제) ③弔慰(조위) 弔慰金(조위금)

발전 ①撫慰(무위) 慰譬(위비)

부수	획수	총획
乙	7	8

젖 유【889】

字源 〈회의〉 어머니의 따뜻한 사랑은 품에 안고 젖을 먹여 기르는 데 있다. 젖을 먹이는 그 순간 매우 따뜻한 사랑으로 감싸게 된다. 분만 후 포유류 암컷의 몸에서 분비되어 새끼의 먹이인 흰 액체가 있다. 아직은 어린 아이(子)가 손(爫)으로 엄마의 젖꼭지(子←乙)를 주무르면서 빨았던 [젖(乳)]을 뜻하고 [유]로 읽는다.
回孔(구멍 공) 浮(뜰 부)

필순 ᄼᄼᄼ爫爫孚孚乳

기초 【기초한자어】 익히고, 【기본→발전한자어】 다지기
乳兒(유아) 젖먹이
母乳(모유) 제 어미의 젖
授乳(수유) 어린아이에게 젖을 먹임
• 어머니의 등에 업혀있는 乳兒가 방긋이 웃는다.
• 母乳를 授乳한 아이들이 훨씬 튼튼하게 자란다.

기본 ④乳頭(유두) 乳母(유모) 乳房(유방) 乳業(유업) 豆乳(두유) 牛乳(우유) 乳製品(유제품) 離乳食(이유식)

발전 ②乳菓(유과) 乳脂(유지) 煉乳(연유) 乳房癌(유방암) 乳酸菌(유산균) ①胚乳(배유) 乳柑(유감) 乳腺(유선) 乳汁(유즙) 乳哺(유포) 孕乳(잉유) 窄乳(착유) 哺乳(포유)

사자성어 ②脫脂粉乳(탈지분유)

부수	획수	총획
人	14	16

선비 유【890】

字源 〈형성〉 덕망이 높고 인품이 빼어날 때 사람들이 존경하게 된다. 그런 분이 던진 말은 살아가는 지혜의 샘이 되기도 했었다. 높은 학문과 인격을 닦았던 사람을 예스럽지 않게 이른 말이다. 높은 덕망과 잔잔한 인품으로 다른 사람(亻)의 마음을 마냥 훈훈하도록 적셔주었던(需) [선비(儒)]를 뜻하고 [유]로 읽는다.
图士(선비 사) 彦(선비 언) 回需(쓸 수)

필순 亻亻仴侕侕儒儒儒儒儒

기초 【기초한자어】 익히고, 【기본→발전한자어】 다지기
儒敎(유교) 중국 고대에 공자가 주장한 인의를 근본으로 한 유학을 받드는 교
儒林(유림) 유도를 닦는 학자들
儒生(유생) 유도의 도를 닦는 선비
• 조선 시대에는 儒敎를 국가의 통치 이념으로 삼았다.
• 드디어 전국의 儒生과 儒林들은 그 의견에 대해 반대 상소문이 빗발쳤다.

기본 ④儒家(유가) 儒宗(유종) 儒學(유학)

발전 ②坑儒(갱유) 僻儒(벽유) 碩儒(석유) ②8儒胤(유윤) 耆儒(기유) ①俚儒(이유) 鄙儒(비유) 竪儒(수유) 醇儒(순유) 儒巾(유건)

사자성어 ④儒家思想(유가사상)

부수	획수	총획
辶	9	13

놀 유【891】

字源 〈형성〉 윗마을과 아랫마을 어린이들이 줄다리기를 한다. 깃발을 높이 들고 자기편이 이기도록 응원한다. 기마전을

할 때도 마찬가지였다. 재미있는 놀이를 하면서 즐겁게 시간을 보내는 일이다. 동네 놀이터에서 많은 어린이들이 펄럭이는 깃발(斿)을 들고 뛰어 다니면서(辶) [놀다(遊)]는 뜻이고 [유]로 읽는다.
통 戲(놀이 희) 泳(헤엄칠 영)

필순 

기초 【기초한자어】 익히고, 【기본 → 발전한자어】 다지기
遊說(유세) 자기 의견 등의 주장을 설파하며 돌아다님
遊學(유학) 타향에 가서 공부함
外遊(외유) 외국에 여행함
• 선거철을 맞이하여 후보자들의 遊說가 치열하다.
• 오랜 遊學 생활과 外遊로 인해 고국에 대해 잘 아는 사람이 적다.

기본 4 遊擊(유격) 遊覽(유람) 遊離(유리) 遊牧(유목) 遊星(유성) 遊休(유휴) 遊興(유흥) 交遊(교유) 客遊(객유) 交遊(교유) 野遊(야유) 回遊(회유) 遊擊隊(유격대) 野遊會(야유회) 遊園地(유원지) 遊興業(유흥업) 3Ⅱ 遊戲(유희) 夢遊(몽유) 般遊(반유) 浮遊(부유) 夢遊病(몽유병) 3 遊獵(유렵) 遊泳(유영) 娛遊(오유)

발전 2 釣遊(조유) 遊闕(유궐) 遊仙窟(유선굴) 2名 嬉遊(희유) 遊衍(유연) 1 陪遊(배유) 遊侶(유려) 遊翔(유상) 遊詣(유예) 遊宦(유환) 佚遊(일유) 萍遊(평유)

遺

부수	획수	총획
辶	12	16

남길 유 【892】

字源 〈형성〉 집을 나서서 먼 길을 가면 여러 가지 물건을 준비해야 한다. 시간이 바쁘다 보면 꼭 가지고 가야 할 물건을 빠뜨리기도 했다. 모두 없애거나 처리하지 않고 나머지만 남아 있게 한다. 집을 떠나면서(辶) 늘 귀하게(貴) 여겼던 물건을 집에 놓아두었으니 [끼치다(遺)] 또는 [남기다(遺)]는 뜻이고 [유]로 읽는다.
통 失(잃을 실) 비 遣(보낼 견)

필순 

기초 【기초한자어】 익히고, 【기본 → 발전한자어】 다지기
遺物(유물) 사후에 남겨진 물건
遺産(유산) 사후에 남겨 놓은 재산
遺言(유언) 죽음에 임해서 남기는 말
• 부모님께서 남긴 遺言을 銘心(명심)하고 사회에 봉사해야겠다.
• 아버지가 遺産과 遺物로 남겨주신 재산이 상당히 많은데 그 처분이 곤란하다.

기본 4 遺骨(유골) 遺烈(유열) 遺書(유서) 遺業(유업) 遺作(유작) 遺傳(유전) 遺族(유족) 遺品(유품) 遺恨(유한) 遺訓(유훈) 遺家族(유가족) 遺留品(유류품) 遺子女(유자녀) 3Ⅱ 遺稿(유고) 遺緖(유서) 遺跡(유적) 遺蹟(유적) 遺珠(유주) 遺腹子(유복자) 後遺症(후유증) 3 遺棄(유기)

발전 2 遺憾(유감) 遺尿(유뇨) 遺翰(유한) 遺勳(유훈) 2名 遺址(유지) 1 賂遺(뇌유) 遺偈(유게) 遺矩(유구) 遺粒(유립) 遺糞(유분) 遺嗣(유사) 遺孀(유상) 遺佚(유일) 遺孕(유잉) 遺奠(유전) 遺骸(유해) 遺欠(유흠)

사자성어 3Ⅱ 養虎遺患(양호유환) 3 職務遺棄(직무유기)

隱

부수	획수	총획
阜	14	17

숨을 은 【893】

字源 〈형성〉 사람의 눈을 피해서 근신하려고 외딴 집에 숨어서 자성하며 살았다. 정사가 혼탁할 때 대학자도 낙향하며 살았다. 남의 눈에 띄지 않도록 시골이나 산골로 숨어 몸을 감춘다. 높은 언덕(阝←阜) 바로 밑에서 마음(心)을 조이면서 두 손(爫 · ⺕)을 맞잡고 일을 하니(工) [숨다(隱)]는 뜻이고 [은]으로 읽는다.
통 祕(숨길 비) 遁(숨을 둔) 匿(숨길 닉) 諱(숨길/꺼릴 휘) 반 現(나타날 현) 顯(나타날 현) 見(볼 견/나타날 현) 비 穩(편안할 온) 약 隐

필순 

기초 【기초한자어】 익히고, 【기본 → 발전한자어】 다지기
隱士(은사) 세상을 피하여 조용히 사는 선비
隱身(은신) 몸을 숨김
隱退(은퇴) 직임에서 물러나서 한가하게 삶
• 경찰이 犯人의 隱身處를 찾기 위해 분주하다.
• 隱退 후에도 그 隱士님은 쉬지 않고 집필 활동을 계속하고 있어 부럽다.

기본 4 隱居(은거) 隱密(은밀) 隱語(은어) 隱然(은연) 隱者(은자) 3Ⅱ 隱逸(은일) 3 隱蔽(은폐)

발전 2 隱僻(은벽) 2名 隱耀(은요) 1 硼隱(평은) 棲隱(서은) 隱括(은괄) 隱匿(은닉) 隱遁(은둔) 隱淪(은륜) 隱昧(은매) 隱棲(은서) 隱鼠(은서) 隱曖(은애) 隱喩(은유) 隱諭(은유) 隱疵(은자) 隱呪(은주) 隱帙(은질) 隱諱(은휘) 樵隱(초은) 憔隱(초은) 惻隱(측은) 豹隱(표은)

사자성어 3Ⅱ 隱忍自重(은인자중)

依

부수	획수	총획
人	6	8

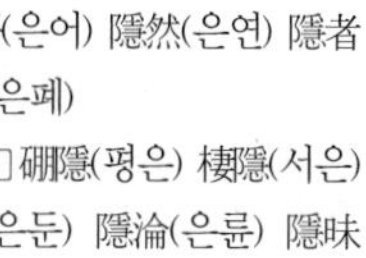

의지할 의 【894】

字源 〈형성〉 사람다운 품위를 나타내고 추위나 더위를 막기 위

4급

해 옷을 입는다. 비싼 옷보다는 깨끗하고 단정한 옷이면 아무런 관계없다. 자신의 마음을 깊이 붙이면서 상대에게 도움을 받는 일이다. 사람(亻)이 두터운 옷(衣)을 입었기에 외부로부터 몸을 잘 보호했으니 옷에 [의지하다(依)]는 뜻이고 [의]로 읽는다.
图據(근거 거) 賴(의뢰할 뢰) 憑(비길 빙) 回他(다를 타)

필순

기초 【기초한자어】 익히고, 【기본→발전한자어】 다지기
依據(의거) 증거대로 함
依然(의연) 전과 다름없음
依存(의존) 의지하고 있음
• 상대편에 졌어도 依然하게 대처한 모습이 대견하다.
• 만장일치제에 依據하면서 동네의 모든 결정은 내게 依存하고 있는 경향이다.

기본 ④ 依舊(의구) 依例(의례) 依法(의법) 依支(의지) 依他(의타) 歸依(귀의) 依他心(의타심) ③Ⅱ 依賴(의뢰)

발전 ② 依託(의탁) 依戴(의대) ②急 依軾(의식) 依韋(의위) ① 斧依(부의) 依庇(의비) 依憑(의빙) 依囑(의촉)

사자성어 ④ 依法處斷(의법처단) 舊態依然(구태의연) ③Ⅱ 依願免職(의원면직)

거동 의【895】

부수	획수	총획
人	13	15

字源 〈형성〉 사람이 하는 행동은 사회규칙에 맞아야 하고 법도에 어긋나지 않아야 했다. 사회생활의 규칙이자 시초가 되었다. 몸을 자주 움직이거나 그렇게 하는 짓이나 태도이다. 사람(亻)이 몸과 마음을 바르게(義) 행동하도록 했던 규범인 [법도(儀)]로 여기면서 행동하게 된 일정한 [거동(儀)]을 뜻하고 [의]로 읽는다.
回義(옳을 의)

필순 亻 亻 亻 伴 伴 伴 伴 儀 儀

기초 【기초한자어】 익히고, 【기본→발전한자어】 다지기
儀禮(의례) 형식을 갖춘 예의
儀式(의식) 어떤 행사를 치르는 법식
禮儀(예의) 사회생활에서 공손하며 삼가는 언행
• 그 분의 장례는 家統(가통) 儀禮에 따라 불교 儀式으로 치렀다.
• 禮儀바른 몸가짐으로 손님을 접대해야 않겠는가.

기본 ④ 儀範(의범) 儀容(의용) 儀典(의전) 儀表(의표) 威儀(위의) 祝儀(축의) ③Ⅱ 葬儀(장의) ③ 儀軌(의궤)

발전 ②急 傪儀(부의) 儀旺(의왕) ① 賻儀(부의) 宸儀(신의) 儀仗(의장) 奠儀(전의)

사자성어 ④ 祭天儀式(제천의식)

의심할 의【896】

부수	획수	총획
疋	9	14

字源 〈회의〉 철부지 어린이가 위험한 물건을 들고 가다가 그만 넘어지면 큰일이다. 어린이의 부주의를 거들기 위해 손을 붙잡는다. 믿지 못하거나 확실히 알 수 없어서 의심스럽다. 양 손에 숟가락(匕)과 화살(矢)을 든 어린이(マ←子)가 아장아장 걸어가니(疋) 걱정이 돼서 행여나 [의심하다(疑)]는 뜻이고 [의]로 읽는다.
图惑(미혹할 혹) 訝(의심할 아) 回凝(엉길 응)

필순 ᄼ 匕 ヒ 뚲 矣 匙 矜 疑 疑 疑

기초 【기초한자어】 익히고, 【기본→발전한자어】 다지기
疑心(의심) 마음에 미심하게 여기는 생각
疑問(의문) 의심하여 물음
質疑(질의) 의심나는 점을 물어서 밝힘
• 오늘은 국어 학습에서 質疑 응답 시간을 가졌다.
• 그는 늘 疑問을 품고 疑心하기 때문에 남의 말을 잘 믿지 않는다.

기본 ④ 疑獄(의옥) 疑處(의처) 可疑(가의) 容疑(용의) 容疑者(용의자) ③Ⅱ 疑訟(의옥) 疑妻(의처) 疑惑(의혹) 被疑(피의) 懷疑(회의) 疑妻症(의처증) 被疑者(피의자) ③ 疑懼(의구) 嫌疑(혐의) 疑懼心(의구심)

발전 ② 闕疑(궐의) 疑沮(의저) 疑怖(의포) ① 疑猜(의시) 疑訝(의아) 疑塚(의총) 疑幟(의치) 疑狐(의호)

사자성어 ④ 半信半疑(반신반의)

다를 이 :【897】

부수	획수	총획
田	6	11

字源 〈회의〉 민속놀이 중에서 탈을 쓰고 춤추는 놀이가 많은 것 같다. 탈을 쓰고 나면 본 얼굴과는 전혀 다른 사람으로 보인다. 서로가 같지 않거나 보통의 것보다 달리 두드러지는 데가 있었다. 다른 모습의 얼굴을 보이기 위해서 탈을 쓴 모양을 본떠서 자기 얼굴과는 완전하게 [다르다(異)]는 뜻이고 [이]로 읽는다.
图別(다를 별) 他(다를 타) 差(다를 차) 殊(다를 수) 凹同(한가지 동) 如(같을 여) 若(같을 약) 肖(닮을 초) 回翼(날개 익)

필순 田 口 口 田 甲 뮤 里 翌 鸓 異

기초 【기초한자어】 익히고, 【기본→발전한자어】 다지기
異見(이견) 서로 다른 의견
異變(이변) 괴이한 변고
異說(이설) 세상에 통용되는 설과 다른 설

• 이번 대회에서는 예상보다 異變(이변)이 일어났다.
• 異說(이설)이 있기는 하지만 異見(이견)을 좁히기는 어렵지 않겠습니다.

기본 ④ 異端(이단) 異例(이례) 異論(이론) 異物(이물) 異本(이본) 異狀(이상) 異常(이상) 異色(이색) 異性(이성) 異域(이역) 異意(이의) 異議(이의) 異質(이질) 異體(이체) 異稱(이칭) 異形(이형) 驚異(경이) 奇異(기이) 變異(변이) 相異(상이) 差異(차이) 特異(특이) 判異(판이) ③⅟ 異腹(이복) 異蹟(이적) 異彩(이채) 怪異(괴이) 隔異(격이) ③ 異邦(이방) 異邦人(이방인)

발전 ② 妖異(요이) 異瑞(이서) ②⑧ 異采(이채) 馮異(풍이) ① 乖異(괴이) 詭異(궤이) 異駒(이구) 異閭(이려) 異綾(이릉) 悖異(패이)

사자성어 ③⅟ 異腹兄弟(이복형제) 同床異夢(동상이몽)

	부수	획수	총획
仁	人	2	4

어질 인【898】

字源 〈회의〉두 사람이 서로 친하려면 믿음이 있어야 하며 마음이 스쳐야 한다. 이해의 미덕, 양보의 미덕, 그리고 믿음이 있어야 한다. 그 사람의 성품이 매우 너그럽고 덕행이 높기만 하다. 성격이 서로 다른 두(二) 사람(亻)이지만 친하기 위해서 생각과 뜻을 슬기롭게 했으니 [어질다(仁)]는 뜻이고 [인]으로 읽는다.
圖 賢(어질 현) 慈(사랑 자)

필순 ノイ仁仁

기초 【기초한자어】익히고, 【기본→발전한자어】다지기
仁術(인술) 인을 행하는 방법
仁義(인의) 어진 것과 의로운 것
仁者(인자) 마음이 어진 사람
• 예로부터 醫術(의술)을 가리켜서 仁術(인술)이라 했다.
• 본래부터 仁者(인자)는 仁義(인의)가 있어서 다른 적이 없다.

기본 ④ 京仁(경인) 成仁(성인) 小仁(소인) 仁慈(인자) 仁祖(인조) ③⅟ 仁慈(인자) 桃仁(도인)

발전 ② 仁瑞(인서) ②⑧ 輔仁(보인) 杏仁(행인) 仁徽(인휘) 皇甫仁(황보인) ① 仁矜(인긍) 仁祠(인사) 仁譓(인회)

사자성어 ④ 殺身成仁(살신성인)

	부수	획수	총획
姉	女	5	8

손위 누이 자【899】

字源 〈형성〉나이가 많은 큰 누나가 있고 조금 많은 작은 누나도 있다. 나보다 나이가 적은 손아래 누이도 있어서 하

는 짓이 늘상 사랑스럽다. 남자의 여자 형제로 여기면서 손위 누이를 뜻하여 쓰인다. 누이(女) 중에서도 나이가 더 많고 커가는 모습도 더욱 성숙했던(市←姉) 누나로 [손위 누이(姉)]를 뜻하고 [자]로 읽는다.
回 妹(누이 매)

필순 乚乜女女妒妒姉姉

기초 【기초한자어】익히고, 【기본→발전한자어】다지기
姉妹(자매) 손위 누이와 손아래 누이
姉兄(자형) 손위 누이의 남편
姉妹結緣(자매결연) 자매의 관계를 맺는 일
• 낙도의 초등학교와 姉妹結緣(자매결연)을 맺었다.
• 그 姉妹(자매)는 결혼 후에 姉兄(자형)을 닮아간다니 부부는 늘 그런가 보다.

기본 ④ 實姉(실자) 義姉(의자) ③⅟ 姑姉(고자) 伯姉(백자) 愚姉(우자)

발전 ① 姉壻(자서)

사자성어 ④ 兄弟姉妹(형제자매)

	부수	획수	총획
資	貝	6	13

재물 자【900】

字源 〈형성〉예나 지금이나 사람의 생명은 귀히 여긴다. 목숨처럼 고귀한 재물이 으뜸이었다. 사업에도 노동력과 자본을 으뜸으로 여긴다. 재물이란 돈이나 많은 값이 나가는 물건을 통틀어 이른다. 제 생명 다음(次)으로 아주 소중하게 여기면서 생활터전이 되었던 돈(貝)으로 갖은 [재물(資)]을 뜻하고 [자]로 읽는다.
圖 財(재물 재) 質(바탕 질) 貨(재물 화) 回 質(바탕 질)

필순 丶丷疒次次次资资資資資

기초 【기초한자어】익히고, 【기본→발전한자어】다지기
資料(자료) 바탕이 되는 재료
資財(자재) 자본이 되는 재산
資質(자질) 타고난 성품과 바탕
• 이웃집 공장의 資財(자재) 창고에 큰불이 나서 資料(자료)가 전부 타버렸다.
• 어머니의 資質(자질)을 이어받아 손맛이 좋다.

기본 ④ 資格(자격) 資金(자금) 資力(자력) 資本(자본) 資産(자산) 資源(자원) 資材(자재) 加資(가자) 家資(가자) 軍資(군자) 內資(내자) 路資(노자) 物資(물자) 祕資(비자) 增資(증자) 出資(출자) 投資(투자) 學資(학자) 合資(합자) 軍資金(군자금) 機資材(기자재) 水資源(수자원) 學資金(학자금)

발전 ② 融資(융자) ① 嫁資(가자) 資蔭(자음) 資稟(자품) 資賄(자회) 脯資(포자)

부수	획수	총획
女	6	9

모양 자 : 【901】

字源 〈형성〉 여자의 아름다움은 곱게 차려입고 얌전히 앉아 있는 맵시 있는 모습에 있다고 한다. 품위 있는 순결과 청결의 상징이었다. 거죽 같은 속살로 나타나는 낱낱의 생김새나 형상이다. 여자(女)에게는 심성이 먼저이고 다음(次)으로 중요한 것은 교양이나 자태를 꾸며내는 [모양(姿)]을 뜻하고 [자]로 읽는다.
통態(모양 태) 樣(모양 양) 貌(모양 모) 回恣(방자할 자)

필순 ⺀ ⺀ ⺀ ⺀ 次 次 姿 姿

기초 【기초한자어】 익히고, 【기본→발전한자어】 다지기
姿色(자색) 여자의 고운 얼굴
姿勢(자세) 몸가짐. 사물에 임하는 마음가짐
姿態(자태) 몸가짐과 맵시
• 그 여자는 빼어난 姿態로 여러 사람을 매혹시킨다.
• 올바른 姿勢와 품위 있는 姿色이 곱기로 소문이 자자하다.

기본 ④ 姿質(자질) 雄姿(웅자) 高姿勢(고자세)
발전 ②⑧ 瓊姿(경자) 姿采(자채) ① 嬌姿(교자) 艶姿(염자)

부수	획수	총획
歹	8	12

남을 잔 【902】

字源 〈형성〉 적군의 우두머리를 잡으면 저자 거리에 내걸고 창으로 잔인하게 찔러 죽였다. 뼈대만 앙상히 남겨 죽인 것이다. 한없이 잊히거나 없어지지 않고 뒤에까지도 은은히 전한다. 적군을 잡아 여러 개의 창(戔)으로 사람들을 잔인하게 찔러서 죽였으니 그 뼈대(歹)만이 앙상하게 [남다(殘)]는 뜻이고 [잔]으로 읽는다.
통餘(남을 여) 回錢(돈 전) 淺(얕을 천) 踐(밟을 천) 回残

필순 一 万 歹 歹 歼 殘 殘 殘 殘 殘

기초 【기초한자어】 익히고, 【기본→발전한자어】 다지기
殘金(잔금) 쓰고 남은 돈
殘業(잔업) 소정 노동 시간 이외의 노동
殘餘(잔여) 남아 있는 것
• 아파트 입주를 위해 오늘은 殘金을 치러야겠네.
• 殘餘金(금)이 있다면 아끼지 말고 殘業에 투자하여 회사를 살리시게.

기본 ④ 殘高(잔고) 殘黨(잔당) 殘留(잔류) 殘命(잔명) 殘務(잔무) 殘雪(잔설) 殘惡(잔악) 殘額(잔액) 殘余(잔여) 殘在(잔재) 殘存(잔존) 殘暴(잔포) 敗殘兵(패잔병) ③Ⅰ 殘忍(잔인) 殘飯(잔반) 衰殘(쇠잔)

발전 ② 殘虐(잔학) 殘酷(잔혹) 殘闕(잔궐) ① 殘瀝(잔력) 殘壘(잔루) 殘蓼(잔료) 殘蟹(잔사) 殘穢(잔예) 殘鶯(잔앵) 殘樽(잔준) 殘汁(잔즙) 殘喘(잔천) 殘剽(잔표) 殘霞(잔하) 殘骸(잔해) 殘兇(잔흉) 殘痕(잔흔) 凋殘(조잔) 誅殘(주잔)

사자성어 ④ 同族相殘(동족상잔)

부수	획수	총획
隹	10	18

섞일 잡 【903】

字源 〈형성〉 무당굿을 할 때 잡귀를 쫓는다 하여 잡색의 옷을 입었다. 잡색의 천을 꿰매는 옷도 가끔 유행한 적이 있었던 모양이다. 모두가 한데 들어 합쳐지게 되거나 다 함께 나타냈었다고 한다. 여러 가지 색깔의 새(隹)가 나무(木)에 모이듯이(集) 여러 빛깔의 천(衣)으로 서로들 [섞이다(雜)]는 뜻이고 [잡]으로 읽는다.
통混(섞일 혼) 回難(어려울 난) 離(떠날 리) 回雑

필순 ⺀ ⺀ ⺀ 卒 枣 枣 新 雜 雜 雜

기초 【기초한자어】 익히고, 【기본→발전한자어】 다지기
雜談(잡담) 쓸데없이 지껄이는 말
雜誌(잡지) 호를 거듭하며 정기적인 간행물
混雜(혼잡) 한데 뒤섞여 분잡함
• 도서관 경내에서는 雜談을 삼가야 한다.
• 서점에서 새로 나온 雜誌를 읽는 사람들로 일대 混雜을 이루었다.

기본 ④ 雜居(잡거) 雜曲(잡곡) 雜穀(잡곡) 雜技(잡기) 雜記(잡기) 雜念(잡념) 雜多(잡다) 雜木(잡목) 雜文(잡문) 雜物(잡물) 雜犯(잡범) 雜費(잡비) 雜食(잡식) 雜音(잡음) 雜種(잡종) 雜草(잡초) 雜貨(잡화) 交雜(교잡) 亂雜(난잡) 繁雜(번잡) 複雜(복잡) 雜商人(잡상인) 雜記帳(잡기장) ③Ⅰ 雜鬼(잡귀) 雜菌(잡균) 雜役(잡역) 雜湯(잡탕) 錯雜(착잡) 雜役夫(잡역부) ③ 煩雜(번잡) 醜雜(추잡)

발전 ② 塵雜(진잡) ① 蕪雜(무잡) 駁雜(박잡) 尨雜(방잡) 猥雜(외잡) 雜遝(잡답) 雜麪(잡면) 雜駁(잡박) 雜碎(잡쇄) 雜猥(잡외) 雜擾(잡요) 雜煮(잡자) 雜卒(잡졸) 粗雜(조잡) 挾雜(협잡)

사자성어 ④ 酒色雜技(주색잡기)

부수	획수	총획
土	4	7

장할 장 : 【904】

字源 〈형성〉 남자에게는 국토방위 의무가 주어져 있다. 일정한 나이에 도달하게 되면 군에 입대하여 국토방위의 의무를 이행한다. 당당하면서 대단하고 훌륭하여 높이 평가할 만한 일이다. 뾰족한 창 같은 무기(爿)를 든 남자(士)가 적을 향해서 씩씩하게 앞으로 나아갔다고 했으니 [장하다(壯)]는 뜻이고 [장]으로 읽는다.
동 健(굳셀 건) 비 莊(씩씩할 장) 약 壮

필순 

기초 【기초한자어】 익히고, 【기본 → 발전한자어】 다지기
壯觀(장관) 훌륭한 광경
壯士(장사) 기개와 체질이 썩 굳센 사람
健壯(건장) 몸이 튼튼하고 기운이 셈
• 어려서부터 무엇이든지 번쩍 들어 올려서 힘이 壯士라 했다.
• 健壯한 체격 조건을 지니고 있어서 신체의 壯觀을 이룬 청년이다.

기본 4 壯年(장년) 壯談(장담) 壯大(장대) 壯烈(장렬) 壯元(장원) 壯丁(장정) 壯快(장쾌) 強壯(강장) 悲壯(비장) 勇壯(용장) 雄壯(웅장) 老益壯(노익장) 小壯派(소장파) 3Ⅱ 壯途(장도) 壯版(장판)
발전 1 魁壯(괴장) 壯狡(장교)
사자성어 3Ⅱ 豪言壯談(호언장담)

帳

부수	획수	총획
巾	8	11

장막 장 【905】

字源 〈형성〉 추위나 햇볕을 막기 위해 창문 앞에 천을 길게 하여 커튼을 친다. 캠페인할 때 몸에 긴 휘장을 두르기도 한다. 장막은 내부의 사실이 보이지 않도록 막거나 가리는 것을 비유적으로 이른 말이다. 추위나 강렬한 햇볕을 차단하기 위해 창문에 길게(長) 천(巾)으로 막으니 [장막(帳)]을 뜻하고 [장]으로 읽는다.
동 幕(장막 막) 비 張(베풀 장)

필순 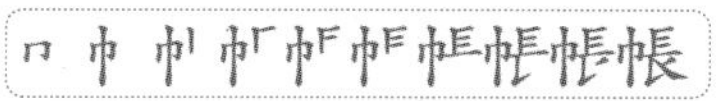

기초 【기초한자어】 익히고, 【기본 → 발전한자어】 다지기
帳簿(장부) 금품의 수입, 지출을 기록하는 책
通帳(통장) 예금인의 출납 상태를 기록해 주는 장부
日記帳(일기장) 나날이 일어나는 일을 기록하는 책
• 그는 입출금 帳簿를 日記帳에 꼼꼼하게 기록한다.
• 종이通帳을 대신해 요즘엔 전자通帳으로 많이 신용거래 한다.

기본 4 原帳(원장) 布帳(포장) 揮帳(휘장) 3Ⅱ 帳幕(장막) 臺帳(대장)
발전 2 屍帳(시장) 1 綺帳(기장) 蚊帳(문장) 繡帳(수장) 帳棚(장붕) 氈帳(전장) 翠帳(취장)
사자성어 4 布帳馬車(포장마차)

張

부수	획수	총획
弓	8	11

베풀 장 【906】

字源 〈형성〉 활시위를 채워 길게 잡아당겼을 때 과녁판을 향한 명중률은 매우 높다. 다른 사람에게 덕망을 쌓아가며 정성스럽게 인정을 베풀었다. 은혜의 따스함을 받아서 오래도록 누리게 했다. 적이나 과녁을 향해 활(弓) 시위를 길게(長) 당겨서 멀리 쏘듯이 성실과 어짊을 널리 [베풀다(張)]는 뜻이고 [장]으로 읽는다.
동 伸(펼 신) 擴(넓힐 확) 반 縮(줄일 축) 비 帳(장막 장)

필순 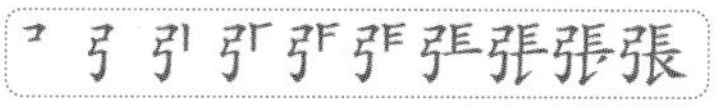

기초 【기초한자어】 익히고, 【기본 → 발전한자어】 다지기
伸張(신장) 물체, 세력을 늘려 넓게 펴는 일
主張(주장) 자기 의견을 굳이 내세움
冊張(책장) 책의 낱낱의 장
• 도서관 내에서는 冊張 넘기는 소리만이 들린다.
• 새마을 운동은 국력을 伸張시켰다는 主張이 많다.

기본 4 張力(장력) 張數(장수) 更張(경장) 落張(낙장) 出張(출장) 張本人(장본인) 3Ⅱ 張皇(장황) 誇張(과장) 緊張(긴장) 3 擴張(확장)
발전 2 鋪張(포장) 張網類(장망류) 2特 箕張(기장) 1 蹶張(궐장) 蕭張(소장) 弛張(이장) 張弛(장이) 張顚(장전) 衒張(현장) 弧張(호장)
사자성어 4 甲午更張(갑오경장)

腸

부수	획수	총획
肉	9	13

창자 장 【907】

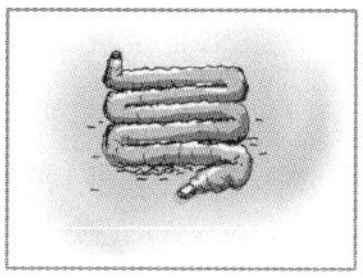

字源 〈형성〉 배 속에는 구불구불한 창자가 있어 음식물을 소화시키는 데 절대적인 역할을 한다. 대부분 소장에서 소화시킨다고 한다. 소화기관인 뱃속의 작은 창자와 큰 창자를 통틀어 이른다. 배가 감싸는 몸(月←肉)의 부분으로 구불구불한(昜) 대장과 소화를 촉진시키는 소장인 [창자(腸)]를 뜻하고 [장]으로 읽는다.
비 陽(볕 양) 揚(날릴 양) 場(마당 장)

필순 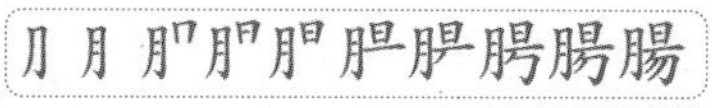

기초 【기초한자어】 익히고, 【기본 → 발전한자어】 다지기
大腸(대장) 소장의 끝에서 항문에 이르는 소화 기관

4급

小腸(소장) 위와 대장 중간에 있는 소화기
腸壁(장벽) 창자의 둘레를 이룬 벽
• 내시경 결과 腸壁에서 용종이 발견되었다.
• 음식물은 小腸에서 소화되었다가 大腸을 거쳐 항
문을 통해 배출된다.

기본 ④腸壁(장벽) 結腸(결장) 斷腸(단장) 直腸(직장) 脫腸
(탈장) ③Ⅰ胃腸(위장) 肝腸(간장) 盲腸(맹장)

발전 ②腸腎(장신) 腎腸(신장) □腔腸(강장) 灌腸(관장)
腸癖(장벽)

사자성어 ④九折羊腸(구절양장) 十二指腸(십이지장)

부수	획수	총획
衣	7	13

꾸밀 장【908】

字源 〈형성〉 내용물의 알참도 중요하지만 바깥의 꾸밈도 중요
했겠다. 선물 꾸러미나 장식품들이 그러하다. 그래서 포
장도 첫인상이라 하였다. 다른 것을 더해 다듬어 보기 좋
은 것으로 만든다. 밖에 외출할 때에 겉옷(衣)으로 치장하
기 위해서 화려하게(壯) 단정하며 입었으니 [꾸미다(裝)]
는 뜻이고 [장]으로 읽는다.
圖飾(꾸밀 식) 回裝

필순 ㅣ ㅓ ㅓ ㅓ- ㅓ-ㅓ ㅓㅓ ㅒㅓ ㅔㅓ 쒸 裝 裝

기초 【기초한자어】 익히고, 【기본→발전한자어】 다지기
變裝(변장) 옷차림이나 겉모습을 다르게 꾸밈
服裝(복장) 옷차림
治裝(치장) 행장을 차림
• 무도회 행사에 모두 變裝을 하고 참석했다.
• 누나는 한껏! 服裝을 단정히 하는 등 겉모습 治裝
을 잘 하고 외출한다.

기본 ④裝備(장비) 裝着(장착) 裝置(장치) 假裝(가장) 客裝
(객장) 輕裝(경장) 軍裝(군장) 男裝(남장) 端裝(단장)
塗裝(도장) 武裝(무장) 盛裝(성장) 洋裝(양장) 女裝
(여장) 旅裝(여장) 正裝(정장) 包裝(포장) 行裝(행장)
裝身具(장신구) 非武裝(비무장) 重裝備(중장비) ③Ⅰ僞裝
(위장) 裝飾(장식)

발전 ②鋪裝(포장) □扮裝(분장) 鞍裝(안장) 戎裝(융장) 裝眞
(장전) 裝幀(장정) 裝帖(장첩) 裝繪(장회)

사자성어 ②鋪裝道路(포장도로)

부수	획수	총획
大	11	14

장려할 장(:)
【909】

字源 〈형성〉 교육의 힘은 무한하고 국가의 백년대계를 좌우한

다고 하였다. 그래서 교육은 지금에 이르기까지 크게 생
각하면서 장려했다. 사람들이 좋은 일에 힘쓰도록 권하면
서 북돋아 준 것이다. 어려서부터 쓸모 있어 보이는 사람을
장차(將) 크게(大) 자라도록 도와주었으니 [장려하다(奬)]
는 뜻이고 [장]으로 읽는다.
圖勸(권할 권) 勵(힘쓸 려) 圆將(장수 장) 回奬

필순 ㅣ ㅓ ㅓ ㅒ ㅒ 將 將 將 奬 奬

기초 【기초한자어】 익히고, 【기본→발전한자어】 다지기
奬勵(장려) 좋은 일에 힘쓰도록 권하여 북돋아 줌
勸奬(권장) 권하여서 장려함
奬學金(장학금) 학문의 연구를 돕기 위한 장려금
• 성적이 우수한 학생에게 奬學金 전달식이 있었다.
• 이 달의 勸奬 도서를 다시금 奬勵하는 문자 메시
지가 자주 온다.

기본 ④激奬(격장) 奬學(장학)

발전 □奬擢(장탁)

부수	획수	총획
广	5	8

밑 저:【910】

字源 〈형성〉 바위 아래에 있는 곳은 평지보다 상당히 낮아서
(氐) 흔히 '밑'이라고 불렀다. 밑이 튼튼해야만 전체적인
건물이 단단하다고들 했다. 드러운 특정한 사물보다 낮은
쪽에 있는 공간이다. 위험스러운 바위(广←岩) 아래(一)에
사람(氐) 눈에 잘 띄지 않는 곳에 몰래 앉아 있으니
[밑(底)]을 뜻하고 [저]로 읽는다.
回低(낮을 저) 抵(막을 저)

필순 ㄱ 广 广 庐 庐 底 底

기초 【기초한자어】 익히고, 【기본→발전한자어】 다지기
底力(저력) 속에 간직하고 있는 끈기 있는 힘
底流(저류) 바다나 강의 바닥을 흐르는 물결
底意(저의) 속으로 품은 생각
• 사건 해결에 그의 底力을 보였으니 다시 감탄하였다.
• 이번 일에 대한 底意가 말씨의 底流에 나타난다.

기본 ④底邊(저변) 基底(기저) 心底(심저) 海底(해저) ③Ⅰ徹底
(철저)

발전 ②底引網(저인망) □底蘊(저온) 底靖(저정) 艙底(창저)
函底(함저)

부수	획수	총획
禾	11	16

쌓을 적【911】

字源 〈형성〉 익은 곡식을 수확할 때는 여러 사람이 낫을 들고

벤다. 벤 벼는 묶어서 만약의 날씨에 대비하여 쌓아 노적을 만들었다. 재료나 생활용품을 차곡차곡 포개어 얹어서 만들기도 했다. 가을에 수확한 벼 포기(禾)를 볏단으로 잘 묶어서 책임(責)지고 거듭해서 높이 올려가면서 [쌓다(積)]는 뜻이고 [적]으로 읽는다.

圖貯(쌓을 저) 蓄(모을 축) 築(쌓을 축) 累(여러/자주 루) 疊(거듭 첩) 圖壞(무너질 괴) 崩(무너질 붕) 回績(길쌈 적)

필순 二 千 禾 禾 禾 秅 秅 秅 積 積 積 積

기초 【기초한자어】익히고, 【기본→발전한자어】다지기
積金(적금) 돈을 모아 둠
積善(적선) 착한 일을 많이 함
面積(면적) 한정된 평면이나 구면의 크기
• 최대 面積을 자랑하는 쇼핑 타운이 완공되었다.
• 積善하는 마음으로 매월 積金을 든 것이 이제는 만기가 된다.

기본 ④積量(적량) 積立(적립) 積分(적분) 積雪(적설) 見積(견적) 山積(산적) 船積(선적) 野積(야적) 容積(용적) 委積(위적) 集積(집적) 蓄積(축적) 治積(치적) 積極的(적극적) 積雪量(적설량) 野積場(야적장) ③①露積(노적) 累積(누적) 乘積(승적) 積載(적재) 積滯(적체) 積載量(적재량) ③ 凝積(응적)

발전 ②積屍(적시) 積鬱(적울) ②⑧庾積(유적) 沖積(충적) 積聚(적취) ①疳積(감적) 積礫(적력) 積林(적림) 積忿(적분) 積漲(적창) 積疊(적첩) 積欠(적흠) 堆積(퇴적)

사자성어 ②⑧銖積寸累(수적촌루)

부수	획수	총획
竹	14	20

籍
문서 적【912】

字源 〈형성〉 쟁기로 밭을 갈면 이랑이 매우 질서 정연히 넘어간다. 마치 대쪽을 가지런히 쪼개놓은 것처럼 보였다. 글이나 기호 등으로 자기의 의사나 관념 또는 사상을 나타낸 것이다. 날카로운 대쪽(竹)에다 따개비질(耒)을 시작했던 옛날(昔)부터 널리 남겨 두었던 [호적(籍)] 또는 [문서(籍)]를 뜻하고 [적]으로 읽는다.

圖券(문서 권) 簿(문서 부) 回耕(밭갈 경) 藉(깔/평계할 자)

필순 ' ⺮ ⺮ 竺 笁 笔 笔 籍 籍 籍

기초 【기초한자어】익히고, 【기본→발전한자어】다지기
國籍(국적) 한 나라의 구성원인 법률상의 자격
書籍(서적) 책
除籍(제적) 호적, 학적, 당적 등에서 이름을 지움
• 이제는 國籍을 회복시켜 달라는 탄원이 접수되었다.
• 영화나 書籍에서 보이듯이 말썽을 피우다가 학칙에 의거 除籍당했다.

기본 ④奇籍(기적) 黨籍(당적) 離籍(이적) 無籍(무적) 兵籍(병적) 復籍(복적) 本籍(본적) 史籍(사적) 原籍(원적) 移籍(이적) 入籍(입적) 在籍(재적) 典籍(전적) 轉籍(전적) 地籍(지적) 學籍(학적) 戶籍(호적) 自國籍(자국적) ③①符籍(부적) 學籍簿(학적부)

발전 ②艦籍(함적) 勳籍(훈적) ①伍籍(오적) 阮籍(완적) 牒籍(첩적) 欠籍(흠적)

사자성어 ④二重國籍(이중국적) ③ 戶籍抄本(호적초본)

부수	획수	총획
糸	11	17

績
길쌈 적【913】

字源 〈형성〉 물레를 돌려 무명에서 실을 뽑을 때 실이 통에 겹겹이 쌓인다. 모시 끝도 길게 연결하여 실을 쌓아 놓았다. 질긴 삼에서 뽑은 삼실 등을 가지고 손으로 베, 모시 등의 직물을 짰다. 물레에서 곱고 가느다란 실(糸)을 뽑아서 차곡차곡 쌓아서(責) 옷베를 만들었으니 [길쌈하다(績)]는 뜻이고 [적]으로 읽는다.

圖織(짤 직) 紡(길쌈 방) 回積(쌓을 적)

필순 ⺄ 幺 糸 糸 糹 糹 紸 績 績 績 績

기초 【기초한자어】익히고, 【기본→발전한자어】다지기
功績(공적) 쌓은 공로
成績(성적) 사업이나 일을 한 결과로 얻은 실적
實績(실적) 실제의 업적 또는 공적
• 지난달 영업 實績이 좋아 우수사원이 되었다.
• 그동안의 功績이나 成績을 인정받아 1등으로 꼽히는 명예사원으로 뽑혔다.

기본 ④績工(적공) 業績(업적) 政績(정적) 治績(치적) 行績(행적) ③①乘績(승적)

발전 ②紡績(방적) 勳績(훈적) 綿紡績(면방적) ②⑧丕績(비적) 徽績(휘적) ①嘉績(가적) 紬績(주적)

사자성어 ②紡文績學(방문적학)

부수	획수	총획
貝	6	13

賊
도둑 적【914】

字源 〈형성〉 도적은 남의 물건을 마구 훔치거나 빼앗아가는 사람이다. 도적에도 여러 종류가 있다. 강도, 국적, 해적, 산적 등이 있어서 훔치는 방법은 무기를 들고 위협하거나 죽이는 것이 보통이었다. 칼 같은 예리한 무기(戎)를 들고 으슥한 곳에서 돈(貝)이나 재물을 마구 훔치는 [도둑(賊)]을 뜻하고 [적]으로 읽는다.

圖盜(도둑 도) 竊(훔칠 절) 回賤(천할 천) 賦(부세 부)

필순 ｜ 冂 冂 月 貝 貝 貝 貯 賊 賊

기초 【기초한자어】 익히고, 【기본→발전한자어】 다지기
盜賊(도적) 도둑
馬賊(마적) 말을 타고 떼를 지어 다니는 도둑
山賊(산적) 산속에 살며 재물을 빼앗는 도적
• 盜賊떼의 우두머리로 보이는 자가 호령을 하였다.
• 이곳은 산에 사는 山賊, 말을 타고 盜賊질하는 馬賊들이 득실거렸다.

기본 ④賊徒(적도) 賊心(적심) 逆賊(역적) 五賊(오적) 義賊(의적) 海賊(해적) ③竊賊(절적)

발전 ②匪賊(비적) 賊窟(적굴) 賊虐(적학) 諜賊(첩적) ②⑧倭賊(왜적) 賊巢(적소) ①寇賊(구적) 鼠賊(서적) 賊魁(적괴) 賊戾(적려) 剽賊(표적) 猾賊(활적) 兇賊(흉적)

부수	획수	총획
辶	11	15

맞을 적 【915】

字源 〈형성〉 나무 뿌리가 땅속에서 길게 뻗어 가지가 뻗어 간다. 줄기의 길이나 크기에 비례한 꼭 그만큼만 뻗어 간다고 한다. 땅의 기름짐에 따라 다르겠지만 어긋나거나 틀리지 않고 뻗는다. 수령이 오래된 나무의 뿌리(啇)가 길게 뻗어 가는(辶) 정도가 줄기 길이와는 똑같아서 [맞다(適)]는 뜻이고 [적]으로 읽는다.
回摘(딸 적) 滴(물방울 적)

필순 亠 亠 产 产 啇 商 商 啇 蹢 適

기초 【기초한자어】 익히고, 【기본→발전한자어】 다지기
適當(적당) 정도가 알맞게 적합함
適性(적성) 무엇에 알맞은 성질
適應(적응) 걸맞아 서로 어울림
• 마침 適當한 時期(시기)에 학교에서 適性검사를 받았다.
• 새로운 곳에서 낯선 사람들과 適應하려고 하니 시간이 참 많이 든다.

기본 ④適格(적격) 適歸(적귀) 適期(적기) 適量(적량) 適法(적법) 適時(적시) 適用(적용) 適人(적인) 適任(적임) 適切(적절) 適正(적정) 適地(적지) 適合(적합) 不適(부적) 自適(자적) 最適(최적) 快適(쾌적) ③⑪拘束適否審(구속적부심)

발전 ②⑧舒適(서적) ①嗣適(사적) 適齡(적령) 稠適(조적) 偕適(해적) 頰適(협적)

사자성어 ④適法節次(적법절차) 適者生存(적자생존) 適材適所(적재적소) ③⑪悠悠自適(유유자적)

부수	획수	총획
寸	8	11

오로지 전 【916】

字源 〈형성〉 목화에서 따낸 무명을 물레로 잣아 실을 뽑아냈다. 무명실은 오로지 한쪽으로만 돌아가면서 무명베의 실이 감아진 것이다. 오직 다른 것은 있을 수 없고 무명베만이 잘 감긴다. 손으로 잣는 물레(車)는 규칙(寸)적으로 앞으로만 돌아서 삶은 실을 고르게 잣게 되었으니 [오로지(專)]를 뜻하고 [전]으로 읽는다.
圖擅(멋대로 할 천) 回傳(전할 전) 惠(은혜 혜) 回専

필순 一 一 亩 百 車 車 重 重 專 專

기초 【기초한자어】 익히고, 【기본→발전한자어】 다지기
專攻(전공) 한 가지 부문을 전문적으로 하는 연구
專門(전문) 한 가지의 학문이나 사업에 전심함
專任(전임) 오로지 어떤 한 일만을 맡김
• 나는 커서 專門職(직)에 종사하는 사람이 되고 싶다.
• 우리 학원 수학 專任講師(강사)는 사실 수학 이외의 다른 과목을 전공했다고 한다.

기본 ④專念(전념) 專斷(전단) 專擔(전담) 專賣(전매) 專務(전무) 專屬(전속) 專用(전용) 專制(전제) 專有物(전유물) ③⑪專橫(전횡)

발전 ②專貰(전세) 專托(전탁) ①專擅(전천) 專娶(전취) 專恀(전치) 專愎(전퍅)

사자성어 ④專管水域(전관수역) 一心專力(일심전력)

부수	획수	총획
車	11	18

구를 전 : 【917】

字源 〈형성〉 수레바퀴는 앞이든 뒤든 한 방향으로 꾸준하게 돌아야만 굴러간다. 실패도 오로지 한 방향이어야 잘 풀리거나 감기게 된다. 여인네의 손에 의해 물레가 계속 돌면서 움직인 것이다. 말이나 소가 끄는 수레바퀴(車)가 오로지(專) 한 방향으로만 꾸준하게 돌아갔으니 [구르다(轉)]는 뜻이고 [전]으로 읽는다.
圖移(옮길 이) 回(돌아올 회) 廻(돌 회) 回転

필순 一 亩 亘 車 軒 軒 軯 軯 轉 轉

기초 【기초한자어】 익히고, 【기본→발전한자어】 다지기
公轉(공전) 행성이 일정한 주기로 태양 둘레를 도는 일
逆轉(역전) 형세가 뒤집힘
回轉(회전) 빙빙 돌아서 구름
• 농구 경기에서 통쾌한 逆轉勝(승)을 거두었다.

4급

• 달은 回轉하면서 지구 주위를 空轉한다.

[기본] ④ 轉勤(전근) 轉機(전기) 轉記(전기) 轉寫(전사) 轉屬
(전속) 轉送(전송) 轉業(전업) 轉用(전용) 轉移(전이)
轉任(전임) 轉入(전입) 轉籍(전적) 轉轉(전전) 轉職(전직)
轉出(전출) 轉向(전향) 轉化(전화) 好轉(호전) 空轉(공전)
流轉(유전) 反轉(반전) 榮轉(영전) 運轉(운전) 移轉(이전)
一轉(일전) 自轉(자전) 輪轉機(윤전기) ③Ⅰ 轉補(전보)
轉役(전역) 轉載(전재) 轉換(전환) 性轉換(성전환)

[발전] ② 廻轉(회전) ②8 轉蓬(전봉) ① 戾轉(여전) 婉轉(완전)
宛轉(완전) 轉徙(전사) 轉訛(전와) 輾轉(전전) 轉漕
(전조) 轉銜(전함) 漕轉(조전)

[사자성어] ④ 急轉直下(급전직하) 起承轉結(기승전결) 心機
一轉(심기일전) ③Ⅰ 轉禍爲福(전화위복)

부수	획수	총획
金	8	16

돈 전 : 【918】

[字源] 〈형성〉 동전의 처음은 주물에 의한 것이 아니라 하나씩
창이나 칼로 깎아서 만들었다. 조각을 하고 칼로 깎는 수
공업과 같은 방법이었다. 오래전부터 순우리말인 돈으로
만 사용되었다. 쇠붙이(金)에 도안하여 예리한 칼로 잘
깎아(戔)내면서 무늬를 더욱 곱게 넣어가며 주조한 [돈(錢)]
을 뜻하고 [전]으로 읽는다.
⑤幣(화폐 폐) ⑩賤(천할 천) 踐(밟을 천) ⑭銭

[필순] ⼃ ⼇ ⾦ ⾦ 釒 鈗 鈗 銭 銭 錢 錢

[기초] 【기초한자어】 익히고, 【기본 → 발전한자어】 다지기
錢票(전표) 공사장에서 현금 대신 지급한 쪽지
金錢(금전) 쇠붙이로 만든 돈
銅錢(동전) 구리로 만든 돈
• 저금통에 銅錢을 모아 이웃돕기 성금으로 냈다.
• 급여 대신에 錢票를 받은 일종의 金錢거래도 우
리 땅에서 성했다.

[기본] ④ 錢主(전주) 加錢(가전) 角錢(각전) 結錢(결전) 急錢
(급전) 代錢(대전) 邊錢(변전) 本錢(본전) 葉錢(엽전)
銀錢(은전) 一錢(일전) 錢主(전주) 紙錢(지전) 加戶錢
(가호전) ③Ⅰ 鑄錢(주전) 換錢(환전) 守錢奴(수전노)

[발전] ② 貰錢(세전) 俸錢(봉전) 餐錢(찬전) ②8 錫錢(석전)
錢塘江(전당강) ① 賭錢(도전) 銑錢(선전) 贖錢(속전)
剩錢(잉전) 錢癖(전벽) 貼錢(첩전)

[사자성어] ④ 無錢旅行(무전여행)

부수	획수	총획
手	4	7

꺾을 절 【919】

[字源] 〈회의〉 톱이 나오기 이전에 도끼는 큰 나무든 작은 나무
든 꺾어서 넘어뜨리는 데 아주 편리한 연모였다. 그래야
만 가지나 잔가지도 자를 수 있었다. 휘어 펴지지 않게 하
거나 부러뜨린다. 두 손(扌)으로 도끼(斤)를 잡고 나무 밑
동을 내리쳐서 세력 확산을 방지하도록 했으니 [꺾다(折)]
는 뜻이고 [절]로 읽는다.
⑤曲(굽을 곡) 屈(굽을 굴) 挫(꺾을 좌) ⑩祈(빌 기) 析
(쪼갤 석)

[필순] ⼀ ⼅ ⼊ ⼿ ⼿ 折 折 折

[기초] 【기초한자어】 익히고, 【기본 → 발전한자어】 다지기
折斷(절단) 끊어버림
骨折(골절) 뼈가 부러짐
半折(반절) 절반
• 자전거를 타다가 넘어져 그만 骨折을 입었다.
• 금년 농사는 작년 수확의 半折로 折斷나겠다 싶다.

[기본] ④ 折骨(절골) 折半(절반) 曲折(곡절) 屈折(굴절) 斷折
(단절) 面折(면절) ③Ⅰ 折衝(절충) ③ 折閱(절열) 折腰
(절요)

[발전] ② 折衷(절충) 中折帽(중절모) ① 磬折(경절) 敲折
(고절) 紐折(유절) 剖折(부절) 椊折(쇄절) 夭折(요절)
撓折(요절) 折肱(절굉) 折撚(절연) 折輻(절복) 折鋒
(절봉) 折挫(절좌) 折肢(절지) 阻折(조절) 挫折(좌절)

[사자성어] ④ 九折羊腸(구절양장) 百折不屈(백절불굴) ③ 腰
折腹痛(요절복통)

부수	획수	총획
卜	3	5

점령할 점 :
점칠 점【920】

[字源] 〈회의〉 가족 중에 우환이 있거나 하는 일이 잘못되는 수
가 있다. 이럴 때에는 대책을 마련하기 위해서 이따금
점을 치러 갔었다. 앞으로의 일을 미리 판단하거나 자세
하게 알아본다. 돌팔이 점쟁이가 점(卜)을 친 후에 운세
의 길흉이 담긴 점괘를 잘 말하니(口) [점(占)] 혹은 [점령
하다(占)]는 뜻이고 [점]으로 읽는다.
⑤領(거느릴 령) 卜(점 복) ⑩古(예 고)

[필순] ⼁ ⼂ ⼂ 占 占

[기초] 【기초한자어】 익히고, 【기본→발전한자어】 다지기
占領(점령) 일정한 장소를 차지함
占術(점술) 점치는 술법
獨占(독점) 독차지
• 우리의 절대적인 아군 기지를 적군에게 占領 당했다.
• 이번 선거는 진보주의자들이 獨占할 것이란 占術
家(가)의 말이 맞게 될까.

[기본] ④ 占居(점거) 占據(점거) 占用(점용) 占有(점유) 強占
(강점) 買占(매점) 先占(선점) 兆占(조점) 占星術(점성술)

4급

③Ⅰ 寡占(과점) ③ 龜占(귀점)
발전 ②胎占(태점) ① 占卦(점괘)

부수	획수	총획
黑	5	17

점 점(:)【921】

字源 〈형성〉 우주 공간과 삼라만상은 모두 점으로 이루어졌다. 시공을 초월하며 우주와 함께 같이 한 것이다. 어느 곳을 차지하여 자기의 지배하에 두거나 일정한 지역이나 대상을 차지하도록 했다. 어떤 공간을 자기 소유로 점령하기(占) 위해 검정黑 먹으로 미리서 점을 찍어두었으니 [점點]을 뜻하고 [점]으로 읽는다.
回默(잠잠할 묵) 回点, 奌

필순 冂冂日甲里黑黑點點點

기초 【기초한자어】 익히고, 【기본 → 발전한자어】 다지기
點檢(점검) 낱낱이 검사함
短點(단점) 낮고 모자라는 점
要點(요점) 가장 중요한 점
• 횡설수설하는 것을 보고 要點만 간단히 말하라고 철저히 단속했다.
• 공중위생업소 위생 點檢에서 短點이 지적되었다.

기본 ④點燈(점등) 點線(점선) 點數(점수) 點心(점심) 點字(점자) 點點(점점) 點呼(점호) 點火(점화) 角點(각점) 減點(감점) 強點(강점) 據點(거점) 缺點(결점) 更點(경점) 觀點(관점) 極點(극점) 起點(기점) 同點(동점) 得點(득점) 利點(이점) 滿點(만점) 半點(반점) 罰點(벌점) 批點(비점) 氷點(빙점) 時點(시점) 視點(시점) 弱點(약점) 爭點(쟁점) 接點(접점) 採點(채점) 打點(타점) 評點(평점) 虛點(허점) ③Ⅰ盲點(맹점) 點滅(점멸) ③ 零點(영점) 汚點(오점)

발전 ②焦點(초점) ①斑點(반점) 點勘(점감) 點描(점묘) 點睛(점정) 點註(점주) 點綴(점철) 點瑕(점하) 喠點(치점)

부수	획수	총획
一	1	2

장정 정【922】

字源 〈상형〉 나무와 나무를 연결하려면 기다란 못을 박는다. 물건을 걸 적당한 장소를 만들 때도 못을 박는다. 이때에 [정. 정. 정]하는 소리가 난다. 기운이 좋거나 힘이 장사인 젊은 남자이겠다. 나무에 못 모양이나 못 박는 소리를 본뜬 의성어로 힘이 센 [장정丁]이나 정씨 성인 [성씨丁]를 뜻하고 [정]으로 읽는다.
回了(마칠 료)

필순 一丁

기초 【기초한자어】 익히고, 【기본 → 발전한자어】 다지기
白丁(백정) 소, 돼지 등 가축을 잡는 일을 업으로 삼는 사람
兵丁(병정) 병역에 복무하는 장정
園丁(원정) 정원을 맡아 보살피는 사람
• 친구와 시간가는 줄 모르고 兵丁놀이를 하였다.
• 말도 안 돼! 어떻게 白丁이 園丁이 될 수 있단 말인가. 부질없는 짓일세.

기본 ④丁男(정남) 押丁(압정) 壯丁(장정) ③Ⅰ丁憂(정우)

발전 ②丁彊(정강) ①轎丁(교정) 禿丁(독정) 丁艱(정간) 庖丁(포정)

부수	획수	총획
攴	12	16

가지런할 정 :
【923】

字源 〈회의〉 통나무를 적당한 크기로 나누어 도끼로 쪼개면 장작이 된다. 쪼개 놓은 장작을 차근차근 포개어 쌓거나 묶어 놓는다. 양쪽이 전혀 층이 나지 않거나 나란하게 고른다. 장작 양쪽 끝을 가지런하게 쳐서(攴) 비교적 반듯하게(正) 묶어서(束) 잘 정리해 두었으니 [가지런하다(整)]는 뜻이고 [정]으로 읽는다.
圖齊(가지런할 제) 頓(조아릴 돈)

필순 一一彐市束敕敕敕敕整整

기초 【기초한자어】 익히고, 【기본 → 발전한자어】 다지기
整列(정렬) 가지런히 줄지어 섬
整理(정리) 흐트러진 것을 가지런히 바로잡음
整備(정비) 정돈하여 갖춤
• 냉장고를 整理할 때 음료수를 한 줄로 整列했다.
• 그들은 이륙 전에 항공기 整備를 완료했다.

기본 ④整地(정지) 修整(수정) 調整(조정) ③Ⅰ整齊(정제) 補整(보정)

발전 ②8整頓(정돈) 整峻(정준) ①整襟(정금) 整勒(정륵)
사자성어 ④整形手術(정형수술)

부수	획수	총획
靑	8	16

고요할 정【924】

字源 〈형성〉 붉은색만 칠하면 덥고, 푸른색만 칠하면 분위기가 차게 보인다 한다. 붉고도 푸른색이 섞이면 고요한 분위기를 느끼게 된다. 주변의 분위기가 잠잠하고 너무 조용

하기만 하다. 붉고 푸른(靑) 색깔이 서로 엇갈려(爭) 정지해 있으니 단청이 오히려 더 조용했으니 [고요하다(靜)]는 뜻이고 [정]으로 읽는다.
圖肅(엄숙할 숙) 寂(고요할 적) 謐(고요할 밀) 凹動(움직일 동) 回静

필순 　 = 二 主 青 青 青 青 青 青 静 静 静

기초 【기초한자어】 익히고, 【기본 → 발전한자어】 다지기
靜物(정물) 정지하여 움직이지 아니하는 물건
靜閑(정한) 조용하고 한가로움
安靜(안정) 마음과 정신이 편안하고 고요함
• 미술 시간에는 꽃병을 놔 두고 靜物畫를 그렸다.
• 의사선생님은 절대적 安靜을 위해 靜閑한 곳을 찾으라고 신상당부를 거듭거듭 했다.

기본 ④靜觀(정관) 靜脈(정맥) 靜肅(정숙) 靜養(정양) 靜的(정적) 靜止(정지) 動靜(동정) 冷靜(냉정) 平靜(평정) 靜中動(정중동) 靜電氣(정전기) ③I靜淑(정숙) 靜寂(정적) 靜坐(정좌) 鎭靜(진정) ③靜攝(정섭)

발전 ②靜僻(정벽) 靜穩(정온) 鎭靜劑(진정제) ②③靜淵(정연) 沖靜(충정) ①澹靜(담정) 靜嘉(정가) 靜謐(정밀) 靜晏(정안) 靜躁(정조) 躁靜(조정)

임금 제 : 【925】

字源 〈형성〉 한 나라의 제왕은 하늘이 안내한다는 이야기가 있다. 즉 하늘의 뜻에 따라 제왕이 되어 나라를 다스린다는 뜻이겠다. 한 나라의 지존으로 군주 국가에서 나라를 다스린 우두머리이다. 하늘에 제사 지낼 때 제물을 정성스럽게 올려놓는 제사상의 모양을 본떠서 천자인 [임금(帝)]을 뜻하고 [제]로 읽는다.
圖王(임금 왕) 君(임금 군) 皇(임금 황) 凹民(백성 민) 臣(신하 신)

필순 　 ` ㅗ ㅗ ㅕ ㅕ 产 帝 帝 帝

기초 【기초한자어】 익히고, 【기본 → 발전한자어】 다지기
反帝(반제) '반제국주의'의 준말
日帝(일제) 일본제국
天帝(천제) 하느님
• 오랜 가뭄으로 天帝께 비는 기우제를 지냈다.
• 우리 사회에는 日帝의 殘像으로 反帝사상이 있다.

기본 ④帝王(제왕) 帝位(제위) 帝政(제정) 稱帝(칭제) ③I皇帝(황제)

발전 ②帝闕(제궐) 帝姬(제희) ②③帝傅(제부) 帝祐(제우) 帝胤(제윤) 帝祚(제조) 隋文帝(수문제) 魏武帝(위무제) ①帝輦(제련) 帝宸(제신) 帝祉(제지)

사자성어 ④帝國主義(제국주의)

부수	획수	총획
木	7	11

가지 조【926】

字源 〈형성〉 바람이 조금 불어도 나뭇잎이 윙윙 소리를 내며 흔들린다. 줄기와 큰 가지에 비하여 미풍에도 잘 흔들린 것이다. 나무의 원줄기로부터 자꾸 갈라져 나와서 뻗은 줄기이다. 아주 작은 미풍에도 흔들리는 듯한(攸) 가느다란 나뭇가지(木)의 윗부분으로 [가지(條)] 혹은 [조목(條)]을 뜻하고 [조]로 읽는다.
圖枝(가지 지) 凹修(닦을 수) 回条

필순 　 亻 亻 亻 伫 伫 攸 修 倏 條 條

기초 【기초한자어】 익히고, 【기본 → 발전한자어】 다지기
條件(조건) 무슨 일을 어떻게 규정한 항목
條約(조약) 조목을 세워서 약정한 언약
信條(신조) 굳게 믿고 있는 생각
• 농산물은 기후 條件에 따라 생산량이 큰 영향을 받는다.
• 두 나라 정상은 條約을 체결하고 앞으로 지킬 무거운 信條를 언약했다.

기본 ④條理(조리) 條例(조례) 條理(조리) 條目(조목) 條文(조문) 敎條(교조) 無條件(무조건) 不條理(부조리) ③I條奏(조주) 枝條(지조) 條項(조항) ③逐條(축조)

발전 ②條款(조관) 條枚(조매) 鐵條網(철조망) ②③柯條(가조) ①簡條(개조) 撥條(발조) 蕭條(소조) 條彙(조휘)

사자성어 ④金科玉條(금과옥조) ③逐條審議(축조심의)

부수	획수	총획
水	12	15

조수 조【927】

字源 〈형성〉 가뭄이 들면 연못물이 줄어든다. 비가 오면 바닥도 둑도 적시며 물은 불어나는 모습을 본다. 달의 인력에 의해 주기적으로 해수면 높이가 높아졌다 낮아졌다 하는 현상이다. 달의 인력에 의하여 밀물되어 아침(朝)에 들어왔다가 썰물 되어 오후에 나가는 바닷물(氵)로 [조수(潮)]를 뜻하고 [조]로 읽는다.
回朝(아침 조)

필순 　 氵 氵 氵 氵 浐 浐 淖 淖 淖 潮 潮

기초 【기초한자어】 익히고, 【기본 → 발전한자어】 다지기
潮流(조류) 조석 때문에 일어나는 바닷물의 수평 운동
干潮(간조) 썰물로 해면의 높이가 가장 낮을 때의 물
高潮(고조) 아주 한창의 고비
• 공연의 분위기가 高潮에 달하자, 관객이 열광했다.
• 아버지는 干潮때마다 그물을 걷었으니, 潮流를 잘

이용한 것이다.

기본 ④潮水(조수) 滿潮(만조) 思潮(사조) 逆潮(역조) 赤潮
(적조) 初潮(초조) 退潮(퇴조) 風潮(풍조) 紅潮(홍조)
③防潮堤(방조제)

발전 ①潮痕(조흔)

사자성어 ④潮力發電(조력발전)

부수	획수	총획
糸	5	11

짤 조【928】

字源 〈형성〉 길게 날아 놓은 날실을 위 아래로 번갈아 하면서
씨실이 오가면 옷베가 잘 짜진다. 무명이나 명주는 주로
가정집에서 짜서 썼다. 일반적으로 실이나 끈 등을 씨와
날로 얽어서 만든다. 날실과 씨실(糸)이 겹치고 또(且) 차
곡차곡 겹쳐 곱고 튼튼한 옷감으로 만들었으니 [짜다(組)]
는 뜻이고 [조]로 읽는다.
동績(길쌈 적) 織(짤 직) 紡(길쌈 방) 回祖(할아비 조) 租
(조세 조)

필순 `ㄴ ㄠ ㅅ 幺 糸 糸 糸 糸 糸 糸 糸`

기초 【기초한자어】 익히고,【기본→발전한자어】 다지기
組立(조립) 여러 부품을 하나의 구조물로 짜 맞춤
組成(조성) 조직하여 성립시킴
組合(조합) 민법상 두 사람 이상이 출자하여 공동
사업을 경영하는 계약
• 하루 종일 방안에서 장난감 組立을 하느라 시간
가는 줄 몰랐다.
• 정기총회 때 組合員(원)들이 다시 모여서 마치 위
원회와 같이 組成한다.

기본 ④組長(조장) 組織(조직) ③1組閣(조각) 組版(조판)

발전 ①棒組(봉조)

사자성어 ④水利組合(수리조합)

부수	획수	총획
子	3	6

있을 존【929】

字源 〈형성〉 부모님은 자식이 어른이 되어도 어린 아이처럼 걱
정하면서 보살피신다. 부모님의 깍듯한 사랑의 배려다.
'있다'는 어떠한 자리나 공간을 차지하는 상태나 물건의
위치라 한다. 아직은 어린 새싹(才)처럼 한참 자라나는 자
식(子)을 잘 보살펴서 아무 탈 없이 자라고 있으니 [있다(存)]
는 뜻이고 [존]으로 읽는다.
동有(있을 유) 在(있을 재) 回無(없을 무) 亡(망할 망)
滅(멸할 멸) 廢(폐할/버릴 폐) 沒(빠질 몰)

필순 `一 ナ 才 才 存 存`

기초 【기초한자어】 익히고,【기본→발전한자어】 다지기
存在(존재) 거기, 혹은 현실에 있음
共存(공존) 같이 존재함
實存(실존) 실제로 존재함
• 인간은 서로 상부상조하면서 共存해 나간다.
• 사진의 存在 여부를 떠나서 지금의 實存인물이 훨
씬 멋있게 보인다.

기본 ④存立(존립) 存亡(존망) 存問(존문) 存續(존속) 保存
(보존) 常存(상존) 生存(생존) 依存(의존) 殘存(잔존)
現存(현존) 惠存(혜존) ③1存廢(존폐) 賦存(부존) 尙存
(상존) ③俱存(구존) 旣存(기존)

발전 ①存撫(존무) 儼存(엄존)

사자성어 ④適者生存(적자생존) ②癌的存在(암적존재)

부수	획수	총획
彳	8	11

좇을 종(:)【930】

字源 〈회의〉 어른의 뒤를 따라서 어린이들이 산소에 성묘하러
간다. 선생님의 뒤를 따라서 소풍도 간다. 쉬엄쉬엄 쫓아
뒤따른 행렬이 보기 좋다. 무엇인가를 따라하거나 추구하
는 것을 의미한다. 앞서가는 사람(从)의 발자국을 점차 따
라(止) 뒤에서 걸어(彳) 다가서면서 그 뜻을 바짝 [좇다(從)]
는 뜻이고 [종]으로 읽는다.
동追(좇을 추) 遵(좇을 준) 僕(종 복) 回徒(무리 도)
약从

필순 `ㄱ 彳 彳 彳 彳 彳 彳 彳 從 從`

기초 【기초한자어】 익히고,【기본→발전한자어】 다지기
從來(종래) 지금까지 내려온 그대로
從事(종사) 어떤 일에 매달려 일함
服從(복종) 남의 명령, 의사를 좇음
• 개혁을 외쳐도 따라주지 않으면 從來에는 포기
할 것이다.
• 이제는 서비스 從事員이라고 해서 손님에게 무조
건 服從하지만은 않는다.

기본 ④從軍(종군) 從屬(종속) 從前(종전) 相從(상종) 順從
(순종) 再從(재종) 主從(주종) 從業員(종업원) 從兄弟
(종형제) ③1姑從(고종) 盲從(맹종) 侍從(시종) 忍從
(인종) 追從(추종) ③從享(종향)

발전 ②3扈從(호종) ①僕從(복종) 嬪從(빈종) 姨從(이종)
從駕(종가) 從橐(종거) 從舅(종구) 從僕(종복) 從諛
(종유)

사자성어 ④白衣從軍(백의종군) 三從之道(삼종지도) 女必

從夫(여필종부) 類類相從(유유상종) ③ 面從腹背(면종복배)

부수	획수	총획
金	9	17

쇠북 종【931】

字源 〈형성〉 '쇠북'은 '쇠로 된 북'이라는 뜻으로 '종'을 이르던 말이다. 쇠북은 좋은 쇠로 만들었으며 금속제의 무거운 그릇으로 술병, 술그릇을 나타내 '종자'의 뜻으로도 쓰였다. '鐘(종)'과 함께 쇠로 된 북이다. 쇠붙이(金)로 만든 종(重)은 에밀레종처럼 은은한 소리가 나거나 멀리까지 울렸으니 [쇠북(鍾)]을 뜻하고 [종]으로 읽는다.
圖鐘(쇠북 종) 回種(씨 종)

필순 ノ ト ヒ 牟 金 金 金 釒 鈩 鈩 鍾 鍾

기초 【기초한자어】 익히고, 【기본→발전한자어】 다지기
警鍾(경종) 비상한 일이나 위험을 알리기 위하여 치는 종 따위의 신호
鍾閣(종각) 종을 매달아 둔 집
打鍾(타종) 종을 침
•鍾閣의 종소리가 은은하게 울려 퍼진다.
•打鍾의 종소리가 마치 警鍾을 울리는 듯 정신이 번뜩했다.

기본 ④ 鍾路(종로) 藥鍾(약종) 玉鍾(옥종) 土鍾(토종) 自鳴鍾(자명종) 鍾乳石(종유석) ③ 鍾樓(종루) 晩鍾(만종) 超人鍾(초인종) ③ 晨鍾(신종) 曉鍾(효종)
발전 ②⑧ 鍾鼎(종정) 鼎鍾(정종) 鍾鼎文(종정문)
사자성어 ②⑧ 鍾鳴鼎食(종명정식)

부수	획수	총획
广	7	10

자리 좌 :【932】

字源 〈회의〉 손님이 찾아오면 사랑방에 앉아 나눈 이야기는 매우 정다웠다. 세상 돌아가는 이야기며, 학문에 대한 이야기도 나누었다. 사람이나 물체가 차지하는 일정한 넓이의 공간이나 장소. 집안(广)에서 편히 앉아(坐) 정담을 나누는 [자리(座)] 또는 관청(广)에서 보고 앉은(坐) [자리(座)]를 뜻하고 [좌]로 읽는다.
圖席(자리 석) 位(자리 위) 回坐(앉을 좌)

필순 丶 亠 广 广 广 庄 庄 应 座 座

기초 【기초한자어】 익히고, 【기본→발전한자어】 다지기
座談(좌담) 마주 자리를 잡고 앉아서 하는 이야기
座席(좌석) 앉는 자리

星座(성좌) 별자리
•오늘 座談會(회) 참석자들은 진지한 표정들이다.
•오늘 座席 배정은 星座를 살펴가며 안배했습니다.

기본 ④ 座上(좌상) 座中(좌중) 座標(좌표) 座下(좌하) 講座(강좌) 客座(객좌) 計座(계좌) 口座(구좌) 權座(권좌) 當座(당좌) 寶座(보좌) 上座(상좌) 玉座(옥좌) 王座(왕좌) ③ 座右銘(좌우명)
발전 ① 撞座(당좌) 帆座(범좌)
사자성어 ④ 當座手票(당좌수표) ② 碩座敎授(석좌교수)

부수	획수	총획
口	5	8

두루 주【933】

字源 〈회의〉 겉으로 나타나는 표정이나 말보다는 마음 씀이 중요하다고 한다. 심성의 올바름이 원초적이며 가장 중요시 여겼기 때문이다. 일반적으로 널리 소문이 나서 하나도 빠짐없이 골고루 미치게 한다. 마음을 넓게 쓰(用) 생각을 여러 사람에게 고루 미치도록 말하니(口) [두루(周)]를 뜻하고 [주]로 읽는다.
圖圍(애워쌀 위) 回週(주일 주) 調(고를 조)

필순 ノ 冂 冂 冃 周 周 周 周

기초 【기초한자어】 익히고, 【기본→발전한자어】 다지기
周圍(주위) 어떤 곳의 바깥
周知(주지) 여러 사람이 어떤 사실을 널리 아는 것
一周(일주) 한 바퀴를 돎
•전국 一周를 위해 봄부터 열심히 준비했었지요.
•잔디 周圍에 쓰레기를 버리지 말라고 周知했다.

기본 ④ 周年(주년) 周到(주도) 周密(주밀) 周邊(주변) 周易(주역) 周波數(주파수) ③ 周旋(주선)
발전 ② 姬周(희주) ②⑧ 周鉢(주발) 鄭夢周(정몽주) 周濂溪(주렴계) 周世鵬(주세붕) ① 周堵(주도) 周馳(주치)
사자성어 ④ 用意周到(용의주도) ③ 周到綿密(주도면밀)

부수	획수	총획
木	2	6

붉을 주【934】

字源 〈지사〉 봄에는 새싹이 돋고, 여름에는 온 들판이 무성하게 넘친다. 가을에는 햇빛을 받아 붉게 물들고 겨울에는 낙엽이 진다. 계절이 세상에 주는 붉은색은 빛깔이 핏빛 또는 익은 고추의 빛과 같다. 시월(十)이면 드는 단풍나무(木) 잎(丿)이 붉은 정취를 느끼도록 물이 드니 [붉다(朱)]는 뜻이고 [주]로 읽는다.
圖赤(붉을 적) 紅(붉을 홍) 丹(붉을 단) 回未(아닐 미)

필순　ノ　ノ　ヒ　牛　牛　朱

기초　【기초한자어】 익히고, 【기본 → 발전한자어】 다지기
朱書(주서) 붉은색으로 씀
朱紅(주홍) 붉은빛과 누른빛의 중간쪽의 빛깔
印朱(인주) 도장을 찍는 데 쓰는 붉은빛의 재료
• 문장이나 글자를 정정할 때 朱書로 많이 표기한다.
• 손톱에 봉숭아물 朱紅빛을, 印朱로 착각할 때가
　있으니 참 이상하다.

기본　[4] 朱木(주목) 朱門(주문) 朱子(주자) 朱黃(주황)

발전　[2] 朱闕(주궐) [28] 朱錫(주석) 朱熹(주희) [1] 朱櫃(주궤)
朱橘(주귤) 朱橙(주등) 朱抹(주말) 朱雰(주분) 朱櫻
(주앵) 朱鵲(주작) 堆朱(퇴주)

부수	획수	총획
酉	3	10

술 주(:)【935】

字源　〈회의〉 술병의 모양을 본떠 [酉]만으로도 술을 뜻했다. 차
츰 12지지를 뜻하는 [닭]으로 바뀌자 '酉'에 'ʒ'을 붙여
[술]로 쓰이고 있다. 알코올 성분이 들어 있어 마시면 취
하는 음료라 한다. 곡식으로 빚은 청주나 막걸리가 액체
(ʒ)로 걸러져 나와 술병(酉)에 술이 가득 차 있으니 [술(酒)]
을 뜻하고 [주]로 읽는다.
回 猶(오히려 유)

필순　丶　丶　ʒ　ʒ　汀　汀　沔　沔　酒　酒　酒

기초　【기초한자어】 익히고, 【기본 → 발전한자어】 다지기
酒量(주량) 술을 마시는 분량
藥酒(약주) 술의 높임말
洋酒(양주) 서양에서 수입하였거나 또는 서양식으
로 만든 술
• 그의 酒量은 기껏해야 소주 한 병 정도라 한다.
• 할아버지는 반주로 藥酒를 드시고, 三寸은 洋酒를
　마신다.

기본　[4] 酒席(주석) 酒稅(주세) 甘酒(감주) 禁酒(금주) 農酒
(농주) 毒酒(독주) 密酒(밀주) 飮酒(음주) 祭酒(제주)
淸酒(청주) 暴酒(폭주) 合歡酒(합환주) 酒案床(주안상)
愛酒家(애주가) 勸酒歌(권주가) [3ⅱ] 麥酒(맥주) 燒酒
(소주) 酒幕(주막) 酒邪(주사) 飯酒(반주) [3] 濁酒(탁주)

발전　[2] 醴酒(예주) 蟾蛇酒(섬사주) 酒杓(주표) 酒鋪(주포) 旨
酒(지주)

사자성어　[4] 酒色雜技(주색잡기) 斗酒不辭(두주불사) [28] 醴
酒不說(예주불설)

부수	획수	총획
言	12	19

증거 증【936】

字源　〈형성〉 재판관이 죄인을 심문할 때 사실에 근거하여 재판
한다. 증거품도 제시하고 사실을 알고 있는 사람을 불러
증언도 듣는다. 어떤 사실을 증명하려고 낱낱의 근거를
들이댄다. 판사 앞의 높은 단상 위에 올라서서(登) 그 동
안 있었던 관계를 모두 사실대로 말했으니(言) [증거(證)]
를 뜻하고 [증]으로 읽는다.
圄 據(근거 거) 憑(비길 빙) 回 燈(등 등) 약 証

필순　丶　亠　言　言　言　言ʰ　言ⁿ　證　證　證

기초　【기초한자어】 익히고, 【기본 → 발전한자어】 다지기
證據(증거) 증명할 수 있는 근거
證明(증명) 어떤 사실을 증거를 대어 틀림없다고 밝힘
保證(보증) 남의 신분이나 행동을 뒷받침하여 책임짐
• 경찰서에서 친구의 保證으로 겨우 풀려났다.
• 證據가 불충분하여 재 수집하여 다시 證明하는 것
　이 좋을 듯하오.

기본　[4] 證券(증권) 證書(증서) 證市(증시) 證言(증언) 證人
(증인) 證左(증좌) 證紙(증지) 證參(증참) 證驗(증험)
干證(간증) 檢證(검증) 考證(고증) 公證(공증) 物證(물증)
反證(반증) 査證(사증) 辭證(사증) 實證(실증) 心證(심증)
認證(인증) 立證(입증) 確證(확증) 通行證(통행증)
領收證(영수증) [3ⅱ] 僞證(위증) [3] 辨證(변증) 傍證(방증)
辨證法(변증법)

발전　[1] 證憑(증빙) 證慿(증빙)

부수	획수	총획
日	8	12

지혜 지【937】

字源　〈형성〉 열심히 노력한 자만이 성공할 수 있다고 한다. 지
혜로워서 온갖 문리(文理)가 다 트이고 시시비비의 사리
도 분명해진다. 사물의 이치나 상황에 처할 방도를 생각
해 내는 능력이다. 열심히 노력하여 온갖 사리를 햇빛처
럼(日) 잘 알게(知) 되어서 매우 슬기로웠으니 [지혜(智)]
를 뜻하고 [지]로 읽는다.
圄 慧(슬기로울 혜) 睿(슬기 예) 回 愚(어리석을 우) 回 知
(알지)

필순　ノ　亠　ヒ　矢　知　知　智　智　智　智

기초　【기초한자어】 익히고, 【기본 → 발전한자어】 다지기
智略(지략) 슬기로운 계략
奇智(기지) 기발하고 특출한 지혜

理智(이지) 이성과 지혜
* 그는 武(무)와 文(문)을 겸비한 뛰어난 智略家 (가)라고 알려진다.
* 위급한 상황에서도 理智과 재치로 奇智를 발휘하여 위기를 모면했다.

[기본] ④智識(지식) 智將(지장) 衆智(중지) 智德體(지덕체) 仁義禮智信(인의예지신) ③Ⅱ智謀(지모) 智慧(지혜) ③ 銳智(예지)

[발전] ②膽智(담지) ②❽睿智(예지) 金閼智(김알지) ① 狡智 (교지) 智囊(지낭) 猾智(활지)

	부수	획수	총획
	手	6	9

가질 지【938】

字源 〈형성〉 상부 관청에서 내린 공문서는 귀중하게 보관하고 그 실시 결과에 따라 보고도 한다. 예나 이제나 공문서를 중히 여겼던 것이다. 어떠한 행사를 성대하게 열거나 일을 진행한다. 관청(寺)에서 잘 포장해 보낸 공문서를 비로소 손(扌)안에 넣어서 소중하게 간직했으니 [가지다(持)]는 뜻이고 [지]로 읽는다.
回取(가질 취) 回待(기다릴 대) 特(특별할 특) 侍(모실 시)

[필순] 一 十 才 扌 打 持 持 持 持

[기초] 【기초한자어】 익히고, 【기본→발전한자어】 다지기
持病(지병) 고치기 어려운 병
所持(소지) 가지고 있음
持續性(지속성) 지속해 나가는 성질
* 나의 持病은 항체의 持續性에 따라 완치 여부가 갈린다.
* 조회 시간에 선생님이 所持品(품) 검사를 하셨다.

[기본] ④持論(지론) 持續(지속) 持參(지참) 堅持(견지) 保持 (보지) 支持(지지) ③Ⅱ持久(지구) 扶持(부지) 維持 (유지) 持久力(지구력) 持久戰(지구전) ③ 把持(파지)

[발전] ②握持(악지) ①捧持(봉지) 持戟(지극) 挾持(협지)

	부수	획수	총획
	言	7	14

기록할 지【939】

字源 〈형성〉 실제로 했던 일이나 논의했던 말들을 일지에 잘 적어 놓는다. '삼국지'처럼 깊은 뜻이 담긴 말을 기록하여 후대에 전하기도 했었다. 사실의 내용을 글이나 기호로 곱게 적다는 뜻이다. 이미 했던 일을 말(言)로 미루어서 깊은 뜻(志)을 매우 정교하게 적어놓았으니 [기록하다(誌)]는 뜻이고 [지]로 읽는다.
回記(기록할 기) 錄(기록할 록) 回談(말씀 담) 詩(시 시)

[필순] 丶 亠 言 言 言 言 計 誌 誌 誌 誌 誌

[기초] 【기초한자어】 익히고, 【기본→발전한자어】 다지기
誌面(지면) 잡지에서 글의 내용이 실리는 종이의 면 지상
誌文(지문) 죽은 사람의 행적을 무덤이 있는 곳에 적은 글
日誌(일지) 직무상의 기록을 적은 책
* 매일 매일 勤務(근무) 日誌를 열심히 작성하고 있다.
* 오늘 조간신문 한 誌面을 할애하여 誌文 전문이 모두 소개되었다.

[기본] ④誌上(지상) 校誌(교지) 貴誌(귀지) 書誌(서지) 外誌 (외지) 雜誌(잡지) 會誌(회지) 墓誌文(묘지문)

[발전] ①壙誌(광지) 誌齡(지령) 叢誌(총지)

[사자성어] ②謄寫雜誌(등사잡지)

	부수	획수	총획
	糸	12	18

짤 직【940】

字源 〈형성〉 창이 서로 마주치는 소리는 베틀의 바디소리와 같았다. 씨실이 오갈 때 바디가 내리쳐서 튼튼한 베를 짜게 되었을 것이다. 잘려있는 실이나 끈 등을 '씨와 날'로 얽어서 만든 것이다. 예리한 창(戈)이 서로 마주치듯이 베틀 바디소리(音)가 '찰칵찰칵' 나면서 실(糸)로 베를 [짜다(織)]는 뜻이고 [직]으로 읽는다.
回績(길쌈 적) 組(짤 조) 紡(길쌈 방) 回識(알 식) 職(직분 직) 熾(성할 치) 幟(기 치)

[필순] 丶 幺 幺 糸 糸 紒 紵 結 綿 織 織

[기초] 【기초한자어】 익히고, 【기본→발전한자어】 다지기
織物(직물) 온갖 피륙 및 섬유로 짠 물건을 통칭함
手織(수직) 기계의 힘을 빌지 않고 손으로 피륙을 짬
組織(조직) 얽어서 만듦
* 회사 내 인적 구성 組織을 개편할 계획이다.
* 織物의 짜임이 매우 촘촘하고 手織이므로 제법 값이 있게 보인다.

[기본] ④織女(직녀) 織婦(직부) 織造(직조) 毛織(모직) 織女星 (직녀성) ③Ⅱ染織(염직) 編織(편직) 綿織物(면직물) 編織物(편직물) ③ 絹織(견직)

[발전] ②紡織(방직) 織絨(직봉)

[사자성어] ③牽牛織女(견우직녀)

	부수	획수	총획
	玉	5	9

보배 진【941】

字源 〈형성〉 금으로 만든 보배이지만, 무늬가 놓인 정도에 따라서 그 진귀를 차분히 가렸다. 무늬 중에서 빗살무늬를 더 귀하게 여겼다. 매우 귀중하며 사람들의 자산을 비유적으로 이른다. 다소곳한 사람(人)의 머릿결(彡) 같은 무늬가 옥구슬(王←玉)처럼 곱고도 귀중했으니 [보배(珍)]를 뜻하고 [진]으로 읽는다.
圖寶(보배 보) 回珎

필순

기초 【기초한자어】 익히고, 【기본→발전한자어】 다지기
珍味(진미) 음식의 썩 좋은 맛
珍重(진중) 아주 소중하게 여김
珍貴(진귀) 보배롭고 귀중함
• 어머니의 손맛은 어떤 珍味보다도 맛이 고소하다.
• 그는 珍重한 보석을 갖고 있어 누가 보아도 珍貴하다고 소문이 났다.

기본 ④珍技(진기) 珍奇(진기) 珍風景(진풍경) ③Ⅰ珍珠(진주)

발전 ②珍瑞(진서) ②⑧琦珍(기진) 珍圭(진규) 珍錫(진석) ①袖珍(수진) 珍嘉(진가) 珍膳(진선) 珍羞(진수) 珍饌(진찬) 珍卉(진훼)

사자성어 ④山海珍味(산해진미)

부수	획수	총획
皿	9	14

다할 진 : 【942】

字源 〈회의〉 화로는 방안을 훈훈하게 해주며 우리 할아버지들의 담뱃불로도 쓰였다. 겨울에 고구마나 밤을 구워 먹고 불이 다하면 그만 그쳤다. 이제 다 없어져서 더는 남아 있지 않은 상태이다. 가마솥을 손으로 쥐어 잡고(聿) 그릇(皿) 속에 있는 찌꺼기(灬)들을 끄집어냈으니 [다하다(盡)]는 뜻이고 [진]으로 읽는다.
圖極(다할 극) 窮(다할 궁) 回尽

필순

기초 【기초한자어】 익히고, 【기본→발전한자어】 다지기
盡心(진심) 마음과 정성을 다함
賣盡(매진) 하나도 남지 않고 다 팔림
脫盡(탈진) 기력이 다 빠져 없어짐
• 우리 일행이 극장에 도착했더니 입장표가 이미 賣盡된 후였다.
• 盡心을 다해 삼천배를 하고서 그만 脫塵했다.

기본 ④盡力(진력) 曲盡(곡진) 極盡(극진) 無盡(무진) 未盡(미진) 備盡(비진) 消盡(소진) 燒盡(소진) 盡終日(진종일) ③Ⅰ燒盡(소진) 無盡藏(무진장) 縱橫無盡(종횡무진)

발전 ①竭盡(갈진) 耗盡(모진) 靡盡(미진) 悉盡(실진) 盡殲

(진섬) 蕩盡(탕진) 乏盡(핍진)

사자성어 ④盡忠報國(진충보국) 氣盡脈盡(기진맥진) 無窮無盡(무궁무진) ②一網打盡(일망타진)

부수	획수	총획
阜	7	10

진칠 진 【943】

字源 〈형성〉 전쟁을 성공적으로 하려면 적진 가까이 다가가 선제공격이란 준비가 필요했다. 전차와 병사들을 재배치하는 등으로 진을 쳤다. 적들과 대치하며 오랫동안 자리를 잡고 머무른다. 전쟁 중에 전차(車)와 병사들이 높은 언덕(阝←阜)에 재배치되어서 적진을 향했으니 [진치다(陣)]는 뜻이고 [진]으로 읽는다.
圖屯(진칠 둔) 回陳(베풀 진)

필순

기초 【기초한자어】 익히고, 【기본→발전한자어】 다지기
陣列(진열) 진의 배열 군세를 배치한 열
對陣(대진) 적과 맞대하여 진을 침
布陣(포진) 전쟁, 경기 등에서 진을 침
• 물건이 陳列 되기가 바쁘게 금방 동이 나고 말았다.
• 1대대는 적진의 정면에 對診하고 2대대는 그 둘레에 布陣해 있다.

기본 ④陣營(진영) 陣地(진지) 陣痛(진통) 敵陣(적진) 直陣(직진) 出陣(출진) 退陣(퇴진) 背水陣(배수진) ③Ⅰ鶴翼陣(학익진)

발전 ②陣哨(진초) ①凱陣(개진) 陣歿(진몰)

부수	획수	총획
工	7	10

다를 차 【944】

字源 〈회의〉 벼나 보리 이삭의 길이는 다 같지 않다. 서로 고개 숙이는 위치나 피어 있는 자리도 각각 다르게 드리워져 있다. 다르다는 서로가 닮은 데도 없이 하나도 같지 않은 상태이다. 곡식 이삭이 다 패어 좌(左)우로 흔들리면서 엇갈리어 잘 드리워졌으니(垂) 서로가 같지 않아서 [다르다(差)]는 뜻이고 [차]로 읽는다.
圖別(다를 별) 他(다를 타) 異(다를 이) 回如(같을 여) 若(같을 약) 回着(붙을 착)

필순

기초 【기초한자어】 익히고, 【기본→발전한자어】 다지기
差異(차이) 서로 일치하거나 같지 않고 다름
時差(시차) 세계 표준시를 기준으로 하여 정한 세계

각 지역의 시간 차이
快差(쾌차) 병이 완전히 나음
• 時差 적응이 어려워 며칠간 밤잠을 설쳤다.
• 의료기술의 수준에 따라 快差하는 데 걸리는 시간
에 差異가 난다.

기본 ④差減(차감) 差度(차도) 差等(차등) 差別(차별) 差使
(차사) 差送(차송) 差額(차액) 差益(차익) 差入(차입)
差出(차출) 改差(개차) 格差(격차) 傾差(경차) 交差
(교차) 等差(등차) 落差(낙차) 別差(별차) 視差(시차) 誤差
(오차) 視覺差(시각차) 差備(채비) 參差(참치) ③I隔差
(격차) 累差(누차) 偏差(편차) 日較差(일교차) ③ 差삽(차삽)

발전 ②預差(예차) 艇差(정차) ① 差戾(차려) 差爽(차상)
差訛(차와)

사자성어 ④千差萬別(천차만별) ③I天壤之差(천양지차) 參
差不齊(참치부제) ③ 咸興差使(함흥차사)

부수	획수	총획
言	19	26

기릴 찬 : 【945】

字源 〈형성〉 잘하고 좋은 점을 높이 격려하여 칭찬하고 힘써
도왔다. 누구나 칭찬을 받았을 때는 의욕과 용기가 넘쳐
활기가 생기기 때문이다. '기리다'는 우수한 점이나 잘한
일을 말하는 일이다. 다른 사람의 좋은 점을 들추어 말해
(言) 격려해 살피면서 재물로 도와(贊) 힘썼으니 [기리다(讚)]
는 뜻이고 [찬]으로 읽는다.
图頌(기릴 송) 譽(기릴/명예 예) 回讃

필순

기초 【기초한자어】 익히고, 【기본→발전한자어】 다지기
讚辭(찬사) 칭찬하는 말
禮讚(예찬) 존경하여 찬탄함
稱讚(칭찬) 좋은 점을 높이 평가함
• 아이들에겐 꾸중보다 稱讚을 많이 해야 한다.
• 모두들 작품에 대한 讚辭를 아끼지 않더니 끝내는
禮讚까지 했다.

기본 ④讚歌(찬가) 讚美(찬미) 讚頌(찬송) 激讚(격찬) 過讚
(과찬) 極讚(극찬) 自讚(자찬) 絶讚(절찬) 讚頌歌(찬송가)
③I讚揚(찬양)

발전 ① 唄讚(패찬) 襃讚(포찬) 欣讚(흔찬)
사자성어 ④自畫自讚(자화자찬)

부수	획수	총획
手	8	11

캘 채 : 【946】

字源 〈회의〉 산이나 들에 가서 나무나 풀잎까지 뽑아서 모으는
행위가 '식물채집'이다. 엄마와 손 그리고 손톱까지 모두
써서 캐낸 것이다. 땅속에 묻혀 있는 귀한 것을 파서 꺼내
는 일이다. 서로 손(扌)과 손톱(爫)으로 한 움큼씩 쥐면서
초목(木)을 뿌리째 잘라서 손에다 취했었으니 [캐다(採)]
는 뜻이고 [채]로 읽는다.
图光(빛 광) 取(가질 취) 擇(가릴 택) 回菜(나물 채) 彩
(채색 채)

필순

기초 【기초한자어】 익히고, 【기본→발전한자어】 다지기
採點(채점) 점수를 매김
採取(채취) 연구 조사를 위해 필요한 것을 그곳에서
취함
公採(공채) 공개적으로 하는 채용
• 연구 조사를 위해 필요한 採取를 다음 해로 넘기
는 것이 좋겠다.
• 公採시험 採點을 밤늦게까지 하여 겨우 끝마쳤다.

기본 ④採光(채광) 採鑛(채광) 採錄(채록) 採伐(채벌) 採算
(채산) 採石(채석) 採用(채용) 採油(채유) 採點(채점)
採集(채집) 採炭(채탄) 採擇(채택) 採血(채혈) 採火
(채화) 加採(가채) 伐採(벌채) 特採(특채)

발전 ②採掘(채굴) 採蔘(채삼) ① 撈採(노채) 採菱(채릉)
採鰒(채복) 採刪(채산) 樵採(초채)

부수	획수	총획
冂	3	5

책 책 【947】

字源 〈상형〉 종이가 없고 인쇄술이 발달되지 못한 옛날에는 대
쪽에다 글씨를 썼다. 이것이 죽찰이자 죽책이었던 것이
다. 서적 또는 서책이라고도 하는데 글로 적거나 인쇄한
서책이다. 신하가 임금님 앞에 나가기 위해 대쪽에 글씨
를 정성스럽게 써서 바친 모양을 본떠서 한 문서인 [책(冊)]
을 뜻하고 [책]으로 읽는다.
图書(글 서) 篇(책 편) 卷(책 권) 回朋(벗 붕)

필순 | 冂 冂 冊 冊

기초 【기초한자어】 익히고, 【기본→발전한자어】 다지기
冊名(책명) 책의 이름
書冊(서책) 책
冊房(책방) 서점
• 할아버지의 방안을 정리하다 書冊 한 권을 발견했다.
• 冊房에 가서 보니 읽고 싶은 冊名이 참 많았다.

기본 ④冊立(책립) 冊床(책상) 冊子(책자) 冊張(책장) 簡冊
(간책) 分冊(분책) ③I冊曆(책력) 冊封(책봉)

발전 ①梵冊(범책) 詔冊(조책)

4급

부수	획수	총획
水	5	9

泉 샘 천【948】

字源 〈상형〉 나무가 무성하게 우거진 깊은 산골에 가보면 샘물이 흐른다. 가느다란 물줄기가 되어서 '졸졸졸' 흐르는 물소리가 매우 시원하다. 물이 저절로 땅속에서 솟아 나오는 그곳에 이른다. 땅속에서 자연적(白←自)으로 솟아 나오는 물(水)의 모양을 본떠서 수원의 근원이 되는 [샘(泉)]을 뜻하고 [천]으로 읽는다.
回 帛(비단 백)

필순 ´ ´ ㅁ ㅁ 白 白 身 泉 泉

기초 【기초한자어】 익히고, 【기본→발전한자어】 다지기
鑛泉(광천) 광물질의 성분을 가진 물이 솟는 샘
溫泉(온천) 지열로 땅속에서 기온 이상으로 물이 더운 물이 솟아오름
源泉(원천) 물이 흘러나오는 근원
• 물맛이 매우 깨끗한 鑛泉水가 이제 나옵니다.
• 뜨거운 鑛泉에 溫泉浴을 했더니 몸이 가뿐하구나.
기본 ④ 泉布(천포) 甘泉(감천) 九泉(구천) 冷泉(냉천) 黃泉(황천) ③Ⅱ 谷泉(곡천)
발전 ②⑧ 醴泉(예천) 淵泉(연천) ① 澗泉(간천) 汲泉(급천) 沸泉(불천) 涌泉(용천) 澄泉(징천) 苔泉(태천) 筈泉(태천) 瀑泉(폭천) 虹泉(홍천)

부수	획수	총획
广	22	25

廳 관청 청【949】

字源 〈형성〉 관청은 국민을 위한 국민의 집이다. 국민의 소리를 듣고 국민의 안녕을 위하여 바른 정사를 펴는 곳이다. 국가 사무를 맡아보는 기관으로 그 사무를 실제로 집행하는 곳이다. 많은 국민들의 의견을 고르게 수렴해서 듣고(聽) 나랏일을 걱정하면서 다스렸던 집(广)으로 [관청(廳)]을 뜻하고 [청]으로 읽는다.
동 府(마을 부) 署(관청 서) 回 聽(들을 청) 약 庁

필순 ´ 广 广 广 庁 庁 庿 庿 廳 廳

기초 【기초한자어】 익히고, 【기본→발전한자어】 다지기
官廳(관청) 관리들이 나랏일을 맡아보는 기관
區廳(구청) 인구 50만 이상의 시의 행정 구역의 행정사무 관청
大廳(대청) 관아나 개인 집의 주장되는 집채 마루
• 區廳에 들러서 大廳의 우아함을 만나보고 싶다네.
• 官廳은 나랏일을 맡아 보는 기관으로 '국민의 집'이라고 하겠다.

기본 ④ 廳舍(청사) 郡廳(군청) 道廳(도청) 市廳(시청) 兵務廳(병무청) 調達廳(조달청) 特許廳(특허청) ③Ⅱ 中央廳(중앙청)
발전 ① 廳枋(청방) 椽廳(연청)

부수	획수	총획
耳	16	22

聽 들을 청【950】

字源 〈회의〉 말은 입으로 하지만, 이것은 진정한 마음의 소리라고 했다. 지덕과 심덕이 마음으로 나타나서 말로 표현되기 때문이다. 그래서 입으로 하는 말이 신뢰가 되고 상대를 감동시킨다 했다. 진심한 마음에서 우러나오는(壬) 말을 귀(耳)를 기울여서 자세하게 얻었으니(悳) [듣다(聽)]는 뜻이고 [청]으로 읽는다.
동 聞(들을 문) 回 問(물을 문) 回 廳(관청 청) 약 聴

필순 ´ 丆 耳 耳 耳 耵 耵 聅 聽 聽 聽

기초 【기초한자어】 익히고, 【기본→발전한자어】 다지기
聽衆(청중) 강연이나 설교를 듣는 군중
盜聽(도청) 몰래 엿들음
難聽(난청) 청각기관의 장애로 듣는 힘이 낮아지거나 없어진 상태
• 할아버지는 難聽으로 보청기를 착용하신다.
• 강연회에서 聽衆들의 호응이 너무나 좋았다.
기본 ④ 聽覺(청각) 聽講(청강) 聽力(청력) 聽聞(청문) 聽取(청취) 聽許(청허) 可聽(가청) 傾聽(경청) 視聽(시청) 公聽會(공청회) ③Ⅱ 偏聽(편청) 補聽器(보청기) ③ 傍聽(방청) 竊聽(절청)
발전 ② 聽診(청진) 幻聽(환청) 聽診器(청진기) ②⑧ 聽允(청윤) ① 眺聽(조청) 諦聽(체청)

부수	획수	총획
手	5	8

招 부를 초【951】

字源 〈형성〉 웃어른이 아랫사람을 소리 내어 부르거나 손짓하여 부르기도 한다. 빨리 대답하고 나아가 공손하게 지도 말씀을 받아야 한다. 이것이 어른을 바르게 대하는 올바른 태도이자 공손함이다. 손아랫사람에게 '이리 오라'고 손짓(扌)을 하면서 빠르게 불러(召) 외쳤으니 [부르다(招)]는 뜻이고 [초]로 읽는다.
동 呼(부를 호) 聘(부를 빙) 召(부를 소) 邀(맞을 요) 回 超(뛰어넘을 초)

필순 一 十 扌 扌 扩 扚 扔 招 招

기초 【기초한자어】 익히고, 【기본 → 발전한자어】 다지기
招來(초래) 어떤 결과를 가져오게 함
招請(초청) 청하여 불러들임
自招(자초) 스스로 그러한 결과가 오게 함
• 이제 이 건물 공사가 다 되었으니 招請狀(장)을 보내야겠소.
• 招來와 自招의 뜻은 비슷하다.

기본 4 招待(초대) 招致(초치) 問招(문초) 招待狀(초대장) 3Ⅱ 招魂(초혼) 3 招聘(초빙)

발전 2 招輯(초집) 1 邀招(요초) 招邀(초요) 招麾(초휘) 函招(함초)

推

부수	획수	총획
手	8	11

밀 추 【952】

字源 〈형성〉 새들이 싸울 때 날개를 퍼드덕거리며 상대방을 밀어젖히며 서로 이기려고 한다. 뒤로 자꾸 밀리는 자가 결국 경기에서 지게 되는 것이다. 상대를 끌어당기는 유인 작전과는 전혀 다른 쓰임이다. 새(隹)가 날개를 후려쳐 적을 내밀쳐내듯이 손(扌)으로 상대를 저쪽으로 [밀다(推)]는 뜻이고 [추]로 읽는다.
반 引(끌 인) 導(인도할 도) 挽(당길 만) 輓(끌/애도할 만)
비 雄(수컷 웅) 惟(생각할 유) 椎(쇠몽치/쇠골 추)

필순 一 扌 扌 扌 扌 扌 扌 扌 推 推

기초 【기초한자어】 익히고, 【기본 → 발전한자어】 다지기
推移(추이) 일이나 형편이 차차 옮아가거나 변해 감
推進(추진) 밀고 나아감
推測(추측) 미루어 생각하여 헤아리거나 어림잡음
• 그는 推進力이 다른 사람보다 탁월하다.
• 推測기사로 말미암아 한참을 고생했는데 推移를 보아가며 활동하겠네.

기본 4 推計(추계) 推考(추고) 推論(추론) 推理(추리) 推算(추산) 推定(추정) 類推(유추) 3 推薦(추천) 推尋(추심) 推閱(추열) 3Ⅱ 推仰(추앙)

발전 2 推戴(추대) 推俸(추봉) 推託(추탁) 2名 推鞠(추국) 推衍(추연) 1 拿推(나추) 輓推(만추) 衙推(아추) 推溝(추구) 推拿(추나) 推輓(추민) 推罵(추매) 推按(추안) 推剽(추표) 推劾(추핵) 推敲(퇴고)

縮

부수	획수	총획
糸	11	17

줄일 축 【953】

字源 〈형성〉 무명베나 명주베는 오래 물에 담가두면 오그라진다. 그래서 옷을 맞춰 입기 전에 미리 물에 충분히 담갔다가 다 마른 다음에 옷을 재단한다. 옷을 만들다 보면 옷 줄임을 미리 막는 일이다. 천이나 실(糸)을 물에 오래 담가두면(宿) 그 폭이 상당히 좁아져서 좀더 [줄이다(縮)]는 뜻이고 [축]으로 읽는다.
반 伸(펼 신) 擴(넓힐 확) 비 宿(잘 숙)

필순 ㄴ 幺 糸 糸 糸 糸 紵 紵 縮 縮

기초 【기초한자어】 익히고, 【기본 → 발전한자어】 다지기
縮小(축소) 줄어서 작아짐
收縮(수축) 어떤 물건이 오그라들거나 줆
壓縮(압축) 눌러서 찌그러뜨림
• 날씨가 갑자기 추워지면 온몸의 근육이 收縮을 시작하는 작동이 붙는다.
• 다소 縮小는 있겠지만, 壓縮팩 사용이 공간효율 면에서는 다소 효과가 있겠다.

기본 4 縮圖(축도) 縮米(축미) 減縮(감축) 軍縮(군축) 短縮(단축) 縮地法(축지법) 3Ⅱ 縮刷(축쇄) 縮尺(축척) 緊縮(긴축) 3 伸縮(신축) 凝縮(응축) 伸縮性(신축성)

발전 2 濃縮(농축) 縮縫(축봉) 1 萎縮(위축)

사자성어 4 軍備縮小(군비축소)

就

부수	획수	총획
尢	9	12

나아갈 취 : 【954】

字源 〈회의〉 임금이 사는 궁궐은 백성이 사는 집보다 넓고 높게 터를 다듬었다. 두루 살펴 가면서 어진 정사를 펴게 하기 위해서였다. 넓고 높은 대궐이 일반 백성들의 집과 다른 이유가 여기에 있다. 임금님이 거처하는 궁궐(京)을 세울 곳에 흙을 더욱(尤) 높게 쌓아 올렸으니 [나아가다(就)]는 뜻이고 [취]로 읽는다.
동 去(갈 거) 進(나아갈 진)

필순 亠 亠 古 亨 亨 京 京 就 就 就

기초 【기초한자어】 익히고, 【기본 → 발전한자어】 다지기
就職(취직) 직업을 얻음
就寢(취침) 잠을 잠
成就(성취) 목적한 대로 일을 이룸
• 매일 밤 나의 就寢시간이 늘 불규칙적이다.
• 就職이 되어 成就感(감) 목표 달성에 만족한다.

기본 4 就勞(취로) 就業(취업) 就任(취임) 就學(취학) 就航(취항) 去就(거취) 進就(진취) 進取的(진취적) 3Ⅱ 就役(취역)

발전 2 勳業就(훈업취) 1 拿就(나취) 夙就(숙취) 游就(유취) 就擒(취금) 就縛(취박)

4급

사자성어 ④ 就勞事業(취로사업) 所願成就(소원성취) 日就月將(일취월장)

부수	획수	총획
走	8	15

뜻 취 : 【955】

字源 〈형성〉 목적한 바가 자기 취미와 능력에 맞아야 한다. 재미를 붙여 재촉하는 마음으로 노력하였을 때 성취된다. 요즈음 대학 진학을 할 때 학과가 맞지 않는 경우가 허다한 점과는 다소 다르겠다. 목적한 바를 성취(取)하려고 빠른 걸음으로 재촉해 급하게 달려가서(走) [뜻(趣)]을 달성했다는 뜻이고 [취]로 읽는다.
圖意(뜻 의) 志(뜻 지)

필순 一 十 ≠ ≠ 走 赳 赳 趄 趣 趣

기초 【기초한자어】 익히고, 【기본→발전한자어】 다지기
趣向(취향) 하고 싶은 마음이 쏠리는 방향
情趣(정취) 정조와 흥취
興趣(흥취) 마음이 끌릴 만큼 좋은 멋이나 취미
• 친구와 나는 서로 趣向이 잘 맞아 늘 같이 논다.
• 예술적 情趣도 자기의 興趣에 맞아야만 사회에 기여할 수 있을 것이다.
기본 ④ 趣味(취미) 趣舍(취사) 深趣(심취) 惡趣味(악취미) ③Ⅰ 佳趣(가취)
발전 ② 趣旨(취지) ① 媚趣(미취)

부수	획수	총획
尸	12	15

층 층 【956】

字源 〈형성〉 2층 한옥이나 기와집을 처음 보았을 때 많이 놀랐다. 집 위에 또 하나의 집이 있다면서 구경거리가 되었던 적이 있었다. 아파트가 즐비한 요즈음과 비교하면 세월의 무상함을 느끼게 된다. 자기가 살고 있는 집(尸) 위에 또 집을 거듭 지어(曾) 여러 층으로 겹친 집이 되었으니 [층(層)]을 뜻하고 [층]으로 읽는다.
圖階(섬돌 계)

필순 ゛ 尸 尸 尸 屈 局 屇 屇 層 層 層

기초 【기초한자어】 익히고, 【기본→발전한자어】 다지기
層階(층계) 층층이 높이 올라가게 만들어 놓은 설비
階層(계층) 사회를 구성하는 여러 가지 층
深層(심층) 사물의 속이나 밑에 있는 깊은 층
• 階層間(간)의 화합이 잘 되어야 사회가 발전한다.
• 아파트는 各層(각층)은 물론 層階 간에 소음문제

는 深層的(적) 고민거리다.
기본 ④ 各層(각층) 角層(각층) 高層(고층) 基層(기층) 單層(단층) 斷層(단층) 上層(상층) 地層(지층) 炭層(탄층) 下層(하층) 貧民層(빈민층) 知識層(지식층) 高位層(고위층) 加一層(가일층) 中産層(중산층) 特權層(특권층) ③Ⅰ 富裕層(부유층) ③ 庶民層(서민층)
발전 ② 成層圈(성층권) ②8 峻層(준층) ① 層疊(층첩)
사자성어 ④ 高層建物(고층건물) ③Ⅰ 層巖絕壁(층암절벽) 層層侍下(층층시하)

부수	획수	총획
宀	11	14

잘 침 : 【957】

字源 〈형성〉 쉬어야 할 밤이 되어 잠자리에 들 때 누울 자리를 깨끗이 닦은 다음 편하게 쉰다. 방이나 널조각의 마룻바닥도 마찬가지겠다. 잘 닦은 다음에 쉴 수 있는 자리나 잠자리가 잘 다듬어지겠다. 집(宀)에서 잠자리에 들어 누워 잘 때 널빤지(爿)인 침상을 쓸고(帚) 닦은 후에 [자다(寢)]는 뜻이고 [침]으로 읽는다.
圖宿(잘 숙) 眠(잘 면) 睡(졸음 수) 寐(잘 매) 回起(일어날 기)
回寢

필순 ゛ 宀 宀 宀 宀 宀 宀 宇 寢 寢 寢

기초 【기초한자어】 익히고, 【기본→발전한자어】 다지기
寢具(침구) 이부자리와 침구
寢室(침실) 잠을 자는 방
起寢(기침) 잠이 깨어 자리에서 일어남
• 새로 산 寢具 때문인지 간밤에 푹 잠을 잘 수 있었다.
• 내 寢室 옆방 할아버지께서는 아침에 일찍 起寢해 약수터에 가신다.
기본 ④ 寢床(침상) 寢息(침식) 寢食(침식) 同寢(동침) 陵寢(능침) 就寢(취침) 不寢番(불침번) ③Ⅰ 寢殿(침전) 寢臺(침대)
발전 ① 寢囊(침낭) 寢陋(침루) 寢寐(침매) 寢齋(침재)

부수	획수	총획
金	2	10

바늘 침(:) 【958】

字源 〈형성〉 재봉틀이 없었던 시절에는 바늘이 옷을 꿰맬 수 있는 중요한 도구였다. 옛적에 할머니들이 하던 것처럼 바늘귀에 실을 꿴 것이다. 이른바 수예를 놓듯이 시침을 뜨면서 바느질했던 것이다. 실을 길게 꿰어(十) 옷이나 가죽을 잘 꿰맬 수 있도록 만들었던 쇠붙이(金)로 [바늘(針)]을 뜻하고 [침]으로 읽는다.

4급

回計(셀 계)

필순 ノ ハ ム ヒ 牟 今 金 金 針

기초 【기초한자어】 익히고, 【기본→발전한자어】 다지기
毒針(독침) 남을 해치기 위한, 독을 묻힌 바늘이나 침
分針(분침) 시계의 분을 가리키는 긴바늘
時針(시침) 시계의 시를 가리키는 짧은바늘
• 벌은 자신이 위험을 느꼈을 때에 毒針을 쏜다.
• 시계에는 작은 바늘인 時針과 긴 바늘인 分針이 있어 같이 돈다.

기본 ④針線(침선) 針術(침술) 針葉(침엽) 方針(방침) 一針
(일침) 指針(지침) ③Ⅱ羅針盤(나침반) ③秒針(초침)

발전 ②磁針(자침) 縫針(봉침) ①棘針(극침) 秧針(앙침)
針灸(침구) 披針(피침)

부수	획수	총획
禾	9	14

일컬을 칭 【959】

字源 〈형성〉 수확한 벼를 가마니에 집어넣어 저울질한다. 저울 추가 균형을 유지한 눈금을 여러 사람이 알 수 있게 소리쳐 알려 주었다. 추의 균형 잡힌 눈금, 정확한 무게 등을 구분하기 위해 들어 올려 소리친다. 수확한 곡식(禾)단을 들어(再) 올려서 저울질하며 소리치며 불렀으니 [일컫다(稱)]는 뜻이고 [칭]으로 읽는다.
回名(이름 명) 褒(기릴 포) 回稻(벼 도) 回称

필순 ノ 二 千 禾 利 秆 秤 秤 稱 稱

기초 【기초한자어】 익히고, 【기본→발전한자어】 다지기
稱讚(칭찬) 좋은 점을 일컬어 기림
敬稱(경칭) 존경하여 일컬음
名稱(명칭) 사물이나 현상을 구별하여 부른 이름
• 어린이들은 어른께는 반드시 敬稱을 써야 한다.
• 사람에 맞는 名稱을 부르다가도 대화하는 중간에 稱讚을 섞어 부르면 이채롭다.

기본 ④稱擧(칭거) 稱格(칭격) 稱德(칭덕) 稱道(칭도) 稱量
(칭량) 稱名(칭명) 稱美(칭미) 稱病(칭병) 稱辭(칭사)
稱善(칭선) 稱頌(칭송) 稱情(칭정) 稱帝(칭제) 稱職
(칭직) 稱號(칭호) 假稱(가칭) 改稱(개칭) 權稱(권칭)
對稱(대칭) 略稱(약칭) 世稱(세칭) 俗稱(속칭) 愛稱
(애칭) 人稱(인칭) 自稱(자칭) 尊稱(존칭) 指稱(지칭)
總稱(총칭) 通稱(통칭) 呼稱(호칭) ③Ⅱ稱慕(칭모) 稱疾
(칭질) 稱衡(칭형) ③冒稱(모칭) 詐稱(사칭)

발전 ②汎稱(범칭) 稱旨(칭지) 稱託(칭탁) ①嘉稱(가칭)
嗟稱(차칭) 僭稱(참칭) 稱嗟(칭차) 稱褒(칭포) 褒稱
(포칭)

부수	획수	총획
弓	12	15

탄알 탄 【960】

字源 〈형성〉 활시위에 채워진 화살은 한 세트로 인식된다. 일단 튕겨 나간 화살은 혼자가 되었고 목적한 곳에 명중한다. 활의 입장과 화살의 입장에서 보았을 때 분명 혼자임은 부인할 수 없겠다. 화살을 힘껏 잡아당겨 활(弓)시위가 튕겨 멀리 나갈 때 결국엔 홀로(單)임을 의미하니 [탄알(彈)]을 뜻하고 [탄]으로 읽는다.
回劾(꾸짖을 핵) 回單(홑 단) 禪(선 선) 回弹

필순 ` 弓 弓' 弓' 弓'' 弓門 弓門 弓門 弓門 彈

기초 【기초한자어】 익히고, 【기본→발전한자어】 다지기
彈壓(탄압) 함부로 을러대고 억누름
防彈(방탄) 탄알에 맞지 않도록 보호함
指彈(지탄) 잘못을 꼬집어 나무람
• 국민은 彈壓하는 독재 정권에 불만이 쌓여간다.
• 장관이 防彈유리를 썼다고 과잉경호로 指彈받는다.

기본 ④彈道(탄도) 彈力(탄력) 彈性(탄성) 彈藥(탄약) 實彈
(실탄) 失彈(실탄) 流彈(유탄) 肉彈(육탄) 銃彈(총탄)
砲彈(포탄) 爆彈(폭탄) 凶彈(흉탄) 誤發彈(오발탄)
肉彈戰(육탄전) 彈道彈(탄도탄) 核彈頭(핵탄두) ③Ⅱ彈奏
(탄주) 彈冠(탄관) 彈琴(탄금) 彈倉(탄창) 誘導彈(유도탄)
照明彈(조명탄) ③彈丸(탄환) 彈糾(탄규) 糾彈(규탄)
催淚彈(최루탄)

발전 ②⑧彈徽(탄휘) 雍門彈(옹문탄) ①炸彈(작탄) 彈詰(탄힐)
劾彈(핵탄)

부수	획수	총획
欠	11	15

탄식할 탄 【961】

字源 〈형성〉 열심히 일하다 보면 감당하기 어려운 일이 벌어지는 경우가 많다. 마냥 입만 벌려 길게 한숨을 쉬며 탄식한다. 허탈한 심정에 빠진 나머지 얼른 판단이 서지 않을 때 멍하니 하늘만 쳐다본 것이다. 스스로 감당하기 어려운 (董) 일로 말미암아 입만 크게 벌리면서(欠) [탄식하다(歎)]는 뜻이고 [탄]으로 읽는다.
回難(어려울 난) 歎(기쁠 환)

필순 一 艹 艹 苩 苩 堇 茣 茣 歎 歎 歎

기초 【기초한자어】 익히고, 【기본→발전한자어】 다지기
歎聲(탄성) 탄식하는 소리
感歎(감탄) 감동하여 칭찬함
恨歎(한탄) 원망하거나 뉘우침이 있을 때의 탄식
• 안타까운 사연에 여기저기서 歎聲이 쏟아진다.

• 한쪽에선 좋은 일에 感歎하고, 다른 쪽에선 슬픈 일에 恨歎한다.

기본 ④ 歎服(탄복) 歎息(탄식) 敬歎(경탄) 驚歎(경탄) 自歎(자탄) 痛歎(통탄) 歎願書(탄원서) ③ 慨歎(개탄)

발전 ② 歎悼(탄도) 嘉歎(가탄) 悶歎(민탄) 嗟歎(차탄) 歎羨(탄선) 歎涕(탄체) 欣歎(흔탄)

사자성어 ③Ⅱ 晩時之歎(만시지탄)

부수	획수	총획
肉	7	11

脫 벗을 탈【962】

字源 〈형성〉 땅속에 있던 매미는 여름이 되면 허물을 벗고 한바탕 울기 시작한다. 뱀도 일 년이 되면 한 번씩 허물을 벗는다. 표피를 둘러쓰고 살던 허물을 다 벗고 새로운 모습으로 재탄생된 과정이다. 매미와 같은 곤충이 살(月)이 빠지면서 겉 허물을 벗고 새롭게 바뀌었으니(兌) [벗다(脫)]는 뜻이고 [탈]로 읽는다.

图 裸(벗을 라) 回 稅(세금 세) 回 脱

필순 丿 刀 月 月 刖 刖 脘 脘 肸 脫

기초 【기초한자어】 익히고, 【기본→발전한자어】 다지기
脫皮(탈피) 일정한 상태나 처지에서 완전히 벗어남
脫色(탈색) 들인 물색을 뺌
虛脫(허탈) 정신이 멍하여 몽롱한 상태
• 꽤 오래되어 脫色되었지만 애착이 가는 물건이다.
• 실업으로 虛脫했지만, 이젠 여기에서 脫皮해야겠네.

기본 ④ 脫穀(탈곡) 脫黨(탈당) 脫略(탈략) 脫毛(탈모) 脫法(탈법) 脫線(탈선) 脫稅(탈세) 脫俗(탈속) 脫水(탈수) 脫營(탈영) 脫衣(탈의) 脫腸(탈장) 脫走(탈주) 脫盡(탈진) 脫出(탈출) 脫退(탈퇴) 離脫(이탈) 解脫(해탈) ③Ⅱ 脫漏(탈루) 脫稿(탈고) 脫獄(탈옥) 脫皮(탈피) 疏脫(소탈) 超脫(초탈)

발전 ② 脫硫(탈류) 脫帽(탈모) 脫脂(탈지) 脫胎(탈태) 脫脂綿(탈지면) ① 疎脫(소탈) 脫梏(탈곡) 脫臼(탈구) 脫藩(탈번) 脫輻(탈복) 脫麗(탈쇄) 脫捐(탈연) 脫肛(탈항)

사자성어 ② 脫脂粉乳(탈지분유)

부수	획수	총획
手	8	11

探 찾을 탐【963】

字源 〈회의〉 깊은 굴이나 웅덩이 같은 곳을 찾다보면 사람의 눈에 보이지 않았던 새로운 것을 발견한다. 전혀 보지 못했던 미지의 세계를 발견하게 된다. 잃었던 물건도 다시 찾아내는 기쁨도 맛본다. 매우 위험하고 깊은(罙) 곳까지 들어가서 손(扌)으로 더듬어서 분실한 물건을 [찾는다(探)]

는 뜻이고 [탐]으로 읽는다.

图 訪(찾을 방) 索(찾을 색) 尋(찾을 심) 偵(염탐할 정) 回 深(깊을 심)

필순 一 亅 扌 扩 抒 抨 抨 探 探 探

기초 【기초한자어】 익히고, 【기본→발전한자어】 다지기
探究(탐구) 진리나 학문이나 원리를 파고들어 연구함
探訪(탐방) 탐문하여 찾아 봄
探情(탐정) 남의 의향을 넌지시 살핌
• 그들 형제는 학문에 대한 남다른 探求心이 깊다.
• 여름방학 때는 형님의 探情을 잘 살펴서 역사探訪에 오르고 싶다.

기본 ④ 探求(탐구) 探聞(탐문) 探問(탐문) 探查(탐사) 探知(탐지) 探險(탐험) 內探(내탐) ③Ⅱ 探索(탐색) 探照(탐조) 探照燈(탐조등) ③ 廉探(염탐)

발전 ② 偵探(정탐) 探偵(탐정) ① 探鯨(탐경) 探囊(탐낭)

부수	획수	총획
手	13	16

擇 가릴 택【964】

字源 〈형성〉 같은 종류의 물건이 여러 개 놓여있다. 눈으로 보살피고 손으로 만져 취해야 할 것을 뽑아도 본다. 남녀가 맞선을 보아 합의되면 사주단자가 오가면서 혼인 날짜를 잡아 택일도 이룩된다. 눈에 새겨서 한번에 살펴보고(睪) 다음은 손(扌)으로 매만져서 가려 뽑았으니 [가리다(擇)]는 뜻이고 [택]으로 읽는다.

图 選(가릴 선) 拔(뽑을 발) 回 澤(못 택) 譯(번역할 역) 回 択

필순 扌 扌 扩 扩 扩 押 押 押 擇 擇

기초 【기초한자어】 익히고, 【기본→발전한자어】 다지기
擇日(택일) 좋은 날짜를 고름
選擇(선택) 여럿 가운데서 골라 뽑음
採擇(채택) 골라서 가려 냄
• 이번 학기 연구과제 採擇에 고민 중이다.
• 擇日은 좋은 날짜를 골라 選擇하는 것이다.

기본 ④ 擇一(택일) 簡擇(간택)

발전 ① 揀擇(간택) 擇冊(택산)

사자성어 ④ 兩者擇一(양자택일) ③ 取捨選擇(취사선택)

부수	획수	총획
言	3	10

討 칠 토(:)【965】

字源 〈회의〉 민주주의 사회에서는 법이 정하는 규정을 온 국민

이 엄히 지켰다. 예나 지금이나 국법을 어기면 크게 처벌을 받았다. 한산한 나라에 이웃나라가 침범해 오면 당당히 맞서서 토벌하기도 했다. 법(寸)이 정한 바에 따라 선전 포고(言)를 하면서 다스리거나 공격했으니 [치다(討)]는 뜻이고 [토]로 읽는다.

圖 打(칠 타) 伐(칠 벌) 擊(칠 격) 征(칠 정) 囮 守(지킬 수) 防(막을 방) 回 計(셀 계)

필순 `丶一亠言言言言計討`

기초 【기초한자어】 익히고, 【기본→발전한자어】 다지기
討論(토론) 논제를 둘러싸고 여러 사람이 논의함
討罪(토죄) 죄목을 들추어 다부지게 나무람
檢討(검토) 내용을 충분히 조사하여 연구함
• 討論하기 위해 여러 의원들이 함께 참석했다.
• 이 안건은 檢討하여 討罪하는 것이 마땅하겠네.

기본 ④ 討伐(토벌) 討議(토의) 聲討(성토) ③Ⅰ 討索(토색)
발전 ② 討匪(토비) ① 邀討(요토) 誅討(주토) 討戮(토륙) 討刪(토산) 討繹(토역)

아플 통 : 【966】

부수	획수	총획
疒	7	12

字源 〈형성〉 잡균이 몸에 들어가 백혈구와 싸워서 패하면 피부에 종기가 된다고 한다. 종기는 고름이 부풀어 피부 밖으로 나온 것이다. 고름이 되기 전에는 온통 통증을 느끼면서 열이 심하게 난다. 물 위로 솟아오르듯이(甬) 종기 증세(疒)가 피부 밖으로 튀어 나오면서 심하게 [아프다(痛)]는 뜻이고 [통]으로 읽는다.

圖 冤(원통할 원) 回 通(통할 통)

필순 `一广广广疒疒疒病病痛痛`

기초 【기초한자어】 익히고, 【기본→발전한자어】 다지기
痛感(통감) 마음에 사무치게 느낌. 절감
痛快(통쾌) 아주 유쾌함
苦痛(고통) 몸이나 마음의 괴로움과 아픔
• 입원하는 동안 건강이 제일임을 痛感하게 되었다.
• 苦痛을 참으면서 일을 성취했더니 痛快하구나.

기본 ④ 痛烈(통렬) 痛憤(통분) 痛心(통심) 痛飮(통음) 痛切(통절) 痛歎(통탄) 痛恨(통한) 加痛(가통) 改痛(개통) 激痛(격통) 頭痛(두통) 便痛(변통) 病痛(병통) 憤痛(분통) 悲痛(비통) 陣痛(진통) 齒痛(치통) ③Ⅰ 痛哭(통곡) 痛症(통증) 腹痛(복통) 哀痛(애통) 胃痛(위통) 鎭痛(진통) 沈痛(침통) 脅痛(협통) ③ 腰痛(요통)
발전 ② 娩痛(만통) 痛悼(통도) 酷痛(혹통) 鎭痛劑(진통제) ① 疼痛(동통) 瘍痛(양통) 冤痛(원통) 惻痛(측통) 痛罵(통매) 痛棒(통봉) 痛癢(통양)

사자성어 ③Ⅰ 大聲痛哭(대성통곡) ② 腎虛腰痛(신허요통)

던질 투 【967】

부수	획수	총획
手	4	7

字源 〈형성〉 창은 적을 물리치거나 짐승을 잡는 데 아주 유익한 무기였다. 사람의 생명보존의 수단이기도 하였다. 상대가 무기를 들고 덤벼들면 자신 또한 무기를 들고 방어해야 하기 때문에 더욱 중요했다. 손(扌)에 긴 창(殳)을 들고 적을 물리치거나 짐승을 잡기 위해서 창을 [던지다(投)]는 뜻이고 [투]로 읽는다.

圖 抛(던질 포) 擲(던질 척) 囮 打(칠 타) 回 役(부릴 역)

필순 `一十才扌扔投投`

기초 【기초한자어】 익히고, 【기본→발전한자어】 다지기
投藥(투약) 병에 알맞은 약재를 투여함
投資(투자) 사업에 자금을 투입함
投票(투표) 각 사람들의 뜻을 표지에 찍어 제출하는 일
• 의사는 진단한 후 환자에게 안정제를 投藥하였다.
• 이 안건은 投資할 의견을 묻는 것이오니 投票로 결정하겠습니다.

기본 ④ 投球(투구) 投機(투기) 投賣(투매) 投射(투사) 投書(투서) 投石(투석) 投手(투수) 投宿(투숙) 投身(투신) 投影(투영) 投入(투입) 投下(투하) 投降(투항) ③Ⅰ 投稿(투고) 投影(투영) 投獄(투옥) 投圓盤(투원반)
발전 ② 投網(투망) 投託(투탁) 投翰(투한) ① 暝投(명투) 投軀(투구) 投綸(투륜) 投簪(투잠) 投擲(투척) 投鞭(투편) 投轄(투할) 投笏(투홀)

사자성어 ④ 意氣投合(의기투합)

싸움 투 【968】

부수	획수	총획
鬥	10	20

字源 〈형성〉 싸움은 상대방을 넘어뜨리거나 굴복시키는 데서 끝이 난다. 싸움은 점차 포악해져 상처를 내거나 상대를 죽이는 데까지 이른다. 의견이 맞지 않아서겠지만 생각이 달라 그럴 수도 있다. 무기를 바로 세워(尌) 들고 상대를 넘어뜨리면서 상호 이기려고 다투었으니(鬥) [싸우다(鬪)]는 뜻이고 [투]로 읽는다.

圖 戰(싸움 전) 競(다툴 경) 爭(다툴 쟁) 囮 和(화할 화) 協(합할 협) 回 鬭

필순 `丨丨ㅏ罒罒鬥鬥鬥鬭鬭鬪鬪`

기초 【기초한자어】 익히고, 【기본→발전한자어】 다지기
鬪病(투병) 적극적으로 질병과 싸움
激鬪(격투) 격렬하게 싸움
戰鬪(전투) 적을 쳐서 승리를 얻기 위한 수단

• 오랜 鬪病(투병) 생활로 인해 얼굴이 많이 수척해졌다.
• 激鬪(격투)와 戰鬪(전투)는 다른 용어이지만, 가끔 두 어휘를 혼동하여 사용하는 경우가 있다.

[기본] [4]鬪犬(투견) 鬪鷄(투계) 鬪技(투기) 鬪士(투사) 鬪牛(투우) 鬪爭(투쟁) 鬪志(투지) 敢鬪(감투) 健鬪(건투) 格鬪(격투) 決鬪(결투) 亂鬪(난투) 力鬪(역투) 死鬪(사투) 暗鬪(암투) 血鬪(혈투) 花鬪(화투) [3Ⅱ]鬪魂(투혼) 拳鬪(권투) 奮鬪(분투)
[발전] [2]鬪艦(투함) [1]搏鬪(박투)
[사자성어] [4]敢鬪精神(감투정신) 惡戰苦鬪(악전고투)

부수	획수	총획
水	6	9

派 갈래 파【969】

[字源] 〈회의〉 골짜기에서 한 줄기로 흐르던 물이 돌이나 작은 동산으로 인해 여러 갈래로 나누어져 흐르는 경우가 있다. 나무가 물을 생성하는 근원이 되어 뿌리와 뿌리로 연결되는 물의 여행도를 만든다. 물(氵)이 한 길로 흐르다가 어떤 장애물로 인해서 여러 갈래로 나누어진(厎) [갈래(派)]를 뜻하고 [파]로 읽는다.
回波(물결 파) 脈(줄기 맥)

[필순] ` ` ⺡ ⺡ 氵 汀 氵厂 派 派 派

[기초] 【기초한자어】 익히고, 【기본→발전한자어】 다지기
黨派(당파) 당 안의 분파
宗派(종파) 학예 등의 유파
派生(파생) 어떤 사물의 주체로부터 갈려서 생김
• 영어는 라틴어에서 派生(파생)된 언어라고 알려진다.
• 종교에는 宗派(종파)가 있고, 정치권에서는 黨派(당파)가 있어서 가끔 분규가 발생한다.

[기본] [4]派兵(파병) 派爭(파쟁) 派出(파출) 加派(가파) 各派(각파) 敎派(교파) 舊派(구파) 急派(급파) 南派(남파) 密派(밀파) 分派(분파) 新派(신파) 右派(우파) 流波(유파) 一派(일파) 自派(자파) 政派(정파) 左派(좌파) 增派(증파) 直派(직파) 特派(특파) 學派(학파) 生命派(생명파) 派出婦(파출부) [3]派遣(파견)
[발전] [2]派閥(파벌) 僻派(벽파) [1]沸派(불파) 嫡派(적파)

부수	획수	총획
刀	5	7

判 판단할 판【970】

[字源] 〈형성〉 물건을 반으로 나누어 가지면 서로가 불평이 없고 시비의 다툼 또한 없다. 이것이 나눔의 원리인 공평의 원리이다. 흔히 반반씩 나눈다고 하고, 사용되는 비용을 십

시일반으로 나누기도 한다. 어떤 물건을 절반(半)에 맞도록 자르듯이(刂) 시시비비를 잘 구분하면서 [판단하다(判)]는 뜻이고 [판]으로 읽는다.
圖決(결단할 결) 回刑(형벌 형)

[필순] ` ` ⺜ ⺍ ⺌ 半 半 判

[기초] 【기초한자어】 익히고, 【기본→발전한자어】 다지기
判決(판결) 선악을 가리어 결정함
判讀(판독) 뜻을 헤아려 읽음
公判(공판) 형사 피고인의 죄의 유무를 심리 판결함
• 가해자와 원만하게 해결하도록 조정하는 올바른 判決(판결)이 나왔다.
• 오늘 公判(공판)은 判讀(판독)에 의하여 쌍방의 의견만을 경청하며 듣겠습니다.

[기본] [4]判斷(판단) 判例(판례) 判明(판명) 判別(판별) 判事(판사) 判書(판서) 判異(판이) 判定(판정) 決判(결판) 談判(담판) 批判(비판) 誤判(오판) 評判(평판) 合判(합판) 判無識(판무식) [3Ⅱ]審判(심판) 裁判(재판) 菊判(국판) 培判(배판) [3]判押(판압)
[발전] [2]判型(판형) [2Ⅱ]判尹(판윤) [1]剖判(부판) 臆判(억판) 銓判(전판) 判闢(판벽) 判銓(판전)
[사자성어] [2]闕席裁判(궐석재판) [2Ⅱ]漢城判尹(한성판윤)

부수	획수	총획
竹	9	15

篇 책 편【971】

[字源] 〈형성〉 종이가 없고 인쇄 기술이 발달되지 못한 옛날에는 댓조각에 글을 써서 책을 만들었다. 그래서 흔히 죽찰 혹은 죽편이라고 하면서 꼼꼼하게 편지나 책을 만들었다. 대(竹) 조각(扁)에 자잘한 글을 써서 실로 엮어 서적을 펴냈으니 깊이 있게 학문하는 데 반드시 사용되었던 [책(篇)]을 뜻하고 [편]으로 읽는다.
圖冊(책 책) 回遍(두루 편)

[필순] ` ` ⺮ ⺮ ⺮ 竺 笘 笘 笘 笘 笘 篇 篇 篇

[기초] 【기초한자어】 익히고, 【기본→발전한자어】 다지기
短篇(단편) 짧은 시문
全篇(전편) 한 편의 시문이나 서적의 전체
玉篇(옥편) 한문 글자를 차례로 배열하고 글자마다 음과 뜻을 새긴 책
• 이 책에는 십여 편의 短篇(단편)이 수록되는 등 애독자가 꽤 많다.
• 全篇(전편)이 한글이지만 간혹 漢字(한자)가 있어 玉篇(옥편)이 꼭 있어야만 하겠구나.

[기본] [4]篇次(편차) 佳篇(가편) 上篇(상편) 續篇(속편) 詩篇(시편) 長篇(장편) 全篇(전편) 前篇(전편) 中篇(중편) 千篇(천편) 下篇(하편) 後篇(후편) [3Ⅱ]掌篇(장편)

발전 ② 篇軸(편축) 篇翰(편한) ① 篇什(편집)
사자성어 ④ 千篇一律(천편일률)

開閉(개폐) 열고 닫음
• 이번 학기는 수강생이 없어 강의할 과목이 閉講이 되고 말았구나.
• 경비 아저씨는 그 학교가 閉校하기 전까지 매일 출근하여 교문을 開閉했었다.

기본 ④ 閉門(폐문) 閉式(폐식) 閉業(폐업) 閉店(폐점) 閉止(폐지) 閉會(폐회) 密閉(밀폐) ③Ⅱ 幽閉(유폐) 閉塞(폐색) 閉鎖(폐쇄) 閉幕(폐막) 閉廷(폐정) 自閉症(자폐증)
발전 ② 尿閉(요폐) 鬱閉(울폐) ②⑧ 鍵閉(건폐) ① 閉蟄(폐칩)

부수	획수	총획
言	5	12

評 평할 평 : 【972】

字源 〈회의〉 문학 작품을 공평하게 평함을 평론이라 한다. 그렇지만 평론과는 달리 여러 사람이 공정하게 시험 보는 것을 '평가'라고 말한다. 평론이든 평가이든 전문가의 평을 받는다는 것은 매우 좋은 일이다. 문장의 옳고 그름을 공평하게(平) 헤아려서 평론하고 말하니(言) [평하다(評)]는 뜻이고 [평]으로 읽는다.
圄 批(비평할 비) 回 誣(속일 무)

필순 ㆍ 亠 亖 言 言 言 訂 評 評 評

기초 【기초한자어】 익히고, 【기본→발전한자어】 다지기
評價(평가) 물품의 가격을 평정함
批評(비평) 좋고 나쁨, 옳고 그름을 갈라 말함
總評(총평) 전체적인 평가나 점수
• 평론가는 그 작품에 대해 예리하게 批評했다.
• 심사 위원들은 평가기준에 따라 總評을 가졌다.
기본 ④ 評論(평론) 評傳(평전) 評點(평점) 評定(평정) 評判(평판) 講評(강평) 論評(논평) 世評(세평) 時評(시평) 詩評(시평) 惡評(악평) 定評(정평) 寸評(촌평) 品評(품평) 好評(호평) 評議會(평의회) 再評價(재평가) ③ 漫評(만평)
발전 ② 酷評(혹평) ① 譏評(기평) 嘲評(조평) 評駁(평박) 評劑(평부)

부수	획수	총획
肉	5	9

胞 세포 포(:) 【974】

字源 〈회의〉 여자가 잉태하면 보자기인 '태보'에서 영아가 무럭무럭 자란다. 탯줄을 통해 양분을 섭취하다가 10개월 후에 세상의 바람을 쐬면서 태어난다. 아이가 태어나는 한 과정이자 신비의 생성이다. 여자가 임신하여 몸(月←肉) 속에 태아를 감싸고 있는(包) 막으로 태보라는 [세포(胞)]를 뜻하고 [포]로 읽는다.
圄 胎(아이밸 태) 回 抱(안을 포)

필순 ノ 刀 月 月 肐 肑 肑 胞 胞

기초 【기초한자어】 익히고, 【기본→발전한자어】 다지기
胞子(포자) 균류나 식물의 생식 세포
同胞(동포) 한 나라 또는 한 민족에 속하는 백성
細胞(세포) 생물체를 구성하는 가장 기본적인 단위
• 이번 명절에 해외 同胞들이 모국을 방문했다.
• 胞子는 식물이 무성 생식을 하기 위하여 형성하는 생식 細胞이다.
기본 ④ 胞宮(포궁) 多細胞(다세포) 單細胞(단세포)
발전 ② 僑胞(교포) 胞胎(포태) 癌細胞(암세포) ① 葯胞(약포)
사자성어 ③Ⅱ 細胞分裂(세포분열)

부수	획수	총획
門	3	11

閉 닫을 폐 : 【973】

字源 〈회의〉 대문은 단단히 닫아 둔다. 대문 안에 가로 지른 빗장을 꽂아 놓아 밖에서 함부로 열지 못하도록 닫아 두었던 것이다. 폐회나 폐교는 다 그러한 과정을 거쳐 완전히 문을 닫는 하나의 과정이겠다. 대문(門)이 열리지 못하도록 가로로 지르는 빗장(才)을 바로 걸어서 문을 [닫다(閉)]는 뜻이고 [폐]로 읽는다.
回 開(열 개) 回 開(열 개) 閑(한가할 한)

필순 丨 冂 冂 冃 冃 門門門閉閉

기초 【기초한자어】 익히고, 【기본→발전한자어】 다지기
閉講(폐강) 하던 강좌나 강의 과목을 폐지함
閉校(폐교) 학교 문을 닫고 수업을 중지함

부수	획수	총획
火	15	19

爆 불터질 폭 【975】

字源 〈형성〉 화산은 땅속의 불덩어리가 땅위로 터져 나온 징후다. 심한 불꽃이 튀고 시뻘건 용암이 흘러나오면서 화산암이 되었다. 그래서 지구는 언제 어디서 어떻게 터질지 모르는 화산 덩어리라고 하겠다. 불꽃(火)이 튀고 용암이 마구잡이로 흐르는 등 화산이 사납게(暴) [불 터지다(爆)]는 뜻이고 [폭]으로 읽는다.
回 暴(사나울 폭/포)

4급

4급

필순 ⟶ 火 灯 灯 灯 焊 焊 煤 爆 爆 爆

기초 【기초한자어】 익히고, 【기본→발전한자어】 다지기
爆擊(폭격) 폭탄을 투하해 적의 전력을 파괴함
爆發(폭발) 불이 일어나며 갑작스럽게 터짐
爆笑(폭소) 폭발하듯 갑자기 웃는 웃음
• 아군기의 爆擊을 맞아 적선이 그만 침몰하고 말았다.
• 심각한 상황에 爆發하듯이 爆笑가 터져 곤란해졌다.

기본 ④ 爆死(폭사) 爆藥(폭약) 爆竹(폭죽) 爆彈(폭탄) 爆破(폭파) 激爆(격폭) 原爆(원폭) 自爆(자폭) 戰爆機(전폭기) ③Ⅱ 猛爆(맹폭)

발전 ② 增爆劑(증폭제) ① 爆宏(폭굉)

부수	획수	총획
木	11	15

표할 표 【976】

字源 〈형성〉 통신수단의 하나로 나무에 끈을 묶거나 칼과 같은 도구를 사용하여 표시를 내어 상대방에게 알렸다. 원시적인 방법이었지만 그렇게 표시를 냈다. 표시가 유일한 통신의 수단이자 표현방법이었다. 칼이나 끌 같은 도구를 사용하여 나무(木)를 파서 표적(票)을 냈으니 [표하다(標)]는 뜻이고 [표]로 읽는다.
圖 榜(방붙일 방) 回 票(표 표) 漂(떠다닐 표)

필순 十 木 木 栌 栖 栖 栖 標 標 標

기초 【기초한자어】 익히고, 【기본→발전한자어】 다지기
標本(표본) 다른 물건의 표준으로 보이는 주장
目標(목표) 목적을 이루기 위해 실제 대상으로 삼음
音標(음표) 악보에서, 음의 길이와 높낮이를 나타냄
• 종합 우승을 目標로 모두 훈련에 임하고 있다.
• 악보에서 音標는 음악의 標本이 되는 기준이다.

기본 ④ 標記(표기) 標示(표시) 標識(표지) 標語(표어) 標的(표적) 標題(표제) 標準(표준) 標紙(표지) 加標(가표) 改標(개표) 警標(경표) 界標(계표) 物標(물표) 祕標(비표) 商標(상표) 手標(수표) 信標(신표) 暗標(암표) 座標(좌표) 指標(지표) 置標(치표)

발전 ② 標札(표찰) 標軸(표축) 2급 標峻(표준) ① 笠標(입표) 牌標(패표) 標榜(표방) 標挺(표정) 標柱(표주) 標槍(표창) 標帖(표첩) 標幟(표치) 標牌(표패)

부수	획수	총획
疒	5	10

피곤할 피 【977】

字源 〈형성〉 몸에 저장된 힘의 영양소와 활동 사이에 균형이 깨어지면 피로를 느낀다. 피곤이 겹쳐 심하면 평생의 질환이 되어 결국 고치지 못하고 죽는 경우도 많다. 평상시의 피곤이 원인이 된다고도 한다. 힘이 없어서 몸이 기울어 지도록(皮) 병(疒)든 기색을 금방 나타내면서 [피곤하다(疲)]는 뜻이고 [피]로 읽는다.
圖 勞(일할 로) 困(곤할 곤) 憊(고단할 비) 瘠(여윌 척)
回 波(물결 파)

필순 丶 亠 广 广 疒 疒 疒 疲 疲 疲

기초 【기초한자어】 익히고, 【기본→발전한자어】 다지기
疲困(피곤) 몸이나 마음이 지치어 고달픔
疲勞(피로) 정신이나 육체의 지나친 상태가 됨
疲弊(피폐) 생활이나 경제력이 어려워 쇠약해져 궁함
• 아버지의 실업으로 생활이 疲弊해져 가고 있다.
• 몸이 疲困하면 신체의 疲勞로 이어지기 쉽다.

기본 ④ 疲兵(피병) 疲勞感(피로감)

발전 ① 疲饉(피근) 疲憊(피비) 疲恙(피양) 疲瘠(피척) 疲悴(피췌) 疲斃(피폐) 疲乏(피핍)

부수	획수	총획
辶	13	17

피할 피 : 【978】

字源 〈형성〉 남에게 잘못을 저지르면 슬슬 피하게 된다. 아예 숨어 버리는 경우도 흔히 있다. 자기 잘못을 뉘우치면 다행이지만 그렇지 않고 몰래 숨어 피하는 경우도 더러 볼수 있어 마음이 상한다. 자기 잘못으로 인하여 남의 눈을 슬슬 피하면서(辟) 결국에는 도망쳐버리니(辶) [피하다(避)]는 뜻이고 [피]로 읽는다.
圖 逃(도망할 도) 諱(숨길/꺼릴 휘) 回 壁(벽 벽) 碧(푸를 벽)

필순 丶 尸 尸 启 启 辟 辟 辟 辟 避 避

기초 【기초한자어】 익히고, 【기본→발전한자어】 다지기
避難(피난) 재난을 피함
避暑(피서) 선선한 곳으로 옮기어 더위를 피하는 일
待避(대피) 위험을 일시적으로 피함
• 더위를 피해 한적한 곳으로 避暑라도 갈 계획이다.
• 경보음이 울리자 待避所(소)로 모두 避難했다.

기본 ④ 避亂(피란) 避身(피신) 逃避(도피) 所避(소피) 回避(회피) 避難民(피난민) ③Ⅱ 避雷(피뢰) 避雷針(피뢰침) ③ 忌避(기피) 避暑地(피서지)

발전 ② 避妊(피임) 廻避(회피) ① 遁避(둔피) 遜避(손피) 憚避(탄피) 避匿(피닉) 避蚊(피문) 避諱(피휘) 諱避(휘피)

사자성어 2급 避獐逢虎(피장봉호)

부수	획수	총획
心	6	9

한 한 : 【979】

字源 〈형성〉 어떤 이유로 말미암아 마음속에 깊은 상처가 남아 좀처럼 잊히지 않는 경우가 많다. 이른 바 한이 맺힌 것이다. 흔히 이것을 '가슴에 남은 피'라고들 했다. 한이 깊이 쌓이면 병이 생긴다고 했다. 마음(忄)속에 품고 있는 한의 상처가 응어리져서 머물러 있으니(艮) 원통하여 [한(恨)]을 뜻하고 [한]으로 읽는다.

圖怨(원망할 원) 歎(탄식할 탄) 悔(뉘우칠 회) 凹恩(은혜 은) 凹根(뿌리 근) 限(한할 한)

필순 `丶丶忄忄忄忄忄忄恨恨恨`

기초 【기초한자어】 익히고, 【기본→발전한자어】 다지기
痛恨(통한) 가슴 아프게 몹시 한탄함
怨恨(원한) 원통하고 한이 되는 생각
遺恨(유한) 생전의 남은 원한
• 뼈에 사무치는 怨恨인데 쉽게 지워지지 않겠지.
• 젊은 날 잘못이 이제는 痛恨의 눈물되어 遺恨이다.

기본 ④客恨(객한) 恨歎(한탄) 餘恨(여한) ③Ⅰ悔恨(회한) ③嫌恨(혐한)

발전 ①仇恨(구한) 忿恨(분한) 猜恨(시한) 冤恨(원한) 悵恨(창한) 吞恨(탄한)

부수	획수	총획
門	4	12

한가할 한 【980】

字源 〈회의〉 사람들이 대문을 드나들면 집안은 복잡하고 식솔들은 분주하다. 지방의 세력가나 아전 그리고 상당한 벼슬아치 집은 더욱 그러했었다. 그렇지만 돈 없고 힘없는 자들의 집은 늘상 한가했었다. 높은 벼슬아치 집의 대문(門)에 나무(木) 빗장을 가로질러 놓았으니 [한가하다(閑)]는 뜻이고 [한]으로 읽는다.

圖隙(틈 극) 凹忙(바쁠 망) 凹開(열 개) 閉(닫을 폐)

필순 `丨丨丨丨丨門門門門閑閑閑`

기초 【기초한자어】 익히고, 【기본→발전한자어】 다지기
閑暇(한가) 별로 할 일도 없이 틈이 있음
閑良(한량) 돈 잘 쓰고 놀기만 하는 사람
閑散(한산) 일이 없어 한가함
• 그는 평생을 빈둥빈둥 놀기만 하는 閑良이다.
• 閑暇한 틈을 타서 閑散한 내 인생을 살아볼까.

기본 ④閑人(한인) 閑職(한직) 等閑(등한) 空閑地(공한지) 農閑期(농한기) 等閑視(등한시) ③Ⅰ閑邪(한사) 閑寂(한적) ③忙中閑(망중한)

발전 ①閑冶(한야) 閑靖(한정) 閑眺(한조) 廐閑(구한)
사자성어 ④有閑階級(유한계급)

부수	획수	총획
手	4	7

겨룰 항 : 【981】

字源 〈형성〉 상대가 힘이 세다고 해서 권력이 높다고 해서 무조건 당할 수는 없다. 잘못이 없다면 정정당당히 맞서야 되고 끝까지 올바른 주장을 펴야 한다. 그리고 정정당당한 자기주장으로 마땅히 겨루어야 한다. 권력이 높고(亢) 힘이 강한 자와 상호 겨루며 손(扌)으로 막아냈으니 [겨루다(抗)]를 뜻하고 [항]으로 읽는다.

圖戰(싸움 전) 競(다툴 경) 爭(다툴 쟁) 拒(막을 거) 凹折(꺾을 절)

필순 `一十才才扩扩抗`

기초 【기초한자어】 익히고, 【기본→발전한자어】 다지기
抗辯(항변) 대항하여 변론함. 또는 그런 변론
對抗(대항) 서로 맞서서 버티어 겨룸
反抗(반항) 상대방에 반대하여 대듦
• 제대로 抗辯 한번 못해보고 對抗을 포기하였다.
• 사춘기에도 反抗心을 표출할 수 없는 문화란 말인가.

기본 ④抗拒(항거) 抗告(항고) 抗命(항명) 抗手(항수) 抗議(항의) 抗日(항일) 抗爭(항쟁) 抗戰(항전) 抗體(항체) ③Ⅰ抗衡(항형) 抗訴(항소) 抵抗(저항)

발전 ②抗生劑(항생제) ①拮抗(길항) 狼抗(낭항) 抗邁(항매) 抗禦(항어)

사자성어 ④不可抗力(불가항력) ②抗塵走俗(항진주속)

부수	획수	총획
木	6	10

씨 핵 【982】

字源 〈형성〉 한 알의 열매를 맺기 위하여 나무는 일 년 동안 온갖 어려움을 견디어 낸다. 꽃이 한창 피더니만 열매 속에는 동그마니 씨가 한 줌 들어 있다. 먹음직스러운 씨가 나무를 번식시킨 것이다. 잘 자란 나무(木) 열매에 살 속의 뼈(亥)처럼 씨가 가득 담겨 있으니 맛있는 과일인 [씨(核)]를 뜻하고 [핵]으로 읽는다.

圖種(씨 종) 凹刻(새길 각) 該(갖출 해)

필순 `一十才木木杧杧栌核核`

기초 【기초한자어】 익히고, 【기본→발전한자어】 다지기
核果(핵과) 살 속의 씨가 단단한 과실. 복숭아, 살구
核心(핵심) 사물의 중심이 되는 중요한 부분
結核(결핵) 결핵균이 맺히어 생기는 망울

4급

• 그는 核心 인물로 지목 받아 지탄의 대상이다.
• 유독 核果를 좋아했던 그는 오랫동안 結核으로 요양원 생활을 했다.

기본 ④核子(핵자) 果核(과핵) 原子核(원자핵) 核爆彈(핵폭탄) 核家族(핵가족) 核武器(핵무기) 核發電(핵발전) 核實驗(핵실험) ③Ⅱ肺結核(폐결핵) 核分裂(핵분열)

발전 ②綜核(종핵) 核膜(핵막) ①橘核(귤핵) 痔核(치핵)

부수	획수	총획
心	12	16

법 헌 : 【983】

字源 〈회의〉 사람과 생활에서 법의 처음은 마음을 훤히 밝히는 것으로 생각했다. 자신을 경계하고 해침을 당하지 않도록 미리서 규약 등을 준비했다. 다른 사람에게 조금도 해침을 않도록 했다. 다른 사람이 해침(圭 ← 害)을 당하지 않도록 눈(罒 ← 目)을 뜨고 마음(心)으로 밝혀내니 [법(憲)]을 뜻하고 [헌]으로 읽는다.
동式(법 식) 規(법 규) 法(법 법) 典(법 전) 律(법칙 률)
回害(해할 해)

필순

기초 【기초한자어】 익히고, 【기본 → 발전한자어】 다지기
憲法(헌법) 국가의 통치 체제의 기본 원칙을 정한 법
憲兵(헌병) 군대에서 경찰의 임무를 띤 사법 경찰
立憲(입헌) 헌법을 제정함
• 군대에서 憲兵은 경찰 임무를 띠고 활동하고 있다.
• 憲法 개정안이 立憲 절차에 따라 통과만 남았다.

기본 ④憲章(헌장) 憲政(헌정) 家憲(가헌) 改憲(개헌) 官憲(관헌) 黨憲(당헌) 入憲(입헌) 制憲(제헌) 護憲(호헌) ③Ⅱ司憲府(사헌부) ③軌憲(궤헌) 違憲(위헌)

발전 ①匡憲(광헌)

부수	획수	총획
阜	13	16

험할 험 : 【984】

字源 〈형성〉 높은 산과 언덕을 깎아 자동차가 다닐 수 있는 도로를 만들었다. 첩첩이 굽이고 위태하기 그지없는 험한 산이다. 산이 너무 높으면 터널을 만든 것도 이 때문이다. 험한 산을 이로운 산으로 만든다. 높은 산과 험한 언덕(阝 ←阜)이 모두(僉) 함께 첩첩으로 쌓여 있으니 [험하다(險)]는 뜻이고 [험]으로 읽는다.
동危(위태할 위) 峻(높을/준엄할 준) 回檢(검사할 검) 儉(검소할 검) 回險

필순

기초 【기초한자어】 익히고, 【기본 → 발전한자어】 다지기
保險(보험) 손해를 물어주겠다는 보증
危險(위험) 실패하거나 목숨을 다치게 할 만함
探險(탐험) 위험을 무릅쓰고 현지를 탐방함
• 探險隊(대)의 일원으로 정당하게 떠나게 되었다.
• 만일의 사고나 危險에 대비하여 保險에 들어 둔다.

기본 ④險口(험구) 險難(험난) 險談(험담) 險路(험로) 險狀(험상) 險惡(험악) ③Ⅱ偏險(편험) ③冒險(모험)

발전 ②險滑(험활) ②⑧險峻(험준) 峻險(준험) ①隘險(애험) 險棘(험극) 險壘(험루) 險魄(험백) 險隘(험애) 險詣(험예) 險奧(험오) 險躁(험조) 險阻(험조) 險窄(험착) 險劾(험핵) 險狹(험협) 險猾(험활)

부수	획수	총획
革	0	9

가죽 혁 【985】

字源 〈상형〉 짐승은 고기도 주고 가죽도 주어 사람들이 많이 좋아했다. 가죽은 털을 뽑고 잘 펴서 말렸을 때 널리 이롭게 쓰여 왔다. 가죽 가방, 가죽 모피 등을 선호하면서 지극히 좋아했던 물건이다. 먹음직스러운 짐승에서 뽑는 털 모양을 본떠서 [가죽(革)]으로 가공하여 새롭게 [고치다(革)]는 뜻이고 [혁]으로 읽는다.
동皮(가죽 피) 韋(가죽 위)

필순

기초 【기초한자어】 익히고, 【기본 → 발전한자어】 다지기
改革(개혁) 새롭게 뜯어고침
革新(혁신) 묵은 제도나 방식을 고쳐서 새롭게 함
皮革(피혁) 날가죽과 무두질한 가죽의 총칭
• 놀라운 기술 革新이 이 시대의 일대파란을 예고한다.
• 皮革공장의 노동 제도를 改革하고 말았다.

기본 ④革帶(혁대) 變革(변혁) 革命(혁명) 革細工(혁세공) 反革命(반혁명) ③Ⅱ沿革(연혁)

발전 ②⑧韋革(위혁) 鼎革(정혁) ①鞥革(이혁) 刪革(산혁)

사자성어 ④無血革命(무혈혁명) 宗敎改革(종교개혁) 軍事革命(군사혁명)

부수	획수	총획
頁	14	23

나타날 현 : 【986】

4급

字源 〈형성〉 사람들은 무도장이나 나들이를 나갈 때 의복을 단장하고 머리도 화려하게 꾸몄다. 오색실을 머리에 묶거나 늘어뜨렸던 것이다. 다른 사람들에게 자기를 나타내 보이려는 욕망이 있었다. 머리(頁)에 감았던 아름다운 장식물들이 더욱 밝게 드러나도록 되었으니(㬎) [나타나다(顯)]는 뜻이고 [현]으로 읽는다.
圄現(나타날 현) 凹密(빽빽할 밀) 隱(숨을 은) 微(작을 미)
凹顕

필순 口 日 旦 㬎 㬎 㬎 㬎 顕 顯 顯

기초 【기초한자어】 익히고, 【기본→발전한자어】 다지기
顯著(현저) 뚜렷이 심하게 드러남
顯考(현고) '고조부'를 높여 이르는 말
顯職(현직) 높고 중요한 벼슬
• 그는 그들만의 업계에서 顯著하게 두각을 나타내기 시작하였다.
• 돌아가신 顯考께서는 선출직 顯職 장관이셨다.

기본 ④顯達(현달) 發顯(발현) 顯忠日(현충일) ③①顯奏(현주) 顯微鏡(현미경)

발전 ②⑧顯允(현윤) 顯敞(현창) 顯赫(현혁) ①顯黜(현출) 顯乏(현핍) 顯晦(현회)

사자성어 ③①破邪顯正(파사현정)

형벌 형【987】

부수	획수	총획
刀	4	6

字源 〈형성〉 죄지은 사람을 형틀 위에 매어 놓고 죄지은 정도에 따라 곤장을 내리쳤다. 가혹하기 그지없는 재래식 문초 방법이었다. 큰 범죄를 저지른 사람에게 범죄 책임을 전제로 하여 큰 제재를 가했다. 우물 틀(开←井)에다 매달아 놓고 칼(刂←刀)로 위협하면서 벌을 주었던 [형벌(刑)]을 뜻하고 [형]으로 읽는다.
圄罰(벌할 벌) 凹罪(허물 죄) 凹形(모양 형) 則(곧 즉) 列(벌릴 렬)

필순

기초 【기초한자어】 익히고, 【기본→발전한자어】 다지기
刑期(형기) 형의 집행 기간
刑罰(형벌) 죄지은 사람에게 주는 벌
實刑(실형) 실제로 받는 체형
• 그는 刑期를 다 마치고 오늘 비로소 出所를 한다.
• 정해진 刑罰의 원칙에 따라서 實刑을 선고받았다.

기본 ④刑法(형법) 刑場(형장) 加刑(가형) 減刑(감형) 求刑(구형) 宮刑(궁형) 極刑(극형) 徒刑(도형) 流刑(유형) 死刑(사형) 惡刑(악형) 重刑(중형) 處刑(처형) 體刑(체형) 行刑(행형) 火刑(화형) 終身刑(종신형) 刑務所(형무소) ③①墨刑(묵형) 腐刑(부형) 緩刑(완형)

발전 ②斬刑(참형) 酷刑(혹형) 刑網(형망) 絞首刑(교수형) ②⑧刑柄(형병) 峻刑(준형)

사자성어 ④刑事事件(형사사건) ③①刑事訴訟(형사소송)

或

혹 혹【988】

부수	획수	총획
戈	4	8

字源 〈회의〉 적의 침입이 의심나는 곳에 높은 성벽을 쌓아 방비를 튼튼히 했다. 수많은 군사들이 지켜서 그들 국토를 보호한 것이다. '그러할 리는 없지만 만일에'라는 의미이겠다. 적의 침입으로 무기(戈)를 들고 백성(口)과 영토(一)를 지키면서 [혹시(或)]하며 의심난 곳을 잘 지켰으니 [혹(或)]을 뜻하고 [혹]으로 읽는다.
凹域(지경 역) 惑(미혹할 혹)

필순 一 一 一 一 一 或 或 或 或

기초 【기초한자어】 익히고, 【기본→발전한자어】 다지기
或是(혹시) 만일에
或時(혹시) 어쩌다가
或者(혹자) 어떠한 사람
• 아직도 나는 그를 '或時!' 하는 마음으로 기다린다.
• 或者는 或時 있을지도 모르는 사태에 대비한다.

기본 ④間或(간혹) 設或(설혹) 如或(여혹) ③①若或(약혹)

婚

혼인할 혼【989】

부수	획수	총획
女	8	11

字源 〈회의〉 옛날에는 혼인을 주로 해질녘에 했다. 촛불을 켜 놓고 결혼식을 올렸던 것이다. 지금도 촛불을 켜는 이유가 여기에 있지 않을까 한다. 해질녘에 했던 혼인은 호롱불 밝히는 신혼과 연계 지어 본다. 해가 넘어갈 무렵(昏)에 아름다운 신부(女)를 맞이하여 결혼했으니 [혼인하다(婚)]는 뜻이고 [혼]으로 읽는다.
圄姻(혼인 인) 娶(장가들 취) 凹昏(어두울 혼)

필순 乚 乚 女 女 妒 妒 妖 婚 婚 婚

기초 【기초한자어】 익히고, 【기본→발전한자어】 다지기
婚期(혼기) 혼인하기에 적당한 나이
結婚(결혼) 남녀가 부부 관계를 맺음
旣婚(기혼) 이미 결혼함
• 요즈음 여성들의 사회활동이 많아지면서 婚期를 놓친 노처녀, 노총각이 많다.
• 結婚하고 혼인신고를 마치고 나니 드디어 旣婚자가 되었구나.

4급

기본 ④婚談(혼담) 婚禮(혼례) 婚配(혼배) 婚事(혼사) 婚主(혼주) 婚處(혼처) 開婚(개혼) 求婚(구혼) 禁婚(금혼) 未婚(미혼) 成婚(성혼) 新婚(신혼) 約婚(약혼) 逆婚(역혼) 離婚(이혼) 再婚(재혼) 定婚(정혼) 早婚(조혼) 重婚(중혼) 請婚(청혼) 初婚(초혼) 破婚(파혼) 通婚(통혼) 破婚(파혼) 華婚(화혼) 回婚(회혼) ③ⅠⅠ晚婚(만혼) 婚需(혼수) 婚戚(혼척) ③婚姻(혼인) 婚嫌(혼혐)

발전 ①勒婚(늑혼) 婚齡(혼령) 婚娶(혼취)

부수	획수	총획
水	8	11

섞을 혼 : 【990】

字源 〈형성〉계곡에서 흐르는 물. 골짜기에서 흐르는 물. 옹달샘에서 흐르는 물이 하류에 모여들면 큰 강을 이룬다. 여러 곳에서 흐르던 물이 합수되어 섞이는 모습은 황홀한 장관을 연상한다. 여러 갈래에서 흐르던 물(氵)이 같은 (昆) 곳으로 흘러들어서 어느 지점에서 서로 [섞이다(混)]는 뜻이고 [혼]으로 읽는다.
⑤雜(섞일 잡) 亂(어지러울 란) 濁(흐릴 탁) 沌(엉길 돈) ⑪溫(따뜻할 온)

필순 ㆍ ㆍ 氵 汀 汩 汩 汨 混 混 混

기초 【기초한자어】익히고, 【기본→발전한자어】다지기
混亂(혼란) 뒤섞여서 어지러움
混濁(혼탁) 맑지 않고 흐림
混合(혼합) 뒤섞여서 한데 합함
• 정치 混亂에 온 사회가 混濁해졌다.
• 물과 기름은 서로가 混合될 수 없는 액체다.

기본 ④混同(혼동) 混線(혼선) 混成(혼성) 混聲(혼성) 混宿(혼숙) 混食(혼식) 混用(혼용) 混入(혼입) 混雜(혼잡) 混戰(혼전) 混血(혼혈) ③混泳(혼영)

발전 ②混紡(혼방) ①混沌(혼돈) 渾淪(혼륜)

부수	획수	총획
糸	3	9

붉을 홍 【991】

字源 〈형성〉무명이나 명주에서 빼낸 실은 흰색을 띤다. 적당한 양의 물감을 넣고 삶으면 고운 색깔로 변색하게 된다. 특히 분홍색은 곱고 밝은데 조선시대 영·정조 때 관리들은 분홍색 시복을 입고 공무를 보았다. 날실의 실타래(糸)에 분홍 물감을 가공(工)해 물을 들여서 짰더니 [붉은(紅)] 색을 뜻하고 [홍]으로 읽는다.
⑤赤(붉을 적) 朱(붉을 주) 丹(붉을 단) ⑪經(지날 경)

필순 ㆍ ㄠ ㄠ ㄠ 幺 糸 糸 糸-紅 紅

기초 【기초한자어】익히고, 【기본→발전한자어】다지기
紅玉(홍옥) 붉은 빛깔의 투명에 가까운 보석
紅潮(홍조) 뺨에 붉은빛이 드러남
朱紅(주홍) 붉은빛과 누른빛의 중간에 가까운 빛깔
• 紅玉같이 예쁜 얼굴에 紅潮를 띠는 두 뺨에는.
• 빨간색 물감과 노란색 물감을 섞으면 고운 朱紅색이 된다.

기본 ④紅燈(홍등) 紅毛(홍모) 紅裳(홍상) 紅燈街(홍등가) 紅一點(홍일점) ③ⅠⅠ紅桃(홍도) 紅爐(홍로) 紅疫(홍역) 紅顏(홍안) 紅茶(홍차) 紅珠(홍주) 軟粉紅(연분홍)

발전 ②紅蔘(홍삼) 紅脂(홍지) 紅塵(홍진) ②⑧紅瓊(홍경) 紅旭(홍욱) 紅絲靺(홍말갈) ①攀紅(반홍) 堆紅(퇴홍) 紅蠟(홍랍) 紅抹(홍말) 紅鴦(홍앙) 紅焰(홍염) 紅箋(홍전) 紅綻(홍탄) 紅頰(홍협) 紅柿(홍시)

부수	획수	총획
艸	8	12

빛날 화 【992】

字源 〈회의〉진달래와 철쭉이 피는 봄이 되면 온 산은 아름답게 수놓아진다. 가을이 되면 단풍나무로 물드는 장관을 이룬다. 봄 동산 수놓은 멋진 모습을 보게 된다. 환한 꽃밭의 모습은 아닐까. 초목(艹)에 곱게 핀 꽃이 그토록 아름답게 드리워졌으니(垂) 그 자태가 자못 [빛나다(華)]는 뜻이고 [화]로 읽는다.
⑤曜(빛날 요) 輝(빛날 휘) 煥(빛날 환) 燦(빛날 찬) ⑪畢(마칠 필)

필순 ㄧ ㄱ ㅏㅏ ㅑㅑ 尹 苧 荃 莗 華

기초 【기초한자어】익히고, 【기본→발전한자어】다지기
華甲(화갑) 환갑을 아름답게 부르는 말
榮華(영화) 권력과 부귀를 마음껏 누리는 일
中華(중화) 중국의 다른 이름
• 오늘은 어머니의 華甲잔치 날이다.
• 그 분은 부귀 榮華를 누리고 天壽를 다하고 가셨다.

기본 ④華麗(화려) 華髮(화발) 華商(화상) 華城(화성) 華夏(화하) 華婚(화혼) 散華(산화) 精華(정화) 華嚴經(화엄경) ③ⅠⅠ繁華(번화) 昇華(승화) 豪華(호화) 井華水(정화수) ③華燭(화촉)

발전 ②華僑(화교) 華閥(화벌) 華翰(화한) ②⑧華妍(화연) 華敞(화창) 華煥(화환) ①奢華(사화) 戎華(융화) 翠華(취화) 華袞(화곤) 華綺(화기) 華袂(화몌) 華靡(화미) 華絆(화반) 華顚(화전) 華箋(화전) 華饌(화찬) 華僭(화참) 華纖(화섬) 華絢(화현) 華繪(화회) 華廐(화구)

부수	획수	총획
玉	13	17

環 고리 환 (ː) 【993】

字源 〈형성〉 눈을 크게 뜨면 휘둥그레진 모습을 자주 본다. 속은 비어 있고 구슬처럼 동그란 고리를 눈동자에 비유한 것이다. 둥근 타원형은 고리가 되어 어린이들이 굴리는 굴렁쇠의 역할이 되었다. 두 눈을 동그랗게 뜨면서 눈이 휘둥그레(睘)지듯이 속살이 텅 비는 구슬(王)인 [고리(環)]를 뜻하고 [환]으로 읽는다.
回還(돌아올 환)

필순 一 Ｔ Ｆ 王 王ʼ 王ʻ 王ʼʻ 珇 珇 環 環

기초 【기초한자어】 익히고, 【기본→발전한자어】 다지기
環境(환경) 생물에게 직간접으로 영향을 주는 자연적 조건이나 사회적 상황
環狀(환상) 고리처럼 속이 비고 둥글게 된 꼴
循環(순환) 한차례 돌아서 먼저의 자리로 돌아옴
• 지역의 環境에 맞게 진화하였다.
• 혈액 循環 장애로 인하여 약을 먹는다.

기본 ④ 環甲(환갑) 環視(환시) 環玉(환옥) 金環(금환) 一環(일환) 指環(지환) 花環(화환) ③ 惡循環(악순환)

발전 ②８ 環珓(환익) ① 彎環(만환) 臂環(비환) 環堵(환도) 環濤(환도)

사자성어 ④ 衆人環視(중인환시)

부수	획수	총획
欠	18	22

歡 기쁠 환 【994】

字源 〈형성〉 황새는 뱀이나 개구리 같은 먹이를 잡아먹고 산다. 들판을 거닐다가 먹이를 찾으면 매우 기뻐하듯이 쪼아 먹고 펄쩍펄쩍 뛰거나 훨훨 날기도 했다. 대화는 없지만 행동으로 보인 기쁨이리라. 황새(雚)가 먹이를 찾아내어 환호하듯이 입을 쩍 벌리면서(欠) 서로가 [기쁘다(歡)]는 뜻이고 [환]으로 읽는다.
同喜(기쁠 희) 悅(기쁠 열) 回怒(성낼 노) 哀(슬플 애) 回歎(탄식할 탄) 勸(권할 권) 回欢

필순 ⺾ ⺾ ⺾ᵗ 吅 吅 莧 莧 莧 歡 歡

기초 【기초한자어】 익히고, 【기본→발전한자어】 다지기
歡聲(환성) 기뻐서 외치는 소리
歡送(환송) 떠나는 사람을 축복하고 기쁘게 보냄
歡迎(환영) 호의를 표하여 즐거이 맞이함
• 歡送할 때에 군중의 歡聲이 참으로 대단하다.
• 그를 歡迎하는 인파가 거리를 가득 메웠다.

부수	획수	총획
水	5	8

況 상황 황 (ː) 【995】

기본 ④ 歡談(환담) 歡待(환대) 歡樂(환락) 歡心(환심) 歡呼(환호) 歡喜(환희) 合歡酒(합환주) 歡樂街(환락가) 歡呼聲(환호성) ③Ⅱ 哀歡(애환) ③ 歡瞿(환약)

발전 ②８ 歡怡(환이) ① 愉歡(유환) 歡撫(환무) 歡愉(환유) 歡諧(환해) 歡駭(환해) 歡欣(환흔) 洽歡(흡환)

字源 〈형성〉 갑자기 비가 쏟아지고 물이 불어나면 집은 떠내려가고 농경지는 모두가 침수된다. 어처구니없는 재앙에 그저 입만 크게 벌어진다. 기후의 악조건이라는 긴급한 상황이 발생하여 야단법석이다. 홍수(氵)로 인하여 물이 크게(兄) 불어났으니 넋을 잃고 입만 크게 벌리는 엄한 [상황(況)]을 뜻하고 [황]으로 읽는다.
同狀(형상 상) 回兄(형 형)

필순 丶 丶 氵 氵 沪 沪 沪 況

기초 【기초한자어】 익히고, 【기본→발전한자어】 다지기
近況(근황) 최근의 형편
不況(불황) 경기가 좋지 못함
好況(호황) 썩 좋은 상황
• 너의 近況은 친구한테 들었어!
• 가게가 연일 好況인지, 不況인지 걱정이 많다.

기본 ④ 客況(객황) 景況(경황) 狀況(상황) 盛況(성황) 市況(시황) 實況(실황) 作況(작황) 戰況(전황) 情況(정황) 現況(현황) 活況(활황) ③Ⅱ 槪況(개황) ③ 況且(황차)

발전 ① 譬況(비황)

부수	획수	총획
火	2	6

灰 재 회 【996】

字源 〈회의〉 불이 활활 타고 난 다음 얼마간의 시간이 지나면 앙상한 재만이 남는다. 다 식어서 손으로 만져보면 찬 기운만이 감돌게 된다. 아궁에서 활활 탈 때의 모습과 재만 남는 모습이 대비되겠다. 손(𠂇←又)으로 기볍게 만질 만한 약한 화력(火)으로 타고 남은 그러한 흔적으로 [재(灰)]를 뜻하고 [회]로 읽는다.
回炭(숯 탄) 厄(액 액)

필순 一 ナ ナ 大 炗 灰 灰

기초 【기초한자어】 익히고, 【기본→발전한자어】 다지기
灰色(회색) 잿빛
石灰(석회) 석회석, 백악

4급

洋灰(양회) '시멘트'를 '석회'에 맞대어 하는 말
• 아침부터 灰色빛 하늘이 금방이라도 빗방울이 막 쏟아질 것 같다.
• 시멘트나 유리는 石灰로 만들어 洋灰와는 다르다.

기본 ④ 灰壁(회벽) 灰白色(회백색)
발전 ② 灰塵(회진) ① 燼灰(신회) 灰燼(회신) 灰殞(회운) 灰汁(회즙)
사자성어 ④ 灰色分子(회색분자)

부수	획수	총획
人	8	10

기후 후 : 【997】

字源 〈형성〉 궁사들이 활을 쏘려면 먼저 바람이 부는지, 비가 오는지의 날씨 여부를 유심하게 살핀다. 과녁판도 정확히 살펴야 명중하게 된다. 무기 사용까지도 바람은 물론 기후가 많이 좌우한다. 화살을 겨누는 사람(亻←人)이 과녁판(侯)에 활을 쏘면서 하루 날씨를 먼저 살폈으니 [기후(候)]를 뜻하고 [후]로 읽는다.
回 侯(제후 후)

필순 丿 亻 亻 亻 𠂤 𠂤 侯 侯 候 候

기초 【기초한자어】 익히고, 【기본→발전한자어】 다지기
候補(후보) 어떤 지위나 신분에 오르기를 바람
氣候(기후) 지상과 수륙 형세로 생기는 날씨의 현상
惡天候(악천후) 몹시 나쁜 날씨
• 변덕스러운 氣候 때문에 옷차림에 신경이 쓰인다.
• 候補님은 惡天候이지만 연설을 하겠다고 우긴다.

기본 ④ 候鳥(후조) 上候(상후) 測候(측후) 全天候(전천후) 氣體候(기체후) 測候所(측후소) ③ㅣ 症候(증후) 徵候(징후) 立候補(입후보) ③ 斥候(척후) 斥候兵(척후병)
발전 ② 腎候(신후) 診候(진후) 諜候(첩후) ① 伍候(오후) 候邏(후라)

부수	획수	총획
厂	7	9

두터울 후 : 【998】

字源 〈회의〉 아버지가 자식(子)에게 정답게 말하여 마음과 뜻을 더욱 '두껍게' 하는 경우는 많았다. 이는 부자간의 따뜻한 정의 오고감이다. 그래서 두터운 정, 후덕한 모성애, 부성애를 말하곤 했었다. 사방(曰)으로 꽉 막힌 포대로 아이(子)를 감싸(厂) 품에 안았으니 정갈스러워서 [두텁다(厚)]는 뜻이고 [후]로 읽는다.
동 敦(도타울 돈) 篤(도타울 독) 回 薄(엷을 박)

필순 一 厂 厂 厄 厚 厚 厚 厚 厚

기초 【기초한자어】 익히고, 【기본→발전한자어】 다지기
厚待(후대) 후하게 대접함
厚德(후덕) 두터운 심덕
厚賜(후사) 물건 따위를 후하게 내려 줌
• 그 집 주인은 손님을 매우 厚待하였다.
• 마을에서 그의 厚德함을 칭찬하는 사람이 많았다.

기본 ④ 厚生(후생) 厚意(후의) 溫厚(온후) 重厚(중후) 厚謝(후사) ③ㅣ 厚薄(후박) 寬厚(관후) 顔厚(안후) ③ 敦厚(돈후)
발전 ② 濃厚(농후) ㉓ 淳厚(순후) ① 樸厚(박후) 寵厚(총후) 厚壟(후롱) 厚賂(후뢰) 厚贖(후속) 厚酬(후수)
사자성어 ④ 厚生事業(후생사업) ③ㅣ 厚顔無恥(후안무치) 上厚下薄(상후하박)

부수	획수	총획
手	9	12

휘두를 휘 【999】

字源 〈형성〉 위관 장교들은 많은 군사를 지휘한다. 뒤에는 무기를 든 군사들과 우람한 대포와 보급 물자를 실은 차들이 따른다. 장군은 큰 기를 휘날리면서 앞에서 지휘하는 당당한 모습이다. 대장이 병사들(軍)을 통솔하려고 손(扌)에 들었던 깃발을 흔들면서 지휘했었으니 [휘두르다(揮)]는 뜻이고 [휘]로 읽는다.
동 指(가리킬 지) 回 輝(빛날 휘)

필순 一 十 扌 扌 扩 扩 挕 捵 捵 揮 揮

기초 【기초한자어】 익히고, 【기본→발전한자어】 다지기
揮毫(휘호) 글씨를 쓰거나 그림을 그림
發揮(발휘) 힘 따위를 떨쳐서 드러냄
指揮(지휘) 목적을 효과적으로 이루기 위하여 단체의 행동을 통솔함
• 이번 기회에 실력을 發揮해 인정을 받아야겠다.
• 揮毫를 썼던 그 부대 指揮官의 통솔력이 출중하다.

기본 ④ 揮帳(휘장) 揮發油(휘발유) 指揮權(지휘권) 指揮者(지휘자) ③ 揮毫(휘호)
발전 ① 揮掉(휘도) 揮麗(휘쇄) 揮涕(휘체) 揮鞭(휘편)
사자성어 ④ 一筆揮之(일필휘지)

부수	획수	총획
口	9	12

기쁠 희 【1000】

字源 〈회의〉 북 치는 소리와 노랫소리가 어울리면 반주가 되어서 즐거워한다. 드럼이나 꽹과리와 같은 타악기들도 들으면 흥겨워진다. 전쟁터에 나가 승리를 하고 돌아온 '승전

고'는 병사들의 사기를 북돋운다. 북 치는(효) 소리와 입
(口)으로 창한 소리가 합쳐서 조화를 이루니 [기쁘다(喜)]
는 뜻이고 [희]로 읽는다.
⬚樂(즐길 락) 歡(기쁠 환) 悅(기쁠 열) ⬚怒(성낼 노)
悲(슬플 비) 哀(슬플 애)

필순 一 十 士 吉 吉 吉 喜 喜 喜 喜

기초 【기초한자어】 익히고, 【기본 → 발전한자어】 다지기
喜悲(희비) 기쁨과 슬픔
喜色(희색) 기뻐하는 얼굴빛
歡喜(환희) 매우 즐거움
• 합격자 발표장은 그야말로 喜悲가 엇갈렸다.
• 온 국민이 喜色을 띠며 歡喜에 들떠 함성을 질렀다.
기본 ④ 喜劇(희극) 喜報(희보) 喜消息(희소식) ③Ⅱ 喜壽
(희수) 喜悅(희열) ③ 喜捨(희사) 喜躍(희약)
발전 ① 溢喜(일희) 喜踊(희용) 喜鵲(희작)
사자성어 ④ 一喜一悲(일희일비) 喜喜樂樂(희희낙락) 喜色滿
面(희색만면) ③Ⅱ 喜怒哀樂(희로애락)

4급

한자능력검정시험
자원대사전

3급 II

[1001~1500]

佳 架 脚 閣 刊 肝 幹 懇 鑑 剛 綱 鋼 介 蓋 概 距 乾 劍 隔 訣

兼 謙 耕 徑 頃 硬 契 啓 桂 溪 姑 鼓 稿 谷 哭 供 恭 貢 鬼 恐

誇 寡 冠 寬 及 其 祈 狂 怪 騎 緊 諾 娘 耐 寧 弓 拳 茶 蘭 菌

克 禽 琴 錦 唐 糖 臺 刀 倒 桃 裂 途 陶 渡 突 凍 絡 雷 賴 丹

旦 但 淡 踏 梁 勵 曆 戀 鍊 聯 嶺 靈 露 爐 祿 弄 妄 晚 梅 浪

郎 廊 涼 倫 栗 率 隆 陵 吏 履 裹 臨 麻 磨 漠 莫 夢 蒙 貿 累

漏 樓 盟 勿 尾 微 薄 迫 般 飯 盤 拔 芳 輩 排 培 伯 繁 凡 墨

麥 孟 紋 猛 免 眠 綿 滅 銘 慕 謀 貌 睦 沒 茂 奮 喪 衰 僧 丙

默 譜 腹 肥 妃 塞 封 逢 鳳 詞 司 沙 斜 釋 禪 疏 燒 蘇 訴 拂

補 卑 肥 妃 塞 署 緖 需 帥 我 雅 亞 牙 阿 芽 顏 岸 巖 央 詳

婢 索 殊 峯 邪 恕 徐 惜 獸 淑 熟 瞬 巡 旬 述 拾 濕 襲 昇 愁

裳 垂 隨 壽 審 御 獄 瓦 緩 辱 欲 慾 羽 憂 愚 宇 寂 摘 跡 乘

垂 飾 慎 甚 雙 我 雅 亞 牙 阿 宴 燕 悅 染 炎 鹽 影 幽 潛 揚

侍 壤 御 抑 憶 亦 譯 役 驛 疫 沿 軟 宴 偶 韻 越 慈 紫 刺 譽

讓 悟 獄 瓦 緩 辱 欲 慾 羽 憂 愚 宇 寂 摘 跡 蹟 笛 殿 奏 誘

烏 裕 維 柔 幼 猶 潤 乙 淫 己 翼 忍 逸 壬 賃 慈 偽 胃 謂 暫

裕 悠 掌 頂 丈 臟 葬 載 栽 著 抵 寂 摘 跡 蹟 貞 紫 刺 潛 貞

藏 粧 頂 井 亭 廷 症 曾 蒼 菜 債 彩 策 妻 拓 尺 戚 側 値 鑄

淨 井 卽 倉 礎 促 泰 荷 豪 惑 魂 忽 洪 禍 還 換 皇 荒 悔 借

仲 卽 倉 昌 蒼 菜 債 彩 策 妻 吹 醉 側 編 弊 肺 獻 玄 懸 滯

錯 贊 礎 促 泰 荷 豪 惑 魂 忽 洪 禍 還 換 皇 荒 悔 懷 劃 塔

肯 超 促 觸 催 追 畜 衝 吹 醉 偏 陷 項 恒 響 懷 劃 獲 橫 彼

湯 礎 泰 兎 吐 透 版 片 偏 編 弊 肺 獻 玄 懸 穴 脅 衡 胸 浩

畢 礎 荷 鶴 汗 割 含 陷 項 恒 響 懷 劃 獲 穴 脅 衡 被 慧 戲

胡 殆 豪 惑 魂 忽 洪 禍 還 換 皇 荒 悔 懷 劃 獲 橫 胸 稀 稀

부수	획수	총획
人	6	8

아름다울 가 : 【1001】

字源 〈형성〉 정승들이 임금님을 배알할 때 글이 적힌 패를 올리어 등청한다. 글이 적힌 패는 상소나 정사가 적힌 홀이었다. 기쁨을 주는 예쁘고 곱다는 뜻이겠다. 벼슬아치(亻←人)들이 정사가 적힌 홀(圭)을 들고 임금님의 앞으로 나가면서 걷는 발걸음 모습이 착하고 매우 [아름답게(佳)]만 보였으니 [가]로 읽는다.
圖美(아름다울 미) 麗(고울 려) 回醜(추할 추) 回住(살 주) 柱(기둥 주) 往(갈 왕) 桂(계수나무 계)

필순 ノ 亻 亻 仁 佳 佳 佳 佳

기초 【기초한자어】 익히고, 【기본 → 발전한자어】 다지기
佳客(가객) 반가운 손님
佳境(가경) 아름다운 경치. 좋은 경치
佳作(가작) 잘된 훌륭한 작품
• 佳客들은 佳境에 대하여 모두 찬사를 보냈다.
• 그는 이번 展示會에 출품하여 佳作을 받았다.

기본 ③I 佳果(가과) 佳句(가구) 佳局(가국) 佳氣(가기) 佳期(가기) 佳器(가기) 佳郎(가랑) 佳良(가량) 佳名(가명) 佳味(가미) 佳配(가배) 佳婦(가부) 佳城(가성) 佳詩(가시) 佳辰(가신) 佳實(가실) 佳約(가약) 佳容(가용) 佳月(가월) 佳意(가의) 佳日(가일) 佳節(가절) 佳絶(가절) 佳兆(가조) 佳酒(가주) 佳趣(가취) 佳篇(가편) 佳品(가품) 佳話(가화) 佳興(가흥) 佳子弟(가자제)
③ 佳朋(가붕)

발전 ② 佳餐(가찬) ① 佳壻(가서) 佳冶(가야) 佳饒(가요) 佳甄(가전) 佳蝦(가하)

사자성어 ③I 佳人薄命(가인박명)

부수	획수	총획
木	5	9

시렁 가 : 【1002】

字源 〈형성〉 시렁은 거추장스러운 물건을 올려두는 곳으로 집 안에 꼭 필요했다. 그래서 높은 벽면에 물건을 올려놓아 만들어서 사용했었다. 우리 가정의 전통적인 방법이겠지만 편리했다. 방안의 높은 곳에 물건을 올려놓기 위해 벽면에 각목(木)을 덧붙여(加) 만들어 두었으니 높은 [시렁(架)]을 뜻하고 [가]로 읽는다.

필순 ㄱ ㄱ ㅎ 加 加 加 架 架 架

기초 【기초한자어】 익히고, 【기본 → 발전한자어】 다지기
架設(가설) 전선 · 다리를 건너질러 시설함
高架(고가) 높이 건너질러 가설하는 것

書架(서가) 문서나 책 따위를 얹어 두거나 꽂아 둔 선반
• 커다란 書架에는 많은 책이 꽂혀있구나.
• 高架사다리가 있어야 작품을 架設할 수 있다.

기본 ③I 架空(가공) 架橋(가교) 架構(가구) 架臺(가대) 架尾(가미) 架上(가상) 架線(가선) 架版(가판) 架工齒(가공치)

발전 ② 藤架(등가) ① 架槽(가조) 戟架(극가) 懶架(나가)

사자성어 ③I 高架道路(고가도로)

부수	획수	총획
肉	7	11

다리 각 【1003】

字源 〈형성〉 다리는 몸의 균형을 유지시켜준다. 무릎을 구부려 뒤로 향하면서 몸을 앞으로 나가게 하는 역할을 한다. 사람이나 동물의 아래에 붙은 몸을 받치며, 서거나 걷거나 또한 뛰는 일을 맡는다. 무릎(卩)을 구부려 뒤로 향해 가도록(去) 하였던 몸(月←肉)의 한 부분으로 [다리(脚)]를 뜻하고 [각]으로 읽는다.
圖橋(다리 교) 回劫(위협할 겁) 怯(겁낼 겁) 却(물리칠 각)

필순 ノ 几 月 月 肌 胠 胠 脚 脚 脚 脚

기초 【기초한자어】 익히고, 【기본 → 발전한자어】 다지기
脚光(각광) 사람이나 사물이 대중적인 기대 주목
脚本(각본) 연극이나 영화 따위의 대본. 시나리오
脚色(각색) 소설을 희곡이나 시나리오로 고치는 일
• 이번 연출에서 脚光을 받은 것은 순수한 작품성 때문이다.
• 소설을 脚色하여 한 편의 脚本을 완성하였다.

기본 ③I 健脚(건각) 馬脚(마각) 木脚(목각) 失脚(실각) 立脚(입각) 行脚(행각) 脚線美(각선미) 脚氣病(각기병)

발전 ① 脚絆(각반) 脚註(각주) 蚊脚(문각) 崖脚(애각) 豹脚(표각)

사자성어 ③I 二人三脚(이인삼각)

3급 II

부수	획수	총획
門	6	14

집 각 【1004】

字源 〈형성〉 누각은 사람들이 찾아들어 편하게 쉬는 곳이다. 낮잠을 자거나 담소를 하였으며, 깊은 사색에 잠기기도 했다. 누각은 휴식을 취하고 산이나 물가에 지은 다락집이다. 사람이 각자(各)의 집을 찾아 들어와 편하게 쉬기 위해 만들었던 큰 문(門)이 달린 [집(閣)]으로 [누각(閣)]을 뜻하고 [각]으로 읽는다.
圖家(집 가) 室(집 실) 屋(집 옥) 宙(집 주) 戶(집 호) 堂(집 당) 宅(집 택) 宇(집 우) 回閑(한가할 한) 開(열 개) 閉(닫을 폐) 閤(쪽문 합)

필순 『 『 『 『 門 門 門 閁 閣 閣 閣

기초 【기초한자어】 익히고, 【기본→발전한자어】 다지기
閣僚(각료) 내각을 조직하는 각 장관
改閣(개각) 내각을 개편함
鐘閣(종각) 큰 종을 달아 두기 위해 지은 누각
· 鐘閣 부근에서 큰 집회가 있다니 명심하시오.
· 이번 改閣으로 閣僚들의 면면이 새로워졌다.

기본 ③Ⅱ 閣議(각의) 閣下(각하) 巨閣(거각) 高閣(고각) 內閣
(내각) 樓閣(누각) 入閣(입각) 組閣(조각)

발전 ②闕閣(궐각) ②奎章閣(규장각) 芸閣(운각) 峻閣(준각)
①閣溜(각류) 煖閣(난각) 梵閣(범각) 棧閣(잔각) 邸閣
(저각)

사자성어 ③Ⅱ 沙上樓閣(사상누각)

부수	획수	총획
刀	3	5

새길 간 【1005】

字源 〈형성〉 활자가 없던 시대에 널빤지에 글자를 새겨 고전
책을 펴냈다. 팔만대장경과 같은 불경의 목판도 그랬다.
튼튼한 실로 꿰매거나 날카로운 끝을 가진 도구로 조각했
었다. 방패(干)처럼 생긴 평평한 널빤지에 뾰족한 칼(刂←
刀)로 여러 개의 글자를 잘 [새기어(刊)] 여러 권 책을 펴
냈다는 뜻이고 [간]으로 읽는다.
图刻(새길 각) 銘(새길 명) 彫(새길 조) 回刑(형벌 형)
列(벌일 렬) 別(다를 별)

필순 一 二 干 干 刊 刊

기초 【기초한자어】 익히고, 【기본→발전한자어】 다지기
刊印(간인) 인쇄물
發刊(발간) 출판물을 간행함
刊行(간행) 신문이나 책자를 발행함
· 刊行物(물)의 꽃은 아무렴 해도 편집과 인쇄라 하겠다.
· 청소년 잡지를 刊行한다더니 이제야 發刊되어 기쁘다.

기본 ③Ⅱ 季刊(계간) 發刊(발간) 夕刊(석간) 新刊(신간) 年刊
(연간) 月刊(월간) 日刊(일간) 朝刊(조간) 終刊(종간)
週刊(주간) 創刊(창간) 出刊(출간) 廢刊(폐간) 休刊(휴간)

발전 ①刊剝(간박) 刊刪(간산)

부수	획수	총획
干	10	13

줄기 간 【1006】

字源 〈형성〉 담장 안에 심었던 나무가 햇볕을 받으면서 쑥쑥
크며 자란다. 잘 자란 나무가 재목이 되면 곱게 잘라 집을

지을 수 있는 기둥이나 들보가 되는가 하면 서까래가 되
기도 했다. 나무(木) 줄기가 따뜻한 햇빛(軑)을 받아 쑥쑥
커서 담장 위로 힘차게 올라갔으니 튼튼한 [줄기(幹)]를
뜻하고 [간]으로 읽는다.
图脈(줄기 맥) 根(뿌리 근) 枝(가지 지) 回乾(하늘/마를 건)
軒(집 헌) 軟(연할 연) 斡(돌 알)

필순 一 十 古 古 古 查 卓 乾 乾 幹

기초 【기초한자어】 익히고, 【기본→발전한자어】 다지기
幹部(간부) 단체의 책임자가 되는 사람들
幹事(간사) 모임이나 단체의 일을 맡은 사람
幹枝(간지) 줄기와 가지. 천간(天干)과 지지(地支)
· 10간과 12지지인 幹枝가 곧 60갑자라고 부른다.
· 한 단체의 幹事는 그 단체의 幹部라 할 수 있다.

기본 ③Ⅱ 骨幹(골간) 根幹(근간) 語幹(어간) 才幹(재간) 主幹(주간)

발전 ②棟幹(동간) ①莖幹(경간) 喬幹(교간) 軀幹(구간) 箭幹
(전간)

사자성어 ③Ⅱ 幹線道路(간선도로)

부수	획수	총획
心	13	17

간절할 간 【1007】

字源 〈형성〉 어떤 일을 시작하여 마음과 정성을 다하였을 때
성공적으로 끝낼 수 있다. 흔히 '정신일도하사불성'이라
했다. 매우 지성스럽고 절실하다는 뜻을 담는 성어다. 자
기가 하던 일이 잘 이루어질 수 있도록 정성스럽게(狠) 마
음(心)을 다하면서 노력했으니 지성으로 [간절하다(懇)]는
뜻이고 [간]으로 읽는다.
图誠(정성 성) 切(끊을 절) 回墾(개간할 간)

필순 亻 彡 午 身 豸 豸 豸 豿 狠 懇 懇

기초 【기초한자어】 익히고, 【기본→발전한자어】 다지기
懇曲(간곡) 간절하고 곡진함
懇請(간청) 간절(懇切)하게 청함
懇談(간담) 마음을 터놓고 이야기함
· 이번 우리들은 여러 사람들과 懇談會를 열었다.
· 선생님께 懇曲한 말로 懇請을 드리기로 했다.

기본 ③Ⅱ 懇求(간구) 懇切(간절) 懇談會(간담회)

발전 ②懇款(간관) ①懇摯(간지) 懇囑(간촉) 懇惻(간측)
瀝懇(역간)

부수	획수	총획
肉	3	7

간 간(:) 【1008】

字源 〈형성〉 간은 몸에서 매우 중요한 역할을 하는 기관이다. 독성을 풀어주고 외부의 독소 침범을 막는 역할을 한다. 내장의 하나로서 복강의 오른편 위쪽, 횡격막 아래에 있는 장기다. 몸(月←肉) 안의 중요한 장기인바, 그 모양은 방패(干)처럼 생겼는데 영양 저장과 해독을 해주는 [간(肝)]을 뜻하고 [간]으로 읽는다.
回 朋(벗 붕)

필순 ｜ 刀 月 月 月 肝 肝

기초 【기초한자어】 익히고, 【기본→발전한자어】 다지기
肝要(간요) 썩 중요함. 아주 중요함
肝腸(간장) 간과 창자
肝炎(간염) 간에 생기는 염증. 간장염
• 중요한 일을 肝要라고 했으니 같이 사용한다.
• 肝腸에 생기는 질병 중 肝炎은 소홀하기 쉽다.

기본 ③Ⅱ 肝油(간유) 肝臟(간장) 洗肝(세간) 心肝(심간)

발전 ② 肝膽(간담) 肝腎(간신) 肝癌(간암) ②⑧ 獐肝(장간)
① 肝膈(간격) 豬肝(저간)

사자성어 ③Ⅱ 九曲肝腸(구곡간장) 鐵石肝腸(철석간장)

부수	획수	총획
金	14	22

거울 감【1009】

字源 〈형성〉 '거울'은 물체의 모양이나 형상을 비추어 볼 수 있도록 유리 따위로 만든 물건이다. 시집간 새색시는 거울 볼 틈도 없이 매우 바빴다고 한다. 빨래하고 밥하고 집안일 때문에 분주했었다. 쇠붙이(金)를 윤이 나도록 문질러서 자기 얼굴을 밝게 비춰 보도록(監) 했던 [거울(鑑)]을 뜻하고 [감]으로 읽는다.
圄 鏡(거울 경) 回 監(볼 감) 濫(넘칠 람) 藍(쪽 람) 回 鑑

필순 ╱ ┌ 金 金ʾ 釒 鉅 鉶 鑑鑑 鑑

기초 【기초한자어】 익히고, 【기본→발전한자어】 다지기
鑑賞(감상) 예술 작품의 가치를 음미하고 이해함
鑑識(감식) 범죄 수사에서 과학적으로 감정하는 일
鑑定(감정) 보석·골동품 따위의 가치를 판별하는 일
• 그 보물은 鑑定을 잘하여 보관하기로 했다.
• 그림을 鑑識하는 것과 鑑賞하는 것은 서로 다르다.

기본 ③Ⅱ 鑑戒(감계) 鑑古(감고) 鑑別(감별) 鑑査(감사) 鑑察(감찰) 鑑票(감표) 鏡鑑(경감) 圖鑑(도감) 寶鑑(보감) 年鑑(연감) 印鑑(인감) 鑑定價(감정가) 鑑定書(감정서)
③ 龜鑑(귀감)

발전 ② 鑑札(감찰) 升鑑(승감) ① 宸鑑(신감) 藻鑑(조감)

사자성어 ②⑧ 殷鑑不遠(은감불원)

부수	획수	총획
刀	8	10

굳셀 강【1010】

字源 〈형성〉 담은 크고 마음은 작아야 한다고 했다. 큰 소리만 쳐도 비열하게 굴한다거나 힘에 의한 복종은 정말 안 된다. 자기 소신대로, 자기 의지대로 살아야 한다고 했다. 위험스런 칼(刂←刀)이나 무기로 위협한다고 해도 산(岡)처럼 묵직하게 인내하면서 버티었다 했으니 [굳세다(剛)]는 뜻이고 [강]으로 읽는다.
圄 強(강할 강) 健(굳셀 건) 彊(굳셀 강) 桓(굳셀 환) 堅(굳을 견) 勁(굳셀 경) 毅(굳셀 의) 回 弱(약할 약) 柔(부드러울 유) 回 岡(산등성이 강) 罔(없을 망) 鋼(강철 강) 綱(벼리 강)

필순 ｜ 冂 冂 冃 冈 冈 岡 岡 岡 剛

기초 【기초한자어】 익히고, 【기본→발전한자어】 다지기
剛明(강명) 성질이 곧고 명석함
剛直(강직) 기질이 꼿꼿하고 굳음
剛健(강건) 몸이 튼튼하고 건강함
• 剛明한 사람은 불의와는 절대 타협하지 않는다.
• 그의 剛健한 몸과 剛直한 성품은 참으로 부럽다.

기본 ③Ⅱ 剛氣(강기) 剛斷(강단) 剛度(강도) 剛毛(강모) 剛性(강성) 剛烈(강렬) 剛柔(강유) 剛日(강일) 剛正(강정) 剛志(강지) 剛體(강체) 剛健體(강건체) 金剛山(금강산)

발전 ① 剛勁(강경) 剛梗(강경) 剛戾(강려) 剛邁(강매) 剛忿(강분) 剛毅(강의) 剛躁(강조) 剛復(강팍)

사자성어 ③Ⅱ 剛木水生(강목수생) 外柔內剛(외유내강)

부수	획수	총획
糸	8	14

벼리 강【1011】

字源 〈형성〉 실을 여러 겹으로 합해서 몇 가닥으로 꼬면 산등성이처럼 굵고 튼튼한 밧줄이 된다. 그 사이는 대강 성글게 얽어졌다고 한다. 어떤 일이나 글에서 뼈대가 되는 줄거리가 벼리다. 실(糸)을 이리저리 비비꼬아서 산등성이(岡)처럼 높게 겹친 튼튼한 밧줄로 [벼리(綱)] 또는 [대강(綱)]을 뜻하고 [강]으로 읽는다.
圄 紀(벼리 기) 維(벼리 유) 回 岡(산등성이 강) 罔(없을 망) 鋼(강철 강) 剛(굳셀 강) 網(그물 망)

필순 ╱ 幺 糸 糸 紅 紅 細 細 細 綱 綱 綱

기초 【기초한자어】 익히고, 【기본→발전한자어】 다지기
綱領(강령) 사물의 으뜸이 되는 큰 줄기
綱目(강목) 동식물을 분류하는 대단위와 소단위

3급Ⅱ

紀綱(기강) 규율과 법도를 아울러 이르는 말
• 생활에 필요한 자연 필수품은 綱目으로 정리해 두었다.
• 단원들이 綱領을 잘 지켜 紀綱이 바르게 서 있다.

기본 ③Ⅱ 綱常(강상) 綱要(강요) 大綱(대강) 要綱(요강) 三綱(삼강) 政綱(정강)

발전 ① 綱紐Ⅱ(강뉴)

사자성어 ③Ⅱ 三綱五倫(삼강오륜)

부수	획수	총획
金	8	16

강철 강【1012】

字源 〈형성〉 억겁의 세월에도 변치 않고 둥글둥글하게 보인 산 등성이를 강철에 비교했다. 강철은 지금까지 전 세계의 하부구조 건설과 산업 생산에 가장 널리 사용되어왔던 중요한 철재물이었다. 단단한 쇠붙이(金) 같은 성질이 마치 산등성이(岡)같이 무디고 굳세다고 했으니 [강철(鋼)]을 뜻하고 [강]으로 읽는다.
동 鐵(쇠 철) 回 岡(산등성이 강) 罔(없을 망) 綱(벼리 강) 剛(굳셀 강) 網(그물 망)

필순 ノ ナ ヒ 乍 金 釘 鈤 鉀 鋼 鋼 鋼

기초 【기초한자어】 익히고, 【기본→발전한자어】 다지기
鋼板(강판) 강철로 만든 철판
鋼鐵(강철) 무쇠를 단련하여 굳고 강하게 높인 쇠
鍊鋼(연강) 불에 달군 강철
• 鍊鋼을 만드는 데 핵심적인 요소는 '물 담금'이다.
• 鋼鐵을 鋼板으로 만들어야 여러 용도로 쓰게 된다.

기본 ③Ⅱ 鋼船(강선) 鋼線(강선) 鋼筆(강필) 製鋼(제강) 鐵鋼(철강)

발전 ② 軸鋼(축강)

사자성어 ② 酸性製鋼(산성제강)

부수	획수	총획
人	2	4

낄 개:【1013】

字源 〈회의〉 사람의 성격이나 생각하는 바가 각각 달라서 사이가 좋지 않은 경우가 있다. 결국은 싸움으로 비화하는 경우도 있다. 두 사람이 이야기하는데 중간에 끼어드는 경우도 종종 본다. 두 사람(人)의 시시비비를 잘 판가름(ノ←八)하며 중개자가 가운데서 도와주었으니 [끼다(介)]는 뜻이고 [개]로 읽는다.
回 价(클 개)

필순 ノ 人 介 介

기초 【기초한자어】 익히고, 【기본→발전한자어】 다지기
介入(개입) 사이에 끼어 듦
媒介(매개) 양쪽의 관계를 맺어줌
紹介(소개) 모르는 사이를 알도록 관계를 맺어줌
• 두 사람이 조화가 이루어지도록 媒介로 화합을 이룬다.
• 그가 紹介해 주어서 그들 사이에 介入할 수 있었다.

기본 ③Ⅱ 介潔(개결) 介意(개의) 介在(개재) 仲介(중개)

발전 ②⑧ 介圭(개규) 介輔(개보) 蔣介石(장개석) ① 介殼(개각) 介鱗(개린) 介祉(개지) 鱗介(인개)

부수	획수	총획
木	11	15

대개 개:【1014】

字源 〈형성〉 곡식을 말질할 때는 대충 헤아리는 경우가 흔하다. 평면을 대충 밀어 냈던 것이다. 대개는 일반적인 경우이겠다. 유의어는 '대체로(大體), 대부분(大部分)' 등이 있다. 쌀이나 보리 같은 곡식을 말질할 때 용기에 이미(旣) 담아 넘친 부분을 나무(木) 막대로 아물게 밀었으니 [대개(槪)]를 뜻하고 [개]로 읽는다.
回 旣(이미 기) 慨(슬퍼할 개) 回 概

필순 一 十 十 木 杧 枦 枦 椎 椎 梗 槪

기초 【기초한자어】 익히고, 【기본→발전한자어】 다지기
槪念(개념) 여러 관념에서 공통되는 요소를 종합한 관념
槪論(개론) 전체에 대한 대강의 논설
槪要(개요) 대체적 요점. 개략
• 槪論을 요약문이라 말하면서 개략성을 중요시했다.
• 槪念 파악이 되어야 槪要를 잘 말할 수 있다.

기본 ③Ⅱ 槪觀(개관) 槪略(개략) 槪算(개산) 槪說(개설) 景槪(경개) 氣槪(기개) 大槪(대개) 節槪(절개)

발전 ① 槪括(개괄) 梗槪(경개)

사자성어 ③Ⅱ 日氣槪況(일기개황)

부수	획수	총획
艹	10	14

어찌 아니할 합
덮을 개(:)【1015】

字源 〈형성〉 수렵시대에 짐승을 잡아먹은 다음 남은 것은 풀잎으로 가만히 덮었다. 대충 덮어 두었을 것이다. 물을 놓아서 어느 장소에 놓아 온전히 가리는 상태로 만들었다. 소복한 밥그릇(皿)을 풀잎(艹)으로 뚜껑(去)을 삼았으니 대개 [덮다(蓋)]는 뜻과 하불(何不)의 [어찌 아니할까(蓋)]를 뜻하고 [개] 또는 [합]으로 읽는다.

園(다시 복/덮을 부) 蔽(덮을 폐) 回 蓄(쌓을 축) 엡 盖

필순 一 丷 艹 艹 芢 芙 荖 荸 蓍 蓋 蓋

기초 【기초한자어】 익히고, 【기본→발전한자어】 다지기
蓋然(개연) 확실하게 단정할 수는 없이 생각되는 상태
覆蓋(복개) 뚜껑. 덮개
大蓋(대개) 일의 큰 원칙으로 말하건대
• 蓋然性(성)만 가지고 확실하게 단정할 수 없는 일
  이다.
• 도로의 覆蓋공사는 大蓋 튼튼하게 만들 것을 원한다.
기본 3Ⅱ 蓋果(개과) 蓋石(개석) 蓋世(개세) 蓋瓦(개와) 蓋車
(개차) 蓋草(개초) 蓋板(개판) 蓋皮(개피) 蓋然性(개연성)
硬口蓋(경구개) 頭蓋骨(두개골) 無蓋車(무개차) 軟口蓋
(연구개)
발전 2급 淵蓋蘇文(연개소문) 1 蓋棺(개관) 蓋笠(개립) 棺蓋
(관개) 扇蓋(선개) 函蓋(함개)
사자성어 3Ⅱ 口蓋音化(구개음화)

부수	획수	총획
足	5	12

상거할 거: 【1016】

字源 〈형성〉 발걸음을 빨리 하거나 보폭을 크게 하면 섰던 자
리에서 먼 거리에 떨어지게 된다. 서로의 거리가 많이
떨어져 버린다. '상거(相距)'는 한자 그대로 서로 떨어진
거리의 정도. 사람이 발걸음(足)을 크게(巨)하여 걸어
가면 제자리에서 꽤 멀어서 [상거하다(距)] 또는 상당히
[떨어지다(距)]는 뜻이고 [거]로 읽는다.
園離(떠날 리) 隔(사이뜰 격) 回 拒(막을 거) 倨(거만할 거)
巨(클 거)

필순 口 口 足 足 趵 趵 趵 趵 距 距

기초 【기초한자어】 익히고, 【기본→발전한자어】 다지기
距骨(거골) 복사뼈
距今(거금) 지금으로부터 시간을 거슬러 올라가
距離(거리) 두 곳 사이의 떨어진 정도
• "지금으로부터 距今 50여 년 전만 해도 아주 옛날이지."
• 長(장)距離를 무리하게 뛰어서 距骨에 조금은 이
  상이 생겼다.
기본 3Ⅱ 短距離(단거리) 長距離(장거리) 3 距躍(거약)
발전 1 鉤距(구거) 爪距(조거)

부수	획수	총획
乙	10	11

마를 건
하늘 건 【1017】

字源 〈회의〉 비가 내리면 건조한 대지가 촉촉이 물에 젖는다.
구름이 걷히고 따스한 햇볕이 비치면 젖었던 땅도 순식간
에 마른다. 가뭄에 하늘의 지엄한 뜻에 의했을 것이다. 따
뜻한 햇볕(草)을 받아 땅 위의 수분이 공기 중으로 증발하
였으니(乞←乙) 젖은 땅이 [마르다(乾)] 또는 마른 [하늘(乾)]
이라는 뜻이고 [건]으로 읽는다.
園燥(마를 조) 天(하늘 천) 枯(마를 고) 回 濕(젖을 습) 坤
(땅 곤) 地(땅 지) 回 幹(줄기 간) 軒(집 헌)

필순 十 十 古 古 吉 直 車 車 훈 乾

기초 【기초한자어】 익히고, 【기본→발전한자어】 다지기
乾性(건성) 수분을 많이 포함하지 않는 성질
乾燥(건조) 물기가 없음. 말림. 재미가 없음
乾畓(건답) 물이 마르기 쉬운 논
• 수분이 포함되지 않는 물질은 乾性으로 매우 단단
  하다는 뜻이다.
• 乾畓은 며칠만 비가 오지 않으면 쉽게 乾燥해진다.
기본 3Ⅱ 乾固(건고) 乾空(건공) 乾期(건기) 乾達(건달) 乾德
(건덕) 乾濕(건습) 乾位(건위) 乾材(건재) 乾菜(건채)
乾川(건천) 乾草(건초) 3 乾坤(건곤) 乾畓(건답) 乾杯
(건배)
발전 2 乾蔘(건삼) 1 乾竭(건갈) 乾薑(건강) 乾溜(건류) 乾
裡(건리) 乾鰒(건복) 乾柿(건시) 乾瘍(건양) 乾鵲(건작)
乾棗(건조) 乾蝦(건하) 臘乾(납건)
사자성어 3Ⅱ 白手乾達(백수건달) 3 無味乾燥(무미건조) 1 乾坤
一擲(건곤일척)

부수	획수	총획
刀	13	15

칼 검: 【1018】

字源 〈형성〉 그 옛날에도 암살은 있었던 모양이다. 그래서 유
명한 사람이 여러 사람 앞에 나서려면 호신용으로 칼을
지니고 다녔다. 칼은 위험한 물건이지만 유효하게 쓰였음
을 알겠다. 높은 지위에 있는 사람이 여러(僉) 사람 앞에
나서기 위해 호신용으로 지녔던 긴한 무기(刂)로 [칼(劍)]
을 뜻하고 [검]으로 읽는다.
園刀(칼 도) 回 檢(검사할 검) 險(험할 험) 儉(검소할 검)
엡 剣

필순 丿 𠆢 𠆢 合 合 命 命 命 僉 劍

기초 【기초한자어】 익히고, 【기본→발전한자어】 다지기
劍客(검객) 검술에 능한 사람
劍道(검도) 검술을 연마하여 심신을 단련하는 무도
劍術(검술) 검을 쓰는 방법이나 기술
• 칼 잘 쓰는 劍客을 다룬 영화는 짜릿한 맛이 난다.
• 특별한 劍術을 배우고자, 그 분의 劍道場으로 갔다.
기본 3Ⅱ 劍舞(검무) 短劍(단검) 刀劍(도검) 名劍(명검) 銃劍

3급Ⅱ

術(총검술) ③ 劍把(검파)

발전 ② 戈劍(과검) 隻劍(척검) ① 劍匣(검갑) 劍戟(검극) 劍
剋(검극) 劍鋒(검봉) 劍核(검잔) 撫劍(무검) 按劍(안검)
仗劍(장검) 杖劍(장검) 槍劍(창검) 佩劍(패검)

사자성어 ③ 刻舟求劍(각주구검)

부수	획수	총획
阜	10	13

사이 뜰 격【1019】

字源 〈형성〉 '사이가 뜨다'나 '별이 성글다'는 어쩌면 서로가 통
한다 하겠다. 정지용의 '향수'에서도 그런 모습을 찾는다.
이 한자는 갑골문에서 보인바, '성글다' 혹은 '성기다'는 의
미를 담는다. 오지병(鬲)을 제대로 막지(阝←阜) 않으면
그 안에 들어있는 액체가 밖에 흘러나와 [사이가 뜨다(隔)]
는 뜻이고 [격]으로 읽는다.
동 間(사이 간) 阻(막힐 조) 回 接(이을 접)

필순 ` ㅋ ㅓ ㅏ ㅏ ㅏ 隔 隔 隔 隔

기초 【기초한자어】 익히고, 【기본→발전한자어】 다지기
隔離(격리) 외부와 차단된 곳으로 옮겨서 관리하는 일
隔世(격세) 세대를 거름
隔意(격의) 서로 터놓지 않는 속마음
• 그와는 隔世의 사이에 있지만, 지금이라도 우리
한번 더 만나세.
• 세상과 隔離된 산중에서 두 걸객이 隔意없이 국사
를 논의했다.

기본 ③ 隔年(격년) 隔月(격월) 隔日(격일) 隔差(격차) 間隔
(간격) 懸隔(현격)

발전 ② 橫隔膜(횡격막) ②특 杜隔(두격) 遼隔(요격) ① 隔截
(격절) 乖隔(괴격) 疎隔(소격) 甕隔(옹격) 阻隔(조격)

사자성어 ③ 隔世之感(격세지감) ③ 隔墻有耳(격장유이)

부수	획수	총획
言	4	11

이별할 결【1020】

字源 〈형성〉 이별은 외롭고 고달프다고 말한다. 좋은 관계를
유지하며 사랑했던 사이였기에 추억의 아픔은 더 할 수밖
에 없었을 게다. 그러나 추억은 접고 이별의 결단을 내린
다. 어떤 일을 당했을 때 말(言)로써 결단(夬)하여 정확한
판단을 내렸으니 [결단하다(訣)] 혹은 서로 [이별하다(訣)]
는 뜻이고 [결]로 읽는다.
동 誃(헤어질 치) 離(떠날 리) 別(다를 별) 回 逅(만날 후)

필순

기초 【기초한자어】 익히고, 【기본→발전한자어】 다지기
訣別(결별) 기약 없는 작별은 아니 될 중요한 비결
秘訣(비결) 세상에 알려져 있지 않은 뛰어난 방법
要訣(요결) 가장 중요한 방법. 긴요한 뜻
• 이와 같은 要訣은 내 비밀이 탄로 날까 두려워서
라네.
• 나만의 秘訣이 드러날까 두려워서 그와 訣別하고
야 말았다.

기본 ③ 訣要(결요) 口訣(구결) 道訣(도결) 妙訣(묘결) 辭訣
(사결) 生訣(생결) 神訣(신결) 永訣(영결) 引訣(인결)
眞訣(진결) 四句訣(사구결)

발전 ① 囊訣(낭결)

부수	획수	총획
八	8	10

겸할 겸【1021】

字源 〈회의〉 논에 나간 농부가 두 포기의 벼를 뽑아서 여문 곡
식을 보고 시름도 잊은 듯이 활짝 웃고 있다. 농사가 아주
잘 되어 풍년의 조짐을 보이고 있기 때문이다. 농부가 손
(⺕←又)에 두 포기의 벼(禾 · 禾)를 아울러서 아무지게
쥐고 있으면서 풍년의 즐거움을 서로 맛보니 [겸하다(兼)]
는 뜻이고 [겸]으로 읽는다.
동 倂(아우를 병) 回 廉(청렴할 렴) 謙(겸손할 겸)

필순

기초 【기초한자어】 익히고, 【기본→발전한자어】 다지기
兼務(겸무) 두 가지 이상의 업무를 봄
兼用(겸용) 하나로 여러 가지에 겸하여 씀
兼備(겸비) 두 가지 이상을 아울러 갖추고 있음
• 이 화장실은 남녀 兼用이니 불편하기 짝이 없다.
• 여러 재능을 兼備한 사람은 兼務도 두렵지 않다.

기본 ③ 兼床(겸상) 兼業(겸업) 兼任(겸임) 兼職(겸직)

발전 ② 兼倂(겸병) ① 兼銜(겸함)

사자성어 ③ 兼人之勇(겸인지용) 男女兼用(남녀겸용) 才德
兼備(재덕겸비)

부수	획수	총획
言	10	17

혐의 혐
겸손할 겸【1022】

字源 〈형성〉 말이 공손하고 행동까지 얌전하며 늘 양보하려는
사람이 많다. 겸손하다고 하며 인품과 덕망을 함께 겸비
한 사람이다. 남을 존중하고 자기를 내세우지 않는 태도
다. 예의 바른 사람의 말(言)과 함께 아울러(兼) 행동까지
공손하다 했으니 [겸손하다(謙)] 또는 [혐의(謙)]를 뜻하고

[겸] 또는 [혐]으로 읽는다.
圖讓(사양할 양) 遜(겸손할 손) 回傲(거만할 오) 慢(거만할 만) 回兼(겸할 겸) 廉(청렴할 렴)

필순 `丶亠言言言言言諜謙謙

기초 【기초한자어】 익히고, 【기본→발전한자어】 다지기
謙讓(겸양) 겸손하게 사양함
謙稱(겸칭) 자신을 낮춰 겸손하게 이르는 호칭
謙虛(겸허) 겸손하게 제 몸을 낮추는 그러한 태도
• 그의 謙稱에 주위 사람들이 다 같이 칭찬을 아끼지 않았네.
• 그의 謙讓을 보니 謙虛한 인품을 알 수 있겠네.
기본 3Ⅱ謙德(겸덕)
발전 28謙沖(겸충) 1謙遜(겸손)

부수	획수	총획
耒	4	10

밭갈 경【1023】

字源 〈회의〉 쟁기는 나무로 풀을 캐도록 만들어 처음으로 썼던 연모인 것 같다. 점차 밭이랑도 만들고 흙을 뒤덮는 연모로 발달했을 것이다. 쟁기 다음의 연모가 아마도 호미였음이 분명하겠다. 풀(丰)을 캘 수 있도록 나무(木)로 만든 쟁기(耒)로 밭이랑(井)을 하나씩 지었으니 [밭을 갈다(耕)]는 뜻이고 [경]으로 읽는다.
圖墾(개간할 간) 回籍(문서 적)

필순 一二三丰丰耒耒耒耕耕

기초 【기초한자어】 익히고, 【기본→발전한자어】 다지기
耕作(경작) 땅을 갈아 농사를 지음
耕地(경지) 땅을 갈아 농사를 지을 수 있는 땅
農耕(농경) 논밭을 갈아 농사를 지음
• 예부터 우리나라는 農耕 문화가 잘 발달하였다.
• 耕地를 정리하여 耕作하기 좋도록 주야로 다듬었다.
기본 3Ⅱ冒耕(모경) 水耕(수경) 春耕(춘경) 筆耕(필경)
발전 2耕蠶(경잠) 倂耕(병경) 1墾耕(간경) 耕耘(경운) 耕樵(경초) 躬耕(궁경) 陪耕(배경)
사자성어 3Ⅱ晝耕夜讀(주경야독)

부수	획수	총획
頁	2	11

잠깐 경, 반걸음 규
이랑 경【1024】

字源 〈회의〉 '잠깐'은 한국의 남매 듀엣 현이와 덕이의 두 번째 음반「너, 나 좋아해 나, 너 좋아해」의 다섯 번째 트랙으로 발표된' 곡이다. 작사는 장덕이, 작곡은 장현이로 알려진

다. 사람이 머리(頁)를 한 쪽으로 잠깐 기울이는(匕) 시간이 아주 짧은 반걸음으로 붙여 [이랑(頃)] 또는 [잠깐(頃)]을 뜻하면서 [경]과 [규]로 읽는다.
圖瞬(눈깜짝할 순) 疇(이랑 주) 回項(항목 항) 傾(기울 경)

필순 匕 匕'匕'匕'匕'匕匕'匕頂匕頁頃頃

기초 【기초한자어】 익히고, 【기본→발전한자어】 다지기
頃刻(경각) 매우 짧은 시간
頃者(경자) 요즈음. 근자
頃田(경전) 백 이랑의 밭
• 耕田에 배추를 빼곡히 심었다.
• 頃者에는 頃刻이라도 깜짝 놀랄 일들이 생기곤 한다.
기본 3Ⅱ頃年(경년) 頃步(경보) 頃歲(경세) 頃日(경일)
발전 1俄頃(아경)
사자성어 3Ⅱ萬頃蒼波(만경창파) 命在頃刻(명재경각)

부수	획수	총획
彳	7	10

길 경
지름길 경【1025】

字源 〈형성〉 먼 길을 떠날 때 말을 타지 않았다면, 꼼짝없이 걸어서 만 길을 재촉할 수밖에 없었을 것이다. 지름길로도 가고, 외줄 타는 심정으로 논둑길도 가리지 않았으리라. 시내와 같은 물줄기(巠)를 가로질러서 보다 빨리 지나다닐(彳) 수 있도록 만들었던 [지름길(徑)] 또는 [길(徑)]을 뜻하고 [경]으로 읽는다.
圖道(길 도) 路(길 로) 回經(지날 경) 輕(가벼울 경) 回径

필순 丿彳彳彳彳彳徑徑徑徑

기초 【기초한자어】 익히고, 【기본→발전한자어】 다지기
徑行(경행) 지름길을 이용해서 감
直徑(직경) 지름
半徑(반경) 반지름
• 徑行과 直徑에서 알 수 있는 바른 대답은 지름길이란 '직선'이다.
• 그래서 直徑의 절반은 半徑이다.
기본 3Ⅱ口徑(구경) 砲徑(포경)
발전 1蕪徑(무경) 柱徑(왕경) 棧徑(잔경) 捷徑(첩경) 樵徑(초경) 苔徑(태경) 霞徑(하경)

부수	획수	총획
石	7	12

굳을 경【1026】

字源 〈형성〉 땅 속에는 시뻘건 마그마와 높은 지열이 흐르고 있다. 화산이 터져서 마그마가 흘러내려 식은 돌이 용암

3급Ⅱ

이다. 북미회담이 열렸는데 하와이의 용암 분출은 장관을 이루었구나. 화산이 폭발함에 따라 그토록 시뻘건 마그마가 식어 다시 [更] 용암[石]으로 [굳어(硬)]서 썩 [단단하다(硬)]는 뜻이고 [경]으로 읽는다.

图堅(굳을 견) 固(굳을 고) 確(굳을 확) 凹柔(부드러울 유) 軟(연할 연) 凹更(다시 갱) 便(편안할 편)

필순 一 丁 石 石 矿 矿 砳 砳 硬 硬

기초 【기초한자어】 익히고, 【기본→발전한자어】 다지기
硬化(경화) 굳어서 단단하게 됨
強硬(강경) 굳세게 버티어 굽히지 않음
生硬(생경) 익숙하지 않아 어색함
• 동맥硬化는 동맥이 굳는 질환이다.
• 온순한 사람이 強硬하게 나오니 生硬하게만 보였다.

기본 3Ⅱ 硬度(경도) 硬性(경성) 硬水(경수) 硬直(경직) 硬質(경질) 硬貨(경화) 硬音化(경음화)

발전 2 硬膜(경막) 1 硬餠(경병) 瘦硬(수경)

사자성어 3Ⅱ 動脈硬化(동맥경화)

부수	획수	총획
口	8	11

열 계 : 【1027】

字源 〈형성〉 사람이 잘못을 저지르면 대문 앞에서 심한 꾸지람을 들었다. 잘못을 뉘우치고 문을 열고 밖으로 나가란 뜻이다. 자기 잘못을 인정하고 더 잘하라는 심한 꾸지람이겠다. 일의 잘못 때문에 대문(戶) 안으로 들어오지 못하도록 입(口)으로 꾸짖고 회초리(攵)로 때리면서 [열다(啓)]는 뜻이고 [계]로 읽는다.

凹閉(닫을 폐) 凹牧(칠 목)

필순 ㇀ ㇀ ㇀ 戶 戶 所 所 所 启 啓 啓

기초 【기초한자어】 익히고, 【기본→발전한자어】 다지기
啓導(계도) 몽매함을 깨우쳐 이끌어 줌
啓明(계명) 새벽. 샛별. 금성
啓發(계발) 슬기와 재능을 열어 줌
• 啓明인 이른 새벽 동쪽 하늘에는 '金星'이 떠 있다.
• 숨은 재능을 啓發하고 이를 啓導하는 것이 진정으로 교사들의 할 일이다.

기본 3Ⅱ 啓告(계고) 啓蒙(계몽) 啓示(계시) 謹啓(근계) 肅啓(숙계) 狀啓(장계) 天啓(천계) 3 抄啓(초계)

발전 28 啓沃(계옥) 啓佑(계우) 1 啓牖(계유) 啓緘(계함) 牽啓(발계)

字源 〈회의〉 맺음은 일을 이루거나 새로 만들다 혹은 밧줄로 얽어 매듭지게 하다는 뜻이겠다. 유의어로는 '마무르다. 마무리하다. 마감하다. 마치다. 끝마무리하다' 등이 쓰인다. 두 사람이 판자에 크게(大) 글을 새겨서(刧) 증표를 그 한 쪽씩 나누었으니 문서를 통해서 서로 약속을 [맺다(契)]는 뜻이고 [계]로 읽는다.

图結(맺을 결) 約(맺을 약) 締(맺을 체) 券(문서 권) 凹喫(마실 끽) 潔(깨끗할 결)

필순 一 二 三 丯 刧 刧 契 契 契

기초 【기초한자어】 익히고, 【기본→발전한자어】 다지기
契機(계기) 일이 일어나거나 결정된 근거
契約(계약) 의무를 서면이나 구두로 맺음
契員(계원) 계에 든 사람
• 모든 契員들이 나를 契長으로 만장일치 추대했다.
• 이번 契約을 契機로 문서의 중요성을 깨달았다.

기본 3Ⅱ 契丹(계단) 黙契(묵계) 假契約(가계약)

발전 28 生獐契(생장계) 1 契闊(결활)

사자성어 3Ⅱ 金蘭之契(금란지계)

부수	획수	총획
木	7	11

기계 계 : 【1029】

字源 〈회의〉 죄지은 자를 형틀에 매달고 곤장을 때리는 등의 심한 벌을 주었다. 그 형틀는 나무로 만든 기계와도 같은 모양이었다. 이와 같은 기계가 점차 발달하여 지금에 이르고 있겠다. 크게 죄지은 자를 징계(戒)하고 몸을 묶어서 심하게 벌을 주려는 나무(木)로 만든 형틀인 [기계(械)]를 뜻하고 [계]로 읽는다.

图機(틀 기) 凹戒(경계할 계)

필순 一 十 才 木 木 杧 杻 枒 械 械 械

기초 【기초한자어】 익히고, 【기본→발전한자어】 다지기
械器(계기) 기계나 기구
機械(기계) 여러 가지 부품으로 조립된 동력의 도구
器械(기계) 연장·그릇·기구 따위를 통틀어 이르는 말
• 機械와 器械는 음이 같은 '동음이의어'이다.
• 機械를 잘 모르니 械器를 다루기가 많이 어렵구나.

기본 3Ⅱ 農機械(농기계) 3 械繫(계계)

사자성어 3Ⅱ 機械體操(기계체조) 器械體操(기계체조) 2 運搬機械(운반기계)

3급Ⅱ

부수	획수	총획
大	6	9

나라이름 글
맺을 계 : 【1028】

부수	획수	총획
水	10	13

시내 계 【1030】

字源 〈형성〉 오리는 배가 크고 넓어서 시내나 늪에서 헤엄치고
논다. 자기들끼리 마냥 즐겁게 헤엄치고 논다. 시내는 개
울, 개천으로 불렸는데 골짜기에서 흐르는 작은 물줄기를
뜻한다. 배가 크고(奚) 넓게 생긴 오리가 물에 떠 헤엄치
면서 노니는 아주 작은 개울물(氵←水)이었으니 [시내(溪)]
를 뜻하고 [계]로 읽는다.
Ⓑ 川(내 천) 河(물 하) Ⓑ 奚(어찌 해) 鷄(닭 계) Ⓑ 渓

필순 `丶丶氵氵氵氵氵氵溪溪溪`

기초 【기초한자어】 익히고, 【기본→발전한자어】 다지기
溪流(계류) 산골짜기를 흐르는 시냇물
溪谷(계곡) 물이 흐르는 골짜기
碧溪(벽계) 물이 맑아 푸른빛이 도는 시내
• 계곡에서 흐르는 시냇물을 보니 신선의 碧溪로 온
기분이다.
• 지리산 溪谷의 맑은 溪流에 발을 담그니 이렇게
기분이 상쾌하다.
기본 ③Ⅱ 溪水(계수) 碧溪水(벽계수) 淸溪川(청계천)
발전 ②Ⅱ 礬溪(반계) 倻溪集(야계집) 周濂溪(주렴계) ① 溪游
(계유)
사자성어 ②Ⅱ 濂溪學派(염계학파)

부수	획수	총획
木	6	10

계수나무 계 :
【1031】

字源 〈형성〉 계수나무는 가지가 곧게 자란 나무 모양이 넓은
타원형으로 생겼다. 나무가 멋지게 자라기 때문에 관상용
으로 심었으며, 곤충과 질병에 강해서 조경용으로 쓰인다
고 한다. 제후가 지니는 옥으로서 홀(圭)처럼 생겨 사람
몸에 이로운 보약에 쓰이는 나무(木)였으니 [계수나무(桂)]
를 뜻하고 [계]로 읽는다.
Ⓑ 柱(기둥 주) 株(그루 주) 住(살 주) 往(갈 왕) 佳
(아름다울 가)

필순 `一十十才木木材枠桂桂桂`

기초 【기초한자어】 익히고, 【기본→발전한자어】 다지기
桂樹(계수) 계수나무. 월계수
桂皮(계피) 계수나무의 껍질(향료 · 향수의 원료)
月桂冠(월계관) 고대 그리스에서 경기의 우승자에
게 씌워 주던 관
• 桂樹나무의 껍질인 桂皮는 몸에 좋은 약재로도 널
리 쓰인다고 한다.
기본 ③Ⅱ 桂冠(계관) 月桂(월계) 桂皮茶(계피차) 月桂樹(월계수)
발전 ② 桂窟(계굴) ②Ⅱ 蟾桂(섬계) ① 薑桂(강계) 牡桂(모계)
攀桂(반계)
사자성어 ③Ⅱ 桂冠詩人(계관시인)

부수	획수	총획
女	5	8

시어미 고 【1032】

字源 〈형성〉 시집온 지 오래된 어머니는 온갖 풍파를 다 겪고
자식을 낳으며 묵묵하게 살아왔다. 참으로 고생이 많은
분이시다. 아들이 장가들어 맞이하는 며느리가 부르는 호
칭이다. 시집온 지 썩 오래(古)되고 세월이 흐르면 그 자
식들이 아내를 맞이하게 되는 여인(女)으로 [시어미(姑)]
를 뜻하고 [고]로 읽는다.
Ⓑ 婦(며느리 부) 舅(시아버지 구) Ⓑ 枯(마를 고) 故(연고 고)

필순 `く 女 女 女 女 女 姑 姑`

기초 【기초한자어】 익히고, 【기본→발전한자어】 다지기
姑母(고모) 아버지의 누이, 아버지의 여자형제
姑婦(고부) 시어머니와 며느리
姑息(고식) 우선 당장에는 탈 없이 편안함
• 姑息之計는 우선 당장 편한 것만을 택하는 꾀나
방법이다.
• 시집 간 姑母는 姑婦간에 너무 사이가 좋다면서
자랑을 많이 한다.
기본 ③Ⅱ 姑從(고종) 姑母夫(고모부) 王姑母(왕고모)
발전 ① 姑舅(고구) 姑婆(고파) 舅姑(구고) 勃姑(발고) 鼠姑
(서고)
사자성어 ③Ⅱ 姑息之計(고식지계) ③ 因循姑息(인순고식)

부수	획수	총획
鼓	0	13

북 고 【1033】

字源 〈회의〉 선인들이 만든 북은, 가락이 구성지고 흥을 돋우는
데 일품이었다. 북은 나무통을 둥글게 만들어 쇠가죽을
양옆에 붙여서 만들었다. 서양음악에서는 드럼이라고 해
야겠다. 소가죽으로 만든 악기(壴)를 나무막대(支)로 여기
면서 툭툭 두들겨 소리를 내서 흥을 돋우었으니 [북(鼓)]
을 뜻하고 [고]로 읽는다.
Ⓑ 喜(기쁠 희) 臺(대 대)

필순 `一十士吉吉壴壴壴鼓鼓`

기초 【기초한자어】 익히고, 【기본→발전한자어】 다지기
鼓動(고동) 북을 울려 진동하는 소리
鼓舞(고무) 격려하여 분발하게 함
鼓手(고수) 북을 전문으로 치는 사람
• 鼓動치는 부둣가에는 이별의 노래만이 들리는구나.
• 장군의 鼓舞에 신이 났던 鼓手가 더 힘껏 북을 치
며 흥을 돋운다.
기본 ③Ⅱ 鼓角(고각) 鼓鑄(고주) 鼓吹(고취) 法鼓(법고) 勝戰

3급Ⅱ

鼓(승전고) 申聞鼓(신문고)

발전 ② 鼓膜(고막) ②8 旌鼓(정고) 鼓瑞(고단) ① 諫鼓(간고) 鼓盆(고분) 鼓扇(고선) 鼓瑟(고선) 鼓脹(고창) 鼓鐸(고탁) 鼓喊(고함) 臘鼓(납고) 烽鼓(봉고) 簫鼓(소고) 戍鼓(수고) 疊鼓(첩고)

	부수	획수	총획
	禾	10	15

원고 고
볏짚 고【1034】

字源 〈형성〉 추수한 후에 벼를 말려 높은 볏단을 쌓았다. 볏단은 풍년을 기원하는 마음으로 높이 쌓아 올린 [볏짚]을 뜻한다. 이 볏단을 작가의 [원고]와 같이 귀중하게 생각했던 것 같다. 낱낱이 묶은 볏단(禾)을 높이(高) 쌓았던 [볏짚(稿)]과 볏짚처럼 빼곡하게 여유롭게 써놓은 [원고(稿)]를 뜻하고 [고]로 읽는다.
回 橋(다리 교) 矯(바로잡을 교)

필순 ノ 二 千 禾 禾 秒 秒 稻 稻 稿 稿

기초 【기초한자어】 익히고, 【기본→발전한자어】 다지기
稿料(고료) 원고를 쓴 데 대한 대가로 주는 돈
稿本(고본) 초벌 원고로 우선 매어 만든 책
寄稿(기고) 신문·잡지 등에 싣기 위하여 원고를 보냄
• 지난번에 써서 보내주신 나의 稿本을 보내주시면 감사하겠습니다.
• 얼마 전 寄稿한 글의 稿料가 와서 노숙자들의 식대로 보냈다.

기본 ③Ⅰ 改稿(개고) 送稿(송고) 玉稿(옥고) 原稿(원고) 遺稿(유고) 草稿(초고) 脫稿(탈고) 投稿(투고) 原稿料(원고료) 原稿紙(원고지) ③ 拙稿(졸고)

사자성어 ③Ⅰ 稿索捕虎(고삭포호)

	부수	획수	총획
	口	7	10

울 곡【1035】

字源 〈형성〉 '개'의 의사 전달 수단은 끙끙거리는 소리나 멍멍 짖는 소리, 그리고 몸짓일 뿐이다. '울다'는 사람이 너무 기쁘거나 슬프거나 아파서 내는 소리나 눈물을 흘리며 슬퍼하는 행위를 뜻한다. 개(犬)가 끙끙거려 소리치듯이 사람이 슬픔에 겨워 애처롭게만 울부짖으니(口口) [울다(哭)]는 뜻이고 [곡]으로 읽는다.
圖 泣(울 읍) 啼(울 제) 鳴(울 명) 回 笑(웃음 소) 回 器(그릇 기)

필순 丶 丷 ㅁ ㅁ ㅁㅁ ㅁㅁ ㅁ끄 ㅁ끄 哭 哭 哭

기초 【기초한자어】 익히고, 【기본→발전한자어】 다지기
哭聲(곡성) 곡하는 소리. 우는 소리

痛哭(통곡) 소리 높여 슬피 욺
弔哭(조곡) 조문 가서 애도의 뜻으로 욺, 또는 그 울음
• 哭聲이 너무 높으면 몸에 해로우니 이제 그만 멈추시면 합니다.
• 弔哭하신 분 중에는 소리치며 울면서 痛哭하는 문상객도 있었다.

기본 ③Ⅰ 卒哭(졸곡) 號哭(호곡) ③ 哭泣(곡읍)

발전 ① 哭踊(곡용) 啼哭(제곡) 慟哭(통곡)

사자성어 ③Ⅰ 大聲痛哭(대성통곡) 放聲大哭(방성대곡)

	부수	획수	총획
	谷	0	7

골 곡【1036】

字源 〈회의〉 골짜기는 산속 샘에서 조금씩 흘러 합해지는 작은 개울물이다. 작은 물이 합해져 산골물이 되고 개울물이 된다. 산과 산 사이에 깊숙이 패어 들어간 산등성이를 뜻한다. 산등성이 사이로 졸졸 흐르는 물(ㅅ←水)이 나오는 입구(口)로 깊고 굽이진 [골짜기(谷)]라 했으니 [골(谷)]을 뜻하고 [곡]으로 읽는다.
圖 洞(골 동) 峽(골짜기 협) 回 浴(목욕할 욕) 容(얼굴 용) 穴(구멍 혈)

필순 丿 丷 グ グ グ 谷 谷

기초 【기초한자어】 익히고, 【기본→발전한자어】 다지기
谷風(곡풍) 골짜기에서 부는 바람
溪谷(계곡) 물이 흐르는 골짜기
幽谷(유곡) 깊은 산골짜기
• 산골짜기에 부는 저 谷風이 나의 심장을 울리는구려.
• 지리산 피아골 溪谷은 천하의 幽谷이라 할 만하구나.

기본 ③Ⅰ 谷泉(곡천) 陵谷(능곡) 栗谷(율곡)

발전 ② 坑谷(갱곡) 峽谷(협곡) ① 澗谷(간곡) 谷汲(곡급) 昧谷(매곡) 鶯谷(앵곡) 隅谷(우곡) 壑谷(학곡)

사자성어 ③Ⅰ 深山幽谷(심산유곡) 進退維谷(진퇴유곡)

	부수	획수	총획
	人	6	8

이바지할 공 :
【1037】

字源 〈형성〉 '이바지하다'는 한자어는 상대를 공손히 받든다는 뜻이겠다. 윗사람에게 물건을 드릴 때는 두 손을 모아 정중하게 올린 행위이다. 아랫사람으로 공손한 마음의 표시인 것이다. 웃어른(亻)께 물건을 드릴 때 두 손을 함께 모아서(共) 정성껏 받들어서 정중히 올리니 [이바지하다(供)]는 뜻이고 [공]으로 읽는다.
圖 給(줄 급) 與(더불 여) 回 需(쓰일 수) 回 洪(넓을 홍) 共(한가지 공)

3급Ⅱ

필순 ノ亻仁什仕供供供

기초 【기초한자어】 익히고, 【기본→발전한자어】 다지기
供物(공물) 신불에게 바치는 금품
供養(공양) 웃어른에게 음식을 올림
提供(제공) 바치어 이바지 함. 쓰라고 줌
• 불교에 귀의한 이상 어떠한 供物일망정 어찌 아까워하겠소.
• 그가 提供한 음식물로 부모님을 供養하는 한 줌의 보시로 생각하겠다.

기본 3Ⅰ 供給(공급) 供需(공수) 供述(공술) 供與(공여) 供出(공출) 佛供(불공) 供養米(공양미)
발전 2 供託(공탁) 供託金(공탁금) 1 供饌(공전)

부수	획수	총획
心	6	10

恐 두려울 공(ː)
【1038】

字源 〈형성〉 난폭한 무리가 나타나 위협하거나 꾸중을 한다. 심한 꾸중을 들을 때 가슴을 조이면서 벌벌 떠는 경우가 있다. 하는 일이 겁이 나거나 마음에 몹시 꺼려 불안한 상황이겠다. 모든(凡) 공사(工)에는 마음(心)속에 안전사고나 혹시라도 잘못이 있을까 염려하는 생각으로 [두렵다(恐)]는 뜻이고 [공]으로 읽는다.
圖 怖(두려워할 포) 懼(두려울 구) 怯(겁낼 겁) 悸(두근거릴 계) 慄(떨릴 률) 悚(두려울 송) 惶(두려울 황) 回 汎(넓을 범)

필순 一丁工工丮巩巩恐恐恐

기초 【기초한자어】 익히고, 【기본→발전한자어】 다지기
恐怖(공포) 두려워함. 무서워함
恐惶(공황) 물가가 급변하여 경제가 혼란에 빠지는 상태
可恐(가공) 두려워할 만함
• 이렇게 물가가 폭등하다간 세계 경제恐惶도 멀지 않겠구나.
• 핵폭탄의 可恐할 만한 위력에 모든 사람들이 恐怖에 떨고 있다.

기본 3Ⅰ 恐龍(공룡) 震恐(진공) 恐水病(공수병) 恐妻家(공처가)
발전 1 恐喝(공갈) 恐悸(공계) 恐慄(공률) 恐悚(공송) 顚恐(전공) 惶恐(황공)

부수	획수	총획
心	6	10

恭 공손할 공 【1039】

字源 〈형성〉 웃어른 앞에서 이야기 할 때 두 손을 앞으로 하고

허리와 고개를 숙인다. 최대한 예의를 갖추고 약간 숙인 채 공손함을 보인다. 언행에서 예의 바르고 겸손한 모습을 보인다. 웃어른 앞에서 두 손을 맞잡고(共) 진정한 마음(小←心)을 다해서 그 예의를 표시했으니 [공손하다(恭)]는 뜻이고 [공]으로 읽는다.
圖 敬(공경 경) 虔(공경할 건) 遜(겸손할 손) 回 洪(넓을 홍) 共(한가지 공) 供(이바지할 공)

필순 一十卄共芫共恭恭恭恭

기초 【기초한자어】 익히고, 【기본→발전한자어】 다지기
恭敬(공경) 공경하여 받들어 모심
恭待(공대) 공손하게 잘 대접함
恭遜(공손) 공경하여 겸손히 행함
• 恭敬은 만드는 것이 아니라 마음에서 스스로 우러나와서 행동으로 보이는 것이다.
• 내 부모님에게 恭遜한 태도를 보고 나도 그의 부모님을 恭待했다.

기본 3Ⅰ 不恭(불공)
발전 28 允恭(윤공) 1 虔恭(건공) 恭虔(공건)

부수	획수	총획
貝	3	10

貢 바칠 공 ː 【1040】

字源 〈형성〉 지방의 특산물이나 가내 수공업의 공예품을 나라에 바쳤다. 진찬이나 햇곡식도 임금님께 공손하게 바쳤다. 나라 세금으로 바침으로써 자기의 모든 정성을 고스란히 쏟아 붓는다. 힘들여서 만든(工) 물건이나 애써 모은 재물(貝)을 나라 살림의 세금으로 냈으니 [바치다(貢)]는 뜻이고 [공]으로 읽는다.
圖 獻(바칠 헌) 納(들일 납) 回 賀(하례할 하)

필순 一丁工工丂丂青青貢貢

기초 【기초한자어】 익히고, 【기본→발전한자어】 다지기
貢納(공납) 백성이 지방 특산물을 현물로 조정에 바침
貢物(공물) 궁중이나 나라에 세금으로 바친 특산물
貢獻(공헌) 힘을 써서 이바지 함. 공물을 상납함
• 나라에 대한 貢獻도 중요하지만 이젠 백성도 살아야겠죠.
• 貢物을 바치던 어느 농민들이 지나친 貢納 요구에 크게 반발하였다.

기본 3Ⅰ 貢女(공녀) 朝貢(조공)
발전 28 禹貢(우공)

부수	획수	총획
宀	11	14

寡 적을 과 ː 【1041】

3급Ⅱ

字源 〈회의〉 많은 재물이라 할지라도 여러 사람이 나누면 그 몫은 적어지기 마련이다. 골고루 나누다 보면 그렇게 될 수도 있다. 분량 등이 일정한 기준에 미치지 못한 상태에 있다. 집안(宀)에 있는 재물을 여러 사람(頁)에게 고루 나누니(分) 가진 몫이 [적다(寡)] 혹은 남편이 없는 [과부(寡)]를 뜻하고 [과]로 읽는다.
回 少(적을 소) 尟(적을 사) 凹 多(많을 다) 衆(무리 중)

필순 宀宀宀宀宀宀宣寡寡寡

기초 【기초한자어】 익히고, 【기본→발전한자어】 다지기
寡頭(과두) 적은 수의 우두머리
寡婦(과부) 남편이 죽어서 혼자 사는 여자
寡黙(과묵) 과묵한 성품
• 寡頭정치는 독재적인 정치체제이다.
• 평소 寡黙하던 여자인데 寡婦가 되더니 더 말수가 없어졌다.

기본 3I 寡少(과소) 寡守(과수) 寡慾(과욕) 寡欲(과욕) 寡人(과인) 寡占(과점) 多寡(다과) 獨寡占(독과점)

발전 2 寡尿(과뇨) 1 鰥寡(환과)

사자성어 3I 寡頭政治(과두정치) 衆寡不敵(중과부적)

자랑할 과: 【1042】

字源 〈형성〉 자신만만하게 이야기하는 것과 자만스럽게 말하는 것은 그 성격이 다르다. 거만하고 자랑스럽게 과장해서 말하는 사람도 있기 때문이다. 어떠한 상황을 드러내어 뽐내다는 뜻이겠다. 실제보다 크거나 많다고 큰 소리쳐(夸) 가면서 상대에게 자만하면서 말하니(言) [자랑하다(誇)]는 뜻이고 [과]로 읽는다.
回 矜(자랑할 긍) 凹 課(과정 과) 諾(허락할 낙)

필순 言言言言言訝訝誇誇

기초 【기초한자어】 익히고, 【기본→발전한자어】 다지기
誇示(과시) 실제보다 과장하여 나타내 보임
誇大(과대) 작은 것을 큰 것처럼 과장함
誇張(과장) 사실보다 부풀려서 말함
• 그 분은 구두쇠일 뿐만 아니라, 말에서 誇大 포장이 너무 심하다.
• 그는 항상 誇張하여 말을 하면서도 자기 誇示가 아주 심하다.

기본 3I 誇飾(과식) 誇言(과언)

발전 1 誇矜(과긍) 驕誇(교과) 矜誇(긍과)

사자성어 3I 誇大妄想(과대망상)

	부수	획수	총획	
	冖	7	9	

갓 관 【1043】

字源 〈회의〉 유학을 숭상했던 조선시대에 집 안팎에서 의관을 단정히 하고 법도를 소중히 여겼다. 조선시대 때 성인이 된 남자가 머리에 단정하게 썼던 모자의 일종으로 했던 의관을 이르는 말이다. 전통적인 예절과 법도(寸)에 따라 항상 머리(元)에 단정하게 썼던 모자(冖)의 일종인 [갓(冠)]을 뜻하고 [관]으로 읽는다.
回 帽(모자 모) 凹 寬(너그러울 관) 冥(어두울 명)

필순 冖冖冖冖冖元元冠冠

기초 【기초한자어】 익히고, 【기본→발전한자어】 다지기
冠禮(관례) 20세에 이른 남자가 관을 쓰고 성인이 되는 의식
冠詞(관사) 명사 앞에 놓여 명사의 수와 성을 표시하는 품사
冠婚(관혼) 관례와 혼례
• 품사에 冠詞가 있는데 명사 앞에 붙는 수식어다.
• 조선시대 冠婚 예식 중에서 요즈음은 冠禮를 찾아보기가 어렵다.

기본 3I 冠帶(관대) 冠絶(관절) 鷄冠(계관) 金冠(금관) 弱冠(약관) 王冠(왕관) 衣冠(의관) 彈冠(탄관) 冠形詞(관형사) 月桂冠(월계관)

발전 2 冠帽(관모) 冠網(관망) 戴冠式(대관식) 23 冠冕(관면) 冠弁(관변) 1 荊冠(형관)

사자성어 3I 冠婚喪祭(관혼상제)

	부수	획수	총획	
	宀	12	15	

너그러울 관 【1044】

字源 〈형성〉 중국이 원산인 패모는 봄에 꼭대기의 엽액에서 한 개씩 꽃이 피어난다. 꽃은 아래로 처지면서 마치 종 모양을 이룬다. 점차 넓어져 감싸 받아들이는 성질이 있다. 집안(宀)에서 애써 기른 화초(艹)와 아름다운 꽃을 바라보는(見) 마음(丶)이 마냥 즐거웠다고 했으니 [너그럽다(寬)]는 뜻이고 [관]으로 읽는다.
回 宥(너그러울 유) 綽(너그러울 작) 凹 猛(사나울 맹) 冠(갓 관) 實(열매 실) 약 寛

필순 宀宀宀宀宀宀宀宀宀宀寬寬

기초 【기초한자어】 익히고, 【기본→발전한자어】 다지기
寬待(관대) 너그럽게 대하거나 대접함

3급II

寬容(관용) 너그럽게 받아들이거나 용서해 줌
寬厚(관후) 마음이 너그럽고 후함
• 남을 먼저 배려하고 나누는 사람은 늘 寬待한 성품을 지닌 사람이다.
• 그는 항상 寬厚한 사람인만큼 그 일도 寬容으로 처리할 것이다.

기본 ③Ⅱ 寬大(관대) 寬猛(관맹) 寬恕(관서) 裕寬(유관)
발전 ② 寬赦(관사) ②⑧ 寬舒(관서) 寬敞(관창) 寬沖(관충) ① 寬愉(관유) 寬綽(관작) 寬闊(관활)

부수	획수	총획
心	11	14

慣 익숙할 관 【1045】

字源 〈형성〉 매사는 좋은 버릇들이기에 있다고 한다. 손으로는 늘 익숙하지만 마음속의 익숙함은 할 수 있다는 자신감에서 생긴다. 익숙함은 어떤 일에 서투르지 않고 능하다는 뜻이다. 마음(忄←心)속에 어떤 사물의 원리를 꿰뚫으면(貫) 여유가 있도록 버릇을 들였으니 [익숙하다(慣)]는 뜻이고 [관]으로 읽는다.
동 習(익힐 습) 回 貫(꿸 관) 實(열매 실)

필순

기초 【기초한자어】 익히고, 【기본→발전한자어】 다지기
慣性(관성) 물체가 현재의 진행 상태대로 유지하려는 성질
慣習(관습) 전통적으로 내려온 사회생활 규범
慣用(관용) 늘 많이 씀. 습관적으로 씀
• 모든 물체는 평상을 유지하려는 慣性이 있어 늘 안정적이다.
• 慣用해 오던 대로 쓰고 일정 慣習대로 한다면 큰 탈은 없겠다.

기본 ③Ⅱ 慣例(관례) 慣行(관행) 習慣(습관)

부수	획수	총획
貝	4	11

貫 꿸 관(:) 【1046】

字源 〈회의〉 옛날에 썼던 엽전은 가운데에 네모지거나 둥그렇게 구멍이 뚫렸다. 꿰어서 잊어버리지 않도록 잘 보관하려는 것이겠다. 서로가 연결되도록 구멍이나 틈을 내어 엮는 일이다. 가운데에 구멍이 뚫린 엽전(貝)을 실이나 돈 꿰미(毋)에 가지런하게 차곡차곡 잘 넣었으니 [꿰다(貫)]는 뜻이고 [관]으로 읽는다.
동 徹(통할 철) 通(통할 통) 穿(뚫을 천) 回 慣(익숙할 관) 實(열매 실)

필순

기초 【기초한자어】 익히고, 【기본→발전한자어】 다지기
貫鄕(관향) 시조가 태어난 땅. 본
貫徹(관철) 끝까지 뚫어 통하게 함
貫通(관통) 꿰뚫어 통함
• 姓(성)의 出自地(출자지)나 시조의 거주지가 貫鄕이다.
• 이보게 저쪽의 과녁을 貫通하듯 자네 생각 모두를 貫徹해보시게.

기본 ③Ⅱ 貫祿(관록) 貫珠(관주) 本貫(본관) 一貫(일관)
발전 ②⑧ 貫鉀(관갑) ① 貫穿(관천)
사자성어 ③Ⅱ 始終一貫(시종일관) 初志一貫(초지일관)

부수	획수	총획
食	8	17

館 집 관 【1047】

字源 〈형성〉 나랏일로 여행하는 관리의 음식과 잠자리를 마련하는 [관]이 있었다. '벽제관'이나 '왜관'이 그것이다. 사람이 들어가서 살거나 일부 활동할 수 있도록 지은 나라의 건축물이다. 나라의 관리(官)가 지방에 출장을 나와서 먹고(食) 잠잘 수 있도록 만들었던 큰 객관으로 [집(館)]을 뜻하고 [관]으로 읽는다.
回 家(집 가) 戶(집 호) 室(집 실) 堂(집 당) 屋(집 옥) 宅(집 택) 閣(집 각) 宮(집 궁) 역 舘

필순

기초 【기초한자어】 익히고, 【기본→발전한자어】 다지기
館長(관장) 도서관·학관·체육관 등의 장
別館(별관) 본관 외에 따로 지은 건물
旅館(여관) 여객을 자게 하는 집
• 우리 館長님께서는 외국 출장 중이라 지금은 부재 중이십니다.
• 일반 旅館이 많이 비좁아서 오늘만은 別館으로 모시겠습니다.

기본 ③Ⅱ 館舍(관사) 館驛(관역) 館員(관원) 開館(개관) 公館(공관) 舊館(구관) 本館(본관) 新館(신관) 入館(입관) 會館(회관) 休館(휴관) 大使館(대사관) 美術館(미술관) 博物館(박물관) 成均館(성균관) 領事館(영사관)
발전 ②⑧ 瓊館(경관) 倭館(왜관) ① 繭館(견관) 牲館(생관) 俄館(아관) 捐館(연관)

부수	획수	총획
犬	4	7

狂 미칠 광 【1048】

字源 〈형성〉 '미치다'는 정신 이상자와 같은 의미를 담고 있다. 곧 정신에 이상이 생겨서 정상적이지 못한 상태로 된다는 것을 뜻한다. 조선의 연산군이나 광해군도 정신적인 이상자였다고도 한다. 지존이신 임금(王)이 미친 개(犭)나 짐승 같은 짓을 하면 정신병자로 보았으니 [미치다(狂)]는 뜻이고 [광]으로 읽는다.

回枉(굽을 왕) 汪(넓을 왕)

필순

기초 【기초한자어】 익히고, 【기본→발전한자어】 다지기
狂亂(광란) 미친 듯이 행동하는 모양
狂奔(광분) 어떤 목적을 이루기 위해 미친 듯 날뜀
發狂(발광) 병으로 미친 증세가 일어남
• 자기 이익을 위해 미친 듯이 날뛰었으니 狂奔했다.
• 갑자기 發狂하더니 흉기를 들고 狂亂을 일으켰다.

기본 ③Ⅱ 狂歌(광가) 狂客(광객) 狂犬(광견) 狂氣(광기) 狂夫(광부) 狂藥(광약) 狂飮(광음) 狂人(광인) 狂症(광증) 狂態(광태) 狂暴(광포) 狂風(광풍) 熱狂(열광)

발전 ②跳踘狂(축구광) ①狂濤(광도) 狂瀾(광란) 狂勃(광발) 狂煽(광선) 狂闇(광암) 狂攘(광양) 狂顚(광전) 狂癡(광치) 狂悖(광패) 癲狂(전광) 躁狂(조광) 倡狂(창광) 猖狂(창광)

사자성어 ③Ⅱ 狂言妄說(광언망설)

부수	획수	총획
土	16	19

무너질 괴 : 【1049】

字源 〈형성〉 달걀 상자가 땅에 떨어지면 장사는 그만 망치고 만다. 간직했던 귀중한 물건을 떨어뜨려 잃어버리면 찾기가 어렵다. 집이나 물건이 그만 허물어져 내려앉기도 했겠다. 몸에 간직하여 깊이 품었던(褱) 귀중한 물건이 그만 땅(土)에 떨어졌으니 모든 희망이 깨져서 [무너지다(壞)]는 뜻이고 [괴]로 읽는다.

图滅(멸할 멸) 崩(무너질 붕) 回懷(품을 회) 壤(흙덩이 양) 回壊

필순

기초 【기초한자어】 익히고, 【기본→발전한자어】 다지기
壞滅(괴멸) 무너뜨려 멸망시킴
崩壞(붕괴) 무너지고 깨어짐
破壞(파괴) 건물이나 기물 등을 부수거나 무너뜨림
• 잔당일랑 하나도 남김없이 찾아내서 꼭 壞滅하도록 유념하라.
• 기둥 몇 개를 破壞한 것으로 그만 집이 崩壞하고 말았다.

기본 ③Ⅱ 倒壞(도괴) 損壞(손괴) 壞血病(괴혈병)

발전 ②壞琦(괴기) ①弛壞(이괴) 朽壞(후괴)

怪

부수	획수	총획
心	5	8

괴이할 괴(:)
【1050】

字源 〈형성〉 열심히 일해도 순서나 방법이 종종 꼬일 때가 있다. 아무리 생각해봐도 참 괴이한 일이다. 일의 사정으로 보아 참으로 알 수 없을 만큼 이상야릇한 일이었음을 알게 된다. 힘들여(圣) 열심히 일을 해도 마음(忄)과 같이 잘 이루어지지 않아 참으로 이상한 일이니 [괴이하다(怪)]는 뜻이고 [괴]로 읽는다.

图奇(기이할 기) 訝(위심할 아) 異(다를 이) 回堅(굳을 견)

필순

기초 【기초한자어】 익히고, 【기본→발전한자어】 다지기
怪談(괴담) 이상한 이야기
怪癖(괴벽) 이상한 습관
怪異(괴이) 이상야릇한 모양
• 자주 怪異한 행동을 보이더니 怪癖으로 굳어졌다.
• 그 마을에 야릇한 怪談이 퍼지게 되었다.

기본 ③Ⅱ 怪傑(괴걸) 怪奇(괴기) 怪盜(괴도) 怪力(괴력) 怪聞(괴문) 怪物(괴물) 怪變(괴변) 怪獸(괴수) 怪漢(괴한) 奇怪(기괴) ③怪誕(괴탄)

발전 ②妖怪(요괴) ①怪詭(괴궤) 怪譚(괴담) 怪訝(괴아) 怪愕(괴악) 怪腕(괴완) 怪迂(괴우) 駭怪(해괴)

사자성어 ③Ⅱ 奇巖怪石(기암괴석) ③怪常罔測(괴상망측)

巧

부수	획수	총획
工	2	5

공교할 교【1051】

字源 〈형성〉 타고난 손재주가 있어 물건을 만들 때나 작품을 구성할 때 재치가 넘치는 사람이 있다. 흔히 이런 사람들은 재주꾼이라고 부른다. 사람들은 매우 재치 있고 교묘한 사람으로 여긴다. 손재주가 있어서 남들보다 훨씬 재치가 있고(丂) 아주 볼 만하게 만들어(工) 냈으니 [공교하다(巧)]는 뜻이고 [교]로 읽는다.

图妙(묘할 묘) 回拙(옹졸할 졸) 回功(공 공) 攻(칠 공) 切(끊을 절)

필순

기초 【기초한자어】 익히고, 【기본→발전한자어】 다지기
巧妙(교묘) 솜씨나 꾀가 재치 있고 약삭빠름
精巧(정교) 정밀하고 교묘함
技巧(기교) 기술이나 솜씨가 매우 교묘함
• 그는 巧妙한 솜씨를 갖고 있어 칭찬을 받는다.
• 精巧한 기계는 뛰어난 技巧를 가진 사람이 힘써 만든 작품이란다.

3급Ⅱ

기본 ③Ⅱ 計巧(계교) 工巧(공교) ③ 巧拙(교졸)
발전 ② 纖巧(섬교) ① 奸巧(간교) 巧捷(교첩) 巧宦(교환) 巧猾(교활) 伎巧(기교) 諂巧(첨교)

	부수	획수	총획
較	車	6	13

견줄 비
비교할 교【1052】

字源 〈형성〉 사람의 우열을 가리려면 비교 검증을 거쳐야 된다. '누가누가 더 잘하나?'라고 하면서 서로 견주게 된다. 질과 양과 차이. 우월성과 기술을 비교하려고 맞대어 보아야 한다. 모든 순서에 등급이 있듯이 수레(車)에 교차하는(交) 막대를 잘 [견주며(較)] 사람에 따라 등급을 [비교하다(較)]는 뜻이고 [교]로 읽는다.
国比(견줄 비) 回軟(연할 연)

필순 一 ㄋ ㅋ ㅌ 亘 車 車 軒 軒 軼 較 較

기초 【기초한자어】 익히고, 【기본→발전한자어】 다지기
較著(교저) 명백하고 뚜렷하게 드러남. 현저함
比較(비교) 둘 이상의 사물을 견주어 봄
日較差(일교차) 기온, 습도 등이 하루 동안에 따라 바뀌는 차이
• 비교가 되지 않을 만큼 차이가 나니 현저한 較著라고 말한다.
• 연중 日較差를 比較해 보았더니 가을철의 차이가 가장 심하다고 한다.
기본 ③Ⅱ 較略(교략) 較覆(교복)
발전 ②8 較炳(교병) ① 辜較(고교)

	부수	획수	총획
久	ノ	2	3

오랠 구 : 【1053】

字源 〈지사〉 사람이 늙으면 등이 굽는다. 등이 굽은 늙은이가 온갖 풍파의 어려움을 무릅쓰고 [오래] 살아왔다는 데서 비롯된 글자다. 시간 따위가 지나간 동안이 아주 길다는 뜻이겠다. 멀리 떠나려는 사람(人)의 다리(丿)를 꼭 부여잡고(乀) 결코 놓지 않을 양으로 [오래(久)] 머물도록 한다는 뜻이고 [구]로 읽는다.
国永(길 영) 悠(멀 유) 遠(멀 원) 回夕(저녁 석)

필순 ノ ク 久

기초 【기초한자어】 익히고, 【기본→발전한자어】 다지기
長久(장구) 길고 오램
久遠(구원) 매우 오래됨
耐久性(내구성) 물질이 원래의 상태에서 변질되거나 변형됨 없이 오래 견디는 성질
• 久遠함과 長久함은 어휘는 서로 다르겠지만 그 뜻은 같겠다.
• 이 제품은 耐久性이 매우 강하다.
기본 ③Ⅱ 久滯(구체) 未久(미구) 良久(양구) 永久(영구) 悠久(유구) 持久(지구) 恒久(항구) 持久力(지구력)
발전 ② 久闕(구궐) ① 久錮(구고) 久闊(구활) 迂久(우구)
사자성어 ③Ⅱ 永久不變(영구불변)

	부수	획수	총획
拘	手	5	8

잡을 구【1054】

字源 〈형성〉 레슬링을 하거나 씨름을 할 때 손과 팔을 구부려 붙잡는다. 서로 잘 붙잡고 상대를 꼼짝 못하게 해야만 승리할 수 있다. 상대를 손으로 움켜쥐거나 거머쥔다는 뜻이겠다. 손(扌)을 잘 구부려(句) 아무지게 붙잡거나 안으로 껴안아 상대방을 꼼짝 못하도록 방해했으니 [잡다(拘)]는 뜻이고 [구]로 읽는다.
国捕(잡을 포) 執(잡을 집) 獲(얻을 획) 擒(사로잡을 금) 拿(잡을 나) 回放(놓을 방) 解(풀 해) 回狗(개 구) 苟(구차할 구)

필순 一 亅 扌 扌 扚 扚 拘 拘

기초 【기초한자어】 익히고, 【기본→발전한자어】 다지기
拘束(구속) 가두어 자유를 제한함
拘引(구인) 사람을 강제로 잡아서 끌고 감
拘置(구치) 형사 피고인을 구속하여 일정 장소에 가두어 둠
• 사람을 拘置所(소)에 가두어 두는 것이 拘束이다.
• 죄인을 잘 拘引하여 도망하지 못하게 가두었다.
기본 ③Ⅱ 拘牽(구견) 拘繫(구계) 拘禁(구금) 拘留(구류) 不拘(불구) 拘引狀(구인장) 拘置所(구치소)
발전 ② 拘礙(구애) ① 拘擒(구금) 拘杞(구기) 拘拿(구나) 拘斂(구렴) 拘哺(구포) 絆拘(반구) 縶拘(지구)

	부수	획수	총획
丘	一	4	5

언덕 구【1055】

字源 〈상형〉 마을은 물줄기를 따라서 크고 작은 언덕과 능을 중심으로 마을이 늘어서 있다. 바람을 막아주어 따뜻하게 물을 주기 때문이다. 언덕은 땅의 주변보다 높고 경사가 진 곳이라 한다. 마을 주위를 빙 둘러서 높이 쌓여 있으면서도 별로 높지도 않은 낭떠러지 모양을 본떴으니 [언덕(丘)]을 뜻하고 [구]로 읽는다.
国岸(언덕 안) 陵(언덕 릉) 皐(언덕 고) 邱(언덕 구) 阜

3급Ⅱ

(언덕 부) 壟(밭두둑 롱) 回兵(병사 병)

필순 ´ ´ ´ ´ ´ 丘

기초 【기초한자어】 익히고, 【기본→발전한자어】 다지기
丘陵(구릉) 언덕
丘山(구산) 언덕과 산을 아울러 이르는 말
沙丘(사구) 해안의 바람에 의해 운반·퇴적된 모래 언덕
• 저 丘山은 오랜 세월 風化(풍화)에 의한 것이지.
• 저 丘陵은 砂丘이기 때문에 곧 없어질지도 모른다.

기본 3Ⅱ 丘木(구목) 丘墓(구묘) 丘民(구민) 阿丘(아구) 靑丘(청구)

발전 2급 丘軻(구가) 丘岡(구강) 丘阜(구부) 1 丘壟(구롱) 丘嫂(구수) 丘墟(구허) 宛丘(완구) 糟丘(조구)

사자성어 3Ⅱ 首丘初心(수구초심) 靑丘永言(청구영언)

부수	획수	총획
艹	8	12

국화 국【1056】

字源 〈형성〉 9월 국화는 풍성하면서 물씬거리는 가을의 정취를 더하게 한다. 탐스럽고 향기까지 그윽하기 그지없는 가을손님이다. 두상화로 가을에 피는 꽃으로 옛날부터 관상용이다. 두 주먹에 쌀(米)을 한 움큼씩 쥐고 있듯이(勹) 꽃잎(艹)이 한 움큼 뭉쳐 있으면서도 탐스러웠던 [국화(菊)]를 뜻하고 [국]으로 읽는다.
回茂(무성할 무) 菌(버섯 균)

필순 一 十 卄 艹 艹 芍 芍 菊 菊

기초 【기초한자어】 익히고, 【기본→발전한자어】 다지기
菊版(국판) 인쇄지의 이전 규격. 세로 21.9㎝, 가로 15.2㎝ 책 크기
秋菊(추국) 가을에 피는 국화
黃菊(황국) 빛이 누런 국화
• 교과서 크기의 책을 菊版이라는데, 사용하기에 적당하다.
• 가을을 꾸미는 秋菊이라면, 역시 黃菊이 제일이지.

기본 3Ⅱ 菊月(국월) 菊判(국판) 菊花(국화) 霜菊(상국) 水菊(수국) 黃菊(황국)

발전 1 籬菊(이국)

사자성어 3Ⅱ 十日之菊(십일지국) 梅蘭菊竹(매란국죽)

부수	획수	총획
弓	0	3

활 궁【1057】

字源 〈상형〉 옛날에 전쟁에서 적과 싸울 때 활은 많이 등장하는 유일한 무기였다. 나무를 휘어서 불에 굽고 오래도록 놔두면 등이 굽은 고운 활이 된다. 활은 화살을 메겨서 쏘

는 살상용 기구의 일종이다. 전쟁터에서 적과 대적하여 싸울 때 살상용 무기로 썼던 등이 굽은 활의 모양을 본떠서 [활(弓)]을 뜻하고 [궁]으로 읽는다.
回矢(화살 시) 回引(끌 인)

필순 ¬ ⁊ 弓

기초 【기초한자어】 익히고, 【기본→발전한자어】 다지기
弓矢(궁시) 활과 화살
國弓(국궁) 우리 전통의 활쏘기
洋弓(양궁) 서양식으로 만든 활. 또는 그 활로 겨룬 경기
• 궁과 화살을 함께 아울러 부를 때 일반적으로 弓矢라 한다.
• 洋弓에서 세계 1위인 한국은 國弓의 영향을 받았다.

기본 3Ⅱ 弓道(궁도) 弓術(궁술) 名弓(명궁) 3 弓腰(궁요)

발전 2급 彊弓(강궁) 1 勁弓(경궁) 弓戟(궁극) 弓弩(궁노) 賭弓(도궁) 彎弓(만궁) 挽弓(만궁) 撥弓(발궁) 弧弓(호궁)

사자성어 2급 結弓獐皮(결궁장피)

부수	획수	총획
手	6	10

주먹 권 : 【1058】

字源 〈형성〉 태권도를 할 때 주먹을 아무지게 쥐고 상대방을 공격한다. 태극형이나 충무형 등 기본 동작과 기본형 훈련이 주가 된다. 주먹은 주로 다섯 손가락을 모두 오므려서 쥔 손이다. 다섯 손가락(手) 모두를 힘주어 구부려서 (龹←拳) 세차고 아무지게 상대를 공격했었으니 [주먹(拳)]을 뜻하고 [권]으로 읽는다.
回券(문서 권) 卷(책 권)

필순 ´ ´ ´ ⁒ ⁒ 半 夹 夹 夌 拳 拳

기초 【기초한자어】 익히고, 【기본→발전한자어】 다지기
拳銃(권총) 한 손으로 쥔 상태로 작고 짧은 총
拳鬪(권투) 두 사람이 글러브를 끼고 승부를 겨룸
鐵拳(철권) 쇠뭉치 같이 굳센 주먹
• 활과 검 다음의 무기가 총기였는데, 拳銃이 단연 으뜸이었다.
• 拳鬪경기 중 鐵拳을 맞고 쓰러진 선수를 보면 참으로 안쓰럽다.

기본 3Ⅱ 拳法(권법)

발전 2 拳匪(권비) 拳蔘(권삼) 1 跆拳(태권)

사자성어 2급 火繩拳銃(화승권총)

부수	획수	총획
鬼	0	10

귀신 귀 : 【1059】

字源 〈회의〉 사람이 죽어 살아있는 사람을 해친다고 했다. 정직하지 못한 사람을 해치지 않았을까. 사람이 죽은 상태라고도 전하며, 도깨비 모양을 본뜬 글자란 상형문자 설도 있다. 귀신 머리(由)를 했고 다리(儿←人)가 있어 사사롭게(厶←私) 사람을 이롭게 하거나 해친다 했으니 [귀신(鬼)]을 뜻하고 [귀]로 읽는다.
圖 神(귀신 신) 回 塊(흙덩이 괴) 愧(부끄러울 괴) 蒐(모을 수)

필순 ′ ′ ⼾ 白 白 甶 甶 鬼 鬼 鬼

기초 【기초한자어】 익히고, 【기본→발전한자어】 다지기
鬼才(귀재) 재능이 아주 뛰어난 사람
惡鬼(악귀) 나쁜 귀신. 사람에게 몹쓸 짓을 하는 귀신
雜鬼(잡귀) 잡스러운 모든 귀신
• 재능이나 소질이 아주 뛰어난 사람을 일러 鬼才라고 불렀다.
• 나를 괴롭히는 雜鬼이든 惡鬼이든 모두 쫓아내 버려야겠다.

기본 ③Ⅱ 鬼面(귀면) 鬼神(귀신) 鬼火(귀화) 客鬼(객귀) 暗鬼(암귀) 吸血鬼(흡혈귀) ③ 餓鬼(아귀)

발전 ② 魔鬼(마귀) 妖鬼(요귀) 鬼魅(귀매) 鬼胎(귀태) ① 鬼燐(귀린) 鬼斧(귀부) 鬼薪(귀신) 鬼誅(귀주) 冤鬼(원귀)

부수	획수	총획
艸	8	12

버섯 균【1060】

字源 〈형성〉 현물세로 받았던 곡식이 몇 년씩을 창고에 있었던 모양이다. 오래 놔두면 습기가 차서 썩고 세균이 나온다. 버섯은 우산 모양을 이룬 것이 많고, 썩은 나무에서 자란다. 창고(囗) 속에 쌓여있는 볏단(禾)이 그만 썩어서 그 속에서 고약한 식물성(艹) 종균이 자라고 있었으니 [버섯(菌)]을 뜻하고 [균]으로 읽는다.
回 菊(국화 국)

필순 一 艹 艹 艹 芍 芮 莴 莴 菌 菌

기초 【기초한자어】 익히고, 【기본→발전한자어】 다지기
病菌(병균) 병의 원인이 되는 균
菌絲(균사) 균류의 몸을 이루는 섬세한 실 모양의 세포
殺菌(살균) 세균 따위의 미생물을 죽임
• 섬세한 실 세포가 菌絲라고 하는데 건강 유지의 요체라고 한다.
• 病菌을 없애기 위해 殺菌 소독을 잘 해야겠다.

기본 ③Ⅱ 菌根(균근) 菌類(균류) 球菌(구균) 滅菌(멸균) 保菌(보균) 細菌(세균) 雜菌(잡균) 大腸菌(대장균) 病原菌(병원균) 保菌者(보균자)

발전 ② 菌傘(균산) 乳酸菌(유산균) ① 癩菌(나균)

부수	획수	총획
儿	5	7

이길 극【1061】

字源 〈형성〉 어깨에 무거운 짐을 메고 먼 거리를 걸어가기란 참 힘들다. 참고 견디면 성공이요, 그만두면 실패라 한다. 싸움, 시합, 경기에서는 승부를 겨루어 앞서거나 꺾어야만 이긴다. 어깨에 무거운 짐을 메는 사람(儿←人)이 오랫동안(古) 무거운 무게를 참고 견디어 냈으니 [이기다(克)]는 뜻이고 [극]으로 읽는다.
圖 勝(이길 승) 堪(견딜 감) 回 京(서울 경)

필순 一 十 十 古 古 克 克

기초 【기초한자어】 익히고, 【기본→발전한자어】 다지기
克己(극기) 자기의 감정·욕망·충동을 의지로 눌러서 이김
克服(극복) 역경과 시련을 이겨냄
超克(초극) 어려움 따위를 넘어 극복해 냄
• 초능력적으로 어려움을 극복하는 일이 바로 超克이겠다.
• 克己 훈련을 받은 사람은 이 난관도 능히 克服할 수는 있으리라.

기본 ③Ⅱ 克明(극명) 克復(극복) 克己心(극기심)

발전 ②團 裹克廉(배극렴) ① 克堪(극감) 猜克(시극)

부수	획수	총획
玉	8	12

거문고 금【1062】

字源 〈상형〉 거문고는 오동나무를 붙인 통 위에 여섯 개 줄을 걸어 만든다. 왼손은 줄을 짚고, 오른손은 술대를 잡아 팅기면서 연주한다. 소리가 그윽하고 장중하기가 그지없다. 옥구슬(王·王) 둘을 서로 부딪쳐 지금(今) 곧장 맑은 소리를 내는 듯한 거문고의 모양을 본떠서 [거문고(琴)]를 뜻하고 [금]으로 읽는다.
圖 瑟(큰거문고 슬) 回 班(나눌 반)

필순 一 二 千 王 王 尹 珡 珡 琴 琴 琴

기초 【기초한자어】 익히고, 【기본→발전한자어】 다지기
琴瑟(금슬) 거문고와 비파. 부부 사이
琴道(금도) 거문고에 대한 이론과 연주법
風琴(풍금) 페달을 밟아 소리를 내는 악기. 오르간
• 거문고에도 琴道가 있다고 하더군.
• 琴瑟이 좋은 부부가 風琴을 치면서 구성지게 노래하고 있다.

3급Ⅱ

기본 ③Ⅱ 琴書(금서) 琴心(금심) 心琴(심금) 彈琴(탄금) 奚琴
(해금)

발전 ② 琴棋(금기) ① 琴袋(금대) 琴屠(금도) 琴呪(금주) 撫琴
(무금)

사자성어 ③Ⅱ 對牛彈琴(대우탄금) ②⑧ 琴瑟之樂(금슬지락) 琴瑟
不調(금슬부조)

부수	획수	총획
内	8	13

새 금 【1063】

字源 〈형성〉 새는 하늘을 높이 나는 날짐승을 뜻한다. 척추동
물인 새 무리에 속하는 동물을 일컫는다고 한다. 흔히 조
류라고도 했다. 온몸이 깃털로 덮여 있고, 날개가 달려있
다. 굽은 뿔(今) 사이가 움푹(凶)한 머리에 네 발(内)이 달
린 짐승의 모양을 본떴다고 알려진 [새(禽)]로 날짐승을
뜻하고 [금]으로 읽는다.
回鳥(새 조) 乙(새 을) 回獸(짐승 수)

필순 人 人 今 今 含 禽 禽 禽 禽 禽

기초 【기초한자어】 익히고, 【기본→발전한자어】 다지기
禽獸(금수) 날짐승과 길짐승의 통칭
猛禽(맹금) 맹금류에 속하는 새(매·수리 따위)
家禽(가금) 집에서 기르는 닭, 오리 따위의 새
• 그는 '禽獸만도 못한 놈'이란 말을 듣고 산다.
• 猛禽類(류)들이 떼를 지어 가끔 家禽類를 잡아먹
기도 한다.

기본 ③Ⅱ 禽獲(금획) 鳴禽(명금) 夜禽(야금)

발전 ① 禽剪(금전) 畫禽(비금) 棲禽(서금)

사자성어 ③Ⅱ 禽困覆車(금곤복거)

부수	획수	총획
金	8	16

비단 금 : 【1064】

字源 〈형성〉 우리나라는 상고시대부터 오늘날까지 뽕나무를
심고 누에를 쳤다. 누에 머리에서 나온 비단실을 켜서 비
단을 짜는 일이 발달했다. 나라에서는 양잠과 비단 길쌈
은 많이 장려하여 성행했다. 금(金)처럼 아름답게 빛나는
흰빛(白)으로 보인 고운 천(巾)이란 뜻을 담았으니 [비단(錦)]
을 뜻하고 [금]으로 읽는다.
回絹(비단 견) 綺(비단 기) 回綿(솜 면) 線(줄 선) 泉(샘 천)

필순 ノ ノ ヒ 牟 余 金 釘 釘 錦 錦

기초 【기초한자어】 익히고, 【기본→발전한자어】 다지기
錦衣(금의) 비단옷

錦鷄(금계) 꿩과의 새
錦地(금지) 상대편을 높여, 그가 '사는 곳'을 이름.
• 錦地는 비단을 은유화한 존칭을 담았고, 지명으로
일컫기도 했다.
• 나의 錦衣보다는 저 金鷄의 모습이 훨씬 더 화려
하구나.

기본 ③Ⅱ 錦紋(금문) 錦殿(금전)

발전 ② 錦蔘(금삼) ① 錦袈(금가) 錦囊(금낭) 錦棠(금당)
錦櫟(금력) 錦帆(금범) 錦繃(금붕) 錦繡(금수)

사자성어 ③Ⅱ 錦衣夜行(금의야행) 錦衣還鄕(금의환향) ③ 錦上
添花(금상첨화)

부수	획수	총획
又	2	4

미칠 급 【1065】

字源 〈회의〉 바통 터치를 할 때 앞사람은 달리고 뒷사람은 열
심히 뒤쫓는다. 거기까지 미치어서 건네주어야 한다. '미
치다'는 그쪽으로 이르거나 닿게 되다, 또는 적용되게 만
든다를 의미한다. 달리기를 할 때 앞선 사람(人)을 뒤따라
서 손(又←手)이 닿을 어느 정도의 곳까지만 [미치다(及)]
는 뜻이고 [급]으로 읽는다.
回落(떨어질 락) 回乃(이에 내)

필순 ノ 了 乃 及

기초 【기초한자어】 익히고, 【기본→발전한자어】 다지기
及第(급제) 과거에 합격함
及落(급락) 급제와 낙제
言及(언급) 어떤 의견을 나타내거나 판단을 내려 말함
• 그 일은 더 이상 言及하지 마십시오.
• 及落을 염려하고 있었는데, 及第 소식이 당도하였다.

기본 ③Ⅱ 及逮(급체) 論及(논급) 未及(미급) 普及(보급) 波及
(파급) 可及的(가급적) ③ 及其也(급기야)

발전 ②⑧ 埃及(애급) ① 及瀉(급사) 遡及(소급)

사자성어 ③Ⅱ 後悔莫及(후회막급) ② 措手不及(조수불급)

부수	획수	총획
人	4	6

꾀할 기 【1066】

字源 〈회의〉 사람이 장래를 내다보면서 일을 하려 한다. 발뒤
꿈치를 들고 주위를 살피거나 이루려고도 힘쓴다. 유의어
로는 '계도(計圖)하다, 기도(企圖)하다, 도모(圖謀)하다' 등
이 있다. 사람(人)이 발뒤꿈치(止)를 들어 바라보면서 하
려는 일을 [계획하다(企)] 혹은 계획을 세워서 [꾀하다(企)]
는 뜻이고 [기]로 읽는다.
回圖(그림/꾀할 도) 望(바랄 망) 回金(쇠 금)

필순 ノ 亻 个 仒 仐 企

기초 【기초한자어】 익히고, 【기본→발전한자어】 다지기
企業(기업) 어떠한 사업을 계획함. 또, 그 사업
企圖(기도) 일을 꾸며내려고 꾀함
企劃(기획) 일을 계획함
• 더 이상은 못 참겠네. 그 자리에서 끌어내릴 企圖
를 계획하세.
• 이번 企劃의 성공 여부에 따라 우리 企業의 성패
가 달려 있다.

기본 ③Ⅰ 企待(기대) 企望(기망) 公企業(공기업) 工企業(공기업)
발전 ① 鵠企(곡기)
사자성어 ③Ⅰ 中小企業(중소기업) ② 企業合倂(기업합병)

부수	획수	총획
八	6	8

그 기【1067】

字源 〈상형〉 곡식 따위를 까불러 뉘나 거죽을 고르는 그릇이
[키]다. 앞은 넓고 뒤는 좁으며 우긋하게 고리버들로 걸어
서 만든 그릇이다. 가까이 있는 사물이나 사람 등을 가리
킬 때 쓴다. 키대(廿)를 받침대(兀) 위에 잘 올려놓고 자세
하게 살펴보면서 [키(其)]가 바로 [그(其)]쪽 방향에 있었
음을 뜻하고 [기]로 읽는다.
回是(이 시) 回箕(키 기) 具(갖출 구) 基(터 기)

필순 一 十 卄 廿 甘 甘 其 其

기초 【기초한자어】 익히고, 【기본→발전한자어】 다지기
其實(기실) 실제의 사정
其他(기타) 그 외. 그 밖
各其(각기) 저마다의 사람이나 사물
• 其實, 먼지 알았을지라도 지금 상황에서는 별 쓸
모가 없군요.
• 其他의 일은 잠시 접어두고 이 일에 各其 몰두했
으면 좋겠습니다.

기본 ③Ⅰ 其間(기간) 其人(기인)
발전 ① 淒其(처기)
사자성어 ③Ⅰ 不知其數(부지기수) 其勢兩難(기세양난) ②⑧ 其揆
一也(기규일야) 允執其中(윤집기중)

부수	획수	총획
田	10	15

경기 기【1068】

字源 〈형성〉 임금이 사는 서울은 온 국민의 정신적인 지주였었
다. 적이 침입하면 온 국민이 나서서 막아냈다. 경기는 서
울을 중심으로 하여 가까운 주위 지방으로 방위지역이다.
나이가 아직 어린(幺·幺) 사람들이 나와서 창(戈)을 들
고 지켜야 할 땅(田)으로 서울 인근의 땅으로 [경기(畿)]를
뜻하고 [기]로 읽는다.
圆甸(경기 전) 回機(틀 기) 幾(몇 기)

필순 幺 幺 幺幺 幺幺 絲 絲絲 絲絲 絲絲 畿 畿 畿

기초 【기초한자어】 익히고, 【기본→발전한자어】 다지기
畿內(기내) 서울을 중심으로 뻗어 있는 행정 구역의 안
京畿(경기) 서울을 중심으로 한 가까운 주위의 땅
近畿(근기) 서울에서 가까운 곳
• 역대 王들은 畿內를 수비하라는 명을 내렸다.
• 京畿지방은 近畿의 땅으로 경비를 튼튼하게 했었다.

기본 ③Ⅰ 畿湖(기호) 京畿道(경기도)
발전 ②⑧ 畿疆(기강) 畿輔(기보) 畿甸(기전)

부수	획수	총획
示	4	9

빌 기【1069】

字源 〈형성〉 천주님이나 부처님 앞에서 기도 드릴 때 두 손을
모아 간절히 기원했다. 제사지낼 때도 그렇게 빌었다. '빎'
은 신과 조상께 간절하게 청하다 또는 간절하게 청하면서
원하다는 뜻이다. 제사상(示) 앞에서 두 손을 도끼 날(斤)
처럼 모아서 신께 잘 보살펴 주시도록 간절하게 [빌다(祈)]
는 뜻이고 [기]로 읽는다.
圆祝(빌 축) 禱(빌 도) 回社(모일 사) 祕(숨길 비) 斫(쪼갤 석)
折(꺾을 절)

필순 一 二 亍 亓 示 示 礻 祁 祈 祈

기초 【기초한자어】 익히고, 【기본→발전한자어】 다지기
祈年(기년) 신에게 풍년 되기를 빎
祈雨祭(기우제) 비를 내려 달라고 하늘에 비는 의식
祈願(기원) 소원이 이루어지도록 빎
• 모든 가족들이 외아들이 살아오기를 간절히 祈願
하였다.
• 가뭄이 들었지만 祈年하여 祈雨祭를 드렸다.

기본 ③Ⅰ 祈求(기구) 祈雨(기우)
발전 ② 祈療(기료) ① 祈禱(기도) 禱祈(도기)

부수	획수	총획
馬	8	18

말탈 기【1070】

字源 〈형성〉 말은 아무나 타는 것이 아니었다. 양반 출신이나
파발로 막중대사를 담고 심부름하는 기인들만이 탔었다.

3급Ⅱ

승마와 같은 경기도 했었지만, 주로 말을 타고 먼 길을 떠났던 것이다. 귀족이나 무반 출신의 기이한(奇) 문사들이 말(馬)과 함께 그 등에 올라탈 수 있었다고 하니 [말 타다(騎)]는 뜻이고 [기]로 읽는다.
回騷(떠들 소) 騏(준마 기) 駿(준마 준)

필순 丨 冂 冂 馬 馬 馬 馬 騎 騏 騎 騎

기초 【기초한자어】 익히고, 【기본→발전한자어】 다지기
騎馬(기마) 타는 말. 말을 탐
騎士(기사) 중세 유럽의 무사
騎手(기수) 전문으로 말을 타는 사람
• 騎士는 중세 유럽의 신분 중 하나이다.
• 騎馬는 騎手에 따라 경기 성적이 달라졌다.
기본 ③⊥騎兵(기병) 騎馬戰(기마전) 騎兵隊(기병대) ③ 銳騎(예기)
발전 ②隻騎(척기) 騎馬靴(기마화) ①勁騎(경기) 邏騎(나기)
사자성어 ③匹馬單騎(필마단기)

부수	획수	총획
糸	8	14

緊 긴할 긴【1071】

字源 〈형성〉 아주 간절하고도 꼭 필요한 경우가 있다. 동아줄로 팔을 매면 힘을 쓰지 못한다. 그래서 죄지은 자는 어깨를 뒤로 하여 팔을 묶었다. 유의어는 '긴요(緊要)하다, 필요(必要)하다' 등이다. 실(糸)을 단단하게(臤←臣) 죈 다음에 요긴할 때 사용하는 비상용이라고 했으니 [긴하다(緊)]는 뜻이고 [긴]으로 읽는다.
回要(요긴할 요) 回賢(어질 현) 堅(굳을 견) 回緊

필순 一 丂 臣 臣 臤 臤 緊 緊 緊 緊 緊

기초 【기초한자어】 익히고, 【기본→발전한자어】 다지기
緊要(긴요) 꼭 필요함. 매우 소중함
緊張(긴장) 정신을 바짝 차림
緊縮(긴축) 바짝 줄임
• 불침번 근무를 서면서는 조금도 緊張을 늦추지 말게.
• 緊縮 예산이니 緊要한 곳에만 돈을 쓴다는 조건이 붙네.
기본 ③⊥緊急(긴급) 緊密(긴밀) 緊迫(긴박) 要緊(요긴) 緊迫感(긴박감)
발전 ②緊札(긴찰) 緊託(긴탁) ①緊縛(긴박) 緊紗(긴사) 緊屬(긴촉) 緊歇(긴헐) 喫緊(끽긴)
사자성어 ③⊥緊急事態(긴급사태)

부수	획수	총획
言	9	16

諾 허락할 낙【1072】

字源 〈형성〉 어른을 찾아가 학문이나 사업에 관해 정중히 조언을 듣는 경우가 많다. 특별한 일이 아니면 지도해 주고 허락하게 된다. 어른에게 일을 할 수 있도록 들어준 것이다. 말(言)로서 꼭 그렇게 하도록 할 때에는 만약(若)을 위해 다시 깊이 생각해 보도록 주의하면서 긴히 [허락하다(諾)]는 뜻이고 [낙]으로 읽는다.
园許(허락할 허) 回拒(막을 거) 否(아닐 부) 回誇(자랑할 과) 課(공부할 과)

필순 亠 亠 言 言 言 訝 訝 諾 諾 諾

기초 【기초한자어】 익히고, 【기본→발전한자어】 다지기
受諾(수락) 요구를 받아들여 승낙함
應諾(응낙) 응하여 승낙
內諾(내락) 비공식으로 승낙함
• 이 사람아, 결재는 없었지만 이제는 內諾했으니 受諾하도록 하시게.
• 한번 應諾한 다음에 참 고운 연설을 하여 박수를 받았다.
기본 ③⊥承諾(승낙) 快諾(쾌락) 許諾(허락)
발전 ①欣諾(흔낙)
사자성어 ③⊥一諾千金(일낙천금)

부수	획수	총획
女	7	10

娘 계집 낭【1073】

字源 〈형성〉 시집간 여자를 '마님' 시집가지 않은 여자를 '아가씨'라 높여 불렀다. 착하고 어진 여자도 흔히 '아가씨'라 불렀던 것이다. '계집'은 '아내와 여자'를 얕잡아 이르는 말이다. 마음씨가 착하고 행동이 어진(良) 젊은 여자(女)가 아직 어리지만 높여 불렀으니 [아가씨(娘)] 혹은 [계집(娘)]을 뜻하고 [낭]으로 읽는다.
园女(계집 녀) 媛(계집 원) 姬(계집 희) 回郎(사내 랑) 男(사내 남) 回始(비로소 시) 妃(왕비 비)

필순 乚 刀 女 女 女 妒 妒 娘 娘 娘

기초 【기초한자어】 익히고, 【기본→발전한자어】 다지기
娘細胞(낭세포) 세포 분열에 의하여 생긴 두 개의 세포
娘子(낭자) 예전에, '처녀'를 높여 이르던 말
娘子軍(낭자군) 여자로 조직된 군대나 단체
• 세포 분열에 의해 생긴 두 개 세포를 娘細胞라 했다.
• 娘子들로만 조직된 군대를 흔히 娘子軍이라 불렀다.
기본 ③⊥娘娘(낭랑)
발전 ①嬌娘(교낭) 廚娘(주낭)

부수	획수	총획
而	3	9

耐 견딜 내 :【1074】

字源 〈형성〉 참고 견디는 일을 '인내(忍耐)'라 했다. 사람의 참는 한계는 어느 정도 있겠지만 그 이상을 버티면서 죽지 않고 살아간다. 계속 살아가면서 수모도 많지만 이를 감내한다. 죄지은 자가 그에 상응하여 법도(寸)에 의해 품위를 나타내는 수염(而) 깎이는 일을 끝까지 참고 [견디다(耐)]는 뜻이고 [내]로 읽는다.
图 忍(참을 인) 回 端(끝 단) 瑞(상서 서)

필순 一 了 了 丌 丙 而 而 耐 耐

기초 【기초한자어】 익히고, 【기본→발전한자어】 다지기
耐熱(내열) 열에 견딤
耐寒(내한) 추위를 꾹 참고 견딤
忍耐(인내) 참고 견딤
• 내한의 반대말로 열에 잘 견디는 內熱이 있다.
• 忍耐에도 한계가 있지 이 추위에는 耐寒만은 안 된다.

기본 ③Ⅱ 耐性(내성) 耐震(내진) 耐火(내화) 耐久性(내구성) 耐火性(내화성)

발전 ② 耐酸(내산) ① 耐乏(내핍)

부수	획수	총획
宀	11	14

寧
편안 녕【1075】

字源 〈회의〉 창고에 식량이 많으면 마음이 넉넉해 걱정거리가 없다. 마치 창고를 작은 그릇으로 생각했던 모양이다. 의식주가 넉넉하면 시골에 살면서 평안한 마음으로 지내기 때문이다. 집안(宀)에 있는 그릇(皿)에 먹을 것이 가득 차 있으니 마음(心)이 더욱 왕성하여(丁) 도리어 [편안하다(寧)]는 뜻이고 [녕]으로 읽는다.
图 安(편안 안) 康(편안 강) 便(편할 편) 回 賓(손 빈) 憲(법 헌) 凹 寍, 寧

필순 丶 宀 宀 宀 宵 宵 宵 宵 寧

기초 【기초한자어】 익히고, 【기본→발전한자어】 다지기
安寧(안녕) 아무 탈 없이 몸이 건강하고 맘이 편안함
寧日(영일) 일 없이 편안한 날
丁寧(정녕) 정말로 틀림없이
• '너 丁寧 이렇게 할 참이냐?'라고 그를 나무랐다.
• 安寧하시냐고? 묻자 寧日이 없다고 대답했다.

기본 ③Ⅱ 寧親(영친) 康寧(강녕)

발전 ② 寧馨(영형) 遼寧(요녕) 遼寧省(요녕성) 寧馨兒(영형아) ① 寧家(영가) 寧謐(영밀) 寧靖(영정) 晏寧(안녕) 廓寧(확녕)

부수	획수	총획
女	2	5

奴
종 노【1076】

字源 〈회의〉 링컨 대통령은 남북전쟁을 일으켜 흑인 노예를 해방시켰다. 종은 노예처럼 주인의 뜻에 따라 일만 열심히 하면 되었다. 남에게 자유를 빼앗겨서 부림을 받는 사람이다. 손(又←手)과 발을 움직여 일을 하는 여자(女)이지만 자유가 없기에 주인의 말에 따라서 움직이는 [종(奴)]을 뜻하고 [노]로 읽는다.
图 僕(종 복) 隸(종 례) 回 婢(계집종 비) 回 如(같을 여) 努(힘쓸 노) 怒(성낼 노)

필순 ㄥ 女 女 奴 奴

기초 【기초한자어】 익히고, 【기본→발전한자어】 다지기
奴隸(노예) 자유를 구속당하고 남에게 부림을 당하는 사람
奴婢(노비) 양반의 소유물로 예속되어 살아가던 최하층 신분의 사람
奴役(노역) 종이 하는 일
• 婢僕(비복)이나 奴隸는 같은 말로 계집종과 사내 종을 아우른다.
• 전쟁 포로를 奴婢로 삼아 심한 奴役을 시킨 일이 우리 땅에도 있었다.

기본 ③Ⅱ 家奴(가노) 監奴(감노) 賣國奴(매국노) 守錢奴(수전노) ③ 奴隸(노예) 雁奴(안노) 奚奴(해노)

발전 ②⑧ 倭奴(왜노) 匈奴(흉노) ① 奴虜(노로) 奴僕(노복) 酪奴(낙노) 僕奴(복노) 廚奴(주노)

부수	획수	총획
肉	9	13

腦
골 뇌
뇌수 뇌【1077】

字源 〈회의〉 근원이 튼튼한 물은 결코 마르지 않는다. 사람의 뇌도 쉼 없이 사색하고 탐구하면서 여러 가지로 이롭게 쓰인다. 뇌는 두개골 속에 보호되어 있으며 중추 신경계를 차지한다. 물(巛)이 쉼 없이 아래로 흐르듯이 머리(囟)로 깊이 생각하는 사람의 몸(月) 일부분인 [골(腦)] 또는 [뇌수(腦)]를 뜻하고 [뇌]로 읽는다.
回 惱(번뇌할 뇌) 凹 脳

필순 丿 刀 月 月 肝 肝 肝 腦 腦 腦 腦

기초 【기초한자어】 익히고, 【기본→발전한자어】 다지기
腦裏(뇌리) 머릿속, 마음속
腦膜(뇌막) 뇌수를 싸고 있는 막
首腦(수뇌) 어떤 조직 단체 기관에서 중요자리의 인물
• 뇌수를 싸고 있는 중요한 막을 腦膜이라고 한다.
• 腦裏에 적군 首腦의 험상궂은 얼굴이 떠올랐다.

기본 ③Ⅱ 腦死(뇌사) 腦炎(뇌염) 腦波(뇌파) 大腦(대뇌) 頭腦(두뇌) 洗腦(세뇌) 首腦部(수뇌부) 腦神經(뇌신경) 腦卒中(뇌졸중) 腦出血(뇌출혈)

발전 ② 腦膜炎(뇌막염) ① 腦瘃(뇌사) 腦髓(뇌수) 腦漿

3급Ⅱ

(뇌장) 髓腦(수뇌)

부수	획수	총획
水	5	8

진흙 니【1078】

字源 〈형성〉 진흙은 물 빠짐이 좋지 않을 뿐만 아니라 곡식이 잘 자라지도 못한다. 가만히 정지되어 있는 물가에는 진흙이 상당히 많기도 하다. 진흙은 빛깔이 붉고 차진 흙이니 찰흙이다. 연못같이 물(氵)이 고여 있는 바닥에 잘게 그쳐서 가라앉아 있는 매우 끈끈한 흙(尼)으로 [진흙(泥)]을 뜻하고 [니]로 읽는다.
回尼(여승 니)

필순 丶丶氵氵汀汀沪泥泥

기초 【기초한자어】 익히고, 【기본→발전한자어】 다지기
泥醉(이취) 술이 곤드레만드레하게 취함
泥土(이토) 진흙
金泥(금니) 아교에 갠 금박 가루
• 자주 쓰이지는 않지만, 金泥라고 했으니 아교의 금박 가루다.
• 泥醉한 취객이 泥土에 빠져서 일어서지 못해 허우적거린다.
기본 3Ⅱ 泥田(이전) 3 泥塗(이도) 塗泥(도니)
발전 2 泥滑(이활) 1 泥塑(이소) 泥滓(이재) 泥菖(이창) 泥鰍(이추)
사자성어 3Ⅱ 雲泥之差(운니지차) 3 泥田鬪狗(이전투구)

부수	획수	총획
艹	6	10

차 다
차 차【1079】

字源 〈형성〉 차 종류는 여러 가지다. 홍차, 녹차 등 풀이나 나무열매를 적당히 끓여서 휴식을 취하면서 마셨다. 차나무의 잎을 따서 달이거나 우려서 손님 대접으로 적격인 음료수다. 사람(人)이 풀(艹)잎이나 나무(木) 열매를 끓여 음료수나 피로회복제로 자주 마셨다 했으니 접대용 [차(茶)]를 뜻하고 [다] 또는 [차]로 읽는다.
回菜(나물 채)

필순 一 十 卄 艹 艾 苓 苓 茶 茶

기초 【기초한자어】 익히고, 【기본→발전한자어】 다지기
茶食(다식) 가루를 꿀이나 엿에 반죽한 꽃 판에 박은 유밀과
茶園(다원) 차나무를 심은 밭
茶盤(차반) 찻잔을 담는 쟁반
• 그대의 茶園에서 생산된 차 맛이 그야말로 일품인데, 맛 한번 볼까?
• 茶盤에 곱게 내온 차보다는 茶食이 더 맛있다고 소문이 났다.
기본 3Ⅱ 茶器(다기) 茶道(다도) 茶禮(다례) 茶房(다방) 綠茶(녹차) 葉茶(엽차) 紅茶(홍차) 茶飯事(다반사)
발전 2 茶菓(다과) 1 喫茶(끽다) 茶臼(다구) 茶坊(다방) 茶匙(다시) 茶藹(다애) 臘茶(납다) 抹茶(말차) 煎茶(전다) 茶盞(찻잔)

부수	획수	총획
丶	3	4

붉을 단【1080】

字源 〈지사〉 지하자원을 캐내는 광산에 가면 우물 틀처럼 나무로 얽혔다. 입구를 통하여 단사인 광물질을 캐냈다. 붉다는 핏빛과 같거나 핏빛과 같이 되어 있다는 뜻으로 쓰인다. 깊은 동굴(丹←井) 입구를 통하여 많이 묻혀있는 단사인 광물질(丶)을 캐냈으니 그 색깔이 대단히 [붉다(丹)]는 뜻이고 [단]으로 읽는다.
圖赤(붉을 적) 紅(붉을 홍) 朱(붉을 주) 回舟(배 주)

필순 丿 刀 刀 丹

기초 【기초한자어】 익히고, 【기본→발전한자어】 다지기
丹田(단전) 배꼽에서 아래로 한 치쯤 되는 부위
丹靑(단청) 붉은 빛과 푸른 빛. 고찰의 채색
丹楓(단풍) 늦가을에 빛이 붉고 누르게 변한 나뭇잎
• 배꼽 아래로 한 치쯤 되는 부위에 손을 얹어 丹田 호흡을 한다.
• 가을 산사의 丹靑과 丹楓이 한데 어울려 절경을 이룬다.
기본 3Ⅱ 丹誠(단성) 丹心(단심) 丹藥(단약) 丹粧(단장) 契丹(글안) 牧丹(목단) 仙丹(선단) 2 丹款(단관) 丹闕(단궐) 丹脂(단지) 煉丹(연단)
발전 28 丹鼎(단정) 丹朶(단채) 1 丹莖(단경) 丹鵠(단곡) 丹礫(단력) 丹堊(단악) 丹陛(단폐) 丹霞(단하) 丹虹(단홍)
사자성어 3Ⅱ 一片丹心(일편단심) 28 丹脣皓齒(단순호치)

부수	획수	총획
人	5	7

다만 단 :【1081】

字源 〈형성〉 하루 계획은 아침에 있고, 일 년 계획은 음력 정월에 있다. 발전적이고 바람직한 계획을 잘 세운다. '다만'은 뒤 내용이, 앞 내용의 예나 조건이 될 때는 문장을 이어주는 역할을 한다. 사람(亻)이 아침(旦)에 일찍 일어나서 하루의 일과를 혼자서 곰곰하게 생각해 보았으니 [다만(但)

을 뜻하고 [단]으로 읽는다.

周只(다만 지) 唯(오직 유) 回個(낱 개) 旦(아침 단)

필순 ノ イ 仁 仈 佀 但 但

기초 【기초한자어】 익히고, 【기본 → 발전한자어】 다지기
但書(단서) 본문 다음에 덧붙이면서 나타낸 글
但只(단지) 다만. 오직
非但(비단) 부정하는 말 앞에서 '다만'의 뜻으로 쓰임
• 그것은 但只 소문에 불과하다.
• 非但과 但書 부분만이 아니고 본문에서도 여러 가지로 문제가 많다.

기본 ③I 但空(단공)

부수	획수	총획
日	1	5

旦 아침 단 【1082】

字源 〈상형〉 지구가 서쪽에서 동쪽으로 자전하며 지구가 태양의 둘레를 도는 공전 때문에 반대로 그렇게 보인다. 지구에서 보는 반대이다. 날이 샐 무렵부터 오전의 중간쯤까지의 동안이다. 찬란한 아침 햇빛(日)이 동쪽 지평선(一)저 멀리서 점차 떠오르고 있으니 날이 밝은 [아침(旦)]을 뜻하고 [단]으로 읽는다.

周朝(아침 조) 回暮(저물 모) 夕(저녁 석) 回무(이를 조) 但(다만 단) 亘(뻗칠 긍/베풀 선) 且(또 차)

필순 ㅣ 冂 冃 日 旦

기초 【기초한자어】 익히고, 【기본 → 발전한자어】 다지기
歲旦(세단) 정월 초하루 아침
元旦(원단) 설날 아침
무旦(조단) 조조. 이른 아침
• 무旦 또한 歲旦과 다를 바 없이 쓰였으나 지금은 잘 쓰지 않는 한자어다.
• 연초를 말하는 元旦과 歲旦은 그 뜻이 비슷한 의미를 갖는다.

기본 ③I 一旦(일단) ③ 旦暮(단모)
발전 ①昧旦(매단) 詰旦(힐단)

부수	획수	총획
水	8	11

淡 맑을 담 【1083】

字源 〈형성〉 알코올 램프로 물을 가열하면 잡균이 죽어 깨끗한 증류수가 된다. 집에서는 100도 이상 물을 끓여 먹는다. 잡티가 하나도 섞이거나 흐리지 않고 깨끗한 물이라 한다. 활활 타오르는 불꽃(炎)에 끓이고 증류한 물(氵)은 마

음 놓고 마실 수가 있는 물이라고 알려진다니 [맑다(淡)]는 뜻이고 [담]으로 읽는다.

周淑(맑을 숙) 清(맑을 청) 回濃(짙을 농) 回炎(불꽃 염) 洗(씻을 세) 沒(빠질 몰)

필순 ⌐ ⌐ ⌐ ⌐ 氵 氵 氵 氵 淡 淡 淡

기초 【기초한자어】 익히고, 【기본 → 발전한자어】 다지기
淡淡(담담) 마음이 고요하고 맑음
淡白(담백) 욕심이 없고 순수한 마음
清淡(청담) 욕심이 없고 마음이 깨끗함
• 清淡은 욕심이 없고 깨끗한 마음이니 이렇게 살면 좋겠다.
• 그는 늘 淡白한 성품대로 말씀도 유창하고 생각도 원만하고 淡淡하구나.

기본 ③I 淡水(담수) 冷淡(냉담) 雅淡(아담) ③ 淡泊(담박)
발전 ②濃淡(농담) ②⑧淡淵(담연) 沖淡(충담) ①淡抹(담말)

부수	획수	총획
足	8	15

踏 밟을 답 【1084】

字源 〈형성〉 발을 연속 움직여서 밟으면 앞으로 걸어서 움직인다. 물이 흐르듯이 말이 입에서 나와 거듭하여 상대와 대화한다. 보리밭 밟기도 했으니 발을 들었다 놓으면서 대고 눌러 밟았다. 발(足)을 여러 번 앞으로 자축거려 거듭(沓)해서 연속적으로 움직여 내딛어 걸어갔으니 [밟다(踏)]는 뜻이고 [답]으로 읽는다.

周履(밟을 리) 踐(밟을 천) 回蹈(밟을 도)

필순 ㅣ 冂 ㅁ 吊 吊 別 別 跀 跐 踏 踏

기초 【기초한자어】 익히고, 【기본 → 발전한자어】 다지기
踏襲(답습) 옛 방식이나 수법대로 행함
踏青(답청) 봄에 풀을 밟으면서 거니는 것
踏破(답파) 험한 길이나 먼 길을 끝까지 걸어서 돌파하는 것
• 사랑하는 그대와 함께 踏青을 했다.
• 작년 방법을 踏襲하지 말고 이제는 踏破를 해 보자.

기본 ③I 踏步(답보) 踏査(답사) 踏至(답지) 高踏(고답) ③ 遍踏(편답) 高踏的(고답적)

발전 ②蹴踏(축답) ①踏碎(답쇄) 踏藉(답자) 踏踵(답종)
사자성어 ③I 踏步狀態(답보상태)

부수	획수	총획
口	7	10

唐 당나라 당(：)
당황할 당(：) 【1085】

3급Ⅱ

字源 〈형성〉 자신만만하거나 오직 자신만을 믿는다. 황당무계한 사람이 많다고들 이야기한다. 갑자기 의외의 일로 어리둥절해 하거나 어찌할 바를 모르기도 한다. 도리깨로 곡식을 털면(庚) 낱알이 튀듯이. 여러 사람의 말(口)은 종잡을 수가 없었으니 [당나라唐] 또는 매우 [당황하다(唐)]는 뜻이고 [당]으로 읽는다.
回 糖(엿 당) 康(편안 강) 庚(별 경)

필순 一广户户户户庚唐唐唐

기초 【기초한자어】 익히고, 【기본→발전한자어】 다지기
唐突(당돌) 올 차고 다부진 모양
唐體(당체) 한자 글씨체의 한 가지. 명조체
唐慌(당황) 몹시 놀라 어리둥절한 모양
• 흔히 唐體는 명조체라고 불리는 글씨이다.
• 아이가 唐突하게 튀어 나와서 교통사고가 날까봐 唐惶했다.
기본 ③ 唐詩(당시) 荒唐(황당) 盛唐詩(성당시)
발전 ② 隋唐(수당) ① 唐虞(당우) 虞唐(우당) 頹唐(퇴당)

부수	획수	총획
米	10	16

엿 당 【1086】

字源 〈형성〉 찹쌀이나 멥쌀로 밥을 지어 엿기름을 넣어 우린 물로 삭히면 '식혜' 혹은 '감주'가 된다. 곡식을 엿기름으로 삭힌 뒤에 자루에 넣어 짜낸 국물을 잘 고아서 굳힌 음식이다. 쌀(米)로 삭힌 뒤에 긴 막대로 두드리면(庚) 사람 입(口)에 잘 달라붙는 달콤한 사탕 맛을 엿보이니 [엿(糖)]을 뜻하고 [당]으로 읽는다.
回 唐(당나라 당)

필순 丶丷丷半米米〵米〵米〵糖〵糖糖

기초 【기초한자어】 익히고, 【기본→발전한자어】 다지기
糖尿(당뇨) 당분이 많이 섞여 나오는 오줌
糖類(당류) 물에 잘 녹으며 단맛이 있는 탄수화물
果糖(과당) 꿀이나 단 과일 속에 들어 있는 당분
• 果糖은 당뇨환자에게 독약이니 부디 잊지 말게나.
• 糖尿환자야말로 糖類 섭취를 안 해야 한다.
기본 ③ 糖分(당분) 糖質(당질) 製糖(제당) 血糖(혈당) 砂糖(사탕) 雪糖(설탕) 糖水肉(탕수육)
발전 ② 糖尿病(당뇨병) ① 蔗糖(자당)

부수	획수	총획
至	8	14

대 대 【1087】

字源 〈회의〉 평지보다 높직하게 쌓은 곳을 흔히 돈대라 부른다. 누각도 조금 높직하게 만들어 멀리 바라볼 수 있었다. 평지보다 조금 높직하면서 두드러진 평평한 땅이 돈대다. 높은(高) 누각에 이르러서(至) 살피는 [대(臺)] 혹은 사람이 이르면(至) 길하다(吉) 했으니 높은(冖) 곳인 [돈대(臺)]를 뜻하고 [대]로 읽는다.
回 喜(기쁠 희) 앱 台, 䑓

필순 一十吉吉吉直直直臺臺臺臺

기초 【기초한자어】 익히고, 【기본→발전한자어】 다지기
臺帳(대장) 기본 사항을 기록한 장부
鏡臺(경대) 거울을 달아 세운 화장대
土臺(토대) 흙으로 쌓아올린 대
• 여자들은 아침이면 꼭 鏡臺 앞에 앉아서 화장을 꼼꼼히 한다.
• 이 土臺는 臺帳에는 기록되어 있지 않았으니 참으로 묘한 일이다.
기본 ③ 臺木(대목) 臺詞(대사) 臺紙(대지) 架臺(가대) 燈臺(등대) 望臺(망대) 舞臺(무대) 築臺(축대) 寢臺(침대) 觀象臺(관상대) 氣象臺(기상대) 斷頭臺(단두대) 展望臺(전망대) 天文臺(천문대) 卓球臺(탁구대) 平均臺(평균대) ③ 燭臺(촉대)
발전 ② 臺灣(대만) 釣臺(조대) 絞首臺(교수대) ② 瞻星臺(첨성대) 邢臺縣(형대현) ① 臺笠(대립) 烽臺(봉대) 盞臺(잔대) 錐臺(추대)
사자성어 ③ 高臺廣室(고대광실)

부수	획수	총획
貝	5	12

빌릴 대 :
뀔 대 : 【1088】

字源 〈형성〉 돈을 빌려주는 목적은 여러 가지 이유가 있다. 대가로 이자를 받기 위해서, 아니면 그냥 빌려 주기도 한다. 나중에 갚거나 다시 돌려주기로 하고 얼마간 가져다 쓴다. 남의 돈(貝)을 그 사람을 대신해서(代) 소지할 수 있도록 하면서 돈을 [꿨으니(貸)] 차용자의 입장에서 [빌리다(貸)]는 뜻이고 [대]로 읽는다.
回 借(빌 차) 回 貰(품삯 임) 資(재물 자)

필순 ノイ仁代代代貸貸貸貸貸

기초 【기초한자어】 익히고, 【기본→발전한자어】 다지기
貸金(대금) 돈을 꾸어 줌. 또는 꾸어 준 돈
貸付(대부) 금융 기관에서 기한을 정하고 돈을 꾸어 줌
賃貸(임대) 돈을 받고 물건을 남에게 빌려 줌
• 빌린 貸金을 일시에 갚았다.
• 賃貸하여 받은 돈을 다시금 예금하면 은행에서는 잘 貸付하여 준다.
기본 ③ 貸物(대물) 貸損(대손) 貸與(대여) 貸用(대용) 貸越

(대월) 貸切(대절) 貸借(대차) 貸出(대출) 先貸(선대)
戰貸(전대).
발전 ① 貸宥(대유) 饒貸(요대) 宥貸(유대) 逋貸(포대)
사자성어 ③Ⅱ 高利貸金(고리대금)

부수	획수	총획
刀	0	2

칼 도【1089】

字源 〈상형〉 칼은 생활해 가는 데 아주 필요한 도구다. 음식물
을 만들 때나 싸움터에 나가 싸울 때도 보신용 귀중품이
었다. 금속의 한쪽 모서리에 날을 세워 깎거나 썰거나 찌
르는 연장이다. 윗부분의 칼자루와 아랫부분의 칼 몸 그
리고 예리한 칼날의 모양을 두루 본떠서 단도인 [칼(刀)]
을 뜻하고 [도]로 읽는다.
图劍(칼 검) 回力(힘 력) 刃(칼날 인)

필순 ㄱ刀

기초 【기초한자어】 익히고, 【기본→발전한자어】 다지기
果刀(과도) 과일을 깎는 칼
軍刀(군도) 군인이 차는 일정한 형식의 긴 칼
刀劍(도검) 칼이나 검을 아울러 이르는 말
• 칼이나 검을 刀劍이라 하고 쓰임에 따라 분류한다.
• 果刀와 軍刀는 모두 칼이지만 쓰임은 다르다.
기본 ③Ⅱ 戒刀(계도) 亂刀(난도) 短刀(단도) 面刀(면도) 竹刀
(죽도) 執刀(집도) 快刀(쾌도) 銀粧刀(은장도)
발전 ② 纖刀(섬도) ②⑧ 刀圭(도규) 刀柄(도병) 倭刀(왜도)
① 囊刀(낭도) 刀戟(도극) 刀斧(도부) 刀槍(도창) 刀脊
(도척) 刀砧(도침) 刀痕(도흔) 鸞刀(난도) 剪刀(전도)
錐刀(추도) 佩刀(패도) 牌刀(패도) 膾刀(회도) 閃刀紙
(섬도지)
사자성어 ③Ⅱ 單刀直入(단도직입) 一刀兩斷(일도양단)

부수	획수	총획
辶	7	11

길 도 :【1090】

字源 〈형성〉 큰 길은 도로로 통한다는 말이 있다. 길은 인류문
명 발전의 기초, 물자의 운송로, 지식과 문화 및 기술의
전파로, 군사 이동로란 교통수단이자 정보와 재화의 유통
수단이다. 사람이 걸어 다닐(辶) 수 있도록 여유(余) 있게
만든 [길(途)] 혹은 아직 갈 길이 많이 남아있는(余) [길(途)]
을 뜻하고 [도]로 읽는다.
图道(길 도) 路(길 로) 程(길 정) 回徐(천천할 서) 除(덜 제)

필순 人 亼 亼 仐 余 余 余 余 途途

기초 【기초한자어】 익히고, 【기본→발전한자어】 다지기
方途(방도) 어떤 일을 하면서 풀어가는 방법과 도리
別途(별도) 딴 방도나 방면
前途(전도) 앞으로 나아갈 길. 장래
• 그 친구는 前途가 창창한 젊은이로 크게 기대되는
인물이라네.
• 이 문제를 해결하는 데 別途의 方途가 혹시 있습니까?
기본 ③Ⅱ 途上(도상) 用途(용도) 壯途(장도) 長途(장도) 征途
(정도) 中途(중도)
발전 ① 坦途(탄도)
사자성어 ③Ⅱ 途中下車(도중하차) 前途洋洋(전도양양)

부수	획수	총획
阜	8	11

화락하게 즐길 요
질그릇 도【1091】

字源 〈형성〉 질그릇은 흙으로 빚어 가마굴에 넣고 불을 피워
굽는다. 단단하게 구워서 유약을 발라 윤을 냈던 것이다.
잿물을 입히지 않고 진흙만으로 구워 만들기도 한다. 높
은 언덕(阝←阜) 위의 가마솥(勹)에서 흙을 빚어 화로에
서 구운 고운 항아리(缶)를 만들었으니 [질그릇(陶)]을
뜻하고 [도] 혹은 [요]로 읽는다.
图甄(질그릇 견) 瓷(사기그릇 자) 回陷(빠질 함) 隆(높을 륭)

필순 ⻖ ⻖ ⻖ ⻖ ⻖ 陶 陶 陶 陶

기초 【기초한자어】 익히고, 【기본→발전한자어】 다지기
陶器(도기) 오지 그릇
陶醉(도취) 술에 취해 기분이 매우 좋음
陶陶(도도) 따라가는 모양
• 그 여인의 陶陶한 모습에 반했다.
• 陶器의 질박한 멋에 그만 陶醉해 버렸다.
기본 ③Ⅱ 陶工(도공) 陶然(도연) 陶藝(도예) 陶人(도인) 陶朱
(도주) ③ 陶誕(도탄)
발전 ② 陶磁(도자) ②⑧ 陶泓(도홍) 甄陶(견도) 皐陶(고요)
薰陶(훈도) 陶淵明(도연명) ① 陶模(도모) 陶台(도야)
陶窯(도요) 窯陶(요도) 蒲陶(포도)

부수	획수	총획
人	8	10

넘어질 도 :【1092】

字源 〈형성〉 아장아장 걷던 어린이는 앞으로 잘 넘어진다. 어
른도 발길에 걸려 곤두박질하여 넘어지기 십상인 길이다.
가만히 서 있다가 그냥 중심을 잃고 바닥에 쓰러지는 경
우도 더러 있다. 길을 걸어가던 사람(亻)이 돌덩이나 나무
에 걸려서 곤두박질하여 거꾸러졌으니(到) [넘어지다(倒)]

3급Ⅱ

는 뜻이고 [도]로 읽는다.
圓 到(이를 도)

[필순]

[기초] 【기초한자어】 익히고, 【기본→발전한자어】 다지기
倒錯(도착) 뒤바뀌어 거꾸로 됨
倒産(도산) 가산을 탕진함. 파산
打倒(타도) 어떤 대상이나 세력을 쳐서 거꾸러뜨림
• 남의 뒤를 따라 다니다 倒錯되는 사례도 있었다.
• 독재정권 하에서 우리는 打倒의 대상이 되어서 그만 倒産을 당했다.

[기본] ③Ⅱ 倒壞(도괴) 倒立(도립) 倒着(도착) 倒置(도치) 傾倒(경도) 壓倒(압도) 卒倒(졸도)

[발전] ② 倒戈(도과) ① 倒伏(도복) 倒繃(도붕) 倒曳(도예) 罵倒(매도) 顚倒(전도) 跌倒(질도)

부수	획수	총획
木	6	10

복숭아 도【1093】

[字源] 〈형성〉 '복숭아나무는 귀신이 싫어하는 것'이란 이야기가 전한다. 복숭아나무는 귀신 쫓는 마력이 있었다. 복숭아는 여름 과일의 여왕이라고 불릴 정도로 색과 질감이 매우 부드럽다. 어려운 일이 있어 복점(兆)을 치고 난 후 사악한 기운을 내쫓는다는 나무(木)라고 불렀으니 [복숭아(桃)]를 뜻하고 [도]로 읽는다.
圓 挑(돋울 도) 逃(도망할 도) 跳(뛸 도)

[필순] 一十才才杉杉杉机桃桃

[기초] 【기초한자어】 익히고, 【기본→발전한자어】 다지기
桃花(도화) 복숭아꽃
桃李(도리) 복숭아와 자두, 또는 그 꽃이나 열매
天桃(천도) 하늘나라에서 난다고 하는 복숭아
• 복숭아와 자두를 桃李라면서 서사한 옛날 이야기가 생각나 책을 뒤적인다.
• 桃花가 아름다우니 올해에는 天桃가 많이 열리겠구나.

[기본] ③Ⅱ 桃園(도원) 桃仁(도인) 胡桃(호도) 紅桃(홍도) 黃桃(황도)

[발전] ② 桃膠(도교) ②⑧ 扁桃(편도) ① 桃夭(도요) 桃弧(도호) 蟠桃(반도) 櫻桃(앵도) 夭桃(요도)

[사자성어] ③Ⅱ 桃色雜誌(도색잡지) 桃園結義(도원결의) 武陵桃源(무릉도원)

부수	획수	총획
水	9	12

건널 도【1094】

[字源] 〈형성〉 깊은 물을 건너려면 발이 미끄러워 넘어질 염려가 있다. 한 발 두 발 수를 세듯이 조심하면서 건너야 한다고 가르친다. 시냇물을 뛰어 넘거나 지나서 맞은 편으로 옮기기도 한다. 수심이 깊은 강을 건널 때에 한 발 두 발쯤은 물(氵)의 깊이를 조심하여 헤아리면서(度) [건너다(渡)]는 뜻이고 [도]로 읽는다.
圓 濟(건널 제) 涉(건널 섭) 圓 度(법도 도)

[필순]

[기초] 【기초한자어】 익히고, 【기본→발전한자어】 다지기
過渡(과도) 한 상태에서 다른 새로운 상태로 옮아가거나 바뀌어 가는 도중
讓渡(양도) 재산이나 물건을 남에게 넘겨줌
引渡(인도) 사물이나 권리 따위를 넘겨줌
• 여보시게! 이제는 그 물건을 讓渡할 때가 되었지 않는가?
• 지금은 이 모든 것을 자국으로 引渡를 받고 있는 過渡期라고 하면 좋겠네.

[기본] ③Ⅱ 渡江(도강) 渡來(도래) 渡美(도미) 渡日(도일) 渡河(도하) 渡航(도항) 賣渡(매도) 明渡(명도) 不渡(부도) 言渡(언도) 過渡期(과도기) 前渡金(전도금)

[발전] ② 津渡(진도) ②⑧ 繩渡(승도) ① 渡丞(도승)

[사자성어] ③Ⅱ 讓渡所得(양도소득)

부수	획수	총획
穴	4	9

갑자기 돌【1095】

[字源] 〈회의〉 싸우던 개가 쫓기면 작은 구멍이라도 찾아 달아난다. 어느 목적한 곳에 쉽게 가려면 구멍을 만들어 지름길로 다녔다. 그래서 흔히 '개구멍'이라 했겠다. 매우 세차게 가 닿는다. 다른 개에게 쫓기던 개(犬)가 그만 좁은 구멍(穴)을 빠져서 뛰쳐나왔으니 [갑자기(突)] 또는 [부딪치다(突)]는 뜻이고 [돌]로 읽는다.
圓 衝(찌를 충) 撞(칠 당) 忽(갑자기 홀) 圓 空(빌 공) 究(연구할 구)

[필순]

[기초] 【기초한자어】 익히고, 【기본→발전한자어】 다지기
突發(돌발) 일이 별안간에 발생함
突然(돌연) 갑자기. 별안간. 급히
突破(돌파) 그냥 쳐서 깨뜨림
• 이제는 더 이상 머뭇거릴 것이 아니라 빨리 突破해야 하겠소.
• 突然하게 일어난 突發 사태이지만 그대가 책임져야겠소.

[기본] ③Ⅱ 突擊(돌격) 突厥(돌궐) 突起(돌기) 突變(돌변) 突入(돌입) 突進(돌진) 突出(돌출) 突風(돌풍) 激突(격돌)

唐突(당돌) 煙突(연돌) 溫突(온돌) 追突(추돌) 衝突
(충돌) 突破口(돌파구)

발전 ② 突擊戰(돌격전) ① 撞突(당돌) 突童(돌당) 突棒(돌봉)
突梯(돌제) 猪突(저돌) 馳突(치돌)

사자성어 ③Ⅱ 突然變異(돌연변이) 左衝右突(좌충우돌)

부수	획수	총획
冫	8	10

凍

얼 동 【1096】

字源 〈형성〉 기온이 영도 이하로 내려가면 얼음이 꽁꽁 언다.
온도가 더 아래로 내려가면 물속까지 꽁꽁 얼어서 스키나
썰매까지도 탈 수 있다. 온도가 내려감에 따라 차고 단단
하게 굳는 계절이다. 심한 추위 때문에 물 속 깊은 곳까지
꿰뚫어서(東) 꽁꽁 얼음(冫)이 얼어붙었으니 [얼다(凍)]는
뜻이고 [동]으로 읽는다.
⑧ 冷(찰 랭) ⑩ 東(동녘 동)

필순 ` ` ` ` ` 冫 冫 冫 冫 冫 凍 凍 凍

기초 【기초한자어】 익히고, 【기본→발전한자어】 다지기
凍結(동결) 추위나 냉각으로 얼어붙음
凍死(동사) 얼어 죽음
凍土(동토) 얼어붙은 땅
• 임금은 정부의 방침이 없는 한 凍結할 것입니다.
• 열대에 사는 토인을 凍土에 보내면 凍死하고 말걸.

기본 ③Ⅱ 凍氷(동빙) 凍傷(동상) 凍破(동파) 冷凍(냉동) 不凍
(부동) 解凍(해동) 不凍液(부동액) ③ 凍凝(동응)

발전 ② 凍屍(동시) ① 呵凍(가동) 凍瘡(동창) 凍脆(동취)

사자성어 ③Ⅱ 凍氷寒雪(동빙한설)

부수	획수	총획
糸	6	12

絡

이을 락
얽을 락 【1097】

字源 〈형성〉 새끼줄은 길게 늘이려면 떨어져 있는 실 끝을 하
나씩 동여맨다. 굵게 꼬이기도 하고 씨실과 같이 가늘게 날
기도 한다. 실이나 새끼줄이 끊어지지 않도록 계속되게
잇다는 뜻이다. 여러 가지로 각각(各) 떨어져 있는 실 끝
(糸)을 마디마디 엮어가면서 길게 연결하니 [잇다(絡)]는
뜻이고 [락]으로 읽는다.
⑧ 連(이을 련) 聯(연이을 련) 脈(줄기 맥) ⑩ 斷(끊을 단) ⑩ 洛
(물이름 락) 落(떨어질 락) 路(길 로) 給(줄 급)

필순 ` 幺 幺 糸 糸 糸 糸 終 終 絡 絡

기초 【기초한자어】 익히고, 【기본→발전한자어】 다지기
經絡(경락) 몸 전체에 퍼져 있는 기와 혈이 도는 통로

脈絡(맥락) 사물이 서로 잇닿아 있는 관계나 연관
連絡(연락) 서로 이어 대는 것
• 대화할 때는 이야기의 脈絡을 파악해야 한다.
• 經絡을 잘 보시는 한의사에게 곧 連絡하여 보시게.

기본 ③Ⅱ 絡車(낙거) 聯絡(연락)

발전 ② 籠絡(농락) 聯絡網(연락망) ① 絡繹(낙역) 絡蹄(낙제)
閃絡(섬락)

사자성어 ③Ⅱ 連絡不絕(연락부절) ① 絡繹不絕(낙역부절)

부수	획수	총획
木	17	21

欄

난간 란 【1098】

字源 〈회의〉 망루나 고층건물의 가장자리에 벽이나 철망으로
둘러막는다. 층계, 다리, 툇마루의 가장자리에 나무나 쇠
로 만든 기둥을 이용해 일정 간격으로 막은 엉성한 일시
적 구조물이다. 높은 건물에 사람이 떨어지지 못하도록
가장자리를 나무(木)로 걸쳐서 막았으니 (闌) [난간(欄)]을
뜻하고 [란]으로 읽는다.
⑧ 檻(난간 함) ⑩ 蘭(난초 란) 爛(빛날 란)

필순 一 十 木 朾 朾 柙 柙 欄 欄 欄 欄 欄

기초 【기초한자어】 익히고, 【기본→발전한자어】 다지기
欄干(난간) 층계나 정자의 가장자리를 막은 시설물
欄邊(난변) 난간 가장자리. 난간 주변
空欄(공란) 지면의 빈 난. 또는 표 따위의 빈 칸
• 흔히 난간 가장자리나 난간 주변을 흔히 欄邊이라
고 부른다.
• 이 그림은 欄干을 그리고 나서 빈 空欄을 색칠하
면, 이제 모든 공정이 끝난다.

기본 ③Ⅱ 樓欄(누란)

발전 ②특 欄杆(난간) ① 欄檻(난함) 檻欄(함란)

부수	획수	총획
艸	17	21

蘭

난초 란 【1099】

字源 〈형성〉 매. 란. 국. 죽의 고결함이 군자와 같다고 하여 사
군자라 했다. 난초는 뿌리가 굵고, 잎은 홀로 마치 칼집
모양으로 생겼다. 그 잎은 길고 엇갈려 돋고 꽃향기가 그
윽하다. 난간(闌)처럼 잎이 엇갈린 풀(艹)로 [난초(蘭)] 혹
은 문(門) 안에 가려서(東) 심는 화초(艹)로 [목란(蘭)]을
뜻하고 [란]으로 읽는다.
⑩ 欄(난간 란) 爛(빛날 란)

필순 一 十 卝 艹 艹 門 門 蘭 蘭 蘭 蘭

3급Ⅱ

【기초한자어】 익히고, 【기본→발전한자어】 다지기
春蘭(춘란) 봄에 꽃이 피는 난초
蘭香(난향) 난초의 향기
和蘭(화란) 네덜란드의 한자음 표기
• '네델란드'를 한자음으로 '和蘭'이라고 했으니, 한자 표음화 위대함이 엿보인다.
• 春蘭은 蘭香은 없지만 그 소박함에 멋이 있다.

기본 ③Ⅱ 蘭殿(난전) 蘭草(난초) 蘭秋(난추) 佛蘭西(불란서)
발전 ②８ 蘭芬(난분) 蘭艾(난애) 芬蘭(분란) 汀蘭(정란) 芝蘭(지란) 皐蘭寺(고란사) 皐蘭草(고란초) ①特 蘭奢(난사) 蘭麝(난사) 蘭蕉(난초)
사자성어 ③Ⅱ 金蘭之交(금란지교) ②８ 芝蘭之交(지란지교) 芝蘭之室(지란지실)

廊
부수	획수	총획
广	10	13

사랑채 랑【1100】

字源 〈형성〉 본채는 내당 마님이 거처했고 행랑은 바깥마님이 거처하면서 손님을 극진하게 맞이했다. 이 중에서 집의 안채와 떨어져 바깥마님이 거처하며 손님 접대용인 집채를 뜻한다. 사내(郎)들이 주로 거처하며 공부하려는 본채에 딸린 작은 집(广)으로 [사랑채(廊)] 또는 [행랑채(廊)]를 뜻하고 [랑]으로 읽는다.
回 郎(사내 랑)

필순

【기초한자어】 익히고, 【기본→발전한자어】 다지기
畫廊(화랑) 그림 등 미술품을 전시하는 시설
回廊(회랑) 양옥의 어떤 방을 둘러싸고 나 있는 마루
行廊房(행랑방) 대문간에 붙어 있는 방
• 바깥마님은 行廊房에서 거처했다.
• 이 畫廊은 그림을 回廊에 전시하였다.

기본 ③Ⅱ 廊下(낭하) 舍廊(사랑) 殿廊(전랑) 行廊(행랑) 舍廊房(사랑방)
발전 ② 廻廊(회랑)

浪
부수	획수	총획
水	7	10

물결 랑(:)【1101】

字源 〈형성〉 바람이 살랑 불거나 돛단배가 물위를 지나면 고운 물결이 출렁거렸다. 때로는 물결이 거센 파도가 되기도 한다. 무리나 떼 지은 움직인 모양이나 현상을 비유적으로 이르는 말이다. 바닷물이나 강물(氵)이 가벼운 바람에 의해 보기 좋게(良) 넘실거리면서 출렁거렸으니 [물결(浪)]을 뜻하고 [랑]으로 읽는다.

⑤ 波(물결 파) 漫(흩어질 만) 回 良(어질 량) 郎(사내 랑) 娘(계집 낭) 狼(이리 랑)

필순

【기초한자어】 익히고, 【기본→발전한자어】 다지기
激浪(격랑) 거센 파도. 어렵고 모진 시련
波浪(파랑) 작은 물결과 큰 물결
風浪(풍랑) 바람결에 따라 일어나는 물결
• 넓은 바다에는 작은 물결과 큰 물결들이 波浪을 만든다.
• 風浪이 이렇게 거세니 마침 激浪이라 할 만하겠다.

기본 ③Ⅱ 浪說(낭설) 浪費(낭비) 浪人(낭인) 孟浪(맹랑) 放浪(방랑) 浮浪(부랑) 流浪(유랑) 浮浪者(부랑자) ③ 浪漫(낭만)
발전 ② 滄浪(창랑) ①特 鯨浪(경랑) 浪沫(낭말) 聊浪(요랑) 淋浪(임랑) 疊浪(첩랑) 謔浪(학랑) 駭浪(해랑)
사자성어 ③Ⅱ 虛無孟浪(허무맹랑)

郎
부수	획수	총획
邑	7	10

사내 랑【1102】

字源 〈형성〉 처녀가 [시집을 가기] 위해 고을에서 가문 좋고 인품 훌륭한 남자를 택했다. 처녀가 짝을 맞춘 남자는 사내 대장부라고 소문이 자자했다. 흔히 '남자'나 '남편'을 얕잡아 이르는 말이다. 처녀가 시집갈 때 고을(阝←邑)에서 어질고도(良) 착한 사람을 남편감으로 골랐으니 [사내(郎)]를 뜻하고 [랑]으로 읽는다.
⑤ 男(사내 남) 回 娘(계집 낭) 女(계집 녀) 回 浪(물결 랑) 朗(밝을 랑)

필순

【기초한자어】 익히고, 【기본→발전한자어】 다지기
郎子(낭자) 옛날에 남의 아들을 높여 이르던 말
花郎(화랑) 신라 시대 민간 수양 단체의 청소년 집단
新郎(신랑) 갓 결혼하였거나 결혼하는 남자
• 처자의 신랑감의 新郎감은 누구나 탐을 내는 수재라 한다.
• 신라는 郎子들을 모아 花郎을 만들어 통일의 기초를 닦았다.

기본 ③Ⅱ 郎官(낭관) 郎君(낭군) 佳郎(가랑) 侍郎(시랑)
발전 ①特 壻郎(서랑) 簫郎(소랑) 冶郎(야랑) 輦郎(연랑) 齋郎(재랑)

涼
부수	획수	총획
水	8	11

서늘할 량【1103】

字源 〈형성〉 냇가나 바닷가 높은 언덕은 참 시원하다. 언덕 위의 정자에서 팔 베고 누웠으니 이 또한 그지없이 서늘함이 감돈다. 기분이 썩 좋을 만큼 차가운 느낌이 드는 정자라 한다. 높은(京) 언덕 위에 물(氵)이 얼 정도로 시원한 정자는 바람이 더 잘 통하도록 만들었으니 [서늘하다(涼)]는 뜻이고 [량]으로 읽는다.
图寒(찰 한) 冷(찰 랭) 回溫(따뜻할 온) 屠(더울 서) 炎(불꽃 염) 回掠(노략질할 략) 回涼

필순

기초 【기초한자어】 익히고, 【기본→발전한자어】 다지기
荒涼(황량) 황폐하여 거칠고 쓸쓸함
涼風(양풍) 서늘한 바람
納涼(납량) 여름에 더위를 피하여 서늘함을 맛봄
• 가을이 되니 날씨가 소소하고 荒涼하기 그지없습니다 그려.
• 정자에 가만히 누워 涼風을 즐기니 納涼으로는 제격이다.
기본 3Ⅱ 炎涼(염량) 淸涼(청량)
발전 2 淸涼劑(청량제) 1 涼棚(양붕) 爽涼(상량)

	부수	획수	총획
	木	7	11

들보 량
돌다리 량【1104】

字源 〈형성〉 개울이나 냇가를 건너기 위해 나무다리를 놓아 건너게 했다. 사람이나 우마도 건널 수 있게 튼튼한 나무로 만들었다. 한옥을 지을 때 칸과 칸 사이의 두 기둥을 건너지르는 나무다리라 한다. 물(氵) 위에 칼(刀)과 같은 연모로 다듬어(丶) 잘 걸쳐놓은, 나무(木)로 만든 [다리(梁)]를 뜻하고 [량]으로 읽는다.
图橋(다리 교) 回染(물들 염) 粱(기장 량)

필순

기초 【기초한자어】 익히고, 【기본→발전한자어】 다지기
橋梁(교량) 강이나 내 등을 사람이 건너는 다리
棟梁(동량) 마룻대와 들보
魚梁(어량) 통발이나 살을 놓아서 고기를 잡는 장치
• 냇가에 魚梁을 설치해 고기를 잡았다.
• 이 나무는 橋梁이나 棟梁으로는 조금도 부족함이 없겠다.
기본 3Ⅱ 上梁(상량)
발전 2 津梁(진량) 1 脊梁(척량)
사자성어 3Ⅱ 梁上君子(양상군자) 2 棟梁之器(동량지기) 棟梁之材(동량지재)

	부수	획수	총획
	力	15	17

힘쓸 려 :【1105】

字源 〈형성〉 따뜻한 마음으로 타이른 말은 사람 마음을 크게 감동시켰다. 열심히 일할 수 있는 힘이 되어 더 힘써 노력한 것이다. 온갖 어려움을 참아 가면서 꾸준하게 노력한다. 많은 일벌(萬)들이 벌집(厂)에서 열심히 일하듯이 힘써(力) 일할 수 있도록 상대에게 권면했으니 [힘쓰다(勵)]는 뜻이고 [려]로 읽는다.
图勉(힘쓸 면) 努(힘쓸 노) 務(힘쓸 무) 回励

필순

기초 【기초한자어】 익히고, 【기본→발전한자어】 다지기
激勵(격려) 용기나 의욕을 북돋워 줌
督勵(독려) 감독하며 격려함
奬勵(장려) 어떤 일을 권하며 힘쓰도록 북돋워 줌
• 금년부터는 이 비료를 모든 농가에 奬勵해야겠네.
• 형의 진심한 激勵까지는 매우 좋았으나 督勵는 안 되겠는 걸.
기본 3Ⅱ 勉勵(면려)
발전 1 匡勵(광려)

	부수	획수	총획
	日	12	16

책력 력【1106】

字源 〈형성〉 달력은 책력을 기준으로 하여 만든다. 해와 달이 뜨는 시간, 썰물과 밀물, 24절후 등 경험에 의해서 쓴 책이라 한다. 책력은 월식과 일식, 절기, 기상 변동 등까지 적은 책이다. 사철이 주기가 되어 바뀌고 날(日)이 가는 것을 두루 헤아리면서(厤) 만들었던 책으로 [책력(曆)]을 뜻하고 [력]으로 읽는다.
回歷(지날 력)

필순

기초 【기초한자어】 익히고, 【기본→발전한자어】 다지기
曆法(역법) 천체의 주기적 현상을 기준으로 세시를 정함
曆學(역학) 천체의 운동을 관측하여 책력을 연구한 학문
陰曆(음력) 달의 한 삭망을 기초로 한 책력 ↔양력
• 이제는 학문적인 역학에 의한 曆法을 체계화해야겠지.
• 옛날에는 陰曆으로 심오한 曆學연구를 하였다.
기본 3Ⅱ 西曆(서력) 月曆(월력) 冊曆(책력) 編曆(편력) 萬歲曆(만세력) 太陽曆(태양력) 太陰曆(태음력)
발전 2區 殷曆(은력) 1 頒曆(반력)

3급Ⅱ

부수	획수	총획
心	19	23

戀
그리워할 련 :
그릴 련 : 【1107】

字源 〈형성〉 들어주는 상대방이 진지하면 말이 계속해서 줄줄 나온다. 사랑하는 마음이 한결같이 향하면 그리워 사모하게 연정이 싹튼다. 남녀 간에 간절하게 보고 싶어서 그리워함. 잘 다독여서 말이 잇달아(絲←䜌) 나오듯이 그리워한 마음(心)의 정이 한결같았으니 [그리워하다(戀)]는 뜻이고 [련]으로 읽는다.
圖慕(그릴 모) 愛(사랑 애) 回變(변할 변) 䜌(불꽃 섭) 蠻(오랑캐 만) 回恋

필순 乡 乡 乡 系 糸 絲 絲 絲 戀 戀

기초 【기초한자어】 익히고, 【기본→발전한자어】 다지기
戀慕(연모) 사랑하며 그리워함
戀情(연정) 그리며 사랑하는 마음
悲戀(비련) 이루어지지 못하고 비극으로 끝나는 사랑
• 깊은 戀情이 상사병으로 도질 수도 있다는구먼.
• 사랑해서는 안 될 사람을 戀慕하면 그것은 悲戀으로 끝나기 쉽다.
기본 ③Ⅱ戀歌(연가) 戀書(연서) 戀愛(연애) 戀戀(연연) 戀人(연인) 思戀(사련) 邪戀(사련) 失戀(실연)
발전 ①攀戀(반련)
사자성어 ③Ⅱ戀愛小說(연애소설) 同性戀愛(동성연애) ②籠鳥戀雲(농조연운)

부수	획수	총획
耳	11	17

聯
연이을 련【1108】

字源 〈형성〉 베를 짤 때 씨실이 북통 귀를 통해 날실 사이를 풀려 계속 잇대 나간다. 씨실은 끊이지 않고 계속 잇대어진 것이다. 실이나 새끼가 끊어지지 않고 연달아서 죽 이어진다는 뜻이겠다. 씨실(絲)을 북통의 귀(耳)에 꿰어 날실의 엇갈리는 틈을 계속 풀려 나가게 했으니 [연잇다(聯)]는 뜻이고 [련]으로 읽는다.
圖絡(이을 락) 連(이을 련) 繼(이을 계) 係(맬 계) 續(이을 속) 回關(관계할 관) 回联

필순 一 丁 干 耳 耳 玔 聅 聯 聯 聯 聯

기초 【기초한자어】 익히고, 【기본→발전한자어】 다지기
聯盟(연맹) 같은 목적을 이루기 위해 행동을 같이 함
聯邦(연방) 몇 나라가 연합하여 주권 국가를 이룬 형태
聯合(연합) 여러 조직이 큰 조직체를 이룸
• 제1차 세계대전이 끝난 후 국제기구로 국제聯盟이 설립되었다.

• 미국은 51개의 주가 聯合하여 聯邦을 이룬 국가다.
기본 ③Ⅱ聯句(연구) 聯絡(연락) 聯立(연립) 聯想(연상) 關聯(관련) 對聯(대련) 蘇聯(소련)
발전 ②聯絡網(연락망) ①聯袂(연메) 頸聯(경련) 璧聯(벽련)
사자성어 ③Ⅱ聯立內閣(연립내각)

부수	획수	총획
金	9	17

鍊
쇠불릴 련 :
단련할 련 : 【1109】

字源 〈형성〉 쇠붙이를 달구어 필요한 물건을 마음대로 만들어 썼다. 사람도 타고난 성품과 소질에 따라 열심히 노력한다. 쇠를 불에 달구어 단단하게 하면서 몸이나 마음을 굳세게 한다. 쇠붙이(金)를 일일이 가려가면서(柬) 연모를 만들었으니 [쇠불리다(鍊)] 혹은 심신을 잘 [단련하다(鍊)]는 뜻이고 [련]으로 읽는다.
圖鍛(쇠불릴 단) 練(익힐 련) 回錬

필순 人 느 午 金 金 釒 鉬 鉬 鋪 鍊

기초 【기초한자어】 익히고, 【기본→발전한자어】 다지기
鍊磨(연마) 학문이나 기예를 갈고 닦음
洗鍊(세련) 글이나 교양 인품을 갈고 다듬어 고상함
精鍊(정련) 잘 단련함
• 쇠붙이에 불을 달구듯이 마음과 몸을 잘 精鍊해야지.
• 鍊磨를 거듭하더니 지금은 거기에 洗鍊되었다.
기본 ③Ⅱ鍊鋼(연강) 敎鍊(교련) 老鍊(노련) 修鍊(수련) 試鍊(시련) 再鍊(재련) 製鍊(제련) 操鍊(조련) 鍊金術(연금술)
발전 ②鍛鍊(단련) ①冶鍊(야련)

부수	획수	총획
艹	11	15

蓮
연꽃 련【1110】

字源 〈형성〉 흔히 연을 두고 '물의 여왕 꽃'이라 했다. 꽃도 아름답겠지만 그 뿌리 또한 특유의 맛을 지녔다. 그래서 연 뿌리라 했다. 연꽃의 꽃말은 '깨끗한 몸과 마을을 간직하라'이다. 뿌리가 줄기에 붙어 있는 꽃과 잎(艹)에 잇달아(連) 있어서 마음이 끌리도록 꽃이 활짝 피었으니 [연(蓮)]을 뜻하고 [련]으로 읽는다.
回連(이을 련)

필순 一 丷 艹 艹 苩 苩 莗 董 蓮 蓮

기초 【기초한자어】 익히고, 【기본→발전한자어】 다지기
蓮步(연보) 미인의 아름다운 걸음걸이
蓮池(연지) 연못

蓮花(연화) 연꽃
• 미인의 아름다운 걸음걸이를 '蓮步'라 했다니 참으로 놀랍다.
• '이 蓮池에서 저렇게 고운 蓮花가 피었다니.'

기본 [3Ⅱ] 蓮根(연근) 蓮葉(연엽) 蓮珠(연주) 木蓮(목련) [3] 蓮建(연체)

발전 [2Ⅱ] 蓮塘(연당)

부수	획수	총획
衣	6	12

찢어질 렬【1111】

字源 〈회의〉 옷을 지으려면 말려 있는 긴 천을 적당한 길이로 마름질했다. 포목점에서 한 벌 감을 끊어 양복점에 맡기기도 했던 것이다. 옷이 나무에 걸려 그만 찢겨서 갈라진 경우도 있었다. 새로운 옷을 지으려고 긴 천(衣)을 적당한 길이로 벌려 놓고(列) 일정하게 잘라냈으니 [찢어지다(裂)]는 뜻이고 [렬]로 읽는다.
图破(깨뜨릴 파) 回烈(매울 렬)

필순 一 丁 歹 列 列 裂 裂 裂 裂 裂

기초 【기초한자어】 익히고, 【기본→발전한자어】 다지기
決裂(결렬) 교섭이나 회의 따위에서 의견이 합치게 됨
分裂(분열) 찢어져 나누어짐
破裂(파열) 깨어지거나 갈라져 터짐
• 아물어진 상처가 깨지고 갈라져서 破裂되었군.
• 동서 회담이 決裂되고, 그로 인하여 엉성하게 分裂되고 말았다.

기본 [3Ⅱ] 裂傷(열상) [3] 龜裂(균열)

발전 [1] 潰裂(궤열) 擘裂(벽렬) 剖裂(부열) 炸裂(작렬) 綻裂(탄열)

사자성어 [3Ⅱ] 四分五裂(사분오열) 支離滅裂(지리멸렬)

부수	획수	총획
山	14	17

고개 령【1112】

字源 〈형성〉 고개는 산봉우리 밑의 산을 호령하듯이 거느린다고 보았다. 이 곳에 사람 발자취가 오가면서 고개가 되었다. 산이나 언덕을 넘어 다니도록 길이 나 있는 비탈진 곳이다. 높고 낮은 산(山)을 한꺼번에 거느리는(領) 산봉우리를 통해서 사람이 다니는 고개가 생겼으니 [고개(嶺)]를 뜻하고 [령]으로 읽는다.
图峴(고개 현) 回領(거느릴 령)

필순 山 汃 屵 屵 峇 峇 嶺 嶺 嶺 嶺

기초 【기초한자어】 익히고, 【기본→발전한자어】 다지기
嶺東(영동) 강원도 태백산맥의 동쪽 지역
嶺上(영상) 고개 위
嶺雲(영운) 산봉우리에 걸린 구름
• 嶺東과 嶺西를 잇는 고속도로가 생겨 다행이네.
• 嶺上의 산세가 우람하고 嶺雲까지 빼어나게 아름답네.

기본 [3Ⅱ] 嶺南(영남) 嶺西(영서) 高嶺土(고령토) 大關嶺(대관령) 分水嶺(분수령)

발전 [2Ⅱ] 踰嶺(유령) 峻嶺(준령) [1] 嶺脊(영척) 疊嶺(첩령)

사자성어 [2Ⅱ] 高峯峻嶺(고봉준령) 泰山峻嶺(태산준령)

부수	획수	총획
雨	16	24

신령 령【1113】

字源 〈형성〉 오랫동안 비가 내리지 않으면 기우제도 지내고 무당굿도 했다. 굿을 하고 난 후 때에 맞춰 신령스럽게도 비가 금방 내렸던 모양이다. 민간에서 풍습으로 숭배하는 대상은 모두 신이다. 무당(巫)이 하늘에 정성스럽게 기우제를 지내어 주룩주룩 비를 내리게(霝) 했으니 [신령(靈)]을 뜻하고 [령]으로 읽는다.
图魂(넋 혼) 神(귀신 신) 魄(넋 백) 回露(이슬 로) 零(떨어질 령) 回霝, 霊

필순 雨 雨 雨 雨 霝 霝 霝 霝 靈 靈

기초 【기초한자어】 익히고, 【기본→발전한자어】 다지기
靈物(영물) 신령스러운 짐승이나 물건
靈長(영장) 아주 뛰어나고 빼어난 존재
靈魂(영혼) 죽은 사람의 넋
• 까치와 거미가 靈物이란 사실은 이제는 새로운 이야기가 아니다.
• 사람은 靈魂이 있다고 했으니 만물의 靈長이다.

기본 [3Ⅱ] 靈感(영감) 英靈(영령) 靈山(영산) 靈安(영안) 靈藥(영약) 靈肉(영육) 靈前(영전) 靈驗(영험) 亡靈(망령) 妄靈(망령) 聖靈(성령) 神靈(신령) 心靈(심령) 惡靈(악령) 曜靈(요령) 慰靈(위령) 幽靈(유령) 精靈(정령) 魂靈(혼령) 靈安室(영안실) 慰靈祭(위령제)

발전 [2] 靈窟(영굴) 靈瑞(영서) 靈刹(영찰) [2Ⅱ] 靈沼(영소) 靈耀(영요) 靈祚(영조) 靈芝(영지) 靈蔡(영채) [1] 靈柩(영구) 靈巫(영무) 靈祠(영사) 靈胥(영서) 靈迹(영적) 靈墟(영허) 穹靈(궁령) 鼈靈(별령) 粹靈(수령)

사자성어 [3Ⅱ] 護國英靈(호국영령)

부수	획수	총획
火	16	20

화로 로【1114】

3급Ⅱ

字源 〈형성〉 겨울 화로는 온 방안을 따뜻하게 해준다. 고구마를 구워 먹고 할아버지 담뱃불로 두루 쓰였다. 대체적으로 숯불을 담아놓는 그릇으로는 무쇠·놋쇠·곱돌로 만들어 썼다. 항아리 같은 큰 그릇(盧)에 불씨가 되는 숯불(火)을 담아 방안을 따뜻하게 해주던 그릇으로 [화로(爐)]를 뜻하고 [로]로 읽는다.
回盧(성 로) 回炉

필순

기초 【기초한자어】 익히고, 【기본→발전한자어】 다지기
爐煙(노연) 향을 피울 때 나는 연기
風爐(풍로) 석유·전기 등을 이용하는 취사도구
火爐(화로) 숯불을 담아 두는 그릇으로 불씨를 보존하거나 난방을 위하여 씀
• 할아버지의 제사상에는 정성 들여 만든 음식이 차려졌고 제사가 진행됨에 따라 爐煙이 피어올랐다.
• 火爐는 난방이나 불씨를 위한 것이고 風爐는 취사도구였다고 한다.

기본 ③Ⅱ 爐邊(노변) 香爐(향로) 紅爐(홍로) 原子爐(원자로)

발전 ② 熔鑛爐(용광로) ②8 鴨爐(압로) 鎔鑛爐(용광로) ① 煖爐(난로) 爐錘(노추) 冶爐(야로)

사자성어 ③Ⅱ 爐邊情談(노변정담) 紅爐點雪(홍로점설)

露

부수	획수	총획
雨	12	20

이슬 로(:) 【1115】

字源 〈형성〉 이슬은 땅 수증기를 밤이 되어 길가나 풀잎에 쌓인 흔적이다. 청명한 날씨에는 비 오듯이 촉촉하게 내린다. 밤의 복사냉각에 의하여 이슬점 이하 온도에서 맺힌다. 땅속의 수증기가 올라와서 비(雨)가 되어 내리듯이 한밤이 되어 길가(路)나 풀잎에 소복하게 내렸던 [이슬(露)]을 뜻하고 [로]로 읽는다.
回靈(신령 령) 雫(떨어질 령)

필순

기초 【기초한자어】 익히고, 【기본→발전한자어】 다지기
露宿(노숙) 야외에서 잠
露天(노천) 지붕이 없이 하늘이 보임
披露(피로) 일반에게 널리 알림
• 疲勞(피로)와 披露는 동음이의어로 혼동하기 쉽겠다.
• 露天에서 露宿하는 이들을 露宿者라 한다.

기본 ③Ⅱ 露骨(노골) 露積(노적) 露店(노점) 露珠(노주) 露出(노출) 發露(발로) 白露(백로) 雨露(우로) 珠露(주로) 草露(초로) 吐露(토로) 暴露(폭로) 露骨的(노골적)

발전 ② 露呈(노정) 瑞露(서로) 塵勞(진로) ① 膏露(고로) 露洩(노설) 露霑(노점) 露歇(노헐) 泄露(설로) 曝露(폭로)

사자성어 ① 露槐風棘(노괴풍극)

祿

부수	획수	총획
示	8	13

녹 록 【1116】

字源 〈형성〉 '녹' 받음은 열심히 공부하여 나라의 관리가 되어 받은 '녹'이라 한다. 국가 벼슬아치의 녹봉이라는 뜻에서, 복되고 영화로운 삶을 비유적으로 이른 말이라 하겠다. 나무로 깎아서(彔) 만든 위패를 모시고 지성으로 제사(示)를 모시어 그 대가로 금품이나 물품을 받았으니 [녹(祿)]을 뜻하고 [록]으로 읽는다.
圄俸(녹 봉) 祉(복 지) 回綠(푸를 록) 錄(기록할 록) 緣(인연 연)

필순

기초 【기초한자어】 익히고, 【기본→발전한자어】 다지기
祿米(녹미) 녹봉으로 주던 쌀
祿俸(녹봉) 벼슬아치에게 나누어주던 금품을 통틀어 이름
福祿(복록) 타고난 복과 벼슬아치의 녹봉
• 옛날엔 祿을 쌀로 받았으니 祿米겠다.
• 이제 祿俸을 받게 되었으니 福祿을 누린다는 말이 될 수 있겠지.

기본 ③Ⅱ 貫祿(관록) 官祿(관록) 國祿(국록) 俸祿(봉록) 食祿(식록) ③ 爵祿(작록)

발전 ① 祿祉(녹지) 祉祿(지록)

弄

부수	획수	총획
廾	4	7

희롱할 롱 : 【1117】

字源 〈회의〉 어린이들이 구슬치기 놀이를 즐겼다. 구슬 가운데에 실을 꿰어 길게 연결하는 놀이도 볼거리였다. 다른 사람이나 여자들을 말이나 행동으로 실없이 놀리는 일이기도 하다. 구슬(王←玉)을 꿰어서 두 손(廾)으로 가지고 놀았으니 [즐기다(弄)] 또는 남을 업신여기면서 [희롱하다(弄)]는 뜻이고 [롱]으로 읽는다.
圄戲(놀이 희) 玩(희롱할 완) 回奔(달릴 분)

필순

기초 【기초한자어】 익히고, 【기본→발전한자어】 다지기
弄筆(농필) 거짓을 사실처럼 교묘하게 쓴 글
弄月(농월) 달을 바라보며 즐김
弄談(농담) 실없이 하는 우스갯소리
• 우리 선현들이 쓴 시문에는 '弄月'이 많다.
• 그는 弄談을 잘하더니 결국에는 내게 弄筆까지 보냈으니 황당하다.

기본 ③Ⅱ 弄瓦(농와) 弄調(농조) 愚弄(우롱) 才弄(재롱) 操弄

(조롱) 戱弄(희롱) ③ 欺弄(기롱) 侮弄(모롱) 捉弄(착롱)
발전 ② 弄翰(농한) ②급 弄璋(농장) 弄燻(농훈) ① 狡弄(교롱)
嘲弄(조롱)
사자성어 ②급 弄璋之喜(농장지희) ③ 吟風弄月(음풍농월) ③Ⅱ 弄瓦
之慶(농와지경)

부수	획수	총획
雨	5	13

우레 뢰【1118】

字源 〈회의〉 천둥과 번개가 치면 비가 와서 산과 밭고랑이 떠
내려갔다. 번개 친 다음에 하늘에 크게 울리는 소리가 우
레(雷)이고, 번개의 방전 현상에 의해 발생한 소리가 천둥
(霆)이라고 했다. 많은 비(雨)가 오고 천둥과 번개가 쳐서
밭고랑(田)이 흔적도 없이 그만 떠내려갔으니 [우레(雷)]
를 뜻하고 [뢰]로 읽는다.
回 震(우레 진) 回 電(번개 전) 霜(서리 상)

필순 一 广 而 而 雨 雨 雷 雷 雷 雷

기초 【기초한자어】 익히고, 【기본→발전한자어】 다지기
雷管(뇌관) 폭발물에 내장된 화약에 불이 붙게 한 장치
落雷(낙뢰) 벼락이 떨어짐. 또는 그 벼락
雷同(뇌동) 주견이 없이 남의 의견에 무턱대고 동조함
• 흔히 '부화雷同'이라 했으니 무턱대고 타인의 의견
  에 대하여 동조함이다.
• 雷管에 불을 당기니 落雷 소리보다 더 큰 폭음이 들렸다.
기본 ③Ⅰ 魚雷(어뢰) 地雷(지뢰) 震雷(진뢰) 避雷(피뢰)
발전 ②급 雷芝(뇌지) 雷煥(뇌환) ① 雷轟(뇌광) 雷斧(뇌부) 雷吼
(뇌후) 濤雷(도뢰) 蚊雷(문뢰) 迅雷(신뢰)
사자성어 ③Ⅰ 附和雷同(부화뇌동)

부수	획수	총획
貝	9	16

의뢰할 뢰 :
【1119】

字源 〈형성〉 '사농공상'이라 하여 상업을 천히 여겼던 시절이
있었다. 장사를 하고 남은 이익금도 적었으며 생계마저
겨우 꾸렸다. 수입이 적어 남에게 부탁하여 근근이 살림
을 꾸렸다. 물건(貝)을 묶어(束) 사고파는 나머지 이익(刀
←剌)금에 힘입어 겨우 생계를 꾸려갔다 했으니 [의뢰하다(賴)]
는 뜻이고 [뢰]로 읽는다.
回 聊(애오라지 료) 回 賴

필순 一 口 中 束 束 剌 剌 賴 賴 賴 賴

기초 【기초한자어】 익히고, 【기본→발전한자어】 다지기
信賴(신뢰) 상대의 능력이나 태도를 믿고 마음을 놓

는 것
依賴(의뢰) 남에게 부탁하는 일
無賴漢(무뢰한) 일정한 직업 없이 돌아다니면서 불
량한 짓을 하는 사람
• 이번에 경찰은 無賴漢들을 마구 잡아들였다.
• 信賴를 가지고 依賴했는데 실망하였다.
기본 ③Ⅰ 無賴(무뢰)
발전 ① 賴庇(뇌비) 庇賴(비뢰) 聊賴(요뢰)

부수	획수	총획
木	11	15

다락 루【1120】

字源 〈형성〉 기초를 튼튼히 다듬고 나무기둥을 세워서 쓸모 있
는 집을 짓는다. 들보를 세우고 위에 나무를 올린 집으로
누각이 된다. 부엌 위에 이층처럼 만들어 물건을 넣어 두
는 곳이다. 나뭇단(木)을 하나씩 차근차근 높다랗게 끌어
올려서(婁) 속이 텅 비도록 임시로 지은 집으로 [다락(樓)]
을 뜻하고 [루]로 읽는다.
回 閣(집 각) 館(집 관) 回 數(셀 수) 回 楼

필순 一 十 木 机 机 押 押 押 棣 棣 樓 樓

기초 【기초한자어】 익히고, 【기본→발전한자어】 다지기
望樓(망루) 망을 보기 위해 높이 지은 누각
城樓(성루) 성 위에 군데군데 세운 다락집
鐘樓(종루) 종을 달아 맨 누각
• 병사들이 城樓에 올라가서 망을 보면서 두 눈을
  크게 뜨고 성을 잘 지켰다.
• 이제보니 저 城樓는 鐘樓도 되고 望樓도 된다.
기본 ③Ⅰ 樓閣(누각) 樓上(누상) 玉樓(옥루) 危樓(위루)
발전 ② 樓櫓(누궐) 樓艦(누함) 摩天樓(마천루) ① 妓樓(기루)
弩樓(노루) 樓簫(누소) 戍樓(수루) 橧樓(장루) 倡樓(창루)
翠樓(취루) 牌樓(패루)
사자성어 ②급 瓊樓玉宇(경루옥우)

부수	획수	총획
水	11	14

샐 루 :【1121】

字源 〈형성〉 처음엔 물이 새는 분량으로 봐서 시간을 쟀던 [물
시계]를 뜻했던 글자이다. 여기에 의거하여 작은 틈으로
나마 구멍으로 조금씩 물이 샜다. '새다'는 물이 빠져나가
거나 나오다는 뜻이다. 점차 빗(雨)물(氵←水)이 집안(尸
←屋)으로 스며들어와 뚝뚝 떨어짐을 나타냈으니 [새다(漏)]
는 뜻이고 [루]로 읽는다.
回 泄(샐 설) 洩(샐 설) 回 淚(눈물 루) 派(갈래 파)

3급Ⅱ

필순 `丶氵氵沪沪沪涓涓涓漏漏漏`

기초 【기초한자어】 익히고, 【기본→발전한자어】 다지기
漏水(누수) 물이 샘
漏電(누전) 절연 불량으로 전기가 새어 흐르는 현상
漏出(누출) 비밀이나 정보 따위가 밖으로 새어 나감
• 그는 국가기밀을 漏出한 죄로 구속되었다.
• 漏水에다가 漏電까지 되는 불량건물을 짓다니….

기본 ③Ⅱ 漏刻(누각) 漏氣(누기) 漏落(누락) 刻漏(각루) 疏漏
(소루) 早漏(조루) 燭漏(촉루) 脫漏(탈루)

발전 ②闕漏(궐루) 漏網(누망) ①膿漏(농루) 漏泄(누설)
漏洩(누설) 洩漏(설루) 痔漏(치루) 頹漏(퇴루) 滲漏
(삼루)

부수	획수	총획
糸	5	11

여러 루 :【1122】

字源 〈형성〉 씨를 뿌리기 위해 두둑을 가르면 여러 층의 밭이
랑이 된다. 실처럼 엉켜져 여러 층이 포개어짐도 뜻하고
있다. 놓여져 있는 수효가 하나 둘이 아니고 그보다 훨씬
많다는 뜻이겠다. 밭(田←畾) 사이의 많은 이랑이 실(糸)
처럼 가늘게 겹치어서 차곡차곡 포개어졌으니 [여러(累)]
를 뜻하고 [루]로 읽는다.
回厜(여러 루)

필순 `冂丿丐田田里黒黒累累累`

기초 【기초한자어】 익히고, 【기본→발전한자어】 다지기
累計(누계) 소계를 덧붙여 합산함
累積(누적) 포개어 여러 번 쌓음
累代(누대) 여러 대
• 그 집안은 累代에 걸쳐 문장가가 나와서 책이 많다.
• 그동안 많이 累積해 왔으니 累計가 꽤나 되겠다.

기본 ③Ⅱ 累卵(누란) 累名(누명) 累犯(누범) 累增(누증) 累進
(누진) 累差(누차) 累責(누책) 加累(가루) 係累(계루)
連累(연루)

발전 ①累繭(누견) 累觴(누상) 累宵(누소) 嬰累(영루)

사자성어 ③Ⅱ 累卵之勢(누란지세) ②鉄積寸累(수적촌루)

부수	획수	총획
人	8	10

인륜 륜【1123】

字源 〈형성〉 사람은 일정한 준거 집단을 형성하면서 산다. 협
동생활 속에서도 질서와 인륜을 매우 중시하였던 것 같
다. 사람으로서 지켜야 할 순서라는 뜻으로 쓰여 지켜야

할 도리라 했다. 많은 사람(亻)들과 더불어 협동 생활(侖)
을 하기 위해서는 마땅히 지켜야 하는 윤리로서 [인륜(倫)]
을 뜻하고 [륜]으로 읽는다.
回論(논할 론) 輪(바퀴 륜)

필순 `丿亻亻伜伜伶伶倫倫倫`

기초 【기초한자어】 익히고, 【기본→발전한자어】 다지기
五倫(오륜) 유학에서 사람이 지켜야 할 다섯 가지 도리
人倫(인륜) 군신·부자·형제·부부 등에서 지켜야
할 도리
天倫(천륜) 부모·형제 사이에서 마땅히 지켜야 할 도리
• 돈 때문에 자식이 부모를 버렸으니 天倫을 어긴
것이지.
• 人倫이나 전통적으로 내려온 五倫은 반드시 지켜
야겠지.

기본 ③Ⅱ 倫理(윤리) 不倫(불륜) 明倫堂(명륜당) 二倫行實圖
(이륜행실도) ③倫匹(윤필)

발전 ②⑧蔡倫(채륜) ①倫擬(윤의) 倫弛(윤이) 悖倫(패륜)

사자성어 ③Ⅱ 三綱五倫(삼강오륜)

부수	획수	총획
木	6	10

밤 률【1124】

字源 〈회의〉 밤나무의 열매에는 가시가 돋치지만 가을이 되면
알밤이 열린다. 밤은 나무에 열리는 열매 중에서 식량으
로 대신할 수 있다. 그만큼 영양분이 풍부한 나무라고 많
이들 알려진다. 겉에는 가시가 돋치고 바구니와 같은 밤
송이가 빽빽하게 매달려(西←卤) 있는 나무(木)인 [밤(栗)]
나무를 뜻하고 [률]로 읽는다.
回粟(조 속) 慄(떨릴 율)

필순 `一冂冂亜西西覀栗栗栗`

기초 【기초한자어】 익히고, 【기본→발전한자어】 다지기
黃栗(황률) 말려서 껍질과 보늬를 벗긴 밤
栗房(율방) 밤송이
生栗(생률) 날밤
• 흔히들 가시 돋친 '밤송이'를 栗房이라고 하지요.
• 生栗보다는 黃栗로도 만들어서 보관하면 더 좋다.

기본 ③Ⅱ 栗谷(율곡)

발전 ①栗粒(율립) 栗帛(율백)

부수	획수	총획
玄	6	11

거느릴 솔
비율 률【1125】

字源 〈상형〉 새나 고기를 잡는 그물은 한정된 비율로 엮었던 모양이다. 투망 손잡이 부분 그물을 일정하게도 거느렸다. 둘 이상 수나 양 등을 비교해 관계가 몇 배 되는가를 수치로 나타냈다. 날아다니는 새를 사로잡았던 그물의 모양을 본떠서 일정한 범위의 [비율(率)]로 다 [거느리다(率)]는 뜻이고 [률]이나 [솔]로 읽는다.
圖領(거느릴 령) 統(거느릴 통) 回索(찾을 색)

필순

기초 【기초한자어】 익히고, 【기본→발전한자어】 다지기
率先(솔선) 남보다 먼저 나서서 행함
引率(인솔) 여러 사람을 이끌고 감
能率(능률) 일정 시간에 이룰 수 있는 일의 비율
• 선생님의 引率하에 수학여행을 갔다.
• 매사에 率先수범하여 일을 能率적으로 했구나.

기본 ③Ⅱ 高率(고율) 利率(이율) 倍率(배율) 比率(비율) 稅率(세율) 勝率(승률) 低率(저율) 打率(타율) 確率(확률) 換率(환율) 效率(효율) 率家(솔가) 率直(솔직) 輕率(경솔) 食率(식솔) 眞率(진솔) 草率(초솔) 統率(통솔) 視聽率(시청률) 投票率(투표율)

발전 ② 軸率(축률) ②8 滋養率(자양률) 扁平率(편평률) ① 率埔(솔서) 率禦(솔어) 率詣(솔예) 率爾(솔이) 兜率(도솔) 坦率(탄솔) 楕率(타솔)

사자성어 ③Ⅱ 率先垂範(솔선수범)

높을 륭 【1126】

부수	획수	총획
阜	9	12

字源 〈형성〉 들판을 달리면 언덕처럼 솟은 작은 산을 자주 본다. 이 산은 약간 높게도 보이고 크게도 보였다. 아래에서 위까지의 길이가 매우 길거나 바닥에서 떨어진 사이가 아주 크다는 뜻이다. 평지와도 같은 비교적 낮은 지대에 불쑥 높다란 언덕(阝)이 우뚝 솟아(夅) 있었으니 [높다(隆)]는 뜻이고 [륭]으로 읽는다.
圖崇(높을 숭) 興(일 흥) 盛(성할 성) 昌(창성할 창) 回陵(언덕 릉) 陸(뭍 륙)

필순

기초 【기초한자어】 익히고, 【기본→발전한자어】 다지기
隆起(융기) 불쑥 두드러지게 솟음
隆盛(융성) 기운차게 일어나 번영함
隆崇(융숭) 대하는 태도가 정중하고 극진함
• 다른 지역보다 유달리 隆起한 모습을 자주 본다.
• 隆盛한 나라의 사신은 접대까지 늘 隆崇하게 대접을 받는다.

기본 ③Ⅱ 隆恩(융은) 隆準(융준) 隆昌(융창) 隆興(융흥) ③ 隆替(융체)

발전 ① 隆熾(융치) 蘊隆(온륭)

언덕 릉 【1127】

부수	획수	총획
阜	8	11

字源 〈형성〉 멀리서 보면 별것 아닌 언덕도 걸어서 넘어가면 힘겹다. 처음에는 언덕쯤이야 낮다고 업신여기기 쉬울 수 있겠다. 땅이 주변보다 조금 높고 경사가 진 곳이 언덕이다. 비교적 높은(夌) 언덕(阝←阜)을 가볍게 여기다 막상 걸어가 보니 힘겨운 [큰 언덕(陵)] 또는 매우 높은 왕 [릉(陵)]을 뜻하고 [릉]으로 읽는다.
圖丘(언덕 구) 原(언덕 원) 岸(언덕 안) 回陸(뭍 륙) 睦(화목할 목) 隆(높을 륭)

필순

기초 【기초한자어】 익히고, 【기본→발전한자어】 다지기
陵墓(능묘) 임금이나 왕후의 무덤
陵辱(능욕) 업신여겨 욕보임
丘陵(구릉) 고도가 산보다 낮고 완만하게 경사진 땅. 언덕
• 약자를 陵辱하는 것은 강자의 도리가 아니다.
• 그곳에 있는 陵墓가 마치 丘陵과도 같이 규모 면에서 매우 크구나.

기본 ③Ⅱ 陵谷(능곡) 陵碑(능비) 陵越(능월) 陵寢(능침) 江陵(강릉) 王陵(왕릉) ③ 陵冒(능모) 陵侮(능모) 陵夷(능이) 陵遲(능지)

발전 ② 陵蔑(능멸) 陵曽(능학) ②8 陵翠(능취) 岡陵(강릉) 阜陵(부릉) ① 陵汨(능골) 陵蹈(능도) 陵螺(능라) 陵邁(능매) 陵緬(능면) 陵曳(능예) 魁陵(괴릉) 憑陵(빙릉)

사자성어 ③Ⅱ 武陵桃源(무릉도원) ② 陵遲處斬(능지처참)

관리 리 : 【1128】

부수	획수	총획
口	3	6

字源 〈회의〉 조선은 500여 년 동안 한반도를 통치했던 나라다. 아전은 조선의 벼슬아치 중 하나로 중앙과 지방의 주(州), 부(府), 군(郡), 현(縣)의 관청에 딸렸던 지방 관리였다. 한결(一)같이 충정스러운 마음으로 중정한(中) 입장에서 손(乂)으로 일하는 [벼슬아치(吏)]로 나라의 녹을 먹던 [관리(吏)]를 뜻하고 [리]로 읽는다.
圖官(벼슬 관) 胥(서로 서) 回民(백성 민) 回史(사기 사) 使(하여금 사)

필순 ㄱ ㅜ 규 甲 吏 吏

3급Ⅱ

기초 【기초한자어】 익히고, 【기본 → 발전한자어】 다지기
吏屬(이속) 아전의 무리
吏判(이판) 이조판서의 준말
官吏(관리) 관직에 있는 사람
• 여러 아전의 무리를 한꺼번에 吏屬이라 불렀지.
• 吏判은 일반 官吏가 쳐다보지 못할 높은 자리였지.

기본 ③Ⅱ 吏道(이도) 吏讀(이두) 頭吏(이두) 吏房(이방) 警吏(경리)
稅吏(세리) 廷吏(정리) 淸白吏(청백리) ③ 僚吏(요리)

발전 ② 酷吏(혹리) ②⑧ 疆吏(강리) ① 奸吏(간리) 狡吏(교리)
廐吏(구리) 邏吏(나리) 胥吏(서리) 竪吏(수리) 什吏(십리)
猾吏(활리)

사자성어 ③ 貪官汚吏(탐관오리)

부수	획수	총획
尸	12	15

밟을 리 : 【1129】

字源 〈회의〉 요즈음은 가죽 구두를 많이 신지만, 옛적엔 짚신
이나 나막신을 주로 신었다. 차례나 절차에 따라 어떤 일
을 위하여 거쳐 나가거나 어떤 일을 위하여 거쳐 가기도
했었다. 사람(尸)들이 발에 신(復←舟)을 신고 두 발을 자
축거리면서(彳·夂) 걸어서 다녔던 [신(履)] 또는 [밟다(履)]
는 뜻이고 [리]로 읽는다.
图踏(밟을 답) 回復(회복할 복)

필순

기초 【기초한자어】 익히고, 【기본 → 발전한자어】 다지기
履氷(이빙) 살얼음을 밟음
履修(이수) 해당 학과를 순서대로 공부하여 마침
履行(이행) 실제로 행함. 말과 같이 함
• 세상은 늘 履氷을 밟는 마음으로 살라고 했지.
• 그 분은 과정도 履修했었고, 약속도 잘 履行했다.

기본 ③Ⅱ 履歷(이력) 木履(목리) 珠履(주리) 廢履(폐리) 履歷
書(이력서)

발전 ②⑧ 履鞜(이갈) 履舃(이조) ① 踏履(도리) 芒履(망리) 跋履
(발리)

부수	획수	총획
衣	7	13

속 리 : 【1130】

字源 〈형성〉 밭의 안쪽 면에 두렁을 만들어 씨를 뿌렸다. 두렁
을 쳐놓은 것이 옷의 이음새처럼 너덜너덜하게 보이기도
했다. 어떤 물체나 사람의 심중 안쪽의 중심 부분을 뜻하
기도 했다. 밭(田)의 안쪽 면의 두렁진 흙(土)처럼 옷(衣)
의 이음새를 안쪽 면에 뒤집어서 곱게 놓았으니 [속(裏)]
을 뜻하고 [리]로 읽는다.

图裡(속 리) 回表(겉 표)

필순

기초 【기초한자어】 익히고, 【기본 → 발전한자어】 다지기
裏書(이서) 수표나 어음에 사용자의 주소·성명을 쓰는 일
腦裏(뇌리) 머릿속
表裏(표리) 겉과 속
• 裏書는 수표에 사용자의 주소·성명을 쓰는 일이다.
• 表裏부동한 사람의 腦裏 속에는 무엇이 들어 있을까?

기본 ③Ⅱ 裏面(이면)

발전 ① 瓶裏(병리) 袖裏(수리) 庵裏(암리)

사자성어 ③Ⅱ 表裏不同(표리부동)

부수	획수	총획
臣	11	17

임할 림(임) 【1131】

字源 〈형성〉 실물을 자세히 살피려면 눈을 가깝게 했었다. 눈
높이보다 아래일 때는 허리를 굽히거나 무릎을 꿇기도 했
다. 어떤 일에 대하여 이르다 혹은 정면으로 향하여 임하
다는 뜻이겠다. 관심이 있는 물건(品)을 자세히 살피려고
몸을 위아래로 굽혀서(臥) 가까이 다다랐으니 [임하다(臨)]
는 뜻이고 [림]으로 읽는다.
回熙(빛날 희) 酚临

필순

기초 【기초한자어】 익히고, 【기본 → 발전한자어】 다지기
臨床(임상) 환자를 치료하며 의학을 연구함
臨迫(임박) 어떤 시기가 가까이 닥쳐 옴
臨檢(임검) 현장에 가서 검사함
• 이제 이 환자는 마지막으로 臨床試驗(시험)을 해
야만 하오.
• 그 도적들은 臨檢이 臨迫하니 그만 도망치고 말았다.

기본 ③Ⅱ 臨界(임계) 臨機(임기) 臨時(임시) 臨戰(임전) 臨政
(임정) 臨終(임종) 臨海(임해) 降臨(강림) 光臨(광림)
君臨(군림) 來臨(내림) 辱臨(욕림) 再臨(재림)

발전 ① 瞰臨(감림) 枉臨(왕림) 眺臨(조림)

사자성어 ② 臨渴掘井(임갈굴정) ③Ⅱ 臨機應變(임기응변) 臨難
鑄兵(임난주병) 臨戰無退(임전무퇴)

부수	획수	총획
石	11	16

갈 마 【1132】

字源 〈형성〉 삼은 속대를 발라내고 겉껍질을 훑어내어 그 정수
만을 사용한다. 자주 빨고 말려서 연하고 매끄럽게 했던

것이다. 어떤 물체를 서로 맞대며 소리가 나도록 문지르
다는 뜻이다. 삼 껍질(麻)을 물에 자주 빨아서 연하고 매
끄럽게 하듯이 칼 면을 돌(石)면에 문질러서 잘 [갈다(磨)]
는 뜻이고 [마]로 읽는다.
  톱 硏(갈 연) 耗(소비할 모) 刮(긁을 괄) 回 麻(삼 마)

 필순 亠广广广庁庁麻麻麻麼麼磨磨

기초 【기초한자어】 익히고, 【기본→발전한자어】 다지기
磨滅(마멸) 갈려서 닳아 없어짐
磨耗(마모) 마찰 부분이 닳아서 없어짐
硏磨(연마) 학문이나 기술 따위를 힘써 배우고 닦음
• 그분은 학문에 꾸준하게 정진하여 이제 硏磨과정
  만 남았다지요.
• 磨滅과 磨耗는 없어짐이란 뜻은 같으나 그 의미는
  약간 다르다.
기본 3Ⅱ 達磨(달마) 鍊磨(연마)
발전 2Ⅱ 磨礪(마려) 1 磨刮(마괄) 磨蝕(마식) 磨錐(마추) 刮磨
(괄마) 臼磨(구마)
사자성어 3Ⅱ 磨製石器(마제석기)

부수	획수	총획
麻	0	11

삼 마(:)【1133】

字源 〈회의〉 삼에서 벗긴 삼 껍질을 짓이겨 여름옷으로 지었다.
흔히 대마(大麻)라고 불렀다. 곧은 뿌리는 지하 40cm까지
뻗어 들지만, 곁뿌리는 잘 발달하지 않아 자주 뽑혔다. 집
(广)에서 삼(林)의 겉껍질을 벗겨 가공해 삼실을 만드는
일을 뜻했으나 삼밭에 여러 그루가 서 있었으니 [삼(麻)]
을 뜻하고 [마]로 읽는다.
  回 磨(갈 마)

필순 亠广广庁庁庁麻麻麻麻

기초 【기초한자어】 익히고, 【기본→발전한자어】 다지기
麻衣(마의) 삼베옷
麻雀(마작) 중국에서 시작된 실내 오락의 한 가지
菜麻(채마) 먹거리나 입을 거리로 심어서 가꾸는 식물
• 麻雀이 한때는 유행했는데, 상당한 놀이였다고 하더군.
• 麻衣를 입고 菜麻밭에서 일을 하니 신선이 따로 없네.
기본 3Ⅱ 麻布(마포) 加麻(가마) 亂麻(난마) 大麻(대마) 亞麻
(아마) 菜麻(채마) 大麻草(대마초)
발전 2Ⅱ 麻叡(마면) 麻嗣(마승) 1 麻蛻(마탈) 麻鳥(마조) 披麻(피마)

부수	획수	총획
巾	11	14

장막 막【1134】

字源 〈형성〉 여름날 모래밭에 임시로 설치한 파라솔은 햇볕이
들지 못하게 했다. 휘장이라고 했는데, 그 내부 사실이나
현상이 잘 보이지 않게 막거나 가리는 사물을 비유적으로
이른다. 햇볕을 가리기 위해 넓은 천(巾)으로 위를 덮어
가리는(莫) 장막이었으며 가슴에도 휘두르는 [장막(幕)]을
뜻하고 [막]으로 읽는다.
  톱 帳(장막 장) 回 莫(없을 막) 募(모을 모) 暮(저물 모) 慕
(그릴 모)

 필순 一艹艹艹莒莒莫莫幕幕幕

기초 【기초한자어】 익히고, 【기본→발전한자어】 다지기
幕間(막간) 연극을 할 때, 끝난 막과 다음에 시작할
막의 사이
幕舍(막사) 임시로 지은 가건물
帳幕(장막) 야외에서 볕이나 비바람을 막기 위해 둘
러친 막
• 幕間의 사이에 寸劇(촌극)을 연출하겠네.
• 병영 내 幕舍의 帳幕이 너무나 허술하니 바꾸시게나.
기본 3Ⅱ 幕府(막부) 幕下(막하) 幕後(막후) 開幕(개막) 內幕
(내막) 序幕(서막) 煙幕(연막) 銀幕(은막) 字幕(자막)
除幕(제막) 終幕(종막) 酒幕(주막) 天幕(천막) 閉幕
(폐막) 黑幕(흑막) 開幕式(개막식) 單幕劇(단막극)
園頭幕(원두막) 除幕式(제막식) 3 幕僚(막료)
발전 2 鋪幕(포막) 遮光幕(차광막) 2Ⅱ 盧幕(여막) 1 簾幕
(염막) 袖幕(수막)

부수	획수	총획
水	11	14

넓을 막【1135】

字源 〈형성〉 적도 지방을 중심으로 하여 사막이 많다. 뜨거운
햇빛과 모래가 아득하고 물이 없어 막막하다. 일정 면이
나 바닥의 면적이 크다 또는 폭의 길이가 길거나 꽤나 넓
다는 뜻이다. 뜨거운 햇빛과 끝없는 모래밭만이 아득하게
있을 뿐 물(氵)이 없어서(莫) 아주 드넓은 곳이 [넓다(漠)]
는 뜻이고 [막]으로 읽는다.
  톱 廣(넓을 광) 博(넓을 박) 汎(넓을 범) 回 謨(꾀 모) 莫
(없을 막) 募(모을 모) 暮(저물 모) 慕(그릴 모)

필순 丶氵氵汒汒泄泄湮湮湮漠

기초 【기초한자어】 익히고, 【기본→발전한자어】 다지기
漠然(막연) 분명하지 않은 모양
沙漠(사막) 열대 · 온대의 대륙에서 건조지대의 황야
茫漠(망막) 넓고 멀어 아득함
• 앞이 캄캄하고 아득하여 茫漠하기 그지없다오.
• 沙漠의 신기루처럼 漠然한 기대를 갖고 있었지.
기본 3Ⅱ 漠漠(막막)
발전 1 駱漠(낙막)

3급Ⅱ

莫

부수	획수	총획
艹	7	11

없을 막【1136】

字源 〈회의〉 해가 넘어가고 날이 저물면 그 해가 서쪽의 숲속에 숨은 것으로 생각했다. 현실적으로 눈 앞에 나타나거나 우리들 시각의 공간을 차지하여 존재하지 않는다는 뜻이라 한다. 날이 저물어 해(晏)가 서쪽의 풀숲(艹) 속으로 들어간 것으로 느꼈다고 했으니 해가 사라져 빛이 [없다(莫)]는 뜻이고 [막]으로 읽는다.
圖無(없을 무) 回英(꽃부리 영) 幕(장막 막)

필순 一 十 廾 艹 莛 莒 莒 莗 莫 莫

기초 【기초한자어】 익히고, 【기본→발전한자어】 다지기
莫論(막론) 말할 나위도 없음
莫强(막강) 더할 수 없이 강함
莫大(막대) '막대하다'의 어근
• 莫大한 예산을 쏟아 붓고 지금도 예산타령이야.
• 莫强한 국력은 莫論하고 국가 간의 신의가 중요하다.

기본 ③Ⅱ 莫甚(막심) 莫逆(막역) 莫重(막중) 索莫(삭막)

발전 ① 闇莫(암막)

사자성어 ③Ⅱ 莫上莫下(막상막하) 莫逆之友(막역지우) 無知莫知(무지막지) ③ 莫無可奈(막무가내)

晚

부수	획수	총획
日	7	11

늦을 만:【1137】

字源 〈형성〉 정신을 집중하여 열심히 일하다 보면 해진 줄도 모르고 어두워졌다. 하는 일에 정신을 집중시켰기 때문이다. 어떠한 일을 보다가 또는 상대적으로 많이 흐른 시점을 뜻한다. 해(日)가 뉘엿뉘엿 서산으로 넘어갔으니(免) 날이 저물어 집으로 돌아갈 시간이 넘었으니 [늦다(晚)]는 뜻이고 [만]으로 읽는다.
圖遲(늦을 지) 回旱(이를 조) 回勉(힘쓸 면)

필순 丿 冂 日 日 日′ 日″ 昫 昫 晙 晚

기초 【기초한자어】 익히고, 【기본→발전한자어】 다지기
晚年(만년) 나이가 들어 늙어 가는 시기
晚秋(만추) 늦가을
晚學(만학) 나이가 들어 뒤늦게 공부함
• 이제 곧 설경이 이어지겠으니, 晚秋의 쾌감이나 즐기세.
• 晚年에야 배우는 학문을 흔히들 晚學이라 한다지.

기본 ③Ⅱ 晚成(만성) 晚時(만시) 晚鍾(만종) 晚婚(만혼) 早晚間(조만간)

발전 ② 晚蠶(만잠) 晚餐(만찬) 晚炊(만취) ① 晚駕(만가) 晚帆(만범) 晚靄(만애) 晚鶯(만앵) 晚眺(만조) 晚樽(만준)

晚樵(만초) 晚翠(만취) 晚霞(만하) 晚虹(만홍)
사자성어 ③Ⅱ 晚時之歎(만시지탄) 大器晚成(대기만성)

妄

부수	획수	총획
女	3	6

망령될 망:【1138】

字源 〈형성〉 여자가 분수에 넘치는 꿈이나 못된 행동에 빠지면 얼른 헤쳐 나오기 어렵다. 망령되게 행동하기 쉽다는 뜻이다. 아무런 이치에도 맞지 않고 허황하거나 주책없는 짓이겠다. 남자들보다 여자(女)들이 한때 허망(亡)한 생각에 빠져들게 되면 좀체 일어서기 어려웠으니 [망령되다(妄)]는 뜻이고 [망]으로 읽는다.
回忘(잊을 망)

필순 丶 亠 亡 亡 妄 妄

기초 【기초한자어】 익히고, 【기본→발전한자어】 다지기
妄念(망념) 사리에 맞지 않는 망령된 생각
妄發(망발) 망령이나 실수로 그릇되게 하는 행동
妄靈(망령) 늙거나 정신이 흐려서 정상적인 상태가 아님
• 이제 그만, 妄念일랑 버리고 제 자리에들 돌아오시게.
• 그들은 妄靈들 나이도 아닌데도, 그저 妄發을 일삼는구나.

기본 ③Ⅱ 妄覺(망각) 妄言(망언) 輕妄(경망) 老妄(노망) 虛妄(허망) ③ 誕妄(탄망) 妄誕(망탄)

발전 ② 妖妄(요망) 妄謬(망류) ① 詭妄(궤망) 躁妄(조망) 僭妄(참망)

사자성어 ③Ⅱ 輕擧妄動(경거망동)

梅

부수	획수	총획
木	7	11

매화 매【1139】

字源 〈형성〉 매화 잎은 달걀꼴로 톱니가 있고, 어긋나게 나온다. 4월경에 불그레한 꽃이 피고 잎은 나중에 피는 매화를 퇴계(退溪)는 그렇게 많이 좋아했다. 황색 열매가 열린 바로 그 매실이다. 사람이면 누구나 자기가 갖고 싶어 탐내고(每) 싶을 만큼 아름답게 꽃이 피는 나무(木)로 [매화(梅)]를 뜻하고 [매]로 읽는다.
回海(바다 해)

필순 十 十 才 才 栌 栌 栴 梅 梅 梅

기초 【기초한자어】 익히고, 【기본→발전한자어】 다지기
梅實(매실) 매화 열매
梅花(매화) 매화꽃

3급Ⅱ

春梅(춘매) 봄에 피는 매화나무
• 春梅라 했으니 도산서원 주인 退溪의 숨결이 스치네.
• 梅實나무에 탐스러운 梅花가 저리 곱게도 피었구나.

기본 ③Ⅱ 梅毒(매독) 梅雨(매우) 梅畫(매화) 梅實酒(매실주) 雪中梅(설중매)
발전 ②B 梅堯臣(매요신) ① 梅櫻(매앵) 臘梅(납매)
사자성어 ③Ⅱ 梅蘭菊竹(매란국죽)

부수	획수	총획
女	9	12

중매 매【1140】

字源 〈형성〉 행실과 마음씨가 착한 예쁜 아가씨를 누구나 탐했던 모양이다. 이웃 마을 총각에게 소개시켜 주고 싶다. 두 집안이나 남녀 사이에서 서로 혼인이 이루어지도록 중간에서 소개해 준다. 착하고 예쁜 아가씨(女)를 이웃마을에 사는 아무개(某) 총각에게 소개시켜 주는 일로 [중매(媒)]를 뜻하고 [매]로 읽는다.
回謀(꾀 모)

필순 乚 乄 女 女 女 妋 妋 妋 媒 媒 媒

기초 【기초한자어】 익히고, 【기본→발전한자어】 다지기
媒緣(매연) 중간에 서서 매개가 되고 인연이 됨
溶媒(용매) 어떤 액체에 물질을 녹여 용액을 만들 때 그 액체를 가리키는 말
仲媒(중매) 결혼이 이루어지도록 중간에서 소개한 일
• 溶媒 또한 仲媒와 같은 역할을 하는 액체의 구실을 한다.
• 仲媒자는 '媒緣의 자격'으로 자기의 임무를 충실히 해야 한다.
기본 ③Ⅱ 媒介(매개) 媒體(매체) 中媒(중매) 觸媒(촉매) 媒介物(매개물) 中媒人(중매인)
발전 ① 媒衒(매현)

부수	획수	총획
麥	0	11

보리 맥【1141】

字源 〈회의〉 보리는 하늘에서 내려준 곡식으로 생각했다. 글자 자원의 '래(來)'는 까끄라기가 붙어 있는 보리 모양을 본뜬 상형(象形)으로, '치(夊)'는 뿌리가 땅속에 내리다는 뜻으로 보았다. 이삭·줄기·잎을 나타낸 '來'와 뿌리를 나타내는 '夊'이 서로 합하여 남쪽 지방에서 왔다는 [보리(麥)]를 뜻하고 [맥]으로 읽는다.
回來(올 래) 역麦

필순 十 尢 尢 朿 朿 朿 夾 夾 麥 麥

기초 【기초한자어】 익히고, 【기본→발전한자어】 다지기
麥嶺(맥령) 보릿고개
麥飯(맥반) 보리밥
麥芽(맥아) 엿기름
• 지긋지긋한 麥嶺인 '보릿고개'를 이제는 넘길는지 차마 모르겠네.
• 보리밥인 麥飯에 麥芽로 빚은 텁텁한 막걸리가 그저 그만일세.
기본 ③Ⅱ 麥酒(맥주) 麥秋(맥추) 小麥(소맥) 精麥(정맥)
발전 ② 裸麥(나맥) ① 麥麪(맥면) 麥穗(맥수) 麥醬(맥장) 菽麥(숙맥) 雀麥(작맥)

부수	획수	총획
子	5	8

맏 맹(:)【1142】

字源 〈형성〉 어머니는 자식을 정성스럽게 기른다. 때에 맞추어 젖을 먹이고 땀을 흘리면 목욕도 시켰다. '맏'은 친족 관계를 나타낸 명사 앞에 붙어서 '서열이 맨 위인 자식'이란 뜻을 더했다고 한다. 큰 그릇(皿)에 따뜻한 물을 가득 떠놓고서 목욕을 시켰던 자식(子)으로 큰 아들인 [맏(孟)]을 뜻하고 [맹]으로 읽는다.
동允(맏 윤) 回猛(사나울 맹)

필순 ㄱ 了 子 子 舌 舌 孟 孟

기초 【기초한자어】 익히고, 【기본→발전한자어】 다지기
孟浪(맹랑) 하는 짓이 깜찍하고 당돌함
孟夏(맹하) 초여름
孟冬(맹동) 초겨울
• 철수야! 이제 바야흐로 孟夏가 돌아올 모양이구나.
• 孟冬에 여름옷을 입고도 춥지 않다니 孟浪하구나.
기본 ③Ⅱ 孟母(맹모) 孟子(맹자) 孟秋(맹추) 孟春(맹춘)
발전 ② 孟津(맹진) ②B 孟軻(맹가) ① 孟婆(맹파)
사자성어 ③Ⅱ 孟母斷機(맹모단기) 孟母三遷(맹모삼천) 虛無孟浪(허무맹랑)

부수	획수	총획
犬	8	11

사나울 맹:【1143】

字源 〈형성〉 개는 낯선 사람이나 낯선 개를 만나면 사납게 짖으며 맹랑하게 덤벼든다. 같은 수캐끼리 만나면 더욱 맹렬하게 싸웠다. 성질이나 행동, 생김새 등이 거칠고도 억세다는 뜻이다. 개(犭←犬)가 우렁차게 짖어대고 더 힘차게(孟) 덤벼들면서 서로 싸우려고 했었으니 [사납다(猛)]는 뜻이고 [맹]으로 읽는다.

3급Ⅱ

图勇(날랠 용) 烈(매울 렬) 悍(사나울 한) 暴(사나울 폭)
回孟(맏 맹)

필순

기초 【기초한자어】 익히고, 【기본→발전한자어】 다지기
猛獸(맹수) 사나운 짐승
猛威(맹위) 사나운 위세. 맹렬한 위력
勇猛(용맹) 날래고 사나움
• 猛獸라고 해서 모두 猛威를 떨치는 것은 아니다.
• 猛獸처럼 날뛰는 勇猛스러운 장수의 猛威에 그만
  놀라서 뒤로 넘어졌다.

기본 ③Ⅱ猛犬(맹견) 猛禽(맹금) 猛毒(맹독) 猛烈(맹렬) 猛將(맹
장) 猛打(맹타) 猛爆(맹폭) 猛虎(맹호) 寬猛(관맹) ③
猛暑(맹서) 猛活躍(맹활약)

발전 ①猛勁(맹경) 猛拏(맹나) 猛戾(맹려) 猛燎(맹료) 猛攘
(맹양) 猛爪(맹조) 猛捷(맹첩) 猛悍(맹한) 勁猛(경맹)
狼猛(낭맹) 兇猛(흉맹)

盲

부수	획수	총획
目	3	8

소경 맹【1144】

字源 〈형성〉 사람의 신체에서 어느 부분도 중요하지 않은 것이
없지만 눈이 제일로 중요하다. 사물을 보고 관찰하며 판
단하기 때문이다. 소경은 '시각장애인'을 얕잡아 이르는
말로 보았다. 사람이 두 눈(目)에 손상을 입어 시력을 잃
어버려서(亡) 앞을 분간하면서 볼 수 없었으니 [소경(盲)]
을 뜻하고 [맹]으로 읽는다.
回直(곧을 직)

필순

기초 【기초한자어】 익히고, 【기본→발전한자어】 다지기
盲目(맹목) 사리 분별에 어두움
盲信(맹신) 선악을 가리지 않고 덮어 행함
盲從(맹종) 옳고 그름을 가리지 않고 덮어놓음
• 盲目적이면서 무턱대고 덤벼드는 무모한 짓일랑
  그만두게.
• 세상에는 盲從하고 盲信하는 어리석은 사람이 참
  으로 많다.

기본 ③Ⅱ盲兒(맹아) 盲人(맹인) 盲腸(맹장) 盲點(맹점) 文盲(문맹)
色盲(색맹) 夜盲(야맹) 盲目的(맹목적) 夜盲症(야맹증)

발전 ①聾盲(농맹) 盲聾(맹롱) 雀盲(작맹)

盟

부수	획수	총획
皿	8	13

맹세 맹【1145】

字源 〈형성〉 굳센 약속을 하려고 할 때에 손가락을 베어 피로
혈서를 썼다. 자기의 굳센 의지를 다짐하였던 혈맹(血盟)
이다. 임무나 약속을 꼭 실행하거나 목표를 꼭 이루겠다
는 굳은 다짐이다. 그릇(皿)에 붉은 피를 쏟으면서 자기의
의지를 천지신명께 명확하게(明) 약속했었으니 [맹세하다(盟)]
는 뜻이고 [맹]으로 읽는다.
图誓(맹세할 서)

필순

기초 【기초한자어】 익히고, 【기본→발전한자어】 다지기
盟邦(맹방) 동맹국
盟約(맹약) 굳게 맹세하며 약속함. 또는 그 약속
聯盟(연맹) 서로 돕고 행동을 함께할 것을 약속함
• 이런 여세를 몰아 이때에 아예 聯盟을 구성하는
  것이 어떻겠소.
• 공동방위를 盟約한 盟邦들이 있어 우리의 안보 위
  협에는 끄떡없겠소.

기본 ③Ⅱ盟主(맹주) 加盟(가맹) 同盟(동맹) 血盟(혈맹) ③盟誓
(맹서) 乞盟(걸맹) 誓盟(서맹)

발전 ②盟津(맹진) 締盟(체맹) ①盟盆(맹분) 盟詛(맹저) 劫盟
(겁맹) 詛盟(저맹)

眠

부수	획수	총획
目	5	10

잘 면【1146】

字源 〈형성〉 호롱불마저 없던 옛날에는 밤이 되면 모든 사람이
초저녁부터 푸근하게 잤다. 잠자리에 들어서 충분한 휴식
을 취했다. 눈을 지긋하게 감고 몸과 정신이 편히 쉬는 상
태가 되었다. 어두운 밤이 되어 모든 백성(民)들이 일손을
완전하게 멈추고 눈(目)을 감고 편히 쉬었으니 [자다(眠)]
는 뜻이고 [면]으로 읽는다.
图宿(잘 숙) 睡(졸음 수) 寢(잘 침) 回眼(눈 안)

필순 ① 冂 冂 目 目 目⟍ 目⟍ 眠 眠 眠

기초 【기초한자어】 익히고, 【기본→발전한자어】 다지기
眠食(면식) 사람의 일상생활을 이르는 말. 침식
冬眠(동면) 동물이 활동을 그만 중단하고 땅속에서
겨울을 보냄
休眠(휴면) 사물이 거의 활동하지 않은 것
• 감기와 같은 질병에서 빨리 벗어나려면 규칙적인
  眠食과 충분한 휴식이 매우 중요하다.
• 추운 겨울이 도래하자 冬眠하는 동물들은 어김없
  이 긴 休眠 상태로 들어갔다.

기본 ③Ⅱ不眠(불면) 睡眠(수면) 熟眠(숙면) 安眠(안면) 永眠
(영면) 催眠(최면) 沈眠(침면) 不眠症(불면증)

발전 ②睡眠劑(수면제) ①嗜眠(기면) 懶眠(나면) 晏眠(안면)

부수	획수	총획
糸	8	14

솜 면【1147】

字源 〈회의〉비단은 명주실로 짜지만 너무 촘촘하게 잇닿아 있는 것처럼 보인다. 솜 또한 가는 면으로 쭉 잇닿아 있는 것이다. 솜은 목화에서 씨를 다 빼고 남은 섬유질의 흰 덩어리를 말한다. 가는 명주(帛) 실(糸)이 서로 [잇닿아(綿) 있음을 뜻했으나, 널리 면이 잇닿아 연해져 있으니 [솜(綿)]을 뜻하고 [면]으로 읽는다.
回錦(비단 금) 線(줄 선)

필순 乄幺幺糸糸糸紗紗綿綿綿

기초 【기초한자어】 익히고, 【기본→발전한자어】 다지기
綿綿(면면) 계속하여 끊어지지 않고 이어지는 모양
綿密(면밀) 자세하고 빈틈이 없음
綿羊(면양) 털이 긴 양
• 옛날 전통방식이 綿綿히 이어지고 있다.
• 綿羊의 털 생산량이 줄어든 원인을 綿密히 조사하게.
기본 ③Ⅰ綿絲(면사) 石綿(석면) 純綿(순면) 連綿(연면) 原綿(원면) 海綿(해면) 綿製品(면제품) 綿織物(면직물)
발전 ②綿紡績(면방적) 脫脂綿(탈지면) ①綿亘(면긍) 綿帛(면백) 綿袍(면포) 纏綿(전면) 繰綿(조면)
사자성어 ③Ⅰ周到綿密(주도면밀)

부수	획수	총획
儿	5	7

면할 면:【1148】

字源 〈회의〉덫을 놓아둔 곳을 지나던 토끼의 꼬리가 덫에 걸려 버렸다. 몸부림을 치다보니 그만 꼬리가 잘려나갔던 모양이다. 자기의 책임이나 의무를 다 지지 않게 되었다는 뜻도 있다. 덫에 걸렸던 토끼(兔)가 몸부림치다가 그만 꼬리(丶) 부분이 잘린 채 도망가서 죽음만은 [면했다(免)]는 뜻이고 [면]으로 읽는다.
圓除(덜 제) 回任(맡길 임) 回兔(토끼 토) 勉(힘쓸 면)

필순 ノ丿ク夕各各免免

기초 【기초한자어】 익히고, 【기본→발전한자어】 다지기
免罪(면죄) 지은 죄를 면함. 또는 면하여 줌
免責(면책) 책임이나 책망을 면함
免許(면허) 어떤 자격을 충분하게 갖춘 사람에게 허가한 행정 처분
• 그렇게 하면 免許 취소로 가는 소동이 벌어질 판이네.
• 免責이나 免罪를 받은 사람들이 크게 반성해야 한다.
기본 ③Ⅰ免稅(면세) 免訴(면소) 免役(면역) 免疫(면역) 免除(면제) 免職(면직) 減免(감면) 苟免(구면) 謀免(모면) 放免(방면) 辭免(사면) 免罪符(면죄부) ③罷免(파면)

발전 ②赦免(사면) ①庇免(비면) 贖免(속면) 宥免(유면)
사자성어 ③Ⅰ免責特權(면책특권)

부수	획수	총획
水	10	13

멸할 멸【1149】

字源 〈형성〉불이 나서 활활 타오르면 소화기를 뿜거나 물을 끼얹어 끈다. 세찬 불이 물의 힘에 그만 고개를 숙이며 꺼진다. 타오르던 불이 소방관의 노력에 의해서 완전하게 다 사라졌다. 활활 타오르던 세찬 불에 물(氵)을 끼얹어 불의 기세가 한풀 꺾이고(戌) 없어졌으니 이제는 [멸하다(滅)]는 뜻이고 [멸]로 읽는다.
圓亡(망할 망) 消(사라질 소) 回歲(해 세) 減(덜 감)

필순 丶丶氵氵氵氵沪沪滅滅滅

기초 【기초한자어】 익히고, 【기본→발전한자어】 다지기
滅裂(멸렬) 패하여 형체도 없이 찢기고 흩어짐
滅族(멸족) 일족이 멸망당함
滅種(멸종) 어떤 종의 생물이 씨도 없이 완전히 없어짐
• 지리滅裂한 여름이 가고 이제 가을이 돌아왔구나.
• 벌이 滅種하면 그 원주민들은 滅族된다.
기본 ③Ⅰ滅共(멸공) 滅菌(멸균) 滅亡(멸망) 滅門(멸문) 滅覆(멸복) 擊滅(격멸) 壞滅(괴멸) 磨滅(마멸) 明滅(명멸) 不滅(불멸) 死滅(사멸) 消滅(소멸) 掃滅(소멸) 燒滅(소멸) 夷滅(이멸) 入滅(입멸) 自滅(자멸) 寂滅(적멸) 全滅(전멸) 點滅(점멸) 破滅(파멸) 還滅(환멸)
발전 ①幻滅(환멸) ②埃滅(애멸) ①滅烽(멸봉) 撲滅(박멸) 殲滅(섬멸) 熄滅(식멸) 燼滅(신멸) 淪滅(윤멸) 湮滅(인멸) 剪滅(전멸) 誅滅(주멸) 呑滅(탄멸) 朽滅(후멸)
사자성어 ③Ⅰ滅私奉公(멸사봉공) 支離滅裂(지리멸렬)

부수	획수	총획
金	6	14

새길 명【1150】

字源 〈형성〉청동기 시대가 되면서부터 인류 문명은 급속도로 발전했음을 본다. 쇠붙이에 이름이나 그림을 새겨 오래 전하도록 했었다. 실로 박거나 날카로운 끝을 가진 도구로 조각해 둔다. 다음 세대에까지 오래도록 전하기 위해 쇠붙이(金)에 사람의 이름(名)을 써넣었으니 [새기다(銘)]는 뜻이고 [명]으로 읽는다.
圓刻(새길 각) 刊(새길 간) 彫(새길 조) 回針(바늘 침) 銅(구리 동)

필순 ノ入セ牟金金釘釘銘銘

기초 【기초한자어】 익히고, 【기본→발전한자어】 다지기
刻銘(각명) 쇠붙이·돌 따위에 글자나 그림을 새김
感銘(감명) 깊이 느끼어 마음속에 새겨 둠
碑銘(비명) 비면에 새긴 글
• 선현들은 오래 보관하기 위해 刻銘하였다.
• 이제는 碑銘도 읽고, 충분하게 感銘도 받았구나.

기본 ③Ⅱ 銘記(명기) 銘文(명문) 銘心(명심) 墓碑銘(묘비명)
座右銘(좌우명)

발전 ② 銘菓(명과) ②⑧ 銘旌(명정) 鼎銘(정명) 汪兆銘(왕조명)
① 銘勒(명륵) 銘佩(명패) 勒銘(늑명) 箴銘(잠명) 篆銘
(전명)

부수	획수	총획
心	11	15

그릴 모 : 【1151】

字源 〈형성〉 집을 떠나 해가 저물면 부모님이 그리워진다. 달
밝은 밤이면 멀리 떠난 친구가 생각나고 그리워진다. 보
고 싶거나 만나고 싶은 마음이 간절하다는 뜻이란다. 해
가 저물(莫) 무렵이 되면 사랑하고 아끼던 사람을 그리워
하는 간절한 마음(忄←心)이 많이 생겼나니 [그리다(慕)]
는 뜻이고 [모]로 읽는다.
圖戀(그릴 련) 愛(사랑 애) 回暮(저물 모) 募(모을 모)

기초 【기초한자어】 익히고, 【기본→발전한자어】 다지기
崇慕(숭모) 우러러 사모함
慕化(모화) 덕을 사모하여 그 가르침을 좇아 감화됨
追慕(추모) 죽은 사람을 애틋하게 그리워함
• 제자는 돌아가신 스승에게 慕化되었다.
• 순국하신 분에 대해 追慕의 마음과 崇慕의 정신을
갖도록 했으면 좋겠다.

기본 ③Ⅱ 慕情(모정) 敬慕(경모) 伏慕(복모) 思慕(사모) 愛慕
(애모) 戀慕(연모) 稱慕(칭모) ③ 毁慕(훼모)

발전 ②⑧ 欽慕(흠모) ① 攀慕(반모) 羨慕(선모)

부수	획수	총획
言	9	16

꾀 모 【1152】

字源 〈형성〉 '꾀'는 현재의 상황에서 부닥치는 문제의 해결이나
일의 진행을 위해 생각해 내는 교묘한 방법을 뜻하기도
한다. 유의어는 '계책(計策), 계교(計巧), 술법(術法)' 등으
로 쓰인다. 이름을 밝힐 수 없는 아무개(某)와 서로 의논
하여서(言) 어려웠던 일을 도모하면서 일을 [꾀하다(謀)]
는 뜻이고 [모]로 읽는다.
圖策(꾀 책) 略(간략할 략) 回課(과정 과) 媒(중매 매)

필순 ᅠ ᅳ ᅴ ᅳ 言 言 訓 謀 謀 謀 謀 謀 謀

기초 【기초한자어】 익히고, 【기본→발전한자어】 다지기
謀免(모면) 꾀를 써서 어려움을 벗어남
謀反(모반) 배반하여 군사를 일으킴. 배반하고 다른
나라를 좇으려고 꾀함
謀事(모사) 일을 도모함
• 배반하여 군사를 일으키거나 배반하는 謀反은 안 된다.
• 謀事가 발각되었으니 그 죄를 謀免하기 어렵게 되었다.

기본 ③Ⅱ 謀略(모략) 謀議(모의) 謀陷(모함) 共謀(공모) 圖謀
(도모) 無謀(무모) 逆謀(역모) 陰謀(음모) 智謀(지모)
參謀(참모) 謀利輩(모리배) 主謀者(주모자) ③ 謀叛(모반)

발전 ② 諮謀(자모) ① 謀洩(모설) 宸謀(신모) 僉謀(첨모)

사자성어 ③Ⅱ 權謀術數(권모술수)

부수	획수	총획
豸	7	14

모양 모 【1153】

字源 〈형성〉 어린이들은 가면극이나 인형극을 많이 즐겨 본다.
사람이 짐승이나 다른 모양의 탈을 쓰고 움직이는 모습을
보면서 어린이들은 매우 좋아한다. 어린이들의 흥미를 많
이 자극한 것이다. 사람(儿←人)의 얼굴(白)에 평상시 모
습이 아닌 짐승(豸) 모양의 탈을 썼으니 그 거동인 [모양(貌)]
을 뜻하고 [모]로 읽는다.
圖面(낯 면) 樣(모양 양) 容(얼굴 용) 顔(얼굴 안) 回懇
(간절할 간) 回皃

필순 ᅵ ᅩ ᅳ ᅴ ᅴ ᅵ 豸 豹 豹 貌 貌

기초 【기초한자어】 익히고, 【기본→발전한자어】 다지기
面貌(면모) 얼굴의 모양. 됨됨이
容貌(용모) 얼굴 모습
風貌(풍모) 풍채와 용모
• 이발을 하고 나니 자네의 面貌가 일신되었군 그래.
• 차려 입고 꾸며 容貌를 달리하니 風貌가 다르구나.

기본 ③Ⅱ 模樣(모양) 美貌(미모) 變貌(변모) 外貌(외모) 全貌
(전모) 體貌(체모) 片貌(편모) ③ 醜貌(추모)

부수	획수	총획
目	8	13

화목할 목 【1154】

字源 〈형성〉 정다운 사람끼리 만나면 손을 마주잡고 눈가에 웃
음을 지으며 서로가 반가워한다. 친절한 태도, 반가운 인
사를 한다. 화목은 지인(知人)들과 사귀는 데 커다란 역할
을 한다. 서로 친한 사이에 눈시울(目)을 언덕(坴)처럼 서

로 굽혀 웃으면서 정답게들 이야기했으니 [화목하다(睦)]
는 뜻이고 [목]으로 읽는다.
🔵 和(화할 화) 穆(화목할 목) 🔺陵(언덕 릉) 陸(뭍 륙) 隆
(높을 륭)

필순 ｜ 刀 目 目 目 目 目 目 目 目 睦

기초 【기초한자어】 익히고, 【기본→발전한자어】 다지기
睦友(목우) 서로 사이가 도타운 친구
親睦(친목) 서로 친하여 뜻이 맞고 정다움
和睦(화목) 어울려 사는 사람들 관계의 정다움
• 사이가 도타운 친구와 서로의 호칭을 睦友라 불렀다.
• 서로가 親睦에 힘써서 이제는 和睦한 사이가 되었다.

기본 ③ 敦睦(돈목)

발전 🔺 邕睦(옹목) 雍睦(옹목)

부수	획수	총획
水	4	7

沒
빠질 몰【1155】

字源 〈회의〉 물살이 세거나 소용돌이치는 곳에 종이를 넣으면
빙빙 돌면서 그냥 빠져든다. 돌멩이를 던지면 더욱 힘차
게 '풍덩' 빠지는 소리가 들린다. 물과 함께 빠져서 그냥
함몰된다. 손에 쥐었던 소중한 물건이 물(氵)이 굽이굽이
소용돌이치는 곳으로 빠져 들어갔으니(殳) [빠지다(沒)]는
뜻이고 [몰]로 읽는다.
🔵浸(잠길 침) 沈(잠길 침) 陷(빠질 함) 溺(빠질 닉) 🔺出
(날 출) 🔺洗(씻을 세)

필순 ㇏ ㇏ 氵 氵 沪 沪 沒

기초 【기초한자어】 익히고, 【기본→발전한자어】 다지기
沒入(몰입) 어떤 일에 온 정신이 빠짐
沒收(몰수) 물건 따위를 모조리 거둬들임
沒落(몰락) 성하던 것이 쇠하여 아주 형편없이 됨
• 그는 공부를 했다 하면 책에 푹 빠져 沒入한다.
• 재산을 沒收당해서 집안이 그냥 沒落하고 말았다.

기본 ③ 沒頭(몰두) 沒死(몰사) 沒殺(몰살) 沒我(몰아) 水沒
(수몰) 日沒(일몰) 出沒(출몰) 沈沒(침몰) 陷沒(함몰)
沒常識(몰상식) 沒人情(몰인정) 沒知覺(몰지각) ③ 沒却
(몰각) 埋沒(매몰) 沒廉恥(몰염치)

발전 ② 淪沒(윤몰) 溺沒(익몰) 🔺 沒脛(몰경) 汨沒(골몰) 眛沒
(매몰) 蕪沒(무몰) 淪沒(윤몰) 湮沒(인몰)

사자성어 ③ 神出鬼沒(신출귀몰)

부수	획수	총획
夕	11	14

夢
꿈 몽【1156】

字源 〈회의〉 꿈은 새벽녘에 자주 꾼다. 평소의 생각들이 환상
으로 나타나는데 깊이 잠든 숙면의 단계로 넘어가면 꿈을
꾸게 된다는 것이다. 잠자는 동안에 일어나는 심리적 현
상의 연속이다. 어두운 저녁(夕)에 눈을 감고(苜←苜) 깊이
잠잘 때 알 수 없는 환상으로 또 나타나게 되니 [꿈(夢)]
을 뜻하고 [몽]으로 읽는다.
🔺醒(깰 성) 🔺蒙(어두울 몽) 🔳梦

필순 ㇏ 艹 艹 艹 节 芇 苜 莆 薨 夢 夢

기초 【기초한자어】 익히고, 【기본→발전한자어】 다지기
夢遊病(몽유병) 잠을 자다가 어떤 행동을 하는 병적
인 증세
吉夢(길몽) 좋은 일이 생길 징조의 꿈
惡夢(악몽) 불길하고 무서운 꿈
• 夢遊病은 잠을 자다가 어떤 행동을 하는 증세다.
• 요 며칠 동안 吉夢다운 惡夢에 시달려 잠을 설쳤다.

기본 ③ 夢想(몽상) 夢精(몽정) 春夢(춘몽) 解夢(해몽) 現夢
(현몽) 凶夢(흉몽) 白日夢(백일몽) ③ 迷夢(미몽) 蝶夢
(접몽)

발전 ② 夢幻(몽환) 瑞夢(서몽) 診夢(진몽) 胎夢(태몽) 幻夢
(환몽) 🔺槐安夢(괴안몽) 鄭夢周(정몽주) 🔳夢寐
(몽매) 夢醒(몽성) 寤夢(오몽)

사자성어 ③ 同床異夢(동상이몽) 一場春夢(일장춘몽) 醉生
夢死(취생몽사) ③ 非夢似夢(비몽사몽) 🔺南柯一夢
(남가일몽) 盧生之夢(노생지몽) 🔳夢幻泡影(몽환포영)

부수	획수	총획
艸	10	14

蒙
어두울 몽【1157】

字源 〈형성〉 '우리' 속 돼지가 짚을 둘러쓰고 이리저리 마구 뛴
다. 앞을 분간하지 못하는 어린이가 장난치는 어리석은
짓이랄까. 나이가 상대적으로 적어 어리석거나 둔하여 사
리에 어둡다. 어린 새끼 돼지(豕)가 머리 위에(冖) 풀(艹)
을 덮어 어리석고 사리에 [어두웠으니(蒙)] [어리석다(蒙)]
는 뜻이고 [몽]으로 읽는다.
🔵昧(어두울 매) 🔺夢(꿈 몽) 家(집 가)

필순 ㇏ 艹 艹 艹 芇 芇 夢 夢 萝 蒙 蒙 蒙

기초 【기초한자어】 익히고, 【기본→발전한자어】 다지기
蒙利(몽리) 이익을 입음
蒙恩(몽은) 은혜를 입음
啓蒙(계몽) 지식수준이 낮은 사람을 깨우쳐 줌
• 그렇게까지 蒙恩을 입었으면서 낮을 싹 바꾸다니.
• 노비들을 널리 啓蒙하고 蒙利까지 얻게 하여 모두
를 잘살게 했다.

기본 ③ 蒙古(몽고) 訓蒙(훈몽)

발전 ② 蒙塵(몽진) 🔺耆蒙(기몽) 🔳蒙鳩(몽구) 蒙棘(몽극)

蒙昧(몽매) 蒙鄙(몽비) 蒙茸(몽용) 蒙戎(몽융)

부수	획수	총획
艹	5	9

무성할 무:
【1158】

字源 〈형성〉 봄이 되면 파릇파릇 새싹이 돋는다. 여름이 되면 뜨거운 햇볕과 비를 맞고 무성하게 잘 자란다. 무성하게 우거진 잎은 여름에 시원한 그늘이 되어 이곳을 많이들 찾는다. 여름이 되어 논밭이나 들판에 파란 풀잎(艹)이 우거져(戊) 있으니 그 기세가 매우 왕성하여 [무성하다(茂)] 는 뜻이고 [무]로 읽는다.
통 盛(성할 성) 回 戊(천간 무)

필순 一 十 十 十 丼 丼 茂 茂 茂

기초 【기초한자어】 익히고, 【기본 → 발전한자어】 다지기
茂林(무림) 나무가 무성한 숲
茂盛(무성) 풀이나 나무가 우거짐
茂陰(무음) 나무가 무성한 그늘
• 나무가 무성하게 자라서 요즈음은 茂林이 되었다.
• 몇 년 동안 茂盛케 재배했더니 茂陰도 넓어졌다.

기본 3Ⅱ 茂才(무재) 武學(무학) 3 暢茂(창무)
발전 2 鬱茂(울무) 28 滋茂(자무) 1 茂挺(무정) 茂梢(무초)
蔓茂(만무) 熾茂(치무)

부수	획수	총획
貝	5	12

무역할 무:
【1159】

字源 〈형성〉 나라끼리 물건을 팔고 사는 일을 '무역'이라 한다. 개인과 하는 상업과는 규모 면에서 달라 수많은 물건이 오고간다. 무역이 크게 성행하자 항구 주변에 사람들이 몰려들었다. 나라 사이에 자기네들의 토산품으로 생산되는 많은(卯) 물건(貝)을 서로 간에 팔고 샀으니 [무역하다(貿)] 는 뜻이고 [무]로 읽는다.
통 易(바꿀 역) 回 貸(품삯 임) 賀(하례할 하)

필순 ´ ` ´ ´ 卯 卯 卯 貿 貿 貿

기초 【기초한자어】 익히고, 【기본 → 발전한자어】 다지기
貿易(무역) 국제간에 상품을 매매하는 경제적 활동
貿易風(무역풍) 상승 기류를 타고 그로 인해 일정 방향으로 부는 바람
密貿易(밀무역) 세관을 통하지 않고 비밀스럽게 무역하는 것
• 아열대 고압대에서 일정하게 貿易風이 분다고 한다.
• 한때는 密貿易이 성행했으나, 요즘은 정상貿易으

로 비교적 깨끗한 무역이 이룩되고 있다.
기본 3Ⅱ 貿穀(무곡)
발전 1 貿辦(무판)
사자성어 2 貿易金融(무역금융)

부수	획수	총획
黑	4	16

잠잠할 묵【1160】

字源 〈형성〉 구름이 끼고 달 없는 밤은 칠흑처럼 어둡다. 풀벌레 소리도 들리지 않고 개마저 짖지 않아 고요한 적막이다. '잠잠하다'는 시끄럽지 않고 주위가 소리 없이 조용한 경경을 뜻한다. 밤이 깊어 주위가 어두워지면서 (黑) 개(犬)마저 짖지 않고 고요했으니 [말없다(默)] 또는 [잠잠하다(默)]는 뜻이고 [묵]으로 읽는다.
回 墨(먹 묵) 點(점 점) 약 黙

필순 ' 口 口 円 甲 里 黒 黒 黒 - 默 默

기초 【기초한자어】 익히고, 【기본 → 발전한자어】 다지기
默過(묵과) 알고도 모르는 채 지나쳐 버림
暗默(암묵) 자기의 의사를 밖으로 드러내지 않음
默契(묵계) 말 없는 가운데 뜻이 서로 맞음
• 그의 성격은 대체적으로 暗默的(적)인 태도로 일관하고 있는 것이 요즈음 근황이다.
• 그들은 서로의 默契에 따라서 그 일도 默過하면서 지내기로 한다.

기본 3Ⅱ 默念(묵념) 默禮(묵례) 默祕(묵비) 默殺(묵살) 默想(묵상) 默示(묵시) 默認(묵인) 默珠(묵주) 寡默(과묵) 沈默(침묵) 默祕權(묵비권) 默示錄(묵시록) 3 默誓(묵서)
발전 28 默祐(묵우) 1 默禱(묵도) 悶默(민묵) 喊默(함묵) 緘默(함묵)

사자성어 3Ⅱ 默默不答(묵묵부답)

부수	획수	총획
土	12	15

먹 묵【1161】

字源 〈회의〉 '먹'은 연기가 굴뚝을 통해 나가다가 걸린 그을음이다. 글씨를 쓰거나 그림을 그릴 때 소나무나 기름을 태운다. 여기서 나오는 그을음을 아교풀에 반죽한 뒤 굳혀서 썼다고 한다. 검은(黑) 그을음에 아교를 녹인 물과 섞어 진흙(土)처럼 단단하게 만들어 썼던 필기구로 [먹(墨)]을 뜻하고 [묵]으로 읽는다.
回 黑(검을 흑) 默(잠잠할 묵) 약 墨

필순 丨 口 円 甲 里 黒 黒 黒 墨 墨

기초 【기초한자어】 익히고, 【기본→발전한자어】 다지기
墨畫(묵화) 먹그림
淡墨(담묵) 동양화에서 사용하는 묽은 먹물
水墨(수묵) 빛이 엷은 먹물. 먹그림
• 水墨은 빛이 엷은 먹물 그림으로 은은한 그 맛이
  진솔하고 고유한 특징이다.
• 이 먹으로 친 墨畫는 淡墨 처리가 아주 잘된 일품
  이라고 알려진다.

기본 ③Ⅱ 墨客(묵객) 墨字(묵자) 墨紙(묵지) 墨香(묵향) 墨刑
(묵형) 白墨(백묵) 餘墨(여묵) 筆墨(필묵) 水墨畫(수묵화)

발전 ② 翰墨(한묵) ②8 墨瀋(묵심) 繩墨(승묵) ① 墨煤(묵매)
墨豬(묵저) 墨汁(묵즙) 墨帖(묵첩) 墨敕(묵칙) 墨繪(묵회)
墨痕(묵흔) 矩墨(구묵) 膿墨(농묵) 麝墨(사묵) 涅墨(열묵)
瘠墨(척묵) 貼墨(첩묵)

사자성어 ② 紙筆硯墨(지필연묵)

부수	획수	총획
糸	4	10

무늬 문 【1162】

字源 〈형성〉 '무늬'는 물건의 표면에 약간 어룽져서 나타난 모
양이다. 옷감이나 조각품 등에 장식으로 표현된 여러 형
상을 말하기도 한다. 유의어는 '문양(文樣), 문채(文彩)' 등
이다. '文'은 '문채(文彩)'의 뜻이었으나, '文'에 많은 뜻이
들어있어 이를 잘 구별하기 위해 '糸'를 덧붙였으니 [무늬(紋)]
를 뜻하고 [문]으로 읽는다.
图 絢(무늬 현) 繐(무늬 처) 彩(채색 채)

필순 ` ′ ′ ′′ 糸 糸 糸 糸' 糸' 糸乂 紋

기초 【기초한자어】 익히고, 【기본→발전한자어】 다지기
紋片(문편) 도자기 표면에 생긴 자디잔 무늬 같은 금
羅紋(나문) 얇은 비단의 무늬
指紋(지문) 손가락 끝마디 안쪽에 있는 살갗의 무늬
• 羅紋은 얇은 비단에 무늬만을 찍어 만들어 여유롭다.
• 사람마다 指紋이 각각 다르듯이 紋片까지도 다 다
  르다고 한다.

기본 ③Ⅱ 紋銀(문은) 家紋(가문) 穀紋(곡문) 錦紋(금문) 細紋
(세문) 手紋(수문) 水紋(수문) 魚紋(어문) 衣紋(의문)
縱紋(종문) 波紋(파문)

발전 ① 繡紋(수문) 渦紋(와문)

부수	획수	총획
勹	2	4

말 물 【1163】

字源 〈상형〉 깃발은 어느 집단을 대표하거나 상징으로 쓰이기

도 했다. 금지하도록 하기 위해 깃발을 꽂았다. 사미십계
에서 금지를 나타내어 '목숨이 다하도록 거짓말하지 말라'
고 했다. 빛깔과 모양이 다른 깃발의 모양을 본떠서 '금지
(禁止)'라는 신호의 깃발이 올라갔으니 [~하지 말라(勿)]
는 뜻이고 [물]로 읽는다.
图 禁(금할 금) 回 物(물건 물) 忽(갑자기 홀)

필순

기초 【기초한자어】 익히고, 【기본→발전한자어】 다지기
勿驚(물경) 놀라지 말라는 뜻으로 말할 때 앞세워
한 말
勿論(물론) 말할 것도 없이
四勿(사물) 공자가 안회에게 가르친 사물이다.
• 공자가 가르쳤던 네 가지 하지 말라는 가르침이
  四勿인 '잠(箴)'에서 비롯된다.
• '勿驚'이라 했으니 돈이 무려 1억이라는 그 말에 너
  도 勿論 분명 놀랐겠지.

기본 ③Ⅱ 勿禁(물금) 勿忘(물망) 勿忘草(물망초)

발전 ① 勿捧(물봉)

부수	획수	총획
彳	10	13

작을 미 【1164】

字源 〈형성〉 음식물이 썩는 것은 미생물이 왕성하게 활동하기
때문이다. 개미나 벌의 활동도 어렴풋이 보인다. 부피, 넓
이가 일정한 기준이나 보통보다 덜한 상태라고 한다. 많
은 사람(彳)들이 산(山) 위에 힘써(攵) 올라가서 밑을 내려
다보았더니 대개(几)는 아래 경치가 더욱 [작게(微)] 보인
다는 뜻이고 [미]로 읽는다.
图 小(작을 소) 細(가늘 세) 扁(작을 편) 回 大(큰 대) 太(클 태)
回 徵(부를 징) 徽(아름다울 휘)

필순 ′ ′ ′ ′′ ′′ ′′ 微 微 微 微

기초 【기초한자어】 익히고, 【기본→발전한자어】 다지기
微動(미동) 약간의 움직임
微妙(미묘) 야릇하고 묘함
微溫的(미온적) 태도가 분명치 않거나 소극적임
• 그렇게 분명하지 않고, 微溫的(적)인 태도라면 원참.
• 微動도 하지 않았는데, 微妙한 움직임이 뒤늦게
  관찰되었다.

기본 ③Ⅱ 微官(미관) 微量(미량) 微力(미력) 微明(미명) 微微
(미미) 微服(미복) 微分(미분) 微細(미세) 微小(미소)
微少(미소) 微笑(미소) 微弱(미약) 微熱(미열) 微旨(미지)
微塵(미진) 微賤(미천) 微風(미풍) 微行(미행) 輕微(경미)
幾微(기미) 機微(기미) 寒微(한미) 稀微(희미) 微生物
(미생물) 顯微鏡(현미경)

발전 ② 微旨(미지) 微塵(미진) ②8 微連(미련) ① 微纖(미견)

3급Ⅱ

微躬(미궁) 微臞(미란) 微福(미비) 微颺(미암) 微恙(미양)
微婉(미완) 微瑕(미하) 些微(사미)

微官末職(미관말직) 微視經濟(미시경제)

부수	획수	총획
尸	4	7

꼬리 미 : 【1165】

字源 〈회의〉 꼬리는 동물의 꽁무니에 가늘고 길게 뻗친 것으로
모양이 아름답다. 사람은 머리카락을 보다 예쁘게 하기
위해서 길게 땋는다. 끝 부분을 기다란 장식품으로 보았
음을 알겠다. 사람이 단장을 하기 위해서 몸(尸)에 길게
길러 땋은 장식품 같은 긴 털(毛)을 달았으니 [꼬리(尾)]를
뜻하고 [미]로 읽는다.
통末(끝 말) 端(끝 단) 圖頭(머리 두) 首(머리 수) 屋(집 옥)
居(살 거) 屈(굽을 굴)

필순 ᄀ ᄀ 尸 尸 尸 尾 尾

기초 【기초한자어】 익히고, 【기본→발전한자어】 다지기
尾行(미행) 남의 뒤를 몰래 밟음
語尾(어미) 용언 및 서술격 조사가 활용하는 부분
後尾(후미) 뒤쪽의 끝
• 우리말의 특징은 용언에서 여러 가지 語尾변화가
일어난다는 점이다.
• 발각되지 않고, 後尾쪽만 줄곧 쫓았으니 尾行이
결코 쉽지만은 않다.
기본 ③Ⅱ 尾骨(미골) 架尾(가미) 結尾(결미) 交尾(교미) 龍尾
(용미) 末尾(말미) 蛇尾(사미) 首尾(수미) 肉尾(육미)
燕尾服(연미복) 接尾辭(접미사) ③ 厥尾(궐미)
발전 ② 尾蔘(미삼) 艦尾(함미) ① 尾閭(미려) 鳩尾(구미) 掉尾
(도미) 臘尾(납미) 鼠尾(서미) 曳尾(예미) 豹尾(표미)
사자성어 ③Ⅱ 尾生之信(미생지신) 魚頭肉尾(어두육미) 龍頭
蛇尾(용두사미) 徹頭徹尾(철두철미)

부수	획수	총획
艹	13	17

엷을 박 【1166】

字源 〈형성〉 '엷다'는 지나치게 드러냄이 없이 있는 듯이 없는
듯이 가만하다는 뜻이란다. 어떤 사물이나 그 빛깔의 농
도가 약간 연하다는 뜻도 함께 담는다. 매우 옅은 정도를
보인다 하겠다. 저수지 아래에 자란 풀(艹)이 보일 정도로
물(氵)이 잘 빠져서 얕게 펼쳐져(専) 있으니 [엷다(薄)]는
뜻이고 [박]으로 읽는다.
回厚(두터울 후) 回簿(문서 부)

필순 ᅳ ᅪ ᅪ 芦 芦 萚 蒲 蒲 薄 薄

기초 【기초한자어】 익히고, 【기본→발전한자어】 다지기
薄命(박명) 기구한 운명. 불운
薄情(박정) 인정이 없음
薄待(박대) 성의 없이 아무렇게나 대접함
• 흔히 不運이라 했겠는데, 험하고 기구한 운명을
薄命이라 한다.
• 그가 나를 薄待한대도 나는 그를 薄情하면서 대하
지는 않겠다.
기본 ③Ⅱ 薄德(박덕) 薄利(박리) 薄福(박복) 薄氷(박빙) 薄謝
(박사) 薄色(박색) 薄弱(박약) 薄荷(박하) 刻薄(각박)
輕薄(경박) 奇薄(기박) 浮薄(부박) 野薄(야박) 肉薄
(육박) 淺薄(천박) 厚薄(후박) 稀薄(희박) 肉薄戰(육박전)
발전 ② 薄俸(박봉) 薄膜(박막) ②⑧ 薄祐(박우) ① 薄傅(박부)
薄蝕(박식) 薄奠(박전) 薄酢(박초) 薄緻(박치) 薄宦(박환)
麋薄(미박) 疎薄(소박) 嘲薄(조박) 瘠薄(척박) 悴薄(췌박)
脆薄(취박) 狹薄(협박)
사자성어 ③Ⅱ 薄利多賣(박리다매) 美人薄命(미인박명) 精神
薄弱(정신박약) 下厚上薄(하후상박)

부수	획수	총획
辶	5	9

핍박할 박 【1167】

字源 〈형성〉 우주나 지구의 변화 때문에 좋지 않은 일이 서서
히 다가 왔던 모양이다. 복점의 결과도 불길한 운명을 예
단했다. 죄지은 자를 바싹 죄어서 괴롭게 굴거나 다그친
다. 운이 나빠서 좋지 않은 일이 명백(白)하면서도 자기도
모르는 사이에 불운한 서막이 닥쳐왔으니(辶) [핍박하다(迫)]
는 뜻이고 [박]으로 읽는다.
통脅(위협할 협) 劫(위협할 겁) 急(급할 급) 回泊(머무
를 박) 拍(칠 박) 回迫

필순 ᅳ ᅵ 宀 白 白 白 白 泊 迫

기초 【기초한자어】 익히고, 【기본→발전한자어】 다지기
迫力(박력) 힘 있게 나가는 힘
迫眞(박진) 실제 상황처럼 표현함
驅迫(구박) 못 견디게 괴롭힘
• 迫眞感 넘치는 상황이 전개되었다.
• 迫力있는 그였지만 그런 驅迫에 참을 수가 없다.
기본 ③Ⅱ 迫近(박근) 迫頭(박두) 迫切(박절) 迫害(박해) 窮迫
(궁박) 急迫(급박) 緊迫(긴박) 壓迫(압박) 臨迫(임박)
切迫(절박) 促迫(촉박) 脅迫(협박) 迫擊砲(박격포)
緊迫感(긴박감)
발전 ① 劫迫(겁박) 窘迫(군박) 迫狹(박협) 煎迫(전박) 乏迫
(핍박) 逼迫(핍박) 惶迫(황박)
사자성어 ③Ⅱ 迫不得已(박부득이) 強迫觀念(강박관념)

부수	획수	총획
舟	4	10

일반 반 【1168】

字源 〈회의〉바람이 불면 돛을 달고 바람이 없을 때는 노를 저었다. 거북선도 노를 저어 돌진하여 적을 쳐부수었던 것으로 알려진다. 정해진 어느 축을 중심으로 한 방향으로 잘 움직였다. 노(殳)를 저어 배(舟)가 [옮겨가다]는 뜻이었으나 배를 여러 사람이 이용해 물을 건넜더니 [일반(般)]을 뜻하고 [반]으로 읽는다.

回 船(배 선) 盤(소반 반)

필순 ′ ㄱ ㄲ 月 舟 舟 舟 舩 船 般

기초 【기초한자어】 익히고, 【기본→발전한자어】 다지기
全般(전반) 통틀어 모두. 여러 가지 것의 전부
一般(일반) 특별한 것 없이 보통인 것
諸般(제반) 여러 가지
• 그동안 一般에 알려지지 않은 이야기를 하겠다.
• 지금부터 諸般 문제들을 全般的(적)으로 조사했다.

기본 ③Ⅱ 般樂(반락) 般師(반사) 般遊(반유) 般逸(반일) 今般(금반)

발전 ②⑧ 般桓(반환) ①般臂(반비) 簡般(개반)

사자성어 ③Ⅱ 般若心經(반야심경)

부수	획수	총획
食	4	13

밥 반 【1169】

字源 〈형성〉밥을 입안에 넣어서 이로 씹고 혀로 침을 내어 뒤치다가 목구멍으로 넘긴다. 쌀이나 보리 곡식을 씻어 솥에 안친 후, 물을 붓고 불을 땐다. 낱알이 풀어지지 않게 끓인 음식이다. 음식을 입으로 삼킬 때 입안에서 이와 혀를 이용하여 좌우로 뒤치면서(反) 먹었으니(食) [밥(飯)]을 뜻하고 [반]으로 읽는다.

동 食(밥 식) 餐(밥 찬) 回 飮(마실 음) 飾(꾸밀 식)

필순 ′ ㄱ ㅅ ㅅ 今 育 育 育 飠 飠 飯 飯

기초 【기초한자어】 익히고, 【기본→발전한자어】 다지기
茶飯(다반) 늘 있어 이상할 것 없는 예사로운 일
素飯(소반) 고기나 생선 따위의 반찬이 없는 밥
飯床器(반상기) 밥상을 차리는 데 소용되는 그릇
• 飯床器는 밥상을 차리는 데 소용되는 한 쌍의 짝을 이루는 그릇이다.
• 부자가 素飯을 먹는 것은 흔히 있는 茶飯事다.

기본 ③Ⅱ 飯店(반점) 飯酒(반주) 麥飯(맥반) 白飯(백반) 蔬飯(소반) 殘飯(잔반) 朝飯(조반) 茶飯事(다반사)

발전 ②餐飯(찬반) 炊飯(취반) ⑧飯鉢(반발) ①飯顆(반과)

飯櫃(반궤) 飯粒(반립) 飯噴(반분) 飯匙(반시) 飯饌(반찬) 喫飯(끽반) 粱飯(양반) 噴飯(분반) 泡飯(포반)

부수	획수	총획
皿	10	15

소반 반 【1170】

字源 〈형성〉음식을 담아 옮길 때는 주로 넓은 그릇을 썼다. 이를 흔히 소반이라고 했는데 음식을 나눌 때 썼다. 짧은 발이 달린 작은 상으로 썼고, 주로 음식을 놓고 먹는 데 썼던 용기라 한다. 음식을 많이 담을 수 있고 이리저리 옮겨 나르는(般) 그릇(皿)으로 [소반(盤)] 또는 널리 [쟁반(盤)]을 뜻하고 [반]으로 읽는다.

回 般(일반 반)

필순 ㄱ 月 舟 舟 舟 般 般 般 盤 盤 盤

기초 【기초한자어】 익히고, 【기본→발전한자어】 다지기
盤石(반석) 넓고 평평한 큰 돌
基盤(기반) 기초가 되는 바탕. 또는 사물의 토대
盤據(반거) 어떠한 곳에 근거를 잡고 지킴
• 어떤 곳에 근거를 잡고 지키는 일을 盤據라 한다.
• 튼튼한 基盤이 오늘날 이 기업의 盤石이 되었다.

기본 ③Ⅱ 盤曲(반곡) 盤旋(반선) 盤松(반송) 盤還(반환) 甲盤(갑반) 骨盤(골반) 落盤(낙반) 旋盤(선반) 小盤(소반) 巖盤(암반) 原盤(원반) 音盤(음반) 終盤(종반) 中盤(중반) 地盤(지반) 初盤(초반) 吸盤(흡반) 羅針盤(나침반) 投圓盤(투원반) ③杯盤(배반)

발전 ②棋盤(기반) 胎盤(태반) ⑧盤阪(반판) 盤桓(반환) 鍵盤(건반) 瓊盤(경반) ①盤挐(반나) 盤涡(반와) 盤陀(반타) 涡盤(와반) 鍼盤(침반)

사자성어 ③Ⅱ 盤溪曲徑(반계곡경) 盤根錯節(반근착절)

부수	획수	총획
手	5	8

뽑을 발 【1171】

字源 〈형성〉개가 달아날 때 뒷발을 퉁기면서 전속력으로 달려간다. 상대방이 가지고 있는 물건을 낚아채듯이 빨리 빼앗으면 달린다. 마치 풀을 뽑듯이 박혀있는 것을 잡아당겨 빼낸다. 개가 달아날(犮) 때에 뒷발로 땅을 퉁기듯이 재빠르게 손(扌)을 움직이면서 물건을 잡아서 [뽑다(拔)]는 뜻이고 [발]로 읽는다.

동 選(가릴 선) 擇(가릴 택) 募(모을 모) 抄(뽑을 초) 抽(뽑을 추) 擢(뽑을 탁)

필순 一 ㄱ ㅓ ㅓ 扩 拔 拔 拔

3급Ⅱ

기초 【기초한자어】익히고, 【기본→발전한자어】다지기
拔群(발군) 여럿 가운데에서 특별히 뛰어남
奇拔(기발) 유달리 뛰어남
選拔(선발) 많은 속에서 고름
• 이제는 자네의 奇拔한 실력을 마음껏 발휘하시게.
• 선수 중에서 選拔했으니 拔群의 성적을 내도록 하게.
기본 ③Ⅱ 拔取(발취) 卓拔(탁발) 海拔(해발)
발전 ②⑧ 甄拔(견발) ①拔徒(발사) 拔釘(발정) 拔萃(발췌) 拔擢
(발탁) 勁拔(경발) 挺拔(정발) 擢拔(탁발)
사자성어 ③Ⅱ 拔本塞源(발본색원)

부수	획수	총획
艹	4	8

꽃다울 방 【1172】

字源 〈형성〉꽃은 보아서 예쁘고 냄새가 나서 향기롭다고 한다.
인품이 훌륭하면 '사람답다'라고, 꽃이 아름다우면 '꽃답
다'고 한다. 피어난 꽃처럼 아름답거나 성숙해서 혈기 한
창인 상태다. 풀(艹)잎의 꽃향기가 사방(方)으로 퍼져 나
가듯이 하던 일의 매사가 참으로 아름다웠으니 [꽃답다(芳)]
는 뜻이고 [방]으로 읽는다.
圖馨(꽃다울 형) 回苦(쓸 고)

필순

기초 【기초한자어】익히고, 【기본→발전한자어】다지기
芳名(방명) 꽃다운 이름이라는 뜻
芳香(방향) 꽃다운 향기
芳年(방년) 여자 이십 전후의 꽃다운 나이
• 그 여인에게서는 芳香이 나온다.
• 저 여인이 芳年에 芳名을 얻었던 절세가인이던가.
기본 ③Ⅱ 芳草(방초) 芳名錄(방명록)
발전 ②芳札(방찰) 芳翰(방한) 芳香劑(방향제) ②⑧ 芳塘(방당)
芳馥(방복) 芳埃(방애) 芬芳(분방) 妍芳(연방) ①芳藿
(방곽) 芳薇(방미) 芳樽(방준) 芳叢(방총) 芳卉(방훼)
사자성어 ③Ⅱ 綠陰芳草(녹음방초) 流芳百世(유방백세)

부수	획수	총획
土	8	11

북돋울 배 :
【1173】

字源 〈형성〉자기 본성을 버리고 남의 흉내를 내면서 사는 사
람도 있다. 세파에 흔들거리는 줏대 없는 사람이겠다. 북
돋는다는 힘이 없어 주저앉거나 쓰러진 사람에게 자극을 주
어 일어나게 한다. 초목의 곁뿌리가 튼튼히 자라도록 고
랑의 흙(土)을 파고 잘게 부숴서(咅) 굵어 올리니 [북돋다(培)]
는 뜻이고 [배]로 읽는다.
圖挑(돋울 도) 回倍(곱 배) 部(떼 부)

필순

기초 【기초한자어】익히고, 【기본→발전한자어】다지기
培植(배식) 식물을 가꾸고 심음
培養(배양) 세포나 미생물을 인공적으로 번식시킴
栽培(재배) 식물을 심어 가꾸거나 기르는 것
• 요즈음 歸鄕民이 부쩍 많아지면서 培植 인구가 많
이 늘었다.
• 미생물의 培養과 식물의 栽培는 여러 가지 방법
이 서로 다르다.
기본 ③Ⅱ 培判(배판)
발전 ①培壅(배옹) 培堆(배퇴) 饒培(요배) 耘培(운배)

부수	획수	총획
手	8	11

밀칠 배 【1174】

字源 〈형성〉상대방과 이야기할 때 몸짓과 손짓을 하는 경우가
많다. 심하면 두 손으로 상대를 떠 밀치듯이 부정하며 물
리치기도 한다. 상대에게 힘주어 세게 밀다 혹은 밀치다
는 뜻이다. 상대방과 이야기할 때 자기의 의사와 달라 그
것이 아니라고(非) 손(扌)으로 막아내면서 [밀치다(排)]는
뜻이고 [배]로 읽는다.
圖斥(물리칠 척) 回非(아닐 비) 俳(배우 배) 徘(어정거릴 배)

필순

기초 【기초한자어】익히고, 【기본→발전한자어】다지기
排氣(배기) 공기를 밖으로 뽑아냄
排水(배수) 안에 있는 물을 밖으로 뽑아냄
排置(배치) 일정한 차례나 간격에 따라 벌여 놓음
• 配置와 排置는 동음이의어로 그 뜻이 각각 다르다.
• 새로 집을 지을 때 排氣와 排水 등 신경 쓸 일이
아주 많음을 생각해야겠다.
기본 ③Ⅱ 排擊(배격) 排球(배구) 排卵(배란) 排便(배변) 排佛
(배불) 排律(배율) 排除(배제) 排出(배출) 排他(배타)
排布(배포) 排他的(배타적) ③排斥(배척)
발전 ②排尿(배뇨) ①排悶(배민) 排闢(배벽) 排泄(배설)
排斡(배알) 排穿(배천) 排堅(배추) 排水溝(배수구)
사자성어 ③Ⅱ 排水施設(배수시설)

부수	획수	총획
車	8	15

무리 배 : 【1175】

字源 〈형성〉새의 두 날개에 달린 깃털은 어긋나나 질서 있게
펼쳐나간다. 군용차의 시가행렬도 끝없이 무리 지어 질서

정연하게 간다. 여럿이 함께 모여 있는 떼나 패거리의 군중들이다. 나란히 달린 새의 두 깃털(非)처럼 수많은 수레(車)가 가지런히 열을 지어서 앞으로 달려 나아가는 [무리(輩)]를 뜻하고 [배]로 읽는다.
⊞群(무리 군) 衆(무리 중) 徒(무리 도) 隊(무리 대) ⊞獨(홀로 독) ⊞輩

필순 ノ ヲ ヲ 카 카 非 非 非 蚩 蚩 蚩 輩 輩

기초 【기초한자어】 익히고, 【기본 , 발전한자어】 다지기
輩出(배출) 인재가 잇달아 많이 나옴
先輩(선배) 학문·덕행·경험 등 자기보다 많거나 나은 이
年輩(연배) 서로 나이가 비슷한 사람
• 우리 학교는 많은 인재를 輩出하여 수재가 많다.
• 年輩 중에도 先輩대접을 해 줄 사람은 따로 있다.
기본 3ㅣ 輩行(배행) 徒輩(도배) 若輩(약배) 後輩(후배) 同年輩(동년배) 謀利輩(모리배) 浮浪輩(부랑배) 不良輩(불량배) 暴力輩(폭력배) 3 卿輩(경배) 汝輩(여배)
발전 2ㅣ 疇輩(주배) 1 曹輩(조배)

부수	획수	총획
人	5	7

맏 백 【1176】

字源 〈형성〉 큰 아버지나 큰형님은 바르게 살아가는 방법과 도리에 알맞게 지도한다. 참되고 보람되게 살아가라는 가이던스다. 친족 관계를 나타내는 일부 명사 앞에 붙어 '맨 위'라는 의미다. 경험이 많아 여러 일을 자세히 말(白)해 주어 바른 길을 가도록 가르쳐 준 사람(亻)으로 [맏(伯)]을 뜻하고 [백]으로 읽는다.
⊞兄(형 형) 孟(맏 맹) 允(맏 윤) ⊞白(흰 백) 百(일백 백)

필순 ノ イ イ' イ' 伯 伯 伯

기초 【기초한자어】 익히고, 【기본→발전한자어】 다지기
伯父(백부) 큰아버지. (伯→仲→叔) 세 형제 중 첫째, 둘째, 막내 아버지를 보임
畫伯(화백) '화가'의 경칭
伯爵(백작) 오등작(五等爵)의 셋째 작위
• 伯爵은 '공작, 남작, 백작, 자작, 후작' 오등작의 셋째다.
• 우리 伯父님께서는 세상에 잘 알려진 畫伯이시다.
기본 3ㅣ 伯母(백모) 伯氏(백씨) 伯仲(백중) 伯兄(백형) 道伯(도백) 方伯(방백) 五伯(오백)
발전 2ㅣ 萊伯(내백) 1 伯舅(백구) 什伯(십백) 伍伯(오백) 匠伯(장백)
사자성어 3ㅣ 伯仲之勢(백중지세)

부수	획수	총획
糸	11	17

번성할 번 【1177】

字源 〈형성〉 애마가(愛馬家)들은 말갈기에 오색실을 달아 꽃처럼 예쁘게 꾸몄다. 자기를 나타내는 중요한 시점이 된 것이다. 왕성한 세력을 확장하여 지금이 한창 성할 때를 이른다. 무성한 풀(每)처럼 고운 색실을 매달아서(系) 잘 가꾸어(攵) 풍성하게 함께 늘어놓았으니 [번성하다(繁)]는 뜻이고 [번]으로 읽는다.
⊞盛(성할 성) 昌(창성할 창) 茂(무성할 무) ⊞敏(민첩할 민) ⊞繁

필순 ノ 亡 仁 伍 每 每 敏 敏 繁 繁 繁

기초 【기초한자어】 익히고, 【기본→발전한자어】 다지기
繁榮(번영) 일이 성하게 잘됨
繁昌(번창) 형세가 기운차게 일어남
繁華(번화) 번성하고 화려함
• 한때는 나도 큰 繁榮을 이룰 때가 있었다네.
• 거리가 한창 繁昌하고 繁華할 때는 물밀 듯하다.
기본 3ㅣ 繁多(번다) 繁盛(번성) 煩雜(번잡) 繁奏(번주) 農繁(농번) 繁華街(번화가) 農繁期(농번기) 3 頻繁(빈번)
발전 2 繁殖(번식) 2ㅣ 繁衍(번연) 繁滋(번자) 繁禧(번희) 殷繁(은번) 1 繁稠(번조) 繁熾(번치) 蕪繁(무번)

부수	획수	총획
几	1	3

무릇 범(:) 【1178】

字源 〈회의〉 과일 상자가 그만 터져서 길가에 흩어졌다. 하나하나 정성들여 바구니 같은 그릇에 담아야 했지만 그렇지 못하다. 확실하지는 못하지만 대체로 헤아려 생각한 것이다. 흩어진 과일(丶)을 바구니 같은 틀(几)에 정돈되게 담지 못하고 대강 뭉뚱그려서 얼른 담았으니 [무릇(凡)]을 뜻하고 [범]으로 읽는다.
⊞汎(넓을 범)

필순 ノ 几 凡

기초 【기초한자어】 익히고, 【기본→발전한자어】 다지기
凡事(범사) 평범한 일
凡常(범상) 예사로움. 보통
凡俗(범속) 평범하고 속됨
• 凡事에 신중하면 다른 일에도 실수를 하지 않는다.
• 그는 凡俗한 사람인 줄 알았는데 오히려 凡常치 않은 사람이었구나.

3급ㅣ

기본 ③Ⅱ 凡例(범례) 凡夫(범부) 凡失(범실) 凡野(범야) 凡人
(범인) 大凡(대범) 非凡(비범) 平凡(평범) 凡百事(범백사)
③ 凡宰(범재)
발전 ② 凡野圈(범야권) ① 凡陋(범루) 凡鱗(범린)
사자성어 ③Ⅱ 禮儀凡節(예의범절)

부수	획수	총획
石	9	14

푸를 벽【1179】

字源 〈형성〉 '푸르다'는 더없이 맑은 하늘빛이나 풀빛과 같은
색을 띤 상태라 한다. 갑자기 얼굴빛이 추위나 공포로
인해 파래지는 경우가 있다. 핏기가 가신 듯이 얼굴이
매우 창백하다는 뜻도 담고 있다. 잘 다듬어진 흰(白)빛
을 띤 옥(王←玉) 돌(石)이지만 그 빛이 맑다 못해서 자못
[푸르다(碧)]는 뜻이고 [벽]으로 읽는다.
圓靑(푸를 청) 蒼(푸를 창) 綠(푸를 록) 回壁(벽 벽)

필순 ⸝ ⸝ 王 玗 玢 珀 碧 碧 碧 碧

기초 【기초한자어】 익히고, 【기본→발전한자어】 다지기
碧空(벽공) 푸른 하늘. 창공
碧山(벽산) 푸른 산
碧海(벽해) 푸른 바다
• 碧空을 바라보니 지난 歲月이 모두 꿈만 같다.
• 碧山, 碧海가 아름답고 평화롭기가 그지없구나.
기본 ③Ⅱ 碧溪(벽계) 碧眼(벽안) 碧天(벽천) 碧溪水(벽계수)
碧昌牛(벽창우)
발전 ②⑧ 碧蘆(벽로) 碧旻(벽민) 碧疇(벽주) ① 碧瓊(벽경) 碧瀾
(벽란) 碧蓼(벽료) 碧雰(벽분) 碧聳(벽용) 碧苔(벽태)
紺碧(감벽) 澄碧(징벽) 涵碧(함벽) 渾碧(혼벽)
사자성어 ③Ⅱ 桑田碧海(상전벽해)

부수	획수	총획
一	4	5

남녘 병 :【1180】

字源 〈상형〉 제사를 모실 때 온 집안에 불을 환하게 켜 놓아
신의 강림을 기다린다. 제사상 위는 여러 개의 촛불을 켜
놓고 정중히 모신다. 남쪽 방면으로 향하여 제상을 놓고
정성들인다. 사방이 벽으로 둘러싸인(冂) 공간 안에 불
(火)을 환히 켜 놓았으니 [밝다(丙)] 혹은 밝은 [남녘(丙)]
을 뜻하고 [병]으로 읽는다.
回兩(두 량) 病(병 병)

필순 ⸝ ⸝ 一 丙 丙 丙

기초 【기초한자어】 익히고, 【기본→발전한자어】 다지기
丙夜(병야) 밤을 다섯으로 나눈 중 셋째
丙子(병자) 60갑자의 열세 번째
丙坐(병좌) 묏자리나 집터에서 병방을 등진 방향
• 丙坐는 집터나 묏자리를 잡을 때 병방을 등져야
한다고 가르친다.
• 丙子년 신년 첫날 丙夜時(시)까지 꼬박 설치면서
잠을 이루지 못했다.
기본 ③Ⅱ 丙種(병종) 丙付(병부) 丙部(병부)
발전 ②⑧ 丙魏(병위)
사자성어 ③Ⅱ 丙子胡亂(병자호란)

부수	획수	총획
衣	7	12

기울 보 :【1181】

字源 〈형성〉 옷이 찢어지면 찢어진 부위보다 큰 헝겊을 대서
기워야 한다. 그래야 떨어진 곳이 다 덮어진다. 떨어지거
나 찢어진 곳에 다른 헝겊 조각을 대거나 또는 그대로 바
늘로 꿰맨다. 옷이 찢어진 곳에 큰(甫) 헝겊(衤)을 위로 덮
어서 [깁다(補)] 혹은 정성을 들여 잘 기웠으니 [돕다(補)]
는 뜻이고 [보]로 읽는다.
圓助(도울 조) 扶(도울 부) 護(도울 호) 繕(기울 선) 葺
(기울 즙) 裨(도울 비) 回捕(잡을 포) 浦(개 포)

필순 ⸝ ⸝ 才 衤 衤 衤 袻 袻 補 補

기초 【기초한자어】 익히고, 【기본→발전한자어】 다지기
補給(보급) 부족한 물품을 보충해 줌
補償(보상) 남에게 끼친 손해를 갚음
補修(보수) 낡거나 부족한 점을 보완하고 수선함
• 이번에 補償이 나왔으니 밀린 돈 다 갚아 드리겠네.
• 부족한 것은 補給해 주고 부서진 곳은 금명간 補
修해 주겠다고 약속했다.
기본 ③Ⅱ 補講(보강) 補強(보강) 補缺(보결) 補導(보도) 補色
(보색) 普選(보선) 補身(보신) 補藥(보약) 補完(보완)
補任(보임) 補正(보정) 補整(보정) 補助(보조) 補佐(보좌)
補職(보직) 補聽(보청) 補充(보충) 補血(보혈) 相補(상보)
轉補(전보) 增補(증보) 候補(후보) 補聽器(보청기) 次
官補(차관보)
발전 ② 補闕(보궐) 補腎(보신) 補劑(보제) 補輯(보집) 補胎
(보태) 繕補(선보) ⑧ 毘補(비보) ① 補塡(보전) 補茸
(보즙) 補帖(보첩) 裨補(비보) 刪補(산보) 蒐補(수보)
捐補(연보) 蔭補(음보) 塡補(전보)
사자성어 ③Ⅱ 補充授業(보충수업) ② 補闕選擧(보궐선거)

3급Ⅱ

부수	획수	총획
言	12	19

譜

족보 보【1182】

字源 〈형성〉 족보는 시조를 중심으로 해서 갈려나간 여러 가지 혈통을 두루 적어 놓은 책이다. 곧 한 집안 족속의 계통과 혈통 관계를 밝혀 놓은 책이다. 집안 내력을 기록한 역사 책이라 하겠다. 같은 씨족을 두루(普) 통합해서 일정하게 계통을 세워서 기록하는(言) 문서인 책으로 [족보(譜)]를 뜻하고 [보]로 읽는다.
回 普(넓을 보) 證(증거 증)

필순 ㆍ ㅢ 言 言 計 詳 詳 詳 譜 譜

기초 【기초한자어】 익히고, 【기본 → 발전한자어】 다지기
系譜(계보) 조상 때부터 내려오는 혈통과 집안의 역사를 적은 책
年譜(연보) 한 개인의 평생 지낸 일을 연월일 순으로 간략히 적은 기록
族譜(족보) 한 족속의 계보를 적은 책
• 어르신의 年譜를 보니 지내온 역정을 다 알겠습니다.
• 어느 집안이나 系譜를 밝히는 族譜를 가지고 있다.

기본 31 譜表(보표) 譜學(보학) 家譜(가보) 樂譜(악보)
발전 2 棋譜(기보)
사자성어 28 璿源略譜(선원약보)

부수	획수	총획
肉	9	13

腹

배 복【1183】

字源 〈형성〉 배는 몸 앞쪽에 머리가 분화하고 그 다음에 가슴이다. 이것이 구별되었을 때 가슴의 뒤쪽. 꼬리의 앞쪽 부위 그리고 몸에서 배의 부위가 생긴다. 배 속에는 대장과 소장 등 내장이 있다. 사람 몸(月←肉) 속에 있는 구불구불한 내장을 거듭(复) 감싸고 있는 중요부분으로 [배(腹)]를 뜻하고 [복]으로 읽는다.
回 背(등 배) 回 復(다시 부) 複(겹칠 복)

필순 月 月 月 腁 腁 腫 腹 腹 腹 腹

기초 【기초한자어】 익히고, 【기본 → 발전한자어】 다지기
腹膜(복막) 내장의 여러 기관을 둘러싸서 보호하는 엷은 막
腹中(복중) 뱃속. 마음속
腹部(복부) 배 부분
• 자네의 服中에 진정으로 腹心(복심)이 없다던가? (결국 없다).
• 腹部에는 腹膜이 있어 내장의 기관들을 잘 보호한다.

기본 31 腹水(복수) 腹案(복안) 腹痛(복통) 開腹(개복) 空腹(공복) 同腹(동복) 私腹(사복) 心腹(심복) 異腹(이복)

抱腹(포복) 割腹(할복) 腹上死(복상사)
발전 2 腹膜炎(복막염) 1 腹腔(복강) 腹誹(복비) 屠腹(도복) 捧腹(봉복) 坦腹(탄복)
사자성어 31 腹式呼吸(복식호흡) 開腹手術(개복수술) 面從腹背(면종복배) 3 抱腹絶倒(포복절도)

부수	획수	총획
襾	12	18

覆

다시 복
덮을 부【1184】

字源 〈형성〉 '다시'는 이전 상태나 행동이 그쳤다가 또 이어지니 새롭다는 뜻이 있다. 유의어로는 '거듭, 또' 등이 있다. 천이나 이불을 덮고 푹 잠이 들었음을 생각했을 것 같다. 거듭(復) 위를 덮어 주어서(襾) [다시(覆)]를 뜻하고, 한 번 덮은(襾) 것을 또 다시 되돌리니(復) [덮다(覆)]라는 뜻도 있으며 [복] 또는 [부]로 읽는다.
回 蓋(덮을 개) 復(다시 부)

필순 冖 襾 襾 覂 覂 覈 覆 覆 覆 覆

기초 【기초한자어】 익히고, 【기본 → 발전한자어】 다지기
覆面(복면) 얼굴을 가림
覆審(복심) 한 번 심사한 것을 다시 심사함
覆蓋(복개) 덮개 또는 뚜껑
• 覆審은 한 번 심사로는 미흡하여 두 번 심사함이다.
• 覆面을 한 도둑이 覆蓋를 하지 않은 개울에 빠졌다.

기본 31 覆刻(복각) 覆掌(복장) 覆育(부육) 覆翼(부익) 覆載(부재) 天覆(천부) 3 覆冒(복모) 飜覆(번복)
발전 28 覆鉢(복발) 1 覆訊(복신) 覆按(복안) 覆轍(복철) 覆墜(복추) 蕩覆(탕복)

부수	획수	총획
寸	6	9

封

봉할 봉【1185】

字源 〈회의〉 천자가 제후에게 땅을 주어 지방 백성을 다스리도록 땅문서를 봉행했다. 요즈음의 지방 장관 발령인 샘일 것이다. 일정 구역을 다스릴 영지를 주어 지방관으로 임명했다. 제후에게 땅(土)을 주어 그곳으로 가서(土←文) 주민들을 잘 다스리도록(寸) 문서를 내려서 [봉하다(封)]는 뜻이고 [봉]으로 읽는다.
回 緘(봉할 함) 回 卦(걸 괘)

필순 一 十 土 圭 圭 圭 封 封

기초 【기초한자어】 익히고, 【기본 → 발전한자어】 다지기
封鎖(봉쇄) 봉하여 꼭 잠금. 폐쇄
封印(봉인) 봉했음을 증명하는 날인

開封(개봉) 봉한 것을 떼어 엶
• 폐쇄의 뜻과 봉하여 잠금이란 뜻이 封鎖다.
• 封印한 문서는 허락 없이 開封해서는 안 된다.

기본 ③Ⅱ 封建(봉건) 封書(봉서) 封奏(봉주) 封紙(봉지) 封窓(봉창) 封合(봉합) 同封(동봉) 密封(밀봉) 册封(책봉) 金一封(금일봉) ③ 封墳(봉분) 封爵(봉작) 零封(영봉)

발전 ②Ⅱ 封疆(봉강) 封靡(봉미) 封采(봉채) ① 封蠟(봉랍) 封靡(봉미) 封堠(봉후) 封筒(봉통) 封套(봉투) 封緘(봉함) 封狐(봉호) 溝封(구봉) 函封(함봉) 緘封(함봉)

사자성어 ③ 封庫罷職(봉고파직)

부수	획수	총획
山	7	10

봉우리 봉 【1186】

字源 〈형성〉 산등성이나 산꼭대기를 일컬어 흔히 산마루라 했다. 우람하고 높은 산마루가 위용을 자랑하듯이 쳐다보고 있다. 산꼭대기 중에서 유별나게 뾰족하게 솟은 머리 부분이다. 산마루(山)가 서로 엇갈려서 마주(夆) 서서 쳐다보아 뾰족하게 높이 솟아 있는 '봉' 부분으로 [봉우리(峯)]를 뜻하고 [봉]으로 읽는다.
回蜂(벌 봉)

필순

기초 【기초한자어】 익히고, 【기본→발전한자어】 다지기
峯頭(봉두) 산꼭대기. 정상
峯勢(봉세) 산봉우리의 형세
高峯(고봉) 높은 산봉우리
• 히말라야의 高峯들 중에서 主峯이 단연 에베레스트산이라고 잘 알려진다.
• 峯頭에 오르니 峯勢가 한눈에 잘 보인다.

기본 ③Ⅱ 主峯(주봉) 最高峯(최고봉)
발전 ②Ⅱ 峻峯(준봉) ① 疊峯(첩봉) 駝峯(타봉)
사자성어 ②Ⅱ 高峯峻嶺(고봉준령)

부수	획수	총획
辶	7	11

만날 봉 【1187】

字源 〈형성〉 낯선 지방에 가서 알고 있던 사람을 만나면 무척 반갑다. 사람이 오고가거나 일부러 약속한 곳에 가거나 한다. 어떤 사람으로 하여금 오도록 해서 마주 대하면서 서로 만난다. 알고 있는 두 사람이 길을 걷다가(夆) 서로 마주쳐(辶) 인사를 나누면서 말을 건넸으니 [만나다(逢)]는 뜻이고 [봉]으로 읽는다.
圖遇(만날 우) 回通(통할 통) 進(나아갈 진)

필순

기초 【기초한자어】 익히고, 【기본→발전한자어】 다지기
逢遇(봉우) 우연하게 서로 만남
逢着(봉착) 어떤 처지나 상태에 부딪히는 것
相逢(상봉) 서로 만남
• 버스에서 옛 친구를 逢遇했다.
• 우리는 앞으로 어떤 일에 逢着하든 훗날 다시 相逢하자고 약속했다.

기본 ③Ⅱ 逢變(봉변) 逢辱(봉욕)
발전 ① 遭逢(조봉)
사자성어 ②Ⅱ 避獐逢虎(피장봉호)

부수	획수	총획
鳥	3	14

봉새 봉 : 【1188】

字源 〈형성〉 봉황새를 상서롭게 생각하였다. 닭의 머리, 뱀의 목, 제비의 턱, 거북이 등, 물고기의 꼬리를 고루 갖춘 새라고 하여 신성시했다. 봉황새는 조류로 앞다리는 두 날개로 되어 있다. 무릇 모든(凡) 종류의 새들 가운데서 신령스럽고 상서로운 으뜸인 새(鳥)라는 봉황인 [봉새(鳳)]를 뜻하고 [봉]으로 읽는다.
回凰(봉황새 황)

필순

기초 【기초한자어】 익히고, 【기본→발전한자어】 다지기
鳳德(봉덕) 성인군자의 덕
鳳枕(봉침) 베갯모에 봉황의 모양을 수놓은 베개
鳳凰(봉황) 상서로움을 상징하는 상상의 새
• 鳳凰은 길조임을 본떠서 鳳枕을 만들었다.
• 매년 공자의 鳳德을 기린다.

기본 ③Ⅱ 鳳燈(봉등) 鳳曆(봉력) 鳳城(봉성) 鳳眼(봉안) 鳳翼(봉익) 鳳湯(봉탕) 高鳳(고봉) 丹鳳(단봉) 白鳳(백봉) 龍鳳(용봉) 彩鳳(채봉) 吐鳳(토봉) 鳳仙花(봉선화)

발전 ② 鳳闕(봉궐) 鳳苑(봉원) ②Ⅱ 鳳麟(봉린) 鳳沼(봉소) 鳳峙(봉치) 麟鳳(인봉) ① 鳳駕(봉가) 鳳鸞(봉란) 鳳輦(봉련) 鳳翔(봉상) 鳳棲(봉서) 鳳扇(봉선) 鳳籬(봉소) 鸞鳳(난봉) 翠鳳(취봉)

사자성어 ② 鳳胎龍肝(봉태용간) ②Ⅱ 麟鳳龜龍(인봉귀룡)

부수	획수	총획
人	3	5

부칠 부 : 【1189】

字源 〈회의〉 웃어른이 물건을 주면 두 손으로 정중히 받는다. 공부를 잘해 상을 받을 때도 공손한 마음으로 진정을 담아 받는다. 사람이 인편이나 체신·운송 수단을 통해 보내기도 한다. 자기 손(寸←手) 안에 들어왔던 물건을 다른 사람(亻)에게 정중하게 올려드리니 [부치다(付)]나 [주다(付)]는 뜻이고 [부]로 읽는다.
圖 寄(부칠 기) 託(부탁할 탁) 回 件(물건 건) 伐(칠 벌)

필순

기초 【기초한자어】 익히고, 【기본→발전한자어】 다지기
付託(부탁) 남에게 의뢰하여 맡김
納付(납부) 세금·공과금 수업료를 내는 일
送付(송부) 물건을 부쳐 보내는 것
• 이번에는 그동안 밀린 세금을 꼭 納付해 주시길 바랍니다.
• 이번에 付託 받은 그 증명서를 선생님 댁으로 다시 送付해 드리겠습니다.

기본 ③Ⅱ 付璧(부벽) 付送(부송) 交付(교부) 給付(급부) 當付(당부) 貸付(대부) 發付(발부) 配付(배부) 分付(분부) 植付(식부) 還付(환부) 結付(결부) 還付金(환부금)

발전 ① 貼付(첩부) 囑付(촉부)

사자성어 ③Ⅱ 反對給付(반대급부) 申申當付(신신당부)

부수	획수	총획
手	4	7

도울 부 【1190】

字源 〈형성〉 남편은 밖의 일을 도모하고 아내는 남편 일을 도와주는 것으로 생각했었다. 다소의 일을 부축해 준 것이다. 조력자라는 말을 흔히 쓴다. 일이 잘 되도록 힘을 보태다는 뜻이다. 남편(夫)이 하는 일을 아내가 손(扌)으로 붙들어주며 일이 잘 되도록 곁에서 보살폈으니 [돕다(扶)]는 뜻이고 [부]로 읽는다.
圖 助(도울 조) 援(도울 원) 護(도울 호) 襄(도울 양) 回 抄(뽑을 초) 夫(지아비 부)

필순 一 十 才 扌 扗 扶 扶

기초 【기초한자어】 익히고, 【기본→발전한자어】 다지기
扶養(부양) 생활 능력이 없는 사람의 생활을 돌봄
扶助(부조) 남을 도와 줌. 힘을 보태어 줌
相扶(상부) 서로 돕는 것
• 相扶하는 마음이 전통적인 우리네의 미덕이었다.
• 부모님 扶養에 힘겨워서 조금만 扶助를 했다.

기본 ③Ⅱ 扶持(부지) 扶支(부지)

발전 ① 扶匐(부복) 扶疎(부소) 扶挾(부협) 逼扶(핍부)

사자성어 ③Ⅱ 扶養家族(부양가족) 相扶相助(상부상조)

부수	획수	총획
水	7	10

뜰 부 【1191】

字源 〈형성〉 힘차게 날아다니던 새가 제 새끼 알을 품을 때는 조심스럽게 사뿐히 않는다. 자기 새끼를 아끼는 진정한 마음이겠다. 땅에서 솟아오르거나 내려와 머물러 있는 상태가 된다고 한다. 새가 발(爫)로 알(子)을 품으면서 이리저리 굴리듯이 물(氵) 위에 사뿐하게 떠있으니 [뜨다(浮)]는 뜻이고 [부]로 읽는다.
圖 漂(떠다닐 표) 泛(뜰 범) 回 沈(잠길 침) 溺(빠질 닉) 回 乳(젖 유)

필순 ` ` 氵 氵 氵 浮 浮 浮 浮 浮

기초 【기초한자어】 익히고, 【기본→발전한자어】 다지기
浮動(부동) 고정되지 않고 떠서 움직임
浮力(부력) 물체에 중력과 반대되는 방향의 힘
浮沈(부침) 물에 뜨고 잠김. 성쇠의 무상함
• 浮力은 사람이나 물체가 물 위에 뜨는 힘을 말한다.
• 나뭇잎같이 浮動하는 그러한 '인생의 浮沈'에 나약한 몸을 맡길 수밖에.

기본 ③Ⅱ 浮刻(부각) 浮氣(부기) 浮流(부류) 浮薄(부박) 浮上(부상) 浮生(부생) 浮說(부설) 浮揚(부양) 浮雲(부운) 浮黃(부황) 浮動層(부동층) 浮浪兒(부랑아) ③ 浮誕(부탄) 浮漂(부표) ② 浮溺(부닉) 浮彫(부조) 浮幻(부환) 浮塵子(부진자)

발전 ②⑧ 浮埃(부애) ① 浮磬(부경) 浮垢(부구) 浮囊(부낭) 浮屠(부도) 浮沫(부말) 浮靡(부미) 浮訛(부와) 浮躁(부조) 浮腫(부종) 浮礁(부초) 浮脆(부취) 浮哆(부치) 浮萍(부평) 浮慓(부표) 浮喧(부훤)

부수	획수	총획
竹	5	11

부호 부(:) 【1192】

字源 〈형성〉 대쪽에 글을 써서 병조나 변방에 보내면서 군사를 발동했었다. 대쪽의 글이 병부의 증거가 되고 부신으로 했다. 상대에게 어떠한 자기 뜻을 나타내기 위하여 정한 기호라고 하겠다. 대나무(竹)에 글을 써서 상대방에게 나누어(付) 주면서 이를 증거로 삼았던 부신으로 [부호(符)]를 뜻하고 [부]로 읽는다.
回 附(붙을 부) 府(마을/관청 부)

필순 ` ` 𥫗 𥫗 𥫗 𥫗 符 符 符 符

기초 【기초한자어】 익히고, 【기본→발전한자어】 다지기
符籍(부적) 악귀나 귀신을 쫓고 재앙을 막아 준다는 종이

符合(부합) 꼭 들어맞음
符號(부호) 어떤 뜻을 나타내기 위하여 정한 기호
• 개인의 이익과 집단의 이익이 符合했다.
• 符號 같은 것을 그려놓은 이 符籍을 믿을 수는 없다.

기본 ③ 符書(부서) 符信(부신) 符節(부절) 終止符(종지부)
발전 ② 符瑞(부서) ① 符璽(부벽) 符呪(부주) 符讖(부참) 璽符(새부) 伍符(오부)
사자성어 ③ 名實相符(명실상부)

부수	획수	총획
竹	13	19

장부 부 : 【1193】

字源 〈형성〉 장부는 가계부처럼 인쇄된 두터운 종이에 썼다. 옛날에는 대쪽을 다듬어 손익이나 부채 관계를 적었던 것이다. 지금 관리를 위해 돈이나 물건의 수입과 지출을 기록한 책이다. 대쪽(竹)을 넓적하게(溥) 다듬어서 약속을 오래도록 잊지 않도록 내용을 써두었던 [장부나 문서(簿)]를 뜻하고 [부]로 읽는다.
图券(문서 권) 狀(문서 장) 籍(문서 적) 回博(넓을 박) 薄(엷을 박)

필순 ㇑ ㇑ ⺮ ⺮ 竻 笁 第 簿 簿 薄 簿 簿

기초 【기초한자어】 익히고, 【기본→발전한자어】 다지기
簿記(부기) 장부에 기입함. 회계 장부를 기록하는 여러 가지 방법
名簿(명부) 어떤 대상자들의 이름을 적은 장부
帳簿(장부) 돈이나 물건의 출납·수지 계산을 종합적으로 기록한 책
• 회계 장부를 자세히 기록하는 방법을 簿記라고 한다.
• 이 帳簿에는 우리 조직의 名簿도 기록되어 있으니 잘 간수해야겠다.

기본 ③ 原簿(원부) 主簿(주부) 置簿(치부) 家計簿(가계부) 出席簿(출석부) 學籍簿(학적부)
발전 ② 簿閥(부벌) ① 勘簿(감부) 簿牒(부첩)

부수	획수	총획
阜	5	8

붙을 부 : 【1194】

字源 〈형성〉 큰 산만 혼자 높게 솟아 있는 것이 아니다. 그 옆에는 언덕 같은 산들이 덧붙어 있어 조화롭다. 서로가 도우며 의지해 있다. 서로 엉켜 닿아 떨어지지 않는 상태가 된다는 뜻이다. 큰 산 옆에 크고 작은 언덕(阝←阜)들이 서로 의지하듯이 가까이에 더불어(付) 있으니 [붙다(附)]는 뜻이고 [부]로 읽는다.

图着(붙을 착) 屬(무리 속) 回付(줄 부) 府(마을/관청 부)

필순 ㇒ ㇈ 阝 阝 阝 阝 阝 附 附

기초 【기초한자어】 익히고, 【기본→발전한자어】 다지기
附設(부설) 어떤 데서 부속시켜 설치함
附隨(부수) 주가 되는 것에 붙어 따라감
添附(첨부) 주로 문서나 안건 따위를 더 보태거나 덧붙이는 일
• 이상의 附隨的(적)인 것은 다음에 첨부하도록 하자.
• 그곳은 附設 기관이기 때문에 더 많은 내용을 添附하지는 않았다.

기본 ③ 附加(부가) 附課(부과) 附近(부근) 附記(부기) 附帶(부대) 附錄(부록) 附屬(부속) 附言(부언) 附與(부여) 附逆(부역) 附着(부착) 附則(부칙) 附合(부합) 附和(부화) 寄附(기부) 阿附(아부) 回附(회부) 期限附(기한부) 日附印(일부인)
발전 ② 附款(부관) 附札(부찰) 23 附驥(부기) 附倭(부왜) ① 附蚓(부인) 附贅(부체) 媚附(미부) 攀附(반부) 帖附(첩부) 驪附(환부)
사자성어 ③ 附和雷同(부화뇌동) 附加價値(부가가치) 附帶施設(부대시설)

부수	획수	총획
肉	8	14

썩을 부 : 【1195】

字源 〈형성〉 곳간은 참 편리한 곳이다. 식량을 넣고 필요한 용구도 넣어 둔다. 그렇지만 고기 같은 생물을 오래두면 썩어서 못 먹는다. 균의 작용으로 인해 악취가 생기거나 상하게 된다. 곳간(府)에 깊숙이 넣어 두었던 고기(肉)가 오래 두면 상하고 변질되었으니 결국은 못 먹어 [썩다(腐)]는 뜻이고 [부]로 읽는다.
图朽(썩을 후) 回府(마을 부) 膚(살갗 부)

필순 广 广 广 广 府 府 府 腐 腐 腐

기초 【기초한자어】 익히고, 【기본→발전한자어】 다지기
腐敗(부패) 썩어서 더는 못 쓰게 됨. 깨끗한 이 땅에 정치 따위가 그토록 타락함
陳腐(진부) 케케묵고 낡음
腐葉土(부엽토) 풀이나 낙엽 따위가 썩어서 된 흙
• 腐葉土는 다음 해에는 반드시 나무들이 잘 자랄 수 있는 중요 거름이 된다.
• 腐敗한 그들에게는 陳腐한 생각밖에 없다오.

기본 ③ 腐植(부식) 腐心(부심) 腐葉(부엽) 腐刑(부형) 豆腐(두부) 防腐(방부)
발전 ② 腐爛(부란) 防腐劑(방부제) ① 腐朽(부후) 朽腐(후부)
사자성어 ③ 不正腐敗(부정부패) 切齒腐心(절치부심)

	부수	획수	총획
賦	貝	8	15

부세 부 : 【1196】

字源 〈형성〉 나라에 내는 세금은 국민에게 강제로 거둬들이는 것이다. 소득세, 영업세, 지방세 등 세목인 구실을 붙여 거둔다. 부세의 일반적인 뜻은 세금을 매겨 물리는 국가적 행위다. 국가에서 세금(貝)을 무력(武)으로 거둬들일 때 그 명분인 구실로 삼아 가면서 덧붙였으니 [부세(賦)]를 뜻하고 [부]로 읽는다.
圖 租(조세 조) 與(더불 여)

필순 冂 冃 目 貝 貝 貯 財 貯 賦 賦

기초 【기초한자어】 익히고, 【기본 → 발전한자어】 다지기
賦課(부과) 세금이나 부담금 따위를 적당하게 매기어 부담하게 함
賦役(부역) 국가가 국민에게 아무런 보수도 없이 책임을 지우는 그러한 노역
割賦(할부) 지급할 금액을 여러 번으로 나누어 줌
• 태풍으로 농민에게 賦役을 면해 주었다.
• 賦課한 금액이 많아 割賦로 납부하도록 하였다.

기본 ③Ⅱ 賦金(부금) 賦與(부여) 賦題(부제) 賦存(부존) 詞賦(사부) 月賦(월부) 天賦(천부) 雜賦金(잡부금) 赤壁賦(적벽부) 天賦的(천부적)

발전 ②賦活劑(부활제) ①賦斂(부렴) 賦稟(부품) 稟賦(품부)

사자성어 ③Ⅱ 賦存資源(부존자원)

	부수	획수	총획
奔	大	6	9

달릴 분 【1197】

字源 〈형성〉 몸집이 크고 힘센 사람이라도 많은 사람은 당하지는 못했다. 일단은 한 번 더 주춤하면서 달아나는 수밖에 없겠다. 달리기 시합을 하거나 잘못하여 달음질하여 빨리 간다는 뜻이다. 더 크고(大) 힘센 사람도 많은(卉) 수효의 사람은 능히 당하지 못하여 일단은 달아났으니 [달리다(奔)]는 뜻이고 [분]으로 읽는다.
圖 走(달릴 주) 回 奈(어찌 내)

필순 一 ナ 大 太 本 本 奔 奔

기초 【기초한자어】 익히고, 【기본 → 발전한자어】 다지기
奔放(분방) 세차게 달림. 제멋대로 행함
奔走(분주) 바삐 돌아다님
狂奔(광분) 목적을 이루려고 미친 듯이 날뜀
• 할 일이 많아서 奔走하게 돌아 다녔으리라.
• 폭군 연산군은 奔放한 성품대로 狂奔하며 다스렸다.

기본 ③Ⅱ 奔亡(분망) 奔忙(분망) 奔散(분산) ③奔騰(분등)

발전 ②奔趨(분추) ①奔駭(분해) 奔渾(분혼)
사자성어 ③Ⅱ 東奔西走(동분서주)

	부수	획수	총획
奮	大	13	16

떨칠 분 : 【1198】

字源 〈회의〉 모래가 작은 진흙 밭에서 먹이를 찾던 새가 그만 발이 빠졌다. 발을 빼서 날아가려고 날개를 떨치면서 죽을 힘을 쓴다. 널리 또는 높이 알려 장악하다 혹은 힘차게 날개 치면서 난다. 질펀한 밭(田)에 발이 빠진 새(隹)가 날개를 크게(大) 치면서 날아가려고 힘을 썼으니 [떨치다(奮)]는 뜻이고 [분]으로 읽는다.
圖 振(떨칠 진) 回 舊(예 구) 奪(빼앗을 탈)

필순 一 大 木 本 奋 奋 奋 奋 奮 奮 奮

기초 【기초한자어】 익히고, 【기본 → 발전한자어】 다지기
奮起(분기) 기운을 내어 떨쳐 일어남
奮鬪(분투) 있는 힘을 다하여 싸우거나 노력함
奮發(분발) 마음과 힘을 떨쳐 일으킴
• 이제는 奮鬪 노력하는 수밖에 다른 도리가 없습니다.
• 더 奮起하여 다음 3년을 奮發했더니, 이제야 겨우 기반을 닦았다.

기본 ③Ⅱ 奮怒(분노) 奮然(분연) 奮戰(분전) 激奮(격분) 發奮(발분) 興奮(흥분) ③奮躍(분약)

발전 ②興奮劑(흥분제) ①奮迅(분신)
사자성어 ③Ⅱ 孤軍奮鬪(고군분투)

	부수	획수	총획
紛	糸	4	10

어지러울 분
【1199】

字源 〈형성〉 실을 풀다가 잘못하여 실타래가 그만 뒤엉켰다. 한번 엉키면 번잡하여 실 끝을 찾아도 어지러워 풀지 못한다. 마음에 안정을 찾지 못해 흐리고 아뜩아뜩하다는 뜻이다. 가느다란 실 끝(糸)이 잘 풀리지 못하고 여러 갈래(分)로 복잡하게 뒤엉켜졌으니 매우 [어지럽다(紛)]는 뜻이고 [분]으로 읽는다.
圖 亂(어지러울 란) 紊(어지러울 문) 擾(시끄러울 요) 回 粉(가루 분)

필순 ㄥ ㄠ ㅿ 幺 糸 糸 糸 糿 紛 紛

기초 【기초한자어】 익히고, 【기본 → 발전한자어】 다지기
紛紛(분분) 어지럽고 뒤숭숭하여 시끄러운 모양
紛雜(분잡) 많은 사람이 북적거림
紛爭(분쟁) 서로 이해가 엇갈려 다툼

3급Ⅱ

• 모처럼 시장에 나갔더니 주말이라 매우 紛雜했다.
• 여러 참석자들의 의견이 제각기 紛紛하더니 결국
紛爭으로 치닫고 말았다.

기본 ③Ⅱ 紛亂(분란) 紛失(분실) 內紛(내분) ③ 紛糾(분규)
발전 ② 紛謬(분류) 紛塵(분진) 28 紛衍(분연) ① 紛汨(분골)
紛拏(분나) 紛綸(분륜) 紛奢(분사) 紛擾(분요) 紛蕩
(분탕) 紛披(분피) 紛訌(분홍) 紛喧(분훤)

	부수	획수	총획
拂	手	5	8

떨칠 불【1200】

字源 〈형성〉 책상이나 창틀에 휴지나 먼지 같은 쓰레기가 어지
럽게 널려 있다. 먼지가 많이 있으면 털어 내거나 깨끗이
쓸어낸다. 매우 복잡한 일을 머릿속에 몰아내어 일단 잊
어버리는 게 상책이다. 손(扌)으로 먼지나 휴지 같은 쓰레
기를 털어 내어(弗) 가지런하게 정리 정돈했으니 [떨치다(拂)]
는 뜻이고 [불]로 읽는다.
동拭(씻을 식) 回佛(부처 불) 弗(아닐 불) 彿(비슷할 불)
回払

필순 一 十 扌 扌 扪 扴 拂 拂

기초 【기초한자어】 익히고, 【기본→발전한자어】 다지기
完拂(완불) 남김없이 완전히 지불함
支拂(지불) 돈을 내어 줌. 또는 값을 치름
還拂(환불) 이미 지불한 돈을 되돌려 줌
• 은행이 지난번 지불한 금액을 換拂해 달라는구나.
• 이번의 支佛로 인해 完拂하게 되어서 참 기쁘구나.

기본 ③Ⅱ 拂逆(불역) 拂入(불입) 拂下(불하) 拂曉(불효) 假拂
(가불) 過拂(과불) 年拂(연불) 未拂(미불) 先拂(선불)
延拂(연불) 換拂(환불) 後拂(후불) 一時拂(일시불)
발전 ② 呈示拂(정시불) ① 拂袂(불메) 拂曙(불서) 拂拭(불식)
拭拂(식불)
사자성어 ③Ⅱ 未拂入金(미불입금) ② 支拂委託(지불위탁)

	부수	획수	총획
卑	十	6	8

낮을 비 :【1201】

字源 〈회의〉 술을 뜨는 표주박은 여러 사람의 손길에 닿는다.
지저분할 뿐만 아니라 천하게 보이기도 했으리라. 여러
사람이 사용해 일정한 기준이나 보통에 미치지 못한 상태
다. 물을 뜬 표주박 그릇(由)이 여러(十) 사람 손길에 닿아
서 지저분하여 쓰임이 천박했으니 위생점수가 [낮다(卑)]
는 뜻이고 [비]로 읽는다.
동賤(천할 천) 劣(못할 렬) 低(낮을 저) 回尊(높을 존) 崇

(높을 숭) 高(높을 고) 回碑(비석 비) 鬼(귀신 귀)

필순 丿 ⺊ 宀 白 白 申 𤰞 卑

기초 【기초한자어】 익히고, 【기본→발전한자어】 다지기
卑屈(비굴) 용기가 없고 비겁함
卑劣(비열) 사람이 못나고 비겁함
卑賤(비천) 신분이 낮고 천함
• 卑劣한 사람은 자기 처신에도 굽실거리며 卑屈하다.
• 卑屈한 행동은 스스로 卑賤함을 보인 이유가 된다.

기본 ③Ⅱ 卑小(비소) 卑俗(비속) 卑屬(비속) 卑下(비하) 鮮卑
(선비) 野卑(야비)
발전 ① 卑怯(비겁) 卑陋(비루) 卑俯(비부) 卑疵(비자)
사자성어 ③Ⅱ 男尊女卑(남존여비) 眼高手卑(안고수비) 直系
卑屬(직계비속)

	부수	획수	총획
妃	女	3	6

왕비 비【1202】

字源 〈형성〉 남자는 여자를 아내로 맞이하여 한 쌍의 짝을 이
루게 된다. 여왕도 마찬가지로 배필을 맞이해 알뜰한 삶
의 터전을 이룬다. 지존인 임금이지만 아내로서 배필을
맞이하게 된다. 남자 쪽에서 자기(己)의 아내 된 여자(女)
로 [짝(妃)] 또는 지존인 임금 아내인 여자로 [왕비(妃)]를
뜻하고 [비]로 읽는다.
동后(왕후 후) 回王(임금 왕) 回始(비로소 시)

필순 乚 女 女 女 𡚼 妃

기초 【기초한자어】 익히고, 【기본→발전한자어】 다지기
妃嬪(비빈) 왕비와 빈
妃氏(비씨) 왕비로 간택된 아가씨를 높여서 이르는 말
大妃(대비) 선왕의 후비
• 妃氏께서 왕비로 간택하여 아가씨 위상이 커졌다.
• 大妃의 고희 잔치에 여러 妃嬪들이 하례하고 있다.

기본 ③Ⅱ 王妃(왕비) 皇妃(황비)
발전 28 媛妃(원비) 后妃(후비) ① 妃嬪(비빈) 嬪妃(빈비)

	부수	획수	총획
婢	女	8	11

계집종 비 :
【1203】

字源 〈형성〉 벼슬아치 집이나 관청에서는 여자종을 많이 두었
다. 청소나 심부름을 하고 주인의 일을 직접적으로 도와
주었다. 권세 있는 집에서 일을 도와주는 종으로 일만 하
는 여자이다. 벼슬아치 집에서 잔심부름이나 하는 신분이
낮고(卑) 천하게 여겼던 어린 여자(女) 아이인 [계집종(婢)]

을 뜻하고 [비]로 읽는다.
圖奴(종 노) 回婢(낮을 비) 碑(비석 비)

필순 女 女 女′ 女′ 妙 妙 妙 妙 婢 婢

기초 【기초한자어】 익히고, 【기본→발전한자어】 다지기
官婢(관비) 예전에 관가에 속해 있던 계집종
奴婢(노비) 사내종과 계집종
侍婢(시비) 곁에 시중을 드는 계집종
• 그 侍婢는 대비의 곁을 떠나지 않고 잘 보필한다.
• 옛날에는 奴婢 중에는 선택하여 官婢가 되기도 했다.

기본 ③I 婢子(비자) ③ 婢妾(비첩)
발전 ① 婢僕(비복) 僕婢(복비)

| 肥 | 부수 | 획수 | 총획 |
| | 肉 | 4 | 8 |

살찔 비 : 【1204】

字源 〈회의〉건강한 사람은 대부분 뼈마디에 토실토실한 살이 붙어 있다. 운동을 열심히 하면 근육에 탄력성이 붙어 건강해 보인다. 운동을 열심히 하면 몸에 살이 많아지는 현상이겠다. 사람 몸(月)의 뼈와 뼈(巴←巴)마디 사이에 토실토실한 근육질의 살점이 물씬 붙어 있으니 [살찌다(肥)]는 뜻이고 [비]로 읽는다.
回瘠(여윌 척) 回脂(기름 지) 肝(간 간)

필순 丿 几 月 月 月 肌 肌 肥 肥

기초 【기초한자어】 익히고, 【기본→발전한자어】 다지기
肥大(비대) 살이 쪄서 뚱뚱함
肥肉(비육) 살이 쪄서 기름진 고기
肥鈍(비둔) 살이 쪄서 움직임이 둔함
• 肥肉을 많이 먹었다고 몸에 살이 찐 것만은 아니다.
• 肥大한 사람들은 肥鈍하여 자신감을 잃기 쉽다.

기본 ③I 肥料(비료) 肥滿(비만) 金肥(금비) 綠肥(녹비) 施肥(시비) 肥育牛(비육우)
발전 ②8 肥沃(비옥) ① 肥勁(비경) 肥牡(비모) 妃嬪(비빈) 肥牲(비생) 肥糟(비조) 肥瘠(비척) 肥腯(비포) 溢肥(일비) 堆肥(퇴비) 肥脆(비취)
사자성어 ③I 天高馬肥(천고마비)

| 司 | 부수 | 획수 | 총획 |
| | 口 | 2 | 5 |

맡을 사 【1205】

字源 〈가차〉임금은 신하에게 나라의 정사에 대하여 명령한다. 신하는 자신의 의견을 품으면서 맡은 바의 일을 충실히

한다. 다른 사람에게 일을 넘겨받아서 자기 몫으로 담당하다는 뜻이겠다. 임금으로부터 명령(口)을 받은 벼슬아치인 신하(ㄱ←人)가 [맡은(司)] 바 자기의 일을 처리한다는 뜻이고 [사]로 읽는다.
圖任(맡길 임) 回可(옳을 가)

필순 丁 コ 司 司 司

기초 【기초한자어】 익히고, 【기본→발전한자어】 다지기
司會(사회) 모임이나 회의 진행을 맡아보는 사람
上司(상사) 윗 등급의 관이나 기관, 또는 사람
司令(사령) 군대나 함대를 지휘·감독하는 부서나 직책
• 함대 司令의 추상과 같은 명에 따라 배가 움직였다.
• 그는 上司의 전폭적인 지지에 힘입어 이번 회의의 司會를 맡아, 만족할 만한 결과물을 얻었다.

기본 ③I 司法(사법) 司書(사서) 司正(사정) 司祭(사제) 司憲(사헌) 公司(공사) 司令官(사령관) 司憲府(사헌부)
발전 ② 司勳(사훈) ②8 尹司(윤사) ① 司寇(사구)
사자성어 ③I 司直當局(사직당국)

| 沙 | 부수 | 획수 | 총획 |
| | 水 | 4 | 7 |

모래 사 【1206】

字源 〈회의〉많은 비가 내려 자갈이나 돌멩이가 물에 씻긴다. 물에 씻긴 돌은 서로 부딪쳐 작은 모래가 된다. 모래들은 강의 하류에 쌓이면서 돌멩이들이 아주 잘게 부스러기가 되니 모래이다. 자갈이나 돌멩이들이 오랜 세월이 지나는 동안 물(氵)에 잘 씻겨서 작게(少) 부서졌으니 [모래(沙)]를 뜻하고 [사]로 읽는다.
圖汰(일 태) 回泳(헤엄칠 영)

필순 丶 丶 氵 氿 沙 沙 沙

기초 【기초한자어】 익히고, 【기본→발전한자어】 다지기
沙漏(사루) 모래시계
沙漠(사막) 가마득하게 넓은 모래벌판
沙工(사공) 뱃사공의 준말
• 沙漏라는 드라마 모래시계가 '귀가시계'가 되어 신드롬이 된 적이 있다.
• 넓은 沙漠에서 沙工인들 무슨 재주로 거기에서 헤어날 수가 있다던가?

기본 ③I 沙果(사과) 沙器(사기) 沙門(사문) 白沙(백사) 黃沙(황사) 白沙場(백사장)
발전 ② 沙蔘(사삼) 沙塵(사진) 膠沙(교사) ②8 沙彌(사미) 沙鉢(사발) 沙衍(사연) 汀沙(정사) ① 沙棠(사당) 沙礫(사력) 沙牟(사뢰) 沙肋(사륵) 沙盆(사분) 沙陀(사타) 沙汰(사태) 汰沙(태사) 爬沙(파사)
사자성어 ③I 沙上樓閣(사상누각) ②8 沙鉢通文(사발통문)

3급 II

부수	획수	총획
示	3	8

제사 사 【1207】

字源 〈형성〉 제사란 신령이나 죽은 사람의 혼령 앞에 음식을 바치어 정성을 나타내는 후손의 지극한 의식이다. 사람들이 제사를 처음 지내기 시작한 것은 선사 시대이지만 확실하지는 않다. 선대의 합동 제사인 큰 제사(示)는 오전(巳)에 모시면서 동남쪽을 향해서 분향했었다 하니 [제사(祀)]를 뜻하고 [사]로 읽는다.
圖 祭(제사 제) 回 社(모일 사)

필순 ー ニ 亍 亍 示 示 祀 祀

기초 【기초한자어】 익히고, 【기본→발전한자어】 다지기
祀孫(사손) 조상의 제사를 받드는 자손
祭祀(제사) 신령이나 죽은 사람의 넋에 정성을 다함
告祀(고사) 집안이 잘되기를 신령에게 비는 제사
• 제단에 祀孫들이 죽 늘어서서 분향을 올리고 있다.
• 祭祀 음식을 잘 차려 놓고 정성을 다해 조상들께 告祀를 드렸다.
기본 3Ⅱ 祀天(사천) 3 享祀(향사)
발전 2 闕祀(궐사) 撤祀(철사) 1 叢祀(총사)

부수	획수	총획
言	5	12

말 / 글 사 【1208】

字源 〈형성〉 상관이나 웃어른께 받은 명령은 잘 시행하고 결과를 정중하게 보고했다. 보통은 구두나 품위를 올려서 보고하기도 했다. 말은 음성 기호나 문자 기호로 나타낸 표현의 수단이다. 어른으로부터 자기가 맡은(司) 바의 일을 말(言)이나 글로 품하면서 정중하게 고했으니 [말(詞)]을 뜻하고 [사]로 읽는다.
圖 言(말씀 언) 語(말씀 어) 話(말씀 화) 回 詐(속일 사)

필순 ー ニ 言 言 言 詞 詞 詞 詞 詞

기초 【기초한자어】 익히고, 【기본→발전한자어】 다지기
歌詞(가사) 가곡 · 가요곡 · 오페라 등에서 노랫말
臺詞(대사) 배우가 극중 인물로서 하는 말
品詞(품사) 단어를 문법적 기능과 형태에 따른 갈래
• 문법적인 品詞의 쓰임과 의미를 알고 있어야 되겠지.
• 상당히 어둡고 어려운 臺詞 가운데서 이 歌詞는 썩 어울리지 않겠네.
기본 3Ⅱ 詞賦(사부) 詞話(사화) 冠詞(관사) 動詞(동사) 名詞(명사) 副詞(부사) 作詞(작사) 助詞(조사) 致詞(치사) 感歎詞(감탄사) 冠形詞(관형사) 代名詞(대명사) 形容詞(형용사) 3 弔詞(조사)

발전 2名 詞采(사채) 1 詞鋒(사봉) 詞藻(사조) 捏詞(날사) 挽詞(만사) 輓詞(만사) 塡詞(전사)

부수	획수	총획
邑	4	7

간사할 사 【1209】

字源 〈형성〉 제나라에 낭사라는 고을이 있었다. 어금니처럼 지형이 단단한 고장이었는데 사람들이 모두 간사했었다 한다. 사람의 언행이 바르지 못하고 간교하며 남을 잘 속였다. 사람의 어금니(牙)처럼 생긴 야무진 땅(阝←邑)이었으나 그 땅 사람들의 풍속이 못되어서 널리 [간사하다(邪)]는 뜻이고 [사]로 읽는다.
圖 姦(간음할 간) 奸(간사할 간) 慝(사특할 특) 回 正(바를 정) 回 那(어찌 나) 邦(나라 방)

필순 ー 二 牙 牙 牙 邪 邪

기초 【기초한자어】 익히고, 【기본→발전한자어】 다지기
邪心(사심) 도리에 어긋난 나쁜 마음
邪惡(사악) 간사하고 악독함
邪慾(사욕) 올바르지 못한 욕망
• 지금까지도 버리지 못하고 邪慾을 취한단 말인가?
• 邪惡한 마음을 숨겨오다 결국 邪心이 드러났다.
기본 3Ⅱ 邪敎(사교) 邪戀(사련) 酒邪(주사) 閑邪(한사) 回邪(회사)
발전 2 邪僻(사벽) 斜睥(사삽) 邪猾(사활) 妖邪(요사) 2名 邪諂(사첨) 1 邪萌(사맹) 邪媚(사미) 邪諛(사유) 邪纏(사전) 邪侈(사치) 奸邪(간사) 慝邪(특사)

부수	획수	총획
斗	7	11

비낄 사 【1210】

字源 〈형성〉 1.8리터들이 말로 곡식을 담을 때는 수북하게 많이 쌓아 올렸다. 이를 말로 헤아리고 남은 곡식은 비스듬히 비껴서 내려갔다. 가득히 담고 남으면 비스듬히 한쪽으로 놓인다 한다. 곡식을 말질하여(斗) 수북하게 담고 남은(余) 곡식은 비스듬하게 스쳐서 내려갔으니 [비끼다(斜)]는 뜻이고 [사]로 읽는다.
圖 傾(기울 경) 回 敍(펼 서)

필순 ノ ル ム 午 午 余 余 余 余 斜 斜

기초 【기초한자어】 익히고, 【기본→발전한자어】 다지기
斜陽(사양) 석양. 서쪽으로 기울어진 해
傾斜(경사) 비스듬히 기울어진 상태
橫斜(횡사) 가로 비낌

3급Ⅱ

・길이 가파르게 경사져서 고약스러운 橫斜로구나.
・가파른 傾斜길에 서는 듯이 斜陽길로 접어들었다.

기본 ③Ⅱ 斜面(사면) 斜線(사선) 斜視(사시)

발전 ②斜揷(사삽) ②8斜瞻(사첨) ①斜瞥(사별) 斜簪(사잠)
天斜(요사)

사자성어 ③Ⅱ 斜陽産業(사양산업)

부수	획수	총획
虫	5	11

긴 뱀 사【1211】

字源 〈형성〉 척추동물 중 파충류는 몸이 '머리, 목, 몸통, 꼬리'
등 네 부분으로 나뉘고 주변의 온도에 따라서 체온이 변
한다. 파충류 중에서 뱀은 몸이 길고 다리도 없이 움직인
다. 파충류(虫)에 속하는 동물로 땅에서 똘똘하게 기어다
니는(它) 기다랗게 생긴 뱀의 모양을 본떠서 [긴 뱀(蛇)]을
뜻하고 [사]로 읽는다.
⑤巳(뱀 사)

필순 ㄱ ㅁ ㅁ 虫 虫 虫 虫 虻 蛇 蛇 蛇

기초 【기초한자어】 익히고, 【기본→발전한자어】 다지기
蛇足(사족) 뱀의 발. '필요 없는 것'을 비유
毒蛇(독사) 이빨에 독이 있어 독액을 분비한 뱀
長蛇陳(장사진) 많은 사람이 줄지어 길게 늘어짐
・구경꾼이 얼마나 많던지 長蛇陣을 치고 줄을 섰구나.
・毒蛇에게 발이 필요 없듯이 네 말에도 어리석게
蛇足을 붙이지 말라.

기본 ③Ⅱ 蛇骨(사골) 蛇管(사관) 蛇口(사구) 蛇毒(사독) 蛇龍
(사룡) 蛇陵(사릉) 蛇目(사목) 蛇紋(사문) 蛇尾(사미)
私腹(사복) 蛇師(사사) 蛇床(사상) 蛇線(사선) 蛇身(사신)
蛇心(사심) 蛇醫(사의) 蛇座(사좌) 蛇酒(사주) 蛇體(사체)
蛇皮(사피) 蛇行(사행) 蛇形(사형) 蛇黃(사황) 白蛇(백사)
烏蛇(오사) 長蛇(장사) 靑蛇(청사) 海蛇(해사) 蛇紋石
(사문석) 蛇紋巖(사문암) 蛇行川(사행천) 禁蛇花(금사화)
春蛇酒(춘사주) 花蛇酒(화사주) ③蛇廉(사렴)

발전 ②蛇窟(사굴) ②8蟾蛇(섬사) ①蛟蛇(교사)

사자성어 ③Ⅱ 蛇身人首(사신인수)

부수	획수	총획
刀	7	9

깎을 삭【1212】

字源 〈형성〉 연필심이 굵어지면 칼로 잘 깎아서 사용한다. 큰
통나무도 깎거나 다듬어서 기둥이나 널빤지로 만들어 쓴
다. 잘라 내거나 물건을 만들기 위해 모양이 나오게 잘 다
듬는다. 통으로 된 큰 나무의 부피가 점점 작아지도록(肖)
조금씩 조금씩 칼(刂)로 쪼개면서 깎아냈으니 [깎다(削)]

는 뜻이고 [삭]으로 읽는다.
⑤減(덜 감) 除(덜 제) 剝(벗길 박) 回加(더할 가) 添(더할 첨)
回消(사라질 소)

필순 ㅣ ㅣ ㅚ ㅚ 肖 肖 肖 削 削

기초 【기초한자어】 익히고, 【기본→발전한자어】 다지기
削髮(삭발) 머리털을 깎음. 또는 그 머리
削除(삭제) 깎아서 없앰. 지워버림
添削(첨삭) 답안의 내용 일부를 보태거나 삭제해 고침
・이번에는 스님처럼 削髮을 했구나.
・논문을 添削한 부분이 좀더 명료하지 못할 뿐만
아니라 削除할 부분도 더러 있다.

기본 ③Ⅱ 削減(삭감) 削奪(삭탈) 刻削(각삭)

발전 ②掘削(굴삭) ①削黜(삭출) 削哺(삭포) 刮削(괄삭)
剝削(박삭) 刪削(산삭) 瘦削(수삭)

사자성어 ③Ⅱ 削奪官職(삭탈관직)

부수	획수	총획
木	8	12

수풀 삼【1213】

字源 〈회의〉 숲과 삼림은 같은 의미로 쓰였음이 보인다. 삼림
에 내린 비는 잎 수에 영향을 받아 나무의 줄기 따라 지
면으로 떨어진다. 뿌리에서 흡수되지 않는 물은 토양의
침식을 막는다. 나무가 많고 울창한 숲(林)에 다른 여러
종류의 나무(木)들이 쑥쑥 자라고 있으니 우거진 [수풀(森)]
을 뜻하고 [삼]으로 읽는다.
⑤林(수풀 림)

필순 一 十 才 木 查 杰 杰 森 森 森

기초 【기초한자어】 익히고, 【기본→발전한자어】 다지기
森林(삼림) 나무가 빽빽이 들어선 숲
森嚴(삼엄) 무서우리만큼 엄숙한 모양
・森林이 많이 우거져 여름에도 꽤 시원하겠구나.
・궁궐은 森嚴한 경비로 분위기가 살벌하다.

기본 ③Ⅱ 森羅(삼라)

발전 ②森敷(삼부) 鬱森(울삼) ①森聳(삼용) 蕭森(소삼)

사자성어 ③Ⅱ 森羅萬象(삼라만상)

부수	획수	총획
人	12	14

모양 상【1214】

字源 〈형성〉 실물을 구경하기 어려울 때는 사진이나 그림을 통
해서 간접적으로 알아보았다. 몸집이 큰 코끼리도 그림을
그려서 보았다. 사람이 겉으로 보이는 본래의 생김새나

3급Ⅱ

형상을 말한다. 사람(亻)이 그려놓은 코끼리의 형상이 흡사 실물의 코끼리(象)와 많이 비슷하였으니 [모양(像)]을 뜻하고 [상]으로 읽는다.
圖形(모양 형) 態(모습 태) 貌(모양 모) 樣(모양 양) 姿(모양 자) 回象(코끼리 상)

필순 亻亻亻^像

기초 【기초한자어】 익히고, 【기본→발전한자어】 다지기
假像(가상) 거짓 현상
群像(군상) 그림·조각에서 많은 인물 모습을 주제로 함
影像(영상) 빛의 굴절이나 반사에 의한 물체의 상
• 이제는 影像이 비추는 실상 작품의 감상이 절대적으로 필요하겠다.
• 밤마다 꿈에 나타나는 假像의 群像들이 연약한 나를 매우 괴롭게 했다.

기본 ③I 結像(결상) 鏡像(경상) 氣像(기상) 銅像(동상) 面像(면상) 佛像(불상) 想像(상상) 石像(석상) 受像(수상) 實像(실상) 映像(영상) 偶像(우상) 坐像(좌상) 肖像(초상) 虛像(허상) 胸像(흉상) 受像機(수상기)

발전 ② 彫像(조상) 幻像(환상) ① 塑像(소상) 繡像(수상) 繪像(회상)

부수	획수	총획
口	9	12

잃을 상(:) 【1215】

字源 〈회의〉 같은 식구나 아는 친척이 유명을 달리하면 온 가족이 슬퍼한다. 가족을 잃은 애절한 슬픔이다. 자기가 잘 알지도 못한 사이에 멀리 떨어뜨리거나 놓쳐서 아니 될 일이다. 사람이 죽어서 두건(亠←亡)을 쓰고 상복(衣) 입고 곡하면서(ㅁㅁ) 우니 [복 입는다(喪)] 또는 [잃다(喪)]는 뜻이고 [상]으로 읽는다.
圖失(잃을 실) 弔(조상할 조) 回畏(두려워할 외)

필순 一十十十世世世弯弯弯喪

기초 【기초한자어】 익히고, 【기본→발전한자어】 다지기
喪禮(상례) 상중에 거행하는 모든 의식
喪妻(상처) 아내의 죽음을 당함. 홀아비가 됨
弔喪(조상) 남의 죽음에 대하여 애도를 표함
• 장례식장의 예에 따르겠지만, 가급적 喪禮는 간결하게 해야 하겠다.
• 喪妻당한 사람에게 弔喪하는 사람들의 위로가 어찌 귀에 쟁쟁하게 들릴까?

기본 ③I 喪家(상가) 喪亂(상란) 喪配(상배) 喪服(상복) 喪失(상실) 喪心(상심) 喪人(상인) 喪章(상장) 喪葬(상장) 喪主(상주) 喪中(상중) 居喪(거상) 國喪(국상) 問喪(문상) 初喪(초상) 親喪(친상) 好喪(호상) ③ 喪輿(상여)

발전 ② 沮喪(저상) ① 剝喪(박상) 喪扇(상선) 喪杖(상장) 頑喪(완상)

사자성어 ③I 冠婚喪祭(관혼상제) 記憶喪失(기억상실)

부수	획수	총획
小	5	8

오히려 상(:) 【1216】

字源 〈형성〉 탁한 공기가 창문으로 나가고 시원한 공기 또한 창으로 들어온다. 문을 열어 환기시켜야만 한다. 일반적 기준이나 짐작 또는 기대와 반대되거나 다른 모양이기도 한다. 창문(向)을 향해 공기가 밖으로 나가나(八) 바깥보다 [오히려(尙)] 공기가 맑으니 방안 공기를 [높이다(尙)]는 뜻이고 [상]으로 읽는다.
圖猶(오히려 유) 崇(높을 숭) 回常(떳떳할 상) 약尚

필순 丨丬小小^尚尚尚尚

기초 【기초한자어】 익히고, 【기본→발전한자어】 다지기
尙古(상고) 옛 문물을 소중히 여김
尙武(상무) 무예를 숭상함
尙存(상존) 일찍부터 있어 왔음
• 尙古 정신으로 옛 문물을 소중하게 여겨야겠지.
• 尙武는 늘 곁에서 尙存하는 우리 민족정신이겠다.

기본 ③I 尙宮(상궁) 尙今(상금) 高尙(고상) 崇尙(숭상) 和尙(화상)

발전 ② 尙瑞院(상서원) ②⑧ 呂尙(여상) ① 驕尙(교상)

사자성어 ③I 時機尙早(시기상조)

부수	획수	총획
衣	8	14

치마 상 【1217】

字源 〈형성〉 치마는 옷의 시초였으며, 저고리와 함께 여자의 하의(下衣)에 해당된다. 풀잎으로 부끄러운 인간의 부분을 가리면서부터 비롯된 치마가 여인들 일반적인 옷으로 바뀌었을 것이다. 사람이 마땅히 고상함(尙)과 품위를 나타내기 위해서 아랫부분에 입었던 옷(衣)으로 [치마(裳)]를 뜻하고 [상]으로 읽는다.
回堂(집 당) 常(떳떳할 상)

필순 丨丬小小^尚常常堂堂裳裳裳

기초 【기초한자어】 익히고, 【기본→발전한자어】 다지기
衣裳(의상) 겉에 입는 옷
紅裳(홍상) 다홍치마
• 예부터 우리의 衣裳은 치마와 저고리로부터 비롯된다.

• 여자의 紅裳은 대체적으로 경사스런 날에 입던 옷이다.
<u>기본</u> ③ 甲裳(갑상) 羅裳(나상) 垂裳(수상) 裳板(상판) 赤裳
(적상) 彩裳(채상) 靑裳(청상)
<u>발전</u> ① 袞裳(곤상) 繡裳(수상)
<u>사자성어</u> ③ 同價紅裳(동가홍상)

부수	획수	총획
言	6	13

자세할 상 【1218】

<u>字源</u> 〈형성〉 '양'은 다른 동물에 비해 울음소리가 작지만 똑똑
하고 자잘하다. '메에에' 하는 소리를 정확히 옮겨 적을 수
없어 보인다. 자상은 사소한 부분까지도 구체적이고 분명
하다. '메에에' 하고 우는 양(羊) 울음소리가 자잘한 것처
럼 말(言)을 자잘하고 더 상세하다고 했으니 [자세하다(詳)]
는 뜻이고 [상]으로 읽는다.
回略(간략할 략) 細(가늘 세) 回祥(상서 상)

<u>필순</u> 丶亠言言言言詳詳詳詳詳

<u>기초</u> 【기초한자어】 익히고, 【기본→발전한자어】 다지기
詳論(상론) 자세하게 논함
詳述(상술) 자세하게 진술함
詳察(상찰) 자세하게 살핌
• 화분에 심어 놓은 꽃을 좀 더 자상하게 詳察하였다.
• 그의 논문에서 詳論했으므로 이곳에서는 더 자세
하게 詳述하지는 않겠다.
<u>기본</u> ③ 詳報(상보) 詳細(상세) 未詳(미상) ③ 昭詳(소상)
<u>발전</u> ① 詳窺(상규) 詳悉(상실) 詳諦(상체) 詳緻(상치) 仔詳
(자상)

부수	획수	총획
雨	9	17

서리 상 【1219】

<u>字源</u> 〈형성〉 서리는 땅의 수증기가 하늘로 오르지 못하고 풀잎
에 쌓이면 이슬이 되고 서리가 된다. 초가을부터 늦은 봄
에 걸쳐 일교차가 크고 바람이 없는 맑은 날 밤에 내린
서리다. 수증기가 공중으로 올라 비(雨)가 되어 내리듯이
물기가 서로(相) 마주보면서 얼어붙었으니 [서리(霜)]를
뜻하고 [상]으로 읽는다.
回露(이슬 로) 電(번개 전) 雲(구름 운) 雪(눈 설)

<u>필순</u> 一雨雨雨霏霏霜霜霜

<u>기초</u> 【기초한자어】 익히고, 【기본→발전한자어】 다지기
霜露(상로) 서리와 이슬
霜眉(상미) 서리같이 흰 눈썹

秋霜(추상) 가을의 찬 서리
• 겨울이 되면 수염에 눈이 묻어 霜眉가 되기도 한다.
• 霜露의 계절에 秋霜 같은 명령을 들으니 오싹하다.
<u>기본</u> ③ 霜菊(상국) 霜葉(상엽) 霜害(상해) 星霜(성상) 風霜
(풍상)
<u>발전</u> ② 霜刀(상인) ② 霜柯(상가) 霜蓬(상봉) ① 霜橙(상등)
霜粉(상분) 霜柿(상시) 霜砧(상침) 砒霜(비상) 殘霜(잔상)
<u>사자성어</u> ③ 雪上加霜(설상가상) ② 霜雪之鷺(상설지로)

부수	획수	총획
人	15	17

갚을 상 【1220】

<u>字源</u> 〈형성〉 정해진 기준보다 우수한 사람에게 상을 준다. 사
회나 국가를 위해 일한 사람에게도 상을 내린다. 본래의
뜻은 남에게 빌리거나 꾼 것을 도로 돌려준다는 뜻이다.
사회나 국가를 위해 공로가 있는 사람(亻)에게 상(賞)을
주어서 보답하니 공의 대가를 되돌려서 주다로 [갚다(償)]
는 뜻이고 [상]으로 읽는다.
图報(갚을 보) 賠(물어줄 배) 酬(갚을 수) 回賞(상줄 상)

<u>필순</u> 亻亻亻俨俨僧僧僧償償

<u>기초</u> 【기초한자어】 익히고, 【기본→발전한자어】 다지기
償還(상환) 갚거나 돌려줌
賠償(배상) 남의 권리를 침해한 사람이 그 손해를
물어주는 일
報償(보상) 남에게 진 빚 또는 받은 물건을 갚음
• 이제는 더 이상 지체하지 않고 償還하겠습니다.
• 報償과 賠償을 혼동하는 사람이 의외로 많다.
<u>기본</u> ③ 求償(구상) 無償(무상) 變償(변상) 補償(보상) 有償
(유상) 求償權(구상권) ③ 償却(상각)
<u>발전</u> ① 贖償(속상)
<u>사자성어</u> ③ 有償增資(유상증자)

<u>3급Ⅱ</u>

부수	획수	총획
木	6	10

뽕나무 상 【1221】

<u>字源</u> 〈상형〉 누에는 뽕잎을 먹고 산다. 13개 마디가 있고 넉잠
을 자고나서는 뽕잎을 더 많이 먹는다. 뽕나무를 키워 누
에를 치고 비단을 짜는 일을 농상(農桑)이라 했으니 누에
를 근본으로 삼았다. 누에를 먹이기 위해 여러 사람들의
손(叒)으로 부드러운 뽕잎을 땄던 나무(木)로 [뽕나무(桑)]
를 뜻하고 [상]으로 읽는다.
回桒

<u>필순</u> フ了マ予予桑桑桑桑桑

【기초】【기초한자어】 익히고, 【기본→발전한자어】 다지기
桑田(상전) 뽕나무 밭
扶桑(부상) 동쪽 바다의 해에 있다는 신령스러운 나무
桑葉(상엽) 뽕잎
• 동해를 보라. 扶桑이 있다고 했으니 어찌 신령스럽지 않는가.
• 누에는 桑田에 있는 桑葉을 먹고 비단실을 만든다.
【발전】 [2급] 桑榆(상유) 桑扈(상호) [1급] 桑秧(상앙) 躬桑(궁상)
【사자성어】 [3급Ⅱ] 桑田碧海(상전벽해) [2급] 滄桑之變(창상지변) [2급] 桑蓬之志(상봉지지)

부수	획수	총획
糸	4	10

노(새끼줄) 삭
찾을 색【1222】

【字源】〈회의〉짚으로 동아줄 같은 긴 새끼를 꼰다. 꼰 새끼줄을 타고 오르거나 내려가서 물건을 찾기도 한다. 사람들이 새로운 것을 발견하기 위해 자세하게 살피다는 뜻을 담고 있다. 덩굴식물(糸)이 나무를 휘감고(宀) 꼬아서 위로 오르니(十) [새끼줄(索)] 또는 새끼를 더듬어서 [찾다(索)]는 뜻이고 [색] 또는 [삭]으로 읽는다.
圖搜(찾을 수) 探(찾을 탐) 覓(찾을 멱) 繩(노끈 승)

【기초】【기초한자어】 익히고, 【기본→발전한자어】 다지기
索引(색인) 책 속의 내용을 쉽게 찾도록 뽑은 목록
摸索(모색) 일을 해결할 수 있는 방법이나 실마리를 자연스럽게 찾음
思索(사색) 깊이 생각하고 이치를 따름
• 책을 잘 보려면 索引과 註(주)를 같이 보아야 한다.
• 어려운 난국의 摸索을 위해서 전문가들이 여러 날을 思索 중에 있다.
【기본】 [3급Ⅱ] 索居(삭거) 索道(삭도) 索莫(삭막) 索出(색출) 檢索(검색) 鐵索(철삭) 探索(탐색) 討索(토색) [3급] 搜索(수색)
【발전】 [2급] 覓索(멱삭) 繩索(승삭) 徽索(휘삭) [1급] 索寞(삭막) 腱索(건삭) 汲索(급삭) 纏索(전삭) 梯索(제삭)

부수	획수	총획
土	10	13

변방 새
막힐 색【1223】

【字源】〈형성〉'막히다'는 장애로 인하여 꼼짝없이 오고가지도 못한 어려운 처지가 됨을 말한다. 숨이나 사람의 기(氣)의 흐름이 일시적으로 멈추어지거나 중단된 처지이기도 한다. 추위(寒←塞) 방지를 위해 바람벽을 흙(土)으로 [막다(塞)] 또는 추위에 벌벌 떨면서 국경을 지키는 [변방(塞)]을 뜻하고 [색] 또는 [새]로 읽는다.

圖甕(막힐 옹) 壅(막을 옹) 回寒(찰 한)

【기초】【기초한자어】 익히고, 【기본→발전한자어】 다지기
要塞(요새) 국방상 중요한 곳에 건설한 방비시설
堅塞(견색) 굳게 막음
閉塞(폐색) 닫혀서 막힘. 또는 닫아서 막음
• 문전성시를 이루었던 정승 집 문도 지금은 사람이 뜸하여 堅塞되었군.
• 한때는 중요한 要塞이었으나 지금은 閉塞되어 모두가 지난 꿈인 듯 허전하구나.
【기본】 [3급Ⅱ] 塞源(색원) 窮塞(궁색) [3급] 塞翁(새옹) 蔽塞(폐색)
【발전】 [2급] 鬱塞(울색) 窒塞(질색) [2급] 塞腳(색연) 疆塞(강새) 關塞(알색) [1급] 塞瓮(색옹) 梗塞(경색) 堵塞(도색) 濱塞(빈새) 咽塞(열색) 甕塞(옹색) 淪塞(윤색) 湮塞(인색) 塡塞(전색) 栓塞(전색) 逼塞(핍색) 檻塞(함색)
【사자성어】 [3급Ⅱ] 拔本塞源(발본색원) [3급] 塞翁之馬(새옹지마)

부수	획수	총획
彳	7	10

천천할 서(:)【1224】

【字源】〈형성〉일의 진행상황이 급하지도 않고 서두를 필요도 없어 보인다. 약속 시간이 바쁘면 발걸음이 빠르다. 그렇지만 시간이 충분해 여유가 있으면 걸음이 느려지고 천천히 걷는 것이 상례다. 앞으로도 시간이 충분할 만큼 여유(余)가 있어서 더디게 쉬엄쉬엄 걸어가니(彳) [천천하다(徐)]는 뜻이고 [서]로 읽는다.
圖緩(느릴 완) 回急(급할 급) 速(빠를 속) 回途(길 도) 除(덜 제)

【기초】【기초한자어】 익히고, 【기본→발전한자어】 다지기
徐行(서행) 천천히 감. 安徐(안서)함
緩徐(완서) 느릿느릿함
執徐(집서) 고갑자에서 천간의 다섯째의 辰(진)
• 執徐는 중국 옛 간지의 이름인 고갑자의 다섯째다.
• 자동차들이 고갯길에서 緩徐하면서 徐行하고 있다.
【기본】 [3급Ⅱ] 徐看(서간) 徐冷(서랭) 徐脈(서맥) 徐步(서보) 徐緩(서완) 安徐(안서) 疾徐(질서)
【발전】 [2급] 徐熙(서희)

부수	획수	총획
心	6	10

용서할 서 :
【1225】

字源 〈회의〉남을 꾸짖거나 벌을 주지 않고 많이 너그럽게 이해하기도 했던 모양이다. 자기를 가장 잘 이해해 주는 사람은 자신뿐이다. 자기가 이해의 주체이며, 동정의 대변자라는 뜻이다. 다른 사람을 자기 자신과 같이(如) 생각해 버리는 선한 마음(心)으로 더 너그럽게 [용서하다(恕)]는 뜻이고 [서]로 읽는다.
图 赦(용서할 사) 回 怒(성낼 노)

필순 ㇏ 夕 女 如 如 如 如 恕 恕 恕

기초 【기초한자어】 익히고, 【기본 → 발전한자어】 다지기
寬恕(관서) 너그럽게 용서함
容恕(용서) 지은 죄에 대해 꾸짖거나 벌하지 않고 덮어줌
忠恕(충서) 충실하고 동정심이 많음
• 忠恕의 의미에 잘 적응하면서 많이들 배려하시게.
• 그는 늘 寬容과 容恕로 받은 은혜를 잊지 않고 있다.
기본 3Ⅱ 恕思(서사) 海恕(해서)
발전 ① 恕宥(서유) 恕慌(서황) 矜恕(긍서) 饒恕(요서) 宥恕(유서)

字源 〈형성〉관청에서는 여러 부서가 있어 서로 연관성을 갖는다. 각 마을과 마을도 상호 정보의 연관성이 많다. 국가 사무를 맡아보는 기관과 그 하부 단위인 마을도 연계된다. 각 부서가 연관이 있듯이 그물(罒←网)처럼 연관성 있는 사람(者)을 적시적소 [관청(署)]에 배치하는 [마을(署)]을 뜻하고 [서]로 읽는다.
图 官(벼슬 관) 廳(관청 청) 回 屠(더울 서) 著(나타날 저) 者(놈 자)

필순 冂 罒 罒 罒 罒 罳 罳 罳 署 署

기초 【기초한자어】 익히고, 【기본 → 발전한자어】 다지기
署名(서명) 자기의 이름을 문서에 적어 넣음
官署(관서) 관청과 그 부속 기관
本署(본서) 주가 되는 관서
• 本署에는 경무과장이 있는데 사무의 총책임자라네.
• 이제 官署에 가서 문서에 다 署名하고 찾아오시게.
기본 3Ⅱ 署理(서리) 署員(서원) 署長(서장) 部署(부서) 連署(연서) 支署(지서) ③ 署押(서압)
발전 ① 衙署(아서) 滌署(척서)

	부수	획수	총획
緒	糸	9	15

실마리 서 【1226】

字源 〈형성〉실타래를 풀어 가려면 실 끝을 잡아 해쳐가는 것이 그 시초라 한다. 계통을 찾아가며 실마리를 푸는 것이다. 엉킨 일이나 사건을 풀어 나갈 수 있는 것이 그 동기가 된다. 얽힌 실타래(糸)이지만 끝 부분이 그 실 자체(者)를 순서 있게 풀어가는 시초가 되었다 하니 [실마리(緒)]를 뜻하고 [서]로 읽는다.
回 諸(모두 제) 卿 緖

필순 幺 糸 糸 糸 紅 紗 紨 緒 緒 緒

기초 【기초한자어】 익히고, 【기본 → 발전한자어】 다지기
端緒(단서) 어떤 문제를 해결해 가는 일의 첫 부분
由緒(유서) 예로부터 전하여 내려오는 까닭과 내력
頭緒(두서) 일의 단서. 조리
• 이제는 그 由緒를 바르게 알고 대화하도록 하시게나.
• 端緒조차 잘 모르면서 어찌 그리 頭緒없이 잡담하듯이 말하고 있단 말인가.
기본 3Ⅱ 緒論(서론) 遺緒(유서) 情緒(정서)
발전 ② 紊緒(문서) ① 墜緒(추서)

	부수	획수	총획
惜	心	8	11

아낄 석 【1228】

字源 〈형성〉사람들에게 아름답고 아끼는 추억들이 있다. 법 이전에 '도덕'이 있고, 도덕 이전에 '정'이라고들 말한다. 사람이 귀중하게 여기면서 함부로 쓰거나 다루지 아니한다는 뜻이 아낌이다. 지금까지도 잊지 않고 옛날(昔)의 추억에 잠겨(忄) 마음속에 간직하며 생각하니 [아끼다(惜)]는 뜻이고 [석]으로 읽는다.
回 昔(예 석) 借(빌 차)

필순 ㇏ 忄 忄 忄 忄 忄 惜 惜 惜 惜

기초 【기초한자어】 익히고, 【기본 → 발전한자어】 다지기
惜別(석별) 헤어지기 서운함
惜敗(석패) 아깝게 짐
哀惜(애석) 슬프고 아까움
• 이 경기에서는 아깝게도 惜敗했지만, 다음 경기에서는 더 잘 하겠습니다.
• 두 사람이 나눈 惜別의 정은 보기에 참 哀惜합니다.
기본 3Ⅱ 愛惜(애석)
발전 2Ⅱ 惜閔(석민) ① 惜吝(석린) 吝惜(인석)

	부수	획수	총획
署	网	9	14

마을 서 【1227】

	부수	획수	총획
釋	釆	13	20

풀 석 【1229】

3급Ⅱ

字源 〈형성〉 복잡하게 얽힌 일들이 참 많다. 보다 알기 쉽고 체계적으로 설명해야 한다. 누가 보아도 객관성 있게 해석해야 한다. 얽힌 일들을 누그러뜨리거나 사라지게 하다는 뜻이겠다. 여러 가지 사물을 쉽게 분별(釆)하여 더 잘 알아볼(睪) 수 있도록 잘 해석해 놓았으니 일을 잘 [풀다(釋)]는 뜻이고 [석]으로 읽는다.
⑤解(풀 해) 放(놓을 방) 圓擇(가릴 택) 譯(번역할 역) 澤(못 택) 繹(풀 역) 回釈

필순 丿 釆 彩 𨤲 𨤲 釋 釋 釋 釋

기초 【기초한자어】 익히고, 【기본 → 발전한자어】 다지기
釋然(석연) 미심쩍던 것이 풀리고 마음이 밝아짐
解釋(해석) 문장이나 사물의 뜻을 논리에 따라 이해함
釋放(석방) 잡혀 있는 사람을 용서하여 놓아줌
• 이제 그만 그를 釋放하는 것이 도리일 것으로 안다.
• 釋然치 않은 解釋으로 오히려 혼란만 조성했구나.

기본 ③Ⅱ 釋門(석문) 釋尊(석존) 保釋(보석) 稀釋(희석) 訓釋(훈석)

발전 ②釋旨(석지) ②⑧釋迦(석가) 釋迦牟尼(석가모니)
①釋褐(석갈) 釋梵(석범) 箋釋(전석) 註釋(주석)

사자성어 ③Ⅱ 手不釋卷(수불석권) ②⑧釋迦如來(석가여래)

부수	획수	총획
方	7	11

돌 선 【1230】

字源 〈회의〉 병사들의 사기는 장군기의 움직임과 힘찬 명령에 있다고 했다. 깃발의 지시에 따라 병사들이 돌아 움직인다. 일정한 축을 중심으로 하여서 한 방향으로 움직인다. 연병장에서 장수(人) 혹은 고적대가 지휘하는 깃발(方)을 따라 여러 병사들이 걸으면서(疋) 질서정연하게 [돌다(旋)]는 뜻이고 [선]으로 읽는다.
⑤回(돌아올 회) 廻(돌 회) 巡(돌 순) 回旅(나그네 려) 族(겨레 족) 施(베풀 시)

필순 丶 亠 方 方 方 㫃 㫃 旅 旋 旋

기초 【기초한자어】 익히고, 【기본 → 발전한자어】 다지기
旋風(선풍) 회오리바람
旋回(선회) 둘레를 빙빙 돎
回旋(회선) 한 곳에 붙은 물체가 빙빙 돎
• 회오리바람인 旋風이 세차게 몰아치는 속에서도 고된 훈련은 계속된다.
• 헬리콥터가 旋風을 일으키며 旋回하고 있다.

기본 ③Ⅱ 旋盤(선반) 旋律(선율) 盤旋(반선) 周旋(주선)

발전 ②廻旋(회선) ②⑧旋淵(선연) ①旋渦(선와) 旋眩(선현) 凱旋(개선) 螺旋(나선) 斡旋(알선) 渦旋(와선)

부수	획수	총획
示	12	17

선 선 【1231】

字源 〈형성〉 절에서 스님이 홀로 앉아 선도를 구하려고 불경 외우는 것을 자주 본다. '선(禪)'은 선정의 약칭이다. 앉아서 자세를 바르게 하고 잡념을 떨쳐내는 것이 마음 집중의 수행법이다. 높은 제단(示)에 홀로(單) 경건한 마음으로 앉았으니 [선(禪)] 또는 도를 닦으면서 속세를 [사양하다(禪)]는 뜻이고 [선]으로 읽는다.
回彈(탄알 탄) 戰(싸움 전) 回禅

필순 丶 亅 亍 示 刷 禅 禅 禪 禪 禪

기초 【기초한자어】 익히고, 【기본 → 발전한자어】 다지기
禪房(선방) 참선하는 방
禪宗(선종) 참선을 통해 불도를 터득하려는 불교의 한 종파
參禪(참선) 좌선하여 불도를 닦는 일
• 禪宗의 진리를 어찌 속인들이 다 알 수 있으리.
• 스님께서 禪房에 드셔서 參禪하신 지 1년이 된다.

기본 ③Ⅱ 禪師(선사) 禪讓(선양) 禪位(선위) 坐禪(좌선) 禪問答(선문답) 口頭禪(구두선)

발전 ②禪尼(선니) ①禪寮(선료) 禪庵(선암) 禪齋(선재)

부수	획수	총획
疋	7	12

소통할 소 【1232】

字源 〈형성〉 '소통하다'는 서로 잘 통한다는 뜻이다. 어떠한 일로 상의하다 보면 서로 의견이나 의사 따위가 잘 통하는 경우가 참 많았다. 서로 소통이 잘 되면 일이 잘 풀린 것이다. 물이 자연스럽게 아래로 흐르듯이(流) 힘차게 발(疋)로 걸어갔으니 비로소 길이 트여서 [소통하다(疏)]는 뜻이고 [소]로 읽는다.
⑤遠(멀 원) 註(뜻풀이 주) 回親(친할 친) 阻(막힐 조) 回蔬(나물 소)

필순 丁 ⅁ 𤴐 疋 𤴙 𤵜 𤵜 疏 疏 疏

기초 【기초한자어】 익히고, 【기본 → 발전한자어】 다지기
疏遠(소원) 지내는 사이에 거리가 있어 서먹서먹함
疏忽(소홀) 대수롭지 아니하고 예사로움
生疏(생소) 친하지 아니함. 익숙하지 아니함
• 조금만 더 신중할 것을 疏忽히 생각했다가 이번에는 혼쭐이 났다.

• 그 친구와는 많이 生疎하여 아직까지 상당히 疎遠한 사이니 앞으로는 달리 생각하겠네.

기본 ③Ⅱ 疏槪(소개) 疏開(소개) 疏漏(소루) 疏明(소명) 疏脫(소탈) 疏通(소통) 生疏(생소) 奏疏(주소) 親疏(친소)

발전 ②疎疏(소옹) 網疏(망소) 纖疏(섬소) ①疏籬(소리) 疏闊(소벽) 疏頑(소완) 疏迁(소우) 疏奠(소전) 疏鑿(소착) 疏翠(소취) 諫疏(간소) 乖疏(괴소) 迂疏(우소) 註疏(주소) 闊疏(활소)

부수	획수	총획
艹	16	20

되살아날 소 【1233】

字源 〈형성〉 기억이나 감정이 다시 생각나기도 한다. 병석에 누웠던 사람이 기운을 차리면 영양분을 섭취해야 한다. 5대 영양소가 고루 든 음식을 먹으면서 깨어나 소생한다. 환자가 약초(艹)와 물고기(魚) 그리고 알곡식(禾)을 넣어 밥을 해먹고 나서 잠을 깨어 더 기운이 나니 [되살아나다(蘇)]는 뜻이고 [소]로 읽는다.
回 鮮(고울 선)

필순 艹 艹 芍 芍 苔 苔 蔔 蔔 蘇 蘇 蘇

기초 【기초한자어】 익히고, 【기본→발전한자어】 다지기
蘇復(소복) 원기가 회복됨
蘇生(소생) 다시 살아남
蘇鐵(소철) 소철과의 상록 교목
• 병석에 오래 누웠더니 이제는 蘇復이 다소 필요하겠다.
• 우리 집에서 자란 蘇鐵은 병들었다가 얼마 전에야 다시 蘇生하였다.

기본 ③Ⅱ 蘇聯(소련) 蘇子(소자) 美蘇(미소)

발전 ②⑧ 蘇軾(소식) ①蘇枋(소방)

사자성어 ②⑧ 淵蓋蘇文(연개소문)

부수	획수	총획
言	5	12

호소할 소 【1234】

字源 〈형성〉 너무 억울하게 당하는 경우들이 참 많았다. 힘이 약하기 때문에, 권력에 짓눌리기 때문에 꼼짝 없이 당하기만 했다. 남에게 자기의 강한 주장이나 표현으로 적극 하소연한다. 억울한 자기의 사정을 물리치기(斥) 위해서 다시 관청에 나아가서 하소연했으니(言) [호소하다(訴)]는 뜻이고 [소]로 읽는다.
国 訟(송사할 송) 回 訂(바로잡을 정)

필순 言 言 言 言 言 言 訂 訂 訴 訴 訴

기초 【기초한자어】 익히고, 【기본→발전한자어】 다지기
訴狀(소장) 소송의 취지를 법원에 제출하는 서류
公訴(공소) 검사가 법원에 특정 형사 사건의 재판을 청구하는 일
起訴(기소) 형사 사건에서 검사가 법원에 공소를 제기함
• 이제는 충분하게 公訴가 입증되었으니 기소는 확실합니다.
• 김 검사는 訴狀이 작성되는 대로 즉시 법원에 起訴하겠다고 한다.

기본 ③Ⅱ 訴訟(소송) 訴願(소원) 訴追(소추) 訴請(소청) 告訴(고소) 免訴(면소) 上訴(상소) 勝訴(승소) 提訴(제소) 敗訴(패소) 被訴(피소) 抗訴(항소) 呼訴(호소) ③泣訴(읍소)

발전 ②呈訴(정소) ①誣訴(무소) 冤訴(원소) 牒訴(첩소)

부수	획수	총획
火	12	16

사를 소(:) 【1235】

字源 〈형성〉 초가집은 불붙기 시작하면 걷잡을 수 없이 타오른다. 석유통에서 화재가 일어나면 거침없이 점점 타들어 간다. 불에 태워서 없애 버리거나 불을 일으켜서 붙이는 일이다. 주위에 인화 물질이 많았기에 불이 나서 하늘 높이(堯) 불꽃(火)을 내면서 불이 타오르니 [사르다(燒)]는 뜻이고 [소]로 읽는다.
国 燃(탈 연) 焚(불사를 분) 灼(불사를 작) 回 曉(새벽 효) 㭊 燒

필순 火 火 火 火 火 烨 焼 燒 燒 燒 燒

기초 【기초한자어】 익히고, 【기본→발전한자어】 다지기
燒散(소산) 태워서 흩어 버림
燃燒(연소) 물질이 산소와 화합할 때에 많은 빛과 열을 냄
全燒(전소) 남김없이 다 타 버림
• 이제 그 廢油(폐유)는 燒散하는 것이 마땅하겠지요.
• 그 연료는 燃燒가 너무 빨라서 금방 全燒하고야 말았다.

기본 ③Ⅱ 燒燈(소등) 燒滅(소멸) 燒失(소실) 燒印(소인) 燒酒(소주) 燒盡(소진) ③燒却(소각)

발전 ②燒豽(소닉) 燒煉(소련) ②⑧ 薰燒(훈소) ①燒焚(소분) 屠燒(도소) 焚燒(분소)

부수	획수	총획
言	4	11

송사할 송 : 【1236】

字源 〈형성〉 인격에 관한 일이나 이권 다툼 때문에 서로 싸우는 일이 많았다. 시시비비의 판가름은 법원과 같은 형조에서 처리했었다. 너무나 억울하여서 그만 법원에 재판을 청구했다. 백성들이 옳고 그름을 관청에 탄원하고(言) 공정하게(公) 판가름 해 달라고 호소했으니 [송사하다(訟)]는 뜻이고 [송]으로 읽는다.
圖訴(호소할 소) 回許(허락할 허) 評(평할 평)

필순 `ㅗ ㅗ ㅌ ㅌ 言 言 言 言 訟 訟 訟`

기초 【기초한자어】 익히고, 【기본→발전한자어】 다지기
訟事(송사) 백성끼리의 분쟁을 관부에 호소하여 판결을 구하던 일. 소송
訴訟(소송) 법원에 재판을 청구하는 일. 또는 그 절차
爭訟(쟁송) 서로 다투어 송사함
• 이권다툼으로 말미암아 爭訟하는 일이 빈번해지고 있다.
• 옛날의 訟事나 지금의 訴訟이나 그 판결로 끝이 나는 것은 같겠다.

발전 28聚訟(취송)

	부수	획수	총획
刷	刀	6	8
인쇄할 쇄 : 【1237】			

字源 〈형성〉 인쇄 기구로 잉크를 사용해 종이에 옮겨 찍어 글씨를 박아낸다. 넓은 판목에 칼로 글씨나 그림을 새겨서 잉크를 묻혀 책을 펴냈다. 후진의 무지몽매를 막기 위해서다. 목욕탕에 가서 천(巾)으로 몸(尸)을 닦듯이 넓은 판목에 칼(刂)로 글자를 긁어 파서 책을 펴내니 [인쇄하다(刷)]는 뜻이고 [쇄]로 읽는다.
回刺(찌를 자)

필순 `ᄀ ᄀ ᄀ 尸 尸 吊 吊 刷 刷`

기초 【기초한자어】 익히고, 【기본→발전한자어】 다지기
印刷(인쇄) 판면에 있는 글이나 그림을 종이에 박아냄
增刷(증쇄) 더 늘려 인쇄함
縮刷(축쇄) 책이나 그림의 원형을 그 크기만 줄여서 인쇄함
• 신문이나 잡지를 찍어 보급한 이후 縮刷본(本)을 찍어 보관 관리한다.
• 印刷한 지 한 달도 안 되었는데, 또 增刷에 들어갔다니 참으로 놀랍다.

기본 31刷新(쇄신) 縮刷版(축쇄판)
발전 1刮刷(괄쇄)

	부수	획수	총획
鎖	金	10	18
쇠사슬 쇄 : 【1238】			

字源 〈형성〉 조개들을 실로 꿰어 놓으면 예쁜 목걸이가 된다. 쇠붙이로 고리를 만들어 연결하면 목걸이가 같은 쇠사슬이 된다. 단단한 쇠로 만든 고리를 여러 개 쭉 이어서 만든 줄이다. 작은(小) 조개(貝) 껍질들을 실로 총총 꿰듯이 쇠붙이(金)를 자잘하게 엮어서 얽혀놓았으니 [쇠사슬(鎖)]을 뜻하고 [쇄]로 읽는다.
回鎭(진압할 진) 鏡(거울 경)

필순 `ㅅ ㅌ ㅌ 金 金' 釒' 釒" 釒" 銷 銷 銷 鎖`

기초 【기초한자어】 익히고, 【기본→발전한자어】 다지기
連鎖(연쇄) 연결된 사슬
足鎖(족쇄) 죄인의 발목에 채우던 쇠사슬
閉鎖(폐쇄) 문 따위를 닫아걸거나 막아 버림
• 그에게 足鎖를 채웠지만 막무가내로 남의 물건을 훔친다.
• 가게에 連鎖的으로 도둑이 들어 이번에는 아예 閉鎖하고 말았다.

기본 31鎖國(쇄국) 封鎖(봉쇄) 項鎖(항쇄)
발전 1緘鎖(함쇄)

	부수	획수	총획
衰	衣	4	10
쇠할 쇠 【1239】			

字源 〈상형〉 도롱이는 짚이나 띠로 엮어 비 오는 날 농부들이 어깨에 두른 일종의 우장이다. 그 모습이 상을 당한 상주처럼 보였던 모양이다. 기세가 줄어들어 가거나 힘이 약해진다. 우장인 도롱이를 위에 걸쳐 입은 파리한 농부의 모양을 본떠서 그 모양새가 [쇠하다(衰)] 또는 [상복(衰)]을 뜻하고 [쇠]로 읽는다.
圖亡(망할 망) 弱(약할 약) 回盛(성할 성) 興(일 흥) 回哀(슬플 애) 表(겉 표) 裏(속 리)

필순 `ㅗ ㅗ ㅗ 亠 吏 吏 垂 吏 吏 衰`

기초 【기초한자어】 익히고, 【기본→발전한자어】 다지기
衰亡(쇠망) 쇠퇴하여 멸망함
衰殘(쇠잔) 몹시 쇠하여 잔약함
盛衰(성쇠) 융성과 쇠망
• 의사가 수술은 잘 됐지만 오랜 병원 생활로 기력이 衰殘해져서 회복할 때까지 며칠 더 신중하게 지켜봐야 한다고 말한다.
• 盛衰를 거듭하다가 완전히 衰亡하고 말았던 여러 나라들의 역사에서 우리는 교훈을 얻는다.

기본 31衰落(쇠락) 衰弱(쇠약) 衰退(쇠퇴) 老衰(노쇠)
발전 2斬衰(참최) 1衰減(쇠감) 衰軀(쇠구) 衰羸(쇠리) 衰齡(쇠령) 衰邁(쇠매) 衰耗(쇠모) 衰蕪(쇠무) 衰憊(쇠비) 衰萎(쇠위) 衰頹(쇠퇴) 衰骸(쇠해) 衰歇(쇠헐) 衰朽(쇠후)

사자성어 31興亡盛衰(흥망성쇠)

부수	획수	총획
士	11	14

목숨 수 【1240】

字源 〈형성〉 사람이 나이가 들면 늙게 된다. 모든 사람에게 감사하는 마음으로 지난날을 돌이켜 보면서 자기 자신을 성찰해야 한다. 사람이나 동물이 편하게 숨을 쉬며 살아 있는 한 힘이다. 나이가 많은 노인(士←老)이 될 때까지 오래도록 살아서(尋←壽) 장수하였던 그 사람의 [목숨(壽)]을 뜻하고 [수]로 읽는다.
同命(목숨 명) 反夭(일찍 죽을 요) 回寿

필순 士 士 圭 吉 喜 喜 壽 壽 壽

기초 【기초한자어】 익히고, 【기본→발전한자어】 다지기
壽具(수구) 사람이 죽은 뒤에 염을 할 때에 쓰는 옷 등의 총칭
壽命(수명) 타고난 목숨의 연한
長壽(장수) 목숨이 김. 오래 삶
• 사람이 죽은 뒤에 壽具를 중시했다.
• 壽命이 자꾸 연장되어 長壽를 누리는 사람이 참 많아졌다.

기본 ③Ⅱ 壽福(수복) 壽宴(수연) 壽衣(수의) 減壽(감수) 米壽(미수) 長壽(장수) 祝壽(축수) 胡壽(호수) 喜壽(희수) 稀壽(희수) ③ 壽誕(수탄)

발전 ②Ⅱ 椿壽(춘수) ① 壽臘(수랍) 壽齡(수령) 壽觴(수상) 壽筵(수연) 壽夭(수요) 壽祉(수지) 退壽(하수)

사자성어 ③Ⅱ 壽福康寧(수복강녕) 無病長壽(무병장수) 十年減壽(십년감수)

부수	획수	총획
巾	6	9

장수 수 【1241】

字源 〈형성〉 싸우러 나간 군사들의 충전된 사기가 중요하다. 장병의 사기는 늠름한 장수의 명령과 힘찬 격려에 있다고 말한다. '장수'는 많은 군사를 거느리고 앞과 위에서 지휘하는 어른이다. 깃발(巾)을 높이 쳐들고 수많은(自) 군사를 앞에서 [거느리고(帥)] 명령을 내리며 지휘하는 [장수(帥)]를 뜻하고 [수]로 읽는다.
同將(장수 장) 反兵(병사 병) 卒(마칠 졸) 軍(군사 군) 回師(스승 사) 回帅

필순 ′ 亻 亠 乍 乍 自 自 帥 帥

기초 【기초한자어】 익히고, 【기본→발전한자어】 다지기
統帥權(통수권) 한 나라의 병력을 지휘 통솔하는 권력
總帥(총수) 전군을 지휘하는 사람
將帥(장수) 군사를 거느리는 우두머리

• 우리나라 국군의 모든 統帥權은 대통령에게 있다.
• 將帥 중에서 그 지략을 가린 후에 總帥를 맡긴다.

기본 ③Ⅱ 元帥(원수) 統帥(통수)
발전 ②Ⅱ 帥甸(수전) ① 酋帥(추수)

부수	획수	총획
心	9	13

근심 수 【1242】

字源 〈형성〉 가을에 거둬들인 식량이 부족하면 겨우살이 때문에 많이 걱정된다. 차가운 날씨에 부모 공양 자식 걱정이 앞서기 때문이겠지. 어떤 일에 대해 마음이 놓이지 않아 불안해한다. 가을(秋)에 거둬들이는 식량이 부족할 것을 걱정하는 마음(心)으로 한 해를 넘길 것을 [근심하다(愁)]는 뜻이고 [수]로 읽는다.
同憂(근심 우) 哀(슬플 애) 反歡(기쁠 환) 回秋(가을 추)

필순 ′ 千 禾 禾 秒 秋 秋 愁 愁 愁

기초 【기초한자어】 익히고, 【기본→발전한자어】 다지기
憂愁(우수) 근심과 걱정을 아울러 이른 말
客愁(객수) 객지에서 느끼는 수심
愁心(수심) 근심하는 마음
• 고향에 가지 못하고 낯선 객지에서 客愁에 젖었다.
• 憂愁에 찬 얼굴을 보니 愁心이 가득하구나.

기본 ③Ⅱ 哀愁(애수) 旅愁(여수) 鄕愁(향수)
발전 ② 濃愁(농수) ① 愁襟(수금) 愁悶(수민) 愁猿(수원) 愁啼(수제) 猿愁(원수)

부수	획수	총획
歹	6	10

다를 수 【1243】

字源 〈형성〉 사형에 처하는 방법도 여러 가지가 있었던 것 같다. 총살형 교수형이 있는가 하면 칼로 목을 베는 참형도 있었다. 서로가 같지는 않으며 보통의 것보다 두드러지는 데가 있다. 죄인의 목을 베었더니 붉은(朱) 피를 주룩주룩 흘리며 죽어(歹) 갔으니 보통 죽음과는 특히 [다르다(殊)]는 뜻이고 [수]로 읽는다.
同別(다를 별) 異(다를 이) 特(특별할 특) 回珠(구슬 주) 株(그루 주)

필순 ′ 丆 歹 歹 歹 歼 殊 殊 殊

기초 【기초한자어】 익히고, 【기본→발전한자어】 다지기
特殊(특수) 특별히 다름
殊品(수품) 훌륭한 물품
殊常(수상) 보통과는 달리 이상하고 의심스러움

3급Ⅱ

• 殊常한 사람을 보면 경찰에 신고하도록 해라.
• 기술이 많이 좋아서 特殊한 처리를 하여서 이제는 殊品이 나오기도 한다.

기본 ③Ⅱ 殊異(수이) 殊異傳(수이전)
발전 ②殊勳(수훈) ①殊眷(수권) 殊裔(수예)
사자성어 ③殊塗同歸(수도동귀)

부수	획수	총획
犬	15	19

짐승 수【1244】

字源 〈회의〉 산에서 사는 여러 가지 동물이나 집에서 기르는 가축들은 짐승이다. 그 먹이가 다르고 사는 곳이 다를 뿐이다. 날짐승과 들짐승을 통틀어서 짐승이란 말이 더 옳겠다. 산에 사는 짐승(嘼)과 집에서 기르는 개(犬)를 비롯한 토끼, 돼지 등 여러 가축들을 모두 일컬어서 [짐승(獸)]을 뜻하고 [수]로 읽는다.
图禽(새 금) 图畜(가축 축) 回蓄(모을 축) 回獸

필순 口 吅 吅吅 咢 咢 嚴 嚴-獸 獸

기초 【기초한자어】 익히고, 【기본→발전한자어】 다지기
鳥獸(조수) 새와 짐승을 통틀어 이르는 말
野獸(야수) 들짐승
猛獸(맹수) 육식을 주로 하는 매우 사나운 짐승
• 깊은 산속에서 나는 鳥獸의 울음소리가 섬뜩하다.
• 멧돼지가 일반 野獸가 아닌 猛獸가 되어 큰 피해를 주고 있다.

기본 ③Ⅱ 獸心(수심) 獸醫(수의) 怪獸(괴수) 禽獸(금수)
발전 ②獸圈(수권) 獸脂(수지) 瑞獸(서수) ①獸蹄(수제) 獸檻(수함) 馴獸(순수) 摯獸(지수) 蟄獸(칩수)
사자성어 ③Ⅱ 人面獸心(인면수심) ②图獸聚鳥散(수취조산)

부수	획수	총획
車	9	16

보낼 수【1245】

字源 〈형성〉 물건이나 곡식을 생산하면 소비자나 중간 상인에게 실어낸다. 중간상인은 다시 소비자들에게 판매하는 것이 현대유통 경로다. 생산품이 소비자들에게 전해지도록 한다. 거룻배(俞)나 마차(車)와 같은 여러 운송 수단을 이용해 가꾸고 거두었던 생산품을 실어냈으니 [보내다(輸)]는 뜻이고 [수]로 읽는다.
图送(보낼 송) 回受(받을 수)

필순 一 亘 車 車 車 輸 輸 輸 輸

기초 【기초한자어】 익히고, 【기본→발전한자어】 다지기
運輸(운수) 운반이나 송보다 규모가 크게 화물이나 여객을 나름
輸血(수혈) 건강한 사람의 혈액을 환자의 혈관 내에 주입함
輸出(수출) 실어서 내보냄
• 몸에 피를 받거나 긴급 운영자금을 받는 것도 輸血이다.
• 運輸사업을 크게 하더니 이제는 輸出까지 한다.

기본 ③Ⅱ 輸送(수송) 輸入(수입) 空輸(공수) 禁輸(금수) 密輸(밀수) 禁輸品(금수품)
발전 ①灌輸(관수) 輓輸(만수)

부수	획수	총획
阜	13	16

따를 수【1246】

字源 〈형성〉 웃어른을 모시고 갈 때 약간 떨어져서 뒤쫓아 간다. 몸과 마음을 웃어른께 의지하며 정성껏 모셔 수행한 것이다. 어떠한 바탕이나 거리를 두거나 그러한 입장에 의거한다. 웃어른에게 자기 몸을 의지하면서도 약간 떨어져서 阜 어른의 발길을 뒤쫓아서 갔으니(辶) [따르다(隨)]는 뜻이고 [수]로 읽는다.
图從(좇을 종) 回髓(골수 수) 墮(떨어질 타) 回随

필순 阝 阝 阝 阝 阝 阝 阝 阝 阝 隋 隋 隨 隨

기초 【기초한자어】 익히고, 【기본→발전한자어】 다지기
隨行(수행) 일정한 임무를 띠고 따라서 감
隨想(수상) 그때그때 떠오르는 생각이나 느낌
隨伴(수반) 어떤 사물 현상에 따라서 함께 생기는 것
• 隨想은 수필에 포함된다.
• 대통령을 隨行하는 것은 희생을 隨伴한다.

기본 ③Ⅱ 隨時(수시) 隨意(수의) 隨筆(수필) 附隨(부수) 附隨的(부수적)
발전 ②图 卞隨(변수)
사자성어 ③Ⅱ 半身不隨(반신불수) 夫唱婦隨(부창부수)

부수	획수	총획
雨	6	14

쓰일 수
쓸 수【1247】

字源 〈형성〉 어떤 일을 하다가 이롭게 다루어진 경우가 많았다. 길을 걷다가 갑자기 소나기를 만나는 경우도 있다. 비를 피하여 처마 밑에 들다보면 출출하여 음식이 먹고 싶을 때가 있다. 여행객이 마구 쏟아지는 비(雨)를 만나 머뭇거리며 기다리다가 이에(而) 먹을 것을 다시 구하여 [쓰다(需)]

3급Ⅱ

는 뜻이고 [수]로 읽는다.
圖要(요긴할 요) 圓給(줄 급) 回儒(선비 유) 電(번개 전)

필순 一 一 一 一 雨 雨 雫 雫 雫 需需

기초 【기초한자어】 익히고, 【기본→발전한자어】 다지기
內需(내수) 국내 수요
需用(수용) 구하여 씀. 또는 그 물건
需要(수요) 구매력의 뒷받침이 있는 상품 구매의 욕망
• 需用하는 식으로 물건을 사용해야만 需要(수요)와 供給(공급)이 균형을 유지한다.
• 새로운 需要를 창출하고 內需를 진작하여 이제는 수익을 올려야 하겠다.

기본 ③I 需給(수급) 軍需(군수) 民需(민수) 盛需(성수) 祭需(제수) 必需(필수) 婚需(혼수) 盛需期(성수기) 必需品(필수품)

발전 ① 饌需(찬수)

사자성어 ③I 需事之賊(수사지적) 軍需物資(군수물자)

	부수	획수	총획
垂	土	5	8

드리울 수 【1248】

字源 〈형성〉 '드리우다'는 커튼 같은 물건을 아래로 축 처지게 늘어뜨린다는 뜻이다. 사람이 자기 이름이나 공적을 여러 사람에게 널리 전하여 후세에 자취를 남기기도 한다. 땅(土)을 향해 초목의 꽃이나 잎이 축 늘어져 있는 모양을 본떠서 마냥 아래로 [드리우다(垂)] 또는 밑으로 [늘어지다(垂)]는 뜻이고 [수]로 읽는다.
回郵(우편 우)

필순 一 二 二 三 三 乒 垂 垂 垂

기초 【기초한자어】 익히고, 【기본→발전한자어】 다지기
垂訓(수훈) 후세에 전하는 교훈
垂範(수범) 모범을 보임
垂楊(수양) 수양버들의 준말
• 垂楊에 새들이 왔다 갔다 한다.
• 그는 垂範을 충분하게 보였고 이제 그의 말이 垂訓으로 회자된다.

기본 ③I 垂柳(수류) 垂直(수직) 懸垂(현수) 懸垂幕(현수막)

발전 ② 垂坑(수갱) 垂釣(수조) 垂直坑(수직갱) ① 垂拱(수공) 垂鉤(수구) 垂簾(수렴) 垂綸(수륜)

사자성어 垂頭喪氣(수두상기) 腦下垂體(뇌하수체) 率先垂範(솔선수범) ① 垂簾聽政(수렴청정)

	부수	획수	총획
淑	水	8	11

맑을 숙 【1249】

字源 〈형성〉 명절이 다가 오면 태운 짚과 콩을 시루에 뿌리고 깨끗한 물을 주어 싹을 틔운다. 조상께 바치는 후손의 정성이다. 티가 하나도 섞이거나 흐리지 않고 콩알이 모두 깨끗하다. 콩나물을 만들기 위해 깨끗한 물(氵)을 충분히 주어 콩(叔)의 싹을 잘 트이도록 했으니 그 물이 [맑다(淑)]는 뜻이고 [숙]으로 읽는다.
圖清(맑을 청) 淡(맑을 담) 靜(고요할 정) 圓濁(흐릴 탁) 回叔(아재비 숙)

필순 丶 氵 氵 氵 汁 浐 汁 沫 淑 淑 淑

기초 【기초한자어】 익히고, 【기본→발전한자어】 다지기
賢淑(현숙) 여자의 마음이 어질고 깨끗함
貞淑(정숙) 여자의 행실이 곱고 마음씨가 맑음
私淑(사숙) 직접 가르침을 받지는 않았지만 마음 속으로 본받아서 학문을 배우거나 따름
• 직접 배우지는 않았지만 여러 방면의 학문을 본받았던 私淑은 참 많았다.
• 貞淑과 賢淑은 약간의 뉘앙스 차이가 있지만 같은 뜻이겠다.

기본 ③I 淑女(숙녀) 淑德(숙덕) 淑淸(숙청) 靜淑(정숙)

발전 ② 淑姬(숙희) ②⑧ 淑媛(숙원) ① 淑媚(숙미) 淑婉(숙완) 淑慝(숙특)

	부수	획수	총획
熟	火	11	15

익을 숙 【1250】

字源 〈형성〉 불이 발견되면서부터 사람의 지혜는 많이 발달했다. 음식은 가급적 익혀서 먹었던 것 같고 마시는 물도 꼭 끓여서 먹었다. 논밭의 곡식들이 다 자라서 성숙하게 여물었다. 사람이 즐겨 먹는 육고기는 어느(孰) 것이나 불(灬←火)에다 잘 구워서 먹어야 한다고 했으니 푹 [익다(熟)]는 뜻이고 [숙]으로 읽는다.
圖練(익힐 련) 回孰(누구 숙) 熱(더울 열)

필순 一 亠 亖 亨 享 享 郭 郭 孰 孰 熟 熟

기초 【기초한자어】 익히고, 【기본→발전한자어】 다지기
熟知(숙지) 익숙하게 앎
熟成(숙성) 충분하게 이루어짐
熟練(숙련) 연습을 많이 하여 익힘
• 막걸리나 열매주를 담글 때 잘 熟成시켜 먹는다.
• 모두에 熟練된 사람은 그 방법을 놓고 늘 熟知하면서 삶의 지혜에 익숙하면서 산다.

기본 ③I 熟客(숙객) 熟考(숙고) 熟果(숙과) 熟冷(숙냉) 熟達(숙달) 熟讀(숙독) 熟卵(숙란) 熟面(숙면) 熟眠(숙면) 熟設(숙설) 熟語(숙어) 熟議(숙의) 熟醉(숙취) 能熟(능숙) 未熟(미숙) 半熟(반숙) 成熟(성숙) 完熟(완숙)

3급 II

圓熟(원숙) 早熟(조숙) 熟實果(숙실과) 熟地黃(숙지황)
未熟兒(미숙아)
발전 ②爛熟(난숙) 齊熟(제숙) ①熟顆(숙과) 熟蕃(숙번)
熟腹(숙복)
사자성어 ③Ⅱ熟不還生(숙불환생) 深思熟考(심사숙고)

부수	획수	총획
巛	4	7

돌 순
순행할 순 【1251】

字源 〈회의〉산골에서 나온 물이 계속 굽이쳐 내려간다. 물이
나라 땅을 골고루 적시면서 순행하는 것으로 보았다. 물
이 국토를 적시듯이 임금이 나라 안을 살피는 것으로 보
았다. 물(巛)이 굽이쳐 흘러가듯이(辶) 경찰이나 헌병이
쉬엄쉬엄 일정 지역을 빙 돌면서 천천히 [순행하다(巡)]는
뜻이고 [순]으로 읽는다.
回廻(돌 회) 循(돌 순) 邏(순라 라)

필순 〈 巛 巛 ⸌巛 ⸌巛 ⸌巡 巡

기초 【기초한자어】 익히고, 【기본→발전한자어】 다지기
巡航(순항) 배나 항공기로 여러 곳을 돌아다님
巡察(순찰) 순행하면서 사정을 살핌
巡訪(순방) 차례로 돌아가며 방문함
  • 신고를 받은 경찰이 출동하여 巡察을 돌았다.
  • 외국을 巡訪하는데 마지막 나라를 향해 巡航 중이다.
기본 ③Ⅱ巡警(순경) 巡禮(순례) 巡視(순시) 巡洋(순양) 循行
(순행) ③巡閱(순열)
발전 ②巡哨(순초) 巡廻(순회) 巡洋艦(순양함) ②⑧巡錫
(순석) ①巡邏(순라) 巡撫(순무) 巡按(순안)

부수	획수	총획
日	2	6

열흘 순 【1252】

字源 〈회의〉갑·을·병…을 '천간'이라 하고, 자·축·인…을
'지지'라고 한다. 천간의 '갑부터 계까지를 묶어서 지금 쓰
인 십진법으로 보았다. 열날 혹은 그달의 열째 날을 뜻하
고 있다고 한다. '甲에서 癸'까지의 10가지 천간을 한데
묶어서(勹) 그 날수(日)를 이어서 헤아렸으니 [열흘(旬)]을
뜻하고 [순]으로 읽는다.
回旬(글귀 구) 包(쌀 포)

필순 ノ 勹 勹 旬 旬 旬

기초 【기초한자어】 익히고, 【기본→발전한자어】 다지기
下旬(하순) 한 달 가운데 스무 하룻날부터 그믐날까
지의 동안

上旬(상순) 한 달 가운데 초하루부터 초열흘까지의
사이
旬葬(순장) 죽은 지 열흘 만에 지내는 장사
  • 사람이 죽어 3일장, 5일장을 하지만, 열흘 만에 하
  는 旬葬도 있었다.
  • 지금은 上旬이라 서늘하지만, 下旬으로 가면 점점
  추워질 것이다.
기본 ③Ⅱ旬刊(순간) 旬年(순년) 旬報(순보) 旬宣(순선) 旬日
(순일) 六旬(육순) 中旬(중순) 初旬(초순) 七旬(칠순)
旬望間(순망간) 四旬節(사순절)
발전 ②呈旬(정순)

부수	획수	총획
目	12	17

눈깜짝할 순
【1253】

字源 〈형성〉'무궁화 꽃이 피었습니다.'라 했듯이 잠깐 사이를
말했다. 다른 꽃이 피고 지는 사이에 아름다운 강토를 수
놓았다. 잠깐의 사이라 했듯이 눈을 자주 깜짝거리는 순
간이다. 무궁화 꽃(舜)이 잠깐 피고 시들듯이 사람 눈썹
(目)이 움직이는 속도가 매우 빨랐으니 [눈깜짝이다(瞬)]
는 뜻이고 [순]으로 읽는다.
回舜(순임금 순) 舞(춤출 무)

필순 丨 冂 目 目 目ˊ 目ˊ 瞬 瞬 瞬 瞬

기초 【기초한자어】 익히고, 【기본→발전한자어】 다지기
一瞬(일순) 지극히 짧은 동안
瞬間(순간) 극히 짧은 시간
瞬息間(순식간) 눈 한 번 깜짝할 사이와 같이 짧은 동안
  • 어찌 一瞬인들 편하게 지내겠는가. 짧은 人生 무
  언가를 남겨야지.
  • 瞬息間에 인생이 흘러갔다고 생각하니, 瞬間의 시
  간도 아깝군요.
기본 ③Ⅱ瞬時(순시) 瞬視(순시)
발전 ②瞬膜(순막)

부수	획수	총획
辶	5	9

펼 술 【1254】

字源 〈형성〉기장이나 삽주 뿌리는 튼튼하면서 이어져 얽힘이
복잡하다. 글이나 말도 얽혀있음이 논리 정연하게 펼쳐지
고 있다. 닫혀 있던 책을 펼치어 젖히면서 벌린다는 뜻이
다. 기장이나 삽주 뿌리(朮)가 끊어지지 않고 계속 이어가
듯이(辶) 선인들의 언행을 다 [펴다(述)] 또는 [짓다(述)]
는 뜻이고 [술]로 읽는다.
图著(나타날 저) 敍(펼 서) 回術(재주 술)

필순 一 十 才 朮 朮 朮 沭 述 述

기초 【기초한자어】 익히고, 【기본→발전한자어】 다지기
陳述(진술) 구두로 자세히 말함
著述(저술) 논문이나 책 등 글을 써서 책을 만듦
敍述(서술) 어떤 내용을 차례로 좇아 말하거나 적음
• 수사기관에 가서는 조금도 거짓 없이 자세히 陳述해야 한다.
• 그분은 자유롭게 著述을 하고, 작가는 글을 다듬어 자서전을 著述하였다.

기본 ③Ⅱ 術語(술어) 述懷(술회) 供述(공술) 口述(구술) 記述(기술) 論述(논술) 詳述(상술) 略述(약술)

발전 ② 紹述(소술) ① 撰述(찬술)

부수	획수	총획
手	6	9

주울 습
열 십 【1255】

字源 〈형성〉 땅바닥에 떨어져 흩어진 물건을 두 손으로 일일이 주워 담는다. 나락을 묶은 다음 이삭이 떨어지면 낱낱이 담아 줍기도 한다. 하나씩 떨어지거나 흩어져 있어서 집어 올렸다. 두 손(扌)을 한 곳으로 모아서(合) 여러 곳으로 흩어져 있는 소중한 물건들을 모두 다 담았으니 [줍다(拾)]는 뜻이고 [습]으로 읽는다.
回收(거둘 수) 十(열 십) 回合(합할 합) 恰(흡사 흡)

필순 一 十 扌 扌 扒 扒 拾 拾 拾

기초 【기초한자어】 익히고, 【기본→발전한자어】 다지기
拾萬(십만) 만의 열 배가 되는 수
收拾(수습) 어수선한 사태를 거두어 바로 잡음
拾得(습득) 물건을 주워서 얻음
• 숫자 萬(만)을 많다고 생각하지만 十萬은 萬의 열 배이다.
• 길에서 拾得한 물건 때문에 말이 많았지만 결국은 잘 收拾되었다.

기본 ③Ⅱ 拾得(습득) 拾萬(십만) 收拾(수습)

발전 ① 拾薪(습신)

사자성어 ③Ⅱ 道不拾遺(도불습유)

부수	획수	총획
衣	16	22

엄습할 습 【1256】

字源 〈형성〉 용상에 앉은 천자가 입는 옷은 평복 위에 덮어 껴입었다. '곤룡포'라고 했는데, 지금은 뜻이 바뀌어 '엄습하다'는 뜻으로 쓰인다. 적군이나 상대가 갑자기 습격한다는 뜻이다. 용상(龍)에 앉아 있는 천자가 입는 옷(衣)을 덮어

서 [껴입는다(襲)]는 뜻이었으나 이젠 바뀌어 [엄습하다(襲)]는 뜻이고 [습]으로 읽는다.
回龍(용 룡) 寵(은혜 총)

필순 亠 咅 咅 咅 龍 龍 龍 襲 襲

기초 【기초한자어】 익히고, 【기본→발전한자어】 다지기
被襲(피습) 습격을 당함
世襲(세습) 그 집에 속하는 신분, 재산, 작위, 업무 등을 물려받는 일
踏襲(답습) 선인의 행적을 그대로 따라 행함
• 그는 괴한에게 被襲 당한 이후 외출을 꺼린다.
• 대대로 世襲한 일이지만 다시 踏襲하지 말자는 의견들이 참으로 많았다.

기본 ③Ⅱ 襲擊(습격) 襲來(습래) 空襲(공습) 攻襲(공습) 急襲(급습) 奇襲(기습) 來襲(내습) 逆襲(역습) 因襲(인습) 一襲(일습) ③ 襲爵(습작)

발전 ① 襲蹈(습도) 蹈襲(도습) 殮襲(염습) 什襲(십습)

부수	획수	총획
水	14	17

젖을 습 【1257】

字源 〈형성〉 누에고치는 따뜻한 물과 함께 잘 풀린다. 그래서 잘 말린 명주실도 물에 넣으면 물을 빨아들여 젖는다고 했었다. '젖어서 축축하게 되다'에서 옷이 물에 '젖다'는 의미가 되었다. 햇볕에 넣어서 잘 마른 실타래(㬎)를 물(氵)에 담그면 물기를 잘 빨아들여서 아주 쉽게 [젖다(濕)]는 뜻이고 [습]으로 읽는다.
回潤(젖을 윤) 回乾(마를 건) 燥(마를 조) 回湿

필순 氵 氵 氵 氵 汨 汨 汨 濕 濕 濕

기초 【기초한자어】 익히고, 【기본→발전한자어】 다지기
乾濕(건습) 마른 것과 습기
濕疹(습진) 좁쌀 크기의 두드러기가 내돋으며 몹시 가려운 피부병
濕地(습지) 축축한 땅
• 무리를 했는지 濕疹이 생겼다.
• 달팽이의 생태 환경으로 乾濕을 따지면서 濕地에 놓아주었다.

기본 ③Ⅱ 濕氣(습기) 濕度(습도) 濕布(습포) 冷濕(냉습) 多濕(다습) 陰濕(음습) 治濕(치습)

사자성어 ③Ⅱ 高溫多濕(고온다습) ② 肝膽濕熱(간담습열)

부수	획수	총획
丿	9	10

탈 승 【1258】

3급Ⅱ

字源 〈회의〉 주렁주렁 열린 과일을 따기 위해 나무에 올랐다. 나뭇가지가 양쪽으로 어긋나게 뻗어있어 두 발을 따로따로 딛고 옮겼다. 나무에 잘 올라났거나 서서 몸을 싣고 과일을 따는 뜻이다. 사람(丿)이 두 발을 어긋나게(北) 딛고서 나무(木)에 천천히 오르듯이 말 위에 올라 [타다(乘)]는 뜻이고 [승]으로 읽는다.
▣除(덜 제) 降(내릴 강) ▣乖(어그러질 괴) ▣乗

필순

기초 【기초한자어】 익히고, 【기본→발전한자어】 다지기
便乘(편승) 남이 타고 가는 거마의 한 자리를 얻어 탐
乘車(승차) 차를 타는 것
乘除(승제) 곱셈과 나눗셈
• 초등학교 2~3학년이 되면 '곱셈과 나눗셈'이라고 하는 乘除法(법)을 배운다.
• 남의 차에 便乘하면서, 제 주제에 乘車感(감)이 좋다느니 나쁘다느니 자기 생각을 이야기한다.

기본 ③Ⅱ乘客(승객) 乘機(승기) 乘馬(승마) 乘務(승무) 乘法(승법) 乘船(승선) 乘勝(승승) 乘積(승적) 同乘(동승) 分乘(분승) 史乘(사승) 野乘(야승) 傳乘(전승) 合乘(합승) 乘務員(승무원) 乘用車(승용차)

발전 ②乘艦(승함) 28乘輿(승여) ①陪乘(배승) 乘輦(승련) 乘鞍(승안) 搭乘(탑승)

사자성어 ③Ⅱ加減乘除(가감승제) 大乘佛敎(대승불교) 萬乘天子(만승천자) 小乘佛敎(소승불교) ③乘勝長驅(승승장구) ②乘望風旨(승망풍지)

중 승【1259】

부수	획수	총획
人	12	14

字源 〈형성〉 절에는 불교에 뜻을 둔 사람들이 모여 불도를 닦았다. 그 중에서도 스님이 되기 위해 학덕과 불덕을 닦는 예비스님도 있다. 출가해 석가모니의 가르침에 따라 수련하고 널리 편 사람들이다. 골 깊은 산사에서 스님이 되고자 사람(亻)들이 모여서(曾←會) 불도를 닦았으니 [중(僧)]을 뜻하고 [승]으로 읽는다.
▣尼(여승 니) ▣會(모일 회) 憎(미울 증) 增(더할 증)

필순

기초 【기초한자어】 익히고, 【기본→발전한자어】 다지기
僧舞(승무) 중처럼 차리고 추는 춤
僧侶(승려) 스님
僧堂(승당) 중이 거처하는 방
• 예불이 끝나고 나면 이제 僧堂에 올라 각자 침상이 든다.
• 僧侶들이 함께 펼치는 춤을 僧舞라고 했으니 동작이 부드럽고 반주가 참 유연하다.

기본 ③Ⅱ僧家(승가) 僧服(승복) 高僧(고승) 女僧(여승) 帶妻僧(대처승) 破戒僧(파계승)

발전 ②尼僧(이승) 僧尼(승니) 妖僧(요승) 僧刹(승찰) 28僧伽(승가) 僧廬(승려) 托鉢僧(탁발승) ①衲僧(납승) 僧巾(승건) 僧寮(승료) 僧坊(승방)

오를 승【1260】

부수	획수	총획
日	4	8

字源 〈형성〉 '오르다'는 어느 곳으로 가기 위해서 위로 움직이다는 뜻이 있다. 자동차가 위쪽으로 움직여 가다는 뜻까지도 함께 담고 있다. 유의어로는 '상승(上昇)하다, 올라가다' 등이 있다. 어두웠던 밤이 지나고 밝은 태양(日)이 먼 동녘에서부터 점점 돋아서(升) 올라오니 [오르다(昇)]는 뜻이고 [승]으로 읽는다.
▣登(오를 등) ▣降(내릴 강)

필순

기초 【기초한자어】 익히고, 【기본→발전한자어】 다지기
昇華(승화) 고체가 곧바로 기체로 변하는 현상
昇格(승격) 격이 높아짐
昇降(승강) 오르고 내리는 것
• 사람이 죽고 나면 저렇게 한 줌의 흙으로 昇華하고 마는 것을.
• 최고위직으로 昇格하고 나니 사용하고 있는 昇降機까지도 달라졌다.

기본 ③Ⅱ昇級(승급) 昇段(승단) 昇進(승진) 昇天(승천) 上昇(상승) 昇降機(승강기) 急上昇(급상승) ③昇騰(승등)

발전 28昇陟(승척) ①昇喬(승교)

모실 시 :【1261】

부수	획수	총획
人	6	8

字源 〈형성〉 우리 사회에는 독특한 인륜에 근거하여 상하의 계층이 뚜렷하다. 군대나 회사나 관청에서도 계급은 매우 엄격하게 적용된다. 안정을 위해 어떠한 곳으로 데리고 가거나 데리고 오는 일이다. 관청(寺)에서 상관(亻)을 대할 때 정중한 마음으로 성심껏 살피면서 받드니 [모시다(侍)]는 뜻이고 [시]로 읽는다.
▣陪(모실 배) ▣持(가질 지) 待(기다릴 대) 特(특별할 특)

필순

기초 【기초한자어】 익히고, 【기본→발전한자어】 다지기
侍下(시하) 부모, 조부모를 모시는 사람

侍從(시종) 임금을 모시고 있던 시종원의 한 벼슬
侍醫(시의) 임금에게 딸린 의사
• 그는 병든 모친의 侍下에 있음을 알게 되었다.
• 왕은 侍從의 보필을 받고 侍醫의 처방도 받아야 한다.

기본 ③Ⅱ 侍女(시녀) 侍郎(시랑) 侍衛(시위) 近侍(근시) 內侍(내시)

발전 ② 侍姬(시희) ① 鵠侍(곡시) 嬪侍(빈시) 憑侍(빙시) 宦侍(환시)

사자성어 ③Ⅱ 嚴妻侍下(엄처시하) 層層侍下(층층시하) ② 侍奉趨承(시봉추승)

부수	획수	총획
食	5	14

꾸밀 식 【1262】

字源 〈형성〉 음식을 차려 먹고 나서 천으로 덮어 두었던 것이 꾸밈의 처음이었던 것 같다. '의식주에서 먹는 것을 가장 으뜸으로 생각했다. 다른 요소들을 더해서 매만져 더욱 보기 좋은 것으로 만들어놓았다. 깨끗한 천(布)으로 식탁보를 만들어서 음식(食)을 덮어 놓았으니 잘 [꾸미다(飾)]는 뜻이고 [식]으로 읽는다.
⑤裝(꾸밀 장) 粧(단장할 장) 回飽(배부를 포)

필순 ⺈ ⻊ ⻆ ⻆ ⻆ 食 飣 飭 飾 飾

기초 【기초한자어】 익히고, 【기본→발전한자어】 다지기
裝飾(장식) 겉모양을 아름답게 꾸밈
服飾(복식) 옷과 몸차림의 꾸밈새
假飾(가식) 속마음과 달리 언행을 거짓으로 꾸밈
• 친구야! 솔직하고 假飾 없이 대해 줘서 고마워!
• 그네들의 습관은 물론 服飾이나 그 집의 裝飾들이 모두 유럽풍이다.

기본 ③Ⅱ 加飾(가식) 誇飾(과식) 文飾(문식) 粉飾(분식) 修飾(수식) 緣飾(연식) 粧飾(장식)

발전 ② 彫飾(조식) ① 飾袍(식포) 扮飾(분식) 絢飾(현식)

사자성어 ③Ⅱ 虛禮虛飾(허례허식)

부수	획수	총획
心	10	13

삼갈 신 : 【1263】

字源 〈형성〉 매사를 신중하게 하라는 이야기를 자주 듣는다. 말도 조심해야 되지만 행동 또한 무겁게 삼가야 된다는 것이다. 몸가짐이나 언행을 가려서 하거나 하기를 꺼리다는 뜻을 갖는다. 진심으로 성심에서 우러나오는 참다운(眞) 사람의 마음(忄←心)이라고 생각했으니 [삼가다(愼)]는 뜻이고 [신]으로 읽는다.
⑤謹(삼갈 근) 重(무거울 중) 回鎭(진압할 진) 眞(참 진)

필순 ⺁ 忄 忄' 忄⺋ 忄眞 愼 愼 愼 愼 愼

기초 【기초한자어】 익히고, 【기본→발전한자어】 다지기
勤愼(근신) 힘써 삼감
愼重(신중) 매우 조심스러움
愼言(신언) 말을 삼감
• 세 치 혀가 사람 잡는다 했으니, 말을 삼가는 愼重은 큰 교훈이겠다.
• 지금은 勤愼하는 기간이니 만큼 말과 행동에 더욱 愼重해야만 하겠다.

기본 ③ 愼攝(신섭)

발전 ②图 稷愼(직신) ① 恪愼(각신) 樸愼(박신)

부수	획수	총획
宀	12	15

살필 심(:) 【1264】

字源 〈회의〉 풀밭에서 잃어버린 물건은 차례차례 젖히면서 찾아야 한다. 눈동자도 똑바로 하면서 자세하게 살펴야 한다. 매사에 신중한 주의를 기울이면서 잘 둘러보라는 가르침이다. 물건이나 음식이 덮개(宀)에 가려있는 것처럼 분명하지 못한 물건을 차례(番)대로 분별하며 [살피다(審)]는 뜻이고 [심]으로 읽는다.
⑤察(살필 찰) 省(살필 성) 査(조사할 사) 回番(차례 번)

필순 宀 宀 宀 宀 宷 宷 宷 審 審 審

기초 【기초한자어】 익히고, 【기본→발전한자어】 다지기
審議(심의) 심사하고 토의하는 것
審問(심문) 일일이 따져 물음
審理(심리) 소송 사건에 관하여 사실 관계 및 법률 관계를 조사함
• 민주주의 사회에서는 심사하고 토의하는 審議 과정을 반드시 거친다.
• 검사의 審問이나 판사의 審理 과정에서 인권이 무시되어서는 안 된다.

기본 ③Ⅱ 審査(심사) 審判(심판) 結審(결심) 球審(구심) 覆審(복심) 豫審(예심) 誤審(오심) 原審(원심) 再審(재심) 主審(주심) 初審(초심) 審美眼(심미안) 抗告審(항고심)

발전 ① 陪審(배심)

사자성어 ③Ⅱ 不審檢問(불심검문)

부수	획수	총획
甘	4	9

심할 심 : 【1265】

字源 〈회의〉 부부는 일심동체라고 했다. 마음과 행동을 같이

3급Ⅱ

하여 즐겁게 살아가는 것이 부부이기 때문이겠다. 말과 행동까지도 삼가라고 가르친다. 보통의 정도보다는 더 지나치다는 뜻이다. 부부(匹)가 마주 앉아 맛있는 (甘) 음식을 주고받으면서 지나친 기쁨에 빠지니 기쁨이 [심하다(甚)]는 뜻이고 [심]으로 읽는다.
동劇(심할 극) 激(격할 격) 酷(심할 혹) 回其(그 기) 基 (터 기)

필순 一 十 卄 廿 甘 甚 其 其 甚

기초 【기초한자어】 익히고, 【기본→발전한자어】 다지기
極甚(극심) 몹시 심함
甚深(심심) 매우 깊음
甚至於(심지어) 심하면, 심하게는
• '돈을 훔쳐가고도 모자라서 甚至於는 사람을 해치다니 저런?'
• 이번 태풍으로 極甚한 피해를 입어 甚深한 위로의 말씀을 드립니다.

기본 3Ⅱ 甚難(심난) 甚大(심대) 激甚(격심) 莫甚(막심) 已甚 (이심) 益甚(익심) 太甚(태심) 3 尤甚(우심)

발전 2급 滋甚(자심) 1 藉甚(자심)

부수	획수	총획
隹	10	18

두 / 쌍 쌍 【1266】

字源 〈회의〉 새들은 사람을 따르고 손등 위나 어깨 위에 올라앉는다. 그들이 날짐승을 잡으면서부터 무서워 도망간 것이 아닌가 여긴다. 수 관형사 뒤에서 의존적 용법인 '쌍'은 수를 세는 단위다. 사람의 손등(又←手) 위나 새장 안에 [두 마리(雙)]의 새(雔)가 정답게 앉아 있으니 한 [쌍(雙)]을 뜻하고 [쌍]으로 읽는다.
동兩(두 량) 再(두 재) 回双

필순 ノ イ イ´ 隹 隹 隹´ 隹´ 雔 雙 雙

기초 【기초한자어】 익히고, 【기본→발전한자어】 다지기
雙璧(쌍벽) 우열이 없이 여럿 가운데서 둘다 뛰어나게 훌륭한 존재
雙方(쌍방) 양쪽
雙曲線(쌍곡선) 두 정점에서 거리의 차가 일정한 지점을 이은 곡선
• 인생은 행복과 불행의 雙曲線이다.
• 권투선수인 雙方의 실력이 출중하여 권투계의 雙璧을 이루고 있다.

기본 3Ⅱ 雙務(쌍무) 雙手(쌍수) 雙親(쌍친) 無雙(무쌍) 雙罰罪(쌍벌죄) 雙眼鏡(쌍안경) 雙和湯(쌍화탕) 3 雙肩(쌍견) 雙墳(쌍분)

발전 2 雙融(쌍융) 雙胎(쌍태) 雙霸(쌍패) 雙步哨(쌍보초) 2급 雙杆菌(쌍간균) 1 雙痼(쌍고) 雙瞳(쌍동) 雙棲(쌍서)

雙樽(쌍준)

사자성어 3Ⅱ 變化無雙(변화무쌍) 雙務協定(쌍무협정)

부수	획수	총획
二	6	8

버금 아(:) 【1267】

字源 〈상형〉 등뼈가 불쑥 나오고 키가 작은 사람을 곱사등이라 했다. 한자의 모양이 두 곱사등이가 얼굴을 맞대고 허리가 보인 모양이다. 등급이나 수준과 차례가 으뜸의 바로 다음이다. 두 곱사등이가 서로 같은 신세임을 한탄하는 모양을 본떠서 다른 사람보다 더 못한 데서 [버금(亞)]을 뜻하고 [아]로 읽는다.
동副(버금 부) 仲(버금 중) 次(버금 차) 回元(으뜸 원) 回惡(악할 악) 약亞

필순 一 一 一 一 一 亞 亞 亞 亞

기초 【기초한자어】 익히고, 【기본→발전한자어】 다지기
亞聖(아성) 성인 다음가는 현인. 맹자
亞流(아류) 으뜸에 다음가는 사람이나 사물
亞熱帶(아열대) 열대와 온대의 사이에 드는 기후대
• 우리나라도 이제 亞熱帶는 기후대에 들어섰다면서 그에 대한 우려가 크다.
• 亞聖이라고 해서 亞流는 절대 아니다.

기본 3Ⅱ 亞麻(아마) 亞鉛(아연) 亞洲(아주) 亞獻(아헌) 東亞 (동아) 亞細亞(아세아) 東南亞(동남아) 東北亞(동북아)

발전 2 亞歐(아구) 亞黃酸(아황산) 1 亞銓(아전) 亞樽(아준)

부수	획수	총획
戈	3	7

나 아: 【1268】

字源 〈회의〉 '나'는 말을 하고 있는 사람이 자기를 가리키는 말이다. 모든 사람들은 자신의 존재가 최고라는 생각으로 살았다. 내가 살아가기 위해서 적으로부터 자신을 방어했으리라. 한 손(手)에는 창(戈)을 들고 다른 손에는 또 다른 무기를 들고 적을 막아내면서 안위를 지켜냈던 [나(我)]를 뜻하고 [아]로 읽는다.
동余(나 여) 予(나 여) 吾(나 오) 回彼(저 피)

필순 ノ 二 干 手 抃 我 我

기초 【기초한자어】 익히고, 【기본→발전한자어】 다지기
自我(자아) 자기 자신
我執(아집) 자기의 견해에만 집착함
我國(아국) 우리나라. 자기 나라
• 오~ 오 우리 대한의 건아들이여! 我國의 안위를 끝

까지 지켜야겠습니다.
• 我執이 강한 사람은 진정한 自我를 제대로 발견하지 못한 사람이다.

기본 ③Ⅱ 我軍(아군) 我田(아전) 無我(무아) 沒我(몰아) 小我(소아) 彼我(피아) ③ 唯我(유아) 宰我(재아)

발전 ② 自我型(자아형) ① 我曹(아조)

사자성어 ③Ⅱ 我田引水(아전인수) 無我之境(무아지경) 物我一體(물아일체) ③ 唯我獨尊(유아독존)

부수	획수	총획
阜	5	8

언덕 아 【1269】

字源 〈형성〉 약간 높은 구릉 같은 언덕이 있다. 언덕이라 부르기에는 너무 낮다. 그렇지만 논이나 밭둑이 되어 나름 역할을 했던 모양이다. 땅이 주변보다 조금 높고 비교적 경사진 곳이다. 높은 언덕(阝←阜)을 기어오르듯이 윗사람에게 허리를 곱게 굽실거리면서 말(可)을 하니 [언덕(阿)]을 뜻하고 [아]로 읽는다.
圖厓(언덕 애) 丘(언덕 구) 岸(언덕 안) 諂(아첨할 첨)
回何(어찌 하) 河(물 하)

필순 ㄱ ㄱ 阝 阝 阝' 阿 阿 阿

기초 【기초한자어】 익히고, 【기본→발전한자어】 다지기
阿片(아편) 마약으로서 진통제나 설사약 등에 쓰임
阿弟(아제) 중국서 '동생'을 친근하게 일컫는 말
阿附(아부) 남의 비위를 맞추고 알랑거림
• 阿弟라고 호칭하는 중국 사람들 속성은 정이 넘치지 못하는 것일까?
• 阿片을 얻으려고 阿附하는 중독자가 참 불쌍하다.

기본 ③Ⅱ 阿丘(아구)

발전 ② 阿膠(아교) ① 阿嬌(아교) 阿堵(아도) 阿瞞(아만) 阿媚(아미) 阿爺(아야) 阿婉(아완) 阿誑(아유) 阿叱(아질) 阿諂(아첨) 阿婆(아파) 澗阿(간아)

사자성어 ③Ⅱ 阿修羅場(아수라장) ② 阿房羅刹(아방나찰)

부수	획수	총획
隹	4	12

맑을 아(:)
【1270】

字源 〈형성〉 까마귀보다는 약간 작으며 빛은 검고도 목, 가슴, 배가 흰 갈가마귀가 있다. 어금니 소리를 내면서 구성지게 운다고 한다. 어디 하나 티가 섞이거나 주변에 흐리지 않고 깨끗하다. 갈가마귀(隹)가 어금니(牙)를 서로 부딪치니 고상하고 [맑다(雅)]는 뜻과 아름답고도 [우아하다(雅)]는 뜻이고 [아]로 읽는다.
圖淡(맑을 담) 淸(맑을 청) 回濁(흐릴 탁) 俗(풍속 속)

回稚(어릴 치) 雖(비록 수)

필순 ㄱ ㄷ ㅋ 牙 牙' 牙' 雅' 雅' 雅 雅

기초 【기초한자어】 익히고, 【기본→발전한자어】 다지기
優雅(우아) 아름다운 품위와 아취
溫雅(온아) 온화하고 아담함
雅量(아량) 너그럽고 깊은 도량
• 무용수의 몸동작 하나하나가 優雅하다.
• 그 청년의 溫雅한 기품에 넓은 雅量을 보라! 어찌 대한의 남아가 아니던가.

기본 ③Ⅱ 雅淡(아담) 雅樂(아악) 雅號(아호) 雅兄(아형) 端雅(단아) 幽雅(유아) 淸雅(청아)

발전 ② 雅旨(아지) ① 雅嘯(아소) 雅粹(아수) 雅馴(아순) 雅馴(아순) 爾雅(이아)

부수	획수	총획
牙	0	4

어금니 아 【1271】

字源 〈상형〉 어금니는 음식물을 씹어 넘기는 데 중요한 역할을 한다. 특히 어금니는 음식을 잘게 부수는 역할을 한다. 어금니 중에서 가장 마지막에 위치한 것이 사랑니이고, 20세쯤 마지막으로 나온다고 한다. 사람에게 중요한 어금니가 아래와 위 양가에 붙어 있는 모양을 본떠서 [어금니(牙)]를 뜻하고 [아]로 읽는다.
回芽(싹 아)

필순 ㄱ ㄷ 牙 牙

기초 【기초한자어】 익히고, 【기본→발전한자어】 다지기
齒牙(치아) 이의 점잖은 일컬음
牙錢(아전) 예전 돈. 수수료
牙城(아성) 주장이 거처하는 성. 본거(本據)
• 예전에 우리 선조들은 돈을 齒牙처럼 생각하여 牙錢이라 했던가.
• 그 牙城을 지키고 있는 성주는 아직 저렇게 齒牙가 튼튼한가 보네.

기본 ③Ⅱ 牙器(아기) 毒牙(독아) 象牙(상아) 象牙塔(상아탑)

발전 ② 牙山灣(아산만) ②⑧ 牙獐(아장) 鮑叔牙(포숙아) ① 牙疳(아감) 牙箏(아쟁) 牙爪(아조) 牙蕉(아초) 牙牌(아패) 牙頰(아협) 弩牙(노아) 檣牙(장아) 狄牙(적아) 爪牙(조아) 叉牙(차아)

부수	획수	총획
艸	4	8

싹 아 【1272】

3급Ⅱ

字源 〈형성〉 새싹이 돋아난 것을 어금니가 솟은 것처럼 생각했었다. 새싹의 돋아남은 깨끗함과 밝음이요, 순결과 사랑이라고도 한다. 씨앗이나 줄기에서 처음 나오는 어린잎이나 줄기이다. 아가의 어금니(牙)가 비로소 솟아나듯이 봄이 되어 나무나 풀(艹)에 새로운 순이 돋아났으니 [싹(芽)]을 뜻하고 [아]로 읽는다.

圖 萌(싹 맹) 回 牙(어금니 아)

필순 ノ 一 十 十十 出 出 芌 芽

기초 【기초한자어】 익히고, 【기본→발전한자어】 다지기
發芽(발아) 풀, 나무에 눈이 틈
麥芽(맥아) 엿과 식혜를 만드는 데 씀. 엿기름
芽生(아생) 발아
· 芽生! 얼마나 곱고 좋은 말인가. 이제 '芽生의 誕生'을 축하하며 살아가자꾸나.
· 알맞고 적당하게 發芽된 麥芽로 빚은 술이 어쩌면 저렇게 맛있을까.

기본 3Ⅱ 摘芽(적아)
발전 2 胎芽(태아) 1 萌芽(맹아) 胚芽(배아) 筍芽(순아) 腋芽(액아)

부수	획수	총획
山	5	8

언덕 안 : 【1273】

字源 〈형성〉 큰비가 내리거나 바람이 몹시 불어 언덕이 무너지는 경우가 있다. 땅이 많이 패이고 깎여 나간 낭떠러지를 자주 볼 수 있다. 땅의 주변보다 조금 더 높고 경사가 진 곳이 언덕이다. 산(山)이나 언덕(厂)이 패이고 깎여(干) 나간 높은 낭떠러지 부분으로 널리 쓰이고 있는 [언덕(岸)]을 뜻하고 [안]으로 읽는다.

圖 厓(언덕 애) 丘(언덕 구) 阿(언덕 아)

필순 ' 屮 屮 屮 屵 屵 岸 岸

기초 【기초한자어】 익히고, 【기본→발전한자어】 다지기
海岸(해안) 바닷가의 언덕이나 기슭
沿岸(연안) 강물이나 바닷가의 일대
岸壁(안벽) 벽과 같이 깎아지른 듯한 물가의 해안 절벽
· 한국의 海岸은 어디를 가나 모래와 바다가 어울린 한 폭의 그림이다.
· 이곳 파도치는 沿岸의 붉은 岸壁은 어찌도 이렇게 절경이란 말인가.

기본 3Ⅱ 對岸(대안) 西岸(서안) 彼岸(피안)
발전 2 津岸(진안) 28 塘岸(당안) 汀岸(정안) 坡岸(파안) 1 魁岸(괴안) 畔岸(반안) 墜岸(추안) 頹岸(퇴안)

부수	획수	총획
頁	9	18

낯 안 : 【1274】

字源 〈형성〉 '이리 오너라!'라고 부르는 선비 목소리만 들어도 위엄이 있다. 얼굴 또한 잘생겼을 것 같은 생각이 들기도 한다. 눈이며 코며 입 등이 있는 얼굴의 앞쪽 면을 낯이라고 한다. 이마(頁)가 훤칠하고 눈빛이 초롱초롱 빛나서 매우 잘생긴 선비(彦)의 위엄이 있는 낯빛으로 보아 [낯(顔)]을 뜻하고 [안]으로 읽는다.

圖 面(낯 면) 容(얼굴 용) 回 頭(머리 두) 額(이마 액) 諺(언문/속담 언)

필순 ' 亠 产 彦 彦 旷 新 顔 顔 顔 顔

기초 【기초한자어】 익히고, 【기본→발전한자어】 다지기
童顔(동안) 어린아이와 같은 얼굴
顔面(안면) 눈, 코, 입 등이 있는 머리의 앞쪽
顔色(안색) 얼굴빛
· 요즈음 어르신의 顔色을 보니 무슨 걱정되는 일이라도 있으신지요?
· 그 청년은 늘 顔色이 밝고 생기가 도는 童顔을 하고 있어 볼수록 좋다.

기본 3Ⅱ 顔料(안료) 顔厚(안후) 無顔(무안) 玉顔(옥안) 容顔(용안) 紅顔(홍안) 花顔(화안) 厚顔(후안)
발전 2 塵顔(진안) 28 顔淵(안연) 彊顔(강안) 1 悴顔(췌안)
사자성어 3Ⅱ 顔面不知(안면부지) 破顔大笑(파안대소) 厚顔無恥(후안무치)

부수	획수	총획
山	20	23

바위 암 【1275】

字源 〈형성〉 높은 산에 오르면 크고 높은 바위를 볼 수 있다. 제각기 장엄한 위용을 자랑하고 있는 듯이 천년을 버티어 온 무게감을 더한다. 산 위에서 위용이나 부피가 큰 돌덩이를 바위라고 한다. 험준한 산(山)에서 장엄(嚴)하고 굳센 위용의 자태를 자랑하고 있는 아주 커다란 [바위(巖)]를 뜻하고 [암]으로 읽는다.

回 嚴(엄할 엄) 回 岩

필순 ''' 屮 屮 屵 屵 岸 巌 巌 巖 巖 巖

기초 【기초한자어】 익히고, 【기본→발전한자어】 다지기
奇巖(기암) 이상한 바위
巖石(암석) 부피가 썩 큰 돌. 바위
巖壁(암벽) 깎아지른 듯이 험하게 솟은 바위

• 요즈음 높은 巖壁을 타고 登山하는 아찔한 장면을 흔히 볼 수 있다.
• 이 산의 여러 가지 巖石은 특별한 奇巖이 많아 절경을 이룬다.

기본 ③Ⅱ 巖盤(암반) 巖鹽(암염)

발전 ② 巖窟(암굴) 熔巖(용암) 23 鷹巖洞(응암동) 花崗巖(화강암) 檜巖寺(회암사) ① 巖稜(암릉) 巖扉(암비) 巖壑(암학) 頹巖(퇴암)

사자성어 ③Ⅱ 奇巖怪石(기암괴석)

부수	획수	총획
人	4	6

우러를 앙 : 【1276】

字源 〈회의〉인품이 훌륭한 사람 앞에서 고개 숙여 존경의 뜻을 표현한다. 이는 아랫사람 되는 진정한 예의일 것이다. 선비나 지위가 높은 이를 받들어 공경하는 마음을 보인다. 웃어른(亻)을 향해 아랫사람(匕←人)이 무릎(卩)을 꿇고 정중하게 공경의 뜻을 나타내 보였으니 [우러르다(仰)]는 뜻이고 [앙]으로 읽는다.
图崇(높을 숭) 信(믿을 신) 回俯(구부릴 부) 回抑(누를 억) 迎(맞을 영)

필순 ノ 亻 亻 𠂾 仰仰

기초 【기초한자어】익히고, 【기본 → 발전한자어】다지기
信仰(신앙) 신 등 어떤 신성한 대상을 절대시하여 믿고 받드는 일
敬仰(경앙) 존경하여 우러러 봄
仰望(앙망) 우러러 바람. 앙견
• 그분은 고결한 품격으로 세상 사람의 敬仰을 받았다.
• 기독교 信仰은 오로지 하나님을 仰望한다.

기본 ③Ⅱ 仰角(앙각) 仰奏(앙주) 仰天(앙천) 仰請(앙청) 仰祝(앙축) 推仰(추앙) ③ 仰騰(앙등)

발전 ② 仰款(앙관) 23 俛仰(면앙) 瞻仰(첨앙) 欽仰(흠앙) 俛仰亭(면앙정) ① 仰罵(앙매) 仰眄(앙면) 仰攀(앙반) 仰羨(앙선) 俯仰(부앙)

사자성어 23 仰之彌高(앙지미고)

부수	획수	총획
大	2	5

가운데 앙 【1277】

字源 〈회의〉논밭을 개간한 주인이 경계면 가운데 서서 두 팔을 벌리며 궁리한다. 햇볕이 잘 드는 방향을 살피면서 씨를 뿌릴 궁리를 한다. 어느 한쪽으로 치우치지 않은 한복

판에 섰으니. 논이나 밭의 일정 경계선(冂)의 복판에 큰사람(大←人)의 우두커니 두 팔을 벌려 섰으니 [가운데(央)]를 뜻하고 [앙]으로 읽는다.
图中(가운데 중) 回邊(가 변) 回夫(지아비 부)

필순 丨 冂 冂 央央

기초 【기초한자어】익히고, 【기본 → 발전한자어】다지기
中央(중앙) 사방의 중심이 되는 한가운데. 중심이 되는 중요한 곳을 의미
央屬(앙속) 부탁함
• 여보시게 소대장! 내가 혹 전사한다면, 병사들만은 꼭 央屬하려고 한다네.
• 적군의 침투가 예상된다. 너는 항상 中央에서 진두지휘하라.

기본 ③Ⅱ 年央(연앙) 震央(진앙)

발전 ① 扇央(선앙)

부수	획수	총획
口	6	9

슬플 애 【1278】

字源 〈형성〉슬픈 일에 눈물을 흘리며 많이 애통해한다. 눈물을 흘리면서 입으로 소리쳐 울기도 하고 손수건이나 앞치마로 애써 닦는다. 서럽거나 불상한 마음이 느껴져 괴롭고 아프다. 여인네가 앞치마(衣)를 입고 입(口)으로 소리쳐 울면서 눈물을 흘려 애절한 마음을 보이니 [슬프다(哀)]는 뜻이고 [애]로 읽는다.
图悲(슬플 비) 悼(슬퍼할 도) 回樂(즐길 락) 喜(기쁠 희) 歡(기쁠 환) 衷(속마음 충) 表(겉 표) 裏(속 리)

필순 ⼇ 亠 吉 声 亨 亨 哀

기초 【기초한자어】익히고, 【기본 → 발전한자어】다지기
哀歡(애환) 슬픔과 기쁨
哀願(애원) 슬프게 간절히 원함
哀慕(애모) 돌아간 어버이를 슬퍼하며 사모함
• 동음이의어 哀慕(부모)와 愛慕(연인)은 서로 다르니 주의하시게.
• 나의 哀歡이 간절히 깃든 이곳에 다시 오기를 진정 哀願한다네.

기본 ③Ⅱ 哀歌(애가) 哀惜(애석) 哀愁(애수) 哀怨(애원) 哀切(애절) 哀絕(애절) 哀調(애조) 哀痛(애통) 悲哀(비애) ③ 哀乞(애걸) 哀憐(애련)

발전 ② 哀悼(애도) 哀鬱(애울) ① 哀眷(애권) 哀矜(애긍) 哀愕(애악) 哀猿(애원) 哀咽(애열) 哀詔(애조) 哀嗟(애차) 哀慟(애통) 矜哀(긍애) 剩哀(잉애) 凄哀(처애)

사자성어 ③Ⅱ 喜怒哀樂(희노애락) ③ 哀而不悲(애이불비)

부수	획수	총획
艹	5	9

若
반야 야
같을 약【1279】

字源 〈회의〉밭에 뿌린 채소의 싹이 귀엽게 움터 나왔다. 비슷비슷하여 그 종자가 다른 싹과 구분하기도 어렵다. 불교의 근본교리의 '지혜'인 [반야]로도 쓰인다. 손(右)으로 골라내는 어린 채소의 싹(艹)이 비슷하여 그 모양을 잘 구분할 수 없었으니 서로 [같다(若)] 또는 불교의 [반야(若)]를 뜻하고 [약] 또는 [야]로 읽는다.
图 如(같을 여) 肖(닮을 초) 回 苦(쓸 고)

필순 一 十 艹 艹 艹 若 若 若

기초 【기초한자어】 익히고, 【기본→발전한자어】 다지기
般若(반야) 분별, 망상을 떠난 지혜
萬若(만약) 만일, 혹시
若干(약간) 얼마 안 됨. 얼마쯤
• 불경 '반야심경'에서 '般若'는 .'분별'일지니 '망상을 떠난 지혜'라네.
• 萬若에 누가 자네에게 若干의 돈이라도 준다면 얼른 받아두시게.

기본 3Ⅱ 若年(약년) 若輩(약배) 若此(약차) 若何(약하) 若或(약혹) 自若(자약) 3 孰若(숙약) 奚若(해약)

발전 1 若瘠(약척) 踘若(유약)

사자성어 3 傍若無人(방약무인) 3Ⅱ 明若觀火(명약관화) 般若心經(반야심경) 2Ⅱ 旁若無人(방약무인)

부수	획수	총획
土	17	20

壤
흙덩이 양 :
【1280】

字源 〈형성〉농작물이 잘 자라고 기름기가 많은 흙은 부드럽고 번지르한 윤기가 난다. 흙이 잘게 부서지면서 잔뿌리들이 잘 뻗어나갈 수 있다. 흙이 서로 엉겨서 만들어진 작은 덩이로 기름지다. 농사짓기에 많은 도움(襄)이 되는 고운 빛깔을 띠는 흙(土)으로 부드럽고 고운 기름진 [흙덩이(壤)]를 뜻하고 [양]으로 읽는다.
图 土(흙 토) 塊(흙덩이 괴) 回 天(하늘 천) 回 讓(사양할 양) 壞(무너질 괴) 懷(품을 회) 回 壌

필순 土 圡 圹 圹 㘱 㘱 壤 壤 壤 壤

기초 【기초한자어】 익히고, 【기본→발전한자어】 다지기
土壤(토양) 흙. 모래와 점토가 알맞게 섞인 흙
壤土(양토) 농경에 적합한 토지
平壤(평양) 북한의 수도
• 統一이 되어 내가 만약 平壤에 간다면 맨 먼저 능라도에 가서 자연의 경관을 감상하겠다.

• 이 土壤은 무기질 등 각종 성분이 많다고 하니 壤土라 할 수 있겠다.

기본 3Ⅱ 擊壤(격양) 天壤(천양) 擊壤歌(격양가)

발전 2 僻壤(벽양) 1 膏壤(고양) 穹壤(궁양) 糞壤(분양) 瘠壤(척양) 撮壤(촬양)

사자성어 3Ⅱ 天壤之差(천양지차)

부수	획수	총획
手	9	12

揚
날릴 양【1281】

字源 〈회의〉달리기를 할 때 깃발을 위로 치켜 올려 '달리라'는 신호를 보낸다. 이 깃발이 밝은 햇빛을 받아 더욱 힘차게 펄럭였던 모양이다. 깃발이나 고무풍선을 공중에 띄워 움직이게 한다. 대장이 손(扌)으로 깃발을 높이 올렸더니 반사된 햇빛(昜)을 되받아 드높이 나부꼈으니 [날리다(揚)]는 뜻이고 [양]으로 읽는다.
图 揭(들/걸 게) 回 抑(누를 억) 回 陽(볕 양) 楊(버들 양) 場(마당 장)

필순 扌 扌' 扌'' 扌'' 护 捉 护 捐 揚 揚

기초 【기초한자어】 익히고, 【기본→발전한자어】 다지기
揚名(양명) 이름을 드날림
高揚(고양) 북돋우어 드높이는 것
激揚(격양) 기운이나 감정이 몹시 움직여 일정하지 않은 상태
• 이제 그만, 激揚된 분위기를 감추고 차분하게 일상으로 돌아가시게.
• 그 이름이 국내에 揚名되자 기분이 한껏 高揚된 분위기가 은은하게 감지된다.

기본 3Ⅱ 揚陸(양륙) 揚水(양수) 揚揚(양양) 浮揚(부양) 宣揚(선양) 抑揚(억양) 引揚(인양) 止揚(지양) 讚揚(찬양) 揚水機(양수기) 3 騰揚(등양)

발전 2 揭揚(게양) 2Ⅱ 旌揚(정양) 1 揚帆(양범) 揚秕(양비) 驕揚(교양) 扇揚(선양) 揄揚(유양) 闡揚(천양) 褒揚(포양) 飄揚(표양)

사자성어 3Ⅱ 立身揚名(입신양명) 意氣揚揚(의기양양)

부수	획수	총획
言	17	24

讓
사양할 양 :
【1282】

字源 〈형성〉양보는 민주질서 생활에서 꼭 필요한 미덕이다. 그렇지만 사양을 너무하다 보면 성의를 오히려 무시하는 것만 같다. 사양은 겸손하여 뿌리쳐 응하지 않거나 받지 않는 것이다. 다른 사람이 자기를 도와주려고(襄) 하는 일

을 한사코 큰 소리(言)치면서 거절했으니 [사양하다(讓)]
는 뜻이고 [양]으로 읽는다.
퉁 謙(겸손할 겸) 回 壤(흙덩이 양) 역 讓

讓 讓 讓 讓 讓 讓 讓 讓 讓 讓 讓

기초 【기초한자어】 익히고, 【기본→발전한자어】 다지기
讓步(양보) 사양하여 물러나는 것
讓渡(양도) 권리·재산·지위를 남에게 넘겨줌
分讓(분양) 큰 덩이를 갈라서 나눠 줌
• 이번에 分讓받은 아파트의 권리를 동생에게 그만
讓渡했다.
• 자기 몫 分讓을 讓渡한 것은 '讓步의 美德'일진대
참으로 대견스럽구나.
기본 ③Ⅱ 讓與(양여) 讓位(양위) 謙讓(겸양) 辭讓(사양) 禪讓
(선양) 移讓(이양) ③ 互讓(호양)
발전 ① 遜讓(손양) 揖讓(읍양)
사자성어 ③Ⅱ 辭讓之心(사양지심)

御
거느릴 어 :
【1283】

부수	획수	총획
彳	8	11

字源 〈형성〉 아랫사람이 웃어른을 모시고 가다가 피곤하면 잠
시 쉬도록 도와 드렸다. 종자들을 거느리어 바른 길로 인
도하는 것을 '어거'한다고 했다. 상대방을 휘하에 두거나
통솔하다는 뜻이다. 웃어른을 모시고(卸) 길을 가다가(彳)
정자나 주막에서 잠시 쉰 후에 어거했으니 [거느리다(御)]
는 뜻이고 [어]로 읽는다.
퉁 統(거느릴 통) 率(거느릴 솔) 駕(멍에 가) 領(거느릴 령)
回 卿(벼슬 경)

彳 彳 彳 彳 彳 彳 彳 御 御 御

기초 【기초한자어】 익히고, 【기본→발전한자어】 다지기
制御(제어) 기계나 설비 등을 목적에 알맞도록 조절함
御史(어사) 왕명으로 지방에 파견되는 임시직 관리
御命(어명) 임금의 명령
• 그는 기계를 잘 制御한다.
• 御史는 임금의 御命을 받들어 지방의 정사를 바로
잡게 온갖 궁리를 다 한다.
기본 ③Ⅱ 御用(어용) 御字(어자) 御殿(어전) 御酒(어주) 通御
(통어) ③ 御押(어압) 崩御(붕어)
발전 ② 御苑(어원) 御札(어찰) ① 御寇(어곤) 御幕(어구) 御廐
(어구) 御輦(어련) 御璽(어렴) 御璧(어벽) 御膳(어선) 御筵
(어연) 御戎(어융) 御邸(어저) 御簾(어전) 御廚(어주) 駕御
(가어) 撫御(무어)
사자성어 ③Ⅱ 御前會議(어전회의)

憶
생각할 억 【1284】

부수	획수	총획
心	13	16

字源 〈형성〉 바른 인간관계는 상대방의 뜻을 잘 이해했을 때
이룩된다. 나의 정성까지 설득력 있게 이해시켜야 했었
다. 고맙게 여기거나 대하며 마음속으로 헤아리거나 고려
함이겠다. 상대방의 깊은 뜻(意)이 담겼으나 마음(忄)만은
가슴 속 깊이 간직하면서 꼭 잊지 않겠다며 [생각하다(憶)]
는 뜻이고 [억]으로 읽는다.
퉁 念(생각 념) 思(생각 사) 想(생각 상) 考(생각할 고) 慮
(생각 려) 回 意(뜻 의) 億(억 억)

忄 忄 忄 忄 忄 憶 憶 憶 憶 憶

기초 【기초한자어】 익히고, 【기본→발전한자어】 다지기
追憶(추억) 지난 일을 돌이켜 생각함
記憶(기억) 지난 일을 잊지 않고 외워 둠
憶說(억설) 근거도 없이 억지로 고집을 세워서 우겨
대는 말
• 그와 같은 臆測일랑 하지 말게. 다음에는 臆說을
더 이상 듣지 않겠네.
• 깊은 追憶 속의 일을 지금 記憶해 냈더니 아련한
회한에 젖기도 한다.
기본 ③ 憶昔(억석)
발전 ① 緬憶(면억)

抑
누를 억 【1285】

부수	획수	총획
手	4	7

字源 〈형성〉 손가락으로 도장을 잡으면 자기 얼굴답게 정성 들
여 찍는 습관이 있다. 심술궂게 남을 훼방 놓아가면서 억
지로 억누른 사람도 있기도 한다. 억제하는 심보를 갖는
다. 양손(扌)으로 도장을 잡고 정성 들여 꽉 [누르다(卬)]
는 뜻도 되며, 다른 사람 일을 훼방 놓아서 [억누르다(抑)]
는 뜻이고 [억]으로 읽는다.
퉁 貶(낮출 폄) 壓(누를 압) 押(누를 압) 回 揚(날릴 양)

一 十 扌 扌 扌 抑 抑

기초 【기초한자어】 익히고, 【기본→발전한자어】 다지기
抑留(억류) 불법적으로 남의 자유를 억지로 구속함
抑壓(억압) 억지로 누름
抑制(억제) 억눌러서 제어함
• 국가에서는 외국인 불법 체류자를 抑留하는 강한
조치를 취했다.
• 그를 아무리 抑壓하고 또한 抑制해도 지독한 항쟁
만은 계속되었다.

3급Ⅱ

기본　③Ⅱ 抑揚(억양) 抑制(억제) 抑止(억지)
발전　② 抑鬱(억울) 沮抑(저억) ① 抑耗(억모) 抑搔(억소)
抑按(억안) 抑挫(억좌) 抑黜(억출) 抑貶(억폄) 冤抑
(원억)
사자성어　③Ⅱ 抑何心情(억하심정)

부수	획수	총획
亠	4	6

또 역 【1286】

字源　〈지사〉 날씨가 더우면 양쪽 겨드랑이에 촉촉이 땀이 난다. 양팔을 추켜들어 땀을 식히거나 수건으로 닦아내면서 식힌다. 어떤 사태나 행동이 거듭하여 또는 '그래도 혹시나 더' 라는 의미겠다. 사람이 양팔을 들어 땀을 식히며 또 한 번의 출발을 위해 의기양양하게 선 모양으로 [또(亦)]를 뜻하고 [역]으로 읽는다.
　圖 又(또 우) 回 赤(붉을 적)

필순　` 一 广 亣 亦 亦

기초　【기초한자어】 익히고, 【기본→발전한자어】 다지기
亦然(역연) 마찬가지로
亦是(역시) 또한
• 음식을 빨리 먹는 것은 좋지 않다. 음료도 亦然이다.
• 그렇게 간곡하게 일러 내 말에 따르게 했더니 그 사람 亦是 성공했다.
기본　③Ⅱ 其亦(기역) 豈亦(기역) 此亦(차역)
사자성어　③Ⅱ 亦參其中(역참기중) 盜亦有道(도역유도) ③ 吾亦不知(오역부지)

부수	획수	총획
彳	4	7

부릴 역 【1287】

字源　〈회의〉 씩씩한 장정을 뽑아 변방을 지키어 방비를 튼튼히 했다. 창을 든 장정들은 왔다 갔다 하면서 국경을 지켰던 것이다. 일부러 자꾸만 더 나타내거나 상기해 드러내 보인다. 젊은 장정들이 창(殳)을 들고 변방 부근을 왔다갔다 서성거리면서(彳) 잘 지키도록 격려했으니 [부리다(役)]는 뜻이고 [역]으로 읽는다.
　圖 使(하여금/부릴 사) 事(일 사) 回 投(던질 투) 疫(전염병 역)

필순　` ′ ′ 彳 彳 彳 役 役

기초　【기초한자어】 익히고, 【기본→발전한자어】 다지기
勞役(노역) 매우 수고로운 노동
役割(역할) 제가 하여야 할 제 앞의 일

役事(역사) 토목, 건축 따위의 공사
• 이제 자네 役割이 끝났으니 원상으로 되돌아가는 수밖에 없겠네.
• 보다 큰 役事는 이제 勞役하는 인부들 관리를 잘 해야만 할 일이겠네.
기본　③Ⅱ 役軍(역군) 役員(역원) 苦役(고역) 端役(단역) 代役(대역) 免役(면역) 配役(배역) 兵役(병역) 服役(복역) 賦役(부역) 使役(사역) 兒役(아역) 惡役(악역) 用役(용역) 雜役(잡역) 轉役(전역) 助役(조역) 主役(주역) 重役(중역) 就役(취역) 退役(퇴역) 荷役(하역) 現役(현역) 豫備役(예비역) ③ 囚役(수역) 隷役(예역) 懲役(징역)
발전　② 傭役(용역) 雇役(고역) 2急 董役(동역) 甸役(전역) ① 戍役(수역) 竣役(준역)

부수	획수	총획
言	13	20

번역할 역 【1288】

字源　〈형성〉 옛날에는 교통이 발달하지 못해서 언어와 풍습이 달랐다. 언어와 문자가 통하지 않을 때는 통역(通譯)에 의지해야만 했다. 어떤 언어로 된 글을 다른 언어로 옮기거나 바꾸는 일이다. 한 나라가 사용하는 말(言)을 다른 나라 말과 글로 쉽게 바꿔서 엿보였으니(睪) [번역하다(譯)]는 뜻이고 [역]으로 읽는다.
　圖 飜(번역할 번) 回 驛(역 역) 釋(풀 석) 回 訳

필순　` 亠 言 言 言 言 言 譯 譯 譯 譯

기초　【기초한자어】 익히고, 【기본→발전한자어】 다지기
通譯(통역) 양쪽의 언어를 번역하여 그 뜻을 통하여 줌
譯解(역해) 번역하여 풀이함
譯者(역자) 번역하는 사람
• 通譯의 주요 임무는 '직역'이 아니라 '의역'으로 잘 이해시키는 데 있다.
• 譯者에 따라 譯解가 더욱 매끄러울 수 있다.
기본　③Ⅱ 譯書(역서) 國譯(국역) 佛譯(불역) 誤譯(오역) 完譯(완역) 意譯(의역) 重譯(중역) 直譯(직역) 內譯書(내역서) ③ 飜譯(번역) 抄譯(초역)
발전　2急 倭譯(왜역) ① 譯註(역주) 諺譯(언역)

부수	획수	총획
馬	13	23

역 역 【1289】

字源　〈형성〉 역은 정거장과 같은 의미로 쓰인다. 서울역, 화곡역과 같이 기차나 전철에 승차하는 역이다. 암행어사나

기발이 말을 몰고 가다가 갈아타거나 맡겨두었던 곳이 '역참'이었다. 말(馬)을 타고 가다가 잘 엿보아(睪) 주위를 살펴서 머물렀던 곳으로 [역참(驛)]이었으나 널리 [역(驛)]을 뜻하고 [역]으로 읽는다.
图站(역마을 참) 回譯(번역할 역) 釋(풀 석) 回駅

필순 「Ｆ Ｆ 馬 馬 馬 馬' 馬睪 驛 驛 驛 驛

기초 【기초한자어】 익히고, 【기본→발전한자어】 다지기
驛馬(역마) 각 역참에 대기시켜 둔 말
驛前(역전) 정거장의 앞. 역두(驛頭)
終着驛(종착역) 마지막으로 도착하는 역 끝 정거장
• 여보시게! 이제 終着驛에 다 도달했으니 정신 차려 일어나시게.
• 어사는 驛前에서 다시 驛馬를 갈아타고 힘껏 달려 다음 역으로 전진했다.
기본 ③ⅠⅠ驛路(역로) 驛夫(역부) 驛長(역장) 驛亭(역정) 館驛(관역) 簡易驛(간이역) ③ 驛遞(역체)
발전 ② 津驛(진역) 驛勢圈(역세권) ① 驛丞(역승) 驛站(역참) 駱驛(낙역) 馳驛(치역) 驛馬煞(역마살)

전염병 역 【1290】

부수	획수	총획
疒	4	9

字源 〈형성〉 전염병은 전염성을 가진 병들을 통틀어 이르는 말이다. 그렇지만 옛적에는 '염병'을 가장 무서운 전염병으로 생각했었다. 유의어는 '돌림병. 유행병(流行病)' 등이 쓰인다. 예리한 창(殳)으로 콕 찌르듯이 위험한 병원균(疒)이 잘 옮겨 다니면서 전염하는 염병으로 [전염병(疫)]을 뜻하고 [역]으로 읽는다.
图疾(병 질) 病(병 병) 回投(던질 투) 役(부릴 역)

필순 ` ー 广 广 疒 疒 疒 疫 疫

기초 【기초한자어】 익히고, 【기본→발전한자어】 다지기
防疫(방역) 전염병의 발생을 미리 막음
檢疫(검역) 공항이나 항구에서 사람의 건강 상태를 검사하는 일
疫病(역병) 집단적으로 생기는 악성 돌림병
• 공항과 부두에서 檢疫 당국의 철저한 조사와 防役이 필요하겠네.
• 지금의 시점은 疫病이 창궐하고 있어 防疫을 보다 철저히 해야겠네.
기본 ③Ⅰ疫疾(역질) 免疫(면역) 紅疫(홍역)
발전 ② 檢疫圈(검역권) 防疫網(방역망) ① 疫痢(역리) 痘疫(두역) 鼠疫(서역)

잔치 연 : 【1291】

부수	획수	총획
宀	7	10

字源 〈회의〉 잔치는 기쁜 일이나 축하할 일이 있을 때, 음식을 차려놓고 여러 사람이 모여 즐기는 일이다. 늘 웃고 즐겁게 살아가는 것이 건강에 좋다고 한다. 집(宀) 안에 햇볕(日)이 잘 들어온 것처럼 남편이 높은 벼슬에 올랐으니 아내(女)가 매우 즐거워하면서 거판스럽게도 [잔치(宴)]를 베푼다는 뜻이고 [연]으로 읽는다.
回宣(베풀 선)

필순 ` ` 宀 宀 宀 宀 宀 宴 宴 宴

기초 【기초한자어】 익히고, 【기본→발전한자어】 다지기
宴會(연회) 여러 사람이 모여 베푸는 잔치
宴席(연석) 잔치를 베푸는 자리
宴禮(연례) 나라의 경사 때에 베푸는 잔치
• 전하의 이번 宴禮는 특별하게 꾸몄사오니 부디 [만수무강] 하옵소서.
• 이번 宴會에 좀 늦게 참석은 했지만 宴席이 꽉 차서 참 기쁘네.
기본 ③Ⅰ宴居(연거) 宴息(연식) 家宴(가연) 甲宴(갑연) 壽宴(수연) 祝賀宴(축하연) 回甲宴(회갑연)
발전 ① 宴饗(연향) 宵宴(소연) 饗宴(향연) 弧宴(호연)

물따라갈 연(:)
따를 연(:) 【1292】

부수	획수	총획
水	5	8

字源 〈형성〉 깊은 산골 흐르는 물은 굽이굽이 골짜기와 늪을 따라 흐른다. 흐르던 물이 강과 바다를 향하여 하염없이 흘러간 것이다. 산 따라 물 따라 천릿길이 멀다 않고 흐르고 흐른다. 산에 흐른 작은 물(氵)이 골짜기와 늪(㕣)을 [따라(沿)] 큰 강줄기와 함께 흘렀으니 [물 따라가다(沿)]는 뜻이고 [연]으로 읽는다.
回鉛(납 연)

필순 ` ` ` 氵 氵 氵 沿 沿

기초 【기초한자어】 익히고, 【기본→발전한자어】 다지기
沿革(연혁) 변천되어 온 내력, 지나온 경과
沿海(연해) 육지 가까이 있는, 대륙붕을 길게 덮고 있는 바다
沿岸(연안) 강이나 호수 또는 바닷가를 따라서 잇닿아 있는 땅
• 이제 우리 회사의 沿革을 만들어 우리 주위에 역사의 흐름을 홍보하세.

3급Ⅱ

• 해변가 沿岸을 따라 가다보면 沿海에 떠있는 요트를 볼 수 있겠네.

기본 ③Ⅱ沿道(연도) 沿邊(연변)

발전 ②沿屍(연시)

부수	획수	총획
車	4	11

연할 연 : 【1293】

字源 〈형성〉 부드럽게 스치거나 닿는 느낌이 거칠지 않고 연하면서 매끄럽다고 한다. 스치거나 닿는 느낌이 거칠지 않고 아주 연하여서 부드럽고 매끄럽기만 하다. 죄인을 붙잡아 꼰 밧줄을 수레(車) 바퀴에 아무지게 감아서 부드럽게(夬) 달리도록 했으니 그 이음새만은 매우 [연하다(軟)]는 뜻이고 [연]으로 읽는다.

동柔(부드러울 유) 脆(연할 취) 硬(굳을 경) 固(굳을 고) 堅(굳을 견) 確(굳을 확) 回輕(가벼울 경)

필순 一 ㄇ ㅂ 百 亘 車 車 軟 軟 軟

기초 【기초한자어】 익히고, 【기본→발전한자어】 다지기
柔軟(유연) 부드럽고 연함
軟弱(연약) 연하고 약함
軟性(연성) 부드럽고 무른 성질
• 때로는 軟性이 強性(강성)보다 강해 이겨낼 수 있다니 참으로 다행이라네.
• 柔軟한 동작으로 보아 매우 軟弱할 것 같으나 실제는 전연 그렇지 않구나.

기본 ③Ⅱ軟骨(연골) 軟禁(연금) 軟水(연수) 軟食(연식) 軟式(연식) 軟質(연질) 軟化(연화) 柔軟(유연) 軟文學(연문학)

발전 ②軟膜(연막) 軟塵(연진) 軟化劑(연화제) ①軟薑(연강) 軟巾(연건) 軟膏(연고) 軟媚(연미) 軟柿(연시) 軟餌(연이) 軟脆(연취) 軟翠(연취) 軟泡(연포)

사자성어 ③Ⅱ軟體動物(연체동물)

부수	획수	총획
火	12	16

제비 연(:)【1294】

字源 〈상형〉 제비는 인도네시아 등의 남쪽나라에서 날아온다. 먼 길을 와서 처마 밑에 집을 짓고 새끼를 낳아 기른다. 날개가 발달하여 빨리 날며, 사람에게 해로운 곤충을 잡아먹는다. 주둥이(卄)에 먹이(口)를 물고 양 날개(北)와 꽁지(灬)를 바람벽에 붙어 있는 모양을 본떠서 [제비(燕)]를 뜻하고 [연]으로 읽는다.

필순 一 艹 艹 荁 昔 苦 莊 莊 燕 燕 燕

기초 【기초한자어】 익히고, 【기본→발전한자어】 다지기
燕尾服(연미복) 검은 나사로 지은 남자의 예복
燕雀(연작) 제비와 참새. 도량이 좁은 사람. 작은 인물
燕室(연실) 잠깐 들러 쉬게 베풀어 놓은 방. 휴게실
• 新郎이 고운 燕尾服을 입고 燕室에서 쉬고 있다.
• 그분의 큰 뜻을 燕雀은 잘 모른다.

기본 ③Ⅱ燕京(연경) 燕息(연식) 燕會(연회) 胡燕(호연)

발전 ②嚥脂(연지) 燕姬(연희) ②⑧燕巢(연소) 燕岐郡(연기군) ①燕礫(연력) 燕翔(연상) 燕惰(연타) 燕饗(연향) 鶯燕(앵연)

부수	획수	총획
心	7	10

기쁠 열 【1295】

字源 〈형성〉 기쁨이나 슬픔의 감정은 마음속으로 깊이 느끼며 얼굴 표정으로 나타난다. 즐거움이 겉과 속이 모두 일치한 것이다. 마음에 즐거운 느낌이 있을 때에 희열하다. 유열하다 등과 같다. 사람이 마음(忄) 속으로 늘 기뻐하며(兌) 즐거워함이 말과 행동으로 나타나니 참 [기쁘다(悅)]는 뜻이고 [열]로 읽는다.

동歡(기쁠 환) 喜(기쁠 희) 樂(즐길 락) 欣(기쁠 흔) 回悲(슬플 비) 稅(세금 세) 脫(벗을 탈)

필순 ᠂ ᠂ 忄 忄 忰 忄 忄 忄 忦 悅

기초 【기초한자어】 익히고, 【기본→발전한자어】 다지기
喜悅(희열) 기쁘고 즐거움
法悅(법열) 설법을 듣고 마음속에 일어나는 큰 기쁨
悅樂(열락) 기뻐하고 즐거워함
• 法會에 참석한 신도들은 주지스님의 法悅에 큰 환호를 보냈다.
• 관객들이 悅樂하는 모습에 가수는 喜悅을 느꼈다.

기본 ③咸悅(함열)

발전 ②⑧悅穆(열목) 悅憙(열희) 怡悅(이열) ①悅欣(열흔) 嘉悅(가열) 諛悅(유열)

부수	획수	총획
木	5	9

물들 염 : 【1296】

字源 〈회의〉 염색 물을 들이기 위해 화학약품으로 만든 염료를 쓴다. 그렇지만 옛날에는 나무에서 뽑아낸 천연의 진액을 주로 썼다. 빛깔이 옮아가서 머리나 옷감에 묻거나 스미게 한다. 나무(木)에서 뽑아낸 천연의 진액(氵)에 여러 번(九) 담그고 담가서 고운 색깔이 나도록 몇 번 [물들이다(染)]는 뜻이고 [염]으로 읽는다.

回梁(들보 량)

필순 沈 沈 染 染 染

기초 【기초한자어】 익히고, 【기본→발전한자어】 다지기
傳染(전염) 나쁜 풍속이 전하여 물이 듦
汚染(오염) 더럽게 물듦
感染(감염) 다른 풍습이 옮아서 물이 듦
• 독감은 말과 기침으로 인한 傳染病이다.
• 식수로 쓰인 물이 汚染되면 사람 몸에 질병으로 번져 쉽게 感染된다.

기본 ③Ⅱ染料(염료) 染色(염색) 染織(염직) 練染(연염) 漸染(점염) 浸染(침염) 染色體(염색체)

발전 ②染翰(염한) 塵染(진염) ①染緋(염비) 捺染(날염) 誣染(무염)

	부수	획수	총획
炎	火	4	8

불꽃 염【1297】

字源 〈회의〉아궁이에서 땔감이 타들어 가면 불길과 불길이 심히 마주친다. 심한 불길을 내면서 힘차게 타오른 것이다. 한참 잘 타고 있는 불에서 생겨나는 붉은빛을 띤 기운으로 성하다. 아궁이에서 땔감이 타면서 불길(火)과 불길(火)이 마주치면서 여러 층을 이루어 솟구치니 [불꽃(炎)]을 뜻하고 [염]으로 읽는다.
圖燮(불꽃 섭) 焰(불꽃 염) 回凉(서늘할 량) 回災(재앙 재)

필순 ヽ ゝ ゾ 火 炒 炒 炎 炎

기초 【기초한자어】 익히고, 【기본→발전한자어】 다지기
暴炎(폭염) 날이 몹시 더운 상태
狂炎(광염) 미친 듯이 타오르는 불길
炎症(염증) 열이 오르고 아프며, 몸의 어느 부위가 빨갛게 붓는 증상
• 뒷산에 불이 나서 우리집은 狂炎에 휩싸였다.
• 뜨거운 暴炎이 계속되니 이제는 피부의 炎症까지 낫지 않는다.

기본 ③Ⅱ炎涼(염량) 炎上(염상) 炎蒸(염증) 炎天(염천) 肝炎(간염) 老炎(노염) 腦炎(뇌염) 鼻炎(비염) 盛炎(성염) 胃炎(위염) 肺炎(폐렴) 胃腸炎(위장염) 中耳炎(중이염) ③庚炎(경염)

발전 ②炎塵(염진) 酷炎(혹염) 結膜炎(결막염) 腦膜炎(뇌막염) 腹膜炎(복막염) 喉頭炎(후두염) ②፭炎赫(염혁) ①炎燎(염료) 炎魃(염발) 炎灼(염작) 膣炎(질염)

사자성어 ③Ⅱ炎涼世態(염량세태)

	부수	획수	총획
鹽	鹵	13	24

소금 염【1298】

字源 〈형성〉바닷물을 염밭에 끌어들여 일광과 배수 등의 관리를 잘하여 소금을 걷는다. 이곳이 바로 바닷가의 대량 염전이다. 염전에서 얻는 짠맛이 나는 흰 빛깔의 결정체인 것이다. 바닷가 소금밭인 염전에서 햇볕 쬠과 물 빠짐 등을 잘 보살피고(臥←監) 관리해서 만드는 [소금(鹽)]을 뜻하고 [염]으로 읽는다.
回監(볼 감) 藍(쪽 람) 回塩

필순 ⼀ ⼻ 臣 臣 臽 臽 鹵 鹵 鹵 鹽 鹽

기초 【기초한자어】 익히고, 【기본→발전한자어】 다지기
鹽田(염전) 바닷물을 끌어들여 논이나 밭처럼 만들어 놓은 곳
鹽素(염소) 할로겐 원소의 하나
鹽分(염분) 소금기
• 염화나트륨을 전기 분해하여 나트륨 제조 부산물로 얻는 것이 鹽酸이다.
• 넓은 鹽田에는 짜디 짠 鹽分으로 얼룩져서 소금 맛이 가시지 않는다.

기본 ③Ⅱ鹽化(염화) 食鹽(식염) 巖鹽(암염) 竹鹽(죽염) 鹽基性(염기성) 天日鹽(천일염) ②鹽酸(염산)

발전 ①鹽醢(염혜)

사자성어 ②᪐驥服鹽車(기복염거)

	부수	획수	총획
影	彡	12	15

그림자 영 :【1299】

字源 〈회의〉햇빛이나 불빛이 잘 비치면 물체의 반대 방향에 그림자가 생긴다. 거기에 나타나는 그 끝 부분이 머리카락처럼 아롱거린다. 물체가 빛을 가리어 물체의 뒤에 나타난 형상이다. 밝은 햇빛(景)에 의해서 물체 모양이 머리카락(彡)처럼 아롱거리는 일종의 형상으로 [그림자(影)]를 뜻하고 [영]으로 읽는다.
回景(볕 경)

필순 口 日 旦 甼 昙 景 景 景 影 影 影

기초 【기초한자어】 익히고, 【기본→발전한자어】 다지기
影響(영향) 다른 사물에 미쳐 반응이나 변화를 주는 일
影像(영상) 화상을 그린 족자. 영정
近影(근영) 최근에 찍은 인물의 사진
• 아이는 부모의 교훈적인 影響을 많이 받는다.

3급Ⅱ

• 이것은 近影이라서 影像이 살아 있는 듯하구나.

기본 ③Ⅱ 影印(영인) 影殿(영전) 反影(반영) 暗影(암영) 眞影(진영) 兔影(토영) 投影(투영)

발전 ② 隻影(척영) 艦影(함영) 弦影(현영) 幻影(환영) 射影軸(사영축) ① 影庇(영비) 駒影(구영) 帆影(범영) 閃影(섬영) 疎影(소영) 攝影(촬영) 鞭影(편영) 泡影(포영)

부수	획수	총획
言	14	21

기릴 예 :
명예 예 :【1300】

字源 〈형성〉 겸손한 마음과 덕망 높은 학문과 인품이 있으면 칭찬하여 사람 입에 오르내린다. 받들어 생각하고 오래도록 기린다. 세상에 널리 인정받아 얻은 좋은 평판이나 이름이다. 여러(與) 사람이 서로 입을 모아서 행적을 칭찬하니(言) 그 훌륭한 업적과 [명예(譽)]를 높게 [기리다(譽)]는 뜻이고 [예]로 읽는다.
圖 頌(기릴 송) 讚(기릴 찬) 回 擧(들 거) 약 誉

필순 ⺈ ⺈ ⺈ 兩 蒒 蒒 蒒 與 與 譽

기초 【기초한자어】 익히고, 【기본→발전한자어】 다지기
榮譽(영예) 빛나는 명예
名譽(명예) 세상에서 인정받는 좋은 이름이나 자랑
譽言(예언) 기리는 말
• 동음이의어인 譽言과 豫言은 전혀 다른 용어로 의미상의 주의가 요망된다.
• 그의 名譽에 걸맞은 榮譽로운 훈장을 받았다.

발전 ① 溢譽(일예) 諂譽(첨예)

부수	획수	총획
心	7	10

깨달을 오 :
【1301】

字源 〈형성〉 한때의 잘못을 뉘우치고 참되게 살아가려는 사람이 많다. 오히려 더 값있고 뜻있는 삶일 수 있을 게다. 노력한 끝에 이제야 이해하여 인간의 참뜻을 알게 되었겠다. 자기(吾) 자신의 마음(忄←心)을 깊이 반성하고 오직 참되고 진실하게 살아가려고 다짐했었으니 [깨닫다(悟)]는 뜻이고 [오]로 읽는다.
圖 覺(깨달을 각) 回 俉(맞이할 오)

필순 ⺀ ⺀ 忄 忄 忏 㤗 悟 悟 悟 悟

기초 【기초한자어】 익히고, 【기본→발전한자어】 다지기
覺悟(각오) 앞으로 닥쳐 올 일을 미리 깨달아 마음을 작정함. 결심함
悟悅(오열) 깨달아 희열을 느낌

悟性(오성) 지성이나 사고의 능력
• '기쁨, 노여움, 욕심, 두려움, 근심' 등이란 五性과 悟性은 전혀 다르다.
• 이 일에 참여하게 되어 이제 覺悟하면서 진심으로 悟悅을 느꼈습니다.

기본 ③Ⅱ 悔悟(회오)

발전 ① 憬悟(경오) 醒悟(성오) 夙悟(숙오)

사자성어 ②Ⅱ 頓悟漸修(돈오점수)

부수	획수	총획
火	6	10

까마귀 오【1302】

字源 〈상형〉 짐승은 눈이 생명이고 그 중심이라 말한다. 초롱초롱한 눈이 동물 자신을 대표하고 사물을 구별하기도 한다는 이야기가 많다. 까마귀는 몸빛이 검고 울음소리가 흉하며, 잡식성이다. 눈까지도 모두 새카만 검은 새(鳥)인데도 새가 눈(一)을 빠트려 버린 모양을 본떠서 [까마귀(烏)]를 뜻하고 [오]로 읽는다.
回 島(섬 도) 鳥(새 조) 嗚(슬플 오)

필순 ⺊ ⺊ ⺊ ⺊ ⺊ 烏 烏 烏 烏 烏

기초 【기초한자어】 익히고, 【기본→발전한자어】 다지기
慈烏(자오) 은혜 갚음할 줄 아는 새라는 뜻
烏金(오금) 장식용의 검붉은 쇠붙이
烏竹(오죽) 대나무의 일종. 검은 대나무
• 사람의 탈을 쓰고 은혜를 몰라서는 안 되지. 慈烏쯤만 된다면야 걱정이 없겠구나.
• 고운 烏金으로 장식한 검은 대나무로 만든 烏竹지팡이가 참 멋있다.

기본 ③Ⅱ 烏石(오석) 烏有(오유) 烏呼(오호) 烏骨鷄(오골계) ③ 烏竹軒(오죽헌)

발전 ① 烏帽(오모) ②Ⅱ 烏蟾(오섬) 烏桓(오환) 烏水晶(오수정) ① 烏巾(오건) 烏喙(오훼)

사자성어 ③Ⅱ 烏合之卒(오합지졸) ③ 烏飛梨落(오비이락) ②Ⅱ 烏焉魚魯(오언어로)

부수	획수	총획
犬	10	14

옥 옥【1303】

字源 〈회의〉 낯선 개끼리 만나면 물고 뜯고 싸운다. 개가 다투듯이 사람이 싸워 피해를 주면 감옥에 가둔다. 죄인을 가두어 둔 곳으로 유의어는 '교도소(矯導所), 형무소(刑務所)'이다. 사나운 개(犭)와 개(犬) 둘이 마구 다투듯이 말(言)과 행동으로 싸웠던 사람을 벌을 주었다했으니 [옥(獄)]을 뜻하고 [옥]으로 읽는다.

3급Ⅱ

國牢(우리 뢰) 圄(옥 어) 回嶽(큰산 악)

[필순] ノ ゝ ｽ ｽ ｽ ｽ ｽ ｽ ｽ 獄 獄

[기초] 【기초한자어】 익히고, 【기본→발전한자어】 다지기
投獄(투옥) 옥에 가둠. 감옥에 넣음
獄事(옥사) 반역, 살인 등의 중대한 범죄를 다스리는 일
獄苦(옥고) 옥살이 고생
• 獄事를 反逆이라고 했으니 중대한 범죄와 관련해 다스리는 일이다.
• 投獄된 지 5년 동안 獄苦를 치르고 나서 이번에 특사로 풀렸다.

[기본] ③I 獄舍(옥사) 獄死(옥사) 獄中(옥중) 監獄(감옥) 疑獄(의옥) 地獄(지옥) 出獄(출옥) 脫獄(탈옥) 下獄(하옥) ③ 繫獄(계옥)

[발전] ② 煉獄(연옥) ②③ 踰獄(유옥) ① 獄牢(옥뢰) 獄圄(옥어) 劫獄(겁옥) 冤獄(원옥) 廠獄(창옥) 檻獄(함옥)

부수	획수	총획
瓦	0	5

기와 와 : 【1304】

[字源] 〈상형〉 기와는 도구를 사용하여 흙으로 빚고 커다란 가마굴에 넣어 잘 굽는다. 기와집은 초가집에 비하여 튼튼하고 오래 가는 집이다. 기와는 지붕을 덮는 데 쓰는 건축 재료의 하나이다. 흙으로 빚어서 잘 다듬고 가마굴에 넣어서 잘 구워서 만들었던 기와 모양을 본떠서 [기와(瓦)]를 뜻하고 [와]로 읽는다.
回互(서로 호)

[필순] 一 丁 瓦 瓦 瓦

[기초] 【기초한자어】 익히고, 【기본→발전한자어】 다지기
陶瓦(도와) 잿물은 덮어 씌워서 구워 만든 기와. 질기와
瓦解(와해) 기와가 깨지듯이 사물이 깨져 산산이 흩어짐
瓦雀(와작) 참새
• 흔히들 瓦雀이라 했으니, 기와집 위에서 재잘거린 참새 떼는 아닐까.
• 귀중한 陶瓦들이 굴러온 바위로 인해 절반쯤은 瓦解되었다.

[기본] ③I 瓦器(와기) 瓦當(와당) 瓦全(와전) 瓦解(와해) 蓋瓦(개와) 弄瓦(농와)

[발전] ② 瓦縫(와봉) 煉瓦(연와) ②③ 瓦甕(와옹) ① 瓦礫(와력) 瓦瓏(와롱) 瓦盆(와분) 瓦窯(와요) 瓦盞(와잔) 瓦樽(와준) 牡瓦(모와)

부수	획수	총획
糸	9	15

느릴 완 : 【1305】

[字源] 〈형성〉 실을 잡고 잡아당기거나 꼭 잡아매 놓으면 느슨하게 늘어진다. 축 처져서 힘이 없이 더디고 느리게도 보인 경우가 흔하다. 어떤 동작을 하거나 움직이는 데 걸리는 시간이 길다. 실(糸)을 잡아당겨서(爰) 느슨하게 [늘어지다(緩)]는 뜻과 함께 행동이 조금은 더디었으니 [느리다(緩)]는 뜻이고 [완]으로 읽는다.
國徐(천천할 서) 遲(더딜 지) 凹急(급할 급) 速(빠를 속) 回暖(따뜻할 난) 援(도울 원)

[필순] ノ ㄠ ㅅ 糸 糸 糸 糸 綒 綒 緩 緩

[기초] 【기초한자어】 익히고, 【기본→발전한자어】 다지기
緩衝(완충) 충돌을 완화시킴
緩慢(완만) 행동이 느릿느릿함
緩急(완급) 느려짐과 바쁨. 일의 느림과 빠름
• 우리의 緩衝 지대인 DMZ은 휴전선으로부터 남북 각각 2km 지역이다.
• 이제는 제발 서둘지 말고 緩急을 가려 緩慢하게 일을 해야만 되지 않겠니.

[기본] ③I 緩行(완행) 緩刑(완형) 緩和(완화) 徐緩(서완)

[발전] ② 緩下劑(완하제) ②③ 舒緩(서완) ① 緩輅(완뢰) 緩箭(완전) 緩頰(완협) 弛緩(이완)

[사자성어] ③I 緩衝地帶(완충지대)

부수	획수	총획
心	11	15

욕심 욕 【1306】

[字源] 〈회의〉 욕심은 어떤 물건을 정도에 지나치게 탐내거나 누리고자 하는 마음이다. 매우 지나친 욕심이 사람을 다치게 한다고 한다. 유의어로는 욕기(欲氣), 욕념(欲念), 심욕(心慾) 등이 있다. 어떤 일을 하고 싶어 하거나(欲) 물건을 갖고 싶은 충동적인 마음(心)이 생겼으니 널리 [욕심(慾)]을 뜻하고 [욕]으로 읽는다.
國貪(탐할 탐) 回欲(하고자 할 욕)

[필순] ノ ゝ 谷 谷 谷 谷 欲 欲 慾 慾

[기초] 【기초한자어】 익히고, 【기본→발전한자어】 다지기
貪慾(탐욕) 사물을 지나치게 탐하는 욕심
食慾(식욕) 음식을 먹고 싶어 하는 욕심
過慾(과욕) 지나친 욕망
• 흔히 '過慾은 禁物'이라고 말한다. 지나치게 욕심을 많이 부림을 뜻한다.

• 貪慾스러운 사람이 食慾대로 먹더니만 결국에는 심한 배탈이 났다.

기본 ③Ⅱ 慾求(욕구) 慾望(욕망) 慾心(욕심) 寡慾(과욕) 禁慾(금욕) 物慾(물욕) 邪慾(사욕) 色慾(색욕) 性慾(성욕) 愛慾(애욕) 野慾(야욕) 肉慾(육욕) 意慾(의욕) 情慾(정욕) 虛慾(허욕) 權力慾(권력욕)

발전 ②釣名慾(조명욕) ①嗜慾(기욕) 奢慾(사욕) 穢慾(예욕)

사자성어 ③Ⅱ 私利私慾(사리사욕)

부수	획수	총획
欠	7	11

하고자 할 욕 【1307】

字源 〈형성〉 '먹고 싶은 욕망'을 생리적인 제1차적인 욕구라고 한다. 욕구가 충족되면 사회적인 욕구나 자기실현의 욕구가 실현되겠다. 두 가지 욕구는 다 원초적인 욕구겠다. 음식이 많이 먹고 싶듯이 입을 골짜기(谷)처럼 크게 벌려(欠) 물건을 탐내면서 하려고 애쓰니 [하고자 하다(慾)]는 뜻이고 [욕]으로 읽는다.

回慾(욕심 욕)

필순 ハ ク グ 父 谷 谷 谷 谷 欲 欲

기초 【기초한자어】 익히고, 【기본→발전한자어】 다지기
欲情(욕정) 한 순간의 충동으로 일어나는 욕심
欲心(욕심) 자기만을 이롭게 하고자 하는 마음
欲望(욕망) 무엇을 하거나 가지고자 하는 바람

• 한 순간의 欲情을 충족하려는 과욕이 그를 평생 불구자로 만들었다.
• 그는 자기의 欲望을 다 자제하지 못하고 늘 欲心만 부렸던 고집쟁이다.

기본 ③Ⅱ 寡欲(과욕) 情欲(정욕)

발전 ②欲塵(욕진) ①遥欲(영욕)

사자성어 ③Ⅱ 欲求不滿(욕구불만)

부수	획수	총획
辰	3	10

욕될 욕 【1308】

字源 〈회의〉 '욕되다'는 부끄럽고 명예롭지 못하여 치욕스러움이라 하겠다. 농경시대에 '농자천하지대본'이라 하였다. 나라에서 농사를 장려했고 게을러서 농사짓는 철을 놓쳐 가꾸지 않은 자는 벌을 받았다. 농사짓는 철(辰)을 그냥 놓친 자에게 법도(寸)에 따라 벌을 주었으니 [욕되다(辱)]는 뜻이고 [욕]으로 읽는다.

圖恥(부끄러울 치) 回榮(영화 영)

필순 一 厂 厂 戶 戶 辰 辰 辰 辱 辱

기초 【기초한자어】 익히고, 【기본→발전한자어】 다지기
恥辱(치욕) 부끄럽고 욕됨. 불명예
屈辱(굴욕) 남에게 눌리어 업신여김을 받음
困辱(곤욕) 괴로움과 모욕을 당함

• 困辱스러운 수치를 당할 바에야 차라리 감옥에 보내주오.
• 지금껏 屈辱을 무릅쓰고 일한 결과는 恥辱뿐이었소.

기본 ③Ⅱ 辱臨(욕림) 辱說(욕설) 辱知(욕지) 苦辱(고욕) 逢辱(봉욕) 雪辱(설욕) 榮辱(영욕) 忍辱(인욕) ③侮辱(모욕) 汚辱(오욕)

발전 ①窘辱(군욕) 凌辱(능욕) 撻辱(달욕) 罵辱(매욕) 羞辱(수욕) 戮辱(육욕) 挫辱(좌욕) 叱辱(질욕)

부수	획수	총획
人	9	11

짝 우 : 【1309】

字源 〈형성〉 '짝'은 서로 어울린 한 벌이나 한 쌍을 이루는 것이다. 원숭이가 진화되어 사람이 되었다고 전하기는 한다. 그래서 원숭이는 사람과 우연히도 많이 닮았다고 말한다. 원숭이(禺)가 사람(亻)과는 우연하게 닮아서인지 원숭이도 사람처럼 암수 한 쌍이 [배필(偶)]을 만났으니 [짝(偶)]을 뜻하고 [우]로 읽는다.

圖配(짝 배) 匹(짝 필) 伴(짝 반) 回遇(만날 우) 愚(어리석을 우)

필순 亻 亻 亻 伊 伊 伊 偶 偶 偶 偶

기초 【기초한자어】 익히고, 【기본→발전한자어】 다지기
對偶(대우) 대칭이 되어 있는 것
偶然(우연) 필연적 법칙에 포섭되지 않는 개념
偶像(우상) 목석이나 쇠붙이로 만든 신불이나 사람의 형상

• 어떤 사물의 對偶에 있어 거울을 보듯이 틀림없는 한 쌍이다.
• 그는 이번 여행에서 偶然하게도 고대의 偶像을 발견하였다.

기본 ③Ⅱ 偶發(우발) 偶數(우수) 偶人(우인) 配偶者(배우자) ③伴偶(반우)

발전 ①偕遇(해우)

사자성어 ③Ⅱ 偶像崇拜(우상숭배)

부수	획수	총획
宀	3	6

집 우 : 【1310】

字源 〈형성〉 지구상의 수증기가 햇볕을 받아 대기의 우주 공간

으로 올라 지붕과 같은 아주 커다란 층을 이룬 공간이 된다. 수증기가 끝없는 우주로 올라간 것으로 판단했겠다. 수증기가 고루 퍼져서(于) 하늘의 대기층에 지붕(宀)을 만들면서 커다란 한 우주 공간을 이루었다 했으니 [집(宇)]을 뜻하고 [우]로 읽는다.
圖 家(집 가) 宙(집 주) 堂(집 당) 屋(집 옥) 館(집 관) 室(집 실) 宅(집 택) 回 于(어조사 우) 字(글자 자)

필순 丶丶宀宀宇宇

기초 【기초한자어】 익히고, 【기본→발전한자어】 다지기
天宇(천우) 하늘의 전체
氣宇(기우) 기개와 도량
宇宙(우주) 세계. 천지. 공간과 시간의 모두. 누리. 모든 천체가 속한 공간
• 宇宙에는 수억만 개의 별들이 있어 밤이면 '별들의 합창'이 은은하게 들리는 듯하다.
• 天宇에 대고 하소연을 한들, 나의 氣宇와 바꿀 수는 없을 것이외다.

기본 ③ 屋宇(옥우) 殿宇(전우) 宇宙船(우주선) 宇宙人(우주인)
발전 ② 棟宇(동우) 峻宇(준우) ② 蓬宇(봉우) ① 紺宇(감우) 梵宇(범우) 祠宇(사우)
사자성어 ② 瓊樓玉宇(경루옥우)

부수	획수	총획
心	9	13

어리석을 우
【1311】

字源 〈형성〉 생각이 단순하고 고지식한 사람은 어리석다. 사람처럼 생긴 원숭이 또한 어리석은 짓을 한다. 슬기롭지 못하면서 둔하다. 유의어는 '꺼벙하다. 아둔하다' 등이 쓰인다. 사람의 생각(心)이 극히 단순하여 원숭이(禺)처럼 어리석고 자신이 하는 짓이 고지식하다 했으니 [어리석다(愚)]는 뜻이고 [우]로 읽는다.
圖 癡(어리석을 치) 頑(완고할 완) 凹 賢(어질 현) 智(슬기 지) 回 遇(만날 우) 偶(짝 우)

필순 口日甲禺禺禺禺愚愚愚

기초 【기초한자어】 익히고, 【기본→발전한자어】 다지기
愚弄(우롱) 사람을 바보로 만들어 놀림
愚鈍(우둔) 어리석고 둔함
愚見(우견) 어리석은 생각
• 보시게, 이제라도 그 愚見을 얼른 벗어던지고 사과부터 먼저 하시게.
• 愚鈍한 사람은 자기를 愚弄하는 줄도 모르고 헐레벌떡 날뛴다.

기본 ③ 愚問(우문) 愚民(우민) 愚惡(우악) 愚弟(우제) 愚直(우직) 暗愚(암우) ③ 愚劣(우열)
발전 ② 愚衷(우충) ② 愚魯(우로) ① 愚衲(우납) 愚駑(우노)

愚童(우동) 愚陋(우루) 愚昧(우매) 愚闇(우암) 愚癡(우치) 樸愚(박우) 疎愚(소우) 蠢愚(준우) 癡愚(치우)
사자성어 ③ 愚問賢答(우문현답) 愚民政治(우민정치)

부수	획수	총획
心	11	15

근심 우【1312】

字源 〈형성〉 학교에서나 집에서 걱정되는 일이 있으면 머리가 매우 묵직하다. 발걸음 또한 터벅터벅 매우 무겁기만 하다. 아직 해결되지 않은 일 때문에 속을 태우거나 우울해하는 증상이다. 머리(頁) 속에 근심(心)이 많아서 발걸음(夂)이 차마 떨어지지 않고 무겁기만 했으니 [근심(憂)]을 뜻하고 [우]로 읽는다.
圖 愁(근심 수) 患(근심 환) 慮(생각할 려) 回 優(넉넉할 우)

필순 一丆丆百百直亘亘夏憂憂

기초 【기초한자어】 익히고, 【기본→발전한자어】 다지기
憂患(우환) 근심이나 걱정되는 일. 질병
憂愁(우수) 근심과 걱정
憂慮(우려) 잘못되지 않을까 걱정하는 것
• 동음이의어인 憂愁와 優秀는 전혀 다르게 쓰이니 주의가 요망된다.
• 혹 자기에게 닥칠지도 모르는 憂患을 미리 심하게 憂慮하고 있는 듯하다.

기본 ③ 憂民(우민) 內憂(내우) 丁憂(정우)
발전 ② 憂鬱(우울) 憂焦(우초) ② 憂悶(우민) 殷憂(은우) ① 憂襟(우금) 憂悶(우민) 憂憊(우비) 憂擾(우요) 憂惶(우황) 杞憂(기우) 宸憂(신우)
사자성어 ③ 內憂外患(내우외환) 識字憂患(식자우환)

부수	획수	총획
羽	0	6

깃 우 : 【1313】

字源 〈상형〉 날짐승은 두 날개로 훨훨 날아다니기도 하고 적과 맞서서 잘도 싸운다. 그래서 날개가 때로는 손이 되고 발이 되기도 했다. 새의 몸을 덮고 있는 털이며 새의 날개라고도 한다. 날짐승의 좌우에 양 날개가 붙어 있고, 하늘 높이 날 수 있는 두 날개의 모양을 두루 본떠서 [깃(羽)]을 뜻하고 [우]로 읽는다.
圖 翼(날개 익)

필순 丁丁刁羽羽羽

기초 【기초한자어】 익히고, 【기본→발전한자어】 다지기
項羽(항우) 중국 진나라 말엽의 무장

羽翼(우익) 새의 날개. 윗사람을 도와서 일하는 사람
羽衣(우의) 선녀나 신선이 입는다는 새의 깃으로 만든 옷
• 동음이의어인 羽衣와 友誼는 전혀 다르니 사용상의 주의가 요망된다.
• 項羽는 이번 싸움에서 그의 羽翼으로 누구를 쓸 것인지 고심했다.

기본 ③Ⅱ 羽毛(우모) 羽聲(우성)
발전 ②8 鷲羽(노우) ① 羽檄(우격) 羽鱗(우린) 羽觴(우상) 羽扇(우선) 駁羽(박우) 迅羽(신우) 鱗羽(인우)

부수	획수	총획
音	10	19

운 운 : 【1314】

字源 〈형성〉 여러 사람이 글을 읽을 때 높낮이 조화를 이룬 운을 맞추었다. 노래를 부를 때나 시를 낭송할 때도 운을 맞추었다. 한시를 지을 때에 음률에 맞는 운을 맞추어 썼다. 구성진 노래 소리(音)가 둥글고(員) 고르게 어울려서 아름다운 조화로 이루어지는 운치나 울림으로 인한 [운(韻)]을 뜻하고 [운]으로 읽는다.
回 損(덜 손)

필순 ⺗ ⺋ ⾳ 音 音 音 韻 韻 韻 韻 韻

기초 【기초한자어】 익히고, 【기본→발전한자어】 다지기
餘韻(여운) 남아 있는 운치나 울림
韻致(운치) 고아한 품격을 갖춘 멋
韻律(운율) 시문의 음성적 형식
• 韻律에는 내재율과 외재율이 있다.
• 그 산에는 韻致있는 산사의 정경이 잔잔한 餘韻으로 남아 있는 듯하다.

기본 ③Ⅱ 韻文(운문) 韻士(운사) 音韻(음운) ③ 押韻(압운)
발전 ① 窄韻(착운)

부수	획수	총획
走	5	12

넘을 월 【1315】

字源 〈형성〉 적이 쳐들어오지 못하게 우리 땅에 진지를 구축했다. 적을 물리치려면 철조망 같은 경계선을 넘어가 선제공격이 필요했다. 일정한 범위나 기준을 벗어나거나 지난 일이겠다. 적군을 후려치고 도끼(戉) 같은 예리한 무기를 들고 적진 경계선을 뛰어 넘어 달려갔으니(走) [넘다(越)]는 뜻이고 [월]로 읽는다.
回 超(뛰어넘을 초)

필순 ⼟ ⺉ ⺹ ⾖ 走 走 走 越 越 越

기초 【기초한자어】 익히고, 【기본→발전한자어】 다지기
超越(초월) 어떤 한계나 표준을 넘음
越等(월등) 차이가 현격함
越冬(월동) 겨울을 살아 넘김
• 자네가 그만큼 성장하였구먼, 나의 실력을 超越하다니 원…
• 수입이 越等하게 많아져서 越冬하기에는 별로 어렵지 않겠다.

기본 ③Ⅱ 越境(월경) 越權(월권) 越南(월남) 越班(월반) 越北(월북) 越尺(월척) 越便(월편) 陵越(능월) 貸越(대월) 優越(우월) 移越(이월) 追越(추월) 卓越(탁월)
발전 ②8 吳越(오월) ① 越蹈(월도) 隕越(운월)
사자성어 ② 越女齊姬(월녀제희) ②8 吳越同舟(오월동주)

부수	획수	총획
言	9	16

이를 위 【1316】

字源 〈형성〉 '위'의 중요기능은 음식을 주물러 소화시키는 데 있다. 말도 설득력 있게 상대를 감동. 감화시켜야 성공할 수 있다. 옛 문헌에 가르침이 되는 말을 하거나 전하는 구절이겠다. 위(胃)가 음식물을 주므르듯이 말(言)을 썩 잘하여 상대를 잘 주물러 설득해 타일렀으니 [이르다(謂)]는 뜻이고 [위]로 읽는다.
⑤ 云(이를 운)

필순 ⼀ ⼂ ⾔ 言 言 言 言 謂 謂 謂 謂 謂 謂

기초 【기초한자어】 익히고, 【기본→발전한자어】 다지기
云謂(운위) 입에 올려 말하는 것
所謂(소위) 이른바. 세상에서 흔히 말하는 바
可謂(가위) '어떠어떠하다고 할 만함'을 이름
• 所謂 남자가 어찌 그렇게 조잔하단 말인가. 이건은 도저히 안 될 말이지.
• 당신은 이제 可謂 이 문제를 더 이상 云謂할 자격이 있겠는가?

기본 ③Ⅱ 稱謂(칭위) 或謂(혹위) 眞所謂(진소위)

부수	획수	총획
人	12	14

거짓 위 【1317】

字源 〈형성〉 원숭이는 사람의 흉내를 잘 낸다. 과자를 먹기도 하고 앉아서 수저를 들고 밥 먹는 등 각가지 시늉을 다 낸다. 그렇다고 원숭이가 사람은 아니다. 즉 사실이 아닌 것을 사실처럼 꾸민 것이다. 원숭이가 사람(亻) 흉내는 낼 수 있지만(爲) 특별한 의미가 없었지만 하는 짓이 [거짓(僞)]임을 뜻하고 [위]로 읽는다.

圖假(거짓 가) 訛(그릇될 와) 凹眞(참 진) 凹爲(할 위)
凹僞

필순

기초 【기초한자어】 익히고, 【기본→발전한자어】 다지기
僞裝(위장) 본래의 속셈이나 모습이 드러나지 않도록 거짓으로 꾸미는 것
僞善(위선) 본심에서가 아니라 겉으로만 하는 착한 일
僞計(위계) 거짓 계획. 허위의 계책
• 동음이의어인 僞計와 位階는 전혀 다르니 사용상의 주의가 요망된다.
• 이제는 그만 僞善으로 이것을 몽땅 僞裝한 모습이 드러났네.

기본 ③1 僞造(위조) 僞證(위증) 眞僞(진위) 虛僞(허위) ③ 僞冒(위모) 僞幣(위폐) 矯僞(교위)

발전 ② 僞膜(위막) 僞札(위찰) 僞勳(위훈) ① 僞烽(위봉) 訛僞(와위)

사자성어 ③ 僞造紙幣(위조지폐)

	부수	획수	총획
	肉	5	9

밥통 위 【1318】

字源 〈회의〉 논밭에 식물이 자라듯이 밥통이 사람 몸을 건강하게 하는 것으로 보았다. 밥통을 논밭으로 생각했던 것도 같았다. 동물의 소화 기관의 하나인바, 위장에 딸린 인대이다. 논밭(田)에 곡식이 잘 자라듯이 사람 몸(月)에 이롭게 하는 음식을 담아 먹어 소화시켜주었으니 [밥통(胃)]을 뜻하고 [위]로 읽는다.
凹骨(뼈 골) 冒(무릅쓸 모)

필순

기초 【기초한자어】 익히고, 【기본→발전한자어】 다지기
健胃(건위) 위장을 튼튼하게 함
胃臟(위장) 위와 창자
胃液(위액) 위선에서 분비되는 무색, 투명, 무취의 강산성 소화액
• 이제 우리 나이도 제법 들어가니 健胃로 다스리는 것이 좋겠습니다.
• 몸의 胃液의 분비가 너무 많아도 胃腸에 별로 좋지 않다고 한다.

기본 ③1 胃壁(위벽) 胃散(위산) 胃炎(위염) 胃痛(위통)

발전 ② 胃酸(위산) 胃癌(위암) ① 脾胃(비위)

사자성어 ② 胃酸過多(위산과다)

	부수	획수	총획
	幺	2	5

어릴 유 【1319】

字源 〈회의〉 어린아이는 힘이 약하고 생각도 미치지 못한다. 오직 피부에 닿는 것, 눈에 보이는 것, 그리고 먹는 것이 전부이다. 나이가 상대적으로 적거나 생후 얼마 되지 않는 나이이다. 아직 힘(力)이 미치지 못해 작고(幺) 연약한 어린 아이들이 하는 짓이 어리광스러웠으니 [어리다(幼)]는 뜻이고 [유]로 읽는다.
圖稚(어릴 치) 兒(아이 아) 少(적을 소) 凹老(늙을 로) 長(어른 장) 凹幻(헛보일 환)

필순

기초 【기초한자어】 익히고, 【기본→발전한자어】 다지기
幼蟲(유충) 아직 성충이 되기 전인 애벌레. 새끼벌레
幼兒(유아) 어린아이
幼年(유년) 나이가 어림
• 흔히 새끼벌레라 했나니, 아직 성충 이전의 애벌레가 幼蟲이다.
• 幼兒들이 성년이 되어 幼年시절의 일들을 잘 기억할 수는 없겠지.

기본 ③1 老幼(노유) 長幼(장유) 幼稚園(유치원)

발전 ②3 幼艾(유애) ① 幼孺(유나) 幼齡(유령) 幼昧(유매)

사자성어 ③1 長幼有序(장유유서)

	부수	획수	총획
	幺	6	9

그윽할 유 【1320】

字源 〈회의〉 깊은 산속의 골짜기는 멀리서 보면 굽이침이 아득하다. 숨어 있는 것처럼 그윽하게도 보인 곳이다. 주위 환경에 잘 드러나지도 않게 깊고도 평안했었으니 마음의 휴양처라 한다. 깊은 산(山)속 작은(幺幺) 골짜기들의 굽이침이 아득하게 숨어있는 것처럼 보였으니 [그윽하다(幽)]는 뜻이고 [유]로 읽는다.

필순

기초 【기초한자어】 익히고, 【기본→발전한자어】 다지기
幽玄(유현) 사물의 이치를 헤아리기 어려울 만큼 깊음
幽閉(유폐) 아주 깊이 가두어 둠
幽靈(유령) 죽은 사람의 혼령
• '여보게 친구, 이제는 우리도 幽玄의 나이에 접어들었지 않나 싶네.' 건강에 힘들 쓰세나.

3급II

• 이 산사에는 幽閉된 집에 幽靈이 나온다는 소문이
나기 시작했다.

[기본] [3Ⅱ] 幽界(유계) 幽谷(유곡) 幽明(유명) 幽雅(유아) 幽宅
(유택) 幽偏(유편)

[발전] [2] 幽僻(유벽) 幽鬱(유울) [28] 幽塏(유개) 幽浚(유준)
[1] 幽禽(유금) 幽靈(유령) 幽酒(유루) 幽梵(유범) 幽棲
(유서) 幽曖(유애) 幽圄(유어) 幽裔(유예) 幽窅(유오)
幽蘊(유온) 幽枉(유왕) 幽寃(유원) 幽蟄(유칩) 幽遐
(유하) 幽晦(유회) 幽欣(유흔)

[사자성어] [3Ⅱ] 深山幽谷(심산유곡)

부수	획수	총획
心	7	11

멀 유【1321】

[字源] 〈형성〉 바쁜 가운데에서 한가한 시간을 갖는다. 사색하고
독서하는 현대인이 아쉽다고 한다. '동중정'이라고나 할
수 있을까. 아직은 거리가 많이 떨어졌거나 시간적인 간
격은 멀겠다. 아직은 많이 남아서 아득하리(攸)만큼 마음
(心)의 여유가 있다 했으니 한가롭기만 하여 [멀다(悠)]는
뜻이고 [유]로 읽는다.
동 遙(멀 요) 遠(멀 원) 久(오랠 구) 땐 近(가까울 근) 비 愁
(근심 수)

[필순] 亻 亻 亻 忄 忄 攸 攸 攸 悠 悠 悠

[기초] 【기초한자어】 익히고, 【기본→발전한자어】 다지기
悠長(유장) 길고 오램
悠悠(유유) 아득하게 먼 모양
悠然(유연) 유유하여 태연함
• 동음이의어인 悠然와 遊宴은 전혀 다르니 사용에
주의가 요망된다.
• 悠悠하게 흐르는 저 강은 悠長한 역사를 알고 있
는지 모르겠다.

[기본] [3Ⅱ] 悠久(유구) 悠隔(유격)
[발전] [2] 鬱悠(울유) [1] 悠緬(유면)
[사자성어] [3Ⅱ] 悠悠自適(유유자적)

부수	획수	총획
木	5	9

부드러울 유
【1322】

[字源] 〈회의〉 겨우내 움츠리고 있던 나무의 싹눈이 따뜻한 봄볕
을 받아 뾰족하게 고개를 내밀었다. 그 뾰족함이 마치 창
끝처럼 생겼다. 스치거나 닿는 느낌이 거칠지 않고 연하
며 매끈하다. 새로 나온 나무(木)의 순이 창(予) 끝처럼 뾰
족하게 돋아나면서 달려있으니 [부드럽고(柔)] 연약하다

는 뜻이고 [유]로 읽는다.
동 軟(연할 연) 懦(나약할 나) 땐 堅(굳을 견) 硬(굳을 경) 固
(굳을 고) 確(굳을 확)

[필순] 一 マ ㄱ 予 矛 柔 柔 柔 柔

[기초] 【기초한자어】 익히고, 【기본→발전한자어】 다지기
柔弱(유약) 몸이나 마음이 약함
柔順(유순) 성질이 부드럽고 온순함. 공손함
柔道(유도) 몸의 단련과 정신수양을 목적으로 하는
무술
• 그는 어릴 적부터 柔順하게 자라더니 커서도 성격
이 부드럽고 좋다.
• 힘으로 쏟아 붓는 柔道는 柔弱한 사람의 몸을 강
하게 만든다.

[기본] [3Ⅱ] 柔軟(유연) 剛柔(강유) 內柔(내유) 溫柔(온유) 外柔
(외유) 優柔(우유) 懷柔(회유)
[발전] [2] 柔翰(유한) 柔滑(유활) 輯柔(집유) [1] 柔撫(유무)
柔媚(유미) 柔宛(유완) 柔脆(유취) 猫柔(묘유)
[사자성어] [3Ⅱ] 外柔內剛(외유내강) 優柔不斷(우유부단)

부수	획수	총획
犬	9	12

오히려 유【1323】

[字源] 〈형성〉 괴수 우두머리는 일을 할 때 망설이며 선뜻 결정
하지 못한다. 판단력이 약하고 자기 힘만 믿기 때문이겠
다. 일반적인 기준이나 짐작이나 기대와는 전혀 반대되거
나 다르다. 짐승(犭←犬) 같은 괴수의 우두머리(酋)가 일
을 [머뭇거리며(猶)] 자주 달리 생각했었으니 [오히려(猶)]
를 뜻하고 [유]로 읽는다.
땐 尙(오히려 상) 由(말미암을 유) 비 尊(높을 존)

[필순] 犭 犭 犭 犷 犷 犷 狞 猶 猶 猶

[기초] 【기초한자어】 익히고, 【기본→발전한자어】 다지기
猶豫(유예) 망설여 결행하지 않음. 시일을 늦춤
猶孫(유손) 형제의 자손
猶太敎(유태교) 기원전 4세기경부터 신봉된 유태인
의 민족 종교
• 아직도 못다 하여 猶豫한 일이니 시간을 두고 생
각하자고 했다.
• 猶太敎의 猶孫들이 세계 각처에 흩어져 살면서 민
족성을 과시한다.

[기본] [3Ⅱ] 猶不足(유부족)
[발전] [1] 溝猶(구유)
[사자성어] [3Ⅱ] 猶父猶子(유부유자) 起訴猶豫(기소유예) 執行猶豫
(집행유예)

維

부수	획수	총획
糸	8	14

벼리 유【1324】

字源 〈형성〉새둥지에서 새를 잡으면 실 끝을 이어 발을 꼭 묶었다. 오직 날지 못하니 창살 없는 새장 속에 갇혀 자유롭지 못하기도 했다. 어떤 일을 하거나 글을 볼 때 뼈대가 되는 줄거리 부분이다. 새(隹)를 잡아서 함부로 날아가지 못하도록 실 끝(糸)을 매듭지어 발을 묶었으니 [벼리(維)]를 뜻하고 [유]로 읽는다.
图綱(벼리 강) 紀(벼리 기) 回經(글 경) 網(그물 망) 惟(생각할 유) 唯(오직 유)

필순 ﹄ ﹄ ﹄ 糸 糸 糸 糸 維 維 維

기초 【기초한자어】익히고, 【기본→발전한자어】다지기
維持(유지) 어떤 상태를 그대로 보존하거나 변함없이 계속 지탱함
維新(유신) 묵은 제도를 아주 새롭게 고침
• 동음이의어인 維新와 有信은 전혀 다르니 사용에 주의가 요망된다.
• 이 정권은 가급적 친정 체제를 계속 維持하기를 희망하고 있겠다는 모양새이다.
기본 ③Ⅱ 四維(사유) 維歲次(유세차) ③ 維繫(유계) 維舟(유주)
발전 ② 纖維(섬유) ②③ 迦維(가유) ① 羈維(기유) 緬維(면유)

裕

부수	획수	총획
衣	7	12

넉넉할 유:【1325】

字源 〈형성〉연극할 때 남의 옷을 빌려 입는 경우가 있다. 옷이 크고 주름져 바닥에 끌리는 경우가 많다. 어른 옷을 입어도 마찬가지다. 어떠한 기준에 충분하게 차고도 남음이 있음이겠다. 사람이 입는 옷(衣)이 너무 커서 산골짜기(谷)처럼 주름지면서도 좀 여유가 있었으니 [넉넉하다(裕)]는 뜻이고 [유]로 읽는다.
图富(부유할 부) 餘(남을 여) 足(발/족할 족) 凹貧(가난할 빈) 窮(궁할 궁) 回俗(풍속 속)

필순 ﹄ ﹄ ﹄ ﹄ 衤 衤 衤 衤 裕 裕

기초 【기초한자어】익히고, 【기본→발전한자어】다지기
豊裕(풍유) 풍요
餘裕(여유) 넉넉하고 남음이 있음
富裕(부유) 재산이나 재물이 썩 많고 넉넉함
• 동음이의어인 豊裕와 諷諭(풍유)는 다르니 사용에 주의가 요망된다.
• 그대는 선조 유덕으로 富裕한 집안에 살림살이가 餘裕있네 그래.

기본 ③Ⅱ 裕寬(유관) 裕福(유복) 裕足(유족)
발전 ① 裕綽(유작)

誘

부수	획수	총획
言	7	14

꾈 유【1326】

字源 〈형성〉어린이를 꾀는 유괴범이 있었다. 말을 그럴 듯하게 하고 물건을 주어서 달래어 꾀어낸 것이다. 그럴듯한 말이나 행동으로 속이거나 부추겨서 남을 자신이 의도한 대로 행하게 한다. 그럴 듯한 말(言)을 빼어나게(秀) 잘해서 상대방을 적절하게 달래어 끌어당겼으니 [꾀다(誘)]는 뜻이고 [유]로 읽는다.
图惑(미혹할 혹) 拐(후릴 괴) 回透(사무칠 투)

필순 ﹄ ﹄ 言 言 言 訊 誘 誘 誘 誘

기초 【기초한자어】익히고, 【기본→발전한자어】다지기
勸誘(권유) 상대편이 어떤 일을 하도록 권함
誘引(유인) 주의나 흥미를 일으켜 꾀어냄
誘發(유발) 꾀어 일으킴
• 동음이의어인 誘發와 遺髮(유발)은 다르니 사용에 주의가 요망된다.
• 그를 타이르면서 勸誘하고 誘引했지만 그는 결코 마음을 뺏기지 않았다.

기본 ③Ⅱ 誘導(유도) 誘致(유치) 誘惑(유혹) 誘導彈(유도탄)
발전 ② 誘衷(유충) ① 誘拐(유괴) 扇誘(선유) 爓誘(선유)

潤

부수	획수	총획
水	12	15

불을 윤:【1327】

字源 〈형성〉가뭄이 들면 연못에 있는 물은 줄어든다. 비가 오면 바닥도 둑도 촉촉이 적시며 물은 흠뻑 불어난 것이다. 본디 것보다 커지거나 많아지며, 몸집 따위가 이전보다 커짐이겠다. 연못에 빗물(氵)이 잘 스며들어서 둑을 촉촉이 적시어 수심이 상당히 높게 불었으니(闰) [불어나다(潤)]는 뜻이고 [윤]으로 읽는다.
图霑(젖을 점) 澤(못 택) 濕(젖을 습) 回閏(윤달 윤)

필순 ﹄ ﹄ ﹄ 氵 氵 氵 潤 潤 潤 潤 潤

기초 【기초한자어】익히고, 【기본→발전한자어】다지기
浸潤(침윤) 점점 배어 들어감
利潤(이윤) 돈벌이를 하는 동안에 남는 돈
潤澤(윤택) 물건이 풍부함
• 옷에 물을 들이거나 젖어 있을 때 浸潤을 쓴다.
• 이제는 利潤이 많아 점점 潤澤한 살림을 할 수 있

3급Ⅱ

게 되었다.

기본 ③Ⅰ 潤氣(윤기) 潤色(윤색) 潤筆(윤필)
발전 ②潤滑(윤활) 潤滑油(윤활유) ②⑧滋潤(자윤) ①潤霑
(윤점) 刪潤(산윤) 霑潤(점윤)

부수	획수	총획
乙	0	1

새 을【1328】

字源 〈상형〉 오리가 물 위에서 헤엄치며 놀고 있다. 목을 구부
려 헤엄치고 노는 모양을 본떴다고 하는 한자다. 조류인
데, 온몸이 깃털로 덮여 있고 앞다리는 날개로 변화된 모
습을 한다. 땅 속에서 이제 갓 움터 나오는 떡잎이 아직은
어려서 구부린 모양을 본떠 [새(乙)] 또는 [둘째 천간(乙)]
을 뜻하고 [을]로 읽는다.
圖鳥(새 조) 回之(갈 지)

필순 乙

기초 【기초한자어】 익히고, 【기본→발전한자어】 다지기
乙鳥(을조) '제비'의 별칭
乙夜(을야) 하룻밤을 다섯으로 나눈 그 둘째
乙巳(을사) 60갑자의 마흔 두 번째
• 乙巳년에 乙巳保護條約(을사보호조약)을 체결하
여서 붙여진 이름이다.
• 乙鳥는 땅거미 질 무렵인 乙夜에 비로소 둥지에
들었다 한다.
기본 ③Ⅰ 乙女(을녀) 乙未(을미) 乙方(을방) ③乙卯(을묘) 乙丑
(을축) 乙亥(을해)
사자성어 ③Ⅰ 甲男乙女(갑남을녀) ③乙丑甲子(을축갑자) ②⑧乙卯
倭亂(을묘왜란)

부수	획수	총획
水	8	11

음란할 음【1329】

字源 〈형성〉 물을 가까이하면 물귀신, 산을 가까이하면 산귀신
이 된다는 민담이 전한다. 음탕함을 가까이하면 쉽게 사
고가 난다는 이야기일 게다. 음탕하고 난잡하다는. 유의
어는 외설(猥褻)이다. 사람이 물(氵)을 가까이하면(壬) 사
고가 날 수 있듯이, 남녀가 가까이하게 되면 [음란하다(淫)]
는 뜻이고 [음]으로 읽는다.
圖姦(간음할 간)

필순 氵氵氵氵氵氵氵淫淫淫淫

기초 【기초한자어】 익히고, 【기본→발전한자어】 다지기
淫亂(음란) 음탕하고 난잡함

淫談(음담) 색에 관한 음탕한 이야기
淫溺(음닉) 지나치게 탐닉함
• 바르게 살아야지 淫溺에 빠져서는 안 된다.
• 이제 은근하게 淫談을 하거나 淫亂한 짓을 해서는
안 된다.
기본 ③Ⅰ 淫行(음행) 賣淫(매음) 手淫(수음) 荒淫(황음) ③姦淫
(간음)
발전 ②淫僻(음벽) 淫虐(음학) ①淫驕(음교) 淫靡(음미) 淫祠
(음사) 淫猥(음외) 淫慝(음특) 誣淫(무음) 滲淫(삼음)

부수	획수	총획
己	0	3

이미 이 :【1330】

字源 〈상형〉 논갈이나 밭갈이가 끝난 후 쟁기를 청소해 정해진
장소에 두었다. 정리정돈을 잘한 농부의 전형이다. 일정
시간보다 앞서서 일이 다 끝나거나 지난 일을 이를 때다.
쟁기의 보습 모양을 본떠 만든 글자로 바쁜 밭갈이가 [이
미(己)] 끝나서 바쁜 농사철의 일을 잠시 쉬니 [그치다(己)]
는 뜻이고 [이]로 읽는다.
圖旣(이미 기) 回己(몸 기) 巳(뱀 사)

필순 ㄱㄱ己

기초 【기초한자어】 익히고, 【기본→발전한자어】 다지기
不得己(부득이) 하는 수 없이. 어쩔 수 없이
己知(이지) 벌써 앎. 이미 앎
己往(이왕) 오래 전. 그 전
• 그렇게 된 것을 己知하고 있었다.
• 己往에 그렇게 不得己한 일이라면 기필코 성공하
기를 바라네.
기본 ③Ⅰ 己甚(이심) ③而己(이이)

부수	획수	총획
羽	11	17

날개 익【1331】

字源 〈형성〉 날짐승의 좌우 양쪽 방향에 날개가 있다. 방향은
달리하고는 있지만 모양이 똑같고 날아감을 돕는다. 새나
곤충의 몸에 달려 있어서 공중에서 날아다니는 데 쓰는
기관이다. 날짐승의 좌우 양쪽에 방향을 서로 달리한(異)
깃(羽)으로 협화하면서 날아감을 도와주는 [날개(翼)]를
뜻하고 [익]으로 읽는다.
圖羽(깃 우) 回異(다를 이)

필순 ㄱㄱㄱㄱ羽羽羿翆翼翼翼翼翼翼翼

기초 【기초한자어】 익히고, 【기본→발전한자어】 다지기
鳥翼(조익) 새의 날개
羽翼(우익) 윗사람을 도와서 일하는 사람
右翼(우익) 오른쪽 날개. 보수·국수주의·파시즘
등의 입장
• 鳥翼이 꺾인 새가 위태로워 보인다.
• 그들에서 현재 右翼에 선 사람을 경험했기에 우리
는 그를 羽翼으로 삼았다.

기본 ③Ⅱ 翼室(익실) 左翼(좌익) 鶴翼(학익)
발전 ② 翼戴(익대) ②8 翼亮(익량) 輔翼(보익) 鵬翼(붕익) 毘翼
(비익)
사자성어 ② 翼戴功臣(익대공신)

부수	획수	총획
心	3	7

참을 인【1332】

字源 〈형성〉 세상을 살아가려면 참으로 어렵고 고통스러운 일
들이 많았다. 입술을 깨물면서 참고 또 참아야만 했다. 애
써가며 억누르거나, 고통이나 어려움 등을 참고 잘 견디
어 냈다. 예리한 칼날(刃)이 사람의 심장(心)을 찌르듯이
어렵고 고통스러운 일을 끝까지 견디었으니 [참다(忍)]는
뜻이고 [인]으로 읽는다.
圖耐(견딜 내)

기초 【기초한자어】 익히고, 【기본→발전한자어】 다지기
殘忍(잔인) 인정이 없고 아주 모짊
忍耐(인내) 참고 견딤
忍辱(인욕) 어떤 모욕이나 박해에도 견딤
• 그만큼 忍耐를 했으면 이제는 忍辱하면서 끝까지
참고 살아야지.
• 그렇게 殘忍한 학대에도 불구하고 忍耐하며 지낸
슬기가 고맙네.

기본 ③Ⅱ 忍苦(인고) 忍耐(인내) 忍從(인종) 堅忍(견인) 不忍
(불인) 隱忍(은인)
발전 ① 忍凌(인릉) 堪忍(감인) 猜忍(시인)
사자성어 ③Ⅱ 目不忍見(목불인견) 隱忍自重(은인자중)

부수	획수	총획
辶	8	12

편안할 일【1333】

字源 〈회의〉 힘이 약한 토끼가 사나운 짐승에 쫓겨 도망가다가
풀숲이나 구멍에 우선 숨는다. 가슴은 뛰지만 가장 안전
하고 편안했다. 조용한 시골에 살면서 매우 평안한 마음

으로 지낸다. 몸집이 큰 짐승에게 쫓기던 토끼(兔)가 막다
른 곳까지 도망쳐서(辶) 풀숲에 숨었으니 [편안하다(逸)]
는 뜻이고 [일]로 읽는다.
圖安(편안 안) 穩(편안할 온) 回勉(힘쓸 면)

기초 【기초한자어】 익히고, 【기본→발전한자어】 다지기
安逸(안일) 쉽게 여김
逸品(일품) 아주 뛰어난 물건
逸脫(일탈) 빗나가고 벗어남
• 동음이의어인 逸品과 一品은 음은 같아도 쓰임은
조금 다르다.
• 자녀의 逸脫을 安逸하게 여겨서는 안 되겠네.

기본 ③Ⅱ 逸居(일거) 逸德(일덕) 逸民(일민) 逸士(일사) 逸話
(일화) 獨逸(독일) 般逸(반일) 隱逸(은일)
발전 ②8 逸驥(일기) ① 嬌逸(교일) 愉逸(유일) 蕩逸(탕일)

부수	획수	총획
士	1	4

북방 임:【1334】

字源 〈상형〉 지도의 방위 표시로 '4'는 사방위를 나타낸다. 상
하좌우는 동서남북을 가리키고 있다고 하겠다. 사방위 중
에 북쪽 지방인바, 유의어로는 '삭방(朔方), 삭북(朔北)'이
라고 한다. 사방향(十)이지만, 남쪽(一)이 아니고 북쪽(丿)
인 [북방(壬)]으로 [간사할(壬)]을 뜻하면서 [아홉째 천간(壬)]
을 뜻하고 [임]으로 읽는다.
回王(임금 왕) 士(선비 사)

기초 【기초한자어】 익히고, 【기본→발전한자어】 다지기
壬寅(임인) 육십갑자의 서른아홉 번째
壬方(임방) 24방위의 하나
• 24방위 중 壬方은 북쪽에서 서쪽에 조금 가까운
방위라네.
• 그대는 壬寅년의 대지진을 벌써 잊고 있었단 말인가.

기본 ③Ⅱ 壬公(임공) 壬年(임년) 壬時(임시) 壬人(임인) 壬坐
(임좌) 六壬(육임)
사자성어 ③Ⅱ 壬午軍亂(임오군란) ②8 壬辰倭亂(임진왜란)

부수	획수	총획
貝	6	13

품삯 임:【1335】

字源 〈형성〉 자기 소유의 농사나 재산이 없어서 남의 집안 일
만 하는 사람이 품팔이꾼이다. 대가로 받는 품삯으로 연

명해 간다. 품을 판 대가로 받던지 품을 산 대가로 주는 보수이다. 일정량의 일을 맡아(任) 했던 대가로 받은 돈(貝)이나 물건으로 겨우 연명하며 살아갔으니 [품삯(賃)]을 뜻하고 [임]으로 읽는다.

동 貸(빌릴 대) 회 貨(재물 화) 貸(빌릴 대)

필순 イ 亻 仁 仟 任 任 侍 侍 侍 賃 賃

기초 【기초한자어】 익히고, 【기본 → 발전한자어】 다지기
運賃(운임) 짐삯
勞賃(노임) 품을 산 대가로 주는 돈이나 물건
賃貸(임대) 물품을 빌려주고 그 손료를 받음
• 요즈음 우리 사회에 賃貸業(업)으로 살아가는 사람이 상당히 많다.
• 옛날에 지게 품으로 運賃을 받거나 勞賃을 받아 근근이 살았다.

기본 3Ⅱ 賃金(임금) 賃借(임차) 無賃(무임) 滯賃(체임) 賃貸借(임대차) 賃借人(임차인) 低賃金(저임금)

발전 2 傭賃(용임) 1 賃擣(임도)

사랑 자【1336】

字源 〈형성〉 어머니의 마음은 하늘보다 높고 바다보다 넓다고 했다. 먹음직스런 음식만 보아도 정성들여 보관했다가 쥐여준다. 다른 사람을 더 애틋하게 그리워하고 열렬히 좋아하는 마음이다. 자식에게 음식을 배불리(玆) 먹이려는 어질고 착한 어머니의 갸륵한 마음(心)씨로 [사랑(慈)]을 뜻하고 [자]로 읽는다.
동 仁(어질 인) 愛(사랑 애) 회 玆(이 자)

필순

기초 【기초한자어】 익히고, 【기본 → 발전한자어】 다지기
慈親(자친) 인자한 애정으로 길러주는 어버이의 뜻
慈愛(자애) 아랫사람에게 베푸는 자비로운 사랑
慈善(자선) 선의를 베풂
• 慈親은 인자한 애정으로 길러주는 어버이의 갸륵한 뜻이다.
• 저 거리에서 慈愛로운 봉사를 하는 사람들의 慈善을 본받으시게.

기본 3Ⅱ 慈堂(자당) 慈母(자모) 慈悲(자비) 慈惠(자혜) 仁慈(인자) 無慈悲(무자비)

발전 1 慈寵(자총) 慈誨(자회) 宸慈(신자)

사자성어 3Ⅱ 大慈大悲(대자대비)

부수	획수	총획
刀	6	8

찌를 척
찌를 자【1337】

字源 〈회의〉 산을 오르다 보면 가시로 찔리는 경우가 참 많았다. 화면에서 적과 마주하여 칼을 맞아 죽는 장면도 가끔 본다. 뚫고 들어가면서 그리고 뚫고 들어갈 정도로 세차게 들이민다. 손과 발이 가시(束)에 찔려서 피가 나듯이 적에게 칼(刂)을 맞아 그만 깊은 상처가 났으니 [찌르다(刺)]는 뜻이고 [자]로 읽는다.
동 衝(찌를 충) 戟(창 극) 회 刷(인쇄할 쇄) 剌(어그러질 랄)

필순 一 亠 冂 市 朿 朿 剌 刺

기초 【기초한자어】 익히고, 【기본 → 발전한자어】 다지기
刺探(척탐) 상황을 살핌. 정탐
刺殺(척살) 칼 따위로 찔러 죽임
刺創(자창) 바늘, 꼬챙이, 칼 따위의 날카로운 것에 찔린 상처
• 이웃집 아저씨는 적에게 刺殺을 맞아 죽었다니 분통할 일이로다.
• 싸움에서 중요한 刺探을 하다가 그만 刺創을 많이 입었다.

기본 3Ⅱ 刺客(자객) 刺字(자자) 亂刺(난자) 水刺(수라)

발전 2 刺網(자망) 縫刺(봉자) 1 刺戟(자극) 刺繡(자수) 炙刺(구자) 棘刺(극자) 譏刺(기자) 芒刺(망자) 剝刺(박자) 撐刺(탱자) 諷刺(풍자)

부수	획수	총획
糸	5	11

자줏빛 자【1338】

字源 〈형성〉 자줏빛은 빨강색과 파랑색의 중간의 색이라 한다. 아마 남빛에 붉은 빛을 띠고 있는 자줏빛을 실색의 기본으로 했던 것 같다. 매우 짙은 남빛에다가 붉은빛이 약간 섞인 빛깔이다. 옷베를 짜는 실(糸)이 꼭 지녀야 할 예쁘고도 고운 그 색깔들이 그치어(此) 있었으니 [자줏빛(紫)]을 뜻하고 [자]로 읽는다.
회 柴(섶 시)

필순

기초 【기초한자어】 익히고, 【기본 → 발전한자어】 다지기
紫朱(자주) 자줏빛
紫外線(자외선) 파장이 X선보다 길고 가시광선보다 짧은 전자파

3급Ⅱ

紫水晶(자수정) 자줏빛의 수정
- 더운 여름에 紫外線을 방지하는 방법을 생각하는 것이 좋겠다.
- 고운 색깔을 고르라면 紫水晶의 紫朱빛이 더욱 매혹적이겠다.

기본 ③Ⅱ 紫色(자색) 紫煙(자연)

발전 ② 紫葛(자갈) 紫闕(자궐) ① 紫莖(자경) 紫綺(자기) 紫邏(자라) 紫宸(자신) 紫蚓(자인) 紫瓮(자자) 佩紫(패자)

사자성어 ③Ⅱ 山紫水明(산자수명)

부수	획수	총획
日	11	15

暫 잠깐 잠(:)
【1339】

字源 〈형성〉 풀은 낫만 들면 순간적으로 벤다. 전쟁터에서 적의 귀를 취할 때도 빨리 베어 와야만 했다. 아주 짧은 시간 동안을 뜻한다. 유의어는 '삽시간(霎時間), 순식간(瞬息間)' 등이 있다. 풀을 베거나(斬) 적의 귀를 취할 때에 일시적 순식간에 했듯이 시간(日)이 급하다 보니 [잠깐(暫)]을 뜻하고 [잠]으로 읽는다.
回 慙(부끄러울 참)

필순 一 匸 亘 車 車´ 斬 斬 斬 暫 暫

기초 【기초한자어】 익히고, 【기본→발전한자어】 다지기
暫借(잠차) 잠시 동안 빌림
暫定(잠정) 어떤 일을 잠깐 임시로 정함
暫時(잠시) 오래지 않은 동안
- 이 낫은 暫借 신세를 지는 것이니 다소 미안하게 되었네 그래.
- 이것은 暫定的으로 하는 일이니 暫時만 더 참으면 될 것이네.

기본 ③Ⅱ 暫間(잠간) 暫留(잠류) 暫福(잠복) 暫逢(잠봉) 暫行(잠행) 暫許(잠허) 暫革(잠혁) 暫定的(잠정적)

부수	획수	총획
水	12	15

潛 잠길 잠【1340】

字源 〈형성〉 '잠기다'는 물 밑으로 들어가거나 아직은 수면 아래 물 속에 있는 상태다. 또한 열중하거나 일에 깊이 파묻힌 상태다. 유의어로는 '가라앉다, 침수(浸水)하다, 빠지다' 등이다. 물(氵) 속에 들어가 자맥질할 때 먼저 입김을 길게 내뿜고(朁) 들어가 상당 시간을 있었으니 [잠기다(潛)]는 뜻이고 [잠]으로 읽는다.
圖 沈(잠길 침) 沒(빠질 몰) 回 浮(뜰 부)

필순 氵 氵 氵 氵 氵 潻 潻 潛 潛 潛

기초 【기초한자어】 익히고, 【기본→발전한자어】 다지기
潛跡(잠적) 종적을 아주 감춤
潛在(잠재) 능력 등이 아직 작용하지 않고 저장되어 있음
潛入(잠입) 물속에 잠기어 들어감
- 인간은 타고난 潛在的(적)인 능력을 최대한 발휘해야만 한다.
- 어디에 潛入하여 潛跡했는지 도통 모르겠다.

기본 ③Ⅱ 潛伏(잠복) 潛水(잠수) 潛行(잠행) 沈潛(침잠)

발전 ② 潛水艦(잠수함) ②⑧ 潛淵(잠연) ① 潛蛟(잠교) 潛窺(잠규) 潛蟠(잠반) 潛奢(잠사) 潛蘊(잠온) 潛邸(잠저) 潛涵(잠함) 潛晦(잠회)

부수	획수	총획
一	2	3

丈 어른 장:【1341】

字源 〈회의〉 손으로 물건의 길이를 대충 재서 헤아린다. 손바닥으로 한 뼘씩을 쟀고 팔로도 둘레의 길이를 대충 재서 길이를 알았다. 다 자라서 성인이 된 사람으로 보통 결혼한 사람으로 칭한다. 사람의 손(乀←又)이 묶음의 기본 단위인 십(十)를 재는 기준이 되었음을 나타내서 [어른(丈)]을 뜻하고 [장]으로 읽는다.
圖 長(어른 장) 夫(지아비 부) 回 少(적을 소) 回 大(큰 대)

필순 一 ナ 丈

기초 【기초한자어】 익히고, 【기본→발전한자어】 다지기
丈尺(장척) 장대로 열 자 길이가 되게 만든 자
丈夫(장부) 장성한 남자. 사나이
春府丈(춘부장) 남의 아버지에 대한 존칭
- 흔히 丈尺이라 했으니, 긴 막대로 길이가 열 자가 되어 자란다.
- 자네 春府丈께서는 참으로 큰 丈夫다운 기상을 가지셨다네.

기본 ③Ⅱ 丈母(장모) 丈人(장인) 査丈(사장) 王丈(왕장) 老人丈(노인장) 大丈夫(대장부) 主人丈(주인장) ③ 聘丈(빙장) 岳丈(악장)

사자성어 ③Ⅱ 氣高萬丈(기고만장) ① 波瀾萬丈(파란만장)

부수	획수	총획
手	8	12

掌 손바닥 장:
【1342】

字源 〈형성〉 손바닥은 손의 전부를 대표할 만큼 중요한 부분이기도 했다. 손바닥을 통해서 사람의 운세를 짐작하기도 하고 물건을 야무지게 쥐었다. 대체적으로 손의 안쪽 부분을 뜻한다. 손등보다는 바닥인 손(手) 거의 대부분을 차지하면서도 귀중한(尙) 역할을 하고 있는 [손바닥(掌)]을 뜻하고 [장]으로 읽는다.

동 管(대롱 관) 비 拳(주먹 권) 裳(치마 상) 常(떳떳할 상)

필순 

기초 【기초한자어】 익히고, 【기본 → 발전한자어】 다지기

手掌(수장) 손바닥

分掌(분장) 사무를 한 부분씩 나누어 맡아서 처리함

管掌(관장) 일을 맡아서 주관함

- 手掌을 들어 손금을 보았다.
- 이제는 내 사무 分掌 업무는 잘 管掌해 나가도록 하겠네.

기본 3Ⅱ 覆掌(복장) 典掌(전장) 車掌(차장) 合掌(합장) 掌中珠(장중주) 仙人掌(선인장) 如反掌(여반장)

발전 2 掌握(장악) 1 股掌(고장) 銓掌(전장)

사자성어 3Ⅱ 掌篇小說(장편소설) 拍掌大笑(박장대소)

粧

부수	획수	총획
米	6	12

단장할 장 【1343】

字源 〈형성〉 '단장하다'는 얼굴이나 피부를 잘 매만져 곱게 꾸미거나 성의껏 가꾸는 일이다. 농막에서 풍구질을 하거나 정미를 하면 가루가 묻어 얼굴이 하얗게 되었다. 여자들이 화장을 해서 몸단장을 하듯이 쌀가루(米)로 얼굴에 분을 발라서 단장하였던(庄)것 같았으니 [단장하다(粧)]는 뜻이고 [장]으로 읽는다.

동 飾(꾸밀 식) 비 粉(가루 분)

필순 

기초 【기초한자어】 익히고, 【기본 → 발전한자어】 다지기

化粧(화장) 얼굴을 곱게 꾸밈

治粧(치장) 곱게 모양을 냄

盛粧(성장) 잘 차려입음

- 女子들은 아침마다 경대 앞에 앉아서 얼굴 治粧부터 하지.
- 그렇게 잘도 盛粧하고도 이제는 化粧까지하니 절세미인이구나.

기본 3Ⅱ 粧鏡(장경) 粧飾(장식) 內粧(내장) 丹粧(단장) 美粧院(미장원) 銀粧刀(은장도) 化粧紙(화장지)

발전 2名 姸粧(연장) 1 啼粧(제장)

臟

부수	획수	총획
肉	18	22

오장 장 : 【1344】

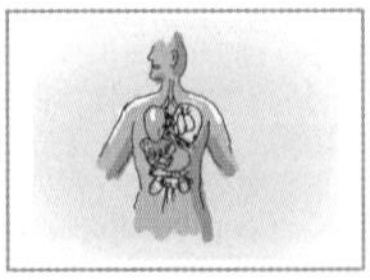

字源 〈형성〉 한의학에서 흔히 다섯 가지 내장이라고 부르고 있다. '간장, 심장, 비장, 폐장, 신장'을 일컬어 우리 인체의 '오장(五臟)'이라고 한다. 이들은 몸의 균형을 유지하는 데 상호 잘 협조하고 있다. 사람 몸(月) 속에 감추어져(藏) 있는 다섯 가지 종류의 내장을 통틀어서 널리 [오장(臟)]을 뜻하고 [장]으로 읽는다.

동 腑(육부 부) 비 藏(감출 장) 약 臓

필순 

기초 【기초한자어】 익히고, 【기본 → 발전한자어】 다지기

心臟(심장) 감정이 우러나는 속 자리, 염통

內臟(내장) 소화기, 호흡기, 비뇨생식기 따위의 여러 기관

臟器(장기) 내장의 여러 기관

- "청년들이여! 그대들 '心臟의 고동소리'를 잘 들어 보시라. 어떤가?"
- 그분은 아깝게 內臟의 여러 臟器들에 의해서 암덩이가 온몸에 퍼졌다네.

기본 3Ⅱ 臟物(장물) 臟府(장부) 肝臟(간장)

발전 2 腎臟(신장) 1 臟腑(장부) 腑臟(부장) 脾臟(비장) 膵臟(췌장)

莊

부수	획수	총획
艸	7	11

씩씩할 장 【1345】

字源 〈형성〉 여름에 비가 많이 내리고 햇볕이 무덥게 찌면 초목이 왕성하게 우거진다. 무성하여 그 모양이 장엄한 것으로 보였다. 기세가 굳세고 당당하다. 유의어로 '씨억씨억하다'가 쓰인다. 풀(艹)이 왕성하고(壯) 크게 자라서 땅이 보이지 않도록 많이씩 우거져 있으니 [씩씩하다(莊)]는 뜻이고 [장]으로 읽는다.

비 壯(장할 장) 약 荘

필순 

기초 【기초한자어】 익히고, 【기본 → 발전한자어】 다지기

山莊(산장) 산 속에 있는 별장

別莊(별장) 경치 좋은 곳에 따로 지어놓고 때때로 쉬는 집

莊重(장중) 씩씩하고 의젓함

- 아무도 찾아 주지 않은 쓸쓸한 '山莊의 여인'이 있었다지.

3급Ⅱ

• 別莊 주인은 莊重한 풍채이기에 범접하기가 대단히 어렵다.

기본 ③Ⅱ 莊嚴(장엄) 莊園(장원) 莊子(장자) 老莊(노장)
발전 ① 秭莊(궁장) 鄙莊(비장)
사자성어 ③Ⅱ 老莊思想(노장사상)

부수	획수	총획
艹	9	13

장사지낼 장 : 【1346】

字源 〈회의〉 사람이 죽으면 꽃상여에 실려 묻힐 산기슭으로 간다. 흙을 파서 묻고 풀과 흙으로 덮어 장사지냈다. 죽은 사람을 땅에 묻거나 화장하는 일 또는 추모하는 예식을 장례라고 한다. 죽은(死) 사람 시체를 꽃상여에 메고(廾) 수북하게 우거진 풀(艹)을 잡아 덮었으니 [장사지내다(葬)]는 뜻이고 [장]으로 읽는다.
동 喪(잃을 상)

필순

기초 【기초한자어】 익히고, 【기본→발전한자어】 다지기
埋葬(매장) 송장을 땅에 묻음
葬地(장지) 장사하여 시체를 매장하는 땅
葬送曲(장송곡) 비애, 애도의 느낌을 주는 느린 행진곡
• 葬送曲이 울리자 영구차가 움직이면서 '哀悼의 물결'이 넘실거렸다.
• 영구차가 葬地에 도착한 후 2시간이 지나 埋葬이 다 끝났다.

기본 ③Ⅱ 葬禮(장례) 葬儀(장의) 假葬(가장) 各葬(각장) 監葬(감장) 國葬(국장) 副葬(부장) 喪葬(상장) 水葬(수장) 安葬(안장) 移葬(이장) 合葬(합장) 火葬(화장) 高麗葬(고려장) 副葬品(부장품) ③ 殉葬(순장) 假埋葬(가매장) 生埋葬(생매장) 暗埋葬(암매장)
발전 ① 勒葬(늑장) 斂葬(염장)

부수	획수	총획
艹	14	18

감출 장 : 【1347】

字源 〈형성〉 창고 시설이 없는 농가에서는 볏짚을 엮어 곡식을 보관했다. 쥐와 습기만 방지하면 오래 놔두어도 큰 문제가 없었다. 남의 눈에 드러나지 않도록 가리거나 가만히 숨겨 두었다. 창고 시설이 없었던 농가에서 볏짚(艹)으로 수확한 곡식을 잘 숨기어서(臧) 보관했으니 [감추다(藏)]는 뜻이고 [장]으로 읽는다.
동 匿(숨길 닉) 蟄(숨을 칩) 회 臧(착할 장) 약 蔵

필순

기초 【기초한자어】 익히고, 【기본→발전한자어】 다지기
貯藏(저장) 물건을 쌓아서 간직하여 둠
所藏(소장) 자기의 것으로 지니어 간직함
秘藏(비장) 비밀히 감추어 두거나 간직함
• '보시게. 냉장고의 貯藏品이 얼마나 腐敗된 줄 아시는가?'
• 다른 사람 모르게 秘藏해둔 所藏品 중에는 국보급 보물이 있다.

기본 ③Ⅱ 藏府(장부) 藏書(장서) 藏中(장중) 藏獲(장획) 內藏(내장) 寶藏(보장) 祕藏(비장) 死藏(사장) 私藏(사장) 收藏(수장) 貯藏(저장) 退藏(퇴장) 冷藏車(냉장고) 愛藏品(애장품) ③ 埋藏(매장)
발전 ① 襁匿(장닉) 藏鋒(장봉) 藏腑(장부) 藏蘊(장온) 藏蟄(장칩) 藏挾(장협) 藏諱(장휘) 奧藏(오장) 蟄藏(칩장) 晦藏(회장)

부수	획수	총획
木	6	10

심을 재 : 【1348】

字源 〈형성〉 나무를 심을 때 땅을 깊게 파서 뿌리가 고루 뻗을 수 있게 심었다. 바닥 흙을 적당하게 골라야만 좋은 흙이다. 나무를 심으려면 뿌리를 땅속으로 묻고 물과 거름을 주었다. 흙(土)을 창(戈) 같은 삽이나 괭이로 깊고 넓게 파서 나무(木)가 자랄 수 있도록 땅에다 깊숙이 [심다(栽)]는 뜻이고 [재]로 읽는다.
동 植(심을 식) 회 裁(마를 재) 載(실을 재) 哉(어조사 재)

필순

기초 【기초한자어】 익히고, 【기본→발전한자어】 다지기
盆栽(분재) 줄기나 가지를 보기 좋게 가꾸어 감상하는 초목
栽植(재식) 농작물이나 나무를 심음
栽培(재배) 식용이나 약용, 관상용을 목적으로 식물을 심어서 기름
• 농촌이 발전하려면 栽植할 품종을 바꾸시게.
• 곱게 심은 盆栽를 잘 가꾸는 데는 栽培 기술을 요한다고 한다.

기본 ③Ⅱ 植栽(식재) 輪栽(윤재) 移栽(이재)
발전 ② 栽挿(재삽) ① 盆栽(분재)

부수	획수	총획
衣	6	12

옷마를 재 【1349】

3급Ⅱ

字源 〈형성〉 옷을 만들려면 포목의 정확한 치수를 잘 헤아려 끊는다. 요소요소를 적당하게 잘라내고 오려내어 끊어서 마른다. '옷 마름질하다'와 통하여 치수에 맞추어 베거나 잘 자른다. 옷을 만들기로 결단하여 준비된 포목(衣)을 적당하게 끊어서(戈←裁) 곱게 헤아렸으니 [옷 마르다(裁)]는 뜻이고 [재]로 읽는다.
回 栽(심을 재) 載(실을 재) 哉(어조사 재)

필순 土 士 圥 圥 耂 耂 耒 耒 裁 裁 裁

기초 【기초한자어】 익히고, 【기본→발전한자어】 다지기
決裁(결재) 상관이 부하가 제출한 안건을 승인함
裁量(재량) 스스로 판단하여 처리함
裁斷(재단) 옷감 따위를 본에 맞추어 마름
• 과장님! 국장님께서 빨리 決裁서류를 가지고 오라고 재촉을 하십니다.
• 일에 능숙한 재단사는 裁斷할 때 자기 裁量으로 정제를 한다.

기본 3Ⅱ 裁可(재가) 裁定(재정) 裁判(재판) 獨裁(독재) 洋裁(양재) 制裁(제재) 仲裁(중재) 體裁(체재) 總裁(총재)

발전 2 裁縫(재봉) 裁衷(재충) 裁縫師(재봉사) 裁縫絲(재봉사) 1 裁剖(재부) 剪裁(전재) 勅裁(칙재)

사자성어 2 闕席裁判(궐석재판)

실을 재 : 【1350】

부수	획수	총획
車	6	13

字源 〈형성〉 산에서 벤 나무를 운반하는 것이 가장 어렵고 고통스러운 일이었던 것 같다. 수레가 있어 여기에는 큰 몫을 차지했던 것으로 보인다. 옮겨 놓거나 책이나 글을 내어 인쇄한다는 뜻이다. 수레(車)를 옆에 세워놓고 도막낸(戈←載) 나무를 운반하기 위해 차곡차곡 올렸으니 [신다(載)]는 뜻이고 [재]로 읽는다.
回 栽(심을 재) 裁(마를 재) 哉(어조사 재) 戴(일 대)

필순 土 圥 吉 吉 直 亩 車 載 載 載

기초 【기초한자어】 익히고, 【기본→발전한자어】 다지기
登載(등재) 서적 또는 잡지 등에 올려 적음
揭載(게재) 글이나 그림 따위를 신문이나 잡지 따위에 실음
載積(재적) 실어서 쌓음
• 우리말의 특징인 동음이의어 載積과 在籍을 잘 구분해야만 하겠네.
• 신문에 揭載된 이 글은 후일 발간될 논문집에 登載했으면 참 좋겠네.

기본 3Ⅱ 載量(재량) 記載(기재) 滿載(만재) 連載(연재) 積載(적재) 轉載(전재) 全載(전재) 偏載(편재)

발전 2 揭載(게재) 艦載(함재) 1 載盆(재분) 搭載(탑재)

사자성어 3Ⅱ 千載一遇(천재일우)

나타날 저 : 【1351】

부수	획수	총획
艸	9	13

字源 〈형성〉 나타남은 금방 시야에 들어오거나 어느 장소로 오다는 뜻이 있다. 새롭게 생겼거나 발생하는 일이라 한다. 유의어로는 어디에 '등장(登場)하다. 출현(出現)하다' 등이다. 대나무(艹←竹)로 만든 나무젓가락(者)에 문자나 그림을 잘 새겨서 떨어지지 못하게 붙였으니 [나타나다(著)]는 뜻이고 [저]로 읽는다.
동 作(지을 작) 造(지을 조) 回 者(놈 자) 暑(더울 서) 署(마을 서) 箸(젓가락 저)

필순 艹 艹 艹 芏 莎 莒 莒 莙 著 著

기초 【기초한자어】 익히고, 【기본→발전한자어】 다지기
著作(저작) 책을 지어냄
著者(저자) 책을 지은 사람
著書(저서) 지은 책, 또는 책을 지음
• 새로운 著作도 중요하지만, 발간된 著書 관리도 중요하다네.
• 著者는 자기의 著書를 책임져야 한다.

기본 3Ⅱ 著名(저명) 著述(저술) 共著(공저) 論著(논저) 名著(명저) 編著(편저) 顯著(현저) 3 拙著(졸저) 著押(착압)

발전 28 著雍(저옹) 1 撞著(당착) 撰著(찬저)

막을 저 : 【1352】

부수	획수	총획
手	5	8

字源 〈형성〉 적들이 기습공격을 할 때 포복과 같은 동작으로 낮은 자세를 취했다. 침입하는 적에게 쉽게 발견할 수 없도록 하려는 심산이었을 게다. 침입한 적은 손으로 막아내고, 무기로 박살을 냈다. 낮은(氐) 곳으로부터 쳐들어오는 외적을 향해 손(扌)으로 치며 대항했으니 [막다(抵)]는 뜻이고 [저]로 읽는다.
동 抗(겨룰 항) 回 低(낮을 저) 底(밑 저)

필순 一 十 扌 扌 扩 扩 抵 抵

기초 【기초한자어】 익히고, 【기본→발전한자어】 다지기
大抵(대저) 대체로 보아서
抵抗(저항) 힘의 작용에 대해 반대의 방향으로 작용하는 힘
抵觸(저촉) 서로 충돌함. 서로 부딪침

• 법에 抵觸되는 행동은 지양해야 한다.
• 大抵, 이 전쟁은 한 쪽이 抵抗을 멈춰야 끝이 날 것인지 알 수가 없구나.

기본 ③Ⅱ 抵當(저당) 根抵當(근저당)
발전 ① 抵徙(저사)
사자성어 ③Ⅱ 抵死爲限(저사위한)

부수	획수	총획
宀	8	11

고요할 적【1353】

字源 〈형성〉 어린이는 나라의 기둥이요, 집안의 웃음이라고 말한다. 시끄럽게 떠들어도 집안의 웃음은 어린이로부터 나온다. 반대는 '온 마을이 너무나 고요했다'에서 보인 잠잠하고 조용한 분위기다. 온 집안(宀)을 시끄럽게 떠들썩하게 만들던 어린(叔) 아이가 밖에 나가고 없으니 [고요하다(寂)]는 뜻이고 [적]으로 읽는다.
图 閑(한가할 한) 靜(고요할 정) 寞(고요할 막) 謐(고요할 밀) 寥(쓸쓸할 요) 回 忙(바쁠 망) 回 叔(아재비 숙)

필순 宀 宁 宀 宇 宇 宋 宋 寂 寂

기초 【기초한자어】 익히고,【기본→발전한자어】 다지기
閑寂(한적) 한가하고 고요함
孤寂(고적) 쓸쓸하고 외로움
寂寂(적적) 괴괴하고 조용함
• 아무리 山莊이지만 어찌 이리 孤寂하단 말인가. 어서 빨리 음악을 틀게.
• 이렇게 閑寂한 산골에서 사니 그야말로 寂寂하기 그지없구나.
기본 ③Ⅱ 寂滅(적멸) 入寂(입적) 靜寂(정적) 閑寂(한적)
발전 ① 鬱寂(울적) ② 沖寂(충적) ① 寂寞(적막) 寂寞(적매) 寂謐(적밀) 寂寥(적요) 蕭寂(소적)

부수	획수	총획
手	11	14

딸 적【1354】

字源 〈형성〉 1년생과 2년생 가지에서 탐스럽게 열린 과일은 손으로 따서 바구니에 집어 담는다. 과일 밑동을 손이나 가위로 딴다. 딴다는 것은 결국 원목에서 뜯거나 떼어서 갖다 놓음이겠다. 다 익은 과일의 밑동에 있는 꼭지(商)를 하나씩 하나씩 손(扌)이나 가위를 사용해서 [따다(摘)]는 뜻이고 [적]으로 읽는다.
回 適(맞을 적) 滴(물방울 적)

필순 扌 扌 扩 扩 摘 摘 摘 摘 摘

기초 【기초한자어】 익히고,【기본→발전한자어】 다지기
摘載(적재) 요점만 따서 기록하여 실음
摘要(적요) 요점을 뽑아 적음
摘芽(적아) 새싹이나 연한 싹을 따 버리는 일
• 어린 새싹이나 연한 싹을 솎음질하기 위해 미리 따버린 摘芽도 중요하지.
• 이 글의 摘要를 문집에 낱낱이 오려서 차분하게 摘載하는 것이 좋겠다.
기본 ③Ⅱ 摘發(적발) 摘出(적출) 指摘(지적)
발전 ① 摘扮(적분)

부수	획수	총획
竹	5	11

피리 적【1355】

字源 〈형성〉 피리는 대나무 관에 구멍을 뚫고 입으로 불어 소리를 내는 것이다. 단단하고 오래 자란 대나무를 잘라 피리를 만들었다. 소리를 내며 끝부분으로 부는 피리와 같은 관악기이다. 긴 대나무(竹)에 구멍을 파내서 그로 말미암아(由) 아름다운 소리를 냈으니 [저(笛)] 혹은 [피리(笛)]를 뜻하고 [적]으로 읽는다.
回 畓(논 답) 苗(모 묘)

필순 ⺮ ⺮ ⺮ 竹 竹 笛 笛 笛 笛

기초 【기초한자어】 익히고,【기본→발전한자어】 다지기
汽笛(기적) 증기를 내뿜는 힘으로 경적 소리를 내는 장치
鼓笛(고적) 북과 피리를 아울러 이르는 말
警笛(경적) 비상시에 경계를 위하여 울리는 고동
• 저 야전병사들은 鼓笛隊(대)에 맞추어 步武도 당당하게 행진을 하는구나.
• 출항했던 기선의 汽笛 소리는 비상시에는 警笛이란 의미로 전이된다.
기본 ③Ⅱ 胡笛(호적) 鼓笛隊(고적대)
발전 ② 魔笛(마적) ② 蘆笛(노적) 柯亭笛(가정적) ① 簫笛(소적)

부수	획수	총획
足	6	13

발자취 적【1356】

字源 〈형성〉 발로 땅바닥이나 모래를 밟으면 그 흔적이 남는다. 발자취라고 하는데 널리 스치고 지나간 자리나 역사로도 쓰였다. 어느 한 사람이 질곡의 시간으로 지나온 과거의 사실이리라. 발(足)로 땅이나 모래를 밟고 또(亦) 밟아서 거듭 자기의 흔적을 냈다고 했으니 자기의 [발자취(跡)]를

3급Ⅱ

뜻하고 [적]으로 읽는다.

園 蹟(자취 적) 回 跋(밟을 발)

필순 口 무 무 무 무ʼ 무ー 趵 趵 跡 跡 跡

기초 【기초한자어】 익히고, 【기본→발전한자어】 다지기
筆跡(필적) 손수 쓴 글씨의 흔적이나 그 솜씨
追跡(추적) 뒤를 밟아 쫓음
遺跡(유적) 옛 인류가 남긴 유형물의 자취

• '아무 말 말게, 이제는 그들의 筆跡을 감정하는 일 밖에는 아무것도 없으니'
• 가만히 사적을 追跡하다보니 이곳에 우리들이 찾는 遺跡이 있을 것 같다.

기본 ③Ⅱ 跡捕(적포) 人跡(인적) 潛跡(잠적) 足跡(족적) ③ 軌跡(궤적)

발전 ① 蝸跡(와적) 訛跡(와적) 踪跡(종적) 瑕跡(하적)

부수	획수	총획
足	11	18

자취 적【1357】

字源 〈형성〉 맡은 바 책임을 성실하게 수행한다. 성급하게 서두르지 않고 한걸음씩 걷듯이 차곡차곡 실천함을 중시한다. 시간적 혹은 공간적으로 지나가거나 있다가 남기고 간 흔적이다. 한 걸음(足)씩 앞으로 나아가 걸어가듯이 자기의 맡은 바 책임(責)을 성실하게 이행했으니 [자취(蹟)]를 뜻하고 [적]으로 읽는다.

園 跡(발자취 적)

필순 口 무 무 무ー 무ᵗ 무ᵗ 踖 踖 蹟 蹟

기초 【기초한자어】 익히고, 【기본→발전한자어】 다지기
行蹟(행적) 행위의 실적이나 자취
史蹟(사적) 역사적으로 중요한 사건·시설의 자취
古蹟(고적) 남아 있는 옛적 건물이나 시설물

• 그들의 行蹟을 보면 범죄의 행방을 미리 짐작할 수 있을 걸세.
• 이렇게 훌륭한 古蹟은 매우 귀중하니 史蹟으로 인정해야 한다오.

기본 ③Ⅱ 奇蹟(기적) 事蹟(사적) 遺蹟(유적) 異蹟(이적)

발전 ① 痕蹟(흔적)

부수	획수	총획
殳	9	13

전각 전 :【1358】

字源 〈형성〉 전각은 임금이나 왕족이 살았던 큰 건물이었다. 곧 '전(展)'이나 '각(閣)'의 이름이 붙은 큰 집을 뜻하는 글

자라 한다. 유의자로는 '궁전(宮殿), 궁궐(宮闕), 제궐(帝闕)' 등이 있다. 수문장이 궁궐 문에서 창(殳)을 들고 죽음(尸을 무릅쓰고 함께(共) 지켰으니 [큰 집(殿)] 또는 [전각(殿)]을 뜻하고 [전]으로 읽는다.

回 展(펼 전)

필순 尸 尸 尸 屉 屏 屏 屏 殿 殿 殿

기초 【기초한자어】 익히고, 【기본→발전한자어】 다지기
御殿(어전) 임금이 있는 곳
殿下(전하) 왕이나 왕족을 높여 이르는 말
殿戰(전전) 군대의 맨 뒤에서 싸움

• 동음이의어인 殿戰과 轉傳을 잘 구분해야만 하지 않겠나. 우리말의 특징이니 말일세.
• 대신인 신하가 御殿에서 殿下를 뵙는 큰 영광을 얻었다.

기본 ③Ⅱ 殿閣(전각) 殿角(전각) 殿階(전계) 殿內(전내) 殿堂(전당) 殿廊(전랑) 殿試(전시) 殿宇(전우) 殿最(전최) 宮殿(궁전) 內殿(내전) 大殿(대전) 別殿(별전) 寶殿(보전) 佛殿(불전) 聖殿(성전) 神殿(신전) 正殿(정전) 珠殿(주전) 大雄殿(대웅전) 太極殿(태극전) ③ 坤殿(곤전)

발전 ② 伏魔殿(복마전) ① 鸞殿(난전) 殯殿(빈전) 殿衙(전아) 殿陛(전폐)

부수	획수	총획
水	11	14

점점 점 :【1359】

字源 〈형성〉 흐름이 빠른 곳의 언덕은 칼로 뚝 베듯이 언덕져 있다. 빨리 흐르는 물 때문에 칼로 베듯이 깎여서 나간 것이다. 어떤 일이 시간이나 차례에 따라 조금씩 발전해 간다는 뜻이다. 경사진 곳에 빨리 흐르는 물(氵)에 의해서 마치 칼로 베듯이 단단한 흙이 깎였으니(斬) [점점(漸)]을 뜻하고 [점]으로 읽는다.

園 進(나아갈 진) 回 斬(벨 참)

필순 氵 氵 氵 汀 沥 洴 淅 淅 漸 漸

기초 【기초한자어】 익히고, 【기본→발전한자어】 다지기
漸漸(점점) 조금씩 더하거나 덜한 모양
漸次(점차) 차례를 따라 점점
漸層法(점층법) 문장의 뜻을 점점 강하게 하는 수사법

• 이 단계를 넘어서면 이제 漸層法을 공부할 차례겠네.
• 漸漸이나 漸次는 '계속'이란 의미라네.

기본 ③Ⅱ 漸減(점감) 漸染(점염) 漸增(점증) 漸進(점진) 漸次(점차) ③ 漸騰(점등)

발전 ② 漸摩(점마)

사자성어 ③Ⅱ 漸入佳境(점입가경) 西勢東漸(서세동점) ②⑧ 頓悟漸修(돈오점수)

부수	획수	총획
二	2	4

우물 정(:)
【1360】

字源 〈상형〉 우물물을 두레박이 있어야 퍼 올렸다. 우물물 가장자리에 나무 도막을 받쳐놓고 그 위에 물동이를 올려 우물물을 담았다. 물을 얻기 위해 땅을 파고 물이 괴게 만든 시설이다. 우물물 가장자리에 네모지게 만들었던 우물틀 모양을 본떠서 두레박으로 물을 담았으니 [우물(井)]을 뜻하고 [정]으로 읽는다.

필순 一二丰井

기초 【기초한자어】 익히고, 【기본→발전한자어】 다지기
油井(유정) 천연 석유를 퍼 올리려고 판 구덩이
井華水(정화수) 첫새벽에 길은 우물물
井間紙(정간지) 정간을 친 종이
• 자네는 '井'자 모양의 칸살을 친 井間紙를 모르고 있단 말인가?
• 油井에서 기름이 펑펑 나오라고 井華水를 떠놓고 빌어야겠다.

기본 ③Ⅰ 井然(정연) 甘井(감정) 天井(천정)

발전 ②Ⅱ 浚井(준정) ① 井臼(정구) 橘井(귤정) 閭井(여정) 藻井(조정) 鑿井(착정)

사자성어 ③Ⅰ 井中觀天(정중관천) 市井雜輩(시정잡배) ② 臨渴掘井(임갈굴정)

부수	획수	총획
亠	7	9

정자 정【1361】

字源 〈형성〉 정자는 길을 걷는 나그네들이 바람을 쐬며 피곤한 몸을 쉴 수 있도록 만든 곳이다. 자연 경관을 감상하며 놀거나 휴식을 취했었다. 또한 주변 경관이 좋은 곳에 아담하게 지은 집이다. 길을 걷던 나그네(丁)가 바람을 쐬면서 편히 쉴 수 있도록 높다랗게(高←高) 설계한 [정자(亭)]를 뜻하고 [정]으로 읽는다.
回 京(서울 경) 享(누릴 향) 亨(형통할 형)

필순 亠亠亠亠宁宁高高亭

기초 【기초한자어】 익히고, 【기본→발전한자어】 다지기
八角亭(팔각정) 팔모정
亭亭(정정) 늙은 몸이 꾸정꾸정한 모양
亭子(정자) 산수가 좋은 곳에서 놀기 위하여 지은 아담하고 작은 집
• 동음이의어인 亭亭과 訂定을 잘 구분해야만 한다.
• 냇가에 있는 亭子에서 八角亭과 함께 멋진 풍류를

한껏 맛보아야 하겠네.

기본 ③Ⅰ 孤亭(고정) 驛亭(역정) 料亭(요정) 望洋亭(망양정)

발전 ②Ⅱ 柯亭(가정) 柯亭笛(가정적) 俛仰亭(면앙정) 鮑石亭(포석정)

부수	획수	총획
廴	4	7

조정 정【1362】

字源 〈형성〉 조정은 임금이 대소신료들과 궁전에 앉아 정사를 의논하는 곳이다. 신하들이 임금 앞에 나갈 때 궁성의 긴 뜰에서 읍을 올려 걸었다. 이곳을 조심하여 걸어 나가 정사를 논했다. 궁성의 긴 뜰을 허리 굽혀 걸어 나가서(廴) 어진 정사를 곧고(壬) 올바르게 의논했었으니 [조정(廷)]을 뜻하고 [정]으로 읽는다.
回 延(늘일 연)

필순 一二千壬壬廷廷廷

기초 【기초한자어】 익히고, 【기본→발전한자어】 다지기
廷爭(정쟁) 조정에서, 임금의 면전에서 간하여 다툼
廷吏(정리) 소송 서류의 송달을 관장하는 법원의 직원
廷論(정론) 조정에서 의론함
• 재판을 하기 위해 법원의 廷吏들이 바쁘게 움직이고 있군요.
• 조정에서 논하는 廷論이나 廷爭은 임금님 앞이라 매우 조심했어야 합니다.

기본 ③Ⅰ 開廷(개정) 宮廷(궁정) 法廷(법정) 朝廷(조정) 出廷(출정) 退廷(퇴정) 閉廷(폐정) 休廷(휴정)

발전 ② 廷尉(정위) 闕廷(궐정)

부수	획수	총획
彳	5	8

칠 정【1363】

字源 〈형성〉 무력으로 침략해 들어오는 적을 응징하여 무찌르는 것은 정당했다. 적을 치려면 후퇴보다는 꾸준한 전진만이 필요했으리라. 상대방의 적을 힘껏 때려 두드리거나 무찔렀다. 정의(正)를 실천하기 위하여 적을 무찌르려고 앞으로 앞으로 돌진하며 나아갔으니(彳) 적을 [치다(征)]는 뜻이고 [정]으로 읽는다.
图 伐(칠 벌) 討(칠 토) 擊(칠 격) 回 往(갈 왕)

필순 彳彳彳彳彳彳征征征

기초 【기초한자어】 익히고, 【기본→발전한자어】 다지기
出征(출정) 군에 입대하여 싸움터에 나아감

遠征(원정) 먼 곳으로 싸우러 나감
征服(정복) 정벌하여 복종시킴
• 이제는 우리 거북선의 出征 준비가 다 되었을 것으로 보네.
• 遠征隊로부터 적진을 완전히 征服했다는 소식이 금방 접수되었네.

기본 ③Ⅱ 征途(정도) 征伐(정벌) 征夫(정부) 征人(정인) 長征(장정) 遠征隊(원정대)
발전 ② 征塵(정진) ① 征帆(정범) 征戍(정수) 征誅(정주) 宵征(소정) 彙征(휘정)
사자성어 ③Ⅱ 遠征競技(원정경기)

부수	획수	총획
水	8	11

깨끗할 정【1364】

字源 〈형성〉맑고 깨끗한 물가에 가면 물속의 해초, 바위 심지어 고기까지도 잘 비춰 보인다. 물이 맑기 때문에 그지없이 맑고 잘 보인 것이다. 주변에 때나 먼지가 없이 말끔하게 보인다. 물(氵) 속의 여러 가지 물건을 잘 분별하여 (爭) 볼 수 있을 만큼 티끌도 없이 맑았으니 [깨끗하다(淨)]는 뜻이고 [정]으로 읽는다.
圓潔(깨끗할 결) 凹汚(더러울 오) 穢(더러울 예) 回爭(다툴 쟁) 回淨

필순 丶 氵 氵 氵 汏 汏 汏 浄 淨 淨

기초 【기초한자어】익히고, 【기본→발전한자어】다지기
淨化(정화) 불순하거나 더러운 것을 깨끗하게 함
淨土(정토) 아주 깨끗한 세상
淨濟(정제) 정재소. 절의 주방
• 얘야, 淨齋에 들려서 맑은 정화수 한 잔을 가지고 오너라.
• 서방 淨土에는 천지만물이나 사람들 모두가 淨化되어서 산다.

기본 ③Ⅱ 淨潔(정결) 淨書(정서) 淨水(정수) 不淨(부정) 淸淨(청정) 淨名經(정명경) ③ 淨捨(정사)
발전 ② 淨利(정찰) 淨名尉(정명위) ②8 淨沼(정소) ① 淨几(정궤) 淨淘(정도) 拭淨(식정) 澄淨(징정)
사자성어 ③Ⅱ 西方淨土(서방정토) 自淨作用(자정작용)

부수	획수	총획
貝	2	9

곧을 정【1365】

字源 〈회의〉자신의 길흉과 운세를 알아보기 위해 점을 쳤다. 본래는 올곧은 마음으로 임하여 점을 치다는 뜻으로 만들

어졌다. '곧다'는 구부러지거나 비뚤어지지 않고 똑바르다는 뜻이다. 복채 돈(貝)을 내고 점쟁이(卜)에게 [점치다(貞)] 또는 점친(卜) 후에는 반드시 돈(貝) 냈으니 [곧다(貞)]는 뜻이고 [정]으로 읽는다.
圓直(곧을 직) 凹曲(굽을 곡) 折(꺾을 절) 回貝(조개 패)

필순 丶 丶 丶 卜 卢 卢 卢 貞 貞

기초 【기초한자어】익히고, 【기본→발전한자어】다지기
貞操(정조) 여자의 깨끗한 절개
貞節(정절) 변하지 않는 곧은 절개
貞淑(정숙) 여자의 행실이 곱고 마음씨가 맑음
• 논개는 끝까지 적장을 끌어안고 貞節을 지키면서 자결을 감행했지.
• 품행이 바른 貞淑한 그 여자는 貞操를 목숨과 같이 여기면서 수절했다.

기본 ③Ⅱ 貞潔(정결) 貞烈(정렬) 貞察(정찰) 童貞(동정) 不貞(부정)
발전 ②8 貞亮(정량) 貞珉(정민) ① 貞勁(정경) 貞粹(정수) 貞醇(정순) 貞婉(정완)

부수	획수	총획
頁	2	11

정수리 정【1366】

字源 〈형성〉이마가 잘 생기고 머리 꼭대기의 정수리가 뾰족이 올라온 사람이 있다. '거참 이마의 생김새가 정승감인걸' 하고 말하기도 했었다. 사람 머리 위에 숫(숨)구멍이 있는 자리를 뜻한다. 사람의 머리(頁) 위에 고무래(丁)처럼 올라와 있으면서 머리 꼭대기의 끝부분에 있는 [정수리(丁)]를 뜻하고 [정]으로 읽는다.
回順(순할 순) 項(항목 항)

필순 丁 丁 丁 厂 厂 厂 厂 頂 頂 頂 頂

기초 【기초한자어】익히고, 【기본→발전한자어】다지기
山頂(산정) 산의 맨 위. 산꼭대기
頂点(정점) 맨 꼭대기가 되는 곳. 절정
頂上(정상) 산 따위의 맨 꼭대기
• 이 등정은 저곳을 점령하는 것이 頂点이 될 수 있겠네.
• 頂上까지 오르는 노고를 山頂의 시원함이 싹 가시게 했으니 기분이 상쾌하다네.

기본 ③Ⅱ 路頂(노정) 登頂(등정) 絶頂(절정)
발전 ② 頂戴(정대) 摩頂(마정)

부수	획수	총획
言	9	16

모두 제【1367】

字源 〈형성〉 민주주의에서는 의논과 토론을 대단히 중요시했다. 제각기 자기주장을 이야기하다 보면 좀 더 발전적인 의견을 찾는다. 일정한 기준에서 하나도 남기지 않고 말한다. 모여 있는 여러 사람(者)들이 제각기 자기의 힘찬 주장을 한마디씩 이야기(言)해 털어 놓았으니 [모두(諸)]를 뜻하고 [제로 읽는다.
图 皆(다 개) 咸(다 함) 回 緖(실마리 서)

필순

기초 【기초한자어】 익히고, 【기본→발전한자어】 다지기
諸說(제설) 여러 사람의 학설
諸般(제반) 여러 가지. 모든 것. 각반
諸島(제도) 여러 섬
• 우리 남해에 가보면 수없는 諸島들이 장관이지.
• 諸般 법규를 만들었는데 아직도 諸說이 분분하다니 참으로 이상하구나.
기본 ③Ⅱ 諸國(제국) 諸君(제군) 諸氏(제씨) 諸員(제원) 諸位(제위) 諸賢(제현) 居諸(거저) 偏諸(편제) 忽諸(홀제)
③ 諸侯(제후)
발전 ② 諸葛(제갈) ②⑧ 諸彦(제언) 蠕諸(섬제) 諸葛亮(제갈량) ① 諸昆(제곤) 諸蕃(제번) 諸藩(제번)
사자성어 ③Ⅱ 諸子百家(제자백가) 諸般節次(제반절차)

齊 가지런할 제 【1368】

字源 〈상형〉 논에서 자란 벼는 상하좌우가 가지런하게 패서 이삭 끝도 대부분 나란하다고 했다. 벼 포기도 일정하지만, 이삭도 아주 질서정연하다. 어떤 층이 나지도 않고 나란하거나 고르다. 곡식이 나란하게 팬 모양을 본떠서 [가지런하다(齊)] 또는 곡식을 잘 길러 집안을 [다스리다(齊)]는 뜻이고 [제로 읽는다.
图 整(가지런할 정) 回 濟(건널 제) 回 斉

필순

기초 【기초한자어】 익히고, 【기본→발전한자어】 다지기
整齊(정제) 정돈하여 가지런히 함
一齊(일제) 여럿이 한꺼번에 함
齊唱(제창) 여러 사람이 다 같이 소리를 질러 부름
• 동음이의어인 整齊와 精製를 잘 구분해야만 하지 않겠는가.
• '얘들아! 모두 一齊히 함께 부르는 노래를 齊唱이라 말한다는구나.'
기본 ③Ⅱ 齊家(제가)
발전 ② 斬齊(참제) ②⑧ 齊魯(제로) ① 齊禱(제도) 齊慄(제율)
사자성어 ③Ⅱ 一齊射擊(일제사격)

부수	획수	총획
儿	4	6

兆 억조 조 【1369】

字源 〈상형〉 '억조'는 '억'과 '조'를 아울러 이르는 말이다. 세상 이치의 길흉(吉凶)을 점칠 때 거북의 등껍데기를 보았다고 알려진다. 그 모양이 좋고 나쁨에 따라 길흉을 가렸다고도 한다. 거북의 등껍데기 모양을 본떠서 길흉을 나타내는 [조짐(兆)]이었으나 널리 큰 수효인 [억조(兆)] 단위를 뜻하고 [조로 읽는다.
图 朕(나 짐) 回 非(아닐 비) 北(북녘 북) 比(견줄 비)

필순 ノ 丿 丬 兆兆兆

기초 【기초한자어】 익히고, 【기본→발전한자어】 다지기
徵兆(징조) 일이 생길 기미가 미리 보이는 조짐
前兆(전조) 미리 나타나 보이는 조짐
吉兆(길조) 좋은 일이 있을 징조. 상서로운 조짐
• 이제는 평화통일이 이룩될 여러 徵兆들이 보이고 있다네.
• 이상하게 前兆가 썩 좋더니 과연 운 좋게 그것이 吉兆이었구나.
기본 ③Ⅱ 兆民(조민) 兆域(조역) 兆占(조점) 佳兆(가조) 亡兆(망조) 宅兆(택조) 凶兆(흉조)
발전 ② 瑞兆(서조) ②⑧ 京兆尹(경조윤) 汪兆銘(왕조명) ① 圭兆(규조) 萌兆(맹조) 魄兆(백조) 游兆(유조) 朕兆(짐조)
사자성어 ③Ⅱ 億兆蒼生(억조창생)

부수	획수	총획
火	9	13

照 비칠 조 : 【1370】

字源 〈회의〉 밤이 되거나 빛이 들어오지 않는 곳은 매우 어둡다. 전등이나 촛불을 켜면 불빛이 새 나와서 환하게 비춰주었던 것이다. 어둡다가 갑자기 밝은 빛을 보내니 주위가 밝게 된다. 칠흑같이 어두운 곳을 밝은 불빛(灬←火)으로 밝게(昭) 비춰주면서 상호를 대조했으니 [비치다(照)]는 뜻이고 [조로 읽는다.
图 映(비칠 영) 回 昭(밝을 소)

필순 丨 冂 日 日 昭 昭 昭 照 照 照

기초 【기초한자어】 익히고, 【기본→발전한자어】 다지기
照度(조도) 조명도
對照(대조) 둘을 마주 대서 비춰 비교함
照會(조회) 사람의 인적사항을 관계 기관에 알아봄
• 밝기의 정도를 말하는 조명도는 照度이다.
• 그것을 對照를 하든지 다시 照會를 하든지 정확히 밝혀내야 하지 않겠는가.

3급Ⅱ

기본 ③Ⅱ 照鑑(조감) 照明(조명) 照準(조준) 觀照(관조) 落照
(낙조) 參照(참조) 探照(탐조) ③ 照謄(조등)

발전 ② 照膽鏡(조담경) 照魔鏡(조마경) ②⑧ 照亮(조량) 浚照
(준조) ① 照瞭(조료) 照灼(조작) 照澄(조징)

부수	획수	총획
禾	5	10

조세 조 【1371】

字源 〈형성〉 일 년 농사를 짓고 나면 상당량의 곡식을 세금으로 바쳤다. 임금님께 진상하기도 하기도 했다. 세금을 바칠 때는 제기에 높이 쌓아 정중하게 바치기도 하면서 자기 정성을 드리기도 했다. 이미 수확했던 볏단(禾)을 세금으로 바쳐서 제기에 쌓아(且) 제사를 드렸으니 [조세(租)]를 뜻하고 [조]로 읽는다.
图稅(세금 세) 賦(부세 부) 回祖(할아비 조) 組(짤 조)

필순 ノ ニ 千 禾 禾 利 租 和 租 租

기초 【기초한자어】 익히고, 【기본→발전한자어】 다지기
免租(면조) 조세를 면제함
租借(조차) 집이나 땅을 빌려 씀
租稅(조세) 국민으로부터 받아들이는 수입, 세금
• 동음이의어인 租借와 潮差를 잘 구분해야 하겠다.
• 租稅는 국민의 의무이지만 특별한 免租의 규정도 있어서 숨구멍을 터 놓았다네.

기본 ③Ⅱ 租界(조계)

발전 ① 逋租(포조)

3급Ⅱ

부수	획수	총획
糸	11	17

세로 종 【1372】

字源 〈형성〉 세로는 좌우에 대하여 수직으로 되는 어느 방향이라 한다. 실패를 위에 묶어 놓고 재봉할 때 실마리가 아래로 늘어지면서 그것이 잘 풀어진다. 세로에 대한 반의어는 '가로'라고 한다. 실패에 감긴 실마리(糸)가 뒤를 이어 좇아서(從) 아래로 바쁜 모양으로 늘어졌으니 [세로(縱)]를 뜻하고 [종]으로 읽는다.
图蹤(발자취 종) 回橫(가로 횡) 擒(사로잡을 금) 回從
(좇을 종) 回縦

필순 ノ 幺 幺 糸 糸 紆 紆 紆 紵 紵 縱 縱

기초 【기초한자어】 익히고, 【기본→발전한자어】 다지기
放縱(방종) 아무 거리낌 없이 제멋대로 함부로 행동함
縱橫(종횡) 가로와 세로
縱列(종렬) 세로로 늘어섬

• 저 병사들의 縱橫무진한 전술이 결국 전쟁의 패인임을 교훈 삼게.
• 그들 중에서 放縱한 사람만 골라 縱列로 가지런히 세워 벌을 받았다.

기본 ③Ⅱ 縱斷(종단) 縱隊(종대) 縱紋(종문) 縱書(종서) 縱的
(종적) 縱走(종주) 操縱(조종) ③ 縱誕(종탄)

발전 ② 縱軸(종축) ① 縱奢(종사) 縱溢(종일) 擒縱(금종)

사자성어 ③Ⅱ 縱橫無盡(종횡무진)

부수	획수	총획
土	4	7

앉을 좌 : 【1373】

字源 〈형성〉 사람은 서로 만나서 이야기하고 싶어 한다. 윗몸을 세운 상태에서 하반신을 바닥에 붙이기도 한다. 또한 엉덩이 아래의 관절 부분을 살짝 굽혀 몸의 높이를 낮추는 자세를 한다. 만나고 싶은 두 사람(人ㆍ人)이 정답게 풀밭 땅(土)에 마주보고 앉아서 이야기했으니 [앉다(坐)]는 뜻이고 [좌]로 읽는다.
回立(설 립) 臥(누울 와) 回座(자리 좌)

필순 ノ 人 ′시 시 坐 坐 坐 坐

기초 【기초한자어】 익히고, 【기본→발전한자어】 다지기
坐礁(좌초) 함선이 암초에 얹힘
坐定(좌정) 앉음
坐禪(좌선) 조용히 앉아서 참선함
• 船長의 실수로 말미암아 선미에서 坐礁되었으니 참 안타깝네.
• 모두가 다 坐定하자 큰스님의 준엄한 인도로 坐禪에 들었다.

기본 ③Ⅱ 坐像(좌상) 坐席(좌석) 坐視(좌시) 坐藥(좌약) 坐罪
(좌죄) 坐板(좌판) 坐向(좌향) 對坐(대좌) 丙坐(병좌)
連坐(연좌) 丁坐(정좌) 靜坐(정좌) ③ 坐繫(좌계) 坐臥
(좌와) 癸坐(계좌)

발전 ②⑧ 鼎坐(정좌) ① 坐鏡(좌구) 坐寐(좌매) 坐車(좌비) 坐隅
(좌우) 匡坐(광좌) 矩坐(구좌) 罵坐(매좌) 陛坐(폐좌)

부수	획수	총획
宀	5	8

집 주 : 【1374】

字源 〈형성〉 위성은 태양을 중심으로 일정 시간을 두고 궤도를 돈다. 밤하늘에 수 많은 별들이 있다. 지구 밖의 세상도 지구 같은 별이겠다. 지구를 포함한 모든 별의 끝없는 곳이 우주의 큰 집이다. 위성이 태양을 지붕(宀) 삼아서 그로 말미암아(由) 연이어 궤도를 돌았으니 큰 하늘 [집(宙)]

을 뜻하고 [주]로 읽는다.

圖戶(집 호) 室(집 실) 堂(집 당) 屋(집 옥) 宅(집 택) 閣(집 각) 館(집 관) 宇(집 우) 回笛(피리 적)

필순 宀宀宁宁宙宙宙

기초 【기초한자어】 익히고, 【기본→발전한자어】 다지기
宇宙(우주) 천지 사방과 고왕 금래
宙合樓(주합루) 창덕궁 안의 한 루
宇宙船(우주선) 우주 관측 등의 장비와 사람을 싣고 나는 비행체
• 창덕궁의 전신인 宙合樓가 있었음을 아는 사람은 그리 많지 않네.
• 이번에 떠나는 宇宙船은 宇宙의 신비를 많이 풀어 줄 것으로 기대한다네.

기본 ③Ⅱ宙水(주수) 宇宙船(우주선) 宇宙人(우주인)
발전 ②宇宙塵(우주진)

	부수	획수	총획
柱	木	5	9

기둥 주 【1375】

字源 〈형성〉 양옥이나 아파트를 세울 때 지주는 철근과 시멘트다. 그렇지만 한옥은 굵은 통나무가 버팀목인 기둥이다. 구조물을 주춧돌 위에 세워 보나 도리를 받치어 벽체 골격을 이루는 수직 구조재다. 한옥 지붕을 떠받치는 중요한 지주(主)가 되어서 무게를 버틴 나무(木)로 [기둥(柱)]을 뜻하고 [주]로 읽는다.
回桂(계수나무 계) 杜(막을 두)

필순 一十才才才术术标柱柱

기초 【기초한자어】 익히고, 【기본→발전한자어】 다지기
支柱(지주) 무엇을 버티는 기둥
電柱(전주) 전봇대
柱石(주석) 기둥과 주춧돌
• 동음이의어인 柱石과 酒席을 잘 구분해야 한다.
• 한 마을을 지나는 우람하고도 전선이 아주 커다란 支柱를 電柱라 한다.

기본 ③Ⅰ柱式(주식) 柱礎(주초) 四柱(사주)
발전 ②㊛柱樑(주량) ①柱杖(주장)

	부수	획수	총획
洲	水	6	9

물가 주 【1376】

字源 〈회의〉 물이 흐르는 강 가운데는 크고 작은 섬이 있다. 지구의 70%가 바다로 되어 있어 우리는 육지를 섬처럼, 육대주로 나뉘어 부른다. '물가'는 물이 있는 곳의 가장자리 말한다. 사방 둘레 어디를 보나 물(氵)이 있는 섬(州)으로 널리 [물가(洲)]를 뜻하기도 했으며 넓고도 큰 [대륙(洲)]으로도 쓰이고 [주]로 읽는다.
圖涯(물가 애) 汀(물가 정) 回州(고을 주)

필순 氵氵氵汃沙沙洲洲洲

기초 【기초한자어】 익히고, 【기본→발전한자어】 다지기
滿洲(만주) 중국 동북 지방 일대의 속칭
美洲(미주) 아메리카 주
六大洲(육대주) 아시아, 아프리카, 유럽, 북아메리카, 남아메리카, 오세아니아의 총칭. 전 세계
• 우리의 國力이 五大洋 六大洲를 넘는 발전을 기원한다네.
• 滿洲는 압록강 이북의 땅이고, 美洲는 미국이다.

기본 ③Ⅰ亞洲(아주) 三角洲(삼각주)
발전 ②濠洲(호주) ㉘蘆洲(노주) ①洲嶼(주서) 溟洲(명주)

	부수	획수	총획
奏	大	6	9

아뢸 주 (:) 【1377】

字源 〈회의〉 '아뢰다'는 웃어른께 정성을 들여서 말씀드려 알리는 일이다. 아랫사람이 윗사람에게 일이나 진행상황이 어찌 되었다고 아뢰었다. 정황을 자세하게 말씀드려 알려 드렸다. 윗사람 앞에 엎드려 아뢰는 모양으로 [아뢰다(奏)] 또는 음악을 연주하는 모양을 본떠서 [연주하다(奏)]는 뜻이고 [주]로 읽는다.
回秦(나라이름 진) 奉(받들 봉)

필순 一二三丰夫夫表表奏奏

기초 【기초한자어】 익히고, 【기본→발전한자어】 다지기
奏效(주효) 일이 성취됨
奏下(주하) 신하가 아뢴 일을 임금이 재가를 내림
奏請(주청) 임금께 상주하여 청함
• 임금은 신하들의 제언을 검토하고 奏下하였다.
• 오직 진정한 奏請만이 이 일을 성사시키는 데 奏效가 있다고 하겠습니다.

기본 ③Ⅰ奏曲(주곡) 奏達(주달) 奏文(주문) 奏聞(주문) 奏疏(주소) 奏樂(주악) 獨奏(독주) 讀奏(독주) 伏奏(복주) 面奏(면주) 變奏(변주) 上奏(상주) 演奏(연주) 前奏(전주) 重奏(중주) 進奏(진주) 吹奏(취주) 彈奏(탄주) 合奏(합주) 協奏(협주) 二重奏(이중주) ③伴奏(반주)
발전 ②倂奏(병주) 滑奏(활주) ①劾奏(핵주)

3급Ⅱ

부수	획수	총획
木	6	10

株 그루 주【1378】

字源 〈형성〉 나무를 헤아릴 때 주로 '그루'란 단위로 했다. 한 그루, 두 그루라는 단위가 그것이다. 짐작컨대 이것도 살아있는 나무를 헤아릴 때지 벤 나무는 그렇지 않았을 지도 모른다. 한 나무(木)의 기본 바탕(朱)을 이루는 [뿌리(株)와 그 뿌리를 포함한 나무를 세는 단위로 보인 [그루(株)를 뜻하고 [주]로 읽는다.
回珠(구슬 주)

필순 一 十 才 木 朴 朴 杵 柈 株 株

기초 【기초한자어】익히고, 【기본 → 발전한자어】다지기
株主(주주) 주권을 가지고 있는 사람
株式(주식) 주식회사의 총자본을 주의 수에 따라 나눈 자본의 단위
株券(주권) 주식의 증권
• 오랜 소송 끝에 株券을 돌려받아 그나마 다행일세.
• 株式을 가지고 있으면 株主로서의 권리가 있다.

기본 ③Ⅱ 株價(주가) 株總(주총) 新株(신주) 優良株(우량주) 優先株(우선주) 有望株(유망주) 人氣株(인기주)

발전 ① 株枸(주구) 株駒(주구)

사자성어 ③Ⅱ 株價指數(주가지수) 株式會社(주식회사) 守株待兎(수주대토) 赤松一株(적송일주)

부수	획수	총획
玉	6	10

珠 구슬 주【1379】

字源 〈형성〉 구슬은 유리나 보석 등을 비교적 둥글게 만든 모양이라고 한다. 그것은 아름답고 귀중한 존재를 비유적으로 이르는 말이기도 하다. 어린 시절 구슬치기 경험이 생각나게 한다. 색깔이 붉고(朱) 둥글게 생긴 알(玉)로 사람들이 진주처럼 아주 귀중하게 여겼다고 했으니 [구슬(珠)]을 뜻하고 [주]로 읽는다.
图玉(구슬 옥)

필순 一 二 千 王 尹 玗 珒 珠 珠 珠

기초 【기초한자어】익히고, 【기본 → 발전한자어】다지기
念珠(염주) 예배할 때 손목에 걸거나 손으로 돌리는 법구의 하나
明珠(명주) 고운 빛이 나는 아름다운 구슬
珠玉(주옥) 구슬과 옥
• 그 아이는 고운 빛이 나는 아름다운 明珠만을 매우 좋아한다.

• 念珠는 珠玉 등으로 만들어 실에 꿴 구슬이다.

기본 ③Ⅱ 珠閣(주각) 珠露(주로) 珠履(주리) 珠米(주미) 珠算(주산) 珠殿(주전) 珠汗(주한) 默珠(묵주) 寶珠(보주) 珍珠(진주) 眞珠(진주) ③ 淚珠(누주)

발전 ②Ⅱ 珠璣(주기) 珠珥(주이) 璿珠(선주) 璇珠(선주) ① 珠簾(주렴) 珠沫(주말) 珠箔(주박) 珠簪(주잠) 珠唾(주타) 珠蛤(주합) 胚珠(배주)

사자성어 ②Ⅱ 驪龍之珠(여룡지주)

부수	획수	총획
金	14	22

鑄 쇠불릴 주【1380】

字源 〈형성〉 '쇠 불리다'는 쇠를 불에 달구어 단련하다는 뜻이다. 대장간에서 강한 쇠를 만들기 위하여 불린 쇠를 올려놓고 큰메로 친다. 쇠가 식기 전에 두드리고 메로 쳤을 것이다. 오랜 시간(壽) 동안 쇠붙이(金)를 다루어 물건을 생산하는 과정으로 쇠를 불리어 만들어 냈으니 [쇠 불리다(鑄)]는 뜻이고 [주]로 읽는다.
图鍊(쇠불릴 련) 图壽(목숨 수) 回鑄

필순 ノ ヒ 金 金⁺ 鈩 鉜 鋳 鋳 鑄 鑄

기초 【기초한자어】익히고, 【기본 → 발전한자어】다지기
鑄型(주형) 물건을 주조하는 데 쓰는 틀
鑄字(주자) 녹인 쇳물을 주형에 부어서 만든 활자
鑄物(주물) 쇳물을 일정한 틀 속에 부어 굳혀 만든 물건
• 학문연구에 탁월했던 세종대왕은 鑄字를 만드는 데 성공했다.
• 달군 쇳물을 鑄型에 부어 굳히면 鑄物이 된다.

기본 ③Ⅱ 鑄工(주공) 鑄錢(주전) 鑄造(주조) 鑄鐵(주철)

발전 ②Ⅱ 鑄鎔(주용) ① 冶鑄(야주) 鑄線(주조)

부수	획수	총획
人	4	6

仲 버금 중(:)【1381】

字源 〈형성〉 버금의 본래 뜻은 등급, 수준, 차례 중에서 으뜸 바로 다음의 서열이라고 한다. 큰형님을 [장형], 둘째 형님을 [중형]이라고 한다. 제3자가 두 당사자 사이에서 일을 주선하는 것이 중개(仲介)이다. 형제 가운데(中)에서 두 번째 되는 사람(亻)으로 다음이나 가운데로 쓰인 [버금(仲)]을 뜻하고 [중]으로 읽는다.
图次(버금 차) 亞(버금 아) 副(버금 부) 回伯(맏 백)

필순 ノ 亻 亻 仴 仴 仲

【기초한자어】 익히고, 【기본→발전한자어】 다지기
伯仲(백중) 맏이와 둘째
仲秋(중추) 음력 8월
仲裁(중재) 제3자가 당사자 사이에 들어 분쟁을 조정하여 해결하는 일
• 대명절인 仲秋에 대한 民心이 점차 식어가고 있다는 것이 참 안타깝네.
• 伯仲 간에 다툼이 있어서 이제야 仲裁에 나섰다.

[기본] ③Ⅰ 仲介(중개) 仲媒(중매) 仲兄(중형) 仲介人(중개인) 仲秋節(중추절)
[발전] ②8 仲呂(중려)
[사자성어] ③Ⅰ 伯仲之勢(백중지세)

	부수	획수	총획
	卩	7	9

곧 즉【1382】

[字源] 〈회의〉 '곧'은 지금, 금방이라는 어휘의 뜻이다. 시간적인 어떤 간격을 거의 두지 않고 '바로'를 뜻하고 있음이 다르다. 유의어는 '금방(今方), 즉변(卽便), 금명간(今明間)' 등이다. 구수하고 향내 나는 (皀) 밥상 앞에서 무릎(卩)을 더 구부리고 앉자마자 금방 아침 식사를 끝냈으니 [곧(卽)]을 뜻하고 [즉]으로 읽는다.
回 旣(이미 기) 回 即

[필순] ´ ⺁ ⺁ ⺁ 白 白 皀 皀 卽卽

[기초] 【기초한자어】 익히고, 【기본→발전한자어】 다지기
卽興(즉흥) 그 자리에서 일어나는 흥치
卽位(즉위) 임금의 자리에 오르는 일
卽決(즉결) 그 자리에서 즉시로 의결하거나 결정함
• 드디어 성군 正祖가 卽位하여 민족중흥의 터전을 바르게 세웠다.
• 즉석에서 그렇게 쉽게 卽興的(적)으로 卽決해서는 소홀하겠다.

[기본] ③Ⅰ 卽刻(즉각) 卽死(즉사) 卽席(즉석) 卽時(즉시) 立卽(입즉) 卽興的(즉흥적)
[발전] ②8 卽祚(즉조)
[사자성어] ③Ⅰ 不卽不離(부즉불리) 一觸卽發(일촉즉발)

	부수	획수	총획
	心	12	15

미울 증【1383】

[字源] 〈형성〉 요즈음 우리 사회는 용서하고 이해하는 마음가짐이 요구되고 있다고 말한다. 섭섭한 마음이 더 쌓이고 쌓이면 사회가 점점 어두워지기 때문이겠다. 미워함을 버리라 했으니. 평상시에 생활하면서 상대방에게 섭섭한 마음

(忄←心)이 있어서 거듭(曾)하여 쌓여 갔으니 [미워하다(憎)]는 뜻이고 [증]으로 읽는다.
图 惡(미워할 오) 回 愛(사랑 애) 回 增(더할 증) 僧(중 승)

[필순] ` 忄 忄 忄 忄 忄 忄 憎 憎 憎

[기초] 【기초한자어】 익히고, 【기본→발전한자어】 다지기
愛憎(애증) 사랑과 미워함
可憎(가증) 얄미움. 밉살스러움
憎斥(증척) 미워하여 배척함
• 그는 간신들의 이간질로 어느새 憎斥되어 가더니만 귀양을 떠났다.
• 愛憎에 얽혔던 사건을 대하고 보니 可憎스런 인간상이 싫다.

[기본] ③Ⅰ 憎惡(증오) ③ 憎嫌(증혐)
[발전] ① 憎嫉(증질) 憎妬(증투)

	부수	획수	총획
	日	8	12

일찍 증【1384】

[字源] 〈상형〉 이 글자 자원은 좀 애매하다. 증조부는 조부보다 일찍 태어났다는 뜻으로 풀이하기도 했었고, 말할 때 창문 같은 입에서 소리가 퍼져 나간다 했으나 이를 따르기는 다소 미흡하다. '(小篆)비반'에는 시루(田)를 떠받쳐 열을 가하니 사방으로 퍼지는 모양(八)이라 했으니 [일찍(曾)]을 뜻하고 [증]으로 읽었다.
回 會(모일 회) 僧(중 승) 回 曽

[필순] 八 八 伫 伫 伌 伌 曶 曶 曾 曾

[기초] 【기초한자어】 익히고, 【기본→발전한자어】 다지기
曾祖(증조) 증조부
曾孫(증손) 증손자
未曾有(미증유) 지금까지 아직 한 번도 있어 본 적이 없음
• 未曾有라 해서 무조건 천시할 것이 아니라 도전 정신으로 추진합시다.
• 曾祖父와 曾孫 사이인데도 매우 가까운 존비속 사이로 느껴진다.

[기본] ③Ⅰ 曾經(증경) 曾發(증발) 曾往(증왕) 曾祖父(증조부)
[발전] ②8 曾閔(증민)

	부수	획수	총획
	疒	5	10

증세 증(:)【1385】

[字源] 〈형성〉 혼자서 끙끙 앓는 병증세가 있다. 초기에는 잘 모

르지만 얼마간 시간이 지나면 행동과 표정으로 금방 나타난다. 병을 앓을 때의 형세나 병의 조짐이 드러나는 여러 모양이겠다. 속앓이 병세(疒)가 시간이 좀 더 가고 몸이 점점 허약해져서 곧장(正) 밖으로 나타났으니 [증세(症)]를 뜻하고 [증]으로 읽는다.
回疾(병 질)

필순 一广广广疒疒疒疔疒疒症症

기초 【기초한자어】 익히고, 【기본→발전한자어】 다지기
症狀(증상) 겉으로 나타나는 여러 가지 모양. 증상
炎症(염증) 몸의 어느 부분이 붉게 붓고 아픈 병증
症候群(증후군) 원인이 불명확할 때, 단일이 아닐 때 병명에 준한 명칭
• 症候群이 나타난 초기에, 빨리 治療(치료)해야만 합니다.
• 의사는 症狀을 보고 炎症에 대한 환자의 말을 듣기로 했다.

기본 ③Ⅱ 症勢(증세) 症候(증후) 輕症(경증) 狂症(광증) 急症(급증) 炎症(염증) 滯症(체증) 痛症(통증) 不感症(불감증) 不眠症(불면증) 食困症(식곤증) 疑妻症(의처증) 後遺症(후유증) ③ 渴症(갈증) 健忘症(건망증)
발전 ② 厭症(염증) 尿毒症(요독증) 塵肺症(진폐증) 合倂症(합병증) ① 癌症(경증) 疸症(달증) 痢症(이증) 疝症(산증) 脹症(창증)
사자성어 ② 腎不全症(신부전증)

	부수	획수	총획
蒸	艹	10	14

찔 증 【1386】

字源 〈형성〉 '찌다'는 뜨거운 김으로 익히거ㅏ 데우는 일 중의 하나다. 삼 껍질을 벗기기 위하여 솥에 넣고 잘 삶는 행위겠다. 올벼도 삶아 말리고 콩도 껍질째 삶아서 골라 먹는다. 솥(冖)에 풀잎(艹)과 물(水)을 많이 넣고 불(灬←火)을 지피게 되면 증기가 높게 오르면서 통째로 [찌다(蒸)]는 뜻이고 [증]으로 읽는다.
回菜

필순 艹艹芊茅莁茅蒸蒸蒸蒸蒸蒸

기초 【기초한자어】 익히고, 【기본→발전한자어】 다지기
蒸發(증발) 액체나 고체가 그 표면에서 기화함
蒸氣(증기) 액체나 고체가 증발 또는 승화하여 생긴 기체
蒸溜水(증류수) 물을 증류하여 잡된 물질을 없앤 물
• 蒸溜水가 없이도 마음 놓고 먹을 수 있는 청량수가 필요합니다.
• 강한 햇볕에 마당에 뿌렸던 물이 금방 蒸發하여 蒸氣로 변하고 말았다.

기본 ③Ⅱ 炎蒸(염증) 汗蒸(한증) 水蒸氣(수증기) ③ 蒸騰(증등)
발전 ② 蒸鬱(증울) 蒸炊(증취) ① 蒸燴(증회)

	부수	획수	총획
之	丿	3	4

갈 지 【1387】

字源 〈상형〉 사람이 어떤 탈것이 있는 곳을 향하여 자리를 옮겨 움직이는 일이 빈번했다. 초목이 움트면 땅 속의 양분을 흡수하는 일을 반복한다. 햇볕도 따뜻하게 받아 무럭무럭 자란다. 나무의 싹이 수분과 양분을 흠뻑 받아먹고 움이 터서 커 올라가는 모양을 가리켜서 살아서 [가다(之)]는 뜻이고 [지]로 읽는다.
圖往(갈 왕) 回來(올 래)

필순 一亠之之

기초 【기초한자어】 익히고, 【기본→발전한자어】 다지기
之次(지차) 다음이나 버금
居之半(거지반) 절반 이상의 거의
• 이번 참인 '이차(此)'나, 다음 참인 '之次'에 해도 모두가 무방합니다.
• 꽤 먼 거리인데도 불구하고 '居之半' 쯤이나 왔다고 보니 매우 쉽습니다.

발전 ②⑧ 盧昇之(노승지) 王羲之(왕희지)
사자성어 ③Ⅱ 之東之西(지동지서) 隔世之感(격세지감) 結者解之(결자해지) 傾國之色(경국지색) 窮餘之策(궁여지책) 金蘭之交(금란지교) 莫逆之友(막역지우) 晚時之歎(만시지탄) 無用之物(무용지물) 無人之境(무인지경) 伯仲之勢(백중지세) 三遷之敎(삼천지교) 先見之明(선견지명) 愛之重之(애지중지) 漁夫之利(어부지리) 易地思之(역지사지) 烏合之卒(오합지졸) 已往之事(이왕지사) 人之常情(인지상정) 一言之下(일언지하) 一筆揮之(일필휘지) 自激之心(자격지심) 鳥足之血(조족지혈) ③ 旣往之事(기왕지사) 塞翁之馬(새옹지마) 搖之不動(요지부동) 自愧之心(자괴지심) ② 棟梁之器(동량지기) 棟梁之材(동량지재) ②⑧ 琴瑟之樂(금실지락) 箕山之志(기산지지) 岐黃之術(기황지술) 盧生之夢(노생지몽) 霜雪之操(상설지조) 驪色之馬(여색지마) 熊虎之將(웅호지장)

	부수	획수	총획
池	水	3	6

못 지 【1388】

字源 〈형성〉 '못'은 연못의 뜻을 나타내고 웅덩이보다 크고 늪보다는 더 작다. 땅을 파거나 흐르는 물을 막아서 물을 가

두어 놓은 곳이다. 넓고 깊게 파인 땅에 늘 물이 괴어 있는 곳이다. 산골에서 농사를 짓는 농부가 산에서 흘러내리는 물(氵)을 넘치도록 받아서 물이 괴어(也) 있으니 [못(池)]을 뜻하고 [지]로 읽는다.

图 沼(못 소) 潭(못 담) 澤(못 택) 回 地(땅 지) 也(잇기 야) 他(다를 타)

필순 `ノ ヽ 氵 沪 沖 池`

기초 【기초한자어】 익히고, 【기본→발전한자어】 다지기
城池(성지) 적의 접근을 막기 위하여 성의 둘레에 깊게 판 연못
貯水池(저수지) 수력 발전용으로 둑을 쌓고 물을 모아 두는 곳
乾電池(건전지) 액체의 전해질을 쓰지 않고 만든 전지
• 요즈음 사이비 乾電池가 나와 극성이니 반드시 정품을 써야겠습니다.
• 저 城池에서 좀 더 멀리 떨어진 곳에 큰 貯水池가 있다고 하니 그쪽으로 가시지요.

기본 ③Ⅱ 蓮池(연지) 電池(전지) 酒池(주지) 天池(천지) 湯池(탕지) 水源池(수원지) 遊水池(유수지) 蓄電池(축전지) ③ 咸池(함지)

발전 ②⑧ 池塘(지당) 池沼(지소) 塘池(당지) 沼池(소지) ② 硯池(연지) 苑池(원지) 濬池(준지) ① 池畔(지반) 池卉(지훼) 溝池(구지) 菱池(능지) 溟池(명지) 璧池(벽지)

사자성어 ③Ⅱ 酒池肉林(주지육림)

부수	획수	총획
木	4	8

가지 지【1389】

字源 〈형성〉 나무는 뿌리 부분, 줄기 부분, 잎 부분으로 나뉜다. 줄기에는 다시 작은 가지들이 뻗어서 많은 잎이 붙어 있고 열매가 잘 맺힌다. 나무 원줄기로부터 갈라져 나와서 뻗은 줄기겠다. 나무(木)의 밑동이나 큰 줄기 부분에서 여러 갈래로 갈라져 나간(支) 아주 작은 줄기로 [가지(枝)]를 뜻하고 [지]로 읽는다.

图 條(가지 조) 柯(가지 가) 回 技(재주 기) 妓(기생 기)

필순 `一 十 才 木 木 朴 枋 枝`

기초 【기초한자어】 익히고, 【기본→발전한자어】 다지기
幹枝(간지) 식물의 줄기와 가지
枝節(지절) 가지와 마디
枝葉(지엽) 중요하지 않은 부분
• 글을 고칠 때 枝葉적인 부분은 삭제한다.
• 나무를 살릴 때 幹枝와 枝節의 상태를 본다.

기본 ③Ⅱ 枝條(지조) 技枝(기지) ③ 楊枝(양지)

발전 ② 枝梧(지오) ②⑧ 枝胤(지윤) ① 枝蹄(지제) 枝梢(지초) 萄枝(복지)

부수	획수	총획
手	7	10

떨칠 진 :【1390】

字源 〈형성〉 봄이 되면 '사자자리'나 '오리온자리' 별자리가 나타난다. 새 생명들의 싹이 움터 나올 때 떨며 움직임이 빠르게 반복된다. 흔들며 멈추어 있던 자세나 자리가 바뀐다는 의미를 포함한다. 오리온 별자리(辰)가 보이면서 농사 일손(扌)이 바쁘고 새싹이 쏘옥 움터 나오니 [떨치다(振)]는 뜻이고 [진]으로 읽는다.

图 奮(떨칠 분) 拂(떨칠 불) 掉(흔들 도) 回 辰(별 진)

필순 `一 十 扌 扩 扩 护 护 振 振 振`

기초 【기초한자어】 익히고, 【기본→발전한자어】 다지기
振幅(진폭) 진동하는 폭
振子(진자) 줄 끝에 매달려서 좌우로 오락가락하는 물건
振動(진동) 흔들려 움직임
• 波長의 振幅을 알고 음악을 들어야만 좀 더 이해가 잘 되겠죠.
• 振子의 振動을 잘 보시게. 같은 조건이라면 振幅은 더 일정하겠지.

기본 ③Ⅱ 振動(진동) 振武(진무) 振作(진작) 振興(진흥) 不振(부진) 三振(삼진)

발전 ② 振怖(진포) ① 振褐(진갈) 振凱(진개) 振卓(진도) 振蹈(진도) 振袂(진메) 振訊(진신) 振迅(진신) 振鐸(진탁) 振恤(진휼)

부수	획수	총획
辰	0	7

때 신
별 진【1391】

字源 〈회의〉 별자리는 철마다 늘 바뀐다. 아니겠다. 별자리가 바뀌니 사철이 바뀌는 것일 게다. 춘삼월 농사철이 되면 [방성(房星)]이라는 '전갈자리'가 자기네 자리를 턱 잡는다. 초목이 움터 나오고 (𠂆←衣) 아지랑이 오르면서(二) 변한 하늘(厂)로 다섯째 지지의 [별(辰)] 또는 어느 [때(辰)]를 뜻하고 [진] 또는 [신]으로 읽는다.

图 星(별 성) 庚(별 경) 宿(잘 숙/별자리 수)

필순 `一 厂 厂 戶 辰 辰 辰`

기초 【기초한자어】 익히고, 【기본→발전한자어】 다지기
星辰(성신) 별

生辰(생신) 생일의 높임말

辰時(진시) 하루를 12시로 나눈 다섯째 시간

• 어머니께서는 자나 깨나 日月星辰께 자식의 성공을 간절히 빌었다.

• 선생의 生辰을 맞이하여 출생한 시간이 이제 辰時라고 밝혀냈다.

기본 ③Ⅱ 辰方(진방) 辰宿(진수) 佳辰(가신) 北辰(북진) 日辰(일진) ③ 誕辰(탄신) 庚辰(경진) 戊辰年(무진년)

발전 ① 拱辰(공신)

사자성어 ② 壬辰倭亂(임진왜란)

부수	획수	총획
金	10	18

진압할 진(:)
【1392】

字源 〈형성〉 부풀어 있거나 튀어 나오려는 것은 무거운 쇠붙이로 꽉 눌러 놓는다. 마음이 들뜨면 참선하는 마음으로 억눌러서 진정시킨다. 강압적이고 물리적인 힘에 억눌러서 가라앉는다. 무거운 쇠붙이(金)로 마구 억누르듯이 어지러운 마음을 참되게(眞) 진정시켰으니 [진압하다(鎭)]는 뜻이고 [진]으로 읽는다.

동 壓(누를 압)

필순 丿牛金金釒釕鉑鉑鎮鎮鎮鎮鎮

기초 【기초한자어】 익히고, 【기본→발전한자어】 다지기

鎭火(진화) 화재가 꺼짐. 화재를 끔

鎭靜(진정) 가라앉아 조용해짐

鎭痛劑(진통제) 약제로 진정시키고, 흥분이나 아픔을 가라앉힘

• LA에서 발생한 '세기의 산불'이 鎭火될 모양이다.

• 머리가 너무 심하게 아파서 鎭痛劑를 먹었더니만 겨우 鎭靜되었다.

기본 ③Ⅱ 鎭山(진산) 鎭壓(진압) 鎭定(진정) 鎭靜(진정) 鎭痛(진통) 鎭魂(진혼) 文鎭(문진) 書鎭(서진) 重鎭(중진)

발전 ② 鎭圭(진규) 鎭靜劑(진정제) 鎭痛劑(진통제) ① 鎭痙(진경) 鎭撫(진무) 鎭戍(진수) 撫鎭(무진)

부수	획수	총획
阜	8	11

묵을 진
베풀 진 : 【1393】

字源 〈형성〉 마을 부근 벌거숭이 언덕에 나무를 심었다. 큰 비가 내려 언덕이 무너지면 마을을 덮치기 때문이다. 널리 베푸는 일이다. 하늘의 뜻에 의해서 복을 받아서 오래 누리게 했으리라. 벌거숭이 언덕(阝←阜)에 여러 그루의 [묵은(陳)] 나무(木)를 잘 펴서(申) 심어 두었으니 [베풀다(陳)]는 뜻이고 [진]으로 읽는다.

동 施(베풀 시) 設(베풀 설) 列(벌일 열) 回 陣(진칠 진)

필순 丿阝阝阡阮陌陌陳陳陳

기초 【기초한자어】 익히고, 【기본→발전한자어】 다지기

陳情(진정) 사정을 자세하게 말함

陳述(진술) 구두로 자세히 말함

陳狀(진상) 일의 사정을 말함

• 동음이의어인 陳狀과 眞相을 잘 구분해야만 하지 않겠나.

• 그의 陳述을 바탕으로 陳情書를 쓰도록 했다.

기본 ③Ⅱ 陳頭(진두) 陳腐(진부) 陳謝(진사) 陳設(진설) 陳列(진열) 陳容(진용) 陳奏(진주) 開陳(개진) 具陳(구진) 出陳(출진) ③ 屯陳(둔진)

발전 ② 陳亮(진량) ① 陳堞(진첩) 陳套(진투) 汨陳(골진)

사자성어 ③Ⅱ 新陳代謝(신진대사) ③ 陳平宰肉(진평재육)

부수	획수	총획
雨	7	15

우레 진 : 【1394】

字源 〈형성〉 여름 소나기 올 때 친 천둥이 '우레'다. '우레'는 순 우리말 '울다'에서 나온 말이라고 한다. '울다'의 어간 '울'에 어미 '에'가 붙어서 이루어진 고어인 순 우리말이다. 비(雨) 올 때에 밤하늘의 별빛(辰)처럼 번쩍거리면서 천둥소리를 크게 내면서 하늘이 마침 흔들렸으니 [우레(震)]를 뜻하고 [진]으로 읽는다.

동 雷(우레 뢰) 回 雨(비 우) 雲(구름 운) 雪(눈 설)

필순 一广戸乐雪雪雪雪霅霅霅震

기초 【기초한자어】 익히고, 【기본→발전한자어】 다지기

地震(지진) 땅이 흔들리고 갈라지는 지각 변동 현상

震源(진원) 지각 내부에 있는 지진진동의 발생점

震動(진동) (물체가) 몹시 울리어 움직임

• 이번 우리나라에 크게 미친 地震의 震源은 바로 일본이라 노골적인 발표가 사실이 아니었으면…

• 地震의 震動으로 보아 이제는 震源地를 금방 알 수 있다고 합니다.

기본 ③Ⅱ 震驚(진경) 震恐(진공) 震怒(진노) 震檀(진단) 震度(진도) 震雷(진뢰) 震死(진사) 震災(진재) 震電(진전) 強震(강진) 耐震(내진) 微震(미진) 餘震(여진)

발전 ② 震悼(진도) 震怖(진포) ① 震悸(진계) 震壽(진도) 震悚(진송) 震蝕(진식) 震疊(진첩) 震盪(진탕) 震駭(진해) 震眩(진현) 震惶(진황)

부수	획수	총획
疒	5	10

병 질 【1395】

字源 〈회의〉 병은 초기에 고쳐야 한다고 한다. 병든 시간이 오래가면 고질화되어 병균이 삽시간에 온 몸에 퍼져 몸져눕는다. 생물체가 육체적, 정신적 이상으로 고통을 느끼게 되는 현상이다. 심한 아픈 증세(疒)가 마치 화살(矢)처럼 빠르게 나타나서 그만 몸져눕게 되고 말았으니 [병(疾)]을 뜻하고 [질]로 읽는다.
图病(병 병) 患(근심 환)

필순 `丶亠广疒疒疒疒疾疾`

기초 【기초한자어】 익히고, 【기본→발전한자어】 다지기
疾風(질풍) 강하고 빠르게 부는 바람
疾視(질시) 밉게 봄
疾病(질병) 신체의 온갖 기능의 장애로 말미암은 병
• 그렇게 남을 밉게 바라보는 식의 疾視의 눈으로만 보지 마시게.
• 나를 疾病이 결국에는 疾風같이 번져 나갔다.

기본 ③ 疾故(질고) 疾苦(질고) 疾走(질주) 疾患(질환) 惡疾(악질) 眼疾(안질) 疫疾(역질) 稱疾(칭질)

발전 ② 託疾(탁질) ① 疾恙(질양) 疾疢(질진) 痼疾(가질) 癎疾(간질) 疳疾(감질) 痼疾(고질) 錮疾(고질) 狼疾(낭질) 痢疾(이질) 淋疾(임질) 忿疾(분질) 瘦疾(수질) 瘡疾(창질) 捷疾(첩질) 痔疾(치질) 懍疾(표질) 飄疾(표질) 瘧疾(학질) 眩疾(현질)

차례 질 【1396】

부수	획수	총획
禾	5	10

字源 〈형성〉 일 년간 애써 지은 농사이기에 낟알 한 톨이라도 허실되어서는 정말 안 된다. 농부는 조심하여 볏단을 하나씩 옮겨서 쌓는다. 행여 이삭이라도 쏟아지지 않도록 삼가 조심한다. 수확한 볏단(禾)이 하나도 허실(矢)나지 않도록 차곡차곡 조심스럽게 쌓아서 올렸으니 [차례(秩)]를 뜻하고 [질]로 읽는다.
图序(차례 서) 第(차례 제) 回秋(가을 추) 稀(드물 희)

필순 `丿二千禾禾禾秆秆秩秩`

기초 【기초한자어】 익히고, 【기본→발전한자어】 다지기
秩序(질서) 사물의 조리나 그 순서
品秩(품질) 품계
• 이제는 동음이의어인 品秩과 品質을 잘 구분해야만 하지 않겠습니까?
• 우리는 공공장소에서 秩序를 지켜야 한다.

기본 ③ 秩滿(질만) 秩米(질미) ③ 秩敍(질서)

발전 ② 秩俸(질봉) ② 晉秩(진질)

잡을 집 【1397】

부수	획수	총획
土	8	11

字源 〈회의〉 바르게 살아가는 사람을 괴롭히면 법에 따라 처벌을 받는다. 법은 만인에게 공평하기 때문이다. 죄인을 달아나지 못하게 붙들어 붙잡는다는 뜻도 있다. 세상을 놀라게(幸←幸) 한 죄인에게 쇠고랑을 채워(丸←刊) [붙잡다(執)] 또는 다행히도(幸) 손을 뻗어 잡았으니(丸) [잡다(執)]는 뜻이고 [집]으로 읽는다.
图握(쥘 악) 拘(잡을 구) 操(잡을 조) 捕(잡을 포) 回放(놓을 방)

필순 `十土幸幸幸幸幸執執執`

기초 【기초한자어】 익히고, 【기본→발전한자어】 다지기
執務(집무) 사무를 봄
執念(집념) 마음에 새겨서 움직이지 않는 일념
執權(집권) 정권을 잡음
• 야당은 차기 執權을 반드시 노린다.
• 그는 執務를 시작하자마자 무서운 執念으로 일했다.

기본 ③ 執刀(집도) 執事(집사) 執奏(집주) 執着(집착) 執筆(집필) 執行(집행) 據執(거집) 見執(견집) 固執(고집) 父執(부집) 我執(아집) 偏執(편집) ③ 宰執(재집)

발전 ② 執珂(집가) 執圭(집규) 執柄(집병) 執鋠(집윤) ① 執搏(집박) 執縛(집박) 執捧(집봉) 執拗(집요) 執銓(집전) 執鞭(집편) 搏執(박집) 縛執(박집)

사자성어 ② 允執其中(윤집기중)

부를 징 【1398】

부수	획수	총획
彳	12	15

字源 〈회의〉 행실과 인품이 착하면 입에서 입으로 소문이 퍼진다. 고운 이름이 온 나라의 큰 재목으로 부름을 받는다. 주의를 끌거나 입궐하라고 소리를 치거나 손짓을 한다는 뜻이다. 비록 미천하게(徵←微) 숨어서 살지라도 행실만은 착했으니(壬) 언젠가는 나라에서 크게 [부르다(徵)]는 뜻이고 [징]으로 읽는다.
图김(부를 소) 招(부를 초) 收(거둘 수) 聘(부를 빙) 回微(작을 미) 徽(아름다울 휘) 回徵

필순 `彳彳彳彳徉徉徵徵徵徵`

기초 【기초한자어】 익히고, 【기본→발전한자어】 다지기
特徵(특징) 다른 것에 비겨서 특별히 눈에 띄는 점
徵候(징후) 어떤 일이 일어날 조짐

徵收(징수) 나라에서 세금이나 그 밖의 돈이나 물건을 거둬들임
• 요즈음 경기가 좋지 않아 徵收 실적이 별로 좋지 않다네.
• 그의 特徵이 나타날 徵候가 보이기 시작했다.
기본 ③Ⅱ 徵發(징발) 徵兵(징병) 徵用(징용) 徵兆(징조) 徵集(징집) 徵表(징표) 徵驗(징험) 徵調(치조) 象徵(상징) 性徵(성징) 追徵(추징)
발전 ② 瑞徵(서징) ②⑧ 魏徵(위징) ① 勒徵(늑징)

부수	획수	총획
止	2	6

此
이 차 【1399】

字源 〈회의〉 말하는 사람이 듣는 사람보다 자기 쪽에 가까이 있는 사람 등을 가리킬 때 지시대명사를 쓴다. '차려' 자세를 취하면서 두 발을 나란히 하고 반듯이 멈추어 선 경우를 본다. 두 발(止)을 나란히 하는 사람이 (匕←比) 바르게 멈추어 있는 곳을 향해서 [이곳]인 지시 대명사인 [이(此)]를 뜻하고 [차]로 읽는다.
⑧ 是(이 시) ⑩ 彼(저 피) ⑩ 北(북녘 북) 比(견줄 비)

필순 ㅣ ㅏ ㅑ 止 止 此

기초 【기초한자어】 익히고, 【기본→발전한자어】 다지기
彼此(피차) 저것과 이것
此後(차후) 이 뒤. 이다음
於此彼(어차피) 어차어피(於此於彼)의 준말
• 於此彼 일이 이 지경에 이르기까지 되었으니 이는 우리 모두의 책임일세.
• 此後에는 彼此 터놓고 지내게 될 것이네.
기본 ③Ⅱ 此際(차제) 若此(약차) 如此(여차)
발전 ① 此箇(차개)
사자성어 ③Ⅱ 此日彼日(차일피일)

부수	획수	총획
人	8	10

借
빌 차 :
빌릴 차 : 【1400】

字源 〈형성〉 사람과 사귐에는 믿음과 존경심이 있어야 한다. 서로가 믿기 때문에 귀중한 물건을 빌려주는가 하면 어려운 일도 돕는다. 이것저것을 가리지 않고 도타운 정을 나눈 것이다. 사람(亻)이 친하게 지낸 사람과 오랫동안(昔) 정을 나누어 사귀면 서로가 물건을 [빌리며(借)] 피차 [돕는다(借)]는 뜻이고 [차]로 읽는다.
⑩ 貸(빌릴 대) ⑩ 惜(아낄 석)

필순 ノ 亻 亻 仁 什 件 借 借 借 借

기초 【기초한자어】 익히고, 【기본→발전한자어】 다지기
貸借(대차) 꾸어 줌과 꾸어 옴
假借(가차) 임시로 빌리는 것
借用(차용) 물건이나 돈을 빌리거나 꾸어 씀
• 옛날에는 한자의 음훈을 假借하여 우리말을 기록했다.
• 내가 借用한 돈에 대해 貸借 관계만은 분명히 하자꾸나.
기본 ③Ⅱ 借名(차명) 借間(차문) 借邊(차변) 借入(차입) 貸借(임차) 租借(조차) 賃貸借(임대차)
발전 ② 借款(차관) ②⑧ 彊借(강차) ① 借銜(차함)

부수	획수	총획
金	8	16

錯
어긋날 착 【1401】

字源 〈형성〉 쇠붙이를 오랫동안 방치해 놔두면 시커멓게 녹이 슨다. 처음은 푸른 빛깔을 띠다가 점차 검은색으로 변하면서 다시는 사용할 수 없는 녹색으로 버려지는 경우를 만난다. 쇠붙이(金)를 오래(昔) 놔두면 도금한 것처럼 녹이 슬어 다른 색으로 변했으니 서로가 [어긋나다(錯)]는 뜻이고 [착]으로 읽는다.
⑧ 誤(그르칠 오) 謬(그르칠 류)

필순 ノ ㅑ ㅓ 金 金 釒 鈝 鉗 錯 錯 錯

기초 【기초한자어】 익히고, 【기본→발전한자어】 다지기
錯雜(착잡) 갈피를 잡을 수 없이 뒤섞여 어수선함
錯亂(착란) 뒤섞여서 어수선함
錯覺(착각) 잘못 보거나 듣거나 느끼는 것
• 내가 잠시 錯亂에 빠진 나머지 이렇게 큰 失手를 했구나.
• 그동안 錯覺하여 실수한 일로 錯雜한 심정이구먼.
기본 ③Ⅱ 錯辭(조사) 錯視(착시) 錯誤(착오) 錯衡(착형) 交錯(교착) 倒錯(도착) 失錯(실착) ③ 糾錯(규착)
발전 ② 錯謬(착류) ②⑧ 錯峙(착치) ① 錯繡(착수) 錯薪(착신) 錯愕(착악) 乖錯(괴착) 駁錯(박착) 槃錯(반착)
사자성어 ③Ⅱ 施行錯誤(시행착오) 精神錯亂(정신착란)

부수	획수	총획
貝	12	19

贊
도울 찬 : 【1402】

字源 〈형성〉 돈을 주어 돕는 방법도 있지만 마음과 뜻을 같이하여 돕기도 한다. 아마도 찬성함의 처음 뜻은 돈을 보태어 주었던 것 같다. 일이 잘 될 수 있도록 힘을 보태다는 뜻이겠다. 여러 사람이 모이는 행사에 앞다투어 먼저(先) 나가서 돈(貝)을 주면서 그 뜻을 기렸으니 [돕다(贊)]

는 뜻이고 [찬]으로 읽는다.

圖助(도울 조) 扶(도울 부) 援(도울 원) 補(기울 보) 回反
(돌아올 반) 回質(바탕 질) 回贊

필순

기초 【기초한자어】익히고, 【기본→발전한자어】 다지기
贊嘆(찬탄) 칭찬하며 감탄함
贊助(찬조) 도움, 보조
贊同(찬동) 찬성하여 동의함
• 비로소 贊嘆의 목소리가 사방에서 터져 나왔다.
• 그동안 贊同하면서 이제는 贊助를 아끼지 않았다.

기본 ③Ⅱ 贊否(찬부) 贊成(찬성) 贊意(찬의) 協贊(협찬)

발전 ②8 贊佑(찬우) 毘贊(비찬) ① 贊唄(찬패) 贊饗(찬향)

부수	획수	총획
人	8	10

곳집 창(:)【1403】

字源 〈상형〉 논에서 거둬들인 곡식은 창고에 잘 보관한다. 창고가 없을 때는 마당에 노적을 쌓기도 했던 모양이다. 곡식이나 물건을 쌓아 두거나 보관하기 위하여 지은 집이라 한다. 거둬들인 곡식을 갈무리하는 창고의 모양을 본떠서 [곳집(倉)] 혹은 곳집인 창고가 텅 비면 [당황하다(倉)]는 뜻이고 [창]으로 읽는다.

圖庫(곳집 고) 猝(갑자기 졸) 回蒼(푸를 창) 滄(큰바다 창)

필순

기초 【기초한자어】익히고, 【기본→발전한자어】 다지기
官倉(관창) 관의 창고
穀倉(곡창) 곡식이 많이 나는 곳
倉穀(창곡) 곳집에 쌓아 둔 곡식
• 이제 官倉만 가지고는 어렵겠으니 다른 倉庫를 알아보는 것이 좋겠습니다.
• 그곳은 穀倉지대라 창고마다 倉穀이 가득하다네.

기본 ③Ⅱ 倉庫(창고) 倉皇(창황) 營倉(영창) 彈倉(탄창) 倉卒間
(창졸간)

발전 ②8 倉扁(창편) ① 倉鼠(창서) 倉猝(창졸) 檻倉(함창)

사자성어 ③Ⅱ 穀倉地帶(곡창지대)

부수	획수	총획
日	4	8

창성할 창(:)
【1404】

字源 〈회의〉 태양은 이 세상 어느 곳이나 고루 비춘다. 산에도 들에도 그리고 바다에도 공정하게 비춰서 환하게 밝음

준 것이다. 태양의 밝힘에 따르듯이 해가 비추면서 온 세상의 창성함이 잘 보인다. 태양(日)이 환하게 비추면서 생각을 입으로 말하면서(曰) 잘 전했으니 [창성하다(昌)]는 뜻이고 [창]으로 읽는다.

圖盛(성할 성) 繁(번성할 번) 回唱(부를 창)

필순

기초 【기초한자어】익히고, 【기본→발전한자어】 다지기
繁昌(번창) 일이 한창 잘 되어 발전함
昌平(창평) 나라가 번성하고 세상이 태평함
昌盛(창성) 성하여 잘되어 감
• 내 살아 생전에 昌平한 나라를 볼 수 있겠지.
• 나라가 昌盛하고 繁昌하여서 이제는 그야말로 태평성대를 이루었네.

기본 ③Ⅱ 昌運(창운) 隆昌(융창) 碧昌牛(벽창우)

발전 ②8 殷昌(은창) ① 昌熾(창치) 昌披(창피) 鞏昌(공창) 蕃昌
(번창) 熾昌(치창)

부수	획수	총획
艸	10	14

푸를 창【1405】

字源 〈형성〉 무더운 여름에 벼가 쑥쑥 자란다. 병충해도 이때 많이 번성하는데 병충해가 없고 무성하게 자라면 풍성히 거둘 것이다. 맑은 하늘빛이나 풀빛과 같은 색을 띤 상태이다. 가을에 수확한 곡식(艹)이 빈 창고(倉) 속에 가득할 만큼 무성하게 자랐으니 이제는 온 세상이 [푸르다(蒼)]는 뜻이고 [창]으로 읽는다.

圖靑(푸를 청) 綠(푸를 록) 碧(푸를 벽) 回倉(곳집 창)

필순

기초 【기초한자어】익히고, 【기본→발전한자어】 다지기
蒼然(창연) 푸른 모양. 오래되어 예스러운 빛이 그윽함
蒼生(창생) 백성. 세상의 모든 사람
蒼白(창백) 푸른 기가 있고 해쓱함
• 가을이 되니 하늘이 蒼然하여 새 세상을 만날 것만 같습니다.
• 흉년이 들어서 蒼生들이 다 못 먹었던지 얼굴들이 저렇게도 蒼白하구나.

기본 ③Ⅱ 蒼空(창공) 蒼遠(창원) 蒼天(창천) 蒼波(창파)

발전 ② 鬱蒼(울창) 蒼龍窟(창룡굴) ②8 蒼旻(창민) 蒼鷹(창응)
蒼昊(창호) ① 蒼鳩(창구) 蒼穹(창궁) 蒼麓(창록) 蒼蕪
(창무) 蒼靄(창애) 蒼猿(창원) 蒼翠(창취) 蒼苔(창태)
蒼惶(창황)

사자성어 ③Ⅱ 古色蒼然(고색창연) 萬頃蒼波(만경창파) 億兆蒼生
(억조창생)

부수	획수	총획
彡	8	11

채색 채：【1406】

字源 〈형성〉 고운 무늬를 그리려면 여러 가지 물감을 섞어 채색했다. 머리를 써가면서 손으로 붓을 잡아 색칠한 것이다. 그림에 색칠하기 위해 여러 가지의 고운 빛깔을 내는 물질이라고들 말한다. 붓(彡)으로 여러 가지 빛깔을 [채색(采)]하니 아름다운 [무늬(彩)]가 곱게 나타나서 많이 [빛나다(彩)]는 뜻이고 [채]로 읽는다.
屬 色(빛 색) 紋(무늬 문) 回 菜(나물 채) 採(캘 채)

필순 ´ ´ ´ ´ ´ 采 采 采 彩 彩 彩

기초 【기초한자어】 익히고, 【기본→발전한자어】 다지기
油彩(유채) 물감을 기름에 풀어서 그림을 그리는 법
光彩(광채) 눈부신 빛. 어둠 속을 비추는 힘
彩色(채색) 그림에 색을 칠함
• 오늘따라 光彩가 유난히도 밝게만 보이는구나.
• 油菜밭을 온통 노랗게 彩色한 저 油彩畵는 매우 인상적이네.
기본 ③Ⅱ 多彩(다채) 文彩(문채) 色彩(색채) 生彩(생채) 異彩(이채) 水彩畵(수채화)
발전 ② 彩型化(채형화) ① 彩鸞(채란) 彩棚(채붕) 彩靄(채애) 彩霞(채하) 彩絢(채현) 彩虹(채홍) 彩繪(채회) 霞彩(하채) 虹彩(홍채)

부수	획수	총획
艸	8	12

나물 채：【1407】

字源 〈형성〉 무는 뿌리를 먹고 배추는 잎줄기를 먹는다. 산나물은 잎과 뿌리를 먹는 것이 좋다고 한다. 나물은 어린잎이나 채소를 다듬어서 데친 뒤에 갖은 양념을 무친 반찬이다. 뿌리와 잎줄기[채소(艹)]를 호미 같은 도구를 써서 뿌리째 잘 캐냈으니(采) 사람이 모두 먹을 수 있는 [나물(菜)]을 뜻하고 [채]로 읽는다.
屬 蔬(나물 소) 回 採(캘 채) 彩(채색 채)

필순 ㅗ ㅛ ㅛ ㅛ ㅛ 芯 芯 芏 莱 菜

기초 【기초한자어】 익히고, 【기본→발전한자어】 다지기
菜園(채원) 야채를 심은 밭
菜食(채식) 푸성귀로 만든 반찬만을 먹음
菜飯(채반) 변변치 못한 음식을 이르는 말
• 우리 菜園에는 싱싱한 채소를 기를 수 있어서 참 좋다.
• 菜食을 주로 한 탓에 오늘따라 밥상의 菜飯이 더는 섭섭하지 않구나.
기본 ③Ⅱ 菜毒(채독) 菜麻(채마) 菜食(채식) 乾菜(건채) 山菜

(산채) 生菜(생채) 野菜(야채) 葉菜(엽채) 菜麻田(채마전) 菜松花(채송화) ③ 菜蔬(채소)
발전 ② 瓜菜(과채) ① 咬菜(교채) 奠菜(전채)

부수	획수	총획
人	11	13

빚 채：【1408】

字源 〈형성〉 생활이 어려워지면 다른 사람에게 돈을 빌려서 쓴다. 약속한 날짜에 갚아야 할 책임을 느끼고 돈을 마련해야만 한다. 임시로 꾸어 쓴 것으로 이 다음 남에게 꼭 갚아야 할 돈이기 때문이다. 다른 사람(亻)에게 꾼 돈을 빨리 갚아야 할 무한한 책임(責)을 느끼고 있었으니 [빚(債)]을 뜻하고 [채]로 읽는다.
回 責(꾸짖을 책) 積(쌓을 적)

필순 亻 亻 亻 佳 倩 倩 倩 債 債 債

기초 【기초한자어】 익히고, 【기본→발전한자어】 다지기
負債(부채) 남에게 빚을 짐 또는, 그 빚
公債(공채) 국가가 세출의 재원을 마련하기 위해 임시로 부담한 채무
債務(채무) 빌린 것을 다시 되갚아야 하는 의무
• 그렇게 많은 公債를 발행하다간 아마도 국가가 부도가 날 지경이겠소.
• 국민들은 負債가 너무 많아 債務에 짓눌려 살겠소.
기본 ③Ⅱ 債券(채권) 債權(채권) 國債(국채) 起債(기채) 社債(사채) 私債(사채) 外債(외채) 會社債(회사채) ③ 卜債(복채)
발전 ②8 倭債(왜채) ① 債勒(채륵) 邸債(저채) 蕩債(탕채)

부수	획수	총획
竹	6	12

꾀 책【1409】

字源 〈형성〉 '계책'은 매듭이 있는 대나무로 회초리를 만들어 바르게 성장하게 채찍질하는 것이다. 가르치는 꾀다. 닥친 문제의 해결이나 일의 진행을 위해 생각한 방법이나 꾀이다. 가시(束) 돋친 대나무(竹) 회초리로 만든 [채찍(策)] 혹은 채찍질도 요령이 있어야 했으니 그 계책인 [꾀(策)]를 뜻하고 [책]으로 읽는다.
屬 計(셀 계) 略(간략할 략) 謀(꾀 모)

필순 ㅗ ㅛ 竹 竹 竹 竺 竿 筅 筇 箏 策

기초 【기초한자어】 익히고, 【기본→발전한자어】 다지기
策定(책정) 계책을 세워서 결정함
策略(책략) 모책과 방략, 꾀, 책모

策動(책동) 획책하여 행동함
• 이제는 신중한 策定만이 부도를 면할 수 있겠소.
• 바로 策略에 따라 策動하는 무리를 조심해라.

기본 ③Ⅱ 策命(책명) 策問(책문) 計策(계책) 國策(국책) 對策
(대책) 妙策(묘책) 方策(방책) 別策(별책) 祕策(비책)
散策(산책) 上策(상책) 術策(술책) 施策(시책) 時策(시책)
失策(실책) 政策(정책) 劃策(획책) 苦肉策(고육책)

발전 ② 策勳(책훈) 28 捲策(규책) ① 策駑(책노) 詭策(궤책)
伏策(장책) 杖策(장책)

사자성어 ③Ⅱ 窮餘之策(궁여지책)

부수	획수	총획
女	5	8

아내 처【1410】

字源 〈회의〉 아내는 흔히 마누라라고 한다. 여자의 매력은 정
성스러움과 깨끗함에 있다고도 말한다. 집안을 보살피며
알뜰한 살림을 꾸리면서 남자와 결혼하여 짝을 이룬 여자
이다. 손(ㅋ←又)으로는 힘이 벅찰 만큼 많은 열(十)가지
일과 살림을 맡아서 하는 착한 여자(女)였으니 [아내(妻)]
를 뜻하고 [처]로 읽는다.
回 夫(지아비 부) 回 妾(첩 첩)

필순 一ㄱㅋㅋㅋ妻妻妻妻

기초 【기초한자어】 익히고, 【기본→발전한자어】 다지기
夫妻(부처) 남편과 아내
良妻(양처) 어진 아내
妻兄(처형) 아내의 언니
• 부부를 다른 말로 夫妻라 했으니 어울리는 한 쌍이라네.
• 나의 妻兄이 훌륭한 분이시라 내 처 또한 良妻라
고 하는 것은 천하가 아는 일이지요.

기본 ③Ⅱ 妻家(처가) 妻男(처남) 妻子(처자) 妻弟(처제) 妻族
(처족) 恐妻(공처) 多妻(다처) 本妻(본처) 喪妻(상처) 惡妻
(악처) 愛妻(애처) 良妻(양처) 嚴妻(엄처) 疑妻(의처)
前妻(전처) 恐妻家(공처가) 帶妻僧(대처승) 愛妻家(애처가)
疑妻症(의처증) 現地妻(현지처) ③ 妻妾(처첩)

발전 ① 孀妻(상처) 艶妻(염처) 嫡妻(적처) 娶妻(취처) 妬妻
(투처) 荊妻(형처)

사자성어 ③Ⅱ 嚴妻侍下(엄처시하) 一夫多妻(일부다처) 賢母
良妻(현모양처)

부수	획수	총획
尸	1	4

자 척【1411】

字源 〈지사〉 요즈음은 [미터법]을 쓰지만 옛날에는 [척관법]을

주로 많이 썼다. 척관법에서 가장 많이 쓰이는 단위는 아
무래도 '자'였을 것이다. 손목(尸)에서 팔꿈치(乀←乙)까지
의 길이로 1척은 한 치의 열 배로 약 30.3cm이다. 척관법
에서 두루 쓰임에 따라 길이 단위로 널리 쓰였던 [자(尺)]
를 뜻하고 [척]으로 읽는다.
固 度(법도 도) 回 尸(주검 시)

필순 ㄱㄱ尸尺

기초 【기초한자어】 익히고, 【기본→발전한자어】 다지기
越尺(월척) 낚은 물고기의 길이가 한 자가 넘음
尺土(척토) 퍽 좁은 논밭
尺寸(척촌) 자와 치
• 잡았던 물고기 중 越尺이 있어 아쉬움은 면했다오.
• 비록 尺寸의 땅이라지만 尺土를 좋아한 나의 뜻에
는 딱 맞다고 할 수 있겠지요.

기본 ③Ⅱ 尺度(척도) 九尺(구척) 三尺(삼척) 丈尺(장척) 縮尺
(축척) 尺貫法(척관법)

발전 ② 尺翰(척한) 28 繩尺(승척) 鮑尺(포척) ① 竿尺(간척)
矩尺(구척) 咫尺(지척)

사자성어 ③Ⅱ 九尺長身(구척장신) 三尺童子(삼척동자)

부수	획수	총획
戈	7	11

친척 척【1412】

字源 〈형성〉 한 그루의 콩에는 수많은 콩들이 열려 모두는 한
피붙이다. 함께 어울리는 친인척들이다. 자기의 혈족이나
혼인 관계를 통해 혈연적으로 관계에 있는 모든 사람들을
이른다. 무성한(戊) 콩(尗←叔) 열매가 한 그루에서 많이
맺히듯이 한 피붙이에 자손들이 참 많았으니 [친척(戚)]을
뜻하고 [척]으로 읽는다.
回 成(이룰 성)

필순 厂厂厂厂厂戸戒戒戚戚戚

기초 【기초한자어】 익히고, 【기본→발전한자어】 다지기
親戚(친척) 친척과 외척. 성이 다른 가까운 척분
姻戚(인척) 혼인에 의하여 맺어진 친척
外戚(외척) 같은 본을 가진 사람 이외의 친척
• 外戚 가운데 정계에 진출한 분이 많아 든든하다.
• 나의 親戚 가운데 姻戚 쪽에 훌륭한 분이 더 많다.

기본 ③Ⅱ 戚臣(척신) 婚戚(혼척) 休戚(휴척)

발전 ② 戚勳(척훈) ① 藩戚(번척)

3급Ⅱ

부수	획수	총획
手	5	8

넓힐 척
박을 탁【1413】

字源 〈형성〉 넓은 들판의 돌을 줍고 땅을 파서 기름진 옥토로 만든다. 크고 작은 돌멩이는 농사짓는 장애물이 되었다. 자기의 생각이나 땅의 범위를 좀 크게 하거나 더 깊게 한 일이다. 들판에 있는 거친 돌(石)을 손(扌)이나 도구를 이용하여 더 [넓히다(拓)] 혹은 땅을 개척했으니 [열다(拓)]는 뜻이고 [척]으로 읽는다.
圄擴(넓힐 확)

필순 一 十 扌 扌 扩 扩 拓 拓 拓

기초 【기초한자어】 익히고, 【기본 → 발전한자어】 다지기
拓本(탁본) 금석에 새긴 글씨나 그림을 종이에 박아 냄
開拓(개척) 거친 땅을 일구어 논, 밭을 만듦
干拓(간척) 호수나 바닷가에 제방을 만들어 육지나 경지를 만듦
• 先賢의 친필이 없으니 묘비 앞 글씨를 拓本해야겠지.
• 干拓을 했는지 開拓을 했는지 이번에 우리는 꽤 넓은 토지를 갖게 되었다.

발전 ② 拓殖(척식) ① 拓跋(탁발)

부수	획수	총획
水	8	11

얕을 천 : 【1414】

字源 〈형성〉 개울물을 건너기 위해 징검다리를 놓았다. 징검다리가 없는 얕고 좁은 곳을 지팡이로 짚고 건넜다. '얕다'는 맨 위에서 맨 아래 밑바닥까지의 길이가 극히 짧은 거리를 말한다. 창(戈)으로 지팡이를 삼아서(戔) 개울물(氵)을 건널 수 있을 만큼 수심이 깊지 못했으니 깊이가 [얕다(淺)]는 뜻이고 [천]으로 읽는다.
圄薄(엷을 박) 回深(깊을 심) 回殘(남을 잔) 殘(밟을 천) 回浅

필순 冫 氵 氵 汁 浅 浅 浅 浅 淺 淺

기초 【기초한자어】 익히고, 【기본 → 발전한자어】 다지기
淺薄(천박) 학문이나 생각이 얕음
淺近(천근) 깊숙한 맛이 없이 얕음
淺見(천견) 얕은 견문
• 그의 말버릇은 淺薄하다.
• 그의 淺見에서 나오는 말인지라 淺近하기 그지없다.

기본 ③Ⅰ 淺綠(천록) 淺學(천학) 深淺(심천) 日淺(일천)
발전 ② 膚淺(부천) ① 淺儒(천나) 淺俚(천리) 淺闇(천암) 淺斟(천짐) 淺狹(천협) 蕪淺(무천) 鄙淺(비천) 闇淺(암천)

부수	획수	총획
貝	8	15

천할 천 : 【1415】

字源 〈형성〉 과일이 운반 도중에 부딪치거나 오래되어 상하면 값이 심하게 폭락한다. 새 옷도 흠집이 생기면 천하게 여기는 경향이 많다. 고상한 맛이 없이 품위가 낮고 상스럽다는 뜻이다. 창으로 여러 차례 찔리거나(戔) 썩은 물건(貝)은 값이 헐하고 흔하게 볼 수 있었다니 [천하다(賤)]는 뜻이고 [천]으로 읽는다.
圄卑(낮을 비) 回貴(귀할 귀) 回踐(밟을 천) 錢(돈 전) 回賎

필순 丨 冂 目 貝 貝 則 賎 賎 賎 賎

기초 【기초한자어】 익히고, 【기본 → 발전한자어】 다지기
微賤(미천) 하찮고 천함
賤職(천직) 비천한 직업
賤視(천시) 업신여겨 봄
• 선민의식에 사로잡힌 사람은 사실상 남을 賤視하는 것뿐이다.
• 그는 微賤한 출신이라 어떠한 賤職도 결코 마다하지 않는다.

기본 ③Ⅰ 賤價(천가) 賤待(천대) 賤民(천민) 賤人(천인) 貴賤(귀천) 卑賤(비천) ③ 賤隷(천례)
발전 ① 賤軀(천구) 賤躬(천궁) 賤陋(천루) 陋賤(누천) 鄙賤(비천) 悴賤(췌천)

부수	획수	총획
足	8	15

밟을 천 : 【1416】

字源 〈형성〉 창이나 칼로 나무를 여러 차례 찌르면 상처의 흔적이 남는다. 잔디밭도 여러 차례 밟으면 흔적이 얄팍하게 남는다. 발을 위로 들었다가 다시 놓으면서 대고 누르는 뜻이다. 창(戈)으로 여러 번 찌르면 흔적(戔)이 남듯이 발(足)로 땅을 아무지게 딛고서 걸어갔으니 [밟다(踐)]는 뜻이고 [천]으로 읽는다.
圄踏(밟을 답) 蹈(밟을 도) 回賤(천할 천) 錢(돈 전) 回踐

필순 口 呈 呈 疋 趸 趸 践 践 踐 踐

기초 【기초한자어】 익히고, 【기본 → 발전한자어】 다지기
實踐(실천) 실제로 해냄
踐行(천행) 실지로 행함
踐履(천리) 실천함. 몸소 이행함
• 성공의 열쇠는 뭐니 뭐니 해도 踐履가 최고일세.
• 그의 성공 비결은 구상한 것을 踐行으로 잘 實踐했기 때문이다.

기본 ③Ⅰ 踐歷(천력) 踐約(천약)
발전 ②⑧ 踐阼(천조) ① 踐珪(천규) 踐蹈(천도) 蹈踐(도천) 踰踐(유천) 躡踐(종천)

옮길 천 : 【1417】

부수	획수	총획
辶	11	15

字源 〈형성〉 혼자 들기 어려운 물건을 두 사람이 맞들고 높은 언덕을 오른다. 낮은 곳에서 높은 곳으로 물건을 옮긴 것이다. 어떤 물건을 있는 곳에서 다른 곳으로 가져다 놓는 일을 말한다. 물건(襾)을 마주 든 사람(大)이 무릎을 함께 구부리고(巳) 위를 향해서 멀리 올랐으니(辶) [옮기다(遷)]는 뜻이고 [천]으로 읽는다.
回運(옮길 운) 移(옮길 이) 徙(옮길 사) 回邊(가 변) 回迁

필순 一 丌 襾 襾 覀 粟 票 粟 罨 遷 遷

기초 【기초한자어】 익히고, 【기본→발전한자어】 다지기
變遷(변천) 변하여 바뀜
遷都(천도) 도읍을 옮김
播遷(파천) 임금이 도성을 떠나 난을 피함
• 世上의 인심이 저렇게 變遷할 수 있단 말인가.
• 播遷하였던 곳으로 遷都했던 임금도 있었다.

기본 3Ⅱ 遷延(천연) 遷謫(천적) 三遷(삼천) 左遷(좌천) 3 遷逝(천서)

발전 2 遷逋(천포) 1 遷喬(천교) 遷徙(천사) 遷訛(천와) 遷謫(천적) 喬遷(교천) 斡遷(알천) 鶯遷(앵천) 謫遷(적천) 貶遷(폄천)

사자성어 3Ⅱ 改過遷善(개과천선) 孟母三遷(맹모삼천) 三遷之敎(삼천지교)

밝을 철 【1418】

부수	획수	총획
口	7	10

字源 〈형성〉 남과 더불어 이야기할 때 말에 대하여 조리 없이 우왕좌왕하는 경우가 더러 있었다. 이는 올바른 대화 방법이 아니다. 어떤 대상이 뚜렷하게 잘 보일 정도로 환하게 했었다. 사리의 옳고 그름을 분명하게 끊어서(折) 말하니(口) 문리가 티어 지혜가 [밝다(哲)] 또는 [슬기롭다(哲)]는 뜻이고 [철]로 읽는다.
回明(밝을 명) 晳(밝을 석) 回冥(어두울 명) 昏(어두울 혼) 暗(어두울 암) 回晣(밝을 석) 晢(밝을 절)

필순 一 十 扌 扌 扩 折 折 折 哲 哲

기초 【기초한자어】 익히고, 【기본→발전한자어】 다지기
明哲(명철) 세태나 사리에 밝음
哲學(철학) 인생이나 우주 등에 대해 궁극의 근본 원리를 추구하는 학문
哲人(철인) 학식이 높고 사리에 밝은 사람
• 그를 일러 세기의 哲人이라고 하는 데는 충분한 이유가 있었다.

• 그는 明哲한 두뇌의 소유자로 자주 어른들과 哲學에 대해 논의한다.

기본 3Ⅱ 哲理(철리) 賢哲(현철)

발전 28 濬哲(준철)

통할 철 【1419】

부수	획수	총획
彳	12	15

字源 〈회의〉 어려서부터 공부하도록 해야 잘 기억하고 행동도 습관화된다고 한다. 서로가 이어지거나 둘 이상의 사람이 상호 뜻이 통한다. 잘 전해지거나 이해되어 넉넉하게 안다. 아장아장 걸었던(彳) 어릴 때부터 매를 때리면서(攵) 바르게 길렀으니(育) 온갖 사리에 뚫어져서 [통하다(徹)]는 뜻이고 [철]로 읽는다.
回貫(꿸 관) 透(사무칠 투) 達(통달할 달) 通(통할 통) 回撤(거둘 철)

필순 彳 彳 彳 彳 袕 徎 徍 徎 徹 徹

기초 【기초한자어】 익히고, 【기본→발전한자어】 다지기
透徹(투철) 사리가 밝고 확실함
觀徹(관철) 사물을 꿰뚫어 봄
徹夜(철야) 자지 않고 밤을 새움
• 회사 직원들이 徹夜 농성 중에 그만 탈진했다.
• 그는 무엇이나 透徹한 사명감으로 잘 觀察한 수재다.

기본 3Ⅱ 徹底(철저) 冷徹(냉철)

발전 2 呈徹(정철) 1 徹宵(철소)

사자성어 3Ⅱ 徹頭徹尾(철두철미) 徹天之恨(철천지한)

막힐 체 【1420】

부수	획수	총획
水	11	14

3급Ⅱ

字源 〈형성〉 어떠한 장애로 인해 오고 가지를 못하게 됨이 막힘이다. 숨이나 물의 흐름이 일시적으로 멈추거나 중단되는 상태가 되는 것이다. 더는 도모할 수 없는 완전하게 막힌 상태다. 물(氵)통이 어그러져 물이 샐 때에 나무 띠(帶)를 두르면 물 흐름이 머무르도록 되었으니 [막히다(滯)]는 뜻이고 [체]로 읽는다.
回塞(막힐 색) 窒(막힐 질) 壅(막힐 옹) 回帶(띠 대) 回滞

필순 氵 氵 氵 泄 泄 泄 滞 滞 滞 滯

기초 【기초한자어】 익히고, 【기본→발전한자어】 다지기
滯在(체재) 머물러 지냄. 체류
滯留(체류) 객지에 가서 머물러 있음
滯納(체납) 기한까지 내지 못하고 밀리는 것

• 오랫동안 滯納하여 상당한 자금을 준비해야겠다.
• 오랫동안 滯在하였던 곳이어서 다시 滯留하기는 쉬웠다.

기본 ③Ⅱ 滯念(체념) 滯佛(체불) 滯賃(체임) 滯症(체증) 延滯(연체) 積滯(적체) 停滯(정체) 沈滯(침체) ③ 凝滯(응체) 遲滯(지체)

발전 ② 礙滯(애체) ① 滯悶(체민) 澁滯(삽체) 壅滯(옹체)

사자성어 ③Ⅱ 滯空時間(체공시간)

부수	획수	총획
石	13	18

주춧돌 초 【1421】

字源 〈형성〉 나무와 나무들이 엇갈려 집이 되는데 발을 받쳐 나무발로 재료를 썼다. 주춧돌이 튼튼해야만 건물이 건실하다 한다. 건물의 기초를 튼튼히 하기 위해 기둥 밑에 괴는 돌이다. 보통 땅보다 약간 높게(楚) 나무 밑에 받치어 버티게 하는 나무발의 받침대인 돌(石)로서 [주춧돌(礎)]을 뜻하고 [초]로 읽는다.
回 楚(초나라 초)

필순

기초 【기초한자어】 익히고, 【기본→발전한자어】 다지기
基礎(기초) 사물의 밑바닥
礎石(초석) 주춧돌
礎業(초업) 기초가 되는 사업
• 礎業을 할 때 신중하게 생각해야 하고 더 많은 공을 들여야 한다.
• 基礎가 튼튼하려면 礎石을 잘 골라야 한다.

기본 ③Ⅱ 礎材(초재) 定礎(정초) 柱礎(주초)

발전 ②⑧ 巢礎(소초)

부수	획수	총획
肉	3	7

닮을 초
같을 초 【1422】

字源 〈형성〉 갓난아이는 부모에게서 피와 뼈를 이어 받는다. 그래서 외모의 생김새도 비슷하여 거의 같은 경우가 많았다. 서로 얼굴이나 생김새가 비슷한 성질을 지녔다 하겠다. 자식이 아직은 나이가 어려서 몸(月←肉)은 비록 작지만(小) 어버이를 많이 닮아서 그 생김새가 같으니 [닮다(肖)]는 뜻이고 [초]로 읽는다.
동 若(같을 약) 如(같을 여) 似(닮을 사) 回 消(사라질 소)

필순

기초 【기초한자어】 익히고, 【기본→발전한자어】 다지기
不肖(불초) 못나고 어리석음, 또는 그런 사람
肖像(초상) 사람의 얼굴을 그림으로 그리거나 조각으로 새김
肖似(초사) 비슷하게 닮음
• 어쩌면 자네는 자네 아버지와는 그렇게 판박이로 마치 肖似일세 그려.
• 不肖한 이 사람의 肖像까지 그려 주어서 고맙소이다.

기본 ③Ⅱ 肖像畫(초상화)

발전 ② 酷肖(혹초)

부수	획수	총획
走	5	12

뛰어넘을 초 【1423】

字源 〈형성〉 경전에 '부모님께서 부르시면 빨리 대답하고 나가라'는 구절이 있다. 웃어른이 부르면 달려 나가 배알하는 것을 도리로 여겼다. 담장을 뛰어넘듯 빨리 달려 나가 어른을 뵙는 것이 도리다. 웃어른이 부르면(召) 빨리 달려 나가(走) 어른을 보여야 된다고 했었으니 얼른 [뛰어넘다(超)]는 뜻이고 [초]로 읽는다.
동 越(넘을 월) 過(지날 과) 回 招(부를 초)

필순

기초 【기초한자어】 익히고, 【기본→발전한자어】 다지기
超越(초월) 어떤 한계나 표준을 넘음
超然(초연) 현실에서 벗어나 그 현실에 개의치 않음
超克(초극) 난관을 극복함
• 어려운 난관을 극복하고 질곡의 삶을 산 사람은 超克한 사람이다.
• 이미 세상을 超越한 사람으로 超然한 삶을 산다.

기본 ③Ⅱ 超過(초과) 超黨(초당) 超人(초인) 超脫(초탈) 超短波(초단파) 超黨派(초당파) 超滿員(초만원) 超非常(초비상) 超音速(초음속) 超音波(초음파) 超人的(초인적) 超自然(초자연) ③ 超遙(초요)

발전 ① 超邁(초매) 超緬(초면) 超迹(초적) 超擢(초탁)

부수	획수	총획
人	7	9

재촉할 촉 【1424】

字源 〈형성〉 목적한 곳에 빨리 가려고 발을 빨리 움직여 걸어간다. 시간이 바쁘다보면 더 빨리 재촉하게 된다. 이 말에는 사동의 의미가 있어 일을 하도록 빨리 다그친다는 뜻이겠다. 사람(亻)이 급한 마음으로 발(足)을 동동 구르면

3급Ⅱ

서 일을 빨리 도모하려고 몹시도 서두르니 [재촉하다(促)]는 뜻이고 [촉]으로 읽는다.
國 催(재촉할 최) 急(급할 급) 迫(핍박할 박) 回 捉(잡을 착)

필순

기초 【기초한자어】 익히고, 【기본→발전한자어】 다지기
督促(독촉) 빨리 서둘러 하도록 재촉하는 것
促進(촉진) 재촉하여 빨리 나아가게 함
促成(촉성) 재촉하여 빨리 이루어지게 함
• 수업은 학습을 促進시키는 모든 활동이다.
• 책 출간을 促成하려고 저자가 督促한다.
기본 ③Ⅱ 促求(촉구) 促急(촉급) 促迫(촉박) 催促(최촉) ③ 販促(판촉)
발전 ① 喘促(천촉)

觸	부수	획수	총획	
	角	13	20	

닿을 촉【1425】

字源 〈형성〉 쥐며느리는 어두운 곳에서 생활하면서 뿔 수염으로 더듬어 사물을 분간한다. 동료나 적의 구별도 뿔 수염으로 가린다고 한다. 서로 맞붙어서 그 사이에는 빈틈이 없게 된다. 어두운 곳에서 벌레(蜀)들이 뿔(角) 같은 수염을 사방으로 더듬으면서 분간하여 계속 나아가니 [닿다(觸)]는 뜻이고 [촉]으로 읽는다.
國 接(이을 접) 回 獨(홀로 독) 濁(흐릴 탁) 燭(촛불 촉)
약 触

필순 "ᄼ 夕 ⺼ 角 角 ᄼ 甬 觸 觸 觸 觸

기초 【기초한자어】 익히고, 【기본→발전한자어】 다지기
觸覺(촉각) 피부의 겉에 다른 물건이 닿을 때 느끼는 감각
抵觸(저촉) 서로 충돌함. 서로 부딪침. 서로 모순됨
觸感(촉감) 온도나 아픔 따위를 분간하는 피부의 감각
• 비단의 觸感이 여간 부들부들하구나.
• 觸覺을 곤두세우니 주변과 抵觸하는 일이 자주 생긴다.
기본 ③Ⅱ 觸角(촉각) 觸怒(촉노) 觸發(촉발) 觸媒(촉매) 觸手(촉수) 感觸(감촉) 接觸(접촉) ③ 繫觸(계촉)
발전 ② 觸網(촉망) ① 撥觸(촉발) 觸穢(촉예) 觜觸(촉작) 觸諱(촉휘) 觝觸(저촉)
사자성어 ③Ⅱ 一觸卽發(일촉즉발)

催	부수	획수	총획	
	人	11	13	

재촉할 최 :
【1426】

字源 〈형성〉 산에 오를 때 서두르면 매우 위험하다. 그렇다고 너무 느리게 오르면 뒷사람에게 방해가 되는 경우가 흔하다. 일을 빨리하도록 뒤에서나 옆에서 다그치게 된다. 높은 산(崔)에 오르는 사람(亻)을 뒤따라가면서 빨리 올라가도록 뒤에서 마구잡이로 촉구했으니 심히 [재촉하다(催)]는 뜻이고 [최]로 읽는다.
國 促(재촉할 촉)

필순 ノ 亻 亻' 亻" 亻" 伴 伴 催 催 催

기초 【기초한자어】 익히고, 【기본→발전한자어】 다지기
催眠(최면) 잠이 오게 함
主催(주최) 주창하여 개최함
開催(개최) 어떤 모임을 주창하여 엶
• 사람을 잘못 만나면 그만 催眠에 걸려 이성을 잃는 수가 있다.
• 이번은 우리가 主催하는 일로 만족하여 오늘에야 비로소 만족하여 開催하게 되었구나.
기본 ③Ⅱ 催告(최고) 催促(최촉) ③ 催淚(최루) 催淚彈(최루탄)
발전 ② 催眠劑(최면제) 催淚劑(최루제) ① 訥催(눌최)

追	부수	획수	총획	
	辶	6	10	

쫓을 추
따를 추【1427】

字源 〈회의〉 범인이 오히려 태연하게 걸어가고 있는 경우가 있다. 공범을 잡기 위해 경찰이 그 뒤를 숨어서 천천히 따라 쫓아간다. 다른 사람이 하는 일을 따라서 그대로 한다는 뜻이다. 물건을 높이 쌓아(𠂤) 올리듯이 앞사람의 발자국을 잘도 밟으면서 가니(辶) [쫓다(追)] 혹은 [따르다(追)]는 뜻이고 [추]로 읽는다.
國 遵(쫓을 준) 從(쫓을 종) 隨(따를 수) 回 進(나아갈 진) 退(물러날 퇴)

필순 ' 亻 亻 ⺁ 𠂤 𠂤 ˋ𠂤 ˋ𠂤 追 追

기초 【기초한자어】 익히고, 【기본→발전한자어】 다지기
追憶(추억) 지난 일을 돌이켜 생각함
追慕(추모) 죽은 사람을 사모함
追求(추구) 어디까지나 뒤쫓아 구함
• 우리의 다짐은 先生의 얼을 追求하는 것뿐 더 이상은 아무것도 없습니다.
• 친구를 追慕하는 모임에서 그와 함께 했던 그 세월을 지금까지도 追憶하고 있답니다.
기본 ③Ⅱ 追加(추가) 追擊(추격) 追更(추경) 追告(추고) 追求(추구) 追究(추구) 追窮(추궁) 追記(추기) 追念(추념) 追突(추돌) 追放(추방) 追想(추상) 追越(추월) 追認(추인) 追跡(추적) 追從(추종) 追增(추증) 追徵(추징) 追後(추후) 擊追(격추) 訴追(소추) ③ 追敍(추서) 追伸

3급Ⅱ

(추신)

발전 ② 追悼(추도) 追悼辭(추도사) ① 追悸(추계) 追儺(추나) 追攀(추반) 追陪(추배) 追憑(추빙) 追嗣(추사) 追胥(추서) 追諡(추시) 追繹(추역) 追饋(추전) 追踵(추종) 追喚(추환) 毋追(무추)

부수	획수	총획
田	5	10

짐승 축【1428】

字源 〈회의〉 나라에서는 유축 농업을 많이 장려했다. 농사도 짓고 가축도 길러 농가소득을 올리기 때문이다. 짐승은 날짐승과 길짐승을 집에서 풀이나 사료를 먹여 길렀다. 밭(田)에서 생산된 곡식을 가꾸어 재산을 늘리는(玄) 것처럼 집안에서 여러 종류의 [짐승(畜)]을 잘 [기르다(畜)]는 뜻이고 [축]으로 읽는다.
동獸(짐승 수) 牛(소 우) 回畓(논 답) 蓄(쌓을 축)

필순 ` 一 亠 亠 玄 玄 斉 斉 畜 畜

기초 【기초한자어】 익히고, 【기본→발전한자어】 다지기
畜牛(축우) 집에서 기르는 소
畜生(축생) 사람에게 길러지는 온갖 짐승
家畜(가축) 사람에게 길들여져 집에서 기르는 짐승
• 집에서 기르는 짐승임에도 흔히 사람을 '畜生과 같다'고 한다.
• 家畜 중에서 畜牛는 용처에 따라 달리 기른다고 한다.

기본 ③Ⅰ 畜舍(축사) 畜産(축산) 畜養(축양) 牧畜(목축) 畜産業(축산업)

발전 ②⑧ 畜聚(축취) ① 屠畜(도축) 牡畜(모축) 仔畜(지축) 斃畜(폐축)

부수	획수	총획
行	9	15

찌를 충【1429】

字源 〈형성〉 적이 가까이 있으면 무기를 들고 달려가 찔러 넘어뜨린다. 내가 살기 위한 불가피한 선택으로 다른 여지가 없다. 어느 지점에 뚫고 들어갈 정도로 세차게 들이미는 일이다. 적군을 향해 무거운(重) 창이나 도끼를 들고 달려 나가서(行) 부딪치면서 치고 나아갔으니 [찌르다(衝)]는 뜻이고 [충]으로 읽는다.
동突(갑자기 돌) 激(격할 격) 回衡(저울대 형)

필순 彳 彳 彳 衤 衜 徍 徸 衝 衝

기초 【기초한자어】 익히고, 【기본→발전한자어】 다지기
衝突(충돌) 서로 대질러서 부딪침

折衝(절충) 적의 창끝을 꺾어 막고 흥정하는 일
要衝(요충) 요충지
• 적의 要衝地(지)를 찾아 공격하는 것을 '虛(허)'를 찌른다고 한다.
• 갑작스러운 衝突을 피하기 위해서 折衝하는 방향으로 일을 처리했다.

기본 ③Ⅰ 衝擊(충격) 衝動(충동) 衝天(충천) 上衝(상충) 緩衝(완충) 要衝地(요충지)

발전 ① 衝撞(충당) 梯衝(제충)

사자성어 ③Ⅰ 士氣衝天(사기충천) 正面衝突(정면충돌) 左衝右突(좌충우돌) 緩衝地帶(완충지대) ② 衝擊療法(충격요법)

부수	획수	총획
口	4	7

불 취 :【1430】

字源 〈회의〉 피리나 퉁소 같은 악기의 소리는 아름답다. 흥겨운 가락, 구성진 리듬은 구겨진 마음을 흡족하게 한다. 입으로 불다, 악기를 입에 대고 불다와 같이 쓰이는 한자이다. 입(口)을 크게 벌려(欠) 피리 같은 악기를 입술에 대어서 아름다운 가락으로 뿜어내며 한 곡을 잘 뽑아서 [불다(吹)]는 뜻이고 [취]로 읽는다.
동噓(불 허) 吸(마실 흡) 回次(버금 차)

필순 丨 冂 口 口 吖 吽 吹

기초 【기초한자어】 익히고, 【기본→발전한자어】 다지기
吹笛(취적) 피리를 붊
吹奏(취주) 저, 피리, 나팔 등을 불어 연주함
鼓吹(고취) 북을 치고 피리를 붊. 용기와 기운을 북돋아 일으킴
• 목동이 부는 吹笛에 취하여 오랫동안 멍하니 있었다.
• 우렁차고 은은한 吹奏를 듣고 한껏 鼓吹된 느낌이다.

기본 ③Ⅰ 吹入(취입)

발전 ① 吹螺(취라) 吹簫(취소) 吹筒(취통) 吹噓(취허)

부수	획수	총획
酉	8	15

취할 취 :【1431】

字源 〈형성〉 사람이 술을 먹고 취하면 술이 술을 먹는다고 한다. 취하면서도 더 많은 술을 마시니 마침내 폭음한 것이다. 기운에 의해 정신이 몽롱하며 제대로 움직일 수 없게 된다. 술병에 가득 들어있는 술(酉)을 밑바닥이 훤히 보이도록 다(卒) 먹은 후에 마냥 흥얼거렸으니 [취하다(醉)]는 뜻이고 [취]로 읽는다.

⑤酩(술취할 명) 酊(술취할 정) ⑪醒(깰 성) ⑪醜(추할 추) ⑪醉

[필순] 一 丆 兀 酉 酉 酉 酉 酉 酘 醉 醉

[기초] 【기초한자어】 익히고, 【기본→발전한자어】 다지기
醉興(취흥) 술에 취하여 일어나는 흥취
醉態(취태) 술 취한 사람의 태도
滿醉(만취) 술에 취해 얼근한 기운
• 술이 술을 마셔 걸음도 걷지 못하게 되었으니 滿醉 매우 만취한 상태다.
• 醉興에 겨워 춤을 추는 滿醉 상태를 보였다.

[기본] ③Ⅰ醉客(취객) 醉氣(취기) 醉中(취중) 陶醉(도취) 熟醉(숙취) 宿醉(숙취) 心醉(심취)
[발전] ②痲醉(마취) ①醉侶(취려) 醉暈(취훈) 轟醉(굉취) 霑醉(점취)
[사자성어] ③Ⅰ醉生夢死(취생몽사)

부수	획수	총획
人	9	11

곁 측【1432】

[字源] 〈형성〉 물건을 나눌 때 한 쪽으로 치우친 경우가 흔히 있곤 한다. 불공평한 나눔이면 불평의 소지가 되기도 했다. 기준이 되는 대상으로부터 공간적이고 심리적으로 가까운 쪽이 많다. 사람(亻)이 양편으로 물건을 나눌 때 원칙(則)에 어긋나서 한쪽으로 더 많이 기울었으니 [곁(側)]을 뜻하고 [측]으로 읽는다.
⑤傍(곁 방) 旁(곁 방) ⑪則(법칙 칙) 測(헤아릴 측)

[필순] 亻 亻 亻 亻 們 倶 倶 倶 側 側

[기초] 【기초한자어】 익히고, 【기본→발전한자어】 다지기
側室(측실) 곁에 있는 방
側面(측면) 물체의 상하, 전후 이외의 좌우의 면
側近(측근) 곁의 가까운 곳
• 사람은 정면에서 보는 것보다, 側面에서 보아야 더 아름답다.
• 側近들이 側室에서 의논한 뒤에 드디어 왕 앞에 나아가 아뢰었다.

[기본] ③Ⅰ側目(측목) 貴側(귀측) 反側(반측) 兩側(양측) 外側(외측) 右側(우측) 左側(좌측) 偏側(편측)
[발전] ②僻側(벽측) ①側媚(측미) 側註(측주) 側跌(측질)
[사자성어] ③Ⅰ左側通行(좌측통행)

부수	획수	총획
人	8	10

값 치【1433】

[字源] 〈형성〉 곧은 마음과 바른 행동은 사람이 지켜야할 올바른 도리다. 이를 흔히들 도덕적 가치라고 말하기도 한다. 사람이 물건을 사고팔기 위하여 정해진 일정한 금액이기도 하다. 사람(亻)의 마음 씀을 곧고(直) 바르게 해야만 사람다운 참다운 값어치가 될 수 있었다고 했으니 [값(値)]을 뜻하고 [치]로 읽는다.
⑤價(값 가) ⑪直(곧을 직)

[필순] 丿 亻 亻 亻 伫 佔 佔 值 值 值

[기초] 【기초한자어】 익히고, 【기본→발전한자어】 다지기
數値(수치) 계산하여 얻은 수
價値(가치) 값. 값어치
絶對値(절대치) 실수에서 양 또는 음의 부호를 떼어 버린 나머지의 수
• 이제는 우리에게 絶對値의 가치가 절대로 필요합니다.
• 이 價値를 數値로는 나타낼 수는 없다.

[기본] ③Ⅰ値遇(치우) 相値(상치) 加重値(가중치) 價値觀(가치관) 平均値(평균치) ③近似値(근사치)
[발전] ②雇値(고치) ②Ⅰ允値(윤치) ①遭値(조치)
[사자성어] ③Ⅰ稀少價値(희소가치)

부수	획수	총획
心	6	10

부끄러울 치【1434】

[字源] 〈형성〉 부끄러워할 줄 아는 사람은 반성할 줄도 안다고 했다. 부끄러워할 줄 아는 사회가 되었을 때 더욱 밝고 명랑해진다. 양심에 거리낌이 있어 떳떳하지 못한 경우가 참 많았다. 자기의 어리석은 점을 상대방으로부터 귀(耳)로 듣고 모진 양심(心)의 가책을 받았으니 [부끄럽다(恥)]는 뜻이고 [치]로 읽는다.
⑤辱(욕될 욕) 愧(부끄러울 괴) 慙(부끄러울 참) 羞(부끄러울 수) ⑪耻

[필순] 一 丅 丆 匚 匸 耳 耳 耻 耻 恥

[기초] 【기초한자어】 익히고, 【기본→발전한자어】 다지기
廉恥(염치) 부끄럽고 미안한 마음을 가지는 상태
羞恥心(수치심) 당당하거나 떳떳하지 못하여 부끄러움을 느끼는 마음
恥辱(치욕) 부끄럽고 욕됨
• 오랫동안 잠재하였던 恥辱이 이제야말로 행동으로 나타나는구나.
• 廉恥를 아는 사람이라면 이 羞恥心을 견디기 어려울 것이다.

[기본] ③Ⅰ恥部(치부) 恥事(치사) 國恥(국치) 雪恥(설치) 國恥日(국치일) ③破廉恥(파렴치)
[발전] ①羞恥(수치)
[사자성어] ③Ⅰ厚顔無恥(후안무치)

3급Ⅱ

부수	획수	총획
禾	8	13

稚
어릴 치【1435】

字源 〈형성〉 모판에 볍씨를 뿌리면 떡잎이 나오고 이어 본잎이 쏘옥 나온다. 떡잎과 본잎 모양이 새의 짧은 꽁지처럼 생겼음을 안다. 나이가 상대적으로 적거나 얼마 되지 않아서 어리다. 자라나는 벼 포기(禾)가 어린 새(隹)의 짧은 꽁지만큼씩이나 자라났으니 아직은 나이가 [어리다(稚)]는 뜻이고 [치]로 읽는다.
동幼(어릴 유) 반老(늙을 로) 長(긴 장) 丈(어른 장) 회雅(맑을 아) 惟(생각할 유) 雉(꿩 치)

필순 ノ一千禾利秒秒秒秒稚稚

기초 【기초한자어】 익히고, 【기본→발전한자어】 다지기
稚拙(치졸) 유치하고 졸렬함
稚魚(치어) 알에서 깬 지 얼마 안 된 어린 물고기
稚氣(치기) 철없는 상태. 어린애 같은 모양
稚筍(치순) 어린 죽순
• 稚魚를 마구잡이로 잡는 행위는 살육과도 같다.
• 그의 稚氣와 稚拙한 행동에 피식 웃음만이 나왔을 뿐이다.

기본 ③Ⅱ幼稚(유치) 幼稚園(유치원)
발전 ②稚蠶(치잠) ①稚筍(치순) 嬌稚(교치) 嬰稚(영치)

부수	획수	총획
水	11	14

漆
옻 칠【1436】

字源 〈형성〉 옻나무에서 진액의 옻칠이 나온다. 진하기 때문에 적당량을 섞어 옻칠을 하여 윤기를 낸다. 옻은 옻나무에서 나오는 진액이겠는데, 공기에 닿게 되면 검게 변하여 오래간다. 옻나무(桼)에서 나온 진액(氵)을 적당하게 배합하여서 옷감이나 나무판에 칠해놓았다 했으니 [옻(漆)]을 뜻하고 [칠]로 읽는다.
동黑(검을 흑)

필순 氵汁沣泆泆漆漆漆漆漆漆

기초 【기초한자어】 익히고, 【기본→발전한자어】 다지기
漆黑(칠흑) 옻칠처럼 검음
漆木(칠목) 옻나무
漆器(칠기) 옻칠을 하여 아름답게 만든 기물
• 깊은 산에 들어가 漆木을 잘못 건드리면 피부에 옻이 오른다.
• 漆黑 같은 밤에 漆器를 찾고 있으니 다시 어디에서 찾을 수가 있겠는가.

기본 ③Ⅱ漆夜(칠야) 漆板(칠판) 金漆(금칠) 漆工藝(칠공예)
발전 ②漆膠(칠교) 膠漆(교칠) ①漆匣(칠갑) 漆瞳(칠동) 漆桶(칠통) 柿漆(시칠)

부수	획수	총획
水	4	7

沈
성 심 :
잠길 침(:)【1437】

字源 〈형성〉 수영을 하지 못하는 사람이 깊은 물에 들어가 허우적거린 경우가 있다. 물 위에 뜨지 못하기 때문이다. 물 밑에 가라앉아 들어가거나 수면 아래로 내려가 있는 상태가 되기도 한다. 물(氵) 위에 뜨지 못하고 가라앉으락 말락 하며 머뭇거리니(冘) [잠기다(沈)] 혹은 [성씨(沈)]를 뜻하고 [침] 또는 [심]으로 읽는다.
동潛(잠길 잠) 浸(잠길 침) 默(잠잠할 묵) 沒(빠질 몰) 淪(빠질 륜) 泯(물이름/빠질 면) 湮(묻힐 인/막힐 연) 반浮(뜰 부) 枕(베개 침)

필순 丶丶氵汀汀沈沈

기초 【기초한자어】 익히고, 【기본→발전한자어】 다지기
沈着(침착) 행동이 들뜨지 아니하고 차분함
沈黙(침묵) 잠잠하게 아무 말도 하지 않음
沈沒(침몰) 물에 빠져서 가라앉음
• 이제는 沈着한 태도로 그의 언행을 지켜보겠습니다.
• 沈沒한 배에 대해서 말문이 막혀 그만 모두 沈黙하고 있을 뿐이다.

기본 ③Ⅱ沈氏(심씨) 沈降(침강) 沈眠(침면) 沈思(침사) 沈床(침상) 沈水(침수) 沈潛(침잠) 沈奏(침주) 沈重(침중) 沈滯(침체) 沈痛(침통) 擊沈(격침) 浮沈(부침) 陰沈(음침)
발전 ②沈鬱(침울) 沈溺(침닉) 28沈頓(침돈) ①沈痼(침고) 沈鉤(침구) 沈淪(침륜) 沈粕(침박) 沈麝(침사) 沈翔(침상) 沈甕(침옹) 沈婉(침완) 沈隕(침운) 沈堙(침인) 沈滓(침재) 沈澱(침전) 沈涵(침함) 轟沈(굉침)

부수	획수	총획
水	7	10

浸
잠길 침 :【1438】

字源 〈형성〉 항해선이 암초에 부딪치면 물이 스며들어 점점 잠긴다. 비가 많이 오면 물에 젖은 벼가 잠기기도 한다. 침몰과 침수는 다르다. 침몰은 물속에 가라앉음. 침수는 물에 잠김이다. 좌우에서 많은 물(氵)이 점점 스며들어(⻖←浸) 논에 물이 흠뻑 적시어 번지게 되었으니 [잠기다(浸)]는 뜻이고 [침]으로 읽는다.
동潛(잠길 잠) 沈(잠길 침) 沒(빠질 몰) 透(사무칠 투) 반浮(뜰 부) 회侵(침노할 침)

필순 ` ` 氵 氵 沪 浔 浔 浸 浸 浸 浸

기초 【기초한자어】익히고, 【기본→발전한자어】다지기
浸透(침투) 속으로 스미어 젖어 듦
浸蝕(침식) 빗물 등이 땅이나 암석 등의 지반을 깎는 작용
浸濕(침습) 물기에 젖음
• 빗물의 侵蝕으로 인해 산사태가 일어나기 쉽다.
• 비가 온 날 침습하여 옷이 흠뻑 젖었다.

기본 ③Ⅱ 浸禮(침례) 浸水(침수) 浸染(침염) 浸潤(침윤) 浸禮敎(침례교)

발전 ②浸劑(침제) ①浸灌(침관) 漸浸(개침) 泛浸(범침)

부수	획수	총획
大	11	14

빼앗을 탈【1439】

字源 〈회의〉귀엽고 보드라운 새 한 마리를 잡았다. 날개를 치면서 어디론지 날아가고 싶어 하염없이 파닥거린다. 가지고 있는 물건 등을 강제로 내주어 수중에 없는 상태가 된다. 자기 수중에 있던 새(隹)가 크게(大) 날개를 치면서 손(寸)에서 벗어나 날아가 달아나 버렸으니 [빼앗기다(奪)]는 뜻이고 [탈]로 읽는다.
圖掠(노략질할 략) 回奮(떨칠 분)

필순 一 六 木 本 奞 奞 奞 奞 奪 奪

기초 【기초한자어】익히고, 【기본→발전한자어】다지기
奪還(탈환) 도로 빼앗음
奪取(탈취) 남의 것을 억지로 빼앗아 가짐
爭奪(쟁탈) 다투어 사물이나 권리 따위를 빼앗는 싸움
• 오랜 줄다리기 끝에 爭奪에 성공하였으니 참 기쁘다.
• 불법으로 奪取해 간 것이니 이제는 奪還해야만 하겠다.

기본 ③Ⅱ 奪氣(탈기) 強奪(강탈) 削奪(삭탈) 收奪(수탈) 侵奪(침탈) ③掠奪(약탈) 子奪(여탈)

발전 ②奪胎(탈태) ①奪攘(탈양) 勒奪(늑탈) 剝奪(박탈) 枉奪(왕탈) 攘奪(요탈) 篡奪(찬탈) 剽奪(표탈) 逼奪(핍탈)

사자성어 ③Ⅱ 削奪官職(삭탈관직) ②換骨奪胎(환골탈태)

부수	획수	총획
土	10	13

탑 탑【1440】

字源 〈형성〉탑은 범어의 '스투파'에서 온 말로, 한자로는 '탑파(塔婆)'라고 적고 있다. 본디 부처의 유골(사리)을 묻고 그 위에 돌이나 흙을 높이 쌓은 무덤을 일컫는 말이었다고 한다. 흙(土)을 얹어서(쏩←搭) 지은 [층집(塔)]을 뜻했으나 산스크리트어 'stupa'의 음과 뜻을 빌려 받아서 [탑(塔)]을 뜻하고 [탑]으로 읽는다.
回쏩(대답 답)

필순 一 十 土 圤 圤 圤 坎 垯 塔 塔 塔

기초 【기초한자어】익히고, 【기본→발전한자어】다지기
尖塔(첨탑) 뾰족한 탑
石塔(석탑) 돌로 쌓은 탑
寺塔(사탑) 절에 있는 탑
• 탑돌이는 寺塔을 돌며 소원을 비는 것이다.
• 요즈음 石塔들은 대부분 尖塔으로 그 모양이 크게 다르지는 않다.

기본 ③Ⅱ 金塔(금탑) 佛塔(불탑) 鐵塔(철탑) 管制塔(관제탑) 金子塔(금자탑) 司令塔(사령탑) 象牙塔(상아탑)

발전 ②塔酸(탑산) ①踊塔(용탑)

부수	획수	총획
水	9	12

끓을 탕 : 【1441】

字源 〈형성〉겨울에는 차갑던 물이 여름이 되면 따뜻하여 목욕도 할 수 있다. 따스한 햇볕을 받아 날씨가 따뜻해졌기 때문이다. 몹시 차갑던 물이 뜨거워져서 김이 나고 거품이 솟아올랐다. 따뜻한 햇볕(昜)을 잘 받듯이 뜨거운 불기운을 받아서 물(氵)이 부글부글 끓어올랐으니 [끓다(湯)]는 뜻이고 [탕]으로 읽는다.
回傷(다칠 상) 場(마당 장) 陽(볕 양) 揚(날릴 양)

필순 氵 氵 汩 汩 湢 湢 湯 湯 湯

기초 【기초한자어】익히고, 【기본→발전한자어】다지기
湯池(탕지) 함락시키기 어려운 견고한 성
湯藥(탕약) 달이어서 먹는 한약. 탕제
重湯(중탕) 끓는 물속에 음식 담는 그릇을 넣어 익히는 일
• 기초가 단단한 湯池에서 成長(성장)했을 때 더 많은 신뢰가 가겠다.
• 이 湯藥은 重湯으로 끓여야 제맛을 낸다.

기본 ③Ⅱ 湯液(탕액) 湯煎(탕전) 甘湯(감탕) 冷湯(냉탕) 熱湯(열탕) 雜湯(잡탕) 再湯(재탕) 中湯(중탕) 雙和湯(쌍화탕) 藥湯器(약탕기) 補身湯(보신탕)

발전 ②湯網(탕망) 湯劑(탕제) 炊湯(취탕) 沐浴湯(목욕탕) 蔘鷄湯(삼계탕) ②8湯鼎(탕정) ①湯餠(탕병) 湯婆(탕파) 羹湯(갱탕) 沸湯(비탕) 煮湯(자탕)

사자성어 ③Ⅱ 金城湯池(금성탕지)

3급Ⅱ

부수	획수	총획
歹	5	9

殆

거의 태【1442】

字源 〈형성〉 나이가 들면 살이 빠지고 뼈대만 앙상하게 남는다. 병들어 위태롭다. 어느 한도의 거의 가까운 정도까지만 쓰인 경우다. 유의어는 '거지반(居之半), 서기(庶幾), 거개(擧皆)' 등이다. 나이가 들어 뼈대만 앙상하게(歹) 남고 몸은 자꾸만 늘어 가고 있으니(台) 힘겨운 인생이 [거의(殆)] 끝남을 뜻하고 [태]로 읽는다.

⑤危(위태할 위) ⑩殃(재앙 앙)

필순 一 丆 歹 歹 殆 殆 殆 殆 殆

기초 【기초한자어】 익히고, 【기본 → 발전한자어】 다지기
殆半(태반) 거의 절반
殆無(태무) 거의 없음
危殆(위태) 형세가 매우 어려움
• 이곳에는 볼 만한 것이 殆無하다.
• 이번 전투에는 군인들의 殆半이 危殆롭게 되었다.

기본 ③ⅠI困殆(곤태) 殆無心(태무심) ③ 殆哉(태재)

부수	획수	총획
水	5	9

泰

클 태【1443】

字源 〈회의〉 모래성을 쌓을 때 큰 물결이 오면 손으로 떠받쳐 밀어도 무너지고 만다. 다른 일반의 것과 비교하여 그 정도가 더한 상태이다. 규모나 범위가 대단하거나 심한 정도임을 알 수 있다. 사람이 두 손(二←廾)으로 떠받치어 막아내기에는 너무 커다란(大) 물결(氺←水)로 [크다(泰)]는 뜻이고 [태]로 읽는다.

⑤大(큰 대) 巨(클 거) 太(클 태) ⑩小(작을 소) 微(작을 미) 扁(작을 편) ⑩春(봄 춘)

필순 一 二 三 夫 夫 泰 泰 泰 泰 泰

기초 【기초한자어】 익히고, 【기본 → 발전한자어】 다지기
泰山(태산) 높고 큰 산
泰斗(태두) 세상 사람들에게 존경을 받는 사람
泰然(태연) 평소의 기색이 아무렇지도 않고 그냥 그대로 있는 모양
• 그분은 학계의 泰斗이시다.
• 그는 성격이 泰山 같아서 泰然한 모습 그대로일 뿐이다.

기본 ③ⅠI泰平(태평)

발전 ① 泰凱(태개) 泰無(태호) 侈泰(치태)

사자성어 ③ⅠI泰山北斗(태산북두) 泰然自若(태연자약) 國泰民安(국태민안) 天下泰平(천하태평) ②8泰山峻嶺(태산준령)

부수	획수	총획
水	13	16

澤

못 택【1444】

字源 〈형성〉 농사를 지으려면 물을 잘 다스려야만 했다. 연못이나 저수지에 물을 채워두면 농사짓기 편해 살림이 윤택하다고 생각했다. 땅을 파거나 흐르는 물을 막아 물을 가두어 놓는 일이다. 물(氵)이 잘 보일 수 있도록(睪) 사방에 둑을 막아 가두었던 연못으로 [못(澤)] 혹은 [윤택하다(澤)]는 뜻이고 [택]으로 읽는다.

⑤池(못 지) 潭(못 담) 沼(못 소) ⑩擇(가릴 택) ⑫沢

필순 氵 氵 氵 沢 沢 潭 澤 澤 澤 澤 澤

기초 【기초한자어】 익히고, 【기본 → 발전한자어】 다지기
惠澤(혜택) 은혜와 덕택
潤澤(윤택) 윤기 있는 광택
德澤(덕택) 남에게 미치는 은덕의 혜택
• 이 세상의 모든 사람들에게 자비의 惠澤이 돌아갔으면 참 좋겠다.
• 부모님의 德澤으로 이렇게나마 潤澤하게 살고 있다.

기본 ③ⅠI澤雨(택우) 光澤(광택)

발전 ② 沮澤(저택) 脂澤(지택) ②8沼澤(소택) 淵澤(연택) ① 澤畔(택반) 澤瀉(택사) 澤虞(택우) 膏澤(고택) 笠澤(입택) 沛澤(패택)

부수	획수	총획
儿	6	8

免

토끼 토【1445】

字源 〈상형〉 토끼는 토끼과에 속하며 귀가 길고, 뒷다리가 앞다리보다 발달하였으며 꼬리가 상당히 짧다. 입에는 긴 수염이 있고 윗입술은 세로로 찢어졌다. 초식성으로 번식력이 매우 강하다고 한다. 두 귀가 길며 몸이 날렵하여서 껑충껑충 뛰어 다니는 토끼의 모양을 본떠서 [토끼(免)]를 뜻하고 [토]로 읽는다.

⑤卯(토끼 묘) ⑩免(면할 면) ⑫兎

필순 一 凢 凢 凢 召 召 免 免

기초 【기초한자어】 익히고, 【기본 → 발전한자어】 다지기
免影(토영) 달의 그림자
玉免(옥토) 옥토끼
養免(양토) 토끼를 기름
• 免影에서 玉免를 보았다는 사람이 있다.
• 토끼털이나 고기를 얻기 위해 養免한다.

기본 ③ⅠI免眼(토안) 家免(가토) 野免(야토) 赤免馬(적토마) ③ 免脣(토순)

부수	획수	총획
口	3	6

토할 토(:)【1446】

字源 〈형성〉 음식을 잘못 먹거나 소화불량이 되었을 때 마구 토한다. 갑자기 쏟아지기 때문에 주로 땅바닥에 토하게 된다. 입으로 먹었던 음식을 밖으로 게우는 어처구니 없는 일이다. 먹었던 음식물을 잘 소화시키지 못하고 입(口)에서 땅(土)으로 쏟아져 나오면서 뱉었으니 [토하다(吐)]는 뜻이고 [토]로 읽는다.
回呑(삼킬 탄) 納(들일 납) 回味(맛 미)

필순 丨 口 口 口 吐 吐

기초 【기초한자어】 익히고, 【기본 → 발전한자어】 다지기
吐血(토혈) 위. 식도 등의 질환으로 피를 토하는 일
吐說(토설) 숨기었던 사실을 비로소 밝히어 말함.
嘔吐(구토) 위 속의 음식물을 토함. 게움
• 아직은 젊은 나이인데도 吐血이 심해서 참 안 되었군.
• 잔악한 그의 범행수법을 吐說해내자 嘔吐하는 사람들도 있었다.

기본 ③Ⅱ 吐氣(토기) 吐露(토로) 實吐(실토)
발전 ② 吐握(토악) 吐劑(토제) 歐吐(구토) ① 吐藩(토번) 吐瀉(토사) 吐哺(토포) 吐眩(토현) 呑吐(탄토)

부수	획수	총획
辶	7	11

사무칠 투【1447】

字源 〈형성〉 다른 물체에 비해 빼어나게 뚫고 나오게 되니 잘 보인다. 환해지고 밝게 비춰 보인다. 감정이나 느낌이 몸이나 마음속에 강렬하게 느껴지거나 마음 깊이 미치는 경우가 있다. 커다란 물건이 큰 장애물을 시원스럽게 꿰뚫어 빼어나게(秀) 통과하여 지나쳤으니(辶) [사무치다(透)]는 뜻이고 [투]로 읽는다.
圖 通(통할 통) 徹(통할 철) 浸(잠길 침)

필순 二 千 千 禾 秀 秀 秀 秀 透 透

기초 【기초한자어】 익히고, 【기본 → 발전한자어】 다지기
透視(투시) 막힌 물체를 틔워 봄
透寫(투사) 그림이나 글씨를 얇은 종이 밑에 씀
透過(투과) 꿰뚫고 지나감
• 이 製品(제품)은 확실하게 透視했을 때라야만 그 사실을 인정하겠네.
• 빛을 透過시켰더니 透寫된 형체가 이제야 드러났다.

기본 ③Ⅱ 透明(투명) 透徹(투철) 浸透(침투) 透明體(투명체) 透視圖(투시도) ③ 騰透(등투)
발전 ② 透磁率(투자율) ① 滲透(삼투)

부수	획수	총획
片	4	8

판목 판【1448】

字源 〈형성〉 통나무를 얇고 반듯하게 켠 널빤지가 있다. 넓고 긴 널빤지에 글씨를 새기고 찍어 책을 펴냈던 것이다. 팔 만대장경 등이 그렇다. 인쇄하기 위해 글씨나 그림을 새긴 나무다. 면이 곱게 고른 널조각(片)을 앞었다 뒤쳤다(反) 살피면서 반듯한 면에 글씨를 새겨 인쇄했던 [판목(版)]을 뜻하고 [판]으로 읽는다.
回 板(널 판)

필순 丿 丬 丬 片 片 別 版 版

기초 【기초한자어】 익히고, 【기본 → 발전한자어】 다지기
版型(판형) 인쇄물이나 인쇄의 크기에 따라 나누는 형
版權(판권) 저작물을 인쇄하고 간행할 수 있는 권리
出版(출판) 책, 그림 등을 인쇄하여 세상에 냄
• 출판사와 작가가 版權 계약을 맺었다.
• 이 고서적은 判型을 키워 새로 出版하는 것이 좋겠소.

기본 ③Ⅱ 版圖(판도) 版木(판목) 版畫(판화) 架版(가판) 降版(강판) 菊版(국판) 銅版(동판) 木版(목판) 新版(신판) 鉛版(연판) 原版(원판) 壯版(장판) 再版(재판) 絶版(절판) 細版(조판) 重版(중판) 初版(초판) 活版(활판) 複寫版(복사판) ③ 改訂版(개정판)
발전 ② 膠版(교판) 網版(망판) 寺刹版(사찰판) ① 罫版(괘판)

부수	획수	총획
片	0	4

조각 편(:)【1449】

字源 〈상형〉 통나무를 땔감으로 도막을 내 도끼로 쪼갠다. 도끼로 쪼개어 가를 때도 한 부분의 조각이 나온다. 어떤 물건이 깨어지거나 잘려 그 물건에서 떨어져 나온 부분이다. 통나무를 예리한 도끼 같은 도구를 사용하여 몇 개의 조각으로 가르는 모양을 가리켜 한 편의 작은 [조각(片)]을 뜻하고 [편]으로 읽는다.

필순 丿 丬 丬 片

기초 【기초한자어】 익히고, 【기본 → 발전한자어】 다지기
片面(편면) 한 쪽 면
片貌(편모) 어느 한 면만의 모습
片紙(편지) 상대편에게 전하고 싶은 일을 적은 글
• 이제는 말로만 하지 말고 자상하게 片紙를 보내서 설득해 보시게.
• 사람을 片貌만 보거나 책의 片面만 보고서 전체를 판단해서는 안 될 것이다.

3급Ⅱ

기본 ③Ⅱ片道(편도) 片志(편지) 斷片(단편) 阿片(아편) 一片
(일편) 破片(파편) 片層雲(편층운) 片片金(편편금)
③片舟(편주)

발전 ①片薑(편강) 片鱗(편린) 片帆(편범)

사자성어 ③Ⅱ片道料金(편도요금) 一片丹心(일편단심) 一葉
片舟(일엽편주)

부수	획수	총획
人	9	11

치우칠 편【1450】

字源 〈형성〉 '치우치다'는 한 편으로 균형을 잃고 비스듬하게
쏠린 현상이다. 양극단으로 치우치고 있다는 유례가 이를
말해 준다. 유의어는 '쏠리다, 기울다' 등이 쓰인다. 사람
(人)의 생각이 어느 한 쪽에서 벗어나 그 중간에서 한 쪽
으로 비스듬하게 기울었으니(扁) 한 쪽으로 [치우치다(偏)]
는 뜻이고 [편]으로 읽는다.
圖僻(궁벽할 벽)

필순 亻亻亇伫伫伫偏偏偏偏

기초 【기초한자어】 익히고, 【기본→발전한자어】 다지기
偏頗(편파) 치우쳐 공평하지 못함
偏重(편중) 중심이 한 쪽으로 치우침
偏見(편견) 공정하지 못하고 한쪽으로 치우친 생각
• 모든 문화시설이 서울에 偏重되었다.
• 偏見을 가지면 偏跛的(적)인 판정을 하게 되겠다.

기본 ③Ⅱ偏角(편각) 偏見(편견) 偏黨(편당) 偏母(편모) 偏食
(편식) 偏愛(편애) 偏額(편액) 偏在(편재) 偏執(편집)
偏差(편차) 偏向(편향) 半偏(반편) 偏頭痛(편두통)
偏執症(편집증) ③偏頗(편파)

발전 ②偏僻(편벽) ①偏跛(편파) 偏狹(편협) 偏諱(편휘)

사자성어 ③Ⅱ不偏不黨(불편부당)

부수	획수	총획
糸	9	15

엮을 편【1451】

字源 〈형성〉 선현들은 대쪽에 글을 써서 책을 펴냈다. 글씨 쓴
대쪽을 노끈으로 잘 묶으면 길고 넓은 튼튼한 책이 되었
으니. 여러 물건을 끈이나 줄로 어긋 매어 묶는다는 뜻도
담는다. 글을 쓴 작은(扁) 대쪽을 낱낱이 모아 노끈(糸)으
로 줄지어 잘 매거나 묶어서 책을 펴냈으니 [엮다(編)]
는 뜻이고 [편]으로 읽는다.
圖構(얽을 구)

필순 幺幺糸糸糸糺紵絹絹編編

기초 【기초한자어】 익히고, 【기본→발전한자어】 다지기
編輯(편집) 여러 가지 자료를 수집하여 책, 신문 등
을 엮음
編著(편저) 편집하여 저술함
編成(편성) 엮어서 만드는 일
• 드라마는 연출가의 작품성과 編成이 그 생명력을
좌우한다.
• 박사님 編著를 보니 그 編輯이 너무 잘되어 보고
이해하기가 퍽 좋았다.

기본 ③Ⅱ編髮(변발) 編曲(편곡) 編年(편년) 編隊(편대) 編曆
(편력) 編柳(편류) 編物(편물) 編成(편성) 編修(편수)
編入(편입) 編者(편자) 編制(편제) 編織(편직) 改編
(개편) 續編(속편) 再編(재편) 編年體(편년체)

발전 ②Ⅲ韋編(위편) ①編磬(편경) 編伍(편오) 編纂(편찬) 編綴
(편철)

사자성어 ②Ⅲ韋編三絕(위편삼절)

부수	획수	총획
廾	12	15

폐단 폐 :
해질 폐 :【1452】

字源 〈형성〉 넘어지거나 다치면 옷이 떨어지는 수가 있다. 폭
이 터지면 떨어진 곳은 바늘로 꿰맸던 것이다. 어떤 행
동이나 일이 나타나는 부정적이며 해로운 요소는 언제나
있었다. 두 손(廾)으로 떨어진(敝) 곳을 잡아서 꿰맸으니
옷이 [해지다(弊)] 혹은 어떤 일을 두고 [폐단(弊)]이 생기
다는 뜻이고 [폐]로 읽는다.
圖害(해할 해) 回蔽(덮을 폐) 幣(화폐 폐)

필순 丶丷内内甪甪甪敝敝弊弊

기초 【기초한자어】 이히고, 【기본→발전한자어】 다지기
疲弊(피폐) 생활이나 경제력 등이 어려워지거나 쇠
약함
弊害(폐해) 폐단과 해악
弊習(폐습) 폐해가 되는 습관
• 우리 생활에서 다른 사람 행위로 인해 弊害가 썩
많았다.
• 疲弊한 생활상을 가만히 들여다보니 근본적인 원
인은 弊習임을 이제야 알았다.

기본 ③Ⅱ弊家(폐가) 弊端(폐단) 弊社(폐사) 弊風(폐풍) 民弊
(민폐) 惡弊(악폐) 作弊(작폐) 通弊(통폐)

발전 ②弊札(폐찰) ②Ⅲ弊廬(폐려) ①痼弊(고폐) 垢弊(구폐)

부수	획수	총획
肉	4	8

허파 폐 :【1453】

字源 〈형성〉 사람이 많이 사는 도시는 공기가 탁하고 오염이 많다. 호흡 작용에 의한 탄산가스도 허파를 통해서 만들어진다고 한다. 허파는 호흡기의 기관 중의 하나로 매우 중요시한다. 산소 부족이 있을 수 있어 도시(市)의 탁한 공기(月←肉)를 새 공기로 순환을 시켜 준다는 [허파(肺)]를 뜻하고 [폐]로 읽는다.
回 肢(사지 지)

필순 丿 刀 月 月 肀 肀 肺 肺 肺

기초 【기초한자어】 익히고, 【기본 → 발전한자어】 다지기
心肺(심폐) 심장과 폐
肺病(폐병) 폐에 관한 질병. 허팟병. 폐환
肺炎(폐렴) 폐렴 쌍구균, 바이러스 등의 감염에 의해 일어난 염증
• 미세먼지로 肺病 발병률이 높아졌다.
• 心肺 기능이 약하게 되면 肺炎에 잘 걸리기 쉽다고 한다. 중요한 폐의 건강이 요망된다 하겠다.
기본 3Ⅱ 肺患(폐환) 肺結核(폐결핵) 肺氣量(폐기량) 肺活量(폐활량)
발전 2 肺癌(폐암) 塵肺症(진폐증) 1 肺腑(폐부)

부수	획수	총획
广	12	15

폐할 폐 :
버릴 폐 : 【1454】

字源 〈형성〉 집은 사람이 거처하면서 살아야 된다. 사람이 살다가 떠나고 없으면 집의 여러 곳이 보존되지 못하고 낡기 때문이다. 집이나 풍습을 없애거나 그만두어 버린다는 뜻도 담는다. 사람이 떠난 지(發) 오래된 집(广)은 쉽게 부서지고 찌그러져서 그냥 못쓰게 되었으니 [폐하다(廢)]는 뜻이고 [폐]로 읽는다.
동 棄(버릴 기) 亡(망할 망) 回 存(있을 존) 立(설 립) 置(둘 치)
回 發(필 발) 약 廃

필순 广 广 广 广 庐 庐 庐 廞 廢 廢

기초 【기초한자어】 익히고, 【기본 → 발전한자어】 다지기
廢水(폐수) 사용하여 못 쓰게 된 물
廢棄(폐기) 못 쓰게 된 것을 버림
廢校(폐교) 학교를 폐지함
• 도시 집중화로 인해 요즈음 시골에는 廢校가 매년 늘어나고 있다.
• 廢水를 함부로 廢棄하면 우리 환경이 오염된다.
기본 3Ⅱ 廢家(폐가) 廢刊(폐간) 廢鑛(폐광) 廢農(폐농) 廢履(폐리) 廢物(폐물) 廢石(폐석) 廢業(폐업) 廢人(폐인) 廢止(폐지) 廢車(폐차) 廢品(폐품) 廢合(폐합) 改廢(개폐) 存廢(존폐) 偏廢(편폐) 荒廢(황폐) 老廢物(노폐물)

발전 2 廢徹(폐철) 廢艦(폐함) 撤廢(철폐) 28 廢址(폐지) 廢后(폐후) 頓廢(돈폐) 1 廢錮(폐고) 廢曠(폐광) 廢屠(폐도) 廢籟(폐라) 廢藩(폐번) 廢堰(폐언) 廢池(폐지) 廢黜(폐출) 廢脊(폐척) 廢墟(폐허) 墜廢(추폐) 惰廢(타폐) 朽廢(후폐)
사자성어 3Ⅱ 食飮全廢(식음전폐)

부수	획수	총획
水	7	10

개 포 【1455】

字源 〈형성〉 강이나 내가 흘러가는 하류에 바닷물에 마주쳐 포구가 이루어진 곳이 많다. 영등포, 마포, 목포 등이 그런 곳이다. 밀물과 썰물로 인해 바닷물이 드나드는 곳을 바로 '물가'라 한다. 강이나 내에 바닷물(氵)이 드나들고 수심이 비교적 깊은 큰(甫) 물가인 포구가 갯가이니 [개(浦)]를 뜻하고 [포]로 읽는다.
동 津(나루 진) 回 捕(잡을 포)

필순 丶 丶 氵 氵 沪 沪 沪 泪 浦 浦

기초 【기초한자어】 익히고, 【기본 → 발전한자어】 다지기
木浦(목포) 우리나라 남서단에 위치하는 한 도시
浦口(포구) 배가 드나드는 개의 어귀
浦港(포항) 포구와 항구
• '포항(浦項)'은 경상북도 내 지명이지만, '浦港'은 포구와 항구라는 명사인 이름이다.
• 木浦의 浦口 연근해에는 고깃배들이 가득하기만 하다.
기본 3Ⅱ 浦邊(포변) 浦田(포전) 浦村(포촌) 浦項(포항) 曲浦(곡포) 三浦(삼포) 鹽浦(염포)
발전 2 浦灣(포만) 1 泛浦(범포)

부수	획수	총획
手	7	10

잡을 포 : 【1456】

字源 〈형성〉 포졸들이 도적질한 자를 포위하여 좁혀 들어가 붙잡는 일이 많았다. 도망가는 자를 포졸들이 손을 펴서 붙잡은 것이다. 고기를 낚거나 사냥하여 얻는 일이나 손으로 거머쥔 일이다. 도망가는 도적을 곧바로 뒤쫓아 가서 손(扌)을 넓적하고 크게 펴면서(甫) 붙잡았으니 [잡다(捕)]는 뜻이고 [포]로 읽는다.
동 獲(얻을 획) 拘(잡을 구) 操(잡을 조) 拿(잡을 나) 虜(사로잡을 로) 捉(잡을 착) 回 浦(개 포) 補(기울 보)

필순 一 十 扌 扌 扩 折 折 捐 捕 捕

기초 【기초한자어】 익히고, 【기본 → 발전한자어】 다지기
捕捉(포착) 꼭 붙잡음. 파착

3급Ⅱ

捕手(포수) 본루를 지키며 투수가 던지는 공을 받는 선수

逮捕(체포) 죄인을 쫓아가서 잡음

• 야구에서 공 던지는 자를 '投手(투수)', 공을 붙잡는 자를 '捕手'라 한다.

• 경찰서에서는 낱낱의 증거를 捕捉하여 전범인 도적을 기필코 逮捕하고야 만다.

기본 ③Ⅱ 捕球(포구) 捕卒(포졸) 捕獲(포획) 生捕(생포) 跡捕(적포) ③ 捕繫(포계)

발전 ②⑧ 捕繩(포승) ① 捕拿(포나) 拏捕(나포) 拿捕(나포)

사자성어 ③Ⅱ 捕盜大將(포도대장)

부수	획수	총획
木	9	13

단풍나무 풍
【1457】

字源 〈형성〉 단풍나무는 가을이 되면 나뭇잎이 울긋불긋 물들고 온 산은 장관을 이룬다. 잎은 대개 손바닥 모양으로 깊이 갈라졌고, 5월에 꽃이 피고 늦가을이면 곱게 단풍이 든다. 늦가을이 되어 서리가 내리고 바람(風)이 많이 불면 나뭇잎(木)이 울긋불긋 물들게 되었으니 [단풍나무(楓)]를 뜻하고 [풍]으로 읽는다.
回極(다할 극) 風(바람 풍) 諷(욀 풍)

필순 一十十机机机机楓楓楓

기초 【기초한자어】 익히고, 【기본→발전한자어】 다지기
丹楓(단풍) 단풍나무
楓葉(풍엽) 단풍. 단풍나무의 잎
楓嶽山(풍악산) 금강산의 가을 이름

• 단풍잎을 楓葉이라고 하는데 봄이면 청색, 가을이면 붉은 색으로 물든다.

• 금강산을 가을 丹楓이 아름다워 楓嶽山이라 부르기도 하는데 장관을 이룬다.

기본 ③Ⅱ 楓菊(풍국) 楓林(풍림) 觀楓(관풍) 霜楓(상풍)

발전 ① 楓宸(풍신) 籬楓(이풍)

부수	획수	총획
皮	0	5

가죽 피【1458】

字源 〈회의〉 소나 양은 사람에게 고기와 질기고 튼튼한 가죽을 준다. 말린 가죽은 따뜻한 겉옷이 되고, 구두나 가방이 되었다. 동물의 몸을 싸고 있는 껍질을 벗기어 가공한 물품이 가죽이다. 양이나 소를 사로잡아 방금 벗겨낸 가죽을 손에 들고 그 쓰임새를 생각하는 모양을 본떠서 [가죽(皮)]을 뜻하고 [피]로 읽는다.

回膚(살갗 부) 革(가죽 혁) 殼(껍질 각) 回骨(뼈 골) 回反(돌이킬 반)

필순 丿厂广皮皮

기초 【기초한자어】 익히고, 【기본→발전한자어】 다지기
皮肉(피육) 가죽과 살
皮相(피상) 어떤 현상이 겉으로 나타나 보이는 모양
皮骨(피골) 살갗과 뼈

• 소나 양은 인간에게 皮肉을 준다 했다.

• 皮骨이 상접한 모습을 보고도 그렇게 皮相的인 말만 하겠는가?

기본 ③Ⅱ 皮下(피하) 皮革(피혁) 蓋皮(개피) 去皮(거피) 桂皮(계피) 內皮(내피) 毛皮(모피) 羊皮(양피) 外皮(외피) 牛皮(우피) 脫皮(탈피) 表皮(표피) 五加皮(오가피) 鐵面皮(철면피) ③ 鹿皮(녹피)

발전 ② 皮膜(피막) 皮膚(피부) 皮膚病(피부병) ②⑧ 皮鉀(피갑) 皮弁(피변) 獐皮(장피) 檜皮(회피) ① 皮殼(피각) 皮褐(피갈) 皮肌(피기) 皮袋(피대) 潑皮(발피) 筍皮(순피) 靷皮(인피) 豹皮(표피)

사자성어 ③Ⅱ 皮骨相接(피골상접) ② 皮膚美容(피부미용) ②⑧ 結弓獐皮(결궁장피)

부수	획수	총획
彳	5	8

저 피 : 【1459】

字源 〈형성〉 소나 양에서 벗겨진 가죽은 쓰임새가 많았다. 옷 등을 만들어 이곳저곳에 쓰였기 때문이다. 말하는 사람이나 듣는 사람으로부터 멀리 떨어져 있는 사물을 가리킨다는 뜻이나. 질긴 가죽(皮)이 여러 쓰임새에 따르시 많은 갈래로 잘라서 갈려 나간(彳) 쪽으로 지시대명사인 [저(彼)]를 뜻하고 [피]로 읽는다.
回是(옳을/이 시) 此(이 차) 我(나 아) 回波(물결 파)

필순 丿ノ彳彳彳彷彷彼彼

기초 【기초한자어】 익히고, 【기본→발전한자어】 다지기
彼此(피차) 저것과 이것. 서로
彼我(피아) 저편과 우리 편. 남과 자기
於此彼(어차피) 이렇게 하든지 저렇게 하든지. '어차어피(於此於彼)'의 준말

• 우리는 대화를 할 때 '彼此 마찬가지'란 말을 한다.

• 於此彼 너와 나와는 彼我간에 한 번쯤은 싸움 한 판을 붙는 게 좋겠다.

기본 ③Ⅱ 彼岸(피안)

발전 ② 彼隻(피척)

사자성어 ③Ⅱ 知彼知己(지피지기) 此日彼日(차일피일)

3급Ⅱ

부수	획수	총획
衣	5	10

입을 피 : 【1460】

字源 〈형성〉 잠잘 때 살갗에 닿으면 감촉이 좋은 부드러운 잠옷을 입는다. 잠옷을 입고 그 위에 이불을 덮어 푹신하게 잠든다. '입다'는 옷이나 이불을 몸에 걸치거나 두른다는 뜻이겠다. 겉 피부(皮)에 닿은 옷(衣)으로 [잠옷(被)] 또는 저녁이면 잠옷을 [입다(被)] 혹은 밤이면 꼭 덮는 [이불(被)]을 뜻하고 [피]로 읽는다.
동 衾(이불 금) 回 衲(기울 납)

필순 ｀ ｀ ｆ ｆ ｆ ｆ ｆ ｆ 衤 衤 衤 被 被

기초 【기초한자어】 익히고, 【기본→발전한자어】 다지기
被動(피동) 남의 힘에 의하여 움직이는 일
被告(피고) 민사 소송에서 소송을 당한 측의 당사자
被疑者(피의자) 범죄의 혐의를 받았으나 아직 기소되지 아니한 사람
• 被疑者는 범행 사실을 털어 놓았다.
• 被告는 被動인 태도로 자신의 억울함을 벗기 어렵다는 점을 인식한 것만 같다.
기본 ③ 被擊(피격) 被服(피복) 被覆(피복) 被殺(피살) 被選(피선) 被訴(피소) 被襲(피습) 被害(피해) 被寫體(피사체) ③ 被逮(피체)
발전 ② 被拉(피랍) ②③ 被鉀(피갑) ① 被巾(피건) 被衾(피금) 衲被(납피) 霑被(점피) 避被(하피)
사자성어 ③ 被害妄想(피해망상)

부수	획수	총획
田	6	11

마칠 필【1461】

字源 〈상형〉 변소에 버린 인분은 농사의 밑거름으로 안성맞춤이었다. 인분을 퍼서 논이나 밭에 뿌리는 일은 힘든 작업이었다. 이렇게 자못 어려운 일을 여러 사람이 다 마치게 된다. 밭(田)일을 열(十) 사람이 하는 것보다 이십(廿←甘) 명이 하면 더 많이 해낼 수 있었으니 이제는 다 [마치다(畢)]는 뜻이고 [필]로 읽는다.
동 竟(마침내 경) 終(마칠 종) 了(마칠 료) 回 華(빛날 화)

필순 ｜ 冂 曰 甲 旦 里 旱 畢 畢 畢 畢

기초 【기초한자어】 익히고, 【기본→발전한자어】 다지기
未畢(미필) 아직 다 끝내지 못함
畢竟(필경) 마침내. 결국에는
畢納(필납) 납세나 납품 따위를 끝냄
• 이번에야말로 세무서에 밀린 세금을 모두 畢納하게 되었다.

• 그는 畢竟에는 군대 未畢이라는 어눌한 딱지를 결국 떼지 못했다.
기본 ③ 畢業(필업) 畢生(필생) 檢査畢(검사필) 檢定畢(검정필)
발전 ① 畢宇(필한) 罕畢(한필)

부수	획수	총획
人	5	7

어찌 하【1462】

字源 〈형성〉 무거운 짐을 움직이기 위해서 두 사람이 힘을 합쳐 어렵게 옮겨 놓는다. 너무 무겁다 보면 어떤 이유로든지 옮기지 못하기도 한다. '이 물건을 어찌 옮길까 궁리한 모습이 안타깝다. 두 사람(亻)이 뜻을 합쳐 같이(可) 짐을 [메다(何)] 혹은 멘 짐이 무거워서 의문을 품으니 [어찌(何)]를 뜻하고 [하]로 읽는다.
동 那(어찌 나) 奚(어찌 해) 回 河(물 하) 可(옳을 가)

필순 ｀ 亻 亻 亻 亻 何 何

기초 【기초한자어】 익히고, 【기본→발전한자어】 다지기
何如間(하여간) 어쨌든. 어찌하든지 간에
何必(하필) 다른 방도를 취하지 아니하고 어찌 꼭
何等(하등) 아무런. 조금도
• 何如間 '이유야 불문하고' 이번 주까지 꼭 마치시게.
• 何必 중요한 때에 이렇게 何等의 조치조차도 없었단 말인가?
기본 ③ 何時(하시) 何如(하여) 何人(하인) 何處(하처) 若何(약하) 如何(여하) ③ 幾何(기하) 那何(나하) 奈何(내하) 誰何(수하)
사자성어 ③ 抑何心情(억하심정) ③ 幾何級數(기하급수)

부수	획수	총획
貝	5	12

하례할 하 : 【1463】

字源 〈형성〉 결혼 같은 좋은 잔치에 축의금을 보내어 축하한다. 옛날에도 쌀이나 포목 같은 재물을 보내어 주면서 그렇게 축하했다. 그래서 하례하다는 축하하여 예의를 보인다는 뜻이다. 경사스러운 일에 귀한 재물(貝)을 더 보태어(加) 주면서 진실한 마음으로 축하해 주었으니 [하례하다(賀)]는 뜻이고 [하]로 읽는다.
동 慶(경사 경) 回 貨(재물 화)

필순 ７ ｊ 加 加 加 加 賀 賀 賀 賀 賀

기초 【기초한자어】 익히고, 【기본→발전한자어】 다지기
謹賀(근하) 삼가 축하함
慶賀(경하) 기쁘고 즐거운 일에 축하의 뜻을 표함

3급Ⅱ

賀宴(하연) 축하하는 뜻으로 베푸는 잔치
• 이번에 열리는 賀宴에 꼭 참석하여 주시게.
• 새해 정초가 되면 '謹賀신년'이란 '慶賀엽서'라도 반드시 있어야겠다.

기본 ③Ⅱ賀客(하객) 賀禮(하례) 賀正(하정) 敬賀(경하) 祝賀(축하) 致賀(치하) 年賀狀(연하장)

발전 ①賀筵(하연) 賀箋(하전)

사자성어 ③Ⅱ年賀葉書(연하엽서) ③謹賀新年(근하신년)

부수	획수	총획
艹	7	11

멜 하(:)【1464】

字源 〈형성〉 잎이 왕성하고 튼튼하게 자라려면 곡식을 잘 수확하고 가마니에 곱게 넣어 운반한다. '메다'는 어깨에 물건을 걸치거나 올려놓는다는 뜻이다. 유의어로는 '지다. 짊어지다' 등이다. 잎(艹)을 잘 엮어서 만든 곡식 가마니에 무엇이나(何) 모두 넣어서 어깨에 잘 짊어졌으니 [메다(荷)]는 뜻이고 [하]로 읽는다.
回苛(매울 가)

필순 一 十 艹 芢 芢 芢 芢 荷 荷 荷

기초 【기초한자어】 익히고, 【기본→발전한자어】 다지기
出荷(출하) 짐을 내어보냄
積荷(적하) 짐을 쌓음
荷重(하중) 짐의 무게
• 이제 그만 건조하시고 전량을 出荷하시게.
• 荷重을 생각하여 트럭에 積荷하는 게 좋겠소.

기본 ③Ⅱ荷物(하물) 荷船(하선) 荷役(하역) 荷主(하주) 荷香(하향) 荷花(하화) 薄荷(박하) 負荷(부하) 入荷(입하) 荷置場(하치장) 手荷物(수하물)

발전 ①荷鞍(하안) 菱荷(능하)

부수	획수	총획
鳥	10	21

학 학【1465】

字源 〈형성〉 학은 두루미와 함께 두루 쓰인 어휘다. 학은 목이 길고 날개가 커서 하늘 높이 날면서 먹이를 잡아 나른다. 그 자태가 매우 의젓해 여느 날짐승처럼 자식들을 사랑스럽게 키우기도 한다. 여러 종류의 새(隹) 중에서 하늘(冖)을 찌를 듯이 높게만 날아가는 새(鳥)로 다리가 아주 긴 [학(鶴)]을 뜻하고 [학]으로 읽는다.
回鷄(닭 계)

필순 一 ヶ 隺 隺 隺 霍 鄬 鄬 鶴 鶴

3급Ⅱ

기초 【기초한자어】 익히고, 【기본→발전한자어】 다지기
仙鶴(선학) 두루미
鶴舞(학무) 흰 학과 푸른 학의 탈을 쓴 사람이 추던 궁중 춤
鶴髮(학발) '하얗게 센 머리, 또는 그런 사람을 비유한 말
• 선생님 머리가 鶴髮이 다 되었습니다.
• 예부터 仙鶴의 鶴舞가 아름답다는 말을 들었다.

기본 ③Ⅱ鶴翼(학익) 白鶴(백학) 丹頂鶴(단정학)

발전 ②鶴峯(학봉) 瑞鶴(서학) 28鶴鼎(학정) 皓鶴(호학) ①鶴脛(학경) 鶴溝(학구) 鶴瘦(학수) 鶴膝(학슬) 瘦鶴(수학)

사자성어 ③Ⅱ鶴髮雙親(학발쌍친) 鶴首苦待(학수고대) 群鷄一鶴(군계일학)

부수	획수	총획
水	3	6

땀 한(:)【1466】

字源 〈형성〉 날씨가 더우면 뜨거운 기운이 들어오는 것을 막기 위해 수분을 분비하니 이것이 땀이다. '땀'은 더울 때나 운동한 후에 사람이나 동물 피부에서 분비되는 짜디짠 액체이다. 눈물을 흘리듯 덥거나 신체 활동으로 인한 열기 때문에 온갖 살갗을 뚫고(干) 나오는 수분(氵)으로 [땀(汗)]을 뜻하고 [한]으로 읽는다.
回干(방패 간)

필순 丶 氵 氵 汗 汗 汗

기초 【기초한자어】 익히고, 【기본→발전한자어】 다지기
發汗(발한) 땀을 흘림
冷汗(냉한) 몸이 쇠약하여 덥지 않은데도 흐르는 땀
汗蒸幕(한증막) 한증하는 곳
• 汗蒸幕에 오래 있으면 땀을 흘려서 좋으나, 공기가 많이 탁하다.
• 發汗하는 것은 몸에 좋으나 冷汗은 별로 좋지 않다.

기본 ③Ⅱ汗蒸(한증) 汗汗(한한) 可汗(가한) 盜汗(도한) 珠汗(주한) 不汗黨(불한당)

발전 ②尿汗症(요한증) 止汗劑(지한제) ①汗垢(한구) 汗腺(한선) 汗穢(한예) 汗疹(한진) 汗泫(한현) 膏汗(고한) 灡汗(난한) 灑汗(쇄한) 羞汗(수한) 腋汗(액한) 淋汗(임한) 霑汗(점한) 喘汗(천한) 駭汗(해한) 惶汗(황한)

부수	획수	총획
刀	10	12

벨 할【1467】

字源 〈형성〉 나무의 밑동을 도끼나 톱 같은 연모를 사용해 베면 밑동과 나누어 넘어진다. 날이 예리한 연장이나 또 다

른 물건으로 기다란 것을 끊거나 자르는 일이다. 기둥이
나 들보감으로 쓰일 나무를 도끼로 찍어(刂←刀) 해치니
(害) [베다(割)] 또는 그 밑동을 쳐서 떨어지게 [나누다(割)]
는 뜻이고 [할]로 읽는다.
圆分(나눌 분) 剝(벗길 박) 圆害(해할 해)

필순 宀 宀 宁 宔 宝 害 害 害 割

기초 【기초한자어】 익히고, 【기본→발전한자어】 다지기
割當(할당) 여러 몫으로 나누는 일
役割(역할) 자기가 하여야 할 맡은 바 직책이나 임무
割據(할거) 국토를 나누어 차지하여 세력권을 이룩함
• 옛날에 割據라 했으니 영웅들이 자기 세력권을 자
연스럽게 차지함이겠다.
• 이 물건을 여러 사람에게 割當해 주는 役割을 뜻
밖에 내가 맡았다.

기본 ③Ⅰ割禮(할례) 割腹(할복) 割賦(할부) 割愛(할애) 割引
(할인) 割增(할증) 分割(분할) 割引券(할인권) ③ 宰割
(재할)

발전 ①割肪(할방) 割截(할절) 屠割(도할) 剝割(박할) 剖割
(부할)

사자성어 ③Ⅰ群雄割據(군웅할거)

부수	획수	총획
口	4	7

머금을 함【1468】

字源 〈형성〉 음식물을 입안에 넣어 일정 횟수를 씹다가 얼마
후 목으로 넘긴다. 음료수 또한 입에 넣고 천천히 목으로
넘기며 목을 축인다. 그렇지만 삼키지 않은 상태로 입 속
으로 넣기도 한다. 입(口) 안에 음식이나 음료수를 금방
(今) 넣었으나 아직 목에 잘 넘어가지 않았으니 [머금다(含)]
는 뜻이고 [함]으로 읽는다.
回今(이제 금) 吟(읊을 음)

필순 丿 人 人 今 今 含 含

기초 【기초한자어】 익히고, 【기본→발전한자어】 다지기
含蓄(함축) 말이나 글이 많은 뜻을 담고 있음
含有(함유) 어떤 성분을 안에 가지고 있음
包含(포함) 속에 싸이어 있음. 함유함
• 그 음식에는 어떠한 成分이 含有되어 있는지 알아
보시게.
• 그의 웃음에는 거절의 의미를 包含한 많은 것이
含蓄되었다고 생각합니다.

기본 ③Ⅰ含量(함량) ③ 含嫌(함혐)

발전 ②含憾(함감) ①含嬌(함교) 含臆(함억) 含咽(함연) 含孕
(함잉) 含嚼(함작) 含啼(함제) 含糊(함호) 含欣(함흔)

사자성어 ③Ⅰ含憤蓄怨(함분축원)

부수	획수	총획
阜	8	11

빠질 함 : 【1469】

字源 〈형성〉 토끼나 고라니 같은 짐승을 잡기 위해서 언덕에
깊은 함정을 파놓았다. 물이 아래로 내려서 생긴 구덩이
도 있었다. 속에 깊이 젖어 들거나 어떤 상태에 놓이게 된
다는 뜻이겠다. 언덕(阝←阜)의 한 모서리에 깊이 파놓은
구덩이인 함정(臽)으로 동물이 떨어졌으니 [빠지다(陷)]는
뜻이고 [함]으로 읽는다.
圆沒(빠질 몰) 溺(빠질 닉)

필순 阝 阝 阝 阽 阽 阽 阽 陷 陷 陷

기초 【기초한자어】 익히고, 【기본→발전한자어】 다지기
陷沒(함몰) 물이나 땅속에 모조리 빠짐
謀陷(모함) 꾀를 써서 남을 어려움에 빠뜨림
缺陷(결함) 흠이 있어 완전하지 못함
• 큰 지진으로 건물이 땅속에 陷沒되었다.
• 자기의 缺陷을 숨기기 위해 남을 謀陷하면 안 된다.

기본 ③Ⅰ陷落(함락) 陷害(함해)

발전 ②陷溺(함닉) 坑陷(갱함) ①淪陷(윤함) 誣陷(무함) 穽陷
(정함) 讒陷(참함) 陷阱(함루) 陷撓(함뇨) 陷穽(함정)

부수	획수	총획
頁	3	12

항목 항 : 【1470】

字源 〈형성〉 목덜미는 머리를 움직이게 하고 이를 지탱해 준다.
머리와 양 어깨 사이의 목덜미는 자처럼 생겼다고 알려진
다. 어떤 법률이나 규정 따위에서 낱낱의 조항을 뜻하기
도 한다. 머리(頁)를 마음대로 좌우전후로 움직이게(工)
해주는 사람의 목덜미 부분을 뜻했겠으나 널리 [항목(項)]
을 뜻하고 [항]으로 읽는다.
圆款(항목 관) 條(가지 조) 回境(지경 경) 頂(정수리 정) 項
(이랑 경)

필순 工 工 工 巧 項 項 項 項 項 項

기초 【기초한자어】 익히고, 【기본→발전한자어】 다지기
條項(조항) 법률의 규정 따위의 조목이나 항목
要項(요항) 중요한 사항. 요긴한 사항
事項(사항) 일의 항목. 사물을 나눈 조항
• 법관은 많은 법 條項을 현실에 적용해야 하는 애로
事項이 있다.
• 맛있게 라면을 끓이는 要項이 있다고 한다.

기본 ③Ⅰ項領(항령) 項目(항목) 各項(각항) 項鎖(항쇄) 同類項
(동류항)

발전 ②款項(관항) ②⑧獐項(장항) 獐項里(장항리) ①俯項(부항)

부수	획수	총획
忄	6	9

항상 항 【1471】

字源 〈회의〉 훌륭한 사람이 되기 위해서 열심히 노력하는 사람들이 많았던 갓 같다. 조금도 그치지 않고 열심히 노력해야 한다는 뜻이다. 항상은 '어떠한 경우이든지 변함없이'란 뜻이 담겼다. 마음(忄)만은 한결같이 앞을 향하여 뻗쳐가며(亘←亙) 훌륭한 사람이 되기 위해 노력했으니 [항상(恒)]을 뜻하고 [항]으로 읽는다.
圖常(떳떳할 상)

필순 ` ´ ` ` ↑ ↑ ↑ 怔 怔 恒 恒

기초 【기초한자어】 익히고, 【기본→발전한자어】 다지기
恒時(항시) 특별한 일이나 사고가 없는 보통 때
恒心(항심) 늘 일정불변한 마음
恒常(항상) 시간적으로 끊임없이
• 恒時 근신하는 마음으로 삼가며 살라고 가르친다.
• 恒常 '恒心'이란 철학을 고집하는 어른이셨다.

기본 ③Ⅱ 恒星(항성) 恒溫(항온) 恒用(항용) 恒久的(항구적)
발전 ①恒卦(항괘) 恒套(항투)

부수	획수	총획
音	13	22

울릴 향: 【1472】

字源 〈형성〉 산에 올라서 소리치면 그 여운이 다시 메아리쳐 되돌아 들려온다. 고요한 시골에서도 그 소리는 적막을 깨듯이 메아리로 들린다. 외부적인 힘이 작동되어 소리가 난다. 고요한 시골(鄕)이나 산골에서 크게 고함쳤던 소리(音)가 메아리쳐 다시 들려왔으니 소리가 [울리다(響)]는 뜻이고 [향]으로 읽는다.
回鄕(시골 향) 嚮(향할 향)

필순 乡 乡' 乡' 乡阝 乡曾 鄕 鄕 響 響 響

기초 【기초한자어】 익히고, 【기본→발전한자어】 다지기
反響(반향) 소리가 어떤 장애물에 부딪쳐서 되울리는 현상
響應(향응) 어느 소리와 마주쳐 같이 울림
影響(영향) 한 가지 사물로 인하여 다른 사물에 미치는 결과
• 소리의 響應에 따라서 음치의 여부를 판단한다니 참 놀랍다.
• 선생을 알게 된 影響을 얼마나 받았는지 그 反響을 살펴보면 금방 알겠습니다.

기본 ③Ⅱ 音響(음향) 交響樂(교향악)
발전 ②⑧灘響(탄향) ①澗響(간향) 沸響(비향) 嗣響(사향)

부수	획수	총획
犬	16	20

드릴 헌: 【1473】

字源 〈형성〉 제상에 올리는 음식은 엄격하게 가렸다. 지금은 그렇지 않지만 초기에는 개고기도 제상에 올렸다고 안다. '드리다'는 물건을 건네어 주다. 혹은 '주다'를 겸손하게 이른다. 제사상에 개(犬) 같은 짐승을 잡아 솥(鬳)에 삶아서 웃어른께 손으로 받들어 정중하게 올렸으니 [드리다(獻)]는 뜻이고 [헌]으로 읽는다.
圖呈(드릴 정) 貢(바칠 공) 贈(줄 증) 納(들일/바칠 납)
回戲(놀이 희) 回献

필순 广 广 声 唐 虐 虐 虐 虐- 獻 獻

기초 【기초한자어】 익히고, 【기본→발전한자어】 다지기
文獻(문헌) 제도나 문물을 아는 증거로 되는 기록이나 서적
貢獻(공헌) 사회를 위하여 이바지함
獻上(헌상) 임금께 바침
• 임금께 정중한 마음으로 獻上했으니 이것은 신하 된 바른 도리이겠지.
• 文獻을 살펴보니 그가 얼마나 큰 貢獻을 하였는지 금방 알겠다.

기본 ③Ⅱ 獻金(헌금) 獻納(헌납) 獻身(헌신) 獻血(헌혈) 獻花(헌화) 奉獻(봉헌) 亞獻(아헌) 進獻(진헌) ③獻爵(헌작)
발전 ②獻呈(헌정) ①獻馘(헌괵) 獻酬(헌수) 獻揖(헌읍) 獻斟(헌짐) 羹獻(갱헌) 靖獻(정헌)

부수	획수	총획
心	16	20

달 현: 【1474】

字源 〈회의〉 생각과 결심에 따라서 일의 성패가 결정된다. 마음먹기에 따라서 일의 결과가 달라지는 수도 있다. '줄, 끈, 살 따위로 잡아매어 무엇에 달려있다는 뜻이다. 모든 일이 뚜렷한 생각과 성취하고자 하는 자기의 결심(心)에 달려(縣)있다고 했었으니 그 어디에다 정신을 [매달다(懸)]는 뜻이고 [현]으로 읽는다.
圖繫(맬 계) 掛(걸 괘) 回縣(고을 현)

필순 日 旦 且 界 界 界 影 縣 縣 縣 懸 懸

기초 【기초한자어】 익히고, 【기본→발전한자어】 다지기
懸案(현안) 해결이 안 되어 걸려 있는 안건
懸命(현명) 죽기를 결단함
懸隔(현격) 뚜렷하거나 두드러진 상태
• 그 일로 懸命이란 마지막 길을 걸겠나?
• 그 懸案에 대하여 양측이 懸隔한 입장 차이를 보인다.

기본 ③ 懸賞(현상) 懸珠(현주) 懸板(현판) 懸垂幕(현수막)
발전 ②⑧ 懸湍(현단) ① 懸藜(현려) 懸榜(현방) 懸崖(현애) 懸腕(현완) 懸擲(현제) 懸瀑(현폭) 懸乏(현핍) 懸弧(현호) 懸欠(현흠) 灼懸(작현)
사자성어 ③ 懸賞手配(현상수배)

부수	획수	총획
玄	0	5

검을 현 【1475】

字源 〈회의〉 가까이 있으면 큰 물체도 멀리 떨어져 있으면 작고 검게만 보인다. 그 빛이 먹의 빛깔과 같이 어둡다는 뜻도 담는다. 마음이 옳지 못하고 엉큼하다는 뜻도 담고 있겠다. 물체가 아주 멀리 떨어져 있어서 공기에 가려서(亠) 가물가물 아주 작게(幺) 보였으니 그 색깔 또한 [검다(玄)]는 뜻이고 [현]으로 읽는다.
동 黑(검을 흑) 妙(묘할 묘) 반 白(흰 백) 素(흴 소)

필순 一亠玄玄玄

기초 【기초한자어】 익히고, 【기본→발전한자어】 다지기
玄關(현관) 건물의 주되는 출입구에 잇달아서 낸 문간
玄妙(현묘) 도리나 이치가 깊고 미묘함
玄德(현덕) 속 깊이 간직하여 드러내지 않는 덕
• 玄德이란 누구나 있는 것은 아니고, 하늘로부터 타고 난다.
• 玄關에 들어서니 玄妙한 큰 그림이 온 벽면을 꽉 차지했다.
기본 ③ 玄木(현목) 玄武(현무) 玄米(현미) 玄孫(현손) 玄玄(현현) 玄黃(현황) 幽玄(유현)
발전 ② 玄旨(현지) 玄津(현진) ②⑧ 玄圭(현규) 玄冕(현면) 玄謨(현모) 玄耀(현요) 鄭玄(정현) 玄海灘(현해탄) ① 玄衮(현곤) 玄駒(현구) 玄穹(현궁) 玄濤(현도) 玄奧(현오) 玄仗(현장) 玄圃(현포)

부수	획수	총획
穴	0	5

굴 혈 【1476】

字源 〈형성〉 집은 움집, 초가집, 기와집 등 인류의 문명과 관련해서 발달했다. 땅을 파서 만든 집이 움집으로는 집의 처음이었다. 땅이나 바위가 안으로 깊숙하게 패어 들어간 곳에 위치했다. 땅을 깊게 파서(八) 임시 거처로 지었던 움집(宀)의 입구 부분과 그러한 통로를 통틀어서 [굴(穴)]을 뜻하고 [혈]로 읽는다.
동 窟(굴 굴) 회 空(빌 공)

필순 ⵈⵈ宀宀穴

기초 【기초한자어】 익히고, 【기본→발전한자어】 다지기
洞穴(동혈) 벼랑이나 바위에 있는 굴의 구멍
孔穴(공혈) 뚫어지거나 파낸 자리
經穴(경혈) 침을 놓거나 뜸을 뜨기에 적당한 자리
• 누군가 파 놓은 孔穴에 물이 고였다
• 땅에는 洞穴이 있고 우리 몸에는 經穴이 있다.
기본 ③ 穴居(혈거) 穴見(혈견) 墓穴(묘혈) 虎穴(호혈)
발전 ② 掘穴(굴혈) 窟穴(굴혈) ① 穴隙(혈극) 壙穴(광혈) 竪穴(수혈) 崖穴(애혈)

부수	획수	총획
肉	6	10

위협할 협 【1477】

字源 〈형성〉 몸에 힘이 많이 모여 있는 곳은 가슴을 둘러싸고 있는 갈비뼈다. 가슴을 활짝 펴며 으름장을 놓으면서 힘 자랑하기도 한다. 그래서 '위협하다'는 힘으로 으르고 협박했다. 사람 몸(月)에서 힘(劦)이 많이 모여 있는 갈비뼈를 크게 펴며 다른 사람을 [위협(脅)]했으니 [으르다(脅)]는 뜻이고 [협]으로 읽는다.
동 威(위엄 위) 迫(핍박할 박)

필순 ⼁⼁劦劦劦劦劦脅脅脅

기초 【기초한자어】 익히고, 【기본→발전한자어】 다지기
脅迫(협박) 으르고 다잡음
脅約(협약) 위협으로써 이루어진 약속이나 조약
威脅(위협) 힘으로 으르고 협박함
• 脅迫이 얼마나 위험한 짓인지 자네는 알고 있었던가.
• 威脅과 脅迫으로 맺었던 脅約은 이제 무효라네.
기본 ③ 脅弱(협약) 脅制(협제) 脅奪(협탈) 脅痛(협통) 誘脅(유협)
발전 ① 脅逼(협핍)

부수	획수	총획
行	10	16

저울대 형 【1478】

字源 〈회의〉 저울대의 양쪽에 무게를 달아 균형을 맞추어 준다고 한다. 그래서 대저울의 몸이 되는 곳을 긴 막대기라고 했었다. 곧 저울대는 눈금이 새겨져 있으면서 저울추를 걸기도 한다. 소를 몰고 길을 다닐(行) 때 큰(大) 뿔(角)이 닿아도 받히지 않게 뿔 위에 걸었던 나무로 [저울대(衡)]를 뜻하고 [형]으로 읽는다.
동 銓(저울 전) 稱(일컬을 칭) 均(고를 균)

필순 彳彳衧徫徫徫徫衡衡衡

3급Ⅱ

【기초】【기초한자어】익히고, 【기본→발전한자어】다지기
衡平(형평) 균형이 잡혀 있는 일
平衡(평형) 사물이 한쪽으로 기울지 않고 안정해 있음
均衡(균형) 치우침이 없이 고름
• 이 세상은 均衡이 깨지면 平衡을 잃은 신세가 되고 만다네.
• 그 심판은 衡平에 어긋난 판결을 했다.

【기본】③Ⅱ 衡度(형도) 權衡(권형) 稱衡(칭형) 度量衡(도량형)
【발전】① 虞衡(우형) 銓衡(전형) 樞衡(추형) 秤衡(칭형) 衡扼(형액)

부수	획수	총획
心	11	15

慧 슬기로울 혜 : 【1479】

【字源】〈형성〉 타고날 때부터 지혜로운 사람이 많다. 생활하면서 잡념 없이 맑은 정신으로 슬기롭게 행동하기도 한다. 사물의 이치를 분별하고 정확한 방도의 재능을 발휘하는 것이다. 비(彗)나 걸레로 청소하듯이 마음(心) 속에 아무런 잡념도 없이 늘 [슬기롭다(慧)] 또는 해맑은 [지혜(慧)]를 뜻하고 [혜]로 읽는다.
图 智(슬기 지)

【필순】 ⇒ 彗 彗 彗 彗 彗 彗 慧 慧 慧

【기초】【기초한자어】익히고, 【기본→발전한자어】다지기
慧解(혜해) 지혜로 사리를 잘 해득함
慧眼(혜안) 사물을 밝게 보는 슬기로운 눈
智慧(지혜) 삶의 경험이 풍부하거나 세상 이치나 도리
• 그녀의 慧解로 이 난국을 헤칠 수 있을 것이다.
• 그의 밝은 慧眼과 풍부한 智慧에 그저 그렇게 놀랄 뿐입니다.

【기본】③Ⅱ 知慧(지혜)
【발전】① 慧灌(혜관) 慧縛(혜박)

부수	획수	총획
水	7	10

浩 넓을 호 : 【1480】

【字源】〈형성〉 홍수가 나서 큰물이 내려오면 온 동네 사람들이 대피해야만 했었다. 온 들판이 범람하여 넓은 호수로 되어버리기 일쑤였다. '넓다'는 면이나 바닥 따위의 면적이 크다는 뜻이다. 홍수(氵)가 크게 났음을 온 동네 사람에게 큰 소리 치면서 알렸으니(告) 그 범위가 매우 [넓다(浩)]는 뜻이고 [호]로 읽는다.
图 博(넓을 박) 廣(넓을 광) 洪(넓을 홍) 回 狹(좁을 협) 回 造(지을 조)

【필순】 ⌒ ⌒ ⌒ ⌒ 氵 氵 浩 浩 浩 浩

【기초】【기초한자어】익히고, 【기본→발전한자어】다지기
浩大(호대) 썩 넓고 큼
浩繁(호번) 넓고 크며 번거롭고 많음
浩博(호박) 크고 넓음
• 그 범위가 浩繁하면 생각이 갈리어 집중되지 못한다.
• 그의 浩大한 성품과 浩博한 행동에 추종자가 많다.

【기본】③Ⅱ 浩歌(호가) 浩氣(호기) 浩然(호연) 浩亭(호정) 浩歎(호탄)
【발전】① 浩曠(호광) 浩渺(호묘) 浩蕩(호탕)
【사자성어】③Ⅱ 浩然之氣(호연지기) 浩浩漠漠(호호막막) ① 浩浩蕩蕩(호호탕탕)

부수	획수	총획
肉	5	9

胡 되 호 【1481】

【字源】〈형성〉 소가 늙으면 턱밑살이 우글쭈글하다. 소 턱밑의 살은 오래 살았다는 뜻에서 '목줄띠'를 보였다. 흔히 '되놈'이라 했듯이 '동이서융남만북적'인 오랑캐라 불렀다. 두만강 일대에서 살던 옛(古) 여진족 얼굴과 몸(月)에 줄과 선으로 두른 것이 목줄띠와 같아 중국인을 낮게 부른 [되(胡)]를 뜻하고 [호]로 읽는다.
回 湖(호수 호)

【필순】 一 十 十 古 古 刮 胡 胡 胡

【기초】【기초한자어】익히고, 【기본→발전한자어】다지기
胡蝶(호접) 나비. 나비목에 딸린 곤충의 무리
胡亂(호란) 오랑캐들로 인하여 일어나는 난리
胡笛(호적) 태평소를 달리 이르는 말. 날라리
• 胡蝶夢은 허황된 나비 꿈을 이른다.
• 胡亂 때 들었던 胡笛 소리가 지금도 귓가에 맴돈다.

【기본】③Ⅱ 胡桃(호도) 胡壽(호수) 胡燕(호연) 胡人(호인)
【발전】② 胡塵(호진) ② 胡盧(호로) 胡貊(호맥) 彊胡(강호) 賈胡(고호) 盧胡(노호) 胡應麟(호응린) ① 胡綾(호릉) 胡狄(호적)
【사자성어】③ 胡蝶之夢(호접지몽)

부수	획수	총획
虍	2	8

虎 범 호(:) 【1482】

【字源】〈상형〉 호랑이와 범은 같은 선상에 두어 호칭하기도 한다. 범은 어슬렁거리며 천천히 걷지만 날쌔고 사나워서 흔히

'동물의 왕' 이라고들 부른다. 밀림 지역에서 대개 단독 생활을 한다고 한다. 어슬렁거리면서 천천히 먹이를 찾아 걸어가는 호랑이 모양을 본떠서 널리 호랑이인 [범(虎)]을 뜻하고 [호]로 읽는다.
᠍寅(범 인) 回虛(빌 허) 處(곳 처)

필순

기초 【기초한자어】 익히고, 【기본→발전한자어】 다지기
虎患(호환) 범에게 당하는 재앙
猛虎(맹호) 사나운 범
虎口(호구) 매우 위태한 경우나 지경을 이르는 말
• 猛虎에게 虎患을 당한 사람이 실제 있었다네.
• 십년 만에 겨우 虎口에서 벗어났다.

기본 ③Ⅱ虎穴(호혈) 客虎(객호) 白虎(백호) 殿中虎(전중호)

발전 ②虎葛(호갈) 虎膽(호담) ①虎狼(호랑) 虎搏(호박) 虎斑(호반) 虎魄(호백) 虎叱(호질) 虎癡(호치) 虎豹(호표) 虎喙(호훼) 臕虎(납호) 狼虎(낭호) 繡虎(수호) 豺虎(시호) 檻虎(함호)

사자성어 ③Ⅱ虎死留皮(호사유피) 三人成虎(삼인성호) 養虎遺患(양호유환) ②Ⅱ熊虎之將(웅호지장) 避獐逢虎(피장봉호) ①龍虎相搏(용호상박)

부수	획수	총획
豕	7	14

호걸 호【1483】

字源 〈형성〉 멧돼지는 힘이 세고 기세가 당당하다. 늠름하여 잘 피하지 않고 저돌적으로 달려들어 부닥치기 일쑤이다. 호걸은 지혜와 용기가 뛰어나고 높은 기개와 풍모를 고루 갖춘 자다. 힘이 세고 등덜미가 높은(高←高) 멧돼지(豕)는 뛰어나게 굳세다는 뜻으로 보았으니 그 호탕한 [호걸(豪)]을 뜻하고 [호]로 읽는다.
᠍傑(뛰어날 걸) 宕(호탕할 탕) 俠(의기로울 협) 回毫(가는털 호)

필순

기초 【기초한자어】 익히고, 【기본→발전한자어】 다지기
豪華(호화) 사치스럽고 화려함
豪族(호족) 지방에서 재산이 많고 세력이 강한 집안
豪雨(호우) 줄기차게 많이 오는 비
• 여름이 되면 豪雨가 내려 지루한 날을 보내기도 했다.
• 한때 豪族들은 매우 豪華로운 생활을 하였다 한다.

기본 ③Ⅱ豪傑(호걸) 豪放(호방) 豪言(호언) 豪雨(호우) 豪族(호족) 豪快(호쾌) 豪華(호화) 強豪(강호) 文豪(문호) 富豪(부호) 土豪(토호)

발전 ②豪膽(호담) ②Ⅱ豪彊(호강) ①豪爽(호상) 豪豬(호저)

豪擅(호천) 豪宕(호탕)
사자성어 ③Ⅱ英雄豪傑(영웅호걸) ②Ⅱ豪華燦爛(호화찬란)

부수	획수	총획
心	8	12

미혹할 혹【1484】

字源 〈형성〉 시원스럽게 눈으로 확인하지 않으면 늘 미심쩍게 생각하는 경우가 썩 많았다. 더욱 헷갈리어 의혹된 생각이 들기 때문이다. 마음을 바로 잡지 못해 힘겹게 흐려지도록 홀렸다. 괴이할 정도로 의심난(或) 생각이 마음(心) 한 구석을 꽉 채워서 정신을 어지럽게 했으니 [미혹하다(惑)]는 뜻이고 [혹]으로 읽는다.
᠍迷(미혹할 미) 回或(혹 혹)

필순

기초 【기초한자어】 익히고, 【기본→발전한자어】 다지기
誘惑(유혹) 남을 꾀어서 정신을 어지럽게 함
迷惑(미혹) 마음이 흐려서 무엇에 홀림
惑星(혹성) 해의 둘레를 각자의 궤도에 따라서 돌아다닌 별
• 지구는 태양의 惑星에 불과하다.
• 무엇에 迷惑되었는지 誘惑에 빠진 줄도 몰랐다.

기본 ③Ⅱ惑世(혹세) 困惑(곤혹) 當惑(당혹) 不惑(불혹) 疑惑(의혹)

발전 ②惑溺(혹닉) 魅惑(매혹) 妖惑(요혹) 溺惑(익혹) 幻惑(환혹) ②Ⅱ炫惑(현혹) ①爽惑(상혹) 扇惑(선혹) 煽惑(선혹) 訝惑(아혹) 枉惑(왕혹) 眩惑(현혹) 狐惑(호혹) 惶惑(황혹) 晦惑(회혹)

부수	획수	총획
鬼	4	14

넋 혼【1485】

字源 〈형성〉 사람이 죽으면 넋이 구름타고 떠나거나 날아다닌다고 했다. 흔히 이를 넋이고 얼이며 혼이라고 하였다. 몸이 죽은 뒤에도 영원하게 존재한다고 여겼으니 말이다. 온전히 정착하지 못하고 먼 하늘나라에서 구름(云←雲)을 타고 떠다니는 죽은 사람의 오랜 영혼(鬼)으로 [넋(魂)]을 뜻하고 [혼]으로 읽는다.
᠍靈(신령 령) 魄(넋 백) 回愧(부끄러울 괴) 塊(흙덩이 괴)

필순

기초 【기초한자어】 익히고, 【기본→발전한자어】 다지기
鎭魂(진혼) 망혼을 가라앉힘
魂靈(혼령) 죽은 이의 넋

魂膽(혼담) 혼백과 간담. 넋

• 魂膽을 빼앗아 간다는 말은 '멍하니 넋이 나간 경우'일까. 잘은 모르겠다.

• 국가를 위한 민주 魂靈들의 鎭魂을 위한 음악회가 열렸다.

기본 ③Ⅱ 商魂(상혼) 靈魂(영혼) 招魂(초혼) 忠魂(충혼) 鬪魂(투혼)

발전 ②Ⅲ 蜀魂(촉혼) ① 魂魄(혼백) 冤魂(원혼) 游魂(유혼) 馳魂(치혼)

사자성어 ① 魂飛魄散(혼비백산)

忽

부수	획수	총획
心	4	8

갑자기 홀【1486】

字源 〈형성〉 앞선 사람이 상당히 멀리 가버렸다. 아직 물건을 챙기지 못한 사람이 빨리 따라가려고 마음을 급히 서두르는 경우가 많았다. 더 이상 생각할 겨를도 없이 빠르다. 펄럭이는 깃발(勿)처럼 정신없이 여러 가지 잊었던 일들이 갑자기 생각났으니(心) [갑자기(忽)] 또는 [문득(忽)]을 뜻하고 [홀]로 읽는다.

㊅突(갑자기 돌) ㊤勿(말 물) 忿(성낼 분)

필순 ノ ク ク 勿 勿 勿 忽 忽 忽

기초 【기초한자어】 익히고, 【기본→발전한자어】 다지기
疏忽(소홀) 데면데면하고 가벼움
忽然(홀연) 문득. 느닷없이
忽待(홀대) 푸대접

• 국가를 위해 몸 바친 영혼을 기리는 행사에 절대로 疏忽해서는 안 된다.

• 정책의 잘못으로 인해 하대함에 따라 忽待받았던 인물이 忽然히 하직했다.

발전 ① 閃忽(섬홀) 疎忽(소홀) 奄忽(엄홀) 粗忽(조홀) 飄忽(표홀)

洪

부수	획수	총획
水	6	9

넓을 홍【1487】

字源 〈형성〉 저수지나 큰 강은 여러 군데 줄기에서 물이 들어와 한 곳에 모인다. 많은 물이 모였기 때문에 더욱 넓게 보인 것이다. 어떤 면이나 그 바닥의 면적이 크다는 뜻이다. 여러 곳에서 흐르던 물(氵)이 한 군데(共)로 흘러 들어와서 많은 양의 물이 모였으니 미치는 범위가 [넓다(洪)]는 뜻이고 [홍]으로 읽는다.

㊅博(넓을 박) 廣(넓을 광) 浩(넓을 호) ㊤狹(좁을 협)

필순 ` ` 氵 氵 氵 沪 洪 洪 洪

기초 【기초한자어】 익히고, 【기본→발전한자어】 다지기
洪水(홍수) 비가 많이 와서 하천이 넘쳐 잠기게 된 상태
洪量(홍량) 넓은 도량. 술 따위의 많은 양. 또는 다량의 술을 의미
洪德(홍덕) 큰 덕

• 이제 우리는 남을 배려하는 洪量이 가슴 속에 깊이 스며있어야 하오.

• 洪水가 나서 범람했지만 백성들은 임금님의 洪德을 크게 기렸다.

기본 ③Ⅱ 洪範(홍범) 洪覆(홍복) 洪福(홍복) 洪城(홍성) 洪州(홍주) 洪震(홍진) ③ 洪軌(홍궤)

발전 ② 洪纖(홍섬) 洪塵(홍진) 葛洪(갈홍) ②Ⅲ 洪謨(홍모) 洪淵(홍연) ① 洪貴(홍귀) 洪濤(홍도) 洪瀾(홍란) 洪鑛(홍요)

사자성어 ②Ⅲ 洪範九疇(홍범구주)

禍

부수	획수	총획
示	9	14

재화 화 :【1488】

字源 〈형성〉 고개를 살래살래 흔들거나 입이 비뚤어지면 서로 뜻이 맞지 않는다. 신의 노여움도 사람처럼 생각했으리라. '재화'는 뜻하지 않는 재앙(災殃)과 화난(禍難)을 아울러서 이르는 말이다. 잘못으로 인하여 마침내 신(示)의 노여움을 사서 그만 입이 비뚤어졌다고 했던(咼) [재화(禍)]를 뜻하고 [화]로 읽는다.

㊅災(재앙 재) 殃(재앙 앙) 厄(액 액) 凶(흉할 흉) ㊤吉(길할 길) 福(복 복) ㊤過(지날 과)

필순 二 亍 示 示 利 禍 禍 禍 禍 禍

기초 【기초한자어】 익히고, 【기본→발전한자어】 다지기
慘禍(참화) 참혹한 재화. 비참하고 끔찍한 재난이나 변고를 의미
災禍(재화) 재앙과 화난
禍福(화복) 재앙과 복

• 하늘은 뜻이 있는 지역에는 절대 災禍를 주지 않는다.

• 慘禍를 보고도 禍福을 주시는 신의 존재를 부인할 수가 있겠는가?

기본 ③Ⅱ 禍根(화근) 禍因(화인) 士禍(사화) 舌禍(설화) 輪禍(윤화) 戰禍(전화) 筆禍(필화) 黃禍(황화) ③ 殃禍(앙화)

발전 ② 禍胎(화태) 禍酷(화혹) 賈禍(고화) ① 禍譴(화견) 禍潰(화궤) 嗇禍(색화) 釀禍(양화) 嬰禍(영화)

사자성어 ③Ⅱ 吉凶禍福(길흉화복) 轉禍爲福(전화위복)

換

부수	획수	총획
手	9	12

바꿀 환 : 【1489】

字源 〈형성〉 물물교환이 성하던 시대에 쌀과 포목은 맞바꾸는 기준이었다. 쌀과 포목의 어느 일정한 양을 물물교환의 기준으로 삼았던 것이다. '바꾸다'는 어떤 물건을 교환하여 대신 자기가 가지는 행위이다. 손(扌) 안에 들고 있던 두께가 작은 포목과 큰(奐) 뭉치로 싼 쌀을 서로 [바꾸다(換)]는 뜻이고 [환]으로 읽는다.
图替(바꿀 체)

필순 一 十 扌 扩 扩 拘 拘 换 换 换

기초 【기초한자어】 익히고, 【기본→발전한자어】 다지기
轉換(전환) 사물의 방침, 성질, 경향 등이 이리저리 바뀜
換言(환언) 먼저 한 말의 표현을 바꾸어서 쉽게 말함
換算(환산) 어떤 단위를 다른 단위로 고치어 셈침
• 재산을 돈으로 換算하기보다는 사회기여도를 생각해야지.
• 자네의 주식 轉換에 대해 換言하여 쉽게 설명해 보시게.

기본 ③Ⅱ 換氣(환기) 換買(환매) 換物(환물) 換拂(환불) 換率(환율) 換錢(환전) 換票(환표) 交換(교환) 變換(변환) 外換(외환) 置換(치환) 換去來(환거래) 換節期(환절기) 郵便換(우편환) ③互換(호환)

발전 28兌換(태환) ①畔換(반환) 悛換(전환)

사자성어 ②換骨奪胎(환골탈태)

還

부수	획수	총획
辶	13	17

돌아올 환 【1490】

字源 〈형성〉 사람이 새로운 사실을 깨달으면 깜짝 놀라는 경우가 있다. 놀라면 검은 눈동자가 좌우로 흔들리고 평소보다 흰자위가 많아 보인다. 어느 목적지에 갔다가 다시 오는 상태가 된다. 깜짝 놀란 나머지 눈동자가 휘둥그렸다가(睘) 본래의 위치에 다시 온다 했으니(辶) [돌아오다(還)]는 뜻이고 [환]으로 읽는다.
图回(돌아올 회) 歸(돌아갈 귀) 回環(고리 환)

필순 罒 罒 罒 罒 罖 睘 睘 睘 還 還

기초 【기초한자어】 익히고, 【기본→발전한자어】 다지기
償還(상환) 대상으로 돌려 줌. 빚 또는 공채를 갚음
返還(반환) 도로 돌려 줌
還元(환원) 본디의 상태로 되돌리는 일

• 대기업 회장이 자산의 재산을 사회에 還元했다.
• 대출 받은 돈도 償還했고 사채도 返還하니 마음이 홀가분하였다고 한다.

기본 ③Ⅱ 還甲(환갑) 還國(환국) 還給(환급) 還都(환도) 還流(환류) 還滅(환멸) 還付(환부) 還拂(환불) 還生(환생) 還屬(환속) 還俗(환속) 還送(환송) 還收(환수) 還玉(환옥) 歸還(귀환) 盤還(반환) 生還(생환) 送還(송환) 奪還(탈환) ③召還(소환)

발전 ②撤還(철환) 28牟還(모환) ①還駕(환가) 還耗(환모) 還臂(환비) 還巢(환소) 還蕩(환탕) 凱還(개환) 坊還(방환) 贖還(속환) 戾還(여환) 宥還(유환) 逋還(포환)

사자성어 ③Ⅱ 錦衣還鄕(금의환향)

皇

부수	획수	총획
白	4	9

임금 황 【1191】

字源 〈회의〉 임금보다 한 등급 높은 어른을 '황제'라고 불렀다. '천자'나 '상제'는 중국에서 부르던 임금의 호칭이었다. 군주 국가에서 나라를 다스리는 우두머리라는 임금의 호칭이다. 임금(王)보다 웃어른이 위엄있게 왕관(白)을 쓰고 앉아있으니 만천하의 지존이었다고 했으니 [황제(皇)]로 [임금(皇)]을 뜻하고 [황]으로 읽는다.
图王(임금 왕) 帝(임금 제) 君(임금 군) 回臣(신하 신) 民(백성 민)

필순 ノ 亻 自 白 白 皇 皇 皇 皇

기초 【기초한자어】 익히고, 【기본→발전한자어】 다지기
皇帝(황제) 제국 군주의 존칭
敎皇(교황) 천주교의 최고 지배자
皇妃(황비) 황제의 아내
• 天主敎의 最高 지도자를 敎皇이라고 부른다.
• 결코 皇帝와 皇妃가 행복한 것은 아니었다.

기본 ③Ⅱ 皇考(황고) 皇國(황국) 皇宮(황궁) 皇女(황녀) 皇室(황실) 皇恩(황은) 皇族(황족) 三皇(삼황) 聖皇(성황) 張皇(장황) 倉皇(창황)

발전 28皇讚(황모) 皇胤(황윤) 皇祚(황조) 皇祜(황호) 皇后(황후) 皇甫仁(황보인) 皇太后(황태후) 芬皇寺(분황사) 秦始皇(진시황) ①皇衢(황구) 皇穹(황궁) 皇妣(황비) 皇邸(황저) 皇冑(황주)

사자성어 ③Ⅱ 三皇五帝(삼황오제) 28皇天后土(황천후토)

荒

부수	획수	총획
艹	6	10

거칠 황 【1492】

3급Ⅱ

字源 〈형성〉 가뭄이 들면 땅이 마르고 온갖 생물이 살기 어려운 지경에 처한다. 가뭄이 더욱 심하면 풀이 말라들어 죽는 경우가 허다하게 많았다. 온 대지는 황폐하고 깡마른 아우성 소리가 들리는 듯하다. 심히 가뭄 들어 냇물(川)이 바짝 마르고 풀(艹)이 죽어서(亡) 황폐해지니 [거칠다(荒)]는 뜻이고 [황]으로 읽는다.
동 蕪(거칠 무) 廢(폐할 폐) 비 流(흐를 류)

필순 一 十 艹 艹 艹 芒 芒 芒 荒 荒

기초 【기초한자어】 익히고, 【기본 → 발전한자어】 다지기
荒野(황야) 거친 들판
荒廢化(황폐화) 황폐하게 됨
荒蕪地(황무지) 거친 땅
• 이제는 거친 논과 밭만이 있어 荒蕪地로 변했다.
• 荒野와 荒蕪地는 같은 뜻의 말이겠다.

기본 ③I 荒年(황년) 荒唐(황당) 荒凉(황량) 荒城(황성) 荒淫(황음) 荒廢(황폐) 荒土(황토) 虛荒(허황) 凶荒(흉황)
③ 荒誕(황탄)

발전 ② 荒僻(황벽) ②8 荒疇(황주) ① 荒憬(황경) 荒饉(황근) 荒蓼(황료) 荒籬(황리) 荒昧(황매) 荒蕪(황무) 荒祠(황사) 荒穢(황예) 荒柵(황책) 荒冢(황총) 荒慝(황특) 荒幣(황폐) 荒遐(황하) 墾荒(간황) 蕪荒(무황) 遐荒(하황)

부수	획수	총획
心	7	10

뉘우칠 회 : 【1493】

字源 〈형성〉 스스로 깨달아 반성하는 마음을 갖는 뉘우침이 앞선다. 심한 욕심이 큰 화를 부르기도 한다. 탐욕스러운 생각으로 후회하고 공익을 위해서 애쓰는 사람들도 종종 만난다. 어떤 물건을 보고 욕심(每)을 많이 냈으나 결국 후회하면서 거리끼는 마음(忄)이 생겨났으니 [뉘우치다(悔)]는 뜻이고 [회]로 읽는다.
동 恨(한 한) 비 海(바다 해) 侮(업신여길 모)

필순 ` ` 忄 忄 忙 忙 悔 悔 悔 悔

기초 【기초한자어】 익히고, 【기본 → 발전한자어】 다지기
後悔(후회) 일이 지난 뒤에 잘못을 깨치고 뉘우침
悔恨(회한) 뉘우치고 한탄함
悔心(회심) 잘못을 뉘우치는 마음
• 지난날의 깊은 생각으로 悔心에 젖는다.
• 後悔하며 悔恨에 마음 아파할 일을 왜 하였는가?

기본 ③I 悔改(회개) 悔悟(회오) 感悔(감회) 收悔(수회)
발전 ② 憾悔(감회) ① 悔吝(회린) 悔懊(회오) 懊悔(오회) 懺悔(참회)

사자성어 ③I 後悔莫及(후회막급) ②8 亢龍有悔(항룡유회)

부수	획수	총획
心	16	19

품을 회 【1494】

字源 〈형성〉 갖고 싶었던 물건을 찾으면 가슴에 꼭 품듯이, 청운의 큰 뜻을 가슴에 품고 열심히 공부하는 사람도 특히 많았다. 귀한 물건을 품속이나 가슴에 대어 꼬옥 껴안는다. 물건을 가슴에 꼭 품듯이(褒) 두 눈을 지긋하게 감으면서 커다란 의지를 마음(忄) 속에 간직했으니 [품다(懷)]는 뜻이고 [회]로 읽는다.
동 抱(안을 포) 孕(아이밸 잉) 비 壞(무너질 괴) 壤(흙덩이 양) 회 懐

필순 ` ` 忄 忄 忄 忄 忄 忄 忄 忄 懷 懷

기초 【기초한자어】 익히고, 【기본 → 발전한자어】 다지기
懷抱(회포) 마음속에 품은 생각
懷疑(회의) 마음속에 품은 의심
懷柔(회유) 어루만지어 달램
• 고집 센 아이에게는 懷柔도 효과가 없다.
• 친구와 懷抱를 풀다보니 懷疑도 자연스레 풀렸다.

기본 ③I 懷古(회고) 感懷(감회) 所懷(소회) 述懷(술회) 下懷(하회) ③ 暢懷(창회)

발전 ② 懷妊(회임) 懷輯(회집) 懷胎(회태) 款懷(관회) 塵懷(진회) 衷懷(충회) ②8 懷瑾(회근) 舒懷(서회) ① 懷襟(회금) 懷緬(회면) 懷撫(회무) 懷繃(회붕) 懷孕(회잉) 懷夾(회협) 曠懷(광회) 襟懷(금회) 悶懷(민회) 鄙懷(비회) 坦懷(탄회) 披懷(피회)

부수	획수	총획
刀	12	14

그을 획 【1495】

字源 〈형성〉 경지 정리를 해놓으면 경계 없는 대지가 되지만 원 주인의 소유량을 측량하여 경계 지어 이를 나누어 주어야 한다. 일정한 방향으로 쭉 경계를 그어 자기 소유로 한 것이다. 논밭에 경계를 계속 그어서(畫) 농사짓기에 아주 적당한 넓이로 나누고(刂) 반듯하게 갈라 [긋다(劃)]는 뜻이고 [획]으로 읽는다.
비 晝(낮 주) 畫(그림 화)

필순 ⁊ ⁊ ⁊ 聿 聿 書 書 書 畫 畫 劃

기초 【기초한자어】 익히고, 【기본 → 발전한자어】 다지기
計劃(계획) 앞으로 할 일의 절차, 규모, 내용, 기한 등을 미리 작성함
劃一(획일) 똑 골라서 한결 같음
劃期的(획기적) 새로운 기원이나 시기를 열어 놓을

만큼 두드러진 것
• 이렇게 劃一的인 일은 하지 않는 것이 좋겠구나.
• 計劃들 중에 劃期的인 것이 있어 관심이 간다.

기본 ③Ⅰ劃期(획기) 劃數(획수) 劃定(획정) 劃策(획책) 區劃(구획) 企劃(기획) 劃一的(획일적)

발전 ② 碩劃(석획)

	부수	획수	총획
獲	犬	14	17

얻을 획【1496】

字源 〈형성〉 사냥 나갈 때 개를 데리고 간 경우가 많았다. 총으로 짐승을 쏘아 떨어뜨리면 개가 찾아서 물어왔던 것이다. 주었던 물건을 받거나 다시 구하여 찾아서 가지다는 뜻이다. 사냥할 때 개(犭)를 데리고 가서 활을 쏘아 명중하여 땅에 떨어진 새(隹)를 손(又)으로 붙잡아 [얻다(獲)]는 뜻이고 [획]으로 읽는다.
周得(얻을 득) 回失(잃을 실) 回護(도울 호) 穫(거둘 확)

필순 犭 犭 犭 犳 犳 犾 犾 獲 獲 獲

기초 【기초한자어】 익히고, 【기본→발전한자어】 다지기
捕獲(포획) 적병을 사로잡음
漁獲(어획) 수산물을 잡거나 뜸
濫獲(남획) 마구 잡는 것
• 현대전은 射殺하는 것보다 捕獲을 우선으로 한다네.
• 漁獲하는 데 있어 濫獲을 해서는 안 되겠네.

기본 ③Ⅰ獲得(획득) 禽獲(금획) 藏獲(장획)
발전 ②용獲麟(획린) ①拿獲(나획) 虜獲(노획) 搏獲(박획)

	부수	획수	총획
橫	木	12	16

가로 횡【1497】

字源 〈형성〉 대문 빗장은 여러 사람의 손이 닿기 때문에 누런 빛깔을 띤다. 가로로 질러진 빗장이 대문을 말없이 지키고 있는 모양새다. 좌우로 된 방향이나 그 길이를 뜻하는 것은 아닐까. 나무(木)로 만들어 누런(黃) 염료를 칠한 빗장을 집 안 대문에 비끼어서 옆으로 내질렀으니 [가로(橫)]를 뜻하고 [횡]으로 읽는다.
回縱(세로 종) 豎(세울 수) 黃(누를 황) 擴(넓힐 확)

필순 木 木 杧 栟 桙 桡 椣 椣 橫 橫

기초 【기초한자어】 익히고, 【기본→발전한자어】 다지기
橫暴(횡포) 제멋대로 굴며 난폭함
橫財(횡재) 노력을 들이지 않고 뜻밖에 재물을 얻음
橫死(횡사) 뜻밖의 재앙에 걸리어 죽음

• 뜻밖에 생기는 이 돈은 바로 橫財가 틀림없지.
• 그들의 橫暴에 橫死한 사람까지 많이 생겼다.

기본 ③Ⅰ橫斷(횡단) 橫帶(횡대) 橫隊(횡대) 橫列(횡렬) 橫領(횡령) 橫流(횡류) 橫步(횡보) 橫書(횡서) 橫線(횡선) 橫數(횡수) 橫材(횡재) 橫災(횡재) 橫的(횡적) 橫行(횡행) 專橫(전횡) 縱橫(종횡) ③橫厄(횡액)

발전 ②橫虐(횡학) 橫隔膜(횡격막) 용橫柯(횡가) ①橫廓(횡곽) 橫領(횡령) 橫夭(횡요) 橫睛(횡정) 橫檻(횡함)

사자성어 ③Ⅰ橫斷步道(횡단보도) 縱橫無盡(종횡무진)

	부수	획수	총획
胸	肉	6	10

가슴 흉【1498】

字源 〈회의〉 들이마신 숨은 허파를 통해서 몸에 전달된다. 허파는 갈비뼈로 둘러 싸여 있어서 몸의 중요한 부분이라 한다. 가슴은 신체의 어깨로부터 시작해 명치에 이르는 중요 부분이다. 사람 몸(月)에 허파(匈)를 에워싸고(勹) 있는 신체에서 가장 중요하게 생각한 부분으로 [가슴(胸)]을 뜻하고 [흉]으로 읽는다.
周膈(가슴 격) 襟(옷깃 금) 臆(가슴 억) 回背(등 배)

필순 丿 丿 冂 冃 胄 胊 胊 胸 胸 胸

기초 【기초한자어】 익히고, 【기본→발전한자어】 다지기
胸像(흉상) 인체의 머리에서 가슴까지의 모습을 나타낸 조각이나 그림
胸算(흉산) 마음속으로 치르는 셈
胸部(흉부) 가슴 부분
• 마음속으로 치르는 셈을 흔히 胸算이라고 말했다.
• 胸部 이상만 조각한 胸像이 오히려 저 도서관에는 잘 어울리겠다.

기본 ③Ⅰ胸背(흉배) 胸圍(흉위) 胸中(흉중)
발전 ①胸膈(흉격) 胸襟(흉금)
사자성어 ②용胸中鱗甲(흉중인갑)

	부수	획수	총획
稀	禾	7	12

드물 희【1499】

字源 〈형성〉 한 톨이라도 더 생산하려고 희망을 갖고 씨를 뿌린다. 날씨가 고르지 못하여 곡식이 매우 성글기도 하다. 가뭄에 곡식이 잘 자라지 못한다. 유의어는 '희소(稀少)하다, 없다' 등이 있다. 씨를 뿌렸으나 바라는(希) 만큼 충분하게 벼(禾)를 수확 못했으니 풍년 들기가 어려워 [드물다(稀)]는 뜻이고 [희]로 읽는다.
周薄(엷을 박) 貴(귀할 귀) 少(적을 소) 回密(빽빽할 밀) 回希(바랄 희)

필순 一 二 千 禾 禾 禾` 禾` 秖 秖 稀 稀

기초 【기초한자어】 익히고, 【기본 → 발전한자어】 다지기
稀釋(희석) 몹시 묽게 섞어 타거나 품
稀薄(희박) 기체, 액체 따위의 농도나 밀도가 엷거나 낮음
古來稀(고래희) 예로부터 드묾
• 人生이 七十까지 사는 일은 많이 드물다 해서 古來稀가 나왔다고 한다.
• 공기나 물이 稀薄하거나 稀釋되면 문제가 생긴다.

기본 ③Ⅱ 稀貴(희귀) 稀年(희년) 稀代(희대) 稀微(희미) 稀姓(희성) 稀世(희세) 稀少(희소) 稀壽(희수) 稀有(희유) 古稀(고희)

발전 ② 稀酸(희산) ① 稀罕(희한) 稀闊(희활)

사자성어 ③Ⅱ 稀少價値(희소가치)

부수	획수	총획
戈	13	17

놀이 희 【1500】

字源 〈형성〉 제사 지낼 때에 무사나 무당들이 잡귀와 익살을 떨며 희롱을 한다. 마치 한바탕 축제가 펼쳐진 듯했다. 여러 사람이 함께 모여 즐겁게 놂을 뜻하는 놀이였음은 아닐까? 높은 제전(豆)에서 얼굴에 범(虍)의 탈을 쓰고 손에는 예리한 창(戈)을 들이대면서 [희롱하다(戲)] 혹은 [놀이(戲)]를 뜻하고 [희]로 읽는다.
⑤遊(놀 유) 謔(희롱할 학) ⑪獻(드릴 헌) ⑩戏

필순 卜 ㅏ 广 卢 卢 虍 虘 虘 虚 戲 戲

기초 【기초한자어】 익히고, 【기본 → 발전한자어】 다지기
遊戲(유희) 슬겁게 놀녀 상난함. 또는 그런 행위
戲畫(희화) 실없이 장난삼아 그린 그림
戲弄(희롱) 말이나 행동으로 실없이 놀리는 짓
• 그림을 배울 때 戲畫도 그리면서 즐겼다 한다.
• 遊戲를 즐기는 것은 좋으나 戲弄을 하면 안 된다.

기본 ③Ⅱ 戲曲(희곡) 戲劇(희극) 戲笑(희소) 戲筆(희필) 角戲(각희) ③ 於戲(어희)

발전 ② 闕戲(궐희) 魔戲(마희) 沮戲(저희) 呈戲(정희) ②⑧ 鞠戲(국희) ① 戲謔(희학) 嬉戲(희희) 伎戲(기희) 扮戲(분희) 紙戲(저희)

한자능력검정시험
자원대사전

3급

[1501~1817]

顧 糾 塗 零 侮 叛 賓 昔 孰 厄 嗚 達 爵 贈 隸 誕 旱 昏

枯 軌 叫 峇 冥 泊 崩 朋 誓 逝 雖 殃 吾 緯 茲 遵 替 濯 四 毫

繫 厥 乃 奈 廉 獵 埋 崩 朋 誓 逝 雖 殃 吾 緯 兹 遵 互

癸 厥 乃 奈 劣 廉 冥 泊 伴 崩 誓 逝 雖 殃 乎

竟 龜 驅 飢 那 憐 茫 泊 蜜 赴 墳 崩 誓 逝 暑 誰 謁 押 銳 傲 云 恣 俊 妾 托 飽 螢 分

庚 乃 驅 苟 豈 飢 那 憐 忙 憫 敏 蜜 赴 墳 崩 輝

遣 狗 欺 豈 濫 掠 諒 忘 迷 憫 敏 蜜 赴 墳 誓 誰 雁 詠 詠 尤 恣 舟 妾 抱 亨 攜

卿 懼 苟 豈 飢 憐 忙 迷 憫 敏 赴 墳 庶 搜 睡 岳 閱 庸 而 拙 尖 添 墮 蔽 嫌 毀

肩 狗 欺 騰 慢 漫 眉 屏 泣 嘗 祥 庶 搜 睡 餓 興 遙 腰 搖 凝 蝶 訂 堤 慘 醜 頗 販 軒 絃 曉 侯

絹 俱 棄 鈍 梨 霧 眉 屏 立 卜 蜂 赴 誰 謁 詠 于 姻 寅 佐 晴 濁 漂 分

牽 乞 皆 慨 渴 姦 却

坤 郭 掛 塊 愧 矯 郊 俱 懼 狗 苟 驅 龜 厥 軌 叫 糾

僅 斤 謹 肯 幾 忌 棄 欺 豈 飢 那 乃 奈 劣 廉 峇 塗

挑 稻 跳 篤 敦 豚 屯 鈍 騰 濫 掠 諒 憐 茫 埋 冥 零

隸 鹿 了 僚 屢 淚 梨 隣 慢 漫 忘 迷 泊 蜜 伴 崩 侮

冒 募 暮 某 卯 廟 苗 戊 霧 眉 迷 憫 敏 赴 墳 朋 叛

返 倣 傍 似 邦 杯 煩 翻 辨 屏 立 卜 蜂 墳 崩 誓 賓

頻 聘 似 已 召 昭 斯 詐 賜 朔 嘗 祥 庶 搜 誰 逝 昔

析 攝 涉 脣 戌 矢 蔬 騷 晨 辛 尋 囚 雁 岳 謁 雖 孰

循 殉 耶 躍 楊 於 焉 予 余 汝 興 閱 詠 泳 押 殃 厄

也 污 惟 擁 臥 日 吟 泣 搖 腰 遙 庸 于 詠 銳 吾 嗚

娛 唯 惟 愈 酉 閏 滴 竊 且 捉 凝 宜 矢 夷 而 傲 緯 達

酌 只 墙 哉 宰 懲 燭 把 播 罷 抽 醜 頗 弔 燥 拙 恣 茲 爵

遞 遲 姪 秒 把 亥 巷 鴻 禾 擴 奚 穫 丸 曉 侯 毀 攜

貪 咸 弘

부수	획수	총획
卩	5	7

물리칠 각【1501】

字源 〈형성〉 웃어른께 예절에 관한 말씀을 듣는 때가 있다. 어른 앞에서 뒤로 물러날 때는 무릎을 구부리고 뒷걸음쳐 나갔다. '물리치다'는 적을 쳐서 물러가게 하거나 어려운 일을 치워 없애거나 벗어났던 것이다. 무릎(卩)을 구부려 뒷걸음쳐 물러나듯이(去) 적을 격퇴했으니 [물리치다(却)]는 뜻이고 [각]으로 읽는다.
圖退(물러날 퇴) 回劫(위협할 겁) 怯(겁낼 겁) 脚(다리 각)

필순 一 十 士 去 去 去 却

기초 【기초한자어】 익히고, 【기본→발전한자어】 다지기
却下(각하) 원서, 소송 등을 물리침
却說(각설) 화제를 돌릴 때 쓰는 말
燒却(소각) 불에 태워 없애 버림
• 법원에서는 이번 소송에 대하여 却下를 결정했다.
• 却說하고 이제 그 서류는 모두 燒却하려고 한다오.

기본 ③棄却(기각) 冷却(냉각) 忘却(망각) 賣却(매각) 沒却(몰각) 消却(소각) 退却(퇴각)
발전 ①牢却(뇌각)

부수	획수	총획
女	6	9

간음할 간【1502】

字源 〈회의〉 여자 셋이 모이면 남을 게 없다는 말이 있다. 여자는 남자에 비하여 말이 많고 간사한 행동들을 보였던 모양이다. 부부가 아닌 남녀가 은밀히 만나서 부적절한 관계를 맺는다는 뜻도 담는다. 세 명씩이나 되는 상당한 여자(女)들이 모여서 요사스럽게 떠들어대니 [간음하다(姦)]는 뜻이고 [간]으로 읽는다.
圖淫(음란할 음) 奸(간사할 간) 回妥(온당할 타) 妄(망령될 망)

필순 乚 乂 女 女 女 姦 姦 姦 姦

기초 【기초한자어】 익히고, 【기본→발전한자어】 다지기
姦言(간언) 간사한 말
強姦(강간) 강제로 간음함
姦通(간통) 남녀 사이의 불의의 밀통
• 요즈음 우리 사회에 부쩍 強姦하는 풍조가 만연하다.
• 姦言으로 꼬드겨 姦通한 죄는 천벌을 받아 마땅하다.

기본 ③姦夫(간부) 姦婦(간부) 姦所(간소) 姦臣(간신) 姦淫(간음) 姦情(간정) 輪姦(윤간) 姦生子(간생자) 姦淫犯(간음범) 姦淫罪(간음죄) 姦通罪(간통죄)

발전 ②姦虐(간학) ①姦狡(간교) 姦鋒(간봉) 姦訛(간와) 姦枉(간왕) 姦黠(간유) 姦黠(간참) 姦慝(간참) 姦詀(간첨) 姦慝(간특) 姦夾(간협) 姦挾(간협) 姦猾(간활) 姦兇(간흉) 劫姦(겁간) 慝姦(특간)

사자성어 ③近親相姦(근친상간)

부수	획수	총획
水	9	12

목마를 갈【1503】

字源 〈형성〉 땀을 많이 흘리고 일을 열심히 하다보면 목이 마른다. 많은 양의 수분이 밖으로 배출되었기 때문에 그만큼 물이 더 필요하기 때문이다. 목이 마르다는 것은 소비한 만큼 물을 먹고 싶어 하는 것이다. 말소리가 그칠(曷)만큼 물(氵←水)이 더 많이 먹고 싶었으니 [목마르다(渴)]는 뜻이고 [갈]로 읽는다.
回揭(걸 게) 謁(뵐 알)

필순 氵 氵 沪 沪 沪 渴 渴 渴 渴

기초 【기초한자어】 익히고, 【기본→발전한자어】 다지기
解渴(해갈) 목마른 기운을 약간 없앰
飢渴(기갈) 배가 고프고 목이 마름
渴症(갈증) 목이 말라 물이 먹고 싶은 느낌
• 땀을 흘린 끝에 물이 없어 飢渴을 해결하지 못했다.
• 渴症으로 인해서 꼭 죽을 것만 같았는데, 물 한 모금으로 解渴을 했다.

기본 ③渴求(갈구) 渴急(갈급) 渴望(갈망) 渴愛(갈애) 枯渴(고갈) 苦渴(고갈) 燥渴(조갈) 酒渴(주갈) 渴水期(갈수기)
발전 ②焦渴(초갈) ①渴痢(갈리) 渴悶(갈민)
사자성어 ②臨渴掘井(임갈굴정)

부수	획수	총획
心	11	14

슬퍼할 개 :【1504】

字源 〈형성〉 이미 지나간 일도 도저히 잊어버릴 수 없는 경우가 많다. 지나간 일을 늘 생각하면서 아쉽고 그리워하기 때문일 것이다. 사람은 가족이 죽은 일을 매우 슬프게 여기면서 긴 통곡을 한다. 이미(旣) 지나간 일은 차마 잊을 수가 없어서 마음(忄←心)으로 아파하니 [슬퍼하다(慨)]는 뜻이고 [개]로 읽는다.
圖嘆(탄식할 탄) 憤(분할 분) 悼(슬퍼할 도) 哀(슬플 애) 慷(슬플 강) 回喜(기쁠 희) 歡(기쁠 환) 回槪(대개 개) 旣(이미 기) 漑(물댈 개) 回慨

필순 忄 忄 忄 忄 忭 忭 忭 慨 慨 慨

기초 【기초한자어】 익히고, 【기본→발전한자어】 다지기
慨世(개세) 세상일을 염려하여 탄식함
憤慨(분개) 몹시 분하게 여김
慨嘆(개탄) 분하게 여기어 탄식함
• 그 신사는 세상을 慨世하는 마음으로 분통을 삼키면서 산다.
• 그 일로 몹시 憤慨하던 선생님께서 慨嘆의 도를 넘어서 자결했다.
발전 1 慷慨(강개) 慨慷(개강)
사자성어 3 感慨無量(감개무량) 1 悲憤慷慨(비분강개)

	부수	획수	총획
皆	白	4	9

다 개【1505】

字源 〈회의〉 어떤 일이나 6대4 혹은 7대3 정도의 비판이나 반대는 꼭 있어왔다. 국내의 여론은 절대 다수의 사람이 수긍하는 것이 진리이겠지만 민주주의는 꼭 그렇지만은 않은 경우가 많았던 모양이다. 나란히(比) 앉은 사람이 하나같이 찬성하면서 이야기(白)를 했었으니 모두인 [다(皆)]를 뜻하고 [개]로 읽는다.
동 咸(다 함) 總(다 총) 회 階(섬돌 계)

필순 〈一 匕 比 比 比 毕 毕 皆 皆〉

기초 【기초한자어】 익히고, 【기본→발전한자어】 다지기
擧皆(거개) 거의 모두. 대부분
皆兵(개병) '국민개병'의 준말
皆勤(개근) 빠짐없이 출석하거나 출근함
• 우리들은 학교에 하루도 빠짐없이 다녀서 모두가 皆勤을 했다.
• 擧皆의 나라들은 國民 皆兵土義(주의)를 채택하고 있곤 한다.
발전 1 悉皆(실개)
사자성어 1 皆旣日蝕(개기일식)

	부수	획수	총획
乞	乙	2	3

빌 걸【1506】

字源 〈가차〉 재복(財福)은 태어날 때 하늘에서 타고 난다고 했다. 조금만 노력하면 돈을 막 버는 사람들도 더러 있다. 어떤 사람은 쓰지도 못하고 하는 일마다 잘 되지 않아 가난하여 쩔쩔맨다. 어떤 사람(⺧←人)이 다른 사람에게 엎드린 모양(乙)을 하면서 굽실굽실 살아갔으니 [빌다(乞)]는 뜻이고 [걸]로 읽는다.
동 求(구할 구) 회 丐(빌 개)

필순 〈丿 丿 乞〉

기초 【기초한자어】 익히고, 【기본→발전한자어】 다지기
乞人(걸인) 거지
乞神(걸신) 염치없이 지나치게 음식을 탐내는 욕심
求乞(구걸) 남에게 돈·곡식 등을 달라고 청함
• 그들은 乞神에 들린 듯 먹어치웠다.
• 乞人들이 거리에서 求乞하는 것은 조금도 이상한 일은 아니다.
기본 3 乞求(걸구) 乞盟(걸맹) 乞命(걸명) 乞食(걸식)
사자성어 3 乞不竝行(걸불병행) 哀乞伏乞(애걸복걸)

	부수	획수	총획
牽	牛	7	11

이끌 견
끌 견【1507】

字源 〈형성〉 졸업식 노래에 '앞에서 끌어주고 뒤에서 민다'는 구절이 나온다. 졸업하는 선배들이 자기 할 일을 하면서도 후배들과 같이 하겠다는 뜻을 담고 있다. 서로가 이끌고 민다는 마음이 참 곱다. 외양간(宀)에서 자란 송아지(牛)를 줄(玄)로 묶듯이 [이끌다(牽)] 또는 밖으로 [끌다(牽)]는 뜻이고 [견]으로 읽는다.
동 引(끌 인) 提(끌 제) 挽(당길 만) 曳(끌 예) 회 推(밀 추) 회 索(찾을 색)

필순 〈一 亠 玄 玄 玄 牵 牵 牵 牽 牽〉

기초 【기초한자어】 익히고, 【기본→발전한자어】 다지기
牽制(견제) 자유롭게 행동하지 못하게 억누름
牽引(견인) 끌어당김
牽牛花(견우화) 나팔꽃
• 나팔꽃을 또 다른 말로 牽牛化라 부른다.
• 내 자리에 주차한 차량에 牽引 경고장을 붙여 외부차량을 牽制했다.
기본 3 牽絲(견사) 牽牛(견우) 拘牽(구견) 連牽(연견)
발전 1 牽羈(견기) 牽撈(견로) 牽攀(견반) 牽曳(견예) 牽纏(견전) 牽綴(견철) 纏牽(전견)
사자성어 3 牽强附會(견강부회) 牽連之親(견련지친) 牽牛織女(견우직녀)

	부수	획수	총획
絹	糸	7	13

비단 견【1508】

字源 〈형성〉 누에는 제 몸에서 실을 입으로 풀어 고치를 만들고 잠을 다 자고 나면 '번데기'가 된다. 이것이 명주실이고 비단의 재료가 된다. '비단'은 명주실로 광택이 나게 짠 피

룩을 통틀어서 이르는 말이다. 누에의 몸(月←肉) 속에서 명주실(糸)이 입(口)을 통해 줄줄 풀려 짜는 [비단(絹)]을 뜻하고 [견]으로 읽는다.

同 錦(비단 금) 紗(비단 사) 紬(명주 주) 비 組(짤 조) 終(마칠 종) 線(줄 선) 狷(성급할 견)

필순 ㄥ 幺 幺 糸 糸 絅 絅 絹 絹 絹

기초 【기초한자어】 익히고, 【기본→발전한자어】 다지기
生絹(생견) 생사로써 짠 깁
絹織物(견직물) 명주실로 짠 피륙
人造絹(인조견) 인조 견사로 짠 비단
• 요즈음 들어 人造絹을 선호하는 풍습이다.
• 生絹으로 만든 베옷으로 絹織物이 더 좋다.

기본 3 絹本(견본) 絹絲(견사) 絹織(견직)

발전 2 絹膠(견교) 絹紡(견방) 1 絹紬(견주) 賻絹(부견)

肩

부수	획수	총획
肉	4	8

어깨 견 【1509】

字源 〈회의〉 사람의 양 어깨는 대문짝처럼 쩍 벌어진다. 그래서 국가의 장래는 젊은이의 양 어깨에 달렸다는 말도 우리는 서슴없이 한다. 팔과 몸통이 이어지는 곳에서 목 아래에 이르는 위쪽 넓은 부분이 어깨다. 활짝 열려진 대문짝(戶)처럼 양 어깨가 쭉 벌어진 몸(月←肉)으로 [어깨(肩)]를 뜻하고 [견]으로 읽는다.

비 屋(집 옥)

필순 ˋ ㇇ ㇇ 户 户 肩 肩 肩

기초 【기초한자어】 익히고, 【기본→발전한자어】 다지기
比肩(비견) 낫고 못함이 없이 서로 비슷하게 함
肩骨(견골) 어깨뼈
肩章(견장) 제복 어깨에 붙인 직위, 계급의 표장
• 기골이나 肩骨이 훤칠한 사람이야말로 참다운 남자다.
• 위관의 肩章이 장군에 比肩할 바는 못 되겠지만 매우 자랑스럽다.

기본 3 肩帶(견대) 肩等(견등) 肩部(견부) 肩輿(견여) 肩次(견차) 肩把(견파) 路肩(노견) 雙肩(쌍견) 肩關節(견관절)

발전 2 併肩(병견) 1 肩輦(견련) 肩仔(견자) 鳶肩(연견) 仔肩(자견)

遣

부수	획수	총획
辶	10	14

보낼 견: 【1510】

字源 〈형성〉 잔심부름을 하는 일은 청소하기와 쓰레기 버리는 일이 으뜸이었다. 주위를 깨끗하게 했던 아름다운 풍속이다. 물건을 다른 곳에 전해지도록 하거나 일정한 목적을 위해 가게 하다는 뜻이다. 가서(辶) 물건을 내밀어(賁) 바친다는 의미가 '보내다, 파견하다'로 쓰여서 [보내다(遣)]로 쓰이고 [견]으로 읽는다.

同 送(보낼 송) 輸(보낼 수) 비 遺(남길 유) 選(가릴 선)

필순 口 中 虫 虫 串 串 冑 冑 遣 遣

기초 【기초한자어】 익히고, 【기본→발전한자어】 다지기
派遣(파견) 일정한 임무를 주어 사람을 내보냄
分遣(분견) 구성원의 일부를 떼 내어서 보냄
發遣(발견) 할 일을 맡겨서 보냄
• 자기 임무에 충실하려고 發遣하는 방법을 선택했다.
• 이제야 병력을 分遣하고 보니 지난번에 派遣했던 병사들이 매우 아쉽구나.

기본 3 遣歸(견귀) 遣唐(견당) 遣忘(견망) 自遣(자견)

발전 1 黜遣(출견)

卿

부수	획수	총획
卩	10	12

벼슬 경 【1511】

字源 〈회의〉 벼슬아치들은 땅이나 곡식으로 봉급을 받는다. 임금을 중심으로 무성할 만큼 마주 앉아 정사를 의논했던 것이다. 관청에 나가서 나랏일을 맡아 다스리는 자리나 그 일을 뜻한다. 식록(皀←皀)을 받고 여러 관리들이 서로 마주앉아(卯) 조정에서 정사를 의논했으니 [벼슬(卿)]을 뜻하고 [경]으로 읽는다.

同 官(벼슬 관) 爵(벼슬 작) 尉(벼슬 위) 尹(성씨/벼슬 윤)
비 鄕(시골 향)

필순 ㇆ 乡 乡 𠂔 卯 卯 卯 卿 卿 卿

기초 【기초한자어】 익히고, 【기본→발전한자어】 다지기
上卿(상경) 조선시대 정1품과 종1품의 판서
九卿(구경) 육조판서, 좌우참찬, 한성 판윤
卿相(경상) 재상
• 九卿은 조선시대에 삼정승에 다음 가는 아홉 자리의 고관직이다.
• 모든 卿相들 중에는 반드시 上卿감이 있기 마련이다.

기본 3 卿輩(경배) 公卿(공경)

발전 2名 卿輔(경보) 卿尹(경윤)

사자성어 3 卿士大夫(경사대부) 公卿大夫(공경대부)

庚

부수	획수	총획
广	5	8

별 경 【1512】

3급

字源 〈회의〉 낱알 곡식을 절구통에 넣고 절구 공이로 찧어서 먹었다. 조금 더 방아를 찧어야 할 경우에는 식구들이 돌아가면서 디딜방아로 방아를 찧거나 명절이면 떡방아도 찧어 먹었다. 집(广)에서 절굿공이(扌←午)로 껍질을 벗겨 찧은 [곡식]이란 뜻이었으나, 의미가 전이되어 [별(庚)]을 뜻하고 [경]으로 읽는다.
图星(별 성) 回慶(경사 경) 康(편안 강)

필순 `丶一广户户庐庚庚`

기초 【기초한자어】 익히고, 【기본→발전한자어】 다지기
長庚(장경) 태백성
庚方(경방) 24방위의 하나
庚癸(경계) 군중에서 양식을 빌리는 것을 이름
• 군대의 은어로 庚癸라는 말을 자주 사용했었다.
• 庚方쪽으로 長庚이 빛나고 있다.

기본 ③ 庚伏(경복) 庚熱(경열) 庚炎(경염) 庚辰(경진) 同庚(동경)

바 짐작에 의한 목측법이었던 것이다. 발걸음(癶)을 활(天←矢)로 바르게 헤아렸으니 [북방(癸)] 또는 [천간(癸)]을 뜻하고 [계]로 읽는다.
回發(필 발) 揆(헤아릴 규)

필순 `フ ㄱ ㄍ ㄍ 癶 癶 癶 癸 癸`

기초 【기초한자어】 익히고, 【기본→발전한자어】 다지기
癸時(계시) 이십 사시의 둘째 시
癸方(계방) 정북에서 동으로 15도 되는 쪽
癸未字(계미자) 조선 태종(1403) 때 만든 구리 활자
• 조선 태종 때 구리 화자인 癸未字를 만들어 썼다는구나.
• 오늘 癸時에 癸方쪽으로 가면 吉(길)한 일이 있을 것이네.

기본 ③ 癸未(계미) 癸水(계수) 癸坐(계좌) 癸丑(계축) 庚癸(경계)

사자성어 ③ 癸丑日記(계축일기)

부수	획수	총획
立	6	11

마침내 경:【1513】

字源 〈회의〉 심청전이나 박연폭포 등의 정가(正歌)를 창으로 할 때 가사의 한 소절 곡은 길다. 소나타 같은 음악도 연극의 시간이 꽤 긴 경우가 많다. '마침내는 드디어 마지막에 이르러서의 의미라고 한다. 사람(儿←人)들이 목청껏 소리(音)내어 노래나 창을 하다가 마쳤으니 [마침내(竟)]를 뜻하고 [경]으로 읽는다.
图畢(마칠 필) 回意(뜻 의) 境(지경 경) 鏡(거울 경)

필순 `一一一一立产音音音音竟`

기초 【기초한자어】 익히고, 【기본→발전한자어】 다지기
畢竟(필경) 결국에는. 그예
究竟(구경) 가장 지극한 깨달음
竟夜(경야) 내쳐 밤을 새움
• 나쁜 짓을 하면 畢竟에는 법의 심판을 받는다.
• 그 일로 竟夜하더니만 畢竟에는 드러눕고 말았다.

사자성어 ③ 有志竟成(유지경성)

부수	획수	총획
癶	4	9

북방 계:
천간 계:【1514】

字源 〈상형〉 어림짐작에 의해서 길이를 잴 때 발걸음이나 화살로 헤아려 재는 경우가 많았다. 그것도 믿을 수가 없으면 아예 눈짐작에 따라 대충 길이를 측정하기도 했다. 이른

부수	획수	총획
糸	13	19

맬 계:【1515】

字源 〈형성〉 이사를 하거나 물건을 다른 곳으로 옮길 때 노끈이나 새끼로 단단하게 묶어 맨다. 헐거워져서 물건이 빠지지 않도록 단단하게 맸던 것이다. 특히 수레로 물건을 옮길 때는 더했다. 두 개 이상 물건을 끈(糸)으로 묶어서 잘 만들어(穀) 서로가 엉켜가면서 단단하도록 [매다(繫)]는 뜻이고 [계]로 읽는다.
图縛(묶을 박) 回解(풀 해) 擊(칠 격) 繋

필순 `一一一車車車鼓鼓鼓鼓繫`

기초 【기초한자어】 익히고, 【기본→발전한자어】 다지기
拘繫(구계) 붙잡아 매어 둠
繫留(계류) 밧줄 등으로 붙잡아 매놓음
連繫(연계) 이어서 맴
• 붙잡아 매어 두는 행위를 拘繫라고 했다는구나.
• 태풍이 불어오면 배들을 連繫하여 繫留토록 한다.

기본 ③ 繫留(계류) 繫馬(계마) 繫船(계선) 繫獄(계옥) 捕繫(포계)

발전 ① 繫羈(계기) 繫爪(계조) 襪繫(말계) 冤繫(원계) 踵繫(종계) 劾繫(핵계)

사자성어 ③ 繫風捕影(계풍포영)

부수	획수	총획
木	5	9

마를 고【1516】

字源 〈회의〉 왕성하게 자라는 나무나 식물은 잎과 열매도 풍성하게 맺는다. 그렇지만 나이가 오래되면 성장이 멈추고 점점 시들다가 말라서 죽는 것이 상례이다. 이른바 생로병사라는 원리 그대로 말한다. 나무(木)가 오래되면(古) 일단 성장이 멈추고 그만 시들어서 죽어가니 [마르다(枯)]는 뜻이고 [고]로 읽는다.

圖 燥(마를 조) 乾(하늘/마를 건) 渴(목마를 갈) 萎(시들 위) 凋(시들 조) 回 榮(영화 영) 回 姑(시어머니 고) 故(연고 고)

필순   一 十 才 木 朾 朾 朾 枯 枯

기초 【기초한자어】 익히고, 【기본→발전한자어】 다지기
枯死(고사) 나무나 풀이 시들어 죽음
枯木(고목) 마른 나무. 말라죽은 나무
枯渴(고갈) 물이 말라 없어짐
• 오래되거나 말라 죽는 나무를 枯木이라고 한다.
• 저수지 물이 枯渴되면서 벼가 枯死 지경에 이르렀다.

기본 ③ 枯骨(고골) 枯葉(고엽)

발전 ② 拉枯(납고) 28 枯柴(고시) ① 枯籬(고리) 枯鱗(고린) 枯瘦(고수) 枯萎(고위) 枯凋(고조) 枯桎(고질) 枯荓(고평) 枯朽(고후) 凋枯(조고)

사자성어 ③ 榮枯盛衰(영고성쇠)

顧

부수	획수	총획
頁	12	21

돌아볼 고 【1517】

字源 〈형성〉 비록 지금은 날품팔이를 하고 있지만 지난날의 추억과 꿈은 크고 많았다. 고달픈 오늘의 노동이지만 그래서 아름다운 과거는 늘 즐겁기만 했던 것이다. 지난날의 아름다운 추억들도 더듬어 본다. 품팔이꾼(雇)이 머리(頁)를 숙이면서 지난날의 추억을 더듬으면서 [돌아보다(顧)]는 뜻이고 [고]로 읽는다.

圖 回(돌아올 회) 眄(곁눈질할 면) 回 雇(품팔 고)

필순 尸 尸 尸 戽 雇 雇 雇 顧 顧 顧

기초 【기초한자어】 익히고, 【기본→발전한자어】 다지기
回顧(회고) 지나간 일을 돌이켜 생각함
顧慮(고려) 다시 돌이켜 헤아림
顧問(고문) 자문에 응하여 의견, 조언을 하는 직책
• 이제 우리들이 하는 일을 신중하게 顧慮할 때가 되었다.
• 정년퇴임하는 김 顧問님의 回顧의 말씀에 모두 숙연해졌다.

기본 ③ 顧客(고객) 一顧(일고)

발전 ② 顧托(고탁) 廻顧(회고) 顧棟高(고동고) 28 瞻顧(첨고) ① 顧眄(고면) 顧眺(고조) 狼顧(낭고) 枉顧(왕고)

사자성어 ③ 四顧無親(사고무친) 28 三顧草廬(삼고초려) ① 左雇

右眄(좌고우면)

坤

부수	획수	총획
土	5	8

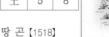

땅 곤 【1518】

字源 〈회의〉 땅은 물이 있는 곳을 제외한 지구의 겉면이다. 자라나는 식물도 활동하고 있는 동물들도 잘 크게 해주는 중요한 역할을 한다. 물론 사람도 땅에서 살면서 맑은 공기를 마시면서 건강하게 지낸다. 토지(土) 위에서 모든 생물을 쑥쑥 자라게(申) 해주는 커다란 대지로서 [땅(坤)]을 뜻하고 [곤]으로 읽는다.

圖 地(땅 지) 回 乾(하늘 건) 天(하늘 천) 回 伸(펼 신) 申(납 신)

필순 一 十 土 圡 圫 圫 坤 坤

기초 【기초한자어】 익히고, 【기본→발전한자어】 다지기
乾坤(건곤) 하늘과 땅을 상징적으로 일컫는 말
坤殿(곤전) 왕비
坤宮(곤궁) 황후 또는 그 처소
• 하늘과 땅을 아울러 일컬어 乾坤이라 한다.
• 坤殿이 거처하는 坤宮은 무척 화려하기만 하다.

기본 ③ 坤方(곤방)

발전 ① 坤卦(곤괘) 28 坤后(곤후) ② 坤軸(곤축)

사자성어 ① 乾坤一擲(건곤일척)

郭

부수	획수	총획
邑	8	11

둘레 곽
외성 곽 【1519】

字源 〈형성〉 외적 무리의 침략을 미리 방지하기 위해서 높은 성을 쌓았다. 성 밖에 또 한 겹의 외성을 쌓았으니 매우 튼튼하다. 성 밖에 겹으로 둘러쌓은 성으로 제주도 삼별초 항파두리 외성까지 생각하게 한다. 고을(阝←邑)의 안녕을 누리기(享) 위해서 성 밖에 높이 쌓았던 [외성(郭)]을 뜻하고 [곽]으로 읽는다.

回 孰(누구 숙) 熟(익을 숙) 敦(도타울 돈)

필순 一 亠 古 古 亨 亨 享 享 郭 郭

기초 【기초한자어】 익히고, 【기본→발전한자어】 다지기
輪郭(윤곽) 일이나 사건의 대체적인 줄거리
城郭(성곽) 내성과 외성을 아울러 일컫는 말
內郭(내곽) 안쪽 테두리
• 그 城郭은 內郭과 外郭으로 나누어져 있었다.
• 城郭을 한번 둘러보니 이제 輪廓을 알 수 있겠다.

기본 ③ 郭公(곽공) 郭氏(곽씨) 外郭(외곽)

발전 ① 郭禿(곽독) 匡郭(광곽)

3급

掛

부수	획수	총획
手	8	11

걸 괘【1520】

字源 〈형성〉 언어의 전달이 잘 안 되는 시대에 점친 결과를 말로는 모두 전달하지 못했다. 그래서 글씨나 그림을 그려 상대방이 알 수 있도록 하였다. 물건을 '걸다'는 드리워지게 하거나 달려 있게 하다는 뜻이다. 점쟁이가 점(卦)을 친 결과를 손(扌=手)으로 글씨를 그려가면서 [걸다(掛)]는 뜻이고 [괘]로 읽는다.
图揭(걸 게) 懸(달 현) 回封(봉할 봉)

필순 扌 扌 扌 扩 扩 挂 挂 挂 掛 掛

기초 【기초한자어】 익히고, 【기본→발전한자어】 다지기
掛鍾(괘종) 벽에 거는 시계로 시간마다 종이 울림
掛書(괘서) 이름을 숨기고 게시하는 글
掛圖(괘도) 벽에 거는 학습용 그림이나 지도
• 이름을 가만히 숨기고 게시하는 글이 掛書다.
• 교탁 옆에 掛圖가 놓였고, 교실벽에는 掛鍾이 있다.
기본 ③掛念(괘념)
발전 ②掛軸(괘축) 23掛錫(괘석) ①鉤掛(구괘) 特掛鐘(괘종)
사자성어 ①掛鍾時計(괘종시계)

塊

부수	획수	총획
土	10	13

흙덩이 괴【1521】

字源 〈형성〉 흙이 덩어리졌던 모양은 여러 가지가 있었다. 마치 그 모양들이 괴상한 귀신처럼 생겼던 것으로 생각했던 것임을 쉽게도 알 수 있다. 흙이 서로 엉겨서 만들어진 작은 덩이겠다. 귀신(鬼)처럼 괴상한 모양을 했으니 응어리진 큰 흙(土)으로 [덩어리(塊)] 또는 널리 [흙덩이(塊)]를 뜻하고 [괴]로 읽는다.
回槐(회화나무 괴) 鬼(귀신 귀) 愧(부끄러울 괴) 魂(넋 혼)
图壤(흙덩이 양)

필순 一 十 土 圹 圹 坊 坷 坤 塊 塊 塊

기초 【기초한자어】 익히고, 【기본→발전한자어】 다지기
塊石(괴석) 돌멩이
銀塊(은괴) 은덩어리
金塊(금괴) 금덩어리
• 보물선에는 銀塊도 있고 金塊까지도 가득 들어 있더구나.
• 塊石들 사이에서 金塊라도 나오는 횡재가 있을 수 있을까?
기본 ③塊朱(괴주) 地塊(지괴) 土塊(토괴)

발전 ①靁塊(뇌괴) 璺塊(누괴) 撒塊(살괴) 粘塊(점괴) 御塊(한괴)

愧

부수	획수	총획
心	10	13

부끄러울 괴 :
【1522】

字源 〈형성〉 사람은 타고난 양심에 따라 부끄러워할 줄 아는 존재이다. 그는 도덕적인 윤리를 지키는 것이 최대의 목표로 했었다. 스스로움을 느끼어 수줍어하는 태도가 부끄러워하는 것이었다. 타고난 양심(↑←心)에 따라서 얼굴이 귀신(鬼)처럼 되어 수치를 느꼈으니 [부끄러워하다(愧)]는 뜻이고 [괴]로 읽는다.
图羞(부끄러울 수) 慙(부끄러울 참) 恥(부끄러울 치) 回槐(회화나무 괴) 鬼(귀신 귀) 塊(흙덩이 괴) 魂(넋 혼)

필순 ， ㅣ 忄 忄 忄 忄 忱 愧 愧 愧

기초 【기초한자어】 익히고, 【기본→발전한자어】 다지기
慙愧(참괴) 부끄러워하며 괴로워함
自愧(자괴) 스스로 부끄러워함
愧心(괴심) 부끄러워하는 마음
• 본래 가지고 있는 부끄러워하는 마음이 愧心이다.
• 그의 自愧하는 마음은 결국 慙愧하는 병으로 발전하고야 말았다.
기본 ③愧色(괴색)
발전 ②愧沮(괴저) ①愧忿(괴분) 愧寤(괴오) 愧慚(괴참) 羞愧(수괴)
사자성어 ③自愧之心(자괴지심)

矯

부수	획수	총획
矢	12	17

바로잡을 교 :
【1523】

字源 〈형성〉 화살이 굽어 있으면 곧게 나가지 못한다. 나무로 만든 도구에 굽은 화살을 끼워서 곧고 바르게 잡아야 바로 나간다. 바르지 못한 것을 올바르게 고쳐서 제대로 되게 해야 한다. 길고 굽어진(喬) 상상용으로 사용하는 화살(矢)을 손이나 도구를 써서 바로 곧게 펴니 [바로잡다(矯)]는 뜻이고 [교]로 읽는다.
图訂(바로잡을 정) 正(바를 정) 直(곧을 직) 回橋(다리 교) 稿(원고 고)

필순 ㅡ ㅡ 놋 놋 놋 뚨 轎 轎 矯 矯 矯

기초 【기초한자어】 익히고, 【기본→발전한자어】 다지기
矯正(교정) 좋지 않은 버릇, 결점 등을 바로잡음
矯衛(교위) 교정직 7급 공무원의 직급
矯導(교도) 바로잡아 인도함

• 矯導所에서는 죄수들의 矯正 업무가 대단히 중요하다.
• 矯衛들은 죄수들을 矯導하는 일을 주로 담당한다.

발전 2 矯託(교탁) 1 矯誣(교무) 詭矯(궤교)

사자성어 3 矯角殺牛(교각살우)

郊

부수	획수	총획
邑	6	9

들 교【1524】

字源 〈형성〉 부족 국가에서는 도성과 시골이 가까워 성 밖만 나가면 들판이 있었다. 마치 지금의 읍 소재지와 같다고 나 할까. 그래서 우리들은 흔히 일정한 구역인 밖을 흔히 [도성 밖]이라고 했다. 도성(阝←邑)에서 비교적 가까워(交) 빈번히 왕래할 수 있는 성 밖의 넓은 시골로 [들(郊)]을 뜻하고 [교]로 읽는다.
同 野(들 야) 坪(들 평)

필순 

기초 【기초한자어】 익히고, 【기본→발전한자어】 다지기
遠郊(원교) 도시에서 멀리 떨어져 있는 교외
近郊(근교) 도시에 가까운 주변
郊外(교외) 도시의 주변 지역
• 주말이 되면 많은 사람들이 郊外로 나간다.
• 遠郊로 가려했으나 시간상 近郊를 선택하기로 했다.

기본 3 江郊(강교)

발전 2名 郊甸(교전) 1 郊燎(교료) 郊鄙(교비) 郊廛(교전) 郊餞(교전) 郊犧(교희)

사자성어 3 近郊園藝(근교원예)

俱

부수	획수	총획
人	8	10

함께 구【1525】

字源 〈형성〉 마을에 큰 잔치가 벌어졌다. 술과 떡을 준비하여 이웃마을과 먼 곳의 손님까지도 정성들여 초대하기도 했다. 작은 것도 이웃끼리 나눈다는 공동체 정신을 실천하였다. 초대했던 모든 사람(亻←人)들이 다같이(具) 모여 즐거운 한때를 보냈으니 [함께(俱)] 또는 [갖추다(俱)]는 뜻이고 [구]로 읽는다.
同 同(한가지 동) 皆(다 개) 咸(다 함) 비 具(갖출 구) 其(그 기)

필순 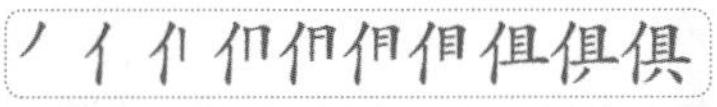

기초 【기초한자어】 익히고, 【기본→발전한자어】 다지기
俱現(구현) 내용이 모조리 드러남
俱存(구존) 양친이 모두 살아 계심
俱全(구전) 다 갖추어 온전함
• 옷, 밥이 俱全해지니 이제는 나태해졌다.
• 나의 뜻이 俱現된 것보다는 양친이 俱存해 계셔서 더욱 행복하다.

기본 3 俱樂(구락)

발전 1 俱焚(구분)

사자성어 2 不俱戴天(불구대천)

懼

부수	획수	총획
心	18	21

두려워할 구【1526】

字源 〈형성〉 뜻밖에 생각지도 않았던 일이 갑자기 벌어져 깜짝 놀라는 경우가 많았다. 가슴은 두방망이질하고 두렵고 무서운 생각이 든다. 마음이 편안하지 못하고 몹시 꺼린다. 놀란(瞿) 가슴(忄←心)으로 [두려워하다(懼)] 또는 새(隹)가 두려움(忄)에 떨어 두리번거리며(目目) [두려워하다(懼)]는 뜻이고 [구]로 읽는다.
同 恐(두려울 공) 怖(두려워할 포) 비 權(권세 권)

필순 

기초 【기초한자어】 익히고, 【기본→발전한자어】 다지기
疑懼(의구) 의심하여 두려워함
悚懼(송구) 두려워서 마음이 몹시 거북함
敬懼(경구) 공경하고 두려워함
• 다른 사람을 공경하면서 두려워하는 마음을 敬懼라 한다.
• 疑懼心(심)으로 교정을 보았지만 悚懼스러운 마음뿐입니다.

기본 3 懼然(구연) 危懼(위구) 疑懼心(의구심)

발전 2 怖懼(포구) 2名 兢懼(긍구) 1 懼喘(구천) 兇懼(흉구)

狗

부수	획수	총획
犬	5	8

개 구【1527】

字源 〈형성〉 개는 허리를 구부려 가다가 낯선 사람을 만나면 사납게 짖는다. '당신은 낯이 선 사람입네'하고 사납게 떠들었던 것이다. 한자어로는 '견(犬)' 이외에 '구(狗)·술(戌)' 등이 있다. 낯선 사람을 만나 허리를 구부리고(勹) 입(口)을 크게 벌려 사납게 짖는 개(犭)로 보통의 [개(狗)]를 뜻하고 [구]로 읽는다.
同 犬(개 견) 戌(개 술) 비 拘(잡을 구) 苟(구차할 구)

필순 

3급

【기초】【기초한자어】익히고, 【기본→발전한자어】 다지기
狗吠(구폐) 개가 짖음
走狗(주구) 사냥할 때 부리는 개
黃狗(황구) 누런 개
• 낯모른 집에 가면 개가 짖어댔으니 狗吠가 잦다.
• 黃狗는 산에서 사냥하는 走狗로서는 적당치 않다.

【기본】 ③狗盜(구도) 狗肉(구육) 狗竊(구절) 水狗(수구) 鬪狗
(투구) 海狗(해구)

【발전】 ②狗膽(구담) 海狗腎(해구신) ①尨狗(방구) 瘨狗(전구)
鶖狗(추구)

【사자성어】 ③狗馬之心(구마지심) 羊頭狗肉(양두구육)

부수	획수	총획
艹	5	9

진실로 구
구차할 구【1528】

【字源】〈형성〉 땅에서 커가는 잡초는 아무리 잡아 당겨도 잘 뽑
아지지 않고 구차하게 손에 매달린다. 많은 힘을 들여서
뽑으면 겨우 뽑힐 뿐이다. '진실로'는 '조금도 거짓됨이 없
이 참으로 참되게'를 의미한다. 글(句) 읽는 선비가 풀(艹)
만 먹으면서 [구차하게(苟)] 살아갔으니 [진실하다(苟)]는
뜻이고 [구]로 읽는다.
圖且(또 차) 回狗(개 구) 拘(잡을 구)

【필순】

【기초】【기초한자어】익히고, 【기본→발전한자어】 다지기
苟且(구차) 몹시 가난하고 궁색함
苟安(구안) 한때 겨우 편안함. 일시적 안락을 꾀함
苟免(구면) 간신히 벗어남
• 苟安을 사람의 주 임무로 생각하는 놈팽이가 있다네.
• 苟免은 했으나 아직도 苟且한 살림은 어쩔 수가
없네 그려.

【기본】 ③苟活(구활)

【발전】 ①艱苟(간구)

【사자성어】 ③苟延歲月(구연세월)

부수	획수	총획
馬	11	21

몰 구【1529】

【字源】〈형성〉 시골에 사는 선비가 말을 타고 한양으로 과거
시험을 보러 먼 길을 떠났다. 장원급제하여 금의환향
해도 좋고 겨우 급제만 해도 고을의 커다란 경사가 아닐
수 없음을 생각한다. 선비가 말(馬)을 타고 채찍으로 말
을 때려가면서(區←毆) 잘 달리도록 몰았으니 [몰다(驅)]
는 뜻이고 [구]로 읽는다.

圖馳(달릴 치) 回鷗(갈매기 구) 回駆

【필순】 「 Ｆ Ｆ Ｆ 馬 馬 馬 馬 馬 馬 馬 馬 馬 驅

【기초】【기초한자어】익히고, 【기본→발전한자어】 다지기
驅迫(구박) 못 견디게 괴롭힘
驅步(구보) 빠른 걸음걸이
驅逐(구축) 몰아서 내쫓음
• 매일 아침 일찍 일어나 驅步를 한다.
• 驅迫을 견디어 왔는데 이제 驅逐되었으니 더는 갈
곳이 없다.

【기본】 ③驅使(구사) 驅蟲(구충) 先驅(선구) 先驅者(선구자)

【발전】 ②驅逐艦(구축함) ①驅儺(구나) 驅駭(구해)

【사자성어】 ③乘勝長驅(승승장구)

부수	획수	총획
龜	0	16

거북 구 / 터질 균
거북 귀【1530】

【字源】〈상형〉 거북은 상서로운 짐승으로 여기며 사람들의 사랑
을 받았다. 등껍데기의 모양으로 길흉을 점쳤다고 하며,
이순신 장군의 '거북선'은 유명하다. 몸은 딱딱한 등딱지
로 되어 있어 움츠릴 수도 있다. 엉금엉금 기어가는 거북
의 머리와 귀, 꼬리와 발의 모양을 두루 본떠서 [거북(龜)]
을 뜻하고 [구]로 읽는다.
圖裂(찢을 열) 回亀

【필순】 ´´ ´´ ´´ 冊 龟 龟 龟 龟 龜 龜

【기초】【기초한자어】익히고, 【기본→발전한자어】 다지기
龜裂(균열) 갈라져서 터지거나 틈이 생김
龜甲(귀갑) 거북의 등딱지. 육각형 무늬나 모양
龜鑑(귀감) 거울로 삼아 본받을 만한 모범
• 거북을 보면 딱딱한 등딱지가 있는데 흔히 龜甲이
라 불렸다.
• 龜裂된 노사 관계를 해소했던 사장은 노사갈등 해
결의 龜鑑이 되었다.

【기본】 ③龜頭(귀두) 龜卜(귀복) 龜船(귀선) 龜占(귀점) 龜裂
(균열)

【발전】 ②龜旨歌(구지가) 28龜麟(귀린) 龜鼎(귀정) ①龜鰒
(구복) 龜紐(귀뉴) 龜齡(귀령) 龜鱉(귀별)

【사자성어】 ③龜毛兔角(귀모토각) 28麟鳳龜龍(인봉귀룡)

부수	획수	총획
厂	10	12

그 궐【1531】

【字源】〈형성〉 지하 금맥이 흐르는 언덕 밑으로 흙을 판다. 허리

와 고개를 숙이고 일하다 보면 숨이 차서 '흐'나 '그'와 같은 숨소리를 가쁘게 낸다. 말하는 이와 듣는 이가 아닌 다른 사람을 가리킨 것이다. 언덕(厂)에서 허리 숙여 숨차게(欮) 땅을 파고 열심히 일하면서 숨을 몰아쉬니 [그(厥)]를 뜻하고 [궐]로 읽는다.

園 其(그 기) 回 壓(누를 압) 闕(대궐 궐)

필순

기초 【기초한자어】 익히고, 【기본→발전한자어】 다지기
厥後(궐후) 그 이후
厥者(궐자) '그'를 낮잡아 이르는 말
厥女(궐녀) 그 여자의 뜻으로 낮춰 이르는 말
• 우리는 厥後에 다시는 말을 하지 않기로 약속합시다.
• 세상에는 厥者, 厥女가 많지만 애환을 알아주지는 못하는구나.

기본 ③ 厥角(궐각) 厥尾(궐미) 突厥(돌궐)
발전 ② 腎厥(신궐) ① 痼厥(간궐) 厥韠(궐롱) 厥池(궐이)

울부짖는 소리가 나오기도 한다. 큰 기쁨이나 슬픔, 고통 등의 격한 감정을 억누르지 못하여 소리 높여 크게 말한다. 입(口)에서 나오는 감정의 소리가 서로 얽히듯이 (ㅁ) 똑똑하지 못하게 퍼져 나오는 소리로 [부르짖다(叫)]는 뜻이고 [규]로 읽는다.

園 喚(부를 환) 吼(울부짖을 후) 回 婦(아내 부) 掃(쓸 소) 糾(얽힐 규)

필순

기초 【기초한자어】 익히고, 【기본→발전한자어】 다지기
絕叫(절규) 힘을 다하여 부르짖음
叫號(규호) 큰 소리로 부르짖거나 외침
叫聲(규성) 외치는 소리
• 애타는 마음으로 외치는 저 叫聲을 한번 들어보시게.
• 絕叫하는 저 叫號에 누가 감히 귀를 기울이고 있겠는가?

발전 ① 叫罵(규매) 叫喚(규환) 叫吼(규후) 喚叫(환규)
사자성어 ③ 叫天呼地(규천호지) ① 阿鼻叫喚(아비규환)

	부수	획수	총획
軌	車	2	9

바퀴자국 궤 :
【1532】

字源 〈형성〉 '궤'는 바퀴와 바퀴 사이의 거리를 말한다. 바퀴 자국의 뜻과 같이 쓰인 흔적이다. 수레바퀴가 지나간 자국, 행적(行蹟), 옛날의 법도로 쓰인 轍(바퀴자국 철)자도 있다. 수레(車)가 지나간 자리에는 수레가 멈출 때까지 구불구불(九) 이어지는 큰 자국이 생겨났으니 [바퀴자국(軌)]을 뜻하고 [궤]로 읽는다.

園 轍(바퀴자국 철) 回 軋(삐걱거릴 알)

필순

기초 【기초한자어】 익히고, 【기본→발전한자어】 다지기
常軌(상궤) 떳떳하고 바른 길
軌跡(궤적) 수레바퀴가 지나간 자국
軌範(궤범) 본보기가 될 만한 규범이나 법도
• 너는 착한 척하지만 정작 행동은 常軌에서 벗어난다.
• 그의 삶의 軌跡을 추적했더니 軌範이 될 만한 일이 많다.

기본 ③ 軌度(궤도) 軌道(궤도) 廣軌(광궤) 同軌(동궤)
발전 ① 軌轍(궤철) 狹軌(협궤)
사자성어 ③ 同文同軌(동문동궤)

	부수	획수	총획
糾	糸	2	8

얽힐 규【1534】

字源 〈회의〉 '얽히다'는 마음의 갈피를 찾기가 매우 어렵게 뒤섞인다는 뜻이겠다. 둘 이상의 것들이 이리저리 관련되는 경우도 더러 있고, 서로 이리저리 뻗어서 심하게 얽히는 경우도 더러 있다. 새끼줄이 복잡하게 얽혀 있듯이 여러 갈래의 실(糸)이 서로 뒤엉켜(ㅁ) 있으니 [얽히다(糾)]는 뜻이고 [규]로 읽는다.

園 結(맺을 결) 明(밝을 명) 察(살필 찰) 彈(탄알 탄) 回 叫(부르짖을 규)

필순

기초 【기초한자어】 익히고, 【기본→발전한자어】 다지기
紛糾(분규) 일이 뒤얽혀 말썽이 많고 시끄러움
糾合(규합) 일을 꾸미려고 세력, 사람을 모음
糾彈(규탄) 잘못이나 허물을 따지고 나무람
• 이제는 우리의 세력을 높이기 위한 糾合이 필요합니다.
• K사의 노사 紛糾에 시민들의 糾彈의 소리가 매우 거세다.

기본 ③ 糾明(규명) 糾紛(규분) 糾正(규정) 糾察(규찰) 糾察(규찰)
발전 ②❸ 糾繩(규승) ① 糾戮(규륙) 糾姦(규간) 糾纏(규전) 蟠糾(반규) 窈糾(요규)

	부수	획수	총획
叫	口	2	5

부르짖을 규
【1533】

字源 〈형성〉 보통 소리는 알기 쉽지만 감정에 뒤엉키면 어렵게

	부수	획수	총획
僅	人	11	13

겨우 근 :【1535】

3급

字源 〈형성〉 신작로에 모래와 자갈을 넣어 길을 곱게 다듬으면 서부터 교통이 크게 발달하였다. 옛날에는 진흙밭이나 모래밭 길을 종일 걸어야만 했다. 비포장도로를 겨우 터벅터벅 걸었다. 길을 걷던 사나이(亻)가 비가 내려 질퍽한 진흙(堇)밭 길을 간신히 걸어서 통과했으니 [겨우(僅)]를 뜻하고 [근]으로 읽는다.
回謹(삼갈 근) 槿(무궁화 근) 勤(부지런할 근)

필순

기초 【기초한자어】 익히고, 【기본 → 발전한자어】 다지기
僅少(근소) 아주 적어서 얼마 되지 못함
僅僅(근근) 겨우. 간신히
• 나는 아우보다 僅少한 차이의 봉급을 더 받고 있을 뿐이다.
• 지금도 僅僅하게 살아가는 사람이 점점 늘고 있다.

사자성어 ③ 僅僅得生(근근득생) 僅僅扶持(근근부지) 기사근생(幾死僅生)

	부수	획수	총획
斤	斤	0	4

무게단위 근
날 근【1536】

字源 〈상형〉 도끼는 원시사회에서 꼭 필요한 연모였다. 생활수단이나 무기로도 썼으며 저울질하는 데도 긴히 썼다. '근'은 고려시대 무게의 단위를 정비하면서 1근 무게에 변화가 있었다. 날카로운 도끼날과 손으로 잡는 도끼 자루의 모양을 본떠서 [도끼(斤)] 혹은 널리 저울대의 [근(斤)]을 뜻하고 [근]으로 읽는다.
回刃(칼날 인) 回斥(물리칠 척) 近(가까울 근)

필순

기초 【기초한자어】 익히고, 【기본 → 발전한자어】 다지기
斤秤(근칭) 백 근까지 달 수 있는 큰 저울
斤數(근수) 근 단위로 된 저울 무게의 셈
斤量(근량) 무게. 중량
• 정육점에서 소고기 斤量을 넉넉히 달아 준다.
• 이 斤秤으로는 큰 斤數를 측정할 수는 없겠습니다.

기본 ③ 斤兩(근량) 百斤(백근) 千斤(천근)
발전 ① 煤斤(매근) 斧斤(부근)

	부수	획수	총획
謹	言	11	18

삼갈 근 :【1537】

字源 〈형성〉 진흙밭 길을 걸어가려면 한 발 한 발을 조심해서 걷는다. 입에서 나온 말도 한 마디 한 마디를 삼가야만 했

었다. 매사에 조심스럽게 가려서 하거나 하기를 꺼리다는 뜻이다. 발이 빠지는 진흙밭(堇) 길을 걷는 것처럼 상대에게 말(言)을 할 때에 공경하면서 조심했으니 [삼가다(謹)]는 뜻이고 [근]으로 읽는다.
回愼(삼갈 신) 恪(삼갈 각) 回槿(무궁화 근) 僅(겨우 근) 勤(부지런할 근)

필순

기초 【기초한자어】 익히고, 【기본 → 발전한자어】 다지기
謹嚴(근엄) 점잖고 엄함
謹弔(근조) 삼가 조상함
謹啓(근계) 편지의 서두에 삼가 아뢴다는 뜻
• 할아버지께서 돌아가시어 謹弔를 표기한 사람이 많았다.
• 謹嚴하신 어른께 편지를 쓸 때 항상 謹啓를 쓴다.

기본 ③ 謹告(근고) 勤愼(근신) 謹身(근신) 謹奏(근주) 謹識(근지) 謹賀(근하)
발전 ② 謹呈(근정) 28 惇謹(돈근) ① 謹恪(근각) 謹樸(근박) 謹澁(근삽) 謹悌(근제) 恪謹(각근) 醇謹(순근)

사자성어 ③ 謹賀新年(근하신년)

	부수	획수	총획
肯	肉	4	8

즐길 긍 :【1538】

字源 〈회의〉 하던 일을 멈추고 잠시 쉬고 나면 기분이 상쾌하고 새로운 힘이 솟는 것 같다. 쉴 때에 노는 것이 아니라 마냥 즐기는 사람들이 많다. 자기가 좋아하기에 늘 자주하는 것이다. 땀 흘려서 힘들게 하던 일을 멈추고(止) 피곤했던 몸(月←肉)을 의지하면서 잠시 쉬니 [즐기다(肯)]는 뜻이고 [긍]으로 읽는다.
回否(아닐 부) 回散(흩을 산)

필순

기초 【기초한자어】 익히고, 【기본 → 발전한자어】 다지기
首肯(수긍) 그러하다고 고개를 끄덕임
肯志(긍지) 찬성하는 뜻
肯定(긍정) 그렇다고 인정함
• 모든 참석자들이 진심으로 肯志의 뜻을 보냈다.
• 그의 말에 절대적으로 肯定하면서 首肯하는 몸짓도 은근히 보였다.

기본 ③ 肯可(긍가) 不肯(불긍)

	부수	획수	총획
幾	幺	9	12

몇 기【1539】

字源 〈회의〉 베틀에 앉아 있던 아낙네가 날은 실을 하나하나 세어 가면서 베를 짠다. 날실의 수와 씨실의 엇갈림이 꼭 맞아야 하기 때문이다. 확실한 것이 얼마나 되는지 잘 모르고 있는 숫자겠다. 베를 짜는 사람(人)이 가는 실(幺幺)을 베틀(戈) 위에 걸어놓고 하나씩 세어보았으니 [몇(幾)]을 뜻하고 [기]로 읽는다.
回 機(틀 기) 畿(경기 기)

필순

기초 【기초한자어】 익히고, 【기본→발전한자어】 다지기
幾微(기미) 낌새. 조짐
幾日(기일) 며칠. 몇 날
幾何(기하) 얼마. 잘 모르는 수량이나 정도
• 도시의 인구가 幾何級數로 늘고 있다.
• 幾日을 두고 기다렸으나 아무런 幾微도 보이지 않았다.
기본 ③ 幾百(기백) 幾許(기허) 庶幾(서기)
발전 ② 幾何網(기하망) ① 幾箇(기개) 幾顆(기과)

부수	획수	총획
心	3	7

꺼릴 기 【1540】

字源 〈형성〉 어떤 일을 처음 시작할 때 무슨 일이 있지 않을까 걱정하며 꺼리는 경우가 많다. 고약한 사람. 마음씨 나쁜 사람 사귀기까지 꺼린다. 해로울 것 같아 두려워하거나 싫어하며 피한다. 복잡한 인간관계 때문에 자기(己) 처신을 생각해서 잠시 머뭇거리는 마음씨(心)로 [꺼리다(忌)]는 뜻이고 [기]로 읽는다.
통 避(피할 피) 憚(꺼릴 탄) 嫌(싫어할 혐) 諱(숨길 휘)
回 己(몸 기) 念(생각 념)

필순

기초 【기초한자어】 익히고, 【기본→발전한자어】 다지기
禁忌(금기) 꺼리어서 싫어함
忌避(기피) 꺼리어 피함
忌日(기일) 사람이 죽은 날
• 忌日에 맞춰 제사 지내는 풍습이 있다.
• 禁忌 사항이 있으면 忌避하기 마련이다.
기본 ③ 忌故(기고) 忌祭(기제) 忌中(기중) 家忌(가기) 相忌(상기) 嫌忌(혐기)
발전 ② 厭忌(염기) ① 忌劇(기극) 忌憚(기탄) 猜忌(시기) 妬忌(투기) 諱忌(휘기)

부수	획수	총획
无	7	11

이미 기 【1541】

字源 〈형성〉 맛있는 음식을 보면 먹어도 또 먹고 싶어지는 경우가 있다. 숨이 막힐 정도로 배불러 이미 먹어 버린 사람도 있다. 일도 하고자 하는 일정한 시간보다 더 앞서가기도 한다. 고소하고 맛있는 밥(皀←食)을 숨이 막힐(旡) 정도로 넉넉하고 배불리 먹었으니 [이미(旣)] [다하다(旣)]는 뜻이고 [기]로 읽는다.
통 已(이미 이) 回 槪(대개 개) 慨(슬퍼할 개) 回 旣

필순

기초 【기초한자어】 익히고, 【기본→발전한자어】 다지기
旣婚(기혼) 이미 결혼함
旣往(기왕) 이전. 그 전
旣成(기성) 사물이 이미 이루어짐
• 우리 旣成 世代들의 갈등양상에 대하여 다시 생각해보자.
• 旣往에 旣婚인 것을 알고도 사귀었던 것은 참 잘못이었다.
기본 ③ 旣望(기망) 旣存(기존) 旣決囚(기결수) 旣得權(기득권) 旣成服(기성복)
발전 ① 蝕旣(식기)
사자성어 ③ 旣定事實(기정사실)

부수	획수	총획
木	8	12

버릴 기 【1542】

字源 〈회의〉 휴지나 먼지가 어질러지면 쓰레받기에 담아서 휴지통에 버린다. 자기 주위를 깨끗하게 정리하는 아름다운 습관이다. 다시는 찾지 않을 요량으로 물건을 내던지거나 쏟기도 한다. 휴지 등을 나무(木)로 만든 쓰레받기(世)에 담아서 쓰레기통을 향해 간다(去)는 데에서 [버리다(棄)]는 뜻이고 [기]로 읽는다.
통 捨(버릴 사) 廢(버릴 폐) 捐(버릴 연) 擲(던질 척) 回 取(가질 취) 回 葉(잎 엽) 回 弃

필순 ⎛丶 亠 云 云 云 岙 奋 奋 奋 章 棄⎞

기초 【기초한자어】 익히고, 【기본→발전한자어】 다지기
廢棄(폐기) 못 쓰게 된 것을 버림
棄兒(기아) 버림받은 아이
棄却(기각) 소송당사자를 이유 없다 하여 배척함
• 요즈음 들어 棄兒가 늘고 있어 참으로 아쉽다네.
• 이것은 이미 棄却된 문서이니 이제는 그만 廢棄해도 좋겠네.
기본 ③ 棄權(기권) 棄世(기세) 委棄(위기) 遺棄(유기) 破棄(파기)
발전 ② 抛棄(포기) ① 棄軀(기구) 棄唾(기타) 撥棄(발기) 幹棄(알기) 奄棄(엄기) 湮棄(인기)
사자성어 ③ 自暴自棄(자포자기)

3급

欺

부수	획수	총획
欠	8	12

속일 기【1543】

字源 〈형성〉 작은 잇속 때문에 남을 속이려는 사람이 더러 있다. 거짓과 오만에 차 있으며 진실한 삶의 값어치를 모르는 사람들이다. '속이다'는 거짓이나 꾀에 넘어가게 하는 것을 뜻한다. 사람들이 입을 벌려(欠) 그런(其) 저런 실속 없는 말을 하면서 상대에게 거짓말을 하니 [속이다(欺)]는 뜻이고 [기]로 읽는다.
图詐(속일 사) 瞞(속일 만) 誣(속일 무) 騙(속일 편) 回期(기약할 기) 斯(이 사)

필순 一 十 卄 甘 甘 其 其 欺 欺 欺

기초 【기초한자어】 익히고, 【기본→발전한자어】 다지기
詐欺(사기) 나쁜 꾀로 남을 속임
欺罔(기망) 남을 그럴 듯하게 속임
欺弄(기롱) 속이어 농락함
• 드디어 그들은 그만 詐欺罪(죄)로 잡혀가는 신세가 되었다.
• 그들은 欺罔과 欺弄을 일삼더니 사람들의 주목을 크게 받았다.
기본 ③ 欺冒(기모) 誕欺(탄기)
발전 ① 欺瞞(기만) 欺誣(기무) 欺騙(기편) 誣欺(무기)
사자성어 ③ 欺君罔上(기군망상)

豈

부수	획수	총획
豆	3	10

어찌 기
즐길 개【1544】

字源 〈형성〉 병사들이 싸움에 이겨서 승전고를 울리며 힘차게 돌아오고 있다. 멀리서 바라보니 콩꼬투리만큼 밀집된 병사들처럼 보인다. 이번 일로 어떤 이유이든지 잘못을 시인한다. 콩꼬투리(豆)만 한 병사들이 산(山) 속에서 승전고를 울리며 돌아오니 감탄하여 '[어찌(豈)] 저럴 수가'라는 뜻이고 [기]로 읽는다.
图那(어찌 나) 何(어찌 하) 柰(어찌 내)

필순 丨 屮 屮 屮 屵 岂 岂 岂 豈 豈

기초 【기초한자어】 익히고, 【기본→발전한자어】 다지기
豈弟(개제) 용모가 단아하고 기상이 화평함
豈不(기불) 어찌 ~않으랴
豈敢(기감) 어찌 감히
• 이 사람아, 지금까지 '豈不'의 뜻을 몰랐단 말인가.
• 지금 모습이 저리 豈弟하는데 누가 豈敢 싸울 수 있으랴!
기본 ③ 豈亦(기역)

사자성어 ③ 豈敢毀傷(기감훼상)

飢

부수	획수	총획
食	2	11

주릴 기【1545】

字源 〈형성〉 흉년이 들면 농사는 그만 망쳐 버리는 수가 있다. 지금은 외국에서 쌀을 수입해 오지만 옛날에야 나무 열매와 뿌리로만 연명했었다. 자기가 먹을 만큼 충분히 먹지 못하여 배를 곯는다. 흉년이 들어 쌀이 귀해서 밥상(几)에 놓아먹을 수 있는 밥(食)이 없어서 굶었으니 [주리다(飢)]는 뜻이고 [기]로 읽는다.
图饉(주릴 근) 餓(주릴 아) 饑(주릴 기) 回飽(배부를 포)

필순 ノ 人 ケ 今 今 今 食 食 食 飣 飢

기초 【기초한자어】 익히고, 【기본→발전한자어】 다지기
飢死(기사) 굶주려 죽음
飢渴(기갈) 배고픔과 목마름
飢餓(기아) 굶주림
• 아프리카 대륙에는 飢餓에 허덕이는 어린이가 많다.
• 飢渴로 민심이 흉흉하고 飢死한 백성이 부쩍 많아졌다.
기본 ③ 飢寒(기한) 虛飢(허기)
발전 ② 療飢(요기) ① 飢饉(기근)

那

부수	획수	총획
邑	4	7

어찌 나 :【1546】

字源 〈형성〉 중국 서쪽에 염읍(冄邑)이라는 작은 나라가 있었는데 사람들이 뺨에 털이 많이 났다. 처음엔 나라 이름으로 썼으나 이를 이어받아 '어찌'로도 쓰였다. 어떤 이유을 들었다. 처음엔 나라 이름으로 썼으나 뺨에 털이 늘 어진(冄) 나라(阝←邑) 민족을 의아하게 여겨서 [어찌(那)]를 뜻하고 [나]로 읽는다.
图何(어찌 하) 豈(어찌 기) 柰(어찌 내) 回耶(어조사 야) 邪(간사할 사) 邦(나라 방) 郎(사내 랑)

필순 コ ユ 弓 尹 月 月 那 那

기초 【기초한자어】 익히고, 【기본→발전한자어】 다지기
刹那(찰나) 극히 짧은 시간
任那(임나) 상고대의 대가야 혹은 금관가야
那落(나락) 구원할 수 없는 마음의 구렁텅이
• 상고대에 대가야를 흔히 任那라 했으니 금관가야다.
• 刹那의 실수라고 해도 극악했으니 那落에 떨어지겠구나.

3급

기본 ③ 那邊(나변) 那何(나하)
발전 ① 夭那(요나)
사자성어 ③ 那易等則(나역등칙) 印度支那(인도지나)

부수	획수	총획
丿	1	2

乃 이에 내 : 【1547】

字源 〈지사〉 사람 목구멍은 구부러져 있다. 숨을 쉴 때나 말을 할 때 목구멍에서 입김이 구부러져 나온 것처럼 보였던 모양이다. 변명 같지만 '이와 같은 까닭에' 잘못을 시인한다. 말을 할 때에 목구멍에서 입김(丿)이 구부러져서 (乃) 곧 이어 나옴을 가리켜서 [이에(乃)] 혹은 [어조사(乃)]를 뜻하고 [내]로 읽는다.
回 及(미칠 급)

필순 丿 乃

기초 【기초한자어】 익히고, 【기본→발전한자어】 다지기
乃後(내후) 자손. 후손
乃兄(내형) 그이의 형
乃至(내지) 수량을 나타내는 말들 사이에 쓰임
• 그 건물을 신축하는 데는 5억 乃至 6억이면 족하겠지.
• 乃兄께서는 지금 乃後가 없으시니 참으로 안되었는데요.
기본 ③ 乃子(내자) 終乃(종내) 人乃天(인내천)
발전 ① 霽乃(애내)
사자성어 ③ 乃武乃文(내무내문)

부수	획수	총획
大	5	8

奈 어찌 내 【1548】

字源 〈형성〉 소머리나 과일, 생선은 귀중한 제물이었다. 자손들이 정성을 들여 제수를 마련하여 기일을 잊지 않는다. 이제는 참으로 어떤 이유로든 변명하지 않았으리라. 제사(示) 지낼 과일을 나무(木)에서 따내어 사과나무 일종인 [奈] 또는 [柰]로 썼으나 '木'이 '大'로 바뀌어 '어찌(奈)'를 뜻하고 [내]로 읽는다.
图 何(어찌 하) 豈(어찌 기) 那(어찌 나) 回 宗(마루 종)

필순 一 ナ 大 本 杢 夲 奈 奈

기초 【기초한자어】 익히고, 【기본→발전한자어】 다지기
奈落(나락) 불교에서 지옥을 이르는 말
奈何(내하) 어찌함. 어떠함
• 불교에서는 지옥을 奈落이라고 표현하기도 한다.

• 그대는 '어찌하여'를 굳이 '奈何'라고만 써야 한단 말인가?
사자성어 ③ 莫無可奈(막무가내)

부수	획수	총획
心	9	12

惱 번뇌할 뇌 【1549】

字源 〈형성〉 '심신이 피로하다'는 말을 자주 쓴다. 어떤 일을 너무 골똘히 생각하다 보면 몸과 마음이 몹시 고달프고 피곤하게 되기도 한다. 이번 일로 몸과 마음이 심히 시달려서 괴로워한다. 마음(忄)과 머리털(巛) 그리고 두개골(囟:신)의 부분으로 머리가 묵직하고 고달프니 [번뇌하다(惱)]는 뜻하고 [뇌]로 읽는다.
图 煩(번거로울 번) 回 腦(골 뇌) 回 悩

필순 忄 忄 忄 忄 忄 忄 惱 惱 惱 惱

기초 【기초한자어】 익히고, 【기본→발전한자어】 다지기
煩惱(번뇌) 마음이 시달려 괴로움
苦惱(고뇌) 몸과 마음이 괴로움
惱亂(뇌란) 남의 마음을 괴롭고 어지럽게 함
• 이제 정말 惱亂은 안 될 말이네. 우리 바르게 살도록 하세.
• 너의 煩惱는 나를 惱亂할 뿐이다.
기본 ③ 惱殺(뇌쇄)
발전 ① 懊惱(오뇌)
사자성어 ③ 百八煩惱(백팔번뇌)

부수	획수	총획
田	4	9

畓 논 답 【1550】

字源 〈회의〉 산이나 냇가를 일구어 밭을 만들었다. 밭의 면이 고르고 물 빠짐이 적을 때 비로소 벼농사를 짓게 되는 것이다. 논은 봄비를 담아 물을 대어 벼를 재배하는 땅이라고 했다. 논밭의 면이 평평하고 굴곡이 없으며 네모 반듯한 밭(田)에 물(水)을 넣어 벼농사를 잘 지었으니 [논(畓)]을 뜻하고 [답]으로 읽는다.
回 田(밭 전) 回 沓(겹칠 답) 畜(짐승 축)

필순 丿 ㄱ 水 水 水 沓 沓 畓 畓

기초 【기초한자어】 익히고, 【기본→발전한자어】 다지기
田畓(전답) 밭과 논
畓主(답주) 논의 임자
畓券(답권) 논문서 답
• 이제 우리 농촌도 畓券이 잘 보장되어야 하겠지.

3급

• 이 畓主께서는 田畓 관리를 잘하는 분이라고 잘 알려졌네.
기본 ③ 畓穀(답곡) 乾畓(건답) 京畓(경답) 天水畓(천수답)
발전 ②8 沃畓(옥답)
사자성어 ②8 門前沃畓(문전옥답)

부수	획수	총획
土	10	13

칠할 도 【1551】

字源 〈형성〉 아무래도 마지막에 입은 겉옷이 제격을 보인다. 건축물을 지어도 마지막 페인트를 잘해야 곱게 보이고 훌륭하다는 말을 더러 한다. 겉 표면에 고루 묻히거나 바르는 일이다. 처음에는 도랑(涂)에 있는 흙(土)으로 '진흙(塗)'을 나타내고 나아가 진흙 등을 발랐으니 [칠하다(塗)]는 뜻이고 [도]로 읽는다.
圖泥(진흙 니) 回途(길 도)

필순 ㅅ ㅆ ㅆ 全 余 余 余 涂 涂 途 途

기초 【기초한자어】 익히고, 【기본→발전한자어】 다지기
塗裝(도장) 곱게 칠하거나 바름
塗料(도료) 물건의 거죽에 칠하는 재료
塗壁(도벽) 벽에 종이나 흙을 바름
• 이제 벽면을 다듬고 塗壁을 잘 바르는 일만 남았군.
• 이 벽면에 좋은 塗料로 예쁘게 塗裝을 했었군그래.
기본 ③ 塗工(도공) 塗泥(도니) 塗路(도로) 塗炭(도탄)
발전 ② 廻塗(회도) ②8 岐塗(기도) ① 塗擦(도찰) 堊塗(악도) 糊塗(호도)
사자성어 ③ 道聽塗說(도청도설)

부수	획수	총획
手	6	9

돋울 도 【1552】

字源 〈형성〉 마음속으로는 상대방이 밉다고 하더라도 말이나 행동에서는 밉지 않는 경우가 있다. 집적거리면 화를 내어 싸움이 된다. 성질을 돋우게 된다. 상대를 강하게 불러 일으키는 꼴이다. 말이나 손(扌)으로 상대방을 집적거릴 징조(兆)를 보이는 것은 오히려 그에게 화를 [돋우다(挑)]는 뜻이고 [도]로 읽는다.
回桃(복숭아 도) 逃(도망할 도) 跳(뛸 도)

필순 一 十 扌 扌 扎 扎 扎 挑 挑

기초 【기초한자어】 익히고, 【기본→발전한자어】 다지기
挑出(도출) 시비를 일으키거나 싸움을 돋움
挑戰(도전) 싸움을 걸거나 돋움

挑發(도발) 상대를 자극함으로써 일으키는 것
• 시비를 갑자기 일으키거나 싸움을 돋는 挑出이 잦구나.
• 挑發과 挑戰은 약간의 의미 차이가 있지만 같은 말이다.
기본 ③ 挑燈(도등) 挑禍(도화)
발전 ① 挑撥(도발) 挑扮(도분) 挑揄(도유) 挑雀(도작) 挑鄉(도척) 撓挑(효도)

부수	획수	총획
禾	10	15

벼 도 【1553】

字源 〈형성〉 절구통에 곡식을 넣어 절구질하여 찧었다. 절구에 넣어 찧은 곡식은 여러 가지이지만 대표적인 것은 쌀이었다. 주곡은 쌀과 보리가 주종을 이루어 오랫동안 온 식구가 즐겨서 먹었다. 구멍이 움푹 패인 절구통(臼)에 곡식(禾)을 많이 넣어 절구질하면서 쌀을 찧었으니 [벼(稻)]를 뜻하고 [도]로 읽는다.
圖禾(벼 화) 回程(길 정) 稱(일컬을 칭) 回稻

필순 二 千 禾 禾 禾 利 科 稲 稻 稻

기초 【기초한자어】 익히고, 【기본→발전한자어】 다지기
早稻(조도) 올벼
稻田(도전) 벼를 심는 논
稻作(도작) 벼농사. 미작
• 금년에 수확한 벼가 '올벼'인데 이를 早稻라 말한다지.
• 이 논은 稻作만 하는 것이 아니라 稻田이기도 하다.
기본 ③ 陸稻(육도) 稻熱病(도열병)
발전 ②8 稻稷(도직) ① 稻粱(도량) 稻穗(도수) 黍稻(서도) 秧稻(앙도)

부수	획수	총획
足	6	13

뛸 도 【1554】

字源 〈형성〉 높이뛰기나 넓이뛰기를 할 때 땅에 금이 날 만큼 솟구쳐 달려가서 넘는다. 뛰어넘어야 된다는 '전력투구' 정신력이다. 순간적으로 힘을 모아 몸을 허공에 뜨는 상태로 만들어 뛴다. 발(足)을 힘차게 내딛고 여러 차례(兆) 굴러서 솟구치듯이 앞으로 건너서 넘어갔으니 [뛰다(跳)]는 뜻이고 [도]로 읽는다.
圖躍(뛸 약) 回桃(복숭아 도) 逃(도망할 도) 挑(돋울 도)

필순 ㅁ ㅁ ㅁ 모 모 별 别 趵 跳 跳 跳

기초 【기초한자어】 익히고, 【기본→발전한자어】 다지기
跳躍(도약) 몸을 위로 솟구쳐 뛰는 것
跳梁(도량) 함부로 날뜀
高跳(고도) 몸을 솟구쳐서 높이 뛰어 넘음
• 함부로 날뛰는 식의 跳梁은 고치기 어려운 병이다.
• 높이뛰기 선수는 힘껏 跳躍하는 高跳의 훈련을 한다.
발전 ① 跳沫(도말) 跳噴(도분) 跳蕭(도소) 跳哮(도효) 闇跳(암도)

부수	획수	총획
竹	10	16

篤 도타울 독【1555】

字源 〈형성〉 주먹손으로 노래 부르거나 죽마를 타면서 놀던 어렸을 적의 친구는 늘 마음에 있다. 추억이고 아련한 소꿉친구들이다. 새로운 우정이 스미어 도타운 정을 느낀다. '죽마고우'라 했으니 기다란 대나무(竹)의 말(馬)을 함께 탔던 어렸을 때 친한 벗의 따뜻했던 그 우정이 [도탑다(篤)]는 뜻이고 [독]으로 읽는다.
圖敦(도타울 돈) 厚(두터울 후) 焞(도타울 돈) 回驚(놀랄 경) 馬(말 마)

필순 篤

기초 【기초한자어】 익히고, 【기본→발전한자어】 다지기
危篤(위독) 병이 매우 중하여 생명이 위태로움
篤志(독지) 뜻이 돈독함
篤實(독실) 성실하고도 극진함
• 이제는 危篤한 지경을 벗어난 듯한 모양새입니다.
• 篤實한 기독교인들이 篤志로 애써 모은 성금을 냈다.
기본 ③ 篤農(독농) 篤信(독신) 篤厚(독후) 敦篤(돈독)
발전 ② 篤弼(독필) 28 篤亮(독량) ① 篤膺(독응) 汨篤(골독) 醇篤(순독)

부수	획수	총획
攵	8	12

敦 도타울 돈【1556】

字源 〈형성〉 사람들은 서로 음식을 나누어 먹으면 정이 더욱 도탑다고 한다. 이웃끼리 살다보면 싸우기도 하면서 점차 친해진다. 흔히 이웃사촌이라고 했듯이 음식을 나누는 정이 더 도탑다. 이웃끼리 음식을 나누어(享) 먹고 때에 따라서는 싸우기도(攵) 했었으니 그 정이 더욱 [도탑다(敦)]는 뜻이고 [돈]으로 읽는다.
圖惇(도타울 돈) 篤(도타울 독) 厚(두터울 후) 回孰(누구 숙) 郭(둘레 곽) 熟(익을 숙)

필순 敦

기초 【기초한자어】 익히고, 【기본→발전한자어】 다지기
敦厚(돈후) 인정이 두터움
敦睦(돈목) 정이 두텁고 화목함. 돈친
敦篤(돈독) 돈후. 인정이 도타움
• 敦厚한 마음은 누구에게나 있으나 이제는 전정성의 문제라네.
• 우리 가족은 敦睦하고 이웃과도 敦篤하다.
기본 ③ 敦閱(돈열)
발전 28 敦穆(돈목) 敦淳(돈순) ① 敦圉(돈어) 敦煌(돈황)

부수	획수	총획
豕	4	11

豚 돼지 돈【1557】

字源 〈회의〉 어미젖을 먹고 자란 돼지 새끼는 토실토실 살이 찌면서 큰다. 목덜미가 두툼하고 앞다리와 뒷다리도 제법 발달하여 잘도 뛰어 논다. 체질이 강하고 조숙하며 새끼를 많이 낳는다. 처음엔 토실토실하게 살(月←肉)이 찐 새끼 돼지(豕)였으나 지금은 농장에서 많이 기르는 [돼지(豚)]를 뜻하고 [돈]으로 읽는다.
圖豕(돼지 시) 亥(돼지 해) 回逐(쫓을 축) 遂(드디어 수)

필순 豚

기초 【기초한자어】 익히고, 【기본→발전한자어】 다지기
養豚(양돈) 돼지를 기름
豚肉(돈육) 돼지고기
豚舍(돈사) 돼지우리
• '돼지고기'보다는 豚肉이 더 고상할 때가 많다지.
• 이제 養豚하는 분들은 豚舍관리를 잘한다는구나.
기본 ③ 家豚(가돈) 豚兒(돈아) 種豚(종돈)
발전 ② 豚脂(돈지) ① 豚柵(돈책)

부수	획수	총획
屮	1	4

屯 진 칠 둔【1558】

字源 〈상형〉 갑자기 적이 쳐들어와 서로 총부리를 겨누면서 전쟁을 한다. 적을 앞에 두고 진을 쳐서 공격할 준비도 한다. 이쪽과 저쪽에 대열을 갖춰 진을 친다. 오래 자리를 잡고 머무른다. 풀(屮)을 엮는(丿) 데서 본뜬 모양으로 사람이 방어와 주둔을 위해서 여럿이 모여서 [진 치다(屯)]는 뜻이고 [둔]으로 읽는다.
圖陣(진칠 진)

필순 屯

【기초】【기초한자어】 익히고, 【기본→발전한자어】 다지기
屯田(둔전) 지방에 주둔한 군량에 쓰도록 지급된 토지
屯營(둔영) 군사가 주둔하는 군영
屯兵(둔병) 군사가 주둔함
• 군인이 강가에 屯兵하여 휴식했다.
• 사방 십리의 屯田 한가운데 屯營이 있구나.

【기본】 ③ 屯防(둔방) 屯守(둔수) 屯陳(둔진)
【발전】 ② 駐屯(주둔) 駐屯軍(주둔군) ② 屯聚(둔취) ① 屯堡(둔보) 屯戍(둔수) 屯禦(둔어) 屯萃(둔췌) 屯剝(준박)

부수	획수	총획
金	4	12

둔할 둔 : 【1559】

【字源】〈형성〉 칼이나 창을 숫돌이나 줄로 갈면 날카로워 잘 들게 된다. 날을 갈지 않고 오래 쓰거나 두꺼운 것을 자주 베면 날이 무뎌진다. 늙은 말이라고 했듯이 나이 들면 느리고 무겁다. 쇠붙이(金)로 만든 대단히 예리한 칼날이나 창끝이 많이 닳아 두껍게도(屯) 무뎌졌으니 [둔하다(鈍)]는 뜻이고 [둔]으로 읽는다.
圖 頑(완고할 완) 回 敏(민첩할 민) 銳(날카로울 예) 回 純(순수할 순)

【필순】 ﾉ ﾉ ﾉ ﾉ ﾉ ﾉ 金 金 釒 釘 鈍 鈍

【기초】【기초한자어】 익히고, 【기본→발전한자어】 다지기
愚鈍(우둔) 어리석고 둔함
鈍濁(둔탁) 성질이 둔하고 혼탁함
鈍才(둔재) 둔한 재주
• 鈍濁은 성질이 둔하고 혼탁한 사람을 가리킨 말이다.
• 愚鈍한 나 같은 사람들이 바로 鈍才라 알려진다.

【기본】 ③ 鈍感(둔감) 鈍器(둔기) 鈍馬(둔마) 鈍化(둔화) 肥鈍(비둔)
【발전】 ② 魯鈍(노둔) ① 駑鈍(노둔) 樸鈍(박둔) 闇鈍(암둔) 頑鈍(완둔) 迂鈍(우둔) 癡鈍(치둔)

부수	획수	총획
馬	10	20

오를 등 【1560】

【字源】〈형성〉 흔히 비등해진다고 한다. 가만히 있던 상태가 외부의 충격으로 인해 갑자기 펄쩍 뛰기도 한다. 잠잠하던 물가가 갑자기 폭등한다. 값이 이전보다 많아지거나 높아진 것이다. 물이 펑펑 솟아오르듯이(朕) 외부의 충격에 의해서 놀란 말(馬)이 하늘 높이 펄쩍펄쩍 뛰어 [오르다(騰)]는 뜻이고 [등]으로 읽는다.
圖 登(오를 등) 回 落(떨어질 락) 回 謄(베낄 등)

【필순】 ﾉ 月 月 朊 朕 朕 朕 勝 騰 騰

【기초】【기초한자어】 익히고, 【기본→발전한자어】 다지기
暴騰(폭등) 물가, 주가가 갑자기 큰 폭으로 오름
沸騰(비등) 물 끓듯이 떠들썩하여짐
急騰(급등) 물가나 시세 따위가 갑자기 오름
• 가만히 있다가도 손해를 보게 되면 민심이 沸騰하기 마련이다.
• 물가가 暴騰하니 주가도 따라서 急騰하기 시작했다.

【기본】 ③ 騰貴(등귀) 騰極(등극) 騰達(등달) 騰落(등락) 騰揚(등양) 反騰(반등) 飛騰(비등) 續騰(속등) 仰騰(앙등) 漸騰(점등)
【발전】 ① 溢騰(도등) 騰沸(등불) 騰擾(등요) 噴騰(분등) 沸騰(비등) 蜚騰(비등) 昻騰(앙등) 嘝 昂騰(앙등)
【사자성어】 ③ 物價急騰(물가급등) ② 騰勇副尉(등용부위) ① 騰蛟起鳳(등교기봉)

부수	획수	총획
水	14	17

넘칠 람 : 【1561】

【字源】〈형성〉 그릇에 물을 가득 부으면 물이 철철 넘친다. 비가 너무 많이 오면 홍수가 나서 사고를 유발하고, 술을 많이 먹으면 취중에 사고를 내기도 한다. 강렬하게 퍼져 나오거나 거세게 일어난다. 장마가 진 후에 냇물(水)을 잘 살펴보니(監) 큰 홍수가 일어나서 냇물이 불어 [넘치다(濫)]는 뜻이고 [람]으로 읽는다.
圖 氾(넘칠 범) 回 監(볼 감) 藍(쪽 람) 回 濫

【필순】 ﾉ ﾉ ﾉ 沪 沪 沲 淤 濫 濫 濫

【기초】【기초한자어】 익히고, 【기본→발전한지어】 다지기
濫伐(남벌) 나무를 함부로 벰
濫發(남발) 말이나 행동 등을 자꾸 마구함
濫讀(남독) 체계가 없이 아무렇게나 읽음
• 濫讀은 어떤 독서 습관보다 가장 나쁘다.
• 정책을 濫發한 중에 濫伐을 묵인한 법이 제일 나빴다.

【기본】 ③ 濫用(남용) 濫獲(남획) 冒濫(모람)
【발전】 ② 濫掘(남굴) ② 濫陟(남척) ① 濫觴(남상) 氾濫(범람) 猥濫(외람) 冤濫(원람) 滌濫(척람) 侈濫(치람)

부수	획수	총획
手	8	11

노략질할 략 【1562】

【字源】〈형성〉 서울은 우리나라 문화의 중심지로 많은 문화재가

있다. 일제강점기 때 일본은 귀중한 문화재를 노략질해갔다. 떼를 지어 다니면서 마구 잡아가거나 빼앗아 가는 짓을 했다. 도적들이 수도인 서울(京)에 들어와서 고관들의 재물을 마음대로 빼앗아갔으니(扌) [노략질하다(掠)]는 뜻이고 [략]으로 읽는다.

⑤奪(빼앗을 탈) 侵(침노할 침) 回涼(서늘할 량)

필순 扌 扌 扌 扩 扩 拧 挣 挣 掠 掠

기초 【기초한자어】 익히고, 【기본→발전한자어】 다지기
侵掠(침략) 침노하여 약탈하는 것
擄掠(노략) 사람을 해치거나 재물을 빼앗음
掠奪(약탈) 폭력을 써서 무리하게 빼앗음
• 조선 시대에 해안에서 擄掠질하는 왜구가 많았다.
• 우리 해안을 侵掠한 왜구는 귀한 문화재까지 掠奪해 갔다.

기본 ③抄掠(초략)
발전 ①掠笞(약태) 拷掠(고략) 擄掠(노략) 焚掠(분략) 剽掠(표략)

부수	획수	총획
言	8	15

살펴알 량
믿을 량【1563】

字源 〈형성〉 우리나라 표준어는 '교양 있는 사람들이 두루 쓰는 현대 서울말'이다. 옛날의 표준말 기준도 이와 같았을 것이다. 그래서 백성들이 의심하지 않고 습관대로 그렇게 여기며 썼다. 서울(京)에서 쓰는 나랏말(言)이 한 나라의 공용어가 되었으니 더욱 [미더워서(諒)] 지방민이 [살펴(諒)] 익혔으니 [량]으로 읽는다.

⑤察(살필 찰) 信(믿을 신) 知(알 지) 回涼(서늘할 량) 掠(노략질할 략)

필순 亠 言 言 言 詝 詝 諒 諒 諒 諒

기초 【기초한자어】 익히고, 【기본→발전한자어】 다지기
諒解(양해) 사정을 살펴서 너그럽게 이해함
諒察(양찰) 헤아려서 살핌
諒知(양지) 살피어 앎
• 우천시 공연이 취소되는 점을 諒知하시기 바랍니다.
• 사정을 諒察하시어 그간의 실수를 잘 諒解 바랍니다.

기본 ③諒燭(양족) 海諒(해량) 惠諒(혜량)
발전 ①諒闇(양암)
사자성어 ③深諒處之(심량처지)

부수	획수	총획
心	12	15

불쌍히 여길 련
【1564】

字源 〈형성〉 마음씨는 곱지만, 생활이 어려운 사람끼리 동정심이 간다. 동병상련(同病相憐)이란 말이 있다. 같은 병을 앓는 사람끼리 불쌍히 여긴다는 뜻이다. 비슷한 처지에 처해 있음을 비유한 말이다. 어려운 처지에 있는 이웃(隣)들을 불쌍하게 여긴 마음(忄)이 생기니 [불쌍히 여기다(憐)]는 뜻이고 [련]으로 읽는다.

⑤憫(불쌍히 여길 민) 恤(불쌍할 휼) 回隣(이웃 린) 傑(뛰어날 걸)

필순 忄 忄 忄 忄 忱 忯 憐 憐 憐 憐

기초 【기초한자어】 익히고, 【기본→발전한자어】 다지기
哀憐(애련) 남의 불행을 가엾게 여김
可憐(가련) 애틋하게 동정심이 감
憐憫(연민) 불쌍하고 딱하게 여김
• 그녀의 사연을 들은 그의 눈에 哀憐의 빛이 서렸다.
• 우리는 可憐한 자매의 처지에 심심한 憐憫의 정을 느끼게 되었다.

기본 ③愛憐(애련) 乭憐(읍련)
발전 ②憐悼(연도) 28憐閔(연민) ①矜憐(긍련) 特憫憐(연민)
사자성어 ③同病相憐(동병상련) 淸純可憐(청순가련)

부수	획수	총획
力	4	6

못할 렬【1565】

字源 〈회의〉 지혜의 힘, 체력의 힘이 넘쳐흐를 때 남 앞에서 떳떳해지고 자신만만해진다. 힘이 미약하면 일단 뒷전에 서게 된다. 정해진 일정한 수준에 못 미치면서 그 정도가 된다. 힘(力)이 적어서(少) 남과 대적하지 [못하다(劣)] 또는 문제를 해결할 힘(力)이 적으니(少) [용렬하다(劣)]는 뜻이고 [렬]로 읽는다.

⑤拙(졸할 졸) 回優(넉넉할 우) 回尖(뾰족할 첨)

필순 丿 小 小 少 劣 劣

기초 【기초한자어】 익히고, 【기본→발전한자어】 다지기
優劣(우열) 우수함과 열등함
劣惡(열악) 품질, 능력 등이 몹시 떨어지고 나쁨
劣勢(열세) 힘이 상대편보다 못한 형세
• 환경이 좋지 않거나 상태가 나쁜 상황을 '劣惡하다' 고 말한다.
• 상대의 劣勢를 알고 힘껏 밀어붙여서 결국엔 優劣을 가리기 쉬웠다.

기본 ③劣等(열등) 劣性(열성) 卑劣(비열) 庸劣(용렬) 愚劣(우렬) 拙劣(졸렬)
발전 ②劣紳(열신) ①怯劣(겁렬) 懦劣(나열) 陋劣(누열) 鄙劣(비열) 闇劣(암렬) 乏劣(핍렬)

3급

부수	획수	총획
广	10	13

청렴할 렴 【1566】

字源 〈형성〉'농자천하지대본'이라 하였다. 벼슬길에 나가 있으면서도 생활의 으뜸인 농사일까지 관여했었다니 생활이 극히 청렴하다 하겠다. 맑고 깨끗하여 재물을 등을 탐하는 마음이 없다. 벼슬하는 선비가 자기 집(广)에서 농사를 겸하고 있으니(兼) 그 생활태도가 바르고 [청렴하다(廉)]는 뜻이고 [렴]으로 읽는다.
圖 儉(검소할 검) 回 兼(겸할 겸) 康(편안 강)

필순 广广产庐庐庐庐庫庫廉廉廉

기초 【기초한자어】익히고, 【기본→발전한자어】다지기
清廉(청렴) 성품이 고결하고 탐욕이 없음
廉探(염탐) 남의 사정이나 비밀을 몰래 알아냄
廉恥(염치) 미안하고 부끄러움을 아는 마음
• 전쟁에서는 廉探꾼을 조심해야 한다.
• 그들은 참으로 廉恥를 모르는 자일지니 참으로 清廉치 못하구나.

기본 ③ 廉價(염가) 冒廉(모렴) 低廉(저렴) 沒廉恥(몰염치) 破廉恥(파렴치)

발전 ② 廉纖(염섬) 28 裴克廉(배극렴) ① 廉隅(염우)

사자성어 ③ 清廉潔白(청렴결백)

부수	획수	총획
犬	15	18

사냥 렵 【1567】

字源 〈형성〉사냥은 선비들이 신선이 놀음처럼 신성시했던 놀이다. 조정에서도 사냥을 했고, 대부들이나 왕족들도 사냥하여 심신을 닦았다. 총이나 도구를 가지고 산이나 들에서 짐승을 잡는 일이다. 주인과 함께 사냥 갔던 개(犬)가 털이 긴 갈기의 짐승(巤)을 잡았으니 [사냥하다(獵)는 뜻이고 [렵]으로 읽는다.
圖 狩(사냥할 수) 回 猟

필순 犭犭犭犭犭犭獵獵獵獵獵

기초 【기초한자어】익히고, 【기본→발전한자어】다지기
狩獵(수렵) 사냥을 문어적으로 이르는 말
涉獵(섭렵) 여러 가지 책을 널리 읽음
獵官(엽관) 관직을 얻으려고 갖은 방법을 씀
• 한 자리 얻으려고 저들이 獵官을 하는구나.
• 그는 狩獵을 좋아하는 줄만 알았는데, 많은 책을 涉獵했었구나.

기본 ③ 獵車(엽거) 獵犬(엽견) 獵奇(엽기) 獵夫(엽부) 獵師(엽사) 獵色(엽색) 獵銃(엽총) 禁獵(금렵) 密獵(밀렵)

田獵(전렵)

발전 ② 戈獵(과렵) 28 鴨獵(압렵) ① 蒐獵(수렵) 燎獵(요렵)

부수	획수	총획
雨	5	13

떨어질 령 【1568】

字源 〈형성〉빗방울 소리가 뚝뚝 떨어진다. 그 모양이 동그랗고 떨어지는 소리가 하늘의 명령에 의한 것 같이 보였던 모양이다. 서로 따로 따로 있어서 떼어지는 상황이 된다. 방울저서 뚝뚝 떨어지는 빗방울(雨)의 소리가 마치 하늘의 명령(令)에 의한 것만 같았다고 했으니 [떨어지다(零)]는 뜻이고 [령]으로 읽는다.
圖 落(떨어질 락) 回 雰(안개 분) 雪(눈 설) 雲(구름 운)

필순 一广币币币雪雪雪雪零零

기초 【기초한자어】익히고, 【기본→발전한자어】다지기
零下(영하) 온도계의 온도가 섭씨 0도 이하임
零點(영점) 득점이 없음. 섭씨온도계의 어는점
零細(영세) 살림이 보잘것없고 몹시 가난함
• 경제난 이후 零細민이 부쩍 많아졌다는구나.
• 가끔 零點을 맡더니 이젠 완전히 零下의 날씨인걸.

기본 ③ 零落(영락) 零封(영봉) 零上(영상) 零時(영시)

발전 ① 零碎(영쇄) 零凋(영조) 零墜(영추) 零悴(영췌) 零唾(영타) 零歇(영헐) 涕零(체령)

사자성어 ③ 零細業者(영세업자)

부수	획수	총획
隶	8	16

종 례 : 【1569】

字源 〈형성〉종은 주인이 시키는 대로 일만 하면 되었고, 주인의 비서 역할도 했다. 남의 집에 딸려 그 집에서 천한 일을 한 사람이었다. 또한 사람에 얽매어 명령에 따라 움직인 사람이었다. 죄인이나 이민족을 붙잡아서(隶) 나라 제사(示)를 담당하는 관원(士)을 노예로 삼았으니 [종(隷)]을 뜻하고 [례]로 읽는다.
圖 奴(종 노) 婢(계집종 비) 僕(종 복) 回 款(항목 관)

필순 一十土丰丰丰隶隶隸隸隸

기초 【기초한자어】익히고, 【기본→발전한자어】다지기
僕隷(복례) 사내종
奴隷(노예) 자유를 뺏겨 남에게 부림 받는 사람
隷屬(예속) 어떤 것의 지배 아래 매어 있음
• 그 선비는 僕隷를 데리고 과거 길에 올랐다.
• 양반집에 隷屬된 종들은 奴隷나 마찬가지였다.

3급

기본 ③ 隷事(예사) 隷書(예서) 隷臣(예신) 隷役(예역) 隷人(예인) 同隷(동례) 輿隷(여례) 直隷(직례) 賤隷(천례)
발전 ① 隷僕(예복) 隷楷(예해) 萌隷(맹례) 陪隷(배례) 徒隷(아례) 篆隷(전례) 楷隷(해례)
사자성어 ③ 隷也不力(예야불력)

부수	획수	총획
鹿	0	11

사슴 록【1570】

字源 〈상형〉 사슴은 불로장수, 강장제로 쓰였으며 어렸을 때 적당히 먹으면 평생 동안 건강해진다고 했다. 산에서 주로 풀이나 나무의 싹 따위를 먹고 살며 성질이 온순하고 되새김질도 했다. 위의 뿔과 몸통 그리고 네발이 달린 사슴의 모양을 본떠서 그 뿔을 약용으로 썼던 [사슴(鹿)]을 뜻하고 [록]으로 읽는다.
回慶(경사 경) 麗(고울 려)

필순 ㅗ 广 广 户 庐 唐 唐 鹿 鹿 鹿

기초 【기초한자어】 익히고, 【기본→발전한자어】 다지기
馴鹿(순록) 사슴과의 짐승
鹿皮(녹피) 남의 말을 좇아 이랬다저랬다 함
鹿角(녹각) 사슴뿔로 약효가 녹용만 못함
• '鹿皮'는 사슴의 가죽이며, 줏대가 없이 남의 말을 좇아 이리저리 한다는 말이다.
• 馴鹿은 우리에게 鹿角을 주어 몸에 이로운 양분이 된다.
기본 ③ 鹿獵(녹렵) 鹿皮(녹비) 鹿血(녹혈) 逐鹿(축록)
발전 ② 鹿腎(녹신) 鹿苑(녹원) 2급 鹿蜀(녹촉) ① 鹿茸(녹용)
사자성어 ③ 指鹿爲馬(지록위마)

부수	획수	총획
亅	1	2

마칠 료 :【1571】

字源 〈가차〉 갓난아이가 태어나면 고갯짓도 잘 못하고 팔의 움직임도 매우 더디다. 마치 양팔이 몸에 붙어있는 것처럼 기특하게 보였던 모양이다. 산모가 통증을 겪고 해산을 이제는 다하여 끝냈다. 갓난아이의 양팔이 몸에 붙어서 태어났음을 가리켜서 산모가 이미 해산함을 [마치다(了)]를 뜻하고 [료]로 읽는다.
圈終(마칠 종) 末(끝 말) 回子(아들 자) 予(나 여)

필순 ㄱ 了

기초 【기초한자어】 익히고, 【기본→발전한자어】 다지기
完了(완료) 완전히 끝을 냄

終了(종료) 일을 끝마침
修了(수료) 끝을 막음. 학과를 다 배워 마침
• 그들은 이번 학기를 다 마친 다음에 修了를 했다.
• 이 일을 終了했다고 하여 일이 完了된 것은 아니다.
기본 ③ 了結(요결) 了解(요해) 滿了(만료)
발전 ② 魅了(매료) ① 了勘(요감) 了又(요차)

부수	획수	총획
人	12	14

동료 료【1572】

字源 〈형성〉 '료'란 말은 여러 가지 각도에서 생각하면 참 좋은 말이다. 생사고락을 같이 하는 친구와 같은 존재이기 때문이다. 같은 직장이나 동아리에서 일하거나 활동한 사람들 집단이다. 공무를 집행하는 관청(尞)에서 민원에 대한 여러 가지 일을 하는 사람(人)인 벼슬아치로 [동료(僚)]를 뜻하고 [료]로 읽는다.
回療(병 고칠 료)

필순 亻 亻 伫 伫 伫 偽 偽 偽 僚 僚

기초 【기초한자어】 익히고, 【기본→발전한자어】 다지기
僚友(요우) 같은 곳에서 일하는 같은 계급의 벗
閣僚(각료) 내각을 조직하는 각 장관
同僚(동료) 같은 곳에서 같은 일을 보는 사람
• 僚友는 같은 곳에서 일하는 같은 계급 친구라 한다.
• 閣僚들 가운데는 우리 당의 同僚들이 있어서 마냥 든든하다.
기본 ③ 僚吏(요리) 官僚(관료) 幕僚(막료)
발전 ① 壙僚(광료)

부수	획수	총획
尸	11	14

여러 루 :【1573】

字源 〈형성〉 어리석고 못난 사람은 몇 번을 일러주어도 쉽게 알아차리지 못한다. 몇 번이고 되풀이해도 익숙하지 못하고 허덕이기도 한다. 사람이나 짐승 수효가 한둘이 아니고 그보다 많다. 어리석은(婁) 사람이 몸(尸)을 여러 번 구부려 하던 일을 반복하여 되풀이하려고 했으니 [여러(屢)]를 뜻하고 [루]로 읽는다.
圈累(여러 루) 回樓(다락 루)

필순 ㄱ 尸 尸 尸 屉 屉 屡 屡 屢

기초 【기초한자어】 익히고, 【기본→발전한자어】 다지기
屢次(누차) 여러 차례
屢報(누보) 여러 번 알리거나 보도함

屢屢(누누) 여러 번 자꾸
• 여러 번씩이나 알리거나 보도함을 흔히 屢報라 한다.
• 屢屢이 말했는데도 屢次 이런 실수를 저질렀으니 결코 용서할 수 없다.

기본 ③ 屢年(누년) 屢代(누대) 屢世(누세)

梨園(이원) 배 밭
• 산에서 외롭게 열린 돌배를 흔히 '山梨'라 한다.
• 저 梨園에 활짝 핀 고운 梨花가 마치 눈과도 같구나.

발전 ① 棠梨(당리)
사자성어 ③ 烏飛梨落(오비이락)

부수	획수	총획
水	8	11

눈물 루 : 【1574】

字源 〈형성〉 모든 감정이 극에 다다르면 눈물이 난다고 한다. 슬플 때도 기쁠 때도 울었다. 사람이나 짐승의 눈알 위쪽에 있는 누선에서 나와 눈알을 적시면서 투명한 액체 상태다. 지난날에 저질렀던 자기의 잘못(戾)을 진심으로 뉘우치면서 하염없고 구슬프게 마구 흘리는(氵) [눈물(淚)]을 뜻하고 [루]로 읽는다.
图涕(눈물 체) 回漏(샐 루) 派(물결 파) 回淚

필순 ````氵氵沪沪沪泻淚淚

기초 【기초한자어】 익히고, 【기본→발전한자어】 다지기
血淚(혈루) 피눈물
催淚(최루) 눈물이 나오게 함
落淚(낙루) 눈물을 흘림
• 경찰들이 시위를 진압하려고 催淚彈(탄)을 쏘았다.
• 血淚를 쏟는 애절한 말에 나도 그만 눈시울을 적시며 落淚하고 말았다.

기본 ③ 淚珠(누주)
발전 ① 淚霑(누점) 蠟淚(납루) 隕淚(운루) 凄淚(처루) 涕淚(체루) 灑淚雨(쇄루우)

부수	획수	총획
阜	12	15

이웃 린 【1576】

字源 〈형성〉 우리들은 흔히 이웃사촌이라고들 했다. 이웃들은 서로가 살펴가면서 돕고 산다. 마음으로 사랑하며 물질로도 도왔는데 촉매제는 쌀이 으뜸이었다. 서로 가까이에서 인접하여 사는 집이다. 마을(阝←邑) 사람들이 서로 쌀(米)을 주고받으며 (舛) 알뜰하게 돕고 살아가는 [이웃(隣)]을 뜻하고 [린]으로 읽는다.
回憐(불쌍히 여길 련) 傑(뛰어날 걸)

필순 阝阝阝阡阡阡阡陸陸陸陸隣隣

기초 【기초한자어】 익히고, 【기본→발전한자어】 다지기
善隣(선린) 이웃이나 이웃나라와 사이좋게 지냄
隣接(인접) 옆에 닿아 있음
隣近(인근) 거리상으로 가까운 이웃
• 우리 집은 산이 隣接한 곳에 있어 공기가 맑다.
• 요즈음 국제적인 추세는 隣近의 나라들과 돕고 도와주면서 善隣하는 것이다.

기본 ③ 隣村(인촌)
발전 ① 隣畔(인반) 逼隣(핍린)

부수	획수	총획
木	7	11

배 리 【1575】

字源 〈형성〉 배는 몸에 수분을 대어 주고 변비증에도 아주 좋다고 한다. 또한 한약의 약재로도 쓰인다. 배(梨)는 소화를 촉진시킨다. 고기요리의 자극을 완화하기 때문에 많이 이용되었다. 특히 변비증에도 좋고 풍부한 수분을 주는 등 몸에는 매우 이로움(利)을 주는 나무(木)로 [배(梨)]를 뜻하고 [리]로 읽는다.
回利(이로울 리)

필순 二千千禾利利利利梨梨梨

기초 【기초한자어】 익히고, 【기본→발전한자어】 다지기
山梨(산리) 돌배
梨花(이화) 배나무 꽃

부수	획수	총획
心	11	14

거만할 만 : 【1577】

字源 〈형성〉 매사에 남의 비위를 거스르고 행동이 게으른 사람이 있다. 그들은 몸을 축 늘어뜨리고 거만하게 기대어 있기도 한다. 자기 잘난 체를 하면서 남을 업신여기고 건방지게 군다. 마음(忄)이 산만하고 나태하여 몸을 기다랗게 퍼지게(曼) 하면서 많이 게으름을 피우니 [거만하다(慢)]는 뜻이고 [만]으로 읽는다.
图倨(거만할 거) 傲(거만할 오) 怠(게으를 태) 回漫(흩어질 만)

필순 ````忄忄忄忄忄忄忄慢慢慢

기초 【기초한자어】 익히고, 【기본→발전한자어】 다지기
怠慢(태만) 일을 하지 않고 게으름을 피움
自慢(자만) 거만하게 스스로 자랑함
慢性(만성) 쉽사리 낫지도 않는 병의 성질

• 이 병은 慢性이라 말하는데, 쉽게 낫지 않는다.
• 더없이 怠慢한 사람이 그만 自慢하기까지 하는구나.

기본 ③ 慢侮(만모) 侮慢(모만) 傲慢(오만) 緩慢(완만)

발전 ① 倨慢(거만) 驕慢(교만) 懶慢(나만) 瀆慢(독만) 慢然
(만연) 慢誖(만패) 褻慢(설만) 頑慢(완만) 黜慢(출만)
悖慢(패만) 逋慢(포만) 懈慢(해만)

부수	획수	총획
水	11	14

흩어질 만 : 【1578】

字源 〈형성〉 물은 한 곳으로 흘러가야만 여러 가지로 잘 이용
된다. 논에 물도 대고 전력도 일으키며 음료수로도 쓰인
다. 한 곳에 있지 못하고 제각각 떨어지거나 퍼져 있다는
뜻이다. 물(氵)이 널따랗게 퍼져서(曼) 넓은 들판을 촉촉
하고 질펀하게 적시면서 [흩어지다(漫)] 또는 [부질없다(漫)]
는 뜻이고 [만]으로 읽는다.
⑤散(흩을 산) ⑪集(모을 집) ⑪慢(거만할 만)

필순 氵氵氵氵氵氵氵漫漫漫漫漫漫漫

기초 【기초한자어】 익히고, 【기본→발전한자어】 다지기
散漫(산만) 어수선하여 걷잡을 수 없음
漫遊(만유) 이곳저곳으로 두루 돌아다니며 놂
漫然(만연) 목적 없이 허투루 하는 태도가 있음
• 부정부패가 漫然한 나라는 미래가 없다.
• 일이 散漫하기만 한데, 그렇게 漫遊하고만 있으니
이거 큰일이군.

기본 ③ 漫談(만담) 漫評(만평) 漫筆(만필) 漫畫(만화) 浪漫
(낭만) 放漫(방만)

발전 ② 爛漫(난만) ②⑧滋漫(자만) ① 瀾漫(난만) 漫灌(만관)
漫瀾(만란) 漫散(만산) 漫楜(만호) 渺漫(묘만) 堊漫(악만)
罕漫(한만) 闊漫(활만)

사자성어 ② 天眞爛漫(천진난만)

부수	획수	총획
心	3	7

잊을 망 【1579】

字源 〈회의〉 생활해 가면서 활기찬 일을 깊이 간직하며 사는
사람들이 더 많은 것 같다. 바람직스럽지 못한 일은 마음
에서 빨리 지워버려야 한다. 모두 다 기억하지 못하거나
기억해 두지 않는다. 바람직하지 못한 일을 마음(心) 속에
서부터 그만 빨리 지워 버리려고 애를 쓰니(亡) [잊다(忘)]
는 뜻이고 [망]으로 읽는다.
⑤失(잃을 실) ⑪숲(명령될 망)

필순 亠亡亡亡忘忘忘

기초 【기초한자어】 익히고, 【기본→발전한자어】 다지기
忘却(망각) 잊어버림
難忘(난망) 잊기 어렵거나 또는 잊지 못함
健忘症(건망증) 듣고 본 것을 잘 잊어버린 병증
• 이제 나이가 들어가서 健忘症이 생겨 큰일이네.
• 나보고 忘却하라고 하지만 참으로 難忘이로세.

기본 ③ 忘年(망년) 忘失(망실) 忘恩(망은) 健忘(건망) 不忘
(불망) 備忘(비망) 三忘(삼망) 忘年會(망년회) 勿忘草
(물망초) 備忘錄(비망록)

발전 ① 忘倦(망권) 捐忘(연망)

사자성어 ③ 刻骨難忘(각골난망) 背恩忘德(배은망덕) ② 廢寢
忘餐(폐침망찬) ②⑧鷗鷺忘機(구로망기)

부수	획수	총획
心	3	6

바쁠 망 【1580】

字源 〈회의〉 어려서 간직했던 추억들은 참 아름다워서 늙도록
잊히지 않는다고 한다. 그것은 혼자만 간직한 영원한 추
억이 될 수 있다. 일이 많거나 매우 급해서 분주하여 더
틈낼 겨를이 없다. 마음(忄)속에 깊이 간직했던 추억들을
잊어버릴(亡) 만큼 일이 분주하기만 했으니 [바쁘다(忙)]
는 뜻이고 [망]으로 읽는다.
⑤奔(달릴 분) ⑪閑(한가할 한) ⑪亡(망할 망) 忘(잊을 망)

필순 丶丶忄忄忙忙

기초 【기초한자어】 익히고, 【기본→발전한자어】 다지기
慌忙(황망) 마음이 몹시 급하여 당황함
多忙(다망) 일이 매우 많음
忙中閑(망중한) 바쁜 가운데의 한가한 때
• 선생님 바쁜 가운데 慌忙하게도 그만 이렇게 실수
를 했습니다.
• 요즈음 多忙한 가운데 그저 忙中閑을 즐기고 있지요.

기본 ③ 奔忙(분망)

사자성어 ③ 公私多忙(공사다망)

부수	획수	총획
网	3	8

없을 망 【1581】

字源 〈형성〉 반두, 쟁이, 통발 같은 어구를 사용하여서 고기를
많이도 잡았다. '없다'는 사람이나 사물 또는 어떤 사실
이나 현상 따위가 실제로 존재하지 않는 상태이다. 그물
(网←网)에 치렁치렁 걸려있던 고기를 손으로 막 잡으
려 했지만 그만 빠져나가서 도망쳤으니(亡) [없다(罔)]
는 뜻이고 [망]으로 읽는다.

回岡(산등성이 강)

필순 丨 冂 冂 冈 冈 罔 罔 罔

기초 【기초한자어】 익히고, 【기본→발전한자어】 다지기
罔測(망측) 이치에 맞지 않아 헤아릴 수 없음
罔極(망극) 임금이나 부모의 은혜는 한이 없음
欺罔(기망) 남을 그럴 듯하게 속임
• 忠孝(충효)의 마음이 가득하여 罔極하기 그지없구나.
• 남을 欺罔한 가운데 罔測한 일을 저지르고 말았네.

기본 ③ 罔民(망민)
발전 ① 誣罔(무망) 罔罔(한망) 慌罔(황망)
사자성어 ③ 怪常罔測(괴상망측) ② 罔赦之罪(망사지죄) 罔知所措(망지소조) 28 昊天罔極(호천망극)

부수	획수	총획
艹	6	10

아득할 망 【1582】

字源 〈형성〉 큰물이 지면 초목의 끝만 보이고 벌판이 가물가물 아득하게 보인다. 풀이 우거져 있어도 온 천지는 캄캄하여 그저 망망할 뿐이다. 주위가 몹시 넓고 넓어서 아득하고 멀다. 홍수(氵)가 크게 져서 떠내려가서 풀(艹)이 가물가물 없어지듯이(亡) 우거졌으니 그 끝이 [아득하다(茫)]는 뜻이고 [망]으로 읽는다.
回范(풀이름 범)

필순 一 十 艹 艹 艹 艹 浐 浐 茫 茫

기초 【기초한자어】 익히고, 【기본→발전한자어】 다지기
忘洋(망양) 한량없이 넓은 모양
茫漠(망막) 뚜렷한 구별이 없이 넓고 멂
滄茫(창망) 넓고 멀어서 아득함
• 오랫동안 먼 바다를 航海하니 忘洋하기 그지없네.
• 滄茫한 대해를 바라보니 茫漠하기 끝이 없구나.

기본 ③ 茫茫(망망) 茫然(망연)
발전 28 汪茫(왕망) 沆茫(항망) ① 曠茫(광망) 茫昧(망매) 茫惚(망홀) 昧茫(매망) 渺茫(묘망)
사자성어 ③ 茫茫大海(망망대해) 茫然自失(망연자실)

부수	획수	총획
土	7	10

묻을 매 【1583】

字源 〈형성〉 사람이 죽으면 땅에 묻는다. 후손이 성묘를 가거나 묘를 돌보기 편리한 위치인 마을 근처의 포근한 양지쪽에 묻었던 것이다. 온 동네 사람들의 애도 속에 선산에 묻히기도 한다. 사람 운명이 그만 다하여 죽으면 마을(里)

근처 따뜻한 양지쪽에 흙(土)을 깊게 파서 곱게 [묻다(埋)]는 뜻이고 [매]로 읽는다.
回理(다스릴 리)

필순 一 十 士 圵 圵 圳 坩 坦 埋 埋

기초 【기초한자어】 익히고, 【기본→발전한자어】 다지기
埋葬(매장) 송장을 땅에 묻음
埋伏(매복) 적의 살핌과 습격을 위해 몰래 숨음
埋沒(매몰) 파묻음
• 埋伏한 의적들이 급습하여 탐관오리의 전재산을 몰수했다.
• 지진으로 埋沒된 시신을 파 내어 다시 정중하게 埋葬하려고 한다.

기본 ③ 埋藏(매장) 埋暮(매모) 埋魂(매혼) 假埋(가매) 生埋(생매) 暗埋(암매) 生埋葬(생매장) 暗埋葬(암매장)
발전 ① 埋蘊(매온) 埋痙(매인) 淪埋(윤매) 椎埋(추매)

부수	획수	총획
冖	8	10

어두울 명 【1584】

字源 〈회의〉 보름에는 달이 밝지만 그 이후는 점차 작아진다. 그믐을 전후한 6일간은 칠흑 같은 어두운 합삭이 된다. 달이 빛을 발하지 못해 주변 사물이 잘 보이지 않는 상태가 된다. 음력 16일부터 달이 점차 가려져서(冖) 그믐을 전후한 6일(六日)간은 달의 모습이 없어져서 [어둡다(冥)]는 뜻이고 [명]으로 읽는다.
圖暗(어두울 암) 昏(어두울 혼) 闇(숨을 암) 回明(밝을 명) 郞(밝을 랑) 昭(밝을 소) 哲(밝을 철) 回寬(너그러울 관) 宴(잔치 연)

필순 丨 冖 冖 冃 冃 冃 冝 冥 冥 冥

기초 【기초한자어】 익히고, 【기본→발전한자어】 다지기
冥想(명상) 고요하게 눈을 감고 깊이 생각함
冥府(명부) 저승
冥福(명복) 죽은 뒤에 저승에서 받는 복
• 이제 분주한 생활을 청산하고 깊은 冥想에 드시옵소서!
• 이제는 한 많은 세상 그만 두고 冥府에 드셨으니 삼가 冥福을 빌 뿐이옵니다.

기본 ③ 冥界(명계) 冥冥(명명) 冥王(명왕) 冥王星(명왕성)
발전 28 冥佑(명우) 冥祐(명우) ① 冥緬(명면) 冥頑(명완) 冥海(명회) 杳冥(묘명) 闇冥(암명) 窈冥(요명)

부수	획수	총획
人	7	9

업신여길 모(:) 【1585】

3급

字源 〈형성〉 말과 태도에서부터 거만함을 보이면서 남을 깔보는 사람이 더러 있다. 말을 붙일 수가 없어 거부감을 느낀다. 언행들이 그렇다. 교만한 마음으로 낮춰 보거나 하찮게 여긴다. 사람(人)이 어두운(每) 곳에서 앞이 보이지 않아 '쳐다보지 않다'는 뜻이나 발전하여 [업신여기다(侮)]는 뜻이고 [모]로 읽는다.
동 淩(업신여길 릉) 蔑(업신여길 멸) 반 恭(공손할 공) 敬(공경할 경) 비 悔(뉘우칠 회)

필순 丿 亻 亻 仁 仁 佐 侮 侮 侮

기초 【기초한자어】 익히고, 【기본 → 발전한자어】 다지기
輕侮(경모) 남을 깔보아 모욕하거나 업신여김
受侮(수모) 남에게 모욕을 당함
侮辱(모욕) 깔보고 욕보임
• 그 같은 輕侮를 당하고도 어찌 그렇게 더 견딜 수가 있겠는가.
• 그는 억울하게 侮辱을 당하더니만 그 受侮로 인해 그만 병이 났다.

기본 [3] 侮弄(모롱) 侮慢(모만) 侮笑(모소) 侮言(모언)

발전 [2] 侮蔑(모멸) [1] 倨侮(거모) 凌侮(능모) 侮罵(모매) 侮謔(모학) 禦侮(어모) 嗤侮(치모)

冒

부수	획수	총획
冂	7	9

무릅쓸 모 【1586】

字源 〈회의〉 꾸중하거나 인격을 모독하는 말을 하더라도 꾹 참아야 한다. 이를 참고 견디면서 상대방의 인격을 그대로 대하는 것이 성공의 열쇠가 된다. 그렇더라도 그대로 참고 견디어야 하느니. 눈(目)이 잘 보이지 않도록 거짓으로 얼굴에 덮개(曰)를 씌워 어둡게 했었으니 [무릅쓰다(冒)]는 뜻이고 [모]로 읽는다.
비 胄(자손 주) 胃(밥통 위)

필순 丨 冂 冃 冃 冃 冐 冒 冒 冒

기초 【기초한자어】 익히고, 【기본 → 발전한자어】 다지기
冒險(모험) 어떤 일을 위험을 무릅쓰고 하는 것
冒頭(모두) 이야기나 글의 첫머리
冒年(모년) 나이를 속이는 일
• 미성년자가 冒年하고 술을 사려다가 적발되었다.
• 그는 冒頭부터 신나는 冒險이야기를 하기 시작했다.

기본 [3] 冒耕(모경) 冒濫(모람) 冒廉(모렴) 冒犯(모범) 冒死(모사) 冒色(모색) 冒涉(모섭) 冒雨(모우) 冒認(모인) 冒進(모진) 冒稱(모칭) 冒寒(모한) 冒險(모험) 干冒(간모) 感冒(감모) 欺冒(기모) 陵侮(능모) 覆冒(복모) 僞冒(위모) 侵冒(침모) 貪冒(탐모) 布冒(포모)

발전 [2] 鬱冒(울모) [1] 冒瀆(모독) 僭冒(참모)

募

부수	획수	총획
力	11	13

뽑을 모
모을 모 【1587】

字源 〈형성〉 모내기나 벼 베기 같은 일은 많은 사람의 손이 필요하다. 직원을 채용할 때 미리 일할 사람들과 날짜를 약속해 두기도 한다. 직원을 구할 때도 널리 구해 모아서 사람을 뽑는다. 바쁜 농사철에 날이 저문(莫) 저녁에 늦게까지 다음 날에 일할 사람을 힘(力)들여 구하니 [모으다(募)]는 뜻이고 [모]로 읽는다.
동 拔(뽑을 발) 集(모을 집) 비 幕(장막 막) 慕(그릴 모)

필순 艹 艹 芇 苜 苜 荁 莫 莫 募 募

기초 【기초한자어】 익히고, 【기본 → 발전한자어】 다지기
應募(응모) 모집에 응함
公募(공모) 널리 알려서 사람을 모음
募集(모집) 사람이나 자금, 작품 등을 뽑아 모음
• 이번 募集한 소설 분야에서는 좋은 작품이 나올 수 있겠지.
• 나는 회사원 公募에 흔쾌히 應募하기로 결심했다.

기본 [3] 募金(모금) 急募(급모)

발전 [1] 募捐(모연)

暮

부수	획수	총획
日	11	15

저물 모 : 【1588】

字源 〈회의〉 옛날 사람들은 해가 풀숲이나 나무뿌리에 숨어 버린 것으로 생각했다. 또한 서쪽 산 멀리에 숨어서 드는 것으로도 생각했다. 해가 서쪽으로 숨어들 듯이 어두워진 것이다. 해질녘이 되어서 큰(大) 태양(日)이 지평선 저 쪽의 풀숲(艹) 속으로 잘 숨어버렸으니(日) 날이 [저물다(暮)]는 뜻이고 [모]로 읽는다.
반 朝(아침 조) 비 募(모을 모) 慕(그릴 모)

필순 艹 艹 芇 苜 苜 荁 莫 莫 暮 暮

기초 【기초한자어】 익히고, 【기본 → 발전한자어】 다지기
日暮(일모) 해가 저묾
歲暮(세모) 그 해가 저무는 때. 연말
暮色(모색) 날이 저물어 가는 어스레한 빛
• '暮色'은 날이 어스레하게 저물어 가는 빛을 뜻한다.
• 12월 31일 日暮가 되니 이제부터는 歲暮의 분위기를 느끼겠네.

기본 [3] 暮境(모경) 暮景(모경) 暮秋(모추) 旦暮(단모)

발전 [1] 暮砧(모침) 夙暮(숙모)

사자성어 [3] 朝令暮改(조령모개) 朝三暮四(조삼모사) [2名] 朝聚暮散(조취모산)

3급

某 아무 모 : 【1589】

부수	획수	총획
木	5	9

字源 〈회의〉여자가 임신을 하면 신 과일을 먹고 싶어 한다고 한다. 옛날에는 출산하기 전까지는 아무도 태아의 성별을 정확하게 알 수 없었다. 임신부의 배 모양을 보며 태아의 성별을 추측했다고 한다. 신 매화나무(木) 열매를 입에 넣어 머금은(甘) 임산부의 딸 아들 구별은 [아무(某)]도 알 수 없다는 뜻이고 [모]로 읽는다.
回 果(실과 과)

필순 一 十 廿 甘 甘 苴 草 某 某

기초 【기초한자어】 익히고, 【기본→발전한자어】 다지기
某處(모처) 아무 곳
某種(모종) 아무 종류
某日(모일) 아무 날
• 우리 두 사람은 다음에 만나 某種의 일을 꾸미기로 약속했다.
• 다음에 우리 두 사람은 某日 某處에서 꼭 만나기로 굳게 약속했다.

기본 ③ 某某(모모) 某氏(모씨)
발전 ② 某孃(모양)
사자성어 ③ 某月某日(모월모일)

卯 토끼 묘 : 【1590】

부수	획수	총획
卩	3	5

字源 〈상형〉2월이 되면 겨울에 닫아둔 방문을 열어젖힌다. 초목의 싹이 트고 훈풍이 불어오면 입춘이 되고 우수가 되어 양쪽 문짝을 밀어 열어젖힌다. 귀가 긴 토끼 모양을 상징하고 있겠다. 두 짝 문을 열어젖히는 모양을 본떠서 [무성함(卯)]과 오전 6시 전후로 넷째 지지라는 [토끼(卯)]를 뜻하고 [묘]로 읽는다.
图 兔(토끼 토) 回 卵(알 란)

필순 ˊ ㄴ ㅌ ㅌㄱ 卯

기초 【기초한자어】 익히고, 【기본→발전한자어】 다지기
卯酒(묘주) 아침술
卯時(묘시) 십이시의 넷째 시
卯方(묘방) 24방위의 하나. 동쪽 방위
• 24방위의 하나 중에 동쪽 방위를 卯方이라 했다.
• 흔히 卯時에 마신 진한 술을 卯酒라 칭한다.

기본 ③ 卯日(묘일) 木卯(목묘) 乙卯(을묘) 破卯(파묘)

廟 사당 묘 : 【1591】

부수	획수	총획
广	12	15

字源 〈형성〉조정에서는 제왕의 위패를 모시도록 제도화했었다. 이렇게 마련한 집을 '종묘'라고 불렀다. 종묘는 서울 종로 훈정에 있는 조선시대 역대 왕과 왕비의 신주를 봉안한 사당이다. 조정(朝)에서 윗대 선왕의 위패를 모시거나 제사 지내는 집(广)으로 [종묘(廟)] 혹은 [사당(廟)]을 뜻하고 [묘]로 읽는다.
图 祠(사당 사) 回 朝(아침 조) 潮(조수 조) 回 庿, 庙

필순 亠 广 广 广 庐 庐 庐 庙 廟 廟

기초 【기초한자어】 익히고, 【기본→발전한자어】 다지기
宗廟(종묘) 조선시대 왕실의 위패를 모신 사당
家廟(가묘) 한 집안의 사당
廟謁(묘알) 임금이 종묘에 참배함
• 임금님도 친히 종묘에 참배했다고 하니 이를 廟謁이라 한다.
• 집에 있는 家廟에서 절을 하고 난 후에 宗廟의 큰 행사에 나갔다.

기본 ③ 廟堂(묘당) 廟議(묘의) 東廟(동묘) 文廟(문묘) 謁廟(알묘) 仁祖廟(인조묘)
발전 ②8 廟謨(묘모) ① 廟羲(묘희) 祠廟(사묘)
사자성어 ②8 宗廟社稷(종묘사직)

苗 모 묘 : 【1592】

부수	획수	총획
艸	5	9

字源 〈회의〉밭에 보리나 밀 그리고 콩 같은 곡식을 뿌렸다. 파릇파릇 싹이 돋고 햇볕과 양분을 받아 모판에서 튼튼하게 자랐다. 못자리 사이를 떼어 직사각형으로 다듬어 놓은 구역이던 모판이었다. 밭(田)에 뿌렸던 곡식의 씨앗이 움터서 파릇파릇 돋아났으니 아직 어린 새잎(艹)인 [모(苗)]를 뜻하고 [묘]로 읽는다.
图 秧(모 앙) 回 草(풀 초)

필순 一 十 艹 艹 芒 苗 苗 苗

기초 【기초한자어】 익히고, 【기본→발전한자어】 다지기
種苗(종묘) 식물의 씨나 싹을 심어서 가꿈
苗板(묘판) 볍씨를 뿌려서 모를 기르는 못자리
苗木(묘목) 목본 식물의 모종
• 볍씨를 뿌려서 모를 길러 본밭에 정성껏 옮겨 심었으니 種苗다.

• 苗板 근처의 苗木들이 다 튼실하게 자라고 있구나.

기본 ③ 苗床(묘상) 苗族(묘족) 育苗(육묘)

발전 ②8 苗胤(묘윤) ① 苗裔(묘예) 昆苗(곤묘) 痘苗(두묘) 蒐苗
(수묘) 秧苗(앙묘)

부수	획수	총획
戈	1	5

천간 무: 【1593】

字源 〈가차〉 '천간'은 '간지' 또는 10간 12지 중 10간째다. 무
(戊)는 다섯째 천간이다. 동아시아 전통 역학 원리 중 하
나다. 천간은 지지와 동양적 세계관인 10간을 의미한 것
으로 역학관계이다. 초목이 따뜻한 햇볕을 받고 비를 맞
아 우거진 모양을 본떠서 [무성하다(戊)] 혹은 [천간(戊)]
을 뜻하고 [무]로 읽는다.

回戌(개 술) 成(이룰 성) 戍(지킬 수)

필순 丿 厂 戊 戊 戊

기초 【기초한자어】 익히고, 【기본→발전한자어】 다지기
戊夜(무야) 오경, 곧 오전 3시~5시 사이의 동안
戊日(무일) 천간(天干)이 무(戊)로 된 날
戊辰年(무진년) 육십갑자의 다섯째 되는 해
• 10간인 천간에 '戊'자로 된 날이 戊日이라고 말한다.
• 나는 지난 戊辰年 어느 戊夜에 좋은 꿈을 꾸었다.

기본 ③ 戊年(무년) 戊戌(무술)

사자성어 ③ 戊午士禍(무오사화) ② 戊己校尉(무기교위)

부수	획수	총획
雨	11	19

안개 무: 【1594】

字源 〈형성〉 수증기가 찬 기운을 만나 작은 물방울이 연기처럼
보이는 것이 안개다. 비 온 뒤에 안개가 많이 나타난 것도
이와 같은 현상이다. 지표면 가까이에 작은 물방울이 부
옇게 떠 있는 현상이다. 여름이 되어 비(雨)가 힘차게(務)
내리듯이 땅 위를 자욱하게 덮었던 수증기로 [안개(霧)]
를 뜻하고 [무]로 읽는다.

回露(이슬 로) 雲(구름 운) 雪(눈 설) 電(번개 전)

필순 一 广 乛 雨 雩 雰 霚 霚 霚 霧

기초 【기초한자어】 익히고, 【기본→발전한자어】 다지기
雲霧(운무) 구름과 안개
濃霧(농무) 짙은 안개
霧散(무산) 안개가 걷히듯 흩어져 없어짐
• 온 산이 보이지 않을 만큼 짙은 안개가 끼었으니
이게 바로 濃霧이다.

• 그들의 꾸민 雲霧 속의 일들이 그만 霧散되어 속
이 다 시원하구나.

기본 ③ 煙霧(연무)

발전 ② 妖霧(요무) ②8 霧聚(무취) ① 霧雰(무분) 霧披(무피)

사자성어 ③ 五里霧中(오리무중)

부수	획수	총획
目	4	9

눈썹 미【1595】

字源 〈상형〉 속눈썹과 겉눈썹을 다 합해서 흔히들 '눈썹'이라고
말한다. 속눈썹은 눈을 보호하고 겉눈썹은 미관상 필요한
것으로 보았었다. 두 눈과 이마 사이 가로로 모여서 길게
자란 짧은 털이다. 눈(目) 위에 있는 속눈썹과 눈두덩이
위에 있는 겉눈썹(尸) 모양을 두루 본떠서 [눈썹(眉)]을
뜻하고 [미]로 읽는다.

필순 丶 乛 乛 尸 尸 尸 眉 眉 眉

기초 【기초한자어】 익히고, 【기본→발전한자어】 다지기
白眉(백미) 가장 뛰어난 사람이나 물건을 말함
眉間(미간) 두 눈썹의 사이
眉目(미목) 눈썹과 눈
• 얼굴에 眉目이 뚜렷한 사람이 이번에 뽑혔다.
• 미인 대회에서 眉間이 먼 듯한 그 여자가 白眉로
지목됐다고 한다.

기본 ③ 眉壽(미수)

발전 ② 纖眉(섬미) 焦眉(초미) ②8 眉俛(미면) 舒眉(서미) 芝眉
(지미) ① 眉抹(미말) 渠眉(거미) 繭眉(견미) 嚬眉(빈미)
嚌眉(제미)

사자성어 ③ 眉目秀麗(미목수려) ② 焦眉之急(초미지급)

부수	획수	총획
辶	6	10

미혹할 미(:)
【1596】

字源 〈형성〉 나그네가 먼 여행을 떠나 낯선 지방에 도달했다.
네거리, 오거리라고 불리는 갈림길에서 어느 길을 택할까
망설이기도 한다. 잠시 정신을 못 차려 마음이 흐려져서
홀린다. 외길로 가다가 이제 사방(米)으로 갈려진 길에서
어느 길로 갈까(辶) 곧 망설이게 되었으니 [미혹하다(迷)]
는 뜻이고 [미]로 읽는다.

圖惑(미혹할 혹) 回近(가까울 근) 返(돌아올 반)

필순 丶 丷 二 半 半 米 米 米 迷 迷

기초 【기초한자어】 익히고, 【기본→발전한자어】 다지기
迷惑(미혹) 마음이 흐려서 무엇에 홀림

3급

迷夢(미몽) 무엇에 홀린 듯 얼떨떨한 상태
迷宮(미궁) 사건, 문제를 쉽게 해결 못하는 상태
• 그 여인을 보고난 다음부터는 그만 정신이 팔려서 迷夢했다.
• 그는 누구에게 迷惑되어 그만 迷宮을 헤매고 있는 느낌이다.

기본 ③ 迷路(미로) 迷霧(미무) 迷息(미식) 迷信(미신) 迷兒(미아) 昏迷(혼미)
발전 ② 妖迷(요미) ① 迷昧(미매) 迷悶(미민) 迷迭(미질)
사자성어 ②⑧ 迷津寶筏(미진보벌)

	부수	획수	총획
憫	心	12	15

민망할 민【1597】

字源 〈형성〉 초상을 당한 집의 문간에 들어서면 조객의 조의문이나 통곡 소리가 들린다. 조문객은 슬퍼하는 뜻을 나타내어 상주를 찾아 위문한다. 겸연쩍고 부끄럽거나 딱하고 안타깝다. 상을 당한 가족들을 불쌍히 여겨 동정하는 마음(↑←心)으로 [민망하다(憫)] 또는 [불쌍히 여기다(憫)]는 뜻이고 [민]으로 읽는다.
图 憐(불쌍히 여길 련) 惻(슬퍼할 측) 回 閔(성 민)

필순

기초 【기초한자어】 익히고, 【기본 → 발전한자어】 다지기
憐憫(연민) 불쌍하고 가련하게 여김
憫迫(민박) 걱정이 아주 절박함
憫情(민정) 근심스러운 마음
• 나는 요즈음 憫迫이 앞을 서서 그만 정신이 없구나.
• 자기 憐憫에 빠진 너를 무심코 바라보니 그만 憫情이 앞서는구나.

기본 ③ 憫急(민급)
발전 ② 憫悼(민도) ① 憫惘(민망) 憫恻(민측) 憫卹(민휼) 矜憫(긍민) 憫憐(측민)

	부수	획수	총획
敏	攵	7	11

민첩할 민【1598】

字源 〈형성〉 행동이 민첩하면서 절도 있는 생활을 매우 중시했다. 민첩하고 절도 있는 어린이를 기르기 위해서 사랑의 매를 때리며 가르쳤다. 마음이 능란하고 행동이 매우 재빠른 경우다. 아이들을 회초리로 자주(每) 때리면서(攵) 바르게 자라도록 길렀으니 행동이 빠르고 [민첩하다(敏)]는 뜻이고 [민]으로 읽는다.
图 捷(빠를 첩) 速(빠를 속) 凹 鈍(둔할 둔) 緩(느릴 완) 回 梅(매화 매) 每(매양 매)

필순

기초 【기초한자어】 익히고, 【기본 → 발전한자어】 다지기
過敏(과민) 지나치게 예민함
敏活(민활) 재빠르고 활발함
敏腕(민완) 일을 재치 있고 빠르게 하는 솜씨.
• 많은 일을 재치 있고 빠르게 하는 솜씨는 敏腕이다.
• 그의 너무 過敏한 성격 때문에 敏活하게 일을 할 수가 없었다.

기본 ③ 敏感(민감) 機敏(기민) 不敏(불민) 銳敏(예민) 聰敏(총민) 該敏(해민)
발전 ②⑧ 駿敏(준민) ① 敏邁(민매) 敏惠(민혜) 恪敏(각민) 夙敏(숙민)
사자성어 ③ 擧行不敏(거행불민) ① 訥言敏行(눌언민행)

	부수	획수	총획
蜜	虫	8	14

꿀 밀【1599】

字源 〈형성〉 꽃은 꿀샘 부근에서 자외선을 흡수한 후 꿀벌에게 알려서 꿀벌이 멀리서도 꿀을 따러오게 한다. 꿀은 벌의 양식으로 벌집에 보관한다. 벌이 꽃의 꿀샘에서 채집하여 먹이로 저장한 것이다. 벌(虫)집(宀) 속에 반드시(必) 빽빽하게(宓←密) 들어 있어야 하는 일벌의 양식으로 [꿀(蜜)]을 뜻하고 [밀]로 읽는다.
回 密(빽빽할 밀)

필순

기초 【기초한자어】 익히고, 【기본 → 발전한자어】 다지기
糖蜜(당밀) 설탕을 녹여 꿀처럼 만든 즙액
蜜蜂(밀봉) 꿀벌과의 곤충
蜜語(밀어) 남녀 사이의 달콤한 정담
• 蜜蜂은 한 마리의 여왕벌을 중심으로 자신들끼리 집단생활을 한다.
• 이번 드라마에서는 糖蜜 같은 달콤한 蜜語를 나누는 연인들의 연기가 있었다는구나.

기본 ③ 蜜月(밀월) 蜂蜜(봉밀)
발전 ② 油蜜菓(유밀과) ① 蜜柑(밀감) 蜜蠟(밀랍) 蜜汁(밀즙)
사자성어 ③ 蜜月旅行(밀월여행) 口蜜腹劍(구밀복검)

	부수	획수	총획
泊	水	5	8

머무를 박
배댈 박【1600】

字源 〈형성〉 깊은 물은 파랗게 보인다. 물이 깊지 않고 가늘게 파도치는 곳에 배를 댄다. 파도가 낮아 상당기간 머무르

기에 적당한 곳이다. 배가 멈추어서 더 이상은 움직이거나 오래 계속되지 않는다. 물(氵)이 깊지 않고 하얀(白) 파도가 친 곳에 정박하니 [머무르다(泊)] 또는 [배 대다(泊)]는 뜻이고 [박]으로 읽는다.

圉 停(머무를 정) 駐(머무를 주) 回 拍(칠 박) 迫(핍박할 박)

필순

기초 【기초한자어】 익히고, 【기본→발전한자어】 다지기
宿泊(숙박) 여관, 호텔에서 잠을 자고 머무름
民泊(민박) 보통 살림집에 숙박함
泊船(박선) 큰 배
• 크루즈 여행을 하면서 숙식하는 泊船은 아주 편안했다.
• 여행 가서 호텔에서 宿泊하는 것보다 民泊이 더 운치가 있었다.

기본 ③ 泊地(박지) 淡泊(담박) 外泊(외박)
발전 ② 憩泊(게박) 駐泊(주박) ① 澹泊(담박) 碇泊(정박) 萍泊(평박) 飄泊(표박) 歇泊(헐박)

	부수	획수	총획
伴	人	5	7

짝 반 : 【1601】

字源 〈형성〉 짝에 대한 개념은 많은 의미를 지니고 있다. 사람은 남녀의 구분, 짐승이나 식물은 암수의 구분이 있어 생명의 오묘함을 지니고 있다. 서로 어울리는 한 벌이나 한 쌍을 이루고도 있다. 절반씩(半)을 똑같이 서로 나누듯이 두 사람(亻)의 생각이 같았던 아주 친한 동지였던 [짝(伴)]을 뜻하고 [반]으로 읽는다.

圉 侶(짝 려) 偶(짝 우) 配(짝 배) 回 件(물건 건)

필순 ノイイイ伴伴伴

기초 【기초한자어】 익히고, 【기본→발전한자어】 다지기
伴奏(반주) 보조적으로 하는 악기의 연주
伴隨(반수) 윗사람이 가는 곳을 짝이 되어 따름
伴侶者(반려자) 반려가 되는 사람
• 회장님의 일정에는 항상 비서진이 伴隨하였다.
• 어느 테너 가수는 伴侶者의 伴奏에 맞추어 멋지게 노래를 했다.

기본 ③ 伴偶(반우) 伴行(반행) 同伴(동반) 隨伴(수반)
발전 ① 伴侶(반려) 侶伴(여반) 伍伴(오반) 做伴(주반)
사자성어 ③ 伴食宰相(반식재상)

	부수	획수	총획
叛	又	7	9

배반할 반 : 【1602】

字源 〈형성〉 사과 같은 과일을 절반으로 나누면 모양이 서로 반대쪽에 있다. 여러 도형의 선대칭도 상반의 입장에 서 있는 경우가 많다. 진실한 믿음이나 의리를 저버리고 관계를 끊고 돌아선다. 두 쪽이 똑같이 절반(半)씩 나뉘어져 있어 서로 반대(反)의 입장에 놓여있으니 [배반하다(叛)]는 뜻이고 [반]으로 읽는다.

回 版(판목 판)

필순

기초 【기초한자어】 익히고, 【기본→발전한자어】 다지기
背叛(배반) 신의를 저버리고 등짐
叛逆(반역) 배반하고 모역함
叛亂(반란) 정부에 반대하여 내란을 일으킴
• 6.25 전쟁 당시 叛亂하는 좌익세력이 많았다.
• 동학혁명은 叛亂도 아니요, 또한 叛逆도 아니라는 평가가 요즘에 많다.

기본 ③ 叛軍(반군) 叛旗(반기) 叛徒(반도) 謀叛(모반)
발전 ② 叛衍(반연) ① 悖叛(패반)

	부수	획수	총획
返	辶	4	8

돌이킬 반 : 【1603】

字源 〈형성〉 일을 수행하기 위해서 목적지에 이르렀다가 다시 되돌아오는 경우가 허다했다. 하던 일을 중간에서 그만 포기하고 돌이키기도 했던 것이다. 수행한 일을 다시 생각하거나 되돌아보게 한다. 사람이 어떤 목적지에 잘 가다가(辶) 중간에서 되돌려(反) 돌아갔으니 [돌이키다(返)]는 뜻이고 [반]으로 읽는다.

圉 歸(돌아갈 귀) 還(돌아올 환) 回 迷(미혹할 미)

필순 一厂厂反反返返返

기초 【기초한자어】 익히고, 【기본→발전한자어】 다지기
返還(반환) 도로 돌려 줌
返品(반품) 상품 따위를 되돌려 보냄
返納(반납) 남에게서 빌린 것을 돌려 줌
• 청구권 소송에서 返還하라는 건수가 참 많다.
• 물건을 返納 받았더니 返品이 산더미 같다.

기본 ③ 返送(반송)
발전 ② 返札(반찰) 返翰(반한) ① 返戾(반려)

	부수	획수	총획
倣	人	8	10

본뜰 방 【1604】

字源 〈형성〉 자기의 본성을 버리고 남의 흉내를 내는 경우가

3급

허다하다. 세파의 흔들거리는 사정에 줏대 없는 사람들을
가끔 만나게 된다. 모델을 본으로 삼아서 복사하듯이 그
대로 만들기도 했다. 진실한 마음의 본성을 버리고(放)
다른 사람(亻)의 행동이나 말을 좇아 따르니 [본뜨다(倣)]
는 뜻이고 [방]으로 읽는다.
> 圄模(본뜰 모) 回放(놓을 방) 妨(방해할 방) 傍(곁 방)

 필순 ノ 亻 亻 亻 仃 仿 仿 倣 倣 倣 倣

기초 【기초한자어】 익히고, 【기본 → 발전한자어】 다지기
依倣(의방) 흉내 냄
模倣(모방) 다른 것을 본뜨거나 본받음
倣似(방사) 매우 비슷함
• 여보게, 그런 식으로 依倣하면 어쩌란 말인가.
• 진품과 倣似하게 만들었을 때 模倣한 것 같지가
  않다.
발전 ① 摸倣(모방)

부수	획수	총획
人	10	12

傍 곁 방 : 【1605】

字源 〈형성〉 이웃사촌이란 말이 있다. 먼 친척보다 가까운 이
웃이 더 낫다는 이야기를 한다. 가까운 이웃은 오순도순
왕래가 더욱 많기 때문이다. 기준이 되는 대상으로부터
공간적, 심리적으로 가까운 쪽이다. 가까운 사람(亻)들끼
리 서로 의지하며 친하게 사귀면서(旁) 살아가니 [곁(傍)]
을 뜻하고 [방]으로 읽는다.
> 圄旁(곁 방) 側(곁 측) 回倣(본뜰 방) 榜(방붙일 방)

필순 ノ 亻 亻 亻 仴 仴 仴 倅 倅 傍 傍

기초 【기초한자어】 익히고, 【기본 → 발전한자어】 다지기
傍助(방조) 곁에서 도와 줌
傍觀(방관) 직접 관여하지 않고 보고만 있음
傍系(방계) 직계에서 갈라져 나온 계통
• 같은 혈육에서 갈라져 나온 계통이 바로 傍系이다.
• 이것은 극악한 범죄를 傍觀한 것은 傍助한 것이나
  마찬가지다.
기본 ③ 傍白(방백) 傍證(방증) 傍聽(방청) 傍聽客(방청객)
발전 ② 傍熱型(방열형) ① 傍腫(방종) 傍籤(방첨)
사자성어 ③ 傍若無人(방약무인)

부수	획수	총획
邑	4	7

邦 나라 방 【1606】

字源 〈형성〉 고대에는 부족 국가들이 많이 있었다. 수원(水源)
이 넉넉하고 햇볕이 따뜻하게 들며 초목이 왕성한 지역에

도읍지가 생겼으니 삶은 풍족했다. 영토를 보유하며 거기
사는 사람들로 구성된 집단들이다. 풀(丰)이 무성하게 자
라는 부족 국가였던 지역(阝←邑)으로 널리 [나라(邦)]를
뜻하고 [방]으로 읽는다.
> 圄國(나라 국) 回那(어찌 나) 邪(간사할 사)

 필순 一 二 三 丰 丰 丮 邦

기초 【기초한자어】 익히고, 【기본 → 발전한자어】 다지기
合邦(합방) 나라를 합침
聯邦(연방) 국가 결합의 하나
友邦(우방) 가까이 사귀는 나라
• 이제는 聯邦형태의 나라로 발전하는 추세다.
• 그녀들은 友邦이었는데 이제는 완전히 合邦해 버렸다.
기본 ③ 萬邦國(만방국) 邦畫(방화) 邦(만방) 盟邦(맹방) 異邦
  (이방) 異邦人(이방인)
발전 ② 邦媛(방원) 邦甸(방전) 劉邦(유방) ① 仇邦(구방) 藩邦
  (번방)

부수	획수	총획
木	4	8

杯 잔 배 【1607】

字源 〈형성〉 큰 항아리에서 바로 떠먹는 술잔으로는 처음에는
표주박이나 조롱박이 그야말로 일품(一品)이었다. 이를
가리켜서 흔히 술잔이라고 했다. 술잔을 높이 들어서 상
대를 축하하기도 했다. 나무(木)로 만든 그릇이었으나
밥그릇으로 쓰이지 않고(不) 주박으로만 떠먹는 [잔(杯)]
을 뜻하고 [배]로 읽는다.
> 圄盃(잔 배)

필순 一 十 オ 才 木 杉 杯 杯

기초 【기초한자어】 익히고, 【기본 → 발전한자어】 다지기
祝杯(축배) 축하하는 뜻으로 마시는 술
苦杯(고배) 쓴 술잔. 쓰라린 경험
乾杯(건배) 잔 비우기. 축배
• 자 이제 우리 乾杯를 하고 자리에서 일어서세.
• 이 일의 결과가 祝杯가 될지 苦杯가 될지 아직 잘
  모르겠네.
기본 ③ 杯盤(배반) 傾杯(경배) 毒杯(독배)
발전 ② 拉杯(납배) 腎杯(신배) ② 瓊杯(경배) 戒盈杯(계영배)
  ① 杯觴(배상) 螺杯(나배) 餞杯(전배) 銜杯(함배)
사자성어 ① 杯水車薪(배수거신)

부수	획수	총획
火	9	13

煩 번거로울 번
【1608】

字源 〈회의〉 하는 일이 잘 풀리지 않고 어수선하면 머리가 아
프고 마음까지 차분하지 못하다. 심하면 신열이 올라와
머리가 지근지근 뜨거울 때도 있다. 마음의 갈피를 못 잡
아서 복잡하고 매우 어수선함이 크다. 마음이 차분하지
못해서 머리(頁)에서 신열(火)이 올랐으니 [번거롭다(煩)]
는 뜻이고 [번]으로 읽는다.
图 悶(답답할 민) 數(셈 수/자주 삭) 苛(가혹할/번거로울 가)
凹 簡(간략할 간) 回 頻(자주 빈)

필순

기초 【기초한자어】 익히고, 【기본 → 발전한자어】 다지기
煩雜(번잡) 번거롭고 복잡함
煩悶(번민) 마음이 답답하여 괴로워함
煩惱(번뇌) 마음이 시달려 괴로움
• 이제는 煩悶하지 말고 자리를 툭툭 털고 일어나시게.
• 煩雜한 일에 휘말려 煩惱하고 있으니 답답하네.
기본 ③ 頻煩(빈번)
발전 ② 煩鬱(번울) ① 煩顏(번관) 煩碎(번쇄) 煩冤(번원)
煩膺(번응) 叢煩(총번) 特 煩寃(번원)
사자성어 ③ 百八煩惱(백팔번뇌) 食少事煩(식소사번)

부수	획수	총획
飛	12	21

번역할 번【1609】

字源 〈형성〉 새가 앉았던 자리에서 하늘을 날기 위해서는 날개
를 쪽 펴서 위아래로 퍼덕거린다. 엎었다 뒤쳤다 하는 날
개짓이 반복되다가 드디어 날기 시작한다. 어떤 언어로
된 글을 다른 언어의 글로 옮긴다는 뜻도 된다. 새가 차례
(番)로 날개(飛)를 뒤집으면서 퍼덕였으니 [번역하다(飜)]
는 뜻이고 [번]으로 읽는다.
图 翻(번역할 번) 譯(번역할 역)

필순 ` ㅗ 乊 采 番 番 番 飜 飜 飜 飜

기초 【기초한자어】 익히고, 【기본 → 발전한자어】 다지기
飜譯(번역) 어떤 언어의 글을 다른 언어의 글로 옮김
飜案(번안) 남의 작품을 원안으로 하여 고침
飜覆(번복) 이리저리 뒤쳐 고침
• 그렇게 일을 자꾸만 飜覆하면 이제 어쩌란 말인가.
• 飜譯과 飜案은 엄연히 다르다는 것을 알고 계신가.
기본 ③ 飜刻(번각) 飜意(번의)
발전 ① 飜袖(번수)
사자성어 ③ 飜雲覆雨(번운복우)

부수	획수	총획
辛	9	16

분별할 변 :
【1610】

字源 〈형성〉 변호사는 두 죄인 사이에 들어 말을 유창하게 잘
하여 변론을 해준다. 응변대회가 열리게 되면 연사는 달
변으로 말을 잘하여 주위를 환기시킨다. 물건 종류나 종
별에 따라서 나누어 가른다. 두 죄인(辛辛)을 송사할 때
칼(刂)로 자르듯이 시시비비를 판가름하니 [분별하다(辨)]
는 뜻이고 [변]으로 읽는다.
图 別(나눌 별) 凹 班(나눌 반) 辯(말씀 변)

필순

기초 【기초한자어】 익히고, 【기본 → 발전한자어】 다지기
辨證(변증) 밝히고 분석하여 종합적으로 증명함
辨償(변상) 손해 본 것을 갚아 줌
辨別(변별) 같고 다름을 가림
• 이제는 종합적으로 辨證해야겠다는 생각이 드네.
• 이제는 잘 辨別하여 辨償할 것을 가려야 하겠지.
기본 ③ 辨理(변리) 辨明(변명) 辨濟(변제) 辨理士(변리사)
辨證法(변증법)
발전 ① 辨駁(변박) 辨鐸(변탁) 辨詰(변힐)
사자성어 28 魚魯不變(어로불변)

부수	획수	총획
尸	8	11

병풍 병(:)
【1611】

字源 〈형성〉 병풍은 각목으로 네모지게 만들어 그림, 글씨, 수
를 놓아 만든다. 지금은 보통 8폭이지만 옛날에는 대부분
10폭 병풍을 사용했다. 병풍은 면을 짝수로 만들며 용도
에 따라 높낮이와 폭 수가 많이 달랐다. 지주를 만들고 종
이와 천을 합쳐서(并) 가리개(尸)로 많이 쓰인 [병풍(屛)]
을 뜻하고 [병]으로 읽는다.
凹 屍(주검 시) 回 屛

필순 ` 尸 尸 尸 屛 屛 屛 屛 屛 屛

기초 【기초한자어】 익히고, 【기본 → 발전한자어】 다지기
屛風(병풍) 바람을 막거나 장식으로 쓰는 물건
屛語(병어) 은밀하게 이야기함
屛居(병거) 세상에서 물러나서 집에만 있음
• 屛居하는 동안 屛風만 수십 개를 만들었다.
• 두 여인은 뒤로 물러나 屛語를 나누었다.
기본 ③ 屛去(병거) 屛氣(병기)
발전 ① 屛黜(병출) 藩屛(번병)

3급

부수	획수	총획
立	5	10

나란히 병 :
【1612】

字源 〈회의〉 두 사람이 키를 견주려면 서로 나란하게 선다. 여

러 사람이 조화를 이루어 한 덩어리나 한 편이 다반사가 되도록 아우르기도 했다. 일정한 거리를 두고 서로가 가지런하게 늘어섰다. 두 사람이 서서(立·立) 키나 몸무게를 상호 맞대어 아우르면서 견주어 봤으니 [나란하다(竝)는 뜻이고 [병]으로 읽는다.
액 並

필순 ` ㄴ ㅗ ㅗ 立 立 立 竝 竝 竝

기초 【기초한자어】 익히고, 【기본 → 발전한자어】 다지기
竝行(병행) 나란히 같이 감
竝設(병설) 두 가지 이상을 한 곳에 갖추어 세움
竝立(병립) 나란히 섬
• 우리 교육은 한자와 한글을 竝行해야만 옳다.
• 초등학교에 竝設된 유치원과 竝立하면서 경쟁하기 어렵다.

기본 ③ 竝列(병렬) 竝書(병서) 竝用(병용) 竝進(병진)
발전 ① 竝呑(병탄)
사자성어 ③ 竝州故鄕(병주고향)

부수	획수	총획
卜	0	2

점 복【1613】

字源 〈지사〉 거북의 등껍데기를 달군 쇠꼬챙이로 지져서 나타난 금이나 무늬를 보고 길흉을 점쳤다고 한다. 소의 허벅지 뼈도 이와 같이 사용했다. 점술은 우리 인류의 역사와도 같았고, 신앙이었을 것이다. 거북 등껍데기를 태우면 그 등에 나타나는 금의 모양을 가리켜서 복점인 [점(卜)]을 뜻하고 [복]으로 읽는다.
동 占(점칠 점)

필순 ㅣ 卜

기초 【기초한자어】 익히고, 【기본 → 발전한자어】 다지기
占卜(점복) 점을 쳐서 길흉을 예견하는 일
卜債(복채) 점을 쳐 준 값으로 주는 돈
卜馬(복마) 짐을 싣는 말
• 등에 짐을 가득 짊어지고 가는 말을 卜馬라 한다지.
• 占卜이 잘 나와야만이 卜債를 두둑하게 줄 수 있겠지.

기본 ③ 卜居(복거) 卜師(복사) 龜卜(귀복)
발전 ① 巫卜(무복)
사자성어 ③ 卜晝卜夜(복주복야)

벌 봉【1614】

字源 〈형성〉 개미는 땅 속에 집을 짓고, 벌은 나무 가지처럼 높은 곳에 집을 짓고 산다. 특히 벌은 여왕벌을 중심으로 많은 일벌이 함께 벌집에서 산다. 벌목에 속한 곤충을 통틀어서 이르는 말이기도 하다. 높은 곳에 집을 짓고 여러 마리가 서로 어울려서(夆) 꿀을 모았던 벌레(虫)로 [벌(蜂)]을 뜻하고 [봉]으로 읽는다.
비 峯(봉우리 봉)

필순 ㅁ ㅁ 虫 虫 虬 蚁 蜂 蜂 蜂 蜂

기초 【기초한자어】 익히고, 【기본 → 발전한자어】 다지기
養蜂(양봉) 꿀벌을 길러 꿀을 채취하는 일
蜂針(봉침) 침 모양으로 된, 벌의 산란관
蜂蝶(봉접) 벌과 나비
• 봄이 되어 꽃이 피면 온통 蜂蝶의 세상이다.
• 養蜂하는 분들이 蜂針을 맞는 일을 볼 수 있다.

기본 ③ 蜂起(봉기) 蜂屯(봉둔) 蜂蜜(봉밀)
발전 ② ③ 蜂巢(봉소) 蜂聚(봉취)

부수	획수	총획
走	2	9

다다를 부 :
갈 부 :【1615】

字源 〈형성〉 미래를 예측하는 복점을 치고 난 결과를 가족이나 이웃사람에게 알려야 했다. 급히 처리할 문제는 빨리 달려가서 묘방을 강구했던 것이다. 어디에 이르러 닿거나 수준이나 한계에 이른다. 복점(卜)을 치고 난 후에 그 내용을 빨리 가서(走) 알리니 [가다(赴)] 또는 [다다르다(赴)]는 뜻이고 [부]로 읽는다.
비 起(일어날 기) 越(넘을 월)

필순 一 十 土 耂 耂 走 走 赴 赴

기초 【기초한자어】 익히고, 【기본 → 발전한자어】 다지기
赴任(부임) 임명을 받아 맡겨진 자리에 감
赴援(부원) 구원하러 감
赴告(부고) 사람의 죽음을 알리는 일
• 그들은 구원의 손길을 원하는 赴援이 시급하다.
• 그 분이 赴任한 지 며칠 안 되었는데, 이렇게 갑자기 訃告를 받다니….

기본 ③ 赴役(부역) 走赴(주부)
발전 ② 赴闕(부궐) ① 嚮赴(향부)

부수	획수	총획
土	12	15

무덤 분【1616】

字源 〈형성〉 '한 줌의 흙으로부터'는 우리 인간 허망함을 일러

주는 말이다. 사는 동안 '뜻있고 값지게'를 강조하는 이유들이 바로 여기에 있었을 것이니. '무덤'은 사람이 죽은 송장이나 뼛가루만 남는 유골을 묻은 곳이다. 주위의 흙(土)을 파내어서 평지보다 크게(賁) 쌓은 봉분으로 [무덤(墳)]을 뜻하고 [분]으로 읽는다.
圖墓(무덤 묘) 塚(무덤 총/먼지일 봉) 塋(무덤 영) 回憤(분할 분)

필순 土 圥 圵 圹 圻 墳 墳 墳 墳 墳

【기초】【기초한자어】 익히고, 【기본→발전한자어】 다지기
雙墳(쌍분) 나란히 쓴 부부의 두 무덤
封墳(봉분) 흙을 쌓아 올려 무덤을 만듦
古墳(고분) 고대의 무덤. 옛 무덤
• 부부간에 合墳도 많이 했지만, 雙墳도 흔히 했다.
• 封墳의 생김새로 보아 귀한 분의 古墳임에 틀림없다.
【기본】③ 墳墓(분묘)
【발전】23 墳衍(분연) ① 壚墳(허분)

무너질 붕【1617】 부수 山 획수 8 총획 11

【字源】〈형성〉 산은 돌이나 바위들이 무리 지어 있는 곳이 많다. 태풍이나 홍수로 인해 산이 허물어지는 경우도 있었으니 이것이 바로 붕괴다. 곧 산이나 건물, 담벼락 등이 허물어져 내려앉는 현상이다. 무리(朋)를 지어 있는 산(山)이 [무너지다(崩)] 또는 한 나라의 지존이셨던 [임금이 죽다(崩)]는 뜻이고 [붕]으로 읽는다.
圖壞(무너질 괴) 潰(무너질 궤) 回建(세울 건) 立(설 립) 回朋(벗 붕)

필순 山 屵 屵 屵 岸 崩 崩 崩

【기초】【기초한자어】 익히고, 【기본→발전한자어】 다지기
崩壞(붕괴) 허물어져 무너짐
崩御(붕어) 임금이 세상을 떠나는 것
崩落(붕락) 무너져서 떨어짐
• 임금이 세상을 떠나는 일을 흔히 崩御라고 했다.
• 어제 둑이 崩壞하였고, 오늘 崩御 소식까지 접했다.
【기본】③ 土崩(토붕)
【발전】23 崩湍(붕단) ① 崩藉(붕자)
【사자성어】③ 土崩瓦解(토붕와해)

벗 붕【1618】 부수 月 획수 4 총획 8

【字源】〈상형〉 대붕(大鵬)이라는 상상의 큰 새를 생각한 적이 있

었다. 물결을 3천 리나 튀게 하고 9만 리를 올라갔다고 했으며, 6개월을 날아야 쉬게 된다는 새다. 마음이 서로 통하여 가깝게 사귀는 사이도 된다. 붕새가 날아가면 다른 새들이 뒤를 잘 따르는 모양을 본떠서 무리인 [벗(朋)]을 뜻하고 [붕]으로 읽는다.
圖友(벗 우) 回明(밝을 명) 崩(무너질 붕)

필순 丿 刀 月 月 朋 朋 朋 朋

【기초】【기초한자어】 익히고, 【기본→발전한자어】 다지기
朋儔(붕료) 동료
朋黨(붕당) 뜻과 이익을 같이하는 사람의 집단
朋友(붕우) 벗. 서로 친하게 사귀는 사람
• 여러 朋友들의 뜻을 모아 朋儔의 의견을 존중한다.
• 朋友들이 뜻을 모아서 어제 朋黨을 만들었다.
【기본】③ 朋友(붕우) 佳朋(가붕)
【발전】① 朋曹(붕조)
【사자성어】③ 朋友有信(붕우유신)

손 빈【1619】 부수 貝 획수 7 총획 14

【字源】〈형성〉 집에 찾아온 손님은 정중하게 대접했다. 소중하고 깊이 넣어 두었던 음식이나 과일을 정성껏 대접하고 서운치 않도록 선물도 드린다. 친지를 찾아 남의 집을 방문한 사람을 높여 부른 말이다. 집에 찾아온 손님(宀+丏)에게 음식과 선물(貝)을 드리면서 정중하게 대접하니 [손(賓)]을 뜻하고 [빈]으로 읽는다.
圖客(손 객) 主(주인 주) 回寶(보배 보)

필순 宀 宀 宀 宀 宀 宵 宵 宵 賓

【기초】【기초한자어】 익히고, 【기본→발전한자어】 다지기
外賓(외빈) 외부로부터 온 귀한 손님
內賓(내빈) 안손님. 대궐 잔치에 참예한 명부들
國賓(국빈) 나라에서 정식 초대한 외국 손님
• 內賓 중에서 국무총리를 지낸 이를 정중하게 초대했습니다.
• 이번 오신 外賓 중에는 國賓으로 모셔야 할 분이 있다.
【기본】③ 賓客(빈객) 賓服(빈복) 貴賓(귀빈) 迎賓(영빈) 接賓(접빈) 主賓(주빈)
【발전】② 紹賓(소빈) 23 賓頭盧(빈두로) ① 賓侶(빈려) 賓筵(빈연) 嘉賓(가빈) 訝賓(아빈)

자주 빈【1620】 부수 頁 획수 7 총획 16

3급

字源 〈회의〉 겨울에 내를 건너려면 여간 고통스러운 일이 아니다. 신발을 벗고 물살을 헤치는 발길은 무겁고 벌써 이맛살이 찡그려진다. 매우 짧은 시간 동안에 같은 일을 여러 번씩 되풀이하는 일이겠다. 겨울철에 물가를 건너면서(步) 이마(頁)를 찡그리는 횟수가 지극히 많았기에 [자주(頻)]를 뜻하고 [빈]으로 읽는다.

통 繁(번성할 번) 屢(여러 루) 회 煩(번거로울 번)

필순 一 十 止 止 步 步 頻 頻 頻

기초 【기초한자어】 익히고, 【기본 → 발전한자어】 다지기
頻出(빈출) 자주 외출함
頻繁(빈번) 일이 매우 잦음
頻發(빈발) 일이 자주 일어남
• 頻繁히 그럴 줄 알면서도 그 길을 갔단 말이냐?
• 밖에서 사고가 頻繁해도 그는 여전히 頻出했다.

기본 ③ 頻度(빈도) 頻頻(빈빈)
발전 ② 頻尿症(빈뇨증) 28 頻伽(빈가)

	부수	획수	총획
聘	耳	7	13

부를 빙 【1621】

字源 〈형성〉 덕과 인품이 훌륭하면 젊은이들이 다투어 찾아들어 극진한 가르침을 받았다. 조정에서도 예를 갖추어 그를 불러들려 예우했다. 주의를 끌거나 오라기 위해 소리치거나 손짓을 한다는 뜻이다. 훌륭하다는 소문을 듣고 (耳) 마음이 이끌려(甹) 찾아갔더니만 반갑게 [부르다(聘)]는 뜻이고 [빙]으로 읽는다.

통 招(부를 초) 召(부를 소)

필순 一 丁 F E 耶 耴 耴 聘 聘 聘

기초 【기초한자어】 익히고, 【기본 → 발전한자어】 다지기
招聘(초빙) 초대함
聘母(빙모) 장모
聘問(빙문) 예를 갖추어서 찾아 봄
• 깍듯한 예의를 갖추어서 찾아뵙는 일을 聘問이라 합니다.
• 우리들의 결혼기념일에 聘母님을 招聘하였다.

기본 ③ 聘父(빙부) 聘召(빙소) 聘丈(빙장) 聘妻(빙처)
발전 ② 傭聘(용빙) ① 聘嫁(빙가) 聘殮(빙렴)

	부수	획수	총획
似	人	5	7

닮을 사 : 【1622】

字源 〈형성〉 논밭에서 쟁기질하는 농부의 모습은 서로가 비슷

비슷하여 선뜻 구별하기 어렵다. 모자를 푹 눌러 쓰면 더욱 그렇게 보여 구분하지 못한다. 서로 비슷한 생김새를 보이면서도 같은 성질을 보인다. 쟁기질(以)하는 농부들(亻)의 모습이 비슷하게 닮아서 모양이 모두를 [닮다(似)]는 뜻이고 [사]로 읽는다.

통 肖(닮을 초) 반 異(다를 이) 회 以(써 이)

필순 丿 亻 们 似 似 似 似

기초 【기초한자어】 익히고, 【기본 → 발전한자어】 다지기
類似(유사) 서로 비슷함
近似(근사) 아주 비슷함. 그럴듯하게 괜찮음
似而非(사이비) 겉으론 비슷하나 근본은 다름
• 그렇게 꾸미고 나니 썩 잘 어울려서 아주 近似한 걸.
• 겉보기에는 類似하지만 자세히 알고 보면 순전히 似而非와 같은 처지다.

기본 ③ 倣似(방사) 相似(상사) 肖似(초사) 近似値(근사치)
발전 ② 酷似(혹사) ① 宛似(완사) 恰似(흡사)
사자성어 ③ 非夢似夢(비몽사몽)

	부수	획수	총획
巳	己	0	3

뱀 사 : 【1623】

字源 〈상형〉 아지랑이가 아른거리는 4월이 되면 잠을 자던 뱀이 땅 위로 스르르 나온다. 날씨가 따뜻하면 몸을 사리고 낮잠도 잔다. 몸은 가늘고 길며 비늘이 덮여 있으며 등뼈와 갈비뼈가 이어졌다. 몸을 꾹 사리고 고개를 푹 숙여 똬리를 튼 뱀의 모양을 본떠서 [뱀(巳)] 혹은 [여섯째 지지(巳)]를 뜻하고 [사]로 읽는다.

통 蛇(긴뱀 사) 회 己(몸 기) 已(이미 이)

필순 乛 コ 巳

기초 【기초한자어】 익히고, 【기본 → 발전한자어】 다지기
巳初(사초) 사시의 첫 무렵
巳月(사월) 지지가 사로 된 달. 음력 4월
巳時(사시) 십이시의 여섯째 시. 오전9시~11시
• 巳月의 어느 巳時에 우리 집 뜰에 뱀이 나타났다.
• 흔히 巳時의 무렵인 바, 오전 9시경을 巳初라고 한다.

기본 ③ 己巳(기사) 己巳年(기사년)
사자성어 ③ 巳進申退(사진신퇴)

	부수	획수	총획
捨	手	8	11

버릴 사 : 【1624】

字源 〈형성〉 쓰레기나 휴지를 어떻게 버리느냐에 따라 한 나라

의 문화수준이 얼만큼인지 알 수 있다 했다. 휴지는 일정한 장소에 버려서 함께 소각한다. 다시 찾지 않을 요량으로 내던지거나 쏟아내기도 한다. 손(扌)에 들고 있던 쓰레기를 정해진 장소에 놓인 휴지통(舍) 속으로 [버리다(捨)]는 뜻이고 [사로 읽는다.
圖 棄(버릴 기) 廢(버릴 폐) 回 取(취할 취)

필순

기초 【기초한자어】 익히고, 【기본→발전한자어】 다지기
喜捨(희사) 마음이 즐거워서 재물을 냄
取捨(취사) 취할 것은 취하고 버릴 것은 버림
捨身行(사신행) 목숨을 아끼지 않고 닦는 수행
• 그는 한사코 만류했지만 결국엔 捨身行을 선택하고자 맘았다.
• 어느 곳에 喜捨를 할 것인지 이제는 네가 取捨 선택을 해야겠다.

기본 ③ 捨家(사가) 捨覺(사각) 捨戒(사계) 捨離(사리) 捨命(사명) 捨象(사상) 捨石(사석) 捨受(사수) 捨施(사시) 捨身(사신) 捨心(사심) 姑捨(고사) 外捨(외사) 用捨(용사) 淨捨(정사) 投捨(투사) 捨石工(사석공) 喜捨金(희사금)

발전 ② 捨撤(사철) ① 喜捨函(희사함)

사자성어 ③ 捨近取遠(사근취원) 捨生之心(사생지심) 捨生取義(사생취의) 捨小取大(사소취대) 捨身供養(사신공양) 捨身成道(사신성도) 四捨五入(사사오입) 取捨選擇(취사선택)

부수	획수	총획
斤	8	12

이 사 【1625】

字源 〈형성〉 돛단배의 생명은 '키'의 역할에 달려있다. 단단한 나무로 깎아서 튼튼하고 야무지게 만들어 사용했던 물건이 '키'다. 돛단배가 바람을 받아 나갈 때 이쪽 혹은 저쪽으로 방향을 제시하기도 했다. 돛단배 키를 만들기 위해서 나무의 그(其) 쪽을 도끼(斤)로 쪼갰으니 이곳인 [이(斯)] 쪽을 뜻하고 [사]로 읽는다.
回 彼(저 피) 欺(속일 기)

필순

기초 【기초한자어】 익히고, 【기본→발전한자어】 다지기
斯學(사학) 이 학문
斯道(사도) 이 도리. 또는 그 도리
斯界(사계) 해당되는 분야
• 斯道에 정진하셨던 분이라 행동도 반듯하구나.
• 그는 이 분야에서는 斯界에서 斯學에 많이 이름난 분이셨지.

기본 ③ 斯文(사문)

발전 2③ 斯盧(사로)

사자성어 ③ 斯文亂賊(사문난적)

부수	획수	총획
言	5	12

속일 사 【1626】

字源 〈형성〉 말은 진정성에서 우러나와야 호소력이 있고 설득력이 있다. 남을 속이기 위해 거짓으로 꾸며대는 어리석은 사람도 더러 만나게 된다. 거짓된 말이나 행동으로 '참'이라고 알게 하다는 뜻이다. 상대에게 꾸며대려고 잠깐은 (乍) 거짓으로 간사하게 말을 했으니(言) [속이다(詐)]는 뜻이고 [사]로 읽는다.
圖 欺(속일 기) 騙(속일 편) 回 詞(말 사)

필순

기초 【기초한자어】 익히고, 【기본→발전한자어】 다지기
詐稱(사칭) 이름, 직업 등을 거짓으로 속여 씀
詐取(사취) 남을 속여서 물건을 뺏음
詐欺(사기) 나쁜 꾀로 남을 속임
• 관명을 詐稱하는 것은 범죄라는 걸 알아야지.
• 詐取를 일삼는 식의 詐欺꾼은 되지는 말게.

기본 ③ 詐誕(사탄) 詐降(사항)

발전 ② 詐怖(사포) ① 詐騙(사편) 狡詐(교사) 詭詐(궤사) 狙詐(저사) 諂詐(첨사) 挾詐(협사)

부수	획수	총획
貝	8	15

줄 사 : 【1627】

字源 〈형성〉 상관은 아랫사람의 마음을 잘 알아 다독거려야 한다. 아픈 상흔(傷痕)을 보듬어 주고 마음을 같이 해야만 진정으로 존경하며 따르게 된다. 내가 가진 물건을 가지도록 건네면서 먼저 베푼다는 뜻이다. 아래 관리를 잘 다스리기(易) 위해서 돈(貝)으로 보상하며 포상해 [주다(賜)]는 뜻이고 [사]로 읽는다.
圖 授(줄 수) 給(줄 급) 贈(줄 증) 回 受(받을 수)

필순

기초 【기초한자어】 익히고, 【기본→발전한자어】 다지기
特賜(특사) 임금이 신하에게 특별히 내림
恩賜(은사) 임금이 내려 줌
賜額(사액) 임금이 사당, 서원 등에 이름 지어 줌
• 우리 가문에는 대대로 곱게 물려받은 賜額서원이 있었다네.
• 상감께서 할아버지에게 特賜로 칼을 恩賜하셨다.

기본 ③ 賜死(사사) 賜謁(사알) 賜藥(사약) 下賜(하사) 惠賜

3급

(혜사) 厚賜(후사)
발전 ① 賜諡(사시) 頒賜(반사) 賜牌地(사패지)
사자성어 ① 賜牌之地(사패지지)

기본 ③ 未嘗不(미상불)
발전 ② 嘗膽(상담) ① 歆嘗(흠상)
사자성어 ① 臥薪嘗膽(와신상담)

부수	획수	총획
月	6	10

초하루 삭【1628】

字源 〈형성〉 만월이 되면 달은 점차 줄어들어 하현달이 되었다가 그 다음은 점점 줄어 그믐달로 기운다. 그믐 이후에 초승달이 되면 음력 초하루가 된다. 달을 기준으로 커지고 적어진 그 달의 첫째 날이다. 그믐이 지나면 거슬러(屰←逆) 또 다시 초승달(月)이 시작되는 음력으로 [초하루(朔)]를 뜻하고 [삭]으로 읽는다.
回晦(그믐 회) 回逆(거스를 역)

필순 ` ´ ゙ ゠ ゠ ゠ 屶 朔 朔 朔

기초 【기초한자어】 익히고, 【기본→발전한자어】 다지기
朔風(삭풍) 겨울에 북쪽에서 불어오는 찬바람
朔月(삭월) 음력 초하룻날의 달
朔方(삭방) 북쪽. 북방
· 朔月에는 그 달 운세를 점쳤다.
· 장군은 朔風이 몰아치는 朔方 근무를 자원했다.
기본 ③ 朔望(삭망) 滿朔(만삭) 八朔(팔삭)
발전 ② 朔軸(삭축) ① 朔晦(삭회) 撲朔(박삭) 晦朔(회삭)

부수	획수	총획
口	11	14

맛볼 상【1629】

字源 〈형성〉 가정주부들은 온 집안 식구들의 입에 맞는 음식을 정성들여서 만든다. 음식을 맛있게 만들면서 간이나 맛을 미리 보기도 한다. 미리 몸소 겪었거나 음식의 맛을 알기 위해 먼저 먹어 본 것이다. 여인네들이 맛있는(旨) 반찬을 만들면서 손가락으로 집어서 먼저(尙) 슬쩍 [맛보다(嘗)]는 뜻이고 [상]으로 읽는다.
回掌(손바닥 장) 回甞

필순 ` ´ ゙ ゙ ゙ ゙ 尙 尙 尙 甞 嘗 嘗 嘗

기초 【기초한자어】 익히고, 【기본→발전한자어】 다지기
奉嘗(봉상) 새 곡식을 올려 제사를 지냄
嘗味(상미) 맛보기 위하여 조금 먹어봄
嘗試(상시) 시험하여 봄
· 과장에 나아가 시험을 보는 일을 흔히 '嘗試'라고들 했다.
· 이번 奉嘗에 혼자 嘗味함은 결코 결례가 아니겠지.

부수	획수	총획
示	6	11

상서 상【1630】

字源 〈형성〉 양은 매우 순하고 착한 짐승이다. 몸과 마음을 가지런히 하고 양처럼 순하고 지성으로 제사를 모시는 일을 엄격히 중히 여겼다. 앞으로 복되고 좋은 일들이 많은 있을 기미가 있다는 뜻이리라. 양(羊)처럼 순한 마음으로 제사(示)를 잘 모시면서 복을 많이 받겠으니 [상서롭다(祥)]는 뜻이고 [상]으로 읽는다.
圖瑞(상서 서) 禎(상서로울 정) 回祝(빌 축) 詳(자세할 상) 洋(큰바다 양)

필순 ` ゙ ゙ ゙ ゙ 示 示 示 祥 祥 祥

기초 【기초한자어】 익히고, 【기본→발전한자어】 다지기
不祥事(불상사) 나쁘고 언짢은 일
發祥地(발상지) 나라를 세운 임금이 태어난 땅
祥瑞(상서) 복되고 길한 일이 일어날 징조
· 고려의 수도를 개성이라 했었는데 한국 불교의 發祥地라고들 말한다.
· 祥瑞롭지 않은 일이 있었으니 不祥事가 일어날 것만 같다.
기본 ③ 祥雲(상운) 吉祥(길상) 大祥(대상) 練祥(연상) 小祥(소상)
발전 ② 瑞祥(서상) 28 祥祐(상우) 祥禎(상정) 禎祥(정상) ① 祥鸞(상란) 祥祉(상지)

부수	획수	총획
广	8	11

여러 서 :【1631】

字源 〈회의〉 추운 겨울이 되면 따뜻한 화롯가나 아궁이도 좋다. 앞뜰에 불을 피워놓고 마을 사람들이 모여 앉아 정답게 이야기를 나누기도 한다. 모여 있는 수효가 한둘이 아니고 그보다 더 많을 때도 있다. 집안(广) 뜰에 많은 (廿) 사람이 불(灬←火)을 피면서 이야기를 잘 나누니 [여러(庶)]를 뜻하고 [서]로 읽는다.
回嫡(정실 적) 回席(자리 석)

필순 ` ゙ ゙ ゙ ゙ ゙ 庐 庐 庶 庶 庶

기초 【기초한자어】 익히고, 【기본→발전한자어】 다지기
庶生(서생) 첩의 소생

庶民(서민) 관직이 없는 평민
庶務(서무) 명목이 없는 여러 가지 잡다한 사무
• 학교의 행정실에서 庶務를 본다.
• 조선시대엔 신분관계로 庶生이나 庶民들은 관직
에 나가지 못했다.

기본 ③ 庶幾(서기) 庶僚(서료) 庶母(서모) 庶子(서자) 庶出
(서출)
발전 28 庶揆(서규) 庶尹(서윤) ① 庶黎(서려) 黎庶(여서)
사자성어 ③ 庶幾中庸(서기중용)

부수	획수	총획
攴	7	11

펼 서 : 【1632】

字源 〈형성〉 곳간에 쌓아 두었던 가죽이나 포목을 많은 사람에
게 나누어 주고도 남았다. 나머지는 털어 말려 필요할 때
써야 한다. 젖히어 벌리다 혹은 둘둘 말린 멍석을 펴다는
뜻도 있다. 남은(余) 물건을 펼쳐 놓고서 밀거나(攴) 손
(又)으로 펴서 말렸으니 [펴다(敍)] 혹은 이롭게 [쓰다(敍)]
는 뜻이고 [서]로 읽는다.
동 述(펼 술) 回 斜(비낄 사) 回 叙

기초 【기초한자어】 익히고, 【기본→발전한자어】 다지기
追敍(추서) 죽은 뒤에 관등을 올리고 훈장을 줌
敍述(서술) 내용을 차례대로 말하거나 적음
自敍傳(자서전) 자기가 쓴 자기의 전기
• 오래전부터 유공자가 죽으면 勳章(훈장)을 追敍하
는 제도가 있었다.
• 그의 自敍傳에는 그 사건에 대하여 자세하게 敍述
되어 있다.

기본 ③ 敍事(서사) 敍用(서용) 敍任(서임) 敍情(서정) 加敍
(가서) 自敍(자서) 秩敍(질서) 敍事詩(서사시) 敍情詩
(서정시)
발전 ② 敍勳(서훈) ① 銓敍(전서)

부수	획수	총획
日	9	13

더울 서 : 【1633】

字源 〈형성〉 여름에는 날씨가 뜨거워서 땀이 나고 무덥기 그지
없다. 활활 타오르는 장작불 주위에 앉아 있는 것처럼 매
우 무더운 날씨다. 대기의 온도가 높아 몸에서 땀이 날 만
큼 체온이 높은 느낌이 있는 것이다. 타오르는 장작(者)
불처럼 햇볕(日)이 심히 뜨겁고 무덥기 그지었었으니
[덥다(暑)]는 뜻이고 [서]로 읽는다.
동 溫(따뜻할 온) 熱(더울 열) 回 寒(찰 한) 冷(찰 랭) 回 署

(관청 서) 著(지을 저) 者(놈 자)

필순

기초 【기초한자어】 익히고, 【기본→발전한자어】 다지기
酷暑(혹서) 몹시 심한 더위
避暑(피서) 더위를 피하여 시원한 곳으로 옮김
暑炎(서염) 몹시 심한 더위
• 여름이 되면 더위를 피하여 바닷가로 避暑를 나간다.
• 모진 더위를 酷暑 혹은 暑炎이라고 부른다.

기본 ③ 暑氣(서기) 暑滯(서체) 大暑(대서) 猛暑(맹서) 小暑
(소서) 處暑(처서) 暴暑(폭서) 寒暑(한서) 避暑地(피서지)
발전 ② 暑鬱(서울) ① 暑魃(서발) 蘊暑(온서)

부수	획수	총획
言	7	14

맹세할 서 : 【1634】

字源 〈형성〉 한때 '우리의 맹세'를 온 국민이 낭송했다. 제국주
의적 근성이자 군대식 구호라는 평가가 많았다. '맹세는
임무나 목표를 실행하거나 이루겠다는 다짐이다. 또한 어
찌하겠다고 굳게 맹세하기도 했다. 담배를 끊겠다(折)고
[맹세하다(誓)] 혹은 말(言)을 잘라(折) 크게 [맹세하다(誓)]
는 뜻이고 [서]로 읽는다.
동 盟(맹세할 맹)

필순

기초 【기초한자어】 익히고, 【기본→발전한자어】 다지기
宣誓(선서) 여럿 앞에서 성실할 것을 맹세함
誓約(서약) 맹세하고 약속함
誓言(서언) 맹세하는 말
• 誓言은 생명과 같아서 죽어도 잊지 않는다고 했다.
• 그렇게 굳은 마음으로 宣誓를 하고도 誓約을 저버
리는 사람이 있다.

기본 ③ 誓券(서권) 誓盟(서맹) 誓文(서문) 誓約(서약) 誓言
(서언) 誓願(서원) 盟誓(맹서) 默誓(묵서) 宣誓(선서)

부수	획수	총획
辶	7	11

갈 서 : 【1635】

字源 〈형성〉 '서거(逝去)'란 어휘는 '죽다'는 뜻과 '받들다'는 뜻
까지 포함하고 있다. 어른의 죽음, 국장(國葬)급의 죽음으
로 죽다는 의미의 높임말이다. 죽어서 그만 세상을 떠난
의미로 쓰인 용어이다. 사람의 운명이 다해 숨이 끊어져
(折) 저승길(辶)을 향해서 죽어갔으니 이제 그만 [가다(逝)]
는 뜻이고 [서]로 읽는다.

3급

圓往(갈 왕) 去(갈 거) 邁(갈 매) 行(다닐 행) 回來(올 래)

필순 一 十 扌 扩 扩 扩 折 折 浙 浙 逝

기초 【기초한자어】 익히고, 【기본→발전한자어】 다지기
長逝(장서) 곧 죽음을 빙 둘러서 이르는 말
急逝(급서) 갑자기 죽어서 세상을 떠남
逝川(서천) 흘러가는 냇물
• 그 분의 急逝에 아쉬운 마음을 금할 수 없다.
• 逝川을 바라보면서 앉아 그 분의 長逝를 한 사람 씩 애도하며 이야기했다.

기본 ③ 逝去(서거) 逝世(서세) 逝水(서수) 高逝(고서) 仙逝(선서) 永逝(영서) 遠逝(원서) 流逝(유서) 長逝(장서) 電逝(전서) 遷逝(천서) 一月逝(일월서)

발전 ① 夭逝(요서)

	부수	획수	총획
昔	日	4	8

예 석【1636】

字源 〈회의〉 하루하루의 날이 가면 [어제-오늘-내일]이 분명해진다. 어제 이전은 '옛'이 되어 과거가 되고 그런 날이 쌓이면서 한 페이지의 역사를 만든다. 이렇게 보면 다 지나간 때의 쌓임이겠다. 하루 날(日)이 지나고 여러 날이 많이 쌓이면(龵→昔) 이제는 다 지난날이 되었으니 [옛(昔)]을 뜻하고 [석]으로 읽는다.
圓古(예 고) 舊(예 구) 今(이제 금) 回借(빌 차) 惜(아낄 석)

필순 一 十 十 昔 昔 昔 昔 昔

기초 【기초한자어】 익히고, 【기본→발전한자어】 다지기
今昔(금석) 지금과 옛적
昔日(석일) 옛날. 지난날
昔時(석시) 옛적
• 今昔간에는 그와 같은 일은 들어보지 못했다.
• 옛날 옛적을 昔日과 昔時라고 하는데, 지난날의 회고라 하겠다.

기본 ③ 宿昔(숙석) 憶昔(억석)

발전 28 伊昔(이석) ① 夙昔(숙석)

사자성어 ③ 今昔之感(금석지감)

	부수	획수	총획
析	木	4	8

쪼갤 석【1637】

字源 〈회의〉 통나무를 도끼로 가르면 두 쪽이 나는데 이를 '장작'이라 한다. 반쪽으로 나눈 장작이 너무 크면 또 나누어서 쪼개어 가르기도 한다. 통나무를 둘 이상의 작은 부분

으로 쪼개어서 나눈다. 예리한 날의 도끼(斤)로 통나무(木) 중간 부분을 작게 갈라서 잘 나누었으니 [쪼개다(析)]는 뜻이고 [석]으로 읽는다.
圓分(나눌 분) 回折(꺾을 절)

필순 一 十 才 木 朴 朾 析 析

기초 【기초한자어】 익히고, 【기본→발전한자어】 다지기
解析(해석) 사물을 논리적으로 풀어 밝힘
分析(분석) 어떤 사물을 분해하여 가름
剖析(부석) 가르거나 쪼개서 분석함
• 가르거나 쪼개면서 分析하는 일을 흔히 剖析이라고 하지요.
• 이 사태는 아무리 分析하고 解析해 봐도 그 진위를 알 수가 없습니다.

기본 ③ 析出(석출)

발전 ② 綜析(종석) 28 鄧析子(등석자) ① 析瘍(석양) 蕩析(탕석)

	부수	획수	총획
攝	手	18	21

다스릴 섭.
잡을 섭【1638】

字源 〈형성〉 조선 시대 선대왕의 부인이 섭정하는 왕이 여럿 있었다. 왕의 나이가 아직 어리거나 사리가 어두울 때 대왕대비가 나서서 정사를 논의했었다. 실권은 없었지만 대리 청정으로 편안하게 했었다. 손(扌)에 쥐고 있던 물건을 꼭 붙잡아(聶) 앞으로 잘 잡아(攝) 당겼으니 [다스리다(攝)]는 뜻이고 [섭]으로 읽는다.
圓理(다스릴 리) 治(다스릴 치) 政(정사 정) 回攝

필순 一 十 才 扩 扩 护 挕 攝 攝 攝

기초 【기초한자어】 익히고, 【기본→발전한자어】 다지기
攝理(섭리) 병을 조섭함. 대신해 다스림
攝政(섭정) 임금을 대신하여 다스림
攝生(섭생) 건강하게 하여 오래 살기를 꾀함
• 우리 선조들은 攝生의 眞理를 잘 터득하면서 살았다.
• 나이 어린 왕을 대신하여 대비가 攝政하였다.

기본 ③ 攝取(섭취) 包攝(포섭)

발전 ① 攝餌(섭이) 爪攝(조섭)

	부수	획수	총획
涉	水	7	10

건널 섭【1639】

字源 〈회의〉 징검다리가 놓여있는 곳을 빨리 가려면 아랫바지를 걷어 올리고 처벅처벅 걸었다. 행여 신발이 젖을까봐

맨발로 건너기도 했다. 건널목을 걸어서 넘거나 지나가 맞은편으로 옮기는 일이다. 얕은 개울물(氵)을 건널 때 맨 발로 걸어서(步) 통과했었으니 마구잡이로 [건너다(涉)]는 뜻이고 [섭]으로 읽는다.

동 渡(건널 도) 濟(건널 제) 步(걸음 보) 陟(오를 척)

필순

기초 【기초한자어】 익히고, 【기본→발전한자어】 다지기
交涉(교섭) 일을 이루기 위해 의논하고 절충함
干涉(간섭) 남의 일에 부당하게 참견함
涉外(섭외) 외국과 연락 교섭하는 일
• 심하게 干涉을 하면 자칫 일을 그르칠 수도 있다.
• 涉外 부서에서 우리 팀과 경기를 진행하자는 내용으로 지금 交涉 중이다.

기본 ③ 涉獵(섭렵) 涉水(섭수) 冒涉(모섭)
발전 ① 跋涉(발섭)
사자성어 ③ 幕後交涉(막후교섭)

	부수	획수	총획
召	口	2	5

부를 소【1640】

字源 〈형성〉 아랫사람이 윗사람의 명령은 칼처럼 예민하고 위엄있게 받아들였다. 명령이 차갑고 쌀쌀하여 부름이 있으면 복종해야 했다. 주의를 끌거나 오라고 소리를 치거나 손짓으로 부르기도 했다. 칼(刀)로 위엄을 보이듯이 아랫사람에게 입(口)으로 크게 명령을 잘 내렸으니 [부르다(召)]는 뜻이고 [소]로 읽는다.

동 招(부를 초) 聘(부를 빙) 喚(부를 환) 回 沼(못 소)

필순 ㄱ 刀 刀 召 召

기초 【기초한자어】 익히고, 【기본→발전한자어】 다지기
召還(소환) 일을 마치기 전에 불러 돌아오게 함
召集(소집) 불러서 회의를 엶
召命(소명) 임금이 신하를 부르는 명령
• 드디어 관찰사로 나가라는 전하의 召命을 받았다.
• 그는 빨리 召還하라는 召集 통지를 받고 난 후 한참을 어리둥절했다.

기본 ③ 聘召(빙소) 應召(응소)
발전 ① 召喚(소환) 檄召(격소) 召喚狀(소환장)
사자성어 ③ 召集令狀(소집영장)

	부수	획수	총획
昭	日	5	9

밝을 소【1641】

字源 〈형성〉 캄캄했던 어둠이 지나면 새아침을 알리는 대낮이 된다. 밝은 태양이 떠오르면 모든 물체를 밝음의 곳으로 불러 모으는 것과도 같았다. 주위가 아주 뚜렷하게 잘 보일 정도로 환해서 밝다. 밝음을 향해서 어서 오라는 듯이 해(日)가 또 떠서 만물을 잘 부르고(召) 있으니 [밝다(昭)]는 뜻이고 [소]로 읽는다.

동 明(밝을 명) 回 暗(어두울 암) 回 沼(못 소) 照(비칠 조) 召(부를 소) 招(부를 초)

필순 | 刀 月 日 日 日刀 日刀 昭 昭

기초 【기초한자어】 익히고, 【기본→발전한자어】 다지기
昭詳(소상) 분명하고 자세함
昭明(소명) 사물을 분간함이 밝고 똑똑함
昭光(소광) 밝게 반짝이는 빛
• 밤이 되니 가로등에서 昭光이 반짝거리더니 곧 환해졌다.
• 이 일은 반드시 昭明해야 하기에 昭詳하게 밝힌다.

기본 ③ 昭代(소대)
발전 28 昭穆(소목) 昭耀(소요) 昭煥(소환) ① 昭闡(소천)

	부수	획수	총획
蔬	艹	11	15

나물 소【1642】

字源 〈형성〉 배추나 시금치 등의 푸성귀는 씨를 뿌려서 싹터 나온 잎을 먹는다. 풀이나 어린 나뭇잎. 뿌리, 줄기나 채소 등을 다듬거나 끓는 물에 살짝 데친 뒤에 양념에 무쳐서 만들어 먹었던 반찬이다. 들에서 자라거나 씨를 뿌려서 싹터(艹) 나온 야채를 쭉 뽑았던 채소(疏)인 [나물(蔬)]을 뜻하고 [소]로 읽는다.

동 菜(나물 채) 回 疏(소통할 소)

필순 艹 艹 艹 艿 莕 莕 蔬 蔬 蔬

기초 【기초한자어】 익히고, 【기본→발전한자어】 다지기
菜蔬(채소) 곡류를 제외한 밭에서 기르는 식물
蔬食(소식) 변변하지 못한 음식
蔬飯(소반) 변변치 못한 음식
• 변변찮은 蔬食이지만 마음껏 드시옵길 바라옵니다.
• 菜蔬만 오른 蔬飯이 나올 것이니 많이 드십시오.

기본 ③ 蔬果(소과) 蔬店(소점) 蔬菜(소채) 春蔬(춘소) 香蔬(향소)
발전 28 蔬筍(소순) 熊蔬(웅소)
사자성어 28 蔬筍之氣(소순지기)

	부수	획수	총획
騷	馬	10	20

떠들 소【1643】

字源 〈형성〉 한가하게 놀던 소나 말도 물것에 물리면 참지 못하고 제자리에서 날뛴다. 마치 뛰어다니는 벼룩처럼 시끄럽게 뛴 것으로 보았다. 짐승이나 사람이 큰 소리로 말하거나 시끄럽게 떠들었다. 말(馬)이 물것에 물려 벼룩(蚤)처럼 펄쩍 날뛰면서 흔들며 시끄럽게 했으니 [떠들다(騷)]는 뜻이고 [소]로 읽는다.

동 擾(시끄러울 요) 비 驅(몰 구) 騎(말탈 기)

필순 

기초 【기초한자어】 익히고, 【기본 → 발전한자어】 다지기

騷音(소음) 불쾌하고 시끄러운 소리

騷然(소연) 시끄럽고 어수선한 모양

騷亂(소란) 술렁거리어 어수선함

- 市場(시장)에 갔더니 물건 파는 사람과 사는 사람들이 騷然했다.
- 군중들의 騷亂속에 騷音이 들려 결국 우리 아기의 잠을 깨우고 말았다.

기본 3 騷客(소객) 騷動(소동) 騷離(소리) 騷人(소인)

발전 1 騷擾(소요) 繹騷(역소) 喧騷(훤소)

粟

부수	획수	총획
米	6	12

조 속 【1644】

字源 〈회의〉 조는 낟알이 다닥다닥 붙어 있으며 박한 땅이나 가뭄에도 잘 견디면서 자란다. 영양가가 풍부해서 주식으로 먹었다. 볏과에 속한 한해살이풀로 작고 둥글며 노란색이며 밥을 지을 때 넣는다. 오곡 중 하나이며 낟알이 껍질째 달려있는(覀) 자잘하게 생긴 좁쌀(米)인바 [조(粟)]를 뜻하고 [속]으로 읽는다.

비 栗(밤 률) 票(표 표)

필순 

기초 【기초한자어】 익히고, 【기본 → 발전한자어】 다지기

米粟(미속) 쌀과 벼를 아울러 이르는 말

粟米(속미) 조의 열매를 찧은 쌀. 좁쌀

粟粒(속립) 조의 낟알. 극히 작은 물건

- 흔히 조의 낱알같이 작은 입자를 粟粒이라고 한다.
- 米粟과 粟米는 한자를 앞뒤만 바꾸었을 뿐 그 뜻은 같다.

기본 3 粟麥(속맥) 粟飯(속반) 粟租(속조) 穀粟(곡속) 納粟(납속)

발전 2名 蘆粟(노속) 1 粟殼(속각) 粟帛(속백) 粟餅(속병) 黍粟(서속) 菽粟(숙속)

사자성어 2 滄海一粟(창해일속)

誦

부수	획수	총획
言	7	14

욀 송 : 【1645】

字源 〈형성〉 '사자소학, 추구'를 비롯한 한문 입문서나 경서를 소리를 높여서 읽었다. 읽는 가운데 의미를 터득하면서 외우는 학습방법이다. 책이나 구절을 암기하거나 틀리지 않게 그대로 말했다. 물이 솟아오르듯이(甬) 말(言)을 그치지 않고 입에 오르도록 읽고 줄줄 외웠으니 [외우다(誦)]는 뜻이고 [송]으로 읽는다.

동 講(욀 강) 讀(읽을 독) 비 踊(뛸 용) 通(통할 통)

필순 

기초 【기초한자어】 익히고, 【기본 → 발전한자어】 다지기

愛誦(애송) 어떤 글을 좋아하여 욈

暗誦(암송) 책을 보지 않고 글을 욈

朗誦(낭송) 소리 내어 글을 욈

- 朗誦은 우리 선인들이 즐겨 썼던 가르침의 기본이었다.
- 愛誦하던 시를 자주 읽다보니 이제는 暗誦하게 되었네.

기본 3 誦讀(송독) 誦奏(송주)

발전 1 誦呪(송주)

囚

부수	획수	총획
囗	2	5

가둘 수 【1646】

字源 〈회의〉 사회에 물의를 일으키거나 다른 사람을 괴롭힌 사람은 감옥에 가둔다. 이는 국법이 정하는 바에 따르는 처벌의 한 종류다. 강제로 감옥에 넣어 두어 자유롭게 출입하지 못하도록 했다. 잘못을 저지른 사람(人)을 사방으로 세워 싼(囗) 감옥에 넣어서 벌을 주었으니 [가두다(囚)]는 뜻이고 [수]로 읽는다.

반 放(놓을 방) 釋(풀 석) 解(풀 해) 비 四(넉 사) 因(인할 인) 困(곤할 곤)

필순 

기초 【기초한자어】 익히고, 【기본 → 발전한자어】 다지기

死刑囚(사형수) 사형의 판결을 받은 죄수

罪囚(죄수) 교도소에 수감된 죄인

囚人(수인) 옥에 갇힌 사람

- 그들은 死刑囚가 마지막 가는 길에 애도하는 식을 올렸다.
- 罪囚가 囚人답지 않게 자기의 정당함을 끝까지 주장했다는구나.

기본 ③ 囚繫(수계) 囚役(수역) 囚衣(수의) 旣決囚(기결수)
未決囚(미결수) 良心囚(양심수) 脫獄囚(탈옥수)

발전 ① 囚桎(수질) 拿囚(나수) 虜囚(노수)

부수	획수	총획
手	10	13

찾을 수 【1647】

字源 〈형성〉 나이가 들면 정신을 집중시키기 어려워 늘 잘 잊
어버린다. '이놈의 정신머리'하면서 혀를 끌끌 차는 경우
가 종종 있다. 빼앗긴 것을 도로 가져오기도 한다. 발견하
기 위해서 살피기도 한다. 밤에 손(扌)에 호롱불을 든 늙
은이(叟)가 집 안팎을 돌면서 잃어버린 물건을 [찾다(搜)]
는 뜻이고 [수]로 읽는다.
图 訪(찾을 방) 索(찾을 색) 探(찾을 탐) 査(조사할 사)
回 搜

필순

기초 【기초한자어】 익히고, 【기본→발전한자어】 다지기
搜査(수사) 찾아다니며 조사함
搜探(수탐) 조사하거나 엿봄
搜索(수색) 구석구석 뒤지어 찾음
• 조사하여 엿보는 식의 搜探에 대하여 별도로 공부
했던 경험이 있다.
• 사건을 搜査함에 있어서 搜索犬(견)을 동원할 때
도 있었다오.

기본 ③ 搜檢(수검) 搜訪(수방) 搜所聞(수소문)

발전 ② 搜査網(수사망) ① 搜牢(수뢰) 搜汆(수분) 搜爬(수파)

부수	획수	총획
目	8	13

졸음 수 【1648】

字源 〈형성〉 점심을 먹고 난 후 몸이 느슨해지는 식곤증이 있
어 졸음이 쏟아진다. 몸이 피곤하거나 심한 운동을 하면
더욱 그렇게 느낀다. 잠을 자려고 하지 않았는데도 자꾸
졸음이 와서 곤히 잠든다. 피곤이 많이 겹쳐 눈꺼풀(目)이
드리워서(垂) 눈을 붙이며 잠을 잤었으니 잠깐 [졸다(睡)]
는 뜻이고 [수]로 읽는다.
图 眠(잠잘 면) 寐(잘 매) 回 郵(우편 우)

필순

기초 【기초한자어】 익히고, 【기본→발전한자어】 다지기
昏睡(혼수) 의식을 잃고 인사불성이 됨
午睡(오수) 낮잠
睡眠(수면) 잠을 자는 일

• 바쁘게 일하다가 점심을 먹고 나서 잠시 午睡를
즐긴다.
• 睡眠을 푹 취하는 것과 昏睡상태는 서로 다르다.

기본 ③ 假睡(가수)

발전 ② 睡魔(수마) 睡眠劑(수면제) ① 睡寐(수매) 睡癖(수벽)
睡醒(수성)

사자성어 ③ 昏睡狀態(혼수상태)

부수	획수	총획
言	8	15

누구 수 【1649】

字源 〈형성〉 인간은 '만물의 영장'이나 짐승들의 말도 알아듣지
못한다. 이뿐만이 아니겠으니 인간들의 말도 서로 소통치
못한 경우가 많다. '누구'는 주로 의문문에 쓰여 잘 모르는
사람을 가리킨 말이다. 새(隹)가 지저귄 저 아름다운 소리
(言)를 '인간 그 [누구(誰)]가 차마 알아들을 수 있겠는가'
를 뜻하고 [수]로 읽는다.
图 孰(누구 숙) 回 雖(비록 수) 唯(오직 유)

필순

기초 【기초한자어】 익히고, 【기본→발전한자어】 다지기
誰何(수하) 어떤 사람. 어느 누구
誰某(수모) 아무개
誰昔(수석) 옛날 또는 접때. 전일
• 잘 상용하지 않고 어려운 용어지만 '전일'을 誰昔
이라고 했었다.
• 궁궐 문지기가 誰何를 묻거든 반드시 誰某라고 대
답해야만 했었지.

기본 ③ 誰得(수득) 誰怨(수원) 孰誰(숙수)

사자성어 ③ 誰曰不可(수왈불가)

부수	획수	총획
辶	9	13

드디어 수 【1650】

字源 〈형성〉 일이 여러 가지로 뒤엉켜 잘 풀리지 않는 수가 있
다. 열심히 노력하다보면 쉽게 풀리면서 목적한 바가 도
달되는 경우도 있다. '칠전팔기'라 했으니, 오랜 기다림 끝
에 얻은 결과물이다. 생각대로 두루(豕) 일들이 잘 되어
나가고 있으니(辶) [드디어(遂)] 목적한 바를 [이루다(遂)]
는 뜻이고 [수]로 읽는다.
回 逐(쫓을 축)

필순

3급

기초 【기초한자어】 익히고, 【기본→발전한자어】 다지기
完遂(완수) 목적을 완전히 달성함
未遂(미수) 목적한 바를 이루지 못함
遂行(수행) 계획한 대로 해냄
• 목적한 바를 꼭 이루겠다고 열심히 노력했지만 未遂에 그쳤다.
• 이번에 시작한 사업은 끝까지 遂行하여서 꼭 完遂기를 바란다.
기본 ③ 未遂犯(미수범)

기초 【기초한자어】 익히고, 【기본→발전한자어】 다지기
必須(필수) 없어서는 아니 됨
須要(수요) 꼭 소용되는 바가 있음
須知(수지) 마땅히 알아야 함
• 대학 입시에서 국어, 수학 등은 必修과목이다.
• 자신의 직무를 須知하는 것이 需要하다.
기본 ③ 公須(공수) 斯須(사수) 相須(상수) 要須(요수)
발전 28 須彌(수미) 須彌壇(수미단)
사자성어 ③ 不須多言(불수다언)

부수	획수	총획
隹	9	17

비록 수 【1651】

字源 〈형성〉 도마뱀 같은 파충류는 사람에게 결코 해를 주지 않는다. 이 종류는 외마디 소리를 내며 먹이를 찾거나 동료를 부른다. '비록 ~하더라도'와 같이 내용이 다르거나 반대되는 양보절을 이끈다. 비록 벌레(虫)가 입(口)이 있다고 할지라도 새들(隹)을 당하지 못하는 데서 [비록(雖)]을 뜻하고 [수]로 읽는다.
回 誰(누구 수) 稚(어릴 치) 雅(맑을 아)
필순 口吕吊虽虽虽雖雖雖雖

기초 【기초한자어】 익히고, 【기본→발전한자어】 다지기
雖然(수연) 비록 그러하나. 그렇지만
誰某(수모) 아무개
誰何(수하) 어떤 사람. 어느 누구
• 그는 가난하다. 雖然이나 마음씨는 곱다.
• 誰何, 誰某를 막론하고 이곳에 들어올 수 없다.
사자성어 9 雖死不敗(수사불패)

부수	획수	총획
子	8	11

누구 숙 【1653】

字源 〈회의〉 좋은 약재로 만든 약은 지체 높은 벼슬아치들이나 먹었다. 평민들은 약을 지어놓고 먹기 거북하여서 늘 망설이곤 했다. '누구'는 주로 의문문에 쓰여서 '잘 모르는 사람'을 가리키는 말이다. '양질의 약재로 만든 이 환약(丸)을 드실(享) 분이 과연 [누구(孰)]란 말인가?'라고 묻는 뜻이고 [숙]으로 읽는다.
園 誰(누구 수) 回 熟(익을 숙) 熱(더울 열)
필순 一亠亠亩亩亯享享孰孰孰

기초 【기초한자어】 익히고, 【기본→발전한자어】 다지기
孰若(숙약) 어느 편이. 양자를 비교해서 묻는 말
孰誰(숙수) 누구. 어떤 사람
• 이렇게 훌륭한 일을 한 사람이 과연 孰誰라고 말할 수 있겠지.
• 우리는 흔히 어느 편이 더 우수한가를 따질 때를 孰若이라 하지.
기본 ③ 孰是(숙시) 孰尤(숙우)

부수	획수	총획
頁	3	12

모름지기 수 【1652】

字源 〈회의〉 사람 머리에는 머리카락이 나오고 턱에는 수염이 나온다. 그렇지만 여자들의 경우에는 수염이 나오지 않는 특징이 있다. 인체가 그렇다는 이야기다. 조물주의 조화가 신비할 만큼 이상하다고 하겠다. 머리(頁)에는 머리카락이, 턱에는 수염(彡)이 난 일은 당연하니 [모름지기(須)]란 뜻이고 [수]로 읽는다.
園 必(반드시 필) 回 順(순할 순) 頂(정수리 정)
필순 彡彡彡彡彡彡須須須須須須

부수	획수	총획
彳	9	12

돌 순 【1654】

字源 〈형성〉 옛날부터 국민의 생명과 재산을 지키기 위해 순찰을 해왔다. 순찰할 때는 방어용 무기나 방패를 가지고 다니면서 호신용으로 사용했다. 일정한 축을 중심하여 한 방향으로 움직이면서 돌았다. 적을 방어하기 위해서 방패(盾)를 들고 걸어가면서(彳) 순찰을 했으니 [돌다(循)]는 뜻이고 [순]으로 읽는다.
園 巡(돌 순) 廻(돌 회) 旋(돌 선) 回 盾(방패 순)
필순 彳彳彳彳彳彳循循循循

기초 【기초한자어】 익히고, 【기본→발전한자어】 다지기
循環(순환) 주기적으로 자꾸 되풀이하여 돎
循行(순행) 순로를 좇아 돌아봄
循俗(순속) 풍속이나 습속을 좇음
• 그들은 밤낮을 가리지 않고 循行하면서 민생을 안전하게 살폈다.
• 주기적으로 循環하는 것은 오래전부터 있어온 우리네의 循俗이었다.
기본 ③ 循吏(순리) 惡循環(악순환)
발전 ② 循環霸(순환패) ① 恪循(각순) 撫循(무순)
사자성어 ③ 因循姑息(인순고식)

	부수	획수	총획
	歹	6	10

따라 죽을 순
【1655】

字源 〈형성〉 사람이 나이 들어 늙게 되면 탄력성이 있던 살이 쭉 빠진다. 그리고 뼈대만 앙상하게 남아서 건강하지 못한 노인이 많았다. 직역으로는 '뒤를 좇다'이고, 의역으로는 '죽은 사람 뒤를 좇다'는 뜻이다. 죽은(歹) 사람을 따라서 열흘(旬) 안에 다른 병이 들어 죽었으니 [따라 죽다(殉)]는 뜻이고 [순]으로 읽는다.

필순 一ㄱㄓㄉ歹歹殉殉殉殉

기초 【기초한자어】 익히고, 【기본→발전한자어】 다지기
殉職(순직) 맡은 바 직무를 보다가 죽음
殉死(순사) 나라를 위하여 목숨을 바침
殉國(순국) 제 나라를 위하여 목숨을 바침
• 나라를 위해 목숨을 바치는 일을 殉死라고 했다.
• 나라의 일로 殉職하거나 殉國한 분을 높이 받든다.
기본 ③ 殉敎(순교) 殉葬(순장)
사자성어 ③ 殉國先烈(순국선열)

	부수	획수	총획
	肉	7	11

입술 순 【1656】

字源 〈형성〉 조개는 껍데기를 벌리고 오므리면서 먹이를 섭취한다. 사람도 입을 벌리며 음식물을 섭취하고 말하기도 한다. 입과 입술은 동격이다. 입의 아래위에 오도록하게 붙은 얇고 부드러운 살결이다. 조개(辰)가 입을 벌리고 오므라지듯이 사람 얼굴(月←肉)의 입가에 있는 [입술(脣)]을 뜻하고 [순]으로 읽는다.
回 盾(방패 순)

필순 厂厂厂厇辰辰辰脣脣脣

기초 【기초한자어】 익히고, 【기본→발전한자어】 다지기
脣齒(순치) 입술과 이빨
脣音(순음) 두 입술 사이에서 나는 소리
• 두 친구는 마치 脣齒같아서 상부상조하면서 산다.
• 자음 'ㅁ, ㅂ'은 脣音으로 흔히 '입술소리'라고 한다.
기본 ③ 脣亡(순망) 兎脣(토순)
발전 ② 脣焦(순초) 焦脣(초순) ① 櫻脣(앵순) 鶯脣(앵순)
사자성어 ③ 脣亡齒寒(순망치한) ② 脣焦口燥(순초구조) 23 丹脣皓齒(단순호치)

	부수	획수	총획
	戈	2	6

개 술 【1657】

字源 〈형성〉 개는 성질이 온순하고 매우 영리하다. 냄새를 잘 맡고 귀와 눈이 밝아 도둑을 잘 지키며 길을 들여 사냥과 군사용으로도 부렸다. 유의어로는 견(犬) 이외에 '구(狗)·술(戌)' 등으로도 표기했다. 초목이 자못 무성하다가(戊) 가을이 되면 많은 잎(一)이 떨어지니 열째 지지인 [개(戌)]를 뜻하고 [술]로 읽는다.
圖 犬(개 견) 拘(개 구) 回 戈(창 과) 戊(천간 무) 成(이룰 성) 戍(지킬 수)

필순 丿 ㄷ 厂 戌 戌 戌

기초 【기초한자어】 익히고, 【기본→발전한자어】 다지기
戌時(술시) 십이시의 11째. 하오 7시~9시
戌方(술방) 24방위의 하나. 15도 각도 안
戌年(술년) 해의 지지가 '술(戌)'로 된 해
• 24방위의 하나이며, 서에서 북으로 15도 각도 안을 흔히 戌方이라고 한다.
• 戌年과 戌時에 태어나면 정말로 개와 천생 연분이 아니었나 보다.
기본 ③ 戌末(술말) 戌兵(술병) 戌生(술생) 戌月(술월) 戌日(술일) 戌正(술정) 戌座(술좌) 戌初(술초) 甲戌(갑술) 庚戌(경술) 戊戌(무술) 丙戌(병술) 壬戌(임술)
발전 ① 戌葵(술규)
사자성어 ③ 庚戌國恥(경술국치)

	부수	획수	총획
	矢	0	5

화살 시 : 【1658】

字源 〈상형〉 지금의 활은 심신의 건강을 잘 유지하기 위한 스포츠의 일종이 되었다. 그렇지만 옛날에는 무예를 닦고 적과 싸우는 무기로 널리 사용했었다. 활시위에 오늬를 메워 잡아 당겼다가 다시 놓는 기구이다. 적과 서로 겨루

3급

면서 상대방에게 쏘아붙이는 화살 모양을 본떠서 [화살(矢)]
을 뜻하고 [시]로 읽는다.
圖 弓(활 궁) 弧(활 호) 回 失(잃을 실)

필순 ノ ト ヒ 矢 矢

기초 【기초한자어】 익히고, 【기본→발전한자어】 다지기
嚆矢(효시) 사물이 비롯된 맨 처음
弓矢(궁시) 활과 화살
矢心(시심) 마음속으로 맹세함
• 이제부터 남을 위해 살겠다고 矢心했다.
• 弓矢의 제작 방법을 보인 것은 그분이 단연 嚆矢
라 하겠다.
기본 ③ 矢石(시석) 矢言(시언)
발전 ② 弦矢(현시) 23 蓬矢(봉시) ① 棘矢(극시) 鼠矢(서시)
弧矢(호시)

부수	획수	총획
人	5	7

펼 신【1659】

字源 〈형성〉 책상에 앉아 공부를 하거나 공장의 기계를 열심히
살핀다. 그러다가도 어깨와 가슴을 움츠리는 경우가 많이
있는데 허리를 쭉 펴는 일이다. 오므라지거나 겹쳐진 물
건을 살짝 젖히면서 쭉 벌리는 행위다. 사람(亻)이 움츠렸
던 가슴을 쭉 켜면서(申) 몸을 활짝 펼쳤으니 [펴다(伸)]는
뜻이고 [신]으로 읽는다.
圖 張(베풀 장) 回 縮(줄일 축) 回 申(납 신)

필순 ノ イ 仁 化 佃 伸 伸

기초 【기초한자어】 익히고, 【기본→발전한자어】 다지기
屈伸(굴신) 몸의 굽힘이나 폄
伸縮(신축) 늘어남과 줄어듦
伸張(신장) 세력이나 권리 등이 늘어남
• 그는 屈伸도 못 할 정도로 부상이 심했다.
• 그는 자금의 伸縮에 따라 대처하는 능력이 생긴
이후로 사업을 크게 伸張시켰다.
기본 ③ 伸長(신장) 引伸(인신) 追伸(추신)
발전 ① 伸頸(신경) 伸冤(신원) 伸欠(신흠) 欠伸(흠신)
특 伸寃(신원)
사자성어 ① 伸冤雪恥(신원설치)

부수	획수	총획
日	7	11

새벽 신【1660】

字源 〈형성〉 새벽녘이 되면 별빛이 점차 그 모습을 감춰간다.

멀리 동녘에서 서서히 떠오르는 태양의 빛 때문이다. 흔
히 새벽을 '여명'이라 했었으니 가히 그 기상을 알 만도
하겠다. 새벽은 날이 밝을 무렵이다. 태양(日)이 떠오르면
밤에 반짝이던 별빛(辰)이 모습을 감추었으니 [새벽(晨)]
을 뜻하고 [신]으로 읽는다.
圖 曉(새벽 효) 回 暮(저물 모) 昏(어두울 혼) 回 農(농사 농)

필순 口 曰 旦 F F F 声 辰 晨 晨

기초 【기초한자어】 익히고, 【기본→발전한자어】 다지기
晨鐘(신종) 새벽에 치는 종
晨星(신성) 샛별. 효성
淸晨(청신) 맑은 첫새벽
• 아침의 맑은 새벽을 흔히 淸晨이라고 말합니다.
• 晨星이 유별나게 빛나는 새벽에 저 晨鐘의 소리가
참으로 크고도 맑구나.
기본 ③ 晨明(신명)
발전 ② 晨餐(신찬) 晨炊(신취) ① 晨梵(신범) 宵晨(소신) 詰晨(힐신)
사자성어 ③ 昏定晨省(혼정신성)

부수	획수	총획
辛	0	7

매울 신【1661】

字源 〈상형〉 사형에 처할 만큼 죄를 짓지 않았다면 이마에 문
신이나 불침으로 표시하는 중벌을 가했다. 평생 죄인임을
나타내도록 했다고 한다. 고추나 겨자 따위의 맛과 같이
혀가 알알한 느낌을 받는다. 많은(十) 업적을 세웠던(立)
사람들은 그 뜻이 매우 [맵다(辛)] 혹은 [여덟째 천간(辛)]
을 뜻하고 [신]으로 읽는다.
圖 烈(매울 렬) 回 幸(다행 행) 妾(첩 첩)

필순 ` 亠 亠 立 立 辛 辛

기초 【기초한자어】 익히고, 【기본→발전한자어】 다지기
辛酸(신산) 맛이 맵고 심
辛辣(신랄) 맛이 몹시 쓰고 매움
香辛料(향신료) 향기롭고 매운맛을 더하는 양념
• 향기롭고 매운맛을 더하는 양념을 香辛料라고 한다.
• 지금까지 매우 辛辣한 공격을 받고 보니 辛酸한
기분이다.
기본 ③ 辛苦(신고) 辛方(신방) 辛亥(신해) 辛亥年(신해년)
발전 ② 辛酸(신산) ① 辛艱(신간) 辛鹹(신함) 艱辛(간신)
사자성어 ③ 千辛萬苦(천신만고) 23 獐耳細辛(장이세신)

부수	획수	총획
寸	9	12

찾을 심【1662】

字源 〈회의〉 물건의 길이를 잴 때 팔이나 뼘의 길이를 기준으로 헤아렸다. 몇 뼘이나 몇 발 등의 표시나 호칭이 그것이다. 새롭게 발견하기 위해 살피거나, 그것을 다시 보거나 만나기 위해 가거나 온다. 사람(口)이 공장(工) 등에서 힘써서(크) 일을 하다가 작은(寸) 부품을 냈으니 [찾다(尋)]는 뜻이고 [심]으로 읽는다.
圖 探(찾을 탐) 訪(찾을 방) 搜(찾을 수)

필순

기초 【기초한자어】 익히고, 【기본 → 발전한자어】 다지기
推尋(추심) 찾아내서 가져옴
尋訪(심방) 방문하여 찾아봄
尋常(심상) 대수롭지 아니함. 예사로움
• 이제는 모든 일에 신중해야 할 때이니 잘 推尋하시게나.
• 尋訪할 때의 주의점을 尋常하게 들었다가는 자칫 큰 실수를 하기 쉽다.
기본 ③ 尋究(심구) 尋問(심문) 根尋(근심) 巡尋(순심) 研尋(연심)
발전 ②8 尋覓(심멱) ① 尋撞(심당) 尋繹(심역)

字源 〈회의〉 설악산이나 지리산 같은 높고 큰 산에 오르면 산 위는 언덕과 같이 크고 높다. 여러 겹으로 산들이 중첩되어 있어 우람한 산을 이루고 있는 것이다. 큰 산에 올라서 높은 기상을 마구 펼쳤을 것이다. 높은 산(山) 위 언덕(丘)처럼 높고 우람한 산이 또 겹겨 있었으니 [큰 산(岳)]을 뜻하고 [악]으로 읽는다.
圖 嶽(큰 산 악) 丘(언덕 구) 兵(병사 병)

필순

기초 【기초한자어】 익히고, 【기본 → 발전한자어】 다지기
山岳(산악) 지구 표면에서 몹시 융기한 부분
岳父(악부) 아내의 친아버지. 장인
岳母(악모) 아내의 친어머니. 장모
• 우리나라는 산이 많아 山岳국가라 할 수 있을 것이다.
• 장인과 장모를 岳父와 岳母라고들 말했으나 지금은 잘 쓰지 않는 어휘다.
기본 ③ 岳丈(악장)
발전 ②8 潘岳(반악) 雉岳(치악) 雉岳山(치악산) 岳武穆(악무목)
① 岳狩(악수)

	부수	획수	총획
餓	食	7	16

주릴 아 : 【1663】

字源 〈형성〉 옛날에는 배가 고파서 한탄하는 사람이 많았다. '신이여! 왜 나에게 이같이 큰 설움을 주시나이까? 배고파 견딜 수가 없습니다.'라고 하면서, 자기가 먹을 만큼 먹지 못하여 배를 많이 굶았다. 나(我)에게만이 가난이 많이 따라서 먹을 음식(食)이 없어서 배가 고팠으니 [주리다(餓)]는 뜻이고 [아]로 읽는다.
圖 饑(주릴 기) 飢(주릴 기) 饉(주릴 근) 回 飽(배부를 포)
回 餘(남을 여)

필순

기초 【기초한자어】 익히고, 【기본 → 발전한자어】 다지기
飢餓(기아) 굶주림
餓死(아사) 굶어 죽음
餓鬼(아귀) 먹을 것만 탐하는 사람을 비유한 말
• 그는 며칠 굶고 나서 餓鬼처럼 먹었다.
• 지금 이 순간이 飢餓를 못 견디어 餓死 지경에 이르렀다.
발전 ① 餓饉(아근) 餓狼(아랑)
사자성어 ① 餓狼之口(아랑지구)

	부수	획수	총획
雁	隹	4	12

기러기 안 : 【1665】

字源 〈형성〉 기러기는 가을에 날아와 우리 땅에서 겨울을 나고 봄에 다시 날아간다. 바위틈이나 풀숲에서 살면서 사람과 관계가 많았던 새다. 기러기는 오리와 비슷하게 생겼지만 목이 길고 다리가 아주 짧다. 바위(厂)틈에 살면서 사람(亻←人)처럼 예의가 바른 새(隹)로 알려진 [기러기(雁)]를 뜻하고 [안]으로 읽는다.
圖 鴻(기러기 홍) 鴈(기러기 안) 回 厓(언덕 애)

필순

기초 【기초한자어】 익히고, 【기본 → 발전한자어】 다지기
孤雁(고안) 외기러기
雁行(안항) 남의 형제를 높여 이르는 말
雁夫(안부) 기러기아비
• "雁行이 몇이냐?"고 물으면 "형제가 몇이냐?"로 알아들어야 하겠다.
• 孤雁이 무척 외롭더니만, 결국에는 기러기아비인 雁夫가 되었구려.
기본 ③ 雁奴(안노) 雁堂(안당) 雁書(안서) 雁信(안신) 木雁(목안)
발전 ②8 雁鼎(안정) 舒雁(서안) ① 奠雁(전안)

	부수	획수	총획
岳	山	5	8

큰 산 악 【1664】

	부수	획수	총획
謁	言	9	16

뵐 알 【1666】

3급

字源 〈형성〉 '전하를 알현한 자리인데 소인이 어찌 거짓을 고하리까? 다 아뢰겠나이다.'라고 말한 사극을 본다. 나라님인 임금 앞에서 거짓을 고할 수 없다는 뜻이겠다. 이는 '뵈다'는 한자에 대하여 '보다'는 뜻이다. 웃어른을 뵙고 묻는 말(言)에 자기 뜻을 대(曷) 사뢰어서 고했으니 [뵈다(謁)]는 뜻이고 [알]로 읽는다.
圖 見(뵈올 현) 告(고할 고) 回 渴(목마를 갈)

필순 ᅳ ᅩ 言 言 訂 訐 訐 訐 謁 謁 謁

기초 【기초한자어】 익히고, 【기본→발전한자어】 다지기
拜謁(배알) 높거나 존경하는 사람을 찾아가 뵘
謁見(알현) 지체 높은 사람을 찾아뵙는 일
謁廟(알묘) 종묘나 사당에 배알함
• 謁見을 잘못 발음하여서, '알견'이 아닌 점을 이제 명심하십시오.
• 拜謁과 謁廟는 산 사람과 돌아가신 선현을 찾아뵘이란 의미로 반대다.

기본 ③ 謁聖(알성) 謁聖科(알성과)
발전 ① 謁奢(알사) 觀謁(근알)
사자성어 ③ 謁聖及第(알성급제)

누를 압【1667】

字源 〈형성〉 우리 정치문화에서 '압력(壓力)'이라는 말을 흔히 듣는다. 이 압력을 '압력(押力)'으로 인지하는 지식인도 가끔 만난다. 표면 전체나 부분에 대하여 힘이나 무게를 세차게 가한다는 뜻이다. '甲'은 거북 등딱지로 덮는다 했으니 손(扌)으로 잘 포장해 덮으면서 (甲) [누르다(押)]는 뜻이고 [압]으로 읽는다.
圖 壓(누를 압) 抑(누를 억) 捺(누를 날)

필순 ᅳ ᅡ ᅥ ᅥ 扣 扣 扣 押

기초 【기초한자어】 익히고, 【기본→발전한자어】 다지기
押送(압송) 죄인을 잡아 보냄. 호송
押留(압류) 개인적으로 처분을 금하는 행위
押收(압수) 물건 따위를 강제로 빼앗음
• 가지고 있는 물건을 강제로 빼앗는 일을 押收라 한다.
• 흉악범을 押送하고 그 재산을 전부 押留하였다.

기본 ③ 押韻(압운) 差押(차압)
발전 ① 拱押(공압)

재앙 앙【1668】

字源 〈형성〉 화산이 폭발하거나 홍수가 나서 큰 피해를 입는 일이 허다했다. 열심히 살아가려는데 난데없는 사건으로 인하여 큰 재앙을 만난다. 생각지도 않게 뜻하지 않은 일이 생긴 불행한 변고를 말한다. 좋지 않은(歹) 일이 중간(央)에 불쑥 나타나서 어렵게 만들었으니 [재앙(殃)]을 뜻하고 [앙]으로 읽는다.
圖 厄(액 액) 災(재앙 재) 禍(재앙 화) 凹 福(복 복) 回 映(비칠 영)

필순 ᅳ ᅮ 歹 歹 歹 妒 妒 殃 殃

기초 【기초한자어】 익히고, 【기본→발전한자어】 다지기
災殃(재앙) 천재지변으로 인한 온갖 불행한 일
殃禍(앙화) 어떤 일로 생기는 재난
殃慶(앙경) 재앙과 경사
• 殃慶은 두 반대의 어휘가 어울린 상대어입니다.
• 자연적인 災殃이 지났나 했더니만 또 다시 뜻하지 않은 殃禍로구나.

발전 ① 咎殃(가앙)

물가 애【1669】

字源 〈회의〉 흐름이 빠른 곳에 맞닿아 있거나 바닷가의 파도치는 곳에 높은 언덕이 있다. 오랜 세월동안 물에 씻기기도 하고 깎이기도 하여 경사가 졌다. '물가'는 바다나 연못 그리고 강 등의 가장자리이다. 굽이쳐서 흐르는 시냇물(氵)에 맞닿아 굽이침이 아주 높은 언덕(厓)으로 [물가(涯)]를 뜻하고 [애]로 읽는다.
圖 汀(물가 정) 洲(물가 주) 回 厓(언덕 애) 崖(언덕 애)

필순 ᅳ ᅮ ᅰ ᅰ 涯 涯 涯 涯 涯 涯

기초 【기초한자어】 익히고, 【기본→발전한자어】 다지기
天涯(천애) 아득히 떨어진 타향
生涯(생애) 살아있는 동안. 일생 동안
涯岸(애안) 바다, 강, 못 따위의 가장자리
• 그는 天涯의 고아로 生涯를 마친 불쌍한 분이다.
• 바다, 강, 못 따위의 가장자리를 涯岸이라고 한다.

기본 ③ 水涯(수애) 際涯(제애)
발전 ②⑧ 涯垠(애은)
사자성어 ③ 天涯孤兒(천애고아)

액 액【1670】

字源 〈형성〉 큰 바위의 밑이나 위에 올라가서 노는 것은 매우 위험하다. 바위가 넘어지면 끔찍할 수 없는 큰 재앙을 당하기 일쑤이기 때문이다. 뜻하지도 않게 생기는 갑작스럽고 매우 불행한 변고를 말한다. 큰 바위(厂) 밑에서 무릎(卩)을 꿇고 노는 모습이 매우 위험했으니 재앙인 [액(厄)]을 뜻하고 [액]으로 읽는다.

圓 災(재앙 재) 禍(재앙 화) 殃(재앙 앙) 圖 福(복 복)

필순 一 厂 厃 厄

기초 【기초한자어】 익히고, 【기본→발전한자어】 다지기
橫厄(횡액) 뜻밖에 닥쳐오는 불행
災厄(재액) 재앙과 액운
困厄(곤액) 곤란과 재액
• 災厄이 끝났으니 이제 橫厄 같은 일은 없겠지.
• 困厄은 일이 곤란한 상태에서 災厄이 일어난 경우라 하겠다.

기본 ③ 厄年(액년) 厄運(액운)
발전 ① 厄煞(액살) 窘厄(군액) 罹厄(이액) 湮厄(인액) 乞厄(핍액)
사자성어 ③ 橫來之厄(횡래지액)

부수	획수	총획
乙	2	3

잇기 야 :
어조사 야 :【1671】

字源 〈가차〉 대화 도중에 단절도 없이 거침없이 이야기하는 사람들을 더러 만난다. 더러는 짧은 화제 속에서 더 이상 말을 잇지 못하고 단절된다. 한문에서 실질적인 뜻이 없이 다른 글자의 보조로 쓰이는 토씨겠다. 의사에 합당하게 다음 말을 더 잇지 못하고 끝맺은 종결어미인 [어조사(也)]를 뜻하고 [야]로 읽는다.

回 地(땅 지) 池(못 지) 他(다를 타) 世(인간 세)

필순 丿 切 也

기초 【기초한자어】 익히고, 【기본→발전한자어】 다지기
及其也(급기야) 마침내. 필경에는
初也(초야) 맨 처음
也帶(야대) 급제한 사람이 증서를 받을 때 맨 띠
• 及其也는 결국 그 일이 터지고 말았구나.
• 그분이 初也으로 성대하게 也帶를 매었다.

기본 ③ 厥也(궐야) 獨也(독야) 必也(필야) 或也(혹야) 也無妨(야무방)
사자성어 ③ 言則是也(언즉시야)

부수	획수	총획
耳	3	9

어조사 야 【1672】

字源 〈형성〉 고을 사람들 말은 횡설수설했다는 속설이 있다. 목민관은 그 말을 듣고 예리하게 판단하여 백성을 위한 정사를 폈다. 실질적인 뜻은 없지만 다른 글자의 보조로 쓰인 '焉, 也, 耶, 於, 乎' 등이 있다. 고을(阝←邑)에 소문으로 들린(耳) 말은 믿지 않고 의심을 했으니 [어조사(耶)]로 쓰이고 [야]로 읽는다.

回 那(어찌 나) 邦(나라 방)

필순 一 丆 丆 下 耳 耳 耳 耶 耶

기초 【기초한자어】 익히고, 【기본→발전한자어】 다지기
耶孃(야양) 부모 야양(爺孃 : 아버지와 어머니)
耶蘇(야소) 예수. 기독교의 창시자
• 부모를 호칭하는 중국 고어 투는 耶孃이지만, 우리말 투는 爺孃이다.
• 예수를 우리말식의 한자로 표기할 때 耶蘇라고 했다.

발전 ② 耶孃(야양)
사자성어 ③ 有耶無耶(유야무야) 千耶萬耶(천야만야)

부수	획수	총획
足	14	21

뛸 약 【1673】

字源 〈형성〉 흔히 생각지도 않을 만큼 커다란 발전을 이룩한 것을 흔히 '약진(躍進)'이라고 했다. 약진하는 행동과 돌진하려는 의지가 요망되는 시기이다. 순간적으로 힘을 모아서 자신의 몸을 뜨는 상태로 만든다. 꿩(翟)이 날기 전에 펄쩍 뛰면서 달리는(足) 그 모습을 나타냈으니 [뛰다(躍)]는 뜻이고 [약]으로 읽는다.

圓 跳(뛸 도)

필순 口 묘 묘 묘 묘 똮 똮 똮 躍 躍

기초 【기초한자어】 익히고, 【기본→발전한자어】 다지기
飛躍(비약) 힘차게 활동하는 것
跳躍(도약) 더 높은 단계로 발전하는 것
躍進(약진) 빠르게 진보함
• 6.25를 전후하여 훈련을 받을 때 '躍進 앞으로'란 구호를 크게 외쳤다.
• 그들은 飛躍을 계속하더니만 또 다시 크게 跳躍을 하게 되었다.

기본 ③ 躍動(약동) 暗躍(암약) 一躍(일약) 活躍(활약)
발전 ① 踊躍(용약) 雀躍(작약) 欣躍(흔약)

부수	획수	총획
木	9	13

버들 양 【1674】

3급

字源 〈형성〉 따뜻한 봄볕을 쬐이면 버드나무 순이 많이 자라서 하늘을 향해 흔든다. 그 잎이나 연약한 줄기가 흔들리는 모습이 장관을 이룬다. 따스한 봄에 개울가나 들에서 암 자색 꽃이 피고 목재로도 쓰였다. 따스한 볕(昜)을 받아 새싹이 돋아 올라서 땅을 향하는 나무(木)로 [버들(楊)]을 뜻하고 [양]으로 읽는다.

圖 柳(버들 류)　回 陽(볕 양) 揚(날릴 양) 場(마당 장)

필순 一十才才杉杉杉楊楊楊

기초 【기초한자어】 익히고, 【기본→발전한자어】 다지기
垂楊(수양) 가지가 늘어지게 자라는 버드나무
楊枝(양지) 버들가지
楊柳(양류) 버드나뭇과에 딸린 갈잎큰키나무
• 垂楊버들 가지가 축 늘어져 있으니 이를 보고 楊枝라 했다.
• 흔히 楊柳는 버드나뭇과에 딸렸지만, 갈잎큰키나무를 지칭한다.

기본 ③ 楊梅(양매) 綠楊(녹양)
발전 ① 穿楊(천양)
사자성어 ③ 綠楊芳草(녹양방초) 23 楊朱泣岐(양주읍기)

부수	획수	총획
方	4	8

탄식할 오
어조사 어 【1675】

字源 〈가차〉 말을 끊었다가 다음을 이어 갈 때 흔히 '어, 아'와 같은 소리를 냈다. 많은 사람들 앞에서 연설할 때도 이와 같은 현상을 보였다. 이 한자를 두고 까마귀가 탄식했던 소리라는 뜻도 전해온다. 까마귀가 날아다니면서 [탄식(於)]함을 본떴으며, 사람들이 감탄하는 소리인 [어조사(於)]로 쓰이고 [어/오]로 읽는다.

回 放(놓을 방) 族(겨레 족)

필순 ᄂ二方方方於於於

기초 【기초한자어】 익히고, 【기본→발전한자어】 다지기
甚至於(심지어) 심하면. 심하게는
於此彼(어차피) 이렇게 하든지 저렇게 하든지
於是乎(어시호) 이제야. 이에 있어서
• 그 고지를 점령하기 위해 甚至於 굴기까지 하였다.
• 於此彼 오늘 다 못 갈 바에야 '이제야(於是乎) 왔느냐' 소리 듣기 마찬가지다.

기본 ③ 於戲(어희) 於呼(오호) 於焉間(어언간) 於嗚呼(어오호) 於中間(어중간)
발전 特 於戲(오희)
사자성어 ② 靑出於藍(청출어람)

3급

字源 〈상형〉 중국의 회수에 노란 봉황이 있었다고 한다. 나라가 태평하고 인심이 풍부했던 태평성세에 나타나는 길조였던 것이다. 봉황은 잠시 '어떤 이유'가 있었던지 그만 하루아침에 울지 못하게 되었다고 한다. 노란 봉황 모양을 본떠 [까마귀]를 뜻했으나 의문이 생기게 되어 [어찌(焉)]로 쓰이고 [언]으로 읽는다.

부수	획수	총획
火	7	11

어찌 언 【1676】

圖 那(어찌 나) 何(어찌 하)

필순 一丁下正正焉焉焉焉焉

기초 【기초한자어】 익히고, 【기본→발전한자어】 다지기
終焉(종언) 죽거나 없어져서 존재가 사라짐
焉敢(언감) 어찌 감히. 감히 하지 못함을 뜻함
於焉間(어언간) 알지 못하는 사이에 어느덧
• 焉敢生心(언감생심)은 '어찌 감히 그런 마음을 먹을 수 있으랴'의 뜻이다.
• 於焉間 하 많은 세월이 흘러 이제는 終焉을 고했다.

기본 ③ 缺焉(결언) 於焉(어언) 忽焉(홀언)
발전 ② 揭焉(게언) ① 狡焉(교언) 瞳焉(동언) 勃焉(발언) 沛焉(패언)
사자성어 ③ 焉敢生心(언감생심)

부수	획수	총획
亅	3	4

줄 여
나 여 【1677】

字源 〈상형〉 날실을 위아래로 하면서 씨실이 좌우로 오가면 고운 베가 잘 짜진다. 옷. 베가 짜지는 원리는 좌우의 원리, 상하의 원리, 음양의 원리라는 대칭의 원리로 쓰이게 되었다고 말한다. 북으로 베를 짤 때 씨실을 감은 북을 좌우로 한 모양을 본떠서 [주다(予)] 혹은 말의 주체인 [나(予)]를 뜻하고 [여]로 읽는다.

圖 我(나 아) 余(나 여) 回 汝(너 여) 回 子(아들 자) 矛(창 모)

필순 フマヱ予

기초 【기초한자어】 익히고, 【기본→발전한자어】 다지기
予奪(여탈) 주는 것과 빼앗는 것
予曰(여왈) 내게 말하기를. 낭자님의 말씀에
• 우리 선현들이 썼던 글을 보면 '予曰'이란 문투를 많이 본다.
• 이제는 우리들의 생사予奪(여탈)이 그들의 손에 달렸구나.

기본 ③ 子小子(여소자) 子一人(여일인)
사자성어 ③ 欲取先子(욕취선여)

부수	획수	총획
人	5	7

나 여【1678】

字源 〈형성〉 원두막 같은 집에서 외치는 소리는 파장과 함께 멀리 퍼져 나간다. 그 여음이 메아리쳐 들렸으니 그 나머지로 생각했던 것 같다. 흔히 대화하면서 말하는 자가 '자기'를 가리키는 말이기도 한다. 자기 집(示←舍)에서 고함친 소리가 멀리 퍼져(人) 나가는 [나머지(余)]였으니 [나(余)]를 뜻하고 [여]로 읽는다.
톰 子(나 여) 我(나 아) 回 汝(너 여) 回 徐(천천할 서) 金(쇠 금)

필순 ノ 𠆢 𠆢 𠆢 𠆢 余 余

기초 【기초한자어】 익히고, 【기본→발전한자어】 다지기
余月(여월) 음력 4월
余輩(여배) 우리의 무리. 우리네
余等(여등) 우리들
• 우리 선현들은 余月을 음력 4월의 이칭으로 불러 왔다.
• 余等은 '우리들'을 뜻하는 말인데, '余輩'도 같은 말이라 한다.

기본 ③ 殘余(잔여)

부수	획수	총획
水	3	6

너 여 :【1679】

字源 〈형성〉 하류의 삼각주를 돌아 흐르는 강(汝)의 모양은 '女'자와 같이 생각했었다. 이 강을 중국에서는 '여수(女水)'라는 이름으로 불리었다. 이 글자는 '女+氵'를 붙여 '汝'자로 쓰이기도 한다. 물이 모여서 강(氵←水)이 흐르는 모양(女)과 같았다고 하여 그 뜻을 빌려서 손아랫사람을 [너(汝)]라고 부르고 [여]로 읽는다.
回 余(나 여) 我(나 아) 子(나 여) 回 女(계집 녀)

필순 ` ` 氵 氿 汝 汝

기초 【기초한자어】 익히고, 【기본→발전한자어】 다지기
汝輩(여배) 너희 여럿. 너희들
汝等(여등) 너희 여럿. 너희들
• 汝輩는 '너희들'을 뜻하는데 '汝等'도 같은 말이다.
• 汝等의 반대말은 독립선언서 첫 구절에서 보이는 「吾等(오등)」이겠네.

기본 ③ 汝矣島(여의도)

발전 ① 爾汝(이여)

부수	획수	총획
車	10	17

수레 여 :【1680】

字源 〈형성〉 가마는 여러 사람이 교대로 손을 맞잡고 발을 맞추어 들었다. 가마는 수레에서 그 처음이 비롯되었을 것이다. 사람이 올라타거나 짐을 나르는 용도로 바퀴를 달아 굴러가는 운송 수단이었을 것이다. 여러 사람이 손을 맞잡아(臼←輿) 드는 차(車)로 [수레(輿)] 혹은 [가마(輿)]를 뜻하고 [여]로 읽는다.
톰 車(수레 거) 回 興(일 흥) 與(더불 여)

필순 ⺂ ⺁ ⺁ ⺁ ⼁ ⼁ ⼁ ⼁ ⼁ ⼁ 輿

기초 【기초한자어】 익히고, 【기본→발전한자어】 다지기
輿地(여지) 땅덩이. 온 세계. 대지
輿望(여망) 일에 대한 많은 사람의 기대
輿論(여론) 사회 대중의 공통된 의견
• 김정호는 기필코 '大東輿地圖'를 완성했다.
• 민중의 輿論이 이러한데도 그대는 이렇게 민중의 輿望을 저버리겠는가?

기본 ③ 輿隷(여례) 肩輿(견여) 喪輿(상여)
발전 ② 藍輿(남여) ① 籃輿(남여) 筍輿(순여) 宸輿(신여)
사자성어 ③ 輿時府仰(여시부앙)

부수	획수	총획
門	7	15

볼 열【1681】

字源 〈형성〉 도서관에 가면 많은 책 중에서 읽고 싶은 책을 골라서 읽는다. 이렇게 하는 일을 우리들은 '책을 열람한다'고 했다. 직역하면 책을 보는 것이다. 눈으로 글을 읽고 머리로 인식하는 과정이다. 의심나는 사람은 대문(門) 앞에서 짐을 벗게(兌) 하고 조사해 살펴보았으니 [보다(閱)]는 뜻이고 [열]로 읽는다.
톰 檢(검사할 검) 査(조사할 사) 覽(볼 람)

필순 ⼁ ⼁ ⼁ 門 門 門 門 門 閱 閱 閱

기초 【기초한자어】 익히고, 【기본→발전한자어】 다지기
校閱(교열) 검열하며 교정함
閱兵(열병) 정렬한 군대 앞을 지나면서 검열함
閱覽(열람) 책 등을 두루 훑어서 봄
• 대통령이 군대 대열 앞을 지나면서 부대를 검열하는 閱兵을 한다.
• 이제 校閱이 다 끝났으니 한번 閱覽해 보자꾸나.

3급

기본 ③閱讀(열독) 檢閱(검열) 査閱(사열)
발전 ②閱閱(벌열) ①閱揀(열간) 披閱(피열)

	부수	획수	총획
泳	水	5	8

헤엄칠 영 :
【1682】

字源 〈형성〉 여름철이 되면 바닷가나 수영장에서 물놀이를 한다. 고무풍선도 타고 배도 타면서 물놀이를 즐겼던 것이다. 물에 들어가서 팔다리를 움직여 물을 헤쳐 나가거나 물속에서 헤엄치며 놀았다. 사람 몸은 부력에 의해 물(氵←水)에 들어가면 길게(永) 움직였으므로 [헤엄치다(泳)]는 뜻이고 [영]으로 읽는다.
回沙(모래 사)

필순 ⺀⺀氵氵氵氵汀汀汐泳泳

기초 【기초한자어】 익히고, 【기본→발전한자어】 다지기
遊泳(유영) 헤엄침. 처세. 어떤 경지에서 즐김
水泳(수영) 물속을 헤엄치는 일
泳法(영법) 수영하는 방법
• 水泳하는 데도 방법이 있으니 그것을 泳法이라 한다지.
• 자네의 遊泳하는 실력을 보니 水泳을 매우 잘 하겠네.
기본 ③背泳(배영) 蝶泳(접영) 混泳(혼영)
발전 ②水泳帽(수영모) ①翔泳(상영) 涵泳(함영)

	부수	획수	총획
詠	言	5	12

읊을 영 : 【1683】

字源 〈회의〉 박타령이나 심청전 같은 시가(詩歌)를 길게 소리 뽑아 창을 불렀다. '우리 가락 좋을시고' 흥이 돋고 어깨춤이 저절로 나왔으니 우리 노래다. 여러 사람 앞에서 시나 노래 형식으로 표현했다. 노랫가락에 맞춰서 시가(詩歌)를 길게(永) 내는 소리(言)와 함께 창을 했으니 [읊다(詠)]는 뜻이고 [영]으로 읽는다.
屠吟(읊을 음) 唱(부를 창) 歌(노래 가) 回許(허락할 허)

필순 ⺀亠言言言言訂訂詠詠

기초 【기초한자어】 익히고, 【기본→발전한자어】 다지기
吟詠(음영) 시부를 읊조림
誦詠(송영) 시가를 외며 읊조림
詠歎(영탄) 목소리를 길게 뽑아 정회를 읊음
• 시는 原稿(원고)를 보지 않고 誦詠하는 것이 더욱 흥취가 있어 보인다.

• 시를 吟詠하는 소리와 사물을 보면서 詠歎하는 소리는 다르다.
기본 ③詠歌(영가) 詠物(영물) 詠史(영사) 詠雪(영설) 詠誦(영송) 詠詩(영시) 詠吟(영음) 詠唱(영창) 詠懷(영회) 歌詠(가영) 朗詠(낭영) 舞詠(무영) 芳詠(방영) 詩詠(시영) 愛詠(애영) 題詠(제영) 獻詠(헌영)
발전 ①謳詠(구영) 觴詠(상영) 諷詠(풍영)

	부수	획수	총획
銳	金	7	15

날카로울 예 :
【1684】

字源 〈형성〉 쇠붙이의 한 부분을 갈고 깎으면 뾰족하면서 예리해진다. 송곳이나 창처럼 날카롭고 뾰족해서 구멍을 뚫거나 흉기로도 쓰였다. 끝의 모양이나 기세가 맹렬하고 매서우며 날이 뾰족하게 서있다. 무딘 쇠붙이(金)를 갈고 다듬어(兌) 그 끝을 뾰족하게 만들었으니 [날카롭다(銳)]는 뜻이고 [예]로 읽는다.
屠利(이할 리) 回鈍(둔할 둔) 回說(말씀 설) 脫(벗을 탈)

필순 ⺀亠牛金金金針針鈄鈄銳

기초 【기초한자어】 익히고, 【기본→발전한자어】 다지기
尖銳(첨예) 앞서 있거나 급진적인 데가 있음
銳敏(예민) 뛰어나고 빠름
銳利(예리) 빠르고 정확함
• 제군들이여! 이제 우리는 尖銳한 감각으로 훈련에 임해야 한다오.
• 자네가 할 일은 銳敏한 감각으로 銳利하게 파헤쳐야만 하겠네.
기본 ③銳角(예각) 銳騎(예기) 銳智(예지) 新銳(신예) 精銳(정예)
발전 ①銳鋒(예봉) 芒銳(망예) 悉銳(실예)
사자성어 ③銳意注視(예의주시)

	부수	획수	총획
傲	人	11	13

거만할 오 :
【1685】

字源 〈형성〉 다른 사람의 좋은 점을 들어 칭찬하면 우리 사회는 더욱 밝아질 것이다. 단점을 꼬집어 은근히 업신여겨 희롱하는 사람이 더러 있다. '거만하다'는 자기만 잘난 체하며 남을 업신여기고 건방지게 구는 일이다. 사람(亻←人)이 다른 사람을 함부로 희롱했으니(敖) [거만하다(傲)]는 뜻이고 [오]로 읽는다.
屠慢(거만할 만) 倨(거만할 거) 回謙(겸손할 겸) 回激(격할 격)

필순 亻 亻 亻 伫 伫 伟 停 傲 傲 傲

기초 【기초한자어】 익히고, 【기본→발전한자어】 다지기
傲然(오연) 오만한 태도
傲慢(오만) 태도가 거만함
傲氣(오기) 남에게 지기 싫어하는 마음
• 이제는 그 傲然한 태도를 버리고 오직 겸손해야
  하지 않겠소.
• 그의 傲慢함과 傲氣의 눈빛은 다른 사람을 적으로
  만들고 있다.
기본 ③ 傲視(오시)
발전 ② 傲虐(오학) ① 傲倨(오거) 傲頑(오완) 倨傲(거오)
奢傲(사오) 侈傲(치오)
사자성어 ③ 傲慢放恣(오만방자) 傲霜孤節(오상고절)

	부수	획수	총획
吾	口	4	7

나 오【1686】

字源 〈형성〉 다른 사람과 이야기할 때 한 손으로 자기 가슴을
가리키며 [나 자신]임을 이야기했다. 다섯 손가락을 모두
펴서 자기 자신을 가리킨 것이다. 말하는 그 자신이 자기
를 가리키면서 부르짖으면서 하는 말이다. 다섯(五) 손가
락을 펴서 자신을 가리키며 말을 하니(口) 자신인 [나(吾)]
를 뜻하고 [오]로 읽는다.
图我(나 아) 子(나 여) 余(나 여) 圖汝(너 여) 圓五
(다섯 오)

필순 一 丁 五 五 吾 吾 吾

기초 【기초한자어】 익히고, 【기본→발전한자어】 다지기
吾兄(오형) 정다운 벗과 편지에서 쓰는 말
吾等(오등) 우리들
眞吾(진오) 나의 참된 모습
• 吾等(오등)은 자에 조선민족임을 선언하노라.
• 吾兄! 이제 과거를 모두 다 씻고 나의 眞吾함을 믿
  어 주시오.
기본 ③ 吾君(오군) 吾黨(오당) 吾道(오도) 吾東(오동) 吾門
(오문) 吾輩(오배) 吾人(오인) 吾主(오주)
사자성어 ③ 吾鼻三尺(오비삼척)

	부수	획수	총획
嗚	口	10	13

슬플 오【1687】

字源 〈형성〉 가족이 갑자기 돌아가시거나 크게 다쳤을 때 슬픔
에 잠긴다. 하고 싶은 말이 그리 많은데 이제는 누구에게

도 하소연할 길이 없다는 생각을 하게 된다. 멍하니 슬픔
을 느끼거나 슬퍼하는 일이다. 외로운 까마귀(烏)가 입(口)
을 크게 벌려 애달프게 탄식하면서 우니 [슬퍼하다(嗚)]
는 뜻이고 [오]로 읽는다.
图悲(슬플 비) 哀(슬플 애) 圖喜(기쁠 희) 圓鳴(울 명)

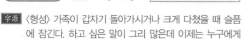

기초 【기초한자어】 익히고, 【기본→발전한자어】 다지기
嗚呼(오호) 슬플 때 내는 감탄사
嗚咽(오열) 목이 메어 욺
• 나라가 위기에 처했으니 嗚呼라 참으로 슬프구나.
• 그대들이여! 어서 嗚咽하며 울부짖는 저 가냘픈
  백성들을 보라.
기본 ③ 嗚泣(오읍)
발전 ② 噫嗚(희오)
사자성어 ③ 嗚呼痛哉(오호통재)

	부수	획수	총획
娛	女	7	10

즐길 오：【1688】

字源 〈형성〉 밝은 웃음과 상냥스러운 말씨를 두고 여자의 미덕
이라고 한다. 훈훈한 정과 따뜻한 인정이 넘치기 때문에
그렇다는 이야기다. 얼굴에 많이 좋아하는 기색이 역력하
다. 일을 좋아해 자주 한 것이다. 여자(女)가 웃음을 띠고
손짓하면서 큰 소리로(吳) 말을 했으니 [즐기다(娛)]는
뜻이고 [오]로 읽는다.
图樂(즐길 락) 圓誤(그르칠 오)

필순 乚 乚 女 女 女′ 如 妈 如 娛 娛

기초 【기초한자어】 익히고, 【기본→발전한자어】 다지기
歡娛(환오) 기쁘고 즐거움
娛遊(오유) 유람을 하며 즐겁게 놂
娛樂(오락) 재미있게 놀아 기분을 좋게 하는 일
• 너희는 娛樂게임에만 정신을 빼앗기면 장차 어떻
  게 하겠는가?
• 歡娛하면서 그렇게 사는 것도, 娛遊하면서 살아가
  는 것도 큰 행복이라네.
기본 ③ 娛樂室(오락실)
발전 ② 娛姬(오희) ① 娛娛(안오)
사자성어 ③ 電子娛樂(전자오락)

	부수	획수	총획
汚	水	3	6

더러울 오：
【1689】

3급

字源 〈형성〉 산골에서 나온 물은 그지없이 깨끗하다. 아래로 내려갈수록 사람이나 짐승의 손발에 의해 더러워지게 된다. 그렇지만 물에 때나 생활 찌꺼기 등이 지저분하게 섞이면서 오염이 되기도 한다. 상류의 깨끗한 물(氵)도 하류로 내려 올수록(亏←干) 더욱 더럽혀졌으니 [더럽다(汚)]는 뜻이고 [오]로 읽는다.

園辱(욕될 욕) 染(물들 염) 瀆(더럽힐/도랑 독) 穢(더러울 예) 濁(흐릴 탁) 凹淨(깨끗할 정) 凹巧(공교할 교)

필순

기초 【기초한자어】 익히고, 【기본→발전한자어】 다지기
汚點(오점) 명예를 더럽히는 점
汚辱(오욕) 남의 이름을 더럽히고 욕되게 함
汚染(오염) 생태계에서, 환경을 훼손하는 일
• 내 이름을 남기기 위해 汚辱을 남겨서는 절대 안 된다.
• 생태계를 汚染시키는 행동은 우리들이 큰 汚點을 남기는 일이다.

기본 ③ 汚吏(오리) 汚名(오명) 汚物(오물) 汚損(오손) 汚水(오수)
발전 ② 塵汚(진오) ① 汚垢(오구) 汚溝(오구) 汚瀆(오독) 汚穢(오예) 垢汚(구오) 瀆汚(독오) 誣汚(무오) 湼汚(열오) 穢汚(예오) 霑汚(점오)
사자성어 ③ 貪官汚吏(탐관오리) 環境汚染(환경오염)

擁

부수	획수	총획
手	13	16

낄 옹 : 【1690】

字源 〈형성〉 어렸을 적에 친구들과 소꿉놀이를 했던 일은 잊을 수 없는 추억들이 있다. 어깨를 나란히 끼고 학교에 다녔고 놀이터에서도 여럿이 같이 놀았다. 두 개의 물건이 어깨에서 빠지지 않도록 걸어 놓는다. 손(手)으로 잘 막아내면서(雍) 에워싸듯이 옆구리에 꽉 품고 있었으니 [끼다(擁)]는 뜻이고 [옹]으로 읽는다.

園抱(안을 포)

필순

기초 【기초한자어】 익히고, 【기본→발전한자어】 다지기
擁蔽(옹폐) 보이지 않도록 가림
擁壁(옹벽) 무너지지 않도록 만든 벽체. 축대 벽
擁立(옹립) 받들어 임금의 자리에 모시어 세움
• 그분은 이번에 우리 개혁파에서 擁立한 우리들의 임금이라네.
• 擁壁이라고 해서 擁蔽하는 것은 더욱 아니 되네.

기본 ③ 擁書(옹서) 擁衛(옹위) 擁護(옹호) 抱擁(포옹)
발전 ① 簇擁(족옹)

翁

부수	획수	총획
羽	4	10

늙은이 옹【1691】

字源 〈형성〉 새의 목덜미 아래에 유별나게 털이 나면서 윤기가 흐른다. 노인의 턱밑에 하얀 수염도 고르게 나와 있어 매우 가지런하다. '늙은 사람을 잘 모셔라'는 말은 어제 오늘의 일이 아니라네. 새의 목에 털(羽)이 골고루(公) 나와 있듯이 나이가 많이 들어서 턱에 수염이 나온 [늙은이(翁)]를 뜻하고 [옹]으로 읽는다.

園老(늙을 로) 凹壻(사위 서) 凹習(익힐 습)

필순

기초 【기초한자어】 익히고, 【기본→발전한자어】 다지기
村翁(촌옹) 촌에서 사는 늙은이
老翁(노옹) 늙은 남자의 존칭
翁主(옹주) 임금의 후궁에서 난 왕녀
• 선대의 유지가 그렇게도 간곡했지만, 이번에도 翁主를 생산하셨군요.
• 여러분의 老翁 중에서도 村翁이야말로 역시 그렇게 순수하셨군요.

기본 ③ 翁姑(옹고)
발전 ① 翁壻(옹서) 禿翁(독옹) 蓑翁(사옹) 圃翁(포옹)
사자성어 ③ 塞翁之馬(새옹지마)

臥

부수	획수	총획
臣	2	8

누울 와 : 【1692】

字源 〈회의〉 옛날에 임금은 지존(至尊)으로 불리면서 유일하였다. 지금의 장관에 해당하는 벼슬아치나 관리들은 모두가 임금 앞에서는 신하였던 것이다. 등이나 옆구리가 바닥에 닿도록 몸을 가로놓는다. 사람(人:신하)이 임금 앞에서 고개를 숙여 내리뜬 눈 모양(臣)으로 엎드렸으니 [눕다(臥)]는 뜻이고 [와]로 읽는다.

凹起(일어날 기) 凹臣(신하 신)

필순

기초 【기초한자어】 익히고, 【기본→발전한자어】 다지기
臥床(와상) 누워 잘 수 있게 만든 침상
臥病(와병) 질병에 걸림
臥龍(와룡) 누워 있는 용. 크게 될 인물의 비유
• 집이 누추하여서 변변한 臥床이 없으니 대단히 미안하오.
• 비록 내가 지금은 臥病 중이지만 언젠가는 臥龍이 될 수 있으리라.

기본 ③ 坐臥(좌와)
발전 ② 臥蠶(와잠) ① 臥薪(와신) 僵臥(비와)
사자성어 ① 臥薪嘗膽(와신상담)

부수	획수	총획
日	0	4

日 가로 왈 【1693】

字源 〈지사〉 추운 겨울에 말할 때 입에서 입김이 연거푸 나온다. 입김이 말소리와 함께 밖으로 나오는 것으로 생각하였다. 문어체로 남의 말이나 글을 인용할 때 '가로되'나 '말씀하시기를, 가라사대'를 썼다. 입(口)에서 입김(一)과 함께 소리가 나옴을 가리켜 나오는 [말(日)] 혹은 [가로되(日)]를 뜻하고 [왈]로 읽는다.
回 日(날 일) 由(말미암을 유)

필순 ｜ 冂 冃 日

기초 【기초한자어】 익히고, 【기본→발전한자어】 다지기
又日(우왈) 또 말하기를. 다시 이르되
所日(소왈) 이른바. 세상에서 말하는 바
日者(왈자) 언행이 좀 거친 화류계 인사
• 한 번 말했다가 또 말하거나, 다시 이르는 말을 '又日'이라 하옵지요.
• 所日 日者들이 규방처녀를 따라 한다는구나.

기본 ③ 一日(일왈) 或日(혹왈)
발전 ① 日牌(왈패)
사자성어 ③ 日可日否(왈가왈부) 日兄日弟(왈형왈제) 號日百萬(호왈백만)

부수	획수	총획
田	4	9

畏 두려워할 외 : 【1694】

字源 〈회의〉 늙어지면 자신의 허약함으로 인하여 죽음을 두려워했다. 죽은 이의 머리뼈를 보면 더 그러했겠다. '두려워하다'는 마음으로 몹시 꺼리면서 노인을 공경하고 어려워하여 함부로 대하지 못했다. 죽은 사람 머리뼈(田←甶)를 보고 이제 자신도 늙어감(𡳞←化)을 많이 [두려워하다(畏)]는 뜻이고 [외]로 읽는다.
圖 怖(두려워할 포) 恐(두려울 공) 懼(두려워할 구) 怯(겁낼 겁) 慄(떨릴 율) 回 長(긴 장)

필순 ｜ 冂 日 田 田 甼 甼 畏 畏

기초 【기초한자어】 익히고, 【기본→발전한자어】 다지기
敬畏(경외) 공경하고 두려워함
畏怖(외포) 몹시 두려워함

畏縮(외축) 두려워서 몸을 움츠림
• 우리들은 겁에 질린 나머지 畏怖하는 심정만은 감출 수가 없었네.
• 하나님을 敬畏한다고 하여 畏縮하여 떨고 있을 수만은 없겠네.

기본 ③ 畏敬(외경) 畏友(외우)
발전 ② 怖畏(포외) ① 畏匡(외광) 畏懍(외나) 畏斂(외렴) 畏俯(외부) 畏慄(외율) 畏逼(외핍) 憺畏(담외) 猜畏(시외) 憚畏(탄외)

부수	획수	총획
手	10	13

搖 흔들 요 【1695】

字源 〈형성〉 술병이 나오기 이전에 술을 빚어 술독에 담아두었다. 눈에 보이지 않기 때문에 손으로 흔들어서 술이 있는지의 여부를 확인했다. 병을 좌우로 또는 앞뒤로 자꾸 움직이도록 한다는 뜻이다. 안전을 위해서 질그릇(缶) 같은 술독을 손(扌)으로 붙잡으면서 이리저리로 [흔들다(搖)]는 뜻이고 [요]로 읽는다.
圖 動(움직일 동) 掉(흔들 도) 回 謠(노래 요) 遙(멀 요) 回 摇

필순 一 十 扌 扩 护 护 护 挥 搖 搖

기초 【기초한자어】 익히고, 【기본→발전한자어】 다지기
搖籃(요람) 사물의 처음 발생지, 근원지를 비유
搖亂(요란) 시끄럽고 어지러움
搖動(요동) 흔들리어 움직임
• 우리의 살터가 충분한데도 그대는 搖籃만을 이야기한단 말인가.
• 搖亂으로 인하여 마음까지 搖動하면서 안정을 못 찾고 있구나.

기본 ③ 動搖(동요)
발전 ② 搖動軸(요동축) ① 搖掉(요도) 搖曳(요예) 搖蕩(요탕) 逍搖(소요)
사자성어 ③ 搖之不動(요지부동) 不搖不屈(불요불굴)

부수	획수	총획
肉	9	13

腰 허리 요 【1696】

字源 〈형성〉 아무리 해도 허리는 중요한 것 같다. 온 몸의 신경이 집중되어 있고 몸의 중요한 활동의 근원이 되기 때문이다. 사람이나 동물의 윗몸과 아랫몸 사이의 잘록한 부분이 바로 허리다. 움직이면서 구부렸다 폈다 하며 몸(月←肉)의 전체적인 기능의 중요한(要) 부분으로 [허리(腰)]를 뜻하고 [요]로 읽는다.
回 要(요긴할 요)

필순 ノ 刀 月 月 肝 肝 腰 腰 腰 腰

기초 【기초한자어】 익히고, 【기본→발전한자어】 다지기
腰痛(요통) 허리가 아픈 병
腰折(요절) 몹시 우스워서 허리가 부러질 듯함
腰帶(요대) 허리띠
• 그 사람의 장난 어린 말투에 그만 腰折날 뻔 했습죠.
• 지금껏 腰帶를 했었지만, 腰痛이 쉽게 낫지는 않는군요.

기본 ③ 弓腰(궁요) 折腰(절요)

발전 ② 腰斬(요참) 纖腰(섬요) ②8 腰繩(요승) 楚腰(초요) ① 腰纏(요전) 腰肢(요지)

사자성어 ③ 腰折腹痛(요절복통) ② 腎虛腰痛(신허요통)

부수	획수	총획
辶	10	14

멀 요 【1697】

字源 〈형성〉 질그릇을 굽고 나서 잘 구워졌는지, 깨지지 않았는지 두들겨 보면서 확인했다. 잘 구워진 질그릇의 '쨍그랑' 하는 소리 더욱 멀리 들렸다. 이 지점에서 거리가 상당히 많이 떨어져 있음을 뜻한다. 질그릇(缶)을 두들기는 소리가 아득하면서도 은은하게 퍼져갔으니(辶) [멀다(遙)]는 뜻이고 [요]로 읽는다.
圖遠(멀 원) 圓近(가까울 근) 圓謠(노래 요) 搖(흔들 요)

필순 ク 夕 歹 系 系 系 系 经 经 搖 遙

기초 【기초한자어】 익히고, 【기본→발전한자어】 다지기
逍遙(소요) 슬슬 거닐어 돌아다님
遙天(요천) 먼 하늘
遙遠(요원) 아득하게 멂
• 그저 遙天만 바라봐서야 무엇이 되겠는가.
• 자네는 그렇게 逍遙만 한다면 성공은 遼遠하겠네.

기본 ③ 遙望(요망) 超遙(초요)

발전 ②8 逶遙(요요)

부수	획수	총획
广	8	11

떳떳할 용 【1698】

字源 〈회의〉 사람이기에 잘못된 점이나 허물은 반드시 있게 마련이다. 이를 바로 고쳐서 살아가는 것은 오히려 보람되고 떳떳한 일일 것이다. 자기 행동이나 생각이 정당하여 굽힐 것 없이 어엿하고 당당하다. 잘못을 고쳐서(庚←庚) 바로잡도록 힘썼으니(用) 그런 행동들이 [떳떳하다(庸)]는 뜻이고 [용]으로 읽는다

圖常(떳떳할 상) 回劣(못할 렬) 拙(졸할 졸)

필순 丶 广 户 庐 庐 庐 庐 肩 肩 肩 庸

기초 【기초한자어】 익히고, 【기본→발전한자어】 다지기
庸劣(용렬) 범용하고 열등함
庸品(용품) 낮은 품계
中庸(중용) 사서(四書) 중 하나
• 지금은 비록 庸品의 단계에 있으나 내 반드시 큰 기둥이 될 걸세.
• 그가 비록 庸劣한 듯하지만, 내면적으로 中庸의 이치를 많이 깨달은 사람이지.

기본 ③ 庸人(용인) 庸才(용재) 庸拙(용졸) 登庸(등용)

발전 ② 勳庸(훈용) ②8 采庸(채용) ① 庸怯(용겁) 庸懦(용나) 庸俚(용리)

부수	획수	총획
二	1	3

어조사 우 【1699】

字源 〈지사〉 가슴이 답답할 때 한숨을 몰아쉬어 길게 내뿜으면 조금은 시원하다. 물속에 들어간 해녀들이 밖에 나와 휘파람을 불기도 했음도 상기할 일이겠다. 이 한자의 소리를 닮아서인지 말할 때도 '우' 했었다. 꽉 막혔던 입김이 사방으로 퍼져 나감을 가리켜서 말을 마치는 [어조사(于)]로 쓰이고 [우]로 읽는다.
回干(방패 간) 午(낮 오) 千(일천 천)

필순 一 二 于

기초 【기초한자어】 익히고, 【기본→발전한자어】 다지기
于先(우선) 무엇보다도 먼저
于飛(우비) 부부가 서로 화목함을 비유함
于今(우금) 지금까지
• 부부가 화목함을 비유하는 말을 于飛라 했었으니 마치 '비옷'만 같다.
• 于今까지도 우리는 각고의 노력에 대해 于先 위로를 하였습니다.

기본 ③ 于歸(우귀) 至于今(지우금)

발전 ① 于勒(우륵)

부수	획수	총획
又	0	2

또 우: 【1700】

字源 〈상형〉 오른손은 비교적 모든 활동의 으뜸이다. 오른손이 일을 해가면 또 할 일이 생겨서 생산적인 일이 되기도 한다. 일을 하다가 어떤 사태나 행동이 거듭하여짐을 뜻하

기도 했었다. 오른손을 쭉 펴는 모양을 본떠서 [또(又)] 또는 손을 자주 사용하였던 그 바른손으로 [오른손(又)]을 뜻하고 [우]로 읽는다.

圖 亦(또 역) 回 友(벗 우) 又(갈래 차)

필순

기초 【기초한자어】 익히고, 【기본 → 발전한자어】 다지기
一又(일우) 한두 번. 또는 일 내지 이 회 정도
又況(우황) 하물며
又重之(우중지) 더욱이. 뿐만 아니라
• 又重之는 한문투 문장에서 이따금 보일 뿐 우리말 용어는 못되겠다.
• 一又나 又況은 한갓 한자용어일 뿐 우리들이 자주 쓰지 않는 어휘다.

기본 ③ 又賴(우뢰)

사자성어 ③ 減之又減(감지우감) 罪中又犯(죄중우범)

尤	부수	획수	총획
	尢	1	4

더욱 우 【1701】

字源 〈형성〉 귀하고 소중한 물건을 가지고 가다가 그만 길가에 떨어뜨렸다. 어른께서 잘못을 나무라고 탓하면서 심하게 꾸중을 하신다. '더욱'은 정도나 수준 등이 한층 더 심하게 또는 높게라는 뜻을 담는다. 손에 쥐었던 물건을 그만 바닥에 떨어뜨려서 나무라거나 꾸중을 들었으니 [더욱(尤)]을 뜻하고 [우]로 읽는다.

필순 一ナ尤尤

기초 【기초한자어】 익히고, 【기본 → 발전한자어】 다지기
怨尤(원우) 원구. 원망하고 꾸짖음
尤甚(우심) 더욱 심함
尤妙(우묘) 더욱 묘함. 매우 신통함
• 해괴한 짓거리가 尤甚해지기 전에 미리 막아야 한다.
• 이제 그만 怨尤만 하지 말게. 금방 尤妙해질 것이니.

기본 ③ 尤物(우물) 不尤人(불우인)

발전 ① 尤隙(우극)

云	부수	획수	총획
	二	2	4

이를 운 【1702】

字源 〈상형〉 추운 겨울에 말할 때 입김이 무럭무럭 나오는 모양을 볼 수 있다. 따뜻한 입김이 찬 공기를 만나면 생기는 김이다. '이'나 '이르되'로 쓰여서 예를 들면 '옛말에 이르되 무자식이 상팔자라 했지'라 했다. 추운 겨울날 입으로

말할 때 입김이 퍼지는 모양을 본떠서 [이르러(云)] 말한다는 뜻이고 [운]으로 읽는다.

圖 謂(이를 위) 回 去(갈 거)

필순

기초 【기초한자어】 익히고, 【기본 → 발전한자어】 다지기
云謂(운위) 입에 올려 말하는 것
云爲(운위) 말과 행동. 언행
云云(운운) 이러이러함의 뜻으로 하는 말
• 흔히 언행인 말과 행동을 云爲라고 사용하기도 했다.
• 그것에 대해 云云하고 있는데, 나는 더 이상 云謂하지 않겠다.

발전 ① 云爾(운이)

緯	부수	획수	총획
	糸	9	15

씨 위 【1703】

字源 〈형성〉 베 짜는 그 원리는 서로 다 같았다. 날실을 두고 씨실이 왕복으로 왔다 갔다 하면 베가 짜진다. 씨실을 북통에 담아서, 발로 딛는 날실에 교대로 감기면서 짜진다. 전통적인 베 짜는 기본적 원리다. 베를 짤 때에 날실이 엇갈려 씨실(糸) 사이를 왔다 갔다(韋) 하면서 베를 짜니 [씨(緯)]를 뜻하고 [위]로 읽는다.

回 經(지날 경) 回 韓(나라 한)

필순 玄幺糸糸紏紷結結緯緯

기초 【기초한자어】 익히고, 【기본 → 발전한자어】 다지기
北緯(북위) 적도로부터 북쪽의 위도
經緯(경위) 직물의 날과 씨, 경도와 위도
緯度(위도) 지구상의 가로로 재는 좌표
• 緯度에서 北緯는 적도 북쪽의 어느 위치를 가리킨다.
• 경찰은 사건의 經緯를 밝혔다.

발전 ① 讖緯(참위) 恤緯(휼위)

違	부수	획수	총획
	辶	9	13

어긋날 위 【1704】

字源 〈형성〉 군인들이 보초 근무를 교대할 때 오가는 방향이 달라 서로 반대로 걸어간다. 행군할 때 좌우로 방향을 바꾸게 되면 질서 있게 보인다. 좌우 혹은 수평쪽 방향으로 난 길을 뜻한다. 군인들이 대열을 잘 갖추어서 행군을 할 때 엇갈려서(韋) 왕복하며 걸어갔으니(辶) [어긋나다(違)]는 뜻이고 [위]로 읽는다.

圖 錯(어긋날 착) 戾(어그러질 려) 乖(어그러질 괴) 回 偉

3급

(클 위)

필순 一 十 方 ㅎ ㅎ 골 골 聿 韋 諱 違

기초 【기초한자어】 익히고, 【기본 → 발전한자어】 다지기
違約(위약) 계약으로 정한 의무를 불이행함
違法(위법) 법률 또는 명령을 어김
違反(위반) 법령, 명령, 약속 등을 지키지 않음
• 이렇게까지 하면서 기필코 교통 법규를 違反해도 된단 말인가?
• 이 계약은 違法이기 때문에 違約한다 해도 아무런 문제가 되지 않겠네.

기본 ③違背(위배) 違憲(위헌) 違和(위화) 非違(비위)
발전 ①違乖(위괴) 違戾(위려) 違欠(위흠)

부수	획수	총획
口	8	11

오직 유【1705】

字源 〈형성〉 깊은 산속에 들어가면 길고 짧게 우짖는 새소리를 들을 수 있다. 사람들이 놀라서 새처럼 외마디 소리를 지르는 경우도 더러 있다. 지금 하는 것 이외에 다른 것은 있을 수 없다. 새(隹)가 오직 외마디 소리(口)를 지르듯이 단지 묻는 말에만 짧게 대답하고 있었으니 [오직(唯)]을 뜻하고 [유]로 읽는다.
圖但(다만 단) 只(다만 지) 回惟(생각할 유)

필순 丨 ㅁ ㅁ ㅁ ㅣ ㅁ` ㅁ` ㅁ` 唯 唯

기초 【기초한자어】 익히고, 【기본 → 발전한자어】 다지기
唯一(유일) 오직 그것 하나뿐임
唯物(유물) 오직 물질만이 존재한다고 하는 일
唯識(유식) 마음의 본체인 '식(識)'을 떠나서는 어떠한 실재도 없음
• 저 아이가 바로 그 선생의 唯一한 핏줄이란 말이지요.
• 唯物論(론)과 불교의 唯識은 반대 입장을 보인다.

기본 ③唯物論(유물론) 唯心論(유심론)
사자성어 ③唯我獨尊(유아독존) 唯唯諾諾(유유낙낙) 唯一無二(유일무이)

부수	획수	총획
心	8	11

생각할 유【1706】

字源 〈형성〉 새의 특징은 후퇴가 있을 수 없다는 점이다. 사람도 새처럼 먼 앞날을 내다보며 늘 발전적으로 생각해야 성공할 수 있겠다. '생각하다'는 사물을 헤아리고 판단한

다는 뜻이다. 뒤로 물러설 수 없는 새(隹)가 앞으로만 전진하듯이 늘 발전적인 마음(忄←心)으로만 [생각하다(惟)]는 뜻이고 [유]로 읽는다.
圖思(생각 사) 想(생각 상) 考(생각할 고) 慮(생각할 려) 回唯(오직 유) 推(밀 추) 椎(몽치 추)

필순 丶 忄 忄 忄 忄 忄 忄 忄 惟 惟

기초 【기초한자어】 익히고, 【기본 → 발전한자어】 다지기
惟一(유일) 오직 하나
惟獨(유독) 오직 홀로
思惟(사유) 대상을 두루 생각하는 일
• 당신이 발견한 이번 일이 惟一한 단서가 되었소.
• 이 일로 말미암아 惟獨 그 혼자만이 깊은 思惟에 빠지고 말았다.

기본 ③惟房(유방) 惟憂(유우) 恭惟(공유) 伏惟(복유) 竊惟(절유)

부수	획수	총획
心	9	13

나을 유【1707】

字源 〈형성〉 환자에게 필요한 것은 편안하면서도 즐거운 마음가짐이다. 마음의 안정은 병이 나을 수 있는 가장 큰 요건이다. 모친의 지극 정성으로 잘 치유되어 병이 없어졌다는 뜻도 되겠다. 매사에 즐거운 마음(心)으로 많이 편안하면 (兪) 심한 중병이 점점 더 [낫는다(愈)]고 했으니 [더욱(愈)]을 뜻하고 [유]로 읽는다.
回輸(보낼 수)

필순 入 人 个 介 育 育 兪 兪 兪 愈 愈

기초 【기초한자어】 익히고, 【기본 → 발전한자어】 다지기
愈愚(유우) 어리석은 마음을 고침
愈愈(유유) 자꾸 더 심해지는 모양
• 그는 다행히도 이번 일로 인해 愈愚했다니 다행이오.
• 선생님 병세가 호전되기는커녕 愈愈하시다네.

기본 ③愈盛(유성) 愈甚(유심)
사자성어 ③憂心愈愈(우심유유) 愈出愈怪(유출유괴)

부수	획수	총획
酉	0	7

닭 유【1708】

字源 〈상형〉 집에서 빚은 청곡주에 과일을 따서 꽉 담아두면 구수한 과일주가 된다. 이 술을 유시(酉時)라고 알려진 오후 다섯 시부터 일곱 시 사이인 퇴근시간쯤 출출할 때에 주로 한 잔씩 따서 먹었다. 담금주 술병의 모양과 문양을 본

3급

떠서 해질녘에 [술(酉)]을 마셨으니, 열 번째 지지인 [닭(酉)]을 뜻하고 [유]로 읽는다.
周鷄(닭 계) 回西(서녘 서) 酒(술 주)

필순 一 丆 丆 丙 丙 酉 酉

기초 【기초한자어】 익히고, 【기본→발전한자어】 다지기
乙酉(을유) 육십갑자의 스물둘째
酉時(유시) 오후 5시부터 7시 사이
酉方(유방) 24방위의 하나. 서쪽의 방위
• 12간지를 원으로 그렸을 때, 西方은 서쪽을 뜻한다.
• 그분은 乙酉년 정월 초하루 酉時에 태어났습니다.

기본 ③酉年(유년) 癸酉(계유) 己酉(기유) 卯酉(묘유) 辛酉(신유)

	부수	획수	총획
閏	門	4	12

윤달 윤 : 【1709】

字源 〈회의〉 태양력에는 4년마다 한 번 윤일이 있고(2월 29일) 태음력에서는 5년에 두 번의 비율로 1년을 13개월로 하였다. 천문학에 근거한 책력의 기록이다. 옛날에는 윤달에 대한 의미가 많이 두터웠을 것이다. 윤달이 돌아오면 왕(王)이 대궐문(門) 출입을 하지 않았다 했으니 [윤달(閏)]을 뜻하고 [윤]으로 읽는다.
回開(열 개) 閉(닫을 폐)

필순 丨 丬 丬 丬 丬 門 門 門 閏 閏 閏

기초 【기초한자어】 익히고, 【기본→발전한자어】 다지기
閏集(윤집) 원본에서 빠진 글을 따로 엮은 문집
閏月(윤월) 윤달. 윤년에 드는 달
閏年(윤년) 윤달이 든 해
• 원본에서 빠져있는 글을 모아 부본과 같이 만든 문집을 閏集이라고 한다.
• 閏月은 閏年에 드는 달로 사실상 1년이 13개월이 된다는 뜻이 된다.

기본 ③閏朔(윤삭) 閏餘(윤여) 閏位(윤위) 閏秒(윤초) 閏統(윤통) 閏下(윤하) 在閏(재윤) 正閏(정윤)

	부수	획수	총획
吟	口	4	7

읊을 음 【1710】

字源 〈형성〉 이태백이나 난고 김삿갓 같은 시인은 말이 곧 '시'였다고 한다. '시' 한 수 읊음이 그분들의 멋진 삶이었음을 알게 하는 대목이다. 한시 한 수를 지어 올려 드러내다는 뜻이다. 지금(今) 곧바로 입(口)을 통해서 사상과 감정을

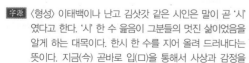

노래하듯이 탄식하면서 그 시상을 전개했으니 [읊다(吟)]는 뜻이고 [음]으로 읽는다.
周詠(읊을 영) 回今(이제 금) 令(하여금 령) 冷(찰 랭)

필순 丨 丬 口 吖 吖 吟 吟

기초 【기초한자어】 익히고, 【기본→발전한자어】 다지기
吟詠(음영) 시부를 읊조림
吟遊(음유) 버릇없이 멋대로 노는 짓
吟味(음미) 시나 노래를 읊어 그 맛을 봄
• 그분은 한량으로 소문이 자자하여 詩賦(시부)를 곧잘 吟味한다.
• 한량은 가끔 吟遊에 취하기도 하더라도, 가사를 吟味하기도 한다.

기본 ③吟曲(음곡) 吟情(음정) 吟唱(음창)

발전 ②吳吟(오음) ①謳吟(구음) 呻吟(신음) 鶯吟(앵음) 吟嚼(음작) 吟杖(음장) 吟嘲(음조) 吟唄(음패) 吟諷(음풍)

사자성어 ③吟遊詩人(음유시인) 吟風弄月(음풍농월)

	부수	획수	총획
泣	水	5	8

울 읍 【1711】

字源 〈형성〉 생전에 아껴 주시던 어른이 그만 세상을 떠나고 말았다. 마지막 나가는 꽃상여 뒤를 따라가며 구슬프게 운다. '울음'은 기쁘고 슬프거나 몸이 아파서 소리를 내면서 눈물을 흘리는 것이다. 돌아가신 분의 상여 뒤를 따라서서(立) 하염없이 눈물(氵←水)만을 흘리면서 [울다(泣)]는 뜻이고 [읍]으로 읽는다.
周哭(울 곡) 回笑(웃을 소) 回立(설 립)

필순 丶 丶 氵 氵 汁 汁 泣 泣

기초 【기초한자어】 익히고, 【기본→발전한자어】 다지기
泣血(읍혈) 눈물을 흘리며 슬프게 읊
泣訴(읍소) 눈물을 흘리며 간절히 하소연함
泣哭(읍곡) 소리 내어 슬피 울음
• 그는 참았던 泣血을 쏟아내며 嗚咽(오열)했다.
• 며칠간 泣哭하더니 원님을 찾아 자기의 억울함을 泣訴하였다.

기본 ③感泣(감읍) 哭泣(곡읍) 飮泣(음읍) 號泣(호읍)

발전 ①泣諫(읍간) 泣涕(읍체) 灑泣(쇄읍) 殞泣(운읍) 啼泣(제읍) 涕泣(체읍) 慟泣(통읍) 銜泣(함읍)

	부수	획수	총획
凝	冫	14	16

엉길 응 : 【1712】

字源 〈형성〉 우리말에 '굼뜨다'는 말이 있다. 토박이말로는 참으로 고운 말이다. 행동이 민첩하지 못하고 굼떠서 일을 척척 하지 못하면서 이리저리 허둥거린다. 행동이 뭉쳐서 굳어지기도 한다. 깊은 생각으로 인하여 도저히 갈피를 못 잡아(疑) 마치 얼음이 얼듯이(冫) 마음이 굳었으니 [엉기다(凝)]는 뜻이고 [응]으로 읽는다.
图結(맺을 결) 回疑(의심할 의)

필순 冫 冫 冫 冫 冫 冫 冫 冫 凝 凝

기초 【기초한자어】 익히고, 【기본→발전한자어】 다지기
凝縮(응축) 어느 한 점으로 집중되게 함
凝集(응집) 한 군데에 엉겨서 모이는 것
凝視(응시) 눈길을 주어 한동안 바라보는 것
• 그들은 적에게 쫓기더니 마침내 한 곳에 凝集했다.
• 모든 생각을 다 凝縮하여 그를 뚫어지게 凝視하였다.

기본 ③凝結(응결) 凝固(응고) 凝積(응적) 凝滯(응체) 凝血(응혈) 凝集力(응집력)

발전 ②凝脂(응지)

宜	부수	획수	총획
	宀	5	8

마땅 의 【1713】

字源 〈회의〉 돌아가신 윗대 선조님들을 위해서 제사지내는 일은 조금도 소홀히 할 수는 없다. 집안 대대로 내려온 중대한 일로 마땅히 큰 행사다. 선조를 섬기는 마땅한 이치로 보아서 옳은 일이다. 식구들이 마련하여서 집안(宀)의 음식이나 제수를 쌓아서(且) 제사 지낸 일은 [마땅하다(宜)]는 뜻이고 [의]로 읽는다.
图當(마땅 당) 回宣(베풀 선) 回宜

필순 丶 宀 宀 宀 宀 宜 宜 宜

기초 【기초한자어】 익히고, 【기본→발전한자어】 다지기
便宜(편의) 형편이 좋음
時宜(시의) 시기에 맞음
宜乎(의호) 마땅히
• '마땅하겠네, 그렇게 함이 옳겠으니 宜乎하겠네.'
• 便宜를 봐주는 것이 요즈음의 時宜에 맞는지 모르겠다.

기본 ③宜當(의당) 宜稻(의도) 宜稱(의칭) 權宜(권의) 機宜(기의) 物宜(물의) 量宜(양의)

사자성어 ③時宜適切(시의적절)

矣	부수	획수	총획
	矢	2	7

어조사 의 【1714】

字源 〈형성〉 쟁기의 보습은 적당하게 박히어 땅을 뒤엎는다.

날아가던 화살이 땅에 박히는 경우도 흔했다. 이 한자는 실질적인 뜻은 없어도 다른 글자를 보조하는 한문의 토에 불과하나 그 역할은 크다. 화살(矢)이 날아가 쟁기 보습(厶←以)처럼 일정한 한 곳에 멈춰 그쳤으니 [어조사(矣)]를 뜻하고 [의]로 읽는다.
回矢(화살 시)

필순 厶 厶 矢 矢 矢 矣 矣

기초 【기초한자어】 익히고, 【기본→발전한자어】 다지기
矣乎(의호) 감탄의 허자
矣哉(의재) ~이런가. ~인가
汝矣島(여의도) 한강 가운데 있는 섬
• 우리나라의 국회의사당은 汝矣島에 있다.
• 矣乎라는 감탄한다는 뜻의 虛字(허자)이지만 矣哉라는 의문사가 한문 문장에서 자주 쓰였다.

사자성어 ③萬事休矣(만사휴의) 足且足矣(족차족의)

夷	부수	획수	총획
	大	3	6

오랑캐 이 【1715】

字源 〈회의〉 중국의 동쪽에 사는 민족들은 힘에 의하여 다른 나라를 침략했다. 이들을 오랑캐인 동이(東夷)라고 불렀다. 두만강 일대에 살던 민족들을 미개한 종족이란 뜻으로 멸시하여 이른 말이다. 중국 동쪽에 살던 사람들(大←人)로 활(弓)과 창으로 이웃나라를 침범했던 [오랑캐(夷)]를 뜻하고 [이]로 읽는다.
图蠻(오랑캐 만) 狄(오랑캐 적) 坦(평탄할 탄) 回弔(조상할 조)

필순 一 ㄱ ㅋ ㅋ 夷 夷

기초 【기초한자어】 익히고, 【기본→발전한자어】 다지기
征夷(정이) 오랑캐를 정벌함
東夷(동이) 동쪽에 사는 민족을 낮잡아 이르는 말
夷滅(이멸) 멸망시킴
• 중국에서는 우리나라를 東夷라고 불렀다.
• 황제의 征夷활동으로 오랑캐들을 夷滅하고자 했다.

기본 ③陵夷(능이) 島夷(도이) 明夷(명이) 邊夷(변이) 洋夷(양이)

발전 ②夷艦(이함) ②⑧萊夷(내이) 淮夷(회이) ①夷狄(이적) 夷剪(이전) 夷坦(이탄) 殲夷(섬이) 讎夷(수이) 裔夷(예이) 嵎夷(우이) 戎夷(융이) 剪夷(전이)

사자성어 ②以夷制夷(이이제이)

而	부수	획수	총획
	而	0	6

말이을 이 【1716】

字源 〈상형〉 옛날에는 늙게 되면 아랫수염과 윗수염을 길러 노인으로서 품위를 나타냈다. '而'는 코밑수염을 본뜬 글자인데 턱수염, 구레나룻을 두루 본떴다고도 하며 연결 어조사로 쓰인 글자다. 코와 입술 사이인 윗수염 모양을 본떠서 그 입을 통해서 말이 연이어 나왔으니 [말 잇다(而)]는 뜻이고 [이]로 읽는다.
園然(그럴 연) 回面(얼굴 면)

필순

기초 【기초한자어】 익히고, 【기본 → 발전한자어】 다지기
而立(이립) 서른 살을 달리 이르는 말
似而非(사이비) 겉으로는 비슷하나 속은 다름
而已(이이) ~할 따름. ~뿐임. ~일 따름임
• '뿐이다, 따름이다'는 한문으로 '而已'이다.
• 而立임에도 似而非에 현혹되다니…. 참혹하구나.

기본 ③而公(이공) 然而(연이)
사자성어 ③而今以後(이금이후) 學而時習(학이시습) 形而上學(형이상학) 形而下學(형이하학)

字源 〈회의〉 집 안에 어른이 계시면 두 손으로 부축하며 정중히 모셨다. 공경하면서 정중히 받들어 모신 일은 아랫사람의 몫이다. 방위로는 동북동, 시각으로는 오전 3~5시다. 집(宀) 안에서 두 손을 맞잡은 사람(人)이 굳게 약속(曰)하는 데서 [동방(寅)]을 나타냈고, 셋째 지지인 [범(寅)]을 뜻하고 [인]으로 읽는다.
園虎(범 호) 回演(펼 연)

필순

기초 【기초한자어】 익히고, 【기본 → 발전한자어】 다지기
寅月(인월) '음력 정월'을 달리 이르는 말
寅時(인시) 십이시의 셋째 번 시
寅方(인방) 24방위의 하나. 동쪽의 방위
• 24방위의 동쪽을 바로 寅方이라고 불렀다.
• 寅月 寅時에 태어났으니 호랑이의 기상이겠구려.

기본 ③甲寅(갑인) 寅念(인념) 甲寅年(갑인년)
발전 ①寅虔(인건)

姻

부수	획수	총획
女	6	9

혼인 인【1717】

字源 〈형성〉 사람이 태어나서 결혼하는 것은 성스럽고 고귀하기 그지없다. 결혼은 제2의 인생이라고 할 만큼 값진 것이기 때문이다. 남녀가 만나 부모의 허락하에 부부의 연을 맺는 일이 혼인이다. 여자(女)가 남자로 인하여(因) 결혼하게 되어 제2의 인생을 다시 살게 되니 [혼인하다(姻)]는 뜻이고 [인]으로 읽는다.
園婚(혼인할 혼)

필순

기초 【기초한자어】 익히고, 【기본 → 발전한자어】 다지기
婚姻(혼인) 장가들고 시집가는 일
姻兄(인형) 손위 누이의 남편. 매형
姻戚(인척) 혼인에 의하여 맺어진 친척
• 손위 누이의 남편인 妹兄(매형)의 다른 호칭을 흔히들 姻兄이라 했다.
• 두 남녀의 婚姻으로 인하여 좋은 姻戚이 생겨서 참으로 다행입니다.

기본 ③姻叔(인숙) 姻弟(인제) 姻姪(인질) 舊姻(구인) 連姻(연인) 親姻(친인)
발전 ②締姻(체인)

恣

부수	획수	총획
心	6	10

마음대로 자 :
방자할 자 :【1719】

字源 〈형성〉 성선설과 성악설의 상반된 주장이 있지만 성선설 쪽이 훨씬 더 호소력이 있는 것 같다. 맹자는 성선설로 태어나면서부터 선함에 대해서, 순자는 악함에 대해서 주장했다. 사람이 태어나면서부터 본래의 마음(心)씀이 아닌 그 다음(次)으로 제 [마음대로(恣)]로 했으니 [방자하다(恣)]는 뜻이고 [자]로 읽는다.
園擅(멋대로 할 천) 回姿(모양 자)

필순

기초 【기초한자어】 익히고, 【기본 → 발전한자어】 다지기
放恣(방자) 언행, 태도 등이 건방짐
恣行(자행) 방자하게 제멋대로 행함
恣意(자의) 방자한 마음씨
• 방자하고 버르장머리 없는 마음씨를 恣意라고 했다.
• 그의 태도는 放恣하다더니 결국에는 恣行까지 저질렀다는구나.

발전 ①奢恣(사자) 僭恣(참자)

寅

부수	획수	총획
宀	8	11

범 인
동방 인【1718】

兹

부수	획수	총획
玄	5	10

이 자【1720】

字源 〈회의〉 검은 두 개의 점이 서로 어울리면 더욱 검게 보이면서 매우 똑똑하게 보인다고도 했다. 이 한자는 속울음이 그만 흘러 넘쳐 '검을 흑(黑)'으로 썼으니 '이 자(兹)'

3급

가 되었다고도 알려진다. 검은 두개의(玄·玄) 점이 서로 어울리는 색깔로 [검다(玆)] 또는 지시 대명사인 [이(玆)]를 뜻하고 [자]로 읽는다.
圖 斯(이 사) 是(이 시) 回 彼(저 피)

필순 一 亠 亠 丷 艹 芏 莶 莶 兹 兹

기초 【기초한자어】 익히고, 【기본→발전한자어】 다지기
來玆(내자) 올해의 바로 다음 해. 내년
今玆(금자) 올해
龜玆(구자) 중국 한나라 때 있었던 나라
• 내년이란 말을 來玆로 쓴다면 썩 알아듣기 어렵 겠네.
• 今玆에는 무척이나 龜玆의 나라를 떠올린 한민족 이 많구나.
기본 ③ 玆宮(자궁) 玆白(자백)

	부수	획수	총획
	爪	14	18

벼슬 작【1721】

字源 〈상형〉 공후백자남(公侯伯子男)이라는 작위를 줄 때 손(爪)에 잔(皿)을 들고 일정한 한도(寸)에서 그치도록(良) 정성껏 예의를 갖추었다. 이것은 동방은 물론 서역에서도 지키는 엄한 예법이었다. 관리가 손에 참새 형상의 술잔을 들고 서로 건배하는 모양을 본떠서 주었던 [벼슬(爵)]을 뜻하고 [작]으로 읽는다.
圖 官(벼슬 관) 吏(벼슬아치 리) 尉(벼슬 위)

필순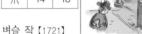

기초 【기초한자어】 익히고, 【기본→발전한자어】 다지기
伯爵(백작) 다섯 등급의 작위 기운데 세 번째
公爵(공작) 오등작의 첫째 작위(爵位)
爵號(작호) 작위의 칭호. 공, 후, 백, 자, 남
• 다섯인 [공, 후, 백, 자, 남 작호 중에서 '공'을 제일 상위로 여겼다.
• 伯爵은 세 번째이지만 지위는 公爵과 같았음으로 알려진다.
기본 ③ 爵祿(작록) 爵位(작위) 男爵(남작) 封爵(봉작) 襲爵(습작) 人爵(인작) 子爵(자작) 進爵(진작) 天爵(천작) 獻爵(헌작) 侯爵(후작)
발전 ② 勳爵(훈작) 圈 爵弁(작변) ① 爵帖(작첩) 奠爵(전작)
사자성어 ③ 高官大爵(고관대작)

	부수	획수	총획
	酉	3	10

술부을 작
잔질할 작【1722】

字源 〈회의〉 술독에 담겨진 곡주를 표주박 같은 작은 그릇으로 떠서 차곡차곡 담았다. 술을 떠서 잔에 따르는 것을 흔히 잔질한다고 했었으며 [주도(酒道)]도 예법이라고 했었다니 매우 엄격하게 지켰다. 술(酉)을 표주박 같은 큰 그릇(勺)으로 정성들여 떠서 잔에 다 따랐으니 [잔질하다(酌)]는 뜻이고 [작]으로 읽는다.
圖 斟(짐작할 짐) 配(나눌 배)

필순 一 厂 厅 丙 酉 酉 酉 酌 酌

기초 【기초한자어】 익히고, 【기본→발전한자어】 다지기
參酌(참작) 이리저리 비교해 알맞게 헤아림
獨酌(독작) 상대가 없이 혼자서 술을 마심
酌定(작정) 일의 사정을 잘 헤아려 결정함
• 그 사람의 사정을 參酌하여 선처해야겠구나.
• 獨酌을 마시고 나서 그 일을 酌定하다니 안될 일이로군.
기본 ③ 酌婦(작부) 自酌(자작) 淸酌(청작) 無酌定(무작정)
발전 ① 酌斟(작짐) 觴酌(상작) 酬酌(수작) 甚酌(짐작)
사자성어 ③ 情狀參酌(정상참작)

	부수	획수	총획
	土	13	16

담 장【1723】

字源 〈형성〉 평소에 쓰던 물건이나 애써 가꾸던 곡식을 외부로부터 보관하기 위해 흙으로 담을 쌓았다. 집의 가장자리나 일정한 공간을 둘러막기 위해 흙이나 돌 따위로 쌓아올리는 일이겠다. 다소라도 곡식을 아끼기(嗇) 위해서 흙(土)이나 널조각(爿)으로 높이 쌓아서 올렸던 [담(墻)]을 뜻하고 [장]으로 읽는다.
圖 牆(담 장)

필순 土 圠 圠 圢 圢 圢 圢 培 墻 墻 墻

기초 【기초한자어】 익히고, 【기본→발전한자어】 다지기
土墻(토장) 흙으로 쌓아 만든 담
墻垣(장원) 담
墻壁(장벽) 담과 벽을 아울러 이르는 말
• 담장을 다른 말로는 흔히 '牆垣'이라고도 불렀다.
• 墻壁은 베를린 障壁(장벽)과는 달리 일반적인 경계를 나타내는 '土墻'과 같다.
기본 ③ 墻內(장내) 墻有耳(장유이)
발전 ① 堵墻(도장)
사자성어 ③ 隔墻有耳(격장유이) 路柳墻花(노류장화)

	부수	획수	총획
	口	6	9

어조사 재【1724】

左 (宰)

字源 〈형성〉 말할 때 중간에서 [~하며], [말하였나니] 등으로 말을 끊어서 이야기하는 경우가 있다. 바로 다음 말의 이음이다. 천자문 맨 마지막에 [언재호야(焉哉乎也)]란 네 글자 어조사는 각기 그 쓰임새가 다르다. 말(口)할 때 중간에서 자주 끊을(戈) 곳에 쓰이는 글자로서 [어조사(哉)]를 뜻하고 [재]로 읽는다.
回 裁(옷마를 재) 栽(심을 재) 載(실을 재) 回 哉

필순 一十土土牛告告哉哉哉

기초 【기초한자어】 익히고, 【기본→발전한자어】 다지기
快哉(쾌재) 마음먹은 대로 되어 만족스러움
哀哉(애재) 한문투로 '슬프도다!'의 뜻
• 슬프다는 말을 '哀哉라!'고 불러서 새롭다.
• 나는 복권에 당첨되어 '快哉'를 불렀다.

기본 ③ 孰哉(숙재) 矣哉(의재) 乎哉(호재)
사자성어 ③ 嗚呼痛哉(오호통재)

宰 부수 宀 획수 7 총획 10
재상 재 : 【1725】

字源 〈회의〉 재상(宰相)은 임금님 밑에 영의정·좌의정·우의정 3상을 비롯하여 임금을 도와 국정을 운영하는 육조의 판서, 홍문관의 부제학, 춘추관, 수찬관 이상의 벼슬아치를 다 일컫는 말이다. 아녀자들이 집(宀)에서 칼(辛)을 사용해 요리하는 것처럼 나라를 다스렸던 모든 [재상(宰)]을 뜻하고 [재]로 읽는다.
回 辛(매울 신) 帝(임금 제)

필순 丶宀宀宀空空空宰

기초 【기초한자어】 익히고, 【기본→발전한자어】 다지기
主宰(주재) 어떤 일을 중심이 되어 맡아 처리함
守宰(수재) 수령을 달리 이르는 말
卿宰(경재) 재상
• 임금은 부패한 卿宰에게 엄벌을 내렸다.
• 고을의 守宰께서 그 일을 主宰하였다.

기본 ③ 宰府(재부) 宰殺(재살) 宰相(재상) 宰臣(재신) 宰牛(재우) 宰人(재인) 總宰(총재)
발전 28 宰柄(재병) 宰輔(재보) ① 宰匠(재장) 膳宰(선재) 匠宰(장재) 廚宰(주재) 庖宰(포재)

滴 부수 水 획수 11 총획 14
물방울 적 【1726】

字源 〈형성〉 지붕이나 나뭇잎에 고여 있던 물이 방울져 뚝뚝 떨어진다. 과일나무에 과일이 물방울처럼 주렁주렁 달려

있다. '물방울'은 방울져서 떨어지거나 곱게 맺혀 있는 작은 물 덩어리이다. 물방울(氵)이 겨우 매달려(商) 방울져서 아래로 주렁주렁 달려 있는 모양으로 [물방울(滴)]을 뜻하고 [적]으로 읽는다.
回 摘(딸 적) 適(맞을 적) 敵(대적할 적)

필순  氵氵氵氵沖沖沖滴滴滴

기초 【기초한자어】 익히고, 【기본→발전한자어】 다지기
水滴(수적) 물방울
點滴(점적) 낱낱의 물방울
滴露(적로) 방울지어 떨어지는 이슬
• 이제는 點滴일망정 아껴 이 전쟁을 꼭 이겨야 한다.
• 근처에 水滴이 없어서 할 수 없이 滴露에다 입술을 적셨다.

기본 ③ 滴水(적수) 餘滴(여적)
발전 ② 硯滴(연적) ① 滴瀝(적력) 滴溜(적류) 宵滴(소적) 瀝滴(역적) 溜滴(유적)

竊 부수 穴 획수 17 총획 22
훔칠 절 【1727】

字源 〈회의〉 합법적인 것은 아니지만 도둑질하는 일은 옛날부터 흔히 있어왔다. 고갯마루에서 숨어 있다가 위협을 가하여 훔치는 일이 다반사였다. 자기 것으로 삼기 위해 몰래 가져가는 일탈 행위다. 벌레(卨)가 구멍(穴)을 뚫고 침입해 들어와서 쌀(米)을 훔쳐서 빼냈으니(丿) [훔치다(竊)]는 뜻이고 [절]로 읽는다.
图 盜(도둑 도) 賊(도적 적) 回 窃

필순 宀宀宀空空空空空窃竊竊竊

기초 【기초한자어】 익히고, 【기본→발전한자어】 다지기
剽竊(표절) 남의 작품의 일부를 몰래 따다 씀
竊取(절취) 남몰래 훔쳐 가짐
竊聽(절청) 남의 이야기를 몰래 엿들음
• 남의 말을 竊聽하여 떠벌리는 것은 무거운 죄이다.
• 물건을 竊取하거나 남의 글을 剽竊하는 일은 도둑질과 매한가지다.

기본 ③ 竊據(절거) 竊念(절념) 竊盜(절도) 竊賊(절적)
발전 ② 竊脂(절지) ① 攘竊(양절)

蝶 부수 虫 획수 9 총획 15
나비 접 【1728】

字源 〈형성〉 머리에 두 개의 촉각과 겹눈이 있고 가슴에 큰 잎

모양의 두 쌍의 날개가 있다. 꽃을 여자에, 나비를 남자에 비유했으니 아름답기가 그지없다. 나비가 꽃을 찾아서 날아다니기 때문이다. 활엽수 나뭇잎(業)과 같은 두 날개로 꽃을 찾아 훨훨 날아다니는 곤충(虫)으로 널리 [나비(蝶)]를 뜻하고 [접]으로 읽는다.

圖蝴(나비 호) 回葉(잎 엽)

필순 口 中 虫 虬 虬 虬 蝶 蝶 蝶 蝶

기초 【기초한자어】 익히고, 【기본→발전한자어】 다지기
蝶泳(접영) 수영 방법의 한 가지
蝶舞(접무) 나비춤
蝶夢(접몽) 인생의 덧없음을 비유. 호접몽
• 〈구운몽〉에서 성진은 蝶夢을 꾸고 깨달음을 얻었다.
• 蝶泳과 蝶舞에서 똑같은 나비 蝶(접)자로 쓴 이유를 잘 모르겠다. 움직임이 나비와 비슷해서일까?

기본 ③ 孤蝶(고접) 蜂蝶(봉접) 胡蝶(호접) 花蝶(화접) 黃蝶(황접)

발전 ② 蚨蝶(자접) ① 蝶簪(접잠) 鶯蝶(앵접)

사자성어 ③ 胡蝶之夢(호접지몽)

부수	획수	총획
言	2	9

바로잡을 정
【1729】

字源 〈형성〉 '바로잡다'는 잘못됨을 바르게 고쳐 제대로 가른다. 원고를 쓰면서 교정(校正)은 다반사로 필수다. 유의어로는 '교정(矯正)하다, 교직(矯直)하다, 정오(正誤)하다, 고치다' 등이다. 물건이 부서지면서 못(丁)을 박아 고쳐 사용하듯이 잘못된 말(言)과 문맥을 다듬어서 [바로잡다(訂)]는 뜻이고 [정]으로 읽는다.

圖矯(바로잡을 교) 正(바를 정) 回詠(읊을 영)

필순 丶 一 亠 言 言 言 言 訂 訂

기초 【기초한자어】 익히고, 【기본→발전한자어】 다지기
校訂(교정) 남의 문장, 출판물의 잘못된 곳을 고침
訂定(정정) 잘잘못을 의논하여 결정함
訂正(정정) 글자, 글 등 잘못을 고쳐서 바로잡음
• 이제는 자네의 말을 訂定해야 할 시점이 된 것만 같네.
• 校訂이 끝났는데 또 訂正해야 할 부분이 있다고 한다.

기본 ③ 改訂(개정) 修訂(수정)

발전 ① 訂頑(정완)

부수	획수	총획
土	9	12

둑 제【1730】

字源 〈형성〉 삽을 흔히 밥을 떠먹는 숟가락으로 비유하기도 했

다. 삽으로 흙을 떠서 지게로 올려놓으면 제방의 둑이 되었다. '둑은 홍수를 예방하기 위해 하천이나 호수, 바다의 둘레를 높이 쌓은 언덕이다. 숟가락(是←匙)으로 밥을 떠서 먹듯이 삽으로 흙(土)을 파 올려 쌓아서 만든 [둑(堤)]을 뜻하고 [제]로 읽는다.

圖堰(둑 언) 提(끌 제) 題(제목 제)

필순 土 ‡ 圹 圳 坦 坦 坦 坦 堤 堤

기초 【기초한자어】 익히고, 【기본→발전한자어】 다지기
堤防(제방) 수해 예방을 위해 토석으로 쌓은 둑
破堤(파제) 홍수 등으로 둑이 무너짐
防波堤(방파제) 항만 안에 쌓아 올린 둑
• 심한 홍수로 둑이 무너지는 일을 '破堤'라고 한다.
• 폭풍우로 인해 堤防과 防波堤가 모두 무너졌다.

기본 ③ 防潮堤(방조제)

발전 ②⑧ 堤塘(제당) ① 堰堤(언제)

부수	획수	총획
弓	1	4

조상할 조 :
【1731】

字源 〈회의〉 옛날엔 사람이 죽으면 풀이나 나무로 덮어 두고 까마귀 같은 날짐승이 파먹지 못하게 활을 들고 지키기도 했던 모양이다. '조상하다'는 상가(喪家)에서 슬퍼하며 자기의 뜻을 간절하게 표현한다는 뜻이다. 초상집에 문상한 사람(ㅣ)이 활(弓)을 가지고 시신을 지키며 [조상하다(弔)]는 뜻이고 [조]로 읽는다.

圖喪(잃을 상) 回慶(경사 경) 回弓(활 궁) 弟(아우 제)

필순 乛 ㄱ 弓 弔

기초 【기초한자어】 익히고, 【기본→발전한자어】 다지기
弔意(조의) 죽은 이를 슬퍼하는 마음과 뜻
弔文(조문) 죽은 사람의 명복을 비는 글
弔客(조객) 조상하는 사람
• 弔文과 弔問은 음은 같지만 그 뜻이 서로 다른 동음이의어이다.
• 弔客들이 상주에게 弔意를 표하고 나서 다 돌아가니 매우 허전했다.

기본 ③ 弔哭(조곡) 弔橋(조교) 弔旗(조기) 弔問(조문) 弔詞(조사) 弔辭(조사) 弔喪(조상) 弔電(조전) 慶弔(경조) 謹弔(근조) 弔慰金(조위금) 慶弔事(경조사)

발전 ② 弔悼(조도) ① 弔賻(조부) 弔恤(조휼)

부수	획수	총획
火	13	17

마를 조【1732】

字源 〈형성〉 비가 와서 옷이 흠뻑 젖고 말았다. 대체적으로 빨래를 하여 물기를 털고 난 후에 빨랫줄에 넣어서 잘 말려서 입었다. 햇볕이 나지 않으면 잘 마르지 않는다. 물기가 없는 상태가 되어야 한다. 젖은 나무(木)가 불(火)기운을 받아서 '툭툭' 소리를 내면서(品) 건조하니 [마르다(燥)]는 뜻이고 [조]로 읽는다.

⦿乾(마를 건) 渴(목마를 갈) ⦸濕(젖을 습) ⦶操(잡을 조)

필순 ⟨ ⟩ 丶 丷 火 火 炉 焿 焯 燥 燥 燥 燥

기초 【기초한자어】 익히고, 【기본→발전한자어】 다지기
乾燥(건조) 습기나 물기가 없음
焦燥(초조) 애를 태워서 마음을 졸이는 모양
燥症(조증) 조급하게 구는 성질
• 조급하게 서두르는 성질머리가 燥症이겠구나. 너무 급히 서두르지 말게나.
• 땅이 乾燥해지자 농작물이 타들어 갔고 농부들의 마음은 매우 焦燥했다.

기본 ③ 燥渴(조갈) 燥渴症(조갈증)
발전 ② 焦燥感(초조감) ② 亢燥(항조) ① 燥痰(조담) 燥澁(조삽)

졸할 졸 【1733】

字源 〈형성〉 선천적으로 솜씨가 뒤진 사람이 있다. 솜씨가 외출하고 없듯이 졸렬하고 뒤떨어진 사람도 있어 자질이 의심이 되기도 한다. 재주나 재능이 전혀 없거나 솜씨가 서투르다. 주변이 없고 생각 또한 좁다. 사람이 외출(出)하고 없듯이 솜씨(扌←手)가 뒤떨어져 잘 못하니 [졸하다(拙)]는 뜻이고 [졸]로 읽는다.

⦿劣(못할 렬) ⦸優(넉넉할 우) 秀(빼어날 수)

필순 一 十 扌 扌 扣 抖 拙 拙

기초 【기초한자어】 익히고, 【기본→발전한자어】 다지기
稚拙(치졸) 유치하고 졸렬함
拙筆(졸필) 졸렬한 글씨. 단필
拙作(졸작) 보잘 것 없는 작품
• 선생님! 拙筆이나마 이렇게 올리오니 받아 주시길 바랍니다.
• 자네는 타고난 稚拙한 솜씨였으니, 결국 拙作을 만들 수밖에 없었겠지.

기본 ③ 拙稿(졸고) 拙劣(졸렬) 拙速(졸속) 拙著(졸저) 巧拙(교졸) 庸拙(용졸) 拙丈夫(졸장부)
발전 ① 拙樸(졸박) 拙荊(졸형) 樸拙(박졸) 迂拙(우졸)
사자성어 ③ 大巧如拙(대교여졸)

도울 좌 : 【1734】

字源 〈형성〉 나이 들어 늙으신 어른은 잘 걷지 못했다. 힘 있는 젊은이가 옆에서 부축하여 잘 걸을 수 있도록 도와드렸다. '돕다'는 옆에서 보살피거나 어려운 처지에서 벗어날 수 있도록 정성들여 어른을 부축하는 행위다. 웃어른(亻) 왼쪽(左) 팔을 부축하며 걸어가도록 보살피니 [돕다(佐)]는 뜻이고 [좌]로 읽는다.

⦿補(기울 보) 助(도울 조) 扶(도울 부) 援(도울 원) ⦸件(물건 건)

필순 ノ 亻 仁 仕 佐 佐 佐

기초 【기초한자어】 익히고, 【기본→발전한자어】 다지기
王佐(왕좌) 임금을 보좌함
上佐(상좌) 대를 이을 가장 으뜸가는 사람
補佐(보좌) 자기보다 지위가 높은 사람을 도움
• 왕의 아들인 世子는 늘 上座의 자리에 있었다.
• 왕을 補佐하는 王佐야말로 그 위치가 참으로 막중한 자리였을 것이다.

기본 ③ 保佐(보좌)
발전 ② 輔佐(보좌) 傅佐(부좌) 毘佐(비좌) 弼佐(필좌) ① 佐戎(좌융) 寮佐(요좌)

배 주 【1735】

字源 〈상형〉 배(舟)는 뗏목이나 통나무배에서 돛단배와 기선 등으로 발달하여 왔다. 통나무배에서 더 발달한 것이 쪽배가 아닌가 싶다. '배는 사람이나 물건을 싣고 물위를 떠다니도록 나무 등으로 만든 물건'이다. 굵은 통나무로 파거나 깎은 쪽배 모양을 본떠서 건너다닐 수 있는 [배(舟)]를 뜻하고 [주]로 읽는다.

⦿船(배 선) 舶(배 박) 艇(배 정) 艦(배 함) ⦶丹(붉을 단)

필순 ノ 丿 刀 月 舟 舟

기초 【기초한자어】 익히고, 【기본→발전한자어】 다지기
方舟(방주) 네모지게 만든 배. 나란히 선 배
舟遊(주유) 배를 타고 노는 놀이
舟車(주거) 배와 수레
• 흔히 배(舟)와 수레(車)를 舟車라고 했으니 순수한 한문 투의 말이다.
• 많은 유생들이 方舟하면서도 멋지게 舟遊하면서 선유를 즐겼다.

3급

기본 ③ 舟師(주사) 競舟(경주) 維舟(유주) 片舟(편주)

발전 ② 舟艦(주함) 汎舟(범주) 28 扁舟(편주) ① 舟檣(주장) 芥舟(개주) 泛舟(범주) 犀舟(서주)

사자성어 ③ 舟中敵國(주중적국) 刻舟求劍(각주구검) 一葉 片舟(일엽편주) 28 吳越同舟(오월동주)

부수	획수	총획
人	7	9

준걸 준 : 【1736】

字源 〈형성〉 어리석은 자의 걸음걸이는 졸렬하고 덕을 갖춘 자의 걸음걸이는 위엄이 있다고 했다. 의젓하면서도 당당하다고 했으니 무엇이나 거리낄 것이 없다고 했다. 나이가 지긋하여 재주와 슬기가 매우 뛰어나다. 인품이 뛰어난 사람(亻)은 걸음걸이(夋)도 보무당당했었으니 [준걸(俊)]을 뜻하고 [준]으로 읽는다.

園 秀(빼어날 수) 傑(뛰어날 걸)

필순 丿 亻 亻 俨 俨 俨 俊 俊 俊 俊

기초 【기초한자어】 익히고, 【기본→발전한자어】 다지기
俊才(준재) 뛰어난 재주
俊嚴(준엄) 매우 엄함
俊秀(준수) 재주, 지혜, 풍채가 뛰어남
• 그 일을 그르쳤다간 俊嚴한 심판을 받아야만 할 것이네.
• 俊秀한 사람을 俊才라고 하면서 많이 부러워했다네.

기본 ③ 俊傑(준걸) 俊德(준덕) 英俊(영준)

발전 28 俊弼(준필) ① 俊爽(준상)

부수	획수	총획
辶	12	16

좇을 준 : 【1737】

字源 〈형성〉 웃어른과 같이 걸어서 갈 때 어른의 오른쪽 뒤를 따라 걷는다. 앞에서 걸으면 어른보다 위이고 옆에서 걸으면 동격으로 버릇이 없다는 뜻이리라. 그의 언행을 본받아서 가치 있게 여겨 뒤를 따라 추구한다. 손위 어른(尊)을 모실 때 온순하게 뒤를 따라서 걸어갔으니(辶) [좇다(遵)]는 뜻이고 [준]으로 읽는다.

園 追(좇을/따를 추) 從(좇을 종) 守(지킬 수) 回 尊(높을 존)

필순 八 酋 酋 酋 酋 酋 尊 尊 遵 遵

기초 【기초한자어】 익히고, 【기본→발전한자어】 다지기
遵行(준행) 좇아 행함
遵守(준수) 그대로 좇아 지킴
遵法(준법) 법령을 좇음

• 우리 가문은 조상들의 관례대로 제사를 遵行한다.
• 법을 遵守하는 遵法精神이야말로 꼭 필요하다.

기본 ③ 遵用(준용)

사자성어 ③ 遵法精神(준법정신)

부수	획수	총획
貝	12	19

줄 증 【1738】

字源 〈형성〉 새로운 물건이나 진귀한 것을 보면 웃어른께 정중하게 먼저 드린다. 다른 사람에게 재물을 주어 생활에 보탬이 되도록 도와주기도 한다. 상대방에게 필요한 것이 되도록 갖게 하여 거저 건네거나 베푼다. 재물(貝)이나 물건을 거듭(曾) 더해서 보탬이 되게 선사했으니 [주다(贈)]는 뜻이고 [증]으로 읽는다.

園 授(줄 수) 呈(드릴 정) 與(줄 여) 賜(줄 사) 給(줄 급)

필순 丨 冂 目 貝 貝 貝 贈 贈 贈 贈 贈 贈

기초 【기초한자어】 익히고, 【기본→발전한자어】 다지기
寄贈(기증) 금품이나 물품 등을 타인에게 줌
贈呈(증정) 남에게 물건을 줌. 기증
贈與(증여) 선사하여 줌
• 이제 그들에게 이 물건을 贈與할 시기가 되었다.
• 寄贈과 贈呈은 유의관계에 있는 어휘다.

기본 ③ 加贈(가증) 追贈(추증) 惠贈(혜증)

발전 ① 贈儺(증나) 贈賻(증부) 賻贈(부증)

부수	획수	총획
口	2	5

다만 지 【1739】

字源 〈상형〉 입으로 하는 말은 공기의 저항 때문에 어느 한계에만 미친다. 공기 중에서 음파가 미치는 한계 때문이다. '다만'은 뒤의 내용이 앞의 내용의 예외 혹은 조건이 될 때 쓰여 앞뒤 문장을 이어 준다. 입(口)에서 나온 말이 퍼져(八) [다만(只)] 어느 지점에까지 미칠 뿐이니 [다만(只)]을 뜻하고 [지]로 읽는다.

園 但(다만 단)

필순 丨 冂 口 尸 只

기초 【기초한자어】 익히고, 【기본→발전한자어】 다지기
但只(단지) 다만. 겨우
只今(지금) 이제. 이 시간
只管(지관) 오직 이것뿐
• '오직 이것뿐임'을 더욱 강조하기 위해서 '只管'이란 말로 썼지만 다소 어색하다.

• 그 일을 하고 싶지만 但只 只今은 아직 때가 아니다.

기본 ③ 只此(지차)

발전 ① 賭只(도지)

부수	획수	총획
辶	12	16

더딜 지
늦을 지【1740】

字源 〈형성〉 '무소'라고 하는 코뿔소는 코 위에 한두 개의 뿔이 있고 발가락이 셋이라고 한다. 뿔은 약용으로도 쓰이고 천천히 걷는다. '더디다'는 하는 짓이 느리고 시간이 오래 걸린다는 뜻이다. 긴 뿔이 난 코뿔소(犀)가 굼뜨게 천천히 걸어가니(辶) 그 모습이 느려 [더디다(遲)] 또는 [늦다(遲)]는 뜻이고 [지]로 읽는다.

图 延(늘일 연) 晚(늦을 만) 凹 急(급할 급) 速(빠를 속) 凹 遟

필순 ＾ ㄕ ㄕ ㄕ 尾 屋 犀 犀 遲 遲

기초 【기초한자어】 익히고, 【기본→발전한자어】 다지기
遲滯(지체) 기한에 뒤짐
遲延(지연) 오래 끎. 더디게 끌어감
遲久(지구) 더디고 오램
• 그렇게 더디고 오래되어야 되겠니. 참으로 遲久하기 그지없구나.
• 이렇게 遲滯하다가는 이 일은 그만 遲延시키고 말 것만 같구나.

기본 ③ 遲刻(지각) 遲明(지명) 遲進(지진) 遲參(지참) 陵遲(능지) 遲進兒(지진아)

발전 23 舒遲(서지) ① 凌遲(능지) 奄遲(엄지)

사자성어 ③ 遲遲不進(지지부진) ② 陵遲處斬(능지처참)

부수	획수	총획
女	6	9

조카 질【1741】

字源 〈형성〉 옛날에 귀족의 딸이 시집가면 오빠나 언니의 딸을 데리고 같이 갔다. 그곳에서 심부름도 시키고 시댁에서의 예의범절도 정성껏 지도했다. 형제나 자매의 아들과 딸을 잘 교육을 시킨다는 뜻을 담았으리. 시집갈 때에 오빠의 귀여운 딸(女)을 데리고 가서(至) 지도했으니 [조카(姪)]를 뜻하고 [질]로 읽는다.

图 甥(생질 생) 凹 叔(아재비 숙) 凹 致(이를 치)

필순 ㄑ ㄥ ㄠ ㄠˊ ㄠˊ ㄠˊ ㄠˊ 姪 姪

기초 【기초한자어】 익히고, 【기본→발전한자어】 다지기
叔姪(숙질) 아저씨와 조카

姪婦(질부) 조카며느리
姪女(질녀) 조카딸
• 兄弟가 많다 보면 姪婦는 금방 생기기 마련이지.
• 그 아저씨가 姪女인 나에게 '우리는 叔姪간이야'하고 말했다.

기본 ③ 堂姪(당질) 族姪(족질)

발전 ① 姪甥(질생) 姪壻(질서) 姨姪(이질)

부수	획수	총획
心	15	19

징계할 징【1742】

字源 〈형성〉 민주사회에서는 '상벌(賞罰)'을 매우 중시한다. 상은 믿을 수 있도록, 벌은 규정의 테두리에서 어긋난 사람에게 엄히 내렸다. 잘못을 저지르면 신체적으로 강력하게 벌을 내리거나 제재를 가했던 것이다. 일을 잘못 처리한 자를 불러(徵) 마음(心) 속으로 뉘우치도록 [징계하다(懲)]는 뜻이고 [징]으로 읽는다.

图 戒(경계할 계) 凹 徵(부를 징)

필순 ㄔ 彳 徃 徨 徨 徵 徵 徵 懲 懲

기초 【기초한자어】 익히고, 【기본→발전한자어】 다지기
過徵(과징) 세금을 규정보다 더 징수함
懲戒(징계) 허물을 뉘우치도록 경계함
懲罰(징벌) 죄에 대하여 법적 제재를 가함. 벌을 줌
• 세금 체납자에게는 過徵해야 한다는 목소리가 높다.
• 어느 정도의 懲戒는 생각하고 있었지만 이런 懲罰까지 내리다니….

기본 ③ 懲惡(징악) 懲役(징역)

발전 ② 懲窒(징질) 23 懲毖(징비) 懲艾(징애) 懲毖錄(징비록) ① 懲忿(징분) 懲膺(징응) 懲乂(징핍) 膺懲(응징) 褒懲(포징)

사자성어 ③ 勸善懲惡(권선징악)

부수	획수	총획
一	4	5

또 차 :【1743】

字源 〈상형〉 제삿날 상에 떡을 쌓고 또 쌓아 올려서 푸짐한 제상을 마련했다. 음식이 풍성하게 많아야 신이 와서 흠향할 것으로 생각했던 것 같다. 주위의 어떤 사태나 행동이 늘 다시 반복되어 거듭한다는 뜻도 있다. 제사상 위에 놓아 둔 음식을 위로 쌓아 올린 모양을 두루 본떠서 [또(且)]를 뜻하고 [차]로 읽는다.

图 亦(또 역) 又(또 우) 凹 具(갖출 구) 目(눈 목) 旦(아침 단)

필순 丨 冂 冃 且 且

기초 【기초한자어】 익히고, 【기본→발전한자어】 다지기
苟且(구차) 몹시 가난하고 궁색함
且月(차월) 음력 6월의 별칭
重且大(중차대) 매우 중요하고 또 큰일임
• 음력 6월을 且月이라고도 했으니 매우 새롭구나.
• 국민 대다수가 苟且하게 산다는 것은 重且大한 일이다.
기본 ③ 且置(차치) 況且(황차)

부수	획수	총획
手	7	10

잡을 착 【1744】

字源 〈형성〉 도적질한 자가 발로 뛰면서 달아나기 때문에 발목을 붙잡거나 걸어찼다. 발에 걸리기만 하면 꼼짝 못하고 넘어지고 만다. 물에서는 물고기를 낚았고, 산이나 들에서는 사냥하면서 질긴 고기를 얻었다. 뒤쫓던 포졸이 도적 발목(足)을 걷어차서 손(扌)으로 붙잡았으니 [잡다(捉)]는 뜻이고 [착]으로 읽는다.
图 執(잡을 집) 捕(잡을 포) 回 促(재촉할 촉)

필순 一 十 才 扌 扣 捉 捉 捉 捉 捉

기초 【기초한자어】 익히고, 【기본→발전한자어】 다지기
捕捉(포착) 어떤 기회나 정세를 알아차림
把捉(파착) 놓치지 않고 꼭 붙잡음
捉送(착송) 잡아서 보냄
• 중요한 단서를 捕捉하여 범인을 捉送하였다.
• 기회를 잘 捕捉하여 把捉해야만 하겠다.
기본 ③ 捉弄(착롱) 捉筆(착필)
발전 ① 捉撮(착촬) 擒捉(금착)

부수	획수	총획
心	11	14

참혹할 참 【1745】

字源 〈형성〉 갑작스럽게 일을 당하면 황당해진다. 주위에 돌보아 줄 사람이 없으면 혼자 어찌할 줄을 몰라 서성인다. 참혹한 경우가 많다. 갑작스럽게 당하는 일이라서 참으로 비참하거나 끔찍한 일이다. 좋지 못한 일로 인해 마음(忄←心)이 여러 갈래(參)로 당혹스러웠으니 [참혹하다(慘)]는 뜻이고 [참]으로 읽는다.
图 憺(참담할 담) 酷(심할 혹) 回 參(참여할 참) 回 惨

필순

기초 【기초한자어】 익히고, 【기본→발전한자어】 다지기
慘敗(참패) 참담할 만큼 크게 패함

慘事(참사) 비참하고 끔찍한 일
慘變(참변) 끔찍하고 참혹한 변고
• 이번 전쟁에서 그렇게 慘敗했으니 참으로 참담하기 그지없구나.
• 이 화재는 대형 慘事로 慘變을 당한 사상자가 50여 명이나 된다네.
기본 ③ 慘劇(참극) 慘死(참사) 慘狀(참상) 慘禍(참화) 無慘(무참) 悲慘(비참)
발전 ② 慘瘧(참학) 慘酷(참혹) 悽慘(처참) ① 慘憺(참담) 慘澹(참담) 慘凜(참름) 慘粒(참립) 慘愴(참창) 凄慘(처참)

부수	획수	총획
心	11	15

부끄러울 참 【1746】

字源 〈형성〉 학교에서 남에게 부끄러운 일을 하지 말라고 배웠다. 남을 속이는 일, 도둑질하는 일, 여인을 겁탈하는 일들은 모두가 부끄러운 일이다. 평생을 살아가는 데 양심에 거리낌이 있어 떳떳하지 못한 행동이다. 양심의 가책을 받아 마음(心)으로 베임(斬)을 당했으니 [부끄럽다(慙)]는 뜻이고 [참]으로 읽는다.
图 愧(부끄러울 괴) 羞(부끄러울 수) 回 暫(잠깐 잠) 漸(점점 점)

필순 一 日 日 車 車 斬 斬 斬 慙 慙

기초 【기초한자어】 익히고, 【기본→발전한자어】 다지기
無慙(무참) 후회나 부끄러워하지 않는 파렴치한 마음
慙悔(참회) 부끄러워하며 뉘우침
慙憤(참분) 부끄럽고 분함
• 慙悔하며 한동안 밖으로 나오지도 못하였다.
• 그들은 慙憤함에 젖어 있는 상대의 마음을 無慙히 게 짓밟았다.
기본 ③ 慙慨(참개) 慙愧(참괴) 慙德(참덕) 慙伏(참복) 慙服(참복) 慙死(참사) 慙色(참색) 慙恨(참한) 慙汗(참한) 愧慙(괴참)
발전 ② 慙沮(참저) ① 慙羞(참수)

부수	획수	총획
日	10	14

화창할 창 : 【1747】

字源 〈형성〉 장마가 걷히고 햇빛이 나오면 날씨가 화창하다. 온갖 생물이 제각기 한마디씩 속삭이는 것 같다. 날씨가 더없이 맑고 따뜻하기만 하다. 유의어는 '맑다. 청명(淸明)하다' 등이 쓰인다. 봄이 되어 밝은 햇살이 여러 갈래로 퍼지며(申) 빛을 내니(昜) 날씨가 맑고 [화창하다(暢)]는 뜻이고 [창]으로 읽는다.

동 和(화할 화) 비 陽(볕 양)

필순 ㅁ 日 申 申ᄀ 申ᄀ 申ᄆ 申日 申易 暢 暢

기초 【기초한자어】 익히고, 【기본 → 발전한자어】 다지기
朗暢(낭창) 밝고 구김살이 없음
和暢(화창) 날씨나 마음이 온화하고 맑음
暢達(창달) 거리낌 없이 표현하여 전달함
• 이런 和暢한 날에 집안에만 있을 수는 없겠지.
• 그는 朗暢한 생각으로 暢達을 구가하는 사람이라는 평이 더 많다.

기본 3 暢茂(창무) 暢懷(창회) 流暢(유창)

발전 2 融暢(융창) 2급 舒暢(서창) 1 涵暢(함창) 諧暢(해창) 洽暢(흡창)

斥

부수	획수	총획
斤	1	5

물리칠 척 【1748】

字源 〈형성〉 달려오는 적을 도끼나 몽둥이를 휘둘러 멀리 내리쳤다. 적의 앞잡이가 도끼를 맞아 죽고 나니 다른 졸개들은 혼비백산을 했던 모양이다. 적을 물리쳐서 물러가게 했으니 개선을 했다. 도끼(斤)로 나무를 휘두르면서 찍듯이(丶) 적들을 먼 곳으로 모조리 내쳤으니 [물리치다(斥)]는 뜻이고 [척]으로 읽는다.
동 排(밀칠 배) 却(물리칠 각) 黜(내칠 출) 반 和(화할 화)
비 斤(도끼 근)

필순 ㇒ 厂 斤 斤 斥

기초 【기초한자어】 익히고, 【기본 → 발전한자어】 다지기
排斥(배척) 반대하여 내침
斥候(척후) 적정, 지형 등을 정찰, 탐색하는 일
斥和(척화) 화의를 물리침
• 그 나라는 이제 斥和하는 모습을 보여서 안쓰럽다.
• 이웃나라를 排斥해서가 아니라 우리를 지키기 위해서 斥候를 보냈다.

발전 2급 斥倭(척왜) 1 斥譴(척견) 斥黜(척출) 攘斥(양척) 黜斥(출척) 詰斥(힐척)

사자성어 3 斥邪衛正(척사위정)

薦

부수	획수	총획
艸	13	17

천거할 천 : 【1749】

字源 〈회의〉 해태는 해치라고도 했는데, 시비와 선악을 구분해 안다는 상상의 동물이었다. 이 동물에게 주는 먹이까지도 신성시했다. 어떤 자리를 맡아서 하도록 소개하거나 추천하기도 했었다. 상상의 동물인 해태(廌)에게 모든 신선한 풀잎(艹)을 잘 먹을 수 있도록 추천했으니 [천거하다(薦)]는 뜻이고 [천]으로 읽는다.
동 擧(들 거) 비 慶(경사 경)

필순 ⺾ 艹 艹 芦 芦 荐 荐 萨 薦 薦

기초 【기초한자어】 익히고, 【기본 → 발전한자어】 다지기
推薦(추천) 조건에 적합한 대상을 소개함
薦新(천신) 먼저 신위에 올리는 일
薦擧(천거) 인재를 어떤 자리에 추천하는 일
• 제사를 모실 때 햇과일을 薦新했던 풍습이 있었다.
• 여러 사람이 推薦되었지만, 내가 薦擧한 사람이 최종으로 임명되어 기쁘다.

기본 3 薦奏(천주) 公薦(공천) 落薦(낙천) 自薦(자천) 他薦(타천)

발전 2 薦紳(천신) 1 薦羞(천수) 薦擬(천의) 繡薦(수천) 齋薦(재천)

사자성어 3 遂自薦(모수자천)

尖

부수	획수	총획
小	3	6

뾰족할 첨 【1750】

字源 〈회의〉 물건을 놓을 때 아래는 넓고 위는 좁게 두어야 안정성이 있다. 차곡차곡 쌓은 석탑도 아래는 넓고, 위는 뾰족하게 만들기도 했다. 아래보다는 끝이 차차 가늘어져 날카롭게 생겼다. 아래는 아주 넓고 크게(大) 놓았으며, 윗부분은 더욱 작게(小) 만들어 두었으니 [뾰족하다(尖)]는 뜻이고 [첨]으로 읽는다.
동 端(끝 단) 銳(날카로울 예) 비 劣(못할 렬)

필순 亅 小 小 尘 尖 尖

기초 【기초한자어】 익히고, 【기본 → 발전한자어】 다지기
尖銳(첨예) 날카롭고 과격함
尖兵(첨병) 선봉장. 앞장
尖端(첨단) 시대의 사조, 유행 등의 맨 앞장
• 현대전에서 尖銳한 병기라야만이 승리를 가져올 수 있습니다.
• 전장의 尖兵들에게는 먼저 尖端 장비가 주어져야만 승리할 수 있다.

기본 3 尖利(첨리)

발전 2 尖纖(첨섬) 1 鋒尖(봉첨) 翠尖(취첨)

添

부수	획수	총획
水	8	11

더할 첨 【1751】

3급

字源 〈형성〉이불에 오줌을 싸면 옆집에 소금을 얻으러 보냈다. 다 큰 주제에 매우 부끄러운 일이다. 그러면 이웃집 아주머니가 물을 끼얹어 정신 차리게 했다. 이불에 싼 오줌 이상을 더 보태서 더 많게 하거나 놀라게 했다. 도리에 어긋난 사람을 욕보이고(忝) 물까지 끼얹으니(氵) [더하다(添)]는 뜻이고 [첨]으로 읽는다.
圖加(더할 가) 增(더할 증) 回減(덜 감) 削(깎을 삭)

필순

기초 【기초한자어】익히고, 【기본→발전한자어】다지기
別添(별첨) 서류 따위를 덧붙임
添削(첨삭) 문자를 보태거나 뺌
添附(첨부) 안건이나 문서 등을 덧붙임
• 서류를 간략하게 하기 위해 添附를 생략했소.
• 장군은 別添했던 서류에 별다른 添削 없이 그대로 결재를 허락했다.

기본 ③添加(첨가)
발전 ②添柄(첨병) ①添捧(첨봉) 添盞(첨잔) 添炙(첨적)
사자성어 ③錦上添花(금상첨화)

부수	획수	총획
女	5	8

첩 첩【1752】

字源 〈회의〉옛날에 죄지은 여자를 데려다 몸종으로 삼고 하녀로도 부렸다. 주인의 의사대로 열심히 일했다. 중혼 등 혼인 성립 요건에 하자가 있으면 혼인의례를 갖추지 않고 맞이한 규방의 반려다. 죄를 지은(立←辛) 여자(女)를 하녀로 부리며 행실로 보아 첩으로도 맞이했으니 [첩(妾)]을 뜻하고 [첩]으로 읽는다.
回辛(매울 신)

필순

기초 【기초한자어】익히고, 【기본→발전한자어】다지기
賤妾(천첩) 종, 기생으로서 남의 첩이 된 여자
妻妾(처첩) 아내와 첩
小妾(소첩) 여인이 자신을 낮추어 일컫는 말
• 그 집안에는 妻妾이 많아 평안한 날이 없다.
• 집안 賤妾은 자신을 낮추어 말끝마다 스스로 小妾이라고 호칭한다.

기본 ③妾室(첩실) 愛妾(애첩)
발전 ②姬妾(희첩) ①僕妾(복첩) 嬪妾(빈첩) 寵妾(총첩)

부수	획수	총획
日	8	12

갤 청【1753】

字源 〈형성〉태양은 온 세상을 밝게 비춰주고 만물이 잘 자라게도 한다. 지루한 장마가 끝나고 나면 구름이 걷히고 날씨가 맑게 갠다. 날씨가 흐리거나 잔뜩 궂었던 날씨가 갑자기 맑게 된다는 현상이다. 밝은 태양(日)이 비추고 푸른(靑) 하늘이 드러나면서 날씨가 썩 화창했으니 [개다(晴)]는 뜻이고 [청]으로 읽는다.
回雨(비 우) 陰(그늘 음) 曇(흐릴 담) 回淸(맑을 청) 請(청할 청)

필순

기초 【기초한자어】익히고, 【기본→발전한자어】다지기
快晴(쾌청) 하늘이 상쾌하도록 맑게 갬
晴天(청천) 맑게 갠 하늘
晴雨(청우) 날이 갬과 비가 오는 일
• 오늘은 온종일 晴雨가 계속되어 기분이 좋지 않다.
• 晴天을 쳐다보면서 이렇게 快晴한 날을 주신 것을 하늘에 감사드린다.

기본 ③晴明(청명) 晩晴(만청) 好晴(호청)
발전 ②晴旭(청욱) 晴昊(청호) ①晴曇(청담)
사자성어 ③晴耕雨讀(청경우독)

부수	획수	총획
日	8	12

바꿀 체【1754】

字源 〈형성〉따뜻한 정은 오고 감의 대화 속에서 비롯된다. 여기에서는 지식의 스침이, 마음의 스침들이 이룩되고 사랑이 싹트기도 한다. 서로 가지고 있는 물건을 편리한 대로 교환하여 대신 갖게 된다. 두 사나이(夫 · 夫)가 나란히 앉아 이야기(日)를 하면서 말을 서로 교대하니 [바꾸다(替)]는 뜻이니 [체]로 읽는다.
圖換(바꿀 환) 代(대신할 대)

필순 (二 三 夫 夫 扶 扶 扶 替 替 替)

기초 【기초한자어】익히고, 【기본→발전한자어】다지기
代替(대체) 다른 것으로 바꿈
交替(교체) 자리나 역할 등을 다른 사람과 바꿈
改替(개체) 고치어 바꿈
• 사원들의 요청에 따라 사무실 환경 개선을 위해 사무용품을 모두 交替하였다.
• 자동차를 改替하든지 代替하든지 이번에는 반드시 꼭 바꾸어야 합니다.

기본 ③對替(대체) 移替(이체) 立替(입체) 隆替(융체) 替費地(체비지)
발전 ②闕替(궐체) ①替解(체해) 淪替(윤체) 釐替(이체) 湮替(인체) 繰替(조체) 頹替(퇴체)
사자성어 ③世代交替(세대교체)

3급

부수	획수	총획
辶	8	12

잡을 체【1755】

字源 〈형성〉 사람들은 자기가 가지고 있는 물건보다 가지고 있지 않는 물건이 필요한 경우가 많다. 그것을 잡아 소유하고 싶은 충동이 생긴 것이다. 이럴 때 쉬운 방법은 물에서 고기를 낚거나 산에서 사냥해 얻는 것이다. 긴 꼬리를 잡으러 가는(辶) 손이 뒤에 미치어(隶) 잡혔으니 [잡다(逮)]는 뜻이고 [체]로 읽는다.
回捕(잡을 포) 及(미칠 급)

필순 ⌐ ㄱ ㅋ ㅋ 肀 聿 聿 隶 隶 逮 逮

기초 【기초한자어】 익히고, 【기본→발전한자어】 다지기
逮夜(체야) 밤이 됨. 다비, 기일, 법회의 전날 밤
逮捕(체포) 죄인을 쫓아가서 잡음
逮繫(체계) 붙잡아서 옥에 가둠
• 흉악범은 반드시 逮捕해야만 우리 사회가 안정될 수 있을 것이다.
• 逮夜를 기다렸다가 꼭 그들을 逮繫하도록 합시다.

기본 ③ 及逮(급체) 未逮(미체) 連逮(연체) 津逮(진체)

사자성어 ③ 逮捕令狀(체포영장)

부수	획수	총획
辶	10	14

갈릴 체【1756】

字源 〈형성〉 '갈마들다'라는 말이 있어 마음에 스친다. '소식을 빨리 전하려고 역마를 갈아타며 내닫는다'는 뜻에서 비롯된 말이다. 전달해 주는 교통수단이다. 멀고 가깝건 간에 빨리 소식을 전하는 우체국의 영향권이다. 물건이 가지런하지 않게(虒) 왔다갔다(辶) 하면서 갈마드니 [갈리다(遞)]는 뜻이고 [체]로 읽는다.
回逓

필순 厂 ㅏ ㅏ 広 庐 虒 虒 遞 遞 遞

기초 【기초한자어】 익히고, 【기본→발전한자어】 다지기
郵遞(우체) 우편
遞信(체신) 우편이나 전신 등의 통신
遞去(체거) 벼슬을 내어놓고 물러감
• 우편과 遞信의 발달로 하루 만에 국내 어디든지 배달된다.
• 그 나라에서는 이렇게 遞去하는 일을 郵遞로도 가능했었다고 한다.

기본 ③ 遞加(체가) 遞減(체감) 遞代(체대) 遞送(체송) 遞傳(체전) 遞增(체증) 瓜遞(과체) 驛遞(역체) 郵遞局(우체국) 郵遞夫(우체부)

발전 ① 貶遞(폄체)

사자성어 ③ 收益遞減(수익체감)

부수	획수	총획
手	4	7

뽑을 초【1757】

字源 〈형성〉 논에 잡초가 있으면 벼 포기와 가려가며 뽑아낸다. 작가는 많은 말 중에서 꼭 써야 할 말을 가리며 원고지에 정리하여 쓴다. 그가 측근들 여럿 중에 가려서 과장의 자리에 골라냈으니 다행한 일이다. 손(扌)으로 가려가면서 조금씩(少) 뽑듯이 말을 가려가면서 옮겨 쓰니 [뽑다(抄)]는 뜻이고 [초]로 읽는다.
回拔(뽑을 발) 選(가릴 선) 抽(뽑을 추) 募(뽑을 모) 回妙(묘할 묘) 秒(초 초)

필순 一 十 才 扌 抄 抄 抄

기초 【기초한자어】 익히고, 【기본→발전한자어】 다지기
抄譯(초역) 원문의 어느 부분만 뽑아서 번역함
抄本(초본) 원본의 일부를 베낀 책이나 문서
抄錄(초록) 소용될 만한 것만 뽑아서 적음
• 보다 알기 쉽게 하기 위해서는 간단한 抄錄을 만들어야 합니다.
• 이것은 간단하게 抄譯한 抄本이지만 다음에는 전부를 완역하겠다.

기본 ③ 抄啓(초계) 抄掠(초략)

발전 ② 謄抄(등초) ① 抄撰(초찬) 抄撮(초촬) 剿抄(박초) 匙抄(시초)

사자성어 ③ 戶籍抄本(호적초본)

부수	획수	총획
禾	4	9

분초 초【1758】

字源 〈형성〉 우리의 생활은 시계와 많은 관련을 맺으며 살아간다. 학교에 가는 시간, 약속 시간 등 매우 밀접한 관련성이 있다. 분초는 시계의 분과 초를 말한다. 매우 짧은 시간을 비유적으로 이르는 말이겠다. 벼(禾) 이삭의 작은(小) 부분(丿) 낱알로 작은 시간을 나타냈으니 [분초(秒)]를 뜻하고 [초]로 읽는다.
回抄(뽑을 초)

필순 ノ ニ 千 禾 禾 利 利 秒 秒

기초 【기초한자어】 익히고, 【기본→발전한자어】 다지기
分秒(분초) 분과 초. 곧 아주 짧은 시간
秒針(초침) 시계의 초를 가리키는 바늘

3급

秒速(초속) 1초 동안의 속도
• 시계의 秒針은 한 번도 쉼 없이 돌아가고 있다네.
• 100미터 육상경기는 秒速 10미터 이내의 차이로 分秒를 다툰다.

기본 ③ 閏秒(윤초)
발전 ① 秒弧(초호)

	부수	획수	총획
燭	火	13	17

촛불 촉【1759】

字源 〈형성〉 촉규화 벌레는 움직이지 않으면서도 넘실거려 움직이는 것처럼 보였던 모양이다. 전등 이전에는 촛불과 등잔불을 많이 썼다. 촛불은 밤에 초에다 켜 놓은 불을 뜻한다. 촉규화 벌레(蜀)가 넘실거리듯이 제사상의 불(火)이 넘실거려 활활 타면서 주위를 밝혀주었으니 [촛불(燭)]을 뜻하고 [촉]으로 읽는다.
回獨(홀로 독) 濁(흐릴 탁) 觸(닿을 촉)

필순 ⸜ ⸝ ⸍ ⸍ ⸍ ⸍ ⸍ ⸍ ⸍ 燭 燭

기초 【기초한자어】 익히고, 【기본→발전한자어】 다지기
燭數(촉수) 촉광의 정도를 나타내는 수
華燭(화촉) 색깔 들인 밀초로 결혼식에 사용함
燈燭(등촉) 등불과 촛불
• 전등의 밝기는 전구의 燭數에 따라서 결정된다.
• 혼례를 올릴 때 華燭을 밝히고 어두운 밤에는 燈燭을 환하게 밝혔다.

기본 ③ 燭光(촉광) 燭臺(촉대) 燭扇(촉류) 燭察(촉찰) 洞燭(통촉)
발전 ② 脂燭(지촉) 2② 炳燭(병촉) 秉燭(병촉) ① 蠟燭(납촉) 宵燭(소촉) 椽燭(연촉) 燎燭(요촉)

	부수	획수	총획
聰	耳	11	17

귀밝을 총【1760】

字源 〈형성〉 상대방의 말을 잘 알아들은 후에 자기의 주장을 폈다. 자기의 주장을 논리 정연하게 이야기하는 사람을 우리는 총명하다고 했다. 사람들은 소식이나 어떤 소문이나 정보 따위에 재빠르게 대처했다. 이야기를 재빠르게 (悤) 귀(耳)로 들어 알아차리며 총명했으니 [귀 밝다(聰)]는 뜻이고 [총]으로 읽는다.
回明(밝을 명) 回總(다 총)

필순 ⸢ ⸦ ⸧ 耳 耳′ 耶 聊 聰 聰 聰 聰

기초 【기초한자어】 익히고, 【기본→발전한자어】 다지기
聰慧(총혜) 총명하고 슬기로움

聰敏(총민) 총명하고 민첩함
聰明(총명) 슬기롭고 도리에 밝음
• 그는 대단히 聰慧한 사람이라고 알려진 인물이다.
• 수많은 聰敏한 사람 중에서 다시 聰明한 사람을 골라냈다.

기본 ③ 聰氣(총기) 聰智(총지)
발전 2② 聰睿(총예) 薛聰(설총)
사자성어 2② 聰明睿智(총명예지)

	부수	획수	총획
抽	手	5	8

뽑을 추【1761】

字源 〈형성〉 은행 알을 돌리는 방법으로 추첨하여 임의로 학교를 배정했던 적이 있다. 여러 장의 엽서 중에서 몇 개를 뽑아 당첨을 결정했던 것이다. 제비뽑기를 많이 하는데 여럿 중에서 잡아당겨 한 개를 빼낸다. 비슷한 종류에서 손(扌)을 넣어 짐작으로 말미암아(由) 선택하여 [뽑다(抽)]는 뜻이고 [추]로 읽는다.
동拔(뽑을 발) 擢(뽑을 탁) 回油(기름 유)

필순 ⸀ ⸁ 扌 扌 扣 扣 抽 抽

기초 【기초한자어】 익히고, 【기본→발전한자어】 다지기
抽出(추출) 빼냄. 뽑아 냄
抽象(추상) 공통된 특성, 속성을 뽑아 파악함
抽拔(추발) 골라서 추려 냄
• 이제는 꼭 필요한 것만 抽出해야 합니다.
• 공통된 특성인 抽象에 따라서 抽拔하는 능력이 더 필요합니다.

기본 ③ 抽身(추신) 抽脫(추탈) 抽象化(추상화)
발전 ① 抽籤(추첨) 抽梢(추초) 抽擢(추탁)
사자성어 ③ 抽象名詞(추상명사)

	부수	획수	총획
醜	酉	10	17

추할 추【1762】

字源 〈형성〉 술에 취해 흥을 돋아 재미난 사람이 있는가 하면 행패를 부리기도 한다. 행패를 부리는 사람은 얼굴 표정이 정상적인 사람이 아니다. 더럽게 느껴지며 치사하고 흉한 사람이다. 술(酉)을 많이 마시고 평소에 하지 않던 귀신(鬼) 같은 짓을 해서 상대를 해롭게 하니 [추하다(醜)]는 뜻이고 [추]로 읽는다.
回美(아름다울 미) 回醉(취할 취)

필순 ⸆ 酉 酉 酉′ 酉 酉 醜 醜 醜 醜

기초 【기초한자어】 익히고, 【기본→발전한자어】 다지기
美醜(미추) 아름다움과 추함
醜行(추행) 음란한 짓
醜雜(추잡) 말과 행실이 지저분하고 잡스러움
• 美醜와 관계없이 동네의 모든 여자를 불러냈다.
• 그들은 그렇게 醜行함에 따라 醜雜한 사회문제를
  일으켰다.
기본 ③ 醜男(추남) 醜女(추녀) 醜貌(추모) 醜夫(추부) 醜惡
  (추악) 醜態(추태)
발전 ②⑧ 姸醜(연추) ① 醜詬(추괴) 醜裔(추예) 阿醜(누추) 戎醜
  (융추) 粗醜(조추)

기초 【기초한자어】 익히고, 【기본→발전한자어】 다지기
驅逐(구축) 몰아서 내쫓음
角逐(각축) 서로 이기려고 다투며 덤벼듦
逐出(축출) 쫓아 냄. 몰아 냄
• 그들은 심할 정도로 角逐을 벌이니 참 꼴불견스럽네.
• 뜻이 같지 않으면 驅逐하고 함께 행동하지 않으면
  逐出해야 한다.
기본 ③ 逐鹿(축록) 逐條(축조) 角逐戰(각축전)
발전 ② 驅逐艦(구축함) ① 逐窘(축군) 逐遁(축둔) 徙逐(사축)
  貶逐(폄축)
사자성어 ③ 逐條審議(축조심의)

丑
부수	획수	총획
一	3	4

소 축【1763】

字源 〈상형〉 소는 힘이 세기 때문에 코뚜레를 꿰어서 잡는다.
고삐를 잡아 짐수레를 끌게 하거나 쟁기질도 했다. 고기
와 우유를 얻거나 사역을 목적으로 사용하는 가축화된 소
과에 속한 동물이라고 한다. 손을 뻗쳐 손가락에 힘을 주
어서 물건을 잡는 모양으로 육갑의 둘째 지지인 [소(丑)]
를 뜻하고 [축]으로 읽는다.
통 牛(소 우) 回 母(어미 모) 약 丒

필순 フ刁丑丑

기초 【기초한자어】 익히고, 【기본→발전한자어】 다지기
乙丑(을축) 육십갑자의 둘째
丑月(축월) 천간이 축으로 된 달
丑時(축시) 12시의 둘째 시. 오전 1~3시 사이
• 乙丑年(년)은 다시 돌아온다고 했으니 60년에 한
  번 돌아온 셈이다.
• 사람이 丑月 丑時에 태어난다면 왕 소띠라고 할
  수 있겠지.
기본 ③ 丑方(축방) 公孫丑(공손추)
사자성어 ③ 癸丑日記(계축일기)

臭
부수	획수	총획
自	4	10

냄새 취 :【1765】

字源 〈회의〉 개는 먹을 것을 취하거나 방향을 찾을 때로 코로
냄새를 맡는다. 수캐, 암캐 상관없이 코를 통하여 알아냈
다. 개와 같은 짐승이나 사람이 코로 맡을 수 있는 온갖
기운이 있었으니 바로 냄새다. 개(犬)가 코(自←鼻)를 벌
름거리는 모양을 하면서 냄새를 잘도 맡았으니 [냄새(臭)]
를 뜻하고 [취]로 읽는다.
통 嗅(냄새 후) 回 鼻(코 비)

필순 丶ʼ冂白白自自臭臭臭

기초 【기초한자어】 익히고, 【기본→발전한자어】 다지기
香臭(향취) 좋은 느낌을 주는 냄새
脫臭(탈취) 냄새를 빼어 없앰
惡臭(악취) 불쾌한 냄새
• 사람은 香臭만 나도록 하면서 살 수만은 없다.
• 惡臭는 脫臭하고서 맑은 냄새를 맡으면서 생활하
  게 되었다.
기본 ③ 臭覺(취각) 臭氣(취기) 體臭(체취)
발전 ② 酷臭(혹취) ① 臭柚(취유) 腋臭(액취) 狐臭(호취)
사자성어 ③ 口尙乳臭(구상유취)

逐
부수	획수	총획
辶	7	11

쫓을 축【1764】

字源 〈회의〉 예나 이제나 멧돼지의 피해가 심했던 것 같다. 농
작물을 헤치고 통째로 뽑아 피해를 주었을 뿐만 아니라
가축도 마구 잡아 해쳤다. 어떤 사람들은 짐승이 있는 자
리에서 더 빨리 떠나도록 몰아냈다. 달아나는 멧돼지(豕)
를 뒤따라가서(辶) 에워싸 내쫓으며 물리치니 [쫓다(逐)]
는 뜻이고 [축]으로 읽는다.
통 追(쫓을 추) 驅(몰 구) 回 遂(드디어 수) 隊(무리 대)

枕
부수	획수	총획
木	4	8

베개 침 :【1766】

字源 〈형성〉 머리는 몸의 아주 중요한 부분으로 잠잘 때 조금
더 높은 베개를 베고 잔다. 베개의 처음은 네모지게 만든
목침이었던 것 같다. 사람이 편히 잠을 자거나 누울 때에
머리 밑에다 괴는 물건이다. 밤에 머리를 편하게 머무를

3급

수 있도록(尢) 나무(木)로 만들어서 베었으니 [베개(枕)]를
뜻하고 [침]으로 읽는다.
回沈(잠길 침)

필순 一 十 才 木 ホ ホ 杭 枕

기초 【기초한자어】 익히고, 【기본→발전한자어】 다지기
孤枕(고침) 외로운 잠자리
木枕(목침) 나무토막으로 만든 베개
沈床(침상) 잠자리. 침대
• 沈床이 편해야만 숙면할 수 있다.
• 독방에서 木枕을 베고 孤枕하였더니 편하다.

기본 ③ 枕頭(침두) 枕木(침목) 枕上(침상)

발전 ② 膠枕(교침) 藤枕(등침) 屍枕(시침) 2級 莞枕(완침)
① 枕肱(침굉) 枕衾(침금) 枕藉(침자) 衾枕(금침)

사자성어 ② 枕戈待敵(침과대적)

부수	획수	총획
土	12	15

떨어질 타
【1767】

字源 〈형성〉 높은 산이나 가파른 언덕에서 떨어지는 단단한 흙
이나 돌멩이는 무섭게 굴러간다. 이런 곳에 있으면 매우
위험하다. 높은 데에 있는 돌멩이 같은 물체가 아래로 내
려와 추락하는 경우도 더러 있었다. 무더기 흙(土)이나 돌
멩이를 낮은 곳으로 툭 떨어뜨렸으니(隋) [떨어지다(墮)]
는 뜻이고 [타]로 읽는다.
圖落(떨어질 락) 墜(떨어질 추) 回隨(따를 수) 圖堕

필순 阝 阝 阝 阼 阼 隋 隋 隋 墮 墮

기초 【기초한자어】 익히고, 【기본→발전한자어】 다지기
墮淚(타루) 낙루. 눈물을 흘림
墮落(타락) 품행이 나빠서 못된 구렁에 빠짐
墮胎(타태) 유산. 낙태
• 그렇게까지 墮落한 사람은 구제할 길이 막막하구나.
• 임신하여 墮淚를 많이 하면 치명적인 墮胎의 원인
이 되기도 한다.

기본 ③ 墮漏(타루) 墮獄(타옥) 墮罪(타죄) 墮地(타지) 失墮
(실타)

발전 ① 墮泪(타골) 讁墮(적타)

부수	획수	총획
女	4	7

온당할 타
【1768】

字源 〈회의〉 어머니가 화를 내면 아버지가 고운 말로 타이른다.
고운 말로 타이르거나 손으로 등을 어루만져 마음을 안정

시킨다. 음양의 교차다. 일에 대하여 사리에 어그러지지
않고 이치로 보아 마땅하다. 남자가 손(爪←爫)을 내밀어
서 다정하게 여자(女)를 편안하도록 했으니 [온당하다(妥)]
는 뜻이고 [타]로 읽는다.
圖當(마땅 당)

필순 一 ᅳ ᅩ ᅭ ᅮ 妥 妥

기초 【기초한자어】 익히고, 【기본→발전한자어】 다지기
妥協(타협) 어떤 일을 서로 양보하여 협의함
妥當(타당) 사리에 맞아 마땅함
妥結(타결) 서로 양보하여 일을 마무리함
• 모든 일은 서로가 온화하게 妥協하면서 해결하는
것이 상책이다.
• 이제는 완전하게 妥結을 보았으니 妥當한 내용들
이 더 많겠지요.

기본 ③ 妥當性(타당성) 妥協點(타협점)

발전 ① 妥貼(타첩)

사자성어 ③ 普遍妥當(보편타당)

부수	획수	총획
手	3	6

맡길 탁 【1769】

字源 〈형성〉 손으로 풀잎을 따서 시루 구멍을 막아 떡을 하면
풀잎은 그 받침대가 된다. 떡을 시루의 받침대에 의탁하
여 맡기는 결과에 기인한 것이다. 사람이나 물건에 의지
해 담당하는 책임을 지도록 한다. 손(扌)으로 부드러운 풀
잎을 상대에게 완전히 의지토록 했으니(乇) [맡기다(托)]
는 뜻이고 [탁]으로 읽는다.
圖任(맡길 임) 委(맡길 위) 預(맡길 예) 回託(부탁할 탁)

필순 一 十 才 扌 扌 托

기초 【기초한자어】 익히고, 【기본→발전한자어】 다지기
依托(의탁) 남에게 의뢰하고 부탁함
托生(탁생) 세상에 태어나 삶을 유지함
托子(탁자) 찻잔의 받침
• 세상에 태어나 삶을 유지함을 托生이라고들 한다.
• 노인들은 자기가 托子에 놓인 것처럼, 양로원에
依托하여 살아간다.

기본 ③ 托毒(탁독) 內托(내탁) 花托(화탁)

발전 2級 托鉢(탁발) 托鉢僧(탁발승) ① 托盞(탁잔) 藉托(자탁)

부수	획수	총획
水	13	16

흐릴 탁 【1770】

字源 〈형성〉 중국의 역사가 오래된 만큼 나라 이름도 꽤나 많았다. 한나라, 초나라, 당나라 등의 이름이 모두 그러했다. 비가 많이 와서 냇물이 맑지 못하다. 미꾸라지 한 마리가 온 웅덩이 물을 흐린다고 했다. 촉(蜀)나라에 흐르는 큰 강물(氵)에 흙물이 많이 불어 흐렸다는 데서 [흐리다(濁)]는 뜻이고 [탁]으로 읽는다.

圖穢(더러울 예) 汚(더러울 오) 凹淨(깨끗할 정) 淸(맑을 청)
凹獨(홀로 독) 燭(촛불 촉)

필순 氵氵冫冫潀潀濁濁濁濁

기초 【기초한자어】 익히고, 【기본→발전한자어】 다지기
鈍濁(둔탁) 성질이 둔하고 혼탁함
濁世(탁세) 풍교가 어지럽고 더러운 세상
濁流(탁류) 혼탁한 물의 흐름
• 저들과 같이 鈍濁한 세상을 살아가고 있구나.
• 濁流 같은 세상을 흔히 濁世라고 부른다.

기본 ③濁音(탁음) 濁酒(탁주) 淸濁(청탁) 混濁(혼탁)

발전 ②濃濁(농탁) 尿濁(요탁) ①濁穢(탁예) 劫濁(겁탁) 垢濁(구탁) 穢濁(예탁) 滓濁(재탁) 稠濁(조탁) 渾濁(혼탁)

사자성어 ③一魚濁水(일어탁수)

부수	획수	총획
水	14	17

씻을 탁【1771】

字源 〈형성〉 젖는 물질을 물에 넣었다 건지면 물기가 길게 떨어진다. 옷을 빨아 건져도 물은 꿩 꼬리처럼 길게 떨어지기도 한다. 물로 깨끗하게 씻어서 묻은 것이나 더러운 것을 없어지게 하는 뜻을 담기도 한다. 옷을 빨아 물(氵)에서 건지면 물이 꿩 꼬리(翟)처럼 잇대었으니 [씻다(濯)]는 뜻이고 [탁]으로 읽는다.

圖洗(씻을 세) 澣(빨래할 한) 凹曜(빛날 요)

필순 氵氵氵氵濯濯濯濯濯

기초 【기초한자어】 익히고, 【기본→발전한자어】 다지기
洗濯(세탁) 옷이나 피륙을 깨끗하게 빠는 일
濯足(탁족) 발을 씻음. 세속을 떠남
濯洗(탁세) 빨. 씻음
• 선현들은 濯足을 많이 하는 풍습이 전했다.
• 옷이 더러우면 깨끗하게 洗濯을 하듯이 마음도 濯洗를 하곤 한답니다.

기본 ③濯征(탁정) 濯魚雨(탁어우) 濯足會(탁족회) 洗濯所(세탁소)

발전 ①濯澣(탁한) 灑濯(쇄탁) 滌濯(척탁) 澣濯(한탁)

부수	획수	총획
言	7	14

낳을 탄 :
거짓 탄【1772】

字源 〈형성〉 흔히 허황된 거짓말을 탄언(誕言)이라고 했다. 남을 속이려는 은근한 속셈이 담겼을지도 모르겠다. 한편으로 성인군자가 태어나는 일을 탄신이라고 하여 큰 축복이 강림한 것이며 인류의 행운으로 생각했다. 말(言)을 길게 늘여(延) [거짓말(誕)]을 한다는 의미였으니 [태어나다(誕)]는 뜻도 담고 있어 [탄]으로 읽는다.

圖生(날 생) 欺(속일 기) 妄(망령될 망)

필순 言言言言訙訞誕誕誕誕

기초 【기초한자어】 익히고, 【기본→발전한자어】 다지기
誕言(탄언) 허황하여 믿음성이 없는 말
誕辰(탄신) 임금·성인이 탄생한 날. 탄일
誕生(탄생) 사람이 태어남
• 흔히 허황되어 믿음성이 없는 말을 誕言이라 하지요.
• 誕辰은 왕이나 성인이 誕生한 날을 이르는 말로 쓰인다.

기본 ③誕降(탄강) 誕欺(탄기) 誕妄(탄망) 佛誕(불탄) 聖誕(성탄) 佛誕日(불탄일) 聖誕節(성탄절)

발전 ①詭誕(궤탄) 迂誕(우탄)

부수	획수	총획
貝	4	11

탐낼 탐【1773】

字源 〈형성〉 사람들 욕심은 무한정하다. 재물을 가지면 더 갖고 싶어 하고, 명예를 얻으면 더 큰 것을 원하기도 한다. 사람들 속성이 물건을 한번 보면 탐내어 가지거나 서로 차지하고 싶었으니. 지금(今)까지 모아 가지고 있는 재물(貝)을 다 놔두고 더 소유하려고 욕심을 내니 [탐내다(貪)]는 뜻이고 [탐]으로 읽는다.

圖慾(욕심 욕) 凹貧(가난할 빈)

필순 人人今今舍舍舍會貪貪

기초 【기초한자어】 익히고, 【기본→발전한자어】 다지기
食貪(식탐) 음식을 탐내는 일
貪慾(탐욕) 사물을 지나치게 탐하는 욕심
貪心(탐심) 부당한 욕심
• 그들은 지나친 貪慾에 젖어 그만 실성하고 말았다.
• 지나치게 貪慾스런 사람이 食貪도 많은 것이 특징이다.

3급

기본 ③ 貪官(탐관) 貪權(탐권) 貪廉(탐렴) 貪利(탐리) 貪冒(탐모) 貪位(탐위)

발전 ② 貪虐(탐학) 貪酷(탐혹) ① 貪嗜(탐기) 貪狼(탐랑) 貪戾(탐려) 貪吝(탐린) 貪穢(탐예) 貪猥(탐외) 貪悖(탐패) 貪愎(탐퍅) 貪猾(탐활) 狼貪(낭탐)

사자성어 ③ 貪官汚吏(탐관오리)

부수	획수	총획
心	5	9

게으를 태 【1774】

字源 〈형성〉 옛날 사람은 어린 나이에 자식들을 낳아 기르는 것이 마땅하다고 생각했다. 나이 젊었을 때 자식을 생산하여 기르고 가르쳤던 것이다. 나이 들면 움직이거나 일하기 싫어하는 성미와 버릇이 있다. 만년에 아이를 가져(台←始) 힘이 모자라 마음(心)이 느슨하니 [게으르다(怠)]는 뜻이고 [태]로 읽는다.
圖慢(게으를 만) 倦(게으를 권) 惰(게으를 타) 懈(게으를 해)
凹勤(부지런할 근) 回念(생각 념)

필순 ィ ム 仏 台 台 怠 怠 怠 怠

기초 【기초한자어】 익히고, 【기본→발전한자어】 다지기
怠慢(태만) 게으르고 느림
勤怠(근태) 부지런함과 게으름. 출근과 결근
怠業(태업) 일을 게을리 함
• 그 회사에서는 勤怠를 매우 철저히 따진다.
• 그는 怠慢하게 행동하니 怠業하여 되는 일이 하나도 없구나.

기본 ③ 過怠料(과태료)

발전 ① 惰怠(타태) 怠倦(태권) 怠懈(태해) 怠遑(태황) 倦怠(권태) 懶怠(나태) 懈怠(해태)

부수	획수	총획
手	4	7

잡을 파 : 【1775】

字源 〈형성〉 뱀은 흔히 맨손으로 잡는 것으로 인식되어 왔다. 머리끝 목덜미를 두 손가락으로 붙잡게 되면 꼼짝 못했던 것으로 알려진다. 그렇지만 독이 있는 뱀을 맨손으로 잡는 것은 극히 위험한 일이다. 머리를 위로 쳐든 뱀(巴)의 머리를 장갑을 낀 손(手)으로 바로 쥐면서 사로 [잡다(把)]는 뜻이고 [파]로 읽는다.
圖操(잡을 조) 拘(잡을 구) 執(잡을 집) 握(쥘 악)

필순 一 十 扌 扌 扑 把 把

기초 【기초한자어】 익히고, 【기본→발전한자어】 다지기
把捉(파착) 단단히 다잡아 늦추지 않음
把持(파지) 움키어 가짐
把握(파악) 일을 잘 이해하여 확실하게 바로 앎
• 이제는 적들의 동태를 잘 把捉하는 것이 더욱 좋겠구나.
• 논문을 把持하지 못하고 횡설수설하여 더 정확히 把握한 뒤에 오라고 했다.

기본 ③ 把守(파수) 把手(파수) 肩把(견파)

발전 ① 拱把(공파) 把拱(파공) 把勢(파로) 把袂(파몌) 把戱(파희)

부수	획수	총획
手	12	15

뿌릴 파(:) 【1776】

字源 〈형성〉 '종자'로 담아 두었던 씨앗은 소금물가리기를 거친다. 이렇게 하여 영근 씨앗을 골라 밭고랑 사이를 다니며 씨를 뿌렸다. 비나 눈이 날려서 떨어지다 또는 씨앗을 흩어지게 던져 심는다는 의미다. 넓고 긴 밭고랑을 천천히 걸어가면서 손(扌)으로 씨앗을 차례대로(番) [뿌리다(播)]는 뜻이고 [파]로 읽는다.
回番(차례 번)

필순 扌 扌 扩 扩 护 押 採 播 播 播 播

기초 【기초한자어】 익히고, 【기본→발전한자어】 다지기
直播(직파) 바로 뿌림. 곧뿌림
播遷(파천) 임금이 도성을 떠나 피란함
播種(파종) 논밭에 곡식 씨앗을 뿌려서 심음
• 우리의 역사를 보면 임금이 멀리 播遷했던 경우가 더러 있었다.
• 이제 볍씨를 播種하는 방법으로 씨를 뿌리는 直播도 권장한다.

기본 ③ 播多(파다) 代播(대파) 床播(상파) 傳播(전파)

발전 2⑧ 繩播(승파) ① 逋播(포파)

사자성어 ③ 乾畓直播(건답직파)

부수	획수	총획
网	10	15

마칠 파 : 【1777】

字源 〈회의〉 사람들은 흔히 법 앞에 평등이라고 했다. 남녀노소, 빈부귀천을 막론하고 법을 어기면 그에 상응하는 처벌을 받았다. 수많은 법이 있어 통제했던 것이다. 일을 다하여 이제 다 끝을 내다는 뜻도 있다. 재능(能)이 뛰어난 사람도 법망(罒←网)을 어기면 내쫓기어서 [마치다(罷)]는 뜻이고 [파]로 읽는다.

동 終(마칠 종) 了(마칠 료) 비 能(능할 능) 態(모습 태) 熊(곰 웅)

필순 

기초 【기초한자어】 익히고, 【기본 → 발전한자어】 다지기
罷職(파직) 관직을 파면시킴
罷市(파시) 가게를 닫고 매매를 중지함
罷免(파면) 직무를 그만두게 함
• 지금까지 성업을 했는데 이제는 그냥 罷市를 해야 할 판이다.
• 罷職이나 罷免은 불명예스런 말로 직에서 쫓겨남을 말한다.
기본 3 罷業(파업) 罷場(파장)
발전 2 併罷(병파) 撤罷(철파) 1 罷拿(파나) 罷駑(파노) 倦罷(권파) 拿罷(나파)

頗

부수	획수	총획
頁	5	14

자못 파【1778】

字源 〈형성〉 볼이 부으면 입이 비뚤어지면서 머리도 한쪽으로 기운 모습을 보인다. 볼의 균형이 서로 맞지 않기 때문이다. 공정하지 못해 한쪽으로 치우친다는 뜻도 있으며, '생각보다 훨씬'이란 뜻도 있다. 의문이 생겨서 머리(頁)가 약간 기울어지거나(皮) 비뚤어지면서 치우쳤으니 [자못(頗)]을 뜻하고 [파]로 읽는다.
동 偏(치우칠 편)

필순 

기초 【기초한자어】 익히고, 【기본 → 발전한자어】 다지기
偏頗(편파) 치우쳐 공평하지 못함
頗牧(파목) 명장을 비유함
頗多(파다) 아주 많음. 매우 많음
• 명장을 비유하면서 사용했던 頗牧이 지목을 받고 있다.
• 목민관이 偏頗的(적)으로 판결하는 일이 頗多하여 원성이 자자했다.
기본 3 頗偏(파편)
발전 2 頗僻(파벽)

販

부수	획수	총획
貝	4	11

팔 판【1779】

字源 〈형성〉 장사의 1단계는 생산지나 공장에서 상품이 도매상에 넘겨진다. 다음 단계는 다시 소매상에서 소비자에게 돌아간다. 돈 주고 물건을 사고파는 과정이다. 소매상이 이득을 더하여 값을 받고 넘긴 일도 된다. 평소 탐났던 물건을 돈(貝)을 주고 샀다가 되돌려(反) 판매하니 [팔다(販)]는 뜻이고 [판]으로 읽는다.
동 賣(팔 매) 반 買(살 매) 購(살 구)

필순 

기초 【기초한자어】 익히고, 【기본 → 발전한자어】 다지기
街販(가판) 가두판매
販促(판촉) 판매 촉진
販路(판로) 상품이 팔리는 방면이나 길
• 가게에서 손님을 더는 기다릴 수는 없다. 당장 街販을 시작하자.
• 이번에 전 사원이 販促활동을 시작함에 따라서 販路를 많이 넓혔다.
기본 3 販禁(판금) 販賣(판매) 市販(시판) 外販(외판) 直販(직판) 總販(총판) 共販場(공판장) 自販機(자판기)
발전 2 傭販(용판) 購販場(구판장) 1 販貼(판첩) 屠販(도판) 裨販(비판) 稗販(패판)

貝

부수	획수	총획
貝	0	7

조개 패 :【1780】

字源 〈상형〉 썰물이나 밀물 때 파도치는 모래밭이나 개펄 가에 밀려다니는 조개를 흔히 볼 수 있다. 민물과 바닷물에 살며 단단한 조가비로 몸을 싸서 보호하기도 한다. 옛날에는 조가비를 돈으로 잘 사용했다. 바닷가에 흔히 굴러다니면서 앞뒤가 한 짝인 조개류의 모양을 본떠서 [조개(貝)]를 뜻하고 [패]로 읽는다.
비 目(눈 목) 頁(머리 혈) 且(또 차) 具(갖출 구)

필순 

기초 【기초한자어】 익히고, 【기본 → 발전한자어】 다지기
魚貝(어패) 물고기와 조개를 말함
貝類(패류) 조가비를 가진 연체동물. 조개류
貝物(패물) 산호, 호박, 수정, 대모로 만든 물건
• 수산물은 대개 魚貝와 해조류 등을 말한다.
• 옛날에 貝類의 껍데기는 貝物로도 사용되었다.
기본 3 龜貝(귀패) 錦貝(금패) 成貝(성패) 珠貝(주패) 貨貝(화패)
발전 2 貝闕(패궐) 1 貝殼(패각) 貝勒(패륵) 貝塚(패총) 螺貝(나패)

遍

부수	획수	총획
辶	9	13

두루 편【1781】

3급

字源 〈형성〉 조선 말 김정호는 전국을 두루 살펴서 '대동여지도'를 완성했다. 암행어사들도 관민의 형편과 민정을 두루 살펴 선정을 베풀었다. 두루는 '일반적으로 널리' 혹은 '하나도 빠짐없이 골고루'를 뜻한다. 작고 납작하지만(扁) 계속 쳐다보며 찾아가서 살피면서 보았으니(辶) [두루(遍)]를 뜻하고 [편]으로 읽는다.

[동] 普(넓을 보) [반] 特(특별할 특) [비] 篇(책 편) 編(엮을 편)

필순 

기초 【기초한자어】 익히고, 【기본 → 발전한자어】 다지기

普遍(보편) 모든 것에 두루 미치거나 통함
遍在(편재) 두루 퍼져 있음
遍散(편산) 곳곳에 널리 흩어져 있음

- 이런 문제는 偏在되어 있으니 잘 찾아 고쳐야겠다.
- 우리 문화재는 생활에 普遍的(적)으로 遍散되어 있는 것이 상당합니다.

기본 [3] 遍踏(편답) 遍歷(편력) 普遍性(보편성)
발전 [1] 遍窺(편규)
사자성어 [3] 普遍妥當(보편타당)

幣

부수	획수	총획
巾	12	15

화폐 폐 : 【1782】

字源 〈형성〉 돈이 나오기 전에는 쌀이나 비단이 물물교환의 기준이었다. 신랑이 신부에게 보내는 비단을 두루 '폐백'이라고도 했다. 화폐는 상품 교환 가치를 나타내고, 지불의 수단과 가치의 척도가 되었다. 물건 교환의 수단인 비단(巾)이 비록 해졌으나(敝) 돈으로 사용되었으니 [화폐(幣)]를 뜻하고 [폐]로 읽는다.

[동] 錢(돈 전) 帛(비단 백) [비] 弊(해질 폐) 蔽(덮을 폐)

필순 

기초 【기초한자어】 익히고, 【기본 → 발전한자어】 다지기

紙幣(지폐) 지전. 종이돈
禮幣(예폐) 공경의 뜻을 담아 보내는 물건
幣物(폐물) 선사하는 물건

- 納幣(납폐)는 幣物 등 정성을 다하기 위해 마련한 것이다.
- 紙幣는 禮幣와 같아서 귀중하게 여기는 경향이었다.

기본 [3] 納幣(납폐) 僞幣(위폐) 造幣(조폐) 貨幣(화폐)
발전 [2名] 珪幣(규폐) [1] 穿幣(천폐)

蔽

부수	획수	총획
艸	12	16

덮을 폐 : 【1783】

字源 〈형성〉 원시인들은 풀잎으로 사람의 가장 부끄러운 음부를 덮어 가렸다. 그것이 옷의 역할을 했던바, 해지면 그 위에 또 풀을 덮어 가렸다. 덮다는 놓아 우선 온전하게 가리는 상태로 만드는 일이다. 옷이 해져서(敝) 풀잎(艹)을 뜯어 아주 중요한 부분만 보이지 않게 가려서 [덮다(蔽)]는 뜻이고 [폐]로 읽는다.

[동] 隱(숨을 은) 蓋(덮을 개) [비] 弊(해질 폐) 幣(화폐 폐)

필순 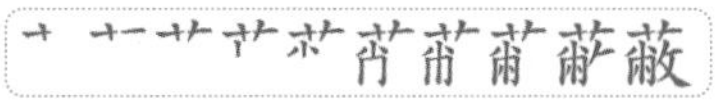

기초 【기초한자어】 익히고, 【기본 → 발전한자어】 다지기

隱蔽(은폐) 가리어 숨김
擁蔽(옹폐) 보이지 않도록 가림
蔽一言(폐일언) 이러니저러니 할 것 없이 한 마디로 휩싸서 말함

- 蔽一言하고 그 일을 隱蔽했던 일은 절대 용서할 수 없다.
- 隱蔽와 擁蔽는 모두 숨기는 일로 사회를 어지럽게 합니다.

기본 [3] 蔽塞(폐색) 建蔽率(건폐율)
발전 [2] 遮蔽(차폐) 蔽遮(폐차) [2名] 雍蔽(옹폐) [1] 藩蔽(번폐) 闇蔽(암폐) 壅蔽(옹폐)

抱

부수	획수	총획
手	5	8

안을 포 : 【1784】

字源 〈형성〉 잠시 친척집에 다니러 갔던 아들이 며칠 만에 돌아왔다. 보고 싶어 하던 어머니가 꼭 끌어안고 반가워 하는 경우가 많다. 연인이나 자식을 두 팔로 두르거나 당겨서 가슴에 대거나 품어 안는다. 어머니가 자식을 두 손(扌)으로 꼭 에워싸며(包) 품인에 끌어당겼으니 [안다(抱)]는 뜻이고 [포]로 읽는다.

[동] 擁(낄 옹) 懷(품을 회) [비] 胞(세포 포)

필순 

기초 【기초한자어】 익히고, 【기본 → 발전한자어】 다지기

懷抱(회포) 마음속에 품은 생각
抱合(포합) 서로 껴안음
抱負(포부) 앞날에 대한 생각이나 계획

- 사람은 지난 일을 回想(회상)하며 깊은 懷抱에 젖습니다.
- 취업에 성공하여 기쁜 마음으로 당장 어머니를 抱合하여 抱負를 말씀드리고 싶다.

기본 [3] 抱擁(포옹) 抱主(포주)
발전 [2] 塵抱(진포) [1] 襟抱(금포) 撫抱(무포) 蘊抱(온포) 攄抱(터포)
사자성어 [3] 抱腹絶倒(포복절도)

3급

부수	획수	총획
食	5	14

飽

배부를 포 :
【1785】

字源 〈형성〉 음식을 많이 먹으면 배가 더부룩하게 부르다. 배속의 음식이 위를 움켜쥐듯이 가득 차 쌓여 있는 것이다. 사람의 생명수단으로 음식을 매우 중요시했다. 음식을 충분히 먹어 그 양이 차다는 뜻도 있다. 음식(食)을 많이 먹어 배를 움켜쥐듯이 더부룩이 쌓였으니(包) [배부르다(飽)]는 뜻이고 [포]로 읽는다.
回饑(주릴 기) 飢(주릴 기) 餓(주릴 아) 回飾(꾸밀 식)

필순 ノ ケ 今 今 食 食 鈞 鈞 鈞 飽

기초 【기초한자어】 익히고, 【기본→발전한자어】 다지기
飽和(포화) 가장 큰 한도까지 가득 차있는 상태
飽食(포식) 배부르게 먹음
飽滿(포만) 무엇이나 그 용량에 충분히 참
• 飽滿은 자칫 위의 운동을 상하게 하여 건강에 해롭다.
• 실컷 飽食하였더니 내 배 속은 이제는 그만 飽和 상태가 되었다.

기본 ③ 飽聞(포문)
발전 ②③ 盈飽(영포) ① 飽煖(포난) 饒飽(요포)
사자성어 ③ 飽食暖衣(포식난의)

부수	획수	총획
巾	9	12

幅

폭 폭 【1786】

字源 〈형성〉 천은 폭의 길이가 있을 때 크다 한다. 마키처럼 말아진 천을 자로 재서 재단을 하고 바느질을 하여서 옷을 만들어 썼다. 폭(幅)은 '너비 범위, 도량, 폭, 비율' 등의 유의어가 고루 쓰인다. 천(巾)을 중심으로 하여 가로의 길이라고 하는 나비(畐)로 넓이의 핵심이 되었다고 했으니 그 [폭(幅)]을 뜻하고 [폭]으로 읽는다.
回福(복 복)

필순  冂 巾 巾 巾' 帄 帊 帄 幅 幅 幅 幅

기초 【기초한자어】 익히고, 【기본→발전한자어】 다지기
畫幅(화폭) 그림을 그리는 크고 작은 조각
增幅(증폭) 사물의 범위를 넓혀 크게 하는 것
全幅的(전폭적) 전체에 걸쳐 남김없이 완전함
• 그들은 畫幅과 畫幅을 잘 연결하여 우수한 작품을 남겼습니다.
• 사원들의 全幅的인 지지를 얻어 사업 규모를 갑자기 많이 增幅하였다.

기본 ③ 幅廣(폭광) 江幅(강폭) 旗幅(기폭) 落幅(낙폭) 路幅

(노폭) 大幅(대폭) 步幅(보폭) 小幅(소폭) 振幅(진폭)
발전 ① 巾幅(건폭)

부수	획수	총획
水	11	14

漂

떠다닐 표 【1787】

字源 〈형성〉 가벼운 물체는 물 위로 둥둥 떠다닌다. 누가 보아도 얼른 알아차릴 수 있게 물 위에 표시 나게 떴었다. 바다에 가면 양식장의 흰 부표들을 많이 볼 수 있다. 부표가둥둥 떠서 오는 현상도 가리킨다. 가벼운 물체가 표시가 나도록(票) 흐르는 물(氵) 위로 떠가니 [떠다니다(漂)]는 뜻이고 [표]로 읽는다.
图浮(뜰 부) 回留(머무를 류) 停(머무를 정) 回標(표할 표)

필순 氵 氵 氵 沪 沪 沪 沪 沪 漂 漂

기초 【기초한자어】 익히고, 【기본→발전한자어】 다지기
浮漂(부표) 물 위에 띄워 어떤 목표로 삼는 것
漂白(표백) 빨아서 희게 함
漂浪(표랑) 떠돌아다님. 떠돌아 헤맴. 표류
• 배가 침몰한 곳에 浮漂를 띄워 놓았다.
• 하얗게 漂白한 옷을 입고 漂浪하는 김삿갓의 운명은 매우 초라했다.

기본 ③ 漂流(표류) 漂母(표모) 飄然(표연) 漂着(표착) 漂漂
(표표) 漂流記(표류기)
발전 ② 漂白劑(표백제) ① 漂淪(표륜) 漂寓(표우) 漂萍(표평) 萍漂(평표)

부수	획수	총획
匸	2	4

匹

짝 필 【1788】

字源 〈형성〉 베틀에서 짠 천을 둘둘 말아서 장롱 속에 깊이 넣어 두었다. 이 다음 시집보낼 딸 혼숫감으로 사용하려 했던 친정 어미의 마음이다. 서로 잘 어울려서 한 벌이나한 쌍을 이루는 일을 말한다. 양쪽으로 갈라 넣어서(儿) 장롱 속(匸) 깊은 곳에 넣은 혼숫감으로 한 쌍인 [짝(匹)]을 뜻하고 [필]로 읽는다.
图遇(짝 우) 配(짝 배) 回四(넉 사)

필순 一 厂 兀 匹

기초 【기초한자어】 익히고, 【기본→발전한자어】 다지기
馬匹(마필) 말
匹敵(필적) 걸맞아서 견줄 만함
匹馬(필마) 한 필의 말
• 匹馬로 돌았더니, 어즈버 태평연월이 꿈이런가 하노라.

3급

• 내 馬匹들은 어느 말과도 匹敵할 만큼 우량종이다.
기본 ③ 匹夫(필부) 配匹(배필) 倫匹(윤필)
발전 ① 匹嫡(필적) 匹馳(필치) 仇匹(구필)
사자성어 ③ 匹馬單騎(필마단기) 匹夫匹婦(필부필부)

부수	획수	총획
日	3	7

가물 한 : 【1789】

字源 〈형성〉 햇볕이 오랫동안 쬐이고 비가 오지 않으면 땅에 금이 가면서 식물이 마른다. 심한 가뭄이 들면 농업용수는 물론 식용할 물까지 없어져 버린다. 온 세상이 타들어 가듯이 오랫동안 비가 오지 않는 것이다. 날(日)이 가물어서 식물이 마르고(干) 땅에는 금이 갔었으니 [가물다(旱)]는 뜻이고 [한]으로 읽는다.
图魃(가뭄 발) 回부(이를 조)

필순 丨 冂 闩 日 旦 旱 旱

기초 [기초한자어] 익히고, [기본→발전한자어] 다지기
大旱(대한) 큰 가뭄
久旱(구한) 오랜 가뭄
旱害(한해) 가뭄의 피해
• 久旱으로 旱害가 극심했다.
• 올해의 旱害는 몇 년 전에 있었던 大旱보다 더 심하다는 생각이 든다.
기본 ③ 旱鬼(한귀) 旱暑(한서) 旱熱(한열) 旱炎(한염) 旱災(한재) 旱徵(한징) 枯旱(고한) 耐旱(내한)
발전 28 亢旱(항한) ① 旱麓(한록) 旱稜(한릉) 旱魃(한발)
사자성어 ③ 七年大旱(칠년대한)

부수	획수	총획
口	6	9

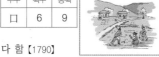

다 함 【1790】

字源 〈회의〉 모든 국민의 합심된 노력이 있을 때 잘사는 나라를 볼 수 있다. 이스라엘이나 덴마크 그리고 미국과 같은 나라가 그 좋은 경우이겠다. 모든 국민들이 모두 잘 사는 나라다. 여기의 다는 '모두'를 뜻한다. 모든(戌) 사람이 다 입(口)을 모아 마음과 뜻을 같이하여 일하니 [다(咸)]를 뜻하고 [함]으로 읽는다.
图皆(다 개) 總(다 총) 回減(덜 감) 成(이룰 성)

필순 丿 厂 厂 厈 咸 咸 咸 咸

기초 [기초한자어] 익히고, [기본→발전한자어] 다지기
咸集(함집) 모두 모임
咸池(함지) 해가 진다고 하는 서쪽의 큰 못

咸服(함복) 모두 복종함
• 그의 간곡한 말씀에 모두가 그만 咸服하고 말았다.
• 서쪽의 큰 못이라는 咸池에 많은 사람들이 咸集하니 참 가관이었다.
기본 ③ 咸登(함등) 咸悅(함열)
발전 ① 咸萃(함췌) 阮咸(완함)

부수	획수	총획
己	6	9

거리 항 : 【1791】

字源 〈회의〉 큰 도시에서 '눈'의 역할을 하는 곳은 '거리'다. 사람 통행이 잦아 주변 문화를 받아들여 새로운 문화가 형성되는 역할도 '거리'가 한다. 비교적 큰길로 이어지고 오가는 사람이나 차량이 많이 북적인다. 여러(共) 사람이 걸으면서 우마로 통행한 고을(巳←邑)의 번화한 [거리(巷)]를 뜻하고 [항]으로 읽는다.
图街(거리 가) 回恭(공손할 공) 港(항구 항)

필순 一 十 卄 丗 丰 共 共 巷 巷

기초 [기초한자어] 익히고, [기본→발전한자어] 다지기
街巷(가항) 거리
巷議(항의) 항간의 평판이나 소문
巷說(항설) 동네 사람들이 지껄이는 말
• 그런 巷說에 현혹되지 말고 네 주관을 바르게 가져라.
• 그대는 街巷이나 巷議를 더 이상 믿겠는가.
기본 ③ 巷間(항간) 巷談(항담) 塗巷(도항) 衡巷(형항)
발전 ② 僻巷(벽항) ① 衢巷(구항) 陋巷(누항) 隘巷(애항) 閭巷(여항) 狹巷(협항)

부수	획수	총획
亠	4	6

돼지 해 【1792】

字源 〈상형〉 돼지는 머리 부분과 몸통 부분 그리고 다리 부분으로 나뉜다. 짧은 다리의 잡식성 가축인 동물이며, 두꺼운 피부에는 짧은 털이 많이 나 있는 것도 특징이다. 두엄을 비옥하게 하는 데도 쓰인 짐승이다. 돼지 등에 붙어 있는 뼈대의 모양을 본떠서 열두 번째의 지지인 [돼지(亥)]를 뜻하고 [해]로 읽는다.
图豚(돼지 돈) 豕(돼지 시) 回刻(새길 각)

필순 丶 亠 亣 亥 亥 亥

기초 [기초한자어] 익히고, [기본→발전한자어] 다지기
亥時(해시) 밤 9시~11시까지의 시간

亥方(해방) 24방위의 하나
乙亥年(을해년) 육십갑자의 열두 번째의 해
• 12간지에서 亥時는 밤 9시부터 11시를 가리킨다.
• 그대는 乙亥年 亥時에 출생하였으니 매우 잘 먹고 잘 살겠구나.
기본 ③ 辛亥(신해)
발전 ① 亥囊(해낭) 仇亥(구해)

부수	획수	총획
大	7	10

奚 어찌 해【1793】

字源 〈형성〉 불현듯 다음과 같은 곡이 생각난다. '어찌하여야 (나의 찬미-My Tribute)'란 종교 음악이다. 자원풀이에 맞거나 그 뜻에 부합할지는 모르겠지만, '머리를 다발로 빗는 풍속을 가진 종족을 나타냈다. 손톱(爪)으로 머리칼을 실타래(糸)처럼 크게(大) 땋던 [종족]들을 [어찌(奚)]하여 잡나 했으니 [해]로 읽는다.
圖 那(어찌 나) 何(어찌 하) 回 系(이을 계) 溪(시내 계)

필순 ノ ノ ベ ゲ 乯 乶 奚 奚 奚 奚

기초 【기초한자어】 익히고, 【기본→발전한자어】 다지기
小奚(소해) 어린 종
奚必(해필) 다른 방도를 취하지 않고 어찌 꼭
奚若(해약) 여하. 어찌
• 자네는 奚必 그렇게 하려는 속셈인가?
• 기필코 저 어린 小奚에게 꼭 奚若(어찌)해야만 된단 말인가?
기본 ③ 奚暇(해가) 奚故(해고) 奚琴(해금) 奚奴(해노) 奚童(해동) 奚兒(해아)
발전 ① 奚囊(해낭)

부수	획수	총획
言	6	13

該 갖출 해【1794】

字源 〈형성〉 슬쩍 던져 보았던 말도 그 핵심이 분명하면 그냥 스치지 않는다. 덕망이 넉넉하게 스민 말은 그 자체가 진리고 법이었으니. 어떤 설비나 시설 그리고 제도 등을 일정하게 차리어 놓았다. 거기엔 핵심(亥←核)이 있고 뼈대 있는 말(言)은 깊은 의미를 담았다 하니 모두 [갖추다(該)]는 뜻이고 [해]로 읽는다.
圖 備(갖출 비) 具(갖출 구) 當(마땅 당) 宜(마땅 의) 回 核(씨 핵)

필순 ˋ ˎ 言 言 言 言 訪 該 該 該

기초 【기초한자어】 익히고, 【기본→발전한자어】 다지기
該地(해지) 그 곳. 그 땅
該掌(해장) 그 직무를 맡은 사람
該博(해박) 여러 방면으로 학식이 넓음
• 그분의 該博한 지식은 그 누구도 당하지 못한다.
• 그 곳으로 該掌되었으니, 이제는 該地에 가도 되겠습니다.
기본 ③ 該當(해당) 該敏(해민)
발전 ② 모該(정해) ① 該悉(해실)

부수	획수	총획
亠	6	8

享 누릴 향 : 【1795】

字源 〈상형〉 자식이 짊어지는 책무는 참 많았다. 그중에서 살아계실 때는 지성으로 효도했고, 부모님이 죽어서는 지성으로 제사를 모셨다. 이렇게 제사를 잘 모시면 복 받아 누린다고 믿었던 것이 우리 선조들의 생각이었다. 조상신에게 음식을 높이 쌓아서 제사를 모시니 복을 [누리다(享)]는 뜻이고 [향]으로 읽는다.
回 亨(형통할 형) 亭(정자 정) 京(서울 경)

필순 ˋ ˎ ㅗ ㅗ 古 亨 享 享

기초 【기초한자어】 익히고, 【기본→발전한자어】 다지기
享有(향유) 누려서 가짐
享壽(향수) 오래 사는 복을 누림
享樂(향락) 즐거움을 누림
• 이제 나이도 지긋하셨으니 충분하고 많은 享樂 누리시길 바랍니다.
• 평생 복을 享有하셨고 100세 享壽하셨으니 이제 슬프지는 않습니다.
기본 ③ 享年(향년) 享祀(향사) 享受(향수) 時享(시향) 祭享(제향) 秋享(추향) 致享(치향)
발전 28 享祐(향우) ① 臘享(납향)

부수	획수	총획
車	3	10

軒 집 헌【1796】

字源 〈형성〉 '처음'은 기다란 주춧대 둘을 세워 외바퀴 모양의 밑에 세운 [초헌]을 뜻했다. 이것이 추녀와도 같다고 하여 [집(軒)]의 의미로 쓰였었다고들 한다. 이런 모양 다음은 [행랑]으로 쓰였다. 마차(車) 위에 짐을 실어 비나 이슬을 미리 막도록 모양(干)을 만들었으니 [수레(軒)]로 [집(軒)]을 뜻하고 [헌]으로 읽는다.
圖 閣(집 각) 館(집 관) 堂(집 당) 숨(집 사) 室(집 실)

3급

필순 一 丆 万 百 亘 車 車 軒 軒

기초 【기초한자어】 익히고, 【기본→발전한자어】 다지기
軒燈(헌등) 처마에 다는 등
軒頭(헌두) 추녀 끝
東軒(동헌) 지방 관아의 공사를 처리하던 대청
• 장군은 東軒 마루에서 諸將(제장)들과 의논하였다.
• 이 절에는 유독 軒頭에는 軒燈이 외롭게 걸려 있어 매우 초라합니다.

기본 ③ 軒擧(헌거) 軒騎(헌기) 軒然(헌연) 騰軒(등헌) 烏竹軒(오죽헌)

발전 28 軒岐(헌기) 軒冕(헌면) 軒頊(헌욱) 軒昊(헌호) ① 軒帆(헌범) 軒韠(헌벽) 藜軒(여헌) 戎軒(융헌) 特 軒昻(헌앙)

사자성어 ③ 軒軒丈夫(헌헌장부)

	부수	획수	총획
絃	糸	5	11

줄 현 【1797】

字源 〈형성〉 현악기는 줄로 된 악기다. 실이나 철사에 검은색 풀이나 페인트를 칠해 만든 거문고나 가야금 같은 악기다. 손가락으로 잘 퉁기면 구성진 가락에 흥취를 돋우면서 현에서 흥취가 흘러 나왔던 것이다. 실(糸)이나 철사에 검은(玄)색으로 물들여서 줄을 걸어 퉁겼으니 [줄(絃)]을 뜻하고 [현]으로 읽는다.
圖 線(줄 선) 回 弦(시위 현)

필순 乚 幺 幺 幺 糸 糸 絃 紆 絃 絃 絃

기초 【기초한자어】 익히고, 【기본→발전한자어】 다지기
彈絃(탄현) 줄을 퉁겨서 소리를 내는 방법
管絃(관현) 관악기와 현악기
絃樂器(현악기) 줄을 퉁겨서 소리를 내는 악기
• 줄을 퉁겨서 소리를 내는 한 방법을 彈絃이라고 한다.
• 그 지역 管絃악단의 絃樂器에서 내는 소리가 섬세하고 아름답다.

기본 ③ 續絃(속현) 絕絃(절현) 管絃樂(관현악)

발전 ① 絃喧(현훤)

사자성어 ③ 管絃樂器(관현악기)

	부수	획수	총획
縣	糸	10	16

고을 현 : 【1798】

字源 〈회의〉 판서인 [이호예병형공]의 6조가 중앙에만 있는 것만이 아니라 6방이 고을에도 있었다. 사형도 할 수 있는 강력한 체제였다. 목을 베어 고을 사람들이 보도록 매달

기도 했다. 엄격한 권한까지 아전에 부여되었다. 죄인의 목을 베어(県) 끈으로 이어(系) 매달던 체제로 [고을(縣)]을 뜻하고 [현]으로 읽는다.
圖 郡(고을 군) 邑(고을 읍) 洞(골 동) 回 懸(달 현) 略 県

필순 丨 目 且 昌 昇 県 県 県 縣 縣 縣

기초 【기초한자어】 익히고, 【기본→발전한자어】 다지기
州縣(주현) 주와 현. 지방
郡縣(군현) 군과 현. 고을
縣監(현감) 조선 시대 현의 우두머리
• 지방에는 州와 縣이라고 하는 州縣을 두어 다스리게 했다.
• 郡縣의 수장으로 있었던 군수를 흔히 縣監이라고 했다지요.

기본 ③ 縣官(현관) 縣令(현령) 縣衡(현형)

발전 2 俾縣(벽현) 28 陝縣(섬현) 邢臺縣(형대현) ① 縣鉤(현구) 縣丞(현승)

	부수	획수	총획
嫌	女	10	13

싫어할 혐 【1799】

字源 〈형성〉 예부터 여자들 하는 일은 해도 해도 끝이 없다고 했다. 부엌일이며 전답의 일까지 모두 여자의 몫으로 여기는 경향이었다. 그래서 여자들의 책무는 어디에서부터 어디까지인지 알 수 없는 볼멘소리가 늘 나온다. 여자(女)가 많은 일에 겹쳐(兼)있어 불편했었으니 [싫어하다(嫌)]는 뜻이고 [혐]으로 읽는다.
圖 忌(꺼릴 기) 厭(싫어할 염) 惡(미워할 오) 回 好(좋을 호)

필순 乚 夊 女 女 女′ 女″ 妒 嫁 嫌 嫌 嫌

기초 【기초한자어】 익히고, 【기본→발전한자어】 다지기
嫌疑(혐의) 범죄를 저질렀으리라는 의심
嫌惡(혐오) 싫어하고 미워함
嫌惡感(혐오감) 싫어하고 미워하는 감정
• 사람을 미워하는 식으로 더 이상 嫌惡感을 갖지 않았으면 좋겠네.
• 저 사람이 내가 가장 嫌惡한 범죄의 嫌疑를 받고 있는 자라고 합니다.

기본 ③ 嫌家(혐가) 嫌忌(혐기) 嫌棄(혐기)

발전 2 嫌厭(혐염) ① 嫌嫌(혐뢰) 嫌猜(혐시) 譏嫌(기혐) 羞嫌(수혐) 猜嫌(시혐)

	부수	획수	총획
亨	亠	5	7

형통할 형 【1800】

字源 〈상형〉 제사상의 음식은 높이 쌓아올려 놓았다. 제사상을 차리는 것은 돌아가신 분의 영혼이 오셔서 흠향하도록 했다. 높이 올린 제사 음식을 먼저 그리고 맛있게 드시라는 깊은 뜻도 담겨 있었을 것이다. 조상신께 음식을 높이 쌓아 제사를 드린 모양을 본떠 복을 받아서 [형통하다(亨)]는 뜻이고 [형]으로 읽는다.
回 享(누릴 향) 후(머무를 정) 京(서울 경)

필순 　亠 亠 亠 슬 亯 亨

기초 【기초한자어】 익히고, 【기본 → 발전한자어】 다지기
亨通(형통) 온갖 일이 뜻과 같이 잘 되어 감
亨光(형광) 조선 때 곡 이름으로 종묘제례악
亨國(형국) 임금이 즉위하여 나라를 이어받음
• 그가 요즈음 하는 일마다 亨通하여 아주 잘살고 있다는 소식이 들리자 주변의 부러움을 샀다.
• 亨光은 조선시대 세종이 만들었고 그 뒤에 亨國한 세조가 종묘제례악으로 사용하였다.

기본 ③ 亨熟(형숙) 亨運(형운)
발전 28 呂運亨(여운형) ① 亨嘉(형가) 亨煮(형자)
사자성어 ③ 萬事亨通(만사형통)

부수	획수	총획
虫	10	16

반딧불 형 【1801】

字源 〈형성〉 졸업할 때에 '형설의 공을 쌓고…' 등으로 이어지는 노래가 있다. 진나라의 차윤과 송강이 반딧불 밑에서 공부했다는 고사가 바로 '면학'이었다. 그래서 '형설의 공'이라 말이 전한다. 꼬리에 쌍 빛을 엇갈려서 내며(炏) 밤에 날아다니는 곤충(虫)인 [반딧불(螢)]로 [개똥벌레(螢)]를 뜻하고 [형]으로 읽는다.
回 瑩(경영할 영) 勞(일할 로) 回 蛍

필순 丷 ⺌ 炏 炏 炏 炏 螢 螢 螢 螢 螢

기초 【기초한자어】 익히고, 【기본 → 발전한자어】 다지기
流螢(유형) 바람을 타고 날아다니는 반딧불
螢火(형화) 개똥벌레 꽁무니에서 반짝인 불빛
螢光燈(형광등) 자외선을 눈으로 보는 조명장치
• 형광등은 한 박자 늦게 켜지지만, 옛날 호롱불에 비하면 얼마나 좋은가?
• 流螢과 螢火는 같은 의미로 쓰인 반딧불과 불빛이라는 뜻이다.

기본 ③ 螢光(형광) 螢石(형석) 螢雪(형설) 螢案(형안) 螢光板(형광판)
발전 28 聚螢(취형)
사자성어 ③ 螢光物質(형광물질) 螢雪之功(형설지공)

부수	획수	총획
八	2	4

어조사 혜 【1802】

字源 〈회의〉 입김이 퍼져나가면 말소리도 따라서 골고루 퍼져 나간다. 입김과 말소리는 서로 상관관계가 매우 높았던 모양이다. 입김도 말을 할 때는 일시에 멈췄다. 한문 문장에서 종결할 때에는 종지부를 찍는다. 입김이 퍼져(八) 말하다 멈추니(丂) [말 멈추다(兮)] 혹은 종지부인 [어조사(兮)]를 뜻하고 [혜]로 읽는다.
回 分(나눌 분)

필순 丿 八 八 兮

기초 【기초한자어】 익히고, 【기본 → 발전한자어】 다지기
沙八兮(사팔혜) 우륵이 지은 가야금 열째 곡
實兮歌(실혜가) 신라 가요의 하나
樂兮(낙혜) 즐거움이여!
• 신라의 가요에 實兮歌란 노래가 있었다고 합니다.
• 즐겁게 沙八兮를 들으면서 樂兮의 즐거움을 맛보았다.

발전 ① 綽兮(작혜)

부수	획수	총획
丿	4	5

어조사 호 【1803】

字源 〈형성〉 말을 할 때 중간에 끊었다가 다음 말을 잇지 못하는 경우가 흔히 있다. 입김이 고루 퍼지도록 다정하게 말하지만 그렇지 못하게 들리기도 한다. 특히 한문 문장에서 종지부로 쓰이는 한자이다. 입김이 고루 퍼지며 말하고 중간에 [에] 등의 말을 삐치면서 이었으니 [어조사(乎)]를 뜻하고 [호]로 읽는다.
回 平(평평할 평) 呼(부를 호)

필순 丿 丿 亾 巫 乎

기초 【기초한자어】 익히고, 【기본 → 발전한자어】 다지기
確乎(확호) 아주 든든하고 굳셈
斷乎(단호) 과단성 있고 엄격함
乎哉(호재) 감탄을 표시하는 말. ~런가
• 안 된다고 斷乎하게 잘라 말하였다.
• 이제는 確乎한 마음으로 '乎哉'할 만큼 더 많이 성장했구나.

기본 ③ 溫乎(온호) 宜乎(의호) 純乎(순호)
발전 ② 鬱乎(울호) 28 煥乎(환호) ① 牟乎(뇌호) 凜乎(늠호) 澹乎(담호) 滔乎(도호) 萌乎(맹호) 杳乎(묘호) 氾乎(범호) 嗟乎(차호) 頹乎(퇴호) 沛乎(패호)

3급

부수	획수	총획
二	2	4

互 서로 호【1804】

字源 〈상형〉 새끼줄은 일정 양의 짚을 번갈아 꼬아서 길게 만든다. 기계의 톱니바퀴도 서로의 힘에 의해 엇물려 돌아가기도 했다. '양'이 있으면 '음'이 있고, '상'이 있으면 '하'가 있는 진리는 모두 이 원리이다. 새끼줄을 번갈아 꼬거나 톱니바퀴가 엇물려서 돌아가는 모양을 본떠 [서로(互)]를 뜻하고 [호]로 읽는다.
圄 相(서로 상) 回 瓦(기와 와)

필순 一 工 互 互

기초 【기초한자어】 익히고, 【기본→발전한자어】 다지기
相互(상호) 상대가 되는 이쪽과 저쪽 모두
互換(호환) 서로 맞바꿈
互惠(호혜) 서로 특별한 혜택을 주고받는 일
• 相互間(간)에 이해를 바탕으로 믿음이 성장했으면 좋겠구나.
• 이제는 互惠의 정신으로 互換할 수 있는 시기인 것만 같구나.
기본 ③ 互選(호선) 互讓(호양)
사자성어 ③ 互角之勢(호각지세) 互惠關稅(호혜관세)

부수	획수	총획
毛	7	11

毫 터럭 호【1805】

字源 〈형성〉 짐승 털에는 여러 종류가 있다. 두껍고 긴 털보다는 가는 털이 더 길고 튼튼하다. 이런 재료는 질겨서 고운 붓의 재료로 쓰인다. 또한 겨울철 보온용으로 따뜻한 외투가 되기도 했던 것이 터럭이다. 짐승의 털 중에 등에 높다랗고(亠←高) 길게 자란 털(毛)로 양질의 [터럭(毫)]을 뜻하고 [호]로 읽는다.
圄 髮(터럭 발) 毛(털 모) 回 豪(호걸 호)

필순 亠 亠 亡 亡 高 高 高 高 豪 豪 毫

기초 【기초한자어】 익히고, 【기본→발전한자어】 다지기
秋毫(추호) '몹시 작음'을 비유하여 이르는 말
毫髮(호발) 가느다란 털
豪端(호단) 붓의 뾰족한 끝
• 그는 몇 번을 말해도 秋毫도 잘못이 없다고 항변했다.
• 毫髮로 만들어서 豪端의 끝맺음을 분명하게 해야겠구나.
기본 ③ 毫末(호말) 揮毫(휘호)
발전 ② 毫纖(호섬) 纖毫(섬호) 28 獐毫(장호) ① 毫釐(호리)

禿毫(독호) 鋒毫(봉호)

부수	획수	총획
日	4	8

昏 어두울 혼【1806】

字源 〈회의〉 매일 해가 지평선 저 너머로 넘어가는 모습을 자주 본다. 그 모양을 보고 해가 숲속 나무뿌리 속으로 점차 숨어들던 것으로 착각했다. 해가 숨바꼭질을 하는 것으로 생각했을 것으로 보인다. 해(日)가 숲속이나 나무뿌리 아래로 氏(←氐) 숨어들었으니 날이 저물어서 [어둡다(昏)]는 뜻이고 [혼]으로 읽는다.
圄 暗(어두울 암) 冥(어두울 명) 闇(숨을 암) 回 明(밝을 명) 朗(밝을 랑) 回 婚(혼인할 혼)

필순 一 亡 𠂤 氏 氏 昏 昏 昏

기초 【기초한자어】 익히고, 【기본→발전한자어】 다지기
黃昏(황혼) 해가 져서 어둑어둑할 무렵
昏絶(혼절) 정신이 아찔하여 까무러침
昏迷(혼미) 정신이 헷갈리고 흐리멍덩함
• 정신이 아찔하여 까무러치는 모습을 昏絶한다고 한다.
• 이제 인생의 黃昏 길에 들어서니 정신을 가리켜 昏迷하고 말겠네.
기본 ③ 昏睡(혼수)
발전 ② 昏札(혼찰) 昏暄(혼훤) ① 昏瞳(혼동) 昏寐(혼매) 昏憊(혼비) 昏祠(혼사) 昏曙(혼서) 昏闇(혼암) 昏頑(혼완) 昏晦(혼회) 聾昏(농혼) 斂昏(염혼) 夭昏(요혼)
사자성어 ③ 昏定晨省(혼정신성)

부수	획수	총획
弓	2	5

弘 클 홍【1807】

字源 〈형성〉 옛적에 전쟁터에 나가는 것은 늘 있었던 일이다. 국경 지킴이 변변치 못한 시절 강한 자들은 이웃나라를 침범해왔다. 군사들은 적에게 활을 힘껏 잡아당겨 명중률을 높이도록 자주 연습했을 것이다. 팔을 굽혀서(厶) 활(弓) 시위를 당길 때 명중률이 높았으니 그 공이 [크다(弘)]는 뜻이고 [홍]으로 읽는다.
圄 巨(클 거) 大(큰 대) 泰(클 태) 太(클 태) 回 小(작을 소) 微(작을 미) 回 引(끌 인)

필순 丁 丁 弓 弘 弘

기초 【기초한자어】 익히고, 【기본→발전한자어】 다지기
弘報(홍보) 널리 알리는 소식이나 보도

3급

弘道(홍도) 도덕을 널리 펌
弘範(홍범) 대종교에서 시행하는 규범의 총칙
• 이 일만은 널리 弘報하여 잘 알려야겠구나.
• 우리 교단에서 弘道하여 이제 洪範을 세워야겠지.
기본 ③ 弘敎(홍교) 弘誓(홍서) 弘濟(홍제) 弘滯(홍체) 弘通(홍통) 弘誓舟(홍서주)
발전 ② 弘敷(홍부) 28 弘敞(홍창) ① 弘曠(홍광) 弘毅(홍의) 弘綽(홍작) 弘侈(홍치) 宏弘(굉홍) 恢弘(회홍)
사자성어 ③ 弘益人間(홍익인간)

부수	획수	총획
鳥	6	17

기러기 홍【1808】

字源 〈형성〉 바위틈에 살다가 냇가나 늪에 나와 노는 새가 기러기다. 이 새는 호숫가에 앉아 흥얼거리며 노래도 하고, 쉬었다가 먹을 것도 찾아 멀리 바라보기도 했다. 주로 먹이를 목적으로 그곳에 있었으리. 강(江)이나 호숫가에 내려앉아서 유유히 떠다니는 커다란 새(鳥)로 [기러기(鴻)]를 뜻하고 [홍]으로 읽는다.
동 雁(기러기 안)

필순 氵广汀沪沪沪沪鴻鴻鴻

기초 【기초한자어】 익히고, 【기본 → 발전한자어】 다지기
鴻恩(홍은) 넓고 큰 은혜
鴻毛(홍모) 기러기의 털
鴻圖(홍도) 넓고 큰 계획. 임금의 계획
• 위로부터 鴻恩을 입은 사람은 아래로 베풀 줄도 알아야 한다.
• 비록 작은 鴻毛일지라도, 鴻圖의 계획을 수립하시게나.
기본 ③ 鴻基(홍기) 鴻名(홍명) 鴻雁(홍안) 鴻儒(홍유) 鴻學(홍학)
발전 ② 鴻瑞(홍서) 28 鴻謨(홍모) 鴻徽(홍휘) 鴻禧(홍희) ① 鴻鵠(홍곡) 鴻瀧(홍롱) 鴻溟(홍명) 鴻爪(홍조) 蜚鴻(비홍) 鱗鴻(인홍)

부수	획수	총획
禾	0	5

벼 화【1809】

字源 〈상형〉 쌀은 주곡 중의 '왕'이라 했다. 김을 매주고 북을 해주는 과정에서 농부들의 고마움도 알았던지 풍년이 들었다. 누런 벼가 곱게 익어서 고개를 숙이는 모습만 보아도 배가 부른다는 만복의 풍년이다. 가을이 되어서 벼이삭이 누렇게 익어 고개 숙인 모양을 두루 본떠서 [벼(禾)]를 뜻하고 [화로 읽는다.
동 稻(벼 도) 회 木(나무 목)

필순 ノ二千禾禾

기초 【기초한자어】 익히고, 【기본 → 발전한자어】 다지기
晩禾(만화) 늦벼
禾苗(화묘) 옮겨심기 위하여 기른 벼의 싹
禾穀(화곡) 벼
• 禾穀은 예로부터 우리나라의 주곡이었다.
• 비록 晩禾일지라도 禾苗의 일을 게으르게 하지 말아야겠네.
기본 ③ 禾利(화리) 禾積(화적) 禾主(화주) 禾尺(화척) 禾草(화초) 松禾(송화) 田禾(전화) 種禾稻(종화도)
발전 ② 瑞禾(서화) 28 稙禾(직화) ① 禾竿(화간) 禾黍(화서) 禾穗(화수) 嘉禾(가화) 黍禾(서화)

부수	획수	총획
手	15	18

넓힐 확【1810】

字源 〈형성〉 고무줄이나 엿 같은 물건을 길게 늘어나게 했었다. 땅을 개간하여 많은 농토를 늘리기도 한다. 사업을 번성하여 크게 확장하기도 했다. 이렇게 자기사업을 확장하는 일은 성공의 지름길이었다. 손(扌)을 쭉 펴거나 더욱 길게 뻗어서 그 범위를 넓게(廣) 늘려서 나갔으니 [넓히다(擴)]는 뜻이고 [확]으로 읽는다.
동 張(베풀 장) 만 縮(줄일 축) 回 橫(가로 횡) 약 拡

필순 扌扩扩扩护护护擴擴擴

기초 【기초한자어】 익히고, 【기본 → 발전한자어】 다지기
擴充(확충) 넓히어 충실하게 채움
擴散(확산) 퍼져 흩어짐
擴聲(확성) 소리를 크게 키움
• 이제 저 擴聲기(器)는 많이 낡아 交替(교체)해야겠지.
• 계획을 좀 더 크게 擴充해서 이 뜻을 널리 擴散시켜야겠네.
기본 ③ 擴大(확대) 擴張(확장) 擴充(확충) 擴聲器(확성기)

부수	획수	총획
禾	14	19

거둘 확【1811】

字源 〈형성〉 누렇게 들판에 익은 벼를 가을이면 낫으로 벤다. 농부들이 애써 가꾸었던 노력의 흔적이다. 한 톨이라도 허실되지 않도록 헤아려 가며 정성을 들인다. 이제 우리에겐 이삭줍기란 말은 옛말이 되었다. 누렇게 익은 볏단(禾)을 낱낱이 헤아려가면서(隻) 벤 벼 이삭을 [거두다(穫)]

3급

는 뜻이고 [확]으로 읽는다.
圐收(거둘 수) 圙獲(얻을 획) 護(도울 호)

필순 二 千 禾 禾 禾 禾 稅 稚 稚 穫

기초 【기초한자어】 익히고, 【기본→발전한자어】 다지기
秋穫(추확) 가을걷이. 추수
收穫(수확) 곡식을 거두어들임
耕穫(경확) 농사짓는 일과 거두어들임
• 收穫한 곡식들을 잘 갈무리 하여 1년을 살아야겠네.
• 耕穫에서 秋穫을 가장 큰 일로 생각하는 농부들이 많았지.

기본 ③ 穫稻(확도)
발전 28 芸穫(운확) ① 斂穫(염확) 隕穫(운확)

부수	획수	총획
丶	2	3

둥글 환【1812】

字源 〈형성〉 낮은 동굴 안에 들어가려면 허리를 동그랗게 굽힌다. 발걸음도 조심하면서 천천히 하여 굽혀 점차 안으로 들어간다. 약재를 가루로 만들어 반죽하여 원이나 공 모양으로 작고 둥글게 빚기도 했다. 동굴(厂) 안에서 사람(人)이 몸을 기우니(仄) [둥글다(丸)] 혹은 둥근 [알(丸)]로도 쓰이고 [환]으로 읽는다.
圐圓(둥글 원) 團(둥글 단) 圙九(아홉 구)

필순 丿 九 丸

기초 【기초한자어】 익히고, 【기본→발전한자어】 다지기
彈丸(탄환) 탄알. 탄자
丸劑(환제) 환약
丸藥(환약) 삭고 둥글게 만든 일약
• 이제 彈丸까지 다 떨어졌으니 우리 아군을 어찌할까?
• 丸劑로 지어준 丸藥은 보관하기 좋고 먹기에도 참 좋다고 한다.

기본 ③ 一丸(일환) 砲丸(포환) 淸心丸(청심환)
발전 ② 丸劑(환제) ① 蠟丸(납환)
사자성어 28 阪上走丸(판상주환)

부수	획수	총획
日	12	16

새벽 효 :【1813】

字源 〈형성〉 캄캄했던 밤이 지나고 나면 먼 곳으로부터 비로소 밝음이 온다. 수탉이 시간을 바르게 알고 있는 듯이 새벽에 '꼬끼오'하고 알렸던 것이다. 하루가 다시 시작하는 여명의 종소리를 닭이 울린 것이다. 태양(日)이 먼(堯) 곳

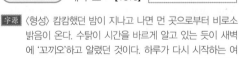

로부터 떠오르는 시간을 수탉이 알아차렸으니 [새벽(曉)]을 뜻하고 [효]로 읽는다.
圐晨(새벽 신) 圙昏(어두울 혼) 圙燒(사를 소) 圙曉

필순 刂 日 日⁻ 日⁺ 日⁺ 日⁺ 睦 睦 睦 曉

기초 【기초한자어】 익히고, 【기본→발전한자어】 다지기
知曉(지효) 환하게 알아서 깨달음
曉星(효성) 새벽에 보이는 별
曉頭(효두) 먼동이 트기 전인 이른 새벽
• 이 달의 새벽 曉星은 크고 유난히도 빛나구나.
• 이제는 曉頭가 되기 전에 知曉하는 태도를 가져야겠지.

기본 ③ 曉達(효달) 曉得(효득) 曉鐘(효종) 拂曉(불효) 通曉(통효)
발전 ① 曉魄(효백) 曉梵(효범) 曉譬(효비) 曉靄(효애) 曉孝(효) 諭曉(유효) 猝曉(졸효)
사자성어 ③ 殘月曉星(잔월효성)

부수	획수	총획
人	7	9

제후 후【1814】

字源 〈회의〉 궁사들이 무술 시합을 할 때 임금이 친히 나와 참관을 했던 시절이 있었다. 그리고 우수자로 합격한 자를 칭찬하며 친히 상금도 내렸다. 임금이 직접 전한 상금에 많은 참가들이 큰 관심을 가졌다. 활(矢)을 잘 쏘아 과녁(厂)에 잘 맞추어 상을 주는 사람(人)으로 널리 [제후(侯)]를 뜻하고 [후]로 읽는다.
圙候(기후 후)

필순 丿 亻 亻 俨 俨 伊 伊 侯 侯

기초 【기초한자어】 익히고, 【기본→발전한자어】 다지기
王侯(왕후) 왕과 제후
封侯(봉후) 제후를 봉함
君侯(군후) 제후의 높인 말
• 제국의 황제는 여러 君侯들을 거느리는 제도가 있었다.
• 王侯는 지방의 새로운 유지를 封侯하는 데 동의했다.

기본 ③ 侯爵(후작) 諸侯(제후) 土侯(토후) 土侯國(토후국)
발전 ① 侯鵠(후곡) 侯蹄(후제) 藩侯(번후) 虞侯(우후)
사자성어 ③ 王侯將相(왕후장상)

부수	획수	총획
殳	9	13

헐 훼 :【1815】

字源 〈형성〉 진흙을 잘 붙이거나 돌을 깎아서 절구통을 만들었다. 절구를 오래 사용하면 절구통이 이지러지면서 흠집이 생기고 만다. 많은 시간 사용했으니 이제는 절구통도 편

히 쉬어야 할 시간인 모양이다. 진흙(土)의 절구통(臼)에 곡식을 찧거나 빻아서(殳) 널리 이용했으므로 [헐다(毀)]는 뜻이고 [훼]로 읽는다.
圄 壞(무너질 괴) 損(덜 손) 碎(부술 쇄) 國 建(세울 건) 譽(기릴 예)

필순

기초 【기초한자어】 익히고, 【기본→발전한자어】 다지기
毀言(훼언) 남을 헐어서 꾸짖는 말
毀損(훼손) 헐거나 깨뜨리어 못 쓰게 만듦
毀傷(훼상) 몸에 상처를 냄
• 이제는 남을 꾸짖는 식의 毀言일랑 그만 두는 것이 좋겠다.
• 아끼는 물건이 毀損되지 않게 하려다가 오히려 毀傷을 당했다.

기본 ③ 毀慕(훼모)
발전 ② 毀沮(훼저) 毀撤(훼철) 23 毀頓(훼돈) ① 毀謗(훼방) 毀碎(훼쇄) 毀疵(훼자) 毀讟(훼척) 毀瘠(훼척) 毀黜(훼추) 毀悴(훼췌) 毀毆(훼구) 謗毀(방훼) 誹毀(비훼) 嫉毀(질훼)

사자성어 ③ 名譽毀損(명예훼손)

車 / 8 / 15

빛날 휘 【1816】

字源 〈형성〉 전투는 어두운 밤에 치열하게 이루어졌다. 아군에게 신호를 알리려면 불빛이 섬광처럼 빛나고, 아군의 결집을 발휘해야만 했었다. 적군 진지를 한 신호에 의해서 공격하여 큰 전공을 거두었던 것이다. 군인(軍)을 지휘하기 위해 밤에 보냈던 신호용의 불빛(光)으로 [빛나다(輝)]는 뜻이고 [휘]로 읽는다.
圄 華(빛날 화) 煥(빛날 환) 燦(빛날 찬) 耀(빛날 요) 煌(빛날 황) 國 揮(휘두를 휘)

필순

기초 【기초한자어】 익히고, 【기본→발전한자어】 다지기
明輝(명휘) 밝게 빛남
光輝(광휘) 눈부시게 훌륭함을 비유함
輝煌(휘황) 광채가 눈부시게 빛남
• 눈부신 저 같은 明輝에 그만 感歎(감탄)하고 말았다.
• 매우 輝煌燦爛(찬란)한 光輝에 눈을 뜰 수가 없었구나.

기본 ③ 輝光(휘광) 輝度(휘도) 輝幕(휘막) 輝石(휘석) 輝線(휘선) 輝巖(휘암) 輝點(휘점) 輝炭(휘탄) 德輝(덕휘) 星輝(성휘) 十輝(십휘) 顔輝(안휘) 愛輝(애휘) 揚輝(양휘) 餘輝(여휘) 再輝(재휘) 淸輝(청휘)
발전 23 輝曜(휘요) 輝赫(휘혁) 輝煥(휘환) 蟾輝(섬휘) ① 輝燼(휘신) 輝煌(휘황)

手 / 10 / 13

이끌 휴 【1817】

字源 〈형성〉 새를 잡으면 노끈으로 발을 묶어 손으로 잡아 날리면서 놀았다. 하늘을 나는 새에겐 이제 창살 없는 감옥이 되고야 만다. 어린이들은 새의 애타는 심정을 차마 알고 있었는지도 모르겠다. 새(隹)를 손으로 잡아 노끈(乃)으로 발을 꽁꽁 매고서는 손(扌)으로 날렸으니 [이끌다(携)]는 뜻이고 [휴]로 읽는다.
圄 引(끌 인) 提(끌 제) 帶(띠 대)

필순

기초 【기초한자어】 익히고, 【기본→발전한자어】 다지기
提携(제휴) 서로 붙들어 도와줌. 악수
携帶(휴대) 손에 들거나 몸에 지님
携手(휴수) 손을 마주 잡는다는 뜻. 함께 감
• 이제는 두 사람이 携手하는 길만이 제일의 방책으로 보인다오.
• 두 회사가 提携한 덕분에 이제는 携帶 電話機(전화기)가 더 잘 팔린다.

기본 ③ 携引(휴인) 扶携(부휴) 携帶品(휴대품)
발전 ② 携貳(휴이)
사자성어 ③ 技術提携(기술제휴) 扶老携幼(부로휴유)

3급

한자능력검정시험
자원대사전

2급常

[1818~2005]

葛　憾　坑　憩　揭　雇　戈　瓜　菓　款　傀　絞　僑　膠　歐
購　鷗　掘　窟　圈　闕　閨　棋　濃　尿　尼　溺　鍛　潭　膽
坌　戴　悼　桐　棟　瞻　藤　裸　洛　爛　藍　拉　輛　煉　籠
療　硫　謬　摩　魔　痲　膜　灣　蠻　娩　網　魅　枚　蒉　矛
帽　沐　奈　舶　搬　紡　俳　賠　柏　酸　閥　汎　僻　俸　縫
敷　膚　弗　匪　唆　赦　飼　傘　蓼　插　癌　箱　碩　繕
纖　賞　紹　盾　升　屍　殖　紳　握　苑　腎　碍　瑞　孃　硯
厭　預　梧　穩　歪　妖　傭　熔　鬱　苑　尉　融　貳　刃　壹
妊　磁　諮　雌　蠶　沮　呈　偵　艇　劑　措　釣　彫　綜　駐
准　旨　脂　津　診　塵　窒　輯　遮　餐　札　刹　斬　滄　彰
悽　隻　撤　諜　締　哨　虐　趨　軸　蹴　弦　衷　炊　託　胎
颱　霸　坪　拋　喉　鋪　勳　翰　艦　熙　噫　姬
幻　滑　廻　喉

부수	획수	총획
++	9	13

칡 갈 【1818】

字源 〈형성〉 칡은 예로부터 줄기로는 밧줄이나 섬유를 만들었으며, 꽃과 뿌리는 약으로, 특히 뿌리는 구황식물로 썼다. 한방에서 뿌리와 꽃을 채취하여 약용으로 많이 써서 각광을 받았다. 잎은 가축의 사료나 퇴비로 써왔다. 위로 자라는 풀의 속성을 어기고(曷) 옆으로 자란 풀(++)로 [칡(葛)]을 뜻하고 [갈]로 읽는다.

필순 ⺿ ⺿ ⺿ 苩 苩 芦 莒 莒 莒 葛 葛

기초 【기초한자어】 익히고, 【기본→발전한자어】 다지기
葛根(갈근) 칡뿌리
葛藤(갈등) 목표나 이해관계가 달라 적대시함
葛粉(갈분) 칡가루
• 葛粉국수를 만들려고 葛根을 캐 왔다.
• 사람들 마음속에 葛藤 狀態가 지속이 되면 健康에 아주 해롭다.

기본 ② 葛籠(갈롱) 葛衣(갈의) 葛布(갈포) 葛洪(갈홍) 葛花(갈화) 瓜葛(과갈) 箸葛(관갈) 細葛(세갈) 疏葛(소갈) 虎葛(호갈) 葛藤禪(갈등선) 葛天氏(갈천씨)

발전 ① 葛巾(갈건) 特 葛裘(갈구) 葛藟(갈류) 葛絰(갈질)

부수	획수	총획
心	13	16

섭섭할 감 :
한할 감 :【1819】

字源 〈형성〉 마음속에 풀지 못한 한스러운 생각이 남는 경우가 많다. 다른 사람에게 섭섭함이 있어 이를 풀지 못하면 한으로 남는 경우가 생기게 된다. 그래서 사람들은 섭섭함을 풀면서 살아야 한다고 많이 가르친다. 큰 자극으로 마음(忄←心)이 자주 흔들리니(感) 무언가가 [섭섭하다(憾)]는 뜻이고 [감]으로 읽는다.

⑤悲(슬플 비) 恨(한 한) 怨(원망할 원) 回憙(기뻐할 희) 喜(기쁠 희) 回感(느낄 감) 減(덜 감)

필순 ⺆ ⺈ ⺩ 忄 忄 忄 忄 憾 憾 憾 憾

기초 【기초한자어】 익히고, 【기본→발전한자어】 다지기
憾情(감정) 원망하거나 성내는 마음
遺憾(유감) 섭섭하거나 불만스럽게 남은 느낌
憾怨(감원) 원망함
• 憾怨은 인간 세상에 살면서 수많은 한을 남긴다고 가르친다.
• 나에게 憾情이 남았다니 대단한 遺憾이다.

기본 ② 憾悔(감회) 舊憾(구감) 悲憾(비감) 私憾(사감) 素憾(소감) 宿憾(숙감)

발전 ① 挾憾(협감) 출진 憾恚(감에)

부수	획수	총획
土	4	7

구덩이 갱 【1820】

字源 〈형성〉 '구덩이'는 땅이 움푹 팬 곳을 말한다. 이를 두고 흔히 함정이라 말하는 이유는 잘못하면 움푹 패인 곳에 빠지기 쉽기 때문일 것이다. 토끼와 같은 짐승을 잡기 위해서 구덩이를 파는 경우가 흔하게 있었다. 자연으로 생긴 땅(土)이 오목한 목(亢)처럼 움푹 패었으니 [구덩이(坑)]를 뜻하고 [갱]으로 읽는다.

⑤塹(구덩이 참) 回抗(막을 항)

필순 ⼀ ⼗ ⼟ ⼟ 圠 圹 坑

기초 【기초한자어】 익히고, 【기본→발전한자어】 다지기
坑道(갱도) 광산에서 갱 안에 뚫어 놓은 길
坑夫(갱부) 광산에서 채굴 작업에 종사하는 인부
坑口(갱구) 갱도의 들머리. 굿문
• 坑口에서 坑道를 들여다보았다.
• 坑夫들이 온몸에 검댕을 묻힌 채 돌아왔다.

기본 ② 坑谷(갱곡) 坑內(갱내) 鑛坑(광갱) 溫坑(온갱) 銀坑(은갱) 炭坑(탄갱)

발전 ① 坑塹(갱참) 坑壑(갱학) 煖坑(난갱) 焚坑(분갱)

부수	획수	총획
心	12	16

쉴 게 :【1821】

字源 〈형성〉 장거리 달리기를 하다보면 숨이 차서 입을 벌려 헐떡거린다. 평상시보다 혀를 많이 내밀면서 가쁜 숨을 내쉰 것이다. 먼 거리를 걷다보면 몸이 많이 피곤하여 나무 그늘 같은 곳에서 잠시 쉬어간다. 살기 위해서 혀(舌)로 음식을 먹으면서 편안하게 숨쉬며(息) 사니 [쉬다(憩)]는 뜻이고 [게]로 읽는다.

⑤息(쉴 식) 休(쉴 휴) 回息(쉴 식)

필순 ⼆ 千 舌 舌 甜 舐 舐 甜 憩 憩

기초 【기초한자어】 익히고, 【기본→발전한자어】 다지기
憩息(게식) 쉼. 휴식
休憩室(휴게실) 잠깐 쉬게 마련한 방
憩泊(게박) 쉬려고 머무름
• 여행 중에 憩泊할 장소를 물색했다.
• 休憩室은 너와 나의 문제만이 아니라 憩室을 찾는 모든 사람들의 문제.

기본 ② 小憩(소게)

2급常

2급常

발전 ① 憩臂(게비) 憩歇(계헐) 倦憩(권게) **特** 憩榭(게사)

기본 ② 雇役(고역) 雇傭(고용) 雇値(고치)

揭

부수	획수	총획
手	9	12

높이들 게 :
걸 게 :【1822】

字源 〈형성〉 액자나 거울을 걸려면 못을 박고 높이 들어서 튼튼하게 건다. 어떻든 간에 걸지 않으면 안 된다고 생각하게 된다. 그 이유야 어떻든(曷) 간에 손(扌←手)으로 들어 벽면의 액자에 조심스럽게 걸었던 것이다. 손(扌)으로 붙잡아 높이 있는 벽면에 들어 걸었으니(曷) [높이 들다(揭)]는 뜻이고 [게]로 읽는다.
동 掛(걸 괘) 擧(들 거) 揚(날릴 양)

필순 扌 扌 扌 扝 扝 扞 押 揭 揭 揭

기초 【기초한자어】 익히고, 【기본→발전한자어】 다지기
揭載(게재) 글이나 그림 등을 신문, 잡지 따위에 실음
揭揚(게양) 높이 거는 일
揭示板(게시판) 게시 사항을 쓰는 판
• 광복절에 태극기를 揭揚하자는 글을 신문에 크게 揭載했다.
• 게시판의 낙서는 혼자만의 揭載를 위하는 것이 아니라 나라 전체의 일이라네.
기본 ② 揭示(게시) 高揭(고게) 上揭(상게)
발전 ① 揭榜(게방) 揭帖(게첩) **출제** 揭牓(게방)

雇

부수	획수	총획
隹	4	12

품팔 고【1823】

字源 〈형성〉 '품을 판다'는 '노동력을 팔다', '대가를 받고 몸을 쓰는 일을 하다'는 뜻이다. '날품'은 '품'에 '하루' 또는 '하루 중 낮 동안'을 뜻한 '날'과 상호 결합되어 '일당을 받고 파는 품' 또는 '그 일을 하는 사람'을 뜻한다. 어려운 생활로 다른 사람 집(戶)에 철새(隹)처럼 품을 파니 [품 팔다(雇)]는 뜻이고 [고]로 읽는다.
동 傭(품팔 용)

필순 丿 广 户 户 庐 庐 雇 雇 雇 雇

기초 【기초한자어】 익히고, 【기본→발전한자어】 다지기
雇兵(고병) 보수를 주고 병사를 고용하는 일 또는 그 병사
雇用(고용) 삯을 주고 사람을 부림
解雇(해고) 고용주가 사용인을 그만두게 함
• 雇兵 덕분에 우리가 전쟁에서 이겼다.
• 그를 雇用했던 상사가, 이제 解雇되었다.

戈

부수	획수	총획
戈	0	4

창 과【1824】

字源 〈상형〉 활과 창 그리고 칼은 중요한 무기수단이었다. 긴 손잡이에 뾰족한 끝은 가까이 있는 적과 싸우기에 매우 좋은 모양이다. 이런 무기에 대한 방어 무기가 방패였으니 흔히 창(戈)과 방패(盾)라고도 했다. 대적해 싸워 적을 무찌르기 위한 살상용인 창의 모양을 본떠서 [창(戈)]을 뜻하고 [과]로 읽는다.
동 矛(창 모) 戟(창 극) **반** 干(방패 간) 盾(방패 순) **회** 伐(칠 벌) 代(대신할 대)

필순 一 弋 戈 戈

기초 【기초한자어】 익히고, 【기본→발전한자어】 다지기
戈盾(과순) 창과 방패를 아울러 이르는 말
兵戈(병과) 싸움에 쓰는 창. 무기
戈劍(과검) 창과 칼, 무기
• 전쟁을 앞둔 병사에게 戈盾을 모두 배급했다.
• 兵戈, 戈劍은 '무기'를 뜻하는 한자어이다.
기본 ② 干戈(간과) 矛戈(모과)
발전 ① 戈戟(과극) 戈鋒(과봉) 鋒戈(봉과)

瓜

부수	획수	총획
瓜	0	5

외 과【1825】

字源 〈상형〉 '오이'를 흔히 '외'라고 했다. 오이의 준말이므로 같은 의미였을 것이다. 원산지는 인도로 추정되며, 한국에는 삼국시대 때 전래된 것으로 본다. 소박이, 오이지, 장아찌 등에 다양하게 이용되는 채소다. 넝쿨과 식물로 담이나 지붕 위로 올라가는 오이 모양을 본떠서 [오이(瓜)]를 뜻하고 [과]로 읽는다.
회 爪(손톱 조) 孤(외로울 고) 狐(여우 호)

필순 一 厂 爪 瓜 瓜

기초 【기초한자어】 익히고, 【기본→발전한자어】 다지기
瓜年(과년) 결혼하기에 적당한 여자의 나이
木瓜(모과) 모과나무의 열매
瓜菜(과채) 오이나물
• 이웃에 瓜年한 處子가 있는데 아직도 婚談이 없다.
• 어머니는 木瓜와 瓜菜를 좋아하신다.
기본 ② 瓜葛(과갈) 甘瓜(감과) 破瓜(파과)

발전 ① 瓜剖(과부) **特** 瓜菹(과저) 瓜瓣(과판) **特** 瓜瓞(과질)
사자성어 ② 瓜田李下(과전이하)

부수	획수	총획
++	8	12

실과 과 : 【1826】

字源 〈형성〉 이 한자는 '실과'라는 의미에서 전성되어 '과자'로 쓰인 글자다. 과자는 단맛을 위주로 만들어 끼니 외에 먹는 음식이다. 크게는 한과와 양과로 나뉘고, 작게는 비스킷 · 쿠키 · 사탕 · 초콜릿 같은 양과이다. 여름에 초목(++)에서 딴 열매(果)로 즐겨서 먹었던 [실과(菓)]나 [과자(菓)]로도 쓰이고 [과]로 읽는다.
圍 果(과실 과)

필순 一 十 ++ ++ 芍 芦 苩 莒 菓 菓

기초 【기초한자어】 익히고, 【기본→발전한자어】 다지기
菓子(과자) 밀가루 · 설탕 · 우유를 재료로 만든 식품
茶菓(다과) 차와 과자를 아울러 이르는 말
漢菓(한과) 밀가루로 만들어 기름에 튀긴 유과
• 우리 民族은 식혜는 물론 漢菓를 많이 먹었다.
• 선생님은 나이가 연만하시지만 젊은이 못지않게 菓子와 茶菓를 좋아하신다.
기본 ② 菓品(과품) 銘菓(명과) 氷菓(빙과) 生菓(생과) 乳菓(유과) 製菓(제과) 造菓(조과) 油蜜菓(유밀과) 製菓店(제과점)

부수	획수	총획
欠	8	12

항목 관 : 【1827】

字源 〈회의〉 사내는 자기 속 깊은 뜻을 남에게 얼른 나타내 보이려 한다. 그리고 무예도 닦고 학업에도 열심히 전념했다. 가급적 여러 가지 항목을 두루 탐색한 것이라 할 수 있다. 다방면에 능통한 모습을 보인다. 사내(士)가 그 뜻을 보이고자(示) 하나 쓰이지 못해 탄식하니(欠) [항목(款)]을 뜻하고 [관]으로 읽는다.
圍 誠(정성 성) 項(항목 항) 回 隷(종 례)

필순 一 十 士 ㄞ 寺 寺 素 素 款 款

기초 【기초한자어】 익히고, 【기본→발전한자어】 다지기
款談(관담) 속마음을 터놓고 하는 말
落款(낙관) 글씨나 그림 등에 아호를 쓰고 나서 도장을 찍는 일
款曲(관곡) 매우 정답고 친절함
• 친구는 畵家가 된 기념으로 落款을 찍어 주었다.

• 마음씨가 款曲한 친구와 款談을 나누었다.
기본 ② 款待(관대) 款誠(관성) 約款(약관) 定款(정관) 借款(차관)
발전 ① 篆款(전관) 款洽(관흡) **特** 款狎(관압) 款晤(관오)

부수	획수	총획
人	10	12

허수아비 괴 : 【1828】

字源 〈형성〉 허수아비는 곡식을 축내는 새나 짐승 따위를 막으려고 막대기와 짚으로 사람 모양을 세운다. 제구실을 잘하지도 못하고 엉성한 자리만 잡고 있으며 특별한 주관도 없이 행동하는 사람을 비유한다. 사람(亻)이 귀신(鬼)에게 깜박 홀려서 넋이 빠진 모양처럼 보였으니 [허수아비(傀)]를 뜻하고 [괴]로 읽는다.
圍 儡(꼭두각시 뢰) 回 愧(부끄러울 괴) 槐(회화나무 괴)

필순 亻 亻 亻 仴 佃 佃 佀 伊 傀 傀 傀

기초 【기초한자어】 익히고, 【기본→발전한자어】 다지기
傀奇(괴기) 이상하고 기이한 모양
傀儡(괴뢰) 꼭두각시
傀然(괴연) 거대한 모양
• 중국의 地圖를 보면 傀然한 나라임을 알 수 있겠다.
• 傀奇스러운 傀儡를 발견하여 깜짝 놀랐다.
기본 ② 傀網(괴망) 傀面(괴면)
발전 ① 傀儡(괴뢰) 傀俄(괴아)

부수	획수	총획
人	12	14

더부살이 교 : 【1829】

字源 〈형성〉 없으면서 있는 척하는 사람의 알속은 별 것 아니다. 고개를 푹 숙이고 있어도 없는 척 하는 사람을 가장 아름다운 미덕으로 생각하기도 했다. 스스로 자기의 처신을 높게(喬) 생각한 사람(亻←人)들이다. 사람(亻)이 자부하며 자신의 처신을 높여(喬) 허세부리니 [더부살이(僑)]를 뜻하고 [교]로 읽는다.
圍 寓(부칠 우) 回 橋(다리 교) 矯(바로잡을 교)

필순 亻 亻 亻 俨 侉 俦 僑 僑 僑 僑

기초 【기초한자어】 익히고, 【기본→발전한자어】 다지기
僑居(교거) 남의 집에 붙어서 삶
僑胞(교포) 다른 나라에 살고 있는 동포
僑民(교민) 외국에 나가 살고 있는 자기 나라 사람
• 僑民에는 僑胞가 포함된다.
• 집 內部공사로 며칠간 친척 집에서 僑居하였다.

2급常

기본 ② 華僑(화교)
발전 2급 僑廬(교려)

부수	획수	총획
糸	6	12

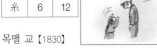

絞 목맬 교 【1830】

字源 〈형성〉 문명이 발달할수록 자살하는 행위가 부쩍 늘어나는 추세가 요즈음이다. 그 행위의 원인은 여러 가지가 있겠지만, 대부분 정신적인 충격으로 보거나 정신적인 우울증으로 보는 사람도 더 많다는 견해다. 삶의 의미를 잘 찾지 못해 목을 끈(糸)으로 묶어(交) 자살했으니 [목매다(絞)]는 뜻이고 [교]로 읽는다.
图 縊(목맬 액)

필순 ⺈ ⺈ ⺀ 糸 糸 紵 絞 絞 絞 絞 絞

기초 【기초한자어】 익히고, 【기본 → 발전한자어】 다지기
絞殺(교살) 목을 졸라 죽임
絞死(교사) 목을 매어 죽음
絞首刑(교수형) 사형수의 목을 옭아매어 죽이는 형벌
• 그는 絞殺罰(죄)로 絞首刑을 선고 받았다.
• 그는 絞死한 채로 발견되었다.
기본 ② 絞首臺(교수대)
발전 ① 絞頸(교경) 絞衾(교금) 絞戮(교륙) 絞縛(교박) 絞縊(교액) 艇 絞衿(효금)

부수	획수	총획
肉	11	15

膠 아교 교 【1831】

字源 〈형성〉 '아교'는 쇠가죽이나 동물 뼈 등을 석회소로 처리해 점성 물질을 뽑아 응고시킨 접착제다. 가죽, 카세인(우유고형물질), 야채 등에서 추출해 내는 젤라틴과도 매우 유사한 접착성 물질이라고 알려진다. 짐승 몸(月)속 뼈를 물에 푹 고아 바람이 불어도(翏) 단단한 액으로 [아교(膠)]를 뜻하고 [교]로 읽는다.
回 膠(그르칠 류)

필순 ⺆ 月 刖 刖 刖 胗 胗 膠 膠 膠 膠

기초 【기초한자어】 익히고, 【기본 → 발전한자어】 다지기
膠着(교착) 아주 단단히 달라붙음
膠匣(교갑) 아교로 만든 작은 갑
膠沙(교사) 바다 밑바닥에 깔린 개흙이 섞인 모래
• 바다 밑바닥의 膠沙는 굳으면 아주 단단하다.
• 膠匣에 자개를 膠着시켰다.

기본 ② 膠固(교고) 膠漆(교칠) 阿膠(아교) 漆膠(칠교)
발전 2급 膠瑟(교슬) ① 膠緻(교치)
사자성어 2급 膠柱鼓瑟(교주고슬)

부수	획수	총획
欠	11	15

歐 토할 구
구라파 구 【1832】

字源 〈형성〉 이 한자 '毆(구)'와 뜻이 서로 통하여 '때리다' 혹은 '치다'는 뜻을 차분하게 갖는다. 또한 '유럽'을 음역(音譯)한 '구라파'를 뜻하기도 한다. 이런 점을 감안한다면 한자의 변이성도 알 수 있을 것 같다. 입을 벌리고(欠) 목으로 넘겼던 음식물(區)을 밖으로 [토하다(歐)] 또한 [구라파(歐)]를 뜻하고 [구]로 읽는다.
图 吐(토할 토) 打(칠 타) 回 欧

필순 一 匸 吕 吕 品 區 區 歐 歐 歐

기초 【기초한자어】 익히고, 【기본 → 발전한자어】 다지기
歐美(구미) 유럽과 미국
西歐(서구) 서유럽
東歐(동구) 동유럽
• 할머니는 젊었을 때 歐美를 여행하셨다.
• 유럽은 크게 西歐와 東歐로 나눈다.
기본 ② 歐文(구문) 歐打(구타) 歐吐(구토) 北歐(북구) 歐陽修(구양수)
발전 ① 歐泄(구설) 歐羅巴(구라파) 출전 歐捶(구추)

부수	획수	총획
貝	10	17

購 살 구 【1833】

字源 〈형성〉 인간의 상거래의 처음은 아무래도 물물교환이었을 것이다. 화폐가 나오게 되고 상거래가 형성되면서 구매(購買)가 성행하게 되었다. 물건을 사고파는 행위인 무역까지 발전하여 인간 생활이 편해졌다. 돈(貝)을 가진 사람과 만나(冓) 가격을 지불하고 물건을 샀으니 [사다(購)]는 뜻이고 [구]로 읽는다.
图 買(살 매) 回 販(팔 판) 賣(팔 매) 回 講(욀 강)

필순 ⺆ 目 貝 貝 購 購 購 購 購 購 購

기초 【기초한자어】 익히고, 【기본 → 발전한자어】 다지기
購讀(구독) 책이나 신문, 잡지 따위를 구입하여 읽음
購買(구매) 물건 따위를 사들임
購販場(구판장) 사고파는 곳. 구입 판매장
• 책이나 신문, 잡지 購讀이 요즈음 들어 부쩍 늘었다.
• 購販場에서 物件을 싸게 購買했다.

기본 ②購書(구서) 購入(구입) 購販(구판) 急購(급구) 博購(박구) 希購(희구)
발전 ①購繭(구견)
사자성어 ①購捕贖良(구포속량)

기본 ②掘穴(굴혈) 濫掘(남굴) 盜掘(도굴) 試掘(시굴)
발전 ①掘穿(굴천) 掘塚(굴총) 勒掘(늑굴) 蟠掘(반굴) 鑿掘(착굴)
사자성어 ②臨渴掘井(임갈굴정)

부수	획수	총획
鳥	11	22

갈매기 구【1834】

字源 〈형성〉 갈매기는 해안 구릉지나 바닷가에서 집단을 이루며 서식하는 습성이 있다. 5월 중순~6월까지 한 배에 2~3개의 알을 낳아서 암수가 교대하면서 함께 알을 품고서 식물성 먹이를 먹는 잡식성 날짐승이다. 활동하는 일정한 구역(區)이나 해변에서 사는 텃새(鳥)로 [갈매기(鷗)]를 뜻하고 [구]로 읽는다.
回驅(몰 구)

필순 一 丆 品 品 區 鷗 鷗 鷗 鷗 鷗 鷗

기초 【기초한자어】 익히고, 【기본→발전한자어】 다지기
白鷗(백구) 갈매기
鷗汀(구정) 갈매기가 노는 물가
鷗盟(구맹) 갈매기와 벗함. 은거하여 자연을 즐김
• 은퇴 후 낙향하여 鷗盟을 즐기고 있다.
• 白鷗가 鷗汀을 한가롭게 거닐고 있다.
기본 ②海鷗(해구)
발전 ②鷺鷗(노구)

부수	획수	총획
手	8	11

팔 굴【1835】

字源 〈형성〉 삽이나 괭이 같은 도구를 이용하여 깊고 넓은 구덩이를 잘 팠다. 요즈음은 굴삭기가 나와 땅을 대단히 쉽게 파낼 수 있지만, 불과 50~60년 전만 하여도 재래식 방법으로 땅을 파고 집을 지었다. 몸을 구부려서(屈) 손(扌)으로 도구를 이용하여 땅을 깊이 후볐으니(屈) 굴 [파다(掘)]는 뜻이고 [굴]로 읽는다.
回屈(굽힐 굴)

필순 一 扌 扌 扩 扩 护 护 掘 掘 掘

기초 【기초한자어】 익히고, 【기본→발전한자어】 다지기
掘鑿(굴착) 땅이나 암석 따위를 파고 뚫음
發掘(발굴) 알려지지 않은 것을 찾아냄
採掘(채굴) 땅을 파서 광석 따위를 캐냄
• 광석을 採掘하기 위해 掘鑿공사에 들어갔다.
• 아파트 공사현장에서 유적이 發掘되엇다.

부수	획수	총획
穴	8	13

굴 굴【1836】

字源 〈형성〉 전쟁이 일어나면 땅에 방공호를 파고 그곳에 들어가 몸을 피하기도 했다. 사람이 허리를 굽히고 들어갈 수 있도록 만든 굴이었던 것이다. 땅이나 바위가 안으로 깊숙하게 패어서 들어간 곳으로 피신이나 연구를 위해서 몸을 굽히고(屈)굴 안으로 들어가는 큰 구멍(穴)으로 [굴(窟)]을 뜻하고 [굴]로 읽는다.
回洞(골 동) 穴(굴 혈)

필순 宀 宀 宀 宀 宀 宁 宇 窄 窟 窟 窟 窟 窟

기초 【기초한자어】 익히고, 【기본→발전한자어】 다지기
洞窟(동굴) 자연적으로 생긴 깊고 넓은 큰 굴
虎窟(호굴) 범의 굴. 가장 위험한 곳을 비유
土窟(토굴) 흙을 파낸 큰 구덩이
• 범을 잡기 위해서는 虎窟에 들어가야 한다.
• 그는 洞窟을 좋아하여 직접 土窟도 팠다.
기본 ②窟居(굴거) 窟室(굴실) 掘穴(굴혈) 魔窟(마굴) 暗窟(암굴) 巖窟(암굴) 貧民窟(빈민굴)
발전 ②巢窟(소굴) 특급 窟窖(굴교)

부수	획수	총획
囗	8	11

우리 권【1837】

字源 〈형성〉 '우리'하면 흔히 '돈사(豚舍)'를 떠올리는 수가 많다. 사방을 막아 막사 안의 돼지가 우리의 권역을 벗어나지 않도록 만들었다. 죄수들을 가두는 감옥을 생각하면 더 확실하게 알 수 있을 것 같다. 사방 담장(囗)을 주욱 쳐서 몸을 꼭 웅크리고 앉아(卷) 가둬둔 곳으로 [우리(圈)]를 뜻하고 [권]으로 읽는다.
回檻(울짱 폐) 牢(우리 뢰)

2급常

필순 冂 冂 冂 門 門 門 門 圈 圈 圈

기초 【기초한자어】 익히고, 【기본→발전한자어】 다지기
圈檻(권함) 짐승을 가둬 두는 우리
圈內(권내) 일정하게 금을 그은 구역이나 범위의 안
勢力圈(세력권) 세력이 미치는 범위

• 뛰어봐야 圈内라고 했으니 금을 그은 範圍의 안이다.
• 圈檻들은 협회의 勢力圈 안에 있다.

기본 ② 圈外(권외) 商圈(상권) 共産圈(공산권) 南極圈(남극권) 當選圈(당선권) 大氣圈(대기권) 文化圈(문화권) 凡野圈(범야권) 北極圈(북극권) 上位圈(상위권) 生活圈(생활권) 成層圈(성층권) 驛勢圈(역세권) 運動圈(운동권) 颱風圈(태풍권) 下位圈(하위권)

발전 ① 圈牢(권뢰) 圈套(권투)

부수	획수	총획
門	10	18

대궐 궐【1838】

字源 〈형성〉 경복궁 근정전을 들어가면 임금이 계신 자리를 비롯한 신하들이 줄지어 섰던 자리를 잘 볼 수 있다. 신하들이 허리를 조아리며 임금께 아뢰었고, 또 다른 여러 가지 논의들을 열심히 했던 역사의 현장이다. 신하가 큰 문(門) 안 임금님 앞에 고개 숙여서(欮) 정사를 보는 [대궐(闕)]을 뜻하고 [궐]로 읽는다.
圄 失(잃을 실) 回 關(빗장 관) 厥(그 궐)

필순 丨 冂 冂 門 門 門 門 閂 閂 闕 闕

기초 【기초한자어】 익히고, 【기본 → 발전한자어】 다지기
闕文(궐문) 문장의 글귀 일부가 빠진 문장
宮闕(궁궐) 임금이 거처하는 집
入闕(입궐) 대궐 안으로 들어감
• 闕文은 글에서 글귀 일부가 빠진 文章이다.
• 宮闕에서 여는 연회에 참석하려고 入闕했다.

기본 ② 闕閣(궐각) 闕内(궐내) 闕漏(궐루) 闕本(궐본) 闕席(궐석) 闕食(궐식) 闕誤(궐오) 闕疑(궐의) 闕字(궐자) 大闕(대궐) 補闕(보궐)

발전 ① 闕榜(궐방) 闕狄(궐적) 袞闕(곤궐) 曠闕(광궐) 宸闕(신궐) 詣闕(예궐) 閚 闕掖(궐액)

사자성어 ② 闕席裁判(궐석재판) 補闕選擧(보궐선거)

부수	획수	총획
門	6	14

안방 규【1839】

字源 〈형성〉 명문가 규수나 세도가의 안방마님이 거처했던 곳이 안방이다. 본채에 딸려 있으면서 남자 출입을 엄격하게 통제하던 곳이다. 그래서 이곳에 거처하는 사람을 안방마님 혹은 안방 아씨라고 불렀다. 문(門) 안에 서옥(圭) 같은 규수께서 거처하며 수를 놓았던 곳으로 [안방(閨)]을 뜻하고 [규]로 읽는다.
圄 房(방 방) 回 開(열 개)

필순 丨 冂 冂 門 門 門 門 閏 閏 閨

기초 【기초한자어】 익히고, 【기본 → 발전한자어】 다지기
閨秀(규수) 남의 집 처녀를 정중하게 이르는 말
閨中(규중) 부녀자가 거처하는 곳
閨房(규방) 안방. 침실. 부녀자가 거처하는 방
• 최참판댁의 閨房에 동네 閨秀들이 모였다.
• 閨中의 처녀는 외출도 편히 하지 못했다.

기본 ② 閨怨(규원) 空閨(공규)

발전 ① 閨艶(규염) 孀閨(상규) 閨 閨竇(규두) 閨閤(규합) 閚 閨闥(규달)

부수	획수	총획
木	8	12

바둑 기【1840】

字源 〈형성〉 삼국시대 고구려의 승려 도림이 백제의 개로왕과 바둑을 두었다는 이야기가 [삼국유사]에 전한다. 기자조선 시대 때부터 바둑이 두어졌다는 설도 있으나 근거는 불확실한 편이다. 두 사람이 마주 앉아 나무(木) 판에 선을 그어(其) 교차점에 돌을 놓아 승부를 겨루니 [바둑(棋)]을 뜻하고 [기]로 읽는다.
圄 碁(바둑 기) 棊(바둑 기)

필순 一 十 木 木 杜 柑 桂 桂 棋 棋 棋

기초 【기초한자어】 익히고, 【기본 → 발전한자어】 다지기
棋局(기국) 바둑판이나 장기판. 바둑이나 장기의 국면
棋聖(기성) 바둑이나 장기의 뛰어난 명수
棋院(기원) 바둑을 즐겨 두는 사람이 조직하는 단체
• 우리나라 바둑 선수의 棋局이 매우 우세해졌다.
• 碁聖은 棋院을 중심으로 여러 가지 活動을 한다.

기본 ② 棋客(기객) 棋盤(기반) 棋譜(기보) 棋列(기열) 棋子(기자) 棋戰(기전) 國棋(국기) 博棋(박기) 復棋(복기) 速棋(속기) 將棋(장기)

발전 ②8 棋峙(기치) ① 棋諺(기언) 閚 棋枰(기평) 奕棋(혁기)

부수	획수	총획
水	13	16

짙을 농 :【1841】

字源 〈형성〉 물이 풍부하고 햇볕이 잘 들면 농사가 잘 되어서 풍년이 든다. 자연의 조화에 감사하는 풍년이 들면 풍년가가 저절로 나온다. 논에 물(氵←水)이 풍부하여 곡식이 누렇게 익어서 그 색깔이 [짙다]고도 했다. 농부(農)가 새벽에 물(氵←水)을 댈 때에 안개가 잘 끼었으니 [짙다(濃)]

는 뜻이고 [농]으로 읽는다.
圀厚(두터울 후) 回淡(맑을 담) 回農(농사 농)

【필순】 氵 氵 氵 沪 沪 泮 泮 濃 濃 濃

【기초】【기초한자어】 익히고, 【기본→발전한자어】 다지기
濃淡(농담) 짙음과 옅음
濃厚(농후) 어떤 경향이나 기색 따위가 뚜렷함
濃度(농도) 혼합 기체나 액체의 진하고 묽은 정도
• 수묵화는 먹의 濃淡을 잘 조절하여 그린다.
• 올해 미세먼지 濃度는 최악일 가능성이 濃厚하다.

【기본】 ② 濃霧(농무) 濃縮(농축)
【발전】 28 濃姸(농연) ① 濃抹(농말) 濃霧(농분) 濃艶(농염) 濃煎
(농전) 濃翠(농취) 特 濃黛(농대) 옐 濃醪(농료)

부수	획수	총획
尸	4	7

尿 오줌 뇨【1842】

【字源】〈회의〉 동물은 거의 모두가 배설을 목적으로 오줌을 눈다.
동물의 물질대사의 결과로 생긴 노폐물이 오줌이 된 것이
다. 오줌은 이렇게 신장에서 만들어져 수뇨관, 방광을 거
쳐 요도로 배출되는 담황색의 액체이다. 짐승 꼬리(尸) 부
분 하체에 소화된 후 나오는 배설된 액체(水)로 [오줌(尿)]
을 뜻하고 [뇨]로 읽는다.
回糞(똥 분) 回尼(여승 니) 局(판 국)

【필순】 ᄀ ᄀ 尸 尸 尸 尿 尿

【기초】【기초한자어】 익히고, 【기본→발전한자어】 다지기
糖尿(당뇨) 당분이 많이 섞여 나오는 오줌
尿道(요도) 방광에 괸 오줌을 몸 밖으로 내보내는 관
利尿劑(이뇨제) 오줌을 잘 나오게 하는 약제
• 糖尿는 糖分이 많이 섞여 나오는 오줌이라고 한다.
• 尿道에 문제가 생겨 利尿劑를 처방받았다.

【기본】 ② 尿意(요의) 尿精(요정) 尿閉(요폐) 尿血(요혈) 檢尿
(검뇨) 放尿(방뇨) 排尿(배뇨) 夜尿(야뇨) 利尿(이뇨)
血尿(혈뇨) 尿毒症(요독증)
【발전】 ① 尿糞(요분) 糞尿(분뇨)
【사자성어】 28 泌尿器科(비뇨기과)

부수	획수	총획
尸	2	5

尼 여승 니【1843】

【字源】〈형성〉 불제자들은 대체적으로 결혼을 하지 않는다. 남자
스님은 물론 여승에게도 적용되기는 마찬가지다. 오직 불

경을 암송하고 독실하게 읽으며 득도(得道) 경지에 도달
했으니 천년의 전통을 이어온 제도다. 결혼하지 않고 빈
숟가락(匕)만 갖고 다닌 홀몸의 스님(尸)으로 [여승(尼)]
을 뜻하고 [니]로 읽는다.
回泥(진흙 니)

【필순】 ᄀ ᄀ 尸 尸 尼

【기초】【기초한자어】 익히고, 【기본→발전한자어】 다지기
尼僧(이승) 비구니
尼寺(이사) 비구니들이 있는 절
僧尼(승니) 중과 여승
• 큰스님의 입적으로 전국의 尼寺들이 몰려왔다.
• 尼寺는 具足戒(구족계)를 받은 尼僧의 절이다.

【기본】 ② 尼房(이방) 尼院(이원) 尼法師(이법사) 沙彌尼(사미니)
【발전】 28 牟尼(모니)

부수	획수	총획
水	10	13

溺 빠질 닉【1844】

【字源】〈형성〉 사람은 종아리가 튼튼해야만 건강을 유지할 수 있
다고 한다. 아무리 몸이 건강해도 다리로 몸을 지탱하지
못한다면 건강을 금방 상실하는 수가 많다. 몸에 좋다는
수영도 팔과 다리로 하게 된다. 몸이 허약하면(弱) 자칫
물(氵=水)에 빠져 헤엄을 치지 못한다 했으니 [빠지다(溺)]
는 뜻이고 [닉]으로 읽는다.
圀沒(빠질 몰) 陷(빠질 함) 回弱(약할 약)

【필순】 氵 氵 氵 沪 沪 溺 溺 溺 溺

【기초】【기초한자어】 익히고, 【기본→발전한자어】 다지기
溺死(익사) 물에 빠져 죽음
耽溺(탐닉) 어떤 일을 몹시 즐거서 거기에 빠짐
溺沒(익몰) 물에 빠져 속으로 가라앉음
• 이순신 장군의 지휘에 왜병들은 溺沒하여 끝내
溺死했다.
• 그는 예술에 耽溺하여 걸작을 만들어냈다.

【기본】 ② 溺信(익신) 溺愛(익애) 沒溺(몰닉)
【발전】 ① 溺袴(요고) 焚溺(분닉)

부수	획수	총획
金	9	17

鍛 쇠 불릴 단【1845】

【字源】〈형성〉 쇠붙이는 매를 맞아야 잘 달구어져 튼튼하여 그
쓰임새가 완숙된다. 그래서 쇠몽둥이를 튼튼하게 잘 맞아
야만 된다고 했다. 대장간의 풀무로 달구어서 매를 힘껏

2급常

맞아야 된다 했으니 매 방망이겠다. 쇠붙이(金)를 불에 달 궈서 두드려서(段) 쓸 만한 연장을 만드니 [쇠 불리다(鍛)] 는 뜻이고 [단]으로 읽는다.

園 鍊(쇠 불릴 련) 冶(쇠 불릴 야) 煉(달굴 련) 回 段(층계 단)

필순 ノ 广 仨 牟 金 金' 鉅 鉅 鉅 鍛 鍛

기초 【기초한자어】 익히고, 【기본→발전한자어】 다지기
鍛鍊(단련) 쇠붙이를 불에 달군 후 단단하게 함
鍛金(단금) 쇠붙이를 불에 달군 다음 두드려 늘림
鍛工(단공) 금속을 단련함
• 쇠붙이는 鍛鍊 후에 더 단단해진다고 한다.
• 쇠붙이를 鍛金하여 모양내고 鍛工처리를 했다.

기본 ② 鍛鐵(단철)
발전 ① 鍛冶(단야) 鍛逎(단추) 特 鍛脩(단수)

부수	획수	총획
水	12	15

潭 못 담 【1846】

字源 〈형성〉'연못'은 '못'이라는 말로부터 파생되었다. 연못은 땅을 파거나 흐르는 물을 막아 물을 잘 가두어 둔 곳이다. 저수지보다 훨씬 작은 곳에 연못이 있어서 주로 아침저녁 으로 관상용이나 산책용으로 쓰였다. 전(覃)부터 물(氵)이 바구니(覀) 모양을 했던 연못에 많이 담겼으니 [못(潭)] 을 뜻하고 [담]으로 읽는다.
園 池(못 지) 沼(못 소) 淵(못 연)

필순 氵 氵 氵 沪 沪 沪 潯 潯 潭 潭 潭

기초 【기초한자어】 익히고, 【기본→발전한자어】 다지기
潭思(담사) 깊이 생각함
潭深(담심) 물이 깊음. 학문의 깊은 연구
靑潭(청담) 푸른 빛깔의 깊은 못
• 올해의 논문상은 연구인의 潭深에서 우러나온 결 과물이다.
• 그는 靑潭을 바라보며 깊은 潭思에 빠졌다.

기본 ② 潭水(담수)
발전 28 潭瀴(담연) ① 潭奧(담오) 潭尙(담와) 潭壑(담학) 濬潭 (준담) 澄潭(징담) 瀑潭(폭담) 特 潭湫(담추) 潭淪 (담약)

부수	획수	총획
肉	13	17

膽 쓸개 담 : 【1847】

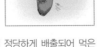

字源 〈형성〉 쓸개에서 나오는 담즙이 정당하게 배출되어 먹은 음식이 소화된다는 것은 잘 알려진다. 담낭이 수축하면

담즙이 담즙관을 통해서 십이지장으로 곧게 들어가 지방 의 소화를 돕는 일종의 순환과정이다. 살기 위해 담즙(詹) 을 배출한 쓸개가 신체(月←肉)를 지탱했으니 [쓸개(膽)] 를 뜻하고 [담]으로 읽는다.
回 擔(멜 담) 약 胆

필순 月 月 月' 肜 肜 胪 膪 膪 膽 膽 膽

기초 【기초한자어】 익히고, 【기본→발전한자어】 다지기
膽力(담력) 겁이 없고 용감한 기운
肝膽(간담) 간과 쓸개를 아울러 이르는 말
膽石(담석) 쓸개관이나 쓸개주머니에 생기는 결석
• 膽力체험을 하다가 肝膽이 서늘해졌다.
• 쓸개관이나 쓸개주머니에 생기는 結石이 膽石이다.

기본 ② 膽大(담대) 膽略(담략) 落膽(낙담) 大膽(대담)
발전 28 熊膽(웅담) ① 膽礬(담반) 豬膽(저담) 膽囊(담낭) 膽顫 (담전) 膽汁(담즙)
사자성어 ② 膽大心小(담대심소)

부수	획수	총획
土	5	8

垈 집터 대 【1848】

字源 〈형성〉 대대로 살아온 집터는 역사와 깊은 관련이 있다. 거기에는 선조님들의 고운 손때가 묻어 있고, 슬기가 스 며들어 있다. 집터에는 토지신이라고 하여 명절에 돌아오 면 토지신께 정성껏 제사를 모셨다. 대대(代)로 살아오면 서 집안 역사와 손때가 많이 묻었던 땅(土)으로 [집터(垈)] 를 뜻하고 [대]로 읽는다.
回 代(대신 대)

필순 ノ イ 亻 代 代 代 垈 垈

기초 【기초한자어】 익히고, 【기본→발전한자어】 다지기
垈地(대지) 집터로서의 땅
家垈(가대) 집의 터전
苗垈(묘대) 못자리
• 서울에 垈地를 마련하겠다고 고향의 家垈를 팔았다.
• 3~4월이면 農村에서는 苗垈를 설치한다.

기본 ② 裸垈地(나대지)

부수	획수	총획
戈	13	17

戴 일 대 : 【1849】

字源 〈형성〉'이다'는 사람이 물건 따위를 머리 위에 얹어 놓다 는 뜻으로 쓰인 술어다. 여인네들이 물동이를 머리에 '이 다' 뜻으로 보기도 했다. 광주리를 머리에 이고 다니는 할

머니가 신기한 듯이 바라보기도 했다. 짐수레에 싣지만(戈←載) 여자들은 달리(異) 머리에 받들었으니 [이다(戴)]는 뜻이고 [대]로 읽는다.

圖奉(받들 봉) 回栽(심을 재) 載(실을 재)

필순 十 吉 吉 吉 壴 壹 壴 嘼 戴 戴

기초 【기초한자어】 익히고, 【기본→발전한자어】 다지기
戴冠(대관) 임금이 왕관을 받아 씀
推戴(추대) 윗사람으로 떠받듦
戴白(대백) 머리에 흰 머리털이 많이 남
• 그를 우리 단체의 會長으로 推戴했다.
• 戴白한 찰스 왕세자는 자신의 戴冠式을 기다린다.

기본 ②戴星(대성) 奉戴(봉대) 戴冠式(대관식)
발전 28翊戴(익대)
사자성어 ②男負女戴(남부여대) ①戴盆望天(대분망천)

悼	부수	획수	총획
	心	8	11

슬퍼할 도 【1850】

字源 〈형성〉 마음이 차분하지 못하면 이리저리 허덕인다. 평정심을 찾지 못하여 여러 곳을 서성인 것이다. 방 안을 돌면서 서성이고, 무작정 걸으면서 여러 가지 생각에 잠기기도 한다. 슬픔도 같이 맛보게 된다. 마음(忄←心)이 평정을 되찾지 못하고 동요하며(卓) 방황하니 [슬퍼하다(悼)]는 뜻이고 [도]로 읽는다.

圖悲(슬플 비) 哀(슬플 애) 懼(두려워할 구) 慄(떨릴 률)
回歡(기쁠 환) 喜(기쁠 희)

필순 丶忄忄忄忄忄忄忄忄悼

기초 【기초한자어】 익히고, 【기본→발전한자어】 다지기
哀悼(애도) 사람의 죽음을 슬퍼함
追悼(추도) 죽은 사람을 생각하여 슬퍼함
悲悼(비도) 사람의 죽음을 애석하게 여겨 몹시 슬퍼함
• 요즈음 追悼와 哀悼는 같은 뜻으로 쓰인다.
• 그뿐만이 아니지, 悲悼까지도 같이 쓰는 사람이 많다는구먼.

기본 ②追悼辭(추도사)
발전 ①悼慄(도율) 悼灼(도작) 嗟悼(차도) 牵軫悼(진도)
國悼耄(도모)
사자성어 ②悼二將歌(도이장가)

桐	부수	획수	총획
	木	6	10

오동나무 동
【1851】

字源 〈형성〉 '오동나무'는 낙엽 활엽 교목의 식물로 많은 사랑을 받는다. 집 근처나 뜰 정원수로 가꾸어 주위에서 흔히 볼 수 있는 나무이다. 잎은 달걀 모양 또는 오각형이며, 울릉도가 원산지라고 알려진다. 얇은 나무(木)의 생김새나 빛깔로 보아 한결같이(同) 고운 나무로 [오동나무(桐)]를 뜻하고 [동]으로 읽는다.

圖梧(오동나무 오) 回梅(매화나무 매)

필순 一 十 才 木 机 机 桐 桐 桐 桐

기초 【기초한자어】 익히고, 【기본→발전한자어】 다지기
梧桐(오동) 오동나무
油桐(유동) 대극과에 속하는 낙엽 활엽 교목
碧梧桐(벽오동) 벽오동과의 낙엽 활엽 교목
• 梧桐과 油桐은 서로 다른 식물인데 혼동하는 경향이 있다.
• 碧梧桐의 나뭇진은 종이 만드는 풀로 쓰인다.

기본 ②桐油(동유) 靑桐(청동)
발전 ①喬桐(교동) 箭桐(전동) 國桐梓(동재)

棟	부수	획수	총획
	木	8	12

마룻대 동 【1852】

字源 〈형성〉 마룻대는 용마루의 밑에 서까래가 얹히게 된 도리를 뜻한다. 용마루는 건물 지붕 중앙에 있는 주된 마루로, 한식 가옥에서는 중심을 이루고 있으며 서까래의 받침이 되는 어떠한 부분이라고도 할 수 있겠다. 집 지을 때 가장 중요한(東) 위치를 차지하는 큰 나무(木)였던 [마룻대(棟)]를 뜻하고 [동]으로 읽는다.

回棋(바둑 기) 凍(얼 동)

필순 一 十 才 木 杧 杧 棟 棟 棟 棟

기초 【기초한자어】 익히고, 【기본→발전한자어】 다지기
棟梁(동량) 마룻대와 들보. 큰 인재
棟宇(동우) 집의 마룻대와 추녀 끝
病棟(병동) 여러 개의 병실로 된 병원 안의 한 채의 건물
• '건축계의 棟梁'이 우리집 棟宇를 손보았다.
• 어린 딸은 소아과 病棟에 입원한 지 오래 되었다.

기본 ②棟幹(동간)
발전 28棟樑(동량) ①藻棟(조동) 國楹棟(영동)
사자성어 ②棟梁之器(동량지기) 棟梁之材(동량지재) 精神病棟(정신병동)

藤	부수	획수	총획
	⧺	15	19

등나무 등 【1853】

2급常

字源 〈형성〉 계절의 여왕 5월이 되면 쉼터에서 아름다운 꽃이 수없이 주렁주렁 매달려 있는 등나무가 눈에 들어온다. 등의 오른쪽으로 감기면서 등나무는 짙푸른 잎을 펼쳐 한여름의 뙤약볕을 피할 수 있게 한다. 물이 위로 솟아오르듯이(滕) 넝쿨 식물(艹)이 좌우로 얽혔으니 [등나무(藤)]를 뜻하고 [등]으로 읽는다.

필순 艹 艹 艹 艹 萨 萨 萨 藤 藤 藤 藤

기초 【기초한자어】 익히고, 【기본 → 발전한자어】 다지기
葛藤(갈등) 서로 상치되는 견해 처지 이해 따위의 차이로 생기는 충돌
藤架(등가) 기둥을 세우고 그 위에 나무를 걸쳐 등나무 덩굴을 올림
藤蘿(등라) 덩굴. 등나무의 덩굴
• 葛藤을 해소해야만 藤架를 하든지 말든지 하겠지.
• 여름이면 藤蘿 밑에서 조용한 休息을 취한다.
기본 ② 藤菊(등국) 藤柳(등류) 藤梨(등리) 藤床(등상) 藤枕(등침) 交藤(교등) 藤家具(등가구)
발전 ① 藤纏(등전) 藤牌(등패) 藤鞭(등편) 鉤藤(구등)

	부수	획수	총획
謄	言	10	17

베낄 등【1854】

字源 〈형성〉 '베끼다'는 있는 그대로 다른 종이에 옮겨 쓴다는 뜻으로 '등사(謄寫)하다'란 뜻으로 쓰인다. 어느 시인은 [꽃에서 꽃으로 스민 슬픔을 베끼다]라고 하면서 있는 그대로 [엄마는 이를 베꼈다]고 했었다. 많은(朕) 사람에게 전하는 말(言)이나 의사 전달을 등사했으니 [베끼다(謄)]는 뜻이고 [등]으로 읽는다.
回寫(베낄 사) 回騰(오를 등)

필순 丿 月 月 朕 胖 胖 胖 謄 謄 謄 謄

기초 【기초한자어】 익히고, 【기본 → 발전한자어】 다지기
謄本(등본) 원본의 내용을 전부 베낌 또는 그런 서류
謄寫(등사) 등초. 등사기로 찍음
謄錄(등록) 이전 전례를 적은 기록
• 謄本하고 抄本도 구별 못하면서 謄寫한다고?
• 이제는 정확하게 謄錄을 해야 한다는 생각일세.
기본 ② 謄記(등기) 謄抄(등초) 住民登錄謄本(주민등록등본)
발전 ① 喧謄(훤등)

	부수	획수	총획
裸	衣	8	13

벗을 라 :【1855】

字源 〈형성〉 '벗다'는 사람이 입거나 신은 것 따위를 몸에서 떼

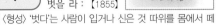

어 내다는 뜻이다. 다음 예문을 유심하게 보자. [학교에 장갑을 벗어 두고 갔다. 아저씨는 들어오자마자 외투를 벗었다]는 같은 유형으로 살펴본다. 과일(果)에는 겉껍질(衣)이 있어서 그 껍질을 벗겨야 먹을 수 있기에 [벗다(裸)]는 뜻이고 [라]로 읽는다.
回脫(벗을 탈)

필순 丿 ネ ネ 衤 衤 衤 衵 祼 裸 裸 裸

기초 【기초한자어】 익히고, 【기본 → 발전한자어】 다지기
裸身(나신) 알몸
裸體(나체) 발가벗은 몸
赤裸裸(적나라) 아무것도 몸에 지니지 않아 벌거숭이임
• 裸身과 裸體는 같은 말이지만 그 뉘앙스는 다르다.
• 그의 실체가 赤裸裸하게 드러났다.
기본 ② 裸麥(나맥) 裸婦(나부) 半裸(반라) 裸垈地(나대지)
발전 ① 裸錠(나정) 翻 裸跣(나선)

	부수	획수	총획
洛	水	6	9

물이름 락【1856】

字源 〈형성〉 [첨피낙의(瞻彼洛矣): 저 낙수를 쳐다보라!] 주천자의 부름을 받아 낙읍(洛邑)에 흐르는 낙수(洛水)를 보자고 했던 부로 된 시에서 쓰인 한자다. 우리나라의 [낙동강]을 부를 때도 쓰이는 한자다. 산골에서 흐르는 물줄기(氵)가 각각(各) 모여서 큰 강을 이루었으니 [물이름(洛)]을 뜻하고 [락]으로 읽는다.
回烙(지질 락) 落(떨어질 락) 絡(이을 락) 路(길 로)

필순 丶 丶 氵 氵 沙 汝 洛 洛 洛

기초 【기초한자어】 익히고, 【기본 → 발전한자어】 다지기
洛東江(낙동강) 강원도 함백산에서 시작하여 남해로 흐르는 강
洛陽(낙양) 중국의 후한·당 등의 도읍지였던 곳
洛京(낙경) 예전에 낙양을 이르던 말
• 강원도 함백산에서 시작하여 남해로 흐르는 강이 洛東江이다.
• 경치가 절경인 洛陽을 洛京이라고도 하였는데, 낙수(洛水)가 으뜸이라네.
기본 ② 洛水(낙수)
발전 ① 洛繹(낙역) 駕洛(가락)

	부수	획수	총획
爛	火	17	21

빛날 란 :【1857】

字源 〈형성〉'빛나다'는 윤이 나서 광채가 반짝인다는 뜻이라고 말한다. [닦다(polish) 혹은 반짝 빛나다(gleam)]는 두 용어가 매우 인상적으로 닿기도 한다. 구두라고 해도 좋겠고, 아니면 마음이라면 더욱 좋겠다. 타는 불길(火)이 집안에서 제 역할을 다하여 난간(闌)으로 피어올라 [빛나다(爛)]는 뜻이고 [란]으로 읽는다.

图 燦(빛날 찬) 燿(빛날 요) 赫(빛날 혁) 回 蘭(난초 란) 欄 (난간 란)

필순

기초 【기초한자어】 익히고, 【기본→발전한자어】 다지기
爛開(난개) 꽃이 한창 만발함
絢爛(현란) 눈이 부시도록 찬란함
爛發(난발) 꽃이 한창 흐무러지게 핌
· 지금이 꽃이 爛發하는 時機라는 것을 알겠네.
· 꽃의 爛開는 絢爛하기가 그지없이 좋구나.

기본 ② 爛熟(난숙) 腐爛(부란)

발전 ②⑧ 爛柯(난가) 燦爛(찬란) 煥爛(환란) ① 爛汒(난홍) 靡爛 (미란) 斑爛(반란) 灼爛(작란) 특진 爛玕(난간)

사자성어 ② 天眞爛漫(천진난만)

	부수	획수	총획
藍	++	14	18

쪽 람【1858】

字源 〈형성〉쪽은 잎이 어긋나고 잎자루가 짧은 것이 특징이다. 잎 몸은 긴 타원형 또는 달걀꼴이며 양 끝이 좁고 가장자리가 밋밋한데 마르면 검은 빛이다. 턱잎은 잎 집 모양을 하며 막질이고 가장자리에 털이 나있다. 풀잎(++)이 떨어져 썩은 모습을 살펴보는(監) 그 염료로 사용되어 [쪽(藍)]을 뜻하고 [람]으로 읽는다.

回 監(볼 감) 濫(넘칠 람) 籃(대바구니 람) 回 蓝

필순

기초 【기초한자어】 익히고, 【기본→발전한자어】 다지기
藍色(남색) 남빛. 쪽빛
藍實(남실) 쪽의 씨. 약재로 씀
出藍(출람) 쪽에서 뽑아낸 푸른 빛이 쪽보다 더 푸름
· 出藍이란 제자가 스승보다 낫다는 뜻이다.
· 남빛의 영기를 받고 藍色과 藍實에 연유한 것이 아닌가 생각하네.

기본 ② 藍輿(남여) 甘藍(감람) 藍靑色(남청색)

발전 ① 伽藍(가람) 迦藍(가람) 藍汁(남즙) 특 藍縷(남루) 藍絞(남수)

사자성어 ② 藍田生玉(남전생옥) 靑出於藍(청출어람)

	부수	획수	총획
拉	手	5	8

끌 랍【1859】

字源 〈형성〉[이목을 끌다. 눈길을 끌다]는 서술어가 쓰인다. 특징적으로 말하면 [이목을 집중하다]는 뜻으로 쓰이거나 '일을 질질 끌다. 짐을 들지 못하고 끌다'는 다의어가 있어서 앞뒤 문맥을 보아야만 뜻을 알겠다. 손(扌)에 힘을 주어서(立) 물건을 꺾거나 휘면서 잡아당겼으니 [끌다(拉)]는 뜻이고 [랍]으로 읽는다.

图 引(끌 인) 提(끌 제) 回 推(밀 추)

필순

기초 【기초한자어】 익히고, 【기본→발전한자어】 다지기
拉致(납치) 강제로 끌고 감
被拉(피랍) 납치를 당함
拉北(납북) 북쪽으로 납치해 감
· 拉致와 被拉은 뜻이 같은 것 같으나 엄연히 다르다.
· 한때는 북한에서 우리 어선들을 拉北해 갔었다.

기본 ② 拉枯(납고)

발전 ① 拉朽(납후) 敲拉(고랍)

	부수	획수	총획
輛	車	8	15

수레 량 :【1860】

字源 〈형성〉수레는 바닥에 바퀴를 달아 회전으로 사람이나 짐을 옮기는 도구다. 수레는 인류가 만들어 낸 중요한 발명품의 하나로, 무거운 물건을 비교적 멀리 운반하는 데에 중요한 수단으로 사용했던 도구다. 뒤에는 바퀴 두 개(兩)가 달려서 물건을 싣고 다녔던 차량(車)으로 [수레(輛)]를 뜻하고 [량]으로 읽는다.

图 車(수레 거/차) 回 輌

필순

기초 【기초한자어】 익히고, 【기본→발전한자어】 다지기
車輛(차량) 도로나 선로를 달리는 모든 차를 이르는 말
· 車輛이 늘어나면서 교통사고가 급증하고 있다.
· 오랫동안 불법주차한 車輛이 이제 견인되었다.

2급常

	부수	획수	총획
煉	火	9	13

달굴 련【1861】

字源 〈형성〉 한자 자원으로 보아 '달구다'는 '쇠붙이에 열을 가하여 대상물을 뜨겁게 만들다'는 뜻을 지니겠다. 그렇지만 어떤 이벤트 행사를 두고, 분위기가 자못 뜨겁게 달아올랐을 때도 함께 쓰인 용어라 하겠다. 쇠붙이를 불(火)에 달구어서 여러 불순물들을 걸러냈으니(柬) [달구다(煉)]는 뜻이고 [련]으로 읽는다.
圖 鍛(쇠불릴 단) 鍊(쇠불릴 련)

필순 ｀ ㇏ ㇏ 火 炉 炉 炉 炯 煉 煉

기초 【기초한자어】 익히고, 【기본→발전한자어】 다지기
煉乳(연유) 달여 진하게 만든 우유
煉瓦(연와) 벽돌
煉炭(연탄) 무연탄 가루를 점결제를 가압한 덩어리
•煉瓦로 창고를 만들어 煉炭을 보관했다.
•팥빙수에 달콤한 煉乳를 뿌려서 맛있게 먹었다.

기본 ② 煉丹(연단) 煉獄(연옥) 煉炒(연초) 修煉(수련)
발전 ① 煉禱(연도) 煉煤(연매)

부수	획수	총획
竹	16	22

대바구니 롱(:) 【1862】

字源 〈형성〉 대바구니는 인간이 만든 훌륭한 작품 중 하나였다. 그릇이 깨끗하고 쓸모가 많았기 때문이다. 대바구니에 담아서 물건을 나르기도 했고, 음식물을 담아 놓는 그릇으로 사용하기도 했다. 쌓여있는 흙을 빠르고 신속하게(龍)하게 나르기 위해서 대(竹)로 만들었으니 [대바구니(籠)]를 뜻하고 [롱]으로 읽는다.
回 篭

필순 ｀ ⺮ ⺮ 竺 笁 竿 筥 笼 箭 籠 籠

기초 【기초한자어】 익히고, 【기본→발전한자어】 다지기
籠球(농구) 상대편의 바스켓에 공을 던져 넣는 경기
籠城(농성) 어떤 목적을 이루기 위하여 한 자리를 떠나지 않고 시위함
籠絡(농락) 교묘한 꾀로 휘어잡아 제 마음대로 이용함
•올림픽 籠球 결승전에 대한민국이 진출했다.
•籠城이 짙으면 '籠絡의 장'이 되어 국민으로부터 指彈을 받는다.

기본 ② 葛籠(갈롱) 箱籠(상롱) 藥籠(약롱) 香籠(향롱) 籠中鳥(농중조)
발전 ① 籠括(농괄) 籠絆(농반) 籠餅(농병) 籠鷹(농응) 籠檻(농함) 牢籠(뇌롱) 兜籠(두롱) 囲 欌籠(장롱)
사자성어 ② 籠鳥戀雲(농조연운)

부수	획수	총획
疒	12	17

병고칠 료 【1863】

字源 〈형성〉 관청에는 병을 치료하는 관료가 있었다. 궁중에는 어의들이 있어 임금이나 궁중에 아픈 환자가 있으면 힘을 써서 병의 치료를 전담했다. 민간 의료 요법도 의원의 역할은 컸다. 아픈 병세(疒) 치료를 직무로 한 벼슬아치(尞)가 신중을 기해서 침과 약물을 투여하니 [병 고치다(療)]는 뜻이고 [료]로 읽는다.
回 僚(동료 료) 遼(멀 료)

필순 ｀ 广 广 疒 疒 疒 疗 疗 疼 疼 療 療

기초 【기초한자어】 익히고, 【기본→발전한자어】 다지기
療養(요양) 휴양하면서 조리하여 병을 치료함
治療(치료) 병이나 상처 따위를 잘 다스려 낫게 함
診療(진료) 진찰과 치료
•그는 療養병원에서 구준하게 治療를 받았다.
•몸이 아프면 의사에게 診療를 받아라.

기본 ② 療飢(요기) 療方(요방) 療法(요법) 療病(요병) 加療(가료) 醫療(의료)

부수	획수	총획
石	7	12

유황 류 【1864】

字源 〈형성〉 유황은 타기 쉬운 노란색 광물질로 사해 근처에서 풍부하게 매장되어 있다. 타는 유황의 푸른 불꽃은 뜨거우며 그 연기에서는 숨이 막힐 정도의 냄새를 뿜어낸다. 돌맹이(石)와 같이 단단하지만 약간의 열만 가해도 액체가 되어 줄줄 흘러내리는(㐬←流) 약한 물질로 [유황(硫)]을 뜻하고 [류]로 읽는다.

필순 一 丁 石 石 矿 硫 硫 硫 硫 硫

기초 【기초한자어】 익히고, 【기본→발전한자어】 다지기
脫硫(탈류) 탈황. 석유나 천연가스, 금속 제련 등의 생산 공정에서 황 성분을 없앰
硫黃(유황) 광물성 약재의 하나
硫化(유화) 황화
•탈황의 이전 용어는 脫硫라고 했다.
•硫黃은 의약품이나 화약, 성냥 등의 주된 원료로 쓰인다.

기본 ② 硫酸(유산)

부수	획수	총획
言	11	18

그르칠 류 【1865】

字源 〈형성〉 잘못된 행동이나 태도로 일이나 사람 간의 사이가 어그러지는 경우를 많이 볼 수 있다. '그르치다'는 잘못하여 일을 그릇되게 하다는 뜻이다. 입으로 했던 말(言)이 먼 곳까지 벗어나서(翏) 잘못 전달되어 버렸으니 의사를 밝힘이 오히려 나쁘게 되었다고 했었으니 [그르치다(謬)]는 뜻이고 [류]로 읽는다.
圖 誤(그르칠 오) 訛(그르칠 와) 回 診(진찰할 진)

필순 ⺀ ⺀ 言 訂 謬 謬 謬 謬 謬 謬 謬

기초 【기초한자어】 익히고, 【기본→발전한자어】 다지기
謬見(유견) 잘못된 견해
誤謬(오류) 그릇되어 이치에 맞지 않음
謬習(유습) 못된 버릇
• 그 교수의 謬見으로 논문에 誤謬가 발생했다.
• 고문으로 허위자백을 받아냈던 경찰계의 오래된 謬習은 없어졌다.
기본 ② 謬算(유산) 謬想(유상) 謬傳(유전)
발전 ① 剌謬(날류) 訛謬(와류) 悖謬(패류)

부수	획수	총획
手	11	15

문지를 마 【1866】

字源 〈형성〉 '문지르다'는 무엇을 서로 눌러대고 이리저리 밀거나 비비다'는 뜻이다. 짐승은 몸의 일부를 서로 문지르며 체온을 따뜻하게 유지하면서 속깊은 애정을 표현하기도 한다. 손가락(手) 사이에 밭에서 기른 삼(麻)을 들고 손으로 비벼가면서 가느다란 실을 만들었으니 [문지르다(摩)]는 뜻이고 [마]로 읽는다.
圖 擦(문지를 찰) 撫(어루만질 무) 按(어루만질 안)

필순 ⺁ ⺁ ⺁ ⺁ 麻 麻 麻 麻 麻 摩 摩

기초 【기초한자어】 익히고, 【기본→발전한자어】 다지기
摩擦(마찰) 이해나 의견이 서로 다른 사람이나 집단이 충돌함
撫摩(무마) 분쟁이나 사건 따위를 어물어물 덮어 버림
摩天(마천) 하늘을 만질 만큼 높음
• 서울은 摩天樓(루)가 즐비한 도시이다.
• 분쟁의 摩擦을 조정하여 撫摩하기 위해 노력했다.
기본 ② 摩鑛(마광) 摩尼(마니) 摩震(마진) 肩摩(견마) 切摩(절마) 漸摩(점마) 摩天樓(마천루)
발전 ① 摩壘(마루) 摩撫(마무) 摩娑(마사) 摩徒(마사) 刮摩(괄마) 凌摩(능마) 曇摩(담마) 按摩(안마) 蕩摩(탕마)

特 摩戛(마알)

부수	획수	총획
疒	8	13

저릴 마 【1867】

字源 〈형성〉 흔히 가슴이 저리다고들 말한다. 마음으로 강한 감동이나 심한 슬픔 등으로 인해서 아린 듯이 아픈 충동이리라. 이럴 때일수록 가볍게 산책하면서 모든 일을 잊는다. 사람 몸이 마치 삼대(麻)처럼 뻣뻣해져 가는 중풍에 걸리는 병 증세(疒)로 온몸이 마비되었으니 [저리다(痲)]는 뜻이고 [마]로 읽는다.
圖 痺(저릴 비) 回 麻(삼 마)

필순 ⺂ 广 疒 疒 疒 疒 痲 痲 痲 痲 痲

기초 【기초한자어】 익히고, 【기본→발전한자어】 다지기
痲痺(마비) 신경이나 근육이 기능을 잃어버리는 상태
痲醉(마취) 약물 따위를 이용하여 감각을 잃게 함
痲木(마목) 전신 또는 사지의 근육이 굳어서 감각이 없고 몸을 마음대로 움직일 수 없는 병
• 일상생활을 하다가 痲木 증세로 사지가 갑자기 痲痺되었다.
• 수술을 하기 위해서 부분 痲醉를 해서 그런지 아직도 감각이 둔하다.
기본 ② 痲藥(마약)
발전 ① 痲疹(마진) 출전 痲瘋(마풍)

부수	획수	총획
鬼	11	21

마귀 마 【1868】

字源 〈형성〉 마귀와 사탄은 연관성이 상당히 깊게 보인다. 행여 마귀의 요망에 빠져 사탄으로 향한다 했으니 요사스러운 잡귀 마귀의 꾀에 빠지지 않도록 조심하길 주문한다 하겠다. 삼(麻)에서 빼낸 마약을 사람 몸에 투여하면 귀신(鬼)처럼 정상적인 사람이 되지 못한다 했으니 [마귀(魔)]를 뜻하고 [마]로 읽는다.
圖 鬼(귀신 귀)

필순 广 广 广 广 府 麻 麻 麻 磨 魔 魔

2급常

기초 【기초한자어】 익히고, 【기본→발전한자어】 다지기
魔力(마력) 요술, 마술의 힘
魔鬼(마귀) 요사스럽고 못된 잡귀를 통틀어 일컬음
魔法(마법) 마력으로 불가사의한 일을 하는 술법
• 魔法師가 魔力으로 입에 불을 머금어 관객들의 탄성이 터졌다.

• 이제는 魔鬼할멈의 妖術은 조금도 이상할 것이 없다.

기본 ② 魔界(마계) 魔軍(마군) 魔窟(마굴) 魔手(마수) 魔術(마술) 魔王(마왕) 病魔(병마) 色魔(색마) 心魔(심마) 惡魔(악마) 伏魔殿(복마전)

발전 ① 魔魁(마괴) 魔漿(마장) 蘊魔(온마)

사자성어 ② 好事多魔(호사다마)

부수	획수	총획
肉	11	15

膜
막 막
꺼풀 막【1869】

字源 〈형성〉 동식물체 내부의 근육 및 모든 기관(器官)을 감싸고 있는 얇은 막(膜)을 뜻하는 한자다. 인체는 표피인 거죽이 튼튼하지 못하면 건강을 크게 해칠 수가 있다고 한다. 사람 몸[月]속 여러 기관을 두터운 거죽으로 둘러싸고(莫←幕) 있는 [꺼풀(膜)]인 표피막이라고 했으니 [막(膜)]을 뜻하고 [막]으로 읽는다.

필순 月 月 月 月 胩 胩 胩 胩 膜 膜

기초 【기초한자어】 익히고, 【기본→발전한자어】 다지기
膜骨(막골) 척추동물의 경골
角膜(각막) 눈의 겉을 싼 투명한 막
肋膜炎(늑막염) 외상이나 결핵균의 감염으로 늑막에 생기는 염증
• 結核菌의 감염으로 肋膜炎이 되고 말았다.
• 角膜에 염증이 생겨 눈이 아프니 不便합니다.

기본 ② 鼓膜(고막) 骨膜(골막) 網膜(망막) 胎膜(태막) 結膜炎(결막염) 腦膜炎(뇌막염) 腹膜炎(복막염) 處女膜(처녀막) 橫隔膜(횡격막)

발전 ① 膜唄(막패) 膜唄(모패) 腱膜(거막) 膈膜(격막) 鞏膜(공막) 肋膜(늑막) 粘膜(점막)

부수	획수	총획
女	7	10

娩
해산할 만 :
낳을 만 :【1870】

字源 〈형성〉 사람이나 동물이 새끼를 임신하여 일정한 기간이 지나면 몸 밖으로 자식을 생산하게 된다. 이것이 이른바 분만(分娩)이다. 유의어는 자식을 '생산(生産)하다. 출산(出産)하다' 등이겠다. 여자(女)가 임신하여 배 속에 태아를 기른 일을 맡으니 [낳아(娩)] 면하니(免) [해산하다(娩)]는 뜻이고 [만]으로 읽는다.
图産(낳을 산) 誕(낳을 탄)

필순 〈 女 女 女 娩 娩 娩 娩 娩 娩

기초 【기초한자어】 익히고, 【기본→발전한자어】 다지기
娩痛(만통) 해산할 때의 진통
解娩(해만) 해산. 아이를 낳음
娩息(만식) 낳아 수가 늘어 감
• 이웃집 아주머니는 娩痛이 심했다고 한다.
• 解産이라고 불리는 解娩은 여자가 출산할 때 가장 심한 통증이다.

기본 ② 分娩(분만)

발전 ① 婉娩(완만) 擬娩(의만)

부수	획수	총획
水	22	25

灣
물굽이 만【1871】

字源 〈형성〉 바다나 강 등에서 가만히 바라보면 물이 굽어 흐르는 곳을 찾아서 올라왔으니 이것이 이른바 물굽이다. 굽이친 만(灣)을 만나면 조용한 항만이 눈앞에 전개되었을 것이다. 먼 바다(氵)에서 고기잡이하던 배가 육지로 들어오면 산굽이(彎)로 오목한 곳이 되었으니 [물굽이(灣)]를 뜻하고 [만]으로 읽는다.
回蠻(오랑캐 만) 뫱灣

필순 氵 氵 氵 氵 氵 灣 灣 灣 灣 灣 灣 灣 灣 灣

기초 【기초한자어】 익히고, 【기본→발전한자어】 다지기
灣商(만상) 조선시대에 평안북도 의주의 용만에서 중국과 교역하던 상인
港灣(항만) 해안에 방파제나 부두 등의 시설을 갖춘 곳
臺灣(대만) 중화민국의 속칭
• 灣商들은 조선시대에 교역으로 부를 쌓았다.
• 臺灣은 섬나라로 臺灣이 발달하였다.

기본 ② 牙山灣(아산만)

발전 ① 濤灣(도만) 澄灣(징만)

부수	획수	총획
虫	19	25

蠻
오랑캐 만【1872】

字源 〈형성〉 북방 오랑캐들은 난폭하고, 남방 오랑캐들은 무질서하고 행동이 느렸다고 한다. 생각의 폭도 극히 작았다. '남만북적'이라 했으니 북방과 남방의 등살이었으리라. 모양이나 색깔이 잘 변하는(綠←戀) 벌레(虫)가 여러 곳에 득실거리는 남쪽지방 사납기 그지없던 [오랑캐(蠻)]를 뜻하고 [만]으로 읽는다.
图夷(오랑캐 이) 回狄(북방오랑캐 적) 回變(변할 변) 變(불꽃 섭) 戀(그릴 련) 뫱蛮

필순

기초 【기초한자어】 익히고, 【기본→발전한자어】 다지기
蠻勇(만용) 분별없이 함부로 날뛰는 용맹
野蠻(야만) 미개하여 문화 수준이 낮은 상태
蠻性(만성) 야만스런 성질
• 蠻勇을 부리는 그에게서 蠻性이 엿보인다.
• 사람을 고문하는 행위도 野蠻的이다.

기본 ② 蠻行(만행)
발전 ① 蠻貊(만맥) 蠻酋(만추)

	부수	획수	총획
網	糸	8	14

그물 망 【1873】

字源 〈형성〉 실이나 노끈, 철사 따위로 구멍이 나도록 얽은 물건이 그물이다. 그물은 물고기나 짐승 따위를 잡을 때 쓰는 도구다. 유의어는 '망(罔), 한망(罕罔)' 등으로 쓰인다. 여러 겹으로 얽히고설키면서 고기잡이 망을 짜지만 정작 중요한 실(糸)이 없다면(罔) 만들 수 없었으니 [그물(網)]을 뜻하고 [망]으로 읽는다.
回 綱(벼리 강)

필순

기초 【기초한자어】 익히고, 【기본→발전한자어】 다지기
網羅(망라) 물고기나 새를 잡는 그물
投網(투망) 그물을 던지는 일
網膜(망막) 그물막
• 물에 投網을 던지더라도 고기떼를 보아 던진다.
• 물속의 물고기나 하늘을 나는 새를 잡는 그물이 網羅다.

기본 ② 網球(망구) 羅網(나망) 法網(법망) 漁網(어망) 魚網(어망) 鐵網(철망) 電算網(전산망) 情報網(정보망) 鐵條網(철조망) 包圍網(포위망)
발전 ① 網巾(망건) 網笠(망립) 網紗(망사) 網箭(망전) 曳網(예망) 箭網(전망) 狐網(호망) 特 網罟(망고) 網罩(망조)
사자성어 ② 一網打盡(일망타진)

	부수	획수	총획
枚	木	4	8

낱 매 【1874】

字源 〈형성〉 물건을 하나씩 셀 수 있게 된 것이 낱낱의 개수이다. 곧 수나 관형사 뒤에서 의존적 용법으로 쓰이고 있는 한자다. 물건을 하나하나씩 세는 단위를 나타내는 말로도 넉넉히 쓰였다. 비록 나무(木)일망정 후손의 번식을 위해 힘써(攵) 매달아 놓은 것은 모두 [낱(枚)]알로 된 [씨앗(枚)]임을 뜻하고 [매]로 읽는다.
回 杯(잔 배)

필순

기초 【기초한자어】 익히고, 【기본→발전한자어】 다지기
枚擧(매거) 하나하나 들어서 말함
枚數(매수) 종이 따위를 셀 수 있는 물건의 수효
枚陳(매진) 낱낱이 들어 사실대로 말함
• 은행에서 찾는 돈은 枚數를 정확하게 세어야 한다.
• 보험설계사가 약관을 枚陳하여 실명했다.

기본 ② 十枚(십매) 條枚(조매)
발전 ① 銜枚(함매) 特 枚筮(매서)

	부수	획수	총획
魅	鬼	5	15

매혹할 매 【1875】

字源 〈형성〉 사람이나 사물이 그 마음을 호리어 사로잡다가 매혹되거나 매혹 당한다. 사람 마음을 사로잡는다는 뜻일 게다. 유의어는 '매혹(魅惑)시키다, 매료(魅了)하다, 매료(魅了)시키다' 등이다. 귀신(鬼)처럼 신기한 일을 잘하지 아니하면(未) 매력을 느끼지 못했다 했으니 [매혹하다(魅)]는 뜻이고 [매]로 읽는다.
回 惑(미혹할 혹)

필순

기초 【기초한자어】 익히고, 【기본→발전한자어】 다지기
魅力(매력) 사람의 마음을 사로잡아 끄는 힘
魅惑(매혹) 매력으로 사람의 마음을 호림
魅醉(매취) 마음이 홀리어 정신이 황홀하게 됨
• 말없는 그녀의 표정이 마음을 魅醉하게 했다.
• 사로잡는 힘이 魅力이고, 마음 호림이 魅惑이다.

기본 ② 魅了(매료) 魅殺(매쇄) 鬼魅(귀매) 邪魅(사매) 山魅(산매) 妖魅(요매)
발전 出전 魍魅(망매)

	부수	획수	총획
蔑	++	11	15

업신여길 멸 【1876】

字源 〈형성〉 '업신여기다'는 어느 대상을 교만한 마음으로 낮추어 보는 일이다. 또한 대수롭지 않고 귀찮게 여김이다. 유의어는 '멸시(蔑視)하다, 내려보다, 무시(無視)하다' 등이다. 수자리(戍)를 서는 병사가 몸이 피곤하여 눈썹(++)이 눈(罒)을 가리듯이 보이지는 않았으니 [업신여긴다(蔑)]는

2급常

뜻이고 [멸]로 읽는다.
圖凌(업신여길 릉) 侮(업신여길 모) 回恭(공손할 공) 敬
(공경 경)

필순  ⺿ ⺿ ⺿ 茁 茁 茚 茚 蔑 蔑

기초 【기초한자어】 익히고, 【기본→발전한자어】 다지기
蔑視(멸시) 업신여기거나 하찮게 여겨 깔봄
陵蔑(능멸) 업신여겨 깔봄
輕蔑(경멸) 낮추어 보거나 업신여겨 싫어함
• 국법을 陵蔑한 죄인은 蔑視를 받았다.
• 나는 그를 輕蔑하는 눈빛으로 쳐다봤다.
기본 2 蔑然(멸연) 侮蔑(모멸)
발전 1 凌蔑(능멸)

	부수	획수	총획
帽	巾	9	12

모자 모 【1877】

字源 〈형성〉'모자'는 머리에 쓰는 것을 통틀어 이르는 말이다. 추위나 더위, 먼지 따위로부터 머리를 보호하거나 사회적 지위를 나타내기 위해 꾸미는 장식을 목적으로 하면서 쓰기도 했다. 따가운 햇볕이나 바람을 막기 위해서 머리에 덮어(冒) 가벼운 천(巾)으로 만들어서 썼으니 [모자(帽)]를 뜻하고 [모]로 읽는다.

필순 冂 巾 巾 帽 帽 帽 帽 帽 帽

기초 【기초한자어】 익히고, 【기본→발전한자어】 다지기
帽子(모자) 머리에 쓰는 물건
脫帽(탈모) 모자를 벗음
軍帽(군모) 군인이 쓰는 모자
• 軍帽는 적군의 눈을 피하고, 아군의 분명한 識別을 위해 쓴다.
• 놀이기구를 타기 전에 脫帽했고, 직원이 帽子를 수거했다.
기본 2 冠帽(관모) 着帽(착모) 防寒帽(방한모) 四角帽(사각모) 安全帽(안전모) 中折帽(중절모)
발전 1 帽恢(모빙) 綾帽(능모) 笠帽(입모) 艷帽(전모) 출진 帽簷(모첨)
사자성어 1 紗帽冠帶(사모관대)

	부수	획수	총획
矛	矛	0	5

창 모 【1878】

字源 〈상형〉 싸움터에서 사용했던 재래식 무기로 화살과 창을 주로 썼다. 긴 나무 자루의 끝을 뾰족하게 깎아서 만들거나 날이 선 뾰족한 쇠붙이를 잘 박아서 만든 무기로 많이들 썼다. 상대의 침입을 방비하기 위해 미리(予) 적을 막으려고 어깨에 뻗쳐(丿) 메었던 살상용 무기였으니 [창(矛)]을 뜻하고 [모]로 읽는다.
圖戈(창 과) 戟(창 극) 回盾(방패 순) 干(방패 간) 回予
(아들 자) 予(나 여)

필순 ⺋ ⺋ 予 矛 矛

기초 【기초한자어】 익히고, 【기본→발전한자어】 다지기
矛盾(모순) 창과 방패
矛戈(모과) 창. '戈'는 가지가 달린 창
• 그의 말과 행동이 矛盾되어 믿지 못하겠다.
• 矛戈로 창검술을 연마했다.
기본 2 利矛(이모)
발전 1 矛戟(모극) 矛叉(모차) 矛麾(모휘) 特 矛櫓(모로) 출진 矛槊(모삭)
사자성어 2 矛盾概念(모순개념)

	부수	획수	총획
沐	水	4	7

머리감을 목 【1879】

字源 〈형성〉 가뭄이 들면 나무에 물을 주어 살도록 북돋아 준다. 나무(木)에 물을 주듯이 머리를 풀어 시원한 물(氵←水)에 머리를 감는다는 뜻도 함께 담고 있다. 음력 5월 5일 단옷날이 되면 나무(木) 그늘이 있는 한가한 냇가(氵)에 앉아서 몸에 좋다는 창포물에 긴 머리를 [감는다(沐)]는 뜻이고 [목]으로 읽는다.
圖浴(목욕할 욕) 回木(나무 목)

필순 ⺀ ⺀ 氵 沪 汁 沐 沐

기초 【기초한자어】 익히고, 【기본→발전한자어】 다지기
沐浴(목욕) 머리를 감으며 온몸을 씻는 일
沐髮(목발) 머리를 감거나 감은 머리
沐浴湯(목욕탕) 목욕을 할 수 있도록 설비를 갖춤
• 沐浴은 온몸을 씻어 하루의 疲勞를 풀어준다.
• 찬물에 沐髮을 하고나면 정신이 번쩍 든다.
기본 2 沐雨(목우)
발전 1 沐櫛(목즐) 膏沐(고목) 溟沐(명목) 梳沐(소목) 櫛沐(즐목) 澣沐(한목)
사자성어 1 沐浴齋戒(목욕재계) 沐雨櫛風(목우즐풍)

	부수	획수	총획
紊	糸	4	10

어지러울 문 【1880】

2급常

字源 〈형성〉'어지럽다'는 사물이 제자리에 있지 못하여 혼란스럽고 어수선하다는 뜻이겠다. 유의어로는 '분분(紛紛)하다, 혼탁(混濁)하다. 정신이 없다' 등이 있다. 귀하게 여겼던 옷감에 무늬(文)를 예쁘게 놓으려면 실(糸)을 서로 교차하면서 잘 놓았어야 했으니 잘 얽혀서 [어지럽다(紊)]는 뜻이고 [문]으로 읽는다.
图亂(어지러울 란)

필순 `丶亠亇文文卒卒卒卒紊紊`

기초 【기초한자어】 익히고, 【기본→발전한자어】 다지기
紊亂(문란) 도덕, 질서, 규범이 어지러움
紊緒(문서) 어지러운 실마리
紊擾(문요) 어지럽고 시끄러움
• 도덕과 질서와 규범이 어지러워 紊亂하다.
• 어지러운 실마리가 紊緒이고, 어지럽고 시끄러움이 紊擾이다.

발전 ① 紊撓(문뇨) 弛紊(이문) 墜紊(추문)

부수	획수	총획
舟	5	11

舶 배 박【1881】

字源 〈형성〉'배'는 인류에게 필수불가결한 발명품이라고 잘 알려진다. 오대양을 누비는 일을 진행하려면 바다를 건너는 배가 필수적이었다. 콜럼버스는 배로 아메리카 대륙을 발견했었다. 먼 곳까지 여행을 떠나거나 공무를 위해서 떠나려면 배(舟)에서 숙박(白←泊)을 했어야 했으니 [배(舶)]를 뜻하고 [박]으로 읽는다.
图船(배 선) 舟(배 주) 航(배 항) 艇(큰배 정) 艦(큰배 함)

필순 `丿丿月月角角'舟'舮舮舶`

기초 【기초한자어】 익히고, 【기본→발전한자어】 다지기
舶物(박물) 외국에서 수입해온 물품
船舶(선박) 배
商舶(상박) 상선
• 貿易거래가 늘면서 舶物이 많아졌다.
• 船舶은 물 위를 떠다니는 배인데, 商舶은 장사하는 배이다.

기본 ② 舶來(박래) 舶載(박재) 海舶(해박) 舶來品(박래품)

발전 28 舶賈(박고)

부수	획수	총획
手	10	13

搬 운반할 반【1882】

字源 〈형성〉'운반하다'는 물건 따위를 일정한 장소에서 다른

장소로 옮겨 나르는 일이라 하겠다. 배를 통해 손쉽게 운반했던 것이다. 유의어는 '반운(搬運)하다, 옮기다, 나르다' 등이다. 배(般)에 실려 있는 많은 물건을 일일이 손(扌←手)으로 들어서 다른 곳으로 옮겨 놓으니 [운반하다(搬)]는 뜻이고 [반]으로 읽는다.
图移(옮길 이) 運(옮길 운) 回般(가지/일반 반)

필순 `扌扌扌扩扩扞扞搜搬"搬`

기초 【기초한자어】 익히고, 【기본→발전한자어】 다지기
搬入(반입) 운반하여 들어옴
運搬(운반) 물건을 옮겨 나르는 일
搬移(반이) 짐을 날라 이사함
• 수하물 搬入 규정에 따라 運搬 방법이 달라진다.
• 서울로 搬移한 지가 수년이 흘렀다.

기본 ② 搬出(반출)

부수	획수	총획
糸	4	10

紡 길쌈 방【1883】

字源 〈형성〉'길쌈하다'는 여인네들이 삼실 따위로 베나 모시 등의 직물을 짜내기까지 손으로 하는 모든 과정의 일이라 하겠다. 유의어로는 '여공지사(女功之事)' 등이 있겠다. 무명이나 명주에서 뽑아낸 고운 실(糸)을 사방(方)의 여러 곳에 늘어놓아 실을 자아서 옷베를 짰으니 [길쌈하다(紡)]는 뜻이고 [방]으로 읽는다.
图績(길쌈 적) 織(짤 직) 回妨(방해할 방) 放(놓을 방)

필순 `幺幺幺糸糸糸'糸'紆紡紡`

기초 【기초한자어】 익히고, 【기본→발전한자어】 다지기
紡績(방적) 동식물의 섬유를 가공하여 실을 뽑는 일
紡織(방직) 실을 뽑아서 천을 짬
混紡(혼방) 성질이 다른 섬유를 두 가지 이상 섞어서 짜는 일
• 紡績 공장에서 만든 실로 紡織 과정을 거쳤다.
• 양모에 아크릴을 混紡하여 가격을 낮추었다.

기본 ② 紡車(방차)

발전 ① 紡錘(방추) 新 紡塼(방전) 特 紡纑(방로)

사자성어 ② 紡文績學(방문적학)

부수	획수	총획
人	8	10

俳 배우 배【1884】

字源 〈형성〉'배우'는 현대에는 연극이나 영화에 출연해 연기한

사람이었으며, 옛날에는 판소리나 곡예를 업으로 한 사람이었다. 비슷한 유의어로는 '연기자(演技者), 극자(劇子), 광대' 등이 쓰인다. 상식에 맞지 않게(非) 무대에서 익살스러운 행동을 하는 사람(人)으로 [광대(俳)] 또는 [배우(俳)]를 뜻하고 [배]로 읽는다.
園倡(광대 창) 優(넉넉할 우) 回非(아닐 비) 排(밀칠 배) 徘(노닐 배)

필순 ノ イ 介 介 伊 俳 俳 俳 俳

기초 【기초한자어】 익히고, 【기본→발전한자어】 다지기
俳諧(배해) 익살스럽고도 품위가 있는 말이나 행동
嘉俳(가배) 신라 유리왕 때에 가윗날 궁정에서 놀던 놀이
俳優(배우) 연극이나 영화 속의 인물로 분장하여 연기하는 사람
• 신라 유리왕 때에 가윗날 궁정에서 했던 놀이가 嘉俳다.
• 그 俳優는 갈고 닦은 그간의 俳諧를 선보였다.
발전 ① 俳倡(배창) 俳娼(배창) 俳諧(배해)
사자성어 ② 映畫俳優(영화배우)

賠

부수	획수	총획
貝	8	15

물어줄 배 : 【1885】

字源 〈형성〉 '물어주다'는 남의 물건이나 상품을 파손시켰거나 손상시켰을 때 그 대금으로 지급하여 주는 일종의 변상행위다. 물건을 손상하여 손해 배상으로 물어주는 행위인 것이다. 자의든 타의든 남에게 손해를 끼치게 되면 갑절(倍)의 재물(貝)을 보상해 주어야만 했으니 [물어주다(賠)]는 뜻이고 [배]로 읽는다.
園償(갚을 상) 回培(북돋을 배)

필순 ∏ ∏ 月 目 貝 貝ˊ 貝⁺ 貝⁺ 賠 賠 賠

기초 【기초한자어】 익히고, 【기본→발전한자어】 다지기
賠償(배상) 남의 권리를 침해한 사람이 그 손해를 물어주는 일
賠償金(배상금) 배상하는 돈
• 어제는 손해 賠償 보험에 가입했다.
• 패전국은 막대한 賠償金을 내야 한다.
기본 ② 賠款(배관) 均賠(균배)
사자성어 ② 損害賠償(손해배상)

柏

부수	획수	총획
木	5	9

측백 백 【1886】

字源 〈형성〉 '측백'은 음지로 향하고, 서쪽을 가리킨다 하여 잣

나무 혹은 측백나무라고 널리 알려진다. 나무껍질은 희게 보이고, 수형(樹形)이 많이 아름다워 정원수로도 사용했다. 나뭇(木)결이 단단하고 그 색깔이 흰빛(白)을 띠고 있어서 곱고 아름다워서 두루 쓰이는 나무로 [측백나무(柏)]를 뜻하고 [백]으로 읽는다.
回桓(군셀 환)

필순 一 十 才 木 朾 朾 柏 柏 柏

기초 【기초한자어】 익히고, 【기본→발전한자어】 다지기
冬柏(동백) 동백나무. 차나무과의 상록 활엽 교목
松柏(송백) 소나무와 잣나무를 아울러 이르는 말
柏栗寺(백률사) 경상북도 경주 동천리에 있는 절
• 柏栗寺에 핀 冬柏꽃이 아름답다.
• 기나긴 겨울을 견디어낸 松柏을 보라.
기본 ② 栢谷(백곡) 栢臺(백대) 柏木(백목) 柏府(백부) 栢山(백산) 栢松(백송) 柏子(백자) 姜栢(강백) 卷柏(권백) 春栢(춘백) 側柏(측백) 黃柏(황백)
발전 ②❸ 扁柏(편백)

閥

부수	획수	총획
門	6	14

문벌 벌 【1887】

字源 〈형성〉 '문벌'은 집안에 대대로 이어 내려오는 가문의 사회적 신분이나 그런 지위를 말한다. 유의어로 '가격(家格), 가벌(家閥), 문공(門功), 문호(門戶)' 등이 함께 쓰이고 있다. 지체가 높은 가문(門)에는 문 앞에서 사람(人)이 창(戈)을 들고 지키면서 커다란 기둥을 세웠으니 [문벌(閥)]을 뜻하고 [벌]로 읽는다.

필순 ∣ ∣ ∣ 戶 戶 門 門 門 閥 閥 閥

기초 【기초한자어】 익히고, 【기본→발전한자어】 다지기
門閥(문벌) 대대로 내려오는 그 집안의 사회적 신분이나 지위
財閥(재벌) 재계에서 큰 세력을 가진 독점적 자본가나 기업가
學閥(학벌) 학문을 닦아서 얻은 사회적 지위. 또는 출신학교의 등급
• 財閥은 學閥에 연연하지 않는다.
• 門閥귀족은 고려의 집권계층이다.
기본 ② 閥閱(벌열) 閥族(벌족) 軍閥(군벌) 族閥(족벌) 派閥(파벌) 勳閥(훈벌)

汎

부수	획수	총획
水	3	6

넓을 범 : 【1888】

字源 〈형성〉 바람이 불면 물살이 멀리 퍼지면서 돛단배가 스르르 떠나간다. 조절했던 키의 방향에 따라서 멀리 떠날 수가 있다. 넓은 바다 물살을 잘 가르면서 나가면 갈매기도 따라 운다. 비가 억수같이 많이 내려 그만 홍수가 나 넓은 지역이 모두(凡) 물(氵←水)에 잠겨 버렸으니 [넓다(汎)]는 뜻이고 [범]으로 읽는다.
圖廣(넓을 광) 漠(넓을 막) 博(넓을 박) 普(넓을 보) 回陜(좁을 협) 回汐(조수 석)

필순 ` ` ⺀ 氵 氿 汎 汎

기초 【기초한자어】 익히고, 【기본→발전한자어】 다지기
汎濫(범람) 물이 차서 넘쳐흐름
汎舟(범주) 배를 물에 띄움
汎神論(범신론) 신과 우주를 똑같은 것으로 보는 세계관
• 불교 철학과 스피노자의 사상은 汎神論에 속한다.
• 댐이 汎濫하여 汎舟행사가 그만 취소되었다.
기본 ② 汎論(범론) 汎稱(범칭)
발전 ① 汎灑(범쇄) 汎游(범유) 汎溢(범일) 汎沛(범패)
사자성어 ② 汎國民的(범국민적)

부수	획수	총획
人	13	15

궁벽할 벽【1889】

字源 〈형성〉 '궁벽(窮僻)하다'는 지금 있는 곳이 구석지고 발길이 닿지 않는 곳으로 으슥하다는 뜻으로 통한다. 유의어는 구석지고 으슥한 곳으로 '은벽(隱僻)하다' 등의 어휘가 쓰인다. 성격이 외골수로 한 쪽으로 치우쳐(辟) 있는 사람(人은 결국은 외톨이가 되면서 후미졌으니 [궁벽하다(僻)]는 뜻이고 [벽]으로 읽는다.
圖偏(치우칠 편)

필순 ⺅ ⺅ ⺅ ⺅ 伊 侶 侶 僻 僻 僻

기초 【기초한자어】 익히고, 【기본→발전한자어】 다지기
僻居(벽거) 외지고 궁벽한 곳에서 삶
僻地(벽지) 외따로 뚝 떨어져 있는 궁벽한 땅
僻論(벽론) 한 편으로 치우쳐서 도리에 맞지 않는 언론
• 僻地에서 僻居하는 '자연인' 삶이 유행이다.
• 그 신문사는 僻論으로 소문이 났다.
기본 ② 僻見(벽견) 僻路(벽로) 僻書(벽서) 僻字(벽자) 僻村(벽촌) 奇僻(기벽) 偏僻(편벽)
발전 ① 僻陋(벽루) 嗜僻(기벽)

부수	획수	총획
人	8	10

아우를 병:【1890】

字源 〈형성〉 '아우르다'는 둘 이상 류가 모두 같은 물건이나 사람을 다 모아서 하나가 되게 하다는 뜻이다. 따르는 유의어로는 한 곳에 합치다는 의미를 담아 '묶다, 모으다' 등이 쓰인다. 아주 복잡한 인간관계 속에서 여러 사람(人)들과 두루 어울려야(并) 했으니 서로가 나란히 하면서 [아우르다(併)]는 뜻이고 [병]으로 읽는다.
圖合(합할 합) 兼(겸할 겸) 回倂

필순 ノ ⺅ ⺅ ⺅ 伫 伫 併 併 併 併

기초 【기초한자어】 익히고, 【기본→발전한자어】 다지기
倂用(병용) 아울러 같이 씀
倂合(병합) 통합, 합병
倂記(병기) 함께 아울러 적는 것
• 한글과 한자를 倂記하여 倂用할 수 있다.
• 두 기업이 倂合하여 규모가 매우 커졌다.
기본 ② 倂肩(병견) 倂起(병기) 倂略(병략) 倂殺(병살) 合倂(합병)
발전 ① 倂倨(병거) 倂呑(병탄)

부수	획수	총획
人	8	10

녹 봉:【1891】

字源 〈형성〉 조선시대에는 '녹(祿)'은 '수록·급록·녹과' 등으로 표기되었고, '봉(俸)'은 '상봉·월봉·급봉' 등으로 표기되었다. '봉' 대신에 '요(料)'를 사용하기도 하는 제도가 유행했다. 관리된 사람(⺅)이 자신이 맡은 나랏일을 열심히 받들어(奉) 하면서도 그 대가로 받았던 돈으로 [녹(俸)]을 뜻하고 [봉]으로 읽는다.
圖祿(녹 록) 回奉(받들 봉) 捧(받들 봉) 棒(몽둥이 봉)

필순 ノ ⺅ ⺅ ⺅ 仁 伊 俸 俸 俸 俸

기초 【기초한자어】 익히고, 【기본→발전한자어】 다지기
俸給(봉급) 일정한 업무에 근무하는 데에 대한 대가로 받는 보수
薄俸(박봉) 적은 월급
減俸(감봉) 봉급을 줄임
• 매달 받는 俸給으로 조금씩 적금을 붓는다.
• 안 그래도 薄俸인데 減俸까지 하다니!
기본 ② 俸祿(봉록) 俸米(봉미) 祿俸(녹봉) 本俸(본봉) 年俸(연봉) 月俸(월봉) 日俸(일봉) 初俸(초봉) 號俸(호봉)
발전 特 俸廩(봉름)

부수	·획수	총획
糸	11	17

꿰맬 봉【1892】

2급常

字源 〈형성〉 '꿰매다'는 옷이나 가방이 해어지거나 구멍이 뚫린 자리를 바늘로 깁거나 얽어맨다는 뜻이다. 옷뿐만이 아니라 벌어진 상처도 의료용 실로 꿰매어 아물게 한다. 해어진 옷감을 여러 겹으로 서로 맞대 놓은(逢) 다음 바늘에 실(糸)을 꿰어 본래 모양으로 잘 만들었으니 [꿰매다(縫)]는 뜻이고 [봉]으로 읽는다.
回 逢(만날 봉)

필순 幺 幺 糸 糸 約 終 終 終 縫 縫 縫

기초 【기초한자어】 익히고, 【기본→발전한자어】 다지기
縫製(봉제) 재봉틀 따위로 박아서 만듦
縫合(봉합) 수술한 자리나 외상으로 갈라진 자리를 꿰매어 붙임
裁縫師(재봉사) 양복을 마르고 짓는 일을 전문으로 하는 사람
• 응급실에서 손가락 縫合 수술을 받았다.
• 아무리 기계화가 되더라도 縫製 산업에서 裁縫師는 꼭 필요하다.

기본 ② 裁縫(재봉)
발전 ②8 彌縫(미봉) 彌縫策(미봉책) ① 縫箔(봉박) 縫腋(봉액) 特 縫紕(봉비)
사자성어 ② 縫衣淺帶(봉의천대) 縫製工場(봉제공장) 縫合手術(봉합수술) 天衣無縫(천의무봉)

부수	획수	총획
攵	11	15

펼 부(:)【1893】

字源 〈형성〉 '펴다'는 옷이나 종이가 접히거나 개킨 것을 잘 젖히면서 넓게 벌리다는 뜻을 담는다. 굽은 것이나 오므라든 것도 곧게 펴기도 했다. 유의어는 '펼치다. 넓히다' 등이 쓰인다. 부피가 작은 물건을 얇게 두들겨서(攵) 넓게 퍼지도록(尃) 만들어 크게 보이도록 했었으니 [펴다(敷)]는 뜻이고 [부]로 읽는다.
동 演(펼 연) 回 繫(맬 계) 擊(칠 격) 回 尃

필순 ˊ ㅜ 白 甫 甫 専 尃 尃 敷 敷

기초 【기초한자어】 익히고, 【기본→발전한자어】 다지기
敷設(부설) 다리, 철도, 지뢰 따위를 설치함
敷衍(부연) 이해하기 쉽도록 설명을 덧붙여 자세히 말함
敷地(부지) 건물이나 도로에 쓰이는 땅. 대지. 터
• 개념을 정의하고 敷衍 설명까지 하면 학생들이 쉽게 이해를 할 수 있다.
• 철도를 敷設하기 위해 敷地 확보가 우선이다.

기본 ② 敷告(부고)
사자성어 ② 高水敷地(고수부지) ②8 敷衍說明(부연설명)

膚

부수	획수	총획
肉	11	15

살갗 부【1894】

字源 〈형성〉 범(虎)의 가죽은 밭(田)이랑처럼 줄무늬가 있다. 그 색깔이 참 곱고 윤기가 나서 고운 여자들의 살갗으로 비유하기도 했다. 그래서 흔히 아녀자들 살갗이라 했다. 사람의 몸속에는 소화를 잘 시키는 밥통(胃)이 있고 그 겉에는 호랑이(虍)의 가죽같이 생긴 붉은 피부로 [살갗(膚)]을 뜻하고 [부]로 읽는다.
동 皮(가죽 피) 回 盧(성씨 노) 慮(생각할 려) 腐(썩을 부)

필순 ˋ 广 广 庐 虍 虐 虘 膚 膚

기초 【기초한자어】 익히고, 【기본→발전한자어】 다지기
髮膚(발부) 머리털과 피부를 아울러 이르는 말
皮膚(피부) 척추동물의 몸을 싸고 있는 조직
皮膚病(피부병) 피부에 생기는 병의 총칭
• 이 로션은 髮膚에 모두 사용해도 된다.
• 과도한 난방으로 皮膚가 건조해지는 皮膚病에 걸렸다.

기본 ② 膚淺(부천) 雪膚(설부)
발전 ① 肌膚(기부) 㐃 鮫膚(교부)
사자성어 ② 雪膚花容(설부화용) 身體髮膚(신체발부) 皮膚美容(피부미용)

弗

부수	획수	총획
弓	2	5

아닐 불【1895】

字源 〈회의〉 쇠에서 벗겨 말린 가죽은 굽어있는 상태다 심대를 넣어 펴서 말린다. 칼같이 생긴 막대기를 가운데에 넣고 가죽을 말리면 弗(불)자와 같이 보인다. 상대한 적군이 활(弓)과 칼(刂)을 들고 대항하여 싸우고 있어서 우리편 군사가 아니라 했으니 아군이 [아니다(弗)]라는 뜻과 미화(美貨)인 [불(弗)]로도 쓰인다.
回 佛(부처 불) 拂(떨칠 불)

필순 ˊ ㄱ ㄹ 弗 弗

기초 【기초한자어】 익히고, 【기본→발전한자어】 다지기
弗素(불소) 할로겐 원소의 하나로 자극적인 냄새가 나는 연한 황록색의 기체
弗貨(불화) 달러를 단위로 하는 화폐. 미화(美貨)
弗豫(불예) 즐거워하지 않음
• 弗素로 치아를 소독하여 충치를 예방했다.
• 어머니께 弗貨를 안겨드렸지만 弗豫를 하셨다.

기본 ② 弗治(불치) 百弗(백불)
발전 特 弗哷(불불)

2급常

匪

부수	획수	총획
匚	8	10

비적 비 : 【1896】

字源 〈형성〉 '비적'은 무기를 들고 산 속에 숨어 있다가 살인과 약탈을 일삼는 도둑이다. 무서운 도둑으로 악명이 높기도 했다. 유의어는 '적비(賊匪), 비도(匪徒)' 등으로 쓰인다. 빈 대나무 그릇(匚)에 아주 그릇된(非) 방법으로 취득했던 물건이나 음식을 담아 놓는 모습으로 도둑인 [비적(匪)]을 뜻하고 [비]로 읽는다.

필순 一 丆 丆 丯 丯 丯 丯 丯 匪 匪

기초 【기초한자어】 익히고, 【기본→발전한자어】 다지기
匪魁(비괴) 못된 도둑 떼의 우두머리
匪賊(비적) 떼를 지어 다니면서 사람들을 해치는 도둑
匪徒(비도) 비적의 무리
• 匪魁들이 판을 치는 세상이구나.
• 匪徒들이 匪賊질을 일삼으니 寒心하겠네.

기본 ② 共匪(공비) 土匪(토비) 討匪(토비)

발전 ① 匪躬(비궁) 匪擾(비요)

唆

부수	획수	총획
口	7	10

부추길 사 【1897】

字源 〈형성〉 '부추기다'는 어떤 일이나 행동이 이루어지거나 행해지도록 이리저리 들쑤시다는 뜻이다. 유의어로는 '꼬드기다, 선동(煽動)하다, 추키다, 투기다' 등이 함께 쓰인다. 할 일도 없이 이리저리 다니면서(夋←按) 일하는 사람들을 입(口)으로만 마음 들뜨게 만들었으니 [부추기다(唆)]는 뜻이고 [사]로 읽는다.
回 嗾(부추길 주/수)

필순 丨 丨 口 口' 口ᄼ 吟 吟 哞 唆 唆

기초 【기초한자어】 익히고, 【기본→발전한자어】 다지기
敎唆(교사) 남을 꾀거나 부추겨서 나쁜 짓을 하게 함
示唆(시사) 어떤 것을 미리 간접적으로 표현해 줌
敎唆犯(교사범) 남을 교사하여 범죄를 실행하게 하는 사람
• 요즈음 들어 敎唆犯이 부쩍 늘었다는 발표가 있다.
• 살인 敎唆는 의뢰인이 직접 범행하기 어려운 처지임을 示唆한다.

발전 ① 唆哄(사홍)

赦

부수	획수	총획
赤	4	11

용서할 사 :
【1898】

字源 〈형성〉 '용서하다'는 꾸짖거나 체벌을 주지 않고 너그럽게 살펴 이해하다는 뜻이겠다. 유의어는 '가대(假貸)하다, 관면(寬免)하다, 관서(寬恕)하다' 등이 쓰인다. 잘못된 일로 회초리로 때리면서(攵) 꾸짖으니 잘못을 빌고(赤) 앞으로 열심히 하겠다고 함으로 그 죄를 비로소 [용서하다(赦)]는 뜻이고 [사]로 읽는다.
圆 恕(용서할 서)

필순 一 十 土 ＋ 赤 赤 赤 赦 赦

기초 【기초한자어】 익히고, 【기본→발전한자어】 다지기
赦免(사면) 죄를 용서하여 형벌을 면제함
赦罪(사죄) 지은 죄에 대하여 용서를 빎
特赦(특사) 특별히 사면함
• 그는 광복절 特赦로 赦免되었다.
• 죄를 지었으면 赦罪를 해야 한다.

기본 ② 赦令(사령) 寬赦(관사) 大赦(대사) 放赦(방사) 恩赦(은사) 赦過(사과)

발전 ① 赦贖(사속) 宥赦(유사) 擅赦(천사)

飼

부수	획수	총획
食	5	14

기를 사 【1899】

字源 〈형성〉 '기르다'는 동물을 잘 보살펴 자라게 하다는 뜻으로 쓰인다. 가르쳐 기르거나, 단련하여 키운다는 뜻도 담는다. 유의어로는 '가꾸다, 국양(鞠養)하다, 장육(長育)하다' 등이 있다. 동물에게 먹이(食)를 주는 일을 담당(司)하는 사람이 이제는 잘 자라도록 보살피면서 [기르다(飼)]는 뜻이고 [사]로 읽는다.
圆 育(기를 육) 養(기를 양) 回 飯(밥 반)

필순 丿 𠂉 𠂉 𠂉 𠂉 𠂉 飣 飣 飼 飼

기초 【기초한자어】 익히고, 【기본→발전한자어】 다지기
飼育(사육) 가축이나 짐승을 먹이어 기름
放飼(방사) 가축을 놓아먹임
飼料(사료) 가축이나 사조의 먹이
• 이번 장날에는 돼지 飼料를 구입해야만 되겠구나.
• 放飼하면서 飼育하는 짐승이 건강하고 맛도 좋다.

기본 ② 飼養(사양)

발전 ① 飼馴(사순) 飼槽(사조) 飼桶(사통)

2급常

우산 산【1900】

字源 〈상형〉 우산은 비 올 때에 머리 위에 받치어 비를 가리는 물건이다. 대오리로 만든 살에 기름종이 바른 종이우산과 비닐을 씌운 비닐우산을 필요할 때 썼던 비가 올 때 필수로 썼다. 비가 많이(十) 내릴 때에 한 사람(人)이 손으로 받고 여러 사람(人)이 그 안에 들도록 했었으니 [우산(傘)]을 뜻하고 [산]으로 읽는다.

필순 ノ 人 人 仐 仐 仐 仐 伞 傘 傘 傘 傘

기초 【기초한자어】 익히고, 【기본→발전한자어】 다지기
傘下(산하) 어떤 인물이나 기구·조직 따위의 세력 밑
陽傘(양산) 여자들이 볕을 가리기 위하여 쓰는 우산같이 만든 물건
落下傘(낙하산) 공중에서 사람이나 물건을 안전하게 지상으로 내리는 기구
• 정부 傘下 기관에서 落下傘 인사가 늘어 많은 국민들이 분노했다.
• 자외선이 강한 날에는 陽傘을 써야 한다.
기본 ② 雨傘(우산) 日傘(일산)
사자성어 ② 傘下團體(산하단체)

실 산【1901】

字源 〈형성〉 막걸리 같은 술은 어느 정도 시간이 지나면 신맛으로 변하면서 입에 맞게 먹을 것이 없게 된다. 술맛이 완전하게 가버린 것이라 했으니 식초와 같이 강한 신맛을 내게 된다. 쌀과 누룩으로 담근 막걸리 술(酉)은 제때에 거르지 못하면 오래 되어(俊) 제 맛을 잃었으니 [시다(酸)]는 뜻이고 [산]으로 읽는다.
回 俊(준걸 준)

필순 一 冂 襾 酉 酉 酌 酌 酸 酸 酸

기초 【기초한자어】 익히고, 【기본→발전한자어】 다지기
酸性(산성) 산의 성질을 띠고 신맛이 있는 물질
酸化(산화) 어떤 물질이 산소와 결합하거나 수소를 잃는 일
酸素(산소) 공기의 주성분인 원소의 이름
• 酸化수소는 '물'이며, 酸性이나 알칼리성이 아닌 중성이다.
• 적조현상으로 인한 酸素부족으로 물고기가 떼죽음을 당했다.
기본 ② 酸味(산미) 酸鼻(산비) 酸敗(산패) 辛酸(신산) 鹽酸

(염산) 胃酸(위산) 硫酸(유산) 窒酸(질산) 炭酸(탄산) 黃酸(황산) 乳酸菌(유산균)
발전 ① 硼酸(붕산) 砒酸(비산) 酸棗(산조) 酸愴(산창) 酸鹹(산함) 硝酸(초산) 醋酸(초산)
사자성어 ② 酸化水素(산화수소) 靑酸加里(청산가리)

삼 삼【1902】

字源 〈형성〉 '인삼'은 사계절이 뚜렷한 한반도의 인삼이 옛날부터 좋은 약재로 알려져 활용되었다. 다른 곳의 인삼과 유사한 것들도 있지만, 그 효능 면에서 한국인삼이 매우 탁월하다고 했다. 약효가 많은 한 개의 뿌리로 환자 세 명(參) 이상을 구제할 수 있다는 보약인 약초(艹)로 [인삼(蔘)]을 뜻하고 [삼]으로 읽는다.
回 參(석 삼/참여할 참)

필순 一 艹 艹 艹 茇 莶 莶 蓡 葵 葵 蔘

기초 【기초한자어】 익히고, 【기본→발전한자어】 다지기
紅蔘(홍삼) 수삼을 쪄서 말린 붉은 빛깔의 인삼
乾蔘(건삼) 잔뿌리와 줄기를 자르고 겉껍질을 벗기어 말린 인삼
海蔘(해삼) 해삼류에 딸린 극피동물
• 부모님께 乾蔘과 紅蔘을 선물로 드렸다.
• 극피동물이라고 하는 海蔘類(류)가 저리 잘 마르고 있다.
기본 ② 蔘鷄(삼계) 苦蔘(고삼) 曲蔘(곡삼) 白蔘(백삼) 山蔘(산삼) 水蔘(수삼) 人蔘(인삼) 直蔘(직삼) 蔘鷄湯(삼계탕)
발전 ① 蔘茸(삼용) 蔘圃(삼포) 蔓蔘(만삼) 圃蔘(포삼)

꽂을 삽【1903】

字源 〈형성〉 '꽂다'는 막대를 잘 박아서 곧게 세우거나 꾹 찔러서 대충 넣기도 한다. 아무렇게나 꽂을 수도 있겠지만, 줄을 맞추어 정성스럽게 꽂아서 가지런하게 놓기도 한다. 손(扌)으로 절구(臼)에 절구공이(千)를 바르게 꽂게 되는(臿) 것처럼 물체나 그림을 어느 지점에서 잘 [꽂는다(揷)]는 뜻이고 [삽]으로 읽는다.
回 挿

필순 扌 扌 扩 扩 扩 折 折 挿 挿 挿 挿

기초 【기초한자어】 익히고, 【기본→발전한자어】 다지기
揷入(삽입) 틈이나 구멍 사이에 다른 물체를 끼워

넣음, 글 따위에 다른 내용을 끼워 넣음
插畫(삽화) 서적, 신문 등에서 기사의 이해를 돕기 위하여 넣는 그림
插紙(삽지) 인쇄할 때에 기계에 종이를 먹임
• 기사에 插畫를 삽입하였다.
• 인쇄할 때 插紙 과정을 거친다.
[기본] ②挿花(삽화) 挿話(삽화)
[발전] ①挿末(삽말) 挿穗(삽수) 挿匙(삽시) 挿秧(삽앙) 秧挿(앙삽) [特]挿嘴(삽취)

부수	획수	총획
竹	9	15

箱 상자 상 【1904】

[字源] 〈형성〉 '상자'는 물건 따위를 넣어 두기 위하여 나무나 두꺼운 종이로 만든 네모난 통이다. 흔히 필기구 등을 가지런하게 잘 꽂기도 한다. 유의어는 '박스(box), 함(函)' 등이 있다. 대나무(竹)를 적당하게 잘 쪼개고 또 엮어서 보기 좋은 여러 가지 모양(相)으로 만드는 바구니 같은 [상자(箱)]를 뜻하고 [상]으로 읽는다.
回 相(서로 상)

[필순]

[기초] 【기초한자어】 익히고, 【기본→발전한자어】 다지기
箱子(상자) 물건을 담는 용기
書箱(서상) 책을 넣는 상자
箱房(상방) 행각. 궁궐·절 따위의 정당 앞이나 좌우에 지은 행랑
• 書箱 위에 남을 만한 有志는 책밖에 없다니 한탄하겠군.
• 箱房에서 춤을 추는 친구들이 있다면 다 함께 할 텐데…
[기본] ②箱籠(상롱) 果箱(과상) 木箱(목상)
[발전] ①巾箱(건상)

부수	획수	총획
玉	9	13

瑞 상서 서: 【1905】

[字源] 〈형성〉 '상서롭다'는 일이 잘되고 복되고 좋은 일이 있을 기미가 있다는 뜻이다. 쓰이는 용례로는 '예로부터 백호는 사람에게 상서로운 짐승이었다'는 이야기 등이 전하고 있다. 산(山)에서 구슬(王←玉) 같은 보물이 연이어서(而) 나오는 것은 매우 좋은 징조라고 여겼으니 [상서롭다(瑞)]는 뜻이고 [서]로 읽는다.
동 祥(상서 상) 禎(상서로울 정) 回 端(끝 단)

[필순] 二 干 王 王' 玔 玔 玥 瑞 瑞 瑞

[기초] 【기초한자어】 익히고, 【기본→발전한자어】 다지기
瑞光(서광) 상서로운 빛. 좋은 조짐
瑞雲(서운) 상서로운 구름
慶瑞(경서) 좋은 조짐
• 갈등 해결의 瑞光이 비치기 시작했다.
• 瑞雲이 떠가면서 慶瑞로운 조짐을 보낸다.
[기본] ②瑞氣(서기) 瑞年(서년) 瑞露(서로) 瑞夢(서몽) 瑞祥(서상) 瑞雪(서설) 瑞玉(서옥) 瑞雨(서우) 瑞鳥(서조) 瑞兆(서조) 瑞草(서초) 吉瑞(길서) 祥瑞(상서)
[발전] ②초 瑞芝(서지) 禎瑞(정서) ①稼瑞(가서)

부수	획수	총획
石	9	14

碩 클 석 【1906】

[字源] 〈형성〉 '크다'는 일반의 것과 비교해도 그 정도가 상당히 더한다는 뜻이다. 보통의 이상으로 심하다는 뜻이겠다. 유의어로는 '거대(巨大)하다. 대단하다. 중요(重要)하다' 등으로 쓰인다. 사람 머리(頁)가 마치 바위(石)만큼 크다는 데서 처음엔 '머리가 큼'을 나타냈으나 널리 [크다(碩)]는 뜻이고 [석]으로 읽는다.
동 太(클 태) 泰(클 태) 巨(클 거) 大(큰 대) 回 小(작을 소) 微(작을 미) 回 硯(벼루 연)

[필순] 丆 丆 石 石 石' 石 石 碩 碩 碩

[기초] 【기초한자어】 익히고, 【기본→발전한자어】 다지기
碩學(석학) 학식이 많고 깊은 사람
碩老(석로) 덕이 높은 노인
碩儒(석유) 거유. 학식이 많은 선비
• 碩學은 어느 분야의 학식이 많고 깊은 사람이다.
• 덕이 높은 노인인 碩老는 이제 기력이 약해졌구나.
[기본] ②碩德(석덕) 碩望(석망) 碩士(석사) 博碩(박석)
[발전] ①碩鼠(석서) [特]碩毗(석비)
[사자성어] ②碩果不食(석과불식) 碩座敎授(석좌교수)

부수	획수	총획
糸	12	18

繕 기울 선: 【1907】

[字源] 〈형성〉 '깁다'는 옷이 떨어져 다른 헝겊 조각을 새로 대거나 그대로 꿰매다는 뜻이겠다. 또한 책의 부족한 부분을 다른 내용을 더 보태어 책의 부피를 채운다는 뜻도 담는다. 해어진 옷을 튼튼한 실(糸)로 여러 겹으로 기워서 보기에 매우 좋을(善) 만큼 바르게 만들었으니 [기우다(繕)]는 뜻이고 [선]으로 읽는다.
동 補(기울 보) 葺(기울 즙)

필순 

기초 【기초한자어】 익히고, 【기본 → 발전한자어】 다지기

修繕(수선) 낡거나 헌 물건을 고침

營繕(영선) 건축물 따위를 새로 짓거나 수리하는 일

繕補(선보) 고치고 보충함

- 올해에는 정부종합청사의 營繕을 계획하고 있다.
- 옷을 繕補하기 위해 재봉틀부터 修繕했다.

발전 [1] 繕匠(선장) 繕葺(선즙) 葺繕(즙선)

纖

부수	획수	총획
糸	17	23

가늘 섬 【1908】

字源 〈형성〉 '가늘다'는 그 길이에 비해서 너비가 아주 좁거나 둘레의 길이가 아주 짧다는 뜻을 담는다. 다른 곳을 향해 들리는 소리나 메아리로 울린 정도가 약하다는 뜻까지 담고 있다. 가느다란 실(糸)과 산부추 같은 가느다란(韱) 실을 함께 사용했으니 더욱 세밀하고 자세하니 [가늘다(纖)]는 뜻이고 [섬]으로 읽는다.

동 細(가늘 세) 약 繊

필순 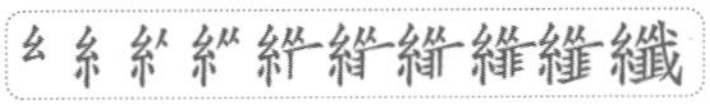

기초 【기초한자어】 익히고, 【기본 → 발전한자어】 다지기

纖巧(섬교) 섬세하고 교묘함

纖細(섬세) 가늘고 세밀함

纖維(섬유) 실 모양으로 된 가는 털 모양의 물질

- 합성纖維는 천연纖維의 단점을 보완한다.
- 그 불상은 장인의 纖巧한 솜씨로 만들었으니 纖細함이 돋보인다.

기본 [2] 纖刀(섬도) 纖羅(섬라) 纖麗(섬려) 纖眉(섬미) 纖腰(섬요) 纖月(섬월)

발전 [1] 纖婉(섬완)

사자성어 [2] 纖纖玉手(섬섬옥수)

貰

부수	획수	총획
貝	5	12

세놓을 세 : 【1909】

字源 〈형성〉 '세놓다'는 부동산이나 물건을 돈을 받고 일정 기간 동안 다른 사람에게 빌려주다는 뜻이다. 유의어는 '세(貰)를 주다'이며, 반대어는 '세(貰)을 내다' 등이다. 재물(貝)을 산 연후에 일정 시간이 흐른 뒤(世)에 외상으로 물건을 [사는 것(貰)] 또는 사람에게 빌려주어 [세놓다(貰)]는 뜻이고 [세]로 읽는다.

비 貫(꿸 관)

필순 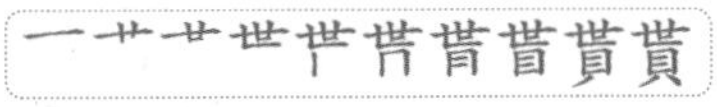

기초 【기초한자어】 익히고, 【기본 → 발전한자어】 다지기

貰房(셋방) 셋돈을 내고 빌려 쓰는 방

傳貰(전세) 일정 금액을 맡기고 계약기간 동안 부동산을 빌려 쓰는 일

專貰(전세) 대절. 일정 기간 빌려주어 다른 사람의 사용을 금하는 일

- 셋방살이에서 벗어나 傳貰를 계약했다.
- 傳貰버스를 대절하여 결혼식에 참석했다.

기본 [2] 貰家(세가) 貰錢(세전) 房貰(방세) 月貰(월세)

발전 [1] 貰盆(세분)

紹

부수	획수	총획
糸	5	11

이을 소 【1910】

字源 〈형성〉 '이어받다'는 후대가 선대의 유산을 전해 받은 뜻으로 쓰인다. 또한 선대의 유지를 이어 받은 뜻도 담고 있겠다. 유의어는 '계습(繼襲)하다, 계승(繼承)하다' 등이 있다. 다른 사람을 불러(召) 끈(糸)으로 잘 이어 묶어 두듯이 자기의 업무를 다른 사람에게 전달해서 [이어 받다(紹)]는 뜻이고 [소]로 읽는다.

동 繼(이을 계) 반 絕(끊을 절) 비 昭(밝을 소)

필순 

기초 【기초한자어】 익히고, 【기본 → 발전한자어】 다지기

紹介(소개) 두 사람 사이에 서서 양편의 일이 어울리게 주선함

紹述(소술) 선대의 일을 이어받아 행함

紹興(소흥) 중국 절강성 항주만 남안의 상업도시

- 부모님께서는 친구의 紹介로 만나 연애를 길게 하고서 결혼하셨다.
- 紹興에서 상업을 했던 부모님을 紹述하여 장사를 하기로 했다.

기본 [2] 紹繼(소계) 紹賓(소빈)

발전 [2名] 袁紹(원소) [1] 簒紹(찬소) [特Ⅱ] 纘紹(찬소)

사자성어 [2] 自己紹介(자기소개)

盾

부수	획수	총획
目	4	9

방패 순 【1911】

字源 〈상형〉 전쟁터에서 싸울 때 눈과 얼굴을 가리는 방패를

사용했다. 방패는 나를 보호하면서 상대의 공격에 방어하는 도구였다. 흔히들 대구의 비유로 창과 방패라 했으니 전쟁과 평화겠다. 창이나 도끼(斤)의 공격을 받게 되면 머리와 눈(目)부터 먼저 보호해야 할 보호막으로 [방패(盾)]를 뜻하고 [순]으로 읽는다.
園 干(방패 간) 圖 矛(창 모) 戈(창 과) 回 脣(입술 순)

필순 ノ厂厂斤斤盾盾盾盾

기초 【기초한자어】 익히고, 【기본→발전한자어】 다지기
盾戈(순과) 과순. 방패와 창
矛盾(모순) 어떤 말이 논리적으로 앞뒤가 맞지 않음
圓盾(원순) 원형의 방패
• 이 소설에서는 사회의 구조적 矛盾이 잘 드러난다.
• 장군께 받은 圓盾을 포함하여 盾戈를 정비했다.

기본 ② 戈盾(과순)
발전 ① 戟盾(극순)

부수	획수	총획
十	2	4

되 승 【1912】

字源 〈상형〉 '되'는 곡식의 용량을 재는 기본적인 단위로 1.8리터 용적이다. 이전에는 그릇으로 그 용량을 재거나 일정 용량을 대충 자루에 담았을 것이다. 되는 그 이후의 들이 단위표준이었다. 곡식을 일정한 분량으로 그릇에 잘 담을 때 그 곡식이 오르는 모양을 본떠서 한 단위가 되는 [되(升)]를 뜻하고 [승]으로 읽는다.
回 昇(오를 승)

필순 ノ 二 千 升

기초 【기초한자어】 익히고, 【기본→발전한자어】 다지기
升鑑(승감) 편지 겉봉에 받는 사람의 이름 밑에 쓰는 말
升平(승평) 나라가 태평함
斗升(두승) 어떤 사물을 헤아리는 기준
• 升鑑은 '드리니 보아 주십사'를 뜻한다.
• 나라를 升平하게 다스리고 斗升을 새로 만들어 도량형을 통일하였다.

기본 ② 十升(십승)
발전 ① 升勺(승작) 升遐(승하) 黜升(출승)
사자성어 ② 升斗之利(승두지리)

부수	획수	총획
尸	6	9

주검 시 : 【1913】

字源 〈회의〉 '주검'은 사람이 죽어 숨을 쉬지 않고 맥박이 멈추어 있는 상태이니 이른바 시체가 되어 있는 상태다. 그래서 주검은 죽은 사람이 숨을 쉬지 않는 몸이라고 정의할 수 있겠다. 죽은(死) 사람의 영원한 자기 집(尸)인 널 안에 들어갈 때에는 송장인 시체가 되었던 것이니 [주검(屍)]을 뜻하고 [시]로 읽는다.
回 尼(여승 니)

필순 ノ 二 尸 尸 尸 尸 屍 屍 屍

기초 【기초한자어】 익히고, 【기본→발전한자어】 다지기
屍身(시신) 송장. 죽은 사람의 몸
屍體(시체) 사람이나 생물의 죽은 몸뚱이
檢屍(검시) 사망이 범죄로 인한 것인가 조사함
• 호수에서 발견된 屍身은 檢屍를 거쳐야 한다.
• 도로에 로드킬 당한 고라니의 屍體가 방치되어 있다.

기본 ② 屍山(시산)
발전 ① 屍柩(시구) 屍軀(시구) 閃屍(섬시)
사자성어 ② 屍山血海(시산혈해)

부수	획수	총획
歹	8	12

불릴 식 【1914】

字源 〈형성〉 '불리다'는 '붇다'의 활용형이다. '물에 흠뻑 젖어서 부피가 커지다', '분량이나 수효가 많아지다'의 의미로 '재산을 불리다'처럼 쓰인다. 유의어로는 '늘어나다'가 있다. 이미 말라 죽어버린(歹) 것은 땅에 묻혀서(直) 그 자양분이 되어 새 생명을 다시 일으키게 될 것이니 [불리다(殖)]는 뜻이고 [식]으로 읽는다.
園 增(더할 증) 繁(번성할 번) 回 植(심을 식)

필순 ㄱ ㄅ ㄕ ㄕ 歹 歹 殖 殖 殖 殖

기초 【기초한자어】 익히고, 【기본→발전한자어】 다지기
利殖(이식) 재물이 점점 늘어 감
繁殖(번식) 붇고 늘어서 많이 퍼짐
增殖(증식) 더욱 늚. 더하여 늘림
• 이자에 이자가 붙어 재물이 增殖하는 利殖현상이다.
• 달팽이를 키워 繁殖하는 것까지 보았다.

기본 ② 殖利(식리) 殖産(식산) 殖財(식재) 生殖(생식) 養殖(양식) 生殖器(생식기) 封殖(봉식)
발전 28 滋殖(자식) ① 蕃殖(번식)

부수	획수	총획
糸	5	11

띠 신 : 【1915】

2급常

字源 〈형성〉'띠'는 너비가 좁고 기다랗게 생긴 물건을 통틀어 이르는 말로, 주로 옷 위로 허리를 둘러매는 끈을 뜻한다. 허리에 매면 허리띠, 머리에 매면 머리띠이다. 옛날에 높은 벼슬아치들이 허리에 길게 늘어뜨린(申) 혁띠(糸)를 관복 위에 찼던 것이 관례였으니 지금은 널리 [허리띠(紳)]를 뜻하고 [신]으로 읽는다.
图帶(띠 대) 回細(가늘 세)

필순 ﹅ ﹅ ﹅ ﹅ 糸 糸 糺 紳 紳 紳 紳

기초 【기초한자어】 익히고, 【기본→발전한자어】 다지기
紳士(신사) 사람됨이나 몸가짐이 점잖고 교양이 있고 예의 바른 남자
紳商(신상) 상인 중 상류층에 속하는 점잖은 상인
薦紳(천신) 지체가 높은 사람
• 그는 薦紳의 후손답게 말과 행동이 紳士적이다.
• 우리 지역의 紳商들은 기부를 상당히 많이 한다.

기본 ② 鄕紳(향신)
발전 ① 紳笏(신홀) 团搢紳(진신)
사자성어 ② 紳士協定(신사협정)

腎
부수	획수	총획
肉	8	12

콩팥 신 : 【1916】

字源 〈형성〉'콩팥'은 동물의 몸 안에서 생긴 각종 노폐물을 걸러 오줌으로 배설하는 기능을 담당하는 기관이다. 배설기 기능으로 중요한 역할을 한다. 유의어는 '내신(內腎), 신(腎), 신장(腎臟)' 등이다. 다른 신체기관에 비해 단단하다고 생각했기에 견고한(臤←堅) 신체부위(月)였으니 [콩팥(腎)]을 뜻하고 [신]으로 읽는다.
回腎(어질 현) 回腎

필순

기초 【기초한자어】 익히고, 【기본→발전한자어】 다지기
腎熱(신열) 신수가 부족하여 생기는 열
腎臟(신장) 콩팥
腎管(신관) 거머리, 지렁이 따위의 각 체절에 있는 배설기
• 腎臟의 기운이 약하면 腎熱이 잦다.
• 지렁이의 腎管 한 쪽은 깔때기 모양이다.

기본 ② 腎氣(신기) 補腎(보신) 海狗腎(해구신)
발전 ① 腎脹(신창) 团腎盂(신우)
사자성어 ② 腎不全症(신부전증) 腎虛腰痛(신허요통)

握
부수	획수	총획
手	9	12

쥘 악 【1917】

字源 〈형성〉'쥐다'는 손가락을 다 오므려 엄지손가락과 다른 네 손가락이 겹쳐진 상태로 권력이나 주어진 권한을 손에 넣는다는 뜻도 된다. 유의어는 '움켜쥐다' 등이 있다. 연모를 꽉 잡고 일할 때에 보통의 손(扌) 안쪽(屋)을 아무지게 잡아서 붙들고 자유자재로 움직이도록 잡았으니 [쥐다(握)]는 뜻이고 [악]으로 읽는다.
图把(잡을 파) 回屋(집 옥)

필순 扌 扌 扌 护 护 护 揎 揎 握 握

기초 【기초한자어】 익히고, 【기본→발전한자어】 다지기
握手(악수) 인사, 감사, 친애의 뜻으로 두 사람이 손을 마주 잡는 일
掌握(장악) 무엇을 마음대로 할 수 있게 됨을 이름
握力(악력) 물건을 쥐는 힘
• 그는 무대 掌握力이 뛰어나 호평받았다.
• 그와 握手했더니 거센 握力이 느껴졌다.

기본 ② 握髮(악발) 把握(파악)
발전 ① 捲握(권악) 握腕(악완) 团握臂(악비) 점집握槊(악삭)

癌
부수	획수	총획
疒	12	17

암 암 : 【1918】

字源 〈형성〉'암'은 생물의 조직 안에서 세포가 무제한으로 증식하여 악성 종양을 일으키는 병을 뜻한다. 이는 주변의 조직을 침범하거나 다른 징기에 진이하여 생물을 죽음에 이르게 한다. 괴롭고 어려운 고질병(疒) 병세가 마치 바위(嵒)처럼 단단하여 치료하기 썩 어렵다고 했으니 [암(癌)]을 뜻하고 [암]으로 읽는다.

필순 ﹅ 广 疒 疒 疒 疒 疖 痦 痦 痦 癌

기초 【기초한자어】 익히고, 【기본→발전한자어】 다지기
肝癌(간암) 간에 생기는 암
發癌(발암) 암이 생김 또는 암이 생기게 함
癌腫(암종) 표피, 점막, 샘 조직 따위의 상피 조직에서 생기는 악성 종양
• 癌腫이 發生하거나 초기 암 방치는 發癌이 되어 위험하다.

• 肝癌이나 췌장암은 생명 단축의 원인이 되는 매우 위험한 癌腫이다.

[기본] ② 舌癌(설암) 胃癌(위암) 肺癌(폐암) 癌病棟(암병동) 癌細胞(암세포) 末期癌(말기암) 乳房癌(유방암) 子宮癌(자궁암) 喉頭癌(후두암)

[발전] ① 癌汁(암즙) 癌瘡(암창) 膵癌(췌암)

[사자성어] ② 癌的存在(암적존재)

부수	획수	총획
石	14	19

거리낄 애 : 【1919】

[字源] 〈형성〉 '거리끼다'는 꺼림칙하고 어색하게 마음에 걸리다는 뜻이다. 순조롭지 못하고 방해되다는 뜻도 담고 있겠다. 유의어로는 '꺼림직하다, 기탄(忌憚)하다, 방해(妨害)되다' 등이다. 돌(石)로 쌓은 막힌 길을 만나면 사람들이 의심하면서(疑) 통행을 일단 주저하였으니 [거리끼다(礙)]는 뜻이고 [애]로 읽는다.

[동] 拘(잡을 구) 障(막을 장) [동] 碍

[필순] 丁 石 石 石 碌 碌 碌 碌 碌 碌

[기초] 【기초한자어】 익히고, 【기본→발전한자어】 다지기
障礙(장애) 가로막아서 거치적거림. 거치적거리어 지장이 되는 것
礙子(애자) 전선을 지탱하고 또 절연하기 위하여 구조물에 장치하는 제구
拘礙(구애) 거리끼어 얽매이는 일
• 礙子를 교체하는 공사로 교통 障礙가 생겼다.
• 돈에 拘礙받지 않고 하고 싶은 것을 해 보아라.

[기본] ② 礙眼(애안) 礙滯(애체) 無礙(무애) 妨礙(방애) 窒礙(질애)

[발전] ① 梗礙(경애) 阻礙(조애)

부수	획수	총획
心	9	13

이끌 야 : 【1920】

[字源] 〈형성〉 '이끌다'는 교사가 앞에서 지휘하여 가르친다는 뜻까지 담는다. 다른 사람을 잘 가르쳐 바르게 행동하도록 한다. 유의어는 '지휘(指揮)하다, 통솔(統率)하다' 등이 있겠다. 차분하지 못하고 불안한 마음(心)들이 더욱 헝클어 뜨리는(若) 어떤 상황이 계속하여 이어지니 [이끌다(惹)]는 뜻이고 [야]로 읽는다.

[동] 起(일어날 기) [회] 若(같을 약)

[필순] ㄊ 㔾 艹 若 若 若 若 惹 惹

[기초] 【기초한자어】 익히고, 【기본→발전한자어】 다지기
惹起(야기) 일이나 사건 따위를 끌어 일으킴
惹端(야단) 매우 떠들썩하게 일을 벌이거나 부산하게 법석거림
惹出(야출) 어떤 사건이나 일 따위를 끌어냄
• 스트레스가 쌓이면 큰 문제를 惹起할 수 있다.
• 오랜만에 만나 서로 부둥켜안고 惹端이다.

[기본] ② 惹生(야생)

[발전] [特] 惹鬧(야료) [特] 惹釁(야흔)

[사자성어] [特] 惹起鬧端(야기요단)

부수	획수	총획
女	17	20

아가씨 양 【1921】

[字源] 〈형성〉 '아가씨'는 아직 결혼하지 아니한 처녀다. 또한 자기 집의 젊은 여자를 가리키거나 그에게 붙인 칭호이겠다. 유의어는 '소저(小姐), 작은아씨, 미스(Miss)' 등이 있다. 밭을 가는(襄) 여자(女)로 처음에는 '어미'였으나 나중에는 발음이 같은 娘(아가씨 낭)과도 같아서 [아가씨(孃)]를 뜻하고 [양]으로 읽는다.

[동] 娘(계집 낭) [회] 壤(흙덩이 양) 讓(사양할 양) [약] 嬢

[필순] ㄣ ㄠ ㄠ 女 女 女 嬢 嬢 嬢 孃

[기초] 【기초한자어】 익히고, 【기본→발전한자어】 다지기
野孃(야양) 시골 처녀
令孃(영양) 영애. 윗사람의 딸을 높여 이르는 말
老孃(노양) 노처녀. 혼기가 지난 여자
• 사장님께서는 令孃을 대동하여 나타나셨다.
• 옆 마을 野孃의 무리에는 老孃이 별로 없다.

[기본] ② 貴孃(귀양) 某孃(모양) 李孃(이양) 村孃(촌양)

[발전] ① 爺孃(야양)

부수	획수	총획
石	7	12

벼루 연 : 【1922】

[字源] 〈형성〉 '벼루'는 먹을 가는 데 쓰는 문방구다. 먹물이 옷에 튀기면 잘 지워지지 않는다. 하얀 옷은 더욱 그러하여 옛날 우리 선비들은 먹을 갈 때에 옷에 먹물이 튀지 않도록 조심하였다. 글씨를 쓰기 위해 먹을 갈 때 벼룻돌(石)을 내려다보면서(見) 정성을 들이면서 갈았으니 [벼루(硯)]를 뜻하고 [연]으로 읽는다.

[회] 現(나타날 현) 規(법 규) 研(갈 연)

[필순] 丁 丆 石 石 砌 砌 硯 硯 硯 硯

2급常

기초 【기초한자어】 익히고, 【기본 → 발전한자어】 다지기
硯滴(연적) 벼루에 먹을 갈 때 물을 담아 두는 그릇
硯池(연지) 물을 부어 괴는 벼루 앞쪽의 먹물 담긴 부분
筆硯(필연) 붓과 벼루를 아울러 이르는 말
• 硯滴에서 벼루에 물을 부으니 硯池에 물이 고였다.
• 서예할 때 筆硯을 꼭 챙겨야 한다.

발전 ① 缸硯(항연)
사자성어 ② 紙筆硯墨(지필연묵)

	부수	획수	총획
厭	厂	12	14

싫어할 염 : 【1923】

字源 〈형성〉 '싫어하다'는 내 마음에 부족하게 여기며 마음에 들지 않는다는 뜻이다. 마음 속으로 싫게 여기면서 꺼리다는 뜻을 담는다. 유의어는 '혐오(嫌惡)하다' 등이다. 개(犬)가 언덕(厂) 아래 숨어서 고기(肉)를 입(口)에 물고(一) 배부르면 다른 것을 꼭 물리쳤으니 먹기를 [싫어하다(厭)]는 뜻이고 [염]으로 읽는다.
통 嫌(싫어할 혐) 回 壓(누를 압)

필순 一 厂 厃 厃 厇 厭 厭 厭 厭 厭 厭

기초 【기초한자어】 익히고, 【기본 → 발전한자어】 다지기
厭世(염세) 세상을 괴롭고 귀찮은 것으로 여겨 비관함
厭忌(염기) 싫어하고 꺼림
厭症(염증) 싫증
• 그는 모든 일에 厭症을 느끼는 厭世주의자이다.
• 그는 자신의 공간을 침해받는 것을 厭忌한다.

기본 ② 厭足(염족) 嫌厭(혐염)
발전 ① 厭詛(염저) 特 厭覩(염도)
사자성어 ② 厭世主義(염세주의)

	부수	획수	총획
預	頁	4	13

맡길 예 : 【1924】

字源 〈형성〉 '맡기다'는 자기 일을 다른 사람에게 담당하도록 책임지게 한다는 뜻이다. 우리 사회는 상대방에게 일감을 많이 맡기는 경향이 있다. 유의어는 '일임(一任)하다, 부탁하다' 등이다. 앞으로 닥쳐올 여러 가지 일을 머리(頁) 속으로 미리부터(予) 예상하고 깊이 생각하면서 [맡기다(預)]는 뜻이고 [예]로 읽는다.
통 豫(미리 예) 任(맡길 임) 託(맡길 탁) 回 頂(정수리 정)

필순 フ ヌ 予 予 矛 预 预 预 預 預 預

기초 【기초한자어】 익히고, 【기본 → 발전한자어】 다지기
預金(예금) 일정한 계약에 의하여 은행이나 우체국에 돈을 맡기는 일
預備(예비) 필요할 때 쓰기 위하여 미리 마련하거나 갖추어 놓음
預買(예매) 물건을 받기 전에 미리 값을 쳐서 삼
• 은행이나 우체국에 돈을 맡겨 預金을 한다.
• 豫買는 물건을 미리 사고, 豫賣는 미리 물건을 파는 일이다.

기본 ② 預慮(예려) 預想(예상) 預入(예입) 預置(예치) 預託(예탁) 預度(예탁) 參預(참예)
발전 ① 預妓(예기) 特 預婿(예서)

	부수	획수	총획
梧	木	7	11

오동나무 오(:) 【1925】

字源 〈형성〉 오동나무는 가볍고 단단하여 여러 가지로 쓰였다. 속의 위아래가 똑같이 비어있어서 가볍게 사용한 가구다. 여름에 오동나무 아래 앉으면 더 없이 시원했다. 내(吾) 자식에게 쓸 만한 가구를 만들어 줄 바에는 나무(木) 중에서도 이왕이면 더 가볍고 질 좋은 [오동나무(梧)]로 쓰겠다는 뜻이고 [오]로 읽는다.
통 桐(오동나무 동)

필순 十 十 木 杧 杧 栖 梧 梧 梧 梧

기초 【기초한자어】 익히고, 【기본 → 발전한자어】 다지기
梧桐(오동) 오동나무. 현삼과에 속한 낙엽 활엽 교목
梧月(오월) '음력 칠월'의 다른 이름
梧葉(오엽) 오동나무 잎
• 梧月은 梧桐나무의 잎이 지는 가을을 뜻한다.
• 梧葉처럼 큰 손으로 악수를 청했다.

기본 ② 梧右(오우) 梧陰(오음) 梧秋(오추) 梧下(오하) 枝梧(지오)
발전 23 彊梧(강오) ① 魁梧(괴오)
사자성어 ② 梧桐一葉(오동일엽)

	부수	획수	총획
穩	禾	14	19

편안할 온 【1926】

字源 〈형성〉 우리네의 안식처는 시골 생활이다. 시골에 살면서 평안한 마음으로 지낼 수 있었다. '편안하다'는 편하고 걱정 없이 좋다는 뜻으로 '안정하다'가 유의어이다. 여름 동안의 어려웠던(惡←穩) 고통을 참아가면서 벼(禾) 곡식을 잘 지어 놓으면 겨울 동안 든든하여 매우 [편안하다(穩)]는 뜻이고 [온]으로 읽는다.

園安(편안 안) 逸(편안할 일) 全(온전할 전) 回隱(숨을 은)
回穩, 稳

필순 二千禾禾秆秆稏稏穩穩

기초 【기초한자어】익히고, 【기본→발전한자어】다지기
穩健(온건) 생각이나 행동 따위가 사리에 맞고 건실함
平穩(평온) 조용하고 편안함
穩當(온당) 사리에 어그러지지 않고 알맞음
• 穩健파와 강경파가 대립하였다.
• 주말에는 平穩한 휴식을 보내는 것이 穩當하다.
기본 ②穩全(온전) 不穩(불온) 深穩(심온) 安穩(안온)
발전 ①穩婆(온파)

부수	획수	총획
止	5	9

기울 왜【1927】

字源 〈회의〉흔히 가세가 점점 기울었다는 이야기를 한다. '기울다'는 비스듬히 낮아지거나 비뚤어진다는 뜻이다. 세력이 왕성한 때가 지나서 지금은 매우 약해졌음이다. 바르고 정당한 길을 걸어가야 하는데 바르지(正) 못한(不) 일을 당해서 어느 한 쪽으로 치우쳐서 세력이 [기울다(歪)]는 뜻이고 [왜]로 읽는다.
園曲(굽을 곡)

필순 一ブオ不歪歪歪歪歪

기초 【기초한자어】익히고, 【기본→발전한자어】다지기
歪曲(왜곡) 사실과 다르게 해석하거나 그릇되게 함
歪形(왜형) 비뚤어진 모양
歪力(왜력) 응력. 변형력
• 그는 자신에게 유리하도록 내 말을 歪曲한다.
• 그 물체는 歪力에 의해 겉모습이 歪形되어 버렸다.
기본 ②歪調(외조) 舌歪(설왜)
사자성어 ②歪曲報道(왜곡보도) 歷史歪曲(역사왜곡)

부수	획수	총획
女	4	7

요사할 요【1928】

字源 〈형성〉'요사하다'는 하는 짓이 요망하고 간사하다는 뜻을 담는다. 무당이 하는 짓이 요망하고 간사하다는 말도 자주 듣는다. 사람들 심리가 어려우면 의지가 된 모양도 되겠다. 여자(女)가 얼굴이 곱고 예쁘면(夭) 결국에는 요망하고 요염한 짓을 자주 한다고 했었으니 [요사하다(妖)]는 뜻이고 [요]로 읽는다.

필순 く 女 女 女 妖~妖妖

기초 【기초한자어】익히고, 【기본→발전한자어】다지기
妖邪(요사) 요망하고 간사함
妖艶(요염) 사람을 호릴 만큼 아리따움
妖怪(요괴) 요사스럽고 괴상함. 요사스러운 귀신
• 妖怪가 나타나 妖邪한 언행으로 사람을 홀렸다.
• 모델이 妖艶한 자태로 사람들의 이목을 집중시켰다.
기본 ②妖鬼(요귀) 妖氣(요기) 妖女(요녀) 妖妄(요망) 妖霧(요무) 妖物(요물) 妖婦(요부) 妖書(요서) 妖星(요성) 妖術(요술) 妖僧(요승) 妖言(요언) 妖雲(요운) 妖異(요이) 妖人(요인) 妖精(요정) 妖態(요태) 妖花(요화)
발전 ①妖靡(요미) 妖魃(요발) 妖魄(요백) 妖冶(요야) 妖訛(요와) 妖彗(요혜) 妖狐(요호) 奸妖(간요) 憑妖(빙요)
特 妖孼(요얼)

부수	획수	총획
人	11	13

품팔 용【1929】

字源 〈형성〉'품팔이'는 하루 품삯을 받고 남의 일을 하면서 하루 일당을 받는 사람이다. 하루 벌어 하루 먹고 산다. 유의어로는 '고공(雇工), 삯벌이, 삯팔이, 고용(雇傭)' 등이 있다. 사람(亻)이 품삯으로 일정한 금액의 돈을 받고 힘들어하면서(庸) 하루의 일을 해주도록 약속했었으니 [품팔다(傭)]는 뜻이고 [용]으로 읽는다.
園雇(품팔 고) 回庸(쓸 용)

필순 亻 亻 亻 亻 俨 俨 俨 傭 傭 傭

기초 【기초한자어】익히고, 【기본→발전한자어】다지기
傭兵(용병) 보수를 주고 병사를 고용하는 일 또는 그 병사
雇傭(고용) 보수를 받고 남의 일을 하여 줌
傭船(용선) 운송하는 배의 일부를 세를 내어 얻음
• 傭兵을 雇傭하여 이번 전쟁에서 이겼다.
• 물량이 늘어나 급한 대로 傭船하여 운반했다.
기본 ②傭役(용역) 傭人(용인) 傭賃(용임)
발전 ①傭僕(용복)

부수	획수	총획
火	10	14

녹을 용【1930】

字源 〈형성〉'녹다'는 결정체가 액체에 풀어져 섞이는 일이다. 고체가 높은 온도에 물러지거나 물처럼 되는 현상도 말하

2급常

겠다. 유의어로는 '잘 풀리다, 용해(溶解)되다' 등이 있다. 활활 타오르는 불(火)이 모두를 다 받아들이면서(容) 흡수하거나 액체가 되어 다 무르녹게 조정했으니 [녹다(熔)]는 뜻이고 [용]으로 읽는다.

圖 鎔(쇠녹일 용)

필순

기초 【기초한자어】 익히고, 【기본→발전한자어】 다지기
熔巖(용암) 화산에서 분출된 마그마
熔解(용해) 고체가 액체에 녹음
熔鑛爐(용광로) 금속 광석을 녹여 제련하기 위한 가마
• 시뻘건 熔鑛爐에 쇳물이 熔巖이 이는 듯했다.
• 소금물은 물에 소금을 熔解한 용액이다.

기본 ② 熔鑛(용광) 熔融(용융) 熔化(용화)

	부수	획수	총획
鬱	鬯	19	29

답답할 울【1931】

字源 〈형성〉 '답답하다'는 어떤 일이 자기 뜻대로 되지 않거나 마음이 시원치 않아 애타고 안타깝다는 뜻으로 쓰인다. 유의어로는 '갑갑하다, 고지식하다, 따분하다' 등이다. 많은 숲(林)이 우거져서 향기(鬯)와 무늬(彡)로만 덮이면서(冖) 숲의 통로는 독(缶)의 구멍 정도였으니 [답답하다(鬱)]는 뜻이고 [울]로 읽는다.

回 欝

필순

기초 【기초한자어】 익히고, 【기본→발전한자어】 다지기
鬱憤(울분) 분한 마음이 가슴에 가득함 또는 그런 마음
鬱寂(울적) 마음이 답답하고 쓸쓸함
沈鬱(침울) 걱정, 근심 따위로 밝지 못하고 우울함
• 그는 鬱憤에 찬 목소리로 말했다.
• 마음이 鬱寂하여 沈鬱해졌다.

기본 ② 鬱結(울결) 鬱氣(울기) 鬱怒(울노) 鬱林(울림) 鬱茂(울무) 鬱森(울삼) 鬱塞(울색) 鬱然(울연) 鬱鬱(울울) 鬱蒼(울창) 鬱火(울화) 抑鬱(억울) 憂鬱(우울) 陰鬱(음울)

발전 ② 鬱郁(울욱) ① 鬱扐(울발) 勃鬱(발울) 怏鬱(앙울) 湮鬱(인울) 特 悵鬱(창울)

	부수	획수	총획
苑	艹	5	9

나라동산 원 :
【1932】

字源 〈형성〉 '나라동산'은 지방자치단체나 마을에서 조성한 동

산은 아니지만 마을이나 집 근처에 있는 나지막한 언덕이나 작은 산에서 비롯되었을 것이다. 이것이 정원의 연못이었다. 짐승이 자기 마음대로 누워서 이리저리 뒹굴면서(夗) 놀 수 있도록 만들어진 넓은 초원(艹)으로 [나라동산(苑)]을 뜻하고 [원]으로 읽는다.

圖 園(동산 원)

필순

기초 【기초한자어】 익히고, 【기본→발전한자어】 다지기
苑囿(원유) 예전에 울을 치고 금수를 기른 곳
苑池(원지) 정원과 연못
後苑(후원) 대궐 안에 있는 동산
• 울을 치고 苑囿에서 금수를 많이 길렀다.
• 정원과 연못인 苑池는 後苑에서 찾아 볼 수 있다.

기본 ② 苑樹(원수) 苑花(원화) 故苑(고원) 宮苑(궁원) 鹿苑(녹원) 文苑(문원) 祕苑(비원) 藥苑(약원) 御苑(어원) 藝苑(예원) 學苑(학원) 花苑(화원)

발전 ② 苑沼(원소)

	부수	획수	총획
尉	寸	8	11

벼슬 위【1933】

字源 〈회의〉 '벼슬'은 우리 사회에서 많이 사용하는 용어다. 관청에 나가 나랏일을 다스린 자리를 이른 말이다. 유의어는 '사관(仕官), 사환(仕宦), 구실아치, 벼슬아치' 등으로 쓰인다. 정해진 법도(寸)를 엄격하게 보여주는(示) 관리였던 사람(尸)으로 국가의 녹을 받고 살아갔으니 [벼슬(尉)]을 뜻하고 [위]로 읽는다.

圖 爵(벼슬 작) 官(벼슬 관) 回 慰(위로할 위)

필순

기초 【기초한자어】 익히고, 【기본→발전한자어】 다지기
尉官(위관) 소위, 중위, 대위 같은 군 장교의 계급
校尉(교위) 한나라 때에 궁성의 방위, 서역의 진무를 맡아 보던 무관
尉斗(위두) 조선 시대, 의빈부에 속하는 벼슬의 하나
• 한나라 때 궁성의 방위, 서역의 진무를 맡았던 무관인 校尉다.
• 尉斗는 조선조 의빈부에 속한 벼슬로, 지금의 尉官과는 상당히 다르다.

기본 ② 大尉(대위) 少尉(소위) 准尉(준위) 中尉(중위)

	부수	획수	총획
融	虫	10	16

녹을 융【1934】

字源 〈형성〉 '녹다'는 일정 결정체가 액체에 풀어져서 섞이는 일이다. 또한 높은 온도에 물러지거나 물처럼 되는 현상이기도 하다. 유의어는 '풀리다, 용해(溶解)되다' 등이다. 뜨겁게 끓는 솥(鬲) 안으로 들어갔던 벌레(虫)가 펄펄 끓는 뜨거운 물에 몸이 서서히 잘 녹아 버렸으니 [녹다(融)]는 뜻이고 [융]으로 읽는다.

圖溶(녹을 용) 熔(녹을 용) 通(통할 통) 和(화할 화)

필순

기초 【기초한자어】 익히고, 【기본→발전한자어】 다지기
融資(융자) 자금을 융통함 또는 그 자금
融通(융통) 금전, 물품 따위를 돌려씀. 산업 자금의 융통
融和(융화) 서로 어울려 화목하게 됨
• 금전, 물품 따위를 돌려서 씀. 산업 자금의 融通이 여유롭다.
• 자금을 융통함이 融資라면, 融和는 서로 어울려 화목함이다.

기본 ②融液(융액) 融暢(융창) 融合(융합) 融解(융해) 融和(융화) 金融(금융)

발전 ①融裔(융예)

부수	획수	총획
刀	1	3

칼날 인 : 【1936】

字源 〈지사〉 '칼날'은 예리한 칼의 날을 뜻한다. 칼날은 얇고 날카로운 부분으로, 대상 물건을 베거나 자르는 쪽이다. 날카롭지 못한 곳은 칼등, 예리한 부분이 칼날로 두루 쓰인다. 손으로 잡는 칼(刀)의 몸집과 예리한 날(丶)을 나타내어 날카롭게 사물이나 물건을 싹둑 베어냈으니 [칼날(刃)]을 뜻하고 [인]으로 읽는다.

回刀(칼 도) 力(힘 력) 回刄

필순

기초 【기초한자어】 익히고, 【기본→발전한자어】 다지기
刃傷(인상) 칼날 따위에 다침 또는 그런 상처
刃創(인창) 칼날에 다친 흉
白刃(백인) 서슬이 시퍼렇게 번쩍이는 날카로운 칼날
• 자객이 칼을 뽑자 白刃이 번쩍였다.
• 예전에 刃傷을 입은 자리에 刃創이 남았을 뿐이다.

기본 ②霜刃(상인) 自刃(자인)

발전 ①芒刃(망인) 鋒刃(봉인) 袖刃(수인) 兇刃(흉인) 露과 鋩刃(망인)

부수	획수	총획
貝	5	12

갖은두 이 : 【1935】

字源 〈회의〉 어렵고 가난한 사람을 도와주는 것은 우리네 미풍이었다. 한 번 도와주고, 두 번 도와주면 값진 도움이 되었을 것이다. 사회의 어려운 자를 보살펴 돕는 마음이 중요하다. 주살(弋)을 두 번씩이나(二) 쓰면 재화(貝)가 두 배로 거듭 늘어나게 된다고 했으니 [둘(貳)] 또는 [갖은두(貳)]를 뜻하고 [이]로 읽는다.

圖二(두 이) 回弍, 弐

필순

기초 【기초한자어】 익히고, 【기본→발전한자어】 다지기
貳相(이상) 조선 시대에, '좌우찬성'을 달리 이르던 말
貳心(이심) 두 가지 마음. 배반하려는 마음
貳臣(이신) 두 가지 마음을 가진 신하
• 조선 시대 '좌찬성 우찬성'을 다르게 이르던 말로 흔히 貳相이라고 했다.
• 두 가지로 마음씀은 貳心이고, 두 마음인 신하는 貳臣이라고 했다.

기본 ②貳車(이거) 貳極(이극) 佐貳(좌이) 懷貳(회이) 携貳(휴이)

발전 23岐貳(기이) ①貳衙(이아) 特攜貳(휴이)

부수	획수	총획
士	9	12

갖은한 일 【1937】

字源 〈형성〉 귀한 손님이 오면 정성을 드려 빚어놓은 술을 항아리에 가득 담아 두었다. 여기서는 항아리 하나를 지칭한다. 하나는 너무 단출하여 '갖은자'로 [하나]를 표기하기로 했다. 술 단지(壺) 안에 먹기 좋은(吉) 술을 가득히 담았으니 모두가 한결 같아서 [하나(壹)] 또는 [갖은한(壹)]을 뜻하고 [일]로 읽는다.

圖一(한 일) 回壱

필순

기초 【기초한자어】 익히고, 【기본→발전한자어】 다지기
壹意(일의) 한 가지 사물에 뜻을 기울임
壹是(일시) 모두. 일체
壹鬱(일울) 근심·걱정이 쌓여 마음이 답답하고 기가 막힘
• 근심·걱정이 가득 쌓여 마음이 답답하고 기가 막힌 壹鬱이 흔히 쓰인다.
• 한 가지 사물에 뜻을 기울인 壹意는 모두·일체인 壹是와는 다르다.

발전 ①樸壹(박일) 醇壹(순일)

2급常

妊

부수	획수	총획
女	4	7

아이밸 임 :
【1938】

字源 〈형성〉 '아이 배다'는 임신하다와 같이 쓰인 동의어다. 여자가 결혼하여 아이를 뱃속에 갖는 일이다. 유의어는 '수태(受胎)하다, 잉태(孕胎)하다, 회임(懷妊)하다' 등이 있다. 도투마리에 실이 감겨서 안쪽의 배가 불룩한 모양처럼 임신한 여자(女)의 배가 더 불룩했으니(壬) [아이 배다(妊)]는 뜻이고 [임]으로 읽는다.
圖 姙(아이밸 임) 娠(아이밸 신) 孕(아이밸 잉) 胎(아이밸 태) 胚(아이밸 배)

필순 ㄑ ㄑ ㄑ 女 女 妊 妊

기초 【기초한자어】 익히고, 【기본→발전한자어】 다지기
懷妊(회임) 임신. 아이나 새끼를 뱀
不妊(불임) 임신하지 못함
妊産婦(임산부) '임부' 와 '산부'를 아울러 이르는 말
• '임부'와 '산부'를 아울러 妊産婦라 한다.
• 그 부부는 不妊 판정을 받았지만 懷妊에 성공하였다.

기본 ② 妊婦(임부) 胎妊(태임) 避妊(피임)
발전 ① 妊娠(임신)

磁

부수	획수	총획
石	10	15

자석 자 【1939】

字源 〈형성〉 '자석'은 철을 당기는 성질이 있는 물체다. 외부 자기장을 제거해도 자성을 잃지 않는 영구자석이란 성분을 지니다. 유의어로는 '지남석(指南石), 지남철(指南鐵), 마그넷(magnet)' 등이다. 돌(石) 속에 있던 쇠붙이의 성분이 거듭하면서(玆) 또 다른 극끼리 끌어당겼으니 [자석(磁)]을 뜻하고 [자]로 읽는다.

필순 ㄱ 石 石 石' 矿 矿 磁 磁 磁 磁

기초 【기초한자어】 익히고, 【기본→발전한자어】 다지기
磁氣(자기) 자석이 철을 끌어당기는 작용
磁石(자석) 자성을 가진 천연의 광석
磁極(자극) 자기력이 가장 센, 자석의 양쪽 끝 부분
• 자기력이 가장 센 자석 양쪽 끝 부분으로 여기에 磁極이 작용한다.
• 자석이 끌어당기는 작용이 磁氣라고 하는데, 천연의 磁石과는 확연히 다르다.

기본 ② 磁器(자기) 磁力(자력) 磁性(자성) 磁場(자장) 磁針(자침) 陶磁(도자) 白磁(백자) 電磁(전자) 靑磁(청자) 電磁波(전자파)

2급常

발전 ① 磁殼(자각)

諮

부수	획수	총획
言	9	16

물을 자 : 【1940】

字源 〈형성〉 문답이라는 말을 흔히 사용한다. 묻고 답하는 가운데 진정한 학습이 이루어진다. '묻다'는 무엇을 알아내기 위하여 상대편의 대답이나 설명을 요구하는 내용으로 말하는 것이다. 여러 사람에게 차례대로(次) 사실관계를 물어보며(口) 상대에게 최종 대답(言)을 들으니 [묻다(諮)]는 뜻이고 [자]로 읽는다.
圖 咨(물을 자) 詢(물을 순) 問(물을 문)

필순 ㅗ ㅗ 言 言 言' 訡 訡 訡 談 諮 諮

기초 【기초한자어】 익히고, 【기본→발전한자어】 다지기
諮問(자문) 전문가에게 의견을 물음
諮議(자의) 남에게 의견을 물어 논의하는 일
諮決(자결) 상의하여 결정함
• 남에게 의견을 물어 서로 논의하는 일은 諮議라 한다.
• 이번 사안은 전문가에게 諮問한 내용을 토대로 내부에서 諮決하여 마무리 짓기로 하였다.

발전 ② 諮謨(자모) 特 諮詢(자순) 諮諏(자추)

雌

부수	획수	총획
隹	5	13

암컷 자 【1941】

字源 〈형성〉 동물의 세계에서 보통 수컷은 사납고 날쌔지만 암컷은 수컷에 비하여 힘이 더 미치지 못한다. 생물학적인 한계가 있다고나 할까. 암수의 결합으로 자손을 번식하게도 된다. 힘이 다소 미약하여 수컷 아래에 머무르는(此) 조금은 연약한 새(隹)로 알을 낳아 잘 기르는 [암컷(雌)]을 뜻하고 [자]로 읽는다.
回 雄(수컷 웅)

필순 ㅏ ㅏ 止 止 此 此 此^ 此隹 雌 雌 雌

기초 【기초한자어】 익히고, 【기본→발전한자어】 다지기
雌伏(자복) 남에게 스스로 복종함
雌雄(자웅) 암컷과 수컷
雌花(자화) 암꽃
• 雌伏은 새의 암컷이 수컷에게 복종한다는 뜻에서 나왔다.
• 꽃은 보통 암술과 수술이 함께 있어 雌雄同體이지만 호박꽃은 암술만 있는 雌花이다.

발전 ① 孀雌(상자) **特** 雌蕊(자예)

부수	획수	총획
虫	18	24

蠶

누에 잠【1942】

字源 〈형성〉 누에는 누에나방의 애벌레로 고치 속에서 번데기를 거쳐서 나방이 된다. 겨울이 되면 입에서 입김이 나오는데 누에가 입에서 실을 풀어 고치를 만드는 것을 입김으로 비유하기도 했다. 일찍부터 [朁] 벌레(虫)와 벌레(虫)가 고치를 만들어 그 속에서 번데기가 되는 [누에(蠶)]를 뜻하고 [잠]으로 읽는다.
回 蚕

필순

기초 【기초한자어】 익히고, 【기본→발전한자어】 다지기
養蠶(양잠) 누에를 기름 또는 그 일
蠶絲(잠사) 누에고치에서 켜낸 실
蠶室(잠실) 누에를 치는 방
• 마사, 면사처럼 천연 섬유인 蠶絲가 있다.
• 누에를 치는 방이 蠶室이고, 누에를 기르는 일이 養蠶이다.
기본 ② 蠶食(잠식)
발전 ① 蠶繭(잠견) 繭蠶(견잠) **特** 柞蠶작잠

발전 ① 沮誹(저비) 沃沮(옥저) **特** 沮碍(저애) **特** 沮遏(저알)

부수	획수	총획
水	5	8

沮

막을 저 :【1943】

字源 〈형성〉 '막다'는 자주 통하지 못하게 하다. 또는 다니는 통로에 물건을 놓아 통하지 못하게 만든다는 뜻이다. 유의어로는 '봉(封)하다, 전색(塡塞)하다, 폐색(閉塞)하다' 등이 있다. 냇물이나 강물(氵)이 흐르는 곳에 둑이나 제방을 높이 쌓아서(且) 흐르는 물길을 가로로 막았으니 [막다(沮)]는 뜻이고 [저]로 읽는다.
回 遏(막을 알)

필순

기초 【기초한자어】 익히고, 【기본→발전한자어】 다지기
沮止(저지) 막아서 못하게 함
沮害(저해) 막아서 못하게 하여 해침
沮氣(저기) 무섭거나 두려워서 기운이 움츠러짐. 축기
• 발언의 자유를 沮止하여 정치발전을 沮害하였다.
• 그는 발소리만 나도 沮氣하여 구석에서 벌벌 떨었다.
기본 ② 沮散(저산) 沮喪(저상) 沮抑(저억) 沮議(저의) 沮澤(저택)

발전 ① 偵諜(정첩) 探偵(탐정)

부수	획수	총획
人	9	11

偵

염탐할 정【1944】

字源 〈형성〉 '염탐하다'는 남의 비밀을 몰래 살펴 조사하는 일이겠다. 정부기관에서는 '사찰'한다고 했다. 유의어로는 '염문(廉問)하다, 염알이(廉)하다, 밀탐(密探)하다' 등이다. 다른 사람(亻←人)이 하는 일이나 비밀스러운 일을 남몰래 은근슬쩍 살펴가면서(貞) 엿보았으니 [염탐하다(偵)]는 뜻이고 [정]으로 읽는다.
圖 諜(염탐할 첩) 探(찾을 탐) 回 貞(곧을 정)

필순

기초 【기초한자어】 익히고, 【기본→발전한자어】 다지기
偵察(정찰) 살피어 알아냄
偵探(정탐) 드러나지 않은 사정을 몰래 살펴 알아냄
偵客(정객) 정탐꾼
• 지방에 偵客을 잠입시켜 관리의 비리를 偵探하도록 했다.
• 상대방의 전술을 偵察하려다가 그만 발각되었다.
기본 ② 密偵(밀정) 探偵(탐정)
발전 ① 偵邏(정라)

부수	획수	총획
口	4	7

呈

드릴 정【1945】

字源 〈형성〉 '드리다'는 웃어른이나 작장 상사에게 물건을 공손하게 드린다는 뜻이겠다. 실제로 어떤 일을 행한다는 뜻까지도 담는다. 유의어는 '올리다, 바치다' 등이 있다. 지존이신 임금님(王)께 식사 때에 맞추어서 입맛(口)에 알맞은 수라상을 정중하게 올려 드리도록 했으니 [드리다(呈)]는 뜻이고 [정]으로 읽는다.
圖 獻(드릴 헌)

필순

기초 【기초한자어】 익히고, 【기본→발전한자어】 다지기
贈呈(증정) 어떤 물건 따위를 성의 표시나 축하 인사로 줌
獻呈(헌정) 주로 책 따위를 남에게 줄 때 씀
拜呈(배정) 공손히 받들어 올림
• 귀국한 선수들에게 꽃다발을 贈呈하였다.
• 공손하게 받들어 올리는 拜呈과 獻呈은 의미가 조금씩 다르다.

2급常

기본 ②呈納(정납) 呈上(정상) 呈訴(정소) 呈送(정송) 呈示(정시) 敬呈(경정) 謹呈(근정) 露呈(노정) 奉呈(봉정) 進呈(진정)

발전 ①呈媚(정미) 牒呈(첩정)

부수	획수	총획
舟	7	13

큰 배 정【1946】

字源 〈형성〉 흔히 큰 배를 함정(艦艇)이라고들 했다. 큰 배를 이끌고 적진을 향하여 나아간 것이다. 전우의 시체를 넘고 넘어 기필코 승리를 이끌겠다는 투철한 필승을 다짐하며 출전한다. 물 위에 둥둥 떠다니면서 이동하는 배(舟)가 마치 커다란 마당(廷)처럼 펑퍼지게 생겼으니 [큰배(艇)]를 뜻하고 [정]으로 읽는다.
圖舟(배 주) 舶(배 박) 艦(큰배 함)

필순 丿 丿 冂 丹 舟 舟 舮 舮 舮 舮 舮 艇 艇

기초 【기초한자어】 익히고, 【기본→발전한자어】 다지기
競艇(경정) 작은 모터보트를 타고 속도로 승부를 겨루는 경기
艦艇(함정) 크고 작은 군함을 통틀어 이르는 말
飛行艇(비행정) 물 위에 뜨고 공중으로 나는 비행기
• 競艇 경기에 艦艇은 출전하지 못한다.
• 飛行艇을 타고 바다에서 이륙하였다.

기본 ②小艇(소정) 救命艇(구명정) 快速艇(쾌속정)
발전 ①漕艇(조정)

부수	획수	총획
刀	14	16

약제 제【1947】

字源 〈형성〉 '약제'는 여러 가지 한약 재료를 섞어서 조제하여 만든 약이다. 제약은 약국에서 조제한 약과 제약회사에서 반출하여 나온 그대로 조제하지 못한 약이 있다. 여러 약초 등을 예리한 칼(刂)로 가지런하게(齊) 잘도 썰어서 여러 가지 약제를 넣어 조제하는 특수한 약으로 [약제(劑)]를 뜻하고 [제]로 읽는다.
回劑

필순 亠 亠 亠 齐 齐 齐 齐 齊 齊 劑

기초 【기초한자어】 익히고, 【기본→발전한자어】 다지기
藥劑(약제) 의료용으로 조제한 약
調劑(조제) 여러 가지 약품을 적절히 조합하여 약을 지음
洗劑(세제) 물에 타서 고체의 표면에 붙은 물질을

씻어 낸 물질
• 물에 풀어 타서 고체 표면에 붙은 오염물질을 깨끗이 씻은 물질이 洗劑다.
• 의료용으로 조제한 약인 藥劑와 약품을 조합한 藥劑와는 다르다.

기본 ②製劑(제제) 湯劑(탕제) 丸劑(환제) 強心劑(강심제) 強壯劑(강장제) 防腐劑(방부제) 芳香劑(방향제) 殺蟲劑(살충제) 睡眠劑(수면제) 營養劑(영양제) 利尿劑(이뇨제) 止血劑(지혈제) 鎭靜劑(진정제) 鎭痛劑(진통제) 淸凉劑(청량제) 催眠劑(최면제) 抗生劑(항생제) 解熱劑(해열제) 幻覺劑(환각제)

발전 ①劫劑(겁제) 膏劑(고제) 臘劑(납제) 瀉劑(사제) 澀劑(삽제) 漿劑(장제) 煎劑(전제) 錠劑(정제) 擦劑(찰제)

부수	획수	총획
彡	8	11

새길 조【1948】

字源 〈형성〉 '새기다'는 물건을 만들기 위해 실로 박거나 날카로운 끝을 가진 도구로 조각하는 일이다. 유의어로는 '각인(刻印)하다, 깎다, 조각(彫刻)하다, 각(刻)하다' 등이 쓰인다. 사람이 판에 새기는 무늬(彡)를 잘 볼 수 있도록 두루(周) 글과 그림을 잘 그려 넣어 만들었으니 [새기다(彫)]는 뜻이고 [조]로 읽는다.
圖刻(새길 각) 刊(새길 간) 回周(두루 주)

필순 冂 冂 冃 冃 冃 周 周 周 周 彫 彫

기초 【기초한자어】 익히고, 【기본→발전한자어】 다지기
彫刻(조각) 재료를 새기거나 깎아서 입체 형상을 만듦
彫琢(조탁) 보석 따위를 새기거나 다듬
彫像(조상) 돌, 나무 따위를 파서 사람이나 동물을 새긴 형상
• 옥돌을 彫琢하여 도장을 만들었다.
• 그는 공원에 있는 동물의 彫像을 彫刻했다.

기본 ②彫飾(조식) 彫玉(조옥) 毛彫(모조) 木彫(목조) 浮彫(부조)
발전 ①彫盆(조분) 彫塑(조소) 彫絢(조현)

부수	획수	총획
手	8	11

둘 조【1949】

字源 〈형성〉 '두다'는 물건을 일정한 곳에 놓아두는 일이다. 또한 물건이나 사람을 가져가거나 데려가지 않고 어딘가에 남겨 두거나 버린다는 의미로도 쓰인다. 손(扌)을 자유롭게 놀리는 행위를 뜻하고, 행위에는 근거를 두는 것은 모

범으로 삼은 옛것(昔)에 있었다고 했으니 놓아 [두다(措)]
는 뜻이고 [조]로 읽는다.
圖置(둘 치)

필순

기초 【기초한자어】 익히고, 【기본→발전한자어】 다지기
措語(조어) 글자로 말의 뜻을 엉구면서 만듦
措置(조치) 제기된 문제나 사태를 잘 살펴서 필요한
대책을 세움
措辭(조사) 시가의 문장에 있어 문자의 용법과 사구
의 배치
• 그는 항의를 받았지만, 아무런 措置를 내리지 않았다.
• 措語는 助語와는 다르고, 措辭는 助辭와도 다른
동음이의어다.
기본 ②措處(조처) 舉措(거조) 罔措(망조) 失措(실조)
발전 ①措辦(조판)
사자성어 ②措手不及(조수불급)

부수	획수	총획
金	3	11

낚을 조【1950】

字源 〈형성〉 '낚다'는 물고기를 낚싯대에 걸리게 하여 잡는다
뜻이다. 사람들이 이익을 교환할 수단이나 방법으로 현혹
하여 억지로 따르게 하다는 뜻까지 담겨있다. 단단한 쇠
붙이(金)를 조금씩 구부려서 국자(勺) 모양으로 생긴 낚시
를 만들어 고기를 잡아 물 위로 덥석 올렸으니 [낚다(釣)]
는 뜻이고 [조]로 읽는다.

필순

기초 【기초한자어】 익히고, 【기본→발전한자어】 다지기
釣竿(조간) 낚싯대
釣鉤(조구) 낚시 바늘
釣魚(조어) 물고기를 낚음
• 할아버지는 평생을 바다에서 釣魚하셨다.
• 낚시하기 위해 釣竿과 釣鉤를 챙겼다.
기본 ②釣臺(조대) 釣名(조명) 釣船(조선) 釣遊(조유)
발전 ①釣綸(조륜) 釣鼈(조별) 釣簑(조사) 趣釣渚(조저)
趣釣叟(조수)

부수	획수	총획
糸	8	14

모을 종【1951】

字源 〈형성〉 자료를 모아두는 것은 글을 쓰는 과정에서 핵심이
된다. 흩어진 지료를 한 곳에 합쳐 모아 두어야 편리할 때
쓴다. 유의어로는 '묶다. 합(合)치다. 아우르다' 등이 있다.
실(糸)을 잘 뽑아서 실타래가 점점 많아지면 높은 마루
(宗) 바닥에다 차근차근 모아서 정리했으니 [모으다(綜)]
는 뜻이고 [종]으로 읽는다.
圖集(모을 집) 合(합할 합) 回散(흩을 산) 析(쪼갤 석)

필순

기초 【기초한자어】 익히고, 【기본→발전한자어】 다지기
綜合(종합) 여러 가지를 한데 모아서 합함
綜詳(종상) 치밀하고 상세함
綜理(종리) 주밀하고 조리 있게 처리함
• 자료를 綜合하여 보고서를 綜詳하게 작성하였다.
• 임무를 綜理하게 완수하였다고 칭찬받았다.
기본 ②綜管(종관) 綜達(종달) 綜覽(종람) 綜析(종석) 綜核
(종핵)

부수	획수	총획
馬	5	15

머무를 주 :
【1952】

字源 〈형성〉 '머무르다'는 도중에 멈추거나 일시적으로 어떤 곳
에 묵다. 한계에 부딪혀 더 나아가지 못한다는 뜻이다. 유
의어는 '그치다', 축약어는 '머물다' 등이다. 수많은 말(馬)
들이 마구간에 머물고(主) 있는 곳에는 말을 타려는 군인
이나 관리들이 있기 마련이었으므로 거기에 [머물다(駐)]
는 뜻이고 [주]로 읽는다.
圖留(머무를 류) 停(머무를 정)

필순

기초 【기초한자어】 익히고, 【기본→발전한자어】 다지기
駐屯(주둔) 군대가 임무 수행을 위해 일정 기간 머
무름
駐留(주류) 머무름 또는 머무르게 함
駐兵(주병) 일정한 지역에 군대를 머물러 둠
• 한국에는 미군이 駐兵하고 있다.
• 공군 駐屯地에 특전사가 훈련을 위해 駐留하였다.
기본 ②駐軍(주군) 駐泊(주박) 駐步(주보) 駐日(주일) 駐在
(주재) 駐車(주차) 駐韓(주한) 常駐(상주) 停駐(정주)
進駐(진주)
발전 ①駐駕(주가) 趣駐箚(주차)

부수	획수	총획
冫	8	10

비준 준 :【1953】

2급常

字源 〈형성〉 '비준'은 조약을 헌법상의 조약 체결권자가 최종적으로 확인·동의하는 절차다. 우리나라는 대통령이 국회의 동의를 얻어 진행한다. 이는 조약이 국민에게 중대한 영향을 끼치기 때문이다. 얼음(冫←氷)이 어는 계절에 철새(隹)들이 머무를 수 있도록 허락했으니 [비준하다(准)]는 뜻이고 [준]으로 읽는다.
回 準(준할 준) 准(물이름 회)

필순 ` ` 丶 冫 汇 汇 泮 准 准 准

기초 【기초한자어】 익히고, 【기본→발전한자어】 다지기
批准(비준) 조약을 헌법상의 조약 체결권자가 최종적으로 동의한 절차
准尉(준위) 군의 계급. 상사의 위이고 소위의 아래임
認准(인준) 법률에 지정된 공무원의 임명에 대한 입법부의 승인
• 軍 계급에서 상사의 위이고 소위의 아래는 准尉다.
• 그들은 FTA 批准 문제와 연결해 외교부장관 認准 저지 구상을 내놓았다.
기본 ② 准將(준장) 准士官(준사관)
발전 ① 准擬(준의)

旨
뜻 지【1954】

부수	획수	총획
日	2	6

字源 〈회의〉 '뜻'은 속으로 품고 있는 간절한 마음 또는 말이나 글, 어떠한 행동으로도 나타내는 깊은 속내다. 유의어로는 '의도(意圖), 의사(意思), 의지(意志), 마음' 등이 있다. 잘 차려놓은 음식을 숟가락(匕)으로 곱게 떠서 우선 혓바닥(日)으로 그 맛을 슬쩍 살펴보았으니 그 진정한 [뜻(旨)]으로 쓰이고 [지]로 읽는다.
回 志(뜻 지) 意(뜻 의) 義(옳을 의)

필순

기초 【기초한자어】 익히고, 【기본→발전한자어】 다지기
聖旨(성지) 임금의 뜻
趣旨(취지) 어떤 일의 근본이 되는 목적이나 긴요한 뜻
論旨(논지) 논의의 취지
• 글을 읽을 때 글의 趣旨인 論旨를 요약하는 것이 좋다.
• 신하들은 군주의 聖旨를 좇아 일을 수행하였다.
기본 ② 旨甘(지감) 旨意(지의) 旨義(지의) 甘旨(감지) 密旨(밀지) 本旨(본지) 宣旨(선지) 要旨(요지) 宗旨(종지) 主旨(주지)
발전 ① 奧旨(오지) 諭旨(유지) 詔旨(조지)

脂
기름 지【1955】

부수	획수	총획
肉	6	10

字源 〈형성〉 '기름'은 불에 타기 쉽고 물에 쉽게 용해되지 않는 액체로 물보다 가벼워서 물 위에 뜬다. 수면에 엷은 층을 이루어 퍼지면서 끈끈하고도 미끈미끈한 성질의 액체이다. 기름기가 철철 넘치는 먹음직스럽고 맛있는(旨) 고기(月)에서 그 진액만을 잘 짜냈다 했으니 순수한 [기름(脂)]을 뜻하고 [지]로 읽는다.
圖 肪(기름 방) 油(기름 유) 膏(기름 고)

필순) 刀 月 月 旷 胪 胪 脂 脂 脂

기초 【기초한자어】 익히고, 【기본→발전한자어】 다지기
脂肪(지방) 동식물에 들어 있는 기름
皮脂(피지) 피지선에서 나오는 액상 분비물
脂粉(지분) 연지와 백분
• 皮脂가 많아 脂粉을 사용하지 못했다.
• 脂肪은 3대 영양소 중 하나이다.
기본 ② 脂肉(지육) 脂澤(지택) 丹脂(단지) 樹脂(수지) 乳脂(유지) 油脂(유지) 凝脂(응지) 竊脂(절지) 脫脂(탈지)
발전 23 脂韋(지위) ① 脂膏(지고)

塵
티끌 진【1956】

부수	획수	총획
土	11	14

字源 〈회의〉 '티끌'은 주로 '만큼'이나 '만하다'와 함께 쓰인 용어이다. 아주 작거나 적은 것을 비유적으로 이르는 말이기도 한다. 유의어로는 '개진(芥塵), 분진(粉塵)' 등이 쓰인다. 사슴(鹿)의 무리가 메마른 땅(土)에서 펄쩍펄쩍 뛰어 달리게 되면 티끌과 같은 자욱함들이 쏙 올랐으니 [티끌(塵)]을 뜻하고 [진]으로 읽는다.
圖 埃(티끌 애)

필순 广 疒 庐 庐 庐 庐 鹿 鹿 麖 塵 塵

기초 【기초한자어】 익히고, 【기본→발전한자어】 다지기
塵土(진토) 먼지와 흙
風塵(풍진) 바람과 티끌. 세상의 속된 일
塵境(진경) 티끌세상. 진세
• 장군은 황금을 塵土같이 여겼다.
• 風塵과 塵境은 비슷한 의미이다.
기본 ② 塵界(진계) 塵露(진로) 塵世(진세) 塵俗(진속) 塵煙(진연) 塵外(진외) 落塵(낙진) 蒙塵(몽진) 防塵(방진)

粉塵(분진) 塵肺症(진폐증)

[발전] 28 塵埃(진애) ① 塵芥(진개) 塵藿(진곽) 塵垢(진구) 塵襟(진금) 塵滓(진재) 塵喧(진훤) 芥塵(개진) 屑塵(설진) 灑塵(쇄진)

[사자성어] ② 和光同塵(화광동진)

부수	획수	총획
水	6	9

津

나루 진(:)
【1957】

[字源] 〈형성〉 '나루'는 강이나 내 또는 좁은 바닷목에 도달해 배가 건너는 곳이다. '나루터'에는 많은 애환이 담겼을 것이다. 유의어로는 '강구(江口), 도구(渡口), 도진(渡津)' 등이 있다. 먼 바다(氵)에 나갔다가 힘들게 노를 저어(聿) 오랜만에 육지를 향해서 도착하였던 선착장으로 [나루터(津)]를 뜻하고 [진]으로 읽는다.

[필순] 丶丶氵汀津津津津津

[기초] 【기초한자어】 익히고, 【기본→발전한자어】 다지기
津液(진액) 생물의 몸에서 나오는 액체
津渡(진도) 나룻배가 건너다니는 일정한 장소
津軍(진군) 관가에 딸리어 나루에서 배를 부리는 군대
•津渡를 막은 불량배들을 津軍이 처리했다.
• 진딧물은 식물의 津液을 빨아 먹는다.

[기본] ② 津氣(진기) 津梁(진량) 津夫(진부) 津岸(진안) 津驛(진역) 津卒(진졸) 松津(송진)

[발전] 28 津筏(진벌) 甕津(옹진) 熊津(웅진) 鷺梁津(노량진)

[사자성어] ② 興味津津(흥미진진)

부수	획수	총획
言	5	12

診

진찰할 진【1958】

[字源] 〈형성〉 '진찰'은 의사가 여러 가지 방법으로 환자의 병 증세를 살피는 일이다. 환자가 병원에서 진찰을 받고 치료하는 초기 단계이다. 유의자로는 '진후(診候), 검진(檢診)' 등이다. 의사가 환자의 병세를 잘 살필 때 말(言)로 묻기도 하고 얼굴(㐱←診)을 살피고 난 연후에 [진찰하다(診)]는 뜻이고 [진]으로 읽는다.
[동] 療(병고칠 료)

[필순] 丶一亠言言言言診診診

[기초] 【기초한자어】 익히고, 【기본→발전한자어】 다지기
診療(진료) 진찰하고 치료함
診察(진찰) 의사가 여러 수단으로 병의 유무나 증세를 살피는 일

診斷(진단) 의사가 환자를 진찰하여 병상을 판단함
• 의사가 診察하여 위염을 診斷 받았다.
• 감기 기운이 있어 의사의 診療를 받았다.

[기본] ② 診脈(진맥) 診夢(진몽) 診病(진병) 診治(진치) 檢診(검진) 來診(내진) 誤診(오진) 往診(왕진) 聽診(청진) 打診(타진) 宅診(택진) 特診(특진) 回診(회진) 休診(휴진)

[발전] ① 按診(안진)

부수	획수	총획
穴	6	11

窒

막힐 질【1959】

[字源] 〈형성〉 '막히다'는 뱃길이나 항로 등이 장애로 인해 오고 가지 못하게 된 현상이다. 또한 숨이나 기(氣)의 흐름들이 일시적으로 멈추어지거나 중단되는 현상이다. 속이 텅 비어있던 구멍(穴)에 무엇인가가 그곳에 이르러(至) 메워지게 되면 아무 것도 잘 통할 수 없다고 했으니 [막히다(窒)]는 뜻이고 [질]로 읽는다.
[동] 塞(막힐 색) 壅(막힐 옹) 滯(막힐 체)

[필순] 丶丶宀宀宀宀空空空窄窒

[기초] 【기초한자어】 익히고, 【기본→발전한자어】 다지기
窒塞(질색) 몹시 싫어하거나 꺼리는 일
窒息(질식) 산소가 부족하여 숨을 쉴 수 없게 됨
窒素(질소) 무색, 무미, 무취의 기체 원소
• 배관작업 중 窒素가스의 확산으로 인해 窒息사고가 발생했다.
• 그는 시간을 낭비하는 것을 窒塞했다.

[기본] ② 窒氣(질기) 窒酸(질산) 窒礙(질애)

[발전] ① 穹窒(궁질)

부수	획수	총획
車	9	16

輯

모을 집【1960】

[字源] 〈형성〉 '모으다'는 여러 군데로 흩어져 있는 자료들을 한 곳에 합치는 일이다. 생각이나 힘을 하나로 되게 합치는 일도 된다. 유의어로는 '묶다, 합(合)치다, 아우르다' 등이 있다. 높은 수레를 타고(車) 다니면서 사람들에게 여러 이야기도 하고 말을 잘 들어가면서(耳) 자료를 [모으다(輯)]는 뜻이고 [집]으로 읽는다.
[동] 集(모을 집) 蒐(모을 수)

[필순] 一冂亘車車軒軒輯輯輯

[기초] 【기초한자어】 익히고, 【기본→발전한자어】 다지기
輯成(집성) 여러 가지를 모아서 체계 있는 하나를 이룸

編輯(편집) 여러 가지 재료를 모아 신문, 잡지 등을
만드는 일
輯錄(집록) 여러 가지 서적에서 모아 기록함
•〈도덕경〉은 輯錄의 형태로 이루어져 있다.
• 그동안 輯成한 자료를 編輯하여 출판하였다.

기본 ② 補輯(보집) 收輯(수집) 完輯(완집) 招輯(초집) 特輯
(특집)

발전 ① 蒐輯(수집) 綴輯(철집)

부수	획수	총획
辶	11	15

가릴 차(:)【1961】

字源 〈형성〉 '가리다'는 어떤 것이 보이지 않도록 잘 감추어지
거나 막히는 일이다. 또한 뛰어나거나 두드러진 공훈의
영향을 받아 밖으로 드러나지 못함도 뜻하고 있다. 사람
들(庶)이 길을 걸어가면서(辶) 앞이 꽉 막히게 됨으로 [막
다(遮)] 또는 사람이나 천막으로 잘 막았으니 [가리다(遮)]
는 뜻이고 [차]로 읽는다.
동 遏(막을 알) 蔽(덮을 폐) 掩(가릴 엄)

필순 ー广广庁庁庶庶庶遮遮

기초 【기초한자어】 익히고, 【기본→발전한자어】 다지기
遮光(차광) 햇빛을 가리개로 잘 막음
遮日(차일) 햇빛을 가림
遮斷(차단) 막아서 멈추게 함
• 遮光은 햇빛을 遮斷하는 것이다.
• 비가 오자 상점들은 遮日을 걸었다.

기본 ② 遮擊(차격) 遮道(차도) 遮路(차로) 遮陽(차양) 遮額
(차액) 遮絶(차절) 遮止(차지) 遮蔽(차폐)

발전 ① 遮邀(차요)

부수	획수	총획
食	7	16

밥 찬【1962】

字源 〈형성〉 '밥'은 쌀이나 보리 등의 곡식을 솥에 안친 후에 물
을 붓고 낟알이 풀어지지 않을 만큼 끓여서 익힌 음식이
다. 유의어로는 '끼니, 식사(食事), 식이(食餌)' 등이 있다.
한 손(又)으로 밥을 한술 뜨고, 한 손으로는 뼈(歹)를 잡고
서 살코기를 맛있게 뜯어먹는(食) 식사의 한 끼로 [밥(餐)]
을 뜻하고 [찬]으로 읽는다.
동 食(밥/먹을 식) 飯(밥 반)

필순 ᅡ夕夕夕歹歺歺飱飱飱餐餐

기초 【기초한자어】 익히고, 【기본→발전한자어】 다지기
素餐(소찬) 하는 일 없이 녹을 먹음
晩餐(만찬) 저녁 식사
午餐(오찬) 잘 차린 점심
• 자기 직무를 다하지 않고 素餐해서는 안 된다.
• 晩餐은 저녁 식사이고, 午餐은 썩 잘 차린 점심식
사를 이른다.

기본 ② 餐飯(찬반) 餐食(찬식) 佳餐(가찬) 常餐(상찬) 聖餐
(성찬) 朝餐(조찬)

발전 ②③ 伊餐(이찬) ① 薩餐(살찬) 粗餐(조찬)

부수	획수	총획
刀	6	8

절 찰【1963】

字源 〈형성〉 '절'은 흔히 사찰이라고 하는데 불상을 모시고 승
려들이 거주하는 곳이다. 절에서는 불도를 닦고 불교의
교법을 설교하는 곳으로 많은 신도들이 와서 참배한다.
날카로운 낫(乂)과 예리한 칼(刂)로 나무(木)를 잘 베어서
스님이나 신도들이 정성을 들여 불공을 드렸으니 [절(刹)]
을 뜻하고 [찰]로 읽는다.
동 寺(절 사)

필순 ノ乂二千禾禾杀刹刹

기초 【기초한자어】 익히고, 【기본→발전한자어】 다지기
寺刹(사찰) 절
刹那(찰나) 지극히 짧은 순간
名刹(명찰) 유명한 절
• 짧은 순간인 刹那는 어떤 일이나 사물 현상이 일
어난 그때를 말한다.
• 전국적으로 寺刹이 많은데 다 名刹이라 말하기도 한다.

기본 ② 巨刹(거찰) 古刹(고찰)

발전 ① 梵刹(범찰)

부수	획수	총획
木	1	5

편지 찰【1964】

字源 〈형성〉 '편지'는 다른 사람에게 하고 싶은 말이나 개인적
인 소식을 담는다. 또한 편지는 상대방의 안부나 상호의
친분을 쌓기 위해 대화하는 형식으로 쓴 글이기도 하다.
종이가 없던 시절에 판판한 나무(木)에 쇠꼬챙이(乙)로 글
자를 새겨 넣어 글을 써서 상대에게 보냈으니 [편지(札)]
를 뜻하고 [찰]로 읽는다.
동 翰(편지 한) 簡(대쪽/편지 간)

필순 一 十 才 木 札

기초 【기초한자어】 익히고, 【기본 → 발전한자어】 다지기
名札(명찰) 이름표
現札(현찰) 현금
鑑札(감찰) 어떤 영업이나 행위를 허가한 표
• 어떤 영업이나 행위를 허가한 표를 鑑札이라고 한다.
• 이곳에서는 名札을 단 직원에게 사고 싶은 물건을 가져가서 現札을 내면 된다.
기본 ② 札翰(찰한) 簡札(간찰) 改札(개찰) 開札(개찰) 落札(낙찰) 書札(서찰) 應札(응찰) 入札(입찰) 標札(표찰) 翰札(한찰)
발전 ① 夭札(요찰) 緘札(함찰)

부수	획수	총획
斤	7	11

벨 참(:) 【1965】

字源 〈회의〉 '베다'는 풀이나 나무를 날카로운 연장이나 물건으로 잘라서 쉽게 끊는 일이다. 예리하게 잘 든 날에 본의 아니게 스치기만 해도 상처를 크게 입는 수가 있다. 오랜 옛날 중죄인을 다룰 때 형틀(車)에 앉아서 묶고 날이 잘 든 도끼(斤)로 쳐서 목을 베어 죽였다고 했으니 [베다(斬)]는 뜻이고 [참]으로 읽는다.
동 刈(벨 예)

필순 一 匚 戸 日 亘 車 車´ 斬 斬 斬

기초 【기초한자어】 익히고, 【기본 → 발전한자어】 다지기
斬首(참수) 목을 벰
斬新(참신) 매우 새로움
斬伐(참벌) 죄인을 참형에 처함
• 사람들은 斬新한 것을 좋아한다.
• 대역죄인은 斬伐에 처하여 斬首했다.
기본 ② 斬級(참급) 斬頭(참두) 斬殺(참살) 斬衰(참최) 斬刑(참형)
발전 ① 斬奸(참간) 斬戮(참륙) 擒斬(금참) 誅斬(주참) 특 斫斬(작참) 특 跪斬(궤참)
사자성어 ② 陵遲處斬(능지처참)

부수	획수	총획
彡	11	14

드러날 창 【1966】

字源 〈형성〉 '드러나다'는 속에 가려져 있거나 잘 보이지 않았다가 이제야 비로소 잘 보이게 된다는 뜻이다. 이제야 그 속내가 겉으로 두드러지게 잘 나타나는 일이다. 붓(彡)을 들어 상대를 향해 글(章)을 써서 그 내용을 밝게 나타낼 수 있도록 넉넉하게 신속히 알렸으니 속이 [드러나다(彰)]는 뜻이고 [창]으로 읽는다.

필순 一 亠 立 产 音 音 音 章 彰 彰

기초 【기초한자어】 익히고, 【기본 → 발전한자어】 다지기
表彰(표창) 훌륭한 일을 한 사람에게 세상에 드러내어 상을 줌
彰德(창덕) 남의 아름다운 덕이나 어질고 착한 행실들을 밝혀 드러냄. 또는 그 덕
彰善(창선) 남의 착한 행실을 드러내어 찬양함
• 彰德한 행실로 유명한 사람에게 表彰을 주어 덕행을 장려하였다.
• 선생님이 학생의 선행을 彰善하였다.
기본 ② 彰示(창시)
발전 ① 褒彰(포창) 특 襃彰(포창)
사자성어 ② 彰往察來(창왕찰래)

부수	획수	총획
水	10	13

큰바다 창 【1967】

字源 〈형성〉 오대양이 있고 육대주가 있다. 넓고 큰 바다에 바람이 조금만 불어도 파도가 인다. 집채만큼 큰 파도가 사납게 일어나기도 하여 사람들은 놀란다. 집채나 창고(倉)만큼이나 큰 파도가 갑자기 일어나는 망망대해는 넓고도 먼 바다(氵)라고 했으니 대양으로 불렀으니 [큰 바다(滄)]를 뜻하고 [창]으로 읽는다.
동 洋(큰바다 양) 浪(물결 랑) **回** 蒼(푸를 창) 創(비롯할 창)

필순 丶 氵 氵 泃 泃 泠 泠 淄 滄 滄

기초 【기초한자어】 익히고, 【기본 → 발전한자어】 다지기
滄波(창파) 넓고 큰 바다의 맑고 푸른 물결
滄茫(창망) 물이 푸르고 아득하게 넓은 모양
滄熱(창열) 추움과 더움. 한서
• 사계절은 滄熱의 정도의 차이이고 그것이 반복될 뿐이다.
• 수학여행을 온 학생들은 滄波가 부서지는 절벽 위에서 滄茫을 내다보았다.
기본 ② 滄浪(창랑) 滄海(창해)
발전 ① 滄溟(창명) 특 滄凉(창량)
사자성어 ② 滄桑之變(창상지변) 滄海一粟(창해일속) 萬頃滄波(만경창파)

2급常

悽

부수	획수	총획
心	8	11

슬퍼할 처 :
【1968】

字源 〈형성〉 '슬퍼하다'는 마음에 슬픔을 느끼는 것이다. 옛날부터 부부는 일심동체라고 했다. 어느 한쪽이 세상을 떠나면 다른 한쪽은 외롭고 고통스러운 나날이 지속된다. 사랑하는 남편을 잃어버린 아내(妻)의 안타까운 마음(心)으로 그 한탄함이 매우 구슬프다고 했으니 [슬퍼하다(悽)]는 뜻이고 [처]로 읽는다.
圖 哀(슬플 애) 悼(슬퍼할 도) 慨(슬퍼할 개) 愴(슬플 창) 慘(참혹할 참)

필순 ` ´ ´ ´ ´ ´ ´ ´ ´ 悽 悽

기초 【기초한자어】 익히고, 【기본→발전한자어】 다지기
悽然(처연) 슬픈 모양
悽絶(처절) 더할 나위 없이 애처로움
悽慘(처참) 끔찍스럽게 참혹함
• 자식을 잃은 어미의 悽然한 모습이 더욱 悽絶하게 보인다.
• 그는 결국 悽慘한 죽음을 맞게 되었다.

발전 ① 悽惘(처망) 悽愴(처창) 悽惻(처측) 特 悽黯(처암)

隻

부수	획수	총획
隹	2	10

외짝 척 【1969】

字源 〈회의〉 '외짝'이란 본래 짝이 없이 혼자라는 뜻이다. 어느 한 쪽을 잃으면 외짝이 된다. 완전한 짝을 이루지 못하고 하나만 있는 상태다. 딘 혼자인 외로운 신세다. 해질녘이 되어도 짝을 이루지 못하던 외로운 새(隹) 한 마리가 이제는 자기 집을 찾아서 쓸쓸하게 들어왔으니(又) [외짝(隻)]을 뜻하고 [척]으로 읽는다.
回 雙(두/쌍 쌍)

필순 ノ イ イ ґ ґ ґ 佳 佳 隻 隻

기초 【기초한자어】 익히고, 【기본→발전한자어】 다지기
隻手(척수) 외손. 매우 외로움을 비유적으로 이르는 말
隻愛(척애) 짝사랑
隻騎(척기) 단 한 사람의 말 탄 병사
• 隻愛에 빠진 나는 마치 隻手와도 같다.
• 마을의 모든 남자는 전쟁에 징집되고 隻騎만 남았다.

기본 ② 隻劍(척검) 隻句(척구) 隻身(척신) 隻眼(척안) 隻言(척언) 隻字(척자) 五隻(오척) 五隻船(오척선)

撤

부수	획수	총획
手	12	15

거둘 철 【1970】

字源 〈형성〉 '거두다'는 하던 일을 멈추어 그치거나 아예 처음으로 돌아가 철회하다는 뜻이다. 열심히 노력하여 성과나 결과를 얻어내거나 이루어 내는 일도 포함한다. 아이를 회초리로 때리면서(攵)까지 힘써 길러(育)내려면 사랑스러운 손길(扌)로 많이 다루어야만 했었으니 [거두다(撤)]는 뜻이고 [철]로 읽는다.
圖 收(거둘 수) 回 澈(맑을 철)

필순 扌 扌 扩 扩 扩 挤 挤 挤 撤 撤

기초 【기초한자어】 익히고, 【기본→발전한자어】 다지기
撤收(철수) 거두어들이거나 걷어치움
撤回(철회) 제출했던 것을 도로 거둠
撤去(철거) 건물, 시설 따위를 걷어 치워 버림
• 구름처럼 모인 군중을 모두 撤收시켰다.
• 이제야말로 撤去계획을 撤回하기에 이르렀다.

기본 ② 撤軍(철군) 撤兵(철병) 撤市(철시) 撤廢(철폐) 捨撤(사철)

발전 ① 撤簾(철렴) 撤膳(철선) 撤廛(철전) 撤饌(철찬) 撤庖(철포)

사자성어 ② 不撤晝夜(불철주야)

諜

부수	획수	총획
言	9	16

염탐할 첩 【1971】

字源 〈형성〉 흔히 '내사에 착수하다'란 말이 있다. '염탐하다'는 내사와 같이 남몰래 조직의 사정을 조사하는 것이다. 유의어는 '염찰(廉察)하다. 엿보다. 밀탐(密探)하다' 등이다. 마치 바람에 날리는 잎사귀(葉)처럼 적진에 들어가서 달변의 말(言)을 통해서 그 동정을 살폈으니 [염탐하다(諜)]는 뜻이고 [첩]으로 읽는다.
圖 偵(염탐할 정)

필순 亠 亠 言 言 言 訃 訃 諜 諜 諜 諜 諜

기초 【기초한자어】 익히고, 【기본→발전한자어】 다지기
諜者(첩자) 간첩
諜報(첩보) 적의 형편을 은밀히 정탐하여 자기편에 알려 줌
間諜(간첩) 비밀 수단으로 적이나 경쟁상대의 정보를 탐지함
• 諜者를 보내 諜報작전을 수행했다.
• 間諜신고는 보통 111, 113번으로 한다.

기본 ②諜人(첩인) 諜知(첩지) 諜候(첩후) 防諜(방첩) 偵諜
(정첩)

사자성어 ②防諜部隊(방첩부대)

기본 ②哨戒(초계) 哨船(초선) 巡哨(순초) 前哨(전초) 哨戒
艦(초계함)

발전 ①哨堡(초보)

부수	획수	총획
糸	9	15

締

맺을 체【1972】

字源 〈형성〉 '맺다'는 다른 사람들과 좋은 관계나 인연을 이루
어 내거나 새롭게 만든다는 뜻이겠다. 관계와 관계 속은
늘 발전이 이룩되어 조직의 완전한 발전을 가져왔던 것이
다. 인연이란 좋은 꼭지(帝)가 잎이나 열매를 나뭇가지에
게 이어 주듯이 양쪽을 서로 잘 연결(糸)하여서 [맺다(締)]
는 뜻이고 [체]로 읽는다.
⬚ 結(맺을 결) 約(맺을 약)

필순 `丶 么 幺 糸 糸 糸 糸 糸 締 締 締`

기초 【기초한자어】 익히고, 【기본→발전한자어】 다지기
締結(체결) 계약이나 조약 따위를 공식적으로 맺음
締盟(체맹) 약속을 하거나 동맹을 맺음
締約(체약) 조약, 계약, 약속 등을 맺음
•이번에 締盟國과 몇 가지 締約을 맺었다.
•큰 계약을 성공적으로 締結하여 상여금을 받았다.

기본 ②締交(체교) 締構(체구)

발전 特Ⅱ締薺(체제)

부수	획수	총획
口	7	10

哨

망볼 초【1973】

字源 〈형성〉 '망보다'는 밀정을 보내 다른 사람의 동정이나 실
상을 살피는 뜻이다. 멀리 바라보며 조직의 동정이나 하
는 움직이는 동태를 유심히 살피는 일이기도 하다. 뾰족
한 입(口)을 조금 작게(肖) 하여 소곤소곤 말을 하거나 아
예 말소리를 내지 않고 가만가만히 살폈으니 [망보다(哨)]
는 뜻이고 [초]로 읽는다.

필순 `丿 丨 冂 口 미 미 峭 峭 哨 哨`

기초 【기초한자어】 익히고, 【기본→발전한자어】 다지기
哨所(초소) 보초를 서는 장소
步哨(보초) 부대의 경계와 감시의 임무를 맡은 병사
哨兵(초병) 초소를 지키는 병사
•步哨는 부대의 경계와 監視의 任務를 맡은 兵士
라 한다오.
•哨所를 지키는 병사가 哨兵인데 명령을 받아 근무
를 합니다.

부수	획수	총획
火	8	12

焦

탈 초【1974】

字源 〈형성〉 '타다'는 덤불에 불이 붙어 잘 타들어 가고 있는 현
상이다. 쓰레기 소각장에서도 마찬가지다. 불이 붙어 번
지거나 심하게 불꽃이 일어나고 있는 예민한 현실들도 본
다. 날아다니는 새(隹)를 붙잡아서 털을 벗기고 활활 타오
르는 아궁이의 불(火)에서 잘 구워냈으니 불에 [타다(焦)]
는 뜻이고 [초]로 읽는다.
⬚ 燃(탈 연) 燥(탈 조)

필순 `丿 亻 亻 亻 亻 隹 隹 隹 焦 焦`

기초 【기초한자어】 익히고, 【기본→발전한자어】 다지기
焦燥(초조) 애가 타서 마음이 조마조마함
焦點(초점) 사물의 가장 중요한 부분
焦脣(초순) 입술을 태운다는 뜻으로, 애태움을 이르
는 말
•경기를 앞두고 매우 焦燥하고 焦脣함이다.
•공감에 焦點을 맞추어 이야기를 나누었다.

기본 ②焦渴(초갈) 焦急(초급) 焦眉(초미) 焦土(초토) 焦土
化(초토화)

발전 ①焦螟(초명) 焦灼(초작) 焦朽(초후) 特Ⅱ焦槁(초고)

사자성어 ②焦眉之急(초미지급) 勞心焦思(노심초사) 脣焦
口燥(순초구조)

부수	획수	총획
走	10	17

趨

달아날 추【1975】

字源 〈형성〉 '달아나다'는 사람이나 동물이 쫓아오는 자를 따돌
리기 위해 빨리 내달아 도망친다는 뜻이다. 쫓는 자와 쫓
기는 자 사이에 끊임없는 추적과 달아남의 다툼이겠다.
걸음 폭을 짧고 많게(芻) 하면서 가벼운 걸음보다 좀 더
빨리 달리는(走) 종종걸음으로 쏜살같이 [달아나다(趨)]
는 뜻이고 [추]로 읽는다.

필순 `十 土 丰 走 走 起 起 起 趨 趨 趨`

기초 【기초한자어】 익히고, 【기본→발전한자어】 다지기
趨勢(추세) 어떤 현상이 일정한 방향으로 나아가는
경향
歸趨(귀추) 일이 되어 가는 형편. 귀착하는 곳

2급常

趨拜(추배) 추창해 나아가서 절을 함
• 집안 어른께 趨拜하고 나와 길을 떠났다.
• 시대적 趨勢를 거스르는 그의 행보에 歸趨가 주목된다.

기본 ② 趨步(추보) 趨迎(추영)
발전 ① 趨陪(추배) 趨翔(추상) 迅趨(신추) **特** 趨蹌(추창)

	부수	획수	총획
蹴	足	12	19

찰 축 【1976】

字源 〈형성〉'차다'는 발로 내어 지르거나 받아 올린다는 뜻이다. 11명이 한 팀이 되어 주로 발로 공을 차서 상대편의 골에 공을 넣는 경기인 '축구'에 쓰이는 한자이기도 하다. 어떠한 물체나 둥근 공이 앞으로 힘차게 나아갈(就) 수 있도록 두 발(足)로 힘껏 달려가서 내질렀으니 [차다(蹴)]는 뜻이고 [축]으로 읽는다.

필순 口 口 卫 距 跖 踪 跎 跎 跦 蹴 蹴

기초 【기초한자어】 익히고, 【기본→발전한자어】 다지기
一蹴(일축) 단번에 물리침
蹴踏(축답) 발로 차고 짓밟음
蹴球(축구) 11명이 한 팀이 되어 공을 차서 상대편의 문에 넣는 구기
• 일본 순사가 독립투사를 잡아와 蹴踏하면서 배후를 말하라고 요구했음에도 그는 모른다고 一蹴했다.
• 유럽 蹴球를 보기 위해 밤을 샜다.

발전 ② 蹴鞠(축국) ① 鞭蹴(편축)

	부수	획수	총획
軸	車	5	12

굴대 축 【1977】

字源 〈형성〉'굴대'는 바퀴 가운데에 뚫린 구멍에 끼우는 막대기로 두 바퀴를 잇고 고정하여 바퀴 회전의 중심축이 된다. 굴대는 수레의 기능을 가능하게 하는 중요한 부품이다. 수레바퀴(車)의 힘으로 말미암아(由) 대굴대굴 굴러갈 수 있게 만들었던 세로축의 장대 같은 축으로 [굴대(軸)]를 뜻하고 [축]으로 읽는다.

필순 一 亓 亓 百 亘 車 軒 軒 軸 軸

기초 【기초한자어】 익히고, 【기본→발전한자어】 다지기
機軸(기축) 기관이나 바퀴 따위의 굴대
車軸(차축) 차바퀴의 굴대
主軸(주축) 물체의 축 중에서 가장 주가 되는 축

2급常

• 이번 행사는 학생이 主軸을 이루었다.
• 차바퀴 굴대가 車軸이며 기관의 굴대가 機軸입니다.

기본 ② 權軸(권축) 基軸(기축) 地軸(지축) 支軸(지축)
발전 ② 秉軸(병축) ① 樞軸(추축)

	부수	획수	총획
衷	衣	4	10

속마음 충 【1978】

字源 〈형성〉'속마음'은 겉으로는 잘 드러나지 아니한 실제의 마음이라는 의미를 담는다. 유의어로는 '내심(内心), 내의(内意), 속뜻, 저의(底意)' 등이 흔히 쓰이고 있다. 속(中)에 입어서 눈에는 잘 보이지 않는 옷(衣)을 뜻하는 글자였으나 의미가 점차 전이되면서 오늘날에는 [속마음(衷)]을 뜻하고 [충]으로 읽는다.
回 衰(쇠할 쇠) 哀(슬플 애)

필순 ` 亠 亠 亠 市 由 声 吏 吏 衷

기초 【기초한자어】 익히고, 【기본→발전한자어】 다지기
衷心(충심) 마음속에서 우러나는 참된 마음
折衷(절충) 서로 의견이나 관점을 알맞게 조절함
衷誠(충성) 충심
• 남편이 아내에게 衷誠을 다하니 이들에게 좋은 날이 오기를 衷心으로 바란다.
• 서로의 생각을 折衷하여 모두가 만족하는 대안이 나왔다.

기본 ② 衷情(충정) 衷正(충정) 苦衷(고충)
발전 ① 宸衷(신충)

	부수	획수	총획
炊	火	4	8

불땔 취 : 【1979】

字源 〈형성〉'불 때다'는 아궁이에 불을 때서 밥이나 고구마를 찌다는 뜻을 담는다. 이를 뒤집어 거꾸로 해서 '굴뚝에 불 때다'는 말을 했다면 일의 순서가 뒤바뀌는 현상이리라. 사람이 입을 크게 벌리고(欠) 입김의 바람을 천천히 불어 넣어서 불(火)길을 점점 일어나게 하였으니 [불 때다(炊)]는 뜻이고 [취]로 읽는다.

필순 ` 丶 丷 少 火 灯 炒 炊

기초 【기초한자어】 익히고, 【기본→발전한자어】 다지기
炊事(취사) 끼니로 먹을 음식 따위를 만드는 일
炊煙(취연) 밥 짓는 연기
自炊(자취) 가족을 떠난 사람이 손수 밥을 지음
• 저녁이 되어 炊事를 하는지 저 멀리서 炊煙이 피어

오른다.
• 취업에 성공하여 自炊를 시작했다.
기본 ②炊飯(취반) 炊湯(취탕)
발전 ①炊煮(취자)

부수	획수	총획
玉	8	12

다듬을 탁【1980】

字源 〈형성〉'다듬다'는 화분을 맵시 있고 모양 나게 매만지거나 가꾸다는 뜻이다. 흔히들 '절차탁마'란 말을 쓴다. 구슬도 끊고 다듬고 깎고 갈아야만 윤이 나고 이름값을 한다는 뜻이다. 땅에서 갓 캐낸 옥돌(王←玉)을 망치 같은 도구를 사용해 잘 어울리게 쪼아서(豕) 만졌으니 [다듬다(琢)]는 뜻이고 [탁]으로 읽는다.

필순 一 丁 王 玗 玗 玙 玙 珡 琢 琢 琢

기초 【기초한자어】 익히고, 【기본→발전한자어】 다지기
琢飾(탁식) 갈고 다듬어 꾸밈
彫琢(조탁) 보석 따위를 새기거나 쪼는 일
追琢(추탁) 뒤에 다시 바로잡음
• 원석을 琢飾하여 만든 보석을 다시 彫琢하여 반지로 만들었다.
• 인쇄 후 발견한 오자를 追琢하여 놓았다.
기본 ②琢器(탁기) 琢磨(탁마) 琢玉(탁옥)
사자성어 ②上色琢器(상색탁기) 特 切磋琢磨(절차탁마)

부수	획수	총획
言	3	10

부탁할 탁【1981】

字源 〈형성〉'부탁하다'는 어떤 일을 해 달라고 남에게 청하거나 맡기는 행동이다. 유의어는 '의뢰(依賴)하다, 청탁(請託)하다, 당부(當付)하다' 등이 있다. 자기 능력으로 직접 처리하기 어려운 일을 다른 사람에게 말(言)과 행동으로 의탁(乇)해 간곡하게 하도록 요청했으니 [부탁하다(託)]는 뜻이고 [탁]으로 읽는다.
동 囑(부탁할 촉)

필순 ` 二 言 言 言 言 言 託

기초 【기초한자어】 익히고, 【기본→발전한자어】 다지기
寄託(기탁) 어떤 일을 부탁하여 맡겨 둠
付託(부탁) 어떤 일을 해 달라고 청하거나 맡김
結託(결탁) 마음을 결합하여 서로 의탁함
• 신라는 백제를 견제하기 위해 고구려에 結託할 것을 付託했다.

• 두툼한 성금을 보육원에 寄託했다.
기본 ②託故(탁고) 託國(탁국) 託事(탁사) 託辭(탁사) 託送(탁송) 託身(탁신) 託言(탁언) 託疾(탁질) 假託(가탁) 供託(공탁) 反託(반탁) 受託(수탁) 信託(신탁) 預託(예탁) 委託(위탁) 依託(의탁) 請託(청탁) 稱託(칭탁) 託兒所(탁아소)
발전 ①託寓(탁우) 囑託(촉탁)
사자성어 ②託孤寄命(탁고기명)

부수	획수	총획
肉	5	9

아이밸 태【1982】

字源 〈형성〉'아이 배다'는 널리 쓰이는 임신과 통용된다. '생명의 탄생을 가능케 하는 임신은 참으로 정교하여 그야말로 신의 섭리와 같은 현상임을 알게 하는 대목이겠다. 여자가 임신하게 되면 사람 몸(月←肉)의 다른 형태를 비로소 갖추면서 시작(台)하게 된다고 했으니 [아이 배다(胎)]는 뜻이고 [태]로 읽는다.
동 姙(아이밸 임) 妊(아이밸 임) 娠(아이밸 신) 胚(아이밸 배) 孕(아이밸 잉) 胞(태보/세포 포)

필순) 刀 月 月 肝 肸 胎 胎

기초 【기초한자어】 익히고, 【기본→발전한자어】 다지기
胎敎(태교) 태아에게 좋은 영향을 주기 위해 마음을 바르게 함
胎夢(태몽) 잉태할 조짐을 보인 꿈
胎氣(태기) 아이를 밴 기미
• 胎夢을 꾼 다음 胎氣를 느꼈다.
• 첫아이라 그런지 胎敎에 신경을 많이 썼다.
기본 ②胎內(태내) 胎毒(태독) 胎動(태동) 胎膜(태막) 胎母(태모) 胎盤(태반) 胎生(태생) 胎息(태식) 胎兒(태아) 胎芽(태아) 胎葉(태엽) 胎妊(태임) 落胎(낙태) 母胎(모태) 受胎(수태) 雙胎(쌍태) 墮胎(타태) 奪胎(탈태) 脫胎(탈태) 胞胎(포태) 懷胎(회태) 胎息法(태식법)
발전 ①胎夭(태요) 胎孕(태잉) 胎誨(태회) 胚胎(배태) 孕胎(잉태) 特 豬胎(저태)
사자성어 ②換骨奪胎(환골탈태)

부수	획수	총획
風	5	14

태풍 태【1983】

字源 〈형성〉폭풍우를 수반하는 강력한 '열대성 저기압'은 발생지에 따라 명칭이 달라진다. 북태평양 남서부는 태풍, 대서양 서부와 북태평양 동부는 허리케인, 인도양은 사이클론이라고 칭한다. 큰바람(風)이 심하게 불어 하늘의 별자

리(台)까지 흔들어버릴 수 있을 만큼 위험하니 [태풍(颱)]을 뜻하고 [태]로 읽는다.

필순 几几几凡凡風風颱颱颱

기초 【기초한자어】 익히고, 【기본→발전한자어】 다지기
颱風(태풍) 폭풍우를 수반한 맹렬한 열대 저기압
颱風眼(태풍안) 태풍의 눈
• 우리나라에서 颱風은 보통 7~9월에 발생한다.
• 颱風眼은 태풍 중심부 반경 10여 킬로미터 이내이다.

사자성어 ② 颱風警報(태풍경보)

	부수	획수	총획
霸	雨	13	21

으뜸 패 : 【1984】

字源 〈형성〉 우리 사회는 으뜸만을 중요시했던 같다. 그것이 사회변동의 역주행은 아니었는지 생각해 볼 일이다. '으뜸'은 많은 것 가운데 가장 뛰어난 첫째나 우두머리. 비(雨)바람이 심히 불어 천하를 뒤덮을 만큼 혁명(革)과 같은 세월(月)을 이룩하여 우두머리가 되었으니 [으뜸(霸)]을 뜻하고 [패]로 읽는다.
囿 元(으뜸 원) 圙 覇

필순 一一一一一一零零零零雷雷雷霸霸

기초 【기초한자어】 익히고, 【기본→발전한자어】 다지기
霸氣(패기) 어떤 어려운 일이라도 해내려는 굳센 기상이나 정신
制霸(제패) 패권을 잡음. 경기에서 우승함
霸權(패권) 패자의 권력 곧 수령 승자의 권력
• 나폴레옹은 霸權싸움에서 이겨 유럽을 制霸했다.
• 霸氣가 넘치는 선수들이 결국 우승했다.

기본 ② 霸國(패국) 霸道(패도) 霸略(패략) 霸業(패업) 霸王(패왕) 霸者(패자) 連霸(연패) 爭霸(쟁패)

사자성어 ② 春秋五霸(춘추오패)

	부수	획수	총획
坪	土	5	8

들 평 【1985】

字源 〈형성〉 '들'은 편평하고 넓게 트인 땅을 의미한다. 다른 뜻으로는 토지나 건물의 면적을 나타내는 데 사용하는 넓이 단위로 사방 6척(尺)이 1평(坪)으로 잘 알려진다. 사람이 편히 거처하거나 농사를 짓기에 알맞도록 고르고 평평한(平) 땅(土)의 면적을 헤아리는 단위로 드넓은 [들(坪)]을 뜻하고 [평]으로 읽는다.
囿 郊(들 교) 野(들 야)

필순 一十土土坪坪坪坪

기초 【기초한자어】 익히고, 【기본→발전한자어】 다지기
坪當(평당) 한 평에 대한 비율
建坪(건평) 건물이 차지한 밑바닥의 평수
坪數(평수) 평의 수량. 평으로 따진 넓이
• 그 집은 큰 坪數에 비해 坪當價格이 싼 편이다.
• 대지 면적이 넓더라도 建坪이 작으면 집안이 넓지 않을 수도 있다.

기본 ② 延建坪(연건평)

사자성어 ② 坪當價格(평당가격)

	부수	획수	총획
怖	心	5	8

두려워할 포 【1986】

字源 〈형성〉 '두려워하다'는 무엇을 꺼리거나 무서운 마음을 갖는다. 또는 상대를 공경하고 어려워한다는 의미이다. 유의어는 '경구(驚懼)하다. 무서워하다' 등이다. 고급스러운 옷감(布)을 지닌 사람은 옷감이 손상되거나 분실되지 않도록 늘 긴한 마음(忄) 담기를 애썼으니 [두려워하다(怖)]는 뜻이고 [포]로 읽는다.
囿 懼(두려워할 구) 畏(두려워할 외) 慄(두려워할 율) 怯(두려워할 겁) 恐(두려울 공) 悸(두근거릴 계)

필순 丶丶丨忄忄忄忄怖怖

기초 【기초한자어】 익히고, 【기본→발전한자어】 다지기
恐怖(공포) 두렵고 무서움
怖伏(포복) 무서워서 엎드림
怖畏(포외) 두렵고 무서움
• 恐怖에 질린 병사가 怖伏하였다.
• 怖畏는 '다섯 가지의 두려움'을 가르치는 불교 용어이다.

기본 ② 怖懼(포구)

발전 ① 怖慄(포율) 怯怖(겁포)

	부수	획수	총획
抛	手	4	7

던질 포 : 【1987】

字源 〈형성〉 '던지다'는 손에 든 물건을 다른 곳에 떨어지게 팔과 손목을 움직여 공중으로 내보낸다는 뜻이다. 이는 투수가 던지는 야구공을 생각하면 쉽게 이해되겠다. 손으로 들기 어려운 물체를 야무지게 손(扌)에 쥐고 더욱(尤) 많은 힘(力)을 들여서 야무지게 더 멀리 들어서 [던지다(抛)]

는 뜻이고 [포]로 읽는다.
園 擲(던질 척) 投(던질 투) 棄(버릴 기)

필순

기초 【기초한자어】익히고, 【기본→발전한자어】다지기
抛棄(포기) 하려던 일을 도중에 그만두어 버림
抛車(포거) 예전에 쓰던 대포의 한 가지
抛物線(포물선) 물체가 반원 모양을 그리며 날아가
는 선
• 抛車에서 쏘아 올린 포가 抛物線을 그리며 날아갔다.
• 그때 抛棄했더라면 지금의 나는 없을 것이다.

기본 ② 抛置(포치)

발전 ① 抛擲(포척)

	부수	획수	총획
鋪	金	7	15

펼 포
가게 포【1988】

字源 〈형성〉'펴다'는 사람이 접어놓은 것이나 개어 놓은(개킨)
것을 젖히어 벌려 놓는다는 뜻이다. 또는 구김이나 주름 따
위를 없애어 반반하게 하다는 뜻도 있다. 쇠붙이(金)를 비
교적 얇고도 넓게(甫) 만들어서 잘 [펴다(鋪)] 또는 돈(金)
을 많이(甫) 취급했던 그런 규모가 아주 넓고 큰 [가게(鋪)]
를 뜻하고 [포]로 읽는다.
園 廛(가게 전) 店(가게 점) 敷(펼 부) 肆(방자할/가게 사)

필순

기초 【기초한자어】익히고, 【기본→발전한자어】다지기
店鋪(점포) 물건을 늘어놓고 파는 곳
典當鋪(전당포) 물건을 잡고 돈을 빌려 주어 이익을
취하는 곳
紙物鋪(지물포) 온갖 종이 종류를 파는 가게
• 우리는 紙物鋪 옆에 店鋪를 차렸다.
• 典當鋪에 귀금속을 맡기고 돈을 받았다.

기본 ② 鋪張(포장)

발전 ① 鋪氈(포전) 廛鋪(전포)

사자성어 ② 鋪裝道路(포장도로)

	부수	획수	총획
虐	虍	3	9

모질 학【1989】

字源 〈회의〉흔히 '모질고 독한 사람들'이란 표현을 사용한다.
그래서 '모질다'는 단어는 아직 차마 못할 짓을 능히 하고
서야 마는 독한 성질이 있다는 뜻이겠다. 굶주림에 지친
사나운 범(虍)이 그의 날카로운 발톱(爪)으로 사람(人)을

물어 해쳤으니 그 해침이 참 악독하여서 [모질다(虐)]는
뜻이고 [학]으로 읽는다.
園 暴(사나울 폭/모질 포) 苛(매울 가) 酷(심할 혹)

필순

기초 【기초한자어】익히고, 【기본→발전한자어】다지기
虐待(학대) 몹시 괴롭히거나 가혹하게 대우함
殘虐(잔학) 잔인하고 포악함
虐殺(학살) 참혹하게 마구 무찔러 죽임
• 殘虐한 일본은 민간인 虐殺을 일삼았다.
• 아동 虐待를 가볍게 여겨서는 안 된다.

기본 ② 虐政(학정) 陵虐(능학) 自虐(자학) 暴虐(포학) 酷虐
(혹학) 凶虐(흉학)

발전 ① 苛虐(가학) 弑虐(시학) 躁虐(조학) 簒虐(찬학) 汰虐
(태학) 特 肆虐(사학)

	부수	획수	총획
翰	羽	10	16

편지 한 :【1990】

字源 〈형성〉'편지'는 상대편에게 전하고 싶은 안부나 소식 따
위를 적어 보낸 글이다. 전하고픈 마음을 담아 자기의 정
성을 그대로 옮겼다. 깃대(倝)처럼 긴 날개(羽)라 했으니
[깃(翰)]도 뜻한다. 많은 세월(倝)을 통해서 사람(人)의 소
식을 깃(羽)처럼 날아올라 갔다 왔다 하며 전한 [편지(翰)]
를 뜻하고 [한]으로 읽는다.
園 札(편지 찰)

필순

기초 【기초한자어】익히고, 【기본→발전한자어】다지기
內翰(내한) 남에게서 온 편지
翰墨(한묵) 글을 짓거나 쓰는 것을 이르는 말
翰毛(한모) 붓의 털
• 內翰을 받아 서랍에 넣었다.
• 翰墨을 하기 전에 翰毛를 정리했다.

기본 ② 翰飛(한비) 翰札(한찰) 公翰(공한) 書翰(서한) 札翰
(찰한) 惠翰(혜한) 翰林院(한림원)

발전 ① 翰藩(한번) 翰藻(한조) 宸翰(신한) 藻翰(조한) 緘翰
(함한)

사자성어 ② 如飛如翰(여비여한)

	부수	획수	총획
艦	舟	14	20

큰배 함 :【1991】

字源 〈형성〉 큰 배는 군함이나 함정을 생각했으면 좋겠다. 현대전은 항공모함으로 합동 작전을 펼치는 전쟁으로 그 열을 올린다. '큰 배'는 이러한 해군 전략으로 다목적이다. 적의 동태를 감시(監)하여 파악하고 전쟁이 발발했을 때에는 싸움에 직접 나서는 배(舟)로 그 규모가 [큰 배(艦)]를 뜻하고 [함]으로 읽는다.
圖 舟(배 주) 船(배 선) 舶(배 박) 航(배 항) 艇(큰배 정)
回 艦

필순

기초 【기초한자어】 익히고, 【기본→발전한자어】 다지기
艦隊(함대) 군함 두 척 이상으로 편성한 해군 부대
艦艇(함정) 크거나 작은 군사용 배를 통틀어 이르는 말
艦船(함선) 군함과 선박
• 그는 여러 艦艇으로 편성된 艦隊를 이끌었다.
• 艦船들이 항구에 즐비하게 정박했다.

기본 ② 艦尾(함미) 艦長(함장) 艦砲(함포) 巨艦(거함) 軍艦(군함) 大艦(대함) 母艦(모함) 乘艦(승함) 戰艦(전함) 砲艦(포함) 驅逐艦(구축함) 巡洋艦(순양함) 潛水艦(잠수함)
발전 ① 虜艦(노함) 戎艦(융함)
사자성어 ② 航空母艦(항공모함)

부수	획수	총획
弓	5	8

시위 현 【1992】

字源 〈형성〉 활시위에 화살을 채워 쏘면 시위가 한참을 왔다갔다 떨다가 멈춘다. 그 모양이 너무 빨라 가물가물 거리기도 했던 모양이다. '시위는 활대에 걸어서 켕기는 긴 줄이다. 주로 연습용으로 썼던 활(弓)로서 여러 사람의 손때가 묻어 있어서 검정(玄) 색깔이 되었다고 했으니 [시위(弦)]를 뜻하고 [현]으로 읽는다.
回 絃(줄 현)

필순 ` ` 弓 弓 弘 弘 弦 弦

기초 【기초한자어】 익히고, 【기본→발전한자어】 다지기
弦矢(현시) 활시위와 화살
上弦(상현) 매달 음력 7~8일경에 나타나는 달 모양
弦影(현영) 반달의 모양 또는 그 빛
• 활시위와 화살을 일러 弦矢라 하는데 활시위를 당긴다고 흔히 얘기한다.
• 上弦달에 이어 그 弦影이 나타난다.

기본 ② 正弦(정현) 下弦(하현)
발전 ① 弦弧(현호)

부수	획수	총획
山	7	10

골짜기 협 【1993】

字源 〈형성〉 능선은 입을 삐죽하고 있고, 골짜기는 하품한다고 더러 말했다. '골짜기'는 산과 산 사이 깊숙하게 패어 들어간 곳이다. 유의어는 '곡지(谷地), 협간(峽間), 협곡(峽谷)' 등이 있다. 골짜기에는 내나 바다가 흐르고 있고, 능선은 대소의 산(山)과 들을 잘 끼고(夾) 있었으니 [골짜기(峽)]를 뜻하고 [협]으로 읽는다.
圖 谷(골 곡) 回 峽

필순

기초 【기초한자어】 익히고, 【기본→발전한자어】 다지기
峽谷(협곡) 험하고 좁은 골짜기
海峽(해협) 육지 사이에 끼어 있는 좁고 긴 바다
峽路(협로) 산 속으로 통한 좁은 길. 두멧길
• 이번에 峽谷과 海峽을 건너는 강도 높은 훈련을 한다.
• 집에 빨리 가려면 峽路를 지나가야만 한다.

기본 ② 峽水(협수) 峽雲(협운) 山峽(산협) 23 峽灣(협만) 口峽(구협) 深峽(심협)
발전 ① 巴峽(파협)

부수	획수	총획
土	6	9

모형 형 【1994】

字源 〈형성〉 '모형'은 실물의 형태를 본떠 만든 물건이다. 또한 똑같은 모양의 물건 여러 개를 만들기 위한 모델이 되는 틀을 말하기도 한다. 유의어는 '모본(模本)' 등이 있다. 덩어리 흙(土)을 잘게 비벼서 일정한 형태를 만들어 놓은 특정한 틀(刑)로 거푸집과도 같은 본보기였으니 [모형(型)]을 뜻하고 [형]으로 읽는다.

필순 一 ニ 于 开 刑 刑 刑 型 型

기초 【기초한자어】 익히고, 【기본→발전한자어】 다지기
模型(모형) 실물을 모방하여 만든 물건
典型(전형) 같은 부류의 특징을 가장 잘 나타낸 본보기
大型(대형) 같은 종류의 사물 중에서 큰 규격이나 규모
• 내 조카는 착한 어린이의 典型이다.
• 미술 시간에 大型 트럭 模型을 만들었다.

기본 ②舊型(구형) 母型(모형) 小型(소형) 新型(신형) 原型(원형) 類型(유형) 定型(정형) 鑄型(주형) 體型(체형) 判型(판형) 流線型(유선형) 血液型(혈액형)

발전 ①型蠟(형랍) 捺型(날형) 蠟型(납형)

기본 ②酷烈(혹렬) 酷吏(혹리) 酷法(혹법) 酷似(혹사) 酷暑(혹서) 酷炎(혹염) 酷虐(혹학) 酷寒(혹한) 酷刑(혹형) 冷酷(냉혹) 嚴酷(엄혹) 殘酷(잔혹) 慘酷(참혹)

발전 ①酷辣(혹랄) 苛酷(가혹)

부수	획수	총획
水	14	17

호주 호 【1995】

字源 〈형성〉 오세아니아주로 불리는 거대한 땅 '호주'를 두고 '해자'라 했다. '해자'는 적의 침입을 막기 위해 성 주위를 둘러 판 '못'이나 '물 이름'이란 의미가 주어지기도 했었다. 비교적 호화롭게(豪) 살아가는 가정에 많은 물(氵)을 담아 사용하거나 큰 정원이 있었으니 [호주(濠)] 또는 [해자(濠)]로 쓰이고 [호]로 읽는다.
图 壕(해자 호) 塹(구덩이/해자 참)

필순 氵氵汁汁浐浐淒濠濠濠

기초 【기초한자어】 익히고, 【기본→발전한자어】 다지기
塹濠(참호) 야전에서 적과 싸우기 위해 방어선을 따라 판 구덩이
濠洲(호주) 오스트레일리아
外濠(외호) 성 밖으로 돌려 판 호
• 濠洲를 대표하는 동물은 캥거루와 코알라이다.
• 塹濠와 外濠는 모두 적의 침입을 막는 방어 설비이다.

기본 ②空濠(공호) 內濠(내호) 雪濠(설호) 城濠(성호)

부수	획수	총획
革	4	13

신 화 【1997】

字源 〈형성〉 '신'은 '신발'이라는 용어가 더 적당하겠다. 흔히 신발애호가들이 있다. 필리핀 마르코스 전 대통령의 부인 이멜다 여사는 3천여 켤레의 신발을 모아 구두박물관을 만들었다. 쇠가죽(革)을 손으로 잘 다루어 모양을 달리 바꾸어(化) 구두라는 신발을 만들었다고 했었으니 [신(靴)]을 뜻하고 [화]로 읽는다.
图 履(밟을 리)

필순 一 廾 廿 芇 芇 茥 革 靪 靪 ⺀靴

기초 【기초한자어】 익히고, 【기본→발전한자어】 다지기
軍靴(군화) 전투하는 데에 편리하게 만든 군인용 구두
短靴(단화) 목이 짧아 발목 아래로 오는 구두
靴工(화공) 구두를 만드는 일을 업으로 하는 사람
• 短靴만 신다가 軍靴를 신으니 착용감이 좋지 않다.
• 靴工에게 굽이 부러진 구두를 맡겼다.

기본 ②洋靴(양화) 長靴(장화) 着靴(착화) 手製靴(수제화) 室內靴(실내화) 運動靴(운동화) 蹴球靴(축구화)

발전 圈 纓靴(영화) 출권 靴篦(화비)

부수	획수	총획
酉	7	14

심할 혹 【1996】

字源 〈형성〉 '심하다'는 어떤 일이나 현상이 보통보다 지나치다는 뜻을 담는다. '심하게 기울어졌다'는 용례도 더러들 보인다. 유의어는 '무겁다. 중하다'로 쓰이며, 반의어는 '가볍다' 등이다. 도수(度數)가 높은 독한 술(酉)은 사람들에게 술의 진액이 높음을 알렸으니(告) 술맛이 [심하다(酷)]는 뜻이고 [혹]으로 읽는다.
图 毒(독 독) 甚(심할 심)

필순 一 厂 丌 酉 酉 酉 酣 酣 酤 酷 酷

기초 【기초한자어】 익히고, 【기본→발전한자어】 다지기
酷使(혹사) 혹독하게 일을 시킴
酷評(혹평) 가혹한 비평
酷毒(혹독) 몹시 까다롭고 심악스러움
• 그는 酷毒한 날씨에도 노예들을 매우 酷使하였다.
• 비평가가 酷評한 영화를 재미있게 보았다.

부수	획수	총획
幺	1	4

헛보일 환 :
【1998】

字源 〈상형〉 흔히 이상(理想)에 젖은 나머지 정신이상자로 낙인 찍힌 사람이 더러들 있다. 세상을 헛보면서 산 것이다. '헛보다'는 어떤 사물을 실제와는 내부 다르게 잘못보다는 뜻도 있다. 눈에 들어오는 그 정경이 마치 가는 실(幺)처럼 썩 가물가물(丁)하여 선명치 못했으니 [헛보이다(幻)]는 뜻이고 [환]으로 읽는다.

필순 ⼃ 乡 幺 幻

기초 【기초한자어】 익히고, 【기본→발전한자어】 다지기
幻想(환상) 현실적인 기초나 가능성이 없는 헛된 생각이나 공상
幻影(환영) 눈앞에 없는 것이 있는 것처럼 보이는 것
幻覺(환각) 감각 기관을 자극하는 외부 사물이 없는 감각

2급常

• 이제는 결혼에 대한 幻想이 많이 깨졌다.
幻覺 상태에서 죽은 이의 幻影을 보았다.

기본 ② 幻滅(환멸) 幻夢(환몽) 幻法(환법) 幻像(환상) 幻相(환상) 幻生(환생) 幻術(환술) 幻聽(환청) 幻惑(환혹) 夢幻(몽환) 變幻(변환) 幻燈機(환등기)

발전 ① 幻沫(환말) 幻昞(환면) 幻蘊(환온) 幻泡(환포) 泡幻(포환)

부수	획수	총획
水	10	13

익살스러울 골
미끄러울 활 【1999】

字源 〈형성〉 비행기가 오르고 내리게 만든 활주로가 있다. 여기서 '활'은 '미끄럽다'는 뜻으로 어떤 표면에 닿으면 저절로 밀려 나갈 정도로 전부 반들반들하여 흔들림 없이 이착륙이 가능하다. 비가 많이 내려 물(水)이 불어 뼈(骨) 속에 스며들 만큼 푹신하게 젖었다고 했으니 [미끄럽다(滑)]는 뜻이고 [활]로 읽는다.

필순 氵 氵 汩 汩 汩 渭 渭 渭 滑 滑 滑

기초 【기초한자어】 익히고, 【기본→발전한자어】 다지기
滑降(활강) 비탈진 곳을 미끄러져 내려오거나 내려감
圓滑(원활) 일이 거침없이 잘 되어 나감
滑走(활주) 미끄러져 내달음
• 비행기가 滑走路에 圓滑하게 착륙하였다.
• 스키장의 상급 코스에서 滑降하였다.

기본 ② 滑水(활빙) 潤滑(윤활) 潤滑油(윤활유)

발전 ① 滑汨(골골) 滑稽(골계)

부수	획수	총획
辶	6	9

돌 회 【2000】

字源 〈형성〉 하던 일을 잘못 시작하는 경우가 있다. 가던 길을 잘못 들어 더 멀리 돌아 걷는 수도 있다. 기준점을 중심으로 하여 멀리 돌아서(回) 가니(辶) [피하다(廻)]는 뜻을 담기도 한 한자이다. 처음 가던 길을 잘못 들어서 저 멀리까지 빙 돌았으니(回) 제자리 걸음(辶)을 하면서 [돌다(廻)]는 뜻이고 [회]로 읽는다.
圖回(돌 회) 避(피할 피) 斡(돌 알) 迂(에돌 우)

필순 丿 冂 冂 冂 回 回 回 廻 廻

기초 【기초한자어】 익히고, 【기본→발전한자어】 다지기
廻轉(회전) 어떤 것을 축으로 물체 자체가 빙빙 돎
巡廻(순회) 여러 곳을 돌아다님
廻廊(회랑) 정당의 양옆으로 있는 기다란 집채

• 전 세계를 巡廻하며 廻廊들을 탐방하였다.
• 팽이가 멈추지 않고 廻轉한다.

기본 ② 廻顧(회고) 廻途(회도) 廻禮(회례) 廻旋(회선) 廻風(회풍) 廻避(회피) 廻向(회향) 上廻(상회) 輪廻(윤회) 下廻(하회)

발전 ① 廻眷(회권) 廻溜(회류) 廻閃(회섬) 廻斡(회알) 廻迂(회우) 廻阻(회조) ☒縈廻(영회)

부수	획수	총획
口	9	12

목구멍 후 【2001】

字源 〈형성〉 궁사가 과녁판을 향해 활을 쏘니 중심부다. 목구멍으로 숨을 쉬면서 넘겼으니 또한 생명의 중심이 된 것이다. 그래서 목구멍을 궁사들이 쏘는 너른 과녁으로 보았던 것도 같다. 거친 숨을 입(口)으로 쉬면서 이를 신체의 과녁(侯)으로 보아 허파에 이르게 했으니 [목구멍(喉)]을 뜻하고 [후]로 읽는다.
圖咽(목구멍 인) 回侯(기후 후)

필순 口 口 口 口 喉 喉 喉 喉 喉 喉 喉 喉

기초 【기초한자어】 익히고, 【기본→발전한자어】 다지기
結喉(결후) 후두의 연골이 약간 튀어나온 부분
咽喉(인후) 식도와 기도로 통하는 입 속 깊숙한 곳
喉頭(후두) 인두. 목구멍, 기관의 앞 끝 부분
• 그 사람 結喉가 좋지 않아 많이 고생을 한다고 한다.
• 咽喉가 좋지 않으면 喉頭炎을 앓기 쉽다고 조언한다.

기본 ② 喉門(후문) 喉舌(후설) 喉頭炎(후두염)

발전 ① 喉痰(후담) 喉痺(후비) 嬌喉(교후) 襟喉(금후) 扼喉(액후)

사자성어 ② 喉舌之臣(후설지신)

부수	획수	총획
力	14	16

공 훈 【2002】

字源 〈형성〉 나라가 어려운 일에 처했을 때 보국하는 일은 국민의 도리다. 국가가 위기에 놓였을 때 몸소 나섰던 선인들은 애써 애국의 길을 선택했다. 보훈청에서 그분의 덕과 업적을 기리고 있다. 뿌연 연기가 솟아오를(熏) 만큼 나라 일에 힘써서(力) 그 업적을 높이 쌓았으니 [공훈(勳)]을 뜻하고 [훈]으로 읽는다.
圖功(공 공) 回勲

필순

2급常

【기초】【기초한자어】익히고, 【기본→발전한자어】다지기
功勳(공훈) 나라나 회사를 위하여 두드러지게 세운 공로
勳章(훈장) 나라에 공훈이 있는 사람에게 내려주는 휘장
勳功(훈공) 나라를 위하여 드러나게 세운 공로
• 나라에서 그의 功勳을 인정하여 勳章을 내렸다.
• 勳功이 높은 신하에게 왕이 직접 시호를 내렸다.

【기본】 ② 勳貴(훈귀) 勳級(훈급) 勳記(훈기) 勳德(훈덕) 勳等(훈등) 勳勞(훈로) 勳門(훈문) 勳閥(훈벌) 勳賞(훈상) 勳書(훈서) 勳臣(훈신) 勳業(훈업) 勳爵(훈작) 勳績(훈적) 武勳(무훈) 偉勳(위훈) 勳舊派(훈구파)
【발전】 ① 勳蔭(훈음) 邁勳(매훈)

부수	획수	총획
口	13	16

噫 한숨쉴 희【2003】

【字源】〈형성〉생각지 않았던 새로운 일이 벌어져 깊은 탄식을 하는 일이 잦았다. 자기의 깊은 뜻을 이야기할 때도 탄식의 소리가 나온다. 어처구니 없는 일을 당했을 때 깊은 한숨을 몰아쉰다. 자기 생각이나 의지(意)대로 되지 않아서 입(口)으로 숨을 크게 몰아서 내쉬었으니 [한숨 쉬다(噫)]는 뜻이고 [희]로 읽는다.
回 億(억 억) 憶(생각할 억)

【필순】

【기초】【기초한자어】익히고, 【기본→발전한자어】다지기
噫嗚(희오) 슬피 탄식하고 괴로워하는 모양
噫噫(희희) 비통이나 탄식. 아아!
噫乎(희호) 애통해 하거나 탄식하는 소리
• 그들은 탄식한 나머지 噫噫하는 모습을 보인다.
• 噫嗚와 噫乎는 뜻도 발음도 비슷하구나.
【기본】 ② 噫氣(희기) 噫氣(애기)
【발전】 출진 噫瘖(희음)

부수	획수	총획
女	6	9

姬 계집 희【2004】

【字源】〈형성〉신분과 재산이 넉넉한 여인은 옷단장과 몸단장에 많은 신경을 쓴다. 봉건주의 사회에는 신분에 따라, 자본주의 사회에서는 재산에 따라 달랐다. 그렇지만 재력과 관계가 깊다. 몸단장을 곱게 하기 위해 빗질(臣:빗질 상형)을 자주 했던 여자(女)로 그 신분이 넉넉하여 [계집(姬)]을 뜻하고 [희]로 읽는다.

图 女(계집 녀) 娘(계집 낭) 媛(계집 원) 回 男(사내 남) 郎(사내 랑)

【필순】

【기초】【기초한자어】익히고, 【기본→발전한자어】다지기
佳姬(가희) 아리따운 젊은 여자
舞姬(무희) 춤추는 것을 직업으로 하는 여자
美姬(미희) 아름다운 여자. 곱고 예쁜 여자
• 佳姬들이 舞姬가 되어 더욱 아름다웠다.
• 이 고을에는 美姬가 많다는 소문이 자자하다.
【기본】 ② 姬周(희주) 姬妾(희첩) 王姬(왕희) 帝姬(제희)
【발전】 2图 姬姜(희강) ① 寵姬(총희)

부수	획수	총획
火	9	13

熙 빛날 희【2005】

【字源】〈형성〉결혼식이나 환갑잔치 때 상 위에 촛불을 밝힌다. 돌잔치도 마찬가지였다. 요즈음은 칠순 팔순 잔치 때도 마찬가지일 것이다. 불꽃처럼 성하라고 축원하는 간절한 소망일 것이다. 임신하여서 아기(巳)를 밴 불룩한 배(臣) 모양처럼 불빛(灬)이 환하게 일어났다고 하니 [빛나다(熙)]는 뜻이고 [희]로 읽는다.
图 耀(빛날 요) 煜(빛날 욱) 歡(기쁠 환) 回 暗(어두울 암) 昏(어두울 혼)

【필순】

【기초】【기초한자어】익히고, 【기본→발전한자어】다지기
熙隆(희륭) 넓고 성함
熙怡(희이) 기뻐함
熙熙(희희) 화락한 모양
• 임금은 백성들이 화락한 모습에 熙怡했다고 한다.
• 태평세대가 熙隆하여 만백성이 熙熙한 모양으로 서로 왕래하고 있다.
【기본】 ② 熙笑(희소)
【발전】 출진 熙皞(희호)
【사자성어】 ② 熙熙壤壤(희희양양)

한자능력검정시험
자원대사전

2급名

[2006~2355]

岡 鞫 騏 呂 鞞 閔 甫 奭 洙 艾 墺 俙 祚 璨 椿 彌 皓 壖
崗 玖 琦 樑 麟 珉 秉 舒 宋 埃 吳 滅 鏞 魏 鎰 曹 鑽 鄒 馮 晧 薰
疆 邱 琪 菜 崟 玟 柄 泗 沼 邵 鴨 濊 睿 瑢 鎔 韋 趙 晉 崔 楸 杓 馨 淮 后
疆 槐 機 萊 亮 玫 炳 泗 關 芮 溶 瑢 袁 渭 怡 珥 禎 鼎 秦 蜀 葡 瀅 檜
姜 串 沂 淇 者 董 鷺 遼 劉 彌 旻 晜 毖 燹 軾 瀋 暎 倭 蔚 閏 鷹 旌 芝 稙 稷 楚 扁 邢 炯 晃 渑
鉀 珺 淇 頓 蘆 穆 卞 晟 柴 湜 瑛 瑩 姚 媛 瑗 伊 汀 禎 彭 鉉 炯 晃
岬 皐 者 瓂 昂 卞 毖 燹 繩 曄 汪 芸 郁 胤 殷 晶 濬 駿 陟 釗 台
邯 環 淇 頓 魯 謨 范 芬 蟾 陝 荀 闇 旺 煜 尹 獐 晙 采 埰 灘 沅 杏 赫 泓 嬅 熹
鞈 炅 麒 頓 醴 茅 襄 薛 舜 荀 衍 莞 汪 芸 熊 閭 瑄 棋 瞻 阪 鉉 桓 熹 禧
艮 瓊 兢 惪 燉 魯 茅 范 鵬 蟾 薛 舜 荀 闇 堯 媛 鷹 旌 芝 稙 彭 邢 滢 檜 淮
杆 儆 岐 燉 醴 魯 謨 范 芬 陝 荀 衍 莞 旺 郁 銃 旬 鄭 濬 蔡 陟 釗 台 峴 炫 鉉
珏 炅 麒 頓 魯 盧 茅 襄 薛 荀 瑛 倭 熊 閭 珹 琔 芝 稙 址 喆 坡 峴 炫
迦 桀 槿 塘 漣 沔 渤 蓬 阜 璿 玽 淵 甕 昱 允 獐 旬 駿 濬 澺 钏 台 峴 嬅
賈 杰 揆 楻 甄 兢 醴 魯 謨 襄 傅 釜 薛 荀 閣 燁 旺 郁 殷 晶 駿 濬 蔡 耽 爀 嬅 憙
軒 鍵 揆 塘 漣 沔 倪 旁 阜 璿 玽 珦 舜 荀 閣 汪 芸 郁 胤 殷 銃 旬 鄭 濬 兌 赫 嬅
柯 埦 圭 箕 驪 覓 潘 輔 錫 瑄 隋 襄 鈺 禹 榆 庄 疇 敞 聚 陜 壗 徽 烋
伽 价 奎 驥 廬 貊 礐 潛 晳 銖 俹 沃 祐 俞 滋 琮 瓚 沖 泌 澔 薰

伽

부수	획수	총획
人	5	7

절 가【2006】

字源 〈형성〉집안 일이 잘 풀리지 않을 때 선뜻 사찰을 찾는다. 부처님께 간절한 마음을 담아 기도를 드리면서 염원 어린 자기 소망을 빈다. 간절함이 전달되어 소망이 이루어질 때가 많았던 모양이다. 불공을 드리기 위해 사람(亻)이 머물러 간절히 기원하면 보탬(加)이 되게 했으니 [절(伽)]을 뜻하고 [가]로 읽는다.

圖寺(절 사) 刹(절 찰) 回加(더할 가)

필순 ノ 亻 勹 份 伽 伽 伽

기초 【기초한자어】익히고, 【기본→발전한자어】다지기
伽藍(가람) 중이 살면서 불도를 닦는 곳. 절
伽倻(가야) 우리나라의 고대 부족 국가
伽倻琴(가야금) 우리나라 고유 현악기의 하나
• 伽倻의 숨결이 들리는 깊은 산 속 伽藍에서 염불 소리가 은은하게 울려 퍼진다.
• 伽倻琴 열두 줄에 인생의 희비가 튕겨 나온다.

기본 2급 伽羅(가라) 頻伽(빈가) 僧伽(승가) 伽倻山(가야산)

발전 2급 閼伽(알가) 1급 伽陀(가타) 嚬伽(빈가) 特 瑜伽(유가)

柯

부수	획수	총획
木	5	9

가지 가【2007】

字源 〈형성〉'가지'는 나무의 원줄기로부터 갈라져 나와 길게 뻗어난 나뭇가지를 뜻한다. 나뭇가지가 쑥쑥 커서 열매를 맺고 세력이 왕성할 때 그 나무가 무럭무럭 자라날 수 있는 원동력이 된다. 나무(木)가 자라서 오래되면 곁가지와 잎이 더 넓게 퍼지면서(可) 잘 자라게 되었으니 [가지(柯)]를 뜻하고 [가]로 읽는다.

圖條(가지 조) 枝(가지 지) 回葉(잎 엽)

필순 一 十 才 木 朾 朾 柯 柯 柯

기초 【기초한자어】익히고, 【기본→발전한자어】다지기
柯葉(가엽) 가지와 잎
柯亭(가정) 중국 절강성 회계 땅
橫柯(횡가) 가로 벋은 나뭇가지
• 태풍으로 가로수의 柯葉이 몹시 흔들려 부러질 것 같다.
• 柯亭은 중국에 있는 땅 이름이다.

기본 2급 柯條(가조) 柯亭笛(가정적)

발전 1급 莖柯(경가) 喬柯(교가) 斧柯(부가)

사자성어 2급 南柯一夢(남가일몽)

賈

부수	획수	총획
貝	6	13

성 가
장사 고【2008】

字源 〈형성〉돈이 내 수중에 들어오면 매우 소중하게 여겼다. 분실을 우려한 나머지 남이 보이는 곳에서 돈을 불쑥 보이지 않거나, 일반적으로 손으로 덮어 몰래 거래를 했었다. 물건을 매매할 때 재화(貝)를 손으로 덮어 가렸으니(襾) 서로 주고받으면서 거래한 [장사賈] 또는 [성씨(賈)]로 쓰이고 [가] 혹은 [고]로 읽는다.

圖商(장사 상) 回買(살 매) 賣(팔 매)

필순 一 冖 襾 襾 瞂 瞂 瞂 瞂 賈 賈

기초 【기초한자어】익히고, 【기본→발전한자어】다지기
賈逵(가규) 후한 전기의 유학자
賈船(고선) 장사하는 배
商賈(상고) 장수. 장사치
• 출항한 賈船이 물건을 가득 싣고 항구로 들어온다.
• 오늘은 읍내 5일장으로 商賈들의 물건 파는 소리가 거리를 가득 메운다.

기본 2급 賈島(가도) 賈師(고사) 賈市(고시) 賈勇(고용) 賈怨(고원) 賈人(고인) 賈胡(고호) 賈禍(고화) 都賈(도고) 舶賈(박고)

발전 1급 賈竪(고수) 賈衒(고현)

軻

부수	획수	총획
車	5	12

사람이름 가
수레 가【2009】

字源 〈형성〉'수레'는 사람이 거기에 타거나 짐을 실어 나르는 용도로 바퀴를 달아 굴러가게 만들었던 운송 수단이었다. 말이나 소가 수레를 끌었다고 알려진다. 유의어는 '연차(輦車)'로 쓰인다. 말이 수레(車)를 끌어서 굴러갈 때 '삐거덕'거리는 소리를 냈으니(可) [수레(軻)] 혹은 [사람 이름(軻)]을 뜻하고 [가]로 읽는다.

回軸(굴대 축)

필순 一 冂 曱 百 亘 車 車 軻 軻 軻 軻

기초 【기초한자어】익히고, 【기본→발전한자어】다지기
丘軻(구가) 공자와 맹자의 이름
孟軻(맹가) 맹자의 성명
• 丘軻는 공자와 맹자의 이름을 아우른다.
• 맹자의 어릴 적 성명이 孟軻다.

기본 2급 走軻(주가)

발전 2급 軻丘(가구) 1급 馬軻螺(마가라) 特 軻峨(가아) 坎軻(감가)

2급名

부수	획수	총획
辵	5	9

부처이름 가
【2010】

字源 〈형성〉 부처이름은 부처나 보살의 손과 손가락으로 이루진 특정한 동작을 말하기도 했던 글자다. 범어 'Ka(가)'의 음역자로 쓰였다고 했으며 널리 '부처 이름(迦)자'로 쓰이기도 했다. 사람들이 절을 찾아가서(辶) 자기 염원대로 그 의미를 더해서(加) 달라면서 간절히 비니 [부처이름(迦)]을 뜻하고 [가]로 읽는다.

필순 ㄱ ㄱ ㄱ 加 加 加 迦 迦 迦

기초 【기초한자어】 익히고, 【기본→발전한자어】 다지기
迦藍(가람) 승려가 기거하며 불도를 닦는 곳
迦葉(가섭) '과거칠불'의 여섯 번째 부처
• 스님들은 迦藍에 기거하면서도 언제나 경건한 몸과 마음가짐으로 생활한다.
• 迦葉은 석가의 10대 제자의 한 사람이다.

기본 2급 迦維(가유) 釋迦(석가)
발전 2급 迦蘭(가란) 迦比羅(가비라) ① 閼伽棚(알가붕)
사자성어 2급 迦陵頻迦(가릉빈가) 釋迦牟尼(석가모니)

부수	획수	총획
玉	5	9

쌍옥 각
【2011】

字源 〈회의〉 '쌍옥'은 한 쌍으로 된 구슬이다. 쌍가락지, 쌍옥, 머리핀 등 여인네의 장식품에 쌍옥을 사용한 예는 상당하다. 옥은 금붙이 이전에 아주 귀한 보물로 여기어 왔다. 하나의 귀한 옥(玉)을 가지고 있다가 또 한 개의 옥(玉)을 거듭 보태어 두 개를 손안에 합쳐서 쥐었으니 [쌍옥(珏)]을 뜻하고 [각]으로 읽는다.
回 珪(홀 규)

필순 ˉ ˉ ˉ ˉ ˉ ˉ ˉ 珏 珏 珏

기초 【기초한자어】 익히고, 【기본→발전한자어】 다지기
崔珏圭(최각규) 경제·정치계 인물
朴勝珏(박승각) 독립운동가
• 崔珏圭는 1975년도에 농수산부장관을 역임했다.

기본 2급 珏圭(각규)

부수	획수	총획
木	3	7

몽둥이 간 【2012】

字源 〈형성〉 아랫것들은 몽둥이로 쳐서 잡도리해야 한다는 사또의 목소리가 멀리서 들리는 듯하다. 후려치는 몽둥이는 굵고 가름한 막대기를 사용했다. 유의어는 '목봉(木棒), 간봉(杆棒), 방망이' 등이 있다. 나무(木) 다리 옆에 위험을 방지(干)하기 위해서 난간을 세워놓았으니 [몽둥이(杆)]를 뜻하고 [간]으로 읽는다.
동 干(방패 간) 回 汗(땀 한) 忓(방해할 간) 扞(막을 한)

필순 一 十 扌 木 杄 杆 杆

기초 【기초한자어】 익히고, 【기본→발전한자어】 다지기
杆體(간체) 눈의 망막에 있는 막대 모양의 세포
杆城(간성) 강원도 고성 지역의 옛 지명
欄杆(난간) 층이나 다리의 가장자리를 일정한 높이로 가로막은 물건
• 杆體는 눈에서 음영과 질감을 맡고 있어 중요하다.
• 운전 부주의로 차가 다리 欄杆을 들이받았다.

발전 2급 杆菌(간균) 杆太(간태) ① 杆棒(간봉) 杆秤(간칭) 槍杆(창간)

부수	획수	총획
艮	0	6

괘이름 간 【2013】

字源 〈회의〉 '괘 이름'에 《삼태극의 원리》는 이 세상을 모두 3수로 이룬다고 했다. 탄생과 성장과 소멸을 끝내 [완성]하는 과정 속에 만유가 존재한다. 초효가 생겨나고, 중효가 자라며, 상효가 소멸한다. 눈(目)을 굴리면서 몸을 빙 돌리어(匕) 머무르는 [한도(艮)]로 더 널리 [괘 이름(艮)]을 뜻하고 [간]으로 읽는다.
동 止(그칠 지) 回 民(백성 민) 良(어질 량)

필순 ㄱ ㄱ ㄱ 艮 艮 艮

기초 【기초한자어】 익히고, 【기본→발전한자어】 다지기
艮時(간시) 오전 두시 반에서 세시 반까지
艮方(간방) 이십사방위의 하나. 축방과 인방의 사이
艮峴(간현) 강원도 원주에 있는 유원지
• 24시의 네 번째 시를 艮時라 한다.
• 정동과 정북 사이를 艮方이라 한다.

기본 2급 艮止(간지)
발전 2급 艮水(간수) 艮子(간자) 艮坐(간좌) 震艮(진간) ① 艮卦(간괘)

부수	획수	총획
革	9	18

오랑캐이름 갈
【2014】

字源 〈형성〉 우리가 흔히 쓰는 '오랑캐'가 이민족을 비하한 대표적인 명칭이라니 참으로 곤혹스럽다. 고비사막의 북동부(몽골)에 할거하는 몽골계 종족 이름을 '말갈'이라고 칭했다. 가죽(革) 옷으로 무장하여 그칠 사이(曷)가 없이 다른 나라를 침략하는 나라로 '말갈'이라는 [오랑캐 이름(鞨)]을 뜻하고 [갈]로 읽는다.

필순 一 廾 艹 苩 並 革 靫 靫 鞨 鞨

기초 【기초한자어】 익히고, 【기본→발전한자어】 다지기
鞨鼓(갈고) 말갈족이 사용하는 북
靺鞨(말갈) 만주 동북지방에 있던 퉁구스계의 일족
• 요즘에는 마을의 축제나 행사 때에나 鞨鼓를 친다.
• 만주 동북지방에 있던 퉁구스족을 靺鞨이라 한다.

기본 2급 履鞨(이갈)

	부수	획수	총획
岬	山	5	8

곶 갑 【2015】

字源 〈형성〉 '곶'은 육지에서 바다를 향하여 돌출된 경우에 붙여지는 이름이다. 규모상으로 보면 반도보다 다소 작다. 우리나라에는 호미곶, 장산곶, 월곶 등이 있다. 산(山)의 높은 곳이 허리(甲) 부분으로 [산허리(岬)]를 뜻했었지만, 줄이 계속 잇닿아 있는 모양이라면서 달리 붙여진 [곶(岬)]을 뜻하고 [갑]으로 읽는다.
图 串(땅이름 곶) 回 岫(산굴 수)

필순 丨 山 山 山 山 岬 岬 岬

기초 【기초한자어】 익히고, 【기본→발전한자어】 다지기
岬角(갑각) 갑. 바다 안으로 깊이 들어간 육지
岬寺(갑사) 충청남도 공주시에 있는 절 이름
山岬(산갑) 산모퉁이
• 岬角의 끝자락에 등대가 있다.
• 녹음이 짙은 숲속 길을 따라서 山岬을 돌아드니 산사가 눈앞에 곱게 펼쳐있다.

발전 2급 岬城(갑성) 沙岬(사갑) 특지 岬㠌(갑갈)

	부수	획수	총획
鉀	金	5	13

갑옷 갑 【2016】

字源 〈형성〉 '갑옷'은 예전에 싸움터에서 군사들이 창, 칼, 화살로부터 몸을 보호하기 위해 두텁게 입었던 옷이다. 자기와 부대원의 방어를 목적으로 했을 것이다. 유의어는 '갑의(甲衣), 개갑(介甲)' 등이 있다. 싸움터에 나간 장수가 쇠붙이(金)를 이용해서 겉(甲)에 입을 수 있었던 [갑옷(鉀)]을 뜻하고 [갑]으로 읽는다.

图 甲(갑옷 갑)

필순 丿 亅 仨 仝 牟 金 釒 釦 鉀 鉀

기초 【기초한자어】 익히고, 【기본→발전한자어】 다지기
鉀衣(갑의) 갑옷
被鉀(피갑) 갑옷을 입음
皮鉀(피갑) 돼지가죽으로 만든 갑옷
• 옛날 병사들은 화살을 막기 위해 鉀衣를 입었다.
• 皮鉀은 돼지가죽으로 만든 두터운 갑옷이다.

기본 2급 貫鉀(관갑)

	부수	획수	총획
岡	山	5	8

산등성이 강 【2017】

字源 〈형성〉 이 한자는 강(罔: 구물)의 변형 글자로 보는 견해가 많다. 구물을 나지막하게 펼쳐 놓은 듯한 산으로 이를 산등성이라고 불렀다. 산자락으로 보기에는 너무 작은 산이란 뜻도 있기도 하다. 마치 구물(网←罒)을 펼쳐 놓은 듯한 모양으로 산(山) 형태로 이룩되었던 [산등성이(岡)]를 뜻하고 [강]으로 읽는다.
图 岸(언덕 안) 原(언덕 원) 丘(언덕 구) 陵(언덕 릉) 回 罔(그물/없을 망)

필순 丨 冂 冂 罔 罔 岡 岡 岡

기초 【기초한자어】 익히고, 【기본→발전한자어】 다지기
岡陵(강릉) 언덕이나 작은 산
岡阜(강부) 언덕
福岡(복강) 일본 규수 북부에 있는 현
• 이곳은 岡陵이 많아 굴곡이 심한 곳이다.
• 바닷가의 岡阜에 올라 장엄한 해돋이를 바라본다.

발전 2급 岡曲(강곡) 특지 岡巒(강만) 巒岡(만강)

	부수	획수	총획
姜	女	6	9

성 강 【2018】

字源 〈형성〉 '강(姜)'은 이름명 자로 선정한 한자 중에서 성씨로만 쓰인 글자다. 아주 옛날에는 혈연관계의 기준이 어머니인 모계 사회였고 동물을 숭배하였다(토템사상)고 알려진다. 양(羊)의 토템사상을 지녔던 모계(女) 사회에서 한 부족국가의 근원을 두어서 집단을 이루었으니 [성씨(姜)]를 뜻하고 [강]으로 읽는다.
回 美(아름다울 미)

필순 丶 丷 亠 亠 羊 羊 姜 姜 姜

2급名

기초 【기초한자어】 익히고, 【기본→발전한자어】 다지기
姜氏(강씨) 성씨
姜太公(강태공) 낚시질을 유난히 좋아하는 사람을 비유하여 이르는 말
姜希顔(강희안) 조선 초기의 문신. 화가
• 이웃집 아저씨는 성이 姜氏이다.
• 姜太公은 낚시질을 좋아하는 현자였다.
기본 [2급] 姬姜(희강) 姜邯贊(강감찬)

부수	획수	총획
山	8	11

언덕 강 【2019】

字源 〈형성〉 '언덕'은 땅이 주변보다 조금은 높기도 하고 경사가 진 곳을 이른다. 흔히들 '언덕 위의 초가삼간'이라고 했듯이 언덕에 대한 일화가 우리 민족에게는 참 많이 있다. 고기를 잡기 위해서 그물(岡←罔)을 널찍하게 잘 펼쳐 놓은 듯한 아주 나지막한 능선이 있었던 산(山)으로 [언덕(崗)]을 뜻하고 [강]으로 읽는다.
圖 岸(언덕 안) 原(언덕 원) 丘(언덕 구) 陵(언덕 릉)

필순 ⺊ ⺊ 屵 屵 屵 屵 崗 崗 崗

기초 【기초한자어】 익히고, 【기본→발전한자어】 다지기
花崗巖(화강암) 석영, 운모, 장석 등을 주성분으로 하는 화성암의 한가지
• 花崗巖은 석질이 단단해 건축 자재로 많이 쓰인다.

부수	획수	총획
弓	13	16

굳셀 강 【2020】

字源 〈형성〉 '굳세다'는 조금도 굽힘이 없이 기세가 굳고 세차다는 뜻이다. 그들은 아마도 굳센 기상 하나만으로 버티면서 살았을 것이다. 유의어는 '강(强)하다' 등이 있어 보탬을 준다. 활(弓)시위로 밭(田)과 밭(田) 사이에 일정한 경계선(三)을 긋는 별도 행위가 특별하고 남달라 [굳세다(彊)]는 뜻이고 [강]으로 읽는다.
圖 强(강할 강) 健(굳셀 건) 剛(굳셀 강) 回 弱(약할 약)
回 疆(지경 강)

필순 ⼸ ⼸ 弖 弖 弜 弜彊 彊彊 彊彊 彊彊

기초 【기초한자어】 익히고, 【기본→발전한자어】 다지기
彊弓(강궁) 굳센 활
武彊(무강) 무예가 뛰어나고 굳셈
自彊(자강) 스스로 힘써 몸과 마음을 가다듬음
• 그는 彊弓으로 활쏘기 연습을 했다.

• 自彊 정신이 강해야 모든 일을 성취할 수 있다.
기본 [2급] 力彊(역강) 雄彊(웅강)
발전 [2급] 彊記(강기) [1] 彊弩(강노) 彊藩(강번) 彊澁(강삽) 彊禦(강어) 彊嵎(강한) 撲彊(박강)
사자성어 [2급] 彊食自愛(강식자애) 自彊不息(자강불식)

부수	획수	총획
田	14	19

지경 강 【2021】

字源 〈형성〉 '지경'은 두 지역의 자연적인 경계가 서로 맞닿았다. 거기에는 경계선을 그 자리에 두었음도 뜻한다. 유의자는 '경역(境域), 지계(地界), 역경(域境), 접경(接境)' 등이 있다. 어림잡아서 활(弓)시위로 밭(田)과 밭(田)과 땅(土) 사이의 경계를 그어 놓은 믿음직했던 선으로 [지경(疆)]을 뜻하고 [강]으로 읽는다.
圖 界(지경 계) 境(지경 경) 域(지경 역) 回 彊(굳셀 강)

필순 ⼸ 弓 弖 弜 弜畺 弜畺 弜畺 疆 疆 疆

기초 【기초한자어】 익히고, 【기본→발전한자어】 다지기
疆界(강계) 강토의 경계
疆域(강역) 국경 안. 또는 영토의 구역
疆土(강토) 나라의 경계 안에 있는 땅
• 우리나라 북쪽의 疆界는 중국 땅이다.
• 우리 疆土는 삼면이 바다로 둘러싸인 반도다.
기본 [2급] 疆內(강내) 疆吏(강리) 疆上(강상) 疆塞(강새) 疆外(강외) 無疆(무강) 邊疆(변강) 分疆(분강) 侵疆(침강) 新疆省(신강성)
발전 [2급] 疆理(강리) 疆宇(강우) [特] 疆場(강역) 疆徼(강요)

부수	획수	총획
人	4	6

클 개 : 【2022】

字源 〈형성〉 '크다'는 다른 일반의 물건과 서로 비교하여 길이, 넓이, 높이, 부피 등이 비교 대상을 넘어서는 한계점을 말한다. 유의자는 '거대(巨大)하다. 대단하다. 중요하다(重要)하다' 등이 쓰인다. 갑옷(介)을 걸쳐 입은 사람(亻)이 갑옷을 입지 않은 사람보다 그 몸집이 더 두툼했으니 [크대(价)]는 뜻이고 [개]로 읽는다.
圖 大(큰 대) 太(클 태) 偉(클 위) 碩(클 석) 泰(클 태) 回 小(작을 소) 微(작을 미) 扁(작을 편) 回 介(낄 개)

필순 ⼁ ⼂ 价 价 价 价

기초 【기초한자어】 익히고, 【기본→발전한자어】 다지기
价人(개인) 갑옷을 입은 사람. 훌륭한 사람

价川郡(개천군) 평남에 있는 시
使价(사개) 사신(使臣)
• 价人이 나타나 군대를 지휘하며 통솔했다.
• 임금님의 명을 받아 使价로 중국에 갔다.

발전 ②3 貴价(귀개) 賀价(하개)

부수	획수	총획
土	10	13

높은땅 개 : 【2023】

字源 〈형성〉 네덜란드와 같이 수면보다 낮은 땅이 있는가 하면, 네팔같이 비교가 되지 않을 만큼 높은 땅도 있다. 그렇게 보면 우리나라는 그리 높지도 않고 낮지도 않은 땅이려니. 땅(土)이 평지보다는 훨씬 높게 치솟아 있어서 마치 큰 산(豈)처럼 쌓여 있는 듯이 보였으니 [높은 땅(塏)]을 뜻하고 [개]로 읽는다.

필순 一 十 土 土 土' 圿 圿 垲 塏 塏 塏

기초 【기초한자어】 익히고, 【기본→발전한자어】 다지기
塏塏(개개) 언덕 따위가 높은 모양
李塏(이개) 조선 단종 때의 사육신
勝塏(승개) 경치가 좋은 높고 밝은 곳
• 塏塏한 언덕 위로 보름달이 떠오른다.
• 勝塏한 산 위에서 일출을 바라보니 참으로 아름답다.

기본 ②3 幽塏(유개)
발전 ① 爽塏(상개)

부수	획수	총획
金	9	17

자물쇠 건 :
열쇠 건 : 【2024】

字源 〈형성〉 자물쇠를 열쇠라고 하는데 서로 통함이 있었을 것이다. 외부인의 출입을 막는 자물쇠는 문 등의 여닫음을 잠그는 장치다. 유의어는 '쇄금(鎖金), 자물통(—筒)' 등이다. 쇠붙이(金)를 쓸모 있도록 만들어서 문짝이나 굴대에 세로(建)로 세워서 단단히 붙여 놓았으니 [자물쇠(鍵)]를 뜻하고 [건]으로 읽는다.
圖 關(관계할 관/당길 완)

필순 ノ ヒ 金 金 金 金 金 金 金 鈁 鍕 鍵 鍵

기초 【기초한자어】 익히고, 【기본→발전한자어】 다지기
鍵盤(건반) 피아노, 풍금, 타자기 등의 건반을 늘어 놓은 면
關鍵(관건) 어떤 사물이나 문제 해결의 가장 중요한 핵심이 되는 부분
金汝鍵(김여건) 조선후기의 문신

• 어린아이가 피아노 鍵盤을 두들기는 솜씨가 제법 소질이 있어 보인다.
• 이번 회담의 주요 關鍵으로 다루어질 사안을 다시 한번 정리하고 있다.

기본 ②3 鍵關(건관) 鍵閉(건폐) 管鍵(관건)
발전 ②3 鍵層(건층) 白鍵(백건) 電鍵(전건) 黑鍵(흑건) 출진 鍵鑰(건약)

부수	획수	총획
木	4	8

뛰어날 걸 【2025】

字源 〈형성〉 '뛰어나다'는 또 다른 비교 대상보다 두드러지게 성능이 높거나 훨씬 낫다는 뜻이다. 유의어는 '대단하다, 비상하다(非常), 특출하다' 등이 있다. 활활 타오르는 불(灬←火) 속에서도 꿋꿋하게 타지 않고 의연하게 남아있는 나무(木)가 있었다니 다른 나무보다 [뛰어나다(杰)]는 뜻이고 [걸]로 읽는다.
圖 傑(뛰어날 걸)

필순 一 十 オ 木 木 杰 杰 杰

기초 【기초한자어】 익히고, 【기본→발전한자어】 다지기
杰句(걸구) 썩 잘 지은 시구
金邦杰(김방걸) 조선후기의 문신
• 그가 지은 한시의 杰句가 제법이어서 주변 사람들의 칭송을 받는다.

부수	획수	총획
木	6	10

하왕이름 걸 【2026】

字源 〈회의〉 하왕의 이름은 다른 사람 이름보다는 뛰어나다고 하여 '걸(傑)'이라고 했음을 알 수 있다. '하왕'은 하나라 마지막의 이름을 일컬음을 역사의 흐름에서 잘 알 수 있겠다. 처음에는 좌우 양쪽 발등(舛)을 나무(木)에 결박하면서 혹독히 내렸던 [형벌(桀)]이었으나 널리 [하왕 이름(桀)]으로 쓰이고 [걸]로 읽는다.

필순 ノ ク タ ダ ダ 舛 舛 桀 桀 桀

기초 【기초한자어】 익히고, 【기본→발전한자어】 다지기
桀紂(걸주) 중국 하나라의 걸왕과 은나라의 주왕을 아울러 이름
暴桀(폭걸) 사나운 걸왕
• 중국의 고대 제왕들 중에 桀紂를 폭군이라 한다.
• 하(夏)나라의 난폭한 걸왕(桀王)을 흔히들 暴桀 이라고 부른다.

2급名

기본 28 駿桀(준걸) 凶桀(흉걸)

발전 28 桀桀(걸걸) 桀步(걸보) 桀心(걸심) 桀惡(걸악) 1 喬桀
(교걸) 출전 桀鶩(걸오)

사자성어 特 桀狗吠堯(걸구폐요)

부수	획수	총획
瓦	9	14

甄 질그릇 견【2027】

字源 〈형성〉 '질그릇'은 표면에 잿물을 입히지 않고 오직 진흙
만으로 구워서 만든 순수한 우리 그릇이다. 그래서 그런
지 겉면에는 윤기가 전혀 없는 것이 그 특징이다. 자주 사
용하는 바구니(瓦)를 흙(土)으로 빚거나 기와(瓦)처럼 곱
게 구운 그릇으로 빚어서 잘 만들었으니 [질그릇(甄)]을
뜻하고 [견]으로 읽는다.
圖 陶(질그릇 도/사람이름 요)

필순 一 广 西 亜 亜 亜 甄 甄 甄 甄

기초 【기초한자어】 익히고, 【기본→발전한자어】 다지기
甄拔(견발) 재능이 있는지 없는지를 잘 헤아려서 훌
륭한 인재를 뽑음
甄別(견별) 뚜렷하게 나눔
甄萱(견훤) 후백제의 시조
• 기능이 우수한 인재를 甄拔하기 위한 편리한 제도
를 만들었다.
• 가마에서 구워낸 질그릇을 甄別하여 우수한 것만
남겨두고 모두 폐기하였다.

기본 28 甄工(견공) 甄陶(견도)

발전 28 甄勞(견로) 甄付(견부) 甄序(견서) 甄揚(견양) 甄綜
(견종) 甄表(견표) 甄品(견품) 1 甄擢(견탁)

부수	획수	총획
人	13	15

儆 경계할 경 :
【2028】

字源 〈형성〉 '경계하다'는 미리서 마음을 단단히 가다듬어 매사
에 조심하겠다는 일이다. 또한 외부 적의 기습이나 예상
하지 못한 침입이 일어나지 않도록 살피면서 지켰다. 지
혜로운 사람(亻)이 부모님을 정성껏 모시어 공경할(敬) 때
에 오직 밤낮을 가리지 않았다고 하였으니 [경계하다(儆)]
는 뜻이고 [경]으로 읽는다.
圖 戒(경계할 계) 箴(경계할 잠) 回 敬(공경 경)

필순 亻 亻' 亻'' 亻'' 倚 俏 俏 儆 儆 儆

기초 【기초한자어】 익히고, 【기본→발전한자어】 다지기
儆備(경비) 만일을 염려하여 미리 경계하고 방비함

趙儆(조경) 조선 시대의 무신
• 각국 정상들이 회담하는 지역에 儆備가 삼엄하다.

기본 28 儆戒(경계) 儆新(경신) 申儆(신경) 自儆(자경)

발전 28 儆儆(경경) 規儆(규경)

사자성어 28 儆新高校(경신고교)

부수	획수	총획
火	4	8

炅 빛날 경【2029】

字源 〈회의〉 '빛나다'는 겉에 윤이 나서 그 광채가 번쩍번쩍 반
짝이다는 뜻이다. 또한 그만 했던 일이나 업적들이 영광
스럽고 훌륭하단 뜻도 함께 담고 있어서 특별함을 보인
다. 찬란하게 빛난 태양(日)과 활활 타오르는 불(火)이 합
쳐져 더욱 환하게 밝게 보였다고 했으니 [빛나다(炅)]
는 뜻이고 [경]으로 읽는다.
圖 曜(빛날 요) 輝(빛날 휘) 爛(빛날 란) 彬(빛날 빈) 燁
(빛날 엽) 熙(빛날 희)

필순 丨 冂 冃 日 旦 昌 炅 炅

기초 【기초한자어】 익히고, 【기본→발전한자어】 다지기
申炅(신경) 조선 중기의 문신
趙炅(조경) 중국 송나라 제2대 황제
寒炅(한경) 차고 빛남
• 겨울밤 쌓인 눈이 달빛 아래 寒炅하여 눈부시다.
• 趙炅은 귀에 익게 잘 알려진 중국의 황제다.

부수	획수	총획
玉	12	16

璟 옥빛 경 :【2030】

字源 〈형성〉 '옥빛'은 약간 파르스름한 빛깔을 띠고 있으며 색
깔의 투명성이 특히 강조된다. 옥빛의 투명성은 활기를
돋우고 있다. 유의어는 약간 파르스름한 빛깔을 띠는 '옥
색(玉色)' 등이다. 남이 쉽게 볼 수 없도록 감춰놓은 옥구
슬(玉)이 빛나고(景) 밝았으니 [옥빛(璟)] 또는 [사람이름(璟)]
을 뜻하고 [경]으로 읽는다.

필순 二 干 王 珒 珒 珒 珒 璟 璟 璟 璟

기초 【기초한자어】 익히고, 【기본→발전한자어】 다지기
宋璟(송경) 중국 당나라의 재상
順璟(순경) 신라 중기의 승려
沈璟(심경) 중국 명대의 극작가
• 宋璟은 중국 당나라 때의 재상으로 절개가 굳고
성격이 강직했다고 한다.

기본 28 璟玉(경옥)

瓊

부수	획수	총획
玉	15	19

구슬 경 【2031】

字源 〈형성〉 '구슬'은 유리나 보석 따위를 둥글고 보기 좋게 만든 물건을 뜻한다. 또한 더 아름답고 귀중한 존재를 상징적이거나 비유적으로 이르는 말이기도 하다. 저 멀리서 (夐←瓊) 한 번만 보아도 그 아름다움을 쉽게 구별할 정도로 알아 볼 수 있는 옥구슬(玉)로 알려졌으니 [구슬(瓊)]을 뜻하고 [경]으로 읽는다.

图玉(구슬 옥) 珠(구슬 주) 璿(구슬 선) 瑗(구슬 원)

필순 一丁王王^一玎玲玲玲瓊瓊瓊

기초 【기초한자어】 익히고, 【기본→발전한자어】 다지기
瓊玉(경옥) 아름다운 구슬
瓊音(경음) 맑고 고운 소리
瓊姿(경자) 구슬 같은 자세
• 瓊玉膏(고)는 피를 맑게 하는 보약이다.
• 瓊音에 가까운 천상의 소리를 가진 합창단이 우리 나라에 온다고 한다.

기본 28 瓊館(경관) 瓊玖(경구) 瓊盤(경반) 瓊章(경장) 紅瓊(홍경)
발전 28 瓊樹(경수) ① 瓊筵(경연) 瓊蘊(경온) 瓊簪(경잠)
特 瓊瑤(경요) 图 瓊琚(경거)
사자성어 28 瓊樓玉宇(경루옥우) 瓊枝玉葉(경지옥엽)

皋

부수	획수	총획
白	6	11

언덕 고 【2032】

字源 〈형성〉 '언덕'은 높고 아담한 땅이 주변의 땅보다 높고 경사가 진 곳이다. 언덕을 두고 우리의 덕담이 많았고, 노랫말까지 나와 언덕의 정서를 풍부하게 만들었다. 많고(二) 많은(二) 사람들에게 사방(十)을 둘러보면서 알려주려면 (白) 더 [높은(皋)] 곳으로 올라갔었다고 했으니 [언덕(皋)]을 뜻하고 [고]로 읽는다.

图岸(언덕 안) 原(언덕 원) 丘(언덕 구) 陵(언덕 릉) 阿(언덕 아) 阜(언덕 부) 回皐

필순 ′ ′ ′ 白白白白^白皇皇皋

기초 【기초한자어】 익히고, 【기본→발전한자어】 다지기
皋蘭寺(고란사) 부여의 백마강변에 있는 절의 이름
皋蘭草(고란초) 고사릿과에 딸린 은화식물로 고란사 암벽에 많다
• 백마강 절벽 위에 있는 皋蘭寺의 종소리가 넓은 강가에 울려 퍼졌다.
• 皋蘭寺 부근 암벽에 피어있는 皋蘭草의 향기가 행인의 발걸음을 이렇게 붙잡는다.

기본 28 皋陶(고요)
발전 28 皋皋(고고) 皋復(고복) 皋月(고월) ① 皋牢(고뢰)
사자성어 28 林皋幸卽(임고행즉)

串

부수	획수	총획
丨	6	7

꿸 관
땅이름 곶 【2033】

字源 〈상형〉 '관'은 두 가지 물건을 세로로 꿰는 모양을 두루 본 떠서 관통하여 꿰뚫다는 뜻을 나타낸다. 또한 어떠한 일을 잘 관철하거나 더욱 손에 익숙해진다는 뜻까지도 같이 담고 있다. 여러 개의 조개껍질을 탄탄한 실로 촘촘하게 엮은 모양을 두루 본떠서 [꿰다(串)] 혹은 [땅이름(串)]을 뜻하고 [관] 또는 [곶]으로 읽는다.

图貫(꿸 관) 岬(곶 갑)

필순 丶丨冂冃串串串

기초 【기초한자어】 익히고, 【기본→발전한자어】 다지기
串柿(관시) 곶감
甲串(갑곶) 인천 강화군 강화읍에 있는 마을
長山串(장산곶) 황해도 장연군의 반도 남쪽 끝 지역
• 串柿를 만들기 위해 깎은 감들이 처마 밑에 줄줄이 매달려 있다.
• 長山串은 바다 쪽으로 좁고 길게 쭉 뻗어 들어간 육지를 가리킨다.

기본 28 魚串(어관) 親串(친관) 竹串島(죽곶도) 石串洞(석관동)
발전 28 串童(관동) 串夷(관이) 串戲(관희) 木串子(목관자)
串票(천표) 特 串狎(관압) 器 串柿(관시)

琯

부수	획수	총획
玉	8	12

옥피리 관 【2034】

字源 〈형성〉 '옥피리'는 청옥이나 황옥으로 만들었던 대금과 비슷한 모양의 피리라고 알려진다. 유의어는 '옥적(玉笛)'으로, 황학루 앞에서 구수한 옥피리를 불었다면서 읊은 시 한 수가 덩그렇다. 맑은 소리를 '옥소리'라고 하는데 옥(玉)으로 대롱(官)을 만들면 젓대가 되었으니 [옥피리(琯)]를 뜻하고 [관]으로 읽는다.

필순 一二千王王^一玕玕玮琯琯琯

기초 【기초한자어】 익히고, 【기본→발전한자어】 다지기
白琯(백관) 흰 옥피리
玉琯(옥관) 옥피리
李琯(이관) 조선 중기의 학자
• 맑고 청아한 소리를 내는 악기로는 이 玉琯을 따

2급名

라올 악기가 없어 보인다는 말이 있다.
• 그는 白珸으로 피리를 부는 자세며 음색이 너무도 진지하고도 건전하다.

부수	획수	총획
木	10	14

槐 느티나무 괴
회화나무 괴 【2035】

字源 〈형성〉 '회화나무'는 머리채를 철사로 나무에 매달고 고문했을 때에 조용하게 잠든 순교(殉敎)를 지켜봤다. 그런 나무가 철사가 파고든 채 역사의 흔적을 안고 살았다고 증언한다. 생김새가 구불구불하고 귀신(鬼)과 같이 못생긴 나무(木)로 '느티나무'라 불렀으나 널리 [회화나무(槐)]를 뜻하고 [괴]로 읽는다.
回 愧(부끄러워할 괴) 傀(허수아비 괴)

필순 一 十 木 杧 柏 柏 槐 槐 槐 槐

기초 【기초한자어】 익히고, 【기본→발전한자어】 다지기
槐木(괴목) 회화나무
槐山郡(괴산군) 충청북도의 중앙부에 있는 군
槐安夢(괴안몽) 남가일몽. 인생무상을 이르는 말
• 그 산에는 槐木이 울창하게 자라고 있다.
• 소백산맥의 산간 분지에 있는 槐山郡은 고추와 다슬기로 유명하다.

기본 2급 槐門(괴문) 槐實(괴실) 塊葉(괴엽) 槐花(괴화) 三槐(삼괴) 槐安國(괴안국)

발전 2급 槐夢(괴몽) 槐安王(괴안왕) 槐位(괴위) 槐鼎(괴정) 槐秋(괴추) 槐鉉(괴현) 1 槐宸(괴신) 槐棘(괴극)

부수	획수	총획
玉	3	7

玖 옥돌 구 【2036】

字源 〈형성〉 '옥돌'은 순수성을 지키면서 다소곳이 옥이 들어 있는 돌이다. 그래서 그런지 이를 자세히 살펴보면 아직은 가공하지 않는 채 묵묵한 손길을 기다렸다고 하겠다. 흔히들 흑진주라고 했듯이 오래된(久) 검은 구슬(玉)은 모두 다 귀하다고 여기면서 아끼며 보관했었으니 [옥돌(玖)]을 뜻하고 [구]로 읽는다.
圖 珉(옥돌 민) 玫(옥돌 민) 玕(옥돌 간) 玗(옥돌 우)

필순 一 二 千 王 玎 玖 玖

기초 【기초한자어】 익히고, 【기본→발전한자어】 다지기
玖馬(구마) 쿠바. 'Cuba'의 음역
玖璇(구선) 구슬 이름
李玖(이구) 고려 후기의 문신

• 쿠바의 한자 음역 글자는 玖馬이다.
• 우아한 옥의 한 종류를 玖璇이라고 부른다.
기본 2급 瓊玖(경구)

부수	획수	총획
邑	5	8

邱 언덕 구 【2037】

字源 〈형성〉 '언덕'은 조금 높은 땅이 주변보다 조금 더 높고 다소 경사가 진 곳이다. 언덕 위에 하얀 집을 짓고 그대와 알콩달콩 살았으면 하는 간절하고도 깊은 자기 염원을 잘 담아냈겠다. 땅(阝←邑)이 있는 곳에는 크고 작은 언덕(丘)들이 있었으니 보통의 [언덕(邱)] 또는 [땅이름(邱)]을 뜻하고 [구]로 읽는다.
圖 岸(언덕 안) 原(언덕 원) 丘(언덕 구) 陵(언덕 릉) 皐(언덕 고) 阜(언덕 부)

필순 ' 亻 仨 丘 丘 丘' 邱 邱

기초 【기초한자어】 익히고, 【기본→발전한자어】 다지기
大邱(대구) 영남 지방의 중앙부에 있는 광역시
青邱(청구) 중국에서 우리나라를 이르던 말
• 여름철 우리나라에서 가장 더운 지역으로는 흔히들 大邱를 가리킨다.
• 예전에 중국에선 우리나라를 青邱라 불렀다.

발전 2급 青邱圖(청구도)
사자성어 1 一邱一壑(일구일학)

부수	획수	총획
革	8	17

鞠 국문할 국
성 국 【2038】

字源 〈형성〉 '국씨 성'의 시조인 양의 아들이 조선이 개국된 후에 두문동에 들어가 순절했다고 알려진다. 그의 아들 '무 · 성 · 황' 3형제가 담양으로 내려가 살아서 그들의 본관이 담양이다. 어린 아이들을 가죽(革)같이 질긴 띠를 손에 움켜(匊) 쥐고 다니면서 잘 [기르다(鞠)] 또는 [성씨(鞠)]로 쓰이고 [국]으로 읽는다.
圖 育(기를 육) 球(공 구) 養(기를 양) 毬(공 구) 鞠(국문할 국)

필순 一 艹 # 苦 苦 革 革' 靯 靯 鞠 鞠

기초 【기초한자어】 익히고, 【기본→발전한자어】 다지기
鞠躬(국궁) 윗사람이나 위패 앞에서 존경하는 뜻으로 몸을 굽힘
鞠問(국문) 국청에서 형장을 가해 중죄인을 신문함
蹴鞠(축국) 예전에, 장정들이 '공'을 땅에 떨어뜨리지 않고 차던 놀이

2급名

• 나라의 반역죄나 큰 죄를 지은 사람에게는 국왕이
직접 鞠問하였다.
• 예전에는 지금의 축구와 비슷한 蹴鞠이라는 유희
가 있었다.

기본 2급 鞠育(국육) 鞠戲(국희) 蹴鞠(축국)

발전 2급 鞠決(국결) 鞠繫(국계) 鞠旅(국려) 鞠養(국양) 鞠城
(국역) 鞠獄(국옥) 鞠子(국자) 鞠治(국치) 鞠凶(국흉)
1급 拿鞠(나국) 鞠按(국안) 鞠劾(국핵)

사자성어 1급 鞠躬屛氣(국궁병기) 鞠躬盡力(국궁진력)

부수	획수	총획
土	3	6

圭
서옥 규
쌍토 규 【2039】

字源 〈회의〉 '서옥(瑞玉)'은 한자의 모양과 뜻이 말하고 있듯이
'상서로운 구슬'로 일명 '쌍토 규'라고 했다고 전한다. 이
또한 서옥을 감추어 두었던 고운 흙에서 그 연원을 찾는
다고 한다. 흙(土)과 흙(土) 속에 많이 묻혀있는 금은보석
은 모두 다 [서옥(圭)]으로 여기면서도 널리는 [쌍토(圭)]
로도 쓰이고 [규]로 읽는다.

필순

기초 【기초한자어】 익히고, 【기본 → 발전한자어】 다지기
圭角(규각) 모난 귀퉁이의 뾰족한 곳
圭復(규복) 남에게서 온 편지를 몇 번이나 되풀이해
서 읽음
圭表(규표) 예전에 쓰던, 천문 관측 기계의 하나
• 그는 圭角이 뚜렷해 사람들과 잘 어울리지 못한다.
• 멀리 타향살이를 오래하다 보니 고향에서 온 편지
를 圭復하면서 본다.

기본 2급 圭璋(규장) 圭田(규전) 圭瓚(규찬)

발전 2급 玉圭(옥규) 執圭(집규) 1급 圭璧(규벽) 圭勺(규작) 圭撮
(규촬) 簪圭(잠규) 特 圭竇(규두) 搢圭(진규) 特 圭臬
(규얼)

부수	획수	총획
大	6	9

奎
별 규 【2040】

字源 〈형성〉 '별'은 우리의 우주에서 환하게 반짝이는 천체로
불린다. 얼마나 많은 별이 우주의 공간 속에서 한 일원이
되어 우리가 사는 지구를 밝게 하고 있는 지는 잘 알 수
없다. 커다란(大) 저 밤하늘 북쪽에서 서옥(圭)처럼 반짝
이고 있는 큰 별인 북극성을 뜻했으리니 널리 [별(奎)]
을 뜻하고 [규]로 읽는다.

圖星(별 성) 宿(잘 숙/별자리 수)

필순

기초 【기초한자어】 익히고, 【기본 → 발전한자어】 다지기
奎文(규문) 문학, 문물, 문교를 이르는 말
奎章閣(규장각) 조선 정조 원년에 설치한 왕실 도서관
李奎報(이규보) 고려 중기의 문신
• 그는 奎文이 해박해서 뭇사람들의 추앙을 받는다.
• 奎章閣에는 역대 임금의 글 등이 보관되어 있다.

기본 2급 奎星(규성) 奎宿(규수) 奎運(규운) 奎章(규장)

발전 2급 奎韻(규운) 奎翰(규한) 特 奎踽(규우)

부수	획수	총획
手	9	12

揆
헤아릴 규 【2041】

字源 〈형성〉 '헤아리다'는 하나씩 더해가면서 손가락으로 하나
씩 꼽아 본다. 별의 의미를 생각하면서 유의어는 '세다. 셈
하다, 측산(測算──)하다, 따지다' 등이겠으니 별이 빛나는
밤이었겠다. 목측도 가능하겠으니 손(手)으로 대강 재면
서(癸) 그 하나하나를 [헤아리다(揆)] 또는 그 [법도(揆)]를
뜻하고 [규]로 읽는다.

圖度(법도 도 / 헤아릴 탁) 測(헤아릴 측) 癸(천간/헤아릴 계)

필순

기초 【기초한자어】 익히고, 【기본 → 발전한자어】 다지기
揆地(규지) 의정의 지위
一揆(일규) 같은 경우나 경로. 한결같은 법칙
度揆(탁규) 헤아려 잘 생각함
• 지난 일과 이번 일은 一揆 관계로 더는 재론할 필
요가 없으리라.
• 이번 사건은 정황을 度揆해서 처리하여야 한다.

기본 2급 揆策(규책) 揆度(규탁) 測揆(측규)

발전 2급 揆路(규로) 揆敍(규서) 揆一(규일) 端揆(단규) 庶揆
(서규) 元揆(원규) 左揆(좌규)

부수	획수	총획
玉	6	10

珪
홀 규 【2042】

字源 〈회의〉 '홀'은 고대 중국에서 대신들이 입조할 때 입었던
조복으로 갖추어 손에 하나씩 들었던 약간 휘어진 판자조
각이다. 이후 홀이 한국, 베트남 등에 '류큐'로 전래되어
사용되었다. 흙(土)과 흙(土) 속에서 파낸 많은 구슬(王)은
모두가 서옥(圭)으로 불러서 귀중하게 여겼으니 [홀(珪)]
을 뜻하고 [규]로 읽는다.

圖圭(쌍토 규) 笏(홀 홀)

2급名

필순 一 二 千 王 王 王丶 王丶丶 珪 珪 珪 珪

기초 【기초한자어】 익히고, 【기본 → 발전한자어】 다지기
珪石(규석) 규소를 주성분으로 하는 광물
珪素(규소) 비금속인 탄소족 원소의 하나
珪幣(규폐) 신에게 바치는 귀한 예물
• 珪石을 갈아서 유리나 도자기를 만든다.
• 珪石의 주성분은 珪素이다.

기본 [2초] 珪璋(규장)

발전 [2초] 珪酸(규산) 珪化(규화) [1] 珪璽(규새) [特] 珪豐(규풍)

사자성어 [2초] 珪璋特達(규장특달)

	부수	획수	총획
槿	木	11	15

무궁화 근 : 【2043】

字源 〈형성〉 '무궁화'는 7～10월의 약 백일동안 새 꽃이 핀다. 이 때문에 무궁화는 '끝없이 핀다'는 의미를 가졌다 한다. 꽃은 종 모양으로 잎겨드랑이에 한 송이씩만 핀다고 전한다. 황토(堇)와 양분이 조금씩만 있어도 어디에서나 잘 자라는 나무(木)로 우리나라 국화(國花)인 [무궁화(槿)]를 뜻하고 [근]으로 읽는다.
回僅(겨우 근)

필순 一 十 才 木 木丶 木丶丶 槿丶 槿丶丶 槿 槿

기초 【기초한자어】 익히고, 【기본 → 발전한자어】 다지기
槿域(근역) 무궁화가 많은 땅이라는 뜻으로 '우리나라'를 이르는 말
槿花(근화) 무궁화
朝槿(조근) '무궁화'를 달리 이르는 말
• 우리나라는 국화가 무궁화이기 때문에 槿域花(화)라고도 불렀다.
• 우리나라 전 지역에서 흔히 볼 수 있는 槿花를 우리는 國花로 정하였다.

기본 [2초] 槿花心(근화심)

발전 [2초] 槿邦(근방) 木槿(목근) 黃槿(황근) 槿花鄕(근화향) [1] 槿籬(근리)

사자성어 [2초] 槿花一日(근화일일)

	부수	획수	총획
瑾	玉	11	15

아름다운 옥 근 : 【2044】

字源 〈형성〉 "아름다운 옥'은 사람 이름과 사소한 흠이란 '세근 (細瑾) 이외에는 잘 쓰지 않는 한자다. 옥을 보물로 귀하게 여겼던 것처럼 아름다운 옥이란 별칭을 붙였을 것이

다. 노란 진흙(堇) 빛깔을 띤 구슬(王)을 소중하게 여겨 옥함 속에 깊숙하게 넣어서 보관했으니 [아름다운 옥(瑾)]을 뜻하고 [근]으로 읽는다.
图玉(구슬 옥) 瓊(구슬 경) 瑜(구슬 유)

필순 一 二 千 王 王丶 王丶丶 瑾丶 瑾丶丶 瑾 瑾

기초 【기초한자어】 익히고, 【기본 → 발전한자어】 다지기
細瑾(세근) 사소한 흠. 작은 잘못
柳瑾(유근) 언론인, 애국계몽운동가
趙瑾(조근) 조선 전기의 문신
• 옛날에 군자는 細瑾이라도 매우 부끄럽게 여겼다.

기본 [2초] 懷瑾(회근)

발전 [1] 瑕瑾(하근) [特] 瑾瑜(근유)

	부수	획수	총획
兢	儿	12	14

떨릴 긍 : 【2045】

字源 〈형성〉 '떨리다'는 손이나 발이 작은 폭으로 빠르고 잦게 흔들리다는 뜻이다. 차를 타면 발을 자주 흔들어 옆에까지 울리도록 하는 경우를 본다. '떨림'이란 좋지 못한 습관이다. 무거운 물건(十)을 머리(口)에 이고 다니는 두 사람(儿)은 특히 조심하고도 삼가라고 했으니 [떨다(兢)]는 뜻이고 [긍]으로 읽는다.
图愼(삼갈 신) 謹(삼갈 근) 恪(삼갈 각) 回競(다툴 경)

필순 一 十 古 古 古丶 克 克 克丶 克丶丶 兢丶 兢

기초 【기초한자어】 익히고, 【기본 → 발전한자어】 다지기
兢戒(긍계) 삼가고 조심함
兢懼(긍구) 삼가고 두려워함
戰兢(전긍) 매우 두려워하여 소심함
• 그는 나를 兢戒하는 눈치가 역력하다.
• 갑작스러운 돌풍으로 미처 대비하지 못하여 모두가 戰兢하였다.

기본 [2초] 兢惶(긍황) 凜兢(늠긍) 凌兢(능긍) 慫兢(종긍)

발전 [2초] 兢兢(긍긍) [1] 兢恪(긍각) 兢悸(긍계) 兢悚(긍송) [特] 兢惕(긍척)

사자성어 [2초] 戰戰兢兢(전전긍긍) 兢兢業業(긍긍업업)

	부수	획수	총획
冀	八	14	16

바랄 기 【2046】

字源 〈형성〉 '바라다'는 비록 말은 하지 않고 있지만 은근하게 마음속으로 기대하다는 뜻을 담고 있다. 유의어는 '기대(期待)하다, 원(願)하다, 원망(願望)하다' 등이 쓰이고 있

2급名

다. 추운 북방(北)의 이민족(異)들이 사람 살기에 좋은 따스한 남쪽지방을 골라 침략만을 생각했으니 [바라다(冀)]는 뜻이고 [기]로 읽는다.
圓 望(바랄 망) 願(바랄 원)

필순

기초 【기초한자어】 익히고, 【기본 → 발전한자어】 다지기
冀圖(기도) 바라는 것을 이루려고 꾀함
冀望(기망) 희망
冀願(기원) 희망. 기망
• 이번 일을 백방으로 冀圖한 결과 성사가 되었다.
• 어떤 일을 간절히 冀願하며 노력했더니 매우 좋은 결과를 가져왔다.

기본 2급 冀州(기주)
발전 2급 冀北(기북) 冀幸(기행) 希冀(희기)

	부수	획수	총획
岐	山	4	7

갈림길 기【2047】

字源 〈형성〉 갈림길은 자기가 갈 방향이 다르게 나누어지는 지점을 결정하지 못함을 비유적으로 이른 말이다. 이리 갈까 저리 갈까 망설임이 숨어 있다. 유의어는 '기로(岐路), 노기(路跂)' 등이다. 산(山)이 갈라진(支) 어떤 지점에서 사람이 다닌 길도 따라서 갈라진다고 했으니 [갈림길(岐)]을 뜻하고 [기]로 읽는다.
回 伎(재간 기) 妓(기생 기)

필순

기초 【기초한자어】 익히고, 【기본 → 발전한자어】 다지기
岐嶇(기구) 팔자가 사납고 험함
岐路(기로) 갈림길
多岐(다기) 여러 갈래. 길의 갈래가 많음
• 생사의 岐路에 서면 역경을 이겨낼 수 있는 용기가 필요하다.
• 이번 사건의 상황이 多岐하여 결말을 내리기가 쉽지 않다.

기본 2급 岐途(기도) 岐山(기산) 岐州(기주) 分岐(분기) 燕岐郡(연기군)
발전 2급 岐岐(기기) 岐旁(기방) 岐周(기주) 岐黃(기황) 1급 岐崖(기애) 特 岐穎(기영) 特 岐嶷(기억)
사자성어 2급 岐黃之術(기황지술)

	부수	획수	총획
沂	水	4	7

물이름 기【2048】

字源 〈형성〉 중국에 '기수(沂水)'라는 강이 있었다. 이름을 붙이기 전 이름은 그냥 '물 이름'이라 불렸던 데서 연유한 것이 아니냐고 추측해 본다. 흔히 붙일 수 있는 물 이름이겠다. 끝없이 펼쳐지는 많은 물(氵)을 보다 더 밝게 살펴볼(斤) 수 있는 강물이란 기수(沂水)로 널리 [물 이름(沂)]을 뜻하고 [기]로 읽는다.
回 近(가까울 근)

필순

기초 【기초한자어】 익히고, 【기본 → 발전한자어】 다지기
沂水(기수) 중국 산둥성에 있는 강
蔡得沂(채득기) 조선 인조 때의 의학자
• 沂水는 중국의 산둥성에 있는 강의 이름이다.

기본 2급 沂河(기하)
발전 2급 沂山(기산) 特 沂鄂(기악)
사자성어 2급 浴沂之樂(욕기지락)

	부수	획수	총획
淇	水	8	11

물이름 기【2049】

字源 〈형성〉 '물 이름' 또한 이 '기수(淇水)'라는 강과 함께 이름을 붙이기 전 단계가 아닌가 본다. 어떤 강이나 하천의 연유하는 것은 인근의 물이나 지점을 인용했을 것이다. 물(氵)이 많이 흐르는 중국 하남성 지방인 그(其) 곳에서 발원하여 황허강의 지류가 되어 흐른다는 [물 이름(淇)]을 뜻하고 [기]로 읽는다.

필순

기초 【기초한자어】 익히고, 【기본 → 발전한자어】 다지기
淇水(기수) 황하(黃河)의 지류
淇園長(기원장) '대나무'를 달리 이르는 말
劉秉淇(유병기) 독립운동가
• 대나무를 흔히 淇園長이라고도 부른다.

기본 2급 淇河(기하)
발전 2급 淇園(기원)

	부수	획수	총획
琦	玉	8	12

옥이름 기【2050】

字源 〈형성〉 '옥 이름'도 강 이름처럼 같은 맥락에서 생각할 수 있으리라. 특별히 붙일 수 없는 옥 보물을 뜻할 때 '옥 이름'이라고 붙였음도 의미적 내용으로 유추할 수 있다. 구슬(王) 중에서도 특이하고 기이함(奇)을 나타내는 커다란 구슬의 역할을 한다고 했을 것이니 널리 [옥 이름(琦)]을 뜻하고 [기]로 읽는다.

필순 二 = F 王 王 玗 玗 琦 琦 琦 琦

기초 【기초한자어】 익히고, 【기본→발전한자어】 다지기
琦珍(기진) 진귀한 것
琦行(기행) 기이한 행동
柳琦諄(유기정) 경제인
• 그는 琦珍한 보석을 소장하고 있다.
• 그는 가끔 琦行으로 사람들을 웃게 만든다.

기본 2급 琦辭(기사) 壞琦(괴기)

발전 2급 琦賂(기뢰) 특 琦瑋(기위)

사자성어 1 琦賂寶貨(기뢰보화)

	부수	획수	총획
琪	玉	8	12

아름다운 옥 기【2051】

字源 〈형성〉 1882년 보타산에서 수행하던 혜근(慧根)이 '티베트'를 거쳐 인도에 갔다고 한다. 마침 다시 돌아오는 길에 '미얀마'에 들렀다가 아름다운 옥을 발견했다고 유래한다. 수많은 옥(王) 중에서 그(其) 나름으로 제각기 독특함을 지녔다고 했으니 사람들이 좋아하는 [아름다운 옥(琪)]을 뜻하고 [기]로 읽는다.
동 유의자, 대 상대자, 비 유사자, 약 약자

필순 一 二 F 王 王 玗 玶 玶 玶 玶 琪 琪

기초 【기초한자어】 익히고, 【기본→발전한자어】 다지기
琪樹(기수) 옥같이 아름다운 나무. 눈이 많이 쌓인 나무의 모양
琪花(기화) 아름답고 고운 꽃
• 눈에 덮인 琪樹들이 너무나 아름답다.
• 琪花는 선경에서만 피는 아름다운 꽃이다.

사자성어 특 琪花瑤草(기화요초)

	부수	획수	총획
璣	玉	12	16

별이름 기【2052】

字源 〈형성〉 별 이름을 붙이는 순서가 있다. 별은 밝기에 따라서 여러 등급으로 나눈다고 한다. 1등급과 같이 밝은 별이나 또 다른 특징이 있는 별들은 특별한 이름을 붙였을 것으로 짐작한다. 몇(幾) 개의 둥근 구슬(玉)로 북두칠성만을 연구하는 기계로 쓰였던 [선기(璣)] 혹은 [별 이름(璣)]을 뜻하고 [기]로 읽는다.

필순 二 F 王 玶 玶 玤玤 玤璣 璣 璣

기초 【기초한자어】 익히고, 【기본→발전한자어】 다지기
珠璣(주기) 온갖 구슬을 다 이르는 말
• 둥글고 네모난 구슬을 한자어로 珠璣라 한다.

발전 2급 璣衡(기형) 天璣(천기)

사자성어 2급 璇璣玉衡(선기옥형)

	부수	획수	총획
箕	竹	8	14

키 기【2053】

字源 〈회의〉 '키'는 삼태기와 같은 용어로 사용했다. 요즈음의 쓰레받기와 같은 기구라고 보면 좋겠다. 키는 곡식을 까부는 모든 기구이며, 쓰레기를 주워담는 농구였다고 알려진다. 곧고 굳은 대나무(竹)를 조금더 촘촘하게 엮어서 (其) 만든 쓰레받기와 같은 [삼태기(箕)] 그릇으로 [키(箕)]를 뜻하고 [기]로 읽는다.

필순 ノ ト ナ 竹 竹竹 竺 笙 箕 箕 箕 箕

기초 【기초한자어】 익히고, 【기본→발전한자어】 다지기
箕踞(기거) 두 다리를 쭉 뻗고 편한 자세로 앉은 모양
箕子(기자) 고조선 시대 기자조선의 시조
箕察(기찰) '평안도의 관찰사'를 달리 이르는 말
• 동생은 어른 앞에서 箕踞한 모양으로 있다가 어른들게 꾸중을 들었다.
• 箕子는 은나라 주왕의 숙부라고 한다.

기본 2급 箕星(기성) 箕張(기장)

발전 2급 箕伯(기백) 箕服(기복) 箕城(기성) 箕察(기찰) 箕風(기풍) 箕會(기회) 1 箕斂(기렴) 특 箕穎(기영) 특 箕裘(기구) 箕叟(기수) 축 箕帚(기추) 箕帚妾(기추첩)

사자성어 2급 箕山之志(기산지지) 箕風畢雨(기풍필우) 특 箕裘之業(기구지업)

	부수	획수	총획
耆	老	4	10

늙을 기【2054】

字源 〈형성〉 '늙다'는 '나이가 연만하게 든 늙은이'를 뜻한 한자다. 시골 노인들 스스로 말하는 '늙은 사람 혹은 늙은이'라는 용어이겠다. 유의어는 '구로(耈老), 노인(老人)' 등이 있다. 맛있는 음식(旨)은 늙은(老) 뒤에야 먹을 수 있을 것이라 생각하고 있었으면서 나이가 꽤 들었으니 [늙다(耆)]는 뜻이고 [기]로 읽는다.
동 老(늙을 로)

필순 一 + 土 耂 耂 老 耂 者 者 耆

기초 【기초한자어】 익히고, 【기본→발전한자어】 다지기
耆年(기년) 60세가 넘은 나이. 노인
耆德(기덕) 덕망이 높은 노인
耆蒙(기몽) 늙은이와 어린이
• 그는 耆年이 넘었어도 靑年처럼 활동하신다.
• 그는 耆德한 사람으로 어디를 가나 존경과 대우를 받는다.

기본 28 耆儒(기유) 耆老所(기로소)

발전 28 耆舊(기구) 耆老(기로) 耆宿(기숙) 耆艾(기애) ① 耆婆(기파) 屠耆(도기) 特 耆耄(기모) 专진 耆耇(기구)

부수	획수	총획
馬	8	18

준마 기 【2055】

字源 〈형성〉 '준마'는 나들이를 하거나 전쟁터에 나갈 때 쓴 말이다. 그래서 준마를 썩 잘 달리는 좋은 말로 여기면서 많이들 선호했다. 유의어는 '기족(驥足), 비마(飛馬)' 등이다. 연둣빛 비단(其=綦)처럼 검고 푸른 무늬가 줄지어 많이 박혀 있는 말(馬)로 고운 색깔이 검푸르렀으니 [준마(騏)]를 뜻하고 [기]로 읽는다.
图 驥(천리마 기) 騏(준마 린)

필순 「 厂 F 馬 馬 馬 馬 騏 騏 騏 騏

기초 【기초한자어】 익히고, 【기본→발전한자어】 다지기
騏驥(기기) 하루에 천 리를 달린다는 명마
騏麟(기린) 하루에 천 리를 달린다는 상상의 말
騏峰集(기봉집) 조선 효종 때의 시문집
• 騏驥는 천리를 능히 달린다는 준마이다.
• 그는 훌륭하게 살다가 騏麟을 타고 하늘나라로 갔다.

발전 ① 騏廏(기구) 特 騏騋(기주) 专진 騏璘(기린)

사자성어 28 騏驥一毛(기기일모)

부수	획수	총획
馬	17	27

천리마 기 【2056】

字源 〈형성〉 하루에 천리를 달린다는 좋은 말은 없었다. 그렇지만 '천리마'는 하루에 천 리를 달릴 수 있는 빠르고 좋은 말이란 뜻이겠다. 많은 이들이 천리마 갖기를 희망했을 것이다. 북방(北)의 사나운 이민족(異)의 땅에서 자라나서 뛰어난 말(馬)로 여겼던 준마(駿馬)로 [천리마(驥)]를 뜻하고 [기]로 읽는다.
图 騏(준마 기)

필순 「 F 馬 馬 馬 馿 駥 駥 驥 驥

기초 【기초한자어】 익히고, 【기본→발전한자어】 다지기
驥足(기족) 재주가 뛰어난 사람을 가리키는 말
老驥(노기) 늙은 준마
• 老驥는 늙어도 천 리를 달릴 뜻은 변치 않는다.
• 그 동네는 驥足이 많다고 한다.

기본 28 騏驥(기기) 駿驥(준기)

발전 28 驥騄(기마) 驥子(기자) 白驥(백기) ① 駑驥(노기) 专진 驥騄(기마) 驥騖(기오)

사자성어 28 驥服鹽車(기복염거) 人中騏驥(인중기기)

부수	획수	총획
鹿	8	19

기린 기 【2057】

字源 〈형성〉 '기린'은 목과 다리가 아주 특별히 긴 동물이다. 기린의 키는 큰 것이 특징이고 이마 양쪽에 짧은 뿔이 나 있다. 몸빛은 황백색에 갈색의 얼룩점이 있어 쉽게 구분할 수 있다. 연둣빛 비단(其=綦)처럼 검고도 푸른 무늬가 줄지어 박혀 있는 사슴(鹿)같이 생긴 짐승으로 [기린(麒)]을 뜻하고 [기]로 읽는다.
图 麟(기린 린)

필순 广 户 户 庐 庐 鹿 鹿 麒 麒 麒 麒

기초 【기초한자어】 익히고, 【기본→발전한자어】 다지기
麒麟(기린) 기린과의 포유류. 성인이 이 세상에 나올 징조로 나타난다고 하는 상상의 동물
麒麟兒(기린아) 지혜와 재주가 썩 뛰어난 사람
• 麒麟은 포유동물 중 가장 키가 크다.
• 그는 麒麟兒로 태어나 벼슬이 정승에 이르렀다.

발전 28 麒閣(기각) 麒麟角(기린각)

사자성어 28 吾家麒麟(오가기린)

부수	획수	총획
水	9	12

여울 단 【2058】

字源 〈형성〉 '여울'은 강과 바다의 바닥이 얕고 폭이 좁아서 물살이 세차게 흐르는 곳이다. 여울은 강, 내, 바다에 있다고 인식된다. 물결이 세찬 여울은 '된여울', 물결이 급한 여울물은 '살여울'이라 한다. 작은 개울물(氵)에서부터 그 시초(耑)가 되어 물이 비교적 빨리 흘렀으니 [여울(湍)]을 뜻하고 [기]로 읽는다.
图 灘(여울 탄) 回 耑(끝 단) 瑞(상서 서)

필순 ` ` 氵 氵 汁 沣 沣 汫 沽 湍 湍

2급名

기초 【기초한자어】 익히고, 【기본→발전한자어】 다지기
湍流(단류) 급하고 세차게 흐르는 물
急湍(급단) 물결이 빠르게 흐르는 여울. 물살이 센 여울
長湍(장단) 경기도에 있는 지명
• 산 계곡에서 소나기를 만나면 湍流를 조심해야 한다.
• 急湍은 소용돌이치며 급하게 흐르는 물을 말한다.

기본 2級 湍水(단수) 湍深(단심) 湍中(단중) 峻湍(준단) 長湍郡(장단군)

발전 2級 湍激(단격) 湍決(단결) 湍怒(단노) 湍湍(단단) 飛湍(비단) 1級 湍洑(단복) 湍㬚(단한) 馳湍(치단) 特 湍瀧(단랑) 湍瀨(단뢰)

塘

부수	획수	총획
土	10	13

못 당【2059】

字源 〈형성〉 '못'은 주로 '연못'으로 통하는 용어이다. 땅을 좀더 깊게 파거나 급히 흐르는 물을 막아서 물을 가두어 놓은 곳이다. 유의어는 '연당(蓮塘), 연지(蓮池)' 등이 있다. 둑을 흙(土)으로 넓고 크게(唐) 쌓아서 사방으로 빙 둘러 꽉 싸이도록 만들어 놓은 작은 방죽인 연못으로 [못(塘)]을 뜻하고 [당]으로 읽는다.
回 池(못 지) 澤(못 택) 潭(못 담) 淵(못 연)

필순 一十土土圹圹圹圹圹塘

기초 【기초한자어】 익히고, 【기본→발전한자어】 다지기
芳塘(방당) 꽃 피는 둑, 특히 연못의 둑
盆塘(분당) 작은 연못
堤塘(제당) 제방, 둑
• 정원 안 盆塘에 연꽃이 곱게 피어 있다.
• 하천 양안에 堤塘을 쌓아 홍수의 피해를 예방한다.

기본 2級 塘池(당지) 蓮塘(연당) 池塘(지당) 春塘(춘당) 坡塘(파당)

발전 2級 塘馬(당마) 塘報(당보) 高塘(고당) 林塘(임당) 1級 菱塘(능당)

悳

부수	획수	총획
心	8	12

큰 덕【2060】

字源 〈형성〉 이 한자의 '크다'는 '덕, 덕스러움, 어진 행위' 등의 깊은 의미를 담아서 함께 쓰이고 있는 용어이다. 또한 '덕, 행위, 어진 이, 능력이 있는 사람'을 지칭하기도 한다. 사람 마음(心) 씀씀이가 곧고(直) 바르게 행동하라고 가르쳤으니 가슴 속에 꼭 지녀야 할 덕스러움에서 [크다(悳)]는 뜻이고 [덕]으로 읽는다.

回 德(큰 덕)

필순 一十广市南直直悳悳悳

기초 【기초한자어】 익히고, 【기본→발전한자어】 다지기
悳大(덕대) 광산주와 계약을 맺고 채광하는 사람 덕대(德大)
權秉悳(권병덕) 독립운동가. 민족 대표 33인
• 悳大가 이번에 계약한 광산은 채광량이 많아 이득을 많이 볼 것이라고 했다.

기본 2級 大悳(대덕)

燾

부수	획수	총획
火	14	18

비칠 도【2061】

字源 〈형성〉 '비치다'는 빛이 다다라서 가깝고 환하게 되다는 뜻이다. 빛은 우리 생활에 가장 유효하게 사용되는 중요한 수단이다. 유의어로는 '내리쬐다. 빛나다. 내다보이다. 드러나다' 등이 있다. 밝은 불빛(灬)이 끊이지 않고 쭉 이어져서(壽) 여러 곳을 밝혀서 덮고 있으니 [비추다(燾)]는 뜻이고 [도]로 읽는다.
回 映(비칠 영) 回 臺(대 대) 壽(목숨 수) 回 煮

필순 一十土吉吉责責壽壽燾

기초 【기초한자어】 익히고, 【기본→발전한자어】 다지기
燾育(도육) 잘 보호하여 기름
宋相燾(송상도) 학자, 애국지사
• 갓 자란 인삼은 직사광선을 피하기 위해 차광 비닐로 燾育한다.

발전 2級 燾載(도재) 特 燾冐(도오)

惇

부수	획수	총획
心	8	11

도타울 돈【2062】

字源 〈형성〉 '도탑다'는 자동사와 함께 서로 어울리는 경향이 있다. 서로의 관계에 사랑이나 인정이 많고 깊다는 뜻도 포함한다. 유의어는 '돈후하다. 돈독하다. 깊다'는 의미를 품에 안고 있다. 마음(心)에서 우러나와 조상을 받들고 흠향하며 제사지내는(享) 그 마음씀이 매우 [도탑다(惇)]는 뜻이고 [돈]으로 읽는다.
回 敦(도타울 돈) 篤(도타울 독)

필순 丶十忄忄忄忄忄忄惇惇惇

기초 【기초한자어】 익히고, 【기본→발전한자어】 다지기
惇德(돈덕) 도타운 덕행

2급名

惇睦(돈목) 정이 두텁고 화목함
惇厚(돈후) 인정(人情)이 두터움. 친절(親切)하고 정중(鄭重)함
• 어진 선비가 되려면 惇德을 많이 쌓아야 한다.
• 그는 惇厚한 인품으로 사람들의 존경을 받는다.

기본 2급 惇謹(돈근) 惇淳(돈순) 惇信(돈신) 惇惠(돈혜)

발전 2급 惇大(돈대) 惇篤(돈독) 惇惇(돈돈) 惇穆(돈목) 惇敍(돈서) 惇愼(돈신) 惇閱(돈열) 惇儒(돈유) 1 惇誨(돈회)

燉

부수	획수	총획
火	12	16

불빛 돈 【2063】

字源 〈형성〉 '불빛'은 전등이나 등불에서 비치는 밝은 빛을 뜻한다. 인간은 불을 발견하면서 급격한 문화와 문명의 발전을 이룩했다. 선현들은 불을 우리 생활에 유용하게 활용했다. 활활 타오르는 불(火)이 이글이글 밝고 두텁게(敦) 타고 밝고 밝아서 멀리까지 넓게 퍼졌으니 [불빛(燉)]을 뜻하고 [돈]으로 읽는다.
비 敦(도타울 돈)

필순 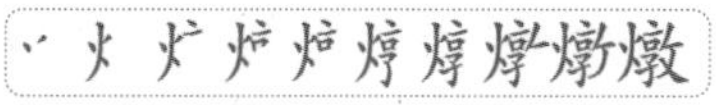

기초 【기초한자어】 익히고, 【기본→발전한자어】 다지기
燉燉(돈돈) 불이 성한 모양
朱有燉(주유돈) 중국 명나라의 희곡 작가
• 큰 화재가 나서 燉燉한 불빛이 밤하늘을 붉게 물들인다.

기본 2급 亨燉(형돈)

발전 1 燉煌(돈황)

頓

부수	획수	총획
頁	4	13

조아릴 돈 : 【2064】

字源 〈형성〉 '조아리다'는 졸음이 와서 머리를 숙이는 행위다. 또한 상대방에게 죄송한 마음을 극진하게 나타내거나 애원하며 이마가 바닥에 닿게 숙이는 행위까지 포함된다 하겠다. 졸음이 와서 머리(頁)를 땅이나 책상에 갑자기 꾹꾹 찍어 대면서(屯) 한참을 졸고 있었으니 [조아리다(頓)]는 뜻이고 [돈]으로 읽는다.

필순 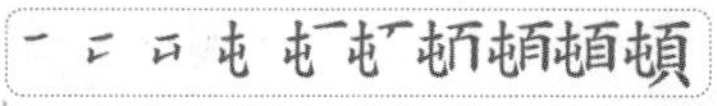

기초 【기초한자어】 익히고, 【기본→발전한자어】 다지기
頓死(돈사) 갑자기 죽음
査頓(사돈) 혼인한 두 집안의 부모들 사이
異次頓(이차돈) 신라의 승려, 한국의 불교사상 최초의 순교자
• 그는 아침 출근길에 교통사고를 당해 頓死를 했다.
• 자녀가 혼인을 하면 두 집 부모는 서로를 査頓이라 칭한다.

기본 2급 頓舍(돈사) 頓然(돈연) 停頓(정돈) 整頓(정돈)

발전 2급 頓脚(돈각) 頓綱(돈강) 頓敎(돈교) 頓丘(돈구) 頓窮(돈궁) 頓棄(돈기) 頓頓(돈돈) 頓頭(돈두) 頓病(돈병) 頓服(돈복) 頓所(돈소) 頓首(돈수) 頓悟(돈오) 頓足(돈족) 頓著(돈착) 頓弊(돈폐) 頓筆(돈필) 1 頓憊(돈비) 頓頑(돈완) 頓挫(돈좌) 頑頓(완돈) 顚頓(전돈) 挫頓(좌돈) 乏頓(핍돈) 特 頓顙(돈상) 출제 頓仆(돈부) 頓躓(돈지)

사자성어 2급 頓首百拜(돈수백배) 頓悟漸修(돈오점수)

乭

부수	획수	총획
乙	5	6

이름 돌 【2065】

字源 〈한국〉 이 한자는 '사람 이름'에 쓰인 우리나라에서 만든 글자다. '돌쇠, 차돌이, 먹돌이' 등에서 고루 뿌리를 내리고 있다. 우리 생활에 밀접해 만든 한자로 상당히 쓰인 예다. 새(乙)들은 큰 돌(石)과 작은 돌을 가리지 않고 잘 앉아서 먹이를 찾아 주위를 잘도 살폈다 했으니 [이름(乭)]을 뜻하고 [돌]로 읽는다.

필순 

기초 【기초한자어】 익히고, 【기본→발전한자어】 다지기
福乭(복돌) 어린아이에게 복 많이 받고 튼튼하게 자라라는 뜻에서 부르는 아명
甲乭(갑돌) 사람 이름
申乭石(신돌석) 한말의 평민출신 의병장
• 甲乭이와 甲順(갑순)이는 옛날식 우리 이름으로 유행가에 많이 나온다.
• 福乭이가 커서 집안에 복이 많이 들어와 행복한 가정을 이루었다.

기본 2급 乭石(돌석)

발전 特II 乭釗(돌쇠)

董

부수	획수	총획
艸	9	13

바를 동 : 【2066】

字源 〈형성〉 '바르다'는 비뚤어지거나 굽지 않고 곧거나 반듯하다. 규범이나 도리에 꼭 맞다. 흐트러짐이 없고 규범에도 들어맞는다는 뜻을 지닌다고 하겠다. 종이를 바른다는 의미도 함께 담는다. 덤불로 수북하게 덮인 풀(艹)을 여러 겹(重)으로 쌓을 때 부위의 잘못을 바로잡으니 [바르다(董)]는 뜻이고 [동]으로 읽는다.

2급名

⑤正(바를 정)

필순 ⺿ ⺿ ⺿ 苔 苦 苦 昔 董 董

기초 【기초한자어】 익히고, 【기본→발전한자어】 다지기
董督(동독) 감시하며 독촉하고 격려함
董率(동솔) 감독하여 거느림
董卓(동탁) 중국 후한 말기의 무장
• 군대의 지휘관이 군기를 董督하며 사기를 북돋운다.
• 군대에서 지휘관은 부하를 董率하는 능력이 뛰어
  나야 한다.
기본 2급 董役(동역) 董正(동정) 董仲舒(동중서) 骨董品(골동품)
발전 2급 董造(동조) 1급 董勅(동칙) 汩董(골동)
사자성어 1급 董狐之筆(동호지필)

있다. 높은 지대로 올라(登)가는 평지 땅(阝←邑)에 나라
의 도읍으로 정했었던 [등나라(鄧)] 또는 [나라이름(鄧)]을
뜻하고 [등]으로 읽는다.

필순 ⺊ ⺈ 癶 癶 癶 登 登 登 登 鄧

기초 【기초한자어】 익히고, 【기본→발전한자어】 다지기
鄧牧(등목) 중국의 문인
鄧小平(등소평) 1900년대 말의 정치가, 중국을 현대
화로 개혁한 실권자
• 鄧小平은 중국의 정치가로 당 총서기를 역임했다.
기본 2급 鄧林(등림) 鄧析子(등석자)
발전 2급 鄧艾(등애) 鄧芝(등지) 鄧通(등통) 特 鄧攸(등유)

부수	획수	총획
木	3	7

막을 두 【2067】

字源 〈형성〉 '막다'는 공기가 통하지 못하게 차단하다. 접근하
지 못하게 한다는 뜻이다. 또한 추위와 더위 방지로 막다
는 뜻도 있다. 유의어는 '봉(封)하다, 전색(塡塞)하다, 폐색
(閉塞)하다' 등이다. 튼튼한 나무(木)와 진흙(土)으로 집을
지어 추위와 더위를 막고 비바람도 피했으니 [막는다(杜)]
는 뜻이고 [두]로 읽는다.
⑤防(막을 방) 拒(막을 거) 抵(막을 저)

필순 一 十 才 木 木 朴 杜

기초 【기초한자어】 익히고, 【기본→발전한자어】 다지기
杜甫(두보) 중국 당나라 때의 시인
杜絶(두절) 막히고 끊어짐
• 杜甫는 당나라 때 대시인으로 詩聖(시성)이라 부
  른다.
• 친구가 이민을 간 뒤로는 소식이 杜絶되었다.
기본 2급 杜隔(두격)
발전 2급 杜康(두강) 杜塞(두색) 杜朏(두폐) 杜斃(두폐) 1급 杜鵑
(두견) 杜魄(두백) 杜撰(두찬) 杜黜(두출)
사자성어 2급 杜門不出(두문불출) 通信杜絶(통신두절) 1급 杜漸
防萌(두점방맹)

부수	획수	총획
艹	8	12

명아주 래 【2069】

字源 〈형성〉 '명아주'는 사람들이 명아주 지팡이를 사용하면 장
수한다는 점을 믿고 있었다. 명아주는 개비름나물로 알려
지며 이 음식을 먹으면 또한 장수한다는 속설이 전한다.
남쪽 지방에서부터 유래되어 왔다고 전하니 마치 보리
(來)처럼 생긴 풀잎(艹)이지만 보리가 아닌 [명아주(萊)]
를 뜻하고 [래]로 읽는다.

필순 一 ⺿ ⺿ ⺿ 艹 艹 芢 芢 荙 荙 萊 萊

기초 【기초한자어】 익히고, 【기본→발전한자어】 다지기
老萊子(노래자) 중국 춘추 시대의 초나라의 현인
東萊區(동래구) 부산의 한 구
蓬萊山(봉래산) 중국 전설에서 나타나는 영산인 삼
신산 가운데 하나
• 주나라 때 老萊子는 늙은 어버이를 즐겁게 하기
  위해 5색의 옷을 입고 춤을 추었다고 한다.
• 蓬萊山은 신선이 살았다는 영산이다.
기본 2급 萊婦(내부) 萊夷(내이) 東萊(동래)
발전 2급 萊伯(내백) 萊衣(내의) 萊田(내전) 萊蒸(내증) 萊彩
(내채) 萊妻(내처) 草萊(초래) 1급 萊蕪(내무) 特 萊屛
(내잔) 萊絳(내채) 出典 萊菔(내복)
사자성어 2급 蓬萊弱水(봉래약수) 特 老萊之戲(노래지희)

부수	획수	총획
邑	12	15

나라이름 등 :
【2068】

字源 〈형성〉 나라 이름이나 사람 이름으로 쓰인 한자다. 춘추
전국시대에 등(鄧)나라가 있었다. 한글로 같은 등(騰)나라
의 묵자(墨子)란 사람이 있었음까지 은근하게 떠올리고

부수	획수	총획
亠	7	9

밝을 량 【2070】

字源 〈형성〉 '밝다'는 시야에 손색없이 잘 보여서 환하다는 뜻
이다. 밝은 빛의 덕분만은 아니었다. 유의어는 '훤하다, 트
다, 맑다, 통달하다, 능통하다' 등이다. '바르다'는 방언으

로도 두루 쓰인다. 지대가 꽤 높은 곳(高)에 있는 사람(儿)은 사방이 잘 보여 한 눈으로 살필 수 있으니 [밝다(亮)]는 뜻이고 [량]으로 읽는다.

園 明(밝을 명) 朗(밝을 랑) 昞(밝을 병) 晳(밝을 석) 晟(밝을 성) 凹 暗(어두울 암)

필순 `丶 亠 亠 亨 亨 亨 亨 亮 亮`

기초 【기초한자어】 익히고, 【기본→발전한자어】 다지기
亮直(양직) 마음이 밝고 곧음
亮察(양찰) 다른 사람의 사정 따위를 밝게 살핌
諸葛亮(제갈량) 중국 삼국시대 촉한의 정치가, 전략가
• 그는 亮直한 사람으로 상사의 신임을 얻었다.
• 이번 일은 亮察해서 선처해 주시기 바랍니다.

기본 2급 亮達(양달) 亮許(양허) 淸亮(청량)

발전 2급 亮朗(양랑) 亮明(양명) 亮拔(양발) 亮月(양월) 亮陰(양음) 亮節(양절) 亮濟(양제) 亮采(양채) 翼亮(익량) 貞亮(정량) 1 寥亮(요량) 特 瀏亮(유량)

부수	획수	총획
木	11	15

들보 량 【2071】

字源 〈형성〉 '들보'는 집의 칸과 칸 사이 두 기둥을 건너지르는 나무를 뜻한다. '도리'와는 'ㄴ'자, '마룻대'와는 'ㅏ'자 모양으로 서로 걸터앉은 모양이다. 유의어는 '봇장, 양목(梁木)' 등이다. 집을 지을 때 기둥과 기둥 사이에다가 마치 다리(梁)처럼 잘 걸쳐놓은 가래장의 나무(木)로 [들보(樑)]를 뜻하고 [량]으로 읽는다.

園 梁(들보 량)

필순 `十 木 木 木¹ 术 栶 杣 栶 樑 樑 樑`

기초 【기초한자어】 익히고, 【기본→발전한자어】 다지기
棟樑(동량) 기둥과 들보를 아울러 이르는 말
朴汝樑(박여량) 조선 중기의 문신
• 그는 영특해서 장차 나라의 棟樑이 될 재목이다.

기본 2급 柱樑(주량)

발전 2급 上樑(상량) 續樑(속량) 衝樑(충량) 退樑(퇴량)

사자성어 2급 棟樑之器(동량지기) 棟樑之材(동량지재) 泰山樑木(태산양목)

부수	획수	총획
口	4	7

성 려 :
법칙 려 : 【2072】

字源 〈상형〉 이 한자는 '등골의 뼈, 나라 이름, 땅 이름'으로도 쓰이는 글자다. 여씨는 성산여씨와 함양여씨가 있는데,

우리나라의 독립투사를 상당히 많이 배출된 성씨라는 통계가 있다. 사람의 입(口)과 입(口)에서 뻗쳐(丿) 나오는 음률에서 보이는 [성씨(呂)]가 있음을 알게 될지니 [법칙(呂)]으로도 쓰이고 [려]로 읽는다.

凹 宮(집 궁)

필순 `丶 口 口 口 口 呂 呂`

기초 【기초한자어】 익히고, 【기본→발전한자어】 다지기
呂尙(여상) 태공망
呂宋煙(여송연) 필리핀 로손(Luzon)섬 생산 엽궐련
呂運亨(여운형) 해방 후 정치지도자
• 呂尙은 주나라 문왕의 스승이다.
• 呂宋煙은 향기가 좋고 독한 엽궐련이다.

기본 2급 六呂(육려) 律呂(율려)

발전 2급 呂傅(여부) 呂律(여율) 呂公枕(여공침) 特 呂鉅(여거)

사자성어 2급 呂氏春秋(여씨춘추) 呂氏鄕約(여씨향약)

부수	획수	총획
广	16	19

농막집 려 【2073】

字源 〈형성〉 '농막집'은 농사짓는 데 편리하도록 논밭 근처에 간단하게 지은 집이다. 비슷한 말로는 '밭집, 촌서' 등이 있다. 농막집은 '주막, 임시 거처' 등으로 쓰이기도 했다. 지붕에 작은 띠를 짚으로 엮어 얹어놓아(广) 보잘것없게 만들어 놓은 집(盧)으로 처음은 오두막집인 [농막집(廬)]을 뜻했고 [려]로 읽는다.

園 庵(암자 암) 凹 慮(생각할 려) 蘆(갈대 로) 回 戶

필순 `丶 广 广 广 庐 庐 庐 庐 庐 庐 廬 廬`

기초 【기초한자어】 익히고, 【기본→발전한자어】 다지기
廬幕(여막) 무덤가에 지은 초가
廬山(여산) 중국 강서성에 있는 명산
結廬(결려) 여막을 지음. 집을 지음
• 廬幕은 무덤가에 있는 상제가 거처하는 초막이다.
• 廬山은 중국 강서 성에 있는 명승지로 유명한 산이다.

기본 2급 廬舍(여사) 僑廬(교려)

발전 2급 廬落(여락) 廬墓(여묘) 廬寺(여사) 廬舍(여사) 廬兒(여아) 廬帳(여장) 廬井(여정) 嚴廬(엄려) 屋廬(옥려) 草廬(초려) 1 廬庵(여암) 庵廬(암려) 蝸廬(와려) 憔廬(초려) 特 菴廬(암려) 特 廬廡(여무)

사자성어 2급 三顧草廬(삼고초려)

부수	획수	총획
石	15	20

숫돌 려 : 【2074】

2급名

字源 〈형성〉 '숫돌'은 칼이나 낫 등의 예리한 날을 세우는 데 쓰는 일종의 돌멩이다. 숫돌 위에 물을 부어 낫이나 칼을 잘 들게 갈아서 썼다. 유의어는 '여석(礪石), 지려(砥礪), 지석(砥石)' 등이다. 칼이나 낫 같은 쇠붙이를 예리하게 만들기 위해 갈기(厲)에 알맞은 재료인 돌(石)로 [숫돌(礪)]을 뜻하고 [려]로 읽는다.

필순

기초 【기초한자어】 익히고, 【기본→발전한자어】 다지기
礪山(여산) 전북에 있는 지명
礪石(여석) 숫돌
磨礪(마려) (쇠붙이나 돌 따위를) 문질러 갊
• 礪石은 칼을 가는 데 사용한다.
• 비석은 礪錫(여석)으로 磨礪하여 완성한다.

기본 2級 礪行(여행) 勉礪(면려)

발전 2級 礪戒(여성) 礪節(여절) 鑽礪(찬려) 責礪(책려) 1급 礱礪(용려) 特 礪砥(여지) 誡礪(계려) 출진 淬礪(쉬려)

사자성어 2級 泰山如礪(태산여려)

驪	부수	획수	총획
	馬	19	29

검은말 리
검은말 려【2075】

字源 〈형성〉 '검은말'은 검은 털에 흰색이 섞인 얼룩말로 제주도에서는 '검은 월라말'이라는 말 이름으로 부른다. 독특한 말로 각 지방색을 나타낸다. 유의어로는 '검은 어럭말'이다. 살이 토실토실 쩌서 윤기가 번지르르하게 흐르는 검정(麗)색의 말(馬)인 '가라말'로 알려진 [검은 말(驪)]을 뜻하고 [려]로 읽는다.

필순 ᅡ ᅣ 馬 馬 馬 驪 驪 驪 驪 驪

기초 【기초한자어】 익히고, 【기본→발전한자어】 다지기
驪駕(여가) 한 수레에 말 두 필을 나란히 메움
驪馬(여마) 당나귀
驪州(여주) 경기도에 있는 지명
• 왕비가 탄 驪駕행차가 거리를 지나고 있다.
• 驪馬는 말보다 작고 제주도에 가면 많이 볼 수 있는 말이라 한다.

기본 2級 驪龍(이룡) 驪珠(이주)

발전 2級 驪歌(여가) 驪驪(여구) 驪漢(여한) 1급 驪駒(여구) 驪龍珠(이룡주)

사자성어 2級 驪龍之珠(여룡지주) 驪色之馬(여색지마) 探驪得珠(탐려득주) 特 驪鳴犬吠(여명견폐)

2급名

漣	부수	획수	총획
	水	11	14

잔물결 련【2076】

字源 〈형성〉 '잔물결'은 잘게 이는 물결로 잔잔한 동요와 자잘하게 이룬 움직임으로 서로 어울린다. 유의어는 '세련(細漣), 세파(細波), 소파(小波), 연파(漣波)' 등이 함께 쓰인다. 살랑살랑 부는 실바람에 물결(氵)이 끊어지지 않고 쭉 이어져(連) 파도가 되어 바닷가에 밀려오니 [잔물결(漣)]을 뜻하고 [련]으로 읽는다.
동 波(물결 파)

필순 氵 氵 氵 沪 沪 浔 漣 漣 漣 漣 漣

기초 【기초한자어】 익히고, 【기본→발전한자어】 다지기
細漣(세련) 잔잔한 파도
漣川(연천) 경기도의 군 이름
淸漣(청련) 맑고 잔잔함
• 잔잔한 바닷가에 細漣이 넘실거린다.
• 강물이 淸漣하여 거울같이 훤히 들여다보인다.

기본 2級 漣落(연락) 微漣(미련)

발전 2級 漣漣(연련) 漣如(연여) 漣然(연연) 漣州(연주) 漣波(연파) 特 漣漪(연의)

濂	부수	획수	총획
	水	13	16

물이름 렴【2077】

字源 〈형성〉 우리나라에 전해온 '물 이름'은 많다. 이는 예로부터 물에 대한 관심이 높았으며, 물을 소중하게 여겼기 때문이다. 왕실 병원격인 내의원인 허준의 동의보감에 나온 물 이름도 많다. 심술궂게 술이나 음식에 염치(廉)도 없이 많은 물(氵)을 탔으니 [값이 싸다(濂)] 혹은 [물 이름(濂)]으로 쓰이고 [렴]으로 읽는다.
回 廉(청렴할 렴)

필순 氵 氵 氵 沪 沪 沪 沪 沪 濂 濂

기초 【기초한자어】 익히고, 【기본→발전한자어】 다지기
濂溪(염계) 북송의 학자 주돈이의 호
宋濂(송염) 중국 문인 · 정치가
• 불교와 도교의 이치를 응용한 유교 철학을 창시한 '濂溪'는 주돈이의 아호이다.

기본 2級 周濂溪(주렴계)

발전 2級 濂濂(염렴)

사자성어 2級 濂溪學派(염계학파)

玲	부수	획수	총획
	玉	5	9

옥소리 령【2078】

字源 〈형성〉 '옥소리'는 글자 그대로 옥에서 나온 아름다운 소

리이다. 그 소리는 너무 맑고 밝아 '영롱하다. 곱다'는 의미로도 두루 쓰인다. 사람의 이름으로도 자주 쓰이는 글자이다. 옥구슬(玉)이 멀리 울려서 퍼져 나가는 소리(令)가 곱게 들리듯 목소리가 [곱다(玲)] 또는 [옥소리(玲)]로 쓰이고 [령]으로 읽는다.
圖瓏(옥소리 롱)

필순

기초 【기초한자어】 익히고, 【기본→발전한자어】 다지기
玲琅(영랑) 옥이나 쇠붙이가 '쟁그렁'거리며 울리는 영롱한 소리
玲玲(영령) 옥이 울리는 소리
玲瓏(영롱) 광채가 찬란함. 소리가 맑고 산뜻함
•玲玲한 아침 햇빛이 창 밖에서 스며든다.
•玲瓏한 아침 이슬이 햇빛에 반짝거린다.

발전 2급 玲糖(영당) 1급 瓏玲(농령) 特訓 玲玎(영정)
사자성어 1급 五色玲瓏(오색영롱)

醴	부수	획수	총획
	酉	13	20

단술 례 : 【2079】

字源 〈형성〉 '단술'은 감주(甘酒)라고 하며 쌀로 밥을 되직하게 지어 누룩을 부어 삭힌 음식이자 주류의 일종이다. 독특한 전통 한국술로 분류하지만 발효가 완전하지 않아 알코올 성분은 낮다. 풍년(豊)이 들어야 술(酉)을 빚어서 주민 누구나 푸짐하게 먹을 수 있도록 했으니 [단술(醴)]을 뜻하고 [례]로 읽는다.

필순

기초 【기초한자어】 익히고, 【기본→발전한자어】 다지기
醴酒(예주) 감주
醴泉(예천) 경상북도 예천군에 있는 읍
甘醴(감례) 단술
•醴酒는 술맛이 달아서 마시기에 좋다.
•醴泉에서는 단맛이 나는 물이 솟는다.

발전 1급 醴酪(예락) 醴漿(예장) 牲醴(생례) 醇醴(순례)
사자성어 2급 醴酒不設(예주불설)

盧	부수	획수	총획
	皿	11	16

성 로 【2080】

字源 〈형성〉 이 한자는 상당한 속 깊은 의미를 담는다. 신창노씨, 풍원노씨 등이 있어 우람한 느낌까지 받는다. 노씨에 대한 외경심이 더한 것은 어휘가 주는 중후함이 아닌가싶다. 밭(田)곡식을 그릇(皿)에 가득 담아서 두면 범(虍)의

가죽처럼 변한다고 했으니 [검다(盧)] 또는 [성씨(盧)]로 쓰이고 [로]로 읽는다.
回慮(생각할 려) 膚(살갗 부)

필순

기초 【기초한자어】 익히고, 【기본→발전한자어】 다지기
盧生(노생) 노나라 사람. 진시황이 불로초를 구해 오도록 지시했던 사람
盧天命(노천명) '사슴의 시인'으로 애칭되는 시인
•盧生은 노나라 사람으로 진시황이 불로초를 구해 오라고 지시했던 사람이다.

기본 2급 盧昇之(노승지)
발전 2급 盧牟(노모) 盧胡(노호) 斯盧(사로) 毘盧峯(비로봉)
1급 盧橘(노귤)
사자성어 2급 盧弓盧矢(노궁노시) 盧生之夢(노생지몽)

蘆	부수	획수	총획
	艹	16	20

갈대 로 【2081】

字源 〈형성〉 '갈대'란 이름은 대나무와 유사한 풀이라는 데서 유래한 것으로 보인다. 전국 각지에서 많이 자생하며, 북반구의 온대, 난대, 아한대 지역까지 널리 분포해 있음을 알겠다. 창자루(盧)처럼 검고 크게 자라는 풀(艹)이 가을이 되면 모두 누런색으로 변한다고 했으니 [갈대(蘆)]를 뜻하고 [로]로 읽는다.
回蘆

필순

기초 【기초한자어】 익히고, 【기본→발전한자어】 다지기
蘆管(노관) 갈대의 줄기나 잎을 말아서 만든 피리
蘆岸(노안) 갈대가 무성한 물가의 언덕
蘆原區(노원구) 서울에 있는 지명
•가을바람에 蘆岸의 갈대 잎이 물결친다.
•멀리서 들려오는 노관소리에 쓸쓸해졌다.

기본 2급 蘆笛(노적) 蘆汀(노정) 蘆花(노화)
발전 2급 蘆嶺(노령) 蘆雪(노설) 蘆雁(노안) 蘆田(노전) 蘆洲(노주) 長蘆(장로) 1급 蘆笠(노립) 蘆錐(노추) 蒲蘆(포로) 特訓 蘆絮(노서) 蘆荻(노적) 葫蘆(호로) 特 葭蘆(가로) 蘆菔(노복)

사자성어 1급 政如蒲蘆(정여포로)

魯	부수	획수	총획
	魚	4	15

노나라 로
노둔할 로 【2082】

2급名

字源 〈형성〉 '노둔(魯鈍)하다'는 하는 일이나 행동거지가 매우 둔하고 상당히 어리석다는 뜻이다. 비슷한 단어로는 '우로(愚魯)하다, 우둔(愚鈍)하다' 등이 있다. 물에 고기(魚)를 곁들여서 말하자면(曰) 그 행동이 점칠 수 있을 만큼 매우 어리석다고 생각하여 [노둔하다(魯)] 또는 [노나라(魯)]를 뜻하고 [로]로 읽는다.
園 鈍(둔할 둔)

필순 ⺈⺈⺈⻆⻆⻥⻥魚魯魯魯

기초 【기초한자어】 익히고, 【기본 → 발전한자어】 다지기
魯國(노국) 공자가 태어난 나라
魯鈍(노둔) 어리석고 둔함
魯迅(노신) 중국의 문학가, 사상
• 魯國은 주나라 무왕의 아우가 세운 나라 이름으로 공자가 태어난 나라다.
• 魯鈍한 아이지만 마음씨는 순박하여 믿고 일을 맡길 만할 것이다.

기본 2급 魯論(노론) 鄒魯(추로)

발전 2급 魯朴(노박) 魯酒(노주) 魯直(노직) 愚魯(우로) 魯男子(노남자) ① 樸魯(박로) 頑魯(완로) 特 魯莽(노망) 特 魯叟(노수)

사자성어 2급 魯陽之戈(노양지과) 魯魚之謬(노어지류) 魚魯不辨(어로불변) 鄒魯之鄕(추로지향)

부수	획수	총획
鳥	12	23

해오라기 로
백로 로【2083】

字源 〈형성〉 '해오라기'는 흔히 하얀 백로라고 부른 철새다. 야행성으로 아침저녁으로 활동하나 낮에도 먹이를 찾아 엉기적엉기적 움직이는 모습이 포착된다. 어류, 양서류, 파충류 등을 먹는다. 길(路)을 걷다가도 풀숲 같은 곳에서 찾아볼 수 있는 새(鳥)로 [백로(鷺)] 또는 [해오라기(鷺)]를 뜻하고 [로]로 읽는다.

필순 ⼝⻄⻊⻊⻊⻊路路鷺鷺鷺

기초 【기초한자어】 익히고, 【기본 → 발전한자어】 다지기
鷺鷗(노구) 해오라기와 갈매기
鷺梁津(노량진) 서울 동작구에 있는 동(洞)
白鷺(백로) 왜가릿과의 새를 통칭하는 말
• 해오라기와 갈매기를 鷺鷗라 하며, 인간에게는 친숙한 새들이다.
• '까마귀 싸우는 골에 白鷺야 가지 마라'는 시조는 고려 말 정몽주의 어머니가 지었다.

기본 2급 鷺序(노서) 鷺羽(노우)

발전 2급 鷺飮(노음) 鷺質(노질) 紫鷺(자로) 蒼鷺(창로) ① 鸕鷺(원로) 特 鴉鷺(아로) 혐진 鷺鶿(노자)

사자성어 2급 鷺約鷗盟(노약구맹) 霜雪之鷺(상설지로)

부수	획수	총획
辶	12	16

멀 료【2084】

字源 〈형성〉 '멀다'는 서로 거리가 떨어져 있다는 뜻이다. 그리고 시간적으로 간격이 떨어져 있다. 서로의 사이가 친하지 않고 어색하다는 뜻도 포함된다. 유의어는 '요원(遙遠)하다' 등이 쓰인다. 벼슬아치(尞)들이 승진한 정도가 쉬엄쉬엄(辶) 이루어져 높은 버슬은 아직도 아득하니 [멀다(遼)]는 뜻이고 [료]로 읽는다.
園 遠(멀 원) 邈(멀 하) 回 近(가까울 근) 回 僚(동료 료) 療(병고칠 료)

필순 ⼀⼤⼤⼤春春寺寮遼遼

기초 【기초한자어】 익히고, 【기본 → 발전한자어】 다지기
遼隔(요격) 멀리 떨어져 있음
遼寧省(요녕성) 중국 만주 동남부에 있는 성
遼遠(요원) 까마득함
• 遼寧省은 랴오닝성이라고 읽으며 지하자원이 풍부하고 중화학 공업이 발달하였다.
• 목적지에 도착하기란 아직도 遼遠한 일이다.

기본 2급 遼東(요동) 遼寧(요령) 遼史(요사) 遼河(요하)

발전 2급 遼落(요락) 遼遼(요료) ① 遼廓(요확) 遼闊(요활) 阻遼(조료) 特 遼邈(요막) 遼逈(요형) 遼東豕(요동시)

사자성어 2급 遼東半島(요동반도)

부수	획수	총획
刀	13	15

죽일 류
묘금도 류【2085】

字源 〈형성〉 '죽이다'는 '죽다'의 사동사로 그 생명을 없애거나 끊어지게 한다는 뜻이다. 본뜻 이외에 널리 '베풀다'는 뜻까지 포함한다. 유의어는 '살해(殺害)하다, 없애다' 등이 있다. 쇠붙이(金)로 만든 말 재갈(卯)과 칼(刀)은 모두 전쟁터의 좋은 무기였으니 [죽이다(劉)] 또는 [성씨(劉)로 쓰이고 [류]로 읽는다.

필순 ⺊⺊⺌⺌⺩卯卯翌翌劉劉

기초 【기초한자어】 익히고, 【기본 → 발전한자어】 다지기
劉邦(유방) 전한의 고조
劉備(유비) 중국 삼국 시대 촉나라 제1대 황제
劉聰(유총) 한나라 3대 황제
• 劉備는 삼국지에 나오는 촉나라 황제로 유명하다.
• 중국 한나라의 초대 황제인 '고조'의 본명이 劉邦이다.

발전 2급 劉覽(유람) 劉郞(유랑) 劉項(유항) ① 虔劉(건류) 曹劉(조류)

崙 산이름 륜 【2086】

부수	획수	총획
山	8	11

字源 〈형성〉'물 이름'이란 뜻이 있더니만, '산 이름'도 있어 우리의 자연 '산수(山水)'라는 의미를 더욱 도탑게 한다. 우리나라 산 이름의 기록은 백두산이 처음임을 상기하게 된다. 나라의 산(山)을 모두 다 모아 놓은 큰 뭉치(侖)처럼 보여서 대표로 여겼던 중국의 곤륜산으로 [산 이름(崙)]을 뜻하고 [륜]으로 읽는다.

필순 ˈ 屵 屵 岼 岼 岼 峹 峹 崙 崙

기초 【기초한자어】 익히고, 【기본→발전한자어】 다지기
河崙(하륜) 고려 말기 · 조선 초기의 문신
崙菌(윤균) 험하고 높은 산
• 산이 험하고 높은 모양을 崙菌이라 한다.
발전 ① 拏破崙(나파륜) 特 崑崙(곤륜) 崑崙山(곤륜산)

楞 네모질 릉 【2087】

부수	획수	총획
木	9	13

字源 〈형성〉'네모지다'는 모양이 사각형과 같이 생긴 모양이다. 옛날 사람들은 하늘은 둥글고 땅은 네모지다고 생각했다. 선인들 생각은 천문시계, 건축물 등에 고스란히 나타난다. 사방(四)에 세워진 기둥(木)은 구석진 모서리(方)가 서로 어울려 조화를 이루며 만들어졌으니 [네모진(楞)] 모서리임을 뜻하고 [릉]으로 읽는다.
⑤ 棱(모 릉)

필순 一 十 木 杧 杧 柧 柧 梣 楞 楞

기초 【기초한자어】 익히고, 【기본→발전한자어】 다지기
楞角(능각) 물체의 뾰족한 모서리
楞嚴經(능엄경) 불경의 하나. 선종의 주요 경전
• 동생과 장난을 치다가 집안 가구의 楞角에 부딪혀 팔을 다쳤다.
• 楞嚴經은 경전 이름이다.
발전 23 楞伽經(능가경) 楞伽山(능가산)

麟 기린 린 【2088】

부수	획수	총획
鹿	12	23

字源 〈형성〉'기린'은 목과 다리가 길고, 키는 6미터쯤 된다. 이마 양쪽에는 짧은 뿔이 있는 것이 특징이다. 몸빛은 황백색에 갈색의 얼룩점이 있고, 3~4월경에 겨우 새끼 한 마리를 낳는 것도 특이하다. 사슴과(鹿)에 속하는 짐승으로 반딧불(粦=燐)만 봐도 겁을 집어먹고 놀란다는 [기린(麟)]을 뜻하고 [린]으로 읽는다.
⑤ 麒(기린 기)

필순 广 庐 庐 鹿 鹿 鹿 麒 麟 麟 麟

기초 【기초한자어】 익히고, 【기본→발전한자어】 다지기
麟角(인각) '기린의 뿔'이라는 뜻으로, 지극히 드문 사물을 비유적으로 이르는 말
麟經(인경) 공자가 지은 춘추의 딴 이름
• 麟角은 극히 드문 것을 비유하는 말이다.
• 공자가 지은 춘추(春秋)를 麟經이라 부른다.
기본 23 麟鳳(인봉) 麟筆(인필) 麒麟(기린) 鳳麟(봉린)
발전 23 麒麟(인린) 麟史(인사) 麟孫(인손) 麒麟兒(기린아)
① 麟蹄(인제)
사자성어 23 麟鳳龜龍(인봉귀룡) 鳳麟芝蘭(봉린지란) 特 麟子鳳雛(인자봉추)

靺 말갈 말 【2089】

부수	획수	총획
革	5	14

字源 〈형성〉'말갈'은 6~7세기경 한반도 북쪽에 흩어져 살던 부족들로 흔히 오랑캐라고 불렸다. 이들은 우리 선현이 세웠던 발해의 백성이 되기도 했으며 이들 후손을 여진족 또는 만주족이라 불렀다. 중국 중심부에 떨어져(末) 있는 곳에서 가죽옷(革)을 입고 살았던 종족으로 [말갈족(靺)]을 뜻하고 [말]로 읽는다.

필순 一 卄 廿 世 芇 革 革 革 靺 靺

기초 【기초한자어】 익히고, 【기본→발전한자어】 다지기
靺鞨族(말갈족) 퉁구스계의 한 갈래로 동북지방에 거주한 유목민
• 靺鞨族들이 백제와 신라를 공격했다.
기본 23 靺鞨(말갈)

貊 맥국 맥 【2090】

부수	획수	총획
豸	6	13

字源 〈형성〉'맥국'은 강원도 춘천지역에 있던 고대 소국이다. 맥(貊)은 예(濊) · 한(韓)과 더불어 우리 민족 주된 구성체였다. 『시경』과 『서경』에는 이들이 중국 주나라 동북방에 거주했다고 기록되어 있다. 옛날에 많은(百) 백성들이 발 없는 벌레(豸)를 잡아먹고 살았다는 나라로 [맥국(貊)]을 뜻하고 [맥]으로 읽는다.

2급名

【필순】

【기초】【기초한자어】 익히고, 【기본→발전한자어】 다지기
九貊(구맥) 고대 중국의 북동쪽에 있던 오랑캐 종족
蠻貊(만맥) 중국의 남쪽과 북쪽에 살던 민족
濊貊(예맥) 우리나라 북쪽 지방에 살던 부족
• 옛날 중국의 남쪽과 북쪽의 개명하지 못한 백성을 蠻貊이라 불렀다.
• 濊貊은 고구려의 전신인 고조선의 한 부족이다.
【기본】 [2급] 貊人(맥인) 貊族(맥족) 胡貊(호맥) 小水貊(소수맥)
【발전】 [2급] 貊國(맥국) 貊弓(맥궁) 貊獸(맥수)

부수	획수	총획
見	4	11

찾을 멱【2091】

【字源】〈형성〉 '찾다'는 어떤 것을 발견하기 위해서 살피다. 또는 빼앗긴 것을 도로 가져오다는 뜻이다. 우리에게 반드시 필요한 것을 구한 것이다. 유의어는 '구하다, 되찾다' 등이다. 생활 필수품을 구하기 위해서 손을 잘 움직이고, 손톱(爪)으로 땅을 후비면서 살펴보았더니(見) [찾는다(覓)]는 뜻이고 [멱]으로 읽는다.
[동] 索(찾을 색)

【필순】

【기초】【기초한자어】 익히고, 【기본→발전한자어】 다지기
覓去(멱거) 찾아감
覓來(멱래) 찾아옴. 가져옴
木覓山(목멱산) '남산'의 옛 이름
• 옛 친구를 만나기 위해 천 리 길을 覓去했다
• 옛 친구가 覓來해서 반갑게 맞이했다.
【기본】 [2급] 覓句(멱구) 覓得(멱득) 覓索(멱색)
【발전】 [2급] 覓擧(멱거) 覓子(멱자) 搜覓(수멱) 尋覓(심멱) 推覓(추멱) [1급] 覓疵(멱자)
【사자성어】 [2급] 窮心覓得(궁심멱득) [1급] 吹毛覓疵(취모멱자)

부수	획수	총획
冂	9	11

면류관 면 :【2092】

【字源】〈형성〉 '면류관'은 예전에 임금의 정복이었던 곤룡포를 입을 때에 상습적으로 머리에 썼던 관을 이르던 말이다. 영광된 상황을 맞이하거나 명예를 얻은 것을 비유하는 말이기도 했었다. 행사 때 자주 썼다가 벗었다(免)를 할 수 있도록 하는 머리에 곱게 썼던 모자(曰)로 널리 [면류관(冕)]을 뜻하고 [면]으로 읽는다.

【필순】

【기초】【기초한자어】 익히고, 【기본→발전한자어】 다지기
冕旒冠(면류관) 제왕의 정복에 갖추어 쓰던 관
冕服(면복) 면류관과 곤룡포를 아울러 이르던 말
• 옛날부터 제례 때는 임금만이 冕服을 입고 冕旒冠을 썼다.
【기본】 [2급] 弁冕(변면)
【발전】 [2급] 冕冠(면관) 冕迎(면영) 掛冕(괘면) 軒冕(헌면) [1급] 袞冕(곤면)

부수	획수	총획
水	4	7

물이름 면 :
빠질 면 :【2093】

【字源】〈형성〉 인간이 살아가는 데 가장 필수적이고 핵심적인 요소는 아마 '산수(山水)'가 아닐까. 배산임수라고 했으니 마을이 들어서려면 앞은 물이, 뒤에는 산이 있어야 된다고 했다. 물(氵)이 흐르는 바닥에 자갈이 보이지 않도록(丏) 물이 차 흘렀으니 [물 이름(沔)] 또는 물에 [빠지다(沔)]는 뜻이고 [면]으로 읽는다.

【필순】

【기초】【기초한자어】 익히고, 【기본→발전한자어】 다지기
沔水(면수) 강 이름
沔川(면천) 충남 당진에 있는 지명
• 중국 섬서성에서 발원하여 양자강으로 흘러 들어가는 강을 沔水라고 한다.
【발전】 [2급] 沔沔(면면) [1급] 沔沔(묘면) [特] 沔涎(면연)

부수	획수	총획
人	7	9

힘쓸 면 :
구푸릴 면【2094】

【字源】〈형성〉 '힘쓰다'와 허리를 '구푸리다'는 상호 연관성을 갖고 있는 어휘다. 어떤 일을 성취하려고 어렵고 고통스러움을 참아가면서 꾸준하게 노력하다는 뜻까지 내포하고 있겠다. 아랫사람(人)이 윗사람을 만나면 모자를 벗고(免) 정중하게 [힘쓰다(俛)] 또는 고개 숙여 [구푸리다(俛)]는 뜻이고 [면]으로 읽는다.
[동] 俯(구부릴 부) [반] 仰(우러를 앙)

【필순】

【기초】【기초한자어】 익히고, 【기본→발전한자어】 다지기
俛首(면수) 머리를 숙임
俛仰亭(면앙정) 전남 담양에 있는 정자 이름. 송순

의 호
• 웃어른께 잘못을 저질러 俛首하고 사죄했다.
• 조선 명종 때 송순(宋純)이 俛仰亭을 짓고 정자 이름을 자신의 호로 삼았다.

기본	2급 俛視(면시) 眉俛(미면)
발전	2급 俛仰(면앙) 俛焉(면언) 출전 俛僂(면루)
사자성어	2급 俛仰亭歌(면앙정가) 1 俛首帖耳(면수첩이)

부수	획수	총획
牛	2	6

牟
보리 모
성 모【2095】

字源 〈형성〉 '보리'는 주식으로 얻는 이삭을 뜻한다. 쌀 다음 가는 주곡으로 중히 여겼으니 맥주 등의 원료로 쓰인다. 줄기는 공예품 등에 쓴다. 유의어는 '모맥(牟麥), 대맥(大麥)' 등이다. 소(牛)는 사사롭게(厶)는 누구나 탐을 내는 짐승으로 이들의 희생만이 [크다(牟)] 또는 [보리(牟)]와 [성씨(牟)]로도 쓰이고 [모]로 읽는다.
同 食(탐낼 탐)

| 필순 | 亻 亠 ㅡ ㅌ 牟 |

기초 【기초한자어】 익히고, 【기본→발전한자어】 다지기
牟利(모리) 도덕과 의리는 생각하지 않고 오직 부정한 자기 이익만을 꾀함
牟食(모식) 음식을 걸신들린 듯이 먹음
• 자기 이익만 꾀하는 사람을 牟利輩(배)라 부른다.
• 며칠 앓아눕고 일어나더니 음식을 牟食하듯 한다.

기본	2급 牟尼(모니) 牟然(모연) 牟取(모취)
발전	2급 牟子(모자) 頓牟(돈모)
사자성어	2급 釋迦牟尼(석가모니)

부수	획수	총획
艸	5	9

茅
띠 모【2096】

字源 〈형성〉 '띠'는 여러해살이풀로 강가나 산기슭의 볕이 잘 드는 풀밭에서 무리지어 자란다. 띠로 지붕을 엮기도 하며 이삭과 뿌리 부분의 줄기는 단맛이 있어 연한 것을 많이 먹었다고 한다. 살상용 무기인 창(矛)처럼 끝이 가늘고 길며 뾰족한 풀(艹)로 잘못 만지면 손을 베는 [띠(茅)]를 뜻하고 [모]로 읽는다.
回 矛(창 모)

| 필순 |  |

기초 【기초한자어】 익히고, 【기본→발전한자어】 다지기
茅根(모근) 띠의 뿌리를 한방에서 이르는 말
茅屋(모옥) 띠나 이엉 따위로 지붕을 인 초라한 집
茅草(모초) 〈식물〉 띠
• 茅根은 한약에서 지혈제로 사용한다.
• 그는 산 속의 외딴 茅屋에서 혼자 살고 있다.

| 발전 | 2급 茅堂(모당) 茅門(모문) 茅沙(모사) 茅塞(모색) 茅柴(모시) 茅店(모점) 茅土(모토) 茅軒(모헌) 1 茅蒐(모수) 茅庵(모암) 茅廠(모창) 茅蒲(모포) 蔣茅(장모) 特 茅茹(모여) 茅茨(모자) 甬 茅牖(모유) 茅茷(모패) 출전 茅蕝(모절) 茅簷(모첨) |

부수	획수	총획
言	11	18

謨
꾀 모【2097】

字源 〈형성〉 '꾀'는 사람이 현재 닥친 문제를 해결하거나 일의 진행을 위해 생각해 내는 교묘한 방법이나 제안하는 재치이다. 유의어로는 '계책(計策), 계교(計巧), 모략(謀略)' 등이 있다. 어두운(莫) 세상을 모질게 살면서도 성인이나 어른의 교훈적인 말씀(言)이 절대적으로 필요했으니 [꾀(謨)]를 뜻하고 [모]로 읽는다.
同 謀(꾀 모)

| 필순 | 亠 亖 言 言 言 言 語 語 語 謨 謨 |

기초 【기초한자어】 익히고, 【기본→발전한자어】 다지기
謨訓(모훈) 국가의 대계. 뒤의 임금에게 계가 되는 가르침
高謨(고모) 뛰어난 계책
聖謨(성모) 임금이 통치하는 방책이나 되는 규모
• 국가의 백년대계를 謨訓이라 한다.
• 임금님의 聖謨가 대단해서 백성의 추앙을 받는다.

기본	2급 奇謨(기모) 雄謨(웅모) 遠謨(원모)
발전	2급 謨蓋(모개) 謨敎(모교) 謨慮(모려) 謨信(모신) 鬼謨(귀모) 廟謨(묘모) 政謨(정모)
사자성어	1 與狐謨皮(여호모피)

부수	획수	총획
禾	11	16

穆
화목할 목【2098】

字源 〈형성〉 '화목하다'는 서로 하려는 일에 뜻이 맞고 마음이 정답다는 뜻으로 어떤 일을 성취하는 열쇠가 된다. 유의어는 '단란(團欒)하다, 옹화(雍和)하다' 등이 있다. 누렇게 익은 벼(禾) 줄기에서 탈곡하여 떨어진 알곡식(彡)을 온 식구들이 둘러앉아서 맛있게 먹었으니 [화목하다(穆)]는 뜻이고 [목]으로 읽는다.
同 和(화할 화) 美(아름다울 미) 悅(기쁠 열) 睦(화목할 목) 靖(편안할 정)

2급名

필순 ⼆千禾禾和稑稑稑穆穆 ·

기초 【기초한자어】 익히고, 【기본→발전한자어】 다지기
穆穆曲(목목곡) 목목장에 맞추어 아뢰는 풍류의 곡조
穆宗(목종) 고려 제7대 왕
敦穆(돈목) 인정이 도탑고 화목함
• 그 집은 敦穆한 분위기로 항상 웃음꽃이 핀다.

기본 ②級 穆穆(목목) 安穆(안목) 悅穆(열목) 雍穆(옹목) 和穆(화목)

발전 ②級 穆然(목연) 怡穆(이목) 淸穆(청목) ①級 粹穆(수목) 婉穆(완목)

사자성어 ②級 穆如淸風(목여청풍) 落落穆穆(낙락목목)

	부수	획수	총획
昴	日	5	9

별이름 묘 : 【2099】

字源 〈형성〉 '천지, 자연'의 무수한 '산과 물'에 이름을 붙였듯이 하늘의 수많은 '별이름'도 다 그렇게 붙였을 것이다. 별자리의 이름은 물론 금성과 지구와 같은 별이름까지도 붙였으니 말이다. 태양계(日)에서 백호 일곱 자리 별(:白虎七宿)로 토끼(卯)의 모양을 한 네 번째 성수인 [별 이름(昴)]을 뜻하고 [묘]로 읽는다.

필순 ⼃⼕⼕⼕⽇⼕昴昴昴昴

기초 【기초한자어】 익히고, 【기본→발전한자어】 다지기
昴宿(묘수) 이십팔수의 열여덟 째 별자리의 별들. 묘성
• 昴宿는 이십팔수(宿)의 하나이다.

기본 ②級 星昴(성묘)

발전 ②級 昴星(묘성) 昴畢(묘필) 昴星旗(묘성기)

	부수	획수	총획
汶	水	4	7

물이름 문 【2100】

字源 〈형성〉 특정의 '물이름'이란 이름을 다시 붙이지 아니할 수 없음을 보인다. 하나의 물 이름이나 어느 지역에 한정했고, 규정해 얽혀 있을 수만은 없었을 것이다. 글(文)을 써놓은 종이 위에 물(氵)이 떨어지면 글씨가 여러 곳으로 번지고 얼룩져서 [더러워지다(汶)] 또는 [물 이름(汶)]을 뜻하고 [문]으로 읽는다.

필순 ⼂⼂氵氵汸汸汶

기초 【기초한자어】 익히고, 【기본→발전한자어】 다지기
汶汶(문문) 불명예

汶山(문산) 경기도 파주시 북서부에 있는 읍
汶水(문수) 제나라와 노나라 사이에 있는 강
• 다른 사람에게 뇌물을 받는 것은 汶汶한 행동이다.
• 汶水는 중국 산둥성에 있는 운하의 상류를 말한다.

발전 ②級 汶上(문상) 賓汶(빈문) 三汶(삼문)

	부수	획수	총획
彌	弓	14	17

미륵 미
오랠 미 【2101】

字源 〈형성〉 '미륵'은 석가모니불에 이어서 중생을 구제한다고 전하는 미래의 부처이다. 이 때문에 옛날부터 사회가 혼란할 때마다 미륵신앙이 퍼지기도 했다. 멀고도 정확하게 활(弓)을 쏘기 위해 줄이 늘어지면 양쪽 끝이 더욱 가깝게 (爾) 된다고 했었으니 [미륵(彌)] 또는 썩 [오래다(彌)]를 뜻하고 [미]로 읽는다.
图 久(오랠 구) 回 弥

필순 ⼁弓弓弓⼕弱彌彌彌彌彌彌

기초 【기초한자어】 익히고, 【기본→발전한자어】 다지기
彌久(미구) 그동안이 매우 오래됨
彌滿(미만) 널리 가득 찬 상태에 있음
彌阿里(미아리) 서울에 있는 지명
• 그 사건은 彌久하여 생각이 잘 나지 않는다.
• 뒤주에 쌀이 彌滿하니 마음까지 배부른 듯하다.

기본 ②級 彌望(미망) 彌縫策(미봉책)

발전 ②級 彌龍(미룡) 彌留(미류) 彌彌(미미) 彌封(미봉) 彌縫(미봉) 彌盛(미성) 彌旬(미순) 彌築(미영) 彌月(미월) 彌日(미일) 彌天(미천) ①級 彌亘(미궁) 彌綸(미륜) 彌勒(미륵) 彌牲(미생) 彌陀(미타) 養①級 彌猴(미후)

사자성어 ②級 欲蓋彌彰(욕개미창) ①級 彌陀名號(미타명호)

	부수	획수	총획
旻	日	4	8

하늘 민 【2102】

字源 〈형성〉 '하늘'은 먼바다 위나 넓은 땅 위에도 펼쳐있으며 해와 달이 둥글게 뜬다. 그리고 무수한 별들이 널려 있는 무한대의 공간을 뜻한다. 유의어는 '상천(上天), 창극(蒼極)' 등이 쓰인다. 햇살(日)이 비춰 모든 곡식이 들에서 잘 익어 아름다운 무늬(文)를 이루는 맑은 가을날 [하늘(旻)]을 뜻하고 [민]으로 읽는다.
图 天(하늘 천)

필순 ⼃⼕⼕⼕⽇⼕旻旻旻

| 기초 | 【기초한자어】 익히고, 【기본→발전한자어】 다지기 |

旻天(민천) 가을의 하늘
九旻(구민) 맑게 갠 가을 하늘
蒼旻(창민) 푸른 하늘. 창천
• 旻天에 떠 있는 보름달은 창생(蒼生)을 밝게 비추고 있다.
• 추석 九旻에 떠 있는 보름달은 어느 때보다도 더욱 밝게 빛이 난다.

| 기본 | 2급 淸旻(청민) 秋旻(추민) |

	부수	획수	총획
	日	4	8

旼 화할 민 【2103】

字源 〈형성〉 '화하다'는 '날씨나 사람의 마음. 태도 따위가 따뜻하고 부드럽다'는 뜻으로 서로 뜻이 맞아 좋은 사이나 상태가 되는 일이다. 만나면 다정한 사이가 되었으면 좋겠다. 햇살(日)이 밝아서 곡식이 아주 잘 익어 아름다운 무늬(文)를 이루어서 가족이 다 화목했으니 [화하다(旼)]는 뜻이고 [민]으로 읽는다.
回 和(화할 화) 睦(화목할 목) 穆(화목할 목)

| 필순 | 丨 冂 日 日 日` 旷 旷 旼 |

| 기초 | 【기초한자어】 익히고, 【기본→발전한자어】 다지기 |

洪吉旼(홍길민) 고려 말·조선 초의 문신
和旼(화민) 화평하고 온화함
• 우리 집은 和旼한 분위기로 항상 웃음꽃이 핀다.

| 기본 | 2급 杰旼(걸민) |
| 사자성어 | 2급 旼旼穆穆(민민목목) |

	부수	획수	총획
	玉	4	8

玟 아름다운돌 민 【2104】

字源 〈형성〉 옛날에는 마을마다 지형물에 얽힌 이야기가 있었다. 돌 장석 설화는 마귀할멈이 진주성 축조에 쓸 아름다운 돌을 찾아서 가는 길에 진주성이 완성되었다는 소식을 듣고 돌을 버린 이야기다. 여러 개의 구슬(王)과 아름다운(文) 돌로 수를 놓았으니 [옥돌(玟)] 또는 [아름다운 돌(玟)]을 뜻하고 [민]으로 읽는다.
回 玖(옥돌 구) 珉(옥돌 민)

| 필순 | 一 二 干 王 王` 珎 玜 玟 |

| 기초 | 【기초한자어】 익히고, 【기본→발전한자어】 다지기 |

安玟英(안민영) 조선 후기의 가객

• 『가곡원류』를 安玟英과 박효관이 편찬하였다.

| 기본 | 2급 鍾玟(종민) |
| 발전 | 特 鐘玟(종민) 特 玟瑰(민괴) |

	부수	획수	총획
	玉	5	9

珉 옥돌 민 【2105】

字源 〈형성〉 '옥돌'은 아름다운 옥이 들어 있는 돌을 뜻한다. 유의어는 옥과 돌이란 뜻으로, 좋은 것과 나쁜 것을 비유적으로 이른다. 유의어로는 '옥석(玉石)' 등이 있다. 일반 서민(民)들이 재화의 일환으로 금은 보화를 썩 좋아했으니 그들만은 가깝게 여기던 구슬(玉)로서 널리 [옥돌(珉)]을 뜻하고 [민]으로 읽는다.
回 玖(옥돌 구) 玟(아름다운돌 민)

| 필순 | 一 二 干 王 王 玌 玨 珒 珉 |

| 기초 | 【기초한자어】 익히고, 【기본→발전한자어】 다지기 |

徐珉濠(서민호) 정치가
貞珉(정민) 견고하고 아름다운 돌
• 貞珉은 단단한 돌로 비석 재료로 많이 쓰인다.

| 발전 | 출전 珉砌(민체) |

	부수	획수	총획
	門	4	12

閔 성씨 민 【2106】

字源 〈형성〉 민자건은 공자의 제자 십철 중 한 사람이다. 고려 중엽에 민자건 후손이 사신으로 왔다가 그만 귀화했던 인물이다. 이후 여흥에 정착하면서 단본인 여흥민씨가 되었다. 문(門)을 잠그고 오직 글(文)공부에만 전념하면서 몸이 많이 허약했으니 [병들다(閔)] 또는 여흥 [성씨(閔)]로 쓰였고 [민]으로 읽는다.

| 필순 | 丨 冂 冂 門 門 門 門 門 閔 閔 閔 |

| 기초 | 【기초한자어】 익히고, 【기본→발전한자어】 다지기 |

閔妃(민비) 명성황후
閔然(민연) 가련한 모양
閔泳煥(민영환) 한말의 문신. 순국지사
• 병상에 누워 있는 친구가 閔然해서 위로를 했다.

| 기본 | 2급 憐閔(연민) 憂閔(우민) |
| 발전 | 2급 閔急(민급) 閔免(민면) 閔閔(민민) 閔迫(민박) 閔覆(민부) 閔傷(민상) 閔惜(민석) 閔懟(민위) 閔悔(민회) 閔凶(민흉) 惜閔(석민) 출전 閔懣(민만) |

2급名

부수	획수	총획
石	12	17

반계 반/번 【2107】

字源 〈형성〉 '반계'는 시내가 흐르는 '강 이름'이란 뜻을 담아 붙였을 것이다. 산수라고 했듯이 물을 귀중하게 여겨서 냇물이 흐르는 시내들도 서슴없이 그 이름을 붙였다고 잘 알려진다. 돌(石)을 사용할 때에는 정으로 차례(番)로 잘 쳐서 석물을 벗겨 냈으니 [돌(磻)] 또는 [반계(磻)]를 뜻하고 [반] 혹은 [번]으로 읽는다.

필순 丁石石石石石砰砰磻磻磻

기초 【기초한자어】 익히고, 【기본→발전한자어】 다지기
磻溪(반계) 조선조 실학자 유형원의 호, 중국 섬서성에 있는 강 이름
碌磻洞(녹번동) 서울 은평구에 있는 동 이름
• 磻溪에서 태공망(太公望)이 낚시질을 했다고 한다.

기본 2급 磻石(반석)

부수	획수	총획
水	12	15

성씨 반 【2108】

字源 〈형성〉 '반씨' 성은 '거제 · 광주 · 남평' 등이나 모두 거제 반씨에서 분적한 것이다. 시조인 반부(潘阜)는 본래 중국 남송 사람이고, 고려 원종 때 왜구를 토벌한 공으로 거제부원군에 봉해졌다. 물(氵)을 붓고 손으로 차례로(番) 저어 쌀을 씻어 거르면서 생긴 [쌀뜨물(潘)] 또는 [성씨(潘)]를 뜻하고 [반]으로 읽는다.

필순 氵氵沪泙泙泙潘潘潘潘

기초 【기초한자어】 익히고, 【기본→발전한자어】 다지기
潘沐(반목) 뜨물로 머리를 감음
潘岳(반악) 晉(진)나라 때의 문인
• 潘沐을 하면 머릿결이 훨씬 고와진다고 한다.
• 潘岳은 중국 진나라 때 이름 있는 문인으로 각종 문사에 능하였다고 알려진다.

기본 2급 米潘(미반)
발전 2급 潘南(반남) 潘郞(반랑) 潘水(반수) [特] 潘鬢(반빈)
사자성어 2급 潘楊之好(반양지호)

부수	획수	총획
水	9	12

바다이름 발
【2109】

字源 〈형성〉 흔히들 수석이라고 했으니, 산수와 같이 귀하게 여겼음을 알 수 있을 것 같다. 그래서 알 수 없는 바다에도 이름을 붙여 칭하려고 했으니 '渤'은 그때 쓰인 한자로 보인다. 달의 인력으로 인해 밀물과 썰물(氵)이 되어서 활발하게(勃) 흐르는 [바닷물(渤)] 또는 [바다이름(渤)]을 뜻하고 [발]로 읽는다.

필순 氵氵汁汁浐浐浡浡渤渤

기초 【기초한자어】 익히고, 【기본→발전한자어】 다지기
渤然(발연) 버럭 성을 내는 모양
渤海(발해) 만주 동부, 한반도 북부에 걸쳐 있던 나라
• 그는 하는 일이 뜻대로 되지 않으니 渤然했다.
• 渤海는 고구려 사람 대조영이 세운 나라이다.

발전 ① 渤溢(발일) 溟渤(명발) 繃勃(붕발) [중국] 渤澥(발해) 渤潏(발휼)

부수	획수	총획
金	5	13

바리때 발 【2110】

字源 〈형성〉 '바리때'는 절에서 승려들이 식사(공양)할 때 사용한 밥그릇이다. 유의어는 '목발(木鉢), 발우(鉢盂), 응기(應器), 발다라(鉢多羅), 응량기(應量器)' 등이 쓰이고 있다. 스님이 근본적(本)으로 시주하는 돈(金)이나 쌀을 동냥하기 위해서 몸에 갖고 다닌 그릇을 인용했으니 [바리때(鉢)]를 뜻하고 [발]로 읽는다.

필순 丿𠂆𠂉𠂤金金金釒鉢鉢

기초 【기초한자어】 익히고, 【기본→발전한자어】 다지기
鉢器(발기) 비구의 밥그릇
夫鉢(부발) 경기도 이천군의 지명
周鉢(주발) 놋쇠로 만든 밥그릇. 위가 약간 벌어지고 뚜껑이 있다
• 절에서 스님들은 鉢器에 음식을 담아 먹는다.
• 周鉢은 놋쇠로 만든 밥그릇이다.

기본 2급 飯鉢(반발) 衣鉢(의발) 托鉢僧(탁발승)
발전 2급 銅鉢(동발) 鐵鉢(철발) 托鉢(탁발) ① 鉢囊(발낭) 伏鉢(장발) 綴鉢(철발) [中] 鉢盂(발우) 粥沙鉢(죽사발)
사자성어 2급 沙鉢通文(사발통문)

부수	획수	총획
方	6	10

곁 방 : 【2111】

字源 〈형성〉 '곁'은 자기를 중심으로 기준이 되는 대상으로부터

공간적, 심리적으로 아주 가까운 쪽에 있음을 가리킨다. 유의어는 '근방(近方), 근처(近處), 측근(側近)' 등이 쓰인다. 사방(方)으로 높게(ㅗ) 솟아있는 산을 덮고(冖) 있는 하늘이 그렇게도 넓게요 넓으니 [크다(旁)] 또는 사방 [곁(旁)]을 뜻하고 [방]으로 읽는다.

圖 側(곁 측) 傍(곁 방)

필순 丶 亠 亠 㒸 㓞 产 产 㫄 㫄 旁 旁

기초 【기초한자어】 익히고, 【기본→발전한자어】 다지기
旁系(방계) 직계에서 갈려 나간 계통
旁求(방구) 널리 찾아 구함
旁國(방국) 이웃 나라
• 백숙 부모는 旁系 혈족이다.
• 중국은 우리나라의 旁國이다.

기본 2급 旁觀(방관) 旁人(방인) 路旁(노방) 四旁(사방)

발전 2급 旁格(방격) 旁唐(방당) 旁錄(방록) 旁薄(방박) 旁旁(방방) 旁舍(방사) 旁生(방생) 旁搜(방수) 旁午(방오) 旁引(방인) 旁尊(방존) 旁進(방진) 旁暢(방창) 旁燭(방촉) 旁側(방측) 旁通(방통) 旁行(방행) 偏旁(편방) ① 旁魄(방백) 旁註(방주) 旁蹉(방차) 旁死魄(방사백) 特 旁狎(방압) 旁僻(방벽)

사자성어 2급 旁岐曲徑(방기곡경) 旁得香氣(방득향기) 旁若無人(방약무인)

높은집 방 【2112】

字源 〈형성〉 어느 교수는 '창의성을 높이려면 천장 높은 집에서 살라'고 조언한다. "천장고가 높은 방에 살면 추상적인 사고가 발달하게 되고, 넉넉함과 마음에 여유로움이 생긴다."라고 자신 있게 조언했었다. 집(广)이 높고 크며(龍) 특히 천장이 높은 집은 좋은 점이 많았다니 [높은 집(龐)]을 뜻하고 [방]으로 읽는다.

回 龍(용 롱)

필순

기초 【기초한자어】 익히고, 【기본→발전한자어】 다지기.
龐錯(방착) 뒤섞임. 난잡함
龐統(방통) 삼국시대 촉한의 사람
• 그 사람은 성격이 거칠고 龐錯한 행동을 잘 한다.
• 龐統은 중국 삼국시대 촉한 사람으로 유비를 섬긴 충직한 사람이었다.

발전 2급 龐龐(방방) 龐涓(방연)

사자성어 2급 龐眉皓髮(방미호발)

부수	획수	총획
衣	8	14

성씨 배 【2113】

字源 〈형성〉 '배씨'는 한반도 왕조가 설 때마다 늘 그 중심에 있었다. 신라가 건국하고, 고려가 건국하고, 조선이 건국 때도 창업 공신을 이뤘던 인사가 배씨다. 삼별초의 배중손, 배현경, 배극렴 등이 있다. 옷(衣)이 커서 맞지 않으면(非) 발목까지 걸쳤으니 [치렁치렁하다(裵)] 또는 [성씨(裵)]로 쓰이고 [배]로 읽는다.

필순 亠 亠 圭 非 非 非 非 非 裵 裵

기초 【기초한자어】 익히고, 【기본→발전한자어】 다지기
裵克廉(배극렴) 조선조 개국 공신
裵裵(배배) 옷이 긴 모양
裵回(배회) 해당화의 다른 이름
• 그 여자는 바지 길이가 裵裵하여 땅에 끌려서 동네의 낙엽을 모두 쓸고 다닌다.
• 해당화를 「裵回」라고도 불렀다.

기본 2급 裵度(배도) 裵航(배항)

발전 ① 裵裨將(배비장) 裵延齡(배영령)

부수	획수	총획
竹	6	12

뗏목 벌 【2114】

字源 〈형성〉 '뗏목'은 통나무를 떼를 말하고 있는 바, 통나무를 가지런히 엮어 물에 띄워 사람이나 물건 등을 운반하도록 만든 것이다. 유의어는 '강벌(江筏), 유벌(流筏)' 등이 쓰이고 있다. 적을 무찌르기(伐) 위해서 대나무(竹)를 엮어 물에 띄워 어느 곳을 반드시 건너도록 했으니 [뗏목(筏)]을 뜻하고 [벌]로 읽는다.

필순 丿 丿 丬 丬 竹 竹 竺 竺 筏 筏 筏 筏

기초 【기초한자어】 익히고, 【기본→발전한자어】 다지기
筏橋(벌교) 전라남도 보성군에 있는 지명. 뗏목으로 엮어 잇달아 만들어 놓은 다리
筏夫(벌부) 뗏목에 물건을 실어 나르는 인부
舟筏(주벌) 배와 뗏목
• 筏夫가 물건을 가득 실은 뗏목을 저으면서 강 하류로 떠내려간다.
• 무거운 물건은 舟筏으로 운반하면 용이하다.

기본 2급 津筏(진벌)

발전 2급 筏商(벌상) 江筏(강벌) 流筏(유벌) 特 筏舫(벌방)

사자성어 2급 迷津寶筏(미진보벌)

2급 名

范

부수	획수	총획
艸	5	9

성씨 범 : 【2115】

字源 〈형성〉 우리나라 성씨는 전국에 286개 성(姓)씨와 4,179개 본관이 존재하는 것으로 알려진다. 흔히 166개 성씨가 삼국시대부터 지금까지 꾸준하게 족벌인 성씨로 사용해 왔다고 전한다. 풀(艹)잎과 줄기가 다른 풀에까지 넘어와 서(氾) 자라고 있으니 [범풀(范)] 또는 널리 [성씨(范)]로 쓰이고 [범]으로 읽는다.

필순 一 十 艹 艹 艹 芀 芀 芀 范

기초 【기초한자어】 익히고, 【기본 → 발전한자어】 다지기
范麗(범려) 춘추시대 초나라 사람
鎔范(용범) 쇠를 녹여 거푸집에 부음
• 모든 주물은 鎔范해서 튼튼하게 만든다.

기본 2名 范鎔(범용)

발전 2名 范寧(범녕) 范浦湖(범포호) 錦城范(금성범) 特Ⅱ 范仲淹(범중엄)

卞

부수	획수	총획
卜	2	4

성씨 변 : 【2116】

字源 〈지사〉 '변(卞)씨'는 중국 주(周)나라 문왕의 여섯째 아들인 조숙진탁(曺叔振鐸)의 후손이 '변(卞)'이라는 땅을 하사받고 이를 성으로 삼았다고 전한다. 이로 인하여 초계 변씨가 잘 알려진다. 높은(亠) 벼슬아치부터 일반 백성에 이르기까지 죄를 가려서(卜) 주는 [법(卞)] 또는 [성씨(卞)]로 쓰이고 [변]으로 읽는다.

필순 丶 亠 亣 卞

기초 【기초한자어】 익히고, 【기본 → 발전한자어】 다지기
卞季良(변계량) 고려 말 · 조선 초의 문신
卞急(변급) 조급함
卞正(변정) 옳고 그른 것을 따지어 바로잡음
• 그는 가끔 卞急한 행동으로 실수를 한다.
• 모든 사건은 억울한 사람이 없도록 철저하게 卞正해야 한다.

기본 2名 卞隨(변수)

발전 2名 卞論(변론) 卞射(변사) 卞破(변파) 卞和(변화)

弁

부수	획수	총획
廾	2	5

고깔 변 : 【2117】

字源 〈회의〉 '고깔'이란 용어는 원래 불교의식에서 유래한다. '고깔'은 중이나 무당 그리고 풍물패 등이 머리에 쓰고 있는데, 그 끝이 뾰족하고 세모지게 만든 모자를 말한다. 모자(厶)를 두 손(廾)으로 잡아 푹 눌러 쓰니 [고깔(弁)] 또는 많은(卄) 사람이 큰(厶) 농악놀이 때에 쓰는 [고깔(弁)]을 뜻하고 [변]으로 읽는다.
비 允(만 윤)

필순 𠃋 厶 厶 弁 弁

기초 【기초한자어】 익히고, 【기본 → 발전한자어】 다지기
弁工(변공) 冠(관)을 만드는 장인
弁目(변목) 병사의 두목. 하급의 무관
弁韓(변한) 우리나라 고대 삼한 중의 하나
• 그는 弁工으로 장인정신이 투철하다.
• 옛날 하급의 무관을 弁目이라 불렀다.

기본 2名 弁冕(변면) 弁言(변언) 將弁(장변)

발전 2名 弁裳(변상) 弁行(변행) 官弁(관변) 特 弁髦(변모) 弁絰(변질)

昞

부수	획수	총획
日	5	9

밝을 병 : 【2118】

字源 〈형성〉 '밝다'는 어떤 사물이 뚜렷하게 잘 보일 정도로 주위가 환하다. 또는 그 표정 등이 구김살이 없고 명랑하다는 뜻도 담았겠다. 유의어는 '훤하다, 맑다' 등이 쓰이고 있다. 어두운 음지쪽에 남녘(丙)으로부터 햇빛(日)이 잘 들어와 빛을 발하여 주위가 빛나게 되었으니 [밝다(昞)]는 뜻이고 [병]으로 읽는다.
동 昞(밝을 병) 晃(밝을 황) 熙(빛날 희) 曜(빛날 요) 昱(빛날 욱) 煜(빛날 욱) 赫(빛날 혁) 燦(빛날 찬) 煥(빛날 환) 燿(빛날 요) 煇(빛날 휘) 반 暗(어두울 암)

필순 丨 冂 日 日 日一 日厂 日丙 昞 昞

기초 【기초한자어】 익히고, 【기본 → 발전한자어】 다지기
昞月(병월) 밝은 달
• 추석날 저녁 昞月이 비치는 아래에서 '강강수월래' 소리가 하늘 높이 퍼지고 있구나.

기본 2名 昞龍(병룡)

昺

부수	획수	총획
日	5	9

밝을 병 : 【2119】

字源 〈형성〉 '밝다'는 불빛 따위가 환하다는 뜻으로 어느 분야에 대해 잘 알고 있는 상태로도 해석된다. 유의어는 '훤하다,

2급名

선명하다' 등이 있으며 한자로는 '昞(밝을 병)'과는 동자이다. 커다란 태양(日)이 환하게 빛나고 또한 밝았으니 (丙) 사물을 모두 분간할 수 있었으니 [밝다(昺)] 또는 [빛나다(昺)]는 뜻이고 [병]으로 읽는다.

图昞(밝을 병) 晃(밝을 황) 炳(밝을 병) 世暗(어두울 암)

필순 丨冂冂日旦昇昇昺昺

기초 【기초한자어】 익히고, 【기본→발전한자어】 다지기
昺日(병일) 밝은 날
刑昺(형병) 중국 송나라 때 제읍 사람
• 오늘 못다 한 일을 昺日에 하자고 약속했다.

기본 图昺男(병남)

부수	획수	총획
木	5	9

자루 병:【2120】

字源 〈형성〉 '자루'는 수 관형사 뒤에 붙는 의존적 용법으로 쓰인다 하겠다. 총, 칼, 삽, 비 등과 같은 손잡이가 달린 기다란 모양의 연장을 낱낱이 세는 단위를 나타낸다 하겠다. 곡식을 넣는 가마니 꼬리(丙) 부분에 손잡이 나무(木)를 달아서 쉽게 들 수 있도록 한다고 했으니 [자루(柄)]를 뜻하고 [병]으로 읽는다.

필순 一十才才木杧柄柄柄

기초 【기초한자어】 익히고, 【기본→발전한자어】 다지기
國柄(국병) 나라를 통치하는 권력
權柄(권병) 권력으로써 사람을 마음대로 좌우할 수 있는 힘
斗柄(두병) 국자 모양인 북두칠성의 별 가운데 자루에 해당하는 세 개의 별
• 이조시대 때는 왕실을 등에 업고 國柄을 휘두르는 무리가 많았다.
• 북두칠성의 자루에 해당하는 부분을 斗柄이라 한다.

기본 图兵柄(병병) 柄映(병영) 柄用(병용) 柄杓(병표) 宰柄(재병)
발전 图柄授(병수) 柄臣(병신) 身柄(신병) 執柄(집병) 1 樞柄(추병)

부수	획수	총획
火	5	9

불꽃 병:【2121】

字源 〈형성〉 '불꽃'은 타고 있는 불에서 생겨난 붉은 빛을 띤 힘찬 기운이다. 이것은 또한 금속이 부딪칠 때 생기는 불빛

등이란 것을 알았다. 유의어는 '화화(火花), 화염(火焰)' 등이다. 불빛(火)이 환하고 밝은 남녘(丙)은 햇빛이 잘 비치는 밝은 곳이었다 했으니 [밝다(炳)] 또는 더 밝은 [불꽃(炳)]을 뜻하고 [병]으로 읽는다.

图炎(불꽃 염) 昞(밝을 병) 晃(밝을 황) 曜(빛날 요) 燮(불꽃 섭) 昱(빛날 욱) 燦(빛날 찬) 煥(빛날 환) 熙(빛날 희) 耀(빛날 요) 輝(빛날 휘) 世暗(어두울 암)

필순 丶丷ナ火灯灯炳炳炳

기초 【기초한자어】 익히고, 【기본→발전한자어】 다지기
炳然(병연) 빛이 비쳐 밝은 모양
炳燭(병촉) 촛불로 비춤
趙炳玉(조병옥) 일제강점기 때 활동한 독립운동가, 정치가.
• 그는 학문에 심취해서 밤늦게까지 炳燭을 훤히 밝혀 책을 읽었다.
• 炳然히 밝은 곳에서 공부한다.

발전 图炳烈(병렬) 炳炳(병병) 炳昱(병욱) 炳蔚(병울) 炳乎(병호) 炳煥(병환) 1 炳絢(병현) 特炳耀(병요) 炳炤(병표)
출전 炳燦(병삭)

사자성어 图炳如日星(병여일성)

부수	획수	총획
禾	3	8

잡을 병:【2122】

字源 〈회의〉 '잡다'는 사람이 물건을 손으로 아무지게 움켜쥐거나 거머쥐는 모양이다. 죄인을 더 이상 달아나지 못하도록 잘 붙들다는 뜻도 있다. 유의어는 '붙잡다, 파지(把持)하다' 등이다. 탐스럽게 잘 익은 벼(禾)를 낫으로 잘 베어 손(⺕) 안에 힘껏 움켜서 차곡차곡 놓았으니 [잡다(秉)]는 뜻이고 [병]으로 읽는다.

图操(잡을 조) 執(잡을 집) 捉(잡을 착) 逮(잡을 체) 把(잡을 파)

필순 一二千千千事事秉

기초 【기초한자어】 익히고, 【기본→발전한자어】 다지기
秉權(병권) 권력을 잡음
秉軸(병축) 정권을 잡음
李秉喆(이병철) 호암. 경제인
• 이조시대에는 나라의 秉權 장악을 위해 당파싸움이 치열했다.
• 조정에서 임금께 아부하여 秉軸하기 위한 간신배들이 모의를 하곤 했다.

기본 图秉燭(병촉)
발전 图秉公(병공) 特秉鈞(병균) 特秉彝(병이)
사자성어 图秉燭夜遊(병촉야유) 秉燭夜行(병촉야행)

2급名

부수	획수	총획
水	12	15

물이름 보 : 【2123】

字源 〈형성〉 동서와 남북으로 흐르는 강물은 지역마다 지형마다 다르다. 급류에 시달려서 수없이 많은 물이 밝게 노래를 부른다. 그 이름을 낱낱이 붙이다 보니 그 가짓수도 꽤 많다. 골짜기에서 흐르던 작은 개울물이 그만 시냇물(氵)이 되어 넓은(普) 강을 지나 유유히 흘러갔으니 [물 이름(潽)]을 뜻하고 [보]로 읽는다.

필순 ` 冫 氵 氵 沪 泩 泩 潽 潽 潽

기초 【기초한자어】 익히고, 【기본→발전한자어】 다지기
尹潽善(윤보선) 대한민국 제4대 대통령
• 尹潽善은 우리나라 제4대 대통령이었다.

발전 [名] 潽坪(보평)

부수	획수	총획
用	2	7

클 보 : 【2124】

字源 〈회의〉 '크다'는 논밭의 식물들이 부분적으로 또는 전체적으로 자라서 크다는 뜻이다. 쑥쑥 자라서 키도 크다. 유의어는 '성육(成育)하다, 성장(成長)하다, 크다, 자라나다' 등이 있다. 황무지로 아무것도 자라지 않던 밭(田)에 씨를 뿌려서 새싹(屮)이 비로소 그득하게 났으니 [크다(甫)]는 뜻이고 [보]로 읽는다.
回 太(클 태) 巨(클 거) 泰(클 태) 回 小(작을 소) 微(작을 미) 扁(작을 편)

필순 一 一 丂 丏 甫 甫 甫

기초 【기초한자어】 익히고, 【기본→발전한자어】 다지기
甫甫(보보) 큰 모양. 많은 모양
甫田(보전) 큰 밭. 『시경』의 편명
皇甫仁(황보인) 조선시대 4대 세종 때의 문신
• 甫甫한 들판에 양떼들이 풀을 뜯고 있다.
• 甫田에 채소가 무성하게 자란다.

기본 [名] 甫兒(보아) 杜甫(두보)
발전 [名] 甫老(보로) 謀甫(모보) 濁甫(탁보)

부수	획수	총획
車	7	14

도울 보 : 【2125】

字源 〈형성〉 '돕다'는 일이 잘 되도록 힘써 보태다는 뜻이다. 또는 잘 보살피거나 어려운 처지를 벗어나게 하다는 뜻도 있다. 유의어는 '거들다, 보조(輔助)하다, 지원(支援)하다' 등이 있다. 넓고 큰 밭(甫)에서 일하려면 수레(車)가 바로 일손의 역할을 했으니 농부의 일손을 더 쉽게 [돕다(輔)]는 뜻이고 [보]로 읽는다.
回 助(도울 조) 佐(도울 좌) 翊(도울 익) 弼(도울 필) 佑(도울 우)

필순 一 冂 曰 亘 車 車 斬 斬 輔 輔

기초 【기초한자어】 익히고, 【기본→발전한자어】 다지기
輔相(보상) 대신을 거느리고 임금을 도와서 나라를 다스림. 또는 그 사람
輔翊(보익) 잘 도와서 좋은 데로 인도함
輔佐(보좌) 상관을 도와 일을 처리함
• 그는 임금을 輔相하는 일을 맡고 있다.
• 그는 국회의원 補佐관으로 활동하고 있다.

기본 [名] 輔翼(보익) 輔仁(보인) 輔弼(보필) 宰輔(재보)
발전 [名] 輔車(보거) 輔傾(보경) 輔國(보국) 輔導(보도) 輔成(보성) 輔世(보세) 輔臣(보신) 輔正(보정) 輔贊(보찬) 輔行(보행) [1] 諫輔(간보) 匡輔(광보) 挾輔(협보) 頰輔(협보)

사자성어 [名] 輔車相依(보거상의) 輔國安民(보국안민)

부수	획수	총획
香	9	18

향기 복 【2126】

字源 〈형성〉 '향기'의 뜻은 꽃이나 향 따위에서 나는 좋은 냄새이다. 또는 사람의 아름다운 냄새도 여기에 해당된다. 유의어는 '향내, 방기(芳氣), 향(香), 향취(香臭)' 등이 있다. 그윽한 향기(香)는 한 곳에만 머물지 않고 바람을 타고 다른 곳으로 멀리멀리 퍼졌다고 하여(复←復) [향기(馥)]를 뜻하고 [복]으로 읽는다.
回 香(향기 향) 芳(꽃다울 방) 芬(향기로울 분) 馨(향기 형)

필순 二 千 禾 禾 香 香 香 馥 馥 馥

기초 【기초한자어】 익히고, 【기본→발전한자어】 다지기
馥氣(복기) 좋은 냄새
馥郁(복욱) 풍기는 향기가 그윽함
• 그 여자가 지나가면 馥氣가 풍긴다.
• 정원에 국화꽃이 만발하여 그 향기가 곱게 馥郁하기가 참으로 그지없다.

기본 [名] 芳馥(방복) 郁馥(욱복) 香馥(향복)
발전 [名] 馥馥(복복)

2급名

부수	획수	총획
艸	11	15

쑥 봉 【2127】

字源 〈형성〉 흔히 쑥떡, 쑥뜸이라고들 했다. '쑥'은 국화과에 속한 쑥, 산쑥, 덤불쑥, 참쑥, 물쑥 등을 통틀어 이르는 말이다. 상용하는 유의어는 '봉애, 다북쑥' 등이 있다. 긴 겨울에 몸을 바짝 움츠렸던 풀(艹)이 이제 여름이 되어 잘 자라서 더부룩하고 무성하게(逢) 퍼져서 자랐으니 [쑥(蓬)]을 뜻하고 [봉]으로 읽는다.
圖艾(쑥 애)

필순 ⼀ ⼘ ⼎ 艹 艿 荃 荃 荃 峯 峯 蓬 蓬

기초 【기초한자어】 익히고, 【기본→발전한자어】 다지기
蓬萊山(봉래산) 여름철 금강산의 다른 이름
蓬髮(봉발) 텁수룩하게 엉클어진 머리. 더벅머리
蓬矢(봉시) 쑥대로 만든 화살. 요사스러운 기운(氣運)을 쫓는다고 함
• 蓬萊山은 신선이 살고 있다는 전설이 있는 산이다.
• 蓬矢는 쑥대로 만든 화살로 사기(邪氣)를 쫓는다고 한다.

기본 2급 蓬艾(봉애)
발전 2급 蓬萊(봉래) 蓬門(봉문) 蓬底(봉저) 蓬舟(봉주) 1급 蓬顆(봉과) 蓬笠(봉립) 蓬勃(봉발) 蓬庵(봉암) 蓬婆(봉파) 蓬飄(봉표)
사자성어 2급 蓬頭亂髮(봉두난발) 蓬頭歷齒(봉두역치)

부수	획수	총획
人	10	12

스승 부 : 【2128】

字源 〈형성〉 '스승'은 지금까지 자기를 이렇게 가르쳐주며 바른 길로 이끌어 주었던 참다운 스승이다. 상용하는 유의어로는 '사부(師傅), 함장(函丈), 사군(師君), 존사(尊師)' 등이 있다. 제자들이 바르고 올바른 길을 걸어갈 수 있도록 널리 가르침을 펼쳐주었던(尃) 은사님(亻)으로 [스승(傅)]을 뜻하고 [부]로 읽는다.
圖師(스승 사) 佐(도울 좌) 回傳(전할 전) 博(넓을 박)

필순 亻 亻 仃 仢 侗 侕 傅 傅 傅 傅

기초 【기초한자어】 익히고, 【기본→발전한자어】 다지기
傅儀(부의) 청의 마지막 황제 푸이
傅會(부회) 이치에 맞지 않는 것을 억지로 끌어다 맞춤. 附會(부회)
師傅(사부) 자기를 가르쳐 이끌어 주는 사람, 스승
• 남과 토론할 때 어떤 사리에 대하여 傅會하는 자세는 매우 좋지 않다.

• 師傅는 임금의 자손을 성실하게 교육한다.
기본 2급 傅佐(부좌) 良傅(양부) 台傅(태부)
발전 2급 傅近(부근) 傅納(부납) 傅別(부별) 傅婢(부비) 傅相(부상) 傅愛(부애) 傅御(부어) 傅說(부열) 傅著(부착)
사자성어 2급 傅生之論(부생지론)

부수	획수	총획
金	2	10

가마 부 【2129】

字源 〈형성〉 '가마'는 아주 크고 우묵하게 생긴 솥이다. 아궁이에 땔감을 넣어 불을 지피면 온 방안이 따뜻하기 그지없다. 가마솥에 불린 쌀과 물을 넣어 불을 때면 어느새 가마솥에서 한 줄기 눈물이 흐른다. 양쪽에 손잡이용(父)으로 잡을 수 있도록 귀가 달린 쇠붙이(金)로 만든 [가마솥(釜)]을 뜻하고 [부]로 읽는다.

필순 丿 ヽ 丷 父 父 夈 夅 夅 釜 釜

기초 【기초한자어】 익히고, 【기본→발전한자어】 다지기
釜鼓(부고) 옛날에 쓰던 말(斗)의 이름
釜山(부산) 경상남도 남동단에 있는 부산광역시
• 지금의 곡식을 세는 말(斗)을 옛날에는 釜鼓라 했다.
• 釜山은 우리나라 제일의 항구 도시이다.

기본 2급 釜鼎(부정)
발전 特 釜鬲(부력) 釜竈(부조)
사자성어 2급 釜鼎之屬(부정지속) 釜中生魚(부중생어) 破釜沈舟(파부침주)

부수	획수	총획
阜	0	8

언덕 부 : 【2130】

字源 〈상형〉 '언덕'은 땅이 주변보다 조금은 더 높고 약간 경사가 진 곳이다. 경사진 비탈길을 오르기 많이 힘겹다. 유의어는 '구강(丘岡), 구릉(丘壟), 구부(丘阜), 능구(陵丘), 강부(岡阜), 구릉(丘陵)' 등이다. 많은(十) 흙이 겹겹 기다랗게 모이고(槌) 높이 쌓인 땅은 평지보다 높아서 [언덕(阜)]을 뜻하고 [부]로 읽는다.
圖原(언덕 원) 陵(언덕 릉) 阿(언덕 아) 岸(언덕 안) 邱(언덕 구) 坡(언덕 파)

필순 丿 亻 亇 亽 亽 自 阜 阜

기초 【기초한자어】 익히고, 【기본→발전한자어】 다지기
阜康(부강) 풍족하고 편안함
岡阜(강부) 언덕

2급名

高阜(고부) 높은 언덕
• 백성들이 阜康하게 살면 나라가 태평하다.
• 高阜는 높은 언덕이란 뜻으로 지명에 많이 사용한다.
[기본] 2급 阜陵(부릉) 曲阜(곡부) 丘阜(구부) 山阜(산부)
[발전] 2급 阜康(부강) 阜成(부성) 阜安(부안) 大阜島(대부도)
1급 蕃阜(번부) 阜蕃(부번) 特 阜螽(부종)

부수	획수	총획
艸	4	8

향기 분【2131】

[字源] 〈형성〉'향기'는 꽃이나 향 따위에서 나오는 썩 좋은 냄새가 난다. 또는 좋은 것과 같은 향기가 나오기도 한다. 유의어 쓰인 '향내(香), 방기(芳氣), 향내(香), 향훈(香薰)' 등이 있다. 봄이 되어서 풀(++)이 싹틀 때 짙은 향기가 사방으로 흩어져서(分) 널리 퍼진다고 했었으니 [향기(芬)]를 뜻하고 [분]으로 읽는다.
동 香(향기 향) 芳(꽃다울 방) 馥(향기 복) 馨(향기 형)

[필순] 一 十 ㅗ廾 艹 艼 芬 芬

[기초] 【기초한자어】 익히고, 【기본→발전한자어】 다지기
芬蘭(분란) '핀란드'의 음역어
芬芳(분방) 꽃다운 향내
芬皇寺(분황사) 경상북도 경주시 구황동에 있는 절
• 꽃이 만개한 정원엔 芬芳이 가득하다.
• 焚黃寺는 경주에 있는 절로 원효대사가 머물렀던 곳이다.
[기본] 2급 芬芬(분분) 芬香(분향) 芬馨(분형) 蘭芬(난분)
[발전] 2급 芬國(분국) 芬馥(분복) 芬然(분연) 芬烈(분열) 芬鬱
(분울) 芬華(분화) 芳芬(방분) 1급 麝芬(사분) 芬陀利
(분다리) 特 芬菲(분비) 芬苾(분필)

부수	획수	총획
鳥	8	19

새 붕【2132】

[字源] 〈형성〉예부터 '붕새'는 상상의 새로 날개의 길이가 무려삼천 리(1,178km)이며 하루에 구만리를 난다고 전한다. 생각만 해도 매우 큰 새이다. 이는 북해에 살던 '곤(鯤)'이라는 물고기가 변해서 붕새가 되었다고 널리 전한다.『장자』에 나오는 봉황(朋)과 비슷한 커다란 새(鳥)로 [붕새(鵬)]를 뜻하고 [붕]으로 읽는다.
동 鳥(새 조) 鳳(봉새 봉)

[필순] 丿 冂 月 朋 朋 朋 朋 鵬 鵬 鵬

[기초] 【기초한자어】 익히고, 【기본→발전한자어】 다지기
鵬圖(붕도) 한없이 큰 포부

鵬飛(붕비) 붕새가 날아감. 사람이 크게 발전함
周世鵬(주세붕) 조선 중기의 문신, 학자
• 그는 鵬圖를 꿈꾸면서 현실의 어려움을 겨나간다.
• 그는 鵬飛할 꿈을 안고 해외 유학길에 올랐다.
[기본] 2급 鵬翼(붕익) 大鵬(대붕) 李起鵬(이기붕)
[발전] 2급 鵬擧(붕거) 鵬圖(붕도) 鵬力(붕력) 鵬程(붕정) 鵬際
(붕제) 特 鵬鯤(붕곤) 特 鵬霄(붕소)
[사자성어] 2급 鵬程萬里(붕정만리)

부수	획수	총획
一	4	5

클 비【2133】

[字源] 〈형성〉'크다'는 또 다른 일반의 것과 비교하여 크기의 정도가 더한 상태이다. 규모나 범위는 물론 그 정도가 대단하거나 매우 심하다 하겠다. 유의어는 '거대(巨大)하다' 등이 있다. 물체가 하늘(一)과 땅(一)에 닿아서(小) [크다(丕)]또는 한 개(一)씩 모이지 않는다면(不) [크지(丕)]도 않는다는 뜻이고 [비]로 읽는다.
동 大(큰 대) 巨(클 거) 泰(클 태)

[필순] 一 ㄱ 不 不 丕

[기초] 【기초한자어】 익히고, 【기본→발전한자어】 다지기
丕基(비기) 임금 대대로 내려오는 기업
丕業(비업) 큰 사업. 홍업
曹丕(조비) 삼국시대 위나라의 초대 황제
• 丕業을 하려면 丕基가 튼튼해야만 한다.
• 그는 열심히 노력하여 丕業을 이루었다.
[기본] 2급 丕圖(비도) 丕命(비명) 丕績(비적) 丕訓(비훈)
[발전] 2급 丕構(비구) 丕丕(비비) 丕緖(비서) 丕承(비승) 丕揚
(비양) 丕烈(비열) 丕子(비자) 丕祚(비조) 丕顯(비현)
丕休(비휴) 丕欽(비흠) 丕顯德(비현덕) 1급 丕祉(비지)
丕闡(비천) 特 丕愆(비건) 特 丕彛(비이)

부수	획수	총획
比	5	9

삼갈 비【2134】

[字源] 〈형성〉'삼가다'는 조심스럽게 가려고 하거나 그렇게 하기를 멈칫멈칫하면서 서로가 '꺼리다'는 뜻이다. 또는 그렇게 하기를 꺼리어 가까이하지 않거나 취하지 않는다는 뜻이다. 시비와 선악을 견주어(比) 가면서 올바르게 살아가도록 비록 고달프지만 반드시(必) 조심했으니 [삼가다(毖)]는 뜻이고 [비]로 읽는다.
동 謹(삼갈 근) 愼(삼갈 신)

2급名

필순 一 ト ト 比 比 悲 悲 悲 悲 悲

기초 【기초한자어】 익히고, 【기본→발전한자어】 다지기
悲勞(비로) 삼가 위로함
懲毖(징비) 애써 삼감
懲毖錄(징비록) 조선 선조 때 유성룡이 쓴 임진왜란의 야사
• 친구 부친의 조문을 가서 유족을 毖勞했다.
• 그는 懲毖할 목적으로 반성문을 썼다.

발전 ① 毖涌(비용)

	부수	획수	총획
毘	比	5	9

도울 비【2135】

字源 〈형성〉 '돕다'는 일이 잘 되도록 힘을 담아 보태주는 일이다. 다른 사람을 물질적으로나 기술적 또는 정신적으로 힘을 내서 보태는 뜻이다. 가난한 사람을 돕는 일도 해당되겠다. 사람 정수리(囟)에 견줄(比) 만큼 중요한 신체 부위로 [배꼽(毘)] 또는 배꼽은 태아의 생장을 [돕다(毘)]는 뜻이고 [비]로 읽는다.
圖 助(도울 조) 補(기울 보) 翼(날개 익) 贊(도울 찬) 輔(도울 보) 佐(도울 좌) 翊(도울 익) 弼(도울 필)

필순 丨 冂 冂 田 田 毘 毘 毘 毘

기초 【기초한자어】 익히고, 【기본→발전한자어】 다지기
毘盧峯(비로봉) 금강산의 최고봉
毘益(비익) 도와서 이익이 되게 함
茶毘(다비) 시체를 화장하는 일
• 불우이웃을 毘益하자는 운동이 벌어졌다.
• 불교의식으로 화장을 '茶毘'라고 부른다.

기본 2급 毘補(비보) 毘翼(비익) 毘佐(비좌) 毘贊(비찬)

발전 2급 毘尼(비니) 毘劉(비류) 毘輔(비보) 特 毘嵐(비람) 毘倚(비의) 特 闍毘(사비)

사자성어 2급 毘沙門天(비사문천)

	부수	획수	총획
泌	水	5	8

스며흐를 필
분비할 비 :【2136】

字源 〈형성〉 '분비하다'는 먹었던 음식에 의한 에너지를 다른 세포나 몸 밖으로 점차 배출해내는 일이다. 분비하는 일과 배설하는 일을 같은 의미를 담아 쓰이고 있는 좋은 예라 하겠다. 물(氵)이 꽉 막힌 곳에서도 조금의 빈틈은 반드시(必) 있었으니 [스며 흐르다(泌)] 또는 [분비하다(泌)]는 뜻이고 [비]로 읽는다.

필순 ` ` 氵 氵 沙 泌 泌 泌

기초 【기초한자어】 익히고, 【기본→발전한자어】 다지기
泌尿器(비뇨기), 오줌의 분비와 배설을 맡고 있는 기관
分泌物(분비물) 분비샘에서 나오는 물질
• 소변의 분비가 잘 안 되어 泌尿器과 병원에 갔다.
• 우리 체내에는 여러 곳에서 分泌物이 나오고 있다.

기본 2급 泌尿(비뇨) 分泌(분비) 泗泌(사비)

발전 2급 內分泌(내분비) 外分泌(외분비) 출전 泌滭(필즐)

사자성어 2급 泌尿器科(비뇨기과) 特 泌水樂饑(비수낙기)

	부수	획수	총획
彬	彡	8	11

빛날 빈【2137】

字源 〈형성〉 '빛나다'는 숲속의 아름다운 무늬가 윤이 나서 그 광채가 몹시 반짝이다는 뜻을 담는다. 숲의 정원이 언뜻언뜻 숲 사이로 비친 햇살에 빛나다는 뜻도 함께 담고 있다. 숲(林) 줄기가 길게 뻗어 자라면(彡) 밝아서 [빛나다(彬)] 또는 줄무늬(彡)가 많이 우거진 숲(林)이 더 [빛난다(彬)]는 뜻이고 [빈]으로 읽는다.
圖 爛(빛날 란) 燁(빛날 엽) 曜(빛날 요) 燦(빛날 찬)

필순 一 十 才 木 杉 材 林 材 杉 彬 彬

기초 【기초한자어】 익히고, 【기본→발전한자어】 다지기
彬彬(빈빈) 문채와 바탕이 잘 갖춰져 훌륭함
彬蔚(빈울) 문채가 찬란함
洪彬(홍빈) 고려의 문신
• 그가 쓴 문장은 彬彬하여 흠잡을 데 없는 명문이다.
• 자개농이 빛을 받으니 무늬가 彬蔚하다.

기본 2급 二漢彬(이한빈)

사자성어 2급 文質彬彬(문질빈빈)

	부수	획수	총획
馮	馬	2	12

성 풍
탈 빙【2138】

字源 〈형성〉 '타다'는 탈것에 올라 몸을 의지하여 거기에 자신을 싣다는 뜻이다. 어린이날 같은 날 놀이공원에 가서 탈 것을 타고 하루 종일 즐겁게 지내는 일도 썩 보람 있는 일로 여긴 경우이겠다. 이제는 말(馬)도 얼음(冫) 빙판 위에서는 얼음을 자유롭게 [타다(馮)] 또는 [성씨(馮)로 쓰이고 [빙] 혹은 [풍]으로 읽는다.

필순 ` 冫 冫 冫 冫 冯 馮 馮 馮 馮

2급名

기초 【기초한자어】 익히고, 【기본→발전한자어】 다지기
馮國璋(풍국장) 중국의 군인, 정치가
馮夷(풍이) 물속에 있는 귀신. 하백
• 그 늪에는 깊은 곳에 馮夷가 있어 해마다 사람이 빠져서 죽는다고 한다.
기본 2급 馮氣(빙기) 憑河(빙하) 馮相(풍상) 馮氏(풍씨) 馮翊(풍익)
발전 2급 馮怒(빙노) 馮隆(빙륭) 馮陵(빙릉) 馮馮(빙빙) 馮軾(빙식) 馮虛(빙허) 馮生(풍생)
사자성어 2급 暴虎馮河(포호빙하)

부수	획수	총획
水	5	8

물이름 사 :
【2139】

字源 〈형성〉 '물 이름'은 자연에서 볼 수 있는 지역이나 강의 생김새다. 또한 자연적인 환경에 따라 그렇게 붙인 이름이다. 사람이 태어나면 이름을 붙이듯이 그렇게 붙였을 것이다. 사방(四)으로 잘 돌아다니다가 그만 감기에 걸려 코에서 나오는 물(氵)로 [콧물(泗)] 또는 널리 [물 이름(泗)]으로 쓰이고 [사]로 읽는다.

필순 ` ` 氵 氵 氵 氵 沪沪泗泗

기초 【기초한자어】 익히고, 【기본→발전한자어】 다지기
泗沘(사비) 부여의 옛 이름
泗水(사수) 중국 산둥성에 있는 강 이름
泗川省(사천성) 중국의 성 이름
• 중국 산둥성에 있는 강을 泗水라 한다.
• 泗川省은 중국에 있는 성(城) 이름이다.
기본 2급 泗河(사하) 洙泗(수사)
발전 2급 泗上(사상) 泗洙(사수) 泗沘城(사비성) ① 涕泗(체사)
사자성어 2급 泗上弟子(사상제자)

부수	획수	총획
广	6	9

학교 상【2140】

字源 〈형성〉 이 '학교'는 옛날 서당이나 학교의 교육기관을 생각하면 더 좋을 듯싶다. 현대식 학교는 법규에 의거하여 교사가 계속 학생에게 교육을 실시하는 있는 기관이다. 선현의 얼이 고스란하게 스며있는 우리의 고전과 성현의 말씀을 상세하게(羊) 강의했었던 집(广)으로 [학교(庠)]를 뜻하고 [상]으로 읽는다.
동 校(학교 교)

필순 ` 亠 广 广 产 户 庄 庠 庠

기초 【기초한자어】 익히고, 【기본→발전한자어】 다지기
庠序(상서) 향리의 학교
庠學(상학) 옛날 5백 가구의 읍에 설치한 학교
庠校(상교) 중국 주나라 때, '학교'를 이르던 말
• 옛날 중국에서는 학교를 庠校라고도 불렀다.
• 옛날 중국의 지방에 있는 학교를 庠序라고 했다.
기본 2급 國庠(국상) 上庠(상상) 下庠(하상)
발전 2급 庠田(상전) 升庠(승상) 庠禮(상사례) ① 坊庠(방상)
特 庠斆(상효)

부수	획수	총획
舌	6	12

펼 서 : 【2141】

字源 〈형성〉 '펴다'는 포장이 잘 되었고, 포장 마개까지 잘 막아진 것을 젖히며 '벌리다'는 뜻을 받는다. 또한 어떠한 일이나 행동을 벌이거나 드러낸다는 뜻도 흠뻑 담고 있다. 편히 쉴 수 있는 일정한 집(舍)에서 사람이 팔다리를 쭉 뻗고(予) 그냥 누워서 편하게 쉬고 있었으니 [펴다(舒)]는 뜻이고 [서]로 읽는다.
동 敍(펼 서) 述(펼 술) 伸(펼 신) 회 敍

필순 丿 ㇒ ㇏ 𠂉 舍 舍 舍 舒 舒 舒 舒

기초 【기초한자어】 익히고, 【기본→발전한자어】 다지기
舒川(서천) 충청남도 서천군에 있는 읍. 강
安舒(안서) 마음이 편안하고 조용함
• 그 집 별장은 경치도 좋고 安舒적인 분위기가 마음에 들었다.
기본 2급 舒卷(서권) 舒眉(서미) 舒情(서정) 舒川郡(서천군)
발전 2급 舒舒(서서) 徐緩(서완) 舒遲(서지) 舒暢(서창) 舒縮(서축) 舒懷(서회) 急舒(급서) ① 舒池(시설) 特 舒嘯(서소)
사자성어 2급 平心舒氣(평심서기)

부수	획수	총획
大	12	15

클 석
쌍백 석【2142】

字源 〈회의〉 '크다'는 다른 일반의 것과 비교하여 정도가 훨씬 더한 상태다. 혹은 규모의 정도가 대단하다는 뜻까지 담고 있다. 유의어는 '거대하다(巨大)하다, 중요(重要)하다' 등이 쓰인다. 찾아온 많은(百百) 식객들을 모두(大) 거둘 수 있도록 했던 세력들이 [크다(奭)] 또는 [쌍백(奭)]을 뜻하고 [석]으로 읽는다.
동 大(클 대) 巨(클 거) 丕(클 비) 碩(클 석)

필순 一 ナ 大 大 大 大 大 大 奭 奭

2급名

기초 【기초한자어】 익히고, 【기본→발전한자어】 다지기
李範奭(이범석) 독립 운동가
奭奭(혁혁) 빛나는 모양, 열기가 대단한 모양
• 李範奭 장군은 독립운동가로 나라를 위해 奭奭한 공을 세웠다.
기본 2급 範奭(범석)
발전 2급 洪奭周(홍석주)

부수	획수	총획
日	8	12

밝을 석【2143】

字源 〈형성〉'밝다'는 어떤 물건이 뚜렷하게 보이는 그 정도로 더욱 환하다는 뜻을 담는다. 혹은 그 표정 정도가 구김살이 없고 매우 명랑하다. 유의어는 '훤하다. 맑다' 등이 있다. 햇볕(日)이 사방으로 나뉘어져서(析) 발하는 그 빛이 [밝다(晳)] 또는 명석하게 환히 밝아서 [분석하다(晳)]는 뜻이고 [석]으로 읽는다.
回 晢(밝을 철) 晰(밝을 절)

필순

기초 【기초한자어】 익히고, 【기본→발전한자어】 다지기
明晳(명석) 생각이나 판단력이 분명하고 똑똑함
南宮晳(남궁석) 제5대 정통부 장관
• 그 아이는 두뇌가 明晳하여 장차 훌륭한 인재가 될 것으로 기대한다.
발전 2급 白晳(백석)

부수	획수	총획
金	8	16

주석 석【2144】

字源 〈형성〉'주석'은 '석. 상납. 동납철' 등으로 불리며 탄소족 원소의 하나이다. 은색의 가단성이 있는 금속으로 쉽게 산화되지 않는다고 한다. 부식 저항성이 크며 합금은 부식을 막는다. 쇠붙이(金) 중에서 쉽게(易) 잘 녹는 [백철(錫)] 또는 그 모양이 쉽게(易) 변한 쇠붙이(金)로 [주석(錫)]을 뜻하고 [석]으로 읽는다.

필순

기초 【기초한자어】 익히고, 【기본→발전한자어】 다지기
錫杖(석장) 중이 짚고 다니는 지팡이
朱錫(주석) 탄소족 원소의 하나
羅錫疇(나석주) 한말의 독립운동가
• 錫杖은 스님이 짚고 다니는 지팡이이며 소리가 난다.

• 朱錫은 놋쇠를 말하며 식기 재료로 쓰인다.
기본 2급 錫鑛(석광) 錫錢(석전)
발전 2급 錫奴(석노) 錫類(석류) 錫錫(석석) 錫姓(석성) 錫衰(석최) 錫響(석향) ① 錫鸞(석란) 瓶錫(병석) 特 錫賚(석뢰) 출전 錫碬(석하)

부수	획수	총획
玉	9	13

도리옥 선【2145】

字源 〈형성〉'도리옥'은 조선 시대 때 정일품 및 종일품의 높은 벼슬아치들의 관모에 하사해 붙여주었던 옥관자를 뜻한다. 많은 사람들이 부러워해 선망의 대상으로 선호했다. 구슬(王)이 환심을 베풀었으니(宣) [도리옥(瑄)] 또는 궁전(宣) 아전이 관에 붙였던 구슬(王)로 [도리옥(瑄)]을 뜻하고 [선]으로 읽는다.

필순

기초 【기초한자어】 익히고, 【기본→발전한자어】 다지기
瑄玉(선옥) 여섯 치의 큰 옥
李瑄根(이선근) 교육자. 사학자
• 크기가 여섯 치인 큰 옥을 瑄玉이라 한다.
발전 2급 薛瑄(설선)

부수	획수	총획
玉	11	15

옥 선【2146】

字源 〈형성〉'선기(璇璣) 옥'은 천체를 모형으로 만들어 놓은 것으로 보인다. 천체를 측정한 기구로 과학적 천문이란 변화를 다루려는 강한 의지를 담아 놓았음을 알 수 있겠다. 아무 곳에도 모난 데가 없이(旋) 둥글게 생긴 아름다운 구슬(王)이었으니 [선기 옥(璇)] 또는 선망의 대상인 [옥(璇)]을 뜻하고 [선]으로 읽는다.
回 珠(구슬 주) 璿(구슬 선)

필순 ニ 千 王 王 玙 玗 玭 玴 琁 琁 璇

기초 【기초한자어】 익히고, 【기본→발전한자어】 다지기
璇碧(선벽) 옥(玉)의 한 가지
璇室(선실) 옥(玉)으로 꾸민 방
• 璇室에 들어서니 옥의 광채에 잠시 넋을 잃었다.
기본 2급 璇宮(선궁) 璇閨(선규) 璇容(선용) 璇珠(선주) 玖璇(구선)
발전 2급 璇極(선극) 璇璣(선기) 璇臺(선대) 特 璇瑰(선괴)
사자성어 2급 璇璣玉衡(선기옥형)

2급名

부수	획수	총획
玉	14	18

구슬 선 【2147】

字源 〈형성〉 흔히 선기옥형(璇璣玉衡)이라고도 부른다. 선기(璇璣)는 옥형(玉衡)과 짝을 이룬다. 북두칠성의 7개 별자리 가운데 첫째~넷째 별자리가 '선기'요, 다섯~일곱째 자리가 '옥형'이라고 한다. 윤기 나고 밝은(睿) 구슬(王)은 아름다웠으니 [구슬璿] 또는 미적인 옥으로 [선기 옥(璿)]을 뜻하고 [선]으로 읽는다.
回珠(구슬 주) 璇(옥 선)

필순 一 二 千 王 王 王' 坯 珔 珒 璿 璿 璿

기초 【기초한자어】 익히고, 【기본→발전한자어】 다지기
璿宮(선궁) 옥으로 장식한 궁전
• 옛날 중국 황제의 왕후는 璿宮에서 거처했다고 알려진다.
기본 2급 璿珠(선주)
발전 2급 璿系(선계) 璿源(선원) 璿派(선파)
사자성어 2급 璿源略譜(선원약보)

부수	획수	총획
卜	9	11

사람이름 설 【2148】

字源 〈상형〉 '사람이름 설(卨)'자는 물건의 모양을 본뜬 상형문자인바, 어떤 짐승 모양을 본떠 만들어진 글자라고 전한다. 중국의 고대 왕조 은나라 시조의 이름이 '설(卨)'이었음을 상기하면 좋다. 비뚤어진(咼) 온 나라를 바로 세웠다고 알리는(卜) 사람의 지위가 [높다(卨)] 또는 [사람이름(卨)]을 뜻하고 [설]로 읽는다.

필순 丶 亠 ㄐ 占 占 占 卨 卨 卨 卨

기초 【기초한자어】 익히고, 【기본→발전한자어】 다지기
李相卨(이상설) 독립운동가. 고종이 헤이그 특사로 파견한 사람
• 李相卨은 만국 평화회의에서 자주 독립을 부르짖으려 했으나 일제의 방해로 실패했다.
기본 2급 相卨(상설)
발전 2급 慶州卨(경주설)

부수	획수	총획
艹	13	17

성 설 【2149】

字源 〈형성〉『화랑세기』7세 설화랑조에 설씨(薛氏) 성의 기원이 나온다. 설화랑은 최초의 화랑 국선이자 7세 풍월주이다. 그는 아버지 설성공과 어머니 금진낭주 사이에서 태어나 설씨 성을 갖게 되었다. 풀(艹)이 많이 모여(自=堆) 자라서 맵고(辛) 독한 풀로 [설풀(薛)] 또는 [성씨(薛)]를 뜻하고 [설]로 읽는다.

필순 一 艹 艹 莅 莅 莅 䔥 莳 薛 薛

기초 【기초한자어】 익히고, 【기본→발전한자어】 다지기
薛聰(설총) 이두 문자를 집대성한 신라의 학자
• 薛聰은 신라시대의 학자로 이두(吏讀)라는 문자를 창안했다.
발전 2급 薛羅(설라) 薛里(설리) 崔薛(최설)

부수	획수	총획
日	12	16

햇살치밀 섬
나라이름 섬 【2150】

字源 〈회의〉 '햇살 치밀다'는 아침에 해가 솟아오르다 혹은 그러한 나라를 뜻한다. 일찍이 인도의 시성 타고르는 우리나라를 '동방의 빛'이 되리라고 읊었다. 지난 밤 동안 내내 지구의 반대편에 있었던 해(日)가 날이 밝으면서 비로소 나오니(進) [해 돋는다(暹)] 또는 [햇살 치밀다(暹)]는 뜻이고 [섬]으로 읽는다.

필순 丿 日 尸 尸 尾 犀 犀 暹 暹

기초 【기초한자어】 익히고, 【기본→발전한자어】 다지기
暹羅(섬라) 태국의 1939년 이전의 국호인 '샴'의 한자음 표기
• 暹羅는 인도차이나 반도에 있는 나라 이름이다.
기본 2급 東暹(동섬)
발전 2급 暹羅國(섬라국)

부수	획수	총획
虫	13	19

두꺼비 섬 【2151】

字源 〈형성〉 섬진강(蟾津江)에는 두꺼비에 얽힌 설화가 전한다. 우왕 때 왜구가 침입하자 수만 마리 두꺼비가 울부짖어 물리친 이야기와 자신을 보살펴 준 처녀를 물난리에서 구한 이야기이다. 독이 있고 모양도 흉측하며 울음소리 또한 모든 사람이 싫어하는(詹) 벌레(虫)로 [두꺼비(蟾)]를 뜻하고 [섬]으로 읽는다.

필순 丨 中 虫 虫' 虫² 虵 虵 蛦 蟾 蟾 蟾

기초 【기초한자어】 익히고, 【기본→발전한자어】 다지기
蟾光(섬광) 달빛을 달리 이르는 말
蟾蛇酒(섬사주) 두꺼비를 물어 삼키려는 순간 살무사를 잡아 흙으로 봉한 술
蟾津江(섬진강) 전라북도에서 발원, 전라남도와 경상남도 사이에 흐르는 강이름
• 팔월 한가위의 蟾光은 유난히 밝게 빛난다.
기본 2급 蟾桂(섬계) 蟾宮(섬궁)
발전 2급 蟾輪(섬륜) 蟾盤(섬반) 蟾彩(섬채) 玉蟾(옥섬) 1급 蟾魄(섬백) 特 蟾兎(섬토) 춘秋 蟾蜍(섬여)
사자성어 2급 蟾宮折桂(섬궁절계)

부수	획수	총획
阜	7	10

땅이름 섬【2152】

字源 〈형성〉땅이름도 지형에 따라 붙여진 이름이 제각기 있음을 알 수 있겠다. 중국 '섬서성'할 때 [陝(섬: '들 入'자 2개) 자와 '합천군'할 때 [陜(합: '사람 人'자 2개) 자를 혼동하기 쉽다. 땅이 높아 주위의 언덕(阝←阜)이 높게 있었던 땅(夾←陝)으로 그 옛날 중국 괵(虢)나라의 [땅이름(陝)]을 뜻하고 [섬]으로 읽는다.
回 陜(좁을 협/땅이름 합)

필순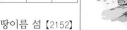

기초 【기초한자어】 익히고, 【기본→발전한자어】 다지기
陝西省(섬서성) 중국 중서부에 있는 성이름
• 중국 陝西省은 황토질의 땅이 많다고 한다.
기본 2급 陝縣(섬현)
발전 2급 陝甘(섬감) 陝服(섬복) 陝西(섬서) 陝省(섬성) 陝輸(섬수)

부수	획수	총획
火	13	17

불꽃 섭【2153】

字源 〈회의〉'불꽃'은 아궁이나 화로에서 활활 타는 불에서 생겨난 붉은 빛이다. 금속 따위가 서로 부딪칠 때 생기는 불빛도 이와 같다. 유의어는 '화화(火花), 화염(火焰)' 등이 쓰인다. 타오르는 불(炎)에 고기를 굽듯이 말(言)을 또한 (又) 아주 잘하여 화하니 [조화시키다(燮)] 또는 [불꽃(燮)]을 뜻하고 [섭]으로 읽는다.
图 和(화할 화) 回 変

필순

기초 【기초한자어】 익히고, 【기본→발전한자어】 다지기
燮理(섭리) 음양을 고르게 다스림
燮曜(섭요) 온화하게 비춤
李仲燮(이중섭) 서양화가
• 부부간에는 燮理의 조화가 이루어져야 금슬이 좋다.
• 燮曜한 달빛 아래 두 남녀가 밀어를 속삭이고 있다.
기본 2급 燮伐(섭벌) 燮友(섭우) 燮和(섭화) 調燮(조섭)
발전 2급 燮燮(섭섭)
사자성어 2급 燮理陰陽(섭리음양)

부수	획수	총획
日	7	11

밝을 성【2154】

字源 〈형성〉'밝다'는 온갖 사물이 뚜렷하게 잘 보일 정도로 환한 상태이다. 잘 비춰서 주변이 뚜렷하게 잘 보이는 상태가 되다는 뜻을 담겼다. 유의어는 '훤하다, 맑다' 등이 쓰인다. 조그맣게 보이던 해(日)가 더 떠오르면서 완전한 모양을 이루었으니 [성] 주위의 모든 사물이 [밝다(晟)]는 뜻이고 [성]으로 읽는다.
图 明(밝을 명) 昞(밝을 병) 昭(밝을 소) 晙(밝을 준) 回 暗(어두울 암)

필순

기초 【기초한자어】 익히고, 【기본→발전한자어】 다지기
晟氣(성기) 밝은 기운
李晟(이성) 고려시대의 문신
• 나라가 융성하고 번창하여 星氣가 충만하다.
발전 2급 晟化(성화)

부수	획수	총획
巛	8	11

새집 소【2155】

字源 〈상형〉'새집'은 새가 깃들어 사는 집을 뜻한다. 새집은 새 끼들이 어미 새의 보호 아래에서 바깥의 천적과 추위 및 더위로부터 안전하게 발육할 수 있도록 하는 안식처의 역할을 잘 한다. 나무(木) 위의 새집(田 또는 臼)에 새 3마리(巛)가 알뜰하게 살아가는 모양을 두루 본떠서 [새집(巢)]을 뜻하고 [소]로 읽는다.
回 菓(과자 과)

필순

기초 【기초한자어】 익히고, 【기본→발전한자어】 다지기
巢窟(소굴) 도둑들이 활동 본거지로 삼는 곳
卵巢(난소) 동물 암컷의 생식기관

2급名

歸巢性(귀소성) 귀소본능
• 거리 한 구석에 있는 빈 창고가 불량배들의 巢窟
  이 되고 있다.
• 비둘기나 개는 歸巢性이 강한 동물이다.

기본 〔2급〕病巢(병소)

발전 〔2급〕巢車(소거) 巢居(소거) 巢由(소유) 精巢(정소) 巢幕燕
(소막연) 〔1〕鵲巢(작소) 〔特〕巢笙(소생) 巢燧(소수)

사자성어 〔2급〕巢林一枝(소림일지) 歸巢本能(귀소본능)

부수	획수	총획
水	5	8

못 소【2156】

字源 〈형성〉'못'은 '연못'과 서로 통하고 있음이 특징이다. 가정
집 안에도 작은 연못을 만들어 자주 산책을 즐기고 있다.
못은 넓고 깊게 팬 땅에 늘 물이 괴어 있는 곳이라 하겠
다. 물줄기가 땅의 옆면을 상당히 깎아서 생긴 늪에 물
(氵)을 함께 불러(김)들여 이루어진 작은 늪으로 [못(沼)]
을 뜻하고 [소]로 읽는다.
〖同〗池(못 지) 淵(못 연) 塘(못 당) 澤(못 택) 潭(못 담)

필순 ⺀⺀氵氵沪沼沼沼沼

기초 【기초한자어】 익히고, 【기본→발전한자어】 다지기
沼澤(소택) 늪과 연못으로 둘러싸인 습한 땅
德沼(덕소) 경기 남양주시 와부읍 소재지
龍沼(용소) 폭포수가 떨어지는 밑의 깊은 웅덩이
• 강 하류에는 沼澤이 많아 철새들이 모여든다.
• 그 산 속의 龍沼에서는 옛날에 용들이 많이 살았
  다는 전설이 있다.

기본 〔2급〕沼上(수상) 沼池(수지) 淵沼(연수) 苑沼(원소)

발전 〔2급〕沼氣(소기) 沼泥(소니) 湖沼(호소) 〔1〕沼畔(소반) 璧沼
(벽소)

부수	획수	총획
邑	5	8

땅이름 소
성 소【2157】

字源 〈형성〉흔히 볼 수 있는 자연을 '천지'라 했고, 또한 '산수'
라 했다. 세상 어디에서든 볼 수 있는 우리네 자연환경이
다. 그래서 늘 붙일 수 있는 이름이 '땅'이었다고 했다. 고
을(阝) 원님을 불러(김)들일 만큼 높은 지위에 있는 사람
에게 하사해 주었던 커다란 이름으로 널리 [땅이름(邵)]을
뜻하고 [소]로 읽는다.

필순 ⺇刀刀召召召邵邵

부수	획수	총획
宀	4	7

성 송 :【2158】

字源 〈회의〉문(文)이 성한 중국의 시기를 '당송'문화라 했다.
당나라가 무너지고 난 뒤, 중국에는 무려 15개의 나라가
세워졌다. 이 나라들은 '5대 10국'인데, 약 50년 동안 다
스렸다. 나무(木)를 이용하여 집(宀)을 짓고 큰 나라를 세
워서 백성을 잘 다스렸던 [송나라(宋)] 또는 [성씨(宋)]를
뜻하고 [송]으로 읽는다.

필순 ⺀丷宀宁宇宋宋

기초 【기초한자어】 익히고, 【기본→발전한자어】 다지기
宋時烈(송시열) 조선시대 정치가
宋學(송학) 송대의 유학, 곧 성리학. 정주학. 주자
南宋(남송) 송나라 고종(高宗)이 남쪽으로 내려가
항주에 도읍하여 세운 나라
• 宋時烈은 조선 중기의 학자로 좌의정을 지냈다.
• 중국 송나라 때의 유교 철학을 宋學이라 한다.

기본 〔2급〕北宋(북송)

발전 〔2급〕宋刻(송각) 宋官(송관) 宋文(송문) 宋本(송본) 宋儒
(송유) 宋人(송인) 宋板(송판)

사자성어 〔2급〕宋襄之仁(송양지인)

부수	획수	총획
水	6	9

물가 수【2159】

字源 〈형성〉'물가'는 바다나 연못 그리고 강 따위의 가장자리
라고 할 수 있겠다. 이 가장자리를 지키면서 물가에 대한
애정을 갖고 산책도 하고, 정다운 사람들과 따스한 정을
나눴을 것이다. 얕은 물속은 돌이나 흙의 색깔이 환하게
잘 비쳐서 물(氵)이 붉게(朱) 보인다고 했으니 [물가(洙)]
를 뜻하고 [수]로 읽는다.

필순 ⺀⺀氵氵沪沪洙洙洙

기초 【기초한자어】 익히고, 【기본→발전한자어】 다지기
洙泗(수사) 중국 산동성에 있는 두 강

기초 【기초한자어】 익히고, 【기본→발전한자어】 다지기
邵邑(소읍) 지금의 하남성 제원현의 서쪽 땅
邵台輔(소태보) 고려시대의 문신
• 중국 하남성 제원현의 서쪽 땅을 邵邑이라 한다.

기본 〔2급〕邵雍(소옹)

발전 〔2급〕邵城(소성) 邵康節(소강절) 〔1〕邵齡(소령)

사자성어 〔特〕永綏吉邵(영수길소)

2급名

金性洙(김성수) 한국의 정치가, 교육자, 언론인
• 공자의 가르침과 그 학통을 洙泗學(학)이라 한다.
기본 2급 洙水(수수) 洙泗學(수사학)
발전 2급 泗洙(사수)

	부수	획수	총획
銖	金	6	14

저울눈 수【2160】

字源 〈형성〉 '저울눈'은 저울대에 새기었던 일정한 점이나 눈금을 말한다. 흔히 '저울눈에 파리'라 했었다니 작은 파리도 저울눈에 앉으면 눈금 사이가 움직인다는 뜻이다. 쇠붙이(金)에다가 일률적인 간격을 정해 놓고 색깔을 매우 붉게(朱) 표시해 놓아서 사용했었다고 알려지니 [저울눈(銖)]을 뜻하고 [수]로 읽는다.

필순 ノ ノ ノ 仁 仁 午 金 金 釒 銍 銖 銖

기초 【기초한자어】 익히고, 【기본 → 발전한자어】 다지기
銖兩(수량) 아주 적은 분량
銖寸(수촌) 조금. 극히 적음
• 두 물질의 중량을 알아 본 결과 銖兩의 차이가 났다.
• 달리기 경주에서 銖寸의 차이로 2등을 했다.
기본 2급 銖分(수분)
발전 2급 銖奸(수간) 銖鈍(수둔) 銖衣(수의) 銖稱差(수칭차)
① 銖黍(수서) 특 錙銖(치수)
사자성어 2급 銖積寸累(수적촌루)

	부수	획수	총획
隋	阜	9	12

수나라 수【2161】

字源 〈형성〉 이 한자는 '떨어지다', '수나라'란 의미를 함께 담고 있다. 인용되는 '수나라'는 남북조 시대의 혼란을 끝내고, 서진이 멸망한 후 중국을 재통일한 국가라고 알려진다. 꽉 막힌(阝) 언덕 위를 사람(月)들이 넘어갈 때 곁에서 도와(左)주지 않는다면 [떨어지다(隋)] 또는 [수나라(隋)]를 뜻하고 [수]로 읽는다.
回 隨(따를 수) 惰(게으를 타)

필순 ʒ 阝 阝 阽 阽 阼 阼 隋 隋 隋

기초 【기초한자어】 익히고, 【기본 → 발전한자어】 다지기
隋文帝(수문제) 수나라의 첫 황제
隋書(수서) 수나라의 역사를 기록한 정사
• 중국 호북성에 隋文帝가 세운 나라「隋(수)」다.
• 隋나라의 역사를 기록한 책이 隋書라고 한다.
기본 2급 隋唐(수당) 隋帝(수제)

발전 2급 隋珠(수주) 隋和(수화) 특 隋煬帝(수양제)
사자성어 2급 隋和之材(수화지재) 隋侯之珠(수후지주)

	부수	획수	총획
洵	水	6	9

참으로 순【2162】

字源 〈형성〉 '참으로 참답다'는 누구나 진실을 말하려고 했음을 알 수 있을 것이다. 사람은 거짓이나 속임수보다는 진실하게 살라고 노력한 사람이 훨씬 더 많았다. 한 열흘(旬)쯤 물(氵)을 먹어보고 배탈이 나지 않는 물은 깨끗하여 충분하게 믿을 수 있었다고 했었다니 [참으로 참답다(洵)]는 뜻이고 [순]으로 읽는다.

필순 ᐟ ᐟ 氵 氵 汋 汋 洵 洵 洵

기초 【기초한자어】 익히고, 【기본 → 발전한자어】 다지기
洵美(순미) 진실로 아름다움
蘇洵(소순) 중국 북송의 문인
• 그렇게 洵美한 보석은 처음 보았다.
• 소노천(蘇老泉)으로 불린 蘇洵은 북송의 문인이다.
발전 ① 洵涕(순체)

	부수	획수	총획
淳	水	8	11

순박할 순【2163】

字源 〈형성〉 '순박하다'는 순수하고 꾸밈이 없는 순박함과 순진함 그리고 순수함을 가슴 곁에 두고 있다. 유의어는 '담백(淡白)하다, 소박(素朴)하다, 순소(淳素)하다' 등이 있다. 산골에서 흐르는 물(氵)은 맑고 깨끗하여(亭) 사람에게 옮겨서 그 정이 도타워서 꾸밈이 없었다니 [순박하다(淳)]는 뜻이고 [순]으로 읽는다.

필순 ᐟ ᐟ 氵 氵 汸 汸 沽 沽 淳 淳 淳

기초 【기초한자어】 익히고, 【기본 → 발전한자어】 다지기
淳良(순량) 순진하고 선량함
淳朴(순박) 소박(素朴)하고 순진함
淳昌(순창) 전라북도의 지역명
• 그 사람은 淳良하여 법 없이도 살 사람이다.
• 그는 淳朴한 시골 농부로 가식이 없는 사람이다.
기본 2급 淳厚(순후)
발전 2급 淳潔(순결) 淳氣(순기) 淳魯(순로) 淳流(순류) 淳白(순백) 淳淳(순순) 淳實(순실) 淳耀(순요) 淳質(순질) 淳灘(순탄) 淳風(순풍) 淳化(순화) 淳和(순화) ① 淳澹(순담) 淳粹(순수) 樸淳(박순) 특 淳鹵(순로)
사자성어 2급 淳風美俗(순풍미속)

2급名

부수	획수	총획
玉	6	10

珣

옥이름 순 【2164】

字源 〈형성〉 사람은 누구나 구슬이나 보물을 갖고 싶어 한다. 반지는 물론 팔찌, 귀걸이, 목걸이도 소유하고 싶어 한다. 금과 옥을 비롯해서 많은 양의 보물 옥이 옛날부터 있었음을 안다. 옥(玉)으로 만든 귀중품 중에서 제사 때에 골고루 돌려가며(旬) 널리 사용하도록 했던 [옥이름(珣)]을 뜻하고 [순]으로 읽는다.

필순 一 二 丁 王 王' 圹 珀 珀 珣 珣

기초 【기초한자어】 익히고, 【기본→발전한자어】 다지기
珣玉(순옥) 옥 이름
李珣(이순) 고려시대의 무신
• 그 집안은 珣玉으로 만든 그릇을 가보로 소중하게 간직하고 있다.

기본 [2급] 名珣(명순)

부수	획수	총획
舛	6	12

舜

순임금 순 【2165】

字源 〈형성〉 중국에서는 사람들이 살기 좋은 시대를 많이들 요순이라 했다. 제순 유우씨(帝舜有虞氏)는 중국 신화 속 군주의 이름으로, '요순'은 성군의 대명사라는 게 일반적인 인식이다. 다투는(爫) 일도 없고 법을 어기는(舛) 일도 없이 백성을 따뜻한 손으로 덮어(冖) 다스렸던 [순임금(舜)]을 뜻하고 [순]으로 읽는다.

필순 ⺈ 爫 爫 妥 夗 夗 夗 舜 舜 舜

기초 【기초한자어】 익히고, 【기본→발전한자어】 다지기
堯舜(요순) 고대 중국의 요임금과 순임금을 아우름
李舜臣(이순신) 조선 시대의 명장
• 堯舜은 성군인 당요와 우순을 말한다.
• 임진왜란 때 李舜臣 장군이 왜적을 무찔렀다.

기본 [2급] 舜英(순영) 舜禹(순우)
발전 [2급] 舜民(순민) 舜花(순화) 舜華(순화) 大舜(대순)
사자성어 [2급] 堯舜時節(요순시절)

부수	획수	총획
艹	6	10

荀

풀이름 순 【2166】

字源 〈형성〉 천지자연이나 산수와 산천초목에도 이름을 붙여

주고 싶었던 모양이다. 무수한 풀이 나도 풀 하나 풀 둘이 아닌 그 이름을 필요로 했었음도 알게 해준다. 아름다운 본래의 얼굴빛으로 되돌아가서(旬) 정상을 되찾을 수 있도록 해 주는 장하고 값진 풀(艹)이었다니 [풀이름(荀)]을 뜻하고 [순]으로 읽는다.

필순 一 十 十 艹 艹 芍 芍 荀 荀

기초 【기초한자어】 익히고, 【기본→발전한자어】 다지기
荀悅(순열) 중국의 학자
荀子(순자) 중국 전국시대의 학자
• 荀子는 중국 전국시대의 학자로 성악설을 주장한 사람이다.

기본 [2급] 荀草(순초)
발전 [2급] 荀卿(순경) 荀況(순황) 孟荀(맹순) 松荀(송순) [특급] 桉荀(접순)

부수	획수	총획
玉	9	13

瑟

큰거문고 슬 【2167】

字源 〈형성〉 흔히 금슬(琴瑟)이라고 했다. 국악기 중 현악기인 작은 거문고는 '휘금'이라고도 부른 금(琴)과 25현의 큰 거문고 슬(瑟)이다. 두 가지 악기를 같이 연주하여 하모니를 이룬다. 구슬(玉)과 구슬(玉)이 서로 꼭(必) 붙어서 자랑하면서 다투듯이 굴러가는 그 소리가 마치 [비파(瑟)] 소리 같다는 뜻이고 [슬]로 읽는다.
图 琴(거문고 금)

필순 一 二 丁 王 王' 珏 珏 玶 瑟 瑟 瑟

기초 【기초한자어】 익히고, 【기본→발전한자어】 다지기
瑟韻(슬운) 큰 거문고 소리
琴瑟(금슬) 거문고와 비파. 부부 사이의 정
• 큰 거문고의 소리를 瑟韻이라 한다.
• 그 집 부부는 琴瑟이 좋기로 소문이 났다.

기본 [2급] 琴瑟(금슬)
발전 [2급] 瑟居(슬거) 瑟瑟(슬슬) 瑟縮(슬축) 清瑟(청슬) [1급] 膠瑟(교슬) 蕭瑟(소슬) [특급] 瑟汩(슬율)
사자성어 [2급] 膠柱鼓瑟(교주고슬) 琴瑟之樂(금슬=금실지락)

부수	획수	총획
糸	13	19

繩

노끈 승 【2168】

字源 〈형성〉 '노끈'은 실이나 삼 또한 질긴 종이 등으로 잘 비비거나 꼬았던 줄로 만든 끈이다. 노끈의 질에 따라서 다소

다르겠지만, 노끈이 질겨서 잘 떨어지지 않았다. 실(糸)을 여러 겹으로 잘 꼬아서 버티는 강력한 힘을 받을 수(黽) 있도록 튼튼하게 만들어 놓았다고 했으니 [노끈(繩)]을 뜻하고 [승]으로 읽는다.

回 縄

필순 糸 糽 絅 絅 絅 繩 繩 繩 繩 繩

기초 【기초한자어】 익히고, 【기본 → 발전한자어】 다지기
繩墨(승묵) 먹줄
繩索(승삭) 노와 새끼를 아울러 이르는 말
捕繩(포승) 죄인을 잡아 묶는 노끈
• 집을 지을 때 재목에 繩墨을 쳐서 재단한다.
• 범인을 잡으면 수갑을 채우고 捕繩으로 묶는다.

기본 [2급] 繩尺(승척) 火繩銃(화승총)

발전 [2급] 繩檢(승검) 繩糾(승규) 繩度(승도) 繩督(승독) 繩絡(승락) 繩削(승삭) 繩繩(승승) 繩外(승외) 繩正(승정) 繩祖(승조) 繩準(승준) 繩直(승직) 繩察(승찰) [1] 繩矩(승구) 繩伎(승기) 繩縛(승박) 繩枉(승왕) 繩檣(승제) 繩樞(승추) 繩劾(승핵) 矩繩(구승) 縛繩(박승) 緘繩(함승) [特] 繩愆(승건) 繩牀(승상) 繩纓(승영) 繩鞵(승혜) 繩戲(승희) [特] 繩屨(승구)

사자성어 [2급] 繩趨尺步(승추척보) [1] 自繩自縛(자승자박)

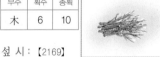

柴

부수	획수	총획
木	6	10

섶 시 : 【2169】

字源 〈형성〉 '섶은 땔감으로 쓰기에 적당한 나무를 의미한다. 잎나무. 풋나무. 물거리 따위의 불이 잘 붙는 가느다란 나무를 통틀어 이르는 말이다. 섶을 엮어 울타리를 만들기도 했다. 얼른 살펴보아 나무(木) 줄기나 잎에 여러 가지 흠집이 있어(此) 보이는 땔나무 감으로 널리 [섶나무(柴)]를 뜻하고 [시]로 읽는다.

回 薪(섶 신)

필순 ⺊ ⺊ ⺊ ⺊ 此 此 些 柴 柴 柴

기초 【기초한자어】 익히고, 【기본 → 발전한자어】 다지기
柴糧(시량) 땔나무와 식량
柴木(시목) 땔나무
柴門(시문) 사립문
• 옛날에는 柴糧이 풍족하면 사는 데 아무런 걱정이 없다고 했다.
• 옛날 시골 초가집의 문은 대부분 柴門이었다.

기본 [2급] 柴地(시지) 柴草(시초) 柴炭(시탄) 田柴科(전시과)

발전 [2급] 柴車(시거) 柴奴(시노) 柴戶(시호) 柴毀(시훼) [1] 柴扉(시비) 柴薪(시신) 柴荊(시형)

湜

부수	획수	총획
水	9	12

물맑을 식 【2170】

字源 〈형성〉 '산은 높고 물은 맑다'했으니 이를 인용하여 '산고수청(山高水淸)'이다. 또한 햇빛을 잘 받아 '산은 자주빛 물들고 물은 맑다'고도 했으니 '산자수명(山紫水明)'이라 했다. 물(氵)이 평평하고 곧게(是) 흘러갈 때에는 주위의 다른 불순물이 섞이지 않고 순수하다 했으니 [맑다(湜)]는 뜻이고 [식]으로 읽는다.

圖 淸(맑을 청) 瀅(물맑을 형)

필순 氵 氵 沪 沪 沪 浔 浔 浔 湜 湜

기초 【기초한자어】 익히고, 【기본 → 발전한자어】 다지기
湜湜(식식) 물이 맑아 물밑까지 환히 보이는 모양
金湜(김식) 조선 중종 때의 주자학자
• 연못의 물이 너무나 湜湜해서 노니는 물고기가 뚜렷하게 보인다.

기본 [2급] 淸湜(청식)

軾

부수	획수	총획
車	6	13

수레가로나무 식 【2171】

字源 〈형성〉 소동파의 명구에서 유래하고 있다. 소동파 이름이 軾(식)인데, 이 글자인 [수레가로나무 식]이며 부친은 소순이고, 동생은 소철인 3부자를 일러 '三蘇'라고도 했다. 수레(車)를 탈 때에 가로로 걸린 손잡이 나무를 만들어 거기에다 자기 몸을 의지했으니(式) [수레 가로나무(軾)]를 뜻하고 [식]으로 읽는다.

필순 ⼀ ⼞ ⼞ 車 車 車 軒 軒 軾 軾

기초 【기초한자어】 익히고, 【기본 → 발전한자어】 다지기
蘇軾(소식) 당송 팔대가의 한 사람
金富軾(김부식) 고려 시대의 문신
• 蘇軾은 중국 송나라 때의 대문호로 유명하다.

기본 [2급] 據軾(거식) 依軾(의식)

발전 [1] 憑軾(빙식)

潘

부수	획수	총획
水	15	18

즙낼 심 :
물이름 심 : 【2172】

2급名

字源 〈형성〉 사용되는 여러 가지 물 이름도 그 이름으로 명명하고 싶었던 모양이다. 물 이름이 입가에 뱅뱅하면서 돌

고 있지만 마땅하게 붙일 이름이 얼른 생각나지 않았기 때문이다. 물(氵)의 흐름을 유심히 살펴서(審) 조심스럽게 건너갔으니 [즙내다(瀋)] 또는 뜻이 바뀌어 [물 이름(瀋)]을 뜻하고 [심]으로 읽는다.

 필순 氵沪沪沪淠淠深湷湷瀋瀋

기초 【기초한자어】 익히고, 【기본→발전한자어】 다지기
瀋陽(심양) 중국 동북 지방에 있는 지명
• 瀋陽은 중국 요동성에 있는 도시이다.

기본 2급 瀋水(심수)

발전 2급 瀋州(심주) ① 瀋漿(심장) 출진 泔瀋(감심)

	부수	획수	총획
關	門	8	16

막을 알 【2173】

字源 〈형성〉 '막다'는 가림막으로 꽉 막혔던 통로 따위로 더는 물이나 사람이 통하지 못하도록 하다는 뜻이다. 유의어는 '봉(封)하다, 전색(塡塞)하다, 폐색(閉塞)하다' 등이다. 심하게 홍수가 들어서 사람이 드나드는 문 앞(門)에 진흙(於←淤)이 수북하게 쌓여서 물길이 꽉 막혔으니 [막다(關)]는 뜻이고 [알]로 읽는다.

필순 丨冂冖門門門門閈閈閼閼關

기초 【기초한자어】 익히고, 【기본→발전한자어】 다지기
關塞(알색) 막힘, 옹색
金關智(김알지) 경주 김씨의 시조
單關(단알) 갑자에서, 천간의 넷째
• 몸이 아파서 關塞한 방에서 하루를 뒹굴었다.
• 고갑자(古甲子)의 12지에서 네 번째가 單關이다.

기본 2급 關智(알지)

발전 2급 關伽(알가) 關密(알밀) 關逢(알봉) 關性(알성) 關氏(연지)

	부수	획수	총획
鴨	鳥	5	16

오리 압 【2174】

字源 〈형성〉 '오리'는 오릿과에 속하는 소형 물새들을 통틀어 이르는 용어다. 오리의 머리는 둥글고 부리는 넓적하며 곡식이나 물고기 등을 잘 먹는 습성이 있어 번식력이 크다. 甲은 '꽥(합)'의 축약으로 '오리가 우는 소리'를 표기했다고 했으니 오리가 '꽥꽥(꽥꽥)' 우는 새(鳥)로 [오리(鴨)]를 뜻하고 [압]으로 읽는다.

 필순 口日甲甲甲甲鳴鴨鴨鴨

기초 【기초한자어】 익히고, 【기본→발전한자어】 다지기
鴨綠江(압록강) 우리나라와 중국과의 경계를 이루는 커다란 강
家鴨(가압) 집오리
野鴨(야압) 물오리
• 鴨綠江은 백두산에서 발원해서 서해로 흐른다.
• 野鴨이 호수 위에 떼 지어 내려앉는다.

기본 2급 鴨爐(압로) 鴨綠(압록) 水鴨(수압) 土鴨(토압) 黃鴨(황압)

발전 2급 鴨頭(압두) 鴨黃(압황) 爐鴨(노압) 鴨脚樹(압각수) 雁鴨池(안압지)

	부수	획수	총획
埃	土	7	10

티끌 애 【2175】

字源 〈형성〉 '티끌'은 티와 먼지를 통틀어 일컫는 말로 아주 작거나 적은 것을 비유적으로 이르기도 한다. 유의어는 '개진(芥塵), 분진(粉塵)' 등으로 쓰인다. 가뭄이 아주 심하게 들어 흙(土)이 바싹 말라 그 생명력을 잃게 되면 그 마지막(矣)에는 먼지가 되어 여기저기에 쌓이니 [티끌(埃)]을 뜻하고 [애]로 읽는다.

동 塵(티끌 진)

 필순 一十土圵圵圿圿埈埃埃

기초 【기초한자어】 익히고, 【기본→발전한자어】 다지기
埃及(애급) '이집트'의 음역어
埃滅(애멸) 티끌처럼 없어짐
塵埃(진애) 티끌. 세상의 속된 것
• 갑자기 들어오는 횡재는 埃滅하기 쉽다.
• 오랜만에 시골 빈집에 갔더니 사방에 塵埃가 가득 차 있었다.

기본 2급 煙埃(연애) 土埃(토애) 黃埃(황애)

발전 2급 埃氣(애기) 埃霧(애무) 埃墨(애묵) 埃風(애풍) 芳埃(방애) ① 埃煤(애매) 埃靄(애애) 煤埃(매애) 토비 涓埃(연애) 출진 埃氛(애분) 埃壒(애애)

	부수	획수	총획
艾	艸	2	6

쑥 애 【2176】

字源 〈형성〉 '쑥'은 국화과에 속한 여러해살이풀로 쑥, 산쑥, 덤불쑥, 참쑥, 물쑥 등을 통틀어 이르는 말이다. 척박한 환경에서도 잘 자란다. 유의어는 '봉애(蓬艾), 다북쑥' 등이다. 따뜻한 봄이 되어 줄기가 옆으로 얼기설기 퍼지는(乂) 풀(艹)로 그 자람이나 세력이 매우 왕성했으니 [쑥(艾)]을 뜻하고 [애]로 읽는다.

圖 蓬(쑥 봉)

필순 一 十 十 甘 艾 艾

기초 【기초한자어】 익히고, 【기본→발전한자어】 다지기
艾年(애년) 나이 50을 이르는 말
艾葉(애엽) 약쑥의 잎
蓬艾(봉애) 쑥
· 인생 50세를 艾年이라고 한다.
· 艾葉은 주로 한약재로 많이 쓰인다.

기본 2급 蘭艾(난애)

발전 2급 艾耆(애기) 艾老(애로) 艾服(애복) 艾色(애색) 艾艾(애애) 艾人(애인) 艾藍(예람) 艾安(예안) ① 艾灸(애구) 艾餠(애병) 灼艾(작애) 鍼艾(침애) 沛艾(패애) 莉艾(형애) 特 艾俑(애용) 艾蒿(애호) 國字 艾猳(애가) 艾糕(애고)

사자성어 ① 蘭艾同焚(난애동분)

伽

부수	획수	총획
人	9	11

가야 야 【2177】

字源 〈형성〉 '가야'는 서기전 1세기부터 서기 6세기 중엽의 나라다. 지역의 범위는 경상남도 대부분과 경상북도 일부 지역을 영유하면서 찬란한 문화를 일구어냈던 우리의 고대국가다. 사람(亻)이 살아가다가 아버지(耶)가 돌아가시면 그 위패를 정성껏 모셔 두었던 곳을 널리 [절(伽)]을 뜻하고 [야]로 읽는다.

필순 亻 亻 亻 亻 亻 亻 伽 伽 伽

기초 【기초한자어】 익히고, 【기본→발전한자어】 다지기
伽倻琴(가야금) 가야의 우륵이 만들었다는 우리나라 고유의 현악기
伽倻山(가야산) 경상북도 성주군과 경상남도 합천군 사이에 있는 산
大伽倻(대가야) 육가야 중의 하나
· 伽倻琴은 우리나라 고유의 현악기이다.
· 伽倻山은 경상남북도의 경계에 있는 명산이다.

기본 2급 伽倻溪(야계) 伽倻(가야) 伽倻集(야계집)

발전 2급 伽倻國(가야국)

襄

부수	획수	총획
衣	11	17

도울 양(ː)
【2178】

字源 〈형성〉 '돕다'는 진행하고 있는 일이 잘 되도록 힘을 보태다는 뜻이다. 또는 현재의 어려운 처지에서 빨리 벗어나도록 해주다는 뜻이다. 유의어는 '거들다, 보조(輔助)하다' 등이 쓰인다. 많은 사람이 옷(衣)을 입는 것은 몸을 잘 보

호하여 서로 [돕는다(襄)] 또는 도와서 일을 [이루다(襄)]는 뜻이고 [양]으로 읽는다.

필순 亠 亠 亠 亩 声 审 重 裹 裹 襄

기초 【기초한자어】 익히고, 【기본→발전한자어】 다지기
襄禮(양례) 장례
襄陽(양양) 강원도 양양군에 있는 읍. 군청 소재지
· 경건한 마음으로 할아버지의 襄禮式(식)에 참석했다.
· 襄陽은 강원도 양양군에 있는 고을 이름이다.

기본 2급 襄同(양동) 宋襄(송양)

발전 2급 襄奉(양봉) 襄事(양사) 襄岸(양안) 襄羊(양양)

사자성어 2급 宋襄之仁(송양지인)

彦

부수	획수	총획
彡	6	9

선비 언ː【2179】

字源 〈형성〉 '선비'는 학식과 인품을 두루 갖춘 사람에 대한 일반적인 호칭이다. 유교이념과 유교교육을 구현한 인격체로 본다. 또는 유교적인 신분 계층을 모두 지칭한 사람이다. 글(文) 공부만 하기 위해 집(厂) 밖으로 나가지 않은 채 얼굴에는 유독 많은 털(彡)로 덮여 있었던 [선비(彦)]를 뜻하고 [언]으로 읽는다.
圖 士(선비 사) 儒(선비 유)

필순 亠 亠 亠 立 产 彦 彦 彦

기초 【기초한자어】 익히고, 【기본→발전한자어】 다지기
彦士(언사) 재덕이 뛰어난 남자
諸彦(제언) 제현
李彦迪(이언적) 조선 중종 때의 학자
· 그는 재덕이 뛰어난 인물로 彦士라 불린다.
· 평소 존경하는 諸彦을 모시고 토론회를 시작하였다.

기본 2급 彦會(언회)

발전 2급 彦聖(언성) 彦俊(언준) 英彦(영언) 偉彦(위언) 俊彦(준언)

妍

부수	획수	총획
女	6	9

고울 연ː【2180】

字源 〈형성〉 '곱다'는 보기에 좋게 산뜻하고 아름답다는 뜻을 담고 있다. 또한 말씨가 상냥하고 그지없이 순하다는 뜻도 있다. 유의어는 '미려(美麗)하다, 예쁘다, 순순(順順)하다' 등이다. 여자(女)가 외출을 하기 위해서 몸단장을 하면서 매무새를 잘 다듬었으니(幵) 자태가 매우 [곱다(妍)]는 뜻이고 [연]으로 읽는다.

2급 名

園(고울 려) 艶(고울 염) 凹醜(추할 추) 回妍

필순 ㄥ ㄥ ㄥ 女 女 女 妧 妧 妧 妍

기초 【기초한자어】 익히고, 【기본→발전한자어】 다지기
妍麗(연려) 예쁘고 아리따움
妍粧(연장) 곱게 단장함
妍醜(연추) 용모의 아름다움과 추함
• 그 여자 분은 妍麗한 자태로 주위의 시선을 끌었다.
• 동생의 결혼식에 妍粧하고서 참석을 하였다.

기본 2권 妍芳(연방) 華妍(화연)

발전 2권 妍容(연용) 纖妍(섬연) ① 妍艶(연염) 妍倡(연창)
特 妍蚩(연치) 暄妍(훤연) 출전 妍嫣(연언)

부수	획수	총획
水	9	12

못 연【2181】

字源 〈회의〉'못'은 땅을 깊이 파서 흐르는 물을 막아 더는 물이
빠지지 못하게 가두어 놓은 곳으로 물에서 자라는 연을
심기도 하였다. 유의어는 '연당(蓮塘), 연지(蓮池)' 등이 함
께 쓰인다. 여러 갈래에서 조각(片) 조각(爿) 흩어져서 흐
르던 물(氵)이 한(一) 곳으로 모두 모였으니 [못(淵)]을 뜻
하고 [연]으로 읽는다.
園池(못 지) 塘(못 당) 淡(못 담) 澤(못 택) 潭(깊을 담)
回淵, 渊

필순 氵 氵 氵 沪 沪 沪 渊 渊 渊 淵

기초 【기초한자어】 익히고, 【기본→발전한자어】 다지기
淵源(연원) 사물의 근원
深淵(심연) 깊은 못
• 영산강의 淵源에는 용소가 있다.
• 물이 너무 맑아 深淵 속의 고기 떼가 훤히 보인다.

기본 2권 淵沼(연소) 淵蓋蘇文(연개소문)

발전 2권 淵角(연각) 淵客(연객) 淵谷(연곡) 淵極(연극) 淵圖
(연도) 淵洞(연동) 淵慮(연려) 淵令(연령) 淵流(연류)
淵謀(연모) 淵妙(연묘) 淵微(연미) 淵博(연박) 淵富
(연부) 淵氷(연빙) 淵色(연색) 淵塞(연색) 淵水(연수)
淵淑(연숙) 淵識(연식) 淵深(연심) 淵雅(연아) 淵淵
(연연) 淵然(연연) 然遠(연원) 淵懦(연유) 淵意(연의)
淵潛(연잠) 淵靜(연정) 淵照(연조) 淵沓(연지) 淵泉
(연천) 淵沖(연충) 淵澤(연택) 淵每(연해) 淵玄(연현)
淵泓(연홍) ① 淵曠(연광) 淵奧(연오) 淵澄(연징) 淵叢
(연총) 淵洽(연흡) 澄淵(징연) 泃淵(흉연) 特 淵邈
(연막) 淵藪(연수) 淵塞(연수) 淵嶽(연악) 출전 淵默(연묵)

사자성어 2권 脫網就淵(탈망취연) ① 揭斧入淵(게부입연)

부수	획수	총획
行	3	9

넓을 연 : 【2182】

字源 〈회의〉'넓다'는 면이나 바닥의 면적이 크고 상당히 널찍
하다. 또는 사람의 생각이나 마음이 크고 너그럽다는 뜻
까지를 담는다. 유의어는 '광범위(廣範圍)하다' 등이 쓰인
다. 비가 장대같이 많이 쏟아져서 길(行)에까지 물(氵)이
들어 왔으니 넘쳐서 그 범위가 더욱 많아 [넓다(衍)]는
뜻이고 [연]으로 읽는다.
園浩(넓을 호) 洪(넓을 홍) 廣(넓을 광) 回行(다닐 행)

필순 ㇓ ㇓ 彳 彳 彳 衍 衍 衍 衍

기초 【기초한자어】 익히고, 【기본→발전한자어】 다지기
衍文(연문) 글 가운데 쓸데없이 긴 군더더기 글귀
衍沃(연옥) 넓고 기름진 땅
摩訶衍(마하연) 강원도 내금강면 금강산의 절
• 이 글은 衍文이 많아 교정이 꼭 필요하다.
• 이 간척지는 衍沃으로 농사가 잘 된다.

기본 2권 衍義(연의) 衍字(연자) 敷衍(부연) 塡衍(분연) 鄒衍
(추연)

발전 2권 衍衍(연연) 衍盈(연영) 衍喜宮(연희궁) ① 衍繹
(연역) 衍溢(연일)

부수	획수	총획
門	8	16

마을 염【2183】

字源 〈형성〉'마을'은 주로 시골에서 여러 집이 모여 사는 곳이
다. 시골의 넉넉한 인심이 통하도록 옹기종기 사는 곳이
다. 유의어는 '교리(郊里), 동네, 동리(洞里), 촌락(村落), 부
락(部落)' 등이다. 구덩이(臽)를 깊이 파고 세운 문(門)인
[마을(閻)] 또는 저승문(門)의 불구덩이(臽)인 [염라(閻)]를
뜻하고 [염]으로 읽는다.
園閭(마을 려)

필순 丨 冂 冂 門 門 門 門 門 閂 閻 閻

기초 【기초한자어】 익히고, 【기본→발전한자어】 다지기
閻羅國(염라국) 염라대왕이 다스리는 나라라는 뜻
閻錫山(염석산) 중국 군인 이름
閻魔(염마) 염라대왕. 죽어서 지옥에 떨어진 사람이
생전에 지은 선악을 심판하는 왕
• 사람이 죽으면 저승인 閻羅國으로 간다고 했다.
• 閻魔도 돈 앞에서는 한쪽 눈을 감는다.

기본 〔2급〕 閻羅(염라)

발전 〔2급〕 閻浮(염부) 閻易(염이) 閻妻(염처) 閻羅人(염라인) 閻浮提(염부제) 〔1〕 閭閻(여염)

사자성어 〔2급〕 閻羅大王(염라대왕)

부수	획수	총획
火	12	16

빛날 엽 【2184】

字源 〈형성〉 '빛나다'는 윤이 나서 그 광채가 번쩍이다는 뜻을 담고 있다. 그러한 영광스럽고 훌륭한 업적을 남겼음을 뜻한다. 또한 공적이 빛나서 그 윤기를 환하게 드러내고도 있다. 해가 떠서 환하게 빛나듯이, 수많은 불빛(火)이 번쩍번쩍하게 그 빛(華)을 발휘하고 있으니 [빛나다(燁)]는 뜻이고 [엽]으로 읽는다.
동 曄(빛날 엽) 爛(빛날 란) 耀(빛날 요) 燦(빛날 찬)

필순

기초 【기초한자어】 익히고, 【기본→발전한자어】 다지기
燁然(엽연) 아름답게 빛나는 모양
盛茂燁(성무엽) 중국의 문인화가
• 燁然한 보름달이 중천에 떠 있다.

기본 〔2급〕 燁燁(엽엽) 白善燁(백선엽)

부수	획수	총획
日	9	13

비칠 영 : 【2185】

字源 〈형성〉 '비치다'는 빛이 나서 환하게 되다, 빛을 받아 모양이 나타나 보인다는 뜻이다. 인기가 많은 어떤 자동차는 빛을 받으면 몸체에서 윤기가 나서 많은 사람들이 곱다며 좋아한다. 해(日)가 중천인 하늘 가운데(央)에 있어서 햇빛이 모든 식물(艹)들을 두루 덮어 환하게 [비치다(暎)]는 뜻이고 [영]으로 읽는다.
동 照(비칠 조) 映(비칠 영)

필순

기초 【기초한자어】 익히고, 【기본→발전한자어】 다지기
暎奪(영탈) 눈이 부셔 가림
張志暎(장지영) 국어학자
黃晳暎(황석영) 소설가
• 현란한 네온사인이 暎奪한 분위기를 조성한다.
• 黃晳暎은 소설 『장길산』의 작가이다.

기본 〔2급〕 暎發(영발) 暎湖(영호) 金洙暎(김수영)

발전 〔2급〕 暎湖樓(영호루) 〔特〕 彪暎(표영)

부수	획수	총획
玉	9	13

옥빛 영 【2186】

字源 〈형성〉 '옥빛'은 옥과 같이 파르스름하게 고운 빛깔이다. 옥빛은 예로부터 사람들에게 큰 관심과 사랑을 받아왔다. 유의어는 파르스름한 빛깔인 '옥색(玉色)' 등이 쓰인다. 소중하게 간직했던 옥구슬(玉)이 마치 꽃(英)처럼 아름다운 빛을 뿜어 수정처럼 해맑고 환하게 비쳤으니 [옥빛(瑛)]을 뜻하고 [영]으로 읽는다.

필순

기초 【기초한자어】 익히고, 【기본→발전한자어】 다지기
瑛瑤(영요) 옥처럼 아름다운 덕을 갖춘 사람
金瑛(김영) 조선 중기의 문신
• 성인(聖人)은 지혜와 瑛瑤한 덕이 뛰어난 사람이다.

기본 〔2급〕 藍瑛(남영) 赤瑛(적영)

발전 〔2급〕 玉瑛(옥영) 〔特〕 瑛瑤(영요) 〔特〕 瑛琚(영거)

부수	획수	총획
皿	4	9

찰 영 【2187】

字源 〈형성〉 '차다' 어떤 기운이나 감정이 강하게 드러남을 뜻한다. 꽃향기가 실내에 더는 들어갈 수 없을 만큼 풍기니 차다는 뜻이겠다. 우리들 마음속에 가득하게 넘치고 있다. 사람이 손(又)을 크게 벌려 활(乃)을 당겨 사냥하여 잡은 날고기가 그릇(皿) 속에 가득 차 있으니 [차다(盈)]는 뜻이고 [영]으로 읽는다.
동 滿(찰 만) 空(빌 공) 虛(빌 허)

필순

기초 【기초한자어】 익히고, 【기본→발전한자어】 다지기
盈德(영덕) 영덕군 중부에 있는 읍
盈滿(영만) 가득 참
盈月(영월) 둥근 달. 만월
• 물탱크에 물이 盈滿해서 넘쳐난다.
• 한가위 盈月이 휘영청 떠 있구나.

기본 〔2급〕 盈虛(영허) 沖盈(충영)

발전 〔2급〕 盈缺(영결) 盈科(영과) 盈貫(영관) 盈盛(영성) 盈衍(영연) 盈厭(영염) 盈盈(영영) 盈尺(영척) 〔1〕 盈耗(영모) 盈羨(영선) 盈溢(영일) 盈斟(영짐) 〔特〕 盈虧(영휴)

2급名

부수	획수	총획
水	13	16

종족이름 예 : 【2188】

字源 〈형성〉 우리 민족의 조상을 가리켜 '예맥'이라고 불렀다. 고구려의 전신인 부족국가의 이름인 '종족이름'은 바로 발해의 기상을 담은 예맥이었음이 326년의 역사가 말해준다. 해(歲)마다 홍수가 나면 물(氵)이 온 나라에 넘쳐 범람하여 백성들의 행색이 더러웠던 나라로 [종족 이름(濊)]으로 쓰이고 [예]로 읽는다.
回 穢(더러울 예)

필순 氵 氵' 氵⁻ 氵⁻ 澕 澕 澕 濊 濊 濊 濊

기초 【기초한자어】 익히고, 【기본→발전한자어】 다지기
濊貊(예맥) 한국의 종족을 형성한 예족과 맥족을 통틀어 이르는 말
汚穢(오예) 지저분하고 더러움. 또는 그러한 것
• 옛날 압록강 유역에 있었던 고조선의 한 나라 이름이 濊貊이다.
• 그 공장에서는 汚穢한 폐수를 하천에 방류하다가 그만 당국에 적발되었다.
기본 2급 東濊(동예) 汪濊(왕예)
발전 2급 濊國(예국) 遼濊(요예) 濊濊(활활)

부수	획수	총획
目	9	14

슬기 예 : 【2189】

字源 〈회의〉 박물관의 유물에는 조상의 슬기가 깃들어 있다. '슬기'는 사리를 판단하고 일을 처리해 내는 재능이나. 뉴의어는 '영민하다. 지혜롭다. 총명하다' 등이 있다. 높고(上) 높은(八) 산에서 사람(人)이 사방에 뻗쳐(丿) 있어 한(一) 가지씩 눈(目)여겨 보았다고 했으니 한 [슬기(睿)]를 뜻하고 [예]로 읽는다.
图 智(슬기 지)

필순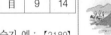

기초 【기초한자어】 익히고, 【기본→발전한자어】 다지기
睿德(예덕) 몹시 뛰어난 덕망
睿宗(예종) 조선조 8대왕
睿智(예지) 슬기로운 지혜
• 그는 매사에 睿智에 밝은 훌륭한 인재이다.
• 그는 睿德이 뛰어난 수재라고 칭찬이 자자하다.
기본 2급 睿達(예달)
발전 2급 睿感(예감) 睿曲(예곡) 睿斷(예단) 睿圖(예도) 睿覽(예람) 睿謨(예모) 睿文(예문) 睿聞(예문) 睿緒(예서)

睿聖(예성) 睿慈(예자) 睿旨(예지) 睿哲(예철) 聰睿(총예)
① 睿藻(예조)

부수	획수	총획
艸	4	8

성 예 : 【2190】

字源 〈형성〉 부계예씨의 시조 예락전은 고려 인종조에 문하찬성사를 지냈고, 부계군에 봉해졌다고 한다. 8세손 예승석(芮承錫)은 문과에 급제하여 대사간, 공조참판을 역임했던 인물이다. 땅(冂)을 뚫고 풀(艹)이 뾰족하게 금방 솟아 올라(人) 온 모습이지만 작고 연한 새싹으로 [성씨(芮)]를 뜻하고 [예]로 읽는다.

필순 一 ナ ++ ++ 艻 芮 芮 芮

기초 【기초한자어】 익히고, 【기본→발전한자어】 다지기
芮芮(예예) 풀이 나서 뾰족뾰족하게 자란 모양
芮宗錫(예종석) 일제 때의 친일 자본가
• 芮芮는 옛날 몽골 지방에 있었던 오랑캐의 나라 이름이다.
기본 2급 芮氏(예씨)
발전 2급 芮戈(예과) 芮城(예성) ① 虞芮(우예)

부수	획수	총획
口	4	7

성 오 【2191】

字源 〈회의〉 '오씨'의 吳는 '거룩하다', '가장 높다'는 뜻이 있다. 오씨는 크게 두 가지 유래가 있다. 하나는 염제 후손 강성계 오씨와 희성 오태백계 오씨로 나뉜다. 그 이후의 파는 갈래가 많다. 머리를 옆으로 젖혀(夨) 큰 소리(口)로 떠드는 사람의 모습을 본떠서 [나라이름(吳)] 또한 [성씨(吳)]를 뜻하고 [오]로 읽는다.

필순 丶 口 口 吊 号 号 吳

기초 【기초한자어】 익히고, 【기본→발전한자어】 다지기
吳世昌(오세창) 민족대표 33인 중의 한 사람
吳越(오월) 오의 지방과 월의 지방. 서로 화합할 수 없는 원수 사이를 비유
吳吟(오음) 고향을 그리워함을 이르는 말
• 吳越은 서로 화합할 수 없는 원수 사이를 이르는 말이다.
• 吳吟은 고향을 그리워함을 이르는 말이다.
기본 2급 吳子(오자)
발전 2급 吳兒(오아) 吳音(오음) 吳回(오회) ① 吳鉤(오구) 吳綾(오릉) 吳榜(오방) 特 吳娃(오왜)

	부수	획수	총획
塿	土	13	16

물가 오 : 【2192】

字源 〈형성〉 '물가'는 바다. 못. 강 따위의 가장자리이다. 우리 민족은 물가에 대한 애상이 많다. 「공무도하가」는 남편이 물에 빠져 죽고 「서경별곡」은 정인이 대동강을 건너 떠난다. 흙(土)을 깊게(奧) 파서 땅굴을 만들어 적이 쳐들어오지 못하도록 해변가에 만든 방구로 묻는 [물가(塿)]를 뜻하고 [오]로 읽는다.
回 洙(물가 수) 涯(물가 애) 汀(물가 정)

필순 土 圤 圤 圤 坰 坰 塿 塿 塿 塿

기초 【기초한자어】 익히고, 【기본→발전한자어】 다지기
塿地利(오지리) '오스트리아'의 음역어
• 오스트리아를 奧地利라고 음역해 사용한다.
기본 2급 獨塿(독오) 韓塿(한오) 塿太利(오태리)
발전 2급 塿國(오국)

	부수	획수	총획
沃	水	4	7

기름질 옥 【2193】

字源 〈형성〉 '기름지다'는 식물의 양분이 많은 상태로 나무가 잘 자란다. 살찌고 윤기가 있다는 강한 의미를 담는다. 유의어는 '걸다. 비옥(肥沃)하다. 비유(肥腴)하다' 등이 쓰인다. 물(氵)만 대주면 모든 초목이 왕성하게(夭) 잘 자라서 기름기가 자르르 흐를 만큼 윤택해졌으니 [기름지다(沃)]는 뜻이고 [옥]으로 읽는다.
回 肥(살찔 비) 灌(물댈 관)

필순 丶 氵 氵 沪 沪 汙 沃

기초 【기초한자어】 익히고, 【기본→발전한자어】 다지기
沃田(옥전) 기름진 논밭
沃川(옥천) 충청북도 옥천군에 있는 읍
肥沃(비옥) 땅이 걸고 기름짐
• 그 집 문 앞은 沃田으로 농사짓기에 알맞다.
• 그 곳 간척지는 땅이 肥沃해서 농사가 잘 된다.
기본 2급 沃沮(옥저) 沃土(옥토)
발전 2급 沃畓(옥답) 沃滅(옥멸) 沃美(옥미) 沃野(옥야) 沃若(옥약) 沃壤(옥양) 沃衍(옥연) 沃沃(옥옥) 沃日(옥일) 沃疇(옥주) 沃地(옥지) 沃泉(옥천) 沃濯(옥탁) 沃澤(옥택) 啓沃(계옥) 膏沃(고옥) 1급 沃灌(옥관) 沃沸(옥비)

	부수	획수	총획
鈺	金	5	13

보배 옥 【2194】

字源 〈형성〉 '보배'는 물건이 귀중하며 꼭 필요한 사람이나 자산을 비유적으로 이른다. 또한 누구나 그리고 언제나 귀하고 소중하게 여기는 물건이기도 하다. 유의어는 '재산(財産)' 등이 쓰인다. 옛날이나 지금이나 사람들은 쇠붙이(金)와 옥구슬(玉)을 귀중하게 여겼으므로 그런 [보배(鈺)]를 뜻하고 [옥]으로 읽는다.
回 寶(보배 보) 珍(보배 진)

필순 丿 𠂆 𠂆 牟 余 金 金 金 釒 鈺 鈺

기초 【기초한자어】 익히고, 【기본→발전한자어】 다지기
鈺石(옥석) 진귀한 돌. 보배
金承鈺(김승옥) 한국의 소설가
• 그 집안은 鈺石을 가보로 여겨 대물림하면서 소중히 간직하고 있다.
기본 2급 鈺圭(옥규) 李鈺(이옥)

	부수	획수	총획
甕	瓦	13	18

독 옹 : 【2195】

字源 〈형성〉 '독'은 항아리와 같은 뜻으로 쓰인다. 아가리가 상당히 좁고 배가 부른 질그릇의 한 가지로 '쌀독, 김칫독, 과일주 독' 등으로 쓰이는 물건이다. 우리 한민족에게 친근하다. 사람 · 불 · 흙이 모두 조화(雍)를 이루어야만 커다란 질그릇(瓦)을 빚을 수 있어서 큰 항아리인 [독(甕)]을 뜻하고 [옹]으로 읽는다.

필순 亠 㚈 㚈 雍 雍 雍 雍 甕 甕 甕

기초 【기초한자어】 익히고, 【기본→발전한자어】 다지기
甕器(옹기) 옹기그릇
甕津(옹진) 황해도 옹진군에 있는 읍
鐵甕城(철옹성) 무쇠로 만든 독처럼 튼튼히 쌓은 산성이라는 뜻
• 우리 조상들의 서민들이 즐겨 사용하던 질그릇인 甕器가 요즘 다시 각광을 받고 있다.
• 그 성은 鐵甕城으로 아직까지 함락 당한 적이 한 번도 없다고 한다.

기본 2급 鐵甕(철옹)

발전 2급 甕頭(옹두) 甕算(옹산) 甕城(옹성) 甕天(옹천) 1 醸甕(양옹) 糟甕(조옹)

사자성어 2급 鐵甕山城(철옹산성) 1 甕裏醯鷄(옹리혜계) 甕中捉鼈(옹중착별)

부수	획수	총획
邑	3	10

막힐 옹 【2196】

字源 〈회의〉'막히다'는 어떠한 장애로 인해 오고 가지 못하는 일이나 상황이다. 또한 어떤 행동이 순조롭게 풀리지 않거나 일이 꼬여서 나아가지 못해 일이 가로막히는 상황이다. 사방이 물(氵)로 둘러싸인 마을(邑)은 교통이 꽉 [막히다(邕)] 또는 가정을 일구어 오순도순 사니 [화락하다(邕)]는 뜻이고 [옹]으로 읽는다.
圖塞(막힐 색) 睦(화목할 목) 穆(화목할 목)

필순 ᐟ ᐟ ᐟᐟ ᐟᐟᐟ ᐟᐟᐟ 邕 邕 邕 邕 邕 邕

기초 【기초한자어】 익히고, 【기본→발전한자어】 다지기
邕熙(옹희) 위나라가 평화롭게 다스려짐을 노래한 것
蔡邕(채옹) 중국 후한 말의 학자
• 邕熙는 중국 위나라 고취곡(鼓吹曲)의 이름이다.

기본 2급 邕水(옹수) 邕睦(옹목)

발전 2급 邕穆(옹목) 邕邕(옹옹)

부수	획수	총획
隹	5	13

화할 옹 【2197】

字源 〈형성〉'화하다'는 현재의 상태가 많이 변화하여 다른 조치를 취할 현실에 도달했다. 남에 대한 격분이 심해 스스로의 열등감으로 화하는 일이 없어야겠다. 자기 수양으로만 가능하겠다. 비록 작은(幺) 새(隹)이지만 높은(亠) 나무 가지에 앉아서 자리를 자주 가려서 앉으니 [화하다(雍)]는 뜻이고 [옹]으로 읽는다.
圖和(화할 화) 睦(화목할 목) 穆(화목할 목)

필순 亠 亠 亠 亠 亠 亠 雍 雍 雍 雍

기초 【기초한자어】 익히고, 【기본→발전한자어】 다지기
雍睦(옹목) 서로 뜻이 맞고 정다움
雍正帝(옹정제) 중국 청조의 제3대 황제
雍和(옹화) 온화함, 화목함
• 그와는 雍睦한 사이로 매우 가깝게 지낸다.
• 그는 성격이 雍和하여 다른 사람들과 잘 어울린다.

기본 2급 雍穆(옹목) 雍防(옹방) 雍蔽(옹폐) 邵雍(소옹)

발전 2급 雍塞(옹색) 雍也(옹야) 雍雍(옹옹) 雍容(옹용) 雍徹(옹철) 雍齒(옹치) 雍熙(옹희) 特 辟雍(벽옹) 图名 邕雍(옹치)

사자성어 2급 雍齒封侯(옹치봉후) 時雍之政(시옹지정)

부수	획수	총획
艹	7	11

빙그레할 완
왕골 관 【2198】

字源 〈형성〉'빙그레하다'는 입을 살짝 벌릴 듯 말 듯 하면서 히죽거리면서 소리 없이 부드럽게 웃다는 뜻이다. 얼굴에는 짜증내는 기색이 전혀 없으며 짜증을 들어도 빙그레하면서 웃는다. 줄기가 둥글어서(完) 빙그레 웃는 모습으로 보이는 풀(艹)로 [빙그레하다(莞)] 또는 [왕골(莞)]을 뜻하고 [완] 혹은 [관]으로 읽는다.

필순 一 十 艹 艹 艹 艹 莒 莒 莞 莞

기초 【기초한자어】 익히고, 【기본→발전한자어】 다지기
莞草(완초) 왕골
莞島(완도) 전라남도 완도군에 있는 읍
莞島郡(완도군) 전라남도 남쪽 끝에 있는 군
• 왕골인 莞草는 줄기가 질기고 강하여 돗자리, 방석을 만드는 데 쓰인다.
• 수산업 양식지로 유명한 莞島郡은 김·전복·굴 양식이 성행하기로 유명하다.

발전 2급 莞枕(관침) 莞然(완연) 莞田(완전) 莞靑(완청) 1 莞蒲(관포) 莞筵(완연) 莞爾(완이) 特 楮莞(저완) 特 莞簟(완점)

부수	획수	총획
日	4	8

왕성할 왕 : 【2199】

字源 〈형성〉'왕성하다'는 배부르게 했더니 활발하게 되었음 직하다는 뜻이다. 식욕이 왕성해서인지 취득의 욕구나 기운이 한창 성했으리라. 유의어는 '성왕(盛旺)하다' 등이 있다. 아침에 해(日)가 둥그렇게 떠오르면(王) 만물의 생육이 고와서 아름다운 모양을 이루게 되었으니 [왕성하다(旺)]는 뜻이고 [왕]으로 읽는다.
圖盛(성할 성) 繁(번성할 번) 興(일 흥)

필순 l 冂 冂 日 日 旷 旺 旺

기초 【기초한자어】 익히고, 【기본→발전한자어】 다지기
旺盛(왕성) 한창 성함
旺運(왕운) 왕성한 운수
儀旺(의왕) 경기도 동남쪽에 있는 시
• 그는 많은 연세에도 불구하고 아버지는 지금도 旺

盛한 사회활동을 하신다.
• 올해에는 旺運이 든다더니 하는 일마다 잘 풀려 기분이 썩 좋다.
기본 2급 興旺(흥왕)
발전 2급 旺氣(왕기) 康旺(강왕) 萬旺(만왕) 生旺(생왕) 盛旺(성왕)
사자성어 2급 土旺之節(토왕지절)

	부수	획수	총획
汪	水	4	7

넓을 왕(:)
【2200】

字源 〈형성〉 '넓다'는 면이나 바닥의 면적이 크다는 뜻으로 그 내용이나 범위가 널리 미치고 있음도 뜻한다. 유의어는 '광범위(廣範圍)하다' 등이 있다. 또 다른 뜻으로 '눈물이 그렁그렁하다'도 있다. 큰비가 내려서 물(氵)이 넘치는 범위가 넓고 커서(王) 매우 [넓다(汪)] 또는 두루 쓰는 [성씨(汪)]를 뜻하고 [왕]으로 읽는다.
통 洋(바다 양)

필순

기초 【기초한자어】 익히고, 【기본→발전한자어】 다지기
汪浪(왕랑) 눈물이 하염없이 흐르는 모양
汪洋(왕양) 바다가 가없이 넓음
汪兆銘(왕조명) 중국의 정치가
• 자식을 먼저 보낸 부모님의 汪浪한 모습이 애처롭다.
• 汪洋한 바다 위에 어선들의 고기잡이가 한창이다.
기본 2급 汪茫(왕망) 汪濊(왕예)
발전 2급 汪淚(왕루) 汪然(왕연) 汪汪(왕왕) 1급 汪罕(왕한) 特2 汪瀁(왕양)

	부수	획수	총획
倭	人	8	10

왜나라 왜【2201】

字源 〈형성〉 왜국(倭國, 왜나라)은 일본 열도 남서부인 고대 부족국가를 일컬었다. 일본 열도 부족국가를 이렇게 한정했으나, 일본이 통일된 후에는 일본에 대한 전체적인 명칭이다. 사람(亻)을 믿고(委) 잘 따라서 하는 순수하고 유순하다는 뜻이지만, 침략자 일본을 지칭하여 [왜나라(倭)]를 뜻하고 [왜]로 읽는다.

필순

기초 【기초한자어】 익히고, 【기본→발전한자어】 다지기
倭館(왜관) 조선 시대 때 일본 사람이 와서 거주, 통상을 하던 곳

倭寇(왜구) 우리나라나 중국에서 일본을 일컫던 명칭
倭國(왜국) 일본을 낮추어 부르는 말
• 倭寇들의 잦은 침략이 점점 내륙 깊숙이 파고들어 이에 대한 대책이 시급하다.
• 이조시대 때 倭國의 군대가 침입한 난리를 '임진왜란'이라 한다.
기본 2급 倭女(왜녀) 倭奴(왜노) 倭刀(왜도) 倭亂(왜란) 倭兵(왜병) 倭式(왜식) 倭人(왜인) 倭將(왜장) 倭賊(왜적) 倭政(왜정) 倭風(왜풍)
발전 2급 倭松(왜송) 倭食(왜식) 倭夷(왜이) 倭敵(왜적) 倭患(왜환) 格倭(격왜) 商倭(상왜)

	부수	획수	총획
堯	土	9	12

요임금 요【2202】

字源 〈회의〉 '요임금'은 중국 삼황오제 신화 가운데 오제의 하나다. 이 요임금은 다음 대 군주 순임금과 함께 이른바 '요순(堯舜)'이라 하여 성군의 대명사로 일컬어진다. 높고도 넓은 중국 땅(垚←堯)의 백성들이 법 없이도 살 수 있도록 우뚝하게(兀) 잘 다스렸던 임금으로 [요임금(堯)]을 뜻하고 [요]로 읽는다.
약 尭

필순

기초 【기초한자어】 익히고, 【기본→발전한자어】 다지기
堯舜(요순) 중국 고대의 성천자인 요임금과 순임금
堯王(요왕) 중국 고대 전설상의 임금
• 중국에서 堯舜을 성군이라고 한다.
• 당나라의 堯王은 성군으로 칭송을 받는다.
기본 2급 堯堯(요요)
발전 2급 堯桀(요걸) 堯年(요년) 堯天(요천) 特2 堯渚(요저)
사자성어 2급 堯長舜短(요장순단) 堯趨舜步(요추순보) 堯風舜雨(요풍순우)

	부수	획수	총획
姚	女	6	9

예쁠 요【2203】

字源 〈형성〉 '예쁘다'는 자꾸만 쳐다보았더니 눈으로 보기에도 매우 좋기만 하고 사랑스럽다는 뜻이다. 많이 사랑스럽거나 더 귀엽게 여길 만하겠다. 유의어는 '곱다, 이쁘다' 등이다. 아들을 낳을 조짐(兆)이 있는 임신한 여자(女)의 자태가 매우 의젓하고 아름답다고 했었으니 [예쁘다(姚)]는 뜻이고 [요]로 읽는다.

필순

2급名

기초 【기초한자어】 익히고, 【기본→발전한자어】 다지기
姚克一(요극일) 신라시대의 명필
姚姚(요요) 아주 예쁨
• 기생이 姚姚한 자태로 거문고를 탄다.
기본 [2급] 姚江(요강)
발전 [2급] 姚黃(요황) ① 姚台(요야) 姚失(요일) [특급Ⅱ] 姚似(요사)
사자성어 [2급] 姚江學派(요강학파)

부수	획수	총획
羽	14	20

빛날 요 【2204】

字源 〈형성〉'빛나다'는 윤이 환하게 나서 그 광채가 대단히 반짝인다는 뜻이다. 밝고 빛이 나서 얼굴의 윤기를 환하게 드러냈으니 더욱 화사한 느낌을 주어 마음을 한꺼번에 사로잡았다. 꿩의 예쁜 깃털(翟)이 밝은 햇빛(光)을 받아서 찬란하게 빛을 발하고 있는 것 같았으니 [빛나다(耀)]는 뜻이고 [요]로 읽는다.
图 曜(빛날 요) 爗(빛날 요) 輝(빛날 휘) 煜(빛날 욱) 燦(빛날 찬) 煥(빛날 환)

필순 ⌐⌐⌐⌐⌐⌐⌐⌐⌐⌐⌐ 耀

기초 【기초한자어】 익히고, 【기본→발전한자어】 다지기
耀德(요덕) 덕을 빛나게 함
耀耀(요요) 빛나는 모양
金耀燮(김요섭) 한국의 시인, 아동문학가
• 그는 耀德하게 사신 분으로 후세에도 널리 추앙 받을 것이다.
• 아침 해가 뜨니 耀耀한 햇빛이 사방에 널리 퍼진다.
기본 [2급] 晶耀(정요) 晃耀(황요) 輝耀(휘요)
발전 [2급] 耀電(요전) 朗耀(낭요) ① 藻耀(조요) 眩耀(현요) 衒耀(현요) 煌耀(황요)
사자성어 [2급] 榮耀榮華(영요영화)

부수	획수	총획
水	10	13

녹을 용 【2205】

字源 〈형성〉'녹다'는 얼음이 얼었다가 날씨가 따뜻해지니 없는 듯이 한꺼번에 싹 가셔서 녹는다는 뜻이다. 결정체가 풀어져서 액체가 되어 함께 섞이어 녹으니 고체가 액체가 되는 현상이다. 물(氵)이 모든 것을 다 받아들여서(容) 땅이 질펀하게 흐르면서 잘도 흡수하고 있으니 [녹는다(溶)]는 뜻이고 [용]으로 읽는다.

필순 ⌐⌐⌐⌐⌐⌐⌐⌐⌐⌐ 溶溶

기초 【기초한자어】 익히고, 【기본→발전한자어】 다지기
溶媒(용매) 통에 든 액체에 물질을 녹여서 용액으로 만드는 물질
溶液(용액) 두 가지 이상의 물질이 섞여서 된 액체
溶解(용해) 녹거나 녹임
• 溶液을 만들기 위해 溶媒를 써서 용질을 녹였다.
• 고체상태의 용질을 溶解해서 액체로 만들었다.
기본 [2급] 溶溶(용용) 水溶(수용) 水溶性(수용성)
발전 [2급] 溶融(용융) 溶質(용질) 溶體(용체) 可溶(가용) ① 溶溢(용일) 洶溶(흉용) [특급] 溶漾(용양)

부수	획수	총획
玉	10	14

패옥소리 용 【2206】

字源 〈형성〉패옥은 옥과 옥이 부딪치는 오음에 합치되었다. 여기에서 옥이 부딪치는 소리를 들으면서 전혀 사심이 들지 않도록 경계했다. 옥 부딪치는 소리는 행동의 경중이란 규율이다. 여러 개의 구슬(王)을 예쁜 모양(容)으로 곱게 다듬어서 떨어지지 않게 꿰어 놓으니 [패옥 소리(瑢)]를 뜻하고 [용]으로 읽는다.

필순 ⌐⌐⌐⌐⌐⌐⌐⌐⌐ 瑢瑢

기초 【기초한자어】 익히고, 【기본→발전한자어】 다지기
瑢音(용음) 패옥 소리
金瑢俊(김용준) 미술평론가, 미술사학자
• 금관조복(金冠朝服)에서 나는 소리를 瑢音이라고 말한다.
기본 [2급] 璇瑢(선용)

부수	획수	총획
金	10	18

쇠녹일 용 【2207】

字源 〈형성〉'나를 태워 쇠를 녹이다'는 모 중소기업인의 한 성공담이다. 이는 고난의 길이요 나를 태워 시들게 하는 길이었다. 고난의 창벽을 만날 때마다 강철 같은 의지가 필요했었다. 쇠붙이(金)를 모두 수용하듯이 받아들여(容) 다른 물체를 만들려고 액체로 잘 녹였으니 [녹이다(鎔)]는 뜻이고 [용]으로 읽는다.
图 冶(불릴 야)

필순 ⌐⌐⌐⌐⌐⌐⌐⌐⌐ 鎔鎔

기초 【기초한자어】 익히고, 【기본→발전한자어】 다지기
鎔鑛爐(용광로) 쇠붙이나 광석을 녹이는 가마
鎔范(용범) 활석으로 된 청동기 주물 기구

李埈鎔(이준용) 흥선대원군의 손자
• 鎔鑛爐에서 녹인 쇳물이 벌겋게 흘러나온다.
• 녹인 쇳물을 鎔范에 넣어 형체를 완성한다.
[기본] [2급] 鎔接(용접) 鎔解(용해)
[발전] [2급] 鎔石(용석) 鎔巖(용암) 鎔融(용융) 鎔鑄(용주) 陶鎔
(도용) 鑄鎔(주용) [1급] 冶鎔(야용) [特] 鎔鑠(용삭)

부수	획수	총획
金	11	19

쇠북 용【2208】

[字源] 〈형성〉 쇠북은 예전에 '쇠로 된 북'이라는 뜻으로 완성된
'종'을 이르던 말이었다. 새벽녘에 들리는 쇠북 소리에 그
만 잠이 깨어 절 주위를 한 바퀴 돌았더니 주위가 차분히
잠잠했으리. 쇠붙이(金)를 녹여 커다란 종을 만들어 법도
에 맞게 쓰이도록(庸) 매달아 치게 했으니 [쇠북(鏞)]을
뜻하고 [용]으로 읽는다.
圖 鍾(쇠북 종)

[필순] ノ ト キ 全 鈩 鈩 鈩 鋪 鏞 鏞

[기초] 【기초한자어】 익히고, 【기본 → 발전한자어】 다지기
鏞鼓(용고) 종과 북
白禹鏞(백우용) 한국 최초의 지휘자
• 조용한 산사에 새벽이 되면 鏞鼓 소리가 사방에
울려 퍼진다.
[기본] [2급] 金鏞(금용) 大鏞(대용)

부수	획수	총획
人	5	7

도울 우:【2209】

[字源] 〈형성〉 '돕다'는 어떤 작용 따위를 제품이나 사용이 더 좋
아지도록 증진시키는 일이다. 어려운 다른 사람을 적극
보살피거나 어려운 처지에서 벗어나게 해 주다는 뜻도 담
고 있다. 사람(亻)이 손으로 일을 할 때에 왼손보다는 오
른(右)손이 일의 능률을 올리는 데 더욱 많이 [돕다(佑)]는
뜻이고 [우]로 읽는다.
圖 祐(도울 우) 助(도울 조) 佐(도울 좌) 輔(도울 보) 扶(도
울 부) 保(지킬 보)

[필순] ノ イ 亻 仁 佐 佑 佑

[기초] 【기초한자어】 익히고, 【기본 → 발전한자어】 다지기
佑命(우명) 하늘이 도와주는 운수
佑助(우조) 도움. 보좌. 보필
金佑明(김우명) 조선 중기의 문신

• 교통사고를 당하였으나 佑命으로 겨우 목숨이나
마 건졌다.
• 나는 상관의 비서로 그를 佑助할 의무가 있다.
[기본] [2급] 保佑(보우)
[발전] [2급] 佑啓(우계) 扶佑(부우) 星佑(성우) 神佑(신우) 隣佑
(인우) [1급] 眷佑(권우) [特] 孚佑(부우)
[사자성어] [2급] 天佑神助(천우신조)

부수	획수	총획
示	5	10

복 우:【2210】

[字源] 〈형성〉 서포 김만중의 『사씨남정기』에서도 하늘의 복은
선한 사람이 받는다고 했다. 춘원 이광수의 『무정』도 비
슷한 내용을 담고 있어 복은 스스로 받는 것이라는 주
장을 했다. 신(示)은 제 스스로 돕는 자를 돕는다(右)고 했
으니 신의 엄격한 계시에 따라서 도움을 받는 [복(祐)]을
뜻하고 [우]로 읽는다.
圖 福(복 복) 祚(복 조) 祜(복 호) 回 殃(재앙 앙) 災(재앙 재)
回 佑(도울 우)

[필순] ` ニ 亍 亓 示 示- 示 祁 祐 祐

[기초] 【기초한자어】 익히고, 【기본 → 발전한자어】 다지기
祐福(우복) 하늘이 주는 복
天祐(천우) 하늘의 도움
金祐鎭(김우진) 극작가
• 그는 祐福이 많은 사람으로 만사형통이다.
• 그는 교통사고를 당했어도 天祐가 있어서 결코 다
치지 않았다.
[기본] [2급] 祐助(우조) 降祐(강우) 保祐(보우) 福祐(복우) 神祐
(신우)
[발전] [2급] 冥祐(명우) 鎭祐(진우) [1급] 嘉祐(가우)

부수	획수	총획
内	4	9

성씨 우(:)
【2211】

[字源] 〈상형〉 '우씨'는 하우씨로 하나라 우임금을 가리킨다. 중
국 고대 전설상 하왕조 시조 곤의 아들로 치수 공적으로
순임금에게 천자의 자리를 받아서 다스리면서 하나라를
세웠다. 우짐승(内:유)이 살기 위해 뻗쳐(ノ) 나가는 곳이
사람(口)에게도 펼칠 수 있으니 이를 우임금 [성씨(禹)]로
쓰이고 [우]로 읽는다.

[필순] ` ㇗ ㇗ 口 中 乎 禹 禹 禹

2급名

기초 【기초한자어】 익히고, 【기본→발전한자어】 다지기
　禹貢(우공) 조선 전기의 무신. 중국 9주의 지리와 산
　물에 관한 고대의 지리서
　禹域(우역) 중국 영토를 이르는 말
　禹王(우왕) 중국 고대의 제왕
　•중국의 고대 지리서(地理書)를 寓貢이라 한다.
　•중국을 다른 이름으로 禹域이라 한다.
기본 [2급] 舜禹(순우) 夏禹(하우) 夏禹氏(하우-씨)
발전 [2급] 禹步(우보) 禹跡(우적) [特] 禹韭(우구)
사자성어 [2급] 禹行舜趨(우행순추) 九州禹跡(구주우적)

부수	획수	총획
日	2	6

아침해 욱 【2212】

字源 〈형성〉 '아침 해'는 새날을 축복하면서 이른 아침에 찬란
하게 돋는 밝은 해를 가리킨다. 유의어는 '욱일(旭日), 조
일(朝日), 조욱(朝旭), 서일(曙日), 효일(曉日)' 등이 두루
쓰이고 있다. 해(日)가 돋을 때만큼 더 이상의 밝은 빛은
있을 수 없다(九)고 했으니 찬란하고도 밝은 [아침 해(旭)]
를 뜻하고 [욱]으로 읽는다.

필순 丿九九旭旭旭

기초 【기초한자어】 익히고, 【기본→발전한자어】 다지기
　旭光(욱광) 솟아오르는 아침 햇빛
　旭日(욱일) 아침에 떠오르는 밝은 해
　張旭(장욱) 중국 당대의 서예가
　•동해에 솟아오르는 旭光이 너무나 찬란하다.
　•동해에 旭日이 서서히 승천(昇天)하고 있다.
기본 [2급] 紅旭(홍욱)
발전 [2급] 旭旦(욱단) 旭旭(욱욱) 宋旭(송욱) [1급] 旭卉(욱훼)
　[特] 旭暉(욱휘)
사자성어 [2급] 旭日昇天(욱일승천)

부수	획수	총획
頁	4	13

삼갈 욱 【2213】

字源 〈형성〉 '삼가다'는 몸가짐과 언행을 조심하거나 꺼리어 가
까이 하지 않으며 취하지 않고 있다는 뜻이다. 이때금 '삼
가하다'는 어휘를 사용하는 사람들이 썩 많은데 이는 비
표준어다. 옥(王)처럼 매우 귀중한 보화 앞에서 사람들이
머리(頁)를 푹 숙이고 조심하라고 했으니 [삼가다(頊)]는
뜻이고 [욱]으로 읽는다.
　⑤ 謹(삼갈 근) 愼(삼갈 신) 回 預(미리 예)

필순 一二王王王珇珇珥珥頊

기초 【기초한자어】 익히고, 【기본→발전한자어】 다지기
　頊頊(욱욱) 정신이 빠진 것 같은 모양
　許頊(허욱) 조선 중기의 문신
　•금강산에 올라 선경을 한참 동안 頊頊히 바라보았다.
기본 [2급] 瑞頊(서욱)
발전 [特] 顓頊(전욱)

부수	획수	총획
日	5	9

햇빛밝을 욱 【2214】

字源 〈형성〉 다음과 같은 혼자의 넋두리가 있어 오늘을 돌아보
게 한다. "삶은 고되지만 햇볕은 밝다. 마음은 미래를 보
며 산다. 하늘이시여! 진실된 사람을 도우소서."라고 있음
에 감동이다. 해(日)가 동쪽에서 빛나게 떠오르면서(立)
어두웠던 대지가 낮이 되어 밝아졌으니 [햇빛 밝다(昱)]는
뜻이고 [욱]으로 읽는다.
　⑤ 昞(밝을 병) 炳(밝을 병) 晃(밝을 황) 熙(빛날 희) 曜
　(빛날 요) 耀(빛날 요) 煜(빛날 욱) 赫(밝을 혁) 輝(빛날 휘)
　燦(빛날 찬) 煥(빛날 환)

필순 丨冂冂日日昱昱昱昱

기초 【기초한자어】 익히고, 【기본→발전한자어】 다지기
　昱昱(욱욱) 태양이 눈부시게 빛나는 모양
　鄭炳昱(정병욱) 국문학자
　•昱昱거리는 태양이 바야흐로 중천에 떠 있다.
기본 [2급] 晃昱(황욱)
발전 [2급] 昱耀(욱요) 玄昱(현욱)

부수	획수	총획
火	9	13

빛날 욱 【2215】

字源 〈형성〉 '빛나다'는 동녘에 날이 환하게 밝아서 아침이 되
었음을 뜻한다. 모든 사물 따위가 영광스럽게 빛을 발하
며 훌륭하다는 뜻을 담겠다. 역사에 길이 빛날 그의 업적
이 빛난다. 불(火)이 비치면 어두웠던 주위가 밝고(昱) 다
시 한 시간이 지나면 불꽃이 더 세어져서 [빛나다(煜)]는
뜻이고 [욱]으로 읽는다.
　⑤ 昞(밝을 병) 炳(밝을 병) 晃(밝을 황) 熙(빛날 희) 曜
　(빛날 요) 耀(빛날 요) 昱(빛날 욱) 赫(밝을 혁) 輝(빛날 휘)
　燦(빛날 찬) 煥(빛날 환)

필순 丶丶丷火灯炉炉炉煜煜

기초 【기초한자어】 익히고, 【기본→발전한자어】 다지기
煜煜(욱욱) 별, 개똥벌레가 반짝이는 모양
李煜(이욱) 중국의 시인, 남당의 최후 통치자
• 개똥벌레가 반딧불을 煜煜거리며 날아다닌다.
발전 2급 炳煜(병욱) 1 煜焯(욱작) 특 煜燿(욱요) 曄煜(엽욱)
출진 煜雪(욱잡)

芸香(운향) 향초의 하나
• 조선 현종 때 만든 동활자를 '芸閣활자'라 한다.
• 芸香은 향초의 한 가지로 뿌리는 한약재로 쓰인다.
기본 2급 芸術(예술) 芸芸(운운) 芸窓(운창)
발전 2급 芸臺(운대) 芸編(운편) 芸穫(운확) 芸黃(운황) 1 芸帙
(운질) 특 芸鋤(운서) 特 芸窗(운창)

郁

부수	획수	총획
邑	6	9

성할 욱 【2216】

字源 〈형성〉 '성하다'는 '盛하다'는 의미를 담는다. 그 일어나는 모습이 매우 크고 세차다는 뜻이다. 또한 빽빽하게 우거진 숲의 모습이 싱싱하고 크다와 세차고 크게 일어남이다. 땅(阝) 속에 많이 있는(有) 금은보석을 땅 위로 끄집어 내어놓으면 더욱 싱싱하게 빛나 보였으니 [성하다(郁)]는 뜻이고 [욱]으로 읽는다.

필순 一ナ才有有有有有有郁

기초 【기초한자어】 익히고, 【기본→발전한자어】 다지기
李鍾郁(이종욱) 승려, 독립운동가
郁馥(욱복) 향기가 매우 짙음
郁郁(욱욱) 욱욱하다의 어근. 무늬 같은 것이 매우 찬란하다
• 정원의 꽃밭에서 郁馥한 꽃향기가 코끝을 자극한다.
• 郁郁한 난초 향기가 방안에 가득하다.
기본 2급 郁文(욱문) 鬱郁(울욱)
발전 2급 郁烈(욱렬) 郁李(욱리) 郁尹(욱윤) 1 郁靄(욱애)
특 郁馡(욱비) 출진 郁氛(욱분)
사자성어 2급 郁郁青青(욱욱청청)

蔚

부수	획수	총획
艸	11	15

고을이름 울
【2218】

字源 〈형성〉 '고을이름'은 처음은 풀이름을 뜻했지만, '울산광역시' 지명에서 쓰이는 한자다. 산수를 비롯해서 천지에 이르기까지 붙일 수 있는 좋은 이름을 다 갖다 붙였다고 보면 좋겠다. 여름이 되어 촉촉하게 비를 맞고 초목(艹)이 우거져서 무성한(尉) 지역에서 나타내는 [고을이름(蔚)]을 뜻하고 [울]로 읽는다.

필순 一 十 艹 芦 芦 苛 莉 莉 莉 蔚 蔚

기초 【기초한자어】 익히고, 【기본→발전한자어】 다지기
蔚珍(울진) 경상북도 동북단에 있는 군
蔚山(울산) 경상남도 동북쪽에 있는 광역시
彬蔚(빈울) 문채가 찬란함
• 蔚山은 경상남도에 있는 도시 이름이다.
• 그가 쓴 글은 彬蔚해서 명문으로 손꼽힌다.
기본 2급 蔚然(울연)
발전 2급 蔚藍(울람) 蔚興(울흥) 蔚氣(위기) 蔚藍天(울람천)
1 蔚嶼(울서·위서) 蔚爾(울이) 特 蔚薈(위애) 蔚薈
(위회)

芸

부수	획수	총획
艸	4	8

향풀 운 【2217】

字源 〈형성〉 '향풀'은 풀에서 향기가 돋아 향긋하다는 뜻이다. 소담하고 향기로운 향초가 더욱 마음에 쏘옥 든다고도 했다. 유의어는 '방초(芳草), 방훼(芳卉), 향초(香草)' 등이 있다. 구름(云)이 이리저리 떠다니듯이 향기가 여러 곳으로 퍼져서 사방으로 두둥실 떠다니는 풀(艹)로 [향풀(芸)]을 뜻하고 [운]으로 읽는다.

필순 一 十 十 艹 茬 芸 芸 芸

기초 【기초한자어】 익히고, 【기본→발전한자어】 다지기
芸閣(운각) 조선 시대 때 교서관을 달리 이르던 말
芸夫(운부) 풀을 베는 사나이

熊

부수	획수	총획
火	10	14

곰 웅 【2219】

字源 〈형성〉 '곰'은 몸이 비대하고 다리가 매우 굵직하다. 곰은 나무에 잘 오르고 저녁 무렵부터 활동을 시작한다. 겨울에는 굴속에서 푹신하게 겨울잠을 잔다. 잡식성으로 북반구에 분포한다. 능숙한(能) 재주가 있어 열기(灬)가 없는 북극 땅의 추위도 모르면서 살아가는 짐승으로 [곰(熊)]을 뜻하고 [웅]으로 읽는다.
回 態(모습 태)

필순 ' ㄴ ㅂ 台 育 育 能 能 能 熊

기초 【기초한자어】 익히고, 【기본→발전한자어】 다지기
熊女(웅녀) 전설상에 나타난 단군의 어머니
熊膽(웅담) 곰의 쓸개

2급名

熊津(웅진) 공주의 옛 이름
• 우리나라 시조인 단군의 어머니를 熊女라 한다.
• 熊膽은 곰의 쓸개로 한약재로 많이 쓰인다.

기본 [2급] 白熊(백웅) 伏熊(복웅)

발전 [2급] 熊經(웅경) 熊軾(웅식) 熊魚(웅어) 熊熊(웅웅) 熊掌(웅장) 熊虎(웅호) 熊侯(웅후) [特] 熊羆(웅비)

사자성어 [2급] 熊經鳥伸(웅경조신) 熊虎之將(웅호지장)

부수	획수	총획
女	9	12

媛 계집 원【2220】

字源 〈형성〉 '계집'은 여자아이로 여인을 하대(下待)한 말이다. 곧 '여자'를 얕잡아 이르는 말이며 '계집이 뭘 안다'는 용례도 여자를 낮잡아 보여준다. 유의어는 '여편네(女便)' 등이 있다. 옷맵시를 단정하게 입은 여자(女) 중에서도 유독 마음에 끌리는(爰) 자태가 곱고 예쁜 여자로 [계집(媛)]을 뜻하고 [원]으로 읽는다.

[동] 女(계집 녀) 姬(계집 희) 娘(계집 낭) [반] 男(사내 남) 郎(사내 랑)

필순 ⟨ ⟨ 女 女 奸 奸 奸 奸 媛 媛

기초 【기초한자어】 익히고, 【기본 → 발전한자어】 다지기
媛妃(원비) 아리따운 여자. 미녀
淑媛(숙원) 재덕이 뛰어난 여자
才媛(재원) 재주가 뛰어난 젊은 여자
• 그 여자분은 선량하고 부덕이 있어 淑媛으로 많은 사람들의 존경을 받는다.
• 그 집 자제분들은 출중한 才媛으로 명문대학에 합격했다

기본 [2급] 媛女(원녀) 歌媛(가원) 宮媛(궁원) 良媛(양원) 班媛(반원) 邦媛(방원)

발전 [2급] 令媛(영원) [特] 懿媛(의원)

부수	획수	총획
玉	9	13

瑗 구슬 원【2221】

字源 〈형성〉 '금구슬 옥구슬'이라고 했듯이 누구나 '구슬'은 보물로 귀하게 여겼다. 일본말인 비표준어로는 '다마'로 불리기도 했으며, '구슬 같은 땀방울'로 쓰이기도 했었다. 옥(王)을 자기 앞으로 끌어당겨서(爰) 늘어뜨려 놓은 것처럼 길게 늘어져있었으니 고리 모양을 하는 [구슬(瑗)]을 뜻하고 [원]으로 읽는다.

[동] 玉(구슬 옥) 珠(구슬 주)

필순 二 Ŧ 王 玙 玙 玙 玙 玙 玙 瑷

기초 【기초한자어】 익히고, 【기본 → 발전한자어】 다지기
瑗玉(원옥) 구멍이 큰 옥
趙瑗(조원) 조선 중기의 문신
• 구멍이 큰 도리옥을 瑗玉이라고 한다.

기본 [2급] 泰瑗(태원)

발전 [2급] 瑗瑤(원요)

부수	획수	총획
衣	4	10

袁 성씨 원【2222】

字源 〈형성〉 '성씨'로 쓰이는 [원(袁)]은 같은 성씨로 쓰이고 있는 [원(元)]과는 동음이의 한글 종씨다. 신부의 예복인 웨딩옷과 같이 '긴 옷'처럼 두루 쓰이기도 했던 한자이다. 사람(口)이 많이 모이는(一) 행사 때에 입고 나오는 옷(衣)으로 유달리 아름답게 보이는 [긴 옷(袁)] 혹은 [성씨(袁)]를 뜻하고 [원]으로 읽는다.

필순 一 十 土 中 古 古 吉 喜 喜 袁

기초 【기초한자어】 익히고, 【기본 → 발전한자어】 다지기
袁枚(원매) 중국 청나라 때의 문신
袁世凱(원세개) 중국 청나라 말기의 정치가
• 袁枚는 중국 청나라 때의 이름난 시인이다.

기본 [2급] 袁紹(원소)

발전 [2급] 袁安(원안) 袁彦道(원언도)

사자성어 [2급] 袁安高臥(원안고와)

부수	획수	총획
水	9	12

渭 물이름 위【2223】

字源 〈형성〉 '물 이름' 또한 생물이나 되는 것처럼 여러 곳에서 흘러 바다로 드는 또 하나의 물 이름을 붙이고 싶었던 모양이다. 중국에서 흐르는 위수(渭水)란 강이름으로 쓰인다. 사람의 위(胃)에서 나온 액체인 맑은 물(氵)은 황허강의 지류인 맑고도 깨끗한 '위수'와 같아서 [물 이름(渭)]을 뜻하고 [위]로 읽는다.

필순 氵 氵 氵 沪 沪 沪 沪 渭 渭 渭

기초 【기초한자어】 익히고, 【기본 → 발전한자어】 다지기
渭水(위수) 중국의 강 이름
渭陽(위양) 위수의 북쪽
• 중국 조서산에서 발원하여 황허강으로 흐르는 강

을 渭水라 한다.
• 중국에서 渭水의 북쪽 땅을 渭陽이라고도 했다.
기본 [2급] 渭陽(위양)
발전 [2급] 渭陽丈(위양장) ① 沸渭(불위) 渭濱器(위빈기) [特] 涇渭(경위)
사자성어 [2급] 渭南文集(위남문집) 太公釣渭(태공조위) 渭樹江雲(위수강운)

부수	획수	총획
韋	0	9

가죽 위 【2224】

字源 〈형성〉 '가죽'은 소나 말 그리고 양처럼 동물 몸을 감싸는 껍질을 벗겨 가공한 물품이다. 다양한 모양이란 가공을 통해서 의류, 가방, 신발 따위를 만든다. 유의어는 '피혁(皮革)'이다. 발(止)로 밟아서 만들었던 짐승 가죽(口)으로 널리 [가죽(韋)] 또는 나라의 명령으로 입은 [군복(韋)]을 뜻하고 [위]로 읽는다.
圖 皮(가죽 피) 革(가죽 혁)

필순 一 ナ 五 中 市 吾 글 韋 韋

기초 【기초한자어】 익히고, 【기본→발전한자어】 다지기
韋帶(위대) 외겹의 무두질한 가죽으로 만든 평민용 띠
韋衣(위의) 가죽 옷
韋布(위포) 위대포의를 줄여서 이르는 말
• 옛날 빈천한 사람들은 韋帶를 두르고 다녔다.
• 겨울에는 보온성이 있는 韋衣를 외투로 많이 입었다.
기본 [2급] 韋革(위혁) 脂韋(지위)
발전 [2급] 韋杜(위두) 韋絛(위조) 韋編(위편) 韋弦(위현) ① 韋陀(위타) [特] 韋縠(위곡)
사자성어 [2급] 韋編三絶(위편삼절)

부수	획수	총획
鬼	8	18

성씨 위 【2225】

字源 〈형성〉 백제가 나당연합군과 전쟁을 벌이던 때 백제 멸망을 상징한 '장흥 임(任), 장흥 마(馬), 장흥 위(魏)' 등 세 성씨가 있었다. 위의 성을 가진 세 할아버지의 슬픈 무덤인 삼성총이 있다. 자기가 맡은(委) 일을 마치 귀신(鬼)처럼 잘 해내면서 큰 인물로 알려졌으니 [높다(魏)] 또는 [성씨(魏)]로 쓰이고 [위]로 읽는다.

필순 二 千 禾 委 魏 魏 魏 魏 魏

기초 【기초한자어】 익히고, 【기본→발전한자어】 다지기
曹魏(조위) 조조를 시조로 하는 뜻에서, 위나라를 달

리 이르는 말
魏武帝(위무제) 조조
魏伯珪(위백규) 조선 후기의 실학자
• 중국 삼국시대 위나라의 조조를 魏武帝라 한다.
기본 [2급] 魏書(위서) 魏徵(위징) 北魏(북위) 東魏(동위) 西魏(서위) 後魏(후위)
발전 [2급] 魏闕(위궐) 魏魏(위위 · 외외)

부수	획수	총획
入	7	9

대답할 유
인월도 유 【2226】

字源 〈회의〉 '대답하다'는 뜻을 담는 인월도는 대종을 이루는 '기계 유씨'에서 비롯된다고 전한다. 그래서 신라 아찬을 지냈다고 전하는 유삼재를 시조로 삼는다. 통나무를 팠기에 통나무배를 의미한다. 더 물어보면 사실대로 [대답하다(兪)] 또는 성씨로 쓰인 '月舟刂'를 파자한 [성씨(兪)]로 쓰이고 [유]로 읽는다.
回 愈(나을 유)

필순 ノ 入 入 今 今 俞 俞 兪 兪

기초 【기초한자어】 익히고, 【기본→발전한자어】 다지기
兪然(유연) 편안한 모양
兪應孚(유응부) 조선 단종 때의 충신
兪泓(유홍) 조선 중기의 문신
• 우리 인생은 시종 兪然하게 살 수 있다면 그 이상이란 행복이 없었을 것이다.
발전 [2급] 兪騎(유기) 兪納(유납) 兪兪(유유) 兪允(유윤) 兪音(유음) 兪噰(유준) 兪扁(유편)
사자성어 [2급] 兪扁之術(유편지술)

부수	획수	총획
广	9	12

노적가리 유
곳집 유 【2227】

字源 〈형성〉 '곳집'은 노적가리와 같은 의미를 담아서 썼다. 그래서 곳집은 물건을 쌓아 두거나 잘 보관하기 위하여 지은 집이다. 유의어는 '고사(庫舍), 부고(府庫), 창고(倉庫)' 등이 쓰인다. 풀을 엮어 만든 그릇(臾) 모양처럼 임시로 만든 집(广)인데 우선 창고로만 사용했으니 [곳집(庾)]을 뜻하고 [유]로 읽는다.

필순 广 广 广 庐 庐 庐 庐 庐 庾 庾

기초 【기초한자어】 익히고, 【기본→발전한자어】 다지기
庾積(유적) 한데 쌓아 놓은 곡식
金庾信(김유신) 삼국통일을 이룬 신라의 명장

2급名

• 농촌에서는 추수를 하면 노천에 庾積한다.
• 金庾信은 신라시대의 유명한 장군이다.
[발전] [2급] 庾弓(유궁) 庾樓(유루) 庾億(유억) 庾倉(유창) [特] 庾稟 (유름)

[字源] 〈형성〉 '느릅나무'는 잎은 길쭉하며 둥글고 톱니가 나 있으며 식용으로 쓰인 유익한 나무다. 나무는 건축재나 땔감 등으로 쓰인다. 유의어는 '뚝나무, 분유(枌楡), 떡느릅나무' 등으로 썼다. 통나무배(兪)를 만들기에 적당하고 운반하기에 꼭 알맞은 나무(木)로 여겼던 [느릅나무(楡)]를 뜻하고 [유]로 읽는다.

[필순] 一 十 オ 木 机 朳 枌 楡 楡 楡

[기초] 【기초한자어】 익히고, 【기본→발전한자어】 다지기
楡柳(유류) 느릅나무와 버드나무
楡塞(유새) 북쪽 변방의 요새
楡岾寺(유점사) 강원도 금강군 금강산에 있는 절
• 느릅나무와 버드나무를 楡柳라 한다.
• 북쪽 변방의 요새를 楡塞라 한다.
[발전] [2급] 楡景(유경) 楡谷(유곡) 楡仁(유인) 楡皮(유피) 楡理木 (유리목) [特] 楡莢(유협) 楡莢錢(유협전)

<table>
<tr><td rowspan="2">楡
느릅나무 유
【2228】</td><td>부수</td><td>획수</td><td>총획</td><td rowspan="2"></td></tr>
<tr><td>木</td><td>9</td><td>13</td></tr>
</table>

<table>
<tr><td rowspan="2">踰
넘을 유 【2229】</td><td>부수</td><td>획수</td><td>총획</td><td rowspan="2"></td></tr>
<tr><td>足</td><td>9</td><td>16</td></tr>
</table>

[字源] 〈형성〉 '넘다'는 어느 일정한 범위나 기준을 벗어나거나 지나치다는 뜻이다. 지나치게 갈려서 어느 한쪽으로 쏠리게 된다. 유의어는 '지나다, 초과(超過)하다' 등이 같이 쓰이고 있다. 발(足)이 통나무배(兪) 역할을 잘 했었으나 일정 경계나 한계를 넘어서 걸어야만 했었으니 [넘다(踰)는 뜻이고 [유]로 읽는다.
[동] 僭(주제넘을 참)

[필순] 口 무 무 무 표 표' 표^ 趴 跨 跨 踰 踰 踰

[기초] 【기초한자어】 익히고, 【기본→발전한자어】 다지기
踰年(유년) 해를 넘김
踰嶺(유령) 재를 넘음
水踰里(수유리) 서울 강북구에 있는 지명
• 금년에 하지 못한 행사를 踰年해서 명년에 시행하기로 함께 의견을 모았다.
• 예전엔 이곳을 踰嶺해서 다녔으나 지금은 터널이

뚫려 아주 편리하다.
[기본] [2급] 踰歷(유력) 踰獄(유옥) 踰月(유월) 踰限(유한)
[발전] [2급] 踰言(요언) 踰檢(유검) 踰望(유망) 踰越(유월) 踰墻 (유장) 踰制(유제) 踰閑(유한) [1] 踰邁(유매) 踰僭(유참) 踰侈(유치)

<table>
<tr><td rowspan="2">允
맏 윤: 【2230】</td><td>부수</td><td>획수</td><td>총획</td><td rowspan="2"></td></tr>
<tr><td>儿</td><td>2</td><td>4</td></tr>
</table>

[字源] 〈형성〉 '맏'은 친족 관계를 나타내는 일부의 명사 앞에 붙어 '형제 중에서 서열이 맨 위인'의 뜻을 더한 말로 쓰인다. 곧 집안의 첫째이다. 덧말로는 '맏형, 맏아들' 등이다. 인품이 아주 훌륭한 사람(儿)은 어렵고 큰(厶) 일을 맡겨도 썩 믿을 수 있었으니 성품이 [진실하다(允)] 또는 [맏(允)]을 뜻하고 [윤]으로 읽는다.
[동] 伯(맏 백)

[필순] ㄴ ㄥ 亽 允

[기초] 【기초한자어】 익히고, 【기본→발전한자어】 다지기
允可(윤가) 임금이 허가함
允恭(윤공) 진실로 공손함
允當(윤당) 진실로 마땅함
• 임금님의 允可를 받아 법령을 공포했다.
• 국사에 실수가 있어 允恭하는 자세로 반성했다.
[기본] [2급] 允軍(윤군) 允納(윤납) 允玉(윤옥) 允友(윤우) 允許 (윤허)
[발전] [2급] 允塞(윤색) 允誠(윤성) 允若(윤약) [1] 允嘉(윤가) 允諧 (윤해) [特] 允臧(윤장)
[사자성어] [2급] 允文允武(윤문윤무) 允執其中(윤집기중)

<table>
<tr><td rowspan="2">尹
성씨 윤: 【2231】</td><td>부수</td><td>획수</td><td>총획</td><td rowspan="2"></td></tr>
<tr><td>尸</td><td>1</td><td>4</td></tr>
</table>

[字源] 〈회의〉 고려 때 일연(一然) 선사의 삼국유사에 윤경(尹卿)이란 사람이 나온다. 이 사람은 고려 태조 왕건과 싸워 패한 후에 후고구려의 장군, 후백제의 무인으로 기록되어 있다. 오른손(ㅋ)에는 지팡이(丿)이나 지휘봉을 갖고 서 있으면서 백성들을 잘도 [다스리다(尹)] 또는 [성씨(尹)]로 쓰이고 [윤]으로 읽는다.

[필순] ㄱ ㅋ ㅋ 尹

[기초] 【기초한자어】 익히고, 【기본→발전한자어】 다지기
尹瓘(윤관) 고려 시대의 명신
卿尹(경윤) 재상

2급名

슈尹(영윤) 중국 주대 초나라의 관직 이름
• 卿尹은 조정에서 정 3품 이상 벼슬의 통칭이다.
• 중국 초나라 때 정치를 관장하던 최고의 벼슬자리
를 슈尹이라 했다.

기본 [2급] 尹司(윤사) 官尹(관윤) 關尹(관윤) 師尹(사윤) 庶尹(서윤) 京兆尹(경조윤)

발전 [2급] 尹祭(윤제) 府尹(부윤) 判尹(판윤)

사자성어 [2급] 磻溪伊尹(반계이윤) 漢城判尹(한성판윤)

부수	획수	총획
肉	5	9

자손 윤 【2232】

字源 〈회의〉 '자손'은 자식과 손자란 뜻으로 어느 집안의 후예다. 여러 대가 지난 뒤에 태어난 자녀를 다 이른다고 한다. 유의어는 '후손(後孫), 후윤(後胤), 후예(後裔)' 등으로 읽힌다. 부모로부터 자식을 낳아 혈통(月)이 나누어(八)지면서 이어지는 (幺=糸) [맏아들(胤)] 또는 귀한 [자손(胤)]을 뜻하고 [윤]으로 읽는다.
圏 孫(손자 손) 裔(후손 예)

필순 ノ ノ ア 产 斤 肖 胄 胤 胤

기초 【기초한자어】 익히고, 【기본→발전한자어】 다지기
胤玉(윤옥) '남의 아들을 높여 이르는 말
胤子(윤자) 대를 이을 아들
李胤永(이윤영) 조선 후기의 문인
• 그 집 胤玉은 총명해서 장차 훌륭한 인재가 될 넉넉한 인물이다.
• 그는 胤子로 태어나 가업을 이어가기로 결심했다.

기본 [2급] 胤君(윤군) 胤友(윤우) 슈胤(영윤)

발전 [2급] 胤文(윤문) 帝胤(제윤) 血胤(혈윤) [1급] 胄胤(주윤) 胤嗣(윤사) 胤裔(윤예)

부수	획수	총획
金	4	12

창 윤 【2233】

字源 〈형성〉 병기로서 근신이 가지는 창이다. 긴 나무 자루 끝을 뾰족하게 깎아 만들거나 날선 쇠붙이를 박아 만든 무기다. 던지거나 찌르는 데 쓰인 무기이자 창던지기에서 쓴 기구였다. 임금 곁에서 쇠붙이를 지닐 수 없지만, 호위 무사에게는 허락된(允) 쇠붙이(金)인 [창(鈗)]을 '지닌다'로 쓰이고 [윤]으로 읽는다.
圏 矛(창 모) 戈(창 과) 逗 干(방패 간) 盾(방패 순)

필순 ノ ノ ヒ ヒ 全 全 釒 釒 釯 鈗

기초 【기초한자어】 익히고, 【기본→발전한자어】 다지기
鈗器(윤기) 주로 임금을 가까이서 모시는 신하가 가지는 무기
金鈗(김윤) 기업가
• 임금님이 행차할 때는 鈗器를 든 신하들이 호위한다.

기본 [2급] 鈗人(윤인) 執鈗(집윤)

부수	획수	총획
土	6	9

지경 은 【2234】

字源 〈형성〉 '지경'은 여러 한자어가 쓰이고 있으며 용어의 얽힘도 많이 다양하여 섣부르게 예단하기가 어렵다. 다만 두 지역의 경계(境界)가 서로 맞닿음이나 또는 경계라 보는 것이 좋겠다. 국경 지방에서 병사들이 나라를 지키고 있는 국토(土)의 마지막 어느 끝자락(艮)으로 [지경(垠)]을 뜻하고 [은]으로 읽는다.
圏 界(지경 계)

필순 一 十 土 土 圹 圮 垠 垠 垠

기초 【기초한자어】 익히고, 【기본→발전한자어】 다지기
垠界(은계) 지경, 경계
垠際(은제) 가장자리 끝
李垠(이은) 대한제국의 마지막 황태자
• 지금의 국경지대를 垠界라고도 불렀다.
• 나라가 접하고 있는 垠際에서는 분쟁이 빈발한다.

기본 [2급] 地垠(지은)

발전 [2급] 垠垠(은은) [2급] 九垠(구은) [1급] 垠崖(은애)

부수	획수	총획
殳	6	10

은나라 은 【2235】

字源 〈회의〉 '은나라'는 아주 먼 옛날에 중국 황허 강가에 사람들이 모여들어 작은 마을을 이루었던 것에서 연유한다. 중국을 대표하는 이 황허는 강물이 누렇다고 해서 붙여진 이름이라고 한다. 집(戶)이 많이 모여(一)있는 지역에서 창(殳)을 들고 보초가 지키는 나라였으니 [은나라(殷)]를 뜻하고 [은]으로 읽는다.

필순 ' ノ ア 户 户 身 身 骨 殷 殷

기초 【기초한자어】 익히고, 【기본→발전한자어】 다지기
殷富(은부) 풍성하고 넉넉함
殷盛(은성) 번화하고 성함
殷墟(은허) 중국 은나라 때의 유적
• 금년에는 기후 조건이 아주 좋아 殷富하고 넉넉한

2급名

가을을 맞이하게 됐다.

• 이 거리는 유명한 대형 상점이 많이 들어서면서 殷盛한 거리로 변했다.

기본 2급 殷起(은기) 殷繁(은번) 殷商(은상) 殷憂(은우) 殷殷(은은) 殷正(은정) 殷昌(은창)

발전 2급 殷紅(안홍) 殷鑑(은감) 殷遣(은견) 殷勤(은근) 殷大(은대) 殷同(은동) 殷雷(은뢰) 殷盤(은반) 殷富(은부) 殷事(은사) 殷實(은실) 殷祭(은제) 殷足(은족) 殷豊(은풍) 殷戶(은호) 殷懷(은회) 殷紅色(은홍색) 1 殷曠(은광) 殷奠(은전) 殷熾(은치) 特1 殷湊(은주) 殷畛(은진) 殷賑(은진)

사자성어 2급 殷鑑不遠(은감불원)

부수	획수	총획
言	8	15

향기 은 【2236】

字源 〈형성〉 은은한 '향기'는 꽃이나 향에서 나는 냄새다. 용례는 '향기가 있는 꽃은 가시 돋친 나무에 핀다'에서 보이고 있다. 유의어는 '향내, 방기(芳氣), 향냄새, 향훈(香薰)' 등이 있다. 안에서 크게 지르는 소리(言)가 문(門) 밖으로 중간에 새어 나가지 않도록 말했으니 그 [향기(誾)]가 짙다는 뜻이고 [은]으로 읽는다.

필순 丨 門 門 門 門 門 門 閂 閅 誾 誾

기초 【기초한자어】 익히고, 【기본→발전한자어】 다지기
誾誾(은은) 화기를 띠고 시비를 논하는 모양
南誾(남은) 조선의 개국공신

• 오늘따라 회의 분위기가 처음부터 끝까지 誾誾하였다.

부수	획수	총획
鳥	13	24

매 응(:) 【2237】

字源 〈형성〉 '매'는 비행을 잘 하는 새로 드물게 관찰되는 텃새다. 겨울철에는 강 하구, 호수, 농경지, 습지 등지에서 생활한다. 번식기 외에는 단독생활을 잘 하며, 비행 능력이 뛰어난 새다. '하늘의 호랑이'라고 했던 매새는 작은 새(鳥)들을 골라 사냥해서 먹고 살아가고 있으니 [매(鷹)]를 뜻하고 [응]으로 읽는다.

필순 广 庐 庐 庐 雁 雁 雁 雁 鷹 鷹

기초 【기초한자어】 익히고, 【기본→발전한자어】 다지기
鷹犬(응견) 사냥하는 데 쓰는 매와 개를 아울러 이르는 말

鷹視(응시) 매처럼 날카롭게 노려봄
鷹岩洞(응암동) 서울시 은평구에 있는 지명

• 사냥꾼이 鷹犬을 데리고 사냥에 나섰다.
• 그가 나에게 鷹視하는 눈초리가 너무나 매섭다.

기본 2급 籠鷹(농응) 秋鷹(추응) 眼如鷹(안여응)

발전 2급 鷹擊(응격) 鷹揚(응양) 鷹隼(응준) 鷹風(응풍) 1 鷹爪(응조)

사자성어 2급 鷹犬之任(응견지임) 1 鷹擊毛摯(응격모지)

부수	획수	총획
人	4	6

저 이 【2238】

字源 〈형성〉 이 한자를 두고 '차일피일(此日彼日)'이라 했으니 대명사가 생각난다. 근칭은 '이', 중칭은 '그', 원칭은 '저'이며 해당하는 한자어는 '이 차(此)', '그 기(其)', '저 피(彼)' 자 등 고루 쓴다. 다스리는(尹) 관리자(亻)가 손가락으로 여러 가지를 가리키면서 지시하니 지시대명사인 [저(伊)]를 뜻하고 [이]로 읽는다.

필순 丿 亻 亻 亻 伊 伊

기초 【기초한자어】 익히고, 【기본→발전한자어】 다지기
伊時(이시) 그 때
伊太利(이태리) 이탈리아

• 이탈리아의 음역을 伊太利라 한다.
• 伊時, 어려웠던 그 시절이 추억 속에 떠오른다.

기본 2급 伊昔(이석) 伊人(이인)

발전 2급 伊皐(이고) 伊呂(이려) 伊望(이망) 伊傅(이부) 伊吾(이오) 伊優(이우) 伊鬱(이울)

부수	획수	총획
心	5	8

기쁠 이 【2239】

字源 〈형성〉 '기쁘다'는 마음속에 어떤 즐거운 느낌이 있음이다. '네가 오니 정말 기쁘다' 등의 용례에서도 보인다. 유의어는 '희열(喜悅)하다, 환열(歡悅)하다' 등이겠다. 소 멍에에 찬 쟁기가 땅을 갈아 농사를 지을 수 있도록 부드럽게 하듯이 사람 마음(心)을 잘 풀어주니(台) [기쁘다(怡)]는 뜻이고 [이]로 읽는다.

圖 悅(기쁠 열) 歡(기쁠 환)

필순 丶 丶 忄 忄 怜 怜 怡 怡

기초 【기초한자어】 익히고, 【기본→발전한자어】 다지기
怡悅(이열) 즐겁고도 기쁨
怡怡(이이) 이연. 즐거워하는 모양

南怡(남이) 조선 세종 때의 장수
• 오랜 친구를 거리에서 우연히 만나 서로 부둥켜안고 怡悅하는 마음을 전했다.
• 이산가족이 만나 怡怡한 분위기로 눈물만 흘린다.

기본 [2급] 怡色(이색) 怡神(이신) 怡安(이안) 歡怡(환이) 嬉怡(희이)
발전 [2급] 怡穆(이목) 怡聲(이성) 怡顔(이안) 怡豫(이예) 怡和(이화) [1급] 怡愉(이유) 怡蕩(이탕)

부수	획수	총획
玉	6	10

귀고리 이 :
【2240】

字源 〈형성〉 '귀고리'는 여인네들이 예쁘게 보이기 위해 귓불에 다는 장식품이다. '예쁜 귀고리를 단 여인이 곱다'는 용례가 있다. 유의어는 '귀걸이, 이어링(earring), 이환(耳環)' 등이 있다. 귀중한 옥(王)으로 여자가 정성스럽게 만들어 장식품으로 귀(耳)에 걸고 다니는 것으로 [귀고리(珥)]를 뜻하고 [이]로 읽는다.

필순 一 二 三 王 王 珒 珒 珒 珥 珥 珥

기초 【기초한자어】 익히고, 【기본→발전한자어】 다지기
李珥(이이) 조선 선조 때의 학자. 율곡의 이름
玉珥(옥이) 옥으로 만든 귀고리
• 李珥는 이조 선조 때 사람으로 유현(儒賢)이다.
• 옛날 귀부인은 귀에 玉珥를 달고 다녔다.

기본 [2급] 珠珥(주이)
발전 [2급] 珥玉(이옥) [1급] 簪珥(잠이) 貂珥(초이) [特] 珥笄(이계) [참진] 珥璫(이당) 珥蜺(이예)

부수	획수	총획
羽	5	11

도울 익【2241】

字源 〈형성〉 '돕다'는 다른 사람의 일이 잘 될 수 있도록 외부의 힘으로 더 큰 힘을 보태다는 뜻이다. 유의어는 '거들다. 보조(輔助)하다, 지원(支援)하다, 증진(增進─)하다' 등이 쓰인다. 새가 몸과 깃(羽)을 바르게 세워서(立) 멀리 날아갈 수가 있었으니 날개가 붙어 있는 새의 비행을 [돕다(翊)]는 뜻이고 [익]으로 읽는다.
回 翌(다음날 익) 輔(도울 보)

필순 ` ` ㄱ ㅋ 立 翃 翃 翊 翊 翊

기초 【기초한자어】 익히고, 【기본→발전한자어】 다지기
翊戴(익대) 정성스럽게 모심

翊成(익성) 도와서 이루게 함
輔翊(보익) 보도. 잘 도와서 좋은 데로 인도함
• 조정에서 세자를 임금으로 翊戴하였다.
• 실직한 친구에게 일자리를 찾아 翊成하였다.

발전 [2급] 翊亮(익량) 翊禮(익례) 翊翊(익익) 翊贊(익찬)

부수	획수	총획
人	6	8

춤출 일【2242】

字源 〈형성〉 '춤추다'는 장단에 맞추거나 흥에 겨워 몸을 율동적으로 움직여 높이 뛰다는 뜻이다. 기뻐하며 날뛰다는 뜻도 함께 담는다. 유의어는 '무도(舞蹈)하다' 등이 쓰인다. 여덟(八) 명이나 되는 많은 사람(人)이 줄을 지어서 몸(肉)을 움직이면서 마냥 흥에 겨워했으니 [춤추다(佾)]는 뜻이고 [일]로 읽는다.
圖 舞(춤출 무) 回 僧(중 승)

필순 丿 亻 亻 亻 亻 价 价 佾 佾

기초 【기초한자어】 익히고, 【기본→발전한자어】 다지기
佾舞(일무) 사람을 여러 줄로 쩍 벌려 세워 놓고 재미있게 추게 하는 춤
八佾(팔일) 무악의 이름. 논어의 편명
八佾舞(팔일무) 나라의 큰 제사 때에 추는 춤
• 무대에서 무인이 줄을 서서 佾舞를 추고 있다.
• 중국에서 천자의 무악(舞樂)을 八佾이라 한다.

발전 [2급] 佾舞生(일무생)

부수	획수	총획
金	10	18

무게이름 일【2243】

字源 〈형성〉 '무게'는 어떤 사물의 무거운 그런 정도를 뜻한다. 어느 한 분야에만 차지하고 있는 중요성의 정도이겠다. 유의어는 '중량(重量), 근수(斤數), 비중(比重)' 등이 쓰인다. 물건 양을 바르게 재는 한 근(16兩)이 훨씬 더 넘는 (鎰) 분량의 쇠붙이(金) 무게(24兩)로 하는 [무게이름(鎰)]을 뜻하고 [일]로 읽는다.

필순 丿 ㅗ ㅌ ㅑ 金 釒 釒 釒 釤 鉖 鎰 鎰

기초 【기초한자어】 익히고, 【기본→발전한자어】 다지기
萬鎰(만일) 많은 값
張鎰(장일) 고려 중기의 문신
• 금화(金貨)로 萬鎰을 주고 진귀한 보석을 샀다.

滋

부수	획수	총획
水	9	12

불을 자【2244】

字源 〈형성〉 '불어나다'는 수량 따위가 본래의 양보다 더 커지거나 더 많아지다는 뜻이다. 몸집 정도가 그 이전보다 크다는 뜻도 된다. 유의어는 '늘어나다, 붇다, 커지다' 등이다. 어린(幺幺) 초목(艹)에 물(氵)을 적절히 주어가며 정성껏 가꾸면 가지와 잎이 무성하게 자라 [불어나다(滋)]는 뜻이고 [자]로 읽는다.
圖潤(불을 윤)

필순 丶丶氵氵氵汀汀滋滋滋滋滋

기초 【기초한자어】 익히고, 【기본→발전한자어】 다지기
滋茂(자무) 몹시 무성함
滋生(자생) 더욱 더 생겨남
滋殖(자식) 재산이나 가축 따위를 불리어서 늘림
• 채소밭에 거름을 주니 滋生 속도가 더욱 빨라졌다.
• 묘판의 모를 본밭에 이식했더니 滋殖하여 포기가 쑥쑥 불어났다.

기본 2急 滋漫(자만) 滋甚(자심) 滋雨(자우) 滋養分(자양분)
발전 2急 滋多(자다) 滋蔓(자만) 滋味(자미) 滋繁(자번) 滋碩(자석) 滋液(자액) 滋養(자양) 滋榮(자영) 滋雨(자우) 滋潤(자윤) 滋彰(자창) 滋弊(자폐) 1급 滋蔓(자만) 滋侈(자치) 蕃滋(번자) 特 滋濡(자유)

사자성어 1급 滋蔓難圖(자만난도)

庄

부수	획수	총획
广	3	6

전장 장【2245】

字源 〈형성〉 '전장(田莊)'은 전장(田庄)으로 '전원(田園), 농장(農場)' 등의 명칭에서 찾는다. 중세의 토지지배의 봉건적 장원(莊園)과 연관되어 역사적 의미를 찾게 되니 자못 크겠다. 농사를 지으려면 농기구를 잘 보관하기 위해서 농토(土) 주변에 집(广)이 있었으니 [전장(庄)] 혹은 [농막(庄)]을 뜻하고 [장]으로 읽는다.

필순 丶一广广庄庄

기초 【기초한자어】 익히고, 【기본→발전한자어】 다지기
庄土(장토) 개인이 가지고 있는 논과 밭
田庄(전장) 소유하는 논밭
• 그는 庄土가 아주 많아 부자 말을 듣는다.
• 그의 田庄은 비옥해서 농사가 잘 된다.

기본 2急 庄家(장가) 庄園(장원)
발전 2急 庄客(장객) 農庄(농장) 外庄(외장) 村庄(촌장)

獐

부수	획수	총획
犬	11	14

노루 장【2246】

字源 〈형성〉 '노루'는 사슴과 비슷하게 생겼으나 다른 동물이다. 여름에는 적갈색이며, 겨울에는 검은색을 띤다. 뿔은 수컷만 있는데 끝이 세 갈래로 나뉘고, 겨울에는 뿔이 빠지며 봄에 새로 돋는다. 엉덩이 부분에는 흰 얼룩점이 있다. 개(犭)보다는 귀한(貴) 짐승으로 여겼으니 [노루(獐)]를 뜻하고 [장]으로 읽는다.

필순 丿丬丬丬丬丬犷犷狩獐獐獐獐

기초 【기초한자어】 익히고, 【기본→발전한자어】 다지기
獐角(장각) 노루의 굳은 뿔
獐足(장족) 과녁에 꽂힌 화살을 뽑아내는 기구
獐血(장혈) 노루의 피
• 獐角은 한방에서 한약재로 쓰인다.
• 獐血은 한방에서 보혈제로 많이 쓰인다.

기본 2急 獐肝(장간) 獐島(장도) 獐毛(장모) 獐皮(장피) 獐毫(장호) 牙獐(아장) 香獐(향장)
발전 2急 獐鹿(장록) 1급 獐腋(장액) 獐茸(장용) 獐脯(장포) 特 獐羔(장고)

사자성어 2急 避獐逢虎(피장봉호) 1급 獐頭鼠目(장두서목)

璋

부수	획수	총획
玉	11	15

홀 장【2247】

字源 〈형성〉 '홀'은 조선 시대에 벼슬아치가 임금을 배알할 때 조복에 갖춰 정중하게 손에 쥐었던 작은 패다. 혼례나 제례 등의 의식을 할 때 의식의 순서를 적은 글을 이른 어휘라고 한다. 결혼식 때 신랑이 정성이 담긴 글(章)을 써서 귀중한 옥(王)처럼 소중히 들고 들어갔으니 [홀(璋)]을 뜻하고 [장]으로 읽는다.
圖圭(홀 규) 笏(홀 홀)

필순 一二三王王王王王珏珏珏璋璋璋

기초 【기초한자어】 익히고, 【기본→발전한자어】 다지기
圭璋(규장) 옥으로 만든 귀중한 그릇. 훌륭한 인품을 이름
弄璋(농장) 농장지경. 사내아이를 낳는 일
朱元璋(주원장) 중국 명나라의 초대 황제
• 예식 때 장식으로 쓰는 구슬을 圭璋이라 한다.
• 옛날 중국에서 아들이 태어나면 弄璋을 주었다.

기본 2急 璋瓚(장찬) 珪璋(규장)
발전 2急 璋慶(장경) 瓦璋(와장)

사자성어 2急 弄璋之慶(농장지경)

부수	획수	총획
艹	11	15

성 장【2248】

字源 〈형성〉'과장풀'은 수초 이름의 하나이며 포아풀과에 딸린 여러해살이풀로 알려진다. 성씨인 아산 장씨(牙山蔣氏)의 시조 장서(蔣壻)로 장영실, 장희춘 등의 아산 장씨의 걸출한 인물이다. 풀(艹)을 성장시킨 으뜸(將)으로 그 바탕을 삼아서 크게 자란 줄기로 [과장풀(蔣)] 또는 [성씨(蔣)]로 쓰이고 [장]으로 읽는다.

필순 一 艹 艹 艹 茅 茅 茅 蔣 蔣 蔣

기초 【기초한자어】 익히고, 【기본 → 발전한자어】 다지기
蔣介石(장개석) 중국의 정치가
蔣茅(장모) 포아풀과의 여러해살이 수초
• 蔣介石은 중국 국민 정부의 주석이었다.
기본 2급 蔣生傳(장생전)
발전 2급 蔣英實(장영실) 蔣蔣(장장)

부수	획수	총획
田	2	7

경기 전【2249】

字源 〈형성〉지금 경기도(京畿)의 의미들을 고스란하게 담고 있다. 곧 수도인 서울을 중심으로 하여 가까운 주위 지방을 모두 이르는 말로 보면 '참 서울'을 감싼 경기도가 좋을 듯하다. 왕이 거처한 성 밖을 둘러싼(勹) 500리 이내의 기름진 땅(田)이 천자의 직할지역인 왕터로 [경기(甸)]을 뜻하고 [전]으로 읽는다.
圖 畿(경기 기)

필순 丿 勹 勹 甸 甸 甸 甸

기초 【기초한자어】 익히고, 【기본 → 발전한자어】 다지기
甸服(전복) 오복의 하나
畿甸(기전) 경기도 도내. 기내
• 중국 주나라 때에 왕성에서 사방 오백 리 이내의 땅을 甸服이라 했다.
기본 2급 甸役(전역) 甸人(전인) 甸地(전지)
발전 2급 甸畿(전기) ①緬甸(면전) 特圻甸(기전)

기 정【2250】

字源 〈형성〉'기(旗)'는 국가, 단체, 행사 등을 상징하는 글자, 그

림 등을 헝겊이나 종이 등에 그려 넣기도 했다. 막대에 매달아 쓰기도 했었는데 전쟁터에서는 심리전과 지휘 신호 도구로 쓰였다. 지주가 된 깃대(扒←㫃)와 펄럭이는 깃발 등 여러 가지를 장식(生)하며 나타내 표시했으니 [기(旌)]를 뜻하고 [정]으로 읽는다.
圖 旗(기 기)

필순 一 亠 方 方 扩 扩 疒 旌 旌 旌

기초 【기초한자어】 익히고, 【기본 → 발전한자어】 다지기
旌鼓(정고) 기와 북
旌旗(정기) 정(旌)과 기(旗)
旌善(정선) 선행을 드러내어 포상함. 강원도 정선군 서남부에 있는 읍
• 천자의 행렬 앞에 旌鼓를 든 병사들이 행진을 하고 있다.
• 천자가 거동할 때는 旌旗를 든 병사들이 앞뒤에서 가지런하게 행진한다.
기본 2급 旌勞(정로) 旌門(정문) 旌賞(정상) 旌揚(정양) 旌節(정절)
발전 2급 旌簡(정간) 旌揭(정게) 旌錄(정록) 旌命(정명) 旌別(정별) 旌敍(정서) 旌引(정인) 旌表(정표) 旌夏(정하) 旌顯(정현) ①旌閭(정려) 旌擢(정탁) 旌麾(정휘) 弧旌(호정) 麾旌(휘정) 特旌旄(정모)
사자성어 ①旌表門閭(정표문려)

부수	획수	총획
日	8	12

맑을 정【2251】

字源 〈회의〉'맑다'는 티가 하나도 섞이거나 흐리지 아니하다. 하늘이 구름이나 안개가 끼지 않아 깨끗하다는 뜻도 함께 담는다. 유의어는 '청명(淸明)하다, 화창(和暢)하다' 등이 쓰인다. 맑은 날(日)이 더 많고 별이 보이는 날(日)이 더욱 많아서 며칠(日) 동안은 수정같이 고와 날씨가 [맑다(晶)]는 뜻이고 [정]으로 읽는다.

필순 丨 冂 日 日 日 日 日 晶 晶 晶

기초 【기초한자어】 익히고, 【기본 → 발전한자어】 다지기
晶耀(정요) 밝고 빛남
結晶體(결정체) 축적된 무형물이 어떤 형태를 이룬 물체
紫水晶(자수정) 자줏빛의 수정
• 아침 해가 찬란하게 떠오르니 晶耀한 햇빛이 삼라만상을 비춘다.
• 수정은 석영의 結晶體라고 알려진다.
기본 2급 晶光(정광) 水晶(수정)
발전 2급 晶析(정석) 晶瑩(정영) 晶晶(정정) 晶出(정출) ①晶簇(정족) 特晶焚(정형)

2급名

부수	획수	총획
木	9	13

광나무 정【2252】

字源 〈형성〉 '광나무'는 '광나다'란 말처럼 빛이 나서 윤이 난다는 의미로 짐작하면 좋겠다. 늘푸른나무로 손가락 세 개 정도 크기의 잎은 햇빛에서 볼 때는 광이 난다고 한다. 줄기가 아주 곧아서(貞) 다른 집과의 경계가 충분히 되도록 담을 칠 때 근본이 되는 중요한 나무(木)로 [광나무(楨)]를 뜻하고 [정]으로 읽는다.

필순 一十才木木木村村村楨楨楨

기초 【기초한자어】 익히고, 【기본→발전한자어】 다지기
楨幹(정간) 나무의 으뜸이 되는 줄기. 사물의 근본이 되는 것
楨木(정목) 물푸레나무과의 상록 관목. 광나무
• 담을 쌓을 때는 양쪽 모서리에 楨幹을 세워 놓고 높이 쌓는다.
• 마당에 심을 나무로 楨木을 선택했다.

기본 2급 家楨(가정) 國楨(국정) 基楨(기정)
발전 特 楨榦(정간)

부수	획수	총획
水	2	5

물가 정【2253】

字源 〈형성〉 '물가'는 바다. 연못 강 등의 가장자리이며 파도가 머문 자리다. 물 닿는 가장자리는 낭만과 사랑으로 가득 찬다. 유의어는 '저애(渚崖), 저안(渚岸), 정저(汀渚)' 등이다. 태풍이 사납게 치면 찾아올 수 없지만 물(氵)의 움직임이 잔잔하게 안정(丁)되면 찾아오는 곳인 [물가(汀)]를 뜻하고 [정]으로 읽는다.
图 渚(물가 저) 涯(물가 애) 洲(물가 주)

필순 丶丶氵汀汀

기초 【기초한자어】 익히고, 【기본→발전한자어】 다지기
汀蘭(정란) 물가에 자란 난
汀沙(정사) 물가의 모래톱
辛夕汀(신석정) 시인
• 연못가에 피어 있는 汀蘭이 꽃을 피워 은은한 향기를 풍긴다.
• 강가의 汀沙에서 철새 무리들이 다함께 먹이를 찾고 있다.

기본 2급 汀岸(정안) 汀瀅(정형) 蘆汀(노정)
발전 2급 汀曲(정곡) 汀線(정선) 汀洲(정주) 鷺汀(노정) 松汀(송정) 特 汀瀅(정영) 汀渚(정저) 特 汀濆(정분) 출水 汀濘(정녕)

부수	획수	총획
玉	7	11

옥이름 정【2254】

字源 〈형성〉 '옥'이란 엷은 녹색이나 회색 등의 색을 띠는 광물이다. 옥빛이 곱고 신비로우므로 연마해서 장신구나 그릇 등으로 만들었다. 옥은 옛날부터 아주 귀하게 여겨져서 옥함이나 옥쇄 등 조정(廷)에서 임금이 사용하는 귀한 물건은 대부분 옥(玉)이 많았음을 생각했으니 [옥 이름(珽)]을 뜻하고 [정]으로 읽는다.

필순 一丁干王 王丨王干王王王珽珽珽

기초 【기초한자어】 익히고, 【기본→발전한자어】 다지기
安珽(안정) 조선시대의 문신이며 서화가
玉珽(옥정) 옥홀. 옥으로 만든 홀
• 정승이 조례에 참석하기 위해 조복을 입고 玉珽을 쥐고 나아간다.

사자성어 2급 珽水植物(정수식물)

부수	획수	총획
示	9	14

상서로울 정【2255】

字源 〈형성〉 '상서롭다'는 앞으로 하는 일이 복되고 좋은 일이 있을 기미가 많다는 뜻이다. 쓰인 용례를 보면, '옛날부터 백호는 상서로운 짐승으로 이름이 났었다'고 알려진다. 거룩한 신(示)의 뜻을 미리서 점을 쳐서(貞) 알아보아 가급적 그대로 행하면 복이 온다고 했으니 [상서롭다(禎)]는 뜻이고 [정]으로 읽는다.
图 福(복 복) 祥(상서 상) 瑞(상서 서) 祺(복 기)

필순 二丁亍示示' 示'示'祠祠禎禎禎

기초 【기초한자어】 익히고, 【기본→발전한자어】 다지기
禎祥(정상) 좋은 징조
孫基禎(손기정) 제11회 올림픽 마라톤에서 1위를 차지한 체육인
• 올해 운수에 禎祥의 기미가 보여서 기분이 좋다.
• 우리나라 최초로 올림픽에서 금메달을 딴 마라토너는 孫基禎이다.

기본 2급 禎瑞(정서) 祥禎(상정)
발전 2급 禎禧(정희) 1 禎闌(정천) 特 禎祺(정기)

부수	획수	총획
邑	12	15

나라이름 정 :
【2256】

字源 〈형성〉 주(周)대에 왕성했던 나라 이름이다. 선왕의 서제 환공(桓公) 우에게 봉한 나라로, 지금 섬서성 화현 서북쪽이다. '정과정곡, 정감록, 정몽주' 등으로 쓰인다고 한다. 제사지낼(奠) 때는 점잖고 무게 있게 행동하므로 [정중하다(鄭)]는 뜻이고 고을(阝)이 붙어 있어서 [나라 이름(鄭)]을 뜻하고 [정]으로 읽는다.

필순 八 丷 芍 苩 酋 酋 奠 奠 奠³ 鄭

기초 【기초한자어】 익히고, 【기본→발전한자어】 다지기
鄭夢周(정몽주) 고려 말의 충신
鄭重(정중) 점잖고 묵직함
鄭玄(정현) 중국 후한 때의 유학자. 자는 강성
• 鄭夢周는 고려의 충신으로 선죽교에서 피살당했다.
• 그는 鄭重한 인품을 지녀 사람들의 존경을 받는다.

기본 2급 鄭聲(정성) 鄭澈(정철)

발전 2급 鄭音(정음)

사자성어 2급 鄭衛桑間(정위상간)

	부수	획수	총획
	鼎	0	13

솥 정【2257】

字源 〈상형〉 '솥'은 밥을 짓거나 음식을 끓이는 데 쓰는 그릇이었다. 주로 무쇠나 오지, 양은 따위가 주재료가 되어서 정성껏 만든다고 한다. 유의어는 같은 류인 '가마솥'과 같이 쓰인다. 조각(爿)과 조각(片)을 갈라놓은 장작나무를 불살라서 고기를 삶아먹는 두목(目)이 사용하였던 [솥(鼎)]을 뜻하고 [정]으로 읽는다.

필순 冂 冂 月 目 甼 甼 鼎 鼎 鼎 鼎

기초 【기초한자어】 익히고, 【기본→발전한자어】 다지기
鼎談(정담) 세 사람이 솥발처럼 마주 앉아 하는 다정한 이야기
鼎立(정립) 세 사람이 솥발과 같이 서로 벌여 섬
鼎席(정석) 세 사람이 자리를 같이 함
• 그는 친구들과 겨울철이면 화롯가에 편안하게 앉아 鼎談을 즐겼다.
• 조정에서 삼정승이 鼎席하여 국사를 논하고 있다.

기본 2급 鼎銘(정명) 鼎分(정분) 鼎業(정업) 鼎足(정족) 九鼎(구정) 釜鼎(부정)

발전 2급 鼎甲(정갑) 鼎貴(정귀) 鼎呂(정려) 鼎味(정미) 鼎輔(정보) 鼎司(정사) 鼎盛(정성) 鼎食(정식) 鼎臣(정신) 鼎新(정신) 鼎運(정운) 鼎位(정위) 鼎鼎(정정) 鼎祚(정조) 鼎族(정족) 鼎坐(정좌) 鼎峙(정치) 鼎革(정혁) 鼎鉉(정현) 槐鼎(괴정) 1급 鼎沸(정비) 鶺鼎(곡정) 沸鼎(비정) 讒鼎(참정) 特 鼎俎(정조) 特 鼎鼐(정내) 鼎鍊

(정속) 鼎彝(정이) 鼎鐺(정쟁) 출전 鼎鑊(정확)

사자성어 2급 鼎足之勢(정족지세) 問鼎輕重(문정경중) 特 擊鐘鼎食(격종정식)

	부수	획수	총획
曺	日	6	10

성씨 조【2258】

字源 〈회의〉 '성(姓)씨 조'는 나라 이름 '조(曹)'가 아닌 성씨는 '조씨(曺氏)'라 표기했다 한다. 창녕조씨 시조 조계룡이 태어날 때 겨드랑이 밑에 '조(曺)'란 글자가 새겨있었음을 주의해야겠다. 많은(十←卄) 사람을 한 장소에 모아서 말하고(曰) 또 말했으니(曰) [무리(曺)]의 뜻과 [성씨(曺)]로 쓰이고 [조]로 읽는다.

필순 一 厂 冖 币 肉 肉 車 曺 曺 曺

기초 【기초한자어】 익히고, 【기본→발전한자어】 다지기
曺植(조식) 조선 중기 학자
曺奉岩(조봉암) 독립운동가. 정치가
• 曺植은 조선 명조 때의 학자로 성리학을 연구하였다.

기본 2급 曺氏(조씨)

	부수	획수	총획
祚	示	5	10

복 조【2259】

字源 〈형성〉 '복'은 우리들이 생활에서 누리게 되는 큰 행운과 오붓한 행복 또는 그로 인하여 얻는 여러 가지 기쁨과 즐거움이 뒤범벅이 된다. 이른바 옷복이나 재물복과 같은 복이라 하겠다. 착한 일을 많이 했다고 신(示)의 계시에 의해 어느 날 갑자기(乍) 주셨던 최고의 선물로 [복(祚)]을 뜻하고 [조]로 읽는다.
图 福(복 복) 祜(복 호) 禧(복 희) 祺(복 기)

필순 一 二 亍 亓 亓 示 祚 祚 祚 祚

기초 【기초한자어】 익히고, 【기본→발전한자어】 다지기
祚命(조명) 하늘의 복으로 도움을 받음
福祚(복조) 복
溫祚王(온조왕) 백제의 시조. 고구려 태조 동명왕의 셋째 아들
• 그는 산에서 조난을 당해 祚命을 입어 구출되었다.
• 그는 福祚가 많아 자손들이 입신출세하였다.

기본 2급 祚慶(조경) 景祚(경조) 吉祚(길조) 溫祚(온조)

발전 2급 祚業(조업) 祚胤(조윤) 國祚(국조) 門祚(문조) 寶祚(보조) 聖祚(성조)

2급名

부수	획수	총획
走	7	14

나라 조 : 【2260】

字源 〈형성〉'찔리다'는 어느 곳이 세차게 뚫리거나 밀리다는 뜻이다. 심적인 자극을 받아서 더할 수 없는 죄책감을 느낀다고 했으니 물질적 심리적인 압박감이라 하겠다. 상황이 그렇듯이 급히 달아나다(走) 보면 돌멩이나 작은(肖) 가시에 발이 [찔리다(趙)]는 뜻과 널리 성씨인 [나라(趙)]로 쓰이고 [조]로 읽는다.

필순 一十土キキ走走`赳`赳趙趙

기초 〈기초한자어〉 익히고,【기본 → 발전한자어】다지기
趙光組(조광조) 조선 중기 문신. 성리학자
趙治勳(조치훈) 바둑기사
• 趙光組는 조선 중종 때의 성리학자로 기묘사화로 숙청되었다.
• 趙治勳은 일본에서 활동하는 한국인으로 프로바둑기사이다.

기본 2급 前趙(전조) 後趙(후조) 趙子龍(조자룡)

발전 2급 趙客(조객) 趙高(조고) 趙女(조녀) 趙達(조달) 趙李(조리) 趙子(조자) 趙行(조행) 1 趙璧(조벽) 特 趙繚(조료)

사자성어 2급 竊符求趙(절부구조) 1 完璧歸趙(완벽귀조)

부수	획수	총획
玉	8	12

옥홀 종 【2261】

字源 〈형성〉'옥홀'은 진귀한 옥으로 만든 홀이다. 중종이 최산두(崔山斗)에게 하사했던 옥홀이라고도 한다. 조복이나 제복을 착용할 때 손에 잡았던 의식 용구라고 하는 편이 더욱 좋겠다. 천자나 제후 등 우두머리(宗)들이 긴히 사용하였던 옥(玉)제품으로 서옥 이름이었으나 [옥홀(琮)]을 뜻하고 [종]으로 읽는다.

필순 三 F チ 王 王 珔 珔 珔 珔 琮 琮

기초 〈기초한자어〉 익히고,【기본 → 발전한자어】다지기
琮花(종화) 아름다운 꽃
• 화폭에 담긴 琮花가 마치 살아있는 것만 같다.

발전 特 琮箏(종쟁)

부수	획수	총획
田	14	19

이랑 주 【2262】

字源 〈형성〉'이랑'은 씨를 뿌리기 위해 갈아 놓은 밭의 한 두둑과 한 고랑을 아울러 이르는 용어다. 용례는 '밭이 기다란 만큼 갈아서 이랑이 많이 길기만 하다.'가 쓰인다. 사람 목숨(壽)을 연명하게 해주는 것은 논과 밭(田)이라고 호칭을 했으니 씨 뿌릴 수 있게 만든 [밭두둑(疇)]인 [이랑(疇)]을 뜻하고 [주]로 읽는다.

동 頃(이랑 경) 壟(밭이랑 롱)

필순 𠃌 田 田 旷 旷 畦 畤 畴 畴 疇 疇

기초 〈기초한자어〉 익히고,【기본 → 발전한자어】다지기
疇類(주류) 같은 무리
羅錫疇(나석주) 한말의 독립 운동가
田疇(전주) 밭두둑
• 대학에 입학하여 뜻을 같이한 친구들끼리 疇類를 이루어 동아리에 들어갔다.
• 밭을 갈아 田疇를 만들고 작물을 심었다.

기본 2급 範疇(범주)

발전 2급 疇官(주관) 疇曩(주배) 疇生(주생) 疇夕(주석) 疇昔(주석) 疇人(주인) 疇日(주일) 疇匹(주필) 龜疇(귀주) 1 疇壟(주롱) 畔疇(반주) 特 疇咨(주자) 特 疇曩(주낭)

사자성어 2급 疇昔之夜(주석지야) 洪範九疇(홍범구주)

부수	획수	총획
土	7	10

높을 준 : 【2263】

字源 〈형성〉'높다'는 어떤 기준이 보통보다는 조금 넘는 상태에 있음을 뜻한다. '이 건물의 아래에서 위까지의 길이가 매우 길다'는 등의 용례가 쓰임이 조금은 참고가 될 수도 있겠다. 지금은 주위가 평평하지만 어느 부분의 땅(土)이 다른 곳보다 빼어나게(夋←俊) 솟아있으니 [높다(埈)]는 뜻이고 [준]으로 읽는다.

동 峻(높을 준) 晙(밝을 준) 浚(깊게할 준)

필순 一十土 圵 圵 圵 圹 圹 埈 埈

기초 〈기초한자어〉 익히고,【기본 → 발전한자어】다지기
埈險(준험) 산·고개 따위가 높고 험함
李埈鎔(이준용) 흥선대원군의 손자
• 태백산맥은 우리나라에서 가장 埈險한 산맥이다.

기본 2급 埈馨(준형)

부수	획수	총획
山	7	10

높을 준 :
준엄할 준 : 【2264】

字源 〈형성〉'높다'는 피아노 치는 수준이 일정한 기준이나 보

통보다 위에 있음을 뜻한다. 명성이 널리 알려지거나 기세가 힘차고 기세가 당당하여 강하다는 뜻을 담고 있다. 어느 산(山)봉우리가 다른 산봉우리들보다 빼어나게(夋←俊) 솟았으니 [높다(峻)] 혹은 빼어나게 [준엄하다(峻)]는 뜻이고 [준]으로 읽는다.

圖埈(높을 준) 嚴(엄할 엄) 險(험할 험)

필순 丨 山 山 山′ 山″ 山‴ 岐 峻 峻 峻

기초 【기초한자어】 익히고, 【기본→발전한자어】 다지기
峻極(준극) 대단히 높음. 성질이 고결함
峻嶺(준령) 높고 가파른 고개
峻嚴(준엄) 매우 엄격함
• 태백산맥의 峻極인 대관령을 넘어가면 동해바다가 한눈에 들어온다.
• 선생님은 항상 峻嚴한 자세로 학생들을 지도한다.

기본 2급 峻閣(준각) 峻湍(준단) 峻德(준덕) 峻烈(준열) 峻路(준로) 峻論(준론) 峻法(준법) 峻峰(준봉) 峻秀(준수) 峻遠(준원) 峻節(준절) 峻責(준책) 嚴峻(엄준) 險峻(험준)

발전 2급 峻刻(준각) 峻幹(준간) 峻拒(준거) 峻潔(준결) 峻科(준과) 峻急(준급) 峻網(준망) 峻命(준명) 峻茂(준무) 峻密(준밀) 峻岸(준안) 峻藥(준약) 峻宇(준우) 峻絶(준절) 峻整(준정) 峻制(준제) 峻直(준직) 峻秩(준질) 峻峙(준치) 峻筆(준필) 峻險(준험) 峻刑(준형) 峻酷(준혹) 高峻(고준) 崇峻(숭준) 1급 峻壟(준롱) 峻隘(준애) 峻岊(준저) 峻截(준절) 峻挺(준정) 峻阻(준조) 峻擢(준탁) 峻狹(준협) 특 峻嶺(준영) 峻崇(준숭) 峻岅(준판) 特 峻厲(준려) 峻竦(준송) 출전 峻岻(준저) 峻峭(준초)

부수	획수	총획
日	7	11

밝을 준: 【2265】

字源 〈형성〉 '밝다'는 사방이 뚜렷하게 잘 보일 정도로 환하고 화창하다는 뜻이다. 얼굴 표정이 구김살이 전혀 없고 맑고 명랑하다. 유의어는 '훤하다. 맑다. 능숙(能熟)하다' 등이 쓰인다. 호롱불이나 횃불보다는 해(日)가 높이 떠올라야 다른 무엇보다는 빼어나게(夋←俊) 맑고 환해져 [밝다(晙)]는 뜻이고 [준]으로 읽는다.

圖明(밝을 명) 郎(밝을 랑) 晧(밝을 호) 回埈(높을 준) 峻(높을 준)

필순 丨 日 日 日′ 日″ 晙 晙 晙 晙 晙

기초 【기초한자어】 익히고, 【기본→발전한자어】 다지기
權晙(권준) 독립운동가
晙早(준조) 늦지 않음
安東晙(안동준) 조선 후기의 문신
• 남보다 晙早에 맞추어 학교에 등교해야 한다.

기본 2급 奎晙(규준)

부수	획수	총획
水	7	10

깊게할 준: 【2266】

字源 〈형성〉 '깊게 하다'는 피동사의 의미로 쓰인 한자 어휘다. 자동사로는 매우 깊다는 의미도 담고 있다. 그 사람의 지식이나 경험의 수준이나 정도가 나보다는 한참 높다. 일정한 양의 물(氵)을 모으려고 끊임없이((夋←俊) 흙을 퍼내게 되면 그곳이 조금은 깊어지므로 [깊게 하다(浚)]는 뜻이고 [준]으로 읽는다.

回俊(준걸 준)

필순 丶 丶 氵 氵′ 氵″ 氵‴ 浚 浚 浚 浚

기초 【기초한자어】 익히고, 【기본→발전한자어】 다지기
浚渫(준설) 못이나 개울의 바닥을 파내어 깊게 함
浚井(준정) 우물 안의 흙이나 모래를 깨끗이 쳐내는 일
許浚(허준) 조선 중기의 의학자
• 토사가 많이 쌓인 강을 浚渫하여서 물의 흐름을 원활하게 해야만 한다.
• 오래 묵혀둔 우물을 浚井하여 다시 사용하기로 했다.

기본 2급 浚急(준급) 浚照(준조) 浚湖(준호) 幽浚(유준)

발전 2급 浚谷(준곡) 浚明(준명) 浚浚(준준) 浚則(준칙) 1급 浚渠(준거) 浚遁(준둔) 浚塹(준참)

부수	획수	총획
水	14	17

깊을 준: 【2267】

字源 〈회의〉 '깊다'는 그의 생각은 늘 보아도 듬직하고 신중하다는 태도에서 잘 보인다. 끝내는 그녀에게 깊은 연민의 정에 그만 빠졌음도 알겠다. 유의어로는 '도탑다, 두텁다' 등이 함께 쓰인다. 지혜(睿)롭고 슬기로운(睿) 사람은 식수용 샘물(氵)을 굴착하여 땅을 깊게 팠으니 [깊다(濬)]는 뜻이고 [준]으로 읽는다.

圖浚(깊게할 준)

필순 氵 氵′ 氵″ 氵‴ 氵⁗ 洘 洘 浻 濬 濬 濬

기초 【기초한자어】 익히고, 【기본→발전한자어】 다지기
濬潭(준담) 깊은 늪. 심연
濬源(준원) 깊은 근원
濬哲(준철) 뛰어나게 지혜가 깊음. 또는 그런 사람
• 그곳의 濬潭에는 용이 살았다는 전설이 있다.
• 그는 濬哲한 사람으로 사람들의 추앙을 받고 있다.

기본 2급 濬池(준지) 濬川(준천) 急濬(급준)

발전 ②濬繕(준선) 濬水(준수) ①濬塹(준참) 濬壑(준학) 濬川司(준천사)

부수	획수	총획
馬	7	17

준마 준 : 【2268】

字源 〈형성〉 '준마'는 말이 노련하여 달리기가 참 좋다. '주몽은 위험을 느껴 준마를 타고 부여를 떠났다'는 용례가 있어 주목된다. 유의어로는 '기족(驥足), 비마(飛馬), 상마(上馬)' 등이 보인다. 전쟁용이나 역참용으로 쓴 말(馬)은 다른 말보다 특별히 빼어나게(夋) 잘 달렸다 했으니 [준마(駿)]를 뜻하고 [준]으로 읽는다.
回騏(준마 기) 驥(천리마 기)

필순 厂 厂 馬 馬 馬 駅 駮 駮 駿駿

기초 【기초한자어】 익히고, 【기본→발전한자어】 다지기
駿馬(준마) 걸음이 썩 빠른 말
駿足(준족) 발이 빠른 좋은 말
朴騏駿(박기준) 조선 후기의 화가
• 경마장에서는 말을 조련해서 駿馬로 만든다.
• 이 말은 駿足으로 천 리를 달릴 수 있다.

기본 ②駿桀(준걸) 駿犬(준견) 駿骨(준골) 駿驥(준기) 駿良(준량) 駿敏(준민)

발전 ②駿駒(준구) 駿命(준명) 駿奔(준분) 駿逸(준일) 駿刑(준형) 駿惠(준혜) 八駿(팔준) ①駿爽(준상) 特駿彭(준방)

사자성어 ②駿命不易(준명불역)

부수	획수	총획
土	4	7

터 지 【2269】

字源 〈형성〉 대부분 '터'는 옛적의 화려한 건물이 다 타고 그 터만 남아 있다. 터는 '대지(垈地)'와 같은 용어로 집을 지을 수 있는 땅이다. 건축이 가능한 필지로 되어 있는 땅이 많다. 집이나 각종 건축물이 일정한 곳에 머물러서(止) 큰 집을 지을 수 있도록 넓고도 고른 땅(土)으로 [터(址)]를 뜻하고 [지]로 읽는다.
回基(터 기)

필순 一 十 土 圵 圵 址 址

기초 【기초한자어】 익히고, 【기본→발전한자어】 다지기
址臺(지대) 집채의 아랫도리 지면에 넓은 터전을 잡고 돌로 쌓은 곳
故址(고지) 옛날에 집이나 성 따위가 있던 터 또는 그러한 자취
城址(성지) 성터
• 집을 지을 때는 址臺를 튼튼히 해야 수명이 길다.
• 옛날 외적을 막았던 성은 어디 가고 지금은 쓸쓸히 城址만 남아 있구나!

기본 ②舊址(구지) 寺址(사지) 遺址(유지)

발전 ②基址(기지) 窯址(요지) 形址(형지)

부수	획수	총획
艸	4	8

지초 지 【2270】

字源 〈형성〉 '지초'는 영지라고 했다. 한국 자생 식물로 뿌리는 자줏빛을 띠며, 예전부터 천연염료를 얻거나 민간요법에서는 약재로 많이 썼다. 전남 진도지방의 홍주(紅酒)도 이 원료를 썼다. 곰팡이 균에 의해서 널리 퍼져 나가(之) 순식간에 번식하는 다년생 식물(艸)이라 부르는 [지초(芝)]를 뜻하고 [지]로 읽는다.

필순 一 十 十 サ 芝 芝 芝 芝

기초 【기초한자어】 익히고, 【기본→발전한자어】 다지기
芝眉(지미) 남의 안색을 높여 이르는 말
芝宇(지우) 남의 몸가짐이나 차린 모습을 높여 이르는 말
芝草(지초) 버섯의 한 종류로, 예로부터 상서로운 풀로 여김
• 그의 芝眉는 참으로 잘 생겨 질투가 날 지경이다.
• 芝草는 버섯이라 하는데 한약재로 쓰인다.

기본 ②瑞芝(서지) 靈芝(영지)

발전 ②芝蘭(지란) 芝麻(지마) 雷芝(뇌지)

사자성어 ②芝蘭之交(지란지교) 芝蘭之室(지란지실) 芝蘭玉樹(지란옥수) 特芝焚蕙歎(지분혜탄)

부수	획수	총획
禾	8	13

올벼 직 【2271】

字源 〈형성〉 '올벼'는 제철보다 많이 이르게 익어 수확한 벼를 말한다. 추석에 올벼를 수확하여 떡을 만들어 먹었다. 유의어는 '조도(早稻), 조양(早穰), 조종(早種)' 등이 있다. 다른 벼는 아직도 이삭이 익지 않았지만 대가 곧아서(直) 이미 쑥쑥 나와 부쩍 자라 익어버린 벼(禾)로 [올벼(稙)]를 뜻하고 [직]으로 읽는다.
回植(심을 식) 値(값 치)

필순 一 二 千 禾 禾 禾 秆 秆 秆 稙 稙 稙

2급名

기초 【기초한자어】 익히고, 【기본→발전한자어】 다지기
稙禾(직화) 일찍 심은 벼
李耕稙(이경직) 한말의 문신
• 남쪽 지방에서 稙禾를 많이 재배하면서 수확시기
도 빠르다.
발전 特 稙穉(직치)

	부수	획수	총획
	禾	10	15

피 직【2272】

字源 〈형성〉 시인 하종오 시집의 [벼는 벼끼리 피는 피끼리
(1981)] 일부에서 다음 글이 보인다. "…총알받이 땅 지뢰
밭에 알알이 씨앗으로 묻혔다가…"에서 통일 염원 삶의
주체를 '벼'로 치환시켰음을 안다. 사람(儿)이 밭(田)에서
일하여(攵) 넉넉한 곡식(禾)으로 생각했던 기장을 [피(稷)]
로 치환해 [직]으로 읽는다.

필순 二千千禾利利稷稷稷稷稷

기초 【기초한자어】 익히고, 【기본→발전한자어】 다지기
稷山(직산) 충청남도 천안시에 있는 지명
后稷(후직) 중국 전설상의 주나라 왕조의 건설자
• 중국 순임금 시절에 농사일을 맡은 벼슬을 后稷이
라 했다.
발전 2급 稷蜂(직봉) 稷雪(직설) 稷契(직설) 稷神(직신) 稷正
(직정) 社稷(사직) 1 稷黍(직서) 稷狐(직호) 黍稷(서직)
사자성어 2급 宗廟社稷(종묘사직) 1 稷蜂社鼠(직봉사서)

	부수	획수	총획
	日	6	10

진나라 진 :
【2273】

字源 〈회의〉 '진나라' 진은 '진(晉)'이 아니라 '진(晋)'으로 사용하
고 있다. '진(陳)'은 초나라의 속국으로 회수 유역에 있고,
'진(秦)'은 서쪽의 진나라며, '진(晋)'은 중원의 진나라라고
알려진다. 날(日)마다 많은(二) 사람들은 크고 큰(厸厸) 목
표를 향하여 전진했으니 [나아간다(晋)]와 [진나라(晋)]를
뜻하면서 [진]으로 읽는다.

필순 一丁TT_TF亚严严晋晋晋

기초 【기초한자어】 익히고, 【기본→발전한자어】 다지기
晋書(진서) 진대의 정사. 중국 25사의 하나
晋州(진주) 경상남도 남서부에 있는 시
郭少晋(곽소진) 교육자
• 晋書는 중국 당태종 때에 발간한 역사책이다.
• 晋州는 경상남도에 있는 도시 이름이다.

기본 2급 晋接(진접) 晋秩(진질) 東晋(동진) 三晋(삼진) 西晋
(서진) 晋文公(진문공)
발전 2급 晋山(진산) 晋謁(진알) 晋體(진체)
사자성어 2급 秦晋之好(진진지호)

	부수	획수	총획
	禾	5	10

성씨 진【2274】

字源 〈회의〉 성(姓)은 모계의 표시이고, 씨(氏)는 부계의 표시이
다. 최초의 姓들은 '女' 부수를 많이 사용했다. 로마의 姓
氏제도와 유사하다 했으니, 姓은 로마 'Gens', 氏는
'Familia'를 사용했음을 알겠다. 절구공 벼(禾)를 찧는(春)
문자로 '진나라로 [나라이름(秦)]을 뜻했으나 널리 [성씨(秦)]
로 쓰이고 [진]으로 읽는다.

필순 一二三声夫表表奉奉秦秦

기초 【기초한자어】 익히고, 【기본→발전한자어】 다지기
秦鏡(진경) 선악을 꿰뚫어 보는 사람의 안목과 식견
秦始皇(진시황) 중국 최초의 중앙집권적 통일제국
인 전제군주
前秦(전진) 중국 오호 십육국의 하나
• 秦鏡은 진시황이 궁중에 비치한 거울이다.
• 秦始皇은 진나라의 초대 황제로 만리장성을 증축
하였다.

기본 2급 秦聲(진성) 秦律(진율) 先秦(선진) 秦穆公(진목공)
발전 2급 秦越(진월) 秦火(진화) 1 秦篆(진전) 秦橐(진품)
秦劾(진핵) 特 秦晋(진진)
사자성어 2급 秦鏡高懸(진경고현) 秦庭之哭(진정지곡) 先秦
時代(선진시대)

	부수	획수	총획
	火	13	17

빛날 찬 :【2275】

字源 〈형성〉 '빛나다'를 우선 눈에 보인 글자만 보아도 30여 자
가 넘는다. [熙, 熹, 璀, 華, 耀, 赫, 輝…] 등이 있어서 [빛
나다]는 뜻이다. 유의어는 '성(盛)하다, 훌륭한 모양' 등이
같이 쓰인다. 밝고도 멀리 비치는 불(火)빛을 미리 감지하
기에 깨끗하고(粲) 순결했다고 전했으니 [빛나다(燦)]는
뜻이고 [찬]으로 읽는다.
동 爛(빛날 란) 昞(밝을 병) 炳(밝을 병) 晃(밝을 황) 熙
(빛날 희) 曜(빛날 요) 耀(빛날 요) 昱(밝을 욱) 煜(빛날 욱)
赫(밝을 혁) 輝(빛날 휘) 煥(빛날 환)

필순 丷火火火炒炒炒炒燥燦燦

2급名

기초 【기초한자어】 익히고, 【기본→발전한자어】 다지기
燦爛(찬란) 빛이 눈부시게 아름답다
燦然(찬연) 해나 물체가 눈부시게 빛나는 상태에 있음
• 유흥가의 燦爛한 네온사인 불빛이 손님을 유혹한다.
• 아침 해가 떠오르니 온 누리가 燦然하게 빛난다.

기본 2급 燦煥(찬환)
발전 2급 燦粲(찬찬) 1 閃燦(섬찬)
사자성어 2급 燦爛至離(찬란육리) 1 輝煌燦爛(휘황찬란)

부수	획수	총획
玉	13	17

옥빛 찬 【2276】

字源 〈형성〉 '옥빛'은 보물로 여겼던 옥과 같이 약간 파르스름
하고 갸름한 빛깔이 훨씬 더 돋보인다. '가방에는 책갈피
가 옥빛을 띤 책이 놓여 있었다'는 용례가 이를 다 대신해
보인다. 유의어는 '옥색(玉色)' 등이다. 구슬(王)이 선명하
게(粲) 달리 보였으니 더욱 찬란하게 빛나는 [옥빛(璨)]을
뜻하고 [찬]으로 읽는다.

필순 二 ㅜ 干 王 王' 环 玗 玙 璨 璨 璨

기초 【기초한자어】 익히고, 【기본→발전한자어】 다지기
璨幽(찬유) 신라 말, 고려 초의 승려
璨璨(찬찬) 밝고 환한 모양
• 날이 어두워 전등을 켜니 방안이 璨璨해진다.

발전 特 璨瑤(찬차) 춘진 琩璨(최찬)

부수	획수	총획
玉	19	23

옥잔 찬 【2277】

字源 〈형성〉 '옥잔'은 옥으로 정성을 들여서 만든 술잔이다. 옥
잔에 술을 부으면 과일주의 색깔이 옥빛을 내면서 더 선
명하게 보인다. 유의어는 '옥배(玉杯), 옥작(玉爵), 옥치(玉
巵)' 등으로 쓰인다. 제사상에 도움(贊)을 주는 술그릇으로
한 쪽으로 되어있으니 옥(玉)으로 만들었던 [옥잔(瓚)]을
뜻하고 [찬]으로 읽는다.
맹 瓉

필순 二 王 王' 珡' 玪 玹 玤 璠 瓚 瓚

기초 【기초한자어】 익히고, 【기본→발전한자어】 다지기
圭瓚(규찬) 제기의 하나
玉瓚(옥찬) 종묘나 문묘의 나라 제사에서 강신 때에
쓰던 술잔
崔瓚植(최찬식) 신소설의 작가
• 圭瓚은 나라 제사 때 강신할 때 쓰는 술잔이다.

기본 2급 璋瓚(장찬) 姜邯瓚(강감찬)
발전 2급 瓚盤(찬반) 瓚爵(찬작) 洗瓚(세찬) 進瓚(진찬)

부수	획수	총획
金	19	27

뚫을 찬 【2278】

字源 〈형성〉 '뚫다'는 도구로 구멍을 파거나 쪼개어서 밖으로부
터 통하는 상태로 만드는 일이다. 구멍을 뚫으면서 문제
해결할 길을 찾는다. 유의어 '개척(開拓)하다. 파고들다'
등이다. 쇠붙이(金) 끝을 날카롭게 만든 뒤에 나무에 대고
버티도록 힘주어(贊) 구멍을 내게 되었으니 [뚫다(鑽)]는
뜻이고 [찬]으로 읽는다.
동 鑿(뚫을 착) 맹 鑽

필순 ノ ヒ 슾 金 釓 釷 鉷 鎈 鐟 鑽

기초 【기초한자어】 익히고, 【기본→발전한자어】 다지기
鑽具(찬구) 구멍을 뚫는 데 필요한 도구
鑽硏(찬연) 깊이 힘써 연구하는 것
硏鑽(연찬) 학문이나 사물의 도리를 깊이 연구하고
닦음
• 끌이나 송곳은 구멍 내는 데 쓰는 鑽具이다.
• 대학의 교수들이 전문분야별로 硏鑽회를 가졌다.

기본 2급 鑽空(찬공) 鑽礪(찬려) 鑽木(찬목)
발전 2급 鑽堅(찬견) 鑽鍊(찬련) 鑽昧(찬미) 鑽石(찬석) 鑽仰
(찬앙) 鑽穴(찬혈) 踰鑽(유찬) 1 鑽灼(찬작) 鑽鑿(찬착)
特 鑽邃(찬수) 特 鑽厲(찬려)

부수	획수	총획
攴	8	12

시원할 창 【2279】

字源 〈형성〉 '시원하다'는 바람이 불어 더위를 식힐 정도로 속
이 시원하다. 더위를 잘 식힐 수 있을 정도로 주위가 온통
선선하다는 뜻이다. 유의어는 '후련하다. 상연(爽然)하다'
등이 쓰인다. 높은 곳(尙)을 깎아내고 깊게 다져서(攴) 새
로 만든 집이 높아서 전망도 좋았으니 [시원하다(敞)]는
뜻이고 [창]으로 읽는다.

필순 丨 ㅺ 仐 尙 尙 尙 尙 尙 敞 敞

기초 【기초한자어】 익히고, 【기본→발전한자어】 다지기
高敞(고창) 전라북도 고창군에 있는 읍
劉敞(유창) 고려 말·조선 초의 문신
通敞(통창) 시원스럽게 넓고 환함
• 전북 高敞은 지대가 높고 사방이 훤히 트여 있어
붙여진 이름이다.

• 그곳은 通敞한 지대로 주거환경이 좋은 곳이다.

기본 ②8 敞麗(창려) 高敞郡(고창군) 華敞(화창)
발전 ②8 敞罔(창망) 開敞(개창) 寬敞(관창) ① 宏敞(굉창)
特 敞豁(창활) 출제 敞怳(창황)

부수	획수	총획
日	5	9

해길 창 : 【2280】

字源 〈회의〉 '해 길다'는 여름이 되어 해가 길어 가을이 익어간
다는 뜻이다. 계관시인 박목월의 '윤사월' 한 줄이 생각난
다. '윤사월 해 길다 꾀꼬리 울면 / 산지기 외딴 집 눈 먼
처녀사'라고 읊었다. 긴(永) 하루 동안 구름이 잘 끼지 않
고 해(日)가 떠 있으니 세상이 온통 밝아 [해 길다(昶)]는
뜻이고 [창]으로 읽는다.

필순 ` ヲ ヺ ヺ 永 永 昶 昶 昶

기초 【기초한자어】 익히고, 【기본→발전한자어】 다지기
金基昶(김기창) 화가
和昶(화창) 환함. 화창(和暢)
• 봄 날씨가 和昶하여 꽃구경 가기에는 그만이다.

부수	획수	총획
土	8	11

사패지 채 :
【2281】

字源 〈형성〉 사패지(賜牌地)는 고려와 조선 시대에 공이 많은
왕족이나 벼슬아치에게 임금이 내려 주는 특별한 논밭을
말한다. 외교와 국방에 큰 공을 세웠던 신하에게 임금이
특별하게 내린 땅이다. 땅(土)에서 생산된 작물을 캐도록
(采) 하사했던 '나라에서 준 땅'으로 읽혀 [사패지(埰)]를
뜻하고 [채]로 읽는다.

필순 一 十 十 圹 圹 圹 圹 埰 埰 埰

기초 【기초한자어】 익히고, 【기본→발전한자어】 다지기
埰地(채지) 나라에서 준 땅
朴玄埰(박현채) 경제학자
• 埰地가 관료들에게는 큰 자부심이 되었다.

기본 ②8 埰邑(채읍)
발전 ②8 魯埰(노채)

부수	획수	총획
艸	11	15

성씨 채 : 【2282】

字源 〈형성〉 평강채씨 시조인 채송년(蔡松年)은 1230년에 홍
주에서 일어난 '최향(崔珦)의 난'을 진압하여 아주 잘 알려
진 인물이다. 1231년에는 몽고군이 침략하자 철주에서
북계병마사로서 이들을 제어했다. 제사(祭)상에 풀(艹), 고기,
과일을 놓은 [법규(蔡)] 또는 [나라이름(蔡)]과 [성씨(蔡)]
로 쓰이고 [채]로 읽는다.

필순 一 艹 艹 艹 茐 芇 芯 菸 蔡 蔡

기초 【기초한자어】 익히고, 【기본→발전한자어】 다지기
蔡萬植(채만식) 소설가
蔡濟恭(채제공) 조선시대 때의 재상
• 蔡萬植은 풍자소설 대가로 널리 알려진다.

기본 ②8 蔡倫(채륜) 神蔡(신채) 靈蔡(영채)
발전 ②8 蔡侯紙(채후지)
사자성어 ②8 陳蔡之厄(진채지액)

부수	획수	총획
采	1	8

풍채 채 : 【2283】

字源 〈형성〉 '풍채'는 은근하게 겉으로 드러나 보이는 사람의
모양새다. '어딘가 모르게 풍채와 용모를 갖추고 있다'는
용례에서 잘 보인다. 유의어는 '풍의(風儀), 풍자(風姿)' 등
이 있다. 나무(木) 뿌리나 약초 등은 손톱(爫)으로 정성껏
캐도록 정성을 들여서 잘 [가리다(采)] 또는 [풍채(采)]로
쓰이고 [채]로 읽는다.

필순 ′ ′ ⺈ ⺈ 爫 平 采 采

기초 【기초한자어】 익히고, 【기본→발전한자어】 다지기
采色(채색) 풍채와 안색을 아울러 이르는 말
風采(풍채) 사람의 드러나 보이는 의젓한 겉모양
• 그의 采色을 보면 건강미가 많이 넘쳐흐른다.

기본 ②8 封采(봉채)
발전 ②8 采毛(채모) 采詩(채시) 采地(채지) 采集(채집) 採取
(채취) 采戲(채희) 采薇歌(채미가) ① 采緞(채단) 采帛
(채백) 采蕭(채소) 采薪(채신) 采椽(채연) 喝采(갈채)
薪采(신채) 俊采(준채) 特 采芹(채근)
사자성어 ②8 采色不定(채색부정) 采詩之官(채시지관) ① 采薪
之憂(채신지우)

부수	획수	총획
阜	7	10

오를 척 【2284】

字源 〈회의〉 '오르다'는 잠시 쉬었다가 높은 곳을 다시 오르기
위해 움직인다. 산 정복을 위해 더 위쪽을 향하여 움직인

2급名

다. '그는 매주 도봉산에 오른다'는 용례다. 유의어는 '올라가다' 등이겠다. 가파른 산과 높은 언덕(阝←阜)을 쉬지 않고 걸어(步) 정상에 도달해 긴 한숨 내쉬니 [오르다(陟)]는 뜻이고 [척]으로 읽는다.

圖登(오를 등) 陞(오를 승) 凹降(내릴 강) 凹涉(건널 섭)

필순 　`'　ｊ　阝　阝'　阝ˋ　阝ⁿ　陟　陟　陟　陟

기초 【기초한자어】 익히고, 【기본→발전한자어】 다지기
陟降(척강) 오르락내리락함, 또는 그 오르내림
陟罰(척벌) 좋은 사람은 승진시키고 악한 사람을 처벌함
三陟(삼척) 강원도의 한 시
• 승강기는 위아래로 陟降하며 승객을 이송한다.
• 그 회사는 陟罰 정신을 뚜렷하게 시행하여 사원의 신임이 크다.

기본 2급 進陟(진척)
발전 2급 陟方(척방) 陟升(척승) 禮陟(예척) 1 陟釐(척리) 黜陟(출척) 特 陟岵(척호) 特 陟屺(척기)
사자성어 1 勸賞黜陟(권상출척) 特 陟岵陟屺(척호척기)

부수	획수	총획
金	3	11

팔찌 천 【2285】

字源 〈형성〉 '팔찌'는 팔목에 끼고 다니는 고리 모양의 장식품으로 금, 은, 동 따위로 만든 귀중품이다. 유의어는 '비환(臂環), 완천(腕釧), 팔가락지, 팔쇠' 등으로 불린다. 귀중한 금속(金)으로 만들어서 팔목을 빙 두르게(川) 다듬었던 장식품으로 흔히 여자들이 잘 끼고 다니는 [팔찌(釧)]를 뜻하고 [천]으로 읽는다.

필순 　丿　ㅅ　ㅗ　ㅜ　牟　余　金　釦　釦　釧　釧

기초 【기초한자어】 익히고, 【기본→발전한자어】 다지기
寶釧(보천) 값비싼 팔찌
玉釧(옥천) 옥으로 만든 팔찌
• 그 귀부인은 외출 시에 꼭 寶釧을 끼고 나간다.
• 玉釧이 여자들에게 인기가 많았다.

기본 2급 釧路(천로)
발전 2급 寶釧(보천) 手釧(수천) 1 腕釧(완천)

부수	획수	총획
口	9	12

밝을 철
쌍길 철 【2286】

字源 〈형성〉 '밝다'는 어떤 부분이 뚜렷하게 잘 보일 정도로 모두가 환한 모양이다. 주위 공간에 빛이 높고 환하게 비칠

수 있도록 주변이 뚜렷하게 잘 보이는 상태를 말한다. 선비(士)와 선비(士)들이 부르는(口口) 소리를 들으면 귀가 [밝다(喆)]는 뜻과 두 길함(吉)이 다 겹쳤으니 [쌍길(喆)]을 뜻하고 [철]로 읽는다.

圖哲(밝을 철)

필순 　一　十　土　キ　吉　吉　吉'　吉士　喆　喆

기초 【기초한자어】 익히고, 【기본→발전한자어】 다지기
喆聖(철성) 재덕을 겸비한 성인
羅喆(나철) 대종교의 교조
• 중국에서 천자를 성인이란 뜻으로 喆聖이라 불렀다.

부수	획수	총획
水	12	15

맑을 철 【2287】

字源 〈형성〉 '맑다'는 잡티가 섞이거나 흐리지 않고 깨끗하고 단아함을 뜻한다. 하늘에 구름이 끼지 않아 깨끗하다는 뜻도 함께 담는다. 유의어는 '청명(淸明)하다, 화창(和暢)하다' 등이 쓰인다. 흐르는 물(氵)이 아주 깨끗하다 못해 바닥도 꿰뚫어(育) 알아 볼 수 있을 정도로 [맑다(澈)]는 뜻이고 [철]로 읽는다.

圖淸(맑을 청) 澄(맑을 징) 凹濁(흐릴 탁)

필순 　氵　氵　氵　沪　泸　浐　清　清　消　澈　澈

기초 【기초한자어】 익히고, 【기본→발전한자어】 다지기
澈底(철저) 속 깊이 밑바닥까지 맑음
申琦澈(신기철) 국어학자
鄭澈(정철) 조선 선조 때의 정치가이자 시인
• 그는 성품이 어질고 澈底함이 선천적으로 태어난 듯하나.
• 鄭澈은 가사문학의 백미를 일구었다.

기본 2급 鏡澈(경철) 瑩澈(영철) 淸澈(청철)
발전 2급 瀅澈(형철) 1 澄澈(징철)

부수	획수	총획
目	13	18

볼 첨 【2288】

字源 〈형성〉 '보다'는 맑은 날씨에 눈으로 직접 보아 지정된 곳을 인식함이다. 이번에 발생한 사건이 어떠하다고 생각하거나 평가도 구구하다. 유의어는 '바라보다, 쳐다보다, 읽다' 등이다. 사람의 눈(目)이 어딘가를 향했다가 목적한 지점에 도달하여서(詹) 또 쳐다보았으니 널리 [보다(瞻)]는 뜻이고 [첨]으로 읽는다.

圖觀(볼 관) 視(볼 시) 眺(바라볼 조)

필순 ｜ 月 目 目 旷 旷 旷 膽 瞻 瞻

기초 【기초한자어】 익히고, 【기본 → 발전한자어】 다지기
瞻望(첨망) 바라봄. 멀리서 우러러 봄
瞻星臺(첨성대) 신라 선덕여왕 때 세운 천문을 관측
하던 대
瞻仰(첨앙) 우러러 봄
• 나는 그 은사님을 瞻望하며 존경해 마지않는다.
• 경주에 있는 瞻星臺는 동양에서 가장 오래된 천문
대이다.
기본 28 瞻敬(첨경) 瞻顧(첨고) 瞻奉(첨봉)
발전 28 瞻戴(첨대) 瞻禮(첨례) 瞻拜(첨배) 瞻想(첨상) 瞻視
(첨시) 瞻烏(첨오) 瞻依(첨의) ① 瞻叫(첨고) 瞻玩(첨완)
출전 瞻矚(첨촉)
사자성어 28 瞻言百里(첨언백리)

부수	획수	총획
木	9	13

초나라 초【2289】

字源 〈형성〉 '초나라'는 중국 춘추전국시대에 양쯔강(長江, 揚
子江) 유역을 영유하며 한 시대를 호령했던 나라이다. 오
패(五覇)의 하나인 장왕(莊王)을 냈으며, 전국 칠웅의 하
나인 나라였다. 수풀(林)보다는 훨씬 더 바르게(疋) 자라는
나무가 높게 컸으니 [곱다(楚)]는 뜻과 함께 [초나라(楚)]
로 쓰이고 [초(楚)]로 읽는다.

필순 一 十 オ 木 杵 林 栐 梺 梺 楚

기초 【기초한자어】 익히고, 【기본 → 발전한자어】 다지기
楚歌(초가) 초나라 사람의 노래
楚腰(초요) 여자의 가느다란 허리
苦楚(고초) 괴로움과 어려움
• 중국 초(楚)나라 사람의 노래를 楚歌라 한다.
• 그 미인의 楚腰가 끊어질 듯 가냘프다.
기본 28 楚切(초절) 楚楚(초초) 淸楚(청초) 楚漢志(초한지)
발전 28 楚辭(초사) 楚囚(초수) 楚越(초월) 楚痛(초통) 楚漢
(초한) ① 楚葵(초규) 楚棘(초극) 楚撻(초달) 楚璧(초벽)
楚雀(초작) 榜楚(방초) 飄楚(표초) 特 楚俘(초부)
사자성어 28 四面楚歌(사면초가) 特 楚材晉用(초재진용)

부수	획수	총획
虫	7	13

나라이름 촉
【2290】

字源 〈회의〉 '촉나라'를 흔히 '촉한'이라고 부른 데서 유래한다.
중국 삼국시대 때 유비(劉備)가 지금의 사천성 지역에 세

운 나라로 국호는 한(大漢)과 구분하기 위해 촉한이라 했
었음을 주지한다. 커다란 눈(罒)과 구부러진 몸(勹)을 가
진 벌레(虫)이니 [나라이름(蜀)] 또는 [나비애벌레(蜀)]로
쓰이고 [촉]으로 읽는다.

필순 ｜ 冂 罒 罒 罒 蜀 蜀 蜀 蜀 蜀

기초 【기초한자어】 익히고, 【기본 → 발전한자어】 다지기
蜀道(촉도) 옮을 비유하여 이르는 말
蜀相(촉상) 중국 삼국 시대 촉한의 재상인 제갈 공명
後蜀(후촉) 중국의 5대 10국 중의 하나
• 중국의 사천성으로 통하는 험준한 길을 蜀道라 한다.
• 중국의 삼국시대 촉한의 재상이었던 제갈량을 가리
켜 蜀相이라고 한다.
기본 28 蜀鳥(촉조) 蜀漢(촉한) 蜀魂(촉혼)
발전 28 蜀客(촉객) 蜀錦(촉금) 蜀路(촉로) 蜀布(촉포) ① 蜀魄
(촉백) 蜀黍(촉서) 諭蜀(유촉) 巴蜀(파촉)
사자성어 28 望蜀之歎(망촉지탄) 特 蜀犬吠日(촉견폐일)

부수	획수	총획
山	8	11

높을 최
성 최【2291】

字源 〈형성〉 최씨의 실질적인 시조는 신라 말의 최치원(崔致
遠)(857~?)으로 알려진다. 오늘날 대부분의 최씨의 분파
가 최치원을 1세로 하는 경주최씨에 그 연원을 두고 있기
때문이다. 매우 힘든 곳을 날아다니며 오직 새(隹)만이 오
를 수 있는 가파른 산(山)으로 [성씨(崔)] 또는 [높다(崔)]
는 뜻이고 [최]로 읽는다.

필순 ' 亠 屮 屮 屵 岼 岼 崕 崔 崔 崔

기초 【기초한자어】 익히고, 【기본 → 발전한자어】 다지기
崔錯(최착) 서로 뒤섞임
崔致遠(최치원) 신라 말기의 학자. 토황소격문을 썼음
• 崔錯상태에 빠져 갈피를 잡을 수 없는 사건을 하
나씩 풀어 나갔다.
• 崔致遠은 신라 말기의 학자이며 문장가다.
기본 28 崔塋(최영)
발전 28 崔崔(최최) ① 崔巍(최외) 崔頹(최퇴) 特 崔嵬(최외)
特 崔崒(최줄) 崔隤(최퇴)

부수	획수	총획
木	9	13

가래 추【2292】

字源 〈형성〉 가래나무를 추자(楸子)라 부른다. 옛 농기구인 가
래를 나타낸 초(鍬)에서 '쇠금 변(金)'을 '나무 목(木)'으로

바꾸면 '가래 추(楸)'라는 학설을 제기해 본다. 가래 열매가 농기구 가래와 닮아 붙였다. 단풍드는 가을(秋) 정취를 주는 나무(木)로 잎과 줄기가 빨갛고 꽃이 노란 [가래(楸)]를 뜻하고 [추]로 읽는다.

필순

기초 【기초한자어】 익히고, 【기본→발전한자어】 다지기
楸哥嶺(추가령) 강원도 평강군과 함남 안변군의 사이에 있는 커다란 재
楸木(추목) 가래나무
楸子(추자) 가래나무의 열매
• 가래나무의 재목을 楸木이라 한다.
• 楸子는 가래나무의 열매로 호두를 말한다.

기본 2급 楸局(추국)

발전 2급 楸住(추주) 楸板(추판) 楸皮(추피) 楸行(추행) 楸鄉(추향) 松楸(송추) 特 楸枰(추평)

부수	획수	총획
邑	10	13

추나라 추 【2293】

字源 〈형성〉 추계 추씨의 시조 '추엽'은 송나라 고종 때 사람으로 1141년 문과에 급제했으며, 관직이 문하시중에 이르렀다고 알려진 인물이다. 그는 고려 인종 때 기술을 이끌고 함흥 연화도에 정착하였다. 고을(阝)마다 짐승 먹잇(芻)감으로 알려진 풀이 들판에 많이 자란 [추나라(鄒)]를 뜻하고 [추]로 읽는다.

필순

기초 【기초한자어】 익히고, 【기본→발전한자어】 다지기
鄒魯學(추로학) 공맹의 학문. 유교
鄒衍(추연) 중국 전국시대의 사상가
• 공자와 맹자의 학문 곧 유학을 鄒魯學이라 한다.

기본 2급 鄒魯(추로)

발전 2급 鄒孟(추맹) 鄒査(추사) 鄒叟(추수)

사자성어 2급 鄒魯遺風(추로유풍) 鄒魯之鄉(추로지향)

참죽나무 춘 【2294】

字源 〈형성〉 '참죽나무'는 잎은 어긋나 있고 작은 잎은 긴 타원형을 보인다. 6월에 흰 꽃이 피고 가을에 맺는 열매는 다갈색을 띤다. 어린 싹은 식용하면서도 나무는 농구재나 가구재로 쓰인다. 나무(木) 중에서도 몇 차례씩이나 봄(春)이 가고 장수하면서 자라난 단단한 [참죽나무(椿)]를 뜻하고 [춘]으로 읽는다.

2급名

부수	획수	총획
木	9	13

필순

기초 【기초한자어】 익히고, 【기본→발전한자어】 다지기
椿府丈(춘부장) 남의 아버지를 높여 이르는 말
椿庭(춘정) 남의 아버지에 대한 존칭
林椿(임춘) 고려시대의 문인
• 자네 椿府丈은 안강하신가? 문안 여쭙게.
• 椿庭께서는 요즈음 문집을 만드신다는데, 근황은 좋으신가?

기본 2급 椿年(춘년) 椿堂(춘당) 椿府(춘부) 椿壽(춘수)

발전 2급 椿事(춘사) 椿樹(춘수) 椿丈(춘장) 椿葉菜(춘엽채)
特 椿萱(춘훤)

사자성어 2급 大椿之壽(대춘지수)

부수	획수	총획
水	4	7

화할 충 【2295】

字源 〈형성〉 '화하다'는 모양이나 어떤 상태가 상당히 변화하는 일이다. 물체를 오래 두면 색깔이 변하고, 모양도 변하면서 결국에는 더 이상 사용할 수 없는 헐디헌 상태가 된다. 수정 같은 맑은 물(氵) 속(中)은 대체적으로 깊지만 온화하니 다소 [어리다(沖)] 또는 속이 텅 비어 [화하다(沖)]는 뜻이고 [충]으로 읽는다.
동 和(화할 화) 약 沖

필순

기초 【기초한자어】 익히고, 【기본→발전한자어】 다지기
沖年(충년) 열 살 안팎의 어린 나이
沖積(충적) 흙과 모래가 흐르는 물에 운반되어 쌓임
崔沖(최충) 고려시대의 문신. 학자
• 그는 沖年시절을 한적한 시골에서 보내 성품이 순박하다.
• 沖積물이 강 하구에 쌓여 삼각주를 형성한다.

기본 2급 沖氣(충기) 沖淡(충담) 沖漠(충막) 沖想(충상) 沖盈(충영) 沖寂(충적) 沖靜(충정) 沖天(충천) 沖虛(충허) 沖和(충화) 謙沖(겸충) 和沖(화충)

발전 2급 沖漠(충막) 沖損(충손) 沖弱(충약) 沖讓(충양) 沖融(충융) 沖人(충인) 沖沖(충충) 1 沖曠(충광) 沖眷(충권) 沖襟(충금) 沖澹(충담) 沖昧(충매) 沖渺(충묘)
特 沖挹(충읍)

사자성어 2급 沖和之氣(충화지기) 1 沖漠無朕(충막무짐)

부수	획수	총획
耳	8	14

모을 취 : 【2296】

字源 〈형성〉 '모으다'는 여기저기 흩어져 있는 것들을 한 곳에 합치는 일이다. 여러 사람의 힘을 하나가 되게 한데 모음도 뜻한다. 유의어는 '구취(鳩聚)하다, 합(合)치다, 아우르다' 등이 있다. 많은 사람들이 먹을 곡식을 취하면서(取) 살아가는 촌락인 [마을聚] 또는 그런 마을에 [모으다(聚)]는 뜻이고 [취]로 읽는다.
回 集(모을 집) 會(모일 회) 凹 散(흩을 산)

필순 一 丆 下 玊 耳 取 取 聚 聚 聚

기초 【기초한자어】 익히고, 【기본→발전한자어】 다지기
聚軍(취군) (군사나 인부들을) 불러서 모음
聚落(취락) 부조를 목적한 집단적인 거주의 장소
聚斂(취렴) 재물을 탐내어 마구 거두어들임
• 적군의 침입으로 흩어져 있는 군사를 聚軍해서 전투에 임하게 했다.
• 옛날 시골에는 상호부조의 생활을 목적으로 聚落이 크게 발달했다.

기본 [2급] 聚穀(취곡) 聚散(취산) 聚訟(취송) 聚土(취토) 聚合(취합) 屯聚(둔취) 斂聚(염취) 雲聚(운취)

발전 [2급] 聚首(취수) 聚室(취실) 聚議(취의) 聚珍版(취진판) [1급] 聚蚊(취문) 聚爬(취파) 鳩聚(구취) 堡聚(보취) 萃聚(췌취) [特] 蟻聚(의취)

사자성어 [1급] 聚蚊成雷(취문성뢰)

부수	획수	총획
山	6	9

언덕 치【2297】

字源 〈형성〉 '언덕'은 땅이 주변보다는 조금 더 높고 약간 경사가 진 곳이다. '둔덕'보다는 높고 크기도 제법이다. 유의어는 '구롱(丘壟), 구부(丘阜), 구분(丘墳), 구릉(丘陵)' 등이다. 옛날 관청은 평지보다 더 높은 산언덕을 깎아 지었으므로 관청(寺)이 서 있는 산(山)으로 높다란 [언덕(峙)]을 뜻하고 [치]로 읽는다.
回 丘(언덕 구) 邱(언덕 구) 崗(언덕 강) 阜(언덕 고)

필순 丨 山 山 山 山 山 峙 峙 峙

기초 【기초한자어】 익히고, 【기본→발전한자어】 다지기
峙立(치립) 산이 우뚝 섬
對峙(대치) 서로 맞서서 버팀
大峙洞(대치동) 서울시 강남구의 동 이름
• 금강산은 봉우리나 바위들이 峙立해서 장관을 이루고 있다.
• 아군과 적군이 對峙해서 전투가 임박한 상황이다.

발전 [2급] 峙糧(치량) 峙積(치적) 棋峙(기치) 大峙(대치) [1급] 嵱峙(용치)

사자성어 [2급] 對峙狀況(대치상황) 如山積峙(여산적치)

字源 〈형성〉 '꿩'의 수컷은 '장끼'라고 부르며 꽁지가 길고 아름다우며, 몸에는 검은 반점이 있다. 암컷은 '까투리'라고 했으며, 갈색 바탕에 검은 무늬가 있고 꽁지는 비교적 짧다고 한다. 산이나 들에서 먹이를 찾다가 사람을 만나게 되면 나는 화살(矢)처럼 곧바로 날아간 새(隹)로 [꿩(雉)]을 뜻하고 [치]로 읽는다.

부수	획수	총획
隹	8	13

꿩 치【2298】

필순 丿 乍 矢 矢 矤 矤 矤 雉 雉 雉

기초 【기초한자어】 익히고, 【기본→발전한자어】 다지기
雉經(치경) 목을 매어 자살함
雉尾(치미) 꿩의 꽁지깃
雉岳山(치악산) 강원도 원주시 횡성군 및 영월군에 걸쳐 있는 산
• 그는 극심한 생활고를 못 이겨 雉經하고 말았다.
• 雉尾는 꿩의 꽁지깃으로 옛날 장목으로 사용했다.

기본 [2급] 雉岳(치악) 山雉(산치) 野雉(야치)

발전 [2급] 雉媒(치매) 雉門(치문) 雉雉(치치) 雉兔者(치토자) [1급] 膏雉(고치) [特] 雉堞(치첩) [特] 雉頭裘(치두구) 출진 雉㞐(치거)

사자성어 [2급] 春雉自鳴(춘치자명) [1급] 雉膏不食(치고불식)

字源 〈형성〉 '여울'은 강이나 바다에서 흐른다. 바닥이 얕거나 폭이 좁아 물살이 세차게 흐른다. 세차게 흐르는 여울은 '된여울'이고, 급하고 빠른 여울은 '살여울'이라고 말한다. 강이나 바다(氵)의 바닥이 얕거나 폭이 좁아 물살이 세게 흘러가서 건너기 어렵겠(難)다고 여겼으니 [여울(灘)]을 뜻하고 [탄]으로 읽는다.

부수	획수	총획
水	19	22

여울 탄【2299】

필순 氵 氵 汁 灌 漢 漢 漢 灘 灘 灘

기초 【기초한자어】 익히고, 【기본→발전한자어】 다지기
灘聲(탄성) 여울물이 흐르는 소리
新灘津(신탄진) 대전 대덕구에 있는 지명
玄海灘(현해탄) 대한해협 남쪽, 일본 후쿠오카현 서북쪽에 있는 바다와 그 해안
• 비가 많이 와서 갑자기 불어난 개울물의 灘聲만이 요란하구나.
• 대한해협의 남쪽을 玄海灘이라고 부른다.

기본 [2급] 灘上(탄상) 灘響(탄향) 新灘(신탄) 海灘(해탄)

발전 [2급] 沙灘(사탄) 涉灘(섭탄) 淺灘(천탄) 淸灘(청탄) 險灘

2급 名

(험탄) 漢灘江(한탄강)

부수	획수	총획
耳	4	10

즐길 탐【2300】

字源 〈형성〉 '즐기다'는 자기가 좋아하는 것을 보면 늘 자꾸만 하고 싶은 생각이 생긴다. 마음에 호감이 가고 자주 즐기다 보니 하고만 싶은 일상의 생각들이 자꾸만 들어 누리고 싶어 한다. 귀(耳)가 늘어진(冘) 사람은 행동이 급하지 않고 여유 있게 사색하면서 자기의 생을 [즐기다(耽)]는 뜻이고 [탐]으로 읽는다.
图樂(즐길 락) 嗜(즐길 기) 回眈(노려볼 탐)

필순 一丁丌丌王耳耳耳耽耽

기초 【기초한자어】 익히고, 【기본→발전한자어】 다지기
耽溺(탐닉) 어떤 일을 몹시 즐겨서 거기에 빠짐
耽讀(탐독) 열중하여 읽음. 글 읽기에 빠짐
耽羅(탐라) 제주도의 옛 이름
• 그는 매일 주색잡기에 耽溺해서 헤어나지 못한다.
• 그는 책을 耽讀하느라 밤잠을 설친다.
기본 28 耽古(탐고) 耽樂(탐락) 耽味(탐미) 耽美(탐미)
발전 28 耽篤(탐독) 耽愛(탐애) 耽耽(탐탐) 耽好(탐호) 耽惑(탐혹) 深耽(심탐) 荒耽(황탐) 耽津江(탐진강) ①耽玩(탐완) 特耽面(탐면)

부수	획수	총획
儿	5	7

바꿀 태
기쁠 데【2301】

字源 〈회의〉 '바꾸다'는 사람이 어떤 것을 다른 것으로 대신하고자 하는 의미다. 이미 있던 것을 다 치우고 그 자리에 다른 것으로 채우고 싶은 것이 야만적인 욕심으로 과한 욕심이다. 뒷거래로 여겨 사람(八)과 사람(儿) 사이에 물건(口)이 서로 오가는 [기쁨(兌)]으로 해석하니 [바꾸다(兌)]는 뜻이고 [태]로 읽는다.
图換(바꿀 환) 回兌

필순 ' ハ八个台台兌兌

기초 【기초한자어】 익히고, 【기본→발전한자어】 다지기
兌方(태방) 正西(정서)를 중심으로 한 45°의 각거리로 이룩되는 방향
發兌(발태) 책 따위를 인쇄·출판하여 널리 팖
兌換(태환) 지폐를 정화와 바꿈
• 책을 찍어서 널리 파는 것을 發兌라고 한다.
• 은행권 발행자가 지폐를 兌換해서 정화(正貨)로

바꾸었다.
기본 28 商兌(상태)
발전 28 兌管(태관) 兌行(태행) ①兌卦(태괘)

부수	획수	총획
口	2	5

별 태【2302】

字源 〈형성〉 '별'은 온 우주에서 반짝이는 모든 천체를 뜻하고 있다. 해, 달, 지구를 제외한, 밤하늘에 보이는 작은 천체들까지 모두 다 이른다. 지체 높으신 어른을 지칭하는 수가 더 많이 있다. 둥글게(口) 생긴 해와 달은 규모가 크고(厶) 큰 것이 다 모여 있다고 여겼으니 하늘의 [별(台)]을 뜻하고 [태]로 읽는다.

필순 ㄥ厶匕台台

기초 【기초한자어】 익히고, 【기본→발전한자어】 다지기
台臨(태림) 지체 높은 어른이 출타함
台鼎(태정) 삼정승
天台宗(천태종) 대승 불교의 한 종파
• 나라의 큰 행사에 참석하기 위해 정승이 台臨했다.
• 台鼎이 모여 앉아 나라의 중요사안을 논의하고 있다.
기본 28 台德(이덕) 台監(태감) 台傅(태부) 三台(삼태) 鉉台(현태)
발전 28 台閣(태각) 台鑑(태감) 台啓(태계) 台槐(태괴) 台敎(태교) 台覽(태람) 台命(태명) 台墨(태묵) 台背(태배) 台輔(태보) 台司(태사) 台相(태상) 台安(태안) 台位(태위) 台宰(태재) 台鼎(태정)

부수	획수	총획
土	5	8

언덕 파【2303】

字源 〈형성〉 '언덕'은 땅이 주변보다 조금 높고 경사진 곳이다. [언덕에 둔덕 대듯]이란 속어는 잘못을 저질러 놓고 감추려 애쓰는 비유이겠다. 둔덕은 "땅 가운데가 솟아서 불룩하게 언덕이 진 곳"을 뜻한다. 짐승의 가죽(皮)처럼 울퉁불퉁한 땅(土)으로 고갯마루와 같이 야트막한 [언덕(坡)]을 뜻하고 [파]로 읽는다.
图岸(언덕 안) 阪(언덕 판) 坂(언덕 판)

필순 一十土圹圹坊坡坡

기초 【기초한자어】 익히고, 【기본→발전한자어】 다지기
坡塘(파당) 둑
坡岸(파안) 강 둔덕. 제방의 언덕

坡洲(파주) 경기도에 있는 지명
• 강의 굽이진 곳에 토사가 쌓여 坡岸이 형성되었다.
기본 2급 青坡(청파) 青坡洞(청파동)
발전 2급 坡頭(파두) 松坡區(송파구) 洪蘭坡(홍난파) 1급 坡陀(파타) 鸞坡(난파)

	부수	획수	총획
阪	阜	4	7

언덕 판【2304】

字源 〈형성〉 '언덕'은 땅이 비탈지고 조금 높은 곳으로 '아이들이 양지바른 언덕에 올라 뛰어 놀고 있다'를 예문으로 그 뜻을 생각할 수 있다. 유의어는 '구강(丘岡), 구롱(丘壟), 구부(丘阜)' 등이다. 손잡고 겨우 기어 올라가야만(反) 할 만큼 높다랗고 약간 언덕이 지는 벽면(阝)으로 [언덕(阪)]을 뜻하고 [판]으로 읽는다.
圖 岸(언덕 안) 坡(언덕 파) 坂(언덕 판)

필순

기초 【기초한자어】 익히고, 【기본→발전한자어】 다지기
阪路(판로) 비탈길
阪田(판전) 자갈이 많은 밭
峻阪(준판) 몹시 가파른 언덕
• 이곳은 지형이 험악해서 阪路가 매우 많아 다니기가 힘이 든다.
• 이곳은 阪田이 많아서 농사가 잘 안된다.
기본 2급 大阪(대판)
발전 2급 阪險(판험) 鹿阪(녹판) 蟠阪(반판) 1급 蒲阪(포판) 특급 嶮阪(험판)
사자성어 2급 阪上走丸(판상주환)

	부수	획수	총획
彭	彡	9	12

성 팽【2305】

字源 〈형성〉 '성씨(姓)'는 일제가 밑바닥 천민 계층에게 신청한 대로 유명 성씨 호적을 주었다. 양반성씨들의 단결을 방해하고, 노비수탈 대상을 더 늘리기 위한 것이 그들의 목적이었을 것이다. 많은(十) 콩(豆)들이 자라면서 잔털(彡)이 없어지고 콩알이 굳어 [팅팅하다(彭)] 또는 [성씨(彭)]를 뜻하고 [팽]으로 읽는다.

필순

기초 【기초한자어】 익히고, 【기본→발전한자어】 다지기
彭排(팽배) 조선 시대 호분위에 속한 잡종의 군병
朴彭年(박팽년) 조선 세종 때의 집현전 학자

彭沖(팽충) 중국의 정치가
• 彭排들이 대궐 앞에 집결하고 있다.
• 朴彭年은 사육신의 한 사람이다.
기본 2급 彭祖(팽조)
발전 2급 彭彭(방방) 彭亨(팽형) 1급 彭級(팽단) 彭拜(팽배) 특급 彭殤(팽상)

	부수	획수	총획
扁	戶	5	9

작을 편【2306】

字源 〈회의〉 '작다'는 부피나 넓이 따위가 보통보다 덜한 상태에 있었음을 뜻한다. 작다(小)와 크다(大)는 반의관계이다. 유의어는 '왜소(矮小)하다, 자그만하다, 조그맣다, 잘다' 등이 있다. 문(戶) 위에 걸려 있는 글을 적은 나무쪽(册)의 액자가 작고 납작하므로 [작다(扁)] 또는 [평평하다(扁)]는 뜻이고 [편]으로 읽는다.
圖 小(작을 소) 微(작을 미) 回 大(큰 대) 太(클 태) 价(클 개) 巨(클 거) 甫(클 보)

필순

기초 【기초한자어】 익히고, 【기본→발전한자어】 다지기
扁額(편액) 비단, 종이, 널빤지에 그림과 글씨를 넣음
扁鵲(편작) 중국 전국시대 명의
扁舟(편주) 조각배
• 지인의 집에 갔더니 명필이 쓴 扁額이 안방에 외롭게 걸려 있었다.
• 달 밝은 밤 잔잔한 강물 위에 一葉(일엽)扁舟가 한가로이 떠 있는 모습이 아름답다.
기본 2급 扁題(편제) 扁平(편평)
발전 2급 扁旁(편방) 扁柏(편백) 扁然(편연) 扁倉(편창) 扁扁(편편) 扁表(편표) 扁桃腺(편도선)
사자성어 2급 俞扁之術(유편지술)

	부수	획수	총획
葡	艸	9	13

포도 포【2307】

字源 〈형성〉 '포도'는 포도나무의 열매로 싱그러운 맛이 특징이다. 푸른빛, 자줏빛, 검은빛 등 빛깔이 있으며, 맛이 달고 새콤하다. 날로 먹기도 하고 건포도로 가공하여서 먹는다. 넝쿨 식물로 송이송이(甬)져서 열매가 주렁주렁 열려 있는 식물(艹)로 잘 익으면 검은 색을 띠는 [포도(葡)]를 뜻하고 [포]로 읽는다.
圖 萄(포도 도)

필순

2급名

기초 【기초한자어】 익히고, 【기본→발전한자어】 다지기
葡萄糖(포도당) 단당류의 하나
葡萄石(포도석) 검붉은 색의 옥돌
葡萄牙(포도아) '포르투갈'의 음역어
• 葡萄糖은 생명 에너지의 원료가 된다.
• 葡萄石은 검붉은 색의 옥돌이다.

발전 ① 葡萄(포도) 特 葡萄藪(포도수)

부수	획수	총획
魚	5	16

절인 물고기 포 :
【2308】

字源 〈형성〉'절인 물고기'라면 우리는 깊은 우정인 [관포지교]를 생각하게 한다. 관중과 포숙아의 지극한 우정에서 연유하고 있다. 포숙아의 '포(鮑)'자 자체가 절인 물고기를 뜻한다. 싱싱한 생선(魚)에 소금을 흠뻑 넣어 포개어서 쌓아(包) 놓으면 간이 배이게 되었으니 [절인 물고기(鮑)]를 뜻하고 [포]로 읽는다.

필순

기초 【기초한자어】 익히고, 【기본→발전한자어】 다지기
鮑石亭(포석정) 경상북도 경주시 배동에 있는 통일 신라 때의 석구
鮑魚(포어) 소금에 절인 생선
鮑尺(포척) 물속에 들어가서 전복을 따는 사람
• 생선을 오래 보관하기 위해 소금에 절여 鮑魚를 만든다.
• 鮑尺을 하는 일은 정신적, 육체적인 고통이 따른다.

기본 23 鮑叔牙(포숙아)
발전 23 鮑作(포작) 特 鮑肆(포사)
사자성어 23 管鮑之交(관포지교)

부수	획수	총획
木	3	7

북두자루 표
구기 작 【2309】

字源 〈형성〉'북두자루'는 북두칠성을 의미한다. 강원도 강릉시 병산동 마을 이름이 '자루미'다. 이 마을 형상이 북두칠성 맨 마지막에 있는 별모양 북두자루 형상에서 생겼다는 데서 유래한다. 국물 뜨기 위해 나무(木)를 깎아 만든 국자(勺)인 [구기(杓)] 또는 북극성을 둘러싸는 [북두자루(杓)]를 뜻하고 [표]로 읽는다.
回 柄(자루 병) 瓢(국자 표)

필순 一 十 才 木 杓 杓 杓

기초 【기초한자어】 익히고, 【기본→발전한자어】 다지기
杓曲(표곡) 북두칠성의 다섯째에서 일곱째의 별의 자리가 구부려져 있는 일
杓端(표단) 북두칠성의 자루 위 끝
元斗杓(원두표) 조선 중기의 문신
• 북두칠성의 다섯째와 일곱째 별 사이를 가리켜 杓曲이라 한다.
• 북두칠성 자루의 끝 부분을 杓端이라 한다.

기본 23 杓子(표자) 斗杓(두표) 柄杓(병표) 玉杓(옥표) 酒杓(주표)
발전 23 杓建(표건) 杓山(표산) 杓雲(작운) 杓子(작자) ① 樽杓(준작)
사자성어 23 杓子定規(표자정규)

부수	획수	총획
弓	9	12

도울 필 【2310】

字源 〈형성〉'돕다'는 다른 사람의 일이 잘 되어가도록 힘을 많이 보태다는 뜻을 담는다. 유의어는 다 같이 '거들다. 보조(輔助)하다, 지원(支援)하다, 구(救)하다' 등이 쓰이고 있다. 여러 가지 형태(百)로 휘어져 있는 많은 활(弓·리)을 이제 바로 잡게 되었으니 활의 모양을 올바르도록 [돕다(弼)]는 뜻이고 [필]로 읽는다.
回 輔(도울 보) 佐(도울 좌) 助(도울 조) 翊(도울 익) 贊(도울 찬) 毘(도울 비)

필순 一 丁 丆 丆 丆 弜 弜 弜 弜 弜 弜 弜 弜

기초 【기초한자어】 익히고, 【기본→발전한자어】 다지기
弼導(필도) 돌보아 인도함
輔弼(보필) 윗사람의 임을 도움 또는 그런 사람
徐載弼(서재필) 독립 운동가
• 길을 잃고 당황해 하는 노인을 집을 찾아 弼導했다.
• 나는 임금을 輔弼하는 직책을 맡아 책임이 막중하다.

기본 23 弼成(필성)
발전 23 弼寧(필녕) 弼亮(필량) 弼違(필위) 弼佐(필좌) 弼贊(필찬) ① 弼匡(필광) 弼諧(필해) 宥弼(유필)
사자성어 23 左輔右弼(좌보우필)

부수	획수	총획
邑	5	8

조나라 서울 한
사람이름 감 【2311】

字源 〈형성〉'조나라 서울' 하면 불쑥 [한단지몽(邯鄲之夢)]이란 고사성어가 머리를 스치며 떠오른다. "한단에서 꾸었던 혼자만의 꿈으로 인생의 덧없음과 영화의 헛됨"을 비유한다. 중국 춘추전국시대(甘)에 조(趙)나라 수도였던 한단

(阝)으로 생각해 [조나라 서울(邯)] 또는 [성씨 감(邯)]
으로도 쓰이면서 [한]으로 읽는다.

필순 一 十 廾 廿 甘 甘³ 甘⁴ 甘⁵邯 邯

기초 【기초한자어】 익히고, 【기본→발전한자어】 다지기
姜邯贊(강감찬) 고려시대의 명장
• 姜邯贊은 고려의 명장으로 거란군을 크게 무찔렀다.

발전 ②급 居瑟邯(거슬한) 特 邯鄲(한단) 邯鄲枕(한단침)

사자성어 特 邯鄲之夢(한단지몽) 邯鄲之步(한단지보)

	부수	획수	총획
亢	亠	2	4

높을 항 【2312】

字源 〈상형〉 '높다'는 아래에서 위까지의 길이가 매우 길다는
뜻이다. 건물이 바닥에서 떨어진 사이가 꽤 크다는 뜻도
함께 담는다. 반의어는 '낮다, 얕다' 등이 두루 쓰인다. 사
람의 머리(亠)와 목(几)의 모양을 본떠서 두루 [목(亢)] 혹
은 그 머리와 목은 신체의 윗부분에 있으니 [높다(亢)]는
뜻이고 [항]으로 읽는다.
圖 高(높을 고) 崔(높을 최)

필순 丶 亠 亣 亢

기초 【기초한자어】 익히고, 【기본→발전한자어】 다지기
亢秩(항질) 최고의 품계
亢進(항진) (기세 따위가) 높아짐
高亢(고항) 교만하여 남에게 굽실거리지 않고 뻐기
는 태도가 있음
• 우리 조상 중에 한 분이 이조시대 때 亢秩의 품계
에 올라 정승까지 지내셨다.
• 선수들이 첫 경기에 이기고 亢進하여 우승하였다.

기본 ②급 絶亢(절항)

발전 ②급 亢羅(항라) 亢禮(항례) 亢龍(항룡) 亢奮(항분) 亢陽
(항양) 亢傲(항오) 亢燥(항조) 亢截(항절) 亢拙(항졸)
亢直(항직) 亢旱(항한) ①급 驕亢(교항) 特 亢扞(항한)

사자성어 ②급 亢龍有悔(항룡유회)

	부수	획수	총획
沆	水	4	7

넓을 항 : 【2313】

字源 〈형성〉 '넓다'는 건물의 면이나 바닥의 면적이 매우 크다
는 뜻을 담고 있는 어휘이다. 유의어는 '광범위(廣範圍)하
다'가 있다. 예문은 '건축 면적이 넓다'처럼 넓죽하게 쓰인
다. 넘치는 물(氵)이 목(亢)처럼 길게 늘어져서 졸졸 흐르
니 물의 양이 많고 풍부하여 그 넓이가 대단히 [넓다(沆)]

는 뜻이고 [항]으로 읽는다.
圖 茫(아득할 망) 瀁(물넓을 양)

필순 丶 丷 氵 氵² 沪 沪 沆

기초 【기초한자어】 익히고, 【기본→발전한자어】 다지기
沆茫(항망) 수면이 넓고 넓은 모양
崔沆(최항) 고려 무인
姜沆(최항) 조선 중기의 문신
• 저수지에 물이 沆茫해서 낚시꾼들이 모여든다.
• 姜沆이 쓴 『간양록』은 '포로'의 실기문학이란 백미
로 알려진다.

발전 ①급 沆瀣(항개) 特 沆瀁(항양) 沆瀣(항해)

	부수	획수	총획
杏	木	3	7

살구 행 : 【2314】

字源 〈형성〉 '살구꽃'이 활짝 피면 거의 흰색에 가깝게 곱다. 과
육 속에 있는 핵은 부드럽고 서양 자두와 다소 비슷하게
보인다. 물이 잘 빠지는 양토질의 땅에서 잘 자란다. 사람
이 먹으면(口) 건강에 이로운 열매가 열리는 나무(木), 혹
은 사람(口)과 매우 가까운 나무(木)로 [살구나무(杏)]를
뜻하고 [행]으로 읽는다.

필순 一 十 才 木 木 杏 杏

기초 【기초한자어】 익히고, 【기본→발전한자어】 다지기
杏堂洞(행당동) 서울시 중구에 있는 지명
杏林(행림) 살구나무의 수풀
杏仁(행인) 살구 씨
• 시골 야산에 살구나무를 많이 심어서 지금은 杏林
을 이루고 있다.
• 杏仁은 기침이나 변비에 좋은 한약재로 쓰인다.

기본 ②급 杏壇(행단) 杏花(행화) 銀杏(은행)

발전 ②급 杏園(행원) 杏月(행월) 杏子木(행자목) 杏花村(행화촌)
特 杏亶(행단)

	부수	획수	총획
爀	火	14	18

불빛 혁 【2315】

字源 〈형성〉 '불빛'은 전등이나 등불 또는 모닥불 따위에서 비
치는 해맑게 밝은 빛이다. 또한 장작불 따위의 타는 불의
밝은 빛이라고 하겠다. 활용되는 유의어는 '화광(火光), 불
색(色)' 등이다. 밝은 불(火)이 널리 퍼져서 성하고 빛나는
(赫) 모양으로 사방 여러 곳을 두루 비치고 있는 [불빛(爀)]
을 뜻하고 [혁]으로 읽는다.

2급名

필순 

기초 【기초한자어】 익히고, 【기본 → 발전한자어】 다지기

爀火(혁화) 불빛

閔命爀(민명혁) 조선 후기의 문신

• 외딴 주막집에 켜 놓은 호롱불의 爀火가 나그네를 부르고 있다.

기본 2名 權爀(권혁) 尙爀(상혁) 金尙爀(김상혁)

발전 2名 爀爀(혁혁) 特Ⅱ 烜爀(훤혁) 출제 燀爀(천혁)

赫

부수	획수	총획
赤	7	14

빛날 혁 【2316】

字源 〈회의〉 '빛나다'는 교실 바닥이 윤이 나서 그 광채가 반짝거린다는 뜻이다. 또한 그가 했던 일이나 혁혁하게 거두었던 업적 따위가 영광스럽고 훌륭하다는 뜻도 함께 담고 있어 보인다. 붉고(赤) 붉은(赤) 빛이 서로 합쳐졌으니 [빛나다(赫)] 또는 그 불길이 크게 일어나듯이 [성하다(赫)]는 뜻이고 [혁]으로 읽는다.

필순 

기초 【기초한자어】 익히고, 【기본 → 발전한자어】 다지기

赫怒(혁노) 얼굴을 붉히면서 버럭 성을 냄

赫然(혁연) 왈칵 성내는 모양

赫赫(혁혁) 공로나 업적 따위가 빛나는 모양

• 부친께서 자식의 잘못을 듣고 赫怒하면서 심하게 꾸짖으셨다.

• 그는 공무원으로 소임을 다해 赫赫한 공적을 남겼다.

발전 2名 赫戱(혁희) 赫居世(혁거세) 1 憚赫(탄혁) 赫喧(혁훤)
特Ⅱ 赫曄(혁엽) 赫咤(혁타) 赫奕(혁혁)

사자성어 2名 赫赫之光(혁혁지광)

峴

부수	획수	총획
山	7	10

고개 현 : 【2317】

字源 〈형성〉 '고개'는 산등성이의 봉우리와 봉우리 사이에 있는 비교적 낮은 부분을 지칭한다. 대체로 산등성이를 어렵게 넘어가는 도로가 통하는 곳이며 '재' 또는 '령(嶺)'이라고 부른다. 산(山) 정상에 준하는 산마루에 올라 아래를 한참 내려다 볼 수(見) 있는 가파른 고갯길로 [산고개(峴)]를 뜻하고 [현]으로 읽는다.

同 嶺(고개 령)

필순 

기초 【기초한자어】 익히고, 【기본 → 발전한자어】 다지기

峴山(현산) 중국에 있는 산의 이름

葛峴(갈현) 충북 영동군에 있는 고개

阿峴洞(아현동) 서울 마포구에 있는 지명

• 峴山은 중국 호북성에 있는 산 이름이다.

• 阿峴洞은 서울에 있는 동 이름이다.

기본 2名 艮峴(간현) 炭峴(탄현)

발전 2名 馬峴(마현) 文峴峙(문현치)

炫

부수	획수	총획
火	5	9

밝을 현 : 【2318】

字源 〈형성〉 '밝다'는 어떤 물체나 그런 빛이 더욱 뚜렷하게 잘 보일 정도로 환하다, 똑똑하다는 뜻이다. 어떤 장소에 빛이 환하게 비치어 주변이 더욱 또렷하게 잘 보인 상태를 말하고 있다. 어두운(玄) 곳일수록 불(火)은 더욱 밝게 보이니 [밝다(炫)]는 뜻이지만 두루 [사람 이름(炫)]으로 많이 쓰이고 [현]으로 읽는다.

필순 

기초 【기초한자어】 익히고, 【기본 → 발전한자어】 다지기

炫怪(현괴) 기괴한 일을 하여 사람들의 눈에 띔

炫金(현금) 금을 녹임

炫目(현목) 눈이 어지러움

• 그는 생각지도 못할 炫怪한 짓을 해서 사람들을 많이 놀라게 했다.

• 금(金)은 炫金해서 아주 여러 형태로 주조한다.

기본 2名 炫炫(현현)

발전 2名 炫耀(현요) 炫惑(현혹) 炫幻(현환) 1 炫煌(현황)
特Ⅱ 炫燿(현요)

鉉

부수	획수	총획
金	5	13

솥귀 현 【2319】

字源 〈형성〉 '솥귀'는 솥의 운두 위로 삐죽하게 돋아있는 부분을 뜻한다. 그 가운데에 구멍이 있어 꿰어 손으로 들 수 있도록 되어 있는 편리한 생활도구라 하겠다. 쇠붙이(金)를 잘 달구어서 두들기니 색깔이 검고(玄) 사람 손으로 쉽게 잡을 수 있도록 쓰임새 있게 만들었으니 [솥귀(鉉)]를 뜻하고 [현]으로 읽는다.

필순 

기초 【기초한자어】 익히고, 【기본 → 발전한자어】 다지기

鉉席(현석) 삼공의 지위

2급名

鉉台(현태) 3정승을 말함

崔鉉培(최현배) 국어학자

• 우리 조상 중에 한 분은 鉉席에 있었다고 한다.

• 흔히들 삼공(三公)을 鉉台라고도 부른다.

기본 **2急** 三鉉(삼현)

발전 **2急** 鉉司(현사)

陝	부수	획수	총획
	阜	7	10

땅이름 합
좁을 협【2320】

字源 〈형성〉'좁다'는 너비나 폭이 작고 짧은 정도라 하면 좋을 것 같다. 현재 공간이나 면적이 조그맣고 작다는 뜻도 함께 담는다. 유의어는 '협소(狹小)하다' 등이 쓰인다. 높다란 언덕(阝)과 언덕 사이에 끼어 있으면서(夾) 땅의 넓이가 극히 비좁아 [좁다(陝)] 또는 그 좁디좁은 [땅이름(陝)]을 뜻하고 [협]과 [합]으로 읽는다.

图 狹(좁을 협) 隘(좁을 애) 団 廣(넓을 광) 回 陝(땅이름 섬)

웹 陕

필순 `⼁ ⼆ 阝 阝⼂ 阝⼂ 阝⼂ 阝⼂ 陝陝`

기초 【기초한자어】 익히고, 【기본→발전한자어】 다지기

陝谷(협곡) 좁은 계곡

陝薄(협박) 땅이 좁음, 토지가 협소함

陝室(협실) 좁은 방

• 이 땅은 陝薄해서 큰 집을 짓기가 어렵다.

• 그는 陝室에 홀로 앉아 명상에 잠겨있다.

기본 **2急** 陝川(합천)

발전 **2急** 陝薄(협박) 陝坐(협좌) **1** 陝隘(협애)

澄	부수	획수	총획
	水	15	18

물맑을 형 :
【2321】

字源 〈형성〉물이 맑으면 바닥까지 투명하게 훤히 들여다보인다. 그래서 수심이 아무리 깊어도 얕은 것처럼 보인다. 깊은 산속 계곡은 끊임없이 흐르고 많은 돌과 부딪치므로 아주 맑다. 산줄기를 따라 흐르는 물(氵)은 그대로 식수로 사용할 수 있을 만큼 맑고 맑으니(澄) [물이 맑다(澄)]는 뜻이고 [형]으로 읽는다.

图 湜(물맑을 식)

필순 `氵 氵 氵 氵 澄 澄 澄 澄 澄 澄`

기초 【기초한자어】 익히고, 【기본→발전한자어】 다지기

澄澄(형영) 졸졸 흐르는 시내

金基澄(김기형) 독립운동가

• 마을 앞 澄澄에서 아이들이 물놀이를 하고 논다.

기본 **2急** 江澄(강형) 汀澄(정형)

발전 **2急** 澄澈(형철) 澄澄(형형) **特** 澄濚(형형)

炯	부수	획수	총획
	火	5	9

빛날 형【2322】

字源 〈형성〉'빛나다'는 윤이 환하게 나서 그 광채가 여러 곳에 번쩍거린다는 뜻이다. 또한 생시에 오직 훌륭한 업적을 남겼기에 영광스럽고 훌륭하다는 뜻까지도 담고 있다고 하겠다. 어두운 밤에 환한 불빛(火)은 사람들이 멀리서(冋) 바라보아도 매우 잘 보이고 그 빛이 더욱 [빛나다(炯)]는 뜻이고 [형]으로 읽는다.

图 明(밝을 명) 昞(밝을 병) 炳(밝을 병) 晃(밝을 황) 熙(빛날 희) 曜(빛날 요) 耀(빛날 요) 回 桐(오동나무 동)

필순 `丶 丶 丿 火 火 灯 灯 炯 炯`

기초 【기초한자어】 익히고, 【기본→발전한자어】 다지기

炯心(형심) 밝은 마음

炯眼(형안) 빛나는 눈 또는 날카로운 눈매

楊炯(양형) 중국의 시인

• 그는 炯眼을 갖고 있어 관찰하거나 남을 제압하는 능력이 있다.

• 사람은 힘들고 고통스러운 일이 있더라도 炯心을 갖고 살아야만 난관을 극복할 수 있다.

기본 **2急** 炯炯(형형)

발전 **2急** 炯介(형개) 炯戒(형계) 炯朗(형랑) 炯然(형연) 炯晃(형황) **特** 炯鑑(형감)

瑩	부수	획수	총획
	玉	10	15

밝을 형
옥돌 영【2323】

字源 〈형성〉옥돌을 잘 다듬어 놓으면 밝은 빛이 나타나서 그 류가 똑같은 의미로 쓰였을 것이다. 그래서 우리 선현들은 '옥돌'을 귀하게 여겼던 참다운 이유를 알 수 있을 것 같다. 옥구슬(王)이란 색깔이 두루 잘 피어올라서 한결 맑았으니 [밝다(瑩)] 또는 순수한 우리들 돌인 [옥돌(瑩)]을 뜻하고 [형]과 [영]으로 읽는다.

필순 `丶 丶 丷 炏 炏 炏 熒 熒 瑩 瑩`

기초 【기초한자어】 익히고, 【기본→발전한자어】 다지기

瑩角(영각) 옥처럼 아름다운 윤이 나는 소의 뿔

瑩明(영명) 옥처럼 밝음

崔瑩(최영) 고려 말의 명장

2급名

• 정월 대보름날 瑩明한 보름달이 중천에 떠있다.
기본 2급 瑩鏡(영경) 瑩然(영연) 瑩澈(형철) 未瑩(미형)
발전 2급 瑩澤(영택)

부수	획수	총획
邑	4	7

성 형 【2324】

字源 〈형성〉 다소는 희성(稀姓)이겠지만 '형씨' 성을 갖는 인사들이 있다. 자원에서는 견족(幵)이 살던 땅(阝)으로 주공의 아들을 봉해 나라가 되었다는 소절이 다소 걸리는 대목이다. 비교적 평평한(幵:견) 땅(阝)이 많은 나라이름으로 쓰여서 [형나라(邢)]임을 나타냈다고 했으니 [성씨(邢)]로 쓰이고 [형]으로 읽는다.

필순 一 二 手 幵 开 刋 邢 邢

기초 【기초한자어】 익히고, 【기본→발전한자어】 다지기
邢臺縣(형대현) 지금의 하북성 현 이름
邢泰根(형태근) 기업 경영가
• 邢臺縣은 중국 하북성에 있는 고을 이름이다.
기본 2급 邢人(형인)
발전 特1 晉州邢(진주형)

부수	획수	총획
香	11	20

꽃다울 형 【2325】

字源 〈형성〉 춘향가 한 대목에서 나온 구절이다. "鳳이 나매 凰이 나고 장군 니매 응미 나고 남원의 춘향 니매 이회춘풍(梨花春風) 꽃다웁다"라는 긴한 소리로 그 절경을 이룬다. 꽃다움의 극치이리라. 꽃에서 풍긴 향기(香)는 소리(聲)가 없어 퍼져 많은 사람들이 즐거웠다고 했으니 [꽃답다(馨)]는 뜻이고 [형]으로 읽는다.
동 香(향기 향) 芳(꽃다울 방) 芬(향기로울 분) 馥(향기 복)

필순 士 吉 吉 声 壴 殸 殸 磬 馨 馨

기초 【기초한자어】 익히고, 【기본→발전한자어】 다지기
馨氣(형기) 향기
馨香(형향) 향내. 꽃다운 향기
柳馨遠(유형원) 조선 중기 실학자
• 그 여자가 지나가니 짙은 馨氣가 코를 찌른다.
• 난초가 있는 방에 들어가니 馨香이 가득하다.
기본 2급 芬馨(분형) 餘馨(여형)
발전 2급 馨烈(형렬) 馨逸(형일) 潔馨(결형) 德馨(덕형) 1 爾馨(이형)

사자성어 2급 似蘭斯馨(사란사형)

부수	획수	총획
土	14	17

해자 호 【2326】

字源 〈형성〉 '해자(垓字)'는 외적의 침입을 막기 위해서 성 주위를 빙 둘러 파놓은 깊고도 맑은 못이다. 못이 구덩이가 되어 쳐들어 온 적을 유도하여 수몰시키겠다는 선현들의 지혜였다. 호걸(豪)스러운 장수들이 국경 지방(土)을 튼튼히 지키기 위해 성 둘레에 깊은 못을 파았으니 [해자(壕)]를 뜻하고 [호]로 읽는다.
동 濠(호주 호) 塹(구덩이 참)

필순 士 圹 圹 坊 埞 壕 壕 壕 壕 壕

기초 【기초한자어】 익히고, 【기본→발전한자어】 다지기
壕側(호측) 성 밑에 파 놓은 도랑의 부근
防空壕(방공호) 공습 때 대피하기 위하여 땅 속에 파 놓은 구덩이
塹壕(참호) 야전에서 적과 싸우기 위해 방어선을 따라 판 구덩이
• 전시에 비행기의 공습에 대비해 防空壕를 만든다.
• 전선에는 병사들이 塹壕를 파고 방어 태세를 갖춘다.
기본 2급 待避壕(대피호)
발전 2급 對壕(대호) 城壕(성호) 隱蔽壕(은폐호) 1 壕塹(호참)

부수	획수	총획
戶	7	11

따를 호: 【2327】

字源 〈형성〉 '따르다'는 어느 바탕을 깊이 두거나 그런 입장에 의거한다고 한다. 윗사람의 명령이나 좋은 의견에 힘입어 실행하며 따른다. 유의어는 '응(應)하다, 수반(隨伴)되다' 등이다. 한 집안(戶)의 아랫 고을(邑) 사람들이 윗 고을 사람들과 서로 한 일을 좇아서 보필했으니 [따르다(扈)]는 뜻이고 [호]로 읽는다.
동 從(좇을 종)

필순 一 亠 宀 户 户 户 启 启 扈 扈 扈

기초 【기초한자어】 익히고, 【기본→발전한자어】 다지기
扈駕(호가) 임금이 타는 수레를 수행함
扈衛(호위) 궁궐을 경호함
扈從(호종) 임금이 탄 수레를 호위하며 따르던 일
• 임금이 탄 수레를 무장한 병사들이 扈駕하고 있다.
• 궁성 주위를 扈衛하는 병사들이 순찰을 하고 있다.

발전 [2급] 屛帶(호대) 屛魯(호로) 屛養(호양) 屛業(호업) 屛屛
(호호) [1급] 屛簞(호련) 屛台(호야) 跋屛(발호) [특급] 屛㻞(호필)

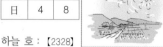

부수	획수	총획
日	4	8

昊
하늘 호 :【2328】

字源 〈형성〉 우리는 하늘과 태양으로 보이는 무수한 공간을 자
원으로 두었다. 그래서 '하늘'은 바다 위나 땅 위로 해와
달, 별들이 널려있는 무한대의 공간을 가리키고 있다 하
겠다. 한여름 하늘(天)에 떠있는 해(日)의 기운이 넓게 비
쳐서 만물을 왕성하게 자라도록 해주었으니 [하늘(昊)]을
뜻하고 [호]로 읽는다.
图天(하늘 천) 旻(하늘 민) 乾(하늘 건) 回地(땅 지) 坤(땅 곤)

필순 ` 冂 冂 日 旦 旱 昊 昊

기초 【기초한자어】 익히고, 【기본→발전한자어】 다지기
昊天(호천) 넓고 큰 하늘
金炳昊(김병호) 가야금의 명인
昊蒼(호창) 하늘, 천공(天空)
• 昊蒼에서 전투기가 연막을 뿜으며 공중 곡예를 하
고 있다.
• 부모님의 은혜는 昊天과 같아서 다함이 없다.
기본 [2급] 蒼昊(창호) 晴昊(청호)
발전 [2급] 昊昊(호호) [1급] 穹昊(궁호)
사자성어 [2급] 昊天罔極(호천망극)

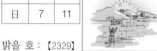

부수	획수	총획
日	7	11

晧
밝을 호 :【2329】

字源 〈형성〉 낮은 양성이요, 밤은 음성이라고 말했다. 낮은 밝
아서 양의 정기를 품지만, 음은 어두워서 음의 정기를 가
슴에 품는다고 한다. 밝은 낮은 온 세상이 뚜렷하게 보였
으니 환하다. 어두운 밤이 지나고 나면 양의 해(日)가 떠
서 밝은 낮이 되었다고 세상에 알렸으니(告) [밝다(晧)]는
뜻이고 [호]로 읽는다.
图朗(밝을 랑) 亮(밝을 량) 明(밝을 명) 昞(밝을 병)
回皓(흴 호)

필순 丨 冂 日 日 日' 旷 旷 啰 晧 晧 晧

기초 【기초한자어】 익히고, 【기본→발전한자어】 다지기
晧旰(호간) 햇빛이 나는 모양
晧月(호월) 썩 맑고 밝은 달
黃一晧(황일호) 조선 때의 문신
• 오늘은 晧旰한 날씨로 유원지에 인파가 몰렸다.

• 추석날 저녁 맑게 갠 하늘에 晧月이 두둥실 떠 있다.
기본 [2급] 碩晧(석호)
발전 [2급] 晧然(호연) 晧晧(호호)

부수	획수	총획
水	12	15

澔
넓을 호 :【2330】

字源 〈형성〉 '넓다'는 마당이 넓고 종이의 평면이 넓으며 바닥
또한 넓다는 뜻을 담는다. 비록 이것뿐만은 아니고 더 넓
음이겠다. 그 용례로 '마을 입구에 넓은 길이 뚫렸다'를 본
다. 물(氵)이 흐르는 소리가 큰 비가 주룩주룩 내렸음을
알리었으니(告) [홍수(澔)] 또는 홍수가 나면 물이 [넓다(澔)]
는 뜻이고 [호]로 읽는다.
图普(넓을 보) 衍(넓을 연) 汪(넓을 왕) 沆(넓을 항) 浩
(넓을 호) 洪(넓을 홍)

필순 氵 泔 泔 泔 浩 浩 澔 澔 澔 澔

기초 【기초한자어】 익히고, 【기본→발전한자어】 다지기
李根澔(이근호) 조선 때의 무신
鄭澔(정호) 조선시대의 문신
• 李根澔는 조선시대의 무관으로 좌참령을 역임했다.
기본 [2급] 在澔(재호)
발전 [2급] 澔澔(호호)

부수	획수	총획
白	7	12

皓
흴 호【2331】

字源 〈형성〉 흰색은 검은 색의 반대 개념으로 양성인데 반하여,
검다는 음성이다. 음양의 조화는 흑백 논리에서 찾겠다.
어둠은 밝음을 재촉하는 발돋음이요, 밝음은 어둠을 기다
리는 전단계는 아닐까. 밝은 빛을 흰빛(白)으로 보았으니
낮이 되어 어둠이 물러갔음을 알렸으니(告) [희다(皓)]는
뜻이고 [호]로 읽는다.
图白(흰 백) 回晧(밝을 호)

필순 冂 白 白 白' 白〜 皓 皓 皓 皓

기초 【기초한자어】 익히고, 【기본→발전한자어】 다지기
皓雪(호설) 흰 눈
皓月(호월) 매우 맑고 밝게 비치는 달
皓齒(호치) 미인의 희고 아름다운 이
• 사람은 항상 皓齒를 유지하기 위해서는 이 닦기만
큼은 철저히 잘해야 한다.
• 皓月이 비추고 있는 공원을 두 연인이 거닐고 있다.
기본 [2급] 皓髮(호발) 皓首(호수) 皓天(호천)

발전 ②급 皓然(호연) 皓曜(호요) 皓皓(호호) ① 皓魄(호백)
출전 皓旰(호간)

사자성어 ②급 皓月千里(호월천리) 皓皓白髮(호호백발) 丹脣皓齒
(단순호치)

부수	획수	총획
示	5	10

복 호 【2332】

字源 〈형성〉복은 인간이 누릴 수 있는 가장 축복이라고 보는
사람이 많다. 모두가 불행보다는 행복이 더 낫다는 뜻이
겠다. 고독한 수행의 길을 걷는 사람은 독실함을 그 행복
으로 여긴다. 사람이 오래도록(古) 남을 위해 착한 일을
한다면 하늘의 신(示)께서 그 대가로 [복(祜)]을 내린다는
뜻이고 [호]로 읽는다.
등 福(복 복) 祚(복 조) 禧(복 희) 祺(복 기)

필순 ᅳ ᅳ ᅮ ᅮ 示 示 示 祜 祜 祜

기초 【기초한자어】 익히고, 【기본→발전한자어】 다지기
祜休(호휴) 아주 행복함. 하늘이 내리는 복
姜周祜(강주호) 조선 후기의 학자
徐天祜(서천호) 원나라 학자
• 착하고 부지런해야 祜休를 기대할 수가 있다.

기본 ②급 多祜(다호) 福祜(복호) 神祜(신호) 天祜(천호)

부수	획수	총획
金	10	18

호경 호 : 【2333】

字源 〈형성〉'시안'은 주나라 무왕이 세운 호경(鎬京)에서 비롯
된다고 한다. 그 뒤 한(漢)나라에서 당(唐)나라에 이르기
까지 약 1,000여 년 동안의 역사가 지속되었다고 알려진
땅 이름이다. 쇠붙이(金) 그릇으로 높게(高) 만든 조리 기
구로 [냄비(鎬)] 또는 주나라 무왕의 도읍지였던 [호경(鎬)]
을 뜻하고 [호]로 읽는다.

필순 ノ ᅳ ᅣ ᅴ 金 金 釒 鈩 鉑 鎬 鎬

기초 【기초한자어】 익히고, 【기본→발전한자어】 다지기
鎬京(호경) 주나라의 서울
鎬鎬(호호) 빛나는 모양. 환한 모양
鼎鎬(정호) 한말의 승려
• 중국 주나라 무왕이 처음으로 열었던 도읍이 「鎬京」
이다.
• 아침 해가 떠올라 사방이 鎬鎬하게 밝아온다.

발전 ②급 士鎬(사호) 鄭鎬冕(정호면)

부수	획수	총획
水	5	8

물깊을 홍 【2334】

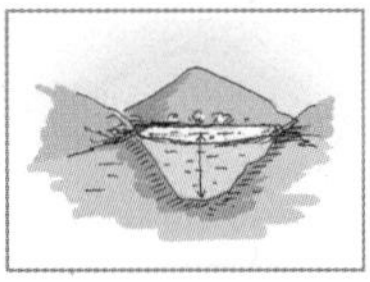

字源 〈형성〉흔히들 아름다운 삶은 조용한 물에 비유하기도 한
다. 드러나는 말보다는, 밝은 미소와 은은한 침묵이라고
그들은 말한다. 조용한 물의 위엄은 더욱 무겁고 깊다고
했다. 연못이나 저수지에 물(氵)이 많이 고여 있고 그 범
위가 넓으면서(弘) 수심만이 대단히 상당하여 [물이 깊다(泓)]
는 뜻이고 [홍]으로 읽는다.
비 弘(클 홍)

필순 ᅳ ᅳ 氵 氵 沪 泂 泓 泓

기초 【기초한자어】 익히고, 【기본→발전한자어】 다지기
泓量(홍량) 물이 깊고 수량이 많음
朴泓(박홍) 조선 중기의 무신
深泓(심홍) 깊은 못
• 이 저수지는 泓量해서 많은 낚시꾼들이 찾아온다.
• 이 深泓에서는 옛날에 용이 살았다가 승천했다는
전설이 있다.

기본 ②급 泓水(홍수) 泓泓(홍홍)

발전 ① 泓宏(홍굉) 泓澄(홍징) 泓涵(홍함) 특급 泓淳(홍정)

부수	획수	총획
女	12	15

탐스러울 화 【2335】

字源 〈형성〉'탐스럽다'는 마음이 끌리도록 보기에 좋은 데가
있다. 유의어는 '소담스럽다', '복스럽다', '흐드러지다' 등
이 있다. 탐스러운 감이 주렁주렁 열렸다는 용례가 답을
말해 준다. 여자(女)가 나이가 차서 성숙하게 자라면 그
자태가 꽃(華)처럼 아름답게 보였으니 [탐스럽다(嫮)]는
뜻이고 [화]로 읽는다.

필순 �〈 女 女 女 妒 妒 婞 婞 嫞 嫞 嫞 嫮

기초 【기초한자어】 익히고, 【기본→발전한자어】 다지기
嫮容(화용) 여자의 아름다운 모습
• 그 여자의 嫮容이 너무나 매력적이다.

사자성어 ②급 嫮女容麗(화녀용려)

부수	획수	총획
木	12	16

자작나무 화
벗나무 화 【2336】

字源 〈형성〉봄은 나무에게 수난의 계절이다. 잎이 수액을 빨

아울리면, 2~3월에는 고로쇠나무가, 3~4월에는 자작나무가 흰 살 뿜내며 진한 수액을 뽑게 한다. 껍질로 신(華←樺)을 만든다고 했던 나무(木)라 했으니 [벚나무(樺)] 혹은 꽃(華)을 피운 나무(木)라 했으니 [자작나무(樺)]를 뜻하고 [화]로 읽는다.

필순 十 木 木 木 柞 柞 栌 栌 椙 樺

기초 【기초한자어】 익히고, 【기본→발전한자어】 다지기
樺榴(화류) 자단의 목재
樺燭(화촉) 자작나무 껍질로 만든 초
樺皮(화피) 벚나무의 껍질
• 樺皮는 활을 만드는 재료로 많이 쓰인다.

기본 2급 樺太(화태)

발전 2급 樺皯(화철) 白樺(백화) 1 樺巾(화건) 特 樺榴藏(화류장)

	부수	획수	총획
桓	木	6	10

굳셀 **환** 【2337】

字源 〈형성〉'굳세다'는 집념을 갖고 나가려는 의지나 태도가 굽힘이 없이 굳세고 세차는 뜻이다. 그 추진력이 매우 굳세고 강하다는 뜻도 담는다. 유의어는 '강(强)하다, 모지다' 등이 있다. 나무(木) 중에서도 모진 비바람을 견디면서 굳세게(亘) 살아왔으니 [굳세다(桓)] 혹은 [이정표(桓)]를 뜻하고 [환]으로 읽는다.

필순 一 十 才 木 杧 杧 柘 柘 桓 桓

기초 【기초한자어】 익히고, 【기본→발전한자어】 다지기
桓雄(환웅) 단군 신화에 나오는 단군의 아버지
桓桓(환환) 힘세고 날랜 모양
烏桓(오환) 중국 열하지방으로 쫓겨났던 한 부족
• 삼국지에 나오는 장비는 桓桓한 장수로 유명하다.
• 桓雄이 웅녀(熊女)와 혼인하여 단군을 낳았다.

기본 2급 盤桓(반환)

발전 2급 桓圭(환규) 桓桓(환환) 1 桓撥(환발) 槃桓(반환)

	부수	획수	총획
煥	火	9	13

빛날 **환** : 【2338】

字源 〈형성〉'빛나다'는 친구가 가지고 있는 옥에서 윤이 번쩍거리면서 그 광채가 밝다는 뜻이다. 그가 세운 업적이 우수하여 지역 주민들은 아주 영광스럽게 생각했을 것이다. 일시적으로 잠잠했던 불길(火)이 거세도록 활활 타오르면서(奐) 주위가 모두 환하게 밝게 되었으니 [빛나다(煥)는 뜻이고 [환]으로 읽는다.

동 昞(밝을 병) 炳(밝을 병) 晃(밝을 황) 熙(빛날 희) 曜

(빛날 요) 耀(빛날 요) 昱(빛날 욱) 煜(빛날 욱) 赫(밝을 혁) 輝(빛날 휘) 奐(빛날 환)

필순 丷 丬 火 灯 灯 灼 炉 烀 煥 煥

기초 【기초한자어】 익히고, 【기본→발전한자어】 다지기
煥爛(환란) 번쩍번쩍 빛나는 모양
煥然(환연) 깨끗이 녹아 버리는 모양. 밝은 모양
文益煥(문익환) 목사, 재야운동가
• 밤하늘의 별들이 여기저기서 煥爛하게 비춘다.
• 고체로 된 물체를 끓였더니 煥然한 액체로 변했다.

기본 2급 煥麗(환려) 燦煥(찬환)

발전 2급 煥朗(환랑) 煥發(환발) 煥別(환별) 煥炳(환병) 煥蔚(환위) 煥彰(환창) 煥乎(환호) 煥號(환호) 煥煥(환환) 特 巐煥(외환)

사자성어 2급 才氣煥發(재기환발)

	부수	획수	총획
晃	日	6	10

밝을 **황** 【2339】

字源 〈회의〉'밝다'는 물체에서 발휘한 빛이 뚜렷하게 보이는 정도로 아주 환하다는 뜻이다. 성격이 구김살이 없고 극히 명랑해 보인다. 유의어는 '훤하다, 맑다' 등이 두루 쓰인다. 오랜 장마 끝에 비로소 햇빛(日)이 나타나서 모든 주위를 환하게 빛나도록(光) 했다고 알렸으니 [밝다(晃)는 뜻이고 [황]으로 읽는다.

동 明(밝을 명) 昞(밝을 병) 炳(밝을 병) 熙(빛날 희) 曜(빛날 요) 耀(빛날 요) 昱(빛날 욱) 煜(빛날 욱) 燦(빛날 찬) 赫(밝을 혁) 輝(빛날 휘) 煥(빛날 환)

필순 丨 冂 冂 日 旦 早 昦 昦 晃 晃

기초 【기초한자어】 익히고, 【기본→발전한자어】 다지기
晃耀(황요) 빛나고 반짝임
晃晃(황황) 번쩍번쩍 밝게 빛나는 모양
姜世晃(강세황) 조선 후기의 문인
• 네온사인 불빛이 여러 가지 모양과 색채로 晃耀하게 변하는 모습이 신기하다.
• 불꽃놀이를 하는 밤하늘이 여러 모양으로 晃晃히 빛나니 아주 신비롭다.

기본 2급 晃昱(황욱)

발전 2급 晃朗(황랑) 晃然(황연) 晃曜(황요) 1 晃蕩(황탕) 眩晃(현황)

	부수	획수	총획
滉	水	10	13

깊을 **황** 【2340】

2급名

字源 〈형성〉 '깊다'는 위에서 밑까지의 길이가 길다는 뜻이다. 정이나 오랜 사귐이 매우 두텁고 돈독하다는 뜻도 담고 있다. 유의어는 '깊숙하다, 도탑다, 두텁다' 등이다. 물(水) 의 깊이가 매우 깊듯이 사람의 명성도 널리 빛내려고 하면(晃) 아랑과 도량이 더욱 넓어야만 했으니 [깊다(滉)]는 뜻이고 [황]으로 읽는다.

필순 氵 氵 汩 汩 洭 汨 洭 湿 湟 滉

기초 【기초한자어】 익히고, 【기본→발전한자어】 다지기
滉柱(황주) 둑이 무너지는 것을 막기 위하여 심은 큰 나무
李滉(이황) 조선 중기 학자. 퇴계의 이름
• 滉柱가 많아 녹음이 짙은 그곳은 피서지로도 매우 유명하다.

발전 [2급]滉朗(황랑) [特]滉瀁(황양) [特]滉漾(황양)

부수	획수	총획
木	13	17

전나무 회 :
【2341】

字源 〈형성〉 우리나라 '전나무' 숲 중 가볼 만한 곳은 오대산 월정사 전나무 숲길과 능가산 내소사 전나무 숲길이라고 알려진다. 유의어로는 '젓나무, 종목(樅木)' 등이 있다. 잣나무와 소나무가 서로 만나서(會) 잘 만들어진 나무(木)로 잎은 잣나무와 같고 그 줄기는 소나무 같은 [전나무(檜)]를 뜻하고 [회]로 읽는다.

필순 十 才 朴 柃 柃 桧 桧 檜 檜 檜

기초 【기초한자어】 익히고, 【기본→발전한자어】 다지기
檜木(회목) 노송나무
檜巖寺(회암사) 경기도 양주군 회천면에 있는 절
檜皮(회피) 전나무의 껍질
• 檜木은 소나무과의 상록수로 목재로 쓰인다.
• 檜皮는 노송나무 껍질로 한약재로 쓰인다.

기본 [2급]老檜(노회) 松檜(송회)
발전 [2급]檜尖(회첨) [特]檜楫(회집)

부수	획수	총획
水	8	11

물이름 회 【2342】

字源 〈형성〉 부산시 구포의 [구]를 [검]으로 해석하여 '굿개'라고 했다. 정인보는 구포란 '거뵈개'란 한자말이고, 이는 낙동강 물 이름인 '갑우내'라고도 정리했음을 상상해 본다. 물(水)이 멀리 흐르는 강가에 새(隹)들이 많이 모여드는 강으로 중국 강소성으로 흐른 [회수(淮水)]인 [물이름(淮)]을 뜻하고 [회]로 읽는다.

回 准(비준 준)

필순 冫 冫 冫 汫 汫 汫 淮 淮 淮 淮

기초 【기초한자어】 익히고, 【기본→발전한자어】 다지기
淮水(회수) 회하
淮陽(회양) 강원도 회양군의 군청 소재지
• 淮水는 중국에서 세 번째로 큰 강이다.

기본 [2급]淮夷(회이) 淮南子(회남자)
발전 [2급]淮南(회남) 淮河(회하)
사자성어 [2급]淮南鷄犬(회남계견)

부수	획수	총획
口	3	6

임금 후 :
왕후 후 :【2343】

字源 〈상형〉 임금과 왕후를 같은 격으로 놓았음을 알겠다. '임금'을 '임금(賃金)'으로 혼동하는 경우가 우리말의 특징으로 나타나 보인다. 유의어는 '주공(主公), 군왕(君王)' 등이 있다. 의젓하게 높은 자리에 앉아서 입(口)으로 명령을 내리는 사람(人)으로 어른이신 [임금(后)] 또는 [왕후(后)]를 뜻하고 [후]로 읽는다.
图 妃(왕비 비)

필순 一 厂 厂 斤 后 后

기초 【기초한자어】 익히고, 【기본→발전한자어】 다지기
后宮(후궁) 제왕의 첩. 궁전의 뒤쪽에 있는 궁전
后妃(후비) 제왕의 배필
西太后(서태후) 청나라 함풍제의 후궁
• 后宮은 궁중에서 女官(여관)들이 거처하는 궁전이다.
• 나라 임금의 정실(正室)을 后妃라 부른다.

기본 [2급]后王(후왕) 后稷(후직) 后土(후토) 母后(모후) 太后(태후) 皇后(황후)
발전 [2급]后母(후모) 后輔(후보) 后蜂(후봉) 后帝(후제) [1]歇后(헐후) [特]后祇(후기) [特]后辟(후벽)
사자성어 [2급]則天武后(측천무후)

부수	획수	총획
土	14	17

질나발 훈 【2344】

字源 〈형성〉 '질나발'은 질로 구워 만든 악기에서 유래한다. 겉은 저울추처럼 생겼으며 속은 비었다. 앞에 세 개, 뒤에 두 개 구멍이 있고 취공으로 소리를 잘 내게 했었다. 서양의 오카리나(ocarina)와 비슷하다. 이겨놓은 점토질 흙(土)을 갖춰서 불길(熏)에 구워서 잘 만들었던 [질나발(壎)]을 뜻하고 [훈]으로 읽는다.

▣ 塤(질나발 훈)

필순 土 圡 圤 圻 圻 坷 塡 塡 塤 塤

기초 【기초한자어】 익히고, 【기본→발전한자어】 다지기
弄塤(농훈) 질나발을 불어 흥을 돋움
• 한가위 날 농부들이 弄塤을 하며 농악놀이를 한다.
발전 2급 瓦塤(와훈) 特 塤篪(훈지)
사자성어 特 塤篪相和(훈지상화)

부수	획수	총획
火	10	14

불길 훈 【2345】

字源 〈회의〉 '불길'은 불꽃이 세차게 활활 타오르는 현상의 하나다. 감정이나 형세 등의 세찬 기세를 비유적으로 이르는 말이라 하겠다. 불길과 불꽃을 더러 혼동하기도 했다. 화재가 나서 검은(黑) 연기가 하늘로 퍼져 많이(千) 오르니 소방관 전부가 가도 잡을 수 없다는 아주 거센[불길(熏)]을 뜻하고 [훈]으로 읽는다.

필순 一 乍 斤 斤 斤 甶 重 重 熏 熏

기초 【기초한자어】 익히고, 【기본→발전한자어】 다지기
熏灼(훈작) 불에 태움. 큰 세력을 가지고 있음
熏風(훈풍) 동남풍. 경풍
熏香(훈향) 향을 피움
• 상가에 조문을 가서 熏香하고 절을 하였다.
• 때마침 熏風이 불어 熏灼하기에 좋다.
기본 2급 熏夕(훈석) 熏燒(훈소)
발전 2급 熏腐(훈부) 熏心(훈심) 熏子(훈자) 熏天(훈천) 熏火(훈화) 熏熏(훈훈) ① 熏胥(훈서) 熏鼠(훈서) 熏煮(훈자) 熏徹(훈치) 宮진 熏轑(훈료)
사자성어 2급 熏腐之餘(훈부지여) 衆口熏天(중구훈천)

부수	획수	총획
艸	14	18

향풀 훈 【2346】

字源 〈형성〉 '향풀'은 '향기로운 풀'이다. 예문에는 '화려한 꽃보다 소박하게 핀 향풀이 더욱 좋다'라고 쓸 수 있다. 유의어로는 '방초(芳草), 방훼(芳卉), 향초(香草)' 이다. 불길(熏)이 높이 솟아서 더 멀리 번져 나가듯이 저 멀리 퍼져 나가는 풀잎(艹) 향기가 진동하면서 그윽했으니 [향풀(薰)]을 뜻하고 [훈]으로 읽는다.

필순 艹 艹 莒 莒 苗 茜 薷 薰 薰 薰

기초 【기초한자어】 익히고, 【기본→발전한자어】 다지기
薰氣(훈기) 훈훈한 기운
薰育(훈육) 德義(덕의)로서 교육함
薰風(훈풍) 남쪽에서 불어오는 온화한 바람
• 추운 날 밖에 나갔다가 방에 들어오니 薰氣가 은은하게 감돌았다.
• 옛날에는 서당에서 훈장님이 제자들에게 따스한 薰育을 시켰다.
기본 2급 薰陶(훈도) 薰化(훈화) 餘薰(여훈) 香薰(향훈)
발전 2급 薰沐(훈목) 勳門(훈문) 薰修(훈수) 薰心(훈심) 薰藥(훈약) 薰然(훈연) 薰染(훈염) 薰蒸(훈증) 薰菜(훈채) 薰草(훈초) 薰赫(훈혁) 薰薰(훈훈) 芳薰(방훈) ① 薰胥(훈서) 薰炙(훈자) 薰灼(훈작) 麝薰(사훈) 宮진 薰蕕(훈유)

부수	획수	총획
彳	14	17

아름다울 휘 【2347】

字源 〈형성〉 신분이 높은 사람은 품위 있는 의상(衣裳)으로 직위를 표시했다. 의상 주위에 두른 실이나 색깔로 보아 직위 표시를 선명하게 나타내기도 했다. 여러 겹으로 꼬았던 색깔의 가닥이 그것을 나타냈었다. 가는(微) 실(糸)을 꼰 끈의 색깔과 가닥으로 신분을 표시하여 [아름답다(徽)]는 뜻이고 [휘]로 읽는다.
▣ 美(아름다울 미) 佳(아름다울 가) 烋(아름다울 휴) 嬉(아름다울 희) 回 微(작을 미) 徵(부를 징)

필순 ㇏ 彳 彳 彳 纩 衍 衍 徵 徽 徽 徽

기초 【기초한자어】 익히고, 【기본→발전한자어】 다지기
徽索(휘삭) 포승
徽音(휘음) 아름다운 언행에 대한 소문
徽章(휘장) 명예 등을 나타내기 위한 표장
• 徽索으로 결박한 죄인을 꿇어 앉혔다.
• 모든 관원이 옷에 徽章을 달고 조회에 참석하였다.
기본 2급 徽文(휘문) 徽言(휘언) 徽號(휘호)
발전 2급 徽車(휘거) 徽陵(휘릉) 徽墨(휘묵) 徽言(휘언) 徽裁(휘재) 徽旨(휘지) 徽赫(휘혁) 琴徽(금휘) 遺徽(유휘) ① 徽幟(휘치) 宏徽(굉휘) 4급 徽酉(휘유) 宮진 徽綤(휘소) 徽畫(휘획)
사자성어 2급 徽文高校(휘문고교)

부수	획수	총획
火	6	10

아름다울 휴 【2348】

字源 〈형성〉 흔히들 춥고 배고프다고 했었다. 어려운 처지에

있는 사람들에게 붙인 관용적인 표현이다. 추울 때 따뜻한 음식 한 그릇이면 더 없이 행복하고 만족했다. 따뜻하게 불을 때주면 더 이상 그만이다. 피곤해 쉬는(休) 사람에게 따뜻하게 불(灬)을 때주니 그 마음이 [아름답다(烋)]는 뜻이고 [휴]로 읽는다.

周 美(아름다울 미) 佳(아름다울 가) 徽(아름다울 휘)

필순 丿 亻 亻 仁 什 休 休 休 烋 烋

기초 【기초한자어】 익히고, 【기본→발전한자어】 다지기
金宗烋(김종휴) 조선 후기의 문신. 학자
李秀烋(이수휴) 금융가
• 金宗烋는 조선 후기의 학자로 30여 명의 제자를 과거에 급제시켰다.

발전 2급 休烋(휴휴) 金烋(김휴)

부수	획수	총획
勹	4	6

오랑캐 흉 【2349】

字源 〈형성〉 한자는 모양이 같은 부수(部首)를 붙여 의미를 부여하고 구분했다. 흉노족인 오랑캐라는 [匈(흉)]이란 글자를 [가슴]을 뜻했으며, 육달월(月)을 붙여 같은 글자인 [가슴(胸)]으로도 쓰였던 문자이다. 가슴이 푹 파인 부분(凶)이 중요기관을 다 가렸으니(勹) [가슴(匈)] 또는 [오랑캐(匈)]를 뜻하고 [흉]으로 읽는다.

필순 丿 勹 勹 匀 匈 匈

기초 【기초한자어】 익히고, 【기본→발전한자어】 다지기
匈匈(흉흉) 세상이 어지러워서 인심이 어수선한 모양
匈奴(흉노) 중국의 몽골 고원에서 활약하던 유목 민족
• 匈奴는 몽고지방에서 활기치던 유목민족이다.
• 난리를 겪은 뒤라 온 세상이 匈匈한 분위기다.

발전 2급 匈懼(흉구) 匈牙利(흉아리)

부수	획수	총획
欠	8	12

공경할 흠 【2350】

字源 〈형성〉 부족함 없는 사람은 은연중에 묵직한 자기 태도를 보인다. 묵직한 모습이 얼굴에 스며들어 있어 모르는 사이에 고개가 숙여진다. 무쇠와도 같은 무거운 태도까지 보인다. 언행에 부족(欠)함이 없는 사람이 쇠붙이(金) 같은 늠름한 태도를 보인다고 했으니 서로 [공경하다(欽)]는 뜻이고 [흠]으로 읽는다.

周 敬(공경 경) 仰(우러를 앙)

필순 丿 亠 乍 乍 乍 车 全 金 金 釒 鈙 欽

기초 【기초한자어】 익히고, 【기본→발전한자어】 다지기
欽念(흠념) 삼가 생각함
欽命(흠명) 황제가 내리는 명령
欽歎(흠탄) 아름다움을 감탄함
• 임금이 한 신하의 잘한 점을 欽歎했다.
• 황제가 준법정신을 강조하는 欽命을 내렸다.

기본 2급 欽慕(흠모) 欽服(흠복) 欽仰(흠앙) 欽定(흠정)

발전 2급 欽敬(흠경) 欽明(흠명) 欽味(흠미) 欽奉(흠봉) 欽尚(흠상) 欽崇(흠숭) 欽若(흠약) 欽遵(흠준) 欽差(흠차) 欽欽(흠흠) ① 欽羨(흠선) 欽勅(흠칙) 🈁 欽咨(흠자) 🈎 欽挹(흠읍) 欽頤(흠이)

사자성어 2급 欽明文思(흠명문사) 欽恤之典(흠휼지전)

부수	획수	총획
女	12	15

아름다울 희 【2351】

字源 〈형성〉 '아름답다'는 즐거움과 기쁨을 나누어 줄 만큼 예쁘고 곱다는 뜻이겠다. 또한 그의 행동이 감탄을 느끼게 하거나 감동을 주었을 것이다. 그만큼 훌륭하고 가륵하다고 생각하곤 했을 것이다. 흥겨워한 여자(女)가 가무를 흠뻑 즐기면서도 심하게 기뻐했었다니(喜) [아름답다(嬉)]는 뜻이고 [희]로 읽는다.

周 美(아름다울 미) 佳(아름다울 가) 徽(아름다울 휘) 烋(아름다울 휴) 樂(즐길 락)

필순 𡿨 女 女 妤 妶 嬉 嬉 嬉 嬉 嬉

기초 【기초한자어】 익히고, 【기본→발전한자어】 다지기
嬉笑(희소) 실없이 웃음
嬉遊(희유) 즐겁게 놂
嬉戲(희희) 즐거이 희롱하며 놂
• 그는 성사되리라 믿었던 일이 실패하자 嬉笑했다.
• 친구들과 가족 동반 야유회에 가서 嬉遊했다.

기본 2급 嬉樂(희락) 嬉怡(희이)

발전 2급 嬉娛(희오) 荒嬉(황희) 🈁 恬嬉(염희)

사자성어 🈁 文恬武嬉(문염무희)

부수	획수	총획
心	12	16

기뻐할 희 【2352】

字源 〈회의〉 모두가 기뻐하다와 즐거워하다는 상관관계가 매우 높아 흥겨워 보인다. 욕구가 충족되어 마음이 흐뭇하고 더없이 흡족하다는 뜻이다. 유의어로는 '즐겁다, 유쾌하다, 좋다, 흔쾌하다' 등이 있다. 즐거운 얼굴 표정과 그 마음(心)까지도 함께 매우 즐거워했으니(喜) [기뻐하다(憙)]는

는 뜻이고 [희]로 읽는다.

圄 悅(기쁠 열) 欣(기뻐할 흔) 憘(기쁠 희)

필순 士吉吉吉直喜喜喜憙憙

기초 【기초한자어】익히고, 【기본→발전한자어】다지기
憙獵(희렵) 사냥을 좋아함
憙遊(희유) 놀기를 좋아함
• 그는 憙獵해서 사냥개를 데리고 주로 산에서 지낸다.
• 그는 憙遊해서 주로 오락실에서 지낸다.

기본 2급 悅憙(열희)
발전 1 憙欣(희흔)

부수	획수	총획
火	12	16

빛날 희【2353】

字源 〈형성〉'빛나다'는 보물을 보았더니 윤이 나면서 드디어
광채가 번쩍거리고 있었다. 또한 그 사람의 옷이나 머리
에 붙인 많은 패물이 이제는 빛이나 윤기를 밝고 환하게
드러내고 있었음도 보인다고 있다. 고기를 불판의 불(灬)
에 올려 구우면서 만족하며 기뻐했으니(喜) [빛나다(熹)]
는 뜻이고 [희]로 읽는다.
圄 熙(빛날 희) 曜(빛날 요) 耀(빛날 요) 煜(빛날 욱)

필순 士吉吉吉直喜喜喜熹熹

기초 【기초한자어】익히고, 【기본→발전한자어】다지기
熹微(희미) 햇빛이 흐릿한 모양. 해질녘의 햇빛
熹炭(희탄) 세찬 숯불. 활활 타오르는 숯불
朱熹(주희) 주자의 이름
• 갑자기 날씨가 熹微해지더니 소나기가 쏟아졌다.
• 식당에서 熹炭에 구워먹는 고기 맛이 아주 좋다.

발전 2급 熹娛(희오) 1 熹炙(희적)

부수	획수	총획
示	12	17

복 희【2354】

字源 〈형성〉'복'은 생활해 가는 데 누리게 되는 큰 행운과 오붓
한 행복을 뜻한다. 복을 많이 받는 자는 행복하고, 받지
않는 자는 불행한 것만은 아니다. 진정한 행복의 척도는
오직 마음에 달려 있다고 이야기한다. 소망했던 일을 신
(示)께 빌어 일을 성취하여 기뻐했으니(喜) [복받다(禧)]는
뜻이고 [희]로 읽는다.
圄 福(복 복) 祚(복 조) 祜(복 호) 祺(복 기)

필순 二千示示祎祎祎禧禧禧

기초 【기초한자어】익히고, 【기본→발전한자어】다지기
禧年(희년) 50년마다 한 번씩 돌아오는 복스러운 해
福禧(복희) 복되고 복됨
新禧(신희) 새해의 복
• 옛날 禧年에는 종도 놓아주고 빚도 탕감했다고 한다.
• 새해에는 新禧를 많이 받아서 만사형통하여라.

발전 2급 禧佑(희우) 鴻禧(홍희) 張禧嬪(장희빈) 祝禧宴(축희연)
사자성어 2급 恭賀新禧(공하신희)

부수	획수	총획
羊	10	16

복희 희【2355】

字源 〈형성〉전설에서 등장하는 복희는 인류에게 닥친 대홍수
시절 표주박 속에 들어가 있었던 덕분에 살아날 수 있었
다. 죽지는 않고 다시 살아났다는 의미를 담아 복희라고
했다고 전하기도 한다. 희생양(羊)을 창(戈)으로 사로잡아
서 특별히 빼어나도록(秀) 제사를 지냈으니 [복희(羲)]를
뜻하고 [희]로 읽는다.
回 義(옳을 의)

필순 丷丷半羊羊羊羊羲羲羲

기초 【기초한자어】익히고, 【기본→발전한자어】다지기
羲經(희경) 복희씨가 처음으로 팔괘를 만든 데서, 주
역을 달리 이르는 말
羲農(희농) 중국의 신화에 나오는 복희씨와 신농씨
를 아울러 이르는 말
伏羲氏(복희씨) 중국 고대 전설상의 제왕
• 伏羲氏가 만든 팔괘(八卦)를 羲經이라 한다.
• 羲農은 중국 고대 전설상의 두 임금을 가리킨다.

기본 2급 王羲之(왕희지)
발전 2급 羲文(희문) 羲娥(희아) 羲易(희역) 羲獻(희헌) 羲和
(희화) 羲皇(희황) 伏羲(복희)
사자성어 2급 羲皇上人(희황상인)

2급名

한자능력검정시험
자원대사전

1급

[2356~3500]

袈苛呵駕哥嫁稼嘉縠恪揀奸癇諫墾竿澗艱褐喝竭紺疳堪瞰柑勘匣閘糠薑腔慷凱
芥箇漑愾羹釀渠倨虔巾腱怯劫偈膈橄現繭譴鵑瘟磬鯨勁憬頸脛莖梗悖瘤膏叩
敲鋼袴呱拷辜鵠梏哀昆棍汩罩拱顆廓槨藿顴棺潷刮括壙匡曠胱卦罟魁乖拐轟宏
肱轎蛟驕狡皎咬嬌攪鉤嘔枸樞衢謳溝寇垢毆灸廄駒矩軀鳩舅仇臼媾窘躬穹捲
倦眷蹶櫃潰詭几机硅逵葵窺橘棘剋戟隙覲饉擒襟裷扱汲亘矜杞羈妓夤畸綺譏肌
伎嗜崎拮喫懦挈拿儺煖捏捺衲囊捫涅駕弩膿撓訥紐匿緞蛋蕈撻疸痰痰澹憺譚曇遲
螳棠撞撞袋賭賭鍍濤滔蹈睹禱淘屠搗萄掉禿瀆沌瞳憧疼胴痘兜臀遁瘦懶癩螺邏
駱酪烙鸞瀾辣刺籃蠟臘狼粱倆濾黎閭庋侶瀝礫輦斂簾殮齡鈴囹逞撈擄虜麓碌聾
聾瓏儡賂磊牢寮瞭聊燎寥陋壘琉溜瘤戮綸淪慄勒凜菱稜綾凌罹裡俚悧籬痢
燐鱗吝躪淋粒笠竇彎輓挽蔓卍饅鰻瞞沫襪抹芒惘邁昧罵昧呆寐萌眄夠緬棉皿螟
溟酩眄袂摸糢耗牡歿猫描杳渺蕪母巫誣撫憮拇畝蚊靡媚薇悶謐驀搏箔剝樸縛粕
撲膊珀頒擊畔縏拌蟠斑絆槃魃勃撥潑跛醱舫枋幫坊榜彷旁湃胚徘魄帛
蕃藩氾帆泛梵璧癖孼闢劈斃鼈餅瓶洑菩堡匐輻鰒僕捧烽鋒俯斧訃埠駙賻柎孵
芙腑剖扮麇盆糞吩焚噴忿彿繃硼棚憊沸鄙庇裨翡蜚緋砒匕譬琵扉痺妣脾秕臂誹
嬪濱瀕殯嚬憑蓑紗祠獅奢麝窓徙嗣些娑刪疝珊薩撒煞滲澀翔爽觴孀霉齉甥牲薯
黍棲犀堉曙胥嶼鼠抒瀉銑羨扇煽腺膳屑洩泄渫殲閃醒遜搔甦逍宵疎蕭梳簫瘻塑
贖遜悚碎灑酬蒐羞髓狩豎袖繡戍粹瘦雠穗嫂塾夙菽馴筍膝丞柿豺豻猜腮諡弒
熄拭蝕宸訊爐迅薪娠呻蜃悉什衙啞俄訝愕顎埕按晏鞍幹軋閹庵昂鞅快鶩靄崖隘
曖腋縊扼鶯櫻爺揶冶藥癢攘恙釀瘍禦瘀圄臆堰讞掩奄儼繹筵捐椽鳶艷焰嬰曳穢
詣裔奧伍窩懊蘊雍訛蝸渦阮婉頑宛玩腕枉矮巍猥窈窯饒邀擾凹僥拗夭踴涌聳蓉
茸隅寓嵋迂耘隕殞猿鴛冤荽喻有錀蹂癒諛揄柚愉諭游絨戎揖膚毅擾椅誼珥
弛餌痍姨翌咽湮蚓靭溢佚剩孕炙藉瓷蔗煮仔疵勺鵲綽灼嚼雀炸芍棧盞箴簪檣仗
醬薔匠漿杖滓錚豬躇舐咀狙詛箸邸謫狄迹嫡鏖剪悛箋煎甎輾顛栓塡巔餞銓箭
澱纏顫篆奠截粘霑幀睛碇錠釘叮挺酊靖窄悌蹄梯啼粗繰槽棗藻阻遭甑遭眺肇嘲
稠爪凋躁詔糟簇猝悴踵踪腫拙註躊紬輳誅廚嗾呪胄紂做蠢竣樽櫛茸汁衽呎摯枳
肢疹嗔迭臷叱嫉腔柽怏胅斟叉蹉嗟鑿窄搾纂饌撰擦塹幟站識僭讒巇倡漲猖
艙瘡脹愴槍娼菖柵淒擲脊滌瘠穿闡喘轍凸綴歛詔籤疊帖貼捷牒涕諦梢樵貂
炒礁稍醋憔蕉硝嚼忖叢塚寵撮叕墜鰍錐鎚椎酋錘樞黜萃膵悴贅脆翠惻幟馳嗤
綴侈熾癡痔籾砝鹹螫秤惰楷駝咜舵鐸撬憚吞綻坦眈搭蕩宕跆笞苔汰撐撼慟桶
筒腿頹禠堆槌妬套慝爬巴琶跛芭婆辨悖沛唄佩牌稗澎膨慼騙鞭貶萍陞斃泡咆褒
匍逋袍哺炮蒲庖圃脯曝瀑剽飄豹稟諷披乏乏遢霞蝦遐瑕壑瘴謔罕滄悍轄檻緘
喊銜涵鹹函蛤盒肛缸懈咳駭楷骸邂偕諧劾嚮饗噓壎歊絢眩衒挾俠狹荊彗醯瑚
狐糊琥弧渾笏惚哄虹缸驪宦喚鯤猾闊邅惶凰煌慌徨恍誨繪晦恢徊賄膾蛔爻酵哮
嚆逅嗅朽吼暈喧喙卉麾彙諱恤洶兇欣痕欠歆恰洽犧詰

부수	획수	총획
衣	5	11

袈 가사 가【2356】

字源 〈형성〉인도에서 평상복으로 가사를 착용했고, 중국에 전래되어 불교의식 및 법회 때 의식복으로 사용했다. 우리나라엔 삼국시대에 흑장삼과 붉은 가사가 전래되어 착용했던 것으로 알려진다. 'Kasaya'의 음역자로 장삼인바, 겨드랑이 밑에 걸쳐(加) 입던 스님의 옷(衣)으로 [가사(袈)]를 뜻하고 [가]로 읽는다.
통 裟(가사 사)

필순 フ カ カ カ 加 加 架 架 架 袈 袈

기초 【기초한자어】익히고, 【기본 → 발전한자어】다지기
錦袈(금가) 비단으로 만든 중의 옷
• 옷이 錦袈일지라도 집에서도 자주 입어야 한다고 했다.
• 지체 높은 양반들은 평소에 집에서도 錦袈를 입었다.

사자성어 ① 袈裟佛事(가사불사) 袈裟施主(가사시주)

부수	획수	총획
艸	5	9

苛 가혹할 가 :【2357】

字源 〈형성〉한자는 전이되어 쓰인 경우가 많다. 뜻이 달리 쓰이는 경우이겠다. 이 한자는 자잘한 풀을 뜻한 한자였으나, 너무 자잘해서 작은 것에도 까다로운 사람을 뜻했었다. 흔히 가혹하다는 뜻이다. 처음엔 자잘한(可) 풀(艹)을 뜻했으나, 사람이 잘고 까다로워서 [가혹하다(苛)]는 뜻으로 전이되었고 [가]로 읽는다.
통 虐(사나울 학) 酷(독할 혹)

필순 一 艹 艹 艹 苧 苧 苛 苛 苛

기초 【기초한자어】익히고, 【기본 → 발전한자어】다지기
苛法(가법) 가혹한 법령. 번거로운 법률
苛虐(가학) 몹시 괴롭히고 학대함
苛酷(가혹) 매우 혹독함
• 지방 수령이 苛酷하게 세금을 걷으면 안 된다고 말씀하셨다.
• 苛法이야말로 백성들을 苛虐하는 수단으로 쓰이기도 했다.

기본 ① 苛刻(가각) 苛求(가구) 苛禮(가례) 苛稅(가세) 苛殃(가앙) 苛政(가정) 苛疾(가질) 細苛(세가) 小苛(소가) 嚴苛(엄가) 暴苛(폭가)
발전 ① 苛役(가역) 苛急(가급) 苛辣(가랄) 苛重(가중) 苛察(가찰) 苛評(가평) 煩苛(번가) 특 苛峻(가준) 特 苛厲(가려)
사자성어 ① 苛斂誅求(가렴주구) 苛政猛於虎(가정맹어호)

부수	획수	총획
口	5	8

呵 꾸짖을 가 :【2358】

字源 〈형성〉남을 꾸짖을 때 큰소리가 나기도 한다. '꾸짖다'는 윗사람이 아랫사람의 잘못에 대하여 엄격하게 나무란다는 의미이다. 유의어로는 '호령하다. 힐책하다. 걱정하다. 혼내다'가 있다. 자기가 생각했던 바를 커다란 목소리(口)로 소리 내어(可) 심하게 나무랐으니 [꾸짖다(呵)]는 뜻이고 [가]로 읽는다.
통 喝(꾸짖을 갈) 譴(꾸짖을 견) 罵(꾸짖을 매) 叱(꾸짖을 질) 責(꾸짖을 책)

필순 丨 冂 口 口 叮 呵 呵 呵

기초 【기초한자어】익히고, 【기본 → 발전한자어】다지기
呵呵(가가) 껄껄 웃는 모양
呵喝(가갈) 잘못을 큰 소리로 꾸짖음
呵責(가책) 엄하게 꾸짖음
• 내가 부모님께 呵責을 받자 지켜보던 오빠가 呵呵大笑 하였다.
• 큰 실수를 했지만 선생님께 呵喝만 받고 징계는 피했다.

기본 ① 呵怒(가노) 呵凍(가동) 呵止(가지) 呵叱(가질) 呵噓(가허) 呵護(가호) 受呵(수가) 笑呵(소가) 前呵(전가) 叱呵(질가)
발전 ① 呵鏡(가경) 呵口(가구) 呵衛(가위) 呵唱(가창) 呵筆(가필) 譴呵(견가)
사자성어 ① 呵呵大笑(가가대소) 一氣呵成(일기가성)

부수	획수	총획
馬	5	15

駕 멍에 가(:)【2359】

字源 〈형성〉흔히 소 멍에라고 했었다. 소의 등덜미에 멍에를 한 다음 심하게 쟁기질을 하거나 짐을 잔뜩 채워 부리는 경우가 많았다. 먼 옛날에는 사람을 소처럼 멍에를 채워 노예를 부리기도 했다. 수레를 끄는 말(馬)의 등덜미에 나무를 더해(加) 붙여서 막 달리도록 부렸으니 [멍에(駕)]를 뜻하고 [가]로 읽는다.
통 御(거느릴 어)

필순 フ カ 加 加 智 智 智 駕 駕 駕

기초 【기초한자어】익히고, 【기본 → 발전한자어】다지기
駕士(가사) 천자의 수레를 끄는 사람
駕六(가륙) 천자가 타는 수레
駕御(가어) 말을 자유로이 다루어 부림
• 장군은 전쟁에서 승리하기 위해 駕御할 수 있도록

훈련해야 한다.
• 駕六을 옮기는 것은 駕士 없이는 할 수가 없었다.

기본 ① 車駕(거가) 仙駕(선가) 晩駕(만가) 小駕(소가) 從駕
(종가) 駐駕(주가)

발전 ① 駕轎(가교) 駕洛(가락) 駕輿(가여) 駕前(가전) 駕後
(가후) 凌駕(능가) 臺駕(대가) 鳳駕(봉가) 軒駕(헌가)
扈駕(호가)

사자성어 ① 駕轎奉導(가교봉도) 駑馬十駕(노마십가)

哥

부수	획수	총획
口	7	10

성 가【2360】

字源 〈회의〉 한자는 처음 뜻과는 다르게 전이되는 경우가 흔히
있었다. 이 한자도 그런 경우이겠다. 처음엔 입을 통해 노
래 불렀다. 이름이 없던 시절 성씨 다음 '金哥' '文哥' 식으로
불렀던 것이다. 처음에는 입김이 퍼져(可) '노래(歌)'를
뜻했으나, '金哥', '李哥'에서 보이듯이 [성씨(姓)]를 뜻하고
[가]로 읽는다.

필순 一一一一一一可可可可哥

기초 【기초한자어】익히고, 【기본→발전한자어】다지기
哥哥(가가) 형이나 친구 간의 경칭
• 친구 간에도 허물없이 哥哥를 호칭하면서 친하게
지내야 한다.
• 오늘은 처음으로 '哥哥'가 경칭으로 사용됨을 알게
되었다.

기본 ① 金哥(김가) 李哥(이가) 二哥(이가) 大哥(대가) 八哥(팔가)

발전 ① 哥禁(가금) 特 鸚哥(앵가)

사자성어 ① 哥哥得弟(가가득제)

嫁

부수	획수	총획
女	10	13

시집갈 가【2361】

字源 〈형성〉 남자가 결혼하여 아내를 맞이하면 '장가간다'고 했
다. 여자도 남편을 맞이하는 경우에 '시집간다'고 했으니
모두 같은 호칭이겠다. 전혀 다른 남남이 만나 자식을 낳
고 사는 새로운 삶을 산다. 여자(女)가 자란 생가를 떠나
남편 집(家)으로 가서 새살림을 차리니 [시집가다(嫁)]는
뜻이고 [가]로 읽는다.

필순 ㄴ ㄴ ㄴ 女 女' 女' 妒 妒 嫁 嫁 嫁

기초 【기초한자어】익히고, 【기본→발전한자어】다지기
嫁女(가녀) 딸을 시집보냄. 출가한 여자
嫁母(가모) 아버지 사후에 시집간 어머니

嫁娶(가취) 혼인. 시집가고 장가드는 일
• 이제 장성한 嫁女가 婚禮을 올리게 되었습니다.
• 비록 嫁母의 嫁娶일지라도 성대하게 치러드렸다.

기본 ① 嫁期(가기) 嫁資(가자) 降嫁(강가) 改嫁(개가) 歸嫁
(귀가) 娶嫁(취가)

발전 ① 嫁罪(가죄) 嫁禍(가화) 交嫁(교가) 犯嫁(범가) 轉嫁
(전가) 出嫁(출가) 後嫁(후가) 特 嫁殤(가상)

사자성어 ① 嫁期經過(가기경과) 出嫁外人(출가외인)

稼

부수	획수	총획
禾	10	15

심을 가【2362】

字源 〈형성〉 사람이 건장한 신체로 살기 위해서 밥을 먹는다.
그래서 그런지 쌀과 보리가 주곡(主穀)이었던 것이다. 벼
는 논에서, 보리는 밭에 심어 가꾸었다. 김매기도 하고 농
약도 뿌리면서 가꾸었다. 논밭에 벼(禾) 곡식을 잘 가꿔서
살아가니(家) [심다(稼)] 또는 잘 여문 [벼이삭(稼)]을 뜻하
고 [가]로 읽는다.

필순 ㇒ 千 千 禾 禾' 秄 秄 秄 稼 稼 稼

기초 【기초한자어】익히고, 【기본→발전한자어】다지기
稼器(가기) 농기구
稼同(가동) 수확한 농작물이 쌓여 있음
稼動(가동) 사람이나 기계 따위로 일함
• 농부들은 농한기에도 노는 시간도 없이 稼動하여
열심히 일을 한다.
• 새로 나온 稼器를 이용한 탓인지 예년에 앞서 稼
同이 눈에 많이 띄었다.

기본 ① 稼事(가사) 稼穡(가서) 稼政(가정) 共稼(공가) 農稼
(농가) 百稼(백가) 五稼(오가) 秋稼(추가)

발전 ① 稼業(가업) 稼行(가행) 觀稼(관가) 躬稼(궁가) 桑稼
(상가) 樹稼(수가) 特 稼穡(가색)

사자성어 ① 務玆稼穡(무자가색)

嘉

부수	획수	총획
口	11	14

아름다울 가
【2363】

字源 〈형성〉 언제부터인가 인간은 사람의 힘으로 풀지 못한 불
가사의한 일을 신에게 의지했다. 향불을 피워놓고 자기
소망을 빌면서 장단으로 연주하기도 했다. 간절한 자기
기원이자 소망이었을 것이다. 신에게 향불을 피워 더하며
(加) 음악을 (壴) 연주해 기리며 기뻐했으니 [아름답다(嘉)]
는 뜻이고 [가]로 읽는다.

필순 一 十 ㄴ 吉 吉 青 壴 壴 嘉 嘉 嘉

기초 【기초한자어】 익히고, 【기본→발전한자어】 다지기
嘉客(가객) 반갑고 귀한 손님
嘉穀(가곡) 좋은 곡식, 벼
嘉禮(가례) 오례의 하나. 경사스러운 예식
· 嘉穀으로 좋은 곡식인 벼를 栽培하는 하는 것이
　좋겠습니다.
· 오늘 嘉禮를 맞이하여 많은 嘉客에게 嘉穀으로
　지은 식사를 대접하였다.

기본 ① 嘉慶(가경) 嘉納(가납) 嘉道(가도) 嘉例(가례) 嘉聞
(가문) 嘉賓(가빈) 嘉辭(가사) 嘉歲(가세) 嘉樂(가악)
嘉愛(가애) 嘉言(가언) 嘉悅(가열) 嘉祐(가우) 嘉績
(가적) 嘉稱(가칭) 嘉歎(가탄) 嘉話(가화) 靜嘉(정가)
珍嘉(진가) 淸嘉(청가) 休嘉(휴가)

발전 ① 嘉名(가명) 嘉謨(가모) 嘉祥(가상) 嘉尙(가상) 嘉蔬
(가소) 嘉儀(가의) 嘉行(가행) 嘉幸(가행) 可嘉(가가)
極嘉(극가)

사자성어 ① 嘉德大夫(가덕대부) 嘉善大夫(가선대부) 嘉言善
行(가언선행) 嘉義大夫(가의대부) 嘉靖大夫(가정대부)
特 貽厥嘉猷(이궐가유)

부수	획수	총획
殳	8	12

껍질 각【2364】

字源 〈형성〉 정미(精米)의 일반적인 원리는 곡식 겉껍질을 벗
기는 작업이라 하겠다. 7분도 9분도 쌀이다. 겉껍질만 벗
기면 현미가 되지만, 껍질을 더 싸고 있는 표피를 잘 솎으
면 현미에서 백미가 된다. 벼 같은 곡식을 도리깨로 쳐서
(殳) 외피(殼←殼) 속의 알곡식을 꺼냈으니 [껍질(殼)]
을 뜻하고 [각]으로 읽는다.
回 皮(가죽 피) 回 殼

필순 一 十 士 吉 吉 殸 殸 殸 殼 殼

기초 【기초한자어】 익히고, 【기본→발전한자어】 다지기
殼果(각과) 견과, 굳은 열매
殼斗(각두) 도토리의 밑받침. 깍정이
殼物(각물) 조개류
· 깍정이라 하는 殼斗에는 받침대가 반드시 필요한
　때라네.
· 누님의 칠순 잔치에 殼物 이외에도 후식으로 殼果
　가 제공되었다.

기본 ① 殼實(각실) 殼族(각족) 介殼(개각) 堅殼(견각) 卵殼
(난각) 地殼(지각) 皮殼(피각)

발전 ① 殼膜(각막) 甲殼(갑각) 穀殼(곡각) 蛤殼(합각) 紅殼
(홍각) 特 蟬殼(선각) 蠣殼(여각)

사자성어 特 金蟬脫殼(금선탈각)

부수	획수	총획
心	6	9

삼갈 각【2365】

字源 〈형성〉 늘 삼가는 마음으로 살라고 했다. 조심하고 삼가
는 마음으로 상대를 존중하면 그 공은 다시 내게로 돌아
온다는 진리이겠다. 내가 너에게 잘 베풀면 그 공은 다시
내게 돌아온다는 뜻이다. 타 지역 사람(各←客)을 맞을 때
의 다정한 심경(忄)으로 맞이했었으니 [삼가다(恪)]는
뜻이고 [각]으로 읽는다.
回 謹(삼갈 근) 慎(삼갈 신)

필순 ` ` 忄 忄 忄 忱 恰 恪 恪

기초 【기초한자어】 익히고, 【기본→발전한자어】 다지기
恪勤(각근) 정성껏 부지런히 힘써 일함
恪敏(각민) 조심성이 있고 기민함
恪慎(각신) 조심함. 공경하고 삼감
· 이제 자네들이 살 수 있는 길은 오직 恪勤만이 있
　어야 한다네.
· 타향에 살면서 恪勤과 恪敏을 생활신조로 삼아 크
　게 성공하였다.

기본 ① 恪虔(각건) 恪謹(각근) 恪守(각수) 恪肅(각숙) 勤恪
(근각) 謹恪(근각) 儼恪(엄각) 忠恪(충각)

발전 ① 恪固(각고) 恪別(각별) 恪遵(각준) 虔恪(건각) 兢恪
(긍각) 端恪(단각)

사자성어 ① 恪勤勉勵(각근면려) 恪勤奉公(각근봉공) 精勵恪勤
(정려각근)

부수	획수	총획
手	9	12

가릴 간 :【2366】

字源 〈형성〉 여러 개의 물건 중에서 손으로 가리며 뽑는다. 크
기와 색깔이 같은 것 중에서 제비뽑기를 한다. 그날의 운
으로 돌리는 경우도 있겠지만 모두에게 돌아오는 자기의
복(福)이라는 뜻이다. 물건을 손(扌)으로 뽑을까 말까를
분간하면서 조심스럽게 분별해 뽑았으니 (柬) [가리다(揀)]
는 뜻이고 [간]으로 읽는다.
回 選(가릴 선) 擇(가릴 택)

필순 扌 扌 扩 扩 护 拘 揃 揀 揀

기초 【기초한자어】 익히고, 【기본→발전한자어】 다지기
揀選(간선) 가려 뽑음. 선택함
揀擇(간택) 분간하여 선택함
分揀(분간) 사물의 속성을 가리어 헤아림
· 이제는 백방으로 努力할 것이 아니라 揀選을 잘
　해야만 하오.

1급

• 유지분은 사리를 잘 分揀을 잘 하더니, 며느리감 도 잘 揀擇했다.

기본 ① 選揀(선간) 閱揀(열간) 汰揀(태간)

발전 ① 揀拔(간발) 揀試(간시) 揀閱(간열) 親揀(친간)

사자성어 ① 勿揀赦前(물간사전)

부수	획수	총획
女	3	6

간사할 간 【2367】

字源 〈형성〉 남녀를 떠나서 상호 간에 순정을 지키며 정조를 간직하라고 했다. 문명이 발달하고 다양화되면서 성문제 가 큰 사회문제로 대두된다. 여자의 간사함을 강조한 것 은 아닌지 모르겠다. 여자(女)들이 지켜야 할 윤리적 도덕 규범을 범하면서(干) 부정하게 해대니 [간사하다(奸)]는 뜻이고 [간]으로 읽는다.
圖 邪(간사할 사) 僞(거짓 위) 慝(사특할 특)

필순 〈 〈 女 女 奸 奸

기초 【기초한자어】 익히고, 【기본→발전한자어】 다지기
奸計(간계) 간교한 꾀나 속임수
奸邪(간사) 성품이 간교하고 바르지 못함
奸惡(간악) 간사하고 악독함
• 이 세상에는 性品이 간교하고 바르지 못한 奸邪한 사람이 많소.
• 항상 奸惡한 무리의 奸計에 당하지 않도록 우리 모두 정신을 차립시다.

기본 ① 奸曲(간곡) 奸巧(간교) 奸黨(간당) 奸徒(간도) 奸吏 (간리) 奸婦(간부) 奸才(간재) 奸凶(간흉) 大奸(대간) 斬奸(참간) 漢奸(한간)

발전 ① 奸毒(간독) 奸物(간물) 奸民(간민) 奸詐(간사) 奸狀 (간상) 奸商(간상) 奸細(간세) 奸臣(간신) 奸妖(간요) 奸雄(간웅) 奸僞(간위) 奸人(간인) 奸賊(간적) 奸智 (간지) 奸慝(간특) 奸漢(간한) 奸鄕(간향) 奸猾(간활) 權奸(권간) 弄奸(농간) 慝奸(익간) 摘奸(적간) 특 奸謠 (간훌) 특 奸宄(간궤) 奸佞(간녕) 售奸(수간)

사자성어 ① 奸臣賊子(간신적자) 奸細之輩(간세지배) 奸鄕 猾吏(간향활리)

부수	획수	총획
疒	12	17

간질 간(:)
【2368】

字源 〈형성〉 간질병이라 했다. 간염은 간장에 염증이 생긴 상 태에서 붉게 붓고 열이 나서, 자주 만지면 통증을 느끼는 경우라 하겠다. 힘들고 몹쓸 병으로 여기며 이에 대한 완 전한 치유를 생각하게 한다. 일정 사이(間)를 두고 연속

일어나는 발작과 경련 등의 고질병(疒)으로 [간질(癎)]을 뜻하고 [간]으로 읽는다.

필순 广 疒 疒 疒 疒 疒 疒 痫 痫 癎

기초 【기초한자어】 익히고, 【기본→발전한자어】 다지기
癎病(간병) 어린아이가 경련을 일으키는 병
癎疾(간질) 몸을 떨며 눈을 뒤집고 거품을 내뿜는 병
癎症(간증) 간질의 증세
• 아이가 癎症을 보여 바로 병원에 데리고 갔다.
• 의술의 발달로 癎病이나 癎疾을 완치하게 되었다.

기본 ① 癲癎(전간)

발전 ① 癎癖(간벽) 癎中(간중) 癎風(간풍) 驚癎(경간) 急癎(급간)

부수	획수	총획
言	9	16

간할 간 : 【2369】

字源 〈형성〉 우리 사회에서는 어른이나 상급자에게 간곡하게 간한 경우가 참 많다. 정중한 마음을 담아 공손하고 바른 말씨로 간하게 된다. 간하는 정도에 따라서 그 사람 됨됨 이를 바르게 평가하기도 한다. 언행이 좋고 나쁨을 골라 서(柬) 자기의 뜻을 덧붙여 말했으니(言) [간하다(諫)]는 뜻이고 [간]으로 읽는다.
圖 諭(타이를 유) 諍(간할 쟁)

필순 ᄂ ᆖ 言 言 言 訶 訶 諫 諫 諫

기초 【기초한자어】 익히고, 【기본→발전한자어】 다지기
諫勸(간권) 간하여 착한 일을 권함
諫言(간언) 간하는 말
諫正(간정) 간하여 바로잡음
• 언제까지니 이렇게 할 참인가. 이제는 諫正해야겠지.
• 부모님께 공손히 諫言하고 자녀에게 諫勸했다.

기본 ① 諫鼓(간고) 諫輔(간보) 諫疏(간소) 諫止(간지) 固諫 (고간) 苦諫(고간) 泣諫(읍간) 切諫(절간) 正諫(정간) 至諫(지간) 直諫(직간) 忠諫(충간)

발전 ① 諫果(간과) 諫官(간관) 諫書(간서) 諫臣(간신) 諫院 (간원) 諫議(간의) 諫長(간장) 諫爭(간쟁) 諫職(간직) 匡諫(광간) 規諫(규간) 極諫(극간) 密諫(밀간) 力諫 (역간) 箴諫(잠간) 諷諫(풍간) 尸諫(호간) 顯諫(현간) 특 諫諍(간쟁)

사자성어 ① 諫而剖腹(간이부복) 諫而不逆(간이불역) 從諫 如流(종간여류) 伏靑蒲諫(복청포간)

부수	획수	총획
土	13	16

개간할 간 【2370】

字源 〈형성〉 손대지 못한 넓은 땅을 애써 일구어 벼도 심고, 체소도 심으며 살아간다. 이른바 새로운 땅을 스스로 개간한 것이다. 개척자 정신으로 아무도 개간하지 못한 새로운 땅을 정성껏 일궈냈다. 개척되지 않은 땅(土)을 갈아 농토가 될 수 있게 힘써서(豤) 열었으니 [개간하다(墾)]는 뜻이고 [간]으로 읽는다.
图耕(밭갈 경) 回懇(간절할 간)

필순

기초 【기초한자어】 익히고, 【기본 → 발전한자어】 다지기
墾耕(간경) 개간하여 경작함
墾殖(간식) 땅을 개간하여 농작물을 심음
墾田(간전) 논밭을 개간함. 개간한 논밭
• 이제 비로소 墾殖으로 보릿고개를 넘을 수 있었다.
• 지난해에는 상당한 땅을 墾田하여 돈을 모아 손수 墾耕하여 자급자족했다.

기본 ① 墾發(간발) 墾闢(간벽) 墾鑿(간착) 墾荒(간황) 開墾(개간) 勤墾(근간) 未墾(미간) 新墾(신간) 再墾(재간)

발전 ① 墾藝(간예) 墾租(간조) 耕墾(경간) 冒墾(모간) 闢墾(벽간) 陳墾(진간) 特 翻墾(번간)

	부수	획수	총획
竿	竹	3	9

낚싯대 간 【2371】

字源 〈형성〉 흔히 '대쪽'이라고 했고, '죽간'이라고도 했다. 사람이 아슬아슬한 상황에 서 있는 한 모습을 보이기도 한다. 낚시꾼이 가벼운 실과 낚싯대를 담가 고기가 물기를 기다린다. 그야말로 강태공이다. 저수지 같은 물에서 낚시를 하기 위해 대(竹)줄과 장대(干)로 만든 긴 [낚싯대(竿)]를 뜻하고 [간]으로 읽는다.
回竽(피리 우)

필순

기초 【기초한자어】 익히고, 【기본 → 발전한자어】 다지기
竿頭(간두) 장대의 끝
竿尺(간척) 토지의 측량에 쓰이는 장대
竿梢(간초) 장대 끝
• 도시 빈민촌의 竿頭에 나부끼는 깃발은 무속인이 있다는 것을 알리는 것이다.
• 竿尺을 손에 들고 竿梢를 두 눈에 눈금을 맞추어 가며 바르게 측량을 했다.

기본 ① 旗竿(기간) 度竿(도간) 帆竿(범간) 修竿(수간) 緣竿(연간)

발전 ① 竿石(간석) 竿引(간인) 竿竹(간죽) 竿杪(간초) 竹竿(죽간) 釣竿(조간) 特 竿牘(간독) 幢竿(당간)

사자성어 ① 百尺竿頭(백척간두) 竿頭之勢(간두지세)

	부수	획수	총획
澗	水	12	15

산골물 간 :
【2372】

字源 〈형성〉 숲이 우거진 나무뿌리에서 생성된 물이 흐르는 한 과정도 공부했다. 산골물이 계곡물이 되고, 계곡물이 시냇물 되며, 시냇물이 강물이 되면서 곳곳의 물들이 합하여 드넓은 바다로 흘러든다. 산 따라 사방에서 흐르던 작은 물(氵)이 모여 산 사이(間)로 흘러내리는 [산골물(澗)]을 뜻하고 [간]으로 읽는다.

필순

기초 【기초한자어】 익히고, 【기본 → 발전한자어】 다지기
澗谷(간곡) 산골짜기
澗泉(간천) 산골짜기의 샘
澗水(간수) 산골짜기의 물
• 얼마나 목이 마른지 澗泉을 먹고 나서야 비로소 숨을 제대로 쉬게 되었다.
• 깊은 澗谷에서 솟아나는 澗泉은 대부분 1급수다.

기본 ① 澗礫(간력) 澗阿(간아) 澗聲(간성) 溪澗(계간) 溝澗(구간) 冷澗(냉간) 山澗(산간) 阻澗(조간)

발전 ① 澗畔(간반) 澗聲(간성) 澗壑(간학) 澗峽(간협) 澗戶(간호) 枯澗(고간) 谷澗(곡간) 碧澗(벽간) 幽澗(유간) 絶澗(절간) 淸澗(청간) 寒澗(한간) 特 澗谿(간계) 澗霓(간예) 澗湫(간추)

사자성어 ① 澗邊垂楊(간변수양) 尾澗首山(미간수산)

	부수	획수	총획
艱	艮	11	17

어려울 간 【2373】

字源 〈형성〉 삶이 간난(艱難)하게 자란 사람들은 마음을 가득히 채우려고 한다. 고통으로 가득찬 자가 '구원의 길'을 받기도 한다. 곧 마음이 부족하면, 부족한 만큼 그런 정성을 더 채우려 한다. 가뭄(堇)에는 할 일이 많으므로 앞을 향해 나아가지 못하여(艮) 지체되었으니 [어렵다(艱)]는 뜻이고 [간]으로 읽는다.
图苦(쓸 고) 困(곤할 곤) 難(어려울 난) 回易(쉬울 이) 回難(어려울 난)

필순

기초 【기초한자어】 익히고, 【기본 → 발전한자어】 다지기
艱苦(간고) 고생
艱苟(간구) 간난하고 구차함. 빈곤함
艱辛(간신) 고생. 괴로움
• 그들은 間諜들이 득실거리는 곳을 艱辛히 탈출했다.
• 젊어서는 그렇게 艱苟하게 살더니만 늙어서도 艱

1급

苦를 면하지 못하고 있으니 참 안타깝다.

기본 ①艱棘(간극) 艱難(간난) 艱深(간심) 艱虞(간우) 艱患(간환) 苦艱(고간) 曲艱(곡간) 難艱(난간) 內艱(내간) 母艱(모간) 私艱(사간) 辛艱(신간) 丁艱(정간) 阻艱(조간)

발전 ①艱困(간곤) 艱窘(간군) 艱急(간급) 艱毒(간독) 艱食(간식) 艱易(간이) 艱貞(간정) 艱地(간지) 艱疾(간질) 艱楚(간초) 艱乏(간핍) 艱險(간험) 艱禍(간화) 外艱(외간) 于艱(우간) 在艱(재간) 拙艱(졸간) 險艱(험간) 後艱(후간)

사자성어 ①艱難辛苦(간난신고) 艱難險阻(간난험조) 艱難多事(간난다사) 特淹苦耐艱(엄고내간)

부수	획수	총획
衣	9	14

굵은베 갈
갈색 갈 【2374】

字源 〈형성〉 굵은베는 굵은 올로 성기게 짠 삼베로 이를 이용하여 만든 옷을 '갈의'나 '갈포'라고들 했다. 그것은 매우 귀한 옷으로 우리 선현들은 이 옷을 즐겨 입었다. 특히 여름에는 이 옷을 입고 나들이를 나갔다. 넝쿨 칡(曷) 섬유로 짠 베옷(衤)이 '갈의'이고 [갈색(褐)] 또는 [굵은베(褐)]를 뜻하고 [갈]로 읽는다.

필순 ⻊ 衤 衤 衤 衦 衦 衦 褐 褐 褐

기초 【기초한자어】 익히고, 【기본→발전한자어】 다지기
褐色(갈색) 검은 빛을 띤 주황색. 밤색
褐夫(갈부) 갈관박을 입은 천한 사람
褐衣(갈의) 거친 모직물로 만든 옷
• 褐寬博(갈관박)을 입은 褐夫들이 요즈음엔 없다.
• 얼굴이 褐色이고 褐衣를 입었으나 범상한 인물이 아닌 것만 같구나.

기본 ①褐博(갈박) 褐炭(갈탄) 短褐(단갈) 馬褐(마갈) 毛褐(모갈) 釋褐(석갈) 粗褐(조갈) 振褐(진갈) 布褐(포갈) 皮褐(피갈) 解褐(해갈)

발전 ①褐巾(갈건) 褐斑(갈반) 褐藻(갈조) 褐鐵(갈철) 素褐(소갈) 幣褐(폐갈) 特袒褐(단갈) 緼褐(온갈) 特裘褐(구갈) 敝褐(폐갈)

사자성어 ①褐色苦味(갈색고미) 褐色木炭(갈색목탄) 褐色人種(갈색인종) 被褐懷玉(피갈회옥)

부수	획수	총획
口	9	12

꾸짖을 갈 【2375】

字源 〈형성〉 어른의 비위를 거스르면 종아리를 맞거나 말로 야단을 받았다. 어른의 말씀에 또박또박 대답을 하면 꾸지람을 들었다. 어른 앞에서 눈을 부라리면 '호로 자식'이라 불리며 크게 호통을 맞았다. 잘못하여 웃어른이 목이 쉬

도록 소리(口) 높여(曷) 아랫사람을 나무라니 [꾸짖다(喝)]는 뜻이고 [갈]로 읽는다.
통呵(꾸짖을 가) 罵(꾸짖을 매) 叱(꾸짖을 질) 責(꾸짖을 책)

필순 口 口 叩 吗 吗 呷 呷 喝 喝 喝 喝

기초 【기초한자어】 익히고, 【기본→발전한자어】 다지기
喝食(갈식) 절에서 대중에게 끼니때를 알림
喝采(갈채) 환영의 뜻을 나타내기 위하여 외침
喝破(갈파) 큰 소리로 꾸짖어 기세를 누름
• 寺刹에는 많은 불도와 일반인에게 喝食으로 끼니때를 알린다.
• 스님의 명쾌한 喝破에 보살들은 모두 喝采를 아끼지 않았다.

기본 ①喝道(갈도) 恐喝(공갈) 大喝(대갈) 捧喝(봉갈) 流喝(유갈) 陰喝(음갈) 引喝(인갈) 叱喝(질갈) 虛喝(허갈) 呼喝(호갈)

발전 ①喝起(갈기) 喝取(갈취) 呵喝(가갈) 要喝(요갈) 威喝(위갈) 一喝(일갈) 嗔喝(진갈) 咆喝(포갈) 脅喝(협갈) 揮喝(휘갈)

사자성어 ①大喝一聲(대갈일성)

부수	획수	총획
立	9	14

다할 갈 【2376】

字源 〈형성〉 물이 말라 바닥이 훤하게 드러난다는 말을 흔히 썼다. 모질게 가뭄이 들어 땅이 갈라지는 심한 고갈상태다. 이럴 때 소나기라고 한 줄기 내리면 시원하겠는데 그렇지 않아 더운 상황이 지속된다. 서서(立) 짐을 지고 오르니(曷) [높이 오르다(竭)] 또는 '渴'과 통해서 [다하다(竭)]는 뜻이고 [갈]로 읽는다.
통窮(다할 궁) 盡(다할 진) 피喝(꾸짖을 갈) 碣(비석 갈)

필순 ⺌ 立 立 立 竏 竭 竭 竭 竭 竭

기초 【기초한자어】 익히고, 【기본→발전한자어】 다지기
竭力(갈력) 있는 힘을 다함
竭盡(갈진) 다하여 죄다 없어짐
竭忠(갈충) 충성을 다함
• 하룻저녁 竭盡 상태를 참았더니 금방 다 나았어.
• 장군의 竭力과 竭忠이 왜란을 승리로 이끌었다.

기본 ①竭論(갈론) 竭誠(갈성) 乾竭(건갈) 傾竭(경갈) 空竭(공갈) 窮竭(궁갈) 貧竭(빈갈) 衰竭(쇠갈) 虛竭(허갈)

발전 ①竭蹶(갈궐) 竭急(갈급) 竭産(갈산) 竭川(갈천) 竭歡(갈환) 枯竭(고갈) 困竭(곤갈) 極竭(극갈) 耗竭(모갈) 薄竭(박갈) 蕩竭(탕갈) 特罄竭(경갈) 匱竭(궤갈) 殫竭(탄갈)

사자성어 ①竭忠報國(갈충보국) 盡忠竭力(진충갈력) 甘井

先竭(감정선갈) 竭澤而漁(갈택이어)

부수	획수	총획
糸	5	11

연보라 감
감색 감【2377】

字源 〈형성〉 검은 빛을 띤 남색을 흔히 감색이라고 한다. 흔히 연보라색이라고도 했다. 깔끔하게 딱 떨어지는 전통문양을 새긴 진한 감색의 두루마기가 아주 멋진 자태로 완성되기도 했으니 곱게 차려입었다. 푸른 바탕에 붉은색을 넣어(甘←拑) 연보라 색실(糸)인 염료를 넣었으니 [감색(紺)]을 뜻하고 [감]으로 읽는다.

필순 ⺌ ⺌ ⺀ 糸 糸 糸 糸 紺 紺 紺 紺

기초 【기초한자어】 익히고, 【기본→발전한자어】 다지기
紺瞳(감동) 검푸른 눈동자
紺碧(감벽) 짙은 검푸른 빛
紺宇(감우) 귀인의 저택
• 네 손자의 紺瞳을 자세히 보니 참으로 感動이구나.
• 장관님의 紺宇에 초청받아 방문했다.

기본 ① 紺園(감원) 紺靑(감청)

발전 ① 紺色(감색) 紺珠(감주) 紺地(감지) 紺紙(감지) 特 紺緅(감추)

부수	획수	총획
疒	5	10

감질 감【2378】

字源 〈형성〉 흔히 이러한 감질병이란 병증세가 있었다. 얼굴이 누렇게 뜨고 몸이 여위었으며, 배가 불러 끓고 영양장애나 소화불량 등의 증상이 나타나는 병이다. 이 병을 많이들 무서워했다. 단(甘) 사탕을 먹어서 생기는 병(疒)으로 얼굴이 누렇게 되고 소화 불량 증상이 나타나니 [감질(疳)]을 뜻하고 [감]으로 읽는다.

필순 ⺀ ⼀ ⼴ ⼴ 疒 疒 疒 疳 疳 疳

기초 【기초한자어】 익히고, 【기본→발전한자어】 다지기
疳瘡(감창) 매독으로 음부에 헌 데가 생김
疳病(감병) 어린아이의 영양 장애 병
疳疾(감질) 먹고 싶거나 갖고 싶어 애타는 마음
• 너 큰일 났구나. 疳瘡이 참 무섭다고 하던데 어쩌다가 그랬네? 앞으로의 일이 참 걱정이구나.
• 미개국에서 疳疾을 달랜 후에 疳病을 치료하는 것이 우리의 임무지.

기본 ① 疳積(감적) 疳腫(감종) 牙疳(아감) 五疳(오감) 下疳(하감)

발전 ① 疳氣(감기) 疳勞(감로) 疳痢(감리) 疳鼻(감비) 疳瀉(감사) 疳眼(감안) 口疳(구감) 脾疳(비감) 腎疳(신감) 脊疳(척감) 蛔疳(회감) 特 疳瘻(감루)

부수	획수	총획
土	9	12

견딜 감【2379】

字源 〈형성〉 '감내하다'란 말은 어떤 일을 하면서 꿋꿋하게 이겨낸다는 말과 같이 쓰는 용어다. 이런 일을 잘 견딘 사람이 '성공의 열쇠'를 손에 꽉 쥐었다. 성격도 크게 좌우되지만 기어코 견디어 낸 것이다. 흙(土)으로 만든 화덕(甚)을 나타낸 戡과 잘 통해서 모진 일을 [견디면서(堪)] '이겨내다'는 뜻이고 [감]으로 읽는다.

동 耐(견딜 내) 忍(참을 인)

필순 ⼀ ⼟ ⼟ 圤 坩 垇 垇 堪 堪 堪 堪 堪

기초 【기초한자어】 익히고, 【기본→발전한자어】 다지기
堪輿(감여) 하늘과 땅. 천지의 신
堪耐(감내) 참고 견딤
難堪(난감) 견디어 내기 어려움
• 낯선 땅에 도착하자마자 堪輿에 감사기도를 드렸다.
• 처음엔 難堪했는데 堪耐할 수 있었네.

기본 ① 堪當(감당) 克堪(극감) 不堪(불감) 自堪(자감)

발전 ① 堪能(감능) 堪力(감력) 堪勝(감승) 堪忍(감인) 堪支(감지) 可堪(가감) 支堪(지감) 堪輿家(감여가)

사자성어 ① 狼狽不堪(낭패불감) 可堪之人(가감지인) 每事可堪(매사가감) 人所不堪(인소불감)

부수	획수	총획
目	12	17

굽어볼 감【2380】

字源 〈형성〉 '굽어보다'는 높은 위치에서 고개나 허리를 굽혀 아래를 내려다보는 것을 뜻한다. 또한 '내려다보다', '엿보다'를 의미한다. 이 한자를 두고 흔히 물고기의 눈이 잘 감겨지지 아니하는 일이라고도 말하기도 했다. 눈(目)으로 위에서 허리를 굽혀 엿보았으니(敢←監) [굽어보다(瞰)]는 뜻이고 [감]으로 읽는다.

필순 目 盱 盱 盱 睊 睊 睧 瞰 瞰 瞰

기초 【기초한자어】 익히고, 【기본→발전한자어】 다지기
瞰臨(감림) 높은 곳에서 내려다봄
瞰視(감시) 높은 데서 내려다봄
瞰下(감하) 내려다봄
• 높은 곳에서 내려다보는 '監臨의 조망'이 참으로

1급

절경일세.
• 15층 높이에서의 瞰視와 2층에서의 瞰下는 전혀
  다른 느낌이구나!

기본 ① 瞰射(감사) 窺瞰(규감) 延瞰(연감) 鳥瞰(조감) 下瞰
(하감)

발전 ① 瞰望(감망) 俯瞰(부감) 魚瞰(어감) 遐瞰(하감)

부수	획수	총획
木	5	9

굴 감 【2381】

字源 〈형성〉 제주도에서 생산된 감귤나무는 영양분이 풍부하
다. 이 감귤도 아열대 기후가 되어 재배하는 지역이 북상
하고 있다. 이 한자를 두고 흔히 재갈 먹인다는 뜻으로도
쓰였으니 뜻의 다양성도 맛본다. 시고 달콤한(甘) 열매가
달려있는 홍귤나무(木)로 [귤(柑)] 또는 [재갈물리다(柑)]는
뜻이고 [감] 혹은 [겸]으로 읽는다.
⑧橘(귤 귤)

필순 一 十 才 木 木 朴 柑 柑 柑

기초 【기초한자어】 익히고, 【기본→발전한자어】 다지기
蜜柑(밀감) 운향과의 상록 활엽 관목. 굴
黃柑(황감) 잘 익어서 빛깔이 누런 감자
柑橘(감귤) 굴·밀감의 총칭
• 濟州道의 蜜柑은 세계적인 상품으로 소문에 자자
  하다네.
• 黃柑은 여름에 간식으로 먹고 蜜柑은 겨울철 후식
  으로 제격이다.

기본 ① 金柑(금감) 乳柑(유감)

발전 ① 柑果(감과) 柑類(감류) 柑子(감자) 柑皮(감피)

부수	획수	총획
力	9	11

헤아릴 감 【2382】

字源 〈형성〉 은행잎이 떨어지면 노란색이 예뻐 여러 가지를 궁
리한다. 앞에다 꽃을 중간에 넣을까 궁리를 하는 경우
가 많다. 그리고 몇 개를 더 넣어 보기도 한다. 여러 가지
로 손으로 헤아려 보기도 한다. 책을 많이 늘어놓고(匹)
책갈피에 끼워(甘) 힘써(力) 조사했으니 [헤아리다(勘)]는
뜻이고 [감]으로 읽는다.
⑧檢(검사할 검) 校(학교/헤아릴 교) 査(조사할 사) 審
(살필 심)

필순  一 十 卄 廿 甘 其 其 甚 甚 勘 勘

기초 【기초한자어】 익히고, 【기본→발전한자어】 다지기

勘檢(감검) 잘 생각하고 검사함
勘當(감당) 심문하고 조사함
勘査(감사) 잘 살펴 조사함
• 조사원이 勘査를 잘 살펴 조사했기에 마음이 마냥
  넉넉하네.
• 조사원들이 그 제품을 勘檢한 다음에 勘當하여야
  만 했다.

기본 ① 勘校(감교) 勘誤(감오) 勘定(감정) 勘罪(감죄) 勘合
(감합) 檢勘(검감) 校勘(교감) 點勘(점감)

발전 ① 勘契(감계) 勘界(감계) 勘考(감고) 勘斷(감단) 勘放
(감방) 勘辨(감변) 勘簿(감부) 勘審(감심) 勘案(감안) 勘閱
(감열) 勘葬(감장) 磨勘(마감) 特 勘鞫(감국) 鞫勘(국감)

사자성어 ① 勘界顚末(감계전말)

부수	획수	총획
匚	5	7

갑 갑 【2383】

字源 〈형성〉 흔히 거북의 등껍질은 단단하기 그지없다고 한다.
이런 등껍질을 가려지면서 감춰 두었던 상자가 있었던 모
양이다. 작은 물건을 담아 그 분량을 세는 단위인 '갑'이
다. 유의어는 '통. 상자' 등이 있다. 거북 등딱지(甲)와 같
이 가려지면서 또 감추어서 넣었던 상자(匚)로 [갑(匣)]을
뜻하고 [갑]으로 읽는다.

필순 一 ㄱ ㄲ 匚 冝 甲 匣

기초 【기초한자어】 익히고, 【기본→발전한자어】 다지기
劍匣(검갑) 검을 넣어 두는 궤
鏡匣(경갑) 거울을 넣어 두는 상자
玉匣(옥갑) 옥으로 만든 갑
• 劍匣을 아끼기보나는 玉匣이 너욱 소중한 설 알았네.
• 劍匣을 보관하듯이 鏡匣을 소중하게 다루었다.

기본 ① 固匣(고갑) 漆匣(칠갑) 虛匣(허갑)

발전 ① 匣作(갑작) 文匣(문갑) 寶匣(보갑) 手匣(수갑) 硯匣
(연갑) 掌匣(장갑) 裝匣(장갑) 紙匣(지갑)

사자성어 特 匣劍帷燈(갑검유등)

부수	획수	총획
門	5	13

수문 갑 【2384】

字源 〈형성〉 갑문(閘門)은 조석 간저나 간만이 차이가 심한 항
만이나 하천. 운하 등의 수로를 가로지르는 일종의 댐이
다. 또는 둑이나 독 등에서 선박을 통과시키기 위해 수위
를 잘 조절하는 문이라고 할 수 있다. 부두를 만들어서 물
을 덮어 싸서(甲) 새지 않게 가둬 둔 문(門)으로 [수문(閘)]

을 뜻하고 [갑]으로 읽는다.

필순 Ｆ Ｆ Ｆ´ 門 門 門 閂 閘 閘 閘

기초 【기초한자어】 익히고, 【기본 → 발전한자어】 다지기
閘頭(갑두) 여닫는 수문
閘門(갑문) 물문. 수문
水閘(수갑) 물문
• 水門을 여닫는 바람에 水閘의 열쇠를 가지고 오지 않았군.
• 영산호의 閘門이 큰 역할을 하는 것처럼 閘頭 또한 매우 중요하다.

기본 ① 閘夫(갑부) 閘室(갑실)
발전 ① 閘官(갑관) 閘板(갑판) 堰閘(언갑) 臥閘(와갑)
사자성어 ① 排水閘門(배수갑문)

부수	획수	총획
米	11	17

겨 강 【2385】

字源 〈형성〉 나락이나 보리를 정미소에서 정미하면 겉껍질이 벗겨진다. 이 겉껍질은 돼지나 닭 등의 먹이인 사료로 쓰인다. 이를 '겨'라고 불렀다. 그래서 그런지 이 한자를 매우 작은 것에 비유하기도 했다. 곡물을 정미할 때에 껍질을 싼 매갈이(康)가 나오는 미곡(米) 껍질로 [겨(糠)]를 뜻하고 [강]으로 읽는다.

필순 ゛ ゛ ヰ 米 米 米 ´ 粆 粐 粮 糠 糠

기초 【기초한자어】 익히고, 【기본 → 발전한자어】 다지기
糠鰕(강하) 보리새우
糟糠(조강) 지게미와 쌀겨라는 뜻
糠類(강류) 쌀겨의 종류 혹은 무리
• 쌀에 붙은 糟糠는 깨끗이 털어내었다.
• 糟糠으로 끼니를 잇고 糠鰕를 반찬 삼았던 그때가 오히려 행복했다.

발전 ① 糠糟(강조) 滓糠(재강) 특 糠粃(강비) 糠粥(강죽) 粃糠(비강) 特 糠麋(강미)
사자성어 ① 糟糠之妻(조강지처)

부수	획수	총획
艹	13	17

생강 강 【2386】

字源 〈형성〉 생강은 중국과 인도 등지에서 주로 향신료로 사용했다. 잎같이 생긴 줄기는 키가 작게 자라는 것이 특징이다. 생강은 뿌리줄기를 꺾꽂이하여 번식하며, 수확할 때는 뿌리줄기를 햇볕에 잘 말린다. 김치를 담가 먹을 때 향내음과 감칠맛이 매우 강한(畺) 식물(艹)로 뿌리를 먹는

[생강(薑)]을 뜻하고 [강]으로 읽는다.

필순 ー 十 卝 芉 芉 苗 菖 萬 萬 薑

기초 【기초한자어】 익히고, 【기본→발전한자어】 다지기
乾薑(건강) 생강을 말려서 만든 약재
生薑(생강) 생강과의 재배 다년초. 새앙
片薑(편강) 얇게 저며 설탕에 조려 말린 생강
• 약초상에서는 乾薑을 만들어 약용으로 쓰거나 음료로 사용했다.
• 아내가 사온 生薑으로 片薑을 만들어 겨울에 따뜻한 음료로 마셨다.

기본 ① 薑桂(강계)
발전 ① 薑粉(강분) 薑性(강성) 薑鹽(강염) 薑汁(강즙) 薑板(강판) 薑黃(강황) 炙薑(구강) 母薑(모강) 軟薑(연강)
사자성어 ① 薑桂之性(강계지성) 菜重芥薑(채중개강)

부수	획수	총획
肉	8	12

속빌 강 【2387】

字源 〈형성〉 사람이 음식을 섭취하고 소화시켜 에너지를 생성해야 비로소 몸을 지탱할 수 있다. 그러나 어떤 원인으로 인하여 밥을 잘 먹지 못하는 경우도 있다. 이럴 때 심하게 배고픔을 느끼며 속이 텅 비게 된다. 음식을 먹지 못해서 몸(月) 안이 공허하며(空) 창자 안이 텅 비니 [속비다(腔)]는 뜻이고 [강]으로 읽는다.
回腸(창자 장)

필순 丿 月 月 月´ 肜 肜 胯 胯 胯 腔 腔

기초 【기초한자어】 익히고, 【기본 → 발전한자어】 다지기
腔子(강자) 몸통이나 신체 또는 배
腔腸(강장) 종이나 원통 모양의 몸통
滿腔(만강) 마음속에 가득 참
• 愁心이 滿腔하여 먹는 것도 먹는 것 같지 않습니다.
• 마치 腔腸동물처럼 腔子에 음식이 가득 차 있으면 일하기 어렵다.

기본 ① 空腔(공강) 腹腔(복강) 新腔(신강) 體腔(체강) 土腔(토강)
발전 ① 腔線(강선) 腔調(강조) 腔子裏(강자리) 腔血(강혈) 口腔(구강) 鼻腔(비강) 核腔(핵강) 胸腔(흉강)
사자성어 ① 腔腸動物(강장동물)

부수	획수	총획
心	11	14

슬플 강 : 【2388】

1급

字源 〈형성〉 슬픈 일이 생겼을 때 강개하다고 한다. 의기가 복받쳐 원통해 하고 슬퍼하는 모습을 자주 보이기도 한다. 집안에 근친(近親)이 돌아가시어 주체할 수 없는 슬픈 감정을 억누르지 못하기도 한다. 마음(忄)이 심하게 상기되도록 솟구쳐 올라와(康) 격한 감정이 생기니 [슬프다(慷)]는 뜻이고 [강]으로 읽는다.
图 慨(슬퍼할 개)

필순 忄 忄 忄 忓 忓 忓 慷 慷 慷 慷

기초 【기초한자어】 익히고, 【기본 → 발전한자어】 다지기
慷慨(강개) 의분이 북받쳐 슬퍼하고 한탄함
• 안중근 의사는 나라를 잃어 慷慨한 마음에 거사를 계획했다.
• 海外에서 열심히 살아가는 사람들은 일시적인 慷慨한 마음이 없으이다.
기본 ① 慨慷(개강)
발전 ㉠ 慷喟(강위)
사자성어 ① 慷慨之士(강개지사) 悲憤慷慨(비분강개)

부수	획수	총획
几	10	12

개선할 개 :
【2389】

字源 〈형성〉 초등학교 때 운동회의 한 장면을 연상하게 된다. '우리 편 이겨라, 청군 이겨라 백군 이겨라'를 연속하며 응원한다. 기마전을 하고 의기양양하게 들어오는 장면들은 명승부를 연상케 했다. 싸움에서 승리하여(豈) 신에게 제사(几) 지낸 후 풍악을 울리면서 되돌아왔으니 [개선하다(凱)]는 뜻이고 [개]로 읽는다.

필순 ㅣ 山 山 屵 屵 岂 岂 豈 凱 凱

기초 【기초한자어】 익히고, 【기본 → 발전한자어】 다지기
凱歌(개가) 개선할 때 부르는 노래
凱康(개강) 화락하고 편안함. 의기가 북받침
凱旋(개선) 싸움에서 이기고 돌아옴
• 모두가 安樂하게 잘 살고 있으니 그만 凱康을 잊어버립시다.
• 아군의 큰 피해가 없이 凱旋한 장병과 함께 凱歌를 불렀다.
기본 ① 凱歸(개귀) 凱樂(개악) 凱易(개이) 凱悌(개제) 凱陣(개진) 凱風(개풍) 大凱(대개) 元凱(원개) 振凱(진개) 泰凱(태개) 八凱(팔개)
발전 ① 凱復(개복) 凱切(개절) 凱弟(개제) 凱捷(개첩) 凱澤(개택)
사자성어 ① 凱旋將軍(개선장군)

부수	획수	총획
艸	4	8

겨자 개 【2390】

字源 〈형성〉 겨자는 톡 쏘는 매운맛과 향기가 그 특징이라고 한다. 그렇지만 지금은 대부분의 지역에서 널리 재배, 활용되고 있는 독특한 채소로 알려진다. 몸통이 쭈글쭈글하고 끝자락엔 보라색을 띤다. 입에 넣으면 '쿡' 찌르듯이 혀와 코에 심한 자극을 주는(介←害) 식물(艹)로 [겨자(芥)]를 뜻하고 [개]로 읽는다.

필순 一 艹 艹 芥 芥 芥 芥 芥

기초 【기초한자어】 익히고, 【기본 → 발전한자어】 다지기
芥屑(개설) 먼지. 겨자
芥子(개자) 겨자씨와 갓씨. 극히 작은 것
芥舟(개주) 배처럼 떠 있는 작은 풀잎
• 芥子같이 작은 것일랑 이제는 다 버리고 좀더 커다란 마음을 가집시다.
• 멀리 보이는 芥舟는 마치 芥屑과 같았다.
기본 ① 芥塵(개진) 塵芥(진개) 草芥(초개) 土芥(토개)
발전 ① 芥溜(개류) 芥視(개시) 芥菜(개채) 芥滯(개체) 芥醋(개초) 臺芥(대개) 腐芥(부개) 纖芥(섬개) ㊒ 芥菹(개저)
사자성어 ① 菜重芥薑(채중개강) ㊒ 芥子紅菹(개자홍저)

부수	획수	총획
竹	8	14

낱 개(:) 【2391】

字源 〈형성〉 이 한자는 우리가 한 개 두 개씩 낱개로 숫자를 세어가며 물건을 헤아릴 때 사용한다. 흔히 대 나무를 셀 때에 붙이는 말이었는데 물건을 셈하는 단위로도 두루 사용할 수 있었다. 따로 떨어져 독립성이 굳은(固) 대쪽(竹)으로 물건을 헤아릴 때 조사로도 많이 쓰였던 [낱낱(箇)]을 뜻하고 [개]로 읽는다.

필순 ノ ト ㅗ 竹 竹 筲 筲 筲 筲 箇 箇

기초 【기초한자어】 익히고, 【기본 → 발전한자어】 다지기
箇箇(개개) 하나하나. 낱낱
箇數(개수) 한 개씩 낱으로 세는 수효
箇中(개중) 여럿 있는 그 가운데
• 이제 箇數에 연연하지 말고 가마니로 헤아림이 좋을 듯하오.
• 고구마 箇箇를 확인해 보니 箇中에 한두 개는 불량품이었군요.
기본 ① 箇般(개반) 箇人(개인) 箇條(개조) 苦箇(고개) 幾箇(기개) 眞箇(진개) 此箇(차개) 好箇(호개)

발전 ① 箇果(개과) 箇所(개소) 箇月(개월) 箇體(개체) 一箇
(일개) 貼箇(첩개)
사자성어 ① 箇箇考察(개개고찰) 箇箇承服(개개승복)

	부수	획수	총획
漑	水	11	14

물댈 개 : 【2392】

字源 〈형성〉 '물을 대다'는 심하게 가뭄이 들어 마른 논에 물을
댈 때에 사용한 용어다. 흔히 '관개'라고도 했고, '개관'이
라고도 했다. 관개시설이 미비하면 양수기를 동원해 물을
뿜었던 것이다. 가뭄 끝에 비가 많이 와서 메마른 전답에
물(氵)이 철철 넘치듯이(旣) 담았으니 논에 [물을 대다(漑)]
는 뜻이고 [개]로 읽는다.
圖 灌(물댈 관) 回 溉

필순 ㇀ 氵 氵 氵 沪 沪 沪 沪 溉 漑

기초 【기초한자어】 익히고, 【기본→발전한자어】 다지기
漑灌(개관) 논밭에 물을 댐
漑汲(개급) 물을 길어서 댐
漑田(개전) 밭에 물을 댐
• 천수답에 모를 심도록 漑灌하기가 힘든 일이었다.
• 온 나라에 가뭄이 들어서야 원! 漑田에 물을 대고
漑汲도 합시다.
기본 ① 漑蕪(개분) 漑浸(개침) 灌漑(관개) 澣漑(척개) 沆漑(항개)
발전 ① 鑿漑(착개) 濯漑(탁개)
사자성어 ① 撒布灌漑(살포관개) 水盤灌漑(수반관개)

	부수	획수	총획
愾	心	10	13

성낼 개 : 【2393】

字源 〈형성〉 사람들의 교류가 비교적 활발해지면서 좋은 말,
아름다운 말만 나올 수는 없다. 밝은 얼굴에 교양 있는 말
만 나올 수는 더욱 없다. 성질을 내거나 화를 내는 경우도
허다했음이 우리네 삶이다. 분한 생각에 마음(忄)이 노여
워서 거칠게 숨(氣)을 토해내면서 한숨 쉬니 [성내다(愾)]
는 뜻이고 [개]로 읽는다.
圖 憤(분할 분)

필순 ㇀ 忄 忄 忄 忄 忾 忾 愾 愾 愾

기초 【기초한자어】 익히고, 【기본→발전한자어】 다지기
敵愾(적개) 적에 대한 의분
憤愾(분개) 몹시 분함
• 사병이 憤愾한 것처럼 장군도 마음을 같이합니다.
• 하사관은 명령권이 없는데 敵愾심만 불타서야 원

기본 ① 愾憤(개분)
발전 ① 敵愾心(적개심) 特 愾嘆(개탄)
사자성어 ① 敵愾功臣(적개공신)

	부수	획수	총획
羹	羊	13	19

국 갱 : 【2394】

字源 〈형성〉 밥을 먹으면서 국을 끓여 숟가락으로 다붓하게 떠
먹는다. 이를 흔히 반갱(飯羹)이라고 했던가. 밥을 먹으면
서 국을 떠먹는 것이 습관화되어 있는 사람을 가리키겠
다. 평소에 몸에 익혀 왔던 식성이겠다. 아름다운(美) 새
끼 양(羔) 고기를 솥에 넣고 김을 올려 끓이니 [국(羹)]을
뜻하고 [갱]으로 읽는다.

필순 丷 丷 芌 芏 芏 羔 羔 羹 羹 羹 羹

기초 【기초한자어】 익히고, 【기본→발전한자어】 다지기
羹湯(갱탕) 국
羹獻(갱헌) 제수로 신에게 올리는 개고기
• 명절에는 반드시 羹獻을 陳設하기로 서로 굳게 약
속을 했다.
• 중국에서는 제사 때 羹湯과 함께 술을 한 잔씩 진
설했던 풍습이 있다.
기본 ① 大羹(대갱) 肉羹(육갱)
발전 ① 羹器(갱기) 羹牆(갱장) 豆羹(두갱) 菜羹(채갱) 和羹
(화갱) 羹汁(갱즙) 特 羹粥(갱죽) 芼羹(모갱) 藜羹(려갱)
사자성어 ① 簞食豆羹(단사두갱) 疏食菜羹(소사채갱) 塵飯塗羹
(진반도갱)

	부수	획수	총획
醵	酉	13	20

추렴할 갹
추렴할 거 : 【2395】

字源 〈형성〉 어느 특정한 사람이 자리를 마련하지 않고 우연하
게 모인 사람들이 있다. 누가 돈을 내는 것보다는 십시일
반 또는 비용을 걷어서 음식을 먹었으니 훈훈한 인정이겠
다. 흔히 각자가 추렴한다고 한다. 사람이 빙 둘러 앉아
함께(豦) 돈을 나누어 내서 술(酉) 마시니 [추렴하다(醵)]
는 뜻이고 [거]로 읽는다.

필순 一 丁 丙 酉 酉 酉 酉 酉 酉 酉 醵 醵

기초 【기초한자어】 익히고, 【기본→발전한자어】 다지기
醵金(갹금 · 거금) 돈을 추렴하여 냄
醵出(갹출 · 거출) 돈이나 물건을 추렴함
• 경로잔치에 醵金하기로 했으나 자기의 형편대로
하기로 했다.

1급

• 마을 잔치에 釀出해도 무방하겠지만 자기 형편대
로 하시게.

기본 ① 釀飮(양음·거음)

발전 ① 釀宴(거연)

부수	획수	총획
水	9	12

개천 거 【2396】

字源 〈형성〉 강보다 적은 물이 흐르는 곳을 개천이라고 했다.
개천보다 더 적은 물이 흐르는 곳을 실개천이나 시내, 도
랑이라고 했다. 시내가 모이면 개천이 되고 개천이 모이
면 강이 되어 바다로 흘러간다. 자(榘←尺)를 대고 인공
도랑이나 자연으로 생긴 개울물(氵)이 흐르는 [개천(渠)]
을 뜻하고 [거]로 읽는다.

回溝(도랑 구) 率(우두머리 솔) 帥(우두머리 수) 首(머리 수)

필순 ` 氵 氵 氵 沪 沪 沪 渠 渠 渠 渠

기초 【기초한자어】 익히고, 【기본 → 발전한자어】 다지기
渠渠(거거) 부지런히 힘쓰는 모양
渠門(거문) 기를 세워 만든 진영의 문
渠眉(거미) 옥에 장식으로 새긴 줄무늬

• 이제는 우리들이 할 수 있는 일은 渠渠밖에 없다.
• 맹장의 渠門과 渠眉를 다시 한번 확인하고 겁을
먹고 달아났다오.

기본 ① 渠匯(거언) 渠黃(거황) 車渠(거거) 溝渠(구거) 船渠(선거)
暗渠(암거) 寧渠(영거) 義渠(의거) 漕渠(조거) 從渠(종거)

발전 ① 渠略(거략) 渠輩(거배) 渠水(거수) 渠帥(거수) 渠衝
(거충) 渠荷(거하) 夫渠(부거) 遮渠(차거) 軒渠(헌거)

사자성어 ① 渠荷的歷(거하적력) 水到渠成(수도거성)

부수	획수	총획
人	8	10

거만할 거 :
【2397】

字源 〈형성〉 바르게 걷지 못하고 거만하게 걷는 사람이 있다.
의자나 언덕에 바로 앉지 못하고 엉덩이만 살짝 걸치면서
앉는 사람도 더러 있다. 바른 자세로 앉지 않고 거만하게
걸터앉는다. 사람(亻)이 땅바닥에 '철퍼덕' 앉았으니(居)
[거만하다(倨)] 또는 '踞'와 뜻이 서로 통해 [걸터앉다(倨)]
는 뜻이고 [거]로 읽는다.

回慢(거만할 만) 傲(거만할 오)

필순 ノ イ イ゜ 亻゜ 伊 伊 伊 倨 倨 倨

기초 【기초한자어】 익히고, 【기본 → 발전한자어】 다지기
倨倨(거거) 아무 생각이 없는 모양

倨氣(거기) 거만한 기색
倨慢(거만) 잘난 체하며 남을 업신여김

• 어머니께서는 늘 倨倨한 태도를 보이시니 참 좋겠
습니다.
• 어머니의 倨慢한 모습을 닮아 고등학생이 된 딸도
倨氣가 역력하다.

기본 ① 倨見(거견) 倨固(거고) 倨侮(거모) 倨視(거시) 倨傲
(거오) 驕倨(교거) 句倨(구거) 單倨(단거) 倂倨(병거)
傲倨(오거)

발전 ① 簡倨(간거) 倨曲(거곡) 倨句(거구) 倨色(거색) 倨牙
(거아) 箕倨(기거)

사자성어 ① 前倨後恭(전거후공)

부수	획수	총획
虍	4	10

공경할 건 :
【2398】

字源 〈형성〉 몸에 문신을 새긴 사람을 두려워하면서 존경했던
시절이 있었던 모양이다. 심지어는 무섭기로 이름이 높은
범의 가죽처럼 요란한 무늬를 새겨서 사람들을 두렵게 했
던 시기도 있었음을 알게 한다. 범(虍)의 가죽에 여러 가
지 문신(文)을 놓아 감사하면서 삼갔으니 [공경하다(虔)]는
뜻이고 [건]으로 읽는다.

回恭(공손할 공) 誠(정성 성) 肅(엄숙할 숙)

필순 ` ⺊ ⺊ 广 户 卢 虍 虍 虏 虔

기초 【기초한자어】 익히고, 【기본 → 발전한자어】 다지기
虔恪(건각) 조심하고 삼감. 공손함
虔恭(건공) 삼가 공손한 모양
虔肅(건숙) 경건하고 엄숙함

• 虔肅한 분위기에서 행사를 치렀다.
• 사람 사는 동안에 虔恪과 虔恭이 미덕이다.

기본 ① 虔虔(건건) 虔劉(건류) 虔奉(건봉) 恪虔(각건) 敬虔
(경건) 恭虔(공건) 肅虔(숙건) 嚴虔(엄건) 寅虔(인건)
精虔(정건)

발전 ① 虔敬(건경) 虔誠(건성) 揭虔(게건) 傾虔(경건)

부수	획수	총획
巾	0	3

수건 건 【2399】

字源 〈상형〉 수건은 우리들의 일상생활에서 상용하는 물건이
다. 손에 물이 묻으면 수건으로 닦고, 얼굴에 세수를 하고
난 다음에도 수건을 사용했다. 수건의 처음은 헝겊에 끈
을 달아 벽에 걸어 두고 썼다. 헝겊에 긴 끈을 달아 허리
띠에 푹 찔러 넣는 모양을 본떠서 얼굴을 닦는 [수건(巾)]
을 뜻하고 [건]으로 읽는다.

필순 ㅣ ㅁ 巾

기초 【기초한자어】 익히고, 【기본→발전한자어】 다지기
巾布(건포) 두건을 만드는 베
巾車(건거) 베나 비단으로 막을 쳐서 꾸민 수레
巾卷(건권) 건상과 책. 상자에 넣은 책
• 巾卷은 학생들의 공부하는 방을 꾸미는 요소라네.
• 巾車를 메고 가는 하인들은 巾布를 가슴에 두른다.

기본 ① 巾櫛(건즐) 巾幅(건폭) 角巾(각건) 葛巾(갈건) 大巾
(대건) 頭巾(두건) 紗巾(사건) 手巾(수건) 僧巾(승건)
食巾(식건) 烏巾(오건) 儒巾(유건) 綸巾(윤건) 衣巾(의
건) 布巾(포건) 被巾(피건) 解巾(해건)

발전 ① 巾帶(건대) 巾箱(건상) 巾衣(건의) 巾子(건자) 巾宕
(건탕) 唐巾(당건) 汗巾(한건) 特 巾幂(건멱) 特 巾帨
(건사) 巾帨(건세)

사자성어 ① 葛巾野服(갈건야복) 灑掃巾櫛(쇄소건즐)

부수	획수	총획
肉	9	13

힘줄 건 【2400】

字源 〈형성〉 몸이 건강한 사람은 굵은 힘줄이 팔과 다리에 붙
어 있어 우람한 육체미를 자랑한다. 힘줄이 근원되어 자
랑스러운 몸매를 자랑하기도 한다. 남자의 육체미는 상체
의 토실한 육체에서 비롯된다. 사람의 몸에서 근육(月)의
기초(建)를 잘 이루는 질긴 살의 굵은 줄로 [힘줄(腱)]을
뜻하고 [건]으로 읽는다.

필순 ノ 川 月 月 月 月 月 月 月 脂 脂 腱 腱

기초 【기초한자어】 익히고, 【기본→발전한자어】 다지기
腱膜(건막) 막(膜)처럼 얇고 넓은 판상
腱索(건삭)은 '힘줄끈'의 이전 말
• 우리 몸의 腱膜에 이상이 생기면 보행에 지장이
있다.
• 腱索은 '힘줄끈'의 이전 말로 끝부분에서 뻗어 나
온 기관이다.

발전 ① 腱反射(건반사) 膝蓋腱(슬개건)

부수	획수	총획
心	5	8

겁낼 겁 【2401】

字源 〈형성〉 어떤 긴급한 일이 발생하면 겁부터 나면서 조급한
마음이 생기는 경우가 있다. 그러다 보면 뒷걸음질을 치
면서 겁에 질린 나머지 하는 일에 멈칫멈칫 주춤한다. 전
에 없던 일로 겁을 낸다. 일에 질려서 움츠려 뒷걸음치는

(去) 조급한 마음(忄)이 생겼다고 했으니 [겁내다(怯)]는
뜻이고 [겁]으로 읽는다.
回 悚(두려워할 송) 怖(두려워할 포) 惶(두려워할 황)

필순 ㆍ ㆍ 忄 忄 忄 忄 怯 怯 怯

기초 【기초한자어】 익히고, 【기본→발전한자어】 다지기
怯劣(겁렬) 비겁하고 용렬함
怯心(겁심) 두려워하는 마음
怯惰(겁타) 겁이 많고 게으름
• 怯劣은 그 하는 짓이 가소롭고 비겁하며 아주 용
렬함을 보인다.
• 당신의 怯心은 이해할 수야 있겠지만, 怯惰는 용
서할 수 없소.

기본 ① 怯懦(겁나) 怯夫(겁부) 怯聲(겁성) 怯言(겁언) 怯怖
(겁포) 懦怯(나겁) 老怯(노겁) 卑怯(비겁) 生怯(생겁)
弱怯(약겁) 庸怯(용겁)

발전 ① 怯訥(겁눌) 怯弱(겁약) 怯疑(겁의) 怯鍼(겁침) 怯脅
(겁협) 驚怯(경겁) 恐怯(공겁) 過怯(과겁) 喫怯(끽겁)
大怯(대겁) 食怯(식겁) 餘怯(여겁) 自怯(자겁) 脆怯
(취겁) 破怯(파겁) 魂怯(혼겁) 惶怯(황겁)

사자성어 ① 惶恐無地(황공무지)

부수	획수	총획
力	5	7

위협할 겁 【2402】

字源 〈회의〉 편안히 걷던 사람에게 갑자기 도둑이 나타나 위협
하면서 재물을 빼앗은 일은 흔히 있었던 일이다. 무서운
무기를 들이대면서 도둑이 위협하면 꼼짝없이 당했던 경
우도 흔히 있었다. 지나가는(去) 행인을 무력(力)으로 위
협하면서 억지로 돈을 빼앗으려고 했으니 [위협하다(劫)]
는 뜻이고 [겁]으로 읽는다.
回 怖(두려워할 포)

필순 一 十 土 ㆍ ㆍ 劫 劫

기초 【기초한자어】 익히고, 【기본→발전한자어】 다지기
劫姦(겁간) 폭력으로 간음함
劫劫(겁겁) 성미가 급하고 참을성이 없음
劫年(겁년) 겁운이 닥친 해
• 劫劫은 하는 성질머리가 매우 급하고 참을성이 없다.
• 劫姦을 한 범죄자는 그가 죽을 때까지 劫年이었으
면 참 좋겠다.

기본 ① 劫掠(겁략) 劫盟(겁맹) 劫迫(겁박) 劫餘(겁여) 劫獄
(겁옥) 劫制(겁제) 劫初(겁초) 劫濁(겁탁) 劫害(겁해)
劫會(겁회)

발전 ① 劫氣(겁기) 劫盜(겁도) 劫縛(겁박) 劫水(겁수) 劫囚
(겁수) 劫數(겁수) 劫悟(겁오) 劫運(겁운) 劫賊(겁적)
劫請(겁청) 劫奪(겁탈) 劫脅(겁협) 劫火(겁화) 劫灰

1급

(접회) 萬劫(만겁) 億劫(억겁) 永劫(영겁)

사자성어 ① 億千萬劫(억천만겁) 他家劫舍(타가겁사)

부수	획수	총획
人	9	11

불시 게 : 【2403】

字源 〈형성〉 부처의 가르침을 찬탄하는 노래를 흔히들 '불시(佛詩)'라고 했다. 불경을 꼼꼼하게 음미하면 한 편의 대하소설과도 같았고, 대서사시와 같은 명시였고 노래였었다. 곧 불경은 시이고 노래라는 뜻이다. 사람(亻) 형상의 부처님 가르침을 '어찌(曷)' 할 수 없다고 찬탄했으니 [불시(偈)]를 뜻하고 [게]로 읽는다.

圖頌(기릴 송)

필순 ノ 亻 亻 亻' 但 侶 偈 偈 偈 偈

기초 【기초한자어】 익히고, 【기본→발전한자어】 다지기
偈句(게구) 부처의 공덕을 찬미한 시구
偈頌(게송) 부처의 공덕을 찬양하는 노래
佛偈(불게) 부처를 찬미하는 시
• 佛偈는 부처님이나 그 全貌를 讚美하는 시다.
• 아직 偈頌이나 偈句를 듣거나 본 적이 없다.

기본 ① 歌偈(가게) 梵偈(범게) 法偈(법게) 寶偈(보게) 遺偈(유게)

발전 ① 述偈(술게) 拙偈(졸게) 休偈(휴게)

부수	획수	총획
肉	10	14

가슴 격 【2404】

字源 〈형성〉 사람 몸 중에 중요하지 아니한 부분이 없지만 가슴만은 대단히 중요하게 생각했다. 가슴이 답답하면 숨을 쉬기가 어렵고 더러 숨이 막히면서 금방 죽는다 한다. 가슴앓이를 했고, 가슴을 치며 통곡했다. 다리가 높아 땅 위에 많이 떨어져 있는(鬲) 몸(月) 부분의 명치로 [가슴(膈)]을 뜻하고 [격]으로 읽는다.

圖臆(가슴 억) 膺(가슴 응) 胸(가슴 흉)

필순

기초 【기초한자어】 익히고, 【기본→발전한자어】 다지기
膈膜(격막) 흉강과 복강 사이에 있는 횡경막
胸膈(흉격) 심장과 비장 사이의 가슴 부분
膈痰(격담) 가슴에 가래가 몰리는 증세
• 膈痰은 가슴이 가래로 막힌 症勢이다.
• 그는 의사이기에 胸膈과 膈膜에 대하여 잘 알고 있다.

기본 ① 肝膈(간격)

발전 ① 膈肝(격간) 羅膈(나격) 上膈(상격)

부수	획수	총획
木	13	17

격문 격 【2405】

字源 〈형성〉 대체적으로 격문은 길게 쓰지 않았다. 짤막한 문구로 여러 사람들에게 알리는 주된 무기로 쓰였던 통문이다. 흔히 팻말이 되기도 했으며 상대의 마음을 서성이며 움직이게 하는 역할을 했던 것이다. 기다란 팻말(木)에 글을 써서 마음을 마구 치면서(敫) 움직이게 했던 [격문(檄)]을 뜻하고 [격]으로 읽는다.

필순 一 十 十 木 术 柳 梢 梢 榑 榑 檄

기초 【기초한자어】 익히고, 【기본→발전한자어】 다지기
檄文(격문) 군병 또는 동지를 모으기 위한 글
檄召(격소) 격문을 보내어 사람들을 불러 모음
飛檄(비격) 격문을 급하게 돌림. 또는 그 격문
• 飛檄은 격문을 급하게 여러 곳에 돌리다는 뜻이다.
• 조정 대신들이 檄召할 생각으로 지방 요로에 檄文을 붙였다.

기본 ① 檄致(격치) 軍檄(군격) 文檄(문격) 奉檄(봉격) 捧檄(봉격) 羽檄(우격) 長檄(장격)

발전 ① 檄木(격목) 檄書(격서) 檄羽(격우) 簡檄(간격) 露檄(노격) 移檄(이격) 傳檄(전격) 檸 檄襦(격적)

사자성어 ① 毛義奉檄(모의봉격) 奉檄之喜(봉격지희)

부수	획수	총획
見	7	14

박수 격 【2406】

字源 〈형성〉 무당은 여자가 많지만 남자 무당도 있다. 그를 '박수'라고 부른다. 무당은 신령과 단골을 중개하여 인간의 문제를 풀어내는 무속의 종교 전문가라 생각했다. '巫(무)'는 여자 무당이고, '覡(격)'은 남자 무당이다. 신의 뜻을 능히 보았을 것으로(見) 여기는 남자 무당(巫)으로 [박수(男巫)]를 뜻하고 [격]으로 읽는다.

回巫(무당 무)

필순 一 丆 开 쟈 巫 쟸 쟸 覡 覡 覡 覡

기초 【기초한자어】 익히고, 【기본→발전한자어】 다지기
巫覡(무격) 무당과 박수
男覡(남격) 남자 무당
• 男覡은 그래도 남자이니 男子 巫堂의 뜻을 묻고자 하오.
• 나라의 중대사를 巫覡의 말만 듣고 결정할 수 없다.

부수	획수	총획
糸	13	19

고치 견 : 【2407】

字源 〈회의〉누에고치는 누에가 실을 토하여 제 몸을 싸서 만든 집이다. 이것이 명주실을 뽑아내는 주원료가 된다. 요즈음도 누에고치가 공예품 재료로 쓰이면서 농가의 새로운 소득원이 되고 있다고 한다. 누에(虫)가 번데기가 될 때 실(糸)을 토해 만든 기다란 집(茼)으로 [누에고치(繭)]를 뜻하고 [견]으로 읽는다.

필순 艹 艹 芇 芇 茼 茼 繭 繭 繭

기초 【기초한자어】 익히고, 【기본→발전한자어】 다지기
繭繭(견견) 기세가 약한 모양
繭館(견관) 양잠하는 방. 잠실
繭絲(견사) 고치에서 뽑은 실. 명주실
• 繭繭은 雰圍氣로 보아 기세가 썩 약한 모양이오.
• 깨끗한 繭館에서 저리 좋은 繭絲를 생산하다니.

기본 ① 繭眉(견미) 繭蠶(견잠) 繭紬(견주) 繭紙(견지) 角繭(각견) 累繭(누견) 絲繭(사견) 野繭(야견) 魚繭(어견) 玉繭(옥견) 蠶繭(잠견) 重繭(중견)

발전 ① 繭價(견가) 繭綿(견면) 繭栗(견율) 繭質(견질) 乾繭(건견) 山繭(산견) 生繭(생견) 煮繭(자견) 藏繭(장견) 繰繭(조견)

부수	획수	총획
言	14	21

꾸짖을 견 : 【2408】

字源 〈형성〉잘못을 저지르면 말로 타이르고 말로 타일러도 듣지 않으면 회초리로 종아리를 내리쳐서 아무렇게 가르친다. 그래도 말을 듣지 않으면 밖으로 내치면서 엄하게 훈계를 했었다. 심하게 꾸짖은 것이다. 잘못하여 말(言)로 타이르고 회초리로 치면서 내쳤으니(遣) [꾸짖다(譴)]는 뜻이고 [견]으로 읽는다.
回 呵(꾸짖을 가) 訶(꾸짖을 가) 謫(귀양갈/꾸짖을 적) 責(꾸짖을 책)

필순 ㄱ 言 言 訁 訙 訯 諌 諌 謆 譴 譴

기초 【기초한자어】 익히고, 【기본→발전한자어】 다지기
譴呵(견가) 책망함. 꾸짖음
譴怒(견노) 성내어 꾸짖음
譴責(견책) 허물을 꾸짖고 나무람
• 시장님이 어지간히 譴呵하셨어야지요.
• 구청장님의 譴怒에 이어 譴責을 당했다니 허탈하오.

기본 ① 譴告(견고) 譴謫(견적) 譴黜(견출) 加譴(가견) 呵譴(가견) 怒譴(노견) 大譴(대견) 微譴(미견) 嚴譴(엄견)

罪譴(죄견) 斥譴(척견) 天譴(천견) 禍譴(화견)

발전 ① 譴罰(견벌) 譴訝(견아) 譴叱(견질) 譴罷(견파) 神譴(신견) 朝譴(조견) 重譴(중견) 行譴(행견)

부수	획수	총획
鳥	7	18

두견새 견 【2409】

字源 〈형성〉두견새 울음은 가슴을 저미게 할 만큼 처량하기 그지없다. 그 소리가 가냘프고 매우 작아 잘 알아들을 수 없다고 한다. 비운의 임금 단종은 두견새 울음을 자신에 비유하기도 했었다고 한다. 새(鳥)가 목소리를 요동치게 (月) 소리지만 작게 들리도록 우는 [두견새(鵑)]를 뜻하고 [견]으로 읽는다.

필순 丶 冂 月 月 肖 胛 散 鵑 鵑

기초 【기초한자어】 익히고, 【기본→발전한자어】 다지기
鵑花(견화) 두견화. 척촉
杜鵑(두견) 두견새. 진달래.
• 杜鵑은 [조류로는 '두견이'·식물로는 '진달래'] 두 의미겠지요.
• 한밤중 울어대는 두견새가 鵑花로 변했다는 이야기지요. 참 의미가 깊습니다.

발전 ① 川鵑(천견) 春鵑(춘견)

사자성어 ① 杜鵑花煎(두견화전) 鵑血滿胸(견혈만흉)

부수	획수	총획
疒	7	12

경련 경 【2410】

字源 〈형성〉경련은 정신이상자들이 일으키는 발작 증세로 생각하는 경우가 많다. 손발을 벌벌 떨면서 병증세가 나타나는 경련으로 생각하기 쉽다. 손발을 떨면서 심하면 땅바닥에 넘어져서 덜덜 떨었다. 병(疒) 증세가 작은 물줄기(巠) 같은 근육 수축으로 발작을 일으키는 [경련(痙)]을 뜻하고 [경]으로 읽는다.

필순 丶 亠 广 广 疒 疒 疒 痙 痙 痙

기초 【기초한자어】 익히고, 【기본→발전한자어】 다지기
痙症(경증) 경련이 생기는 증세
痙風(경풍) 경증이 발작할 때에 몸의 증상
書痙(서경) 글씨를 과도하게 써서 생긴 신경증
• 書痙은 글씨를 過度하게 많이 써서 생긴 일종의 신경증이라오.
• 늙어서 발생하는 痙風과 痙症은 고질병의 하나다.

기본 ① 傷痙(상경) 鎭痙(진경)

1급

발전 [特] 痙攣(경련)

부수	획수	총획
石	11	16

경쇠 경 : 【2411】

字源 〈회의〉 경쇠는 예불을 올릴 때 대중의 단체 행동을 인도하거나 범패의식 또는 불경을 읽을 때 사용하는 대중 인도용으로 사용했다. 옥이나 돌, 또는 놋쇠로 만든 타악기로도 널리 쓰였던 것으로 보인다. 돌(石)이나 옥으로 만들어 망치로 쳐서 소리를 내는 악기(殸←聲)로 [경쇠(磬)]를 뜻하고 [경]으로 읽는다.

필순 一 十 士 声 声 殸 殸 殸 磬

기초 【기초한자어】 익히고, 【기본→발전한자어】 다지기
磬折(경절) 경쇠 모양으로 허리를 굽혀 절함
石磬(석경) 돌로 만든 경쇠
玉磬(옥경) 옥으로 만든 경쇠
• 그는 오랜만에 뵌 은사님께 磬折하였다.
• 옛날 악기에 玉磬이나 石磬이 있는데 이것들은 아직 못 보았소.

기본 ① 擊磬(격경) 梵磬(범경) 浮磬(부경) 遠磬(원경) 離磬(이경) 淸磬(청경) 特磬(특경) 編磬(편경)

발전 ① 磬師(경사) 磬聲(경성) 掉磬(도경) 瓦磬(와경) 風磬(풍경) 懸磬(현경) [特] 磬鐘(경종) 鐘磬(종경)

사자성어 ① 磬竹難書(경죽난서)

부수	획수	총획
魚	8	19

고래 경 【2412】

字源 〈형성〉 고래는 우리 곁에서 늘 잊히지 않는 존재로 여긴다. 인간과는 많이 친숙하지만 막상 고래를 만나려면 동화책이나 영화를 보는 것이 더 빠르기 때문이다. 사라져가는 먼 전설처럼 아득하기만 하다. 높은 언덕(京)처럼 보이나 바다에서 큰 바닷고기(魚)로 여겼던 [고래(鯨)]를 뜻하고 [경]으로 읽는다.

필순 夕 台 台 台 魚 魚 魩 魶 鯨 鯨

기초 【기초한자어】 익히고, 【기본→발전한자어】 다지기
鯨浪(경랑) 큰 파도
鯨魚(경어) 고래
鯨油(경유) 고래 지방에서 짜낸 기름
• 집채만 한 鯨浪이 온다는 예보를 들었다.
• 한때는 鯨魚를 잡아 鯨油를 공업원료로 이용한 적이 있었다고 합니다.

기본 ① 鯨音(경음) 鯨吞(경탄) 鯨波(경파) 鯨吼(경후) 巨鯨(거경) 蛟鯨(교경) 修鯨(수경) 雄鯨(웅경) 長鯨(장경) 海鯨(해경)

발전 ① 鯨濤(경도) 鯨獵(경렵) 鯨船(경선) 鯨飮(경음) 奔鯨(분경) 雌鯨(자경) 捕鯨(포경) 吼鯨(후경)

사자성어 ① 鯨戰蝦死(경전하사) 鯨飮馬食(경음마식)

부수	획수	총획
力	7	9

굳셀 경 【2413】

字源 〈형성〉 흔히 곧은 마음이 다른 사람에 비해서 강렬하고 '굳세다'는 말을 많이 한다. 이를 두고 강건하다고 했으며 또한 단단하다고도 했다. 마치 무쇠보다 더 굳고 단단하다는 뜻일 것이니 날카롭고 예리하겠다. 물줄기(巠)가 곧고 힘(力)이 세듯 예의 바르고 힘이 억세서 [굳세다(勁)]는 뜻이고 [경]으로 읽는다.
回健(굳셀 건)

필순 一 ィ ィ ェ ェ ェ 巠 勁 勁

기초 【기초한자어】 익히고, 【기본→발전한자어】 다지기
勁果(경과) 굳세며 과단성이 있음
勁弓(경궁) 센 활
勁力(경력) 강한 힘
• 勁果는 평상시 굳세며 果斷性이 있다고 하는데 마치 將軍과 같지요.
• 將軍처럼 勁力의 소유자만이 勁弓을 쓸 수 있다.

기본 ① 勁騎(경기) 勁弩(경노) 勁猛(경맹) 勁拔(경발) 勁葉(경엽) 勁敵(경적) 勁捷(경첩) 勁草(경초) 勁風(경풍) 勁旱(경한) 剛勁(강경) 堅勁(견경) 古勁(고경) 果勁(과경) 猛勁(맹경) 肥勁(비경) 雄勁(웅경) 貞勁(정경) 精勁(정경) 淸勁(청경) 忠勁(충경) 後勁(후경)

발전 ① 勁健(경건) 勁氣(경기) 勁虜(경로) 勁木(경목) 勁妙(경묘) 勁兵(경병) 勁士(경사) 勁松(경송) 勁迅(경신) 勁銳(경예) 勁勇(경용) 勁陰(경음) 勁箭(경전) 勁切(경절) 勁節(경절) 勁正(경정) 勁躁(경조) 勁駿(경준) 勁直(경직) 勁疾(경질) 勁秋(경추) 古勁(고경) 瘦勁(수경) 捷勁(첩경) 豪勁(호경) [特] 勁厲(경려)

사자성어 ① 疾風勁草(질풍경초)

부수	획수	총획
心	12	15

깨달을 경 :
동경할 경 : 【2414】

字源 〈형성〉 사람은 자연 경관과 문화재를 돌아보는 관광을 좋아한다. 새로운 경치를 만나면 새 것을 배운다. 깨달음이

1급

두터워 사진도 찍고 메모를 하며 글도 남겼을 것이다. 돌아와서는 다시 가고픈 동경의 세계에 빠진다. 경치(景)가 좋은 곳을 찾아 마음(↑)으로 [깨닫고(憬)] [동경하다(憬)]는 뜻이고 [경]으로 읽는다.
回悟(깨달을 오) 憧(동경할 동)

필순 ⺀ 忄 忄 忄 忄 悍 悍 悍 悍 憬 憬

기초 【기초한자어】 익히고, 【기본→발전한자어】 다지기
憬悟(경오) 깨달음. 각성함
憧憬(동경) 간절히 그리워하여 그것만을 생각함
• 그녀는 나에게 憧憬의 대상이었으나 생각해 보니 부질없는 짓이었지.
• 憬悟는 늦게나마 깨달음이었지만 그나마 어리석은 憧憬이었을 뿐.

기본 ① 荒憬(황경)

발전 ① 憬憧(경동) 憬集(경집)

부수	획수	총획
頁	7	16

목 경 【2415】

字源 〈형성〉 목은 인체의 매우 중요한 부분이다. 목을 통해 음식물을 넘기고, 신선한 공기를 흡입한다. 감기 기운이 있으면 목이 부은 것은, 목을 통해 병원균이 잔뜩 침범했음도 감지하게 된다. 머리(頁) 밑에 붙어있는 입으로 음식을 물줄기(巠) 같은 기다란 관을 통하게 되는 [목(頸)]을 뜻하고 [경]으로 읽는다.
回頚

필순 ⼆ ⼃ 巠 巠 巠 ⼃ 頸 頸 頸 頸

기초 【기초한자어】 익히고, 【기본→발전한자어】 다지기
頸骨(경골) 목뼈
頸領(경령) 목. 목덜미
頸椎(경추) 목등뼈. 척추 가장 윗부분
• 척추 가장 윗부분인 頸椎가 늘 뻐근하다.
• 어제는 頸領이 뻐근하여 병원엘 갔더니 뜻밖에 頸骨이 문제라고 한다.

기본 ① 頸聯(경련) 頸血(경혈) 交頸(교경) 短頸(단경) 頭頸(두경) 伸頸(신경) 延頸(연경) 長頸(장경) 鶴頸(학경)

발전 ① 頸脰(경두) 頸領(경령) 擬頸(의경) 咽頸(인경) 特 勿頸(문경)

사자성어 ① 延頸鶴望(연경학망) 龍瞳鳳頸(용동봉경) 特 勿頸之交(문경지교)

부수	획수	총획
肉	7	11

정강이 경 【2416】

字源 〈형성〉 하체 중에서 앞부분은 정강이요, 뒷부분은 종아리라고 한다. 허벅지인 위쪽보다는 정강이인 아래쪽이 몸을 지탱하는 중요한 역할을 한다. 보행을 하는 데 몸의 균형을 유지하기도 한다. 몸(月) 부분에서 물줄기(巠) 같은 근육과 뼈로 이루어져서 하체를 유지시키는 [정강이(脛)]를 뜻하고 [경]으로 읽는다.

필순 ⼃ ⼁ 月 月 月 脛 脛 脛 脛 脛

기초 【기초한자어】 익히고, 【기본→발전한자어】 다지기
脛骨(경골) 정강이 뼈
脛巾(경건) 정강이에 감거나 싸는 띠. 각반. 행전
脛節(경절) 정강이 마디
• 脛節에 이상이 올 것 같다.
• 걸을 때 脛巾을 차면 脛骨을 보호할 수 있다.

기본 ① 高脛(고경) 沒脛(몰경) 瘦脛(수경) 赤脛(적경) 寸脛(촌경)

발전 ① 脛骨(경골) 脛金(경금) 脛無毛(경무모) 脛衣(경의) 準脛(절경) 雙脛(쌍경)

부수	획수	총획
艸	7	11

줄기 경 【2417】

字源 〈형성〉 초목의 줄기가 꽃의 전체적인 균형을 유지하는 데 가장 중요한 역할을 했다. 꽃대를 지탱하는 역할을 하고 있을 뿐만 아니라 꽃 자람이라는 힘대의 역할까지 하고 있다. 흔히 물줄기라고 했었다. 풀(艹)이 자라기 위해 몸 안의 물줄기(巠)를 끌어들이는 한 부분으로 [줄기(莖)]를 뜻하고 [경]으로 읽는다.
回幹(줄기 간) 回茎

필순 ⼀ ⼂ ⼃ 艹 芏 芏 茐 莁 莖 莖

기초 【기초한자어】 익히고, 【기본→발전한자어】 다지기
莖柯(경가) 줄기와 가지
根莖(근경) 뿌리와 줄기를 아울러 이르는 말
細莖(세경) 식물 따위의 가는 줄기
• 잎줄기 채소는 莖柯까지 버릴 데가 없다.
• 식목에 앞서 細莖은 모두 자르고 根莖을 잘 다듬었다.

기본 ① 莖幹(경간) 丹莖(단경) 碧莖(벽경) 本莖(본경) 修莖(수경) 新莖(신경) 弱莖(약경) 紫莖(자경)

발전 ① 莖葉(경엽) 莖節(경절) 球莖(구경) 地莖(지경) 靑莖(청경) 特 芋莖(우경) 蔓莖(만경)

사자성어 ① 一莖九穗(일경구수)

부수	획수	총획
木	7	11

줄기 경 :
막힐 경 : 【2418】

1급

字源 〈형성〉 이 한자를 두고 단단한(更) 가시가 있는 나무(木)로 '산 느릅나무'라는 자원을 떠올리게 된다. 그리고 줄거리라는 한 줄기를 말해주고도 있다. 이 줄기가 꽉 막히게 되면 물을 빨아들이지 못한다. 나무(木) 틈이 벌어지면 못을 다시(更) 치게 되는데 틈새 [줄기(梗)]가 [막히다(梗)]는 뜻이고 [경]으로 읽는다.
回 槪(대개 개) 塞(변방 새 / 막힐 색)

필순 一 十 才 才 杧 杧 杬 栯 梗 梗

기초 【기초한자어】 익히고, 【기본 → 발전한자어】 다지기
梗槪(경개) 대강의 줄거리
梗梗(경경) 올바르고 용감함
梗塞(경색) 소통되지 못하고 막힘
• 古典에 趣味를 붙여 梗槪를 발표하니 梗梗하다고 칭찬 받았다.
• 환경 문제로 두 나라의 분위기가 梗塞되었다.
기본 ① 梗礙(경애) 梗正(경정) 剛梗(강경) 骨梗(골경) 木梗(목경) 生梗(생경) 土梗(토경)
발전 ① 梗林(경림) 梗直(경직) 枯梗(고경) 果梗(과경) 作梗(작경) 阻梗(조경) 悍梗(한경) 图 桔梗(길경)
사자성어 ① 生梗之弊(생경지폐)

悸

부수	획수	총획
心	8	11

두근거릴 계 : 【2419】

字源 〈형성〉 선현들은 사계절 내내 양식이 없어서 초근목피로 연명하는 경우가 많았다. 오늘은 어떻게 끼니를 이을 것인가를 걱정하는 불안한 생활을 계속하며 이어갔겠다. 삼가고 두려운 나날이었으리. 양식이 없어 걱정해(季) 두려워한 마음(忄)으로 가슴이 띨렸으니 [두근거리다(悸)]는 뜻이고 [계]로 읽는다.
回 慄(떨릴 율)

필순 丶 丷 忄 忄 忄 忶 悸 悸 悸 悸

기초 【기초한자어】 익히고, 【기본 → 발전한자어】 다지기
悸悸(계계) 겁이 나서 가슴이 두근거리는 모양
悸病(계병) 가슴이 두근거리는 병
悸慄(계율) 부들부들 떨며 두려워함
• 겁이 나서 가슴이 悸悸하도록 떨렸다.
• 매일밤 꿈에서 귀신을 보고 悸慄하다가 끝내 悸病이 생겼다.
기본 ① 驚悸(경계) 恐悸(공계) 動悸(동계) 悲悸(비계) 心悸(심계) 戰悸(전계) 震悸(진계) 追悸(추계) 惶悸(황계)
발전 ① 悸動(계동) 羞悸(수계) 憂悸(우계) 胸悸(흉계) 怖悸(포계)
사자성어 ① 魄悸魂搖(백계혼요)

痼

부수	획수	총획
疒	8	13

고질 고 【2420】

字源 〈형성〉 고질병은 쉽게 고치기 어렵다는 이야기를 자주 하고 듣는다. 이를 두고 흔히들 종신병이라는 했던가. 해수병, 꼽추 병도 그런 부류에 해당된다 하겠다. 이런 병이 걸리면 온몸에 번져 굳는다. 병세(疒)가 오래되고 몸이 굳으면(固) 더 고칠 수 없는 지경에 이르니 [고질병(痼)]을 뜻하고 [고]로 읽는다.

필순 丶 亠 广 疒 疒 疖 痼 痼 痼 痼

기초 【기초한자어】 익히고, 【기본 → 발전한자어】 다지기
痼癖(고벽) 굳어져서 고치기 어려운 버릇
痼疾(고질) 오래된 병. 고치기 어려운 병
沈痼(침고) 오래도록 낫지 않는 병. 오랜 병환
• 沈痼는 오래도록 낫지 않는 고약한 병이라네.
• 나의 痼癖은 痼疾만큼이나 좀처럼 고치기 어려운가 보구나.
기본 ① 痼弊(고폐) 根痼(근고) 癖痼(벽고)
발전 ① 成痼(성고) 深痼(심고) 貞痼(정고) 治痼(치고)
사자성어 ① 煙霞痼疾(연하고질)

膏

부수	획수	총획
肉	10	14

기름 고 【2421】

字源 〈형성〉 기름기가 많아 살찐 사람을 두고 흔히 몸이 윤택하다고 했다. 몸이 많이 비대했던 것이다. 이 한자를 두고 유기가 자르르하여 백색(高←喙) 지방이란 자원을 이야기하나 다소 거리가 있어 보인다. 피부(月←肉)가 썩 높게(高) 올라와 고름이 생기면 [고약(膏)]을 발랐으니 [기름(膏)]을 뜻하고 [고]로 읽는다.
回 肪(살찔 방) 油(기름 유) 脂(기름 지)

필순 丶 亠 言 亩 高 高 高 亭 膏 膏

기초 【기초한자어】 익히고, 【기본 → 발전한자어】 다지기
膏藥(고약) 종기나 상처에 붙이는 약
膏粱(고량) 살찐 고기와 좋은 곡식
膏血(고혈) 기름과 피. 백성들이 애써 얻은 이익이나 재산
• 탐관오리는 백성의 膏血을 착취하여 膏粱을 독식했다.
• 종기가 난 곳에 膏藥을 바르니 금방 나았다.
기본 ① 膏露(고로) 膏沐(고목) 膏壤(고양) 膏腴(고유) 膏雉(고치) 膏澤(고택) 膏土(고토) 膏汗(고한) 膏油(고유) 民膏(민고) 鉛膏(연고) 脂膏(지고) 土膏(토고) 豊膏(풍고)

발전 ① 膏雨(고우) 膏火(고화) 硬膏(경고) 金膏(금고) 肌膏 (기고) 蘭膏(난고) 屯膏(둔고) 軟膏(연고) 竹膏(죽고) 豬膏(저고) 黃膏(황고) 特 膏霖(고림) 特 膏鈇(고부)

사자성어 ① 膏粱之性(고량지성) 膏粱珍味(고량진미)

부수	획수	총획
肉	4	8

넓적다리 고
【2422】

字源 〈형성〉 '넓적다리'는 무릎 관절 위 부분이다. 대퇴(大腿), 대퇴부(大腿部), 윗다리라고 부르기도 했다. 흔히 이를 '허벅다리'라고도 했다. '허벅지'는 흔히 허벅다리 안쪽의 살이 깊은 곳을 말한다. 두 개의 몽둥이(殳) 모양으로 신체(月)를 안정시켜주는 부위로 [넓적다리(股)]를 뜻하고 [고]로 읽는다.

필순 丿 丿 月 月 肜 股 股 股

기초 【기초한자어】 익히고, 【기본→발전한자어】 다지기
股間(고간) 아랫배와 두 허벅다리가 이어진 어름. 사타구니. 샅
股肱(고굉) 넓적다리와 팔
股慄(고율) 다리가 떨림. 몹시 겁먹은 모습
• 股間은 아랫배와 두 허벅다리가 이어진 어름이자 샅 부분이다.
• 우리 집안의 股肱이라 하는 사람들이 股慄하고 있으니 앞일이 걱정된다.

기본 ① 股掌(고장) 股戰(고전) 脛股(경고) 勾股(구고) 四股 (사고) 赤股(적고) 八股(팔고) 合股(합고)

발전 ① 股關節(고관절) 股筋(고근) 股本(고본) 股圍(고위) 義股 (의고) 橫股(횡고) 特 勾股(구고) 脩股(수고) 特 股腓 (고비)

사자성어 ① 股肱之力(고굉지력) 股肱之臣(고굉지신) 刺股 懸梁(자고현량) 割股療親(할고료친)

부수	획수	총획
口	2	5

두드릴 고 【2423】

字源 〈형성〉 밴드는 각종 악기로 아름다운 음악을 연주한다. 이때 드럼수가 북을 열심히 두드려 분위기의 흥을 돋운다. 육성으로 나오는 청음과 어울려 아름다운 화음을 이룬다. 의자에 앉아 북을 힘차게 두드린다. 양쪽 무릎을 꿇고 앉아(卩) 머리를 땅에 대고 '툭툭(口) 두들기니 [두드리다(叩)]는 뜻이고 [고]로 읽는다.

필순 丨 冂 口 叩 叩

기초 【기초한자어】 익히고, 【기본→발전한자어】 다지기
叩叩(고고) 문을 똑똑 두드리는 모양
叩頭(고두) 머리를 조아림
擊叩(격고) 북을 침. 유일하게 임금께 아뢴 하소연
• 사장실 문을 叩叩하고 들어가 사장님을 뵌 후 叩頭하고 나왔다.
• 백성들은 擊叩하면서 임금께 아뢰며 하소연했네.

기본 ① 叩勒(고륵) 叩門(고문) 叩首(고수) 雙叩(쌍고) 瞻叩 (첨고)

발전 ① 叩拜(고배) 叩扉(고비) 叩謝(고사) 叩算(고산) 特 叩骹 (고현) 特 籲叩(유고)

사자성어 ① 叩馬而諫(고마이간) 叩盆之痛(고분지통) 叩頭 謝恩(고두사은) 叩頭謝罪(고두사죄)

부수	획수	총획
攴	10	14

두드릴 고 【2424】

字源 〈형성〉 같은 뜻을 갖는 '叩'는 북이나 문을 힘차게 두드린다는 뜻으로 쓰인 반면, '敲'는 가볍게 두드리는 뜻이니 그 의미는 서로 다르다. 손발을 가볍게 치거나 문을 가볍게 두드린다는 뜻을 내포하고 있다. '지주를 땅에 박을 때 망치를 높이(高) 들고 힘차게 내려쳐서(攴) [두드리다(敲)]는 뜻이고 [고]로 읽는다.
圖 擊(칠 격)

필순 丶 亠 古 吉 高 高 高 髙 敲 敲

기초 【기초한자어】 익히고, 【기본→발전한자어】 다지기
敲門(고문) 문을 똑똑 두드림
敲擊(고격) 손이나 발을 이용하여 치고 때림
推敲(퇴고) 시문의 자구를 여러 번 고침
• 시문의 자구를 推敲하여 임금께 아뢰었다.
• 초저녁에 敲門에도 반응이 없자 그 가족을 불러내 敲擊하였다.

기본 ① 敲拉(고랍) 敲朴(고박) 敲榜(고방) 敲折(고절) 推敲 (퇴고)

발전 ① 敲石(고석) 敲熱(고열) 特 敲扑(고복)

사자성어 ① 敲金擊石(고금격석)

부수	획수	총획
金	8	16

막을 고 【2425】

字源 〈형성〉 틈이 벌어진 곳에 다시는 새지 않도록 굳게 '막다'는 뜻으로 쓰인 한자다. 구멍이 뚫리면 쇳물을 녹인 것을 부어서 더욱 단단하게 막았으니 더는 새지 않도록 야무지게 막았음을 알겠다. 단단한 쇠붙이(金)를 녹여 빈 구멍을

막아서(固) 구속하듯이 행동을 제한했으니 [막다(錮)]는 뜻이고 [고]로 읽는다.

圓甕(막을 옹) 沮(막을 저)

필순 ノ ト ヒ 午 金 金 釣 釘 鋼 鋼 錮

기초 【기초한자어】 익히고, 【기본→발전한자어】 다지기
錮送(고송) 죄인에게 칼을 씌워서 호송함
錮疾(고질) 오래도록 앓아서 낫지 않는 병
黨錮(당고) 환관이 관료와 지식인에게 벌인 탄압
• 黨錮는 환관이 官僚와 知識人에게 여러 가지로 벌인 탄압 사건이다.
• 錮送을 맡은 병사는 錮疾病으로 먼저 죽고 말았다.

기본 ① 久錮(구고) 禁錮(금고) 黨錮(당고) 廢錮(폐고)

발전 ① 錮寢(고침) 錮弊(고폐) 錮宦(고환) 削錮(삭고)

부수	획수	총획
衣	6	11

바지 고 : 【2426】

字源 〈형성〉 선현들이 입었던 옷은 흔히들 윗도리 저고리와 아랫도리 잠방이였다. 살랑하고 가볍게 입었던 여름이나 초가을의 옷이다. 바지는 허리부터 발목까지 신체의 아랫부분을 덮어서 싸는 겉옷이다. 바지를 입을 때 두 다리 가랑이를 쩍 벌리고 서서(夸) 입었던 옷(衣)으로 [바지(袴)]를 뜻하고 [고]로 읽는다.

필순 ゝ ァ ネ ネ ネ 衤 衿 衿 袴 袴 袴

기초 【기초한자어】 익히고, 【기본→발전한자어】 다지기
袴衣(고의) 여름에 바지 대신 입는 홑옷
短袴(단고) 짧은 바지
破袴(파고) 씻어신 바지
• 破袴를 벗어 '던져라'는 하소연을 했다.
• 한여름에 袴衣보다는 短袴가 더 시원하다.

기본 ① 故袴(고고) 半袴(반고) 紗袴(사고) 小袴(소고) 長袴(장고) 破袴(파고)

발전 ① 寬袴(관고) 暖袴(난고) 單袴(단고) 末袴(말고) 窄袴(착고) 脫弊袴(탈폐고) 闊袴(활고) 特 袴褶(고습) 紈袴(환고)

부수	획수	총획
口	5	8

울 고 【2427】

字源 〈형성〉 '呱(울 고)'는 갓난아이가 보채면서 우는 울음을 뜻하는 한자이다. 매우 슬픈 마음으로 엉엉 우는 보통의 울음소리가 아니라 자주 치근덕거리며 엄마 젖을 달라고 보

채는 그러한 울음소리라 하겠다. 입(口)을 벌려서 오이(瓜)가 매달린 것 같이 엄마 젖을 달라고 아기가 [울다(呱)]는 뜻이고 [고]로 읽는다.

필순 ⌐ 冂 冂 口 口 呱 呱 呱 呱

기초 【기초한자어】 익히고, 【기본→발전한자어】 다지기
呱呱(고고) 아이의 울음소리. 아이가 세상에 나오면서 처음 우는 울음
• 분만실에서는 아이의 呱呱 소리가 들려왔다.
• 呱呱소리에는 어떻게 자식을 키울까라는 하소연까지 담겨있다고 한다.

사자성어 ① 呱呱之聲(고고지성)

부수	획수	총획
手	6	9

칠 고 【2428】

字源 〈형성〉 가볍게 살살 때린다는 뜻이 아니라 매로 사정없이 후려친다는 의미이다. 상대의 물건을 빼앗다는 뜻도 있으며 이 밖에도 두드리다, 도려내다, 악탈하다로도 쓰인다. 마치 타자는 투수가 던진 공을 야구방망이로 쳐 올리는 것처럼 손(扌)에 몽둥이를 들고 치는 것으로(考) [치다(拷)]를 뜻하고 [고]로 읽는다.

圓撞(칠 당) 打(칠 타)

필순 一 十 才 扌 扩 抃 护 抏 拷

기초 【기초한자어】 익히고, 【기본→발전한자어】 다지기
拷掠(고략) 고문하여 자백을 강요함
拷問(고문) 죄상을 자백시킨 육체적 고통
拷訊(고신) 얻어내려는 진술 강요 수단
• 拷訊은 법으로 정해졌다.
• 죄가 없는 사람이 拷問과 拷掠에 못 이겨 거짓 자백하다.

기본 ① 拷責(고책) 拷打(고타)

발전 ① 拷器(고기) 拷限(고한) 逮拷(체고)

부수	획수	총획
辛	5	12

허물 고 【2429】

字源 〈형성〉 국익에 반한 죄를 저질렀을 때 심하게 고문했다. 죄지은 자에게 매서운 형벌을 가면서 자백을 강요하는 경우가 많았으니 역사가 증명한다. 고문을 심하게 당하면 초죽음을 당하기도 한다. 예(古)부터 법을 어긴 죄인에게 매서운(辛) 벌을 가했다 했으니 [죄받다(辜)] 또는 [허물(辜)]을 뜻하고 [고]로 읽는다.

圖罪(허물 죄) 圀功(공 공)

필순 一 十 古 古 古 흐 흐 흐 흐 辜

기초 【기초한자어】 익히고, 【기본→발전한자어】 다지기
辜功(고공) 죄상
辜較(고교) 대개. 대략
辜罪(고죄) 허물. 죄
• 그는 자기의 辜罪를 다 告하고도 벌을 면치 못했다.
• 당신의 辜功을 이제는 辜較 짐작할 수 있다.

기본 ① 辜負(고부) 辜月(고월) 無辜(무고) 伏辜(복고) 不辜(불고)
非辜(비고) 遠辜(원고) 罪辜(죄고) 重辜(중고) 恤辜(휼고)

발전 ① 辜戾(고려) 辜恩(고은) 辜人(고인) 蒙辜(몽고) 保辜
(보고) 速辜(속고) 深辜(심고) 沈辜(침고) 特眚辜(생고)

사자성어 ① 下車泣辜(하차읍고)

	부수	획수	총획
鵠	鳥	7	18

고니 곡
과녁 곡【2430】

字源 〈형성〉 고니는 오리과에 속한 철새로 흔히들 백조(白鳥)
라고들 불렀다. 온몸이 백색이고 얼굴에서 목까지 등갈색
인 것이 특징이다. 고니의 눈을 가리켜서 또렷한 과녁과
같다고 생각했다. 새(鳥) 중에서 하얀 색을 많이들 알려준
(告) 새로 [고니(鵠)] 또는 그 눈을 가리켜서 [과녁(鵠)]을
뜻하고 [곡]으로 읽는다.
圖的(과녁 적)

필순 〈 스 生 告 告′ 告゛ 鵠 鵠 鵠

기초 【기초한자어】 익히고, 【기본→발전한자어】 다지기
鵠鵠(곡곡) 고니의 우는 소리
鵠企(곡기) 목을 길게 늘이고 발돋움하여 기다림
鵠立(곡립) 고니처럼 목을 길게 늘여서 섬
• 저 멀리서 鵠鵠 소리가 들리니 고니가 날아가나 보다.
• 사람들은 금의환향한 김군을 鵠企하면서 鵠立했다.

기본 ① 鵠卵(곡란) 鵠髮(곡발) 鵠侍(곡시) 鵠鼎(곡정) 鵠志
(곡지) 丹鵠(단곡) 白鵠(백곡) 正鵠(정곡) 海鵠(해곡)
鴻鵠(홍곡) 黃鵠(황곡) 侯鵠(후곡)

발전 ① 鵠擧(곡거) 鵠望(곡망) 鵠面(곡면) 鵠瀉(곡사) 鵠膝
(곡슬) 鵠心(곡심) 鵠的(곡적) 鵠袍(곡포) 鵠形(곡형)
寡鵠(과곡) 翔鵠(상곡) 特鵝鵠(아곡)

사자성어 ① 鴻鵠之志(홍곡지지) 特刻鵠類鶩(각곡유목)

	부수	획수	총획
梏	木	7	11

수갑 곡【2431】

字源 〈형성〉 수갑은 죄인이나 피의자의 동작을 자유롭지 못하
게 하기 위해 채운다. 양쪽 손목에 걸쳐서 채우는 일종의
형구라 한다. 쇠붙이로 만들어 쇠고랑이라고도 하는데,
처음엔 나무로 만들어 채워서 꼼짝 못하게 했다. 적군을
사로잡아 이를 알리고(告) 나무(木)로 만든 고랑을 채우니
[수갑(梏)]을 뜻하고 [곡]으로 읽는다.
圀桎(차꼬 질)

필순 一 十 才 オ 朴 朴 柱 柱 梏 梏

기초 【기초한자어】 익히고, 【기본→발전한자어】 다지기
梏亡(곡망) 어지럽혀 망침. 의욕 때문에 본심을 잃음
梏桎(곡질) 손발에 채우는 수갑과 차꼬. 속박
脫梏(탈곡) 수갑을 풀거나 벗음
• 脫梏은 수갑을 풀거나 벗는 행위이다.
• 복권 당첨을 믿고 梏亡했더니 梏桎까지 가고 말았다.

기본 ① 杖梏(장곡) 重梏(중곡) 脫梏(탈곡)

발전 ① 械梏(계곡) 桎梏(질곡) 特鉗梏(겸곡)

	부수	획수	총획
衮	衣	5	11

곤룡포 곤 :
【2432】

字源 〈형성〉 곤룡포는 가슴과 등, 양어깨에 용의 무늬를 금으
로 수놓은 원보를 붙인 옷으로 '용포 · 망포 · 어곤'이라
했다. 곤룡포를 입고 익선관을 쓰고 옥대를 착용했다. 임
금이 시무를 볼 때 입은 시무복이었다. 백관을 호령하며
공식(公←公)석상에서 입는 임금의 정복(衣)인 [곤룡포(衮)]
를 뜻하고 [곤]으로 읽는다.

필순 丶 一 ナ 六 六 产 夻 夯 夵 亥 衮

기초 【기초한자어】 익히고, 【기본→발전한자어】 다지기
衮服(곤복) 곤룡포
衮裳(곤상) 고대에 천자가 입던 하의
衮職(곤직) 임금의 직책. 임금을 보좌하는 삼공의 직분.
• 고대 천자가 입던 하의인 衮裳은 매우 화려하고
아름답구나!
• 그분이야말로 衮職에 있으니 衮服을 착용함은 당
연하다.

기본 ① 衮衮(곤곤) 衮闕(곤궐) 衮龍(곤룡) 衮命(곤명) 衮衣
(곤의) 御衮(어곤) 龍衮(용곤) 玄衮(현곤) 華衮(화곤)

발전 ① 衮龍袍(곤룡포) 衮馬(곤마) 衮冕(곤면) 衮寶(곤보)
織衮(직곤)

	부수	획수	총획
昆	日	4	8

맏 곤【2433】

1급

字源 〈회의〉 흔히 각 집안의 장자를 부를 때 맏형 혹은 '맏'이라고들 불렀다. 맏형은 집안의 규율을 바르게 잡고 선대 어르신의 제사를 모시는 장자로 깍듯하게 대우했다. 장자는 많은 기대를 받았고 해야 할 의무도 많았다. 태어난 날짜(日)를 기준으로 비교해(比) 먼저 태어난 형이니 [맏형(昆)]을 뜻하고 [곤]으로 읽는다.

回伯(맏 백) 裔(후손 예) 後(뒤 후) 弟(아우 제)

필순 ᐧ 冂 日 日 日 吕 吕 昆

기초 【기초한자어】 익히고, 【기본→발전한자어】 다지기
昆季(곤계) 형제
昆孫(곤손) 현손의 손자. 육대손 먼 후손을 두루 이르는 말
昆弟(곤제) 형제. 형과 아우
• 그들 昆弟 간에는 사이가 좋다고 소문이 자자하다.
• 내 조상의 昆季와 昆孫은 모두 한 집안이다.

기본 ①昆鳴(곤명) 昆苗(곤묘) 昆陽(곤양) 昆裔(곤예) 昆玉(곤옥) 昆布(곤포) 昆後(곤후) 玉昆(옥곤) 弟昆(제곤) 諸昆(제곤) 天昆(천곤) 後昆(후곤)

발전 ①昆侖(곤륜) 昆吾(곤오) 昆夷(곤이) 昆蹄(곤제) 昆蟲(곤충) 昆媸(곤치) 堆昆(퇴곤) 特昆湄(곤미) 特昆雞(곤계)

사자성어 ①水棲昆蟲(수서곤충)

몽둥이 곤【2434】

부수	획수	총획
木	8	12

字源 〈형성〉 중국의 오형 중에 살갖에 먹물을 넣는 묵형(墨刑), 코를 베는 의형(劓刑), 발뒤꿈치를 베는 비형(剕刑), 불알을 까는 궁형(宮刑), 목을 베는 대벽(大辟) 등이 있었다. 곤장이라면 그나마 좀 약한 형벌이었다. 죄를 지은 자는 대(昆) 나무(木) 곤장으로 쳤으니 [묶다(棍)] 또는 [몽둥이(棍)]를 뜻하고 [곤]으로 읽는다.

回棒(몽둥이 봉) 杖(지팡이 장)

필순 ᐧ ᅥ ᅥ 木 柯 柯 柯 柯 棍 棍 棍

기초 【기초한자어】 익히고, 【기본→발전한자어】 다지기
棍徒(곤도) 부랑자. 무뢰한 자들
棍棒(곤봉) 나무를 둥글고 짤막하게 깎은 방망이
棍杖(곤장) 죄인의 볼기를 치던 형구
• '네 이놈 棍徒들아! 어서 빨리 이실직고 하렷다.'
• 棍棒으로 머리를 맞고 棍杖으로 볼기를 맞아도 거짓 증언은 안 된다.

기본 ①惡棍(악곤) 遊棍(유곤)

발전 ①棍治(곤치) 棍汰(곤태) 棍笞(곤태) 決棍(결곤) 紫棍(자곤) 重棍(중곤) 鞭棍(편곤) 火棍(화곤)

사자성어 ①猛棍嚴懲(맹곤엄징)

골몰할 골
물이름 멱【2435】

부수	획수	총획
水	4	7

字源 〈형성〉 골몰하다는 원뜻은 온갖 정신을 다 기울여서 다른 생각을 일절 하지 않는다는 뜻이다. 어떠한 일에 골몰하여 일하거나 건강에 심할 만큼 손상이 가는 경우도 더러는 있었다. 목욕을 할 때 깊은(日←冥) 물(氵)에 잠잠하게 잠기는 듯했던 [물 이름(汩)] 또는 [골몰하다(汩)]는 뜻이고 [골] 또는 [멱]으로 읽는다.

回沒(빠질 몰)

필순 ᐧ ᐧ 氵 汩 汩 汩 汩

기초 【기초한자어】 익히고, 【기본→발전한자어】 다지기
汩沒(골몰) 다른 생각 없이 한 가지 일에만 파묻힘
汩活(골활) 물의 흐름이 빠르고 세찬 모양
汩汩(골골) 물이 흐르는 모양
• 누구나 한 가지 일에 汩沒하면 성공할 수 있다.
• 汩汩하게 흐르던 물이 급경사를 만나니 갑자기 汩活해졌다.

기본 ①汩篤(골독) 汩董(골동) 汩陳(골진) 汩蘿(멱라) 汩水(멱수) 陵汩(능골) 紛汩(분골) 墮汩(타골) 滑汩(활골)

발전 ①汩流(골류) 汩越(골월) 渴汩(갈골) 特滾汩(곤골)

사자성어 ①汩汩無暇(골골무가) 汩沒無暇(골몰무가) 汩羅之鬼(멱라지귀)

굳을 공【2436】

부수	획수	총획
革	6	15

字源 〈형성〉 강력본드로 벌어진 틈이나 떨어진 곳을 아무지게 잘 이어서 붙인다. 풀을 이용하여 찢어진 종이도 붙인다. 어느 시점이 지나면 본드나 풀이 말라 붙는다. 묶다 혹은 볶다는 뜻으로도 쓰인다. 장인(工)이 가죽(革)에 아교풀을 붙였었는데 대부분(凡)은 잘도 붙게 되었으니 [굳다(鞏)]는 뜻이고 [공]으로 읽는다.

回固(굳을 고)

필순 ᐧ ᅳ 工 玑 巩 巩 巩 巩 鞏 鞏 鞏

기초 【기초한자어】 익히고, 【기본→발전한자어】 다지기
鞏固(공고) 단단하고 튼튼함
鞏膜(공막) 안구의 외벽을 싼 흰 막
鞏昌(공창) 중국 감숙성(甘肅省) 내의 옛 부명(府名)
• 鞏昌으로 천도(遷都)를 의(擬/헤아림)하는 것이었다.
• 국방을 鞏固하게 지키는 병사의 鞏膜이 예리하게 빛나고 있었다.

발전 ①鞏鞏(공공) 鞏州(공주)

사자성어 ① 外禦內鞏(외어내공)

	부수	획수	총획
拱	手	6	9

팔짱낄 공 :
【2437】

字源 〈형성〉 어떤 일에 직면하여 잠시 궁리하면서 깊은 생각에 잠길 때가 있다. 풀리지 않는 일을 이리저리 궁리하다가 생각이 잘 떠오르지 않을 때가 있다. 이럴 때 양팔로 팔짱을 끼고 생각할 때도 많다. 깊은 생각에 잠기거나 일을 살펴서 양손(扌)을 함께(共) 끼고 있으니 [팔짱끼다(拱)]는 뜻이고 [공]으로 읽는다.

필순 一 十 扌 扌 払 拱 拱 拱 拱

기초 【기초한자어】 익히고, 【기본→발전한자어】 다지기
拱手(공수) 두 손을 마주 잡아 행하는 절
拱揖(공읍) 두 손을 마주 잡고 머리 숙여 인사함
拱把(공파) 한 줌, 한 손으로 쥐다. 두 손을 맞잡다.
• 한 손으로 쥐거나 두 손을 맞잡는 행동이 拱把다.
• 어른 앞에서 拱手와 拱揖은 미풍이 담겨 있는 예절의 정신이다.
기본 ① 拱璧(공벽) 拱辰(공신) 拱押(공압) 端拱(단공) 拜拱(배공) 垂拱(수공) 把拱(파공) 合拱(합공)
발전 ① 拱架(공가) 拱立(공립) 拱木(공목) 拱門(공문) 拱地(공지) 拱陣(공진) 拱包(공포) 拱抱(공포) 高拱(고공) 內拱(내공) 反拱(반공) 外拱(외공) 特 拱稽(공계)
사자성어 ① 垂拱平章(수공평장)

	부수	획수	총획
顆	頁	8	17

낱알 과【2438】

字源 〈형성〉 '낱알'은 하나하나 따로따로인 일을 뜻한다. 추수하고 난 뒤 논밭에 벼나 보리 이삭이, 땅에 과일이 떨어져 있으면 일일이 손으로 줍는다. 이삭이나 과일이 많이 떨어져 있어도 낱알씩 줍곤 했다. 나무에 달린 열매(果)가 머리 모양으로 둥글고(頁) 작은 알 같았으니 [낱알(顆)]을 뜻하고 [과]로 읽는다.
图 粒(낱알 립)

필순 丨 口 曰 旦 甲 果 果 果 顆 顆 顆

기초 【기초한자어】 익히고, 【기본→발전한자어】 다지기
顆粒(과립) 둥글고 자잘한 알갱이
橘顆(귤과) 귤나무의 열매. 귤. 귤알
飯顆(반과) 밥알
• 식사하는 도중에 飯顆 하나라도 버리지 않아야만

되겠구나.
• 顆粒이 많은 橘顆가 제주도에서 자라더니 이제는 북상하여 육지에서도 생산된다.
기본 ① 幾顆(기과) 蓬顆(봉과) 熟顆(숙과) 玉顆(옥과)
발전 ① 顆鹽(과염) 一顆(일과) 靑顆麥(청과맥)

	부수	획수	총획
廓	广	11	14

클 확
둘레 곽【2439】

字源 〈형성〉 언제부터인가 내 것에 대한 소유욕이 강했다. 토지를 내 것으로 소유로 하기 위한 강력한 만족감 때문이 아니었을까 하는 생각이 든다. 울타리를 높이 쌓거나 방파제를 더 높이 쌓았었다. 집안 주위를 잘 에워(郭)쌀 수 있도록 긴 울타리(广)로 막았으니 [둘레(廓)]가 [크다(廓)]는 뜻이고 [곽/확]으로 읽는다.
图 大(큰 대)

필순 丶 二 广 广 庐 庐 庐 庐 庐 庐'廓

기초 【기초한자어】 익히고, 【기본→발전한자어】 다지기
廓開(확개) 넓힘. 크게 함. 확장함
廓大(확대) 면적, 도량이 넓고 큼. 넓혀서 크게 함
廓正(확정) 바로잡음. 올바로 고침
• 면적이나 도량을 넓고 크게 함이 廓大이다.
• 구부러진 논둑을 廓正하면서 농사지을 땅을 더욱 廓開했다.
기본 ① 廓寧(확녕) 廓然(확연) 廓淸(확청) 廓廓(확확) 高廓(고확) 城廓(성곽) 外廓(외곽) 橫廓(횡곽) 宏廓(굉확)
발전 ① 廓落(확락) 廓掃(확소) 廓如(확여) 廓除(확제) 廓淸(확청) 廓土(확토) 街廓(가곽) 遊廓(유곽) 輪廓(윤곽) 地廓(지곽) 澤廓(택곽) 胸廓(흉곽) 遼廓(요확) 恢廓(회확)
사자성어 ① 山村水廓(산촌수곽) 廓揮乾斷(확휘건단) 憀廓之痛(희확지통)

	부수	획수	총획
槨	木	11	15

외관 곽【2440】

字源 〈형성〉 사람이 숨을 거두면 염을 하고 관에 넣어서 망인을 모셨다. 고급 관리가 죽으면 내관과 외관을 준비하여 돌아가신 분이 편안히 가도록 모셨다. 우리 선현들이 올려드린 망자(亡者)에 대한 예의다. 사람이 죽으면 넣었던 나무 관(木)의 겉을 둘러싸는(郭) 덧관으로 [외관(槨)]을 뜻하고 [곽]으로 읽는다.

필순 一 十 才 扩 扩 枦 枟 椁 椁'槨

1급

【기초】【기초한자어】 익히고, 【기본→발전한자어】 다지기

槨柩(곽구) 덧널
棺槨(관곽) 시체를 넣은 속널과 겉널
石槨(석곽) 돌로 만든, 관을 담는 궤
• 옛날에는 지체 높은 사람이 죽으면 槨柩를 사용했다.
• 이번 장례에서는 棺槨인 石槨의 궤를 사용했다.

【발전】 ① 木槨(목곽) 外槨(외곽) 〔特〕塼槨(전곽)

부수	획수	총획
艸	16	20

콩잎 곽
미역 곽 【2441】

【字源】〈형성〉 어느 때부터인가 우리 선현들은 콩잎과 미역 같은 모양이자 성분으로 분류하는 습성이 있었다. 그 근원을 알아내기는 쉽지 않아 보이기는 하나 모양에 대한 예상은 아니었을까 생각이 되기도 한다. 떨어지기 쉬운(霍) 식물 (艹) 잎으로 [콩잎(藿)] 또는 한국에서는 [미역(藿)]으로 쓰이고 [곽]으로 읽는다.

【필순】 一 ナ 艹 艹 荶 蒮 崔 萑 藿 藿

【기초】【기초한자어】 익히고, 【기본→발전한자어】 다지기

藿羹(곽갱) 콩잎을 넣고 끓인 국. 콩잎 국. 변변하지 못한 음식
藿田(곽전) 미역을 양식하는 밭. 미역을 따는 곳. 미역밭
藿稅(곽세) 조선시대에 미역 따는 사람에게 받은 세금. 잡세(雜稅)
• 藿稅가 있었던 것으로 보아 세금의 제도가 많이 복잡했다.
• 藿田에서 일을 하며 藿羹을 많이 먹는다 해도 건강했으면 참 좋겠다.

【기본】 ① 藿亂(곽란) 塵藿(진곽) 芳藿(방곽) 春藿(춘곽)
【발전】 ① 藿囊(곽낭) 藿糜(곽미) 藿食者(곽식자) 藿巖(곽암) 藿藥(곽약) 藿耳(곽이) 藿湯(곽탕) 藿香(곽향) 甘藿(감곽) 葵藿(규곽) 鹿藿(녹곽) 産藿(산곽) 常藿(상곽) 粉藿(분곽) 菽藿(숙곽) 魚藿(어곽) 採藿(채곽) 海藿(해곽) 〔特〕藜藿(여곽)
【사자성어】 ① 豆飯藿羹(두반곽갱)

부수	획수	총획
頁	18	27

광대뼈 관 【2442】

【字源】〈형성〉 광대뼈는 머리뼈 중에서 하나로 얼굴을 보호해 주는 기능을 하며, 모양은 특색이 있어 그 자체로서 큰 특징이다. 광대뼈에 부착된 근육은 턱뼈와 같이 그리 활발한

운동성을 갖지 않는다. 머리(頁)의 관자놀이 아래 뼈(藿) 부분으로 음식을 섭취할 때 움직이는 [광대뼈(顴)]를 뜻하고 [관]으로 읽는다.

【필순】 一 ナ 艹 苗 苗 苕 葎 蒮 藿 藿 顴

【기초】【기초한자어】 익히고, 【기본→발전한자어】 다지기

顴骨(관골) 광대뼈. 협골(頰骨)이라 하기도 한다.
• 할아버지의 건장한 체격과 큰 顴骨이 더욱 근엄하게 보였다.
• 백부님의 頰骨이 매우 굵어서 위엄스럽게 보인다.

【기본】 ① 高顴(고관) 煩顴(번관)

부수	획수	총획
木	8	12

널 관 【2443】

【字源】〈형성〉 사람이 죽으면 널에 넣어 일정 의식을 갖춘 후에 화장을 하거나 매장을 한다. 요즈음 우리 사회는 매장에서 화장 문화로 급격하게 변화하는 추세를 보인다. 사람이 죽으면 관청에 그 사실도 알린다. 사람이 죽으면 관청(官)에 이를 알린 뒤 나무(木) 관에 넣어 장사지낸 [널(棺)]을 뜻하고 [관]으로 읽는다.
〔同〕柩(널 구)

【필순】 一 ナ ナ 木 杧 柞 柞 柞 棺 棺

【기초】【기초한자어】 익히고, 【기본→발전한자어】 다지기

棺材(관재) 관을 만드는 재목
棺槨(관곽) 시체를 넣는 속널과 겉널
棺柩(관구) 관. 널
• 사람이 죽어 시체를 넣는 棺槨은 속널과 겉널로 구성된다.
• 정승이 죽어 오동나무 棺柩를 만들려고 적당한 棺材를 찾곤 한다.

【기본】 ① 棺蓋(관개) 棺板(관판) 蓋棺(개관) 空棺(공관) 槨棺(곽관) 石棺(석관) 入棺(입관) 出棺(출관)
【발전】 ① 木棺(목관) 棺殮(관렴) 棺文(관문) 納棺(납관) 大棺(대관) 木棺(목관) 治棺(치관) 下棺(하관) 函棺(함관) 〔特〕棺櫝(관독)
【사자성어】 ① 蓋棺事定(개관사정) 剖棺斬屍(부관참시) 棺上銘旌(관상명정)

부수	획수	총획
水	18	21

물댈 관 【2444】

【字源】〈형성〉 하얀 황새가 무논에서 먹이를 찾는다. 혹시나 하

는 생각으로 주위를 수시로 두리번거린다. 천적을 주위 깊게 살피는 자기방어 행위다. 그 모습이 흰옷 입은 노인으로 보였겠다. 질편한 무논(氵←水)에서 황새(萑)가 주위를 돌아보듯 노인이 논에 물을 대고 있으니 [물대다(灌)]는 뜻이고 [관]으로 읽는다.

圖漑(물댈 개) 沃(물댈 옥) 回潅

필순 丶氵氵氵浐浐淋淋灌灌灌

기초 【기초한자어】 익히고, 【기본→발전한자어】 다지기
灌漑(관개) 농사에 필요한 물을 논밭에 댐
灌瀆(관독) 도랑. 작은 내
灌佛(관불) 초파일에 향수를 불상에 뿌리는 일
• 사월 초파일에 향수를 불상에 뿌리는 일을 灌佛이라고 한다.
• 시골의 작은 灌瀆일지라도 벼농사 灌漑에는 매우 유익하다.

기본 ① 灌救(관구) 灌輸(관수) 灌域(관역) 灌沃(관옥) 灌腸(관장) 灌叢(관총) 漑灌(개관) 漫灌(만관) 沃灌(옥관) 浸灌(침관)

발전 ① 灌灌(관관) 灌流(관류) 灌木(관목) 灌法(관법) 灌浴(관욕) 灌頂(관정) 灌注(관주) 특 灌莽(관망)

사자성어 ① 撒布灌漑(살포관개) 水盤灌漑(수반관개)

부수	획수	총획
刀	6	8

긁을 괄 【2445】

字源 〈형성〉 과일을 보면 군침이 도는 것은 당연하다. 우리 선현들은 이런 상황에서도 자원을 생각했다. '긁다'는 손톱이나 뾰족한 기구로 바닥이나 거죽을 문지른다는 뜻이다. 칼(刂)로 깎아내기(舌) 혹은 칼(刂)이 없어 과일을 깎지 못하는데 혀(舌)에는 군침이 돌아 입을 비비면서 [긁다(刮)]는 뜻이고 [괄]로 읽는다.

필순 ノ二千千舌舌刮刮

기초 【기초한자어】 익히고, 【기본→발전한자어】 다지기
刮目(괄목) 눈을 비비고 볼 정도로 매우 놀람
刮摩(괄마) 그릇을 닦아서 윤을 냄
刮削(괄삭) 깎아 냄
• 그동안 내 자신을 刮削한다는 마음으로 공부를 한 결과 刮目할 만큼 성적이 올랐다.
• 열심히 刮摩했더니 그릇에서 빛이 났다.

기본 ① 刮磨(괄마) 刮刷(괄쇄) 磨刮(마괄) 洗刮(세괄) 清刮(청괄) 寒刮(한괄)

발전 ① 刮眼(괄안) 刮肉(괄육) 刮借(괄차) 刮取(괄취) 査刮(사괄)

사자성어 ① 刮垢摩光(괄구마광) 刮目相對(괄목상대) 刮腸

洗胃(괄장세위) 呑刀刮腸(탄도괄장)

부수	획수	총획
手	6	9

묶을 괄 【2446】

字源 〈형성〉 거짓말을 하면 안 된다는 것은 우리 선현들이 아이들에게 강조했던 덕목이었다. '참 되거라 바르거라'를 꾸준하게 가르친 선현들의 가르침이다. 거짓을 말하면 경찰이 잡아간다고 했을 것이니. 혀(舌)로 거짓말하고 남을 속이는 일을 잘도 하면 경찰이 손(扌)을 모아 [묶다(括)]는 뜻이고 [괄]로 읽는다.

필순 一十才扌扩扗扗括括

기초 【기초한자어】 익히고, 【기본→발전한자어】 다지기
括結(괄결) 묶음. 다발로 묶음
括弧(괄호) 숫자나 문장의 앞뒤를 막아 다른 것과 구별하는 기호
括約(괄약) 모아서 한데 묶음. 일의 뒤끝을 수습함
• 단락별로 혹은 다발로 묶는 일을 括結이라고 한다.
• 대부분의 요점이 되는 括約을 括弧안에 가득하게 기록해 두었다.

기본 ① 括囊(괄낭) 括髮(괄발) 槪括(개괄) 收括(수괄) 隱括(은괄) 一括(일괄) 總括(총괄) 包括(포괄)

발전 ① 括去(괄거) 括線(괄선) 括約(괄약) 括額(괄액) 括羽(괄우) 籠括(농괄) 刷括(쇄괄) 蘊括(온괄) 統括(통괄) 특 括蔞(괄루) 簽括(첨괄)

사자성어 ① 統括計定(통괄계정)

부수	획수	총획
土	15	18

뫼구덩이 광 : 【2447】

字源 〈형성〉 흔히 뫼구덩이는 사람이 죽으면 무덤에 하관하는 곳이라고들 알려진다. 선현들의 영생(永生)에 대한 관념이 투철했음을 알게 하는 대목이다. 죽음 이후의 일을 무겁게 생각했으리라. 땅(土)이 넓어(廣) 텅 빈 평야인 [들壙] 또는 땅(土)속에 있는 넓은(廣) [뫼구덩이(壙)]를 뜻하고 [광]으로 읽는다.

圖穴(구멍 혈)

필순 一十圹圹圹圹圹壙壙壙

기초 【기초한자어】 익히고, 【기본→발전한자어】 다지기
壙僚(광료) 벼슬을 하지 않음
壙中(광중) 무덤 속
壙穴(광혈) 시체를 묻는 구덩이

• 흔히 氣穴이라고 했으니, 시체를 묻는 구덩이를 壙穴이라 했다.
• 이장을 위해 壙中을 살펴보니 생전에 평범한 壙僚이었음을 알겠다.
[발전] ① 壙壙(광광) 壙誌(광지) 作壙(작광) 穿壙(천광) 破壙(파광)

부수	획수	총획
匚	4	6

바를 광【2448】

[字源]〈형성〉바르고 어진 정사에 대한 생각을 중요시하면서 편안함을 구가(謳歌)했다. 정사를 맡은 관리들이 편안하게만 해주기를 바랐을 것이니. 이것이 우리네 몽매한 백성들의 한결같은 염원이었으니. 임금(王)이 온 백성을 따뜻하게 감싸면서(匚) 잘 사는 정사를 폈으니 [바르다(匡)]는 뜻이고 [광]으로 읽는다.

[필순] 一 一 三 匡 匡 匡

[기초]【기초한자어】익히고, 【기본→발전한자어】다지기
匡諫(광간) 바로잡아 간함
匡輔(광보) 바로잡아 도움. 올바르게 보필함
匡正(광정) 바로잡아 고침
• 올바르게 보필하거나 바로잡아 도움을 匡輔라 했다.
• 나라를 위해 匡諫하거나 匡正는 일이 왕을 보필하는 정승의 주된 임무다.

[기본] ① 匡矯(광교) 匡救(광구) 匡牀(광상) 匡肅(광숙) 匡言(광언) 匡制(광제) 匡坐(광좌) 畏匡(외광) 一匡(일광) 正匡(정광) 弼匡(필광)

[발전] ① 匡困(광곤) 匡懼(광구) 匡當(광당) 匡厲(광려) 匡復(광복) 匡時(광시) 匡益(광익) 匡定(광정) 匡濟(광제) 匡佐(광좌) 匡周(광주) 匡請(광청) 匡護(광호) 匡床(광상) 匡翊(광익) 匡翼(광익) 匡衡(광형) 加匡(가광) 靖匡(정광) 弼匡(필광) [特] 匡拯(광증) 籬匡(사광) 箴匡(성광) 蟹匡(해광)

[사자성어] ① 改善匡正(개선광정) 匡謬正俗(광류정속) 匡靖大夫(광정대부) 匡憲公徒(광헌공도)

부수	획수	총획
日	15	19

빌 광 :【2449】

[字源]〈형성〉맑은 하늘이 환하게 비치는 현상을 텅 빈 공간으로 생각했던 것 같다. 아무리 봐도 하늘은 광활(廣闊)하기 때문에 그렇게 본 것은 당연하다 하겠다. 하늘도 비고 대지도 비고 모두 광활하다는 뜻이겠다. 하늘에 햇빛(日)이

크고 넓게(廣) 비추니 아무 것도 없어서 텅 [비다(曠)]는 뜻이고 [광]으로 읽는다.

[필순]

[기초]【기초한자어】익히고, 【기본→발전한자어】다지기
曠古(광고) 옛날을 공허하게 함. 전례가 없음
曠年(광년) 긴 세월을 보냄. 오랜 세월
曠野(광야) 텅비고 아득하게 너른 벌판, 광원(曠原). 허허벌판
• 옛날을 공허하게 생각함을 曠古라 하겠다.
• 유대인이 曠野에서 曠年 동안 방황한 것은 하느님의 섭리였다.

[기본] ① 曠廓(광곽) 曠關(광관) 曠達(광달) 曠淡(광담) 曠大(광대) 曠朗(광랑) 曠茫(광망) 曠世(광세) 曠恩(광은) 曠日(광일) 曠職(광직) 曠蕩(광탕) 曠土(광토) 曠廓(광확) 曠壞(광회) 開曠(개광) 高曠(고광) 間曠(문광) 崇曠(숭광) 深曠(심광) 怨曠(원광) 淸曠(청광) 平曠(평광) 廢曠(폐광) 浩曠(호광) 弘曠(홍광)

[발전] ① 曠簡(광간) 曠感(광감) 曠劫(광겁) 曠官(광관) 曠曠(광광) 曠郡(광군) 曠代(광대) 曠度(광도) 曠塗(광도) 曠望(광망) 曠務(광무) 曠放(광방) 曠夫(광부) 曠士(광사) 曠歲(광세) 曠原(광원) 曠夷(광이) 曠適(광적) 曠田(광전) 曠典(광전) 曠絶(광절) 曠際(광제) 曠快(광쾌) 曠廢(광폐) 曠海(광해) 廣闊(광활) 間曠(간광) 空曠(공광) 久曠(구광) 放曠(방광) 病曠(병광) 尸曠(시광) 遠曠(원광) 沖曠(충광) 閑曠(한광) 虛曠(허광) 玄曠(현광) [特] 曠邈(광막)

[사자성어] ① 曠世之才(광세지재) 曠日持久(광일지구) 曠劫多生(광겁다생) 曠蕩之典(광탕지전) 無邊曠野(무변광야)

부수	획수	총획
肉	6	10

오줌통 광【2450】

[字源]〈형성〉오줌통은 방광이며 문화어로는 오줌깨라 했다. 방광(膀胱)은 골반강의 앞쪽에 있으며, 오줌을 담아두는 주머니 모양의 기관이다. 오줌이 심하게 마려우면 금방 재빠르게 화장실에 가야 한다. 몸(月)에서 뜨거운(光) 체온과 양분을 만들면서 오줌을 모아둔 [오줌통(胱)]을 뜻하고 [광]으로 읽는다.
[동] 膀(오줌통 방)

[필순]

[기초]【기초한자어】익히고, 【기본→발전한자어】다지기
膀胱(방광) 오줌통. 비뇨기의 한 기관
• 어린아이들이 膀胱이 허약하여 자다가 말고 그만 배뇨를 하고 만다.

1급

• 성년이 되고 갱년기가 지나면 과민성 膀胱 증세를 현상이 보인다.

부수	획수	총획
卜	6	8

점괘 괘【2451】

字源 〈형성〉흔히 점괘가 두 무릎을 칠 만큼 딱 들어맞으면 아주 잘 맞췄다고 말했었다. 이렇게 잘 맞추면 '서옥' 같은 점이라고들 말했다고 하는 것이 우리네 속설이다. 기가 막힐 만큼 잘 맞춘 점괘가 아닐 수 없다. 점(卜)칠 때 갖가지 연결이 서옥(圭) 같이 길흉을 잘 알아맞혔으니 [점괘(卦)]를 뜻하고 [괘]로 읽는다.
回 兆(조짐 조)

필순 一 十 土 士 圭 圭 卦 卦

기초 【기초한자어】익히고,【기본→발전한자어】다지기
卦辭(괘사) 역괘의 의의를 풀이한 글
卦象(괘상) 역괘에서 길흉을 나타낸 상
上卦(상괘) 두 괘로 된 육효(六爻)의 위의 괘
• 오늘 日辰(일진)에 따른 卦辭가 어떠한지 한번 봐 주시지요.
• 오늘 卦象을 보니 좋은 일이 생길 듯이 그만 上卦가 펼쳐졌다.

기본 ① 卦兆(괘조) 吉卦(길괘) 內卦(내괘) 神卦(신괘) 陽卦(양괘) 外卦(외괘) 陰卦(음괘) 尊卦(존괘) 八卦(팔괘) 下卦(하괘)

발전 ① 卦氣(괘기) 卦變(괘변) 卦鐘(괘종) 卦版(괘판) 卦爻(괘효) 乾卦(건괘) 坤卦(곤괘) 無卦(무괘) 問卦(문괘) 조卦(비괘) 師卦(사괘) 離卦(이괘) 占卦(점괘) 漸卦(점괘) 兆卦(조괘) [特] 挂筮(괘서) 巽卦(손괘) 晉卦(진괘) [特] 离卦(이괘) 夬卦(쾌괘)

사자성어 ① 六十四卦(육십사괘) [特] 十二辟卦(십이벽괘)

부수	획수	총획
网	8	13

줄·괘【2452】

字源 〈형성〉그물코의 얽힘을 이용한 점괘를 통해 점쳤던 시절이 있었던 모양이다. 가로세로로 교차한 모양에 따라서 점을 푸는 방법이 아니었을까 하는 생각이 든다. 흔히 이를 '줄'이라도 했던 모양이다. 그물(网)코로 길흉을 알아내는 점괘(卦)가 가로세로로 자주 교차하는 선으로 [줄(罫)]을 뜻하고 [괘]로 읽는다.

필순

기초 【기초한자어】익히고,【기본→발전한자어】다지기
罫線(괘선) 가로세로로 일정하게 그은 선
罫中(괘중) 바둑판의 한복판
罫版(괘판) 인찰지를 박아 내는 판
• 罫紙(괘지)와 罫版이 그어진 인찰지의 판박이.
• 희미하게나마 罫線이 보이니 罫中이 더 편하겠네.

기본 ① 罫紙(괘지)

발전 ① 五線罫(오선괘) 輪廓罫(윤곽괘) [特] 波濤罫(파도괘)

부수	획수	총획
鬼	4	14

괴수 괴【2453】

字源 〈형성〉악당 우두머리로 잔꾀를 잘 부리는 괴수를 떠올린다. 그들은 남의 물건을 훔치곤 했다. 술을 마시며 행패도 부렸다. 다른 뜻으로는 '장원'이었는데 과거에서 1등으로 급제한 사람을 뜻한다. 하늘의 다른(鬼) 별(斗)로「우두머리」또는 말(斗)술을 마시고 귀신(鬼)짓을 하는 [괴수(魁)]를 뜻하고 [괴]로 읽는다.
回 帥(장수 수) 首(머리 수) 酋(우두머리 추)

필순

기초 【기초한자어】익히고,【기본→발전한자어】다지기
魁甲(괴갑) 진사 시험에 장원으로 급제한 사람
魁傑(괴걸) 몸집이 크고 건장함. 두목. 걸출한 인물
魁首(괴수) 악당의 우두머리
• 동생은 또래보다 魁傑한 몸집으로 씨름선수가 되었다.
• 설마 魁甲이 산적의 魁首가 될 줄은 몰랐다.

기본 ① 魁健(괴건) 魁黨(괴당) 魁頭(괴두) 魁壘(괴루) 魁陵(괴릉) 魁選(괴선) 魁星(괴성) 魁宿(괴숙) 魁岸(괴안) 魁偉(괴위) 魁壯(괴장) 魁蛤(괴합) 魁形(괴형) 巨魁(거괴) 黨魁(당괴) 大魁(대괴) 首魁(수괴) 雄魁(웅괴) 元魁(원괴) 里魁(이괴) 賊魁(적괴) 酒魁(주괴) 八魁(팔괴) 花魁(화괴)

발전 ① 魁科(괴과) 魁奇(괴기) 魁陸(괴륙) 魁榜(괴방) 魁柄(괴병) 魁秀(괴수) 魁帥(괴수) 魁殊(괴수) 魁然(괴연) 魁梧(괴오) 魁擢(괴탁) 魁堆(괴퇴) 魁蛤(괴합) 渠魁(거괴) 怪魁(괴괴) 亂魁(난괴) 匪魁(비괴) 敵魁(적괴) 俠魁(협괴)

사자성어 ① 功首罪魁(공수죄괴) 容貌魁偉(용모괴위)

부수	획수	총획
丿	7	8

어그러질 괴【2454】

字源 〈회의〉일이 잘 진행되다가 잘못되어 어그러지는 수가 있

1급

다. 공장의 커다란 기계가 서로 맞물리면서 톱니바퀴가 잘 돌아가다가도 흔히 어그러지는 수가 벌어진다. 진행의 잘못으로 이른바 고장이다. 양(羊) 뿔과 등이 서로 등져서 (北) 어긋나 있거나 생각이 달리 떨어져 [어그러지다(乖)]는 뜻이고 [괴]로 읽는다.
圖 戾(어그러질 려) 悖(어그러질 패) 愎(괴팍할 팍)

필순 `丿 二 千 千 乖 乖 乖 乖`

기초 【기초한자어】 익히고, 【기본 → 발전한자어】 다지기
乖亂(괴란) 사리에 어그러져 어지러움
乖異(괴이) 서로 어긋남. 틀림
乖愎(괴팍) 남에게 붙임성이 없이 꽤 까다롭고 고집이 셈
• 간신의 말을 들어봤자 乖亂할 뿐이다.
• 형제간에 성격이 乖異하다고 하나 그렇게 乖愎할 줄은 몰랐다.

기본 ① 乖角(괴각) 乖隔(괴격) 乖剌(괴랄) 乖彎(괴만) 乖背(괴배) 乖別(괴별) 乖疏(괴소) 乖爭(괴쟁) 乖錯(괴착) 乖悖(괴패) 乖謔(괴학) 分乖(분괴) 中乖(중괴) 醜乖(추괴)

발전 ① 乖覺(괴각) 乖睽(괴규) 乖氣(괴기) 乖當(괴당) 乖濫(괴람) 乖戾(괴려) 乖離(괴리) 乖慢(괴만) 乖畔(괴반) 乖反(괴반) 乖叛(괴반) 乖僻(괴벽) 乖拂(괴불) 乖散(괴산) 乖常(괴상) 乖迂(괴우) 乖越(괴월) 乖違(괴위) 乖宜(괴의) 乖貳(괴이) 乖張(괴장) 乖拙(괴졸) 乖敗(괴패) 乖候(괴후) 違乖(위괴) 特乖闇(괴뇨) 乖舛(괴천) 特乖忤(괴오) 乖忒(괴특)

사자성어 ① 乖離概念(괴리개념) 特牽攣乖隔(견련괴격) 顛倒乖舛(전도괴천)

부수	획수	총획
手	5	8

후릴 괴 【2455】

字源 〈형성〉 우리 사회에 유괴범이 판을 친 적이 있었다. 아녀자, 어린이들까지 닥치는 대로 유괴하여 사회를 어지럽게 했었다. 당시의 커다란 사회문제로 그대로 방치할 수만은 없었다. 아녀자를 무자비하게 손(扌)으로 붙잡아서 다른(另) 곳으로 끌고 갔으니 [유괴하다(拐)] 또는 [후리다(拐)]는 뜻이고 [괴]로 읽는다.
圖 騙(속일 편)

필순 `一 扌 扌 扌 扚 扚 拐 拐`

기초 【기초한자어】 익히고, 【기본 → 발전한자어】 다지기
拐帶(괴대) 맡겨 놓은 물건을 가지고 달아남
拐騙(괴편) 속여서 빼앗아 달아남
誘拐(유괴) 사람을 속여 꾀어내는 일
• 어떤 일이 있더라도 우리 사회에서 유괴범을 완전

하게 뿌리 뽑자.
• 일평생 구호처럼 拐帶나 拐騙을 저지르지 않고 살자고 다짐했건만.

기본 ① 拐兒(괴아) 鐵拐(철괴)
발전 ① 拐引(괴인) 拐子(괴자) 掉拐(도괴) 物拐(물괴)
사자성어 ① 略取誘拐(약취유괴)

부수	획수	총획
車	14	21

수레소리 굉
울릴 굉 【2456】

字源 〈회의〉 자동차가 다니는 거리에 수많은 차가 즐비하게 다닌다. 요란한 엔진 소리, 경적이 울리는 소리, 사람들이 아우성치는 소리로 온 거리가 수선하기 그지없다. 굉음이 울리며 어지럽기까지 하다. 많은 수레(車車車)들이 바퀴 소리를 내며 떠들썩하게 [울리다(轟)] 또는 [수레소리(轟)]를 뜻하고 [굉]으로 읽는다.

필순 `一 一 戸 亘 車 車 車 車 轟 轟 轟 轟`

기초 【기초한자어】 익히고, 【기본 → 발전한자어】 다지기
轟轟(굉굉) 소리가 몹시 요란함
轟笑(굉소) 큰 소리로 웃음
轟然(굉연) 소리가 크고 소란스러움
• 새벽부터 지금까지 轟轟 소리가 온 천지를 진동하는구나.
• 옆집의 轟笑와 轟然은 아저씨의 칠순 잔치 때문이다.

기본 ① 轟飮(굉음) 轟醉(굉취) 轟沈(굉침) 轟破(굉파) 雷轟(뇌굉) 嘲轟(조굉) 車轟(거굉)
발전 ① 轟烈(굉렬) 轟裂(굉렬) 轟發(굉발) 轟音(굉음) 轟震(굉진) 喧轟(훤굉)

부수	획수	총획
宀	4	7

클 굉 【2457】

字源 〈형성〉 건물과 들보가 매우 크다고 한다. 큰 나무 밑에서 어린이들이 놀고 있다. 넓은 강둑에서 강태공들이 낚시하면서 유유히 즐긴다. 집안(宀)이 참 깊숙하고도 넓다는 (厷)는 뜻도 담는다. 팔뚝(厷←肱)을 크게 벌려 품에 안을 만큼 집 안의 기둥과 들보를 세운 집(宀)이 매우 [크다(宏)]는 뜻이고 [굉]으로 읽는다.
圖 廓(둘레 곽 / 클 확) 大(큰 대)

필순 `丶 丶 宀 宀 宁 宏 宏`

기초 【기초한자어】 익히고, 【기본 → 발전한자어】 다지기
宏傑(굉걸) 아주 크고 뛰어남

宏規(굉규) 큰 계획. 훌륭한 모범
宏達(굉달) 널리 사리에 통달함
• 이젠 훌륭하게 모범을 보이는 宏規한 인재가 필요하네.
• 그는 宏傑한 인물이므로 宏達하여 그를 찾는 사람이 많았다.

기본 ① 宏圖(굉도) 宏博(굉박) 宏富(굉부) 宏材(굉재) 宏敞(굉창) 宏弘(굉홍) 宏闊(굉활) 宏徽(굉휘) 快宏(쾌굉) 泓宏(홍굉)

발전 ① 宏高(굉고) 宏廓(굉곽) 宏宏(굉굉) 宏構(굉구) 宏器(굉기) 宏大(굉대) 宏羅(굉라) 宏覽(굉람) 宏亮(굉량) 宏麗(굉려) 宏烈(굉렬) 宏謀(굉모) 宏文(굉문) 宏博(굉박) 宏拔(굉발) 宏放(굉방) 宏辯(굉변) 宏詞(굉사) 宏業(굉업) 宏遠(굉원) 宏域(굉역) 宏儒(굉유) 宏飮(굉음) 宏議(굉의) 宏逸(굉일) 宏長(굉장) 宏壯(굉장) 宏才(굉재) 宏厚(굉후) 宏休(굉휴) 淵宏(연굉) 恢宏(회굉) 特 宏肆(굉사) 宏猷(굉유)

사자성어 ① 宏才卓識(굉재탁식) 宏敞之觀(굉창지관)

	부수	획수	총획
肱	肉	4	8

팔뚝 굉 【2458】

字源 〈형성〉 흔히 팔꿈치부터 손목까지의 부분을 우리는 팔뚝이라고 한다. 자기 몸매를 자랑하는 사람들이 근육을 튼튼하게 하기 위해서 많이 노력한다. 팔뚝 근육을 잘 관리하여 미스터 대회에 나가기도 한다. 몸(月)의 양쪽에 있으며 크게(玄) 휘둘러서 물건을 잡을 수 있었으니 [팔뚝(肱)]을 뜻하고 [굉]으로 읽는다.

필순

기초 【기초한자어】 익히고, 【기본 → 발전한자어】 다지기
股肱(고굉) 넓적다리와 팔
曲肱(곡굉) 팔을 구부림
枕肱(침굉) 팔을 베게 삼아 베고 잠. 청빈을 즐김
• 이제는 팔을 구부리는 힘의 정도인 曲肱이 필요하네.
• 枕肱의 생활이라도 股肱과 심신이 이렇게 건강하니 무엇이 더 부러우랴!

기본 ① 折肱(절굉)
발전 ① 肱康(굉강) 特 肱膂(굉려)
사자성어 ① 股肱之臣(고굉지신) 股肱之力(고굉지력) 曲肱之樂(곡굉지락)

	부수	획수	총획
轎	車	12	19

가마 교 【2459】

字源 〈형성〉 '가마'는 사람을 태우도록 만든, 아주 작은 집 모양의 탈것을 뜻한다. 사람을 태워 앞뒤에서 들고 나르던 여러 가지 탈것들을 통틀어 일컫는 말이라 하겠다. 나라의 높은 벼슬아치인 고관(喬)들이 궁궐을 출입할 때나 밖으로 외출할 때 주로 탔던 탈 만한 수레(車)로 [가마(轎)]를 뜻하고 [교]로 읽는다.

필순

기초 【기초한자어】 익히고, 【기본 → 발전한자어】 다지기
轎子(교자) 나무로 된 네모난 가마
轎丁(교정) 교군꾼. 가마를 메는 사람
轎行(교행) 가마를 타고 감
• 轎丁을 불러 어머니를 가마로 모시기로 했다.
• 신행길은 轎行이 보통이고, 轎子 속 색시를 가만히 몰래 보았다.

기본 ① 轎夫(교부) 轎車(교차) 空轎(공교) 大轎(대교) 兜轎(두교) 山轎(산교) 小轎(소교) 輿轎(여교)
발전 ① 轎軍(교군) 轎馬(교마) 轎輿(교여) 轎前(교전) 駕轎(가교) 玉轎(옥교) 屋轎(옥교) 草轎(초교) 便轎(편교) 魂轎(혼교) 紅轎(홍교) 特 涼轎(양교)
사자성어 ① 轎輿之制(교여지제) 駕轎奉導(가교봉도)

	부수	획수	총획
蛟	虫	6	12

교룡 교 【2460】

字源 〈형성〉 '교룡'은 그 모양이 뱀과 같고 몸의 길이가 한 길이 넘고 넓적한 네 발이 있다는 상상의 동물이다. 가슴은 붉고 등에는 푸른 무늬가 있어 색깔부터 무게감을 준다. 교미하여서 알을 낳는다. 몸이 뒤틀어진 벌레(虫)와도 잘 사귀면서(交) 살아가는 도롱이라는 이무기로 [교룡(蛟)]을 뜻하고 [교]로 읽는다.

필순

기초 【기초한자어】 익히고, 【기본 → 발전한자어】 다지기
蛟龍(교룡) 이무기와 용
蛟篆(교전) 종정에 새긴 전자
蛟蛇(교사) 구렁이나 이무기를 통틀어 이른 말
• 그 누가 종정에 새긴 전자인 蛟篆을 보았다던가.
• 도회지에서 자란 어린이는 蛟龍이나 蛟蛇를 본 적이 없다.

기본 ① 素蛟(소교) 水蛟(수교) 龍蛟(용교) 潛蛟(잠교) 黑蛟(흑교)
발전 ① 蛟蛤(교합) 蛟穴(교혈) 螣蛟(등교) 蟄蛟(칩교) 虎蛟(호교)
사자성어 ① 蛟龍得水(교룡득수) 蛟龍山城(교룡산성) 蛟龍雲雨(교룡운우) 螣蛟起鳳(등교기봉)

1급

騎 교만할 교 【2461】

부수	획수	총획
馬	12	22

字源 〈형성〉 말(馬)이 주인에게 교만을 잘 떨었던 모양이다. 사람에게 길들기 전에는 주인을 잘 따르지 않고, 뒤로 처지면서 심하게 교만을 부렸다. 주인은 이러한 모습을 일일이 살펴서 결국에는 길들여낸다. 높이(喬)가 6척이나 되는 말(馬)이 사람을 잘 따르지 않아 그 태도가 썩 [교만하다(騎)]는 뜻이고 [교]로 읽는다.
圖 态(방자할 자)

필순 丨厂厂馬馬馬馬馬騎騎騎

기초 【기초한자어】 익히고, 【기본→발전한자어】 다지기
驕倨(교거) 교만함. 거만함
驕慢(교만) 잘난 체하고 뽐내며 방자함
驕奢(교사) 교만하고 사치스러움
• 이제는 驕倨일랑 그만 집어치워라.
• 내가 제일 싫어하는 것은 驕慢이요, 그 다음은 驕奢이다. 이제는 이런 행동을 하지 말자.

기본 ① 驕客(교객) 驕驕(교교) 驕兵(교병) 驕尙(교상) 驕兒(교아) 驕揚(교양) 驕戰(교전) 驕悖(교패) 驕暴(교포) 驕亢(교항) 矜驕(긍교) 狼驕(낭교) 淫驕(음교) 寵驕(총교) 悍驕(한교)

발전 ① 驕桀(교걸) 驕誇(교과) 驕矜(교긍) 驕忌(교기) 驕氣(교기) 驕童(교동) 驕濫(교람) 驕麗(교려) 驕妄(교망) 驕侮(교모) 驕放(교방) 驕富(교부) 驕憤(교분) 驕色(교색) 驕扇(교선) 驕臣(교신) 驕心(교심) 驕穉(교악) 驕敖(교오) 驕頑(교완) 驕淫(교음) 驕易(교이) 驕人(교인) 驕佚(교일) 驕溢(교일) 驕态(교자) 驕賊(교적) 驕縱(교종) 驕重(교중) 驕僭(교참) 驕蟲(교충) 驕侈(교치) 驕惰(교타) 驕宕(교탕) 驕台(교태) 驕態(교태) 驕泰(교태) 驕暴(교폭) 驕虐(교학) 驕悍(교한) 驕虛(교허) 驕橫(교횡) 慢驕(만교) 文驕(문교) 富驕(부교) 錢驕(전교) 特驕蹇(교건) 驕肆(교사) 驕嘶(교시) 驕狎(교압)

사자성어 ① 驕奢淫佚(교사음일) 驕兵必敗(교병필패)

狡 교활할 교 【2462】

부수	획수	총획
犬	6	9

字源 〈형성〉 사람이 서로 사귀는 모습과 짐승이 사귀는 모습을 비교해 보았던 모양이다. 사람은 은근하게 친절을 보내는 행동을 하고 짐승은 서로 날뛰고 온갖 교태를 다 부리는 모습이 드러나 비슷하다는 결론을 내렸다. 짐승(犭)들이 서로 친하기 위해 사귈(交) 때에 했던 짓이 [교활하다(狡)]는 뜻이고 [교]로 읽는다.
圖 猾(교활할 활) 獪(교활할 회)

필순 ノ丁犭犭犭犷狩狡狡

기초 【기초한자어】 익히고, 【기본→발전한자어】 다지기
狡犬(교견) 흉노가 길렀다는 입이 크고 털빛이 검은 개
狡詐(교사) 간사한 꾀로 속임
狡猾(교활) 간사한 꾀가 많음. 행동이 광포함
• 교묘하고 간사한 꾀로 속임이 狡詐다.
• 狡猾한 사람이 狡犬을 길러 사냥을 한다는 소문이 있었다.

기본 ① 狡童(교동) 狡弄(교롱) 狡吏(교리) 狡憤(교분) 狡惡(교악) 狡焉(교언) 狡智(교지) 狡捷(교첩) 狡蠱(교충) 姦狡(간교) 輕狡(경교) 老狡(노교) 童狡(동교) 雄狡(웅교) 壯狡(장교) 凶狡(흉교)

발전 ① 狡算(교산) 狡情(교정) 狡險(교험) 彊狡(강교) 傾狡(경교) 狂狡(광교) 剽狡(표교) 特狡竇(교두) 狡獪(교쾌) 狡譎(교휼) 鉅狡(거교) 肆狡(사교)

사자성어 ① 狡兔三窟(교토삼굴)

喬 높을 교 【2463】

부수	획수	총획
口	9	12

字源 〈회의〉 '높다'는 아래에서 위까지의 길이가 길다는 두터운 의미가 있다. 이 한자(喬)는 높은 누각 위에 깃발이 세워져 '큰 나무가 아주 높다'는 뜻으로 쓰인다는 것이 정설로 알려진다. 예전에 멀리(冋) 사는 사람들(口)이 일찍 죽으면(夭) 높은 산에 묻었으니 묘봉이 상당히 [높다(喬)]는 뜻이고 [교]로 읽는다.

필순 ノ 二 千 禾 禾 禾 吞 喬 喬 喬

기초 【기초한자어】 익히고, 【기본→발전한자어】 다지기
喬桀(교걸) 준수하고 훌륭한 사람
喬林(교림) 교목의 숲
喬木(교목) 키가 크고 줄기가 굵은 나무
• '喬木의 숲'이라고 했던가? 아마 '喬林'이겠지.
• 저기 喬木아래 책 읽는 喬桀은 이 대학의 교수지.

기본 ① 喬柯(교가) 喬幹(교간) 喬松(교송) 喬樹(교수) 喬然(교연) 喬志(교지) 喬遷(교천) 喬詰(교힐) 松喬(송교) 昇喬(승교) 遷喬(천교)

발전 ① 喬嶽(교악) 喬才(교재) 喬陟(교척) 凌喬(능교) 特喬柎(교부) 喬竦(교송)

사자성어 ① 喬木世家(교목세가) 喬松之壽(교송지수) 出谷遷喬(출곡천교) 誤付洪喬(오부홍교)

皎 달 밝을 교 【2464】

부수	획수	총획
白	6	11

字源 〈형성〉 '白'이란 한자는 달과 연관성이 짙으며 '밝다'는 뜻을 내포하는 한자다. 음력 15일의 보름이 되면 화창하게 밝아 온 세상이 환하지만 그믐에는 그렇지 않고 반대로 어둡다. 달과의 상호 연관성이 있다. 보름에 달이 밝아서 온 대지가 희고(白) 곱게(交←姣) 보였으니 [달 밝다(皎)]는 뜻이고 [교]로 읽는다.

필순 ′ ′ 亻 亻 白 白 白′ 白′ 白亠 白六 皎

기초 【기초한자어】 익히고, 【기본 → 발전한자어】 다지기
皎潔(교결) 희고 깨끗함. 결백함
皎鏡(교경) 밝은 거울. 밝은 모양
皎月(교월) 희고 밝은 달
• 흔히들 밝은 거울. 밝은 모양을 皎鏡이라들 하지.
• 皎月이 중천에 떠 있을 때 너의 얼굴은 더욱 皎潔하게 보였다.

기본 ① 皎如(교여) 皎然(교연)

발전 ① 皎皎(교교) 皎朗(교랑) 皎麗(교려) 素皎(소교) 晶皎(정교) 珠皎(주교) 特 皎厲(교려)

사자성어 ① 皎皎白駒(교교백구) 皎皎月色(교교월색)

부수	획수	총획
口	6	9

물 교
새소리 교【2465】

字源 〈형성〉 입으로 음식을 씹어 먹는다. 이빨로 음식을 씹으면 씹을수록 입맛이 돌고 고소한 맛을 느낄 수 있는 것은 아마도 석회질의 사람 이빨과 단백질이 풍부한 고소한 음식의 조화가 아닌가 싶다. 입(口)안의 윗니와 아랫니가 교합(交)되어 음식을 잘 씹어 [물다(咬)] 또는 [새소리(咬)]를 뜻하고 [교]로 읽는다.

필순 ′ ↑ 口 口 口′ 口亠 口六 口交 口咬 咬

기초 【기초한자어】 익히고, 【기본 → 발전한자어】 다지기
咬咬(교교) 새가 지저귀는 소리
咬菜(교채) 채소를 먹음. 가난한 생활을 참고 견딤의 비유
咬筋(교근) 턱의 위쪽에서 아래턱을 당기는 근육
• 咬筋은 얼굴의 중요한 근육으로 아래턱을 당기는 역할을 한다.
• 날마다 咬菜하며 밤낮으로 咬咬를 들으며 유유자적 지낸다.

발전 ① 咬頭(교두) 咬蛇(교사) 咬傷(교상) 咬裂(교열) 咬創(교창) 咬齒(교치) 口咬(구교) 特 咬涇(교경) 咬蛙(교와)

사자성어 ① 咬文嚼字(교문작자) 咬牙切齒(교아절치)

嬌

부수	획수	총획
女	12	15

아리따울 교
【2466】

字源 〈형성〉 여자가 간직하고 있는 제일의 자존심은 하늘도 알아준다고 했다. 얼굴의 자존심과 옷맵시의 자존심은 더욱 그렇다고 말하기도 한다. 아름다운 색깔에 교만을 뽐내는 모습이 다 그렇다. 여자(女)의 얼굴과 옷맵시가 매우 아름다우면 자존심도 높아서(喬) 그 모습이 [아리땁다(嬌)]는 뜻이고 [교]로 읽는다.

国 艶(고울 염)

필순 ㄴ ㄴ 女 女′ 女′ 女夭 嬌 嬌 嬌 嬌

기초 【기초한자어】 익히고, 【기본 → 발전한자어】 다지기
嬌歌(교가) 아름다운 노래. 고운 노래
嬌客(교객) 신랑. 사위. 작약의 다른 이름
嬌女(교녀) 아리따운 여자. 고운 여자
• 사위의 다른 이름으로 작약에서 딴 이름은 嬌客이다.
• 오늘밤 嬌女가 그녀만의 특색인 유창한 嬌歌를 부르니 황홀한 기분이다.

기본 ① 嬌娘(교낭) 嬌童(교동) 嬌面(교면) 嬌奢(교사) 嬌聲(교성) 嬌兒(교아) 嬌愛(교애) 嬌逸(교일) 嬌姿(교자) 嬌稚(교치) 嬌妬(교투) 嬌喉(교후) 阿嬌(아교) 愛嬌(애교) 春嬌(춘교) 含嬌(함교) 黃嬌(황교)

발전 ① 嬌名(교명) 嬌媚(교미) 嬌婿(교서) 嬌笑(교소) 嬌小(교소) 嬌羞(교수) 嬌娥(교아) 嬌顔(교안) 嬌言(교언) 嬌艶(교염) 嬌影(교영) 嬌癡(교치) 嬌態(교태) 嬌謔(교학) 嬌嬉(교희) 嬌花(교화) 家嬌(가교) 小嬌(소교) 愛嬌(애교) 令嬌(영교)

사자성어 ① 金屋貯嬌(금옥저교) 千嬌萬態(천교만태)

攪

부수	획수	총획
手	20	23

흔들 교【2467】

字源 〈형성〉 높은 나무에 오르면 바람에 흔들릴 수가 있다. 이웃집 철수가 기다란 장대를 갖고 와서 나무를 흔들어 대면 정신이 어지럽다. 음식을 만들 때 손으로 휘젓는 것도 이와 같은 뜻으로 보았을 것이다. 된장이나 고추장을 저을 때 손(扌)으로 휘저으면서 뒤섞으니(覺) [흔들다(攪)]를 뜻하고 [교]로 읽는다.

国 亂(어지러울 란) 撓(어지러울 요) 略 撹

필순 ↑ ↑ 扌 扌′ 扌′ 扌′′ 扌′′′ 攪 攪 攪

【기초】【기초한자어】익히고, 【기본→발전한자어】다지기
攪亂(교란) 뒤흔들어 어지럽게 함
亂攪(난교) 어지러워서 시끄러움
攪土(교토) 흙덩이를 부스러뜨리는 일
• 흙덩이를 잘디잘게 부스러뜨리는 것을 攪土라고 한다.
• 적이 亂攪한 틈을 타서 攪亂작전을 감행한다면 반드시 승리할 수 있게 된다.
【기본】 ① 攪撓(교요) 悲攪(비교) 情攪(정교)
【발전】 ① 攪車(교거) 攪棍(교곤) 攪攪(교교) 攪拌(교반) 攪水(교수) 攪搜(교수)

부수	획수	총획
金	5	13

갈고리 구【2468】

【字源】〈형성〉쇠붙이를 불에 달구어 적당하게 구부려 놓으면 갈고리가 된다. 적당한 크기의 갈고리로 숯불을 밖으로 꺼내서 사용하면 고기 굽기에 적당하다. 잘 타지 않는 장작불을 활활 타게 만들기도 한다. 단단한 쇠붙이(金)를 불에 달구어 구부리고(句) 함께 굵어모아 사용했던 [갈고리(鉤)]를 뜻하고 [구]로 읽는다.
回鉤

【필순】 ノ ノ 午 午 午 金 釣 釣 鉤 鉤 鉤

【기초】【기초한자어】익히고, 【기본→발전한자어】다지기
鉤掛(구괘) 갈고리로 걸어 당김
鉤連(구련) 서로 연결됨
鉤餌(구이) 낚시에 꿴 미끼. 낚싯밥
• 낚시와 고기는 서로 연결되는데 이것이 鉤連이다.
• 鉤餌를 물고 있는 물고기가 너무 무거워서 鉤掛하여 겨우 건져냈다.
【기본】 ① 鉤戟(구극) 鉤狀(구상) 鉤援(구원) 鉤爪(구조) 交鉤(교구) 金鉤(금구) 大鉤(대구) 帶鉤(대구) 垂鉤(수구) 純鉤(순구) 吳鉤(오구) 銀鉤(은구) 長鉤(장구) 中鉤(중구) 沈鉤(침구) 呑鉤(탄구) 懸鉤(현구)
【발전】 ① 鉤曲(구곡) 鉤校(구교) 鉤矩(구구) 鉤金(구금) 鉤斷(구단) 鉤薰(구당) 鉤刀(구도) 鉤聯(구련) 鉤勒(구륵) 鉤芒(구망) 鉤剝(구박) 鉤索(구색) 鉤繩(구승) 鉤心(구심) 鉤染(구염) 鉤用(구용) 鉤月(구월) 鉤引(구인) 鉤梯(구제) 鉤止(구지) 鉤陳(구진) 鉤取(구취) 鉤針(구침) 鉤玄(구현) 廉鉤(염구) 玉鉤(옥구) 釣鉤(조구) 香鉤(향구) 歷 鉤鎌(구겸) 鉤稽(구계) 刈鉤(예구)
【사자성어】 ① 鉤章棘句(구장극구)

부수	획수	총획
口	11	14

게울 구(ː)
【2469】

【字源】〈형성〉여러 가지 이유로 구토(嘔吐)를 하는 경우가 흔히 있다. 구역질이 나면서 '우왁'하는 구토 증세가 구토를 더 부추기도 한다. 상한 음식을 먹으면 설사가 나면서 구토 증세는 더욱 심해진다. 많이 상한 음식을 먹으면 우리 몸이 분별(區)하며 입(口)으로 배출시켰으니 [게우다(嘔)]는 뜻이고 [구]로 읽는다.
国吐(토할 토)

【필순】 ㅣ ㅁ ㅁ ㅁ〞 ㅁ〞 ㅁ〞 ㅁ〞 ㅁ〞 ㅁ〞 ㅁ〞 嘔 嘔 嘔 嘔

【기초】【기초한자어】익히고, 【기본→발전한자어】다지기
嘔心(구심) 심혈을 토하여 냄
嘔啞(구아) 어린이의 말소리
嘔吐(구토) 토함. 먹은 것을 게움
• 기분이 좋으면 어린이의 말소리인 嘔啞가 푹 나온다.
• 나는 집안일로 너무나 嘔心한 탓인지 嘔吐를 하였다.
【기본】 ① 嘔軋(구알) 嘔喩(구유) 歌嘔(가구) 嘔嘔(아구)
【발전】 ① 嘔家(구가) 嘔嘔(구구) 嘔氣(구기) 嘔逆(구역) 相嘔(상구)
【사자성어】 ① 嘔吐泄瀉(구토설사)

부수	획수	총획
木	5	9

구기자 구【2470】

【字源】〈형성〉우리는 구기자나무의 잎과 열매, 뿌리와 껍질까지 먹는다. 어린잎은 밥이나 국 등에 넣거나 나물로 만들고 열매는 생으로 먹거나 햇볕에 말려 먹기도 했다. 그 잎과 열매는 바로 구기자차가 된다. 작고 굽은(句) 나무(木)에 열매가 붙어 있는 [구기자나무(枸)] 또는 [구기자(枸)]를 뜻하고 [구]로 읽는다.
国杞(구기자 기) 櫞(구연나무 연)

【필순】 一 十 才 木 木 杓 杓 枸 枸

【기초】【기초한자어】익히고, 【기본→발전한자어】다지기
枸杞子(구기자) 구기자나무의 열매
枸木(구목) 굽은 나무
枸骨(구골) 호랑가시나무의 열매. 묘아자
• 호랑가시나무 열매를 구역나물이라는데 枸骨이다.
• 이 枸木은 볼품은 없어도 많은 枸杞子를 생산한다.
【기본】 ① 枸橘(구귤) 枸杞(구기) 株枸(주구) 枳枸(지구)
【발전】 ① 枸醬(구장)

柩

부수	획수	총획
木	5	9

널 구 【2471】

字源 〈형성〉 사람이 죽으면 염을 한 다음에 시체를 담을 수 있는 널에 담는다. 화장을 하지 않고 매장했을 때 상당 기간 시체가 부패하지 않고 그대로 흙에 동화되지 않다가 종국에는 제 고향인 흙으로 돌아간다. 사람이 죽어 오랫동안 (久) 시체를 담아두도록 목재(木)로 만든 궤짝으로 [널(柩)]을 뜻하고 [구]로 읽는다.
圖棺(널 관)

필순 一十才木木木杯杯板柩柩

기초 【기초한자어】 익히고, 【기본→발전한자어】 다지기
柩車(구차) 영구를 운반하기 위해 만든 차량. 영구차
棺柩(관구) 관
柩衣(구의) 출관할 때 관 위에 덮는 긴 베
• 영구차가 출관할 때 관 위에 덮는 긴 베는 柩衣다.
• 요즘 柩車는 棺柩뿐만이 아니라 모든 가족이 탈 수 있도록 만든다.
기본 ① 槨柩(곽구)
발전 ① 柩材(구재) 返柩(반구) 先柩(선구) 靈柩(영구) 運柩(운구) 靈柩車(영구차)
사자성어 ① 柩肉未冷(구육미랭)

衢

부수	획수	총획
行	18	24

네거리 구 【2472】

字源 〈형성〉 '네거리'는 한 지점에서 네 방향으로 갈라져 나간 길을 뜻한다. 유의어는 '사거리(四), 사가(四街), 십자가(十字街), 십자로(十字路)' 등으로 흔히 불리기도 한다. 사람의 왕래(行)가 빈번하고 아주 번화하여서 눈을 두리번거리도록(瞿) 만들었던 사방팔방의 거리로 [네거리(衢)]를 뜻하고 [구]로 읽는다.
圖街(거리 가) 巷(거리 항)

필순 彳彳彳彳行衙衢衢衢衢

기초 【기초한자어】 익히고, 【기본→발전한자어】 다지기
衢街(구가) 큰 길거리
衢國(구국) 지형적으로 사방에서 적의 공격을 받을 위치에 있는 나라
衢路(구로) 갈림길
• 衢街 옆에는 침범의 요새지라 불리는 갈림길인 衢路가 있다.
• 우리나라는 대체적으로 衢國의 형상이고 우리 집은 衢街 옆에 놓여 있다.

기본 ① 衢道(구도) 衢巷(구항) 街衢(가구) 路衢(노구) 四衢(사구) 雲衢(운구) 長衢(장구) 通衢(통구) 天衢(천구) 皇衢(황구)
발전 ① 衢柯(구가) 衢途(구도) 衢室(구실) 衢州(구주) 康衢(강구) 廣衢(광구) 🔟 衢肆(구사)
사자성어 ① 康衢煙月(강구연월) 暗衢明燭(암구명촉) 衢室之間(구실지문)

謳

부수	획수	총획
言	11	18

노래 구 【2473】

字源 〈형성〉 노래는 흥겨울 때 부른다. 흥에 겨워 덩실덩실 지게 목발이라도 두드리게 되면 장단이 되어 어깨춤이 절로 난다. 구성진 장단이 되어 흥겨움을 더한다. 우리 가락인 창(唱)이 되면서 덩실거린다. 말(言)을 잘 구획(區)하고 멋지게 가락을 붙여 가면서 구성지게 뽑았던 [노래(謳)]를 뜻하고 [구]로 읽는다.
圖歌(노래 가) 樂(노래 악) 詠(읊을 영) 謠(노래 요) 吟(읊을 음) 唱(노래 창)

필순 亠亠言言言言言言訂訕詍謳謳

기초 【기초한자어】 익히고, 【기본→발전한자어】 다지기
謳歌(구가) 여러 사람이 입을 모아 칭송하여 노래함
謳謠(구요) 노래를 부름. 노래
謳唱(구창) 노래를 부름. 노래
• 노래를 부른다는 뜻으로 謳謠, 謳唱 등이 쓰인다.
• 백성들이 태평성대를 謳歌하였다.
기본 ① 謳頌(구송) 謳永(구영) 謳吟(구음) 歌謳(가구) 謠謳(요구) 樵謳(초구)
발전 ① 東謳(동구)

溝

부수	획수	총획
水	10	13

도랑 구 【2474】

字源 〈형성〉 '도랑'은 두 가지 의미가 존재한다. 하나는 작고 폭이 좁은 개울을 뜻하고, 다른 하나는 시궁창의 방언으로 쓰이는 경우이다. 시궁창은 더러운 물이 고여 잘 빠지지 않고 썩어서 바닥까지 오염되었다. 힘을 가해서 그물눈처럼 구획하고 조합해(冓) 만들었던 물길(氵)로 [도랑(溝)]을 뜻하고 [구]로 읽는다.
圖渠(도랑 거) 瀆(도랑 독) 壑(골 학) 洫(봇도랑 혁) 澮(봇도랑 회)

필순 氵氵氵氵汢洪洪溝溝溝

1급

기초 【기초한자어】 익히고, 【기본→발전한자어】 다지기

溝渠(구거) 개골창. 도랑
溝瀆(구독) 봇도랑
溝池(구지) 도랑과 못. 적 침범을 막는 성 둘레에 파 놓은 못

• 도랑이나 못을 파서 성 침범을 방비하는 못이 溝瀆이다.
• 농사짓는 데 溝渠가 필요하듯 국방용의 溝池를 설치했다.

기본 ① 溝封(구봉) 溝猶(구유) 溝中(구중) 禁溝(금구) 防溝(방구) 羊溝(양구) 御溝(어구) 汚溝(오구) 陰溝(음구) 漕溝(조구) 推溝(추구) 鶴溝(학구)

발전 ① 溝橋(구교) 溝壑(구학) 畝溝(묘구) 城溝(성구) 怨溝(원구) 隱溝(은구) 音溝(음구) 泥溝(이구) 地溝(지구) 海溝(해구) 特 溝澮(구회) 澮溝(회구) 特 溝畎(구견) 溝洫(구혁)

사자성어 ① 溝瀆之諒(구독지량) 經於溝瀆(경어구독)

부수	획수	총획
宀	8	11

도적 구 【2475】

字源 〈회의〉 그 옛날에는 도적이 많이 있었다. 도적 두목과 졸개 도적들은 닥치는 대로 물건을 훔쳐갔다. 으슥한 산중에 숨어 있다가 길 가는 나그네 발길을 멈추게 한 다음 물건을 훔치기도 했다. 남의 집(宀)에 들어가 사람(元)을 다치게 하거나(攴) 해를 끼쳐 물건을 훔치는 [도적(寇)]을 뜻하고 [구]로 읽는다.
⑤盜(도둑 도) 掠(노략질할 략) 賊(도둑 적) 奪(빼앗을 탈)

필순

기초 【기초한자어】 익히고, 【기본→발전한자어】 다지기

寇警(구경) 적의 침입을 알리는 경보
寇賊(구적) 떼 지어 다니며 재물을 강탈한 도둑
寇盜(구도) 남의 나라에 쳐들어가서 도둑질을 함

• 백성을 해치고 재물을 강탈한 도둑이 寇賊이다.
• 寇賊의 잦은 출현을 알 수 있도록 마을 어귀에 寇警을 만들어 두는 지역도 있다.

기본 ① 寇難(구난) 寇亂(구란) 寇攘(구양) 寇害(구해) 寇患(구환) 窮寇(궁구) 劇寇(극구) 內寇(내구) 邊寇(변구) 兵寇(병구) 伏寇(복구) 司寇(사구) 外寇(외구) 流寇(유구) 侵寇(침구) 凶寇(흉구)

발전 ① 寇擊(구격) 寇掠(구략) 寇兵(구병) 寇讎(구수) 寇擾(구요) 寇戎(구융) 寇敵(구적) 寇竊(구절) 寇準(구준) 寇奪(구탈) 寇虐(구학) 彊寇(강구) 墓寇(묘구) 倭寇(왜구) 特 寇恂(구순) 寇偸(구투) 蟻寇(의구)

사자성어 ① 窮寇莫追(궁구막추) 特 反掖之寇(반액지구) 特 寇賊姦宄(구적간귀)

부수	획수	총획
土	6	9

때 구 【2476】

字源 〈형성〉 땀이 흘러 몸에 끼는 때가 있었지만 집안에 더러운 먼지까지도 아울러 이 한자의 뜻을 같이 생각했으리라. 보통 몸의 때를 깨끗하게 씻고 집안의 먼지까지도 생각하는 경향이 많았다. 목욕을 자주 하지 않거나 청소하지 않아서 두껍게(后=厚) 흙먼지(土)가 끼었으니 [때(垢)]를 뜻하고 [구]로 읽는다.
回滓(찌꺼기 재)

필순

기초 【기초한자어】 익히고, 【기본→발전한자어】 다지기

垢故(구고) 때가 끼고 오래된 것
垢汚(구오) 때가 묻어 더러움
垢弊(구폐) 때가 묻고 해어짐

• 때가 묻어 더러운 垢汚일지라도 잘 간수한다.
• 垢故라도 잘 보존하고, 垢弊라도 잘 간수해야 한다.

기본 ① 垢面(구면) 垢穢(구예) 垢滓(구재) 垢濁(구탁) 面垢(면구) 無垢(무구) 浮垢(부구) 身垢(신구) 汚垢(오구) 塵垢(진구) 汗垢(한구)

발전 ① 垢亂(구란) 垢離(구리) 垢批(구비) 垢衣(구의) 垢塵(구진) 頭垢(두구) 綠垢(녹구) 紛垢(분구) 三垢(삼구) 纖垢(섬구) 心垢(심구) 齒垢(치구) 瑕垢(하구) 含垢(함구)

사자성어 ① 刮垢磨光(괄구마광) 純潔無垢(순결무구) 滌瑕蕩垢(척하탕구) 磨垢之化(마구지화)

부수	획수	총획
殳	11	15

때릴 구 【2477】

字源 〈형성〉 사람을 훈계할 때 매를 드는 것이 당연했던 때가 있었다. 그러나 훈계를 떠나서 마구 후려치는 구타(毆打)는 일종의 체벌이다. 그래서 구타를 하지 말라 했고, 그 도가 지나치면 처벌을 받는다. 선과 악을 구별(區)하면서 후려치며(殳) 바른 길로 가도록 타일렀으니 [때리다(毆)]는 뜻이고 [구]로 읽는다.
⑤擊(칠 격) 打(칠 타) 般(가지 반) 殿(전각 전) 回殴

필순

기초 【기초한자어】 익히고, 【기본→발전한자어】 다지기

毆擊(구격) 몹시 때림
毆縛(구박) 구타하여 묶어둠
毆打(구타) 사람을 함부로 때림

• 요즈음 군대에서는 심하게 때리는 毆擊행위는 사라졌다.
• 상급자의 毆打와 毆縛에 못이겨 탈영하는 병사가 없도록 철저하게 교육했다.

기본 ① 毆繫(구계) 毆殺(구살) 毆杖(구장) 毆斃(구폐)
발전 ① 毆罵(구매) 毆傷(구상) 鬪毆(투구)
사자성어 特 毆繫押燭(구반문촉)

부수	획수	총획
火	3	7

뜸 구 : 【2478】

字源 〈형성〉 뜸은 약물을 몸의 특정 부위에 태우거나 태운 김을 쏘여서 온열 자극을 줌으로써 질병을 치료하는 일종의 한방치료 방법이었다. 가장 대표적인 재료로 쓰이는 일반적인 쑥을 든다. 쑥불로 태워(火) 치료하거나 오래(久)동안 사용했던 약쑥으로 지져서 굽는 [뜸(炙)]을 뜻하고 [구]로 읽는다.
回 炙(구울 자/적)

필순 ノ ク ヌ ス ゑ 矣 炙

기초 【기초한자어】 익히고, 【기본→발전한자어】 다지기
炙師(구사) 뜸으로 병을 고치는 의사
鍼炙(침구) 침과 뜸
炙薑(구강) 불에 구운 생강을 이르는 말
• 침과 뜸의 鍼炙 기술 발달로 한방의 효과가 크다.
• 숙모님의 병이 炙薑과 炙師의 시술로 이제 완치되었다.

기본 ① 炙刺(구자)
발전 ① 炙所(구소) 炙點(구점) 炙醬(구장) 炙瘡(구창) 炙治(구치) 炙穴(구혈) 受炙(수구) 溫炙(온구)
사자성어 ① 無病自炙(무병자구)

부수	획수	총획
广	11	14

마구 구 【2479】

字源 〈형성〉 덩치가 큰 소나 말이 하루의 피곤한 몸을 쉬기 위해 마구간을 찾아 든다. 몸도 마음도 피곤하겠지만 그 보다 더 필요한 것은 주요한 먹잇감인 '여물'이었다. 죽정이도 넣어서 쑨 여물의 맛이 좋다. 소나 말이 몸을 수그리고 (殳) 들어가 쉬는 집(广)으로 마구간이었으니 [마구(廏)]를 뜻하고 [구]로 읽는다.
回 廐, 廄

필순

기초 【기초한자어】 익히고, 【기본→발전한자어】 다지기
廏舍(구사) 마구간
廏人(구인) 말을 기르는 사람
內廏(내구) 조선시대에 임금의 말과 수레를 관리하던 관아
• 임금께서 공신에게 內廏에서 관리하던 말을 하사하셨다.
• 병든 말을 돌보며 廏人은 廏舍에서 밤을 지새웠다.

기본 ① 廏吏(구리) 廏閑(구한) 宮廏(궁구) 馬廏(마구) 御廏(어구) 外廏(외구) 龍廏(용구) 典廏(전구) 華廏(화구)
발전 ① 廏肥(구비) 廏置(구치) 馬廏(마구) 特 廏騶(구추)
사자성어 ① 失牛治廏(실우치구)

부수	획수	총획
馬	5	15

망아지 구 【2480】

字源 〈형성〉 이 한자는 두 가지의 자원이 쓰이고 있어 모두 다 이해해야 할 필요가 있겠다. 서당에서 글(句)을 낭랑한 목소리로 읽은 꼬마들이 놀잇감으로 타는 말(馬)로 [망아지(駒)]로 쓰이는 경우다. 다음 두 번째 자원은 굽이굽이(句) 펄쩍펄쩍 뛰어다닌 말(馬) 새끼들로 널리 [망아지(駒)]를 뜻하고 [구]로 읽는다.

필순

기초 【기초한자어】 익히고, 【기본→발전한자어】 다지기
駒馬(구마) 망아지와 말
駒影(구영) 햇빛
駒齒(구치) 유치를 아직 갈지 않음. 곧 유년
• 駒影이 잘 두는 곳에서 잘 말려야 약효가 크다오.
• 아직은 駒齒의 어린 나이지만 駒馬를 잘 먹여서 기르고 있다.

기본 ① 駒光(구광) 駒隙(구극) 隙駒(극구) 白駒(백구) 龍駒(용구) 元駒(원구) 異駒(이구) 株駒(주구) 草駒(초구) 春駒(춘구) 玄駒(현구)
발전 ① 駒驪(구려) 駒板(구판) 白駒(백구) 特 犢駒(독구)
사자성어 ① 隙駒光陰(극구광음) 千里之駒(천리지구)

부수	획수	총획
矢	5	10

모날 구
법 구 【2481】

字源 〈회의〉 흔히들 모난 곳이 정을 맞는다고 했다. 일정한 범위를 벗어나 다른 곳보다 툭 튀어나거나 법도에 어긋나 모가 나면 손이나 기계에 자주 걸친다. 정을 맞아 질펀하

1급

게 해야만 한다. 화살(矢)이 더 크게(巨) 날지 못하고, '곡
자(ㄱ)'를 그리면서 나갔으니 [모나다(矩)] 또는 [법도(矩)]
를 뜻하고 [구]로 읽는다.
⬚度(법도 도)

필순 ノ ノ ⌐ ⎣ 矢 矢 矢 矩 矩 矩 矩

기초 【기초한자어】 익히고, 【기본→발전한자어】 다지기
矩度(구도) 법도. 법칙
矩步(구보) 바른 걸음걸이
矩尺(구척) [ㄱ]자 모양으로 만든 자. 곱자
• [ㄱ]자 모양으로 만든 곱자인 矩尺을 잘 활용하오.
• 건강을 지키는 矩度를 미리 알면서 공부하고 矩步
의 중요함을 아시오.

기본 ① 矩墨(구묵) 矩繩(구승) 矩坐(구좌) 矩地(구지) 矩形
(구형) 高矩(고구) 度矩(도구) 模矩(모구) 方矩(방구)
師矩(사구) 聖矩(성구) 靈矩(영구) 遺矩(유구) 前矩
(전구) 風矩(풍구) 下矩(하구)

발전 ① 矩鏡(구경) 矩券(구권) 矩鐵(구철) 矩鑊(구확) 鉤矩
(구구) 規矩(규구) 累矩(누구) 上矩(상구) 繩矩(승구)
印矩(인구) 憲矩(헌구) 後矩(후구)

사자성어 ① 矩步引領(구보인령) 規矩準繩(규구준승)

軀

부수	획수	총획
身	11	18

몸 구【2482】

字源 〈형성〉 인간의 신체에 '몸 신(身)'자가 있는가 하면, '몸 궁
(躬)'자가 있으며, '몸 구(軀)'자도 있어 인체에 대한 귀중함
을 느끼게 한다. 여기에서 보이는 인체는 건강한 몸을 뜻하
는 한자이겠다. 사람 몸(身)은 수많은 뼈마디로 나누어
지면서(區) 귀중한 신체를 이루고 있으니 [몸(軀)]을 뜻하
고 [구]로 읽는다.
⬚體(몸 체)

필순 ノ ⎡ ⎣ 身 身 身 ⎤ 身 躬 躬 軀 軀

기초 【기초한자어】 익히고, 【기본→발전한자어】 다지기
軀殼(구각) 몸. 육체
軀命(구명) 몸과 목숨
軀體(구체) 몸. 신체
• 건강은 軀殼인 몸과 육체를 잘 보전해야 합니다.
• 일평생 병 없는 軀體에 軀命 유지하기는 참 어렵다.

기본 ① 軀幹(구간) 軀骸(구해) 輕軀(경구) 棄軀(기구) 袞軀
(쇠구) 瘦軀(수구) 神軀(신구) 安軀(안구) 賤軀(천구)
體軀(체구) 投軀(투구) 形軀(형구)

발전 ① 軀幹(구간) 亡軀(망구) 微軀(미구) 鄙軀(비구) 鼻軀
(비구) 身軀(신구) 捐軀(연구) 一軀(일구) 長軀(장구)
幻軀(환구)

사자성어 ① 軀幹運動(구간운동) 千金之軀(천금지구)

鳩

부수	획수	총획
鳥	2	13

비둘기 구【2483】

字源 〈형성〉 비둘기는 '구구'하고 운다. 날짐승이 다 그러하듯
이 유일하게 낼 수 있는 소통요청 소리다. 비둘기는 순하
여 사람의 사랑을 많이 받는다. 곡식 먹이를 준다거나, 비
스킷과 같은 과자를 던져주면 먹으며 잘 따른다. 새(鳥)가
울 때 '구구(九:의성어)'하는 소리를 냈으니 [비둘기(鳩)]
를 뜻하고 [구]로 읽는다.

필순 ノ 九 九 ⎟ 九⎕ 九⎕ 九⎓ 九鳥 鳩 鳩

기초 【기초한자어】 익히고, 【기본→발전한자어】 다지기
鳩斂(구렴) 조세를 징수함. 조세를 가혹하게 거둠
鳩尾(구미) 명치. 명문(命門)
鳩合(구합) 사람·세력 등을 한데 모음. 또는 모임
• 급소라고 하는 鳩尾를 늘 튼튼하게 해야 합니다.
• 이제는 鳩斂을 위해서 鳩合하는 곳에는 더는 가
지 않겠다.

기본 ① 鳩婦(구부) 鳩杖(구장) 鳩聚(구취) 鳴鳩(명구) 蒙鳩
(몽구) 蒼鳩(창구) 荊鳩(형구)

발전 ① 鳩居(구거) 鳩首(구수) 鳩杖(구장) 鳩材(구재) 鳩財
(구재) 鳩集(구집) 鳩車(구차) 鳩便(구편) 鳩胸(구흉)
班鳩(반구) 特 雎鳩(저구) 특 鳲鳩(시구)

사자성어 ① 鳩居鵲巢(구거작소) 鳩首凝議(구수응의) 鳩首
會議(구수회의)

舅

부수	획수	총획
臼	7	13

시아비 구
외삼촌 구【2484】

字源 〈형성〉 시아버지는 결혼 상대인 남편의 아버지를 호칭한
다. 친정아버지 못지않게 중요하게 모셔야 할 또 한 분의
아버지이다. 다른 한 편으로는 어머니의 남자 형제로 외
숙 혹은 외삼촌을 뜻한다. 남자(男) 손님 중에서 절구(臼)
에 쌀을 찧어서 잘 대접해야 할 [시아비(舅)] 또는 [외삼촌(舅)]
을 뜻하고 [구]로 읽는다.
回姑(시어머니 고) 甥(생질 생)

필순 ノ ⎧ ⎨ ⎩ ⎛ 臼 臼 臾 舅 舅 舅 舅

기초 【기초한자어】 익히고, 【기본→발전한자어】 다지기
舅姑(구고) 시아버지와 시어머니
舅父(구부) 외삼촌
舅氏(구씨) 외삼촌. 장인

1급

• 舅氏를 흔히들 외삼촌이라 하면서도 장인이라고 부른다.
• 舅姑를 모시고 舅父까지 함께 사는 정성이 참으로 대단하다.

기본 ① 舅母(구모) 舅甥(구생) 舅弟(구제) 姑舅(고구) 國舅 (국구) 母舅(모구) 伯舅(백구) 父舅(부구) 叔舅(숙구) 外舅(외구) 元舅(원구) 從舅(종구) 賢舅(현구)

발전 ① 舅家(구가) 舅嫂(구수) 舅祖(구조) 內舅(내구) 小舅 (소구) 尊舅(존구)

부수	획수	총획
人	2	4

원수 구
짝 구【2485】

字源 〈형성〉이 한자 또한 두 자원이 같이 공존했음을 알겠다. 사람(亻)이 애써서 배필이 될 자기 짝을 구하여 찾는 상대(九←逑)로「짝(仇)」을 뜻한 한자다. 다음 두 번째는 깊은 원한이 쌓이고 또 쌓여서 끝(九)까지 잊지 못해 원한이 맺힌 사람으로(亻) 가슴 깊은 곳에 꼭꼭 숨겨두었던 [원수(仇)]를 뜻하고 [구]로 읽는다.
圖 敵(대적할 적) 讐(원수 수) 匹(짝 필)

필순 丿 亻 仏 仇

기초 【기초한자어】 익히고, 【기본→발전한자어】 다지기
仇惡(구오) 원수처럼 미워함
仇怨(구원) 원한. 원수
仇匹(구필) 비슷한 상대
• 원수를 맺지 말라고 했다. 예부터 仇怨을 맺지 말라는 뜻을 잘 품고 있겠다.
• 仇惡하던 옛 仇匹을 갑자기 만나자 나도 모르는 사이에 그만 외면하고 지나쳤다.

기본 ① 仇家(구가) 仇隙(구극) 仇邦(구방) 仇敵(구적) 仇剽 (구표) 仇恨(구한) 雪仇(설구) 世仇(세구)

발전 ① 仇校(구교) 仇仇(구구) 仇覽(구람) 仇虜(구로) 仇讎 (구수) 仇視(구시) 仇英(구영) 仇偶(구우) 仇嫉(구질) 仇劾(구핵) 報仇(보구) 復仇(복구) 怨仇(원구) 特 仇讐 (구수) 特 仇厲(구려)

사자성어 ① 同業相仇(동업상구) 恩反爲仇(은반위구) 親痛 仇快(친통구쾌)

부수	획수	총획
臼	0	6

절구 구【2486】

字源 〈상형〉수확한 곡식을 여과과정 없이 그대로 밥을 해서 먹을 수는 없다. 7분도 혹은 9분도 쌀로 쓿어서 밥을 해

먹는 주곡을 절구에 넣고 방아를 찧었다. 이것이 솥에 넣고 밥을 해먹는 기본이다. 땅을 파서 절구 공이로 곡식을 찧기 위해서 만들어 사용했던 절구를 본떠서 [절구(臼)]를 뜻하고 [구]로 읽는다.

필순 丿 亻 仔 臼 臼 臼

기초 【기초한자어】 익히고, 【기본→발전한자어】 다지기
臼磨(구마) 절구와 맷돌
臼狀(구상) 절구처럼 가운데가 우묵하며 파인 형상
臼齒(구치) 어금니
• 臼磨인 옛적의 절구와 맷돌은 생활의 필수품이었다.
• 臼狀으로 통증이 심하던 臼齒를 빼고 나니 매우 시원했다.

기본 ① 臼砲(구포) 穀臼(곡구) 茶臼(다구) 路臼(노구) 石臼 (석구) 井臼(정구) 脫臼(탈구)

발전 ① 踏臼(답구) 木臼(목구) 磨臼(마구) 節臼(절구) 塵臼 (진구) 特 臼杵(구저) 杵臼(저구) 猪臼(저구) 特 竈臼 (조구) 搗臼(도구)

사자성어 ① 臼頭深目(구두심목) 科臼中人(과구중인) 井臼 之役(정구지역) 特 杵臼之交(저구지교)

부수	획수	총획
山	11	14

험할 구【2487】

字源 〈형성〉산이 유독 많은 우리나라의 지세에 비추어 보았을 때, 산을 부수로 하는 한자가 많다. 험한 산을 오르면서 근근하게 생활을 연명하는 '심마니'들도 많다. 지세가 험한 산이 생활 근거지가 되었다. 많은 산(山) 중에서 다른 산과 구별될(區) 정도로 험준한 모양으로 [험하다(嶇)]는 뜻이고 [구]로 읽는다.

필순 丨 丄 山 山 山⌐ 山ʳ 山ʳ² 山ᵈ 山ᵈ² 山ᵈ³ 嶇

기초 【기초한자어】 익히고, 【기본→발전한자어】 다지기
嶇路(구로) 험한 길
崎嶇(기구) 세상살이가 순탄치 못하고 가탈이 많음
• 혼자서 嶇路를 걸어가듯이 사는 게 참 힘든 일이다.
• 그들 남매는 참으로 험하고도 험하면서도 崎嶇한 일생을 살아가고 있다.

발전 特 嶇岑(구잠)

사자성어 ① 崎嶇罔測(기구망측) 崎嶇險路(기구험로)

부수	획수	총획
穴	7	12

군색할 군 :
【2488】

字源 〈형성〉 우리 선현들의 생활은 매우 군색했다. 의식주를 해결하지 못할 정도로 어렵게 살았던 분들이 많았다. 문화적인 생활은 더 말할 필요 없겠다. 지방에서 서울까지 한 달을 걸어야만 도달할 정도였다. 적을 피하여 임금(君)이 굴속(穴)에서 살아갈 정도로 어려웠으니 [군색하다(窘)]는 뜻이고 [군]으로 읽는다.
圖困(곤할 곤) 窮(다할 궁) 急(급할 급) 迫(핍박할 박) 塞(막힐 색)

필순 宀 宀 宀 宁 审 窜 窜 窘 窘 窘

기초 【기초한자어】 익히고, 【기본→발전한자어】 다지기
窘迫(군박) 몹시 군색함
窘厄(군액) 고생과 재액
窘乏(군핍) 곤궁함. 가난함
• 그들 부부는 평생을 몹씨 窘迫한 생활을 하고 산다.
• 초년에는 窘乏한 생활을 하더니만 늙어서도 참으로 窘厄만이 따른다.

기본 ① 窘境(군경) 窘困(군곤) 窘辱(군욕) 艱窘(간군) 窮窘(궁군) 危窘(위군) 因窘(인군) 逐窘(축군)

발전 ① 窘窮(군궁) 窘急(군급) 窘遁(군둔) 窘步(군보) 窘澁(군삽) 窘塞(군색) 窘束(군속) 窘拙(군졸) 困窘(곤군) 憂窘(우군) 趨窘窘(군축) 饑窘(기군)

躬

부수	획수	총획
身	3	10

몸 궁【2489】

字源 〈형성〉 신체에 관한 한자가 패나 많이들 있다. 아무래도 인체는 우리 삶을 지탱하는 중요한 한 부분이었으리라. 신체인 몸과 심성인 마음을 바르게 하도록 하는 예절에 관한 내용이 초점이겠다. 척추동물은 등뼈(呂)가 있는 몸(身)을 자유롭게 구부렸다 폈다 했으니 [몸(躬→躬)]을 뜻하고 [궁]으로 읽는다.

필순 丿 亻 冎 冎 自 身 身 身 躬 躬

기초 【기초한자어】 익히고, 【기본→발전한자어】 다지기
躬稼(궁가) 몸소 농사지음
躬耕(궁경) 몸소 농사지음
躬行(궁행) 몸소 행함
• 높은 벼슬을 지내던 분이 이젠 躬稼를 하시다니.
• 천한 일을 마다하지 아니하고 躬行하며 躬耕까지 하다니 참다운 성군이 되셨다.

기본 ① 躬桑(궁상) 躬化(궁화) 末躬(말궁) 微躬(미궁) 反躬(반궁) 保躬(보궁) 聖躬(성궁) 直躬(직궁) 責躬(책궁) 賤躬(천궁) 治躬(치궁)

발전 ① 躬己(궁기) 躬犯(궁범) 躬率(궁솔) 躬身(궁신) 躬造(궁조) 躬進(궁진) 寡躬(과궁) 鞠躬(국궁) 匪躬(비궁) 措躬(조궁) 趨躬(칙궁) 趨貌躬(묘궁)

사자성어 ① 實踐躬行(실천궁행) 鞠躬盡力(국궁진력) 措躬無地(조궁무지)

穹

부수	획수	총획
穴	3	8

하늘 궁【2490】

字源 〈형성〉 하늘의 어원은 [한+울=한울]이다. '한은 [한없고 끝없이 넓고 크다]라는 '大'의 뜻이고, '울'은 순수 우리말인 '울=우리'의 준말을 의미한다. 넓고 높고 크고 끝없이 이어진 온 세상인 '하늘'을 뜻한다. 굽은 모양을 한 활(弓)처럼 생각하면서 큰 구멍(穴)이라고 했으니 [하늘(穹)]을 뜻하고 [궁]으로 읽는다.
圖天(하늘 천) 昊(하늘 호)

필순 丶 宀 宀 宀 宆 穷 穹 穹

기초 【기초한자어】 익히고, 【기본→발전한자어】 다지기
穹壤(궁양) 하늘과 땅. 천지
穹窒(궁질) 틈을 막음. 쥐구멍
穹蒼(궁창) 높고 푸른 하늘
• 내 잘못을 穹壤은 알고 있으니 근신하면서 살겠다.
• 穹蒼일진데 穹窒이라도 들어가고 싶은 심정이구나.

기본 ① 穹靈(궁령) 穹天(궁천) 穹昊(궁호) 高穹(고궁) 上穹(상궁) 陸穹(육궁) 蒼穹(창궁) 淸穹(청궁) 秋穹(추궁) 玄穹(현궁) 皇穹(황궁)

발전 ① 穹蓋(궁개) 穹谷(궁곡) 穹廬(궁려) 穹冥(궁명) 穹圓(궁원) 穹窒(궁질) 穹玄(궁현) 價穹(가궁) 紫穹(자궁) 天穹(천궁) 靑穹(청궁) 避穹(하궁) 昊穹(호궁) 趨穹嵌(궁감) 顯穹(호궁) 趨穹豐(궁풍)

捲

부수	획수	총획
手	8	11

거둘 권
말 권【2491】

字源 〈형성〉 이 한자는 두 가지 자원의 의미를 담아 쓰이고 있다. 손바닥 뒤집듯이 '여반장(如反掌)'을 생각한다. 그래서 첫째는 공부를 다 마치고 손(扌)으로 책(卷)을 들어서 [말아 거두다(捲)]는 뜻이 있고, 두 번째는 두 주먹을 쥐거나 손(扌)으로 물건을 둘둘 말아서(卷) 잘 [거두어 말다(捲)]는 뜻이고 [권]으로 읽는다.

필순 一 十 扌 扌 扌 护 护 拷 捲 捲 捲

기초 【기초한자어】 익히고, 【기본→발전한자어】 다지기
捲手(권수) 주먹
捲握(권악) 거머쥠

捲勇(권용) 큰 용기
• 이제는 捲手를 쥐면서 齷齪(악착)같이 살아가야 하겠구나.
• 이장님의 捲勇으로 이번에 대통령 표창을 捲握하게 되었으니 기쁘다.

기본 ① 捲土(권토) 席捲(석권)

발전 ① 捲捲(권권) 捲歸(권귀) 捲堂(권당) 捲簾(권렴) 捲奉(권봉) 捲首(권수) 捲勇(권용) 捲撤(권철) 捲草(권초)
特 控捲(공권)

사자성어 ① 捲土重來(권토중래) 雲捲天晴(운권천청)

부수	획수	총획
人	8	10

게으를 권 :
고달플 권 : 【2492】

字源 〈형성〉 일 하기가 싫어서 [게으르다]는 뜻과 함께 몸이 많이 피곤해 [고달프다]는 뜻은 같은 의미로 생각했던 것 같다. 두 어휘는 상관관계가 높아 의미의 앞뒤를 뒤집는 모습이다. 사람(亻)이 피로하여 잠깐 무릎을 오그리고(卷) 앉았으니 [고달프다(倦)] 또는 나태하여서 [게으르다(倦)]는 뜻이고 [권]으로 읽는다.
回 惰(게으를 타) 怠(게으를 태) 憊(고단할 비) 凹 勤(부지런할 근)

필순

기초 【기초한자어】 익히고, 【기본→발전한자어】 다지기
倦極(권극) 몹시 지침
倦游(권유) 관리 생활에 싫증이 남
倦怠(권태) 어떤 일에 대한 싫증이나 게으름
• 공무원 생활도 倦游가 나서 많이 생각 중이다.
• 회사 일에 倦極하고 심히 倦怠를 느껴서 그만 사직서를 제출했다.

기본 ① 倦憩(권게) 倦憊(권비) 倦程(권정) 倦罷(권파) 口倦(구권) 忘倦(망권) 目倦(목권) 神倦(신권) 耳倦(이권) 怠倦(태권) 休倦(휴권)

발전 ① 倦客(권객) 倦苦(권고) 倦勤(권근) 倦悶(권민) 倦飛(권비) 倦厭(권염) 倦惰(권타) 倦敗(권패) 倦弊(권폐) 勞倦(노권) 疲倦(피권) 懶倦(해권) 特 饑倦(기권)

사자성어 ① 不倦不懈(불권불해) 好學不倦(호학불권)

부수	획수	총획
目	6	11

돌볼 권 : 【2493】

字源 〈형성〉 요즈음 들어 어려운 사람을 돕자는 슬로건이 잔잔한 파도를 타고 주변을 감돌아 흐뭇하다. 국경을 넘어서 먼 나라까지 온정의 손길이 잘 미치기도 했었다. 어려운 우리 주위의 이웃도 마찬가지다. 어려운 사람을 도와주려고 시선(目)을 좌우로 굴려가며(卷) 살피니 [돌보다(眷)]는 뜻이고 [권]으로 읽는다.
回 顧(돌아볼 고)

필순

기초 【기초한자어】 익히고, 【기본→발전한자어】 다지기
眷奇(권기) 특별히 사랑하여 정을 품음
眷愛(권애) 보살펴 사랑함
眷佑(권우) 돌보아 줌. 보살펴 줌
• 眷奇는 특별히 사랑하여 정 품은 살가운 말이다.
• 내 자식을 眷愛한 것처럼 나의 핏줄인 생질까지도 眷佑해 주었다.

기본 ① 眷嘉(권가) 眷庇(권비) 眷注(권주) 過眷(과권) 舊眷(구권) 門眷(문권) 殊眷(수권) 宿眷(숙권) 深眷(심권) 哀眷(애권) 延眷(연권) 恩眷(은권) 朝眷(조권) 天眷(천권) 親眷(친권) 廻眷(회권)

발전 ① 眷顧(권고) 眷口(권구) 眷眷(권권) 眷黨(권당) 眷戀(권련) 眷命(권명) 眷屬(권속) 眷率(권솔) 眷焉(권언) 眷然(권연) 眷遇(권우) 眷任(권임) 篤眷(독권) 宸眷(신권) 禮眷(예권) 寵眷(총권) 荷眷(하권) 歡眷(환권) 厚眷(후권)

사자성어 ① 眷眷不忘(권권불망) 眷顧之恩(권고지은)

부수	획수	총획
足	12	19

뛰어일어날 궤
넘어질 궐 【2494】

字源 〈형성〉 상반된 뜻을 지닌 한자다. '넘어지다'는 뜻과 함께 '넘어져 일어서다'는 뜻도 담겨 함께 도약을 의미한다. '귀(歸)'란 글자도 '돌아오다'는 뜻과 '돌아가다'는 뜻으로 쓰인다. 길을 걷다가 발길(足)로 돌멩이를 멀리 차듯이(厥) 발부리에 걸려서 [넘어지다(蹶)]는 뜻과 [일어서다(蹶)]는 뜻이고 [궐]로 읽는다.
回 倒(넘어질 도)

필순

기초 【기초한자어】 익히고, 【기본→발전한자어】 다지기
蹶起(궐기) 벌떡 일어섬. 발분하여 일어남. 발분함
蹶失(궐실) 헛디딤. 실족함
蹶張(궐장) 쇠뇌를 씀. 또는 그 병사
• 부정부패를 목격한 시민들이 총蹶起하여 앞으로 행진하고 있다.
• 그는 蹶失로 실족하여 蹶張 쇠뇌하여 병사하였다.

기본 ① 蹶然(궐연) 蝎蹶(갈궐) 擊蹶(격궐) 驚蹶(경궐) 誤蹶(오궐) 顚蹶(전궐)

발전 ① 蹶蹶(궤궤) 慣 蹶頹(궐지)

1급

부수	획수	총획
木	14	18

궤짝 궤 : 【2495】

字源 〈형성〉 궤짝을 흔히 '함'이라고 했다. 신랑이 장가갈 때 단자함을 지고 가는 경우도 있었으니 이해가 될 만하다. 궤짝은 물건 따위를 담기 위해 나무로 만든 네모난 통을 이르는 말이라고 보아야겠다. 귀한(貴) 물건을 감추는 상자(匚)는 아주 단단한 나무(木)로 만들었으니 [궤짝(櫃)]을 뜻하고 [궤]로 읽는다.

필순 一十才才杧杧杧梔梔梔櫃櫃

기초 【기초한자어】 익히고, 【기본→발전한자어】 다지기
書櫃(서궤) 책을 넣어 두는 궤짝
櫃封(궤봉) 물건을 궤에 넣고 봉함
金櫃(금궤) 황금도색의 나무궤짝
• 나뭇가지에 金櫃가 빛을 내며 버섯이 걸려 있었다.
• 소중한 선친의 櫃封되어있는 書櫃를 다 살펴보니 문방사우가 모두 있었다.

기본 ① 飯櫃(반궤) 朱櫃(주궤)

발전 ① 櫃田(궤전) 密櫃(밀궤) 掌櫃(장궤) 頂櫃(정궤) 鐵櫃(철궤) 􀀁 鈐櫃(검궤) 欌櫃(장궤) 􀀂 櫃櫝(궤독)

사자성어 ① 玉石同櫃(옥석동궤) 米櫃大監(미궤대감)

부수	획수	총획
水	12	15

무너질 궤 : 【2496】

字源 〈형성〉 잘 나가던 일도 한꺼번에 무너지는 경우가 흔히 있다. 공든 탑이 무너진다는 말도 같은 뜻이겠다 예고 없이 무너진 경우도 있지만 물이 새어 들어왔다는 것이랄지 쥐가 뚫어 놓은 구멍도 있다. 귀한(貴) 물건도 물(氵)이 새어 들어가면 헐거워져 제 가치를 못하니 [무너지다(潰)]는 뜻이고 [궤]로 읽는다.
回 決(결단할/터질 결) 裂(찢을 렬) 崩(무너질 붕) 瘍(헐 양)

필순 氵氵沪沪潰潰潰潰潰潰

기초 【기초한자어】 익히고, 【기본→발전한자어】 다지기
潰亂(궤란) 싸움에 패하여 흩어져 도망침
潰瘍(궤양) 피부나 점막이 헐고 짓무르는 증상
潰裂(궤열) 무너지고 갈라짐
• 潰亂은 싸움에 패하여 흩어져 도망침을 뜻한다.
• 장에 潰瘍이 생겨나서 방치했더니 결국은 潰裂되고 말았다.

기본 ① 潰決(궤결) 潰溢(궤일) 潰敗(궤패) 決潰(결궤) 亂潰(난궤) 奔潰(분궤) 魚潰(어궤) 敗潰(패궤) 洪潰(홍궤) 禍潰(화궤)

발전 ① 潰潰(궤궤) 潰爛(궤란) 潰漏(궤루) 潰盟(궤맹) 潰滅

(궤멸) 潰奔(궤분) 潰崩(궤붕) 潰散(궤산) 潰圍(궤위) 潰走(궤주) 潰墜(궤추) 潰出(궤출) 驚潰(경궤) 崩潰(붕궤) 殲潰(섬궤) 裂潰(열궤) 破潰(파궤) 抗潰(항궤)

사자성어 ① 潰冒衝突(궤모충돌) 魚潰鳥散(어궤조산) 􀀁 堤潰蟻穴(제궤의혈)

부수	획수	총획
言	6	13

속일 궤 : 【2497】

字源 〈형성〉 거짓말을 능사로 하는 사람들이 많다. 이른바 애들 말로 거짓말쟁이다. 어제 했던 일도 까맣게 잊어버리고, 능청을 떨면서 거짓말을 하는 사람도 넉넉하게 만나게 된다. 이른바 속임수를 쓴 것이다. 그 말(言)과 행동이 위태로운(危) 사람은 괴이한 행동으로 남을 [속이다(詭)]는 뜻이고 [궤]로 읽는다.
回 詐(속일 사) 僞(거짓 위) 譎(속일 휼)

필순 丶亠亠言言言訁訁詝詝詭

기초 【기초한자어】 익히고, 【기본→발전한자어】 다지기
詭計(궤계) 교묘하게 남을 속이는 꾀. 간사한 꾀
詭術(궤술) 속이는 술책
詭言(궤언) 거짓말. 거짓
• 남을 버젓하게 속이는 술책은 나쁜 詭術에 속한다.
• 그 친구가 詭言만을 일삼더니 詭計사실 때문에 벌을 받게 되었다.

기본 ① 詭激(궤격) 詭矯(궤교) 詭妄(궤망) 詭服(궤복) 詭詐(궤사) 詭異(궤이) 詭策(궤책) 詭誕(궤탄) 詭形(궤형) 激詭(격궤) 輕詭(경궤) 怪詭(괴궤) 奇詭(기궤) 卓詭(탁궤) 特詭(특궤) 虛詭(허궤)

발전 ① 詭觀(궤관) 詭矯(궤교) 詭怪(궤괴) 詭道(궤도) 詭麗(궤려) 詭謀(궤모) 詭文(궤문) 詭辯(궤변) 詭祕(궤비) 詭辭(궤사) 詭說(궤설) 詭殊(궤수) 詭隨(궤수) 詭遇(궤우) 􀀁 詭譎(궤휼) 譎詭(휼궤)

사자성어 ① 詭辯學徒(궤변학도) 詭辯學派(궤변학파)

부수	획수	총획
几	0	2

안석 궤 : 【2498】

字源 〈상형〉 안석은 앉아서 몸을 뒤로 기댈 때 사용한 방석의 일종이다. 유의어로는 앉아서 몸을 뒤로 기대는 데 사용하는 방석의 원말인 '언석(偃席)'이 있는가 하면 '안식(案息 按息)'도 같이 쓰인다. 편히 앉아서 공부할 수 있도록 만든 책상을 본떠서 그 다리가 뻗어 있으니 [안석(几)]을 뜻하고 [궤]로 읽는다.

ノ 几

기초 【기초한자어】 익히고, 【기본→발전한자어】 다지기

几筵(궤연) 안석(案席)과 자리

几杖(궤장) 안석과 지팡이

几席(궤석) 안석과 돗자리

• 几席은 안석과 돗자리, 안석과 지팡이를 모두 아우른 이름이다.

• 산신제를 지내기 위해 나는 几筵을, 형은 几杖을 들고 함께 산으로 갔다.

기본 ① 曲几(곡궤) 床几(상궤) 書几(서궤) 玉几(옥궤) 淨几(정궤) 竹几(죽궤)

발전 ① 几几(궤궤) 几案(궤안) 几直(궤직) 机下(궤하) 操几(조궤) 特Ⅱ 倚几(의궤) 特 几舃(궤석)

사자성어 ① 賜几杖宴(사궤장연)

부수	획수	총획
木	2	6

机 책상 궤 : 【2499】

字源 〈형성〉 책상의 쓰임은 다양하다. 학생들이 공부하는 데 쓰이고, 이불을 올려놓는 데도 쓰인다. 때에 따라서 그는 탁자가 되기도 했으며, 귀한 손님이 찾아오면 차를 마시면서 정담을 나누기도 했다. 사람이 편히 앉아서 공부하기 위해 나무(木)를 이용하여서 만든 상(几)으로 [책상(机)]을 뜻하고 [궤]로 읽는다.

圖案(책상 안) 榥(책상 황)

  一 十 才 木 朾 机

기초 【기초한자어】 익히고, 【기본→발전한자어】 다지기

机案(궤안) 책상

机下(궤하) 책상 아래. 편지 겉봉의 받는 사람

机上(궤상) 책상 위, 탁상

• 机上과 机下는 같은 의미를 담아 쓰고 있는 말이다.

• 机案에 앉아 편지 봉투에 아저씨 机下라고 써 두었다.

발전 ① 刀机(도궤) 案机(안궤) 玉机(옥궤)

사자성어 ① 机上空論(궤상공론) 明窓淨机(명창정궤)

부수	획수	총획
石	6	11

硅 규소 규 【2500】

字源 〈형성〉 규소(珪素/硅素)는 지구의 지각에서 산소 다음으로 많은 원소로 전체 질량의 27.7%를 차지하는 원소라고

한다. 우주에서 질량 기준으로 8번째로 많이 존재하는 원소라니 가히 알 만하겠다. 무늬(圭)가 있는 기하학적인 원소(石)로서 산화염과 규산염으로 합류되는 [규소(硅)]를 뜻하고 [규]로 읽는다.

一 厂 石 石 石 矽 硅 硅 硅 硅

기초 【기초한자어】 익히고, 【기본→발전한자어】 다지기

硅素(규소) 비금속 원소의 하나

硅酸(규산) 규소, 산소, 수소를 혼합한 화합물

硅華(규화) 단백석(蛋白石)의 하나

• 硅酸은 규소, 산소, 수소를 혼합한 화합물이다.

• 이번에 산업자원부에서는 공업용 硅素와 硅華가 매장되어 있는 커다란 광산을 발견했다.

발전 ① 硅砂(규사) 硅石(규석) 硅巖(규암) 硅藻(규조)

사자성어 ① 硅酸鑛物(규산광물) 硅酸軟瓦(규산연와)

부수	획수	총획
辵	8	12

逵 길거리 규 【2501】

字源 〈회의〉 여러 사람들이 두루 다니는 번화한 로터리와 같은 길이 계속 이어진다. 이어져 죽죽 나오는 버섯(坴)처럼 아직 갈 길이 아홉 방향이나 남았다는 의미를 내포하고 있다는 뜻이라고들 한다. 언덕(坴)과 평지가 사방으로 갈라지는(辶) 길이 여러 방향으로 서로 통했으니 [길거리(逵)]를 뜻하고 [규]로 읽는다.

圖路(길 로)

  一 十 土 尢 坴 坴 坴 坴 逵 逵

기초 【기초한자어】 익히고, 【기본→발전한자어】 다지기

逵路(규로) 사방팔방으로 통하는 큰길

九逵(구규) 아홉 방향으로 통하는 길. 사방 곳곳으로 통하는 도시의 큰 길

天逵(천규) 하늘의 거리. 다시 말해 서울의 번화한 거리를 의미함

• 逵路와 九逵는 같은 말이다.

• 天逵와 같은 서울의 거리를 헤매었다.

기본 ① 康逵(강규) 大逵(대규) 通逵(통규)

부수	획수	총획
艸	9	13

葵 해바라기 규
아욱 규 【2502】

字源 〈형성〉 해바라기와 아욱을 형제간과 같은 식물군으로 보았던 것 같다. 해바라기는 아침이면 동쪽, 낮이면 남쪽, 저녁이면 서쪽을 바라본다. 해가 도는 위치를 그대로 답

1급

습하여 붙여진 이름이다. 해를 따르는 식물(艹)로 방위를 재는 기구(癸)로 보는 [아욱(葵)]이란 뜻과 함께 [해바라기(葵)]를 뜻하고 [규]로 읽는다.

필순 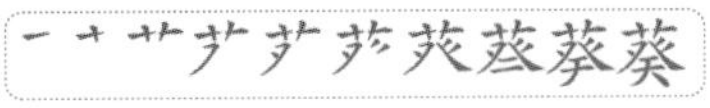

기초 【기초한자어】 익히고, 【기본 → 발전한자어】 다지기

葵傾(규경) 해바라기가 해를 향하여 기움
葵藿(규곽) 해바라기와 콩. 해바라기
葵花(규화) 접시꽃, 해바라기

- 葵花를 접시꽃이라고 부르거나 해바라기라 부른다.
- 葵藿을 함께 심은 밭에서 葵傾은 당연히 볼 수 있을 것이다.

기본 1 葵扇(규선) 葵心(규심) 路葵(노규) 山葵(산규) 水葵(수규) 戌葵(술규) 楚葵(초규) 蒲葵(포규) 寒葵(한규)

발전 1 葵懇(규간) 錦葵(금규) 露葵(노규) 冬葵(동규) 防葵(방규) 白葵(백규) 戎葵(융규) 錢葵(전규) 蜀葵(촉규) 特II 葵菫(규근) 鳧葵(부규)

사자성어 1 葵花向日(규화향일) 葵傾向日(규경향일)

窺

부수	획수	총획
穴	11	16

엿볼 규 【2503】

字源 〈형성〉 이 한자는 두 가지 자원이 있어 자원에 대한 의미를 도탑게 한다. 첫 번째 자원은 남의 집 사정을 알기 위해 뚫린 구멍(穴)을 가만히 들여다보니(規) [보다(窺)]는 뜻으로 쓰인다. 두 번째 자원은 법규(規)상 엄연하게 금지된 개구멍(穴)으로 남의 비밀을 가만히 [엿보다(窺)]는 뜻으로 쓰이고 [규]로 읽는다.

同 伺(엿볼 사)

필순 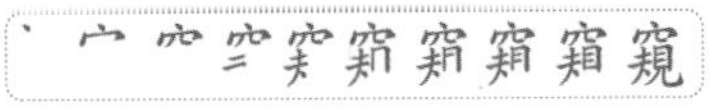

기초 【기초한자어】 익히고, 【기본 → 발전한자어】 다지기

窺知(규지) 엿보아 앎
窺測(규측) 엿보아 헤아림. 추측함
窺間(규간) 엿보아 그 틈을 앎

- 이제 그런 이야기는 窺知하지 않아도 잘 알 수 있으니 엿볼 생각하지 말거라.
- 窺測으로 가만히 헤아려보니 어젯밤 窺間하였던 얘기인 것 같다.

기본 1 窺見(규견) 管窺(관규) 俯窺(부규) 詳窺(상규) 潛窺(잠규) 坐窺(좌규) 踐窺(천규) 遍窺(편규)

발전 1 窺管(규관) 窺問(규문) 窺視(규시) 窺衡(규형) 軍窺(군규) 闇窺(암규) 籬窺(이규) 爭窺(쟁규) 特II 窺伺(규사) 伺窺(사규) 特 窺窬(규유) 窺覘(규점)

사자성어 1 以管窺天(이관규천) 管窺錐指(관규추지) 窺御激夫(규어격부)

橘

부수	획수	총획
木	12	16

귤 귤 【2504】

字源 〈형성〉 일반적으로 먹는 귤은 중국 남부, 필리핀, 인도차이나 북부지방을 포함한 동남아시아가 원산지로 알려진다. 재배지로는 우리나라 제주도에서 대량으로 재배되나 요즈음은 내륙지방에서도 재배된다. 기후가 다르면 열매가 간사하게(矞) 변하는 가시가 달린 나무(木)로 [귤(橘)]을 뜻하고 [귤]로 읽는다.

필순 

기초 【기초한자어】 익히고, 【기본 → 발전한자어】 다지기

橘顆(귤과) 귤나무의 열매. 귤
橘餠(귤병) 꿀이나 설탕에 조린 귤
橘葉(귤엽) 귤나무 잎(약재로 쓰임). 귤잎

- 겨울철 후식으로 그야말로 으뜸은 橘顆가 으뜸이다.
- 橘餠과 橘葉은 겨울철 후식의 차로서 담소를 즐기는 데 좋은 과일이다.

기본 1 橘井(귤정) 橘包(귤포) 橘核(귤핵) 甘橘(감귤) 柑橘(감귤) 金橘(금귤) 盧橘(노귤) 緣橘(연귤) 朱橘(주귤) 包橘(포귤) 香橘(향귤)

발전 1 橘皮(귤피) 橘紅(귤홍) 枸橘(구귤) 橘綠(귤록) 橘餠(귤병) 橘眼(귤안) 橘柚(귤유) 橘井(귤정) 橘酒(귤주) 橘花(귤화)

사자성어 1 橘中之樂(귤중지락) 橘化爲枳(귤화위지)

棘

부수	획수	총획
木	8	12

가시 극 【2505】

字源 〈회의〉 가시는 식물의 줄기나 잎의 표면 또는 열매의 겉에 바늘 모양으로 뾰족하게 돋친 것을 의미한다. 또한 듣는 이의 감정을 불편하게 자극한다는 의미를 내포하여 비유적인 표현으로 사용한다. 찔린 가시(朿)가 돋치고 가시(朿) 돋친 사나운 나무들이 더 겹쳤으니 [가시나무(棘)]를 뜻하고 [극]으로 읽는다.

필순 

기초 【기초한자어】 익히고, 【기본 → 발전한자어】 다지기

棘門(극문) 여러 가지 창을 늘어 세워 놓은 문. 궁문
棘刺(극자) 가시나무의 가시. 곧고 엄정함
棘針(극침) 가시. 살을 찌르는 듯한 한기

- 棘刺인 가시는 '청렴하고 엄정하다'는 의미도 있다.
- 원님이 사는 집의 棘門을 가만히 보니 이제는 棘針을 연상하게 되었다.

기본 1 棘籬(극리) 棘矢(극시) 棘院(극원) 艱棘(간극) 九棘(구극) 杞棘(기극) 蒙棘(몽극) 列棘(열극) 楚棘(초극) 險棘(험극)

1급

발전 ① 棘木(극목) 棘圍(극위) 棘人(극인) 棘置(극치) 棘皮
(극피) 加棘(가극) 圍棘(위극) 叢棘(총극) 荊棘(형극)
特 棘茨(극자) 竄棘(찬극)

사자성어 ① 棘皮動物(극피동물) 荊棘銅駝(형극동타)

부수	획수	총획
刀	7	9

이길 극【2506】

字源 〈형성〉 치열한 경쟁 사회에서 상대와 겨루어 이기는 일은
승자의 통쾌한 쾌감이다. 여기에서 상대와 싸워 '이긴다'
는 것은 자원에서 보이는 것은 선의의 경쟁에서 이긴다는
뜻으로 쓰인다고 보아야겠다. 승리를 하기 위해서 칼(刂)
로 싸워서 상대를 이겨내야만(克) 했었으니 [이기다(剋)]
는 뜻이고 [극]으로 읽는다.

필순 一 十 十 古 古 声 克 克 剋

기초 【기초한자어】 익히고, 【기본→발전한자어】 다지기
剋殲(극섬) 쳐서 죄다 죽임
剋勝(극승) 이김. 이기기 어려운 것을 이김
剋定(극정) 싸움에 이겨서 전란을 평정함
• 예전에는 剋定의 제도가 있어 전란을 평정했다.
• 내가 바라는 것은 剋勝이지 결코 剋殲은 아니리라.

기본 ① 劍剋(검극) 忌剋(기극) 相剋(상극) 嚴剋(엄극)

발전 ① 剋減(극감) 剋果(극과) 剋己(극기) 剋期(극기) 剋勵
(극려) 剋勉(극면) 剋伐(극벌) 剋復(극복) 剋石(극석)
剋意(극의) 剋核(극핵) 貪剋(탐극) 特 剋殄(극진) 特 剋翦
(극전) 剋扞(극한)

사자성어 ① 水火相剋(수화상극)

부수	획수	총획
戈	8	12

창 극【2507】

字源 〈회의〉 이 한자 또한 두 가지의 자원을 비교하는 것이 좋
겠다. 첫 번째는 사람이 수많은 세월 동안(卓←韓) 상대와
맞서서 전쟁을 하면서 사용했던 무기(戈)로 예리하게 찌
르는 [창(戟)]을 뜻한다. 두 번째는 나무줄기(斡)의 긴 가
지처럼 가지의 날이 내민 창(戈)이란 뜻에서 [창(戟)]을
뜻하고 [극]으로 읽는다.
回 盾(방패 순)

필순 一 十 古 古 吉 卓 亨 軒 戟 戟

기초 【기초한자어】 익히고, 【기본→발전한자어】 다지기
戟架(극가) 창을 거는 도구
戟盾(극순) 창과 방패

劍戟(검극) 칼과 창. 검삭(劍槊)
• 劍戟이 부딪치는 소리가 서늘하다.
• 병사들은 모든 戟盾을 戟架에 모아 분실한 무기를
확인했다.

기본 ① 曲戟(곡극) 交戟(교극) 戈戟(과극) 句戟(구극) 弓戟
(궁극) 旗戟(기극) 刀戟(도극) 矛戟(모극) 兵戟(병극)
電戟(전극) 持戟(지극)

발전 ① 戟手(극수) 戟形(극형) 戟戶(극호) 矛戟(모극) 刺戟
(자극) 巴戟(파극) 紅戟(홍극) 特 幢戟(당극)

사자성어 ① 星旗電戟(성기전극) 亡戟得矛(망극득모)

부수	획수	총획
阜	10	13

틈 극【2508】

字源 〈형성〉 잘 막힌 벽 틈을 비벼 뚫고 햇볕이 살며시 스며들
얼굴을 내민다. 밝은 햇빛은 거짓말을 하지 않는다. 작은
틈에 물이 샐지 모르겠지만, 결코 햇볕은 새지 않는다는
것은 많이 알려진 이야기다. 햇볕(日)이 작고도(小) 작아
(小) 도배를 해서 둘러 막아도(阝) 주위에 [틈(隙)]이 생긴
다는 뜻이고 [극]으로 읽는다.
回 間(사이 간)

필순 ' 彐 阝 阝 肾 阶 陷 陷 隙 隙

기초 【기초한자어】 익히고, 【기본→발전한자어】 다지기
隙駒(극구) 달리는 말을 문틈으로 보는 것처럼 세월
이 매우 빠름을 의미
隙地(극지) 빈터
間隙(간극) 사물 사이의 틈
• 隙駒가 더욱 빨라지니 세대 간에 間隙이 점점 커진다.
• 아이들이 隙地에서 전쟁놀이를 하고 있었다.

기본 ① 孔隙(공극) 過隙(과극) 農隙(농극) 門隙(문극) 邊隙
(변극) 尤隙(우극) 怨隙(원극) 寸隙(촌극) 穴隙(혈극)

발전 ① 隙間(극간) 隙孔(극공) 隙壞(극괴) 隙縫(극봉) 隙下
(극하) 隙穴(극혈) 暇隙(가극) 決隙(결극) 空隙(공극)
駒隙(구극) 仇隙(구극) 抵隙(저극) 特 俟隙(사극) 伺隙
(사극) 偸隙(투극) 特 釁隙(흔극)

사자성어 ① 隙駒光陰(극구광음) 白駒過隙(백구과극) 凶終隙末
(흉종극말)

부수	획수	총획
見	11	18

1급

뵐 근【2509】

字源 〈형성〉 어른을 만나려 할 때 만나 '뵌다'는 말을 많이 썼
다. 어른을 찾아뵙고 정중한 자기의 뜻을 설득력 있게 이

야기한다. 신하가 임금을 만나 뵐 때도 또한 같은 말을 쓴다. 정중한 예절이다. 임금이 제후를 보자 하면(見) 어느 때(堇)를 막론하고 찾아서 긴하게 논의했으니 [뵙다(覲)]는 뜻이고 [근]으로 읽는다.

유 見(볼 견 / 뵈올 현) 謁(뵐 알) 接(이을 접)

필순 一 艹 丱 丱 莗 堇 堇 勤 覲 覲 覲

기초 【기초한자어】익히고, 【기본→발전한자어】다지기
覲天(근천) 천자를 알현함
覲親(근친) 시집간 딸이 친정 부모를 뵘
覲見(근현) 찾아 뵘. 배알함
• 覲親온 딸의 얼굴을 보니 허다한 시집살이를 짐작할 수가 있겠다.
• 覲天은 천자를 알현함이며, 覲親은 시집간 딸이 친정 부모 뵘이다.

기본 ① 覲禮(근례) 覲接(근접) 來覲(내근) 王覲(왕근) 入覲(입근) 朝覲(조근) 參覲(참근)

발전 ① 勤光(근광) 覲聘(근빙) 覲謁(근알) 覲參(근참) 勤行(근행) 歸覲(귀근) 寧覲(영근)

부수	획수	총획
食	11	20

주릴 근 :【2510】

字源 〈형성〉곡식이 한창 자랄 때 비가 오지 않으면 벼가 잘 자라지 못한다. 어디 그게 벼뿐만 아니라 밭곡식도 같이 까맣게 타들어 간다. 온 나라가 기근(饑饉)이 들어 배를 움켜쥐면서 야단법석이다. 기근에 식량(食)이 작은 진흙 덩어리(堇)만큼만 있어도 먹기엔 부족하여 [주리다(饉)]는 뜻이고 [근]으로 읽는다.

유 飢(주릴 기) 餓(주릴 아) 饑(주릴 기)

필순 ノ 𠂊 今 今 𠂤 𠂤 𤇾 𤇾 𤇾 饉 饉

기초 【기초한자어】익히고, 【기본→발전한자어】다지기
飢饉(기근) 굶주림. 흉년이 듦
餓饉(아근) 중생들이 배고픔과 목마름
凶饉(흉근) 흉년으로 기근이 듦
• 지금도 아프리카에는 심한 飢饉으로 죽어가는 아이들이 많다.
• 餓饉에 凶饉이 들어 죽는 사람이 태반이다.

기본 ① 疲饉(피근) 荒饉(황근)

발전 🔟 饑饉(기근)

부수	획수	총획
手	13	16

사로잡을 금
【2511】

字源 〈형성〉훨훨 나는 새는 맨손으로 쉽게 잡을 수 없다. 그물이나 새총을 이용하여 생포하거나 잡는다. 또한 흔히들 새장 속의 새라고 했다. 하늘을 나는 새를 사로잡아 키우는 사람들이 부쩍 늘고 있다. 날아다니는 새(禽)를 잡으려고 손(扌)으로 그물을 쳐놓아서 걸렸으니 [사로잡다(擒)]는 뜻이고 [금]으로 읽는다.

유 捉(잡을 착) 🔁 縱(세로/놓을 종)

필순 一 十 扌 扩 扲 捡 擒 擒 擒 擒

기초 【기초한자어】익히고, 【기본→발전한자어】다지기
擒縛(금박) 사로잡아 묶음
擒生(금생) 짐승 따위를 산 채로 잡음
擒捉(금착) 산 채로 붙잡음
• 짐승을 산 채로 붙잡는 행위를 擒捉이라 한다.
• 멧돼지를 擒生하거나 여우를 擒縛하기는 어렵다.

기본 ① 擒縱(금종) 擒斬(금참) 拘擒(구금) 生擒(생금) 就擒(취금)

발전 ① 擒殺(금살) 擒生(금생) 擒解(금해) 擒獲(금획) 縛擒(박금) 囚擒(수금) 縱擒(종금) 🔟 擒殄(금진)

사자성어 ① 七縱七擒(칠종칠금)

부수	획수	총획
衣	13	18

옷깃 금 :【2512】

字源 〈형성〉남녀 간의 중요한 차이는 가슴부위에 있다. 어린 자식이 태어나면 젖을 먹여 기른다는 점이 다르다. 그래서 그런지 여인네의 옷섶 중에서 가슴 부위를 매우 중시했었다. 맵시 있게 옷(衤)을 입었지만 남녀 간에 특별히 금(禁)해야 할 것은 가슴부분의 옷섶일지니 [옷깃(襟)]을 뜻하고 [금]으로 읽는다.

필순 ` 衤 衤 衤 衤 衤 衿 襟 襟 襟

기초 【기초한자어】익히고, 【기본→발전한자어】다지기
襟帶(금대) 옷깃과 띠. 의복. 몸에 지니고 지킴
襟腰(금요) 옷깃과 허리. 요해지나 요충지 비유
襟抱(금포) 마음속. 마음에 품은 생각
• 의복이나 몸에 지니고 지키는 것을 襟帶라 한다.
• 襟腰에 싸인 그녀의 襟抱를 도무지 알 길이 없다.

기본 ① 襟懷(금회) 襟候(금후) 開襟(개금) 分襟(분금) 素襟(소금) 愁襟(수금) 憂襟(우금) 幽襟(유금) 衣襟(의금) 整襟(정금) 塵襟(진금) 青襟(청금) 懷襟(회금) 胸襟(흉금)

발전 ① 襟曲(금곡) 襟度(금도) 襟韻(금운) 襟章(금장) 襟情(금정) 襟袍(금포) 煩襟(번금) 宸襟(신금) 斂襟(염금) 正襟(정금)

사자성어 ① 山河襟帶(산하금대) 正襟端坐(정금단좌)

부수	획수	총획
衣	4	10

이불 금 : 【2513】

字源 〈형성〉 하루 중 가장 편안한 순간은 밤에 충분하게 숙면하면서 휴식을 취할 때이다. 잠자리에 들면 겉옷을 벗고 잠옷으로 갈아입는다. 겨울에는 따뜻한 이불을 덮고 여름에는 시원한 이불을 덮었다. 사람이 잠자리를 찾게 되면 겉옷(衣)을 벗고 지금(今) 덮어야 할 덮개옷인 [이불(衾)]을 뜻하고 [금]으로 읽는다.

필순 ノ 人 人 今 今 今 今 衾 衾 衾

기초 【기초한자어】 익히고, 【기본→발전한자어】 다지기
衾具(금구) 이불. 금침
衾枕(금침) 이불과 베개. 곧. 침구
孤衾(고금) 홀로 덮는 이불, 곧 홀로 쓸쓸히 잠자는 잠자리
• 허구한 날 孤衾으로 나날을 보낸다니. 참 안타깝구려!
• 전통혼례에 시가족의 衾枕과 衾具를 마련하는 일이 제일 큰일이다.

기본 ① 輕衾(경금) 羅衾(나금) 單衾(단금) 同衾(동금) 複衾(복금) 重衾(중금) 枕衾(침금) 布衾(포금) 被衾(피금) 夏衾(하금)

발전 ① 錦衾(금금) 綾衾(능금) 薄衾(박금) 芳衾(방금) 兩衾(양금) 寢衾(침금) 破衾(파금) 翡翠衾(비취금) 1급 衾褥(금욕)

사자성어 ① 孤枕單衾(고침단금) 長枕大衾(장침대금)

부수	획수	총획
手	4	7

꽂을 삽
거둘 급【2514】

字源 〈형성〉 이 한자는 축하의 의미로 두 가지 자원을 생각할 수 있겠다. 첫 번째는 좋은 물건도 내 손(扌)에 미치어야만(及) 삼가 [거둔다(扱)]는 뜻으로 쓰인다. 다음 두 번째는 행사장에서 꽃이 내 손(扌)에 미치어야만(及) 가슴 부분에 상대를 축하할 수 있도록 환하게 꽃을 [꽂다(扱)]는 뜻이고 [급]으로 읽는다.

필순 一 十 扌 扌 扔 扱 扱

기초 【기초한자어】 익히고, 【기본→발전한자어】 다지기
取扱(취급) 물건을 다룸. 사물이나 사건 따위를 다루어 처리함
小扱(소급) 한 화차에 못 찬 짐을 개별적으로 운송하는 방법
• 가스나 화공약품은 자격이 있는 전문가가 取扱해야겠구나!
• 비록 小扱하는 한이 있더라도 오늘만큼은 꼭 보내시도록 하시게.

기본 ① 車扱(차급)
발전 ① 取扱者(취급자)

부수	획수	총획
水	4	7

물길을 급【2515】

字源 〈형성〉 우물물을 퍼 담으려면 두레박을 이용해 지상으로 운반했다. 물을 퍼서 담는 일을 '물 긷다'고 했다. 양동이에 담았지만, 물동이에 잔뜩 담아 머리에 이고 운반했다. 우리네 어머니들의 몫이었다. 고인 물(氵)을 두레박으로 끌어올려야만(及) 물동이에 담을 수 있었으니 [물 긷다(汲)]는 뜻이고 [급]으로 읽는다.

필순 ` 冫 氵 氵 氵 汲 汲

기초 【기초한자어】 익히고, 【기본→발전한자어】 다지기
汲路(급로) 물을 길으러 다니는 길
汲索(급삭) 두레박줄
汲泉(급천) 샘물을 길음
• 汲索이 엉켜 우물물을 못 뜨게 되었다.
• 험한 汲路를 따라 汲泉하는 일이 아낙네의 주요 임무였지.

기본 ① 汲器(급기) 汲流(급류) 漑汲(개급) 谷汲(곡급) 寄汲(기급) 引汲(인급)

발전 ① 汲古(급고) 汲汲(급급) 汲道(급도) 汲水(급수) 汲引(급인) 負汲(부급) 遑及(황급) 1급 汲黯(급암) 특급2 汲綆(급경)

사자성어 ① 樵童汲婦(초동급부) 汲水功德(급수공덕)

부수	획수	총획
二	4	6

베풀 선
뻗칠 긍 : 【2516】

字源 〈회의〉 '뻗치다'란 뜻으로 쓰인 우리말이 있다. 내면에 숨어서 요동을 치는 줄기가 밖으로 '뻗치다'는 의미는 '바깥으로 향하거나 퍼지다'는 뜻이겠다. 또한 바깥으로 내어 밀거나 펴다는 뜻이다. 하늘(一)과 땅(一) 사이 낮에는 해(日)가, 밤에는 달(月)이 비춰 뻗치었으니(亘) [베풀다(亘)]는 뜻이고 [긍]으로 읽는다.

필순 一 丆 亣 亘 百 亘

기초 【기초한자어】 익히고, 【기본→발전한자어】 다지기
綿亘(면긍) 길게 이어 뻗쳐짐
亘古(긍고) 길고 오램

1급

亙長(긍장) 선로 길이. 송배전 선로나 통신 선로에서 일정한 구간의 수평 거리
• [亙長(긍장)→선로 길이·煙突(연돌)→굴뚝] 등 쉬운 용어로 바꾸었다.
• 우리 집안은 亙古부터 오늘날까지 綿亙하게 이어져 오고 있다.

[기본] ① 延亙(연긍)
[발전] ① 亙帶(긍대) 棉亙(면긍) 亙萬古(긍만고)

부수	획수	총획
矛	4	9

자랑할 긍 : 【2517】

[字源] 〈형성〉 이야기를 하다 보면 자기 자랑에 열을 올릴 때가 있다. 하고 보면 모두 자기 자랑 시대. 자신을 홍보하는 '자기 피알(PR)'의 시대란 말이 생소하지는 않다. 자기의 좋은 점을 널리 알리는 일이겠다. 지금(今) 짐승이 나타났으니 창(矛)으로 찔러 잡아서 주위에 많이 [자랑하다(矜)]는 뜻이고 [긍]으로 읽는다.
图 誇(자랑할 과) 衒(자랑할 현) 恤(불쌍할 휼)

[필순]

[기초] 【기초한자어】 익히고, 【기본→발전한자어】 다지기
矜救(긍구) 가엾이 여겨 도움
矜憐(긍련) 불쌍히 여김
矜恕(긍서) 불쌍히 여겨 용서함
• 이제는 矜憐의 정신으로 이웃을 불쌍하게 여겨야겠구나.
• 죄인을 矜恕하고 노인을 矜救하는 일은 나의 임무이자 사명이다.

[기본] ① 矜憫(긍민) 矜哀(긍애) 矜育(긍육) 矜惻(긍측) 矜恤(긍휼) 可矜(가긍) 去矜(거긍) 伐矜(벌긍) 哀矜(애긍) 仁矜(인긍) 自矜(자긍)

[발전] ① 矜競(긍경) 矜高(긍고) 矜顧(긍고) 矜功(긍공) 矜誇(긍과) 矜驕(긍교) 矜窮(긍궁) 矜貴(긍귀) 矜糾(긍규) 矜急(긍급) 矜矜(긍긍) 矜納(긍납) 矜能(긍능) 矜大(긍대) 矜動(긍동) 矜邁(긍매) 矜勉(긍면) 矜誣(긍무) 矜悶(긍민) 矜伐(긍벌) 矜負(긍부) 矜奮(긍분) 矜色(긍색) 矜恃(긍시) 矜式(긍식) 矜飾(긍식) 矜嚴(긍엄) 矜然(긍연) 矜勇(긍용) 矜僞(긍위) 矜異(긍이) 矜人(긍인) 矜慈(긍자) 矜莊(긍장) 矜制(긍제) 矜躁(긍조) 矜縱(긍종) 矜持(긍지) 矜寵(긍총) 矜惰(긍타) 矜誕(긍탄) 矜泰(긍태) 矜愎(긍퍅) 誇矜(과긍) 驕矜(교긍) [特] 矜愍(긍민) 矜肆(긍사) [特] 矜厲(긍려)

[사자성어] ① 束帶矜莊(속대긍장)

부수	획수	총획
木	3	7

구기자 기 【2518】

[字源] 〈형성〉 이 한자는 다음 두 가지 자원의 의미가 두루 쓰임을 알 수 있겠다. 첫 번째는 사람 몸(己)에 이로운 나무(木)로 [구기자(杞)]의 뜻으로 쓰이는 나무라고 이른다. 다음 두 번째는 상대방에게 정중하게 무릎을 꿇으면서 실패(己)의 모양을 하고 있는 곧은 나무(木)로 [구기자(杞)]를 뜻하고 [기]로 읽는다.

[필순]

[기초] 【기초한자어】 익히고, 【기본→발전한자어】 다지기
拘杞子(구기자) 구기자나무. 구기자나무 열매
杞柳(기류) 고리버들
杞憂(기우) 하늘이 무너질까 걱정하는 고사에서 나온 말. 쓸데없는 걱정
• '제발 그런 杞憂일랑 하지를 말아라. 그냥 하늘이 무너지겠다.'
• 杞柳잎이 돋을 무렵 拘杞子의 꽃망울이 맺히기 시작하고 있지 않는가.

[기본] ① 苦杞(고기) 樹杞(수기)
[발전] ① 杞棘(기극) [特] 杞梓(기재)
[사자성어] ① 杞人憂天(기인우천)

부수	획수	총획
网	19	24

굴레 기
나그네 기 【2519】

[字源] 〈회의〉 나그네가 피로를 달래기 위해 먼 여행을 떠났나. 요즈음 말로하면 무전여행이 아니었나 싶다. 소지한 여윳돈이 얼마나 있었겠는가 싶지만, 말에 굴레를 씌워 나그네가 길을 나선 것이다. 말(馬) 머리에 씌우는 가죽(革) 띠로 덮은(罒←两) [굴레(羈)]의 뜻과 함께 말을 타는 [나그네(羈)]를 뜻하고 [기]로 읽는다.
图 絆(얽어맬 반) 縻(고삐 미)

[필순]

[기초] 【기초한자어】 익히고, 【기본→발전한자어】 다지기
羈梏(기곡) 굴레와 수갑. 속박하여 자유롭지 못하게 함
羈絆(기반) 굴레. 속박의 비유
羈維(기유) 매어둠. 자유를 속박함
• 우리는 일제 삼십육 년 羈絆에서 해방되었다.
• 牛馬를 羈維하듯 사람을 羈梏할 수는 없는 일이다.

기본 ① 牽羈(견기) 係羈(계기) 繫羈(계기) 絆羈(반기)
발전 ① 羈角(기각) 羈客(기객) 羈檢(기검) 羈繫(기계) 羈孤
(기고) 羈貫(기관) 羈旅(기려) 羈勒(기륵) 羈泊(기박)
羈紲(기박) 羈魄(기백) 羈紲(기설) 羈束(기속) 羈屬(기속)
羈愁(기수) 羈役(기역) 羈寓(기우) 羈子(기자) 羈鳥(기조)
羈枕(기침) 羈恨(기한) 羈魂(기혼) 羈宦(기환) 不羈(불기)
출전 羈縻(기미)
사자성어 ① 羈旅之臣(기려지신) 豪宕不羈(호탕불기) 不羈奔放
(불기분방)

부수	획수	총획
女	4	7

기생 기: 【2520】

字源 〈형성〉 조선은 그야말로 철저한 남성 중심의 사회였다.
어디를 가나 기녀들이 동행하였다. 기생은 잔치나 술자리
에서 노래나 춤 또는 풍류로 흥을 돋우었다. 그리고 시 짓
는 능력이 특출났다고 한다. 여자(女)가 노래를 부르면서
남자들 술좌석에 의지해서(支) 같이 생활했었던 [기생(妓)]
을 뜻하고 [기]로 읽는다.
回 技(재주 기) 伎(재간 기) 枝(가지 지)

필순 ﹅ ﹅ 女 女 妓 妓 妓

기초 【기초한자어】 익히고, 【기본→발전한자어】 다지기
妓生(기생) 잔치나 술자리에서 노래나 춤을 춤
妓樂(기악) 기생과 음악. 기생이 연주하는 음악
妙技(묘기) 곱게 생긴 기생
• 妙技의 솜씨뿐만 아니라 音色도 천하일품일세.
• 재주 많은 妓生이라 妓樂솜씨 또한 엄청 뛰어나구나.
기본 ① 妓家(기가) 妓女(기녀) 妓樓(기루) 妓筵(기연) 妓院
(기원) 歌妓(가기) 官妓(관기) 宮妓(궁기) 童妓(동기)
名妓(명기) 舞妓(무기) 美妓(미기) 聲妓(성기) 小妓(소기)
藝妓(예기) 義妓(의기) 娼妓(창기)
발전 ① 妓館(기관) 妓物(기물) 妓夫(기부) 妓案(기안) 都妓
(도기) 退妓(퇴기) 幸妓(행기) 특 伶妓(영기)
사자성어 ① 妓生退物(기생퇴물)

부수	획수	총획
月	8	12

돌 기 【2521】

字源 〈형성〉 일 년을 주기로 돌아오는 시기를 '돌'이라고 했다.
요즈음에는 몇 주기(週期 혹은 周期) 등을 사용하면서 성
대한 행사를 하곤 했다. 창업, 탄신 등의 용어들이 함께
쓰이면서 많이 들썩인다. 세월은 달(月)을 기준으로 했었
으니 한 달, 한 해가 지나 그(其) 위치에 돌아왔으니 [돌(朞)]

을 뜻하고 [기]로 읽는다.

필순 一 廿 甘 其 其 其 其 朞 朞 朞

기초 【기초한자어】 익히고, 【기본→발전한자어】 다지기
朞年(기년) 기년복. 만 일 년
朞月(기월) 만 한 달
大朞(대기) 죽은 지 두 돌 되는 제사
• 돌아가신 지 두 돌 되는 제삿날인 오늘이 大朞랍
니다. 삼가 고인의 명복을 빌겠습니다.
• 처음 만난 지 朞年하고도 朞月이 지났으니 참으로
감개무량하네.
기본 ① 小朞(소기)
발전 ① 朞功(기공) 朞服(기복) 朞祥(기상) 朞制(기제) 朞慘
(기참) 朞親(기친) 一朞(일기)

부수	획수	총획
田	8	13

뙈기밭 기
불구 기 【2522】

字源 〈형성〉 뙈기밭은 큰 토지에 딸린 작은 밭으로 채소도 심
고 파도 심어 심심풀이 했다. 요즈음으로 말하면 미완성
의 밭, 텃밭쯤이라 할 수 있을 것 같다. 그래서 뙈기밭과
불구는 상관관계가 높다. 아직 구획되지 않은 별난(奇) 모
양을 한 밭(田)으로 [뙈기밭(畸)]은 정상과는 다른 [불구(畸)]
를 뜻하고 [기]로 읽는다.

필순 丨 冂 日 田 田 田 畸 畸 畸 畸

기초 【기초한자어】 익히고, 【기본→발전한자어】 다지기
畸人(기인) 세상의 풍속과 다른 면이 있는 사람. 불
구자
畸形(기형) 정상이 아닌 상태
畸兒(기아) 기형아
• 수확한 고구마 중에서 서너 개씩의 畸形이 발견
되고 있으니 참 묘하다.
• 그는 지금이야 畸人으로 인정받지만 어렸을 때만
해도 畸兒 취급을 받았다.
발전 ① 畸功(기공) 畸零(기령) 孤畸(고기) 窮畸(궁기)

부수	획수	총획
糸	8	14

비단 기 【2523】

字源 〈형성〉 조선과 중국에서는 비단을 짜서 옷감으로 사용했
다. 기후 풍토가 양잠에 적합해서 상고시대로부터 오늘날
까지 뽕나무를 심고 누에를 치면서, 비단을 짜는 업이 꽤

나 많이 발달하였다. 평범하지도 않아서(奇) 사람들 눈길을 이끌 정도로 고운 무늬를 한 천(糸)으로 [비단(綺)]을 뜻하고 [기]로 읽는다.
圏絹(비단 견) 綾(비단 능) 紈(흰비단 환)

필순 ` ` ` ` 幺 幺 糸 糸 糸 紆 紵 結 綺

기초 【기초한자어】 익히고, 【기본→발전한자어】 다지기
綺麗(기려) 아름다움. 고움. 화려함
綺綾(기릉) 무늬가 있는 비단
綺思(기사) 아름다운 생각. 묘한 생각
• 지금껏 당신보다 綺麗한 사람을 본 적이 없다.
• 綺綾을 입은 여인이라는 綺思가 갑자기 떠올랐다.

기본 ① 綺縠(기곡) 綺袖(기수) 綺繡(기수) 綺帳(기장) 輕綺(경기) 羅綺(나기) 緣綺(연기) 文綺(문기) 紫綺(자기) 淸綺(청기) 華綺(화기)

발전 ① 綺閣(기각) 綺觀(기관) 綺年(기년) 綺羅(기라) 綺文(기문) 綺靡(기미) 綺疏(기소) 綺室(기실) 綺語(기어) 綺艶(기염) 綺雲(기운) 綺節(기절) 綺藻(기조) 綺錯(기착) 綺窓(기창) 錦綺(금기) 綾綺(능기) 奢綺(사기) 綺衾(기금) 綺談(기담) 超綺陌(기맥) 綺紈(기환) 雕綺(조기) 紈綺(환기)

사자성어 ① 綺回漢惠(기회한혜)

	부수	획수	총획
	言	12	19

비웃을 기 【2524】

字源 〈형성〉'비웃다'는 '빈정거리거나 업신여기는 투로 웃다'는 뜻이다. 이는 남을 헐뜯고 욕질하면서 웃는 일이다. 유의어는 '빈정거리다. 조롱하다'가 있다. 어떤 사람의 말과 행동을 어처구니없다고 무시하는 태도로 웃다. 자잘한(幾) 것까지 들추어서 조롱하듯이 낮춰 말하니(言) [비웃다(譏)]는 뜻이고 [기]로 읽는다.
圏弄(희롱할 농) 謔(헐뜯을 기) 嘲(비웃을 조) 嗤(비웃을 치)

필순 ` ` 言 言 言 言 詝 詝 詝 譏 譏

기초 【기초한자어】 익히고, 【기본→발전한자어】 다지기
譏謗(기방) 헐뜯음
譏刺(기자) 헐뜯음
譏評(기평) 비난함. 나쁘게 평함
• 나를 譏刺 이상으로 譏謗한 자도 용서하겠거늘 하물며 그 정도쯤이야.
• 나를 譏謗하고 내 작품을 譏評하더라도 개의치 않겠다.

기본 ① 譏嘲(기조) 譏讒(기참) 譏嫌(기혐) 群譏(군기) 刺譏(극기) 嘲譏(조기)

발전 ① 譏呵(기가) 譏校(기교) 譏弄(기롱) 譏排(기배) 譏山

(기산) 譏笑(기소) 譏議(기의) 譏察(기찰) 譏斥(기척) 譏諷(기풍) 譏驗(기험) 譏興(기흥) 誹譏(비기) 刺譏(자기) 超貽譏(이기)

사자성어 ① 續貂之譏(속초지기) 譏而不征(기이부정) 譏察捕校(기찰포교) 紅粉之譏(홍분지기)

	부수	획수	총획
	肉	2	6

살 기 【2525】

字源 〈형성〉살이 토실토실하게 붙은 사람을 건강하다고 말한다. 뼈대도 튼튼하여 야무진 체구를 간직할 수 있어서 이중 효과를 거양할 수 있다고 한다. 평상시 자주하는 적당한 운동이 기본을 이룬다. 육체(月)의 기본을 이루는 뼈대를 왕성하게 뒤덮어(几) 아주 건장한 피부 부위인 [살(肌)]을 뜻하고 [기]로 읽는다.
圏膚(살갗 부) 肉(고기 육) 回骨(뼈 골)

필순 ` 丿 月 月 刖 肌

기초 【기초한자어】 익히고, 【기본→발전한자어】 다지기
肌膏(기고) 몸의 살과 기름. 몹시 수고스럽게 애씀
肌骨(기골) 살과 뼈. 피부와 뼈
肌膚(기부) 살과 피부. 살갗
• 몹시 수고스럽게 애쓰는 현상을 肌膏라 한다.
• 肌骨이 장대하더니 늙어서도 肌膚가 탄탄하였다.

기본 ① 肌理(기리) 肌肉(기육) 粉肌(분기) 永肌(영기) 死肌(사기) 雪肌(설기) 細肌(세기) 素肌(소기) 玉肌(옥기) 鳥肌(조기) 侵肌(침기) 豐肌(풍기) 皮肌(피기)

발전 ① 肌痺(기비) 肌傷(기상) 肌液(기액) 肌表(기표) 膚肌(부기) 氷肌(빙기)

사자성어 ① 刻肌削骨(각기삭골) 氷肌玉骨(빙기옥골)

	부수	획수	총획
	人	4	6

재간 기 【2526】

字源 〈형성〉재간이나 재주는 일을 해내는 능력이나 솜씨를 말한다. 특별한 기교 또한 그만이 간직한 좋은 장점이라 하겠다. 자기통제 능력이 부족한 상황에서 발휘되는 기교는 일을 그르치는 수가 있어 위험하다. 사람(亻)이 나뭇가지를 받쳐(支) 들고서 묘기를 연출하는 광대로 [재간(伎)]를 뜻하고 [기]로 읽는다.
圏巧(공교할 교) 倆(재주 량) 藝(재주 예) 回技(재주 기) 妓(기생 기) 枝(가지 지)

필순 ` 丿 亻 亻 仕 伎 伎

기초 【기초한자어】 익히고, 【기본 → 발전한자어】 다지기
伎倆(기량) 기술상의 재주
伎巧(기교) 솜씨가 아주 묘함
聲伎(성기) 궁중이나 귀족 집에 종사한 가희(歌姬)와 무녀(舞女)를 말함
• 궁중의 聲伎들은 중국 사신을 영접하는 행사에서 기막히게 공연하였다.
• 곡예단에 伎倆이 뛰어난 남자와 별난 伎巧를 부리는 여자를 입단시켰다.

기본 ① 伎工(기공) 伎能(기능) 伎術(기술) 伎藝(기예) 伎戱(기희) 工伎(공기) 方伎(방기)

발전 ① 伎伎(기기) 伎養(기양) 伎樂(기악)

사자성어 特 伎樂百戱(기악백희)

부수	획수	총획
口	10	13

즐길 기 【2527】

字源 〈형성〉 자기가 좋아하면서 자주 하는 일을 즐긴다고 할 수 있다. 행위는 사람마다 달라서 산책을 즐길 수 있겠고, 등산을 즐길 수도 있다. 바둑을 즐기고 음악을 즐기거나 독서 삼매경에 빠지기도 한다. 나이가 상당히 많아 입맛(口) 없는 늙은이(耆)에게 맛있는 음식을 드렸으니 [즐기다(嗜)]는 뜻이고 [기]로 읽는다.
回 慾(욕심 욕) 好(좋을 호)

필순 ロ ロ⁺ ロ˟ ロ⁶ ロ⁶ 嗜 嗜 嗜 嗜

기초 【기초한자어】 익히고, 【기본 → 발전한자어】 다지기
嗜僻(기벽) 편벽되게 즐기는 버릇
嗜愛(기애) 즐기고 좋아함
嗜好(기호) 어떤 사물을 즐기고 좋아함
• 嗜愛는 자신이 좋아서 자주 즐기는 것이다.
• 밤에 등산하는 嗜僻과 담배 피우는 嗜好는 꼭 고쳐야할 버릇이다.

기본 ① 嗜眠(기면) 嗜慾(기욕) 甘嗜(감기) 愛嗜(애기) 情嗜(정기) 貪嗜(탐기) 和嗜(화기)

발전 ① 嗜客(기객) 嗜玩(기완) 嗜酒(기주) 嗜虐(기학) 耽嗜(탐기) 偏嗜(편기) 惑嗜(혹기)

사자성어 ① 嗜好食品(기호식품)

부수	획수	총획
山	8	11

험할 기 【2528】

字源 〈형성〉 길이 '험하다(險)'는 평탄하지 않으면서 울퉁불퉁하거나 가파르다는 뜻이다. 기구한 운명을 타고 났던가?

인생의 걷는 길은 험하고 난해한 경우가 많다. 이를 인생의 여정이라고도 했었다. 모양이 기이하고(奇) 오르기 어려운 오솔길 산(山)이 많아 구불구불하니 [험하다(崎)]는 뜻이고 [기]로 읽는다.
回 嶇(험할 구) 險(험할 험)

필순 ᅵ ᅩ 山 山´ 山⁴ 山⁴ 崅 崎 崎 崎 崎

기초 【기초한자어】 익히고, 【기본 → 발전한자어】 다지기
崎嶇(기구) 산길이 험함. 고생함. 세상살이에 어려움을 겪음
崎傾(기경) 험악하게 기울음
崎險(기험) 성질이 굳고 험상스러움
• 우리나라 노인들 대다수가 崎嶇한 운명의 소유자라니 너무 심하겠구나.
• 그 산은 崎傾이 험악하고 바위들도 崎險하여 등산객들이 많이 꺼린다.

발전 特 崎錡(기기) 崎嘴(기취) 嶢崎(요기)

사자성어 ① 崎嶇罔測(기구망측) 崎嶇險路(기구험로)

부수	획수	총획
手	6	9

일할 길 【2529】

字源 〈형성〉 이 한자는 두 가지 자원에 대한 의견이 분분하게 있다. 첫 번째 자원은 사람 마음을 긴장(吉)시켜서 손(扌)을 놀리면서 '일하다(拮)'는 뜻으로 쓰인 한자다. 두 번째 자원은 손재주(扌)로 썩 좋은(吉) 일을 맞이하면서 어울리는 일을 하기 위해 당당하게 앞에 나섰으니 [맞서다(拮)]는 뜻이고 [길]로 읽는다.
回 抗(겨룰 항) 据(일할 거)

필순 一 十 扌 扌´ 扌⁺ 拁 拮 拮 拮

기초 【기초한자어】 익히고, 【기본 → 발전한자어】 다지기
拮抗(길항) 서로 버티어 대항함. 頡頏(힐항)
• 깊은 밤중에 도둑과 拮抗함은 가장에게 주어진 책임이자 의무이다.

발전 特 拮据(길거)

사자성어 ① 拮抗作用(길항작용)

부수	획수	총획
口	9	12

먹을 끽 【2530】

字源 〈형성〉 이 한자 자원도 두 가지를 염두하면 이해하는 데 좋을 듯싶다. 첫째 자원은 입(口)이 음식과 계약이나(契)하듯이 음식이나 음료를 [먹다(喫)]는 뜻으로 쓰이고 있

다. 두 번째 자원은 음식을 입(口)에서 잘게 쪼개듯이(契) 충분하게 소화하기 위해서 음료수를 자주 [마시다(喫)]는 뜻이고 [끽]으로 읽는다.

필순 口 口 口 吐 咔 咭 喫 喫 喫 喫

기초 【기초한자어】 익히고, 【기본→발전한자어】 다지기
喫茶(끽다) 차를 마심. 혼인을 약속함
喫飯(끽반) 밥을 먹음. 겨우 생활함
喫破(끽파) 먹어서 없앰
• 喫茶는 차를 내린다는 뜻으로 쓰이기도 한다.
• 喫飯 후에 드는 喫茶는 일의 능률을 향상시킨다.

기본 ① 喫怯(끽겁) 喫着(끽착) 滿喫(만끽)

발전 ① 喫驚(끽경) 喫苦(끽고) 喫拳(끽권) 喫緊(끽긴) 喫煙(끽연) 喫殘(끽잔) 喫醋(끽초) 頓喫(돈끽) 賣喫(매끽) 沒喫(몰끽) 特 喫餼(끽휴)

사자성어 ① 喫着不盡(끽착부진)

부수	획수	총획
心	14	17

나약할 나 : 【2531】

字源 〈형성〉 '나약하다'는 사람의 의지가 굳세지 못하거나 몸이 연약하다는 뜻이다. '남자는 나약하다. 그러나 여자는 강하다'고 말한다. 인간은 나약하지만, 신은 강하다는 유신론의 입장이다. 다른 사람을 대할 때 마음 씀(忄)은 곱고 너그럽지만 그 무엇을 바란다 했으니(需) [나약하다(懦)]는 뜻이고 [나]로 읽는다.
回 弱(약할 약)

필순 忄 忄 忙 忙 惊 惊 惊 儒 懦 懦

기초 【기초한자어】 익히고, 【기본→발전한자어】 다지기
懦弱(나약) 의지가 굳세지 못함
懦語(나어) 접먹은 말
羅劣(나열) 나약하고 용렬함. 기개가 없음. 무기력함
• 懦語는 무서워 접먹은 표정으로 하는 말이다.
• 부모의 懦弱함을 닮아서 나 역시 羅劣함을 보니 이제는 어쩔 수가 없구나.

기본 ① 懦者(나자) 怯懦(겁나) 老懦(노나) 衰懦(쇠나) 畏懦(외나) 庸懦(용나) 幼懦(유나) 淺懦(천나) 退懦(퇴나)

발전 ① 懦怯(나겁) 懦鈍(나둔) 懦薄(나박) 懦夫(나부) 懦闇(나암) 柔懦(유나) 特 懼懦(손나) 孱懦(잔나)

사자성어 ① 頑廉懦立(완렴나립)

부수	획수	총획
手	5	9

잡을 나 : 【2532】

字源 〈형성〉 이 한자 또한 두 가지 자원이 함께 쓰인다고 했다. 첫 번째 자원은 일을 못하도록 두 손(手)을 맞대어 묶은 노예(奴)로 [잡다(拏)]는 뜻으로 쓰인다. 두 번째 자원은 자유 없는 노예들이(奴) 두 손(手)에 연장을 [붙잡고(拏)] 힘써서 일하다는 뜻이고 [나]로 읽는다. 이 한자의 속자는 [나(拿)]로 쓰인다고 한다.
回 捕(잡을 포)

필순 乂 夕 女 女 奴 奴 奴 拏 拏 拏

기초 【기초한자어】 익히고, 【기본→발전한자어】 다지기
拏捕(나포) 적이나 죄인을 붙잡음
交拏(교나) 서로 드잡이하고 싸움
紛拏(분나) 어수선하고 소란스러움
• 중국의 불법어선을 우리 해군이 拏捕했다.
• 交拏 작전으로 서로 엉클어져 때리고 치는 바람에 사방천지가 紛拏했다.

기본 ① 猛拏(맹나) 盤拏(반나)

발전 ① 爭拏(쟁나) 橫拏(횡나) 漢拏山(한라산) 特 拏攫(나확)

사자성어 ① 龍拏虎擲(용나호척)

부수	획수	총획
手	6	10

잡을 나 : 【2533】

字源 〈형성〉 나이가 들면 손을 부들부들 떠는 수가 더러 있다. 이럴 때일수록 두 손을 모아서 조심스럽게 떠받들면서 신주 모시듯이 삼가고 또한 극진히 조심한다. 일을 잘 하거나 물건을 놓치지 않으려고 두 손(手)을 서로 모아서(合) 꽉 움켜 [잡다(拿)]는 뜻이고 [나]로 읽는다. 이 한자의 또다른 동류자로는 [나(拏)]가 쓰이고 있다.
回 捕(잡을 포)

필순 丿 人 人 人 合 合 合 拿 拿 拿 拿

기초 【기초한자어】 익히고, 【기본→발전한자어】 다지기
拿鞠(나국) 죄인을 잡아다 국문함
拿捕(나포) 붙잡아 가둠
拿獲(나획) 죄인을 잡거나 그 사람 물건을 빼앗음
• 우리나라 영해를 침범한 선박을 拿捕했다가 신문을 끝내고 본국으로 송환했다.
• 사또는 산적을 拿獲하면서 심하게 拿鞠하였다.

기본 ① 拿勘(나감) 拿來(나래) 拿命(나명) 拿問(나문) 拿法(나법) 拿送(나송) 拿囚(나수) 拿引(나인) 拿入(나입) 拿處(나처) 拿推(나추) 拿就(나취) 拿致(나치) 拿罷(나파) 拘拿(구나) 先拿(선나) 推拿(추나) 罷拿(파나) 捕拿(포나)

발전 ① 拿卒(나졸) 拿遞(나체) 罷拿(파나) 拿破崙(나파륜) 特 拿鞫(나국) 竄拿(찬나)

사자성어 ① 先拏後奏(선나후주)

부수	획수	총획
人	19	21

儺
푸닥거리 나
【2534】

字源 〈형성〉 푸닥거리는 무당이 부정하거나 살을 풀기(살풀이) 위해 간단하게 음식을 차려놓고 하는 일종의 굿 행위다. 이와 비슷한 '살풀이'는 예방적 의미가 강하지만, '푸닥거리'는 치료를 위한 행위다. 사람(亻)이 어려운(難) 일을 당해서 점을 치며 무당을 불러서 했던 굿으로 [푸닥거리(儺)]를 뜻하고 [나]로 읽는다.

필순 亻 亻 亻' 俏 倠 僅 儺 儺 儺 儺

기초 【기초한자어】 익히고, 【기본→발전한자어】 다지기
驅儺(구나) 세밑이나 입춘 때 역귀와 잡신을 저 멀리 몰아내는 의식
儺禮(나례) 잡귀를 쫓아내고 새해의 복을 맞으려는 의식
儺藝(나예) 고려시대 나례 의식 때 추던 춤
• 지금도 옛 풍습을 따라 驅儺하는 곳이 있을 것이다.
• 잡귀를 쫓아내려는 儺禮에서 儺藝를 추었다.
기본 ① 贈儺(증나) 追儺(추나) 行儺(행나)
발전 ① 儺戲(나희) 觀儺(관나) 特 猗儺(아나)
사자성어 ① 儺儺之聲(나나지성)

부수	획수	총획
火	9	13

煖
더울 난: 【2535】

字源 〈형성〉 덥거나 춥다는 것은 사람이 느끼는 온도이다. 그래서 덥다는 정의는 사람이 느끼기에 쾌적한 정도 이상으로 기온이 높다는 뜻을 담고 있다. 태양열에 의하기도 하며, 불에 의하기도 한다. 뜨거운 불(火)을 끌어당기면(爰) 온화하면서 따뜻하지만 시간이 지나게 되면 [덥다(煖)]는 뜻이고 [난]으로 읽는다.
園 溫(따뜻할 온) 冊 冷(찰 냉)

필순 ⺊ ⺊ 火 火' 火° 火° 炉 炉 煖 煖

기초 【기초한자어】 익히고, 【기본→발전한자어】 다지기
煖坑(난갱) 온돌
煖爐(난로) 불을 피워서 방 안을 따뜻하게 하는 장치
煖房(난방) 방을 따뜻하게 함. 따뜻한 방
• 온돌은 우리나라 고유의 난방장치로 煖坑이라고도 한다.

• 겨울이 다가오니 煖房을 위해 煖爐를 찾아내 잘 정비해야겠다.
기본 ① 煖閣(난각) 煖氣(난기) 暖室(난실) 煖香(난향) 甘煖(감난) 輕煖(경난) 飽煖(포난) 寒煖(한난) 噓煖(허난)
발전 ① 煖色(난색) 煖衣(난의) 煖皮(난피) 冷煖(냉난) 溫煖(온난) 特 燠煖(욱난)
사자성어 ① 煖衣飽食(난의포식) 煖房裝置(난방장치) 非帛不煖(비백불난) 坐席未煖(좌석미난)

부수	획수	총획
手	7	10

捏
꾸밀 날 【2536】

字源 〈형성〉 '꾸미다'는 다른 요소를 더해서 잘 다듬어 더욱 보기 좋게 만든다는 뜻이겠다. 남들이 보기 좋은 것이 우선이 아니라 스스로에게 보기 좋게 꾸몄을 때 흡족한 만족감이 높다. 절구(臼=日) 속에 흙(土)을 넣고 손(扌)으로 반죽해서 햇빛(日=日)에 잘 말린 도자기로 [꾸미다(捏)]는 뜻이고 [날]로 읽는다.

필순 一 亅 扌 扌 扣 担 捏 捏 捏

기초 【기초한자어】 익히고, 【기본→발전한자어】 다지기
捏造(날조) 사실이 아닌 것을 사실인 것처럼 거짓으로 꾸밈
捏詞(날사) 전연 근거 없는 말
• 우리 사장은 이번에 시행한 공사에서 捏造된 서류를 보고 혼란에 빠졌다.
• 그는 捏詞로 배심원을 홀려 재판을 유리하게 끌고 갔다.
발전 特 扤捏(올날)
사자성어 ① 構虛捏造(구허날조)

부수	획수	총획
手	8	11

捺
누를 날 【2537】

字源 〈형성〉 이 한자는 자원이 두 가지가 있다. 사람이 손(扌)으로 아무지게 눌러서(奈) 흔적을 남겼으니 위에서 꾹 [누르다(捺)]는 뜻으로 쓰인다. 다음은 어떠한(奈) 중요한 문서에 손가락(扌)으로 인주를 묻혀서 계약이 성립되었음을 확인하니 [누르다(捺)] 또는 계약서에 [도장을 찍다(捺)]는 뜻이고 [날]로 읽는다.

필순 一 亅 扌 扌 扙 护 捺 捺 捺 捺

기초 【기초한자어】 익히고, 【기본→발전한자어】 다지기
捺染(날염) 피륙에 무늬를 찍어 물들임

1급

捺印(날인) 도장을 찍음
捺章(날장) 날인함. 도장을 찍음
• 捺染은 피륙에 무늬를 찍어 물들이는 현상이다.
• 공장장은 상대방의 捺印을 확인한 다음 계약서에
  捺章하였다.

기본 ① 捺糊(날호)
발전 ① 捺絃引(날현인)
사자성어 ① 署名捺印(서명날인) 記名捺印(기명날인)

부수	획수	총획
衣	4	9

기울 납 【2538】

字源 〈형성〉 '구멍 난 양말을 깁다'에서 '깁다'는 떨어지거나 해
어진 곳에 다른 조각을 대거나 또는 그대로 꿰매다는 뜻
이다. '찌깁기'도 같은 뜻이다. 이 한자의 다른 뜻으로는
스님, 승려가 있다. 찢어지거나 떨어진 옷(衤)을 뒤집어
안(內) 쪽으로 바느질을 잘하면서 꿰맸으니 [깁다(衲)]는
뜻이고 [납]으로 읽는다.

필순 〿 ⺍ ⺀ 衤 衤 衤 衲 衲 衲

기초 【기초한자어】 익히고, 【기본→발전한자어】 다지기
衲僧(납승) 승려
衲衣(납의) 승려가 입은 검정 옷 장삼
衲子(납자) [납의(衲衣)]를 입은 사람이란 뜻으로, 절
간의 승려(僧侶)
• 절간의 모든 승려(남녀 구분 없음)를 衲子라고 부른다.
• 멀리 衲衣가 널려 있는 것으로 보아 여기에는 衲
  僧이 사는 것 같다.

기본 ① 衲被(납피) 老衲(노납) 半衲(반납) 梵衲(범납) 野衲
(야납) 愚衲(우납) 寒衲(한납)
발전 ① 磨衲(마납) 緋衲(비납) 實衲(실납) 拙衲(졸납) 弊衲
(폐납) 特 敝衲(폐납)

부수	획수	총획
口	19	22

주머니 낭 【2539】

字源 〈형성〉 '주머니'는 자질구레한 물건이나 돈 등을 넣고 아
가리를 졸라매어 허리에 찬 물건을 말한다. 주머니는 각
이 진 귀주머니와 둥근 모양의 두루주머니가 있다. 바닥
은 막혀있고 위로는 풍 뚫려서 여러 가지 물건을 넣는
자루였지만 일반적으로 입는 옷에 딸리는(襄+襄→囊)
[주머니(囊)]를 뜻하고 [낭]으로 읽는다.
回 㲜(접때 낭) 回 囊

필순 一 冖 冊 冊 㕜 㕜 㡀 囊 囊 囊

기초 【기초한자어】 익히고, 【기본→발전한자어】 다지기
囊括(낭괄) 자루에 넣고 자루 입을 동여맴
傾囊(경낭) 주머니 속에 있는 돈을 텀
囊裏(낭리) 주머니 속. 낭중
• 밤손님이 찾아와 모든 패물을 囊括해 가버렸으니
  이제 큰일이다.
• 囊裏 속에 있는 돈을 몽땅 傾囊을 당하고 말았으
  니 큰일이구나.

기본 ① 囊刀(낭도) 錦囊(금낭) 米囊(미낭) 背囊(배낭) 浮囊
(부낭) 氷囊(빙낭) 水囊(수낭) 詩囊(시낭) 心囊(심낭)
藥囊(약낭) 陰囊(음낭) 衣囊(의낭) 財囊(재낭) 智囊
(지낭) 寢囊(침낭) 土囊(토낭) 行囊(행낭) 香囊(향낭)
발전 ① 囊家(낭가) 囊空(낭공) 囊頭(낭두) 囊沙(낭사) 囊中
(낭중) 囊縮(낭축) 囊螢(낭형) 氣囊(기낭) 膽囊(담낭)
飯囊(반낭) 胚囊(배낭) 繡囊(수낭) 腎囊(신낭) 旅囊
(여랑) 亥囊(해낭) 血囊(혈낭) 囮 囊癰(낭옹) 特 囊橐
(낭탁)
사자성어 ① 囊砂之計(낭사지계) 囊中之錐(낭중지추) 囊中
取物(낭중취물) 囊乏一錢(낭핍일전)

부수	획수	총획
手	12	15

비빌 년 【2540】

字源 〈형성〉 '비비다'는 서로를 맞대어서 여러 번 마찰시키는
일이라고 한다. 서로 눌러 대고서 이리저리 밀거나 비비
다는 문지르다와 같은 의미를 지니고 있겠으니 마찰(摩
擦)과도 같은 용어다. 불길이 소용돌이쳐 타오르면(然) 손
(扌)으로 나무를 꺾어서 두들겨 끄거나 발로 [비비다(撚)]
는 뜻이고 [년]으로 읽는다.

필순 十 扌 扌 扩 扩 扩 扩 捗 捗 撚

기초 【기초한자어】 익히고, 【기본→발전한자어】 다지기
撚斷(연단) 손끝으로 비틀어 끊음
撚絲(연사) 두 가닥 또는 여러 가닥의 실을 합한 실
撚紙(연지) 종이를 꼼. 종이를 비벼 꼬아서 만든 끈
• 撚紙는 종이를 비벼 꼬아서 만든 끈인데 단단하다.
• 撚絲를 撚斷할 수밖에 없어서 그냥 가위로 싹둑
  잘라 냈다.

기본 ① 撚撥(연발) 强撚(강연) 檢撚(검년) 交撚(교연) 左撚
(좌연) 合撚(합연)
발전 ① 撚索(연색) 撚箭(연전)

부수	획수	총획
水	7	10

열반 녈 【2541】

字源 〈형성〉 '열반(涅槃)'은 타고 있는 불을 바람이 불어와 꺼버리듯이, 타오른 번뇌의 불꽃을 지혜로 꺼서 번뇌가 소멸되는 상태라고 가르친다. 윤회와 해탈하는 깨달음의 세계인 불교계의 실천목적이다. 햇빛(日)이 비친 물밑의(氵) 흙(土)인 [개흙(涅)]으로 梵語의 'nirvana'로 [열반(涅)]을 뜻하고 [녈]로 읽는다.

필순 `丶丶冫氵汀汀汨泪涅涅`

기초 【기초한자어】 익히고, 【기본→발전한자어】 다지기
涅槃(열반) 모든 번뇌의 얽매임에서 벗어남
• 큰스님의 기도 목적은 涅槃에 드는 것이다.
• 큰스님이 涅槃에 드시면 佛敎의 독특한 행사인 [多比式]이 있다.

기본 ① 涅墨(열묵) 涅髮(열발) 涅汚(열오) 刻涅(각날)

발전 ① 涅齒(열치) 涅槃堂(열반당) 涅槃鐘(열반종) 涅槃會(열반회)

사자성어 ① 無餘涅槃(무여열반)

부수	획수	총획
馬	5	15

둔한말 노 【2542】

字源 〈형성〉 '노마십가(駑馬十駕)'란 둔한 말이 열흘 동안 수레를 끌면 성공할 수 있다는 데서 유래한다. 사람에게 적용하면 재주없는 사람도 태만하지 않고 노력하면 재주있는 사람과 어깨를 나란히 할 수 있다는 의미다. 신분이 천한 노예(奴)가 끄는 말(馬)이 하등으로 떨어져 [둔한 말(駑)]을 뜻하고 [노]로 읽는다.
回 鈍(둔할 둔) 駘(둔마 태) 凹 驥(천리마 기)

필순 `丿女女奴奴奴駑駑駑駑`

기초 【기초한자어】 익히고, 【기본→발전한자어】 다지기
駑怯(노겁) 둔하고 겁이 많음
駑鈍(노둔) 어리석고 둔함. 아둔함
駑闇(노암) 둔하고 흐림. 재치가 뒤짐
• 駑闇은 재빠르지 못하고 才致가 뒤지면서 매우 둔하고 흐림이다.
• 전쟁에서 駑鈍하고 駑怯한 병사들로 승리는 불가능하다.

기본 ① 駑驥(노기) 駑力(노력) 駑頑(노완) 愚駑(우노) 策駑(책노) 罷駑(파노)

발전 ① 駑官(노관) 駑馬(노마) 駑鉛(노연) 駑劣(노열) 駑材(노재) 駑才(노재) 駑拙(노졸) 駑駿(노준) 駑下(노하) 特 駑騾(라노) 重 駑駘(노태)

사자성어 ① 駑馬十駕(노마십가)

부수	획수	총획
弓	5	8

쇠뇌 노 【2543】

字源 〈형성〉 쇠뇌는 중세 때 주무기였다고 한다. 처음은 나무였으며, 자루와 자루에 가로로 고정된 짧은 활로 이루어져 있었다. '쇠뇌는 보통 '걸쇠'라고 부르는 발사체를 유도하는 홈과 방아쇠를 갖추었다. 노예(奴)들이 활(弓)을 쏘면 화살을 잘 쏘지 못하여 한꺼번에 나갔으니 [쇠뇌(弩)]를 뜻하고 [노]로 읽는다.

필순 `丿女女奴奴奴弩弩`

기초 【기초한자어】 익히고, 【기본→발전한자어】 다지기
弩師(노사) 쇠뇌를 만드는 것을 업으로 삼는 사람
弩手(노수) 쇠뇌를 잘 쏘는 사람
弩砲(노포) 쇠뇌
• 弩手는 조준하는 경력이 있고 재략을 갖춘 사람이다.
• 훌륭한 弩師일지는 몰라도 결코 弩手가 될 수는 없다.

기본 ① 弩樓(노루) 弩牙(노아) 強弩(강노) 彊弩(강노) 弓弩(궁노) 道弩(도노) 萬弩(만노) 伏弩(복노)

발전 ① 弩弓(노궁) 弩臺(노대) 弩箭(노전) 勁弩(경노) 推弩(추노) 火弩(화노) 特 弩幢(노당)

사자성어 ① 弩末之勢(노말지세)

부수	획수	총획
肉	13	17

고름 농 【2544】

字源 〈형성〉 고름은 감염을 일으키는 미생물이 인체에 침입하여 염증을 일으킬 때 생긴 진하고도 불투명한 빛을 띠는 흰색 액체다. '고름은 염증이 생기게 되면 살아 있거나 죽은 미생물이라고 말한다. 피부(月)에 나는 부스럼을 짜지 않으면 결국 곪아 생긴 끈적거리는(農) 물질로 [고름(膿)]을 뜻하고 [농]으로 읽는다.

필순 `刀月月月膿膿膿膿膿膿膿膿`

기초 【기초한자어】 익히고, 【기본→발전한자어】 다지기
膿團(농단) 고름 덩어리. 쓸모없는 사람
膿汁(농즙) 고름
膿血(농혈) 피고름
• 고름은 살아 있거나 죽은 미생물인 膿汁이다.
• 膿血과 膿團은 빨리 제거하는 것이 더 좋다.

기본 ① 膿漏(농루) 濃墨(농묵) 膿死(농사) 釀膿(양농) 化膿(화농)

발전 ① 膿潰(농궤) 膿瘤(농류) 膿淋(농림) 膿病(농병) 膿瘍

1급

(농양) 膿液(농액) 膿耳(농이) 膿瘡(농창) 膿泡(농포)
膿血(농혈) 膿胸(농흉) 貫膿(관농) 燭膿(촉농) 會膿
(회농) 特 膿疥(농개)

부수	획수	총획
手	12	15

휠 뇨 : 【2545】

字源 〈형성〉 '휘다'는 힘을 받아 구부러진 모양이다. 허리가 휘
다. 등골이 휘다는 뜻으로 전이해 쓴다. 컬링(Curling)은
'휘다'라는 뜻으로 화강석이 미끄러지는 다양한 상황이 연
출되기도 했다. 손(扌)으로 나긋나긋(堯=翹)하게 만든다
고 했으니 [휘다(撓)]는 뜻과 擾(요)와 통해 [어지럽히다(撓)]
는 뜻이고 [뇨]로 읽는다.
回 屈(굽을 굴)

필순 一 扌 扌 扌 扩 扩 扩 护 挠 撓 撓

기초 【기초한자어】 익히고, 【기본 → 발전한자어】 다지기
撓改(요개) 휘어서 고침
撓屈(요굴) 휘어서 굽힘. 굴복함
撓亂(요란) 어지럽게 함
• 휘어서 사용할 수 있도록 고치는 일이 撓改라 한다.
• 반대파들이 撓亂을 떨더니 결국은 撓屈하고 말았다.

기본 ① 撓撓(요뇨) 撓法(요법) 撓折(요절) 撓敗(요패) 曲撓
(곡뇨) 枉撓(왕뇨) 侵撓(침뇨) 敗撓(패뇨) 陷撓(함뇨)

발전 ① 撓骨(요골) 撓憂(요우) 撓奪(요탈) 撓滑(요활) 攪撓
(교뇨) 屈撓(굴뇨) 紊撓(문뇨) 不撓(불뇨) 眩撓(현요)
特 逗撓(두요)

사자성어 ① 百折不撓(백절불요) 不撓不屈(불요불굴) 撓改
不得(요개부득)

부수	획수	총획
言	4	11

말더듬거릴 눌
【2546】

字源 〈형성〉 '말이 어눌하다'는 표현은 무슨 뜻이었을까? 말을
하는 데 있어서 발음이 정확하지 못하여 알아듣기 애매모
호할 때를 일컫는 말이다. 곧 말이 어눌(語訥)한 상태이
다. 금방 입으로 나오려는 말(言)이 그만 목 안으로 들어
가(內) 밖으로 나오지 않고 머뭇거려 [말 더듬거리다(訥)]
는 뜻이고 [눌]로 읽는다.
回 澁(떫을 삽)

필순 ㆍ ㆍ ㆍ ㆍ 言 言 言 訂 訥 訥

기초 【기초한자어】 익히고, 【기본 → 발전한자어】 다지기
訥辯(눌변) 더듬더듬하는 서투른 말솜씨

訥澁(눌삽) 더듬더듬하여 말이 나오지 않음
訥言(눌언) 말더듬이. 더듬거리는 말
• 訥辯이라도 학식이 높고 덕망이 있으면 우리 사
회에서 존경받는다.
• 訥澁이라도 연습을 하면 訥言을 벗어날 수도 있다.

기본 ① 訥口(눌구) 訥直(눌직) 口訥(구눌) 木訥(목눌) 質訥
(질눌)

발전 ① 訥訥(눌눌) 訥默(눌묵) 訥舌(눌설) 訥魚(눌어) 怯訥
(겁눌) 語訥(어눌) 拙訥(졸눌)

사자성어 ① 訥言敏行(눌언민행) 剛毅木訥(강의목눌)

부수	획수	총획
糸	4	10

맺을 뉴 【2547】

字源 〈형성〉 '맺다'는 어떤 일을 비로소 이루거나 새로 물건을
만든다는 뜻이겠다. 노력하여 애쓴 결과나 새봄에 나오는
새싹이 이제 결실을 맺는다는 뜻이겠다. 인연이나 깊은 관
계를 맺는다는 뜻으로도 쓰인다. 소(丑)가 실끈(糸)으로 잘
[맺다(紐)]는 뜻과 끈의 끝(糸)을 비틀어서(丑) [맺다(紐)]는
뜻이고 [뉴]로 읽는다.

필순 ㄴ ㄴ ㄴ ㄴ 糸 糸 紅 紐 紐 紐

기초 【기초한자어】 익히고, 【기본 → 발전한자어】 다지기
紐星(유성) 북극성
紐情(유정) 정에 얽혀 떨어지지 않는 마음
結紐(결뉴) 끈을 냄. 얽어 맺음
• 얽어냄도 結紐지만, 서약함도 結紐라고 한다.
• 밤하늘 紐星을 바라서보며 우리의 紐情을 달래
었다.

기본 ① 紐折(유절) 綱紐(강뉴) 屈紐(굴뉴) 龜紐(귀뉴) 根紐
(근뉴) 解紐(해뉴)

발전 ① 紐帶(유대) 紐約(유약) 拘紐(구뉴) 打紐(타뉴) 特 彎紐
(비뉴)

사자성어 ① 交木周紐(교목주뉴) 社會紐帶(사회유대)

부수	획수	총획
匸	9	11

숨길 닉 【2548】

字源 〈형성〉 숨기는 일은 남이 잘 모르게 감추거나 밖으로 드
러내지 않게 하다는 뜻이겠다. 사랑을 믿지 않는 남녀가
만나 사랑의 빠지는 이야기인 사랑을 숨기는 이야기가 있
다. 나이도 숨겼다. 채소(若)를 잘 갈무리하니(匸) [숨기다
(匿)]는 뜻과 만약(若)을 위해서 숨었으니(匸) [숨다(匿)]는
뜻이고 [닉]으로 읽는다.

1급

필순 一 匚 匚 匚 匸 匸 匸 匿 匿 匿

기초 【기초한자어】 익히고, 【기본→발전한자어】 다지기
匿空(익공) 빠져나갈 구멍
匿名(익명) 이름을 숨김. 뒤얽힘
匿伏(익복) 엎드려 숨어 있음
• 이제는 더 이상 匿空도 없는 신세구나.
• 장관을 사직한 후 匿名으로 匿伏했으니 아무노 몰라보아서 서글펐다.

기본 ① 匿諱(익휘) 亡匿(망닉) 伏匿(복닉) 隱匿(은닉) 藏匿(장닉) 退匿(퇴닉) 避匿(피닉)

발전 ① 匿年(익년) 匿怨(익원) 匿跡(익적) 匿爪(익조) 匿挾(익협) 匿戶(익호) 逃匿(도닉) 祕匿(비닉) 潛匿(잠닉) 晦匿(회닉) 特 匿竄(익찬) 特 覿匿(적닉)

사자성어 ① 能士匿謀(능사익모) 匿名批評(익명비평) 匿名投票(익명투표) 匿跡消聲(익적소성)

부수	획수	총획
糸	9	15

비단 단 【2549】

字源 〈형성〉 우리나라 기후 풍토가 양잠에 적합하여 상고시대로부터 뽕나무를 심고 누에를 치면서 비단실을 켜서 비단 짜는 일이 많이 발달했다. 양잠과 비단 길쌈을 나라에서는 크게 장려했으니. 계단(段)처럼 층층이 짠 천(糸)으로 광택과 무늬가 있는 두꺼운 천이라 했으니 [비단(緞)]을 뜻하고 [단]으로 읽는다.
回 絹(비단 견)

필순  幺 幺 糸 糸 糺 紆 紓 緞 緞

기초 【기초한자어】 익히고, 【기본→발전한자어】 다지기
緞子(단자) 생사 또는 연사로 짠 견직물
緋緞(비단) 명주실로 광택이 나게 짠 피륙의 총칭, 견포
絨緞(융단) 모직물의 하나. 양탄자. 카펫(carpet)
• 緞子로 만든 옷이라 따뜻하고 감촉이 매우 좋았다.
• 緋緞과 絨緞은 비슷하나 주재료가 명주실과 모직물로 다르다.

발전 ① 綾緞(능단) 紋緞(문단) 繡緞(수단) 禮緞(예단) 紬緞(주단) 疋緞(필단) 特 緝緞(주단)

사자성어 ① 絨緞爆擊(융단폭격)

부수	획수	총획
虫	5	11

새알 단 : 【2550】

字源 〈형성〉 새알은 찹쌀가루나 수수 가루를 새알처럼 동그랗게 만들어 팥죽에 넣은 덩이를 말한다. '새알심'은 우리의 고유어가 아니라, '새(고유어)+알(고유어)+심(心)'인 한자어라 한다. 새가 알을 품어서 부화하지 않는다면 벌레(虫)가 생긴다(疋=誔)는 뜻을 살포시 담았으니 [새알(蛋)]을 뜻하고 [단]으로 읽는다.

필순 一 丆 丆 疋 疋 疋 蛋 蛋 蛋 蛋

기초 【기초한자어】 익히고, 【기본→발전한자어】 다지기
蛋殻(단각) 알의 껍데기
蛋白(단백) 알의 흰자위
蛋黃(단황) 알의 노른자위. 난황
• 蛋黃은 알의 노른자위로 많은 영양소가 들어 있다.
• 蛋殻 속에 들어있는 蛋白만을 빼내어 요리를 간단하게 해 먹었다.

발전 ① 鷄蛋(계단) 蛋白質(단백질)

부수	획수	총획
竹	12	18

소쿠리 단 【2551】

字源 〈형성〉 소쿠리는 얇고 가늘게 쪼갠 대나 싸리 따위를 어긋나게 짜서 만든 그릇을 말한다. 둥그런 테를 만들고 앞을 트이게 하여 농작물이나 생활용품 등을 담는 일종의 그릇이었다. 대나무(竹)를 작게 쪼개어 혼자(單) 먹을 수 있도록 만들었던 밥그릇(竹器) 같은 상자로 [소쿠리(簞)]를 뜻하고 [단]으로 읽는다.
回 簟(대자리 점)

필순 亻 ᅩ ᅩ 竺 竺 笡 篁 箪 箪 簞 簞

기초 【기초한자어】 익히고, 【기본→발전한자어】 다지기
簞食(단사) 도시락에 담는 밥
一簞(일단) 밥을 담는 도시락의 하나
• 동창회에서 점심을 簞食로 때웠지만 오랜만이라 매우 반가웠다.
• 一簞은 한 소쿠리라는 뜻이지만 간단한 밥이다.

기본 ① 空簞(공단)

발전 特 瓢簞(표단) 特 簞笥(단사)

사자성어 ① 簞食豆羹(단사두갱) 國 簞食瓢飮(단사표음) 簞瓢陋巷(단표누항) 陋巷簞瓢(누항단표)

부수	획수	총획
手	13	16

때릴 달 【2552】

字源 〈형성〉 '때리다'는 손이나 손에 든 물건으로 후려치다는

1급

뜻이라고 한다. [멍 때리다, 골 때리다]는 용어들도 같이 쓰이고 있다. 물건을 '패다, 치다, 구타하다' 등의 용어들도 함께 쓰인다. 무슨 일에 빨리 통달할(達) 수 있도록 윗사람이 손(扌)으로 종아리를 힘껏 매질했으니 [때리다(撻)]는 뜻이고 [달]로 읽는다.

圖笞(볼기칠 태)

필순 一 十 扌 扌 扩 扩 扩 捗 捗 撻 撻

기초 【기초한자어】 익히고, 【기본→발전한자어】 다지기
撻罰(달벌) 매질하여 벌을 줌
撻辱(달욕) 매질하여 욕을 보임
撻笞(달태) 볼기를 때림
• 서로 撻笞하던 일을 잊을 수가 없구나.
• 중학생 때의 撻罰과 군대시절 撻辱을 잊을 수가 없다.

기본 ① 撻脛(달경) 戮撻(육달) 杖撻(장달) 楚撻(초달) 笞撻(태달)

발전 ① 撻戮(달륙) 撻楚(달초) 撻草(달초) 推撻(추달) 鞭撻(편달) 矷 斫撻(작달) 矷 扑撻(복달)

부수	획수	총획
疒	5	10

황달 달 【2553】

字源 〈형성〉 황달은 눈 흰자위와 점막이 노란색 또는 주황색으로 되면서 초록색으로 변색되기도 하는 증상으로 알려진다. 일광에서 가장 눈에 잘 띄며 인공조명 아래에서는 잘 구별되지 않는 경우다. 아침(旦)부터 몸이 노곤하고 얼굴빛이 누른색이 되어 몸이 여위는 질병(疒)으로 [황달(疸)]을 뜻하고 [달]로 읽는다.

필순 一 广 广 广 疒 疒 疽 疸 疸 疸

기초 【기초한자어】 익히고, 【기본→발전한자어】 다지기
疸病(달병) 간장에 탈이 나 누렇게 되는 병
疸症(달증) 황달
穀疸(곡달) 곡식을 주로 많이 먹어서 생기는 황달
• 얼굴 색깔을 보면 그 사람이 疸病환자임을 알겠다.
• 疸症과 穀疸은 같은 황달이라지만 그 의미가 서로 다르다.

기본 ① 酒疸(주달) 黃疸(황달) 黑疸(흑달)

발전 ① 氣疸(기달) 色疸(색달) 五疸(오달) 菜疸(채달) 女勞疸(여로달)

부수	획수	총획
疒	8	13

가래 담 : 【2554】

字源 〈형성〉 '가래'는 폐에서 목구멍에 이르는 곳에서 생기는 끈끈한 분비물을 말한다. 그래서 가래는 객담이라고 불리기도 하고, 인체의 폐에서 발생되는 일종의 노폐물이라 불리기도 한다. 몸이 불꽃처럼(炎) 큰 열을 받아서 생기는 병증세(疒)로 기침할 때에 흔히 나오는 '담'으로 [가래(痰)]를 뜻하고 [담]으로 읽는다.

필순 丶 一 广 广 疒 疒 疒 疒 痖 痰 痰

기초 【기초한자어】 익히고, 【기본→발전한자어】 다지기
痰唾(담타) 가래와 침. 가래가 섞인 침
痰火(담화) 가래로 인해 생기는 열
血痰(혈담) 피가 섞인 가래. 피가래
• 血痰은 폐암, 폐결핵, 폐병 따위에 걸렸을 때 나올 수 있다.
• 痰唾의 양이 상당히 많고 痰火가 심하면 호흡기 질환이 의심된다.

기본 ① 痰癖(담벽) 檢痰(검담)

발전 ① 痰結(담결) 痰塊(담괴) 痰厥(담궐) 痰病(담병) 痰泄(담설) 痰聲(담성) 痰濕(담습) 痰熱(담열) 痰癰(담옹) 痰鬱(담울) 痰飮(담음) 痰腫(담종) 痰疽(담중) 痰喘(담천) 痰滯(담체) 痰瘧(담학) 痰咳(담해) 痰饗(담향) 痰暈(담훈) 氣痰(기담) 濕痰(습담) 食痰(식담) 熱痰(열담) 風痰(풍담) 寒痰(한담) 痰癖症(담벽증) 矷 痰涎(담연) 喀痰(객담) 祛痰(거담)

사자성어 ① 痰厥頭痛(담궐두통) 痰飮腰痛(담음요통)

부수	획수	총획
水	13	16

맑을 담 【2555】

字源 〈형성〉 '맑다'는 티기 한 점이 섞이니 흐리지 않고 깨끗하다는 뜻이라고 한다. 우리 시조에 '북천이 마다커늘, 어이 얼어자리'라고 했었으니 날씨가 비교적 맑다로 쓰인다. 싱겁고 담박할 뿐만 아니라 물속(氵)까지도 눈으로 잘 살펴서 볼(詹) 수 있도록 깨끗했었다고 했으니 [맑다(澹)]는 뜻이고 [담]으로 읽는다.

필순 丶 丶 氵 氵 汁 汁 浐 浐 澹 澹 澹

기초 【기초한자어】 익히고, 【기본→발전한자어】 다지기
澹泊(담박) 욕심이 없고 마음이 깨끗함
澹如(담여) 집착이 없고 깨끗한 모양
澹容(담용) 온화한 얼굴. 침착한 용모
• 자네는 집착이 없고 깨끗하여 澹如답구먼.
• 자네는 항상 澹容을 가지고 澹泊하니 언젠가는 크게 쓰일 수 있겠는걸.

기본 ① 澹艶(담염) 澹靜(담정) 澹蕩(담탕) 澹乎(담호) 暗澹(암담) 慘憺(참담) 淸澹(청담) 平澹(평담)

발전 ① 澹澹(담담) 澹淡(담담) 澹漠(담막) 澹滅(담멸) 澹味

(담미) 澹然(담연) 澹宕(담탕) 淳澹(순담) 雅澹(아담)
證澹(증담) 沖澹(충담) 阃 恬澹(염담)

부수	획수	총획
心	13	16

참담할 담 【2556】

字源 〈형성〉 '참담하다'는 비참하고 절망적인 상태나 슬프고도
괴로움이 많다는 뜻이다. 살아온 칠십 평생이 너무나 참
담하구나. 이제 남은 인생 고운 노래로나 내 마음을 달래
보리라고 했었다. 오늘날에 이르러(詹) 담담한 심정(忄)으
로 자신을 돌아보니 허탈한 그 마음이 [참담하다(憺)]는
뜻이고 [담]으로 읽는다.

필순 ` 丶 忄 忄 ㄣ 忦 忦 憺 憺 憺 憺 憺

기초 【기초한자어】 익히고, 【기본→발전한자어】 다지기
憺憺(담담) 편안한 모양. 위세가 두려운 모양
憺畏(담외) 벌벌 떨면서 두려워함
慘憺(참담) 참혹하고 암담함
• 나에게도 憺憺하게 위세로움이 있었나보구나.
• 어두운 밤 누나는 憺憺하게 생각에 잠긴 반면에,
나는 밤새도록 憺畏하였다.

기본 ① 蕭憺(소담) 威憺(위담)

발전 ① 憺然(담연)

사자성어 ① 苦心慘憺(고심참담) 意匠慘憺(의장참담)

부수	획수	총획
日	12	16

흐릴 담 【2558】

字源 〈회의〉 '흐리다'는 사물이 분명하지 않게 보인다는 뜻이
다. 다른 것이 섞여서 맑지 못하다. 뚜렷하지 않고 어렴풋
하다는 등의 의미를 담는다. 날씨가 흐리고, 이제는 본질
까지 흐린 경우다. 검은 구름(雲)이 몰려와 화창했던 날씨
가 흐려져서 햇빛(日)을 볼 수가 없었으니 [흐리다(曇)]는
뜻이고 [담]으로 읽는다.

필순 丨 冂 日 旦 旱 昒 昙 昙 曇 曇 曇

기초 【기초한자어】 익히고, 【기본→발전한자어】 다지기
曇麻(담마) 불법. 인도승 담마야사
曇天(담천) 흐린 날씨
晴曇(청담) 날씨의 맑음과 흐림
• 오늘 같은 曇天에는 기분조차 우울하였다.
• 오늘 같은 청담에 담마 승의 불법을 듣다니.

기본 ① 悉曇(실담) 赤曇(적담)

발전 ① 曇曇(담담) 曇鳥(담조) 曇華(담화) 微曇(미담) 薄曇
(박담) 阃 汐曇(석담)

사자성어 阃 瞿曇之敎(구담지교)

부수	획수	총획
言	12	19

클 담
말씀 담 【2557】

字源 〈형성〉 '말씀'은 상대방 말을 높여 이르는 말이라고 한다.
성경에 '태초에 말씀이 계셨다'고 했고, 힘이 되는 성경 말
씀을 생각했다. 가슴을 적시는 부처님 말씀도 생각하게
한다. 성인의 말씀(言)은 매우 크고 깊어서(覃) 누구나 존
경하고 그 깊이를 음미하게 된다고 했었으니 [말씀(譚)]을
뜻하고 [담]으로 읽는다.

필순 ` 言 言 言 訂 許 譚 譚 譚 譚 譚

기초 【기초한자어】 익히고, 【기본→발전한자어】 다지기
譚思(담사) 깊이 생각함
譚詩(담시) 자유로운 형식의 짧은 서사시
怪譚(괴담) 무섭고 괴상한 이야기
• 怪譚이라 했던가. 무섭고 괴상한 이야기라지.
• 한참을 譚思하더니 노교수는 멋진 譚詩 한 수를
지었다.

기본 ① 奇譚(기담) 常譚(상담) 參譚(참담)

부수	획수	총획
辵	10	14

뒤섞일 답 【2559】

字源 〈형성〉 '뒤섞이다'는 액체나 물건이 서로 혼합되어 한데
마구 섞이는 상태를 이른다. 어목혼주(魚目混珠)라 했었
으니, 물고기의 눈알과 구슬이 뒤섞인다고 했으니 구분하
지 못함을 뜻한다. 길을 가던(辶) 사람이 겹치고 뒤섞여서
(眔←沓) 서로 얽혔으니 [뒤섞이다(遝)]와 [뒤미치다(遝)]
다는 뜻이고 [답]으로 읽는다.
동 至(이를 지)

필순 丨 冂 罒 罒 甲 眔 眔 眔 遝 遝 遝 遝

기초 【기초한자어】 익히고, 【기본→발전한자어】 다지기
遝至(답지) 한군데로 몰려듦
雜遝(잡답) 사람이 많은 모양
• 수해가 가장 심한 지방으로 의연금이 遝至했다.
• 지하철역 雜遝한 속에서 휩쓸려 지각했다.

기본 ① 合遝(합답)

발전 ① 粉遝(분답)

1급

사자성어 ① 誠金遝至(성금답지) 呈券紛遝(정권분답)

부수	획수	총획
虫	11	17

버마재비 당
사마귀 당 【2560】

字源 〈형성〉 흔히 버마재비를 사마귀라고도 했다. 버마재비는 몸의 길이가 7∼9cm이고 누런 갈색 또는 초록색이다. 풀밭에 서식하여 암컷은 번식을 할 때 영양보충을 위해 수컷을 잡아먹기도 한다. 낫이나 도끼 모양을 한 앞발에서 '쨍그당(堂)' 소리가 들리는 벌레(虫)로 흔히 [버마재비(螳)]를 뜻하고 [당]으로 읽는다.
圖 螂(사마귀 랑)

필순 「 口 中 虫 虫 虫' 虫" 虫" 螳 螳 螳 螳

기초 【기초한자어】 익히고, 【기본 → 발전한자어】 다지기
螳螂(당랑) 사마귀
螳斧(당부) 당랑지부의 약자. 강적 앞에서 분수없이 날뛰는 모습
• 곤충세계의 무법자인 螳螂도 힘없는 모습이었다.
• 螳斧도 유분수지 그런 일에 덤벼들다니.

발전 ① 螳臂(당비) 特 螗螂(당랑)

사자성어 ① 螳臂當車(당비당거) 特 螳螂拒轍(당랑거철) 螳螂窺蟬(당랑규선) 螳螂之斧(당랑지부)

부수	획수	총획
木	8	12

아가위 당 【2561】

字源 〈형성〉 아가위는 산자나무 또는 아가위나무라고 알려진다. 산사나무는 장미과에 속하는 낙엽성 소엽목이다. 중국의 산사나무에서 그 이름이 유래했다고 한다. 산에서 자라는 아침의 나무란 뜻도 있다. 지체 높은(尙) 조상이나 신을 모신 나무(木)로 [사당나무(棠)]의 뜻과 [아가위(棠)]를 뜻하고 [당]으로 읽는다.

필순 ' ' ' '' '' '' '' '' '' '' 堂 棠 棠

기초 【기초한자어】 익히고, 【기본 → 발전한자어】 다지기
棠梨(당리) 팥배
海棠(해당) 해당화. 장미과의 낙엽 활엽 관목
棠軒(당헌) '선화당'의 예스러운 말
• 모처럼 약에 쓰려고 했더니만 棠梨조차도 구하기가 어렵구나.
• 꽃이 좋아 '花(꽃 화)'를 붙여 海棠花라고도 불렸다.

기본 ① 甘棠(감당) 錦棠(금당) 落棠(낙당) 沙棠(사당)

발전 特司 棠谿(당계) 特 棠棣(당체)

사자성어 ① 甘棠之愛(감당지애) 甘棠遺愛(감당유애)

부수	획수	총획
手	12	15

칠 당 【2562】

字源 〈형성〉 '치다'는 물건을 힘껏 때리거나 두드린다는 뜻이다. 여기에서는 '때리다. 두드리다'는 뜻도 함께 담고 있는 용어이다. '당구를 치다. 볼링을 치다'는 등으로도 쓰인 상용어이다. 손(扌)으로 쳐서 '둥(童)' 소리가 나니 [치다(撞)]는 뜻과 아이들이(童) 서로 싸우면 손(扌)으로 [치다(撞)]는 뜻이고 [당]으로 읽는다.
圖 突(갑자기 돌) 回 憧(동경할 동)

필순 一 十 扌 扩 扩 护 护 捲 撞 撞

기초 【기초한자어】 익히고, 【기본 → 발전한자어】 다지기
撞突(당돌) 서로 부딪침
撞入(당입) 돌진하여 쳐들어감
• 撞突하면서 멈칫하더니 주춤하면서 끝내 撞入하여 승리했다.
• 도로에서 차량 두 대가 撞突하는 사고가 났다.

기본 ① 撞撞(당당) 撞木(당목) 撞着(당착) 擊撞(격당) 突撞(돌당) 白撞(백당) 衝撞(충당) 香撞(향당)

발전 ① 撞竿(당간) 撞車(당거) 撞球(당구) 撞棒(당봉) 撞座(당좌) 撞地(당지) 撞車(당차) 撞着(당착) 撞衝(당충) 撞破(당파) 頭撞(두당) 特 偅撞(척당)

사자성어 ① 自家撞着(자가당착) 先後撞着(선후당착)

부수	획수	총획
手	14	17

들 대 【2563】

字源 〈형성〉 '들다'는 물건을 들어 잡아서 위로 올린다는 뜻을 담는 용어이다. 들어서 위로 올린다는 뜻과 같은 들어올리다는 어휘와 같이 쓰인다. 비교적 무거운 물건은 두 사람이 겨우 들어 올린다. 올리기 무거운 물건을 두 사람이 손(扌)을 들어 높은 대(臺) 위에 덥석 올리니 [들다(擡)]는 뜻이고 [대]로 읽는다.
圖 擧(들 거) 回 抬

필순 扌 扌 扌 扌 捊 捊 捊 擡 擡 擡 擡

기초 【기초한자어】 익히고, 【기본 → 발전한자어】 다지기
擡擧(대거) 들어 올림. 박탈함
擡頭(대두) 어떤 세력이나 현상이 나타남
擡袖(대수) 한 팔씩 장단에 맞추어 앞으로 내미는 동작
• 커다란 기중기는 성인 십여 명의 무게를 擡擧할 수

있다.
• 새로운 예술 경향이 擡頭하더니 擡袖가 유행하였다.
발전 ① 擡網(대망) 分擡(분대)

부수	획수	총획
衣	5	11

자루 대【2564】

字源 〈형성〉 자루는 속에 물건을 담을 수 있도록 헝겊 따위로 길고 크게 만든 주머니이다. 유의어는 '포대, 부대, 주머니' 등이 있다. 또한 수나 관형사 뒤에서 단위로 기능하기도 한다. 옷(衣)을 대신(代)해서 [자루(袋)]의 뜻과 서로 바꾸어(代) 담을 수 있도록 헝겊(衣)으로 만든 기다란 [자루(袋)]를 뜻하고 [대]로 읽는다.

필순 亻 亻 代 代 代 袋 袋 袋 袋 袋 袋

기초 【기초한자어】 익히고, 【기본→발전한자어】 다지기
布袋(포대) 무명이나 삼베 따위로 만든 자루
袋鼠(대서) 캥거루
• 시장에 가서 좁쌀 열 布袋를 사 왔다.
• 袋鼠는 배에 있는 주머니에 새끼를 넣어 기른다.
기본 ① 角袋(각대) 甲袋(갑대) 琴袋(금대) 麻袋(마대) 書袋(서대) 石袋(석대) 手袋(수대) 魚袋(어대) 皮袋(피대) 香袋(향대)
발전 ① 劍袋(검대) 負袋(부대) 沙袋(사대) 狀袋(장대) 紙袋(지대) 特 砂袋(사대)
사자성어 ① 酒袋飯囊(주대반낭)

부수	획수	총획
貝	9	16

내기 도【2565】

字源 〈형성〉 '내기'는 사람들이 물품이나 돈 따위를 일정 조건으로 걸어놓고 승부를 겨루는 일종의 도박행위를 말한다. 무엇인가 주고받기로 하고 이기느냐 지느냐를 서로가 겨루는 행위다. 여러 사람(者)이 돈 등의 금품(貝)을 놓고 여러 명이 투전이나 화투놀이를 하는 노름으로 [내기(賭)]를 뜻하고 [도]로 읽는다.
图 博(넓을/노름할 박) 回 睹(볼 도)

필순 ⎮ ⎮ ⎮ ⎮ ⎮ 貝 貯 貯 貯 賭 賭

기초 【기초한자어】 익히고, 【기본→발전한자어】 다지기
賭命(도명) 생명을 걺
賭博(도박) 재물을 걸고 승부를 겨루는 내기
賭場(도장) 도박장
• 독립지사들은 조국의 광복에 賭命하였다.
• 賭博으로 재산을 탕진한 그는 賭場엔 얼씬하지 않는다.

기본 ① 賭弓(도궁) 賭技(도기) 賭坊(도방) 賭射(도사) 賭錢(도전) 決賭(결도) 競賭(경도) 交賭(교도)
발전 ① 賭具(도구) 賭局(도국) 賭書(도서) 賭勝(도승) 賭注(도주) 賭租(도조) 賭只(도지) 加賭(가도) 定賭(정도) 執賭(집도) 特 賭帑(도탕) 特 賭跪(도궤)
사자성어 ① 簡平賭租(간평도조)

부수	획수	총획
土	9	12

담 도【2566】

字源 〈형성〉 '담'은 밖으로부터 안을 보호하고 침입을 막기 위하여 높이 쌓는다. 안이 훤히 들여다보이지 않도록 하기 위하고, 공간을 서로 다른 성격으로 나누기 위하여 담을 쌓기도 했다. 밑에 섶나무 따위를 쌓아(者) 대강의 골격을 잡고 그 위에 진흙(土)을 많이 넣어 다져서 만든 [담(堵)]을 뜻하고 [도]로 읽는다.
图 墻(담 장) 牆(담 장)

필순 一 十 土 土 圹 圹 圹 圹 堵 堵

기초 【기초한자어】 익히고, 【기본→발전한자어】 다지기
堵塞(도색) 막음. 틀어막음
堵列(도열) 담을 두른 것처럼 죽 늘어섬
堵墻(도장) 담. 울타리
• 堵塞은 구멍을 막거나 틀어막음을 뜻한다.
• 고향집 앞 堵墻에 堵列한 젊은이들은 모두 내 조카들이다.

기본 ① 堵墻(도장) 粉堵(분도) 阿堵(아도) 安堵(안도) 按堵(안도) 案堵(안도) 周堵(주도) 環堵(환도)
발전 ① 田堵(전도) 特 堵牆(도장)

부수	획수	총획
金	9	17

도금할 도：
【2567】

字源 〈형성〉 '도금하다'는 금붙이 색감을 얇게 씌우다 혹은 얇게 입히어 색깔이 잘 드러나게 만드는 일을 뜻한다. 흔히 '금으로 도금하다. 금으로 장식하다. 금으로 꾸미다' 등으로 쓰인 용어라 하겠다. 얇은 금은(金) 따위를 다른 금속의 겉에 씌워서 다른 사람에게만 주니(度→渡) [도금하다(鍍)]는 뜻이고 [도]로 읽는다.

필순 丿 二 牛 金 金 釒 鈩 鈩 鍍 鍍 鍍

기초 【기초한자어】 익히고, 【기본→발전한자어】 다지기
鍍金(도금) 금, 은, 니켈, 크롬, 주석 등을 입히는 일
金鍍(금도) 금붙이로 도금하는 하는 일

1급

電鍍(전도) 열이 물체를 통하여 이동하는 현상
• 아주머니의 반지는 鍍金한 것이지만 진품과 얼른 구분하기 어렵다.
• 鍍金과 金鍍는 같은 뜻으로 쓰인 용어라 하겠다.

발전 ①鍍金像(도금상) 鍍金漆(도금칠) 鍍金板(도금판)
사자성어 ①電氣鍍金(전기도금)

부수	획수	총획
水	14	17

물결 도 【2568】

字源 〈형성〉'물결'이란 물이 움직여 그 표면에 올라갔다 내려왔다 하는 운동이나 그 모양을 뜻한다. 호수에 돌이 떨어진 곳을 중심으로 원형 고리 모양의 물결이 널리 퍼진 모양이다. 길게 이어진(壽) 물(氵)로 [물결(濤)]의 뜻과 함께 잔잔한 물(氵)도 목숨(壽)이 있는 것으로 보아서 [물결(濤)]을 뜻하고 [도]로 읽는다.
圖瀾(물결 란) 浪(물결 랑) 波(물결 파)

필순 丶 氵 汁 汼 涛 涛 淁 濤 濤 濤

기초 【기초한자어】 익히고, 【기본→발전한자어】 다지기
濤瀾(도란) 큰 물결. 큰 파도
濤雷(도뢰) 우레 같은 큰 파도 소리
濤聲(도성) 파도치는 소리
• 濤雷는 우레 같은 큰 파도 소리를 뜻한다.
• 태풍과 함께 濤瀾이 일면서 濤聲가 무섭게 들렸다.

기본 ①濤灣(도만) 濤波(도파) 驚濤(경도) 狂濤(광도) 怒濤(노도) 素濤(소도) 松濤(송도) 銀濤(은도) 震濤(진도) 波濤(파도) 風濤(풍도) 玄濤(현도) 洪濤(홍도) 環濤(환도)

발전 ①鯨濤(경도) 瀾濤(난도) 雲濤(운도) 海濤(해도) 特濤瀨(도뢰)

사자성어 ①疾風怒濤(질풍노도)

부수	획수	총획
水	10	13

물넘칠 도 【2569】

字源 〈형성〉'물 넘치다'는 컵에 담은 물이 철철 넘치다, 비가 많이 와서 제방 둑이 그만 넘치다는 등으로 쓰인 용어이다. 중랑천이 범람하더니 결국에는 한강물이 넘친다로 쓰인다. 물(氵)이 줄지어(臼=壽) 퍼져서 [물 넘치다(滔)]는 뜻과 물(氵)이 절구(臼)통같이 많아졌으니 [물 넘치다(滔)]는 뜻이고 [도]로 읽는다.

필순 丶 氵 氵 汒 汁 浐 浐 滔 滔

기초 【기초한자어】 익히고, 【기본→발전한자어】 다지기
滔德(도덕) 게으른 악덕
滔騰(도등) 물이 넘쳐 오름
滔天(도천) 높은 하늘에 널리 퍼짐
• 滔天은 높은 하늘에 널리 퍼짐, 세력이 크게 퍼짐이란 뜻이다.
• 滔德이 만연하더니 하늘이 노하셨는가 폭우로 인해 이제는 滔騰했다.

기본 ①滔蕩(도탕) 滔風(도풍) 滔乎(도호) 振滔(진도)
발전 ①滔滔(도도) 滔天惡(도천악)

부수	획수	총획
足	10	17

밟을 도 【2570】

字源 〈형성〉'밟다'는 발을 들었다 놓으면서 대고 누르다는 뜻으로 쓰인 용어다. '남북정상이 군사분계선(MDL) 남북을 교차로 밟다'는 등으로 쓰이기도 한다. 깊어가는 늦가을에 낙엽을 즈려밟기도 했다. 디딜방아에 사람 한 두 명이 발(足)을 올리고 힘써서 연신 밟아 절구질(舀)하여 [밟다(蹈)]는 뜻이고 [도]로 읽는다.
圖踐(밟을 천) 回踏(밟을 답)

필순 丶 口 口 무 무 무 무 무 무 무

기초 【기초한자어】 익히고, 【기본→발전한자어】 다지기
蹈歌(도가) 발장단에 맞추어 노래를 부름
蹈舞(도무) 흥겹고 즐거워서 덩실덩실 춤을 춤
蹈踐(도천) 짓밟음
• 일본이 36년간이나 우리를 蹈踐했으니 한시라도 잊을 수가 있겠는가.
• 가난한 집안에서 고시 합격자가 나왔으니 蹈舞하고 蹈歌까지 하는구나.

기본 ①蹈履(도리) 蹈水(도수) 蹈襲(도습) 高蹈(고도) 陵蹈(능도) 舞蹈(무도) 犯蹈(범도) 襲蹈(습도) 越蹈(월도) 足蹈(족도) 踐蹈(천도)

발전 ①蹈義(도의) 蹈刃(도인) 蹈籍(도적) 蹈瑕(도하) 蹈海(도해) 循蹈(순도) 蹂蹈(유도) 履蹈(이도) 特跨蹈(과도) 特蹈厲(도려)

사자성어 ①蹈常襲故(도상습고) 赴湯蹈火(부탕도화) 手舞足蹈(수무족도) 假裝舞蹈(가장무도)

부수	획수	총획
目	9	14

볼 도 【2571】

字源 〈형성〉'보다'는 뜻은 같으나 자원이 서로 다르게 융합되

는 모습을 보인다. 도형을 마주 보면 더욱 특별하게 보인다. 도형에서 맞은편에 위치하여 짝을 이룬 변과 각을 '마주 본다'라고 한다. 시선(目)을 바르게 모으니(者) [보다(睹)]는 뜻과 사람(者)은 눈(目)으로 볼 수 있으니 [보다(睹)]는 뜻이고 [도]로 읽는다.

圓睹(내기 도)

필순 `丨 刂 目 目 目ⁱ 目ⁱ 目ⁱ 目ⁱ 睹 睹 睹`

기초 【기초한자어】 익히고, 【기본 → 발전한자어】 다지기
睹聞(도문) 보고 들음. 견문함
目睹(목도) 목격(目擊)
逆睹(역도) 앞일을 미리 내다봄. 선견(先見)
• 새로운 문물을 睹聞하려고 세계 일주에 나섰다.
• 새로운 각오를 세우자. 目睹하고 逆睹하는 마음을 갖고서.

발전 ① 始睹(시도) 阿睹(아도)

부수	획수	총획
示	14	19

빌 도【2572】

字源 〈형성〉 '빌다'는 사람의 힘으로 이루지 못한 일을 신의 뜻에 의하여 이루어질 수 있도록 정성을 다해 빈다는 뜻을 담는다. 천주교나 불교에서 천주와 석가의 뜻에 의한 믿음이 매우 강했다. 사람이 풀기 어려운 일을 신(示)에게 일이 잘 되기를 바라면서 기도하고(壽) 있으니 [빌다(禱)]는 뜻이고 [도]로 읽는다.

圓祈(빌 기) 祝(빌 축)

필순 `二 干 示 礻 礻 礻 礻 禱 禱`

기초 【기초한자어】 익히고, 【기본 → 발전한자어】 다지기
禱福(도복) 복을 내려 주기를 빎
禱祠(도사) 기도하고 제사함
禱請(도청) 신불에게 소원이 이루어지기를 빎
• 神佛(신불)에게 소원이 이루어지기를 간절히 禱請했더니 마음이 차분해졌다.
• 禱福하기 전에 마음의 수양을 쌓고 禱祠하기 전에는 반드시 목욕재계한다.

기본 ① 禱祈(도기) 禱雨(도우) 祈禱(기도) 黙禱(묵도) 拜禱(배도) 祠禱(사도) 素禱(소도) 霽禱(제도) 請禱(청도) 祝禱(축도)

발전 ① 禱堂(도당) 禱祝(도축) 敬禱(경도) 露禱(노도) 伏禱(복도) 仰禱(앙도) 泣禱(읍도) 親禱(친도)

사자성어 ① 齋沐禱天(재목도천)

부수	획수	총획
水	8	11

쌀 일 도【2573】

字源 〈형성〉 '쌀을 일다'는 쌀과 섞인 잔돌을 고르는 일이다. ①곡식을 물속에 넣어 모래나 티끌을 가려내다(쌀을 일다). ②물건을 물속에 넣어 쓸 만한 것을 고르다(사금을 일다)는 뜻 등이 있다. 밥을 짓기 위해 질그릇(匋)에 쌀을 넣고 물(氵)을 부어 잡물을 제거했으니 [쌀을 일다(淘)]는 뜻이고 [도]로 읽는다.

圓汰(일 태)

필순 `丶 丶 氵 氵 汋 汋 洵 洵 淘 淘`

기초 【기초한자어】 익히고, 【기본 → 발전한자어】 다지기
淘金(도금) 사금을 일어 금을 가려냄
淘米(도미) 쌀을 읾
淘汰(도태) 여럿 중에 불필요한 부분이 줄어 없어짐
• 淘汰할 것은 가려내 없애고, 奬勵(장려)할 것은 권장합시다.
• 아버지는 淘金일을 하시고 어머니는 淘米하여 밥을 짓고 계신다.

기본 ① 淘洗(도세) 淘河(도하) 開淘(개도) 冷淘(냉도) 淨淘(정도)

발전 ① 淘淘(도도) 淘瀉(도사) 淘釋(도석) 淘淸(도청) 極 淘鵝(도아)

사자성어 ① 自然淘汰(자연도태) 人爲淘汰(인위도태)

부수	획수	총획
尸	9	12

죽일 도【2574】

字源 〈형성〉 이 한자는 자원이나 뜻이 다르게 쓰여 그 융합이 서로 다른 모습을 보인다. 짐승을 죽이는(尸) 일을 전문으로 하는 사람(者)이란 뜻에서 짐승을 잡는 [백정(屠)]이란 뜻으로 쓰인다. 잡은 짐승의 많은 시체(尸)들이 모여 있으니(者) 소나 돼지와 같은 짐승들을 도축하여 [잡다(屠)]는 뜻이고 [도]로 읽는다.

圓殺(죽일 살) 戮(죽일 륙)

필순 `ʳ 尸 尸 尸 尸 屏 屏 屛 屠 屠`

기초 【기초한자어】 익히고, 【기본 → 발전한자어】 다지기
屠戮(도륙) 모두 잡아 죽임
屠腹(도복) 배를 가르고 자살함. 할복함
屠殺(도살) 짐승을 죽임

• 강도는 경찰의 포위망이 좁아지자 스스로 屠腹해
버렸다.
• 적군은 짐승을 屠殺하듯이 아군을 屠戮하였다.

기본 ① 睹貴(도궤) 屠耆(도기) 屠燒(도소) 屠兒(도아) 屠者
(도자) 屠販(도판) 屠割(도할) 彔屠(금도) 浮屠(부도)
市屠(시도) 廢屠(폐도) 休屠(휴도)

발전 ① 屠家(도가) 屠鷄(도계) 屠狗(도구) 屠掠(도략) 屠龍
(도룡) 屠博(도박) 屠拔(도발) 屠伯(도백) 屠城(도성)
屠蘇(도소) 屠獸(도수) 屠身(도신) 屠羊(도양) 屠牛
(도우) 屠維(도유) 屠人(도인) 屠宰(도재) 屠體(도체)
屠畜(도축) 屠漢(도한) 屠戶(도호) 密屠(밀도) 犯屠(범도)
私屠(사도) 特屠沽(도고) 屠肆(도사) 特屠刲(도규)

사자성어 ① 屠龍之技(도룡지기) 屠所之羊(도소지양) 屠毒
筆墨(도독필묵) 屠門大嚼(도문대작)

부수	획수	총획
手	10	13

찧을 도 【2575】

字源 〈형성〉 '쌀을 찧다'는 벼를 절구통에 넣고 쌀을 찧어 껍질
을 벗겨내 쌀로 만드는 일이다. 껍질을 70%만 벗겨낸 칠
분도미는 다 벗겨낸 백미에 비해서 사람의 몸에도 좋고
감칠맛도 난다. 우뚝한 섬(島)처럼 높이 쌓아둔 곡식도 손
(扌)에 의해서 '구분도로 공이질을 했으니 쌀을 [찧다(搗)]
는 뜻이고 [도]로 읽는다.

필순 ┐ 扌 扌 扩 扩 护 护 押 搗 搗 搗

기초 【기초한자어】 익히고, 【기본→발전한자어】 다지기
搗衣(도의) 옷을 다듬이질함
搗精(도정) 곡식을 찧는 일
賃搗(임도) 삯을 받고 도정을 해 주는 일
• 도정하는 일은 삯을 받고 搗精을 해 주는 賃搗가
아주 흔했다.
• 아내는 방에서 내가 입을 옷을 搗衣하고 있었다.

기본 ① 麻搗(마도)

발전 ① 搗基(도기) 搗羅(도라) 搗餠(도병) 搗巢(도소) 搗砧
(도침) 香搗(향도) 特搗杵(도저)

사자성어 ① 搗練紬契(도련주계) 搗精工場(도정공장) 七分
搗米(칠분도미)

부수	획수	총획
艸	8	12

포도 도 【2576】

字源 〈형성〉 '포도'에 다량 함유된 당분은 체내에서 흡수율이

높은 단당류인 과당과 포도당이 함유되어 있다. 피로회복
에 효과적이며 비타민 또한 풍부하여 몸의 신진대사에도
좋다고 알려진다. 덩굴나무(艸)에 열려 있어서 검은 빛깔
을 내며 그 모양이 질그릇(匐)처럼 생긴 [포도(萄)]를 뜻하
고 [도]로 읽는다.
回 葡(포도 포)

필순 一 十 サ 艹 艿 芍 芍 芍 萄 萄 萄

기초 【기초한자어】 익히고, 【기본→발전한자어】 다지기
葡萄(포도) 포도나무의 열매
• 우리 가족이 가장 좋아하는 과일은 葡萄이다.

발전 ① 萄乾(도건) 萄藤(도등) 萄酒(도주)

부수	획수	총획
手	8	11

흔들 도 【2577】

字源 〈형성〉 '흔들다'는 사람이나 동물이 몸의 일부나 전체, 또
는 손에 잡은 물건을 좌우나 앞뒤로 움직이게 한다. '흔들
다'는 〈깃발을 흔들다, 세상을 흔들다, 감성을 흔들다〉와
같이 의미전이를 한다. 손(扌)으로 깃발을 들어 올리거나
달리기할 때 깃발을 높이(卓) 치켜올리면서 [흔들다(掉)]
는 뜻이고 [도]로 읽는다.
回 悼(슬퍼할 도) 棹(노 도)

필순 一 十 扌 扌 扩 护 护 护 护 掉 掉

기초 【기초한자어】 익히고, 【기본→발전한자어】 다지기
掉尾(도미) 꼬리를 흔듦. 끝판에 더욱 세차게 활동함
掉拐(도괴) 씨아손. 씨아의 손잡이. 목화씨를 빼는
씨아라는 수동기계
掉頭(도두) 고개를 놀림. 외면함
• 한 달 만에 집에 들어와도 掉尾하는 개가 사랑스럽다.
• 掉拐를 돌릴 때, 먼지가 나서 많은 사람이 掉頭했다.

기본 ① 掉舌(도설) 搖掉(요도) 戰掉(전도) 振掉(진도) 蕩掉
(탕도) 揮掉(휘도)

발전 ① 掉脫(도탈) 膽掉(담도)

사자성어 ① 尾大難掉(미대난도)

부수	획수	총획
禾	2	7

대머리 독 【2578】

字源 〈형성〉 '대머리'는 머리털이 아주 많이 빠져서 허옇게 벗
겨진 머리를 뜻한다. 모발의 배중심(胚中心)이 파괴되어
영구적 탈모형과 모발 배중심이 손상 받은 일시적 탈모
형이 있다고들 말하기도 한다. 쌀을 정미해 두면 낱알(禾)

이 머리털이 없는 사람(儿)처럼 보였으니 [대머리(禿)]를 뜻하고 [독]으로 읽는다.

필순 ー 二 千 千 禾 禿 禿

기초 【기초한자어】 익히고, 【기본→발전한자어】 다지기
禿巾(독건) 두건을 쓰지 않음
禿頭(독두) 대머리
禿山(독산) 민둥산. 벌거숭이산
• 여기는 禿巾하는 사람이 많은 동네라 한다.
• 그 할아버지의 禿頭는 저 멀리 보이는 禿山과 흡사하였다.

기본 ① 禿樹(독수) 禿翁(독옹) 禿者(독자) 禿丁(독정) 禿筆(독필) 禿毫(독호) 老禿(노독) 班禿(반독) 酒禿(주독)

발전 ① 禿巾(독건) 禿木(독목) 禿髮(독발) 禿友(독우) 禿頂(독정) 突禿(돌독) 病禿(병독) 頑禿(완독) 愚禿(우독) 赤禿(적독) [特] 禿鷲(독취) [特] 髡禿(곤독) [출전] 禿顱(독로)

부수	획수	총획
水	15	18

더럽힐 독
도랑 독【2579】

字源 〈형성〉 '도랑'은 작고 폭이 좁은 개울이다. 요즈음 도랑에는 여러 곳에서 흘러든 생활용수 때문에 물이 썩어서 악취가 나는 곳이 많다. 마을 도랑부터 살려야 큰 강도 살겠다. 대동강 물을 팔아먹었다고 했으니 물(氵)을 파는(賣) 것은 더럽고 고약한 일이니 [도랑(瀆)] 혹은 [더럽히다(瀆)]는 뜻이고 [독]으로 읽는다.
圖 汚(더러울 오) 圓 涜

필순 ー 氵 汀 汢 渍 渍 渍 瀆 瀆 瀆

기초 【기초한자어】 익히고, 【기본→발전한자어】 다지기
瀆慢(독만) 친압하여 버릇이 없음
瀆汚(독오) 더러움. 더럽힘
瀆職(독직) 자기 직권을 남용하거나 비행을 저지름
• 그는 사적으로 瀆慢이 없는 강직한 사람이다.
• 瀆職으로 구속되느니 이름이 瀆汚되기 전에 빨리 사직해야만 좋겠다.

기본 ① 灌瀆(관독) 溝瀆(구독) 四瀆(사독) 汚瀆(오독)

발전 ① 瀆告(독고) 瀆溝(독구) 瀆冒(독모) 瀆聖(독성) 瀆神(독신) 瀆尊(독존) 冒瀆(모독) 仰瀆(앙독) [特] 褻瀆(설독)

사자성어 ① 經於溝瀆(경어구독) 溝瀆之諒(구독지량)

부수	획수	총획
水	4	7

엉길 돈【2580】

字源 〈형성〉 '엉기다'는 여러 물체들이 서로 뭉쳐서 굳어진 현상이다. 한 무리를 이루거나 떼를 지어 달라붙는다는 등 서로 응결하다 엉키다와 같이 쓰여서, 뒤섞인 현상으로 쓰인 용어이다. 많은 곳에서 물(氵)이 뒤섞여서(屯) 갈피를 잡을 수가 없도록 정신없이 혼돈하였으니 서로 [엉기다(沌)]는 뜻이고 [돈]으로 읽는다.
圖 凝(엉길 응) 混(섞을 혼)

필순 ー 丶 氵 汀 沪 沌 沌

기초 【기초한자어】 익히고, 【기본→발전한자어】 다지기
沌沌(돈돈) 물결이 잇달아 치는 모양. 어리석고 분별이 없는 모양
混沌(혼돈) 사물의 구별이 확실하지 않은 상태
渾沌(혼돈) 천지개벽 초, 하늘과 땅이 아직 나누어지지 않았던 상태.
• 이 세상이 沌沌할수록 질서를 지켜야 한다.
• 混沌의 세상이라 도대체 갈피를 잡을 수 없다.
• 사랑은 마치 [渾沌의 노예(恋ははは渾沌の隷也)]라는 곡처럼 마음을 포근히 적신다.

발전 ① 混沌衣(혼돈의) 混沌湯(혼돈탕) [特] 殄沌(진돈)

사자성어 ① 混沌開闢(혼돈개벽)

부수	획수	총획
目	12	17

눈동자 동 :【2581】

字源 〈형성〉 '눈동자'는 눈알의 한가운데 홍채로 둘러싸인 동그랗고 검게 보인 부분으로 알려진다. 흔히 눈동자를 동공이라고도 하며, 안구 한가운데 있으며 빛이 조절되어 움푹 들어간 입구이다. 사람 눈(目)은 보배로 여겨 다루지만 그 속에는 아이(童)가 서 있어서 보였으니 [눈동자(瞳)]를 뜻하고 [동]으로 읽는다.
圖 睛(눈동자 정) 眸(눈동자 모)

필순 丨 冂 冃 目 目 目 盱 睦 睦 瞳 瞳

기초 【기초한자어】 익히고, 【기본→발전한자어】 다지기
瞳子(동자) 눈동자
瞳人(동인) 눈동자에 비치어 나타난 사람의 형상
瞳睛(동정) 눈동자
• 어렸을 적 내 눈동자를 두고 사람들은 瞳子가 살았다고 했다.
• 어렸을 때는 瞳睛 속의 瞳人을 보고 선뜻 나 자신임을 알지 못했다.

기본 ① 瞳孔(동공) 瞳焉(동언) 紺瞳(감동) 綠瞳(녹동) 明瞳(명동) 方瞳(방동) 雙瞳(쌍동) 龍瞳(용동) 重瞳(중동) 靑瞳(청동) 漆瞳(칠동) 昏瞳(혼동)

발전 ① 紺瞳(감동) 散瞳(산동) 縮瞳(축동)

사자성어 ① 龍瞳鳳頸(용동봉경)

1급

부수	획수	총획
心	12	15

憧 동경할 동 : 【2582】

字源 〈형성〉 '동경하다'는 우러른 마음으로 그리워하여 간절히 생각하다는 뜻이다. 그 어떤, 그 무엇을 간절히 그리워하여 그것만 생각하거나, 마음이 그만 들떠서 안정되지 않는 상태를 말한다. 마음(忄)이 움직여(童=動) 일정하게 뜻을 정하지 못한 상태가 되니 무언가를 [동경하다(憧)]는 뜻이고 [동]으로 읽는다.
图憬(깨달을/동경할 경) 回撞(칠 당)

필순 ﾑ ﾑ 忄 忄 忄 悎 悎 憧 憧 憧

기초 【기초한자어】 익히고, 【기본→발전한자어】 다지기
憧憬(동경) 마음이 팔려 그리워하고 생각함
憧憧(동동) 마음이 잡히지 않는 모양
憧愚(동우) 어리석을 만큼 동경하고 아낌
• 憧愚는 어리석을 만큼 동경하고 아끼는 것이다.
• 남자 주인공을 憧憬하면서 憧憧하는 여동생을 그만 혼냈다.

기본 ① 愚憧(우동)

발전 ① 憬憧(경동) 憧憬心(동경심)

부수	획수	총획
肉	6	10

胴 큰창자 동
몸통 동 【2584】

字源 〈형성〉 '몸통'은 사람이나 동물 몸에서 머리, 팔다리, 날개 등을 제외한 가슴, 등, 배로 이루어진 중심 부분을 말한다. '토르소(Torso)'라고도 말하고 있는 큰창자, 흉부, 복부를 포함한 부분이다. 대롱(同=筒) 모양의 기다란 대장(月)으로 [큰창자(胴)] 및 팔다리와 머리를 제외한 [몸통(胴)]을 뜻하고 [동]으로 읽는다.

필순 丿 刀 月 月 月 肌 肌 胴 胴 胴

기초 【기초한자어】 익히고, 【기본→발전한자어】 다지기
胴體(동체) 목, 팔, 다리를 제외한 부분의 몸
胴金(동금) ① 쇠로 만든 가락지. ② 창, 칼 따위의 자루 중간에 끼우는 둥근 테
胴衣(동의) 남자가 입는 저고리. 흔히 구명동의라고 함
• 여객기가 악천후로 인하여 胴體를 착륙하였으나 다행히 부상자는 없었다.
• 胴金은 쇠로 만든 가락지이고, 胴衣는 흔히 구명동의라고도 한다.

발전 ① 胴間(동간) 胴部(동부) 鏡胴(경동) 響胴(향동)

부수	획수	총획
疒	5	10

疼 아플 동 : 【2583】

字源 〈형성〉 '아프다'는 몸에 이상이 생겨 괴로운 느낌이 있다는 뜻이다. 예문으로는 '얽히고설킨 일에 괴로워 골치가 아프다' '마음이 복잡하고 뒤숭숭하다.' '사태를 해결하기가 성가셔서 머리가 아프다.' 등이 있다. 계절병이라 했듯이 겨울(冬)이 되면 몸이 쑤시는 병(疒)으로 [아프다(疼)]는 뜻이고 [동]으로 읽는다.
图痛(아플 통)

필순 ﾑ 广 广 疒 疒 疒 疼 疼 疼

기초 【기초한자어】 익히고, 【기본→발전한자어】 다지기
疼痛(동통) 몸이 쑤시고 아픔
疼腫(동종) 붓고 아픔
• 환절기에 疼痛이 심하다니 이제는 나이가 들었나 보다.
• 疼腫은 온 몸이 마구 아프고 심하게 붓고 아픈 현상이다.

발전 ① 頭疼(두동) 瘡疼(창동)

부수	획수	총획
疒	7	12

痘 역질 두 【2585】

字源 〈형성〉 '역질'은 유행성과 전염성을 지닌 질병의 일종이다. 계절적으로 유행하는 여기(癘氣)가 입과 코를 통해 몸 안으로 침입해 발생한 전염병이다. 천연두 균으로 발생하는 급성 전염병이다. 얼굴에 콩알(豆) 크기의 '마마' 자국이 생기는 병질(疒)로 천연두 균에 의했으니 [역질(痘)]을 뜻하고 [두]로 읽는다.

필순 ﾑ 广 广 疒 疒 疖 疖 疖 疨 痘

기초 【기초한자어】 익히고, 【기본→발전한자어】 다지기
痘面(두면) 얽은 얼굴. 곰보 얼굴
痘瘡(두창) 천연두. 마마
痘痕(두흔) 마마자국
• 痘面을 가리기 위한 노력이 참으로 컸다.
• 노인들 중에서 痘瘡으로 인하여 痘痕이 남아 있는 사람이 많다.

기본 ① 痘苗(두묘) 痘疫(두역) 痘漿(두장) 水痘(수두) 神痘(신두) 牛痘(우두) 種痘(종두)

발전 ① 痘病(두병) 痘神(두신) 痘疹(두진) [특]痘痂(두가)
사자성어 ① 痘後雜症(두후잡증)

부수	획수	총획
儿	9	11

도솔천 도
투구 두【2586】

字源 〈상형〉 '도솔천'은 욕계의 이상적 정토로 미륵보살과 결부된 정토세계다. 정토는 칠보, 광명, 연화 등으로 장식되었으며, 십선과 사홍서원을 설하는 음악이 나와 보리심이 우러난다고 전하고 있다. 흔히 사람(儿)의 머리(白)를 덮는다(卯)고 했으니 '도솔천(兜率天)'에서 잘 쓰인 [투구(兜)]를 뜻하고 [두]로 읽는다.
⑤ 鍪(투구 무)

필순 `「 介 竹 白 白 白 旬 旬 兜 兜`

기초 【기초한자어】 익히고, 【기본 → 발전한자어】 다지기
兜籠(두롱) 대로 만든 가마의 한 가지
兜侵(두침) 백성의 세금을 세리가 착복하는 일
兜率(도솔) 도솔천의 줄임말. 도솔가에서 유래됨
• 兜率는 '도솔가'에서 유래되었고, 흔히 도솔천의 줄임말이다.
• 兜籠을 타고 다니며 兜侵을 일삼는 관리는 크게 벌을 받았다.
기본 ① 兜轎(두교)
발전 ① 兜矛(두모) 兜子(두자) 兜頰(두협) 弁兜(변두) 兜率歌(도솔가) 兜率天(도솔천)
사자성어 ① 荷蓮兜子(하련두자)

부수	획수	총획
肉	13	17

볼기 둔【2587】

字源 〈형성〉 '볼기'는 허리 아래부터 허벅다리 윗부분에 좌우로 살이 두둑하게 붙은 부위를 말한다. 곧 '둔부' 혹은 '엉덩이' 부분이라 하겠는데 궁둥이의 살이 두둑한 부분이라고 부르는 곳이다. 흔히들 비곗살이라 했듯이 펑퍼짐한 엉덩이(殿)에 토실토실한 살(月)이 붙은 [볼기(臀)]를 뜻하고 [둔]으로 읽는다.

필순 `゛ ア 尸 尸 尸 屏 屏 殿 殿 臀`

기초 【기초한자어】 익히고, 【기본 → 발전한자어】 다지기
臀肉(둔육) 볼기의 살. 볼깃살
臀腫(둔종) 볼기짝에 나는 종기
臀部(둔부) 엉덩이
• 사람이 살면서 臀部의 중요성이 얼마나 큰지 모르

겠다.
• 그는 臀肉에 태장을 맞았으나 臀腫은 간신히 피했다.
발전 ① 臀圍(둔위) 挑臀(도둔) 露臀(노둔) 臀笞法(둔태법) [특]臀癰(둔옹) 臀鰭(둔기)

부수	획수	총획
辵	9	13

숨을 둔 : 【2588】

字源 〈형성〉 '숨다'는 남의 눈에 띄지 않도록 몸을 감추다를 뜻하는 용어다. 가만히 몰래 들어가거나 들어오다는 뜻으로 '숨어들다', 혹은 세상을 피하여 몰래 살다는 뜻으로 '숨어 살다'와 통한다. 잘못을 저질러 다른 사람의 눈을 피해 몸이 보이지 않게 숨으면서(盾) 달아나도록(辶) 되었으니 [숨다(遁)]는 뜻이고 [둔]으로 읽는다.
⑤ 竄(숨을 찬) 避(피할 피)

필순 `「 厂 斤 斤 斤 盾 盾 盾 遁 遁 遁`

기초 【기초한자어】 익히고, 【기본 → 발전한자어】 다지기
遁甲(둔갑) 술법을 써서 마음대로 몸을 숨김
遁思(둔사) 세상을 도피하려는 생각
遁世(둔세) 속세를 피하여 은거함
• 예나 이제나 사람들은 遁思를 많이 생각했다.
• 길동이 遁世하는 동안에 遁甲하여 불쌍한 사람을 도와주었다.
기본 ① 遁逃(둔도) 遁北(둔배) 遁迹(둔적) 遁走(둔주) 遁避(둔피) 遁化(둔화) 驚遁(경둔) 逃遁(도둔) 鼠遁(서둔) 隱遁(은둔) 浚遁(준둔) 逐遁(축둔) 敗遁(패둔)
발전 ① 遁兵(둔병) 遁辭(둔사) 遁俗(둔속) 遁人(둔인) 遁天(둔천) 窘遁(군둔) 駭遁(해둔) 遁巡(준순) [특]遁竄(둔찬)
사자성어 ① 遁甲藏身(둔갑장신) 遁避思想(둔피사상)

부수	획수	총획
木	12	16

귤 등
걸상 등【2589】

字源 〈형성〉 '걸상'은 사람이 앉을 수 있는 가구다. 널조각으로 만든 쪽걸상, 등받이와 팔걸이가 없는 민걸상, 길가에 걸터앉을 수 있게 돌로 만든 돌걸상 등이 있다. 걸상 모양과 쓰임에 따르는 여러 분류다. 발이 피곤하여 위에 얹어(登) 두면 좋은 나무(木) 발판으로 [걸상(橙)] 혹은 [귤(橙子)]을 뜻하고 [등]으로 읽는다.

필순 `十 才 木 杪 杪 杪 松 橙 橙 橙`

기초 【기초한자어】 익히고, 【기본 → 발전한자어】 다지기
橙色(등색) 붉은빛을 약간 띤 누런색

1급

橙子(등자) 등자나무의 열매
橙皮(등피) 등자의 껍질
• 출입구를 橙色으로 칠하니 따뜻한 느낌이 든다.
• 橙子를 따서 橙皮는 햇볕에 말렸다.

기본 1 橘橙(귤등) 綠橙(녹등) 霜橙(상등) 朱橙(주등) 香橙(향등) 黃橙(황등)

발전 1 橙子(등자) 橙皮(등피) 橙黃(등황)

懶

부수	획수	총획
心	16	19

게으를 라 : 【2590】

字源 〈형성〉 '게으르다'는 움직이거나 일하기를 싫어하는 성미와 버릇이 있다는 뜻을 담는다. 유의어로는 '나태(懶怠)하다, 느리다, 태만(怠慢)하다, 안일(安逸)하다' 등이 있다. 일이 많아 피곤하여 몸이 훌쩍 야위었고 마음(忄)이 그만 많이 지쳐서 일하기가 싫어졌으니(賴=羸) [게으르다(懶)]는 뜻이고 [라]로 읽는다.
동 慢(거만할/게으를 만) 惰(게으를 타) 怠(게으를 태)

필순 

기초 【기초한자어】 익히고, 【기본 → 발전한자어】 다지기
懶架(나가) 누워서 책을 얹어 놓고 보는 기구
懶眠(나면) 게을러서 잠
懶惰(나타) 어수선하여 게을러짐. 게으르고 느림
• 懶架는 반듯이 누워서 책을 얹어 놓고 보는 기구라 한다.
• 이번 출전에는 懶惰하고 懶眠한 병사는 제외시켰다.

기본 1 懶慢(나만) 懶婦(나부) 懶性(나성) 懶意(나의) 懶怠(나태) 老懶(노라) 放懶(방라) 因懶(인라) 廢懶(폐라) 嫌懶(혐뢰)

발전 1 懶農(나농) 懶龍(나룡) 懶慵(나용) 懶迂(나우) 慵懶(용라)

사자성어 1 懶不自惜(나부자석)

癩

부수	획수	총획
疒	16	21

문둥이 라 : 【2591】

字源 〈형성〉 서정주의 〈문둥이〉 작품이 잔잔하게 가슴을 적신다. [해와 하늘빛이 / 문둥이는 서러워 / 보리밭에 달 뜨면 / 애기 하나 먹고 / 꽃처럼 붉은 울음을 밤새 울었다] 한센병(문둥병)은 피부에 반점이 생기고 눈썹이 빠지면서 손발 모양이 몸에 의뢰하여(賴) 변형되는 질병(疒)으로 [문둥이(癩)]를 뜻하고 [라]로 읽는다.

필순 

기초 【기초한자어】 익히고, 【기본 → 발전한자어】 다지기
癩病(나병) 문둥병
癩子(나자) 문둥이. 두꺼비의 다른 이름
癩菌(나균) 문둥병의 병원균
• 癩菌은 문둥병의 원인균으로 별도의 관리를 한다.
• 요즈음 癩病은 불치병이 아니니 癩子를 멀리할 일이 아니다.

기본 1 癩腫(나종) 癩疹(나진) 癩漢(나한)

발전 1 癩瘡(나창) 風癩(풍라) 黑癩(흑라) 特Ⅱ 疥癩(개라)

사자성어 1 漆身爲癩(칠신위라)

螺

부수	획수	총획
虫	11	17

소라 라 【2592】

字源 〈형성〉 '소라'는 바닷말이 많은 얕은 바다 바위에 사는 조개류의 고동이다. 껍데기는 원뿔 모양으로 두껍게 꼬여 있다. 껍데기 둘레에 크고 작은 뿔 모양의 돌기가 있기도 하고 혹은 없기도 하다. 껍데기가 나선형의 나사 모양으로 겹쳐 있는(累) 곤충(虫)과 같은 다슬기로 [소라(螺)]를 뜻하고 [라]로 읽는다.

필순 

기초 【기초한자어】 익히고, 【기본 → 발전한자어】 다지기
螺階(나계) 나선형의 계단
螺絲(나사) 나사못. 나선
螺旋(나선) 소라껍데기처럼 빙빙 뒤틀린 형상
• 반듯한 보통못보다 나선의 螺絲못이 잘 박혀 단단하다.
• 螺階를 따라서 전망대에 오르니 도심의 경치가 螺旋의 형국이다.

기본 1 螺髮(나발) 螺杯(나배) 陵螺(능라) 文螺(문라) 法螺(법라) 田螺(전라) 靑螺(청라) 吹螺(취라) 翠螺(취라) 陀螺(타라) 香螺(향라)

발전 1 螺角(나각) 螺子黛(나자대) 蝸螺(와라) 旋螺(선라) 螺毛(나모) 螺釘(나정) 螺舟(나주) 螺貝(나패) 啓螺(계라) 特Ⅱ 螺鈿(나전) 鈿螺(전라) 特 螺醢(나해)

사자성어 1 螺旋階段(나선계단) 螺旋器管(나선기관)

邏

부수	획수	총획
辶	19	23

순라 라 【2593】

字源 〈형성〉 순라군은 예전에는 도둑이나 화재를 경계하기 위하여 관할 구역을 순찰하는 일을 맡았던, 치안유지를 위한 일종의 군대였다. 조선시대에 밤마다 궁궐과 도성 순찰의 큰 임무를 맡았다. 고기 잡는 그물을 치듯이(羅) 많이들 돌아다녔다 했으니(辶) [돌다(邏)] 혹은 [순라(邏)]를

1급

뜻하고 [라]로 읽는다.

필순 

기초 【기초한자어】 익히고, 【기본 → 발전한자어】 다지기

邏騎(나기) 순찰하는 기병

邏吏(나리) 순찰하는 관리

邏卒(나졸) 순라하는 병졸

• 邏騎는 巡察하는 기병으로 邏卒을 관리했던 병사다.

• 조선시대 邏卒보다는 邏騎와 邏吏가 신분이 더 높았다.

기본 1 邏子(나자) 街邏(가라) 警邏(경라) 烽邏(봉라) 巡邏(순라) 夜邏(야라) 游邏(유라) 紫邏(자라) 偵邏(정라) 候邏(후라)

발전 1 邏路(나로) 邏兵(나병) 邏戍(나수) 邏候(나후)

사자성어 1 巡邏衙門(순라아문)

駱

부수	획수	총획
馬	6	16

낙타 락 【2594】

字源 〈형성〉 낙타는 흔히 약대라 불렀다. 되새김 동물로 혹이 1개 달린 단봉낙타, 2개 달린 쌍봉낙타가 있다. 낙타는 '사막의 배'라 일컬어질 만큼 중요한 교통수단의 하나였다. 말(馬) 등처럼 사람이 각각(各) 타는 [낙타(駱)]의 뜻과 외국에서 들여왔다는(各←至) 말(馬)이란 뜻에서 [낙타(駱)]를 뜻하고 [락]으로 읽는다.

동 駝(낙타 타)

필순 

기초 【기초한자어】 익히고, 【기본 → 발전한자어】 다지기

駱駱(낙락) 말이 우는 소리

駱馬(낙마) 몸의 털빛은 희고 갈기가 검은 말

駱驛(낙역) 왕래가 빈번하여 끊이지 않음

• 사람 왕래가 빈번하여 사람이 끊이지 않은 곳에 駱驛이 있다.

• 한밤중 駱馬의 駱駱은 자기 새끼를 찾는 울음이다.

기본 1 駱漠(낙막) 駱丞(낙승) 駱駝(낙타)

발전 1 駱山(낙산) 駱越(낙월)

酪

부수	획수	총획
酉	6	13

쇠젖 락 【2595】

字源 〈형성〉 '젖'은 포유류 암컷의 유선에서 만들어진 액체다. 유즙(乳汁)이라고도 불렀다. 암컷 포유류가 새끼를 기르는 데 큰 역할을 하는 모성애를 발휘한다. 소, 양, 염소 등의 젖을 식용한다. 막걸리처럼 보이는 액체가 소(酉)의 젖꼭지에서 각각(各) 흘러나와 되었던 우유로 [쇠젖(酪)]을 뜻하고 [락]으로 읽는다.

필순 

기초 【기초한자어】 익히고, 【기본 → 발전한자어】 다지기

酪母(낙모) 술지게미. 재강에 물을 타서 모주를 짜내고 남은 찌꺼기

酪漿(낙장) 젖을 달여 만든 음료

酪農(낙농) 연유 따위의 유제품을 만드는 농업. 낙농업(dairy)

• 연유 등 乳製品(유제품)을 만드는 농업을 흔히 酪農業이라고 한다.

• 酪漿을 마시고 酪母로 끼니를 이어만 간다고 해도 마냥 행복했다.

기본 1 酪奴(낙노)

발전 1 酪酸(낙산) 酪乳(낙유) 酪粥(낙죽) 乾酪(건락) 羊酪(양락) 醴酪(예락) 牛酪(우락) 乳酪(유락) 特II 湩酪(동락)

烙

부수	획수	총획
火	6	10

지질 락 【2596】

字源 〈형성〉 [온돌방에 지지다] 작품이 보인다. '인생이란 다 지지고 볶는 세월이다. 사랑채에 군불 뜨끈히 지피우고, 마음에 담은 친구 불러다가 지짐질했다'는 자기 심회를 피력한 수필이다. 불(火)을 내어서 각각(各) 몸을 불어 [지지다(烙)]는 뜻과 각각(各) 불(火)에 달구어서 [지지다(烙)]는 뜻이고 [락]으로 읽는다.

필순 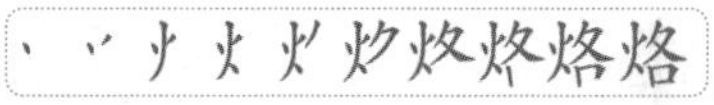

기초 【기초한자어】 익히고, 【기본 → 발전한자어】 다지기

烙印(낙인) 불에 달구어 찍는 쇠도장. 불명예스럽고 욕된 판정이나 평판

烙竹(낙죽) 달군 쇠로 지져서 무늬를 놓거나 그림을 그린 대. 낙죽장

烙刑(낙형) 단근질이라고 함. 불에 달군 쇠로 몸을 지지던 형벌.

• 범죄자라는 烙印을 달고 사느니 차라리 죽는 것이 더 낫겠다.

• 烙竹는 흔히 낙죽장이라고 했으며, 烙刑은 단근질이라고 한다.

기본 1 烙記(낙기) 鍼烙(침락)

발전 1 烙畫(낙화) 壓烙(압락) 針烙(침락) 特 炮烙(포락)

鸞

부수	획수	총획
鳥	19	30

난새 란 【2597】

1급

字源 〈형성〉 흔히 난새를 난조(鸞鳥)라고 했다. 중국 전설에 나오는 상상의 새로, 모양은 닭과 비슷하나 깃은 붉은 빛에 다섯 가지 색채가 섞여 나오는 소리는 마치 오음(五音)과도 같다. 천자의 수레에 다는 방울(鑾←鸞)소리를 내는 새(鳥)로 태평할 때면 어김없이 나타난다는 [난새(鸞)]를 뜻하고 [란]으로 읽는다.
回 鳶

필순 ᅮ 言 糸言 糸言 糸言糸 糸言糸 糸言糸 糸言糸 鸞 鸞

기초 【기초한자어】 익히고, 【기본→발전한자어】 다지기
鸞駕(난가) 천자가 타는 수레
鸞閣(난각) 궁중에 있는 누각
鸞車(난거) 순임금의 수레. 천자의 수레. 장례 때 희생과 명기를 싣는 수레
• 순임금의 수레. 천자의 수레를 흔히들 鸞車라고 불렀다.
• 왕비는 鸞閣에 올라가 鸞駕의 행렬을 우두커니 내려다보고 있었다.

기본 ① 鸞刀(난도) 鸞鈴(난령) 鸞鷺(난로) 鸞門(난문) 鸞鳳(난봉) 鸞殿(난전) 鸞和(난화) 鳴鸞(명란) 文鸞(문란) 鳳鸞(봉란) 飛鸞(비란) 祥鸞(상란) 錫鸞(석란) 神鸞(신란) 紫鸞(자란) 彩鸞(채란)

발전 ① 鸞鏡(난경) 鸞闕(난궐) 鸞旗(난기) 鸞臺(난대) 鸞路(난로) 鸞司(난사) 鸞署(난서) 鸞輿(난여) 鸞旌(난정) 鸞鳥(난조) 鳳鸞(봉란) 繡鸞(수란) 図 鸞纛(난독) 鸞輅(난로) 鸞軫(난진)

부수	획수	총획
水	17	20

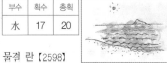

물결 란【2598】

字源 〈형성〉 호수 면에 돌을 던지면 떨어진 곳을 중심으로 원형 고리 모양의 물결이 가장자리로 잘 퍼진다. 한 지점에서 생긴 진동이 사방으로 퍼져 나갈 때를 말하는 물결이 잔잔하다. 물(氵)이 드물게(闌) 밀린 파도로 [물결(瀾)]이란 뜻과 물면(氵)이 이어진 모양(闌←連)으로 [물결(瀾)]을 뜻하고 [란]으로 읽는다.
図 波(물결 파) 濤(물결 도) 回 灡(뜨물 란)

필순 ` 氵 氵 氵⁷ 氵⁷ 氵⁷ 汩 澗 澗 瀾

기초 【기초한자어】 익히고, 【기본→발전한자어】 다지기
瀾濤(난도) 큰 물결
瀾瀾(난란) 눈물이 흘러 떨어지는 모양
瀾漫(난만) 물방울이 떨어지는 모양
• 비 오는 날 마루에 누워서 우두커니 창밖의 瀾漫을 보고 있었다.
• 瀾濤에 집을 잃고 넋이 나간 사람의 瀾瀾이 그지없이 처량하구나.

1급

기본 ① 瀾文(난문) 瀾波(난파) 瀾汗(난한) 驚瀾(경란) 狂瀾(광란) 漫瀾(만란) 微瀾(미란) 碧瀾(벽란) 澄瀾(징란) 波瀾(파란) 洪瀾(홍란)

발전 ① 瀾汗(난한) 迅瀾(신란) 頹瀾(퇴란) 回瀾(회란) 図 瀾翻(난번)

사자성어 ① 波瀾萬丈(파란만장) 揚波助瀾(양파조란)

부수	획수	총획
辛	7	14

매울 랄【2599】

字源 〈형성〉 고추, 겨자 따위의 맛과 같이 혀가 알알하다는 뜻을 담아서 '맵다'라는 표현을 썼다. 흔히 작은 고추가 맵다는 뜻을 담았을 것이고, 매콤하다는 의미를 포근하게 담았으리. 바늘이나 칼로 몸을 '꾹' 찌르듯이(刺) 입안에 음식을 넣는 맛이 몹시 시고 매웠다고 했으니(辛) [맵다(辣)]는 뜻이고 [랄]로 읽는다.
图 辛(매울 신)

필순 ᅳ ᅭ ᅭ 立 辛 亲미 亲미 辢 辢 辣

기초 【기초한자어】 익히고, 【기본→발전한자어】 다지기
辣手(날수) 날쌔게 일하는 솜씨
辣腕(날완) 민첩한 수완. 날쌘 솜씨
辛辣(신랄) 맛이 아주 쓰고 맵다. 비평 따위가 매우 날카롭고 예리함
• 辛辣은 맛이 쓰거나 시평 따위가 매우 날카롭고 예리함이다.
• 이 집은 목공의 辣手와 인부들의 辣腕으로 매우 신속하게 완성했다.

기본 ① 老辣(노랄) 毒辣(독랄) 惡辣(악랄) 香辣(향랄) 酷辣(혹랄)

발전 ① 辣瀆(날달) 苦辣(가랄) 揷辣(삽랄) 馨辣(형랄) 図 辣韭(날구)

부수	획수	총획
刀	7	9

수라 라
발랄할 랄【2600】

字源 〈회의〉 생기 있고 활기차다는 뜻을 담아 '발랄(潑剌)하다'로 쓰였다. 상큼하고 왕성하게 발랄하다는 뜻도 함께 담았다. 임금에게 올리는 밥을 이르던 말로 흔히 '수라(水剌)'라고 했다. 칼(刂)로 섶나무(束)를 베었으니 행동이 활기차서 [발랄하다(剌)]는 뜻과 임금께 올리는 [수라(剌)]를 뜻하고 [랄] 또는 [라]로 읽는다.
回 刺(찌를 자)

필순 ᅳ ᅳ 仃 ᄆ 巿 束 束 剌 剌

【기초】【기초한자어】 익히고, 【기본→발전한자어】 다지기
刺刺(날랄) 바람 따위의 소리
刺謬(날류) 서로 반대됨. 상반됨
撥剌(발랄) 물고기가 뛰는 소리. 의성어. 패기 넘치고 낙천적이다
• 내 짝의 성격은 撥剌하다
• 초저녁 刺刺을 듣고 나서 우리는 드디어 刺謬되는 말을 교대로 하게 되었다.

【기본】 ① 跋剌(발랄) 潑剌(발랄) 操剌(조랄)

【발전】 ① 剌子(날자) 剌麻(나마) 水剌(수라) ㊠ 睚剌(휴랄)

【사자성어】 ① 生氣潑剌(생기발랄)

부수	획수	총획
竹	14	20

대바구니 람
【2601】

【字源】〈형성〉쪽은 예부터 염료 작물로 재배하여 잎을 남색의 원료로 이용했다. '쪽빛'은 남빛이 아름다워서 생긴 말이라 한다. 색 자체에 방부기능이 있어 한지를 염색하기도 했다. 대나무(竹)를 잘 살펴보아(監) 정성껏 만들었던 [대바구니]라는 뜻과 죽제품(竹)을 덮은(監) [대바구니(籃)]를 뜻하고 [람]으로 읽는다.
⦿籠(대바구니 롱) ⦿藍(쪽 람) ⦿篮

【필순】

【기초】【기초한자어】 익히고, 【기본→발전한자어】 다지기
籃球(남구) 농구
籃輿(남여) 대로 만든, 뚜껑이 없는 작은 가마
搖籃(요람) 사물의 발상지나 근원
• 〈요람에서 무덤까지〉-태어나면서부터 죽을 때까지 평생 동안.
• 어린이는 籃輿에 태우고 어른들은 籃球놀이를 하면서 즐겁게 놀았다.

【기본】 ① 傾籃(경람) 藥籃(약람) 魚籃(어람) 竹籃(죽람)

【발전】 ① 圓籃(원람) 花籃(화람) ㊠ 筐籃(광람) 蔞籃(요람)

【사자성어】 ① 搖籃時代(요람시대)

부수	획수	총획
虫	15	21

밀 랍 【2602】

【字源】〈형성〉밀은 꿀벌의 집을 끓여서 짜낸 기름이다. 밀을 발라 광택을 낸다는 뜻도 같이 담았겠다. 봄철 아카시아 꽃이 피는 것을 필두로 여러 종의 잡꿀이 나오는 계절에 더 많았었다. 쥐(鼠)가 냇물(巛) 흐른 언덕에 집을 만들듯이 벌(虫)이 제 집을 지어 달콤한 꿀을 분비하니 [밀(蠟)]을 뜻하고 [랍]으로 읽는다.

⦿蝋

【필순】

【기초】【기초한자어】 익히고, 【기본→발전한자어】 다지기
蠟淚(납루) 초가 탈 때에 녹아서 옆으로 흘려 내리는 것. 촛농
蠟燭(납촉) 밀랍으로 만든 초
蠟質(납질) 밀랍의 바탕이나 성질
• 초는 蠟質에 따라 가격이 천차만별이다.
• 신방에 蠟燭을 밝히고 蠟淚는 또 쌓여 언덕을 만든다.

【기본】 ① 蠟書(납서) 蠟詔(납조) 蠟紙(납지) 蠟花(납화) 蠟丸(납환) 綠蠟(녹랍) 蜜蠟(밀랍) 白蠟(백랍) 封蠟(봉랍) 香蠟(향랍) 紅蠟(홍랍) 黃蠟(황랍)

【발전】 ① 蠟染(납염) 蠟子(납자) 蠟蟲(납충) 蠟版(납판) 蠟畫(납화) 石蠟(석랍) 朱蠟(주랍) 型蠟(형랍) ㊠ 梔蠟(치랍)

부수	획수	총획
肉	15	19

섣달 랍 【2603】

【字源】〈형성〉음력 12월은 열두 번째인 마지막 달로, 순우리말로 '섣달'이라고 했다. 해가 지난 뒤 "지난해 섣달"을 가리킬 때 흔히 '구랍(舊臘)'이라 했다. 대한과 소한 혹은 입춘이 든 절기다. 긴 갈기(巤)가 있는 동물(月)을 사냥감으로 지내는 [납향제(臘祭)], 그런 제향을 거행했던 [섣달(臘)]을 뜻하고 [랍]으로 읽는다.

【필순】 ノ 儿 月 月 月ᄼ 膌 膌 朥 臘 臘

【기초】【기초한자어】 익히고, 【기본→발전한자어】 다지기
臘尾(납미) 세밑
臘日(납일) 동지 뒤 셋째 술일
臘祭(납제) 납일에 백신에게 지내는 제사
• 臘尾를 '세밑' 또는 '세모(歲暮)'라고도 한다.
• 동네 사람들은 臘日을 맞이하여 臘祭를 올리려고 한다.

【기본】 ① 臘乾(납건) 臘鼓(납고) 臘茶(납다) 臘梅(납매) 臘半(납반) 臘平(납평) 臘享(납향) 臘虎(납호) 舊臘(구랍) 窮臘(궁랍) 法臘(법랍) 伏臘(복랍) 壽臘(수랍) 一臘(일랍) 正臘(정랍) 眞臘(진랍) 初臘(초랍) 夏臘(하랍) 寒臘(한랍)

【발전】 ① 臘姑(납고) 臘裏(납리) 臘月(납월) 臘肉(납육) 臘雪(납설) 臘前(납전) 臘鳥(납조) 臘酒(납주) 臘平(납평) 客臘(객랍)

【사자성어】 ① 臘尾春頭(납미춘두) 臘前三白(납전삼백)

1급

부수	획수	총획
犬	7	10

이리 랑 : 【2604】

字源 〈형성〉 우리는 이리를 흔히 늑대라고 부른다. 늑대는 매우 힘센 동물로 불리는데 머리는 넓적하고 다리는 건장하고 길며, 우람하면서도 좁은 어깨를 하고 있는 것이 특징이다. 짐승(犭) 중에서도 좋지(良) 못한 [이리(狼)]의 뜻과 물결(良←浪)처럼 떼를 지어(犭) 많이 다니는 [이리(狼)]를 뜻하고 [랑]으로 읽는다.
圖狽(이리 패) 回狠(사나울 한)

필순 ノ ノ ォ ォ ォ ォ ォ ォ 狼 狼 狼

기초 【기초한자어】 익히고, 【기본→발전한자어】 다지기
狼顧(낭고) 이리는 겁이 많아 뒤를 잘 돌아봄
狼心(낭심) 이리 같은 탐욕스러운 마음
狼貪(낭탐) 이리와 같이 욕심이 많음
• 이리가 겁이 많아 뒤를 잘 돌아보니 狼顧라 한다.
• 그녀의 마음이 狼心 같고 狼貪스러운지 미처 몰랐다.

기본 1 狼戾(낭려) 狼猛(낭맹) 狼煙(낭연) 狼疾(낭질) 狼抗(낭항) 狼虎(낭호) 白狼(백랑) 豺狼(시랑) 餓狼(아랑) 貪狼(탐랑) 虎狼(호랑)

발전 1 狼毒(낭독) 狼跋(낭발) 狼星(낭성) 狼牙(낭아) 狼頑(낭완) 狼子(낭자) 狼藉(낭자) 狼齒(낭치) 狼貪(낭탐) 狼瘻(낭루) 狼狽(낭패) 狼荒(낭황) 牝狼(빈랑) 狼噬(낭서)

사자성어 1 狼子野心(낭자야심) 前虎後狼(전호후랑) 杯盤狼藉(배반낭자) 狼貪虎視(낭탐호시)

부수	획수	총획
米	7	13

기장 량 【2605】

字源 〈형성〉 직(稷)은 흔히 메기장을 가리켜 쓰인 용어이다. 고대 중국에서는 조를 가리키는 말이었는데, 당나라 이후에 그 뜻이 다소 모호해지기 시작하여 명나라 때부터 메기장을 가리켰다고 한다. 곡식이 귀해서 기장을 양질(梁←良)의 미곡류(米)로 생각했으니 오곡 중의 하나인 [기장(梁)]을 뜻하고 [량]으로 읽는다.
圖黍(기장 서) 回樑(들보 량)

필순 氵 氵 氵 氵 氵 氵 氵 梁 梁 梁

기초 【기초한자어】 익히고, 【기본→발전한자어】 다지기
梁米(양미) 좋은 쌀. 기장과 쌀
梁飯(양반) 좋은 쌀로 지은 밥. 쌀밥
梁肉(양육) 좋은 쌀과 좋은 고기. 부귀한 사람의 음식

• 좋은 쌀 혹은 기장과 쌀을 梁米라고 하여 귀하게 여겼다.
• 아침엔 梁飯을 들고 저녁엔 梁肉을 먹으니 기운이 난다.

기본 1 高粱(고량) 膏粱(고량) 稻粱(도량) 童粱(동량) 白粱(백량) 青粱(청량) 黃粱(황량)

발전 1 跳粱(도량) 鼻粱(비량) 雕粱(조량)

사자성어 1 膏粱珍味(고량진미) 膏粱子弟(고량자제) 黃粱一炊(황량일취)

부수	획수	총획
人	8	10

재주 량 【2606】

字源 〈형성〉 재주는 총명한 기운이 넘쳐 무엇을 잘하는 타고난 소질이나 재능이 뛰어남을 뜻하는 썩 좋은 용어이다. 또한 일을 감당해 낼 수 있는 힘을 말하는 '능력(能力)'까지도 뜻한다. 저울로 바르게 무게를 달듯(兩) 솜씨 있는 사람(亻)으로 [재주(俩)] 또는 양인(兩人)인 [두 사람(俩)]을 뜻하고 [량]으로 읽는다.
圖伎(재간 기)

필순 ノ 亻 亻 亻 伝 伝 伝 俩 俩 俩

기초 【기초한자어】 익히고, 【기본→발전한자어】 다지기
伎俩(기량) 기술적인 재능이나 솜씨. 技俩(기량)
• 이번 체조 경기에서 나는 그동안 쌓은 모든 技俩을 유감없이 보여 주었다.
• 伎俩은 자기의 기술적인 재능이나 솜씨. 술수, 수단, 수완 등을 말한다.

부수	획수	총획
水	15	18

거를 려 : 【2607】

字源 〈형성〉 이 한자는 자원의 뜻은 같으나, 자원 결합의 의미가 다소 다르게 쓰인다. 막걸리를 체에 넣고 거릇듯이 마구 '거르다'는 뜻이고, 오염이 심히 염려되어 물을 '거르다'는 뜻이다. 액체(氵)를 천으로 돌려서(慮) [거르다(濾)]는 뜻과 오염이 염려(慮)되어서 물(氵)을 맑도록 [거르다(濾)]는 뜻이고 [려]로 읽는다.

필순 氵 氵 氵 氵 濾 濾 濾 濾 濾 濾 濾

기초 【기초한자어】 익히고, 【기본→발전한자어】 다지기
濾過(여과) 거름. 걸러 냄
濾水(여수) 물을 걸러 냄
濾材(여재) 여과할 때 사용하는 다공질 재료를 말함

• 여과할 때 사용하는 다공질 재료가 濾材다.
• 한지에 濾過한 다음 濾水해 마시니 훨씬 부드러웠다.

발전 ① 濾斗(여두) 濾床(여상) 濾紙(여지) 濾布(여포) 濾液(여액) 濾水羅(여수라) 濾過池(여과지)

부수	획수	총획
黍	3	15

검을 려【2608】

字源 〈형성〉 이 한자는 색깔이 검다가 아니라. 흑미(黑米)나 기장 같은 곡식이 검다는 뜻으로 쓰인다. 아직 먼동이 트지 않는 상황에서 새벽에 거무스름하게 밝아 온다는 뜻으로 쓰이겠다. 밭에 뿌린 작은(勹) 기장(黍) 알갱이가 점점 자라서 [검다(黎)] 또는 동이 튼 새벽녘은 아직도 [검다(黎)]는 뜻이고 [려]로 읽는다.
回黑(검을 흑)

필순 二 千 禾 利 和 和 黎 黎 黎 黎

기초 【기초한자어】 익히고, 【기본→발전한자어】 다지기
黎明(여명) 밝아 오는 새벽. 먼동이 틀 무렵
黎民(여민) 모든 백성
群黎(군려) 많은 백성(百姓). 많은 평민. 閭黎(도려)
• 群黎는 많은 백성. 많은 평민. 閭黎(도려)를 뜻한다.
• 우리 모두 잘 사는 나라가 되도록 黎明부터 黎民이 일터에 나간다.

기본 ① 黎杖(여장) 黎軒(여헌) 黎庶(여서) 萌黎(맹려) 生黎(생려) 庶黎(서려) 遠黎(원려) 遊黎(유려) 重黎(중려) 懸黎(현려)

발전 ① 黎旦(여단) 黎老(여로) 黎蘆(여로) 黎首(여수) 黎元(여원) 黎烝(여증) 黎獻(여헌) 黎黑(여흑) 九黎(구려) 遺黎(유려) 特 黔黎(검려) 氓黎(맹려)

사자성어 ① 愛育黎首(애육여수) 特 烝黎出妻(증려출처)

부수	획수	총획
門	7	15

마을 려【2609】

字源 〈형성〉 우리나라는 촌락 구조로 보아 마을은 여러 종류가 있다. 농촌 마을. 어촌 마을, 산촌 마을, 강촌 마을 등으로 갈리기도 했다. 촌락의 구조나 특성으로 보아 그 특색들이 존재했다. 등뼈가 연속해서 이어져 있는 모양(呂)처럼 동네 앞에 대문(門)이 잇달아서 집이 있는 [마을(閭)]을 뜻하고 [려]로 읽는다.
回里(마을 리) 閻(마을 염)

필순 丨 卩 卩 卩 門 門 門 閭 閭 閭

기초 【기초한자어】 익히고, 【기본→발전한자어】 다지기
閭家(여가) 여염집
閭里(여리) 마을. 마을 사람
閭門(여문) 마을 어귀에 세운 문
• 閭里는 마을 혹은 마을 사람이 군락을 이루어 삶이다.
• 閭家의 아낙네들이 閭門에 모여 귀향하는 남편을 맞이하고 있다.

기본 ① 閭市(여시) 閭閻(여염) 閭伍(여오) 閭井(여정) 閭巷(여항) 衢閭(구려) 門閭(문려) 尾閭(미려) 民閭(민려) 坊閭(방려) 比閭(비려) 飛閭(비려) 石閭(석려) 式閭(식려) 庵閭(암려) 女閭(여려) 邑閭(읍려) 異閭(이려) 里閭(이려) 田閭(전려) 州閭(주려) 村閭(촌려) 鄕閭(향려)

발전 ① 閭邸(여저) 閭左(여좌) 閭中(여중) 僻閭(벽려) 市閭(시려) 倚閭(의려) 旌閭(정려) 閭巷間(여항간) 特 菴閭(암려)

사자성어 ① 閭家奪入(여가탈입) 倚閭之望(의려지망) 倚閭之情(의려지정) 旌表門閭(정표문려)

부수	획수	총획
戶	4	8

어그러질 려 :【2610】

字源 〈형성〉 『대학』에 다음 구절이 있다. "한 사람이 탐욕을 부리고 어그러지면, 온 나라에서 난리가 일어난다(一人貪戾 一國作亂)."고 했었으니 [戾]의 뜻을 위에서 미리 짐작하여 알 수 있겠다. 인적이 드문 문(戶)이 있는 집을 지키는 개(犬)가 [사납다(戾)]는 뜻이 파생하여 일이 [어그러지다(戾)]는 뜻이고 [려]로 읽는다.
回乖(어그러질 괴) 回戻

필순 丶 亠 ゙尸 尸 厈 戾 戾

기초 【기초한자어】 익히고, 【기본→발전한자어】 다지기
返戾(반려) 꾸거나 빌렸던 것을 도로 돌려줌
戾止(여지) 도착하다. 이르다
剛戾(강려) 성미가 깔깔하고 비꼬여 있음
• 剛戾는 '강려하다'의 어근. 성미가 매우 깔깔하고 비꼬여 있다.
• 누추한 곳까지 戾止하시며, 곡식까지 返戾하시니 반갑고 기뻤다.

기본 ① 戾轉(여전) 戾蟲(려충) 乖戾(괴려) 抝戾(교려) 狼戾(낭려) 大戾(대려) 猛戾(맹려) 背戾(배려) 否戾(부려) 惡戾(악려) 逆戾(역려) 怨戾(원려) 違戾(위려) 爭戾(쟁려) 賊戾(적려) 罪戾(죄려) 差戾(차려) 貪戾(탐려) 悖戾(패려) 凶戾(흉려)

발전 ① 戾道(여도) 戾疫(여역) 戾天(여천) 戾行(려행) 買戾(매려) 反戾(반려) 叛戾(반려) 拂戾(불려)

사자성어 ① 剛戾自用(강려자용)

1급

부수	획수	총획
人	7	9

짝 려 : 【2611】

字源 〈형성〉 둘이 서로 어울려 한 쌍을 이루는 것이나 그중의 하나가 '짝'이었다. 학교에서 옆자리에 앉은 친구를 '짝', 혹은 '짝꿍'이라고 한다. 서로 어울려서 한 벌이나 한 쌍을 이루었던 것이다. 등뼈가 서로 이어져 있는 모양(呂)처럼 사람(亻)이 같은 줄에 나란히 늘어서서 있었으니 [짝(侶)]을 뜻하고 [려]로 읽는다.
圖伴(짝 반)

필순 ノ 亻 亻 亻 亻 侶 侶 侶 侶 侶

기초 【기초한자어】 익히고, 【기본→발전한자어】 다지기
侶伴(여반) 동료
侶行(여행) 함께 길동무하여 감
伴侶(반려) 짝이 되는 동무. 반려동물
• 요즈음 들어 伴侶 動物(동물)들이 사람의 단짝이 되는 양하다.
• 제주도까지 侶行할 뜻이 같은 모임에서 侶伴을 찾았다.

기본 ① 故侶(고려) 官侶(관려) 宮侶(궁려) 徒侶(도려) 同侶(동려) 法侶(법려) 賓侶(빈려) 僧侶(승려) 詩侶(시려) 遊侶(유려) 義侶(의려) 醉侶(취려) 親侶(친려) 行侶(행려) 好侶(호려)

발전 ① 群侶(군려) 鴛侶(원려) 作侶(작려) 淨侶(정려) 伴侶者(반려자) 特緇侶(치려)

부수	획수	총획
水	16	19

스밀 력【2612】

字源 〈형성〉 '스미다'는 속까지 가득하게 배어든다는 뜻을 담는다. 가만히 스며드니 마음이 촉촉하게 젖는다는 뜻까지도 잘 감싸 안는다. 밖으로부터 배어드는 스며들다도 같은 뜻이겠다. 물(氵)이 낮은 곳으로 지날(歷) 때 일정 골을 따라 흘러들기 [물방울 떨어지다(瀝)] 또는 물이 [스미다(瀝)]는 뜻이고 [력]으로 읽는다.
圖滲(스밀 삼)

필순 氵 氵 氵 氵 氵 瀝 瀝 瀝 瀝 瀝

기초 【기초한자어】 익히고, 【기본→발전한자어】 다지기
瀝瀝(역력) 물소리. 바람 소리
瀝滴(역적) 물방울이 뚝뚝 떨어짐
瀝靑(역청) 콜타르에서 휘발 성분을 증류한 잔류물
• 瀝瀝은 '물소리. 바람 소리'라는 뜻이다.
• 瀝靑으로 도로를 포장하니 瀝滴은 아무런 문제가 되지 않았다.

기본 ① 瀝懇(역간) 瀝液(역액) 瀝淸(역청) 瀝血(역혈) 餘瀝(여력) 殘瀝(잔력)

발전 ① 瀝心(역심) 淋瀝(임력) 滴瀝(적력) 竹瀝(죽력) 陳瀝(진력) 披瀝(피력) 特淅瀝(석력) 霖瀝(임력) 浙瀝(절력)

사자성어 ① 吐肝瀝膽(토간역담)

부수	획수	총획
石	15	20

조약돌 력【2613】

字源 〈형성〉 조약돌은 크기가 자잘하고 모양이 동글동글한 돌을 말한다. 흔히 '조약돌 사랑'이라고 했다. 조약돌 시문들도 있어 조약돌 사랑이란 가곡과 같은 노래가 훈훈한 사랑을 만끽한다. 도토리(樂) 모양의 자잘한 자갈(石)이 부딪칠 때 아름다운 음악(樂) 소리를 잘 냈으니 [조약돌(礫)]을 뜻하고 [력]으로 읽는다.

필순 丆 石 矵 矵 矵 礔 礫 礫 礫 礫

기초 【기초한자어】 익히고, 【기본→발전한자어】 다지기
礫石(역석) 자갈. 조약돌
瓦礫(와력) 기와조각
石礫(석력) 자갈. 조약돌
• 튼튼한 지반을 조성하려고 많은 礫石을 깔고 다졌다.
• 기와조각인 瓦礫과 조약돌인 石礫으로 길을 튼튼하게 다듬는다.

기본 ① 澗礫(간력) 錦礫(금력) 丹礫(단력) 沙礫(사력) 燕礫(연력) 磧礫(적력) 卓礫(탁력) 黃礫(황력)

발전 ① 礫塊(역괴) 礫巖(역암) 礫層(역층) 白礫(백력) 特砂礫(사력)

부수	획수	총획
車	8	15

가마 련【2614】

字源 〈회의〉 가마는 사람을 태우고 갈 수 있도록 만든, 조그마한 집 모양의 탈것으로 정의해 보인다. 앞뒤로 나와 있는 봉에 둘 또는 넷이 멜빵을 걸어 메고 운반했다. 가마 타고 시집간 것이다. 손발에 힘준 두 사람(夫夫)이 끄는 수레(車)로 [가마(輦)]의 뜻과 지존인 천자 손수레로 [연(輦)]을 뜻하고 [련]으로 읽는다.
圖車(수레 거/차) 轂(바퀴통/수레 곡)

필순 一 キ キ 扶 扶 替 替 替 替 輦

기초 【기초한자어】 익히고, 【기본→발전한자어】 다지기
輦車(연차) 손수레

輦道(연도) 궁중의 길. 임금의 수레가 왕래하는 길
輦路(연로) 거둥길. 연도(輦道)
• 輦路를 흔히 연도(輦道)라고 불렀는데, 임금의 거
둥길로 불렀다.
• 오늘부터 輦道에 일반 사람의 輦車 출입을 완전하
게 금지시켰다.

기본 ① 輦郞(연랑) 輦下(연하) 肩輦(견련) 輕輦(경련) 京輦
(경련) 大輦(대련) 都輦(도련) 同輦(동련) 步輦(보련)
鳳輦(봉련) 小輦(소련) 乘輦(승련) 御輦(어련) 玉輦(옥련)
停輦(정련) 帝輦(제련) 香輦(향련)

발전 ① 輦轂(연곡) 輦臺(연대) 輦夫(연부) 輦輿(연여) 輦從
(연종) 聖輦(성련) 侍輦(시련) 興輦(여련) 正輦(정련)
彫輦(조련) 駐輦(주련) 彩輦(채련) 扈輦(호련) 特 輦輅
(연로) 特 輦轂(연곡)

사자성어 ① 高冠陪輦(고관배련)

부수	획수	총획
攴	13	17

거둘 렴 : 【2615】

字源 〈형성〉'승리를 거두다, 발을 거두다, 숨을 거두다'는 등
동음이의어 동사형 어미들이 자주 쓰인다. 여기에서는 일
년간 애써서 지었던 농사를 가을이 되어 그 수확을 '거두
다'는 뜻이라고 보인다. 여러(僉) 사람이 힘을 들여서(攴)
지어놓은 농사를 가을철에 잘 수확하였으니 [거두다(斂)]
는 뜻이고 [렴]으로 읽는다.
동 聚(모을 취) 만 散(흩을 산)

필순 𠆢 𠆢 𠓨 𠓨 𠓨 僉 𠓨 斂 斂 斂

기초 【기초한자어】 익히고, 【기본→발전한자어】 다지기
斂去(염거) 하던 일을 그만두고 달아남
斂髮(염발) 머리를 쪽찌거나 틀어 올림
斂容(염용) 용모를 단정히 하여 경의를 표함
• 용모를 단정히 하여 경의를 표함을 斂容이라고 한다.
• 斂髮의 병사 두 명이 지난밤에 斂去해 버렸다.

기본 ① 斂膝(염슬) 斂葬(염장) 斂迹(염적) 斂聚(염취) 斂昏
(염혼) 斂穫(염확) 苛斂(가렴) 拘斂(구렴) 大斂(대렴)
賦斂(부렴) 稅斂(세렴) 小斂(소렴) 收斂(수렴) 畏斂
(외렴) 秋斂(추렴) 聚斂(취렴) 後斂(후렴)

발전 ① 斂更(염경) 斂局(염국) 斂衾(염금) 斂襟(염금) 斂眉
(염미) 斂死(염사) 斂手(염수) 斂翼(염익) 斂藏(염장)
斂跡(염적) 斂錢(염전) 斂足(염족) 妄斂(망렴) 出斂(추
렴) 抽斂(추렴) 含斂(함렴) 橫斂(횡렴) 特 斂衽(염임)

사자성어 ① 斂膝端坐(염슬단좌) 苛斂誅求(가렴주구) 家抽
戶斂(가추호렴)

簾

부수	획수	총획
竹	13	19

발 렴 【2616】

字源 〈형성〉마루를 통해 들어오는 햇볕을 차단하고, 외부 사
람이 집안사람들의 동태를 살필 수 없도록 만들어 쳤던
'발'을 이따금 보았다. 곧 발은 햇볕을 차단하거나 외부 사
람에게 노출하지 않았다. 염치(廉)없는 사람이 규수의 얼
굴을 더는 볼 수 없도록 문에 대(竹)로 드리우는 [발(簾)]
을 뜻하고 [렴]으로 읽는다.

필순 𥫗 𥫗 𥫗 𥫗 𥫗 筥 筥 筥 簾 簾

기초 【기초한자어】 익히고, 【기본→발전한자어】 다지기
簾幕(염막) 발과 장막
簾外(염외) 발을 친 밖
簾波(염파) 발의 그림자가 흔들려 파문같이 보임
• 밖에서는 簾外만 볼 수 있을 뿐 내부는 전혀 알 수
없다.
• 簾幕에 가린 고관 집을 알 수 없어도 簾波만은 훤
히 볼 수 있었다.

기본 ① 舊簾(구렴) 撒簾(살렴) 水簾(수렴) 垂簾(수렴) 御簾
(어렴) 玉簾(옥렴) 珠簾(주렴) 竹簾(죽렴) 翠簾(취렴)
下簾(하렴)

발전 ① 簾鉤(염구) 簾箔(염박) 簾押(염압) 簾政(염정) 簾中
(염중) 疎簾(소렴) 簾官(염관) 簾眷(염권) 簾影(염영)
特 湘簾(상렴) 特 帷簾(유렴)

사자성어 ① 垂簾聽政(수렴청정)

殮

부수	획수	총획
歹	13	17

염할 렴 : 【2617】

字源 〈형성〉'염하다'는 운이 다한 시신을 씻긴 뒤에 옷을 입히
고 염포로 묶는 일이다. 시신을 수의로 갈아입힌 다음에,
베나 이불 따위로 싸는 일이며, 염습하다(殮襲)는 뜻으로
쓰인다. 죽은 사람의 시체(歹)를 깨끗하게 거두어(僉=斂)
닦고 수의를 정성을 들여서 잘 입혔으니 [염하다(殮)]는
뜻이고 [렴]으로 읽는다.

필순 一 𠂆 歹 歹 𣥽 𣦁 殮 殮 殮 殮

기초 【기초한자어】 익히고, 【기본→발전한자어】 다지기
殮襲(염습) 죽은 사람 몸을 씻긴 뒤에 옷을 입힘
小殮(소렴) 시신을 옷과 이불로 싸는 절차
大殮(대렴) 소렴이 끝난 뒤 대렴포로 묶는 과정
• 아버지의 시신을 殮襲하려고 장의사가 들어왔다.

1급

• 小殮을 거치고 大殮이 끝난 뒤 대렴포로 묶는 과정을 거친다.

기본 ① 殮布(염포)

발전 ① 殮具(염구) 殮匠(염장) 簾葬(염장) 殮昏(염혼) 棺殮(관렴) 殯殮(빈렴) 襲殮(습렴)

부수	획수	총획
齒	5	20

나이 령【2618】

字源 〈형성〉 나이 또는 연세라고 하였으며 사람이나 동·식물 따위가 세상에 나서 살아온 햇수를 뜻한다. 대부분 나라들은 태어난 만 나이를 사용하지만, 우리는 세는 나이를 써서 서열의식이 강했다. 이(齒)가 일정하게 늘어(令) 있음으로 매겨진 나이는 사람 수명과 관계가 있어 [나이(齡)]를 뜻하고 [령]으로 읽는다.
回 齢

필순 ⺊ ⺊⺊ ⺘齿 齿齿 齿 齿 齿人 齡齡 齡

기초 【기초한자어】 익히고, 【기본→발전한자어】 다지기
高齡(고령) 나이가 많음. 많은 나이
年齡(연령) 나이
學齡(학령) 초등학교에 들어갈 나이
• 우리나라 學齡은 만 6세로 되어 있으며 초등학교는 의무교육이다.
• 할아버지는 高齡임에도 불구하고 실제 年齡보다 건강하신 편이다.

기본 ① 龜齡(귀령) 老齡(노령) 馬齡(마령) 妙齡(묘령) 衰齡(쇠령) 壽齡(수령) 樹齡(수령) 弱齡(약령) 餘齡(여령) 延齡(연령) 月齡(월령) 幼齡(유령) 長齡(장령) 適齡(적령)

발전 ① 加齡(가령) 芳齡(방령) 鶴齡(학령) 婚齡(혼령)

사자성어 ① 犬馬之齡(견마지령)

부수	획수	총획
金	5	13

방울 령【2619】

字源 〈형성〉 '방울'은 얇은 쇠붙이를 둥글고 속이 비게 만들어 단단한 물체를 넣어 소리가 나는 물건이다. 옷이나 모자에 달린 둥근 모양 장식품이며, 경을 읽을 때 사용하는 놋쇠나 구리로 만든 물건이다. 쇠붙이(金)에서 서늘하면서 도(令) 딸랑거리는 소리가 나게 만들어서 안내했으니 [방울(鈴)]을 뜻하고 [령]으로 읽는다.
回 鐸(방울 탁)

필순 ⺊ ⺋ ⺍ ⾦ ⾦ 金 金人 鈴人 鈴 鈴

기초 【기초한자어】 익히고, 【기본→발전한자어】 다지기
鈴鈴(영령) 땅이 흔들리는 모양. 지팡이의 소리
鈴鐸(영탁) 방울. 풍경(風磬) 요령(搖鈴)
鐸鈴(탁령) 풍경(風磬) 처마 끝에 다는 작은 경쇠
• [악학궤범] 鐸鈴은 아악 헌가에 사용하던 타악기의 하나다.
• 멀리 들려오는 鈴鈴은 산사의 鈴鐸소리와 함께들려온다.

기본 ① 鈴語(영어)

발전 ① 鈴架(영가) 鈴閣(영각) 鈴鈸(영발) 鈴聲(영성) 鈴下(영하) 金鈴(금령) 彎鈴(만령) 鳴鈴(명령) 門鈴(문령) 說鈴(설령) 驛鈴(역령) 搖鈴(요령) 電鈴(전령) 振鈴(진령) 懸鈴(현령) 和鈴(화령)

사자성어 ① 猫項懸鈴(묘항현령) 掩耳盜鈴(엄이도령) 八字打鈴(팔자타령)

부수	획수	총획
囗	5	8

옥 령【2620】

字源 〈형성〉 감옥(監獄)은 범죄를 저지른 사람이 징역형이나 금고형 등을 선고받아 복역을 하는 장소를 말한다. 흔히 교도소(矯導所) 혹은 형무소(刑務所), 구치소(拘置所)라고도 했었다. 사람이 사회생활을 하면서 잘못을 저질러서 테두리(囗) 안에 갇혀 무릎 꿇은 사람(令)의 모양으로 [옥(圇)]을 뜻하고 [령]으로 읽는다.
回 圄(옥 어)

필순 丨 冂 冂 冋 冈 圇 圇 圇

기초 【기초한자어】 익히고, 【기본→발전한자어】 다지기
圇圄(영어) 감옥. 죄지은 자를 가두어 두는 곳
• 죄 없이 圇圄에 들어갔으니 머잖아 나올 것이다.
• 흔히 圇圄의 신세라고 말을 하는데, 흔히 監獄과 같이 사용한다.

기본 ① 空圇(공령) 圇圄(어령) 圍圇(위령) 幽圇(유령)

사자성어 ① 圇圄空虛(영어공허) 圇圄生草(영어생초)

부수	획수	총획
辵	7	11

쾌할 령【2621】

字源 〈형성〉 쾌하다는 지금 하는 일이 상쾌하고 좋다는 뜻을 지닌다. 비슷한 어휘인 '쾌조(快調)'는 마음먹은 대로 일이 잘 돼 감이고, '쾌족(快足)'은 마음 상태가 상쾌(快)하고 만족(足)스럽다는 뜻이겠다. 자기 뜻을 드러내어(呈) 일을 진행시켜 나가니(辶) 그 기운이 왕성하면서 [쾌하다(逞)]는 뜻이고 [령]으로 읽는다.

필순 冂 口 罒 罒 罒 厚 皇 皇 逞 逞

기초 【기초한자어】 익히고, 【기본→발전한자어】 다지기
逞兵(영병) 뛰어나게 강한 병사
不逞(불령) 어떠한 구속도 받지 아니하고 제 마음대로 행동함
逞志(정지) 마음대로 하거나 제멋대로 함
• 왜군을 물리치기 위해 逞兵을 선발하여 출정시켰다.
• 不逞과 逞志는 제 마음대로 행동함이란 의미는 같지만 음(音)은 다르다.

기본 ① 逞欲(영욕) 勁逞(경령) 驕逞(교령) 億逞(억령) 橫逞(횡령)

발전 ① 逞界(영롱) 逞媚(영미) 逞懿(영억) 逞意(영의) 逞才(영재) 狂逞(광령) 大逞(대령)

부수	획수	총획
手	12	15

건질 로 【2622】

字源 〈형성〉 안에서 밖으로 집어내거나 끌어내는 일이다. 다음과 같은 예를 본다. 〈그를 수령에서 건지다. 물속에서 쓰레기를 건지다. 우물에서 달을 건지다〉 등의 예에서 '건지다'는 의미를 볼 수 있겠다. 손(扌)으로 그물을 쳐서 힘들여(勞) 물속 고기를 올려서 손으로 잡으니 [건지다(撈)]는 뜻이고 [로]로 읽는다.
回漁(고기잡을 어)

필순 一 十 扌 扌 扌 扩 扩 扲 捞 撈 撈

기초 【기초한자어】 익히고, 【기본→발전한자어】 다지기
撈救(노구) 물에 빠진 것을 건져 구함
撈採(노채) 물속에 들어가 채취함
漁撈(어로) 고기나 수산물을 잡거나 채취함
• 어민들의 겨울은 漁撈가 한창으로 추위도 참아낸다.
• 해녀가 해삼을 撈採하는 동안에 撈救한 일이 있었다.

기본 ① 撈漁(노어) 撈取(노취) 牽撈(견로) 曳撈(예로) 拘撈(요로) 把撈(파로) 板撈(판로)

발전 ① 撈網(노망) 撈米(노미) 漁撈權(어로권)

부수	획수	총획
手	13	16

노략질할 로 【2623】

字源 〈형성〉 떼를 지어 다니면서 사람을 마구 잡아가거나 재산을 빼앗아 가는 짓을 하는 것이 '노략질하다'는 뜻이다. 흔히 다른 사람의 생명을 함부로 빼앗고 재산을 탈취하는 도둑들이다. 포승을 두 손(扌)에 묶어 사람을 사로잡아(虜) 놓고 귀중한 물건을 훔쳐갔으니 [노략질하다(擄)]는

뜻이고 [로]로 읽는다.
回掠(노략질할 략)

필순 十 扌 扌 扩 护 护 撂 搮 搮 擄

기초 【기초한자어】 익히고, 【기본→발전한자어】 다지기
擄掠(노략) 떼를 지어 다니면서 재물이나 생명을 빼앗음
侵擄(침로) 남의 나라를 불법으로 쳐들어가거나 쳐들어옴
被擄(피로) 노략질을 당함
• 거란족이 이 고개를 擄掠하고 侵擄를 일삼던 곳이다.
• 청국의 침략으로 被擄의 피해가 매우 컸었다.

발전 ① 斬擄(참로)

부수	획수	총획
虍	7	13

사로잡을 로 【2624】

字源 〈형성〉 [책, 인생을 사로잡다]가 출간되어 우리 서점가를 흔들었던 적이 있다. 굳이 인권변호사로, 시민운동가로, 법제처장을 지낸 지은이의 이력을 피력하고 싶지는 않다. 인간의 마음을 사로잡을 만했으리. 힘이 왕성한 사나이(男)가 혼자서 호랑이(虍)를 때려잡았으니 [사로잡다(虜)]는 뜻이고 [로]로 읽는다.
回擒(사로잡을 금) 獲(얻을 획)

필순 卜 广 卢 虍 虍 虍 虜 虜 虜 虜

기초 【기초한자어】 익히고, 【기본→발전한자어】 다지기
虜略(노략) 사람을 사로잡고 재물을 약탈함. 노략(虜掠)
虜囚(노수) 포로
虜獲(노획) 적을 산 채로 잡거나 적의 목을 베어 죽임
• 虜略은 虜掠(노략)과 같은 뜻으로 약자는 늘 당했다.
• 적군을 虜囚로 두고 虜獲하지 말라는 장군의 지엄한 명령이 있었다.

기본 ① 虜兵(노병) 虜將(노장) 虜庭(노정) 虜艦(노함) 格虜(격로) 驕虜(교로) 劇虜(극로) 奴虜(노로) 亡虜(망로) 僕虜(복로) 因虜(인로) 守錢虜(수전로)

발전 ① 虜騎(노기) 降虜(강로) 係虜(계로) 蠻虜(만로) 俘虜(부로) 身虜(신로) 夷虜(이로) 綴虜(철로) 捕虜(포로) 剽虜(표로) 被虜(피로) 胡虜(호로) 特 俘虜(부로)

부수	획수	총획
鹿	8	19

산기슭 록 【2625】

字源 〈형성〉 산기슭은 산의 비탈이 끝나는 비스듬한 아랫부분을 말한다. 고도에 따라 산을 3등분했을 때 가장 낮은 위치인 아랫부분에 해당하는 곳이 바로 산기슭이다. 울창하게 숲(林)이 우거진 산자락이나 산골에 사슴(鹿)의 무리가 자식들과 함께 오순도순 서식한다고 했으니 [산기슭(麓)]을 뜻하고 [록]으로 읽는다.

필순 十 木 林 梺 梺 梺 禁 禁 篗 麓

기초 【기초한자어】 익히고, 【기본 → 발전한자어】 다지기
山麓(산록) 산기슭
林麓(임록) 평지의 숲과 산기슭의 숲
空麓(공록) 묘를 쓰지 않은 산기슭
• 묘를 쓰지 않은 산기슭인 空麓이 많이 황폐하다.
• 이번 소풍 장소는 山麓과 空麓을 공유하기로 했다.

기본 ① 麓麓(녹록) 麓林(녹림) 大麓(대록) 城麓(성록) 嚴麓(엄록) 蒼麓(창록) 翠麓(취록) 旱麓(한록)

발전 ① 短麓(단록) 餘麓(여록)

부수	획수	총획
石	8	13

푸른돌 록 【2626】

字源 〈형성〉 돌이 푸르다는 것보다는 파란 물속의 조약돌이 푸르다는 뜻을 담고 있는 어휘라고 보아야겠다. 물이 너무 푸르다 못해 돌멩이까지도 푸르게 보이는 일종의 착시현상이라 말한다. 작은 돌(石)이 많은 땅은 근본적(彔)으로 돌이 물에 잘 씻기어서 색깔이 고와졌으니 [푸른 돌(碌)]을 뜻하고 [록]으로 읽는다.

필순 一 丁 石 石 矿 矿 矿 碌 碌

기초 【기초한자어】 익히고, 【기본 → 발전한자어】 다지기
碌碌(녹록) 평범하고 만만하여 상대하기 쉬움. 남과 타협하여 복종하는 모양
碌靑(녹청) 구리에 스는 푸른 녹
勞碌(노록) 게을리 하거나 쉬지 아니하고 꾸준히 힘을 다함
• 내가 그 사람에게는 碌碌하게 보였나 보다.
• 동상에 끼어있는 碌靑을 없애는데 勞碌하니 기분이 썩 좋았다.

발전 ① 抹碌(말록) 洋碌(양록) 庸碌(용록)

사자성어 ① 阿碌碌地(아록록지)

부수	획수	총획
耳	16	22

귀먹을 롱 【2627】

字源 〈형성〉 청력이 약하여 소리가 잘 들리지 않는 현상을 '귀먹다'로 말하고 있다. '귀가 먹다'는 말은 '귀가 막히다'라는 뜻이겠고, '귀가 먹다'의 높임말은 '귀먹으시다'가 됨을 일컫는다고 하겠는데. 승천하기 위해서 비가 오는 날 용(龍)이 꿈틀거리며 귀(耳)로 들을 수 없었으니 [귀먹다(聾)]는 뜻이고 [롱]으로 읽는다.
图 聵(귀머거리 외)

필순 一 亠 亠 音 音 龍 龍 龍 聾 聾

기초 【기초한자어】 익히고, 【기본 → 발전한자어】 다지기
聾盲(농맹) 귀머거리와 소경
聾俗(농속) 사리를 알지 못하는 속인
聾啞(농아) 귀머거리와 벙어리
• 흔히들 사리를 알지 못하는 속인을 聾俗이라고 말한다.
• 아침에 聾盲의 부자를 보았는데 오후에는 聾啞자매를 보아서 마음이 무척 아프다.

기본 ① 聾昧(농매) 聾昏(농혼) 盲聾(맹롱) 頑聾(완롱) 耳聾(이롱)

발전 ① 聾兒(농아) 聾暗(농암) 聾蟲(농충) 細聾(세롱) 音聾(음롱) 癡聾(치롱) 图 佯聾(양롱) 痴聾(치롱) 特 矇聾(몽롱)

사자성어 ① 借聽於聾(차청어롱)

부수	획수	총획
土	16	19

밭두둑 롱 : 【2628】

字源 〈형성〉 밭두둑은 밭보다 약간 높이 올라와 밭의 경계가 되고 사람이 걸어 다닐 수 있도록 만든 작은 둑이다. 밭두둑이 완성되면 밭에는 '이랑'과 '고랑'이 만들어지면서 씨를 고루 뿌려 가꾼다. 용(龍)의 꿈틀거리는 등처럼 흙(土)을 많이 돋아서 밭의 경계를 잘 지었으니 [밭두둑(壟)]을 뜻하고 [롱]으로 읽는다.
图 畔(밭두둑 반) 町(밭두둑 정)

필순 一 亠 亠 音 音 龍 龍 龍 壟

기초 【기초한자어】 익히고, 【기본 → 발전한자어】 다지기
壟斷(농단) 깎아 세운 듯이 높이 솟은 언덕. 이익을 독점함
壟畔(농반) 밭이랑. 밭두둑
丘壟(구롱) 언덕. 조상의 산소.
• 丘壟은 언덕이라고도 부르고 조상의 산소라고도 부른다.
• 壟斷위에 壟畔을 새로 만들어 놓고 농사를 짓다니 참 위험하겠다.

기본 ① 高壟(고롱) 丘壟(구롱) 先壟(선롱) 一壟(일롱) 峻壟

(준롱) 頹壟(퇴롱) 厚壟(후롱)

발전 ① 斷壟(단롱) 疇壟(주롱) 土壟(토롱)

사자성어 ① 壟斷之術(농단지술)

부수	획수	총획
玉	16	20

옥소리 롱 【2629】

字源 〈형성〉 듣기 좋은 소리. 아름다운 소리를 우리는 옥소리
라고 불렀다. 구성진 창 한 마당에 은은하게 퍼져 나오는
소리는 만인의 심금을 울려 주었으니 금과 은에 버금가는
옥소리였을 것이다. 구슬(王)에는 용(龍)이 꿈틀거리는 듯
한 무늬가 있었으며 아름다운 소리였으니 [옥소리(瓏)]를
뜻하고 [롱]으로 읽는다.

回玲(옥소리 령)

필순 二 丅 王 珒 瑲 瑲 瑲 瑲 瓏 瓏

기초 【기초한자어】 익히고, 【기본 → 발전한자어】 다지기
瓏玲(농령) 맑고 깨끗한 모양. 옥이 울리는 소리
瓏瓏(농롱) 옥 등이 서로 부딪치는 소리. 광채가 찬
란함
玲瓏(영롱) 밝게 비치는 빛처럼 맑고 아름다움

• 玲瓏한 아름다운 이슬이 유난하게도 밝게 빛난다.
• 잘 닦아 놓은 무기의 瓏玲한 소리를 들어보니, 瓏
瓏을 가히 짐작할 수 있다.

기본 ① 瓦瓏(와롱) 鴻瓏(홍롱)

사자성어 ① 五色玲瓏(오색영롱) 八面玲瓏(팔면영롱)

부수	획수	총획
人	15	17

꼭두각시 뢰 :
【2630】

字源 〈형성〉 '꼭두각시'는 주체성 없이 맹목적으로 움직이는 사
람을 비유적으로 이르는 말이다. 자기 주관이 없이 늘 남
의 손에 놀아나는 주변머리 없는 사람들을 통틀어 일컫는
말이다. 밭과 밭두둑 사이(畾)에서 사람(亻)이 서있는 것
같은 모양으로 세워져 있는 허수아비인 [꼭두각시(儡)]를
뜻하고 [뢰]로 읽는다.

回傀(허수아비/클 괴)

필순 丿 亻 亻 亻 亻 佃 佃 佃 儡 儡 儡

기초 【기초한자어】 익히고, 【기본 → 발전한자어】 다지기
儡儡(뇌뢰) 지쳐서 약해진 모양
儡身(뇌신) 실패해서 보잘것없이 되어버린 몸
傀儡(괴뢰) 꼭두각시, 망석중이, 허수아비

• 傀儡를 '꼭두각시, 허수아비' 등으로 비하한 말까

지 겸해서 부른다.

• 한 많은 傀儡한 세상 살아왔던 傀身을 이제 더는
주체하지 못하겠다.

기본 ① 儡(대뢰) 水儡(수뢰)

발전 ① 뇌자(儡子) 傀儡軍(괴뢰군)

사자성어 ① 傀儡政權(괴뢰정권)

부수	획수	총획
貝	6	13

뇌물 뢰 【2631】

字源 〈형성〉 흔히 뇌물죄란 말을 많이 듣는다. 사사로이 이용
하거나 이권을 얻을 목적으로 일정 직무에 종사한 사람을
매수하기 위하여 넌지시 주는 부정한 돈이나 물품을 말하
기도 한다. 수많은 재물(貝)이 어딘가에 도달하도록 다른
사람(各)에게 특정 목적으로 몰래 주었으니 [뇌물(賂)]을
뜻하고 [뢰]로 읽는다.

필순 丨 冂 冃 目 貝 貯 貯 貯 賂 賂

기초 【기초한자어】 익히고, 【기본 → 발전한자어】 다지기
賂物(뇌물) 직권을 이용한 부정한 금품
賂謝(뇌사) 일을 청탁하여 주는 금품
賂遺(뇌유) 뇌물을 보냄

• 삼촌은 賂遺를 보낸 적도 없고 받은 적은 더욱 없
는 분이다.
• 그는 공직 생활 중 賂謝해 본적도 없고, 賂物을 받
은 적도 없다고 한다.

기본 ① 納賂(납뢰) 寶賂(보뢰) 緩賂(완뢰) 重賂(중뢰) 貨賂
(화뢰) 厚賂(후뢰)

발전 ① 賂賜(뇌사) 捧賂(봉뢰) 索賂(색뢰) 受賂(수뢰) 贈賂
(증뢰) 取賂(취뢰) 賄賂(회뢰) 賂物罪(뇌물죄) 㖶啖賂
(담뢰)

사자성어 ① 背任受賂(배임수뢰) 貪賂無藝(탐뢰무예)

부수	획수	총획
石	10	15

돌무더기 뢰
【2632】

字源 〈회의〉 크고 작은 돌이 한데 모여 쌓인 무더기를 말한다.
송파구 마천동에 있었던 돌무더기 마을로서, 온 마을에
돌무더기가 많이 있던 데서 그 마을이름이 유래되었다고
알려진다. 돌(石) 셋이 포개어져 쌓인 모양으로 한번 던진
돌(石)이 모여 돌무덤 되었다고 했으니 [돌무더기(磊)]를
뜻하고 [뢰]로 읽는다.

回砢(돌쌓일 라)

필순 一 丆 ア 石 石 砳 砳 磊 磊 磊

1급

[기초] 【기초한자어】 익히고, 【기본→발전한자어】 다지기
磊塊(뇌괴) 돌덩이. 마음이 편하지 않음
磊落(뇌락) 도량이 넓어 작은 일에 구애하지 않음
磊磊(뇌뢰) 돌이 많이 쌓여 있는 모양
• 磊塊를 흔히 돌덩이라 부르고, 마음이 편하지 않음도 뜻한다.
• 그는 성정이 磊落하여 인기가 많다.

[발전] ① 磊綠(뇌록) 磊房(뇌방) 磊石(뇌석) [特] 磊嵬(뇌외)
[사자성어] ① 落落磊磊(낙락뇌뢰) 豪放磊落(호방뇌락)

부수	획수	총획
牛	3	7

우리 뢰 【2633】

[字源] 〈회의〉 '우리'는 흔히 짐승을 가두어 예를 들어 기르는 축사의 의미로 사용하고 있다. '돼지 우리'라는 말로 쓰인다. 그런데 소는 '소우리'라 하지 않고 '소마구간'이라고도 부른다. 흔히 외양간이라 했으니 마구간(宀)에 들어간 소(牛)가 밤에는 편안하게 쉴 수 있는 안식처로 [우리(牢)]를 뜻하고 [뢰]로 읽는다.
[동] 圈(우리 권) 獄(옥 옥)

[필순] ﹅ ﹅ 宀 宀 宀 宀 牢

[기초] 【기초한자어】 익히고, 【기본→발전한자어】 다지기
牢却(뇌각) 부탁·선물 따위를 굳이 물리침
牢拒(뇌거) 굳이 거절함
牢死(뇌사) 감옥에서 죽음
• 부탁이나 선물을 굳이 물리치는 정직성이 牢却이다.
• 김사장은 사식을 牢拒하더니 결국 牢死하고 말았다.

[기본] ① 牢記(뇌기) 牢落(뇌락) 牢籠(뇌롱) 牢牲(뇌생) 牢棧(뇌잔) 牢匄(뇌포) 牢乎(뇌호) 堅牢(견뢰) 皐牢(고뢰) 圈牢(권뢰) 大牢(대뢰) 沙牢(사뢰) 牲牢(생뢰) 小牢(소뢰) 搜牢(수뢰) 獄牢(옥뢰) 完牢(완뢰) 將牢(장뢰) 中牢(중뢰) 太牢(태뢰) 土牢(토뢰)
[발전] ① 牢堅(뇌견) 牢固(뇌고) 牢剌(뇌랄) 牢良(뇌량) 牢禮(뇌례) 牢盆(뇌분) 牢賞(뇌상) 牢愁(뇌수) 牢獄(뇌옥) 牢肉(뇌육) 同牢(동뢰) [特] 狎牢(압뢰) [特] 牢廩(뇌름)
[사자성어] ① 金石牢約(금석뇌약) 杖臺牢上(장대뇌상) 亡牛補牢(망우보뢰) 牢不可破(뇌불가파)

부수	획수	총획
宀	12	15

동관 료 【2634】

[字源] 〈형성〉 [동관(同官)]은 '한가지 동' 자에 '벼슬 관' 자를 쓰고 있어 '같은 위치의 벼슬아치'라는 직역의 의미가 가능

하다. 곧 동관(同官)이란 같은 관청의 같은 계급의 관리인 동료의 의미이다. 작은(小) 움막집(宀)에 살고 있어도 진실을 밝히는 횃불처럼(尞←寮) 사는 관리로 [동관(寮)]을 뜻하고 [료]로 읽는다.

[필순] ﹅ 宀 宀 穴 穴 突 突 寮 寮 寮

[기초] 【기초한자어】 익히고, 【기본→발전한자어】 다지기
寮舍(요사) 승려들이 거처하는 집
寮佐(요좌) 윗사람을 돕는 관리
同寮(동료) 같은 직장 또는 부문에서 일하는 사람
• 同寮를 잘 만나야만 서로가 편하다고 말한다.
• 서너 명의 僚佐가 참배하는 백양사의 寮舍를 새로 건축해 주었다.

[기본] ① 寮屬(요속) 百寮(백료) 禪寮(선료) 僧寮(승료) 新寮(신료) 草寮(초료) 下寮(하료) 學寮(학료)
[발전] ① 寮吏(요리) 寮友(요우) 官寮(관료) 內寮(내료) 員寮(원료) 窓寮(창료) [特] 寮寀(요채)

부수	획수	총획
目	12	17

밝을 료 【2635】

[字源] 〈형성〉 '우리들의 미래가 밝다. 아침이 돌아와 환하게 밝다. 어두웠던 방안이 환하게 밝다.'는 등의 말을 많이 쓴다. 여기에서 쓰이는 '밝다'는 눈이 환할 정도로 불빛이 번쩍이며 밝다는 뜻이겠다. 비록 작은(小) 눈(目)으로 진실하게(尞←寮) 살펴보니 눈빛이 마치 횃불처럼 [밝다(瞭)]는 뜻이고 [료]로 읽는다.

[필순] 丨 日 日 旷 旷 眹 眹 眹 睔 瞭 瞭

[기초] 【기초한자어】 익히고, 【기본→발전한자어】 다지기
瞭然(요연) 똑똑하고 분명함
明瞭(명료) 분명하고 똑똑함. 아주 뚜렷함
• 瞭然과 明瞭는 분명하고 똑똑함이란 의미가 유사하다.
• 형이 瞭然하더니만 아우 역시 明瞭하게 맡은 일을 잘한다.

[기본] ① 瞭瞭(요료) 照瞭(조료)
[발전] ① 瞭哨(요초) 眼瞭(안료) [特] 瞭眊(요모)
[사자성어] ① 簡單明瞭(간단명료) 一目瞭然(일목요연)

부수	획수	총획
耳	5	11

애오라지 료 【2636】

[字源] 〈형성〉 '애오라지'는 대단하게 흡족하지도 않고, 그렇다고 너무 미흡하지도 않은 그야말로 '적당한' 정도를 나타내는

1급

말이라고 하겠다. 어느 소설가의 소설집 [애오라지 인생]이란 말도 이채롭다. '웅웅'거리는 귀(耳)울음 소리가 귀에 머물고(卯=留) 있어서 귀에 힘입었으니 [애오라지(聊)]를 뜻하고 [료]로 읽는다.
圖 賴(의뢰할/힘입을 뢰)

필순 `一 ｢ Ｆ Ｆ 耳 耶 耶 聊 聊 聊`

기초 【기초한자어】 익히고, 【기본→발전한자어】 다지기
聊浪(요랑) 제멋대로 여기저기 서성거림
聊賴(요뢰) 의뢰함. 힘입음
聊爾(요이) 잠시. 한때. 임시. 구차한 모양
• 부모님에게 聊賴하여 살아가서는 안 된다.
• 어려서 聊爾에 부모님의 말씀을 어겨 聊浪했기에 지금은 후회한다.

기본 ① 聊城(요성) 亡聊(망료) 無聊(무료)

부수	획수	총획
火	12	16

횃불 료 【2637】

字源 〈형성〉 '횃불'은 어둠을 밝히기 위해 해에 붙인 불이다. 축제 등 야간의 조명이나, 신성한 불을 여기에 옮기면서 사용된 용어겠다. 1936년 그리스에서 채화된 올림픽 성화를 그 예로 들 수도 있다. 여러 관리(寮←尞)들에게 연락을 위해 높은 산에 올라가 불(火)을 놓았으니 [횃불(燎)]를 뜻하고 [료]로 읽는다.
圖 炬(횃불 거)

필순 `丶 丬 丬 丬 炓 炓 炓 烙 燎 燎`

기초 【기초한자어】 익히고, 【기본→발전한자어】 다지기
燎壇(요단) 하늘에 제사 지낼 때 섶나무를 때는 단
燎獵(요렵) 숲을 태워 짐승을 사냥함
燎野(요야) 벌판을 불태움
• 燎野를 하다가 잘못하면 큰 산불을 내기가 쉽다.
• 燎獵으로 붙잡은 멧돼지를 燎壇에 올려두고 불을 살라 익혀 먹었다.

기본 ① 燎毛(요모) 燎祭(요제) 燎燭(요촉) 燎火(요화) 郊燎(교료) 猛燎(맹료) 門燎(문료) 守燎(수료) 焚燎(분료) 炎燎(염료)

발전 ① 燎朗(요랑) 燎了(요료) 燎髮(요발) 燎原(요원) 燎衣(요의) 新燎(신료) 紫燎(자료) 燭燎(촉료) 特 燎炬(요거) 燔燎(번료)

사자성어 ① 燎原之火(요원지화) 星火燎原(성화요원) 百花燎亂(백화요란)

부수	획수	총획
宀	11	14

쓸쓸할 료 【2638】

字源 〈형성〉 이 한자는 다음과 같은 두 가지 자원이 통용되고 있음을 알 수 있다. 첫 번째 자원은 비록 바람이 불어도(翏) 집(宀)안에 홀로 있으면 그지없이 [고요하다(廖)]는 뜻으로 쓰인다. 두 번째는 비록 잔잔한 집안(宀)에 고요하게 부는 바람소리(翏)가 많이 공허하면서 [쓸쓸하다(廖)]는 뜻이고 [료]로 읽는다.
圖 寂(고요할 적)

필순 `宀 宀 宀 宀 宏 宏 宎 寥 寥 寥`

기초 【기초한자어】 익히고, 【기본→발전한자어】 다지기
寥亮(요량) 소리 높이 명랑하게 울려 퍼짐
寥寥(요료) 쓸쓸하고 고요한 모양. 공허한 모양. 수가 적은 모양
寥廓(요화) 휑뎅그렁함. 텅 비고 넓은 모양
• 寥寥는 쓸쓸하고 공허한 모양이다.
• 밤하늘 寥廓을 향하여 읊어대는 시조가 寥亮하게 들렸다.

기본 ① 蕭寥(소료) 寥闊(요활) 碧寥(벽료) 寂寥(적요) 凄寥(처료) 荒寥(황료)

발전 ① 寥落(요락) 寥戾(요려) 淸寥(청료) 閑寥(한료)

사자성어 ① 寥寥無聞(요료무문) 寂兮寥兮(적혜요혜) 沈默寂寥(침묵적요)

부수	획수	총획
阜	6	9

더러울 루 : 【2639】

字源 〈형성〉 주위가 깨끗하지 못한 원인은 다음 두 가지가 있겠다. 첫째는 집안에 청소를 하지 않아 어질러져서 더러운 경우이고, 그 다음은 집안에 습기가 차서 곰팡이가 피어 더러운 경우이다. 바로(ㄴ) 비춘 밝은(丙) 햇빛이 막혔으니(阝) 어두운 곳이 저습하여 추하다 했으니 [더럽다(陋)]는 뜻이고 [루]로 읽는다.
圖 鄙(더러울 비) 隘(좁을 애)

필순 `' ３ ３ ３ ∃ ℉ ℉ 阽 陋 陋`

기초 【기초한자어】 익히고, 【기본→발전한자어】 다지기
陋見(누견) 천한 생각. 좁은 소견. 자기 의견의 겸칭
陋屋(누옥) 좁고 더러운 집. 자기 집의 겸칭
陋醜(누추) 천하고 보기 흉함

• 陋屋이라 陋醜하지만 어서 들어오세요.
• 소인의 陋見을 전하게 아뢰겠사옵니다.

기본 ① 陋街(누가) 陋短(누단) 陋劣(누열) 陋鄙(누비) 陋族
(누족) 陋地(누지) 陋淺(누천) 陋忠(누충) 陋態(누태)
陋風(누풍) 陋巷(누항) 固陋(고루) 孤陋(고루) 短陋
(단루) 單陋(단루) 朴陋(박루) 凡陋(범루) 卑陋(비루)
貧陋(빈루) 俗陋(속루) 闇陋(암루) 野陋(야루) 頑陋
(완루) 愚陋(우루) 幽陋(유루) 淺陋(천루) 賤陋(천루)
寢陋(침루) 寒陋(한루)

발전 ① 陋名(누명) 陋薄(누박) 陋小(누소) 陋習(누습) 陋識
(누식) 陋室(누실) 陋心(누심) 陋愚(누우) 陋淫(누음)
陋質(누질) 寡陋(과루) 鄙陋(비루) 揚陋(양루) 狹陋
(협루) 特 瑣陋(쇄루) 醜陋(추루)

사자성어 ① 孤陋寡聞(고루과문) 僻陋之地(벽루지지) 頑迷
固陋(완미고루) 特 陋巷簞瓢(누항단표)

부수	획수	총획
土	15	18

壘 보루 루【2640】

字源 〈형성〉 '보루'는 세 가지 의미로 쓰인다. 첫째는 사람이 지
켜야 할 대상이고, 둘째는 튼튼한 기반이나 발판이며, 셋
째는 적을 막기 위해 돌이나 흙 따위로 쌓은 높은 구축물
이다. 흙(土)을 점점 포개놓아(畾) 쌓아 놓으니 [즐비하다(壘)]
는 뜻과 밭(畾) 사이사이에 흙(土)을 놓았으니 [보루(壘)]
를 뜻하고 [루]로 읽는다.
동 堡(작은 성 보) 回 壘

필순 丨 冂 田 田 田 畾 畾 畾 畾 壘

기초 【기초한자어】 익히고, 【기본→발전한자어】 다지기
壘塊(누괴) 가슴에 맺힌 감정. 마음속의 불평
壘壁(누벽) 보루. 성채
壘舍(누사) 진영과 병사
• 壘壁은 싸우는 보루이자 진지인 성채를 뜻한다.
• 오랜 壘舍에서 생겨난 壘塊를 알아주는 이가 없었다.

기본 ① 壘空(누공) 壘門(누문) 壘堡(누보) 壘城(누성) 壘土
(누토) 堅壘(견루) 孤壘(고루) 高壘(고루) 軍壘(군루)
棠壘(당루) 滿壘(만루) 壁壘(벽루) 邊壘(변루) 本壘
(본루) 城壘(성루) 營壘(영루) 鳥壘(조루) 離壘(이루)
殘壘(잔루) 敵壘(적루) 走壘(주루) 進壘(진루) 出壘(출루)
陷壘(함루) 險壘(험루)

발전 ① 壘累(누루) 壘上(누상) 壘石(누석) 壘尉(누위) 壘和
(누화) 對壘(대루) 盜壘(도루) 壓壘(압루)

부수	획수	총획
玉	7	11

琉 유리 류【2641】

字源 〈형성〉 자원과는 다소 다르게 쓰이는 경우의 한자다. 처
음엔 연육교 모양을 하는 섬들의 의미로 쓰였으나, 투명
하고 단단하여 깨지지 않는 물질로 유리창 재료로 쓰인
유리로 쓰였다. 옥빛(王)처럼 햇살이 머무르지 못하고 맑
은 면을 바로 통과해서(㐬←流) 곧게 나아가는 [유리(琉)]
를 뜻하고 [류]로 읽는다.
동 璃(유리 리)

필순 一 二 F 王 王 玗 玗 玬 琉 琉 琉

기초 【기초한자어】 익히고, 【기본→발전한자어】 다지기
琉球(유구) 나라 이름. 일본 본토 九州와 臺灣(대만)
여러 섬
• 우리 조상들이 한때는 琉球를 지배한 기록이 있다.
• 琉球는 오키나와(유구국)로 조선의 속령(屬領)이
며 우리가 지배하였다.
• 제주 사람인 박손이 유구국에 표류했다가 '琉球風
土記(유구풍토기)'를 썼다.

발전 特 琉璃(유리)

사자성어 特 琉璃纖維(유리섬유)

부수	획수	총획
水	10	13

溜 처마물 류【2642】

字源 〈형성〉 이슬비나 가랑비가 내리다 보면 처마에 다 떨어지
지 못한 물이 있다. 떨어질 것만 같은 물이 고여 그만 치
마물이 되고 만다. 떨어질듯 말듯 대롱대롱 매달려 있는
모습이 안쓰럽다. 물(氵)의 흘러내림이 적어서 아래로 흐
르지 못한 낙숫물이 되어 머물러(留) 있으니 [처마물(溜)]
을 뜻하고 [류]로 읽는다.

필순 丶 冫 氵 氵 浐 浐 泗 泗 溜 溜 溜

기초 【기초한자어】 익히고, 【기본→발전한자어】 다지기
溜水(유수) 괸 물
溜飮(유음) 음식에 체하여 신물이 나오는 병
溜滴(유적) 떨어지는 물방울. 낙수
• 음식을 잘못 먹어 溜飮 증상이 나타났다.
• 물이 귀한 낙도에서는 溜滴과 溜水일지라도 요긴
하게 쓰인다.

기본 ① 閣溜(각류) 乾溜(건류) 決溜(결류) 飛溜(비류) 氷溜
(빙류) 水溜(수류) 滴溜(적류) 叢溜(총류) 瀑溜(폭류)
廻溜(회류)

발전 ① 溜溜(유류) 溜分(유분) 緊溜(긴류) 巖溜(암류) 玉溜
(옥류) 蒸溜(증류) 特 瀯溜(영류) 烝溜(증류)

사자성어 ① 山溜穿石(산류천석)

부수	획수	총획
疒	10	15

혹 류: 【2643】

字源 〈형성〉 매끈한 살결에 볼록하게 내민 혹이 붙어있는 살결
을 흔히 본다. 얼굴이나 목덜미에도 혹이 붙어 있다. 태어
날 때부터 붙어 있는 덩어리도 있고 병균 침입으로 후천
적으로 생긴 혹도 있다. 병원균의 침입으로 피의 흐름이
꽉 막혀서(留) 점점 부어올라 생기는 병(疒)으로 [혹(瘤)]
을 뜻하고 [류]로 읽는다.
동 贅(혹 췌)

필순 ` 一 广 广 疒 疒 疒 疒 痀 瘤 瘤

기초 【기초한자어】 익히고, 【기본→발전한자어】 다지기
木瘤(목류) 옹두리. 나무에 혹처럼 난 것
瘤腫(유종) 혹
瘤贅(유췌) 혹. 쓸데없는 군더더기
• 木瘤인 옹이는 상한 자리에 결이 맺혀 튀어나온
자국이다.
• 우리 몸의 불필요한 瘤腫이나 瘤贅는 빨리 제거해
야 한다.

기본 ① 宿瘤(숙류) 腫瘤(종류) 贅瘤(췌류)

발전 ① 瘤胃(유위) 根瘤(근류) 石瘤(석류) 脂瘤(지류)

부수	획수	총획
戈	11	15

죽일 륙 【2644】

字源 〈형성〉 사람은 다른 사람으로부터 죽임을 당하거나(살해),
스스로 죽거나(자살), 법에 의한 형벌(사형)로 죽음을 맞는
경우들이 있다. 생각하면 비참한 일이지만 그렇게 죽고
죽임을 당했다. 사람을 죽이는 여러 가지 방법 중에서 창
(戈)으로 찔러서 잔인하게 죽였다 했으니(翏) [죽이다(戮)]
는 뜻이고 [륙]으로 읽는다.
동 殺(죽일 살) 誅(벨 주)

필순 ⁊ ⁊ ⁊ 翠 翠 翏 翏 翏 戮 戮

기초 【기초한자어】 익히고, 【기본→발전한자어】 다지기
戮力(육력) 서로 힘을 합함

戮笑(육소) 욕을 당하여 웃음거리가 됨
戮辱(육욕) 욕되게 함. 부끄러움. 큰 치욕
• 나는 절대로 떳떳하게 살지 戮笑는 당하지 않겠다.
• 戮辱을 당했어도 우리 가족 모두는 戮力해 이 어
려움을 헤쳐 나갔다.

기본 ① 戮誅(육주) 糾戮(규륙) 大戮(대륙) 屠戮(도륙) 殺戮
(살륙) 殘戮(잔륙) 誅戮(주륙) 討戮(토륙) 刑戮(형륙)

발전 ① 戮殺(육살) 戮屍(육시) 坑戮(갱륙) 絞戮(교륙) 殊戮
(앙륙) 斬戮(참륙) 特 殄戮(진륙)

사자성어 ① 殺戮之變(살육지변) 萬戮猶輕(만륙유경)

부수	획수	총획
糸	8	14

벼리 륜 【2645】

字源 〈형성〉 '벼리'는 두 가지 의미로 쓰이고 있다. 첫째는 일감
이나 글귀에서 중요 뼈대가 되는 줄거리를 뜻하고, 둘째
는 수산적인 용어로 그물의 위쪽에 코를 꿰어 잡아당길
수 있게 했던 한 줄이었다. 얽히고설킨 일이 실마리(糸)처
럼 가닥이 잡혀져서(侖) 중심을 이루었으니 [벼리(綸)]를
뜻하고 [륜]으로 읽는다.

필순 ' 幺 幺 糸 糸 糸 給 給 給 給 綸

기초 【기초한자어】 익히고, 【기본→발전한자어】 다지기
經綸(경륜) 일정한 포부를 가지고 일을 조직적으로
계획함. 또는 그 계획이나 포부
絲綸(사륜) 조직의 글
綸巾(관건) 비단으로 만든 두건
• 비단으로 만든 두건인 綸巾을 쓰고 평생을 살았다.
• 經綸이 뛰어난 판서라 할지라도 만약 絲綸을 어기
면 파면을 당했다.

기본 ① 綸命(윤명) 綸子(윤자) 綸詔(윤조) 綸布(윤포) 彌綸
(미륜) 紛綸(분륜) 垂綸(수륜) 修綸(수륜) 青綸(청륜)
沈綸(침륜) 投綸(투륜)

발전 ① 綸綿(윤면) 綸言(윤언) 溫綸(온륜) 綸旨(윤지) 釣綸
(조륜) 特 絹綸(민륜) 特 綸紱(윤불)

사자성어 ① 綸言如汗(윤언여한)

부수	획수	총획
水	8	11

빠질 륜
잔물결 륜 【2646】

字源 〈형성〉 이 한자는 의미는 같지만 뜻이 서로 다른 자원 두
가지가 통용해 쓰인다. 첫 번째는 물(氵)에 무거운 쇠뭉치
(侖)가 아래로 가라앉았으니 그곳에 [빠지다(淪)]는 뜻으
로 쓰인다. 두 번째는 미풍에 물결(氵)이 가볍게 움직이는
수레바퀴(侖)처럼 더 멀리 퍼져나갔으니 [잔물결(淪)]을

1급

뜻하고 [륜]으로 읽는다.
圈沒(빠질 몰) 陷(빠질 함)

필순 `氵氵氵汾沦沦沦沦淪`

기초 【기초한자어】 익히고, 【기본→발전한자어】 다지기
淪落(윤락) 세력이나 살림이 보잘 것 없어 돌아다님.
淪滅(윤멸) 망하여 없어짐
淪沒(윤몰) 물에 빠져 들어감. 죄에 빠짐
• 淪沒이라고 했으니! 자신은 물론 우리 사회를 파멸로 만들고 만다.
• 그 사회에 淪落이 만연하면 결국 淪滅하고야 만다.

기본 ①淪缺(윤결) 淪屈(윤굴) 淪匿(윤닉) 淪埋(윤매) 淪謝(윤사) 淪塞(윤색) 淪失(윤실) 淪替(윤체) 淪飄(윤표) 淪陷(윤함) 憤淪(분륜) 隱淪(은륜) 煙淪(연륜) 沈淪(침륜) 漂淪(표륜) 混淪(혼륜)

발전 ①湮淪(인륜) 渾淪(혼륜)

부수	획수	총획
心	10	13

慄 떨릴 률【2647】

字源 〈형성〉 갓 익은 밤송이에는 엉성한 가시가 있다. 손으로 가만히 만지다 보면 가시가 손을 할퀼 것 같은 생각이 들기도 한다. 혹시 손에 깊이 찔리지나 않을까 두려운 생각 때문에 그렇다. 밤송이(栗) 가시를 만지면 손에 찔리지 않을까 두려운 마음(忄)이 불현듯이 생겼으니 [떨리다(慄)]는 뜻이고 [률]로 읽는다.

필순 `丶丶忄忄忄忄忄悷悷慄慄`

기초 【기초한자어】 익히고, 【기본→발전한자어】 다지기
慄烈(율렬) 추위가 혹독한 보양
悸慄(계율) 부들부들 떨며 무서워함. 전율(戰慄)
恐慄(공률) 무서워서 벌벌 떪. 부들부들 떪
• 悸慄은 전율(戰慄)이라고 하지만 미리 두려워할 필요는 없다.
• 올 겨울에는 慄烈하다고 하겠지만 미리 恐慄할 필요는 전혀 없다.

기본 ①凜慄(늠률) 悼慄(도율) 悚慄(송률) 嚴慄(엄률) 畏慄(외률) 戰慄(전률) 齊慄(제율) 寒慄(한율)

발전 ①慄慄(율률) 慄然(율연) 股慄(고율) 愧慄(괴률) 凜慄(늠률) 震慄(진율) 慘慄(참률) 醫恂慄(순율) 醫怵慄(췌율)

사자성어 ①不寒而慄(불한이율)

부수	획수	총획
肉	2	6

肋 갈빗대 륵【2648】

字源 〈형성〉 가슴의 '갈빗대'는 갈비뼈를 이루는 낱낱의 뼈대다. 성경에서 아담에게 배필이 없어 하나님이 아담을 잠들게 하시고 아담의 갈비뼈를 취해 이브를 만들었다는 구절이 있다. 사람이 몸통(月) 전체 균형을 알맞게 유지하고 거기에 힘(力)을 더해 가슴의 중요한 뼈대로 [갈빗대(肋)]를 뜻하고 [륵]으로 읽는다.

필순 `丿刀月月肋肋`

기초 【기초한자어】 익히고, 【기본→발전한자어】 다지기
肋骨(늑골) 갈빗대. 갈비뼈
肋膜(늑막) 늑골의 안쪽에 있는, 내면을 둘러싼 막
鷄肋(계륵) 닭갈비. 버리기에는 아까운 것을 이름
• 肋膜을 튼튼하게 해야지만, 肋膜炎을 앓지 않는다.
• 먹을 것이 거의 없는 鷄肋이라 하지만, 肋骨은 오장을 보호한다.

기본 ①沙肋(사륵) 山肋(산륵) 羊肋(양륵) 兩肋(양륵)

발전 ①肋間(늑간) 肋木(늑목) 杖肋(장륵) 醫脇肋(협륵)

부수	획수	총획
力	9	11

勒 굴레 륵【2649】

字源 〈형성〉 '굴레'는 말이나 다른 짐승의 머리 부분에 씌워 부렸던 장비다. 등에 짐을 지우거나 또는 나르는 일을 할 때 동물을 통제하기 위해서 사용했다. 굴레는 재갈과 머리마구. 고삐 등으로 이루어진다. 가죽(革) 끈으로 힘이 센 짐승의 힘(力)을 통제하도록 목에 매달았으니 [굴레(勒)]를 뜻하고 [륵]으로 읽는다.
圈銜(재갈 함)

필순 `一十廿廿廿甘苎革革勒勒`

기초 【기초한자어】 익히고, 【기본→발전한자어】 다지기
勒掘(늑굴) 남의 무덤을 강제로 파게 함
勒銘(늑명) 문자를 금석에 새김. 공훈을 세움
勒碑(늑비) 비석에 글자를 새김
• 후대에 勒銘을 새기는 공훈을 남기는 일은 큰일이다.
• 勒掘을 지시한 인물을 勒碑로 새기는 일은 지탄받아야 마땅한 일이다.

기본 ①勒買(늑매) 勒兵(늑병) 勒奉(늑봉) 勒葬(늑장) 勒停(늑정) 勒住(늑주) 勒徵(늑징) 勒奪(늑탈) 勒婚(늑혼) 勒痕(늑흔) 銘勒(명륵) 彌勒(미륵) 剖勒(부륵) 整勒(정륵) 貝勒(패륵)

발전 ①鉤勒(구륵) 勒文(늑문) 勒縛(늑박) 勒絆(늑반) 勒帛(늑백) 勒死(늑사) 勒削(늑삭) 勒石(늑석) 勒抑(늑억) 勒韻(늑운) 勒定(늑정) 勒花(늑화) 勒休(늑휴) 鉤勒(구륵) 抑勒(억륵) 銜勒(함륵) 醫勒絏(늑설)

사자성어 ①勒名考誠(늑명고성) 勒碑刻銘(늑비각명)

부수	획수	총획
冫	13	15

찰 름 【2650】

字源 〈형성〉늦가을 가을걷이를 하고 나면 찬바람이 불면서 날씨가 매우 차갑다. 모진 추위는 여름 내내 땀을 많이 흘렸으니 조금 쉬라고 하는 신(神)의 뜻이 아닌가 하는 생각이 들기도 한다. 얼음(冫) 어는 날씨에 몸이 오므라들어(稟) 추워서 [차다(凜)] 또는 모진 추위에도 [늠름하다(凜)]는 뜻이고 [름]으로 읽는다.
回凛

필순 冫冫冫冫冹冹冹冹冹凜凜凜

기초 【기초한자어】익히고, 【기본→발전한자어】다지기
凜兢(늠긍) 추위로 떪
凜慄(늠률) 추운 모양. 떠는 모양
凜凜(늠름) 추위가 살을 에듯 스며듦
• 凜慄은 날씨가 추운 모양이나 떠는 모양인 擬態語(의태어)로 쓰인다.
• 어른들이 추워서 凜兢할 때 약한 어린이의 凜慄이 상상되기도 한다.

기본 ① 凜烈(늠렬) 凜嚴(늠엄) 凜然(늠연) 凜綴(늠철) 凜秋(늠추) 凜乎(늠호) 慘凜(참름) 凄凜(처름) 淸凜(청름) 寒凜(한름)

발전 ① 官凜(관름) 倉凜(창름) 惶凜(황름) 特 凜冽(늠렬)

부수	획수	총획
艹	8	12

마름 릉 【2651】

字源 〈형성〉'마름'은 전국의 연못에서 흔하게 자라는 한해살이 물풀이다. 그 줄기는 가늘고 길며 물속의 잎은 깃꼴로 가늘게 갈라지기도 한다. 물 위에 뜬 잎은 줄기 위쪽에 모여서 잘도 자라는 모양을 본다. 열매 모양으로 반듯하게 모(夌)가 나있는 수초(艹)로 연못에서 잘 자라는 [마름(菱)]을 뜻하고 [릉]으로 읽는다.

필순 一艹艹艹芷芅茅茅莈菱

기초 【기초한자어】익히고, 【기본→발전한자어】다지기
菱歌(능가) 마름을 따면서 부르는 노래
菱形(능형) 마름모
菱花(능화) 마름꽃. 거울의 다른 이름
• 菱形은 '마름모' 네모를 90도로 세워 보인 꼴이다.
• 菱花도 매우 아름답지만 菱歌를 부르는 아가씨가 더욱 예쁘다.

기본 ① 菱池(능지) 菱唱(능창) 菱荷(능하) 採菱(채릉) 鐵菱(철릉)

발전 ① 菱塘(능당) 菱狀(능상) 菱人(능인) 菱仁(능인) 菱鐵(능철) 特 菱藕(능우)

부수	획수	총획
禾	8	13

모날 릉 【2652】

字源 〈형성〉물이 괴어 있도록 논의 가장자리를 흙으로 둘러막아 두둑을 만들었는데 이게 논두렁이다. 사물의 모습이나 일에 드러난 표가 있는 것이다. 모가 진 가장자리를 모서리라고 말한다. 벼(禾)가 자라듯이 두 면이 만나 생긴 선으로 물체의 가장자리가 모났다 했으니(夌) [모나다(稜)]는 뜻이고 [릉]으로 읽는다.
回 角(뿔 각)

필순 一二千禾禾禾秂秨秨稜稜稜

기초 【기초한자어】익히고, 【기본→발전한자어】다지기
稜角(능각) 물체의 뾰족한 모서리
稜稜(능릉) 모가 나고 곧은 모양
稜威(능위) 존엄스러운 위엄
• 稜稜은 모가 나고 곧은 모양을 나타낸다.
• 덕장으로서 稜威는 좋지만 稜角은 바람직하지 못하다.

기본 ① 稜疊(능첩) 三稜(삼릉) 巖稜(암릉) 威稜(위릉) 旱稜(한릉)

발전 ① 稜鏡(능경) 稜骨(능골) 稜線(능선) 稜岸(능안) 稜杖(능장) 稜疊(능첩) 稜層(능층) 幾稜(기릉) 山稜(산릉) 脊稜(척릉) 特 觚稜(고릉)

부수	획수	총획
糸	8	14

비단 릉 【2653】

字源 〈형성〉임금님이 입던 귀한 옷을 흔히 '용포(龍袍)'라고 했다. 삼정승과 육조의 관리도 그에 버금가는 귀한 비단옷을 입고 어전(御前)에 입청하였다고 한다. 지방관도 의관은 마찬가지였으리라. 썩 구하기 어려운 실(糸)로 짠 천을 지체 높은(夌) 벼슬아치들이 걸쳐 입었으니 [비단(綾)]을 뜻하고 [릉]으로 읽는다.
回 綺(비단 기)

필순 ㄥ幺幺糸糸糸糸糸糸糸糸綾

기초 【기초한자어】익히고, 【기본→발전한자어】다지기
綾綺(능기) 무늬 있는 비단. 무늬 있는 비단으로 만든 옷
綾羅(능라) 무늬 있는 비단과 엷은 비단

1급

綾扇(능선) 무늬 있는 비단을 발라 만든 부채
• 무늬가 있는 비단으로 만든 옷이 매우 고급스러운 綾綺 옷이다.
• 綾羅로 지은 옷을 입고 綾扇을 흔들며 걷는 저 여인이 왕비다.

기본 ①綾衾(능금) 綾帽(능모) 綾文(능문) 綾屬(능속) 綺綾(기릉) 文綾(문릉) 色綾(색릉) 細綾(세릉) 吳綾(오릉) 異綾(이릉) 靑綾(청릉) 胡綾(호릉)

발전 ①綾緞(능단) 綾織(능직) 貢綾(공릉) 摸綾(모릉) 花綾(화릉) 綾羅島(능라도) 特綾裙(능군) 綾紈(능환) 繒綾(증릉)

사자성어 ①綾羅錦繡(능라금수)

부수	획수	총획
冫	8	10

업신여길 릉
능가할 릉 【2654】

字源 〈형성〉 얼음이 얼면 물의 부피보다는 조금 더 높이 부푼다. 얼음의 부피가 더 올라간 것이다. 이것은 원 물보다 부피가 팽창했기 때문이다. 얼음이 얼면 물 팽창이란 원리로 얼음(冫)이 얼어 원 수면보다 좀 더 높아(夌) 본래의 수면을 업신여기듯이 조금 더 올랐으니 [능가하다(凌)]는 뜻이고 [릉]으로 읽는다.
回蔑(업신여길 멸) 侮(업신여길 모)

필순 丶丶冫冫汁汁沣沣淩凌凌

기초 【기초한자어】 익히고, 【기본→발전한자어】 다지기
凌駕(능가) 나보다 훨씬 뛰어남
凌蔑(능멸) 업신여기고 깔봄
凌辱(능욕) 업신여기고 욕보임. 남자의 폭력으로 여자를 심하게 욕보임
• 凌蔑은 남을 업신여기고 깔보는 일이다.
• 재주가 凌駕한 사람이 오히려 凌辱을 일삼았다 하니 참 안타까운 일이다.

기본 ①凌喬(능교) 凌兢(능긍) 凌亂(능란) 凌摩(능마) 凌罵(능매) 凌侮(능모) 凌雲(능운) 凌遲(능지) 凌波(능파) 凌逼(능핍) 凌虐(능학) 侵凌(침릉)

발전 ①凌踏(능답) 凌冒(능모) 凌叛(능반) 凌犯(능범) 凌分(능분) 凌室(능실) 凌傲(능오) 凌雨(능우) 凌夷(능이) 凌挫(능좌) 特凌遽(능거) 凌轢(능력) 特凌厲(능려)

사자성어 ①凌雲之志(능운지지) 以少凌長(이소능장) 特凌霄之志(능소지지)

부수	획수	총획
网	11	16

걸릴 리 【2655】

字源 〈형성〉 새를 잡기 위해서는 새총을 사용하기도 했으나, 새 그물을 나무와 나무 사이에 연결하여 촘촘하게 치기도 했다. 막상 새를 산 채로 잡고 보니 안타까운 생각이 들어서 다소 망설였던 모양이다. 그물(罒)에 걸린 새(隹)를 '잡을까? 놓을까?'를 마음(忄)으로 주저했으니 [걸리다(羅)]는 뜻이고 [리]로 읽는다.

필순 丶冂罒罒罒罒罒罹罹羅

기초 【기초한자어】 익히고, 【기본→발전한자어】 다지기
罹病(이병) 병에 걸림
罹災(이재) 재해를 입음. 재난을 만남
罹患(이환) 병에 걸림
• 罹患은 근심에 듦을 뜻하고, 罹病은 직접 병에 듦을 뜻한다.
• 폭우로 인한 罹災民들이 무더기로 罹病으로 인하여 이중 고생을 하고 있다.

기본 ①罹難(이난)

발전 ①罹網(이망) 罹厄(이액) 罹罪(이죄) 罹被(이피) 罹禍(이화) 橫罹(횡리) 罹災民(이재민) 特罹辟(이벽) 罹灾(이재) 罹罝(이저)

사자성어 ①免羅雉罹(토라치리) 橫罹之厄(횡리지액)

부수	획수	총획
里	11	18

다스릴 리 【2656】

字源 〈형성〉 하급관리가 잘못하면 상급관리가 말로 자세히 타이른다. 집안 어르신이 아랫사람들이 잘못을 저지르면 따뜻한 말씨로 자상하게 타이르기도 한다. 일정한 거리를 두고 타이른 것이다. 장애물(厂)에 가려 바르지 못한(未) 행위를 일정 거리(里)에서 잘 타이르니(攵) [다스리다(釐)]는 뜻이고 [리]로 읽는다.
回厘

필순 二丰未耒耓耘蒼蓬蒼釐

기초 【기초한자어】 익히고, 【기본→발전한자어】 다지기
釐改(이개) 고침. 개혁함
釐金(이금) 화물의 내국 통과세
釐正(이정) 다스려 바름. 개정함
• 釐金을 거두어서 나라의 살림살이에 쓰고 있다.
• 새 정부는 악법을 釐改하고, 타락한 공무원을 찾아서 釐正했다.

기본 ①釐分(이분) 釐定(이정) 釐替(이체) 釐革(이혁) 陟釐(척리) 毫釐(호리)

발전 ①釐降(이강) 釐去(이거) 釐稅(이세) 釐嫂(이수) 釐捐(이연) 釐弊(이폐) 釐毫(이호) 福釐(복리) 修釐(수리) 受釐(수리) 祝釐(축리) 鴻釐(홍리) 特剔釐(척리) 特釐麰(내모)

사자성어 ① 毫釐千里(호리천리) 毫釐之差(호리지차)

	부수	획수	총획
裡	衣	7	12

속 리 : 【2657】

字源 〈형성〉 이 한자는 두 가지 자원의 의미가 통용되어 사용된다. 처음은 옷이나 이부자리 따위를 지을 때, 두 장의 천을 실로 꿰맸다. 이를 이어놓은 솔기의 줄(里)이 보이는 옷(衤)인 [속(裡)]으로 쓰였다. 두 번째 자원은 마을(里) 사람이 모진 추위에 껴입었던 겨울옷(衤)으로 [옷안(裡)]을 뜻하고 [리]로 읽는다.

필순 `ラ ネ ネ 초 衧 衵 袒 裡 裡

기초 【기초한자어】 익히고, 【기본→발전한자어】 다지기
裡面(이면) 속. 안. 사물의 표면에 나타나지 않는 방면
帖裡(첩리) 철릭. 무관이 입던 공복
掌裡(장리) (자기의) 손바닥 안
• '철릭'이라 했고, 무관이 입던 공복을 帖裡라고 했다.
• 너의 裡面이 掌裡에 있으니 숨길 생각하지 마라.
기본 ① 裡里(이리) 裡水(이수) 乾裡(건리) 庫裡(고리)
발전 ① 內裡(내리) 裡幕(이막) 腦裡(뇌리) 醉裡(취리) 胸裡(흉리)
사자성어 ① 極祕密裡(극비밀리)

	부수	획수	총획
俚	人	7	9

속될 리 : 【2658】

字源 〈형성〉 말끝마다 속된 욕설을 해대는 사람들을 더러 만난다. 이른바 육두문자(肉頭文字)를 섞어가면서 매우 듣기 거북한 욕설을 해댄다. 지방색이 섞인 사투리로 하면 그런대로 특색은 있다. 사람(亻)이 마을(里)을 형성하여 살다보면 친하여 촌스럽게 상말을 해대니 점차 [속되다(俚)]는 뜻이고 [리]로 읽는다.
回 俗(풍속 속) 鄙(속될 비)

필순 丿 亻 亻 伂 俏 俏 但 俚 俚

기초 【기초한자어】 익히고, 【기본→발전한자어】 다지기
俚歌(이가) 민간에 유행하는 노래. 속된 노래
俚婦(이부) 천한 여자. 시골 여자
俚諺(이언) 항간에 퍼져 통속적으로 쓰이는 속담
• 俚婦는 천하다고 소문난 典型的(전형적) 시골 여자로 알려진다.
• 벽촌의 俚婦가 俚諺과 俚歌를 잘 알고 있으니 참 배울만 하구나.

기본 ① 俚近(이근) 俚鄙(이비) 俚辭(이사) 俚語(이어) 俚儒(이유) 俚醫(이의) 俚耳(이이) 蕪俚(무리) 鄙俚(비리) 庸俚(용리) 淺俚(천리) 巴俚(파리) 下俚(하리)
발전 ① 俚談(이담) 俚俗(이속) 俚言(이언) 俚音(이음)
사자성어 ① 質而不俚(질이불리)

	부수	획수	총획
悧	心	7	10

영리할 리 【2659】

字源 〈형성〉 '영리하다'는 눈치가 빠르고 똑똑하다는 뜻이다. 유의어는 '똑똑하다, 약다, 지혜롭다' 등이 있다. 이 한자는 자원의 의미가 두 가지 있다. 마음(忄)이 매우 날카로워서 [영리하다(悧)]는 뜻과 마음(忄)이 날카로운(利)일만 자주 생각하면서 추진했으니 아주 [영리하다(悧)]는 뜻이고 [리]로 읽는다.

필순 丶 丷 忄 忄 忷 忦 怀 怀 悧 悧

기초 【기초한자어】 익히고, 【기본→발전한자어】 다지기
怜悧(영리) 눈치가 빠름. 슬기롭고 민첩함 '伶俐(영리)'와 같음
• 여동생은 怜悧하여 공부는 잘 하지만 비교적 빨리 싫증을 낸다.
• 정부의 외교적인 노력도 '怜悧'하고 '伶俐'해야만 하겠다.

	부수	획수	총획
籬	竹	19	25

울타리 리 【2660】

字源 〈형성〉 언제부터인가 재산권 주장을 위해서도 풀이나 나무 따위를 엮어서 울타리를 막았던 모양이다. 소유권을 확실하게 긋기 위한 행동이었다. 덤으로 길짐승을 조심하고 도적도 막았었다. 외부와의 거리를 두어 떼어놓기(離) 위해서 대나무(竹)나 담을 잘 쳐서 차단했으니 [울타리(籬)]를 뜻하고 [리]로 읽는다.
回 藩(울타리 번)

필순 ` ⺮ ⺮ 竺 笒 筥 篥 篱 籬 籬 籬

기초 【기초한자어】 익히고, 【기본→발전한자어】 다지기
籬菊(이국) 울 밑의 국화
籬窺(이규) 울타리 사이로 엿봄
籬門(이문) 울타리의 문
• 울 밑에 선 菊花를 가만히 바라보았다.
• 나는 옆집 籬門으로 보이는 외국인을 籬窺하여 표정을 그려 보았다.

1급

기본 ① 籬根(이근) 籬藩(이번) 籬邊(이변) 籬栅(이책) 籬楓(이풍) 籬下(이하) 缺籬(결리) 枯籬(고리) 棘籬(극리) 槿籬(근리) 短籬(단리) 東籬(동리) 疎籬(소리) 肉籬(육리) 竹籬(죽리) 荒籬(황리)

발전 ① 籬落(이락) 藩籬(번리) 薪籬(신리) 圍籬(위리) **特** 籬垣(이원) 樊籬(번리) 牆籬(장리)

사자성어 ① 籬壁間物(이벽간물) 圍籬安置(위리안치)

부수	획수	총획
疒	7	12

이질 리 : 【2661】

字源 〈형성〉 이질은 어린이들이 앓는 병으로 일종의 '설사'다. 어린이들의 이질성 만성 설사에는 곶감으로 죽을 쑤어 먹이면 잘 듣는다고 했다. 전통 한방 처방의 지사제(止瀉劑)이다. 병(疒)이 들었다가 낫고 나면 몸 전체가 오히려 이롭게(利) 되어 큰 활기를 되찾기도 했으니 [이질병(痢)]을 뜻하고 [리]로 읽는다.

필순 一 亠 广 疒 疒 疒 痾 痢 痢 痢 痢

기초 【기초한자어】 익히고, 【기본→발전한자어】 다지기
痢疾(이질) 뒤가 잦으며 곱똥이 나오는 병
•동생은 痢疾을 앓고 난 다음 훨씬 건강해졌다.

기본 ① 痢症(이증) 渴痢(갈리) 瀉痢(사리) 泄痢(설리) 疫痢(역리) 赤痢(적리) 下痢(하리)

발전 ① 疳痢(감리) 久痢(구리) 暑痢(서리) 子痢(자리) 虛痢(허리) 血痢(혈리)

부수	획수	총획
火	12	16

도깨비불 린 【2662】

字源 〈형성〉 도깨비불은 야밤에 습지 위로 어른거리는 신비한 빛으로 잘 잡히지 않는다. 전설 속에서는 불길한 대상이 되기도 했다. 저승에 들어가는 것을 거절당한 영혼이 정처없이 떠다닌다고 여겼다. 개똥벌레가 꼬리 부분에서 반딧불(粦←燐)이 나와 불(火)을 밝혔으니 [도깨비불(燐)]을 뜻하고 [린]으로 읽는다.

필순

기초 【기초한자어】 익히고, 【기본→발전한자어】 다지기
燐亂(인란) 아름답게 번쩍거림
燐火(인화) 인이 타는 파란 불
燐光(인광) 도깨비 불. 鬼燐(귀린) 등이 같이 쓰임
•燐光이 바람에 일렁임을 알겠으니 도깨비가 살아서 돌아다닌다고…

•한밤중의 燐亂을 알고 보았더니 燐火였다고 합니다.

기본 ① 燐光(인광) 鬼燐(귀린) 白燐(백린) 野燐(야린) 赤燐(적린) 黃燐(황린)

발전 ① 燐鑛(인광) 燐肥(인비) 燐酸(인산) 燐安(인안) 燐彈(인탄) 紅燐(홍린)

부수	획수	총획
魚	12	23

비늘 린 【2663】

字源 〈형성〉 '비늘'은 물고기의 비늘과 비슷하게 생긴 물건을 통틀어 이르는 말이다. 물고기나 뱀 같은 동물의 몸 표면을 넓게 덮고 있는 얇고 단단한 딱지를 말하기도 한다. 물고기(魚)의 비늘에서 도깨비불 같은 반딧불(粦←燐)이 희끗희끗하게 빛나는 표면의 윗거죽 부분으로 [비늘(鱗)]을 뜻하고 [린]으로 읽는다.

필순

기초 【기초한자어】 익히고, 【기본→발전한자어】 다지기
鱗甲(인갑) 비늘과 껍데기. 어패류
鱗介(인개) 어류와 패류
鱗物(인물) 어류. 곧 물고기를 말함
•鱗物은 신조어 같이 생각되나 '어류·물고기'임을 확인했다.
•패총 속의 鱗甲으로 보아 조상은 鱗介류를 먹으면서 살았다.

기본 ① 鱗莖(인경) 鱗構(인구) 鱗羅(인라) 鱗淪(인륜) 鱗鱗(인린) 鱗毛(인모) 鱗比(인비) 鱗羽(인우) 鱗屑(인접) 鱗次(인차) 鱗萃(인췌) 鱗鴻(인홍) 鱗彙(인휘) 介鱗(개린) 驚鱗(경린) 枯鱗(고리) 窮鱗(궁린) 文鱗(문린) 凡鱗(범린) 伏鱗(복린) 常鱗(상린) 細鱗(세린) 魚鱗(어린) 逆鱗(역린) 龍鱗(용린) 銀鱗(은린) 羽鱗(우린) 活鱗(활린) 片鱗(편린)

발전 ① 鱗紋(인문) 鱗集(인집) 角鱗(각린) 巨鱗(거린) 錦鱗(금린) 烏鱗(오린) 包鱗(포린)

사자성어 ① 鱗集仰流(인집앙류) 瀺鱗潚流(탁린청류) 錦鱗玉尺(금린옥척)

부수	획수	총획
口	4	7

아낄 린 【2664】

字源 〈형성〉 이 한자는 의미는 같지만 자원이란 측면에서는 약간 다르게 쓰인 경우들이다. 첫째는 어떠한 일을 꾸미면서(文) 말을 해대니(口) [아끼다(吝)]는 뜻으로 쓰이고 있다. 다음 두 번째는 사람에게 글(文)을 가르치지 않는 사람(口)은 말이나 행동이 매우 어눌하고 [인색하다(吝)]는

뜻이고 [린]으로 읽는다.
㊀嗇(아낄 색)

필순 `ー ナ 文 文 吝 吝

기초 【기초한자어】 익히고, 【기본→발전한자어】 다지기
吝嗇(인색) 재물을 지나치게 아낌
吝愛(인애) 몹시 아낌
儉吝(검린) 검소하고 아낌
• 그렇더라도 우리는 儉吝하는 마음으로 살아야 한다.
• 사람을 吝愛함은 좋으나 재물에 대한 吝嗇은 미덕
 이 아니다.

기본 ① 吝惜(인석) 惜吝(석린) 貪吝(탐린) 悔吝(회린)

발전 ① 牽吝(견린) 繫吝(계린) 拂吝(불린) 鄙吝(비린) [音訓] 慳吝
(간린)

사자성어 ① 改過不吝(개과불린)

부수	획수	총획
足	9	27

짓밟을 린 【2665】

字源 〈형성〉 '짓밟다'는 남을 함부로 침범하여 해를 주다는 뜻
으로 쓰인다. 일본이 우리나라를 침범하여 우리의 자유를
마구 짓밟았던 피나는 침략을 생각하면 참담하고 지긋지
긋하다는 생각이 든다. 잎이 바늘 모양이며 줄기가 옆으
로 뻗은 골풀(藺:인)을 발(足)로 밟았으니 [짓밟다(躪)]는
뜻이고 [린]으로 읽는다.
㊀蹂(밟을 유)

필순 ﾛ ﾖ ﾄ 足 踳 踏 蹉 蹂 躪 躪

기초 【기초한자어】 익히고, 【기본→발전한자어】 다지기
蹂躪(유린) 짓밟음. 폭력으로 남의 권리나 인격을
누르고 침해함
征躪(정린) 남을 정복하여 짓밟음.
• 초등학생이나 미성년자의 인권을 蹂躪해서는 안
 된다.
• 사회의 약자나 과거의 행적을 들춰 征躪해서도 안
 된다.

사자성어 ① 人權蹂躪(인권유린) 入門蹂躪(입문유린)

부수	획수	총획
水	8	11

임질 림 【2666】

字源 〈형성〉 '임질'은 사람 생식기에 생기는 대표적인 성병으로
'음질'이라고도 부른다. 임질에 감염된 사람과 성교하고

1~2주 후에 고름이 있는 소변을 보며, 소변을 볼 때 따
끔거리는 증상이 보인다. 물(氵)에서 자라는 숲(林)으로
[물이 흘러 떨어지다(淋)]는 의미와 '痳(림)'과 동자로
[임질(淋)]을 뜻하고 [림]으로 읽는다.
㊀灑(뿌릴 쇄) 漓(스며들 리)

필순 ` ` ` 氵 氵 汁 汁 沐 沐 淋 淋

기초 【기초한자어】 익히고, 【기본→발전한자어】 다지기
淋浪(임랑) 어지러운 모양. 흐트러진 모양
淋瀝(임력) 물방울이 뚝뚝 떨어지는 모양
淋疾(임질) 임균에 감염되어 일어나는 성병
• 淋瀝은 물방울이 뚝뚝 떨어지는 모양이다.
• 내 생활의 淋浪을 진심으로 뉘우치며 淋疾을 속
 히 치료해야겠다.

기본 ① 淋淋(임림) 淋滲(임삼) 淋灑(임쇄) 淋巴(임파) 淋汗
(임한) 績淋(적림)

발전 ① 淋菌(임균) 淋毒(임독) 淋雨(임우) 膿淋(농림) 沙淋
(사림) 熱淋(열림) [音訓] 淋漓(임리)

부수	획수	총획
米	5	11

낟알 립 【2667】

字源 〈형성〉 이 한자 뜻은 비슷하지만 자원으로 꿰뚫어서 살펴
보는 내용과 과정이 많이 다르다. 첫 번째는 낱낱이 각각
독립된(立) 모양의 곡물(米)로 [낟알(粒)]을 뜻한다. 두 번
째는 햇곡식을 생산하여 쌀가마니(米)를 세워놓고(立) 생
산된 낟알을 우두커니 보고만 있었다고 했으니 [쌀알(粒)]
을 뜻하고 [립]으로 읽는다.
㊀顆(낟알 과)

필순 ` ` ` ` 半 米 米 米 粒 粒 粒

기초 【기초한자어】 익히고, 【기본→발전한자어】 다지기
粒米(입미) 낟알. 쌀알. 매우 적은 양
粒雪(입설) 싸라기눈. 싸락눈
粒食(입식) 낟알로 음식을 지어 먹음. 쌀밥을 먹음
• 초가을의 粒米로 보아 올해의 풍년은 어렵겠다고
 생각했었구나.
• 초겨울 粒雪을 바라보며 粒食을 먹던 시절이 생각
 했다.

기본 ① 粒子(입자) 米粒(미립) 飯粒(반립) 遺粒(유립) 栗粒
(율립) 種粒(종립) 慘粒(참립)

발전 ① 粒粒(입립) 粒餌(입이) 乾粒(건립) 乞粒(걸립) 穀粒
(곡립) 麥粒(맥립) 微粒(미립) 絕粒(절립) [音訓] 砂粒
(사립)

사자성어 ① 一粒萬倍(일립만배) 粒粒辛苦(입립신고)

1급

부수	획수	총획
竹	5	11

삿갓 립【2668】

字源 〈형성〉 조선 말 방랑시인 난고 김병연이 연상된다. 평안도 선천 부사였던 조부 김익순이 홍경래의 난 때에 투항한 죄로 집안이 멸족을 당해 삿갓을 쓰고 일생을 처참하게 보낸 인물이다. 서(立) 있는 대나무(竹)를 가늘게 쪼개어서 햇볕을 쬐지 못하도록 머리에 쓴 모자로 [삿갓(笠)]을 뜻하고 [립]으로 읽는다.

필순 `丶 ㇒ ㇒ 䒑 竹 竺 竺 笠 笠 笠 笠`

기초 【기초한자어】 익히고, 【기본→발전한자어】 다지기
笠帽(입모) 비가 올 때 갓 위에 덮어쓰는 우비의 한 가지. 갈모
笠子(입자) 삿갓
蓑笠(사립) 도롱이와 삿갓
• 蓑笠인 도롱이와 삿갓은 비를 막고, 햇빛을 차단했었다.
• 비 내린 날에 笠子를 쓰고 笠帽를 두르고 농사일을 했었지.

기본 ① 笠房(입방) 笠澤(입택) 笠標(입표) 蓋笠(개립) 臺笠(대립) 蓬笠(봉립) 圓笠(원립) 氈笠(전립) 行笠(행립)

발전 ① 笠飾(입식) 冠笠(관립) 耘笠(운립) 釣笠(조립) 皮笠(피립) 特 笠纓(입영) 特 竪笠(수립)

사자성어 ① 笠上頂笠(입상정립)

부수	획수	총획
宀	11	14

고요할 막【2669】

字源 〈형성〉 이 한자 뜻도 서로가 비슷하지만 자원으로 꿰뚫어서 살펴보면 내용과 과정이 조금은 다른 점이 보인다. 첫번째는 사람이 사는 집(宀) 안에 인기척이 아무도 없으니(莫) [고요하다(寞)]는 뜻으로 쓰인다. 다음 두 번째는 집(宀)은 매우 크고 사람 숫자가 적으면(莫) [쓸쓸하다(寞)]는 뜻이고 [막]으로 읽는다.

필순 `丶 宀 宀 宀 㝉 穷 穷 宫 宣 宣 寞 寞`

기초 【기초한자어】 익히고, 【기본→발전한자어】 다지기
寞寞(막막) 쓸쓸하고 괴괴한 모양
寂寞(적막) 적적하고 고요함
落寞(낙막) 잎이 쓸쓸하게 떨어짐
• 나 혼자 집에 우두커니 앉아 있으니 寞寞하여 친구에게 전화를 걸었다.
• 寂寞한 마당에 마지막 남은 잎이 落寞했다.

기본 ① 索寞(색막) 窈寞(요막) 沖寞(충막)

발전 ① 寂寞感(적막감)

사자성어 ① 寞天寂地(막천적지) 寂寞江山(적막강산)

부수	획수	총획
弓	19	22

굽을 만【2670】

字源 〈형성〉 '굽다'는 어휘는 몇 가지가 더 있다. 직접 열을 가해서 익히거나 굽다는 뜻과 나무를 태워서 고기 등을 굽다는 등 상당히 널리 쓰인다. 여기에서는 활을 만드는데 휘어서 구부리다는 뜻까지 담겠다. 장인들이 활(弓)을 만들 때 재료를 자유자재로 구부렸으니(緣←攣) [굽다(彎)]는 뜻이고 [만]으로 읽는다.
回 曲(굽을 곡) 屈(굽을 굴)

필순 `亠 言 訁 結 結 結 結 絲 絲 絲 彎`

기초 【기초한자어】 익히고, 【기본→발전한자어】 다지기
彎曲(만곡) 활처럼 휘우듬하게 굽음
彎月(만월) 구붓이 이지러진 달. 초승달이나 그믐달
彎形(만형) 활처럼 굽은 모양
• 彎曲은 활처럼 휘우듬하게 굽은 달이 떠오른다.
• 어젯밤 彎月을 바라보며 彎形의 노모를 생각했다.

기본 ① 彎屈(만굴) 彎弓(만궁) 彎彎(만만) 彎環(만환) 少彎(소만)

발전 ① 彎入(만입) 彎弦(만현) 側彎(측만) 特 彎蛾(만아)

부수	획수	총획
車	7	14

애도할 만 :
끌 만 :【2671】

字源 〈형성〉 이 한자는 '끌다', '애도하다'의 두 가지 의미가 있으며 그 음만은 같다. 그에 따라 자원도 두 가지가 달리 쓰인다. 첫 번째 자원은 사람이 터벅터벅 수레(車)를 끌었으니(免) [끌다(輓)]는 뜻이 있다. 두 번째 자원은 군인(車)이 화살을 피하지 못해 그만 죽었으니(免) [애도하다(輓)]는 뜻이고 [만]으로 읽는다.
回 推(밀 추/퇴)

필순 `一 厂 厂 百 亘 車 軒 輄 輄 輓`

기초 【기초한자어】 익히고, 【기본→발전한자어】 다지기
輓歌(만가) 상여를 메고 갈 때 부르는 노래. 죽은 사람을 애도하는 노래
輓詞(만사) 죽은 사람을 애도하여 지은 글
輓輸(만수) 관을 수레에 실어 나름
• 輓輸는 마을 지도자 관을 수레에 실어 장지로 실어서 나른다.

• 이장은 輓詞를 짓고 마을 청년들은 輓歌를 부르며 장지로 향했다.

기본 ①輓近(만근) 輓送(만송) 輓章(만장) 輓推(만추) 漕輓 (조만) 推輓(추만)

발전 ①輓車(만거) 輓具(만구) 輓馬(만마) 輓詩(만시) 輓移 (만이) 輓把(만파)

사자성어 ①他弓莫輓(타궁막만)

부수	획수	총획
手	7	10

당길 만 : 【2672】

字源 〈형성〉 예나 지금이나 여자 혼자 아이를 낳기에는 많이 힘이 들었음을 알겠다. 그래서 요즈음 여인네들이 아이를 낳을 때 주로 산부인과를 찾아 의사의 도움을 받는다. 아기를 낳을(免) 때 의사가 손(扌)으로 아이를 꺼내니 [당기다(挽)]는 뜻과 죽은 사람을 모셔놓고서 [애도하다(挽)]는 뜻이고 [만]으로 읽는다.
图引(끌 인)

필순 一 十 才 扌 扌 扩 护 护 挽 挽

기초 【기초한자어】 익히고, 【기본→발전한자어】 다지기
挽歌(만가) 장례식 때 영구를 실은 수레 끄는 사람들 노래
挽留(만류) 붙잡고 말림
挽引(만인) 끌어당기거나 잡아당김
• 挽歌는 장례식 때 영구를 실은 수레 끄는 사람들이 부르는 노래다.
• 태풍이 부는데 외출하려는 남편을 挽引하면서 挽留했다.

기본 ①挽弓(만궁) 挽詞(만사) 挽回(만회) 木挽(목만)

발전 ①挽近(만근) 挽曳(만예) 飛挽(비만) 慰挽(위만) 推挽 (추만) 特攀挽(반만)

부수	획수	총획
艹	11	15

덩굴 만 【2673】

字源 〈형성〉 덩굴은 땅 위의 다른 물체를 감고 오르거나 위로 뻗어간 줄기다. 나팔꽃, 까치콩, 환삼덩굴 자체로 감는 것과 덩굴장미, 꼭두서니, 수세미처럼 덩굴손을 내밀면서 지탱하기도 했다. 산이나 들을 온통 덮어서 늘어지고 엉켜지면서 길게(曼) 자라나는 무성했던 풀(艹)로 [덩굴(蔓)]을 뜻하고 [만]으로 읽는다.
图延(늘일 연)

필순 一 艹 艹 芒 芒 莒 莒 蔓 蔓

기초 【기초한자어】 익히고, 【기본→발전한자어】 다지기
蔓生(만생) 덩굴이 뻗으며 자람
蔓延(만연) 널리 번지어 퍼짐
蔓草(만초) 덩굴져 뻗는 풀
• 蔓草는 칡같이 덩굴져서 제 영역으로 폭넓게 뻗는 풀이다.
• 칡이 蔓生하여 자라듯 뜬소문이 온 고을에 蔓延했다.

기본 ①蔓茂(만무) 蔓引(만인)

발전 ①蔓莖(만경) 蔓蔓(만만) 蔓說(만설) 枯蔓(고만) 絡蔓 (낙만) 綠蔓(녹만) 綿蔓(면만) 碧蔓(벽만) 刪蔓(산만) 修蔓(수만) 靑蔓(청만) 翠蔓(취만) 野蔓(야만) 延蔓 (연만) 柔蔓(유만) 滋蔓(자만) 長蔓(장만) 纏蔓(전만) 走蔓(주만) 荒蔓(황만) 特蔓菁(만청) 蘿蔓(나만)

사자성어 ①蔓草寒烟(만초한연)

부수	획수	총획
十	4	6

만 만 : 【2674】

字源 〈상형〉 '길상(吉祥)'의 상징인 사찰 또는 불교를 상징하는 '卍(만)'자는 원래 글자가 아니었고 일종의 기호였다고 한다. 부처님 가슴에 길상스러운 모습이 있고, 이 모습이 卍자라고 말한다는 것이. 인도 크리슈나신(神) 가슴에 있는 선모(旋毛)로, 길상(吉祥)의 뜻으로 절 표시로 쓰여 [만(卍)]을 뜻하고 [만]으로 읽는다.

필순 一 フ フ 乙 卍 卍

기초 【기초한자어】 익히고, 【기본→발전한자어】 다지기
卍字(만자) 불심에 나타나는 길상의 징표.
卍海(만해) 일제 강점기에 작가이자 고승인 한용운의 법호다.
• 산사의 卍字가 길상의 표시임을 알았다.
• 卍海는 韓龍雲의 아호로 우리에게 널리 알려진다.

발전 ①王卍(왕만) 卍字窓(만자창) 卍巴(만파)

부수	획수	총획
食	11	20

만두 만 【2675】

字源 〈형성〉 '만두(饅頭)'는 제갈공명의 남만 정벌 때문에 생겨난 음식으로 알려진다. 메밀가루나 밀가루를 반죽하여 소를 넣고 빚어서 삶거나 찐 음식으로 남녀노소 가리지 않고 인기있는 음식이다. 밀가루를 발효시킨 다음 길게 늘여가면서(曼) 만들었던 음식(食)으로 널리 먹는 [만두(饅)]를 뜻하고 [만]으로 읽는다.

필순 ㇒ ㇒ ㇗ 肀 肀 飼 飼 饅 饅 饅

1급

기초 【기초한자어】 익히고, 【기본→발전한자어】 다지기
饅頭(만두) 밀가루를 반죽해 소를 넣고 만든 음식
• 어머니께서는 내가 좋아하는 饅頭를 가끔 빚어 주신다.
• 饅頭는 누구나 잘 먹는 식품으로 아무도 싫증을 내지 않는다.
발전 ① 饅頭皮(만두피) 素饅頭(소만두) 土饅頭(토만두)

부수	획수	총획
魚	11	22

뱀장어 만 【2676】

字源 〈형성〉 뱀장어 몸 색깔은 등 쪽이 암갈색을 띠고 있다. 몸은 가늘고 긴 원통형이며, 꼬리는 납작하게 생겼다. 작은 비늘이 있으나 몸에 깊이 묻혀 형체가 없는 것처럼 보이고, 측선은 완전하다. 축 늘어질 만큼 길게 뻗어있어(曼) 물밑의 찰흙 속에 사는 물고기(魚) 종류로 [뱀장어(鰻)]를 뜻하고 [만]으로 읽는다.

필순 ⺈罒罒罒罔罔罔罔罔鰻鰻

기초 【기초한자어】 익히고, 【기본→발전한자어】 다지기
養鰻(양만) 뱀장어를 양식으로 기름
風鰻(풍만) 뱀장어의 다른 말로 만려어
海鰻(해만) 바닷장어로 성질은 평순하나 독이 있다
• 養鰻은 뱀장어를 양식으로 기르고 風鰻은 뱀장어로 만려어.
• 海鰻은 바닷장어로 성질은 비교적 평순하나 상당한 독이 있다고 알려진다.
발전 特 鰻鯉(만리)

부수	획수	총획
目	11	16

속일 만 【2677】

字源 〈형성〉 그물을 치고 토끼몰이를 할 때, 토끼가 잘 다니는 곳에 구멍을 판다. 토끼가 그곳을 지나다가 구멍에 빠지면 올라오지 못하고 잡힌다. 덤불로 위를 덮으면서 토끼의 눈을 속인 것이다. 땅에 구멍을 파놓고 거짓으로 평평하게(兩=滿) 덮어서 눈(目)을 속여 넘겼으니 [속이다(瞞)]는 뜻이고 [만]으로 읽는다.
동 欺(속일 기)

필순 ⎮⎮⎮⎮⎯⎯⺆⺆睄睄睄睄睄睄

기초 【기초한자어】 익히고, 【기본→발전한자어】 다지기
瞞着(만착) 속임. 남의 눈을 속임
欺瞞(기만) 거짓으로 남을 속이는 일

瞞報(만보) 속여서 거짓으로 보고함
• 그 알팍한 瞞着쯤은 언제인가는 드러나게 될 것이다.
• 그동안 상부에 瞞報하여 나를 欺瞞했구나.
기본 ① 阿瞞(아만)
발전 ① 瞞啓(만계) 瞞官(만관) 瞞然(만연) 冒瞞(모만) 瞞然(문연) 特 瞞盱(만우)
사자성어 ① 欺瞞行爲(기만행위)

부수	획수	총획
水	5	8

물거품 말 【2678】

字源 〈형성〉 이 한자는 물이 흘러가는 모습을 보이면서 두 가지 자원이 함께 쓰이는 경우를 보인다. 첫 번째는 물(氵)이 흘러가는 끝(末) 부분에 이어지는 [물보라(沫)]를 뜻한다. 두 번째 자원은 나무 끝자락(末)처럼 여러 곳으로 흩어졌던 물(氵) 끝으로 아스라이 보였으니 [물거품(沫)]을 뜻하고 [말]로 읽는다.
동 泡(거품 포) 回 沫(지명 매)

필순 ⺀⺀氵氵氵氵沫沫沫

기초 【기초한자어】 익히고, 【기본→발전한자어】 다지기
沫沸(말비) 거품이 부글부글 끓어오름
浮沫(부말) 물거품
飛沫(비말) 날아 흩어지는 물방울
• 맛있는 삼계탕의 국물이 沫沸할때 불을 껐다.
• 물거품이 浮沫되어 멀리 날아 飛沫이 되겠지.
기본 ① 沫水(말수) 浪沫(낭말) 跳沫(도말) 沸沫(비말) 水沫(수말) 流沫(유말) 珠沫(주말) 泡沫(포말) 瀑沫(폭말) 幻沫(환말)
발전 ① 沫雨(말우) 噴沫(분말) 涌沫(용말) 特 涎沫(연말)
사자성어 ① 泡沫夢幻(포말몽환)

부수	획수	총획
衣	15	20

버선 말 【2679】

字源 〈형성〉 이 한자의 자원 또한 두 가지 뜻으로 쓰이는 경우를 본다. 첫 번째는 사람 옷(衤)자락 밑에 깔려 천하게 여기는 멸시(蔑) 속에 밟히는 [버선(襪)]을 뜻한다. 두 번째는 살랑하고 가볍게(蔑) 보이는 가운데 신발을 신기 전에 먼저 발에 깊이 신었던 헝겊(衤) 조각과 같은 [버선(襪)]을 뜻하고 [말]로 읽는다.

필순 ⺊衤衤衤衤衤襪襪襪襪襪

1급

기초 【기초한자어】 익히고, 【기본→발전한자어】 다지기
洋襪(양말) 실로 짠, 발에 신는 서양식 버선
綿襪(면말) 솜을 넣어 만든 버선. 솜버선
羅襪(나말) 수선화의 자태를 예찬한 말
• 여름에도 예의상 습관상 洋襪을 신고 다녔다.
• 綿襪은 솜버선이고, 羅襪은 수선화를 예찬한 말이다.

기본 ① 襪繫(말계)
발전 ① 襪線(말선) 襪衣(말의) 甲襪(갑말) 特 襪裙(말군)
사자성어 ① 四十初襪(사십초말)

부수	획수	총획
手	5	8

지울 말 【2680】

字源 〈형성〉두 가지 자원이 통용되지만 그 의미는 다 같다. 옷이나 종이에 흔적이 묻어나면 손으로 털털 털거나 비벼서 지운다. 종이에 글씨를 쓰다가 잘못된 글씨는 지우개로 지우는 모양새다. 손(扌) 끝(末)으로 가볍게 문지르니 [지우다(抹)]는 뜻과 손(扌)으로 잘게(末) 비벼 [지우다(抹)]는 뜻이고 [말]로 읽는다.
回 撒(칠 살)

필순 一 十 扌 扌 扩 扶 抹 抹

기초 【기초한자어】 익히고, 【기본→발전한자어】 다지기
抹茶(말차) 가루로 만든 차
抹殺(말살) 뭉개어 없애 버림
抹消(말소) 지워 없앰
• 엎지른 抹茶를 부모님이 오시기 전에 청소했다.
• 抹殺은 뭉개어 없앰이요, 抹消는 지워 없앰이다.

기본 ① 抹去(말거) 抹擦(말찰) 抹香(말향) 濃抹(농말) 淡抹
(담말) 眉抹(미말) 一抹(일말) 電抹(전말) 朱抹(주말)
紅抹(홍말)
발전 ① 抹改(말개) 抹木(말목) 抹仗(말장) 抹布(말포) 塗抹
(도말) 削抹(삭말) 揷抹(삽말)
사자성어 ① 淡粧濃抹(담장농말)

부수	획수	총획
艸	3	7

까끄라기 망
【2681】

字源 〈형성〉이 한자 또한 두 가지 자원으로 쓰이고 있음을 본다. 첫 번째는 겨우내 뾰족하게 내밀고 올라온 풀싹(艹)이 끝까지 죽지 않고(亡) 봄이 되어 소복하게 [싹트다(芒)]는 뜻으로 쓰인다. 두 번째 자원은 겨우 내내 앙상한 보리(艹) 이삭의 가는 털(亡)을 담았으니 [까끄라기(芒)]를 뜻하고 [망]으로 읽는다.

필순 一 十 艹 艹 芒 芒 芒

기초 【기초한자어】 익히고, 【기본→발전한자어】 다지기
芒履(망리) 짚신
芒刃(망인) 칼날
芒刺(망자) 까끄라기. 가시
• 芒刺는 보리나 밀의 까끄라기 혹은 가시라고 했다.
• 의병들은 芒履를 신고 품속에는 芒刃을 숨기고 다녔다.

기본 ① 芒角(망각) 芒穀(망곡) 芒洋(망양) 芒銳(망예) 芒種
(망종) 芒硝(망초) 江芒(강망) 光芒(광망) 句芒(구망)
鋒芒(봉망) 北芒(북망) 星芒(성망) 雄芒(웅망) 赤芒(적
망) 精芒(정망) 靑芒(청망) 寒芒(한망)
발전 ① 芒芒(망망) 芒然(망연) 麥芒(맥망) 彗芒(혜망) 毫芒
(호망) 混芒(혼망) 特 芒鞋(망혜) 穎芒(영망) 暉芒(휘망)
사자성어 ① 芒刺在背(망자재배) 舌芒於劍(설망어검) 竹杖
芒鞋(죽장망혜)

부수	획수	총획
心	8	11

멍할 망 【2682】

字源 〈형성〉그저 어처구니없는 일을 당했을 때 멍하니 서서 깊은 생각에 빠질 때가 있다. 그만 헤쳐 나올 수 있을 만한 적당한 방법이 순간적으로 떠오르지 않아서 몽롱하게 착각하는 수가 더러 있다. 매우 급한 일로 마음(忄)이 많이 번잡하여 그물에 붙잡혀(罔) 갇혔으니 [멍하다(惘)]는 뜻이고 [망]으로 읽는다.

필순 丶 丶 忄 忄 忉 忉 惘 惘 惘 惘

기초 【기초한자어】 익히고, 【기본→발전한자어】 다지기
惘惘(망망) 낙심하여 멍한 모양
惘然(망연) 맥이 풀려 멍한 모양
慌惘(황망) 몹시 급하여 어리둥절함
• 慌惘은 몹시 다급하여 어리둥절하는 모습이다.
• 딸들은 惘惘하고 아들도 惘然한 기색으로 앉았다.

기본 ① 悽惘(처망)
발전 ① 憫惘(민망) 特 悵惘(창망)

부수	획수	총획
辵	13	17

갈 매 【2683】

字源 〈형성〉짐승은 같은 무리들끼리 떼를 지어 산다. 다투어 먹이를 찾기도 하고, 잠자리에 들 수 있는 안식처를 찾기도 한다. 더 중요한 것은 서로 몸을 비비면서 작란을 치면서 살기 위한 몸부림을 친다. 많은(萬) 짐승들이 먹이를

1급

찾아 떠나면서(辶) 잡았던 그 자리를 옮기니 [가다(邁)]는
뜻이고 [매]로 읽는다.
圖進(나아갈 진)

필순 艹 芇 苩 莴 萬 萬 萬 萬 邁 邁

기초 【기초한자어】 익히고, 【기본→발전한자어】 다지기
邁達(매달) 뛰어남. 빼어남
邁德(매덕) 힘써 덕을 닦음
邁進(매진) 씩씩하게 나아감
• 邁達은 다른 사람보다 실력이 훨씬 뛰어남이나 빼
어남이다.
• 소시에는 학업에 邁進했고 이제는 邁德하고 있다.

기본 ① 邁勳(매훈) 剛邁(강매) 高邁(고매) 陵邁(능매) 敏邁
(민매) 放邁(방매) 衰邁(쇠매) 英邁(영매) 運邁(운매)
雄邁(웅매) 流邁(유매) 超邁(초매) 抗邁(항매)

발전 ① 邁古(매고) 邁氣(매기) 邁世(매세) 邁往(매왕) 邁仁
(매인) 邁赤(매적) 邁績(매적) 傑邁(걸매) 奭邁(석매)
迅邁(신매) 遙邁(요매) 征邁(정매) 俊邁(준매) 馳邁(치매)
豪邁(호매) 特 儁邁(준매)

사자성어 ① 一路邁進(일로매진) 奮往邁進(분왕매진)

	부수	획수	총획
煤	火	9	13

그을음 매 【2684】

字源 〈형성〉 '그을음'은 나무가 불에 탈 때 불꽃과 함께 연기에
섞여 나오는 먼지 같은 가루를 뜻한다. 이 한자 또한 두
가지 의미가 함께 쓰인다. 아무 것이나(某) 불(火)에 태우
면 [그을음(煤)]이란 흔적이 남는다는 뜻으로 쓰인다. 두
번째는 불(火)에 타버린 검은 숯검댕이(某)로 [석탄(煤)]을
뜻하고 [매]로 읽는다.
圖煙(연기 연)

필순 丶 丷 火 灯 灯 妒 姓 姓 煤 煤

기초 【기초한자어】 익히고, 【기본→발전한자어】 다지기
煤煙(매연) 연료를 태웠을 때 생기는 그을음과 연기
煤炭(매탄) 석탄
松煤(송매) 소나무를 태운 그을음. 먹의 재료
• 먹을 만들기 위해 松煤를 구해 놓았다.
• 서민용 연료로 煤炭이 으뜸이었고 집집마다 煤煙
이 피어올랐다.

기본 ① 煤斤(매근) 煤埃(매애) 煤油(매유) 煤印(매인) 奇煤
(기매) 墨煤(묵매) 寶煤(보매) 寵煤(총매)

발전 ① 煤氣(매기) 硬煤(경매) 麝煤(사매) 埈煤(준매)

	부수	획수	총획
罵	网	10	15

꾸짖을 매 :

【2685】

字源 〈형성〉 잘못을 저질러서 심하게 꾸짖을 때는 욕설이 나오
는 경우가 더러 있다. 어른이나 상관이 해서는 안 될 일이
지만 현실은 그렇지만은 않았겠다. 말을 잘 듣지 않기 때
문이다. 마부(馬)가 법을 어기니(罒) [욕설(罵)]이란 뜻과
그물(罒)을 덮어씌우듯이(馬) 욕을 해대니 [꾸짖다(罵)]는
뜻이고 [매]로 읽는다.
圖譏(나무랄 기) 罶(꾸짖을 리)

필순 冂 冂 罒 罒 罒 罕 罕 買 罵 罵 罵

기초 【기초한자어】 익히고, 【기본→발전한자어】 다지기
罵倒(매도) 몹시 욕하며 몰아세움
罵言(매언) 욕설을 함
罵辱(매욕) 욕설을 퍼부어 창피를 줌
• 그런 罵言은 평생 못 잊을 것이다.
• 상사는 부하를 罵辱하며 기회주의자로 罵倒하였다.

기본 ① 罵譏(매기) 罵曹(매조) 罵坐(매좌) 呵罵(가매) 叫罵
(규매) 怒罵(노매) 面罵(면매) 侮罵(모매) 笑罵(소매)
惡罵(악매) 仰罵(앙매) 嘲罵(조매) 卒罵(졸매) 責罵
(책매) 推罵(추매) 痛罵(통매)

발전 ① 毆罵(구매) 叱罵(질매) 斥罵(척매) 唾罵(타매) 特 罵詈
(매리)

사자성어 特 罵詈雜言(매리잡언)

	부수	획수	총획
昧	日	5	9

어두울 매 【2686】

字源 〈형성〉 사람이 사리에 밝지 못하여 생활하는 지혜에 대하
여 어두운 경우가 많다. 먼동이 트면서 날이 어둡다가 어
스름하게 밝아 오는 경우가 가끔 있다. 깊은 새벽을 뚫고
먼동이 트기 시작한 것이다. 날(日)이 아직 완전히 밝아오
지 아니했으니(未) [어둡다(昧)] 또는 [먼동이 트다(昧)]는
뜻이고 [매]로 읽는다.
圖冥(어두울 명) 回昧(어둑어둑할 말)

필순 丨 冂 冂 日 日 旷 肝 肤 昧

기초 【기초한자어】 익히고, 【기본→발전한자어】 다지기
昧谷(매곡) 해가 지는 골짜기. 날이 저묾
昧旦(매단) 동틀 무렵. 새벽
昧事(매사) 사리에 어두움

- 昧谷이 어두워지니 이제 날이 저무는구나!
- 昧旦마다 공부했으나 우둔하여 昧事함이 힘들다.

기본 ① 昧茫(매망) 昧沒(매몰) 昧者(매자) 童昧(동매) 茫昧
(망매) 蒙昧(몽매) 迷昧(미매) 不昧(불매) 三昧(삼매)
深昧(심매) 暗昧(암매) 愚昧(우매) 幼昧(유매) 隱昧
(은매) 寂昧(적매) 造昧(조매) 草昧(초매) 虛昧(허매)
荒昧(황매)

발전 ① 昧例(매례) 昧昧(매매) 昧死(매사) 昧爽(매상) 冥昧
(명매) 虎昧(호매) 曖昧(애매) 頑昧(완매) 幽昧(유매)
昏昧(혼매) 晦昧(회매) 〔特〕朦昧(몽매)

사자성어 ① 無知蒙昧(무지몽매) 讀書三昧(독서삼매) 曖昧
模糊(애매모호) 虛靈不昧(허령불매)

부수	획수	총획
口	4	7

어리석을 매
【2687】

字源 〈상형〉이 한자는 어린 아이가 세상에 태어나서 아직 강
보에 싸인 모습을 본뜬 글자다. 송나라 원나라 이래로 '怡
(태)'의 속자로도 쓰였던 글자다. 사람(口)이 나무(木)를
[보호하다(呆)]는 뜻도 담고 있다. 강보에 싸인 아기가 아
직 완전하지 못한 미숙한 모양임을 본떠서 [어리석다(呆)]
는 뜻이고 [매]로 읽는다.

필순 丿 口 口 므 무 呆 呆

기초 【기초한자어】익히고, 【기본→발전한자어】다지기
癡呆(치매) 지능, 의지, 기억 등 정신적인 능력이 현
저히 감퇴하는 병
呆板(매판) 고지식하여 통달하지 못한 사람에 비유
- 呆板은 고지식하여 아직 통달하지 못한 사람을 비
유한다.
- 훌륭한 판사가 癡呆에 걸릴 줄은 전혀 몰랐다.

발전 ① 偯癡呆(위치매) 〔特〕痴呆(치매)

부수	획수	총획
宀	9	12

잘 매 : 【2688】

字源 〈형성〉자는 것만큼 편안한 휴식은 없다. 이 한자는 이런
두 가지 뜻을 담고 있다. 첫 번째 의미는 사람이 널조각
(爿)이 아닌(未) 것 같은 자기 집(宀)에서 편안하게 [쉬다
(寐)]는 뜻으로 쓰인다. 두 번째는 집안(宀)에 있는 침상
(爿)에서 편안하게 눈을 감고(未) 잘 쉬면서 [자다(寐)]는
뜻이고 [매]로 읽는다.
圖寢(잘 침) 圀寤(잠깰 오)

필순 丶 宀 宀 宀 牙 牙 牙 牙 寐 寐

기초 【기초한자어】익히고, 【기본→발전한자어】다지기
寐息(매식) 수면 중의 호흡
寐語(매어) 잠꼬대로 뒤얽힘
假寐(가매) 거짓으로 자는 체함. 잠자리를 자세히
보지 않고 잠
- 집안일을 하지 않으려고 假寐했다가 들켜서 호되
게 혼이 났다.
- 우리는 수면 중에도 寐息과 寐語로 밤을 보낸다.

기본 ① 覺寐(각매) 夢寐(몽매) 睡寐(수매) 失寐(실매) 寤寐
(오매) 坐寐(좌매) 寢寐(침매) 昏寐(혼매)

발전 ① 寐興(매흥) 潛寐(잠매)

사자성어 ① 夢寐之間(몽매지간) 夙夜夢寐(숙야몽매) 夙興夜寐
(숙흥야매) 寤寐不忘(오매불망) 輾轉不寐(전전불매)

부수	획수	총획
艸	8	12

움 맹 【2689】

字源 〈형성〉이 한자는 자원의 뜻은 대체적으로 같으나 의미의
쓰임이 조금씩 다르다. 첫 번째는 풀잎(艹)이 밝게(明) 싹
이 터서 나오니 새 [움(萌)]을 뜻한 한자로 쓰인다. 두 번
째는 풀잎(艹)이 밝은(明) 태양의 환한 열기를 흠뻑 받아
서 새순이 생동하면서 움터 나왔으니 바로 [움트다(萌)]
는 뜻이고 [맹]으로 읽는다.
圖芽(싹 아) 苗(싹 줄)

필순 丶 艹 艹 艹 艹 苩 苩 萌 萌 萌

기초 【기초한자어】익히고, 【기본→발전한자어】다지기
萌動(맹동) 초목이 싹틈
萌生(맹생) 싹이 돋아남
萌芽(맹아) 싹이 남. 싹이 틈. 징후
- 萌生은 봄이 되어 싹이 벙긋 웃고 돋아나는 것이다.
- 얼음이 풀리니 萌動이 시작되고 나무도 萌芽하기
시작되었구나.

기본 ① 萌黎(맹려) 萌隷(맹례) 萌兆(맹조) 萌乎(맹호) 萬萌
(만맹) 末萌(말맹) 邪萌(사맹) 竹萌(죽맹) 衆萌(중맹)

발전 ① 亂萌(난맹) 未萌(미맹) 〔特〕萌蘗(맹얼) 蕨萌(궐맹)
蘖萌(얼맹) 〔特〕孶萌(자맹)

사자성어 ① 杜漸防萌(두점방맹)

부수	획수	총획
目	4	9

곁눈질할 면 :
【2690】

1급

字源 〈형성〉 '곁눈질하다'는 뜻은 잠시 자신의 주된 일 이외의 다른 일에 관심을 두거나 신경을 쓰는 일을 말한다. 한 곳에 시선을 집중하지 못하고 다른 곳을 보거나 일시적으로 딴전을 부린다는 뜻이다. 얼굴에 탈을 써서 눈(目)이 가려져(丏) 잘 보이지 않으면서 살펴보니 [곁눈질하다(眄)]는 뜻이고 [면]으로 읽는다.

필순 丨 冂 冃 月 目 目 盯 盱 眄

기초 【기초한자어】 익히고, 【기본→발전한자어】 다지기
眄視(면시) 곁눈질을 함. 흘림 눈으로 봄
仰眄(앙면) 우러러 바라봄. 앙망함(仰望), 우러러 쳐다봄
右眄(우면) 고개를 오른쪽으로 돌려 봄
• 세종대왕은 전 국민이 仰眄하는 성군이다.
• 인기척이 있어서 右眄해보니 친구가 나를 은근하게 眄視하고 있었다.

기본 ① 顧眄(고면) 要眄(요면) 流眄(유면) 游眄(유면) 恩眄(은면) 長眄(장면) 幻眄(환면)

발전 ① 眄眄(면면) 英眄(영면) 右眄(우면) 一眄(일면) 慈眄(자면) 特 佇眄(저면)

사자성어 ① 左顧右眄(좌고우면) 徘徊顧眄(배회고면)

부수	획수	총획
麥	4	15

국수 면 【2691】

字源 〈형성〉 국수는 밀·메밀·감자 등의 가루를 반죽하여 얇게 밀어서 썰든가 국수틀로 가늘게 뺀 식품이라고 할 수 있다. 또한 국수를 삶아 국물에 말거나 비벼서 훌쩍 먹는 음식을 말하기도 한다. 밀가루(麥)를 사발 안쪽 면(面)에 넣고 반죽해 뽑은 면이 계속 이어졌으니(丏) [국수(麪)]를 뜻하고 [면]으로 읽는다.
圖 麵(밀가루 면)

필순 一 厂 本 夾 麥 麥 麥 麥 麪 麪

기초 【기초한자어】 익히고, 【기본→발전한자어】 다지기
麪類(면류) 밀국수. 메밀국수 등의 국수 종류
麪床(면상) 국수류를 주식으로 하여 차린 상
麪杖(면장) 밀가루 반죽을 밀어서 반대기를 짓는 데 쓰는 둥글고 짤막한 막대기
• 麪杖으로 평평하고 둥글넓적하게 반대기를 만들었다.
• 날마다 麪類로 요리한 麪床을 보아도 맛있게 보인다.

기본 ① 麪粉(면분) 麪牲(면생) 麪包(면포) 麥麪(맥면) 線麪(선면) 新麪(신면) 雜麪(잡면)

발전 ① 麪錢(면전) 掛麪(괘면) 冷麪(냉면) 索麪(색면) 素麪(소면) 麪餅(면병) 特 麪麴(면국) 蕎麪(교면) 粥麪(죽면)

사자성어 ① 麪市鹽車(면시염거)

부수	획수	총획
糸	9	15

멀 면(:) 【2692】

字源 〈형성〉 실패에 감겼던 실의 얼개를 풀면 길게 늘어진다. 그 끝이 어디인지 짐작할 수 없을 정도로 길다는 생각을 하기도 한다. 그 모습까지도 멀리까지 아득하게 보였던 모양이다. 실(糸)처럼 늘어져 산줄기에 가야할 길이 아직도 남아 있어 아득하게 멀리 바라다보니(面) [멀다(緬)]는 뜻이고 [면]으로 읽는다.

필순 ㄠ ㄠ ㅘ 糸 糾 紅 紗 緬 緬 緬 緬

기초 【기초한자어】 익히고, 【기본→발전한자어】 다지기
緬禮(면례) 무덤을 옮겨 장례를 다시 지냄
緬奉(면봉) 면례의 높임말
緬然(면연) 아득한 모양. 사색하는 모양. 깊은 생각에 잠기는 모양
• 緬奉은 면례를 하려고 성의를 다하는 높임말이다.
• 형님은 조상의 緬禮를 생각하며 종일 緬然하셨다.

기본 ① 緬羊(면양) 緬憶(면억) 緬維(면유) 緬甸(면전) 陵緬(능면) 冥緬(명면) 崇緬(숭면) 悠緬(유면) 超緬(초면) 懷緬(회면)

발전 ① 緬服(면복) 緬想(면상) 緬邈(면막) 遐緬(하면)

부수	획수	총획
木	8	12

목화 면 【2093】

字源 〈회의〉 시집 보낼 딸이 있는 집에서 꼭 심었던 목화는 쌍떡잎식물로 널리 갈래꽃으로 알려졌다. 잎은 서로가 어긋나며 잎자루가 상당히 길다. 열대지방에서 곧게 자란 관목형태이다. 비단(帛) 같은 실을 빼내는 나무(木)로 문익점이 우리나라에 처음으로 가지고 왔었다는 [목화(棉)]를 뜻하고 [면]으로 읽는다.
圖 綿(솜 면)

필순 一 十 才 木 ⺭ 朾 柏 柏 棉 棉

기초 【기초한자어】 익히고, 【기본→발전한자어】 다지기
棉花(면화) 목화. 무명. 솜
木棉(목면) 여러해살이 목면(木棉)의 목화(木花)
棉油(면유) 목화씨로 짠 기름. 목화 기름
• 棉油는 文益漸의 시대와는 달라 木花씨로 짠 기름이다.
• 집단으로 피어있는 木棉의 棉花는 큰 정원과 같았다.

기본 ① 棉布(면포) 米棉(미면) 印棉(인면) 草棉(초면)
발전 ① 棉亘(면긍) 棉實(면실) 棉作(면작)

부수	획수	총획
皿	0	5

그릇 명 : 【2694】

字源 〈상형〉 사람이 음식을 먹을 때나 대접할 때 깨끗한 그릇에 담는다. 음식을 담은 그릇의 모양을 본떠서 [그릇(皿)]을 뜻하고 [명]으로 읽는다. 그릇은 일을 헤쳐 나갈 만한 도량이나 능력, 또는 그것을 소유하는 사람을 가리키기도 한다. 물건과 음식을 담는 도구를 통틀어 이르니 [그릇(皿)]을 뜻하고 [명]으로 읽는다.
圄 器(그릇 기)

필순 丨 冂 冂 皿 皿

기초 【기초한자어】 익히고, 【기본→발전한자어】 다지기
器皿(기명) 살림살이에 쓰이는 온갖 그릇붙이
膝皿(슬명) 작은 종지 모양의 오목한 뼈로 종지뼈.
슬골(膝骨)
• 어머니가 시집올 때 가져온 器皿이 지금도 남아있다.
• 膝皿은 작은 종지 모양의 오목한 종지뼈이다.
기본 ① 金皿(금명) 大皿(대명) 小皿(소명)
발전 ① 器皿圖(기명도)

부수	획수	총획
虫	10	16

멸구 명【2695】

字源 〈형성〉 멸구는 작은 매미와 비슷하며, 몸과 날개는 녹색이고, 배와 다리는 누런 흰색을 띤다. 멸구는 해충으로 과수·농작물에 해를 입히면서, 벼의 오갈병을 일으켜 피해를 준다. 벼 포기가 어두운 곳에 깊숙하게(冥) 숨어서 농작물 잎을 잘도 살살 갉아먹었던 벌레(虫)로 [멸구(螟)]를 뜻하고 [명]으로 읽는다.

필순 丨 口 虫 虫 虫 螟 螟 螟 螟 螟 螟

기초 【기초한자어】 익히고, 【기본→발전한자어】 다지기
螟蟲(명충) 마디충. 명충나방
焦螟(초명) 눈에 잘 띠지 않는 아주 작은 날벌레
• 금년 농사는 螟蟲의 피해 때문에 흉년작이다.
• 소가 눈을 한 번 감았다 뜨는 사이에 焦螟은 일생을 마친다고 했다.
기본 ① 飛螟(비명) 秋螟(추명) 蟲螟(충명)
발전 ① 螟蛉(명사) 螟蛉(명양) [特] 螟蛾(명아) [特] 螟蛉(명령)

溟

부수	획수	총획
水	10	13

바다 명【2696】

字源 〈회의〉 깊은 바다에 나가면 물이 파랗다 못해 검은 색을 띠어 어둡게 보인다. 이렇게 깊은 바다를 더 없이 멀리 나가면 북은 북극으로, 남은 남극으로 이어지면서 남북극이 펼쳐진다. 깊은 바다는 물(氵)로 덮여 있고 밝은 빛이 통과하지 못하여 그 속에는 매우 어두웠으니(冥) [바다(溟)]를 뜻하고 [명]으로 읽는다.
圄 海(바다 해)

필순 丶 氵 氵 汨 汨 汨 汨 溟 溟 溟

기초 【기초한자어】 익히고, 【기본→발전한자어】 다지기
溟沐(명목) 가랑비
溟渤(명발) 큰 바다
溟洲(명주) 큰 바다 가운데 있는 섬
• 우리나라 동해를 지키는 독도가 溟洲가 되었네.
• 溟沐이 모여서 溟渤이 된다는 것은 말도 안 된다.
기본 ① 溟池(명지) 溟漲(명창) 巨溟(거명) 窮溟(궁명) 南溟(남명) 杳溟(묘명) 北溟(북명) 四溟(사명) 重溟(중명) 滄溟(창명) 鴻溟(홍명)
발전 ① 溟檀(명단) 溟所(명소) 溟海(명해) [特] 溟濛(명몽)

酩

부수	획수	총획
酉	6	13

술취할 명 : 【2697】

字源 〈형성〉 술은 인류에게 생각을 유도하고, 오늘이란 활력소가 되기도 했다. 해맑은 시상을 잘 유도했고, 친지를 새롭게 사귀는 촉진제가 되기도 했었다. 술에 흠뻑 취함은 늘 그랬었다. 눈이 어두워(名=冥) 발걸음은 물론 사리를 분별하지 못할 정도로 술(酉)을 마셨으니 [술 취하다(酩)]는 뜻이고 [명]으로 읽는다.
圄 酊(술취할 정)

필순 一 丆 丏 丙 酉 酉 酌 酌 酩 酩

기초 【기초한자어】 익히고, 【기본→발전한자어】 다지기
酩酊(명정) 몸을 가눌 수 없을 정도로 술에 몹시 취함
飮酩(음명) 술이 흠뻑 취하게 마심
• 오늘 회식 후 酩酊되어 대리 운전기사를 불렀다.
• 오늘 회식 후에 동료들과 飮酩했으니 이젠 그만 집으로 가야지.

1급

부수	획수	총획
日	10	14

어두울 명【2698】

字源 〈형성〉 [溟(명)]은 바다가 어둡다는 뜻이고, [暝(명)]은 태양이 서산을 재촉하여 날이 점점 어둡다는 뜻을 담는다. 왼쪽 부수가 말해 주고 있듯이 자명(自明)한 해답을 던져준다. 해(日)가 서산으로 넘어가 주위가 점점 어두워지면서 (冥) 온 대지에 땅거미가 질펀히 드리웠으니 [저물다(暝)]는 뜻이고 [명]으로 읽는다.
回瞑(눈감을 명)

필순 ｜ 刀 日 日 旷 昁 昁 昁 暝 暝 暝

기초 【기초한자어】 익히고, 【기본→발전한자어】 다지기
暝暝(명명) 어두운 모양. 쓸쓸한 모양
暝帆(명범) 어둠이 깔린 먼 곳에 어슴푸레하게 보이는 돛
暝投(명투) 밤이 되어 투숙함
• 나그네는 날이 어두워지자 주막에 들려 그만 暝投를 청했다.
• 낯선 곳에서 暝暝의 나그네가 되어 暝帆의 배를 우두커니 보았다.

기본 ① 甘暝(감명) 闇暝(암명) 晦暝(회명)
발전 ① 暝途(명도) 暝想(명상)
사자성어 ① 死不暝目(사불명목)

부수	획수	총획
衣	4	9

소매 메【2699】

字源 〈형성〉 '소매'는 윗옷의 좌우에 있는 두 팔을 꿰는 부문이다. '소매'는 어깨로부터 팔에 걸친 연결부분에 속하므로 팔을 보호하고 방한 · 방서 · 방상 등의 목적으로 어깨와 양팔을 덮는다. 움직인 손이 책상 등에 닿아 옷(衤) 부위 중에서 자주 떨어져 결단(夬)났던 부분으로 [옷소매(袂)]를 뜻하고 [메]로 읽는다.
回抉(도려낼 결) 玦(패옥 결)

필순 ` ㇿ 衤 衤 衤 衤 衤 衦 袂 袂

기초 【기초한자어】 익히고, 【기본→발전한자어】 다지기
袂口(메구) 소맷부리
袂別(메별) 소매를 잡고 헤어짐. 작별(作別)함
分袂(분메) 서로 작별함. 分手(분수)
• 이제는 떠날 시간이 되어 分袂의 눈물을 흘리게 되었구나.
• 아내가 袂口를 잡고 흐느꼈지만 하는 수 없이 우리는 袂別하고 말았다.

기본 ① 拂袂(불메) 連袂(연메) 衣袂(의메) 振袂(진메) 把袂(파메) 行袂(행메) 香袂(향메) 華袂(화메)
발전 ① 短袂(단메) 奮袂(분메) 揚袂(양메) 連袂(연메) 揮袂(휘메) 特濡袂(유메) 特袪袂(거메)
사자성어 ① 肩摩袂錯(견마메착)

부수	획수	총획
手	11	14

더듬을 모【2700】

字源 〈형성〉 주위 상황이 어두우면 손으로 더듬거리면서 물건을 찾는다. 그만 방향 감각을 잡지 못해 더듬거리다 넘어지는 경우도 더러 있었다. 몸이 다치고 옷이 찢겨지는 경우도 생겨났다. 손(扌)으로 커다란(莫) 물체를 움직일 때는 잡을 곳을 쓰다듬어서 찾았어야 했으니 [더듬는다(摸)]는 뜻이고 [모]로 읽는다.
圖擬(비길/헤아릴 의)

필순 一 扌 扌 扌 扩 扗 搣 搣 摸 摸 摸

기초 【기초한자어】 익히고, 【기본→발전한자어】 다지기
摸索(모색) 더듬어 찾음
摸倣(모방) 본뜨거나 본받음
摸擬(모의) 실제의 것을 모방함. 모방하여 흉내 냄
• 평상시 마음으로 摸擬했던 일들이 머리에 떠올라서 골치가 아팠다.
• 전시를 對備하여 모의훈련 방법을 摸索해 보았다.

기본 ① 摸本(모본) 摸寫(모사) 摸造(모조) 摸繪(모회) 陶摸(도모) 描摸(묘모) 手摸(수모) 收摸(수모)
발전 ① 摸稜(모릉) 摸襲(모습) 摸製(모제) 摸畫(모화) 改摸(개모) 規摸(규모) 移摸(이모) 特捫摸(문모) 종교擣摸(도모)
사자성어 ① 暗中摸索(암중모색) 衆盲摸象(중맹모상)

부수	획수	총획
米	11	17

모호할 모【2701】

字源 〈형성〉 친구의 말이나 표정이 어떤 의미를 담았는지 분명하게 알 수 없을 때가 더러 있다. 그래서 '모호하다'는 말이나 행동이 분명하지 않고 흐리터분할 때 쓰이는 말이다. 사람이 주식인 쌀(米)이 없어서(莫) 살 길이 막연하니 [모호하다(糢)]는 뜻과 模(모)와 같은 글자로 인식해 [법식(糢)]을 뜻하고 [모]로 읽는다.
圖糊(풀칠할 호)

필순 ⺀ ⺦ 米 米 米 米 粐 粐 糎 糎 糢

【기초】【기초한자어】익히고, 【기본→발전한자어】다지기
模糊(모호) 분명하지 못함. 흐릿함
• 말은 횡설수설하여 요점을 알 수 없어 模糊하다.
• 模糊는 분명하지 못하고 흐릿함을 뜻한다.
【사자성어】 ① 曖昧模糊(애매모호)

부수	획수	총획
耒	4	10

줄 모
소모할 모【2702】

【字源】〈형성〉'줄다'는 낮은 수치가 '되다'와 길이, 넓이, 무게, 부피가 이전보다 작은 상태로 된다는 뜻으로 쓰인다. '졸다'와 '줄다'는 두 어원은 형태 변화 과정을 거치면서 다 같이 사용해 왔다. 소에 쟁기(耒)를 채워 털(毛)이 빠지도록 일을 하면 농부의 힘 소모가 매우 많았다 했으니 [줄다(耗)]는 뜻이고 [모]로 읽는다.

【필순】 ̄ ̄ ̄ ̄ = ≠ 丰 耒 耒 耒 耖 耗 耗

【기초】【기초한자어】익히고, 【기본→발전한자어】다지기
耗聞(모문) 소식. 음신
耗損(모손) 닳아 없어짐
耗盡(모진) 해지거나 닳아서 다 없어짐
• 耗盡은 해져서 떨어지거나 닳아서 모두 없어지다.
• 어머니의 무릎 연골이 耗損되었다.
【기본】 ① 耗減(모감) 耗散(모산) 耗少(모소) 減耗(감모) 計耗(계모) 近耗(근모) 省耗(생모) 消耗(소모) 損耗(손모) 衰耗(쇠모) 息耗(식모) 信耗(신모) 抑耗(억모) 音耗(음모) 雀耗(작모) 虛耗(허모)
【발전】 ① 耗竭(모갈) 耗穀(모곡) 耗登(모등) 耗亂(모란) 耗悴(모췌) 耗土(모토) 磨耗(마모) 消耗的(소모적) [特] 耗斁(모두)

부수	획수	총획
牛	3	7

수컷 모【2703】

【字源】〈형성〉'수컷'의 정의는 암수의 구분이 확연하게 구분된 동물에서 새끼를 배지 아니하는 쪽을 뜻한다. 이는 인간 이외의 동물을 가리킬 때에 사용되며, 사람에게는 남성(男性)에 해당된다고 하겠다. 소(牛) 중에서 힘이 세서 주로 쟁기를 채워 논밭(土)에서 일을 하는 소로 [수컷(牡)]을 뜻하고 [모]로 읽는다.
回 牝(암컷 빈)

【필순】 ノ 一 牛 牛 牛 牡 牡

【기초】【기초한자어】익히고, 【기본→발전한자어】다지기
牡瓦(모와) 수키와. 엎어 이는 기와
牡牛(모우) 소의 수컷. 수소
牡蛤(모합) 굴의 딴 이름
• 牡蛤은 굴의 딴 이름으로 '바다의 우유'라 한다.
• 부족한 牡瓦를 牡牛가 수레에 실어 날랐다.
【기본】 ① 牡桂(모계) 牡痔(모치) 牡荊(모형) 關牡(관모) 廣牡(광모) 門牡(문모) 肥牡(비모) 四牡(사모)
【발전】 ① 牡丹(모란) 牡蒙(모몽) 牡畜(모축) 乘牡(승모) [特] 牡蠣(모려) 牡牝(모빈) 牝牡(빈모)

부수	획수	총획
歹	4	8

죽을 몰【2704】

【字源】〈형성〉'죽다'는 생명체가 생명이 끊어지거나, 펄펄하던 기운이나 생기 따위가 꺾여 없어지거나 누그러진다는 뜻으로 쓰인 용어이다. 명사형은 '죽음', 높임말은 '돌아가시다' 혹은 '별세' 등으로 쓰인 한자다. 전쟁에서 창(殳)을 들고 상대를 크게 제압하거나 죽을(歹) 수 있어 [죽다(歿)]는 뜻이고 [몰]로 읽는다.

【필순】 ̄ ̄ ̄ ̄ 丁 歹 歹 殳 殳 歿 歿

【기초】【기초한자어】익히고, 【기본→발전한자어】다지기
戰歿(전몰) 전사(戰死). 전사·전상사 및 전병사의 총칭
蕪歿(무몰) 거칠게 다 잠김
陣歿(진몰) 싸움터에서 죽음
• 나라를 위해 戰歿한 장병들이 국립 현충원에 고이 잠들다.
• 蕪歿은 거칠게 잠김이고, 戰歿은 전사자나 전병사다.
【기본】 ① 隕歿(운몰) 在歿(재몰)
【발전】 ① 歿後(몰후)
【사자성어】 ① 戰歿將兵(전몰장병)

부수	획수	총획
犬	9	12

고양이 묘 :
【2705】

【字源】〈형성〉'고양이'는 애완동물이자 쥐를 잡는 실용적인 동물이다. 고양이를 뜻하는 '묘(猫)'는 [묘(貓)]에서 기원한다고 말하기도 한다. 수고양이를 낭묘(郞猫), 암고양이를 여묘(女猫)라 부르기도 한다. 여러 무리 짐승(犭) 가운데 쥐를 잘 잡으며 '야옹'(苗:의성어) 소리를 내는 [고양이(猫)]를 뜻하고 [묘]로 읽는다.

【필순】 ノ 犭 犭 犭 犭 猫 猫 猫 猫 猫

1급

기초 【기초한자어】 익히고, 【기본→발전한자어】 다지기
猫兒(묘아) 고양이 새끼
猫柔(묘유) 여인의 부드럽고 달콤한 음성
家猫(가묘) 집안 고양이
• 야생 猫兒를 집에서 길렀더니 사람을 잘 따른다.
• 家猫는 猫柔를 다정한 말씨에 따른다.

발전 ① 猫鬼(묘귀) 猫睛(묘정) 斑猫(반묘) 特猫鮫(묘교)

사자성어 ① 猫頭縣鈴(묘두현령) 猫鼠同眠(묘서동면) 猫鼠同處(묘서동처) 黑猫白猫(흑묘백묘)

부수	획수	총획
手	9	12

描 그릴 묘 : 【2706】

字源 〈형성〉 '그리다'는 연필이나 붓 따위로 대상의 표현을 바르게 나타낸다는 뜻을 담는다. 또 다른 소설로 그려 내다는 말로 글 또는 음악 등으로 묘사하거나 정확히 표현하다는 뜻으로 쓰인다. 손(扌)재주가 매우 뛰어나서 사물의 모양(苗=貌)을 사실에 가깝도록 그림으로 [그리다(描)]는 뜻이고 [묘]로 읽는다.
圖寫(베낄 사)

필순 扌 扌 扌 扌 扩 扩 拼 描 描 描

기초 【기초한자어】 익히고, 【기본→발전한자어】 다지기
描寫(묘사) 사물을 있는 그대로 그려 냄. 그려 내듯이 글을 씀
描畵(묘화) 그림을 그림. 그림을 본떠서 그림
素描(소묘) 형태와 명암 위주로 그림
• 素描는 형태와 명암 위주로 그린 그림이다.
• 어린 시절 나는 描寫에 빠져 사실처럼 描畵했다.

기본 ① 描寫(묘사) 白描(백묘) 線描(선묘) 點描(점묘) 寸描(촌묘)

발전 ① 描線(묘선) 描出(묘출) 描破(묘파)

사자성어 ① 描虎類犬(묘호류견)

부수	획수	총획
木	4	8

杳 아득할 묘 【2707】

字源 〈회의〉 '아득하다'는 사물이 가물가물할 정도로 멀다는 뜻이다. 유의어는 '요연하다. 아스라하다. 막연하다. 막막하다'는 등의 용어가 쓰이면서, '깊다'는 자원도 아울러 같이 담는다. 해(日)가 해질녘에 나무(木) 밑으로 숨어드니 [아득하다(杳)]는 뜻과 나무(木) 숲으로 말하면(日) [깊다(杳)]는 뜻이고 [묘]로 읽는다.
圖冥(어두울 명)

필순 一 十 木 木 本 杳 杳 杳

기초 【기초한자어】 익히고, 【기본→발전한자어】 다지기
杳昧(묘매) 아득하고 어두움
杳杳(묘묘) 어두운 모양. 아득한 모양
杳然(묘연) 그윽하고 먼 모양. 알 길이 없이 까마득함
• 杳杳는 어둑하고 미묘하게 아득한 모양이다.
• 杳昧한 밤길을 걷는 것처럼 사건은 杳然하다.

기본 ① 杳冥(묘명) 杳乎(묘호) 空杳(공묘) 深杳(심묘) 天杳(천묘) 靑杳(청묘)

발전 ① 杳昧(묘매) 杳渺(묘묘) 霧杳(무묘)

사자성어 特嚴岫杳冥(암수묘명)

부수	획수	총획
水	9	12

渺 물질펀할 묘 : 아득할 묘 【2708】

字源 〈회의〉 '아득하다'는 수면이 아주 넓어 보인다는 뜻이다. '물이 질펀하다'는 [현실과 맞서야 할 남자]들의 앞길에는 빗물이 질펀하다. 머리 위엔 바람이 끝없고 발아래에는 물이 아득하다]에서 보이는 한 구절이다. 많은 물(氵)이 있어 질펀하니 [眇] [아득하다(渺)] 또는 [물 질펀하다(渺)]는 뜻이고 [묘]로 읽는다.
圖茫(아득할 망) 淅(아득할 물)

필순 氵 氵 氵 沪 沪 沪 沖 洲 渺 渺

기초 【기초한자어】 익히고, 【기본→발전한자어】 다지기
渺漫(묘만) 넓고 아득한 모양
渺茫(묘망) 넓고 멀어 까마득함
渺然(묘연) 아득히 넓은 모양. 끝이 없는 모양
• 渺漫은 넓고 아득한 모양으로 드넓은 평원을 보았다.
• 사막의 渺茫을 보듯 호남평야의 渺然함에 놀랐다.

기본 ① 渺沔(묘면) 驚渺(경묘) 杳渺(묘묘) 窈渺(요묘) 浩渺(호묘)

발전 ① 渺漠(묘막) 渺渺(묘묘) 渺遠(묘원) 沖渺(충묘) 漂渺(표묘) 特渺邈(묘막)

부수	획수	총획
艸	12	16

蕪 거칠 무 【2709】

字源 〈형성〉 '거칠다'는 결이 매끄럽지 않고 밝은 윤기가 없다는 뜻이다. 이 한자는 자원이나 뜻이 다르게 쓰여 융합이 서로 다른 모습을 보인다. 땅 위를 소복하게 풀(艹)이 덮고(無) 있으니 [거칠다(蕪)]는 뜻으로 쓰이고 있으며, 다른 하나는 풀(艹)이 전혀 없는(無) 거친 땅으로 [황무지(蕪)]를 뜻하고 [무]로 읽는다.
圖荒(거칠 황)

1급

필순 艹 艹 艹 並 並 並 蕪 蕪 蕪 蕪

기초 【기초한자어】익히고,【기본→발전한자어】다지기
蕪徑(무경) 황폐한 좁은 길
蕪沒(무몰) 잡초가 우거져 덮임
蕪辭(무사) 두서없는 말. 자기 언사의 겸칭
• 蕪沒하게 잡초가 빽빽하게 우거져 덮여 있었다.
• 우리는 蕪徑을 거닐며 나의 蕪辭를 들이준 그녀가 아주 고마웠다.

기본 ① 蕪昧(무매) 蕪繁(무번) 蕪然(무연) 蕪穢(무예) 蕪雜(무잡) 蕪淺(무천) 蕪荒(무황) 高蕪(고무) 萊蕪(내무) 綠蕪(녹무) 疎蕪(소무) 衰蕪(쇠무) 野蕪(야무) 蒼蕪(창무) 靑蕪(청무) 春蕪(춘무) 平蕪(평무) 荒蕪(황무)

발전 ① 蕪梗(무경) 蕪根(무근) 蕪蕪(무무) 蕪駁(무박) 蕪詞(무사) 蕪草(무초) 蕪廢(무폐) 蕪湖(무호) 繁蕪(번무) 荒蕪地(황무지) [特] 蕪芿(무천) 蕪菁(무청) 榛蕪(진무)

사자성어 ① 蕪穢不治(무예불치)

부수	획수	총획
毋	0	4

말 무 【2710】

字源 〈지사〉 일을 계속하지 않고 중간에 그만 두었으니 없는 것처럼 그냥 '말다'는 뜻이다. 어미에 붙어 쓰여서 '말고'의 꼴로 쓰임에 따라 어떤 대상을 부정하는 의미를 나타내는 말꼴이라 하겠다. 많은(十) 물건도 수직으로 바르게(乚) 걸어놔(丿) 쌓아두면 무너질 리가 없으니 [말다(毋)]는 뜻이고 [무]로 읽는다.
回 母(어머니 모) 毌(꿰뚫을 관)

필순 乚 𠃊 毌 毋

기초 【기초한자어】익히고,【기본→발전한자어】다지기
毋追(무추) 하나라 때의 관(冠)
毋害(무해) 해로운 것이 없음
毋論(무론) 말할 것도 없음. 물론(勿論)
• 나도 毋論에 힘쓰겠으니, 너도 차분히 준비해라.
• 毋追는 하나라 때 관으로 고분에서 출토되었다.

기본 ① 毋望(무망) 四毋(사무) 將毋(장무)
발전 ① 毋寧(무녕) 毋慮(무려)
사자성어 ① 毋望之福(무망지복) 毋望之人(무망지인)

부수	획수	총획
工	4	7

무당 무 : 【2711】

字源 〈상형〉 신령과 인간을 중개하여 문제를 풀어내는 무속종교계의 전문가가 '무당'이다. 무당은 조선 후기 그 신분이 크게 하락했으며, 그들 스스로가 매우 타락하는 신분을 자초하기도 했었다 한다. 장인이 교묘하게 만든(工) 북소리로 귀신을 쫓아내는 신(人人)과 대화하는 [무당(巫)]을 뜻하고 [무]로 읽는다.
回 覡(박수 격)

필순 一 丁 开 开 巫 巫 巫

기초 【기초한자어】익히고,【기본→발전한자어】다지기
巫覡(무격) 무당과 박수
巫卜(무복) 무당과 점쟁이
巫俗(무속) 무당과 연관이 깊은 풍속
• 巫俗은 무당과 연관이 깊은 풍속을 전한다.
• 전해온 巫俗을 요즘도 巫覡과 巫卜이 이어간다.

기본 ① 巫史(무사) 巫山(무산) 巫陽(무양) 巫醫(무의) 巫呪(무주) 巫祝(무축) 覡巫(격무) 靈巫(영무)

발전 ① 巫鼓(무고) 巫女(무녀) 巫堂(무당) 巫夫(무부) 巫術(무술) 巫子(무자) 巫布(무포) 巫風(무풍) 巫咸(무함) 盲巫(맹무) [特] 巫蠱(무고) [特] 巫瞽(무고) 巫嫗(무구)

사자성어 ① 巫山之夢(무산지몽) 巫山之雲(무산지운)

부수	획수	총획
言	7	14

속일 무 : 【2712】

字源 〈형성〉 다른 사람에게 거짓된 말이나 행동을 「참」이라고 알게 하는 일은 남을 속이다는 뜻으로 보았다. 남을 속인 일이 나쁜 일인 줄 알면서도 우선 내가 살기 위해 얼른 거짓말을 했다. 말(言)로 진실을 가리니(巫) [속이다(誣)]는 뜻과 무당(巫)이 적당하게 말(言)을 했으니 [거짓(誣)]을 뜻하고 [무]로 읽는다.
图 欺(속일 기)

필순 亠 亠 言 言 言 言 訂 訌 誣 誣 誣

기초 【기초한자어】익히고,【기본→발전한자어】다지기
誣告(무고) 없는 죄를 있는 것처럼 꾸며 고발함
誣欺(무기) 속임
誣言(무언) 실없이 꾸며 댄 말
• 이제는 결국 誣欺로 나를 속이고야 말았다.
• 나를 시기하여 誣言을 퍼뜨리더니 誣告했다.

기본 ① 誣妄(무망) 誣報(무보) 誣殺(무살) 誣訴(무소) 誣染(무염) 誣汚(무오) 誣淫(무음) 誣引(무인) 誣罪(무죄) 誣陷(무함) 矯誣(교무) 欺誣(기무) 讒誣(참무) 虛誣(허무)

발전 ① 誣供(무공) 誣構(무구) 誣罔(무망) 誣謗(무방) 誣服(무복) 誣說(무설) 誣飾(무식) 誣誈(무오) 誣枉(무왕) 誣奏(무주) 白誣(백무) 辨誣(변무) 誣告罪(무고죄) [特] 誣誑(무광) 誣譖(무참)

사자성어 ① 惑世誣民(혹세무민)

1급

부수	획수	총획
手	12	15

撫
어루만질 무(:)
【2713】

字源 〈형성〉 아픈 곳을 가만히 만져주니 마음의 위안으로 삼기도 했다. 손으로 가볍게 살살 쓰다듬어 주었더니 더없이 사랑스러울 수가 없었다. 손(手)으로 살살 어루만져 주었다. 손(扌)을 가볍게 덮어 씌워(無) 쓰다듬는 것으로 [어루만지다(撫)] 또는 손(扌)이 다 닳도록(無) [어루만지다(撫)]는 뜻이고 [무]로 읽는다.
回憮(어루만질 무)

필순 扌 扌 扩 拃 拃 撫 撫 撫 撫 撫

기초 【기초한자어】 익히고, 【기본→발전한자어】 다지기
撫結(무결) 친밀하게 사귐
撫勞(무로) 어루만져 위로함
撫摩(무마) 손으로 어루만짐. 마음을 달래어 위로함
• 이제는 撫勞하여 어루만져 위로하려고 하네.
• 그간의 撫結을 생각해 친구의 과오를 撫摩하겠네.

기본 ① 撫劍(무검) 撫敎(무교) 撫琴(무금) 撫安(무안) 撫養(무양) 撫御(무어) 撫慰(무위) 撫育(무육) 撫字(무자) 撫情(무정) 撫鎭(무진) 撫抱(무포) 撫恤(무휼) 敎撫(교무) 督撫(독무) 摩撫(마무) 宣撫(선무) 巡撫(순무) 按撫(안무) 愛撫(애무) 柔撫(유무) 恩撫(은무) 在撫(재무) 制撫(제무) 鎭撫(진무) 懷撫(회무)

발전 ① 撫軍(무군) 撫弄(무롱) 撫世(무세) 撫循(무순) 撫心(무심) 撫愛(무애) 撫有(무유) 撫柔(무유) 撫掌(무장) 撫棗(무조) 撫存(무존) 撫輯(무집) 慈撫(자무) 存撫(존무) 特 撫綏(무수) 賑撫(진무)

사자성어 ① 撫育之道(무육지도) 撫育之恩(무육지은) 群盲撫象(군맹무상)

부수	획수	총획
心	12	15

憮
어루만질 무 :
【2714】

字源 〈형성〉 사람이 살다 보면 마음의 큰 상처가 깊이 남아있는 경우가 있다. 곁에서 따뜻한 말로 위안을 주면 더없이 사랑을 느끼기 십상이다. 마음(心)의 깊은 상처를 어루만져준 것이다. 마음(忄)에 없게 無) 말하면 [실신하다(憮)]는 뜻과 덮어서 가리는(無) 마음(忄)으로 [어루만지다(憮)]는 뜻이고 [무]로 읽는다.
回撫(어루만질 무)

필순 忄 忄 忏 忏 忦 憮 憮 憮 憮 憮

기초 【기초한자어】 익히고, 【기본→발전한자어】 다지기
憮然(무연) 멍한 모양. 뜻을 얻지 못한 모양. 썩 괴

이하게 여기는 모양
憮掩(무엄) 가려서 어루만짐
懷憮(회무) 어루만져 달래다
• 어려운 문제를 두고 憮然하게 날을 보낼 수 없다.
• 가려서 어루만지는 憮掩이 懷憮에 만족해 한다.

기본 ① 歡憮(환무)
발전 ① 憮傲(무오) 媚憮(미후) 特 憮敖(무오)

부수	획수	총획
手	5	8

拇
엄지손가락 무 :
【2715】

字源 〈형성〉 손가락 중에서 가장 굵고 짧은 첫째 손가락을 엄지손가락이라 한다. 흔히 '최고 맛있다'는 손짓을 전달할 때 엄지손가락을 쳐들면서 '엄지척'이란 의미를 전달한다. 사람의 손가락(扌) 가운데서 지도자의 역할을 하면서 마치 어머니(母)격인 제일의 손가락으로 [엄지손가락(拇)]을 뜻하고 [무]로 읽는다.
回擘(엄지손가락 벽)

필순 一 十 扌 扌 扚 扚 拇 拇

기초 【기초한자어】 익히고, 【기본→발전한자어】 다지기
拇印(무인) 손도장. 엄지손가락으로 도장을 대신하여 찍는 것
拇指(무지) 엄지손가락
手拇(수무) 손으로 엄지손가락을 만짐
• 手拇인 손으로 엄지손가락을 만지작거렸다.
• 어머니 拇指의 지문이 안 보여 拇印을 못했다.

발전 ① 大拇指(대무지)

부수	획수	총획
田	5	10

畝
이랑 무 :
이랑 묘 : 【2716】

字源 〈회의〉 갈아 놓은 밭의 한 두둑과 한 고랑을 함께 아울러 이르는 말이 '이랑'이다. 모든 사물에 '암수'가 있듯 인위적으로 두둑과 고랑이 되는 경우도 있다. 두둑은 높고 고랑은 낮다. 경험이 많은 농부(亠)가 밭(田)농사를 오래도록(久) 지어 물 흐름을 알아서 두둑을 만드니 [이랑(畝)]을 뜻하고 [무]로 읽는다.

필순 ` 一 亠 亩 亩 亩 畝 畝 畝

기초 【기초한자어】 익히고, 【기본→발전한자어】 다지기
田畝(전묘) 밭이랑
畝法(묘법) 토지 면적의 단위인 묘를 측정하는 방법
頃畝(경무) 신라시대의 토지 단위

• 금년에 일군 田畝의 절반에 고구마를 심기로 했다.
• 畝法으로 측정하는 법을 알고 頃畝를 알아야겠소.

발전 1 畝溝(묘구) 棲畝(서무) 水畝(수묘) 一畝(일무) 旱畝(한묘)

蚊

부수	획수	총획
虫	4	10

모기 문 【2717】

字源 〈형성〉 여름이면 귀를 따갑게 살갗에 붙어 피를 빠는 모기 손님이 심하게 극성을 부린다. 피를 빠는 쪽은 암컷이고, 수컷은 피를 빨지 않고 꽃의 꿀을 빤다고 한다. '윙윙'(文:의성어) 소리를 내는 곤충(虫)인 [모기(蚊)] 또는 공부(文)하는 선비들 몸에 붙는다는 곤충(虫)으로 [모기(蚊)]를 뜻하고 [문]으로 읽는다.

필순 丨 口 口 中 虫 虫 虫' 虫' 虫亠 虫ナ 蚊

기초 【기초한자어】 익히고, 【기본 → 발전한자어】 다지기

蚊脚(문각) 모기의 다리. 가는 글씨
蚊雷(문뢰) 모기떼의 윙윙거리는 소리가 대단함
避蚊(피문) 모기를 피하여 생활함
• 독이 있다고 하니 避蚊으로 모기를 피해야겠소.
• 한여름 밤 蚊雷를 들어 蚊脚같은 글씨를 쓰겠소.

기본 1 蚊群(문군) 蚊煙(문연) 蚊帳(문장) 聚蚊(취문)

발전 1 蚊城(문성) 蚊陣(문진) 特Ⅱ 蚊蠅(문승) 蚊睫(문첩) 蚊幌(문황) 特 蚊蚋(문예)

사자성어 1 見蚊拔劍(견문발검) 聚蚊成雷(취문성뢰)

靡

부수	획수	총획
非	11	19

쓰러질 미 【2718】

字源 〈형성〉 힘이 많이 부족하여 한 쪽으로 넘어지거나 무너져 땅바닥에 닿게 되었으니 쓰러진다고 생각했다. 갑자기 사고가 났을 때나 병이 들어 힘이 부쳤을 때 쓰러진다는 말을 쓴다. 삼(麻)으로 만든 마약은 정신을 빼내고(非) 사람을 혼미하게 만들어 흐트러지게 한다 했으니 [쓰러지다(靡)]는 뜻이고 [미]로 읽는다.

필순 亠 广 广 庁 庐 麻 麻 麾 靡 靡

기초 【기초한자어】 익히고, 【기본 → 발전한자어】 다지기

靡傾(미경) 쏠리고 기울어짐
靡然(미연) 초목이 바람에 쏠리는 모양. 위품을 따름
靡盡(미진) 죄다 망함. 멸하여 없앰
• 결국은 쏠리고 기울어지는 靡傾이어야겠소.
• 태풍 뒤의 靡然처럼 전쟁은 도시를 靡盡하게 했다.

기본 1 靡勸(미권) 靡徒(미도) 靡爛(미란) 靡薄(미박) 靡徙(미사) 靡草(미초) 靡他(미타) 江靡(강미) 綺靡(기미) 妙靡(묘미) 封靡(봉미) 浮靡(부미) 妖靡(요미) 萎靡(위미) 淫靡(음미) 離靡(이미) 草靡(초미) 風靡(풍미) 華靡(화미)

발전 1 靡樂(미락) 靡濫(미람) 靡麗(미려) 靡寧(미령) 靡靡(미미) 靡法(미법) 靡辯(미변) 靡費(미비) 靡常(미상) 靡顔(미안) 靡財(미재) 靡止(미지) 奢靡(사미) 胥靡(서미) 麗靡(여미) 姸靡(연미) 侈靡(치미) 披靡(피미) 特Ⅱ 靡曼(미만) 偷靡(투미) 特 靡敝(미폐)

사자성어 1 靡不用極(미불용극) 靡室靡家(미실미가) 靡衣玉食(미의옥식) 一世風靡(일세풍미)

媚

부수	획수	총획
女	9	12

아첨할 미
예쁠 미 【2719】

字源 〈형성〉 상대방의 마음을 사려고 비위를 맞추며 알랑거리는 행위를 '아첨한다'고 한다. 아첨하는 사람은 대체적으로 얼굴이 반듯하면서 썩 예쁜 모습을 갖추고 있다. 어여쁜 여자(女)가 눈을 깜박이며 눈썹(眉)을 움직여 아양을 떠니 [아첨하다(媚)] 혹은 [예뻐서(媚)], [아양을 떨다(媚)]는 뜻이고 [미]로 읽는다.

同 嫵(아리따울 무)

필순 ㄑ 女 女 女ᄀ 女ᄏ 女ᄏ 女尸 媚 媚 媚

기초 【기초한자어】 익히고, 【기본 → 발전한자어】 다지기

媚附(미부) 아부함. 아첨함
媚藥(미약) 색욕을 돋우는 약
媚態(미태) 아양을 떠는 태도
• 아부하고 아첨하는 媚附에 안착한 그대가 밉소.
• 媚態로 사또의 정신을 홀리려고 媚藥을 써야겠소.

기본 1 媚感(미감) 媚辭(미사) 媚笑(미소) 媚承(미승) 媚語(미어) 媚奧(미오) 媚趣(미취) 曲媚(곡미) 綺媚(기미) 明媚(명미) 邪媚(사미) 鮮媚(선미) 淑媚(숙미) 阿媚(아미) 婉媚(완미) 容媚(용미) 柔媚(유미) 側媚(측미) 狐媚(호미)

발전 1 媚客(미객) 媚悅(미열) 媚子(미자) 媚寵(미총) 媚好(미호) 百媚(백미) 姸媚(연미) 逞媚(영미) 妖媚(요미) 特 媚竈(미조) 媚嫵(미무)

사자성어 1 萬嬌千媚(만교천미) 風光明媚(풍광명미)

薇

부수	획수	총획
艸	13	17

장미 미 【2720】

1급

字源 〈형성〉 흔히들 오월의 여왕을 '장미'라고 한다. 장미는 키가 작은 여러해살이 덩굴식물이다. 그렇게 예쁜 꽃이지만 가사가 있어서 여왕을 시샘한다고 했던가. 장미의 미사여구는 늘 그랬다. 풀(艹)줄기에 작은(微) 가시가 달려 있어 사납지만 꽃만은 누구나 갖고 싶어 탐했으니 [장미(薇)]를 뜻하고 [미]로 읽는다.
回 薔(장미 장)

필순  艹 艹 艹 艹 荖 薇 薇 薇 薇

기초 【기초한자어】 익히고, 【기본 → 발전한자어】 다지기
薇蕪(미무) 향초의 한 가지. 궁궁이
薔薇(장미) 장미과의 낙엽 관목
紫薇(자미) 백일홍
• 백일홍 향이 좋다네, 紫薇가 좋기는 좋은가 봐요.
• 방에서 나는 薇蕪와 薔薇 향기에 취해야겠소이다.

기본 ① 芳薇(방미)
발전 ① 薇藿(미곽) 薇省(미성) 特 薇蕨(미궐) 薇垣(미원)
사자성어 ① 采薇之歌(채미지가)

부수	획수	총획
心	8	12

답답할 민 【2721】

字源 〈형성〉 어떤 일이 뜻대로 되지 않거나 마음이 후련하지 않아 애가 탈 때에는 마음이 답답하다. 시원하지 못하면 일이 잘 안 된다. 유의어는 '갑갑하다. 답답하다. 따분하다' 등이 쓰인다. 문(門)을 잠그고 출입을 금한 채 마음(心) 속으로 걱정스러운 생각만 하고 있었으니 [답답하다(悶)]는 뜻이고 [민]으로 읽는다.
回 鬱(답답할 울) 懣(번민할 만)

필순 丨 冂 冂 冂 門 門 門 悶 悶 悶

기초 【기초한자어】 익히고, 【기본 → 발전한자어】 다지기
悶黙(민묵) 고민하여 말이 없음
悶死(민사) 고민하다가 죽음. 죽도록 고민함. 숨이 막혀 죽음
悶癢(민양) 안타깝고 답답함
• 비록 悶黙 뿐이겠소, 고민하여 말을 못하겠소.
• 나라 패망을 悶癢히 여겨서 悶死할 지경입니다.

기본 ① 悶絶(민절) 悶歎(민탄) 悶懷(민회) 渴悶(갈민) 苦悶(고민) 迷悶(미민) 排悶(배민) 愁悶(수민) 憂悶(우민) 滯悶(체민) 解悶(해민)
발전 ① 悶悶(민민) 悶鬱(민울) 矜悶(긍민) 煩悶(번민) 憤悶(분민) 鬱悶(울민) 煎悶(전민) 罔 悶沓(민답) 特 纇悶(유민)
사자성어 特 悶悶沓沓(민민답답)

부수	획수	총획
言	10	17

고요할 밀 【2722】

字源 〈형성〉 주위에 아무런 소리가 없고 잠잠할 때를 고요하다고 한다. 이럴 때 소리라도 한 마디 지르고 난다면 잔잔한 물소리라도 은은하게 날 것만 같다. 필요(必)에 의해 그릇(皿)에 물을 떠놓고 무언가 주문(言)을 외우면서 자기가 바라는 바를 간절히 소망했으니 소리 없이 [고요하다(謐)]는 뜻이고 [밀]로 읽는다.

필순 一 亖 言 言' 訪 訪 謐 謐 謐 謐 謐

기초 【기초한자어】 익히고, 【기본 → 발전한자어】 다지기
謐然(밀연) 고요하고 평온한 모양
安謐(안밀) 편안하고 고요함
靜謐(정밀) 고요하고 편안함
• 아침의 謐然이 깊은 산사에 와 있는 것 같습니다.
• 편안하고 고요함이 安謐하여 靜謐한 분위기입니다.

기본 ① 寧謐(영밀) 菽謐(적밀) 澄謐(징밀) 淸謐(청밀) 平謐(평밀)
발전 ① 謐謐(밀밀) 曠謐(광밀) 特 恬謐(염밀)
사자성어 ① 四海靜謐(사해정밀)

부수	획수	총획
馬	4	14

논박할 박 【2723】

字源 〈형성〉 상대방의 잘못된 점을 조리 있게 지적하면서 조목조목 공격하는 행위가 '논박하다'이다. 상대를 향한 시원스러운 논박이 이어선다. 유의어로는 '박론(駁論)하나, 반론(反論)하다' 등이 쓰인다. 말(馬)이 주인의 말을 잘 들을 수 있도록 사귀지(爻) 못한다면서 반박하니 [논박하다(駁)]는 뜻이고 [박]으로 읽는다.

필순 丨 厂 厂 馬 馬 馬' 駁 駁 駁

기초 【기초한자어】 익히고, 【기본 → 발전한자어】 다지기
駁擊(박격) 남의 의견이나 주장 등의 결점을 비난함
駁論(박론) 남의 의견이나 의론을 따져 비평함
駁正(박정) 잘못을 따져 바로잡음. 시비를 판별하여 나쁜 점을 고침
• 남의 의견과 주장 등 결점을 비난한 駁擊이 문제다.
• 재산 문제로 駁論하더니 駁正하여 해결되었네.

기본 ① 駁辭(박사) 駁羽(박우) 駁議(박의) 駁雜(박잡) 駁錯(박착) 難駁(난박) 論駁(논박) 反駁(반박) 斑駁(반박) 辨駁(변박) 雜駁(잡박) 評駁(평박)

발전 ① 駁文(박문) 駁設(박설) 攻駁(공박) 詭駁(궤박) 面駁
(면박) 彈駁(탄박) 特 舛駁(천박)

사자성어 ① 甲論乙駁(갑론을박) 特 斑駁之嘆(반박지탄)

搏

부수	획수	총획
手	10	13

두드릴 박 【2724】

字源 〈형성〉 물건에서 소리가 나도록 여러 차례 두들겨 치거나
상대방을 때리는 수가 있다. 징이나 꽹과리와 같이 두드
려서 소리를 낸 것이다. 우리네 농악이 그런 모습을 보인
다. 손(扌)으로 메(尃=斧)를 잡고 힘껏 [두드리다(搏)]는
뜻과 손바닥(扌)을 크게 펼쳐서(尃) 뺨을 후려 [치다(搏)]
는 뜻이고 [박]으로 읽는다.
圖 擊(칠 격) 回 博(넓을 박) 搏(뭉칠 단)

필순 扌 扌 扚 拘 捐 捕 搏 搏 搏 搏

기초 【기초한자어】 익히고, 【기본 → 발전한자어】 다지기
搏擊(박격) 몹시 후려침
搏戰(박전) 몹시 심하게 때리며 싸움
搏鬪(박투) 서로 치고 때리며 싸움
• 앞으로의 문제는 搏擊으로 몹시 후려침입니다.
• 아이들의 搏戰이 어른들의 搏鬪로 이어졌다.

기본 ① 搏景(박경) 搏殺(박살) 搏執(박집) 搏獲(박획) 擊搏
(격박) 徒搏(도박) 脈搏(맥박) 手搏(수박) 執搏(집박)
虎搏(호박)

발전 ① 搏伋(박부) 搏影(박영) 搏盦(박요) 相搏(상박) 特 攪搏
(확박) 特 搏拊(박부) 搏噬(박서)

사자성어 ① 龍虎相搏(용호상박) 虎搏龍騰(호박용등)

箔

부수	획수	총획
竹	8	14

발 박 【2725】

字源 〈형성〉 우리말의 특징은 유별나게 동음이의어가 많다.
'배'의 의미가 많듯이 '발'의 의미도 많아 구체적인 설명을
필요로 한다. '발(足)'이 있고, '발(跋)'이 있으며, '발(簾)' 등
이 있다. 대(竹)를 잘게 쪼개 엮어서 밖에서는 보이지 않
고 차분히 머무를(泊) 수 있도록 문 위에 거는 [발(箔)]을
뜻하고 [박]으로 읽는다.

필순 ⺮ ⺮ ⺮ 笂 笂 笃 笃 箔 箔 箔

기초 【기초한자어】 익히고, 【기본 → 발전한자어】 다지기
金箔(금박) 황금을 종이처럼 얇게 늘이어 만든 것
銀箔(은박) 은을 종이처럼 얇게 늘이어 만든 것
珠箔(주박) 구슬을 실에 꿰어 만든 발

• 구슬을 실에 꿰어 만든 발인 珠箔이 제격입니다.
• 혼수품은 銀箔에 싸고 보니 金箔에 싼 것 같다.

기본 ① 漫箔(만박) 縫箔(봉박) 魚箔(어박) 翠箔(취박)

발전 ① 錫箔(석박) 簹箔(잠박)

剝

부수	획수	총획
刀	8	10

벗길 박 【2726】

字源 〈형성〉 어느 부위나 껍질을 그의 몸체로부터 떼어 내다는
뜻이 '벗기다'이다. 표면에서 떨어지거나 긁어낼 때도 '벗
기다'를 쓴다. 문장에서는 상황에 따라 수동형이나 사동형
으로 쓰인다. 베어놓은 삼나무를 예리한 칼(刂)로 찢어 깎
아(彔) 썰어 놓고 껍질을 하나둘씩 차분하게 [벗기다(剝)]
는 뜻이고 [박]으로 읽는다.
圖 削(깎을 삭) 剽(겁박할 표) 割(벨 할) 回 剝

필순 ⺊ ⺈ ⼹ 彐 彔 彔 彔 彔 彔 剝

기초 【기초한자어】 익히고, 【기본 → 발전한자어】 다지기
剝缺(박결) 벗겨지고 이지러짐
剝製(박제) 동물 살과 내장을 발라내고 모양을 만든 것
剝奪(박탈) 강제로 빼앗음. 벗겨 빼앗음
• 벗겨지고 이지러지는 식의 剝缺이 어려웠습니다.
• 꿩을 剝製해 두었더니 누나가 剝奪해 가져갔다.

기본 ① 剝落(박락) 剝放(박방) 剝復(박복) 剝削(박삭) 剝蝕
(박식) 剝刺(박자) 剝艸(박초) 剝皫(박표) 剝割(박할)
刻剝(각박) 刊剝(간박) 鉤剝(구박) 落剝(낙박) 否剝
(비박) 生剝(생박) 切剝(절박) 屯剝(준박) 黜剝(출박)
吞剝(탄박) 解剝(해박)

발전 ① 剝卦(박괘) 剝民(박민) 剝剝(박박) 剝膚(박부) 剝喪
(박상) 剝陽(박양) 剝職(박직) 剝脫(박탈) 剝皮(박피)
崩剝(붕박) 頹剝(퇴박) 貶剝(폄박) 割剝(할박) 剝奪感
(박탈감) 特 剝齧(박설) 剝啄(박탁)

사자성어 ① 剝奪公權(박탈공권) 生吞活剝(생탄활박) 損上
剝下(손상박하) 割剝之政(할박지정)

樸

부수	획수	총획
木	12	16

순박할 박 【2727】

字源 〈형성〉 아무런 섞임도 없이 순수하고 꾸밈이 없다는 것이
순박하다는 뜻이다. 다른 것이 조금도 섞이지 않아 순수
하다 하겠다. 유의어로는 '담백(淡白)하다, 소박(素朴)하다,
순소(淳素)하다' 등이 쓰인다. 가공하지 아니한 자연 그대
로(美←業)의 나무(木)가 섞이지 아니하니 [순박하다(樸)]
는 뜻이고 [박]으로 읽는다.

1급

園素(흴 소) 質(바탕 질) 回撲(칠 박)

| 필순 | 木 才 才 杧 杧 档 樘 樘 樸 樸 |

기초 【기초한자어】 익히고, 【기본→발전한자어】 다지기
樸鈍(박둔) 연장 따위가 예리하지 못함. 무딤
樸素(박소) 꾸밈이 없음
樸實(박실) 순박하고 성실함
• 연장 따위가 예리하지 못한 樸鈍이 좋습니다.
• 樸實한 신입사원이 樸素하니 믿음직스럽다.

기본 ① 樸彊(박강) 樸頭(박두) 樸魯(박로) 樸鄙(박비) 樸淳
(박순) 樸愼(박신) 樸野(박야) 樸愚(박우) 樸壹(박일)
樸拙(박졸) 樸重(박중) 樸直(박직) 樸質(박질) 樸推
(박추) 樸學(박학) 樸厚(박후) 簡樸(간박) 古樸(고박)
謹樸(근박) 鄙樸(비박) 散樸(산박) 素樸(소박) 純樸
(순박) 醇樸(순박) 粗樸(조박) 拙樸(졸박) 質樸(질박)

발전 ① 樸陋(박루) 樸馬(박마) [特] 樸樕(박속)

	부수	획수	총획
	糸	10	16

묶을 박 【2728】

字源 〈형성〉 서로 따로따로 떨어지거나 여러 곳에 흐트러지지
않도록 한 곳에 '묶다'는 뜻이다. 한 군데로 모아 합치거나
관련되게 하는 일이라 하겠다. 유의어로는 '모으다, 일괄
(一括)하다' 등이 쓰인다. 모를 심기 전에 못자리에서 볏모
를 움켜쥐고(專) 끈(糸)으로 꽉 묶어서 얽혀 [묶다(縛)]는
뜻이고 [박]으로 읽는다.

| 필순 | 幺 糸 糸 糸 紵 紵 紳 縛 縛 縛 |

기초 【기초한자어】 익히고, 【기본→발전한자어】 나시기
束縛(속박) 얽어매어 구속함
縛格(박격) 묶어 매질함. 묶어 손수 목을 벰
縛擒(박금) 사로잡아 묶음
• 사로잡아 묶어 두는 식의 縛擒은 조금 불편합니다.
• 죄를 밝혀내지 못해 束縛하거나 縛格은 위법이다.

기본 ① 縛繩(박승) 縛纏(박전) 縛執(박집) 縛着(박착) 劫縛
(겁박) 結縛(결박) 急縛(급박) 面縛(면박) 反縛(반박)
生縛(생박) 連縛(연박) 因縛(인박) 執縛(집박) 就縛(취박)

발전 ① 縛束(박속) 縛鐵(박철) 縛打(박타) 繫縛(계박) 毆縛
(구박) 拘縛(구박) 擒縛(금박) 緊縛(긴박) 囚縛(수박)
繩縛(승박) 捕縛(포박) [特] 縛紲(박설)

사자성어 ① 縛之打之(박지타지) 自繩自縛(자승자박) 自業自縛
(자업자박)

	부수	획수	총획
	米	5	11

지게미 박 【2729】

字源 〈형성〉 막걸리를 거르고 난 다음 나머지는 찌꺼기 혹은
찌끼라 한다. 이는 '비듬'이란 방언으로도 쓰인다. 유의어
로는 '주박(酒粕), 주재(酒滓), 주정박(酒精粕)' 등이 쓰인
다. 흰(白) 쌀(米)과 누룩으로 빚은 막걸리를 거르면 나머
지는 체에 하얀 재강(白:찌꺼기)이 남았으니 [지게미(粕)]
를 뜻하고 [박]으로 읽는다.
園糟(지게미 조)

| 필순 | ` ` ` ` ` ` ` ` 半 米 米 米 粁 粁 粕 |

기초 【기초한자어】 익히고, 【기본→발전한자어】 다지기
糟粕(조박) 재강. 술을 거르고 남은 찌꺼기
酒粕(주박) 지게미
豆粕(두박) 콩깻묵
• 집이 가난하여 어려서 糟粕을 먹었다.
• 술지게미인 酒粕과 콩깻묵인 豆粕의 기억이 난다.

기본 ① 沈粕(침박)

발전 ① 醬粕(장박) 窄粕(착박) [特] 荏粕(임박)

	부수	획수	총획
	手	12	15

칠 박 【2730】

字源 〈형성〉 힘껏 때리거나 두드리는 일을 '친다'고 한다. 노래
할 때 손바닥을 가볍게 치기도 한다. 인기가 많은 경기에
서 선수들이 당당하고 의젓해 박수를 많이 받는다. 많은
사람(業←業)이 모이는 가운데 운동이나 장단에 맞춰서
노래를 할 때 두 손뼉(扌)을 두드리는 데서 [치다(撲)]는
뜻이고 [박]으로 읽는다.
園打(칠 타) 回樸(순박할 박)

| 필순 | 扌 扌 扌 扌 扌 扩 扑 撲 撲 撲 |

기초 【기초한자어】 익히고, 【기본→발전한자어】 다지기
撲落(박락) 어지럽게 흩어지는 모양
撲滅(박멸) 모조리 잡아 없앰
撲殺(박살) 마구 때려서 죽임
• 어지럽게 여러 곳에 흩어진 모양인 撲落이 싫다.
• 모기는 撲滅하고 쥐는 撲殺하는 것이 좋다.

기본 ① 撲滿(박만) 撲朔(박삭) 撲地(박지) 撲打(박타) 撲筆
(박필) 擊撲(격박) 亂撲(난박) 相撲(상박) 殲撲(섬박)
打撲(타박)

발전 ① 撲曲(박곡) 撲刀(박도) 撲頭(박두) 撲野(박야) 淳撲
(순박) 鞭撲(편박) 特 揉撲(유박)
사자성어 ① 撲朔迷離(박삭미리)

• 칠순 때에 金珀은 물론 琥珀으로 된 반지를 정성
껏 선물했다.
발전 ① 香珀(향박) 琥珀光(호박광)

부수	획수	총획
肉	10	14

팔뚝 박 【2731】

字源 〈형성〉 팔꿈치에서 손목까지 안의 일부분이 팔뚝이다. '아
래팔'을 일상 이르는 말이기도 하다. 유의어로는 '전박(前
膊), 전완(前腕), 하박(下膊)' 등이 쓰이고 있다. 사람 몸
(月)에서 폈다(尃) 구부렸다 자유롭게 움직이는 [팔뚝(膊)]
의 뜻과 말린 고기(月)를 넓죽하게 펴놓으니(尃) [포(膊)]
를 뜻하고 [박]으로 읽는다.

필순 月 ⺆ 月 月 肝 肺 膊 膊 膊 膊

기초 【기초한자어】 익히고, 【기본→발전한자어】 다지기
肩膊(견박) 어깨의 바깥쪽 상박의 윗머리 곧 견갑
관절의 이름
上膊(상박) 어깨에서 팔꿈치에 이르는 부분
臂膊(비박) 팔과 어깨
• 팔과 어깨인 臂膊이 아프더니만 下膊도 아프다.
• 나이 50이 되니 上膊 중에 肩膊이 자주 아프다.
기본 ① 膊脯(박포) 前膊(전박) 下膊(하박)
발전 ① 膊膊(박박)

부수	획수	총획
玉	5	9

호박 박 【2732】

字源 〈형성〉 한때 '호박(琥珀)'은 서양에서는 화폐 원료로 사용
된 적이 있다. 부녀자들의 노리개로 이용되었으며, 가락지
로도 사용되었다. 발트해 생산품이 보다 투명하고 아름답
다고 한다. 구슬(玉) 중에서 희고도(白) 깨끗한 [호박(珀)]
이라는 뜻과 땅속에 굳어진 누런색 광물질로 [호박(珀)]을
뜻하고 [박]으로 읽는다.
圖 琥(호박 호)

필순 一 二 干 王 王 王' 珀 珀 珀

기초 【기초한자어】 익히고, 【기본→발전한자어】 다지기
琥珀(호박) 땅 속에 묻힌 나무의 진이 굳어진 누런
색 광물
明珀(명박) 옷의 단추나 모자의 장식품으로 사용된
호박
金珀(금박) 옅은 색의 호박
• 明珀은 옷의 단추나 모자 장식으로 된 호박이다.

부수	획수	총획
頁	4	13

나눌 반 【2733】

字源 〈형성〉 '나누다'는 잘 붙여진 물건을 갈라 떨어지게 하거
나 종류별로 분류하다는 뜻이다. 유의자는 '구분(區分)하
다, 분류(分類)하다, 배분(配分)하다' 등이 쓰인다. 쪽수(頁)
별로 나뉜(分) 법령을 널리 알려 [반포하다(頒)]는 뜻과 흑
백으로 서로 나누어진(分) 머리 털(頁)에서 [나누다(頒)]는
뜻이고 [반]으로 읽는다.
圖 布(베/펼 포)

필순 八 今 分 分 分' 劤 頒 頒 頒 頒

기초 【기초한자어】 익히고, 【기본→발전한자어】 다지기
頒給(반급) 임금이 녹봉이나 물품을 나누어 줌
頒賜(반사) 임금이 신하에게 물품을 나누어 줌
頒布(반포) 세상에 널리 펴서 알게 함
• 頒賜는 임금이 신하에게 선물을 나누어 준다.
• 훈민정음 창제 頒給한 다음 정음을 頒布했다.
기본 ① 頒祿(반록) 頒行(반행) 散頒(산반) 時頒(시반) 平頒
(평반)
발전 ① 頒降(반강) 頒囊(반낭) 頒曆(반력) 頒料(반료) 頒命
(반명) 頒放(반방) 頒白(반백) 頒氷(반빙) 頒扇(반선)
頒詔(반조) 頒牌(반패) 戴頒(대반) 誕頒(탄반) 特 頒賚
(반뢰) 頒斌(반빈)

부수	획수	총획
手	15	19

더위잡을 반
【2734】

字源 〈형성〉 '더위잡다'는 암벽 타는 사람들이 암벽과 산을 잡
고 싸우면서 오를 때 높은 곳으로 올라가기 위하여 물건
을 끌어 잡는 행동이다. 몸을 잘 의지할 수 있도록 든든한
것을 더욱 움켜잡는다. 손(手)으로 감싸서 갖고 싶은 물건
을 부둥켜안고 끌어 잡아당겨(樊←拔) [더위잡다(攀)]는
뜻이고 [반]으로 읽는다.

필순 ⺤ 枼 枼 枼 棥 棥 樊 樊 蠜 攀

기초 【기초한자어】 익히고, 【기본→발전한자어】 다지기
攀桂(반계) 계수나무에 오름. 과거에 급제함의 비유
攀登(반등) 더위잡고 오름. 기어오름
攀慕(반모) 의지하고 그리워함

1급

• 더위를 잡으면서 겨우 기어오르는 攀登을 했다.
• 죽은 아내를 攀慕하는 마음을 참고 攀桂를 하며 자랑했다.

기본 ①攀戀(반련) 攀附(반부) 攀緣(반연) 攀援(반원) 牽攀(견반) 登攀(등반) 仰攀(앙반) 連攀(연반) 追攀(추반)

발전 ①攀挽(반만) 攀訴(반소) 登攀隊(등반대) 特 躋攀(제반)

사자성어 ①攀龍附鳳(반룡부봉) 攀緣植物(반연식물)

부수	획수	총획
田	5	10

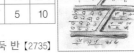

밭두둑 반【2735】

字源 〈형성〉'밭두둑'은 평지인 밭보다는 약간 높은 밭의 경계라면 더욱 좋겠다. 밭두둑으로는 사람들이 걸어 다닐 수 있었다. 유의어로는 '밭두렁, 전주(田疇), 휴반(畦畔)' 등이 쓰인다. 논밭(田)의 구획을 잘 구분하기(半)의 [밭두둑(畔)]이란 뜻과 밭(田)을 반(半)으로 구분했던 [밭두둑(畔)]을 뜻하고 [반]으로 읽는다.
圖 畝(이랑 무) 疇(이랑 주)

필순 丨 冂 日 田 田 田' 畔' 畔' 畔 畔

기초 【기초한자어】 익히고, 【기본→발전한자어】 다지기
畔界(반계) 두둑. 경계선
畔散(반산) 어지럽게 흩어짐
畔岸(반안) 논두렁과 강 언덕
• 畔散은 사방으로 어지럽게 흩어짐을 뜻한다.
• 해질녘 畔岸에 畔界를 만들고 남편을 기다렸다.

기본 ①畔逆(반역) 畔援(반원) 畔疇(반주) 畔換(반환) 江畔(강반) 橋畔(교반) 道畔(도반) 倍畔(배반) 水畔(수반) 離畔(이반) 隣畔(인반) 池畔(지반) 天畔(천반) 澤畔(택반) 河畔(하반) 海畔(해반) 湖畔(호반)

발전 ①畔路(반로) 壟畔(농반) 岸畔(안반) 崖畔(애반) 特 渚畔(저반)

사자성어 ①茫無涯畔(망무애반) 越畔之思(월반지사)

부수	획수	총획
石	15	20

백반 반【2736】

字源 〈형성〉'백반'은 광물성 명반석을 가공 처리한 결정체인 약재의 일종이다. 가공방법은 삽질을 제거하고 열을 가하여 빨갛게 되면 좀 더 기다렸다가 꺼내 분말로 만든 결정체다. 돌(石)덩이를 손으로 에워싸서(樊←拔) 유황을 충분하게 함유하는 광물질의 하나인 황산염으로 [백반(礬)]을 뜻하고 [반]으로 읽는다.

回 攀(더위잡을 반)

필순 木

기초 【기초한자어】 익히고, 【기본→발전한자어】 다지기
白礬(백반) 명반을 구워서 만든 덩이. 매염료로 쓰임
礬紅(반홍) 도자기에 쓰는 붉은 채석
綠礬(녹반) 황산 제일철의 속칭
• 황산 제일철의 속칭인 綠礬을 구하여 사용했다.
• 도요지에서 쓰게 될 礬紅과 白礬을 구했다.

기본 ①礬石(반석) 礬紙(반지) 膽礬(담반) 明礬(명반) 山礬(산반) 石礬(석반)

발전 ①礬素(반소) 礬土(반토) 礬瓠(반호) 碌礬(녹반) 皓礬(호반) 特l 礬砂(반사) 特 皁礬(조반)

부수	획수	총획
手	5	8

버릴 반【2737】

字源 〈형성〉'버리다'는 다시는 찾지 않을 요량으로 물건을 내던지거나 마구 쏟아 버린 것이다. 깊은 인연이었는데 이제는 인연을 완전히 끊고 등지거나 서로가 돌보지도 않겠구나. 쓸모의 유무를 가리기 위해 손(扌)으로 하나씩 골라서(半) 쓸모없는 것을 다른 곳에 던졌으니 [버리다(拌)]는 뜻이고 [반]으로 읽는다.

필순 一 十 扌 扌 扌' 扩 拌 拌

기초 【기초한자어】 익히고, 【기본→발전한자어】 다지기
攪拌(교반) 휘저어 한데 섞음. 휘젓기
攪拌機(교반기) 열을 고루 퍼지게 하거나 재료를 뒤섞어 휘젓는 기구나 장치
• 염료를 가끔 攪拌하여 솥에 눋지 않도록 했다.
• 攪拌機는 열의 전도가 더 빨리 이루어지게 한다.

발전 ①攪拌器(교반기) 特 拌蚌(반방)

부수	획수	총획
虫	12	18

서릴 반【2738】

字源 〈형성〉'서리다'는 뱀이 잠잘 때 몸을 똬리처럼 빙빙 감는 것처럼 헝클어지지 않게 빙빙 둘러서 포개어 감는다는 뜻이 된다. 이런 모습은 몸을 구부려서 서러서리 감는다고 칭한다. 기다란 몸을 둥그렇게 위로 포개어 둘둘 두르면서 칭칭 동여 감아 돌고(番) 있는 벌레(虫)가 [서리다(蟠)]는 뜻이고 [반]으로 읽는다.

필순 口 中 虫 虫' 蚪' 蚱 蛏 蟠 蟠 蟠

기초 【기초한자어】 익히고, 【기본→발전한자어】 다지기
蟠屈(반굴) 서리어 엉클어짐. 마음이 맺혀 펴지지 아니함
蟠糾(반규) 서리어 얽힘
蟠桃(반도) 3천 년 만에 한 번씩 열린다는 복숭아
• 선경에서 3천 년에 한 번 열린다는 蟠桃를 보았다.
• 뱀 여러 마리가 저들끼리 蟠屈하여 움직이지 못한다.

기본 ① 蟠石(반석) 屈蟠(굴반) 根蟠(근반) 龍蟠(용반) 潛蟠
(잠반)

발전 ① 蟠車(반거) 蟠據(반거) 蟠龍(반룡) 特 蟠踞(반거)

사자성어 特 龍蟠虎踞(용반호거)

부수	획수	총획
文	8	12

斑

아롱질 반【2739】

字源 〈형성〉 본래 글자(本字)는 辡으로 빛깔이나 무늬(文)가 나
뉘어(丬) '아롱지다. 얼룩지다'를 뜻한다. 여러 가지 빛깔
로 세심하게 고르면서 촘촘하게 잘 나타나 있을 때를 일
컫는다. 구슬(王)과 구슬(王) 사이에 글씨나 문채(文)가 새
겨져 얼룩져서 군데군데 반점이 있으니 [아롱지다(斑)]는
뜻이고 [반]으로 읽는다.
回 班(나눌 반)

필순 ᅳ 二 丯 王 玨 玣 玣 玡 斑 斑

기초 【기초한자어】 익히고, 【기본→발전한자어】 다지기
斑鳩(반구) 산비둘기
斑文(반문) 얼룩얼룩한 무늬
斑然(반연) 얼룩얼룩한 모양
• 斑然은 얼룩얼룩한 모양으로 예쁜 무늬다.
• 회색 斑文의 斑鳩를 잡아 요리를 해 먹었다.

기본 ① 斑禿(반독) 斑爛(반란) 斑馬(반마) 斑猫(반묘) 斑駁
(반박) 斑髮(반발) 斑點(반점) 斑竹(반죽) 斑疹(반진)
斑布(반포) 一斑(일반) 雀斑(작반) 豹斑(표반) 虎斑
(호반)

발전 ① 斑紋(반문) 斑斑(반반) 斑白(반백) 斑狀(반상) 斑巖
(반암) 班衣(반의) 斑紬(반주) 斑指(반지) 肝斑(간반)
發斑(발반) 白斑(백반) 屍斑(시반) 黃斑(황반)

사자성어 特 斑駁之嘆(반박지탄) 斑衣之戲(반의지희)

부수	획수	총획
糸	5	11

絆

얽어맬 반【2740】

字源 〈형성〉 '얽어매다'는 자유로워야 할 것들의 자유를 구속한
다고 했다. 두 손에 수갑을 채우는 것도 두 손을 아무지게
얽어 맨 것이다. 죄인이 마음대로 할 수 없도록 구속한다
는 뜻이다. 실(糸)로 만든 끈으로 물체를 튼튼하게 묶으려

면 그 물체의 절반(半)이 되는 가운데를 [얽어매다(絆)]는
뜻이고 [반]으로 읽는다.
圖 羈(굴레 기)

필순 ㄥ ㄠ 幺 糸 糸 糸 糽 絆 絆

기초 【기초한자어】 익히고, 【기본→발전한자어】 다지기
脚絆(각반) 무릎 아래까지 감거나 돌려 싸는 띠
絆拘(반구) 구애됨. 붙들어 맴
絆緣(반연) 뒤엉켜서 맺어지는 인연
• 서로 뒤엉켜서 맺어지는 인연이 絆緣이라 한다.
• 날품을 파는 일꾼들은 脚絆을 차고 나왔다.

기본 ① 系絆(계반) 勒絆(늑반) 連絆(연반) 因絆(인반) 釘絆
(정반) 華絆(화반)

발전 ① 絆繫(반계) 絆羈(반기) 拘絆(구반) 籠絆(농반) 絆瘡
膏(반창고) 特 絏絆(설반) 圉絆(어반)

부수	획수	총획
木	10	14

槃

쟁반 반【2741】

字源 〈형성〉 '쟁반'은 둘레의 높이가 비교적 얕고 바닥이 둥글
넓적하거나 네모난 모양을 한다. 귀한 손님이 찾아와서
음료용 차를 내올 때 주로 찻잔을 받치는 데도 사용하는
도구이다. 일반적(般)으로 나무(木)로 만든 [쟁반(槃)]의 뜻
과 배(般) 모양인 나무(木)로 만든 작은 그릇으로 [쟁반(槃)]
을 뜻하고 [반]으로 읽는다.

필순 丿 刀 月 舟 舟 舟 船 船 船 槃 槃

기초 【기초한자어】 익히고, 【기본→발전한자어】 다지기
槃散(반산) 절뚝거리며 걷는 모양
槃停(반정) 머뭇거림. 정체해 있는 모양
涅槃(열반) 영원한 진리의 경지를 깨달음. 멸도(滅度)
• 영원한 진리의 경지를 깨달음을 涅槃이라 한다.
• 학업에 있어 槃停보다는 槃散이 더 우수한 편이다.

기본 ① 槃木(반목) 盤錯(반착) 槃桓(반환) 考槃(고반) 玉槃
(옥반)

발전 ① 槃旋(반선) 槃遊(반유) 槃夷(반이) 朱槃(주반) 特 槃盂
(반우) 特 槃辟(반벽) 盥槃(관반)

사자성어 ① 槃根錯節(반근착절) 無餘涅槃(무여열반)

부수	획수	총획
鬼	5	15

魃

가물 발【2742】

字源 〈형성〉 온 대지가 타들어 간다. 논밭은 금이 벌어지고, 산

과 들에 있는 초목은 물맛을 본 지가 상당히 오래된 모양이다. 오랫동안 너무 비가 오지 않아 이미 농심도 논밭만큼 타들어 간다. 하늘 귀신(鬼)이 방해하여 비가 오지 않아서 개마저 달아날(犮) 만큼 인심이 흉흉하니 [가물다(魃)]는 뜻이고 [발]로 읽는다.

同 旱(가물 한)

필순 

기초 【기초한자어】 익히고, 【기본 → 발전한자어】 다지기

旱魃(한발) 가뭄을 맡고 있다는 신. 가뭄
炎魃(염발) 가뭄을 맡고 있다는 귀신
• 炎魃은 심한 가뭄을 맡고 있다는 귀신이라 한다.
• 예전에 심한 旱魃로 학생들이 동원되었던 기억이다.

기본 1 驕魃(교발) 老魃(노발) 署魃(서발) 妖魃(요발)

발전 1 魃虐(발학) 健魃(건발)

사자성어 1 耐旱魃性(내한발성)

勃

부수	획수	총획
力	7	9

노할 발【2743】

字源 〈형성〉 '노하다'는 어르신께서 점잖게 이르는 한 마디 말이 있었으니 참되고 바르게 살라고 가르쳤다. 이를 어기고 보니 벌써 하늘이 진심으로 노하셨는가 하는 생각이 들기도 한다. 충격적인 일로 인해 혜성(孛) 같은 여러 힘(力)이 발끈하고 활발하게 일어났다고 했으니 [노하다(勃)]는 뜻이고 [발]로 읽는다.

필순 

기초 【기초한자어】 익히고, 【기본 → 발전한자어】 다지기

勃啓(발계) 갑자기 트임. 갑자기 성해짐
勃起(발기) 별안간 불끈 일어남. 갑자기 일어남
勃發(발발) 일이 갑자기 터져 일어남
• 갑자기 문리가 트이고 그 성함이 勃啓이다.
• 6.25동란 勃發로 새벽에 勃起한 사람이 많았다.

기본 1 勃姑(발고) 勃怒(발노) 勃亂(발란) 勃屑(발설) 勃焉(발언) 勃如(발여) 勃鬱(발울) 勃爾(발이) 勃海(발해) 勃興(발흥) 狂勃(광발) 馬勃(마발) 蓬勃(봉발) 暴勃(폭발) 凶勃(흉발)

발전 1 勃谿(발계) 勃律(발률) 勃慢(발만) 勃勃(발발) 勃壤(발양) 勃逆(발역) 勃然(발연) 勃翁(발옹) 勃賀(발하) 勃解(발해) 鬱勃(울발) 咆勃(포발) 橫勃(횡발)

사자성어 1 勃然大怒(발연대로) 勃然變色(발연변색) 牛溲馬勃(우수마발)

撥

부수	획수	총획
手	12	15

다스릴 발【2744】

字源 〈형성〉 '다스리다'는 하늘이 이 땅을 이끌거나 관리해 주셨음을 뜻한다. 남북회담이 열리더니, 이제 북미회담마저 노릇노릇 익어가고 있는 모양새다. 만남이 잘 되었으면 좋겠다. 손(扌)으로 밑에 있는 물건을 위로 펼쳐(發) 놓았다가 반대로 뒤집어 원상으로 되돌리니 [다스리다(撥)]는 뜻이고 [발]로 읽는다.

비 潑(뿌릴 발)

필순 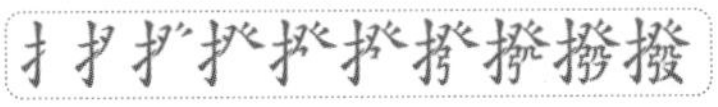

기초 【기초한자어】 익히고, 【기본 → 발전한자어】 다지기

撥去(발거) 떨어서 없앰. 제거함
撥剌(발랄) 활을 당기는 모양. 바르지 않음
撥條(발조) 용수철
• 撥剌은 활을 당기지만 바르지 않음이 보인다.
• 자동차의 큰 撥條가 고장 나서 撥去했다.

기본 1 撥弓(발궁) 撥棄(발기) 撥亂(발란) 啓撥(계발) 亂撥(난발) 挑撥(도발) 反撥(반발) 指撥(지발) 觸撥(촉발)

발전 1 撥軍(발군) 撥簾(발렴) 撥馬(발마) 撥木(발목) 撥憫(발민) 撥撥(발발) 撥所(발소) 撥爾(발이) 撥長(발장) 撥土(발토) 擾撥(요발) 支撥(지발) 興撥(흥발) 特II 剔撥(척발) 擺撥(파발) 擺撥馬(파발마)

사자성어 1 撥亂反正(발란반정) 反撥係數(반발계수)

潑

부수	획수	총획
水	12	15

물뿌릴 발【2745】

字源 〈형성〉 '물뿌리다'는 화초밭에 물을 뿌려 촉촉하게 뿌리를 적시도록 하는 일이다. 그런데 잘못하여 상대방의 옷에 커피가 들렀다면 이제 큰 잘못이다. 미안하다고 사과를 한다. 물(氵)이 분수대에서 뿜어 나올 때에 넓게 펼쳐져서(發) 생기가 있고 시원스럽게 올라오니 [물 뿌리다(潑)]는 뜻이고 [발]로 읽는다.

비 撥(다스릴 발) 약 溌

필순 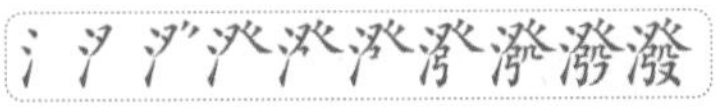

기초 【기초한자어】 익히고, 【기본 → 발전한자어】 다지기

潑剌(발랄) 물고기가 물에서 뛰는 모양. 원기가 왕성함
潑散(발산) 물을 뿌림

潑皮(발피) 생업 없이 나쁜 짓을 일삼는 부랑배
• 潑皮는 일정한 생업이 없이 나쁜 짓하는 부랑배다.
• 너무나 潑剌한 강아지에게 潑散하니 잠잠해졌다.

[기본] ① 潑潑(발발) 潑寒(발한) 噴潑(분발) 活潑(활발)

[발전] ① 潑棄(발기) 潑墨(발묵) 潑賤(발천) 潑皮(발피) 潑賴(파뢰)

[사자성어] ① 潑剌潑剌(발랄발뢰) 生氣潑剌(생기발랄) 活潑潑地(활발발지)

밟을 발 【2746】

부수	획수	총획
足	5	12

[字源] 〈형성〉 '밟다'는 어떤 일을 보기 위해 발을 가만히 들었다 놓으면서 대고 다시 누르다는 뜻이다. 어떤 일로 인해 한 번 발을 잘못 디디면 큰 낭패가 뒤따라 어수선한 일이 생긴다. 개가 달아날(犮) 때에 발(足)로 살짝 [밟다(跋)]는 뜻과 함께 책 말미에 본문의 대강을 기록했으니 [발문(跋)]을 뜻하고 [발]로 읽는다.

[필순] 口 卩 卩 卩 足 足 跣 跣 跋 跋 跋

[기초] 【기초한자어】 익히고, 【기본→발전한자어】 다지기
跋剌(발랄) 물고기가 펄떡펄떡 뛰는 소리
跋文(발문) 문체의 한 가지. 책의 뒷글
跋扈(발호) 제멋대로 날뛰며 행동함
• 박사님의 저서에 내가 跋文을 쓰는 것은 영광이다.
• 물고기 뛰는 跋剌과 멋대로 하는 跋扈가 새롭다.

[기본] ① 跋履(발리) 跋辭(발사) 跋涉(발섭) 跋魚(발어) 序跋(서발) 題跋(제발) 草跋(초발) 馳跋(치발)

[발전] ① 跋尾(발미) 跋語(발어) 跋號(발호) [特] 跋寔(발치)

[사자성어] ① 跋扈將軍(발호장군) 跳梁跋扈(도량발호) 履山跋川(이산발천)

술괼 발 【2747】

부수	획수	총획
酉	12	19

[字源] 〈형성〉 '술 괴다'는 돌아가신 어른 영전에 나아가 정성을 들여 술을 따라 드리는 행위이다. 살아계실 때의 그 말씀을 받잡고 지극정성을 다한 것이다. 선영에 대한 후손의 정성이다. 술(酉)은 술 도가니에서 꽃이 피듯이 잘 발효된(發) 다음에야 그 술을 주전자에 떠야 했으니 [술괴다(醱)]는 뜻이고 [발]로 읽는다.

[동] 酵(삭힐 효)

[필순] 厂 酉 酉 酉 酉 酦 酦 醱 醱 醱

[기초] 【기초한자어】 익히고, 【기본→발전한자어】 다지기
醱酵(발효) 효소의 작용으로 유기물이 분해되는 현상
醱病(발병) 발에 생기는 병을 통틀어 일컬음
• 복분자에 설탕을 넣었더니 醱酵하여 술이 되었다.
• 무리한 산행으로 醱病에 걸려서 매우 힘들다.

[발전] ① 醱醅(발배) 醱酵酒(발효주)

[사자성어] ① 醱酵食品(발효식품)

기름 방 【2748】

부수	획수	총획
肉	4	8

[字源] 〈형성〉 '기름'은 불에 타기 쉽고 물에 빠르게 용해되지 않으며 물보다 가벼운 액체라고 말한다. 수면에 엷은 층을 이뤄서 멀리 퍼져 약간은 끈끈하고 미끈미끈한 성질이 더 있어 보인 경우다. 사람 몸(月)에 살이 토실토실하게 쪄 있어서 사방(方)으로 잘 퍼져 있으니 지방질인 [기름(肪)]을 뜻하고 [방]으로 읽는다.

[필순] 丿 刀 月 月 月 肝 肪 肪

[기초] 【기초한자어】 익히고, 【기본→발전한자어】 다지기
脂肪(지방) 물에 풀어지지 않고 불에 타는 물질
肪脆(방취) 기름기가 많고 부드러운 것
松肪(송방) 송지(松脂). 연줄을 먹일 때 사용한다.
• 松肪은 송지(松脂)라고 하는데. 연줄을 먹일 때 쓴다.
• 삼겹살 중 肪脆를 좋아하지만 脂肪이 많으니 흠이다.

[기본] ① 膏肪(고방) 截肪(절방) 割肪(할방)

[발전] ① 肪燭(방촉)

다목 방 【2749】

부수	획수	총획
木	4	8

[字源] 〈형성〉 '다목'은 콩과에 속한 상록교목이라고 알려진다. 키는 5미터 정도로 줄기에는 잔가시가 있어 그것이 버팀목이 되었다. 유의어는 '단목(丹木), 소목(蘇木), 소방목(蘇方木)' 등이다. 나무(木)를 늘어놓아(方) 물을 막고 고기를 잡는 [어살(枋)]과 콩 과의 작은 상록 교목인 [다목(枋)]을 뜻하고 [방]으로 읽는다.

[필순] 一 十 才 木 朾 朾 枋 枋

[기초] 【기초한자어】 익히고, 【기본→발전한자어】 다지기
蘇枋(소방) 다목의 목재 속에 있는 붉은 살
枋頭(방두) 중국 하남성 준현 서남쪽 지명이다.
• 枋頭는 연나라 군대를 격파하고 황하를 건너는 장

1급

소다.
• 누나의 치마는 蘇枋으로 염색한 것인데 아주 곱다.
기본 ① 界枋(계방)
발전 ① 枋底(방저) 枋國(병국) 枋司(병사) 帶枋(대방) 引枋
(인방) 地枋(지방) 草枋(초방)

부수	획수	총획
巾	9	12

도울 방【2750】

字源 〈형성〉 '돕다'는 일이 잘 진행되도록 자기 있는 힘을 다
'보태다'는 뜻이다. 돕는 것은 말이 아니라 행동이라는
데…. 유의어는 '거들다, 보조(輔助)하다, 지원(支援)하다,
구(救)하다' 등이다. 어렵게 살거나 나라에 공이 있는 유공
자에게 재물(巾)을 봉하여(封) 그 사람을 정성껏 [돕다(幇)]
는 뜻이고 [방]으로 읽는다.
回 助(도울 조)

필순

기초 【기초한자어】 익히고, 【기본→발전한자어】 다지기
幇間(방간) 중개자. 연석에서 주흥을 돋우는 사람
幇助(방조) 거들어서 도와줌. 남의 범행에 편의를
주는 일
• 희극인이 幇間하니 썩 재미가 있었다.
• 나도 옆에서 거들어 도와주는 幇助를 했다.
기본 ① 幇工(방공) 助幇(조방)
발전 ① 幇辨(방변) 別幇(별방) 幇助犯(방조범)

부수	획수	총획
土	4	7

동네 방【2751】

字源 〈형성〉 '동네'는 한자어 '동내(洞內)'에서 기원했다는 것이
정설이라고 한다. '동내(洞內)'는 '동리(洞里) 안'이라는 뜻
에서 '촌(村), 촌락(村落), 촌리(村里)'의 의미로 쓰였을 것
이다. 땅(土) 위의 사방(方)의 집으로 [동네(坊)]라는 뜻과
좌우로 널리 펼쳐지는(方) 마을(土)로 불리는 [고을(坊)]을
뜻하고 [방]으로 읽는다.
回 里(마을 리) 閭(마을 려)

필순

기초 【기초한자어】 익히고, 【기본→발전한자어】 다지기
坊間(방간) 도시의 안. 길거리
坊閭(방려) 동네의 문. 마을
坊舍(방사) 승려가 거처하는 곳
• 坊間은 성안의 한복판인 길거리이라 하겠다.

• 깊은 산골 坊間를 지나니 坊舍가 나타나서 쉬었다.
기본 ① 坊本(방본) 坊長(방장) 坊廚(방주) 街坊(가방) 客坊
(객방) 京坊(경방) 敎坊(교방) 宮坊(궁방) 內坊(내방)
茶坊(다방) 馬坊(마방) 民坊(민방) 別坊(별방) 本坊
(본방) 宿坊(숙방) 僧坊(승방) 作坊(작방) 酒坊(주방)
春坊(춘방)
발전 ① 坊門(방문) 坊民(방민) 坊報(방보) 坊市(방시) 坊場
(방장) 坊店(방점) 坊巷(방항) 坊還(방환)
사자성어 ① 坊坊曲曲(방방곡곡)

부수	획수	총획
日	4	8

밝을 방【2752】

字源 〈형성〉 '밝다'는 빛이 잘 보일 수 있도록 환하다는 뜻이다.
빛의 선명성은 아침에 창을 비추는 햇살이 더욱 밝다. 유
의어는 '능숙(能熟)하다, 능통(能通)하다, 통달(通達)하다'
등이겠다. 아침에 뜬 햇빛(日)이 사방(方)으로 고루 퍼지면
서 어두웠던 온 대지를 더욱 빛나게 했으니 [밝다(昉)]는
뜻이고 [방]으로 읽는다.

필순

기초 【기초한자어】 익히고, 【기본→발전한자어】 다지기
神昉(신방) 신라 중기의 고승
申昉(신방) 조선후기 경상감사, 대사헌, 대사간을 역
임했던 인물이다.
• 神昉은 중국 당나라 현장법사의 문하에서 불경을
번역했다.
• 申昉은 별시문과에 병과로 급제, 검열과 이조참판
등을 고루 지냈다.

부수	획수	총획
木	10	14

방붙일 방 :
【2753】

字源 〈형성〉 자원 한 부분인 '방(旁)'은 바로 [곁]이다. 활의 양
쪽에 대어 잘못된 곳을 고치거나 바로 잡는다는 뜻으로
보인다. 여러 사람이 바르게 알도록 곧바로 알린다는 의
미가 더 도탑다. 넓은(旁) 세상에 고르게 알리기 위해 나
무(木) 판자 위에 글을 써서 붙였으니 [방 붙이다(榜)]는
뜻이고 [방]으로 읽는다.

필순

기초 【기초한자어】 익히고, 【기본→발전한자어】 다지기
榜歌(방가) 뱃노래. 뱃사공의 노래
榜具(방구) 죄인을 고문하는 형틀

榜目(방목) 과거에 급제한 사람의 성명을 적은 책
• 榜具는 큰 죄인을 고문하는 형틀이라고 알려진다.
• 榜目속에 아들의 이름을 확인하고 榜歌를 불렀다.

기본 ① 榜令(방령) 榜服(방복) 榜船(방선) 榜眼(방안) 榜額(방액) 榜楚(방초) 歌榜(가방) 高榜(고방) 放榜(방방) 賞榜(상방) 詩榜(시방) 吳榜(오방) 酒榜(주방) 板榜(판방) 標榜(표방) 懸榜(현방) 黃榜(황방)

발전 ① 榜軍(방군) 榜掠(방략) 榜文(방문) 榜聲(방성) 榜示(방시) 榜人(방인) 榜子(방자) 榜笞(방태) 榜花(방화) 落榜(낙방) 夾榜(협방) 榜 榜繁(방경)

사자성어 ① 榜上掛名(방상괘명) 落榜擧子(낙방거자)

부수	획수	총획
尤	4	7

삽살개 방 【2754】

字源 〈회의〉 '삽살개'는 '귀신 쫓는 개로 알려진 순수 우리 토종 개다. 일제 강점기에 멸종 위기를 겪었으나 1960년대부터 보존하여 개체가 늘었다. 1992년 '경산의 삽살개'가 천연기념물로 지정되었다. 잔털(彡)이 복스럽게 자라고 다른 개에 비해 털이 더욱(尤) 많은 개로 귀여운 [삽살개(尨)]를 뜻하고 [방]으로 읽는다.

필순 一 ナ 尢 尤 尨 尨 尨

기초 【기초한자어】 익히고, 【기본 → 발전한자어】 다지기
尨犬(방견) 털이 복슬복슬한 개. 삽살개
尨大(방대) 매우 큼
尨服(방복) 여러 가지 색이 섞인 의복
• 尨大는 매우 많거나 크고 또한 넓다.
• 尨服을 걸쳐입고 尨犬과 함께 눈밭을 거닐었다.

기본 ① 尨狗(방구) 尨然(방연) 尨茸(방용) 尨雜(방잡)

발전 ① 尨奇(방기) 靑尨(청방) 獅子尨(사자방)

사자성어 ① 尨眉皓髮(방미호발)

부수	획수	총획
肉	10	14

오줌통 방 【2755】

字源 〈형성〉 '오줌통'은 몸 안에서 흘러나온 오줌을 모아 함께 둔다. 이렇게 하여 함께 있는 요도를 통해 내보내는 주머니 모양의 인체기관인 것이다. 유의어는 '방광(膀胱)'이 있다. 몸 안(月)에 넓게 퍼져(旁) 있으면서도 배설물을 일정한 한도까지 잘 담아 두었다가 배설하는 [오줌통(膀)]을 뜻하고 [방]으로 읽는다.
回胱(오줌통 광)

필순 月 月 月 月 月 膀 膀 膀 膀 膀

기초 【기초한자어】 익히고, 【기본 → 발전한자어】 다지기
膀胱(방광) 요도를 통하여 오줌을 배출시키는 배설기관
膀胱炎(방광염) 세균의 감염 등으로 방광점막에 생기는 염증
• 자다가 자주 소변을 보니 膀胱에 이상은 없는 것인지 걱정된다.
• 膀胱炎은 방광점막에 생긴 염증으로 전립선과 영향이 있다.

발전 ① 膀胱癌(방광암) 🔟 翅膀(시방)

사자성어 ① 膀胱結石(방광결석)

부수	획수	총획
言	10	17

헐뜯을 방 : 【2756】

字源 〈형성〉 '헐뜯다'는 상대방을 해치려 흠을 잡으며 말하는 것이다. 흠은 누구에게나 있으니 칭찬이 아쉽다. 유의어로는 '폄론(貶論)하다, 폄(貶)하다, 폄훼(貶毀)하다, 폄언(貶言)하다' 등이다. 악의에 찬 말(言)로 남의 잘못을 알리려고 여러 곳(旁)에 좋지 못한 말을 퍼뜨리니 [헐뜯다(謗)]는 뜻이고 [방]으로 읽는다.
回譏(비웃을 기) 罵(꾸짖을 매) 誹(헐뜯을 비) 讒(참소할 참)

필순 一 言 言 言 計 計 誇 誇 誇 謗 謗

기초 【기초한자어】 익히고, 【기본 → 발전한자어】 다지기
謗論(방론) 남을 헐뜯는 논의
謗書(방서) 비방하고 책망하는 편지
謗嘲(방조) 헐뜯고 비웃음
• 謗書가 발각되어 곤욕을 치렀다.
• 천성이 謗嘲를 싫어하여 謗論의 자리에 갈는지.

기본 ① 謗譏(방기) 謗罵(방매) 謗言(방언) 謗怨(방원) 謗政(방정) 謗讒(방참) 謗毀(방훼) 群謗(군방) 譏謗(기방) 誣謗(무방) 分謗(분방) 非謗(비방) 誹謗(비방) 怨謗(원방) 造謗(조방) 虛謗(허방) 毀謗(훼방)

발전 ① 謗國(방국) 謗木(방목) 謗聲(방성) 謗譽(방예) 謗議(방의) 謗詛(방저) 得謗(득방) 猜謗(시방) 嘲謗(조방) 讒謗(참방) 橫謗(횡방) 🔟 謗讟(방독) 🔟 訾謗(자방)

사자성어 ① 誹謗之木(비방지목) 🔟 動輒得謗(동첩득방)

부수	획수	총획
彳	4	7

헤맬 방 (:) 【2757】

字源 〈형성〉 '헤매다'는 마음속에 담겨있는 무엇인가를 찾는다. 그러기 위해서 여러 곳을 이리저리 돌아다니기가 십상이

1급

다. 유의어로는 '갈팡질팡하다, 방황(彷徨)하다' 등으로 쓰인다. 많은 사람들이 좌우로 펼쳐진(方) 넓은 곳을 이리저리 정신없이 왔다갔다(彳) 방황한다 했으니 [헤매다(彷)]는 뜻이고 [방]으로 읽는다.
圖 佛(비슷할 불) 徨(헤맬 황)

필순 ノ ノ イ 彳 彳 行 彷

기초 【기초한자어】 익히고, 【기본→발전한자어】 다지기
彷佛(방불) 거의 비슷함. 근사함. 명하여 분명하지 못한 모양
彷徨(방황) 여기저기 목적 없이 헤맴
• 彷佛은 거의 비슷함이나 근사함이다.
• 여기저기 목적 없이 헤매는 일이 彷徨이다.
• 彷佛한 역마살인 그대는 한 달 동안 彷徨하고 있다.

발전 ① 彷佛(방불) 圖 彷徉(방양)

사자성어 ① 彷徨變異(방황변이) 夢中彷徨(몽중방황)

陪

모실 배 : 【2758】

字源 〈형성〉 '모시다'는 손윗사람을 어떤 곳으로 데려 가거나 데리고 오다는 뜻을 담는다. 정중한 마음으로 모신 것이다. 유의어는 어느 곳에 '초청(招請)하다, 청초(請招)하다' 등이 있다. 많은(咅←倍) 사람이 해치려고 할 때 위험을 막아(阝) 주는 사람이 [도왔으니(陪)] 고맙게 [모시다(陪)]는 뜻이고 [배]로 읽는다.
圖 隨(따를 수) 侍(모실 시) 從(좇을 종)

필순 ノ 阝 阝 阝 阤 陪 陪 陪 陪

기초 【기초한자어】 익히고, 【기본→발전한자어】 다지기
陪客(배객) 귀인을 수행하여 온 손님
陪觀(배관) 귀인을 모시고 같이 구경함
陪席(배석) 윗사람을 모시고 자리를 함께함
• 陪客은 행사에 참석한 귀인을 수행해 온 손님이다.
• 준공식에 총리와 陪席하고 내일은 그에 대하여 陪觀할 예정이다.

기본 ① 陪耕(배경) 陪堂(배당) 陪都(배도) 陪隸(배례) 陪僕(배복) 陪乘(배승) 陪遊(배유) 陪接(배접) 陪行(배행) 奉陪(봉배) 趨陪(추배) 追陪(추배)

발전 ① 陪哭(배곡) 陪臺(배대) 陪敦(배돈) 陪僚(배료) 陪吏(배리) 陪房(배방) 陪奉(배봉) 陪賓(배빈) 陪星(배성) 陪隨(배수) 陪承(배승) 陪侍(배시) 陪食(배식) 陪臣(배신) 陪審(배심) 陪衛(배위) 陪貳(배이) 陪鼎(배정) 陪從(배종) 陪寺(배지) 陪幸(배행) 陪扈(배호) 首陪(수배) 後陪(후배)

사자성어 ① 陪席判事(배석판사) 陪審裁判(배심재판) 陪審制度(배심제도) 高冠陪輦(고관배련)

湃

부수	획수	총획
水	9	12

물결칠 배 【2759】

字源 〈형성〉 '물결치다'는 바다 물결이나 마음이 격동하여서 일어나서 울렁거리거나 설레다는 뜻이다. 넓은 바닷물이나 강물이 물결을 이루면서 크게 일렁거렸으니 물결친 것이다. 불어오는 바람결을 따라 물결(氵)이 마치 인사(拜)하듯이 넘실거리는 소리로 [물결소리(湃)] 또는 [물결치다(湃)]는 뜻이고 [배]로 읽는다.
圖 澎(물소리 팽)

필순 氵 氵 氵 氵 湃 湃 湃 湃 湃 湃 湃

기초 【기초한자어】 익히고, 【기본→발전한자어】 다지기
湃湃(배배) 물결이 이는 모양. 파도 소리
澎湃(팽배) 물결이 맞부딪쳐 솟구치는 현상
• 보길도 해변의 湃湃를 보면서 고산 윤선도를 생각나게 했다.
• 물결이 맞부딪쳐서 솟구치는 澎湃 현상이 장관을 이룬다.

발전 ① 彭湃(팽배) 极 澎湃(방배)

胚

부수	획수	총획
肉	5	9

아기밸 배 【2760】

字源 〈형성〉 '아기 배다'는 임신을 하다. 배 속에 아이나 새끼를 가지다는 뜻이다. 사람은 임신 후 10개월이 되면 아이를 낳는다. 유의어는 '수태(受胎)하다, 잉태(孕胎)하다, 회임하다(懷妊)하다' 등이다. 여자가 임신하면 태반(月)에 자리 잡은 아기가 양분을 잘 먹고 자라니(丕) [아기 배다(胚)]는 뜻이고 [배]로 읽는다.
圖 孕(아이 밸 잉) 胎(아이 밸 태)

필순) 刀 月 月 肝 胚 胚 胚 胚

기초 【기초한자어】 익히고, 【기본→발전한자어】 다지기
胚芽(배아) 식물의 씨 속에서 자라 싹눈이 되는 부분
胚子(배자) 동물의 태나 알 속에서 자라 새끼가 되는 부분
胚胎(배태) 아이나 새끼를 뱀. 사물의 시초나 원인이 될 빌미
• 胚子는 동물의 태나 알 속에서 자라나는 새끼이다.
• 살구씨 胚芽에서 새싹이 돋듯 며느리도 胚胎하였다.

기본 ① 胚乳(배유) 胚孕(배잉) 胚珠(배주)

발전 ① 胚孔(배공) 胚球(배구) 胚囊(배낭) 胚盤(배반) 胚柄(배병) 胚軸(배축) 胚渾(배혼) 胞胚(포배)

사자성어 ① 胚葉動物(배엽동물) 彎生胚珠(만생배주)

1급

부수	획수	총획
彳	8	11

어정거릴 배 【2761】

字源 〈형성〉 '어정거리다'는 몸집이 큰 사람이 길에서 이리저리 왔다갔다 걷는다는 뜻이다. 특별하게 할 일도 없이 서성임이다. 유의어로는 '어정대다, 어정어정하다' 등이다. 움직일 듯이(彳) 움직이지 않을 듯이(非) [머뭇거리디(徘)] 혹은 걸어 가면서도(彳) 가지 않는 듯이(非) [어정거리다(徘)]는 뜻이고 [배]로 읽는다.
圖徊(머뭇거릴 회) 回排(밀칠 배) 俳(배우 배)

필순 ノ ゝ 彳 彳 彳 徉 徉 徘 徘 徘 徘

기초 【기초한자어】 익히고, 【기본→발전한자어】 다지기
徘徊(배회) 어정거림. 하릴없이 이리저리 거닒
徘徊症(배회증) 할 일 없이 거니는 병증세
• 밤거리를 徘徊하다 경찰관에게 불심검문을 당했다.
• 徘徊症도 일종의 습관이나 병증세는 아닐까?.

사자성어 ① 徘徊徊徊(배배회회) 徘徊顧眄(배회고면) 徘徊瞻眺(배회첨조)

부수	획수	총획
鬼	5	15

넋 백 【2762】

字源 〈형성〉 '넋'은 사람 몸을 거느려 정신을 다스리며 목숨을 부지하는 정신이다. 넋이 살아야 정신이 산다. 유의어는 '성령(性靈), 혼(魂), 혼백(魂魄), 영백(靈魄)' 등이다. 생기를 완전하게 잃어버린(白) 혼백(鬼)으로 80~100년을 육체와 함께하다가 맥박이 멈추면 그만 떠나는 [넋(魄)]을 뜻하고 [백]으로 읽는다.

필순 ノ 白 白 白 的 的 魄 魄 魄 魄

기초 【기초한자어】 익히고, 【기본→발전한자어】 다지기
魄散(백산) 마음이 흩어져서 가라앉지 않음
魄兆(백조) 넋의 징조
氣魄(기백) 씩씩한 기상과 진취적인 정신
• 군인들은 氣魄이 넘치는 청년들이었다.
• 초저녁 魄兆같은 불빛을 보고 魄散상태가 되었다.

기본 ① 魄力(백력) 落魄(낙백) 杜魄(두백) 亡魄(망백) 旁魄(방백) 死魄(사백) 生魄(생백) 素魄(소백) 心魄(심백) 夜魄(야백) 螢魄(영백) 玉魄(옥백) 妖魄(요백) 圓魄(원백) 月魄(월백) 精魄(정백) 地魄(지백) 體魄(체백) 蜀魄(촉백) 隱魄(험백) 形魄(형백) 虎魄(호백) 皓魄(호백) 魂魄(혼백) 曉魄(효백)

발전 ① 魄吏(백리) 魄然(백연) 桂魄(계백) 光魄(광백) 曜魄(요백) 駭魄(해백)

사자성어 ① 家貧落魄(가빈낙탁) 三魂七魄(삼혼칠백) 天奪其魄(천탈기백) 魂飛魄散(혼비백산)

부수	획수	총획
巾	5	8

비단 백 【2763】

字源 〈형성〉 '비단'은 한국 명주실로 광택이 나도록 짠 옷감을 통틀어 이르는 말이다. 비단 재배는 단조롭고 섬세하여 우리 민족의 미적 의식에 선호되는 옷감이라고도 하겠다. 흰(白) 천(巾)으로 짜서 만든 [폐백(帛)]의 뜻과 흰(白) 비단은 누에의 명주실(巾)로 촘촘하게 짰다고 했으니 [폐백(帛)]을 뜻하고 [백]으로 읽는다.

필순 ノ ノ 冂 白 白 白 帛 帛

기초 【기초한자어】 익히고, 【기본→발전한자어】 다지기
帛巾(백건) 비단 헝겊
帛書(백서) 비단에 쓴 글자. 또는 그 비단
竹帛(죽백) 서적, 특히 사서와 같은 경서를 일컬음
• 竹帛은 서적인바, 사서와 같은 경서를 일컫는다.
• 한 바구니에 帛書이, 다른 바구니엔 帛巾이 있다.

기본 ① 帛袴(백고) 帛信(백신) 帛布(백포) 金帛(금백) 大帛(대백) 綿帛(면백) 壁帛(벽백) 絲帛(사백) 生帛(생백) 束帛(속백) 栗帛(율백) 玉帛(옥백) 財帛(재백) 采帛(채백) 通帛(통백) 布帛(포백)

발전 ① 帛絲(백사) 雁帛(안백) 幣帛(폐백) 正帛(필백)

사자성어 ① 名垂竹帛(명수죽백) 非帛不煖(비백불난)

부수	획수	총획
艸	12	16

불을 번 【2764】

字源 〈형성〉 '붇다'는 분량이 많아지다. '우거지다'는 초목이 무성하다는 뜻이다. '番은 퍼지다는 의미를 담아 초목이 좌우로 번성하다는 뜻을 담고 있기 때문이다. 풀(艹)이 차례차례(番) 씨앗을 맺어서 [우거지다(蕃)] 혹은 산천초목(艹)이 잘 우거져서(番) 아주 힘차게 번성했으니 [붇다(蕃)]는 뜻이고 [번]으로 읽는다.
圖茂(무성할 무) 盛(성할 성) 殖(불릴 식) 滋(불을 자)

필순 一 十 艹 艹 艹 芿 荅 莩 菜 蕃 蕃 蕃

기초 【기초한자어】 익히고, 【기본→발전한자어】 다지기
蕃盛(번성) 초목이 무성함. 자손이 늘어서 퍼짐
蕃殖(번식) 붇고 늘어서 많이 퍼짐
蕃昌(번창) 힘차게 융성하여 감. 번성함
• 蕃殖은 재산이 붇고 자주 늘어서 많이 퍼짐이다.

1급

• 잡초가 蕃盛하듯 우리 집안도 蕃昌할 것 같다.

기본 ① 蕃界(번계) 蕃國(번국) 蕃阜(번부) 蕃弱(번약) 蕃育(번육) 蕃人(번인) 蕃滋(번자) 南蕃(남번) 生蕃(생번) 熟蕃(숙번) 實蕃(실번) 諸蕃(제번) 靑蕃(청번) 吐蕃(토번)

발전 ① 蕃客(번객) 蕃境(번경) 蕃畿(번기) 蕃多(번다) 蕃茂(번무) 蕃民(번민) 蕃邦(번방) 蕃屏(번병) 蕃庶(번서) 蕃鮮(번선) 蕃俗(번속) 蕃熟(번숙) 蕃息(번식) 蕃臣(번신) 蕃神(번신) 蕃語(번어) 蕃衍(번연) 蕃宇(번우) 蕃夷(번이) 蕃障(번장) 蕃靑(번정) 蕃族(번족) 蕃地(번지) 蕃酋(번추) 蕃蔽(번폐) 蕃華(번화) 滋蕃(자번) 眞蕃(진번) 特 蕃蕁(번자) 蕃椒(번초)

사자성어 特 羝羊觸蕃(저양촉번)

부수	획수	총획
艹	15	19

울타리 번 【2765】

字源 〈형성〉 '울타리'는 담을 대신해 나무 등을 얽어 집을 막거나 경계를 가른다. 담과 나무가 울타리를 가렸다. 유의어는 '울, 울짱, 위옹(圍擁), 파리(笆籬), 번리(藩籬),' 등이다. 물(氵)가에 초목이 우거진(蕃) [울타리] 혹은 쌀뜨물(潘:반)을 버린 곳에 풀(艹)이 많이 우거진 [울타리(藩)]를 뜻하고 [번]으로 읽는다.
동 籬(울타리 리)

필순 艹 艹 艹 艹 艹 萍 萍 藩 藩 藩

기초 【기초한자어】 익히고, 【기본→발전한자어】 다지기
藩落(번락) 울타리
藩籬(번리) 울타리. 입구
藩臣(번신) 왕실을 수호하는 신하
• 울타리를 藩落이라 했고, 튼튼한 기대의 버팀목이지.
• 藩臣이 거주하는 관사에 藩籬를 설치했다.

기본 ① 藩車(번거) 藩國(번국) 藩邦(번방) 藩屏(번병) 藩職(번직) 藩戚(번척) 藩蔽(번폐) 藩侯(번후) 疆藩(강번) 大藩(대번) 名藩(명번) 小藩(소번) 列藩(열번) 外藩(외번) 雄藩(웅번) 遠藩(원번) 離藩(이번) 諸藩(제번) 宗藩(종번) 重藩(중번) 親藩(친번) 脫藩(탈번) 廢藩(폐번) 翰藩(한번)

발전 ① 藩方(번방) 藩輔(번보) 藩服(번복) 藩付(번부) 藩屬(번속) 藩人(번인) 藩任(번임) 藩鎭(번진) 藩翰(번한) 特 藩垣(번원) 鉅藩(거번) 牆藩(장번)

부수	획수	총획
水	2	5

넘칠 범 : 【2766】

字源 〈형성〉 '넘치다'는 힘이나 돈의 위력이 강렬하게 퍼지거나

거세게 일어나다는 뜻이겠다. '술잔이 넘치다'처럼 독 안의 액체 등이 밖으로 넘쳐나는 것도 범람(氾濫)의 의미를 담았으리…. 홍수가 크게 나서 물(氵)이 넘쳐 전답과 집을 덮침에 따라 멀리 퍼져(巳=氾) 흘러가니 [넘치다(氾)]는 뜻이고 [범]으로 읽는다.
동 濫(넘칠 람) 溢(넘칠 일) 回 汜(지류 사)

필순 丶 丶 氵 氿 氾

기초 【기초한자어】 익히고, 【기본→발전한자어】 다지기
氾濫(범람) 물이 넘쳐흐름. 시세에 따라 변천함
氾博(범박) 대단히 넓음. 광대함
氾船(범선) 배를 띄움
• 氾博은 대단히 넓음이나 창대하게 광대함이다.
• 오랜만에 강이 氾濫함에 따라 氾船하게 되었다.

기본 ① 氾論(범론) 氾拜(범배) 氾水(범수) 氾溢(범일) 氾乎(범호) 廣氾(광범) 博氾(박범) 普氾(보범) 淸氾(청범)

발전 ① 氾氾(범범) 氾然(범연) 蒙氾(몽범) 氾濫灣(범람만) 特 氾埽(범소)

사자성어 ① 氾愛兼利(범애겸리)

부수	획수	총획
巾	3	6

돛 범 : 【2767】

字源 〈형성〉 '돛'은 바람을 받아 배가 나가고 기둥에 천을 매어 올리고 내리도록 만든 천이다. 동력이 아닌 바람의 힘으로 배가 순항하게 되는 돛단배의 원형이다. 돛배(巾)를 가지고 대개(凡) 만든 [돛(帆)]이란 뜻과 '凡'은 돛으로 '모든'을 뜻하게 되었는데 여기에 '巾'자를 덧붙여서 [돛(帆)]을 뜻하고 [범]으로 읽는다.

필순 丿 冂 巾 巾 帆 帆

기초 【기초한자어】 익히고, 【기본→발전한자어】 다지기
帆竿(범간) 돛대
帆席(범석) 돛자리 따위로 만든 돛
帆船(범선) 돛단배. 돛배
• 돛자리 따위로 만든 帆席으로 출항하게 되었네.
• 우리 帆船이 이번 강풍으로 帆竿의 일부가 상했다.

기본 ① 帆影(범영) 帆檣(범장) 帆布(범포) 客帆(객범) 輕帆(경범) 孤帆(고범) 歸帆(귀범) 錦帆(금범) 落帆(낙범) 滿帆(만범) 晩帆(만범) 半帆(반범) 白帆(백범) 席帆(석범) 揚帆(양범) 雲帆(운범) 征帆(정범) 眞帆(진범) 出帆(출범) 片帆(편범) 布帆(포범) 風帆(풍범) 軒帆(헌범)

발전 ① 帆程(범정) 帆走(범주) 帆海(범해) 本帆(본범) 帆立貝(범립패) 機帆船(기범선)

사자성어 ① 帆腹飽滿(범복포만) 順風滿帆(순풍만범)

부수	획수	총획
水	5	8

泛 뜰 범 : 【2768】

字源 〈형성〉'뜨다'는 하늘엔 비행기가, 물 위엔 배가 떠서 전진한다. 이에 부력에 의하여 배가 물 위에 둥둥 떠서 움직인다. 비행기가 하늘에 뜨고, 배가 물에 뜨는 이치가 적중했다. 잎이 물(氵)에 떠(乏=氾) 있으니 [뜨다(泛)]라는 뜻과 물(氵) 위에 잎이 둥둥 떠내려가니 (乏=氾) [띄우다(泛)]라는 뜻이고 [범]으로 읽는다.

필순 丶丶氵氵氵泛泛泛

기초 【기초한자어】 익히고, 【기본→발전한자어】 다지기
泛觀(범관) 널리 마음껏 봄
泛覽(범람) 널리 봄. 두루 봄
泛舟(범주) 배를 띄움
• 너른 바다를 널리 보고 두루 보아 泛覽해야겠네.
• 바다를 널리 보는 泛觀한 뒤에 泛舟해도 되겠다.

기본 ① 泛看(범간) 泛使(범사) 泛溢(범일) 泛漲(범창) 泛浸(범침) 泛宅(범택) 遊泛(유범) 萍泛(평범) 飄泛(표범)

발전 ① 泛過(범과) 泛讀(범독) 泛泛(범범) 泛浮(범부) 泛灑(범쇄) 泛然(범연) 泛月(범월) 泛聽(범청) 泛稱(범칭) 泛忽(범홀) 浮泛(부범) 沿泛(연범)

사자성어 ① 泛對衆應(범대만응) 泛駕之馬(봉가지마) 悠悠泛泛(유유범범)

부수	획수	총획
木	7	11

梵 불경 범 : 【2769】

字源 〈형성〉'불경'은 부처의 가르침을 적은 경전이다. 경(經)은 범어 수트라(Sutra)를 의역한 말로, 계경·정경·관경 등의 번역으로 본다. 수트라는 '실'을 뜻한다. 수풀(林) 속 작은 절에서 대개(凡) 배우는 '중의 글'이란 뜻으로 梵語(Brahman)의 음역을 따왔던 글자라 했으니 심오한 [불경(梵)]을 뜻하고 [범]으로 읽는다.

필순 一十才木木村林林梵梵

기초 【기초한자어】 익히고, 【기본→발전한자어】 다지기
梵閣(범각) 절이나 불당
梵衲(범납) 승려
梵學(범학) 불경에 관한 학문
• 절이나 불당에서 梵閣 신자들 태도가 진지하다.
• 최근에 들어온 梵衲들이 梵學을 연구하고 있다.

기본 ① 梵家(범가) 梵偈(범게) 梵文(범문) 梵坊(범방) 梵士(범사) 梵書(범서) 梵樂(범악) 梵王(범왕) 梵宇(범우) 梵字(범자) 梵刹(범찰) 梵册(범책) 梵天(범천) 梵唄

(범패) 梵行(범행) 釋梵(석범) 仙梵(선범) 晨梵(신범) 夜梵(야범) 牛梵(우범) 幽梵(유범) 淸梵(청범) 香梵(향범) 曉梵(효범)

발전 ① 梵境(범경) 梵磬(범경) 梵宮(범궁) 梵本(범본) 梵語(범어) 梵雄(범웅) 梵音(범음) 梵殿(범전) 梵鐘(범종) 梵夾(범협) 大梵(대범) 作梵(작범)

사자성어 ① 梵我一如(범아일여)

부수	획수	총획
玉	13	18

璧 구슬 벽【2770】

字源 〈형성〉'구슬'은 유리나 보석 등을 가공해 둥글게 만든 노리갯감이다. 유리나 사기 등을 둥글게 만들어 땅따먹기에 착안한 놀이기구다. 일본어로 흔히 '다마'라고 했다. 임금(辟)이 가지고 있는 옥(玉)으로 [구슬(璧)] 혹은 구슬(玉)을 가지고 함정을 잘도 피하면서(辟) 노닐었던 [도리옥(璧)]을 뜻하고 [벽]으로 읽는다.

동 玉(구슬 옥)

필순 尸尸尸尸尸尸辟辟璧璧璧璧璧

기초 【기초한자어】 익히고, 【기본→발전한자어】 다지기
璧聯(벽련) 옥으로 장식한 주련
璧玉(벽옥) 옥
璧月(벽월) 옥같이 아름다운 둥근 달
• 온통 옥으로 장식한 기둥의 璧聯을 보게.
• 저 璧玉을 볼 때마다 문득 璧月생각이 난다.

기본 ① 璧門(벽문) 璧帛(벽백) 璧沼(벽소) 璧人(벽인) 璧田(벽전) 璧池(벽지) 穀璧(곡벽) 拱璧(공벽) 圭璧(규벽) 白璧(백벽) 寶璧(보벽) 符璧(부벽) 雙璧(쌍벽) 御璧(어벽) 連璧(연벽) 玉璧(옥벽) 完璧(완벽) 印璧(인벽) 趙璧(조벽) 楚璧(초벽) 合璧(합벽) 和璧(화벽)

발전 ① 璧羨(벽선) 璧水(벽수) 璧瑗(벽원) 璧日(벽일) 璧趙(벽조) 哭璧(곡벽) 藍璧(남벽) 反璧(반벽) 返璧(반벽) 聯璧(연벽) 蒲璧(포벽) 環璧(환벽) 璧有(벽유) 璧雍(벽옹)

사자성어 ① 白璧微瑕(백벽미하) 完璧歸趙(완벽귀조) 懷璧有罪(회벽유죄)

부수	획수	총획
疒	13	18

癖 버릇 벽【2771】

字源 〈형성〉'버릇'은 여러 차례 되풀이하여 저절로 몸에 익으며 굳어진 행동이나 성질이다. 이것이 바로 습관이다. 유의어는 '습관(習慣), 습벽(習癖), 습성(習性), 행습(行習)' 등

이 있다. 병(疒)처럼 스스로 불러들이는(辟) [버릇(癖)]의 뜻과 한 쪽으로 치우쳐서(辟) 생긴 병(疒)으로 [습관(癖)]을 뜻하고 [벽]으로 읽는다.

필순 广 疒 疒 疒 疒 疒 癖 癖 癖 癖

기초 【기초한자어】 익히고, 【기본→발전한자어】 다지기
癖痼(벽고) 오래 낫지 않는 병
癖病(벽병) 나쁜 버릇
癖性(벽성) 고질이 된 습성, 편벽한 성질
• 고질적으로 오래 낫지 않는 병인 癖痼가 무섭다.
• 남의 물건 욕심내는 癖病은 癖痼만큼 나쁘다 하겠다.

기본 ① 癎癖(간벽) 疳癖(감벽) 潔癖(결벽) 痼癖(고벽) 舊癖(구벽) 奇癖(기벽) 嗜癖(기벽) 病癖(병벽) 書癖(서벽) 性癖(성벽) 睡癖(수벽) 習癖(습벽) 詩癖(시벽) 惡癖(악벽) 一癖(일벽) 腸癖(장벽) 錢癖(전벽) 酒癖(주벽)

발전 ① 癖飮(벽음) 癖在(벽재) 癖積(벽적) 癖好(벽호) 怪癖(괴벽) 盜癖(도벽) 勝癖(승벽) 旅癖(여벽)

사자성어 ① 煙霞之癖(연하지벽) 自是之癖(자시지벽) 好勝之癖(호승지벽)

부수	획수	총획
手	13	17

엄지손가락 벽 【2772】

字源 〈형성〉 '엄지손가락'은 손가락 중 제일 굵으면서 짧은 첫째 손가락이다. 다섯 가운데 제일이기에 엄지가 바로 '엄지척'이다. 유의어는 '대지(大指), 무지(拇指), 벽지(擘指)' 등이다. 손(手)가락 중에서 주인 말을 잘 따르는(辟) [엄지손가락(擘)]의 뜻과 손(手)으로 쪼개어(辟) 벌리니 [으뜸(擘)]을 뜻하고 [벽]으로 읽는다.

필순 尸 启 启 启 启 启 辟 辟 辟 辟 擘 擘

기초 【기초한자어】 익히고, 【기본→발전한자어】 다지기
擘指(벽지) 엄지손가락
擘畫(벽획) 처리함. 결단함
巨擘(거벽) 학식이나 전문적인 분야에서 뛰어남
• 巨擘은 학식이나 전문적인 분야에서 뛰어남이다.
• 그 사람이 擘指를 세우면 스스로 擘畫을 한다.

기본 ① 擘裂(벽렬) 巨擘(거벽) 雲擘(운벽)
발전 ① 擘肌(벽기) 擘劃(벽획) 擘黑(벽흑)

부수	획수	총획
門	13	21

열 벽 【2773】

字源 〈형성〉 '열다'는 출입문을 옆으로 밀거나 자기 쪽으로 당

겨 안팎이 서로 소통하게 하는 것이다. 서랍 등을 빼내면 안이 드러난다. 꽉 막혔던 남북대화도 이제 소통하게 되나보다. 문(門)을 양옆으로 밀어붙였으니(辟) [열다(闢)]는 뜻과 문(門) 안으로 사람을 불러들이니(辟) [열리다(闢)]는 뜻이고 [벽]으로 읽는다.

필순 門 門 門 門 門 門 門 門 闢 闢 闢 闢

기초 【기초한자어】 익히고, 【기본→발전한자어】 다지기
闢墾(벽간) 논밭을 일굼
闢戶(벽호) 문을 엶
開闢(개벽) 세상이 처음으로 열리어 생김
• 開闢은 이 세상이 처음으로 열리어 생기는 일이다.
• 闢墾의 거친 일에 이제 闢戶를 열어두었으니 고맙네.

기본 ① 廣闢(광벽) 排闢(배벽) 疏闢(소벽) 洞闢(통벽) 判闢(판벽) 軒闢(헌벽)

발전 ① 闢國(벽국) 闢發(벽발) 闢邪(벽사) 闢土(벽토) 特 闢閤(벽합)

사자성어 ① 闢土拓地(벽토척지) 天地開闢(천지개벽)

부수	획수	총획
刀	13	15

쪼갤 벽 【2774】

字源 〈형성〉 '쪼개다'는 사과 같은 과일을 둘 이상의 조각 부분으로 적절하게 나눈다는 뜻이다. 혹은 꽉 짜여진 시간을 일부러 나누어서 여유 시간을 마련하게 된다는 뜻도 쓸 수 있다. 큰 죄를 저지른 사람을 칼(刀)로 찢어 죽이는 극형, 일종의 형벌(辟)로 긴 칼로 싹둑 베어서 [쪼개다(劈)]는 뜻이고 [벽]으로 읽는다.

필순 尸 居 居 居 居 启 启 启 劈 劈

기초 【기초한자어】 익히고, 【기본→발전한자어】 다지기
劈頭(벽두) 글말의 첫머리. 일의 첫머리
劈歷(벽력) 벽락. 살무사의 딴 이름
劈破(벽파) 쪼개서 깨뜨림
• 劈破는 신기한 것을 쪼개서 깨뜨림을 뜻한다.
• 등산을 가기 전에 劈頭부터 劈歷을 조심하라 조언한다.

기본 ① 劈開(벽개) 劈碎(벽쇄) 斧劈(부벽)
발전 ① 劈斷(벽단) 劈鍊(벽련) 劈理(벽리) 劈析(벽석) 劈畫(벽획)

사자성어 ① 劈破門閥(벽파문벌)

부수	획수	총획
目	12	17

눈깜짝할 별 【2775】

字源 〈형성〉 '순식'이란 말을 자주 쓰지만 '순식간'이 더 일반적이다. 눈 한 번 깜짝이는 사이가 [瞬(순)]이다. 숨 한 번 들이켰다 내뱉는 시간이 [息(식)]이라고도 했다. 눈(目)이 찢어져서(敝) 좌우의 시선이 집중되지 않아서 균형이 쉽게 깨져 얼핏 슬쩍 보아가면서 넘겼으니 [눈깜짝하다(瞥)]는 뜻이고 [별]로 읽는다.

필순 丷 内 巾 甫 甫 敝 敝 敝 瞥 瞥 瞥

기초 【기초한자어】 익히고, 【기본 → 발전한자어】 다지기
瞥見(별견) 흘끗 봄. 슬쩍 봄
瞥觀(별관) 얼른 슬쩍 봄
瞥瞥(별별) 일정하지 않은 모양. 이따금 보임
• 흘끗 보거나 슬쩍 한번 보는 현상을 瞥見이라 한다.
• 지나다가 瞥觀한 탓인지 단풍잎이 瞥瞥하게 보였다.
기본 ① 瞥然(별연) 斜瞥(사별) 一瞥(일별) 電瞥(전별)
발전 ① 瞥列(별렬) 瞥眼(별안) 瞥眼間(별안간)

부수	획수	총획
黽	12	25

자라 별【2776】

字源 〈형성〉 '자라'는 자라과에 속하는 동물로 분류된다. 밑바닥에 개흙이 깔려 있다는 하천이나 호수에서 살고 있다. 밑바닥에서 물고기나 다른 물속 동물을 잡아먹고 산다. 등이 터질(敝) 듯한 모양을 하는 맹꽁이(黽) 배처럼 둥그런 몸뚱이를 가진 물고기(魚)라고 했으니 [자라(鱉)]를 뜻하고 [별]로 읽는다.
回 鼈(자라 별)

필순 丷 甫 敝 敝 敝 敝 幣 幣 鱉 鱉

기초 【기초한자어】 익히고, 【기본 → 발전한자어】 다지기
鱉甲(별갑) 자라의 등딱지. 약재로 씀. 관의 뚜껑
龜鱉(귀별) 거북과 자라. 거북의 무리
魚鱉(어별) 물고기와 자라. 바다 동물의 총칭
• 한약방에 걸려있는 鱉甲이 약재로 쓰인다고 한다.
• 거북과 자라는 龜鱉이고, 물고기와 자라를 魚鱉이다.
기본 ① 鱉靈(별령) 巨鱉(거별) 納鱉(납별) 老鱉(노별) 木鱉(목별) 將鱉(장별) 釣鱉(조별)
발전 ① 鱉橋(별교) 鱉盞(별잔) 月鱉(월별) 天鱉(천별) 土鱉(토별) 特 鱉裙(별군) 特 鱉盌(별완)
사자성어 ① 甕中捉鱉(옹중착별)

부수	획수	총획
食	8	17

떡 병 :【2777】

字源 〈형성〉 '떡'은 쌀이나 콩 같은 곡식 가루를 찌거나 삶아 익힌 음식물을 통틀어 이르는 말이다. 명절이나 생일날이 되면 가장 소중하며 귀하게 여긴 음식이 떡이라고 했다. 밥(食)을 찧어 콩고물(并)과 함께 잘 만든 [떡(餅)] 혹은 곡물(食) 가루를 붙여서(并) 만들어 즐겨 먹었던 [떡(餅)]을 뜻하고 [병]으로 읽는다.
回 餅

필순 丶 ㅅ 合 合 食 飠 飠 飩 餅 餅 餅

기초 【기초한자어】 익히고, 【기본 → 발전한자어】 다지기
餅金(병금) 떡같이 둥글넓적하게 만든 금덩이
餅銀(병은) 떡같이 둥글넓적하게 만든 은덩이
餅餌(병이) 떡과 과자 종류 식품을 총칭하는 말
• 어젯밤에 餅餌를 잔뜩 먹고 배가 불렀지.
• 꿈에 餅金과 餅銀을 보았으니 좋은 일이 있겠다.
기본 ① 硬餅(경병) 籠餅(농병) 一餅(일병) 煎餅(전병) 湯餅(탕병) 畫餅(화병)
발전 ① 餅師(병사) 粘餅(점병)
사자성어 ① 畫中之餅(화중지병) 兩手執餅(양수집병)

부수	획수	총획
瓦	8	13

병 병【2778】

字源 〈형성〉 옛날부터 각종 병은 우리 생활에 많이 쓰인다. 소주병, 맥주병, 화장품 병 등 헤아릴 수 없을 만큼 그 수효가 즐비하다. 병은 참기름 등의 액체를 넣어 보관하기 좋다. 기와(瓦) 구울 때 가마솥에 토기와 함께(并) 구워서 만든 토기로 긴 병의 목과 아가리가 상당히 좁은 [병(瓶)]을 뜻하고 [병]으로 읽는다.
回 瓶

필순 丶 亠 幷 幷 幷 瓶 瓶 瓶 瓶 瓶

기초 【기초한자어】 익히고, 【기본 → 발전한자어】 다지기
空瓶(공병) 빈 병
瓶錫(병석) 단지와 석장. '탁발'을 이름
瓶洗(병세) 병에 꽂은 꽃
• 좋아하는 선생님 자리에 瓶洗를 올려두었다.
• 큰 스님은 空瓶과 瓶錫으로 고행을 시작하셨다.
기본 ① 瓶裏(병리) 瓶盆(병분) 瓶子(병자) 金瓶(금병) 銅瓶(동병) 銀瓶(은병) 酒瓶(주병) 鐵瓶(철병) 土瓶(토병) 花瓶(화병)
발전 ① 瓶甌(병구) 瓶梅(병매) 瓶花(병화) 火焰瓶(화염병) 特 瓶盎(병앙)
사자성어 ① 瓶沈簪折(병침잠절) 守口如瓶(수구여병)

1급

부수	획수	총획
水	6	9

스며흐를 복
보 보 【2779】

字源 〈형성〉 '보'는 농사 짓기용 하천에서 관개용수를 끌어들인다. 이렇게 끌어와 높은 둑을 쌓아서 만든 저수시설은 물과 보가 제격을 이룬다. 보는 수위를 높이고 수량(水量)을 확보한다. 물(氵)이 숨어서 흐르니(伏) [스며 흐르다(洑)]는 뜻과 논에 물 대는 수리시설 하나로만 세워진 [보(洑)]를 뜻하고 [보]로 읽는다.

필순 ﾞﾞﾞﾞﾞﾞﾞ氵氵沪沪洑洑

기초 【기초한자어】 익히고, 【기본→발전한자어】 다지기
洑流(복류) 물결이 빙 돌아 흐름. 물이 땅속으로 스며 흐름
洑主(보주) 보의 주인
民洑(민보) 민간의 힘으로 쌓아서 만든 논의 보
• 민간의 힘으로 쌓아서 만든 논의 보인 民洑가 쓰였다.
• 가뭄에 물이 부족하여 洑流하여 洑主를 애타게 했다.

기본 ① 洑稅(보세) 怒洑(노복) 湍洑(단복) 倒洑(도복)
발전 ① 防洑(방보) 治洑(치보)

부수	획수	총획
艹	8	12

보살 보 【2780】

字源 〈형성〉 보살은 고대 인도어 '보디 사트바(Bodhi-sattva)'를 음성대로 옮긴 보리살타(菩提薩陀)라고 전한다. '보리'는 깨달음의 지혜를 의미하며, '살타'는 살아 있는 모든 것으로 중생을 뜻한다. 또한 범어 'Bo(보)'의 음역자인 보리살타(菩提薩埵)로 부처 다음의 성인인 [보살(菩)]을 뜻하고 [보]로 읽는다.
图 薩(보살 살)

필순 ﾞﾞﾞﾞﾞﾞﾞﾞﾞ菩菩菩菩菩

기초 【기초한자어】 익히고, 【기본→발전한자어】 다지기
菩薩(보살) 부처에 버금가는 성인. 나이 많은 여신도를 부르는 말
菩提(보리) 보제·보리다. 제법을 다 깨쳐 정각을 얻는 일
菩提樹(보리수) 보리수나무 열매로 꽃말은 '해탈, 부부애'
• 菩提樹는 꽃말은 '해탈, 부부애'라고 하는 순수한 열매이다.
• 내장사의 일부 菩薩은 菩提할 때까지 산사를 지켰다.

발전 ① 菩薩心(보리심) 菩薩面(보살면) 菩薩乘(보살승)

菩薩草(보살초) 菩薩塔(보살탑)

부수	획수	총획
土	9	12

작은 성 보 :
【2781】

字源 〈형성〉 흔히들 작은 성은 [최후의 보루]라고 했으니 이것만은 꼭 지켜내야 한다는 아군의 다짐이었을 것이다. 유의어로는 '보채(堡砦), 영루(營壘), 보장(堡障)' 등이 쓰인다. 흙(土)과 돌을 높이 쌓아 홍수로 인한 농작물의 피해를 지키어 보호하는(保) 토축물의 보루로 [작은 성(堡)]을 뜻하고 [보]로 읽는다.
图 壘(보루 루) 砦(진터 채)

필순 ﾞﾞﾞﾞﾞﾞﾞﾞﾞﾞ保保保堡

기초 【기초한자어】 익히고, 【기본→발전한자어】 다지기
堡壘(보루) 적을 막기 위하여 구축한 진지
堡聚(보취) 사람을 많이 모아서 보루를 지킴
城堡(성보) 일반적인 성. 성에 딸려 있는 전투적 보루(堡壘)를 가리킨다.
• 城堡는 일반에 많이 알려진 성. 전투적인 보루까지다.
• 수사는 堡壘를 구축한 다음 堡聚할 인재를 구했다.

기본 ① 堡壁(보벽) 堡障(보장) 屯堡(둔보) 望堡(망보) 烽堡(봉보) 營堡(영보) 戰堡(전보) 哨堡(초보)
발전 ① 堡臺(보대) 堡戍(보수) 堡柵(보책) 橋頭堡(교두보)
特 堡砦(보채)

부수	획수	총획
勹	9	11

길 복 【2782】

字源 〈형성〉 몸을 구부려서 배가 바닥으로 향하면서 팔다리로 짚어 움직여 나가는 행위가 바로 [기다]이다. 유의어로는 '포복(匍匐)하다' 등이 있겠지만 전술에서 기어가는 것이다. 사람이 몸을 굽혀 물건을 품에 안으면서(勹) 개처럼 엎드려 엉금엉금 기어갔으니 [畐←偪=伏) [기다(匐)]는 뜻이고 [복]으로 읽는다.
图 匍(길 포)

필순 ﾞﾞﾞﾞﾞﾞﾞﾞﾞ匐匐匐匐

기초 【기초한자어】 익히고, 【기본→발전한자어】 다지기
匍匐(포복) 배를 땅에다 대고 엉금엉금 김
匐枝(복지) 땅으로 뻗어 새 뿌리를 내려 자란 줄기
扶匐(부복) 배를 땅에 대고 기어감 〈군사훈련 환기〉
• 군사훈련 중 배를 땅에 대고 기어감이 扶匐이다.

1급

• 군사훈련 중 匍匐하다 소나무 匐枝에 상처를 입었다.
기본 ① 顚匐(전복)
발전 ① 匐步(복보)
사자성어 ① 匍匐救之(포복구지)

• 鰒魚이 좋다지만 鰒卵을 먹어도 괜찮을까?
기본 ① 甘鰒(감복) 乾鰒(건복) 龜鰒(구복) 生鰒(생복) 熟鰒(숙복) 銀鰒(은복) 採鰒(채복)
발전 ① 引鰒(인복) 摘鰒(적복)

부수	획수	총획
車	9	16

바큇살 복
바큇살 폭【2783】

字源 〈형성〉 '바큇살'은 바퀴 중앙에서 바깥쪽을 향한 부챗살 모양이다. 이처럼 뻗쳐 있는 가느다란 막대들이 바큇살이라고 한다. '자전거 바큇살. 달구지 바큇살' 등이 이렇게들 쓰인다. 소나 말에다 채운 수레(車)의 바퀴통과 연결하는(畐←輻輳) 금속이나 목제의 살로 [바큇살(輻)]을 뜻하고 [복] 혹은 [폭]으로 읽는다.

필순

기초 【기초한자어】 익히고, 【기본→발전한자어】 다지기
輻射(복사) 빛이나 열 따위를 바큇살로 모음
輻輳(폭주) 바큇살이 바퀴통으로 쏠려 모임
• 輻射는 빛이나 열 따위를 바큇살로 모은 일이다.
• 갑자기 세일을 한다고 하니 사람이 輻輳했다.
• 輻射열을 받고 시장 갔더니 사람이 輻輳했다.
기본 ① 車輻(거복) 員輻(원복) 輪輻(윤복) 折輻(절복) 脫輻(탈복)
발전 ① 輻射熱(복사열) 輻射體(복사체) 特 輻湊(복주)
사자성어 ① 輻射等級(복사등급) 特 輻輳幷臻(복주병진)

부수	획수	총획
魚	9	20

전복 복【2784】

字源 〈형성〉 '전복'은 한국 전 연안에 두루 분포한다. 말전복은 제주도 연안에 분포하여 날것으로 먹거나 건제품이나 통조림 등의 원료로 이용된다. 바다에서 나는 조개류이지만 허약한 몸을 정상으로 돌아가게(复) 하거나 양분을 충분하게 공급해 주는 맛 좋은 어패류(魚)로 [전복(鰒)]을 뜻하고 [복]으로 읽는다.

필순

기초 【기초한자어】 익히고, 【기본→발전한자어】 다지기
鰒卵(복란) 전복의 알
鰒魚(복어) 전복의 하나. 전복보다 작음. 상어의 딴 이름
全鰒(전복) 전복과의 조개를 말함
• 全鰒은 보양식으로 많이 먹는다.

부수	획수	총획
人	12	14

종 복【2785】

字源 〈형성〉 '종'은 과거에 남의 집에 딸려 그 집에서 모든 천한 일을 다 하던 사람이었다. 다른 사람에게 얽매어 명령에 따라 움직이는 사람이다. 마치 노예와 같은 제도라고도 할 수 있다. 지체 높은 사람(亻) 집에서 많은 사내(美←僕)들이 열심히 허드렛일을 하고 있었으니 [사내종(僕)]을 뜻하고 [복]으로 읽는다.
图 奴(종 노) 從(좇을 종) 隷(종 례) 回 撲(칠 박)

필순

기초 【기초한자어】 익히고, 【기본→발전한자어】 다지기
僕區(복구) 망명자를 숨김
僕從(복종) 종. 하인
僕妾(복첩) 남자 종과 여자 종
• 섣불리 僕區하다가는 불법을 저지를 수 있다.
• 참판댁이 僕妾을 둠과 내가 僕從을 둠은 같을까.
기본 ① 僕奴(복노) 僕隷(복례) 僕廏(복로) 僕婢(복비) 僕爾(복이) 家僕(가복) 公僕(공복) 奴僕(노복) 老僕(노복) 婢僕(비복) 臣僕(신복) 隷僕(예복) 傭僕(용복) 從僕(종복) 忠僕(충복) 太僕(태복) 下僕(하복)
발전 ① 僕旅(복려) 僕隷(복례) 僕累(복루) 僕僕(복복) 僕夫(복부) 僕射(복야) 僕御(복어) 僕役(복역) 僕緣(복연) 童僕(동복) 陪僕(배복) 虎僕(호복) 特 佃僕(전복) 特 僕圉(복어)
사자성어 ① 僕妾之役(복첩지역) 身兼奴僕(신겸노복)

부수	획수	총획
木	8	12

막대 봉【2786】

字源 〈형성〉 '막대'는 '몽둥이' 혹은 '회초리'와 같은 의미로 쓰였다. 굵고 긴 막대기를 뜻한다고 보면 좋겠다. 옛날에는 이 회초리로 맞아가면서 매우 엄한 훈계를 받는 것이 예사였다. 나무(木) 기둥을 바르게 세워 받들어(奉) 주는 [막대(棒)]의 뜻과 받들어(奉) 갖고 다녔던 나무(木)인 [몽둥이(棒)]를 뜻하고 [봉]으로 읽는다.
图 杖(지팡이 장)

필순

1급

【기초】【기초한자어】익히고,【기본→발전한자어】다지기
棒喝(봉갈) 불법을 제자에게 지도할 때 쓰인 막대기
棍棒(곤봉) 체조 용구의 하나
鐵棒(철봉) 기계제조 용구의 하나
• 출가해 佛法을 공부하는 동안 棒喝로 운동을 했다.
• 棍棒과 鐵棒 운동으로 체력을 단련했다.

【기본】① 棒球(봉구) 敲棒(고봉) 棍棒(곤봉) 突棒(돌봉) 杖棒 (장봉) 痛棒(통봉)

【발전】① 棒術(봉술) 杆棒(간봉) 撞棒(당봉) 綿棒(면봉) 木棒 (목봉) 槍棒(창봉) ﹝특﹞麵棒(면봉)

【사자성어】① 針小棒大(침소봉대)

부수	획수	총획
手	8	11

받들 봉【2787】

【字源】〈형성〉'받들다'는 어른의 명령이나 뜻을 받아들여 지지하며 소중히 여기거나 공경하면서 높이 모시거나 물건을 정중하게 받아 올려드린다는 뜻이다. 어른을 손(扌)으로 받들어(奉) 모시니 [받들다(捧)]는 뜻과 손(扌)으로 부모님을 봉양해(奉) 모시면서 갖은 효도를 했으니 [받들다(捧)]는 뜻이고 [봉]으로 읽는다.
回俸(녹 봉)

【필순】一 十 才 扌 护 护 拝 捧 捧 捧

【기초】【기초한자어】익히고,【기본→발전한자어】다지기
捧負(봉부) 안기도 하고 업기도 함. 도와줌
捧持(봉지) 공경하여 두 손으로 받듦
捧納(봉납) 물품을 거두어들임. 봉입(捧入)
• 捧納은 빌려준 물품을 하나씩 거두어들인다.
• 어려서 捧負해 주셨던 숙모님을 捧持해야겠다.

【기본】① 捧讀(봉독) 捧腹(봉복) 詭捧(궤봉) 對捧(대봉) 拜捧 (배봉) 手捧(수봉) 承捧(승봉) 執捧(집봉)

【발전】① 捧賂(봉뢰) 捧上(봉상) 捧稅(봉세) 捧受(봉수) 捧手 (봉수) 捧場(봉장) 捧招(봉초) 督捧(독봉) 進捧(진봉) 徵捧(징봉) 合捧(합봉) 捧遲晚(봉지만)

【사자성어】① 捧腹絶倒(봉복절도) 當捧之物(당봉지물)

부수	획수	총획
火	7	11

봉화 봉【2788】

【字源】〈형성〉'봉화'는 병란 때의 아군에게 신호로 올린 신호불이다. 산정(山頂)에 봉화대를 설치해 낮에는 토끼 똥을 태우는 연기로, 밤에는 불로 신호했다. 신호 횟수와 전쟁 정도는 밀접했다. 불(火)을 만나게(夆) 하여 연락하니 [봉화

(烽)] 또는 봉(夆=峯)처럼 높이 오른 불(火)로 [봉화(烽)]를 뜻하고 [봉]으로 읽는다.
圖燧(부싯돌 수) 回峰(봉우리 봉) 捧(받을 봉)

【필순】丶丶丷 火 炉 炉 烃 烽 烽 烽 烽

【기초】【기초한자어】익히고,【기본→발전한자어】다지기
烽警(봉경) 봉화를 올려서 알리는 경보
烽鼓(봉고) 봉화와 북. 병란, 전쟁
烽火(봉화) 변란이 있을 때 신호로 올리던 불
• 敵의 侵入을 알리는 북. 봉화 방법 하나가 烽鼓다.
• 烽火와 烽警은 역사책에서나 읽을 수 있다.

【기본】① 烽臺(봉대) 烽邏(봉라) 烽堡(봉보) 烽戍(봉수) 烽煙 (봉연) 烽涌(봉용) 烽子(봉자) 滅烽(멸봉) 嚴烽(엄봉) 儌烽(위봉)

【발전】① 烽軍(봉군) 烽樓(봉루) 放烽(방봉) ﹝특﹞烽燧(봉수) 烽柝(봉탁)

부수	획수	총획
金	7	15

칼날 봉【2789】

【字源】〈형성〉'칼날'은 적을 베는 칼의 얇고 날카로운 부분으로, 몰래 쳐들어 온 적을 베거나 자른 쪽이다. 유의자는 '도인(刀刃), 검망(劍鋩)' 등이 함께 쓰인다. 쇠붙이(金)의 양쪽 면이 날카롭게 만나니(夆) [칼날(鋒)]의 뜻과 금속(金)의 뾰족한 끝(夆=峯)으로 예리한 칼날과 칼등인바 [칼날(鋒)]을 뜻하고 [봉]으로 읽는다.
圖刃(칼날 인) 回琒(옥이름 봉)

【필순】丿 ﹁ 牛 牟 金 釒 釒 鈁 鉽 鋒 鋒

【기초】【기초한자어】익히고,【기본→발전한자어】다지기
鋒戈(봉과) 날카로운 창
鋒起(봉기) 창날처럼 날카롭게 일어남
鋒芒(봉망) 칼끝. 창끝. 근소함. 미세함
• 鋒芒은 칼끝, 창끝, 근소함, 미세함이란 용어이다.
• 농민들이 鋒戈를 들고 鋒起했으니 민란이다.

【기본】① 鋒端(봉단) 鋒刃(봉인) 鋒尖(봉첨) 鋒鋏(봉협) 鋒毫 (봉호) 姦鋒(간봉) 劍鋒(검봉) 戈鋒(과봉) 交鋒(교봉) 軍鋒(군봉) 機鋒(기봉) 論鋒(논봉) 談鋒(담봉) 詞鋒 (사봉) 先鋒(선봉) 舌鋒(설봉) 銳鋒(예봉) 利鋒(이봉) 藏鋒(장봉) 爭鋒(쟁봉) 敵鋒(적봉) 戰鋒(전봉) 前鋒 (전봉) 折鋒(절봉) 挫鋒(좌봉) 筆鋒(필봉)

【발전】① 鋒氣(봉기) 鋒旗(봉기) 鋒利(봉리) 鋒銳(봉예) 露鋒 (노봉) 新鋒(신봉) 才鋒(재봉) 慘鋒(참봉) 衝鋒(충봉) ﹝특﹞鋒鍔(봉악) 鋒穎(봉영) 鋒蝟(봉위) 鋒鏑(봉적)

【사자성어】① 鋒鏑餘流(봉발운류) 鋒不可當(봉불가당) 先鋒大將 (선봉대장)

1급

부수	획수	총획
人	8	10

구부릴 부 :
【2790】

字源 〈형성〉 '구부리다'는 주로 허리를 정중하게 구부리다는 뜻이다. 이처럼 어른들을 만나면 허리를 정성껏 구부려 인사했다. 유의어는 정중히 허리를 '굽히다 혹은 휘다' 등이다. 관청(府)의 지체 높은 분이나 죽은 사람(亻) 앞에서 머리 숙이고(府) 정중하게 예를 표했으니 [구부리다(俯)]는 뜻이고 [부]으로 읽는다.
回仰(우러를 앙)

필순 ノ 亻 亻 亻 仃 佇 俨 侟 侟 俯 俯

기초 【기초한자어】 익히고, 【기본 → 발전한자어】 다지기
俯瞰(부감) 고개를 숙이고 봄. 높다란 곳에서 아래로 내려다봄
俯仰(부앙) 하늘을 우러러보고 세상을 굽어봄
俯察(부찰) 아랫사람의 형편을 두루 굽어 살핌
• 俯瞰은 고개를 숙여서 보거나 높은 곳에서 내려다봄이다.
• 전라감사는 먼저 俯仰하고 나서 이어 俯察하면서 칭송했다.

기본 ① 俯觀(부관) 俯覽(부람) 俯拜(부배) 俯伏(부복) 俯視(부시) 俯養(부양) 俯項(부항) 拜俯(배부) 卑俯(비부) 畏俯(외부) 陰俯(음부)

발전 ① 俯角(부각) 俯窺(부규) 俯念(부념) 俯壁(부벽) 俯映(부영) 俯札(부찰) 俯聽(부청) 俯燭(부촉) 俯戶(부호) 公俯(공부) 仰俯(앙부) 特 俯聆(부령) 特 俯蹐(부척)

사자성어 ① 俯首聽令(부수청령) 俯仰無愧(부앙무괴) 俯仰低徊(부앙저회) 俯察仰觀(부찰앙관) 仰事俯育(앙사부육)

부수	획수	총획
斤	4	8

도끼 부【2791】

字源 〈형성〉 '도끼'는 물건을 자르거나 쪼개고, 깎고, 깨뜨리기 위한 필수 도구였다. 지금으로부터 가장 오래되고 생활에 유용한 도구다. 도끼의 기원은 선사시대로 거슬러 간다. 아버지(父)가 꽉 붙잡고 있는 도끼(斤)로 [도끼(斧)]의 뜻과 굽은 자루 도끼(斤)를 잡아 드는 모양(父)으로 [도끼(斧)]를 뜻하고 [부]로 읽는다.
圖斤(도끼 근) 鉞(도끼 월) 斫(벨 작) 斨(도끼 장)

필순 ノ 丷 丷 父 父 斧 斧 斧

기초 【기초한자어】 익히고, 【기본 → 발전한자어】 다지기
斧柯(부가) 도끼 자루. 정권의 비유
斧斤(부근) 도끼. 큰 도끼와 작은 도끼

斧木(부목) 베어서 깎기만 하고 다듬지 않은 나무
• 斧柯는 도끼 자루, 무기로 정권 잡음을 비유한다.
• 斧木을 가지고 斧柯를 만들 때에 斧斤이 필요했다.

기본 ① 斧氷(부빙) 斧扆(부의) 鬼斧(귀부) 雷斧(뇌부) 樵斧(초부)

발전 ① 斧劈(부벽) 斧藻(부조) 斧質(부질) 資斧(자부) 斧鑿痕(부착흔) 特 斧鉞(부월) 特 斧斨(부장)

사자성어 ① 斧鉞當前(부월당전) 斧鉞之下(부월지하) 磨斧爲針(마부위침)

부수	획수	총획
言	2	9

부고 부 :【2792】

字源 〈형성〉 '부고'는 어떤 사람이 죽었음을 다른 연고자에게 알리는 일종의 통문이다. 유의어는 '부문(訃聞). 부신(訃信), 애계(哀啓), 흉보(凶報), 흉음(凶音)' 등이 쓰인다. 사람이 갑자기 말(言)문을 닫고 저 세상으로 홀연히 혼자만 떠나고 없음(卜←赴)을 여러 사람에게 알렸으니 [부고(訃)]를 뜻하고 [부]로 읽는다.
回計(셀 계) 訂(바로잡을 정)

필순 ' 二 士 言 言 言 言 訃 訃

기초 【기초한자어】 익히고, 【기본 → 발전한자어】 다지기
訃告(부고) 사람의 죽음을 알리는 통지(1)
訃聞(부문) 사람의 죽음을 알리는 통지(2)
訃音(부음) 사람의 죽음을 알리는 통지(3)
• 다른 사람의 죽음을 알리는 통지로 訃聞이 쓰인다.
• 사람의 죽음을 알릴 때 訃告 또는 訃音을 쓴다.

기본 ① 訃報(부보) 告訃(고부) 捧訃(봉부) 省訃(성부) 承訃(승부) 遠訃(원부)

발전 ① 哭訃(곡부) 聞訃(문부) 奔訃(분부)

부수	획수	총획
土	8	11

부두 부 :【2793】

字源 〈회의〉 '부두'는 바다 또는 강기슭에 배를 대는 곳으로 뭍과 섬의 가교적인 역할을 한다. 뭍으로는 사람이 오르내리려고 짐을 부리게 마련된 곳이다. 유의어는 '잔교(棧橋). 창(艙), 선창(船艙)' 등이다. 언덕(阜) 같이 경사지게 생긴 물밑의 땅(土)을 이용하여 배가 닿을 수 있는 [부두(埠)]를 뜻하고 [부]로 읽는다.
圖艙(부두 창)

필순 一 十 土 圡 圡 圵 圹 埞 埠 埠 埠

1급

기초 【기초한자어】 익히고, 【기본→발전한자어】 다지기
埠頭(부두) 항구에서, 배를 대어 여객이 타고 내리거나 짐을 싣고 부리는 곳
船埠(선부) 나루터. 나룻배가 닿고 떠나는 일정한 곳
• 목포항 埠頭에서 제주여행에서 돌아온 부모님을 만났다.
• 船埠에서 나룻배를 타고 맞은편 마을로 갔었다.
기본 ① 商埠(상부)
발전 ① 埠頭路(부두로)

	부수	획수	총획
駙	馬	5	15

부마 부 : 【2794】

字源 〈형성〉 '부마'는 옛날 임금의 사위에게 주었던 호칭이다. 원어는 '부마도위(駙馬都尉)'로 불린 사자성어의 약어로 쓰인다. 유의어는 '국서(國壻)' 등으로도 최고의 호칭을 썼다. 예비로 곁에 붙여(付) 끌고 다닌 말(馬)로 [곁마(駙)]의 뜻과 함께 천자수레에 딸린 말로 임금 사위인 [부마(駙)]를 뜻하고 [부]로 읽는다.

필순 丨 厂 厂 厍 馬 馬 馬 馬' 馬' 馬'

기초 【기초한자어】 익히고, 【기본→발전한자어】 다지기
駙馬(부마) 임금의 사위
左駙(좌부) 수레 좌측의 곁마. 좌참(左驂)
• 명예로운 駙馬가 되었지만 마음이 편하지 못했다.
• 수레 左駙와 좌측에 있는 부목(駙木)을 베었다.
발전 ① 駙木(부목) 駙馬府(부마부)
사자성어 駙馬都尉(부마도위)

	부수	획수	총획
賻	貝	10	17

부의 부 : 【2795】

字源 〈형성〉 '부의'는 상을 당한 초상집을 찾아 위로하려고 도와 주는 의미로 보내는 돈이나 물품을 뜻한다. 진심으로 조문을 한 것이다. 유의어는 '전의(奠儀), 향전(香奠)' 등이 있다. 어려운 일을 당한 사람을 돕기(尃) 위해서 재물(貝)을 주어 부조하며 애도의 뜻을 같이한 재화로 [부의(賻)]를 뜻하고 [부]로 읽는다.

필순 刂 冂 目 貝 貝' 貝'' 貯 賻 賻 賻 賻

기초 【기초한자어】 익히고, 【기본→발전한자어】 다지기
賻儀(부의) 상가에 부조로 보내는 돈이나 물건
賻祭(부제) 부의를 보내어 제사를 지냄
賻助(부조) 부의를 상가에 보내어 장사를 도움

• 賻助와 함께 祔祭를 활용해 제사 지낸다.
• 할아버지 별세에 賻儀와 賻助 덕으로 무사히 장례를 마쳤다.
기본 ① 賻絹(부견) 賻贈(부증) 給賻(급부) 薄賻(박부) 法賻(법부) 賞賻(상부) 弔賻(조부) 助賻(조부) 贈賻(증부)
발전 ① 賜賻(사부) 致賻(치부) 賻義金(부의금) [特] 賻賚(부뢰) [特] 賻襚(부수)

	부수	획수	총획
吩	口	5	8

분부할 부
불 부 【2796】

字源 〈형성〉 '분부하다'는 윗사람이 아랫사람에게 일을 하도록 명령을 내리는 일이다. 지체가 높고 지식을 담고 있는 나이든 어른의 下命(하명)이다. 분부할 때 그 타당성 여부를 잘 생각해야만 한다. 아랫사람에게 말을 내려서(付) 해야 할 일을 긴히 요청했으니 [분부하다(吩)] 혹은 [불다(吩)]를 뜻하고 [부]로 읽는다.
[동] 吩(분부할 분)

필순 丨 冂 口 叮 叮 吩 吩 吩

기초 【기초한자어】 익히고, 【기본→발전한자어】 다지기
吩咐(부촉) 분부하여 맡김
吩咐(분부) 하도록 명령을 내리다. 명령을 내리다
• 선생님께서는 나에게 신년 업무배당을 吩咐하셨다.
• 임금은 범인을 잡아들이라고 吩咐하셨다.
발전 ① 嚴吩咐(엄분부)

	부수	획수	총획
孵	子	11	14

알깔 부 【2797】

字源 〈형성〉 '알까다'는 대체적인 조류는 알을 부화해 새끼가 나온다. 눈을 감고 이제 삐약거리는 새끼들이 귀엽기도 하다. 일정기간동안 암컷이 알을 품어 까서 새끼가 나온다. 닭이나 오리가 새끼를 기르려면 먼저 알(卵)을 낳아 껴안듯이(孚) 품어서 병아리를 깼다고 했으니 [알까다(孵)]를 뜻하고 [부]로 읽는다.

필순 爫 爫 爫 爫 卵 卵 卵 孵 孵 孵 孵

기초 【기초한자어】 익히고, 【기본→발전한자어】 다지기
孵化(부화) 새, 어류, 곤충 따위의 알이 깸
孵卵(부란) 알을 까거나 알에서 깸(스스로 깨서 나옴)
• 계란이 21일 만에 孵化되는지 잘 지켜보았다.

• 병아리가 이제 孵卵하고 있다.
발전 ① 孵卵器(부란기)

	부수	획수	총획
芙	艸	4	8

연꽃 부【2798】

字源 〈형성〉'연꽃'은 더러운 진흙에서도 예쁘게 핀다. 흔히 속세에서 열심히 불공을 닦아 극락에서 태어남을 상징한다. 부처님의 탄생을 알리기 위해 연꽃 모양의 연등이 주렁주렁 달린다. 연못 속에 있는 알맹이(夫)에 의해 자라는 수련과의 여러해살이 수초(艸)였던 부용으로 [연꽃(芙)]을 뜻하고 [부]로 읽는다.
回 蓉(연꽃 용)

필순　一 艹 艹 艹 艹 芋 芙 芙

기초【기초한자어】익히고,【기본→발전한자어】다지기
　芙蓉(부용) 연꽃. 미인. 목부용
　芙蓉花(부용화) 무궁화와 목본성과 초본성의 식물임
　• 오늘 아침 芙蓉 같은 여인을 바라보다가 지각했어요.
　• 芙蓉花는 무궁화를 닮았으나 無窮花보다 꽃이 크고 색깔은 백색이다.
발전 ① 芙蓉劍(부용검) 芙蓉姿(부용자) 阿芙蓉(아부용)
사자성어 ① 芙蓉出水(부용출수)

	부수	획수	총획
腑	肉	8	12

육부 부【2799】

字源 〈형성〉흔히들 [오장육부]라고 했다. 간장, 심장, 비장, 폐장, 신장의 다섯 가지 내장과 위를 비롯해서 여섯 가지 음식물 소화와 배설의 과정을 순서대로 놓았다. 내장(月)을 간수하고 있는 곳간(府)과 같은 부분으로 배 속의 '소장, 위, 담(쓸개), 대장, 방광, 명문 등을 가리켜서 [육부(腑)]를 뜻하고 [부]로 읽는다.
回 臟(오장 장)

필순　丿 刀 月 月 月 月 腑 腑 腑 腑

기초【기초한자어】익히고,【기본→발전한자어】다지기
　腑臟(부장) 내장의 총칭. 오장육부
　六腑(육부) 오장육부. 여섯 번째 장부
　肺腑(폐부) 마음의 깊은 곳
　• 사람 몸에는 五臟六腑가 있다. 五臟은 [간장, 심장, 비장, 신장, 폐장]이다.
　• 六腑는 [대장, 소장, 위, 쓸개, 방광, 삼초(三焦: 상초-중초-하초)] 등이다.

기본 ① 襟腑(금부) 臟腑(장부)
발전 ① 腑別(부별) 胃腑(위부) 特 謏腑(흉부)
사자성어 ① 五臟六腑(오장육부) 肺腑之言(폐부지언) 肺腑之親(폐부지친)

	부수	획수	총획
剖	刀	8	10

쪼갤 부:【2800】

字源 〈형성〉어떤 물체를 둘 이상으로 나눈다는 뜻이 [쪼개다]이다. 흔히 '가르다'는 유의어로 쓰기도 했다. 병이 들어 병원에 누워 수술을 받는 행위겠다. 입원과 수술 그리고 치료과정에 많은 사람(咅←剖)들이 병에 걸리면 칼(刂)로 아픈 부위를 [갈라서(剖)] 병을 치료하니 [쪼개다(剖)]는 뜻이고 [부]로 읽는다.
回 判(판단할 판) 割(벨 할) 劈(쪼갤 벽)

필순　丶 亠 亠 亠 产 产 咅 咅 剖 剖

기초【기초한자어】익히고,【기본→발전한자어】다지기
　剖決(부결) 판결함
　剖斷(부단) 판결함
　剖割(부할) 나눔. 기름. 갈라짐
　• 剖斷은 사물의 시비곡직을 판단 조정 역할을 한다.
　• 오리 배를 剖割하기전 정확한 剖決을 할 수 없다.

기본 ① 剖分(부분) 剖析(부석) 剖裂(부열) 剖折(부절) 剖破(부파) 剖判(부판) 瓜剖(과부) 刀剖(도부) 豆剖(두부) 不剖(불부) 裁剖(재부) 評剖(평부) 解剖(해부)
발전 ① 剖檢(부검) 剖符(부부) 剖析(부석) 剖心(부심) 剖截(부절) 剖判(부판) 特 剖葦(부위)
사자성어 ① 剖棺斬屍(부관참시) 剖腹藏珠(부복장주)

	부수	획수	총획
扮	手	4	7

꾸밀 분【2801】

字源 〈형성〉'꾸미다'는 다른 것을 더해 잘 다듬어 보기 좋은 것으로 만든 것이다. 유의어는 '단장(丹粧)하다, 장식(粧飾)하다, 치장(治粧)하다, 가꾸다' 등이 함께 쓰인다. 손(扌)으로 집어서 여러 가지 색상으로 나누어(分) 많은 사람들에게 자기의 분장 솜씨를 잘도 보이면서 곱게 [꾸미다(扮)]는 뜻이고 [분]으로 읽는다.
回 飾(꾸밀 식) 裝(꾸밀 장)

필순　一 十 扌 扌 扒 扮 扮

기초【기초한자어】익히고,【기본→발전한자어】다지기
　扮飾(분식) 몸치장함

1급

扮裝(분장) 몸을 치장함
假扮(가분) 거짓으로 꾸며 분장함
• 주인공이 扮裝하는 것을 보고 아들도 왕자로 나섰다.
• 아버지의 扮裝 소식을 듣고 아들은 금방 扮飾을 했다.

기본 ① 扮戲(분희) 鉤扮(구분) 構扮(구분) 挑扮(도분) 搜扮(수분) 摘扮(적분) 披扮(피분)

발전 ① 扮勿(분물) 扮戲子(분희자)

	부수	획수	총획
	雨	4	12

눈날릴 분【2802】

字源 〈형성〉 눈이 날리는 모습은 흰 가루를 뿌린다고 비유했었다. 배꽃이 떨어지는 모습을 보면서도 눈송이가 날리는 것으로 비유의 색깔을 칠했다. 눈이 휘날리는 비유성이자 상징성이다. 비(雨)가 하늘에서 가늘게 날려 흩어져서(分) 땅에 내려오는 안개를 뜻한다 했으니 [눈 날리다(雰)]는 뜻이고 [분]으로 읽는다.

필순 一 一 一 一 一 一 一 一 一 雰 雰 雰

기초 【기초한자어】 익히고, 【기본 → 발전한자어】 다지기
雰雰(분분) 눈이 내리는 모양. 서리의 모양
雰虹(분홍) 해의 곁에 있는 재앙의 기운
雰圍氣(분위기) 감정을 불러일으키는 기분
• 비가 雰雰하는 해질녘 동쪽하늘에 눈이 오고 있었다.
• 해의 곁에 있는 재앙의 기운인 雰虹이 떠있다.

기본 ① 濃雰(농분) 霧雰(무분) 碧雰(벽분) 霜雰(상분) 朱雰(주분)

발전 ① 降雰(강분)

	부수	획수	총획
	皿	4	9

동이 분【2803】

字源 〈형성〉 '동이'는 집에서 물을 사용하기 위해 물을 긷는 데 쓰인 물동이를 뜻한다. '어머니는 바가지로 물을 떠서 물동이에 담으셨다'는 용례에서 보인다. 그릇(皿)에 나무를 나누어(分) 심는 [동이(盆)] 혹은 흙무덤(分=墳)처럼 번지레하게 놓여 있는 여러 그릇(皿)을 뜻했으니 [동이(盆)]를 뜻하고 [분]으로 읽는다.

필순 丿 八 今 分 分 盆 盆 盆 盆

기초 【기초한자어】 익히고, 【기본 → 발전한자어】 다지기
盆景(분경) 화분에 돌, 모래 따위로 산수의 풍경을 이룸
盆山(분산) 분을 엎어 놓은 것처럼 생긴 산
盆地(분지) 산이나 대지로 둘러싸인 평지

1급

• 무등산의 모양은 그대로 盆山의 模型을 고루 갖추었다.
• 청주시는 盆地에 위치하여 무등산을 본뜬 盆景이 아름답다.

기본 ① 盆種(분종) 盆下(분하) 缺盆(결분) 傾盆(경분) 鼓盆(고분) 金盆(금분) 盟盆(맹분) 沙盆(사분) 瓦盆(와분) 浴盆(욕분) 栽盆(재분) 彫盆(조분) 酒盆(주분) 花盆(화분) 火盆(화분)

발전 ① 盆臺(분대) 盆砂(분사) 盆雨(분우) 盆栽(분재) 盆紬(분주) 盆池(분지) 盆畫(분화) 登盆(등분) 瓶盆(병분) 覆盆(복분) 特 盆盎(분앙)

사자성어 ① 鼓盆之痛(고분지통) 戴盆望天(대분망천)

	부수	획수	총획
	米	11	17

똥 분【2804】

字源 〈회의〉 '똥'은 사람이나 동물이 음식물을 먹고 소화한 뒤 항문으로 몸 밖으로 내보낸 찌꺼기다. 유의어는 '대변(大便), 분(糞), 분변(糞便)' 등이 쓰인다. 쌀(米)로 지은 밥을 먹어 소화기관을 통해 소화된 후에 전혀 다른(異) 형태로 배설되는 찌꺼기 덩이가 상당히 있으니 바로 [똥(糞)]을 뜻하고 [분]으로 읽는다.
回尿(오줌 뇨)

필순 丶 米 米 米 米 米 米 米 米 糞

기초 【기초한자어】 익히고, 【기본 → 발전한자어】 다지기
糞尿(분뇨) 똥과 오줌
糞壤(분양) 더러운 땅. 썩은 흙, 땅에 거름을 줌
糞土(분토) 더러운 흙. 썩은 흙
• 糞壤은 더러운 땅이겠지만, 땅에 기름을 주면 비옥한 땅이다.
• 糞尿는 썩혀서 거름으로 사용하지만 糞土는 더 이상 쓸 곳이 없다.

기본 ① 糞門(분문) 糞除(분제) 糞汁(분즙) 漑糞(개분) 擔糞(담분) 馬糞(마분) 掃糞(소분) 尿糞(요분) 遺糞(유분) 除糞(제분)

발전 ① 糞田(분전) 糞池(분지) 糞淸(분청) 糞蟲(분충) 犬糞(견분) 放糞(방분) 産糞(산분) 石糞(석분) 人糞(인분) 特 蠅糞(승분) 蟹糞(해분) 特 糞酒(분세)

사자성어 ① 糞土之言(분토지언) 佛頭着糞(불두착분) 嘗糞之徒(상분지도)

	부수	획수	총획
	口	4	7

분부할 분 :
【2805】

字源 〈형성〉 이 한자는 咐(분부할 부)와 훈이 같고 쓰임이 같이 따른다. 분부하다는 윗사람이 아랫사람에게 일을 하도록 명령을 내리는 일이다. 여러 갈래로 나누어진 어려운 일을 아랫사람에게 골고루 나누어 준 것이다. 일을 나누어서(分) 잘 수행하도록 명령(口)을 내렸으니 [분부하다(吩)]는 뜻이고 [분]으로 읽는다.
圖 咐(분부할 부)

필순 ㅣ ㅁ ㅁ ㅁㅣ 叭 吩 吩

기초 【기초한자어】 익히고, 【기본→발전한자어】 다지기
吩咐(분부) 윗사람의 지시나 명령
• 부모님의 간곡한 吩咐를 어기고 가출한 소녀를 선도했다.
• 부모님의 分付에 따를까 말까?

발전 ① 嚴吩咐(엄분부)

	부수	획수	총획
焚	火	8	12

불사를 분 【2806】

字源 〈회의〉 '불사르다'는 불필요한 물건을 불에 태워 없애 버림이다. '성공을 위해 청춘을 불사르다'는 용례가 말하듯이, 유의어는 '사르다, 태우다' 등이 쓰인다. 화전민들이 드디어 농사를 짓기 위해 빽빽한 숲(林)이나 우거진 풀잎을 불(火)로 태워서 그 흔적을 없앴으니 [불사르다(焚)]는 뜻이고 [분]으로 읽는다.
圖 灼(불사를 작) 燒(불사를 소)

필순 一 十 オ 木 木 杉 林 林 梦 焚

기초 【기초한자어】 익히고, 【기본→발전한자어】 다지기
焚攻(분공) 불로써 들이침
焚身(분신) 자기 몸을 불사름
焚香(분향) 향을 피움
• 총은 총으로, 불은 불로 막으라 했으니 나는 焚攻하겠다.
• 焚身 자살한 노동자를 위해 焚香하니 가슴이 마구 미어진다.

기본 ① 焚坑(분갱) 焚劫(분겁) 焚溺(분닉) 焚掠(분략) 焚燒(분소) 焚炙(분자) 焚灼(분작) 焚擲(분척) 焚蕩(분탕) 焚斃(분폐) 焚火(분화) 燒焚(소분)

발전 ① 焚棄(분기) 焚滅(분멸) 焚死(분사) 焚殺(분살) 焚書(분서) 焚修(분수) 焚舟(분주) 焚刑(분형) 焚黃(분황)
特 熇焚(혹분)

사자성어 ① 焚書坑儒(분서갱유) 焚身自殺(분신자살) 玉石俱焚(옥석구분) 濟河焚舟(제하분주)

	부수	획수	총획
噴	口	12	15

뿜을 분 【2807】

字源 〈형성〉 '뿜다'는 낙차나 전동기를 이용하여 물을 밖으로 세차게 내보낸다는 뜻이다. 시위와 질서를 강조함이겠다. 유의어는 '방출(放出)하다, 뿜어내다, 분출(噴出)하다' 등이 쓰인다. 다림질을 할 때 입(口) 속에 물을 머금었다가 뿜어(賁) 적셨으니 [뿜다(噴)] 또는 재차 [재채기하다(噴)]는 뜻이고 [분]으로 읽는다.

필순 ㅁ ㅁ ㅁ ㅁ ㅁ 吆 咭 喵 喵 噴 噴

기초 【기초한자어】 익히고, 【기본→발전한자어】 다지기
噴激(분격) 세차게 뿜어 올림. 심하게 분개함
噴雪(분설) 눈을 내뿜음. 하얀 파도의 물보라 모양
噴火(분화) 화산이 터져서 활동하는 현상
• 자네의 성격이 그렇게 분격한 줄 몰랐네. 물을 뿜은 것 같네.
• 한라산의 噴火口(구)와 서귀포 바닷가의 噴雪은 참으로 인상 깊었지.

기본 ① 噴騰(분등) 噴門(분문) 噴飯(분반) 噴水(분수) 跳噴(도분) 飯噴(반분) 吼噴(후분)

발전 ① 噴氣(분기) 噴沫(분말) 噴霧(분무) 噴薄(분박) 噴噴(분분) 噴射(분사) 噴溢(분일) 噴泉(분천) 噴出(분출) 噴泡(분포) 特 噴壺(분호) 特 噴嚏(분체)

사자성어 ① 含血噴人(함혈분인)

	부수	획수	총획
忿	心	4	8

성낼 분 : 【2808】

字源 〈형성〉 '성내다'는 상대방을 향하여 화를 버럭 낸다는 뜻을 담는다. 사람이 처세하면서 살다보면 어떤 일로 성내는 모습을 종종 본다. 매우 격하고 아주 거친 기운을 알게 한다. 다른 사람 마음(心)을 갈팡질팡하게 나누니 [성내다(忿)] 혹은 성내는(分←憤) 마음(心)으로 [성내다(忿)]는 뜻이고 [분]으로 읽는다.
圖 怒(성낼 노)

필순 ノ 八 分 分 分 忿 忿 忿

기초 【기초한자어】 익히고, 【기본→발전한자어】 다지기
忿怒(분노) 몹시 화냄
忿爭(분쟁) 성이 나서 다툼
忿恨(분한) 노엽고 분함. 아주 분함

1급

• 여보게 친구 노엽고 분한 줄 잘 아네. 이제 忿根일
랑 잘라버리시게.
• 회사에서 忿怒를 참고 집에 와서 아내와 忿爭이라
니 헛참.

기본 ① 忿隙(분극) 忿戾(분려) 忿兵(분병) 忿心(분심) 忿言
(분언) 忿疾(분질) 剛忿(강분) 激忿(격분) 勁忿(경분)
愧忿(괴분) 私忿(사분) 小忿(소분) 餘忿(여분) 爭忿
(쟁분) 積忿(적분) 前忿(전분) 躁忿(조분) 懲忿(징분)

발전 ① 忿憾(분감) 忿激(분격) 忿伎(분기) 忿頭(분두) 忿滿
(분만) 忿罵(분매) 忿發(분발) 忿病(분병) 忿忿(분분)
忿憤(분분) 忿然(분연) 忿怨(분원) 忿躁(분조) 忿嫉(분질)
慎忿(분분) 怏忿(앙분) 特 忿忮(분기) 忿懟(분대) 忿懱
(분치)

사자성어 ① 忿莫甚焉(분막심언) 一朝之忿(일조지분)

부수	획수	총획
彳	5	8

비슷할 불 【2809】

字源 〈형성〉 '비슷하다'는 생김새나 성질 등이 똑같지 않지만
닮은 점이 많다는 뜻이다. 유의어는 '유사(類似)하다, 흡사
(恰似)하다, 맞먹다' 등이 쓰인다. '오십보백보'라는 말이
있듯이 조금씩 걷는 것(彳)은 걷는 것이 아니라 弗 하지
않은가. 결국 우리는 〈걸음마〉라는 결단만이 [비슷하다(彿)]
는 뜻이고 [불]로 읽는다.

필순 ノ ゝ ⼻ 彳 彳 彳 彿 彿 彿

기초 【기초한자어】 익히고, 【기본→발전한자어】 다지기
彷彿(방불) 거의 비슷함. 근사함. 명하여 분명하지
못한 모양
彿燃(불연) 성이 나서 못마땅한 모양. 성이 나서 뿌
루퉁함
• 옆집의 두 형제는 얼굴이 彷彿하여 구분하기 어렵네.
• 두 형제가 친하게 지내더니 彿燃(불연)이라니, 참
어렵네.

부수	획수	총획
糸	11	17

묶을 붕 【2810】

字源 〈형성〉 '묶다'는 두 물건이 따로 떨어지거나 흐트러지지
않도록 감아 매다는 뜻이다. 이유 없는 이별이 참 아쉽다.
유의어는 '매다. 꽁꽁 동이다. 아우르다. 일괄하다' 등이다.
하얀 색깔로 퍼지는(崩→凡) 탄력성이 있어서 피부에 닿
으면 많은 보드라운 섬유(糸)질의 붕대로 잘 [묶다(繃)]는
뜻이고 [붕]으로 읽는다.
동 紇(묶을 흘)

필순 幺 糸 糸 糹 糹 紬 絾 絾 絹 繃 繃

기초 【기초한자어】 익히고, 【기본→발전한자어】 다지기
繃帶(붕대) 상처에 약을 바르고 감아두는 데 좁고
긴 헝겊
繃結(붕결) (서로가 서로의 원한을) 맺거나 맺히게 함
• 운동회 때 비상약과 더불어 繃帶를 준비하세.
• 이해 부족으로 작은 것이 크게 빗나간 繃結이 있
었구먼.

기본 ① 錦繃(금붕) 羅繃(나붕) 倒繃(도붕) 繡繃(수붕) 懷繃
(회붕)

발전 ① 繃紴(붕발)

부수	획수	총획
石	8	13

붕사 붕 【2811】

字源 〈형성〉 '붕사'는 매우 연하고 가벼운 무색 결정체이다. 유
리 성분, 요업에서 도자기에 바른 유약. 야금술에서 산화
물인 슬래그를 제거하는 작용이 용매(溶媒)라 한다. 유리,
법랑, 유약의 원료 등으로 쓰이는 돌(石) 모양의 커다란
광물로 서로 무리(朋)를 이루어서 형성되는 [붕사(硼)]를
뜻하고 [붕]으로 읽는다.

필순 一 丁 丆 石 石 矼 硼 硼 硼 硼

기초 【기초한자어】 익히고, 【기본→발전한자어】 다지기
硼酸(붕산) 붕소를 함유한 무색무취에 광택이 나는
비닐 모양 결정
硼沙(붕사) 붕산나트륨의 결정체. 금속의 납땜이나
방부제로 쓰임
• 방부제나 소독제를 만드는 데 硼酸을 사용한다.
• 붕산에 탄산소다를 넣어 硼沙를 만들었다.

기본 ① 硼隱(평은)

발전 ① 硼素(붕소) 特 硼砂(붕사)

사자성어 ① 硼酸軟膏(붕산연고)

부수	획수	총획
木	8	12

사다리 붕 【2812】

字源 〈형성〉 '사다리'는 기대거나 매달아 높은 곳과 낮은 곳을
디디며 오르고 내릴 수 있는 도구다. 유의어는 '제계(梯
階), 제자(梯子), 사닥다리' 등이 있다. 나무(木)와 나무의
위아래가 마치 벗(朋)을 이루듯이 잘 짜여져 맞춰져서 충
분하게 건널 수 있도록 만든 비계(棧橋)로 [사다리(棚)]를
뜻하고 [붕]으로 읽는다.

國棧(사다리 잔) 梯(사다리 제)

필순 一 十 才 木 村 机 棚 棚 棚 棚

기초 【기초한자어】 익히고, 【기본→발전한자어】 다지기
棚棧(붕잔) 가축을 기르는 우리
山棚(산붕) 나무로 산봉우리 모양의 단을 높다랗게
하고 오색 비단 장막을 늘인 무대
• 나무시렁인 棚棧을 높다랗게 만들고 힝상 분뇨를
치웠다.
• 산대놀이와 같은 민속놀이는 山棚에서 해야만 제
격이라고 하지.

기본 ① 高棚(고붕) 書棚(서붕) 凉棚(양붕) 帳棚(장붕) 戰棚
(전붕) 彩棚(채붕)

발전 ① 棚閣(붕각) 棚戶(붕호) 氷棚(빙붕) 大陸棚(대륙붕)
㊵ 綵棚(채붕) ㊵ 機棚(종붕)

부수	획수	총획
心	12	16

고단할 비 : 【2813】

字源 〈형성〉 '고단하다'는 너무 피곤하여 이제는 지쳐서 쓰러지
다는 뜻일 게다. 일을 열심히 하다보면 몸을 가눌 수가 없
도록 파김치가 되는 수가 더러 있다. 그럴 때는 좀 더 편
하게 쉬어야 한다. 마음(心)에 고민거리가 많고 여러 생각
이 찰싹 달라붙어(憊) 힘들고 고달프니 [고단하다(憊)]는
뜻이고 [비]로 읽는다.
國困(곤할 곤)

필순 亻 伊 伊 佛 備 備 備 憊 憊

기초 【기초한자어】 익히고, 【기본→발전한자어】 다지기
憊色(비색) 피로한 안색. 고달픈 얼굴빛
憊臥(비와) 몸이 곤하여 누움
憊喘(비천) 고달파 헐떡거림
• 참으로 憊喘하여 더 이상 피곤한 몸 가눌 길 없다네.
• 운동회가 끝나고 憊色이 몸을 침범하더니 憊臥했었네.

기본 ① 倦憊(권비) 老憊(노비) 頓憊(돈비) 衰憊(쇠비) 憂憊
(우비) 因憊(인비) 疲憊(피비) 昏憊(혼비)

발전 ① 憊困(비곤) 憊衰(비쇠) 憊眩(비현) 危憊(위비) 迭憊
(질비) 虛憊(허비)

부수	획수	총획
水	5	8

끓을 비 : 【2814】

字源 〈형성〉 음식은 익혀 먹는 것이 정상이다. 불에 막 익힌 음
식은 너무 뜨거워서 김이 모락모락 나고 거품이 솟는다.

어느 정도 충분히 식혀 먹어야 한다. 물(氵)은 불이 아니
면(弗) 끓을 수 없으니 [끓대(沸)] 또는 끓는 물(氵)이 위로
내뿜어(弗) 더 이상 주체할 길이 없어서 [용솟음하다(沸)]
는 뜻이고 [비] 혹은 [불]로 읽는다.
國涌(물솟을 용) 湯(끓일 탕)

필순 丶 丶 氵 汀 沪 沸 沸 沸

기초 【기초한자어】 익히고, 【기본→발전한자어】 다지기
沸羹(비갱) 끓는 국. 말이 시끄러운 모양
沸騰(비등) 물이 샘솟음. 물 따위가 끓어오름
沸湯(비탕) 펄펄 끓는 물. 의논이 물 끓듯 자자함
• 이제는 沸湯 마시는 것을 상용으로 해야겠네.
• 맛좋은 沸羹을 마시니 沸騰하듯 힘이 넘치네.

기본 ① 沸潰(비궤) 沸沫(비말) 沸水(비수) 沸胃(비위) 沸泉
(비천) 沸派(비파) 沸聲(비성) 沸熱(비열) 沸鼎(비정) 沸響
(비향) 騰沸(등불) 沃沸(옥비) 鼎沸(정비) 喧沸(훤비)
洶沸(흉불)

발전 ① 沸沸(불불) 沸石(불석) 沸波(불파) 沸乎(불호) 沸海
(비해) ㊵ 觱沸(필비)

부수	획수	총획
邑	11	14

더러울 비 : 【2815】

字源 〈형성〉 '더럽다'는 옷이나 가구에 찌꺼기가 묻어 있으면
지저분하다는 뜻이다. 세제를 넣어 더러움을 잘 닦아 내
야 한다. 더러우면 그 행실까지 추잡하고 천하게 보인다.
고을(阝)마다 인색(啚)한 사람들만 살면 주위가 [너절하다
(鄙)] 혹은 미곡 곳집(啚)이 있는 시골(阝)이 [더럽대(鄙)]
는 뜻이고 [비]로 읽는다.
國陋(더러울 루) 俚(속될 리) 吝(아낄 린) 穢(더러울 예)

필순 丨 冂 口 몸 몸 몸 몸 몸' 몸阝 鄙

기초 【기초한자어】 익히고, 【기본→발전한자어】 다지기
鄙見(비견) 자기 의견의 겸칭
鄙陋(비루) 마음이 고상하지 못하고 더러움
鄙劣(비열) 성품과 행실이 더럽고 못남
• 鄙見이지만 제가 한마디 해도 될까요?
• 어려서 鄙劣하더니 어른이 된 후에도 지금까지 鄙
陋함이 보인다.

기본 ① 鄙軀(비구) 鄙笑(비소) 鄙言(비언) 鄙諺(비언) 鄙儒
(비유) 鄙淺(비천) 鄙賤(비천) 鄙懷(비회) 郊鄙(교비)
陋鄙(누비) 都鄙(도비) 昧鄙(매비) 蒙鄙(몽비) 微鄙(미비)

발전 ① 鄙近(비근) 鄙俚(비리) 鄙吝(비린) 鄙朴(비박) 鄙薄
(비박) 鄙倍(비배) 鄙僻(비벽) 鄙邊(비변) 鄙夫(비부)
鄙事(비사) 鄙舍(비사) 鄙貲(비사) 鄙俗(비속) 鄙巖(비암)
鄙野(비야) 鄙語(비어) 鄙猥(비외) 鄙愚(비우) 鄙遠(비원)
鄙顔(비언) 鄙人(비인) 鄙丈(비장) 鄙第(비제) 鄙族(비족)

1급

鄙地(비지) 鄙處(비처) 鄙悖(비패) 近鄙(근비) 邊鄙(변비)
野鄙(야비) 貪鄙(탐비) 特 鄙袒(비단) 特 麤鄙(추비)

부수	획수	총획
广	4	7

庇

덮을 비 : 【2816】

字源 〈형성〉 '덮다'는 더러운 것이 있으면 넓은 천을 놓아 온전히 가리는 상태로 놓아야 한다. 흙 따위로 놓아 완전하게 가리어 노출되지 않게 해야 하겠다는 결심이 용솟음친다. 일을 돕고(比) 잘못을 가리니(广) [감싸다(庇)] 혹은 제 집(广)에서 많은 물건들을 서로 비교했으니(比) [덮다(庇)는 뜻이고 [비]로 읽는다.
回 蔭(그늘 음)

필순 ` 一 广 广 庀 庀 庇

기초 【기초한자어】 익히고, 【기본→발전한자어】 다지기
庇賴(비뢰) 의뢰하게 함. 감쌈. 보호함
庇免(비면) 덕택으로 벗어남
庇護(비호) 감싸서 보호함. 도움
• 서로 의뢰하게 함이나 보호함이 庇賴인바, 이젠 自立해야겠네.
• 작은 실수를 저질렀으나 교수님의 庇護로 일을 庇免하게 되었다.

기본 ① 庇保(비보) 庇蔭(비음) 高庇(고비) 曲庇(곡비) 賴庇(뇌비) 保庇(보비) 影庇(영비) 援庇(원비) 蔭庇(음비) 依庇(의비)

발전 ① 庇匿(비닉) 庇佑(비우) 官庇(관비) 眷庇(권비) 隱庇(은비) 陰庇(음비) 諸庇(제비)

부수	획수	총획
衣	8	13

裨

도울 비【2817】

字源 〈형성〉 '돕다'는 이웃집이 두고 볼 것이 아니라 잘 되도록 힘을 보태는 것이 상부상조겠다. 유의어는 '거들다. 보조(輔助)하다, 지원(支援)하다' 등이 쓰인다. 비록 낮은(卑) 신분이나 관복(衤)을 입었으니 신분을 더 높여서 [깁다(裨)] 혹은 입고 있는 옷(衤)에 조금 더 덧붙여(卑) [돕다(裨)는 뜻이고 [비]로 읽는다.
回 補(기울/도울 보) 助(도울 조)

필순 ` ` 衤 衤 衤 衤 衤 裨 裨 裨 裨 裨

기초 【기초한자어】 익히고, 【기본→발전한자어】 다지기
裨補(비보) 도와서 모자람을 채움
裨助(비조) 보조함. 도움

裨販(비판) 소규모로 장사하는 사람. 소매상
• 선생님! 이제는 각별한 裨助가 절실하게 요망됩니다.
• 지금껏 裨販에 불과했으나 교수님의 裨補가 큰 도움이 됐습니다.

기본 ① 裨王(비왕) 裨將(비장) 裨海(비해)
발전 ① 裨屬(비속) 裨益(비익) 補裨(보비) 興裨(흥비)
사자성어 ① 寄與補裨(기여보비)

부수	획수	총획
羽	8	14

翡

물총새 비 :
【2818】

字源 〈형성〉 '물총새'는 저수지, 냇가, 강가의 일정한 장소에서 단독으로 생활한다. 나뭇가지나 말뚝에 앉아서 어류의 움직임을 유심히 관찰하다가 재빨리 뛰어들어 잡는다. 만약 날개(羽)가 없다면(非) 멀고 가까운 곳을 날아다닐 수 없도록 여름에만 손님처럼 찾아오는 철새로 [물총새(翡)를 뜻하고 [비]로 읽는다.
回 翠(물총새 취)

필순 ノ ラ ヲ ヲ ヲ 非 非 非 翡 翡 翡

기초 【기초한자어】 익히고, 【기본→발전한자어】 다지기
翡翠(비취) 짙은 초록색의 경옥. 물총새
翡玉(비옥) 붉은 점이 있는 비취옥
翡鳥(비조) 호반샛과의 새로 여름 철새
• 지금까지 말로만 듣던 翡鳥를 조형물이나마 보았다.
• 귀금속 상점에서 翡翠와 翡玉을 보니 실감이 난다.

발전 ① 翡色(비색) 翡翠衾(비취금) 特 翡帷(비유)

부수	획수	총획
虫	8	14

蜚

날 비
바퀴 비【2819】

字源 〈형성〉 '날다'는 날짐승이 공중을 날면서 옮겨가며 사는 일이다. 공중을 빠르게 날며 빨리 움직인 것이다. 날짐승의 넉넉하고 여유로운 삶에 움직임도 참으로 빠르다. 벌레(虫)가 모여 있지 않으면(非) [날지(蜚) 않다 혹은 날개를 펴서 나는(非) 벌레(虫)는 미덥지 않으니 [바퀴(蜚)를 뜻하고 [비]로 읽는다.

필순 ノ ラ ヲ ヲ ヲ 非 蜚 蜚 蜚 蜚

기초 【기초한자어】 익히고, 【기본→발전한자어】 다지기
蜚禽(비금) 날짐승
蜚騰(비등) 높이 날아오름
蜚語(비어) 터무니없이 떠도는 말
• 높이 날아오름이 蜚騰이고 비등은 아름답지 않다.

• 그녀가 蜚禽과 얘기를 나누었다는 蜚語가 미덥지 않다.

[기본] ① 蜚蜖(비추) 蜚鴻(비홍)
[발전] ① 蜚廉(비렴)
[사자성어] ① 流言蜚語(유언비어) 三年不蜚(삼년불비)

부수	획수	총획
糸	8	14

비단 비 : 【2820】

[字源] 〈형성〉 우리나라에서 일찍부터 고급스러운 비단을 짜서 사용했다. 삼국시대에 걸쳐 비단과 비단 짜는 기술을 일본 등으로 잘도 전파시켜 오늘에 이르고 있다. 만일 명주실(糸)이 아니라면(非) 짤 수 없는 [붉은 빛(緋)] 혹은 빛의 피륙(糸)을 펼치는(非) 늠름한 그런 모양으로 [비단(緋)]을 뜻하고 [비]로 읽는다.
[통] 緞(비단 단)

[필순] 幺 糸 糺 糾 緋 緋 緋 緋 緋 緋 緋

[기초] 【기초한자어】 익히고, 【기본→발전한자어】 다지기
緋甲(비갑) 붉은 갑옷
緋緞(비단) 명주실로 짠 피륙의 총칭
緋衲(비납) 붉은 승복. 붉은 승의 괴려(乖戾)
• 붉은 승복 혹은 붉은 승의 緋衲이 자랑스럽다.
• 장군이 緋甲을 입으니 아내는 緋緞을 입고 간다.
[기본] ① 緋綠(비록) 上緋(상비) 染緋(염비)
[발전] ① 緋冠(비관) 緋玉(비옥) [特] 緋捻(비념)

부수	획수	총획
石	4	9

비상 비 : 【2821】

[字源] 〈형성〉 비석에 열을 가해 승화시켜 추출했던 결정체가 '비상'이다. 비상을 벼 뿌리에 묻혀 심으면 풍작이 든다고 한다. 그래서 값이 비싸도 모자라지 않게 비상을 제조했다 한다. 돌(石)에 비교하여서(比) 잘 정제시킨 비금속성 유독물질인 '비석(砒石)'에 열을 가하여 만든 [비상(砒)]을 뜻하고 [비]로 읽는다.

[필순] 一 ㄕ ㄡ 石 石 砂 砒 砒 砒

[기초] 【기초한자어】 익히고, 【기본→발전한자어】 다지기
砒霜(비상) 비석을 가열하여 승화시켜 얻는 결정체의 독약
砒素(비소) 비석을 태워 얻는 결정체
砒石(비석) 비소, 황, 철로 된 광물
• 비소, 황, 철로 된 광물이 砒石임을 기억해야 한다.

• 砒素나 砒霜은 독이 있으므로 늘 조심해야 하겠지.

[기본] ① 砒酸(비산)
[발전] ① 砒黃(비황) 砒霜藥(비상약)
[사자성어] ① 砒化水素(비화수소)

부수	획수	총획
匕	0	2

비수 비 : 【2822】

[字源] 〈상형〉 흔히 비수를 내던진다고 했다. 원수의 앙갚음을 했으니 통쾌했으리라. '가슴에 원한을 갚을 일이 있는 예리한 비수를 품는다'고 했었으니 진실을 알 만하다 하겠다. 숟가락의 모양을 본떠서 [숟가락(匕)] 혹은 칼끝 꼬리(乚)가 먼저 뻗쳐서(丿) 들어갔었던 짧은 칼로 [비수(匕)]를 뜻하고 [비]로 읽는다.
[回] 箸(젓가락 저)

[필순] 丿 匕

[기초] 【기초한자어】 익히고, 【기본→발전한자어】 다지기
匕首(비수) 짧은 칼. 단도
匕箸(비저) 숟가락과 젓가락
飯匕(반비) 수저, 숟가락
• 동음이의어인 飯匕는 수저이고 반비(飯婢)는 밥 짓는 일을 맡은 계집종이다.
• 식사 때 匕箸는 꼭 필요하지만 匕首는 필요가 없다.
[기본] ① 食匕(식비) 失匕(실비) 玉匕(옥비)
[발전] ① 匕盤(비반) 棘匕(극비) 飯匕(반비) [特] 匕鬯(비창)

부수	획수	총획
言	13	20

비유할 비 : 【2823】

[字源] 〈형성〉 문학적인 표현을 잘하려면 비유법을 잘 써야 한다고 말했다. 사물이나 어떤 현상을 비슷한 사물이나 현상에 빗대어 표현한 것을 흔히 비유법의 표현이라고 했다. 사실을 그대로 말하지 않고 다른 말(言)로 비켜서(辟) 생각하도록 하는 내용으로 잘 말했으니 [비유하다(譬)]는 뜻이고 [비]로 읽는다.
[동] 喩(깨우칠 유) 諭(타이를 유)

[필순] 尸 启 启 启 启 启 辟 辟 辟 譬 譬

[기초] 【기초한자어】 익히고, 【기본→발전한자어】 다지기
譬類(비류) 비유함
譬說(비설) 타일러 깨우침. 비유로 설명함
譬喻(비유) 사물의 모양상태 따위를 설명하기 위한 표현

1급

• 아무리 훌륭한 譬喻일지라도 직접 보는 것만 같지 못하다.
• 사물을 비유함이 譬類인데 타일러서 깨우침이 譬說이다.

기본 ① 譬解(비해) 譬況(비황) 空譬(공비) 慰譬(위비) 證譬(증비)

발전 ① 譬諭(비유) 譬曉(비효) 譬喩法(비유법)

부수	획수	총획
玉	8	12

비파 비 【2824】

字源 〈형성〉 '비파'는 현악기의 하나라고 알려진다. 타원형의 몸통에 짧은 자루가 달려 있으며, 4줄인 당비파와 5줄인 향비파가 있어 조화를 이룬다. 궁중 안팎에서 널리 연주되었던 악기다. 구슬(王)과 구슬(王)을 견주어 비교할(比) 것도 없이 굴러간 소리로 보아 잘 알겠다는 [비파(琵)]를 뜻하고 [비]로 읽는다.
통 琶(비파 파)

필순 一 二 T 王 玨 玤 珡 珡 琵 琵

기초 【기초한자어】 익히고, 【기본→발전한자어】 다지기
琵琶(비파) 현악기의 한 가지
琵音(비음) 비파의 음이나 음색
• 아직 본 적도 없으므로 琵琶의 소리도 알아듣지 못했다.
• 비파의 음이나 아름다운 음색을 琵音이라고 말한다.

발전 ① 琵琶琴(비파금) 琵琶記(비파기) 琵琶聲(비파성) 琵琶行(비파행) 鄕琵琶(향비파)

사자성어 ① 琵琶別抱(비파별포)

부수	획수	총획
戶	8	12

사립문 비 【2825】

字源 〈형성〉 '사립문'은 잡목가지를 서리서리 엮어 만들어 문짝으로 달았던 문이라 한다. 도둑이 없던 그 옛날에 살았던 선인들의 시대. 유의어는 '시문(柴門), 시비(柴扉)' 등이 있다. 집(戶)이 아니라면(非) 달려들지 않았던 [삽짝(扉)] 혹은 문(戶)이 좌우로 갈라져서(非) 있다는 [사립문(扉)]을 뜻하고 [비]로 읽는다.
回 屝(짚신 비)

필순 ` ` 二 尸 尸 厉 厉 扉 扉 扉

기초 【기초한자어】 익히고, 【기본→발전한자어】 다지기
扉戶(비호) 문짝

門扉(문비) 문짝
鐵扉(철비) 새로 만든 문짝
• 요즈음은 도둑 방지를 위해 鐵扉를 세우기도 한다.
• 扉戶와 門扉 다 같이 '문짝'을 뜻한다.

기본 ① 山扉(산비) 石扉(석비) 扉扇(선비) 巖扉(암비) 野扉(야비) 竹扉(죽비) 畫扉(화비)

발전 ① 扉紙(비지) 扉窓(비창) 叩扉(고비) 柴扉(시비) 天扉(천비) 特 扉屨(비구)

부수	획수	총획
疒	8	13

저릴 비 【2826】

字源 〈형성〉 흔히 '저리다'는 강한 감동이나 심한 슬픔으로 인해 마음이 아린 듯이 아프다는 뜻이다. '가슴이 이리도 저린 듯한 사연'이라면, 그것은 정신적 아픔이겠다. 작은 병(疒)도 별 것이 아니라고 하찮게(卑) 생각하여 오래두면 병세가 깊어 몸이 마비될 수가 있었으니 [저리다(痺)]는 뜻이고 [비]로 읽는다.
통 痲(저릴 마)

필순 ` 亠 广 广 疒 疒 疕 痺 痺 痺 痺

기초 【기초한자어】 익히고, 【기본→발전한자어】 다지기
冷痺(냉비) 찬 기운이 스며들어 손발에 감각이 없게 된 병
風痺(풍비) 뇌척수의 탈로 인해 팔다리가 마비됨
痲痺(마비) 감각이 없어지고 힘을 제대로 못 쓰게 됨
• 우유 배달하던 아주머니는 冷痺에 걸려 고생하신다.
• 風痺는 고위험군으로 분류한 痲痺증세다.

기본 ① 頑痺(완비) 坐痺(좌비)

발전 ① 痺疳(비감) 痺病(비병) 骨痺(골비) 痛痺(통비) 行痺(행비)

사자성어 ① 神經痲痺(신경마비)

부수	획수	총획
女	4	7

죽은 어미 비 【2827】

字源 〈형성〉 황순원의 소설 〈별〉은 9개 일화로 진행된다. 사실 사내아이의 누이에 대한 미움은 미움이 아니다. [죽은 어미]에 대한 그리움이 사무친 다소 역설적 표현이다. 돌아가신 아버지 사진이나 지방(紙榜)을 나란히(比) 놓고 제사를 지냈던 우리 어머니(女)들의 이야기였으니 [죽은 어미(妣)]를 뜻하고 [비]로 읽는다.
回 考(생각할 고/살필 고)

필순 く 女 女 女 妅 妣 妣

기초 【기초한자어】 익히고, 【기본→발전한자어】 다지기
妣考(비고) 돌아가신 어머니와 아버지
妣祖(비조) 돌아가신 어머니와 선조
先妣(선비) 남에게 세상을 떠난 자기 어머니를 이르
는 말
• 妣考이신 우리 아버지 어머니! 제사(祭祀)가 바로
내일일세.
• 妣祖 합동제사엔 울고, 先妣 기일엔 통곡했네.
기본 ① 考妣(고비) 祖妣(조비) 皇妣(황비)
발전 ① 妣位(비위) 亡妣(망비) 顯妣(현비)
사자성어 ① 考西妣東(고서비동)

부수	획수	총획
肉	8	12

지라 비(:)
【2828】

字源 〈형성〉 우리 몸속의 지라는 흔히 비장이라 한다. 몸의 면
역세포 기능을 돕고 우리 몸에 있는 세균이나 항원 등을
걸러내며, 노화된 적혈구를 제거하는 역할을 한다고 한
다. 우리 신체(月)의 낮은(卑) [넓적다리(脾)] 또는 胃(위)보
다 낮은 곳(卑)에 있다는 몸(月)의 장기로서 [지라(脾)]를
뜻하고 [비]로 읽는다.

필순

기초 【기초한자어】 익히고, 【기본→발전한자어】 다지기
脾胃(비위) 비장과 위
脾臟(비장) 지라. 오장의 하나
脾泄(비설) 위에 탈이 생겨 소화가 되지 않고 설사
가 나는 병
• 어머니는 脾泄에 들어 오랫동안 약을 복용하시네.
• 아버지는 脾胃가 약하고, 脾臟에 탈이 났다는구먼.
발전 ① 脾家(비가) 脾析(비석) 脾髓(비수) 脾液(비액) 脾熱
(비열) 脾炎(비염) 脾重(비중) 脾虛(비허) 脾約症(비약증)
사자성어 ① 脾胃難定(비위난정)

부수	획수	총획
禾	4	9

쭉정이 비 :
【2829】

字源 〈형성〉 '쭉정이'를 두고 한 촌락의 속담이 전한다. '1년 농
사가 헛것이야'라는 말이 바로 그것이다. 껍질만 있고 속
에 알맹이가 들어 있지 않은 곡식이나 과일이겠으니 황당
하다. 흉년이 들어 곡식의 알맹이가 차지 못하고 벼이삭
(禾)에 껍질만 나란히 늘어서(比) 있었으니 [쭉정이(秕)]를
뜻하고 [비]로 읽는다.

필순

기초 【기초한자어】 익히고, 【기본→발전한자어】 다지기
秕政(비정) 나쁜 정치. 국민을 괴롭히는 정치
秕糠(비강) 쭉정이와 겨. 변변치 못한 음식
• 아주머니 오늘도 秕糠으로 虛飢지게 하시렵니까?
• 말로는 국민을 위한 善政이라며 秕政을 하다니.
기본 ① 垢秕(구비) 揚秕(양비)

부수	획수	총획
肉	13	17

팔 비 : 【2830】

字源 〈형성〉 '팔'은 아무래도 팔뚝과 같은 의미로 쓰인 것 같다.
팔뚝은 팔꿈치부터 손목까지의 부분을 가리킨다. 유의어
는 '전박(前膊), 전완(前腕), 하박(下膊)' 등을 이른다. 머리
가 육체(月)를 부리는(辟) 대로 움직였으니 [팔(臂)] 혹은
사람 몸(月)의 바로 옆(辟)에 붙어 있다 했으니 [팔(臂)]을
뜻하고 [비]로 읽는다.
동 膊(팔뚝 박) 반 脚(다리 각)

필순

기초 【기초한자어】 익히고, 【기본→발전한자어】 다지기
臂力(비력) 팔의 힘. 팔심
臂膊(비박) 팔과 어깨
臂使(비사) 팔이 손가락을 부리듯이 사람을 마음대
로 부림
• 병원에서 臂膊 부분에 물리치료를 받았다.
• 아무리 臂力이 세다고 동네 사람을 어디 臂使해서
야 되겠나.
기본 ① 臂環(비환) 憩臂(게비) 交臂(교비) 怒臂(노비) 半臂
(반비) 般臂(반비) 攘臂(양비)
발전 ① 臂章(비장) 臂痛(비통) 肩臂(견비) 短臂(단비) 聯臂
(연비) 特 臂胛(비갑) 臂臃(비옹)
사자성어 ① 臂不外曲(비불외곡) 鼠肝蟲臂(서간충비) 如失
一臂(여실일비) 八面六臂(팔면육비)

부수	획수	총획
言	8	15

헐뜯을 비 【2831】

字源 〈형성〉 '헐뜯다'는 남을 은근하게 해치려고 그의 흠을 들
추어 다른 사람에게 말하는 짓을 의미한다. 유의어로는
'기산(譏訕)하다, 기자(譏刺)하다, 긁다, 폄언(貶言)하다' 등
이 있다. 말(言)도 아닌(非) 소리로 사람을 [비방하다(誹)]
혹은 남을 비방하는(非) 말(言)을 했었으니 [헐뜯다(誹)]는

뜻이고 [비]로 읽는다.

圖 諑(헐뜯을 방) 訕(헐뜯을 산) 回 譽(기릴 예)

필순 〔一 亠 言 訂 訃 訃 訃 誹 誹〕

기초 【기초한자어】 익히고, 【기본→발전한자어】 다지기
誹謗(비방) 비웃고 헐뜯어서 욕함
誹怨(비원) 헐뜯으며 원망함
誹諧(비해) 익살스럽게 헐뜯음
• 그들은 나를 誹諧하여 웃음거리로 만들었다.
• 친구가 나를 誹謗하더라도 나는 誹怨하지 않겠다.

기본 ① 誹毁(비훼) 腹誹(복비) 怨誹(원비) 沮誹(저비)

발전 ① 訕誹(비박) 誹笑(비소) 誹譽(비예) 誹章(비장) 특 誹訾
(비자)

사자성어 ① 誹謗之木(비방지목) 誹譽在俗(비예재속)

부수	획수	총획
女	14	17

嬪
궁녀벼슬이름 빈
【2832】

字源 〈형성〉 '궁녀 벼슬 이름'하면 한나라 때의 미녀 왕소군이 떠오른다. 왕소군의 이름은 장(궁녀벼슬이름)이고 소군(昭君)은 그녀의 자로 알려진다. 중국의 4대 미녀로 서한 원제 때 여인이다. 손님(賓)을 접대하는 여자(女), 남편에게 시집간 여자(女)로 [아내嬪] 혹은 [궁녀벼슬이름嬪]을 뜻하고 [빈]으로 읽는다.

필순 〔𠄌 𡿦 女 妒 妒 妒 娉 嬪 嬪 嬪〕

기초 【기초한자어】 익히고, 【기본→발전한자어】 다지기
嬪宮(빈궁) 왕세자의 아내인 세자빈이 거처한 곳
嬪侍(빈시) 천자의 시녀
嬪然(빈연) 수효가 많은 모양
• 천자가 죽자 嬪侍들이 통곡했다.
• 비록 嬪宮은 한 사람이나 왕세자의 여인은 嬪然하다.

기본 ① 嬪妃(빈비) 嬪從(빈종) 嬪妾(빈첩) 貴嬪(귀빈) 奉嬪
(봉빈) 妃嬪(비빈) 肥嬪(비빈) 良嬪(양빈)

발전 ① 嬪物(빈물) 嬪婦(빈부) 嬪氏(빈씨) 嬪御(빈어) 宮嬪
(궁빈) 納嬪(납빈) 특 嬪麗(빈려)

부수	획수	총획
水	14	17

濱
물가 빈 【2833】

字源 〈형성〉 '물가'는 바다. 못. 강의 가장자리 주변을 아우른다. 남녀의 사랑을 '바닷가의 소담스러운 추억'이라 했듯이 바닷가에서 주로 많이 이루진다고 했다. 귀한 손님(賓)을 맞있는 물(氵)고기 반찬으로 잘 모시니 [가깝다(濱)] 또는 물

결(氵)이 주름(賓)처럼 한없이 밀려왔으니 [물가(濱)]를 뜻하고 [빈]으로 읽는다.

圖 涯(물가 애) 回 浜

필순 〔氵 氵 氵 氵 沪 沪 沪 濱 濱 濱 濱〕

기초 【기초한자어】 익히고, 【기본→발전한자어】 다지기
濱死(빈사) 죽음에 임박함. 거의 죽게 됨
濱海(빈해) 바다에 가까움. 바다에 가까운 땅
海濱(해빈) 해변, 바닷가
• 우리들은 해변이나 바닷가를 海濱이라고 부른다.
• 우리 모두는 濱海에 살면서 풍랑을 만나 濱死상태다.

기본 ① 濱塞(빈새) 水濱(수빈)

발전 ① 濱涯(빈애) 濱行(빈행) 江濱(강빈) 沙濱(사빈) 鹹濱
(함빈)

사자성어 ① 率土之濱(솔토지빈)

부수	획수	총획
水	16	19

瀕
물가 빈
가까울 빈 【2834】

字源 〈형성〉 '물가와 가깝다'는 상관관계가 썩 높다. 해수욕장과 모래밭 그리고 해변가는 거기거기에서 가깝기 때문이다. 교통이 편리한 곳에 대중시설이 있다. 물(氵)이 땅 쪽으로 자주(頻) 바람 따라 물결치는 곳으로 [물가(瀕)] 혹은 파도(氵)가 자주(頻) 치는 모래 쪽에서 [가깝다(瀕)]는 뜻이고 [빈]으로 읽는다.

필순 〔氵 氵 氵 氵 沪 沪 沙 漸 瀕 瀕〕

기초 【기초한자어】 익히고, 【기본→발전한자어】 다지기
瀕死(빈사) 거의 죽을 지경에 이름
瀕海(빈해) 바닷가. 바다에 잇닿은 지대
瀕水(빈수) 강물에 잇닿음. 또는 그런 땅
• 강물에 잇닿았거나 또는 그러한 땅을 瀕水라 한다.
• 가끔 瀕死 상태로 瀕海에 밀려온 고래를 만나게 된다.

부수	획수	총획
歹	14	18

殯
빈소 빈 【2835】

字源 〈형성〉 '빈소'는 사람이 죽었을 때나 상여가 나갈 때까지 시신을 모셔 놓아두는 곳이다. 많은 문상객들이 찾아와서 조문을 하고 조의금을 보내와서 망자의 명복을 빈다. 죽음(歹)의 세계에서나 봄 직한 손님(賓)으로 사체 입관 후 장사 지낼 때까지 안치하여서 모셨던 장소로 [빈소(殯)]를 뜻하고 [빈]으로 읽는다.

圖 殮(염할 염)

필순 

기초 【기초한자어】 익히고, 【기본 → 발전한자어】 다지기

殯宮(빈궁) 천자 관을 발인할 때까지 안치한 곳
殯所(빈소) 발인할 때까지 관을 두는 장소
殯殿(빈전) 국상 때, 왕이나 왕비의 관을 모시는 곳

- 국상 때, 왕이나 왕비의 관을 모시는 곳이 殯殿이다.
- 殯所엔 국민들이 밤을 지새우고, 殯宮엔 대신들이 지킨다.

기본 1 歸殯(귀빈) 虞殯(우빈)

발전 1 殯禮(빈례) 殯銀(빈은) 啓殯(계빈) 殮殯(염빈) 臨殯(임빈) 草殯(초빈) 火殯(화빈) 殯含玉(빈함옥) 特II 藁殯(고빈) 特 帷殯(유빈)

嚬

부수	획수	총획
口	16	19

찡그릴 빈 【2836】

字源 〈형성〉 '찡그리다'는 얼굴의 일부를 몹시 일그러지게 하면서 잔주름을 만드는 모습이다. 웃는 얼굴에 침 뱉지 못한다 했거늘 얼굴을 찡그리다 보면 불쾌하기 그지없었을 것이다. 심할 정도의 말(口)로 지나친 간섭을 자주(頻) 하게 되면 기분이 매우 언짢게 되었다 했으니 [찡그리다(嚬)]는 뜻이고 [빈]으로 읽는다.

필순 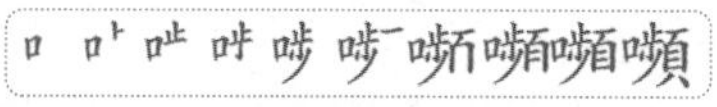

기초 【기초한자어】 익히고, 【기본 → 발전한자어】 다지기

嚬笑(빈소) 상을 찡그림과 웃음
嚬呻(빈신) 얼굴을 찡그리고 신음함
嚬眉(빈미) 눈살을 찌푸리고 얼굴을 찡그림

- 눈살을 찌푸리고 얼굴을 찡그림이 嚬眉다.
- 할아버지는 고통을 이기려 嚬笑와 嚬呻을 반복했다.

기본 1 嚬伽(빈가)

발전 1 效嚬歌(효빈가) 特II 嚬蹙(빈축)

사자성어 1 工嚬姸笑(공빈연소) 一嚬一笑(일빈일소)

憑

부수	획수	총획
心	12	16

비길 빙 【2837】

字源 〈형성〉 '비기다'는 [의지하다, 기대다, 힘이 되다]는 뜻과 많이 상통한 것 같다. 여자가 남자를 만나면 기대고 싶은 심정이 생긴다는 말도 비록 헛말은 아닌 것 같다. 마음(心)에 드는 말에 올라 타면서(馮) 모모에게 [의지하다(憑)] 혹은 마음(心)이 어떤 것에 기대니(馮) [비기다(憑)]는 뜻이고 [빙]으로 읽는다.

동 據(근거 거) 依(의지할 의) 藉(깔 자) 證(증거 증)

필순 

기초 【기초한자어】 익히고, 【기본 → 발전한자어】 다지기

憑據(빙거) 근거로 함
憑怒(빙노) 몹시 성냄
憑藉(빙자) 다른 일에 의지함

- 근거나 이유를 들어 憑據하기엔 조금은 인색하다.
- 신병을 憑藉하여 입궐하지 않은 판서를 두고 憑怒했다.

기본 1 憑陵(빙릉) 憑侍(빙시) 憑軾(빙식) 憑信(빙신) 憑妖(빙요) 憑杖(빙장) 憑眺(빙조) 憑虛(빙허) 公憑(공빙) 歸憑(귀빙) 文憑(문빙) 神憑(신빙) 信憑(신빙) 依憑(의빙) 準憑(준빙) 證憑(증빙) 追憑(추빙) 狐憑(호빙)

발전 1 憑肩(빙견) 憑考(빙고) 憑文(빙문) 憑聞(빙문) 憑憑(빙빙) 憑依(빙의) 憑仗(빙장) 憑弔(빙조) 憑準(빙준) 憑票(빙표) 憑河(빙하) 憑險(빙험) 付憑(부빙) 徵憑(징빙) 特II 憑恃(빙시) 恃憑(시빙)

사자성어 1 憑公營私(빙공영사) 證憑書類(증빙서류)

蓑

부수	획수	총획
艸	10	14

도롱이 사 【2838】

字源 〈형성〉 '도롱이'는 짚이나 띠를 엮어 만든 옛날의 우비의 하나다. 농촌에서 일할 때 비가 오면 허리나 어깨에 걸쳤는데 안쪽은 엮었고, 겉은 줄거리로 드리웠다. 농부가 짚 띠(艹) 따위를 엮어 머리엔 삿갓을 쓰지만, 허리나 어깨에 살짝 걸쳐 비를 피했으니 약한 비옷(衰)인 [도롱이(蓑)]를 뜻하고 [사]로 읽는다.

필순 

기초 【기초한자어】 익히고, 【기본 → 발전한자어】 다지기

蓑笠(사립) 도롱이와 삿갓. 우장
蓑翁(사옹) 도롱이를 두른 노인
蓑衣(사의) 도롱이. 띠 따위로 엮어 만든 비옷

- 비가 올 듯하여 蓑衣를 챙겼다.
- 蓑笠을 착용한 농부에게 蓑翁이 자기 경험을 말했다.

기본 1 蓑城(사성) 蓑唱(사창) 農蓑(농사) 單蓑(단사) 短蓑(단사) 漁蓑(어사) 雨蓑(우사) 一蓑(일사) 長事(장사) 釣蓑(조사)

발전 1 綠蓑(녹사) 細蓑(세사) 蓑蓑(쇠쇠)

1급

紗

부수	획수	총획
糸	4	10

비단 사 【2839】

字源 〈형성〉 '비단'은 [緋, 緞, 帛, 紗]와 함께 같은 의미를 담아 주로 많이 써왔다. 상고시대부터 오늘날까지 뽕나무를 심고 누에를 치며, 비단 짜는 일이 특히 많이 발달했다. 작은(少) 옷감도 아꼈던 면사(糸)로도 사용했으니 [면사(紗)] 혹은 젊고(少) 아름답게 보이는 실(糸)로 [비단(紗)]를 뜻하고 [사]로 읽는다.
동 絹(비단 견) 錦(비단 금) 緞(비단 단)

필순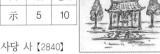

기초 【기초한자어】 익히고, 【기본 → 발전한자어】 다지기
紗羅(사라) 깁. 얇은 비단
紗帳(사장) 사(紗)로 만든 휘장
紗窓(사창) 깁을 바른 창
• 사(紗)로 만든 휘장을 사용했으니 바로 紗帳이다.
• 紗羅옷을 입은 여인이 紗窓을 손질하고 있네.

기본 ① 紗巾(사건) 更紗(갱사) 輕紗(경사) 羅紗(나사) 素紗(소사) 窓紗(창사)

발전 ① 紗袴(사고) 紗縠(사곡) 紗緞(사단) 紗籠(사롱) 紗帽(사모) 紗屬(사속) 特 紗帷(사유)

사자성어 ① 紗籠中人(사롱중인) 紗帽冠帶(사모관대) 粉壁紗窓(분벽사창)

	부수	획수	총획
祠	示	5	10

사당 사【2840】

字源 〈형성〉 '사당'은 조상님의 신주를 모셔 놓은 엄중한 집이다. 신주를 모시기 위한 작은 집으로 만들었다. 유의어는 '사우(祠宇), 영묘(靈廟), 사(祠), 영전(靈殿)' 등이 쓰인다. 신에 관한 일(示)를 담당한다는(司) 데서 [봉제사(祠)] 혹은 조상 신수(神主)를 징싱깇 모시었던 집으로 [시당(祠)]을 뜻하고 [사]로 읽는다.
동 廟(사당 묘)

필순

기초 【기초한자어】 익히고, 【기본 → 발전한자어】 다지기
祠器(사기) 제기
祠堂(사당) 신주를 모셔 두는 집. 사원
祠祭(사제) 제사
• 사당에서 제사를 모시기 위해 祠器를 손질했다.
• 이번 祠祭를 위하여 祠堂을 잘 청소하였다.

기본 ① 祠官(사관) 祠廟(사묘) 祠兵(사병) 祠屋(사옥) 祠院(사원) 監祠(감사) 古祠(고사) 舊祠(구사) 望祠(망사) 報祠(보사) 奉祠(봉사) 佛祠(불사) 社祠(사사) 生祠(생사) 先祠(선사) 小祠(소사) 崇祠(숭사) 靈祠(영사) 類祠(유사) 淫祠(음사) 仁祠(인사) 祖祠(조사) 種祠(종사) 重祠(중사) 叢祠(총사) 解祠(해사) 行祠(행사) 昏祠(혼사) 荒祠(황사)

발전 ① 祠君(사군) 祠壇(사단) 祠祀(사사) 祠宇(사우) 祠板(사판) 祠版(사판) 禊祀(결사) 禱祠(도사) 廟祠(묘사) 神祠(신사) 煙祠(연사) 齊祠(제사) 稷祠(직사) 孝祠(효사)

사자성어 ① 祠堂養子(사당양자)

	부수	획수	총획
獅	犬	10	13

사자 사 (:)
【2841】

字源 〈형성〉 '사자'는 고양잇과에 속한 사나운 짐승이다. 수컷은 머리와 목 주위에 갈기가 더부룩하나 암컷은 작고 갈기가 없으며 사냥은 대개 암컷들이 한다. 유의어는 '백택(白澤)' 등이다. 고양잇과 동물(犭)로 온갖 짐승 중에서 널리 백수의 왕으로 불리었으니 우두머리 동물인 [사자(獅)]를 뜻하고 [사]로 읽는다.
동 猊(사자 예)

필순

기초 【기초한자어】 익히고, 【기본 → 발전한자어】 다지기
獅子(사자) 고양잇과에 속하는 포유동물
獅子(사자) 고양잇과 중에서는 가장 큰 맹수
獅子吼(사자후) 부처의 설법에 모든 짐승이 두려워하고 굴복함
• 獅子吼는 '크게 부르짖어 열변을 토한다'는 전이적 뜻이다.
• 獅子는 우리나라에 서식하지는 않지만 動物園에서 자주 보았다.

기본 ① 金獅(금사) 伏獅(복사)

발전 ① 獅猻(사손) 獅豹(사표) 獅子舞(사자무) 獅子彪(사자병) 獅子坐(사자좌)

사자성어 ① 獅子奮迅(사자분신) 河東獅吼(하동사후) 人中獅子(인중사자)

	부수	획수	총획
奢	大	9	12

사치할 사【2842】

字源 〈형성〉 '사치하다'는 수입에 비해 씀씀이가 분수에 지나치다. 돈이나 물건 쓰기가 분수에 넘친다는 뜻이겠다. 유의어는 '사미(奢靡)하다, 호사(豪奢)하다' 등이 쓰인다. 많은(大) 물건을 사용한 사람(者)은 [사치하다(奢)] 혹은 너무 심하게(大) 많은 돈이나 물건을 모아(者) [사치하다(奢)]는 뜻이고 [사]로 읽는다.
동 侈(사치할 치)

필순

기초 【기초한자어】 익히고, 【기본→발전한자어】 다지기
奢侈(사치) 제 분수에 지나치게 치장함
奢麗(사려) 사치하여 화려하게 꾸밈
奢欲(사욕) 사치하고자 하는 욕심
• 분수에 지나치게 치장함이 奢侈다.
• 奢欲이 많은 누나 딸이 奢麗함은 당연하다.

기본 ① 奢靡(사미) 奢傲(사오) 奢佚(사일) 奢恣(사자) 奢僭
(사참) 奢華(사화) 嬌奢(교사) 驕奢(교사) 蘭奢(난사)
紛奢(분사) 潛奢(잠사) 縱奢(종사) 侈奢(치사) 豊奢(풍사)

발전 ① 奢綺(사기) 奢利(사리) 奢言(사언) 奢汰(사태) 奢泰
(사태) 窮奢(궁사) 僭奢(참사) 豪奢(호사) 華奢(화사)
特 奢肆(사사)

사자성어 ① 奢侈關稅(사치관세) 驕奢淫佚(교사음일) 由奢
入儉(유사입검)

부수	획수	총획
鹿	10	21

사향노루 사 :
【2843】

字源 〈형성〉 '사향노루'는 배꼽 뒤쪽 달걀 모양 향주머니에서
사향을 분비한다. 유의어로는 '궁노루, 사록(麝鹿), 머스크
(musk), 향장(香獐), 아장(牙獐)' 등이 쓰인다. 쏜살같이
(射) 달리는 사슴(鹿)으로 [사향노루(麝)] 혹은 향내를 물씬
풍기는(射) 사슴류(鹿)로 특징이 있다는 [사향노루(麝)]를
뜻하고 [사]로 읽는다.

필순 广 广 庐 庐 庐 鹿 麠 麠 麝 麝

기초 【기초한자어】 익히고, 【기본→발전한자어】 다지기
麝煤(사매) 먹의 딴 이름
麝墨(사묵) 향기가 좋은 먹
麝香(사향) 따뜻하고(溫) 매우면서(辛) 쓰고(苦) 독
(毒)이 없음
• 항아리 뚜껑을 열자 麝香 냄새가 풍겼다.
• 선비라면 그 흔한 麝煤보다는 麝墨을 사려고 한다.

기본 ① 麝芬(사분) 麝薰(사훈) 蘭麝(난사) 腦麝(뇌사) 水麝
(수사) 龍麝(용사) 沈麝(침사) 香麝(향사)

발전 ① 麝鹿(사록) 麝鼠(사서) 土麝(토사) 特 麝臍(사제)

부수	획수	총획
水	15	18

쏟을 사(:)
【2844】

字源 〈형성〉 '쏟다'는 그릇에 가득 담겨 있는 필수품을 쏟아 붓
는다. 또한 음료수를 거꾸로 기울여서 한꺼번에 붓는다는
뜻이다. 유의어는 '흘리다. 기울이다. 퍼붓다' 등이 있다.

그릇에 일정하게 담아 두었던 물(氵)을 모든 면에다 자리
를 펼쳐 깔듯이(寫=席) 함께 다 부어 놓았으니 [쏟다(瀉)]
는 뜻이고 [사]로 읽는다.
동 痢(설사 리) 回 潟(개펄 석)

필순 氵氵氵氵氵氵氵氵瀉瀉

기초 【기초한자어】 익히고, 【기본→발전한자어】 다지기
瀉痢(사리) 설사
瀉出(사출) 쏟아 냄. 쏟아져 나옴
瀉土(사토) 염분이 있는 흙
• 바닷가의 농토로 염분이 있는 흙이 瀉土이다.
• 위장이 약한 친구는 종종 瀉痢를 하거나 瀉出로
고생한다.

기본 ① 瀉溜(사류) 瀉下(사하) 傾瀉(경사) 及瀉(급사) 泄瀉
(설사) 注瀉(주사) 澤瀉(택사) 吐瀉(토사)

발전 ① 瀉庫(사고) 瀉劑(사제) 鵠瀉(곡사) 湍瀉(단사) 補瀉
(보사) 泉瀉(천사) 特 瀉園(사로)

사자성어 ① 一瀉千里(일사천리)

부수	획수	총획
彳	8	11

옮길 사 : 【2845】

字源 〈형성〉 '옮기다'는 다른 곳에다 모두 가져다 놓는다는 뜻
이다. 유의어로는 '운반(運搬)하다, 이동(移動)하다, 변경
(變更)하다' 등이 쓰인다. 이사(移徙)하는 것도 같은 맥락
이겠다. 나아가다(辶=辵)가 어떤 지점에서 멈추고(止) 걷
고(辵) 또 다른 장소로 걸어 나갔으니(彳) [옮기다(徙)]는
뜻이고 [사]로 읽는다.
동 移(옮길 이) 回 徒(무리 도)

필순 丿 彳 彳 彳 彳 徉 徙 徙 徙 徙

기초 【기초한자어】 익히고, 【기본→발전한자어】 다지기
徙散(사산) 사방으로 흩어짐
徙月(사월) 달을 넘김
徙逐(사축) 옮겨 추방함. 귀양 보냄
• 약속한 일에 달을 넘겼으니 徙月이란 책임을 지시오.
• 백성들의 徙散에 대한 책임을 물어 멀리 섬으로
徙逐했다.

기본 ① 徙居(사거) 徙植(사식) 摩徙(마사) 拔徙(발사) 抵徙
(저사) 轉徙(전사) 遷徙(천사)

발전 ① 徙貫(사관) 徙靡(사미) 徙邊(사변) 徙市(사시) 徙業
(사업) 徙奇(사의) 徙播(사파) 三徙(삼사) 流徙(유사)
移徙(이사) 全徙(전사)

사자성어 ① 徙木之信(사목지신) 徙宅忘妻(사택망처) 曲突徙薪
(곡돌사신)

1급

부수	획수	총획
口	10	13

嗣

이을 사 : 【2846】

字源 〈형성〉'잇다'는 끊어지지 않고 계속되거나, 끝을 맞대어 붙여서 만들다. 자식의 대를 이어가는 것이다. 유의어는 '계절(繼絕)하다. 계종(繼蹤)하다, 연결(連結)하다, 잇대다' 등이다. 대를 이를 자식을 내세울 때 묘당에 있는 조칙(冊)을 읽는(口) 의식을 관장했으니(司) 후사를 [잇다(嗣)]는 뜻이고 [사]로 읽는다.
동續(이을 속) 繼(이을 계) 맨絕(끊을 절)

필순 口 口 咠 咠 咠 帛 帛 帛 嗣 嗣

기초 【기초한자어】 익히고, 【기본→발전한자어】 다지기
嗣歲(사세) 새해
嗣守(사수) 이어받아 지킴
嗣子(사자) 대를 이을 아들
• 문중에서도 嗣歲에는 嗣子로 앉힙시다.
• 종가댁에 嗣子가 없으니 嗣守할 양자를 고릅시다.

기본 ① 嗣君(사군) 嗣奉(사봉) 嗣續(사속) 嗣人(사인) 嗣適(사적) 嗣纂(사찬) 嗣響(사향) 家嗣(가사) 繼嗣(계사) 國嗣(국사) 法嗣(법사) 聖嗣(성사) 守嗣(수사) 令嗣(영사) 遺嗣(유사) 一嗣(일사) 嫡嗣(적사) 天嗣(천사) 追嗣(추사) 統嗣(통사) 血嗣(혈사) 後嗣(후사)

발전 ① 嗣事(사사) 嗣産(사산) 嗣王(사왕) 嗣音(사음) 嗣徽(사휘) 嗣興(사흥) 世嗣(세사) 承嗣(승사) 胤嗣(윤사) 正嗣(정사)

사자성어 ① 嗣續之望(사속지망) 嫡後嗣續(적후사속)

부수	획수	총획
二	5	7

些

적을 사 【2847】

字源 〈형성〉'적다'는 양이 적다. 크기가 작다. 많지 않다 등으로 두루 쓰인다. 봉급이 너무 적다에서도 같은 의미를 담고, 물건의 사용이 잦으면 많이 닳게 된다. 이것(此)이야말로 둘(二)뿐이니 다소 [적다(些)] 혹은 크고 작은(二) 것도 계속하여 사용하면 그 양이 줄어들므로(此) [적다(些)]는 뜻이고 [사]로 읽는다.
동微(작을 미) 少(적을 소)

필순 丨 卜 止 止 止 些 些 些

기초 【기초한자어】 익히고, 【기본→발전한자어】 다지기
些些(사사) 하잘것없이 작거나 적음
些細(사세) 조금. 분량이 많지 않음
些少(사소) 하잘것없이 작거나 적음
• 이제는 些些한 일도 私事하지 않고 받겠습니다.

• 제게 些少한 잘못이 있다면 些細여도 고치겠다.
기본 ① 些末(사말) 些微(사미)
발전 ① 些技(사기) 些略(사략) 些事(사사)
사자성어 ① 些少之事(사소지사)

부수	획수	총획
女	7	10

娑

사바세상 사
춤출 사 【2848】

字源 〈형성〉'사바세상'은 석가가 교화하는 땅으로 일컬어지나 산스크리트 Saha에서 유래한 것으로, 음역어로 '사바, 속세'라고 했다. 석가모니 부처가 교화하는 경토를 말한다. 삼천대천인 사바세계를 보인다 하겠다. 모래(沙)가 굴러가듯이 여자(女)가 [춤추다(娑)] 또는 음역자인 [사바세상(娑)]을 뜻하고 [사]로 읽는다.

필순 丶 丶 氵 氵 沙 沙 沙 娑 娑 娑

기초 【기초한자어】 익히고, 【기본→발전한자어】 다지기
娑婆(사바) 석가가 교화하는 땅. 갖가지 고뇌를 견디는 곳
娑羅(사라) 원효의 어머니. 포함조씨 사라부인(娑羅夫人)
• 원효의 어머니인 娑羅夫人의 임신설에 많은 귀감을 받는다.
• 우리는 娑婆에서 선행을 베풀어 극락으로 왕생하겠다.

기본 ① 摩娑(마사)
발전 ① 娑磨(사마) 娑娑(사사) 婆娑(파사)
사자성어 ① 娑羅雙樹(사라쌍수) 娑婆世界(사바세계)

부수	획수	총획
刀	5	7

刪

깎을 산 【2849】

字源 〈형성〉'깎다'는 타동사의 의미로 주로 쓰인다. 덜어서 다소 줄이다. 칼로 얇게 베어 내다는 뜻까지 담는다 하겠다. 무엇을 만들기 위해 모양을 다듬다는 뜻도 함께 담아놓았다. 글자가 쓰인 대쪽을 엮어 놓은 책(冊)에서 글씨 등이 잘못된 부분을 칼(刂)로 잘 깎아냈다고 했으니 [깎다(刪)]는 뜻이고 [산]으로 읽는다.
동削(깎을 삭) 省(덜 생/살필 성) 맨增(더할 증) 添(더할 첨)

필순 丨 冂 冂 冊 冊 刪 刪

기초 【기초한자어】 익히고, 【기본→발전한자어】 다지기
刪改(산개) 깎아서 고침. 글귀를 지우고 고쳐 바로잡음
刪略(산략) 깎아서 덞

刪蔓(산만) 편지에서 인사를 줄인다는 뜻으로 첫머리에 쓰는 말
• 깎아서 고치거나 글귀를 지우고 고쳐 바로잡음이 刪改다.
• 긴 문장을 刪略하거나 刪改하는 일로 하루해를 여유롭게 보냈다.

기본 ① 刪補(산보) 刪削(산삭) 刪省(산생) 刪詩(산시) 刪潤(산윤) 刪定(산정) 刪次(산차) 刪撰(산찬) 刪革(산혁) 加刪(가산) 刊刪(간산) 改刪(개산) 採刪(채산) 擇刪(택산) 討刪(토산) 筆刪(필산)

발전 ① 刪減(산감) 刪去(산거) 刪落(산락) 刪書(산서) 刪敍(산서) 刪修(산수) 刪述(산술) 刪煎(산전) 刪節(산절) 刪訂(산정) 刪除(산제) 增刪(증산) 探刪(탐산) 添刪(첨산) [特]刪翦(산전)

산증 산 【2850】

부수	획수	총획
疒	3	8

字源 〈형성〉 '산증'은 차고 눅눅한 환경에서나 과도한 성생활 및 과로 등으로 인해 기혈의 흐름이 일시 정체되는 질환이다. 개인에 따라서 음낭을 지나가는 근육의 손상으로 발생한다. 생식기와 고환이 산(山)처럼 붓고 아랫배가 땅기며 더러 대소변이 막히기도 하는 병(疒)으로 [산증(疝)]을 뜻하고 [산]으로 읽는다.

필순 ` ゛ 广 广 疒 疒 疝 疝

기초 【기초한자어】 익히고, 【기본→발전한자어】 다지기
疝症(산증) 생식기와 고환이 붓고 아픈 병
疝氣(산기) 산증
疝痛(산통) 복부 내장의 여러 질환. 급경련통
• 고통스러운 남자들의 疝症을 여자들이 알 리 없다.
• 疝症과 疝氣는 이음동의어로 남자들의 아픈 병이다.

발전 ① 疝疾(산질) 筋疝(근산) 血疝(혈산) 狐疝(호산)

산호 산 【2851】

부수	획수	총획
玉	5	9

字源 〈형성〉 '산호'는 바다 속에서 군체(群體)를 이루는 산호충의 개체가 죽었을 때 그 남는 골격 덩어리다. 우리 선현들은 예로부터 산호를 칠보(七寶)의 하나로 중요하게 생각해 왔다. 바다 밑에 산호층이 모여서 나뭇가지(冊) 모양의 군락을 이루어 만들어지는 한 보석류(玉)로 [산호(珊)]를 뜻하고 [산]으로 읽는다.
圖瑚(산호 호)

필순 ー ニ ゠ 千 王 王 珂 珂 珊 珊 珊

기초 【기초한자어】 익히고, 【기본→발전한자어】 다지기
珊瑚(산호) 많은 산호충의 석회질이 바다 밑에 가라앉은 돌
珊珊(산산) 허리에 패옥차고 가볍게 부딪쳐 난 소리
• 아들 내외가 남미의 珊瑚섬으로 신혼여행을 갔다.
• 비록 패옥의 소리기 珊珊이 나오나 珊珊해야겠지요.

발전 ① 珊瑚島(산호도) 珊瑚水(산호수) 珊瑚簪(산호잠) 珊瑚珠(산호주) 珊瑚枝(산호지) 珊瑚礁(산호초) 珊瑚蟲(산호충) [特]珊瑚釉(산호유)

사자성어 ① 珊瑚格子(산호격자) 珊瑚礁港(산호초항) 珊瑚婚式(산호혼식)

보살 살 【2852】

부수	획수	총획
艸	14	18

字源 〈형성〉 '보살'은 인간의 깊은 깨달음을 구하기 위하여 중생을 교화하려고 불도를 닦는 사람이다. 여자 신도를 높이는 말이다. 유의어는 '상사(上士), 진신(眞身), 살타(薩埵)' 등이다. 풀(艸) 속 언덕(阝)의 큰 모습으로 삼라만상을 낳아(産) 기르신 [보살(薩)]을 뜻하고 梵語 'Sat'의 음역자로 쓰이며 [살]로 읽는다.
圖菩(보살 보)

필순 艹 艹 芦 芦 萨 萨 萨 萨 薩 薩 薩 薩

기초 【기초한자어】 익히고, 【기본→발전한자어】 다지기
菩薩(보살) 부처에 버금가는 성인. 여승의 존칭
布薩(포살) 불교 교단을 지탱하며 유지해가는 의식
薩滿(살만) 신령과 통한다고 하는 박수무당
• 布薩은 불교교단 지탱하며 유지해가는 의식이다.
• 내장사 월동준비를 위해 많은 菩薩들이 모여서 김장을 합니다.

발전 ① 薩水(살수) [출전]薩埵(살타)

사자성어 ① 彌勒菩薩(미륵보살)

뿌릴 살 【2853】

부수	획수	총획
手	12	15

字源 〈형성〉 '뿌리다'는 손으로 날려서 멀리 떨어지거나, 여러 곳으로 흩어지게 던지거나 끼얹는다는 뜻이다. 유의어는 '날리다, 파종(播種)하다, 살포(撒布)하다' 등이다. 미세하고 자잘한 씨앗을 손(扌)으로 집어 논이나 밭의 가지런하게 고랑에 흩어서(散) 골고루 심도록 했으니 [뿌리다(撒)]는

1급

뜻이고 [살]로 읽는다.

필순 扌 扌 扌 扗 扗 掃 掃 掃 撒 撒

기초 【기초한자어】 익히고, 【기본 → 발전한자어】 다지기
撒扇(살선) 쥘부채. 접었다 폈다 한 부채
撒布(살포) 흩어 뿌림
撒水(살수) 물을 뿌림
• 撒水는 가뭄에 견딜 만큼 물을 잘 뿌려야 합니다.
• 그는 볍씨를 撒布하는 논둑에서 撒扇을 들고 있다.
기본 ① 撒塊(살괴) 撒菽(살숙) 漫撒(만살)
발전 ① 撒壞(살괴) 撒袋(살대) 撒肥(살비) 撒手(살수) 撒帳(살장) 撒火(살화) 国 撒砂(살사)
사자성어 ① 撒布灌漑(살포관개)

부수	획수	총획
火	9	13

죽일 살 【2854】

字源 〈형성〉 '죽이다'는 생물의 목숨을 끊어지도록 하거나 누그러지게 하면서 아예 존재하지 않게 없애버리는 것이다. 유의어는 '살해(殺害)하다, 도륙(屠戮)내다, 없애다' 등이 있겠다. 갑자기(칙←急) 몽둥이를 들고 매우 치거나(攵) 뜨거운 불(灬)로 지져서 모질고 독할 정도로 [죽이다(煞)]는 뜻이고 [살]로 읽는다.

필순 ⺈ ⺈ ⺈ ⺈ 夅 敄 敄 敍 煞 煞

기초 【기초한자어】 익히고, 【기본 → 발전한자어】 다지기
急煞(급살) 사람이 보면 운수가 나쁘다고 하는 별. 뜻하지 않게 닥치는 재액
劫煞(겁살) 불길한 기운을 뽐는 삼살(三煞)의 하나 (세살(歲煞), 겁살(劫煞), 재살(災煞))
• 劫煞이 있는 방위를 범하면 살인이 난다고 한다.
• 수학여행 도중 急煞을 당한 학생의 명복을 빈다.
기본 ① 毒煞(독살) 木煞(목살) 厄煞(액살) 制煞(제살) 地煞(지살) 解煞(해살) 凶煞(흉살)
발전 ① 煞歇(쇄헐) 災煞(재살) 天煞(천살) 出煞(출살) 空房煞(공방살)

부수	획수	총획
水	11	14

스밀 삼 【2855】

字源 〈형성〉 '스미다'는 기름 따위의 액체가 다른 곳까지 나긋나긋하게 배어든다는 뜻이다. 깊은 마음이나 정 따위가 사물이나 대상 등에 은은하게 담겨 있음도 뜻하기도 한다. 제방 둑처럼 물(氵)이 잘 새지 못하도록 막았지만 점

차 물이 침투(參←侵)하여 샌다고 했으니 [스미다(滲)]는 뜻이고 [삼]으로 읽는다.
圖 透(사무칠 투) 回 渗

필순 氵 氵 氵 氵 沙 汾 沙 渁 渁 滲 滲

기초 【기초한자어】 익히고, 【기본 → 발전한자어】 다지기
滲漏(삼루) 개먹어 들어감. 침식함
滲出(삼출) 액체가 스며서 배어 나옴
滲透(삼투) 스며들어감
• 滲漏는 점차 개먹어 들어가니 침식하다는 뜻이다.
• 시약에 어떤 물질은 滲出되고 또는 滲透되는 현상이 일어났다.
기본 ① 滲洩(삼설) 滲洇(삼음) 滲入(삼입) 淋滲(임삼) 血滲(혈삼)
발전 ① 滲離(삼리) 滲水(삼수) 滲潤(삼윤) 滲炭(삼탄) 滲透壓(삼투압)

부수	획수	총획
水	12	15

떫을 삽 【2856】

字源 〈형성〉 '떫다'는 아직 설익은 감과 같이 제 맛이 나지 않고 텁텁하여 입안에 뿌드드한 느낌이 드는 상태다. 아직은 설익은 상태다. 유의어로는 '따름하다, 떨따름하다' 등이 쓰인다. 굴곡이 심해서 물(氵)이 잘 흐르지 못하니 [澁:지체함] [막히다(澁)] 혹은 꽉 막혀서 다소 껄끄러우니 [떫다(澁)]는 뜻이고 [삽]으로 읽는다.
回 渋

필순 氵 氵 氵 汁 沚 澁 澁 澁 澁 澁 澁

기초 【기초한자어】 익히고, 【기본 → 발전한자어】 다지기
澁苦(삽고) 떫고 씀. 음조 따위가 매끄럽지 못함
澁語(삽어) 더듬거리는 말
澁滯(삽체) 막힘. 부진함
• 澁語는 유창하게 말하지 못하고 더듬거려서 말하다.
• 澁苦한 감을 먹어 알아듣기 어려운 澁語를 되뇌었다.
기본 ① 澁勒(삽륵) 澁體(삽체) 艱澁(간삽) 彊澁(강삽) 結澁(결삽) 梗澁(경삽) 苦澁(고삽) 謹澁(근삽) 奇澁(기삽) 難澁(난삽) 訥澁(눌삽) 朴澁(박삽) 羞澁(수삽) 頑澁(완삽) 粗澁(조삽) 險澁(험삽)
발전 ① 澁味(삽미) 澁柿(삽시) 澁齊(삽제) 澁濁(삽탁) 乾澁(건삽) 怪澁(괴삽) 疏澁(소삽) 晦澁(회삽)

부수	획수	총획
羽	6	12

날 상 【2857】

字源 〈형성〉 '날다'는 날짐승이나 비행 물체가 하늘에 높이 떠서 여러 곳으로 위치를 바꾸어 옮겨가다는 뜻이다. 이와 같은 날짐승들이 공중을 통하여 매우 빠르게 움직이기도 한다. 어린 새가 날기 위해서 날개(羽)를 놓을(羊) 사이 없이 잘 펄럭이고 있으니 뜻밖에 하늘을 향해 [날다(翔)]는 뜻이고 [상]으로 읽는다.
回 踊(뛸 용)

필순 ⺊ ⺊ ⺌ 羊 羽 羽 翔 翔 翔 翔

기초 【기초한자어】 익히고, 【기본→발전한자어】 다지기
翔貴(상귀) 새가 하늘 높이 날아오르듯 물가가 오름
翔舞(상무) 날며 춤춤. 춤추듯 낢
翔實(상실) 일이 자세하고 정확함
• 翔實은 모든 일이 자세하고 정확하나 미래에 대해서는 잘 모르겠다.
• 할아버지는 翔舞하셨으나 연료의 翔貴에 대해서는 상심이 크다.
기본 ① 翔翔(상상) 翔陽(상양) 翔永(상영) 翔集(상집) 驚翔(경상) 高翔(고상) 群翔(군상) 鳳翔(봉상) 飛翔(비상) 馴翔(순상) 燕翔(연상) 雲翔(운상) 遊翔(유상) 趨翔(추상) 沈翔(침상) 回翔(회상)
발전 ① 翔空(상공) 翔禽(상금) 翔破(상파) 滑翔(활상) 嬉翔(희상) 特 翔翱(상고) 翻翔(번상)
사자성어 ① 鱗潛羽翔(인잠우상)

爽
시원할 상 :
【2858】

부수	획수	총획
爻	7	11

字源 〈회의〉 '시원하다'는 여름날 더위를 식힐 수 있을 정도로 선선하다는 뜻이다. 답답하거나 무거웠던 마음이 한결 가뿐해지다. 유의어로는 '서늘하다, 후련하다, 상연하다' 등이 쓰인다. 크고(大) 넓은 바다 위에 밝은 모양(爻)의 해가 뜨기 직전에 새벽은 매우 상쾌했으니 한결 [시원하다(爽)]는 뜻이고 [상]으로 읽는다.
圖 快(쾌할 쾌)

필순 一 ㄱ ㄱ ㄱ ㄱ 㸚 爽 爽 爽 爽

기초 【기초한자어】 익히고, 【기본→발전한자어】 다지기
爽氣(상기) 상쾌한 기분
爽凉(상량) 상쾌하고 시원함
爽快(상쾌) 마음이 시원하고 산뜻함
• 爽氣는 흠 잡을 수 없을 만큼 상쾌한 기분이다.
• 爽快한 기분으로 일을 마친 다음 爽凉하게 귀가했다.
기본 ① 爽塏(상개) 爽達(상달) 爽德(상덕) 爽昧(상매) 爽明(상명) 爽實(상실) 爽然(상연) 爽節(상절) 爽惑(상혹) 健爽(건상) 高爽(고상) 昧爽(매상) 秀爽(수상) 英爽(영상) 精爽(정상) 俊爽(준상) 澄爽(징상) 差爽(차상)

凄爽(처상) 淸爽(청상) 豪爽(호상)
발전 ① 爽旦(상단) 爽邁(상매) 爽爽(상상) 爽約(상약) 爽闊(상활) 競爽(경상) 特 颯爽(삽상)

觴
잔 상 【2859】

부수	획수	총획
角	11	18

字源 〈형성〉 '술잔'의 잔은 술과 통용해서 사용한다. '잔'은 술을 따라 마시는 작은 그릇이다. 유의어로는 '주배(酒杯), 주잔(酒盞), 주치(酒卮), 잔(盞), 배(盃), 觥(굉)' 등이 쓰인다. 승전고를 울리거나 축하할 때 뿔(角)에 작은 틈을 내어서(昜←傷) 밖으로 흘러나오는 독한 술을 마셨으니 [술잔(觴)]을 뜻하고 [상]으로 읽는다.

필순 ⺈ 角 角 角 觡 觡 觴 觴 觴 觴

기초 【기초한자어】 익히고, 【기본→발전한자어】 다지기
觴詠(상영) 술을 마시며 시가를 읊음
觴飮(상음) 술잔을 들고 술을 마심
觴政(상정) 주연의 흥을 돋우기 위해 정한 음주 규칙
• 觴飮은 서로 懷抱를 풀기 위해 술잔을 들어 마셨다.
• 선비들은 觴政에 따라 觴詠할 준비를 서둘렀다.
기본 ① 觴酌(상작) 擧觴(거상) 空觴(공상) 交觴(교상) 累觴(누상) 杯觴(배상) 泛觴(범상) 飛觴(비상) 壽觴(수상) 玉觴(옥상) 羽觴(우상) 流觴(유상) 重觴(중상) 行觴(행상) 獻觴(헌상)
발전 ① 觴豆(상두) 觴令(상령) 觴酒(상주) 濫觴(남상) 特 觴肴(상효)
사자성어 ① 曲水流觴(곡수유상)

嬬
홀어미 상 【2860】

부수	획수	총획
女	17	20

字源 〈형성〉 '홀어미'는 일찍 남편을 잃고 홀로 지내는 외로운 여자인 어머님을 뜻한다. 유의어는 '과녀(寡女), 과부(寡婦), 미망인(未亡人), 이부(嫠婦), 상부(孀婦)' 등이 쓰인다. 여자(女)가 남편을 일찍 여의고 혼자서 외롭게 한 많은 세월(霜)을 보내면서 살아가는 과부인 어머니로 [홀어미(孀)]를 뜻하고 [상]으로 읽는다.
回 鰥(홀아비 환)

필순 女 妒 妒 妒 婥 嬬 嬬 嬬 孀 孀 孀

기초 【기초한자어】 익히고, 【기본→발전한자어】 다지기
孀閨(상규) 과부가 거처하는 방
孀單(상단) 과부. 과부의 생활

1급

孀雌(상자) 과부. 과부 생활
• 孀單은 과부된 여자나 그런 과부생활이다.
• 어여쁜 孀雌를 엿보려고 孀闈를 기웃거리는 사내
가 있다.

기본 ① 孀老(상로) 孀婦(상부) 孀妻(상처) 孤孀(고상) 遺孀
(유상) 靑孀(청상)

발전 特 孀媧(상아)

사자성어 ① 靑孀寡婦(청상과부)

부수	획수	총획
玉	14	19

옥새 새 【2861】

字源 〈형성〉 '옥새'는 어전에서 임금이 쓰는 도장 또는 옥에 새
겨놓은 임금 도장을 뜻한다. 한때의 옥새파동을 생각할
수 있겠다. 유의어는 '국새(國璽), 대보(大寶), 어보(御寶),
인새(印璽)' 등이다. 임금(王)이 옥좌 옆 가까이(爾)에 두고
의정부에서 서류가 올라오면 찍었던 도장으로 [옥새(璽)]
를 뜻하고 [새]로 읽는다.
回 璽

필순 ᅳ ᆺ 行 阶 阶 阶 爾 爾 璽 璽 璽

기초 【기초한자어】 익히고, 【기본→발전한자어】 다지기
璽符(새부) 인장과 부절. 제왕의 도장
璽書(새서) 제왕의 도장을 찍은 조서. 옥새를 찍은 문서
國璽(국새) 나라를 대표하는 도장
• 國璽는 나라를 대표하는 도장이다. 그래서 그것을
훔치는 자는 역적으로 취급했다.
• 璽書를 위조하나 璽符를 훔치는 자 역적의 패거리다.

기본 ① 璽節(새절)

발전 ① 璽寶(새보) 御璽(어새) 靈璽(영새) 玉璽(옥새) 特 璽綬
(새수) 鈐璽(검새)

사자성어 ① 璽書表裏(새서표리)

부수	획수	총획
口	10	13

아낄 색 【2862】

字源 〈회의〉 '아끼다'는 귀중하게 여겨 함부로 쓰거나 다루지
아니하다는 뜻이다. 유의어는 '애지중지(愛之重之)하다.
사랑하다, 절약(節約)하다, 소중(所重)하다' 등이 쓰인다.
흙(土)으로 만든 논둑길을 잘 좇아서(人人←從) 작황을 돌
보면서 또 다른 논밭을 향하여 돌아가니(回) [아끼다(嗇)]
는 뜻이고 [색]으로 읽는다.
동 吝(아낄 린)

필순 ᅳ ᅩ 卄 來 來 夾 夾 啬 啬 啬 嗇

기초 【기초한자어】 익히고, 【기본→발전한자어】 다지기
嗇夫(색부) 농부 농민. 벼슬 이름
嗇用(색용) 사용하기를 아까워함
嗇禍(색화) 난리를 이용해 탐욕을 도모함
• 嗇禍는 난리를 이용하여 탐욕을 도모한 자다.
• 嗇夫들이 나라 재산 嗇用하는 것은 나쁘지 않다.

기본 ① 嗇年(색년) 嗇事(색사) 儉嗇(검색) 澁嗇(삽색) 吝嗇
(인색) 節嗇(절색)

발전 ① 珍嗇(진색) 貪嗇(탐색) 偏嗇(편색)

사자성어 ① 吝嗇之心(인색지심)

부수	획수	총획
生	7	12

생질 생 【2863】

字源 〈형성〉 '생질'은 누나나 여동생의 자식이다. 남자 형제간
의 조카와 같은 촌수이지만 호칭의 정도가 조금은 다르
다. 아마도 서로가 다른 성씨를 사용하고 있기 때문일 것
이다. 누이가 시집을 가서 낳은(生) 자식(男)은 삼촌의 입
장에서는 다들 조카가 되겠다고 할 것이니 [생질(甥)]을
뜻하고 [생]으로 읽는다.
동 姪(조카 질) 回 舅(시아버지 구)

필순 ᅵ ᅩ 牛 生 垈 垈 垈 甥 甥

기초 【기초한자어】 익히고, 【기본→발전한자어】 다지기
甥館(생관) 사위가 거처하는 방
甥姪(생질) 누이의 아들
舅甥(구생) 외삼촌과 생질, 장인과 사위
• 舅甥은 외삼촌과 甥姪 사이 丈人과 사위 관계이다.
• 모처럼 甥姪이 찾아와 甥館에서 함께 잠을 잤다.

기본 ① 甥舅(생구) 國甥(국생) 彌甥(미생) 外甥(외생) 姪甥
(질생)

발전 ① 甥婦(생부) 家甥(가생)

부수	획수	총획
牛	5	9

희생 생 【2864】

字源 〈형성〉 '희생'은 다른 사람이나 어떤 목적을 위해 자신이
가진 것을 다 바치는 일이다. 또는 예기치 않은 재난이나
큰 사고에서 목숨을 잃고 오직 대의만을 위하는 일이라고
도 말하겠다. 소(牛)는 태어날(生) 때부터 [희생되다(牲)]
혹은 산 채(生)로 신에게 바치는 소(牛)로 [산 제물(牲)]을
뜻하고 [생]으로 읽는다.
동 牷(희생 전)

필순 ᅵ ᅩ 牛 牛 牜 牜 牜 牲 牲

【기초】【기초한자어】 익히고, 【기본→발전한자어】 다지기
牲體(생례) 희생과 예주
牲牢(생뢰) 제물로 바치는 산 짐승
牲殺(생살) 제물로 쓰는 짐승
• 牲殺은 제물로 쓰는 짐승으로 따로 준비한다.
• 보름날 堂祭에 쓰려고 牲體와 牲牢를 몽땅 샀다.

【기본】① 牲酒(생주) 牢牲(뇌생) 肥牲(비생) 三牲(삼생)
野牲(야생) 五牲(오생) 玉牲(옥생) 六牲(육생) 特牲(특생)
犧牲(희생)

【발전】① 牲口(생구) 牲幣(생폐) 極 牲犢(생독) 特 牲牷(생전)
牲牷(생효)

【사자성어】① 省牲省器(성생성기)

부수	획수	총획
艹	14	18

감자 서 : 【2865】

【字源】〈형성〉 '감자'는 땅속에서 자란 덩이줄기라 하며 녹말이
많아 주식이나 부식으로 주로 식용했다. 유의어로는 '마령
서(馬鈴薯), 북감저(北甘藷), 번서(蕃薯)' 등이 존재한다.
마 혹은 참마와 더불어 가짓과에 속한 여러해살이 풀(艹)
로 뿌리를 서로 나누어서(署) 식용하였으니 [감자(薯)]를
뜻하고 [서]로 읽는다.

【필순】一 艹 艹 艹 茾 茾 萝 萝 萝 薯 薯

【기초】【기초한자어】 익히고, 【기본→발전한자어】 다지기
薯童(서동) 백제 제30대 왕인 '무왕'의 어릴 때 이름
薯童謠(서동요) 백제의 서동이 지은 4구체의 향가
• 薯童은 서동요를 지어 신라의 선화공주를 아내로
맞이했다.
• 신라에서 薯童謠를 모르는 아이들이 없었다.

【기본】① 薯類(서류) 甘薯(감서)
【발전】① 蕃薯(번서) 馬鈴薯(마령서) 출전 薯豉(서시)

부수	획수	총획
黍	0	12

기장 서 : 【2866】

【字源】〈형성〉 '기장'은 쌀·보리·조·콩과 함께 오곡으로 불리
는 우리의 양식이었다. 예로부터 직(稷)은 메기장을, 서
(黍)는 찰기장으로 썼다. 줄기는 곧게 서며 녹색을 띤 원
통 모양이다. 사람(人)이 술(水)을 만들 때 벼(禾) 대신 심
는 [기장(黍)] 혹은 술(水)의 재료였던 곡물(禾)로 [기장(黍)]
을 뜻하고 [서]로 읽는다.
图梁(기장 량)

【필순】

【기초】【기초한자어】 익히고, 【기본→발전한자어】 다지기
黍稻(서도) 기장과 벼
黍稷(서직) 찰기장과 메기장
黍禾(서화) 수수. 기장. 기장과 벼
• 黍禾는 수수, 기장, 기장과 벼로 主食이었다.
• 우리 조상은 黍稻와 黍稷을 주식으로 삼았다.

【기본】① 黍酒(서주) 角黍(각서) 鷄黍(계서) 團黍(단서) 食黍
(식서) 委黍(위서) 稷黍(직서) 春黍(춘서) 禾黍(화서)
黃黍(황서) 黑黍(흑서)

【발전】① 黍穀(서곡) 黍離(서리) 黍民(서민) 黍粟(서속) 黍皮
(서피) 麥黍(맥서) 薦黍(천서) 炊黍(취서)

【사자성어】① 黍離之歎(서리지탄)

부수	획수	총획
木	8	12

깃들일 서 :
【2867】

【字源】〈형성〉 '깃들이다'는 사람이 보금자리를 만들어 그 속에
들어가서 산다는 뜻이다. 또는 일정한 건물을 마련하여
살거나 그곳에 오래도록 살기 위해 자리 잡는다는 의미
이다. 나무(木) 위 새가 앉을 때 꼭 붙잡는(妻←執) 둥지로
[깃들이다(棲)] 혹은 새가 나무(木)에서 푹 쉬면서(妻←私)
[살다(棲)]는 뜻이고 [서]로 읽는다.

【필순】一 十 才 才 术 栖 栖 棲 棲 棲 棲

【기초】【기초한자어】 익히고, 【기본→발전한자어】 다지기
棲遁(서둔) 은둔하여 삶
棲息(서식) 동물이 어떤 곳에 깃들여 삶
棲隱(서은) 속세를 떠나 은둔하여 삶
• 棲遁은 우리 사회가 혼돈하여 은둔하여 삶이다.
• 대사님은 산중에서 棲隱하고 계셨다.

【기본】① 棲居(서거) 棲禽(서금) 棲伏(서복) 棲屑(서설) 棲遲
(서지) 鷄棲(계서) 高棲(고서) 故棲(고서) 羈棲(기서)
單棲(단서) 同棲(동서) 鳳棲(봉서) 山棲(산서) 水棲(수서)
宿棲(숙서) 雙棲(쌍서) 嚴棲(엄서) 幽棲(유서) 隱棲(은서)
特棲(특서)

【발전】① 棲畝(서무) 棲棲(서서) 棲宿(서숙) 棲皇(서황) 共棲
(공서) 群棲(군서) 兩棲(양서) 雲棲(운서)

【사자성어】① 棲神之域(서신지역) 林深鳥棲(임심조서)

부수	획수	총획
牛	8	12

무소 서 : 【2868】

【字源】〈형성〉 '무소'는 풀을 주식으로 하고 그 밖의 종류로는 나
뭇잎을 먹는다. 큰 몸집과 뿔을 무기로 갖추었다. 수컷은

오줌을 뒤쪽으로 뿜어 세력권이란 자기 알림의 신호로 삼았다. 코뿔소(牛)라는 들짐승인데 죽을(尸) 때까지 물(氺←水)에서 살며 초식동물로 많이들 알려진 [무소(犀)]를 뜻하고 [서]로 읽는다.

필순 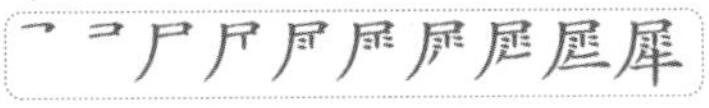

기초 【기초한자어】 익히고, 【기본 → 발전한자어】 다지기

犀角(서각) 무소의 뿔. 가루로 해독·해열제로 씀
犀甲(서갑) 무소 가죽으로 만든 갑옷
犀利(서리) 견고하고 예리함

- 우리 선현들은 犀利를 堅固하고 예리하게 생각했다.
- 갑옷 가운데 犀甲이 있고 犀角은 약제로 사용했다.

기본 1 犀兵(서병) 犀舟(서주) 犀函(서함) 角犀(각서) 木犀(목서) 文犀(문서) 野犀(야서) 燃犀(연서) 龍犀(용서)

발전 1 寶犀(보서) 特Ⅱ 犀鎧(서개) 犀楯(서순) 瓠犀(호서)

壻

부수	획수	총획
土	9	12

사위 서 : 【2869】

字源 〈형성〉 '사위'는 딸의 남편이라고 하는바, 예부터 사위는 백년손님이라 했다. '언제든지' 사위가 처가를 찾으면, 씨암탉을 잡아 대접했다고 한 데서 백년손님이란 의미를 찾는다. 고을(土)에서 기다리는(胥) 여자와 혼인하니 [사위(壻)] 혹은 혈육(月)인 딸과 함께 사는(疋) 사내(士)로 [사위(壻)]를 뜻하고 [서]로 읽는다.

약 婿

필순 

기초 【기초한자어】 익히고, 【기본 → 발전한자어】 다지기

壻郞(서랑) 남의 사위를 높여 이르는 말
壻屋(서옥) 사위가 사는 집
同壻(동서) 자매의 남편끼리 형제의 아내끼리 호칭

- 同壻의 呼稱은 자매의 남편과 형제의 아내가 호칭한다.
- 壻郞과 오랜 婿屋에서 시험에 합격하여 祝賀드렸다.

기본 1 國壻(국서) 率壻(솔서) 豫壻(예서) 翁壻(옹서) 姪壻(질서) 賢壻(현서)

발전 1 壻甥(서생) 佳壻(가서) 女壻(여서) 令壻(영서) 畜壻(축서) 擇壻(택서) 壻養子(서양자)

曙

부수	획수	총획
日	14	18

새벽 서 : 【2870】

字源 〈형성〉 '새벽'은 하루의 자정 이후부터 날이 밝을 무렵 사이의 이른 시간을 가리킨다. 유의어는 '파묘(破卯), 파효(破曉), 효단(曉旦), 효신(曉晨)' 등이 쓰인다. 평일 날 관청(署) 직원이 매일(日)같이 일하니 하루해가 [밝다(曙)] 또는 햇빛(日)이 훤히 밝게도(署=赭) 빛나니 환한 [새벽(曙)]을 뜻하고 [서]로 읽는다.

동 晨(새벽 신) 曉(새벽 효)

필순 

기초 【기초한자어】 익히고, 【기본 → 발전한자어】 다지기

曙光(서광) 동이 틀 때 비치는 빛
曙星(서성) 샛별
曙天(서천) 새벽하늘

- 과거 보러 새벽에 떠난 유생은 曙天을 바라보았다.
- 부지런히 曙星을 보며 일하니 이제야 曙光이 비친다.

기본 1 曙景(서경) 曙鶯(서앵) 曙野(서야) 曙日(서일) 開曙(개서) 拂曙(불서) 煙曙(연서) 殘曙(잔서) 初曙(초서) 淸曙(청서) 昏曙(혼서)

발전 1 曙更(서경) 曙鼓(서고) 曙色(서색) 曙烏(서오) 曙雲(서운) 曙月(서월) 曙鐘(서종) 達曙(달서) 徹曙(철서) 特Ⅱ 曙鴉(서아) 曙曦(서희)

사자성어 1 盲亦曙好(맹역서호)

胥

부수	획수	총획
肉	5	9

서로 서 【2871】

字源 〈형성〉 '서로'는 두 사람이 관계되는 그 이상의 사이로 각기 상대에 대한 관계라 하겠다. 안쪽과 바깥쪽이란 짝을 이루고 있는 관계인 상대다. 유의어는 '상호(相互)' 등이다. 몸(月)을 의지하여 살아갈 배필(疋)을 만나지 못하면 좋은 사람 만나기를 꾸우 참고 기다려야만 했으니 [서로(胥)]를 뜻하고 [서]로 읽는다.

동 吏(벼슬아치 리)

필순 

기초 【기초한자어】 익히고, 【기본 → 발전한자어】 다지기

胥匡(서광) 서로 고쳐줌
胥吏(서리) 문서를 담당하는 하급 관리
胥失(서실) 서로 잃음. 함께 잃어버림

- 胥失은 서로 잃음이나 함께 잃어버림을 한탄한다.
- 그 사람은 胥吏에 불과하나 군수와 함께 胥匡하였다.

기본 1 胥徒(서도) 樂胥(낙서) 徒胥(도서) 相胥(상서) 象胥(상서) 閭胥(여서) 餘胥(여서) 靈胥(영서) 淪胥(윤서) 追胥(추서) 熏胥(훈서)

발전 1 胥命(서명) 胥謀(서모) 胥靡(서미) 胥宇(서우) 胥庭(서정) 胥虐(서학) 特Ⅱ 蟹胥(해서)

사자성어 1 胥動浮言(서동부언) 華胥之夢(화서지몽)

부수	획수	총획
山	14	17

섬 서(:)【2872】

字源 〈형성〉 '섬'은 바다나 호수 가운데 물로 감싸인 땅 부분이다. 여러 개의 섬이 줄지어 있는 '열도', 무질서하게 모여 있는 '제도'라고 한다. 섬은 화산도·산호도·육계도 등으로 나뉜다. 바다 한 가운데에 산(山) 모양이 몇 군데 줄줄이 모여서(與) 어떤 군락을 형성하였기에 부르는 [섬(嶼)]을 뜻하고 [서]로 읽는다.

回嶋(섬 도)

필순

기초 【기초한자어】 익히고, 【기본→발전한자어】 다지기
島嶼(도서) 크고 작은 여러 섬들
洲嶼(주서) 강어귀에 삼각주처럼 토사가 쌓여 된 섬
綠嶼(녹서) 초록빛 작은 섬
• 洲嶼는 강어귀 삼각주처럼 토사가 쌓여 된 섬이지.
• 전남에 산재한 島嶼는 綠嶼와 함께 커다란 자원이다.
기본 ① 連嶼(연서) 麚嶼(울서) 長嶼(장서)
발전 ① 嶼草(서초)

부수	획수	총획
鼠	0	13

쥐 서 :【2873】

字源 〈상형〉 '쥐'는 포유류로 쥣과에 속한 짐승이라 할 수 있겠다. 털빛이 잿빛이고 꼬리는 길며. 위아래 턱에 각 한 쌍씩 있는 앞니가 날카로워서 물건을 잘 쏠아서 뜯는다. 번식력이 매우 강하다. 이빨을 드러내고 꼬리가 다소 길어 쌓아둔 곡식을 먹는 좀도둑인 쥐 모양을 본떠서 [쥐(鼠)]를 뜻하고 [서]로 읽는다.

필순

기초 【기초한자어】 익히고, 【기본→발전한자어】 다지기
鼠狼(서랑) 족제비의 딴 이름
鼠目(서목) 쥐의 눈. 탐욕스러운 눈매
鼠疫(서역) 흑사병. 페스트
• 쥐의 눈이자 탐욕스러운 눈매를 鼠目이라 했다.
• 흑사병과 함께 鼠疫은 鼠狼과 함께 오랜 친구였다.
기본 ① 鼠姑(서고) 鼠尾(서미) 鼠樸(서박) 鼠婦(서부) 鼠矢(서시) 鼠賊(서적) 甘鼠(감서) 穀鼠(곡서) 拱鼠(공서) 窮鼠(궁서) 老鼠(노서) 飛鼠(비서) 氷鼠(빙서) 社鼠(사서) 碩鼠(석서) 仙鼠(선서) 水鼠(수서) 首鼠(수서) 禮鼠(예서) 隱鼠(은서) 陰鼠(음서) 耳鼠(이서) 雀鼠(작서) 田鼠(전서) 倉鼠(창서) 天鼠(천서) 香鼠(향서) 狐鼠(호서) 火鼠(화서) 黑鼠(흑서)

발전 ① 鼠技(서기) 鼠膽(서담) 鼠盜(서도) 鼠遁(서둔) 鼠量(서량) 鼠李(서리) 鼠輩(서배) 鼠伏(서복) 鼠思(서사) 鼠色(서색) 鼠牙(서아) 鼠壤(서양) 鼠族(서족) 鼠破(서파) 鼠縮(서축) 鼠駭(서해) 嫁鼠(가서) 苗鼠(묘서) 腐鼠(부서) 屋鼠(옥서) 栗鼠(율서) 鼠鬚筆(서수필) 特 鼠齧(서설) 鼠竄(서찬) 鼠蹊(서혜)

사자성어 ① 鼠肝蟲臂(서간충비) 鼠憑社貴(서빙사귀) 鼠牙雀角(서아작각) 首鼠兩端(수서양단)

부수	획수	총획
手	4	7

풀 서 :【2874】

字源 〈형성〉 마음에 쌓인 감정이나 불안한 정서는 반드시 풀어야 한다. 이를 가슴에 담아 두면 한이 되고 병적 현상을 잉태하여 건강에 해롭다. 매듭지어지지 않은 상태로 쉽게 풀어야 한다. 손(扌)부터 미리(予) 준비해 [끌어당기다(抒)] 또는 손(扌)을 잘 뻗어서(予) 사라지니 감정을 [풀다(抒)]는 뜻이고 [서]로 읽는다.

필순

기초 【기초한자어】 익히고, 【기본→발전한자어】 다지기
抒情(서정) 자기의 감정을 폄
抒事(서사) 사실을 있는 그대로 적음
• 抒事는 사실 있는 그대로 적었으니 抒情과 반대다.
• 시인 박목월은 아름다운 抒情詩(시)를 많이 썼다.
• 抒事는 敍事와 개념이 달라 심오한 한자에서 찾는다.
발전 ① 抒誠(서성) 抒意(서의) 披抒(피서) 抒情的(서정적) 特 抒廁(서측)

부수	획수	총획
水	12	15

개펄 석【2875】

字源 〈형성〉 '개펄'은 갯가의 흙인 '개흙'이 깔려 있는 넓은 벌판이다. 물의 이동이라 할 수 있는 현상이 간조와 만조가 차가 큰 해안지방에서 많이 발달했던 갯가벌판이다. 아름차게(舃) 밀려온 바닷물(氵)이 나가니 [소금밭(潟)] 또는 까치(舃)가 먹이를 찾아 날아왔으니 물가(氵)로 [개펄(潟)]을 뜻하고 [석]으로 읽는다.

回瀉(쏟을 사)

필순

기초 【기초한자어】 익히고, 【기본→발전한자어】 다지기
潟流(석류) 줄줄 흘러들어 감
潟湖(석호) 바다 일부가 외해에서 분리되어 생긴 호수

1급

• 潟湖는 바다 일부가 外海에서 分離되어 생긴 호수다.
• 동해와 달리 서해는 흙탕물들이 바다로 潟流한다.

[기본] ① 鹹潟(함석)

[발전] ① 潟口(석구) 潟湖(석호) 干潟(간석) 干潟地(간석지)
[特] 潟鹵(석로)

부수	획수	총획
金	6	14

무쇠 선 【2876】

[字源] 〈형성〉 '무쇠'의 본뜻은 [수철(水鐵)]이라고 했다. 무쇠는 '물쇠'에서 나와서 '무른 쇠'란 뜻이다. 강철보다 무른 쇠로 탄소나 규소 따위가 흠뻑 들어있다. 쇠(金) 중에서 가장 먼저(先) 제련하여 광택이 나서 [윤택하다(銑)] 또는 본래 씻긴 듯이(先=洗) 윤이 나는 금속(金)으로 [무쇠(銑)]라는 뜻이고 [선]으로 읽는다.

[필순] ノ ノ レ ﾄ 午 牟 金 金 金' 金' 金半 銑 銑

[기초] 【기초한자어】 익히고, 【기본→발전한자어】 다지기
銑錢(선전) 주조한 돈. 쇠돈
銑鐵(선철) 무쇠
• 銑錢은 쇠로 만든 돈인데 일반적으로 주조한 돈이다.
• 銑鐵을 녹여서 銑錢을 만들어 사용한 역사는 꽤나 오래다.

[발전] ① 白銑(백선) 鼠銑(서선) [출전] 銑鋧(선현)

부수	획수	총획
羊	7	13

부러워할 선 :
부넘실 연 : 【2877】

[字源] 〈형성〉 '부러워하다'는 재주와 능력이 있는 어떤 사람을 보고 자기도 그렇게 되거나 갖고 싶어 하는 욕망을 뜻한다 하겠다. 유의자로는 '염선(艶羨)하다' 등이다. 양고기(羊) 따위의 맛있는 음식을 보고 입을 크게 벌려(欠) 군침(氵)을 흘리면서 [부러워하다(羨)] 또는 [무덤길(羨)]을 뜻하고 [선] 또는 [연]으로 읽는다.
[圖] 慕(그리워할 모)

[필순] ` ´ ´′ ´′′ ´′ ᅪ 羊 羊' 羡 美 羡 羡 羡

[기초] 【기초한자어】 익히고, 【기본→발전한자어】 다지기
羨望(선망) 부러워하며 바람
羨慕(선모) 부러워하고 사모함
羨門(연문) 무덤 입구의 문
• 그들 부부는 앞으로 羨門(연문)에서나 만날는지 모르겠다.
• 그는 젊은 시절 羨望의 대상이었고 아내도 羨慕의

대상이다.

[기본] ① 羨餘(선여) 羨溢(선일) 羨道(연도) 嘉羨(가선) 健羨(건선) 仰羨(앙선) 充羨(충선) 歎羨(탄선) 豊羨(풍선) 歆羨(흠선)

[발전] ① 羨結(선결) 羨殺(선살) 羨財(선재) 企羨(기선) 奇羨(기선) 餘羨(여선) 艷羨(염선) 零羨(영선) 欽羨(흠선)
[特] 嬴羨(영선)

부수	획수	총획
戶	6	10

부채 선 【2878】

[字源] 〈회의〉 '부채'는 손으로 부쳐 인위적으로 바람을 낸다. 가는 대오리로 살을 넓적하게 벌려 그 위에 종이나 헝겊을 발라서 썼던 도구다. 부채란 '부치는 채'란 말인데, 이를 줄여 '부채'라 했다. 닫혔다 열었다 하는 집안의 문짝(戶)이나 새의 깃(羽)처럼 시원한 바람을 일으키는 [부채(扇)]를 뜻하고 [선]으로 읽는다.
[回] 扉(사립문 비)

[필순] ` ´ ㅌ 戶 戶 戽 戽 扇 扇 扇

[기초] 【기초한자어】 익히고, 【기본→발전한자어】 다지기
扇揚(선양) 추어올림. 치켜세움
扇子(선자) 부채
扇惑(선혹) 치켜세워서 어리둥절하게 함
• 扇揚은 늘 좋은 추억으로 치켜세움이 썩 좋다.
• 扇子를 든 사람이 나를 扇惑시켰던 당숙이다.

[기본] ① 扇蓋(선개) 扇動(선동) 扇馬(선마) 扇誘(선유) 扇形(선형) 鼓扇(고선) 羅扇(나선) 團扇(단선) 舞扇(무선) 白扇(백선) 寶扇(보선) 羽扇(우선) 障扇(장선) 鐵扇(철선) 尸扇(호선)

[발전] ① 扇面(선면) 扇烈(선열) 扇赫(선혁) 絹扇(견선) 冬扇(동선) 鳳扇(봉선) 傘扇(산선) 秋扇(추선) 扇狀地(선상지) 扇子紙(선자지) 扇風機(선풍기) 太極扇(태극선)

[사자성어] ① 扇影衣香(선영의향) 扇枕溫被(선침온피) 冬扇夏爐(동선하로) 夏扇冬曆(하선동력)

부수	획수	총획
火	10	14

부채질할 선
【2879】

[字源] 〈회의〉 날씨가 더우면 선풍기를 틀거나 부채로 바람을 일으킨다. '부채질하다'는 부채를 흔들어 바람을 일으키다. 좋지 않은 일이나 고약한 상황 등을 더욱 부추기다는 뜻이다. 불난(火) 집에 부채질(扇)한다 또는 불(火)을 일으키기 위해서 부채질(扇)을 했으니 [부채질하다, 불붙이다(煽)]

라는 뜻이고 [선]으로 읽는다.

필순

기초 【기초한자어】 익히고, 【기본→발전한자어】 다지기
煽動(선동) 남을 꾀어서 부추김
煽熾(선치) 기세가 왕성함. 선동하여 왕성하게 함
煽惑(선혹) 선동하여 현혹되게 함
• 나의 煽熾하고 煽惑함에 기세가 왕성해 등등하였다.
• 불의에 과감히 맞서자고 煽動하는 과장의 말을 무조건 따랐다.

기본 ① 煽誘(선유) 鼓煽(고선) 狂煽(광선) 挾煽(협선)

발전 ① 煽亂(선란) 煽脈(선양) 煽讓(선양) 騙煽(구선) 特 煽㷉(선용) 特 搆煽(구선)

	부수	획수	총획
腺	肉	9	13

샘 선【2880】

字源 〈형성〉'샘'은 물이 땅 속 깊은 곳에서 솟아 나오는 원천이다. 흔히들 [샘터]라고 했으니 물이 저절로 나오게 되니 많은 사람들이 이곳에서 편히 쉬어가기도 했던 일종의 놀이터다. 살(月) 안에 샘물(泉)이 솟을 듯이 나오는 [땀줄기(腺)] 또는 살(月) 속에 물이 괴었으니 [泉] [샘(腺)]을 뜻하고 [선]으로 읽는다.

필순

기초 【기초한자어】 익히고, 【기본→발전한자어】 다지기
腺病(선병) 임파선·편도선 등에 생기는 병
乳腺(유선) 젖샘
汗腺(한선) 땀샘
• 乳腺이란 젖샘과 汗腺이란 땀샘은 다른 시각의 차이죠.
• 10년 전부터 腺病으로 투병하시던 백모님이 갑자기 별세했다.

발전 ① 腺毛(선모) 腺癌(선암) 腺腫(선종) 腺胞(선포) 殼腺(각선) 油腺(유선) 扁桃腺(편도선)

	부수	획수	총획
膳	肉	12	16

반찬 선 :
선물 선 :【2881】

字源 〈형성〉'반찬'은 한국에서 밥에 곁들여 먹는 먹음직스러운 온갖 음식이다. 종발 정도의 크기가 되는 그릇이나 접시에도 담아냈다. 대표적인 반찬은 우리의 김치와 된장국이다. 마음씨가 곱고 착한(善) 손님이 찾아오면 맛있는 고기(月)를 준비해서 정성껏 올리니 [반찬(膳)] 또는 [선물(膳)]

을 뜻하고 [선]으로 읽는다.
回 饌(반찬 찬)

필순

기초 【기초한자어】 익히고, 【기본→발전한자어】 다지기
膳物(선물) 선사로 물건을 줌
膳服(선복) 음식과 의복
膳羞(선수) 희생의 고기와 맛있는 음식
• 그가 가지고 온 膳服에는 飮食과 衣服이었다.
• 제자가 가져온 膳物을 펼쳐보니 膳羞가 들어있다.

기본 ① 膳夫(선부) 膳宰(선재) 加膳(가선) 本膳(본선) 常膳(상선) 御膳(어선) 典膳(전선) 珍膳(진선) 饗膳(향선)

발전 ① 膳部(선부) 膳賜(선사) 供膳(공선) 素膳(소선) 損膳(손선) 視膳(시선) 食膳(식선) 玉膳(옥선) 饔膳(옹선) 饌膳(찬선) 撤膳(철선) 特 肴膳(효선)

사자성어 特 具膳飧飯(구선손반)

	부수	획수	총획
屑	尸	7	10

가루 설【2882】

字源 〈형성〉'가루'는 밀가루, 설탕가루와 같은 용례이겠다. 몸이 가루가 되도록 잘게 갈리거나 부스러지도록 노력한다는 내면적인 의미도 있는 용어다. 유의어로는 '분말(粉末), 분(粉)' 등이다. 어렵더라도 몸(尸)이 가루가 되어 부서지도록 힘을 쓰니(肖) [가루(屑)] 또는 전의하여 [자질하다(屑)]는 뜻이고 [설]로 읽는다.

필순

기초 【기초한자어】 익히고, 【기본→발전한자어】 다지기
屑屑(설설) 잗단 모양(자질구레함). 부지런한 모양.
屑然(설연) 잡다한 모양. 갑자기. 힘쓰는 모양
屑意(설의) 마음에 두고 생각함
• 屑屑은 잗단 모양(자질구레함)이나 부지런한 모양이다.
• 집안의 크고 작은 屑然을 장남이기에 屑意하련다.

기본 ① 屑塵(설진) 經屑(경설) 羈屑(기설) 勃屑(발설) 不屑(불설) 碎屑(쇄설) 玉屑(옥설)

발전 ① 屑金(설금) 屑糖(설당) 屑鐵(설철) 屑風(설풍) 頭屑(두설) 特 鋸屑(거설) 特 瑣屑(쇄설)

사자성어 竹頭木屑(죽두목설) 閑談屑話(한담설화)

	부수	획수	총획
洩	水	6	9

샐 설
퍼질 예【2883】

字源 〈형성〉 '새다'는 자루에 담아놓은 곡식이 틈이나 구멍으로 빠져나가면서 줄어든다. 쥐란 녀석이 조금씩 곡식을 축내서 줄어들어 샌 것으로 본다. 밥 먹는 자식들이 많이 먹었나. 물속(氵) 고기를 잡기 위해 그물을 끌어당기면(曳) 물이 빠져나가 [새다(洩)] 또는 저 멀리까지 [퍼지다(洩)]는 뜻이고 [설]로 읽는다.
圖漏(샐 루)

필순 丶丶氵氵氵汩汩汩洩洩

기초 【기초한자어】 익히고, 【기본 → 발전한자어】 다지기
洩漏(설루) 비밀 따위가 밖으로 샘. 비밀 따위를 새어 나가게 함
露洩(노설) 비밀이 새어 드러남
漏洩(누설) 기체나 액체 등이 밖으로 샘
• 부대의 업무에 대해 洩漏한 병사는 영창에 간다.
• 어떠한 일이 있어도 露洩과 漏洩이 있어서는 절대 안 되네.

기본 ① 洩氣(설기) 露洩(노설)
발전 ① 洩憤(설분) 洩洩(예예) 滲洩(삼설) 勿洩(물설) 煩洩(번설) 夬洩(쾌설)
사자성어 ① 天機漏洩(천기누설)

부수	획수	총획
水	5	8

샐 설【2884】

字源 〈형성〉 물은 순환원리에 따라 돌아감을 뜻하는 한자다. '丗'는 '曳'와 통하여 [잡아 늘이다]는 뜻을 담는다. 괴어있는 물을 '잡아 늘려서 더 세게 하다'는 뜻까지 담고 있다. 물(氵)은 세상(丗←曳) 어디에도 가만히 존재하여 멈춰있지 않고 늘 순환해 돌아갔으니 물이 밖으로 [새다(泄)]는 뜻이고 [설]로 읽는다.
圖漏(샐 루) 瀉(쏟을 사)

필순 丶丶氵氵氵汁泄泄泄

기초 【기초한자어】 익히고, 【기본 → 발전한자어】 다지기
泄露(설로) 새어 나옴. 드러남. 들추어냄. 폭로함
泄瀉(설사) 물찌똥을 눔. 물찌똥
泄用(설용) 섞어 씀. 혼용함
• 泄用은 섞어 사용하는 것이니 혼동하지 말게나.
• 요즘 그렇게 泄瀉함을 泄露한 사람은 따지겠다.

기본 ① 泄氣(설기) 泄散(설산) 歐泄(구설) 漏泄(누설) 謨泄(모설) 排泄(배설) 滲泄(삼설) 舒泄(서설) 下泄(하설)
발전 ① 泄痢(설리) 泄精(설정) 泄症(설증) 泄泄(예예) 膽泄(담설) 夢泄(몽설) 洞泄(통설) 風泄(풍설) 滑泄(활설) 特 沁泄(심설) 濡泄(유설) 特 鷺泄(육설)
사자성어 ① 水泄不通(수설불통) 神機漏泄(신기누설)

부수	획수	총획
水	9	12

파낼 설【2885】

字源 〈형성〉 누군가가 묻어 놓은 금붙이를 파서 마구 꺼내어 썼다. 위대한 지혜의 원천이 된 발견이다. 갯가에 있는 단단한 개흙을 '깎다, 개다'는 뜻이다. 유의어는 '캐내다' 등이다. 물(氵) 밑에 가볍고 얇은(枼←僷) 쓰레기가 많이 있으면 물과 함께 썩어서 쳐냈었다고 했으니 [파내다(渫)]는 뜻이고 [설]로 읽는다.

필순 氵氵氵汁汁泄泄渫渫渫渫

기초 【기초한자어】 익히고, 【기본 → 발전한자어】 다지기
浚渫(준설) 하천이나 항만 등의 밑바닥에 멘 것을 파냄
漏渫(누설) 기체나 액체 등이 밖으로 샘
• 이번 浚渫 공사는 장마철을 대비하는 것으로 내년에는 장마 피해가 줄어들 전망이다.
• 지진으로 원자력 발전소의 방사능이 漏渫되었다는 안내문자를 받았다.

기본 ① 渫慢(설만) 渫渫(접접) 開渫(개설) 淸渫(청설)
발전 ① 渫惡(설악) 渫雨(설우) 渫雲(설운) 奧渫(오설) 浚渫船(준설선)

부수	획수	총획
歹	17	21

다죽일 섬【2886】

字源 〈형성〉 '다 죽이다'는 적군을 하나도 남김없이 섬멸한다는 뜻이겠다. 수많은 적들을 모조리 죽이다는 뜻과 함께 쓰인다. 이후 시체란 뜻을 더 붙여서 다 죽이는 뜻까지 두텁기만 하다. 운명이 다해 숨을 거둘 때(歹) 그 숨소리까지도 아주 가늘게(韱) 들렸다고 했으니 [다 죽이다(殲)]는 뜻이고 [섬]으로 읽는다.

필순 一ㄅ歹歼殲殲殲殲殲殲殲

기초 【기초한자어】 익히고, 【기본 → 발전한자어】 다지기
殲滅(섬멸) 남김없이 모두 무찔러 멸망시킴
殲撲(섬박) 토멸함. 전멸시킴
殲滅戰(섬멸전) 적을 남김없이 모조리 무찔러서 없애는 싸움
• 殲滅戰은 적을 모조리 무찔러 흔적을 없애는 싸움이겠네.
• 적군을 殲滅하듯 농사에 해를 끼치는 멧돼지를 殲撲해야지.

기본 ① 殲夷(섬이) 剋殲(극섬) 兵殲(병섬) 盡殲(진섬)
발전 ① 殲敵(섬적) 特 殄殲(진섬) 特 殲勦(섬초) 撮殲(최섬)

閃

부수	획수	총획
門	2	10

번쩍일 섬 【2887】

字源 〈회의〉 '번쩍이다'는 훤히 빛나서 물체가 잇따라 잠깐씩 그리고 조금씩 세게 빛나다는 뜻이다. 유의어로는 '번쩍번쩍하다, 번쩍거리다, 번쩍대다' 등이 고루 쓰인다. 사람(人)이 대문(門) 앞을 스쳐 지날 때 그 모습이 자세히 보이지 않고 이따금 언뜻언뜻하게 보였다고 했으니 [번쩍이다(閃)]는 뜻이고 [섬]으로 읽는다.

필순 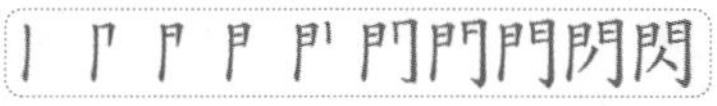

기초 【기초한자어】 익히고, 【기본 → 발전한자어】 다지기

閃光(섬광) 번쩍 빛나는 빛
閃閃(섬섬) 번득이는 모양. 나부끼는 모양
閃火(섬화) 번쩍이는 불빛

- 閃閃은 번득이는 모양이나 나부끼는 그런 모양일세.
- 불꽃놀이 閃火는 천둥의 閃光에 비할 바 못 된다.

기본 1 閃屍(섬시) 閃影(섬영) 閃電(섬전) 閃爍(섬찬) 閃忽(섬홀) 電閃(전섬) 廻閃(회섬)

발전 1 閃得(섬득) 閃弄(섬롱) 閃舌(섬설) 閃輸(섬수) 閃身(섬신) 閃揄(섬유) 閃族(섬족) 閃紅(섬홍) 騰閃(등섬) 一閃(일섬) 燦閃(찬섬) 特 閃燿(섬요) 特 閃鑠(섬삭)

사자성어 1 閃光信號(섬광신호) 閃火放電(섬화방전) 東閃西忽(동섬서홀)

醒

부수	획수	총획
酉	9	16

깰 성 【2888】

字源 〈형성〉 '깨다'는 전통과 관습을 철저히 부인(否認)한다. 그러다 보니 유효성이나 영향력을 전혀 없는 상태로 만든다는 뜻이겠다. 유의어는 '깨뜨리다, 타파(打破)하다, 깨트리다, 깨뜰다' 등이 쓰인다. 술(酉)을 다 마시고 난 후에 깨어나서 기운이 맑은 별(星)처럼 산뜻했었다 했으니 [깨다(醒)]는 뜻이고 [성]으로 읽는다.

同 寤(깰 오) 反 醉(취할 취)

필순 

기초 【기초한자어】 익히고, 【기본 → 발전한자어】 다지기

醒目(성목) 눈을 뜸. 잠에서 깸. 잠이 오지 않음
醒然(성연) 술에서 깬 모양
醒寤(성오) 잠에서 깸

- 일찌감치 醒寤하여 선동이나 잘 하시게.
- 醒目과 동시에 흐렸던 기억이 醒然에 되살아났네.

기본 1 醒覺(성각) 醒悟(성오) 醒日(성일) 覺醒(각성) 夢醒(몽성) 睡醒(수성) 酒醒(주성)

발전 1 醒狂(성광) 醒睡(성수) 醒鐘(성종) 醒醉(성취) 警醒(경성) 半醒(반성) 蘇醒(소성) 提醒(제성) 醒酒湯(성주탕)

사자성어 1 大悟覺醒(대오각성) 獨清獨醒(독청독성) 半睡半醒(반수반성)

遡

부수	획수	총획
辵	10	14

거스를 소 【2889】

字源 〈형성〉 '거스르다'는 상대의 의견을 따르지 않고 그에 반대되는 태도를 취한다는 뜻이다. 또한 상대방의 신경을 야단스럽게 건드려서 마음을 언짢게 상하게 하기도 한다. 흐르는 물이 흐름의 순서를 따라 흐르지 않고 역류하면서 위로 거슬러서(朔←溯) 올라갔으니(辶) [거스르다(遡)]는 뜻이고 [소]로 읽는다.

同 悖(거스를 패)

필순 

기초 【기초한자어】 익히고, 【기본 → 발전한자어】 다지기

遡及(소급) 과거까지 거슬러 올라가서 영향이나 효력을 미침
遡源(소원) 수원을 찾아서 거슬러 올라감. 본원을 궁구함
遡風(소풍) 바람을 안고 감. 맞바람

- 遡源은 이제 수원을 찾아서 거슬러 올라가는 일이 앞서야겠네.
- 오랜 사건을 遡及하여 적용하는 일이 遡風 앞에 걸려서 많이 힘겹다.

기본 1 遡流(소류) 告遡(고소)

발전 1 遡求(소구) 遡上(소상) 遡遊(소유) 遡行(소행) 馳遡(치소) 特 遡洄(소회)

搔

부수	획수	총획
手	10	13

긁을 소 【2890】

字源 〈형성〉 '긁다'는 물체의 표면을 꽤 날카롭거나 얇고 강한 다른 물체로 문지르다는 뜻이다. 벼룩이나 모기가 물면 손이 물린 자리로 가면서 박박 긁게 된다. 흉터가 남아서 생길 수도 있다. 피를 빨아먹는 벼룩(蚤)에게 물리면 손톱(扌)으로 그 자리를 시원스럽도록 긁었으니 [긁다(搔)]는 뜻이고 [소]로 읽는다.

同 爬(긁을 파) 略 掻

필순 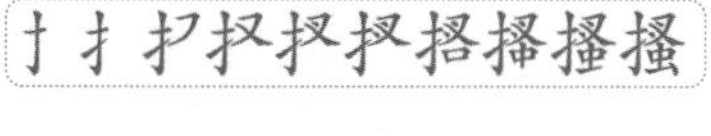

기초 【기초한자어】 익히고, 【기본 → 발전한자어】 다지기

搔頭(소두) 머리를 긁음. 머리를 매만짐. 비녀

1급

搔首(소수) 머리를 긁음. 마음이 안정되지 않는 모양. 근심이 있음
搔擾(소요) 요란하게 떠듦
• 요즈음 어떤 일이나 搔擾로 요란하게 떠드니 안 되겠다.
• 아버지는 搔擾를 들으시며 搔首하고 계신 모습이다.

기본 ① 抑搔(억소) 爬搔(파소)
발전 ① 搔卵(소란) 搔法(소법) 搔痒(소양) 搔癢(소양) 搔聳(소용) 搔爬(소파) 特 搔痒(소양)
사자성어 ① 搔爬手術(소파수술) 隔靴搔癢(격화소양)

부수	획수	총획
生	7	12

깨어날 소【2891】

字源 〈형성〉 '깨어나다'는 하는 일이 어지러워서 도무지 정신이 없다가 이제 정신을 차려 제정신으로 돌아온 느낌이다. 세상의 이치는 마음대로 되지 않는 법, 다들 정신없이 살아간다. 나무가 말라 죽거나, 숨을 거두려는 사람이 다시(更) 소생하여 태어나듯이 살아났으니(生) [깨어나다(甦)]는 뜻이고 [소]로 읽는다.

필순 一 丂 曰 曱 更 更 甦 甦 甦

기초 【기초한자어】 익히고, 【기본→발전한자어】 다지기
甦生(소생) 다시 살아남. 되살아남
甦息(소식) 막혔던 숨통이 트이면서 숨을 돌려 쉼
三甦(삼소) 개경 둘레의 세 소지(집터의 운이 틔고 복이 들어옴)
• 三蘇가 三甦로 표기된 것은, 갱생의 뜻이 아닐까?
• 봄이 되니 죽은 줄 알았던 초목이 甦息하며 甦生하고 있었다.

부수	획수	총획
辶	7	11

노닐 소【2892】

字源 〈형성〉 '노닐다'는 정신없이 일을 하다가도 잠시 한가했던 모양이다. 이리저리 왔다 갔다 하면서 잠시 가쁜 숨을 몰아 놀기도 한다. 유의어는 '유보(遊步)하다, 유동(遊動)하다' 등이 쓰인다. 보폭이 아주 좁은(肖) 사람처럼 느린 걸음걸이로 비교적 한가하게 걸어갔으니(辶) [노닐다(逍)]는 뜻이고 [소]로 읽는다.
동 遙(멀/거닐 요)

필순 丶 丬 ハ 屮 肖 肖 肖 逍 逍 逍

기초 【기초한자어】 익히고, 【기본→발전한자어】 다지기
逍遙(소요) 자유롭게 이리저리 거닐며 돌아다님

逍風(소풍) 바람을 쐼. 원족(遠足)
逍遙遊(소요유) 느릿한 걸음으로 주위의 경관에 취함
• 逍遙遊는 『장자』에서는 '한가롭게 노닐면서 거닐다'는 뜻으로 나온다.
• 주말이면 아내와 함께 근교를 逍遙하는 逍風이 나의 유일한 일과다.

기본 ① 逍搖(소요)
사자성어 ① 逍遙自在(소요자재) 散慮逍遙(산려소요)

부수	획수	총획
宀	7	10

밤 소【2893】

字源 〈형성〉 '밤(夜)'은 해가 진 뒤부터 다음 날 동이 트기 전까지의 한 동안을 말한다. '밤의 문화'가 우리 젊은이들 사이에 인기가 있는 듯하다. 유의어는 '야간(夜間)'이다. 남쪽 하늘에 둥실 떠있는 저 달빛(月)이 창문(宀) 틈 사이로 실같이 아주 조그맣게(小) 비치고 있으니 어두운 [밤(宵)]을 뜻하고 [소]로 읽는다.
回 晨(새벽 신)

필순 丶 丶 宀 宀 宀 宵 宵 宵 宵

기초 【기초한자어】 익히고, 【기본→발전한자어】 다지기
宵半(소반) 밤중. 한밤중
宵晨(소신) 밤과 새벽
宵月(소월) 초저녁 달
• 宵半에 산책을 나섰다.
• 宵月이 이미 져버린 宵晨으로 아들 소식이 궁금하다.

기본 ① 宵餘(소여) 宵宴(소연) 宵人(소인) 宵適(소적) 宵征(소정) 宵燭(소촉) 宵行(소행) 今宵(금소) 累宵(누소) 良宵(양소) 終宵(종소) 淸宵(청소) 春宵(춘소) 通宵(통소)
발전 ① 宵練(소련) 宵明(소명) 宵民(소민) 宵分(소분) 宵小(소소) 宵習(소습) 宵雅(소아) 宵煙(소연) 宵衣(소의) 宵中(소중) 宵寢(소침) 宵暈(소훈) 宵火(소화) 佳宵(가소) 達宵(달소) 半宵(반소) 夙宵(숙소) 雲宵(운소) 元宵(원소) 晝宵(주소) 秋宵(추소) 特 宵燧(소습)
사자성어 ① 宵不下堂(소불하당) 출진 宵衣旰食(소의한식)

부수	획수	총획
疋	7	12

성길 소【2894】

字源 〈형성〉 '성기다'는 시간이나 물건 사이가 조금씩 떠서 빈 공간이 많다는 뜻이다. 사람이 살다보면 성글성글하게 성기는 일이 생기는 수가 많다. 약간의 틈으로 보니 '성글다'는 유의어가 있다. 물건을 바르게(疋←疋) 묶어(束) 놓지

않으면 엉성하게 풀리거나 빠져서 드무니 [성기다(疎)]는 뜻이고 [소]로 읽는다.
圖隔(사이 뜰 격) 回密(빽빽할 밀)

필순 ⁻ ⁷ ⁷ ⁷ 疋 疋 疋 疋 疎 疎 疎

기초 【기초한자어】 익히고, 【기본→발전한자어】 다지기
疎密(소밀) 엉성함과 촘촘함. 성김과 빽빽함
疎薄(소박) 꺼려함. 멀리함. 등한히 함
疎脫(소탈) 수수하고 털털함
• 사람이 살아가면서 의복이 수수하고 털털했으니 疎脫함이다.
• 서예에서는 점과 획의 疏密이 일정해야만 한다.

기본 ①疎隔(소격) 疎略(소략) 疎籬(소리) 疎朴(소박) 疎放(소방) 疎少(소소) 疎野(소야) 疎影(소영) 疎外(소외) 疎愚(소우) 疎遠(소원) 疎蕩(소탕) 疎忽(소홀) 空疎(공소) 扶疎(부소) 比疎(비소) 蕭疎(소소) 情疎(정소) 親疎(친소)

발전 ①疎狂(소광) 疎達(소달) 疎導(소도) 疎郎(소랑) 疎簾(소렴) 疎漏(소루) 疎理(소리) 疎慢(소만) 疎網(소망) 疎屛(소병) 疎食(소사) 疎數(소삭) 疎疎(소소) 疎屬(소속) 疎率(소솔) 疎水(소수) 疎旒(소오) 疎緩(소완) 疎畏(소외) 疎雨(소우) 疎虞(소우) 疎鬱(소울) 疎材(소재) 疎宗(소종) 疎奏(소주) 疎註(소주) 疎鑿(소착) 疎徹(소철) 疎遞(소체) 疎誕(소탄) 疎宕(소탕) 疎通(소통) 疎圃(소포) 疎解(소해) 疎嫌(소혐) 疎闊(소활) 疎懷(소회) 簡疎(간소) 諫疎(간소) 計疎(계소) 寬疎(관소) 綺疎(기소) 密疎(밀소) 封疎(봉소) 浮疎(부소) 分疎(분소) 上疎(상소) 星疎(성소) 手疎(수소) 奏疎(주소) 註疎(주소) 花疎(화소) 闊疎(활소) 稀疎(희소) 團疎箚(소차) 疎豁(소활)

사자성어 ①疎不間親(소불간친) 去者日疎(거자일소) 朗目疎眉(낭목소미) 暗香疎影(암향소영)

부수	획수	총획
艸	13	17

쓸쓸할 소 【2895】

字源 〈형성〉 '쓸쓸하다'는 마음이 외롭고 허전하다는 뜻이다. 날씨가 으스스 차갑고 썰렁한 느낌이 든다. 유의어는 '적막(寂寞)하다, 적적(寂寂)하다, 호젓하다' 등이 쓰이겠다. 풀(艸) 한 포기나 나무 한 그루만 엄숙한(肅) 모습을 하면서 바람까지 실낱 같은 소리만 들렸으니 [쓸쓸하다(蕭)]는 뜻이고 [소]로 읽는다.
圖寥(쓸쓸할 요) 寂(고요할 적)

필순 ⁻ ¹¹ 芦 芦 芦 蓸 蓸 蕭 蕭

기초 【기초한자어】 익히고, 【기본→발전한자어】 다지기
蕭瑟(소슬) 가을바람 소리. 쓸쓸한 모양
蕭遠(소원) 그윽하고 멂

蕭寂(소적) 고요하고 적막함
• 蕭遠은 고요함을 생각하면 그윽하고 멀다는 시상이 곱기만 하다.
• 가을의 蕭寂한 밤에 蕭瑟함이 시인의 가슴을 애절하게 한다.

기본 ①蕭郎(소랑) 蕭散(소산) 蕭森(소삼) 蕭牆(소장) 蕭條(소조) 跳蕭(도소) 采蕭(채소) 飄蕭(표소)

발전 ①蕭關(소관) 蕭冷(소랭) 蕭林(소림) 蕭斧(소부) 蕭史(소사) 蕭索(소삭) 蕭疏(소소) 蕭疎(소소) 蕭蕭(소소) 蕭灑(소쇄) 蕭辰(소신) 蕭然(소연) 蕭衍(소연) 蕭寂(소적) 蕭秒(소초) 蕭何(소하) 艾蕭(애소) 寥蕭(요소) 團蕭蓼(소료) 蕭颯(소삽) 蓼蕭(요소) 團蕭邊(소변)

사자성어 ①蕭規曹遂(소규조수) 蕭敷艾榮(소부애영) 蕭牆之變(소장지변) 滿目蕭然(만목소연)

부수	획수	총획
木	7	11

얼레빗 소 【2896】

字源 〈형성〉 '얼레빗'은 빗살이 성글성글하게 생긴 빗이다. 반월형 또는 각형의 등마루에 빗살이 한 쪽만 성근 형태다. 서로 엉킨 머리를 가지런히 하는 데 사용되는 빗이 있다. 머리카락을 잘 갈라서 흘러 통하게 핸(充←疏) 나무(木)로 만들었으니 머리 빗는 빗살이 성기다는 [얼레빗(梳)]을 뜻하고 [소]로 읽는다.
圖櫛(빗 즐)

필순 ⁻ ¹ ⁻ 木 木 朮 杧 栌 栌 梳 梳

기초 【기초한자어】 익히고, 【기본→발전한자어】 다지기
梳沐(소목) 머리를 빗고 몸을 씻음
梳髮(소발) 머리를 빗음
梳洗(소세) 머리를 빗고 얼굴을 씻음. 곧, 치장을 함
• 梳洗는 머리 빗고 얼굴을 씻고 치장을 함이다.
• 누나는 아침에 梳沐하고 또 梳髮하는 것이 좋다.

기본 ①梳櫛(소즐) 爬梳(파소)

발전 ①梳頭(소두) 梳毛(소모) 梳文(소문) 梳省(소성) 梳雲(소운) 瓊梳(경소) 僧梳(승소) 月梳(월소) 節梳(절소) 紅梳(홍소) 團梳鴉(소아) 團梳盥(소관)

사자성어 ①晝寢夜梳(주침야소)

부수	획수	총획
竹	13	19

퉁소 소 【2897】

字源 〈형성〉 '퉁소'의 악기 이름은 소리의 흐름이 위아래가 관통하고 있다는 뜻으로 붙여졌다. 대나무로 만들어진 세로

1급

로 손에 들고 부는 악기이며 그 크기는 단소보다 훨씬 크다. 대나무(竹)를 적절하게 구멍을 내서 입을 뾰족하게 오므리고(肅) 불 수 있도록 만들었던 관악기로 [통소(簫)]를 뜻하고 [소]로 읽는다.

圖管(대롱 관)

필순 ⺮ ⺮ 笋 笋 笋 笋 筲 簫 簫 簫

기초 【기초한자어】 익히고, 【기본→발전한자어】 다지기
簫管(소관) 통소와 피리. 관악기의 총칭
簫笛(소적) 통소
簫鼓(소고) 통소와 북
• 簫鼓는 통소와 북소리지만, 순임금 음악이름이다.
• 簫管 중에서 簫笛소리를 가장 좋아한다.

기본 ① 簫郎(소랑) 管簫(관소) 樓簫(누소) 邊簫(변소) 雅簫(아소) 玉簫(옥소) 吹簫(취소) 風簫(풍소) 洞簫(통소)

발전 ① 短簫(단소) 頌簫(송소) 和簫(화소) 太平簫(태평소) 특 簫韶(소소) 茄簫(가소)

사자성어 ① 憶吹簫樂(억취소악)

	부수	획수	총획
瘙	疒	10	15

피부병 소【2898】

字源 〈형성〉 피부는 눈으로 보고 손으로도 만질 수 있다. 내부의 병의 증세를 진단하는 첫 번째 신체기관이 바로 피부다. 피부의 이상은 신진대사나 샘(腺)에서 병이 생기는 것이다. 살갗에 진물이 생기거나 가려워 손톱으로 살살 긁게(蚤→搔) 되는 가려움증을 보인 병 증세(疒)로 [피부병(瘙)]을 뜻하고 [소]로 읽는다.

필순 广 疒 疒 疒 疒 疒 瘙 瘙 瘙 瘙

기초 【기초한자어】 익히고, 【기본→발전한자어】 다지기
瘙癢(소양) 아프고 가려움
風瘙(풍소) 기혈이 이지러져 피부가 가려운 병증세
• 어린이들 피부에 瘙癢이 많음은 환경오염 탓이다.
• 風瘙는 두드러기가 나타난 전신 부위의 피부병이다.

발전 ① 瘙癢症(소양증)

	부수	획수	총획
塑	土	10	13

흙빚을 소【2899】

字源 〈형성〉 흙을 빚어 만든 토우는 어떤 기형(器形)을 본떴다. 흙으로 만든 인형이란 뜻이다. 사람 모습을 갖춘 것만이 아니고 어떤 대상물을 가리키고 있다고 하겠다. 진흙(土) 덩이를 적당하게 다듬고 깎아서(朔) 사람이나 동물의 상

을 만든 토우(土偶)로 곱게 빚었다 했으니 [흙 빚다(塑)]는 뜻이고 [소]로 읽는다.

필순 ⺌ ⺌ 屰 屰 朔 朔 朔 朔 塑 塑

기초 【기초한자어】 익히고, 【기본→발전한자어】 다지기
塑像(소상) 찰흙으로 만든 모형. 찰흙에 짚, 운모 등을 섞어 만든 조상
彫塑(조소) 재료를 갖고 새기거나 찢어서 형상을 만드는 일
繪塑(회소) 흙으로 만든 색칠한 인형
• 彫塑는 재료를 갖고 새기거나 찢어서 만든 일이다.
• 개의 塑像와 塑像을 보고 고향이 가까움을 짐작했다.

기본 ① 泥塑(이소)

발전 ① 塑工(소공) 塑佛(소불) 塑性(소성) 塑偶(소우) 塑人(소인) 塑造(소조) 塑土(소토) 塑畫(소화)

	부수	획수	총획
贖	貝	15	22

속죄할 속【2900】

字源 〈형성〉 '속죄하다'는 지난날 죄나 잘못을 선행으로 죄의 값을 치름을 뜻한다. 또한 예수가 인류의 죄를 대신해 십자가에 못 박혀서 대속(代贖)했음도 같이 뜻한다. 아끼던 재물(貝)을 팔아(賣) 벌금으로 물었으니 [속죄하다(贖)] 또는 죄를 재물로 비겨내서 없애 버리니 [속바치다(贖)]는 뜻이고 [속]으로 읽는다.

필순 刂 目 貝 貯 贖 贖 贖 贖 贖 贖

기초 【기초한자어】 익히고, 【기본→발전한자어】 다지기
贖錢(속전) 돈을 내고 형벌을 벗어남
贖罪(속죄) 재물을 내고 죄를 면하는 일
贖刑(속형) 형벌을 면하기 위하여 돈을 바침
• 우리들은 돈을 내고 형벌을 벗어나는 贖錢을 보았다.
• 오래전에 贖罪나 贖錢으로 판결하는 시대가 있었다.

기본 ① 贖免(속면) 極贖(극속) 赦贖(사속) 助贖(조속) 重贖(중속) 厚贖(후속)

발전 ① 贖金(속금) 贖良(속량) 贖生(속생) 贖身(속신) 救贖(구속) 代贖(대속) 放贖(방속) 私贖(사속) 輸贖(수속) 入贖(입속) 火贖(화속) 贖虜會(속로회)

사자성어 ① 購捕贖良(구포속량) 將功贖罪(장공속죄)

	부수	획수	총획
遜	辵	10	14

겸손할 손 : 【2901】

字源 〈형성〉 '겸손하다'는 진정으로 남을 먼저 존중하고 자기를

내세우지 않는 자기 낮춤의 태도를 뜻한단다. 겸손만이 인류의 박애정신임을 알게 하는 대목이다. 손자(孫)가 할아버지께 인사차 갔으니(辶) [겸손하다(遜)] 또는 돈을 두고 달아나서(孫←遁) 멀리 떠났으니(辶) [사양하다(遜)]는 뜻이고 [손]으로 읽는다.
圄 恭(공손할 공)

필순 了 孑 孑 孑 孫 孫 孫 孫 遜 遜

기초 【기초한자어】 익히고, 【기본 → 발전한자어】 다지기
遜辭(손사) 핑계. 발뺌하는 말. 겸손한 말
遜色(손색) 다른 것과 비교하여 못한 점
遜志(손지) 겸손한 마음을 가짐. 교만하지 않고 삼감
• 일종의 핑계라고 하는 遜辭는 발뺌하는 말이다.
• 시장님의 遜志는 성인과 견주어도 遜色이 없다.

기본 ① 遜讓(손양) 遜位(손위) 遜弟(손제) 遜避(손피) 謙遜
(겸손) 敬遜(경손) 恭遜(공손) 不遜(불손) 揖遜(읍손)

발전 ① 遜遁(손둔) 遜辭(손사) 遜職(손직) 讓遜(양손) 特 遜恩
(손원) 特 挹遜(읍손)

사자성어 ① 遜志時敏(손지시민) 不恭不遜(불공불손) 傲慢不遜
(오만불손) 傲岸不遜(오안불손)

부수	획수	총획
心	·7	10

悚 두려울 송 : 【2902】

字源 〈형성〉 '두렵다'는 사람이 죄를 짓거나 겁이 나서 다소 꺼리는 마음에서 생긴다. 마음속으로 몹시 꺼려하며 불안해함을 뜻한다. 유의어로는 '무섭다, 위구(危懼)스럽다' 등이 쓰인다. 마음(忄)이 죄어들어 다발 묶은 땔나무(束)가 되니 [마음이 죄어들어 오므라들다(悚)] 또는 [두렵다(悚)]는 뜻이고 [송]으로 읽는다.
圄 懼(두려워할 구) 慄(떨릴 율) 惶(두려울 황)

필순 丶 丶 丶 丷 忄 忄 忄 悚 悚 悚

기초 【기초한자어】 익히고, 【기본 → 발전한자어】 다지기
悚懼(송구) 무서워서 부들부들 떪. 마음에 두렵고 미안함
悚慄(송률) 두려워하여 부들부들 떪
悚息(송식) 두려워 헐떡임
• 너무나 悚懼해서 부들부들 떨고 말았다.
• 가는 동안 남편이 悚息하는 가운데 아내도 悚慄하고 있었다.

기본 ① 恐悚(공송) 危悚(위송) 戰悚(전송) 震悚(진송) 惶悚(황송)

발전 ① 悚慄(송률) 悚然(송연) 悚縮(송축) 罪悚(죄송) 就悚(취송)
特 悚仄(송측) 特 悚懍(송름)

사자성어 ① 悚懼恐惶(송구공황) 毛骨悚然(모골송연) 罪悚萬萬
(죄송만만)

부수	획수	총획
石	8	13

碎 부술 쇄 : 【2903】

字源 〈형성〉 '부수다'는 더 이상 참지 못하여 문을 두드리거나 깨뜨려 못쓰게 만들다를 뜻한다. 매우 성미가 급한 상황이다. 유의어는 '최쇄(摧碎)하다, 분쇄(粉碎)하다' 등이 쓰인다. 돌멩이(石)도 생성사멸 원리가 있어 생을 마친(卒) 후에도 가루가 되면서 모래를 만들게 되니 [부수다(碎)]는 뜻이고 [쇄]로 읽는다.
圄 破(깨뜨릴 파) 回 砕

필순 一 丆 丆 不 石 石 矿 砕 砕 硭 碎

기초 【기초한자어】 익히고, 【기본 → 발전한자어】 다지기
碎鑛(쇄광) 광석을 부수어 광분만을 분리하여 빼내는 일
碎劇(쇄극) 사물이 번거롭고 바쁨
碎身(쇄신) 몸이 가루가 될 정도로 심혈을 다하여 노력함
• 碎劇은 사물이 번거롭거나 바쁜 중앙에 있었다.
• 나는 한평생 금광에서 碎鑛하는 일에 碎身했다.

기본 ① 碎務(쇄무) 碎辭(쇄사) 碎石(쇄석) 碎銀(쇄은) 碎破
(쇄파) 碎貨(쇄화) 苛碎(가쇄) 踏碎(답쇄) 煩碎(번쇄)
粉碎(분쇄) 細碎(세쇄) 零碎(영쇄) 雜碎(잡쇄) 敗碎(패쇄)
毀碎(훼쇄) 鐵山碎(철산쇄)

발전 ① 碎金(쇄금) 碎器(쇄기) 碎務(쇄무) 碎氷(쇄빙) 碎屑
(쇄설) 碎碎(쇄쇄) 碎片(쇄편) 擊碎(격쇄) 繁碎(번쇄)
小碎(소쇄) 玉碎(옥쇄) 殞碎(운쇄) 粗碎(조쇄) 破碎(파쇄)
特 碎瑣(쇄쇄) 摧碎(최쇄)

사자성어 ① 粉骨碎身(분골쇄신) 玉石同碎(옥석동쇄) 零零碎碎
(영령쇄쇄)

부수	획수	총획
水	19	22

灑 뿌릴 쇄 : 【2904】

字源 〈형성〉 '뿌리다'는 [물을 뿌리다. 씨앗을 뿌리다]는 용례에서 쓰인다. 씨앗을 흩어지게 땅으로 던지거나 끼얹다는 뜻이다. 유의어는 '파종(播種)하다, 살포(撒布)하다' 등이 쓰인다. 먼지가 나는 거리나 곱게 피는 꽃에 물(氵)을 뿌려서 보다 아름답게(麗) 꾸민다 했으니 [물 뿌리다(灑)]는 뜻이고 [쇄]로 읽는다.
回 洒

필순 氵 氵 浐 沪 潭 潭 灑 灑 灑 灑

기초 【기초한자어】 익히고, 【기본 → 발전한자어】 다지기
灑落(쇄락) 인품이 깨끗하고 시원함. 흩어져 떨어짐

灑掃(쇄소) 물을 뿌리고 비로 쓺
灑灑(쇄쇄) 밝은 모양. 끊이지 않는 모양
• 灑灑는 마음이 밝은 모양이나 끊이지 않는 모양이다.
• 매일 마당을 灑掃하는 선비는 그 마당만큼 灑落했다.

기본 ① 灑然(쇄연) 灑沃(쇄옥) 灑泣(쇄읍) 灑塵(쇄진) 灑濯(쇄탁) 灑汗(쇄한) 高灑(고쇄) 凡灑(범쇄) 飛灑(비쇄) 淋灑(임쇄) 霑灑(점쇄) 淸灑(청쇄) 脫灑(탈쇄) 揮灑(휘쇄)

발전 ① 灑淚(쇄루) 精灑(정쇄) 灑淚雨(쇄루우) 特 瀟灑(소쇄) 特 灑掃(쇄소)

사자성어 ① 灑掃巾櫛(쇄소건즐)

	부수	획수	총획
갚을 수【2905】	酉	6	13	

字源 〈형성〉남의 신세를 진 경우가 많다. '갚다'는 다른 사람에게 빌리거나 꾼 돈이나 물건을 다시 돌려주다는 뜻이겠다. 유의어는 '에움하다, 갚음하다' 등이 쓰인다. 주객이 서로 만나 술잔(酉)을 자주 주고받으면서 온 고을(州)을 아주 떠들썩하게 만들었으니 이제는 술값을 다 [갚다(酬)]는 뜻이고 [수]로 읽는다.
동 報(갚을 보)

필순 丁 丙 西 酉 酉 酉 酬 酬 酬 酬

기초 【기초한자어】 익히고, 【기본→발전한자어】 다지기
酬答(수답) 묻는 말에 대답함. 시문 등을 지어 응답함
酬報(수보) 고마움을 갚음
酬應(수응) 요구에 응함
• 이번에 여기저기 바쁘게 酬應하면서 응수했다.
• 어머님 칠순에 酬報하는 마음으로 손님들께 일일이 酬答해 드렸다.

기본 ① 酬對(수대) 酬悉(수실) 酬酌(수작) 酬唱(수창) 酬和(수화) 貴酬(귀수) 答酬(답수) 對酬(대수) 報酬(보수) 應酬(응수) 重酬(중수) 唱酬(창수) 獻酬(헌수) 厚酬(후수)

발전 ① 酬價(수가) 酬功(수공) 酬勞(수로) 酬恩(수은) 酬接(수접) 勸酬(권수) 和酬(화수) 회 酬酢(수작) 特 賣酬(갱수)

사자성어 ① 左酬右應(좌수우응)

	부수	획수	총획
모을 수【2906】	艸	10	14	

字源 〈형성〉'모으다'는 여러 곳에 흩어진 것들을 하나가 될 수 있도록 한 곳에 합치다는 뜻이라 하겠다. 유의어로는 '묶

다, 합치다, 아우르다, 일괄하다(一括)하다' 등이 쓰이고 있다. 웃자란 숲(艸)으로 도깨비(鬼)들을 불러 모으듯이 연구나 취미 등과 관계되는 중요 자료를 더 [모으다(蒐)]는 뜻이고 [수]로 읽는다.
동 集(모일 집) 輯(모을 집) 回 鬼(귀신 귀)

필순 艹 艹 艹 苫 苫 茜 萉 蒐 蒐

기초 【기초한자어】 익히고, 【기본→발전한자어】 다지기
蒐練(수련) 병마를 조련함
蒐獵(수렵) 사냥. 사냥을 통한 병마 조련. 모아들임
蒐集(수집) 여러 가지 재료를 찾아서 모음
• 봄이 되자 임금은 교외로 나가 蒐獵을 하였다.
• 적의 동태를 많이 蒐集하는 동안에 장군은 蒐練에만 정진하고 있다.

기본 ① 蒐羅(수라) 蒐苗(수묘) 蒐補(수보) 蒐選(수선) 蒐田(수전) 蒐輯(수집) 大蒐(대수) 茅蒐(모수) 山蒐(산수) 春蒐(춘수)

발전 ① 蒐錄(수록) 蒐索(수색) 蒐狩(수수) 蒐綴(수철) 蒐討(수토) 蒐荷(수하) 特 蒐畋(수전)

사자성어 ① 蒐集本能(수집본능)

	부수	획수	총획
부끄러울 수【2907】	羊	5	11	

字源 〈회의〉'부끄럽다'는 거짓말을 하여 양심에 거리낌이 있어서 떳떳하지 못하다는 뜻이다. 물건을 훔쳤지만 부끄러움을 느끼면서 수줍어한다. 유의어는 '창피(猖披)하다' 등이 쓰인다. 어른들께 양(羊)고기와 소(丑)고기를 두 손에 들고 정중한 예의로 올려서 [바치다(羞)] 또는 [부끄럽다(羞)]는 뜻이고 [수]로 읽는다.
동 愧(부끄러울 괴) 恥(부끄러울 치)

필순 ` ´´ ゛ 丷 ¥ 芊 羊 差 羞 羞 羞

기초 【기초한자어】 익히고, 【기본→발전한자어】 다지기
羞愧(수괴) 부끄러움
羞辱(수욕) 부끄럽고 욕됨
羞恥(수치) 부끄러움
• 羞愧의 일을 당해 얼굴을 차마 못 들었다.
• 백주에 옷을 입지 않아서 羞辱을 당해 羞恥에 젖고 말았다.

기본 ① 羞看(수간) 羞悸(수계) 羞面(수면) 羞恨(수한) 嘉羞(가수) 常羞(상수) 膳羞(선수) 珍羞(진수) 慙羞(참수) 豊羞(풍수) 香羞(향수) 好羞(호수)

발전 ① 羞明(수명) 羞澁(수삽) 羞色(수색) 羞慙(수참) 羞態(수태) 羞痛(수통) 羞悔(수회) 嬌羞(교수) 庶羞(서수) 歲羞(세수) 深羞(심수) 含羞(함수) 特 羞赧(수난) 殽羞(효수)

사자성어 ① 羞恥之心(수삽의조) 羞惡之心(수오지심) 羞花閉月
(수화폐월) 珍羞盛饌(진수성찬)

	부수	획수	총획
髓	骨	13	23

뼛골 수 【2908】

字源 〈형성〉 '뼛골'은 뼛속의 [내강]이나 해면질의 [소강]을 다
채우고 있는 세포와 혈관이 풍부한 연한 조직을 뜻한다.
유의어는 '골수(骨髓), 뼛속, 골' 등으로 쓰인다. 뼈(骨)가
몸(月)을 움직일 수 있도록 도와서(左) 먼 길도 충분하게
걸을(辶) 수 있는 인체의 중심부가 되는 골수로 [뼛골(髓)]
을 뜻하고 [수]로 읽는다.
回髓

필순 ⺆ 冎 冎 骨 骨 骨广 骨左 骨右 骨右 骨育 骨青 骨青 髓髓

기초 【기초한자어】 익히고, 【기본→발전한자어】 다지기
骨髓(골수) 뼛속에 차 있는 황색의 연한 조직. 요점.
골자. 마음속. 참 정신
髓腦(수뇌) 머릿골. 사물의 가장 중요한 부분. 주요
한 곳
髓海(수해) 뇌. 뇌 속에 있는 점액
• 뇌 속에 있는 점액들이 髓海가 됐다니 이상하구나.
• 髓腦에 이상이 없다니 骨髓癌(암) 환자를 고치겠네.

기본 ① 腦髓(뇌수) 得髓(득수) 神髓(신수) 精髓(정수) 眞髓
(진수) 脊髓(척수)

발전 ① 髓液(수액) 髓腸(수탕) 心髓(심수) 特 鏤髓(누수)

사자성어 ① 病入骨髓(병입골수) 怨入骨髓(원입골수) 血怨
骨髓(혈원골수)

	부수	획수	총획
狩	犬	6	9

사냥할 수 【2909】

字源 〈형성〉 '사냥하다'는 산에서 총이나 다른 도구로 짐승을
잡는다는 뜻이다. 사냥을 취미와 운동으로 생각했겠다. 유의
어로는 '수렵(狩獵)하다, 전렵(田獵)하다, 엽취(獵取)하다'
등이다. 사냥꾼이 짐승(犭)을 지켜보다가 총으로 [사냥하
다(狩)] 또는 동물(犭)을 크게 에워싸서(守) [사냥하다(狩)]
는 뜻이고 [수]로 읽는다.
國獵(사냥 렵)

필순

기초 【기초한자어】 익히고, 【기본→발전한자어】 다지기
狩獵(수렵) 사냥. 사냥함
狩人(수인) 사냥꾼

狩田(수전) 사냥. 겨울철의 사냥
• 사냥이라는 狩田은 겨울철 사냥이라야 제 맛이다.
• 우거진 깊은 산속에 狩獵하다 들어가는 狩人은 없다.

기본 ① 南狩(남수) 蒐狩(수수) 岳狩(악수) 田狩(전수)

발전 ① 狩犬(수견) 狩漁(수어) 冬狩(동수) 山狩(산수) 巡狩
(순수) 野狩(야수) 藥狩(약수) 毫狩(호수)

사자성어 ① 狩獵免狀(수렵면장) 狩獵時代(수렵시대) 狩漁
時代(수어시대)

	부수	획수	총획
竪	立	8	13

세울 수 【2910】

字源 〈형성〉 '세우다'는 건물 등을 재료로 쌓거나 지면 위에 일
정한 구조로 만든다는 뜻이다. 유의어로는 '건설(建設)
하다, 건축(建築)하다, 올리다. 일으키다' 등이 있다. 안정
되지 못한 굳은(臤←竪) 물체를 안정되도록 바르게 세우
면서(立) 구조물을 잘 [세우다(竪)] 또는 [더벅머리(竪)]를
뜻하고 [수]로 읽는다.
圖立(설 립)

필순 ⺁ 𦦵 臣 臤 臤 臤 竪 竪 竪 竪

기초 【기초한자어】 익히고, 【기본→발전한자어】 다지기
竪童(수동) 심부름하는 더벅머리 아이
竪吏(수리) 하급관리
竪立(수립) 똑바로 섬, 또는 세움
• 정문에 표지석 竪立을 하려다가 이번에 완성했다.
• 竪吏란 하급관리들과 竪童들을 모두 불러 모았다.

기본 ① 竪褐(수갈) 竪毛(수모) 竪臣(수신) 竪儒(수유) 竪子
(수자) 竪穴(수혈) 賈竪(고수) 二竪(이수)

발전 ① 竪琴(수금) 竪理(수리) 竪宦(수환) 內竪(내수) 奴竪
(노수) 牧竪(목수) 僕竪(복수) 斜竪(사수) 森竪(삼수)
小竪(소수) 牛竪(우수) 樵竪(초수) 橫竪(횡수) 凶竪
(흉수) 特 嬖竪(폐수)

사자성어 ① 橫說竪說(횡설수설)

	부수	획수	총획
袖	衣	5	10

소매 수 【2911】

字源 〈형성〉 '소매'는 겉옷이나 윗옷의 좌우에 있어 두 팔을 꿰
매는 부분이다. 소매가 크거나 넓이가 적당해야만 넉넉하
게 입을 수 있다. 유의어로는 '의수(衣袖), 의몌(衣袂)' 등
이 있다. 옷(衤)이 있는 이유(由)로 인한 옷 [소매(袖)] 또
는 옷소매의 구멍이 많이 깊은 옷으로 했으니 [소매(袖)]
를 뜻하고 [수]로 읽는다.

1급

필순 `ﾉ ﾌ ﾈ ﾈ ﾈ ﾈ ﾈ ﾈ 袖 袖`

기초 【기초한자어】 익히고, 【기본→발전한자어】 다지기
袖口(수구) 소맷부리
袖手(수수) 팔짱을 낌. 손을 옷소매 속에 꽂음
袖刃(수인) 비수를 소매 속에 숨김
• 袖口가 소맷부리라는 것을 알고서 겸연쩍은 표정을 지었다.
• 날마다 袖手하고 걷는 사람들은 袖刃의 자객이구나.

기본 ① 袖納(수납) 袖裏(수리) 袖幕(수막) 袖珍(수진) 輕袖(경수) 羅袖(나수) 大袖(대수) 舞袖(무수) 半袖(반수) 修袖(수수) 衣袖(의수) 長袖(장수) 闊袖(활수)

발전 ① 袖領(수령) 袖傳(수전) 袖呈(수정) 綺袖(기수) 芳袖(방수) 領袖(영수) 尖袖(첨수) 特 袖箚(수차) 鎧袖(개수)

사자성어 ① 袖手傍觀(수수방관) 領袖會談(영수회담)

부수	획수	총획
糸	13	19

수놓을 수 :
【2912】

字源 〈형성〉 '수놓다'는 여인네들이 여러 가지 색실을 바늘에 꿰어 아름답게 떠서 놓았다는 뜻이다. 또한 어떠한 곳에서 아름답게 꾸민 것처럼 울긋불긋하게 만든다는 뜻도 함께 내포하고 있다. 오색실(糸)을 바늘에 잘 꿰어서 그림이나 고운 무늬를 엄숙하게(肅) 수를 놓았으니 [수놓다(繡)]는 뜻이고 [수]로 읽는다.
回 繡

필순 `ﾑ 糸 糹 紂 絆 緒 緒 緒 緒 繡`

기초 【기초한자어】 익히고, 【기본→발전한자어】 다지기
繡紋(수문) 자수. 자수의 무늬
繡裳(수상) 수놓은 치마. 옛날의 예복으로, 오색을 갖춘 치마
繡衣(수의) 오색의 수를 놓은 옷. 암행어사의 미칭
• 암행어사의 미칭으로 繡衣 오색의 수를 놓았구나.
• 그녀는 繡紋의 달인이라 남다른 繡裳을 입고 있구나.

기본 ① 繡口(수구) 繡囊(수낭) 繡像(수상) 繡眼(수장) 繡虎(수호) 錦繡(금수) 綺繡(기수) 文繡(문수) 刺繡(자수) 錯繡(착수)

발전 ① 繡啓(수계) 繡工(수공) 繡衾(수금) 繡緞(수단) 繡文(수문) 繡法(수법) 繡屛(수병) 繡使(수사) 繡扇(수선) 繡刺(수자) 繡腸(수장) 繡匠(수장) 繡被(수피) 繡畫(수화) 繁繡(번수) 印繡(인수) 組繡(조수) 繪繡(회수) 十字繡(십자수) 特 繡陌(수맥) 繡梓(수재) 繡鞋(수혜) 繡幌(수황) 絺繡(욕수) 絲繡(채수) 紈繡(환수) 特 綺繡(치수)

사자성어 ① 繡衣夜行(수의야행) 錦繡江山(금수강산) 錦心繡口(금심수구) 夜行被繡(야행피수)

戍

부수	획수	총획
戈	2	6

수자리 수【2913】

字源 〈형성〉 '수자리'는 예전에는 국경을 지키는 군인들이 업무를 맡았거나 그 일을 진행하는 병사를 이르던 말이다. 戍樓의 병사들이 증명한다. 유의어는 '위수(衛戍), 수역(戍役)' 등이다. 사람(人)이 창(戈)을 들고 침범하는 적을 완전히 막을 수 있도록 자기 지역을 잘 지켰으니 [수자리(戍)]를 뜻하고 [수]로 읽는다.
回 成(이룰 성) 戊(천간 무) 戌(개 술)

필순 `一 厂 厈 戍 戍 戍`

기초 【기초한자어】 익히고, 【기본→발전한자어】 다지기
戍甲(수갑) 변경을 지키는 병사. 수자리
戍旗(수기) 변방을 지키는 군사가 내거는 깃발
戍樓(수루) 적의 동정을 살피기 위하여 성 위에 지은 망루
• 戍甲은 변경을 지키는 병사들인바, 수자리라 했다.
• 장군이 戍樓에서 시름에 겨워할 때 戍旗가 펄럭였다.

기본 ① 戍鼓(수고) 戍邊(수변) 戍死(수사) 戍守(수수) 戍役(수역) 戍衛(수위) 戍人(수인) 戍卒(수졸) 更戍(경수) 屯戍(둔수) 邊戍(변수) 城戍(성수) 遠戍(원수) 謫戍(적수) 鎭戍(진수) 行戍(행수)

발전 ① 戍兵(수병) 戍將(수장) 烽戍(봉수) 守戍(수수) 衛戍(위수) 留戍(유수) 適戍(적수) 征戍(정수) 滯戍(체수) 築戍(축수) 特 徭戍(요수)

粹

부수	획수	총획
米	8	14

순수할 수【2914】

字源 〈형성〉 '순수하다'는 사람의 마음이 사사로운 욕심이나 그 밖의 다른 불순한 생각이 없다는 뜻을 담는다. 여러 부류의 인간과의 사귐에는 반드시 순수해야만 사람들이 그를 믿었다. 사람이 늙어 죽을(卒) 때까지 주식으로 쌀(米)을 먹고도 모두 다 온전했으니 그 곡식이 [순수하다(粹)]는 뜻이고 [수]로 읽는다.
图 純(순수할 순) 回 粹

필순 `丷 丷 半 半 米 米 粁 粁 粋 粋 粋`

기초 【기초한자어】 익히고, 【기본→발전한자어】 다지기
粹器(수기) 훌륭한 인물. 뛰어난 사람
粹靈(수령) 뛰어나고 기이함. 몹시 영묘함
粹然(수연) 꾸밈없이 순수한 모양
• 꾸밈없이 순수한 모양인 粹然이 차라리 좋겠다.
• 친구의 粹靈보다는 粹然한 모습에 더 친근하다.

기본 ① 粹穆(수목) 粹白(수백) 粹液(수액) 粹學(수학) 國粹(국수) 端粹(단수) 明粹(명수) 不粹(불수) 秀粹(수수) 純粹(순수) 淳粹(순수) 神粹(신수) 雅粹(아수) 貞粹(정수) 眞粹(진수) 天粹(천수) 平粹(평수) 和粹(화수)

발전 ① 粹美(수미) 粹想(수상) 粹集(수집) 粹折(쇄절) 英粹 (영수) 精粹(정수) 特 毓粹(육수)

사자성어 ① 國粹主義(국수주의) 純粹獨占(순수독점)

부수	획수	총획
疒	10	15

여윌 수 【2915】

字源 〈형성〉 '여위다'는 사람 얼굴에 살이 빠져 수척해지거나 파리하게 되었다는 뜻을 담는다. 유의어로는 살이 빠져서 '수척해지다, 수손(瘦損)하다' 등이 쓰인다. 늙은이(叟)가 병(疒)이 들어 오랫동안 방에서 누워만 있게 되면 얼굴빛이 모두 창백해서 파리해진다고 했으니 몸이 [여위다(瘦)]는 뜻이고 [수]로 읽는다.
동 瘠(여윌 척) 반 肥(살찔 비) 비 廋(숨길 수) 역 痩

필순 广广疒疒疒疒疒瘦瘦瘦

기초 【기초한자어】 익히고, 【기본→발전한자어】 다지기
瘦硬(수경) 자획이 가늘고도 힘이 있음
瘦削(수삭) 몹시 여윔
瘦瘠(수척) 여윔. 파리함
• 몸이 바짝 약하고 파리함이 瘦瘠하시어 걱정입니다.
• 선생님께서 연로하심이 瘦削하시지만 글씨는 瘦硬하였다.

기본 ① 瘦軀(수구) 瘦面(수면) 瘦生(수생) 瘦身(수신) 瘦容 (수용) 瘦長(수장) 瘦鶴(수학) 枯瘦(고수) 老瘦(노수) 疎瘦(소수) 瘠瘦(척수) 淸瘦(청수) 鶴瘦(학수)

발전 ① 瘦客(수객) 瘦勁(수경) 瘦古(수고) 瘦果(수과) 瘦肥 (수비) 瘦損(수손) 瘦松(수송) 瘦弱(수약) 瘦弊(수폐) 瘦斃(수폐) 疲瘦(피수) 特 瘦羸(수리) 瘦涓(수연) 羸瘦 (이수)

사자성어 ① 長身瘦軀(장신수구)

부수	획수	총획
言	16	23

원수 수 【2916】

字源 〈형성〉 '원수'는 자기와 자기 집안에 해를 입혀 철천지 원한이 맺힌 개인이나 집단을 뜻한다. 유의어로는 '구수(寇讐), 구원(仇怨), 수구(讐仇), 적수(敵讐)' 등이 있다. 두 마리 새(雔)가 '지지배배'하고 지저귀면서(言) 마치 적군과 같이 싸우고 있는 것 같았으니 동류로는 바로 [원수(讐)]

임을 뜻하고 [수]로 읽는다.
동 敵(대적할 적) 仇(원수 구) 반 恩(은혜 은)

필순 亻亻作隹隹隹雔雔雠讐讐讐

기초 【기초한자어】 익히고, 【기본→발전한자어】 다지기
讐仇(수구) 원수
讐斂(수렴) 조세를 무겁게 부과해 거둠
讐怨(수원) 원한
• 이 사람아 자네와 내가 무슨 讐仇인가? 아니지!
• 무슨 讐怨이 있는 것처럼 讐斂해가니 살기 힘겹다.

기본 ① 讐校(수교) 讐問(수문) 讐殺(수살) 讐夷(수이) 讐敵 (수적) 讐疾(수질) 讐嫌(수혐) 寇讐(구수) 國讐(국수) 復讐(복수) 怨讐(원수) 敵讐(적수)

발전 ① 讐家(수가) 讐厭(수염) 讐僞(수위) 讐人(수인) 讐日 (수일) 讐正(수정) 校讐(교수) 報讐(보수) 奮讐(분수) 私讐(사수) 世讐(세수) 深讐(심수) 恩讐(은수) 刺讐 (척수) 討讐(토수) 特 讐柞(수작)

사자성어 ① 恩讐分明(은수분명) 妻復夫讐(처복부수) 怨讐 置簿(원수치부) 母復子讐(모복자수)

부수	획수	총획
禾	12	17

이삭 수 【2917】

字源 〈형성〉 '이삭'은 논밭의 벼 보리 따위 곡식에서 꽃이 피고 열매가 맺어 주렁주렁 달린 부분을 말해준다. 이삭줍기는 농작물을 거두고 난 뒤, 흘렸던 낟알이나 과일을 이르는 말이다. 벼 같은(禾) 곡식 덕택(惠)으로 매일과 같이 먹을 수 있도록 커다란 은혜(惠)를 입은 부분으로 [이삭(穗)]을 뜻하고 [수]로 읽는다.
역 穂

필순 二千千禾禾和和种种穗穗

기초 【기초한자어】 익히고, 【기본→발전한자어】 다지기
穗狀(수상) 곡식의 이삭과 같은 형상
稻穗(도수) 벼의 이삭
麥穗(맥수) 보리의 이삭. (망국의 비탄이나 자취의 시(詩)로도 알려짐)
• 화분에 심어놓은 풍란에서 穗狀과 같은 귀한 새싹을 틔웠다.
• 보리 이삭인 麥穗를 베고, 벼 이삭인 稻穗을 기원해야지.

기본 ① 燈穗(등수) 實穗(실수) 一穗(일수) 好穗(호수) 禾穗 (화수)

발전 ① 穗書(수서) 穗穟(수수) 落穗(낙수) 發穗(발수) 拔穗 (발수) 滯穗(체수)

사자성어 ① 一莖九穗(일경구수)

1급

嫂

부수	획수	총획
女	10	13

형수 수【2918】

字源 〈형성〉형수는 늘 다정다감하게 우리 곁에 다가온다. '형수'는 형이 결혼하여 맞이한 형님의 아내된 사람이다. 높임말에는 '형수(兄嫂)님, 존수(尊嫂)님' 등으로 쓰인다. 집안에 늙으신 어른(叟)들을 모신 여자(女)로 형님의 아내이자 연만한 노부인을 가깝게 불러서 칭했으니 [형수(嫂)]를 뜻하고 [수]로 읽는다.

필순 `く 夕 女 女 女 女' 女' 妇' 妇 婶 嫂`

기초 【기초한자어】 익히고, 【기본→발전한자어】 다지기
嫂叔(수숙) 형수와 시동생
兄嫂(형수) 형님의 부인
伯嫂(백수) 큰 형님의 부인
• 옆집의 嫂叔은 마치 모자처럼 나이 차이가 난다.
• 형님 아내인 兄嫂와 큰 형님 아내인 伯嫂가 정답다.

기본 ① 家嫂(가수) 季嫂(계수) 丘嫂(구수) 梵嫂(범수)

발전 ① 嫂妹(수매) 嫂氏(수씨) 長嫂(장수) 弟嫂(제수) 尊嫂(존수) 從嫂(종수)

塾

부수	획수	총획
土	11	14

글방 숙【2919】

字源 〈형성〉'글방'은 옛날 공식적 기관이 아닌 사사롭게 한문을 가르친 곳이었다. '글방서생'을 얼른 떠올리게 된다. 유의어는 '사숙(私塾), 서당(書堂), 서재(書齋), 학당(學堂), 학방(學房)' 등이나. 사물의 이치를 샅샅이 익힐 수 있노록(孰) 공부를 흙(土)으로 만든 작은 토담집에서 했으니 [글방(塾)]을 뜻하고 [숙]으로 읽는다.

필순 `一 亠 古 亯 亨 享 剪 孰 孰 塾 塾`

기초 【기초한자어】 익히고, 【기본→발전한자어】 다지기
塾堂(숙당) 글방. 서당
塾舍(숙사) 숙생들이 묵는 곳
家塾(가숙) 개인이 설립한 글방. 사숙
• 유년시절에 다녔던 塾堂의 건물이 지금도 남아있다.
• 塾舍는 숙생이 묵었고 家塾은 개인이 설립한 글방이다.

기본 ① 塾頭(숙두) 塾生(숙생) 塾長(숙장) 家塾(가숙) 門塾(문숙) 私塾(사숙) 義塾(의숙) 村塾(촌숙) 鄕塾(향숙)

발전 ① 塾師(숙사) 書塾(서숙) 入塾(입숙)

夙

부수	획수	총획
夕	3	6

이를 숙【2920】

字源 〈회의〉'이르다'는 말로 타이르다는 뜻과 아침 일찍이란 의미로 쓰였다. 여기에서는 "일찍"이란 시간적 의미로 일정한 기준보다는 가급적 '이르게'로 쓰였음을 알게 한다. 잠자리(几)는 하루(一) 저녁(夕)이라도 [일찍 자다(夙)] 또는 이른 아침부터 더 열심히 일을 했으니 [이르다(夙)]는 뜻이고 [숙]으로 읽는다.

필순 `丿 几 凡 凡 夙 夙`

기초 【기초한자어】 익히고, 【기본→발전한자어】 다지기
夙起(숙기) 아침 일찍 일어남
夙成(숙성) 나이에 비하여 정신적·육체적 성장을 이름
夙志(숙지) 일찍부터 품고 있던 뜻
• 나이에 비해 정신적·육체적으로 컸으니 夙成이다.
• 夙志를 이루기 위해 매일 夙起하여 공부했다.

기본 ① 夙暮(숙모) 夙敏(숙민) 夙昔(숙석) 夙世(숙세) 夙夜(숙야) 夙悟(숙오) 夙就(숙취) 夙興(숙흥)

발전 ① 夙茂(숙무) 夙心(숙심) 夙願(숙원) 夙怨(숙원) 夙儒(숙유) 夙意(숙의) 夙就(숙취) 夙慧(숙혜)

사자성어 ① 夙興夜寐(숙흥야매)

菽

부수	획수	총획
艸	8	12

콩 숙【2921】

字源 〈형성〉'콩'은 단백질이 함유된 된장, 두부, 기름의 다양한 재료가 된다. 콩기름을 짠 후에는 콩깻묵은 사료나 비료가 되었음은 콩의 다용도성에 있다. 유의어는 '마메콩(mame), 대두(大豆)' 등이다. 가지가 달린 풋콩인 '叔(숙)'은 풀(艸)이 우거진 풀밭에서도 잘 자랐으니 일반 [콩(菽)]을 뜻하고 [숙]으로 읽는다.
回 豆(콩 두)

필순 `一 ㅗ ㅛ ㅛ 芁 芁 芋 芋 菽 菽`

기초 【기초한자어】 익히고, 【기본→발전한자어】 다지기
菽麥(숙맥) 콩과 보리. 콩인지 보리인지를 구별하지 못함. 어리석은 사람
菽粟(숙속) 콩과 조. 곡류
菽水(숙수) 콩과 물이란 뜻으로 변변치 못한 음식.
• 형편이 어려웠을 때 菽水로 끼니를 해결했다.
• 菽粟조차 구별 못한 菽麥과 같은 사람과 살고 있다.

1급

기본 ① 菽醬(숙장)

발전 ① 菽豆(숙두) 菽芽(숙아) 媤菽(시숙)

사자성어 ① 菽麥不辨(숙맥불변) 菽粟之文(숙속지문) 菽水之供(숙수지공) 菽水之歡(숙수지환)

馴

부수	획수	총획
馬	3	13

길들일 순 【2922】

字源 〈형성〉 '길들이다'는 사람이나 짐승을 마치 부리기 좋을 만큼 가르친다는 뜻이다. 작은집 식솔이 큰집에 오면 큰집의 실정과 분위기에 맞게 길들이는 일은 예사의 일이었다. 내(川)가 일정한 순서에 따라 흐르듯이 말(馬)이 주인의 뜻에 따라서 순종하도록 가르쳤으니 [길들이다(馴)]는 뜻이고 [순]으로 읽는다.
回擾(시끄러울 요/움직일 우)

필순 ⼀ ⼚ ⼚ ⺕ 馬 馬 馬 馴 馴 馴

기초 【기초한자어】 익히고, 【기본→발전한자어】 다지기
馴良(순량) 온순함. 선량함
馴鹿(순록) 길들인 사슴. 북극 지방에 사는 사슴의 한 가지
馴養(순양) 길들여 기름
• 잘 길들여서 사육함은 馴養하면서 잘 기르겠다.
• 당신은 馴鹿처럼 馴良한 사람이기에 좋아했다.

기본 ① 馴服(순복) 馴性(순성) 馴獸(순수) 馴擾(순요) 馴制(순제) 馴致(순치) 馴行(순행) 敎馴(교순) 識馴(식순) 雅馴(아순) 柔馴(유순) 調馴(조순) 風馴(풍순)

발전 ① 馴禽(순금) 馴德(순덕) 馴象(순상) 馴雅(순아) 不馴(불순) 飼馴(사순) 特 馴狎(순압)

醇

부수	획수	총획
酉	8	15

전국술 순 【2923】

字源 〈형성〉 '전국술'은 물이나 또 다른 첨가물을 타지 않고 처음 출시된 것처럼 매우 순수한 술을 말한다. 유의어는 '구온주(九醞酒), 진국술(眞—)' 등이 함께 쓰인다. 다양하고 맛좋은 술(酉)을 잘 준비하여 큰 잔치(享)를 베푸니 [순수하다(醇)] 또는 맛이 짙고 진한(享) 술(酉)로 [전국술(醇)]을 뜻하고 [순]으로 읽는다.

필순 ⼀ ⼕ 酉 酉 酉 酉 酉 酉 醇 醇 醇 醇

기초 【기초한자어】 익히고, 【기본→발전한자어】 다지기
醇美(순미) 순수하고 아름다움
醇朴(순박) 인정이 많고 꾸밈이 없음

醇化(순화) 순박하게 교화함. 잡스러운 것을 걸러서 순수하게 함
• 인정이 많고 꾸밈없는 醇朴한 농촌의 한 庭園이다.
• 외국어를 무분별하게 쓰는 요즘, 언어 醇化가 절실히 요망된다.

기본 ① 醇謹(순근) 醇篤(순독) 醇醴(순례) 醇味(순미) 醇備(순비) 醇熙(순유) 醇壹(순일) 醇酒(순주) 醇化(순화) 甘醇(감순) 雅醇(아순) 貞醇(정순) 淸醇(청순) 化醇(화순) 醇乎醇(순호순)

발전 ① 醇良(순량) 醇白(순백) 醇粹(순수) 醇醇(순순) 醇雅(순아) 醇正(순정) 醇乎(순호) 醇和(순화) 醇厚(순후) 芳醇(방순) 特 醇酎(순주)

사자성어 ① 醇酒婦人(순주부인) 國風醇化(국풍순화)

筍

부수	획수	총획
竹	6	12

죽순 순 【2924】

字源 〈형성〉 '죽순'은 대나무의 땅속줄기에서 돋아난 어리고 연한 싹이다. 성장 시기가 짧아 봄의 시기에 수확할 수 있다. 죽순은 계절성이 강한 식재로 가공과 자생으로 유통된다고 하겠다. 대나무(竹) 밭에서 열흘(旬)간 비가 오면 어린 순이 올라와 성장의 기본이 되었으니 [죽순(筍)]을 뜻하고 [순]으로 읽는다.

필순 ⼃ ⼂ ⺮ ⺮ ⺮ 竹 筍 筍 筍 筍

기초 【기초한자어】 익히고, 【기본→발전한자어】 다지기
筍席(순석) 죽순 껍질로 만든 자리
筍皮(순피) 죽순의 껍질
稚筍(치순) 어린 죽순
• 마당에 좋은 자리라고 내놓은 것이 筍席이었다.
• 죽순의 껍질은 筍皮요, 稚筍은 어린 죽순이라네.

기본 ① 筍芽(순아) 筍輿(순여) 萌筍(맹순) 石筍(석순) 芽筍(아순) 春筍(춘순)

발전 ① 新筍(신순) 竹筍(죽순) 特 筍蕨(순궐) 筍菹(순저) 筍鞋(순혜) 嫩筍(눈순)

사자성어 ① 雨後竹筍(우후죽순)

膝

부수	획수	총획
肉	11	15

무릎 슬 【2925】

字源 〈형성〉 '무릎'은 사람의 넓적다리와 정강이의 사이에 있다. 마침 관절의 앞부분으로 허벅지와 종아리의 동시 작용이다. 할아버지 앞에서 무릎을 꿇고 얌전하게 교육을

1급

받았으리라. 어린이들이 몸(月)을 움직여 활동하면 옻나무 칠(桼)처럼 검은 때가 묻어나오는 부분으로 [무릎(膝)]을 뜻하고 [슬]로 읽는다.
同 膕(오금 괵)

필순 

기초 【기초한자어】 익히고, 【기본 → 발전한자어】 다지기
膝甲(슬갑) 겨울에 추위를 막기 위하여 무릎까지 내려오게 입는 옷
膝下(슬하) 무릎 아래. 어버이의 곁. 자식을 두어 대를 이어야 할 처지
膝行(슬행) 무릎을 꿇고 걸음. 매우 두려워함
• 무릎을 꿇고 종종 걷거나 매우 두려워함이 膝行이다.
• 부모님 膝下 십남매가 膝甲을 입고서 추위를 이긴다.

기본 1 膝邊(슬변) 膝寒(슬한) 傾膝(경슬) 端膝(단슬) 容膝(용슬) 前膝(전슬) 接膝(접슬) 鶴膝(학슬)

발전 1 膝骨(슬골) 膝頭(슬두) 膝席(슬석) 膝前(슬전) 膝退(슬퇴) 屈膝(굴슬) 牛膝(우슬) 立膝(입슬) 促膝(촉슬) 蔽膝(폐슬) 抱膝(포슬) 特Ⅱ 膝袒(슬단) 출전 膝膕(슬괵)

사자성어 1 膝甲盜賊(슬갑도적) 斂膝端坐(염슬단좌) 奴顔婢膝(노안비슬)

丞

부수	획수	총획
一	5	6

정승 승 【2926】

字源 〈회의〉 흔히들 조선시대 삼정승이 왕을 보필했다. '정승'은 의정부 수반인 영의정, 좌의정, 우의정을 통틀어 이른다. 유의어는 '대신(大臣), 상신(相臣)' 등의 구분이 있었다. 함정에 빠진 사람을 두 손으로 붙잡아서 건지니 [돕다(丞)] 또는 나랏일을 돕는 정승의 모양을 본떠서 [정승(丞)]을 뜻하고 [승]으로 읽는다.

필순 

기초 【기초한자어】 익히고, 【기본 → 발전한자어】 다지기
丞史(승사) 승과 사. 둘 다 장관의 속료
丞相(승상) 정승
政丞(정승) 영의정, 좌의정, 우의정인 3정승이다.
• 집안 족보를 보다가 15대 선조가 丞相의 자리에 있었음을 알았다.
• 조선 시대에 三政丞과 丞史로 장관격인 6판서가 있었다.

기본 1 群丞(군승) 驛丞(역승) 懸丞(현승)

발전 1 丞吏(승리) 丞丞(승승) 丞掾(승연)

사자성어 1 白衣政丞(백의정승)

柿

부수	획수	총획
木	5	9

감 시 : 【2927】

字源 〈형성〉 '감'은 크게 단감과 떫은 감으로 나눈다. 한국 재래종의 대부분은 떫은 감이 대부분이다. 그렇지만 많이 재배되고 있는 단감은 일본에서 도입된 이후 [부유단감]이라 하여 잘 팔렸다. 가을이 되면 나무(木) 열매 중 시장(市)에서 많이 놓고 파는 빨갛게 익은 과일로 [감(柿)]을 뜻하고 [시]로 읽는다.

필순 

기초 【기초한자어】 익히고, 【기본 → 발전한자어】 다지기
乾柿(건시) 곶감
柿雪(시설) 곶감 거죽에 생기는 흰 가루
樽柿(준시) 꼬챙이에 끼지 않고 납작하게 말린 감
• 樽柿는 아직 꼬챙이에 끼지 않고 납작하게 말린 감이다.
• 좋아하는 乾柿를 먹다가 柿雪이 생긴 원인을 알았다.

기본 1 柿餠(시병) 柿漆(시칠) 霜柿(상시) 紅柿(홍시) 黑柿(흑시)

발전 1 柿醋(시초) 盤柿(반시) 澁柿(삽시) 沈柿(심시) 軟柿(연시) 特 蹲柿(준시)

사자성어 1 熟柿主義(숙시주의)

匙

부수	획수	총획
匕	9	11

숟가락 시 : 【2928】

字源 〈형성〉 한국 식탁에는 밥과 국이 주종을 이룬다. '숟가락'은 사람이 밥이나 국 따위의 음식을 떠먹는 기구다. 그다음은 반찬 중 김치종류다. 유의어는 '반시(飯匙)'이고 축약어는 '숟갈' 등이다. 숟가락(匕)을 들고 음식을 먹을 때 몸을 곧고 바르게(是) 세워 앉아서 먹었으니 [숟가락(匙)]을 뜻하고 [시]로 읽는다.
同 柶(수저 사) 반 箸(젓가락 저)

필순 

기초 【기초한자어】 익히고, 【기본 → 발전한자어】 다지기
飯匙(반시) 숟가락
茶匙(다시) 찻숟가락
匙楪(시접) 제상(祭床)에 수저를 담아 놓는 놋그릇. 놋대접
• 자기 집에 누구나 茶匙를 들고 匙楪을 들어 제상에 놓는다.

1급

• 가족이 만나면 자기 집에 누구나 각자가 사용하는
飯匙는 있다.

기본 ① 匙抄(시초) 玉匙(옥시) 銀匙(은시) 停匙(정시)

발전 ① 匙匣(시갑) 匙箸(시저) 匙楪(시접)

부수	획수	총획
豸	3	10

승냥이 시 : 【2929】

字源 〈형성〉'승냥이'는 갯과에 속하는 포유동물의 하나다. 이
리와는 비슷하나 몸집이 작고 꼬리가 긴 것이 특징이다.
몸빛은 붉은 회갈색, 황갈색, 붉은 갈색 등으로 나누어진
다. 고기를 물고 뜯는(才) 사나운 짐승(豸)으로 [승냥이
(豺)] 또는 승냥이의 특징적 모양을 본떠 [승냥이(豺)]를
뜻하고 [시]로 읽는다.

필순

기초 【기초한자어】 익히고, 【기본→발전한자어】 다지기
豺狼(시랑) 승냥이와 이리. 욕심이 많고 무자비한
사람. 간악하고 잔혹한 사람
豺虎(시호) 승냥이와 호랑이. 사납고 음험한 사람
豺聲(시성) 승냥이의 소리
• 豺聲은 승냥이의 소리라 하는 바, 吉과 凶을 가리
지 않는다.
• 豺虎 같은 형과 豺狼 같은 아우가 싸우니 참으로
무서웠다.

발전 ① 豺狗(시구) 豺牙(시아) 豺狐(시호)

사자성어 ① 豺狼當路(시랑당로) 豺狼橫道(시랑횡도)

부수	획수	총획
犬	8	11

시기할 시 【2930】

字源 〈형성〉어떤 사람이든지 다른 사람의 잘된 일이나 좋은
점이 있다. '시기하다'는 투기하고 시샘을 내면서 미워하
다는 점이 특히 다르다. 유의어는 '시샘하다, 투기하다' 등
이 있다. 시선을 끄는 검푸른(靑) 개(犭)를 [시샘하다(猜)]
또는 짐승(犭)도 다른 젊은(靑) 짝을 [시기하다(猜)]는
뜻이고 [시]로 읽는다.
圖문 忌(꺼릴 기) 妬(샘낼 투)

필순

기초 【기초한자어】 익히고, 【기본→발전한자어】 다지기
猜忌(시기) 샘하여 미워함
猜怨(시원) 시기하고 원망함
猜妬(시투) 시기하고 질투함

• 큰 누나의 猜忌는 이제는 극에 도달한 것만 같다.
• 여동생의 猜忌보다는 누나의 猜怨이 더 가슴 아팠다.

기본 ① 猜警(시경) 猜克(시극) 猜惡(시오) 猜畏(시외) 猜阻
(시조) 猜察(시찰) 猜讒(시참) 猜嘽(시탄) 猜恨(시한)
猜嫌(시험) 雄猜(웅시) 怨猜(원시) 疑猜(의시) 嫌猜(혐시)

발전 ① 猜懼(시구) 猜拳(시권) 猜隙(시극) 猜枚(시매) 猜謗
(시방) 猜疑(시의) 猜貳(시이) 猜忍(시인) 猜險(시험)
猜毁(시훼) 妬猜(투시) 懷猜(회시) 囯 猜謎(시미)
㊦ 猜忤(시오)

사자성어 ① 猜惡之心(시오지심) 兩小無猜(양소무시)

부수	획수	총획
女	9	12

시집 시 【2931】

字源 〈형성·회의〉'시집'은 여자가 남편을 맞아하는 일이고,
일반적으로는 '시댁'이라 부른다. 유의어는 '구가(舅家), 시
가(媤家)이고 시부모가 사는 집 또는 남편 집안으로 사용
한다. 결혼한 여자(女)가 시집을 생각(思)하니 [시집(媤)]
또는 시집간 여자(女)가 친정을 생각하니(思) [시집가다(媤)]
는 뜻이고 [시]로 읽는다.

필순

기초 【기초한자어】 익히고, 【기본→발전한자어】 다지기
媤家(시가) 시집. 남편의 집안
媤宅(시댁) 시가의 존칭
媤父母(시부모) 시아버지와 시어머니를 아울러 이
르는 말
• 媤父母님 양위분의 康寧과 天壽를 간곡하게 빌었다.
• 남편의 집안을 媤家보다는 媤宅이라 부르는 것이
일반적인 관례로 성숙된 표현이다.

기본 ① 媤叔(시숙)

발전 ① 媤妹(시매) 媤叔(시숙) 媤妹(시편) 媤兄(시형) 媤三寸
(시삼촌)

부수	획수	총획
言	9	16

시호 시 : 【2932】

字源 〈형성〉'시호'는 옛날에 임금이나 정승 그리고 유현들이
공덕을 칭송하여 내린 이름이다. 그들이 죽은 뒤에 끼친
공덕을 칭송하여 내렸던 걸맞은 이름이다. 유의어는 '시
(謚)'로 쓰기도 한다. 그 사람이 죽은 뒤에 좋게 여기는 여
러 말(言)을 보태어(盆=益) 기리려는 공덕을 [시호(諡)]라
뜻하고 [시]로 읽는다.

필순 ㇐ ㇐ 言 言 訟 訟 諡 諡 諡 諡

기초 【기초한자어】 익히고, 【기본→발전한자어】 다지기
諡法(시법) 시호를 붙이는 법. 시호를 의논하여 정하는 법
諡號(시호) 생전의 공적을 사정하여 사후에 임금이 내린 칭호
諡議(시의) 시호에 대하여 조정에서 충분하게 논의함
• 諡議는 의정부에서 충분하게 論議한 후 節次에 따라 내린다.
• 김덕령 사후에 諡法에 따라 임금은 충장공이라는 諡號를 내렸다.

기본 ① 美諡(미시) 賜諡(사시) 善諡(선시) 令諡(영시) 追諡(추시)

발전 ① 諡望(시망) 諡寶(시보) 諡福(시복) 諡狀(시장) 諡座(시좌) 諡册(시책) 議諡(의시) 贈諡(증시) 淸諡(청시)
特 諡誥(시고)

부수	획수	총획
弋	9	12

윗사람죽일 시 : 【2933】

字源 〈형성〉 '윗사람 죽이다'는 신하가 임금을 죽이는 경우다. 그리고 다른 사람이나 자신이 그 자리에 앉는 경우도 많았다. 세계사의 경우도 위와 같았음을 알게 한다. 아랫사람이 윗사람을 죽이고(弑←殺) 그 자리를 서로 바꾸어(式) 자기나 다른 사람을 들어앉히니 [윗사람 죽이다(弑)]는 뜻이고 [시]로 읽는다.
同 戮(죽일 륙)

필순

기초 【기초한자어】 익히고, 【기본→발전한자어】 다지기
弑逆(시역) 신하가 임금을 죽임. 대역 행위
弑害(시해) 부모나 임금을 죽임
弑殺(시살) 부모나 임금을 죽임. 시역(弑逆). 시해(弑害)
• 弑殺은 弑逆. 弑害인바 부모나 임금을 죽이는 역적이다.
• 혹 잘못이 있더라도 弑害 또는 弑逆은 모두가 지탄의 대상이 되었다.

기본 ① 弑虐(시학)

발전 ① 弑君(시군) 叛弑(반시) 特 簒弑(찬시) 特 弑戕(시장)

사자성어 特 簒弑之變(찬시지변)

부수	획수	총획
火	10	14

불꺼질 식 【2934】

字源 〈형성〉 '불 꺼지다'는 어휘는 마지막으로 시들어가는 생명의 줄기가 타다 멈추는 것에 비유하기도 했다. 성하게 일

어났다가 말없이 조용하게도 그렇게 시들어간 것이다. 불(火)이 쉴 사이도 없이 그만 타들어 가다가 결국엔 탈 것이 없으면 서서히 멈추게(息) 되었으니 [불 꺼지다(熄)]는 뜻이고 [식]으로 읽는다.
同 滅(꺼질 멸)

필순

기초 【기초한자어】 익히고, 【기본→발전한자어】 다지기
熄滅(식멸) 꺼져 없어짐
終熄(종식) 한때 매우 성하던 일이 끝나거나 없어짐
未熄(미식) 사건이나 변고가 그치지 않음
• 사건이나 변고가 늘 그치지 않는 未熄이 안타깝다.
• 일제 강점기로 우리 역사가 熄滅되어 終熄한 것은 매우 안타깝다.

기본 ① 熄火(식화)

발전 ① 熄燼(식신) 熄絶(식절) 閉熄(폐식) 熄火山(식화산)
特 殄熄(진식)

부수	획수	총획
手	6	9

씻을 식 【2935】

字源 〈형성〉 '씻다'는 물 따위로 손발이나 몸을 닦아 깨끗이 했다. 묻은 것이나 더러운 것이 없어지게 하다는 뜻이겠다. 또한 눈물이나 땀을 없애려고 손으로 닦거나 훔치기도 했었다. 좌우로 베를 짜듯이(式←織) 손(扌)을 [씻다(拭)] 또는 손(扌)을 닦았던 좋은 법도(式)가 있었으니 [닦다(拭)]는 뜻이고 [식]으로 읽는다.
同 拂(떨칠 불)

필순

기초 【기초한자어】 익히고, 【기본→발전한자어】 다지기
拭目(식목) 눈을 닦고 봄. 자세히 봄
拭拂(식불) 먼지를 떨고 훔침. 의심이나 부조리한 점을 말끔히 떨어 없앰
拭淸(식청) 씻어서 깨끗하게 함. 나쁜 폐단을 제거함
• 拭淸은 씻어서 깨끗하게 하거나 폐단을 제거함이다.
• 이장은 마을 풍습을 拭目한 다음 악습을 拭拂하였다.

기본 ① 拭淨(식정) 磨拭(마식) 拂拭(불식) 洗拭(세식) 收拭(수식) 按拭(안식)

발전 ① 拭巾(식건) 拭爵(식작) 拭靑(식청) 掃拭(소식)

사자성어 ① 膏脣拭舌(고순식설)

부수	획수	총획
虫	9	15

좀먹을 식 【2936】

字源 〈형성〉 '좀먹다'는 사람 눈에 뜨이지 않도록 조금씩 조금씩 자꾸 해를 입히다는 뜻이다. 또한 습기가 차서 좀이 슬어 여기저기 구멍이 나다는 뜻도 담았으니 집안이 엉망이다. 벌레(虫)가 다 갉아먹으니(食) [좀먹다(蝕)] 또는 벌레(虫)인 달이 해의 막음을 먹다(食)로 표현한 [일식(蝕)]을 뜻하고 [식]으로 읽는다.

필순 ノ 亼 亽 今 飠 飠 飩 飩 蝕 蝕 蝕

기초 【기초한자어】 익히고, 【기본 → 발전한자어】 다지기
蝕旣(식기) 일식 · 월식으로 해나 달이 아주 가려지는 현상
薄蝕(박식) 일식이나 월식으로 해와 달이 서로 그 빛을 가림
侵蝕(침식) 외부의 영향으로 세력이 점점 줄어 듦
• 고대에는 蝕旣를 하늘의 계시로 믿어서 각 행사를 거행했다.
• 薄蝕은 우주계를, 侵蝕은 국가 간을 蝕旣로 논의했다.
기본 ① 煤蝕(매식) 雨蝕(우식) 震蝕(진식)
발전 ① 蝕甚(식심) 腐蝕(부식) 月蝕(월식) 日蝕(일식) 浸蝕(침식) 裝 虧蝕(휴식)
사자성어 ① 皆旣日蝕(개기일식)

대궐 신 【2937】

부수	획수	총획
宀	7	10

字源 〈형성〉 '대궐'은 임금이 사는 커다란 집이다. '비원은 대궐의 후원이다'는 용례가 말해주겠다. 유의어는 '궁궐(宮闕), 궁전(宮殿), 궁(宮), 궐(闕)' 등이 즐비하다. 가옥(宀)의 입술(辰←脣)과도 같은 [처마(宸)]였으나 처마가 높은 집(宀)은 임금(辰)이 사는 높다란 집이라고들 했었으니 [대궐(宸)]을 뜻하고 [신]으로 읽는다.
回 闕(대궐 궐)

필순

기초 【기초한자어】 익히고, 【기본 → 발전한자어】 다지기
宸鑑(신감) 천자가 봄
宸眷(신권) 천자의 은총
宸襟(신금) 천자의 마음. 천자의 뜻
• 宸鑑을 통해서 천자가 세계를 바라봄을 논의했다.
• 신하 중에 宸襟을 잘 헤아리는 자가 宸眷을 누렸다.
기본 ① 宸闕(신궐) 宸念(신념) 宸怒(신노) 宸斷(신단) 宸謨(신모) 宸輿(신여) 宸憂(신우) 宸威(신위) 宸儀(신의) 宸意(신의) 宸慈(신자) 宸章(신장) 宸衷(신충) 宸筆(신필) 宸翰(신한) 槐宸(괴신) 玉宸(옥신) 紫宸(자신) 帝宸(제신) 中宸(중신) 楓宸(풍신)
발전 ① 宸居(신거) 宸光(신광) 宸極(신극) 宸悼(신도) 宸廬

(신려) 宸漠(신모) 宸算(신산) 宸嚴(신엄) 宸影(신영) 宸宇(신우) 宸遊(신유) 宸藻(신조) 宸旨(신지) 宸聰(신총) 宸樞(신추) 宸濠(신호) 裝 宸掖(신액) 特 宸扆(신의)

부수	획수	총획
言	3	10

물을 신 : 【2938】

字源 〈형성〉 '묻다'는 어떠한 사실을 알고자 하여 그에게 대답하도록 요구하면서 말한다는 뜻이다. 낱낱이 따지거나 추궁하기도 한다. 이런 문답은 생활주의에서 흔히 있을 수 있었다. 잘못에 대하여 말(言)을 빨리(卂←迅)하라고 상대를 몰아붙이면서 그 죄상을 더 물어보았으니 [묻다(訊)]는 뜻이고 [신]으로 읽는다.
回 問(물을 문) 諮(물을 자)

필순

기초 【기초한자어】 익히고, 【기본 → 발전한자어】 다지기
訊檢(신검) 신문하고 검사함
訊問(신문) 물어서 캠. 죄를 따져 물음
問訊(문신) 불교선종에서 합장하면서 안부를 묻는 경례법
• 問訊은 합장과 안부 그리고 경례를 하는 三段法이다.
• 조사관이 訊問한 다음에 검사는 또 訊檢을 시작한다.
기본 ① 訊責(신책) 訊治(신치) 考訊(고신) 覆訊(복신) 音訊(음신) 振訊(진신) 驗訊(험신)
발전 ① 訊杖(신장) 拷訊(고신) 鞫訊(국신) 騷訊(소신) 案訊(안신) 廷訊(정신) 裝 訊鞫(신국)
사자성어 ① 訊問調書(신문조서) 帳殿訊問(장전신문)

부수	획수	총획
火	14	18

불탄끝 신 : 【2939】

字源 〈형성〉 우리 속담에 '불난 끝은 있어도 물난리 끝은 없다'는 말이 있다. 다 타고 남는 그 흔적은 있겠지만, 물이 쓸고 간 흔적은 아무 것도 남아 있지 않다. 불이나 물이나 모두 무섭다. 타던 불(火)이 다했으니(盡) [불탄 끝(燼)] 또는 타던 불(火)이 이제는 대(盡) [타고 남는 나무(燼)]라는 뜻이고 [신]으로 읽는다.

필순 丶 火 灯 灯 灯 燇 燼 燼 燼

기초 【기초한자어】 익히고, 【기본 → 발전한자어】 다지기
燼滅(신멸) 불타 없어짐. 멸망하거나 끊겨서 없어짐
燼餘(신여) 타다 남은 것. 살아남은 사람
燼灰(신회) 불탄 끄트머리와 재

1급

• 燼灰는 불탄 끄트머리와 재라고 하는 바, 天上의 도움이다.
• 궁궐은 비록 燼滅되었지만, 燼餘가 잔잔하게 남아 역사를 기록한다.

기본 ① 焚燼(분신) 餘燼(여신) 煙燼(연신) 火燼(화신) 灰燼(회신)

발전 ① 燼骨(신골) 金燼(금신) 燒燼(소신) 遺燼(유신) 特 糜燼(미신)

사자성어 ① 有敗灰燼(유패회신)

부수	획수	총획
辵	3	7

빠를 신【2940】

字源 〈형성〉 '빠르다'는 기다리던 어떤 일이 이루어지는 데 걸리는 시간이 아주 짧다는 뜻이다. 알아차리는 능력이 민첩하다 하겠다. 반대어는 '느리다. 완만(緩慢)하다' 등이 있다. 내리막을 내려갈(辶) 때 빠른(卂←迅) 속도로 움직여야 오히려 무서운 사고가 적었다고 했으니 [빠르다(迅)]는 뜻이고 [신]으로 읽는다.
圖急(급할 급) 速(빠를 속) 疾(병/빠를 질) 捷(빠를 첩)

필순 乁 又 凡 卂 迅 迅 迅

기초 【기초한자어】 익히고, 【기본→발전한자어】 다지기
迅羽(신우) 빨리 나는 새. 매의 딴 이름
迅雨(신우) 세차게 내리는 비
迅風(신풍) 세찬 바람
• 迅雨는 세차게 내리는 비로 빠름을 同伴한다.
• 迅風이 불어와도 迅羽는 더욱 높이 날아갔다.

기본 ① 迅急(신급) 迅雷(신뢰) 迅速(신속) 迅傳(신전) 迅捷(신첩) 迅趨(신추) 迅辦(신판) 激迅(격신) 勁迅(경신) 奮迅(분신) 振迅(진신)

발전 ① 迅擊(신격) 迅邁(신매) 迅辨(신변) 迅商(신상) 迅走(신주) 迅疾(신질) 迅漂(신표) 特 迅鶻(신귀) 迅瀨(신뢰)

사자성어 ① 迅雷風烈(신뢰풍렬) 疾風迅雷(질풍신뢰)

부수	획수	총획
艸	13	17

섶 신【2941】

字源 〈형성〉 '섶'은 잎이 붙어 있는 땔나무나 잡목의 잔가지 모두를 가리킨다. 또한 잘 말려놓은 잡풀 등을 아울리는 땔나무 등으로 쓰기도 했던 하나의 용어이다. 땔감으로 쓰기 위해서 나무나 풀(艹)을 베고 나면 다음 해에도 다시 새로운(新) 풀이 돌아났다고 했으니 [섶, 땔나무(薪)]를 뜻하고 [신]으로 읽는다.

圖 柴(섶 시) 樵(나무할 초)

필순 ＋ ＋＋ ＋＋ 艹 艹 莽 莽 薪 薪

기초 【기초한자어】 익히고, 【기본→발전한자어】 다지기
薪木(신목) 섶나무. 땔나무
薪米(신미) 땔나무와 쌀. 생활의 재료
薪水(신수) 땔나무와 물. 땔나무를 하고 물을 길음
• 땔나무와 쌀 그리고 생활의 재료만 준비함을 薪米라고 한다.
• 시골에 사는 동안 薪木과 薪水만 넉넉하면 추운 겨울을 날 수 있다.

기본 ① 薪燎(신료) 薪采(신채) 薪樵(신초) 薪炭(신탄) 鬼薪(귀신) 負薪(부신) 束薪(속신) 拾薪(습신) 臥薪(와신) 錯薪(착신) 采薪(채신)

발전 ① 薪桂(신계) 薪蘇(신소) 薪柴(신시) 薪采(신채) 勞薪(노신) 尺薪(척신) 芻薪(추신)

사자성어 ① 薪桂米金(신계미금) 薪水之勞(신수지로) 薪盡火滅(신진화멸) 臥薪嘗膽(와신상담)

부수	획수	총획
女	7	10

아이밸 신【2942】

字源 〈형성〉 '아이 배다'는 하나의 정자(精子)와 또 하나의 난자(卵子)가 만나 새로운 생명체를 탄생시킨 신비로움이다. 건강한 아이를 출산하기 위해 정자와 난자도 다 건강해야 한다. 여자(女) 배 속에서 태아가 움직이니(辰←振) [아이 배다(娠)] 또는 여자(女)가 용꿈(辰)을 꾸었으니 [임신하다(娠)]는 뜻이고 [신]으로 읽는다.
圖 妊(임신할 임)

필순 乚 女 女 女 妒 妒 妒 妊 娠 娠

기초 【기초한자어】 익히고, 【기본→발전한자어】 다지기
妊娠(임신) 아이를 뱀
有娠(유신) 아이를 가짐
• 우리들은 老弱者에 못지않게 妊娠한 여인을 보호한다.
• 우리들은 有娠한 여인을 보호한다.

발전 ① 娠母(신모) 姙娠(임신) 妊娠婦(임신부)

부수	획수	총획
口	5	8

읊조릴 신【2943】

字源 〈형성〉 '읊조리다'는 뜻을 생각하며 감정이나 억양을 넣어 낮은 목소리로 읽거나 외우다는 뜻이다. 읊조리는 감정이

절정에 도달하면 가히 신음하게도 된다. 사람이 입(口)으로 늘어지게(申) [읊조리다(呻)] 또는 더 참다못해 입(口)으로 크게 펼치는(申) 소리라고 했었으니 [신음하다(呻)]는 뜻이고 [신]으로 읽는다.
回 吟(읊을 음)

필순 ㅣ ㄇ ㅁ ㅁ ㄲ ㄲ ㄲ ㄲ ㅁ 呻

기초 【기초한자어】 익히고, 【기본→발전한자어】 다지기
呻吟(신음) 병이나 고통으로 앓는 소리를 냄. 시가를 읊음
嚬呻(빈신) 얼굴을 찡그리고 신음함
呻呼(신호) 힘이 들어 신음함
• 부상한 병사의 呻吟을 들으며 부대장도 밤을 새웠다.
• 嚬呻은 찡그리며 신음하고, 呻呼는 힘들어 신음하다.
기본 ① 呻呼(신호)
발전 ① 呻畢(신필) 呻吟聲(신음성)
사자성어 ① 無病呻吟(무병신음)

	부수	획수	총획
蜃	虫	7	13

큰조개 신【2944】

字源 〈형성〉 '큰 조개'는 뭐니 뭐니 해도 미역국과 궁합이 맞지 않나 생각된다. 키조개, 가리비, 모시조개, 대합 그리고 조개와 새우 등도 모두가 일미라고 하겠다. 큰 조개가 새벽(辰)이면 슬슬 나와서 먹이를 찾을 때, 바다 벌레(虫)와 같은 키조개나 피조개도 나오는 어패류로 [큰 조개(蜃)]를 뜻하고 [신]으로 읽는다.
回 蛤(대합조개 합)

필순 一 厂 尸 辰 辰 辰 唇 唇 蜃 蜃

기초 【기초한자어】 익히고, 【기본→발전한자어】 다지기
蜃蛤(신합) 무명조개. 대합
海蜃(해신) 바다 조개
蜃氣樓(신기루) 환상이 아닌 실제로 나타난 광학적 현상임
• 속이 거북할 때가 되면 蜃蛤국을 끓여 달래었다.
• 海蜃은 바다 조개이고, 蜃氣樓는 이상 굴절 현상이다.
기본 ① 蜃氣(신기) 蜃市(신시) 老蜃(노신) 文蜃(문신) 蚊蜃(문신)
발전 ① 蜃車(신거) 蜃樓(신루) 蜃市(신시) 蜃氣樓(신기루) 蜃樓脂(신루지)

	부수	획수	총획
悉	心	7	11

다 실【2945】

字源 〈회의〉 '다'는 우리말에서 특히 많이 쓰인 용어라 한다. [전부, 싹, 몽땅] 등의 용어를 포함하고 있기 때문에 그 풍성함을 맛보기도 한다. '이것 전부 몰아 때려서'까지 언어의 실토가 향기롭다. 발톱(釆)으로 짐승 심장(心)을 [다 후벼내다(悉)] 또는 마음(心) 속으로 분별하니(釆) [다 알다(悉)]는 뜻이고 [실]로 읽는다.
回 皆(다 개) 盡(다할 진)

필순 一 ㄇ ㅛ 쭈 쭈 釆 釆 釆 悉 悉

기초 【기초한자어】 익히고, 【기본→발전한자어】 다지기
悉皆(실개) 다. 모두. 남김없이
悉達(실달) 석가모니가 출가하기 전, 정반왕의 태자였을 때 이름
悉曇(실담) 범자의 딴 이름. 성스러운 문자라는 뜻임
• 悉曇은 범자의 딴 이름으로 성스러운 文字라는 뜻이다.
• 왕자로 태어난 悉達은 이 세상 悉皆를 다 버렸다.
기본 ① 悉銳(실예) 悉盡(실진) 明悉(명실) 備悉(비실) 詳悉(상실) 嚴悉(엄실) 精悉(정실) 該悉(해실)
발전 ① 悉甲(실갑) 悉多(실다) 悉數(실수) 悉心(실심) 悉知(실지) 謹悉(근실) 昭悉(소실) 熟悉(숙실) 審悉(심실) 了悉(요실) 委悉(위실) 知悉(지실) 該悉(해실)
사자성어 ① 悉曇字母(실담자모)

	부수	획수	총획
什	人	2	4

열사람 십
세간 집【2946】

字源 〈형성〉 대가족 제도를 생각하면 '열사람'과 '세간'은 밀접한 관련을 갖고 있었음을 느끼게 된다. 곧 많은 사람과 온 집안 식구들의 살림살이라는 연관성이 웅크리고 있기 때문이다. 많은(十) 사람(亻)으로 [열 사람(什)] 또는 집안 살림(亻)을 위해 사용하는 온갖(十) 물건으로 [세간(什)]을 뜻하고 [십] 또는 [집]으로 읽는다.
回 器(그릇 기) 物(만물 물)

필순 ノ 亻 仁 什

기초 【기초한자어】 익히고, 【기본→발전한자어】 다지기
什長(십장) 열 사람의 우두머리. 일꾼들을 감독·지휘하는 우두머리
什器(집기) 일상생활에 쓰는 도구
什物(집물) 일상생활에 쓰는 도구
• 什物은 일상생활에 쓰는 여러 도구를 말한다.
• 공사장의 什長은 신혼에 쓸 什器를 사들였다.
기본 ① 什六(십륙) 什吏(십리) 什伯(십백) 什襲(십습) 什具(집구) 什寶(집보) 家什(가집) 小什(소집) 詩什(시집) 新什(신집) 章什(장집) 篇什(편집)
발전 ① 什百(십백) 什二(십이) 什一(십일)

1급

사자성어 ① 什伯之器(십백지기) 什襲藏之(십습장지) 什伍之制(십오지제)

부수	획수	총획
行	7	13

衙 마을 아 【2947】

字源 〈형성〉 '마을'은 시골에서 볼 수 있듯이 여러 집이 한데 모여 사는 곳을 말한다. 유의어는 '교리(郊里), 동리(洞里), 방촌(坊村), 촌(村)' 등이 사용된다. 이곳을 공동생활의 원형이라 한다. 통행과 출입(行)을 통제하니 [막다(衙)] 또는 내가(吾) 자주 걸어 다니었던(行) 곳으로 [마을(衙)]를 뜻하고 [아]로 읽는다.
圓府(마을 부) 署(마을 서) 回衛(지킬 위)

필순 ⁄ ⼻ ⼻ ⼻ ⼻ 衙 衙 衙 衙 衙

기초 【기초한자어】 익히고, 【기본→발전한자어】 다지기
衙門(아문) 병영의 문. 관청의 문. 관청
衙兵(아병) 궁성을 지키던 군대
衙前(아전) 지방 관청에 딸린 낮은 벼슬아치
• 衙前은 지방 관청에 딸린 여러 낮은 벼슬아치들이다.
• 저 곳의 衙門에 수많은 衙兵이 있어 들어갈 수 없다.

기본 ① 衙官(아관) 衙內(아내) 衙隷(아례) 衙署(아서) 衙參(아참) 衙牒(아첩) 衙推(아추) 公衙(공아) 官衙(관아) 殿衙(전아) 正衙(정아) 退衙(퇴아)

발전 ① 衙客(아객) 衙奴(아노) 衙祿(아록) 衙婢(아비) 衙屬(아속) 衙役(아역) 衙中(아중) 衙退(아퇴) 衙衙(어어) 蜂衙(봉아) 衙子弟(아자제)

부수	획수	총획
口	8	11

啞 벙어리 아(:) 【2948】

字源 〈형성〉 '벙어리'는 '언어 장애인'을 얕잡아 이르는 말이겠다. 벙어리이자, 귀머거리를 포함해서 다 농아(聾啞)라고 부른다. 유의어는 '아자(啞者)' 등이 쓰인다. 말(口)이 그만 막히니 [말 막히다(啞)] 또는 말(口)이 막혀서(亞) 말이 얼른 입으로 나오지 않았으니 곧 말 못하는 [벙어리(啞)]를 뜻하고 [아]로 읽는다.
圓唖

필순 ⼌ ⼌ ⼌ ⼌ ⼌ ⼌ 啞 啞 啞 啞 啞

기초 【기초한자어】 익히고, 【기본→발전한자어】 다지기
啞啞(아아) 까마귀·물오리·기러기 따위가 우는 소리
啞然(아연) 어이가 없어 입을 딱 벌리고 있는 모양
啞子(아자) 벙어리
• 열 살 되도록 말을 못하고 啞啞한 딸을 보고 啞然

실색하고 말았다.
• 啞子는 말을 전혀 못하는 벙어리를 뜻한다.

기본 ① 啞嘔(아구) 啞咽(아열) 嘔啞(구아) 暗啞(암아)

발전 ① 啞鈴(아령) 啞羊(아양) 啞者(아자) 聾啞(농아) 盲啞(맹아) 啞羊僧(아양승) 食蜜啞(식밀아) 特 啞咤(아타) 伴啞(양아)

사자성어 ① 啞然失色(아연실색) 聾啞學校(농아학교)

부수	획수	총획
人	7	9

俄 아까 아 【2949】

字源 〈형성〉 '아까'는 잠시와 같은 의미로 쓰인 용어다. '얼마 전에'를 소개할 때도 쓰인 용어다. 유의어는 '과경(過頃─예전에)에, 아경(俄頃─얼마 전)'까지라니 용어의 변화가 무수하게 많아 무상했다. 짧은 시간으로 [아까(俄)] 또는 내가(我) 이 세상의 한 일원(亻)으로 살아가는 것도 [잠깐(俄)]임을 뜻하고 [아]로 읽는다.

필순 ⼂ ⼂ ⼂ ⼂ ⼂ ⼂ 俄 俄 俄

기초 【기초한자어】 익히고, 【기본→발전한자어】 다지기
俄刻(아각) 갑자기. 갑작스럽게
俄頃(아경) 잠깐 동안
俄然(아연) 잠시. 잠깐
• 俄然은 잠시·잠깐 동안이겠지만 그들에겐 긴 시간이다.
• 두통이 俄刻하게 찾아와 俄頃에 잠시 정신을 잃었다.

기본 ① 俄館(아관) 俄爾(아이) 傀俄(괴아)

발전 ① 俄國(아국) 俄羅斯(아라사)

사자성어 ① 俄館播遷(아관파천)

부수	획수	총획
言	4	11

訝 의심할 아 【2950】

字源 〈형성〉 '의심하다'는 상대를 믿지 못하거나 진의를 알 수 없어 여기다는 뜻이다. 이 세상을 모두 의심한다고 할 수 있다. 유의어는 '의혹(疑惑)하다, 회의(懷疑)하다. 의문(疑問)하다' 등이 존재한다. 손님을 맞이하면서 무기(牙)를 품지 아니한 말(言)로 확인하며 의문을 표하니 [의심하다(訝)]는 뜻이고 [아]로 읽는다.
圓惑(미혹할 혹)

필순 ⼂ ⼂ ⼂ ⼂ 言 言 言 訝 訝 訝 訝

기초 【기초한자어】 익히고, 【기본→발전한자어】 다지기
訝惑(아혹) 의심하여 분별하기 어려움

訝賓(아빈) 왕명으로 손님을 맞이하여 접대함
疑訝(의아) 의심스럽고 이상함

• 중국 사신을 訝賓하는 자리에서 누가 대표인지 訝惑하다.
• 疑訝는 매우 疑心스럽고 이상한 現實을 뜻한다.

기본 ① 驚訝(경아) 怪訝(괴아) 猜訝(시아) 嗟訝(차아)
발전 ① 訝士(아사) 訝鬱(아울) 訝郎當(아랑당)

	부수	획수	총획
愕	心	9	12

놀랄 악 【2951】

字源 〈형성〉 '놀라다'는 어쩐지 마음이 불안해 가슴이 자꾸 뛰는 그러한 상태의 지속이다. 마음이 어리둥절하거나 얼떨떨한 상태라 하겠다. 유의어로는 '놀라다, 불안해하다' 등이겠다. 마음(忄)의 생각과 어긋나니(咢) [놀라다(愕)] 또는 갑자기 놀라는(咢) 마음(忄)이 생겨났으니 [놀라다(愕)]는 뜻이고 [악]으로 읽는다.
圖 驚(놀랄 경) 駭(놀랄 해)

필순 ゛゛゛゛゛゛゛゛゛゛゛゛゛

기초 【기초한자어】 익히고, 【기본→발전한자어】 다지기
愕立(악립) 깜짝 놀라 일어섬
愕視(악시) 놀라 서로 바라봄
愕愕(악악) 바른말을 거리낌 없이 함

• 흔히 일어날 일인데 깜짝 놀라 일어선 愕立이다.
• 날마다 愕愕거린 직원을 과장은 愕視하곤 하였다.

기본 ① 愕然(악연) 驚愕(경악) 怪愕(괴악) 哀愕(애악) 率愕(졸악) 嗟愕(차악) 錯愕(착악) 駭愕(해악)
발전 ① 愕驚(악경) 切愕(절악) 慘愕(참악) 悖愕(패악)

	부수	획수	총획
顎	頁	9	18

턱 악 【2952】

字源 〈형성〉 '턱'은 입을 둘러싼 부위이며 위턱과 아래턱으로 이루어져 있다. 턱은 구강의 상하에 있는 뼈를 뜻하면서, 어른들은 종종 아래턱을 매우 근엄한 모습으로 생각해왔다. 머리(頁) 부분 중에서 입으로 말을 하거나 음식을 먹을 때 놀랄 만하게(咢) 움직임이 많은 부분으로 [턱(顎)]을 뜻하고 [악]으로 읽는다.

필순 ゛゛゛゛゛゛゛゛゛゛゛゛゛゛

기초 【기초한자어】 익히고, 【기본→발전한자어】 다지기
上顎(상악) 위쪽의 턱. 위턱
下顎(하악) 아래의 턱. 아래턱

顎骨(악골) 턱뼈

• 오늘은 下顎은 물론 턱뼈인 顎骨까지 아프다.
• 어제 넘어져 다친 上顎이 아직도 아프다.

발전 ① 顎板(악판) 兩顎(양악) 顎下腺(악하선)

	부수	획수	총획
堊	土	8	11

흰흙 악 【2953】

字源 〈형성〉 '흰 흙'은 북한어(北韓語)로 '백토(白土)'라 한다. 바위 속 장석이 풍화작용을 받아 이루어진 흰색이 신기하다. 또는 회색의 '진흙, 도자기, 시멘트'의 원료가 된다. 고대의 묘실(墓室: 亞) 벽에 바르는 흙(土)은 횟가루와 흡사하기도 하였으며 흰색에 가깝게 인식되었으니 [흰 흙(堊)]을 뜻하고 [악]으로 읽는다.

필순 一ナ〒下下亞亞亞堊

기초 【기초한자어】 익히고, 【기본→발전한자어】 다지기
堊慢(악만) 흰 흙으로 더럽힘. 흰 흙을 바름
堊室(악실) 흰 종이로 초벽만 바른 집. 상제가 거처하는 방

• 堊慢은 흰 흙으로 더럽히는 것이다.
• 여유가 없어 堊室에 지내지만 堊慢한 것보다는 좋다.

기본 ① 堊塗(악도) 堊壁(악벽) 丹堊(단악) 白堊(백악) 素堊(소악)
발전 ① 堊車(악거) 堊次(악차) 堊土(악토) 不堊(불악) 白堊館(백악관) 特 堊墍(악기)

	부수	획수	총획
按	手	6	9

누를 안(:)
【2954】

字源 〈형성〉 안마사가 사람 몸의 피곤을 풀기 위해서 영업적으로 안마를 한다. '누르다'는 먹먹한 신체 부위를 누르다는 뜻이다. 표면에 대하여 힘이나 무게를 가하기도 한다. 손(扌)으로 눌러 편안하게(安) 잘 어루만졌으니 [누르다(按)] 또는 그 살핌에 따라 경과를 알아보았으니 [살피다(按)]는 뜻이고 [안]으로 읽는다.
圖 檢(검사할 검) 撫(어루만질 무) 察(살필 찰) 劾(꾸짖을 핵)

필순 一ナ扌扌扌扩扲按按

기초 【기초한자어】 익히고, 【기본→발전한자어】 다지기
按劍(안검) 칼을 빼려고 칼자루에 손을 댐
按撫(안무) 백성의 형편을 살펴서 위로함
按察(안찰) 자세히 살펴 조사하고 바로잡음

• 칼을 빼서 쓰려고 칼자루에 대는 일이 按劍이다.

1급

• 시장님은 시민을 按撫하고 시정을 按察한 분이다.

기본 1 按講(안강) 按據(안거) 按檢(안검) 按堵(안도) 按摩(안마) 按問(안문) 按殺(안살) 按手(안수) 按擦(안찰) 檢按(검안) 考按(고안) 糾按(규안) 覆按(복안) 巡按(순안) 抑按(억안) 察按(찰안) 推按(추안)

발전 1 按擔(안담) 按廉(안렴) 按脈(안맥) 按舞(안무) 按配(안배) 按排(안배) 按兵(안병) 按分(안분) 按酒(안주) 按治(안치) 按針(안침) 按驗(안험) 按絃(안현) 鞫按(국안) 交按(교안) 收按(수안) 實按(실안) 捕按(포안) 劾按(핵안) 特II 按鞫(안국) 特 按轡(안비) 按覈(안핵)

사자성어 1 按劍相視(안검상시) 按分比例(안분비례)

晏

부수	획수	총획
日	6	10

늦을 안 : 【2955】

字源 〈형성〉 '늦다'는 어떤 시점이나 기준보다 상대적으로 더 많이 흐른 시점이다. 발육이 상당히 늦다는 식으로 성립되어 이루어지는 바가 더욱 더디다고 한다. 사람이 날마다(日) 안식으로 편안하니(安) [편안하다(晏)] 또는 해(日)가 밤되어 활동을 쉬고 편안(安)해진 늦은 밤으로 [늦다(晏)]는 뜻이고 [안]으로 읽는다.

필순 

기초 【기초한자어】 익히고, 【기본 → 발전한자어】 다지기

晏起(안기) 늦게 일어남

晏眠(안면) 늦게까지 잠. 늦잠을 잠

晏然(안연) 마음이 편안하고 침착함

• 늦게 잠자리에 들었던지 晏起에 들어 일어났다.

• 형님은 오늘 아침 晏然한듯 晏眠하고 있었다.

기본 1 晏駕(안가) 晏寧(안녕) 晏息(안식) 晏如(안여) 晏嬰(안영) 晏娛(안오) 晏朝(안조) 晏淸(안청) 普晏(보안) 息晏(식안) 安晏(안안) 靜晏(정안) 淸晏(청안)

발전 1 晏晏(안안) 晏子(안자)

鞍

부수	획수	총획
革	6	15

안장 안 : 【2956】

字源 〈형성〉 '안장'은 사람이 편안하게 올라앉을 수 있도록 말의 등에 얹어 놓은 도구다. 말타기와 안장은 불가분의 관계에 있다. 유의어로는 반타(盤陀), 마안(馬鞍), 안자(鞍子) 등이다. 사람이 말 위에 얹어 놓아 편안하게(安) 탈 수 있도록 가죽(革)으로 만들어 썼던 마구용품으로 [안장(鞍)]을 뜻하고 [안]으로 읽는다.

필순 

기초 【기초한자어】 익히고, 【기본 → 발전한자어】 다지기

鞍橋(안교) 안장

鞍馬(안마) 말에 안장을 지움. 안장을 지운 말

鞍裝(안장) 말 따위의 등에 얹어서 사람이 타기에 편리한 도구

• 鞍橋를 채우면서 승마가 便利해졌다.

• 처음 鞍裝을 얹어 鞍馬가 된 망아지가 놀란다.

기본 1 鞍鼻(안비) 鞍傷(안상) 鞍銜(안함) 金鞍(금안) 乘鞍(승안) 玉鞍(옥안) 征鞍(정안) 荷鞍(하안) 解鞍(해안)

발전 1 鞍甲(안갑) 鞍匣(안갑) 鞍工(안공) 鞍具(안구) 鞍囊(안낭) 鞍籠(안롱) 孤鞍(고안) 騎鞍(기안) 銀鞍(은안) 特 鞍轡(안비)

사자성어 1 鞍馬之勞(안마지로)

斡

부수	획수	총획
斗	10	14

돌 알 【2957】

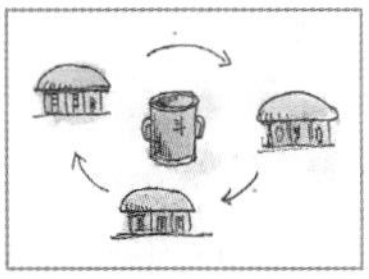

字源 〈형성〉 '돌다'는 사람이 일정한 축을 중심으로 삼아서 한 방향으로 움직이다는 뜻이다. 지구의 자전도 마찬가지이다. 유의어로는 '돌아가다, 전회(轉回)하다, 회전(回轉)하다' 등이 있다. 사람(人)이 많이 사용한 말(斗)은 많은 세월(卓←韓) 동안 여러 곳을 두루 돌아다니면서 [돌다(斡)]는 뜻이고 [알]로 읽는다.

同 旋(돌 선) 皿 幹(줄기 간)

필순 

기초 【기초한자어】 익히고, 【기본 → 발전한자어】 다지기

斡棄(알기) 내버림

斡流(알류) 물이 빙빙 돌아 흐름

斡旋(알선) 남의 일이 잘 되도록 마련해 줌

• 얄궂게 물이 빙빙 돌아 흐른 연못 모양이 斡流다.

• 친구의 취업을 斡旋하더니 이제는 그 일마저 斡棄해버렸다.

기본 1 斡運(알운) 斡遷(알천) 排斡(배알) 運斡(운알) 移斡(이알) 廻斡(회알)

발전 1 斡維(알유) 斡旋罪(알선죄)

사자성어 1 璇璣懸斡(선기현알)

軋

부수	획수	총획
車	1	8

삐걱거릴 알 【2958】

字源 〈형성〉 '삐걱거리다'는 크고 단단한 물건이 서로 닿아서 갈리는 소리가 자꾸 난다의 뜻이다. 서로 의견이 충돌한 것을 '알력'이라 한다. 유의어는 '삐걱대다, 삐걱삐걱하다' 등이 쓰인다. 수레(車)바퀴가 갈지자 모양으로 이리저리

1급

구불거리며(乙) 움직이며 나아갔으니 [삐걱거리다(軋)]는 뜻이고 [알]로 읽는다.

필순 一 ㄏ 戸 戸 百 亘 車 軋

기초 【기초한자어】 익히고, 【기본 → 발전한자어】 다지기

軋辭(알사) 곡진한 말. 자세한 말

軋軋(알알) 만물이 모여서 무더기로 생겨나는 모양

軋刑(알형) 수레바퀴 밑에 사람을 깔아 뼈를 부수어 죽이던 형벌

• 軋刑은 고대 형벌로 상상하기조차 끔찍하다.

• 나의 軋辭를 이해하지 못하는 아내가 야속하다.

기본 1 嘔軋(구알) 鳴軋(명알) 侵軋(침알)

발전 1 軋爭(알쟁) 軋忽(알홀) 特II 軋轢(알력) 鴉軋(아알)

闇

부수	획수	총획
門	9	17

숨을 암 : 【2959】

字源 〈형성〉 '숨다'는 다른 사람 눈에는 띄지 않게 몸을 살짝 감추다는 뜻이다. 숨어서 밖으로 선명하게 드러나지 않으니 잘 알 수가 없다. 유의어로는 '도피(逃避)하다, 잠적(潛跡)하다' 등이다. 어두운 밤이 되어 문(門)까지도 닫혀있어서 정적이 감돌만큼 아무 소리(音)도 없었으니 [숨다(闇)]는 뜻이고 [암]으로 읽는다.

同 冥(어두울 명)

필순 ㄏ ㄕ 門 門 門 門 門 闁 闇 闇 闇

기초 【기초한자어】 익히고, 【기본 → 발전한자어】 다지기

闇同(암동) 우연히 맞음. 암합(暗合)

闇昧(암매) 어두운 곳. 빛이 닿지 않는 곳

闇室(암실) 광선을 차단한 어두운 방

• 闇同한 입장이 된 것은 우연한 일치가 아니다.

• 직업상 闇室에서 일하지만 闇昧한 사람이 아니다.

기본 1 闇干(암간) 闇跳(암도) 闇鈍(암둔) 闇練(암련) 闇劣(암렬) 闇莫(암막) 闇冥(암명) 闇書(암서) 闇夜(암야) 闇主(암주) 闇淺(암천) 闇蔽(암폐) 闇虛(암허) 狂闇(광암) 微闇(미암) 愚闇(우암) 至闇(지암) 淺闇(천암) 退闇(퇴암) 昏闇(혼암)

발전 1 闇過(암과) 闇商(암상) 闇弱(암약) 闇然(암연) 闇票(암표) 暗合(암합) 儒闇(유암) 駑闇(노암) 冥闇(명암) 鄙闇(비암) 昭闇(소암) 諒闇(양암) 頑闇(완암) 曉闇(효암) 特II 闇孱(암잔)

사자성어 1 明珠闇投(명주암투)

庵

부수	획수	총획
广	8	11

암자 암 【2960】

字源 〈형성〉 '암자'는 커다란 절에 딸려 있는 작은 절이다. 스님이 임시로 거처하면서 도를 닦기 위한 자그마한 암자로 주지스님 때문에 자주 바뀌는 특색이 있다. 풀잎을 임시로 덮어서(奄) 지붕을 만든 집으로(广) 호젓한 [암자(庵)] 또는 세운 지가 매우(奄) 오래된 작은 절(广)로 [암자(庵)]를 뜻하고 [암]으로 읽는다.

同 廬(농막집 려)

필순 丶 亠 广 户 庐 庆 庈 庵 庵 庵

기초 【기초한자어】 익히고, 【기본 → 발전한자어】 다지기

庵廬(암려) 암자. 초암

庵室(암실) 승려나 은자가 사는 초막

庵主(암주) 암자를 가진 중. 암실의 주인. 여승

• 승려나 은자가 기거하고 있는 초막이 庵室이다.

• 산 중턱 庵廬를 찾아가던 중 다행으로 庵主를 만났다.

기본 1 庵裏(암리) 結庵(결암) 蓬庵(봉암) 禪庵(선암) 廬庵(여암) 草庵(초암)

발전 1 庵居(암거) 庵子(암자) 庵住(암주) 片庵(편암) 石窟庵(석굴암)

昂

부수	획수	총획
日	4	8

높을 앙 【2961】

字源 〈형성〉 '높다'는 맨 아래에서 위까지의 길이가 길다는 뜻이다. 물론 여기에서는 폭은 제외되었다. 일정한 정도가 기준에서나 중간치의 정도보다 넘는 상태에 있다는 뜻이겠다. 고개들어 해(日)를 우러러보았더니(卬) [높다(昂)] 또는 높이 우러러볼(卬) 만큼 빛나는 해(日)가 더욱 [밝다(昂)]는 뜻이고 [앙]으로 읽는다.

비 昴(별이름 묘)

필순 丨 冂 日 日 旦 旦 昂 昂

기초 【기초한자어】 익히고, 【기본 → 발전한자어】 다지기

昂貴(앙귀) 물가가 뛰어오름

昂騰(앙등) 물가가 오름

昂然(앙연) 자기 힘을 믿고 교만한 모양

• 요즈음 昂貴되어 물건이 품귀현상을 보인다.

• 채소 값이 昂騰하더니 농부의 마음도 昂然하였다.

기본 1 昂昂(앙앙) 激昂(격앙) 低昂(저앙) 軒昂(헌앙)

발전 1 昂奮(앙분) 昂揚(앙양) 昂聳(앙용) 昂進(앙진) 昂喙(앙훼)

사자성어 1 昂刺犯龍(앙자범룡)

秧

부수	획수	총획
禾	5	10

모 앙 【2962】

1급

字源 〈형성〉 '모'는 본밭에 옮겨심기 위하여 임시로 기르는 어린 벼를 뜻한다. 못자리에 뿌린 볍씨가 자란 것을 모라고 한다. 옮겨심기 위하여 기른 벼 이외의 또 다른 온갖 씨앗의 싹을 가리킨다. 벼(禾)를 넓은(央) 논에 심으니 [볏모(秧)] 또는 칼을 쓴 사람(央)처럼 볏모(禾)를 묶으니 [모(秧)]를 뜻하고 [앙]으로 읽는다.
동 苗(모 묘)

필순 　丿二千千禾禾禾和和秧秧

기초 【기초한자어】 익히고, 【기본→발전한자어】 다지기
秧苗(앙묘) 볏모
秧揷(앙삽) 모내기
秧田(앙전) 못자리
• 북한에서 못자리인 秧田이 다 끝났다고 하던데요.
• 집앞의 秧苗가 잘 자랐으니 秧揷준비를 해야겠다.

기본 ①秧稻(앙도) 秧針(앙침) 揷秧(삽앙) 桑秧(상앙) 松秧(송앙)

발전 ①秧歌(앙가) 秧馬(앙마) 秧板(앙판) 飯秧(반앙) 移秧(이앙) 特秧穫(앙양)

부수	획수	총획
心	5	8

원망할 앙 【2963】

字源 〈형성〉 '원망하다'는 상대방을 못마땅하게 여기면서 불평하면서 미워하다는 뜻이다. 불평불만이 많다는 뜻이다. 유의어는 '원대(怨懟)하다, 원오(怨惡)하다, 원(怨)하다' 등이다. 칼을 쓴 사람(央)을 마음으로(忄) [원망하다(怏)] 또는 마음(忄) 가운데(央) 불만이 남았으니 [원망하다(怏)]는 뜻이고 [앙]으로 읽는다.

필순 　丶丶丶忄忄忄忄快快

기초 【기초한자어】 익히고, 【기본→발전한자어】 다지기
怏怏(앙앙) 마음에 차지 않거나 야속하여 원망하는 모양
怏宿(앙숙) 앙심을 품고 서로 미워하는 사이
• 마음에 차지 않거나 원망하는 모양이 怏怏이다.
• 怏宿이란 그런 일이 없어야겠는데 서로가 미워하는 사이다.
• 怏怏과 怏宿은 원망한 모양과 미워하는 사이이니 매우 야속하다.

기본 ①怏鬱(앙울)

발전 ①怏憤(앙분) 怏忿(앙분) 怏心(앙심) 怏然(앙연) 怏意(앙의) 特怏悵(앙창)

사자성어 ①怏怏之心(앙앙지심)

부수	획수	총획
鳥	5	16

원앙 앙 【2964】

字源 〈형성〉 '원앙'은 죽음으로 지켜낸 사랑, 금실 좋은 부부를 나타낼 때 원앙에 견줄 수 있다. 원앙은 오리의 종류로 일종의 물새라고 하겠다. 암컷과 수컷은 서로 떨어지지 않고 늘 붙어 있다. 넓은(央) 세상에서 금실이 좋은 새(鳥)인 [원앙(鴦)] 또는 금실이 좋다고 알려진 물새로 [원앙(鴦)]을 뜻하고 [앙]으로 읽는다.
동 鴛(원앙 원) 回 鴛(원앙 원)

필순 　丶二央央奉奏奏鴦鴦鴦

기초 【기초한자어】 익히고, 【기본→발전한자어】 다지기
鴦衾(앙금) 원앙을 수놓아 짠 피륙으로 만든 이불
鴛鴦(원앙) 금실이 매우 좋은 부부의 비유
鴦錦(앙금) 금실 좋은 부부가 앙금에서 잠
• 鴦衾을 부부가 덮고 자는 것은 좋은 일이다.
• 금실이 매우 좋은 부부를 鴛鴦이라 불렀다.

기본 ①靑鴦(청앙) 紅鴦(홍앙) 黃鴦(황앙)

발전 ①鴦宮(앙궁) 鴛鴦衾(원앙금)

사자성어 ①鴛鴦之契(원앙지계)

부수	획수	총획
雨	16	24

아지랑이 애 : 【2965】

字源 〈형성〉 '아지랑이'는 맑은 봄날 강렬한 햇빛을 받아, 지면에서 공기가 투명한 불꽃같이 아른거리며 오르는 현상이다. 땅 위에서 아롱거린 모양이다. 유의어는 '야마(野馬), 양염(陽炎), 연애(煙靄)' 등이 있다. 복사열로 생긴 구름(雨←雲)이 피어오른 모양이라 알려주는(謁) [아지랑이(靄)]를 뜻하고 [애]로 읽는다.

필순 　丶一千雨雷雷雷靄靄靄靄

기초 【기초한자어】 익히고, 【기본→발전한자어】 다지기
煙靄(연애) 연기와 아지랑이
靄靄(애애) 화기가 가득한 모양. 구름이 모이는 모양
• 아물아물 煙靄가 피어 올라 안개처럼 보였다.
• 부부의 행동과 사랑이 넘치나 靄靄의 정이 살갑구나.
• 구름이 靄靄하니 비가 올 모양이다.

기본 ①靄散(애산) 靄然(애연) 江靄(강애) 茶靄(다애) 晚靄(만애) 山靄(산애) 夕靄(석애) 野靄(야애) 朝靄(조애) 蒼靄(창애) 彩靄(채애) 曉靄(효애)

발전 ① 靄露(애로) 淡靄(담애) 暮靄(모애) 暗靄(암애) 窈靄(요애) 川靄(천애) 淺靄(천애) 特Ⅱ 嵐靄(남애) 特 黯靄(암애)

사자성어 ① 和氣靄靄(화기애애)

崖

부수	획수	총획
山	8	11

언덕 애 【2966】

字源 〈회의〉 '언덕'은 평지보다는 조금 높고 경사진 곳이다. 언덕을 90도로 놓기에는 다소 위험한 곳이다. 유의어로는 '구강(丘岡), 구부(丘阜), 능구(陵丘), 구분(丘墳), 강부(岡阜), 구릉(丘陵)' 등이 있다. 산(山)자락을 깎아지른 듯한 언덕(厓)으로 [낭떠러지(崖)] 또는 급경사와 같은 [언덕(崖)]을 뜻하고 [애]로 읽는다.

同 丘(언덕 구) 邱(언덕 구) 陵(언덕 릉) 阜(언덕 부)

필순 

기초 【기초한자어】 익히고, 【기본 → 발전한자어】 다지기

崖檢(애검) 행동을 조심함

崖脚(애각) 낭떠러지의 아래 끝 부분

• 아들이 객지에서 공부할 때 崖檢하라고 당부한다.

• 늘 삼가는 마음으로 행동 조심함이 崖檢이다.

기본 ① 崖畔(애반) 崖穽(애정) 崖穴(애혈) 岐崖(기애) 斷崖(단애) 神崖(신애) 懸崖(현애)

발전 ① 崖略(애략) 崖路(애로) 崖蜜(애밀) 崖壁(애벽) 崖山(애산) 崖樹(애수) 崖岸(애안) 崖鹽(애염) 崖異(애이) 崖州(애주) 崖錐(애추) 磨崖(마애) 峯崖(봉애) 巖崖(암애) 陰崖(음애) 絕崖(절애) 蒼崖(창애) 層崖(층애) 特Ⅱ 崖椒(애초) 渚崖(저애) 特 崖樅(애종)

사자성어 ① 萬丈絕崖(만장절애)

隘

부수	획수	총획
阜	10	13

좁을 애 【2967】

字源 〈형성〉 '좁다'는 너비나 그 폭이 작고 짧으며, 주변은 물론 면적이 조그맣고 작다는 뜻이겠다. 유의어는 '작다, 비좁다, 협소하다, 좁다랗다' 등이 있다. 언덕(阝)이 막혀서 좁으니(益←㠓) 출구가 [좁다(隘)] 또는 조금 더 막혀(阝)있는 곳을 더욱(益=㠓) 야무지게 막아냈으니 [애로(隘)]를 뜻하고 [애]로 읽는다.

同 陋(더러울/좁을 루) 阨(막힐 액) 窄(좁을 착) 陜(좁을 협/땅이름 합) 狹(좁을 협)

필순 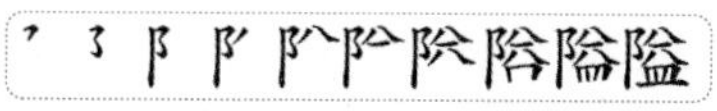

기초 【기초한자어】 익히고, 【기본 → 발전한자어】 다지기

隘巷(애항) 길가에 늘어선 협소한 가게

隘害(애해) 지세 지키기에 좋은 요해

隘險(애험) 좁고 험준함

• 시골의 길가에 늘어선 협소한 가게가 隘巷이다.

• 隘險한 산길을 오르니 천혜의 隘害가 나타났다.

기본 ① 隘勇(애용) 隘狹(애협) 隘陜(애협) 陋隘(누애) 貧隘(빈애) 因隘(인애) 阻隘(조애) 險隘(험애)

발전 ① 隘口(애구) 隘路(애로) 隘陋(애루) 隘守(액수) 禁隘(금액) 峻隘(준애) 偏隘(편애) 陜隘(협애) 狹隘(협애) 特Ⅱ 湫隘(추애) 特 狷隘(견애) 褊隘(편애)

曖

부수	획수	총획
日	13	17

희미할 애 【2968】

字源 〈형성〉 '희미하다'는 주변 환경이 보기에는 분명하지 않고 약간은 어슴푸레하다는 뜻이겠다. 유의어로는 '흐릿하다, 어렴풋하다, 의희(依稀)하다, 흐리다' 등이 있겠다. 맑은 해(日)에 구름이 달라붙어(愛) [희미하다(曖)] 또는 날마다(日) 임을 향한 깊은 사랑(愛)은 눈을 [흐리게 하다(曖)]는 뜻이고 [애]로 읽는다.

同 昧(어두울 매)

필순 

기초 【기초한자어】 익히고, 【기본 → 발전한자어】 다지기

曖昧(애매) 흐리고 분명하지 아니함

曖曖(애애) 어둠침침한 모양, 흐릿한 모양

曖然(애연) 침침한 모양이나 흐린 모양

• 침침한 모양이나 아주 흐린 모양을 曖然이라 한다.

• 늙어 시력이 曖曖하니 모든 물체가 曖昧하게 보인다.

기본 ① 曖然(애연) 暗曖(암애) 映曖(영애) 幽曖(유애) 隱曖(은애)

발전 ① 曖昧說(애매설) 特 曖迺(애내)

사자성어 ① 曖昧模糊(애매모호)

腋

부수	획수	총획
肉	8	12

겨드랑이 액 【2969】

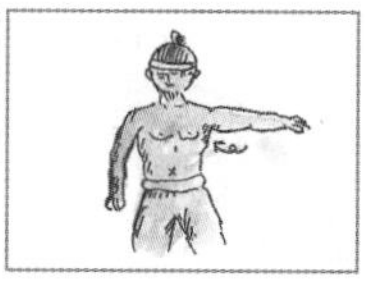

字源 〈형성〉 '겨드랑이'는 가슴 양쪽 옆이나 어깨와 팔이 만나는 아랫부분이 오목한 곳을 이른다. 겨드랑의 깊은 부분이라고 하면 좋을 듯하다. 유의어로는 '액와(腋窩), 겨드랑' 등이 있다. 사람 몸(月)의 일부분 중에서 햇볕에 가려 늘 밤(夜)처럼 침침해 어둡고 오목한 곳으로 [겨드랑이(腋)]를 뜻하고 [액]으로 읽는다.

1급

필순 丿 刀 月 月 尸 尸 胪 胯 胯 胯 腋

기초 【기초한자어】 익히고, 【기본→발전한자어】 다지기
腋氣(액기) 암내. 겨드랑이에서 나는 노린 냄새
腋芽(액아) 잎과 줄기 사이에서 나는 싹
腋汗(액한) 겨드랑이에서 나는 땀. 곁땀
• 잎과 줄기 사이에서 나는 싹이 腋芽라니 원…
• 여름철 腋汗이 많으니 腋氣 또한 심했다.

기본 ① 腋間(액간) 腋毛(액모) 腋臭(액취) 反腋(반액) 縫腋
(봉액) 兩腋(양액)

발전 ① 腋口(액구) 腋導(액도) 腋花(액화) 扶腋(부액) 葉腋
(엽액) 獺腋(장액) 特 腋窩(액와) 出典 肘腋(주액)

사자성어 ① 一狐之腋(일호지액)

	부수	획수	총획
	糸	10	16

목맬 액 【2970】

字源 〈형성〉 '목매다'는 어떤 이유로 인해 죽으려고 끈이나 줄로 목을 걸어 매다는 뜻이다. 목을 매서 자살하는 행위다. 유의어로는 죽으려고 줄로 목을 거는 '목매달다' 등이겠다. 끈(糸)을 졸라서 답답하게(益←厄) [목매다(縊)] 또는 더는(益) 삶의 의욕이 없어서 노끈(糸)으로 [목매다(縊)]는 뜻이고 [액]으로 읽는다.

필순 幺 幺 糸 糸 紣 紣 紣 紣 縊 縊

기초 【기초한자어】 익히고, 【기본→발전한자어】 다지기
縊殺(액살) 목을 매어 죽임
縊刑(액형) 교수형
自縊(자액) 스스로 목매어 숙음
• 지도자가 自縊한다면 靑年들은 어찌하오리까?
• 요즘 말한 교수형은 縊刑이나 縊殺과 같겠다.

기본 ① 縊死(액사) 絞縊(교액)

발전 ① 縊法場(액법장) 特 勿縊(문액)

	부수	획수	총획
	手	4	7

잡을 액 【2971】

字源 〈형성〉 '잡다'는 낚시로 고기를 낚거나 활이나 총으로 노루를 잡는다는 뜻이다. 취미삼아 사냥하여 얻다는 뜻이라고 보면 좋겠다. 유의어는 '포획(捕獲)하다, 붙잡다, 파지(把持)하다' 등이겠다. 목이나 팔 따위를 범위가 심하게 좁아(厄)질 정도로 손(扌)으로 세게 누르며 움키니 [잡다(扼)]는 뜻이고 [액]으로 읽는다.

필순 一 十 扌 扌 扩 扼 扼

기초 【기초한자어】 익히고, 【기본→발전한자어】 다지기
扼據(액거) 요해지를 차지하고 굳게 지킴
扼殺(액살) 눌러 죽임
扼險(액험) 지세가 험한 요해처(要害處)를 누름
• 扼險이여! 지세가 험한 요해처를 눌러 필승인 나…
• 부대장은 扼據하지 못한 지휘관을 扼殺하였다.

기본 ① 扼喉(액후) 衡扼(형액)

발전 ① 扼守(액수) 扼腕(액완) 扼喉(액후) 要扼(요액) 特 控扼
(공액)

사자성어 ① 扼喉撫背(액후무배) 切齒扼腕(절치액완)

	부수	획수	총획
	鳥	10	21

꾀꼬리 앵 【2972】

字源 〈형성〉 '꾀꼬리'는 참새만 하며, 아름다운 소리를 낸다. 온몸이 노랗고 정수리에 검은 띠가 있어 '누를 황(黃)'을 썼다 한다. 유의어는 '황작(黃雀), 황조(黃鳥)' 등이 쓰인다. 무늬가 곱고(熒←熒) 색깔이 선명한 새(鳥) 또는 봄에 산이 깊은(熒←岺) 곳에서 우는 새(鳥)로 [꾀꼬리(鶯)]를 뜻하고 [앵]으로 읽는다.

필순 丷 丷 ⺌ 丱 丱 丱 丱 丱 丱 鶯 鶯

기초 【기초한자어】 익히고, 【기본→발전한자어】 다지기
鶯谷(앵곡) 꾀꼬리가 깊은 골짜기에 있음. 아직 출세하지 못함
鶯舌(앵설) 꾀꼬리의 혀. 꾀꼬리의 울음소리
鶯聲(앵성) 꾀꼬리 소리. 고운 목소리
• 오오! 鶯舌이여! 서 씌쇠리의 울음소리와 혀는…
• 시골에서 鶯聲을 들으며 자신의 鶯谷을 한탄했다.

기본 ① 鶯歌(앵가) 鶯脣(앵순) 鶯兒(앵아) 鶯燕(앵연) 鶯吟
(앵음) 鶯遷(앵천) 老鶯(노앵) 晩鶯(만앵) 曙鶯(서앵)
新鶯(신앵) 流鶯(유앵) 殘鶯(잔앵) 春鶯(춘앵) 黃鶯(황앵)

발전 ① 鶯粟(앵속) 鶯語(앵어) 鶯韻(앵운) 鶯衣(앵의) 鶯蝶
(앵접) 鶯啼(앵제) 鶯春(앵춘) 鶯花(앵화) 籠鶯(농앵)
啼鶯(제앵) 雛鶯(추앵) 曉鶯(효앵) 特 鶯梭(앵사) 鶯衫
(앵삼) 鶯簧(앵황)

	부수	획수	총획
	木	17	21

앵두 앵 【2973】

字源 〈형성〉 '앵두'는 앵두나무의 열매로 빛이 곱고 맛이 달다. 새콤하여 즐겨 먹는다 하는데, 화채를 만들어 먹거나 과

편으로도 먹는다. 한방에서는 앵두를 흔히들 청량제라고 부른다. 구슬을 목에 두른 듯한(賏) 나무(木)로 [앵두나무(櫻)] 또는 어린이(賏)들이 좋아하는 열매(木)로 [앵두(櫻)]를 뜻하고 [앵]으로 읽는다.
間 桜

필순

기초 【기초한자어】 익히고, 【기본 → 발전한자어】 다지기
櫻桃(앵도) 앵두나무 열매
櫻花(앵화) 앵두나무의 꽃
櫻脣(앵순) 앵두같이 붉은 입술. 미인의 입술
• 그는 櫻桃를 먹을 때마다 그녀의 櫻脣을 생각한다.
• 오오! 櫻花와 같은 그대의 숨결과 입술을 더이상 어찌 하오리까.

기본 ① 梅櫻(매앵) 山櫻(산앵) 殘櫻(잔앵) 朱櫻(주앵) 春櫻(춘앵)

발전 ① 櫻粖(앵병) 櫻實(앵실) 櫻月(앵월) 櫻草(앵초) 櫻筒(앵통) 黑櫻(흑앵)

부수	획수	총획
父	9	13

아비 야 【2974】

字源 〈형성〉 '아비'는 '아버지'를 낮추어 부르는 단어이다. 할아버지가 부르거나, 부인이 부르는 등 말의 색깔이나 뉘앙스가 다 다르다. 유의어는 '아범. 애비' 등이 친근성을 갖는다. 고을(阝)에서 일어난 일을 귀(耳)로 듣고 알아차렸던 아버지(父)의 경칭으로 웃어른인 [아비(爺:아버지)를 뜻하고 [야]로 읽는다.
間 孃(아가씨/어미 양)

필순

기초 【기초한자어】 익히고, 【기본 → 발전한자어】 다지기
爺爺(야야) 아버지. 남자 연장자에 대한 존칭. 할아버지
爺孃(야양) 부모
好好爺(호호야) 인품이 썩 좋은 노인을 이름
• 나의 爺孃과 같은 연령의 남자에게 爺爺라고 불렀다.
• 好好爺는 인품이 썩 좋은 노인을 일렀으니 노인의 대우는 어떠했을까?

기본 ① 老爺(노야) 阿爺(아야) 太爺(태야)

발전 ① 好好爺(호호야)

부수	획수	총획
手	9	12

야유할 야 : 【2975】

字源 〈형성〉 '야유하다'는 조소를 보내면서 사람을 '빈정대면서 놀리다'는 뜻이겠다. 유의어로는 '놀리다. 조롱하다. 빈정거리다. 조소하다. 우롱하다' 등이 있다. 손(扌)을 잘 놀리면서 말로 '그런가(耶)' 하면서 타일러 심하게 의문을 제기하고도 상대를 비웃듯이 비아냥거렸으니 [야유하다(揶)는 뜻이고 [야]로 읽는다.
間 揄(야유할 유)

필순

기초 【기초한자어】 익히고, 【기본 → 발전한자어】 다지기
揶揄(야유) 남을 빈정거려 놀림. 조롱함
• 잘못이 있는 사람에게도 揶揄를 해서는 안 된다.
• 揶揄하는 말투가 자칫 인격을 짓밟기도 한다네.

발전 ① 揶揄的(야유적)

부수	획수	총획
冫	5	7

풀무 야 : 【2976】

字源 〈형성〉 '풀무'는 부엌에서 불을 피울 때 바람을 일으키는 기구다. 풀무에는 골풀무와 손풀무 등이 있다. 유의어로는 '야로(冶爐), 풍구(風具), 풍상(風箱)' 등이 쓰인다. 얼음(冫)이 완전하게 풀리듯이(台) 녹이는 [풀무(冶)] 또는 커다란(台) 쇳덩이로 얼음(冫)을 녹이듯이 [쇠를 녹이다(冶)는 뜻이고 [야]로 읽는다.
圖 鎔(쇠 녹일 용) 鑄(부릴 주) 囬 治(다스릴 치)

필순 ` 冫 冫 冶 冶 冶 冶

기초 【기초한자어】 익히고, 【기본 → 발전한자어】 다지기
冶金(야금) 광석에서 쇠붙이를 골라내거나 합금을 만드는 일
冶郎(야랑) 예쁘게 단장한 남자. 주색잡기에 빠진 사람
冶匠(야장) 대장장이. 야공(冶工)
• 일에 전문가가 있듯이 冶金에도 숙련공이 으뜸이다.
• 멋쟁이 대장장이 冶匠과 주색잡기에 빠진 冶郎은 비교된다.

기본 ① 冶工(야공) 冶鍊(야련) 冶爐(야로) 冶坊(야방) 冶氏(야씨) 冶艶(야염) 冶容(야용) 冶鎔(야용) 冶人(야인) 冶鑄(야주) 佳冶(가야) 鍛冶(단야) 陶冶(도야) 妖冶(요야) 游冶(유야) 閑冶(한야)

발전 ① 冶監(야감) 冶具(야구) 冶步(야보) 冶妖(야요) 冶遊(야유) 冶夷(야이) 冶場(야장) 鼓冶(고야) 鹽冶(염야) 艶冶(염야) 鎔冶(용야)

사자성어 ① 鍛冶研磨(단야연마) 冶葉倡條(야엽창조) 冶容之誨(야용지회) 冶容誨淫(야용회음)

1급

부수	획수	총획
艹	9	13

꽃밥 약【2977】

字源 〈형성〉 '꽃밥'은 종자식물 수술에 있는 화분을 포함하여 그것을 싸고 있는 화분낭 등이다. 식물은 꽃밥의 형태로 분류한다. 유의어는 '약(葯), 약포(葯胞)' 등이 있다. 풀(艹)로 매듭을 지어(約) 놓은 듯한 모양으로 여러해살이라는 [어수리(葯)] 또는 산형과(繖形)의 수술이라는 [꽃밥(葯)]을 뜻하고 [약]으로 읽는다.

필순 艹 艹 艹 蓹 苞 荮 蒟 葯 葯

기초 【기초한자어】 익히고, 【기본 → 발전한자어】 다지기
葯胞(약포) 꽃밥. 수술 끝에 붙어서 꽃가루를 가지고 있는 주머니
去葯(거약) 꽃에서 수꽃술을 따내는 일
• 새 품종을 위해 장미 葯胞를 열고 수술을 채취했다.
• 去葯을 위해 수술을 따내는 연구를 진행했다.

발전 [特] 擣葯(도약)

부수	획수	총획
疒	15	20

가려울 양 :【2978】

字源 〈형성〉 '가렵다'는 피부가 간지러워서 손톱으로 긁고 싶은 느낌이 드는 것이다. 우리 속담에 '가려운 곳 긁어 주듯…'이라고 했으니 적절한 '말놀이' 어휘에 해당된다고 할 수 있다. 양육(養)하던 아이들 피부병(疒)으로 [가렵다(癢)] 또는 봉양(養)하던 부모님이 그만 병이(疒) 들어 [가렵다(癢)]는 뜻이고 [양]으로 읽는다.

필순 疒 疒 疒 疒 痒 痒 痒 痒 痒 痒 痒 痒 痒

기초 【기초한자어】 익히고, 【기본 → 발전한자어】 다지기
癢痛(양통) 가렵고 아픔. 통양(痛癢)
痛癢(통양) 아픔과 가려움. 양통(癢痛)
• 내가 잠을 잘 때에 무척 괴로운 일이 癢痛이다.
• 아픔과 가려움증에 많은 痛癢의 어려움을 느낀다.

기본 [1] 技癢(기양) 搔癢(소양)
발전 [1] 癢木(양목) 癢心(양심) 癢癢(양양) 伎癢(기양)
사자성어 [1] 隔靴搔癢(격화소양)

부수	획수	총획
手	17	20

물리칠 양 :【2979】

字源 〈형성〉 '물리치다'는 상대방을 쳐서 물러가게 하거나 요청을 거절한다는 뜻이다. 유의어에는 '격양(擊攘)하다, 격퇴(擊退)하다, 분쇄(粉碎)하다' 등이 있을 수 있다. 옷 속에 부적 따위를 곱게 넣어서 요사스러운 기운을 물리치고(襄) 손사래(扌)를 치면서 뒤로 밀어 냈으니 [물리치다(攘)]는 뜻이고 [양]으로 읽는다.

필순 扌 扩 扩 护 捸 捸 擤 攘 攘 攘

기초 【기초한자어】 익히고, 【기본 → 발전한자어】 다지기
攘伐(양벌) 쳐서 물리침
攘除(양제) 물리쳐 없앰
攘斥(양척) 물리침
• 방어만 할 것이 아니라 攘斥도 한 번쯤 하면 어떻겠소.
• 외적을 攘伐하는 일이 주된 임무지만 攘斥하는 것도 매우 중요하다.

기본 [1] 攘袂(양메) 攘臂(양비) 攘夷(양이) 攘竊(양절) 狂攘(광양) 猛攘(맹양) 揖攘(읍양) 進攘(진양) 奪攘(탈양) 蕩攘(탕양) 披攘(피양)
발전 [1] 攘攘(양양) 攘羊(양양) 攘獄(양옥) 攘災(양재) 攘奪(양탈) 攘擇(양택) 擊攘(격양) 寇攘(구양) 損攘(손양) 擾攘(요양) 浩攘(호양) 攘夷論(양이론) [特] 攘辟(양피) 搶攘(창양)
사자성어 [1] 攘臂大談(양비대담) 龍攘虎搏(용양호박)

부수	획수	총획
心	6	10

근심할 양 :
병 양 :【2980】

字源 〈형성〉 가족이 병이 들면 모든 식솔들은 밤잠을 설치면서 근심하게 된다. 이렇게 보면 집안의 우환(憂患)과 마음의 근심과는 밀접한 관련을 갖고 있는 것은 아닌지 모르겠다. 양(羊)의 마음(心) 속에 갑작스러운 맹수 공격에 자주 [근심하다(恙)] 또는 마음(心)으로 앓은(羊←疒) [병(恙)]을 뜻하고 [양]으로 읽는다.
圖 憂(근심할 우)

필순 丶 丷 丷 艹 艹 羊 羊 恙 恙 恙

기초 【기초한자어】 익히고, 【기본 → 발전한자어】 다지기
無恙(무양) 몸에 탈이나 병이 없다는 뜻
恙憂(양우) 염려되는 일. 근심
微恙(미양) 가벼운 병. 미아(微痾)
• 자식이 큰 병에 걸린 줄 알았는데 微恙이라 안심했다.
• 자식이 恙憂했었는데 오늘 無恙이란 소식을 받았다.

기본 [1] 恙病(양병) 心恙(심양) 疹恙(진양) 疾恙(질양) 疲恙(피양)
발전 [1] 恙蟲(양충) 小恙(소양) 身恙(신양) 賤恙(천양) 稱恙(칭양)

부수	획수	총획
酉	17	24

술빚을 양【2981】

字源 〈형성〉조상님들께서는 술에 대한 자세는 엄숙하고도 참으로 진지했다. 정화수를 떠 놓고 정성을 모으고 목욕재계와 부부 잠자리까지도 멀리하는 종교적인 자세도 보여 주었다. 술(酉) 단지에 누룩과 밥을 섞어서 석당한 양의 물을 채워 넣어서(襄) 며칠간 발효시키니 [술 빚다(釀)]는 뜻이고 [양]으로 읽는다.

回 醸

필순 釀釀釀釀釀釀釀釀釀釀釀釀

기초 【기초한자어】 익히고, 【기본 → 발전한자어】 다지기
釀母(양모) 효모균
釀成(양성) 술·간장 등을 빚어 만듦
釀造(양조) 술·간장 등을 담가 만듦
• 술이나 간장 등을 곱게 빚어 만들었으니 釀成 과정이다.
• 훌륭한 釀母를 사용한 탓인지 釀造場(장)의 맛이 좋다.

기본 ① 釀具(양구) 釀費(양비) 釀甕(양옹) 釀酒(양주) 釀禍(양화) 家釀(가양) 冬釀(동양) 私釀(사양) 野釀(야양) 自釀(자양) 重釀(중양) 村釀(촌양)

발전 ① 釀家(양가) 釀蜜(양밀) 釀辭(양사) 嘉釀(가양) 犯釀(범양) 煽釀(선양) 新釀(신양) 造釀(조양) 春釀(춘양) 家釀酒(가양주) 特 醞釀(온양)

부수	획수	총획
疒	9	14

헐 양【2982】

字源 〈형성〉'헐다'는 피부의 종기 등이 오래되어 헐어서 내려 앉거나 많이 써서 낡아진다는 뜻이다. 또한 피부의 부스럼이나 깊은 상처로 인하여 짓무르거나 진물이 난다는 뜻이다. 햇볕(昜)을 많이 쬐어 생긴 병(疒)으로 [부스럼(瘍)] 또는 피부가 부어오르게(昜) 병(疒)이 들었으니 [헐다(瘍)]는 뜻이고 [양]으로 읽는다.

필순 瘍瘍瘍瘍瘍瘍瘍瘍瘍瘍瘍瘍瘍瘍

기초 【기초한자어】 익히고, 【기본 → 발전한자어】 다지기
潰瘍(궤양) 피부와 점막 일부분이 짓무르고 허는 현상
瘡瘍(창양) 부스럼과 종기
膿瘍(농양) 고름이 쏟아진 종기
• 潰瘍과 瘡瘍과 같은 자잘한 병증세가 결국 큰 병을 불러 옵니다.
• 가벼운 속병으로 속이 쓰려서 병원에 갔더니 위潰

瘍이라고 한다.

기본 ① 瘍醫(양의) 乾瘍(건양) 金瘍(금양) 死瘍(사양) 析瘍(석양)

발전 ① 腫瘍(종양) 特 瘖瘍(절양)

부수	획수	총획
示	11	16

막을 어 :【2983】

字源 〈형성〉'막다'는 다니던 길을 땅 주인이 막아 못 다니게 한다. 더 다른 현상이 일어나지 않게 단속한다. 유의어로는 '봉(封)하다, 전색(塡塞)하다, 폐색(閉塞)하다' 등이 쓰인다. 어진 임금(御)을 해칠 자가 눈에 보이면(示) 즉시 [막다(禦)] 또는 신(示)을 미리 맞이하여(御) 재앙을 [막다(禦)]는 뜻이고 [어]로 읽는다.

필순 禦禦禦禦禦禦禦禦禦禦禦

기초 【기초한자어】 익히고, 【기본 → 발전한자어】 다지기
禦寇(어구) 공격하여 오는 적을 막음
禦戰(어전) 방어하여 싸움
禦寒(어한) 추위를 막음
• 겨울에 외출하고 귀가하여 이불 속에서 禦寒했다.
• 침략을 위한 戰爭보다, 禦戰이나 禦寇의 전쟁이 많았다.

기본 ① 禦侮(어모) 彊禦(강어) 屯禦(둔어) 防禦(방어) 率禦(솔어) 外禦(외어) 制禦(제어) 抗禦(항어)

발전 ① 禦冬(어동) 禦敵(어적) 備禦(비어) 守禦(수어) 戍禦(술어) 壯禦(장어) 鎭禦(진어) 防禦率(방어율) 特 禦扞(어한)

사자성어 ① 外禦其侮(외어기모)

부수	획수	총획
疒	8	13

어혈질 어 :【2984】

字源 〈형성〉'어혈지다'는 외부 타박상으로 피가 맺혀 도지는 현상이다. 고시조 한자어 '어혈지다'를 '에혈지다'로 표기한 사례가 더러 있다. 어조사 '어(於)'를 '에'로 발음했었다. 자주(於) 몸을 다쳐 생긴 병(疒)으로 [어혈질(瘀)] 또는 핏줄이 늘(於) 막히면서 생긴 병(疒)으로 [피맺히다(瘀)]는 뜻이고 [어]로 읽는다.

필순 瘀瘀瘀瘀瘀瘀瘀瘀瘀瘀瘀瘀瘀

기초 【기초한자어】 익히고, 【기본 → 발전한자어】 다지기
瘀血(어혈) 타박상 등으로 혈액순환이 잘 되지 못함
瘀熱(어열) 몸의 열이 한 곳에 몰림

1급

• 과도한 운동으로 생긴 瘀熱은 빨리 치료해야 한다.
• 이따금 瘀血이 도져서 심하게 열이 오기도 한다.

기본 ① 瘀肉(어육) 消瘀(소어) 逐瘀(축어) 通瘀(통어) 破瘀
(파어)

발전 ① 瘀傷(어상)

기본 ① 臆決(억결) 臆斷(억단) 臆算(억산) 臆出(억출) 臆度
(억탁) 臆判(억판) 空臆(공억) 服臆(복억) 숍臆(함억)

발전 ① 臆料(억료) 臆塞(억색) 臆意(억의) 逞臆(영억) 胸臆
(흉억) 凶臆(흉억)

사자성어 ① 腸斷臆裂(장단억렬)

부수	획수	총획
囗	7	10

圄 옥 어【2985】

字源 〈형성〉 '감옥'은 죄인을 가두는 곳이다. 당연한 죗값을 치
루는 것이다. 유의어로 '교도소(矯導所), 형무소(刑務所),
감옥(監獄), 영어(囹圄)' 등이 있다. 나(吾)는 물론이요, 죄
지은 사람(口)을 가두는 [옥(圄)]을 뜻한다. 다음은 죄인을
칸을 막아서 지키는(吾) 울(囗)에 가두었던 [감옥(圄)]을
뜻하고 [어]로 읽는다.
통 圈(옥 령)

필순 丨 冂 冋 冋 冋 周 周 周 周 圄

기초 【기초한자어】 익히고, 【기본→발전한자어】 다지기
圄空(어공) 감옥이 텅 빔
圄囹(어령) 옥. 감옥
囹圄(영어) 옥. 감옥
• 나라가 잘 다스려져 죄짓는 사람이 없는 圄空은 어떨까.
• 범죄자보다 圄囹이 없는 囹圄를 줄임은 어떨까.

기본 ① 敦圄(돈어) 獄圄(옥어) 幽圄(유어)

발전 [特] 圄狅(어안)

부수	획수	총획
土	9	12

堰 둑 언【2987】

字源 〈형성〉 '둑'은 넘치는 물을 막아 두기 위해 둘레에 단단하
게 콘크리트를 붓는다. 또한 돌과 흙을 높이 막아 쌓은 일
종의 제방과 같은 언덕이라고 할 수 있다. 곧 제방이라 한
다. 물의 흐름을 완전히 막아(匽) '보(洑)'를 만들기 위해
쌓는 흙(土)으로 저수지나 방죽을 만들었으니 [둑(堰)]을
뜻하고 [언]으로 읽는다.
통 堤(둑 제)

필순 一 十 土 土 圹 圹 圩 坥 埕 堰 堰 堰

기초 【기초한자어】 익히고, 【기본→발전한자어】 다지기
堰堤(언제) 물을 가두기 위한 강이나 계곡
海堰(해언) 바다의 둑
堰柱(언주) 보를 막는 기둥. 보의 기둥
• 장성의 堰堤가 있는가 하면 海堰도 존재한다.
• 보를 만들 때 堰堤가 있고 요소에 海堰을 세워둔다.

기본 ① 石堰(석언) 廢堰(폐언)

발전 ① 堰畓(언답) 堰塞(언색) 洗堰(세언) [춤진] 堰埭(언태)

부수	획수	총획
肉	13	17

臆 가슴 억【2986】

字源 〈형성〉 '가슴'은 신체 어깨부터 시작해서 명치에 이르는
부분이다. 여자의 '젖'을 완곡하게 이르는 어휘로 보면 좋
겠다. 유의어로는 '흉부(胸部), 유방(乳房)' 등으로 쓰인다.
몸(月)에서 자기의 뜻(意)이 잘 간직되는 [가슴(臆)] 또는
자기 감정(意)을 모두 지배하였던 장기(月)로 [가슴(臆)]을
뜻하고 [억]으로 읽는다.

필순 月 月 尸 月 尸 脖 脖 膪 膪 臆 臆

기초 【기초한자어】 익히고, 【기본→발전한자어】 다지기
臆見(억견) 자기 혼자만의 생각
臆說(억설) 근거 없이 제멋대로 억지를 부려 하는 말
臆測(억측) 제멋대로 짐작함
• 자기 혼자만의 옹골진 생각인 臆見은 무리가 따른다.
• 삼촌의 臆測과 숙모님의 臆說에 언쟁이 잦다.

부수	획수	총획
言	9	16

諺 언문 언 :
속담 언 :【2988】

字源 〈형성〉 '언문'은 훈민정음 제정 당시 우리 '한글'을 우리 민
족끼리 속되게 부른 말이다. 최만리 등 일부 한문 및 중국
어 애호론자들이 붙였던 이름이며 우리글 천시 풍속도 그
것이라 한다. 선비(彦)들은 하지 않는 말(言)로 [속담(諺)]
또는 민간에서 쓰고 있는 저속스러운 상말로 [언문(諺)]을
뜻하고 [언]으로 읽는다.

필순 亠 言 言 言 言 言 諺 諺 諺 諺

기초 【기초한자어】 익히고, 【기본→발전한자어】 다지기
諺文(언문) 속된 글. 한글을 낮추어 부르던 말
諺語(언어) 속담
諺譯(언역) 언문으로 번역함. 또는 그 글
• 諺文인 우리말로 잘 번역하는 諺譯이 중요합니다.
• 좋은 諺語(속담)를 담는 한글을 諺文으로 천시하

면 안 된다.

기본 ① 諺言(언언) 諺解(언해) 古諺(고언) 貴諺(귀언) 鄙諺
(비언) 俗諺(속언) 野諺(야언) 里諺(이언)

발전 ① 諺簡(언간) 諺敎(언교) 諺單(언단) 諺書(언서) 諺字
(언자) 世諺(세언) 俚諺(이언) **㉝** 䅲諺(이언)

사자성어 ① 諺文風月(언문풍월)

부수	획수	총획
手	8	11

掩 가릴 엄 : 【2989】

字源 〈형성〉 '가리다'는 어떤 물체가 아직 보이지 않도록 잘 감
추어지거나 막히게 함을 뜻한다. 흉측한 물체가 잘 보이
지 않도록 다른 물체가 대신 막혀주는 기현상이 그것이
다. 흉측한 일을 보거나 그런 소리를 듣게 되면 매우 창피
하여 일시 손(扌)으로 얼굴을 가렸으니(奄) [가리다(掩)]는
뜻이고 [엄]으로 읽는다.
图 蔽(덮을 폐)

필순 一 十 扌 扌 扩 扙 拚 捧 捧 掩

기초 【기초한자어】 익히고, 【기본→발전한자어】 다지기
掩蓋(엄개) 덮음. 덮어서 감춤
掩襲(엄습) 뜻하지 못한 사이에 습격함
掩護(엄호) 덮거나 가려서 보호해 줌
• 덮거나 감추어 드러내지 않는 掩蓋가 더 중요하겠지.
• 아군의 掩護에도 공포가 掩襲했다.

기본 ① 掩擊(엄격) 俺卷(엄권) 掩匿(엄닉) 掩網(엄망) 掩埋
(엄매) 掩門(엄문) 掩殺(엄살) 掩塞(엄색) 掩色(엄색)
掩身(엄신) 掩映(엄영) 掩耀(엄요) 掩泣(엄읍) 掩耳
(엄이) 掩迹(엄적) 俺紙(엄지) 掩體(엄체) 掩涕(엄체)
掩置(엄치) 掩土(엄토) 掩蔽(엄폐) 掩壕(엄호) 掩諱
(엄휘) 額掩(액엄) 耳掩(이엄) 遮掩(차엄)

발전 ① 掩口(엄구) 掩膊(엄박) 掩堡(엄보) 掩鼻(엄비) 掩掩
(엄엄) 掩障(엄장) 掩捕(엄포) 掩護(엄호) 撫掩(무엄)
圍掩(위엄) 隱掩(은엄) 蔽掩(폐엄) 掩壙窓(엄광창)
掩心甲(엄심갑) 掩足盤(엄족반) 掩蔽部(엄폐부) 掩蔽
壕(엄폐호) 掩護隊(엄호대) **㉝** 掩翳(엄예)

사자성어 ① 掩目捕雀(엄목포작) 掩耳盜鈴(엄이도령) 掩護
射擊(엄호사격)

부수	획수	총획
大	5	8

奄 문득 엄 : 【2990】

字源 〈회의〉 '문득'은 꽉 막혔던 생각이 갑자기 떠오르는 모양

을 나타낸 말이다. 유의어로는 '불현듯, 언뜻, 얼핏, 거연
(遽然), 홀연(欻然)' 등이 쓰인다. 큰(大) 성인의 말(曰)은
그 말꼬리(乚)를 잘 문다고 했으니 매우 [오래다(奄)] 또는
'大'와 번개 형상을 본떠서 '申'과 합자가 되었던 [문득(奄)]
을 뜻하고 [엄]으로 읽는다.
图 忽(갑자기 홀)

필순 一 ナ 大 木 夲 夲 夲 奄

기초 【기초한자어】 익히고, 【기본→발전한자어】 다지기
奄然(엄연) 부합하는 모양. 가리어지는 모양
奄有(엄유) 남기지 않고 모두 가짐
奄忽(엄홀) 갑자기. 홀연
• 지나치게 奄有하는 사람이 있어 혼란을 초래한다.
• 진리는 불변하니 奄然한 사실을 奄忽 깨달았다.

기본 ① 奄棄(엄기) 奄留(엄류) 奄虞(엄우) 奄遲(엄지)

발전 ① 奄息(엄식) 奄奄(엄엄) 奄尹(엄윤) 奄人(엄인) **㉝** 奄冉
(엄염)

사자성어 ① 奄成老人(엄성노인)

부수	획수	총획
人	20	22

儼 엄연할 엄 【2991】

字源 〈형성〉 '엄연하다'는 지금까지 그런 사실을 누구도 감히
부정할 수 없을 정도로 아주 명백하다는 뜻을 담고 있다.
자신의 확고하고도 분명한 신념에 따라서 확인했던 것이
다. 사람(亻)의 외모가 엄격하게(嚴) 보이면서 그 성격 또
한 위엄이 있어서 의젓하다고 하였으니 [엄연하다(儼)]는
뜻이고 [엄]으로 읽는다.

필순 亻 亻 亻 俨 俨 俨 儼 儼 儼 儼

기초 【기초한자어】 익히고, 【기본→발전한자어】 다지기
儼恪(엄각) 공경하고 삼가는 일
儼然(엄연) 엄숙한 모양. 위엄스러운 모양
儼存(엄존) 엄연하게 존재함
• 모든 일에는 儼然하게 존재하는 儼存이 상존한다.
• 젊은이는 어른과 부모에게 儼恪을 실천해야 한다.

기본 ① 儼雅(엄아)

발전 ① 儼乎(엄호) 儼然曲(엄연곡)

부수	획수	총획
糸	13	19

繹 풀 역 【2992】

字源 〈형성〉 '풀다'는 확인된 일의 실마리를 누그러뜨리게 하다

1급

는 뜻이다. 어떠한 실마리를 확실하게 해결한다거나 정답을 밝혀간다는 뜻일 것이다. 유의어는 '해결(解決)하다' 등이 있다. 실(糸)이 마구 헝클어져 있을 때 자세히 살펴보고(睪) 양손으로 번갈아 당기면서도 그 실마리를 [풀다(繹)]는 뜻이고 [역]으로 읽는다.
回 釋풀 석

필순 幺 糸 糸′ 糸″ 糸‴ 糸睪 繹 繹 繹 繹 繹

기초 【기초한자어】 익히고, 【기본→발전한자어】 다지기
繹味(역미) 뜻을 캠. 내용을 음미함
繹騷(역소) 끊임없이 떠들썩함. 계속해 소란함
繹如(역여) 잇달아 끝이 없는 모양
• 繹味가 저렇게 끝없는데, 나도 曆尾할 수 있을까?
• 옆집의 繹騷때문에 책을 읽어도 繹味할 수가 없다.

기본 ① 繹史(역사) 講繹(강역) 論繹(논역) 思繹(사역) 演繹(연역) 追繹(추역) 討繹(토역)

발전 ① 繹繹(역역) 繹祭(역제) 絡繹(낙역) 舒繹(서역) 尋繹(심역) 衍繹(연역) 玩繹(완역) 吟繹(음역) 理繹(이역) 紬繹(주역)

사자성어 ① 人馬絡繹(인마낙역)

부수	획수	총획
竹	7	13

대자리 연【2993】

字源 〈형성〉 '대자리'는 아주 얇은 대오리를 정성 들여 엮어서 만든 자리를 뜻한다. 유의어로는 '죽석(竹席), 거저(遽際), 관점(管簟), 죽점(竹簟)' 등이 있다. 여름이 되면 시원하게 편히 쉴 수 있도록 대(竹)를 매우 가늘게 쪼개어 바닥에 펼쳐서(延) 만들어 편안하게 했던 자리로 [대자리(筵)]를 뜻하고 [연]으로 읽는다.
圖 席(자리 석)

필순 人 竹 竹′ 竹″ 竿 竿 筵 筵 筵 筵

기초 【기초한자어】 익히고, 【기본→발전한자어】 다지기
筵席(연석) 대자리. 술자리. 연회의 자리
講筵(강연) 강석(講席). 임금 앞에서 경서를 강론하던 일
• 동네 어른들이 모인 筵席이라 무척 조심스러웠다.
• 임금 앞에서 經書를 강론하던 講筵은 얼마나 힘들까?

기본 ① 筵上(연상) 談筵(담연) 舞筵(무연) 法筵(법연) 賓筵(빈연) 壽筵(수연) 御筵(어연) 長筵(장연) 蒲筵(포연)

발전 ① 筵敎(연교) 筵說(연설) 筵奏(연주) 筵中(연중) 筵稟(연품) 開筵(개연) 經筵(경연) 慶筵(경연) 滿筵(만연) 別筵(별연) 設筵(설연) 詩筵(시연) 莞筵(완연) 恩筵(은연) 初筵(초연) 特 筵飭(연칙)

부수	획수	총획
手	7	10

버릴 연 :【2994】

字源 〈형성〉 '버리다'는 다시 찾지 않을 요량으로 가지고 있던 물건을 내던진다는 뜻이다. 짐이 되어버린 물건을 버리는 습관은 유익하다. 유의어로는 '파기하다, 내던지다, 폐기하다' 등이 있다. 손(扌)으로 맥박을 짚어보아 심장이 뛰는 요동침(月)이 없으면 이미 죽었다고 했으니 [버리다(捐)]는 뜻이고 [연]으로 읽는다.
圖 棄(버릴 기) 回 取(취할 취) 回 損(덜 손)

필순 一 十 扌 扌′ 扌″ 护 护 捐 捐 捐

기초 【기초한자어】 익히고, 【기본→발전한자어】 다지기
捐館(연관) 살고 있던 집을 버림. 귀인의 죽음
捐忘(연망) 버리고 잊음
捐世(연세) 사망의 존칭
• 살고 있던 집을 버리고 귀인의 죽음인 捐館을 더 깊이 생각할까.
• 은사님의 捐世를 이제는 捐忘하는 것은 무엇일까?

기본 ① 捐軀(연구) 捐金(연금) 捐背(연배) 捐補(연보) 捐助(연조) 葉捐(엽연) 委捐(위연) 義捐(의연) 出捐(출연) 脫捐(탈연)

발전 ① 捐軀(연구) 捐棄(연기) 捐納(연납) 捐毒(연독) 捐命(연명) 捐生(연생) 棄捐(기연) 捐補金(연보금) 特 捐廩(연름)

사자성어 ① 捐金沈珠(연금침주)

부수	획수	총획
木	9	13

서까래 연【2995】

字源 〈형성〉 '서까래'는 반듯하게 지붕판을 만들어서 추녀를 구성하는 등 가늘고도 기다란 각재를 뜻한다. 유의어로는 '연목(椽木), 옥연(屋椽)' 등이 있겠다. 덮개나 지붕을 만들 때 차례차례 올려(彖) 놓아 마룻대에서 도리 또는 들보에 걸쳐서 지르는 상당히 기다란 나무(木)로 [서까래(椽)]를 뜻하고 [연]으로 읽는다.

필순 一 十 ナ 木 杧 杧 杧 椽 椽 椽

기초 【기초한자어】 익히고, 【기본→발전한자어】 다지기
椽木(연목) 서까래
椽燭(연촉) 서까래 같은 큰 초
短椽(단연) 짧은 서까래(長椽-中椽-端然이 있음)
• 집을 지을 때 長椽이 어려우면 短椽을 쓴다.
• 椽木 아래에 커둔 椽燭이 온 집안을 밝게 비춰주었다.

기본 ① 椽端(연단) 椽筆(연필) 婦椽(부연) 修椽(수연) 屋椽
(옥연) 竹椽(죽연) 采椽(채연)
발전 ① 椽大(연대) 椽廳(연청) 椽檻(연함) 隅椽(우연) 特 椽
桷(연각)
사자성어 ① 椽大之筆(연대지필)

부수	획수	총획
鳥	3	14

솔개 연 【2996】

字源 〈형성〉 '솔개'는 수릿과에 속한 새다. 몸길이가 60센티미
터 정도이고 몸빛은 암갈색이며 가슴에 흑색 무늬가 있
다. 꽁지깃이 제비처럼 교차되듯이 두 날개를 치면서 하
늘을 난다. 공중에서 맴돌다가 마치 주살(弋)이 어딘가에
날아가 꽂히듯이 먹이를 채어가는 새(鳥)로 [솔개(鳶)]를
뜻하고 [연]으로 읽는다.

필순 一 弋 弋 弌 禿 斋 斋 鳶 鳶 鳶

기초 【기초한자어】 익히고, 【기본→발전한자어】 다지기
鳶肩(연견) 솔개가 웅크리고 앉을 때 어깨가 올라감
素鳶(소연) 색종이를 바르지 아니한 흰 연
• 양지 바른 곳에 앉아 있는 저 환자! 鳶肩과 같구나.
• 색종이를 바르지 아니한 흰 연인 素鳶이 더 좋다.
기본 ① 鳶色(연색) 鳴鳶(명연) 木鳶(목연) 飛鳶(비연) 魚鳶
(어연) 紙鳶(지연) 風鳶(풍연)
발전 ① 鳶工(연공) 鳶絲(연사) 揚鳶(양연) 防牌鳶(방패연)
출전 鳶鱝(연분)
사자성어 ① 鳶肩豺目(연견시목) 鳶目兔耳(연목토이) 鳶飛魚躍
(연비어약)

부수	획수	총획
色	13	19

고울 염 : 【2997】

字源 〈회의〉 '곱다'는 모양과 빛깔이 산뜻하고 보기 좋다는 뜻
이다. 말씨가 상냥하고 순하다는 뜻도 담는다. 유의어로는
'미려(美麗)하다, 예쁘다, 예쁘장하다' 등이 있겠다. 풍년
(豊←豐)이 들면 사람들의 얼굴빛(色)부터 탐스럽고 곱게
보이면서 환한 웃음을 띠게 된다고 했으니 [곱다(艶)]는
뜻이고 [염]으로 읽는다.
国 美(아름다울 미)

필순 冂 曰 曲 曲 曹 豊 豐 豐 艶 艶

기초 【기초한자어】 익히고, 【기본→발전한자어】 다지기
艶歌(염가) 염정을 내용으로 한 노래. 요염한 노래
艶麗(염려) 아리땁고 고움
艶聞(염문) 연애에 관한 소문

• 염려할 필요 없네요. 아리땁고 고운 艶麗이니까요.
• 시인의 艶聞이 들리더니 멋진 艶歌를 지어내었다.
기본 ① 艶文(염문) 艶美(염미) 艶色(염색) 艶羨(염선) 艶冶
(염야) 艶陽(염양) 艶語(염어) 艶姿(염자) 艶情(염정)
艶質(염질) 艶妻(염처) 艶態(염태) 光艶(광염) 嬌艶
(교염) 冷艶(냉염) 濃艶(농염) 麗艶(여염) 婉艶(완염)
妖艶(요염) 豊艶(풍염)
발전 ① 艶曲(염곡) 艶妓(염기) 艶名(염명) 艶福(연복) 艶粉
(염분) 艶殺(염살) 艶書(염서) 艶言(염언) 艶艶(염염)
艶容(염용) 艶粧(염장) 艶絶(염절) 艶體(염체) 艶稱
(염칭) 艶葩(염파) 艶話(염화) 綺艶(기염) 芳艶(방염)
浮艶(부염) 鮮艶(선염) 纖艶(섬염) 妍艶(연염) 絶艶(절염)
香艶(향염) 紅艶(홍염) 華艶(화염)
사자성어 ① 艶情小說(염정소설) 千態萬艶(천태만염)

부수	획수	총획
火	8	12

불꽃 염 【2998】

字源 〈형성〉 '불꽃'은 활활 타고 있는 불에서 생겨나는 붉은 빛
을 띠는 기운으로 열기를 돋게 한다. 떡하고 술도 빚는다.
유의어로는 '화화(火花), 화염(火焰), 스파크(spark)' 등이
있다. 촛농이 녹아있는 곳(臽)으로부터 생성되면서 타오
르는 불빛(火)이 온 방안을 환하게 비추었으니 [불꽃(焰)]
을 뜻하고 [염]으로 읽는다.
回 焰

필순 丷 丷 火 火 炒 炒 炒 焐 焰 焰

기초 【기초한자어】 익히고, 【기본→발전한자어】 다지기
火焰(화염) 불꽃
光焰(광염) 빛나는 불꽃. 빛과 불꽃
紅焰(홍염) 붉은 불꽃
• 붉은 불꽃 당신! 당신의 이름은 나의 紅焰입니다.
• 처음 불이 날 때 火焰이 마침내 光焰으로 바뀌었다.
기본 ① 氣焰(기염) 聲焰(성염) 勢焰(세염) 陽焰(양염)
발전 ① 焰口(염구) 焰心(염심) 焰暗(염암) 焰焰(염염) 焰硝
(염초) 焰火(염화) 煙焰(연염) 外焰(외염)
사자성어 ① 氣焰萬丈(기염만장)

부수	획수	총획
女	14	17

어린아이 영
【2999】

字源 〈회의〉 '어린아이'는 나이가 아주 적은 아이를 뜻한다. 유
의어로는 '어린이, 아동, 동유(童幼), 동해(童孩), 영해(嬰
孩), 유자(幼者), 해자(孩子), 해동(孩童)' 등이 쓰인다. 자기
몸을 치장하기 위해서 곱고 예쁘게 목걸이(賏)를 하고 있

1급

는 여자(女) 어린이를 나타낸다고 했었으니 [어린아이(嬰)]
를 뜻하고 [영]으로 읽는다.
圓孩(어린아이 해)

필순

기초 【기초한자어】 익히고, 【기본→발전한자어】 다지기
嬰兒(영아) 젖먹이. 유아
退嬰(퇴영) 뒤로 물러나서 움직이지 않음
• 이 직장에서 嬰兒를 데리고 일하기는 어렵다.
• 한 많은 생애가 退嬰일지니 이제 내 뜻대로 살리라.
기본 ① 嬰累(영루) 嬰罹(영리) 嬰鱗(영린) 嬰城(영성) 嬰提(영제)
嬰稚(영치) 嬰禍(영화) 嬌嬰(교영) 世嬰(세영) 愛嬰(애영)
발전 ① 嬰視(영시) 聖嬰(성영) 育嬰(육영) 特 嬰孺(영유)
嬰孩(영해) 特 嬰釁(영흔)

	부수	획수	총획
曳	日	2	6

끌 예:【3000】

字源 〈회의〉 '끌다'는 바닥에 댄 채로 잡아당기다. 혹은 남의 관
심 따위를 쏠리게 한다는 의미이겠다. 유의어로는 '모으
다, 당기다, 리드(lead)하다, 이끌다, 견예(牽曳)하다, 견인
(牽引)하다' 등이겠다. 얽히고설킨 실의 한쪽을 양손으로
끌어올리는 모양을 본떠 당기면서 끌었으니 [끌다(曳)]는
뜻이고 [예]로 읽는다.
圓引(끌 인)

필순 丨 冂 曰 日 电 曳

기초 【기초한자어】 익히고, 【기본→발전한자어】 다지기
曳尾(예미) 꼬리를 끎. 벼슬로 구속보다는 빈천도 좋음
曳白(예백) 답안지를 백지로 내놓음
曳杖(예장) 지팡이를 끎. 곧, 산책함
• '벼슬과 재물이 뭐냐고 물으면 曳尾로 살고 싶다.
• 나이 들어 曳杖을 갖고 다니더니 曳白의 신세가
된 듯하다.
기본 ① 牽曳(견예) 陵曳(능예) 倒曳(도예) 搖曳(요예)
발전 ① 曳網(예망) 曳兵(예병) 曳索(예삭) 曳船(예선) 曳曳
(예예) 曳牛(예우) 曳引(예인) 曳出(예출) 轉曳(전예)
曳光彈(예광탄) 曳履聲(예리성) 特 斫曳(작예)
사자성어 ① 曳尾塗中(예미도중) 曳牛却行(예우각행)

	부수	획수	총획
穢	禾	13	18

더러울 예:
【3001】

字源 〈형성〉 유리알같이 맑은 쌀알도 찧은 지 오래면 벌레가

나와 썩어 더러워진다. 쌀독에서 냄새가 나고 벌레들 천
지가 된다. 좀이 많이 나오는가 하면, 물기까지 나오면서
쌀이 썩는다고도 한다. 곡식(禾)도 줄기가 넘치게 많으면
땅이 거칠어지고 세월(歲)이 지나면 변해서 [더럽다(穢)]
는 뜻이고 [예]로 읽는다.
圓汚(더러울 오) 濁(흐릴 탁) 回淨(깨끗할 정)

필순 千 禾 禾 秒 秒 秽 秽 穢 穢 穢

기초 【기초한자어】 익히고, 【기본→발전한자어】 다지기
穢氣(예기) 더러운 냄새
穢德(예덕) 좋지 않은 행실. 임금의 좋지 않은 행동
거지
穢物(예물) 더러운 물건
• 禮物(예물)과 穢物은 음은 같으나 완전히 다른 동
음이의어다.
• 가급적 주위의 穢物과 穢德은 생활하는 데 있어서
멀리 하는 것이 좋다.
기본 ① 穢史(예사) 穢聲(예성) 穢心(예심) 穢汚(예오) 穢慾
(예욕) 穢草(예초) 穢濁(예탁) 穢慝(예특) 苛穢(가예)
蕪穢(무예) 圖穢(비예) 汚穢(오예) 草穢(초예) 觸穢
(촉예) 濁穢(탁예) 貪穢(탐예) 汗穢(한예)
발전 ① 穢國(예국) 穢瀆(예독) 穢貊(예맥) 穢濕(예습) 穢身
(예신) 穢惡(예악) 穢語(예어) 穢政(예정) 穢土(예토)
穢行(예행) 東穢(동예) 蒸穢(증예) 特 榛穢(진예) 特 玷穢
(점예)

	부수	획수	총획
詣	言	6	13

이를 예:【3002】

字源 〈형성〉 깊은 의중에 있는 뜻을 밀로 하여 상대에게 깊은
이해를 시켰다. 말로 그 뜻을 다 펴지 못하게 되면 글로
표현했었다. 이른바 필담(筆談)의 대화이다. 살다보면 이런
경우가 흔히들 있다. 자기 의중에 깊숙하게 담긴 말(言)을
하려는 깊은 속뜻(旨)을 글로 써서 말로 하니 [이르다(詣)]
는 뜻이고 [예]로 읽는다.

필순 亠 宀 言 言 言 訁 訐 訡 詣 詣 詣 詣 詣

기초 【기초한자어】 익히고, 【기본→발전한자어】 다지기
詣闕(예궐) 대궐에 들어감
造詣(조예) 지식이나 경험의 정도가 깊은 지경에 나
아감
詣門(예문) 문의 이름
• 신하가 아침 조회에 늦지 않게 비로소 詣門에 도
달하여 입궐했다.
• 造詣 깊은 신하들이 詣闕하여 논의했다.
기본 ① 率詣(솔예) 遊詣(유예) 前詣(전예) 參詣(참예) 馳詣
(치예) 險詣(험예)

발전 ① 詣謁(예알) 往詣(왕예) 潛詣(잠예) 精詣(정예) 進詣
(진예) 特 詣閤(예합)

부수	획수	총획
衣	7	13

후손 예 : 【3003】

字源 〈형성〉 선대 조상이나 선현이 남긴 문화유산을 큰 보물로
여겼었다. 특히 잔잔한 슬기가 서린 옷이나 문집은 오래
도록 보관 관리해야만 큰 가치가 있다. 약품을 처리하여
벌레의 침입도 잘 막았다. 조상의 빛나는(囧) 문화유산이
나 아름다운 의상(衣)을 잘 보존해 두었으니 [후손(裔)]을
뜻하고 [예]로 읽는다.
圖 孫(손자 손) 胄(자손 주)

필순 一ㅗ亠亣衣产产育裔裔

기초 【기초한자어】 익히고, 【기본→발전한자어】 다지기
裔孫(예손) 대 수가 먼 자손
裔習(예습) 손에 익도록 가지고 즐김
裔土(예토) 먼 변방
• 豫習(예습)과 裔習은 음은 같으나 뜻이 전혀 다른
동음이의어다.
• 비록 裔孫으로 裔土에 살지만 후일을 도모하였다.
기본 ① 裔末(예말) 裔民(예민) 裔夷(예이) 裔子(예자) 苗裔
(묘예) 邊裔(변예) 四裔(사예) 殊裔(수예) 餘裔(여예)
容裔(용예) 遠裔(원예) 幽裔(유예) 流裔(유예) 融裔
(융예) 醜裔(추예) 遐裔(하예) 海裔(해예) 荒裔(황예)
後裔(후예)
발전 ① 裔裔(예예) 裔胄(예주) 弓裔(궁예) 來裔(내예) 末裔
(말예) 胤裔(윤예) 胄裔(주예) 皇裔(황예) 特 孽裔(얼예)

부수	획수	총획
大	10	13

깊을 오(:)
【3004】

字源 〈형성〉 생각이 깊다고 할 때 흔히 [심오(深奧)하다]고 했
었다. 깊은 신비스러움이 숨어 있을 때도 같은 말을 썼다.
옛날부터 통철한 진리를 말할 때 관행처럼 썼다. 크게 뻗
친 신비스러움이겠다. 먼(冂) 옛날부터 분별할(釆) 수도
없게 크게(大) 뻗치었던(丿) 신비가 매우 [깊다(奧)]는
뜻이고 [오]로 읽는다.
回 淺(얕을 천) 回 奧

필순 冂冂冋冋向向南奧奧奧

기초 【기초한자어】 익히고, 【기본→발전한자어】 다지기
奧境(오경) 깊고 오묘한 경지. 속 깊은 곳

深奧(심오) (이론(理論) 따위가) 썩 깊고 오묘함
奧妙(오묘) 심오하고 미묘함
• 한자는 글자마다 深奧한 뜻이 담겼다.
• 奧區와 奧境에 살지만 학식은 奧妙했다.
기본 ① 奧區(오구) 奧如(오여) 奧域(오역) 奧藏(오장) 奧旨
(오지) 禁奧(금오) 潭奧(담오) 深奧(심오) 淵奧(연오)
精奧(정오) 險奧(험오) 玄奧(현오)
발전 ① 奧李(오리) 奧文(오문) 奧府(오부) 奧秘(오비) 奧漢
(오설) 奧衍(오연) 奧義(오의) 奧主(오주) 蘊奧(온오)
幽奧(유오) 樞奧(추오) 晦奧(회오) 胸奧(흉오) 奧地利
(오지리) 特 秘奧(비오)
사자성어 ① 奧密稠密(오밀조밀) 究其堂奧(구기당오) 山間
奧地(산간오지)

부수	획수	총획
人	4	6

다섯사람 오 :
【3005】

字源 〈형성〉 숫자 '다섯'을 단위 묶음이라는 기본으로 생각했었
다. 두 개씩 묶어서 세는 경우도 더러 있었지만, 묶음의
단위는 역시 다섯을 으뜸으로 생각했다. 열을 서는 대오
를 맞추는 경우도 그랬다. 모두 다섯(五) 명으로 환산하면
서 사람들(亻)은 대오(隊伍)를 섰었으니 [다섯 사람(伍)]을
뜻하고 [오]로 읽는다.

필순 丿亻仁仃伍伍

기초 【기초한자어】 익히고, 【기본→발전한자어】 다지기
伍符(오부) 병졸 다섯 사람을 한 조로 편성한 것을
가리키는 부호
伍列(오열) 군대의 짜인 대열
伍長(오장) 군대에서 한 오의 우두머리를 이르던 말
• 伍長은 요즈음으로 말하면 장군쯤 되는 우두머리다.
• 伍符의 伍列에서 우두머리인 장군이 으뜸이다.
기본 ① 伍伴(오반) 伍伯(오백) 伍籍(오적) 伍候(오후) 軍伍
(군오) 落伍(낙오) 兵伍(병오) 保伍(보오) 部伍(부오)
士伍(사오) 什伍(십오) 閭伍(여오) 曹伍(조오) 編伍
(편오) 行伍(항오)
발전 ① 伍脂(오지) 隊伍(대오) 伴伍(반오) 閱伍(열오) 卒伍
(졸오) 陣伍(진오) 落伍者(낙오자) 特 嚆伍(쾌오)
사자성어 特 奧嚆等伍(여쾌등오)

부수	획수	총획
宀	11	14

잠깰 오【3006】

字源 〈형성〉 깊은 잠에서 깨어 일어나면서부터 하루 일과가 시

1급

작된다. 상쾌한 아침부터 설계된다고 했으니 이 점을 뜻한다고 하겠다. 아침 인사를 '잘 주무셨는가?'라고 한 것도 이런 이유다. 집안(宀)에 있는 잠자리인 침상(뉘=爿=林)에서 일어나서(吾) 하루를 멋지게 설계했으니 [잠깨다(寤)]를 뜻하고 [오]로 읽는다.

回寐(잘 매)

필순 宀 宀 宀 㝡 㝀 㝀 寤 寤 寤 寤

기초 【기초한자어】익히고, 【기본→발전한자어】다지기
寤寐(오매) 잠을 깸과 잠을 잠. 자나 깨나
寤言(오언) 잠에서 깨어 혼자 중얼거림
寤夢(오몽) 낮에 있었던 일을 밤에 꿈에서 봄
• 흔히들 寤夢하는 일이 많은데 생시의 일을 꿈에서 보는 현상이다.
• 寤寐는 언제나를 뜻하지만 寤夢은 잠에서 깨어 일어남이다.

기본 ① 寤生(오생) 覺寤(각오) 悸寤(계오) 愧寤(괴오) 發寤(발오) 醒寤(성오) 燎寤(요오) 幽寤(유오) 興寤(흥오)

발전 ① 寤歌(오가) 寤宿(오숙) 寤歎(오탄) 寤嘆(오희) 特寤標(오표)

사자성어 ① 寤寐求之(오매구지) 寤寐不忘(오매불망) 寤寐思服(오매사복)

한할 오 : 【3007】

字源 〈형성〉마음에 여한이 쌓이면 쉽게 풀지 못하여 한으로 남는다. 비명에 간 자식을 생각하면 가슴에 한이 맺힌다. 평생이 하고 싶은 일을 다 하지 못하면 그 또한 깊은 상처로 한이 된다. 마음(忄) 속의 깊은(奧) 통분을 뉘우쳐 [한하다(懊)] 또는 마음(忄) 속으로 깊이(奧) [괴롭다(懊)]는 뜻이고 [오]로 읽는다.
圖恨(한 한)

필순 忄 忄 忄 忄 忄 忄 忄 忄 懊 懊 懊

기초 【기초한자어】익히고, 【기본→발전한자어】다지기
懊惱(오뇌) 근심하고 괴로워함
懊悔(오회) 뉘우침
• 뉘우쳐서 한탄하며 괴로워하는 현상이 懊惱라니 평소가 중요하다.
• 평소의 지나친 懊悔 때문에 병이 난다니 무섭다.

기본 ① 悔懊(회오)

발전 ① 懊嘆(오탄) 懊恨(오한) 特懊藹(오애) 종일 懊憹(오노)

부수	획수	총획
艹	17	20

쌓을 온 : 【3008】

字源 〈형성〉다 익은 밥을 뜸들이지 못하면 밥이 설익어 먹기에는 거북하다. 과일로 말하면 익어가는 가을의 진미를 다 채우지 못해 완숙되지 못한 형상이겠다. 가을의 풀도 이와 같은 현상이다. 솥에서 다 익은 밥에 뜸(縕)을 들일 때 열기가 치솟듯이 풀(艹)이 많이 쌓였으니 [쌓다(蘊)]는 뜻이고 [온]으로 읽는다.
圖蓄(쌓을 축)

필순 艹 艹 艹 荭 荵 紿 絹 縕 蕴 蘊 蘊

기초 【기초한자어】익히고, 【기본→발전한자어】다지기
蘊結(온결) 마음이 맺혀 풀리지 않음
蘊藉(온자) 마음이 너그럽고 온화함
溫飽(온포) 따뜻하게 입고 배부르게 먹음
• 예나 이제나 溫飽하면서 살아가는 가는 것을 으뜸으로 여긴다.
• 지난 해 蘊結로 인하여 고생했는데, 금년에는 蘊藉하게 되었구먼.

기본 ① 蘊署(온서) 蘊淪(온륜) 蘊隆(온륭) 蘊崇(온숭) 蘊奧(온오) 蘊蓄(온축) 蘊合(온합) 瓊蘊(경온) 高蘊(고온) 器蘊(기온) 內蘊(내온) 埋蘊(매온) 密蘊(밀온) 秘蘊(비온) 崇蘊(숭온) 餘蘊(여온) 五蘊(오온) 幽蘊(유온) 潛蘊(잠온) 藏蘊(장온) 才蘊(재온) 底蘊(저온) 精蘊(정온) 賢蘊(현온) 幻蘊(환온)

발전 ① 蘊括(온괄) 蘊憤(온분) 蘊色(온색) 蘊粹(온수) 蘊藝(온예) 蘊蘊(온온) 蘊藏(온장) 蘊精(온적) 蘊眞(온진) 蘊質(온질) 蘊哲(온철) 蘊含(온함) 想蘊(상온) 性蘊(성온)

사자성어 ① 五蘊盛苦(오온성고)

부수	획수	총획
土	13	16

막을 옹【3009】

字源 〈형성〉중국과 몽골의 사막에서 먼지가 우리나라에 날아들면 눈과 코로 스며드는 황사에 몸을 지탱하기가 어렵다. 흙먼지가 우리 인체에 해를 끼치지 않는 방안들을 마련해야 하겠다. 세상의 온갖 흙먼지(土)가 때와 장소를 가리지(雍) 않고 마구 쌓여만 가고 있으니 이를 [막다(壅)]는 뜻이고 [옹]으로 읽는다.
圖塞(막힐 색) 滯(막힐 체)

필순 宀 宀 宀 㐀 㐀 㐀 雍 雍 雍 壅

【기초】【기초한자어】 익히고, 【기본→발전한자어】 다지기
壅隔(옹격) 막혀서 사이가 뜸. 소원함
壅塞(옹색) 생활이 군색함
壅滯(옹체) 막혀서 통하지 않고 걸림
• 장소가 비좁거나 소견이 옹졸하여 壅塞하게 사는
사람이 많다.
• 형제 사이가 壅隔하여서 결국에는 壅滯하게 되었다.
【기본】① 壅劫(옹겁) 壅阻(옹조) 壅蔽(옹폐) 梗壅(경옹) 滿壅
(만옹) 培壅(배옹) 塞壅(색옹) 五壅(오옹) 沈壅(침옹)
【발전】① 壅城(옹성) 壅鬱(옹울) 壅拙(옹졸) 壅腫(옹종) 壅土
(옹토) 淡壅(담옹) 壅固執(옹고집)

부수	획수	총획
言	4	11

그릇될 와 :
【3010】

【字源】〈형성〉 사람 성격에 따라서 많이 다르지만 언행이 일치하
지 못한 사람이 많다. 말 다르고 행동 다르다는 말도 듣는
다. 대장부가 말로 언약을 했다면 이를 실천으로 옮겨야
할 것임에도, 본래의 뜻과는 다르게 말(言)을 이랬다저랬
다 하고 굴곡이 심하게 변화된(化) 행동을 하니 [그릇되다(訛)]
는 뜻이고 [와]로 읽는다.

【기초】【기초한자어】 익히고, 【기본→발전한자어】 다지기
訛謬(와류) 잘못됨. 잘못되어 이치가 틀림
訛語(와어) 그릇 전해진 말. 사투리
訛火(와화) 들에 난 불. 들불
• 요즈음에 자주 발생하는 訛火가 수많은 근심을 덮
친다.
• 訛謬되거나 訛語일지라도 자기 의지대로 이겨내
야만 한다.
【기본】① 訛說(와설) 訛僞(와위) 訛跡(와적) 姦訛(간와) 文訛
(문와) 浮訛(부와) 妖訛(요와) 轉訛(전와) 差訛(차와)
遷訛(천와)
【발전】① 訛戾(와려) 訛索(와색) 訛言(와언) 訛音(와음) 訛傳
(와전) 訛稱(와칭) 訛脫(와탈) 欺訛(기와) 騷訛(소와)
違訛(위와) 訂訛(정와) 錯訛(착와) 寢訛(침와) ㊟ 訛舛
(와천) 淆訛(효와) ㊡ 曉訛(효와)
【사자성어】① 以訛傳訛(이와전와) 【출전】興訛做訕(흥와주산)

부수	획수	총획
虫	9	15

달팽이 와【3011】

【字源】〈형성〉 꿈에 달팽이가 기어가면 기다리던 일이 이루어진

다고 했다. 세상이 좁음을 비유할 때는 '와우각상(蝸牛角
上)'이라 썼다. 불가능하다는 말을 '달팽이 바다를 건너다
닌다.'라고 했었다. 벌레들의(虫) 껍질 면이 반듯하지 않고
아무렇게나 울퉁불퉁 비뚤어져(咼) 있으니 [달팽이(蝸)]를
뜻하고 [와]로 읽는다.

【기초】【기초한자어】 익히고, 【기본→발전한자어】 다지기
蝸角(와각) 달팽이의 더듬이. 지극히 작음
蝸廬(와려) 달팽이 껍데기 같은 작은 집
蝸牛(와우) 달팽이
• 달팽이를 흔히 蝸牛라고 했었으니 자웅을 겨루는
'蝸牛角上'이 보인다.
• 달팽이는 蝸角으로 먹이를 구하고 점차 蝸廬를 키
워 나간다.
【기본】① 蝸屋(와옥) 蝸跡(와적) 蝸篆(와전)
【발전】① 蝸螺(와라) 蝸籬(와람) 蝸舍(와사) 蝸室(와실) 蝸窻
(와창) 枯蝸(고와) 山蝸(산와)
【사자성어】① 蝸角之爭(와각지쟁) 蝸牛角上(와우각상) 蝸角
之勢(와각지세)

부수	획수	총획
水	9	12

소용돌이 와
【3012】

【字源】〈형성〉 소용돌이 하면 일본 공포만화가 이토 준지의 대표
작 '쿠로우즈'가 떠오른다. 마을에서 벌어지는 불가사의
하고 괴이한 일을 다룬다. 마을 전체가 아비규환의 지
옥으로 변해가는 과정이 펼쳐진다. 계곡물(氵)의 굽이
침이 꼬불꼬불 비뚤어지는 모양으로 돌아(咼) 흘러갔으니
[소용돌이(渦)]를 뜻하고 [와]로 읽는다.

【기초】【기초한자어】 익히고, 【기본→발전한자어】 다지기
渦盤(와반) 소용돌이
渦旋(와선) 소용돌이침
渦中(와중) 소용돌이치며 흐르는 물처럼 시끄러운
사건의 중심
• 흐르는 물이 와글와글 소리를 내면서 소용돌이치
니 渦旋이 틀림없겠구나.
• 渦中의 속 깊은 의미를 渦盤에서 찾는 뜻을 알만
하겠다.
【기본】① 渦紋(와문) 渦線(와선) 渦水(와수) 潭渦(담와) 盤渦
(반와) 旋渦(선와)
【발전】① 渦口(와구) 渦動(와동) 渦流(와류) 渦狀(와상) 渦形
(와형) 入渦(입와) 戰渦(전와) 中渦(중와)
【사자성어】① 蜂房水渦(봉방수와)

1급

부수	획수	총획
阜	4	7

성 완 : 【3013】

字源 〈형성〉 '阮'은 관문 이름이자 옛 나라의 이름이었다. 이런 의미를 따서 '완'이란 성씨로 쓰였다. 나라 이름일 때는 '원'으로 발음하며 쓰이고 있으며 성씨로 쓸 때는 '완'으로 발음하고 있다. 방풍림이 그 으뜸(元)이 되어 심한 바람을 막아(阝) 주었으니 처음은 [원나라(阮)]였으나 [성씨(阮)]를 뜻하고 [완]으로 읽는다.

필순

기초 【기초한자어】 익히고, 【기본→발전한자어】 다지기
阮丈(완장) 남의 삼촌을 높여 부르는 말
阮咸(완함) 중국의 현악기. 둥근 몸통에 긴 자루를 매었음
• 철수의 阮丈은 그가 지닌 특기를 살려 시합에서 이겼다.
• 阮咸은 중국의 현악기로 몸통에 긴 자루를 맸으며 명·청 이후에 단순화되었다고 한다.

기본 ① 阮元(완원) 阮籍(완적)
발전 ① 先阮丈(선완장) 長湖阮(장호원)

부수	획수	총획
女	8	11

아름다울 완 :
순할 완 : 【3014】

字源 〈형성〉 婉은 순하다. 예쁘다. 은근하다는 의미들을 담아 두루 쓰이고 있는 한자다. 장편소설 〈나목(裸木)〉으로 그 명성을 널리쳤던 박완서(朴婉緖)의 이름에 쓰여 아름다움을 생각나게 하는 대목이기도 하다. 몸통이 나긋나긋하게 들고 나와 굴곡(宛)이 진 여자(女)이 순하고 [아름답다(婉)]는 뜻이고 [완]으로 읽는다.
回 麗(고울 려) 媚(예쁠 미) 美(아름다울 미)

필순

기초 【기초한자어】 익히고, 【기본→발전한자어】 다지기
婉曲(완곡) 부드럽고 모가 나지 않음
婉麗(완려) 예쁘고 애교가 있음
婉媚(완미) 부드럽고 아름다움
• 예쁘고 애교 있는 婉媚는 여자의 지극한 매력에서 찾는다고 한다.
• 婉麗한 내 여동생을 婉曲하게 소개하고 나니 더욱 보고 싶구나.

기본 ① 婉婉(완만) 婉穆(완목) 婉順(완순) 婉弱(완약) 婉如(완여) 婉嬺(완염) 婉愉(완유) 微婉(미완) 纖婉(섬완) 淑婉(숙완) 阿婉(아완) 貞婉(정완) 沈婉(침완) 諧婉

(해완)
발전 ① 婉美(완미) 婉淑(완숙) 婉約(완약) 婉婉(완완) 婉容(완용) 婉轉(완전) 婉㛃(완준) 哀婉(애완) 燕婉(연완) 妖婉(요완) 柔婉(유완) 華婉(화완) [特] 婉嬋(완선) 婉孂(완욕) 婉奕(완혁) [特] 婉孌(완련)

부수	획수	총획
頁	4	13

완고할 완 【3015】

字源 〈형성〉 고집불통인 사람을 완고하다고 한다. 고집이 사회에 끼치는 긍정적인 영향이었다면 사회발전을 도모하겠지만, 완고한 입장이나 더불어 한 점이 흐릿하면 사회발전의 해악이 될 수 있다. 도리질(元←圓)을 하듯이 머리(頁)가 융통성 없고 아주 미련하다 했으니 [완고하다(頑)]는 뜻이고 [완]으로 읽는다.
回 固(굳을 고) 鈍(둔할 둔) 愚(어리석을 우) 癡(어리석을 치)

필순

기초 【기초한자어】 익히고, 【기본→발전한자어】 다지기
頑強(완강) 성질·태도 등이 검질기고 드셈
頑固(완고) 고집이 셈. 사리에 어둡고 융통성이 없음
頑守(완수) 굳게 지킴
• 그분은 고집이 頑固하고 頑強하셨던 분이셨지만 아내의 죽음 앞에서만은…
• 아무리 어려운 일이 있더라도 농토만은 頑守해냈다.

기본 ① 頑頓(완돈) 頑鈍(완둔) 頑魯(완로) 頑慢(완만) 頑昧(완매) 頑朴(완박) 頑碑(완비) 頑惡(완악) 頑敵(완적) 強頑(강완) 頓頑(돈완) 冥頑(명완) 石頑(석완) 疏頑(소완) 傲頑(오완) 訂頑(정완) 昏頑(혼완)
발전 ① 頑拒(완거) 頑健(완건) 頑空(완공) 頑狡(완교) 頑嫗(완구) 頑童(완동) 頑陋(완루) 頑命(완명) 頑冥(완명) 頑迷(완미) 頑民(완민) 頑薄(완박) 頑夫(완부) 頑腐(완부) 頑鮮(완선) 頑率(완솔) 頑愁(완수) 頑守(완수) 頑習(완습) 頑僧(완승) 頑然(완연) 頑愚(완우) 頑拙(완졸) 頑憎(완증) 頑悖(완패) 頑弊(완폐) 頑皮(완피) 頑悍(완한) 頑漢(완한) 頑抗(완항) 驕頑(교완) 癡頑(치완) [特] 肆頑(사완) [特] 頑嚚(완은)

사자성어 ① 頑廉懦立(완렴나립) 頑迷固陋(완미고루) 頑石點頭(완석점두)

부수	획수	총획
宀	5	8

완연할 완 【3016】

字源 〈형성〉 '완연하다'는 '아주 뚜렷하다'는 의미이다. 뜨거웠

던 여름이 지나고 이제 가을이 완연하는가 싶더니만, 금방 겨울이 우리의 피부에 와 닿고 만다. 지구 온난화의 괴현상이 아닐까 싶다. 집(宀)에 가만히 누워 뒹굴면서(夗) 편하게 쉴 수 있는 거실 방에서 뒹구니 [완연하다(宛)]는 뜻이고 [완]으로 읽는다.

㊐似(닮을 사)

필순 

기초 【기초한자어】 익히고, 【기본 → 발전한자어】 다지기

宛妙(완묘) 굴곡이 묘하여 운치가 있는 모양

宛似(완사) 꼭 닮은 모양. 마치

宛然(완연) 마치. 흡사. 명료한 모양

- 고려자기는 宛妙한 외형과 宛然한 빛깔이 특징이다.
- 이조백자는 宛妙의 극치에 도달했었다.

기본 1 宛邱(완구) 宛宛(완완) 宛轉(완전) 曲宛(곡완) 大宛(대완) 東宛(동완) 柔宛(유완)

발전 1 宛丘(완구) 宛惱(완뇌) 宛延(완연) 宛虹(완홍) 特 宛闐(완전)

玩

부수	획수	총획
玉	4	8

즐길 완 : 【3017】

字源 〈형성〉 '즐기다'는 어떤 일에 취해 즐겁게 누리는 것이다. 취미가 있어 자주 한다는 의미이다. 유의어로는 '놀다, 애호하다' 등이 있다. 평창올림픽의 분위기를 타면서 겨울 레저가 붐을 타기도 했다. 구슬(王)을 손으로 만져 으뜸(元)으로 여기면서 손안에 돌려가면서 희롱했으니 [즐기다(玩)]는 뜻이고 [완]으로 읽는다.

㊐弄(희롱할 롱)

필순 

기초 【기초한자어】 익히고, 【기본 → 발전한자어】 다지기

玩具(완구) 장난감

玩弄(완롱) 가지고 놂. 장난감이나 놀림감처럼 희롱함

玩賞(완상) 즐기며 감상함

- 어린이가 혼자 玩具를 가지고 玩弄하는 모습이 참 곱게 보인다.
- 玩賞은 즐기면서 구경함이니 참 여유롭다.

기본 1 玩見(완견) 玩景(완경) 玩器(완기) 玩讀(완독) 玩覽(완람) 玩物(완물) 玩味(완미) 玩索(완색) 玩愛(완애) 玩繹(완역) 玩月(완월) 玩藏(완장) 玩好(완호) 器玩(기완) 奇玩(기완) 嗜玩(기완) 弄玩(농완) 祕玩(비완) 賞玩(상완) 申玩(신완) 愛玩(애완) 雜玩(잡완) 珍玩(진완)

발전 1 玩世(완세) 玩詠(완영) 玩耽(완탐) 玩諷(완풍) 樂玩(낙완) 遊玩(유완) 執玩(집완) 瞻玩(첨완) 耽玩(탐완) 把玩(파완) 華玩(화완) 戲玩(희완) 特II 秘玩(비완) 雕玩(조완)

사자성어 1 玩物喪志(완물상지) 玩月長醉(완월장취) 玩好之物(완호지물) 盲玩丹靑(맹완단청)

腕

부수	획수	총획
肉	8	12

팔뚝 완(:)

【3018】

字源 〈형성〉 나이가 들수록 종아리가 튼튼해야 한다는 말을 한다. 마찬가지로 팔뚝의 힘이 세야만 온몸의 튼튼함을 자랑할 수 있다고 한다. 팔뚝과 어깨의 근육이 몸을 튼튼히 하는 제일이다. 자유롭게 손으로 구부릴(宛) 수도 있지만, 일정하게 정해진 육체(⺼)의 한 부분이 되는 [팔뚝(腕)]을 뜻하고 [완]으로 읽는다.

필순 

기초 【기초한자어】 익히고, 【기본 → 발전한자어】 다지기

腕骨(완골) 손목의 뼈. 손목의 관절을 구성하는 여덟 개의 작은 뼈

腕力(완력) 팔의 힘. 육체적으로 억누르는 힘. 운필하는 힘

腕釧(완천) 팔찌

- 腕骨이 굵은 장정이 腕力을 과시했다.
- 손목이 시리거나 아프면 이제 腕釧을 껴보자.

기본 1 腕車(완거) 關腕(관완) 怪腕(괴완) 敏腕(민완) 上腕(상완) 弱腕(약완) 提腕(제완) 鐵腕(철완) 懸腕(현완)

발전 1 腕章(완장) 妙腕(묘완) 手腕(수완) 扼腕(액완) 玉腕(옥완) 枕腕(침완)

사자성어 1 切齒扼腕(절치액완)

枉

부수	획수	총획
木	4	8

굽을 왕 : 【3019】

字源 〈형성〉 처음 '枉'의 뜻은 나무가 굽다는 의미를 담아, 차츰 몸을 굽히다는 의미로 전이되었다. 다음은 거짓되고 사실을 왜곡(歪曲)하다는 뜻으로 쓰이기도 했으니 언어의 전이현상이겠다. 임금이 사는 큰 대궐을 지을 때 나무(木)를 구부리고(王) 휘게 하여 다듬어 지었으니 [굽히다(枉)]는 뜻이고 [왕]으로 읽는다.

㊐曲(굽을 곡) 屈(굽힐 굴) 撓(휠/어지러울 요) 橈(굽을 요)

필순 

기초 【기초한자어】 익히고, 【기본 → 발전한자어】 다지기

枉告(왕고) 사실을 거짓되게 고함

枉臨(왕림) 귀한 몸을 굽히어 옴

1급

枉道(왕도) 정도를 굽힘. 길을 돌아서 감
• 枉道는 인류를 불편하게 하는 요소다.
• 지체 높은 분이 枉臨하시니 枉告할 수가 없었다.

기본 ① 枉駕(왕가) 枉刻(왕각) 枉車(왕거) 枉徑(왕경) 枉顧(왕고) 枉曲(왕곡) 枉己(왕기) 枉戮(왕륙) 枉法(왕법) 枉死(왕사) 枉撓(왕요) 枉罪(왕죄) 枉奪(왕탈) 枉惑(왕혹) 姦枉(간왕) 誣枉(무왕) 怨枉(원왕) 幽枉(유왕)

발전 ① 枉屈(왕굴) 枉矢(왕시) 枉直(왕직) 邪枉(사왕) 阿枉(아왕) 冤枉(원왕) 虛枉(허왕) 特 枉渚(왕저) 枉法贓(왕법장)

사자성어 ① 枉尺直尋(왕척직심) 矯枉過直(교왕과직)

부수	획수	총획
矢	8	13

난쟁이 왜 【3020】

字源 〈형성〉 난쟁이는 보통 사람보다 키가 작은 사람이다. 키가 작기도 하면서 신체적인 불균형이 나타난 것도 그 특징이다. 공주를 사랑한 못생긴 '난쟁이'는 비극의 순수라는 인간애까지도 보였었다. 화살(矢)을 제 마음껏 하도록 맡길지라도(委) 키가 작아 활을 쓸 수 없는 [난쟁이(矮)]를 뜻하고 [왜]로 읽는다.
⑤ 短(짧을 단) 侏(난쟁이 주)

필순 ノ 亻 矢 矢 矢 矢 矢 矮 矮 矮

기초 【기초한자어】 익히고, 【기본→발전한자어】 다지기
矮陋(왜루) 키가 작고 못생김
矮小(왜소) 작고 초라함
矮屋(왜옥) 낮고 작은 집. 오두막집
• 내 집을 矮屋이라 하지 말게, 내게는 아주 좋은 초려삼간일지니.
• 矮陋하고 矮小한 사람이 矮屋에 살고 있다.

기본 ① 矮軀(왜구) 矮林(왜림) 矮草(왜초) 足矮(족왜)

발전 ① 矮人(왜인) 矮者(왜자) 矮箭(왜전) 矮縮(왜축)

사자성어 ① 矮者看戲(왜자간희) 矮人看場(왜인간장)

부수	획수	총획
山	18	21

높고클 외 【3021】

字源 〈형성〉 이 한자는 '산'이란 '높다'는 뜻과 '위→외'인 음이 합해진 형성문자이겠지만 두 한자의 높다란 뜻을 아우름에 따라 회의문자 성격도 지닌다. 그래서 높고 크다는 의미도 함께 지닌 한자라 하겠다. 비교적 높고 큰 산(山)으로 이루어져 비교되면서도 크고 높았으니(巍) [높고 크다(巍)]는 뜻이고 [외]로 읽는다.

필순   屮 屵 屵 巍 巍 巍 巍 巍 巍

기초 【기초한자어】 익히고, 【기본→발전한자어】 다지기
巍然(외연) 산이나 건축물 따위가 매우 높게 솟아 있는 모양
巍巍(외외) 뛰어나게 높고 우뚝 솟은 모양
巍勳(외훈) 뛰어나게 큰 공훈
• 智異山의 巍然을 보노라면 浩然之氣가 절로 생겨난다.
• 巍巍는 뛰어난 모양이고, 巍勳 어느 분야에서 뛰어난 공훈이다.

기본 ① 崔巍(최외)

발전 ① 巍卓(외탁) 巍擢(외탁) 巍蕩(외탕) 特 巍峨(외아) 巍嵬(외외)

사자성어 ① 巍巍蕩蕩(외외탕탕)

부수	획수	총획
犬	9	12

외람할 외 :
【3022】

字源 〈형성〉 '외람하다'는 행동이나 생각이 분수에 지나치다고 설명된다. 곧 현실적 여건으로 보아 제 분수보다 지나치다는 뜻이다. 피동 표현으로 '외람되다', '외람된' 등으로 쓰임도 알겠다. 집에서 기르던 개(犭)가 크게 소리치면서 우짖는(畏) 소리가 아주 사나웠기 때문에 [외람하다(猥)]는 뜻이고 [외]로 읽는다.
⑤ 濫(넘칠 람)

필순 犭 犭 犭 犸 猥 猥 猥 猥 猥 猥

기초 【기초한자어】 익히고, 【기본→발전한자어】 다지기
猥多(외다) 모두 합쳐 계산함
猥濫(외람) 하는 짓이 분수에 넘침
猥人(외인) 천한 사람. 상스러운 사람
• 이 물건의 全體를 아우르는 猥多를 알려주면 합니다.
• 猥濫스럽지만 猥人들도 힘을 합치면 成功할 수 있겠는지요?

기본 ① 猥計(외계) 猥大(외대) 猥盛(외성) 猥雜(외잡) 鄙猥(비외) 淫猥(음외) 雜猥(잡외) 貪猥(탐외)

발전 ① 猥繁(외번) 猥屑(외설) 猥言(외언) 猥穢(외예) 凡猥(범외) 卑猥(비외) 僭猥(참외) 特 猥褻(외설) 猥褻罪(외설죄)

부수	획수	총획
穴	5	10

고요할 요 :
【3023】

字源 〈형성〉 호랑이나 사자 새끼들은 제각기 뛰어다니다가 굴

에 들어가 조용히 잠잔다. 밤이면 어미 품에서 스미어 나오는 따뜻함을 느끼면서 천방지축으로 장난치던 새끼들이 잠드니 주변은 고요해진다. 아직은 어린(幼) 새끼들이 굴(穴) 속에 들어가 잠잘 때에는 조용하다 했으니 [고요하다(窈)]는 뜻이고 [요]로 읽는다.

圓 寞(고요할 막) 寂(고요할 적) 回 窃(훔칠 절)

필순

기초 【기초한자어】 익히고, 【기본 → 발전한자어】 다지기
窈糾(요규) 여자의 모습이 훤칠하고 나긋나긋한 모양. 깊이 맺힌 시름
窈冥(요명) 그윽하고 오묘함
窈然(요연) 멀고 아득함
• 불미스러운 일로 마을을 떠나게 된 친구의 뒷모습이 점점 窈然해졌다.
• 어린 나이에 벌써 과부가 된 아낙네가 窈冥한 깊은 산중에 窈糾하게 사니 안타깝다.

기본 ① 窈窕(요조)
발전 ① 窈藹(요애) 窈窱(요요) 特 窈窕(요조) 特 窈藹(요애)
사자성어 特 窈窕淑女(요조숙녀)

窯 기와가마 요 【3024】

부수	획수	총획
穴	10	15

字源 〈형성〉 우리나라에는 기와 가마를 구웠던 터가 경기도 광주, 안동, 조계사 등에서 발견된다. 뜻을 보인 穴(구멍)과 음을 보인 羔(고→요)가 합해졌지만, 염소의 특성으로 해석하기도 했다. 추위를 잘 타는 염소(羔)가 따뜻한 굴(穴) 옆으로 잘 찾아간 곳으로 가마인 [기와 가마(窯)]를 뜻하고 [요]로 읽는다.

필순

기초 【기초한자어】 익히고, 【기본 → 발전한자어】 다지기
窯業(요업) 흙을 구워 도자기・벽돌・기와 등을 만드는 공업
窯陶(요도) 도기를 구움
窯戶(요호) 질그릇・사기그릇 등을 만드는 사람. 또는 그런 집
• 강진에는 가마를 구웠던 흔적이 있으니 우리는 窯陶라고 부른다.
• 옛날에 窯業에 종사하며 도자기, 벽돌, 기와 등을 만들었던 窯戶들은 지금까지 이어져 내려와 성실하게 일하고 있다.

기본 ① 陶窯(도요) 瓦窯(와요) 靑窯(청요)
발전 ① 窯址(요지) 甕窯(옹요) 蒸窯(증요) 炭窯(탄요) 特 窯竈(요조)

饒 넉넉할 요 【3025】

부수	획수	총획
食	12	21

字源 〈형성〉 의식주라 했으니 사람이 살아가는 데 이 세 가지가 꼭 필요하다고 한다. 특히 먹는 것을 사람의 욕구 중에서 제일로 따지며 이야기한다. 그 이유는 사람의 생명과 가장 직결되기 때문이다. 높은(堯) 지위에 있는 벼슬아치들에게 먹는 음식물(食)이 풍성했으니 [넉넉하다(饒)]는 뜻이고 [요]로 읽는다.

圓 足(발/넉넉할 족)

필순

기초 【기초한자어】 익히고, 【기본 → 발전한자어】 다지기
饒給(요급) 풍족함. 충분함
饒富(요부) 풍부함. 재물이 넉넉함
饒足(요족) 살림이 넉넉함
• 어려운 보릿고개를 넘기면서 饒給을 원했습니다.
• 아직은 큰댁이 饒富하니 우리집 생활도 비교적 饒足하다고 생각한다.

기본 ① 饒居(요거) 饒過(요과) 饒多(요다) 饒貸(요대) 饒培(요배) 饒恕(요서) 饒益(요익) 饒侈(요치) 饒飽(요포) 饒幸(요행) 佳饒(가요) 富饒(부요) 上饒(상요) 餘饒(여요) 沃饒(옥요) 豊饒(풍요) 洪饒(홍요)
발전 ① 饒命(요명) 饒民(요민) 饒奢(요사) 饒舌(요설) 饒衍(요연) 饒沃(요옥) 饒優(요우) 饒人(요인) 饒瘠(요척) 饒戶(요호) 寬饒(관요) 肥饒(비요) 優饒(우요) 稍饒(초요)
사자성어 ① 斷不饒貸(단불요대)

邀 맞을 요 【3026】

부수	획수	총획
辵	13	17

字源 〈형성〉 악기를 잘 다루는 사람이나 음색이 고운 사람은 노래판에 나가면 큰 대우를 받는다. 손잡아 극진히 맞이하며 대접했다. 장단에 맞추어 한 마당 맞추며 굿판을 잡아 흔들기 때문이겠다. 노래를 잘하는(敫) 사람은 먹고 놀았던 곳에 가면(辶) 노래 부르기를 청했으니 [맞다(邀)]는 뜻이고 [요]로 읽는다.

圓 招(부를 초)

필순

기초 【기초한자어】 익히고, 【기본 → 발전한자어】 다지기
邀請(요청) 부름. 초대함
邀招(요초) 청하여 맞아들임
邀擊(요격) 공격해 오는 적을 도중에서 맞받아침
• 공격해 오는 적을 도중에서 맞받아쳤으니 이것이

바로 邀擊이다.
• 선생님의 邀請에 찾아갔더니 반갑게 邀招해 주셨다.

기본 ① 邀喝(요갈) 邀討(요토) 固邀(고요) 同邀(동요) 奉邀(봉요) 相邀(상요) 遮邀(차요) 招邀(초요)

발전 ① 邀來(요래) 邀安(요안) 邀延(요연) 邀致(요치) 特邀迓(요아)

사자성어 ① 伏路邀擊(복로요격) 暗邀人心(암요인심)

부수	획수	총획
手	15	18

시끄러울 요 【3027】

字源 〈형성〉일손이 잡히지는 않지만 그래도 일을 해야만 했다. 마음은 딴 곳에 있으면서 주위가 시끄러우니 정신을 차릴 수 없어 어지러웠겠다. 손(扌)으로 상대의 마음을 흔드는(憂) 경우도 있었다. 손(扌)을 맞잡아 일을 해도 근심(憂)이 많아서 어지럽다면서 귀찮아했으니 [시끄럽다(擾)]는 뜻이고 [요]로 읽는다.
圖 亂(어지러울 란)

필순 扌 扌 扌 扌 扩 扩 扝 擾 擾 擾 擾

기초 【기초한자어】 익히고, 【기본→발전한자어】 다지기
擾亂(요란) 시끄럽고 떠들썩함. 어수선함
擾攘(요양) 시끄럽고 어지러움
擾擾(요요) 어지러운 모양. 소란한 모양
• 현재 당면한 국내와 국제정세가 擾擾하기만 하다.
• 고을마다 擾亂하더니 결국 나라가 擾攘스럽구나.

기본 ① 擾奪(요탈) 驚擾(경요) 騰擾(등요) 紛擾(분요) 騷擾(소요) 憂擾(우요) 雜擾(잡요) 侵擾(침요) 惶擾(황요)

발전 ① 擾動(요동) 擾民(요민) 擾柔(요유) 擾畜(요축) 苛擾(가요) 教擾(교요) 羣擾(군요) 煩擾(번요) 安擾(안요) 洋擾(양요) 喧擾(훤요) 特擾(남요) 鬧擾(요요) 特縈擾(영요)

사자성어 ① 擾攘未定(요양미정)

부수	획수	총획
凵	3	5

오목할 요 【3028】

字源 〈상형〉흔히 우리는 요철(凹凸)이라고 했다. 오목하게 들어간 모양과 볼록하게 튀어나온 모양을 본떠서 부른 이름이다. 인류를 비롯해서 모든 물건의 조화로운 모습을 본뜬 글자임도 알 수가 있겠다. 위가 쩍 벌어진 그릇(凵)의 안쪽이 오목하게 푹 파인 모양을 본떠서 [오목하다(凹)]는 뜻이고 [요]로 읽는다.
凹 凸(볼록할 철)

필순 丨 冂 凸 凹 凹

기초 【기초한자어】 익히고, 【기본→발전한자어】 다지기
凹處(요처) 오목한 곳
凹凸(요철) 오목함과 볼록함
凹鏡(요경) 오목하게 들어간 거울
• 오목하게 들어간 凹鏡은 빛을 모으는 성질이 있어 반사망원경에 쓰인다.
• 수마로 凹凸된 도로를 보수했지만 凹處가 아직도 더 많이 남았다.

기본 ① 凹面(요면) 凸凹(철요)

발전 ① 凹角(요각) 凹隆(요륭) 凹彫(요조) 凹版(요판) 凹陷(요함) 凹面鏡(요면경) 凹心硯(요심연)

사자성어 ① 凹多角形(요다각형) 凹面銅版(요면동판) 凹版印刷(요판인쇄)

부수	획수	총획
人	12	14

요행 요 【3029】

字源 〈형성〉'요행하다'는 '천만다행하다'는 용어와 의미가 같이 쓰인 말이겠다. 어떤 일이 뜻밖에도 운이 잘 맞아 좋게 떨어졌을 때 '잘 맞아 떨어졌다'와 같은 의미를 담고 있을 것이다. 높은(堯) 지위에 오른 사람은(亻) 다 우연히 된 것이 아니고 뜻밖의 행운만은 더욱더 아니었으니 [요행(僥)]을 뜻하고 [요]로 읽는다.
圖 倖(요행 행)

필순 丿 亻 亻 亻 亻 仹 伨 俤 俤 僥 僥

기초 【기초한자어】 익히고, 【기본→발전한자어】 다지기
僥幸(요행) 행복을 바람. 뜻밖의 행운
僥冀(요기) 요행을 바람
僥冒(요모) 요행히 벼슬길에 낌
• 하늘이 도와주어 僥幸하게도 僥冒를 할 수 있었다.
• 이번만은 땀 흘려 일하지 않고 僥冀했습니다.

발전 ① 僥人(요인) 特僥倖(요행) 特僥倖數(요행수) 特国僬僥(초요)

사자성어 ① 僥倖萬一(요행만일)

부수	획수	총획
手	5	8

우길 요 【3030】

字源 〈형성〉이 한자는 자원이나 뜻이 다르게 쓰이고 있는 융합의 또 다른 모습을 보인다 하겠다. 첫째는 어른이 손짓(扌)을 자주 해가면서 어린이(幼)같이 심하게 자기 [고집

을 부리다'는 뜻으로 쓰인다. 두 번째는 여러 가지로 손짓 (扌) 해가며 나긋나긋하도록(幼) 고집부리니 [우기다(拗)] 는 뜻이고 [요]로 읽는다.

필순 一 十 扌 扌 扚 扚 扚 拗

기초 【기초한자어】 익히고, 【기본 → 발전한자어】 다지기
拗強(요강) 성질이 비뚤어지고 고집스러움
拗體(요체) 정해진 평측식에 따르지 아니한 근체 한시로 두보의 시에서 많이 볼 수 있음
執拗(집요) 몹시 고집스럽고 끈질김
• 집요하게 平仄(평측)에 매달리지 않고 拗體의 시 세계를 연구했었네.
• 성격이 執拗한 자네 부친을 닮아서인지 拗強스럽게 성공을 해냈구려!

발전 ① 拗矢(요시) 拗執(요집) 拗怒(욱노) 特 摧拗(최요)
사자성어 ① 拗引脅持(요인협지)

부수	획수	총획
大	1	4

일찍죽을 요 : 【3031】

字源 〈지사〉 젊은 사람이 자기 꿈을 펴보지도 못하고 일찍 죽는 일이 가끔 있었다. '夭'는 젊은 나이에 일찍 죽다는 의미를 담아 '요절(夭折)'과 같이 쓰이는 한자라 하겠다. 젊은 무녀가 몸을 심하게 움직여 가면서 신을 부르면서 춤을 추는 그 모양이 [아리땁다(夭)] 또는 [일찍 죽다(夭)]는 뜻이고 [요]로 읽는다.
圄 殤(일찍 죽을 상) 回 壽(목숨 수) 回 天(하늘 천) 夫(지아비 부)

필순 一 二 千 夭

기초 【기초한자어】 익히고, 【기본 → 발전한자어】 다지기
夭桃(요도) 싱싱한 복숭아. 젊은 부녀의 용모
夭死(요사) 젊은 나이에 죽음
夭折(요절) 젊어서 일찍 죽음
• 夭折과 夭死는 뜻이 같은 한자어로 젊은 나이에 일찍 죽었다는 의미이다.
• 별명이 夭桃였을 정도로 아름답던 그녀가 夭折했다니 참 안됐구나!

기본 ① 夭那(요나) 夭斜(요사) 夭傷(요상) 夭逝(요서) 夭枉(요왕) 夭札(요찰) 夭昏(요혼) 桃夭(도요) 壽夭(수요) 早夭(조요) 胎夭(태요) 橫夭(횡요)
발전 ① 夭嬌(요교) 夭橋(요교) 夭伐(요벌) 夭斜(요사) 夭壽(요수) 夭閼(요알) 夭英(요영) 夭夭(요요) 夭促(요촉) 夭陷(요함) 夭紅(요홍) 夭姬(요희) 特 夭姣(요교) 夭厲(요려) 夭殤(요상)
사자성어 ① 夭夭灼灼(요요작작) 夭夭貞靜(요요정정) 桃夭時節(도요시절)

踊

부수	획수	총획
足	7	14

뛸 용 : 【3032】

字源 〈형성〉 '뛰다'는 자신이 있던 자리로부터 허공에 펄쩍 뜨는 행위이다. 또한 발을 잽싸게 움직여서 빠른 속도로 다른 장소로 나아가는 의미까지 담는다. 재빠른 모습이라 하겠다. 골목길(甬)에서 물이 솟으면 발(足)로 [뛰다(踊)] 또는 발(足)을 굴러 높이 솟아오르면서(甬) [춤추다(踊)]는 뜻이고 [용]으로 읽는다.
圄 躍(뛸 약)

필순 口 口 口 呂 呂 趵 趵 跻 踊 踊

기초 【기초한자어】 익히고, 【기본 → 발전한자어】 다지기
踊貴(용귀) 물가가 뛰어오름. 비싸짐
踊躍(용약) 뛰어 일어나 기세 좋게 나아감. 춤추듯이 뜀
踊溢(용일) 뛰어오름. 도약함
• 채솟값이 널뛰기로 약진하고 있으니 이 踊溢을 잡는 방법은 없을까?
• 배춧값이 踊貴했다는 소식을 듣고 농민들이 踊躍해 시장에 모였다.

기본 ① 踊塔(용탑) 踊現(용현) 哭踊(곡용) 舞踊(무용) 飛踊(비용) 翔踊(상용) 號踊(호용) 喜踊(희용)
발전 ① 踊絶(용절) 踊出(용출) 驚踊(경용) 氣踊(기용) 騰踊(등용) 憤踊(분용) 駭踊(해용) 舞踊團(무용단) 特 袒踊(단용) 출리 擗踊(벽용)
사자성어 ① 宮中舞踊(궁중무용)

涌

부수	획수	총획
水	7	10

물솟을 용 : 【3033】

字源 〈형성〉 '물 솟다'는 '용출(湧出)'이라고도 하겠다. 수도관 등에서 물이 한꺼번에 펌프질을 하듯이 '용솟다'는 뜻을 담는다. 예를 들어 '샘이 솟다. 물이 솟는다' 등으로 쓰인다고 하겠다. 골목길(甬)을 잘 통과하던 상수도관이 갑자기 터져 물(氵)이 콸콸 솟구쳐 오르니(甬) [물이 솟다(涌)]는 뜻이고 [용]으로 읽는다.

필순 丶 冫 氵 汀 汀 汈 汈 涌 涌 涌

기초 【기초한자어】 익히고, 【기본 → 발전한자어】 다지기
涌起(용기) 솟구쳐 오름
涌泉(용천) 물이 솟는 샘. 이어져 끊이지 않음
涌出(용출) 물이 솟아 나옴
• 물이 솟구치듯이 이어지는 涌泉을 보라. 얼마나 그 기상을 뽐내는가를!

1급

• 지하수가 涌出하듯 북녘 하늘의 구름이 멋있게 涌
起하는 저 광경을 보아라.

기본 ① 涌沫(용말) 涌煙(용연) 涌裔(용예) 涌溢(용일) 沸涌
(비용) 洶涌(흉용)

발전 ① 涌貴(용귀) 涌騰(용등) 涌沸(용비) 涌泄(용설) 分涌
(분용)

聳	부수	획수	총획
	耳	11	17

솟을 용 : 【3034】

字源 〈형성〉 '솟다'는 높이 솟아 오르다는 뜻이다. 아래에서 위
로 곧바로 오른 모습이다. 평평한 바닥에서 하늘 위로 갑
자기 나온 상태라고 할 수 있겠다. 갑작스런 상태다. 명언
을 귀(耳)에 박히도록 들려주었더니(從) [귀 기울이다(聳)]
또는 마치 청각(耳)을 죄는 듯이(從=束) 높이 [솟다(聳)]는
뜻이고 [용]으로 읽는다.
圖峙(언덕 치)

필순 ⺅ ⺅ ⺅⺍ ⺅⺍⺍ 從 從 從 聳 聳 聳

기초 【기초한자어】 익히고, 【기본→발전한자어】 다지기
聳立(용립) 산 따위가 우뚝 솟음
聳然(용연) 높이 솟은 모양. 삼가고 두려워하는 모양
高聳(고용) 높이 솟음
• 설악산의 대청봉은 高聳하여 멀리서도 보인다.
• 입석대의 聳立을 바라보니 내 마음도 聳然하게 되
었다.

기본 ① 聳空(용공) 聳起(용기) 聳耳(용이) 聳擢(용탁) 斗聳
(두용) 碧聳(벽용) 森聳(삼용) 秀聳(수용) 直聳(직용)
靑聳(청용) 特聳(특용)

발전 ① 聳觀(용관) 聳懼(용구) 聳動(용동) 聳樓(용루) 聳拔
(용발) 聳秀(용수) 聳身(용신) 聳瞻(용첨) 聳聽(용청)
聳出(용출) 聳峙(용치) 孤聳(고용) 倍聳(배용)

사자성어 ① 槌輕釘聳(퇴경정용)

蓉	부수	획수	총획
	艸	10	14

연꽃 용 【3035】

字源 〈형성〉 '연꽃'은 더러운 연못에서도 깨끗한 꽃을 피운다.
그래서 연꽃은 선비들로부터 사랑을 받았다. 송나라의 주
무숙은 '애련설'에서 "내가 오직 연을 지극히 사랑했다"고
피력했다. 세상 모든 것을 다 받아들일(容) 듯이 연못을
뒤덮고 있는 아름다운 모양의 화초(艹)였으니 [연꽃(蓉)]
을 뜻하고 [용]으로 읽는다.
圖芙(연꽃 부)

필순 一 十 艹 艹 ⲅ 苁 芽 荧 蓉 蓉

기초 【기초한자어】 익히고, 【기본→발전한자어】 다지기
芙蓉(부용) 연꽃. 미인. 목부용
• 내 생애에 芙蓉 같은 여인을 만나게 될 줄은 꿈에
도 몰랐다.

발전 ① 木芙蓉(목부용) 阿芙蓉(아부용) 玉芙蓉(옥부용)

茸	부수	획수	총획
	艸	6	10

풀날 용 :
버섯 이 : 【3036】

字源 〈형성〉 이 한자는 자원이나 뜻이 다르게 쓰여 그 융합이
다른 모습이다. '풀이 나다'는 뜻과 '버섯이 나다'는 뜻이
같이 쓰인 경우이겠다. 자원의 첫째는 풀(艹)이 귀(耳)를
덮어 무성하게 자라니 [풀나다(茸)]는 뜻으로 쓰이고, 둘
째는 귀(耳)를 덮은 풀(艹)처럼 무성하게 나온 [버섯(茸)]
이란 뜻이고 [용]이나 [이]로 읽는다.

필순 一 十 艹 艹 ⲅ 芢 苩 苩 茸 茸

기초 【기초한자어】 익히고, 【기본→발전한자어】 다지기
鹿茸(녹용) 새로 돋은 사슴의 연한 뿔
茸茸(용용) 풀이 우거진 모양. 떼 지어 있는 모양
蒙茸(몽용) 풀 따위가 더부룩하게 나 있는 모양
• 사람의 손이 닿지 않는 곳에 풀들이 蒙茸하게 자
랐네.
• 온갖 풀이 茸茸한 곳에서 기르는 사슴이니 鹿茸도
좋겠다. 충분히 가능하겠네.

기본 ① 尨茸(방용) 叢茸(총용)

발전 ① 茸茂(용무) 茸線(용선) 茸容(용용) 松茸(송이) 眞茸
(진이) 茸長寺(용장사) **[특]** 丰茸(봉용) **[중국]** 闒茸(탑용)

隅	부수	획수	총획
	阜	9	12

모퉁이 우 【3037】

字源 〈형성〉 '모퉁이'는 어느 한쪽으로 모가 지게 구부러지거나
꺾어져 돌아간 자리를 뜻한다. 변두리나 구석진 곳을 뜻
한다. 유의어는 '구석, 모서리, 커브(curve), 코너(corner)'
등이 있다. 높은 담이나 언덕(阝)이 사방으로 꽉 막혀서
밖에서는 잘 보이지 않는 구석진 곳(禺)으로 [모퉁이(隅)]
를 뜻하고 [우]로 읽는다.
圖奧(깊을 오)

필순 ⼀ ⼂ ⻖ ⻖ 阝 阿 阿 隅 隅 隅 隅

[기초] 【기초한자어】 익히고, 【기본→발전한자어】 다지기

隅曲(우곡) 구석. 모퉁이

隅谷(우곡) 해가 지는 곳

隅目(우목) 맹수가 무섭게 성내어 눈을 부릅뜸

• 隅谷은 해가 지는 서녘을 바라보며 날 떠나버린 이를 생각하면서 그의 이름을 구슬프게 부르는 것은 아닐까?

• 꽃놀이를 하러 산에 갔다가 길을 잃어 헤매고 있었는데 隅曲에서 멧돼지의 隅目과 마주쳐 깜짝 놀랐다.

[기본] ① 隅反(우반) 隅奧(우오) 隅中(우중) 曲隅(곡우) 端隅(단우) 邊隅(변우) 四隅(사우) 廉隅(염우) 坐隅(좌우) 天隅(천우) 海隅(해우)

[발전] ① 隅角(우각) 隅室(우실) 隅隈(우외) 隅塵(우진) 隅地(우지) 隅坐(우좌) 隅差(우차) 區隅(구우) 城隅(성우) 荒隅(황우) [特] 隅裹(우과)

[사자성어] ① 向隅之歎(향우지탄) 四隅春盤(사우춘반)

부칠 우: 【3038】

부수	획수	총획
宀	9	12

[字源] 〈형성〉 이 한자 자원에서 보인 나무늘보류(禺)는 개미핥기, 아르마딜로와 빈치목에 속한 느림보이다. 열대 아메리카에 많이 분포한 것으로 알려진 나무다. 짐승(禺)이 사람 집(宀)에서 기대니 [부치다(寓)] 또는 나무늘보류(禺)가 사람이 더 많이 살고 있는 집(宀)에 [기대어 살다(寓)]는 뜻이고 [우]로 읽는다.

[동] 僑(더부살이 교) 寄(부칠 기)

[필순]

[기초] 【기초한자어】 익히고, 【기본→발전한자어】 다지기

寓居(우거) 남의 집이나 타향에서 임시로 삶. 자기의 주거를 낮추어 이르는 말

寓命(우명) 운명, 하늘의 명을 받고 살아나감

寓話(우화) 인격화한 동식물 또는 사물을 주인공으로 한 교훈적인 이야기

• 寓命은 운명과 같은 삶으로 존재성을 갖고 잘 살아감이겠다.

• 개가 고양이의 집에서 寓居하다니 마치 寓話와 다름없구나.

[기본] ① 寓公(우공) 寓目(우목) 寓舍(우사) 寓宿(우숙) 寓心(우심) 寓言(우언) 寓意(우의) 寓接(우접) 羈寓(기우) 旅寓(여우) 流寓(유우) 託寓(탁우) 漂寓(표우)

[발전] ① 寓木(우목) 寓生(우생) 寓書(우서) 寓所(우소) 寓屬(우속) 寓乘(우승) 寓食(우식) 寓人(우인) 寓錢(우전) 寓懷(우회) 假寓(가우) 寄寓(기우) 移寓(이우)

[사자성어] ① 寓目囊箱(우목낭상) 寓意小說(우의소설)

산굽이 우 【3039】

부수	획수	총획
山	9	12

[字源] 〈형성〉 '산굽이'는 산이 굽이쳐 휘어져서 구부러져 보이는 곳이다. 산굽이를 보면 고향 생각이 더 난다. '동네 아이들은 산굽이를 돌아 나오는 기차를 보곤 했다'. 산(山)은 능선과 계곡이 따르고 있어서 한 길을 돌고 나면 다시 산모퉁이(禺=隅)가 휘어지며 구부러져 있으니 [산굽이(嵎)]를 뜻하고 [우]로 읽는다.

[필순] ㅣ ㅛ 山 山' 山㠯 山㠯 嵎 嵎 嵎 嵎

[기초] 【기초한자어】 익히고, 【기본→발전한자어】 다지기

嵎嵎(우우) 산이 겹겹이 쌓여 높은 모양

嵎夷(우이) 해가 돋는 곳

山嵎(산우) 산모퉁이

• 잔잔한 갯가를 따라 山嵎를 돌아 떠나갔다.

• 산촌에서 자라난 나는 嵎嵎함을 보고 그곳을 嵎夷로 여겼더니 많이 좋아했다.

[기본] ① 封嵎(봉우)

에돌 우 【3040】

부수	획수	총획
辵	3	7

[字源] 〈형성〉 '에돌다'는 곧바로 가지 않고 멀리 피하며 돈다는 뜻이다. 쉽게 갈 수 있는 길을 이리저리 빙빙 돌면서 휘돌아 가는 것이다. 시내는 넓은 들판을 에돌아 흐르다가 강과 합류한다. 활이 굽어진 모양으로 굴곡진(于) 길을 가니 (辶) [에돌다(迂)] 또는 세상일에 어두워 [우활/오활하다(迂)]는 뜻이고 [우]로 읽는다.

[동] 曲(굽을 곡) 遠(멀 원) 闊(넓을 활) 廻(돌 회)

[필순] ㅡ 二 于 于 于 迂 迂

[기초] 【기초한자어】 익히고, 【기본→발전한자어】 다지기

迂曲(우곡) 이리저리 구부러져 꼬불꼬불함

迂路(우로) 멀리 돌아가는 길

迂廻(우회) 곧바로 가지 않고 멀리 돌아감

• 迂曲한 산길을 따라 정상에 올랐다.

• 습관처럼 迂路를 택하더니 결국 迂廻하고 말았구나!

[기본] ① 迂久(우구) 迂鈍(우둔) 迂生(우생) 迂疏(우소) 迂遇(우우) 迂遠(우원) 迂拙(우졸) 迂誕(우탄) 迂闊(우활) 怪迂(괴우) 疏迂(소우) 廻迂(회우)

[발전] ① 迂怪(오괴) 迂妄(오망) 迂闊(오활) 迂言(우언) 迂緩(우완) 迂儒(우유) 迂人(우인) 迂折(우절) 老迂(노우) [特] 迂叟(우수)

[사자성어] ① 迂餘曲折(우여곡절)

1급

虞

부수	획수	총획
虍	7	13

나라이름 우
염려할 우【3041】

字源 〈형성〉'염려하다'는 걱정하다는 어휘와 같이 쓰인 용어이겠다. 곧 여러 가지로 마음을 짬짬이 쓰면서 걱정하거나 초조해 하는 상태를 뜻한다. '용려하다(用慮)'는 '생각하다'는 뜻이다. 백수의 왕이라고 했듯이 호랑이(虍)를 보면 우선 두려워하며(吳←懼) [염려하다(虞)] 또는 [나라이름(虞)]을 뜻하고 [우]로 읽는다.

필순 ⺊⺊⺊广卢庐虔虘虘虞虞

기초 【기초한자어】익히고,【기본→발전한자어】다지기
虞唐(우당) 유우씨와 도당씨. 순임금과 요임금
虞犯(우범) 범죄를 저지를 우려가 있음
不虞(불우) 일이 있기 전에 미리 헤아리지 못함
• 어떤 일이 있기 前에 미리 헤아리지 못하는 不虞도 있다.
• 태평성대 虞唐의 시대에는 虞犯지대도 없었을 것이 아니겠는가?

기본 ① 虞官(우관) 虞殯(우빈) 虞人(우인) 虞衡(우형) 虞侯(우후) 艱虞(간우) 多虞(다우) 唐虞(당우) 無虞(무우) 山虞(산우) 外虞(외우) 澤虞(택우) 驪虞(환우)

발전 ① 虞舜(우순) 虞淵(우연) 虞芮(우예) 虞祭(우제) 虞主(우주) 虞集(우집) 虞初(우초) 返虞(반우) 疏虞(소우) 時虞(시우) 憂虞(우우) 🔵虞韶(우소)

사자성어 ① 虞美人草(우미인초) 虞犯少年(우범소년) 虞芮之訟(우예지송) 有虞陶唐(유우도당)

耘

부수	획수	총획
耒	4	10

김맬 운【3042】

字源 〈형성〉'김매다'는 논밭에서 잡초를 제거하다는 뜻으로 쓰이는 어휘다. 유의어로는 '제초(除草)'란 말을 연상하게 되는데, 우거진 잡초를 뽑아서 없애는 일로 함께 사용된다. 구름이 돌고 돌아 자주 움직이는(云) 것처럼 쟁기(耒)로 흙을 덮어 움직였으니 [김매다(耘)] 또는 [잡풀을 없애다(耘)]는 뜻이고 [운]으로 읽는다.

필순 ⺊二三丰丰耒耒耘耘耘

기초 【기초한자어】익히고,【기본→발전한자어】다지기
耕耘(경운) 논밭을 갈고 김을 맴
耘耘(운운) 논농사가 풍성하고 잘된 모양
耘藝(운예) 김을 매고 심음
• 씨를 뿌려놓고 나서는 耘藝를 잘 해야 한다.
• 요즘은 기계로 耕耘하니 모든 곡식이 耘耘하여 좋다.

기본 ① 耘培(운배) 決耘(결운)
발전 ① 耘穫(운확) 耕耘機(경운기) 🔵耘鋤(운서) 🔵耘籽(운자)

隕

부수	획수	총획
阜	10	13

떨어질 운 :【3043】

字源 〈형성〉'떨어지다'는 어떤 물체에 붙어있던 어느 부분이 떼어지게 된다는 뜻을 담는다. 또한 인공위성이 수명을 다해 아래로 떨어지는 현상이나 비가 내려 물이 떨어지는 모습이다. 비탈진 언덕(阝)의 흙이 떨어지면 전체가 무너질(員←毁) 수 있으니 [떨어지다(隕)] 또는 [무너지다(隕)]는 뜻이고 [운]으로 읽는다.

🔵落(떨어질 락) 墜(떨어질 추) 墮(떨어질 타) 🔵復(회복할 복/다시 부)

필순 ⺊⻌阝阝阽阽阽陨陨隕隕

기초 【기초한자어】익히고,【기본→발전한자어】다지기
隕潰(운궤) 무너짐. 깨어짐
隕涙(운루) 눈물을 떨어뜨림
隕石(운석) 지구에 떨어진 별똥
• 무너지거나 깨어지는 隕潰는 宇宙뿐만 아니라 人間 세계도 있었다.
• 隕石을 찾아 헤매다가 발견하고 감격하여 隕涙하였다.

기본 ① 隕星(운성) 隕越(운월) 隕絶(운절) 隕涕(운체) 隕穫(운확) 飛隕(비운) 失隕(실운) 沈隕(침운)

발전 ① 隕命(운명) 隕泗(운사) 隕喪(운상) 隕塞(운색) 隕顚(운전) 隕鐵(운철) 隕墜(운추) 感隕(감운) 星隕(성운) 哀隕(애운) 幅隕(폭운) 🔵隕蘀(운탁)

사자성어 ① 痛隕罔極(통운망극)

殞

부수	획수	총획
歹	10	14

죽을 운 :【3044】

字源 〈형성〉'죽다'는 사람이나 짐승이 자기의 수명이 다하여 이제 죽어가는 과정을 뜻한다. 사람이나 말이 상대에게 잡혀서 제 노릇을 못하게 되는 현상까지도 담는다. 모든 생물(員)은 죽게(歹) 되어 있으니 [죽다(殞)] 또는 나뭇잎이 시들어 죽어서(歹) 동전(員) 모양으로 뚝 [떨어지다(殞)]는 뜻이고 [운]으로 읽는다.

🔵死(죽을 사) 斃(죽을 폐)

필순 ⺊⺊歹歹歹殞殞殞殞殞

【기초한자어】 익히고,【기본→발전한자어】 다지기
殞命(운명) 목숨이 끊어짐. 죽음
殞碎(운쇄) 죽음
殞泣(운읍) 눈물을 흘리면서 옮
• 죽음을 目前에 둔 친구가 遺言 후에 殞碎하고 말았다.
• 친구의 殞命을 목격하고 모두가 殞泣하고 말았다.

기본 ① 殞死(운사) 殞霜(운상) 殞斃(운폐) 凋殞(조운) 秋殞(추운) 灰殞(회운)

발전 ① 殞感(운감) 殞首(운수) 殞墜(운추) 廢殞(폐운)

부수	획수	총획
犬	10	13

원숭이 원【3045】

字源 〈형성〉 '원숭이'는 얼굴이 짧고 비교적 넓적하며, 눈이 앞쪽에 있다. 신체에 대한 뇌의 비율이 다른 동물에 비해 높아서 더 영리하다. 사람이 하는 행동을 따라 하기도 한다. 비록 사람은 아니지만 옷만 길게(袁) 입히면 사람처럼 여러 가지 시늉을 하는 짐승(犭)으로 보아서 [원숭이(猿)]를 뜻하고 [원]으로 읽는다.
圖狙(원숭이 저)

필순 ノ ノ 犭 犭 犲 犲 犲 猿 猿 猿

【기초한자어】 익히고,【기본→발전한자어】 다지기
猿臂(원비) 원숭이와 같은 긴 팔. 활을 쏘기에 안성맞춤인 팔
猿愁(원수) 원숭이가 서글피 우는 소리
• 원숭이들이 서글피 우는 猿愁 소리가 섬뜩했다.
• 猿臂 射手가 어미 원숭이를 죽이니 새끼들이 들고 일어나 몸부림쳤다.

기본 ① 猿劇(원극) 猿狙(원저) 犬猿(견원) 飛猿(비원) 愁猿(수원) 哀猿(애원) 蒼猿(창원) 巴猿(파원) 類人猿(유인원)

발전 ① 猿騎(원기) 猿聲(원성) 心猿(심원) 㷱猿嘯(원소)

사자성어 ① 猿臂之勢(원비지세) 犬猿之間(견원지간) 母猿斷腸(모원단장) 意馬心猿(의마심원)

부수	획수	총획
鳥	5	16

원앙 원【3046】

字源 〈형성〉 흔히들 한 쌍이라고들 했다. 비록 남남이 만나지만 음양의 원리에 의해 자석같이 끌려서 만나면 소곤소곤 정다운 원앙이 된다. 사랑과 다정함이 자르르 흐른다. 새(鳥) 한 쌍이 서로 의좋게 뒹굴면서(夗) 살아가는 [원앙(鴛)] 또는 등이 굽은(夗) 새(鳥)이니 원앙새의 수컷(鴛)을 뜻하고 [원]으로 읽는다.

㔞鴦(원앙 앙)

필순 夕 夕 夗 夗 夗 夗 鴛 鴛 鴛 鴛 鴛

【기초한자어】 익히고,【기본→발전한자어】 다지기
鴛侶(원려) 사환의 동료. 짝. 배우
鴛鷺(원로) 원앙새와 해오라기. 관리들의 지위나 서열을 의미함
鴛鴦(원앙) 오릿과의 물새. 원앙새. 화목한 부부
• 잔잔한 물가에서 고고하게 헤엄치는 鴛鴦가 한가로워 보인다.
• 혼기에 鴛侶를 찾으려면 鴛鴦의 다정한 모습을 보아라.

기본 ① 鴛綺(원기) 鴛列(원열) 鴛行(원행)

발전 ① 鴛瓦(원와) 鴛鴦契(원앙계) 鴛鴦菊(원앙국) 鴛鴦衾(원앙금) 鴛鴦藤(원앙등) 鴛鴦瓦(원앙와) 鴛鴦枕(원앙침)

사자성어 ① 鴛鴦之契(원앙지계)

부수	획수	총획
冖	8	10

원통할 원(:)【3047】

字源 〈회의〉 '원통하다'는 어떠한 일로 인하여 몹시 억울하여 가슴이 아프다는 뜻으로 쓰이는 용어다. 군주시대엔 민중들은 원통한 일을 당해도 하소연할 곳이 없었기에 서러웠을 것이다. 어렵게 그물(冖←网)로 잡았던 토끼(兔)를 그만 놓쳤으니 [원통하다(冤)] 또한 토끼가 [서럽다(冤)]는 뜻이고 [원]으로 읽는다.
圖痛(아플 통)

필순 ' 冖 冖 冖 冤 冤 冤 冤 冤 冤

【기초한자어】 익히고,【기본→발전한자어】 다지기
冤鬼(원귀) 원통하게 죽은 사람의 귀신
冤罪(원죄) 억울하게 뒤집어쓴 죄
冤痛(원통) 분하고 억울함. 몹시 원망스러움
• 조선시대 태종 때 백성들은 대궐의 문루에 달린 신문고를 두드려 자신의 冤痛을 알렸다.
• 다른 사람이 누명을 씌워서 冤罪로 인해 冤鬼가 된다면 더욱 恨이 맺히겠다.

기본 ① 冤家(원가) 冤結(원결) 冤繫(원계) 冤屈(원굴) 冤濫(원람) 冤伏(원복) 冤憤(원분) 冤死(원사) 冤傷(원상) 冤訴(원소) 冤抑(원억) 冤獄(원옥) 冤枉(원왕) 冤親(원친) 冤恨(원한) 冤魂(원혼) 結冤(결원) 煩冤(번원) 雪冤(설원) 雔冤(수원) 伸冤(신원) 深冤(심원) 幽冤(유원)

발전 ① 冤淚(원루) 冤囚(원수) 冤刑(원형) 沈冤(침원) 呼冤(호원) 㷱冤懟(원대)

사자성어 ① 冤親平等(원친평등) 孤臣冤淚(고신원루) 伸冤雪恥(신원설치) 徹天之冤(철천지원)

1급

부수	획수	총획
艹	8	12

시들 위 【3048】

字源 〈형성〉 나무는 완연한 봄에 나온 잎이나 풀에 의지하여 잎을 자랑하며 잘 자란다. 그러나 한 시절 가고 나면 그만 시든다. 가을이나 겨울이 되면 잎이 떨어지면서 제 자랑을 못하고 결국 시든다. 풀잎(艹)에 자기 몸을 맡겼던(委) 나무가 여인의 운명처럼 싱싱하다가 그만 [시들다(萎)]는 뜻이고 [위]로 읽는다.
圖 凋(시들 조)

필순 ー ナ ナ ナ ナ ナ 芋 英 茭 萎 萎

기초 【기초한자어】 익히고, 【기본 → 발전한자어】 다지기
萎落(위락) 시들어 떨어짐
萎靡(위미) 시듦. 기력이 떨어짐. 활기가 없음
萎縮(위축) 시들어서 오그라듦. 기를 펴지 못함
• 기력이 떨어지고 활기가 없는 萎靡에 불안하다.
• 싱싱하던 나뭇잎이 萎落하니 내 마음조차 萎縮된다.
기본 ① 萎悴(위췌) 枯萎(고위) 衰萎(쇠위) 委萎(위위)
발전 ① 萎病(위병) 萎約(위약) 萎絕(위절) 萎禾(위화) 萎黃病(위황병) 특 萎暘(위양)
사자성어 ① 萎靡不振(위미부진) 萎靡沈滯(위미침체)

부수	획수	총획
口	9	12

깨우칠 유 【3049】

字源 〈형성〉 '깨우치다'는 '깨달아 알게 하다'는 뜻으로 그 과정에서 비유나 대비를 통해서 사용하기도 한다. 유의어로는 '깨닫다. 눈뜨다. 교화(敎化)하다. 계몽(啓蒙)하다' 등이 있다. 어떤 사람(口)이 남과 견주니(兪) [비유하다(喩)] 또는 잘못된 점을 뽑아내어(兪) 말하면서(口) [깨우치다(喩)]는 뜻이고 [유]로 읽는다.
圖 譬(비유할 비)

필순 ㅣ ㅁ ㅁ ㅁ' ㅁ八 ㅁㅅ 吟 吟 哈 喩 喩

기초 【기초한자어】 익히고, 【기본 → 발전한자어】 다지기
喩勸(유권) 타이르고 권함
喩喩(유유) 기뻐하는 모양
解喩(해유) 서로 화해시키기 위하여 두 쪽을 타이름
• 서로 和解시키기 위하여 두 쪽을 타이르는 解喩에 감동했다.
• 네가 나의 喩勸으로 공부를 잘하니 식구들 모두 喩喩하다.
기본 ① 告喩(고유) 明喩(명유) 比喩(비유) 善喩(선유) 隱喩

(은유) 引喩(인유) 直喩(직유) 風喩(풍유) 訓喩(훈유)
발전 ① 喩敎(유교) 來喩(내유) 譬喩(비유) 陳喩(진유) 諷喩(풍유) 曉喩(효유)
사자성어 ① 家喩戶曉(가유호효)

부수	획수	총획
宀	6	9

너그러울 유 【3050】

字源 〈형성〉 생활이 넉넉하면 집안 치장도 잘 하고 산다. 정원도 널찍하게 만들고 집안의 살림도 들여 놓는다. 생활도 충분하지만 마음도 넉넉하여 너그럽게 남에게 베풀고 싶은 여유가 난다. 자기 집안(宀)에 재물이 많이 있거나(有) 집에 쉴 수 있는 아담한 정원이 있어서 [너그럽다(宥)]는 뜻이고, [유]로 읽는다.
圖 寬(너그러울 관)

필순 ㆍ ㆍ ㅗ ㄷ 宀 宀 宕 宥 宥

기초 【기초한자어】 익히고, 【기본 → 발전한자어】 다지기
宥貸(유대) 너그럽게 대해 줌
宥免(유면) 잘못을 용서하고 풀어줌
宥赦(유사) 너그럽게 사면함
• 잘못을 용서하고 풀어주는 宥免에 감동했다.
• 당신이 우리를 宥貸하거든 우리도 당신을 宥赦하겠습니다.
기본 ① 宥密(유밀) 宥恕(유서) 宥弼(유필) 慶宥(경유) 貸宥(대유) 保宥(보유) 三宥(삼유) 原宥(원유) 在宥(재유) 蕩宥(탕유) 特宥(특유) 護宥(호유)
발전 ① 宥減(유감) 宥過(유과) 宥善(유선) 宥全(유전) 宥罪(유죄) 宥旨(유지) 宥和(유화) 宥還(유환) 寬宥(관유) 赦宥(사유) 특 肆宥(사유) 渙宥(환유)
사자성어 ① 宥恕論罪(유서논죄) 宥坐之器(유좌지기) 宥和政策(유화정책) 常宥不原(상유불원)

부수	획수	총획
金	9	17

놋쇠 유 【3051】

字源 〈형성〉 놋쇠는 합금이다. 합금은 각 성분의 혼합물을 섞어서 만든다. 놋쇠나 청동은 고대부터 사용되었던 것처럼 합금을 중요시했다. 황동의 전성은 구리 함량에 의해 좌우된다고 했으니 말이다. 많은 쇠붙이(金)가 자연스럽게(兪) 함께 녹아있는 합금인 황동(黃銅)으로 알려진 [놋쇠(鍮)]를 뜻하고 [유]로 읽는다.

필순 ノ ノ ト ち 숙 余 釒 釒 鈐 鈐 鍮 鍮

【기초】【기초한자어】 익히고, 【기본 → 발전한자어】 다지기
鍮器(유기) 놋그릇. 놋쇠로 만든 그릇
眞鍮(진유) 놋쇠
• 놋쇠라면 이제 충분하니, 眞鍮를 가릴 것이 없겠습니다.
• 반세기 전에는 집집마다 밥그릇으로 鍮器를 사용하곤 했다.
【발전】 ① 鍮刀(유도) 鍮盤(유반) 鍮石(유석) 鍮硯(유연) 鍮尺(유척) 鍮達山(유달산) [特] 鍮磬(유경)

부수	획수	총획
足	9	16

밟을 유【3052】

【字源】〈형성〉 겨울철이면 보리밭 밟기를 했던 기억이 난다. 눈이 와서 땅이 얼면 보리 뿌리가 땅속에 제대로 자리 잡지 못해서 그만 말라 죽고 만다. 그래서 이를 방지하기 위한 국민운동이었다. 겨울철에 발(足)로 새 보리 싹을 부드럽게 (柔) [밟다(蹂)] 또는 약한 풀밭을 발로 [짓밟다(蹂)]는 뜻이고 [유]로 읽는다.
[동] 躪(짓밟을 린) 踐(밟을 천) 躙(짓밟을 린) 躪(짓밟을 린)

【필순】 口 묘 묘 묘 묘 묘 묘 踜 踜 蹂

【기초】【기초한자어】 익히고, 【기본 → 발전한자어】 다지기
蹂躪(유린) 짓밟음. 폭력으로 남의 권리나 인격을 누리고 침해함
• 일제 강점기에 우리 민족이 얼마나 많은 蹂躪을 당했던가?
• 蹂躪은 짓밟힘이니 폭력으로 남의 권리나 인격을 침해함이다.
【기본】 ① 蹂若(유약) 蹂踐(유천)
【발전】 ① 攻蹂(공유) 雜蹂(잡유) 踐蹂(천유) 馳蹂(치유)
【사자성어】 ① 人權蹂躪(인권유린)

부수	획수	총획
疒	13	18

병나을 유【3053】

【字源】〈형성〉 노인 인구가 기하급수적으로 늘고 있다. 병이 나면 병원을 찾아가 진찰을 받고 약 처방을 받거나 주사를 맞기도 한다. 의사의 처방을 받아 약을 먹으면 씻은 듯이 잘 낫는다. 사람이 몸이 허약하여 병(疒)이 들어서 약을 먹으면 자연스럽게(兪) 몸과 마음(心)의 [병이 낫다(癒)]는 뜻이고 [유]로 읽는다.

【필순】 广 疒 疒 疒 疒 疒 疒 疒 癒 癒

【기초】【기초한자어】 익히고, 【기본 → 발전한자어】 다지기
快癒(쾌유) 병이 깨끗이 치료됨. 쾌차
治癒(치유) 치료하여 병이 씻은 듯이 나음
全癒(전유) 병이 완전히 나음
• 교통사고로 입원 중인 친구를 찾아가 快癒를 기원했다.
• 治癒와 全癒는 낫는다는 結果가 같다.
【기본】 ① 平癒(평유)
【발전】 ① 癒着(유착) 癒合(유합) 漸癒(점유)
【사자성어】 ① 政經癒着(정경유착)

부수	획수	총획
言	9	16

아첨할 유【3054】

【字源】〈형성〉 사람이 권세 있는 사람이나 집단의 마음에 들려고 비위를 맞춰 알랑거리는 행위가 '아첨하다'란 뜻이다. 곡학아세(曲學阿世)란 말도 있었으니, 몸을 굽혀 세상에 아첨한다는 말이겠다. 다른 사람에게 교묘한 말(言)과 행동으로 기분을 북돋아가면서(臾) 상쾌하게 하니 [아첨하다(諛)]는 뜻이고 [유]로 읽는다.
[동] 媚(아첨할 미) 諂(아첨할 첨) 佞(아첨할 녕)

【필순】 二 言 言 言 言 言 訂 諛 諛 諛

【기초】【기초한자어】 익히고, 【기본 → 발전한자어】 다지기
諛媚(유미) 아첨함. 알랑거림
諛言(유언) 아첨하는 말
諛悅(유열) 아첨하여 기쁘게 함
• 아첨하며 눈앞에서 알랑거리는 諛媚 행위가 너 얄밉구나.
• 친구의 諛言을 잘 알지만, 그냥 스치는 諛悅로 받아들일 수가 없었다.
【기본】 ① 諛墓(유묘) 諛辭(유사) 諛諂(유첨) 姦諛(간유) 善諛(선유) 阿諛(아유) 從諛(종유) 諂諛(첨유)
【발전】 ① 諛然(유연) 恐諛(공유) 巧諛(교유) 面諛(면유) [特] 諛佞(유녕) 憸諛(섬유)
【사자성어】 ① 阿諛苟容(아유구용) 諂諛之風(첨유지풍)

부수	획수	총획
手	9	12

야유할 유【3055】

【字源】〈형성〉 사람들이 바른 행동을 하지 못해서 집단적으로 야유를 받는 일이 허다했다. 사람으로서 이성을 잃은 못된 행위를 하는 자는 비난받아 마땅하다 하겠다. 덕석몰이를 했다는 말도 실감한다. 손(扌)으로 특정인을 뽑아내서(兪)

삿대질하며 질질 끌면서 빈정거렸으니 [야유하다(揄)]는
뜻이고 [유]로 읽는다.
圖揶(야유할 야)

필순 扌 扌 扴 扴 扴 拾 捈 捈 揄 揄

기초 【기초한자어】 익히고, 【기본 → 발전한자어】 다지기
揄揚(유양) 끌어올림. 칭찬함. 칭찬하여 치켜세움
揄袂(유메) 소매를 늘어뜨림. 소매 속에 손을 넣음
揶揄(야유) 남을 빈정거려 놀리는 것
• 가만히 있는데 남을 빈정거려 놀리는 揶揄가 두렵다.
• 그런 揄袂한 자세로 의자를 揄揚하기는 어렵다.
기본 ①揄狄(요적) 挑揄(도유) 邪揄(사유) 選揄(선유) 樞揄
(추유)
발전 ①揄鋪(유포) 閃揄(섬유)

부수	획수	총획
木	5	9

柚 유자 유【3056】

字源 〈형성〉 유자는 향기 좋은 노란색 과일로 운향과로 알려진
다. 과육은 식감이 부드럽고 강한 신맛을 낸다. 주로 차.
청. 잼. 소스. 향신료로 조리·가공하여 활용하는데 독특
한 냄새가 향을 돋운다. 향긋한 나무(木) 열매로 말미암아
서(由) 맛이 새롭고 새콤한 상록관목이라는 [유자(柚)]를
뜻하고 [유]로 읽는다.

필순 一 十 才 木 机 相 柚 柚 柚

기초 【기초한자어】 익히고, 【기본 → 발전한자어】 다지기
柚子(유자) 유자나무의 열매
柚酒(유주) 유자에 즙을 넣어 만든 술
橘柚(귤유) 귤과 유자
• 時祭(시제) 때에 꼭 柚子를 챙기시게나.
• 柚酒는 물론 橘柚까지도 빠트리지 말고 잘 챙기시게.
기본 ①橙柚(등유) 臭柚(취유)
발전 ①柚梧(유오) 柚漿(유장) 柚皮(유피) 柚子汁(유자즙)
柚子淸(유자청) 㭒柚(저축)

부수	획수	총획
心	9	12

愉 즐거울 유【3057】

字源 〈형성〉 흔히 인간의 칠욕을 이야기한다. 희노애락애오욕
(喜怒哀樂愛惡慾)이 그것이다. 이 중에서 '즐거움으로 탐
한 욕심'은 선현군자도 찬사를 아끼지 않았다. 자기만족에
서부터 싹터 나오는 즐거움이다. 불쾌한 생각과 기억을
마음(忄)으로부터 싹 뽑아내며(俞) 기뻐했으니 [즐겁다(愉)]

는 뜻이고 [유]로 읽는다.
圖樂(즐길 락) 悅(기쁠 열)

필순 丶 忄 忄 忄 忄 忄 愉 愉 愉 愉

기초 【기초한자어】 익히고, 【기본 → 발전한자어】 다지기
愉樂(유락) 기뻐하며 즐김
愉色(유색) 기뻐하는 안색. 기쁨이 넘쳐흐르는 얼굴빛
愉愉(유유) 얼굴을 부드럽게 하여 기뻐하는 모양
• 아들이 시험에 합격하자 어머니는 愉色이 되었다.
• 당신의 愉愉한 모습을 보고 있노라니 내 마음도
더없이 愉樂하구나.
기본 ①愉逸(유일) 愉歡(유환) 寬愉(관유) 婉愉(완유) 怡愉
(이유) 歡愉(환유)
발전 ①愉心(유심) 愉悅(유열) 愉快(유쾌) 和愉(화유) 欣愉
(흔유) 特慍愉(온유)
사자성어 ①愉色婉容(유색완용) 愉絕快絕(유절쾌절)

부수	획수	총획
言	9	16

諭 타이를 유【3058】

字源 〈형성〉 예부터 자식이나 손아랫사람의 잘못이나 언행을
일일이 지적하여 바르게 행동하기를 가르쳤다. 흔히 이를
타이른다고 했다. 행동거지와 기본 윤리에 어긋나는 일을
가르쳐서 지도했다. 상대의 잘못된 점을 일일이 가려내고
(俞) 타일러 가며 지도하고(言) 있었으니 [타이르다(諭)]는
뜻이고 [유]로 읽는다.
圖告(고할 고) 曉(새벽 효) 諄(타이를 순)

필순 丶 亠 言 言 言 訡 諭 諭 諭 諭

기초 【기초한자어】 익히고, 【기본 → 발전한자어】 다지기
諭告(유고) 타일러 알림. 윗사람이 아랫사람에게 내
리는 글
諭教(유교) 타일러 가르침
諭示(유시) 타일러 훈계함. 타이르는 관아의 문서
• 윗사람이 아랫사람에게 내리는 글인 諭告가 매우
설득력이 있다.
• 조용한 諭示를 보고 난 후 선비들은 온 마을 사람
을 諭教했다.
기본 ①諭達(유달) 諭德(유덕) 諭旨(유지) 諭蜀(유촉) 諭曉
(유효) 諫諭(간유) 面諭(면유) 譬諭(비유) 上諭(상유)
隱諭(은유) 諷諭(풍유) 訓諭(훈유)
발전 ①諭書(유서) 諭恣(유자) 開諭(개유) 告諭(고유) 教諭
(교유) 勸諭(권유) 宣諭(선유) 說諭(설유) 申諭(신유)
審諭(심유) 慰諭(위유) 奬諭(장유) 詔諭(조유) 敕諭(칙유)
布諭(포유) 誨諭(회유) 曉諭(효유)
사자성어 ①諭旨免官(유지면관) 萬端改諭(만단개유)

游 헤엄칠 유 【3059】

부수	획수	총획
水	9	12

字源 〈형성〉 수영을 못해 안전사고가 많은 일을 볼 때마다 기본적인 수영을 익혀야 되지 않을까 생각된다. 안전지대에서 깃대를 꽂아 놓고 그곳까지 돌아오는 헤엄치기 연습까지도 권장한다. 깃대에 달린 깃발(㫃:放+子)이 꽂힌 범위 내에서 물(氵)의 흐름에 따라 놀고 있으니 [헤엄치다(游)]는 뜻이고 [유]로 읽는다.
園 泳(헤엄칠 영)

필순 `丶丶氵氵汸汸汸游游游`

기초 【기초한자어】 익히고, 【기본→발전한자어】 다지기
游街(유가) 조선 시대 문무과 급제자의 시가행진
游談(유담) 자유로이 담론을 함. 근거 없는 이야기
游魂(유혼) 넋이 본체로부터 떨어져 나가 떠돎
• 과거 급제자들은 떠들석하게 풍악을 울리며 游街를 펼쳤다.
• 游談은 자유롭게 담론함이며, 넋이 떨어져 나감이 游魂이라 할 수 있다.

기본 ① 游女(유녀) 游冬(유동) 游樂(유락) 游牧(유목) 游汎(유범) 游士(유사) 游兆(유조) 游就(유취) 游蕩(유탕) 溪游(계유) 汎游(범유) 霜游(상유) 先游(선유) 外游(외유) 秋游(추유) 出游(출유) 下游(하유) 回游(회유)

발전 ① 游間(유간) 游客(유객) 游居(유거) 游憩(유게) 游擊(유격) 游觀(유관) 游款(유관) 游光(유광) 游軍(유군) 游倦(유권) 游禽(유금) 游鱀(유기) 游道(유도) 游邏(유라) 游覽(유람) 游歷(유력) 游獵(유렵) 游龍(유룡) 游履(유리) 游離(유리) 游慢(유만) 游歿(유몰) 游民(유민) 游盤(유반) 游芳(유방) 游放(유방) 游兵(유병) 游步(유보) 游服(유복) 游士(유사) 游辭(유사) 游事(유사) 游散(유산) 游世(유세) 游手(유수) 游食(유식) 游神(유신) 游心(유심) 游冶(유야) 游揚(유양) 游言(유언) 游宴(유연) 游衍(유연) 游永(유영) 游詣(유예) 游藝(유예) 游豫(유예) 游玩(유완) 游移(유이) 游日(유일) 游子(유자) 游田(유전) 游貞(유정) 游艇(유정) 游塵(유진) 游惰(유타) 游夏(유하) 游學(유학) 游閑(유한) 游行(유행) 游幸(유행) 游夾(유협) 游魂(유혼) 游宦(유환) 交游(교유) 來游(내유) 浮游(부유) 遨游(소유) 遠游(원유) 淸游(청유) 行游(행유) 团 游事(유사) 游狎(유압) 园 游弋(유익)

사자성어 ① 游於釜中(유어부중) 游魚出聽(유어출청) 游雲驚龍(유운경룡) 游必就士(유필취사)

 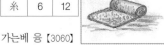

絨 가는베 융 【3060】

부수	획수	총획
糸	6	12

字源 〈형성〉 양털 따위 털을 표면에 보풀이 일게 두껍게 짠 베가 융단이다. 오랑캐들이 가는 베로 짠 두꺼운 옷을 껴입었다. 날실과 씨실 외에 색실을 묶어 그 끝을 잘라서 문양도 나타냈었다. 추운 지방에 살았던 오랑캐(戎)들이 즐겨 사용했던 털실(糸)로 짠 보물인 모직물로 [가는 베(絨)]를 뜻하고 [융]으로 읽는다.

필순 `幺幺幺糸糸糸糸絎絨絨絨`

기초 【기초한자어】 익히고, 【기본→발전한자어】 다지기
絨衣(융의) 나사로 만든 옷
絨緞(융단) 무늬를 넣어 짠 두꺼운 모직물
製絨(제융) 융으로 만든 갖가지 군용 물품
• 아무리 좋은 絨緞이라도 여름에는 쓸모가 없구나!
• 絨衣와 製絨은 옷 외에 日用品으로 군인들의 매우 중요한 필수품이었다.

기본 ① 絨氈(융전) 石絨(석융)
발전 ① 絨毯(융담) 絨毛(융모) 火絨(화융) 絨毛膜(융모막) 絨毛布(융모포) 团 毳絨(취융)
사자성어 ① 絨緞爆擊(융단폭격)

戎 병장기 융 / 오랑캐 융 【3061】

부수	획수	총획
戈	2	6

字源 〈회의〉 중국 주변 이민족을 [동이, 서융, 남만, 북적]이라고 불렀다. 여기서 [동이]가 우리를 지칭한 점을 중요시한다. [서융]은 위구르 자치구이며, [남만]은 베트남, [북적]은 몽골 지방이라 한다. 많은(十) 군사들이 자기 호신용으로 사용한 창(戈)으로 [병장기(戎)] 또는 서융인 [오랑캐(戎)]를 뜻하고 [융]으로 읽는다.
園 兵(군사 병) 軍(군사 군) 回 戊(천간 무) 戌(개 술) 戍(수자리 수) 戉(도끼 월)

필순 `一ニチ式戎戎`

기초 【기초한자어】 익히고, 【기본→발전한자어】 다지기
戎歌(융가) 전쟁의 노래
戎兵(융병) 군복과 병기. 군사. 병사
戎夷(융이) 오랑캐. 오랑캐 나라 사람
• 戎兵은 군인들 사생활로 군복. 병기. 군사에 관한 일이다.
• 수만 명의 戎夷들이 戎歌를 부르며 보무도 당당하게 행진하고 있다.

기본 ① 戎車(융거) 戎壇(융단) 戎毒(융독) 戎虜(융로) 戎馬(융마) 戎士(융사) 戎事(융사) 戎右(융우) 戎場(융장) 戎裝(융장) 戎狄(융적) 戎捷(융첩) 戎醜(융추) 戎艦(융함) 戎軒(융헌) 戎華(융화) 軍戎(군융) 大戎(대융) 蒙戎(몽융) 兵戎(병융) 小戎(소융) 御戎(어융) 佐戎(좌융) 八戎(팔융)

1급

발전 ① 戎戒(융계) 戎功(융공) 戎公(융공) 戎弓(융궁) 戎奇
(융기) 戎器(융기) 戎路(융로) 戎蠻(융만) 戎服(융복)
戎備(융비) 戎鹽(융염) 戎垣(융원) 戎越(융월) 戎戎
(융융) 戎衣(융의) 戎點(융점) 戎陣(융진) 戎夏(융하)
戎行(융행) 戎麾(융휘) 犬戎(견융) 服戎(복융) 西戎
(서융) 元戎(원융) **特** 戎俘(융부)

사자성어 ① 戎馬生郊(융마생교) 夷蠻戎狄(이만융적) 投筆
從戎(투필종융)

	부수	획수	총획
蔭	艸	11	15

그늘 음【3062】

字源 〈형성〉 겨울이 되면 앙상하던 나무나 초목이 봄의 따스한
비를 맞고 우거진다. 소나무와 같은 사철나무도 생기를
얻어 그늘을 이루며 주변을 덮는다. 길을 걷는 나그네의
쉼터가 된다. 초목(艹)이 수북이 우거져서 그늘(陰)이 되
어 주변을 [덮다(蔭)] 또는 더운 햇볕을 가리는 [그늘(蔭)]
을 뜻하고 [음]으로 읽는다.
回庇(덮을 비)

필순

기초 【기초한자어】 익히고, 【기본→발전한자어】 다지기
蔭官(음관) 과거를 보지 않고 부조의 공덕으로 얻은
벼슬
蔭德(음덕) 조상의 덕. 남몰래 하는 선행
蔭室(음실) 기물에 칠을 하여 공기를 쐬지 않도록
넣어 두는 방
• 물건에 칠을 하여 공기를 쐬지 않게 보관했던 방
이 蔭室이다.
• 그동안 밤낮으로 蔭德을 확실하게 쌓았더니 조상
님께서 감동하셨는지 蔭官으로 벼슬에 임명한다
는 교지를 받았다.

기본 ① 蔭補(음보) 蔭仕(음사) 蔭生(음생) 蔭子(음자) 嘉蔭
(가음) 綠蔭(녹음) 木蔭(목음) 樹蔭(수음) 恩蔭(은음)
慈蔭(자음) 勳蔭(훈음)

발전 ① 蔭塗(음도) 蔭林(음림) 蔭鬱(음울) 蔭映(음영) 蔭鬱(음울) 蔭職
(음직) 蔭退(음퇴) 軍蔭(군음) 茂蔭(무음) 美蔭(미음)
繁蔭(번음) 庇蔭(비음) 山蔭(산음) 親蔭(친음) **特** 凉蔭
(양음) **特** 蔭藹(음애)

사자성어 ① 惡木不蔭(악목불음)

	부수	획수	총획
揖	手	9	12

읍할 읍【3063】

字源 〈형성〉 '읍(揖)'은 공경을 나타내는 일종의 의식이다. 두
손을 맞잡아 얼굴을 앞으로 들어 올리며 허리를 공손하게
굽혔다 편다 한다. 손을 내리며 인사하는 행위로 제상 앞
에서 하는 행위다. 두 손(扌)을 가슴에 대고 마치 귓속말
로 하는 것처럼 정중하게 모으는(咠) 예로 [읍하다(揖)]는
뜻이고 [읍]으로 읽는다.

필순

기초 【기초한자어】 익히고, 【기본→발전한자어】 다지기
揖遜(읍손) 겸손함
揖讓(읍양) 예를 다해 사양함. 손과 주인이 상견하
는 예
拱揖(공읍) 손을 마주 모아 잡고 인사하는 예
• 손을 마주 모아 잡고 인사하는 정중한 예의에 拱
揖이 있었다.
• 揖遜한 판서가 정승의 자리를 揖讓을 했으니 그
사연이 참 궁금하다.

기본 ① 揖別(읍별) 端揖(단읍) 拜揖(배읍) 三揖(삼읍) 長揖
(장읍) 獻揖(헌읍)

발전 ① 揖客(읍객) 揖禮(읍례) 揖進(읍진) 報揖(보읍) 時揖
(시읍) 天揖(천읍) 土揖(토읍) 揖揖(집집)

사자성어 ① 揖讓之風(읍양지풍) 開門揖盜(개문읍도)

	부수	획수	총획
膺	肉	13	17

가슴 응 : 【3064】

字源 〈형성〉 매가 강에서는 물고기를 잡고 땅에서는 가축을 잡
는다. 가슴으로 사정없이 내치고 발로 할퀴면서 낚아챈
것이다. 매의 힘을 보여주는 행위로 하늘을 날다가 먹이
를 잡는 방법이다. 하늘을 높이 나는 매(雁)가 강물에서
물고기(月=肉)를 잡을 때 인정사정없이 내치는 [가슴(膺)]
을 뜻하고 [응]으로 읽는다.
回膈(가슴 격)

필순

기초 【기초한자어】 익히고, 【기본→발전한자어】 다지기
膺受(응수) 받음. 받아들임
膺懲(응징) 이민족을 쳐서 징계함. 외적을 토벌함
膺圖(응도) 임금이 될 좋은 징조에 합치하는 일
• 皇帝가 되는 것이나 天命에 응하여 나라를 세움이
膺圖이다.
• 왜구를 膺懲한 장군의 원대한 뜻을 이제는 膺受해
야되지 않을까.

기본 ① 光膺(광응) 鈎膺(구응) 篤膺(독응) 煩膺(번응) 懲膺
(징응)

발전 ① 膺保(응보) 簡膺(간응) 服膺(복응)

부수	획수	총획
殳	11	15

굳셀 의【3065】

字源 〈형성〉 '의(豙)'에 대한 자원은 성질이 나서 털이 일어난다는 의미다. 또한 멧돼지의 힘은 세다는 뜻이다. 창에 찔러도 넘어질 줄 모르고 오히려 성을 내는 것으로 보아 대단히 굳세다는 느낌을 받는다. 멧돼지는 몽둥이로 때리고(殳) 창에 찔려도 털을 곤두세우며 성을 냈으니(豙) [굳세다(毅)]는 뜻이고 [의]로 읽는다.
圖勇(날랠 용)

필순 ⺊ ⺌ ⺌ ⺊ 圭 홓 홓 豙 毅 毅

기초 【기초한자어】 익히고, 【기본 → 발전한자어】 다지기
毅然(의연) 의지가 굳고 엄한 모양
毅勇(의용) 의지가 굳고 동요됨이 없음
嚴毅(엄의) 엄숙하고 굳셈
• 얼굴에 위엄이 있으면서 엄숙하고 굳셈을 보였으니 嚴毅가 있어 보인다.
• 시험에 떨어져도 毅然하더니 큰 사고에도 毅勇하구나.

기본 ① 毅武(의무) 毅魄(의백) 剛毅(강의) 明毅(명의) 忠毅(충의) 弘毅(홍의)

발전 ① 敢毅(감의) 强毅(강의) 果毅(과의) 優毅(우의) 雄毅(웅의) 豪毅(호의) 特 驍毅(효의)

사자성어 ① 剛毅木訥(강의목눌)

부수	획수	총획
手	14	17

비길 의 : 【3066】

字源 〈형성〉 '비기다'의 본래 뜻은 서로 실력이나 점수 따위가 같거나 비슷하여 승부를 가리지 못한다는 뜻이다. 그러나 여기에서는 서로를 '헤아려 비교'하다는 뜻으로 해석하는 것이 좋을 것 같다. 손(扌)으로 물건을 붙잡고 헤아려, 의심스러울(疑) 정도로 비슷하게 만들었으니 [비기다(擬)]는 뜻이고 [의]로 읽는다.
圖像(모양 상) 摸(본뜰 모)

필순 扌 扌 扌 扗 扗 挋 挋 擬 擬 擬

기초 【기초한자어】 익히고, 【기본 → 발전한자어】 다지기
擬古(의고) 옛것을 모방함. 시문을 옛사람의 풍격이나 형식에 맞추어 지음
擬作(의작) 만들려고 함. 하려고 함. 본떠서 만듦
擬制(의제) 비겨서 정함. 현실에 존재하지 않은 사실을 제도로서 가정하는 일
• 현실에 존재하지 않은 사실을 제도로서 가정하는

擬制가 있다고 말한다.
• 그는 한시를 擬古하더니만 이제는 산수화를 擬作하고 있는 중이다.

기본 ① 擬經(의경) 擬律(의율) 擬人(의인) 擬造(의조) 擬態(의태) 模擬(모의) 摸擬(모의) 配擬(배의) 比擬(비의) 倫擬(윤의) 進擬(진의)

발전 ① 擬論(의론) 擬望(의망) 擬似(의사) 擬聲(의성) 擬音(의음) 擬裝(의장) 擬定(의정) 擬製(의제) 擬判(의판) 擬皮(의피) 備擬(비의) 準擬(준의) 僭擬(참의) 狐擬(호의)

사자성어 ① 擬律懲辦(의율징판) 擬足投跡(의족투적) 模擬考査(모의고사)

부수	획수	총획
木	8	12

의자 의【3067】

字源 〈형성〉 의자의 원형은 나무로 만들어서 사람이 서 있는 것보다 편하게 앉고 등을 기대는 도구였을 것이다. 요즈음 우리 생활 주위에서 의자만큼 몸을 편하게 하는 것이 없을 정도라면 이해가 쉽겠다. 사람이 몸을 기대면서 의지하여(奇) 앉을 수 있도록 나무(木)로 만든 편한 [의자(椅)]를 뜻하고 [의]로 읽는다.

필순 一 十 才 木 木 栌 栌 栫 椅 椅

기초 【기초한자어】 익히고, 【기본 → 발전한자어】 다지기
椅子(의자) 사람이 걸터앉아 몸을 뒤로 기대게 만든 기구
椅几(의궤) 앉을 때에 몸을 기대는 방석
高椅(고의) 다리가 길어 썩 높은 의자
• 食堂에 가보면 다리가 긴 높은 의자를 보게 되니 이것이 高椅다.
• 최근 開業한 식당에 고급 椅子와 화려한 椅几가 눈을 끌었다.

기본 ① 雲椅(운의) 靑椅(청의)

발전 ① 椅桐(의동) 椅背(의배) 交椅(교의)

부수	획수	총획
言	8	15

정 의【3068】

字源 〈회의〉 '정분(情分)'은 서로 사귀어서 정이 든 정도라고 보면 좋겠다. '제비꽃 당신'에서 물레방아 마당쇠와 우물가의 꽃분이가 정분을 나누는 듯하는 정겨운 하얀 밤을 생각하게도 하는 용어겠다. 사람들이 그 일만은 분명하고 마땅하다(宜=㝬)고 당당하게 말했으니(言) 그 [정분(誼)]이 굳다는 뜻이고 [의]로 읽는다.

1급

필순 言言言言言言訸訸誼誼誼

기초 【기초한자어】 익히고, 【기본→발전한자어】 다지기
禮誼(예의) 사람이 마땅히 지켜야 할 도리
情誼(정의) 사귀어 친해진 정
誼士(의사) 의로운 지사
• 의로운 지사를 이르는 단어는 誼士와 義士가 있으니 주의가 필요하다.
• 20년 동안의 情誼를 생각하면 禮誼를 더 이상 저버릴 수가 없다.

기본 ① 誼主(의주) 高誼(고의) 大誼(대의) 行誼(행의)
발전 ① 誼分(의분) 友誼(우의) 恩誼(은의)
사자성어 ① 金蘭之誼(금란지의)

부수	획수	총획
爻	10	14

너 이 : 【3069】

字源 〈회의〉 생활에서 자주 쓰인 용어로 [너와 나]라는 인연이 있다. 상대의 원리이자 사랑의 대상자. 이 한자의 생성 원리는 아름답게 빛나는 꽃 모양을 본떴다고 하니 상대인 '너의 중요성'이다. 아름답게 빛나는 꽃 모양을 본뜨고, 세력이 왕성한 꽃을 나타내는 상대를 칭한다는 [너(爾)]를 뜻하고 [이]로 읽는다.
回汝(너 여) 回尔

필순 一一一一一一行而而爾爾爾

기초 【기초한자어】 익히고, 【기본→발전한자어】 다지기
爾時(이시) 그때. 그 당시
爾汝(이여) 너 썩 친한 사이의 이인칭
爾爾(이이) 그래. 그렇다고 동의하는 말
• 그럼 그렇지 그래. 그렇다고 동의하는 말로 爾爾가 있다.
• 爾時에 그 일을 할 수 있는 사람은 爾汝밖에 없다.

기본 ① 爾今(이금) 爾來(이래) 爾夕(이석) 爾雅(이아) 爾爲(이위) 爾祖(이조) 爾馨(이형) 當爾(당이) 徒爾(도이) 法爾(법이) 率爾(솔이) 云爾(운이) 卒爾(졸이) 卓爾(탁이)
발전 ① 爾餘(이여) 爾曹(이조) 爾後(이후) 勃爾(발이)
사자성어 ① 出爾反爾(출이반이)

부수	획수	총획
弓	3	6

늦출 이 : 【3070】

字源 〈형성〉 꽉 조여 놓으면 답답하여 느슨하게 풀린다. 느슨

한 것이 필요에 따라서는 빠르게 나가는 원동력이 될 수도 있다. 느슨한 것이 뒤로 물러선 듯이 단단한 동력을 받을 수도 있겠다. 활(弓)에 화살을 매었던(也) 활시위가 팽팽하지 않아 축 [늘어지다(弛)] 또는 늘어져서 [늦추다(弛)]는 뜻이고 [이]로 읽는다.
回緩(느릴 완) 解(풀 해)

필순 丨丨弓弘弛弛

기초 【기초한자어】 익히고, 【기본→발전한자어】 다지기
弛壞(이괴) 깨져 무너짐
弛期(이기) 기한을 늦춤
弛緩(이완) 느슨함. 늦추어짐. 맥이 풀림
• 일을 하다보면 기한이 촉박하니 다소 늦추는 일을 弛期라 하겠다.
• 정신 자세가 弛緩되니 집안의 질서도 弛壞되더니만 결국 망하고 말았다.

기본 ① 弛禁(이금) 弛紊(이문) 弛張(이장) 弛墜(이추) 弛惰(이타) 弛解(이해) 傾弛(경이) 倫弛(윤이) 張弛(장이) 廢弛(폐이) 逋弛(포이)
발전 ① 弛力(이력) 弛慢(이만) 弛然(이연) 弛縱(이종) 弛罪(이죄) 弛廢(이폐) 彫弛(조이) 縱弛(종이) 解弛(해이) 特 弛駁(이어) 弛柝(이탁)
사자성어 ① 弛緩感情(이완감정) 一張一弛(일장일이)

부수	획수	총획
食	6	15

미끼 이 : 【3071】

字源 〈형성〉 낚시를 하면서 미끼를 던져 놓으면 많은 고기들이 한 곳에 몰려든다. 이런 기회를 틈타서 낚싯대를 넣으면 금방 물고 또 물어 고기를 잡는다. 그래서 흔히 [미끼를 준다]고들 했다. 저수지나 연못에서 낚시 귀(耳)에 고기들이 먹을(食) 수 있는 먹을거리를 달아서 잡는 [미끼(餌)]를 뜻하고 [이]로 읽는다.

필순 丿人今今今食食食餌餌餌餌

기초 【기초한자어】 익히고, 【기본→발전한자어】 다지기
餌口(이구) 음식을 먹음. 생계를 세움
食餌(식이) 음식물
香餌(향이) 냄새가 좋은 미끼
• 물고기는 냄새가 좋은 미끼인 香餌을 얼른 입으로 문다고 한다.
• 흩어진 가족이 모여 食餌인 餌口를 함께 하니 기쁘기 한량이 없다.

기본 ① 鉤餌(구이) 餠餌(병이) 藥餌(약이) 好餌(호이)
발전 ① 餌乞(이걸) 餌兵(이병) 餌藥(이약) 餌敵(이적) 果餌(과이) 軟餌(연이) 虎餌(호이) 特 餌饟(이양) 출 餌啗(이담)

痍
상처 이【3072】

부수	획수	총획
疒	6	11

字源 〈형성〉 아물지 않는 상처가 다른 상처를 부른다. 상처의 처음은 동이남만(東夷南蠻)이라 했듯이 피부에 난 오랑캐의 침입으로 보았으리라. 피부에 따라서, 사람에 따라 낫는 정도도 다르다. 사나운 오랑캐(夷) 무리들과 죽기로 싸우다가 다쳐 병(疒)들었으니 [다치다(痍)] 또는 [상처(痍)]를 뜻하고 [이]로 읽는다.
回傷(상처 상)

필순 ` 亠 广 疒 疒 疒 疠 疠 痍 痍 痍

기초 【기초한자어】 익히고, 【기본→발전한자어】 다지기
痍傷(이상) 상처. 상처 남
傷痍(상이) 부상. 상처
• 어릴 때의 痍傷은 비교적 쉽게 치료되어 평상처럼 활동한다.
• 나이가 들면 면역성이 낮아져서 傷痍에도 많이 고생한다.

기본 ① 創痍(창이) 瘡痍(창이)
발전 ① 金痍(금이)
사자성어 ① 滿身瘡痍(만신창이) ㊙ 創痍未瘳(창이미추)

翌
다음날 익【3074】

부수	획수	총획
羽	5	11

字源 〈형성〉 새들이 둥지에서 하룻밤을 자고 나면 이미 '하루의 날'이 지난 것으로 보았다. 날개를 쭈그리고 둥지에 앉아서 포근히 잠을 자고 일어난 다음 날에 두 발을 딛고 섰으니 쾌유가 참 빠르다. 새가 하룻밤을 자고 나서 날갯짓(羽)하며 훌훌 털고 일어서는(立) 이튿날로 [다음날(翌)]을 뜻하고 [익]으로 읽는다.

필순 フ フ ヲ ヲ 羽 羽 羽 翌 翌 翌 翌

기초 【기초한자어】 익히고, 【기본→발전한자어】 다지기
翌年(익년) 다음 해. 이듬해
翌夜(익야) 이튿날 밤
翌日(익일) 다음 날. 이튿날
• 오늘의 다음 날 밤을 '이튿날 밤'이라고 했었으니 바로 翌夜다.
• 일상생활에서 翌年에 해야 될 일과 翌日에 할 일을 구분하면 좋다.

기본 ① 翌夕(익석) 翌月(익월) 翌朝(익조)
발전 ① 翌亮(익량) 翌晩(익만) 翌週(익주) 翌春(익춘) 翌曉(익효)

姨
이모 이【3073】

부수	획수	총획
女	6	9

字源 〈형성〉 어머니 자매를 흔히 '이모'라 부른다. 어머니의 사랑이 담아져 있기에 아버지의 누이인 고모보다는, 어머니의 자매인 이모가 훨씬 더 정감이 간다. 그래서 그런지 이모에 대한 사랑이 극진했다. 오랑캐(夷)의 침략으로 부모를 잃어서 늘 생각나는 어머니(女)의 자매로 [이모(姨)]를 뜻하고 [이]로 읽는다.

필순 乚 乀 女 女 女 姏 姎 姨 姨

기초 【기초한자어】 익히고, 【기본→발전한자어】 다지기
姨母(이모) 어머니의 자매
姨從(이종) 이종사촌
姨姪(이질) 여자 형제의 자녀.
• 나에게 여자 兄弟의 子女는 姨姪이다.
• 姨母의 아들딸들이 나에게는 姨從이다.

기본 ① 姨妹(이매) 姨父(이부) 姨夫(이부) 姨子(이자) 堂姨(당이) 大姨(대이) 小姨(소이)
발전 ① 姨叔(이숙) 姨母夫(이모부) 姨兄弟(이형제)
사자성어 ① 姨從四寸(이종사촌)

咽
목구멍 인/목멜 열
삼킬 연【3075】

부수	획수	총획
口	6	9

字源 〈형성〉 입에서 나온 소리로 인연해 목구멍의 성대를 움직여서 소리가 나온다. 구성진 노래 소리도 목구멍에 인연한 현상도 마찬 가지이겠다. 소리를 크게 지르면 목이 메어 목이 쉬게도 된다. 목소리를 내는 입(口)과 그 인연(因)을 맺었다는 [목구멍(咽)] 또는 이로 의지하여 [목메다(咽)]는 뜻이고 [인]과 [열]로 읽는다.
回喉(목구멍 후)

필순 丨 口 口 미 미 미丁 미刃 미別 咽

기초 【기초한자어】 익히고, 【기본→발전한자어】 다지기
咽喉(인후) 목구멍
咽下(연하) 삼킴
咽色(열색) 숨이 막힘. 숨이 막히는 병
• 숨이 막힐 정도라 했고, 숨이 막히는 병을 咽色이라고 했다.
• 咽喉에 이상이 생겼는지 공기조차 咽下하기 어렵다.

기본 ① 咽領(인령) 咽咽(인인) 感咽(감열) 斷咽(단인) 悲咽(비열) 哀咽(애열) 充咽(충열) 呑咽(탄연) 下咽(하인) 嗚咽(함인)

1급

발전 ① 咽頭(인두) 咽響(열향) 嗚咽(오열) 特 揳咽(최열)
사자성어 ① 咽喉之地(인후지지)

부수	획수	총획
水	9	12

湮 묻힐 인 【3076】

字源 〈형성〉 비가 촉촉하게 내리면 얼부푼 흙이 녹아 단단해진다. 물기가 흙에 덮여서 단단한 것이다. 단단해지는 과정들을 흔히 흙에 묻힌다고 했다. 흙에 묻혀 살겠다는 노래도 음미하게 된다. 물기(氵)가 있도록 흙을 가만히 덮어서 〔垔〕 〔가라앉히다湮〕 또는 물에 길이 막혀서 〔묻히다湮〕는 뜻이고 〔인〕으로 읽는다.
圖 沒(빠질 몰) 沈(잠길 침)

필순 氵 氵 沪 沪 沔 沔 洒 洒 湮 湮

기초 【기초한자어】 익히고, 【기본→발전한자어】 다지기
湮棄(인기) 파묻힘. 영락함
湮滅(인멸) 자취도 없이 완전히 없어짐
湮散(인산) 뿔뿔이 흩어져 없어짐
• 버리어 파묻힘이나 榮落하는 현상을 湮棄라고 한다.
• 증거를 모두 湮滅하는 모습을 본 부하들은 여러 곳으로 湮散하고 말았다.

기본 ① 湮淪(인륜) 湮沒(인몰) 湮塞(인색) 湮厄(인액) 湮鬱(인울) 湮替(인체) 湮晦(인회) 埋湮(매인) 沈湮(침인)
발전 ① 湮微(인미) 湮放(인방) 湮伏(인복) 湮遠(인원) 湮墜(인추) 湮沈(인침) 湮透(인투) 湮廢(인폐) 鬱湮(울인) 特 湮殄(인진) 特 湮圮(인비) 湮阨(인액)
사자성어 ① 證據湮滅(증거인멸)

부수	획수	총획
虫	4	10

蚓 지렁이 인 【3077】

字源 〈형성〉 지렁이는 식물질과 함께 흙을 삼켰다가 소화하고 흙을 배설함으로써 땅을 갈아주는 것과 같은 좋은 효과를 낸다. 지렁이는 낮에는 별로 활동하지 않고, 밤이나 비 오는 날 구멍에서 땅 위로 나온다. 발이 없으면서도 몸을 이끌면서〔引〕 꿈틀꿈틀 기어가는 벌레(虫)로 〔지렁이蚓〕를 뜻하고 〔인〕으로 읽는다.

필순 丶 口 口 中 虫 虫 虫'蚓蚓

기초 【기초한자어】 익히고, 【기본→발전한자어】 다지기
蚓操(인조) 남에게 신세지지 않고 사람으로서 예절을 지키는 것을 비유

附蚓(부인) 지렁이
寒蚓(한인) 지렁이
• 附蚓, 寒蚓이라고 하는 지렁이는 땅을 거름지게 만들어 준다고 한다.
• 그 청상과부의 수절이야말로 蚓操에 견줄 만하구나.

기본 ① 紫蚓(자인) 秋蚓(추인)
발전 ① 蚓曲(인곡) 蚓廉(인렴) 蚓泣(인읍) 春蚓(춘인)
출전 蚯蚓(구인)
사자성어 ① 春蚓秋蛇(춘인추사) 以蚓投魚(이인투어)

부수	획수	총획
革	3	12

靭 질길 인 【3078】

字源 〈형성〉 잡아당겨도 끊어지지 않고 멀쩡할 때 이런 현상은 질기다. 가죽 끈은 아무리 잡아 당겨도 질겨 끊어지지 않는다. 예리한 칼날에도 버티며 강인함을 자랑했으니 질긴 운명이다. 털가죽이라 했으니 가죽(革)은 부드러우면서 끊어지지 않고 강인하다고 했으니〔刃←忍〕 〔질기다靭〕는 뜻이고 〔인〕으로 읽는다.

필순 一 十 卄 卄 苗 苗 革 靭靭靭

기초 【기초한자어】 익히고, 【기본→발전한자어】 다지기
靭帶(인대) 관절의 두 뼈를 서로 이어 주는 탄력 있는 힘줄
強靭(강인) 억세고 질김
堅靭(견인) 단단하고 질김
• 그 옷의 材質이 단단하고 질겼으니 堅靭이라고도 한다.
• 強靭한 체력을 가졌지만, 그에게도 靭帶의 破裂은 치명적이었다.

기본 ① 靭皮(인피)
발전 ① 靭性(인성)

부수	획수	총획
水	10	13

溢 넘칠 일 【3079】

字源 〈형성〉 양동이에 물을 부으면 가득 차서 넘친다. 그릇에 들어갈 수 있는 양 이상은 더는 담기지 않는다. 물이 동이에 가득차면 그 이상은 넘친다는 말이 나왔으니 큰 삶의 교훈이 된다. 물(氵)이 담긴 그릇에 많은 물을 더(益) 부었더니 그릇에 가득 채워져서 넘쳐흘렀으니 〔넘치다溢〕는 뜻이고 〔일〕로 읽는다.

필순  丶 丶 氵 氵 泠 泠 泱 浴 溢 溢

기초 【기초한자어】 익히고, 【기본→발전한자어】 다지기
溢決(일결) 물이 넘쳐 둑이 터짐
溢流(일류) 액체 따위가 넘쳐흐름
溢喜(일희) 더할 나위 없이 넘치는 기쁨
• 저수지나 堡가 넘쳐 둑이 터지는 사태를 溢決이라고 한다.
• 물이 溢流하는 것처럼 그때의 기분은 溢喜였다.

기본 ① 溢味(일미) 溢肥(일비) 溢譽(일예) 溢血(일혈) 驕溢(교일) 滿溢(만일) 富溢(부일) 盛溢(성일) 逆溢(역일) 縱溢(종일) 充溢(충일) 豊溢(풍일) 海溢(해일)

발전 ① 溢利(일리) 溢美(일미) 溢越(일월) 溢溢(일일) 放溢(방일) 氾溢(범일) 漲溢(창일) 滿則溢(만즉일)

사자성어 ① 溢美過實(일미과실) 溢美溢惡(일미일악) 溢美之言(일미지언)

부수	획수	총획
人	5	7

佚
편안 일
질탕 질【3080】

字源 〈형성〉 사람의 고생은 영원하지 않다. 어려운 과정이 지나면 순탄한 일이 돌아온다. 이 한자와 더불어 신나는 정도가 지나치도록 흥겹다는 뜻으로 [질탕(佚蕩)]하다는 한자가 잘 쓰인다. 그간 고생했던 사람(亻)이 이제 큰 고비를 벗어나(失) 이제는 [편안하다(佚)] 또는 [질탕하다(佚)]는 뜻이고 [일] 또는 [질]로 읽는다.
圖 蕩(방탕할 탕)

필순

기초 【기초한자어】 익히고, 【기본→발전한자어】 다지기
佚女(일녀) 드물게 보는 미인. 미녀
佚道(일도) 백성을 편안하게 하는 방도
佚民(일민) 세상에 나서지 않고 파묻히어 지내는 사람
• 세상을 등진 佚民이 많은 시대는 이미 지났다.
• 佚女에 정신이 빠진 원님은 佚道를 생각지도 않는다.

기본 ① 佚居(일거) 佚樂(일락) 佚老(일로) 佚罰(일벌) 佚書(일서) 佚遊(일유) 安佚(안일) 遺佚(유일) 佚蕩(질탕)

발전 ① 佚豫(일예) 佚欲(일욕) 佚忽(일홀) 佚宕(질탕) 更佚(경질) 奢佚(사일) 淫佚(음일) 沈佚(침일) 豊佚(풍일) ㈵ 佚畋(일전) 遏佚(알일)

사자성어 ① 驕奢淫佚(교사음일) 以佚待勞(이일대로)

부수	획수	총획
刀	10	12

剩
남을 잉 :【3081】

字源 〈형성〉 물건을 만들다 보면 많이 조립하여 이윤을 남기는 경우가 있다. 다음에 쓴다면 아무런 문제가 없겠지만 과한 분량은 오히려 처치가 곤란하다. 과소비도 처치가 곤란하여 재고만 쌓인다. 물건을 가득 싣다가(乘) 칼(刂)로 잘라서 나머지를 [남기다(剩)] 또는 이익이 올라 [남다(剩)]는 뜻이고 [잉]으로 읽는다.
圖 過(지날 과) 餘(남을 여) 回 剰

필순

기초 【기초한자어】 익히고, 【기본→발전한자어】 다지기
過剩(과잉) 너무 지나치게 남음
剩金(잉금) 남은 돈
剩餘(잉여) 쓰고 난 나머지
• 생산을 많이 하여 쓰고 남은 나머지인 剩餘로 불우 이웃을 도왔다.
• 곡식이 過剩하여 이웃에게 剩金과 함께 고루 나누어 주었다.

기본 ① 剩利(잉리) 剩數(잉수) 剩哀(잉애) 剩額(잉액) 剩語(잉어) 剩員(잉원) 剩錢(잉전) 餘剩(여잉) 足剩(족잉)

발전 ① 剩讀(잉독) 剩說(잉설) 剩條(잉조) ㈵ 冗剩(용잉)

사자성어 ① 剩餘價値(잉여가치) 供給過剩(공급과잉)

부수	획수	총획
子	2	5

孕
아이밸 잉 :
【3082】

字源 〈형성〉 乃은 '이에, 접때' 등의 뜻으로 쓰인 글자다. 상형으로 보아 허리 굽은 여자가 아이를 밴 모양을 본뜬 글자로 보았다. 아이 밴 여자가 자식을 잉태한 모습으로 보았음을 알 수 있다. '乃'는 아이 밴 여자의 모양을 본뜬 글자로, 선호하는 아들(子)을 하나 더했으니 [아이 배다(孕)]는 뜻이고 [잉]으로 읽는다.
圖 胎(아이 밸 태)

필순

기초 【기초한자어】 익히고, 【기본→발전한자어】 다지기
孕別(잉별) 새끼를 낳음. 분만. 수컷을 떠나 새끼를 품는 일
孕婦(잉부) 아이를 밴 부인
孕胎(잉태) 아이를 가짐. 임신
• 里長 아주머니가 孕婦터니만 아들을 낳아 덩실덩실 춤을 추었다.
• 어미 소가 孕胎했던 누렁이가 이제 孕別하여 잘 자라고 있다는구나.

기본 ① 孕母(잉모) 孕乳(잉유) 孕育(잉육) 孕重(잉중) 遺孕(유잉) 字孕(자잉) 胎孕(태잉) 含孕(함잉) 懷孕(회잉)

발전 ① 孕身(잉신) 降孕(강잉) 胚孕(배잉) 育孕(육잉)

1급

부수	획수	총획
火	4	8

구울 자
구울 적【3083】

字源 〈회의〉'회자膾炙'란 말이 있다. 낡은 회와 구운 고기라는 뜻으로, 널리 칭찬을 받으며 사람들 입에서 입으로 전해짐이란다. 그래서 널리 알려짐을 '인구에 회자된다'는 말로 인용해서 사용했다. 갓 잡은 날고기(月=肉)를 불(火)에 잘 구워서 한 끼를 맛있게 먹을 수 있도록 [굽다(炙)]는 뜻이고, [자] 혹은 [적]으로 읽는다.

필순 ﾉクタタ歹歹炙炙

기초 【기초한자어】 익히고, 【기본→발전한자어】 다지기
炙鐵(적철) 석쇠
炙膾(적회) 산적
炙手(자수) 손을 불에 쬠. 손을 쬐면 델 만큼 뜨거움
• 쇠고기를 썰어 양념하여 꼬챙이에 꿰어 구운 飮食이 炙膾다.
• 모닥불 위에 炙鐵을 올려두고 炙手하면서 삼겹살을 잘 구웠더니 맛이 좋다.

기본 ① 炙背(자배) 魚炙(어적) 親炙(친자) 膾炙(회자)
발전 ① 炙器(적기) 炙臺(적대) 炙色(적색) 炙子(적자) 燔炙(번자) 釜炙(부자) 散炙(산적) 燒炙(소자) 燕炙(연자) 殘炙(잔자) 酒炙(주자) 脯炙(포자) 薰炙(훈자) 特 蒜炙(산적) 特 炙戴(적자)
사자성어 ① 炙手可熱(자수가열) 欲炙之色(욕적지색) 膾炙人口(회자인구)

부수	획수	총획
艹	14	18

핑계할 자 :
깔 자【3084】

字源 〈형성〉들이나 산에 나가면 자리를 깔고 앉는다. 깔판자리를 배낭을 메고 갔다가 임시로 앉을 수 있는 작은 자리를 깐다. 이 한자는 임시로 핑계를 대면서 슬쩍 속인다는 뜻도 있다. 연장을 빌려(耤) 소먹이 풀(艹)을 벤 후에 자리를 [깔고(藉)] 앉다 또는 그 일을 [핑계삼아서(藉)] 잠시 쉰다는 뜻이고 [자]로 읽는다.
回 籍(문서 적)

필순 艹艹芏苹苹藉藉藉藉藉

기초 【기초한자어】 익히고, 【기본→발전한자어】 다지기
藉口(자구) 구실을 붙여 변명함. 핑계함
藉藉(자자) 여러 사람의 입에 오르내리는 모양
藉勢(자세) 자기나 남의 세력을 믿고 세도를 부림
• 자기나 남 세력을 믿고 藉勢 부린다고 했다.
• 네 실패에 대한 藉口가 진실이 아니라는 소문이

藉藉하다.
기본 ① 藉令(자령) 藉甚(자심) 權藉(권자) 踏藉(답자) 崩藉(붕자) 承藉(승자) 溫藉(온자) 枕藉(침자)
발전 ① 藉名(자명) 藉手(자수) 藉重(자중) 藉草(자초) 藉稱(자칭) 藉託(자탁) 藉托(자탁) 藉田(적전) 狼藉(낭자) 憑藉(빙자) 蘊藉(온자) 慰藉(위자) 薦藉(천자) 慰藉料(위자료)
사자성어 ① 藉口之端(자구지단) 藉其勢力(자기세력) 名聲藉甚(명성자심)

부수	획수	총획
瓦	6	11

사기그릇 자
【3085】

字源 〈형성〉흙을 차지게 빚어 무늬가 나게 구우면 옹기 혹은 사기그릇이 된다. 이 그릇은 초벌을 구웠다가 재벌 혹은 세 번까지 굽기도 한다. 고운 무늬를 잘 그려 넣어 쉽게 깨지지 않는 그릇이 된다. 질그릇(瓦)을 약간 구운 다음에 다시(次) 구운 질그릇인 오지그릇으로 [사기그릇(瓷)]을 뜻하고 [자]로 읽는다.

필순 丶冫冫次次次瓷瓷瓷

기초 【기초한자어】 익히고, 【기본→발전한자어】 다지기
瓷器(자기) 오지그릇
花瓷(화자) 무늬가 있는 도자기
綠瓷(녹자) 녹색을 띤 자기
• 비록 불품은 없어도 瓷器에 음식을 담아 먹는 게 좋다.
• 花瓷나 綠瓷는 모두 도예공의 피나는 예술품이다.

기본 ① 素瓷(소자) 紫瓷(자자)
발전 ① 瓷鼓(자고) 瓷燈(자등) 瓷佛(자불) 瓷硯(자연) 瓷印(자인) 瓷枕(자침) 瓷塔(자탑) 瓷胎(자태) 瓷土(자토) 陶瓷(도자) 靑瓷(청자) 翠瓷(취자) 陶瓷器(도자기)

부수	획수	총획
艹	11	15

사탕수수 자
【3086】

字源 〈형성〉사탕수수는 설탕과 당밀의 주원료인 단맛의 액즙을 얻기 위해 열대 지방에서 기른다. 뉴기니에서 최초로 재배한 것으로 전하며, 인류가 이동한 경로를 따라 인도, 폴리네시아로 전파되었다. 볏과에 속한 여러해살이(庶) 풀(艹)로 줄기에서 즙을 짜서 설탕의 주원료가 되는 [사탕수수(蔗)]를 뜻하고 [자]로 읽는다.

필순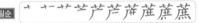

【기초】【기초한자어】익히고, 【기본→발전한자어】 다지기
蔗糖(자당) 사탕수수를 고아서 만든 설탕
蔗境(자경) 담화나 문장 또는 사건 따위가 재미있어
지는 대목
甘蔗(감자) 사탕수수. 볏과에 속한 여러해살이풀
• 삼촌이 사 온 설탕보다 집에서 甘蔗로 만든 蔗糖
이 훨씬 더 감미롭다.
• 겨우 蔗境에 다다랐는데 책을 빼앗기고 말았다.
【기본】 ① 蔗漿(자장) 都蔗(도자) 食蔗(식자)
【발전】 ① 蔗霜(자상) 蔗田(자전) 蔗酒(자주) 【特】諸蔗(저자)

부수	획수	총획
火	9	13

삶을 자(:)
【3087】

【字源】〈형성〉'삶다'는 뜻은 '대상물을 물속에 넣고 잘 끓이다'가
원형이다. '빨래를 삶다. 구워서 삶다, 되삶다'는 용어도 사
용된다. 취사할 때 솥에 땔나무를 넣고 물에 세제를 넣고
삶으면 깨끗한 빨래가 된다. 사람(者)이 취사할 때에 땔나
무 불(灬)을 밑에 넣고 지펴서 푹 잘 끓였으니 [삶다(煮)]
는 뜻이고 [자]로 읽는다.

【필순】

【기초】【기초한자어】익히고, 【기본→발전한자어】 다지기
煮沸(자비) 펄펄 끓음. 펄펄 끓임
煮湯(자탕) 끓인 물
煮字(자자) 글을 익힘
• 어린이는 물이 煮沸하는 곳에 못 가게 해야겠네.
• 煮湯과 煮字는 물 끓이듯 글을 익힌다고 했으니
그 노력은 같다.
【기본】 ① 羹煮(갱자) 私煮(사자) 雜煮(잡자) 炊煮(취자) 亨煮
(팽자)
【발전】 ① 煮乾(자건) 煮鹽(자염) 熏煮(훈자) 【特】煮茗(자명)
【特】煮賣(자책) 炮煮(포자)
【사자성어】 ① 煮豆燃其(자두연기) 【特】煮粥焚鬚(자죽분수)

부수	획수	총획
人	3	5

자세할 자【3088】

【字源】〈형성〉스승은 제자를 가르칠 때 자상하게 지도한다. 부
모가 자식의 행실을 가르칠 때에 행동의 방향까지 자세하
게 가르치곤 했다. 행동 범주의 실증까지를 보이면서 가
르쳐 지침을 삼게 했다. 어른이 된 사람(亻)이 자식(子)에
게 무엇이든지 올바르게 잘 일러주었으니 [자세하다(仔)]
는 뜻이고 [자]로 읽는다.

【同】詳(자세할 상) 細(가늘 세)

【필순】

【기초】【기초한자어】익히고, 【기본→발전한자어】 다지기
仔詳(자상) 찬찬하고 자세함
仔細(자세) 사소한 부분까지 아주 구체적이고 분명함
仔蟲(자충) 애벌레. 알에서 나온 후 아직 다 자라지
아니한 벌레
• 배춧잎 사이사이에 仔蟲이 잔뜩 꼈다.
• 어머니의 仔詳한 성품을 닮아 선생님은 仔細하게
가르쳐 주신다.
【기본】 ① 仔肩(자견) 肩仔(견자) 蛤仔(합자)
【발전】 ① 仔豚(자돈) 仔畜(자축)

부수	획수	총획
疒	6	11

허물 자【3089】

【字源】〈형성〉'허물'은 저지른 잘못이나 부족한 흠점이다. 옷을
벗듯이 죄나 누명 따위를 씻어 없애는 것도 될 수가 있겠
으니 같은 의미겠다. 모질고도 심한 병(疒)을 앓다가 이제
병이 그치면(此) 몸에 흉터만 생겼다 했으니 [허물(疵)]을
뜻하고 [자]로 읽는다.
【同】瑕(허물 하) 痕(흔적 흔) 【回】疕(다릿병 비)

【필순】

【기초】【기초한자어】익히고, 【기본→발전한자어】 다지기
疵國(자국) 결점이 있는 나라. 결점 천지의 나라
疵病(자병) 상처. 흠. 결점
疵瑕(자하) 결점. 흠. 과실. 상처를 입힘. 해침
• 결점과 같은 상처와 흠결은 누구나 있으니 疵病이다.
• 疵國에 사는 국민이라고 모두 疵瑕롭지는 않다.
【기본】 ① 疵痕(자흔) 無疵(무자) 卑疵(비자) 細疵(세자) 隱疵
(은자) 箴疵(잠자) 八疵(팔자) 毀疵(훼자)
【발전】 ① 疵疠(자방) 疵點(자점) 小疵(소자) 瑕疵(하자) 【特】疴疵
(가자) 【特】疵厲(자려) 疵釁(자흔)
【사자성어】 ① 吹毛覓疵(취모멱자)

부수	획수	총획
勺	1	3

구기 작【3090】

【字源】〈상형〉'구기'는 자루가 달린 술 따위를 푸는 작은 용기다.
그래서 흔히 잔(盞) 혹은 악기의 하나인 피리나 풍류(風
流)의 이름으로 쓰인다. '잔질하다. 푸다. 떠내다'는 뜻으로

1급

쓰인다. 잘 쓰는 [구기]의 모양을 본떠서 쓰임새 좋은 [구기(勺)] 혹은 작은(ヽ) 보자기(勹)에 잘 쌌으니 [조금(勺)]을 뜻하고 [작]으로 읽는다.

필순 ノ 勹 勺

기초 【기초한자어】 익히고, 【기본→발전한자어】 다지기
勺飮(작음) 소량의 음료
圭勺(규작) 근소한 분량
勺水(작수) 한 국자의 물. 아주 적은 양
• 심한 갈증에 한 모금의 勺飮은 마치 천금과 같다.
• 圭勺과 勺水는 근소한 분량이나 아주 적은 양으로 같다.

기본 ① 勺藥(작약) 鼻勺(비작) 升勺(승작) 觸勺(촉작)
발전 ① 龍勺(용작) 特 勺羃(작멱) 名 勺觶(작치)
사자성어 ① 勺水不入(작수불입) 勺藥之贈(작약지증)

	부수	획수	총획
鵲	鳥	8	19

까치 작 【3091】

字源 〈형성〉까치는 땅에서 두 발을 모으고 뛰거나 걸으며 먹이를 찾는다. 놀라거나 비상시에는 뛰면서 날아오른다. 여름에는 해로운 곤충을 잡아먹어 사람에게 도움을 주며 희소식을 전한 길조이다. 예로부터(昔) 희소식을 잘 전해 주었으며 사람들이 길조로 여겼던 새(鳥)이니 [까치(鵲)]를 뜻하고 [작]으로 읽는다.

필순

기초 【기초한자어】 익히고, 【기본→발전한자어】 다지기
鵲橋(작교) 까치의 다리. 오작교(烏鵲橋)
鵲報(작보) 까치 소리. 기쁜 소리
鵲巢(작소) 까치의 둥우리. 까치집. 시경의 편명
• 까치 소리를 기쁜 소리라 했으니 鵲報는 기분 좋다.
• 까치집인 鵲巢가 가까워 鵲橋까지 있어 까치가 많다.

기본 ① 鵲鏡(작경) 鵲聲(작성) 鵲語(작어) 鵲王(작왕) 乾鵲(건작) 群鵲(군작) 山鵲(산작) 烏鵲(조작) 朱鵲(주작) 扁鵲(편작) 喜鵲(희작)
발전 ① 鵲豆(작두) 鵲喜(작희) 鵲鵠(곡작) 宋鵲(송작) 烏鵲(오작) 名 鵲噪(작조)
사자성어 ① 鵲巢鳩居(작소구거) 烏鵲通巢(오작통소)

	부수	획수	총획
綽	糸	8	14

너그러울 작 【3092】

字源 〈형성〉오늘도 싫지만, 내일이 오는 것이 더 싫은 사람은 달을 쳐다본다. 밤은 약자에게는 너그럽다. 높은 관리들도 춥고 배고픈 사람들을 먼저 생각하며 곡식을 나누어 너그러운 마음을 보였다. 높은 관리(卓)가 덕망과 진심으로 백성을 다스릴(糸) 때의 그 마음 씀이 [너그럽다(綽)]는 뜻이고 [작]으로 읽는다.

필순

기초 【기초한자어】 익히고, 【기본→발전한자어】 다지기
綽然(작연) 침착하고 여유 있는 모양
綽態(작태) 여유 있고 침착한 모양
綽號(작호) 별명
• 綽號는 본명 外에 남들이 別名처럼 지어서 불러 주는 이름으로 알려진다.
• 그의 綽然한 모습에 걸맞은 綽號를 지어 주었다.

기본 ① 綽名(작명) 綽約(작약) 綽兮(작혜) 寬綽(관작) 卓綽(탁작) 弘綽(홍작) 和綽(화작)
발전 ① 綽綽(작작) 略綽(약작) 揮綽(휘작) 特 綽楔(작설) 閒綽(한작)
사자성어 ① 綽有餘地(작유여지) 餘裕綽綽(여유작작) 特 綽楔之典(작설지전)

	부수	획수	총획
灼	火	3	7

불사를 작 【3093】

字源 〈형성〉어두운 밤에 불을 살라 주위를 밝혔다. 조그마한 성냥개비가 온 천지를 밝게 하는 성화로 번질 수도 있다. 그래서 작은 불씨를 잘 관리하여 오래도록 환하고도 따뜻한 기운을 냈다. 밤에 비록 작게 켜는 불(火)은 밝았나니 비록 조그마한(勺) 성냥개비겠지만 [불사르다(灼)]는 뜻이고 [작]으로 읽는다.
동 焚(불사를 분) 燒(불사를 소)

필순

기초 【기초한자어】 익히고, 【기본→발전한자어】 다지기
灼見(작견) 환히 봄. 상세하게 죄다 앎
灼爛(작란) 타서 문드러짐
焦灼(초작) 근심하여 속이 몹시 탐
• 焦灼은 크고 작은 일로 인해 근심하여 속이 몹시 타는 상태이다.
• 화재로 세간이 灼爛함을 灼見하자니 너무 가슴 아프다.

기본 ① 灼骨(작골) 灼艾(작애) 灼懸(작현) 悼灼(도작) 焚灼(분작) 炎灼(염작) 照灼(조작) 鑽灼(찬작) 薰灼(훈작)
발전 ① 灼龜(작귀) 灼然(작연) 灼熱(작열) 灼灼(작작) 灼知(작지) 灼察(작찰) 蟠灼(반작) 熾灼(치작) 熏灼(훈작) 熙灼(희작) 特 灼怛(작달) 名 灼爍(작삭)
사자성어 ① 夭夭灼灼(요요작작)

부수	획수	총획
口	18	21

씹을 작【3094】

字源 〈형성〉 음식 덩어리를 입에 넣어 씹어서 목구멍으로 넘긴다. 침과 당분이 나와 소화를 촉진시킨다. 음식은 씹는 맛으로 먹는다고 했었다. 참새가 자잘한 음식을 넘기는 모습을 씹는다고도 보았으리라. 한 덩이 작은 음식일망정 입(口)에 넣어서 잘게 [爵=雀] 부수면서 꼭꼭 [씹다(嚼)]는 뜻이고 [작]으로 읽는다.
园 咀(씹을 저) 咙(씹을 담)

필순 口 口' 叺 哜哜 嚼 嚼嚼 嚼嚼

기초 【기초한자어】 익히고, 【기본→발전한자어】 다지기
嚼蠟(작랍) 밀랍을 씹음. 맛이 없음의 비유
嚼味(작미) 씹어 맛을 알아냄. 글 따위의 맛을 음미함
咀嚼(저작) 음식을 씹음
• 메뚜기, 잠자리가 먹이를 잘 씹는 것은 咀嚼口 덕분이라고 한다.
• 기대했던 고기 맛이 嚼味했더니만 마치 嚼蠟만도 같음이여!

기본 ① 吟嚼(음작) 呑嚼(탄작) 含嚼(함작)
발전 ① 嚼口(작구) 嚼咀(작저) 嚼復嚼(작부작) 特 嚼癒(작절)
출진 嚼咀(작저)

부수	획수	총획
隹	3	11

참새 작【3095】

字源 〈회의〉 참새의 몸집은 차분한 모습과는 상당히 거리가 멀다. 하는 짓도 무게감이 있는 것도 아니고 몸으로 재주를 부리는 듯이 촐랑거리는 모습이다. 그래서 참새의 모습은 매우 작다고 했다. 날짐승 중에서 유독 몸집이 작으면서도 小() 하늘을 나는 솜씨가 썩 좋은 새(隹)로 [참새(雀)]를 뜻하고 [작]으로 읽는다.

필순 丨 小 小 少 少 乴 乴 雀 雀 雀

기초 【기초한자어】 익히고, 【기본→발전한자어】 다지기
雀羅(작라) 새를 잡는 그물. 새그물
雀立(작립) 참새가 날며 춤추듯이 깡충깡충 뛰면서 기뻐함
雀息(작식) 입을 다물고 말을 하지 않음
• 雀立은 참새가 날며 춤추듯이 깡충깡충 뛰며 기뻐함이다.
• 지금 雀羅를 쳐 놓았으니, 모두들 雀息하고 조금만 더 기다려 보자.

기본 ① 雀麥(작맥) 雀盲(작맹) 雀斑(작반) 雀躍(작약) 鷄雀

(계작) 孔雀(공작) 羅雀(나작) 桃雀(도작) 麻雀(마작) 負雀(부작) 小雀(소작) 燕雀(연작) 鳥雀(조작) 靑雀(청작) 楚雀(초작) 黃雀(황작)
발전 ① 雀角(작각) 雀口(작구) 雀梅(작매) 雀目(작목) 雀弁(작변) 雀蜂(작봉) 雀舌(작설) 雀飾(작식) 雀羽(작우) 雀肉(작육) 鸛雀(관작) 鳩雀(구작) 群雀(군작) 山雀(산작) 燕雀(연작) 雲雀(운작) 乳雀(유작) 雀卵斑(작란반) 雀舌茶(작설차) 特 雀釵(작차) 特 鶉雀(순작) 充진 簷雀(첨작)
사자성어 ① 雀角鼠牙(작각서아) 明珠彈雀(명주탄작) 門前雀羅(문전작라) 掩目捕雀(엄목포작)

부수	획수	총획
火	5	9

터질 작【3096】

字源 〈형성〉 '터지다'의 본래 뜻은 내용물이 가득 차서 싸고 있는 것이 찢어지거나 부서지는 현상을 말한다. 폭탄이 터진다거나 원자 폭탄 추진체가 2차로 폭발하는 그러한 현상과 같다 하겠다. 화약의 인화성 불길(火)이 잠깐(乍) 사이일망정 큰 화상을 입힐 수 있을 만큼 크게 [터지다(炸)]는 뜻이고 [작]으로 읽는다.

필순 丶 丶 丷 火 火 炸 炸 炸 炸

기초 【기초한자어】 익히고, 【기본→발전한자어】 다지기
炸裂(작렬) 폭발하여 터짐
炸發(작발) 화약이 폭발함
炸彈(작탄) 작약을 넣은 탄환. 손으로 던져서 터뜨리는 폭탄
• 영화의 장면에서 炸裂함이 마치 현실과 같았다.
• 炸彈은 작약을 넣은 탄환으로 손으로 던져서 터뜨리는 폭탄이다.

기본 ① 炸藥(작약)
발전 ① 炸藥室(작약실) 炸藥花(작약화) 特 炸醬麵(자장면)

부수	획수	총획
艸	3	7

함박꽃 작【3097】

字源 〈형성〉 '함박웃음'이라는 말이 있듯이 그 어감(語感)이 좋다. 함지박처럼 입을 벌리고 웃어서 기분 좋은 꽃이다. 목련과 산목련, 모란과 작약이 해당된다. 꽃송이가 넉넉해 '꽃 중의 꽃'으로 손꼽힌다. 아름답고 빛나는 (勺←灼) 꽃을 피어내는 곱디 고운 화초(艹)의 일종으로 [함박꽃(芍)]을 뜻하고 [작]으로 읽는다.

필순 一 艹 芍 芍 芍 芍 芍

1급

기초 【기초한자어】 익히고, 【기본→발전한자어】 다지기
芍藥(작약) 미나리아재빗과의 여러해살이풀. 함박꽃
• 芍藥을 흔히 함박꽃이라 부르는데 여러해살이풀
에 해당된다.
• 나는 지금까지 芍藥보다 더 큰 꽃을 보지 못했다.
발전 ① 木芍藥(목작약)

부수	획수	총획
木	8	12

사다리 잔【3098】

字源 〈형성〉 사다리는 어딘가에 기대거나 매달아서 높은 곳과
낮은 곳 사이를 디디면서 오르고 내릴 수 있는 긴 도구다.
높은 곳을 오르내릴 수 있도록 긴 지지대에 일정한 간격
으로 발판이 있다. 큰 통나무(木)를 작게(戔) 깎아서 쌓아
만들어 오를 때에 자주 사용했던 지지대와 같은 [사다리(棧)]
를 뜻하고 [잔]으로 읽는다.
回橋(다리 교) 回桟

필순 一 十 才 木 木 杓 杓 杙 棧 棧

기초 【기초한자어】 익히고, 【기본→발전한자어】 다지기
棧車(잔거) 나무나 대나무를 얽어서 만든, 꾸미지 않
은 수레
棧橋(잔교) 부두에서 선박에 걸쳐 놓아 오르내리게
만든 다리
棧道(잔도) 험한 곳에 선반처럼 달아서 낸 길. 높은
누각 복도
• 棧車는 나무나 대나무를 얽어서 만든 꾸밈이 없는
수레다.
• 棧道를 지나 棧橋까지 걷다보니 오늘은 참으로 많
이 피곤하구나.
기본 ① 棧閣(잔각) 棧徑(잔경) 棧房(잔방) 棧雲(잔운) 棧棧
(전전) 劍棧(검잔) 曲棧(곡잔) 斷棧(단잔) 馬棧(마잔)
棚棧(붕잔) 飛棧(비잔) 石棧(석잔) 羊棧(양잔) 虹棧(홍잔)
발전 ① 棧板(잔판) 雲棧(운잔) 危棧(위잔) 朽棧(후잔)
사자성어 ① 棧豆之戀(잔두지련)

부수	획수	총획
皿	8	13

잔 잔【3099】

字源 〈형성〉 퇴근 후 친지와 만나 몸을 푸는 술 한 잔은 우리네
생활이고, 정담이었다. 한 잔 술을 받으며 인생을 노래했
고 정을 주고받았다. 속엣말들이 오고갔으니 참신한 출발
선이었다. 그릇(皿)처럼 차곡차곡 포개어져 쌓아둔(戔)
[술잔(盞)] 또한 작고도 얇은(戔) 그릇(皿)에 담았던 [잔(盞)]
을 뜻하고 [잔]으로 읽는다.

필순

기초 【기초한자어】 익히고, 【기본→발전한자어】 다지기
盞臺(잔대) 술잔을 받쳐 놓은 그릇
玉盞(옥잔) 옥으로 만든 잔
瓦盞(와잔) 질흙으로 구워 만든 술잔
• 술을 마실 때 술잔을 받쳐 놓은 그릇을 盞臺라 한다.
• 비록 盞臺 없이 술을 마셨을지라도 그 맛은 어찌
玉盞에다 비하리오.
기본 ① 建盞(건잔) 金盞(금잔) 滿盞(만잔) 酒盞(주잔)
발전 ① 盞面(잔면) 盞石(잔석) 燈盞(등잔) 添盞(첨잔)
사자성어 特 摺東盞西(접동잔서)

부수	획수	총획
竹	9	15

경계 잠【3100】

字源 〈형성〉 속 깊은 잠언(箴言)을 이야기하곤 한다. 가르침이
될 만한 글을 읽고 자기를 진실로 뉘우치고 생의 교훈으
로 삼는다는 말이겠다. 이런 책을 읽고 생활을 반성하고,
경계하면서 살아간다. 사람에게 꼭 교양이 될 만한 책(竹)
을 다(咸) 읽고 나면 그 무엇이라도 자주 [경계하다(箴)]는
뜻이고 [잠]으로 읽는다.
回警(경계할/깨우칠 경) 戒(경계할 계)

필순

기초 【기초한자어】 익히고, 【기본→발전한자어】 다지기
箴戒(잠계) 남을 훈계함. 또는 그 훈계
箴石(잠석) 돌침
箴言(잠언) 가르쳐서 훈계하는 말
• 남을 訓戒하거나 또는 그러한 訓戒를 일러 箴戒
라고 했다.
• 성경의 箴言을 읽다가 箴石에 찔린 듯한 마음으로
많은 呵責(가책)을 느꼈다.
기본 ① 箴銘(잠명) 箴訓(잠훈) 官箴(관잠) 明箴(명잠) 文箴
(문잠) 世箴(세잠) 良箴(양잠) 酒箴(주잠)
발전 ① 箴諫(잠간) 箴警(잠경) 箴儆(잠경) 箴規(잠규) 箴諷
(잠풍) 戒箴(계잠) 規箴(규잠)
사자성어 ① 切磨箴規(절마잠규)

부수	획수	총획
竹	12	18

비녀 잠【3101】

字源 〈형성〉 여자들은 머리를 잘 다듬기 위해 비녀를 곱게 꽂
았다. 처음의 비녀는 대나무를 곱게 다듬어 비녀를 만들

어 썼다. 요즈음은 금비녀, 은비녀가 있어서 고운 장신구의 역할까지 한다. 비록 쪽머리이지만 풀어지지 않도록 대나무(竹)로 꽂아서(晉←潛) 장신구로 보였던 [비녀(簪)]를 뜻하고 [잠]으로 읽는다.

필순 ⺮ ⺮⺮ ⺮⺮ ⺮⺮ ⺮⺮ 簪 簪 簪 簪

기초 【기초한자어】 익히고, 【기본→발전한자어】 다지기
簪帶(잠대) 관에 꽂는 비녀의 띠. 벼슬아치의 비유
簪珥(잠이) 비녀와 귀고리
珠簪(주잠) 구슬로 꾸민 비녀
• 簪珥는 구슬로 만든 귀고리인 반면, 珠簪은 구슬로 꾸민 비녀라 한다.
• 남편의 簪帶에 따라서, 아내 또한 簪珥가 달라지는 제도가 있었다.

기본 ① 簪圭(잠규) 簪筆(잠필) 簪笏(잠홀) 金簪(금잠) 斜簪(사잠) 玉簪(옥잠) 投簪(투잠)

발전 ① 簪弁(잠변) 簪紳(잠신) 簪組(잠조) 簪花(잠화) 冠簪(관잠) 鳳簪(봉잠) 抽簪(추잠) 金簪草(금잠초) 特 簪纓(잠영) 特 簪紱(잠불) 盍簪(합잠) 굴진 簪裾(잠거)

사자성어 ① 簪纓世族(잠영세족)

부수	획수	총획
木	13	17

돛대 장【3102】

字源 〈형성〉 어부들이 너른 바다에 나가 고기를 잡기 위해서는 돛을 올려 항해를 했다. 바다에는 바람 잘 날이 없다고 말하듯이 바람을 돛에 담아 항해했다. 어부들의 생명줄과도 같았던 돛이다. 돈을 아끼는(嗇) 어부들이 항해를 하기 위해 배에 높은 돛을 세웠던 긴 나무(木) 기둥으로 [돛대(檣)]를 뜻하고 [장]으로 읽는다.

필순 十 木 木 木 木 檣 檣 檣 檣 檣

기초 【기초한자어】 익히고, 【기본→발전한자어】 다지기
檣竿(장간) 돛대
檣樓(장루) 군함의 돛대 위에 설치한 망루
檣頭(장두) 돛대의 꼭대기
• 檣頭는 배의 돛대 꼭대기이고, 장군이 모든 해군을 지휘했다.
• 배의 檣樓 위에 올라서 檣竿을 보고 바람의 방향을 충분히 가늠했다.

기본 ① 檣牙(장아) 檣竹(장죽) 歸檣(귀장) 帆檣(범장) 連檣(연장) 舟檣(주장)

발전 ① 檣燈(장등) 檣淚(장루) 高檣(고장) 船檣(선장) 列檣(열장) 危檣(위장) 前檣(전장) 艦檣(함장) 船檣燈(선장등) 굴진 桅檣(외장)

부수	획수	총획
人	3	5

의장 장【3103】

字源 〈형성〉 의장(儀仗)은 천자나 왕공, 그 밖의 지체가 높은 분을 모실 때 위엄을 보이기 위하여 격식을 갖추면서 세웠던 병장기라 한다. '의(儀)'는 위의요, '장(仗)'은 창이나 칼 같은 병기다. 병사(亻)들이 전쟁터에서 지팡이 같은 무기를 꽉 쥐고(丈) 서 있으니 [병장기(仗)] 또는 [의장(仗)]을 뜻하고 [장]으로 읽는다.

필순 丿 亻 仁 仕 仗

기초 【기초한자어】 익히고, 【기본→발전한자어】 다지기
仗劍(장검) 칼을 지팡이 삼아 짚음. 칼을 휴대함
仗義(장의) 의로운 것을 따름
器仗(기장) 병기와 의장
• 군사들이 잘 싸울 수 있으려면 병기와 의장인 器仗이 꼭 필요했다.
• 장군은 仗劍을 지니고 있을 때 나라를 위하는 仗義를 생각했다.

기본 ① 仗氣(장기) 仗隊(장대) 仗馬(장마) 仗身(장신) 仗策(장책) 兵仗(병장) 憑仗(빙장) 信仗(신장) 委仗(위장) 儀仗(의장) 玄仗(현장)

발전 ① 仗勢(장세) 仗衛(장위) 開仗(개장) 特 倚仗(의장)

사자성어 ① 仗義疎財(장의소재) 仗義輸忠(장의수충) 特 倚官仗勢(의관장세)

부수	획수	총획
酉	11	18

장 장 :【3104】

字源 〈형성〉 '장(醬)'은 흔히 미음이라고 알려진 용어다. '간장, 된장, 고추장'이라고 했듯이 장은 콩을 주원료로 발효시켜 만든 절대적인 조미료라고 잘 알려진다. 한국 음식의 대표적인 특성을 보이고 있는 장류다. 조리대(爿)에서 고기(肉)를 잘게(寸) 썰어서 술(酉)에 담갔던 장류인 [장(醬)]을 뜻하고 [장]으로 읽는다.
回 醬

필순 丬 爿 爿 爿 將 將 醬 醬 醬 醬

기초 【기초한자어】 익히고, 【기본→발전한자어】 다지기
肉醬(육장) 쇠고기를 잘게 썰어서 간장에 넣어 만든 장조림
美醬(미장) 좋은 장
豆醬(두장) 콩을 삶아서 간장에 조린 음식
• 콩을 삶아 간장에 조린 醬類는 우리나라 豆醬문화

의 원류가 되었다.

• 어머니가 담근 肉醬과 豆醬은 美醬으로 별미다.

기본 ① 麥醬(맥장) 魚醬(어장) 脯醬(포장) 醯醬(혜장)

발전 ① 醬間(장간) 醬菌(장균) 醬味(장미) 醬甕(장옹) 醬油
(장유) 醬肉(장육) 醬滓(장재) 醬太(장태) 醬桶(장통)
醬脯(장포) 醬缸(장항) 菽醬(숙장) 特醬蒜(장산) 醬菹
(장저) 醬漬(장지) 醬蟹(장해) 출진 醬瓿(장부)

사자성어 ① 紅不甘醬(홍불감장)

부수	획수	총획
艹	13	17

장미 장 【3105】

字源 〈형성〉 오월의 여왕을 흔히 '장미'라 했다. 장미의 꽃말은
'애정', '사랑의 사자', '행복한 사랑' 등으로 알려진다. 동서
양을 막론하고 결혼식용 부케나 여성에게 주는 선물로는
최고의 꽃이다. 가난한 농부(嗇)집 담장 가에 여러 갈래
풀(艹) 줄기가 서로 엉키어 있어서 꽃을 피웠으니 [장미(薔)]
를 뜻하고 [장]으로 읽는다.
동薇(장미 미)

필순 一 十 廾 艹 荭 蔷 蔷 蔷 薔 薔

기초 【기초한자어】 익히고, 【기본→발전한자어】 다지기
薔薇(장미) 장미과의 낙엽 활엽 관목
薔棘(장극) 장미류의 가시
薔蘼(장미) 薔薇(장미)의 본말
• 薔蘼는 薔薇의 본말이다.
• 고운 薔薇는 薔棘을 가졌으니 사물의 양면성이다.

발전 ① 薔薇露(장미로) 薔薇色(장미색) 薔薇水(장미수) 薔
薇油(장미유) 薔薇酒(장미주) 薔薇籈(장미진) 野薔薇
(야장미)

사자성어 ① 薔薇戰爭(장미전쟁)

부수	획수	총획
匚	4	6

장인 장 【3106】

字源 〈회의〉 '장인'은 기술자로 불린다. 주로 경력이 많고 뛰어
난 기술자를 뜻한 용어다. 궁실·성곽 등을 짓는 목수로
흔히 대목(大木)이라고 한다. 물건 제작을 직업으로 하는
공장이면 좋겠다. 곱자(匚)와 도끼(斤)를 사용하여 [고안하
다(匠)]는 뜻과 상자(匚)와 대패(斤)로 고안된 [장인(匠)]을
뜻하고 [장]으로 읽는다.
동工(장인 공)

필순 一 匚 厂 尸 斤 匠

기초 【기초한자어】 익히고, 【기본→발전한자어】 다지기
匠意(장의) 무엇을 만들어 보고자 하는 마음, 생각,
착상
匠宰(장재) 재상
匠戶(장호) 장인의 집. 나라의 부역에 응하는 각종
직인의 호적
• 匠戶는 장인의 집으로 알려진다. 나라 부역에 응
한 각종 직업인 호적이다.
• 匠宰의 놀라운 匠意에 중신들은 모두 찬성하며 뜻을
함께했다.

기본 ① 匠伯(장백) 匠氏(장씨) 巨匠(거장) 大匠(대장) 都匠
(도장) 明匠(명장) 木匠(목장) 心匠(심장) 良匠(양장)
宰匠(재장) 宗匠(종장) 鐵匠(철장) 筆匠(필장) 火匠
(화장)

발전 ① 匠工(장공) 匠夫(장부) 匠師(장사) 匠色(장색) 匠石
(장석) 匠心(장심) 匠人(장인) 工匠(공장) 名匠(명장)
冶匠(야장) 畵匠(화장)

사자성어 ① 匠石運斤(장석운근) 意匠慘憺(의장참담)

부수	획수	총획
水	11	15

즙 장 【3107】

字源 〈형성〉 '즙'은 과실 따위의 물체에서 배어나오거나 짜낸
액체이니 '즙(汁)'과 같은 뜻으로 쓴다. 흔히 '육즙(肉汁),
육수(肉水), 묵즙(墨汁)' 등으로 쓰는 용어이기도 하다. 고
기 모양으로 된 음료로 대체적으로 '미음'이라 했다. 장수
(將)가 병증세 회복용으로 자주 즐기면서 마셨던(水) [즙(漿)]
을 뜻하고 [장]으로 읽는다.

필순 丨 爿 爿 乄 叛 將 將 將 漿 漿

기초 【기초한자어】 익히고, 【기본→발전한자어】 다지기
漿果(장과) 과육 부분에 수분이 많고 연한 조직으로
되어 있으며 속에 씨가 들어 있는 과실. 감·귤·포
도 따위
酪漿(낙장) 소나 양의 젖
義漿(의장) 사람에게 대접하는 물
• 귀한 손님이 찾아오면 대접하는 물로 義漿이 인기
가 매우 높았다.
• 漿果류를 무척 좋아하지만, 소나 양의 젖인 酪漿
도 퍽이나 좋아한다.

기본 ① 腦漿(뇌장) 仙漿(선장) 水漿(수장) 飮漿(음장) 酒漿
(주장) 鐵漿(철장) 寒漿(한장) 血漿(혈장)

발전 ① 漿膜(장막) 漿水(장수) 漿液(장액) 漿胎(장태) 漿泡
(장포) 濃漿(농장) 淡漿(담장) 杯漿(배장) 醴漿(예장)
溫漿(온장) 含漿(함장) 壺漿(호장) 特飴漿(이장) 酢漿
(초장) 特醢漿(해장)

사자성어 特簞食壺漿(단사호장)

부수	획수	총획
木	3	7

杖
지팡이 장(:)
【3108】

字源 〈형성〉'지팡이'는 사람이 걸을 때나 서 있을 때 몸을 의지하기 위하여 짚는 막대기이다. "몸이 불편한 사람은 밖에 외출할 때 '지팡이에 몸을 의지한다"는 비표준어로 사용하기도 했다. 나이가 들어 다리에 힘이 없는 어른(丈)이 나무(木) 막대를 짚고 천천히 걷는 의지용인 [지팡이(杖)]를 뜻하고 [장]으로 읽는다.
圓棒(막대 봉) 回仗(의장 장)

필순 一 十 才 木 木 朴 杖

기초 【기초한자어】익히고, 【기본 → 발전한자어】다지기
杖劍(장검) 검을 짚음
杖問(장문) 곤장을 치며 신문함
杖罰(장벌) 곤장으로 치는 형벌
• 조선시대에 체벌의 종류로, 곤장으로 치는 杖罰제도가 있었다.
• 죄인을 杖問하는 뒤에서 杖劍하고 있는 사람이 이 고을 수령이라고 한다.

기본 ① 杖家(장가) 杖毒(장독) 杖罪(장죄) 杖策(장책) 杖鄕(장향) 曲杖(곡장) 鳩杖(구장) 錫杖(석장) 吟杖(음장) 柱杖(주장) 鐵杖(철장) 鞭杖(편장)

발전 ① 杖鼓(장고) 杖國(장국) 杖朞(장기) 杖頭(장두) 杖流(장류) 杖鉢(장발) 杖配(장배) 杖扶(장부) 杖殺(장살) 杖傷(장상) 杖贖(장속) 杖囚(장수) 杖匙(장시) 杖義(장의) 杖朝(장조) 杖直(장직) 杖處(장처) 杖板(장판) 杖斃(장폐) 杖下(장하) 杖刑(장형) 棍杖(곤장) 毆杖(구장) 短杖(단장) 竹杖(죽장) 笞杖(태장) 杖頭錢(장두전) 特 杖㞐(장구) 출진 杖節(장절)(장공)

사자성어 ① 杖之囚之(장지수지) 十盲一杖(십맹일장) 賊反荷杖(적반하장) 衝目之杖(충목지장)

부수	획수	총획
齊	3	17

齋
재계할 재
집 재 【3109】

字源 〈형성〉'재계하다'는 신령이나 부처께 제사를 지내기 위해 몸과 마음을 깨끗이 하며 행동을 삼가는 것이다. 유의어로는 '목욕재계(沐浴齋戒)하다, 결재(潔齋)하다' 등이 쓰인다. 몸과 마음을 가지런히(齊) 하며 신(小←示)을 정성껏 섬기며 부정한 것을 멀리했던 [집(齋)]으로 [재계하다(齋)]는 뜻이고 [재]로 읽는다.
圓潔(깨끗할 결) 戒(경계할 계) 室(집 실) 약 斎

필순 一 亠 亠 亣 㳟 㳟 㳟 齊 齊 齋 齋

기초 【기초한자어】익히고, 【기본→발전한자어】다지기
齋潔(재결) 근신하여 몸과 마음을 정결하게 함. 재계함
齋戒(재계) 부정한 일을 멀리하고 심신을 깨끗이 하는 일
齋舍(재사) 재계하는 집. 서재. 성균관에서 유생들이 기거하며 공부하던 집채
• 齋潔은 齋戒함으로써 몸과 마음을 정결하게 하는 것이다.
• 그 선비는 齋舍에 들어가기 전에 목욕 齋戒를 하여 심신을 깨끗이 하였다.

기본 ① 齋宮(재궁) 齋壇(재단) 齋禱(재도) 齋郞(재랑) 齋筵(재연) 齋日(재일) 齋場(재장) 齋長(재장) 齋七(재칠) 齋會(재회) 高齋(고재) 山齋(산재) 書齋(서재) 禪齋(선재) 長齋(장재) 淸齋(청재) 致齋(치재) 寢齋(침재)

발전 ① 齋家(재가) 齋閣(재각) 齋供(재공) 齋官(재관) 齋祈(재기) 齋壇(재단) 齋糧(재량) 齋米(재미) 齋生(재생) 齋所(재소) 齋素(재소) 齋宿(재숙) 齋室(재실) 齋院(재원) 齋儒(재유) 齋慄(재율) 齋任(재임) 齋者(재자) 齋殿(재전) 齋主(재주) 齋薦(재천) 齋寢(재침) 齋都監(재도감) 齋食時(재식시) 齋差備(재차비) 齋布施(재포시) 潔齋(결재) 同齋(동재) 罷齋(파재) 特 齋祗(재기)

사자성어 ① 沐浴齋戒(목욕재계) 齋宮寺刹(재궁사찰)

부수	획수	총획
水	10	13

滓
찌끼 재 【3110】

字源 〈형성〉'찌끼'는 쓸모가 있는 것을 골라내고 남은 그 나머지다. 유의어로는 아직 쓸 만한 것이나 비교적 값어치가 있는 것을 골라낸 나머지로 '찌꺼기'가 있다. 액체가 빠지면 바닥에 가라앉아 남은 것이다. 음식물을 조리할(宰) 때 국물(氵) 밑에 가리앉는 것으로 자질한 '찌꺼기'인 [찌끼(滓)]를 뜻하고 [재]로 읽는다.

필순 丶 丶 氵 氵 沪 沪 沪 浐 浐 滓 滓 滓

기초 【기초한자어】익히고, 【기본→발전한자어】다지기
滓穢(재예) 찌끼. 더러운 것. 더럽힘
滓濁(재탁) 흐림. 흐려진 것
沈滓(침재) 가라앉은 찌꺼기
• 액체 속에 있는 물질이 밑바닥에 가라앉은 沈滓도 잘 작용한다.
• 음식물 滓穢 때문에 滓濁된 강을 먼저 깨끗이 청소 먼저 하자.

기본 ① 垢滓(구재) 泥滓(이재) 塵滓(진재)

발전 ① 滓糠(재강) 滓炭(재탄) 殘滓(잔재) 醬滓(장재) 特 渣滓(사재)

1급

부수	획수	총획
金	8	16

쇳소리 쟁【3111】

字源 〈형성〉'쇳소리'는 쇠가 서로 부딪쳐서 나는 요란한 소리다. 유의어로는 '금속음(金屬音), 철성(鐵聲), 금성(金聲)' 등이 쓰이고 있다. 비표준어는 사이시옷을 제외한 '쇠소리'가 쓰인다. 쇠붙이(金)로 붙잡아서 한꺼번에 싸듯이 부딪치는(爭) 소리가 요란하게 울렸다 했으니 [쇳소리(錚)]를 뜻하고 [쟁]으로 읽는다.

필순 ノ ト ヒ ゟ ゟ 金 釒 釒 錚 錚 錚 錚 錚

기초 【기초한자어】 익히고, 【기본→발전한자어】 다지기
錚錚(쟁쟁) 쇠붙이가 맞부딪쳐 나는 맑은 소리. 여럿 가운데에서 훌륭하게 뛰어남
• 錚錚은 여러 사람 가운데 뛰어나거나, 쇠붙이가 錚錚거리다는 뜻을 담는다.
• 대장간에서 울리는 錚錚 소리를 이제는 들을 수 없다니 매우 아쉽구나!
발전 ① 錚盤(쟁반) 錚手(쟁수) 錚然(쟁연) 擊錚(격쟁) 特 鏗錚(갱쟁)
사자성어 ① 鐵中錚錚(철중쟁쟁)

부수	획수	총획
豕	9	16

돼지 저【3112】

字源 〈형성〉'돼지'는 예로부터 '돝' 또는 '도야지'로 불려왔다. '돼지'란 명칭도 돌아지(도야지)가 변해서 됐다는 설이 있다. 한자어로는 '제(豬)·시(豕)·돈(豚)·체(彘)·해(亥)'로 표기했었다. 세 개의 털이 함께 모여서 者) 하나의 털구멍으로 나온 것을 사람이 즐겨 먹었던 돼지(豕)로 [돼지(豬)]를 뜻하고 [저]로 읽는다.
回 猪

필순 ㄧ ㄱ ㄛ 豕 豕 豕⼁ 豕⼟ 豕丰 豕者 豬者 豬者 豬者

기초 【기초한자어】 익히고, 【기본→발전한자어】 다지기
豬膽(저담) 돼지의 쓸개
豬肉(저육) 돼지고기
豬突(저돌) 멧돼지처럼 앞뒤를 헤아리지 않고 일직선으로 돌진함
• 멧돼지가 헤아리지 않고 일직선으로 돌진하니 豬突的으로 쓴다.
• 豬肉은 맛있는 고기이고, 豬膽도 약으로 쓴다니 퍽 유익하다 하겠다.
기본 ① 豬肝(저간) 豬毛(저모) 豬水(저수) 豬勇(저용) 鸞豬(난저) 墨豬(묵저) 山豬(산저) 野豬(야저) 箭豬(전저)

豪豬(호저)
발전 ① 豬公(저공) 家豬(가저) 牧豬(목저) 海豬(해저) 特 豬苓(저령) 출진 豬鮓(저자)
사자성어 ① 豬突之勇(저돌지용) 五方豬尾(오방저미)

부수	획수	총획
足	13	20

머뭇거릴 저【3113】

字源 〈형성〉'머뭇거리다'는 말이나 행동을 딱 잘라서 하지 못하고 잠시 동안 자꾸 망설이다는 뜻이다. 유의어로는 '머뭇머뭇하다. 머뭇대다. 뭉그적거리다. 우물쭈물하다' 등이 있다. 그 이름이 널리 알려진 저작자(著) 앞에만 서면 차마 발(足)을 더는 못 움직였다 했으니 [머뭇거리다(躇)]를 뜻하고 [저]로 읽는다.
동 躊(머뭇거릴 주) 徊(머뭇거릴 회)

필순 ㅁ ㅁ 믑 믑 𧿹 躇 踍 躇 躇 躇 躇

기초 【기초한자어】 익히고, 【기본→발전한자어】 다지기
躇階(착계) 계단을 몇 단씩 건너뛰어 내려옴
躊躇(주저) 과감하고 적극적으로 하지 못하고 망설임
• 선생님에게 고자질을 하는 것 같아서 躊躇했다.
• 불이 나자 아이를 안고 躇階하였다.
발전 ① 躇步(저보) 特 躊躇(주저) 跼躇(지저) 출진 躇跱(저치)
사자성어 ① 躊躇滿志(주저만지)

부수	획수	총획
角	5	12

씨름 저 :【3114】

字源 〈형성〉'씨름'은 우리나라 전통적 기예의 하나다. 두 사람이 샅바를 붙잡고 힘과 기술을 겨루어 상대를 땅에 넘어뜨린다. 이렇게 승부를 결정하는 민속놀이며 운동경기의 하나다. 뿔(角)이 사물에 이르러(氐) 맞닥뜨리면서 [찌르다(觝)] 또는 소가 뿔(角)과 뿔을 맞닥뜨리는(氐) 듯한 [씨름(觝)]을 뜻하고 [저]로 읽는다.
동 觸(닿을 촉)

필순 ㇇ 角 角 角 角 角ˊ 觝 觝 觝 觝 觝

기초 【기초한자어】 익히고, 【기본→발전한자어】 다지기
觝排(저배) 물리침. 배척함. 거절함
觝觸(저촉) 부딪침. 방해가 됨. 모순됨
角觝(각저) 씨름. 유희의 한 가지. 각희(角戲)
• 角觝는 씨름으로 알려지며, 유희의 한 가지로 인식된다.
• 내 가정의 행복에 觝觸되는 모든 일은 무조건 觝

1급

排해야겠다.
[기본] ① 觝戲(저희) 相觝(상저)
[발전] ① 角觝圖(각저도) 角觝戲(각저희) 蝸角觝(와각저)

부수	획수	총획
口	5	8

씹을 저 : 【3115】

[字源] 〈형성〉 '씹다'는 사람이 살아가기 위해 자기 취향에 맞는 음식을 적당하게 먹는 행위다. 음식이나 과자를 입에 넣고 자꾸 깨물어 잘게 자르거나 부드럽게 갈다는 뜻까지 포함한다. 많은 제물을 얹어 놓은 대(且←相)에서 간이 맞는지 여부를 보기 위하여 음식을 맛보면서(口) 잘 [씹다(咀)] 는 뜻이고 [저]로 읽는다.
圖 嚼(씹을 작) 啖(씹을 담)

[필순]

[기초] 【기초한자어】 익히고, 【기본→발전한자어】 다지기
咀呪(저주) 남이 잘못되기를 빌고 바람. 또는 그렇게 하여 일어난 재앙이나 불행
咀嚼(저작) 음식물을 씹음. 음미함
• 어머니가 해주신 飮食物을 咀嚼하면서 꼭꼭 씹어 음미하며 씹었다.
• 선량한 사람을 심하게 咀呪하는 그 사람이 오히려 벌을 받아야 한다.
[기본] ① 㴌咀(함저)
[발전] ① 咀嚼口(저작구) 特 咀啖(저담) 咀嚼(저초)
[사자성어] ① 咀英嚼華(저영작화) 如咀濕飯(여저습반)

부수	획수	총획
犬	5	8

원숭이 저 :
엿볼 저 : 【3116】

[字源] 〈형성〉 이 한자는 두 가지 뜻이 있으며 그에 따라 자원도 각각 다르다. 첫 번째는 원숭이가 하는 짓이 웃음을 자아낸다고 하여 늘 엿보게 되는(且←相) 동물(犭)로 [원숭이(狙)]를 뜻하는 글자다. 두 번째는 원숭이(犭)가 먹거리를 또(且) 다시 눈앞에 차려 놓고 청승맞게 가만히 [엿보다(狙)] 는 뜻이고 [저]로 읽는다.

[필순]

[기초] 【기초한자어】 익히고, 【기본→발전한자어】 다지기
狙擊(저격) 몰래 엿보아 침. 노려서 쏨
狙公(저공) 원숭이를 기르는 사람. 원숭이 재주로 돈벌이를 하는 사람

狙害(저해) 기회를 엿보아 상대를 해침
• 원숭이를 길러 그 재주로 돈벌이하는 사람은 狙公 이라고 한다.
• 영웅을 狙害하거나 狙擊하려는 못된 사람이 있다.
[기본] ① 狙縛(저박) 狙詐(저사) 猿狙(원저)
[발전] ① 狙喜(저희) 援狙(원저) 從狙(종저) 狙擊兵(저격병) 狙擊手(저격수) 特 狙伺(저사) 중 狙猴(저후)

부수	획수	총획
言	5	12

저주할 저 :
【3117】

[字源] 〈형성〉 '저주하다'는 다른 사람을 해롭게 하기 위한 재앙이나 불행한 일이 일어나도록 빌며 바라다는 뜻이다. 유의어로는 '주저하다(呪詛)' 등이 쓰인다. 사람이 누군가에게 원한이 있어 제물을 받침대(且) 위에 올려 놓고 신에게 다른 사람의 재화(災禍)를 빌었으니(言) [저주하다(詛)]는 뜻이고 [저]로 읽는다.
圖 呪(빌 주)

[필순]

[기초] 【기초한자어】 익히고, 【기본→발전한자어】 다지기
詛盟(저맹) 맹세함. 서약함
詛呪(저주) 남이 잘못되기를 빎
• 이제는 바르게 살겠다고 詛盟했다.
• 내 평생 타인을 절대로 詛呪하지 않겠다고 맹세했다.
[기본] ① 詛祝(저축) 盟詛(맹저) 謗詛(방저) 厭詛(염저) 怨詛(원저) 呪詛(주저)
[발전] ① 腹詛(복저) 壓詛(압저) 匈詛(흉저) 特 詛詈(저리)

부수	획수	총획
竹	9	15

젓가락 저 【3118】

[字源] 〈형성〉 '젓가락'은 아시아 여러 국가에서 사용하는 도구로 미국에서는 포크를 대신 사용한다. 주로 나무 또는 옻칠한 나무로 제작한 것이 그 특징이다. 음식을 함께 모아(者) 집었던 대(竹)나무 [젓가락(箸)] 또는 사람(者)이 대막대기(竹)로 음식을 집어 하나씩 입에 넣어 먹었던 [젓가락(箸)] 을 뜻하고 [저]로 읽는다.
回 匙(숟가락 시) 回 著(나타날 저)

[필순]

[기초] 【기초한자어】 익히고, 【기본→발전한자어】 다지기
匕箸(비저) 숟가락과 젓가락

1급

玉箸(옥저) 옥으로 만든 젓가락
竹箸(죽저) 대젓가락
• 우리나라 사람이 匕箸를 잘 사용하므로 그 기술 역시 뛰어나다.
• 우리나라에 옥으로 만든 玉箸와 대로 만든 竹箸 등이 있다.

기본 ① 象箸(상저) 火箸(화저)

발전 ① 箸臺(저대) 箸箱(저상) 著雍(저옹) 箸筒(저통) 高箸(고저) 匙箸(시저) 鍮箸(유저) 特箸(특저) 下箸(하저) 銀匙箸(은시저)

부수	획수	총획
邑	5	8

집 저 : 【3119】

字源 〈형성〉 '집'은 사람이 들어가 살거나 활동할 수 있도록 지은 건축물이다. 이 한자를 염두하여 '저택(邸宅)'이라고 했으니 규모가 큰 집이다. 유의어로는 '빌라'나 '여관'이겠다. 제후가 당시 서울에 왔을 때 숙소로 충당해(氏) 주었던 장소(阝)로 정원이 넓고 연못이 있는 꽤 커다란 [집(邸)]을 뜻하고 [저]로 읽는다.
圖閣(집 각) 舍(집 사) 第(차례/저택 제) 宅(집 댁/택)
回阺(비탈 저)

필순 ´ 厂 厃 氏 氐 氐 邸 邸

기초 【기초한자어】 익히고, 【기본→발전한자어】 다지기
邸觀(저관) 저택과 누각
邸舍(저사) 점방. 가게. 집. 여관
邸宅(저택) 규모가 큰 집
• 여유가 있는 사람은 邸觀에서 여유롭고 충분하게 넓게 살고 있다.
• 김사장은 낮에는 邸舍에서 근무하고 밤에는 邸宅에 기거한다.

기본 ① 邸閣(저각) 邸報(저보) 邸第(저제) 客邸(객저) 公邸(공저) 別邸(별저) 本邸(본저) 私邸(사저) 御邸(어저) 外邸(외저) 龍邸(용저) 潛邸(잠저) 皇邸(황저)

발전 ① 邸館(저관) 邸吏(저리) 邸人(저인) 邸債(저채) 邸下(저하) 京邸(경저) 官邸(관저) 使邸(사저) 旅邸(여저) 特 壚邸(노저)

부수	획수	총획
言	11	18

귀양갈 적 【3120】

字源 〈형성〉 '귀양가다'는 자칫 잘못하여 한양에서 오지인 도서 벽지로 떨어지다는 뜻이다. 이 한자는 두 가지 뜻이 있어

주의가 요망된다. 첫째는 말(言)을 잘못(啇)해 먼 지방으로 쫓겨나니 [꾸짖다(謫)]는 뜻이 있다. 다음은 나라 근본(啇)을 거역하여서 어명(言)을 받잡아 멀리 [귀양가다(謫)]는 뜻이고 [적]으로 읽는다.
圖咎(허물 구)

필순 ´ 亠 亠 言 言 訅 謫 謫 謫 謫 謫

기초 【기초한자어】 익히고, 【기본→발전한자어】 다지기
謫客(적객) 귀양살이를 하는 사람
謫居(적거) 먼 곳에서 귀양살이함
謫所(적소) 죄인이 귀양살이를 하는 곳
• 다산 丁若鏞은 謫居했던 康津에서 많은 저서와 유필을 남겼다.
• 추사 김정희는 謫客이 되어 제주의 謫所에서 추사체를 비로소 완성했다.

기본 ① 謫降(적강) 謫死(적사) 謫竄(적천) 謫墮(적타) 譴謫(견적) 遠謫(원적) 流謫(유적) 遷謫(천적) 貶謫(폄적)

발전 ① 謫落(적락) 謫罰(적벌) 謫仙(적선) 謫守(적수) 謫戍(적수) 謫中(적중) 配謫(배적) 在謫(재적) 坐謫(좌적) 瑕謫(하적) 特 謫咎(적구) 竄謫(찬적)

사자성어 ① 謫降話素(적강화소)

부수	획수	총획
犬	4	7

오랑캐 적 【3121】

字源 〈형성〉 우리 민족들도 오랑캐란 말을 많이 썼다. 오랑캐는 원래 만주와 몽골에 걸쳐 유목 생활을 하던 '우량카다이'란 부족을 가리켰다. 다른 말로는 '되놈'이라고도 불렀다. 개(犭)나 다른 짐승을 잡아 불(火)에 구워 먹으면서 야생 생활을 했던 중원 북방민족인 북방의 [오랑캐(狄)]를 뜻하고 [적]으로 읽는다.
圖夷(오랑캐 이) 戎(병장기/오랑캐 융) 蠻(오랑캐 만)

필순 ´ 犭 犭 犭 犳 狄 狄

기초 【기초한자어】 익히고, 【기본→발전한자어】 다지기
狄成(적성) 악곡의 속도가 빠른 모양
北狄(북적) 북녘 오랑캐
戎狄(융적) 서쪽과 북쪽 오랑캐
• 한밤중 난데없는 狄成에 내 가슴이 뛰기 시작했다.
• 중국은 본토를 중심으로 이민족을 東夷-西戎-南蠻-北狄이라고 칭했다.

기본 ① 狄牙(적아) 狄卒(적졸) 闕狄(궐적) 白狄(백적) 夷狄(이적) 赤狄(적적)

발전 ① 狄人(적인) 狄狄(적적) 丹狄(단적) 蠻狄(만적) 胡狄(호적) 出전 狄鞮(적제)

사자성어 ① 南蠻北狄(남만북적) 夷蠻戎狄(이만융적)

부수	획수	총획
辵	6	10

자취 적【3122】

字源 〈형성〉'자취'는 무엇이 시간적 혹은 공간적으로 지나가거나 남아 있다가 남기고 간 흔적들이다. 참고 및 유의어로는 '족적(足跡), 자국, 그림자, 흔적(痕跡), 업적, 형적' 등이 고루 쓰인다. 겹치고 쌓였던(亦) 발자국(辶)으로 [자취(迹)]를 뜻하며, 길(辶)을 걷고 또(亦) 걸어가는 과거 [발자취(迹)]를 뜻하고 [적]으로 읽는다.

필순 一 ナ 亣 亣 亦 亦 迹 迹 迹 迹

기초 【기초한자어】익히고, 【기본→발전한자어】다지기
筆迹(필적) 글씨의 형적. 글씨의 솜씨
行迹(행적) 평생에 한 일. 행위의 결과 나타난 실적
形迹(형적) 남는 흔적. 형상과 자국
• 사는 흔적을 남기면서, 그 형상과 자국을 形迹이라 한다.
• 김삿갓의 行迹과 筆迹을 따라 가면서 가만히 시심에 젖어본다.

기본 ① 警迹(경적) 馬迹(마적) 發迹(발적) 手迹(수적) 靈迹(영적) 王迹(왕적) 前迹(전적) 鳥迹(조적) 超迹(초적) 治迹(치적) 風迹(풍적)

발전 ① 迹迹(적적) 迹捕(적포) 古迹(고적) 軌迹(궤적) 奇迹(기적) 遁迹(둔적) 事迹(사적) 視迹(시적) 人迹(인적) 絶迹(절적) 足迹(족적) 陳迹(진적) 轍迹(철적) 痕迹(흔적) 特迹逾(적유) 遜迹(둔적) 特蹤迹(종적)

사자성어 ① 應物無迹(응물무적) 肇基王迹(조기왕적)

부수	획수	총획
女	11	14

정실 적【3123】

字源 〈형성〉'정실'의 사전적인 의미는 처음으로 맞이한 아내인 '본처'를 달리 이르는 말이다. '본처가 거처하는 공간'에서 유래하였다고 한다. 첫 부인을 정성껏 맞이한다는 뜻이 적절하겠다. 한 집안의 중심(商)인 여자(女)로 [정실(嫡)] 또는 집안의 근본(商)을 이루는 여자(女)로 [본 마누라(嫡)]를 뜻하고 [적]으로 읽는다.
回 庶(여러 서)

필순 乚 女 女 女̄ 女̄ 妒 娇 嫡 嫡 嫡

기초 【기초한자어】익히고, 【기본→발전한자어】다지기
嫡男(적남) 본처에게서 난 아들
嫡女(적녀) 정실의 몸에서 난 맏딸
嫡出(적출) 본처가 낳은 자녀
• 처음 맞이한 아내가 낳은 자식이 이른바 嫡出이다.

• 할아버지는 嫡男과 嫡女 이외에도 서출이 있다.

기본 ① 嫡流(적류) 嫡母(적모) 嫡系(적손) 嫡子(적자) 嫡長(적장) 嫡妻(적처) 嫡統(적통) 嫡派(적파) 嗣嫡(사적) 世嫡(세적) 元嫡(원적) 長嫡(장적) 匹嫡(필적)

발전 ① 嫡家(적가) 嫡嗣(적사) 嫡庶(적서) 嫡嫡(적적) 嫡傳(적전) 嫡弟(적제) 嫡宗(적종) 嫡妾(적첩) 嫡兄(적형) 樹嫡(수적) 正嫡(정적) 奪嫡(탈적) 特孼嫡(얼적)

사자성어 ① 嫡嫡相承(적적상승) 嫡後嗣續(적후사속)

부수	획수	총획
广	12	15

가게 전 : 【3124】

字源 〈회의〉'가게'는 건물 1층 주변에 물건을 차려놓고 파는 집이다. 예문에서 보이는 것처럼 '식료품 가게'인바, 유의어로는 '상가(商家), 전방(廛房), 전포(廛鋪), 전한(廛閑)' 등으로 쓰인다. 여러 가정집에 필수품을 나누어(八) 파는 마을(里)의 집(广)터(土)로 그 중심을 이루었던 [가게(廛)]를 뜻하고 [전]으로 읽는다.
圖 肆(방자할 사) 鋪(펼/가게 포) 回 厘

필순 广 广 庐 庐 庐 庐 庫 庫 庫 廛 廛

기초 【기초한자어】익히고, 【기본→발전한자어】다지기
廛房(전방) 가게
廛市(전시) 저잣거리
廛布(전포) 관청의 곳집에 보관한 화물에 부과하는 세
• 廛布는 관청 곳집에 보관한 화물에 부과한 세를 말한다.
• 서울의 廛市에 작은 廛房이라도 있다면 생계유지는 충분하다고 생각했다.

기본 ① 廛鋪(전포) 郊廛(교전) 市廛(시전) 邑廛(읍전)

발전 ① 廛門(전문) 廛野(전야) 廛人(전인) 廛宅(전택) 亂廛(난전) 商廛(상전) 隅廛(우전) 特廛肆(전사) 줄친 廛閑(전한)

부수	획수	총획
刀	9	11

가위 전(:)
【3125】

字源 〈형성〉'가위'는 두 개의 날이 닿게 만들어 옷감, 종이, 머리털 등을 자르거나 오리는 데 쓰는 기구다. 흔히 사용된 유의어로는 '교도(交刀), 전도(剪刀), 협도(鋏刀)' 등의 어휘가 있다. 칼(刀)로 가지런하게 자르니(前) [베다(剪)] 또는 물건을 앞(前)으로 하여 칼(刀)로 싹둑 베었던 [가위(剪)]를 뜻하고 [전]으로 읽는다.

필순 丷 亠 亣 歬 歬 歬 前 前 剪 剪 剪

1급

`기초` 【기초한자어】 익히고, 【기본→발전한자어】 다지기
剪刀(전도) 가위. 자고, 곧 쇠귀나물의 모종
剪伐(전벌) 정벌함. 멸망시킴. 나무를 자름
剪裁(전재) 옷감 따위를 자름
• 가위. 옷감, 종이, 머리털 등을 자르는 器具를 바로
剪刀라고 한다.
• 산의 나무를 剪伐하거나 집에서 剪裁함을 직업으
로 하는 사람도 있다.

`기본` ① 剪斷(전단) 剪滅(전멸) 剪夷(전이) 剪定(전정) 剪取
(전취) 開剪(개전) 禽剪(금전) 碎剪(쇄전) 夷剪(이전)
除剪(제전) 誅剪(주전)

`발전` ① 剪屠(전도) 剪落(전락) 剪毛(전모) 剪闢(전벽) 剪剪
(전전) 剪截(전절) 剪除(전제) 剪枝(전지) 刪剪(산전)
刑剪(형전) 特 剪綵(전채) 剔剪(척전)

`사자성어` ① 剪草除根(전초제근)

부수	획수	총획
心	7	10

고칠 전: 【3126】

`字源` 〈형성〉 '고치다'는 바르지 못한 행동을 올바르게 하다는
뜻이다. 유의어로는 '바로잡다. 쇄신하다(刷新)'하다가 쓰
이고, 비표준어로는 '곤치다' 쯤이 쓰이고 있겠다. 심성(忄)
을 개전했던 강직한 사람(夋←俊)으로 [고치다(悛)] 또는
기품 있는 걸음(夋)과 올바른 마음(忄) 상태로 [고치다(悛)]
는 뜻이고 [전]으로 읽는다.
⑤ 改(고칠 개) 更(고칠 경/다시 갱) 換(바꿀 환)

`필순` ` ` `丶` `忄` `忄` `忄` `忖` `悛` `悛` `悛`

`기초` 【기초한자어】 익히고, 【기본→발전한자어】 다지기
悛改(전개) 과거의 잘못을 뉘우쳐 마음을 바르게 고침
悛心(전심) 뉘우쳐 마음을 고침
悛容(전용) 얼굴빛을 고침. 잘못을 뉘우친 모양
• 過去의 잘못을 뉘우쳐서 바른 마음으로 고침이 悛
心이다.
• 동생의 悛改와 悛容에 그동안의 미운 마음이 눈
녹듯이 사라졌다.

`기본` ① 悛更(전경) 悛換(전환) 改悛(개전)

`발전` ① 悛悛(순순) 悛容(전용) 悛悛(전전) 悛志(전지) 悛革
(전혁) 悔悛(회전)

`사자성어` ① 悛惡更善(전악경선)

부수	획수	총획
竹	8	14

기록할 전【3127】

`字源` 〈형성〉 현대사회는 모두가 기록이고 메모의 사회다. 유언
장을 포함하여 무엇이나 기록으로 남겨 놓았음이 보통이
다. '기록하다'는 사람이 흔적으로 글이나 기호로 적어 놓
는 것이다. 종이가 없던 시절에 대(竹)쪽에 글을 쓸 수 있
도록 얇고 납작하게(戔) 만든 대쪽에다가 [기록하다(箋)]
는 뜻이고 [전]으로 읽는다.
⑤ 釋(풀 석) 注(부을 주) 註(글 뜻 풀 주)

`필순` `𥫗` `𥫗` `𥫗` `箋` `箋` `箋` `箋` `箋` `箋` `箋`

`기초` 【기초한자어】 익히고, 【기본→발전한자어】 다지기
箋注(전주) 본문의 뜻을 풀이한 주석
箋惠(전혜) 남이 보낸 편지의 경칭
用箋(용전) 편지 같은 글을 쓰는 규격이 일정한 종이
• 편지 같은 글 쓰는 규격이 일정한 종이 등을 用箋
이라 전한다.
• 박사님이 보낸 箋惠에는 고문의 箋注에 대한 내용
이 자세히 들어있다.

`기본` ① 箋釋(전석) 箋註(전주) 箋紙(전지) 短箋(단전) 御箋
(어전) 紅箋(홍전) 花箋(화전)

`발전` ① 箋目(전목) 箋文(전문) 矮箋(왜전) 吟箋(음전) 華箋
(화전) 特 牘箋(독전)

`사자성어` ① 片箋片玉(편전편옥)

부수	획수	총획
火	9	13

달일 전(:)
【3128】

`字源` 〈형성〉 '달이다'는 약재에 물을 붓고 끓여 진국물이 우러
나오게 만든다는 뜻이다. '보약을 달인다'의 용례처럼 약
재의 좋은 성분이 진하게 우러나도록 끓이는 것이다. 진
국을 다 빼려고(前←刪) 불을 땠더니(灬) [달이나(煎)] 또
는 아궁이 앞(前)에서 불(灬)을 때면서 푹 [지지다(煎)]는
뜻이고 [전]으로 읽는다.

`필순` `丷` `丷` `丷` `芐` `肖` `肖` `前` `前` `煎` `煎`

`기초` 【기초한자어】 익히고, 【기본→발전한자어】 다지기
煎督(전독) 몹시 독촉함. 불 같은 재촉
煎迫(전박) 급박함. 절박함
煎藥(전약) 약을 달임
• 상대방의 상황이 급박하고도 절박함을 담은 독촉
이 煎督이겠다.
• 위중한 환자라고 하면서 煎藥을 부탁하여서 煎督
하니 정신이 없구나.

`기본` ① 煎茶(전다) 煎調(전조) 甲煎(갑전) 濃煎(농전) 焚煎
(분전) 合煎(합전)

`발전` ① 煎果(전과) 煎悶(전민) 煎餅(전병) 煎油(전유) 煎鐵
(전철) 煎和(전화) 特 煎熬(전오) 烹煎(팽전) 特 炮煎
(포전)

사자성어 ① 煎水作氷(전수작빙) 膏火自煎(고화자전)

부수	획수	총획
毛	13	17

담 전 : 【3129】

字源 〈형성〉 '담'은 깔고 자는 '담요'로 따뜻한 털이다. 두툼한 털에 솜을 섞은 것을 굵게 짜든가 더 두껍게 눌러서 만든 요도 뜻한다. 요즈음은 이불보다 담요를 선호하는 시대이다. 짐승의 털(毛)을 물에 빨아 짓이겨 펼칠(亶←展) 수 있도록 두툼하게 만들었던 조각으로 [모전(毛氈)]인 [담(氈)]을 뜻하고 [전]으로 읽는다.

필순 亠 亠 亩 亩 㐭 㐭 㐭 亶 亶 彰 氈

기초 【기초한자어】 익히고, 【기본→발전한자어】 다지기
氈笠(전립) 옛 군대에서 죄인을 다루던 병졸이 갖추어 쓰던 갓. 벙거지
氈帽(전모) 옛 여성이 나들이할 때 쓰던 모자
氈案(전안) 모전으로 깔아 놓은 책상
• 추운 겨울날은 氈案에 앉아 글을 바르게 썼다.
• 계절이 바뀌면 氈帽를 쓰고 나들이를 나간다.

기본 ① 氈帳(전장) 佳氈(가전) 馬氈(마전) 靑氈(청전) 敗氈(패전) 好氈(호전)

발전 ① 氈衣(전의) 毛氈(모전) 戎氈(융전) 鋪氈(포전) 花氈(화전) 特 廈氈(하전) 特 氈裘(전구)

부수	획수	총획
車	10	17

돌아누울 전 :
【3130】

字源 〈형성〉 '돌아눕다'는 누운 채로 몸을 돌려 반대쪽으로 향한다는 뜻이다. 밤에 잠을 잘 때 반드시 누워서만 잘 수는 없다. 자다가 나도 모르게 몸이 편한 자세로 돌아눕게 된다. 전쟁 때 군인(車)들이 막사를 차지하지 못해 땅바닥에 펼쳐서(展) 누워 자면서 몸을 뒤척거리니 [돌아눕다(輾)]는 뜻이고 [전]으로 읽는다.

필순 一 一 百 車 車 斬 斬 輾 輾 輾 輾

기초 【기초한자어】 익히고, 【기본→발전한자어】 다지기
輾轉(전전) 누워서 이리저리 뒤척거림
• 輾轉은 고민 때문에 누워서 뒤척거리는 괴로움이다.
• 그는 복잡한 여자 문제로 輾轉하며 날밤을 샜다.

발전 ① 水輾(수전) 輾子(연자)

사자성어 ① 輾轉反側(전전반측) 輾轉不寐(전전불매)

부수	획수	총획
頁	13	22

떨 전 : 【3131】

字源 〈형성〉 '떨다'는 모진 추위 또는 격한 감정으로 몸이 바르르 빠르게 흔들리는 모습이다. 예시문은 '그는 두려움에 온 몸을 떨고 있다'에서 보이듯 참고 어는 '전율(戰慄)'이다. 머리(頁)에서 나온 여러 생각들이 한 곳에 고정되지 않고 좌우로 향하면서 마구 떨렸으니(亶←戰) [떨다(顫)]는 뜻이고 [전]으로 읽는다.

필순 亠 亠 亩 亩 亶 亶 亶 斷 斷 顫 顫 顫

기초 【기초한자어】 익히고, 【기본→발전한자어】 다지기
顫恐(전공) 놀라고 두려워함
顫動(전동) 부들부들 떪. 흔들어 떨게 함
顫筆(전필) 떨면서 쓰는 필법
• 김선생의 글씨는 地震 現場에서 온 듯한 顫筆이다.
• 지진 현장에서 顫恐하며 顫動하지 않은 사람이 있었던가?

발전 ① 顫聲(전성) 骨顫(골전) 手顫(수전) 震顫(진전) 寒顫(한전) 顫舌音(전설음)

부수	획수	총획
木	6	10

마개 전 【3132】

字源 〈형성〉 '마개'는 병마개. 뚜껑마개 등에서 많이 쓰인다. 입구가 비교적 좁은 용기의 아가리나 구멍 등에 끼워 막는 물건들도 뜻한다. 통용되어 참고어로는 '뚜껑' 등이 있겠다. 물건이 움직이지 않고, 병 속의 물이 쏟아지지 않도록 안전하게(全) 잘 막았던 나무(木)로 만든 [나무못/마개(栓)]를 뜻하고 [전]으로 읽는다.

필순 一 十 才 木 木 杧 栓 栓 栓 栓

기초 【기초한자어】 익히고, 【기본→발전한자어】 다지기
栓塞(전색) 혈관이 염증으로 말미암아 막힘
密栓(밀전) 마개. 새지 않게 단단히 마개로 막음
音栓(음전) 피아노, 오르간 등의 중요한 장치의 하나
• 音栓 裝置는 피아노의 음역을 바꾸기 위한 密栓이다.
• 식습관의 서구화로 요즘 栓塞하여 발병하는 사람이 많다.

기본 ① 栓木(전목) 打栓(타전) 血栓(혈전) 活栓(활전) 給水栓(급수전)

발전 ① 膿栓(농전) 木栓(목전) 音栓(음전)

1급

塡

부수	획수	총획
土	10	13

메울 전 【3133】

字源 〈형성〉 '메우다'는 어떤 물건이 들어차서 통하지 않게 하다는 뜻이다. 창고에 물건이 차지하여 안에 꽉 들어차 있다는 뜻이다. 유의어로는 '채우다' 등이다. 흙(土)을 꽉 채워서(眞) 작은 구멍을 [메우다(塡)] 또는 흙(土) 위에는 참으로(眞) 많은 것들이 있어서 불편했으니 [누르다(塡)]는 뜻이고 [전]으로 읽는다.
동 塞(변방 새/막힐 색) 充(채울 충)

필순 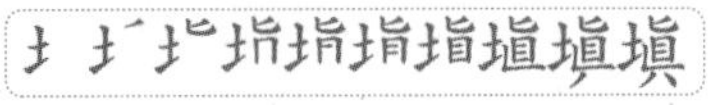

기초 【기초한자어】 익히고, 【기본 → 발전한자어】 다지기
塡補(전보) 채워서 메움
塡塞(전색) 빈 곳을 꽉 채워 막음. 메어서 막힘
塡充(전충) 메워 채움
• 잘 메워서 더는 새지 않게 塡塞하겠네.
• 부족한 직원을 塡補하거나 塡充을 했더니 이제 회사가 잘 운영된다.

기본 1 塡詞(전사) 塡然(전연) 塡足(전족) 配塡(배전) 補塡(보전) 委塡(위전) 裝塡(장전) 充塡(충전)

발전 1 塡寡(전과) 塡代(전대) 塡貸(전대) 塡書(전서) 塡星(전성) 塡安(전안) 塡咽(전열) 塡委(전위) 塡溢(전일) 塡字(전자) 塡塡(전전) 塡篆(전전) 塡差(전차) 塡帖(전첩) 塡諱(전휘) 塡撫(진무) 充塡物(충전물) 特1 塡湊(전주)

사자성어 1 精衛塡海(정위전해) 擔雪塡井(담설전정)

癲

부수	획수	총획
疒	19	24

미칠 전 : 【3134】

字源 〈형성〉 '미치다'는 사람이 정신에 이상이 생겨서 말과 행동이 보통사람들과는 다른 양상을 보인다. 유의어로는 '돌다, 실성(失性)하다, 환심장(換心腸)하다' 등이 있다. 사람의 정신이 똑바르지(顚) 못한 위중한 병환으로(疒) [미치다(癲)] 또는 정신이 이상한(顚) 질병(疒)으로 [지랄병(癲)]을 뜻하고 [전]으로 읽는다.
동 癎(간질 간) 狂(미칠 광)

필순 

기초 【기초한자어】 익히고, 【기본 → 발전한자어】 다지기
癲癎(전간) 경련·의식장애 등의 발작을 되풀이 하는 질환. 지랄병
癲狂(전광) 정신 이상으로 실없이 잘 웃는 병. 미친 증세
癲疾(전질) 지랄병
• 정신 이상으로 인해 실없이 잘 웃는 癲狂 증세가 더 무섭다.
• 정신질환이 제일로 무섭다. 癲疾과 癲癎 등은 쉽게 고치기가 어렵다.

기본 1 癲狗(전구) 酒癲(주전)

발전 1 癲風(전풍) 狂癲(광전) 昌癲(창전) 癲狂院(전광원)

餞

부수	획수	총획
食	8	17

보낼 전 : 【3135】

字源 〈형성〉 '보내다'는 일정한 목적을 위해 다른 사람을 가게 하다는 사역의 의미를 담는다 하겠다. 유의어로는 '발송(發送)하다, 부치다, 송부(送付)하다, 전달하다' 등이 있다. 여행을 떠나는(戔←踐) 사람을 위해 제사지내거나 잔치를 벌여서 멀리 보낼 때 마련했던 음식(食)으로 [전별하다(餞)]는 뜻이고 [전]으로 읽는다.
동 遣(보낼 견) 送(보낼 송) 반 迎(맞을 영)

필순 

기초 【기초한자어】 익히고, 【기본 → 발전한자어】 다지기
餞別(전별) 떠나는 사람을 배웅함
餞席(전석) 전별의 연회석
餞送(전송) 전별하여 보냄
• 이 상무가 旅行을 떠나니 餞席을 마련하세.
• 과장님을 餞送하면서 섭섭한 마음에 餞別금에 모아서 드렸다.

기본 1 餞杯(전배) 餞筵(전연) 餞春(전춘) 供餞(공전) 代餞(대전) 盛餞(성전) 偉餞(위전) 飮餞(음전) 祖餞(조전) 追餞(추전) 親餞(친전)

발전 1 餞需(전수) 餞筵(전연) 餞飮(전음) 餞春(전춘) 餞行(전행) 郊餞(교전) 送餞(송전) 勝餞(승전) 宴餞(연전) 臨餞(임전) 贈餞(증전)

銓

부수	획수	총획
金	6	14

사람가릴 전(:) 【3136】

字源 〈형성〉 '저울질하다'는 물건을 두고 이해득실을 따지기 위해 헤아려 보다는 뜻이다. 직원을 채용하는 것을 흔히 '사람을 가리다'라고 표현하기도 한다. 무게를 달아서 재는(全←算) 금속제(金)로 [저울질하다(銓)] 또는 쇳덩이(金)를 온전하게(全) 잘 다룰 줄 아는 숙련된 기능공 [사람을 가리다(銓)]는 뜻이고 [전]으로 읽는다.
동 衡(저울대 형)

1급

필순 ㅅ ㄷ 亽 全 金 釒 針 鈴 鈴 銓

기초 【기초한자어】 익히고, 【기본→발전한자어】 다지기
銓考(전고) 인물을 헤아려 고름
銓別(전별) 가려서 따로 구분함
銓衡(전형) 저울. 사람을 저울질하여 뽑음
• 사람을 채용할 때 가려서 따로 구분하는 銓別이 필요하겠네.
• 채용시험에서 銓考보다는 銓衡이라는 말을 많이 쓰인다는구면.

기본 ① 銓官(전관) 銓官(전관) 銓部(전부) 銓敍(전서) 銓掌(전장) 銓次(전차) 銓汰(전태) 銓判(전판) 未銓(미전) 分銓(분전) 釘銓(정전) 執銓(집전) 判銓(판전)

발전 ① 銓管(전관) 銓郎(전랑) 銓補(전보) 銓選(전선) 銓議(전의) 銓리(전인) 銓曹(전조) 銓綜(전종) 銓注(전주) 銓總(전총) 銓擢(전탁) 銓品(전품) 亞銓(아전) 銓考局(전고국)

사자성어 ① 銓衡委員(전형위원)

살 전 : 【3137】

부수	획수	총획
竹	9	15

字源 〈형성〉 '살(矢)'은 '화살(矢)'로 보는 것이 더욱 좋겠다. '화살'은 다양한 문화에 걸쳐 발견되는데 지금도 활과 함께 스포츠나 사냥에 사용되고 있다. 줄여서 '살'이나 '시(矢)'라고도 했다. 앞(前)으로 쏘아서 나가는 대(竹)로 [살(箭)] 또는 대(竹) 앞(前)에 살을 매서 날도록 했으니 [화살(箭)]을 뜻하고 [전]으로 읽는다.
圖 矢(화살 시)

필순 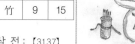 ㅑ ㅑ ㅑ 竻 竻 笧 箭 箭 箭 箭

기초 【기초한자어】 익히고, 【기본→발전한자어】 다지기
箭幹(전간) 화살대. 살대
箭眼(전안) 적에게 활을 쏘기 위하여 성벽에 뚫어 놓은 구멍
飛箭(비전) 날아오는 화살. 매우 빠른 화살
• 옛날 전쟁터에서 箭幹이 없으면 불편했을 것이다.
• 적이 성을 넘지 못하게 箭眼이나 飛箭이 필요하다네.

기본 ① 激箭(격전) 斷箭(단전) 毒箭(독전) 鳴箭(명전) 木箭(목전) 緩箭(완전) 叢箭(총전) 快箭(쾌전) 火箭(화전)

발전 ① 箭書(전서) 箭魚(전어) 箭羽(전우) 箭條(전조) 箭竹(전죽) 箭瘡(전창) 箭窓(전창) 箭馳(전치) 箭筒(전통) 輕箭(경전) 勁箭(경전) 弓箭(궁전) 急箭(급전) 帶箭(대전) 猛箭(맹전) 流箭(유전) 竹箭(죽전) 神機箭(신기전) 箭瘢(전반) 箭籌(전주) 箭鏃(전촉) 箭靫(전채)

사자성어 ① 光陰如箭(광음여전)

앙금 전 : 【3138】

부수	획수	총획
水	13	16

字源 〈형성〉 '앙금'은 어떤 일로 인해 마음 속에 남아 있는 개운치 않은 감정을 비유적으로 이른 말이다. '마음의 상처가 아직도 앙금으로 남아 있다'는 용례처럼 쓰인다. 엉덩이(殿)처럼 물(氵)속에 가라앉은 [앙금(澱)] 또는 흔히 큰 집(殿) 하수구에서 많이 나오는 흐릿한 물(氵)로 [찌꺼기(澱)]를 뜻하고 [전]으로 읽는다.

필순 氵 氵 沪 沪 沪 淠 淀 淀 淀 澱 澱

기초 【기초한자어】 익히고, 【기본→발전한자어】 다지기
澱物(전물) 가라앉아서 앙금이 된 물질
澱粉(전분) 녹색식물 뿌리·줄기·씨 등에 저장된 탄수화물. 녹말
沈澱(침전) 액체 중에서 미세한 고체가 가라앉은 그 앙금. 침전물
• 액체 중에 있는 微細한 고체가 가라앉아 바닥에 괴는 沈澱이 있다.
• 채소의 澱粉이나 앙금이 된 澱物도 우리에게는 유익한 영양소이다.

발전 ① 澱粉粒(전분립) 近전 澱淤(전어)

얽을 전 【3139】

부수	획수	총획
糸	15	21

字源 〈형성〉 '얽다'는 가게에서 노끈이나 줄 따위를 준비하여 이리저리 걸어가면서 잘 '묶다'는 뜻이겠다. 틀을 구성하면서 없는 것을 있는 것처럼 잘 꾸며 챙기다는 뜻으로도 쓰이겠다. 긴 끈(糸)을 잘 둘러서(廛←帶) [얽다(纏)] 또는 가게(廛)에서 물건을 사게 되면 끈(糸)으로 잘 [묶다(纏)]는 뜻이고 [전]으로 읽는다.
圖 縛(얽을 박) 繞(두를 요)

필순 纟 糸 糸 紵 紵 纏 纏 纏 纏 纏 纏

기초 【기초한자어】 익히고, 【기본→발전한자어】 다지기
纏結(전결) 동여맴
纏縛(전박) 동여맴. 행동에 제약을 주는 것
纏索(전삭) 오랏줄. 감옥
• 동여맨 일, 행동에 제약을 주는 거치적거리는 일 등이 纏縛이다.
• 일국의 장군도 중죄인을 다루듯이 纏索으로 纏結하여서 보냈다.

기본 ① 纏牽(전견) 纏頭(전두) 纏綿(전면) 纏身(전신) 纏足(전족) 纏着(전착) 牽纏(견전) 糾纏(규전) 邪纏(사전)

1급

星纏(성전) 腰纏(요전) 包纏(포전)
발전 ① 纏帶(전대) 纏束(전속) 結纏(결전) 拘纏(구전) 縛纏(박전) 出纏(출전) 行纏(행전) 纏繞莖(전요경) 纏候風(전후풍) **特** 纏繞(전요) 紆纏(우전) **特** 纏繳(전교) 縈纏(영전)
사자성어 ① 情緒纏綿(정서전면)

부수	획수	총획
頁	10	19

엎드러질 전 :
이마 전 : 【3140】

字源 〈형성〉'엎드러지다'는 길을 걷다가 잘못하여 앞으로 넘어질 수 있다는 뜻이다. 앞으로 넘어지면 이마나 코를 다치는 수가 있어서 위험하다. 골똘히 생각하면 넘어진다. 머리(頁)의 맨 위 꼭대기(眞←天)로 [이마(顚)] 또는 머리(頁) 속에 진실한(眞) 생각이 없다면 쉽게 [엎드러지다(顚)]는 뜻이고 [전]으로 읽는다.
동 倒(넘어질 도) **사** (엎드릴 부)

필순 ⺊ ⼫ ⽬ ⾙ 眞 顚 顚 顚

기초 【기초한자어】익히고, 【기본→발전한자어】다지기
顚狂(전광) 정신 이상이 생김. 미침. 또는 미치광이
顚倒(전도) 엎어져 넘어지거나 넘어뜨림
顚末(전말) 처음부터 끝까지 일이 진행되어 온 경과
• 갑자기 精神 이상이 생기거나 미치광이 되는 일을 顚狂이라고 부른다.
• 회사 부도의 顚末을 듣던 사장은 그 자리에서 그냥 顚倒하고 말았다.

기본 ① 顚頓(전돈) 顚落(전락) 顚實(전실) 顚委(전위) 顚跌(전질) 顚墜(전추) 顚沛(전패) 傾顚(경전) 狂顚(광전) 動顚(동전) 山顚(산전) 樹顚(수전) 詩顚(시전) 張顚(장전) 酒顚(주전) 華顚(화전)

발전 ① 顚蹶(전궐) 顚連(전련) 顚冥(전명) 顚毛(전모) 顚沒(전몰) 顚覆(전복) 顚隕(전운) 顚越(전월) 顚危(전위) 顚飮(전음) 顚躓(전전) 顚躇(전착) 顚䪼(전퇴) 倒顚(도전) 隕顚(운전) 跌顚(질전) **特** 顚磧(전질) **조하** 顚仆(전부) 顚躓(전지)

사자성어 ① 顚之倒之(전지도지) 本末顚倒(본말전도) 主客顚倒(주객전도) 七顚八起(칠전팔기)

부수	획수	총획
竹	9	15

전자 전 : 【3141】

字源 〈형성〉'전자(篆字)'는 한자 서체의 한 가지로 알려진다.

대전(大篆)과 소전(小篆)이 있는 등, 흔히 전서(篆書)라고들 했다. 준말로는 전(篆) 혹은 전문(篆文)이다. 붓을 이리저리 돌리면서(彖←轉) 쓰는 글씨(竹)로 [전자(篆)] 또는 글자(竹)를 끊어서(彖) 정성 들여서 써놓았으니 [전서(篆)]를 뜻하고 [전]으로 읽는다.

필순 ⼂ ⼁ ⺈⺈ 竺 竺 笲 篆 篆 篆

기초 【기초한자어】익히고, 【기본→발전한자어】다지기
篆刻(전각) 전자를 새김
篆款(전관) 금석에 새긴 전자
篆文(전문) 전서체의 문자
• 국전에서 전서체의 문자인 篆文으로 적벽부를 쓰기로 했다.
• 옛 문헌을 篆款 또는 篆刻해 두었다면 실로 많은 참고가 될 것이다.

기본 ① 篆隸(전례) 篆銘(전명) 篆書(전서) 篆字(전자) 大篆(대전) 小篆(소전) 鳥篆(조전) 秦篆(진전) 草篆(초전)

발전 ① 篆烙(전락) 篆額(전액) 篆體(전체) 篆劃(전획) 篆畫(전획) 寶篆(보전) **特** 篆烟(전연) **조주** 篆籀(전주)

부수	획수	총획
大	9	12

정할 전 :
제사 전 : 【3142】

字源 〈회의〉'제사(奠)'는 원시적 형태 제례의 일종으로 제사 때에 제물을 바치는 일체의 행위다. 장례를 치르기 전에 죽은 자에게 정중히 올린 제사라고 했다. 웃어른(酋←尊)의 제상에 술(酉)을 정중하게(大) 올렸으니 [제사(奠)] 또는 두목(酋)은 큰(大) 인물 중에서 선출했었으니 바로 [정하다(奠)]는 뜻이고 [전]으로 읽는다.
동 定(정할 정)

필순 ⼂ ⼋ ⼋ 酋 酋 酋 酋 奠 奠

기초 【기초한자어】익히고, 【기본→발전한자어】다지기
奠居(전거) 있을 곳을 정함. 자리를 잡고 삶
奠物(전물) 부처나 신에게 올리는 물건
奠儀(전의) 초상집에 부조로 돈이나 물품을 보냄. 경조사의 서식
• 친구 아버지가 갑자기 돌아가셔서 奠儀를 보냈다.
• 새로 구한 집에서 본격적으로 奠居하기 전에 奠物을 차려서 고사를 지냈다.

기본 ① 奠都(전도) 奠雁(전안) 奠接(전접) 奠菜(전채) 薄奠(박전) 夕奠(석전) 疏奠(소전) 遺奠(유전) 祭奠(제전) 助奠(조전) 進奠(진전)

발전 ① 奠謁(전알) 奠定(전정) 奠祭(전제) 奠枕(전침) 奠幣(전폐) 奠饗(전향) 釋奠(석전) 殷奠(은전) 奠雁廳(전안청) 奠酌禮(전작례) **特** 饋奠(궤전)

부수	획수	총획
戈	10	14

截

끊을 절【3143】

字源 〈형성〉'끊다'는 딱 붙은 것을 떨어지도록 곱게 잘라서 가르다는 뜻이다. 용례로 보였으니 '그는 사슬을 끊고 도망갔다'는 부분이겠다. 유의어로는 '자르다, 절단하다' 등이 있다. 날아가는 새(隹)를 잡아 털을 뜯은 후 예리한 칼이나 창(戈)으로 작게(小) 조각내서 잘라 놓았으니 [끊다(截)]는 뜻이고 [절]로 읽는다.
回斷(끊을 단) 絕(끊을 절)

필순 一 土 圡 圭 圭 隹 截 截 截

기초 【기초한자어】 익히고, 【기본 → 발전한자어】 다지기
截斷(절단) 끊음
截然(절연) 맺고 끊음이 칼로 끊은 듯 확실함
直截(직절) 곧바로 헤아려 판단함. 거추장스럽지 아니하고 간략함
• 맺고 끊음이 칼로 끊은 듯 확실하다고 했으니 바로 截然함 그것이다.
• 형은 횡액을 당한 후 直截하면서 截斷하고 난 후 깊은 산속으로 들어갔다.
기본 ① 截句(절구) 截破(절파) 隔截(격절) 斷截(단절) 剖截(부절) 掃截(소절) 割截(할절)
발전 ① 截頭(절두) 截絕(절절) 截陣(절진) 截取(절취) 峻截(준절) 斬截(참절) 亢截(항절) 橫截(횡절) 截頭川(절두천)
特 截臍(절제) 巉截(참절)
사자성어 ① 截髮易酒(절발역주) 截長補短(절장보단)

부수	획수	총획
米	5	11

粘

붙을 점【3144】

字源 〈형성〉'붙다'는 다른 것에 붙어서 단단하게 떨어지지 않는 상태를 뜻한다. 예를 들어 '머리에 붙은 휴지를 떼어냈다'처럼 쓰인다. 유의어로는 '부착(附着)되다, 들러붙다' 등이 있다. 미곡(米) 가루를 손가락으로 잡아(占←拈) 문지를 때 느껴지는 끈적끈적하게 차진 기운으로 [붙다(粘)]는 뜻이고 [점]으로 읽는다.
回着(붙을 착)

필순 ﹀ 丷 半 米 米 粁 粘 粘 粘

기초 【기초한자어】 익히고, 【기본 → 발전한자어】 다지기
粘塊(점괴) 끈끈하게 엉긴 덩이
粘着(점착) 착 달라붙음
粘土(점토) 진흙. 빛깔이 붉은 차진 흙

• 粘塊는 끈끈하게 엉긴 덩이나 차진 덩어리라 한다.
• 초가를 지을 때 볏짚을 썰어 粘土와 이긴 다음 벽에 붙였으니 잘 粘着되었다.
기본 ① 粘膜(점막) 粘液(점액) 粘綴(점철)
발전 ① 粘啓(점계) 粘菌(점균) 粘度(점도) 粘力(점력) 粘戀(점련) 粘連(점련) 粘米(점미) 粘餠(점병) 粘報(점보) 粘性(점성) 粘稠(점조) 粘質(점질) 粘體(점체) 粘土器(점토기)
사자성어 ① 粘續頭尾(점속두미)

부수	획수	총획
雨	8	16

霑

젖을 점【3145】

字源 〈형성〉'젖다'는 외부의 액체로 인해서 축축하게 되다는 뜻이다. '옷이 물에 젖다'에서 보인바, 유의어로는 '유윤(濡潤)하다, 윤습(潤濕)하다, 첨습(沾濕)하다' 등에서 보인다. 조용하게 내린 비(雨)가 점점(沾←點) 내려서 [적시다(霑)] 또는 비(雨)가 내리면 옷이 점차 젖었으니(沾) [젖다(霑)]는 뜻이고 [점]으로 읽는다.
回潤(불을 윤) 濕(젖을 습) 洽(흡족할 흡)

필순 一 广 币 雨 雨 雲 雲 霑 霑 霑

기초 【기초한자어】 익히고, 【기본 → 발전한자어】 다지기
霑汚(점오) 젖어서 더러워짐
霑潤(점윤) 땀이나 물기가 배어 번짐
霑汗(점한) 땀이 뱀

• 젖어서 불음. 땀이나 물기가 배어 짙게 번짐이 霑潤이 되었다고 말한다.
• 심한 운동 뒤에 옷이 霑汗되어 그대로 두었더니 霑汚되었다고 야단이다.
기본 ① 霑灑(점쇄) 霑醉(점취) 霑被(점피) 均霑(균점) 露霑(노점) 淚霑(누점) 普霑(보점) 潤霑(윤점)
발전 ① 霑沐(점목) 霑濕(점습) 霑洽(점흡) 特 霑渥(점악) 霑濡(점유) 霑漬(점지)

부수	획수	총획
巾	9	12

幀

그림족자 정/탱
【3146】

字源 〈형성〉'족자'는 그림과 서예를 감상하기 위한 목적으로 작품을 벽에 걸어 둘 수 있게 한 도구이다. '그림족자'는 비단에 그린 그림을 걸어둔 것이 더욱 많았다. 베(巾)나 종이에 그림을 잘 그려서 벽에다 곧게(貞) 걸거나 말아 둘 수 있게 가름대를 잘 대놓았으니 [그림 족자(幀)]를

1급

뜻하고 [정] 또는 [탱]으로 읽는다.

필순 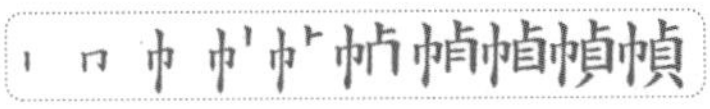

기초 【기초한자어】 익히고, 【기본→발전한자어】 다지기

幀畫(탱화) 부처를 그려 벽에 거는 그림

影幀(영정) 사람의 얼굴을 그리는 족자. 영상(映像)

裝幀(장정) 책을 매어 꾸밈. 책 형식면에서 조화미를 꾸밈. 제본

- 책을 매는 데 있어서 형식면에서 보면 調和美를 꾸밈이 裝幀이라네.
- 심지에 불상도 없이 幀畫만으로 예불을 드리는 곳이 더러 있는데 잘못이다.

발전 1 幀首(정수) 佛幀(불탱) 御幀(어정)

사자성어 1 幀畫佛事(탱화불사)

睛

부수	획수	총획
目	8	13

눈동자 정 【3147】

字源 〈형성〉 '눈동자'는 눈알 한가운데 홍채로 둘러싸여 있는 동그랗고 검게 보이는 부분이다. 유의자로는 '동공(瞳孔), 동자(瞳子), 모자(眸子), 수륜(水輪)' 등이 쓰이고 있다. 젊은이의 눈(目)은 파랗고도 맑아서(靑) 청운의 큰 뜻을 품고 책을 보면서 열심히 공부한다고 했었으니 [눈동자(睛)]를 뜻하고 [정]으로 읽는다.

同 瞳(눈동자 동) 眸(눈동자 모) 同 晴(갤 청)

필순 

기초 【기초한자어】 익히고, 【기본→발전한자어】 다지기

瞳睛(동정) 눈동자

白睛(백정) 눈알의 흰자위

點睛(점정) 사람이나 짐승을 그릴 때 맨 나중에 눈동자를 찍음

- 그림을 그릴 때 맨 끝에 눈동자를 찍었으니 바로 그것이 點睛이다.
- 그 사람의 瞳睛을 유심히 보고 白睛의 진실함을 비로소 알게 되었다네.

기본 1 方睛(방정) 眼睛(안정) 橫睛(횡정) 黑睛(흑정)

발전 1 龍睛(용정) 特 睛眸(정모)

사자성어 1 畫龍點睛(화룡점정)

碇

부수	획수	총획
石	8	13

닻 정 【3148】

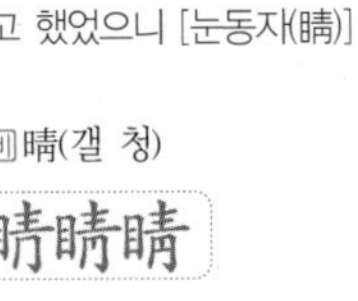

字源 〈형성〉 항구에 도달한 배를 한 곳에 떠 있게 하거나 멈추게 한다. 줄에 매어 물 밑바닥으로 가라앉히는 쇠로 만든 갈고리가 닻이다. '하던 것을 단념함'의 의미가 '닻을 감다'라 한다. 정박해 놓은 배를 정한(定) 위치에 머물게 하는 선창의 돌(石)기둥이나 갯가에 밧줄을 동이니 [닻(碇)]을 뜻하고 [정]으로 읽는다.

필순 

기초 【기초한자어】 익히고, 【기본→발전한자어】 다지기

碇泊(정박) 배가 해상에서 닻을 내리고 운항을 정지함

擧碇(거정) 닻을 올리는 일(下碇(하정) 닻을 내리는 일)

- 배가 부두에 도달하면 닻을 내리고 일정한 자리에 머무르는데 이것이 碇泊이라네.
- 목포항에 갔더니 일본 상선들이 질서 정연히 碇泊하면서 擧碇을 시도했다네.

기본 1 碇宿(정숙)

발전 1 碇索(정삭) 留碇(유정) 碇泊地(정박지)

錠

부수	획수	총획
金	8	16

덩이 정 【3149】

字源 〈형성〉 '덩이'는 비교적 작게 뭉쳐서 이루어진 것을 뜻한다. '설탕 가루가 덩이째로 굳어졌구나'라는 용례에서 잘 보인다. 덩이의 유의어로는 '덩어리 괴(塊)' 등으로 쓰인다. 안정감(定)이 있는 금속제(金)인 [제기(祭器)] 또는 금속(金)의 정해진(定) 규격과 품질로 인한 굵직한 [덩이(錠)]를 뜻하고 [정]으로 읽는다.

필순 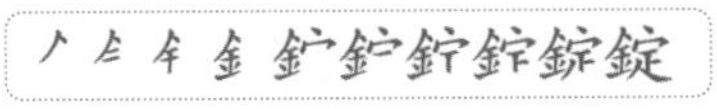

기초 【기초한자어】 익히고, 【기본→발전한자어】 다지기

錠劑(정제) 동글납작하게 굳힌 약제. 알약

銀錠(은정) 옛 중국 화폐의 하나. 원보

- 고대 중국에 화폐가 있었는데, 그게 '원보'인바, 銀錠이라고 한다네.
- 약사는 감기 몸살 약으로 錠劑와 가루약을 섞어서 지어 주었다.

발전 1 錠製(정제) 補錠(보정) 手錠(수정) 施錠(시정)

釘

부수	획수	총획
金	2	10

못 정 【3150】

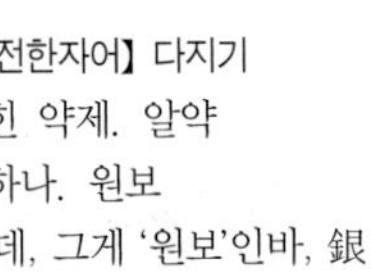

字源 〈형성〉 '못'은 쇠나 나무 따위로 만들어 나무를 연결하는 가늘고 끝이 뾰족한 물건이다. 원통한 자기 생각을 마음 속 깊이 맺히게 한다고 했다. 흔히 '못을 박다'는 뜻으로 쓰인다. 쇠붙이(金)로 된 철사를 짧게 잘라서 '정정(丁:의

1급

성어' 소리가 나게 [박는다(釘)] 또는 나무에 박는 [못(釘)]을 뜻하고 [정]으로 읽는다.

필순 ノ 八 八 乒 乒 乓 余 金 金 釘

기초 【기초한자어】 익히고, 【기본→발전한자어】 다지기
釘頭(정두) 못의 대가리
撞釘(당정) 못을 박음
拔釘(발정) 못을 뽑음
• 실과 공작 시간에 釘頭도 없이는 못을 박기가 많이 힘들었다.
• 망치로 못 박는 일은 撞釘이고, 못 빼는 일은 拔釘이라고 반대어가 쓰인다.

기본 ① 銀釘(은정)
발전 ① 釘鈴(정령) 釘彫(정조) 刻釘(각정) 押釘(압정) 竹釘(죽정) 地釘(지정) 朽釘(후정)
사자성어 ① 眼中之釘(안중지정) 槌輕釘聳(퇴경정용)

	부수	획수	총획
町	田	2	7

밭두둑 정 【3151】

字源 〈형성〉 '밭두둑'은 밭보다 높이 올라와 밭의 경계가 되며 사람이 걸어 다닐 수 있는 둑이다. 이 둑에 대한 논의가 있었다. 유의어로는 '진역(畛域), 휴반(畦畔), 밭두렁, 전주(田疇)' 등이 있다. 논밭(田) 경계에 못처럼 박힌(丁) 길로 [밭두둑(町)] 또는 밭두둑을 경계로 한 넓이로 [정보(町)]를 뜻하고 [정]으로 읽는다.
回 畔(밭두둑 반) 畦(밭두둑 휴)

필순 一 冂 冂 田 田 町 町

기초 【기초한자어】 익히고, 【기본→발전한자어】 다지기
町步(정보) 넓이가 정으로 끝이 나고 우수리가 없을 때임
• 町步에서 보인 우수리는 수량을 채우고 남은 수나 그 수량이다.
• 농촌에서 10町步의 논농사를 짓고 있다니 참다운 부자임에 틀림없다.

기본 ① 町米(정미) 鈞町(구정) 接町(접정)
발전 ① 町當(정당) 特 町畦(정휴) 特 町疃(정탄)

	부수	획수	총획
挺	手	7	10

빼어날 정 【3152】

字源 〈형성〉 '빼어나다'는 여럿 가운데에서 유별나고 많이 두드러지게 뛰어나다는 뜻이다. 유의어로는 '탁수(擢秀)하다, 수장(秀長)하다, 수려(秀麗)하다' 등이 같이 쓰인다. 일손

(才)이 많이 부족하여 조정(廷)에서 사람을 [뽑다(挺)] 또는 손(才)으로 좋은 점을 뽑았으니(廷) 아주 [빼어나다(挺)]는 뜻이고 [정]으로 읽는다.
園 傑(뛰어날 걸) 拔(뽑을 발) 秀(빼어날 수) 回 挻(늘일 연)

필순 一 十 扌 扌 扌 扌 扌 扬 挺 挺 挺

기초 【기초한자어】 익히고, 【기본→발전한자어】 다지기
挺立(정립) 높이 우뚝 솟음
挺秀(정수) 훌륭하게 뛰어남
挺節(정절) 절개를 굳게 지킴
• 높이 우뚝 솟음을 挺立이라 하겠는데, 똑바로 서다는 뜻이겠지.
• 할머니의 청상 挺節이야말로 우리 가문의 挺秀라고 말할 만하다.

기본 ① 挺傑(정걸) 挺拔(정발) 挺身(정신) 挺然(정연) 挺爭(정쟁) 挺出(정출) 挺特(정특) 奇挺(기정) 茂挺(무정) 秀挺(수정) 英挺(영정) 峻挺(준정) 天挺(천정) 特挺(특정) 標挺(표정)
발전 ① 挺專(정전) 挺戰(정전) 挺挺(정정) 挺進(정진) 空挺(공정) 森挺(삼정) 超挺(초정)
사자성어 ① 挺身出戰(정신출전)

	부수	획수	총획
酊	酉	2	9

술취할 정 【3153】

字源 〈형성〉 '술 취하다'는 술기운에 정신이 몽롱해져 제대로 움직일 수 없다는 뜻이다. 예시문에서는 '약에 그만 취해 많이 정신이 없다' 했으니, 유의어로는 '도취(陶醉)하다' 등이다. 힘센 장정(丁)들도 술에는 약한데, 술(酉)을 많이 마시고 나면 취해서 몸을 비틀거렸으니 많이 [술 취하다(酊)]는 뜻이고 [정]으로 읽는다.
園 酩(술 취할 명) 醉(취할 취)

필순 一 丆 厅 丙 丙 酉 酉 酊 酊

기초 【기초한자어】 익히고, 【기본→발전한자어】 다지기
酩酊(명정) 몸을 가눌 수 없을 정도로 술에 몹시 취함
酒酊(주정) 술에 취하여 정신없이 말하거나 행동함
• 이번 송년회에서 부장님은 酒酊으로 회사의 품위를 상당히 손상시켰다.
• 회식 자리에서 酩酊을 부리는 큰 실수를 저질렀다.
발전 ① 乾酒酊(건주정)

	부수	획수	총획
靖	靑	5	13

편안할 정 (:)
【3154】

〈형성〉 '편안하다'는 시골에 살면서 마음이 편안하여 지내기 참 좋다는 뜻이다. 편안한 자세로 앉아서 세상을 바르게 보았을 것이다. 유의어로는 '편하다, 안녕(安寧)하다' 등이다. 젊었을 때(靑) 큰 목표를 세워서(立) 부지런하게 일하면 나이 들어 늙어서는 몸과 마음이 [편안하다(靖)]는 뜻이고 [정]으로 읽는다.
圖 安(편안 안) 綏(편안할 수)

필순

기초 【기초한자어】 익히고, 【기본 → 발전한자어】 다지기
靖嘉(정가) 편안하고 화락함
靖難(정난) 국난을 평정함
靖節(정절) 깨끗한 절의
• 靖節은 자기의 깨끗한 절의의 소산이겠네.
• 한국사를 잘 살펴보면 靖難 뒤에는 반드시 靖嘉의 시대가 반드시 있었다.
기본 ① 靖共(정공) 靖邊(정변) 靖獻(정헌) 嘉靖(가정) 單靖(단정) 寧靖(영정) 底靖(저정) 淸靖(청정) 閑靖(한정)
발전 ① 靖康(정강) 靖恭(정공) 靖匡(정광) 靖國(정국) 靖亂(정란) 靖兵(정병) 靖安(정안) 靖案(정안) 靖言(정언) 靖人(정인) 簡靖(간정) 巡靖(순정) 安靖(안정) 特 靖綏(정수) 綏靖(수정)
사자성어 ① 靖東方曲(정동방곡)

부수	획수	총획
心	7	10

공손할 제 : 【3156】

〈형성〉 '공손하다'는 언행이나 태도 따위가 매우 예의가 바르고 겸손하다는 뜻이다. '예의 바르고 겸손하다'는 의미로 보았을 때, 늘 공손한 태도가 성공의 열쇠라 하겠다. 형에 대한 아우(弟)의 진정한 마음(忄)으로 자기 형님을 극진하게 공경했으니 [부드럽다(悌)] 또는 [공손하다(悌)]는 뜻이고 [제]로 읽는다.

필순

기초 【기초한자어】 익히고, 【기본 → 발전한자어】 다지기
悌友(제우) 형제나 장유 사이가 화목하고도 유순함
悌弟(제제) 형에게 유순한 아우
不悌(부제) 형에 대하여 아우로서 도리를 지키지 못함
• 형제나 장유 사이가 화목하고 유순함이 있어서 다 함께 悌友합니다.
• 그에게는 두 명의 悌弟가 있어 든든하지만, 不悌가 있어서 더 걱정입니다.
기본 ① 謹悌(근제) 友悌(우제) 長悌(장제) 和悌(화제)
발전 ① 悌悌(제제) 仁悌(인제) 孝悌(효제) 特 愷悌(개제)
사자성어 ① 孝悌忠信(효제충신)

부수	획수	총획
穴	4	9

함정 정【3155】

〈형성〉 '함정'은 짐승을 잡기 위하여 파놓은 커다란 구덩이를 뜻한다. 순우리말로는 '허방다리'라 한다. 빠져나올 수 없는 곤경이나 남을 해치기 위한 나쁜 계략을 비유하기도 한다. 우물(井)처럼 움푹 파이도록 큰 구덩이(穴)를 파놓아서 그 속에 빠지도록 만들어 놓았던 [함정(穽)]을 뜻하고 [정]으로 읽는다.

필순 宀宀宀宀宍宍空穽穽

기초 【기초한자어】 익히고, 【기본 → 발전한자어】 다지기
穽陷(정함) 허방다리
深穽(심정) 깊은 함정
墜穽(추정) 함정에 빠짐
• 엽총이 없던 시절에 穽陷을 설치하여 맹수를 잡기도 했었지.
• 호랑이가 深穽함에 따라 이제는 墜穽하였다.
기본 ① 陷穽(함정) 檻穽(함정) 虛穽(허정)
발전 ① 穽井(정정) 特 坎穽(감정)
사자성어 ① 落穽下石(낙정하석)

부수	획수	총획
足	9	16

굽 제【3157】

〈형성〉 '굽'은 말의 발톱을 뜻하면서 사람의 구두 밑바닥의 뒤축에 붙어 있는 부분을 뜻하기도 한다. 대체적으로 굽은 신발의 굽 또는 마소의 발굽을 뜻한다고 하겠다. 마소의 발(足)가락을 크게 뭉쳤으니(帝) [발굽(蹄)] 또는 임금님(帝)도 발(足)로 걸으면 신이 많이 닳았으니 [굽(蹄)]을 뜻하고 [제]로 읽는다.

필순 口丹丹丹丹趵趵蹄蹄蹄

기초 【기초한자어】 익히고, 【기본 → 발전한자어】 다지기
蹄鐵(제철) 말굽에 붙여 박는 쇠
鐵蹄(철제) 마소의 발바닥에 대는 쇠. 편자
單蹄(단제) 돼지 발굽이 하나인 유전 형질
• 돼지 발굽이 하나인 유전 형질은 單蹄를 잘 살펴야 한다지.
• 말을 타고 한양에 갈 때 鐵蹄 몇 개와 蹄鐵을 꼭 가지고 가야겠지.
기본 ① 輕蹄(경제) 馬蹄(마제) 獸蹄(수제) 牛蹄(우제) 枝蹄(지제) 駝蹄(타제) 候蹄(후제)

1급

발전 ① 蹄釘(제정) 蹄紙(제지) 蹄形(제형) 奇蹄(기제) 偶蹄
(우제) 輪蹄(윤제) [特] 蹄齧(제설) 蹄窪(제와) 蹄筌
(제전) 筌蹄(전제) [出] 蹄涔(제잠)

사자성어 ① 蹄形磁石(제형자석) 馬不停蹄(마부정제) 獸蹄
鳥跡(수제조적)

부수	획수	총획
木	7	11

사다리 제 【3158】

字源 〈형성〉 '사다리'는 몸이나 손을 기대거나 매달아서 높은
곳과 낮은 곳을 오르고 내리는 도구다. 유의어로는 '제계
(梯階), 제자(梯子), 현제(懸梯), 사닥다리' 등이 있어 질서
가 정연하다. 형과 아우의 순서(弟)처럼 발로 밟아서 상하
로 오르내리려는 나무(木)로 만든 물건으로 [사다리(梯)]를
뜻하고 [제]로 읽는다.
[동] 棚(사다리 붕) 棧(사다리 잔)

필순 一 十 才 木 术 梢 梢 梢 梯 梯

기초 【기초한자어】 익히고, 【기본→발전한자어】 다지기
梯階(제계) 사다리. 사닥다리
梯索(제삭) 밧줄로 만든 사닥다리
雲梯(운제) 높은 사다리. 높은 지위에 오름을 비유
• 雲梯는 높은 사다리로 사람이 높은 지위에 오름을
비유한다네.
• 위층 공사장으로 가려면 梯索이나 梯階를 잘 준비
해야 한다.

기본 ① 梯衝(제충) 梯航(제항) 梯形(제형) 階梯(계제) 突梯
(돌제) 飛梯(비제) 罪梯(죄제) 懸梯(현제)

발전 ① 梯級(제급) 梯子(제자) 梯田(제전) 鉤梯(구제) 丹梯
(단제) 危梯(위제) 禍梯(화제) 梯子段(제자단) [特] 梯橙
(제등)

사자성어 ① 梯山航海(제산항해) 登樓去梯(등루거제)

부수	획수	총획
口	9	12

울 제 【3159】

字源 〈형성〉 '울다'는 사람이 기쁘거나 슬프거나 아파서 소리
내며 눈물을 흘리다는 뜻이다. '꼬마야, 너 왜 우니?'에서
보이듯이, 유의어는 '낙루(落淚)하다' 등이다. 사람이 죽어
'아이고(帝:의성어)'하면서 마구 우니 [울다(啼)] 또는
임금(帝)도 슬픈 일로 인하여 입(口)을 벌려 [울다(啼)]는
뜻이고 [제]로 읽는다.
[동] 哭(울 곡) 泣(울 읍)

필순 口 口 口 口 口² 口 口 啼 啼 啼 啼

기초 【기초한자어】 익히고, 【기본→발전한자어】 다지기
啼哭(제곡) 큰 소리로 욺
啼眉(제미) 울어서 찌푸린 눈살
啼泣(제읍) 소리를 높여 욺
• 모든 백성이 '엉엉' 하면서 소리를 높여 욺이 啼泣
이라니 민족의 아픔이겠다.
• 어젯밤에는 아내가 啼哭하더니만 啼眉에는 뚜렷
한 표시가 나있다.

기본 ① 啼粧(제장) 啼鳥(제조) 啼血(제혈) 悲啼(비제) 愁啼
(수제) 心啼(심제) 含啼(함제)

발전 ① 啼聲(제성) 啼珠(제주) 啼痕(제흔) [特] 啼饑(제기)

사자성어 ① 笑啼兩難(소제양난)

부수	획수	총획
米	5	11

거칠 조 【3160】

字源 〈형성〉 '거칠다'는 손이나 몸 그리고 살결이 매끄럽지 못
하고 윤기가 없어서 꺼칠하다는 뜻이다. 유의어로는 살결
이 '꺼칠하다. 부드럽지 못하다. 곱지 못하다' 등이 있겠다.
거칠고 성겨서(且←疏) 찰지지 않은 쌀(米)로 매우 [거칠
다(粗)] 또는 쌀(米)은 찧지 못해 성겼으니(且) [거칠다(粗)]
는 뜻이고 [조]로 읽는다.
[동] 澁(떫을 삽) [반] 精(정할 정)

필순 丷 丷 半 米 米 米¹ 粗 粗 粗 粗

기초 【기초한자어】 익히고, 【기본→발전한자어】 다지기
粗功(조공) 큰 공
粗米(조미) 거친 쌀
粗醜(조추) 못생김. 상스럽고 추함
• 못생겼어도 상스럽고 추하지만 않는다면 겨우 粗
醜는 면할 수 있겠지.
• 전시에 粗米를 먹으면서도 粗功까지 세웠다고 하
니 참으로 대견하다.

기본 ① 粗淡(조담) 粗漕(조담) 粗粕(조박) 粗惡(조악) 粗雜
(조잡) 粗通(조통) 粗暴(조포) 粗忽(조홀)

발전 ① 粗寧(조녕) 粗銅(조동) 粗略(조략) 粗漏(조루) 粗樸
(조박) 粗飯(조반) 粗放(조방) 粗率(조솔) 粗安(조안)
粗野(조야) 粗言(조언) 粗製(조제) 粗炭(조탄) 粗品
(조품) 粗恨(조한) 粗豪(조호) 精粗(정조) 粗雜化(조잡화)
[特] 粗鹵(조로) [特] 粗糲(조려) [出] 粗糲(조려)

사자성어 ① 粗衣粗食(조의조식)

부수	획수	총획
糸	13	19

고치켤 조 【3161】

1급

字源 〈형성〉 '고치 켜다'는 누에에서 실을 뽑으려고 고치를 삶는 일이다. 곧 '실켜다'는 누에고치에서 고운 실을 뽑아낸다는 뜻이라 하겠다. '켜내다'는 누에고치에서 실을 뽑아냈다. 번데기가 되어 둘둘 말려있는 누에고치(巢)에서 부드럽고 고급스러운 명주실(糸)을 뽑아냈으니 [고치 켜다(繰)]는 뜻이고 [조]로 읽는다.

필순 幺 糸 糸 糸' 絈 絈 絈 繰 繰 繰 繰

기초 【기초한자어】 익히고, 【기본→발전한자어】 다지기
繰綿(조면) 목화의 씨를 앗아 틀어 솜을 만듦, 또는 그렇게 만든 솜
繰絲(조사) 고치 · 목화 등에서 실을 뽑아냄
繰出(조출) 누에가 만든 고치를 삶아서 실을 뽑아내는 단계
• 繰出을 하기 위해서는 먼저 누에를 잘 먹여서 튼튼한 고치를 만들도록 해야 한다.
• 조상들은 繰絲로 고치를 켜고, 繰綿으로 옷감을 짜서 이용했다.

기본 ① 繰言(조언) 繰替(조체) 再繰(재조) 繰主(주조)
발전 ① 繰繭(조견) 繰越(조월) 繰制(조제) 繰綿機(조면기) 繰絲湯(조사탕)

구유 조【3162】

부수	획수	총획
木	11	15

字源 〈형성〉 '구유'는 축사에서 가축의 먹이를 담아 주는 그릇을 뜻한다. 흔히 큰 나무토막이나 돌을 길쭉하게 파내어 만든 먹이그릇이다. 유의어로는 '사조(飼槽), 죽통(粥筒)' 등이 있다. 마주 향한 두 쌍(曹)의 면이 있는 '사각형 나무(木)통에다 말과 소늘의 먹이를 담아서 먹였던 [구유(槽)]를 뜻하고 [조]로 읽는다.
園 筧(구유 두) 櫪(말구유 력)

필순 十 木 木 松 柿 柿 槽 槽 槽 槽

기초 【기초한자어】 익히고, 【기본→발전한자어】 다지기
槽廠(조창) 마구간
浴槽(욕조) 목욕을 할 수 있도록 물을 담는 통
酒槽(주조) 술을 거르는 틀
• 槽廠에는 酒槽가 있어 각가지 연모를 지혜롭게 만들어 썼지.
• 퇴근하여 집에 들어오니 浴槽에 더운 물이 가득 들어 있었다.

기본 ① 架槽(가조) 檀槽(단조) 馬槽(마조) 石槽(석조) 齒槽(치조)
발전 ① 茶槽(다조) 飼槽(사조) 水槽(수조) 湯槽(탕조) 把槽(파조) 後槽(후조) 油槽船(유조선) 춀집 槽櫪(조력)

대추 조【3163】

부수	획수	총획
木	8	12

字源 〈회의〉 '대추'는 대추나무에 열리는 맛있는 열매다. 타원형으로 발갛게 익고, 빛깔이 붉고 씨는 딱딱하지만 맛은 매우 달고 제상에 올린다. 유의어로는 '대조(大棗), 목밀(木蜜)' 등이 있다. 가시(朿)와 가시랭이가 많이 달려있는 나무(木)로 [대추나무棗] 또는 나무에 달린 열매로 [대추(棗)]를 뜻하고 [조]로 읽는다.

필순 一 十 市 朿 束 束 枣 枣 束 棗

기초 【기초한자어】 익히고, 【기본→발전한자어】 다지기
棗栗(조율) 대추와 밤. 신부가 시부모님께 드린 폐백
乾棗(건조) 말린 대추
酸棗(산조) 멧대추
• 酸棗仁(인)은 元氣를 돕고 잠을 잘 자게 하는 데 쓰인다네.
• 전통 혼례에서 棗栗과 乾棗를 준비하는 것은 절대적인 필수품이지.

기본 ① 大棗(대조) 蜜棗(밀조) 肉棗(육조) 李棗(이조)
발전 ① 棗卵(조란) 棗本(조본) 梨棗(이조) 첢 棗槊(조삭) 棗脩(조수) 樗棗(저조) 棗騮馬(조류마)
사자성어 ① 棗栗梨柿(조율이시)

마름 조 :【3164】

부수	획수	총획
艸	16	20

字源 〈형성〉 '마름'은 줄기가 가늘면서도 길며, 물속 잎은 가늘게 갈라진다. 물위에 둥둥 뜬 잎은 줄기 위쪽에 모여서 나는데, 공기주머니는 긴 타원형이고 잎몸은 마름모꼴이다. 물속에서 잘 씻기면서(澡) 독하게 살아가는 수초인 풀(艹) 종류로 [마름(藻)] 또는 마름으로 어울리도록 [꾸미다(藻)]는 뜻이고 [조]로 읽는다.

필순 一 艹 艹 汸 汸 浐 藻 藻 藻 薄 藻

기초 【기초한자어】 익히고, 【기본→발전한자어】 다지기
藻鑑(조감) 사물을 고를 때에 그 됨됨이나 품질을 알아보는 식견
藻棟(조동) 수초를 그린 마룻대
藻類(조류) 은화식물에 딸린 물풀의 종류
• 藻類는 수중에서 생장하며 동화색소를 보유한다고 하는구먼.
• 식용 藻類를 많이 늘어놓고 설명하는 藻鑑이 참으로 뛰어난 지혜로구나.

기본 ① 藻鏡(조경) 藻耀(조요) 藻井(조정) 藻翰(조한) 綺藻

(기조) 馬藻(마조) 斧藻(부조) 詞藻(사조) 魚藻(어조)
麗藻(여조) 才藻(재조) 品藻(품조) 翰藻(한조)

발전 ① 藻文(조문) 藻思(조사) 藻飾(조식) 藻雅(조아) 藻火
(조화) 藻繪(조회) 嘉藻(가조) 閨藻(규조) 擒藻(금조)
文藻(문조) 密藻(밀조) 浮藻(부조) 辭藻(사조) 盛藻(성조)
玉藻(옥조) 蘊藻(온조) 牛藻(우조) 萍藻(평조) 翰藻(한조)
海藻(해조) 鴻藻(홍조) **㈜** 藻繳(조교) **特** 藻藘(조려) 藻蘋
(조빈) 藻荇(조행) 鳧藻(부조) **줄진** 蘋藻(빈조) **줄진** 藻扑(조변)

부수	획수	총획
阜	5	8

막힐 조【3165】

字源 〈형성〉 '막히다'는 피동사로 어떠한 장애로 인하여 더는
오고가지 못하게 되는 불가항력적인 현상에 도달했음을
뜻하겠다. 능동사로는 '막다' 등이 쓰이고 있는 용어다. 자
주 겹쳐서 쌓인(且) 언덕(阝)이 꽉 [막히다(阻)] 또는 막고
(阝) 또(且) 막히게 되면 끝내 가야 할 길이 아주 [험하다(阻)]
는 뜻이고 [조]로 읽는다.
　　동 隔(사이 뜰 격) 塞(막힐 색/변방 새) **반** 疎(소통할 소)

필순 ㆍ ㄱ ㅏ ㅏ ㅏ ㅏ ㅏ ㅏ

기초 【기초한자어】 익히고, 【기본→발전한자어】 다지기
阻隔(조격) 멀리 떨어짐
阻難(조난) 험준하여 통행하기가 어려움
阻深(조심) 험하고 깊음. 산천이 멀리 떨어짐
• 阻深한 산에서는 특히 주의해야만 한다.
• 인가와 阻隔한 곳에서 阻難을 당하다니 휴대전화
　가 정말 고맙게 느껴진다.

기본 ① 阻澗(조간) 阻途(조료) 阻礙(조애) 阻折(조절) 阻限
(조한) 艱阻(간조) 放阻(방조) 崇阻(숭조) 惡阻(악조)
峻阻(준조) 天阻(천조) 廻阻(회조)

발전 ① 阻艱(조간) 阻階(조계) 阻固(조고) 阻飢(조기) 阻面
(조면) 阻兵(조병) 阻塞(조색) 阻修(조수) 阻隘(조애) 阻絶
(조절) 阻止(조지) 阻害(조해) 阻險(조험) 深阻(심조) 險阻
(험조) 阻礙力(조애력) **特** 睽阻(규조) **줄진** 阻擋(조당)

부수	획수	총획
辵	11	15

만날 조【3166】

字源 〈형성〉 '만나다'는 사람이 오가다가 누구로 하여금 오도록
하여서 서로가 마주 대하다는 뜻이다. 유의어는 '대면(對
面)하다, 부딪치다, 서로 상면(相面)하다' 등이 쓰인다. 길
을 가던(辶) 사람들이 자주 마주하니(曹) [만나다(遭)] 또는
길을 가면서(辶) 많은 무리(曹)들이 주위를 빙빙 [두르다(遭)]
는 뜻이고 [조]로 읽는다.

동 逢(만날 봉) 遇(만날 우) 邂(만날 해)

필순 一 冂 曲 曲 曲 曹 曹 曹 曹 遭 遭

기초 【기초한자어】 익히고, 【기본→발전한자어】 다지기
遭逢(조봉) 우연히 서로 만남. 현신이 명군을 만나
서 서로 뜻이 맞음
遭遇(조우) 난세를 만남. 높은 벼슬에 오름. 출세함
遭難(조난) 재난을 만남
• 골목에서 우연히 초등학교 동창을 遭遇했다.
• 遭難의 시대에 자네와 같은 인재를 遭逢하다니 참
　으로 천만 다행한 일이네.

기본 ① 遭際(조제) 遭値(조치)

발전 ① 遭艱(조간) 遭故(조고) 遭罹(조리) 遭喪(조상) 遭運
(조운) 遭旱(조한) 遭禍(조화) 逢遭(봉조) 相遭(상조)
所遭(소조) 周遭(주조) 遭難者(조난자)

사자성어 ① 遭時不遇(조시불우)

부수	획수	총획
曰	7	11

무리 조【3167】

字源 〈회의〉 '무리'는 여러 사람이 함께 모여 있는 때 혹은 그러
한 사람들이 모여 있음을 뜻한다. 유의어는 '떼, 패(牌), 군
중(群衆), 당(黨), 군집(群集)' 등이 있다. 많은(卄) 사람(卄)이
한 장소에 모여 앉아 서로 말하면서(曰) 옥신각신(曰)하며
모여 있는 여러 명의 사람들로 둘러싸였으니 [무리(曹)]를
뜻하고 [조]로 읽는다.
　　동 輩(무리 배)

필순 一 冂 曲 曲 曲 曲 曹 曹 曹

기초 【기초한자어】 익히고, 【기본→발전한자어】 다지기
曹輩(조배) 동아리. 무리
曹劉(조류) 조조와 유비. 조식과 유정
兒曹(아조) 예전에 아이들을 이름
• 曹劉는 위나라의 조식과 유정을 가리키는데 문
　(文)이 매우 성한 때라네.
• 하늘을 나는 새도 曹輩를 지어 놀거늘 옛적의 兒
　曹인들 그 어떠했으랴.

기본 ① 曹瞞(조만) 曹操(조조) 曹參(조참) 工曹(공조) 末曹
(말조) 法曹(법조) 我曹(아조) 重曹(중조) 刑曹(형조)

발전 ① 曹達(조달) 曹郎(조랑) 曹丕(조비) 曹司(조사) 曹參
(조삼) 曹植(조식) 曹偶(조우) 曹魏(조위) 曹霑(조점)
卿曹(경조) 功曹(공조) 官曹(관조) 冥曹(명조) 朋曹(붕조)
汝曹(여조) 吾曹(오조) 六曹(육조) 爾曹(이조) 豪曹(호조)
曹溪宗(조계종) 法曹人(법조인)

사자성어 ① 蕭規曹隨(소규조수)

1급

부수	획수	총획
水	11	14

漕

배로 실어나를 조
【3168】

字源 〈형성〉 '배로 실어 나르다'는 해상의 일정한 곳에서 다른 곳으로 물건을 실어 옮기는 일이다. 해상 운반의 용이함이라 하겠다. 유의어로는 '운반(運搬)하다' 등이 쓰인다. 물(氵)에서 배를 노 젓는 사람이 앞과 뒤에서 대하여(曹) 짐의 균형을 바르게 잡아 나르니 배로 실어 [나르다(漕)]는 뜻이고 [조]로 읽는다.

필순 氵氵氵沪沪浩浩漕漕漕

기초 【기초한자어】 익히고, 【기본→발전한자어】 다지기
漕船(조선) 물건을 운반하는 배
漕運(조운) 배로 물건을 운반함
漕艇(조정) 보트를 젓는 수상 운동 경기
• 화폐경제가 발달하지 못한 시대에 주로 현물로 조달했던 漕運이다.
• 漕艇선수들이 이제 경기장으로 가려고 漕船에 오르고 있구나.

기본 ①漕渠(조거) 漕溝(조구) 漕轉(조전) 競漕(경조) 運漕(운조) 轉漕(전조) 回漕(회조)

발전 ①漕軍(조군) 漕度(조도) 漕輓(조만) 漕船(조선) 漕倉(조창) 海漕(해조) 血漕(혈조) 漕運業(조운업) 特漕舫(조방)

부수	획수	총획
目	6	11

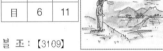

眺

볼 조 : 【3109】

字源 〈형성〉 '보다'는 사람이 눈으로 보아서 인식하다는 뜻이다. 예시문에서 낯선 사람의 '얼굴을 힐끔힐끔 본다'고 했다. 유의어로는 '바라보다, 쳐다보다, 읽다' 등이 있다. 시선(目)을 좌우로 마구 돌리면서(兆) [보다(眺)] 또는 사람의 눈(目)은 억수로 많은(兆) 사물들을 바르게 [바라보다(眺)]는 뜻이고 [조]로 읽는다.
동 覽(볼 람) 望(바랄 망)

필순 ｜ ｜ ｜ 目 目 町 町 町 眺 眺 眺

기초 【기초한자어】 익히고, 【기본→발전한자어】 다지기
眺覽(조람) 멀리 바라봄
眺望(조망) 널리 바라봄. 또는 그러한 경치
眺聽(조청) 보고 들음. 보는 일과 듣는 일
• 사물은 가까이서 바라봄과 멀리 바라봄은 다르니 이것이 바로 眺覽의 차이다.
• 멀리서 眺望하는 분위기와 가까이서 眺聽함은 사

못 다르다.

기본 ①眺臨(조림) 顧眺(고조) 羈眺(기조) 登眺(등조) 晩眺(만조) 伏眺(복조) 視眺(시조) 野眺(야조) 閑眺(한조)

발전 ①眺賞(조상) 遙眺(요조) 遠眺(원조) 凝眺(응조) 臨眺(임조) 出전 眺矚(조촉)

사자성어 ①徘徊瞻眺(배회첨조)

부수	획수	총획
聿	8	14

肇

비롯할 조 :
【3170】

字源 〈회의〉 '비롯하다'는 여럿 가운데서 자기의 기준이나 목적에 맞추어 처음으로 삼는다는 뜻이다. 처음에 되는 것이라 한다. 유의어로는 '말미암다, 기초가 되다, 오다' 등이다. 붓 뚜껑이 닫힌 붓(聿)은 제 집(戶)에 나오게 하여 사람들에게 힘들여서(攵) 글씨를 써주었으니 [비롯하다(肇)]는 뜻이고 [조]로 읽는다.
동 始(비로소 시)

필순 ` ヨ 戶 戶 戸 所 所 咛 肇 肇 肇

기초 【기초한자어】 익히고, 【기본→발전한자어】 다지기
肇國(조국) 처음으로 나라를 세움
肇基(조기) 토대를 닦음. 기초를 확립함
肇業(조업) 처음 사업을 시작함
• 肇基는 토대를 닦음과 기초를 확립함이니 肇國과는 관련이 매우 깊다.
• 어찌, 이성계 肇國함과 이화사(二和社)의 肇業을 비교할 수가 있겠나?

기본 ①肇冬(조동) 肇歲(조세) 肇域(조역) 肇造(조조) 肇秋(조추) 肇夏(조하) 生肇(생조) 初肇(초조)

발전 ①肇建(조건) 肇末(조말) 肇始(조시)

사자성어 ①肇基王迹(조기왕적)

부수	획수	총획
口	12	15

嘲

비웃을 조 【3171】

字源 〈형성〉 '비웃다'는 다른 사람 인격을 업신여겨 빈정거려 웃는다는 뜻이다. 남을 냉소적으로 본 것이다. 유의어로는 '비소(誹笑)하다, 저소(詆笑)하다, 조소(嘲笑)하다, 냉소(冷笑)하다' 등이다. 아침(朝)부터 남을 험담하면서(口) [조롱하다(嘲)] 또는 입(口)에서 침을 튀기며 지껄이니(朝) [비웃다(嘲)]는 뜻이고 [조]로 읽는다.
동 譏(비웃을 기) 弄(희롱할 롱) 嗤(비웃을 치) 謔(희롱할 학)

필순 口 口 吋 吐 吐 哨 哨 哱 嘲 嘲

기초 【기초한자어】 익히고, 【기본 → 발전한자어】 다지기
嘲弄(조롱) 비웃거나 깔보고 놀림
嘲薄(조박) 비웃으며 경멸함
嘲笑(조소) 비웃음
• 비웃으며 경멸하며 깔보며 조롱하다는 嘲薄이다.
• 나를 嘲弄하다니 너 역시 嘲笑의 대상이 될 것이다.

기본 ① 嘲戲(조굉) 嘲譏(조기) 嘲罵(조매) 嘲評(조평) 嘲謔
(조학) 謗嘲(방조) 善嘲(선조) 吟嘲(음조) 自嘲(자조)
解嘲(해조)

발전 ① 嘲名(조명) 嘲嘲(조조) 嘲風(조풍) 嘲哮(조효) 狂嘲
(광조) 群嘲(군조) 譏嘲(기조) 冷嘲(냉조) 小嘲(소조) 海嘲
(해조) 特 嘲戲(조희) 特 嘲詈(조리) 출전 嘲訐(조후)

사자성어 ① 嘲風詠月(조풍영월)

부수	획수	총획
禾	8	13

빽빽할 조 【3172】

字源 〈형성〉 '빽빽하다'는 세일을 단행한다는 말에 사람들이 한
꺼번에 많이 모였을 때 사이가 촘촘하게 들어찬 상태라는
뜻이다. 유의어로는 '짙다, 조밀하다' 등이 있다. 벼(禾) 포
기가 많이 퍼졌으니(周) 논에 [빽빽하다(稠)] 또는 곡식(禾)
을 고루(周) 나누어서 같이 먹었으니 먹는 사람이 [많다(稠)]
는 뜻이고 [조]로 읽는다.
圖 密(빽빽할 밀)

필순 ノ ニ 千 禾 禾 禾 稍 稍 稠 稠 稠

기초 【기초한자어】 익히고, 【기본 → 발전한자어】 다지기
稠密(조밀) 촘촘하고 빽빽함
稠適(조적) 서로 화합함
粘稠(점조) 차지고 밀도가 조밀함
• 차지고 밀도가 조밀하며 점성이 있는 性質이라는
粘稠가 생길 수 있다.
• 옥수수 알이 稠密하게 들어 차 있으면서 稠適하듯
이 너희도 우애롭게 살아라.

기본 ① 稠濁(조탁) 繁稠(번조)

발전 ① 稠林(조림) 稠擾(조요) 稠雜(조잡) 稠中(조중) 稠疊
(조첩) 稠厚(조후) 稀稠(희조)

사자성어 ① 稠人廣衆(조인광중) 奧密稠密(오밀조밀)

부수	획수	총획
爪	0	4

손톱 조 【3173】

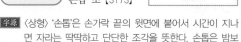

字源 〈상형〉 '손톱'은 손가락 끝의 윗면에 붙어서 시간이 지나
면 자라는 딱딱하고 단단한 조각을 뜻한다. 손톱은 밤보

다 낮에 잘 자란다. 유의어는 '수조(手爪), 지조(指爪)' 등이
있다. 손을 엎어 놓아, 손바닥 밑에 있는 물건을 아무렇게
나 집어 들었던 모양을 본떠서 손가락 끝 부분인 [손톱(爪)]
을 뜻하고 [조]로 읽는다.
回 瓜(오이 과)

필순 ノ 厂 爪 爪

기초 【기초한자어】 익히고, 【기본 → 발전한자어】 다지기
爪角(조각) 짐승의 발톱과 뿔
爪牙(조아) 손톱과 어금니
爪痕(조흔) 손톱으로 할퀸 흔적
• 손톱과 어금니라 했으니 쓸모가 있는 사람인 爪牙
로 비유된다.
• 아버지 얼굴의 상처 爪痕은 결코 爪角에 의한 것
이라 하기 어렵다.

기본 ① 爪距(조거) 爪士(조사) 爪印(조인) 爪槌(조퇴) 繫爪
(계조) 猛爪(맹조) 牙爪(아조) 利爪(이조) 指爪(지조)
鴻爪(홍조)

발전 ① 爪甲(조갑) 爪毒(조독) 爪分(조분) 爪傷(조상) 爪足
(조족) 爪察(조찰) 琴爪(금조) 匿爪(닉조) 特 爪蛙(조와)

사자성어 ① 爪牙之士(조아지사) 雪泥鴻爪(설니홍조)

부수	획수	총획
氵	8	10

시들 조 【3174】

字源 〈형성〉 오랫동안 비가 오지 않아 꽃들과 풀들이 마르고 축
늘어진 모습을 보게 된다. '시들다'는 이렇게 꽃, 나무, 풀
이 다 말라서 싱싱한 기운이 모두 없어진다는 뜻이다. 모
진 추위(氵) 때문에 초목의 수명이 다했으니(周=弔) [시들
다(凋)] 또는 다 시든 초목들의 잎이 비쩍 [마르다(凋)]는
뜻이고 [조]로 읽는다.
圖 枯(마를 고) 萎(시들 위)

필순 ヽ ン 氵 汀 汀 凋 凋 凋 凋 凋

기초 【기초한자어】 익히고, 【기본 → 발전한자어】 다지기
凋缺(조결) 시들어 이지러짐
凋枯(조고) 시들어 말라 버림
凋落(조락) 시들어 떨어짐. 죽음. 쇠퇴함. 타락함
• 凋缺은 좋은 때가 지나고 이제는 시들어 이지러짐
이라 하겠다.
• 가을 나뭇잎이 凋落하듯이 어머니의 가슴도 凋枯
하시다니 매우 서글프다.

기본 ① 凋兵(조병) 凋散(조산) 凋殞(조운) 凋殘
(조잔) 凋歇(조헐) 枯凋(고조) 零凋(영조) 後凋(후조)

발전 ① 凋寡(조과) 凋零(조령) 凋傷(조상) 凋萎(조위) 凋弊
(조폐) 凋換(조환) 榮凋(영조) 特 凋槁(조고) 特 凋聲

1급

(조경) 凋瘵(조구) 凋瘵(조채)

사자성어 ① 梧桐早凋(오동조조)

부수	획수	총획
足	13	20

조급할 조【3175】

字源〈형성〉'조급하다'는 서두르는 마음으로 참을성 없이 급하게 행동하여 실속이 없다는 뜻이다. 유의어는 '급(急)하다. 변급(卞急)하다. 급조(急躁)하다' 등이 있겠다. 발(足)을 급하면서도 시끄럽게(喿) 옮겨서 갔으니 [조급하다(躁)] 또는 새가 울다가(喿) 발(足)로 옮긴 움직임이 [빠르다(躁)]는 뜻이고 [조]로 읽는다.
⑤急(급할 급)

필순 口 早 子 足 足 足 踉 踉 踉 躁 躁

기초【기초한자어】익히고,【기본→발전한자어】다지기
躁狂(조광) 떠들며 미쳐 날뜀
躁急(조급) 초조하게 서두름
躁怒(조노) 사납게 화를 냄
• 躁狂은 미쳐서 떠들고 날뛰는 程道가 한참 많이 지나침이다.
• 너무 躁急하게 일을 서두르더니 결국엔 상사가 躁怒하고야 말았다.

기본 ① 躁競(조경) 躁妄(조망) 躁忿(조분) 躁擾(조요) 躁靜(조정) 躁進(조진) 躁虐(조학) 剛躁(강조) 矜躁(긍조) 浮躁(부조) 勇躁(용조) 靜躁(정조) 險躁(험조)

발전 ① 躁氣(조기) 躁動(조동) 躁妄(조망) 躁悶(조민) 躁卞(조변) 躁然(조연) 躁鬱(조울) 躁人(조인) 躁恣(조자) 躁症(조증) 躁暴(조포) 躁狹(조협) 傾躁(경조) 剗躁(경조) 輕躁(경조) 躁急症(조급증) 躁鬱病(조울병) 特 躁佻(조조)

사자성어 ① 躁人辭多(조인사다)

부수	획수	총획
言	5	12

조서 조 :【3176】

字源〈형성〉'조서'는 중앙부처에서 임금의 명령을 사람들에게 알리려고 적은 문서다. 이와 같은 조서가 시행 법률이나 명령과 같은 역할을 하여 모든 국민이 다 잘 지켰다. 임금이 신하에게 벼슬을 내릴 때 말(言)은 육성을 대신하여 문서로 불러서(召) 정중히 칙서를 내렸으니 [조서(詔)]를 뜻하고 [조]로 읽는다.
⑤敕(조서 칙)

필순 ㄴ ㄴ ㄴ ㄴ ㄹ ㅌ 言 言 記 詔 詔 詔

기초【기초한자어】익히고,【기본→발전한자어】다지기
詔告(조고) 알림. 고함
詔令(조령) 천자의 명령
詔書(조서) 임금의 명령을 국민에게 알리고자 적은 중요한 문서
• 문체의 하나라고 하며 천자의 명령 등이 詔令이라고 하겠다.
• 詔書를 받아본 원님은 즉시 온 고을에 詔告하도록 지엄한 영을 내렸다.

기본 ① 詔記(조기) 詔諭(조유) 詔旨(조지) 詔册(조책) 詔草(조초) 詔勅(조칙) 詔黃(조황) 大詔(대조) 明詔(명조) 拜詔(배조) 聖詔(성조) 哀詔(애조) 制詔(제조) 天詔(천조) 草詔(초조)

발전 ① 詔命(조명) 詔使(조사) 詔獄(조옥) 詔條(조조) 矯詔(교조) 密詔(밀조) 璽詔(새조) 手詔(수조) 嚴詔(엄조) 玉詔(옥조) 優詔(우조) 恩詔(은조) 芝詔(지조) 출제 詔敕(조칙)

부수	획수	총획
米	11	17

지게미 조【3177】

字源〈형성〉'지게미'는 막걸리 술을 거르고 남은 찌꺼기를 뜻한다. 막걸리는 고두밥과 누룩을 넣어 일정 기간이 지나면 삭아서 먹기에 알맞은 술이 되어 활력소가 된다. 곡물(米)을 양조하여 알짜배기 성분과 찌끼가 마주 대하여(曹) 있다가 결국 술을 거르고 나서 독에 남은 술인 [지게미(糟)]를 뜻하고 [조]로 읽는다.
⑤粕(지게미 박)

필순 ⺍ 米 米 粁 粁 糟 糟 糟 糟 糟

기초【기초한자어】익히고,【기본→발전한자어】다지기
糟糠(조강) 지게미와 쌀겨. 변변하지 않은 음식
糟粕(조박) 지게미. 보잘것없는 것
酒糟(주조) 술을 거르거나 짜내는 틀
• 술을 거르거나 짜내는 틀을 酒糟 혹은 술주자라고 한다.
• 젊어서 糟糠과 糟粕으로 끼니를 잇더니 이제는 살만하겠구나.

기본 ① 糟丘(조구) 糟魄(조박) 糟甕(조옹) 肥糟(비조)

발전 ① 糟客(조객) 籍糟(적조) 糟下酒(조하주) 特 糟麴(조국) 特 糟隄(조제)

사자성어 ① 糟糠不厭(조강불염) 糟糠之妻(조강지처)

부수	획수	총획
竹	11	17

가는대 족【3178】

字源 〈형성〉 '가는대(小竹)'는 길이가 짧고 크기가 작은 화살로 삼아 쏘면 멀리 난다고 했다. 그것은 천 보 이상을 날고 촉이 날카로워서 갑옷이나 투구를 잘 뚫었다고 했으니 신통하다고 했다. 대나무(竹)가 한 군데에서 군락(族)을 이루며 모여서 자라고 있으니 [모이다(簇)] 또는 [가는대(簇)]를 뜻하고 [족]으로 읽는다.

필순 〰 ⺮ ⺮ ⺮ 笁 笁 笭 笭 箥 簇 簇

기초 【기초한자어】 익히고, 【기본 → 발전한자어】 다지기
簇生(족생) 초목이 떨기로 남. 한 고을에서 한꺼번에 인재가 많이 배출됨
簇出(족출) 떼 지어 나옴
簇擁(족옹) 빽빽이 둘러싸고 보호함
• 簇擁이 그렇게 빽빽이 둘러싸여 보호하고 있다네.
• 새봄에 簇生하니 온갖 곤충이 簇出하겠구나.

기본 ① 簇葉(족엽) 簇酒(족주)
발전 ① 簇子(족자) 簇簇(족족) 圖簇(도족) 名簇(명족) 上簇(상족)
사자성어 ① 錦屛繡簇(금병수족)

부수	획수	총획
犬	8	11

갑자기 졸 【3179】

字源 〈형성〉 '갑자기'는 생각할 겨를도 없이 아주 빠른 시간이라는 뜻이다. 유의어로는 '돌연히(突然—), 별안간(瞥眼間), 아연(俄然), 돌연(突然), 홀연(欻然)' 등이 있다. 집안에 있는 개(犭)가 갑작스레(卒←突) 뛰어 나갔으니 [갑자기(猝)] 또는 개(犭)를 재빠르게 잡아서 죽였으니(卒) [별안간(猝)]을 뜻하고 [졸]로 읽는다.
圖 突(갑자기 돌)

필순 丿 犭 犭 犳 犳 犳 狞 狞 猝 猝

기초 【기초한자어】 익히고, 【기본 → 발전한자어】 다지기
猝富(졸부) 벼락부자
猝死(졸사) 별안간 죽음
猝寒(졸한) 갑자기 닥치는 추위
• 猝寒은 늦가을과 함께 갑자기 닥치는 추위라니 특히 조심해야지.
• 복권에 당첨되어 猝富가 되더니만 어젯밤에 猝死하고 말았다.

기본 ① 猝然(졸연) 猝嗟(졸차) 猝曉(졸효) 雜猝(잡졸) 倉猝(창졸)
발전 ① 猝改(졸개) 猝發(졸발) 猝地(졸지) 猝出(졸출) 猝辨(졸판) 猝富貴(졸부귀) 猝乍間(졸사간) 특코 猝欻(졸극)
사자성어 ① 猝難變通(졸난변통) 猝猝了當(졸졸요당) 猝地風波(졸지풍파)

부수	획수	총획
心	11	15

권할 종 【3180】

字源 〈형성〉 '권하다'는 사람에게 일을 하도록 부추기다는 뜻이다. 음식이나 물건을 선뜻 내놓으며 먹거나 사용하라고 부추기는 행동이라 하겠다. 좋은 일을 추천해 보인다. 마음(心)이 별안간 바짝 켕기면서(從←束) [놀라다(慫)] 또는 마음(心)에 드는 일을 좇아서(從) 잘 하도록 [권하다(慫)]는 뜻이고 [종]으로 읽는다.
圖 慂(권할 용) 侑(권할 유) 맥 㣣

필순 彳 彳 彳 彳 彺 彺 彺 從 慫 慫

기초 【기초한자어】 익히고, 【기본 → 발전한자어】 다지기
慫兢(종긍) 두려워서 마음이 편안하지 않음. 놀라서 전전긍긍함
慫搖(종요) 배나 항공기 등이 새로 흔들리는 일
憑慫(빙종) 의지하여 부추김
• 바다 한가운데서 배가 慫搖하니 慫兢했다.
• 그가 저지른 범죄는 누구의 憑慫도 아니었다.

발전 특Ⅱ 慫慂(종용)

부수	획수	총획
足	9	16

발꿈치 종 【3181】

字源 〈형성〉 '발꿈치'는 사람의 발 뒤쪽에서 불룩하고 둥그스름한 부분을 뜻한다. 유의어로는 '뒤꿈치, 발뒤꿈치, 족지(足趾), 뒤꾸머리, 발뒤꾸머리, 족근(足跟)' 등이 쓰인다. 뒤를 따라(重) 천천히 걸었으니(足) [뒤따르다(踵)] 또는 발(足)로써 무거운(重) 몸을 바로 지탱하게 되는 [발꿈치(踵)]를 뜻하고 [종]으로 읽는다.

필순 口 ⺧ 𤴓 𧾷 趵 趵 踔 踵 踵 踵 踵

기초 【기초한자어】 익히고, 【기본 → 발전한자어】 다지기
踵繫(종계) 하나하나 붙들림
踵古(종고) 옛일을 계승함
踵踐(종천) 짓밟음
• 踵繫는 하나하나 이어져 붙들림이니 잇달아 잡히는 현상이다.
• 선대의 가업을 踵古하지 못해서 무척 아쉬운데 踵踐할 수는 더욱 없겠다.

기본 ① 踵武(종무) 踵門(종문) 踵息(종식) 踵接(종접) 擧踵(거종) 踏踵(답종) 比踵(비종) 接踵(접종)
발전 ① 踵決(종결) 踵軍(종군) 踵武(종무) 踵踵(종종) 踵至(종지) 踵出(종출) 更踵(갱종) 擧踵(거종) 繼踵(계종)

1급

企踵(기종) 箕踵(기종) 旋踵(선종)

사자성어 ① 踵事增華(종사증화) 摩頂放踵(마정방종) 比肩繼踵(비견계종)

부수	획수	총획
足	8	15

자취 종 【3182】

字源 〈형성〉 '자취'는 어떤 일이 시간적이나 공간적으로 훌쩍 지나거나 잠시 있다가 남기고 간 흔적이다. 유의어로는 '자국, 그림자, 흔적(痕跡), 궤적(軌跡)' 등이 쓰인다. 걸어 온 발(足)의 내 흔적을 더듬어 보았으니(宗) [자취(踵)] 또는 마루(宗) 위를 밟는 자기 발자국(足)이니 [종적(踵)]을 뜻하고 [종]으로 읽는다.

필순 口 口 马 马 马 马 跮 跮 踪 踪 踵

기초 【기초한자어】 익히고, 【기본→발전한자어】 다지기
踵跡(종적) 발자국. 사람이 간 뒤의 행방. 고인의 행적
昧踵(매종) 자취를 감춤
失踵(실종) 종적을 잃어 간 곳이나 생사를 알 수 없게 됨
• 失踵은 종적을 잃어 행방과 생사를 알 수 없게 됨 이겠지.
• 범인이 昧踵하였지만 끈질긴 수사관이 그의 踵跡을 찾아내었다.

발전 ① 客踵(객종) 繼踵(계종) 孤踵(고종) 舊踵(구종) 奇踵(기종) 露踵(노종) 發踵(발종) 人踵(인종) 追踵(추종) 萍踵(평종) 筆踵(필종) 失踵者(실종자) **출전** 昧踵(매종)

사자성어 ① 發踵指示(발종지시)

부수	획수	총획
肉	9	13

종기 종 : 【3183】

字源 〈형성〉 '종기(腫氣)'는 피부에 나온 부스럼 딱지들이다. 털 구멍이 포도상 구균에 감염되어 염증이 피부 깊은 곳까지 미친 경우인데 이런 부스럼에 고름이 잡히기도 한다. 육체(月)의 어느 부분이 두툼하게 부풀어서 몸의 움직임을 매우 무겁게(重) 하였으니 두툼한 부스럼으로 [종기(腫)]를 뜻하고 [종]으로 읽는다.
图瘍(종기 양)

필순 月 月 肝 肝 肝 胪 胪 胪 腫 腫

기초 【기초한자어】 익히고, 【기본→발전한자어】 다지기
腫氣(종기) 큰 부스럼
腫瘍(종양) 세포가 병적으로 불어나 쓸모없는 덩어

리를 이루는 병증
腫脹(종창) 종기 같은 것이 생겨서 살갗이 부어오름
• 腫脹은 종기 같은 것이 생겨 살갗이 부어오르는 증세이다.
• 대수롭지 않은 腫氣를 방치했더니 악성 腫瘍이 되어 그만 수술하였다.

기본 ① 腫毒(종독) 腫病(종병) 腫處(종처) 腫膾(종회) 疼腫(동종) 浮腫(부종) 水腫(수종) 陰腫(음종) 赤腫(적종) 瘡腫(창종) 黃腫(황종)

발전 ① 腫氣(종기) 腫物(종물) 腫脊(종창) 腫患(종환) 擁腫(옹종) 瘤腫(유종)

부수	획수	총획
手	7	10

꺾을 좌 : 【3184】

字源 〈형성〉 '꺾다'는 부드러운 나무가 휘어 펴지지 않도록 하거나 부러뜨린다는 뜻이다. 다시 힘을 쓰지 못하도록 완전하게 제압하여 부러뜨려 꺾는 것이다. 사람 손(扌)으로 두 무릎을 완전히 꺾었다 했으니(坐) [꺾다(挫)] 또는 앉아서(坐) 노는 사람의 손(扌)을 아주 묶었으니 심한 [좌절(挫)]을 뜻하고 [좌]로 읽는다.
图折(꺾을 절)

필순 一 十 扌 扌 扩 扩 挫 挫 挫 挫

기초 【기초한자어】 익히고, 【기본→발전한자어】 다지기
挫傷(좌상) 기운이 꺾이고 마음이 상함. 기세가 꺾여서 패함
挫辱(좌욕) 기세가 꺾이어 굴복함. 기세를 여지없이 꺾어 욕보이는 것이다.
挫折(좌절) 뜻이나 기세가 꺾임
• 挫辱은 기세가 꺾여 굴복하거나 기세를 꺾어 욕보이는 것이다.
• 점수가 안 좋아 挫折할지라도 이제는 삶에 挫傷을 느끼지는 말아야지.

기본 ① 挫頓(좌돈) 挫北(좌배) 挫鋒(좌봉) 挫鍼(좌침) 頓挫(돈좌) 伐挫(벌좌) 傷挫(상좌) 抑挫(억좌) 折挫(절좌)

발전 ① 挫氣(좌기) 挫豆(좌두) 挫傷(좌상) 挫閃(좌섬) 挫折(좌절) 挫創(좌창) 陵挫(능좌) **1** 捻挫(염좌) **출전** 挫衄(좌뉵)

사자성어 ① 挫閃腰痛(좌섬요통)

부수	획수	총획
言	5	12

글뜻풀 주 :
【3185】

字源 〈형성〉'글 뜻을 풀다'는 낱말이나 문장의 어려운 부분을 풀이하여 알도록 잘 해석한다는 뜻이다. 본문에서 어려운 내용이 나오면 밑에 각주(脚註)를 달아 둔다. 어려운 말(言)를 쉬운 말로 쏟아내나니(主←注) [글 뜻을 풀다(註)] 또는 아래 머슴이 윗주인(主)의 말뜻(言)을 잘 알아 [풀다(註)]는 뜻이고 [주]로 읽는다.
圖疏(소통할 소) 解(풀 해)

필순 ` ㄴ ㅎ ㅎ 言 言 言 言 訐 註 註

기초 【기초한자어】 익히고, 【기본→발전한자어】 다지기
註文(주문) 주석한 글
註書(주서) 책에 주를 닮. 주를 단 책
註釋(주석) 본문에 있는 낱말이나 문장의 뜻을 알기 쉽게 풀이해 놓은 것
• 註書는 책에 주를 달거나 주를 달아놓은 책으로 보아야지.
• 박사님에게 註文을 받아 공부하면서도 다시 註釋을 들여다보았다.

기본 ① 註明(주명) 註疏(주소) 註解(주해) 脚註(각주) 頭註(두주) 旁註(방주) 點註(점주) 側註(측주) 標註(표주) 解註(해주)

발전 ① 註脚(주각) 註疎(주소) 註譯(주역) 註册(주책) 校註(교주) 疏註(소주) 集註(집주)

부수	획수	총획
糸	5	11

명주 주【3187】

字源 〈형성〉'명주'는 가는 명주실로 무늬 없이 짠 옷감이다. 숫자로 세는 단위는 필(疋)이고, 50필을 1동이라고 칭하기도 한다. 유의자로는 '면주(綿紬), 사면(絲綿), 필백(疋帛)' 등이 있다. 누에고치에서 뽑아 낸 가늘고도 고운 실(糸)로 말미암아(由) 무늬 없이도 짠 피륙으로 널리 [명주(紬)]를 뜻하고 [주]로 읽는다.
圖緞(비단 단) 綾(비단 릉) 回細(가늘 세)

필순 ` ㄥ ㅅ ㅅ ㅅ 糸 糸 紅 紃 紬 紬

기초 【기초한자어】 익히고, 【기본→발전한자어】 다지기
紬緞(주단) 명주와 비단
紬績(주적) 실을 뽑음
紬繹(주역) 실마리를 끌어내어 찾아냄
• 紬繹은 어느 실마리를 끌어내어 각단지게 찾아내는 일이다.
• 누에고치에서 紬績한 다음 紬緞을 만들기까지는 매우 힘든 공정이다.

기본 ① 紬次(주차) 絹紬(견주)

발전 ① 紬屬(주속) 甲紬(갑주) 內紬(내주) 明紬(명주) 紬亢羅(주항라) 출진 紬綃(주초)

부수	획수	총획
足	14	21

머뭇거릴 주 :【3186】

字源 〈형성〉'머뭇거리다'는 사람의 말과 행실이 딱 잘라 하지 못하고 망설이다는 뜻을 담는다. 일단은 멈칫하는 모습을 보인다. 유의어는 '머뭇대다, 머뭇머뭇하다' 등이 있다. 사람 목숨(壽)이 달려 있을 만큼 중요한 일을 선뜻 결정하지 못해서 일단은 발(足)을 주춤하면서 한번 [머뭇거리다(躊)]는 뜻이고 [주]로 읽는다.
圖躇(머뭇거릴 저) 徊(머뭇거릴 회)

필순 ㅁ ㅁ 묘 묘 푸 踌 踌 躊 躊 躊

기초 【기초한자어】 익히고, 【기본→발전한자어】 다지기
躊躇(주저) 과감하거나 적극적으로 행동하지 못하고 머뭇거리며 나아가지 아니함
躊躊(주주) 머뭇거림. 마음 아파함
• 躊躇는 머뭇거리고 더 나아가지 못하는 느직한 행동이겠지.
• 결정한 사안을 두고 일단 미뤄서 躊躇한 나머지 이제 더는 躊躇말고 집행하게.

발전 ① 躊日(주일) 躊佇(주저) 特 躊躕(주주)

사자성어 ① 躊著滿志(주저만지)

부수	획수	총획
車	9	16

몰려들 주【3188】

字源 〈형성〉'몰려들다'는 여러 사람들이 떼를 지어서 다투어 들어오다는 뜻이다. 한꺼번에 많은 인파가 한 곳으로 들이닥치거나 갑자기 집중되는 현상을 일컫는다. 수레(車) 바퀴를 싸고 있는 여러 개의 살들이 중앙의 바퀴통을 향해서 모두가 모였으니(奏←湊) 이제 함께 [몰려들다(輳)]는 뜻이고 [주]로 읽는다.

필순 一 ㅌ 亘 車 軒 軐 軯 輳 輳 輳

기초 【기초한자어】 익히고, 【기본→발전한자어】 다지기
輻輳(폭주) 바퀴살이 쏠려 모이듯이 사람이 한꺼번에 한 곳으로 모여듦
• 바퀴살이 바퀴통에 쏠린 사람이 한 곳으로 모이는 輻輳는 이제 다시는 없어야지.
• 백화점 開業 紀念 경품 잔치에 많은 사람들이 한꺼번에 輻輳했다.

발전 ① 輳補(주보) 輳合(주합) 輻輳論(폭주론)

사자성어 特 輻輳并臻(폭주병진)

1급

부수	획수	총획
言	6	13

誅

벨 주 【3189】

字源 〈형성〉 '베다'는 풀이나 나무를 날이 잘 드는 연장 등으로 자르거나 끊다는 뜻을 담는다. 또한 본의는 아님에도 날이 잘든 물건이 스치게 하여서 많은 상처를 낸다는 뜻이다. 임금님 말(言) 한마디로 죄인을 꾸짖고 목을 베어서 붉은(朱) 피를 흘리게 하여 결국에는 죽였으니 [베다(誅)]는 뜻이고 [주]로 읽는다.
圖 戮(죽일 륙) 斬(벨 참)

필순 ㅗ ㅛ ㅛ 言 言 言 訁 訁 誅 誅 誅

기초 【기초한자어】 익히고, 【기본 → 발전한자어】 다지기
誅求(주구) 관청에서 백성의 재물을 강제로 빼앗음
誅罰(주벌) 죄를 책하여 처벌함
誅責(주책) 잘못을 엄하게 꾸짖음
• 그 형사는 이번에 미제사건을 해결하여 그 용의자를 誅罰하였다.
• 고을 원님이 죄인을 誅罰할 수는 있으나 誅求해서는 안 된다.

기본 ① 誅滅(주멸) 誅伐(주벌) 誅殺(주살) 誅殘(주잔) 誅斬(주참) 誅討(주토) 鬼誅(귀주) 自誅(자주) 征誅(정주) 天誅(천주) 筆誅(필주) 詰誅(힐주)

발전 ① 誅屠(주도) 誅流(주류) 誅戮(주륙) 誅放(주방) 誅賞(주상) 誅攘(주양) 誅夷(주이) 誅斥(주척) 誅黜(주출) 濫誅(남주) 族誅(족주) 罪誅(죄주) 血誅(혈주) 特 誅誡(주계) 誅鋤(주서) 誅夷(주이) 誅殄(주진) 誅竄(주찬) 特 誅辟(주벽) 誅翦(주전)

사자성어 ① 苛斂誅求(가렴주구) 誅不填服(주부전복) 誅斬賊盜(주참적도) 筆誅墨伐(필주묵벌)

부수	획수	총획
广	12	15

廚

부엌 주 【3190】

字源 〈형성〉 '부엌'은 집 안의 일정한 곳에 작은 시설을 갖추어 놓고 음식을 요리하거나 설거지 따위의 일을 하는 곳이다. 유의어는 '주방(廚房), 취사장(炊事場)' 등이 있다. 처음으로 집(广)을 지을(尌) 때 함께 만들었던 [부엌(廚)] 또는 식기를 손에 들고(尌) 조리하는 곳(广)으로 [주방(廚)]을 뜻하고 [주]로 읽는다.
圖 庖(부엌 포)

필순 丶 亠 广 户 户 庐 庐 廚 廚 廚 廚 廚

기초 【기초한자어】 익히고, 【기본 → 발전한자어】 다지기
廚房(주방) 음식을 만들거나 차리는 방. 부엌

廚人(주인) 요리하는 사람. 요리사
廚子(주자) 요리인. 지방 관청에서 음식을 만들던 사람
• 廚子는 지방 관청에서 음식을 만든 사람이다.
• 유명한 식당의 廚房에는 유능한 廚人이 있다.

기본 ① 廚娘(주낭) 廚奴(주노) 廚費(주비) 廚室(주실) 廚宰(주재) 廚傳(주전) 廚庖(주포) 廚下(주하) 軍廚(군주) 樂廚(낙주) 坊廚(방주) 書廚(서주) 御廚(어주) 衣廚(의주) 齋廚(재주) 庖廚(포주)

발전 ① 廚間(주간) 廚車(주고) 法廚(법주) 貧廚(빈주) 特 廚竈(주조)

사자성어 ① 有脚書廚(유각서주)

부수	획수	총획
口	11	14

嗾

부추길 주 【3191】

字源 〈형성〉 '부추기다'는 어떤 일이 이루어지거나 행해질 수 있도록 들쑤시다. 허둥지둥 이리저리 분위기를 띄우면서 애쓴다는 뜻이다. 유의어로는 '꼬드기다. 선동(煽動)하다, 추키다, 투기다' 등이다. 사람(口)이 같은 일가(族)끼리 [선동하다(嗾)] 또는 입(口)으로 재촉하며(族←促) [부추기다(嗾)]는 뜻이고 [주]로 읽는다.
圖 唆(부추길 사)

필순 口 叮 吖 吖 吖 吖 吖 嗾 嗾 嗾

기초 【기초한자어】 익히고, 【기본 → 발전한자어】 다지기
嗾囑(주촉) 남을 꾀어 부추겨 시킴
使嗾(사주) 남을 부추겨서 시킴
指嗾(지주) 달래고 꾀어서 무엇을 하도록 부추김
• 指嗾는 사람을 달래고 꾀어서 일을 하도록 부추긴다.
• 정신이 바른 사람이 이제 도둑질을 使嗾 내지는 嗾囑하지는 않겠지.

발전 ① 受嗾(수주) 承嗾(승주) 陰嗾(음주) 特 啐嗾(자주)

부수	획수	총획
口	5	8

呪

빌 주 : 【3192】

字源 〈형성〉 '빌다'는 자기가 소원하는 바를 신에게 간절히 청하다는 뜻이다. 잘못을 용서하여 달라고 간절하게 호소한 것이다. 유의어로는 '기도(祈禱)하다, 소원을 말하다' 등이 있다. 사람(儿)이 자기의 소망을 꼭 이루려고 사찰이나 교회 등에서 입(口)으로 크게 자기 주문을 외우면서 [빌다(呪)]는 뜻이고 [주]로 읽는다.
圖 詛(저주할 저)

필순 ㅣ ㅁ ㅁ ㅁ ㅁㅁ ㅁㅁ ㅁ㗊 呪

기초 【기초한자어】익히고, 【기본 → 발전한자어】다지기
呪文(주문) 다라니의 문구. 술법을 부리거나 귀신을 쫓으려 할 때에 외는 문구
呪術(주술) 무당 등이 신의 힘이나 신비력으로 재액을 물리치거나 내려 달라고 비는 술법
呪延(주연) 장수하기를 빎
• 呪術은 신의 힘이나 신비력으로 어려운 재액을 물리치는 술법이다.
• 숙부님의 희수 잔치에 우리의 呪文과 呪延의 말씀을 간곡하게 드렸다.

기본 ① 呪罵(주매) 呪願(주원) 琴呪(금주) 巫呪(무주) 符呪(부주) 誦呪(송주) 隱呪(은주) 印呪(인주) 詛呪(저주)

발전 ① 呪物(주물) 呪辭(주사) 呪誦(주송) 呪詛(주저) 埋呪(매주) 咀呪(저주) 特 呪噤(주금)

부수	획수	총획
肉	5	9

冑

자손 주 【3193】

字源 〈형성〉'자손'은 자식(子)과 손자(孫子)라는 뜻을 아우르고 있다. 자신의 혈통에서 여러 대가 흐른 뒤에 태어난 자녀를 이른 말이다. 유의어로는 '자질(子姪), 조윤(祚胤)' 등이 있다. 자기의 핏줄을 받아 태어난 육체(月)로 말미암음(由) 바로 인하여 서로가 깊숙하게 통했다 했으니 [자손(冑)]을 뜻하고 [주]로 읽는다.
圖 裔(후손 예) 胤(자손 윤) 回 冑(투구 주) 胃(위장 위)

필순 ㅣ ㄇ ㅁ 由 由 由 冑 冑 冑

기초 【기초한자어】익히고, 【기본 → 발전한자어】다지기
冑裔(주예) 핏줄. 혈통. 자손
冑胤(주윤) 직계의 자손. 정통의 자손
國冑(국주) 임금의 장자. 태자 또는 세자를 이르는 말
• 그 선비의 冑裔들도 그를 닮아 반듯하다고 한다.
• 한민족은 冑胤이나 國冑의 이념을 받들어 정통의 자손으로 긍지를 삼아야 한다.

기본 ① 冑子(주자) 遠冑(원주) 皇冑(황주)

발전 ① 冑監(주감) 冑孫(주손) 冑筵(주연) 名冑(명주) 門冑(문주) 世冑(세주) 商冑(상주) 胤冑(윤주) 遐冑(하주) 華冑(화주) 特 鎧冑(개주)

부수	획수	총획
糸	3	9

紂

주임금 주 【3194】

字源 〈형성〉문헌에서는 흔히 '조주위학(助紂爲虐)'이라 했다. 주임금을 도와 포학한 일을 저지르다는 뜻이라 한다. '도울 조, 주임금 주, 모질 학'이니 나라 말년의 어지러운 형편의 이야기이다. 실(糸)을 마디(寸)마다 짧게 엮은 [말고삐(紂)]였으나 은(殷) 주왕(紂王)의 이름인 [주 임금(紂)]을 뜻하고 [주]로 읽는다.

필순 ㅣ ㄴ ㄠ ㄠ 幺 糸 糸 糸 糸-紂 紂

기초 【기초한자어】익히고, 【기본 → 발전한자어】다지기
紂王(주왕) 잔인·포악하여 나라를 망친 은나라 최후의 임금
桀紂(걸주) 중국 역사의 대표적인 폭군인 하나라의 걸(桀)과 은나라의 주(紂)
殷紂(은주) 은나라의 주임금
• 桀紂는 주색에 빠져 나라를 망하게 한 중국 하나라의 걸(桀)임금과 은나라의 주임금(殷紂)을 아우른다.
• 중국의 역사에 은나라 마지막 왕 紂王의 폭정이 잘 기록되어 있다.

부수	획수	총획
人	9	11

做

지을 주 【3195】

字源 〈형성〉'짓다'는 의식주와 관련된 여러 재료를 들여서 새로 만든다는 뜻이다. 어떤 기회나 계기를 만들거나 스스로 이룬다는 뜻이다. 유의어로는 '올리다, 쓰다, 만들다' 등이다. 사람(亻)이 어떤 연고(故)가 있는 곳에서 [살다(做)] 또는 사람(亻)이 고의적(故)으로 어떤 일을 [짓다(做)]는 뜻이고 [주]로 읽는다.
圖 作(지을 작)

필순 ㅣ 亻 亻 仆 佔 估 做 做 做 做

기초 【기초한자어】익히고, 【기본 → 발전한자어】다지기
做恭(주공) 공손한 태도를 가짐
做事(주사) 일을 경영함
看做(간주) 상태. 모양. 성질 따위가 그렇다고 여김. 그렇다고 침
• 看做는 우선 그러한 것으로 여기거나 그렇다고 치겠다고 하는구먼.
• 은사님을 만나 做恭함으로 做事에 관하여 자연스럽게 문의했네.

기본 ① 做伴(주반) 做況(주황) 自做(자주)

발전 ① 做去(주거) 做工(주공) 做官(주관) 做對(주대) 做度(주도) 做弄(주롱) 做媒(주매) 做業(주업) 做作(주작) 做節(주절) 做錯(주착) 출전 做坏(주배)

사자성어 ① 做作孚言(주작부언) 設心做意(설심주의) 출전 興化做訓(흥화주산)

1급

부수	획수	총획
虫	15	21

꾸물거릴 준 : 【3196】

字源 〈형성〉 '꾸물거리다'는 사람 몸이나 그 몸 일부가 느리게 움직임을 뜻한다. 게으르고 굼뜨게 행동함을 뜻하기도 한다. 유의어로는 '꾸물꾸물하다. 꾸물대다' 등이 있다. 겨우내 몸을 움츠렸던 벌레(虫)와 벌레(虫)들이 따뜻한 봄(春)이 되어 활동을 준비하려고 약동했으니 [꾸물거리다(蠢)]는 뜻이고 [준]으로 읽는다.

필순 三 夫 春 春 春 春 春 春 蚕 蠢 蠢 蠢

기초 【기초한자어】 익히고, 【기본→발전한자어】 다지기
蠢動(준동) 벌레가 꿈적거림. 보잘것없는 무리나 불순한 세력이 법석을 부림
蠢愚(준우) 굼뜨고 어리석음
蠢然(준연) 벌레가 굼지럭거리는 모양
• 그의 蠢愚한 태도가 답답하다.
• 도둑들이 蠢動하고 蠢然하게 가만히 숨어있는 모습이 보인다.

기본 ① 蠢爾(준이) 蠢蠢(준준) 窘蠢(군준)
발전 ① 蠢俗(준속) 頑蠢(완준) 愚蠢(우준) 特 蚩蠢(치준) 출진 蠢蝡(준연)
사자성어 ① 蠢蠢無識(준준무식)

부수	획수	총획
立	7	12

마칠 준 : 【3197】

字源 〈형성〉 '마치다'는 하던 일을 다 하여 그만 끝을 내다는 뜻이다. 일반적으로 쓴 유의어로는 '끝내다. 종결(終結)하다. 마감(磨勘)하다. 닫다. 파하다' 등이 있다. 지연으로 인하여 뒷걸음질 치던(夋←逡) 커다란 공사가 드디어 완성(立)되어 끝내는 준공식을 하게 되었으니 일을 [마치다(竣)]는 뜻이고 [준]으로 읽는다.
回 竢(기다릴 사)

필순 ᅳ ᅩ 立 立 立夋 竝 竣 竣 竣 竣

기초 【기초한자어】 익히고, 【기본→발전한자어】 다지기
竣工(준공) 공사를 마침
竣功(준공) 공사를 마침. 준역
竣役(준역) 준공과 동일한 한자어임
• 남해대교가 竣功되면 큰 물류 운반이 될 것이다.
• 서해대교 竣工할 때 정부에서는 많은 사람을 동원하여 竣役을 두고 칭찬을 크게 했다.

기본 ① 竣成(준성)
발전 ① 竣事(준사) 告竣(고준) 未竣(미준) 竣工式(준공식)

부수	획수	총획
木	12	16

술통 준 【3198】

字源 〈형성〉 '술통'은 보관용으로 술을 담아 둔 통이다. 쓰이는 용례는 '우리 집에는 술통에 많이 있다'에서 보인다. 유의어로는 술을 담아 두는 큰 통인 '주준(酒樽)'이 있다. 일꾼들이 일할 때에 높게(尊) 여겼던 술을 나무(木)로 만든 커다란 통에 넣고 자주 마시면서 일을 했으니 [술통(樽)]을 뜻하고 [준]으로 읽는다.

필순 十 木 ᵗ 柊 柊 栫 樽 樽 樽 樽

기초 【기초한자어】 익히고, 【기본→발전한자어】 다지기
樽杓(준작) 술병과 술잔
樽酒(준주) 술병에 담은 술. 통술
芳樽(방준) 좋은 술단지. 맛이 좋은 술
• 시골 사람들은 芳樽을 준비하여 새참으로도 먹었다.
• 마을 사람들이 樽杓을 준비하여 樽酒를 서로 권했다.

기본 ① 樽實(준실) 空樽(공준) 晩樽(만준) 雙樽(쌍준) 瓦樽(와준) 殘樽(잔준)
발전 ① 樽床(준상) 樽杓(준작) 樽酒(준주) 樽花(준화) 金樽(금준) 酒樽(주준) 特 樽俎(준조) 匏樽(포준) 特 樽罍(준뢰)
사자성어 特 樽俎折衝(준조절충)

부수	획수	총획
木	15	19

빗 즐 【3199】

字源 〈형성〉 '빗'은 머리카락을 빗는 데 쓰는, 가늘고도 긴 살이 달린 도구를 뜻한다. 쓰인 용례로는 '경대 위에 여러 종류의 빗이 꽂혀 있다'에서 보인다. 유의어로는 흔히 쓰이는 '머리빗'도 있다. 나무(木)로 만든 빗의 빗살(節)이 가지런하게 줄지어 있어서 머리카락을 곱게 빗질했으니 [빗(櫛)]을 뜻하고 [즐]로 읽는다.

필순 十 木 ᵗ ᵗ 栉 栉 栉 榿 榿 櫛

기초 【기초한자어】 익히고, 【기본→발전한자어】 다지기
櫛沐(즐목) 머리를 빗고 목욕을 함
櫛比(즐비) 빗살처럼 촘촘하게 늘어섬
巾櫛(건즐) 수건과 빗. 세수하고 머리를 빗음
• 숙소에는 세안도구 외에 巾櫛도 구비되어 있었다.
• 이른 아침에 櫛沐하고 출근하니 직원들이 櫛比하게 맞이해 주었다.

기본 ① 櫛櫛(즐즐) 沐櫛(목즐) 密櫛(밀즐) 象櫛(상즐) 梳櫛(소즐) 爬櫛(파즐) 風櫛(풍즐)
발전 ① 櫛鱗(즐린) 櫛膜(즐막) 櫛髮(즐발) 櫛繁(즐번) 櫛梳

(즐소) 櫛雨(즐우) 櫛齒(즐치) 櫛板(즐판) 冠櫛(관즐)
查櫛(사즐) 特櫛髮(즐발)

사자성어 ① 櫛風沐雨(즐풍목우)

茸	부수	획수	총획
	艸	9	13

기울 즙 【3200】

字源 〈형성〉 '기우다'는 허름한 데를 고치고 덜 갖춘 곳을 손질
하여 좋게 하는 것이다. 또한 지붕을 짚으로 비스듬하게
이어서 내리는 비로부터 집을 보호하도록 했다. 띠 풀(艹)
을 모아(耳) 지붕을 이었으니 [지붕을 잇다(茸)] 또는 지붕
을 이어 쏟아지는 비로부터 집을 보호했으니 [기우다(茸)]
는 뜻이고 [즙]으로 읽는다.
回 繕(기울 선)

필순 ㅗ ㅗ ㅗ 艹 苔 苔 茸 茸 茸 茸

기초 【기초한자어】 익히고, 【기본→발전한자어】 다지기
茸繕(집선) 낡거나 허름한 물건을 손보아 고침
茸屋(즙옥) 초가
修茸(수즙) 집을 고치고 지붕을 새로 이음
• 봄을 맞아 修茸을 하기로 의견을 모았다.
• 茸屋의 살림살이가 낡아서 이제는 茸繕하였다.

기본 ① 補茸(보즙) 繕茸(선즙) 完茸(완즙) 草茸(초즙) 治茸
(치즙)

발전 ① 茸鱗(즙린) 茸茅(즙모) 茸治(즙치) 整茸(정즙) 改茸
(개즙) 茅茸(모즙) 營茸(영즙) 瓦茸(외즙) 特茸次(즙자)

汁	부수	획수	총획
	水	2	5

즙 즙 【3201】

字源 〈형성〉 '즙'은 사과나 배 같은 과일에서 뚝뚝 배어 나오거
나 진하게 짜낸 액체를 말한다. 당근즙은 건강에 좋다는
말도 있고, 관용구인 '일이 익숙한 즙(이) 나다'도 쓰이고
있다. 과실이나 고로쇠와 같은 나무에 함유된 많은(十) 양
의 수액(氵)을 조금씩 짜거나 병에다 그것을 받았으니 [즙(汁)]
을 뜻하고 [즙]으로 읽는다.
回 液(진 액)

필순 氵 氵 氵 汁

기초 【기초한자어】 익히고, 【기본→발전한자어】 다지기
汁滓(즙재) 즙을 짜내고 난 찌끼
灰汁(회즙) 잿물. 재에서 우려낸 물
目汁(목즙) 눈물을 달리 이르는 말
• 한국 사람처럼 目汁이 많은 민족은 없다. 흐르는

눈물이 일상이라고 한다니.
• 灰汁도 만들면서 콩이나 깨의 汁滓를 비료로 사용
했다.

기본 ① 藍汁(남즙) 墨汁(묵즙) 米汁(미즙) 蜜汁(밀즙) 乳汁
(유즙) 肉汁(육즙) 殘汁(잔즙)

발전 ① 汁物(즙물) 汁液(즙액) 果汁(과즙) 膽汁(담즙) 液汁
(액즙) 搾汁(착즙) 特汁釉(즙유) 茗汁(명즙) 特醢汁
(해즙)

祉	부수	획수	총획
	示	4	9

복 지 【3202】

字源 〈형성〉 복이란 한자는 '시(示)'와 '복(畐)'의 회의문자다.
'시'는 하늘(天)이 사람에게 내려서 나타낸다는 신의의
상형이고, '복' 또한 불러 온 단지의 상형이다. 복신(示)
이 나에게 머물러서(止) 행복하다 했으니 하늘에서 내린
[복(祉)] 또는 신(示) 앞에 그쳐서(止) 소원을 비니 [복(祉)]
받는다는 뜻이고 [지]로 읽는다.
回 祿(녹/복 록) 福(복 복)

필순 ㅡ ㅡ ㅜ ㅜ 示 示 祁 祉 祉

기초 【기초한자어】 익히고, 【기본→발전한자어】 다지기
福祉(복지) 행복과 이익
祉祿(지록) 행운. 행복
祥祉(상지) 경사스러움. 상서로움
• 祥祉는 경사스러움과 상서로움이 한꺼번에 달려
드는 것이다.
• 정부에서 국민 福祉 예산을 늘렸더니 수많은 노인
들이 祉祿하게 살고 있다.

기본 ① 祉福(지복) 嘉祉(가지) 介祉(개지) 祿祉(녹지) 發祉
(발지) 壽祉(수지) 餘祉(여지) 帝祉(제지) 衆祉(중지)
休祉(휴지)

발전 ① 萬祉(만지) 新祉(신지)

사자성어 ① 社會福祉(사회복지)

咫	부수	획수	총획
	口	6	9

여덟치 지 【3203】

字源 〈형성〉 나무 그림자 점에서 '여덟 치(寸)면 순조로워 대풍
이 들고, 다섯 치면 좋지 않다'고 했다. 길이가 네 치가
되면 수해와 해충이 성행하고, 세 치면 곡식이 여물지 않
는다고 했다. 짧은 길이(尺)를 잴 때에 다만(只) [여덟 치
(咫)] 정도가 기준이 되었으니 대단히 짧은 거리인 [지척(咫)]
을 뜻하고 [지]로 읽는다.

1급

필순 ` ¬ ⼫ ⼫ 尺 尺 咫 咫 咫

기초 【기초한자어】 익히고, 【기본→발전한자어】 다지기
咫尺(지척) 매우 가까운 거리
咫步(지보) 가까운 걸음. 작은 행보
• 咫步는 가까운 걸음이자 작은 행보라 했으니 적당한 걸음이다.
• 사랑하는 여인을 咫尺에 두고 자주 만나지 못하는 심정을 아느냐?
발전 ① 咫尺地(지척지)
사자성어 ① 咫尺不辨(지척불변) 咫尺之間(지척지간) 咫尺之地(지척지지) 天威咫尺(천위지척)

부수	획수	총획
手	11	15

잡을 지【3204】

字源 〈형성〉 '잡다'는 낚시질하여서 얻거나 사냥하여서 얻는 일이다. 손으로 움켜쥐거나 거머쥔다는 의미를 담아겠다. 유의어는 '붙잡다. 파지(把持)하다' 등이 쓰인다. 손(手)으로 물건을 아무지게 붙잡았으니(執) [잡다(摯)] 또는 손(手)에 물건을 아무지게 잡는(執) 일은 참으로 [지극하다(摯)]는 뜻이고 [지]로 읽는다.
圖拘(잡을 구) 拏(잡을 나)

필순 ⼇ ⼇ 幸 幸] 執 執 執 摯 摯 摯

기초 【기초한자어】 익히고, 【기본→발전한자어】 다지기
摯拘(지구) 잡음. 잡아 맴
摯獸(지수) 맹수
懇摯(간지) 참답고 성실함
• 진실을 제일로 친다. 懇摯는 참답고 성실한 모습을 여실히 보여준다.
• 집 나간 송아지는 摯獸가 무서우니 어미 소 옆에 摯拘해 두어야만 한다.
기본 ① 極摯(극지) 六摯(육지) 眞摯(진지)
발전 ① 摯見(지견) 勤摯(근지)

부수	획수	총획
木	5	9

탱자 지
탱자 기【3205】

字源 〈형성〉 '탱자'는 탱자나무에서 수확한 열매를 뜻한다. 탱자나무는 남쪽 지방에서는 울타리용으로 많이 심었고, 감귤을 접붙이기 위한 대목으로도 상당히 많이 심었다. 나무(木)가 다만(只) 줄기와 가시로만 덮여 있었을 뿐이고

외부는 보호막용인 울타리로 주로 쓰인 나무로 [탱자(枳)]를 뜻하고 [지] 또는 [기]로 읽는다.
圖枸(구)

필순 ⼀ ⼗ ⼤ ⼤ 木 枳 枳 枳 枳

기초 【기초한자어】 익히고, 【기본→발전한자어】 다지기
枳殼(지각) 덜 익은 탱자를 반으로 썰어서 말린 약재. 탱자나무
枳棘(지극) 탱자나무와 가시나무. 방해물. 탱자나무의 가시
枳實(지실) 어린 탱자를 썰어 만든 약재. 차디찬 성질이며 가래를 없앰
• 부드럽고 어린 눈이 약이 된다니 枳實이 참 좋은 약재구나.
• 흔히 보는 枳棘이야 소용일랑 없겠지만, 枳殼은 많이 요긴하게 쓰인다.
기본 ① 枳塞(기색) 枳礙(기애) 棘枳(극지)
발전 ① 枳枸(지구) 枳城(지성) 枳黜(지출) 荊枳(형지) 轉枳敔(지어) 圖전 枳棋(지구)
사자성어 ① 橘化爲枳(귤화위지) 南橘北枳(남귤북지)

부수	획수	총획
肉	4	8

팔다리 지【3206】

字源 〈형성〉 '팔다리'는 인체의 팔과 다리를 아울러 이르는 말이다. 유의어로는 '다리팔, 수각(手脚), 사지(四肢)' 등으로 쓰이고 있다. 사람의 온몸을 비유적으로 한꺼번에 이르는 말이다. 사람의 육체(月) 중에서 사방으로 가랑이가 마구 갈라진(支) 부분으로 손과 디리까지 합했으니 [팔다리(肢)]를 뜻하고 [지]로 읽는다.

필순 ⼃ ⼌ 月 月 月 肚 肢 肢

기초 【기초한자어】 익히고, 【기본→발전한자어】 다지기
肢骨(지골) 팔다리 뼈
肢體(지체) 팔다리와 몸을 통틀어 이름. 몸. 신체. 손발
四肢(사지) 두 팔과 두 다리. 척추동물의 몸통에서 뻗어 나온 다리 부분
• 두 팔과 두 다리인 四肢가 멀쩡하다는 것은 대단히 건강하다는 뜻이려니.
• 그 사람 肢體는 보기에는 멀쩡해도 肢骨이 약해서 등산을 하지 못한다.
기본 ① 肢解(지해) 上肢(상지) 雪肢(설지) 腰肢(요지) 義肢(의지) 折肢(절지)
발전 ① 肢幹(지간) 觸肢(촉지) 下肢(하지) 肢節痛(지절통)
사자성어 ① 節肢動物(절지동물)

부수	획수	총획
疒	5	10

마마 진【3207】

字源 〈형성〉'마마'는 두창이나 천연두라고 불렀다. 제1종 법정 전염병의 하나라 한다. 증세는 중한 전신증상과 피부 및 점막의 순서로 규칙적으로 변하는 발진이 보인다. 입이 바짝 마르고 틀어지는(参←珍) 등 신체의 병(疒)으로 피부에 두드러기가 나는 증세인 역질로 천연두라는 [마마(疹)]를 뜻하고 [진으로 읽는다.

필순 `丶 亠 广 广 疒 疒 疒 疹 疹 疹`

기초 【기초한자어】 익히고, 【기본→발전한자어】 다지기
疹恙(진양) 피부에 생기는 병
發疹(발진) 피부나 점막에 좁쌀만 한 종기가 생김
濕疹(습진) 좁쌀알 같은 작은 물집이 나며 가려움
• 작은 물집이 몸을 가렵게 하니 특히 濕疹에 주의해야만 하겠구나.
• 아토피 증상도 일종의 疹恙이겠지만, 그 무성한 發疹이 참 무섭겠구나.

기본 ① 痲疹(마진) 疾疹(질진) 汗疹(한진)

발전 ① 疹粟(진속) 疹疾(진질) 水疱疹(수포진) 特 痒疹(양진) 慇疹(은진) 特 疹瘼(진막)

부수	획수	총획
口	10	13

성낼 진【3208】

字源 〈형성〉'성내다'는 작은 일에도 기분이 언짢아 화내다는 뜻이다. 과격하고 거친 기운을 내다는 뜻을 담는다. 쓰이는 용례가 보이니 '성낸 바람이 휘몰아치다' 등이 있겠다. 진실한(眞) 행동을 하지 못해서 입(口)으로 바르고 참된 삶을 살라고 꾸중하며 심하게 타일렀으니 [성내다(嗔)]는 뜻이고 [진으로 읽는다.
圖怒(성낼 노)

필순 `口 口 口` 啃 啃 啃 嗔 嗔 嗔 嗔

기초 【기초한자어】 익히고, 【기본→발전한자어】 다지기
嗔喝(진갈) 성내어 꾸짖음
嗔責(진책) 성내어 나무람
嗔怨(진원) 성내고 원망함
• 嗔怨은 상대에 대하여 불평하고 원망함을 삼는 것이리라.
• 아버지의 嗔喝에 이어진 어머니의 嗔責은 새겨 듣기가 많이 거북했다.

기본 ① 嗔怒(진노) 嗔色(진색)

발전 ① 嗔心(진심) 嗔言(진언) 嗔咽(진열) 元嗔煞(원진살)

충진 嗔恚(진에)

사자성어 ① 弄過成嗔(농과성진) 回嗔作笑(회진작소)

부수	획수	총획
辵	5	9

갈마들 질【3209】

字源 〈형성〉'갈마들다'는 상황과 대상이 서로 번갈아 나타난다는 뜻이다. 어떤 사건이 다른 사건이 교대로 나타난 현상이다. 사동사로는 '갈마들이다'는 뜻이다. 남의 잃어버린(失) 물건을 달려가(辶) 구했으니 [대신하다(迭)] 또는 가던(辶) 길을 잘못 벗어나면서(失) 이리저리 [갈마들다(迭)]는 뜻이고 [질로 읽는다.
圖代(대신할 대)

필순 `丿 一 ⺋ 生 失 ` 失 ` 失 迭 迭`

기초 【기초한자어】 익히고, 【기본→발전한자어】 다지기
更迭(경질) 서로 바꿈. 어떤 직위에 있는 사람을 다른 사람으로 바꿈
交迭(교질) 교체함
• 更迭은 서로 바꿈이겠는데, 좀더 참신한 사람과 바꾸었으면 좋겠어요.
• 국민의 지탄을 받는 장관은 마땅히 更迭하거나 交迭해야만 나라가 편안하겠지.

기본 ① 迷迭(미질)

발전 ① 迭居(질거) 迭擊(질격) 迭起(질기) 迭代(질대) 迭犯(질범) 迭憊(질비) 迭用(질용) 迭日(질일) 迭迭(질질) 迭置(질치) 迭興(질흥)

부수	획수	총획
足	5	12

거꾸러질 질【3210】

字源 〈형성〉'거꾸러지다'는 사람이 거꾸로 엎어지다는 뜻이다. 그런 반면에 '권불십년'이라 했듯이 세력이 꺾여 무너지거나 목숨이 끊어지다는 뜻으로 쓰인다. 길을 잘못 들거나 발(足)을 그릇되게 헛디뎌서(失) 물건 놓을 장소를 [잃다(跌)] 또는 발(足)로 실수(失)하여서 그만 [거꾸러지다(跌)]는 뜻이고 [질로 읽는다.
圖倒(넘어질 도) 宕(방탕할 탕)

필순 `口 무 무 무 무 료 료 跣 跣 跌 跌`

기초 【기초한자어】 익히고, 【기본→발전한자어】 다지기
跌倒(질도) 발이 걸려 넘어짐
跌失(질실) 발을 헛디디며 넘어짐
蹉跌(차질) 미끄러져서 넘어짐. 일이 실패함

1급

• 蹉跌은 지금까지 하던 일이 계획한 대로 잘 되지 않아 어그러짐이다.
• 오를 때는 돌부리에 跌倒하더니, 내려올 때는 跌失하여 많이 다쳤다.

기본 ① 跌墜(질추) 跌宕(질탕) 傾跌(경질) 側跌(측질)

발전 ① 跌倒(질도) 跌誤(질오) 跌蕩(질탕) 顚跌(전질) 折跌(절질) 출진 跌伕(질부)

사자성어 ① 射幸數跌(사행삭질)

부수	획수	총획
口	2	5

叱
꾸짖을 질【3211】

字源 〈형성〉 '꾸짖다'는 엄히 지적해 꾸중하다는 뜻이다. 잘못을 엄하게 지적하면서 꾸중함도 뜻한다. 유의어는 '질책(叱責)하다, 책망(責望)하다, 힐책(詰責)하다' 등이다. '어린 양'이라고들 했듯이 어린이(口)들이 숟가락(匕)을 손에 들고 울면서 음식투정을 하고 있으니 아주 심하게 [꾸짖다(叱)]는 뜻이고 [질]로 읽는다.

동 呵(꾸짖을 가) 喝(꾸짖을 갈) 罵(꾸짖을 매) 責(꾸짖을 책) 咤(꾸짖을 타)

필순 丨冂口叭叱

기초 【기초한자어】 익히고, 【기본→발전한자어】 다지기
叱喝(질갈) 꾸짖음
叱正(질정) 꾸짖어 바로 잡음
叱辱(질욕) 꾸짖으며 욕함
• 叱辱은 사람을 위축하게 만드니 낮은 목소리로 타일렀으면 좋겠구나.
• 선생님께서 叱正하시고 집에 들어오니 부모님이 따라서 叱喝하신다.

기본 ① 叱呵(질가) 叱嗟(질차) 怒叱(노질) 憤叱(분질) 阿叱(아질) 延叱(연질) 虎叱(호질)

발전 ① 叱罵(질매) 叱叱(질질) 叱責(질책) 叱咤(질타) 叱呼(질호) 面叱(면질)

사자성어 ① 叱石成羊(질석성양) 特 叱咤激勵(질타격려)

부수	획수	총획
女	10	13

嫉
미워할 질【3212】

字源 〈형성〉 '미워하다'는 하는 짓마다 밉게 여긴다. 쓰인 용례는 '죄는 밉더라도 사람은 미워하지 말라'고 했겠다. 유의어로는 '기오(忌惡)하다, 혐오(嫌惡)하다, 기증(忌憎)하다' 등이 있다. 여자(女) 마음의 병(疾)으로 싫증나서 [미워하다(嫉)] 또는 여자(女)의 마음에 병(疾)이 들어 [시샘하다(嫉)]

는 뜻이고 [질]로 읽는다.
동 妬(샘낼 투)

필순 ㄑ 女 女 女 妒 妒 妒 妒 妒 嫉 嫉

기초 【기초한자어】 익히고, 【기본→발전한자어】 다지기
嫉視(질시) 흘겨봄. 시기하여 봄
嫉妬(질투) 샘. 우월한 사람을 시기하고 증오함. 또는 그러한 일. 강샘
• 嫉妬는 시샘으로 優越한 사람을 猜忌하고 증오하는 행위이다.
• 성적이 좋다고 하여 嫉視하더니만 이성과 인사만 해도 嫉妬하네.

기본 ① 嫉心(질심) 嫉惡(질악) 嫉害(질해) 嫉毁(질훼) 謗嫉(방질) 憤嫉(분질) 憎嫉(증질) 娼嫉(창질)

발전 ① 嫉能(질능) 嫉逐(질축) 嫉恨(질한) 仇嫉(구질) 嫉妬心(질투심) 출진 媢嫉(모질)

사자성어 ① 嫉逐排斥(질축배척) 妬惡嫉好(간악질투) 反目嫉視(반목질시)

부수	획수	총획
肉	11	15

膣
음도 질【3213】

字源 〈형성〉 '음도'는 음(陰)의 도리라 한다. 군신, 부자, 부부 사이에서, 신하, 자식, 아내가 지켜야 할 올바른 도리를 뜻한다. 천문에서는 '달의 궤도(軌道)'를 뜻한다고 한다. 몸(月)에 난 구멍(穴)을 잘 메우니 [至←塡] [음도(膣)] 또는 신체(月)의 막힌(窒) 부분에서 뾰족하게 [새살이 돋아나다(膣)]는 뜻이고 [질]로 읽는다.

필순 刂 月 𦝷 𦝷 𦝷 膣 膣 膣 膣 膣 膣

기초 【기초한자어】 익히고, 【기본→발전한자어】 다지기
膣炎(질염) 질, 점막에 생기는 염증
膣腔(질강) 질속의 빈 공간
膣球(질구) 부인과 질환을 치료하는 구형으로 만든 좌약
• 膣球는 부인과 질환으로 치료하는 좌약으로 잘 써야만 한다고 말한다.
• 늙어가면서 膣炎과 膣腔으로 고생하는 아내가 매우 안타깝구나.

발전 ① 膣鏡(질경) 膣頸(질경) 膣口(질구)

부수	획수	총획
木	6	10

桎
차꼬 질【3214】

字源 〈형성〉 '차꼬'는 두 개의 긴 나무토막을 맞대고 그 사이에 구멍을 파서 여기에 죄인의 두 발목을 넣고 자물쇠를 채우게 한 옛적의 형구다. 죄인을 꼼짝 못하게 하는 기구라 한다. 사람이 크게 잘못을 저지르면서 발을 다른 곳에 이르지(至) 못하도록 부자유스럽게 묶었던 나무(木) [차꼬(桎)]를 뜻하고 [질]로 읽는다.
图 梏(수갑 곡) 桁(차꼬 항)

필순 一 十 才 木 朮 村 杯 梏 桎 桎

기초 【기초한자어】 익히고, 【기본 → 발전한자어】 다지기
桎梏(질곡) 차꼬와 수갑. 자유를 속박함
桎檻(질함) 발에 칼을 씌워 감옥에 넣음
• 발에 칼을 씌워 감옥에 넣는 桎檻은 참으로 무서운 형벌이다.
• 일제 강점기의 桎梏을 전후세대들이 알 리 없다.

기본 ① 枯桎(고질) 窮桎(궁질) 囚桎(수질)

	부수	획수	총획
	巾	5	8

책권차례 질
【3215】

字源 〈형성〉 '책권차례'의 의미는 '한 질을 이루는 여러 권 서책'을 말하고 있다. 책갑의 개념이었으면 더 좋겠다. 케이스로 수의 단위 개념으로도 확장되어 여러 권의 책이다. 책의 어떤 질서를 잘 잡아서(失←秩) 가지런하게 넣어 둘 수 있도록 만들었던 다른 주머니(巾) 또는 상자로 [책권차례(帙)]를 뜻하고 [질]로 읽는다.

필순 丿 冂 巾 巾 忄 帄 帙 帙

기초 【기초한자어】 익히고, 【기본 → 발전한자어】 다지기
書帙(서질) 서적. 책을 한 권 또는 여러 권씩 싸서 넣었음
帙子(질자) 접책. 종이를 앞뒤로 여러 번 접어서 책처럼 만든 것
部帙(부질) 종류별로 나누어 놓은 서적
• 部帙은 종류별로 잘 나누어 놓은 서적으로 찾기가 참 쉽다.
• 선물을 받아보니 帙子인 고전과 함께 書帙도 곱게 들어 있었다.

기본 ① 卷帙(권질) 梵帙(범질) 隱帙(은질)
발전 ① 帙冊(질책) 完帙(완질) 逸帙(일질) 全帙(전질) 墨전 細帙(상질)

	부수	획수	총획
	月	6	10

나 짐: 【3216】

字源 〈형성〉 '나'는 지금 말하는 사람이 자기를 가리키는 말이다. 곧 대등한 관계에 있는 사람이나 아랫사람을 대하여 쓰이며, 조사 '가'가 올 때에는 '내'가 된다. 배(月←舟)가 물을 가르고 (八) 거스르며(天) 물 자취를 곱게 남겨 놓은 [자국(朕)] 또는 천자가 스스로 자기를 호칭하는 [나(朕)]를 뜻하고 [짐]으로 읽는다.
图 兆(조 조)

필순 丿 几 几 月 月 朕 朕 朕 朕 朕

기초 【기초한자어】 익히고, 【기본 → 발전한자어】 다지기
朕兆(짐조) 조짐. 징조
兆朕(조짐) 어떤 일이 일어날 기미가 미리 보이는 현상
• 兆朕은 징조와 같아서 일이 잘되겠다는 기미가 엿보이겠네.
• 개미가 줄지어 이동하고 제비들이 지면에 닿을 정도로 낮게 비행하는 것을 보니 금방이라도 비가 내릴 朕兆이겠다.

기본 ① 北朕(북짐) 地朕(지짐) 天朕(천짐)
발전 ① 朕垠(짐은)
사자성어 ① 朕言不再(짐언부재)

	부수	획수	총획
	斗	9	13

짐작할 짐 【3217】

字源 〈형성〉 '짐작하다'는 형편을 대강 어림쳐서 헤아리다 혹은 사람이 무엇이라고 하면서 상황을 어림쳐 헤아린다는 뜻도 있을 법하다. 어림짐작이란 생각이겠다. 국이나 술을 국자(斗)로 떠 조심하여 더듬는다 했으니(甚←探) [술 붓다(斟)] 또는 술을 잔에 대강으로 부었으니 [짐작하다(斟)]는 뜻이고 [짐]으로 읽는다.
图 酌(술 부을/잔질할 작)

필순 一 十 廿 廿 其 其 甚 甚 斟 斟

기초 【기초한자어】 익히고, 【기본 → 발전한자어】 다지기
斟酌(짐작) 사정이나 형편을 어림쳐서 헤아림. 겉가량으로 생각함
斟酒(짐주) 술을 따름
• 斟酌은 사람들이 사정이나 형편을 어림쳐서 헤아리며 술잔을 받았다.
• 사람들이 꽉 찬 포장마차에서 홀로 斟酒하여 술병을 다 비운 사람이 백만장자 딸이라고 전혀 斟酌하지도 못했다.

기본 ① 斟問(짐문) 滿斟(만짐) 細斟(세짐) 小斟(소짐) 盈斟(영짐) 酌斟(작짐) 淺斟(천짐) 獻斟(헌짐)
발전 ① 斟量(짐량) 斟海(짐회) 墨전 斟甚(짐심)

1급

부수	획수	총획
水	12	15

澄 맑을 징【3218】

字源 〈형성〉 '맑다'는 날씨가 티가 섞이거나 흐리지 않고 깨끗하다는 뜻이다. 유의어로는 '청명(淸明)하다, 화창(和暢)하다, 깨끗하다' 등이 있다. '날씨가 맑다'는 용례도 있다. 시끄러운 파문이 다소 가라앉고 흐름이 한 순간 정도 정지되면서(登←止) 고요하기만 했던 물(氵)이 더욱 [맑다(澄)]는 뜻이고 [징]으로 읽는다.
回淸(맑을 청)

필순 氵 氵 氵 氵 氵 氵 澄 澄 澄 澄

기초 【기초한자어】 익히고, 【기본→발전한자어】 다지기
澄江(징강) 물이 맑은 강
澄空(징공) 맑게 갠 하늘
澄水(징수) 맑고 깨끗한 물
• 澄水는 맑고 깨끗한 물이라는데 그 누가 이러한 물을 개발했겠소.
• 우리나라 가을은 맑게 갠 澄空과 물 맑은 澄江으로 참으로 아름답구나.

기본 ① 澄潭(징담) 澄瀾(징란) 澄灣(징만) 澄碧(징벽) 澄淵(징연) 澄淨(징정) 澄泉(징천) 澄汰(징태) 澄湖(징호) 高澄(고징) 明澄(명징) 肅澄(숙징) 淵澄(연징) 照澄(조징) 淸澄(청징) 平澄(평징) 泓澄(홍징)

발전 ① 澄高(징고) 澄澹(징담) 澄明(징명) 澄爽(징상) 澄鮮(징선) 澄省(징성) 澄心(징심) 澄深(징심) 澄正(징정) 澄澄(징징) 澄澈(징철) 澄淸(징청) 虛澄(허징) 徑 澄邈(징막) 澄霽(징제) 澄暉(징휘) 亭澄(정징)

사자성어 ① 淵澄取映(연징취영) 徹底澄淸(철저징청)

부수	획수	총획
又	1	3

叉 갈래 차【3219】

字源 〈회의〉 '갈래'는 수나 관형사 뒤의 의존적 용법으로 쓰인다. 흔히 '갈래'를 가리켜 수를 세는 단위를 나타내는 말이라고 한다. 낱낱의 가닥이나 부분이나 계통이다. 손가락(又←手)에 표시(丶)가 나도록 물건을 끼워 넣은 모양으로 [깍지 끼우다(叉)] 또는 손가락을 가리켜 표시 나는 [갈래(叉)]를 뜻하고 [차]로 읽는다.
回又(또 우)

필순 フ 又 叉

기초 【기초한자어】 익히고, 【기본→발전한자어】 다지기
叉竿(차간) 끝이 갈래진 장대
叉路(차로) 갈림길

叉手(차수) 두 손을 어긋나게 마주 잡음
• 叉竿은 장대 끝이 몇 갈래로 갈라지니 더 야무지게 잘 잡아야겠소.
• 타향 땅의 叉路에서 叉手한 채 서있는 사람이 바로 내 친구임을 알겠는가?

기본 ① 叉牙(차아) 交叉(교차) 戟叉(극차) 矛叉(모차) 步叉(보차) 三叉(삼차) 野叉(야차) 之叉(지차) 畫叉(화차)

발전 ① 叉線(차선) 叉乘(차승) 了叉(요차) 轍叉(철차) 八叉手(팔차수) 徑 叉鬟(차환)

부수	획수	총획
足	10	17

蹉 미끄러질 차【3220】

字源 〈형성〉 '미끄러지다'는 눈 위나 진흙탕 또는 비탈진 곳 등에서 넘어지거나 한 쪽으로 밀려 나가는 일이다. 철길, 뱃길을 따라 빠른 속도로 나아가다는 뜻도 있으리. 두 발(足)을 엇갈리게(差) 디디면서도 [미끄러지다(蹉)] 또는 두 발(足)로 어긋나게(差) 걸으면서도 자칫하면 [넘어지다(蹉)]는 뜻이고 [차]로 읽는다.
回跌(거꾸러질 질) 跎(헛디딜 타)

필순 ㅁ ㅁ 묘 묘 묘 趺 蹉 蹉 蹉 蹉

기초 【기초한자어】 익히고, 【기본→발전한자어】 다지기
蹉過(차과) 지나감. 거쳐 감. 잘못
蹉跌(차질) 발을 헛디뎌 넘어짐. 일에 실패함
• 이제 막 蹉跌이 생겨 발을 헛디디고 말았구려.
• 내 蹉過로 인하여 이러한 蹉跌을 빚었다면 모두 보상해 주겠소.

기본 ① 旁蹉(방차) 日蹉(일차)
발전 ① 蹉對(차대) 徑 蹉跎(차타)

부수	획수	총획
口	10	13

嗟 탄식할 차 :【3221】

字源 〈형성〉 '탄식하다'는 근심이나 원망으로 인하여 한탄하다는 뜻이다. 쓰인 용례는 '선생님은 요즈음 젊은이들 언행을 탄식했다'에서 보이는데, 유의어로는 '한탄(恨歎)하다' 등이 있다. 병은 낫지도(差) 않고 고통만 더하면서 입(口)으로 [탄식하다(嗟)] 또는 애처롭게 탄식했으니 [슬프다(嗟)]는 뜻이고 [차]로 읽는다.

필순 口 口 口 口 口 咩 嗟 嗟 嗟 嗟

기초 【기초한자어】 익히고, 【기본→발전한자어】 다지기
嗟悼(차도) 탄식하며 슬퍼함

1급

嗟服(차복) 감동하여 복종함

哀嗟(애차) 슬피 탄식함

• 그들 家族은 갑작스런 父親喪에 哀嗟를 금치 못
하고 눈물만 흘리고 있구나.

• 모친상을 당해 남매들이 嗟悼하더니 장남의 말에
그냥 嗟服하였다.

[기본] ① 嗟夫(차부) 嗟賞(차상) 嗟重(차중) 嗟稱(차칭) 嗟歎
(차탄) 嗟乎(차호) 悲嗟(비차) 傷嗟(상차) 長嗟(장차)
稱嗟(칭차) 呼嗟(호차)

[발전] ① 嗟懼(차구) 嗟憤(차분) 嗟惜(차석) 嗟咢(차악) 嗟嗟
(차차) 怨嗟(원차) [特] 嗟嘆(차탄) 咨嗟(자차) [출진] 咄嗟(돌차)

[사자성어] ① 嗟來之食(차래지식)

부수	획수	총획
金	20	28

뚫을 착 【3222】

[字源] 〈형성〉 '뚫다'는 일정 도구로 파고 쪼개어 밖으로 통하는
상태로 만든다는 뜻이다. 장애물을 제거했거나 통하는 상
태로 만들었으니 피동은 '뚫리다'로 쓰인다. 무성하게 (丵)
자라버린 나무로 절구(臼)를 만들려고 한다면 쇠붙이(金)
로 만든 망치로 마구 후려쳐서(殳) 구멍을 크게 [뚫다(鑿)]
는 뜻이고 [착]으로 읽는다.

[필순] 〃 〃 丵 丵 鹵 鹵 鑿 鑿 鑿

[기초] 【기초한자어】 익히고, 【기본→발전한자어】 다지기
鑿開(착개) 뚫어서 소통함
鑿空(착공) 뚫어서 엶. 새로 길을 냄. 쓸데없는 의문
鑿井(착정) 우물을 팜

• 鑿空은 터널을 뚫어서 길을 열며 새로운 길을 내
는 커다란 공사다.

• 꽉 막힌 장애물을 모두 鑿開하고 난 후에 새로 鑿
井하였다.

[기본] ① 鑿掘(착굴) 鑿八(착팔) 刻鑿(각착) 洞鑿(동착) 斧鑿
(부착) 石鑿(석착) 疏鑿(소착) 六鑿(육착) 精鑿(정착)
鑽鑿(찬착) 穿鑿(천착)

[발전] ① 鑿漑(착개) 鑿路(착로) 鑿鑿(착착) 鑿穴(착혈) 墾鑿
(간착) 開鑿(개착) 耕鑿(경착) 孔鑿(공착) 空鑿(공착)
[特] 鉅鑿(거착) 雕鑿(조착) [特] 刳鑿(고착) 剪鑿(전착)
[출진] 剷鑿(산착) 柄鑿(예조) 鑿柄(조예)

[사자성어] ① 鑿飲耕食(착음경식)

부수	획수	총획
穴	5	10

좁은 틈

좁을 착 【3223】

[字源] 〈형성〉 '좁다'는 너비나 폭이 작고 짧다는 뜻이다. 조그맣
고 작다는 뜻을 담는 용례로 '다섯 식구 살기에는 너무 좁
다'로 보아 그 유의어로는 '작다, 협소(狹小)하다' 등이다.
구멍(穴)에 잠시도(乍) 쉼이 없이 먼지가 자주 [끼다(窄)]
또는 새로 굴(穴)을 만들었더니(乍) 입구가 아주 [좁다(窄)]
는 뜻이고 [착]으로 읽는다.
[동] 狹(좁을 협)

[필순] 丶 ﾉ 宀 宀 ㄇ 空 空 空 窄 窄

[기초] 【기초한자어】 익히고, 【기본→발전한자어】 다지기
窄小(착소) 좁고 작음
窄韻(착운) 글자 수가 적은 운
短窄(단착) 짧고 좁음

• 새로 만든 길이 短窄하여 겨우 비껴갔다.

• 남매는 窄小한 길을 거닐며 窄韻으로 그들만의 시
를 척척 지어 나갔다.

[기본] ① 窄袖(착수) 傾窄(경착) 局窄(국착) 險窄(험착)

[발전] ① 窄袴(착고) 窄迫(착박) 窄汁(착즙) 窄窄(착착) 窄狹
(착협) 緊窄(긴착) 量窄(양착) 偏窄(편착) 狹窄(협착)
[特] 窄衫(착삼) [출진] 匾窄(편착)

부수	획수	총획
手	10	13

짤 착 【3224】

[字源] 〈회의〉 '짜다'는 실이나 끈 따위를 씨와 날로 얽어가면서
만든다는 뜻이다. 그렇지만 본래의 자원은 곡식을 좌우로
비틀거나 눌러서 기름을 빼낸다는 뜻을 담았다고 한다.
나무(扌←木)로 만든 기름틀의 구멍(穴)에서 곡식을 아무
지게 잘 짜서 기름이 만들어져(乍) 똑똑 나왔으니 [짜다(搾)]
는 뜻이고 [착]으로 읽는다.

[필순] 一 十 扌 扩 护 护 护 搾 搾 搾

[기초] 【기초한자어】 익히고, 【기본→발전한자어】 다지기
搾取(착취) 누르거나 비틀어서 짜냄
搾乳(착유) 젖소, 염소 따위의 젖을 짬. 젖 짜기
壓搾(압착) 압력을 가하여 물질의 밀도를 높임

• 억지 壓搾으로 커다란 힘을 가해 물질의 密度를
더 높여서는 안 된다.

• 비록 惡德 기업가라고 할지라도 억지로 그들의 노
동력을 搾取하지는 않았다.

[발전] ① 搾油(착유) 椎搾(추착)

부수	획수	총획
竹	14	20

모을 찬 : 【3225】

字源 〈형성〉 '모으다'는 여러 곳에 흩어져 있는 물건을 한 곳으로 묶어 합치다는 뜻이다. 유의어로는 '구취(鳩聚)하다. 구합(鳩合)하다, 묶다. 합치다' 등으로 두루 쓰인다. 흩어져 있는 여러 권의 책 따위를 정리하여(算) 노끈(糸)으로 곱게 엮어서 꾸미면서 잘 편찬해 놓았다고 했으니 [모으다(纂)]는 뜻이고 [찬]으로 읽는다.
回 集(모을 집) 輯(모을 집)

필순 ＾ ＾＾ 竹 竹 竹 笪 笪 笪 算 篡 篡 篡

기초 【기초한자어】 익히고, 【기본→발전한자어】 다지기
纂錄(찬록) 모아 기록함
纂業(찬업) 앞사람의 사업을 이음
參纂(참찬) 참고하여 편찬함
• 새로 만든 纂錄을 통해 기록했으니 그 유익함을 잘 알게 되었다.
• 조카가 參纂하고 纂業하더니만 설립한 회사가 날로 발전하였다.

기본 ① 纂類(찬류) 纂成(찬성) 纂紹(찬소) 纂助(찬조) 纂撰(찬찬) 論纂(논찬) 嗣纂(사찬) 纏纂(전찬) 編纂(편찬)

발전 ① 纂錦(찬금) 纂修(찬수) 纂述(찬술) 纂承(찬승) 纂嚴(찬엄) 纂組(찬조) 纂輯(찬집) 纂次(찬차) 纂纂(찬찬) 纂出(찬출) 類纂(유찬)

부수	획수	총획
食	12	21

반찬 찬 : 【3226】

字源 〈형성〉 '반찬(飯饌)'은 한국 요리에서 밥과 함께 먹는 중요 음식이다. 종발 정도 크기가 되는 그릇이나 접시에 담아서 내왔다. 가장 대표적인 반찬으로는 김치가 있다. 적당하게 갖추어서(巽) 잘 차려놓은 음식으로(食) [차리다(饌)] 또는 고소한 밥(食)과 함께 부드럽게(巽) 먹으니 [반찬(饌)]을 뜻하고 [찬]으로 읽는다.
回 膳(반찬/선물 선)

필순 ＾ 今 食 食 食 食 食 食 食 饌 饌

기초 【기초한자어】 익히고, 【기본→발전한자어】 다지기
饌母(찬모) 남의 집에서 반찬을 맡아 만드는 여자
饌需(찬수) 반찬거리. 반찬의 종류
饌具(찬구) 음식을 차리는 데 쓰는 기구. 상을 차림
• 새로운 상차림 饌具에 대하여 많은 사람들이 감탄을 연발했다.
• 시장에서 사온 饌需는 비록 보잘것없어도 饌母의 솜씨만은 매우 좋았다.

기본 ① 饌房(찬방) 饌用(찬용) 饌包(찬포) 甘饌(감찬) 美饌(미찬) 飯饌(반찬) 盛饌(성찬) 牛饌(우찬) 酒饌(주찬) 珍饌(진찬) 淸饌(청찬) 豊饌(풍찬) 華饌(화찬)

발전 ① 饌膳(찬선) 饌所(찬소) 饌珍(찬진) 饌盒(찬합) 佳饌(가찬) 具饌(구찬) 奇饌(기찬) 歲饌(세찬) 素饌(소찬) 禮饌(예찬) 饗饌(향찬) 回 饌饋(찬궤) 饌欌(찬장) 饋饌(궤찬)

사자성어 ① 饌玉炊金(찬옥취금) 水陸珍饌(수륙진찬) 珍羞盛饌(진수성찬)

부수	획수	총획
竹	10	16

빼앗을 찬 : 【3227】

字源 〈형성〉 '빼앗다'는 남의 물건을 강제로 자기 것으로 만들다는 뜻이다. 법률이나 시합으로 합법적 수단에 따라 상실하게 했으니, 피동형은 '빼앗기다, 뺏기다' 등이다. 계획(算)을 잘 세워 가래(厶)로 흙을 떠서 밭을 일구었다는 데서 파생하여 좋게 일구었던 그 밭을 도적들이 다 [빼앗다(篡)]는 뜻이고 [찬]으로 읽는다.
回 奪(빼앗을 탈)

필순 ＾ ＾＾ 竹 竹 笪 笪 算 算 算 篡 篡

기초 【기초한자어】 익히고, 【기본→발전한자어】 다지기
篡立(찬립) 신하가 황위를 빼앗아 그 자리에 오름
篡弑(찬시) 임금을 죽이고 임금 자리를 빼앗음
篡逆(찬역) 임금의 자리를 빼앗으려고 하는 반역
• 임금 자리를 빼앗으려는 篡逆이 이렇게 되풀이 돼서는 안 된다.
• 우리 역사에도 篡立한 후에 篡弑했던 경우가 있었다.

기본 ① 篡惡(찬악) 篡位(찬위) 篡奪(찬탈) 篡虐(찬학)

발전 ① 雜篡(잡찬)

부수	획수	총획
手	12	15

지을 찬 : 【3228】

字源 〈형성〉 '짓다'는 갖가지 재료를 들여서 새롭게 만들다는 뜻이다. 글이나 노래를 쓰거나 창작하여 만들다는 뜻을 담았으니, 유의어는 '쓰다. 만들다. 짓다' 등이다. 고운 손(扌)으로 부드러운(巽) 붓을 조심스럽게 들어 글을 [짓다(撰)] 또는 손(扌)으로 잘 정돈해내면서(巽) [저술하다(撰)]는 뜻이고 [찬]으로 읽는다.
回 述(지을 술)

필순 ＇ 十 扌 扌 扌 扌 扌 扌 撰 撰 撰

기초 【기초한자어】 익히고, 【기본→발전한자어】 다지기
撰文(찬문) 글을 지음. 지은 글
撰述(찬술) 책이나 글을 지음

撰集(찬집) 시나 문장을 골라 모음
• 내 글인 撰文으로 인해서 많은 칭찬이 쏟아졌다.
• 오랜 나의 취미는 撰述이지만, 옛글에서 많이 撰集하기도 한다.

기본 ① 撰錄(찬록) 撰著(찬저) 撰次(찬차) 改撰(개찬) 論撰(논찬) 杜撰(두찬) 私撰(사찬) 演撰(연찬) 自撰(자찬) 制撰(제찬) 抄撰(초찬)

발전 ① 撰德(찬덕) 撰進(찬진) 修撰(수찬) 新撰(신찬) 粧撰(장찬) 著撰(저찬) 精撰(정찬) 勅撰(칙찬)

부수	획수	총획
手	14	17

문지를 찰 【3229】

字源 〈형성〉 '문지르다'는 두 가지를 눌러 대고 이리저리 밀거나 비비다는 뜻이다. 용례는 '간호사가 주사 놓은 자리를 손으로 문질렀다'에서 본보기를 보인다. 손(扌)으로 물건을 가볍게 비벼보았더니 [察:의성어] [마찰(擦)]이 생기다 또는 손(扌)으로 정성껏 살피면서(察) 가볍게 [문지르다(擦)]는 뜻이고 [찰]로 읽는다.
图 摩(문지를 마)

필순 扌 扩 扩 扩 护 护 按 控 擦 擦 擦

기초 【기초한자어】 익히고, 【기본→발전한자어】 다지기
擦傷(찰상) 스치거나 문질러서 벗어진 상처
塗擦(도찰) 바르고 문지름
摩擦(마찰) 물건과 물건이 서로 닿아서 비빔
• 새로운 摩擦은 서로 잘 맞닿아서 비비는 방법까지 면밀하게 동원되었다.
• 아침 운동 중에 擦傷을 당해 조교의 塗擦을 받았다.

발전 ① 擦去(찰거) 擦柱(찰주) 擦筆(찰필) 刀擦(도찰) 按擦(안찰) 抹擦(말찰) 擦過傷(찰과상) 破擦音(파찰음)
[特] 採擦(유찰) [종] 磕擦(개찰)

사자성어 ① 摩拳擦掌(마권찰장)

부수	획수	총획
土	11	14

구덩이 참 【3230】

字源 〈형성〉 '구덩이'는 어느 지점의 땅이 움푹하게 패인 곳이다. 토끼나 노루를 잡기 위해 잘 다니는 곳에 구덩이를 파서 그곳에 빠져버린 토끼 등을 사로잡았다. 인위적으로 흙(土)을 잘 파고 베어서(斬) 움푹 패이도록 만들었으니 [구덩이(塹)] 또는 구덩이를 방어적 설비로 삼았던 [참호(塹)]를 뜻하고 [참]으로 읽는다.
图 壕(해자 호) 濠(호주 호)

필순 一 亡 亘 車 軒 軒 斬 斬 斬 塹

기초 【기초한자어】 익히고, 【기본→발전한자어】 다지기
塹壕(참호) 성 둘레에 판 못. 적의 공격을 위해 파놓은 구덩이
塹壘(참루) 해자와 보루
天塹(천참) 천연으로 된 요새지
• 이 天塹은 적을 무찌르기에 좋은 천연으로 된 요새지라네.
• 현역병 시절에 塹壕와 塹壘에서 외로운 밤을 지새운 적이 있었다.

기본 ① 高塹(고참) 複塹(복참) 外塹(외참) 圍塹(위참) 長塹(장참) 浚塹(준참)

발전 ① 塹刺(참척) 塹壕(참호) 坑塹(갱참) 塹星壇(참성단) 塹壕戰(참호전)

부수	획수	총획
心	17	20

뉘우칠 참 【3231】

字源 〈형성〉 '뉘우치다'는 어느 시점이 되면 스스로 잘못을 깨달아 반성하는 마음을 갖는다는 뜻이다. 진심으로 지난날을 참회하는 마음이다. 한편 감사하면서 더불어 하는 마음이다. 마음(忄)이 구추자라고 하는 산부추(韱)처럼 연약하고 가냘프기만 했으니 [뉘우치다(懺)] 또는 [참회하다(懺)]는 뜻이고 [참]으로 읽는다.
图 悔(뉘우칠 회)

필순 忄 忄 忄 忄 忄 忄 忄 忄 懺 懺

기초 【기초한자어】 익히고, 【기본→발전한자어】 다지기
懺禮(참례) 부처에게 참회하고 예배하여 복을 빎
懺悔(참회) 잘못을 깨달아 뉘우침
懺洗(참세) 죄악을 깨쳐 마음을 깨끗이 함
• 죄악을 깨쳐서 마음을 새롭고 깨끗하게 하는 懺洗가 요망되겠네.
• 지난날의 잘못을 懺悔하고, 법당에서 피해자를 위해서 고뇌에 찬 懺禮를 했다.

기본 ① 懺除(참제) 愧懺(괴참)

발전 ① 懺法(참법) 事懺(사참) 修懺(수참) 禮懺(예참) 懺悔錄(참회록) [特] 翹懺(교참)

사자성어 ① 懺悔滅罪(참회멸죄)

부수	획수	총획
立	5	10

역마을 참 (:)
【3232】

1급

字源 〈형성〉'역마을'은 기차가 다니면서 구역마다 멈추어 서는 곳을 뜻한다. '역(驛站)'이란 뜻은 같으나 자원이 다르게 융합되는 모습을 보인다. 첫째는 어느 땅을 점령(占)하고 서(立)있기만 하는 [역참(站)]을 뜻한다. 둘째는 어느 특정한 지점(占)을 차지해 서서(立) 손님을 기다리는 [역마을(站)]을 뜻하고 [참]으로 읽는다.

필순 ` ‐ ﾁ ﾁ 立 호 화 화 화 站 站

기초 【기초한자어】 익히고, 【기본→발전한자어】 다지기
站立(참립) 멈추어 섬. 서 있음
站夫(참부) 역에서 화물의 운반 등에 종사하는 인부
驛站(역참) 역마를 바꾸어 타던 곳
• 공무로 지방출장 때에 역마를 바꾸어 타던 驛站에 드디어 도착했다.
• 새벽부터 站夫들이 부지런히 일하더니만 이제는 어엿하게 站立해 있다.

기본 ① 站隊(참대) 兵站(병참)
발전 ① 站路(참로) 站船(참선) 站需(참수) 站役(참역) 軍站(군참) 單站(단참) 排站(배참) 替站(체참)

부수	획수	총획
言	17	24

讖 예언 참 【3233】

字源 〈형성〉'예언'은 앞으로 일어날 일을 미리 알거나 짐작하여 말하는 일이다. 그렇게 철학적 의미를 담는 '예언'이 적중하여 인류의 참다움까지 알게도 했던 신통력을 지녔다. 작고도 미세한(韱) 현상까지도 낱낱이 그 예를 들어가면서 미래에 일어날 일을 말(言)로써 전하였으니 [예언(讖)]을 뜻하고 [참]으로 읽는다.
回 緯(씨 위)

필순 ` 言 言 言 諅 諅 讖 讖 讖 讖 讖

기초 【기초한자어】 익히고, 【기본→발전한자어】 다지기
讖記(참기) 미래의 일에 예언한 기록
讖書(참서) 참언을 모아 적은 책
讖言(참언) 앞일의 길흉을 예언하는 말
• 이 讖記는 未來의 일을 豫言한 참다운 기록이다.
• 철학자의 讖言을 모아서 엮은 것이 바로 이 讖書다.

기본 ① 讖步(참보) 讖術(참술) 讖緯(참위) 當讖(당참) 圖讖(도참) 符讖(부참) 祕讖(비참) 詩讖(시참)
발전 ① 讖文(참문) 謠讖(요참) 聽讖(청참) 廳讖(청참)

부수	획수	총획
人	12	14

僭 주제넘을 참 【3234】

字源 〈형성〉'주제넘다'는 자기 분수에 맞지 않고 지나치게 건방진 데가 있다. 유의어로는 '중뿔나다'는 뜻을 담고, 그 예시문은 '이 일을 하는 것은 주제넘은 행동'이라는 의미다. 손아랫사람(亻)이 어른 등 뒤에 가만히 숨어서(朁) 믿을 수 없는 여러 가지 짓거리들을 했으니 [주제넘다(僭)]는 뜻이고 [참]으로 읽는다.
回 濫(넘칠 람)

필순 亻 亻 亻 伫 俘 侰 侰 僭 僭 僭

기초 【기초한자어】 익히고, 【기본→발전한자어】 다지기
僭妄(참망) 분수에 넘는 언행을 마구 함
僭稱(참칭) 신분을 넘어선 명호. 왕호·제호를 멋대로 붙임
僭恣(참자) 자기의 신분에 지나치게 방자함
• 僭妄이 난무하고 어수선하니 분수에 넘는 言行이 원망스럽다.
• 그 친구가 僭妄을 하다가 僭稱까지 일삼더니 결국은 교도소로 갔다는구나.

기본 ① 僭亂(참란) 僭冒(참모) 僭奢(참사) 僭衣(참의) 奸僭(간참) 驕僭(교참) 凌僭(능참) 踰僭(유참) 華僭(화참)
발전 ① 僭君(참군) 僭濫(참람) 僭禮(참례) 僭詐(참사) 僭越(참월) 僭位(참위) 僭踰(참유) 僭擬(참의) 僭竊(참절) 僭主(참주) 僭差(참차) 奢僭(사참) 逼僭(핍참) 冘僭(용참) 特 僭忒(참특)
사자성어 ① 僭賞濫刑(참상남형)

부수	획수	총획
言	17	24

讒 참소할 참 【3235】

字源 〈형성〉'참소하다'는 다른 사람을 해치려고 거짓으로 죄가 있는 것처럼 꾸며서 윗사람에게 일러바치다는 뜻이다. 어진 사람을 엉뚱하게 참소했던 경우가 참으로 많았다. 사람 눈을 속이면서 달아나는 여러 마리 토끼(毚)처럼 사람의 판단력을 혼란시키면서까지 말했으니(言) [참소하다(讒)]는 뜻이고 [참]으로 읽는다.
回 謗(헐뜯을 방) 誹(헐뜯을 비)

필순 ` 言 言 諅 諅 讒 讒 讒 讒 讒

기초 【기초한자어】 익히고, 【기본→발전한자어】 다지기
讒間(참간) 참소하여 사이를 멀어지게 함
讒謗(참방) 헐뜯음. 비방함
讒言(참언) 거짓으로 꾸며서 남을 참소하는 말
• 거짓으로 꾸며대며 남을 참소하는 讒言은 정말 안 되겠다.
• 거짓이 난무하는 사회에서 讒言과 讒謗은 없어져야만 하겠구나.

기본 ① 讒口(참구) 讒構(참구) 讒巫(참무) 讒說(참설) 讒鼎

(참정) 讒慝(참특) 讒陷(참함) 內讒(내참) 謗讒(방참)
毀讒(훼참)

발전 ① 讒夫(참부) 讒邪(참사) 讒舌(참설) 讒訴(참소) 讒臣
(참신) 讒奏(참주) 讒嫉(참질) 讒諂(참첨) 讒毁(참훼)
口讒(구참) 譏讒(기참) **特** 讒佞(참녕) 讒憸(참섬)

사자성어 ① 浸潤之讒(침윤지참) 虎口讒言(호구참언)

부수	획수	총획
广	12	15

廠
공장 창【3236】

字源 〈형성〉 '공장'은 생산설비를 잘 갖추어 놓고 노동자의 작
업에 의해 원료나 재료를 가공해 상품을 만들어 낸 곳이
다. 직원이 일하는 공장이 잘 돌아가야만 생산력을 높인
다. 물건을 만든 설비나 들에서 생산된 곡식을 넣을 수 있
도록 넓게(敞) 만든 헛간(广)으로 [공장(廠)] 또는 [곳간(廠)]
을 뜻하고 [창]으로 읽는다.

필순 广 广 广 庐 庐 厛 厛 廞 廠 廠 廠

기초 【기초한자어】 익히고, 【기본→발전한자어】 다지기
廠房(창방) 공장
茅廠(모창) 헛간. 벽 없는 집
工廠(공창) 철물을 만드는 공장. 육해공군의 함선
공장
• 감옥과 같은 헛간인 茅廠이 무슨 공장이 되겠는가?
• 현대무기는 工廠이나 廠房에서 잘 만들어서 오래
도록 보관하고 있다.

기본 ① 廠獄(창옥)

발전 ① 廠夫(창부) 廠舍(창사) 木廠(목창) 基地廠(기지창) 兵
器廠(병기창) **출전** 厈廠(아창)

부수	획수	총획
人	8	10

倡
광대 창 :【3237】

字源 〈형성〉 '광대'는 우리의 민속에서 판소리, 가면극, 곡예 따
위를 직업으로 하는 사람을 통틀어 이르던 말이다. 유의
어로는 '배우(俳優), 배창(俳倡)' 등이 있다. 가면극·인형
극·줄타기·판소리 등을 잘 하는 예능인(亻)들이 재주가
많고 창성하게(昌) 자기의 무예를 연기했으니 [광대(倡)]를
뜻하고 [창]으로 읽는다.

동 優(넉넉할 우)

필순 丿 亻 亻 伇 俰 倡 倡 倡 倡

기초 【기초한자어】 익히고, 【기본→발전한자어】 다지기
倡狂(창광) 크게 미침. 몹시 미침

倡道(창도) 앞장서서 외침
倡優(창우) 광대. 배우
• 현대의 倡優들은 광대나 배우의 수준을 넘어서 매
우 특급의 대열에 낀다.
• 난리 통에 가족을 잃은 어머니가 倡狂하여 倡道하
니 매우 측은해라.

기본 ① 倡家(창가) 倡妓(창기) 倡樓(창루) 倡首(창수) 倡和
(창화) 歌倡(가창) 名倡(명창) 排倡(배창) 優倡(우창)
天倡(천창)

발전 ① 倡隨(창수) 倡率(창솔) 倡義(창의) 倡倡(창창) 夫倡
(부창) 首倡(수창) 女倡(여창) 妍倡(연창) 倡義使(창의사)
特 倡佯(창양)

사자성어 ① 一倡三歎(일창삼탄)

부수	획수	총획
水	11	14

漲
넘칠 창 :【3238】

字源 〈회의〉 '넘치다'는 어떤 일이나 사건이 강렬하게 퍼져 나
오거나 거세게 일어난다는 뜻을 담는다. 예시문은 '그는
성격이나 마음에서 인간미가 철철 넘쳐흐르다'가 보인다.
태풍이 불고 큰 홍수로 물(氵)이 많이 불어나 사방으로 뻗
치어(張) 멀리 흘러가면서 물이 찰랑찰랑 [넘치다(漲)]는
뜻이고 [창]으로 읽는다.

동 溢(넘칠 일)

필순 氵 氵 氵 氵 汃 汃 洀 漰 漲 漲 漲

기초 【기초한자어】 익히고, 【기본→발전한자어】 다지기
漲水(창수) 불어서 넘치는 물
漲溢(창일) 물이 넘침
漲濤(창도) 세차게 이는 큰 물결
• 지루한 장마 통에 漲濤를 더는 못 견디겠소.
• 장마에 시냇물이 漲水하더니 한강까지 漲溢하였다.

기본 ① 漲滿(창만) 漲海(창해) 漲痕(창흔) 怒漲(노창) 溟漲
(명창) 泛漲(범창) 積漲(적창) 暴漲(폭창)

발전 ① 漲流(창류) 漲潮(창조) 漲天(창천) 大漲(대창)

부수	획수	총획
犬	8	11

猖
미쳐날뛸 창
【3239】

字源 〈형성〉 '미쳐 날뛰다'는 모인 사람들이 마구 소란스레 야
단법석을 떤다는 뜻이다. 월드컵 4강 진출이 확정되는 순
간 모든 국민이 미쳐 날뛰는 모습을 연출했다. 길 가는 낮
선 사람을 만나게 되면 개(犭)가 무섭게 짖어대니 [놀
라다(猖)] 또는 개가 발악하며 몸부림치니 [미쳐 날뛰다(猖)]

는 뜻이고 [창]으로 읽는다.

필순 ㇐ ㇒ ㇒ ㇒ 犭 犭 犭 狷 猖 猖 猖

기초 【기초한자어】 익히고, 【기본→발전한자어】 다지기
猖披(창피) 체면이 깎일 일을 당하여 부끄러움
猖狂(창광) 미친 듯이 사납게 날뜀
猖悖(창패) 미쳐서 도리에 어그러짐
• 미친 듯이 사납게 날뛰는 猖狂한 행동을 이제 더
는 못 참겠네.
• 아들의 猖披함을 이렇게 보았더니 猖悖 행동이 내
가 오히려 참으로 부끄럽소.

기본 ① 姦猖(간창) 披猖(피창)
발전 ① 猖獗(창궐) 猖亂(창란) 特 猖獗(창궐) 特 猖厲(창려)
사자성어 ① 沈迷猖惑(침미창혹)

부수	획수	총획
舟	10	16

부두 창 【3240】

字源 〈형성〉 '부두'는 바다나 강기슭에 배를 가까이 대어 뭍으
로 사람이 타고 내리거나 짐을 싣고 부리도록 마련된 곳
이다. 섬사람들이 고향에 갔다가 부두를 통해 배에서 오
르내린 곳이다. 항해하던 배(舟)가 일정 장소에 닿을 수
있도록 만든 곳간(倉) 같은 곳으로 [선창(艙)] 또는 [부두(艙)]
를 뜻하고 [창]으로 읽는다.
동 埠(부두 부)

필순 ㇒ 丿 月 舟 舟 舟 舫 舯 舯 舱 艙 艙

기초 【기초한자어】 익히고, 【기본→발전한자어】 다지기
船艙(선창) 물가에 다리처럼 만들어서 배가 닿게 하
는 곳
艙間(창간) 배의 동체 사이. 배의 짐 싣는 곳
艙底(창저) 배의 밑창. 선저
• 배 밑창인 船底가 다 닿아 잘못하면 큰 사고로 이
어지겠네.
• 배의 동체 사이의 艙間에서 곡물 실은 船艙 모습
은 이제 보기가 드물다.

발전 ① 艙口(창구) 魚艙(어창) 油艙(유창) 貨物艙(화물창)

부수	획수	총획
疒	10	15

부스럼 창 【3241】

字源 〈형성〉 '부스럼'은 사람의 피부에 나는 종기를 통틀어 이
르는 말이다. 종기(腫氣)는 피부의 털구멍 따위로 화농성

균이 들어가서 생겨나는 일종의 염증균 등을 말한다. 병
역(疒)이 곡식이 가득 들어 찬 창고(倉)에 득실거리듯 옹
기종기 피부에 종기가 났으니 [부스럼(瘡)] 또는 [창질(瘡)]
을 뜻하고 [창]으로 읽는다.
동 瘻(부스럼 루) 瘍(헐 양) 痍(상처 이) 腫(종기 종)

필순 ㇐ 广 疒 疒 疒 疒 疖 瘄 瘡 瘡

기초 【기초한자어】 익히고, 【기본→발전한자어】 다지기
瘡病(창병) 매독
瘡瘍(창양) 종기. 부스럼
痘瘡(두창) 천연두
• 요즈음의 痘瘡은 천연두의 도를 넘어 마침 전쟁
통과 같소.
• 온 국민이 평소 생활 습관이 불결하더니만 瘡病에
다 瘡瘍에 시달린다.

기본 ① 瘡口(창구) 瘡毒(창독) 瘡藥(창약) 瘡腫(창종) 瘡疾
(창질) 故瘡(고창) 凍瘡(동창) 面瘡(면창) 惡瘡(악창)
발전 ① 瘡痍(창이) 金瘡(금창) 頭瘡(두창) 疱瘡(포창) 特 瘡瘢
(창반) 출진 蓐瘡(욕창)
사자성어 ① 滿身瘡痍(만신창이) 百孔千瘡(백공천창)

부수	획수	총획
肉	8	12

부을 창 : 【3242】

字源 〈형성〉 '붓다'는 부어오르다와 같이 쓰인다. 음식을 먹고
얼굴이 부어오르는 현상을 보인다. 이 낱말에 활용된 용
어는 '붓고, 붓는, 부어, 부으니' 정도라 하겠다. 자기 몸
(月) 속의 간(長) 창자나 타원형 위 속에 음식이 가득 차있
는 사람으로 배가 [붓다(脹)] 또는 팽만하게 [팽창하다(脹)]
는 뜻이고 [싱]으로 읽는다.
동 膨(부를 팽)

필순 ㇒ 丿 月 月 肝 肥 胙 胙 脹 脹

기초 【기초한자어】 익히고, 【기본→발전한자어】 다지기
脹滿(창만) 배가 부름. 배가 불룩해짐. 배가 몹시 팽
창하는 병
脹症(창증) 배가 잔뜩 부어오르는 증세
腫脹(종창) 염증이나 종양·수종 때문에 인체의 국
부가 부어오름
• 배가 잔뜩 부어오른 증세인 脹症은 인류 멸망의
징조일까.
• 간장이 좋지 않아선지 이제는 膨滿하여 腫脹까지
의심이 간다.

기본 ① 脹脹(창창) 鼓脹(고창) 膨脹(팽창)
발전 ① 脹鬼(창귀) 脹疱(창포) 肝脹(간창) 乾脹(건창) 水脹
(수창) 肺脹(폐창) 特 蠱脹(고창)

1급

부수	획수	총획
心	10	13

愴
슬플 창 : 【3243】

字源 〈형성〉 '슬프다'는 사람의 어려운 처지를 보고 서럽고 불쌍하여 괴롭고 아파하면서 애통하다는 뜻이다. 유의어로는 매우 '구슬프다. 서글프다. 애통(哀痛)하다. 섧다'로 쓰인다. 창고(倉)가 다 텅 비어 있어 먹을 것도 입을 것도 없어 마음(忄) 속으로 [슬퍼하다(愴)] 또는 [서러워하다(愴)]는 뜻이고 [창]으로 읽는다.
圖 悽(슬퍼할 처) 惻(슬퍼할 측)

필순 忄 忄 忄 忄 忬 忬 忬 愴 愴 愴

기초 【기초한자어】 익히고, 【기본→발전한자어】 다지기
愴囊(창낭) 어지러움. 어지러운 모양
愴恨(창한) 슬퍼하고 원망함
悽愴(처창) 몹시 슬프고 애달픔
• 사람이 몹시 슬프고 애달팠을 때 悽愴함이 극에 달했음을 이제야 보겠구나.
• 오랜 시간을 愴恨에 젖어 있으면 愴囊 증세가 다시 도진다.

기본 ① 愴然(창연) 悲愴(비창) 酸愴(산창) 慘愴(참창) 惻愴(측창)
발전 ① 愴冥(창명) 愴愴(창창) 愴惶(창황) 愴悔(창회) 感愴(감창) 傷愴(상창) 特 怊愴(초창) 출제 惆愴(추창)
사자성어 특四 焄蒿悽愴(훈호처창)

부수	획수	총획
木	10	14

槍
창 창 【3244】

字源 〈형성〉 '창'은 나무로 잘 깎아 만든 단도와 같은 예리한 무기다. '창'이란 뜻은 같으나 자원이 다르게 융합되는 모습을 보인다. 첫째는 상처를 입히는(倉=刅) 나무(木)를 깎아 몽둥이인 [창(槍)]을 뜻한다. 두 번째 자원은 나무(木)로 만든 창(倉)을 들고 상대를 크게 제압시켰으니 나무 [창(槍)]을 뜻하고 [창]으로 읽는다.
圖 戈(창 과) 矛(창 모)

필순 一 十 木 木 杪 枪 枪 槍 槍 槍

기초 【기초한자어】 익히고, 【기본→발전한자어】 다지기
槍杆(창간) 창의 자루
槍劍(창검) 창과 칼
標槍(표창) 손으로 던지는 창의 총칭
• 창의 자루인 槍杆은 나무를 정교하게 깎아서 쥐기 쉽게 했다.
• 삼국시대의 전쟁에서는 주로 標槍이나 槍劍을 많

이 사용했다.

기본 ① 槍旗(창기) 槍壘(창루) 槍法(창법) 機槍(기창) 亂槍(난창) 短槍(단창) 刀槍(도창) 手槍(수창) 長槍(장창) 鐵槍(철창)
발전 ① 槍手(창수) 槍術(창술) 槍攘(창양) 槍刃(창인) 竹槍(죽창) 挺槍(정창)
사자성어 ① 槍林彈雨(창림탄우) 匹馬單槍(필마단창)

부수	획수	총획
女	8	11

娼
창녀 창(:)
【3245】

字源 〈형성〉 '창녀'는 창으로 쓰이는 용어이나 자원의 의미가 다르게 융합되는 모습을 보인다. 첫째는 유창할 만큼 창성(昌)하게 노래를 썩 잘하는 여자(女)로 [창녀(娼)]를 뜻한 한자다. 둘째는 노래(昌)를 불러 상대의 흥을 돋우면서 가무에 능통한 여자(女)로 몸을 파는 여인으로 [창기(娼)]를 뜻하고 [창]으로 읽는다.

필순 乚 乚 女 女 女 妇 妇 妇 娼 娼 娼

기초 【기초한자어】 익히고, 【기본→발전한자어】 다지기
娼家(창가) 창기의 집
娼妓(창기) 몸을 파는 여자. 기생
娼女(창녀) 몸을 파는 여자
• 몸을 파는 여자인 娼妓의 서글픈 일생을 그 누가 보상해 줄까.
• 그는 젊어서부터 娼家에 자주 드나들더니만 결국 娼女와 결혼을 하다니.

기본 ① 娼婦(창부) 娼優(창우) 街娼(가창) 名娼(명창) 俳娼(배창) 私娼(사창) 硏娼(연창) 優娼(우창) 天娼(천창)
발전 ① 娼館(창관) 娼樓(창루) 私娼街(사창가)
사자성어 ① 娼家責禮(창가책례)

부수	획수	총획
艸	8	12

菖
창포 창 【3246】

字源 〈형성〉 '창포'는 한방에서 뿌리를 약재로 사용하며 근경에는 방향성 물질이다. 단오절에는 창포 뿌리를 삶은 물에 머리를 감고 뿌리를 깎아서 비녀를 만들었다. 매우 창성하게(昌) 자라난 풀잎(艹)의 줄기와 뿌리를 삶아 단옷날에 단정하게 머리를 감거나 몸을 곱게 씻었으니 [창포(菖)]를 뜻하고 [창]으로 읽는다.
圖 蒲(부들 포)

필순 一 十 艹 艹 芢 芢 苩 莒 菖 菖 菖

1급

기초 【기초한자어】 익히고, 【기본→발전한자어】 다지기
菖蒲(창포) 천남성과의 여러해살이풀. 뿌리는 약용
하고, 술을 빚는 데도 쓰임
白菖(백창) 이창포. 뿌리는 굵고 살지고 색깔이 희
며 마디가 성김
石菖蒲(석창포) 정신을 맑게 하며 기억력을 좋게 하
는 데 좋은 약이다.
• 천남성과의 여러해살이풀인 菖蒲는 뿌리는 약용
하며 술을 빚는다.
• 5월 단옷날에는 우리 조상들은 菖蒲와 白菖으로
머리를 감았다.
기본 ① 石菖(석창) 泥菖(이창) 夏菖(하창)
발전 ① 菖酒(창주) 菖末(창포말) 菖蒲簪(창포잠)

	부수	획수	총획
	宀	8	14

목책 채【3247】

字源 〈회의〉 '목책'은 긴 말뚝을 일렬로 늘어서게 박아서 만든
나무 울타리를 뜻한다. 집이나 집안 정원 둘레에 죽 벌여
박은 긴 말뚝이다. 유의어로는 '목채(木寨), 울짱' 등이다.
나무(木)를 곱게 엮어서 흙담을 대신하여 사람이 사는 집
의 경계면에 지어서 막았던(宾 ← 塞) 울타리로 [목책(寨)]
을 뜻하고 [채]로 읽는다.

필순

기초 【기초한자어】 익히고, 【기본→발전한자어】 다지기
外寨(외채) 성채의 밖
要寨(요채) 보호목책으로 쌓은 요새
• 보호목책으로 쌓은 요새인 要寨는 요새로 두령이
묵는다.
• 새로 부임한 원님은 매일 밤마다 혼자서 外寨를
둘러보곤 한다.
발전 ① 寨里(채리) 山寨(산채) 水寨(수채) 場寨(장채)

	부수	획수	총획
	木	5	9

울타리 책【3248】

字源 〈형성〉 '울타리'는 집안에 담을 대신하여 풀이나 나무 따
위를 얽어서 집 따위를 둘러막거나 경계를 가른 기준으로
삼았다. 유의어는 '이락, 울짱' 등이 쓰인다. 나무(木)나 대
를 촘촘하게 엮어서 흙담을 대신해서 반듯하게 만들어서
(册) 삼았던 [울타리(柵)] 또는 가축을 가둬 기르는 [우리(柵)]
를 뜻하고 [책]으로 읽는다.
圖 藩(울타리 번) 籬(울타리 리)

필순 一 十 オ 木 朾 朾 柵 柵 柵

기초 【기초한자어】 익히고, 【기본→발전한자어】 다지기
木柵(목책) 나무 말뚝을 박아 만든 울타리. 울짱
柵壘(책루) 군사들이 주둔하던 곳에 세운 목책 또는
흙벽
鐵柵(철책) 쇠살로 만든 우리나 울타리
• 鐵柵은 쇠살로 만든 우리나 울타리이다.
• 완도 청해진에는 장보고가 설치했던 木柵과 柵壘
흔적이 남아있다.
기본 ① 橋柵(교책) 豚柵(돈책) 城柵(성책) 連柵(연책) 竹柵
(죽책) 荒柵(황책)
발전 ① 柵門(책문) 防柵(방책) 重柵(중책)

	부수	획수	총획
	冫	8	10

쓸쓸할 처【3249】

字源 〈형성〉 '쓸쓸하다'는 외롭고 허전하다는 뜻이다. 유의어로
는 '적막(寂寞)하다. 적적(寂寂)하다. 호젓하다' 등이 쓰인
다. 활용하여 '쓸쓸하여. 쓸쓸해. 쓸쓸하니' 등도 있다. 얼
음(冫)이 차가우니(妻←凄) [쓸쓸하다(凄)] 또는 집안에 아
내(妻)가 없으면 얼음장(冫)처럼 차갑다고 했으니 [춥다(凄)]
는 뜻이고 [처]로 읽는다.
圖 凉(서늘할 량) 寒(찰 한)

필순 丶 冫 冫 冫 冫 沖 沖 凄 凄 凄

기초 【기초한자어】 익히고, 【기본→발전한자어】 다지기
凄急(처급) 바람 따위가 몹시 빠름
凄凉(처량) 날씨가 쓸쓸하고 스산함. 신세가 초라하
고 구슬픔
凄切(처절) 몹시 처량함
• 바람이 몹시 빠르다는 凄急은 스산한 겨울바람쯤
은 아닐까.
• 짝 잃은 고니가 凄切함을 보니 凄凉한 내 신세와 같다.
기본 ① 凄其(처기) 凄戾(처루) 凄爽(처상) 凄哀(처애) 凄慘
(처참) 凄風(처풍) 凄寒(처한) 寒凄(한처)
발전 ① 凄凜(처름) 凄辰(처신) 凄如(처여) 凄然(처연) 凄雨
(처우) 凄日(처일) 凄絶(처절) 凄切(처절) 凄妻(처처)
凄楚(처초) 凄恨(처한)
사자성어 ① 凄身寒骨(처신한골)

	부수	획수	총획
	手	15	18

던질 척【3250】

字源 〈형성〉 '던지다'는 멀리 떨어지게 팔과 손목을 움직여 공중으로 내보낸다는 뜻이다. 쓰인 용례는 '운동장에 공을 던졌다'인 타동사로 유의어로는 '투척(投擲)하다'이다. 공이나 창을 손(扌)으로 정중(鄭)하게 [던지다(擲)] 또는 손(扌)으로 물건을 공중으로 내보내버리니(鄭) [버리다(擲)]는 뜻이고 [척]으로 읽는다.
圖投(던질 투) 抛(던질 포)

필순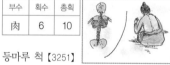

기초 【기초한자어】 익히고, 【기본→발전한자어】 다지기
擲去(척거) 던져서 내버림
擲殺(척살) 던져 죽임. 쳐 죽임
投擲(투척) 힘껏 던지는 것
• 이웃집에 오물을 投擲한 범인을 찾았다.
• 간신들은 擲殺하고 그들의 물건은 擲去하라는 명령을 받았다.

기본 ① 挑擲(도척) 放擲(방척) 打擲(타척)
발전 ① 擲撥(척발) 擲錢(척전) 一擲(일척) 快擲(쾌척) 抛擲(포척) 拋擲(포척) 特擲梭(척사) 擲柶(척사) 擲柶戲(척사희)
사자성어 ① 擲果滿車(척과만거) 擲地金聲(척지금성) 乾坤一擲(건곤일척) 龍拏虎擲(용-나호척)

	부수	획수	총획
脊	肉	6	10

등마루 척【3251】

字源 〈회의〉 '등마루'는 사람의 등뼈에서 두둑한 자리에 있다. 서울 강서 '등촌동'의 지명은 공항로 한가운데로 지나는 부분이 표고가 높은 산마루턱이라는 데서 유래되었다. 사람(人)의 몸(月)에서 등에 두 개(二)씩 겹쳐서(二) 곱게 쌓여있는 중요한 뼈대로 [등뼈(脊)] 또는 척골인 [등마루(脊)]를 뜻하고 [척]으로 읽는다.

필순 丿 人 人 人 人 人 癶 脊 脊 脊

기초 【기초한자어】 익히고, 【기본→발전한자어】 다지기
脊骨(척골) 등골뼈
脊椎(척추) 등마루를 이루는 뼈
山脊(산척) 산등성마루
• 산등성마루인 山脊은 산등성이의 가장 높은 곳이라고 한다.
• 키가 큰 사람은 脊椎도 크고 脊骨도 길며 아주 쩍 벌어진 몸이라고 부러워 한다.

기본 ① 脊梁(척량) 曲脊(곡척) 刀脊(도척) 山脊(산척) 嶺脊(영척) 屋脊(옥척)
발전 ① 脊稜(척릉) 脊髓(척수) 脊柱(척주) 脊脊(척척) 穹脊(궁척) 鼻脊(비척) 特脊膂(척려) 출제 脊鰭(척기)
사자성어 ① 脊梁山脈(척량산맥) 脊椎動物(척추동물)

	부수	획수	총획
滌	水	11	14

씻을 척【3252】

字源 〈형성〉 '씻다'는 물로 닦아 더러운 것이 없어지게 하다는 뜻이다. 타동사로 '무엇을 씻다'처럼 쓰이며, 관용구로는 잘 닦아 깨끗하여 '씻은 듯 부신 듯이'가 쓰인다. 물(氵)이 긴 줄(條) 모양으로 멀리 흐르니 [씻다(滌)] 또는 물(氵)은 아무런 조건도 없이(條) 온 세상을 깨끗하게 [씻다(滌)]는 뜻이고 [척]으로 읽는다.
圖漑(물댈 개) 洗(씻을 세) 濯(씻을 탁)

필순 氵 氵 氵 氵 氵 氵 滌 滌 滌 滌

기초 【기초한자어】 익히고, 【기본→발전한자어】 다지기
滌漑(척개) 씻음. 씻어 헹굼
滌暑(척서) 더위를 씻음
滌濯(척탁) 빪. 씻음
• 더럽고 오염된 垢汚(구오)를 滌濯했다.
• 금년 여름에는 산중에서 滌暑했더니 마음까지도 滌漑했다.

기본 ① 滌濫(척람) 滌洗(척세) 滌瑕(척하)
발전 ① 滌煩(척번) 滌淨(척정) 滌暢(척창) 滌滌(척척) 滌蕩(척탕) 雪滌(설척) 洗滌(세척) 掃滌(소척) 潮滌(조척) 淸滌(청척) 蕩滌(탕척) 澣滌(한척) 特滌廓(척반) 漱滌(수척) 特滌盥(척관)

	부수	획수	총획
瘠	疒	10	15

여윌 척【3253】

字源 〈형성〉 '여위다'는 그동안 살이 쑥 빠져서 수척해지거나 파리하다는 뜻이다. 유의어로는 살이 많이 빠져서 수척하니 '수손(瘦損)하다'는 어휘들이 같이 쓰인다. 오랜 투병생활(疒) 끝에 등뼈(脊)만 앙상하게 남아 있어서 몹시 수척했으니 [여위다(瘠)] 또는 요즘은 체구가 많이도 [파리하다(瘠)]는 뜻이고 [척]으로 읽는다.
圖瘦(여윌 수) 回肥(살찔 비)

필순 广 广 疒 疒 疒 疒 疒 瘠 瘠 瘠

기초 【기초한자어】 익히고, 【기본→발전한자어】 다지기
瘠馬(척마) 여윈 말
瘠薄(척박) 토지가 메마름. 빈약하고 보잘것없음
瘦瘠(수척) 몸이 야위어 건강하지 않게 보이는 상태에 있음
• 요즈음 몸이 많이 야위어서 건강하지 못한 瘦瘠 상태의 안타까움만이 남았구나.

1급

• 그쪽 지방은 토지가 瘠薄했으니 瘠馬들까지 참으로 많겠구나.

기본 ① 瘠墨(척묵) 瘠瘦(척수) 瘠壤(척양) 瘠土(척토) 肥瘠(비척) 若瘠(약척) 疲瘠(피척) 毁瘠(훼척)

발전 ① 瘠骨(척골) 沃瘠(옥척) 饒瘠(요척) 荒瘠(황척) 特 磽瘠(교척) 돌진 瘠㿿(척라)

사자성어 ① 越視秦瘠(월시진척) 毁瘠骨立(훼척골립)

부수	획수	총획
穴	4	9

뚫을 천 : 【3254】

字源 〈회의〉 '뚫다'는 일정한 도구로 막힌 것을 파거나 쪼개서 밖으로 통하는 상태로 만든다는 뜻이다. 목적어를 대동하는 타동사인바, 피동사는 '뚫리다'가 쓰인다. 구멍(穴)을 뚫을 때 어금니(牙)처럼 뾰족하게 생긴 송곳 같은 도구를 사용하여 [뚫다(穿)] 또는 잘 뚫어서 물이 철철 [통하다(穿)]는 뜻이고 [천]으로 읽는다.
回 鑿(뚫을 착) 鑽(뚫을 찬)

필순 ﹅ ﹅ ﹅ 宀 宀 宀 空 空 穿 穿

기초 【기초한자어】 익히고, 【기본→발전한자어】 다지기
穿結(천결) 해어진 옷을 꿰맴
穿耳(천이) 귀고리 따위를 하기 위하여 귓바퀴에 구멍을 뚫음
穿築(천축) 구멍을 뚫고 흙을 쌓음
• 집을 짓기 위해 穿築을 했다.
• 어머니가 穿結하시는 동안에 딸은 穿耳를 하고 돌아왔다.

기본 ① 穿鑿(천착) 穿敝(천폐) 貫穿(관천) 排穿(배천) 節穿(절천)

발전 ① 穿決(천결) 穿孔(천공) 穿壙(천장) 穿着(천착) 反穿(반천) 特 穿榻(천탑) 穿窬(천유)

사자성어 ① 渴而穿井(갈이천정) 點滴穿石(점적천석)

부수	획수	총획
手	13	16

멋대로할 천 :
【3255】

字源 〈형성〉 '멋대로 하다'는 자기가 하고 싶은 대로, 생각나는 대로 하는 행위를 뜻한다. 또한 아무런 거리낌도 없이 자기 멋대로 하는 행위이다. 요즈음 이런 어린이들이 많다. 자기가 진실로 믿고(亶) 있는 일은 손(扌) 안으로 꽉 부여잡고 마음대로 그리고 오로지 실천했었으니 [멋대로 하다(擅)]는 뜻이고 [천]으로 읽는다.
回 恣(마음대로 자)

필순 扌 扩 护 捛 捛 捛 擅 擅 擅 擅

기초 【기초한자어】 익히고, 【기본→발전한자어】 다지기
擅斷(천단) 제멋대로 처단함
擅赦(천사) 제멋대로 죄를 용서함
獨擅(독천) 제 마음대로 쥐고 흔듦
• 마음대로 쥐고 흔드는 獨擅이라도 사회가 용서할 때만 가능했다.
• 지체 높은 사람이라도 죄인을 擅赦하거나 擅斷할 수는 없다.

기본 ① 擅權(천권) 擅殺(천살) 擅擬(천의) 姦擅(간천) 雄擅(웅천) 專擅(전천) 豪擅(호천)

발전 ① 擅利(천리) 擅讓(천양) 擅議(천의) 擅恣(천자) 擅場(천장) 擅朝(천조) 擅隷(천침) 擅許(천허) 擅橫(천횡) 坐擅(좌천) 特 咨擅(자천)

부수	획수	총획
門	12	20

밝힐 천 【3256】

字源 〈형성〉 외짝인 봉창이 있는가 하면 두 짝인 대문도 있다. 두 문을 활짝 열게 되면 드나들기에 참 편하다. 첫째 자원은 시야를 가렸었던 외짝문(門)을 떼어내어(單) 활짝 [열다(闡)]는 뜻으로 쓰였다. 둘째는 외짝인 홑(單) 문(門)보다는 대문 같은 양쪽 문을 열어서 매우 환하게 [밝히다(闡)]는 뜻이고 [천]으로 읽는다.
回 明(밝을 명)

필순 丨 冂 冂 門 門 門 門 問 問 閏 闡 闡

기초 【기초한자어】 익히고, 【기본→발전한자어】 다지기
闡究(천구) 바로잡고 분명히 함. 교정함
闡明(천명) 분명히 함. 드러내어 밝힘
闡揚(천양) 명백하게 드러내어 보임
• 闡揚은 감추어진 것을 드러내고 밝혀서 널리 퍼지게 함이다.
• 정부가 국민 복지정책을 闡明하여 구습부터 闡究했다.

기본 ① 闡校(천교) 闡士(천사) 闡提(천제) 光闡(광천) 丕闡(비천) 昭闡(소천) 禎闡(정천) 遐闡(하천)

발전 ① 闡美(천미) 闡幽(천유) 闡濟(천제) 闡證(천증) 闡拓(천척) 開闡(개천) 大闡(대천) 發闡(발천) 翼闡(익천) 恢闡(회천) 特 闡幷(천병)

부수	획수	총획
口	9	12

숨찰 천 : 【3257】

字源 〈형성〉 날씨가 차면 반갑지 않은 불청객이 노인에게 찾아온다. 열과 기침이 나게 만드는 손님이다. 첫째 자원은 [천식(喘息)]으로 풀어서 숨(口)을 헐떡거려 가쁘게(耑←遄) 숨이 차 [쉬다(喘)]는 뜻이다. 둘째 자원은 날씨가 추워 감기가 끝날(耑) 줄 모르게 숨가쁘니(口) [숨차다(喘)]는 뜻이고 [천]으로 읽는다.
同 咳(어린아이 웃을/기침 해)

필순 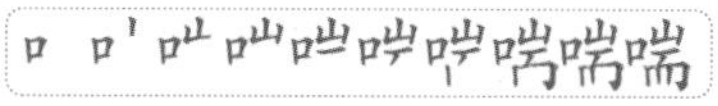

기초 【기초한자어】 익히고, 【기본 → 발전한자어】 다지기
喘氣(천기) 가벼운 천식. 숨이 참. 헐떡임
喘息(천식) 헐떡임. 숨참. 숨이 차고 기침이 나는 병
咳喘(해천) 기침과 천식
• 의사가 기침과 천식 증상이 있는 환자를 咳喘으로 진단하여 처방했다.
• 가난한 노인들은 喘氣가 늘 남아있어 喘息환자들이 많아졌다.

기본 1 喘急(천급) 喘月(천월) 喘促(천촉) 喘汗(천한) 假喘(가천) 息喘(식천) 餘喘(여천) 殘喘(잔천)

발전 1 喘滿(천만) 喘喘(천천) 喘脅(천협) 懼喘(구천) 水喘(수천) 頑喘(완천) 凶喘(흉천)

사자성어 1 吳牛喘月(오우천월)

轍

부수	획수	총획
車	12	19

바퀴자국 철 【3258】

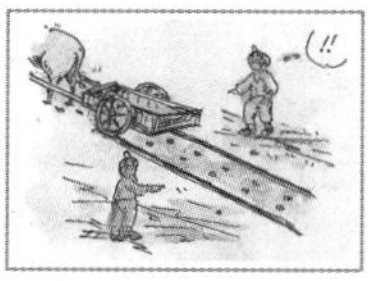

字源 〈형성〉 수레는 우마(牛馬)에 채워서 진격하는 군사용으로 처음 사용되었다. 군인들이 수레를 끌고 무기를 운반했다. 첫째 자원은 군사(車)용으로 힘써(攵) 길렀던(育) 말 [바퀴자국(轍)]을 뜻한다. 둘째 자원은 군사용으로 쓰인 수레(車)가 길을 통과하며(徹) 남겼던 흔적인 [바퀴자국(轍)]을 뜻하고 [철]로 읽는다.

필순 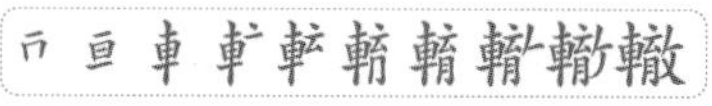

기초 【기초한자어】 익히고, 【기본 → 발전한자어】 다지기
轍迹(철적) 수레바퀴의 자국. 수레바퀴 자국과 말의 발자국
前轍(전철) 이전에 이미 실패한 바 있는 일의 비유
覆轍(복철) 엎어진 수레바퀴
• 覆轍과 前轍은 자기나 다른 사람이 이전에 실패했던 자취를 이른다.
• 위인의 轍迹을 보고 젊은이들이 교훈으로 삼았다.

기본 1 改轍(개철) 車轍(거철) 同轍(동철)

발전 1 轍叉(철차) 故轍(고철) 軌轍(궤철) 往轍(왕철) 危轍(위철) 易轍(이철) 異轍(이철) 一轍(일철) 轉轍(전철) 特 轍鮒(철부) 曩轍(낭철) 출전 涸轍(학철)

사자성어 1 轍亂旗靡(철란기미) 轍環天下(철환천하) 覆轍之戒(복철지계) 特Ⅱ 螳螂拒轍(당랑거철) 特 轍鮒之急(철부지급)

凸

부수	획수	총획
凵	3	5

볼록할 철 【3259】

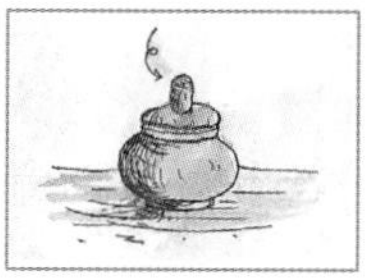

字源 〈상형〉 '볼록하다'는 흔히 요철(凹凸)이라고 했다. 오목한 곳도 있고, 불룩하게 튀어나오는 곳도 있다. 인류가 남긴 물건이 만들어진 것이 거의 조화로운 모습을 본뜬 글자임도 알 수 있다. 위가 떡 벌어진 그릇(凵) 바깥쪽이 유별나게 볼록하게 쑤욱 나온 모양을 본떠서 [볼록하다(凸)]는 뜻이고 [철]로 읽는다.
반 凹(오목할 요)

필순 

기초 【기초한자어】 익히고, 【기본 → 발전한자어】 다지기
凸形(철형) 가운데가 도도록한 모양
凸面(철면) 볼록한 면
凹凸(요철) 오목함과 볼록함. 울퉁불퉁함
• 요철이라고 했다. 凹凸의 오목하고 볼록한 부분을 다듬었다.
• 도로의 凸形과 凸面을 바로잡아 사고를 미연에 예방해야만 한다.

발전 1 凸角(철각) 凸彫(철조) 凸版(철판) 高凸(고철) 凸面鏡(철면경)

綴

부수	획수	총획
糸	8	14

엮을 철 【3260】

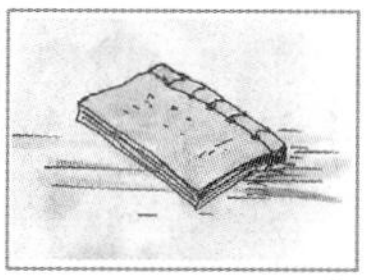

字源 〈형성〉 책을 만드는 원리는 인쇄판(목판 혹은 동판)을 놓아 인쇄한 후 실로 꿰매는 작업을 마침에 따라 책이 완성된다. 마지막 공정은 인쇄한 낱장들을 차곡차곡 모아 실로 두툼하게 꿰매는 것이다. 흐트러진 물건을 실(糸)로 깎듯이 반듯하게 꿰매어서 잘 이었으니(叕←剟) [엮다(綴)]는 뜻이고 [철]로 읽는다.
同 編(엮을 편)

필순 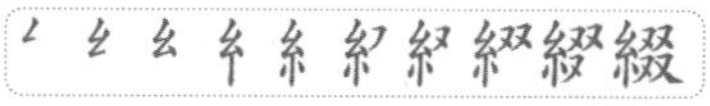

기초 【기초한자어】 익히고, 【기본 → 발전한자어】 다지기
綴文(철문) 글을 지음. 지은 글
綴字(철자) 글자를 맞추어 낱말을 만듦
綴輯(철집) 여러 가지 재료를 모아 책을 만듦
• 자기가 著者가 되어 지은 글인 綴文이 소중한 資

産은 아닐까.
• 한글 綴字에 관한 綴輯을 더 공부했더니 國語 성
  적이 쑥쑥 좋아졌다.

기본 ① 綴鉢(철발) 綴純(철순) 綴音(철음) 綴宅(철택) 綴學
(철학) 牽綴(견철) 羅綴(나철) 班綴(반철) 連綴(연철)
點綴(점철) 編綴(편철)

발전 ① 綴衣(철의) 綴兆(철조) 綴綴(철철) 綴行(철행) 補綴
(보철) 縫綴(봉철) 蒐綴(수철) 聯綴(연철) 接綴(접철)
集綴(집철) 針綴(침철) 筆綴(필철) 腰 綴旒(철류) 緝綴
(집철)

	부수	획수	총획
僉	人	11	13

다 첨
여러 첨【3261】

字源 〈회의〉 '여럿'은 사람이나 물건의 수효가 한둘이 아니고
그보다 훨씬 많다는 뜻이다. 이 한자의 뜻에서 보이듯이
관형사형으로 쓰인 용례에는 '여러 가지, 여러 명' 등이 있
음을 알겠다. 입으로 말하고 있는 사람(兄)과 사람(兄)들
모두가 모여(스=合) 있으니 [다(僉)] 함께 또는 [여럿(僉)]
을 뜻하고 [첨]으로 읽는다.

필순

기초 【기초한자어】 익히고, 【기본→발전한자어】 다지기
僉議(첨의) 여러 사람의 의논
僉尊(첨존) 僉位(첨위)의 존칭
僉員(첨원) 여러분
• 僉尊는 '여러분'을 문어체로 이르는 말인바, 僉位
  의 존칭라고 합니다.
• 마을의 현안 사업은 僉員들이 提示(제시)한 僉議
  결과로 결정하게 된다.

기본 ① 僉謀(첨모) 僉意(첨의)

발전 ① 僉授(첨수) 僉押(첨압) 僉位(첨위) 僉尊(첨존) 僉坐
(첨좌) 僉台(첨태) 僉況(첨황) 僉候(첨후) 僉君子(첨군자)

	부수	획수	총획
諂	言	8	15

아첨할 첨 :
【3262】

字源 〈형성〉 '아첨하다'는 상대를 향해 마음에 들려고 비위를
맞추면서 알랑거리는 행위다. 사용 가능한 유의어에는 '구
합(苟合)하다, 미첨(媚諂)하다, 배진(配陣)하다' 등이 있다.
자신의 품위나 지위를 떨어뜨리고 (줌←餡) 상대방의 비위
를 잘 맞추기 위해서 말(言)을 잘하면서도 [아첨하다(諂)]
는 뜻이고 [첨]으로 읽는다.
國 諛(아첨할 유) 佞(아첨할 녕)

필순

기초 【기초한자어】 익히고, 【기본→발전한자어】 다지기
諂巧(첨교) 남의 환심을 사려고 약삭빠르게 알랑거림
諂笑(첨소) 마음에도 없이 억지로 웃음
諂諛(첨유) 아첨함
• 교묘하게 아첨하는 諂巧는 '전한의 효 선제'가 내
  렸던 칙서다.
• 당신의 諂諛가 내 마음에 들지도 않고, 諂笑만이
  더욱 역겹군요.

기본 ① 諂詐(첨사) 諂譽(첨예) 諂耳(첨이) 姦諂(간첨) 邪諂
(사첨) 阿諂(아첨) 諛諂(유첨) 讒諂(참첨)

발전 ① 欺諂(기첨) 腰 諂佞(첨녕)

사자성어 ① 諂諛之風(첨유지풍) 外諂內疏(외첨내소)

	부수	획수	총획
籤	竹	17	23

제비(점대) 첨
【3263】

字源 〈형성〉 흔히 먼저 '제비뽑기'라 했다. 좀 더 발전되어 말하
면 제비뽑기를 통해 우선순위를 결정한 것이다. 점을 치
는 행위로 이를 '점대'라고 한다면 과할지 모르겠다. 가느
다란(籤) 대오리(竹)에 점괘의 글이 빼곡하게 적혀 있어
길흉을 판단하는 데 쓰였으니 [제비(籤)] 또는 [점대(籤)]를
뜻하고 [첨]으로 읽는다.

필순

기초 【기초한자어】 익히고, 【기본→발전한자어】 다지기
籤子(첨자) 점대. 장도가 칼집에서 빠지지 않는 칼집
籤題(첨제) 서책의 겉에 쓰는 ㄱ 책의 표제
籤爪(첨조) 대꼬챙이로 가하는 모진 형벌
• 籤爪는 대꼬챙이로 손톱과 발톱 사이를 찌르는 형
  벌을 말한다.
• 책의 내용을 籤題만 보고도 정확하게 추진한 일을
  파악하기는 매우 어렵다.

발전 ① 籤辭(첨사) 籤紙(첨지) 漏籤(누첨) 當籤(당첨) 書籤
(서첨) 牙籤(아첨) 典籤(전첨) 抽籤(추첨)

	부수	획수	총획
疊	田	17	22

거듭 첩【3264】

字源 〈회의〉 '거듭'은 어떤 일을 두고 반복하거나 계속 되풀이
하는 행위다. 유의어로는 '거푸, 누차(屢次), 재도(再度), 재
차(再次), 다시'가 있고, '거듭되는 고뇌의 발길'이란 예시

가 있다. 밭 사이(畕) 고랑에 흙이 덮여 있으면(一) 치우고
또(且) 치워도 끝없다고 하니 [거듭(疊)] 또는 [겹치다(疊)]
는 뜻이고 [첩]으로 읽는다.
圖重(무거울 중) 回疊

필순   冂 冊 田 畐 畕 畾 畾 疊 疊

기초 【기초한자어】 익히고, 【기본→발전한자어】 다지기
疊嶺(첩령) 중첩한 산봉우리
疊重(첩중) 거듭함. 겹침
疊疊(첩첩) 겹친 모양. 중첩한 모양
• 거듭함과 겹침이란 疊重은 겹치고 층층이 쌓인다
　는 뜻이다.
• 疊疊산중에서 疊嶺만 바라보고 자란 그가 과거에
　장원급제로 합격했다.

기본 ① 疊鼓(첩고) 疊濤(첩도) 疊浪(첩랑) 疊峰(첩봉) 疊書
(첩서) 疊用(첩용) 疊字(첩자) 疊次(첩차) 疊出(첩출)
白疊(백첩) 積疊(적첩) 重疊(중첩) 震疊(진첩) 層疊(층첩)

발전 ① 疊觀(첩관) 疊文(첩문) 疊設(첩설) 疊語(첩어) 疊役
(첩역) 疊雲(첩운) 疊韻(첩운) 疊載(첩재) 疊徵(첩징)
複疊(복첩) 稠疊(조첩) 三疊紙(삼첩지) [特]疊穎(첩영)
[特]疊基(첩기) 疊巘(첩헌) [高戰]疊嶂(첩장)

사자성어 ① 萬疊山中(만첩산중) 波瀾重疊(파란중첩)

	부수	획수	총획
	巾	5	8

문서 첩【3265】

字源 〈형성〉'문서'는 글이나 기호로 일정한 의사나 관념을 나
타낸 것이다. 용례는 '문서 작성이 매우 어렵다'이겠고, 유
의어는 '서류(書類), 문권(文券), 문기(文記)' 등이 쓰인다.
글씨를 새로 쓰거나 이미 글씨가 쓰여 있는 얇고 납작한
(占←牒) 천(巾)으로 [문서(帖)] 또는 [침상 앞의 휘장(帖)]
을 뜻하고 [첩]으로 읽는다.

필순 丨 冂 巾 帄 帖 帖 帖 帖

기초 【기초한자어】 익히고, 【기본→발전한자어】 다지기
帖息(첩식) 마음을 놓음. 안도함
帖耳(첩이) 귀를 드리움. 아첨하며 동정을 바라는 모양
帖箸(첩착) 붙여서 떨어지지 않게 함
• 잘 붙었다는 帖箸은 붙여서 잘 떨어지지 않도록
　보다 완전하게 굳힘이다.
• 직업을 잃어 帖息하지 못하고 다른 사람들에게 帖
　耳함이 참으로 안타깝다.

기본 ① 帖經(첩경) 帖括(첩괄) 帖附(첩부) 帖子(첩자) 計帖
(계첩) 當帖(당첩) 名帖(명첩) 墨帖(묵첩) 法帖(법첩)
書帖(서첩) 禮帖(예첩) 傳帖(전첩) 請帖(청첩) 標帖(표
첩) 下帖(하첩) 戶帖(호첩)

발전 ① 帖伏(첩복) 帖服(첩복) 帖帖(첩첩) 帖妥(첩타) 帖黃

(첩황) 券帖(권첩) 文帖(문첩) 傍帖(방첩) 浮帖(부첩)
射帖(사첩) 手帖(수첩) 試帖(시첩) 泥帖(이첩) 帖紙
(체지) 招帖(초체) 畫帖(화첩)

사자성어 ① 俛首帖耳(면수첩이)

	부수	획수	총획
	貝	5	12

붙일 첩【3266】

字源 〈형성〉'붙이다'는 서로 꽉 맞닿아 떨어지지 않게 아무
게 하는 것이다. 요즈음 돈을 갚지 못해 '압류를 당하는
경우'가 참 많다. 압류권 문서를 붙이는 일이라고 할 수
있으리라. 돈(貝)을 빌려서 쓰고 갚지 못한 사람의 재산을
모두 다 점령(占)하여 관에서 차압했었으니 [붙이다(貼)]는
뜻이고 [첩]으로 읽는다.
圖付(줄/붙일 부)

필순 丨 冂 月 目 貝 貝 貝 貼 貼 貼 貼

기초 【기초한자어】 익히고, 【기본→발전한자어】 다지기
貼示(첩시) 첨부하여 보임
貼付(첩부) 착 들러붙게 붙임. 풀로 붙임
補貼(보첩) 보충하여 맨 뒤에 맨 책
• 고치어 보충하는 補貼은 보충하여 맨 뒤에 맨 책이다.
• 편지 겉봉에 덧말을 貼示하거나 우표를 더 많이
　貼付할 수도 있다.

기본 ① 貼墨(첩묵) 貼寫(첩사) 貼用(첩용) 貼典(첩전) 貼錢
(첩전) 裝貼(장첩) 典貼(전첩) 妥貼(타첩) 販貼(판첩)

발전 ① 貼夫(첩부) 貼書(첩서) 貼試(첩시) 貼身(첩신) 貼藥
(첩약) 貼黃(첩황)

	부수	획수	총획
	手	8	11

빠를 첩【3267】

字源 〈형성〉'빠르다'는 일을 처리해 이루어지는 데 걸리는 시
간이 짧다는 뜻이다. 주위의 여건으로 보아 어떤 일을 처
리하기에는 시간상 아직은 다소 이르다는 뜻도 있다. 두
손(扌)을 재빠르게(疌) 움직여 가지고 사냥감을 재빠른 속
도로 잡아챘으니 [빠르다(捷)] 또는 더 빠르게 [이기다(捷)]
는 뜻이고 [첩]으로 읽는다.
圖速(빠를 속) 迅(빠를 신) 疾(병/신속 질)

필순 扌 扌 扌 扌 扌 扌 捷 捷 捷 捷

기초 【기초한자어】 익히고, 【기본→발전한자어】 다지기
捷徑(첩경) 지름길. 쉽고 빠른 방법
捷口(첩구) 날쌘 입. 말을 잘함

1급

捷足(첩족) 빠른 걸음. 捷足先得(발이 빠른 자가 먼
저 얻는다)에서 보임
• 捷足은 '빠른 걸음'이란 뜻으로 「捷足先得」의 구
절에서 유래하고 있다.
• 학문에는 捷徑은 없건만 단지 捷口만으로 스스로
아는 체를 하다니!

기본 ①捷擧(첩거) 捷勁(첩경) 捷給(첩급) 捷路(첩로) 捷書
(첩서) 捷速(첩속) 捷疾(첩질) 捷捷(첩첩) 簡捷(간첩)
巧捷(교첩) 大捷(대첩) 猛捷(맹첩) 敏捷(민첩) 辯捷
(변첩) 雄捷(웅첩) 戰捷(전첩) 便捷(편첩)

발전 ①捷巧(첩교) 捷利(첩리) 捷敏(첩민) 捷成(첩성) 輕捷
(경첩) 勁捷(경첩) 勝捷(승첩)

사자성어 ①百擧百捷(백거백첩) 終南捷經(종남첩경)

부수	획수	총획
片	9	13

편지 첩 【3268】

字源 〈형성〉 '편지'는 상대에게 전하는 안부, 소식, 용무를 적어
보내는 글이다. 용례에는 '안부 편지'에서 보이며, 유의어
로는 '간독(簡牘), 서신(書信), 서찰(書札), 서한(書翰)' 등이
있다. 편편이 조각이 난(片) 엷은(枼←僕) 종이 위에 고운
글을 썼던 얇고도 납작한 패로 [편지(牒)] 또는 [문서(牒)]
를 뜻하고 [첩]으로 읽는다.

필순 ノ ノ ア 片 片 片 片 片 牒 牒 牒

기초 【기초한자어】 익히고, 【기본→발전한자어】 다지기
牒案(첩안) 공문서
牒狀(첩장) 여러 사람이 차례로 돌려 보도록 쓴 문서
牒籍(첩적) 책. 전적
• 책이니 전적으로 쓰인 牒籍에는 자기 일생의 흔적
이 여실히 보인다.
• 구청에서 보내온 牒案에는 여러 장의 牒狀이 꽉
차게 들어 있었다.

기본 ①牒報(첩보) 牒訴(첩소) 牒紙(첩지) 公牒(공첩) 錄牒
(녹첩) 度牒(도첩) 名牒(명첩) 報牒(보첩) 史牒(사첩)
移牒(이첩) 陳牒(진첩) 請牒(청첩) 通牒(통첩)

발전 ①簡牒(간첩) 戒牒(계첩) 官牒(관첩) 譜牒(보첩) 符牒
(부첩) 簿牒(부첩) 書牒(서첩) 訟牒(송첩) 案牒(안첩)

부수	획수	총획
水	7	10

눈물 체 【3269】

字源 〈형성〉 '눈물'은 사람이나 짐승 눈알 위쪽의 누선에서 나
와 눈알을 적셔 흐르는 투명한 액체 상태의 물질이다. 유

의어로는 '누수(淚水), 누액(淚液)' 등이 쓰인다. 사람 눈에
서 물(氵)이 아래로 차례대로(弟) 떨어졌으니 [눈물(涕)]
또는 제자(弟)와 스승이 헤어질 때 울었으니(氵) [콧물(涕)]
을 뜻하고 [체]로 읽는다.
圖 淚(눈물 루) 洟(콧물 이)

필순 丶 丶 氵 氵 氵 沙 泸 泸 涕 涕

기초 【기초한자어】 익히고, 【기본→발전한자어】 다지기
涕淚(체루) 눈물
涕泣(체읍) 눈물을 흘리며 욺
泣涕(읍체) 소리를 내지 않고 눈물만을 흘리며 슬피
욺. 체읍(涕泣)
• 갑자기 돌아가신 할머니가 보고 싶어서 사람이 많
은 지하철 안에서 소리 없이 涕泣하였다.
• 남자는 소리 없이 涕泣하고, 여자는 涕淚없이 소
리쳐 운다는 속설이 있다.

기본 ①涕零(체령) 涕泗(제사) 感涕(감체) 鼻涕(비체) 傷涕
(상체) 流涕(유체) 歎涕(탄체) 揮涕(휘체)

발전 ①悲涕(비체) 破涕(파체) 特涕泫(체현) 特涕洟(체이)
출 涕欷(체희)

사자성어 ①伏地流涕(복지유체)

부수	획수	총획
言	9	16

살필 체 【3270】

字源 〈형성〉 '살피다'는 주의하여 유심하게 잘 둘러보다는 뜻이
다. 용례는 '민심을 잘 살피다. 정세를 잘 살피다'에서 보
이며, 유의어로는 눈여겨 자세하게 '보다' 등이다. 임금(帝)
이 말(言)을 할 때 신하들이 그 요체를 잘 [살피다(諦)] 또
는 황제(帝)가 말(言)의 요지를 잘 살피니 [요체(諦)]임을
뜻하고 [체]로 읽는다.

필순 丶 亠 亖 言 言 言 訝 訏 諦 諦 諦 諦

기초 【기초한자어】 익히고, 【기본→발전한자어】 다지기
諦念(체념) 도리를 깨닫는 마음. 희망을 버림. 단념함.
좌절. 절망
諦料(체료) 곰곰이 헤아림. 열자 상문편이 보임
諦聽(체청) 주의하여 자세히 들음
• 친구와 다퉈서 매우 화가 났는데, 혼자서 諦料해보
니 친구에게 미안해졌다.
• 사장님의 말씀을 諦聽하고는 연봉이 오를 거라는 기
대를 버리면서, 아주 諦念하였다.

기본 ①諦觀(체관) 諦試(체시) 諦號(체호) 明諦(명체) 妙諦
(묘체) 三諦(삼체) 詳諦(상체) 世諦(세체) 俗諦(속체)
要諦(요체) 眞諦(진체)

발전 ①諦味(체미) 諦思(체사) 諦視(체시) 諦認(체인) 審諦
(심체) 출 諦袷(체협)

梢 나무끝 초【3271】

부수	획수	총획
木	7	11

字源 〈형성〉 '나무 끝'하면 '변새가로 분류되는 '삭풍은 나무 끝에 불고 명월(明月)은 눈 속에 찬데'라는 시조 한 수가 생각난다. 허탈한 생각과 변방을 지키는 절개가 곧겠으니. 나무(木)의 가지가 끝으로 갈수록 점점 가늘고 작아지면서 없어지는 부분(肖)으로 [나무 끝(梢)] 또는 끝이 [작다(梢)]는 뜻이고 [초]로 읽는다.
回 稍(점점 초)

필순 一 十 ォ 木 ギ ゲ ゲ ゲ 柞 柞 梢 梢

기초 【기초한자어】 익히고, 【기본→발전한자어】 다지기
末梢(말초) 나뭇가지의 끝. 우듬지. 사물의 맨 끝
梢溝(초구) 개간하지 않은 땅의 도랑. 개천
枝梢(지초) 나뭇가지의 끝가지. 우듬지
• 잔가지와 휘추리를 아울러 이르는 枝梢는 나뭇가지의 끝이다.
• 변변치 못한 梢溝지만 내 땅이란 생각에 末梢신경이 자주 흥분된다.
기본 ① 老梢(노초) 茂梢(무초) 篠梢(소초) 玉梢(옥초) 正梢(정초) 抽梢(추초)
발전 ① 梢工(초공) 梢頭(초두) 梢柴(초시) 梢魚(초어) 梢雲(초운) 稍稍(초초) 特 梢芟(초삼)
사자성어 ① 末梢神經(말초신경)

樵 나무할 초【3272】

부수	획수	총획
木	12	16

字源 〈형성〉 '나무하다'는 산에 가서 땔나무를 장만하다는 뜻이다. 땔나무는 옛날에 추운 겨울을 따뜻하게 보내기 위해 난방할 때 쓰였던 재료이다. 아궁이에서 불태우는(焦) 장작 나무(木)로 [나무하다(樵)] 또는 땔감 나무(木)를 땐 불로 음식을 따뜻하게 굽거나(焦) 볶았으니 [나무하다(樵)는 뜻이고 [초]로 읽는다.
圖 薪(섶 신)

필순 一 十 ォ 木 杉 杉 梻 樵 樵 樵 樵

기초 【기초한자어】 익히고, 【기본→발전한자어】 다지기
樵徑(초경) 나무꾼들이 다니는 좁은 길
樵夫(초부) 나무꾼
樵採(초채) 나무를 함
• 나무꾼이 樵採를 끝내고 비로소 낮잠을 잤다.
• 오늘도 樵夫는 오솔길이 난 기다란 樵徑을 따라서 산 속으로 들어갔다.

기본 ① 樵歌(초가) 樵女(초녀) 樵童(초동) 樵婦(초부) 樵隱(초은) 樵子(초자) 樵戶(초호) 耕樵(경초) 晚樵(만초) 山樵(산초) 薪樵(신초) 魚樵(어초) 貂樵(추초)
발전 ① 樵家(초가) 樵汲(초급) 樵牧(초목) 樵舍(초사) 樵蘇(초소) 樵漁(초어) 樵笛(초적) 販樵(판초)
사자성어 ① 樵童汲婦(초동급부) 特 樵童牧豎(초동목수)

貂 담비 초【3273】

부수	획수	총획
豸	5	12

字源 〈형성〉 '담비(山獺)'는 족제빗과에 속하는 포유류로 그 모피는 세계적으로 유명하다. 우리나라에서는 예로부터 이 모피를 왕실 전용으로 인식해 왔으며, 산지에서는 토산품으로 진상했다. 족제빗과 동물(豸)로 모피를 가공하기 위해서 아주 중요하다고 여겼던(召) [담비(貂)] 또는 [돈피(貂)]를 뜻하고 [초]로 읽는다.

필순 ノ ㇇ ㇇ ㇗ ㇗ 豸 豸 豸' 豸? 貂 貂 貂

기초 【기초한자어】 익히고, 【기본→발전한자어】 다지기
貂珥(초이) 황금 귀고리와 담비 꼬리의 장식. 고관
黑貂(흑초) 검은색 담비
續貂(속초) 담비가 부족하다더니 개 꼬리로 잇는구나. 구미속초(狗尾續貂)
• 續貂는 훌륭한 사람의 뒤를 못난 사람이 따름이지요.
• 그 사람의 貂珥와 黑貂만 보고도 지체 높은 사람임을 금방 알겠다.

기본 ① 金貂(금초) 白貂(백초) 玉貂(옥초)
발전 ① 貂珰(초시) 貂蟬(초선) 特 貂裘(초구) 高級 貂璫(초당)
사자성어 ① 狗尾續貂(구미속초)

炒 볶을 초【3274】

부수	획수	총획
火	4	8

字源 〈형성〉 '볶다'는 깨와 같은 양념을 그릇에 담아서 약간 누른빛이 나도록 불로 익히는 과정이다. 음식을 솥 따위에 담아 기름이나 물을 조금 넣고 자꾸 휘저어 익히기도 했다. 활활 타는 불(火)에 볶을 때 적은(少) 분량이라야만 이리저리 자주 저으면서 잘 익힐 수 있었으니 [볶다(炒)]는 뜻이고 [초]로 읽는다.

필순 ˋ ˊ ㇒ 火 火' 灼 炒 炒

기초 【기초한자어】 익히고, 【기본→발전한자어】 다지기
炒麵(초면) 밀국수를 기름에 볶아 만든 음식
煎炒(전초) 지지고 볶음

1급

• 煎炒는 지지고 볶는 바닥이 낮고 둥근 중국식 솥이다.
• 난생 처음 먹어보는 炒麵이라서 그런지 무슨 맛인지 잘 표현하기 어렵다.

기본 ①炒米(초미)
발전 ①炒研(초연) 炒醬(초장) 特炒鬧(초뇨)

부수	획수	총획
石	12	17

암초 초【3275】

字源 〈형성〉'암초'는 물 위에 드러나지 않고 물속에 숨어 있는 험한 바위나 산호이다. 이 한자는 자원에 따라 두 가지 뜻을 담고 있다. 첫째는 뱃사람을 애태우게 하는(焦) 커다란 돌덩이(石)로 [암초(礁)]라는 뜻이다. 두 번째는 물속의 큰 돌(石)이 사람 속을 애태우니(焦) [물속에 있는 돌(礁)]을 뜻하고 [초]로 읽는다.

필순 一 石 石' 矿 矿 碏 碏 碏 礁 礁

기초 【기초한자어】 익히고, 【기본→발전한자어】 다지기
礁石(초석) 물속에 있어서 겉으로 나타나지 않은 돌
暗礁(암초) 물속에 있는 큰 바윗덩이
• 暗礁는 물 위에 드러나지 않고 물속에 숨은 바위다.
• 우리나라는 무수한 暗礁덩이 礁石이 있어서 항해하는 데 주의가 요망된다.

기본 ①亂礁(난초) 撞礁(당초) 浮礁(부초) 嚴礁(엄초) 危礁(위초)
발전 ①礁標(초표) 礁湖(초호) 沙礁(사초) 珊瑚礁(산호초) 特砂礁사초

부수	획수	총획
禾	7	12

점점 초【3276】

字源 〈형성〉'점점'은 아주 작은 기운으로 그 조짐이 보이고 있다는 뜻이라고 한다. 그는 따뜻한 온기를 받고, 촉촉한 물기운을 받아 조금씩 차분하게 조금씩 커간다는 뜻이란다. 농부가 애써서 뿌린 볍씨(禾)가 따뜻한 온기를 받아 막 싹이 터 나와서 아주 작지만(肖) 차츰 커져 갔으니 [점점(稍)]을 뜻하고 [초]로 읽는다.
回梢(나무 끝 초)

필순 一 二 干 禾 禾 和' 利 秒 稍 稍 稍

기초 【기초한자어】 익히고, 【기본→발전한자어】 다지기
稍事(초사) 작은 일로 술을 마심. 작은 일. 사소한 일
稍食(초식) 벼슬아치가 녹봉으로 받는 쌀

• 벼슬아치들의 탐욕이 아주 심한데도 稍食으로 근근히 살아가는 청백리가 있네.
• 많은 稍食을 받아 사는 관리일지라도 매일 稍事하며 살 수는 없다고 하겠다.

기본 ①稍遠(초원) 稍人(초인) 稍侵(초침) 稍解(초해) 家稍(가초)
발전 ①稍饒(초요) 稍稍(초초)
사자성어 ①稍蠶食之(초잠식지)

부수	획수	총획
酉	8	15

초 초【3277】

字源 〈형성〉'식초'는 두 가지 공정을 거쳐 알코올로 전환하는 액체로 만든다. 과일 주스나 설탕이 들어 있는 여러 종류의 액체는 효모작용으로 두 가지를 생성한다. 담근 지 며칠이 지나버린(昔) 시디 신 막걸리 술(酉)로 발효된 [초(醋)] 또는 옛날에(昔)에는 술(酉)로써 만들었던 [식초(醋)]를 뜻하고 [초]로 읽는다.
圖酸(초 산)

필순 一 丙 丙 酉 酉 酉 酉昔 酯昔 醋 醋 醋

기초 【기초한자어】 익히고, 【기본→발전한자어】 다지기
醋酸(초산) 자극성 냄새와 신맛을 가진 무색투명한 액체
醋醬(초장) 초를 치고 양념을 한 간장
• 우리 선현들 역사에는 醋醬에 대한 기록이 많다.
• 몸이 가렵다고 醋酸을 많이 바르면 피부에 해롭다.

기본 ①薄醋(박초) 醬醋(장초) 酒醋(주초)
발전 ①喫醋(끽초) 食醋(식초) 鹽醋(염초)

부수	획수	총획
心	12	15

파리할 초【3278】

字源 〈형성〉'파리하다'는 여위고 핏기가 없이 해쓱하게 마르는 뜻이다. '무슨 큰 병이 걸린 듯이 얼굴이 죽은 시체처럼 파리한 모습이다'라는 용례가 말한다. 그동안 마음(忄)으로 고생이 매우 심하여 초조하게 애가 타고(焦) 그런 마음으로 평생을 살아서 그냥 몸이 말랐으니 [파리하다(憔)]는 뜻이고 [초]로 읽는다.
圖悴(파리할 췌) 羸(파리할 리)

필순 ' ' ' 忄 忄' 忄' 忄' 悴 悴 焦 憔

기초 【기초한자어】 익히고, 【기본→발전한자어】 다지기
憔悴(초췌) 수척해짐. 지침

憔慮(초려) 애태우며 생각함. 노심초사함
• 노심초사한다는 憔慮는 애를 태우며 모든 일을 깊이 생각함이다.
• 입시에 실패하고 憔悴해진 자식의 모습을 보니 내 마음도 울적했다.

발전 ① 憔衰(초쇠) 憔瘦(초수) 憔容(초용) 焦憔(초초)

부수	획수	총획
艸	12	16

파초 초【3279】

字源 〈형성〉 '파초(芭蕉)'는 뿌리줄기의 끝에서 돋은 잎이 서로 감싸면서 굵은 줄기처럼 쑥쑥 자란다. 어린잎들은 돌돌 말려 나와 사방으로 퍼지면서 엉켜져 자란다. 시든 풀(艹)이 불에 거슬리고 타서(焦) 강마른 그 모습이 매우 수척하여 [파리하다(蕉)] 또는 그 모양이 파리하게 보여 [파초(蕉)]를 뜻하고 [초]로 읽는다.

필순 艹 艹 芢 芢 芢 萑 萑 萑 蕉 蕉

기초 【기초한자어】 익히고, 【기본→발전한자어】 다지기
蕉葉(초엽) 기둥이나 벽에 선반 등을 받치려고 하는 널조각
蕉萃(초췌) 마르고 파리한 모양
• 기둥이나 벽에 선반 따위를 받치는 蕉葉은 길쭉한 삼각형이네.
• 그가 저렇게 蕉萃한 모습을 보니 무척 마음이 괴로웠다.

기본 ① 蕉布(초포) 甘蕉(감초) 綠蕉(녹초) 牙蕉(아초) 翠蕉(취초) 敗蕉(패초)
발전 ① 蕉葛(초갈) 芭蕉(파초) 蕉鹿夢(초록몽)
사자성어 ① 蕉頭爛額(초두난액)

부수	획수	총획
石	7	12

화약 초【3280】

字源 〈형성〉 '화약은 폭발반응이 강하여 공업용·군사용에 이용하는 폭발성 혼합물이다. 화약과 폭약을 총칭하여 화약류라 하지만, 일반적으로 화약류를 그대로 화약이라고 했다. 금방 녹아서 없어질(肖) 수도 있고 폭발성이 매우 강한 돌(石)로 [화약(硝)] 또는 유리로 잘 만들었던 [망초(硝)]를 뜻하고 [초]로 읽는다.
回 哨(망볼 초)

필순 一 丆 丆 石 石 石' 石' 硝 硝 硝

기초 【기초한자어】 익히고, 【기본→발전한자어】 다지기
硝石(초석) 질산칼륨. 산화제·화약·비료 등을 만드는 데 씀
硝藥(초약) 열, 전기, 충격 등의 자극에 의해 폭발하는 화약
• 열을 발생시키며 폭발하는 硝藥은 급격한 화학 변화를 일으키는 물질이다.
• 공업국가로 성장하는 우리나라에는 硝藥과 硝石은 중요한 원료겠다.

기본 ① 硝酸(초산) 硝煙(초연) 硝子(초자)
발전 ① 硝然(초연) 芒硝(망초) 焰硝(염초)

부수	획수	총획
口	21	24

부탁할 촉【3281】

字源 〈형성〉 '부탁하다'는 무엇을 해달라고 당부하다는 뜻이다. '그에게 번역을 부탁했다'는 용례에서 보이는데, 유의어는 '의뢰(依賴)하다, 청탁(請託)하다' 등이다. 말(口)을 잘해서 사람들이 가깝게 따라붙게(屬) 되니 [부탁하다(囑)] 또는 글을 써서 상대에게 위촉장을 주니 [촉탁하다(囑)]는 뜻이고 [촉]으로 읽는다.
圄 付(줄 부) 託(부탁할 탁) 回 嘱

필순 口 叮 叮 叮 嘔 嘔 嘔 嘱 嘱 囑 囑

기초 【기초한자어】 익히고, 【기본→발전한자어】 다지기
囑言(촉언) 전갈함. 뒷일을 남에게 당부하는 말
囑託(촉탁) 일을 부탁하여 맡김. 관청이나 공공기관의 임시직
懇囑(간촉) 간곡하게 부탁함. 청하여 들어주기를 부탁함
• 懇囑은 상대에게 어떤 일을 청하여 들어주기를 부탁하는 것이다.
• 시청의 囑託으로 근무한 사람에게 囑言했었다니 우습다.

기본 ① 囑目(촉목) 囑付(촉부) 咐囑(부촉) 委囑(위촉) 依囑(의촉) 請囑(청촉)
발전 ① 囑望(촉망) 咳囑(사촉) 遺囑(유촉) 呪囑(주촉) 출전 叮囑(정촉)

부수	획수	총획
心	3	6

헤아릴 촌 : 【3282】

字源 〈형성〉 '헤아리다'는 하나씩 더하면서 꼽다는 뜻이다. '일일이 숫자를 헤아리다'는 용례에서 보이듯이 유의어로는

1급

'세다, 셈하다, 측산(測算)하다, 따지다' 등이 쓰인다. 사람 왼손의 맥박을 잘 짚어서(寸) 미리 그 마음(忄)까지도 재어보면서 [헤아리다(忖)] 또는 더 [미루어 생각하다(忖)]는 뜻이고 [촌]으로 읽는다.

圖度(헤아릴 탁/법도 도)

필순

기초 【기초한자어】 익히고, 【기본→발전한자어】 다지기
忖度(촌탁) 남의 마음을 미루어 헤아림. 췌탁(揣度)
• 남의 입장을 미루어 헤아리는 忖度은 그 마음까지 미리 헤아려서 알게 된다.
• 날마다 만나는 담임선생이지만 모든 학생을 忖度 하기는 어렵다.

발전 ① 忖徒典(촌도전)

叢
떨기 총
모일 총【3283】

부수	획수	총획
又	16	18

字源 〈형성〉 '떨기'는 숫자나 관형사 뒤에 의존적 용법으로 쓰여 무더기를 이루는 꽃이나 풀 따위를 세는 단위를 나타내는 말이다. '한 떨기 장미꽃과도 같이'란 용례에서 알 수 있다. 한 뿌리에서 여러 개의 줄기가 무성하게(丵←業) 나와서 떼를 지어 모여서(取←聚) 더부룩하니 [떨기(叢)]를 뜻하고 [총]으로 읽는다.

圖聚(모을 취) 萃(모을 췌) 纂(모을 찬) 攢(모일 찬)

필순

기초 【기초한자어】 익히고, 【기본→발전한자어】 다지기
叢林(총림) 잡목이 우거진 숲. 많은 승려가 모여 수행하는 곳을 통틀어 이름
叢說(총설) 여러 학설이나 논설을 모아 놓은 것. 어떤 문제의 전체를 통틀어서 하는 설명
竹叢(죽총) 자그마한 대숲. 우거져서 숲을 이룬 대나무의 떨기. 대의 무더기
• 작은 대숲인 竹叢은 대밭으로 우거져서 한 무더기를 형성한다.
• 그 분의 叢說을 다 읽으면, 학문의 진수인 叢林까지도 알겠다.

기본 ① 叢劇(총극) 叢談(총담) 叢煩(총번) 叢祀(총사) 叢穢(총예) 叢雲(총운) 叢挫(총좌) 談叢(담총) 芳叢(방총) 淵叢(연총) 林叢(임총)

발전 ① 叢巧(총교) 叢棘(총극) 叢蘭(총란) 叢論(총론) 叢薄(총박) 叢芳(총방) 叢生(총생) 叢書(총서) 叢樹(총수) 叢語(총어) 叢至(총지) 叢帖(총첩) 叢叢(총총) 旺 叢莽(총망) 旺 叢藝(총예)

사자성어 ① 叢輕折軸(총경절축) 爲叢驅雀(위총구작)

塚
무덤 총【3284】

부수	획수	총획
土	10	13

字源 〈형성〉 '무덤'은 사람이 죽은 뒤에 송장이나 유골을 묻은 곳이다. 선조의 무덤이 새롭다는 용례가 보이듯이 유의어는 '구묘(丘墓), 뫼, 묘(墓), 분묘(墳墓), 유택(幽宅), 종묘(家墓)' 등이 있다. 발을 묶은 돼지(豖)의 산 제물을 곱게 덮었던 (冖) 흙(土)으로 만든 구덩이인 [무덤(塚)]이 아주 [크다(塚)]는 뜻이고 [총]으로 읽는다.

圖墓(무덤 묘)

필순

기초 【기초한자어】 익히고, 【기본→발전한자어】 다지기
塚墓(총묘) 무덤
塚主(총주) 무덤의 주인
貝塚(패총) 선사 시대 사람들이 먹고 버린 조개껍데기
• 조개더미인 貝塚은 조개가 쌓여 층을 이루고 있는 유적으로 귀중한 연구자료이다.
• 수많은 塚墓 중에 塚主가 없다는 것이 상당한 일이다.

기본 ① 塚地(총지) 塚戶(총호) 經塚(경총) 古塚(고총) 掘塚(굴총) 守塚(수총) 義塚(의총) 疑塚(의총) 靑塚(청총) 置塚(치총) 荒塚(황총)

발전 ① 塚卿(총경) 塚壙(총광) 塚君(총군) 塚婦(총부) 塚祀(총사) 塚社(총사) 塚胤(총윤) 塚子(총자) 塚藏(총장) 塚宰(총재) 塚土(총토) 舊塚(구총) 蟻塚(의총) 堆塚(퇴총) 特 偸塚(투총)

사자성어 ① 塚中枯骨(총중고골) 獨留靑塚(독류청총)

寵
사랑할 총 :
【3285】

부수	획수	총획
宀	16	19

字源 〈형성〉 '사랑하다'는 낭만적인 매력에 끌려 그리워 좋아하다는 뜻이다. '그대 사랑하리'의 용례에서 보인 유의어로는 '사모(思慕)하다, 애모(愛慕)하다, 연모(戀慕)하다' 등이다. 임금님(龍)의 존귀한 집(宀) 후원에서 더불어 사는 후궁들이 오히려 극진하게 총애를 받았으니 [사랑하다(寵)]는 뜻이고 [총]으로 읽는다.

圖愛(사랑 애) 恩(은혜 은) 嬖(사랑할 폐)

필순

기초 【기초한자어】 익히고, 【기본→발전한자어】 다지기
寵嘉(총가) 사랑하고 귀여워함
寵兒(총아) 많은 사람에게 사랑받는 사람
寵愛(총애) 남달리 귀여워하고 사랑함

• 집에서 귀엽게 자란 寵兒는 사랑하고 귀여워한 내 자식이다.
• 내가 寵愛하는 딸이 사회에서 寵兒가 되어서 참 반갑다.

기본 ① 寵給(총급) 寵待(총대) 寵利(총리) 寵臣(총신) 寵恩(총은) 寵者(총자) 寵妾(총첩) 寵擢(총탁) 寵幸(총행) 寵厚(총후) 敬寵(경총) 內寵(내총) 盛寵(성총) 愛寵(애총) 慈寵(자총) 尊寵(존총) 天寵(천총) 親寵(친총)

발전 ① 寵顧(총고) 寵光(총광) 寵靈(총령) 寵祿(총록) 寵命(총명) 寵媚(총미) 寵賜(총사) 寵賞(총상) 寵錫(총석) 寵綬(총수) 寵樹(총수) 寵信(총신) 寵榮(총영) 寵辱(총욕) 寵遇(총우) 寵異(총이) 寵任(총임) 寵獎(총장) 寵秩(총질) 寵惠(총혜) 寵姬(총희) 光寵(광총) 恩寵(은총) 特 寵嬖(총폐)

사자성어 ① 寵辱不驚(총욕불경) 寵增抗極(총증항극) 懷寵尸位(회총시위)

부수	획수	총획
手	12	15

사진찍을 촬
모을 촬 【3286】

字源 〈형성〉 '사진 찍다'는 내가 사진을 찍는 경우가 많다. '그녀와 사진 찍다'란 용례에서 잘 보인다. 때에 따라서는 외국인을 만나 사진 찍기를 부탁한다. 이럴 때 회화 한 마디쯤 필요하다. 손재주(扌)가 가장(最) 좋은 사람이 여러 가지가 비치는 영상물을 집어 [모으다(撮)] 또는 [사진 찍다(撮)]는 뜻이고 [촬]로 읽는다.

필순 扌 扌 扌 扌 扌 扌 扌 扌 撮 撮

기초 【기초한자어】 익히고, 【기본→발전한자어】 다지기
撮影(촬영) 형상을 사진이나 영화로 찍음
撮土(촬토) 한 줌의 흙. 매우 적은 양의 비유
• TV에 나오도록 撮影한 영상물이 금주에 방영되다니 가슴 떨린다.
• 불후의 명작을 남긴 撮影기사도 죽었으니 그만 撮土로 돌아가자!

기본 ① 撮記(촬기) 撮囊(촬양) 圭撮(규촬) 搏撮(박촬) 一撮(일촬) 捉撮(착촬) 抄撮(초촬) 把撮(파촬) 會撮(회촬)

발전 ① 撮徒(촬도) 撮要(촬요) 簡撮(간촬) 撮影所(촬영소) 特 緇撮(치촬)

부수	획수	총획
艹	4	10

꼴 추 【3287】

字源 〈상형〉 '꼴'은 야생동물이나 가축의 먹이가 되는 풀을 뜻한다. 흔히 '사초(飼草)'라고도 말하는데 곡식을 수확한 후 따로 가공하여 저장한 사초를 '사일리지'라고 한다. 부드러운 풀을 모아 잘 말려 단을 만들고 창고에 쌓아서 저장했으며, 묶은 풀을 손으로 들고 있는 모양으로 [꼴(芻)]을 뜻하고 [추]로 읽는다.

필순 丿 勹 勹 勹 芻 芻 芻 芻 芻 芻

기초 【기초한자어】 익히고, 【기본→발전한자어】 다지기
芻米(추미) 꼴과 쌀. 곧, 가축의 사료와 사람의 양식
芻言(추언) 비천한 사람의 무식한 말
反芻(반추) 소나 양 따위가 먹은 것을 게워 내어 씹음
• 어떤 일을 되풀이하여 反芻하면서 吟味하는 계기가 되었다.
• 그 친구의 芻言을 다시 생각해 보니 芻米만도 못하구나.

기본 ① 芻狗(추구) 芻場(추장) 牧芻(목추) 玉芻(옥추) 靑芻(청추)

발전 ① 芻靈(추령) 芻議(추의) 芻樵(추초) 騎芻(기추) 特 芻餉(추향) 詢芻(순추) 芯芻(필추) 特 芻秣(추말) 芻蕘(추요) 芻豢(추환)

사자성어 ① 芻蕘之說(추요지설) 牛後投芻(우후투추)

부수	획수	총획
土	12	15

떨어질 추 【3288】

字源 〈형성〉 '떨어지다'는 물건이 따로 떼어지다, 혹은 높은 데서 아래로 내려오거나 떨어지는 경우도 더러 있다. 쓰이는 유의어로는 '낙하(落下)하다, 추락(墜落)하다' 등이 있다. 땅(土) 위에는 수많은 무리(隊)들의 생물들이 살아가지만 결국에는 죽으면 몽땅 땅으로 돌아가니 [떨어지다(墜)]는 뜻이고 [추]로 읽는다.
동 落(떨어질 락) 墮(떨어질 타) 回 復(회복할 복/다시 부) 回 墮(떨어질 타)

필순  阝 阝 阝 阝 阝 阝 隊 隊 隊 隊 墜 墜

기초 【기초한자어】 익히고, 【기본→발전한자어】 다지기
墜落(추락) 높은 곳에서 떨어짐
墜岸(추안) 깎아지른 듯한 벼랑이나 낭떠러지
墜下(추하) 높은 곳에서 아래로 떨어짐
• 발을 잘못하여 아래로 墜下하는 장면을 생각하면 소름이 끼쳐 아찔하기만 하다.
• 바닷가 墜岸을 산책할 때는 墜落할 위험이 있으니 특히 조심해야 한다.

기본 ① 墜緖(추서) 墜典(추전) 墜體(추체) 墜廢(추폐) 傾墜(경추) 排墜(배추) 覆墜(복추) 失墜(실추) 零墜(영추) 跌墜(질추) 飄墜(표추) 毁墜(훼추)

1급

발전 1 墜錦(추금) 墜穽(추정) 墜地(추지) 墜陷(추함) 擊墜(격추) 崩墜(붕추) 荒墜(황추)

鰍

부수	획수	총획
魚	9	20

미꾸라지 추 【3289】

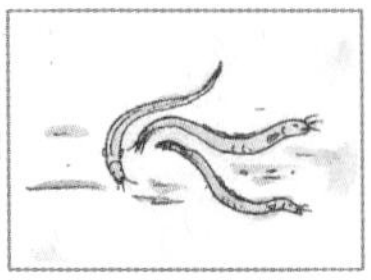

字源 〈형성〉 '미꾸라지' 몸 색깔은 황갈색에 등은 암청색이다. 몸통은 작은 반점이 있다. 유의어로는 '이추(泥鰍), 추어(鰍魚), 습어(鰼魚), 위이(委迤), 위타(委蛇)' 등이 함께 쓰인다. 모든 고기는 제철이 되어야만 제 맛이 난다고 했었으니 가을철(秋)에 제 맛을 낸 물고기(魚)로 [미꾸라지(鰍)]를 뜻하고 [추]로 읽는다.

필순 ⺈ 𠂊 魚 …… 鰍

기초 【기초한자어】 익히고, 【기본 → 발전한자어】 다지기

鰍魚(추어) 미꾸라지

泥鰍(이추) 진흙 속에 사는 미꾸라지

- 鰍魚로 끓인 鰍魚湯은 통미꾸라지를 얼큰하게 끓인 국물을 뜻한다고 한다.
- 泥鰍라 했으니 해마다 10월에는 보신용으로 鰍魚를 즐겨 먹는구나.

발전 1 鰍湯(추탕) 鰍魚湯(추어탕) 特 孽鰍湯(얼추탕)

錐

부수	획수	총획
金	8	16

송곳 추 【3290】

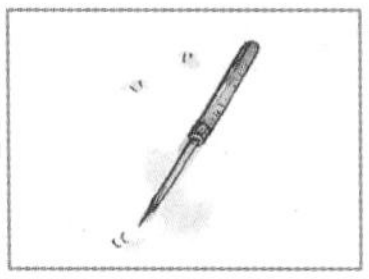

字源 〈형성〉 '송곳'은 자루와 철제 날로 되어 있으며, 종이 · 가죽 · 나무 · 천 등에 구멍을 잘 뚫을 때 사용한 도구다. 손으로 송곳자루를 회전시킨 것과 보조용구 장착으로 나눈다고 한다. 그 예리한 끝이 새(隹)의 날카로운 부리처럼 뾰족하게 나온 쇠붙이(金)로 구멍을 뚫도록 하는 [송곳(錐)]을 뜻하고 [추]로 읽는다.

필순 丿 𠂉 亼 ... 錐

기초 【기초한자어】 익히고, 【기본 → 발전한자어】 다지기

錐股(추고) 넓적다리를 송곳으로 찌름. 졸음을 참으며 공부함

錐刀(추도) 끝이 뾰족한 칼

- 넓적다리를 송곳으로 찌르면서 아픔을 참고 錐股한 덕분에 비로소 성공했다.
- 낮에는 錐刀로 사냥한 짐승을 그리고 밤에는 錐股하면서 열심히 공부했다.

기본 1 錐臺(추대) 錐指(추지) 蘆錐(노추) 磨錐(마추) 利錐(이추) 立錐(입추) 置錐(치추) 鍼錐(침추)

발전 1 錐囊(추낭) 試錐(시추) 崖錐(애추)

사자성어 1 錐刀之利(추도지리) 錐刀之末(추도지말) 錐處囊中(추처낭중)

鎚

부수	획수	총획
金	10	18

쇠망치 추 【3291】

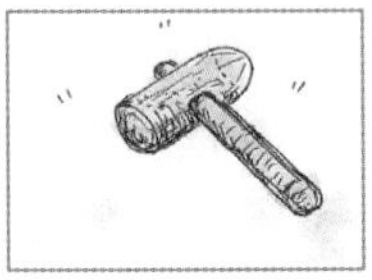

字源 〈형성〉 '쇠망치'는 못 등을 박기 위해 쇠로 만든 망치를 뜻한다. 자세한 어원(語源)은 '쇠마치'에서 유래하는바, 대장간 장인들이 만들어 일반 가정에서도 필수적으로 갖추었던 도구다. 쇠붙이(金) 덩이를 뭉치로 모아(自 ← 堆) 갖고(辶) 못을 박을 때에 힘차게 두들겼던 쇠방망이로 [쇠망치(鎚)]를 뜻하고 [추]로 읽는다.

필순 丿 𠂉 亼 ... 鎚

기초 【기초한자어】 익히고, 【기본 → 발전한자어】 다지기

鐵鎚(철추) 병장기의 하나. 쇠몽둥이

- 쇠몽둥이인 鐵鎚는 병장기의 하나로 근접한 적을 무찔렀다.
- 비록 건장한 장군이라도 鐵鎚를 맞고 나서는 결코 살 수가 없다.

기본 1 金鎚(금추) 鍛鎚(단추) 秤鎚(칭추)

발전 1 鎚鍛(추단) 鎚殺(추살) 空氣鎚(공기추)

椎

부수	획수	총획
木	8	12

쇠몽치 추
등골 추 【3292】

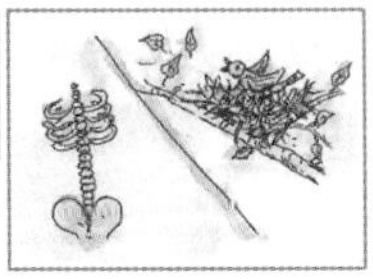

字源 〈형성〉 '쇠몽치'는 쇠로 만든, 길이가 짤막하고 단단한 몽둥이다. '등골'은 등의 한가운데에 길게 고랑이 진 곳으로 쇳덩이로 본다면 가장 핵심적인 중심부라 하겠다. 날아가는 새(隹)가 굳은 나무(木) 가지에 집을 지었으니 '단단하다' 또는 단단한 [쇠몽치(椎)]처럼 보았었던 [등골(椎)]을 뜻하고 [추]로 읽는다.

同 擊(칠 격) 皿 惟(생각할 유) 推(밀 추)

필순 一 十 才 木 ... 椎

기초 【기초한자어】 익히고, 【기본 → 발전한자어】 다지기

椎擊(추격) 들이닥치면서 침. 때림

椎埋(추매) 사람을 몽치로 때려 죽여서 파묻음

- 몽치로 적을 때려잡은 '椎埋전투'는 우리나라의 커다란 전공으로 기록되었다.
- 전시에는 적군을 椎擊한 다음 椎埋했기에 우리는 성대하게 위령제를 올렸다.

기본 1 椎車(추거) 椎鑿(추착) 椎打(추타) 椎破(추파) 樸椎

1급

(박추) 脊椎(척추) 鐵椎(철추)
발전 ① 椎骨(추골) 椎魯(추로) 椎輪(추륜) 椎殺(추살) 椎剽
(추표) 頸椎(경추) 脊椎骨(척추골) 特 椎鹵(추로) 特 揉椎
(유추) 출전 椎楣(추이)
사자성어 ① 頂門金椎(정문금추)

부수	획수	총획
酉	2	9

우두머리 추
【3293】

字源 〈상형〉 '우두머리'는 어느 단체, 조직, 부서 등의 가장 윗
사람 혹은 그 조직의 두목이다. 쓰이는 유의어로는 '두목
(頭目), 수령(首領), 수장(首長), 장(長)' 등이 있다. 술(酉)
그릇 속에서 술 향기가 그윽하게 뿜어져 나오는(八) 첫 술
잔만은 반드시 어른부터 먼저 드렸으니 [우두머리(酋)]를
뜻하고 [추]로 읽는다.
동 渠(개천/우두머리 거) 帥(장수 수)

필순 ⺍ ⺍ 兯 兯 兯 酋 酋 酋 酋

기초 【기초한자어】 익히고, 【기본→발전한자어】 다지기
酋長(추장) 미개인 부족의 우두머리. 도둑들의 두목
酋領(추령) 추장. 도둑의 두목
酋帥(추수) 미개인의 부족이나 부락의 우두머리
• 전공을 세운 酋帥는 부족의 우두머리라도 쉽게 그
용감성을 떠올린다.
• 융통성이 없는 말이라도 酋領과 酋長의 말을 높이
평가한다.
기본 ① 酋渠(추거) 大酋(대추) 蠻酋(만추) 諸酋(제추) 悍酋
(한추)
발전 ① 酋矛(추모) 酋酋(추추) 魁酋(괴추) 蕃酋(번추) 氐酋
(저추) 豪酋(호추) 特 羌酋(강추)

부수	획수	총획
金	8	16

저울추 추 【3294】

字源 〈형성〉 '저울추'는 물건을 저울대 한쪽에 걸거나 저울판에
올려놓는 무게의 쇠를 뜻한다. 저울판이 수평이 되어야만
정확하게 무게를 잰다. 유의어로는 '칭추(秤錘)'가 쓰인다.
쇠붙이(金)로 만든 저울대가 수평으로 축 늘어져서(垂) 일
정하게 균형을 잘 잡아 무게를 달았으니 [저울추(錘)]를
뜻하고 [추]로 읽는다.

필순

기초 【기초한자어】 익히고, 【기본→발전한자어】 다지기
紡錘(방추) 물레의 실을 감는 가락. 북

鉛錘(연추) 납 저울
• 베틀에 딸린 부속품인 紡錘는 물레에서 실을 감는
가락이다.
• 어머니가 紡錘를, 아버지가 鉛錘를 민속박물관에
기증하셨다.
기본 ① 爐錘(노추) 玉錘(옥추)
발전 ① 錘線(추선) 秤錘(칭추) 特 錘鐘(추종) 출전 錙錘(치추)

부수	획수	총획
木	11	15

지도리 추 【3295】

字源 〈형성〉 '지도리'는 보통 돌쩌귀, 문장부 따위를 통틀어 이
른 말이다. 지도리는 문을 여닫아도 움직이지 않는 중심
축을 말한다고 하겠다. 그 어원은 '지두리'에서 찾고 있다.
나무(木) 다리 밑에 기둥을 잘 세워서 구역지게(區) 나누
었던 [밑둥치(樞)] 또는 문설주에 달아 여닫는 [지도리(樞)]
를 뜻하고 [추]로 읽는다.
약 枢

필순 一 十 オ 木 术 枦 枦 枦 枢 樞 樞

기초 【기초한자어】 익히고, 【기본→발전한자어】 다지기
樞機(추기) 사물의 요긴한 곳. 국가의 대정
樞密(추밀) 군사나 정무에 관한 중요한 기밀
樞要(추요) 가장 요긴하고 종요로움
• 樞機는 사물의 요긴한 곳으로 국가의 대정을 말한다.
• 국가의 樞密이야말로 樞要한 것이니 절대 누설해
서는 안 된다.
기본 ① 樞紐(추뉴) 樞務(추무) 樞柄(추병) 樞相(추상) 樞軸
(추축) 樞衡(추형) 機樞(기추) 道樞(도추) 萬樞(만추)
宸樞(신추) 要樞(요추) 政樞(정추) 天樞(천추) 戶樞(호추)
발전 ① 樞路(추로) 樞府(추부) 樞祕(추비) 樞星(추성) 樞奧
(추오) 樞轄(추할) 樞戶(추호) 極樞(극추) 斗樞(두추)
門樞(문추) 中樞(중추) 鐵樞(철추) 樞機卿(추기경)
사자성어 特 甕牖繩樞(옹유승추)

부수	획수	총획
黑	5	17

내칠 출 【3296】

字源 〈형성〉 '내치다'는 원래의 자리에서 밖으로 내쫓거나 물리
치다는 뜻이다. 어떤 물체를 멀리 내던져 버리는 일도 이
범주에 속한다. 유의어는 '물리치다, 버리다, 뿌리치다' 등
이다. 살을 따고 홈을 내어 먹물로 죄명을 찍었던 '자자
(刺字)'라는 혹독한 벌(黑)로 쫓아냈으니(出) [내치다(黜)]
는 뜻이고 [출]로 읽는다.
동 斥(물리칠 척) 回 黔(검을 검)

필순 丿 口 曱 里 里 黑 黒 黜 點 黜 黜

기초 【기초한자어】 익히고, 【기본→발전한자어】 다지기
黜遣(출견) 동네 풍속을 어지럽힌 사람을 징계하는 마을의 법
黜罰(출벌) 관직을 파면하고 벌을 줌
黜會(출회) 단체나 회합에서 내쫓음. 회에서 제명함
• 黜遣은 그 사람 집을 헐고 동네 밖으로 내쫓는 것이다. 훼가출견(毁家黜遣)
• 임금님이 그에게 黜罰하더니 갑계에서도 결국 黜會 당하고 말았다.

기본 ① 黜俊(출만) 黜剝(출박) 黜升(출승) 黜遠(출원) 黜斥(출척) 黜陟(출척) 減黜(감출) 放黜(방출) 削黜(삭출) 抑黜(억출) 左黜(좌출) 責黜(책출) 斥黜(척출) 廢黜(폐출) 顯黜(현출)

발전 ① 黜去(출거) 黜教(출교) 黜棄(출기) 黜黨(출당) 黜免(출면) 黜削(출삭) 黜辱(출욕) 黜責(출책) 黜退(출퇴) 黜學(출학) 譴黜(견출) 免黜(면출) 遷黜(천출) 罷黜(파출) 貶黜(폄출) 陞黜(승출) 竄黜(찬출) 黜縵(출만)

사자성어 ① 黜陟幽明(출척유명) 毁家黜送(훼가출송)

모을 췌 : 【3297】

字源 〈형성〉 '모으다'는 흩어져 있는 물건이나 여러 자료들을 한 곳으로 모아 합치다는 뜻이다. 사용되는 유의어로는 '구취(鳩聚)하다, 구합(鳩合)하다, 묶다, 합치다' 등이 있다. 풀잎(艹)이 비로소 풀다움의 끝자락(卒)에 이르러 이제는 다 자라서 모여 큰 풀숲을 이루었으니 함께 [모으다(萃)]는 뜻이고 [췌]로 읽는다.
⑤聚(모을 취)

부수	획수	총획
艸	8	12

필순 一 十 艹 艹 芯 莁 莁 莁 莁 莁 萃

기초 【기초한자어】 익히고, 【기본→발전한자어】 다지기
萃然(췌연) 모이는 모양
拔萃(발췌) 필요하거나 중요한 부분만을 뽑아낸 글
叢萃(총췌) 풀이나 나무 등의 무더기
• 拔萃는 글 가운데서 필요하거나 중요한 부분만을 가려 뽑아낸 것이다.
• 꿀벌들의 萃然을 보아 이곳에 叢萃가 매우 많아 꽃이 피고 있겠구나.

기본 ① 萃聚(췌취) 群萃(군췌) 屯萃(둔췌) 雲萃(운췌) 出萃(출췌) 咸萃(함췌)

발전 ① 萃美(췌미) 萃止(췌지) 萃蔡(췌채) 霧萃(무췌) 畢萃(필췌) 摠萃(총췌)

사자성어 ① 出類拔萃(출류발췌)

부수	획수	총획
肉	12	16

췌장 췌 : 【3298】

字源 〈형성〉 '췌장'은 위의 아래쪽에 붙어 있는 가늘고 긴 삼각주 모양의 장기다. 췌장에서 이자액을 내어서 지방, 단백질, 탄수화물 따위를 삭여 소화시키는 기능을 한다. 위의 아래쪽 부분에 위치한 몸(月)의 한 기관으로 모두 모였으니(萃) 인체의 기관으로서 중요한 [췌장(膵)] 또는 [이자(膵)]를 뜻하고 [췌]로 읽는다.

필순 月 月 月 胪 胪 胪 胪 胪 膵 膵 膵

기초 【기초한자어】 익히고, 【기본→발전한자어】 다지기
膵臟(췌장) 위 뒤쪽에 있는 가늘고 긴 모양의 장기
膵液(췌액) 췌장의 진액
膵管(췌관) 이자액을 십이지장으로 보내는 관
• 膵管은 이자액을 십이지장으로 보내는 관인 이자관이라 한다.
• 소화가 되지 않아 병원에 가보니 膵臟염증으로 膵液 분비에 문제가 있다고 한다.

발전 ① 膵癌(췌암) 膵炎(췌염) 膵體(췌체) 膵臟癌(췌장암)

부수	획수	총획
心	8	11

파리할 췌 : 【3299】

字源 〈형성〉 '파리하다'는 허약해짐에 따라 몸이 말라 여위고 핏기가 없이 해쓱하다는 뜻이다. '해쓱하다, 창백하다' 등의 유의어들이 쓰이고 있다. 근심한 마음(忄)이 끝(卒)에 이르렀으니 [초췌하다(悴)] 또는 선생님에서 긴장한 군인(卒)들이 애타는 심정(忄)으로 얼굴이 썩 많이 [파리하다(悴)]는 뜻이고 [췌]로 읽는다.
⑤憔(파리할 초)

필순 丶 丶 忄 忄 忄 忄 忄 忄 悴 悴 悴

기초 【기초한자어】 익히고, 【기본→발전한자어】 다지기
悴薄(췌박) 초라함
悴顔(췌안) 파리한 얼굴
悴容(췌용) 초췌한 얼굴. 파리한 얼굴 모습
• 悴容은 혼자서 살고 있기에 파리한 얼굴 모습이다.
• 상처 후의 悴顔과 悴薄은 홀아비가 겪어냈던 아픈 일의 한 역사다.

기본 ① 悴賤(췌천) 困悴(곤췌) 貧悴(빈췌) 傷悴(상췌) 零悴(영췌) 憔悴(초췌) 疲悴(피췌) 毁悴(훼췌)

발전 ① 窮悴(궁췌) 愁悴(수췌) 營悴(영췌) 萎悴(위췌) 盡悴(진췌)

부수	획수	총획
貝	11	18

혹 췌 : 【3300】

字源 〈형성〉 흔히 혹 떼러 갔다가 혹을 하나 더 붙였다는 속담이 있다. 필요 없는 군더더기가 더 붙어 곤욕을 받은 경우가 많다. 쓸모없는 것을 더 붙이는 수가 있다. 지금까지는 함부로(敖) 다루었지만 많은 재화(貝)를 덧붙였으니 [혹(贅)] 또는 현재에는 별 쓸모가 없다고 했으니 [군더더기(贅)]를 뜻하고 [췌]로 읽는다.
통瘤(혹 류)

필순 ᅩ 土 圭 圭 圭 敖 敖 贅 贅 贅

기초 【기초한자어】 익히고, 【기본 → 발전한자어】 다지기
贅句(췌구) 쓸데없는 문구
贅言(췌언) 군말. 실없는 말. 쓸데없는 말
贅子(췌자) 데릴사위. 빚 보증으로 잡힌 자식
• 贅子는 데릴사위 혹은 보증으로 잡힌 자식이라는 군더더기라는 뜻이다.
• 교정본의 贅句를 삭제하듯이 贅言하지 말고 이제는 필요한 말만 해야겠구나.
기본 ① 贅談(췌담) 贅文(췌문) 贅辯(췌변) 贅議(췌의) 句贅(구췌) 附贅(부췌) 瘤贅(유췌) 出贅(출췌)
발전 ① 贅客(췌객) 贅居(췌거) 贅論(췌론) 贅瘤(췌류) 贅辭(췌사) 贅壻(췌서) 贅說(췌설) 贅肉(췌육) 贅衣(췌의) 贅下(췌하) 贅行(췌행) 家贅(가췌) 特 宂贅(용췌) 充 贅尤(췌우)

부수	획수	총획
肉	6	10

연할 취 : 【3301】

字源 〈형성〉 '연하다'는 부드럽다는 뜻과 같다. 대상 때 입었던 상복을 부드럽게 만들어 두었다가 소상 때 다시 입는다. '연하다'는 어휘의 의미가 다른 경우가 있다. 신체(月)가 허약하여 마음의 위험(危)을 느끼니 [연하다(脆)] 또는 너무 몸이 약하여(危) 끊어지기 쉬운 고기(月)로 [무르다(脆)]는 뜻이고 [취]로 읽는다.
통弱(약할 약) 軟(연할 연)

필순 ㇑ 丿 月 月 月 肟 肸 肸 脆 脆

기초 【기초한자어】 익히고, 【기본 → 발전한자어】 다지기
脆味(취미) 연해서 맛이 좋음
脆薄(취박) 연하고 엷음. 인정이 야박함
脆弱(취약) 무르고 약함. 여림
• 脆味는 고기가 무르고 연해서 맛이 대단히 좋은 것이 그 특징이다.

• 脆薄한 사람이라도 더러는 脆弱한 면이 있어 의견 교환이 가능하다.
기본 ① 脆破(취파) 嬌脆(교취) 凍脆(동취) 肪脆(방취) 浮脆(부취) 肥脆(비취) 新脆(신취) 柔脆(유취) 清脆(청취)
발전 ① 脆怯(취겁) 脆美(취미) 脆軟(취연) 甘脆(감취) 輕脆(경취) 勁脆(경취) 危脆(위취) 特 嫩脆(눈취)

부수	획수	총획
女	8	11

장가들 취 : 【3302】

字源 〈형성〉 '장가들다'는 남자가 여자를 만나 결혼하는 것을 달리 이르는 말이다. 흔히 쓰는 말로 '장가들다, 장가간다' 등 두 가지 표현 모두 같은 뜻으로 쓰인 경우다. 남자의 입장에서 보아 평생을 함께 하며 같이 살아갈 아내(女)를 맞이했으니(取) 꼭 알맞은 백년 배필을 만나 [장가들다(娶)]는 뜻이고 [취]로 읽는다.
통婚(혼인할 혼) 맨嫁(시집갈 가)

필순 一 丆 � 耳 耳 取 取 娶 娶 娶

기초 【기초한자어】 익히고, 【기본 → 발전한자어】 다지기
娶嫁(취가) 장가가고 시집가는 일
娶妻(취처) 아내를 맞아들임. 장가듦
前娶(전취) 전처(前妻). 본실
• 前娶는 주로 처음 맞이한 아내로 본실이다.
• 우리나라에서 행하는 의례 행사 중 娶嫁와 娶妻는 아주 큰 행사로 여겼다.
기본 ① 娶得(취득) 嫁娶(가취) 外娶(외취) 婚娶(혼취)
발전 ① 娶禮(취례) 改娶(개취) 縛娶(박취)
사자성어 ① 不娶同姓(불취동성)

부수	획수	총획
羽	8	14

물총새 취 :
푸를 취 : 【3303】

字源 〈형성〉 '물총새'는 움직이지 않는 정물(靜物)처럼 가만히 한 곳만을 응시하여 본다. 숨 막히는 '고요' 속에서 목표물을 포획하기 위한 폭발적인 힘과 전략이 거기에 감춰져 있으리라. 순수하게(卒←粹) 날갯짓(羽)을 하는 [물총새(翠)] 또는 푸른(卒) 바다와 하늘만을 골라서 나니(羽) [푸르다(翠)]는 뜻이고 [취]로 읽는다.
통碧(푸를 벽)

필순 ㇗ 彐 尹 羽 羽 羿 翠 翠 翠 翠 翠

기초 【기초한자어】 익히고, 【기본 → 발전한자어】 다지기
翠樓(취루) 푸른 칠을 한 누각. 기생집

1급

翠鳳(취봉) 푸른빛의 봉황새. 천자의 기를 꾸미는 장식
翠玉(취옥) 에메랄드. 비취옥(翡翠玉)의 준말
* 翠玉은 보석으로서 가치가 높다고 하는 녹주석으로 부른다.
* 한 선비가 翠樓를 쳐다보며 자기가 마치 翠鳳인듯 꿈을 꾸고 있다.

기본 ① 翠髮(취발) 翠帳(취장) 翠尖(취첨) 翠華(취화) 光翠(광취) 濃翠(농취) 晚翠(만취) 疏翠(소취) 野翠(야취) 精翠(정취) 蒼翠(창취) 靑翠(청취)

발전 ① 翠聞(취규) 翠簾(취렴) 翠巒(취만) 翠眉(취미) 翠微(취미) 翠屛(취병) 翠峯(취봉) 翠色(취색) 翠煙(취연) 翠影(취영) 翠雨(취우) 翠陰(취음) 翠花(취화) 綠翠(녹취) 翡翠(비취) 幽翠(유취) 深翠(심취) 翡翠衾(비취금) [特] 翠翹(취교) 翠黛(취대) 翠巒(취란) 翠嵐(취람)

사자성어 ① 翠帳紅閨(취장홍규)

부수	획수	총획
心	9	12

슬플 측【3304】

字源 〈형성〉'슬프다'는 현재의 상황이 서럽거나 불쌍하여 마음이 괴롭고 아프다는 뜻이다. 유의어로는 '구슬프다. 서글프다, 애통(哀痛)하다, 섧다'는 뜻을 담는다. 어려운 사람을 보면 안쓰럽고 불쌍하게 여기면서 재산(貝)을 나누어(刂) 주고 싶은 마음(忄)이 들었다고 했으니 [슬프다(惻)]는 뜻이고 [측]으로 읽는다.
回憫(민망할 민) 愴(슬플 창) 痛(아플 통) 怛(슬플 달)

필순 丶丶忄忄忄忄忄惻惻惻

기초 【기초한자어】 익히고, 【기본→발전한자어】 다지기
惻憫(측민) 가엾게 여기고 근심함
惻隱(측은) 가엾고 애처로움. 불쌍하게 여김
惻痛(측통) 몹시 슬퍼함
* 惻憫은 매우 불쌍하게 여겨 가슴 아파함으로 한국적인 측은한 마음이다.
* 시집간 딸을 惻隱하게 생각하다가 惻痛으로 그만 자리에 눕고 말았다.

기본 ① 惻心(측심) 惻愴(측창) 懇惻(간측) 憫惻(민측) 悲惻(비측) 傷惻(상측) 銀惻(은측) 愴惻(창측) 悽惻(처측)

발전 ① 惻然(측연) 惻刟(측절) 惻楚(측초) 惻惻(측측) 矜惻(긍측) [特] 惻怛(측달)

사자성어 ① 惻隱之心(측은지심) 仁慈隱惻(인자은측)

부수	획수	총획
巾	12	15

기 치【3305】

字源 〈형성〉'기(旗)'는 그 '어떠한'이란 뜻을 갖는다. 주요한 기의 기능 가운데 하나는 의미의 상징성이 크다. 서로 의견이 분분할 때 자기편 태도를 밝혀 '기치가 선명하다'고 말했었다. 어떤 사물을 다른 것과 서로 구별할 수 있도록 어떠한 표지(戠시)←識로 삼았었던 천(巾)으로 [기(幟)]를 뜻하고 [치]로 읽는다.
回旗(기 기) 旌(기 정) 麾(기 휘) 回識(알 식/적을 지) 織(짤 직) 職(직분 직) 熾(성할 치)

필순 口巾巾帜帜帜帜帜幟幟

기초 【기초한자어】 익히고, 【기본→발전한자어】 다지기
旗幟(기치) 군중에서 쓰던 기. 목적을 위하여 내세우는 태도나 주장
標幟(표치) 표지. 다른 사물과 구별하기 위한 표시나 특징
赤幟(적치) 붉은 표시
* 赤幟는 붉은 표시를 한 깃발이다. 벌벌 치를 떨었던 저 인공기와 일장기를 보라.
* 모두가 '경제대국 달성'이란 旗幟 아래 우리 모두 힘을 모아 매진합시다.

기본 ① 疑幟(의치) 虛幟(허치)
발전 ① 鯉幟(이치) 立幟(입치)

부수	획수	총획
馬	3	13

달릴 치【3306】

字源 〈형성〉'달리다'는 걷지 않고 달음질로 발을 재촉하며 빨리 가는 발걸음이다. '우리는 앞만 보고 힘껏 달렸었다'에서 보인 용례인 것처럼 유의어로는 '닫다. 뛰다'가 쓰인다. 말(馬)이 등을 넘실거리면서(也) 힘껏 [달리다(馳)] 또는 말(馬)이 있어야만(也) 빨리 달릴 수 있었으니 [급하다(馳)]는 뜻이고 [치]로 읽는다.
回奔(달릴 분) 走(달릴 주) 驅(몰 구) 騁(달릴 빙)

필순 匚Ｆ厂馬馬馬馬馬馳馳

기초 【기초한자어】 익히고, 【기본→발전한자어】 다지기
馳車(치거) 빠른 수레. 공격용 수레. 달리는 수레. 수레를 달림
馳突(치돌) 힘차게 달림. 돌진함
馳辯(치변) 말을 교묘하게 잘함
* 馳車는 빠른 수레로 적군을 공격하기 위한 용도로 사용했다고 한다.
* 장군의 馳辯을 듣던 병사들은 馳突 한가운데 금방 승전고를 울렸다.

기본 ① 馳競(치경) 馳亶(치단) 馳馬(치마) 馳驛(치역) 馳走(치주) 馳魂(치혼) 高馳(고치) 背馳(배치) 飛馳(비치) 星馳(성치) 電馳(전치) 周馳(주치) 匹馳(필치)
발전 ① 馳檄(치격) 馳結(치결) 馳年(치년) 馳念(치념) 馳到

(치도) 馳道(치도) 馳名(치명) 馳步(치보) 馳報(치보)
馳思(치사) 馳射(치사) 馳心(치심) 馳迎(치영) 馳詣(치예)
馳專(치전) 馳進(치진) 馳逐(치축) 馳行(치행) 競馳(경치)
驅馳(구치) 奔馳(분치) 相馳(상치) 爭馳(쟁치) 特 馳騁
(치빙) 馳驟(치취) 馳軍(치휘) 名特 馳猶(치유) 名特 馳務(치무)

사자성어 ① 馳譽丹靑(치예단청) 東馳西走(동치서주) 特 風馳
電製(풍치전체)

부수	획수	총획
口	10	13

비웃을 치【3307】

字源 〈형성〉 '비웃다'는 빈정거려 업신여기는 투로 웃는 것이
다. '내 행동을 비웃었다'의 용례에서 보인 것처럼 유의어
로는 '비소(誹笑)하다, 저소(詆笑)하다, 조소(嘲笑)하다' 등
이 쓰인다. 상대방을 뒤에 두고 입(口)으로 어리석게 얕잡
아 보며(蚩) 함부로 말을 내뱉으면서 그의 앞에서 [비웃다(嗤)]
는 뜻이고 [치]로 읽는다.
回 譏(비웃을 기) 嘲(비웃을 조)

필순 ㅣ ㄇ ㅁ ㅁ꒑ ㅁ꒑ 呭 喢 嗤 嗤 嗤

기초 【기초한자어】 익히고, 【기본 → 발전한자어】 다지기
嗤侮(치모) 비웃고 업신여김
嗤笑(치소) 빈정거리며 웃음
嗤點(치점) 비웃어 손가락질을 함
• 嗤點은 상대방의 말과 행동을 비웃으면서 손가락
  질을 하는 행위를 말한다.
• 가족에게 嗤侮를 당하고 친구에게 嗤笑를 당해도
  나는 내 일을 하겠다.

기본 ① 嗤罵(치매) 嗤易(치이) 巨嗤(거치) 謗嗤(방치) 笑嗤
(소치) 嘲嗤(조치)

부수	획수	총획
糸	10	16

빽빽할 치【3308】

字源 〈형성〉 '빽빽하다'는 사이가 촘촘하게 들어찬 상태를 이른
다. '근처 가게가 빽빽하게 들어섰다'란 용례에서 보인 것
처럼 유의어로는 '짙다'이고 큰 말은 '뻑뻑하다' 등이다. 실
(糸)의 결이 베를 짜는 기계 안으로 차곡차곡 이르러(致)
촘촘해져서 빈틈이 없는 모양이 되었으니 [빽빽하다(緻)]
는 뜻이고 [치]로 읽는다.
回 密(빽빽할 밀) 稠(빽빽할 조)

필순 ㄥ 幺 糸 糸 糸 紅 紉 経 緻 緻 緻

기초 【기초한자어】 익히고, 【기본 → 발전한자어】 다지기
緻密(치밀) 자세하고 빈틈없이 꼼꼼함
精緻(정치) 면밀하게 꿰매다
密緻(밀치) 빽빽하고 촘촘하다
• 密緻는 자상하고 꼼꼼하거나 썩 곱고 매우 빽빽함
  이다.
• 그는 緻密한 성격이기에 매우 精緻하여 꼼꼼하게
  할 것이다.

기본 ① 堅緻(견치) 薄緻(박치) 詳緻(상치) 叢緻(총치) 會緻
(회치)

발전 ① 緻拙(치졸) 工緻(공치) 巧緻(교치) 細緻(세치)

부수	획수	총획
人	6	8

사치할 치【3309】

字源 〈형성〉 '사치하다'는 분수에 지나친 생활을 한다는 뜻이
다. '차림새가 사치하지 않고 너무 소박하다'란 용례에서
보여주듯이, 유의어로는 '사미(奢靡)하다, 호사(豪奢)하다'
등이다. 재화가 많은(多) 사람(亻)들이 많이 모이는 자리
에서 남보다 곱고 예쁘게 보이려고 꾸몄으니 [사치하다(侈)]
는 뜻이고 [치]로 읽는다.
回 奢(사치할 사)

필순 ノ 亻 亻 亻 仁 侈 侈 侈

기초 【기초한자어】 익히고, 【기본 → 발전한자어】 다지기
侈口(치구) 큰 입
侈端(치단) 낭비의 시초. 사치의 시초
侈靡(치미) 분수에 넘치는 사치
• 侈口는 사람이나 짐승의 큰 입으로 잘 먹고 말도
  잘한다.
• 장신구를 사는 것이 侈端이었는데 이제는 侈靡에
  이르렀으니 개망신이구나.

기본 ① 侈濫(치람) 侈放(치방) 侈奢(치사) 侈傲(치오) 侈泰
(치태) 侈風(치풍) 驕侈(교치) 浮侈(부치) 邪侈(사치)
雄侈(웅치) 專侈(전치) 汰侈(태치) 弘侈(홍치)

발전 ① 侈麗(치려) 侈習(치습) 侈飾(치식) 侈多(치치) 極侈
(극치) 奢侈(사치) 華侈(화치) 奢侈品(사치품) 特 怙侈
(호치)

사자성어 ① 不侈不儉(불치불검) 世祿侈富(세록치부)

부수	획수	총획
火	12	16

성할 치【3310】

1급

字源 〈형성〉 '성하다'는 몸에 병이 없거나 아무런 탈이 없다는 뜻이다. '몸이 성(盛)해야만 정신도 맑네'라는 용례에서 보이는 것처럼 건강하여서 세차고 크게 일어나다는 뜻이겠다. 불(火)이나 창(戈)으로 찌르듯이 '퍽퍽하는 소리(音)를 내면서(戠) 활활 잘 타오르고 있었다고 하니 [성하다(熾)]는 뜻이고 [치]로 읽는다.
回 織(짤 직) 職(직분 직) 幟(기 치)

필순

기초 【기초한자어】 익히고, 【기본→발전한자어】 다지기
熾盛(치성) 불길같이 성함
熾熱(치열) 세력이 불길같이 맹렬함
熾烈(치열) 그 형세가 성하고 세참
• 熾烈은 기세나 세력 따위가 불길같이 맹렬함으로 보인다.
• 그 부대는 熾熱한 전투에서 승리하더니 이제는 국운이 熾盛하겠구나.

기본 ① 熾結(치결) 熾茂(치무) 熾昌(치창) 繁熾(번치) 盛熾(성치) 隆熾(융치) 殷熾(은치) 昌熾(창치) 豊熾(풍치)

발전 ① 熾憤(치분) 熾灼(치작) 熾張(치장) 煽熾(선치) 炎熾(염치) 熏熾(훈치) 特 熾肆(치사)

어리석을 치 【3311】

字源 〈형성〉 '어리석다'는 슬기롭지 못하고 우둔하다는 뜻이다. 유의어로는 슬기롭지 못하고 둔하다 했으니 '토매하다, 어수룩하다, 아둔하다, 우매하다' 등이 쓰인다. 사람이 잠시 망설이는(疑) 병(疒)이 들어 [어리석다(癡)] 또는 의심스러운(疑) 병증세(疒)를 은근하게 보였으니 [미련하다(癡)]는 뜻이고 [치]로 읽는다.
圖 鈍(둔할 둔) 呆(어리석을 매) 頑(완고할 완) 愚(어리석을 우) 回 痴

필순 广 疒 疒 疒 疒 痖 痖 痖 痖 癡 癡

기초 【기초한자어】 익히고, 【기본→발전한자어】 다지기
癡鈍(치둔) 어리석고 둔함
癡呆(치매) 지능·의지·기억 등 정신적인 능력이 현저하게 감퇴한 것
癡情(치정) 옳지 못한 관계로 맺어진 남녀 간의 애정
• 癡鈍은 미련하고 魯鈍(노둔)하여 스스로 일을 처리하지 못하는 것을 뜻한다.
• 젊어서 癡情으로 아내를 애태우게 하더니, 결국 나이 먹어 癡呆를 앓는구나.

기본 ① 癡骨(치골) 癡頑(치완) 癡愚(치우) 癡人(치인) 癡漢(치한) 癡行(치행) 狂癡(광치) 嬌癡(교치) 騷癡(교치) 白癡(백치) 書癡(서치) 頑癡(완치) 愚癡(우치) 音癡(음치)

情癡(정치) 天癡(천치) 虎癡(호치)

발전 ① 癡聾(치롱) 癡笑(치소) 癡愛(치애) 癡劣(치열) 癡態(치태) 出典 癡歎(치애)

사자성어 ① 癡人說夢(치인설몽)

부수	획수	총획
疒	6	11

치질 치 【3312】

字源 〈형성〉 '치질(痔疾)'은 흔히 항문에서 생기는 모든 질환의 총칭이라고 한다. 사람들은 치질의 주요 증상은 항문 밖으로 조직이 밀려난 탈장과 배변할 때에 출혈이다. 항문이 꽉 막히는(寺) 병 증세(疒)로 [치질(痔)] 또는 활동량 부족으로 절(寺)의 스님이 많이 걸린 병(疒)으로 [치질(痔)]을 뜻하고 [치]로 읽는다.

필순 ` 亠 广 疒 疒 疒 痔 痔 痔 痔

기초 【기초한자어】 익히고, 【기본→발전한자어】 다지기
痔疾(치질) 항문의 안팎에 나는 종기의 총칭
血痔(혈치) 피가 나는 치질
痔漏(치루) 한방에서 이르는 치질의 한 가지
• 痔漏는 항문 주위에 작은 구멍이 생겨 고름이 줄줄 흐르는 병이다.
• 거친 음식섭취와 비위생적인 습관이 血痔와 痔疾을 키우는 데 큰 기여를 했다.

기본 ① 痔核(치핵)

발전 ① 內痔(내치) 漏痔(누치) 牡痔(모치) 裂痔(열치) 外痔(외치) 腸痔(장치) 特 痔瘻(치루) 瘻痔(누치) 牝痔(빈치) 出典 疣痔(우치)

부수	획수	총획
力	7	9

칙서 칙 【3313】

字源 〈형성〉 '칙서'는 임금이 특정인에게 훈계하거나 알림을 적은 문서의 총칭이다. '임금은 그에게 칙서(勅書)를 내렸다'라는 용례에서 보이듯이, 유의어로는 '칙조(勅詔)' 등이 쓰인다. 임금이 특정인을 마치 결박(束)하듯이 힘써(力) 하도록 훈계하거나 교서하면서 문서로 잘 알렸다 했으니 [칙서(勅)]를 뜻하고 [칙]으로 읽는다.
圖 詔(조서 조/소개할 소)

필순 一 厂 冖 百 市 束 束 勅 勅

기초 【기초한자어】 익히고, 【기본→발전한자어】 다지기
勅命(칙명) 임금의 명령
勅問(칙문) 천자의 하문

勅使(칙사) 칙명으로 가는 사신. 임금의 사신
• 勅問은 천자의 下問으로 임금이 신하에게 여러 가지를 묻는 행위다.
• 고을 수령은 勅命을 가지고 勅使가 되어 내려오는 친구를 맞았다.

기본 ① 勅戒(칙계) 勅庫(칙고) 勅斷(칙단) 勅額(칙액) 勅裁(칙재) 勅牒(칙첩) 勅行(칙행) 檢勅(검칙) 墨勅(묵칙) 修勅(수칙) 約勅(약칙) 制勅(제칙)

발전 ① 勅告(칙고) 勅敎(칙교) 勅勸(칙권) 勅答(칙답) 勅令(칙령) 勅法(칙법) 勅書(칙서) 勅選(칙선) 勅信(칙신) 勅諭(칙유) 勅任(칙임) 勅題(칙제) 勅祭(칙제) 勅詔(칙조) 勅差(칙차) 勅饌(칙찬) 勅筆(칙필) 勅許(칙허) 密勅(밀칙) 奉勅(봉칙) 申勅(신칙) 神勅(신칙) 僞勅(위칙) 遺勅(유칙) 欽勅(흠칙) 特 詔勅(소칙) 特 勅厲(칙려)

사자성어 ① 勞謙謹勅(노겸근칙)

부수	획수	총획
石	5	10

다듬잇돌 침 : 【3314】

字源 〈형성〉 '다듬잇돌'은 옷에 구김 없이 반드러워지게 옷감 등을 두드릴 때 밑에 받친 돌이라 한다. 유의어로는 베개와 눕는 자리를 아우른 말로 흔히 '침석(砧石)' 등이 있다. 천이나 옷에 자르르한 윤기를 내기 위하여 일정한 장소에 돌(石)을 고정시켜(占) 놓았다 했으니 (石) [다듬잇돌(砧)]을 뜻하고 [침]으로 읽는다.

필순 一 丆 石 石 矼 砧 砧 砧

기초 【기초한자어】 익히고, 【기본→발전한자어】 다지기
砧石(침석) 다듬잇돌
砧聲(침성) 다듬이질하는 소리
• 砧聲은 다듬이질하는 그 소리로 저 멀리까지 가슴 치도록 낭랑하게 들렸다.
• 낮에는 砧石 위에서 놀고, 밤에는 어머니 砧聲을 들으면서 무럭무럭 자랐다.

기본 ① 砧斧(침부) 刀砧(도침) 暮砧(모침) 霜砧(상침) 秋砧(추침) 寒砧(한침)

발전 ① 搗砧(도침) 水砧(수침) 鐵砧(철침) 砧基簿(침기부) 特 砧杵(침저) 特 擣砧(도침)

부수	획수	총획
金	9	17

침 침 【3315】

字源 〈형성〉 '침(鍼)'은 사람이나 가축의 질병을 치료하는 바늘처럼 생긴 가늘고 긴 의료기구의 일종이다. 참침·원침 외 9침이 있는데, '침요법, 외과, 안마' 등에 사용된다. 두 조각 천을 합치는(咸) 가는 쇠붙이(金)로 [바늘(鍼)] 또는 가느다란 쇠붙이(金)로 모두를 다(咸) 묶었으니 [침(鍼)]을 뜻하고 [침]으로 읽는다.

필순 丿 𠂉 午 金 釒 釘 釸 鉆 鍼 鍼

기초 【기초한자어】 익히고, 【기본→발전한자어】 다지기
鍼灸(침구) 침질과 뜸질
鍼術(침술) 침을 놓아 병을 고치는 의술
鍼筒(침통) 침을 넣어 두는 통
• 鍼灸는 일반적으로 침질과 뜸질로 한의사의 판단에 따른다.
• 전통 한의사가 鍼筒에서 바늘을 꺼내어 환자에게 鍼術로 치료했다.

기본 ① 鍼孔(침공) 鍼工(침공) 鍼盤(침반) 鍼艾(침애) 鍼錐(침추) 金鍼(금침) 短鍼(단침) 三鍼(삼침) 良鍼(양침) 直鍼(직침) 鐵鍼(철침)

발전 ① 鍼芒(침망) 鍼線(침선) 鍼醫(침의) 曲鍼(곡침) 大鍼(대침) 銀鍼(은침) 問安鍼(문안침) 特 鍼術(침술) 偸鍼(투침)

사자성어 ① 頂門一鍼(정문일침) 特 鐵杵磨鍼(철저마침)

부수	획수	총획
虫	11	17

숨을 칩 【3316】

字源 〈형성〉 '숨다'는 남에게 보이지 않도록 몸을 감춘 일이다. 용례는 '그는 얼른 지하실에 숨었다'는 용례처럼 쓰이는 유의어로는 '도피(逃避)하다. 잠적(潛跡)하다' 등이 있다. 슬슬 기어간 땅벌레(虫)를 붙잡으려고(執) 하면 벌레는 잡히지 않으려고 몸을 구부려 감췄으니 [움츠리다(蟄)] 또는 [숨다(蟄)]는 뜻이고 [칩]으로 읽는다.

동 伏(엎드릴 복) 藏(감출 장)

필순 土 去 幸 軷 執 執 蟄 蟄 蟄 蟄

기초 【기초한자어】 익히고, 【기본→발전한자어】 다지기
蟄居(칩거) 나가서 활동하지 않고 집에 들어박혀 있음
蟄龍(칩룡) 숨어서 나타나지 아니하는 용
蟄伏(칩복) 칩거(蟄居)
• 蟄伏은 蟄居와 같은 말로 벌레 따위가 겨울 동안 땅 속에 숨어 산다는 뜻이다.
• 그는 지금 향리에서 蟄居중이지만, 언젠가 크게 될 蟄龍임에 틀림없다.

기본 ① 蟄獸(칩수) 蟄藏(칩장) 蟄蟲(칩충) 驚蟄(경칩) 冬蟄(동칩) 發蟄(발칩) 幽蟄(유칩) 藏蟄(장칩) 土蟄(토칩) 閉蟄(폐칩)

발전 ① 蟄龍(칩룡) 蟄獸(칩수) 蟄蠶(칩잠) 蟄鍼(칩침) 啓蟄(계칩) 凍蟄(동칩) 鬱蟄(울칩) 坐蟄(좌칩) 廢蟄(폐칩) 국조 坏蟄(배칩)

1급

부수	획수	총획
禾	5	10

저울 칭【3317】

字源 〈형성〉 '저울'은 물건의 무게를 측정하는 데 쓰인 기구의 일종이다. '저울 눈금을 속이는 짓은 비겁하다'는 용례처럼 쓰인 유의어는 '권칭(權秤)'이 있으나 일반적이지 못한 것으로 보인다. 벼(禾) 무게를 정확히 달아 일정하고 고르게(平) 물건 무게를 다는 데 쓰였던 기구로 [저울(秤)]을 뜻하고 [칭]으로 읽는다.

圖衡(저울대 형)

필순 一二千千禾禾禾秤秤秤

기초 【기초한자어】 익히고, 【기본→발전한자어】 다지기
天秤(천칭) 저울의 한 가지. 천평칭
秤錘(칭추) 저울과 저울추
• 秤錘는 저울추로 저울대 한쪽에 걸거나 저울판에 올린다.
• 법관은 정확한 天秤과 秤錘와 같이 공정한 재판을 해야 한다.

기본 ① 秤竿(칭간) 秤水(칭수) 秤心(칭심) 秤衡(칭형)

발전 ① 秤量(칭량) 秤板(칭판) 官秤(관칭) 天平秤(천평칭)

사자성어 ① 我心如秤(아심여칭)

부수	획수	총획
心	9	12

게으를 타 :
【3318】

字源 〈형성〉 '게으르다'는 움직이거나 일하기 싫어하는 버릇을 뜻한다. '그렇게 게을러서야 되겠느냐?'는 용례처럼 쓰인 유의어로는 '나태(懶怠)하다, 태만(怠慢)하다, 나만(懶慢)하다' 등이다. 몸(月)과 마음(忄)이 서로 힘을 합해서 도와(左)주지 않는다면 사람이 긴장이 풀어져서 [게으르다(惰)]는 뜻이고 [타]로 읽는다.

圖懶(게으를 라) 怠(게으를 태) 回勤(부지런할 근)

필순 丶丶忄忄忄忄忄惰惰惰

기초 【기초한자어】 익히고, 【기본→발전한자어】 다지기
惰民(타민) 거지. 직업이 없이 떠돌아다니는 사람
惰性(타성) 굳어 버린 버릇
惰怠(타태) 게으름
• 惰民이라 했으니 바로 '거지'다. 일정한 직업이 없이 떠돌아다니는 사람이다.
• 그는 惰怠와 惰性을 버리지 못하더니만 결국에는 폐인이 되고 말았다.

기본 ① 惰氣(타기) 惰農(타농) 惰力(타력) 惰貧(타빈) 惰容(타용) 惰卒(타졸) 惰廢(타폐) 勤惰(근타) 懶惰(나타)

放惰(방타) 燕惰(연타) 頹惰(퇴타) 廢惰(폐타) 懈惰(해타)

발전 ① 惰慢(타만) 惰傲(타오) 惰遊(타유) 遊惰(유타) 弛惰(이타) 怠惰(태타) 昏惰(혼타) 特惰肆(타사) 惰偸(타투)

출전 慵惰(용타)

부수	획수	총획
木	9	13

길고둥글 타 :
【3319】

字源 〈형성〉 '길고 둥글다'처럼 두 가지 의미가 한 한자로 굳어진 경우가 더러 있다. 물쐐기, 빠가사리란 '자가사리(south torrent catfish)'의 길고 둥근 모양이 그 전형을 보인다. 나무(木)의 원형이 또 다르게 무너져서(隋←墮) 길고 둥근 전혀 다른 모양으로 변질되어 버렸으니 [길고 둥글다(楕)]는 뜻이고 [타]로 읽는다.

필순 一十才木木术椭椭椭楕楕

기초 【기초한자어】 익히고, 【기본→발전한자어】 다지기
楕圓(타원) 원추 곡선의 한 가지
楕率(타율) 타원율의 준말
楕球(타구) 길고 둥근 모양으로 된 공
• 楕球는 곧 타원형으로 생긴 둥글고 긴 공을 이른다.
• 楕圓과 楕率을 원추곡선이란 입장에서 설명하기는 결코 쉽지 않다.

발전 ① 楕圓形(타원형) 楕圓周(타원주)

부수	획수	총획
馬	5	15

낙타 타【3320】

字源 〈형성〉 '낙타'는 짐을 운반하거나 털·젖·가죽·고기 등을 얻기 위해 사육되는 동물이다. 적당히 길들이면 온순하나 발정기에는 날뛰기를 잘 한다. 귀찮으면 침을 뱉고 발로 찬다. 말(馬)과 성격이나 쓰임이 비슷하지만 전혀 다른(它) 종류로 분류되는 사막의 강한 동물로 [낙타(駝)]를 뜻하고 [타]로 읽는다.

圖駱(낙타 락)

필순 厂厂厂馬馬馬馬馬駝駝駝

기초 【기초한자어】 익히고, 【기본→발전한자어】 다지기
駝鷄(타계) 타조의 딴 이름
駝峰(타봉) 낙타의 육봉
駱駝(낙타) 낙타과의 포유동물
• 駱駝는 낙타과의 포유동물로 사막의 왕이라 부른다.
• 낙타의 駝峰은 한 개인 것과 쌍봉인 것이 있다.

기본 ① 駝鳥(타조) 明駝(명타)

발전 ① 駝酪(타락) 駝背(타배) 駝載(타재) 海駝(해타) **特** 橐駝 (탁타)

사자성어 ① 荊棘銅駝(형극동타)

부수	획수	총획
阜	5	8

陀

비탈질 타
부처 타 【3321】

字源 〈형성〉 '비탈지다'는 수평에 대하여 큰 각도로 기울어진 상태를 말한다. 이 한자는 부처로도 사용하는 등 뜻이 다른 한자다. 뱀(它)은 비탈진 언덕(阝)을 자주 넘나들었으니 [비탈지다(陀)]는 뜻으로 쓰인다. 다음은 범어에서 두루 쓰였던 'ta, dha'의 음역자(音譯字)를 받아서 [부처(陀)]를 뜻하고 [타]로 읽는다.

필순 ⠂ ⠂ 阝 阝 阝 阤 阤 陀

기초 【기초한자어】 익히고, 【기본→발전한자어】 다지기
佛陀(불타) 부처의 원말
頭陀(두타) 청정하게 불도를 닦는 수행
彌陀(미타) '아미타불'의 준말
• 彌陀는 '아미타불'의 준말로 서방 정토에서 불법을 설한다는 부처다.
• 불교의 오묘한 경지는 頭陀에 의한 佛陀로 존경할 만한 하겠다.

기본 ① 伽陀(가타) 盤陀(반타) 沙陀(사타) 首陀(수타) 韋陀 (위타) 圍陀(위타)

발전 ① 蔓陀(만타) 密陀(밀타) 阿彌陀(아미타) 火頭陀(화두타) **特** 陂陀(파타)

사자성어 ① 伽留陀夷(가류타이) **特** 曼陀羅供(만다라공)

부수	획수	총획
口	8	11

唾

침 타 : 【3322】

字源 〈형성〉 '침(涎)'은 해독과 종양을 녹여서 병독을 없애려는 기능이 있다. 침 맛이 달고 짜며 평범하다. 주로 폐, 신, 위경에 관계되는데 바르거나 혀로 핥는 방법으로 외용을 한다. 맛있는 음식을 보면 먹고 싶어 입(口)에서 항시 드리워지면서(垂) 흘러서 아래로 떨어지려는 액체로 [침(唾)]을 뜻하고 [타]로 읽는다.

필순 ⠂ 口 口 口 呵 吘 吞 咘 唾 唾

기초 【기초한자어】 익히고, 【기본→발전한자어】 다지기
唾具(타구) 가래나 침을 뱉는 그릇
唾手(타수) 손에 침을 뱉음. 용기를 내어 일에 착수함. 일이 수월함

唾液(타액) 침
• 唾手는 손에 침을 뱉는 그런 행위를 뜻한다.
• 병원에서 환자의 唾液은 반드시 唾具에 뱉도록 권장하고 있다.

기본 ① 唾罵(타매) 唾線(타선) 口唾(구타) 棄唾(기타) 寶唾 (보타) 零唾(영타) 珠唾(주타) 涕唾(체타) 咳唾(해타)

발전 ① 唾棄(타기) 唾痰(타담) 瓊唾(경타) 津唾(진타) **特** 唾涎 (타연) 唾壺(타호)

사자성어 ① 唾面自乾(타면자건) 唾手可決(타수가결) 唾手可得 (타수가득) 咳唾成珠(해타성주)

부수	획수	총획
舟	5	11

舵

키 타
정선목 타 【3323】

字源 〈형성〉 '키'는 부는 바람을 돛에 싸서 배가 정방향으로 나가게 하는 목선의 방향을 잡는다. 운전대와 같은 역할을 한다. 사람이 일일이 손을 잡아 나가는 방향을 조절한다. 뱀(它)의 꼬리처럼 사람 마음대로 움직이면서 배(舟)가 가는 방향을 바로 잡아주는 정선목(它 : 正船木) 기구로 [키(舵)]를 뜻하고 [타]로 읽는다.

필순 ⠂ 丿 刀 月 舟 舟 舟 舮 舮 舮 舵

기초 【기초한자어】 익히고, 【기본→발전한자어】 다지기
舵手(타수) 키잡이. 배의 키를 조종하는 사람
舵工(타공) 배의 키를 잡는 사공
舵公(타공) 키를 잡는 사공
• 舵工은 배의 키를 잡는 사공으로 가는 방향을 조절한다.
• 먼 곳을 항해하는 데 舵公이나 舵手의 역할은 아주 중요하다 하겠다.

발전 ① 舵器(타기) 舵機(타기) 操舵(조타) 方向舵(방향타) 操舵手(조타수)

부수	획수	총획
金	13	21

鐸

방울 탁 【3324】

字源 〈형성〉 '방울'은 주로 얇은 쇠붙이를 둥글고 속이 비게 만든 안내자의 역할이다. 안에 단단한 물체를 넣어서 잘 흔들면 소리가 나는 물건이다. 대문에 붙여 사람 출입도 알려준다. 얇은 쇠붙이(金)를 속이 완전히 비도록 동그랗게 엿보아(睪) 곱게 만들어 소리가 나오는 물건으로 [방울(鐸)]을 뜻하고 [탁]으로 읽는다.
동 鈴(방울 령)

필순 ⠂ ⠂ 金 釒 釦 鐸 鐸 鐸 鐸 鐸

기초 【기초한자어】 익히고, 【기본→발전한자어】 다지기
鐸鈴(탁령) 방울
風鐸(풍탁) 바람이 불면 울리는 방울
鈴鐸(영탁) 방울
• 風鐸은 바람이 불면 울리는 방울로 산사에 있다.
• 산사의 대문에 鐸鈴이나 鈴鐸을 달아 손님들의 왕래를 시원하게 알린다.

기본 ① 鼓鐸(고탁) 大鐸(대탁) 鳴鐸(명탁) 辨鐸(변탁) 振鐸(진탁)

발전 ① 金鐸(금탁) 木鐸(목탁) 特 鉦鐸(정탁)

사자성어 ① 一世木鐸(일세목탁)

부수	획수	총획
手	14	17

뽑을 탁 【3325】

字源 〈형성〉 '뽑다'는 깃털이나 희끗희끗한 털을 잡아당겨서 빼내다는 뜻으로 쓰인다. '그들은 벽에 박혀 있는 못을 억지로 뽑았다'의 예문이 있어 왔다. 피동사로는 '뽑히다' 등이 쓰인다. 꿩깃(翟)을 잘 사용하려고 할 때에는 색깔이 아름다운 것을 골라 손(扌)으로 가려내며 썼으니 [뽑다(擢)]는 뜻이고 [탁]으로 읽는다.
동 擧(들 거) 拔(뽑을 발) 抽(뽑을 추)

필순 ㅓ ㅓ ㅓ ㅓ ㅓ ㅓ ㅓ 擢 擢 擢

기초 【기초한자어】 익히고, 【기본→발전한자어】 다지기
擢拔(탁발) 많은 사람 중에서 추려 올려서 씀
擢秀(탁수) 인품이 무리에서 빼어남
擢用(탁용) 많은 사람 중에서 뽑아 씀
• 擢拔은 많은 사람 중에서 잘 추려서 올려 쓴다.
• 회사에서 擢秀한 인재를 擢用하는 것은 당연하다

기본 ① 擢擧(탁거) 擢登(탁등) 擢第(탁제) 擧擢(거탁) 登擢(등탁) 拔擢(발탁) 選擢(선탁) 優擢(우탁) 奬擢(장탁) 銓擢(전탁) 超擢(초탁) 抽擢(추탁) 表擢(표탁)

발전 ① 擢授(탁수) 簡擢(간탁) 莖擢(경탁) 魁擢(괴탁) 稻擢(도탁) 昇擢(승탁) 特 陞擢(승탁) 特 擢竦(탁송)

사자성어 ① 擢髮難數(탁발난수) 不次擢用(불차탁용)

부수	획수	총획
心	12	15

꺼릴 탄 【3326】

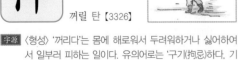

字源 〈형성〉 '꺼리다'는 몸에 해로워서 두려워하거나 싫어하여서 일부러 피하는 일이다. 유의어로는 '구기(拘忌)하다, 기오(忌惡)하다, 기피(忌避)하다' 등이 쓰인다. 자신의 마음(忄)이 마치 활(單)처럼 반발하니 [꺼리다(憚)] 또는 마음(忄)

에도 없었는데 그것을 혼자(單) 하려 하니 [꺼리다(憚)]는 뜻이고 [탄]으로 읽는다.
동 避(피할 피) 회 禪(선 선) 彈(탄알 탄)

필순 忄 忄 忄 忄 忄 忄 忄 忄 憚 憚 憚

기초 【기초한자어】 익히고, 【기본→발전한자어】 다지기
憚服(탄복) 두려워서 복종함
憚畏(탄외) 꺼리고 두려워함
敬憚(경탄) 우러러 감탄함
• 敬憚은 공경하면서 어렵게 여김이니 조심하고 공경함이다.
• 악덕 고용주를 憚畏하고 憚服할 뿐 진정으로 존경하지는 않았다.

기본 ① 憚避(탄피) 憚赫(탄혁) 忌憚(기탄) 忿憚(분탄) 嚴憚(엄탄) 寵憚(총탄) 回憚(회탄)

발전 ① 憚改(탄개) 憚憚(탄탄) 驚憚(경탄) 猜憚(시탄) 畏憚(외탄) 憂憚(우탄) 嫌憚(혐탄)

부수	획수	총획
口	4	7

삼킬 탄 【3327】

字源 〈형성〉 '삼키다'는 음식을 입에 넣어 목구멍으로 넘기다는 뜻이다. '침을 꿀꺽 삼키다'는 용례처럼 보인바, 유의어로는 '탄하(吞下)하다, 꿀꺽하다, 먹다' 등이 쓰이고 있다. 음식을 입(口)과 목젖(天)으로 들이 [삼키다(吞)] 또는 일찍 죽은(夭) 사람(口)은 하늘이 심하게 노해서 [멸하다(吞)]는 뜻이고 [탄]으로 읽는다.
동 咽(목구멍 인/삼킬 연) 凹 吐(토할 토)

필순 ㅡ ㅡ 千 天 天 吞 吞

기초 【기초한자어】 익히고, 【기본→발전한자어】 다지기
吞滅(탄멸) 삼켜서 없애 버림. 다른 나라의 영토를 한데 아울러서 멸망시킴
吞剝(탄박) 강제로 빼앗음
吞聲(탄성) 소리를 삼킴. 통곡할 때 슬픔에 못 이겨 소리를 제대로 내지 못하고 흐느끼는 것
• 吞滅은 다른 나라를 멸망시키거나 삼켜서 없애 버리는 일이다.
• 전 재산을 吞剝당하고 吞聲하면서 이렇게 사느니 차라리 죽는 편이 더 낫겠다.

기본 ① 吞咽(탄연) 吞天(탄천) 吞吐(탄토) 吞恨(탄한) 甘吞(감탄) 鯨吞(경탄) 狼吞(낭탄) 並吞(병탄) 聲吞(성탄) 咀吞(저탄)

발전 ① 吞停(탄정) 倂吞(병탄) 特 吞噬(탄서)

사자성어 ① 吞刀刮腸(탄도괄장) 吞牛之氣(탄우지기) 甘吞苦吐(감탄고토) 淸濁倂吞(청탁병탄)

綻 터질 탄 : 【3328】

부수	획수	총획
糸	8	14

字源 〈형성〉'터지다'는 내용물이 가득 차서 그것을 싼 것이 찢어지거나 뚫린다는 뜻이다. '피부가 많이 갈라져 벌어지다. 폭발물이 갑자기 터지다' 등으로 쓰인 한자라 하겠다. 숨어 있던 은밀한 것이 얼굴을 쏙 내밀(定←旦)듯이 솔기가 터지면서 속옷(糸)이 살짝 보였으니 [터지다(綻)]는 뜻이고 [탄]으로 읽는다.
圖 炸(터질 작) 坼(터질 탁)

필순 ⺜ ⺘ ⺈ 糸 紒紒紒綻綻綻綻

기초 【기초한자어】 익히고, 【기본→발전한자어】 다지기
綻裂(탄열) 터지고 찢어짐
綻破(탄파) 터지고 해어짐
綻開(탄개) 꽃이 핌
• 綻開는 일 년 동안 참아왔던 꽃망울을 터뜨리고 꽃이 피었다는 뜻이다.
• 오래 입었던 청바지가 綻破되더니만 이제는 상의마저 綻裂되었다.
기본 ① 斷綻(단탄) 衣綻(의탄) 破綻(파탄) 紅綻(홍탄)
발전 ① 綻露(탄로) 綻花(탄화) 綻破綻(총파탄)

坦 평탄할 탄 : 【3329】

부수	획수	총획
土	5	8

字源 〈형성〉'평탄하다'는 주위가 평평하다는 뜻과 생활이 되어 가는 상황이 매우 순조롭다는 뜻도 담고 있다. 용례는 '땅이 평탄하여 농토가 많다'에서 보이고 있다. 넓은 땅(土)이 해(日)가 떠오르는 저 지평선(一)같이 멀리 퍼졌으니 [평탄하다(坦)] 또는 평탄한(旦) 땅(土)이 많이 고르고 [넓다(坦)]는 뜻이고 [탄]으로 읽는다.
圖 夷(오랑캐 이) 平(평평할 평)

필순 ⺀ ⺌ ⺌ 圢 坦坦坦

기초 【기초한자어】 익히고, 【기본→발전한자어】 다지기
坦腹(탄복) 배를 깔고 엎드림. 엎드려 뒹굶. 사위
坦率(탄솔) 깔끔하고 꾸미지 않음
坦然(탄연) 안정되어 평온한 모양
• 坦然은 생활이 안정되어 비교적 평온한 모양의 느낌이다.
• 날마다 坦腹하여 놀고 있는 형에 비해 오히려 坦率한 동생의 앞날이 더 밝다.
기본 ① 坦途(탄도) 坦路(탄로) 坦蕩(탄탕) 坦懷(탄회) 令坦(영탄) 夷坦(이탄) 平坦(평탄)

발전 ① 坦道(탄도) 坦步(탄보) 坦夷(탄이) 坦坦(탄탄) 坦平(탄평) 東坦(동탄) 順坦(순탄)
사자성어 ① 坦坦大路(탄탄대로) 虛心坦懷(허심탄회)

眈 노려볼 탐 【3330】

부수	획수	총획
目	4	9

字源 〈형성〉'노려보다'는 미움이나 적대심이 담긴 눈초리로 보다는 뜻이다. '나를 노려보는 눈빛이 매섭다'란 용례에서 보듯, 유의어로는 '쏘아보다' 등이 있다. 마음이 한 곳으로 쏠리어(尢←沈) 열심히 보니(目) 째리며 [노려보다(眈)] 또는 눈(目)이 한 곳으로만 자꾸 머뭇거리니(尢) [즐기다(眈)]는 뜻이고 [탐]으로 읽는다.

필순 ⎮ ⎴ 月 月 目 目 旷 眈 眈

기초 【기초한자어】 익히고, 【기본→발전한자어】 다지기
眈眈(탐탐) 범이 노려보는 모양. 야심을 갖고 기회를 노린 모양
• 眈眈은 산속의 범이 사람을 해치려고 노려보는 모양이다.
• 찾아온 손님이 우리 집 가보를 보면서 眈眈하는 모습에 탄성을 자아냈다.
사자성어 ① 虎視眈眈(호시탐탐)

搭 탈 탑 【3331】

부수	획수	총획
手	10	13

字源 〈형성〉'타다'는 놀이기구에 올라 몸을 싣다는 뜻이다. 용례는 '택시를 타는 것이 좋겠구나'에서 보인다. 같이 쓰는 유의어로는 '올라타다. 사용하는 것을 포착(捕捉)하다' 등이 있겠다. 잘 말린 풀(卄)을 주워서(拾) 마차에 옮겨 [싣다(搭)] 또는 탈것이나 짐승에 몸을 얹으니 [타다(搭)]는 뜻이고 [탑]으로 읽는다.
圖 乘(탈 승) 載(실을 재)

필순 ⼀ ⼗ 扌 扌 扌 扩 扻 扻 搭搭搭

기초 【기초한자어】 익히고, 【기본→발전한자어】 다지기
搭乘(탑승) 배·비행기·차 따위에 탐
搭載(탑재) 짐을 실음
搭船(탑선) 승선(乘船)
• 많은 사람이 배에 乘船하는 모습이 좋게 보인다.
• 화물칸에 搭載함을 확인한 다음 나는 搭乘하여 그 자리에 앉았다.
기본 ① 搭鉤(탑구) 搭住(탑주) 頭搭(두탑) 鐵搭(철탑)

1급

발전 ① 搭寫(탑사) 掛搭(괘탑) 搭乘客(탑승객)

부수	획수	총획
艹	12	16

蕩

방탕할 탕 :
【3332】

字源 〈형성〉 '방탕하다'는 주색잡기 등에 빠져 행실이 그리 좋지 못함의 뜻과 마음이 들떠 갈피를 잡을 수 없다는 뜻을 함께 담는다. 그 쓰이는 용례는 '마음을 못 잡아 방탕한 여인' 등에서 보인다. 요동치며 끓는 물(湯)처럼 풀(艹)이 자유롭게 흔들리니 [호탕하다(蕩)] 또는 그렇게 [방탕하다(蕩)]는 뜻이고 [탕]으로 읽는다.
⑤ 佚(편안할 일/방탕할 질)

필순

기초 【기초한자어】 익히고, 【기본→발전한자어】 다지기
蕩竭(탕갈) 재물이 남김없이 다 없어짐
蕩覆(탕복) 깨뜨려 뒤엎음. 깨져 뒤집힘
蕩平(탕평) 소탕하여 완전히 평정함
• 취객이 물건이나 장독을 蕩覆했다.
• 부잣집이 蕩竭하기 전에 蕩平하여 잘 나눠 갖도록 우리 서로 노력하자.

기본 ① 蕩摩(탕마) 蕩析(탕석) 蕩漾(탕양) 蕩逸(탕일) 蕩子(탕자) 蕩滌(탕척) 蕩敗(탕패) 輕蕩(경탕) 動蕩(동탕) 放蕩(방탕) 粉蕩(분탕) 掃蕩(소탕) 搖蕩(요탕) 震蕩(진탕) 淸蕩(청탕) 波蕩(파탕) 浩蕩(호탕)

발전 ① 蕩減(탕감) 蕩恐(탕공) 蕩口(탕구) 蕩婦(탕부) 蕩産(탕산) 蕩心(탕심) 蕩兒(탕아) 蕩攘(탕양) 蕩然(탕연) 蕩搖(탕요) 蕩宥(탕유) 蕩遊(탕유) 蕩佚(탕일) 蕩定(탕정) 蕩情(탕정) 蕩志(탕지) 蕩盡(탕진) 蕩蕩(탕탕) 曠蕩(광탕) 奔蕩(분탕) 焚蕩(분탕) 消蕩(소탕) 疏蕩(소탕) 流蕩(유탕) 遊蕩(유탕) 淫蕩(음탕) 秩蕩(질탕) 跌蕩(질탕) 條蕩(조탕) 坦蕩(탄탕) 誕蕩(탄탕) 板蕩(판탕) 平蕩(평탕) 連蕩(포탕) 漂蕩(표탕) 飄蕩(표탕) 虛蕩(허탕) 豪蕩(호탕) 蕩平策(탕평책) 蕩倚(탕의) 燔蕩(번탕) 豁蕩(활탕)

사자성어 ① 蕩盡家産(탕진가산) 蕩蕩之勳(탕탕지훈) 蕩蕩平平(탕탕평평) 浩浩蕩蕩(호호탕탕)

부수	획수	총획
宀	5	8

宕

호탕할 탕 :
【3333】

字源 〈형성〉 '호탕하다'는 호기가 썩 많고 마음이 걸걸하다는 뜻과 세차게 내달리는 듯한 힘이 있다는 정도겠다. '듬직하다. 믿음직스럽다. 서글서글하다'는 뜻도 함께 담고 있다. 고관 집안(宀)에 정원과 경치석(石)을 잘 놓고 사는 명

문거족이 씨익 웃었으니 [호탕하다(宕)] 또는 [방탕하다(宕)]는 뜻이고 [탕]으로 읽는다.
⑤ 豪(호걸 호)

필순

기초 【기초한자어】 익히고, 【기본→발전한자어】 다지기
跌宕(질탕) 거의 방탕에 가깝도록 흠씬 노는 일
豪宕(호탕) 豪氣가 많고 걸걸하며 豪傑스럽고 放蕩함
• 지난 1년간 跌宕에 힘쓰더니 이제는 먹을 것도 없다.
• 豪宕은 호기가 썩 많고 걸걸하며 호걸스럽고 방탕함이다.

기본 ① 跌宕(질탕)

발전 ① 宕巾(탕건) 宕子(탕자) 澹宕(담탕) 疏宕(소탕) 종특 宕氅(탕창)

사자성어 ① 豪宕不羈(호탕불기)

부수	획수	총획
足	5	12

跆

밟을 태【3334】

字源 〈형성〉 '밟다'는 어디에 발을 들었다 놓고 대고 가만히 누르다는 뜻을 담는다. 용례는 '실수로 옆 사람 발을 가만히 밟았다'에서 보이는바, 유의어로는 '거치다. 마치다' 등이 있다. 발(足)을 크게(台) 벌릴 때나 상당히 높이 뛰어 [밟다(跆)] 또는 우리나라가 종주국으로 알려진 [태권도(跆)]를 뜻하고 [태]로 읽는다.
⑤ 藉(깔개 자/밟을 적)

필순

기초 【기초한자어】 익히고, 【기본→발전한자어】 다지기
跆拳(태권) 우리나라 특유의 무예의 하나. 태권도
• 跆拳道(태권도)는 국위 선양뿐만 아니라 국민건강에도 큰 도움이 된다.
• 오랜 전통의 우리나라 跆拳을 잘 보급한다면 큰 도움이 될 수 있겠다.

기본 ① 跆藉(태적)

발전 ① 跆拳道(태권도)

부수	획수	총획
竹	5	11

笞

볼기칠 태【3335】

字源 〈형성〉 '볼기치다'는 조선시대 형벌의 일종이다. 이때의 형벌에는 여러 가지가 있었다. 볼기를 치는 것도 태형이란 형벌제도의 하나였다. 일본에서 이 한자에 대한 의미가 도탑다. 큰(台) 죄를 지어서 대나무(竹) 막대로 만든 채

찍으로 죄인을 내리치니 [볼기치다(笞)] 또는 쳤던 [매(笞)]
를 뜻하고 [태]로 읽는다.
圈 撻(때릴 달)

필순 ノ ト ヶ ケ 灬 ど 竺 竺 竻 笞

기초 【기초한자어】익히고,【기본→발전한자어】다지기
笞罵(태매) 매질하며 욕함
笞責(태책) 매질하여 꾸짖음
笞杖(태장) 태형(笞刑)과 장형(杖刑)
• 笞杖인 笞刑과 杖刑은 죄지은 자에게 엄중한 벌
이었다.
• 어떤 笞責과 笞罵라 할지라도 나는 할 말은 하고
야 말 것이다.
기본 ①笞擊(태격) 笞撻(태달) 撻笞(달태) 掠笞(약태)
발전 ①笞靳(태근) 笞掠(태략) 笞罰(태벌) 笞殺(태살) 笞贖
(태속) 笞辱(태욕) 笞刑(태형) 鞭笞(편태) 零圈 捶笞(추태)

	부수	획수	총획
苔	艸	5	9

이끼 태【3336】

字源 〈형성〉 '이끼'는 축축하고 그늘진 곳에 무리를 이루어 땅
이나 바위 등에 붙어서 잘 자라난다. 쓰이는 유의어로는
'매태(苺苔), 태선(苔蘚), 녹전(綠錢), 선태(蘚苔)' 등이 있었
다고 한다. 잎과 줄기의 구별이 분명하지 않은 작은 풀
(艹)이 물속에 있는 큰(台) 돌에 잘 붙어서 사는 [이끼(苔)]
를 뜻하고 [태]로 읽는다.
圈 蘚(이끼 선)

필순

기초 【기초한자어】익히고,【기본→발전한자어】다지기
苔衣(태의) 이끼
苔田(태전) 바닷가에 김을 양식하기 위해 마련한 곳
苔泉(태천) 이끼 낀 샘
• 苔田은 바닷가에 마련한 곳으로 추운 겨울에 김
양식을 했다.
• 어린 시절 苔泉의 물맛을 결코 못 잊겠다.
기본 ①苔徑(태경) 苔碑(태비) 苔石(태석) 綠苔(녹태) 碧苔
(벽태) 石苔(석태) 陰苔(음태) 蒼苔(창태) 海苔(해태)
발전 ①苔紋(태문) 苔紙(태지) 甘苔(감태) 舌苔(설태) 靑苔
(청태) 翠苔(취태) 零圈 苔磵(태갈) 苔蘚(태선) 零圈 苺苔(매태)

	부수	획수	총획
汰	水	4	7

일 태【3337】

字源 〈형성〉 흔히 도태(淘汰)라고 했다. 도(淘)는 의미요소인
'물(氵)'과 발음요소인 '질그릇(旬)'이 더해진 글자로 질그
릇에 쌀을 넣고 조리를 이용해 물을 상당한 양을 부어 잡
물을 제거하는 과정이다. 물(氵)에 흔들어 크게(太) 씻어
서 쓸 것과 못 쓸 것을 가려내니 [일다(淘)] 또는 [미끄러
지다(汰)]는 뜻이고 [태]로 읽는다.
圈 沙(모래 사) 侈(사치할 치)

필순

기초 【기초한자어】익히고,【기본→발전한자어】다지기
汰金(태금) 물에 일어서 사금을 채취함
汰沙(태사) 물에 일어서 좋고 나쁜 것을 갈라놓음
汰侈(태치) 신분에 맞지 않는 사치
• 汰沙는 물에 일어서 좋고 나쁜 것을 갈라놓는 일
이다.
• 부모님이 汰金으로 힘들게 벌어들인 재산이니 그
렇게 汰侈해서는 안 된다.
기본 ①汰揀(태간) 汰兵(태병) 汰沃(태옥) 汰虐(태학) 擊汰
(격태) 淘汰(도태) 沙汰(사태) 銓汰(전태) 蕩汰(탕태)
발전 ①汰絶(태절) 汰淸(태청) 汰罷(태파) 奢汰(사태) 洗汰
(세태) 條汰(조태) 澄汰(증태) 零圈 狃汰(유태)
사자성어 ①人爲淘汰(인위도태) 自然淘汰(자연도태)

	부수	획수	총획
撐	手	12	15

버틸 탱【3338】

字源 〈형성〉 '버티다'는 어떤 어려움도 끝까지 참고 견디거나
이를 당해내다는 뜻이다. 쓰이는 용례에는 '오래 버티거나
배겨내다'에서 보이는바, 유의어로는 '지탱, 받치다, 괴다'
등이 있다. 손(手)을 써서 더는 기울어지거나 쓰러지지 않
도록 꽉 버팀목(堂)을 괴었으니 [버티다(撐)] 또는 [지주(撐)]
를 뜻하고 [탱]으로 읽는다.
圈 支(지탱할 지)

필순

기초 【기초한자어】익히고,【기본→발전한자어】다지기
撐船(탱선) 배를 저음. 배를 저어 나아감
孤撐(고탱) 외롭게 버티어 냄
枝撐(지탱) 오래 버티거나 잘 배겨냄
• 枝撐은 오랫동안 힘으로 버티거나 그 어려움을 배
겨내는 일이다.
• 강 건너까지 支撐한 후에 撐船한다면 20분 정도면
능히 갈 수는 있겠지.
기본 ①撐刺(탱자) 撐支(탱지) 支撐(지탱) 枝撐(지탱)
발전 ①撐過(탱과) 撐木(탱목) 撐保(탱보) 撐石(탱석) 撐柱
(탱주) 撐天(탱천)

1급

사자성어 ① 怒膽撐腸(노담탱장) 憤氣撐天(분기탱천)

擴

부수	획수	총획
手	15	18

펼 터 : 【3339】

字源 〈형성〉 '펴다'는 구겨지거나 접힌 것을 젖혀 벌리다는 뜻으로 쓰인다. 생각이나 말을 펴다는 뜻까지 담고 있다. 타동사적 성격을 띠고도 있으며 유의어는 '펼치다, 넓히다' 등이 있겠다. 생각(慮)을 여러 가지로 해보면서 손(扌)을 이리저리 움직였으니 [펴다(擴)] 또는 잘 펴서 [오르다(擴)]는 뜻이고 [터]로 읽는다.

필순 扌 扌 扩 扩 护 护 擴 擴 擴 擴 擴

기초 【기초한자어】 익히고, 【기본→발전한자어】 다지기
擴得(터득) 깊이 생각하여 깨달아 알아냄
擴破(터파) 자기 속마음을 털어놓고 이야기하여 의혹을 풀어 줌
擴懷(터회) 마음속에 품은 생각을 터놓고 이야기함
• 擴懷는 마음속에 품은 생각을 터놓고 말하는 것이다.
• 내가 擴破한 다음에 그 사실을 擴得하고 고마워했다.
기본 ① 擴頌(터송) 擴抱(터포)
발전 ① 擴意(터의)

慟

부수	획수	총획
心	11	14

서러워할 통 : 【3340】

字源 〈형성〉 '서러워하다'는 어떤 일에 원통하고 슬프게 여기다는 뜻이다. 용례는 '누명으로 감옥에 드는 신세를 서러워했다'에서 보이는바, 축약어로는 '서러워하다'였을 것이다. 참지 못할 서러운 마음(忄)이 생겨 몸을 움직이지(動) 못해 매우 애통해 했으니 [서러워하다(慟)] 또는 [슬프다(慟)]는 뜻이고 [통]으로 읽는다.
国哭(울 곡) 泣(울 읍)

필순 忄 忄 忄 怕 怕 怕 悼 悼 慟 慟

기초 【기초한자어】 익히고, 【기본→발전한자어】 다지기
慟哭(통곡) 슬퍼서 큰 소리로 욺
慟泣(통읍) 매우 슬프게 욺
哀慟(애통) 큰 소리로 울면서 매우 슬퍼함
• 哀慟은 마음으로 슬프게 울부짖는 것이다.
• 옆집의 慟哭과 慟泣을 들으니 틀림없이 큰일이 났으리라 짐작은 간다.
기본 ① 感慟(감통) 號慟(호통)
발전 ① 慟絶(통절) 慟楚(통초) 慟懷(통회) 悲慟(비통) 震慟(진통) 悽慟(처통) 㧓 摧慟(최통)

사자성어 ① 擗踴之慟(척금지통)

桶

부수	획수	총획
木	7	11

통 통 【3341】

字源 〈형성〉 '통(桶)'은 물건을 담는 그릇이다. 병(瓶)에 물을 담으면 물병이, 꽃을 담으면 꽃병이 된다. 통(桶)에 물을 담으면 물통이 되고, 쓰레기를 담으면 쓰레기통이 된다. 통의 쓰임에 따라 이름도 각각이다. 속이 빈(甬) 나무(木) 그릇인 [통(桶)] 또는 골목길(甬) 옆의 나무(木)로 만든 [통(桶)]을 뜻하고 [통]으로 읽는다.

필순 一 十 木 杧 杧 杧 柄 枒 桷 桶

기초 【기초한자어】 익히고, 【기본→발전한자어】 다지기
水桶(수통) 물통. 물이나 물건을 담는 그릇
漆桶(칠통) 옻을 담는 통
• 漆桶은 옻을 담는 통으로 쓰인다.
• 장거리 여행을 할 때에는 반드시 水桶을 준비하는 게 좋겠다.
기본 ① 斗桶(두통)
발전 ① 飼桶(사통) 浴桶(욕통) 醬桶(장통) 鐵桶(철통) 炭桶(탄통) 休紙桶(휴지통)

筒

부수	획수	총획
竹	6	12

통 통 【3342】

字源 〈형성〉 '통(筒)'은 대로 만든 대통과 둥글고 속이 빈 양끝이 열린 통이다. 원통의 물건이나 물건을 세는 단위를 말하고 고기를 잡기 위해 대오리로 엮어 만든 제구는 통발이라 한다. 같은(同) 모양의 판자나무를 둥글게 세워서 대나무(竹) 테로 묶어서 만든 대그릇인 통으로 호칭된 [대통(筒)]을 뜻하고 [통]으로 읽는다.

필순 ノ ト 片 片 竹 竹 竺 筒 筒 筒

기초 【기초한자어】 익히고, 【기본→발전한자어】 다지기
筒車(통차) 무자위의 한 가지
煙筒(연통) 양철 슬레이트 등으로 둥글게 만든 굴뚝
筆筒(필통) 붓을 꽂는 통
• 물을 대는 筒車를 본 적은 없지만, 말을 들어서 짐작은 할 수 있겠다.
• 양철로 만든 굴뚝인 煙筒과, 필기구를 넣고 다닌 筆筒을 본다.
기본 ① 封筒(봉통) 算筒(산통) 水筒(수통) 竹筒(죽통) 吹筒

1급

(취통) 號筒(호통)

발전 ① 簡箋(통전) 簡狀(통상) 圓筒(원통) 箸筒(저통) 釣筒
(조통) 銃筒(총통) 郵遞筒(우체통) 貯金筒(저금통) [特] 筒箽
(통저) [출전] 筒機(통종)

부수	획수	총획
肉	10	14

넓적다리 퇴 : 【3343】

字源 〈형성〉 '넓적다리'는 골반에서 무릎 관절까지 긴 부분이
다. 그 쓰이는 용례는 '넓적다리에 멍이 들었다'에 보인
바, 유의어로는 '대퇴(大腿), 대퇴부(大腿部)' 등이 있다. 사
람 몸(月)이 뒤(退)로 물러갈 때에 그에 상응하여 움직이
는 부분으로 다리에서 무릎 관절 위 넓은 부위로 [넓적다리(腿)]
를 뜻하고 [퇴]로 읽는다.

필순

기초 【기초한자어】 익히고, 【기본 → 발전한자어】 다지기
腿骨(퇴골) 넓적다리의 뼈
大腿(대퇴) 넓적다리
下腿(하퇴) 종아리
• 下腿인 종아리와 中腿인 허벅지 그리고 다리 전체
의 힘이 큰 버팀목이 된다.
• 등산 중에 腿骨과 大腿를 크게 다쳐서 들것에 실
려 내려왔다.
기본 ① 腿節(퇴절) 小腿(소퇴)
발전 ① 內腿(내퇴) 外腿(외퇴) 火腿(화퇴) [特] 燻腿(훈퇴)

부수	획수	총획
頁	7	16

무너질 퇴 【3344】

字源 〈형성〉 '무너지다'는 그만 허물어져 내려앉는다는 뜻이다.
쓰임의 용례는 '계속된 비로 인하여 둑이 무너졌다'에서
보이고 있으며, 유의어로는 '괴결(壞決)하다' 등이 두루 쓰
인다. 머리(頁)털이 다소 모자라고(禿) 대머리가 된 것은
털이 없는 탓일지니 [무너지다(頹)] 또는 [기울어지다(頹)]
는 뜻이고 [퇴]로 읽는다.
圖 圮(무너질 비)

필순

기초 【기초한자어】 익히고, 【기본 → 발전한자어】 다지기
頹敎(퇴교) 퇴폐한 가르침
頹落(퇴락) 낡아서 무너지고 떨어짐
頹齡(퇴령) 노쇠한 나이

• 頹敎는 퇴폐한 가르침으로 古文으로의 回歸에 관
심이 많이 간다.
• 젊어서 지은 집이 頹落하니 어느새 나도 頹齡이
되었나 싶구나.

기본 ① 頹缺(퇴결) 頹唐(퇴당) 頹壟(퇴롱) 頹漏(퇴루) 頹淪
(퇴륜) 頹舍(퇴사) 頹勢(퇴세) 頹俗(퇴속) 頹岸(퇴안)
頹巖(퇴암) 頹然(퇴연) 頹運(퇴운) 頹絶(퇴절) 頹坐
(퇴좌) 頹替(퇴체) 頹墜(퇴추) 頹波(퇴파) 頹風(퇴풍)
頹乎(퇴호) 老頹(노퇴) 衰頹(쇠퇴) 敗頹(패퇴)
발전 ① 頹陵(퇴릉) 頹思(퇴사) 頹雪(퇴설) 頹俗(퇴속) 頹顔
(퇴안) 頹暘(퇴양) 頹雲(퇴운) 頹幽(퇴유) 頹惰(퇴타)
頹敗(퇴패) 頹廢(퇴폐) 頹朽(퇴후) 頹毁(퇴훼) 救頹
(구퇴) 顚頹(전퇴) 廢頹(폐퇴) [特] 頹奇(퇴의) 頹歡(퇴휴)
[特] 頹圮(퇴비) [출전] 頹塌(퇴탑)

부수	획수	총획
衣	10	15

바랠 퇴 : 【3345】

字源 〈회의〉 바래다(褪色)는 본래보다 색깔이 옅거나 윤기가
없다는 뜻이다. 자동사 유의어로는 '퇴색(退色)하다', 타동
사 유의어는 '표백(漂白)하다' 등이 쓰인다. 처음의 색깔이
아니다. 옷(衤)을 입다보면 처음 살 때보다 시간이 지나면
본 빛깔이 아니고 한 발 더 물러났으니(退) [바래다(褪)]는
뜻이고 [퇴]로 읽는다.

필순

기초 【기초한자어】 익히고, 【기본 → 발전한자어】 다지기
褪色(퇴색) 빛이나 색이 바램
褪英(퇴영) 빛이 바랜 꽃잎
褪紅(퇴홍) 바래서 엷은 붉은색
• 褪紅은 엷은 분홍색으로 나름의 멋이 있다.
• 오래된 그림이 褪色과 褪英하여 당시 풍습을 알기
가 대단히 어렵다.

부수	획수	총획
土	8	11

쌓을 퇴 : 【3346】

字源 〈형성〉 '쌓다'는 어떤 재료를 차곡차곡 포개어 얹어 가면
서 하나하나 만들었음을 뜻한다. 이 한자는 자원과 풀이
가 서로 다르게 나타나는 모양이다. 첫째는 흙(土)을 통
한 새(隹) 모양으로 높이 [쌓다(堆)]는 뜻이다. 다음 두 번
째는 새(隹)의 똥이 흙(土) 위에 점차 쌓이니 [흙무더기(堆)]
를 뜻하고 [퇴]로 읽는다.
圖 積(쌓을 적)

1급

필순 一 十 土 圹 圹 圹 圹 圹 堆 堆

기초 【기초한자어】 익히고, 【기본→발전한자어】 다지기
堆肥(퇴비) 풀·짚 등 유기물을 썩혀서 만든 거름. 두엄
堆積(퇴적) 많이 덮쳐 쌓임
堆疊(퇴첩) 우뚝하게 겹쳐서 쌓음
• 堆疊은 무더기로 켜를 지어 우뚝하게 겹쳐 쌓음이
라고 한다.
• 친환경 농사를 지으려면 堆肥를 堆積해 두고 사용
하는 것이 좋다.
기본 ① 堆朱(퇴주) 堆紅(퇴홍) 培堆(배퇴) 土堆(토퇴)
발전 ① 堆愁(퇴수) 堆漆(퇴칠) 堆堆(퇴퇴) 堆積巖(퇴적암)
사자성어 ① 堆金積玉(퇴금적옥)

부수	획수	총획
木	10	14

칠 추
방망이 퇴 【3347】

字源 〈형성〉 '치다(擊)'는 방망이 등으로 상대를 때리거나 사정
없이 두드린다는 뜻이다. 이 한자의 자원은 같지만, 그 뜻
이 가해자의 행위와 방망이를 맞는 사람과 통합했음이 다
소 색다르다. 나무(木) 막대기와 손이 함께 따라(追)가야만
이 사람을 때릴 수 있으니 [치다(槌)] 또는 치는 [방망이(槌)]
를 뜻하고 [추/퇴]로 읽는다.
圖擊(칠 격)

필순 一 十 木 オ' 扌 ホ ボ 自 槌 槌

기초 【기초한자어】 익히고, 【기본→발전한자어】 다지기
槌鑿(추착) 망치와 끌
鐵槌(철퇴) 쇠몽둥이
槌擊(퇴격) 빙밍이나 쇠뭉지로 침
• 우리 한옥을 지으려면 槌鑿은 반드시 필요하리라.
• 여기까지 진격했으니 이제는 잠시 鐵槌로 막은 후
에 槌擊하라는 명을 내렸다.
기본 ① 槌提(퇴제) 金槌(금퇴) 木槌(목퇴) 研槌(연퇴)
발전 ① 槌剝(추박) 槌碎(추쇄) 槌敗(추패) 特 槌杵(추저)
사자성어 ① 槌輕釘聳(퇴경정용)

부수	획수	총획
女	5	8

샘낼 투 【3348】

字源 〈형성〉 '샘내다'는 상대를 염두에 두고 시샘하는 마음을
먹거나 투기하여 샘을 낸다는 뜻이다. 유의어로는 '시샘하
다, 샘을 내다, 투기하다, 질투하다'는 등으로 쓰인다. 여
자(女)가 돌팔매질(石)을 하듯이 감정이 쌓여서 다른 사람

을 우격다짐으로 시샘하니 [샘내다(妬)] 또는 [시샘하다(妬)]
는 뜻이고 [투]로 읽는다.
圖 忌(꺼릴 기) 嫉(미워할 질) 媚(강샘할 모)

필순 く ㄠ 女 女 女 妒 妒 妬

기초 【기초한자어】 익히고, 【기본→발전한자어】 다지기
妬忌(투기) 질투. 강샘
妬心(투심) 시기하는 마음
妬妻(투처) 시새움이 심한 아내
• 妬心은 시기하는 마음인바, 여자들은 투기심이 높
다고 한다.
• 집안의 행복을 위해 妬忌를 잘 하는 妬妻가 있다
는 것이 과연 다행한 일일까?
기본 ① 妬女(투녀) 妬昧(투매) 妬殺(투살) 妬嫉(투질) 妬悍
(투한) 嬌妬(교투) 憎妬(증투) 嫉妬(질투)
발전 ① 妬癡(투치) 妬賢(투현) 妬狹(투협) 特 妬媚(투모) 妬恚
(투에)
사자성어 ① 奸惡嫉妬(간악질투)

부수	획수	총획
大	7	10

씌울 투 【3349】

字源 〈회의〉 '씌우다'는 대상자에게 옷 따위를 입게 하다는 피
동의 뜻을 담는다. 쓰인 유의어로는 '입히다, 쓰게 하다'
등이 있다. 이 한자는 두 가지 뜻을 함께 담고 있다. 긴
(長) 물체를 덮개로 덮으니(大) [씌우다(套)]는 뜻이다. 두
번째는 사람의 키(長)가 크다(大)고 했으니 [크고 길다(套)]
는 뜻이고 [투]로 읽는다.

필순 一 ナ 大 木 本 本 套 套 套 套

기초 【기초한자어】 익히고, 【기본→발전한자어】 다지기
套頭(투두) 올가미. 탈
套習(투습) 본을 떠서 함. 틀에 박힌 관습이나 양식
套語(투어) 생동한 맛이 없는, 틀에 박힌 말
• 套頭는 올가미 또는 얼굴과 머리 뒤쪽을 모두 가
리는 탈을 뜻한다.
• 국제화를 위해 套習과 套語에 얽매일 필요는 없다.
기본 ① 套書(투서) 套袖(투수) 舊套(구투) 封套(봉투) 常套
(상투) 外套(외투) 陳套(진투) 河套(하투)
발전 ① 套間(투간) 文套(문투) 脫套(탈투) 虛套(허투)

부수	획수	총획
心	11	15

사특할 특 【3350】

字源 〈회의〉 '사특하다'는 말과 행동이 요사하고 간특하다는 뜻을 내포한다. 쓰이는 용례는 '사특한 계교와 생각'에서 보인바, 유의어로는 '영특(獰慝)하다, 특악(慝惡)하다' 등이 있다. 사람 눈을 잘 피해서 어디로 숨어(匿) 다니는 사람 마음(心)은 대부분이 [사특하다(慝)] 또는 [간사하다(慝)]는 뜻이고 [특]으로 읽는다.

圖 奸(간사할 간) 邪(간사할 사) 惡(악할 악)

필순 一 丆 丆 丏 丏 茅 菾 藈 慝 慝

기초 【기초한자어】 익히고, 【기본→발전한자어】 다지기
慝姦(특간) 간악한 사람
慝禮(특례) 나쁜 예. 나쁜 행위
姦慝(간특) 간사하고 사특함. '奸慝(간특)' 또는 '奸邪(간사)'와 같음

• 姦慝은 요사스럽고 간특한 행동이며, 대체적으로 마음이 바르지 못하다.
• 慝禮를 일삼는 저 慝姦은 벌을 받아 마땅하다.

기본 ① 慝名(특명) 慝邪(특사) 慝惡(특악) 淑慝(숙특) 淫慝(음특) 陰慝(음특) 讒慝(참특) 荒慝(황특)

발전 ① 慝怨(익원) 慝淑(특숙) 苛慝(가특) 奸慝(간특) 孔慝(공특) 邪慝(사특) 宿慝(숙특) 凶慝(흉특) [特] 咎慝(구특) 獰慝(영특) [特] 奰慝(비특)

부수	획수	총획
爪	4	8

긁을 파【3351】

字源 〈형성〉 '긁다'는 신체 일부의 살갗을 얇고 강한 물체 끝으로 문지른다는 뜻이겠다. 등이 근지러울 때에는 등긁이를 사용하여 등을 박박 긁고, 발이 가려울 때는 손톱으로 긁는다. 뱀(巴)이 바깥 땅에 엎드리거나 땅을 팔 때 손톱(爪)을 대신하여 비늘을 곧게 세우면서 기어갔으니 [긁다(爬)]는 뜻이고 [파]로 읽는다.

圖 搔(긁을 소)

필순 ´ 丆 爫 爫 爫 爫 爬 爬

기초 【기초한자어】 익히고, 【기본→발전한자어】 다지기
爬搔(파소) 긁음
爬行(파행) 벌레 · 뱀 따위가 땅에 몸을 대고 기어감
爬蟲(파충) 파충류의 총칭

• 爬蟲은 파충류에 딸린 동물들을 통틀어 일컫는다.
• 다리가 불편해서 爬行한 자와 피부병으로 爬搔하는 자의 고통은 많이 크다.

기본 ① 爬沙(파사) 爬櫛(파즐) 搔爬(소파) 搜爬(수파) 聚爬(취파)

발전 ① 爬疥(파개) 爬羅(파라) 爬梳(파소) 爬定(파정) 爬蟲類(파충류) [特] 爬痒(파양)

사자성어 ① 隔靴爬痒(격화파양) [特] 爬羅剔抉(파라척결) 麻姑

爬痒(마고파양)

부수	획수	총획
己	1	4

꼬리 파【3352】

字源 〈상형〉 '꼬리'는 동물의 꽁무니에 가늘고 길게 내민 예리한 부분이다. 우리 속담에 꼬리가 길면 밟힌다고 했으니 나쁜 일은 몰래 해도 절대 오래가지 못한다는 뜻일 것이다. 뱀(巳)이 자기 몸에 붙어있는 긴 꼬리를 곧게 세워서(|) 기어가는 모양을 형상화했으니 [꼬리(巴)] 혹은 [뱀(巴)]을 뜻하고 [파]로 읽는다.

필순 フ フ 巴 巴

기초 【기초한자어】 익히고, 【기본→발전한자어】 다지기
巴豆(파두) 대극과의 상록 관목. 동부 아시아 열대 지방에서 남
巴人(파인) 파 지방 사람. 촌뜨기

• 巴人은 중국의 파 지방 사람으로, 촌스러운 시골 사람들이라고 부른다.
• 巴豆는 우리나라에 잘 자라지 못하니, 巴人들도 적응해서 살기가 퍽 어렵다.

기본 ① 巴歌(파가) 巴戟(파극) 巴俚(파리) 巴猿(파원) 巴蜀(파촉) 巴峽(파협) 卍巴(만파) 三巴(삼파)

발전 ① 巴籬(파리) 巴蛇(파사) 巴調(파조) 巴巴(파파) 歐羅巴(구라파)

부수	획수	총획
玉	8	12

비파 파【3353】

字源 〈형성〉 '비파'는 현악기 중 하나로 삼국시대부터 조선시대까지 궁중 안팎에서 널리 연주되었던 악기다. 손을 밀어 소리 내어 비(琵)며, 안으로 당겨 소리 내어 파(琶)라고 했던 악기다. 둥글고 긴(巴) 타원형이며 자루는 곧고 짧으며 4~5개의 현으로 되어 있는 거문고(珏←琴)로 [비파(琶)]를 뜻하고 [파]로 읽는다.

필순 二 干 王 王 珏 珏 玨 珡 琵 琶 琶

기초 【기초한자어】 익히고, 【기본→발전한자어】 다지기
琵琶(비파) 현악기의 하나. 둥근 몸에 자루는 곧고 네 줄, 네 기둥이 있음

• 琵琶는 현악기로, 자원은 긴(巴) 타원형에 쌍옥(珏)이 결합된다.
• 한밤중에 울리는 琵琶소리는 내 마음을 이토록 처량하게 하는구나.

발전 ① 唐琵琶(당비파) 琵琶琴(비파금) 鄕琵琶(향비파)

부수	획수	총획
足	5	12

비스듬히설 피 :
절름발이 파【3354】

字源 〈형성〉 '절름발이'는 다리가 성하지 못해 한쪽 다리를 기우뚱하게 저는 사람이다. 그 쓰이는 유의어는 한자어가 많으니, '건각(蹇脚), 건파(蹇跛), 파자(跛者), 기기(踦跂)' 등이 있다. 한쪽 발(足)이 자유롭지 못해서 몸이 물결(皮=波)처럼 기울어졌으니 [절름발이(跛)] 또는 [비스듬히 서다(跛)]는 뜻이고 [파]로 읽는다.

필순

기초 【기초한자어】 익히고, 【기본 → 발전한자어】 다지기
跛行(파행) 절뚝거리며 걸음
跛立(피립) 한쪽 다리로 섬, 일이 잘못됨
• 跛立은 하고 있는 일이 순조롭지 못하고 이상하게 진행되어 가는 상황이다.
• 일이 그릇된 면으로 흘러가서 跛行되었다.

기본 ① 跛鼈(파별) 笑跛(소파) 偏跛(편파)

발전 ① 跛僻(파벽) 跛行的(파행적) 特 跛蹇(파건) 跛驢(파려) 跛倚(피의) 蹇跛(건파) 特 眇跛(묘파) 술잔 跛躄(파벽)

사자성어 ① 跛鼈千里(파별천리) 特 眇視跛履(묘시파리)

부수	획수	총획
艹	4	8

파초 파【3355】

字源 〈형성〉 '파초'는 파초과에 속하며, 약재나 관상용으로도 두루 재배되는 식물이다. 중국이 원산지로 따뜻한 지방에서 잘 자란다. 유의어는 '감초(甘蕉), 녹천(綠天), 선선(扇仙)' 등이 있다. 긴(巴) 타원형인 여러해살이풀(艹)로 여름에는 황갈색 단성화가 곱게 피었다가 떨어지는 [파초(芭)]를 뜻하고 [파]로 읽는다.
동 蕉(파초 초)

필순

기초 【기초한자어】 익히고, 【기본 → 발전한자어】 다지기
芭蕉(파초) 파초과에 속하는 중국 원산의 열대성 다년초
芭葉(파엽) 파초과의 이파리
• 대학생 그룹에서 [芭蕉의 꿈]이라는 명곡을 부르고 있구나.
• 귀한 巴葉에 대한 동양의 연구와 실험은 많은 고난이 있었다고 알려지네.

발전 ① 芭蕉扇(파초선) 芭蕉實(파초실) 特 芭椒(파초)

부수	획수	총획
女	8	11

할미 파【3356】

字源 〈형성〉 마고할미, 할미바위 등 전설적인 이야기들이 꽤 많다. '할미'는 '할머니'나 '할맘'을 홀(忽)하게 이르는 말로 곧 우리네 할머니다. 유의어는 '노고(老姑), 노파(老婆)' 등이 있다. 나이가 많아 물결이(波) 일렁이듯이 비틀거리면서 걷는 여자(女)로 [할미: 할머니(婆)]를 뜻하고 [파]로 읽는다. 梵語(범어) 바(bha)의 음역자다.

필순

기초 【기초한자어】 익히고, 【기본 → 발전한자어】 다지기
婆娑(파사) ① 춤추는 모양. 거문고의 가냘프고 억양이 있는 소리 ② 시들어서 처지는 모양으로 나뭇잎이 무성한 모양
• 婆娑는 시들어서 처지는 모양이며 나뭇잎도 무성한 모양이다.
• 나뭇가지에 걸린 색종이의 婆娑가 마치 무당이 되어 춤추는 것만 같다.

기본 ① 婆心(파심) 婆然(파연) 姑婆(고파) 老婆(노파) 孟婆(맹파) 蓬婆(봉파) 産婆(산파) 阿婆(아파) 湯婆(탕파) 太婆(태파) 奪衣婆(탈의파)

발전 ① 娑婆(파사) 媒婆(매파) 塔婆(탑파) 婆羅門(파라문) 特 婆媼(파온)

사자성어 ① 婆羅門行(바라문행) 老婆心切(노파심절)

부수	획수	총획
辛	9	16

힘들일 판【3357】

字源 〈형성〉 '힘들이다'는 어떤 일에 정성스럽게 힘을 기울이거나 정성을 쏟는다는 뜻이다. 유의어는 마음과 힘을 다하여 '애쓰다, 힘쓰다' 등이 포함된다. 기운을 발휘하여 힘쓰는 모습이다. 두 죄인이 서로 힘(力)을 들여 싸우면서 말다툼하니(辡←辨) [힘들이다(辦)] 또는 힘들여 [갖추다(辦)]는 뜻이고 [판]으로 읽는다.

필순

기초 【기초한자어】 익히고, 【기본 → 발전한자어】 다지기
辦公(판공) 공무에 종사함. 공사를 처리함. 집무함
辦納(판납) 금전이나 물품을 변통하여 바침
辦務(판무) 맡은 사무를 처리함
• 辦納은 금전이나 물품을 임시로 변통하여 나라에 정중히 바치는 행위이다.
• 기관장 공무에 辦公費(비)를 사용하니 별도의 辦

務는 이제 모두 필요 없다.

기본 ① 辦理(판리) 代辦(대판) 買辦(매판) 蜜辦(밀판) 精辦
(정판) 主辦(주판) 總辦(총판) 會辦(회판)

발전 ① 辦備(판비) 辦事(판사) 辦嚴(판엄) 辦裝(판장) 辦濟
(판제) 整辦(정판) 趣辦(추판) 辦公費(판공비) 特 籌辦
(주판)

사자성어 ① 多多益辦(다다익판)

부수	획수	총획
心	7	10

悖 거스를 패 : 【3358】

字源 〈형성〉 '거스르다'는 상사의 말을 따르지 않고 그에 반대
되는 태도를 취한다는 뜻이다. 직장 상사는 물론 친구 간
이나 동료 간에도 이런 경우는 허다했다. 거스름이 없는
신뢰겠다. 초목이 무성(孛)하듯이 마음(忄)이 복잡하니 [어
지럽다(悖)] 또는 요사한(孛) 마음(忄)으로 [거스르다(悖)]
는 뜻이고 [패]로 읽는다.
图乖(어그러질 괴) 亂(어지러울 란) 戾(어그러질 려) 逆
(거스를 역)

필순 `丶丶忄忄忄忄忄忄悖悖

기초 【기초한자어】 익히고, 【기본→발전한자어】 다지기
悖談(패담) 이치에 어긋나는 말
悖倫(패륜) 윤리 도덕에 어긋남
悖習(패습) 인륜에 어긋나는 좋지 못한 버릇이나 풍습
• 悖習은 인륜에 반하는 좋지 못한 버릇이나 풍습을
이르니 올바로 행동해야겠다.
• 밖에서 悖談을 잘하는 사람이 집에서도 悖倫을 자
주 저지르고 있다.

기본 ① 悖德(패덕) 悖亂(패란) 悖戾(패려) 悖禮(패례) 悖謬
(패류) 悖類(패류) 悖理(패리) 悖慢(패만) 悖叛(패반)
悖說(패설) 悖惡(패악) 悖逆(패역) 悖異(패이) 悖子(패
자) 悖鄕(패향) 狂悖(광패) 驕悖(교패) 慢悖(만패) 猖悖
(창패) 貪悖(탐패) 暴悖(폭패) 荒悖(황패) 凶悖(흉패)

발전 ① 悖道(패도) 悖言(패언) 行悖(행패) 乖悖(괴패) 悖焉
(발언)

사자성어 ① 悖入悖出(패입패출) 悖子逆孫(패자역손)

부수	획수	총획
水	4	7

沛 비 쏟아질 패 : 【3359】

字源 〈형성〉 비가 조금씩 내려 낭만에 젖을 때가 있다. 아련한
추억도 있어 포근한 마음을 느끼기도 한다. '비가 쏟아지
다'에서 비는 억수같이 쏟아지면서 세상이 바뀔 것만 같

다. 시장(市)의 길바닥에 빗물(氵)이 많이 질퍽거리면서
많은 사람들이 쉽게 [넘어지다(沛)] 또는 [비 쏟아지다(沛)]
는 뜻이고 [패]로 읽는다.

필순 `丶丶氵氵沪沛沛

기초 【기초한자어】 익히고, 【기본→발전한자어】 다지기
沛艾(패애) 용모와 자태가 훌륭함. 생김새가 훤칠함
沛澤(패택) 비가 내림으로써 얻는 혜택. 초목이 많
이 우거진 곳
顚沛(전패) 엎어지고 자빠짐
• 沛艾를 뽑내는 남자가 발이 걸려 顚沛하고 말았다.
• 沛澤은 숲이 우거져 들짐승들이 좋아하는 곳이다.

기본 ① 沛公(패공) 沛宮(패궁) 沛焉(패언) 沛乎(패호) 汎沛
(범패)

발전 ① 沛然(패연) 沛應(패응) 沛沛(패패) 特 滂沛(방패)

사자성어 ① 造次顚沛(조차전패) 特 顚沛匪虧(전패비휴)

부수	획수	총획
口	7	10

唄 염불소리 패 : 【3360】

字源 〈형성〉 '염불소리'는 염불하는 자신의 마음이 순일하여 말
로 표현할 수 없는 환희를 느낀다. 탐(貪)·진(瞋)·치(癡)
삼독심(三毒心)이 잠잔다는 의미로 해석된다고 할 수 있
는 불경의 진리리라. 스님이 집안에 찾아와서 돈(貝)을 시
주하라고 입(口)으로 주문하는 소리를 내니 [염불소리(唄)]
를 뜻하고 [패]로 읽는다.

필순 丨冂冂吅吅呗呗唄唄唄

기초 【기초한자어】 익히고, 【기본→발전한자어】 다지기
唄讚(패찬) 부처의 공덕을 찬미하는 노래
歌唄(가패) 讚佛을 노래함
梵唄(범패) 석가여래의 공덕을 찬미하는 노래
• 梵唄는 축생들이 석가여래의 큰 공덕을 높이 찬미
하는 노래라고 한다.
• 산중에서 길을 잃었으나 唄讚과 歌唄를 귀담아 듣
고 그 사찰을 찾아갔다.

기본 ① 唄音(패음) 端唄(단패) 膜唄(모패) 梵唄(범패) 吟唄
(음패) 讚唄(찬패) 諷唄(풍패)

발전 ① 唄聲(패성) 唄讚(패찬) 唄多羅(패다라) 如來唄(여래패)

부수	획수	총획
人	6	8

佩 찰 패 : 【3361】

字源 〈형성〉 아녀자들이 평소에 노리개를 허리에 차고 다녔다.

언제부터인가 꼬마들도 노리갯감을 허리에 차는 풍습이
전한다. '차다(帶)'는 '노리개를 허리에 차다'는 뜻으로 상
호 조응관계를 느낀다. 사람(亻)이 규정된 천(巾)으로 만
든 띠를 어깨에 늘어뜨려서 차니(凡) [차다(佩)] 또는
[노리개(佩)]를 뜻하고 [패]로 읽는다.

필순

기초 【기초한자어】 익히고, 【기본→발전한자어】 다지기
佩劍(패검) 허리에 칼을 참. 또는 그 칼
佩物(패물) 사람의 몸에 차는 장식물
佩用(패용) 몸에 차거나 달고 다니면서 씀
• 우리는 勳章(훈장)이나 명패 등을 佩用한 사람을 장군
이라고 부른다.
• 나들이나 나가는 길에 佩劍한 장군 곁에 佩物을
찬 여자가 그림자처럼 따른다.
기본 ① 佩巾(패건) 佩刀(패도) 佩服(패복) 佩紫(패자) 佩鐵
(패철) 佩香(패향) 感佩(감패) 銘佩(명패) 服佩(복패)
玉佩(옥패)
발전 ① 佩符(패부) 佩玉(패옥) 佩韋(패위) 佩恩(패은) 佩弦
(패현) 雜佩(잡패) 環佩(환패) 特 佩犢(패독) 佩綏(패수)
佩瓢(패표) 特 佩觿(패휴)
사자성어 ① 韋弦之佩(위현지패) 特 佩瓢捉風(패표착풍)

牌	부수	획수	총획
	片	8	12

패 패【3362】

字源 〈형성〉 '패(牌)'는 명함처럼 자기 집 주소와 이름을 문에
붙였다. 자기를 외부에 알리고 먼 손이 집을 쉽게 찾아올
수 있게 했던 것이다. 이런 것들이 '호신패, 발마패, 축원
패' 등으로 발전했으리. 널조각(片)에 자기 주소와 이름을
써서 대문 앞에 낮게(卑) 붙여서 놓았으니 [패(牌)] 혹은
[문패(牌)]를 뜻하고 [패]로 읽는다.

필순 丿 丿 丬 片 片 片 片 贮 牌 牌 牌

기초 【기초한자어】 익히고, 【기본→발전한자어】 다지기
牌刀(패도) 방패와 칼
牌甲(패갑) 징발할 병사를 장부에 적음. 또는 그 병사
防牌(방패) 전쟁 때 칼, 창을 막았던 무기
• 防牌로는 어떤 일을 할 때 앞장을 세울 만한 것이다.
• 옛날 전쟁터에서 牌刀와 牌甲을 항상 휴대해야 한다.
기본 ① 牌樓(패루) 牌標(패표) 骨牌(골패) 對牌(대패) 木牌
(목패) 方牌(방패) 象牌(상패) 牙牌(아패) 位牌(위패)
竹牌(죽패) 標牌(표패)
발전 ① 牌坊(패방) 牌子(패자) 牌旨(패지) 牌招(패초) 金牌
(금패) 禁牌(금패) 銅牌(동패) 馬牌(마패) 名牌(명패)
門牌(문패) 時牌(시패) 招牌(초패) 感謝牌(감사패)
사자성어 ① 賜牌之地(사패지지)

稗	부수	획수	총획
	禾	8	13

피 패 :【3363】

字源 〈형성〉 '피(穀類)'는 화본과에 속하는 일년초나 그 열매를
이른다. 피의 키는 1m에 이르며 뿌리는 깊게 내린다고 한
다. 잎은 벼의 잎과 비슷하지만 잎혀(葉舌)와 잎귀(葉耳)
가 없는 것이 특징이다. 벼(禾)보다는 작고 효용적인 가치
가 낮은(卑) 곡물로 [피(稗)] 또는 피 열매가 아주 [잘다(稗)]
는 뜻이고 [패]로 읽는다.

필순 二 千 禾 禾 禾 稍 稍 稍 稗 稗

기초 【기초한자어】 익히고, 【기본→발전한자어】 다지기
稗官(패관) 민간에 떠도는 이야기를 모아 기록하는 일
稗說(패설) 항간의 이야깃거리가 될 수 있는 모든 이야기
稗史(패사) 패관의 이야기 형식으로 꾸며서 쓴 역사
• 稗史는 패관 [소설(小說)] 형식으로 꾸며 쓴 역사
이야기다.
• 모든 稗說을 수집하고 기록하는 일을 맡아 행하는
사람을 稗官이라고 했다.
기본 ① 稗校(패교) 稗販(패판)
발전 ① 稗販(패반) 諺稗(언패) 稗沙門(패사문) 特 萬稗(이패)
特 稊稗(제패)
사자성어 ① 稗官小說(패관소설)

澎	부수	획수	총획
	水	12	15

물소리 팽【3364】

字源 〈형성〉 '물소리'는 물이 흐르거나 물이 부딪칠 때 나는 소
리다. 쓰임의 용례는 '밤이 깊자 계곡의 물소리가 맑게 들
렸다'에서 보인바, 특징적인 유의어는 '수성(水聲)'이라 하
겠다. 먼 북소리(彭)처럼 물(氵)이 맞부딪칠 때 요란하게
나는 소리로 [물소리(澎)] 또는 [물결이 부딪는 거센 기세
(澎)]를 뜻하고 [팽]으로 읽는다.
回 湃(물결칠 배)

필순 氵 氵 汁 泸 沽 沽 浩 浩 澎 澎

기초 【기초한자어】 익히고, 【기본→발전한자어】 다지기
澎湃(팽배) 큰 물결이 맞부딪쳐 솟구침. 물 흐르는
소리가 성함
• 澎湃는 어떤 기세나 사조가 맹렬한 기세로 일어난
것이다.
• 직원들이 주말여행을 가려는 생각이 澎湃하니 마
음이 마구 설렌다.
발전 ① 澎蝄蛵(팽용성) 特 澎澎(팽방) 盛丞 澎濞(팽비)

부수	획수	총획
肉	12	16

膨

불을 팽【3365】

字源 〈형성〉'부풀다'는 외부 공기 주입에 의해 부피가 팽만하게 커진 현상이라 하겠다. 용례는 '꿈에 부풀다. 풍선이 부풀다'에서 보이는데, 사동사의 쓰임으로는 '부풀리다'라는 뜻이 있다. 북소리(彭)가 울릴 때 북이 일시적으로 부푸는 것처럼 배(月)가 불룩해졌으니 [부풀다(膨)] 또는 [붇다(膨)]는 뜻이고 [팽]으로 읽는다.
圖脹(부을 창/창자 장)

필순 月月月᾽胙胙胙胳膨膨膨膨

기초 【기초한자어】 익히고, 【기본→발전한자어】 다지기
膨大(팽대) 부풀어 점점 커짐
膨脹(팽창) 부풀어 팽팽함
膨化(팽화) 화학작용, 겔(Gel)이 액체를 흡수하여 부피가 늘어나는 현상
• 膨化는 화학작용으로 겔(Gel)이 액체를 흡수해서 부피가 늘어나는 현상이다.
• 풍선에 바람을 膨大하게 넣었더니 그냥 膨脹하고 나서 결국은 터졌다.

발전 ① 膨滿(팽만) 膨潤(팽윤) 膨膨(팽팽) 膨化(팽화) 출진 膨亨(팽형)

부수	획수	총획
心	9	12

愎

강퍅할 퍅【3366】

字源 〈형성〉'강퍅하다'는 성미가 까다롭고 고집이 세다는 뜻이다. '괴팍(乖愎)하다'는 성미가 까다롭고 별나다는 뜻이다. 두 용어의 차이는 고집의 정도이다. 용례는 '성질이 깔깔하고 괴팍하다'로 쓰인다. 마음(忄)이 허락한 일을 번복해 원점으로 돌렸으니 [괴팍하다(愎)] 또는 [강퍅하다(愎)]는 뜻이고 [퍅]으로 읽는다.
圖乖(어그러질 괴) 戾(어그러질 려)

필순 ﾞ丶忄忄忄忄忄忄愎愎愎

기초 【기초한자어】 익히고, 【기본→발전한자어】 다지기
剛愎(강퍅) 성미가 깐깐하고 고집이 셈
愎戾(퍅려) 거역함. 남을 따르지 않음
乖愎(괴퍅) 성미가 깐깐하고 고집이 셈
• 愎戾는 남의 말을 따르지 않고 고집대로 거역함이니 주의가 요망된다.
• 剛愎과 乖愎은 그 낱말은 다르나 그 뜻은 같다. '성미가 깐깐하고 고집이 세다'에서 분명 보인다.

기본 ① 矜愎(긍퍅) 頑愎(완퍅) 專愎(전퍅) 貪愎(탐퍅)
발전 ① 愎性(퍅성) 姦愎(간퍅) 猜愎(시퍅) 傲愎(오퍅) 汰愎(태퍅) 출진 狠愎(한퍅)

부수	획수	총획
馬	19	19

騙

속일 편【3367】

字源 〈형성〉'속이다'는 거짓된 말이나 행동을 참이라고 알게 하는 것이다. 작은 것 같지만 크다고, 참은 아니지만 참이라고 우기는 경우들이 이에 속한다. 속이기 위한 기만전술은 아닐까. 말(馬)을 타고 전쟁할 때는 특별한(扁) 방법을 동원하여 적을 속여야만 하니 [속이다(騙)] 또는 [편취하다(騙)]는 뜻이고 [편]으로 읽는다.
圖欺(속일 기)

필순 厂厂厎馬馬馬ᾋ騙騙騙騙騙

기초 【기초한자어】 익히고, 【기본→발전한자어】 다지기
騙取(편취) 속여서 빼앗음
欺騙(기편) 기만하여 남을 속여 넘김
• 欺騙은 다른 사람을 감쪽같이 속여 넘기는 일이니 조심하시게.
• 미성년자의 돈을 騙取한 사람은 가중 처벌을 받아야 한다고 규정되어 있다.

기본 ① 騙局(편국) 拐騙(괴편) 詐騙(사편)
발전 ① 騙端(편단) 騙弄(편롱) 騙馬(편마) 騙詞(편사) 騙害(편해) 출진 騙掯(편긍)

부수	획수	총획
革	9	18

鞭

채찍 편【3368】

字源 〈형성〉'채찍'은 가는 막대 끝에 가죽이나 노끈으로 매어 가축을 때려서 모는 데 쓰는 물건이다. 관용구로 채찍을 가한다고 했으니 소나 말을 때리면서 부리는 행위이다. 사람이 편리하게(便) 마소를 부릴 수 있도록 가죽(革)으로 잘 만들어 가죽을 부릴때 마구 휘두르니 [채찍(鞭)]을 뜻하고 [편]으로 읽는다.
圖撻(때릴 달) 策(꾀/채찍 책) 笞(볼기칠 태) 鞘(칼집 초)

필순 一廿芇芇革靪靪靪鞕鞭

기초 【기초한자어】 익히고, 【기본→발전한자어】 다지기
鞭擊(편격) 채찍질함
鞭撻(편달) 채찍질하여 부림
鞭笞(편태) 매질함. 훈계함
• 제 아들이 엇나가지 않도록 지도와 鞭撻을 잘 부

탁드립니다.
• 밭갈이 소를 鞭撻하듯이 선생님은 공부하는 나에게 가끔 각별한 鞭笞하신다.

기본 ① 鞭罰(편벌) 鞭絲(편사) 鞭殺(편살) 鞭影(편영) 鞭杖(편장) 鞭弭(편추) 鞭靮(편축) 敎鞭(교편) 掉鞭(도편) 馬鞭(마편) 先鞭(선편) 長鞭(장편) 執鞭(집편) 着鞭(착편) 投鞭(투편) 揮鞭(휘편)

발전 ① 鞭棍(편곤) 鞭策(편책) 擧鞭(거편) 驅鞭(구편) 揚鞭(양편) 停鞭(정편) 蒲鞭(포편) 特 鞭尸(편시) 特 鞭髀(편벽) 鞭扑(편복) 國字 鞭捶(편추)

사자성어 ① 鞭長莫及(편장막급) 走馬加鞭(주마가편) 蒲鞭之罰(포편지벌)

부수	획수	총획
貝	5	12

낮출 폄 【3369】

字源 〈형성〉 '낮추다'는 일정한 기준이 되거나 다른 것보다 적게 하거나 아래에 있게 하다는 뜻이다. 상대를 폄해 낮추지만, 본인을 낮추는 행위도 한다. 너무 낮춤도 예의가 아니다. 관리가 구차하게(乏) 재물(貝)을 탐내 뇌물을 먹게 되면 관직을 [낮추다(貶)] 또는 그 관직에서 [떨어지다(貶)] 는 뜻이고 [폄]으로 읽는다.
圖 降(내릴 강) 損(덜 손) 下(아래 하) 褒(기릴 포/모을 부)

필순 丨 冂 冃 目 貝 貝 貶 貶 貶 貶 貶

기초 【기초한자어】 익히고, 【기본→발전한자어】 다지기
貶降(폄강) 관직을 깎아 낮춤
貶辭(폄사) 남을 깎아내리고 헐뜯는 말
貶損(폄손) 줄임. 깎아내림. 헐뜯음
• 이조판서는 그간의 행실이 문제되어 결국 貶降되어 한직으로 물러났다.
• 다른 이에게 貶辭를 하였다고 녹봉까지 貶損할 줄이야 차마 몰랐지!

기본 ① 貶流(폄류) 貶謫(폄적) 貶遷(폄천) 貶逐(폄축) 貶退(폄퇴) 損貶(손폄) 抑貶(억폄) 自貶(자폄) 懲貶(징폄) 顯貶(현폄)

발전 ① 貶剝(폄류) 貶殺(폄쇄) 貶坐(폄좌) 貶職(폄직) 貶斥(폄척) 貶黜(폄출) 貶下(폄하) 特 竄貶(찬폄) 特 褒貶(포폄)

사자성어 ① 毀譽褒貶(훼예포폄)

부수	획수	총획
艸	8	12

부평초 평 【3370】

字源 〈형성〉 '부평초'는 의지할 데 없어 정처 없이 떠도는 신세를 비유적으로 이른 용어다. 부평초 같은 인간 세계다. 개구리밥과에 속한 여러해살이 물풀인바, 연못이나 물 위에 떠다니면서 산다. 물(氵) 위에 평평하게(平) 떠서 살아가는 다년생 물풀(艹)인 개구리밥(苹)으로 불리는 [부평초(萍)]를 뜻하고 [평]으로 읽는다.
圖 藻(마름 조)

필순 一 艹 艹 艹 汁 浐 荓 荓 萍 萍 萍

기초 【기초한자어】 익히고, 【기본→발전한자어】 다지기
萍泊(평박) 부평초같이 여기저기 떠돌아다니는 일
萍漂(평표) 부평초같이 떠돌아다님
萍實(평실) 부평초 열매
• 萍實은 초왕이 강을 건너 주웠던 열매로 마치 태양같이 붉었다고 한다.
• 들개가 萍漂하듯이 내 반평생 萍泊했으니 후회가 막급하다.

기본 ① 萍梗(평경) 萍遊(평유) 萍藻(평조) 萍鄕(평향) 枯萍(고평) 蜜萍(밀평) 白萍(백평) 浮萍(부평) 流萍(유평) 靑萍(청평) 漂萍(표평)

발전 ① 萍水(평수) 萍寓(평우) 萍泳(평적) 輕萍(경평) 特 萍蘋(평빈) 萍蹤(평종)

사자성어 ① 萍水相逢(평수상봉) 浮萍轉蓬(부평전봉) 特 萍蹤靡定(평종미정)

부수	획수	총획
阜	7	10

대궐섬돌 폐 【3371】

字源 〈형성〉 '대궐섬돌'은 큰 집채와 뜰을 오르내릴 수 있도록 만든 돌층계 [대궐섬돌]이란 훈(訓)은 따로 없다. 다만 자전에는 '층계를 올라가는 돌층계'일 뿐이라고 되어 있어 서민들의 몫은 아니다. 쌓아 놓은 흙이 이어져 있는 섬돌(坒) 규모가 언덕(阝)처럼 높게 잇대었으니 [대궐섬돌(陛)] 을 뜻하고 [폐]로 읽는다.

필순 ' 阝 阝 阝 阝 阠 阰 阰 阰 陛 陛

기초 【기초한자어】 익히고, 【기본→발전한자어】 다지기
陛戟(폐극) 창을 들고 어전의 섬돌 아래에서 수비함
陛下(폐하) 섬돌 밑. 황제나 황후, 태황태후나 황태후에 대한 공대말
納陛(납폐) 천자가 특히 공로가 큰 제후와 대신에게 하사하던 물품의 하나
• 納陛와 동음어인 納幣는 물품과 관련이 있으나 특별히 다른 의미이다.
• 陛下가 주무시는 동안에 여러 명이 陛戟하면서 모두들 안전을 도모했다.

기본 ① 陛覲(폐근) 陛對(폐대) 陛列(폐열) 陛坐(폐좌) 宮陛

(궁폐) 禁陛(금폐) 丹陛(단폐) 飛陛(비폐) 玉陛(옥폐) 殿陛(전폐) 天陛(천폐)
- 발전 ① 陛衛(폐위) 陛陛(폐폐) 陛見(폐현) 階陛(계폐) 雲陛(운폐) 特 陛楯(폐순) 黈陛(명폐)
- 사자성어 特 陛階納陛(승계납폐)

斃 죽을 폐 :【3372】

부수	획수	총획
攴	14	18

- 字源 〈형성〉 '죽다'는 지병이나 사고로 인하여 생명이 끊어지다는 뜻으로 쓰인다. 불행한 일의 원초이겠다. 자원과 함께 한자의 뜻이 다르게 쓰이는 두 가지 경우가 있다. 첫째는 그만 해져서(敝) 죽어가니(死) [넘어지다(斃)]는 뜻이고, 둘째는 죽으면(死) 부서져서(敝) 흔적도 없었으니 [죽다(斃)]는 뜻이고 [폐]로 읽는다.
  圖 死(죽을 사)
- 필순 小 內 串 串 尙 敝 敝 斃 斃 斃

- 기초 【기초한자어】 익히고, 【기본→발전한자어】 다지기
  斃死(폐사) 쓰러져 죽음
  病斃(병폐) 병사(病死)
  疲斃(피폐) 기운이 지쳐서 죽음
  - 마라톤에서 아테네까지 쉬지 않고 달려온 병사가 승전보를 알리고는 疲斃하였다.
  - 해마다 조류 독감으로 病斃하더니 수많은 철새는 斃死하곤 한다.
- 기본 ① 斃畜(폐축) 瘦斃(수폐) 殞斃(운폐) 誅斃(주폐)
- 발전 ① 困斃(곤폐) 自斃(자폐) 斃死率(폐사율) 출진 斃仆(폐부)
- 사자성어 ① 斃而後已(폐이후이)

泡 거품 포【3373】

부수	획수	총획
水	5	8

- 字源 〈형성〉 '거품'은 액체가 공기나 그 밖의 기체를 머금어 부풀어 생긴 방울이다. 정신 이상자들이 자칫 게거품을 내면서 쓰러지는 경우도 있다. 쓰러졌다가 없었던 일처럼 다시 일어난다. 공기를 싸서(包) 부풀어 있는 물(氵)로 [물거품(泡)] 또는 물(氵) 위를 감싸고(包) 돌아가는 [거품(泡)]을 뜻하고 [포]로 읽는다.
  圖 沫(거품 말)
- 필순 丶丶冫冫汋汋泃泃泡

- 기초 【기초한자어】 익히고, 【기본→발전한자어】 다지기
  泡沫(포말) 거품. 물거품. 허무함의 비유

泡影(포영) 물거품과 그림자. 덧없는 사물을 이르는 말
水泡(수포) 물거품. 헛된 결과
- 泡影은 물거품과 그림자라는 뜻으로 사물의 덧없음 비유한 단어이다.
- 금방 나타났다가 水泡로 사라지는 泡沫처럼 떠나가는 인생이 원망스럽다.
- 기본 ① 泡飯(포반) 泡山(포산) 泡幻(포환) 氣泡(기포) 雨泡(우포) 電泡(전포) 幻泡(환포)
- 발전 ① 泡匠(포장) 泡滓(포재) 泡泡(포포) 豆泡(두포)
- 사자성어 ① 泡沫夢幻(포말몽환) 夢幻泡影(몽환포영)

咆 고함지를 포【3374】

부수	획수	총획
口	5	8

- 字源 〈형성〉 '고함지르다(咆哮)'는 목청을 높여서 크게 부르짖는다는 뜻이다. 목소리가 큰 사람은 본인은 작은 목소리로 조용히 대화한다고 생각하지만 듣는 사람은 시끄러울 수 있다. 사람의 입(口) 안에 한마 싸였다가(包) 어떤 계기로 크게 터져 나오는 우렁찬 소리로 [고함지르다(咆)]는 뜻이고 [포]로 읽는다.
  圖 號(이름/부르짖을 호) 哮(성낼 효)
- 필순 ㅣ ㅣ 口 口 叩 吵 吵 咆

- 기초 【기초한자어】 익히고, 【기본→발전한자어】 다지기
  咆哮(포효) 사나운 짐승이 울부짖음. 성을 내어 고함지름
  咆號(포호) 으르렁거려 부르짖음
  哮咆(효포) 으르렁거림
  - 咆哮로 인해 매우 사나운 짐승의 울부짖음이다.
  - 우리에 갇힌 사자라도 咆號와 哮咆는 변함이 없어서 매우 무섭다.
- 기본 ① 咆勃(포발) 鳴咆(명포)
- 발전 ① 咆喝(포갈) 咆喊(포함) 출진 咆哱(포발)
- 사자성어 ① 咆虎陷浦(포호함포)

褒 기릴 포【3375】

부수	획수	총획
衣	9	15

- 字源 〈형성〉 '기리다'는 위대한 사람이나 업적, 바람직한 정신을 칭찬하고 기억한다는 뜻이다. 유의어는 '가상(嘉賞)하다, 칭찬(稱讚)하다' 등이 쓰인다. 편안하고(保) 넓은 옷(衣)인 [두루마기(褒)] 또는 무엇을 보호한(保) 공로로 상으로 받았던 축하의 옷(衣)을 입고 그 공덕을 [기리다(褒)]는 뜻이고 [포]로 읽는다.

1급

圖讀(기릴 찬) 稱(일컬을 칭) 凹貶(낮출 폄)

필순 一 亠 疒 疒 疒 褒 褒 褒 褒 褒

기초 【기초한자어】 익히고, 【기본→발전한자어】 다지기
褒賞(포상) 칭찬하고 기림
褒揚(포양) 칭찬하고 추어올림
褒懲(포징) 포상과 징계
• 褒揚은 상대를 칭찬하고 적극 추어올리는 일임을
이제야 알겠다.
• 단체의 褒懲규정에 따라 오늘은 선행자를 褒賞하
기로 결정했다.

기본 □褒勸(포권) 褒讚(포찬) 褒稱(포칭) 過褒(과포) 飾褒
(식포) 榮褒(영포) 族褒(족포) 寵褒(총포) 稱褒(칭포)

발전 □褒美(포미) 褒賜(포사) 褒錫(포석) 褒升(포승) 褒優
(포우) 褒懋(포위) 褒衣(포의) 褒章(포장) 褒獎(포장)
褒題(포제) 褒寵(포총) 褒貶(포폄) 功褒(공포) 旌褒(정포)
褒賞金(포상금) 特褒賚(포뢰)

사자성어 □毁譽褒貶(훼예포폄)

	부수	획수	총획
匍	勹	7	9

길 포【3376】

字源 〈형성〉'기다'는 몸을 구부려 땅바닥을 향해 팔다리로 슬
슬 짚어가며 움직인다. 쓰이는 용례는 '몸을 낮추고 철조
망을 기다'에서 보인바, 유의어는 '포복(匍匐)하다'가 있다.
큰(甫) 몸을 땅에 대고 움츠려 싸면서(勹) [기다(匍)] 또는
몸을 잘 구부리고(勹) 甫를 심었으니(甫) [포복하다(匍)]는
뜻이고 [포]로 읽는다.
圖匐(길 복)

필순 丿 勹 勹 勹 甸 甸 甸 匍 匍

기초 【기초한자어】 익히고, 【기본→발전한자어】 다지기
匍匐(포복) 땅에 배를 깔고 김
匍行(포행) 기어서 나아감
匍腹(포복) 배를 땅에 대고 기어감
• 군에서 훈련 중에 기어서 나아가는 匍行을 익혔다.
• 군에서 훈련을 받은 사람이면 누구나 '낮은 匍匐'
이란 맹훈련을 기억하고 있겠지.

발전 □匍球(포구) 匍匐莖(포복경)

사자성어 □匍匐救之(포복구지)

	부수	획수	총획
逋	辶	7	11

도망갈 포【3377】

字源 〈형성〉'도망가다'는 상대에게 잡히지 않으려고 위험을 피
해 몸을 숨긴다. 한 사람은 잡으려고, 다른 한 사람은 잡
히지 않으려고 밀고 밀리는 싸움을 한다. 죽느냐 사느냐
는 판국에 있다. 잘못을 저질러 바르게 걸어가지 못하고
눈을 피해 슬슬 기어서(甫←辶) 달아나니(辶) [도망가다(逋)]
는 뜻이고 [포]로 읽는다.
圖逃(도망할 도) 亡(망할 망) 竄(숨을 찬)

필순 一 厂 厅 甫 甫 甫 逋 逋 逋 逋

기초 【기초한자어】 익히고, 【기본→발전한자어】 다지기
逋客(포객) 속세를 떠나 은거하는 사람
逋慢(포만) 명령을 지키지 않고 태만함. 법을 지키
지 않음
逋租(포조) 세금을 내지 않음. 미납된 조세
• 작년에 逋租를 싹 걷어들여 올해 예산에 포함했다.
• 벽촌의 逋客들이 逋慢한들 무슨 일이 있겠는가?

기본 □逋貸(포대) 逋負(포부) 逋播(포파) 逋欠(포흠) 亡逋
(망포) 負逋(부포) 宿逋(숙포) 詩逋(시포) 流逋(유포)
酒逋(주포)

발전 □逋逃(포도) 逋亡(포망) 逋逸(포일) 逋脫(포탈) 逋懸
(포현) 特逋竄(포찬)

사자성어 □不食自逋(불식자포)

	부수	획수	총획
袍	衣	5	10

도포 포【3378】

字源 〈형성〉'도포(道袍)'는 예전에 선비들이 통상적인 예복 혹
은 외출복으로 입었던 겉옷이다. 소매가 넓고 길었으며
옷의 총길이도 상당히 길이가 정강이에서 발곡까지 미쳤
다. 몸의 거죽을 잘 싸서(包) 감추었던 옷(衤)으로 주로 남
자들의 웃옷으로 입었던 [도포(袍) 자락] 또는 [두루마기(袍)]
를 뜻하고 [포]로 읽는다.

필순 丶 ㇀ 衤 衤 衤 衤 衤 袍 袍 袍

기초 【기초한자어】 익히고, 【기본→발전한자어】 다지기
袍仗(포장) 군대의 장비
同袍(동포) 한 벌의 도포를 같이 입는 사이. 진정한 벗
道袍(도포) 옛날 남자가 통상 예복으로 입던 겉옷
• 병사들을 이동시키기 전에 袍仗을 먼저 옮겨 두었다.
• 이제는 道袍를 같이 입던 마음으로 우리 서로 同
袍愛까지 발휘해야지.

기본 □袍笏(포홀) 綿袍(면포)

발전 □襟袍(금포) 綏袍(수포) 㡓袍(은포) 袞龍袍(곤룡포)
特縕袍(온포) 笭전 綈袍(제포)

사자성어 □與子同袍(여자동포) 特弊袍破笠(폐포파립)

부수	획수	총획
口	7	10

哺 먹일 포 : 【3379】

字源 〈형성〉 '먹이다'는 음식물을 삼키어 배 속으로 들여보내는 일이다. 사동사로 쓰여서 스스로는 하지 못하고, '〜에게 음식물을 먹이면서 살리는 것'이다. 자동사가 아니고 타동사의 입장이다. 모를 잘 심어(甫) 키워서 입(口)으로 [먹다(哺)] 또는 많은(甫) 새끼들에게 입(口)으로 젖을 [먹이다(哺)]는 뜻이고 [포]로 읽는다.
圖 茹(먹을 여)

필순 丨 冂 口 口' 哶 哶 哶 哺 哺 哺

기초 【기초한자어】 익히고, 【기본→발전한자어】 다지기
哺養(포양) 먹여 기름. 양육함
哺乳(포유) 젖을 먹임. 젖을 먹여 기름
反哺(반포) 까마귀 새끼가 자라서 늙은 어미에게 먹이를 물어다 줌
• 反哺之孝는 어버이의 은혜를 갚는다는 뜻이다.
• 哺乳동물의 哺養의 정도를 보면 진정한 모성애를 알 수 있겠다.
기본 ① 拘哺(구포) 削哺(삭포) 乳哺(유포) 朝哺(조포) 吐哺(토포)
발전 ① 哺育(포육) 含哺(함포) 特 哺啜(포철)
사자성어 ① 反哺之孝(반포지효) 吐哺握髮(토포악발) 含哺鼓腹(함포고복)

부수	획수	총획
疒	5	10

疱 천연두 포 : 물집 포 : 【3380】

字源 〈형성〉 '물집'은 피부에 묽은 액체가 고여서 부푼 물주머니를 뜻한다. 또한 온몸에 작은 종기로 인하여 광범위하게 발생하는 '천연두'(손님, 마마, 두창)를 뜻하기도 한다. 물을 싸고(包) 있는 것처럼 살가죽이 부분적으로 곱게 부풀어 오르는 질병(疒)으로 [물집(疱)] 또는 [천연두(疱)]를 뜻하고 [포]로 읽는다.

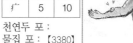

필순 丶 亠 广 广 广 疒 疖 疱 疱 疱

기초 【기초한자어】 익히고, 【기본→발전한자어】 다지기
水疱(수포) 수두. 피부에 생긴 물집. 물방울을 일컬음
疱瘡(포창) 천연두
• 수두에 걸려 몸에 水疱가 올라왔다.
• 나이 든 어른 중에는 어려서 疱瘡으로 얼굴이 흉하게 된 사람이 상당히 있다.
발전 ① 膿疱(농포) 漿疱(장포) 汗疱(한포) 水疱疹(수포진) 膿疱疹(농포진)

부수	획수	총획
艹	10	14

蒲 부들 포 【3381】

字源 〈형성〉 '부들'은 다년생 초본으로 근경이나 종자로 번식한다. 부들은 수생식물이자 염생식물로 알려지며 잘 자란다. 전국적으로 분포하고 강의 가장자리와 연못가 수로에서 잘 자란 것으로 안다. 개울이나 연못 등의 물가(浦)에 저절로 나는 여러해살이풀(艹)인데, [부들(蒲)] 또는 [창포(蒲)]를 뜻하고 [포]로 읽는다.
圖 菖(창포 창)

필순 艹 艹 艹 艹 艹 芐 芐 浦 浦 蒲 蒲

기초 【기초한자어】 익히고, 【기본→발전한자어】 다지기
蒲蘆(포로) 부들과 갈대. 나나니벌. 백성에 대한 교화의 비유. 허리가 잘록한 조롱박. 호리병박
蒲色(포색) 붉은 바탕에 누런빛을 띠는, 부들의 이삭과 같은 빛깔
蒲節(포절) 단오절의 다른 이름
• 나나니벌의 몸이 호리병박 같다고 하여 흔히 蒲蘆라고 불렸다.
• 蒲節에 蒲色옷을 입고 노는 이들은 특색있는 건넛마을 사람들이지.
기본 ① 蒲葵(포규) 蒲陶(포도) 蒲博(포박) 蒲月(포월) 蒲阪(포판) 蒲黃(포황) 茅蒲(모포) 白蒲(백포) 深蒲(심포) 莞蒲(완포) 菖蒲(창포)
발전 ① 蒲團(포단) 蒲柳(포류) 蒲輪(포륜) 蒲伏(포복) 蒲席(포석) 蒲筵(포연) 蒲屋(포옥) 蒲衣(포의) 蒲鞭(포편) 蒲柳質(포류질) 特 菰蒲(고포) 葦蒲(위포) 樗蒲(저포) 蔥蒲(총포)
사자성어 ① 蒲柳之姿(포류지자) 蒲鞭之政(포편지정)

부수	획수	총획
广	5	8

庖 부엌 포 【3382】

字源 〈형성〉 '부엌'은 음식을 조리하는 곳이고, '푸줏간'은 예전에 쇠고기나 돼지고기 등을 팔던 가게로 오늘날의 정육점과 같다. 이 한자는 자원이나 뜻이 다르게 쓰인다. 첫째는 고기를 싸(包) 두고 요리하는 방(广)으로 [부엌(庖)]이고, 둘째는 고기를 싸(包) 두었던 집(广)으로 [푸줏간(庖)]을 뜻하고 [포]로 읽는다.
圖 廚(부엌 주)

필순 丶 亠 广 广 庁 庁 府 庖

기초 【기초한자어】 익히고, 【기본→발전한자어】 다지기
庖宰(포재) 요리하는 사람

1급

庖丁(포정) 옛날 이름난 요리인의 이름. 백정
庖廚(포주) 부엌. 푸줏간. 고깃간
• 庖廚에서 돼지고기를 끊어와서 구워 먹었다.
• 庖丁이 가져온 쇠고기를 庖宰가 가미하여 맛있게 요리했다는구나.

기본 ① 庖屋(포옥) 庖子(포자) 庖犧(포희) 同庖(동포) 良庖
(양포) 典庖(전포) 族庖(족포) 寒庖(한포)

발전 ① 庖人(포인) 廚庖(주포) 珍庖(진포) 特 庖肆(포사)
特 庖廩(포름)

사자성어 ① 庖丁解牛(포정해우) 特 越俎代庖(월조대포)

부수	획수	총획
囗	7	10

채마밭 포【3383】

字源 〈형성〉'채마밭'은 채소를 심어 놓았던 밭이나 채소를 심기 위해 마련해 놓은 밭을 뜻한다. 유의어로 쓰인 '포전'은 바닷물이 드나드는 곳 주변에 만들어 놓은 밭이다. 밭두둑으로 경계(囗)한 구역 안의 밭에 채소 등 밭곡식을 상당히(甫) 심어서 잘 키웠으니 [채마밭(圃)] 또는 [채전(圃)]을 뜻하고 [포]로 읽는다.

필순 丨 冂 冂 冃 同 同 同 甫 圃 圃

기초 【기초한자어】 익히고, 【기본→발전한자어】 다지기
圃師(포사) 밭을 일구는 사람. 밭을 가꾸는 사람
圃田(포전) 평평하게 넓은 밭. 채소·과실나무를 심는 밭
園圃(원포) 과수, 채소 등을 심어 가꾸는 뒤란이나 밭
• 과수, 채소 등을 심어 정성껏 가꾸는 뒤란이나 그 밭을 園圃라고 한다.
• 좋은 圃田에 경험 많은 圃師가 지었으니 우리들은 안심하고 먹어야 하지 않을까.

기본 ① 圃翁(포옹) 禁圃(금포) 老圃(노포) 文圃(문포) 射圃
(사포) 場圃(장포) 玄圃(현포)

발전 ① 圃彊(포강) 農圃(농포) 蔬圃(소포) 藥圃(약포) 苑圃
(원포) 特 茗圃(명포) 特 圃囿(포유)

부수	획수	총획
肉	7	11

포 포【3384】

字源 〈형성〉'포'는 쇠고기 등을 얇게 저미어 양념해 말린 포다. 안줏감으로 제격이며 고소하다. 이 '포'는 뜻은 같으나 자원이 서로 다르게 융합되는 모습이다. 고기(月)의 많은(甫←薄) 곳을 생으로 떠서 말린 [포(脯)]를 뜻한다. 두 번째는 고기(月)를 아주 얇게(甫) 떠서 볕에 말린 [육포(脯)]를 뜻하고 [포]로 읽는다.
園 脩(포 수) 腊(포 석)

필순 丿 刀 月 月 刖 朐 朐 朐 脯 脯

기초 【기초한자어】 익히고, 【기본→발전한자어】 다지기
脯肉(포육) 얇게 저며서 양념하여 말린 고기
市脯(시포) 저자에서 사는 술. 고주시포(沽酒市脯)
• 간식으로 脯肉을 먹었더니 배가 든든하여 전혀 점심 생각이 없다.
• 沽酒市脯에서 공자는 市脯를 싫어했다고 알린다.

기본 ① 脯資(포자) 福脯(복포) 肥脯(비포) 束脯(속포) 市脯
(시포)

발전 ① 脯醢(포혜) 乾脯(건포) 魚脯(어포) 肉脯(육포) 特 脯脩
(포수) 瓠脯(호포) 特 脯腊(포석) 脯醢(포해)

사자성어 ① 肉山脯林(육산포림) 左脯右醢(좌포우혜)

부수	획수	총획
日	15	19

쪼일 폭
쪼일 포【3385】

字源 〈회의〉'쪼이다'는 햇볕을 몸체에 다 받거나 바람을 쐬다는 뜻이다. '쪼이다'는 뜻은 서로 같으나 자원이 다르게 융합되는 모습을 보인다. 첫째는 대낮의 햇볕(日)에 드러내어(暴) 잘 말리니 [쪼이다(曝)]는 뜻이다. 두 번째는 갑작스럽게(暴) 따가운 햇볕(日)에 정성껏 말렸더니 [쪼이다(曝)]는 뜻이고 [폭] 혹은 [포]로 읽는다.

필순 日 日 日' 日⁷ 日ᵉ 日ᵉᵉ 暒 暵 暵 曝 曝

기초 【기초한자어】 익히고, 【기본→발전한자어】 다지기
曝露(폭로) 비바람에 씻김
曝背(폭배) 등을 햇볕에 쬠. 옥외에서 일을 함
曝書(폭서) 포쇄(曝曬)라고도 하는데 책을 바람에 말리는 일
• 曝書는 흔히 曝曬라고 하는데, 책을 시원한 바람에 말리는 일이다.
• 몇 년 동안 曝背의 생활이 曝露의 바위와 하등에 다를 바가 없다.

기본 ① 曝白(폭백) 曝氣(포기) 曝衣(폭의)

발전 ① 曝陽(폭양) 乾曝(건폭) 曝 曝曬(포쇄)

사자성어 ① 一曝十寒(일폭십한)

부수	획수	총획
水	15	18

폭포 폭
소나기 포【3386】

字源 〈형성〉'폭포'는 소나기처럼 갑자기 내리는 거대한 물줄기를 뜻한다. 곧 강물이 절벽에서 수직이나 급한 경사를 이루면서 곧장 흐르면서 양이 엄청나게 떨어지는 물을 뜻한

1급

다. 경사가 심한 곳에 물(氵)이 거세게(暴) 떨어지는 곳으로 [폭포(瀑)] 또는 폭포처럼 갑자기 내리는 [소나기(瀑)]를 뜻하고 [폭/포/팍]으로 읽는다.

 필순 氵 氵 氵 氵 渆 渆 渜 瀑 瀑 瀑 瀑

기초 【기초한자어】 익히고, 【기본→발전한자어】 다지기
瀑潭(폭담) 폭포수가 떨어지는 깊은 웅덩이
瀑泉(폭천) 폭포(音 : 폭포 폭 / 소나기 포 / 용솟음칠 팍)
瀑布(폭포) 절벽에서 곧장 쏟아져 내리는 물
• 瀑泉은 瀑布라고 하는데, 쏟아지는 물이 시원하다.
• 크나큰 瀑布 아래에 瀑潭이 있음은 당연하다.
기본 ① 落瀑(낙폭) 飛瀑(비폭) 懸瀑(현폭)
발전 ① 瀑末(포말) 瀑雨(폭우) 特 濆瀑(분폭) 高절 濺瀑(천폭)

 剽

부수	획수	총획
刀	11	13

겁박할 표 【3387】

字源 〈형성〉 '겁박하다'는 상대방을 으르고 협박하는 것을 뜻한다. 이 한자는 자원이나 뜻이 다르게 쓰여 융합이 또 다른 모습을 보인다. 첫 번째는 표시(票)나게 칼(刂)로 끊어내니 [칼로 끊다(剽)]는 뜻이다. 두 번째는 무사들이 커다란 칼(刂)을 갖고 좌우로 날뛰면서(票←暴) [겁박하다(剽)]는 뜻이고 [표]로 읽는다.
回 剝(벗길 박) 勇(날랠 용)

필순 一 一 一 两 两 西 亜 亜 票 票 票 剽

기초 【기초한자어】 익히고, 【기본→발전한자어】 다지기
剽輕(표경) 재빠름. 날램. 거칠고 경박함
剽掠(표략) 위협하여 빼앗음. 협박하여 약탈함
剽勇(표용) 표독하고 용감함
• 剽輕은 재빠름이나 날래고 경박함이라네.
• 剽勇한 해적에게 剽掠당한 물건을 되찾았다고 하니 참으로 기쁘구나.
기본 ① 剽盜(표도) 剽剝(표박) 剽賊(표적) 剽竊(표절) 剽楚(표초) 剽奪(표탈) 剽悍(표한) 攻剽(공표) 浮剽(부표) 殘剽(잔표) 推剽(추표)
발전 ① 剽劫(표겁) 剽攻(표공) 剽狡(표교) 剽急(표급) 剽虜(표로) 剽姚(표요) 剽疾(표질) 剛剽(강표) 輕剽(경표) 剝剽(박표) 耳剽(이표)
사자성어 ① 剽疾輕悍(표질경한)

 慓

부수	획수	총획
心	11	14

급할 표 【3388】

字源 〈형성〉 '급하다'는 급하여 서둘러 돌보거나 일을 빨리 처리해야 할 상태다. 이 한자는 자원이나 뜻이 다르게 쓰여 그 융합이 서로 다른 모습을 보인다. 첫째는 표시(票) 날 만큼 마음(忄)이 급하여 성질이 [급하다(慓)]는 뜻이다. 두 번째는 마음(忄)이 매우 사나웠으니 [票←暴] [사납다(慓)]는 뜻이고 [표]로 읽는다.
回 悍(사나울 한) 急(급할 급) 疾(병/빠를 질)

필순 丶 丶 忄 忄 忄 忭 忼 忼 慓 慓 慓

기초 【기초한자어】 익히고, 【기본→발전한자어】 다지기
慓毒(표독) 성품과 행동이 살기가 있고 악독한 데가 있음. 사나움
慓悍(표한) 성질이나 행동이 모질고 억세며 급한 데가 있음. 사나움
• 맹수는 집에서 기르는 가축과는 달리 慓毒하여 좀처럼 길들여지지 않는다.
• 성질이 급하고 사나운 慓毒한 사람과 친하게 사귀기는 쉽지 않다.
기본 ① 慓疾(표질)

 飄

부수	획수	총획
風	11	20

나부낄 표 【3389】

字源 〈형성〉 '나부끼다'는 표식이나 만국기 등이 바람에 흩날려 흔들리는 모양이다. 갑자기 생기는 저기압으로 주위의 공기가 한꺼번에 몰려 올라가는 소용돌이 바람이다. 매우 날래고 사납게(票←暴) 바람(風)이 불어 나뭇잎이 마구 흔들리니 [나부끼다(飄)] 또는 급하게 부는 [회오리바람(飄)]을 뜻하고 [표]로 읽는다.
回 翩(나부낄 편)

필순 一 西 票 票 飘 飘 飘 飘 飘 飄

기초 【기초한자어】 익히고, 【기본→발전한자어】 다지기
飄客(표객) 화류계를 떠돌며 노는 방탕한 사나이
飄登(표등) 펄럭이며 오름
飄泊(표박) 정처 없이 떠돌아다님. 고향을 떠나 타향으로 떠돎
• 飄客은 화류계를 떠돌며 노니는 방탕한 사나이라고 널리 알려진다.
• 외국에 飄泊하는 신세이지만 태극기의 飄登을 보면 가슴이 뭉클해진다.
기본 ① 飄落(표락) 飄散(표산) 飄揚(표양) 飄疾(표질) 飄墜(표추) 飄蕩(표탕) 飄風(표풍) 飄忽(표홀) 孤飄(고표) 急飄(급표) 蓬飄(봉표) 流飄(유표) 淪飄(윤표)
발전 ① 飄擊(표격) 飄零(표령) 飄泛(표범) 飄灑(표쇄) 飄然(표연) 飄瓦(표와) 飄寓(표우) 飄爾(표이) 飄逸(표일) 飄萍(표평) 飄飄(표표) 特 飄眇(표묘) 飄颺(표양)

1급

부수	획수	총획
豸	3	10

표범 표【3390】

字源 〈형성〉 '표범'은 '호랑이'보다 몸 크기가 작고, 몸통은 더 길쭉하면서 가는 것이 특징이다. 표범의 꼬리는 가늘며 몸길이의 절반을 넘는다. 머리는 크고 둥글고 작은 것이 특징이다. 검고 둥글며 또렷하게(勺) 생긴 반점 무늬가 온 몸에 덮여 있는 백수(豸)를 어른으로 여겼으니 [표범(豹)]을 뜻하고 [표]로 읽는다.

필순 ㇒ ㇒ ㇏ ㇏ 豸 豸 豸 豹 豹 豹

기초 【기초한자어】 익히고, 【기본→발전한자어】 다지기
豹文(표문) 표범의 털 무늬. 또는 그와 같은 아름다운 무늬
豹尾(표미) 표범의 꼬리. 표범 꼬리로 장식한 수레
• 豹文이 새겨진 옷이 제일 마음에 들었다.
• 사슴이 豹尾를 발견하고 얼른 도망쳤다.

기본 ① 豹脚(표각) 豹班(표반) 豹變(표변) 豹隱(표은) 豹皮(표피) 文豹(문표) 獅豹(사표) 水豹(수표) 全豹(전표) 虎豹(호표)

발전 ① 豹騎(표기) 豹紋(표문) 豹直(표직) 豹侯(표후) 半豹(반표) ㈜ 豹裘(표구)

사자성어 ① 豹死留皮(표사유피) 管中窺豹(관중규표)

부수	획수	총획
禾	8	13

여쭐 품 :【3391】

字源 〈형성〉 '여쭈다'는 '묻다'의 높임말로 무엇을 알아내기 위해 어른께 대답이나 설명을 긴하게 요구하여 말하다는 뜻이다. 즉 아랫사람이 윗사람에게 공손하게 말하다는 의미이다. 많은 곡식(禾)을 나라 창고(靣←稟)에서 벼슬아치들의 녹봉으로 친히 내렸으니 [녹미(稟)] 또는 [여쭈다(稟)]는 뜻이고 [품]으로 읽는다.

필순 ㇐ 亠 亠 靣 靣 靣 靣 靣 靣 稟 稟

기초 【기초한자어】 익히고, 【기본→발전한자어】 다지기
稟命(품명) 상관의 명령을 받음. 타고난 성질. 운명
稟性(품성) 타고난 성품
稟議(품의) 웃어른이나 상관에게 글이나 말로 여쭈어 의논함
• 상관의 명령을 받거나 타고난 성질이나 운명이 稟命이라고 한다네.
• 형님의 稟性으로 보아 집안 일은 稟議한 다음에 결정할 것이다.

기본 ① 稟假(품가) 稟達(품달) 稟賦(품부) 稟受(품수) 稟質

(품질) 稟處(품처) 稟刑(품형) 氣稟(기품) 賦稟(부품) 承稟(승품) 英稟(영품) 資稟(자품) 秦稟(진품) 天稟(천품) 特稟(특품)

발전 ① 稟告(품고) 稟給(품급) 稟承(품승) 稟申(품신) 稟奏(품주) 官稟(관품) 旣稟(기품) 性稟(성품) 異稟(이품) 諮稟(자품) ㊑ 稟頉(품탈)

사자성어 ① 氣稟之性(기품지성) 雲上氣稟(운상기품)

부수	획수	총획
言	9	16

풍자할 풍【3392】

字源 〈형성〉 '풍자하다'는 작품 등에서 현실의 부정적 측면을 우습게 빗대어 비판한다는 뜻이다. 이 한자는 자원이 다르게 쓰이므로 융합에 주의가 요망된다. 첫째는 바람(風)처럼 말을 하니(言) [풍자하다(諷)]는 뜻이다. 두 번째는 남의 일에 말(言)로 큰 바람(風)을 일으켜 가면서 [빗대다(諷)]는 뜻이고 [풍]으로 읽는다.

필순 ㇐ ㇐ 言 言 訊 訊 諷 諷 諷 諷

기초 【기초한자어】 익히고, 【기본→발전한자어】 다지기
諷讀(풍독) 책을 외워 읽음
諷詠(풍영) 시가를 읊조림
諷刺(풍자) 남의 결점을 무엇에 빗대어서 크게 비웃으며 폭로함
• 그는 어릴 적부터 천자문을 諷讀했다.
• 김삿갓의 시를 읽노라면 고관을 諷刺하여 諷詠하였음을 잘 알 수 있지.

기본 ① 諷諫(풍간) 諷勉(풍면) 諷書(풍서) 譏諷(기풍) 朗諷(낭풍) 微諷(미풍) 吟諷(음풍) 箴諷(잠풍) 傳諷(전풍) 嗤諷(자풍)

발전 ① 諷經(풍경) 諷戒(풍계) 諷誦(풍송) 諷諭(풍유) 諷喩(풍유) 諷意(풍의) 玩諷(완풍) ㊑ 諷嘯(풍소)

부수	획수	총획
手	5	8

헤칠 피
펼 피【3393】

字源 〈형성〉 '헤치다'는 군중이나 많은 짐승을 가만히 가는 길의 양옆으로 물리치다는 뜻이다. 속에 들어 있는 것을 드러나게 하려고 펴거나 잡아 젖히다는 뜻도 깊이 숨겨져 있다. 손(扌)으로 짐승 가죽을 벗기니(皮) [헤치다(披)] 또는 가죽을 헤쳐서 햇볕에 잘 말리려고 했으니 [펴다(披)]는 뜻이고 [피]로 읽는다.

필순 ㇐ ㇐ 扌 扌 扩 扩 披 披

1급

기초 【기초한자어】 익히고, 【기본 → 발전한자어】 다지기
披見(피견) 책이나 편지 따위를 펴서 봄
披讀(피독) 책을 읽음
披覽(피람) 책이나 문서 따위를 펼쳐서 읽음
• 披讀는 책을 두루 읽음을 뜻한다. 독서에는 낭독, 순독, 순독 등이 있지.
• 오랜만에 족보를 披覽하고 친구의 편지를 披見하니 옛 기억이 새롭다.

기본 ① 披麻(피마) 披髮(피발) 披攘(피양) 披閱(피열) 披針(피침) 披懷(피회) 霧披(무피) 分披(분피) 紛披(분피) 離披(이피) 直披(직피) 昌披(창피) 風披(풍피)

발전 ① 披肝(피간) 披抉(피결) 披款(피관) 披襟(피금) 披斷(피단) 披瀝(피력) 披露(피로) 披離(피리) 披霧(피무) 披靡(피미) 披腹(피복) 披拂(피불) 披披(피피) 拜披(배피) 猖披(창피) 極 披緇(피치)

	부수	획수	총획
疋	疋	0	5

필 필 【3394】

字源 〈상형〉 '짝'은 '짝과 같은 말로 서로가 잘 어울려 보이는 한 쌍을 뜻하며 부부로서의 짝인 '배필(配匹)'을 의미하기도 한다. 또한 일정한 길이로 말아 놓은 피륙를 세는 단위이다. 사람(人)이 결혼해 그 아래(下)에 자식이 또 태어나면 부부의 짝을 맺어주어야 했으니 [짝(疋)] 또는 [필(疋)]을 뜻하고 [필]로 읽는다.

필순

기초 【기초한자어】 익히고, 【기본 → 발전한자어】 다지기
疋練(필련) 한 필의 누인 명주. 흰 비단처럼 보이는 물건
疋緞(필단) 필로 된 비단
疋帛(필백) 명주(明紬)
• 어른 옷 한 벌을 지으려면 적어도 서너 疋練쯤은 필요하겠다.
• 우리는 손주 며느리를 보아서 고급스러운 疋緞과 疋帛을 얻어 입었네.

기본 ① 疋馬(필마) 馬疋(마필)

발전 ① 疋木(필목) 全疋(전필) 布疋(포필)

	부수	획수	총획
乏	丿	4	5

모자랄 핍 【3395】

字源 〈지사〉 '모자라다'는 잠이 부족하여 많이 피곤하다는 식으로 어떠한 표준에 미치지 못함을 뜻하는 용어다. 사람 지

능이 부족하여 정상적인 수준에 이르지 못함을 뜻한다 하겠다. 사방에 뻗쳐(丿)있던 재산이 계속해서 빠져가니(之) 살림이 옹색해 이제 [다하다(乏)] 또는 양이 [모자라다(乏)]는 뜻이고 [핍]으로 읽는다.
동 困(곤할 곤) 匱(다할 궤)

필순

기초 【기초한자어】 익히고, 【기본 → 발전한자어】 다지기
乏困(핍곤) 가난하여 고생함
乏頓(핍돈) 지쳐 넘어짐
乏厄(핍액) 가난하여 고생함
• 乏厄 생활이 몸에 배었더니 이제야 한 시름 놓겠네.
• 어려서부터 乏困한 생활을 하더니만 이제는 매우 乏頓하는구나!

기본 ① 乏劣(핍렬) 乏迫(핍박) 乏少(핍소) 乏材(핍재) 乏盡(핍진) 缺乏(결핍) 耐乏(내핍) 貧乏(빈핍) 承乏(승핍) 人乏(인핍) 絕乏(절핍) 疲乏(피핍) 懸乏(현핍)

발전 ① 乏月(핍월) 乏資(핍자) 乏絕(핍절) 困乏(곤핍) 窘乏(군핍) 窮乏(궁핍) 欠乏(흠핍) 極 乏匱(핍궤) 乏餒(핍뇌)

사자성어 ① 代不乏人(대불핍인)

	부수	획수	총획
逼	辵	9	13

핍박할 핍 【3396】

字源 〈형성〉 '핍박하다'는 다른 사람을 바싹 죄어 몹시 괴롭게 굴거나 쫓아내는 행위이다. 또한 현재 처해있는 사정이나 형편이 매우 절박할 때 그 상태를 노골적으로 표현하는 단어이다. 창고마다 가득 찬(畐←福) 재물이 밖으로 새어나가니(辶) 살림이 [핍박하다(逼)] 또는 [궁핍하다(逼)]는 뜻이고 [핍]으로 읽는다.
동 迫(핍박할 박)

필순

기초 【기초한자어】 익히고, 【기본 → 발전한자어】 다지기
逼迫(핍박) 형세가 절박함. 바싹 죄어 괴롭게 굶
逼塞(핍색) 꽉 막힘. 몹시 군색함
逼奪(핍탈) 협박하여 빼앗음. 핍박하여 임금의 자리를 빼앗음
• 왜놈들이 逼迫해 들어왔다.
• 당시 逼塞하던 정국을 타개하려고 수양대군이 단종을 逼奪할 줄은 정말 몰랐구나.

기본 ① 逼隣(핍린) 逼扶(핍부) 逼眞(핍진) 攻逼(공핍) 內逼(내핍) 畏逼(외핍) 進逼(진핍) 脅逼(협핍)

발전 ① 逼近(핍근) 逼取(핍취) 驅逼(구핍) 凌逼(능핍) 事逼(사핍) 危逼(위핍) 極 狎逼(압핍)

사자성어 ① 解組誰逼(해조수핍)

1급

부수	획수	총획
雨	9	17

노을 하 【3397】

字源 〈형성〉 '노을'을 줄여서 '놀'이라고도 한다. 곧 해가 뜨거나 질 때에 하늘이 온통 발갛게 보이는 아름다운 현상을 살펴본다. 바다같이 넓은 물에서, 움직여 물결치는 현상이다. 임시로 빌려온(叚) 비(雨)라는 뜻이라 하겠으나 미처 비가 되지 못한 수증기가 붉으니 [노을(霞)] 또는 [멀다(霞)]는 뜻이고 [하]로 읽는다.

필순 宀宀宀雫雫雫雫霄霄霞霞

기초 【기초한자어】 익히고, 【기본→발전한자어】 다지기
霞徑(하경) 놀이 낀 작은 길
霞光(하광) 놀. 아침놀. 저녁놀
霞洞(하동) 선인이 산다는 곳
• 霞徑은 은은한 저녁놀이 낀 작은 길을 말한다지.
• 물어물어 霞洞을 찾아 갔더니 霞光이 비추었다.

기본 ①霞觴(하상) 霞彩(하채) 落霞(낙하) 丹霞(단하) 晚霞(만하) 夕霞(석하) 雲霞(운하) 殘霞(잔하) 彩霞(채하) 形霞(형하)

발전 ①霞閣(하각) 霞起(하기) 霞散(하산) 霞衣(하의) 霞梯(하제) 霞燦(하찬) 輕霞(경하) 暮霞(모하) 燒霞(소하) 煙霞(연하) 流霞(유하) 赤霞(적하) 朝霞(조하) 春霞(춘하) 紅霞(홍하) 曉霞(효하) 特霞岫(하수) 絳霞(강하) 출집霞帔(하피)

사자성어 ①煙霞痼疾(연하고질)

부수	획수	총획
虫	9	15

두꺼비 하
새우 하 【3398】

字源 〈형성〉 '두꺼비'는 두꺼비과 양서류의 하나라는 학명이 주어진다. 거북은 개구리와 비슷하게 생겼다. 피부가 두껍고 온몸에 우툴두툴하게 솟았다. 앞다리는 짧고 뒷다리는 길다. 벌레(虫) 같은 반찬인데 오래 두어도 허물(叚)이 없으니 [새우(蝦)] 또는 그 생김새들이 비슷하여 [두꺼비(蝦)]를 뜻하고 [하]로 읽는다.
圓蟆(두꺼비 마)

필순 口中虫虫虫虫虫虾虾虾蝦蝦

기초 【기초한자어】 익히고, 【기본→발전한자어】 다지기
魚蝦(어하) 물고기와 새우. 어류를 통틀어 이르는 말
乾蝦(건하) 말린 새우
• 乾蝦장(場)을 만들어 많은 수익을 올렸다.
• 우리 조상들은魚蝦와 더불어 어패류를 먹고 살았다.

기본 ①佳蝦(가하)

발전 ①糠蝦(강하) 大蝦(대하) 土蝦(토하) 紅蝦(홍하) 特蝦蟹(하해) 特蝦蘸(하해) 출집蝦蟆(하마) 蝦蛄(하고)

사자성어 ①鯨戰蝦死(경전하사) 特以蝦釣鯉(이하조리)

부수	획수	총획
辵	9	13

멀 하 【3399】

字源 〈형성〉 '멀다'는 어떤 곳이 지금 이곳과 거리가 많이 떨어져 있다는 뜻으로 쓰인다. 먼 훗날, 먼 옛날처럼 어느 때와 같이 시간적인 간격이 떨어져 있다는 뜻이겠다. 시간의 보폭성을 느낀다. 보폭을 재빠르고 크게(叚) 하여서 먼 거리를 걸어가야(辶) 했으니 걷는 그 거리가 [멀다(遐)]는 뜻이고 [하]로 읽는다.
圓遠(멀 원)

필순 ⼁⼁⼁尸尸尸尸段段假假遐

기초 【기초한자어】 익히고, 【기본→발전한자어】 다지기
遐擧(하거) 멀리 가고 높이 오름
遐年(하년) 오래 삶
遐福(하복) 큰 복. 오래 지속되는 행복
• 이름을 먼 곳에까지 드높이 드날리는 고상한 행동을 遐擧라 한다.
• 요즘처럼 우리들이 遐年을 늘리는 것이 이제 遐福이라 할 수는 없겠다.

기본 ①遐齡(하령) 遐壽(하수) 遐遠(하원) 遐迹(하적) 遐土(하토) 遐被(하피) 遐荒(하황) 登遐(등하) 升遐(승하) 幽遐(유하) 荒遐(황하)

발전 ①遐慶(하경) 遐棄(하기) 遐緬(하면) 遐方(하방) 遐壤(하양) 遐域(하역) 遐裔(하예) 遐祚(하조) 遐通(하통) 特遐祈(하기) 遐邇(하마) 遐眺(하맹) 遐邇(하사) 特遐陬(하추)

사자성어 特遐邇壹體(하이일체)

부수	획수	총획
玉	9	13

허물 하 【3400】

字源 〈형성〉 '허물'은 내가 이미 저지른 잘못으로 쓰인 용어다. 지금까지 살아온 과정을 생각하면 '나이 많음이 허물일세'라고 허무를 노래한다. 자기의 모자라는 점이나 결점까지 뜻하겠다. 보물은 남에게 쉽게 빌려주지는 않지만, 구슬(王)을 남에게 빌려주면(叚) 흠집이 꼭 생겼으니 [허물(瑕)]을 뜻하고 [하]로 읽는다.
圓疵(허물 자)

필순 ⼀⼆王王王玝玝玝玝瑕瑕

기초 【기초한자어】 익히고, 【기본→발전한자어】 다지기
瑕疵(하자) 옥의 티. 흠. 결점
瑕痕(하흔) 흉터. 상흔
• 처음 만났을 때 신랑의 瑕疵를 찾아보았지만 반듯한 남성이었다.
• 그런데 목 아래에 화상으로 인한 瑕痕이 있는 것을 발견하였다.

기본 ① 瑕穢(하예) 瑕疵(하적) 微瑕(미하) 白瑕(백하) 點瑕(점하) 毀瑕(훼하)

발전 ① 瑕缺(하결) 瑕隙(하극) 瑕瑾(하근) 瑕累(하루) 瑕病(하병) 瑕惡(하악) 瑕玉(하옥) 瑕尤(하우) 瑕玷(하점) 纖瑕(섬하) 細瑕(세하) 疵瑕(자하) 特 瑕瑜(하유) 瑕珍(하진) 特 瑕玷(하점) 瑕釁(하흔)

사자성어 ① 白璧微瑕(백벽미하)

부수	획수	총획
土	14	17

壑 구렁 학 【3401】

字源 〈회의〉 '구렁'은 지금의 처지에서 헤어나기가 어려운 나쁜 환경을 비유적으로 이르는 말을 뜻한다. 아직까지도 '질병과 기아의 구렁에서 허덕이고 있다'에서 보인 그러한 구렁과 같은 용어의 쓰임이겠다. 지혜로운(睿) 사람이 산을 헐고 또(又) 땅(土)을 판 움푹 파인 큰 골짜기로 [구렁(壑)]을 뜻하고 [학]으로 읽는다.
圖 谷(골 곡)

필순

기초 【기초한자어】 익히고, 【기본→발전한자어】 다지기
壑谷(학곡) 구렁. 움
洞壑(동학) 동굴과 계곡. 동천(洞天)
萬壑(만학) 첩첩이 겹쳐진 많은 골짜기
• 폭우 가운데 큰 산의 壑谷에 머무르는 것은 위험하다.
• 그 산은 洞壑이 멋있다는데, 萬壑이 너무 험해서 아무나 갈 수는 없다.

기본 ① 巖壑(암학) 絶壑(절학)

발전 ① 澗壑(간학) 溪壑(계학) 溝壑(구학) 丘壑(구학) 潭壑(담학) 大壑(대학)

사자성어 ① 溪壑之慾(계학지욕) 萬壑千峰(만학천봉)

부수	획수	총획
疒	9	14

瘧 학질 학 【3402】

字源 〈형성〉 '학질'은 '말라리아'로 3급 법정감염병이다. 일정한 시간 간격을 두고 오한과 고열을 동반한다. 땀을 흘리면

서 열이 내렸다가 하루 이틀이 지나 다시 발작하는 병증세를 보인다. 병(疒) 중에서도 치료하기가 썩 어렵고 가장 비참하고 사납다고(虐) 생각했던 고질병으로 [학질(瘧)]을 뜻하고 [학]으로 읽는다.

필순

기초 【기초한자어】 익히고, 【기본→발전한자어】 다지기
瘧氣(학기) 학질(瘧疾)의 기운
瘧疾(학질) 말라리아. 일정한 시간이 되면 주기적으로 오한이 나고 발열하는 병
疫瘧(역학) [한의학] 학질(瘧疾)의 한 가지
• 초등학생 시절에 瘧疾로 고생했던 기억이 뚜렷하다.
• 瘧氣는 학질의 기운이고, 疫瘧은 학질의 한 가지로 뜻이 다르다.

기본 ① 溫瘧(온학)

발전 ① 瘧母(학모) 斷瘧(단학) 熱瘧(열학) 子瘧(자학)

부수	획수	총획
言	9	16

謔 희롱할 학 【3403】

字源 〈형성〉 '희롱하다'는 말이나 행동으로 사람을 '놀리다'는 뜻이다. 비웃음의 뜻을 담고 있음이다. 한자는 자원이나 뜻이 다르게 쓰여 그 융합이 다른 모습이다. 첫째는 말(言)을 사납게(虐) 하여 [농락하다(謔)]는 뜻이고, 둘째는 호랑이가 잡아먹듯이(虐) 말(言)로 농락하니 [희롱하다(謔)]는 뜻이고 [학]으로 읽는다.
圖 弄(희롱할 롱) 嘲(비웃을 조) 戱(희롱할 희)

필순

기초 【기초한자어】 익히고, 【기본→발전한자어】 다지기
謔浪(학랑) 장난치며 희롱질함
謔笑(학소) 희롱하여 웃음. 익살맞은 웃음
嘲謔(조학) 조롱하고 놀림
• 웃으면서 짓는 모습은 嘲謔으로 끝맺음하는 것이 좋겠습니다.
• 당신의 謔笑와 謔浪을 기쁘게 받아들일 수 없어 미안하오.

기본 ① 謔劇(학극) 乖謔(괴학) 侮謔(모학) 善謔(선학) 諧謔(해학) 戱謔(희학)

발전 ① 謔謔(학학) 笑謔(소학) 調謔(조학) 歡謔(환학)

부수	획수	총획
网	3	7

罕 드물 한 : 【3404】

1급

字源 〈형성〉 '드물다'는 일어난 일이 흔하지 않다는 뜻이다. 일이 드문드문 일어난 경우를 뜻한다. 이 한자는 자원이나 뜻이 다르게 쓰여 그 융합이 다른 모습이다. 첫째는 그물(罒←网)이 농작물의 피해를 막았으니 (干) [그물(罕)]을 뜻하고, 둘째는 긴 자루(干)가 달려 있는 그물(罒)로 [드물다(罕)]는 뜻이고 [한]으로 읽는다.
동 罔(그물 망) 稀(드물 희)

필순 `丶 ´ 宀 罒 罒 罕 罕`

기초 【기초한자어】 익히고, 【기본→발전한자어】 다지기
罕車(한거) 그물을 싣는 수레. 필성의 다른 이름
罕見(한견) 드물게 봄
罕罔(한망) 그물
• 자주 봄의 반의어로 罕見이 있다.
• 罕罔을 싣고 가는 罕車는 내 평생 처음 보는 것이다.

기본 ① 罕旗(한기) 罕漫(한만) 罕種(한종) 罕畢(한필) 雲罕(운한) 族罕(족한) 畢罕(필한)

발전 ① 罕古(한고) 罕言(한언) 駐罕(주한) 稀罕(희한) 출진 罕罕(부한)

漢	부수	획수	총획
빨래할 한 열흘 한【3405】	水	13	16

字源 〈형성〉 '빨래하다'는 때가 묻어 더러운 옷이나 피륙 따위를 물에 넣고 주물러 때를 빼서 깨끗하게 하는 것이다. 더러운 빨래는 열흘에 한 번씩 했던 모양이다. 빨래할 때 줄기(幹)가 되는 큰 통에 물(氵)을 가득 담고 세제를 잘 풀어서 주물렀으니 [빨래하다(澣)] 혹은 10일인 [열흘(澣)]을 뜻하고 [한]으로 읽는다.
동 滌(씻을 척) 濯(씻을 탁)

필순 `氵 氵 氵 汸 汸 淲 淲 淖 澣 澣 澣`

기초 【기초한자어】 익히고, 【기본→발전한자어】 다지기
澣沐(한목) 발을 씻고 머리를 감음
澣衣(한의) 빨래함
澣滌(한척) 빨래하고 깨끗하게 잘 씻음
• 위생적인 생활을 하려면 澣滌을 규칙적으로 해야 한다.
• 그간 못했던 澣衣를 끝내고 澣沐까지 마치니 기분이 매우 상쾌했다.

기본 ① 澣帛(한백) 澣濯(한탁) 三澣(삼한) 上澣(상한) 中澣(중한) 濯澣(탁한) 下澣(하한)

발전 ① 磨澣(마한) 洗澣(세한) 특 漱澣(수한) 특 澣酒(한쇄)

悍	부수	획수	총획
사나울 한 :【3406】	心	7	10

字源 〈형성〉 '사납다'는 사람 성격이 거칠고 억세다는 뜻이다. 차분한 사람보다 거친 사람이 많다. 이 한자는 자원이나 뜻이 다르게 쓰여 그 융합이 다르다. 첫째는 가뭄(旱)이 들면 사람들의 마음(忄)이 [사납다(悍)]는 뜻이다. 둘째는 남을 범하려는 (旱) 마음(忄)이 독살스럽게 [사납다(悍)]는 뜻이고 [한]으로 읽는다.
동 毒(독 독) 猛(사나울 맹) 暴(사나울 폭/포)

필순 `丶 丶 忄 忄 忄 忡 悍 悍 悍`

기초 【기초한자어】 익히고, 【기본→발전한자어】 다지기
悍馬(한마) 사나운 말. 드센 말
悍婦(한부) 성미가 사나운 여자
悍藥(한약) 극약
• 그는 생활고를 비관하여 悍藥을 먹는 선택을 했다.
• 悍馬를 다루듯이 悍婦를 대하니 불화가 계속된다.

기본 ① 悍堅(한견) 悍梗(한경) 悍毒(한독) 悍戾(한려) 悍室(한실) 悍勇(한용) 果悍(과한) 猛悍(맹한) 雄悍(웅한) 精悍(정한) 暴悍(폭한) 慓悍(표한) 凶悍(흉한)

발전 ① 悍輕(한경) 悍驕(한교) 悍忌(한기) 悍吏(한리) 悍逆(한역) 悍將(한장) 悍酋(한추) 勇悍(용한) 妬悍(투한) 특 悍驁(한오) 驍悍(효한)

사자성어 ① 慓疾輕悍(표질경한) 短小精悍(단소정한)

轄	부수	획수	총획
다스릴 할【3407】	車	10	17

字源 〈형성〉 '다스리다'는 사람이나 집안을 잘 보살펴 이끌거나 관리하는 것을 말한다. 또한 사람이나 자연을 일정한 목적에 따라서 다루거나 자주 보살피는 일이라 하겠다. 수레(車)바퀴가 빠지는 해로움(害)을 가급적 빨리 막기 위해 굴대 머리 구멍에 끼는 바퀴를 잘 조정했으니 [다스리다(轄)]는 뜻이고 [할]로 읽는다.

필순 `一 〒 車 軒 軒 軒 輊 輊 轄 轄`

기초 【기초한자어】 익히고, 【기본→발전한자어】 다지기
管轄(관할) 맡아 관리함. 가장 중요한 지위. 수레 굴대의 비녀장
分轄(분할) 나누어서 관리함
• 새로 부임한 시장이 管轄지역을 순시하였다.
• 수많은 공유지를 分轄하여 지금은 地自體(지자체)에서 관리하고 있다.

기본 ① 所轄(소할) 輪轄(윤할) 直轄(직할) 車轄(차할) 總轄
(총할) 統轄(통할) 投轄(투할)
발전 ① 轄統(할통) 戒轄(계할) 樞轄(추할)

부수	획수	총획
木	14	18

난간 함 : 【3408】

字源 〈형성〉'난간'은 계단, 다리 등에서 사람이나 물건이 아래
로 떨어지는 것을 막기 위해 설치한 구조물이다. 이 한자
는 자원이나 뜻이 다르게 쓰였다. 첫째는 죄수를 가둬서
감시하는(監) 나무(木) 구조물로 [우리(檻)]를 뜻한다. 다음
두 번째는 사람을 감호해 주는(監) 나무(木)로 [난간(檻)]을
뜻하고 [함]으로 읽는다.
回 欄(난간 란)

필순 十木木杉柙柙槛槛槛檻檻

기초 【기초한자어】 익히고, 【기본→발전한자어】 다지기
檻塞(함색) 사방을 둘러쳐서 막음. 폐쇄함
檻獄(함옥) 감옥
檻穽(함정) 짐승을 잡기 위해 땅바닥에 구덩이를 팜
• 널리 檻塞하고 檻獄을 만들어 죄수를 가두었다.
• 짐승을 잡기 위해 땅바닥이나 나무 둥지에 檻穽을
놓는다.
기본 ① 檻欄(함란) 檻送(함송) 檻羊(함양) 檻倉(함창) 檻致
(함치) 檻虎(함호) 江檻(강함) 欄檻(난함) 籠檻(농함)
獸檻(수함) 橫檻(횡함)
발전 ① 檻車(함거) 檻機(함기) 檻獸(함수) 檻外(함외) 檻泉
(함천) 檻艦(함함) 圈檻(권함) 機檻(기함) 折檻(절함) 朱檻
(주함) 桎檻(질함) 出檻(출함) 軒檻(헌함) 츨진 柙檻(농함)
사자성어 ① 籠鳥檻猿(농조함원)

부수	획수	총획
糸	9	15

봉할 함 【3409】

字源 〈형성〉'봉하다'는 다른 사람이 열지 못하도록 단단하게
붙이거나 잘 싸서 막는 일이다. 또한 함부로 말하지 않고
사람이 입을 아무지게 다물고 말을 하지 않는다는 뜻도
거론된다. 상자에 물건을 다(咸) 집어넣고 나서 마지막으
로 실(糸)로 꿰매어 입구를 완전하게 닫아서 [봉하다(緘)]
는 뜻이고 [함]으로 읽는다.
回 封(봉할 봉)

필순

기초 【기초한자어】 익히고, 【기본→발전한자어】 다지기
緘口(함구) 입을 다물고 말하지 않음
緘封(함봉) 편지·문서 따위의 겉봉을 봉함
緘祕(함비) 봉하여 비밀로 함
• 御命을 받든 파발이나 암행어사가 가지고 간 御帖
을 緘祕하여 보관했다.
• 전기문을 넣어 緘封한 다음 緘口하고 있으니 그
내용을 알 수 없다.
기본 ① 緘黙(함묵) 緘鎖(함쇄) 緘繩(함승) 緘制(함제) 緘札
(함찰) 緘翰(함한) 啓緘(계함) 封緘(봉함) 三緘(삼함)
參緘(참함) 披緘(피함) 華緘(화함)
발전 ① 緘保(함보) 緘歎(함탄) 緘包(함포) 開緘(개함) 謹緘
(근함) 素緘(소함) 緘口令(함구령)
사자성어 ① 緘口無言(함구무언) 緘口勿說(함구물설)

부수	획수	총획
口	9	12

소리칠 함 :
【3410】

字源 〈형성〉'소리치다'는 사람이 어떤 곳을 향하여 큰소리로
함성을 지르는 것을 의미한다. 상황이 급박함을 이른다.
유의어로는 '외치다, 부르짖다, 환호하다, 일갈하다' 등이
있다. 여러 사람 앞에서 입(口)으로 목소리를 힘껏(咸) 부
르짖어 크게 고함을 질렀던 높은 함성으로 [소리치다(喊)]
는 뜻이고 [함]으로 읽는다.

필순 口 叮 叮 叮 叮 咸 咸 喊 喊 喊

기초 【기초한자어】 익히고, 【기본→발전한자어】 다지기
喊聲(함성) 여럿이 지르는 고함 소리
高喊(고함) 크게 부르짖거나 외치는 소리
鼓喊(고함) 북치고 여럿이 함께 소리를 지름
• 민족의 자주 독립을 외치던 喊聲이 지금도 귀에
들리는 것 같다.
• 백군의 응원단장이 高喊치자 따라서 청군의 응원
단이 鼓喊했다.
기본 ① 喊黙(함묵)
발전 ① 大喊(대함) 咆喊(포함) 츨진 喊黙(함묵)

부수	획수	총획
金	6	14

재갈 함 【3411】

字源 〈회의〉'재갈'은 사람이 소리를 내지 못하도록 입에 물리
는 아무진 물건이다. 또한 말의 입에 물리는 도구로 쇠붙
이로 된 굴레가 달려 있으며 여기에 고삐를 매서 마음대
로 부렸다. 말을 적절히 통제하고 잘 달릴 수 있도록(行)

1급

하기 위하여 말의 입에 물리는 금속(金) 도구로 [재갈(銜)]을 뜻하고 [함]으로 읽는다.

園勒(굴레 륵) 回啣

[필순] ﹨ ﹨ ﹨ ﹩ ﹩ 徉 徉 徨 銜 銜

[기초] 【기초한자어】 익히고, 【기본→발전한자어】 다지기
銜勒(함륵) 말의 입에 물리는, 쇠로 만든 물건. 재갈
銜命(함명) 임금의 명령을 받듦
銜字(함자) 상대방 이름의 높임말
• 초면에 아버지의 銜字를 물으니 좀 이상했다.
• 암행어사가 御命하기 위해 銜勒을 채운 말을 타고 길을 떠났다.

[기본] ① 銜塊(함괴) 銜枚(함매) 銜杯(함배) 銜寃(함원) 銜立(함립) 鑣銜(기함) 馬銜(마함) 新銜(신함) 人銜(인함) 轉銜(전함)

[발전] ① 銜珠(함주) 銜旨(함지) 銜環(함환) 名銜(명함) 密銜(밀함) 深銜(심함) 鞍銜(안함) 弛銜(이함) 前銜(전함) 尊銜(존함) 職銜(직함) 特 轡銜(비함)

[사자성어] ① 枯魚銜索(고어함삭) 銜尾相隨(함미상수) 銜哀致誠(함애치성) 銜華佩實(함화패실)

부수 | 획수 | 총획
水 | 8 | 11

젖을 함 【3412】

[字源] 〈형성〉 '젖다'는 축축하게 되다 혹은 영향을 받아 익숙해지다는 뜻이다. 새벽길을 나서면 촉촉하게 옷이 '젖다'는 뜻은 같으나 자원이 다르게 융합되는 모습이다. 첫째는 물(氵)이 가득 담긴 상자(函)에 옷을 넣어 [젖다(涵)]는 뜻이다. 둘째는 물(氵) 성분을 포함하니(函) [적시다(涵)]는 뜻이고 [함]으로 읽는다.

[필순] ﹨ 氵 氵 氵 氵 汵 汵 浫 涵 涵 涵

[기초] 【기초한자어】 익히고, 【기본→발전한자어】 다지기
涵碧(함벽) 푸른빛으로 적심. 하늘이나 바다가 푸름
涵養(함양) 저절로 물드는 것같이 차차 길러냄. 학식을 넓혀서 심성을 닦음
涵蓄(함축) 넣어 쌓아 둠
• 혹자는 돈은 넣어 두는 것이라 했다. 涵蓄의 의미가 생각난다.
• 저 涵碧을 바라보니 6년간의 涵養이 참으로 보잘 것없었네 그려.

[기본] ① 涵永(함영) 涵咀(함저) 涵暢(함창) 潛涵(잠함) 沈涵(침함) 包涵(포함) 海涵(해함)

[발전] ① 涵育(함육) 涵浸(함침) 渾涵(혼함) 泓涵(홍함) 特 涵奄(함엄) 涵濡(함유) 涵煦(함후)

부수 | 획수 | 총획
鹵 | 9 | 20

짤 함 【3413】

[字源] 〈형성〉 '짜다'는 음식 맛이 소금 맛과 같다는 뜻이다. 간은 적절하게 보아야 한다. '짜다'는 뜻은 같으나 자원이 다르게 융합된 모습이다. 첫째는 소금(鹵)밭의 소금은 많은 사람이 다(咸) 먹어도 [짜다(鹹)]는 뜻으로 쓰이며, 둘째는 전부(咸)가 소금(鹵)과 같은 정도였으니 그 맛이 [짜다(鹹)]는 뜻이고 [함]으로 읽는다.

凹淡(맑을 담) 回鹹

[필순] ﹨ 卜 占 占 卤 卤 卥 卥 鹹 鹹 鹹

[기초] 【기초한자어】 익히고, 【기본→발전한자어】 다지기
鹹苦(함고) 짜고 씀. 괴로움
鹹度(함도) 바닷물에 들어 있는 소금의 양
鹹水(함수) 짠물. 바닷물
• 인생은 짜고 쓰고 괴로움을 다한다고 했으니 鹹苦이겠다.
• 소금을 만들 때 鹹水의 鹹度가 높으면 더 좋을 것 같은 생각이 듭니다.

[기본] ① 鹹潟(함석) 鹹也(함지) 鹹土(함토) 甘鹹(감함) 大鹹(대함) 酸鹹(산함) 辛鹹(신함) 海鹹(해함)

[발전] ① 鹹淡(함담) 鹹味(함미) 鹹菜(함채) 鹹泉(함천) 鹹水魚(함수어) 特 鹹鹵(함로)

[사자성어] ① 海鹹河淡(해함하담)

부수 | 획수 | 총획
凵 | 6 | 8

함 함 【3414】

[字源] 〈상형〉 '함'은 혼인할 때 신랑 측에서 채단과 혼서지(婚書紙)를 넣어 신부 측에 보내는 상자를 말한다. 조선시대에는 양가에서 함을 다양하게 꾸며서 보냈다. 오늘날에는 잘 하지 않는 풍습이다. 위가 쩍 벌어진 그릇에 화살이 가득 들어 있는 모양을 본떠서 [상자(函)] 혹은 [함(函)]을 뜻하고 [함]으로 읽는다.

[필순] ﹁ 了 了 予 承 承 函 函

[기초] 【기초한자어】 익히고, 【기본→발전한자어】 다지기
函宏(함굉) 넓음. 관대함
函使(함사) 편지 등의 글을 전하는 하인
函人(함인) 갑옷과 투구를 만들던 사람
• 인생은 넓고 관대하게 살라고 했다. 函宏은 이런 뜻을 내포한다.

1급

• 무기 제작을 마친 函人이 장군에게 函使를 보내면서 알려 드렸다.

기본 ① 函蓋(함개) 函列(함렬) 函封(함봉) 函底(함저) 函招(함초) 函活(함활) 經函(경함) 密函(밀함) 本函(본함) 書函(서함) 玉函(옥함)

발전 ① 函谷(함곡) 函籠(함롱) 函三(함삼) 函數(함수) 函丈(함장) 函尺(함척) 函夏(함하) 函胡(함호) 函和(함화) 空函(공함) 石函(석함) 投函(투함) 特 函褓(함보)

사자성어 ① 函蓋相應(함개상응) 函谷鷄鳴(함곡계명)

부수	획수	총획
虫	6	12

조개 합【3415】

字源 〈형성〉 '조개'는 흔히 한자어로 [합(蛤) · 방(蚌) 또는 방합(蚌蛤)]이라 불렀다. 〈본초강목〉에는 '방과 합은 같은 부류라고 했으니 알 만하겠다. 긴 것을 '방'이라 했고, 둥근 것을 '합'이라 했다. 벌레(虫)처럼 생긴 생물의 조가비 두 개가 물에서 입을 크게 벌렸다 합했다 했으니(虫) [조개(蛤)]를 뜻하고 [합]으로 읽는다.
圖 蚌(방합 방)

필순 口 中 虫 虫 虫 蚧 蛤 蛤 蛤 蛤

기초 【기초한자어】 익히고, 【기본→발전한자어】 다지기
蛤仔(합자) 바지락조개
文蛤(문합) 글씨 무늬가 새겨진 조개
白蛤(백합) 백의민족처럼 흰 빛깔이 많은 조개
• 발굴된 패총을 살펴보았더니 蛤仔의 껍질이 다량 발견되었다.
• 文蛤, 白蛤, 大蛤, 紅蛤 등은 껍질을 보아서 쉽게 구분할 수 있다.

기본 ① 魁蛤(괴합) 牡蛤(모합) 山蛤(산합) 珠蛤(주합) 花蛤(화합)

발전 ① 蛤殼(합각) 蛤子(합자) 大蛤(대합) 蜃蛤(신합) 海蛤(해합) 紅蛤(홍합) 特 蚌蛤(방합)

부수	획수	총획
皿	6	11

합 합【3416】

字源 〈형성〉 '합'은 보통 놋쇠로 만들었으나 궁에서는 주로 은으로 된 은합을 많이 사용했다. 합에는 국수장국 · 떡국 · 밥 · 약식 · 찜 등 비교적 따끈하게 먹는 음식을 주로 담았다고 한다. 빈 그릇(皿)에 따뜻한 음식을 가득 담아서 식지 않도록 뚜껑을 합했던(合) 소반뚜껑으로 [합(盒)]을 뜻하고 [합]으로 읽는다.

필순 ノ 人 스 仝 슬 合 合 合 盒 盒 盒

기초 【기초한자어】 익히고, 【기본→발전한자어】 다지기
饌盒(찬합) 반찬이나 술안주 따위를 담는 여러 층으로 된 그릇
粉盒(분합) 분을 담는 합
香盒(향합) 향기가 물씬거리는 합
• 장모님이 보낸 饌盒을 열어보니 맛있는 반찬이 가득 들어 있었다.
• 왕비가 사용했던 粉盒과 香盒이 출토되었다.

기본 ① 空盒(공합) 卵盒(난합) 飯盒(반합) 寶盒(보합) 盆盒(분합) 煙盒(연합) 烏盒(오합) 印盒(인합) 茶盒(차합)

발전 ① 爐盒(노합) 沙盒(사합) 食盒(식합) 鍮盒(유합) 盒沙鉢(합사발) 特 攜盒(휴합)

부수	획수	총획
肉	3	7

항문 항【3417】

字源 〈형성〉 '항문'은 소화기관의 맨 끝에 있는 구멍으로 소화가 끝난 음식물을 몸 밖으로 내보낸다. 수많은 혈관이 항문관을 둘러싸고 있고, 이 혈관이 심하게 팽창하고 파열되면 문제가 된다. 사람의 몸(月) 속에서 영양분을 만들고(工) 남은 찌꺼기는 대장을 타고 밖으로 내보냈으니 [항문(肛)]을 뜻하고 [항]으로 읽는다.
回 訌(어지러울 홍)

필순 ノ 丿 月 月 月 肛 肛

기초 【기초한자어】 익히고, 【기본→발전한자어】 다지기
肛門(항문) 똥구멍
脫肛(탈항) 치질의 한 가지
• 소화된 음식물의 찌꺼기를 몸 밖으로 내보내는 肛門을 청결하게 해야 한다.
• 나는 할아버지를 닮아서 어려서부터 脫肛이 있어 고생을 많이 했다.

발전 ① 肛門腺(항문선) 脫肛症(탈항증)

부수	획수	총획
缶	3	9

항아리 항【3418】

字源 〈형성〉 '항아리'는 아래 위가 좁고, 배가 불룩하게 나온 오지그릇으로 그 쓰임이 상당히 많았다. 키가 작고 아가리가 넓으며 아래가 좁고 배가 불러 장류를 담는 데 많이 쓰였다. 장인(工)이 흙을 구워 만든 그릇(缶)인 [항아리(缸)

란 뜻과 커다란(工) 질그릇(缶)으로 여겼던 [항아리(缸)]를 뜻하고 [항]으로 읽는다.

필순

기초 【기초한자어】 익히고, 【기본→발전한자어】 다지기
玉缸(옥항) 옥으로 만든 항아리
缸硯(항연) 술을 담는 옹기그릇의 파편으로 만든 벼루
• 사대부의 집이나 궁중에서는 玉缸을 주로 많이 사용했다.
• 오래된 缸硯인데도 지금까지도 술 냄새가 나는 것 같다.

기본 ① 酒缸(주항) 花缸(화항)
발전 ① 缸胎(항태) 附缸(부항) 魚缸(어항) 醬缸(장항) 缸面酒(항면주)

	부수	획수	총획
懈	心	13	16

게으를 해 : 【3419】

字源 〈형성〉 '게으르다'는 사람이 움직이거나 일하기 싫어하는 성미와 버릇이 있는 경우를 뜻한다. 게을러서는 성공할 수 없다. 유의어로는 '나태하다(懶怠), 태만하다(怠慢)'가 있다. 급한 조바심 때문에 마음(忄) 속으로 결심했던 바의 긴장이 흐트러지면서(解) 몸이 나른했으니 [게으르다(懈)]는 뜻이고 [해]로 읽는다.
回 倦(게으를 권) 惰(게으를 타) 怠(게으를 태)

필순

기초 【기초한자어】 익히고, 【기본→발전한자어】 다지기
懈弛(해이) 마음이나 행동이 느즈러짐
懈惰(해타) 게으름
懈怠(해대) 게으름. 태만함. 마음이 해이해져 일을 소홀히 함
• 마음이나 행동이 비교적 느즈러짐을 懈弛라 했으니 부지런해야만 하겠다.
• 근래에 懈怠한 내 모습을 보고 아들은 학업에 懈弛하니 걱정이다.

기본 ① 懈倦(해권) 懈慢(해만) 勞懈(노해) 離懈(이해) 替懈(체해) 怠懈(태해)
발전 ① 懈緩(해완) 墮懈(타해)
사자성어 ① 不倦不懈(불권불해)

	부수	획수	총획
咳	口	6	9

기침 해 【3420】

字源 〈형성〉 '기침'은 목이나 기관지의 점막이 자극을 받아 갑작스럽게 거친 숨이 터져 나오는 현상이다. 또는 기침이 반복되어 나타나는 현상이라 했다. 날씨가 추워져서 돼지(亥)가 감기에 들어 입(口)을 통해 [기침하다(咳)] 또는 입(口)에서 심한 기침 소리(亥 : 의성어)가 났으니 [기침(咳)]을 뜻하고 [해]로 읽는다.
回 喘(숨찰 천) 嗽(기침할 수)

필순

기초 【기초한자어】 익히고, 【기본→발전한자어】 다지기
咳喘(해천) 기침과 천식
咳唾(해타) 기침과 침. 침을 뱉음. 어른의 말씀
• 咳喘이 있어 고생고생 하시는 숙부님을 뵈올 때마다 매우 안타깝다.
• 시간만 되면 咳唾를 하면서 고생하신 아버님께 연민의 정이 간다.

기본 ① 咳嬰(해영) 咳咳(해해) 奇咳(기해) 勞咳(노해)
발전 ① 咳痰(해담) 鎭咳(진해) 特 咳嗽(해수)
사자성어 ① 咳唾成珠(해타성주)

	부수	획수	총획
駭	馬	6	16

놀랄 해 【3421】

字源 〈형성〉 '놀라다'는 갑작스러운 일이 생겨 생각지도 않은 일을 당함이다. 이 한자는 '놀라다'는 뜻은 같으나 자원이 다르게 융합되는 한자다. 첫째는 말(馬)이 뛰는 소리에 새끼돼지(亥)들까지 모두 [놀라다(駭)]는 뜻으로 쓰이고, 둘째는 채찍 휘두름에 말(馬)이 자리에서 깜짝(亥) [놀라다(駭)]를 뜻하고 [해]로 읽는다.
回 愕(놀랄 악)

필순 ⌐ ⌐⌐ ⌐⌐ 馬 馬 馬⌐ 馬亠 駭 駭 駭 駭

기초 【기초한자어】 익히고, 【기본→발전한자어】 다지기
駭擧(해거) 해괴한 짓
駭怪(해괴) 매우 괴이함. 놀라 의심함
駭服(해복) 놀라 복종함
• 이번 일을 보고서 매우 괴이하여 놀랐으니 참으로 駭怪한 일이다.
• 산적 두목의 駭擧를 보고 부하들은 駭服할 수밖에 없었다.

기본 ① 駭浪(해랑) 駭視(해시) 駭愕(해악) 駭悖(해패) 駭汗(해한) 傾駭(경해) 驚駭(경해) 驅駭(구해) 奔駭(분해) 色駭(색해) 震駭(진해) 暴駭(폭해) 歡駭(환해)
발전 ① 駭突(해돌) 駭遁(해둔) 駭亂(해란) 駭俗(해속) 駭慄(해율) 駭異(해이) 駭政(해정) 駭震(해진) 危駭(위해) 汨駭(저해) 振駭(진해) 歎駭(탄해) 怖駭(포해) 惶駭(황해) 特 駭遽(해거) 特 駭怛(해달) 駭憚(해탄) 중요 駭慙(해참)
사자성어 ① 駭怪罔測(해괴망측) 影駭響震(영해향진)

부수	획수	총획
木	9	13

본보기 해【3422】

字源 〈형성〉'본보기'는 일반적으로 어떤 사실이나 현상을 설명하거나 증명해 주는 것을 뜻한다. 공자묘에 자공이 심었던 굽지 않는 해(楷)나무를 뜻했었으니 그 본보기를 뜻하겠다. 바른 것을 모두(皆) 갖춘 나무(木)인 [해(楷)나무]는 굽지 않았으며, 이를 널리 알리려는 [본보기 해서(楷書)]를 뜻하고 [해]로 읽는다.
圖模(본뜰 모) 正(바를 정) 回偕(함께 해)

필순 十 木 木 村 村 村 柑 梏 楷 楷 楷

기초 【기초한자어】 익히고, 【기본→발전한자어】 다지기
楷書(해서) 서체의 이름. 점과 획을 따로따로 하여 방정하게 쓰는 글씨
楷正(해정) 글자의 획이 똑바름. 해서로 방정하게 쓰는 일
模楷(모해) 본보기. 해나무(공자의 제자 자공(子貢)이 심었다는 나무)
• 윤교수의 楷書體(체)는 참으로 글씨가 반듯하여 楷正한 모습으로 썼구먼.
• 글씨는 반듯하게 써야 하는데 바로 模楷體(체)가 적당하겠다.

기본 ① 楷模(해모) 楷隸(해예) 楷字(해자) 楷篆(해전) 楷則(해칙) 官楷(관해) 妙楷(묘해) 女楷(여해) 隸楷(예해) 眞楷(진해)

발전 ① 楷白(해백) 楷法(해법) 楷式(해식) 楷條(해조) 楷體(해체)

부수	획수	총획
骨	6	16

뼈 해【3423】

字源 〈형성〉'뼈'는 척추동물에만 있다. 몸을 지탱하는 구조적인 뼈대로 작용하고, 근육이 달라붙는 지렛대 역할을 한다고 한다. 그는 움직일 수 있게도 하고 뇌와 척수를 보호하기도 한다. 여러 마디 뼈(骨) 중에서 중요한 몸의 핵심 부분(亥=核)이 되고 있는 부위로 [뼈(骸)] 또는 [해골(骸)]을 뜻하고 [해]로 읽는다.
圖骨(뼈 골)

필순 冂 冂 冎 骨 骨 骨 骨 骸 骸 骸 骸

기초 【기초한자어】 익히고, 【기본→발전한자어】 다지기
骸骨(해골) 몸을 이루는 뼈. 살이 썩고 남은 뼈. 또는 그 머리뼈
骸筋(해근) 뼈와 살. 몸. 신체. 체력

骨骸(골해) 몸을 이루고 있는 온갖 뼈
• 骸骨과 骨骸는 같은 뜻이다. 다만 글씨가 倒置되었을 뿐이다.
• 이 骸骨로 보아서 생전에는 매우 건장한 骸筋이었음이 분명하겠다.

기본 ① 骸軀(해구) 骸炭(해탄) 筋骸(근해) 燒骸(난해) 死骸(사해) 衰骸(쇠해) 遺骸(유해) 殘骸(잔해) 形骸(형해)

발전 ① 骸泥(해니) 乞骸(걸해) 軀骸(구해) 百骸(백해) 六骸(육해) 속진 骸骼(해격)

사자성어 ① 願賜骸骨(원사해골)

부수	획수	총획
辵	13	17

우연히 만날 해 :【3424】

字源 〈형성〉'우연히 만나다'는 생각지도 않다가 뜻밖에 만난다는 뜻으로 이런 인연이 큰 인연으로 이어질 수 있다. 이를 두고 우리는 우연일치라는 말을 많이 쓰고 있지만 과학성은 없다. 모든 계획이나 어느 약속을 풀어버리고(解) 무작정 길을 가다가(辶) 좋은 인연을 만나니 [우연히 만나다(邂)]는 뜻이고 [해]로 읽는다.
圖遇(만날 우) 遭(만날 조) 逅(만날 후)

필순 ⺈ 角 角 角 解 解 解 邂 邂

기초 【기초한자어】 익히고, 【기본→발전한자어】 다지기
邂逅(해후) 우연히 만남. 뜻밖에 만남
• 30년 만에 첫사랑과 邂逅하니 감회가 새로웠다.
• 오랜만에 만나 서로 즐거워하는 모양도 邂逅다.

사자성어 ① 邂逅相逢(해후상봉)

부수	획수	총획
人	9	11

함께 해【3425】

字源 〈형성〉'함께'는 '～와 함께' 하는 구성원이 되어 한데 섞여 어우러지다는 뜻이다. 여럿이 한데 어울리다는 의미를 담았으니 "입을 모아 함께 노래하자"는 뜻도 두루 담기도 한다. 생각이 같은 사람(亻)들이 함께 모두(皆) 모여 학문이나 더러 힘차게 살아가는 이야기를 나누었으니 [함께(偕)]를 뜻하고 [해]로 읽는다.
圖俱(함께 구) 與(더불/줄 여) 回楷(본보기 해)

필순 亻 亻 仸 仸 偕 偕 偕 偕 偕 偕

기초 【기초한자어】 익히고, 【기본→발전한자어】 다지기
偕樂(해락) 여러 사람이 함께 즐김
偕老(해로) 부부가 일생을 함께 지내며 같이 늙음

1급

偕偶(해우) 짝. 배필
- 평생의 짝이었던 배필을 偕偶라 했으니 말만 들어도 가슴이 떨린다.
- 우리 부부의 偕老에 앞서 가족의 偕樂이 더 값진 것은 아닐까.

기본 [1] 偕作(해작) 偕適(해적) 偕行(해행) 計偕(계해) 與偕(여해)

발전 [1] 偕來(해래) 偕往(해왕) 偕偕(해해)

사자성어 [1] 偕老同穴(해로동혈) 百年偕老(백년해로)

諧

부수	획수	총획
言	9	16

화할 해【3426】

字源 〈형성〉 '화하다'는 서로 뜻이 맞아 매우 좋은 상태가 되다는 뜻이다. '화목하다. 온화하다. 조화롭다'는 뜻을 두루 담는 용어로 쓰인다. 따스한 마음으로 서로 다정하다는 뜻까지 담고 있다. 모두(皆)가 뜻을 함께 모아 한 목소리로 말을 하면서(言) 즐겁게 앉아 이야기했으니 [화하다(諧)]는 뜻이고 [해]로 읽는다.

同 暢(화창할 창) 謔(희롱할 학) 和(화할 화)

필순 

기초【기초한자어】익히고,【기본→발전한자어】다지기

諧語(해어) 희롱하는 말. 농담. 익살

諧易(해이) 부드럽고 너그러움

諧謔(해학) 익살스럽고 풍자적인 말이나 짓

- 올바른 인과관계를 실천하려면 다정한 諧易가 필요하겠구나.
- 동생의 諧謔은 나의 諧語와 비교할 수 없을 만큼 한 차원이 높다

기본 [1] 諧比(해비) 諧聲(해성) 諧暢(해창) 嘲諧(조해) 和諧(화해) 歡諧(환해)

발전 [1] 諧價(해가) 諧文(해문) 諧調(해조) 諧和(해화) 諧戱(해희) 諧嬉(해희) 俳諧(배해) 諧謔性(해학성) 출전 詼諧(회해)

劾

부수	획수	총획
力	6	8

꾸짖을 핵【3427】

字源 〈형성〉 '꾸짖다'는 윗사람이 아랫사람의 잘못을 엄하게 지적하며 꾸중하다는 뜻이다. 유의어로는 '질책하다. 책망하다. 힐책하다. 야단치다' 등이 있다. 첫째는 힘(力)써 사람의 죄를 파묻고 나무라니(亥←亟) [꾸짖다(劾)]는 뜻이고, 둘째는 큰 죄는 끝(亥)까지 힘(力)을 다해 [캐어묻다(劾)]는 뜻이고 [핵]으로 읽는다.

同 按(누를 안) 彈(탄알 탄)

필순 

기초【기초한자어】익히고,【기본→발전한자어】다지기

劾繫(핵계) 고발하여 구속함

劾論(핵론) 허물을 들어 논박함

劾彈(핵탄) 죄를 들추어냄

- 피의자를 심문하여 죄인의 죄를 들추어내는 劾彈이 중요하다.
- 검사가 법원에 피의자를 劾繫하면서, 劾彈하는데 모두가 집중한다.

기본 [1] 劾按(핵안) 劾狀(핵장) 劾情(핵정) 劾奏(핵주) 擧劾(거핵) 告劾(고핵) 誣劾(무핵) 排劾(배핵) 按劾(안핵) 自劾(자핵) 奏劾(주핵) 推劾(추핵) 險劾(험핵)

발전 [1] 劾案(핵안) 糾劾(규핵) 彈劾(탄핵) 출전 劾詆(핵저)

嚮

부수	획수	총획
口	16	19

길잡을 향 :【3428】

字源 〈형성〉 '길잡다'는 '인도하다'의 옛말이다. '府仰向背'라고 했으니 마을을 우러러보면서 집 북쪽으로 향하다는 의미도 담겨 있겠다. 자원이 다르게 쓰인 융합의 모습이다. 첫째는 어떠한 장소(鄕)를 향하니(向) [길잡다(嚮)]는 뜻이고, 둘째는 지나온 방향(向)을 잡아 되돌아보니(鄕) [접때(嚮)]를 뜻하고 [향]으로 읽는다.

필순 

기초【기초한자어】익히고,【기본→발전한자어】다지기

嚮導(향도) 길을 안내함. 길라잡이

嚮明(향명) 밝아옴. 날 샐 무렵

嚮背(향배) 따름과 배반함

- 36년간의 어두움에서 이제 날이 밝아오니 嚮明이 돌아올 모양이다.
- 이 지방의 嚮導는 주민의 嚮背를 잘 파악하면서 처신을 잘하였다.

기본 [1] 嚮赴(향부) 嚮往(향왕) 嚮者(향자) 嚮晦(향회)

발전 [1] 嚮內(향내) 嚮仰(향앙) 嚮用(향용) 嚮日(향일) 遐嚮(하향) 嚮導軍(향도군) 特Ⅱ 嚮邇(향이)

饗

부수	획수	총획
食	13	22

잔치할 향 :【3429】

字源 〈형성〉 '잔치하다'는 기쁜 일이나 축하하기 위해 음식을 차려놓고 모여서 함께 즐기다는 뜻이다. 남녀노소 할 것 없이 빙 둘러 앉아 한 자리에 모여 즐겁게 놀면서 잔치를

1급

한다. 시골(鄕)에서 음식(食)을 차려 놓으면서 [잔치하다(饗)]는 뜻과 음식(食)을 마주 대하면서(鄕) 서로 [흠향하다(饗)]는 뜻이고 [향]으로 읽는다.

圖 歆(흠향할 흠)

필순 乡 乷 乡 鄕 鄕 饗 饗 饗 饗

기초 【기초한자어】 익히고, 【기본 → 발전한자어】 다지기
饗告(향고) 제물을 차려 조상에게 제사 지내고 신에게 고함
饗宴(향연) 주식을 대접하는 잔치
饗應(향응) 주식을 차려 사람을 대접함
• 주식을 차려 대접하는 등 饗應하는 일은 칭찬 받아 마땅하다.
• 종가댁에서는 饗告 다음날 마을 사람들에게 饗宴을 베풀었다.

기본 ① 饗報(향보) 大饗(대향) 祠饗(사향) 宴饗(연향) 燕饗(연향) 祭饗(제향) 尊饗(존향) 贊饗(찬향)

발전 ① 饗禮(향례) 饗奠(향전) 饗賀(향하) 降饗(강향) 尙饗(상향) 歆饗(흠향)

부수	획수	총획
口	11	14

불 허 【3430】

字源 〈형성〉 '불다'는 일어나서 일정한 방향으로 움직이다 또는 사람이 입김을 한꺼번에 담아 입을 동그랗고 뾰쪽하게 하고 입김을 내보내다는 뜻이다. 사람이 빈 하늘인 허공(虛)을 향해서 입(口)으로 공기를 '후우' 하고 [불다(噓)] 또는 입(口)으로 숨을 '후(虛:의성어)'하고 내뱉으니 [불다(噓)]는 뜻이고 [허]로 읽는다.

凹 吸(마실 흡) 圖 嘘

필순 口 吖 吖 咘 噓 噓 噓 噓 噓 噓

기초 【기초한자어】 익히고, 【기본 → 발전한자어】 다지기
噓吸(허흡) 숨을 쉼. 욺. 흐느껴 욺
吹噓(취허) 남이 잘한 것을 과장되게 칭찬해서 천거함
• 낮에는 명랑하던 아저씨가 밤마다 噓吸하는 이유를 알지 못했다.
• 잘못된 일이 있어 흐느끼면서 한숨을 쉬며 噓吸하는 이유를 알겠다.

기본 ① 噓呵(허가) 呵噓(가허) 氣噓(기허) 呼噓(호허)

발전 ① 噓噓(허허) 深呼吸(심호흡) 国国 噓嚱(허희)

부수	획수	총획
土	12	15

터 허 【3431】

字源 〈형성〉 '터'는 일정한 공간에 건물이나 구조물 따위를 짓거나 조성할 자리를 뜻한다. 사물이나 사업의 밑바탕이 되는 기초나 밑천이나 일정한 부지 정도라고 생각할 수도 있겠다. 왕래가 빈번하고 시절이 좋았던 시대가 지나고 공허하게(虛) 빈 땅(土)만 남아 있으니 그 옛날의 그 [터(墟)]를 뜻하고 [허]로 읽는다.

圖 址(터 지)

필순 土 圤 圤 坺 圹 墟 墟 墟 墟 墟

기초 【기초한자어】 익히고, 【기본 → 발전한자어】 다지기
墟落(허락) 황폐한 마을
墟墳(허분) 덤불에 묻힌 옛 무덤
故墟(고허) 옛 성터나 집터
• 故墟는 옛 성터나 집터인데 신라나 백제의 성도들이 다 그렇다.
• 고향의 墟落과 뒷산의 墟墳이 과연 누구의 소유인지 알 수가 없다.

기본 ① 墟里(허리) 墟墓(허묘) 墟域(허역) 丘墟(구허) 山墟(산허) 靈墟(영허) 天墟(천허) 村墟(촌허) 廢墟(폐허) 寒墟(한허)

발전 ① 墟曲(허곡) 墟市(허시) 墟巷(허항) 郊墟(교허) 舊墟(구허) 名墟(명허) 荒墟(황허) 遺墟碑(유허비) 国 坵墟(구허)

사자성어 ① 社稷爲墟(사직위허)

부수	획수	총획
欠	9	13

쉴 헐 【3432】

字源 〈형성〉 '쉬다'는 지금까지 하던 일을 멈추고 편안한 상태가 되거나 무영의 상태이다. 같이 쓰는 유의어로 일하는 도중에 잠깐 하던 일을 그만 두는 '휴식이나 휴게'라고 하겠다. 하던 일을 중단하고(曷) 숨을 몰아쉬니(欠) [쉬다(歇)와 입을 벌려(欠) 쉴 새 없이(曷) 팔았으니 값이 [싸다(歇)]는 뜻이고 [헐]로 읽는다.

圖 憩(쉴 게) 息(쉴 식)

필순 口 日 尸 昃 昴 曷 曷 歇 歇 歇

기초 【기초한자어】 익히고, 【기본 → 발전한자어】 다지기
歇價(헐가) 그 물건의 원래 가격보다 훨씬 싼 값. 헐값
歇看(헐간) 문건이나 일 따위를 탐탁지 않게 보아서 그냥 넘겨버림
歇泊(헐박) 쉼. 묵음
• 물건을 쉽게 보아 넘기는 歇看이 아니라 자세히 알고 세밀하게 보아야겠다.
• 중국을 여행하던 중 歇泊하는 동안에 많은 물건을 歇價에 구입하여 귀국하였다.

기본 ① 歇驕(갈교) 歇拍(헐박) 歇宿(헐숙) 歇杖(헐장) 歇治

1급

(헐치) 歇後(헐후) 露歇(노헐) 間歇(문헐) 消歇(소헐)
衰歇(쇠헐) 零歇(영헐) 凋歇(조헐) 休歇(휴헐)

발전 ① 歇家(헐가) 歇脚(헐각) 歇邊(헐변) 歇息(헐식) 歇齒
(헐치) 間歇(간헐) 憩歇(게헐) 緊歇(긴헐) 耗歇(모헐)

사자성어 ① 猶屬歇后(유속헐후)

絢

무늬 현 : 【3433】

부수	획수	총획
糸	6	12

字源 〈형성〉 '무늬'는 물건의 표면에 어룽져서 나타나는 어떠한
모양이다. 유의어로는 문장을 아름답게 꾸며 쓴 멋으로
쓰인 '문채나 조각품에 '장식한 문양이다. 실(糸)을 고르
게(旬=均) 물들여 옷감이 고운 [무늬(絢)]라는 뜻과 같은
(旬=均) 질 좋은 직물(糸)로 짠 옷감이니 [문채 나다(絢)]
는 뜻이고 [현]으로 읽는다.

필순 乡 幺 乡 糸 糹 糹 紃 約 絢 絢 絢

기초 【기초한자어】 익히고, 【기본→발전한자어】 다지기
絢爛(현란) 눈부시게 빛남. 시문이 화려함
絢飾(현식) 아름답게 꾸밈
絢煥(현환) 번쩍거리고 아름다움
• 여인은 아름다움을 보이려고 絢煥한 목걸이를 건다.
• 누나의 絢爛한 작품을 絢飾해 드리는 것이 나의
바른 임무였다.

기본 ① 絢練(현련) 絢美(현미) 絢服(현복) 光絢(광현) 明絢
(명현) 炳絢(병현) 英絢(영현) 彫絢(조현) 彩絢(채현)
華絢(화현)

발전 ① 絢采(현채)

眩

어지러울 현 :
【3434】

부수	획수	총획
目	5	10

字源 〈형성〉 '어지럽다'는 주위가 제자리에 있지 못하여 무언가
어수선하다는 뜻이다. 곧 물체가 흐리고 아뜩아뜩하다는
뜻인바, 유의어로는 '혼탁하다, 분분하다'로 쓰이는 용어겠
다. 눈(目) 앞이 먼 곳이 가물거리며 희미하게(玄) 잘 보이
지 않아서 아찔하니 [어지럽다(眩)] 혹은 [현혹하다(眩)]는
뜻이고 [현]으로 읽는다.

필순 ｜ 冂 冂 月 目 目 盵 盵 眩 眩

기초 【기초한자어】 익히고, 【기본→발전한자어】 다지기
眩氣(현기) 아찔하고 어지러운 기운
眩然(현연) 현기증이 나는 모양
眩惑(현혹) 정신이 혼미하여 어지러움

• 하루 종일 현기증이 나서 그런 모양에 眩然되는
모습을 보인다.
• 동생이 사이비 종교에 眩惑되어 있을 때에 나는
眩氣증을 느꼈다.

기본 ① 眩曜(현요) 眩疾(현질) 眩晃(현황) 苦眩(고현) 旋眩
(선현) 震眩(진현) 吐眩(토현) 汗眩(한현)

발전 ① 眩旋(현선) 眩然(현연) 眩暈(현운) 眩眞(현진) 眩眩
(현현) 眩慌(현황) 眩肉(견육) 眩人(환인) 驚眩(경현)
耀眩(요현) 顚眩(전현) 昏眩(혼현) 眩氣症(현기증) 楹眩泯
(현민) 瞑眩(명현) 譁眩(화현)

衒

자랑할 현 :
【3435】

부수	획수	총획
行	5	11

字源 〈형성〉 '자랑하다'는 어떤 사실을 드러내 뽐내다. 어떤 일
을 노골적으로 뽐낸다는 뜻으로 쓰인바, 유의어로 '과시
(誇示)하다, 긍과(矜誇)하다' 등으로 쓰인 상용어다. 남의
눈을 어지럽고 어둡게(玄) 할 정도로 과장하여 상품을 선
전해 가면서(行) 거리에서 잘 팔고 있으니 [자랑하다(衒)]
는 뜻이고 [현]으로 읽는다.

필순 彳 彳 彳 彳 彳 徉 徔 徔 徔 衒

기초 【기초한자어】 익히고, 【기본→발전한자어】 다지기
衒氣(현기) 자만하는 마음. 뽐내는 모양
衒女(현녀) 뽐내는 여자. 자기 용모를 발보이는 여자
衒學(현학) 학식이 있다고 자랑하며 뽐냄
• 학식이 있다고 자랑하며 뽐내는 衒學은 구시대의
발상이라 하겠다.
• 그는 자신의 衒氣때문에 衒女와는 사귀지 않는다.

기본 ① 衒賣(현매) 衒士(현사) 衒言(현언) 衒張(현장) 賈衒
(고현) 矜衒(긍현) 媒衒(매현) 女衒(여현) 自衒(자현)

발전 ① 衒賈(현고) 衒求(현구) 衒能(현능) 衒耀(현요) 誇衒
(과현) 衒學者(현학자) 楹衒沽(현고)

사자성어 ① 衒玉賈石(현옥고석)

挾

낄 협 【3436】

부수	획수	총획
手	7	10

字源 〈형성〉 '끼다'는 사람이 팔짱이나 각지를 빠지지 않게 서
로 걸다는 뜻을 담겠다. 또한 어떤 물건이 다른 물건에
'박히거나 꽂히다', 혹은 아무지게 '섞여든다'는 뜻도 담는
다. 손가락(扌)을 바짝 맞추어 잡고 각지를 끼고(夾) 있다.
또는 손(扌)이나 두 팔로 팔짱을 끼고(夾) 있으니 [끼다(挾)]
는 뜻이고 [협]으로 읽는다.

回 俠(의기로울 협) 狹(좁을 협) 梜(젓가락 협) 回 挾

필순 

기초 【기초한자어】 익히고, 【기본 → 발전한자어】 다지기

挾憾(협감) 원망을 품음

挾攻(협공) 적을 사이에 두고 양쪽에서 공격함

挾雜(협잡) 옳지 못한 방법으로 남을 속임

• 원망이나 원통함을 품는 挾憾은 사람이 졸렬하여 더 이상 말 붙일 곳이 없다.

• 장군은 挾攻작전으로 승전했지만 결코 挾雜하지는 않았다.

기본 1 挾輔(협보) 挾私(협사) 挾詐(협사) 挾術(협술) 挾日(협일) 挾持(협지) 姦挾(간협) 詭挾(궤협) 扶挾(부협) 自挾(자협) 藏挾(장협) 懷挾(회협)

발전 1 挾擊(협격) 挾貴(협귀) 挾邪(협사) 挾斯(협사) 挾勢(협세) 挾滯(협체) 挾書律(협서율) 特 挾纊(협광)

사자성어 1 挾山超海(협산초해)

頰

부수	획수	총획
頁	7	16

빰 협 【3437】

字源 〈형성〉 '빰'은 사람 얼굴의 양쪽 관자놀이에서 턱 위까지의 넓은 부분이다. '그 사람은 유독 두 빰이 붉고 예쁘다.' 또는 '얄미운 짓을 자주하여 빰을 맞아도 당연하다' 등이라 하겠다. 흔히 두상이라고 했듯이 상부의 머리통(頁) 전체를 양쪽에서 꽉 끼고(夾) 있는 넓적한 부분으로 [빰(頬)]을 뜻하고 [협]으로 읽는다.

약 頬

필순 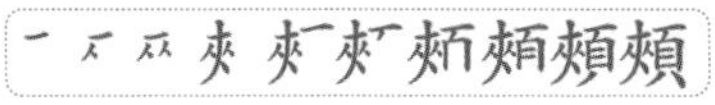

기초 【기초한자어】 익히고, 【기본 → 발전한자어】 다지기

頬輔(협보) 빰

口頬(구협) 입과 빰

紅頬(홍협) 붉은 빛을 띤 빰. 연지를 바른 빰

• 자식을 잃은 그녀의 頬輔에 눈물이 마를 날이 없다.

• 흔히들 口頬과 紅頬이 고와야 얼굴이 예쁘다는 말을 듣는다.

기본 1 頬觀(협관) 頬適(협적) 頬車(협차) 方頬(방협) 牙頬(아협) 緩頬(완협) 赤頬(적협) 豊頬(풍협)

발전 1 頬骨(협골) 頬筋(협근) 高頬(고협) 批頬(비협) 兩頬(양협) 特Ⅱ 頬窩(협와) 鬚頬(수협) 출전 顋頬(시협)

사자성어 1 頬上添毫(협상첨호) 曲眉豊頬(곡미풍협)

俠

부수	획수	총획
人	7	9

의기로울 협 【3438】

字源 〈형성〉 '의기롭다'는 호협심이 많거나 의협심이 강하다는 뜻을 담는다. 이 한자는 자원이나 뜻이 다르게 쓰이면서도 그 융합이 상당히 다른 모습을 보인다. 첫째는 약한 사람(亻)을 끼워(夾) 부축하니 [의기롭다(俠)]는 뜻이고, 둘째는 사람(亻)과 사람들 사이에 끼었으니(夾) [끼이다(俠)]는 뜻이고 [협]으로 읽는다.

동 豪(호걸 호) 약 侠

필순 

기초 【기초한자어】 익히고, 【기본 → 발전한자어】 다지기

俠客(협객) 강자를 꺾고 약자를 돕는 협기를 지닌 사람

俠骨(협골) 장부다운 기골. 호협한 기골

俠士(협사) 호협한 기상이 있는 사람

• 豪俠(호협)한 기상이 있는 俠士들은 작은 것에 연연하지 않는다.

• 홍길동은 다섯 명의 俠骨을 골라 俠客으로 양성하여 늘 데리고 다녔다.

기본 1 俠烈(협렬) 俠勇(협용) 俠者(협자) 姦俠(간협) 氣俠(기협) 大俠(대협) 鋒俠(봉협) 勇俠(용협) 節俠(절협) 凶俠(흉협)

발전 1 俠魁(협괴) 俠氣(협기) 輕俠(경협) 遊俠(유협) 義俠(의협) 任俠(임협) 豪俠(호협)

狹

부수	획수	총획
犬	7	10

좁을 협 【3439】

字源 〈형성〉 '좁다'는 생각이나 걷는 길이 좁다는 뜻이다. '편협하다, 옹졸하다'는 유의어로 쓰인다. 좁다와 협소하다는 뜻은 같으나 자원이 다르게 융합되는 모습을 보인다. 첫째는 개(犭)가 출입문에 끼이니(夾) [협소하다(狹)]는 뜻이고, 둘째는 짐승(犭) 피부에 끼인(夾) 옹졸한 털이 [좁다(狹)]는 뜻이고 [협]으로 읽는다.

동 隘(좁을 애) 窄(좁을 착) 반 廣(넓을 광) 약 狭

필순 

기초 【기초한자어】 익히고, 【기본 → 발전한자어】 다지기

狹小(협소) 공간이 좁고 작음. 아주 좁음

狹窄(협착) 자리나 터전이 썩 좁음. 마음이나 식견이 좁음

偏狹(편협) 한쪽으로 치우쳐 매우 좁음

• 偏狹은 한쪽으로 치우쳐 좁음이니 좀 더 원대한 생각을 갖도록 하자.

• 狹小한 집에서 사는 사람이 모두 狹窄하지는 않을 것이다.

기본 1 狹量(협량) 狹薄(협박) 狹隘(협애) 狹巷(협항) 廣狹(광협) 迫狹(박협) 隘狹(애협) 窄狹(착협) 淺狹(천협)

險狹(험협)

발전 ① 狹徑(협경) 狹軌(협궤) 狹斜(협사) 狹韻(협운) 狹義(협의) 躁狹(조협) 闊狹(활협) **特** 褊狹(편협)

부수	획수	총획
艸	6	10

가시 형 【3440】

字源 〈형성〉 '가시'는 주위에서 상당히 많이 사용하는 용어다. 가시연꽃, 가시고기, 가시나무 등으로 쓰인 용어다. 조선시대에는 '가시나무 형극'이란 말을 두고 고난의 `길이라고도 했다. 중죄인에게 볼기치기를 위해서 초목(艹)과 같은 댑싸리 나무로 후려쳤던 형벌(刑)의 일종으로 [가시(荊)]를 뜻하고 [형]으로 읽는다.
回 棘(가시 극)

필순 ㄱ ㅓ ㅓ ㅓ· ㅓ· 节 芇 芇 荆 荆 荆

기초 【기초한자어】 익히고, 【기본→발전한자어】 다지기
荊棘(형극) 가시. 가시 있는 나무의 총칭. 고난. 뒤얽힌 사태. 분규. 나쁜 마음
荊扉(형비) 가시나무로 만든 사립문
荊室(형실) 초라한 집. 오막살이
• 책을 읽지 않으면 荊棘이 생겨난다고 했으니 독서로 교양을 쌓아야 한다.
• 의분을 참지 못해 荊室인 오막살이로 돌아가 荊扉와 벗을 삼았다.

기본 ① 荊芥(형개) 荊冠(형관) 荊路(형로) 荊門(형문) 荊婦(형부) 荊艾(형애) 荊妻(형처) 蔓荊(만형) 牡荊(모형) 負荊(부형) 識荊(식형) 拙荊(졸형) 黃荊(황형)

발전 ① 荊杞(형기) 荊室(형실) 荊玉(형옥) 荊布(형포) 柴荊(시형) 紫荊(자형) **特** 荊榛(형진)

사자성어 ① 荊棘銅駝(형극동타) 荊山之玉(형산지옥) 班荊道故(반형도고) 負荊請罪(부형청죄)

부수	획수	총획
ヨ	8	11

살별 혜 : 【3441】

字源 〈회의〉 '살별'은 태양 주위를 주기적으로 자전해 도는 작은 천체의 이름이다. 태양에 가까이 접근하면 엷은 기체가 표면 전체에 생기면서 길고 밝은 꼬리를 갖는다 한다. 밤하늘에 많고(丰) 많은(丰) 별 중에서 더는 말할(ヨ) 필요가 없이 우뚝했던 별로 혜성(彗)과도 같았던 [살별(彗)]을 뜻하고 [혜]로 읽는다.

필순 ` ′ ⁼ ⁼ 丰 丰 丰` 丰` 彗 彗 彗

기초 【기초한자어】 익히고, 【기본→발전한자어】 다지기
彗星(혜성) 별. 꼬리별. 살별
彗芒(혜망) 혜성의 뒤에 꼬리같이 길게 끌리는 빛
彗掃(혜소) 비로 깨끗이 쓸어 냄
• 彗星의 뒤에 꼬리같이 길게 끌리는 빛을 彗芒이라고 했더니 신비롭다.
• 彗掃한 뜰에서 밤하늘의 彗星을 찾아보니 뛸 듯이 기분이 좋았다.

기본 ① 掃彗(소혜) 王彗(왕혜) 妖彗(요혜) 流彗(유혜)

발전 ① 彗變(혜변) 彗雲(혜운) 彗日(혜일) 擁彗(옹혜) **特** 彗孛(혜패)

부수	획수	총획
酉	12	19

식혜 혜 【3442】

字源 〈회의〉 '식혜'는 쌀밥에 엿기름가루를 넣어 우려내는 우리나라 전통음료다. 천천히 삭힌 뒤에 단맛이 나도록 만들었던 독특한 음료다. 식혜에 대한 기록은 〈소문사설(謏聞事說)〉에 자세하게 있다. 술(酉)이 술잔 그릇(皿) 속으로 흘러(充←流) 들어가지 못해 술독에 남아 있는 초혜로 [식혜(醯)]를 뜻하고 [혜]로 읽는다.

필순 厂 酉 酉 酉` 酉` 酉` 酉` 酖 酖 醯 醯 醯

기초 【기초한자어】 익히고, 【기본→발전한자어】 다지기
醯醬(혜장) 식초와 된장
食醯(식혜) 쌀밥에 엿기름가루를 우린 물을 부어 삭힌 것
脯醯(포혜) 포육과 식혜
• 우리 식탁에서 醯醬은 없어서는 안 될 식재료이다.
• 食醯와 脯醯는 相關關係(상관관계)가 높은 큰집과 작은집 같은 관계다.

기본 ① 醯鷄(혜계) 鹽醯(염혜) 注醯(주혜)

발전 **特** 醯醢(혜해)

사자성어 ① 甕裏醯鷄(옹리혜계) 左脯右醯(좌포우혜)

부수	획수	총획
玉	9	13

산호 호 【3443】

字源 〈형성〉 '산호'는 몸이 폴립으로 되어 있으며, 원통형의 구조로 아래쪽은 바닥 위에 찰싹 부착되어 있다. 위쪽은 중앙에 입이 있고, 입은 촉수들에 둘러싸여 있어 군을 형성한다. 나무인지 옥(王)인지 구분이 모호한(胡) [산호(瑚)] 혹은 나이 든 늙은이(胡)들이 좋아한 구슬(王)로 [산호(瑚)]를 뜻하고 [호]로 읽는다.

1급

图 珊(산호 산)

필순 二 王 丢 珇 玗 珆 瑚 瑚瑚瑚

기초 【기초한자어】 익히고, 【기본 → 발전한자어】 다지기
珊瑚(산호) 많은 산호충의 석회질이 바다 밑에 가라
앉았음
• 잠수부들은 바다 밑 珊瑚의 아름다움에 대하여 이
야기를 나누고 있었다.
• 珊瑚는 群體를 이루는 珊瑚蟲의 개체가 죽었을
때 남는 골격이라 한다.
발전 ① 珊瑚珠(산호주) 珊瑚礁(산호초) 珊瑚蟲(산호충) 特 瑚璉
(호련)
사자성어 ① 珊瑚婚式(산호혼식)

부수	획수	총획
犬	5	8

여우 호【3444】

字源 〈형성〉'여우'는 갯과에 속한 야행성 동물의 한 종이다. 몸
길이는 70센티미터 정도로 홀쭉하고, 몸빛은 등갈색을 띤
다. 주둥이는 길고 뾰족하며 그 꼬리는 길다. 머리가 작고
뒤꼬리가 커다랗게 부푼 호리병의 모양을 한 오이(瓜)처
럼 생긴 개(犭)과에 속한 빠르고도 날쌘 짐승으로 [여우(狐)]
를 뜻하고 [호]로 읽는다.

필순 ノ 犭 犭 犭 犷 犷 狐 狐 狐

기초 【기초한자어】 익히고, 【기본 → 발전한자어】 다지기
狐狼(호랑) 여우와 이리. 교활하여 남을 해치는 사람
狐鼠(호서) 여우와 쥐. 소인. 좀도둑
狐臭(호취) 암내. 겨드랑이에서 나는 고약한 냄새
• 여우는 고약한 냄새가 나는 狐臭 주머니를 차고 다닌다.
• 좀도둑을 狐鼠라 하고, 사람을 해치는 사람을 狐
狼이라 함을 이제야 알았다.
기본 ① 狐白(호백) 狐擬(호의) 狐惑(호혹) 短狐(단호) 白狐
(백호) 封狐(봉호) 城狐(성호) 野狐(야호) 妖狐(요호)
雄狐(웅호) 疑狐(의호) 稷狐(직호)
발전 ① 狐媚(호미) 狐疝(호산) 狼狐(낭호) 短狐(단호) 狐鼠輩
(호서배) 九尾狐(구미호) 特 狐狸(호리) 狐濡尾(호유미)
特 狐裘(호구)
사자성어 ① 狐假虎威(호가호위) 狐死首丘(호사수구) 狐死
兔悲(호사토비)

부수	획수	총획
米	9	15

풀칠할 호【3445】

字源 〈형성〉'풀칠하다'는 어려운 살림살이에 겨우 끼니를 이어
간다는 뜻이다. 사자성어로는 '호구지계(糊口之計)'라고
할 수 있겠다. 쌀(米)을 끓여서 만든 것으로 쌀인지 아닌
지 상당히 모호한(胡) 상태로 [풀, 풀칠하다(糊)] 혹은 늙은
이(胡)들이 부드러워서 좋아하는 쌀(米)미음으로 [죽(糊)]
을 뜻하고 [호]로 읽는다.
비 湖(호수 호) 瑚(산호 호)

필순 丷 丷 米 米 米 料 料 糊 糊 糊

기초 【기초한자어】 익히고, 【기본 → 발전한자어】 다지기
糊口(호구) 입에 풀칠함. 겨우 끼니를 이어가며 삶.
가난한 살림
糊塗(호도) 풀을 바른다는 뜻. 명확하게 결말을 내
지 않았음
糊名(호명) 과거 시험을 볼 때 부정행위를 방지하기
위하여 답안지에 쓴 응시자의 이름을 봉하여 풀칠하
던 일
• 대가족의 糊口를 위해서 나는 炭鑛(탄광)에서 일
하고 있었다.
• 糊塗와 糊名은 풀을 바른다는 면에서 상당히 같아
서 上下의 關係다.
기본 ① 漫糊(만호) 模糊(모호) 含糊(함호)
발전 ① 糊斗(호두) 糊丸(호환)
사자성어 ① 糊口之策(호구지책) 曖昧模糊(애매모호)

부수	획수	총획
玉	8	12

호박 호 :【3446】

字源 〈형성〉'호박'은 지질시대에 수지가 땅 속에 묻히면서 산
소, 수소, 탄소들과 화합해 돌처럼 굳은 광물이다. 빛은 보
통 누렇고, 광택이 많이 있으며 장식물로 쓰인다고 한
다. 구슬(王)에 호랑이(虎)의 무늬가 있어 독특한 아름다움
을 간직하고 있으며 아주 귀중하게 여겼던 [호박(琥)]을
뜻하고 [호]로 읽는다.
图 珀(호박 박)

필순 二 T 王 王 王' 玙 玙 琥 琥 琥 琥

기초 【기초한자어】 익히고, 【기본 → 발전한자어】 다지기
琥珀(호박) 땅속에 묻힌 소나무 등의 진이 변해 생
긴 화석
琥珀光(호박광) 술 빛깔의 맑고 아름다운 황색을 이
르는 말
• 아버지께서 琥珀으로 만든 노리개를 선물로 주셔서
한복 저고리에 달고 다녔다.
• 琥珀光은 술의 맑고 아름다운 누른빛을 이르는 말
이라 한다.
발전 ① 琥珀酸(호박산) 琥珀色(호박색) 琥珀玉(호박옥)

1급

부수	획수	총획
弓	5	8

활 호【3447】

字源 〈형성〉 '활'은 화살을 쏘는 무기이다. 대나무 또는 쇠를 반달 모양이다. 휘어서 두 끝에다 시위를 걸고 화살을 줄에 메겨서 당겼다가 놓으면 화살이 탄력을 받아 조준한 곳으로 튕겨 나간다. 활(弓)은 오이(瓜)를 절반으로 나눈 둥근 모양을 갖추어서 대나무를 잘 휘어서 만들었으니 [활(弧)]을 뜻하고 [호]로 읽는다.
圖 弓(활 궁) 囘 矢(화살 시)

필순 ⁊ ⁊ 弓 弓' 弘 弧 弧 弧

기초 【기초한자어】 익히고, 【기본→발전한자어】 다지기
弧宴(호연) 생일잔치. 생일날에 베푸는 잔치
弧弓(호궁) 나무로 만든 활. 나무로 만든 활과 뿔로 만든 활
弧矢(호시) 나무로 만든 활과 화살. 별 이름. 아들을 낳음
• 생일잔치 때 사내아이의 壽福康寧을 바라는 弧宴을 크게 베풀었다.
• 옛날 궁사들은 활쏘기 내기를 할 때 弧弓과 弧矢를 사용했다.
기본 ① 弧剌(호랄) 弧張(호장) 弧旌(호정) 括弧(괄호) 短弧(단호) 桃弧(도호) 桑弧(상호) 設弧(설호) 圓弧(원호) 懸弧(현호)
발전 ① 弧光(호광) 弧宴(호연) 弧形(호형) 降弧(강호) 劣弧(열호) 優弧(우호) 弦弧(현호)
사자성어 ① 桑弧蓬矢(상호봉시)

부수	획수	총획
水	9	12

흐릴 혼 :【3448】

字源 〈형성〉 '흐리다'는 잡것이 섞여 깨끗하지 못한 것이다. 하늘에 구름이 낀 맑지 않은 날씨를 뜻하기도 한다. 첫 번째 자원은 물(氵)에 수레(車)가 덮였으니(冖) 물 색깔이 온통 [흐리다(渾)]는 뜻이고, 두 번째 자원은 수중(氵)에서 군인(軍)들이 서로 엉켜서 맞붙어 싸우고 있으니 [혼탁하다(渾)]는 뜻이고 [혼]으로 읽는다.
圖 沌(엉길 돈) 濁(흐릴 탁)

필순 ⁊ ⁊ 氵 氵' 沪 沪 洞 渭 渭 渾 渾 渾

기초 【기초한자어】 익히고, 【기본→발전한자어】 다지기
渾家(혼가) 아내. 처. 온 집안
渾然(혼연) 모가 지거나 찌그러진 데가 없는 둥근 모양

渾濁(혼탁) 흐림
• 모가 지거나 찌그러진 데 없는 둥근 모양을 일러서 渾然하다 할 수 있을까.
• 비록 渾濁한 강물이지만 渾然의 모양을 한 고운 수석이 발견되었다.
기본 ① 渾大(혼대) 渾沌(혼돈) 渾淪(혼륜) 渾碧(혼벽) 渾成(혼성) 胚渾(배혼) 奔渾(분혼) 雄渾(웅혼) 全渾(전혼)
발전 ① 渾券(혼권) 渾眷(혼권) 渾身(혼신) 渾深(혼심) 渾圓(혼원) 渾元(혼원) 渾融(혼융) 渾涵(혼함) 渾浩(혼호) 渾渾(혼혼) 渾和(혼화) 渾厚(혼후) 大渾(대혼) 特 渾迪(혼적) 特 渾敳(혼효)
사자성어 ① 渾然一體(혼연일체) 特 渾金璞玉(혼금박옥)

부수	획수	총획
竹	4	10

홀 홀【3449】

字源 〈형성〉 '홀'은 고대 중국에서 대신들이 입조할 때에 조복을 갖추어 손에 길게 휘어지는 판자다. 한국, 베트남, 일본, 류큐 등지로 전래되었다. 이것을 가리켜 수판 또는 옥판으로 불렀다. 자칫 잊어버리는(勿←忽) 일이 생기지 않도록 윗사람의 말을 대(竹)쪽에 적어 끼고 다녔던 [홀(笏)]을 뜻하고 [홀]로 읽는다.

필순 ⁊ ⁊ ⁊ 丿 竹 竹 竺 竺 笏 笏 笏

기초 【기초한자어】 익히고, 【기본→발전한자어】 다지기
笏擊(홀격) 홀로 침
投笏(투홀) 홀을 그냥 내던진다는 뜻으로 벼슬살이를 그만둠
笏記(홀기) 혼례나 제사 때에 의식 순서를 적은 글
• 지난 밤 笏擊으로 적장을 사로잡았다니 장한 일이다.
• 투笏하고 내려온 선비께 딸의 혼인에 쓸 笏記를 부탁드렸다.
기본 ① 帶笏(대홀) 紳笏(신홀)
발전 ① 玉笏(옥홀) 簪笏(잠홀) 抽笏(추홀) 致笏(치홀) 特 搢笏(진홀)

부수	획수	총획
心	8	11

황홀할 홀【3450】

字源 〈형성〉 '황홀하다'는 물체나 광경이 눈이 어른어른할 정도로 화려하고 곱다는 뜻으로 쓰인다. 사물 등에 매혹되어 달이 뜨거나 몽롱한 듯했었으니 마음 들뜨는 황홀한 기분이겠다. 의식(忄)이 멍해져서(忽) 흐릿하면서 분명치 않거나 무언가 마음에 쏠리어 들뜬 상태였으니 [황홀하다(惚)]는 뜻이고 [홀]로 읽는다.

圖恍(황홀할 황)

필순 丶忄忄忄忄忉忉惣惚惚惚惚

기초 【기초한자어】 익히고, 【기본→발전한자어】 다지기
恍惚(황홀) 광채가 어른어른하여 눈이 부심
自惚(자홀) 저절로 황홀함
慌惚(황홀) 눈이 부실 만큼 찬란하고 화려함
• 서해안 낙조의 恍惚은 어디에 비교할 수 없을 만
큼 아름다웠다.
• 무한한 자연의 변화에 恍惚했더니 그게 바로 自惚
이었네.

기본 ① 惚恍(홀황) 茫惚(망홀)
발전 ① 惚惚(홀홀) 特 悾惚(공홀) 출진 悅惚境(황홀경)

哄	부수	획수	총획
	口	6	9

떠들썩할 홍
【3451】

字源 〈형성〉'떠들썩하다'는 여러 가지 소문으로 들리는 이야기
나 여론으로 소란스럽고 어수선하다는 뜻이다. 연회장이
사람들 웃는 소리로 떠들썩했다는 식으로 주위가 매우 시
끄러운 상황이다. 많은 사람이 함께(共) 왁자지껄하게 큰
소리로 이야기(口)하여 여럿이 지껄이니 [떠들썩하다(哄)]
는 뜻이고 [홍]으로 읽는다.

필순 丨口口口꾸꾸哄哄哄

기초 【기초한자어】 익히고, 【기본→발전한자어】 다지기
哄動(홍동) 여러 사람이 떠들썩함
哄笑(홍소) 입을 크게 벌리고 웃음. 큰 웃음
• 온통 골목이 哄動이 되어 나갔더니 환호성을 크게
지르고 있었다.
• 동리 어르신들이 哄笑되어 표창 받은 이장님을 크
게 환영했다.

기본 ① 堂(홍당) 哄然(홍연) 哄唱(홍창) 唆哄(사홍)
발전 ① 哄誘(홍유) 哄脅(홍협) 特 啜哄(철홍)
사자성어 ① 哄然大笑(홍연대소)

虹	부수	획수	총획
	虫	3	9

무지개 홍【3452】

字源 〈형성〉'무지개' 색깔은 '빨주노초파남보'라는 일곱 가지
색깔이다. 대기 중에 있는 많은 물방울에 태양광선이 굴
절되고 반사되면서 생기는 일종의 빛 현상이라 한다. 타
원형으로 공중을 꿰뚫어(工) 긴 뱀(虫) 모양을 하면서 오
색찬란하게 하늘을 곱게 수를 놓아 찬란한 [무지개(虹)]를

뜻하고 [홍]으로 읽는다.
圖霓(무지개 예) 蜺(무지개 예)

필순 丨口口中虫虫虫虹虹

기초 【기초한자어】 익히고, 【기본→발전한자어】 다지기
虹橋(홍교) 무지개. 무지개처럼 생긴 다리
虹泉(홍천) 폭포
• 사찰 입구의 虹橋를 건너갔더니 멀리 칠색 무지개
가 수를 놓았다.
• 높은 곳에서 떨어지는 虹泉이 단풍과 더불어 그림
처럼 눈에 들어왔다.

기본 ① 虹洞(홍동) 虹彩(홍채) 爛虹(난홍) 丹虹(단홍) 晚虹
(만홍) 文虹(문홍) 白虹(백홍) 雄虹(웅홍) 長虹(장홍)
彩虹(채홍)
발전 ① 虹棧(홍잔) 錦虹(금홍) 雰虹(분홍) 苑虹(원홍) 直虹(직홍)
特 虹霓(홍예) 絳虹(강홍) 蹄虹(과홍) 출진 虹蜺(홍예)

訌	부수	획수	총획
	言	3	10

어지러울 홍
【3453】

字源 〈형성〉'어지럽다'는 정신이 흐려서 제자리에 있지 못하고
혼란스러운 상태를 뜻한다. 방안이 지저분하고 매우 어수
선한 상황도 뜻한다. 첫째는 장인(工)이 쇠붙이를 말(言)없
이 마음대로 [무너뜨리다(訌)]는 뜻이고, 둘째는 말(言)을
아주 잘해서 상대를 공격해대니(工) 정신이 [어지럽다(訌)]
는 뜻이고 [홍]으로 읽는다.
回肛(항문 항)

필순 丶二二言言言言訂訌

기초 【기초한자어】 익히고, 【기본→발전한자어】 다지기
內訌(내홍) 집안이나 나라 안의 다툼
訌爭(홍쟁) 뒤숭숭하며 왁자지껄함
• 나라와 한 집안의 몰락이 외침이나 內訌에 기인한다.
• 訌爭은 내부의 집안싸움으로 일종의 紛爭(분쟁)이
라 하겠다.

기본 ① 兵訌(병홍) 紛訌(분홍)
발전 ① 訌阻(홍조)

驩	부수	획수	총획
	馬	18	28

기뻐할 환【3454】

字源 〈형성〉'기뻐하다'는 마음에 좋은 일을 듣거나 보아서 기
쁨을 느낀다는 뜻이다. 매양 기뻐서 마음의 뜻은 같으나
자원이 다르게 융합되는 모습을 더러 볼 수 있다. 첫째는

말(馬)이 먹이인 왕골 풀(雈)을 보고 [기뻐하다(驩)]는 뜻이고, 둘째는 말(馬)이 황새처럼(雈) 날뛰면서 [기뻐하다(驩)]는 뜻이고 [환]으로 읽는다.
동 憙(기뻐할 희)

필순 「 馬 馬 馬ᵃ 馬ᵃ 馿 馿 驩 驩 驩

기초 【기초한자어】 익히고, 【기본 → 발전한자어】 다지기
驩然(환연) 기쁘게 사귀는 모양. 마음에 즐겁고 기뻐하는 모양
驩迎(환영) 기쁘게 맞음
• 아우가 이제야 배필이 될 사람과 驩然한다고 하니 매우 기쁜 일입니다.
• 아우의 여자 사귐은 우리 가족 모두의 기쁨이겠으니 驩迎합시다.

기본 ① 驩兜(환두) 驩付(환부) 驩洽(환흡) 交驩(교환) 舊驩(구환) 悲驩(비환) 至驩(지환) 合驩(합환)

발전 ① 驩虞(환우) 驩合(환합)

부수	획수	총획
宀	6	9

벼슬 환 : 【3455】

字源 〈회의〉 일반적인 '벼슬'은 옛날에 관청에 나가 나랏일을 맡아 다스리는 자리를 이르던 말이다. 관료체제를 지속해온 사회적 신분이나 경제적인 부가 관직과 밀접한 관계가 있었다. 대궐(宀)에서 몸을 굽히면서 열심히 임금을 섬기는 사람(臣=臥)으로 궁궐 내시인 벼슬아치로 [벼슬(宦)]을 뜻하고 [환]으로 읽는다.

필순 ᵎ ᵎ 宀 宀 宀 宀 宦 宦 宦

기초 【기초한자어】 익히고, 【기본 → 발전한자어】 다지기
宦官(환관) 궁중에서 임금의 시중을 들던 거세된 남자. 내시
宦達(환달) 벼슬아치로서 떳떳한 자리를 차지함. 지위를 확고하게 세움
宦路(환로) 벼슬길. 벼슬아치 · 관리 · 관원의 노릇을 하는 길
• 임진왜란과 같이한 선비들의 宦路는 험난(險難)했다고 한다.
• 돌이는 가족의 부양을 위해 宦官이 되어 宦達하기를 빌고 빌었다.

기본 ① 宦味(환미) 宦福(환복) 宦侍(환시) 宦人(환인) 宦者(환자) 宦情(환정) 宦學(환학) 巧宦(교환) 內宦(내환) 冷宦(냉환) 名宦(명환) 未宦(미환) 薄宦(박환) 仕宦(사환) 遊宦(유환) 通宦(통환)

발전 ① 宦女(환녀) 宦途(환도) 宦事(환사) 宦成(환성) 宦數(환수) 宦業(환업) 宦遊(환유) 宦蹟(환적) 宦海(환해) 戚宦(척환)

부수	획수	총획
口	9	12

부를 환 【3456】

字源 〈형성〉 '부르다'는 사람들에게 주의를 끌거나 오라고 하기 위해서 소리를 치거나 손짓함을 뜻한다. 저 멀리서 나를 오라고 손짓을 하면서 부르는 것 같다 등으로 쓰인다고 하겠다. 여러 곳에 흩어져 있는 사람을 한 곳에 끌어모으기 위하여 큰(奐) 소리(口)를 쳐가면서 힘차게 [부르다(喚)]는 뜻이고 [환]으로 읽는다.
동 叫(부르짖을 규)

필순 口 口ᵎ 口ᵎ 叻 叻 呬 唤 喚 喚

기초 【기초한자어】 익히고, 【기본 → 발전한자어】 다지기
喚起(환기) 관심이나 기억을 불러일으킴
喚叫(환규) 울부짖음. 소리 높여 부름
喚問(환문) 불러내어 물어봄
• 많은 사람들 눈을 피해 불러내어 喚問했더니 기분이 매우 좋았다.
• 경찰이 나를 喚問하여 어제 일을 喚起하면서 자세하게 말해 주었다.

기본 ① 喚聲(환성) 喚醒(환성) 喚集(환집) 喚呼(환호) 叫喚(규환) 宣喚(선환) 召喚(소환) 追喚(추환) 通喚(통환) 呼喚(호환)

발전 ① 喚聲(환성) 喚出(환출) 別喚(별환) 催喚(최환)

사자성어 ① 阿鼻叫喚(아비규환)

부수	획수	총획
魚	10	21

홀아비 환 【3457】

字源 〈형성〉 '홀아비'는 아내를 잃고 난 후로 홀로 지내는 남자 어른을 호칭하는 말이다. 홀로된 처지가 대단히 어렵다는 생각이 든다. 높임어로는 '홀아버지', 낮춤어로는 '홀애비'라고 한다. 애써서 그물(罒)을 이용하여 물(氺)고기(魚)를 많이 잡아와도 집에 아내도 없어서 쓸쓸하니 [홀아비(鰥)]를 뜻하고 [환]으로 읽는다.

필순 ᵎ ᵎ ᵎ 魚 魚ᵎ 魝ᵎ 魝ᵎ 鰥 鰥 鰥

기초 【기초한자어】 익히고, 【기본 → 발전한자어】 다지기
鰥居(환거) 늙어서 아내 없이 혼자서 삶
鰥寡(환과) 홀아비와 과부
鰥夫(환부) 홀아비
• 의약이 발달했다 하더라도 鰥夫들의 숫자는 줄어들지 않는다.
• 이순이 넘은 鰥寡가 결혼한다는 좋은 소식에 이웃 어느 鰥夫는 그냥 몸져누웠다.

기본 ① 鰥民(환민) 鰥魚(환어) 鰥處(환처) 鰥鰥(환환) 窮鰥
(궁환) 貧鰥(빈환) 嬛鰥(상환) 早鰥(조환)

발전 ① 免鰥(면환) 特 鰥菹(환저) 宮郄 鰥陵(환리)

사자성어 ① 鰥寡孤獨(환과고독)

부수	획수	총획
犬	10	13

교활할 활【3458】

字源 〈형성〉 '교활하다'는 사람이 간사하고 나쁜 꾀가 많다는
뜻으로 쓰인다. 이 한자는 교활하다는 뜻은 같으나 자원이
다르게 융합되는 모습을 보인다. 첫째는 매끄럽게(骨=滑)
잔꾀를 쓰는 짐승(犭)이 [교활하다(猾)]는 뜻이고, 두 번째
는 뼈다귀(骨)를 가진 짐승(犭)의 하는 짓이 [교활하다(猾)]
는 뜻이고 [활]로 읽는다.
동 狡(교활할 교)

필순 ノ イ イ 犭 犭 犭 犷 猾 猾 猾

기초 【기초한자어】 익히고, 【기본→발전한자어】 다지기
猾吏(활리) 교활한 관리
猾惡(활악) 교활하고 간악함
猾賊(활적) 교활하고 악독한 도적
• 그 나름이겠지만 교활하고 악독한 猾賊이구나.
• 猾吏야말로 猾惡한 산적과 다를 바 없다.

기본 ① 猾民(활민) 猾胥(활서) 猾智(활지) 奸猾(간활) 姦猾
(간활) 輕猾(경활) 巧猾(교활) 狡猾(교활) 老猾(노활)
邪猾(사활) 貪猾(탐활) 險猾(험활)

발전 ① 猾夏(활하) 猾橫(활횡) 悍猾(한활) 凶猾(흉활) 特 獪猾
(회활) 特 黠猾(추활)

부수	획수	총획
門	9	17

넓을 활【3459】

字源 〈형성〉 '넓다'는 어떤 면이나 바닥의 면적이 매우 크고 넓
다는 뜻이다. 집이 넓고 쓸모가 있다는 용례로 쓰이는 한
자다. 이 한자는 뜻은 같으나 자원이 다소 다르게 융합되
는 모습을 보인다. 가문(門)이 넓은 사람의 생활(活)이 [넓
다(闊)]는 뜻과 왕래가 다소 자유로운(活) 문(門)이 [넓다(闊)]
는 뜻이고 [활]로 읽는다.
동 廣(넓을 광) 반 狹(좁을 협)

필순 丨 冂 冂 門 門 門 閂 閂 閣 闊 闊

기초 【기초한자어】 익히고, 【기본→발전한자어】 다지기
闊達(활달) 마음이 넓어 작은 일에 개의치 않음
闊漫(활만) 끝없이 넓음

闊步(활보) 큰 걸음으로 당당히 걸음
• 동해의 일출과 서해의 일몰을 보라. 이제 闊漫을
만끽하리라.
• 그는 闊達한 성격이므로 명동거리를 당당히 闊步
하는 모습도 보였다.

기본 ① 闊落(활락) 闊略(활략) 闊別(활별) 闊疏(활소) 闊袖
(활수) 闊然(활연) 闊狹(활협) 簡闊(간활) 空闊(공활)
寬闊(관활) 廣闊(광활) 久闊(구활) 疏闊(소활) 迂闊(우활)
離闊(이활) 快闊(쾌활) 平闊(평활)

발전 ① 闊別(활별) 闊葉(활엽) 闊誕(활탄) 爽闊(상활) 浩闊
(호활) 闊葉樹(활엽수) 特 闊顙(활상)

사자성어 ① 天空海闊(천공해활)

부수	획수	총획
辵	9	13

급할 황【3460】

字源 〈형성〉 '급하다'는 현재 빨리 서둘러 돌보거나 처리해야
할 상태에 있는 다급한 상황이다. 달리는 그 사람의 마음
이 빨라서 서두르거나 초조해하는 느낌이 있음도 보이는
한자다. 마음이 크게 퍼져서(皇) 이곳저곳을 두루 다니니
(辶) [겨를(遑)] 또는 일을 급속으로 처리했으니 [급하다(遑)]
를 뜻하고 [황]으로 읽는다.
동 急(급할 급)

필순 ' ⼾ 白 自 皁 皇 皇 偟 遑 遑

기초 【기초한자어】 익히고, 【기본→발전한자어】 다지기
遑急(황급) 몹시 어수선하고 급박함
遑忙(황망) 몹시 급하고 당황하고 어리둥절함
• 난데없는 사이렌 소리에 遑急히 뛰쳐나갔더니 火
災가 발생했다.
• 그의 몹시 급하고 당황하고 어리둥절한 慌忙함이
훤하게 보인다.

기본 ① 遑遑(황황) 大遑(대황) 未遑(미황) 不遑(불황) 棲遑
(서황) 怠遑(태황)

발전 ① 遑暇(황가) 遑汲(황급) 遑亂(황란) 奔遑(분황) 憂遑
(우황)

사자성어 ① 遑遑汲汲(황황급급) 遑遑罔措(황황망조)

부수	획수	총획
心	9	12

두려울 황【3461】

字源 〈형성〉 '두렵다'는 겁나거나 마음에 꺼려 안정하기가 불안
하다는 뜻을 담는다. 위험이나 위협으로 느껴져 마음이
불안하다는 자원이 다르게 융합된다. 첫째는 마음(忄) 속

1급

으로 갈피를 잡지 못해 방황(皇)하니 [두렵다(惶)]는 뜻이
겠고, 둘째는 황제님(皇)도 마음(忄)으로 [두려워하다(惶)]
는 뜻이고 [황]으로 읽는다.
圖 怯(겁낼 겁) 悸(두근거릴 계) 恐(두려울 공) 懼(두려울 구)
悚(두려울 송)

필순 ⺊ ⺊ 忄 忄 ⺜ 怕 怕 怕 惶 惶 惶

기초 【기초한자어】 익히고, 【기본 → 발전한자어】 다지기
惶恐(황공) 지위나 위엄에 눌리어 두렵고 무서움.
두려워함
惶迫(황박) 두려워서 움츠림
惶悚(황송) 몹시 두려움
• 늑대가 거북이를 향해 돌진하자 거북이는 惶迫하여
머리를 껍데기 안에 얼른 집어 넣었다.
• 상감님 앞이라 惶恐하고 또 惶悚하여 더는 할 말
을 다 하지 못했다.

기본 ① 惶感(황감) 惶怯(황겁) 惶懍(황름) 惶憂(황요) 蝗旱
(황한) 惶惑(황혹) 驚惶(경황) 恐惶(공황) 棘惶(극황)
憂惶(우황) 戰惶(전황) 震惶(진황) 蒼惶(창황) 駭惶(해황)

발전 ① 惶悸(황계) 惶愧(황괴) 惶急(황급) 惶惶(황황) 兢惶
(긍황) 唐惶(당황) 特 惶遽(황거) 惶蹙(황축) 特 惶赧
(황난) 惶惕(황척)

사자성어 ① 惶恐無地(황공무지) 悚懼恐惶(송구공황)

봉황 황 【3462】

부수	획수	총획
几	9	11

字源 〈형성〉 '봉황'은 인류가 부르기를 상서롭고 고귀한 상상의
새이다. 백성을 덕으로 다스려 태평성대가 실현되면 하늘
은 왕의 지위아 정책을 인정했다. 흔히 수컷은 '봉(鳳)', 암
컷은 '황(凰)'으로 널리 불렀다. 비록 어떤 자리(几)에 가더
라도 임금(皇)의 대접을 극진하게 받았던 암컷인 [봉황(凰)]
을 뜻하고 [황]으로 읽는다.
圖 鳳(봉새 봉)

필순) 几 几 凡 凡 凧 凨 凰 凰 凰

기초 【기초한자어】 익히고, 【기본 → 발전한자어】 다지기
鳳凰(봉황) 상상의 새. 상서로운 새. 봉은 수컷, 황은
암컷
鳳凰曲(봉황곡) 조선 시대 가사의 하나로 작자와 연
대는 미상
• 뜰에 벽오동을 심은 지 사십년이 지났지만 아직
鳳凰을 보지 못했다.
• 鳳凰曲은 16구의 짧은 가사로 부부간의 금실 좋은
이야기를 한문투로 노래했다.

발전 ① 鳳凰臺(봉황대) 鳳凰山(봉황산)
사자성어 ① 朝陽鳳凰(조양봉황)

빛날 황 【3463】

부수	획수	총획
火	9	13

字源 〈형성〉 '빛나다'는 물체에 윤이 나서 광채가 번쩍거린다는
뜻을 담는다. '별이 빛나는 밤에 우리들은 놀이를 했다'는
용례로도 쓰이는 한자다. 그 사람의 업적이 빛나 참으로
영광스럽다. 어둠이 지속되다가 갑자기 성하고(皇) 세찬
불빛(火)이 크게 일어났으니 휘황찬란하여 [빛나다(煌)]는
뜻이고 [황]으로 읽는다.
圖 輝(빛날 휘) 燿(빛날 요)

필순 ⺀ ⺀ 火 火' 灯 灯 炉 焯 煋 煌 煌 煌

기초 【기초한자어】 익히고, 【기본 → 발전한자어】 다지기
煌星(황성) 반짝반짝 빛나는 별
煌燿(황요) 환한 빛. 태양을 이름
輝煌(휘황) 환하고 아름답게 빛남
• 輝煌은 눈부시게 찬란하다는 뜻인바, '輝煌燦爛
(휘황찬란)하다'는 준말이다.
• 낮에는 煌燿로 일하기 좋았고 밤에는 煌星에 힘입
어 먼 길을 떠난다.

기본 ① 敦煌(돈황) 炫煌(현황)
발전 ① 煌煌(황황) 特 煌熒(황형) 熒煌(형황) 特 煌熠(황습)
사자성어 ① 輝煌燦爛(휘황찬란)

어리둥절할 황 【3464】

부수	획수	총획
心	10	13

字源 〈형성〉 '어리둥절하다'는 뜻밖의 일로 어통 정신을 치릴
수 없을 정도로 황당하고 얼떨떨하다는 뜻이다. '당황(唐
慌)스럽다'와 '혼란(混亂)스럽다'는 등의 용례에서 같은 뜻
으로 쓰인다. 언짢은 일로 마음(忄)속에 다른 아무것도 생
각할 것이 없이 당황했으니(荒=亡) [어리둥절하다(慌)]는
뜻이고 [황]으로 읽는다.
圖 惚(황홀할 홀)

필순 ⺀ ⺀ 忄 忄 忄 怐 怊 慌 慌 慌 慌

기초 【기초한자어】 익히고, 【기본 → 발전한자어】 다지기
慌罔(황망) 다급하여 허겁지겁함
慌忙(황망) 몹시 바쁨
慌惚(황홀) 눈이 부실 만큼 찬란하고 화려함
• 이상 세계에 들 만큼 慌惚한 풍경이 나를 사로잡았다.
• 요즘 慌忙하여서 일을 慌罔하게 급히 처리하느라
고 실수가 참 많았다.

기본 ① 慌惘(황망) 慌悴(황췌) 恕慌(서황)
발전 ① 慌亂(황란) 恐慌(공황) 唐慌(당황) 眩慌(현황)

사자성어 ① 經濟恐慌(경제공황)

부수	획수	총획
彳	9	12

헤맬 황 【3465】

字源 〈형성〉 '헤매다'는 무엇을 찾기 위해 돌아다닌다는 뜻을 담는다. 무엇을 어떻게 해야 할지 도무지 갈피를 잡지 못함에 이르렀음을 뜻한 용어이겠다. 인생의 진로를 결정짓지 못함도 뜻한다. 크게 퍼진(皇) 곳에서 갈 방향을 잡지 못해 이리저리 돌아다니며(彳) 방황했으니 [헤매다(徨)]는 뜻이고, [황]으로 읽는다.
圖徘(어정거릴 배) 徊(머뭇거릴 회)

필순 ノ彳彳彳彳彳彳徨徨徨徨

기초 【기초한자어】 익히고, 【기본→발전한자어】 다지기
彷徨(방황) 여기 저기 목적 없이 헤맴
迷徨(미황) 헤매거나 길을 잃음. 방황하며 배회함
• 젊은 날의 일시적인 彷徨은 우리 모두가 덧없는 것임을 깨달았다.
• 迷徨은 어떤 일에 신경이 홀리거나 어리둥절하여 자주 헤매는 일이다.

발전 ① 徨徨(황황)

부수	획수	총획
心	6	9

황홀할 황 【3466】

字源 〈형성〉 '황홀하다'는 눈에 어른어른할 정도로 화려할 만큼 매우 놀라다는 용어로 쓰인다. 아름다운 사물 따위에 극도로 매혹되어 달뜨거나 정신이 몽롱함까지 담고 있는 한자다. 의식(忄)이 아직 뚜렷하지 않고(光) 흐릿하여 분명치 않거나 마음이 쏠리어 들뜨는 상태로 [황홀하다(恍)]는 뜻이고 [황]으로 읽는다.
圖惚(황홀할 홀)

필순 丶丶忄忄忄忄忄忱恍

기초 【기초한자어】 익히고, 【기본→발전한자어】 다지기
恍惚(황홀) 미묘하여 그 속내를 헤아려 알 수 없음
昏恍(혼황) 어둡고 미묘하여 형체를 알 수 없는 모양
• 화면의 恍惚한 장면들이 실생활에 전혀 도움이 되지 않았다.
• 그녀를 처음 만나는 순간 昏恍에 빠져 그만 정신을 차릴 수가 없었다.

기본 ① 恍然(황연) 恍遊(황유)
사자성어 ① 恍惚難測(황홀난측)

부수	획수	총획
言	7	14

가르칠 회 : 【3467】

字源 〈형성〉 '가르치다'는 아직 모르거나 깨닫기 어려운 지식이나 기능, 이치 등을 지도하는 행위를 뜻한다. 어떤 일을 특별히 짚어 보이거나 잘 지도하여 널리 알리는 것이다. 아직은 세상살이의 모든 사리에 많이 어두운(每) 사람에게 말(言)로 이치와 방법을 깨치게 하니 [가르치다(誨)]는 뜻이고 [회]로 읽는다.
圖練(익힐 련) 習(익힐 습)

필순 丶ㄴ言言言訮訮誨誨誨誨

기초 【기초한자어】 익히고, 【기본→발전한자어】 다지기
誨言(회언) 훈계하여 가르치는 말
誨諭(회유) 가르쳐 깨우침
誨育(회육) 가르쳐 기름
• 선친의 誨言과 誨育 덕분에 지금의 내가 존재할 수 있었다.
• 誨育과 敎育은 가르치고 인도한다는 뜻에서는 같으나 誨育이 더 고상하다.

기본 ① 誨受(회수) 誨誘(회유) 敎誨(교회) 規誨(규회) 善誨(선회) 聖誨(성회) 往誨(왕회) 仁誨(인회) 慈誨(자회) 胎誨(태회) 訓誨(훈회)
발전 ① 誨示(회시) 誨化(회화) 高誨(고회) 勸誨(권회) 誠誨(성회) 誘誨(유회)
사자성어 ① 誨盜誨淫(회도회음) 冶容之誨(야용지회)

부수	획수	총획
糸	13	19

그림 회 : 【3468】

字源 〈형성〉 '그림'은 색채를 이용해 사람이나 사물, 풍경을 감정이나 상상력을 구체적인 모양으로 나타낸 작품을 말한다. 매우 이상적으로 생각하는 아름다운 경치나 그런 모습을 보인다. 아가씨가 결혼 준비를 위해서 여러 빛깔의 실(糸)을 모아서(會) 예쁘게 수를 놓고 있으니 [그림(繪)]을 뜻하고 [회]로 읽는다.
圖畫(그림 화) 澮(봇도랑 회) 檜(전나무 회) 圖絵

필순

기초 【기초한자어】 익히고, 【기본→발전한자어】 다지기
繪事(회사) 그림을 그리는 일
繪像(회상) 허상을 그림. 사람의 얼굴을 그린 형상
繪素(회소) 꾸민 데가 없이 수수하게 채색함
• 선생! 이제는 난삽한 彩色보다는 繪素한 색깔이 더 나은 품위라 하겠소.

1급

• 나의 주 임무는 繪事이지만 그 가운데 繪像이 가장 많다.

기본 ① 繪圖(회도) 繪塑(회소) 繪畫(회화) 刻繪(각회) 圖繪(도회) 墨繪(묵회) 文繪(문회) 美繪(미회) 粉繪(분회) 鮮繪(선회) 素繪(소회) 裝繪(장회) 彩繪(채회) 品繪(품회) 華繪(화회)

발전 ① 繪句(회구) 繪飾(회식)

사자성어 ① 繪事後素(회사후소)

부수	획수	총획
日	7	11

晦 그믐 회 【3469】

字源 〈형성〉 '그믐'은 음력으로 그달의 마지막 날을 이르는 우리말 용어다. '달도 없는 그믐이라 밖은 마치 칠흑의 장막 같다'는 용례에서 볼 수 있다. '말일(末日)'과 '회일(晦日)'의 유의어다. 보름이 지나고 점점 달이 저물어 빛(日)이 없게 되었으니 주위가 캄캄하고 어두워서(每) [그믐(晦)]을 뜻하고 [회]로 읽는다.
回 朔(초하루 삭)

필순 丨 冂 冃 日 旷 旷 旷 晦 晦 晦 晦

기초 【기초한자어】 익히고, 【기본→발전한자어】 다지기
晦昧(회매) 어둠. 캄캄함. 어리석음
晦朔(회삭) 그믐과 초하루. 회일과 삭일
晦惑(회혹) 사리에 어두워 갈피를 못 잡음
• 그대의 그림은 이제 晦昧의 늪에서 벗어나야 되지 않겠소.
• 지난번 晦朔에 처리한 일은 晦惑했으므로 다시 처리해야겠습니다.

기본 ① 晦間(회간) 晦匿(회닉) 晦藏(회장) 晦在(회재) 高晦(고회) 明晦(명회) 冥晦(명회) 朔晦(삭회) 月晦(월회) 幽晦(유회) 陰晦(음회) 自晦(자회) 潛晦(잠회) 顯晦(현회) 昏晦(혼회)

발전 ① 晦盲(회맹) 晦名(회명) 晦明(회명) 晦冥(회명) 晦澁(회삽) 晦塞(회색) 晦夜(회야) 晦日(회일) 晦迹(회적) 晦顯(회현) 晦晦(회회) 如晦(여회) 隱晦(은회) 晦初間(회초간) [轉] 韜晦(도회)

사자성어 ① 遵養時晦(준양시회)

부수	획수	총획
心	6	9

恢 넓을 회 【3470】

字源 〈형성〉 '넓다'는 어떤 면이나 바닥 면적이 크고 넓다는 뜻을 담는 순수 토박이 어휘다. '새로운 도로는 그 폭이 넓

어 사람들이 다니기에 좋다'는 용례에서 잘 보이기도 한다. 남을 이해하려 하고 용서하는 마음(忄)이 넓고 컸다고 (灰←宏) 했으니 인간을 이롭게 하는 범위가 참 [넓다(恢)]는 뜻이고 [회]로 읽는다.
回 廣(넓을 광) 闊(넓을 활)

필순 丶 丶 忄 忄 忄 忺 恢 恢 恢

기초 【기초한자어】 익히고, 【기본→발전한자어】 다지기
恢宏(회굉) 넓음. 넓힘. 포용력이 큼. 마음이 너그럽고 도량이 큼
恢奇(회기) 크고 훌륭함. 몹시 진기함
恢復(회복) 回復과 같은 뜻. 나빠진 상태에서 다시 좋은 상태로 돌아감
• 부친이 恢宏한 안목으로 집안을 일으키더니 恢奇한 아들이 태어났다.
• 작년 봄에는 건강을 恢復하신 할머니와 함께 벚꽃놀이를 갔다.

기본 ① 恢然(회연) 恢闡(회천) 恢弘(회홍) 恢廓(회확)

발전 ① 恢公(회공) 恢郭(회곽) 恢廣(회광) 恢詭(회궤) 恢大(회대) 恢文(회문) 恢遠(회원) 恢偉(회위) 恢誕(회탄) 恢恢(회회) 紹恢(소회) 重恢(중회)

사자성어 ① 天網恢恢(천망회회)

부수	획수	총획
彳	6	9

徊 머뭇거릴 회 【3471】

字源 〈형성〉 '머뭇거리다'는 말이나 행동을 능통하게 선뜻 하지 못하고 망설인다는 의미로 쓰이는 동사이다. 유의어로는 '머뭇머뭇하다, 망설이다, 뭉그적거리다' 등이 쓰인다. 사람이 할 일이 없이 한가하게 이리저리(回) 돌아다니며 서성거려 왔다갔다(彳) 하고 있으니 자못 [머뭇거리다(徊)]는 뜻이고 [회]로 읽는다.
回 徘(어정거릴 배) 徨(헤맬 황)

필순 丶 彡 彳 彳 狗 徊 徊 徊 徊

기초 【기초한자어】 익히고, 【기본→발전한자어】 다지기
徘徊(배회) 어정거림. 할 일 없이 이리저리 거닐고 다님
遲徊(지회) 더디게 머뭇거림
低徊(저회) 결단을 내리지 못하고 주저하며 머뭇거림. 배회
• 밤마다 이곳에서 徘徊하는 그 사람이 도둑임에는 틀림없다.
• 어쩌면 인간은 徘徊하고 遲徊하면서 사는 존재일지도 모른다.

발전 ① 徊翔(회상) 徊徨(회황) 徊徊(회회) 徘徊症(배회증)

사자성어 ① 徘徊顧眄(배회고면)

1급

부수	획수	총획
貝	6	13

재물 회 :
뇌물 회【3472】

字源 〈형성〉 '재물'은 자기가 가지고 있는 모든 동산(動産)인 물건이다. 이 한자는 자원이나 뜻이 좀 다르게 쓰여 융합이 상당히 다른 모습을 보인다. 첫 번째는 다른 사람에게 권하듯이(有) 재물(貝)을 주니 [뇌물(賄)]을 뜻한 한자이고, 두 번째는 보화(貝)를 많이 가지고(有) 있었으니 [재물(賄)]을 뜻하고 [회]로 읽는다.
᠍圖賂(뇌물 뢰)

필순

기초 【기초한자어】 익히고, 【기본 → 발전한자어】 다지기
賄賂(회뢰) 뇌물을 주거나 받음. 또는 그 뇌물
資賄(자회) 소중한 물건. 보물을 뜻함
• 존경했던 장관이 賄賂로 구속되었다니 놀랍구나.
• 資賄는 여인네가 소중하게 여긴 물건으로, 시집갈 때 가지고 갔다.

기본 ① 方賄(방회) 收賄(수회) 容賄(용회) 財賄(재회) 貨賄(화회)

발전 ① 賄交(회교) 賄縱(회종) 給賄(급회) 贈賄(증회)

사자성어 ① 賄賂公行(회뢰공행)

부수	획수	총획
肉	13	17

회 회 :【3473】

字源 〈형성〉 '회'는 생선이나 고기・채소를 썰어 날로 먹거나 살짝 데쳐서 초고추장・겨자즙・초간장에 찍어 먹는 음식을 뜻한다. 육회, 어회, 굴회, 어채, 두릅회 등이 있어 구미를 당기게 한다. 그릇에 잘게 저민 고기(月←肉)를 생으로 먹을 수 있도록 만들어 한 곳에 다 모았으니(會) [회(膾)]를 뜻하고 [회]로 읽는다.
᠍圖鱠(회 회) 㹠炙(구울 자/적)

필순 刀 月 肦 肦 膾 膾 膾 膾 膾 膾

기초 【기초한자어】 익히고, 【기본 → 발전한자어】 다지기
肉膾(육회) 소의 살코기 천엽처럼 익히지 않고 생으로 먹는 음식
膾刀(회도) 고기를 저미는 칼
膾炙(회자) 날고기의 회와 구운 고기. 널리 사람들에게 칭찬을 받는 일
• 肉膾는 어회와 마찬가지로 전혀 익히지 않고 생으로 먹는다.
• 직업상 膾刀를 가지고 있지만 膾炙를 그렇게 즐기

지는 않았다오.

기본 ① 膾羹(회갱) 膾截(회절) 鮮膾(선회) 魚膾(어회) 蒸膾(증회)

발전 ① 玉膾(옥회) 膾殘魚(회잔어) [추] 縷膾(누회) [국제] 肝膾(양회)

사자성어 ① 膾炙人口(회자인구)

부수	획수	총획
虫	6	12

회충 회【3474】

字源 〈형성〉 '회충(蛔蟲)'은 회충과에 속하는 기생충이다. 사람의 소장에서 기생하며 복통과 설사 등을 일으키기도 한다. 심하면 장이 막혀 버리는 장폐색, 장에 구멍이 나는 장천공을 일으키기도 한다. 사람의 배 속에서 돌아다니면서(回) 몸에 두루 기생하는 작은 벌레(虫)로 [회충(蛔)]을 뜻하고 [회]로 읽는다.

필순 ㅣ 口 口 中 虫 虫 蚵 蚵 蛔 蛔 蛔

기초 【기초한자어】 익히고, 【기본 → 발전한자어】 다지기
蛔厥(회궐) 회충이 많아 급성 복통이 일어남
蛔蟲(회충) 인체 기생충 중에서 가장 큰 벌레
• 요즈음은 배 속의 기생충은 없다지만 옛날에는 蛔厥이 참 많았던 모양이다.
• 식문화와 위생상태의 향상으로 蛔蟲때문에 고생하는 사람은 거의 없다.

기본 ① 蛔疳(회감) 蛔藥(회약) 蛔積(회적) 蛔症(회증) 蛔痛(회통) 蛟蛔(교회) 動蛔(동회) 安蛔(안회)

발전 ① 蛔腹痛(회복통) 蛔蟲藥(회충약)

부수	획수	총획
爻	0	4

가로그을 효
사귈 효【3475】

字源 〈지사〉 이 한자의 모양은 가새표를 상하로 그은 모양을 본뜬 글자로 보았다. '역(易)'의 '괘(卦)'를 그은 상하 획으로 보아서 육효(六爻)를 [가로 긋다(爻)]로 쓰이기도 했던 점괘와 연결된다. 팔랑개비처럼 물건을 위와 아래 가새표 두 군데로 엮어서 맞춘 모양을 본떠서 서로 [사귀다(爻)]는 뜻이고 [효]로 읽는다.

필순 ノ メ ㅎ 爻

기초 【기초한자어】 익히고, 【기본 → 발전한자어】 다지기
卦爻(괘효) 역괘의 여섯 개의 획
爻辭(효사) 주역에서 한 괘의 각 효에 대해서 설명하는 글
• 오랜 전통이라도 卦爻의 점을 확신할 수는 없다.

1급

• 사주를 보거나 점괘를 치는 사람은 爻辭를 잘 살펴 손님을 대한다.

기본 ① 上爻(상효) 六爻(육효) 二爻(이효) 初爻(초효) 下爻(하효)

발전 ① 爻象(효상) 爻周(효주) 數爻(수효) 還爻(환효)

사자성어 ① 上爻之人(상효지인)

부수	획수	총획
酉	7	14

삭힐 효 : 【3476】

字源 〈형성〉 '삭히다'는 '삭다'의 사동으로 젓갈류나 김치 같은 음식물을 발효시켜 맛이 들게 한다는 뜻이다. 막걸리와 같은 발효주를 만들 때 곡식을 삭히는 것도 같은 의미이다. 간장·식초·술(酉) 따위의 발효 음식을 충분하게 발효(孝:음부)시킨 다음에 누룩에 술을 괴어서 [삭히다(酵)]는 뜻이고 [효]로 읽는다.
圄醱(술 괼 발)

필순 ˊ ˊ 兀 酉 酉 酉 酉ￊ 酉ￊ 酵ￇ 酵 酵

기초 【기초한자어】 익히고, 【기본→발전한자어】 다지기
酵母(효모) 술밑. 발효 작용으로 일으키는 원료
酵素(효소) 술·된장 등을 제조할 때 쓰는 고분자 화합물. 뜸팡이
醱酵(발효) 효모 박테리아 따위 미생물의 작용으로 유기물이 분해되는 현상
• 유기물이 분해되는 醱酵음식이 우리 몸에 이롭다고 하는 연구 결과가 나왔다.
• 우리가 먹고 사는 간장과 된장 등은 酵母나 酵素를 이용한 발효식품이다.

기본 ① 醱酵(발효) 糟酵(조효) 酒酵(주효)

발전 ① 酵母菌(효모균)

사자성어 ① 醱酵食品(발효식품)

부수	획수	총획
口	7	10

성낼 효 【3477】

字源 〈형성〉 '성내다'는 마음을 다스려 참지 못하고 화를 내다는 뜻을 담는다. 곧 어떤 사건이나 현상으로 인하여 격하고 거친 기운을 낸다는 뜻인바, '방귀 뀐 놈이 성을 더 낸다'는 용례도 보인다. 사나운 동물이 크게 으르렁(孝:음부 의성어)거리면서 더욱 소리를 지르니(口) [성내다(哮)]는 뜻이고 [효]로 읽는다.
圄怒(성낼 로) 咆(고함지를 포) 吼(울부짖을 후)

필순 丨 口 口 口 ﾛￊ 吀 哮 哮 哮 哮

부수	획수	총획
口	14	17

울릴 효 【3478】

字源 〈형성〉 '울리다'는 물건이나 악기 등을 움직여서 작동되어 소리를 내게 하다는 뜻을 담는다. 또한 어떤 장소에서 소리 내어 주위의 공간에 진동을 일으키며 멀리 퍼져 울리다는 뜻까지 담고 있다. 크게 외치거나 우는 소리(嚆:음부)가 멀리 가까이 울려 퍼져 나왔으니(口) [울리다(嚆)]는 뜻이고 [효]로 읽는다.

필순 口 口 口ￊ 口ￇ 口ￇ 嗒 嗒 嚆 嚆 嚆 嚆

기초 【기초한자어】 익히고, 【기본→발전한자어】 다지기
嚆矢(효시) 쏘면 소리를 내면서 날아가는 화살. 우는 살. 일의 시초
• 우리 마을 특용작물 재배로 널리 알려진 사람으로는 박씨가 嚆矢다.
• 嚆矢는 화살을 쏘면 소리를 내면서 날아가는 화살을 뜻한다.

기초 【기초한자어】 익히고, 【기본→발전한자어】 다지기
哮咆(효포) 울부짖음
哮吼(효후) 사나운 짐승 따위가 으르렁거림
• 한밤중 뒷산에서 들리는 哮咆가 무섭고 궁금하다.
• 먹이를 찾고 있는 짐승의 哮吼에 그만 잠을 설치고야 말았다.

기본 ① 怒哮(노효) 跳哮(도효) 咆哮(포효) 曉哮(효효)

발전 ① 哮症(효증) 嘲哮(조효) 特 哮闞(효함)

부수	획수	총획
辵	6	10

만날 후 : 【3479】

字源 〈형성〉 '만나다'는 오가다가 일부러 일정한 곳에 가거나 누구로 하여금 오도록 해서 마주 대하다는 뜻을 담는다. '대면하다, 부딪치다, 상면하다'는 유의어까지 쓰이고 있다. 무작정하게 길을 걷다가(辶←辵) 우연하게도 매우 잘 알고 있는 친지를 마주치면서 보니(逅←遘) [만나다(逅)]는 뜻이고 [후]로 읽는다.
圄邂(만날 해)

필순 ˊ 厂 F 斤 后 后 后 迀 逅 逅

기초 【기초한자어】 익히고, 【기본→발전한자어】 다지기
邂逅(해후) 우연히 만남. 뜻밖에 만남
• 집 앞에서 은사님과 邂逅하여 함께 저녁식사를 했다.
• 오랫동안 헤어졌다가 반갑게 邂逅하면서 즐거운

시간을 보냈다.

사자성어 ①邂逅相逢(해후상봉) 邂逅致斃(해후치폐)

嗅 맡을 후 : 【3480】

부수	획수	총획
口	10	13

字源 〈회의〉'맡다'는 외부의 음식물이나 다른 물질의 냄새를 코로 맡는다는 뜻으로 쓰인 용어다. 특히 개와 같은 짐승이 먹잇감이 되는 음식의 냄새를 잘 맡는 것으로 알고 있다. 개 같은 짐승들이 코나 입(口)을 대고 두루 다니면서 음식이나 당시의 상황적인 분위기 냄새(臭)를 잘 [맡다(嗅)]는 뜻이고 [후]로 읽는다.

필순 ㅣ ㅁ ㅁ 띠 叺 吣 哣 哣 嗅 嗅

기초 【기초한자어】 익히고, 【기본→발전한자어】 다지기
嗅覺(후각) 냄새를 맡는 감각
嗅官(후관) 후각을 맡은 기관. 후각기
• 내 지나친 嗅覺때문에 힘든 경우가 더러 있다.
• 개뿐만 아니라 사람에게도 嗅官이 있어서 냄새를 잘 맡는다고 한다.

기본 ①嗅感(후감)
발전 ①嗅藥(후약) 嗅葉(후엽) 幻嗅(환후) 嗅神經(후신경)

朽 썩을 후 : 【3481】

부수	획수	총획
木	2	6

字源 〈형성〉'썩다'는 음식물 등이 균의 작용으로 인하여 악취가 생기거나 부패가 되어서 상하게 되는 현상을 말한다. 유의어로는 부패(腐敗)되다. 부패(腐敗)하다. 그리고 부후(腐朽)하다 등이다. 물과 양분을 섭취하여 무럭무럭 자라던 나무(木)가 곰팡이 피고 썩어 굽었으니(丂) [썩다(朽)]는 뜻이고 [후]로 읽는다.
圖腐(썩을 부) 回功(공 공) 巧(공교할 교)

필순 一 十 才 木 木 朽

기초 【기초한자어】 익히고, 【기본→발전한자어】 다지기
朽斷(후단) 썩어서 끊어짐
朽老(후로) 늙어서 기력이 쇠약해짐
朽損(후손) 썩어서 헒
• 새끼줄이 오래되면 朽斷되듯이 인생도 朽老함은 자연의 섭리이다.
• 노송과 같은 기념물도 나이가 차고 해가 거듭되면 朽損이 되고 만다는 것은 영원한 진리이겠다.

기본 ①朽骨(후골) 朽壞(후괴) 朽滅(후멸) 朽腐(후부) 朽棧(후잔) 朽敗(후패) 朽廢(후폐) 枯朽(고후) 老朽(노후) 腐朽(부후) 不朽(불후) 衰朽(쇠후) 焦朽(초후) 敗朽(패후)
발전 ①朽鈍(후둔) 朽落(후락) 朽木(후목) 朽壤(후양) 朽穢(후예) 朽條(후조)
사자성어 ①死且不朽(사차불후) 特朽木糞牆(후목분장) 特摧枯拉朽(최고납후)

吼 부르짖을 후 : 【3482】

부수	획수	총획
口	4	7

字源 〈형성〉'부르짖다'는 기쁨이나 슬픔 그리고 고통 따위의 격한 감정을 애써서 억누르지 못하여 소리를 높여 크게 소리쳐 말하는 현상이다. 몸부림치는 '절규'나 '외치다' 등이 유의어가 되겠다. 짐승이 성내면서 평소와는 다르게 큰(孔) 소리로 울부짖으면서 내는 소리(口)로 [부르짖다(吼)]는 뜻이고 [후]로 읽는다.
圖 叫(부르짖을 규) 號(이름/부르짖을 호)

필순 ㅣ ㅁ ㅁ 叮 叮 吼 吼

기초 【기초한자어】 익히고, 【기본→발전한자어】 다지기
吼怒(후노) 노하여 큰 소리로 울부짖음
悲吼(비후) 크고 사나운 짐승이 슬피 옮. 또는 그 울음
• 부모님의 吼怒를 목격하고 잠자코 있어야 했다.
• 깊은 산속의 크고 사나운 짐승이 슬피 옮이 悲吼다.

기본 ①吼號(후호) 鯨吼(경후) 叫吼(규후) 雷吼(뇌후) 鳴吼(명후) 哮吼(효후)
발전 ①狂吼(광후) 一吼(일후) 呼吼(호후) 獅子吼(사자후)
사자성어 ①河東獅吼(하동사후)

暈 무리 훈 【3483】

부수	획수	총획
日	9	13

字源 〈형성〉'무리'는 유의어 '훈위, 훈륜'처럼 달무리, 햇무리 따위의 테두리 현상을 뜻한다. 천체의 원리처럼 쓰이는 발광체의 주위에 동그랗게 나타나는 빛의 띠를 뜻한다. 어떤 물체를 빙 두른 둥그런(軍) 빛(日)의 고리로, 태양이나 달의 둘레에 불그스름한 빛의 둥근 테인 [무리(暈)]를 뜻하고 [훈]으로 읽는다.

필순 冖 日 旦 昌 昌 昌 暈 暈 暈 暈 暈

기초 【기초한자어】 익히고, 【기본→발전한자어】 다지기
暈輪(훈륜) 달무리·햇무리 따위의 둥근 테두리

1급

暈船(훈선) 뱃멀미
船暈(선훈) 배를 탔을 때 어지럽고 메스꺼워 구역질
이 나는 일
• 뱃멀미와 같은 현상으로 배를 타면 구역질이 나는
증세가 船暈이다.
• 밤하늘의 暈輪을 바라보는 동안 暈船이 멈춰 있어
서 참 다행이다.

기본 ① 暈圍(훈위) 船暈(선훈) 暗暈(암훈) 月暈(월훈) 日暈
(일훈) 酒暈(주훈) 醉暈(취훈) 眩暈(현훈)

발전 ① 暈色(훈색) 氣暈(기훈) 半暈(반훈) 赤暈(적훈)

	부수	획수	총획
喧	口	9	12

지껄일 훤 【3484】

字源 〈형성〉 '지껄이다'는 큰 소리로 떠들썩하게 이야기하다는
뜻이다. 같이 쓰인 유의어로는 '왁자지껄하다, 재잘거리
다, 뇌까리다'이고, 더 작은 말로는 '재깔이다'가 있다. 소
리가 아주 멀고 넓게 퍼지도록(宣) 입(口)으로 말하여 여
러 사람이 들리도록 크게 [떠들다(喧)] 혹은 [지껄이다(喧)]
는 뜻이고 [훤]으로 읽는다.

필순 口 口丶口ﾞ 吖 吣 吟 哼 唁 喧 喧

기초 【기초한자어】 익히고, 【기본→발전한자어】 다지기
喧騰(훤등) 소문이 자자함
喧騷(훤소) 뒤떠들어서 소란스러움
喧擾(훤요) 시끄럽게 떠듦
• 우리 고장이 명당이라는 喧騰으로 집값이 상당히
올랐다.
• 喧騷와 喧擾는 유의어로 소란스럽게 떠들다는 뜻
으로 쓰인다.

기본 ① 喧然(훤연) 浮喧(부훤) 紛喧(분훤) 塵喧(진훤) 赫喧
(혁훤) 絃喧(현훤)

발전 ① 喧轟(훤굉) 喧繁(훤번) 喧藉(훤자) 喧傳(훤전) 特 喧譁
(훤화) 特 喧聒(훤괄) 喧囂(훤효) 囂喧(효훤)

	부수	획수	총획
喙	口	9	12

부리 훼 【3485】

字源 〈형성〉 '부리'는 새나 짐승들이 재잘거리는 주둥이를 뜻한
용어로 쓰인다. '그놈의 주둥이로 재잘거리기는' 하는 속
어처럼 사람의 입을 흔히 속되게 이르는 말로도 쓰이고
있다. 흔히 멧돼지(彖:단)의 입(口)에서 유래되어 먹이 잡
는 짐승의 [주둥이(喙)] 혹은 날짐승임으로 보아 [부리(喙)]
를 뜻하고 [훼]로 읽는다.

필순 口 口丶口ﾞ 吧 吧 哆 哆 哆 喙 喙

기초 【기초한자어】 익히고, 【기본→발전한자어】 다지기
喙息(훼식) 주둥이로 숨을 쉼
容喙(용훼) 옆에서 간섭하여 말참견을 함
開喙(개훼) 곁에서 끼어들어 말참견을 함
• 사람이 코로 숨을 쉬듯이 개도 주기적으로 喙息하
는 무리가 있다.
• 容喙는 開喙와 비슷하여, 남의 말에 참견하면서
말하는 도중에 끼어드는 일이다.

기본 ① 交喙(교훼) 萬喙(만훼) 烏喙(오훼) 長喙(장훼) 鳥喙
(조훼) 衆喙(중훼) 虎喙(호훼)

발전 ① 喙喙(훼훼) 豕喙(시훼) 昂喙(앙훼) 特 喙呀(훼하)

사자성어 ① 喙長三尺(훼장삼척)

	부수	획수	총획
卉	十	3	5

풀 훼 【3486】

字源 〈회의〉 '풀'은 들판에 있는 초본 식물을 통틀어 이르는 순
수 우리말이다. 유의어는 '잡초'이다. 모를 심을 논의 거름
으로 쓰기 위하여 베는 부드러운 나뭇잎이나 풀 따위를
일반적으로 이르는 말이다. '풀 훼(芔)'와 같은 뜻으로 쓰
이는 한자로 풀(屮)과 풀(卄)이 모였으니 일반적인 [풀(卉)]
을 뜻하고 [훼]로 읽는다.

필순 一 十 土 屮 卉

기초 【기초한자어】 익히고, 【기본→발전한자어】 다지기
卉木(훼목) 풀과 나무
花卉(화훼) 화초. 화초를 주제로 하여 그리는 그림
• 산천의 모든 卉木의 이름을 아는 사람은 거의 없다.
• 그가 花卉를 주제로 하여 그리는 그림은 매우 고
와서 인기가 많다.

기본 ① 卉犬(훼견) 卉物(훼물) 卉服(훼복) 卉衣(훼의) 嘉卉
(가훼) 芳卉(방훼) 生卉(생훼) 野卉(야훼) 池卉(지훼)
珍卉(진훼) 寒卉(한훼)

발전 ① 卉汨(훼율) 枯卉(고훼) 異卉(이훼)

	부수	획수	총획
麾	麻	4	15

기 휘 【3487】

字源 〈형성〉 '기'는 여러 의미로 쓰인다. 특히 '깃발'이란 어휘와
함께 휘날리는 태극기 등 나라의 국기가 펄럭임도 함께
뜻하고 있다. 천이나 종이로 넓게 만들어 깃대에 다는 물
건으로 쓰이기도 한다. 손(手)에 기를 들고 휘두르면서 군

사들이 기의 움직임에 따라 쏠리는(麻←靡) [대장기(麾)]
를 뜻하고 [휘]로 읽는다.
圖旗(기 기) 旌(기 정) 幟(기 치)

필순 一广广广广庐庐麻麻麾麾

기초 【기초한자어】 익히고, 【기본→발전한자어】 다지기
麾動(휘동) 지휘해 움직이게 하도록 선동함
麾下(휘하) 대장의 깃발 아래. 장군의 지휘 아래에
딸린 병졸
• 군단장의 麾動 아래 군의 사기가 충천하여 전쟁을
勝利로 이끌었다.
• 사단장 麾下에 수많은 장병들이 적개심에 불타 총
攻擊을 감행하였다.

기본 1 麾節(휘절) 麾旌(휘정) 軍麾(군휘) 大麾(대휘) 矛麾
(모휘) 節麾(절휘) 族麾(족휘) 指麾(지휘) 招麾(초휘)

발전 1 麾軍(휘군) 戒麾(계휘) 旌麾(정휘) 特 麾鉞(휘월)
幢麾(당휘) 偃麾(언휘)

부수	획수	총획
크	10	13

무리 휘 【3488】

字源 〈형성〉 '무리'는 사람이나 짐승이 여럿이 모여 있는 떼거
리를 뜻하는 순수 우리말이다. 반역의 무리, 늑대의 무리
처럼 그렇게. 유의어는 '떼, 패(牌), 군중(群衆), 군집(群集)'
등으로 쓰인다. 고슴도치(크)가 숲 속에 덮여있는(冖) 과
일(果)을 먹으려고 굴속에서 많이들 모였으니 [무리(彙)]를
뜻하고 [휘]로 읽는다.
圖類(무리 류)

필순 𠂉𠂉𠂇𠂇彑彑彙彙彙彙彙

기초 【기초한자어】 익히고, 【기본→발전한자어】 다지기
彙類(휘류) 같은 종류를 모음
彙報(휘보) 여러 자료를 종류에 따라 모아서 알리는
기록물. 잡지
彙纂(휘찬) 여러 가지의 사실을 모아, 그 종류별로
갈라서 편찬함
• 그동안의 彙報에서 많은 朗報(낭보)가 있었으니,
매우 좋은 소식입니다.
• 이제는 기록물을 彙類하여 彙纂하려고 하니 모두
함께 우리 같이 합시다.

기본 1 彙分(휘분) 彙征(휘정) 剝彙(박휘) 部彙(부휘) 辭彙
(사휘) 語彙(어휘) 字彙(자휘) 條彙(조휘) 品彙(품휘)

발전 1 彙交(휘교) 彙單(휘단) 彙進(휘진) 彙集(휘집) 庶彙
(서휘) 特 彙緻(휘치)

사자성어 1 萬彙群象(만휘군상)

부수	획수	총획
言	9	16

숨길 휘
꺼릴 휘 【3489】

字源 〈형성〉 '숨기다'는 남이 모르게 감추거나 드러나지 않게
몰래 감추어 숨기다는 뜻을 담는다. '은닉하다. 은폐하
다'는 뜻과 같이 사용하여 남이 보지 못하게 가만히 숨
겨 두는 것이다. 사람이 정말 싫어서 일정한 거리를 두
고 떨어져서(韋) 상대방과 말(言)을 하니 [꺼리다(諱)] 또는
[숨기다(諱)]는 뜻이고 [휘]로 읽는다.
圖忌(꺼릴 기) 祕(숨길 비) 避(피할 피)

필순 丶亠亠言言言諱諱諱諱諱諱諱

기초 【기초한자어】 익히고, 【기본→발전한자어】 다지기
諱忌(휘기) 음양도 등에서 꺼리는 일들
諱名(휘명) 이름 부르기를 기피함
諱言(휘언) 꺼려 삼가야 할 말. 또는 말하기를 꺼림
• 당신의 諱言이야 이제 알겠지만 나를 諱名하니 참
섭섭했다.
• 諱忌는 일을 꺼리거나 두려워하는 것이다. 또한
꺼려서 피하는 현상이다.

기본 1 諱祕(휘비) 諱字(휘자) 諱避(휘피) 拒諱(거휘) 大諱
(대휘) 犯諱(범휘) 不諱(불휘) 隱諱(은휘) 藏諱(장휘)
尊諱(존휘) 觸諱(촉휘) 偏諱(편휘) 避諱(피휘)

발전 1 諱談(휘담) 諱病(휘병) 諱惡(휘오) 諱隱(휘은) 諱音
(휘음) 諱日(휘일) 忌諱(기휘) 疑諱(의휘)

사자성어 1 諱之祕之(휘지비지) 諱疾忌醫(휘질기의)

부수	획수	총획
忄	6	9

불쌍할 휼 【3490】

字源 〈형성〉 '불쌍하다'는 어려운 형편에 처해 사정이 딱하여
도와주고 싶은 생각이 든다는 연민의 정을 뜻한다. '호주
머니라도 다 털어서 도와주고 싶은 심정', '등이라도 두드
려 위로하고픈 심정'이다. 마음(忄)으로 피(血)가 흐르듯이
애석하게 여기니 [불쌍히 여기다(恤)] 혹은 [불쌍하다(恤)]
는 뜻이고 [휼]로 읽는다.
圖救(구원할 구)

필순 丶丶忄忄忄忄忄恤恤恤

기초 【기초한자어】 익히고, 【기본→발전한자어】 다지기
恤米(휼미) 극빈자나 이재민을 구제하기 위해 관청
에서 주는 쌀
恤貧(휼빈) 빈민을 구휼함
恤民(휼민) 백성을 가엾이 여겨 은혜를 베풂
• 이제 겨우 보릿고개 시대를 넘겼으니 恤民 구제에

1급

나서야겠습니다.
• 작년에 모아둔 恤米로 금년 수재민을 恤賑하게 했
  으니 참 다행이다.

기본 ①恤救(휼구) 恤問(휼문) 恤然(휼연) 恤緯(휼위) 救恤
(구휼) 矜恤(긍휼) 憫恤(민휼) 保恤(보휼) 優恤(우휼)
恩恤(은휼) 弔恤(조휼) 振恤(진휼) 惠恤(혜휼)

발전 ①恤孤(휼고) 恤辜(휼고) 恤功(휼공) 恤敗(휼패) 恤刑
(휼형) 撫恤(무휼) 不恤(불휼) 1급 賑恤(진휼) 軫恤(진휼)
1급 恤匱(휼궤)

사자성어 ①患難相恤(환난상휼)

부수	획수	총획
水	6	9

용솟음칠 흉 【3491】

字源 〈형성〉 '용솟음치다'는 사람의 힘이나 기운이 매우 세차게
솟아오르다. 혹은 물이 매우 세찬 기세로 위로 나오는 현
상을 이른다. 유의어로는 '솟아오르다. 솟다' 등이 있겠다.
매우 불길한 일을 앞에 두고 가슴이 설레듯이(匈) 물(氵)
이 일렁거리듯 물길이 매우 세찼으니 [용솟음치다(洶)]는
뜻이고 [흉]으로 읽는다.
图涌(물 솟을 용) 回胸(가슴 흉)

필순 ﾉﾉ氵氵氵氵汋汋洶洶洶

기초 【기초한자어】 익히고, 【기본→발전한자어】 다지기
洶急(흉급) 물의 흐름이 급하고 거셈
洶動(흉동) 떠들썩하여 진정되지 않음
洶淵(흉연) 물이 용솟음치는 깊은 못
• 밤새워 얼마나 많은 고기를 잡았는지 경매 현장이
  계속 洶動하였다.
• 洶淵의 물이 계곡을 지나 洶急하게 흐르다가 이제
  는 거대한 폭포를 이루었다.

기본 ①洶溶(흉용) 洶洶(흉흉)
발전 ①洶懼(흉구) 洶涌(흉용) 洶駭(흉해) 1급 洶湧(흉용)

부수	획수	총획
儿	4	6

흉악할 흉 【3492】

字源 〈형성〉 음침하고 흉악한 사람을 지칭할 때 쓰인 한자이다.
남을 함부로 속이거나 남을 해칠 목적으로 사납게 대드는
무리라 하겠다. 또한 남자가 여자를 간음할 음흉한 생각
을 갖는 무리이다. 남을 일시적으로 속이기 위해서 음흉
하면서(凶) 잔꾀가 많았던 사람(儿)으로 [흉악하다(兇)]는
뜻이고 [흉]으로 읽는다.
图惡(악할 악)

필순 ﾉﾒﾋﾋﾋ兇

기초 【기초한자어】 익히고, 【기본→발전한자어】 다지기
兇變(흉변) 사람이 죽는 등의 불길한 변사
兇賊(흉적) 흉악한 도적
兇漢(흉한) 흉악한 사람
• 남을 괴롭힌 兇漢은 태어나면서 그렇게 생겼나 보다.
• 나를 괴롭힌 兇賊은 하늘의 뜻에 의해 兇變을 당
  할 수밖에 없다.

기본 ①兇懼(흉구) 兇黨(흉당) 兇猛(흉맹) 兇說(흉설) 兇刃
(흉인) 兇暴(흉포) 兇行(흉행) 兇兇(흉흉) 姦兇(간흉)
群兇(군흉) 元兇(원흉) 殘兇(잔흉) 寒兇(한흉)
발전 ①兇器(흉기) 兇邪(흉사) 兇威(흉위) 兇悍(흉한) 兇險
(흉험) 兇猾(흉활) 1급 兇譎(흉휼)

부수	획수	총획
欠	4	8

기쁠 흔 【3493】

字源 〈형성〉 '기쁘다'의 사전적인 의미는 마음속으로 즐거운 느
낌이 있다는 뜻이다. 유의어로는 '유쾌하다. 즐겁다. 반갑
다' 등이 쓰인다. 한자로는 기쁠 희(喜, 僖), 기쁠 환(歡) 등
이 함께 있다. 도끼질(斤)을 할 때 호흡이 가빠지는 것처
럼 호흡이 빨라지고 입을 열고(欠) 웃으니 [기쁘다(欣)]는
뜻이고 [흔]으로 읽는다.
图悅(기쁠 열) 喜(기쁠 희)

필순 ﾉﾉﾉﾉﾉ欣欣欣

기초 【기초한자어】 익히고, 【기본→발전한자어】 다지기
欣嘉(흔가) 기뻐하며 칭찬함
欣服(흔복) 기쁜 마음으로 복종함
欣快(흔쾌) 기쁘고 유쾌함
• 지혜가 많고 지식이 풍부한 사람의 얼굴에 欣服이
  쓰여져 있나보다.
• 칠순 잔치를 欣快하게 보낸 숙부님은 자녀들의 효
  성을 欣嘉해 주었다.

기본 ①欣諾(흔낙) 欣睹(흔도) 欣賞(흔상) 欣躍(흔약) 欣愉
(흔유) 欣讚(흔찬) 欣歎(흔탄) 欣幸(흔행) 樂欣(낙흔)
悅欣(열흔) 幽欣(유흔) 含欣(함흔) 懽欣(환흔)

발전 ①欣感(흔감) 欣求(흔구) 欣倒(흔도) 欣戴(흔대) 欣慕
(흔모) 欣然(흔연) 欣悅(흔열) 欣厭(흔염) 欣玩(흔완)
欣淨(흔정) 欣戚(흔척) 欣瞻(흔첨) 欣欣(흔흔) 欣喜
(흔희) 欣欣然(흔흔연) 1급 欣懌(흔역)

사자성어 ①欣求淨土(흔구정토) 欣奏累遣(흔주누견) 欣喜
雀躍(흔희작약) 男欣女悅(남흔여열)

부수	획수	총획
疒	6	11

흔적 흔 【3494】

字源 〈형성〉 부부가 살다가 어느 한 쪽이 먼저 가는 수가 있다. 남아서 홀로 사는 쪽에서는 갑자기 닥친 일에 상대 살아있을 때 남긴 흔적 지우기에 많이 힘쓴다고 한다. 혼자서 기필코 살아야만 할 몸부림이겠다. 아팠던 몸의 병(疒)이 치유되고 몸에 남은(艮) 자국이 떨어지는 [흔적(痕)]을 뜻하고 [흔]으로 읽는다.
⑧跡(발자취 적) 蹟(자취 적) 迹(자취 적)

필순 ﾞ 广 广 疒 疒 疒 疒 疒 痕 痕 痕

기초 【기초한자어】 익히고, 【기본 → 발전한자어】 다지기
痕迹(흔적) 어떤 일이 진행된 뒤에 남겨진 것
痕蹟(흔적) 뒤에 남은 자취나 자국
傷痕(상흔) 상처 자리에 남은 흔적
• 회오리바람과 같은 전쟁의 傷痕을 이제 治癒해야만 하지 않을까요?
• 痕迹과 痕蹟은 그 뜻은 같지만 진행과정이 서로 다른 면모를 보인다.

기본 ①痕垢(흔구) 舊痕(구흔) 刀痕(도흔) 痘痕(두흔) 墨痕(묵흔) 殘痕(잔흔) 潮痕(조흔) 漲痕(창흔) 苔痕(태흔) 血痕(혈흔)

발전 ①痕瘢(흔하) 淚痕(누흔) 條痕(조흔) 瑕痕(하흔) 特瘢痕(반흔)

부수	획수	총획
欠	0	4

하품 흠 : 【3495】

字源 〈상형〉 몸이 피곤하거나 잠이 모자랄 때 입을 크게 벌려 하품을 하는 경우가 많다. 교양이 있는 사람은 손으로 입을 가리고 크게 한 번 하품하지만 주로 커다란 입을 벌리는 경우가 많다. 사람이 입을 아주 크게 벌리는 모양을 본떠 [하품(欠)] 혹은 일이 많이 부족하여 [모자라다(欠)]는 뜻이고 [흠]으로 읽는다.
⑧缺(이지러질 결) 乏(모자랄 핍)

필순 ﾉ 𠂊 亽 欠

기초 【기초한자어】 익히고, 【기본 → 발전한자어】 다지기
欠缺(흠결) 일정한 수효에서 부족이 생김
欠身(흠신) 경의를 표하기 위하여 몸을 굽힘
欠處(흠처) 잘못된 점. 모자라는 곳
• 이 세상 사람들이 생활해 가는 데 欠缺 하나 없는 경우는 드물다.
• 국장님은 欠處가 하나도 없는 일을 처리하는 실력

으로 후배들의 欠身을 받는다.

기본 ①欠負(흠부) 欠事(흠사) 欠伸(흠신) 欠剩(흠잉) 欠籍(흠적) 欠乏(흠핍) 舊欠(구흠) 負欠(부흠) 伸欠(신흠) 違欠(위흠) 遺欠(유흠) 積欠(적흠) 逋欠(포흠) 懸欠(현흠)

발전 ①欠席(흠석) 欠典(흠전) 欠錢(흠전) 欠節(흠절) 欠點(흠점) 欠縮(흠축) 特歔欠(휴흠)

부수	획수	총획
欠	9	13

흠향할 흠 【3496】

字源 〈형성〉 '흠향하다' 사전적 의미는 천지신령께 바친 제물을 받아서 그 기운을 먹었음을 뜻한다. 인간이 할 수 있는 도리를 훌쩍 넘어서서 신적인 의미까지도 널리 담고 있는 용어다. 신(神)이 제사 음악(音)을 듣고 나서야 비로소 제사 음식을 받아들였다고 했으니(欠) 신께서 [흠향하다(歆)]는 뜻이고 [흠]으로 읽는다.
⑧羨(부러워할 선) 饗(잔치할 향)

필순 ﾕ ﾕ 立 產 音 音 音 歆 歆 歆

기초 【기초한자어】 익히고, 【기본 → 발전한자어】 다지기
歆嘗(흠상) 신에게 제물을 바치고 제사 지냄
歆饗(흠향) 신명이 제사의 예를 받음
歆羨(흠선) 우러러 공경하고 부러워함
• 제사에 참석하신 여러 祭冠들이 드린 歆饗의 예는 진실해야만 한다.
• 정성들인 歆嘗을 歆饗하시옵고 이제는 재난이 없기를 기원합시다.

기본 ①歆感(흠감) 歆格(흠격)
발전 ①歆艷(흠염)

부수	획수	총획
心	6	9

흡사할 흡 【3497】

字源 〈형성〉 어느 물체와 물체가 서로 닮았을 때나. 우리는 서로가 닮은 꼴일 때 흡사하다고 한다. 서로의 모양이 많이 닮았을 때 쓰이는 말이다. 형과 아우가 얼굴과 성격이 닮았을 때도 같이 쓰인다. 마음(忄) 속으로 생각했던 바와 같이 일이 꼭 들어맞아서(合) 비슷했으니 [흡사하다(恰)]는 뜻이고 [흡]으로 읽는다.

필순 ﾉ ﾉ 忄 忄 忙 忙 怡 恰 恰

기초 【기초한자어】 익히고, 【기본 → 발전한자어】 다지기
恰似(흡사) 거의 같음. 비슷함

1급

恰好(흡호) 흡사하게 깨끗하고 좋음
- 저 친구는 내 모습과 恰似하여 모두가 쌍둥이로 착각할 정도다.
- 일란성 쌍둥이를 넘어서 恰好하여 착각을 한다.

기본 1 恰可(흡가) 恰然(흡연)

발전 1 恰恰(흡흡)

洽

부수	획수	총획
水	6	9

흡족할 흡 【3498】

字源 〈형성〉 가뭄이 들어 온 나리가 난리다. 농업용수 · 생활용수는 말할 것도 없고 먹을 물조차 없어 목이 타들어간다. 이런 차에 하늘에 먹구름이 끼더니 소나기가 쏟아져 흡족하게 적셨다. 흐르는 물(水)이 이곳저곳을 두루 흐르며 땅을 촉촉하게 적셔주었으니(合) 여러 곳이 [흡족하다(洽)]는 뜻이고 [흡]으로 읽는다.

필순 

기초 【기초한자어】 익히고, 【기본 → 발전한자어】 다지기

洽覽(흡람) 두루 봄. 널리 책을 읽음

洽聞(흡문) 견문이 넓음

洽足(흡족) 모자람이 없이 아주 넉넉함
- 전국 방방곡곡을 洽覽하더니 洽聞의 인재가 되어 그 이름을 크게 날렸다.
- 이제는 全國에 洽足하게 비가 내려 豐年을 재촉하게 되었군.

기본 1 洽比(흡비) 洽然(흡연) 洽暢(흡창) 洽化(흡화) 洽歡(흡환) 光洽(광흡) 博洽(박흡) 普洽(보흡) 宣洽(선흡) 淵洽(연흡) 流洽(유흡) 精洽(정흡) 祖洽(조흡) 通洽(통흡) 協洽(협흡) 化洽(화흡)

발전 1 洽滿(흡만) 洽博(흡박) 洽普(흡보) 洽汗(흡한) 洽和(흡화) 洽洽(흡흡) 未洽(미흡) 歡洽(환흡) 欣洽(흔흡) 特Ⅱ 洽浹(흡협) 渥洽(악흡)

犧

부수	획수	총획
牛	16	20

희생 희 【3499】

字源 〈형성〉 모모한 사람의 희생에는 반드시 정의가 뒤따랐다. 올바른 생각과 건의로 자기의 몸과 마음을 바쳤기 때문이며 공(公)과 대중을 위하여 모든 사(私)를 버렸기 때문이다. 제사에 양(羊)이나 소(牛) 따위를 창을 손에 들고(手+戈=我) 베거나 째어서 김이 위로 오르도록(兮) [희생(犧)]을 뜻하고 [희]로 읽는다.

同 牲(희생 생) 略 犠

필순 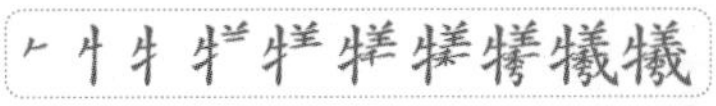

기초 【기초한자어】 익히고, 【기본 → 발전한자어】 다지기

犧牲(희생) 어떤 목적을 위하여 자신의 목숨, 재산, 명예 따위를 버림

供犧(공희) 신에게 희생 곡물로 바치던 동식물 따위
- 나라를 위해 犧牲한 사람은 국가 유공자로 우대하는 제도가 생겼다.
- 供犧는 옛적에 신에게 희생으로 바치던 동식물 따위를 이른다.

기본 1 犧羊(희양) 犧樽(희준) 郊犧(교희) 廟犧(묘희) 純犧(순희) 醇犧(순희)

발전 1 犧象(희상) 犧盛(희성) 犧尊(희준) 牲犧(생희) 特 犧牷(희전) 출제 犧猳(희가)

詰

부수	획수	총획
言	6	13

꾸짖을 힐 【3500】

字源 〈형성〉 '꾸짖다'는 윗사람이 아랫사람의 잘못을 엄하게 나무란다는 뜻이다. 학생이 큰 잘못을 저지르면 부모님과 선생님은 회초리를 들고 종아리를 치고 말로 타이르며 바른길로 가도록 지도했다. 잘못을 저지른 자를 말(言)로 바짝 죄어서(吉←緊) 잘못을 타이르고 추궁했으니 [꾸짖다(詰)]는 뜻이고 [힐]로 읽는다.

同 責(꾸짖을 책)

필순 

기초 【기초한자어】 익히고, 【기본 → 발전한자어】 다지기

詰曲(힐곡) 꺾이고 굽음. 반듯하거나 평탄하지 않음

詰難(힐난) 잘못을 따져 비난함

詰責(힐책) 잘못을 따져 꾸짖음
- 면이 詰曲하게 잘라져서는 안 되겠으니 이제는 다른 것으로 바꿉시다.
- 선생님께 詰責당하고, 어머니께도 詰難을 받았으니 '참 운수좋은 날'이군.

기본 1 詰屈(힐굴) 詰窮(힐궁) 詰旦(힐단) 詰問(힐문) 詰晨(힐신) 詰朝(힐조) 詰斥(힐척) 究詰(구힐) 窮詰(궁힐) 難詰(난힐) 面詰(면힐) 密詰(밀힐) 辨詰(변힐) 彈詰(탄힐)

발전 1 詰拒(힐거) 詰究(힐구) 詰論(힐론) 詰誅(힐주) 詰抗(힐항) 憑詰(빙힐) 特Ⅱ 訶詰(가힐)

부록

- ■ 고사성어 및 사자성어(故事成語 및 四字成語)
- ■ ↔ 반대자, 반대어
- ■ ⇔ 유의자, 유의어
- ■ ⇒ 약자
- ■ 찾아보기

고사성어 및 사자성어(故事成語 및 四字成語)

 8급

國民年金(국민연금) 일정 기간 또는 죽을 때까지 매월 혹은 매년 지급되는 일정한 돈

大韓民國(대한민국) 우리나라의 이름. 삼천리 금수강산을 뜻하지만, 현재는 우리 남한만을 일컫고 있음
　　　약칭 韓國

東西南北(동서남북) 동쪽과 서쪽, 남쪽과 서쪽. 사방

父母兄弟(부모형제) 부모와 형제를 아울러 이르는 말

三三五五(삼삼오오) 서너 사람 또는 대여섯이 떼를 지은 모양. 또는 여기저기 몇몇씩 흩어져서 있는 모양
　　　출전 李白의 採蓮曲

生年月日(생년월일) 태어난 연도와 태어난 월과 일

十中八九(십중팔구) 열 가운데 여덟이나 아홉 정도. 거의 대부분이거나 거의 틀림없음

7급Ⅱ

南男北女(남남북녀) 우리나라에서 남자는 남쪽 지방 사람이 잘나고 여자는 북쪽 지방 사람이 곱다고 함

不大不小(부대불소) 크지도 않고 작지도 않으며 딱 알맞음

四海兄弟(사해형제) 온 세상 사람들이 모두 형제라는 뜻. 친밀함으로 논어에 나옴

世上萬事(세상만사) 세상에서 일어나는 온갖 일

上下左右(상하좌우) 위와 아래, 좌측과 우측

年月日時(연월일시) 해와 달과 날과 시를 아울러 이르는 말

二十四時(이십사시) 하루를 스물넷으로 나누어 각각 이십사 방위의 이름

人山人海(인산인해) 사람이 산을 이루고 바다를 이룸. 사람이 수없이 많이 모인 상태를 이름

草食動物(초식동물) 주로 풀을 먹고 사는 동물

土木工事(토목공사) 철도를 놓고 뱃길을 내는 등의 땅과 하천 따위를 고쳐 만드는 공사

八道江山(팔도강산) 팔도의 강산이란 뜻임. 우리나라의 모든 지역

 7급

九天直下(구천직하) 하늘에서 땅으로 일직선으로 떨어짐. 일사천리의 형세 **참조** 一瀉千里

男女老少(남녀노소) 남자와 여자, 늙은이와 젊은이. 곧 모든 사람을 이름

東問西答(동문서답) 동쪽을 물으니 서쪽을 답함. 물음과는 상관없는 대답 **유의** 問東答西

問東答西(문동답서) 동쪽을 물으니 서쪽이라고 답함 **참조** 東問西答

便同一室(변동일실) 변소를 같이 쓰는 한 집으로 남과 매우 가까워 한 집안이나 마찬가지임

不老長生(불로장생) 늙지 않고 오래도록 살아감

不立文字(불립문자) 불교에서 문자로 가르침을 세우지 않고 마음에서 마음으로 전함

山川草木(산천초목) 산과 내와 풀과 나무라는 뜻으로, 모든 자연을 이름

三日天下(삼일천하) 정권을 잡았다가 짧은 기간에 밀려남. 어떤 지위에 발탁, 기용되었다가 며칠 못가서 떨어짐 참조 五日京兆

安心立命(안심입명) 불성(佛性)을 깨닫고 삶과 죽음을 초월함으로써 마음의 편안함을 얻음

月下老人(월하노인) 부부의 인연을 맺어줌. 중매를 섬 유래 당(唐)나라의 위고(韋固)가 달빛 아래에서 글을 읽고 있던 어떤 노인을 만나 장래의 아내에 대한 예언을 들었음 출전 太平廣記 定婚店 유의 氷人, 月老, 月下氷人

二八靑春(이팔청춘) 16세 무렵의 꽃다운 청춘. 혈기 왕성한 젊은 시절

一問一答(일문일답) 한 번 물음에 대하여 한 번 대답함

一日三秋(일일삼추) 하루가 삼 년 같음. 몹시 애태우며 기다림 출전 詩經 王風의 采葛 유의 一刻三秋, 一刻如三秋, 一日如三秋

一日千里(일일천리) 하루에 천 리를 달림. 말이 매우 빨리 달림. 발전하는 속도가 빠름 출전 後漢書 王允傳

一字百金(일자백금) 글자 하나의 값이 백금의 가치가 있음 참조 一字千金

一字千金(일자천금) 글자 하나 값이 천금의 가치가 있음. 글씨나 문장이 아주 훌륭함 유래 진(秦)나라 여불위(呂不韋)가 식객들을 동원해 백과사전 격인 여씨춘추(呂氏春秋)를 완성하고, 이 책에 대한 강한 자부심을 표현함. 수도인 함양(咸陽) 성문에 걸어놓고, 누구든지 한 글자라도 더하거나 뺀다면 천금을 주겠다(有能增省一字者子千金)고 했던 고사 출전 史記 呂不韋傳 유의 一字百金

自問自答(자문자답) 스스로 묻고 나서 스스로 답함

全人敎育(전인교육) 인간이 지닌 자질을 조화롭게 발달시키는 것을 목적으로 한 교육

天方地方(천방지방) 하늘 방향이 어디이고 땅의 방향이 어디인지 모름. 마음이 조급하여 허둥지둥 함부로 날뛰는 모양. 원래 속담이 무엇인지는 확실치 않음 출전 東言解 유의 天方地軸

天上天下(천상천하) 하늘 위와 하늘 아래라는 뜻으로, 온 세상을 이름

天地萬物(천지만물) 세상에 있는 모든 것들

天下一色(천하일색) 세상에 하나뿐인 미모 참조 傾國之色

靑天白日(청천백일) 하늘이 맑게 갠 대낮. 원죄가 풀리어 무죄가 됨 출전 韓愈의 與崔群書

春夏秋冬(춘하추동) 봄, 여름, 가을, 겨울의 네 계절. 네 계절이 뚜렷함

八字靑山(팔자청산) 미인의 고운 눈썹을 이름

家書萬金(가서만금) 여행 중 가족에게 서신을 받으면 그 기쁨이 만금을 얻는 것에 해당함 출전 家書抵萬金, 杜甫 詩 [春望]에서 나옴

各自圖生(각자도생) 저마다 스스로가 자기 삶의 계획을 꾸려감

公明正大(공명정대) 하고 있는 일이나 태도가 사사로움이나 그릇됨이 없이 모두 분명하고, 정정당당하고 떳떳함

光明正大(광명정대) 말과 행동이 떳떳하고 정당함 유의 公明, 公正, 大公至平, 至公, 至公無私, 至公至平 등이 있음

口角春風(구각춘풍) 좋은 말재주로 남을 칭찬하여 즐겁게 하며, 또한 그러한 말

九十春光(구십춘광) 석 달 동안의 화창한 봄 날씨. 노인의 마음이 청년처럼 젊고 화끈함

男女平等(남녀평등) 남자와 여자의 법률적으로 권리나 사회적 대우에 조금도 차별이 없음

老少同樂(노소동락) 늙은이와 젊은이가 모두 함께 즐김

大明天地(대명천지) 아주 환하게 밝고도 화한 세상

對人春風(대인춘풍) 남을 대할 때는 봄바람과 같이 부드럽게 대함 상대 持己秋霜 待人春風) : 자신을 지키기 위해서는 가을 서릿발같이 엄격하지만, 다른 사람을 대할 때는 봄바람같이 매양 따뜻하고 부드럽게 하라는 성어

門前成市(문전성시) 집 문 앞이 시장을 이루다시피 사람이 많음. 찾아오는 사람이 매우 많음 출전 漢書 鄭崇傳 유의 門庭若市 상대 門前雀羅

百年大計(백년대계) 먼 앞날까지 미리 내다보고 계획을 세우는 크고 중요한 일의 포부

百年同樂(백년동락) 평생 동안 즐거움을 함께함 참조 百年偕老

白面書生(백면서생) 한갓 글만 읽고 세상일에는 아무런 경험이 없는 사람 출전 宋書 沈慶之傳

百發百中(백발백중) 백 번 쏘아 모두 백 번을 맞춤. 총이나 활 따위를 쏠 때마다 겨눈 곳에 모두 맞음. 무슨 일이나 틀림없이 잘 들어맞음 유의 一發必中

四面春風(사면춘풍) 두루 부는 포근한 봄바람. 누구에게나 좋게 대함. 또는 그런 사람 유의 到處春風, 四時春風

四時春風(사시춘풍) 사계절 동안 봄바람. 두루 봄바람이 붊 유의 四面春風

四海兄弟(사해형제) 온 세상 사람이 모두가 형제. 친밀함을 이르는 말 출전 論語 顏淵篇 유의 四海同胞

山高水長(산고수장) 산은 높이 솟고 강은 길게 흐름. 군자의 덕행이 높고 한없이 오래 전하여 내려오는 것을 비유적으로 이름

山明水淸(산명수청) 산 모양이 보다 선명하고 물이 썩 맑음 유의 山紫水明

山戰水戰(산전수전) 산에서도 싸우고 물에서도 싸움. 세상의 온갖 고생과 어려움을 다 겪으면서 어렵게 살아감

三十六計(삼십육계) 서른여섯 가지나 많은 꾀. 여러 가지 계책 중에 가장 좋은 것은 '도망가는 것'이라는 말 출전 資治通鑑. 三十六計走爲上計

時事用語(시사용어) 당시에 일어났던 여러 가지 사회적 사건에 관련된 모든 용어

信用社會(신용사회) 거래 따위가 서로 간의 믿음으로써 움직이는 신뢰한 사회

身土不二(신토불이) 몸과 땅은 둘이 아니고 하나라는 뜻. 자기가 사는 땅에서 산출하는 농산물이라야 자기 체질에 잘 맞음을 이르는 말

十年窓下(십년창하) 십 년 동안 창을 내리고 사람 방문을 받지 않았음 유의 十年寒窓

安分自足(안분자족) 자기 분수를 편안하게 여기고 스스로 넉넉하다고 여김

樂山樂水(요산요수) 산수(山水)의 자연을 즐기고 썩 좋아함 출전 論語 雍也篇

人事不省(인사불성) 사람으로 예절을 잘 차릴 줄 모름. 제 몸에 벌어지는 일을 모를 만큼 정신을 완전하게 잃은 상태

人生三樂(인생삼락) 사람에게 사는 동안 인생의 세 가지 즐거움. 三樂 : [사람으로 태어난 것, 사내로 태어난 것, 오래 사는 것]

人海戰術(인해전술) 우수한 병기보다 다수의 병력을 투입하여 적을 압도한 특이 전술

一國三公(일국삼공) 한 나라에 세 임금. 많은 사람들이 저마다 구구한 의견을 제시함을 비유한 말 출전 春秋左氏傳 僖公 5年條

一短一長(일단일장) 단점도 한 가지요, 장점도 모두 한 가지

一長一短(일장일단) 일면의 장점과 다른 일면의 단점을 일컬음 유의 一短一長

立身出世(입신출세) 자기 존재를 드러내고 세상에 나감. 사회적으로 유명해짐 유의 立身揚名

自手成家(자수성가) 물려받은 자기 재산이 없이 혼자의 힘으로 집안을 일으키고 재산을 넉넉히 모음

作心三日(작심삼일) 단단히 먹은 마음이 사흘을 가지 못함. 결심이 아주 굳지 못함

作中人物(작중인물) 문학작품에 나오는 여러 사람의 등장. 또는 그런 인물
正正堂堂(정정당당) 태도나 수단과 능력이 아주 바르고 떳떳함
注入敎育(주입교육) 모두가 기억과 암기를 주로 잘 하여 지식을 넣어주는 형태의 교육
直四角形(직사각형) 사각형의 안에 있는 각이 모두 직각인 사각형
千年一淸(천년일청) 천 년에 한 번씩은 맑아짐. 가능하지 아니한 일을 바람 [유의] 百年河淸
天地神明(천지신명) 온 세상, 대자연을 멋지게 다스린다는 온갖 신령
淸風明月(청풍명월) 끝없이 맑은 바람과 밝은 달. 화창하고 고운 날
平和共生(평화공생) 모두 평온하고 화목하게 함께 살아감
表音文字(표음문자) 말소리를 원래 상태대로 기호로 나타낸 문자
風月主人(풍월주인) 맑은 바람과 밝은 달 따위를 아름다운 자연으로 즐긴 사람
下等動物(하등동물) 진화하는 정도가 낮아 몸의 구조가 단순한 원시적인 동물
形形色色(형형색색) 많은 여러 가지 모양과 다양한 빛깔

6급

敬老孝親(경로효친) 늙은 어르신을 공경하고 어버이에게 극진히 효도함
敬天愛人(경천애인) 하늘을 높이 숭배하고 인간을 널리 사랑함
古今東西(고금동서) 옛날과 지금, 동양과 서양을 아울러서 이르는 말
九死一生(구사일생) 아홉 번 죽을 뻔하다 한 번은 겨우 살아남. 죽을 고비를 여러 차례 넘기고 겨우 살아남
　　　　　　[출전] 離騷 [유의] 白死一生, 十生九死, 萬死一生, 起死回生
男女有別(남녀유별) 유교사상에서 남자와 여자 사이에 따로 분별이 있어야 함을 이름
老少不定(노소부정) 노인도 소년도 언제 죽을지를 모른다는 뜻. 사람의 목숨은 덧없어 죽는 것이니 노소가
　　　　　　따로 있지 않음
綠水靑山(녹수청산) 맑고 푸른 물과 푸르고 높은 산
綠衣使者(녹의사자) 푸른 옷을 입어 본 사자. 앵무새를 이름
多少不計(다소불계) 많고 적음을 능히 헤아리지 아니함
大書特記(대서특기) 글자를 크게 쓰고 특별하게 보이도록 잘도 기록함
大書特書(대서특서) 글자를 크게 쓰고 특별하게 보이도록 널리 알림
大字特書(대자특서) 큰 글자로 특별하게 보이도록 씀
同苦同樂(동고동락) 괴로움도 즐거움도 모두 함께함
東西古今(동서고금) 동양과 서양, 옛날과 지금을 통틀어서 함께 이름
同姓同本(동성동본) 자기의 姓(성)과 본관이 모두 같음을 이름
萬古風雪(만고풍설) 오랜 세월 동안 겪어 왔던 온갖 고생 [유의] 萬古風霜
命在朝夕(명재조석) 아침이나 저녁에 숨이 끊어질 지경으로 고생함 [유의] 命在頃刻
木人石心(목인석심) 나무로 만든 인간과 돌의 마음. 의지가 굳어 어떠한 유혹에도 마음이 흔들리지 않는
　　　　　　사람 晉 武帝 權臣) 賈充의 말로는 晉書에 보인다고 했음
百萬長者(백만장자) 재산이 매우 많은 넉넉한 사람. 아주 큰 부자
百死一生(백사일생) 백 번 죽을 뻔하다 겨우 한 번 살아남 [유의] 九死一生
白衣民族(백의민족) 흰옷을 입은 민족. 우리 한(韓)민족을 이른 말 [유래] 예로부터 우리 한민족은 흰옷을
　　　　　　즐겨 입었음

百戰百勝(백전백승) 싸울 때마다 모두 다 이겼음

別有天地(별유천지) 이 세상과 따로 존재하는 세계 참조 武陵桃源

不遠千里(불원천리) 천 리 길도 멀다고 여기지 않음 출전 孟子 梁惠王 유의 不遠萬里

父子有親(부자유친) 오륜(五倫)의 하나. 아버지와 아들 사이에는 두터운 정이 있어야 함을 이름

父風母習(부풍모습) 아버지의 유풍과 어머니의 습관. 아버지와 어머니를 골고루 닮음

不遠萬里(불원만리) 만 리 길도 멀다 하지 않고 찾아옴 유의 不遠千里

生死苦樂(생사고락) 삶과 죽음, 괴로움과 즐거움을 통틀어 이르는 말

生三死七(생삼사칠) 사람이 태어난 뒤 사흘 동안과 죽은 뒤에 이레 동안을 모두가 부정하다고 꺼리는 기간
　　　　을 통틀어서 이름

先禮後學(선례후학) 먼저는 예의를 배우고 나중에는 학문을 배우라는 뜻. 곧 학문보다는 예의가 우선임을
　　　　이르는 말

先病者醫(선병자의) 먼저를 앓아본 사람이 능히 남을 고칠 수 있다는 뜻. 먼저 경험이 있는 사람이 남을
　　　　도울 수도 있음

新聞記者(신문기자) 새로운 소식을 실은 신문에 실을 자료를 수집, 집필, 편집하는 사람

室內溫度(실내온도) 방안 또는 건물 안의 따뜻함과 차가움의 정도. 또는 그것을 나타낸 수치

十生九死(십생구사) 아홉 번 죽을 뻔하고 열 번을 살아남 참조 九死一生

愛國愛族(애국애족) 나라와 겨레를 사랑함

野生動物(야생동물) 산이나 들에 저절로 나서 자라나는 동물

野生植物(야생식물) 산이나 들에 저절로 나서 자라나는 식물

良藥苦口(양약고구) 병에 이로운 좋은 약은 입에도 모두 씀 〈忠言, 諫言, 金言〉은 귀에 거슬리나 자신에게는
　　　　이롭다는 뜻 출전 孔子家語 六本篇, 設苑 正諫篇

言三語四(언삼어사) 말은 여러 번을 주고 또 받음 참조 說往說來

言中有言(언중유언) 말 속에는 말이 있음. 예사로운 말 속에 풍자나 암시가 들어 있음

年中行事(연중행사) 해마다 일정한 시기를 정해 놓고 하는 연례적인 행사

英才敎育(영재교육) 뛰어난 재능을 지닌 사람의 재능을 발전시키는 특수한 교육

人命在天(인명재천) 사람의 목숨은 오직 하늘에만 달려 있음

人名在天(인명재천) 사람의 이름은 오직 하늘에만 달려 있음

一口二言(일구이언) 한 입으로 두 말을 함. 한 가지 일에 대하여 말을 이랬다저랬다 함

一文不通(일문불통) 한 글자에도 통하지 못함 참조 目不識丁

一言千金(일언천금) 한마디의 말속에는 능히 천금의 가치가 있음

一朝一夕(일조일석) 하루의 아침과 하루의 저녁이란 뜻으로, 매우 짧은 시일을 이름

子孫萬代(자손만대) 후손에서 후손으로만 오래도록 계속 이어서 내려오는 대

自勝者強(자승자강) 진실로 강한 자는 자신을 능히 이기는 자임. 자신을 이기는 것은 자기의 사리사욕을
　　　　극복하는 것임 출전 老子 辯德 유의 克己

自由自在(자유자재) 모든 것을 자기 모두 다 마음대로 할 수 있음

子子孫孫(자자손손) 자손의 여러 대(代)에 걸쳐서 내려오는 동안

電光石火(전광석화) 번갯불과 부싯돌 불. 매우 짧은 시간이나 매우 재빠른 움직임 등

朝名市利(조명시리) 자기의 명예는 조정에서 다투고 이익은 시장에서 다툼. 무슨 일이든지 알맞은 곳에서
　　　　진행하여야 함 출전 戰國策 秦策

朝聞夕死(조문석사) 아침에 참된 이치를 들어 깨달으면 저녁에 죽어도 한 됨이 없음 [출전] 論語 里仁篇.
　　　朝聞道夕死可矣

朝花月夕(조화월석) 꽃 피는 아침과 달 밝은 밤 [유의] 花朝月夕

晝夜長川(주야장천) 밤낮을 가리지 않고 쉬지 아니하며 주욱 연달아서 [유의] 長川

千萬多幸(천만다행) 매우 다행함. 행운에 따름 [유의] 萬萬多幸, 萬分多幸

千一夜話(천일야화) 1001일 동안 밤에 했던 긴 이야기. 아랍어로 쓰인 설화집 [출전] "아라비안나이트"에서
　　　쉽게 간추림

草綠同色(초록동색) 풀색과 녹색은 같은 색. 같은 처지나 경우의 사람들이 같이 행동함

太古時代(태고시대) 현재로부터 아주 멀리 떨어져 있는 썩 오래된 시대

特別活動(특별활동) 정규 과업 이외의 활동. 학교 교육과정에서 교과학습 이외의 교육활동

八方美人(팔방미인) 어느 모로 보나 매우 아름다운 사람. 여러 방면에 걸쳐 두루 능통한 사람. 한 가지
　　　일에만 정통하지 못하고 온갖 일에 조금씩은 손을 대는 사람. 자기 주관이 없이 누구에게나 잘
　　　보이도록 알랑알랑 처세하는 매우 약삭빠른 사람

韓方醫術(한방의술) 약초와 침 등으로 병을 치료하는 전통적인 우리나라 의술

行方不明(행방불명) 어디로 간 곳이나 그 방향을 알 수 없이 모름

花朝月夕(화조월석) 꽃 피는 아침과 달 밝은 밤. 경치가 좋은 시절. 음력 2월 보름과 8월 보름 [유의] 朝花月夕

訓民正音(훈민정음) 조선 백성을 가르치는 바른 소리. 1443년에 세종이 창제한 표음문자를 이르는 말. 세종
　　　28년(1446)에 훈민정음 28자를 세상에 반포할 때 찍어낸 판각 원본을 이름

見物生心(견물생심) 어떤 실물을 보면 그것을 더 가지고 싶은 욕심이 생김

決死反對(결사반대) 아주 죽기를 각오하고 있는 힘을 다하여 적극 반대함

高山流水(고산유수) 높은 산과 여기에서 흐르는 물. 풍류의 곡조를 잘 아는 사람이 아니면 알지 못할 미묘한
　　　거문고의 소리. 자기 마음속과 가치를 잘 알아주는 참다운 친구 [참조] 管鮑之交

功過相半(공과상반) 높이 세운 공과 허물이 절반씩을 실천함

過門不入(과문불입) 아는 사람의 문전을 스쳐 지나가면서도 들르지 못할 만큼 매우 바쁨 [유의] 過門, 憂過

觀天望氣(관천망기) 구름이나 여러 대기현상을 살펴보고 날씨를 썩 잘 예측하는 일

交友以信(교우이신) 믿음으로써 진실한 벗을 사귐. 화랑도의 세속오계 중 하나

敎學相長(교학상장) 가르치고 배우면서 서로 성장함 [출전] 禮記

國利民福(국리민복) 나라의 이익과 국민의 행복

金石相約(금석상약) 쇠나 돌처럼 굳고 변함없는 약속 [참조] 金石之約

勞使和合(노사화합) 노동자와 사용자가 함께 화합함

能小能大(능소능대) 모든 일에 두루 능함

能者多勞(능자다로) 유능한 사람일수록 많은 일을 함. 또는 필요 이상의 많은 수고를 함 [출전] 莊子

多才多能(다재다능) 재주가 아주 많고, 능력도 썩 많음

多情多感(다정다감) 오직 정이 많고 자기감정이 풍부함

大書特筆(대서특필) 글자를 크게 쓰고 특별하게 보이게 쓰는 일. 신문 따위의 출판물에서 어떤 기사에 큰
　　　비중을 두어서 다룸 [유의] 大書特記 大書特書 大字特書 特筆大書

大材小用(대재소용) 큰 재목(材木)이 아주 작게 쓰임. 큰 재목은 큰일에만 쓰여야 함 [참조] 牛鼎烹鷄

獨當一面(독당일면) 혼자 한 방면이나 한 부문 임무를 다 담당함 출전 漢書 張良傳

讀書三到(독서삼도) 스스로 독서를 하는 세 가지 방법. 입으로는 다른 말을 아니하고 책을 읽는 구도(口到), 눈으로는 다른 것을 보지 않고 책만 잘 보는 안도(眼到), 마음속에 깊이 새기는 심도(心到) 등을 이름 유의 三到(구도, 안도, 심도)

同心同德(동심동덕) 일치단결된 함께 한 마음 출전 尙書 泰書

同族相殘(동족상잔) 같은 민족이나 겨레끼리 서로가 싸우고 다치고 죽임

萬古不變(만고불변) 아주 오랜 세월 동안 조금도 변하지 아니함

萬不成說(만불성설) 모든 것이 말이 되지 않음 참조 語不成說

明見萬里(명견만리) 만 리 밖의 여러 일들을 환하게 살펴서 익히 알고 있다는 뜻. 매우 총명함을 이름 출전 後漢書

名正言順(명정언순) 뜻이 바르고 말이 이치에 꼭 맞음

聞一知十(문일지십) 하나를 듣고 열 가지를 미루어서 다 앎. 지극히 총명함 출전 論語 公冶長

百年言約(백년언약) 평생을 같이 지낼 것을 굳게 다짐하는 아름다운 언약 참조 百年佳約

白首北面(백수북면) 재주와 덕이 없는 사람은 늙어서도 북쪽을 향하여 마땅히 스승의 가르침을 받아야 함이 마땅함. 배움에는 나이 제한이 없으므로 백발의 노인이 되어도 배워야 함

奉仕活動(봉사활동) 사회나 타인에 대해 정성을 들여서 잘 섬기거나 잘 돌보는 일

父母奉養(부모봉양) 부모를 정성껏 받들어 모심

父傳子傳(부전자전) 아버지가 아들에게 대대로 전함 유의 父子相傳, 父傳子承

北窓三友(북창삼우) 거문고(琴), 술(酒), 시(詩). 白居易의 北窓三友詩에서 나옴

不念舊惡(불념구악) 지난 잘못을 마음속에 오래 담아두지 않음 출전 論語 公冶長

不良少年(불량소년) 행실이나 성품이 아주 나쁜 소년. 거짓말을 하거나 도벽이 있음

不要不急(불요불급) 그렇게 중요하지도 않고 매우 급하지도 않음

士農工商(사농공상) 예전에, 백성을 나누던 네 가지 4계층의 계급. 혹은 4반열에 있는 [선비, 농부, 공장, 상인]을 두루 이름

死生關頭(사생관두) 죽고 사는 것이 달린 매우 위급한 고비 유의 生死關頭

事親以孝(사친이효) 지극한 효도로써 어버이를 섬김. 화랑도의 세속오계 중에서 하나

生面大責(생면대책) 잘 알지도 못하고 아무런 관계가 없는 사람을 그릇되게 꾸짖음

生面不知(생면부지) 태어나서 전혀 만나본 적도 또한 아무것도 모르는 사람

先史時代(선사시대) 과거의 문헌 사료가 전혀 존재하지 않는 시대나 그런 시대의 사람

雪中四友(설중사우) [옥매(玉梅), 납매(臘梅), 다매(茶梅), 수선(水仙)]의 사우를 가리킴

世世相傳(세세상전) 여러 대를 두고 계속 전하여 내려옴

速戰速決(속전속결) 빨리 몰아쳐서 싸워 승부를 빠르게 결정함. 어떤 일을 빨리 진행하여 빨리 끝냄을 비유적으로 이르는 말

市場物價(시장물가) 저자(시장)에서 실제로 거래되고 있는 형성되는 물건값

惡衣惡食(악의악식) 너절하고 조잡한 옷을 입고 맛없는 음식을 먹음. 또는 그런 옷이나 음식 유의 粗衣惡食, 粗衣粗食 상용 好衣好食 참조 錦衣玉食

安分知足(안분지족) 아주 편안한 마음으로 제 분수를 지키면서 서로 만족할 줄을 앎

約法三章(약법삼장) 漢나라 고조가 秦나라 군사를 격파하고 함양에 들어가서 지방의 유력자들과 약속했던 세 조항의 법. [사람을 죽인 자는 죽이고, 남을 상해하거나 절도한 자는 벌하며, 그 밖의 秦의 모든 법은 폐한다는 내용을 담았음 유의 法三章

語不成說(어불성설) 말이 조금도 바른 사리에 맞지 아니함 유의 萬不成說, 不成說

言行相反(언행상반) 말과 행동이 서로 반대가 됨

五風十雨(오풍십우) 닷새 동안이나 심하게 바람이 불고 열흘 동안이나 비가 온다는 뜻. 날씨가 순조롭고 풍년이 들어서 천하가 태평한 것을 이르는 말

外交使節(외교사절) 국가 간의 외교 교섭에 근거하여 외국에 파견되는 자기 국가의 대표자 또는 대표기관을 모두 이름

雨順風調(우순풍조) 비가 때에 맞추어 적당할 만큼 알맞게 내리고 바람이 고르게 분다는 뜻. 농사에 알맞게 기후가 아주 순조로움을 이르는 말임

雲心月性(운심월성) 구름 같은 마음과 달 같은 성품. 맑고도 깨끗하여 욕심이 없음 참조 明鏡止水

類萬不同(유만부동) 여러 물건들이 비슷한 것은 아주 많으나, 하나도 서로 같지는 아니함을 이름. 서로가 정도에 넘치거나 분수에는 전혀 맞지 아니함

以實直告(이실직고) 사실 그대로 상황을 고함 유의 陳供, 實陣無諱, 以實告之, 從實直告

以心傳心(이심전심) 마음과 마음으로만 서로가 뜻이 통함 유래 석가가 제자인 迦葉(가섭)에게 말이나 글이 아니라 以心傳心의 방법으로 불교의 眞髓(진수)를 낱낱이 전했음 출전 전등록(傳燈錄) 유의 心心相印, 拈華微笑, 拈華示衆

利害相半(이해상반) 행사로 인하여 이익과 손해가 반반씩임

人相着衣(인상착의) 사람의 생김새와 입고 있는 옷이나 그 낱낱의 차림새

一文不知(일문부지) 한 글자도 알지 못함 참조 目不識丁

一發必中(일발필중) 한 번 쏘아 반드시 맞춤 참조 百發百中

一人當千(일인당천) 한 사람이 천 명의 적을 당해냄 출전 北齊書 유의 一騎當千

一字不識(일자불식) 무식하여서 한 글자도 알지 못함 참조 目不識丁

自古以來(자고이래) 예로부터 지금까지의 어느 동안

全國體典(전국체전) 전국체육대회의 약칭

電子産業(전자산업) 컴퓨터 따위의 활용과 여럿과의 관련된 산업

全知全能(전지전능) 모든 것을 알고, 모든 일을 전부 행할 수 있는 자기 능력

主客一體(주객일체) 주인과 손님이 하나가 됨. 주체와 객체가 모두 하나가 됨

知行合一(지행합일) 지식과 행동이 서로 다 맞아서 다 하나가 됨

集團農場(집단농장) 농시의 소유권을 공동으로 가지고 협농하여 조직적으로 경영하는 농장

千歲一時(천세일시) 천년에 한 번이나 올까 말까 한 오직 한 번의 기회 참조 千載一遇

靑山流水(청산유수) 푸른 산에 거침없이 흐르는 맑은 물이라는 뜻으로, 막힘없이 아주 썩 말을 잘하는 것을 비유적으로 이르는 말

春秋筆法(춘추필법) 춘추의 썩 잘된 기록방법. 공자가 엮은 춘추(春秋)와 같이 역사 사건에 대한 비판적이고 엄정한 필법. 대의명분을 모두 밝히면서 세우는 역사의 서술방법

特筆大書(특필대서) 특별하게 쓰기도 하고 큰 글씨로도 씀 참조 大書特筆

風化作用(풍화작용) 암석이 물리현상으로 분해되어 토양으로 형성되어 변하는 작용

黃口小兒(황구소아) 부리가 누런 새와 새끼같이 어리숙한 짓을 한 아이. 철없이 미숙한 사람을 낮잡아 이르는 말 유의 黃口, 黃口幼兒

黃金萬能(황금만능) 돈만 있으면 세상에 무엇이든지 다 마음대로 할 수 있음을 이름

孝道觀光(효도관광) 자식이 어버이를 다른 지방이나 다른 나라에 유람을 가서 그곳의 여러 가지 풍경이나 문물 따위를 잘 구경하시도록 함

5급

家給人足(가급인족) 집집마다 먹고 사는 것이 부족함이 없이 넉넉함 출전 漢書

可東可西(가동가서) 동쪽이라 할 수도 있고 서쪽이라 할 수도 있음. 이러나저러나 전혀 상관없다는 말 준말 可以東可以西

改過自新(개과자신) 허물을 많이 고쳐서 스스로 새롭게 개혁함 참조 改過遷善

舉一反三(거일반삼) 하나를 들으면 셋을 돌이켜 앎. 스승으로부터 하나를 배우면 다른 것까지도 유추해서 새로운 것을 앎 출전 論語 述而篇

車在馬前(거재마전) 경험이 없는 말로 수레를 끌게 하려면, 먼저 다른 말이 끄는 수레 뒤에 매달려 슬슬 따라다니게 하여서 처음을 잘 길들여야 한다는 뜻. 작은 일에서부터 훈련을 거듭한 뒤 본업에 종사해야 함. 미래지향적으로 앞을 내다봄

格物致知(격물치지) 실제 사물의 이치를 연구하여 앎에 이름 출전 大學 格致篇

計無所出(계무소출) 계획하여 보았더니 소득이 전혀 없음 참조 百計無策

曲直不問(곡직불문) 바르거나 바르지 않음을 묻지 아니함 참조 不問曲直

過失相規(과실상규) [향약에서 지켜야 할 네 가지 덕목 가운데 하나. 아주 나쁜 행실을 하지 못하도록 서로 규제함을 이름. [덕업상권, 과실상규, 예속상교, 환난상휼] 등 향약의 4가지 큰 절목을 적고 각각의 절목 아래 그 내용의 부연 설명하면서 주를 붙이는 형식으로 되어 있음

口無完人(구무완인) 그 입에 한번 오르면 온전한 사람이 없음이란 뜻. 그러한 사람을 여러 사람이 욕하는 말

今時初聞(금시초문) 지금 비로소 처음으로 말을 들었음. 바로 지금 처음으로 그 말을 들었음

落木寒天(낙목한천) 나뭇잎이 모두 떨어진 겨울의 매우 춥고 쓸쓸한 풍경. 또는 그러한 계절

落心千萬(낙심천만) 마음이 천 길이나 만 길이나 나락(奈落)으로 떨어짐. 자기가 바라던 일들을 다 이루지 못하여 마음이 몹시 상함

落花流水(낙화유수) 땅으로 떨어지는 꽃과 맑게 흐르는 물. 가는 봄의 경치. 살림이나 세력이 약해져 아주 보잘 것이 없음 됨. 떨어지는 꽃은 물이 흐르는 대로 흐르기를 바라고 흐르는 물은 떨어지는 꽃을 띄워 흐르기를 바란다는 데서, 남녀가 서로 그리워함을 이르는 말. 춘앵전(조선 순조 때 창작된 향악정재(鄕樂呈才)의 하나. 순조 때 세자대리 익종(翼宗)이 어느 화창한 봄날 아침 버드나무 가지 사이를 날아다니며 지저귀는 꾀꼬리 소리에 감동, 이를 무용화한 것으로 지금까지도 전승되어 오는 춤)이나 처용무에서 두 팔을 좌우로 한 번씩 흩뿌리는 동작의 춤사위라고 함

南船北馬(남선북마) 남쪽은 강이 많아서 배를 이용하고, 북쪽은 산과 사막이 많아서 말을 이용함. 늘 쉬지 않고 여기저기 여행을 하거나 돌아다님 유의 北馬南船 참조 東奔西走

南風不競(남풍불경) 춘추시대, 초(楚)나라의 영윤(令尹)인 자경(子庚)은 군사를 거느리고 정(鄭)나라로 쳐들어갔으나 자전과 자서는 방비를 튼튼하게 했음 유래 초나라의 출병 소식을 들은 진(秦)나라 악관(樂官) 사광(師曠)은 "내가 간혹 남방의 노래, 북방의 노래를 부르는데, 남방의 음조는 미약하고 조금도 생기가 없다(南風不競 多死聲). 초군은 반드시 멸망할 것이다."라고 하였다는 고사. 세력이 크게 떨치지 못함을 이르는 말 출전 南風 春秋左氏傳

德本財末(덕본재말) 사람이 살아가는 데 있어서 덕이 근본이고, 재물은 늘 사소함으로 봄

童牛角馬(동우각마) 뿔이 없는 송아지와 뿔이 있는 말이란 뜻으로 도리에 크게 어긋남

頭寒足熱(두한족열) 머리는 차게, 발은 따뜻하게 하면 건강에 아주 좋음

馬耳東風(마이동풍) 말의 귀에 동쪽 바람. 남의 말을 귀담아듣지 않고 그대로 흘려버림 출전 李白 答王十二 寒夜獨酌有懷 유의 如風過耳, 牛耳讀經, 對牛彈琴, 牛耳誦經 참조 牛耳讀經

名落孫山(명락손산) 손산(孫山)의 이름이 마지막이라는 말로 송나라의 손산이 친구와 함께 과거를 치렀는
　　데, 자신의 이름이 합격명단 마지막에 있고 친구는 떨어졌다는 고사에서 시험에 합격하지 못하고
　　떨어짐을 말함 **출전** 過庭錄 **유의** 孫山之外

無男獨女(무남독녀) 아들이 하나도 없고, 오직 하나뿐인 딸

無本大商(무본대상) 밑천이 하나도 없이 하는 커다란 장사라는 뜻으로 도둑을 비꼬아 이르는 말 **유의** 綠林豪傑,
　　梁上君子

無不通知(무불통지) 무슨 일이든지 환하게 통하여 모르는 것이 하나도 없음 **유의** 無不通達

無比一色(무비일색) 견줄 데가 없는 오직 하나의 미모. '미인'을 뜻함 **참조** 傾國之色

無所不在(무소부재) 도대체 있지도 않은 데가 없이, 어디든지 모두 다 있음

無始無終(무시무종) 시작도 끝도 없다는 뜻. 불변의 진리나 사람 윤회의 무한성을 말함

無信不立(무신불립) 신의가 없으면 도저히 살아갈 수 없음을 이르는 말 **출전** 論語 顏淵篇

無言不答(무언부답) 질문이나 묻는 말이나 대답하지 못하는 말이 없이 척척 말을 썩 잘함

無人不知(무인부지) 그에 대한 좋은 소문이 널리 퍼져서 지금은 모르는 사람이 없음

無主空山(무주공산) 주인이 없는 텅 빈 산 또는 지금은 쓸쓸한 분위기를 자아낸 산

文人相輕(문인상경) 글을 쓰는 문인들이 상대를 매우 가벼이 보고 얕잡아봄

物色比類(물색비류) '물색'은 제물로 바쳤던 동물의 털이나 가죽으로 그 색깔로 '물색하다'라는 말이 나왔으
　　며, '비류'는 물건이 서로가 비슷비슷함을 견줘보는 것으로 똑같은 것을 서로 다르게 비교해서
　　연구하는 것을 말함 **출전** 禮記

百年河淸(백년하청) 아무리 오랜 시일이 지나도 어떤 일이 이루어지기가 매우 어려움 **유래** 황하(黃河)가
　　늘 흐려서 맑을 때가 없음 **출전** 春秋左氏傳 襄王 8年條 **유의** 不知何歲月, 千年一淸

別無神通(별무신통) 요긴하게 쓰임에서 보면 별로 신통할 것이 없음

別無長物(별무장물) 長物은 사용하고 남은 '여분(餘分)'이라는 뜻이다. 필요한 것 이외에는 더는 갖지 않음.
　　물욕이 전혀 없는 검소한 생활 **출전** 世說新語 德行篇

兵貴神速(병귀신속) 단정한 군대는 귀신처럼 빨리 움직임이 중요함 **출전** 魏志

不自量力(부자양력) 자신의 힘은 전혀 마음이나 행동으로 생각하지 않고 늘 가볍고 섣부르게 행동을 함
　　출전 左傳

北馬南船(북마남선) 북쪽은 말, 남쪽은 배를 이용히여 돌이디님 **참조** 南船北馬

不可救藥(불가구약) 더 이상의 치료약을 구할 수가 없음. 그 일을 더 이상 만회할 수가 없을 지경에 다다르
　　게 되었음 **출전** 詩經 大雅 板詩

不可不念(불가불념) 절대로 잊어서는 안 되는 상황이 되었음을 이름

不可勝數(불가승수) 헤아릴 수 없을 만큼 아주 많고 넉넉함을 뜻함

不可形言(불가형언) 말이나 글로 더 이상 표현할 수 없음에 도달했음 不問可知(불문가지) 더 이상 묻지 아니
　　하여도 잘 알 수 있음 **유의** 不言可想, 不言可知

不問曲直(불문곡직) 옳고 그름을 서로가 따지지 않고 무조건 **출전** 史記 列傳 李斯傳 **유의** 不問曲折, 曲直不問

不言可知(불언가지) 말하지 않아도 쉽게 알 수가 있음 **참조** 不問可知

不因人熱(불인인열) 사람의 열로써 밥을 짓지는 못한다는 뜻으로, 남에게 은혜 입는 것을 떳떳하고 정당하
　　다고 여기지 않음 **출전** 世說新語

不學無識(불학무식) 배운 것이 전혀 없을 뿐만 아니라 전혀 아는 것도 없음

氷上競技(빙상경기) 얼음판 위에서 열심히 자기의 재주를 겨루는 운동을 통틀어 이름

思考方式(사고방식) 어떤 문제에 대하여 깊이 생각하고 끝까지 궁리하는 방법이나 태도

事半功倍(사반공배) 그간 들인 노력은 적었어도 성과는 비교적 많음

事實無根(사실무근) 근거가 전혀 없음. 너무 엉터리로 터무니가 없음

事有終始(사유종시) 일에는 처음과 끝이란 순서가 있음 출전 大學

三位一體(삼위일체) 모두 세 가지 것이 이제는 하나의 실체를 구성하고 있음

三寒四溫(삼한사온) 7일을 주기로 하여 사흘 동안은 춥고 나흘 동안은 따뜻함. 한국을 비롯하여 아시아의
　　　동부, 북부에서 나타나는 겨울 기온의 변화 현상을 이름

相思不見(상사불견) 남녀가 서로가 늘 그리워하면서도 더 이상은 만나보지 못함

先景後事(선경후사) 먼저 자연경치를 묘사하고, 그 뒤에 화자의 정서나 심사를 묘사하는 한시의 시상 전개
　　　방식임

善男善女(선남선녀) 성품이 아주 착한 남자와 여자, 착하고 어진 사람들을 모두 다 이름. 곱게 단장한 남자
　　　와 여자를 총칭하여 이름

雪上加雪(설상가설) 눈 위에 또 눈이 덮임 참조 雪上加霜

歲寒三友(세한삼우) 추운 겨울철의 견디어내는 세 벗. 추위에 잘 견디는 [소나무, 대나무, 매화나무]를 통틀
　　　어 이름. 곧 [松·竹·梅]라고도 이름

水到魚行(수도어행) 물이 이르게 되면 물고기가 다닌다는 뜻. 무슨 일이나 때가 되면 이루어짐

時不可失(시불가실) 때를 놓쳐서는 절대 안 됨. 좋은 기회는 한번 지나가면 다시 잡기가 어려움을 이름
　　　출전 尙書 泰誓篇 참조 勿失好機

十年寒窓(십년한창) 십 년 동안이나 사람이 전혀 오지 않아 매우 쓸쓸한 창문. 오랫동안 두문불출하고 열심
　　　히 공부했던 그 세월 출전 劉祁 歸潛志 유의 十年窓下

野球選手(야구선수) 야구경기에서 주로 공격과 수비를 전문으로 하는 사람이나 그런 선수

億萬長者(억만장자) 헤아리기 어려울 만큼 억만장자의 많은 재산을 가진 큰 부자

言去言來(언거언래) 말이 서로들 오고 감

言行一致(언행일치) 사람이 입으로 하는 말과 행동이 서로가 같음. 말한 대로 실행함

旅行案內(여행안내) 여행하는 사람들 편의를 위해 교통여건과 숙소 및 명승고적 따위를 보다 편리하게
　　　안내하는 일

年末年始(연말연시) 한 해의 마지막 가는 때와 새해의 첫머리를 아울러서 이름

勇氣百倍(용기백배) 주위의 격려나 응원 따위에 자극을 받아 힘과 용기를 더 냄

月下氷人(월하빙인) 월하노인과 빙상인. 곧 중매쟁이를 말함 유래 氷人은 晉나라 때 영고책이란 사람이
　　　얼음 밑에 있는 사람과 장시간 이야기를 주고받은 꿈을 꾼 뒤 남녀의 결혼중매를 서기에
　　　이름 출전 晉書 藝術傳 참조 月下老人

有口無言(유구무언) 입은 있어도 달리 할 말이 없음. 변명할 말이 없어 변명을 하지 못함

有名無實(유명무실) 내걸었던 이름은 그럴듯했지만 속 알맹이는 전혀 없음

耳目口鼻(이목구비) [눈, 코, 입, 귀]를 아울러 이름. [눈, 코, 입, 귀]를 중심으로 한 모든 얼굴의 생김새를
　　　말함

利害打算(이해타산) 이해관계를 이모저모 모두를 따져가면서 잘 살펴보는 일

以火救火(이화구화) 불을 가지고서 도리어 불을 끄려고 함. 어떤 일을 처리함에 있어서 오히려 사태를 더욱
　　　악화시키려고 함 출전 莊子 人間世

因人成事(인인성사) 어떤 일을 자기 혼자 힘으로 이루지 못하고 남의 힘을 빌려 얻어 이루었음

一擧一動(일거일동) 사람 됨됨이의 하나하나 동작이나 그 움직임

一望無際(일망무제) 한눈에 다 바라볼 수 없을 정도로 아득하여 멀고 넓어 끝이 없음

一葉小船(일엽소선) 물 위에 떠 있는 잎사귀 하나처럼 작은 배 [참조] 一葉片舟

一葉知秋(일엽지추) 하나의 나뭇잎을 보고 가을이 왔음을 비로소 앎. 조그마한 일을 가지고 장차 올 예상의
　　　　　　　일을 미리 짐작함 [출전] 淮南子 說山訓篇

一字無識(일자무식) 한 글자도 알지 못함 [참조] 目不識丁

一致團結(일치단결) 여럿이 마음을 합쳐 한 덩어리로 굳게 뭉침

立春大吉(입춘대길) 1년에 한 번인 입춘을 맞이하여 크게 길(吉)하기를 바람

自給自足(자급자족) 자기에게 필요한 물자를 자기 스스로 생산하여서 충당함

再三再四(재삼재사) 서너 번. 힘을 들여서 여러 번을 시행함

前無後無(전무후무) 그 이전에도 없었고, 앞으로도 다시는 없을 것 [유의] 空前絕後, 曠前絕後, 空前, 曠前

展示效果(전시효과) 앞으로 있을 일을 너절하게 열어 놓고 그 효과를 보려고 함. 정치 지도자 등이 대내외적
　　　　　　　으로 자신의 업적을 과시하기 위하여 실질적인 효과가 크지도 아니한 어떤 상징적인 정책을 실시
　　　　　　　함으로써 얻고자 하는 효과. 자신의 소득 수준에 따르지 아니하고 타인을 모방함으로써 소비 지출
　　　　　　　이 늘어나게 되는 사회적, 심리적 효과

朝令夕改(조령석개) 아침에 명령했다가 저녁에 다시 이것을 뜯어고침 [참조] 朝令暮改

朝變夕改(조변석개) 아침에 고쳤던 일이나 계획을 저녁에 또다시 고침

朝夕變改(조석변개) 아침에 뜯어고쳤던 일을 저녁에 다시 또다시 고침

知過必改(지과필개) 잘못된 일이나 허물임을 알면 이를 알고 반드시 고침

紙上兵談(지상병담) 종이 위에 펼치는 용병의 어떤 이야기 [참조] 卓上空論

千軍萬馬(천군만마) 천 명 군사와 만 마리쯤 되는 군마. 아주 많은 수의 군사와 군마

天災地變(천재지변) 지진, 홍수, 태풍 따위의 자연재해 현상으로 인한 모든 재앙을 이름

淸日戰爭(청일전쟁) 1894년 조선에 출병한 문제로 일어난 청과 일본의 전쟁

秋風落葉(추풍낙엽) 가을바람에 우수수 떨어지는 나뭇잎. 어떤 형세나 세력이 갑자기 기울어지거나 그만
　　　　　　　헤어져서 잘못 흩어지는 현상이나 그러한 모양

七落八落(칠락팔락) 일곱이 떨어지거나 여덟이 떨어짐. 나뭇잎이 우수수 떨어짐 [참조] 七零八落

炭水化物(탄수화물) 탄소와 여러 물 분자로 이루어진 유기 화합물의 총칭

敗家亡身(패가망신) 집안의 재산을 다 써서 없애고 그만 몸을 망침

海水浴場(해수욕장) 바닷물에서 헤엄칠 수 있도록 시설을 모두 갖춘 장소

行動擧止(행동거지) 몸을 일시적으로 움직이거나 잠시 멈춰서 하는 모든 짓

凶惡無道(흉악무도) 성질이 매우 거칠고 극히 사나우면서 도의심이 없음

家家戶戶(가가호호) 각 집. 호(戶)마다. 집집마다 [유의] 家家門前

家無擔石(가무담석) [담(擔)]은 두 항아리이고, [석(石)]은 한 항아리라는 뜻으로, 집에는 모아 놓은 재산이라
　　　　　　　곤 조금도 없음. 살림이 아주 가난함을 뜻함 [출전] 後漢書 列傳 第十七

家貧親老(가빈친로) 집이 아주 가난하고 부모가 늙었을 때는 마음에 흡족하지 않은 벼슬자리라도 우선
　　　　　　　얻어서 어버이를 봉양(奉養)해야 함 [출전] 孔子家語

加上尊號(가상존호) 임금이나 왕후(王后)의 존호(尊號)에 다시 존호(尊號)를 더함

價重連成(가중연성) 여러 성(城)을 합할 정도로 그 값어치가 귀중함 [출전] 史記, 相如傳 [유의] 連城之寶, 價値連城

加重處罰(가중처벌) 재판과정이 더할수록 형을 더 무겁게 하여 내리는 벌칙

假支給金(가지급금) 갚기로 미리 정한 날보다 더 앞당겨서 임시로 지급하는 돈

角者無齒(각자무치) 대체로 뿔이 있는 짐승은 치아가 없음 유래 한 사람이 여러 가지 재주나 복을 다 가질 수 없음을 이름

各自爲政(각자위정) 저마다 스스로 정치를 함. 전체와의 조화나 타인과의 협력이 어렵게 됨 출전 春秋左氏傳 宣公 2年條

江湖煙波(강호연파) 강이나 호수 위에 마치 안개처럼 보얗게 이는 기운과 그 수면의 잔잔한 물결. 광활한 대자연의 아름다운 풍경을 이름

開物成務(개물성무) 세상 만물의 뜻을 활짝 열어 천하의 사무(事務)를 그대로 성취함. 또는 사람이 아직 모르는 곳을 새로 개발하여 드디어 뜻을 성취함 출전 易經

改玉改行(개옥개행) 허리에 차고 다닐 수 있는 옥의 종류를 바꾸게 된다면 그 걸음걸이까지도 이제는 바꾸어야 함 유래 바로 관련된 법을 변경하면 그 일도 마땅히 고쳐서 균형을 이룸

客反爲主(객반위주) 손님이 도리어 주인 행세를 함 유의 主客顚倒

見金如石(견금여석) 황금을 보기를 돌같이 함. 지나친 욕심을 절제함 유래 최영 장군이 어린 시절 그의 아버지가 항상 그에게 경계하여 말하기를 "황금 보기를 돌같이 하라"라고 했음. 이 말을 들은 최영은 항상 이 네 자를 띠에 새겨놓고 죽을 때까지 가슴에 품고서 잊지를 않았다고 함 출전 成俔 慵齋叢話

見利思義(견리사의) 눈앞의 작은 이익이라도 보면 의리를 먼저 생각함 상의 見利忘義

結義兄弟(결의형제) 두 사람이 서로 형제의 의리를 맺음 참조 桃園結義

結草報恩(결초보은) 죽은 뒤에라도 그 은혜를 잊지 않고 반드시 갚음 유래 춘추시대에 진나라의 위과(魏顆) 가 아버지가 세상을 떠난 후에 서모를 개가시켜 순사(殉死)하지 않게 하였더니, 그 뒤 싸움터에서 그 서모 아버지의 혼이 적군의 앞길에 풀을 묶어 적을 넘어뜨려 위과가 공을 세울 수 있도록 도왔다는 고사가 있음 출전 春秋左氏傳 宣公 15年 秋七月條 유의 結草, 刻骨難忘, 白骨難忘, 難忘之 澤, 難忘之恩

經國濟世(경국제세) 어려운 시기에 나라를 잘 다스려서 세상을 구제함

經世濟民(경세제민) 세상을 잘 다스리고 어려움에서 백성을 구제함 '經濟(경제)'의 어원이 됨

經世致用(경세치용) 학문은 세상을 다스리는 데 실질적인 이익을 줄 수 있어야 한다는 유교의 한 주장 참조 利用厚生

高聲放歌(고성방가) 술에 많이 취하여 거리에서 큰 소리를 지르거나 함부로 노래 부르는 짓

苦心血誠(고심혈성) 마음과 힘을 다하는 지극과 정성

古往今來(고왕금래) 지나간 '예전(지난날)'과 현재인 '지금(오늘날)'

高低長短(고저장단) [시(詩)와 창(唱)에서] 높고 낮음과 길고 짧음이라는 리듬

告解聖事(고해성사) 신자가 세례 뒤에 자기가 범한 죄에 대하여 사제(司祭)에게 고백하여 용서를 받는 일 유의 告白聖事

公示送達(공시송달) 민사소송법에서 서류를 보내는 방법 유래 서류를 보낼 때 당사자의 주거 불명 따위의 사유로 소송에 관한 서류를 전달하기 어려울 때 그 서류를 법원 게시판이나 신문에 일정 기간 게시함으로써 보낸 것과 똑같은 효력을 발생시키는 일종의 송달방법

空前絶後(공전절후) 앞에서는 비어 있고, 뒤에서는 완전히 끊어짐 참조 前無後無

官製葉書(관제엽서) 정부에서 발행하는 일정한 규격의 우편엽서

光陰流水(광음유수) 세월이 흐르는 맑은 물처럼 신속하고 빠름 출전 顔氏家訓 유의 光陰如箭

校外指導(교외지도) 교사가 학교 밖인 사회에서 학생들의 생활을 단속하고 지도하는 일

九年面壁(구년면벽) 달마가 숭산(嵩山)인 소림사에서 9년 동안이나 벽을 보고 좌선하면서 도를 깨닫게 되었던 일 [출전] 五燈會元 東土祖師篇 [참조] 面壁九年

救世濟民(구세제민) 어지러운 세상을 구하고 민생을 신속하게 구제함 [약자] 救濟

九牛一毛(구우일모) 아홉 마리의 소 가운데 꽉 박혀있는 하나의 털. 매우 많은 것 가운데 극히 적은 수 [출전] 漢書 司馬遷傳 [유의] 滄海一粟, 滄海一滴, 大海一滴, 大海一粟

求田問舍(구전문사) 논밭과 집을 구하고 문의하여 알뜰하게 잘 삶 [유래] 자기의 이익에만 마음을 쓰고 국가의 대사를 전혀 돌보지 아니함 [출전] 魏志

軍行旅進(군행여진) 병역의 의무를 마치기 위해 군대로 가 전쟁터로 나아감

權不十年(권불십년) 높은 권세라도 10년을 가기가 차마 어려움. 아무리 높은 권세(權勢)라 할지라도 그리 썩 오래가지는 못함 [유의] 勢不十年

極樂往生(극락왕생) 사람이 죽어서 저 먼 극락세계에서 다시 태어남

極惡無道(극악무도) 사람이 더할 나위 없이 악독하고 도리에는 완전하게 어긋나 있음

金權萬能(금권만능) 이 세상에서 돈만 있으면 모든 일이든지 다 할 수 있음

金石爲開(금석위개) 쇠와 돌을 열리게 함. 정신을 집중해서 전력을 다하면 어떤 일에도 성공할 수 있음 [출전] 新序 雜事 4篇 [참조] 中石沒鏃

金城鐵壁(금성철벽) 쇠로 만든 성과 철로 만든 벽. 방어시설이 잘 되어 있어 공격하기 어려운 성 [출전] 徐積 和倪復 [참조] 金城湯池

今是昨非(금시작비) 오늘은 옳고 어제는 그르다는 뜻. 과거의 잘못 점을 이제야말로 새롭게 깨달음 [출전] 陶潛 歸去來辭 [유의] 昨非今是

己未運動(기미운동) 일제 강점기인 기미년(1919년)에 일어난 독립운동 [참조] 三一運動

起死回生(기사회생) 사람이 거의 죽을 뻔하다가 기구한 운명에 다시 살아남 [출전] 呂氏春秋 別類篇 [유의] 幾死僅生 [참조] 九死一生

基調演說(기조연설) 중요 인물이 나와 모임의 기본 취지나 정책 방향 따위에 대하여 구체적으로 설명하면서 연설함

難解難入(난해난입) 쉽게 이해하기가 썩 어렵고, 깨달음의 경지에 참선으로 들어가기도 어려움 [출전] 法華經

難兄難弟(난형난제) 누구를 형이라 하고 누구를 아우라고 하기 썩 어려움. 두 사물이 비슷비슷하여 누가 낫다고 하기가 어려움 [출전] 世說新語 德行篇 [유의] 伯仲, 伯仲之間, 伯仲之勢, 伯仲勢, 莫上莫下, 難伯難仲

南面出治(남면출치) 지존인 임금의 자리에 올라 나라를 올바로 다스림 [유래] 임금이 북에서 남쪽을 향하여 신하와 마주 보아 대면한 데서 나옴 [유의] 南面

南行北走(남행북주) 남으로 찾아가고 북으로 힘껏 달린다는 말로 국익(國益)을 위해 바쁘게 마구 돌아다님 [유의] 南船北馬, 東奔西走, 東馳西走, 東行西走, 津梁

冷暖自知(냉난자지) 물이 차가운지, 따뜻한지는 그 물을 마신 자만이 안다는 뜻임 [유래] 자기 일은 남이 말하기 전에 자기 스스로가 더 잘 안다는 뜻임 [출전] 傳燈錄

怒發大發(노발대발) 몹시 노하면서 아주 크게 성을 냄 [출전] 史記 藺相如傳 [유의] 怒髮衝冠

老生常談(노생상담) 노인들이 늘 하는 이야기란 뜻임. 거의 새로운 의견이 없다는 상투적으로 쓰이는 말

怒室色市(노실색시) 안방에서 크게 화를 내고 밖에 나가서는 얼굴 붉힌다는 뜻임 [유래] 속담인 '종로에서 뺨 맞고 한강에서 눈 흘긴다'는 말과도 상통함 [유의] 怒甲移乙

論功行賞(논공행상) 공적의 크고 작음 따위를 상세하게 논의하여 그에 적합한 상을 내림 [유의] 賞功

農爲政本(농위정본) 농사짓는 일이 정치의 근본이고, 나라의 기본임 [출전] 帝範

多多益善(다다익선) 많으면 많을수록 더욱 좋음 [유래] 한(漢)나라의 장수 한신(韓信)이 고조(高祖)와 장수의 역량에 관하여 얘기할 때, 고조는 10만 정도의 병사를 지휘할 수 있는 그릇이지만, 자신은 병사의 수가 많을수록 잘 지휘할 수 있다고 한 말에서 유래함 [출전] 史記 淮陰侯列傳

多聞博識(다문박식) 여러 방면에 보고 들은 것이 많고, 아는 상식도 풍부함

多事多難(다사다난) 여러 가지 일도 많고, 따라서 어려움이나 탈도 아주 많음

多士濟濟(다사제제) 선비들 여러 명이 다방면에 모두 뛰어남. 훌륭한 인재가 매우 많음을 이름 [출전] 詩經 [유의] 濟濟多士

單獨一身(단독일신) 오직 홀몸. 일가친척이 없는 혼자의 몸 [참조] 孑孑單身

斷章取義(단장취의) 남이 쓴 문장이나 시(詩)의 일부를 끊어서, 그 전체적인 뜻이나 작자의 본뜻과는 전혀 상관없이 자기의 필요에 따라 인용함. 이를 통해 자기의 주장이나 생각을 모두 다 합리화시킴 [출전] 春秋左氏傳 襄公篇

大逆無道(대역무도) 사람의 도리를 완전하게 뒤집어 거스르는 행위. 옛날에는 임금을 거스름을 뜻했음 [출전] 漢書 [유의] 大逆不道

大義名分(대의명분) 사람으로서 마땅히 명심하고 바르게 지키고 행하여야 할 도리나 본분. 어떤 일을 꾀하는 데 있어서 내세운 합당한 구실이나 이유를 들이대는 일

德無常師(덕무상사) 마땅히 덕(德)의 길로 나아가는데, 닦는 데는 마땅한 스승이 없음. 자주 마주치는 환경이나 사람 모두가 수행에 도움이 된다고 보았음

到處春風(도처춘풍) 사람이 이르는 곳마다 모두가 봄바람이 부는 것만 같음 [참조] 四面春風

獨不將軍(독불장군) 자기 혼자서만은 아무리 노력해도 장군이 될 수는 없음. 무슨 일이든 자기 생각대로만 자기 혼자 일을 처리하는 사람. 늘 하는 짓이 다른 사람에게 따돌림을 받는 외로운 사람. 때문에 이런 사람은 다른 사람과 의논하고 협조했어야 함

讀書亡羊(독서망양) 글을 읽는 데 정신이 완전하게 팔려서 기르고 있던 양(羊)을 잃음. 지금 하는 일에는 전혀 뜻이 없고 다른 생각만 하다가 낭패를 봄 [출전] 莊子 外篇 騈拇篇

讀書三餘(독서삼여) 책을 읽기에 가장 적당한 세 가지 여유 있는 때 하는 것으로 보았음. 독서는 [한겨울, 늦은 밤, 비가 올 때]에 하는 것이 좋다고 함 [유의] 三餘

獨守空房(독수공방) 혼자서 텅 빈 방을 외롭게 지킴. 늘 혼자서 지냄. 남편이 죽은 후에 아내가 남편 없이 혼자 지내는 밤

同氣相求(동기상구) 같은 기운끼리는 늘 서로를 끌어당기고 서로를 요구함 [참조] 同病相憐

東山再起(동산재기) 한번 물러난 사람이나 실패한 사람이 또다시 일어나 세상에 나옴을 뜻함 [유래] 동진의 사안이 일찍이 동산으로 은퇴했다가 다시 큰 벼슬을 하게 된 고사 [출전] 晉書

同聲相應(동성상응) 같은 소리끼리는 서로가 응하여 잘 어울림. 같은 무리끼리는 서로가 통하고 자연히 스스럼없이 자주 모임 [참조] 同病相憐

同惡相助(동악상조) 악인도 서로 돕는다는 뜻임. 같은 무리끼리 서로가 돕는 것을 뜻함 [출전] 史記

斗南一人(두남일인) 천하에 으뜸가는 가장 훌륭한 인물 [유래] 북두칠성 남쪽(곧 온 천하)의 단 한 사람 밖에 없음

燈下不明(등하불명) 속담에 있는 말로 등잔 밑이 어두움. 가장 가까운 곳에 있는 물건이나 그러한 사람을 잘 찾지 못함을 뜻함

燈火可親(등화가친) 계절적으로 보아 등불을 가까이할 만함. 서늘한 가을밤이나 늦은 겨울밤에 등불을 가까이하여 글을 읽기에 아주 좋음 [출전] 韓愈 符讀書城南

萬古絶色(만고절색) 아주 오랜 세월 동안 세상에 나오지 않은 아주 예쁜 용모 [참조] 傾國之色

萬病通治(만병통치) 꼭 한 가지 처방으로만 온갖 병을 다 고쳤음

萬事如意(만사여의) 모든 일이 자기의 뜻과 같이 잘 되었음

萬牛難回(만우난회) 만 마리의 소가 끌어도 돌려 세울 수 없을 만큼 아주 고집이 센 사람

滿場一致(만장일치) 장내에 모이는 모든 사람의 의견이 다 같음

滿朝百官(만조백관) 조정에 있는 모든 벼슬아치들 유의 滿朝

亡羊得牛(망양득우) 양을 잃고서 뜻밖에 소를 얻었음. 했던 일이 손해를 본 것이 아니라 도리어 더 좋은 이익이 된다는 뜻

賣官賣職(매관매직) 돈이나 재물을 많이 받고 벼슬을 사고 팜

面壁九年(면벽구년) 달마가 숭산(嵩山) 소림사에서 9년 동안 벽을 보고 좌선하여 도를 깨달았던 일 출전 五燈會元 東土祖師篇 유의 九年面壁 참조 愚公移山

名不虛傳(명불허전) 자기 노력의 결과이지 이름이 헛되이 퍼진 것이 아님. 진실로 그 이름만 널리 날만큼 까닭이 있음을 이르는 말

目食耳視(목식이시) 눈으로 먹고 귀로 본다는 뜻 유래 맛있는 것보다 보기에 아름다운 음식을 좋아하고, 몸에 맞는 것보다 귀로 들은 유행하는 의복(衣服)을 입는 것처럼 겉치레만 따름 출전 司馬光 迂書

目指氣使(목지기사) 눈짓으로 지시하고 얼굴빛으로 여러 사람을 자기 마음대로 부린다는 말로 사람을 경멸하며 마구 부림 출전 漢書

無價大寶(무가대보) 값을 헤아릴 수 없을 만큼 귀한 보물 출전 三國遺事

無念無想(무념무상) 오직 무아의 경지에 도달하여 다른 일체의 상념을 떠남

無不通達(무불통달) 모두를 잘하여 도무지 통달하지 아니한 것이 없음 참조 無不通知

無常出入(무상출입) 특별한 권한이 주어져 아무 때나 거리낌 없이 그곳을 드나듦

無所不爲(무소불위) 그것을 하지 못하는 바가 없음(부정+부정=긍정) 본인에게만 주어진 강한 권력을 말할 때 쓰임

務實力行(무실역행) 참되고 실속이 있도록 크게 힘써 실행함

無爲徒食(무위도식) 일하지 아니하고 빈둥빈둥 놀고먹음. 하는 일 없이 한갓 먹기만 함

無爲自然(무위자연) 공을 들여 인위적인 것이 하나도 없고 모두가 저절로 그렇고 그러한 상태. 곧 이상적인 경지임 출전 老子

無風地帶(무풍지대) 바람이 전혀 불지 않는 지대. 다른 곳의 재난 따위가 미치지 아니하는 안전한 곳을 비유적으로 이르는 말

無後爲大(무후위대) 사람이 태어나 자손이 없는 것은 가장 큰 불효임

文房四寶(문방사보) 문인의 방에 꼭 있어야 할 네 가지 보물 참조 文房四友

文房四友(문방사우) 문인의 방에 반드시 있는 네 가지 벗. [종이, 붓, 먹, 벼루]의 네 가지의 문방구 유의 文房四寶, 四友, 四寶

文藝復興(문예부흥) 유럽 문명사에서 14세기부터 16세기 사이 일어난 문예 부흥 또는 문화 혁신 운동 유래 ① 르네상스(Renaissance). 14~16세기에, 이탈리아를 중심으로 하여 유럽 여러 나라에서 함께 일어난 인간성 해방을 위한 문화 혁신 운동 ② 르네상스 시대의 대표적 인문주의자-단테 · 페트라르카 · 보카치오 / 르네상스 시대의 3대 미술가-레오나르도다빈치 · 미켈란젤로 · 라파엘로로 요약된다고 알려짐

物心兩面(물심양면) 사람의 물질적인 것과 정신적인 것의 두 면. 인간의 물질적인 것과 정신적인 것의 두 방면으로 상호 공존함

物心一如(물심일여) 사물과 마음이 전혀 아무런 구분도 없이 하나의 근본으로 다 통합됨

美風良俗(미풍양속) 예로부터 전해 오는 아름답고 좋은 풍속. 아름답고 좋은 풍속이나 기풍

密雲不雨(밀운불우) 짙은 구름이 꽉 끼어 있으나 막상 비는 오지 않음. 어떤 일의 징조만 있을 뿐 막상 그 일은 이루어지지 않음. 위에서 내리는 은택이 아래까지 고루 내려지지 않음 출전 周易 小畜卦의 卦辭

博古知今(박고지금) 옛날 일을 널리 알게 되면 오늘날의 일도 널리 알게 됨

博文約禮(박문약례) 널리 학문을 닦아서 사리에 밝고 언행을 바로 하면서 예절을 잘 지킴. 널리 학문을 닦아 사리를 연구하고, 이것을 실행하는 데 예의로써 하여 정도에 벗어나지 않게 함 출전 論語

博施濟衆(박시제중) 널리 사랑과 은혜를 베풀어 뭇사람을 구제함 출전 論語

博愛主義(박애주의) 차별을 버리고 온 인류가 평등하게 사랑하여야 한다는 주의

博學多識(박학다식) 학식이 아주 넓고 아는 것이 썩 많음 참조 博覽强記

反面敎師(반면교사) 아주 나쁜 점만 가르쳐주는 선생이란 뜻 유래 못된 스승처럼 되지 않기 위한 타산지석으로 삼아야 한다는 고사

半部論語(반부논어) 직역하면 [반 권의 논어]. 고전 학습이 매우 중요함을 비유한 말 유래 산동(山東)사람 조보(趙普)가 송(宋) 태조를 도와 천하를 통일하였는데, "논어의 절반 지식으로 태조께서 천하를 평정하시는 일을 능히 다 도왔을 뿐만 아니라, 나머지 절반의 지식으로 폐하께서 천하를 다스리도록 돕고 있습니다."라고 말한 데서 온 고사 출전 羅大經 鶴林玉露

防患未然(방환미연) 커다란 화를 당하기 전에 미리 재앙을 막음

拜金思想(배금사상) 미리 돈을 최고의 가치로 여기고 높이 숭배하는 사상

白頭如新(백두여신) 머리가 백발이 되도록 오래 사귀었어도 서로 마음을 깊이 알지 못하여 새로 사귄 사람과 다름이 없음. 오랫동안 사귀어 온 사이이지만 서로 간의 정이 두텁지 못한 상태

白水眞人(백수진인) 일명 돈을 가리키기도 한다. 왕망(王莽)이 제위(帝位)를 찬탈하고 나서, 유씨(劉氏)를 매우 미워하고 시기하던 중에 "전문(錢文)에 금도(金刀)가 있다고 하여 이를 화천(貨泉)으로 고쳐 새겼다. 이처럼 혹자들은 [천(泉)]을 파자(破字)하면 [백수(白水)]가 되고 [화(貨)]를 파자하면 [진인(眞人)]이 된다[以錢文有金刀 故改爲貨泉 或以貨泉字文爲白水眞人]."라고 했던 고사를 보임. 또 다른 고사에서 '화(貨)'자와 '천(泉)'자를 각각 파자하면, '진인(眞人)'과 '백수(白水)'가 되겠는데, 이에 흔히 '돈'을 '백수진인(白水眞人)'이라 비유하기도 함 유래 그 옛날 중국에서 후한이 새로 나타나게 될 것을 예언한 말로 돈의 또 다른 이름으로 쓰였음 출전 後漢書 卷一下 光武帝紀論

百戰老將(백전노장) 수많은 싸움을 손수 치렀으니 아주 노련한 장수

百害無益(백해무익) 오히려 해롭기만 하고 하나도 보태어서 아무런 이로운 바가 없음

邊上加邊(변상가변) 변리를 본전에 합친 것을 다시 본전으로 삼아 그 본전에 덧붙인 변리제도. 기존의 본전에 邊利(변리)를 다 합쳐 만든 새 본전에 덧붙인 변리

兵家常事(병가상사) 전쟁에서 이기고 지는 일은 흔히 있는 일임을 이름 유래 실패는 흔히 있으므로 낙심할 것이 없음을 이르는 고사에서 보임

步武堂堂(보무당당) 걸음걸이가 씩씩하고 활기가 넘침. 걸음걸이가 아주 씩씩하고 위엄이 넘쳐흐름. 여기에서 보인 [步]는 한 걸음, [武]는 반걸음을 뜻함

報本反始(보본반시) 천지에 크게 보답하고 이제 처음으로 돌아간다는 뜻. 오직 천지와 선조의 깊은 은혜에 보답함 출전 禮記

富國强兵(부국강병) 썩 부유한 나라와 강한 군대. 나라를 부유하게 하고 군대를 강력하게 만들어 감이란 현대전에서는 매우 부강한 나라를 뜻함

富貴功名(부귀공명) 재물이 아주 많고 지위가 높으며 공을 반드시 세워서 이름을 크게 떨침. 재산이 많고 지위가 높으며 후일 공을 세워 이름을 크게 떨침

富貴在天(부귀재천) 부유함과 귀함은 오직 하늘의 뜻에 달려 있음

不當利得(부당이득) 정당하지 못한 방법으로 가만히 얻는 이익

不得不然(부득불연) 필연적으로 꼭 그렇게 될 수밖에 없음

不得要領(부득요령) 말이나 글 또는 일의 골자나 이치를 알 수가 없음 참조 要領不得

夫婦有別(부부유별) 五倫(오륜) 중의 하나. 남편과 아내 사이에는 그 본분이란 구별이 있음

不知去處(부지거처) 있는 곳을 결코 알지 못함. 간 곳을 잘 모름

不可思議(불가사의) 묘하고 이상야릇한 생각을 하거나 미루어 헤아릴 수는 결코 없음

不勞所得(불로소득) 직접 자기가 일을 하지 아니하고 가만히 있어서 얻는 이익

不伐己長(불벌기장) 매우 겸손한 자세를 말함. 자기의 장점을 결코 자랑하지 않는다는 뜻

不分皁白(불분조백) 착하고 나쁨, 잘나고 못남 등 아무것이라도 가리지 않음

不言可想(불언가상) 말하지 않아도 상상할 수 있음 [참조] 不問可知

不爲福先(불위복선) 복을 남보다 먼저 받으면 타인에게 시기를 받으므로 먼저 받으려고 하지 않음. 복을 얻는 데 남보다 앞서면 남에게 미움을 받으므로 남보다 앞서 차지하려고 하지 않음

不快指數(불쾌지수) 불쾌의 정도를 나타내는 지수. 기온과 습도 따위의 기상요소를 자료로 무더위에 대하여 피부와 몸으로 느끼는 쾌락

不解衣帶(불해의대) 옷 띠를 한 번도 풀지 않고 잠시도 쉬지 않으며 오직 일에만 열심히 함 [참조] 不撤晝夜 [출전] 漢書 [유의] 不撤晝夜, 不知寢食, 夜以繼晝, 晝以繼夜

不協和音(불협화음) 어울리지 않는 소리 또는 사람들과 그 관계가 썩 잘 어울리지 않음

飛耳長目(비이장목) 멀리 있는 것을 빨리 알아듣는 귀와 먼 곳을 보는 눈이란 뜻. 관찰력이 보다 넓고 날카로움. 또는 그러한 책 [출전] 管子 [유의] 長目飛耳

非一非再(비일비재) 같은 현상이나 일이 한두 번이 아니고 아주 많음

鼻下政事(비하정사) 코 밑에 닥친 일에 관한 政事(정사)라는 뜻. 하루하루를 겨우 먹고 살아가는 매우 비참한 일 [유의] 鼻下公事

貧者一燈(빈자일등) 가난한 사람이 정성껏 바치는 하나의 등(燈). 물질의 많고 적음보다 그 정성이 매우 중요함 [유래] 왕이 부처에게 바친 백 개의 등은 밤사이에 다 꺼졌으나 가난한 노파 난타(難陀)가 정성으로 바친 하나의 등은 꺼지지 않음 [출전] 賢愚經

四端七情(사단칠정) 성리학(性理學)에서 [사단(四端)]은 인간의 본성에서 우러나오는 착한 마음씨로 이는 仁義禮智(인의예지)를 말함. [칠정(七情)]은 인간의 자연적 감정으로 喜怒哀樂愛惡欲(희로애락애오욕)을 가리킴 [출전] 孟子

四達五通(사달오통) 사람이 다닐 수 있는 길이 여러 방면으로 다 통함 [참조] 四通八達

事大主義(사대주의) 자기 주체성이 하나도 없이 세력이 강한 나라나 사람들을 무조건 받들이 섬기는 위신적인 태도. 주체적인 태도가 전혀 보이지 않음

仕非爲貧(사비위빈) 관리는 가난해도 녹을 먹기 위해 일하지 않는다는 뜻. 관리는 덕을 천하에 펴야 한다고 말함 [출전] 孟子 一鳴驚人

上文右武(상문우무) 만조백관인 文武(문무)를 모두가 높이 알아 챙겨줌

上山求魚(상산구어) 높은 산에 올라서서 물고기를 구하는 것처럼 당치 않은 일을 무리하게 하려는 것을 비유한 말 [참조] 緣木求魚

生不如死(생불여사) 불가피하게 몹시 어려운 형편에 놓여 있음. 지금 살아 있음이 차라리 죽는 것보다 못함

石火光陰(석화광음) 돌이 마주 부딪칠 때 불이 반짝이는 것과 같이 세월이 빠르게 흐름

先發制人(선발제인) 남의 꾀를 사전에 빨리 알아차리고 무슨 일이 일어나기 전에 미리 막아냄 [유의] 先則制人

先聲後實(선성후실) 먼저 말로써 크게 놀라게 하고 그 실력은 뒤에 가서 차분하게 보여줌

先義後利(선의후리) 먼저는 마땅한 도리를 생각하고, 이익은 그 뒤에 차분하게 정리한다는 말로 장사의 기본적인 태도를 말함 [출전] 孟子

先則制人(선즉제인) 내가 먼저 손을 쓰면 능히 남을 제압할 수 있음 [참조] 先發制人 [출전] 史記 項羽本紀

說往說來(설왕설래) 서로 변론을 주고받으면서 윽박지르고 옥신각신함. 말이 오고 감 [유의] 言去言來, 言三語四, 言往說來, 言往言來

雪中送炭(설중송탄) 매우 추운 날씨에 땔감을 충분하게 보냄. 급하게 필요할 때 필요한 도움을 줌 [출전] 宋史 太宗紀

成功者退(성공자퇴) 비로소 공을 이룬 사람은 물러나야 한다는 뜻. 성공한 사람은 물러날 때를 알아야 함 [출전] 史記 范雎蔡澤列傳 [유의] 成功身退, 成功者去

星羅雲布(성라운포) 별처럼 넓게 펼쳐져 있고, 구름처럼 멀리 퍼져 있다는 뜻. 모든 사물이 여기저기 많이 흩어져 있는 모양 [출전] 班固 西都賦

聲聞過情(성문과정) 널리 알려진 명성이 실정을 앞선다고 했듯이 그 사람의 가치 이상으로 평판이 매우 높음을 뜻함 [출전] 孟子

誠中形外(성중형외) 진실한 마음과 참된 생각은 애써 꾸미지 않아도 결국은 겉으로 잘 드러남을 뜻함 [출전] 大學

勢不十年(세불십년) 정치에 입문하여 잡은 권세는 십 년을 다 가지 못함 [참조] 權不十年

歲時風俗(세시풍속) 해마다 일정한 시기에 늘 되풀이하여 행하여 온 고유의 풍속. 계절에 따라 연례적으로 치르는 행사는 옛날부터 그 사회에 전해 오는 생활 전반에 걸친 행사나 습관이 되었음을 뜻함

勢如破竹(세여파죽) 대(竹)를 가늘게 벌어지게 쪼개는 기세. 적을 거침없이 물리치고 쳐들어가는 용감한 기세를 뜻함 [출전] 晉書 杜預傳

小康狀態(소강상태) 혼란 따위가 이제는 그치고 조금 잠잠해진 약간 편안한 상태에 이름

素車白馬(소거백마) 흰 포장을 두른 수레와 백마를 아울러서 이르는 말. 적에게 항복할 때나 장례할 때에 썼음. 흰 포장을 두른 수레와 흰말은 두루 상여로 쓰이는데 친구의 죽음을 슬퍼하는 마음 또는 아주 친한 친구 사이를 뜻하기도 함 [출전] 後漢書

笑比河淸(소비하청) 저 맑은 황하를 보는 것만큼이나 쉽게 웃는 모습을 보기가 어렵다는 데서 나온 말로 매우 근엄하여 좀처럼 웃지 않음 [출전] 宋史

所向無敵(소향무적) 나아가는 곳마다 적이 없음. 적이 대항하지 아니함 [출전] 三國志

數間斗屋(수간두옥) 두서너 칸밖에 안 되는 아주 작은 집 [유의] 三間草家, 三間草屋, 數間草屋, 草家三間

修己治人(수기치인) 자신의 몸과 마음을 닦은 후에 남을 충분하게 다스림

是非曲直(시비곡직) 옳고 그름, 굽고 곧음이라는 뜻. 옳고 그름 또는 잘함과 잘못함을 아울러 함께 이르는 말

視死如生(시사여생) 사람들의 죽음을 보는 것을 삶처럼 쉽게 여김. 사람 죽음을 쉽게 두려워하지 않음 [출전] 莊子 [유의] 視死如歸

是是非非(시시비비) 여러 가지의 잘잘못. 서로 옳고 그름을 따지는 일 [출전] 荀子

始終如一(시종여일) 처음부터 끝까지 변함없이 모두 다 한결같음

時和年豐(시화연풍) 나라가 아주 태평하고 풍년이 들어서 편안함

信賞必罰(신상필벌) 나라에 공이 있는 자에게는 반드시 상을 주고, 마땅히 죄가 있는 사람에게는 반드시 벌을 줌. 상과 벌을 공정하고 매우 엄중하게 하는 일

實事求是(실사구시) 사실에 크게 토대를 두어 진리를 탐구하는 올곧은 일. 정확한 고증을 바탕으로 하는 과학적이며, 객관적인 올곧은 학문적 태도. 淸나라의 고증학인 학문 태도. 조선시대 실학파의 학문 [출전] 漢書 河間獻王德傳

心心相印(심심상인) 서로가 마음과 마음으로 많이 상통함 [참조] 以心傳心

十目所視(십목소시) 여러 사람이 모두 다 보고 있음. 세상 사람들을 어느 누구도 속일 수는 없음 [출전] 大學

眼高手低(안고수저) 눈은 높으나 재주는 아주 낮음 [참조] 眼高手卑

安貧樂道(안빈낙도) 비록 가난하게 생활하면서도, 편안한 마음으로 도를 즐기면서 지키는 원만한 생활 태도 유의 淸貧樂道

眼中無人(안중무인) 눈 아래에 사람이 아무도 없음. 행동이 방자하고 매우 교만하여 다른 사람을 아주 업신여김 참조 傍若無人

眼下無人(안하무인) 눈 아래에 사람이 없음. 서로가 방자하고 교만하여 다른 사람을 하대하여 업신여김 참조 傍若無人

弱肉強食(약육강식) 약한 자가 강한 자에게 먹힘을 당함. 강한 자가 약한 자를 희생시켜서 번영함. 약한 자는 끝내 강한 자에게 멸망을 당함 출전 韓昌黎集 送浮屠文暢師序

魚東肉西(어동육서) 일 년에 한 번씩 모시는 제사상을 차릴 때 생선 반찬은 동쪽에 놓고 고기반찬은 서쪽에 놓았던 습관에 따름

言語道斷(언어도단) 말할 수 있는 길이 완전하게 끊어짐. 어이가 없어서 말을 하려고 해도 더는 말을 할 수가 없음 유의 道斷, 言語同斷

言語同斷(언어동단) 서로가 나누는 말씀이 함께 끊어짐 참조 言語道斷

言往說來(언왕설래) 서로 변론을 주고받으면서 말이 오고 감 참조 說往說來

言往言來(언왕언래) 서로 변론을 주고받으면서 말이 오고 감 참조 說往說來

如魚得水(여어득수) 물고기가 삶의 터전인 물을 얻은 것과 같음. 마음이 맞는 사람을 얻거나 자신에게 매우 적합한 환경을 얻게 됨 유래 유비(劉備)가 제갈량(諸葛亮)을 얻었을 때 한 말의 고사 출전 三國志 蜀書 諸葛亮傳

如鳥數飛(여조삭비) 부지런하게 학습을 함. 사람이 배우고 익히는 것은 새가 자주 날갯짓하는 것과 같다는 뜻 출전 論語 學而篇 朱子 註

旅進旅退(여진여퇴) 줏대도 없이 물러나고 나아간 것을 무리와 함께함 참조 附和雷同

如出一口(여출일구) 여러 사람의 말이 한 입에서 함께 나온 것과 같음 참조 異口同聲

如風過耳(여풍과이) 바람이 세차게 막 귀를 통과하는 것과 같음 참조 馬耳東風

連帶責任(연대책임) 두 사람 이상이 함께 책임을 짐

年富力強(연부역강) 아직은 나이가 한창 젊고 기력도 매우 왕성함

連席會議(연석회의) 둘 이상의 회의체가 연석으로 합동하여 여는 회의

連戰連勝(연전연승) 상대와 대하여 싸울 때마다 계속하여 이기는 전승

五十笑百(오십소백) 조금 낫고 못한 정도의 차이는 있으나 본질적으로 근본의 차이는 없음 유래 양(梁)나라 혜왕(惠王)이 정사에 관하여 孟子에게 물었을 때, 전쟁에 패하여 어떤 자는 백 보를, 또 어떤 자는 오십 보를 도망했다면, 도망한 것에는 양자에 차이가 없으므로 오십 보 도망간 자가 백 보를 도망간 자를 비웃을 수 없다고 대답했던 고사 유의 五十步百步, 大同小異, 小異大同

五言金城(오언금성) 오언이 쇠로 만든 성과 같음. 다섯 글자가 견고한 성과 같다는 뜻으로, 오언시에 능숙한 것을 비유적으로 이르는 말 참조 五言長城

五言長城(오언장성) 오언이 만리장성과 같음. 오언의 시에 매우 능숙함. 다섯 글자가 만리장성 같다는 뜻으로, 오언시에 능숙한 것을 비유적으로 이르는 말 유의 五言金城

五言絶句(오언절구) 漢詩(한시)에서 한 구가 모두 다섯 글자로 된 절구시

溫故知新(온고지신) 옛것을 잘 익히고 그것을 미루어서 비로소 새것을 잘 알게 됨. 옛것을 익히고 새것을 알면 남의 스승이 될 수 있다(溫故而知新, 可以爲師矣) '온고(溫故)'는 옛것을 익힌다는 뜻이고, '지신(知新)'은 새것을 안다는 뜻임 출전 論語 爲政篇

完全無缺(완전무결) 모두가 충분하게 갖추어져 있어 아무런 결점도 없음

要領不得(요령부득) 말이나 글 또는 일 따위의 줄거리나 이치를 자세하게 알 수가 없음 [유의] 不得要領

牛步萬里(우보만리) 우직한 소의 걸음걸이로 무려 만 리쯤이나 갈 수 있음

牛往馬往(우왕마왕) 소 갈 데나 말 갈 데나 모두 다님. 함부로 자기 마음대로 온갖 군데를 다 좇아서 다님

右往左往(우왕좌왕) 올바른 방향을 잡거나 차분한 행동을 취하지 못하고 이리저리 왔다 갔다 하는 모양. 이리저리 왔다 갔다 하며 일이나 나아가는 방향을 종잡지 못함

牛耳讀經(우이독경) 소귀에 경을 읽기. 아무리 가르치고 또 일러 주어도 도무지 알아듣지 못함을 이르는 말 [출전] 茶山 鄭若鏞의 耳談續纂 [참조] 馬耳東風

月態花容(월태화용) 달처럼 매우 고운 자태와 꽃처럼 아름다운 얼굴 [참조] 傾國之色

爲人設官(위인설관) 어떤 사람을 채용하기 위하여 일부러 벼슬 한 자리를 특별히 마련함

有備無患(유비무환) 미리 준비되어 있으면 도무지 걱정할 것이 없음 [출전] 書經 說命篇 [참조] 亡羊補牢

有人衛星(유인위성) 사람이 실제 타고 있는 인공위성 [반의] 無人衛星

陰德陽報(음덕양보) 남이 모르게 덕행을 쌓은 사람은 뒤에 반드시 그 보답을 받음

陰陽五行(음양오행) 음양과 오행을 아울러 강조하는 이름 [유래] 음양과 오행은 독립적으로 발전했으나, 전국 시대 중엽부터 하나의 사상으로 모두 통합되었음

利己主義(이기주의) 우선 자기 자신의 이익만을 꾀하고, 우리 사회 일반의 이익에는 염두에 두지도 않으려 는 태도

以毒制毒(이독제독) 또 다른 독소를 써서 그 독을 없앰 [유래] 惡人(악인)을 물리치는 데 다른 악인을 이용함 을 이르는 말

以食爲天(이식위천) 어린 백성들은 먹을거리를 모두 하느님으로 삼음. 사람이 살아가는 데 먹는 것이 가장 중요함을 뜻함 [출전] 史記 酈生陸賈列傳

以熱治熱(이열치열) 뜨거운 열로써 뜨거운 열을 새롭게 다스림

二律背反(이율배반) 두 가지 규칙이 서로 등을 돌리고 반대의 입장에 섬. 상호의 뚜렷한 모순으로 양립할 수 없는 두 개의 뚜렷한 명제 [유래] 칸트에 의하여 널리 쓰이게 된 용어로 '안티노미(antinomy)'의 번역어라고 알려짐

以人爲鑑(이인위감) 다른 사람의 옳고 그름을 그 본보기로 삼음

以一警百(이일경백) 한 명을 벌하여서 백 명 모두를 경계하게 함 [참조] 一罰百戒

以指測海(이지측해) 작은 손가락을 가지고 바다의 깊이를 잼. 자기 역량을 하나도 모르는 매우 어리석음

利害得失(이해득실) 이로움과 해로움과 얻음과 잃음을 아울러 이르는 말

以血洗血(이혈세혈) 피를 다른 피로써 씻음. 악을 악으로 갚거나 나쁜 짓을 거듭함

益者三友(익자삼우) 잘 사귀어서 자기에게 특히 도움이 되는 세 가지의 벗. [심성이 곧은 사람, 믿음직한 사람, 문견이 많은 사람] [출전] 論語 季氏篇 [유의] 三益友 [상대] 損者三友

因果報應(인과보응) 원인과 결과가 서로 호응하여서 그대로 갚음 [참조] 種豆得豆

因果應報(인과응보) 원인과 결과가 서로 호응하여 그대로 갚음 [유래] 전생에 지은 선악에 따라 현재의 행복과 불행이 있음. 현세에서의 선악의 결과에 따라 내세에서의 행복과 불행이 따로 있음 [참조] 種豆得豆

人死留名(인사유명) 사람은 죽어서 그의 이름을 남김. 사람의 삶이 헛되지 아니하면 그 이름이 길이 남을 만함 [유의] 豹死留皮, 虎死留皮

人生無常(인생무상) 사람의 삶은 덧없음. 사람의 일생이 극히 덧없이 흘러감을 두고 이르는 말 [참조] 生者必滅

因數分解(인수분해) 하나의 다항식을 두 개 이상 인수의 곱으로 나타내는 것. 정수 또는 정식을 몇 개의 간단한 인수의 곱 꼴로 다시 바꾸어 나타내는 일

人心難測(인심난측) 사람의 마음은 극히 약하고 작아서 헤아리기가 어려움

一間斗屋(일간두옥) 한 칸밖에 안 되는 한 말들이 말만 한 아주 작은 집

一擧兩得(일거양득) 한 가지 일을 하여서 두 가지 이익을 동시에 얻음 **출전** 戰國策 秦策 **유의** 兩得, 一擧二得, 一石二鳥, 一箭雙鵰, 一擧兩取, 一擧兩實 **상대** 一擧兩失

一擧兩實(일거양실) 한 번 손을 들어 두 개의 열매를 땀을 보임. 한 번 거동하여 두 개의 열매를 얻음 **출전** 史記 張儀列傳篇 **참조** 一擧兩得

一擧兩失(일거양실) 한 가지 일을 하여 다른 두 가지 일을 동시에 잃음 **상이** 一擧兩得

一擧兩取(일거양취) 한 번 손을 들어서 두 가지를 동시에 취함 **출전** 戰國策 趙策 **참조** 一擧兩得

一擧二得(일거이득) 한 가지 일을 하여 두 가지 이익을 같이 얻음 **참조** 一擧兩得

一連番號(일련번호) 일률적으로 계속하여 연속되어 있는 번호

一脈相通(일맥상통) 하나의 맥락으로 서로를 연결하여 통함. 상태나 성질 따위가 서로 통하거나 비슷하게 엮어짐

一木難支(일목난지) 큰 집이 무너지는 것을 결국 나무기둥 하나로 다 떠받치지 못함. 이미 기울어지는 대세를 혼자서는 감당할 수 없음 **출전** 世說新語 任誕篇 **유의** 一柱難支

一無消息(일무소식) 전혀 아무런 소식이 없음 **참조** 咸興差使

一石二鳥(일석이조) 돌 한 개를 던져 새 두 마리를 잡음. 동시에 두 가지 이득을 차지하여 봄 **참조** 一擧兩得

一言半句(일언반구) 한마디 말과 반 구절. 아주 짧은 말

一葉障目(일엽장목) 잎사귀 하나로 눈을 가림. 부분적이고 일시적인 현상에 미혹되어 전반적이고 근본적인 문제를 깨닫지 못함 **출전** 鶡冠子 天則篇

一衣帶水(일의대수) 한 옷의 띠로 잴 수 있을 만큼 한 줄기 좁은 강물이나 바닷물. 겨우 냇물 하나를 사이에 둔 매우 가까운 이웃들 **유의** 指呼之間, 指呼間, 咫尺

一場風波(일장풍파) 한바탕 요란스럽게 심하게 야단을 침. 큰 싸움

一知半解(일지반해) 하나쯤은 알고 반쯤은 겨우 깨달음이라는 뜻. 지식이 아주 적음 **출전** 滄浪詩話

日進月步(일진월보) 날마다 앞서가고 달마다 앞으로 걸어감 **참조** 刮目相對

一進一退(일진일퇴) 한 번 나아감과 한 번 물러섬 **출전** 荀子

一寸光陰(일촌광음) 아주 짧은 동안의 순간적인 시간

一波萬波(일파만파) 하나의 물결이 연쇄적으로 많은 물결을 일으킨다는 뜻. 한 사건이 그 사건에 그치지 아니하고 잇따라 더 많은 사건으로 번짐을 이름. 코로나19와 같이 많이 번짐

自强不息(자강불식) 스스로 힘을 써서 몸과 마음을 가다듬어 계속 쉬지 아니함

自信滿滿(자신만만) 스스로에 대한 굳은 믿음이 매우 가득함

自業自得(자업자득) 자기가 저지른 일의 결과를 자기가 이어서 받음 **유의** 自業自縛, 自作自受, 自作之孽, 自作孽

自作自受(자작자수) 자기가 저지른 일의 결과를 자기가 받음 **참조** 自業自得

自初至終(자초지종) 처음부터 끝까지의 모든 과정에 통함

長者萬燈(장자만등) 어느 부자가 부처님께 올리는 일만 개나 되는 등. 대를 이루어 가난한 사람이 올리는 한 개의 등과 정성에서 다 같은 것임을 말함 **상대** 貧者一燈

低首下心(저수하심) 머리를 아래로 많이 낮추고 마음을 아래로 향하게 함. 머리 숙여 복종함의 의미와 통함 **출전** 韓愈 祭鱷魚文

赤貧如洗(적빈여세) 가진 것이 하나도 없이 극히 가난하여 마치 물로써 다 씻은 듯함. 아무것도 가진 것이 없을 정도로 매우 가난함을 뜻함

前古未聞(전고미문) 이전이나 옛날에는 모두 들은 바가 전혀 없음 **참조** 前代未聞

前代未聞(전대미문) 이제까지 들어본 적이 전혀 없는 새로운 일 **유의** 前古未聞

前衛藝術(전위예술) 지금까지의 예술을 변화시키는 혁명적인 예술 경향이나 그러한 운동을 뜻하는 새로운 예술. 이전의 것을 배격하고 새로운 표현수법을 앞장서서 시도하고 보호하는 실험적이고 혁신적인 예술

正當防衛(정당방위) 자기 또는 타인의 법익에 대한 현재의 부당한 침해를 방위하기 위한 상당한 이유가 있다고 하는 행위를 말함. 자기 또는 남에게 가하여지는 급박하고 부당한 침해를 막기 위하여 침해자에게 어쩔 수 없이 취하는 가해 행위

程門立雪(정문입설) 제자가 자기 스승을 극진하게 섬김 **유래** 유초(遊酢)와 양시(楊時) 두 사람이 눈 오는 밤에 스승인 정이천(程伊川)을 모시고 서 있었다는 고사

正副統領(정부통령) 민주국가에서 대통령과 부통령을 아울러 이름

濟世安民(제세안민) 세상을 고통에서 구원하고 백성이 편안하게 살도록 베풂

濟濟多士(제제다사) 수많은 훌륭한 선비

早期教育(조기교육) 지능 발달이 매우 빠른 학령 이전의 어린이를 대상으로 실시한 교육

早失父母(조실부모) 아주 어려서 자기 부모를 여읨

種豆得豆(종두득두) 콩을 심으면 반드시 그 자리에서 콩이 나옴. 원인에 따라 결과가 생김 **유의** 因果應報, 因果報應, 果報, 種瓜得瓜

終無消息(종무소식) 종래는 아무 소식도 없음. 끝내 좋은 소식이 없음

主權在民(주권재민) 나라의 주권이 국민에게 있음

竹林七賢(죽림칠현) 대나무 수풀 속 일곱 명의 현인 **유래** 진(晉)나라 초기에 노자와 장자의 무위사상을 숭상하여 죽림에 모여 청담으로 세월을 보낸 일곱 명의 선비

竹馬故友(죽마고우) 대쪽 말을 타고 놀던 오랜 벗들. 어릴 때부터 같이 놀며 자란 벗 **출전** 晋書 殷浩傳 **유의** 竹馬交友, 竹馬舊友, 竹馬之友

竹馬交友(죽마교우) 대말을 타고 놀던 오래된 벗 **참조** 竹馬故友

竹馬舊友(죽마구우) 대말을 타고 놀던 오래된 벗 **참조** 竹馬故友

衆口難防(중구난방) 뭇사람의 말을 막기는 많이 어려움. 차마 막기 어려울 정도로 여럿이 마구 지껄이는 말

衆心成城(중심성성) 여러 사람의 마음이 커다란 성을 이룸. 여러 사람의 마음이 하나로 단결하면 결국에는 큰 성처럼 굳어짐을 이름

重言復言(중언부언) 이미 했던 말을 자꾸만 되풀이함

支給停止(지급정지) 채무자가 채권자에게 결국 채무를 변제할 능력이 없음을 표시하는 행위

至誠感天(지성감천) 지극하게 쏟은 정성에는 하늘도 크게 감동함

進退無路(진퇴무로) 나아가고 물러날 길이 전혀 없음 **참조** 進退兩難

進退兩難(진퇴양난) 이러지도 저러지도 못하는 곤란하고 참 어려운 처지 **유의** 進退維谷, 進退無路

創業守成(창업수성) 나라(왕조)를 새로 세우는 것과 잘 지키는 것 **출전** 唐書 房玄齡傳

天道是非(천도시비) 하늘의 도는 옳은지 그른지를 잘 알 수 없음 **유래** 한무제 때 흉노의 포로가 된 李陵(이릉)을 司馬遷(사마천)이 홀로 비호하다가 宮刑(궁형)을 당하였는데, 뒤에 사마천은 백이숙제는 仁과 德을 쌓았으나 굶어 죽었고, 안회는 학문을 좋아하였으나 쌀겨도 배불리 못 먹고 夭折하였지만, 盜跖(도척)은 사람을 죽이는 등 포악하고 방자하였지만 천수를 누렸다고 하면서 선현에 자신의 처지를 빗대 천도에 대해 의문을 제기한 데서 오는 고사 **출전** 史記 伯夷叔齊列傳

川邊風景(천변풍경) 천변 중심의 경치나 삶에 관한 여러 가지 모습 **유래** 박태원이 지은 소설의 제목

天人共怒(천인공노) 하늘과 사람이 함께 노함. 누구나 쉽게 분노할 만큼 증오(憎惡)스럽거나 도저히 용납할 수 없음을 이름

天下絕色(천하절색) 세상에 비길 데가 없이 매우 뛰어난 미인. 세상에 끊어진 미모 **참조** 傾國之色

清貧樂道(청빈낙도) 사람의 성격이 청렴결백하고 오직 가난하게 사는 것을 반드시 옳은 것으로 여기고 즐김 **참조** 安貧樂道

寸鐵殺人(촌철살인) 한 치의 작은 쇠붙이로 사람을 죽일 수 있다는 뜻. 간단한 말로도 남을 철저하게 감동시키거나 남의 약점을 찌름 출전 羅大經 鶴林玉露 地部 殺人手段

出將入相(출장입상) 밖에 나가서는 국토를 위한 장수가 되고, 들어와서는 나라를 위한 재상이 됨. 문무를 다 갖추어 장상(將相)의 벼슬을 모두 지냄

忠言逆耳(충언역이) 충성스럽고 곧은 말은 일단 귀에는 거슬린다는 말 출전 史記 淮南王傳

七步成詩(칠보성시) 일곱 걸음에 한 편의 시를 완성함 참조 七步之才

卓上空論(탁상공론) 현실성이 없는 허황한 이론이나 논의 유의 机上空論, 机上論, 紙上兵談

炭化水素(탄화수소) 탄소와 수소만으로 순수하게 이루어진 화합물을 통틀어서 이름

太平聖代(태평성대) 어진 임금이 나라를 잘도 다스리어 태평한 세상이나 그러한 시대 참조 道不拾遺

太平煙月(태평연월) 모락모락 밥 짓는 하얀 연기에 은은한 달빛이 잘도 어리어 크게 평화로운 풍경의 세월. 근심이나 걱정이 없는 아주 편안하고 여유 만만한 세월

通俗小說(통속소설) 문학적 가치보다는 오직 흥미에 중점을 두고, 재미있는 사건의 전개에 대한 곳에 중점을 두고 있는 소설

特急列車(특급열차) 보통의 급행열차보다는 더 빨리 달려가는 열차

平地風波(평지풍파) 평온한 자리에서 일어나는 바람과 파도라는 뜻. 뜻밖에 일어난 분쟁이 갑자기 일어남을 비유 출전 唐 시인 劉禹錫의 竹枝詞

風前燈火(풍전등화) 바람 앞의 등불. 사물이 매우 위태로운 처지에 놓임 출전 累卵之危

筆記試驗(필기시험) 답안을 필기구나 줄글로 꼼꼼하게 써서 제출하는 시험

必有事端(필유사단) 반드시 무슨 일이 있을 실마리가 은연중에 있어 보임

下情上達(하정상달) 백성들의 깊은 뜻이 위에까지 분명하게 미침

下學上達(하학상달) 아래를 배워서 이제는 위에까지 도달함. 쉬운 지식을 잘 배워서 어려운 이치를 분명하게 깨달음 출전 論語 憲問篇

虛送歲月(허송세월) 뚜렷한 목표도 없고 하는 일도 없이 헛되이 세월만 보냄

好衣好食(호의호식) 좋은 옷 입고 좋은 음식을 먹음 참조 錦衣玉食

呼兄呼弟(호형호제) 서로가 형 또는 아우라고 부름. 매우 가까운 친구로 지내는 친한 사람을 이름

花容月態(화용월태) 꽃처럼 아름다운 얼굴과 달처럼 고운 자태 참조 傾國之色

和風暖陽(화풍난양) 계절이 변하여 솔솔 부는 바람과 따스한 햇볕이라는 뜻으로, 따뜻한 봄 날씨를 아울러 이르는 말

化學武器(화학무기) 독가스나 무서운 화염 방사기 등으로 사용한 화학전에 쓰는 무기

確固不動(확고부동) 이제는 튼튼하고 굳어서 절대로 흔들리거나 움직이지 아니함

家徒壁立(가도벽립) 세간은 하나도 없고 집안에 단지 사방 벽만이 있을 뿐임. 집안이 몹시 가난함을 이름 출전 隋書 趙元淑 列傳에서 보임 유의 家徒四壁

家徒四壁(가도사벽) 집안이 네 벽뿐이라는 뜻. 집안의 형편이 매우 어려움을 이름 출전 漢書 司馬相如傳 유의 家徒壁立

刻骨痛恨(각골통한) 뼈에 사무칠 만큼 극히 원통하고 한스러움

各樣各色(각양각색) 저마다 다른 여러 가지 모양과 빛깔을 이름

間不容髮(간불용발) 머리털 하나도 뚫고 들어갈 틈도 없이 사태가 매우 급박함

看雲步月(간운보월) 고향 생각이 너무도 간절하여, 낮이면 고향 쪽의 구름을 보고, 밤이면 달을 보면서
　　거닒 **출전** 後漢書

敢不生心(감불생심) 감히 조금도 엄두를 내지 못함을 이름 **유의** 敢不生意, 焉敢生心

敢不生意(감불생의) 감히 엄두도 내지 못하게 되었음이란 상태 **참조** 敢不生心

甘言利說(감언이설) 아주 달콤한 말과 이로운 말, 남의 비위를 맞추거나 꾀는 말

甲骨文字(갑골문자) 거북의 등딱지나 짐승의 굳은 뼈에 새긴 상형문자

開卷有益(개권유익) 책을 읽으면 매우 유익함 **유래** 독서를 무척 좋아했던 중국 송나라 태종(太宗)의 말
　　출전 王闢之 澠水燕談錄

開門納賊(개문납적) 문을 확 열어서 도둑을 오히려 맞아들임 **참조** 開門揖盜

開源節流(개원절류) 재원을 많이 개발하고, 재화 흐름을 조절함. 재원을 개발하고 지출을 줄인다는 뜻
　　유래 지출을 줄이고 허리띠를 졸라맨다는 뜻 **출전** 荀子 富國篇

車水馬龍(거수마룡) 수레는 흐르는 강물과 같고, 馬匹(마필)의 움직임은 물에서 헤엄치는 교룡(蛟龍)과 같
　　다(車如流水, 馬如遊龍)는 뜻 **유래** 권세 있는 자에게 줄을 대보려는 아부꾼들 차량 행렬을 묘사한
　　말. 수레와 말의 왕래가 많아 매우 떠들썩한 상황 **출전** 後漢書 明德馬皇后紀

居安思危(거안사위) 평상시 편안할 때 어려움이 닥칠 것을 미리 알고 대비해야만 함 **출전** 春秋左氏傳
　　유의 安居危思, 有備無患 **상의** 亡羊補牢, 死後藥方文, 死後淸心丸

見卵求鷄(견란구계) 달걀을 보고 닭이 되어 울기를 바라는 것처럼 지나치게 성급함 **출전** 莊子 **유의** 見彈求
　　炙, 見卵而求時夜, 見彈求鴞

堅白同異(견백동이) 是(시)를 非(비)라 하고, 非를 是라 하면서, 同(동)을 異(리)라고도 하고, 異를 同이라
　　하는 것과 같은 억지 논리를 말함. 곧 궤변(詭辯)이라고도 함 **유래** 중국 전국(戰國)시대의 공손용
　　이 내건 일종의 궤변(詭辯). 단단하고 흰 돌은 눈으로 보아서는 그것이 흰 것을 알 수 있으나
　　단단한지는 모르며, 손으로 만져보았을 때는 그것이 단단한 것인 줄 알 수 있을 뿐 빛깔은 흰지
　　모름으로, 단단하고 흰 돌은 동일한 물건이 아니라고 설명하는 것 **유의** 堅白論, 堅石白馬, 詭辯,
　　詭辭

堅壁淸野(견벽청야) 성에 들어가 지키며 적에게 먹을 것을 주지 않기 위해 들판을 비움

見危授命(견위수명) 나라가 매우 위태로울 때 자기 몸을 흔쾌하게 나라에 바침 **참조** 見危致命

見危致命(견위치명) 나라가 매우 위태로울 때 자기 몸을 마을 다해 나라에 바침 **출전** 論語 子張篇
　　유의 見危授命

敬天勤民(경천근민) 하늘을 우러러 공경하고 백성을 위하여 섬기면서 부지런하게 일을 함

驚天動地(경천동지) 하늘을 크게 놀라게 하고 땅을 뒤흔듦. 세상을 크게 놀라게 하는 짓 **유의** 驚天

鏡花水月(경화수월) 거울에 비치는 꽃과 물 위에 비치는 달. 눈으로는 볼 수 있으나, 손으로 잡을 수는
　　없음 **유래** 시문에서 느껴지기는 하나 표현할 수 없는 미묘한 정취

鷄口牛後(계구우후) 닭의 작은 주둥이와 소의 긴 꼬리 **유래** 큰 단체의 꼴찌보다는 작은 단체의 우두머리가
　　되는 것이 오히려 나음 **출전** 戰國策 韓策 / 史記 蘇秦列傳

鷄卵有骨(계란유골) 달걀에도 일종의 뼈대가 있음 **유래** 어렵게 얻은 달걀이 운이 사납게 곯은 달걀이었다는
　　데서 운수가 나쁜 사람은 모처럼의 좋은 기회를 만나도 역시 일이 잘 안 됨을 이르는 말
　　출전 松南雜識

孤獨單身(고독단신) 외롭고 외로운 홀몸 **참조** 孑孑單身

孤立無援(고립무원) 고립되어 구원을 받을 데가 없음 **참조** 四面楚歌

孤城落日(고성낙일) 저 멀리 외딴 성과 서산으로 지는 저 해. 세력이 다하고 남의 도움이 없는 매우 외로운
　　처지 **출전** 王維의 詩 送韋評事

高陽酒徒(고양주도) 술을 많이 좋아하여 제멋대로 행동하는 사람 [유래] 진(秦)나라 말기 유방(劉邦)을 도와 한(漢)나라의 창업을 도운 고양(高陽) 땅의 역이기(酈食其)가 유생(儒生)을 싫어하는 유방을 처음 만날 때 자기는 유생이 아니라 고양 땅의 술꾼이라 했음 [출전] 史記 酈生陸賈列傳

苦盡甘來(고진감래) 모질고 쓴 것이 다하면 단 것이 저절로 옴. 고생 끝에 즐거움이 옴. 세상일은 모두 자연적으로 순환되는 것임 [상대] 興盡悲來

骨肉相殘(골육상잔) 매우 가까운 혈족끼리 서로들 해치고 죽이는 일 [유의] 骨肉相爭, 骨肉相戰, 煮豆燃其, 兄弟鬩牆

骨肉相爭(골육상쟁) 아주 가까운 혈족끼리 서로들 다투고 싸움 [참조] 骨肉相殘

骨肉相戰(골육상전) 매우 가까운 혈족끼리 서로가 다투어 싸움 [참조] 骨肉相殘

攻玉以石(공옥이석) 옥을 예리하게 가는 데 있어서 돌로 한다는 뜻. 하찮은 물건이나 사람도 중요한 일을 할 때는 귀하게 쓰인다는 말의 뜻 [출전] 後漢書

共存共榮(공존공영) 다 같이 [우리 모두 함께] 잘 살아나감. 함께 잘 살며 함께 번영함

公平無私(공평무사) 모두가 공평하게도 서로서로들 사사로움이 전혀 없음

觀過知仁(관과지인) 사람의 과실은 군자와 소인에 따라서 다르듯이 그 잘못함을 보고서 사람이 어진 성품 인지를 다 알게 된다는 말 [출전] 論語

九曲羊腸(구곡양장) 아홉 번이나 꼬부라진 양(羊)의 창자 [참조] 九折羊腸

救國干城(구국간성) 나라를 구하는 방패와 같은 성(城)이란 뜻. 나라를 구하여 지키는 믿음직한 군인이나 그러한 인물 [유의] 干城之材, 棟梁之器

九折羊腸(구절양장) 아홉 번씩이나 꼬부라진 양(羊)의 창자. 꼬불꼬불하며 매우 험한 산길 [유의] 九曲羊腸, 九折

舊態依然(구태의연) 모두가 예전에 보았던 그러한 모습 그대로임

君射臣決(군사신결) 임금이 활쏘기를 좋아하면 신하는 깍지를 낀다는 뜻. 윗사람이 어떤 일을 즐겨하면 아랫사람이 반드시 이것을 본을 받음 [출전] 荀子

君臣有義(군신유의) 오륜(五倫) 중의 하나. 임금과 신하 사이에는 분명 의리가 있어야 함

君子務本(군자무본) 군자는 그 근본에 모든 힘을 다 쏟음 [출전] 論語 學而篇

君子不器(군자불기) 군자는 어디에 국한된 한 그릇만은 아님. 군자는 그릇처럼 국한되지만은 아니했음 [출전] 論語 爲政篇

君子三樂(군자삼락) 군자에게는 세 가지의 즐거움이 있음 [유래] 부모가 살아 계시고 형제가 무고함, 하늘과 사람에게 부끄러워할 것이 없음, 천하의 영재를 얻어서 가르치는 일 [출전] 孟子 盡心章篇

群衆心理(군중심리) 어떤 선택을 할 때 다른 사람들이 많은 쪽을 선택한 것을 따르는 현상 [유래] 많은 사람이 모였을 때, 자신의 자제력을 잃고 쉽사리 흥분하거나 다른 사람의 언동에 따라서 잘 움직이는 일시적이고 특수한 심리상태

歸馬放牛(귀마방우) 전쟁 중에 늘 썼던 말과 소를 그만 놓아줌. 더 이상으로 전쟁을 하지 아니함 [출전] 尙書 武成篇

近朱者赤(근주자적) 붉은 것을 많이 가까이하면 더 붉어짐 [참조] 近墨者黑

金科玉條(금과옥조) 금이나 옥처럼 귀중하게 여기면서 꼭 지켜야 할 법칙이나 규정

金口木舌(금구목설) 옛날에 敎令(교령)을 발포할 때 치던 목탁의 구조를 이름 [유래] 轉(전)하여 학자가 지위를 얻어 민중을 교도함을 비유한 말. 言說(언설)로써 사회를 이끄는 중요한 인물. 주의를 환기시키는 종을 가리키는 말로 훌륭한 말로 사회(社會)를 가르치고 이끌어 나가는 사람을 이름

急轉直下(급전직하) 형세가 걷잡을 수 없도록 급작스럽게 안 좋은 방향으로만 전개됨

奇想天外(기상천외) 착상이나 생각이 쉽게 짐작할 수 없을 정도로 많이 기발함

起承轉結(기승전결) 한시에서, [기]는 시를 시작하는 부분, [승]은 그것을 이어받아 전개하는 부분, [전]은
　　　　詩意(시의)를 한 번 돌리어 전환하는 부분, [결]은 전체 시의를 끝맺는 부분임. 논설문 따위의 글을
　　　　짜임새 있게 짓는 형식에도 적용됨

氣絶招風(기절초풍) 몹시 놀라는 상태에서 표정을 나타냄. 기맥의 흐름이 막히고 풍증에 걸림. 기절하거나
　　　　까무러칠 정도로 몹시 놀라 질겁함

氣盡脈盡(기진맥진) 기운과 의지력이 다다라서 스스로 가누지 못할 지경이 됨

機銃掃射(기총소사) 비행기에서 목표물을 비로 쓸어내듯이 기관총으로 쏘는 일

奇貨可居(기화가거) 매우 진기한 물건은 잘 간직할 만함. 나중에 더 이익을 남기고 우선은 많이 팖. 좋은
　　　　기회를 놓치지 말아야 함 출전 史記 呂不韋列傳

落落長松(낙락장송) 가지가 길게 축 늘어지며 키가 매우 큰 소나무

落葉歸根(낙엽귀근) 잎이 뚝뚝 떨어져서 나중엔 뿌리로 돌아감. 결국은 자기가 본래 났거나 자랐던 곳으로
　　　　돌아감 출전 傳燈錄

難攻不落(난공불락) 공격하기가 썩 어려워서 쉽사리 함락되지 아니함 참조 金城湯池

亂臣賊子(난신적자) 나라를 어지럽히는 불충한 무리들 출전 孟子 滕文公 下篇 유의 奸臣賊子

老當益壯(노당익장) 비록 지금은 늙었지만 의욕이나 기력은 점점 좋아지면서 나아짐 출전 後漢書 馬援傳
　　　　유의 老益壯

老士宿儒(노사숙유) 나이가 썩 많고 성숙된 학식이 매우 깊은 선비

多情多恨(다정다한) 몹시 놀라면서 얼굴빛이 하얗게 질림. 유난히도 어떤 일에 대하여 잘 느끼고 또한 원한
　　　　도 잘 가짐. 또는 그런 사람이 애틋한 정도 많고 한스러운 일도 많았음

單文孤證(단문고증) 한쪽짜리 문서에 하나뿐인 증거라는 뜻. 아주 불충분한 증거를 이르는 말. 한 개의
　　　　증거라는 뜻. 매우 불충분한 증거를 댐 상의 博引旁證

當機立斷(당기입단) 그 자리에서 바로 쇠사슬 같은 결단을 내림 출전 春秋左氏傳

黨同伐異(당동벌이) 지금 하는 일의 옳고 그름은 따지지 않고, 자기와 뜻이 같은 사람끼리는 한패가 되고,
　　　　그렇지 않은 사람은 배척함. 일의 옳고 그름은 따지지 않고 뜻이 같으면 한 무리가 되고 그렇지
　　　　않으면 마구 공격함 출전 後漢書 黨同傳 유의 黨閥, 同黨伐異, 黨利黨略

大驚失色(대경실색) 몹시 놀라 결국에는 얼굴빛이 하얗게 질림. 크게 놀라서 얼굴빛이 그만 하얗게 됨
　　　　유의 大驚失性

大同小異(대동소이) 별로 큰 차이가 없이 거의 같음을 뜻함 유의 五十笑百

徒勞無功(도로무공) 헛되고 내세울 공훈이 없음 참조 勞而無功 출전 莊子 天運篇

徒勞無益(도로무익) 헛되어서 결국에는 실익이 하나도 없음 참조 勞而無功

徒手體操(도수체조) 맨손체조. 국군도수체조. 맨손으로 하는 체조라는 뜻으로 대한민국 국군에서 실시하는
　　　　기본적인 체력단련 체조를 말함

同工異曲(동공이곡) 같은 재주에 서로 다른 곡조로 노래를 부름. 재주나 솜씨는 같지만 표현된 내용이나
　　　　그 맛이 서로가 다름 출전 韓愈 進學解 유의 同工異體, 同巧異曲, 同巧異體

同工異體(동공이체) 같은 재주로 만든 것은 늘 다른 형체로 보임 참조 同工異曲

同黨伐異(동당벌이) 뜻이 같으면 무리를 이루고, 서로 다르면 공격함 참조 黨同伐異

同名異人(동명이인) 같은 이름을 가졌지만, 함께한 사람은 서로가 다름

頭髮上指(두발상지) 머리털이 마구 곤두선다는 뜻으로 심하게 화난 모습 출전 史記 項羽 유의 髮植穿冠,
　　　　髮衝冠, 怒髮衝冠

斗酒不辭(두주불사) 말술까지도 결코 사양하지 않음. 술을 매우 잘 마시는 사람 출전 史記 項羽本紀

萬口成碑(만구성비) 만인의 입이 비(碑)를 이룬다는 뜻. 여러 사람이 많이 칭찬하는 것이 매우 좋은 송덕비
　　　　를 세우는 것과도 같음

末大必折(말대필절) 가지가 크면 결국엔 줄기가 부러짐 출전 春秋左氏傳

買死馬骨(매사마골) 죽은 말의 뼈를 사들임. 귀중한 것을 손에 넣기 위해 먼저 공을 들이는 것 유래 춘추전
　　　　국시대에 어떤 왕이 천리마를 얻기 위해 죽은 천리마의 뼈를 비싼 값에 샀더니, 소문이 전해져
　　　　천리마를 가진 사람들이 하나둘씩 나타나 천리마를 쉽게 손에 넣을 수 있었다는 고사

面從後言(면종후언) 앞에서 대면하여서는 복종하는 체하면서도 막상 뒤에서는 다른 말을 함 참조 面從腹背

面紅耳赤(면홍이적) 얼굴이 귀밑까지 붉어질 만큼 아주 부끄러워함

明鏡止水(명경지수) 맑은 거울과 고요한 물. 잡념과 가식과 헛된 욕심이 없이 맑고 깨끗한 마음 출전 莊子德
　　　　充符篇 유의 雲心月性

名門巨族(명문거족) 매우 이름이 나고 크게 번창한 집안

命緣義輕(명연의경) 결국 목숨을 의(義)에 연연하여 가볍게 여긴다는 뜻. 의로움을 위해서는 목숨도 아끼지
　　　　않음 출전 後漢書

名從主人(명종주인) 사물의 이름은 원래 주인이 붙인 이름을 따름. 사물의 명칭은 현지의 호칭법에 따라야
　　　　한다는 말 출전 春秋穀梁傳 桓公 2年條

木鷄養到(목계양도) 아주 점잖기만 하고 대단히 융통성이 없음 유래 춘추전국시대 제(齊)나라에 닭싸움
　　　　전문 기성자(紀渻子)에게 왕이 언제 싸움닭의 준비가 끝날 것임을 묻자 나무로 만든 닭 같으니
　　　　훈련이 완성되었다고 했던 고사 출전 莊子 達生篇

木本水源(목본수원) 나무의 밑동 부분과 물의 근원 부분이란 뜻. 자식은 자기 몸의 근원인 부모를 생각해야
　　　　함 출전 左傳

目不識丁(목불식정) 아주 간단한 丁자를 눈으로 보고도 그것이 '고무래'인 줄을 알지 못함. 곧 까막눈이를
　　　　가리킴 출전 新唐書 張宏靖傳 유의 一文不知, 一字不識, 一文不通, 一字無識, 全無識, 判無識, 魚魯
　　　　不辨

無骨好人(무골호인) 줏대가 없이 두루뭉술하고 순하여 남의 비위를 다 맞추는 사람

無窮無盡(무궁무진) 그 끝이 없고 다함도 또한 없음

無辭可答(무사가답) 일에 대한 이치가 바르기에 더 이상 따질 말이 없음

無腸公子(무장공자) 창자가 없는 귀공자라는 뜻으로, '게'를 다르게 이르는 말. 담력이나 기개가 전혀 없는
　　　　사람을 비웃으면서 하는 말

無錢旅行(무전여행) 여행에 드는 비용을 가지지 아니하고 길을 떠나 얻어먹으면서 다니는 여행

無錢取食(무전취식) 값을 치를 만한 돈도 없이 남이 파는 음식을 취함

聞過則喜(문과즉희) 자신의 허물을 듣고 기뻐하다는 뜻으로 자신의 잘못에 대한 비판을 기꺼이 받아들임

文筆盜賊(문필도적) 남의 글이나 저술을 베껴 마치 제가 지은 것처럼 하는 사람 참조 膝甲盜賊

物外閑人(물외한인) 아무런 세상사에도 전혀 관계하지 않고 한가롭게 지내는 사람

美辭麗句(미사여구) 아름답게, 아주 듣기 좋게 꾸민 글귀

美意延年(미의연년) 즐거운 마음으로 사는 사람은 오래 삶 출전 荀子

民貴君輕(민귀군경) 백성은 귀하고 임금은 가볍다는 뜻의 고사 유래 '백성이 존귀하고 사직은 그 다음이며
　　　　임금은 가볍다'라고 말한 데서 나온 고사 출전 孟子 盡心篇

博覽强記(박람강기) 여러 가지 책을 널리 많이 읽고 기억을 썩 잘함 유의 博學多識

半信半疑(반신반의) 내용의 절반은 믿으면서도 절반은 의심함

方長不折(방장부절) 한창 자라는 풀이나 나무들을 꺾지 아니함. 앞길이 유망한 사람이나 사업에 대하여
　　　　헤살을 그만 놓지 않음

百家爭鳴(백가쟁명) 많은 학자나 문화인 등이 자기의 학설이나 주장을 자유롭게 발표하여, 논쟁하고 토론함 유래 1956년에 중국 공산당이 정치 투쟁을 위하여 내세운 강령

白龍魚服(백룡어복) 흰 용이 물고기로 모습을 바꾸었다는 뜻. 이 때문에 그만 어부에게 붙잡힌다는 데서, 귀한 사람이 허름한 옷을 입고 가난한 사람 모습을 함 출전 東京賦

白雲孤飛(백운고비) 흰 구름을 따라서 외롭게 떠다닌다는 말. 멀리 떠나온 자식이 어버이를 그리워하는 안타까운 마음 출전 唐書

白衣從軍(백의종군) 아무런 벼슬도 없이 군대를 따라서 그만 싸움터로 감

百折不屈(백절불굴) 어떠한 난관에도 절대 굽히지 않음 (유의) 百折不撓

報怨以德(보원이덕) 한 맺힌 원한을 이제는 본인이 갖는 덕망으로 갚음

伏地不動(복지부동) 땅에 엎드려 움직이지 아니한다는 말. 주어진 일이나 자기 업무를 처리하는 데 몸을 사림

本第入納(본제입납) 본집으로 들어가는 편지라는 뜻. 자기 집으로 편지할 때 편지 겉봉에 자기 이름을 쓰고 그 밑에 쓰는 상투적인 말

富貴榮華(부귀영화) 많은 재산과 높은 지위로 누릴 수 있는 온갖 영광스럽고도 호화로운 생활을 함. 재산이 많고 지위가 높으며 귀하게 되어서 세상에 드러나 온갖 영광을 누림

婦有長舌(부유장설) 여자가 사람들과 앉아서 말을 많이 함은 화의 발단이 됨

負重致遠(부중치원) 무거운 물건을 지고 먼 곳까지 처벅거리면서 걸어감. 허리에 중요한 직책을 맡고 감 출전 三國志 蜀書 龐統傳

不知甘苦(부지감고) 달고 씀을 아무거나 가리지 못한다는 뜻. 아주 쉬운 이치도 알지 못함을 이르는 말

不知寢食(부지침식) 자고 먹는 일을 잊을 만큼 일에 열중함 유의 不撤晝夜, 不解衣帶, 夜以繼晝, 晝而繼夜

不暇草書(불가초서) 한자 초서를 쓸 때는 획과 점을 일일이 쓰지 않는데, 이것마저 쓸 틈이 없을 만큼 매우 바쁨을 뜻함 유래 초서는 예서에서 속기체 형태로 별도로 분화한 글씨로 행서와는 유사성과 연결성이 떨어져 별도의 자체(字體)를 다시 학습해야 함. 초서로 나아감에 가장 큰 걸림돌이라 할 수 있음

不可抗力(불가항력) 사람의 힘으로는 더는 저항할 수 없는 나약한 힘

不敢生意(불감생의) 감히 절대로 엄두도 내지 못함 유의 敢不生心, 焉敢生心

不攻自破(불공자파) 서로 마주쳐 치지 않아도 저절로 깨짐

不問曲折(불문곡절) 글씨 등의 바르고 굽음을 묻지 아니함 참조 不問曲直

不事二君(불사이군) 한 사람이 두 분의 임금을 섬기지 아니함

不易流行(불역유행) 새롭게 바꾸지 않으면서 저절로 변한다는 뜻. 변함없는 원칙을 지키면서도 시대와 상황에 알맞게 혁신함을 이르는 말 유래 [불역(不易)]은 예술의 본질은 바뀌지 않음을, [유행(流行)]은 표현방식은 시대에 따라 끊임없이 변함을 나타내는 말로 이 두 가지가 하나의 바탕으로 돌아가야 한다는 생각임

不爲酒困(불위주곤) 술 때문에 조금도 곤란하게 되지 아니함 출전 論語

不遺餘力(불유여력) 자기의 있는 힘을 남기지 않고 모두 다 씀 출전 戰國策 유의 全力投球

不避風雨(불피풍우) 모진 비바람을 무릅쓰고 열심히 자기 일을 함

飛將數奇(비장수기) 비장군은 운수가 매우 사납다. 재능이 있지만 불운한 사람을 비유함 유래 중국 한(漢)나라 때 장군 이광(李廣)이 재주는 많으나 여러 번 어려움을 겪었다는 고사에서 '비장(飛將)'은 이광을 가리키고, '수기(數奇)'는 '운수가 사납다'라는 뜻이므로 재주가 많으면 어려움도 많게 됨 출전 史記 李將軍列傳

氷姿玉質(빙자옥질) 얼음과 같이 맑고도 매우 깨끗한 살결과 구슬같이 아름다운 자질을 뜻함 유의 仙姿玉質

舍己從人(사기종인) 자기의 본래 행위를 버리고 다른 사람의 좋은 점을 본받아 행함

思慮分別(사려분별) 온갖 생각을 다 짜내어 옳고 그름을 잘 구별함 유의 熟慮斷行 상대 輕擧妄動

師範學校(사범학교) 학생들을 가르칠 사범교육을 목적으로 설립한 학교

使錢如水(사전여수) 돈을 꾸준하게 아끼지 않고 물을 쓰듯이 아무렇게나 씀

事必歸正(사필귀정) 모든 일은 반드시 바른길로 돌아감 유의 邪不犯正

四海同胞(사해동포) 온 세상 사람들 모두는 우리 동포라는 뜻 참조 四海兄弟

死灰復燃(사회부연) 사그러들어 불 꺼진 재가 다시 타오름. 한때 세력을 완전하게 잃었던 사람이 다시 크게
　　　　득세함 출전 史記 韓長孺列傳

山窮水盡(산궁수진) 산길이 앞에 막히고, 물길이 끊어져서 더 이상은 갈 길이 없음. 막다른 지경에 이르렀음
　　　　유의 山盡水窮, 山盡海渴

山盡水窮(산진수궁) 산길이 다하고 물길이 다함을 뜻함. 더 이상 나아갈 길이 완전하게 차단되어 없음

山珍海味(산진해미) 산에서 나는 모든 진귀한 것과 바다에서 나는 맛있는 모든 것 참조 膏粱珍味

山海珍味(산해진미) 산에서 나는 모든 진귀한 것과 바다에서 나는 맛있는 모든 것 참조 膏粱珍味

殺身成仁(살신성인) 자기의 몸을 희생하여 인(仁)을 이룸 참조 捨生取義 출전 論語 衛靈公篇

三日遊街(삼일유가) 사흘 동안 거리를 돌아다니며 채점관과 선배들, 그리고 친족을 방문하는 축하 행사
　　　　유래 과거에 급제한 사람이 사흘 동안 시험관과 선배 급제자와 친척을 방문하던 일

上援下推(상원하추) 윗사람이 끌어주고 아랫사람이 밀어주어 벼슬에 나아감 유의 推載

象形文字(상형문자) 실제 있는 온갖 물건의 모양을 본떠서 만든 글자

色如死灰(색여사회) 얼굴색이 마치 꺼진 잿빛과 같다는 뜻. 얼굴에 아무런 감정표현이 없음

生寄死歸(생기사귀) 삶은 잠깐 머무르는 것이고, 죽음은 돌아감 출전 淮南子

生死肉骨(생사육골) 죽은 사람을 살려내어 뼈에 살을 붙인다는 뜻. 큰 은혜를 베풂 유의 生死骨肉

席不暇暖(석불가난) 앉아 있는 자리가 조금도 따뜻할 겨를이 없음. 자리나 주소를 자주 옮기거나 매우 바쁘
　　　　게 이리저리 돌아다님 출전 韓愈 爭臣論

石破天驚(석파천경) 돌이 드디어 폭삭 깨지자 하늘이 놀란다는 뜻. 아름다운 음악 또는 매우 기발한 생각을
　　　　말함 출전 李賀 李憑箜篌引

先公後私(선공후사) 업무인 공적인 일을 먼저 하고, 사사로운 일은 뒤로 미루어서 함

善爲說辭(선위설사) 말을 아주 재치 있게 멋지게 썩 잘함

仙姿玉質(선자옥질) 신선의 자태와 옥 같은 바탕. 몸과 마음이 매우 아름다운 사람 참조 氷姿玉質

先制攻擊(선제공격) 상대편을 견제하기 위하여 먼저 제압하기 위해 선수를 쳐서 상대를 공격하는 일

仙風道骨(선풍도골) 신선(神仙)의 우아한 풍채와 도인(道人)의 우람한 골격이라는 뜻. 뛰어나게 고상하고
　　　　우아한 풍채를 비유적으로 이르는 말

葉公好龍(섭공호룡) 겉으로는 매우 좋아하는 듯하지만, 실제로는 좋아하지 않는 것을 이르는 말 유래 춘추
　　　　시대 초(楚)나라의 섭(葉)이란 지방을 다스렸던 葉公(섭공)이라는 영주를 일컫는데 용을 무척 좋
　　　　아했다고 한다. 하늘에 살던 용이 이 소문을 듣고 반가운 마음에 찾아갔더니, 그만 기겁을 하고
　　　　깜짝 놀라서 혼비백산 달아나고 말았다는 고사로 좋아한다고 하지만 정말로 좋아하는 것이 아니
　　　　고 말로만 외칠 뿐 실제 하는 것은 없음을 가리킴 출전 新序 雜史篇

聲東擊西(성동격서) 동쪽에서 소리를 내면서 알리면서 서쪽에서 적을 침. 적을 유인하여 이쪽을 공격하는
　　　　체하다가 그 반대쪽을 치는 전술 출전 通典의 兵典

世俗五戒(세속오계) 신라시대 화랑이 지켜야 했던 다섯 가지 계율 유래 신라 진평왕 때 圓光(원광)이 정한
　　　　花郎(화랑)의 다섯 가지 계율. [事君以忠, 事親以孝, 交友以信, 臨戰無退, 殺生有擇임

小異大同(소이대동) 조금을 보면 다르고, 크게 보면 같음 참조 五十笑百

孫康映雪(손강영설) 열심히 노력하여 단련하며 공부함 [유래] 진(晉)나라의 손강(孫康)이 몹시 가난하여 겨울 밤에는 눈빛으로 공부하였다는 고사 [참조] 螢雪之功

損者三樂(손자삼요) 사람의 몸에 손실이 되게 하는 세 가지 [유래] [분에 넘치게 즐기는 것, 일하지 아니하고 노는 것을 즐기는 것, 주색을 좋아하는 것]을 말함 [출전] 論語

損者三友(손자삼우) 사람이 서로 사귀면 손해가 되는 세 종류의 벗[편벽한 벗, 착하기만 하고 줏대가 없는 벗, 말만 잘하고 성실하지 못한 벗] [출전] 論語 季氏篇 [유의] 三損友 [상대] 益者三友

送舊迎新(송구영신) 지나간 묵은해를 보내고, 새로운 새해를 맞음 [유의] 送迎

松都契員(송도계원) 하찮은 지위나 세력을 믿고 남을 멸시하는 사람을 비유하는 말 [유래] 조선시대 전기의 한명회(韓明澮)와 관련된 고사로 '송도계의 일원'이라는 뜻이며, 하찮은 지위나 세력을 믿고 남을 멸시하는 사람을 비유함

水陸珍味(수륙진미) 물과 뭍에서 나오는 진귀하고 맛있는 모든 것 [참조] 膏粱珍味

視死如歸(시사여귀) 죽음일랑 두려워하지 않고 마치 고향으로 돌아가듯이 여김

身言書判(신언서판) 중국 당나라 때 관리를 선출하던 네 가지 표준 [유래] 예전에는 인물을 선택하는데 표준으로 삼던 조건인 [몸가짐, 말솜씨, 글씨쓰기, 판단력] 등 네 가지를 보았음

心機一轉(심기일전) 이제까지 가졌던 마음가짐을 버리고 새롭게 다시 태어남

十二指腸(십이지장) 양서류 이상의 척추동물에서 소장이 비로소 시작되는 부분임. 여기에서 모든 소화와 흡수가 일어남. 손가락 12개를 옆으로 늘어놓은 길이의 창자(실제 길이는 25~30cm로 12지보다는 긺), 작은창자 가운데 幽門(유문)에 이어지는 부분임

惡戰苦鬪(악전고투) 매우 어려운 조건임을 무릅쓰고, 힘을 다해 고생스럽게 싸움

安居危思(안거위사) 편안할 때 어려움을 미리 대비함 [참조] 亡羊補牢

安閑自適(안한자적) 평화롭고 편안하여 한가할 때 마음 내키는 대로 마시고 즐김 [참조] 悠悠自適

夜以繼晝(야이계주) 밤에도 낮을 이어서 열심히 일하고 공부함 [참조] 不撤晝夜

藥房甘草(약방감초) 감초가 거의 모든 처방에 들어간다는 데서, 아무 일에나 간섭하려 드는 사람. 어떤 일에서든지 두루 통하는 사람 등을 이름

兩者擇一(양자택일) 둘 중에서 어느 하나만을 택하여 고름

魚變成龍(어변성룡) 물고기가 변하여서 드디어 용이 됨 [유래] 아주 곤궁하던 사람이 부귀를 누리게 되거나 보잘것없었던 사람이 드디어 커다란 인물이 됨

言中有骨(언중유골) 한 말 속에 깊은 뼈대가 있음. 예사로운 한 마디 말 속에 아주 단단한 속뜻이 숨어 들어 있음 [유의] 言中有言, 言中有響

嚴冬雪寒(엄동설한) 몹시 추운 겨울철 눈 내리기 전후의 심한 추위

與民同樂(여민동락) 임금이 손수 백성과 함께 한때를 즐김 [유의] 與民偕樂

與世推移(여세추이) 세상이 마음껏 변하는 대로 그를 따라서 변함 [유의] 與世浮沈

女必從夫(여필종부) 아내는 반드시 남편을 따라야 함 [유래] 아내는 반드시 남편의 뜻을 따르고 이를 좇아야 함을 이르는 우리네 습관

緣木求魚(연목구어) 높은 나무에 올라가서 큰 물고기를 구함. 도저히 불가능한 일 [출전] 孟子 梁惠王篇 [유의] 上山求魚, 與狐謀皮

營養失調(영양실조) 사람이 5가지 영양분(비타민D, 칼슘, 오메가3 지방산, 비타민B, 엽산)의 조화를 잃어버림. 영양소의 부족 또는 과잉으로 일어나는 여러 가지 신체적인 이상 상태를 맞이함

營業停止(영업정지) 영업을 하지 못하게 단속함. 단속규정을 위반하였을 때, 행정처분을 내려 일정 기간 영업을 못 하게 하는 일

英韓辭典(영한사전) 영어를 우리 한국어로 풀이한 사전류의 책

五穀百果(오곡백과) 대표적으로 [벼, 보리, 콩, 조, 기장]의 곡식. 곧 온갖 곡식과 과실을 이르는 말

玉骨仙風(옥골선풍) 얼굴빛이 아주 희고 고결하여서 마치 신선과도 같은 풍채

完全犯罪(완전범죄) 범인이 범행의 증거가 될 만한 어떤 물건이나 그런 사실을 전혀 남기지 않아서 자기의 범행 사실을 완전하게 숨김으로써 성립하는 범죄

龍門點額(용문점액) 이번에는 시험에 낙제함 [유래] 용문을 올라간 잉어는 용이 되고, 그렇지 못한 것은 이마에 점이 찍혀서 돌아간다는 고사 [출전] 唐 李白詩 贈崔侍郎 [유의] 點額

用意周到(용의주도) 마음 씀이 두루 미쳐 일에 조금도 빈틈이 없음

友好條約(우호조약) 나라와 나라 사이의 우의를 지키기 위하여 서로 맺는 조약

圓孔方木(원공방목) 모난 자루는 둥근 구멍에 끼우지 못한다는 뜻. 사물이 서로 맞지 아니함을 비유적으로 이르는 말 [참조] 方枘圓鑿

遠交近攻(원교근공) 먼 나라와 친교를 맺고 가까운 나라를 공격함 [출전] 전국시대 史記 范雎蔡澤傳

危機一髮(위기일발) 위험한 고비가 한 가닥 머리털 길이와 같이 여유가 조금도 없이 닥쳐옴 [참조] 累卵之危

危如一髮(위여일발) 위험이 한 가닥 머리털 길이와 같이 가까이 다가옴 [참조] 累卵之危

危險千萬(위험천만) 위험하기가 짝이 없음. 위험이 천만이나 되는 수처럼 그렇게 많음

柳綠花紅(유록화홍) 초록빛 버들잎과 불그스름한 꽃. 봄의 아름다운 자연경치

類類相從(유유상종) 끼리끼리 서로가 잘 조화롭게 사귐 [참조] 同病相憐

遺傳因子(유전인자) 생물 세포의 염색체를 원만하게 구성하는 DNA가 배열되는 방식. 생물체 개개 유전형질을 발현시키는 원인이 되는 요소나 물질

遊必有方(유필유방) 부디 먼 곳에 가서 놀지 말며, 遊必有方(유필유방)라고 했으며 나가 놀더라도 반드시 일정한 곳이 있게 하라 [유래] 집을 떠나 있을 때(遊)는 부모가 걱정하시지 않도록 반드시 있는 곳을 알려야 함. [父母在 不遠遊 遊必有方]이라 한 공자의 말씀 [출전] 論語 里仁篇

有閑階級(유한계급) 생산 활동에 종사하지 아니하며 소유한 재산으로 소비하는 계급

六十甲子(육십갑자) 십간(十干)과 십이지(十二支)를 조합함 [유래] [甲乙丙丁戊己庚辛壬癸] 10개의 天干(천간)과 [子丑寅卯辰巳午未申酉戌亥] 12개의 地支(지지)를 순차로 배합하여 甲子, 乙丑부터 壬戌, 癸亥까지 60가지로 늘어놓은 것

隱居放言(은거방언) 산수에 은거하여 살면서 마음속에 품고 있는 생각을 모두 털어놓음 [출전] 論語 微子篇

飮水思源(음수사원) 물을 마실 때는 그 물의 근원을 곰곰이 생각함. 근본을 잊지 않음 [출전] 庾子山集 제7권 徵周曲

意氣投合(의기투합) 서로의 마음이나 뜻이 꼭 들어맞음

異口同聲(이구동성) 입은 다르나 목소리만은 똑같음. 여러 사람의 말이 한결같음 [유의] 異口同音, 如出一口

異口同音(이구동음) 입은 서로가 다르나 목소리만은 서로 같음 [참조] 異口同聲

以德報怨(이덕보원) 덕망으로써 원수에 다 보답함. 원수에게 은덕을 베풂

以卵擊石(이란격석) 연약한 달걀로 단단한 돌을 침. 아주 약한 것으로 강한 것에 대항하려는 어리석음 [출전] 墨子 貴義篇 [유의] 以卵投石

以卵投石(이란투석) 달걀로 바위 치기 [참조] 以卵擊石

以石投水(이석투수) 돌을 물에 던짐. 매우 하기 쉬운 말을 비유함. 또는 잘하라고 충고하는 말을 잘 받아들임

耳視目聽(이시목청) 귀로 보고 눈으로 들음. 사람의 눈치가 빠른 것을 비유함 [유래] 소문을 듣고 직접 본 듯 상황을 알아차리고(耳視), 표정을 보고 직접 설명을 들은 듯 상황을 알아차림(目聽). 사람의 눈치가 매우 빠름을 뜻함 [출전] 列子 仲尼篇

利用厚生(이용후생) 홍대용·박지원·박제가 등 북학파 사상가들이 강조한 실학 이념. 백성들의 일상적인 생활에 이롭게 쓰이고, 삶을 풍요롭게 하는 것이 실천적인 학문의 내용이란 뜻. 기구를 좀 더 편리하게 쓰고 먹을 것과 입을 것을 넉넉하게 하여, 국민의 생활을 나아지게 함 **출전** 尙書 虞書 大禹謨 **유의** 經世致用

離合集散(이합집산) 한데 모였다가 다시 흩어지는 일. [헤어지고, 합치고, 모이고, 흩어짐]의 현상

引繼引受(인계인수) 서로가 넘겨주고 다시 물려받는 일

人身攻擊(인신공격) 다른 사람의 신상에 관한 일을 들어서 많이 비난함

人爲選擇(인위선택) 좋은 것과 우성(優性)인 것만이 잘 살아남도록 인위적으로 만듦 **참조** 人爲淘汰

仁者無敵(인자무적) 성격이 어진 사람은 모든 사람이 다 사랑하므로 세상에서 그와는 아무런 적이 없음

一刻三秋(일각삼추) 일각(15분, 아주 짧은 시간)이 삼 년 같음 **참조** 一日三秋

一刻千金(일각천금) 일각(15분, 아주 짧은 시간)이라도 아주 많은 천금과 같이 더욱 귀중함 **출전** 蘇軾의 詩 春宵

一律千篇(일률천편) 한 가지 규칙이나 특성이 모든 글에 똑같이 나타나서 특성이 없음 **참조** 千篇一律

一鳴驚人(일명경인) 한번 시작하면 사람을 놀랠 정도의 대사업을 이룩함 **유래** 춘추전국시대의 제나라 순우곤(淳于髡)이 새를 통하여 위왕(威王)에게 諫했던 고사 **참조** 三年不飛 **출전** 史記 滑稽列傳

一罰百戒(일벌백계) 한 사람을 강하게 벌을 주어 백 사람을 심히 경계함 **유래** 다른 사람들에게 경각심을 불러일으키기 위하여 본보기로 한 사람에게 엄한 처벌을 하는 일 **유의** 以一警百, 懲一勵百

一夫從事(일부종사) 세상에 태어나서 한 남편만을 정성껏 섬김

一悲一喜(일비일희) 한편으로는 슬퍼하고 또 다른 한편으로는 아주 기뻐함 **유의** 一喜一悲

一絲不亂(일사불란) 한 올의 작은 실이라도 서로 엉키지 아니함. 질서가 정연하여 조금도 흐트러지지 아니함을 이름

一心不亂(일심불란) 마음을 한 가지에만 독실하게 기울여 다른 것에는 조금도 주의를 돌리지 아니함 **출전** 阿彌陀經

一心專力(일심전력) 오직 한 마음으로 한 곳에만 온 힘을 다하면서 노력함

一言半辭(일언반사) 아주 짧은 간단한 한마디. 단 한마디의 아주 짧은 말이라는 뜻 **출전** 史記 **유의** 一言半句

日就月將(일취월장) 날마다 자라고 달마다 아주 발전함 **참조** 刮目相對

一喜一悲(일희일비) 한편으로는 기뻐하고 또 다른 한편으로는 매우 슬퍼함. 기쁨과 슬픔이 번갈아 가면서 일어남을 뜻함

入國査證(입국사증) 외국인의 국내 입국을 허가하는 내용의 사실적인 증명

立地條件(입지조건) 논과 밭 등의 자리가 가지는 여러 가지 지리적 조건

姉妹結緣(자매결연) 여자들끼리 나이순에 따라서 자매의 관계를 맺음. 지역이나 단체끼리 서로를 돕거나 상호 교류하기 위하여 친선관계를 맺는 일 **참조** 姉妹結緣

自然選擇(자연선택) 생물집단에서 생활조건에 적응하는 것만 살아남음 **참조** 自然淘汰

自畵自讚(자화자찬) 자기가 그렸던 그림을 자기 스스로가 칭찬함. 자기가 했던 일에 대하여 스스로 자랑함 **유의** 自畵讚, 自讚, 自稱

張三李四(장삼이사) 장씨(張氏) 가문의 셋째 아들과 이씨(李氏) 가문의 넷째 아들이란 뜻. 어디서나 만날 수 있는 평범한 사람들 **유의** 甲男乙女, 匹夫匹婦, 樵童汲婦

適法節次(적법절차) 적절한 법에 맞는 행위의 순서나 여러 가지 방법

積善餘慶(적선여경) 착한 일을 매우 많이 한 결과로 경사스럽고 복된 일이 자손에게까지 계속하여 이어서 미침 **출전** 周易 文言傳 **상대** 積惡餘殃

積小成大(적소성대) 작은 것을 쌓아 큰 것을 이룸 **참조** 愚公移山

適時適地(적시적지) 씨를 뿌리기에 가장 알맞은 시기와 장소

適者生存(적자생존) 환경에 잘 적응하는 생물만이 살아남고, 그렇지 못한 것은 스스로 도태되어 멸망하는
　　　　현상

適材適所(적재적소) 알맞은 인재를 최적의 알맞은 자리에 적절하게 씀

積土成山(적토성산) 흙이 많이 쌓여 높은 산을 이룸 　참조　 愚公移山

專管水域(전관수역) 연안국이 자국의 어업이나 그 밖의 자원 발굴 등에 대하여 여러 가지 특권을 가지는
　　　　수역 　유래　 현대 연안국이 자국 연안에서 하는 어업이나 혹은 그 밖의 자원 발굴 등에 대하여 배타
　　　　적인 특권을 가지는 수역

絶海孤島(절해고도) 육지에서 아주 멀리 떨어져 있는 외로운 섬으로 외딴섬

點鐵成金(점철성금) 쇠를 불에 달구어 새로운 황금을 만듦. 나쁜 것을 고쳐서 좋은 것을 새롭게 만듦. 옛사
　　　　람의 말을 따다가 글을 지음 　출전　 傳習錄 卷下

接道區域(접도구역) 도로와 인접한 특별한 구역으로 설정함. 도로 확장용 용지 확보나 도로 보호 등을 위하
　　　　여 특별한 법으로 설정된 도로 인접 구역

整形手術(정형수술) 선천적이거나 혹은 후천적인 기형, 또는 질환이나 외상에 따른 운동기능의 장애. 정상
　　　　상태로 회복하기 위하여 실시하는 외과적이며 기술적인 수술 　유래　 현대 선천적이거나 후천적인
　　　　몸의 기형 또는 병이나 외상으로 인한 운동기능의 장애를 정상상태로 회복시키기 위한 외과
　　　　수술 　참조　 成形手術

帝國主義(제국주의) 우월한 군사력과 경제력을 앞세워 다른 나라나 다른 민족을 정벌하여 대국가를 건설하
　　　　려는 침략주의적인 근성 　유래　 군사적이나 경제적으로 남의 나라나 민족을 정복하여 큰 나라를
　　　　건설하려고 하는 침략주의 경향임

祭天儀式(제천의식) 하늘을 숭배하면서 제사 지내는 원시 종교의식

條件反射(조건반사) 특정한 조건 환경조건에서 일정한 자극에 대한 일정한 반응임

潮力發電(조력발전) 조수 간만의 여러 가지 차이로 일어나는 힘을 이용하는 수력발전

朝不慮夕(조불려석) 당장을 걱정할 뿐이고 앞일을 생각할 겨를이 전혀 없음. 형세가 매우 절박하여 아침에
　　　　는 저녁의 일을 능히 헤아리지 못함 　유의　 朝不謀夕

宗教改革(종교개혁) 16세기 유럽에서 로마 가톨릭교회의 비교리적 행위에 반대하면서 점차 일어난 개혁
　　　　　유래　 16~17세기 유럽에서, 로마 교황을 중심으로 하는 가톨릭교회의 타락을 비판하고 그리스도교
　　　　의 참된 정신으로 돌아가 교회를 개혁하려 한 종교 운동

從實直告(종실직고) 그것을 사실로 올바로 성실하게 고함 　참조　 以實直告

走馬看山(주마간산) 말을 타고 멀리 달리며 산천을 야무지게 구경함. 산천을 자세하게 살펴보지 아니하고
　　　　대충만 보고 지나감

主務官廳(주무관청) 일정한 사무나 업무를 주관하는 한 단계 위인 행정 관청

酒色雜技(주색잡기) 술과 여자의 고운 모양과 잡스러운 여러 가지 노름을 아울러 이름

衆目環視(중목환시) 여러 사람이 둘러싸고 유심하게 지켜봄 　참조　 衆人環視

衆人環視(중인환시) 여러 사람이 함께 둘러싸고 오랫동안 지켜봄 　유의　 衆目環視

支離分散(지리분산) 여러 곳이 함께 찢기고 떠나고 나뉘면서 흩어짐 　참조　 支離滅裂

至誠盡力(지성진력) 지극한 정성을 다 바쳐서 있는 힘을 다해서 노력하겠다는 뜻

智者一失(지자일실) 슬기로운 사람도 간혹 가다가는 커다란 실수가 있을 수 있음 　참조　 千慮一失

直系尊屬(직계존속) 조상으로부터 계속 직계로 내려와서 자기에 이르는 오래된 사이의 혈족. 곧 고조부모,
　　　　증조부모, 조부모, 부모까지를 이름

直射光線(직사광선) 자기를 주위로 하여 정면으로 곧게 비치는 빛살

直屬上官(직속상관) 자기가 직접 속하여 있는 부서의 직속기관의 상부관청

盡善完美(진선완미) 더 말할 나위도 없이 그저 좋고 아름다움 [참조] 盡善盡美

盡善盡美(진선진미) 더할 나위 없이 훌륭하고 아름다움 [유의] 盡善完美

盡忠報國(진충보국) 온갖 충성을 다하여 나라의 깊은 은혜를 갚아 노력함

創氏改名(창씨개명) 성씨를 새로 만들고 이름을 다시 고침 [유래] 일제가 강제로 우리나라 사람의 성과 이름
을 일본식으로 고치게 한 일 등을 가리킴

千金買骨(천금매골) 훌륭한 인재를 열심히 구했음을 말함 [유래] 연(燕)나라의 소왕(昭王)이 어진 자를 구할
때, 곽외가 옛날 어느 임금이 천리마를 구하기 위해서 먼저 말의 뼈를 샀다는 이야기를 예로 들며
자기 자신부터 등용하게 했다는 고사 [출전] 戰國策

千慮一得(천려일득) 천 번을 생각한 나머지 신중하게 하나를 겨우 얻음 [유래] 어리석은 사람이라도 많은
생각을 하면 그 과정에서 한 가지쯤은 좋은 것이 나올 수 있음 [상대] 千慮一失

千慮一失(천려일실) 천 번 생각에 딱 한 번 실수를 했음 [유래] 슬기로운 사람이라도 여러 가지 생각 가운데에
는 잘못되는 것이 있을 수 있음 [출전] 史記 淮陰侯列傳 [유의] 智者一失 [상대] 千慮一得

天生緣分(천생연분) 하늘이 바르게 정하여 준 꼭 맞는 연분

千差萬別(천차만별) 여러 가지 사물이 모두가 차이가 있고 특별한 구별이 있음

千態萬象(천태만상) 천 가지의 모습과 만 가지의 그런 형상. 온갖 모양

千篇一律(천편일률) 수많은 글이 모두 하나의 법칙 내지는 특성을 나타냄. 여럿이 개별적 특성이 없이 모두
가 다 엇비슷한 현상 [유래] 여러 시문의 격조(格調)가 모두 비슷하여 개별적인 특성이 없음
[유의] 一律千篇

天下壯士(천하장사) 세상에 더 이상 비길 데가 없는 아주 힘센 사람

出奇制勝(출기제승) 기묘한 책략이나 계략(計略)을 써서 겨우 승리함 [출전] 史記 田單列傳

出産休暇(출산휴가) 근로하는 여성이 만삭이 되어 아이를 낳기 위하여 얻는 특별휴가

就勞事業(취로사업) 영세 근로자의 생계 지원 사업으로 정부에서 실시하는 일거리

破鏡重圓(파경중원) 생이별했던 부부가 행운이 있어 다시 만남 [유래] 반으로 갈라졌던 거울이 합쳐져 다시
둥그런 본모습을 찾게 됨을 이름

波狀攻擊(파상공격) 일정한 간격을 두고 파도치는 모양으로 차츰 시간 간격을 두고 되풀이하는 공격의
경우

布帳馬車(포장마차) 비바람, 햇볕 따위를 차에서 막기 위하여 포장을 둘러친 작은 마차 [유래] 예부터 손수레
따위에 네 기둥을 세우고 포장을 씌워서 이동식으로 만든 간이주점

必有曲折(필유곡절) 반드시 거기에는 무슨 까닭이 있음 [유의] 必有事端

漢江投石(한강투석) 넓은 한강에 작은 돌 던지기. 현재 상황이 지나치도록 미미하여 처방에 대하여 아무런
효과를 미치지 못하겠음

限界狀況(한계상황) 죽음 등 인생에서 피해 갈 수 없는 불가피하게 직면하는 상황

航空郵便(항공우편) 비행기로 우편물을 점차 실어 나르는 국제 우편물

海陸珍味(해륙진미) 바다와 뭍에서 나는 진귀하고 매우 감칠맛이 나는 맛난 것 [참조] 膏粱珍味

解衣推食(해의추식) 자기 옷을 벗어주고 먹을 것까지 건네줌. 다른 사람을 더욱 따뜻하게 배려함 [유래] 漢나
라 劉邦(유방)이 韓信(한신)을 이와 같이 대접하였다는 데서 따른 고사 [출전] 史記淮陰侯列傳

幸災不仁(행재불인) 남의 재난을 보고서 천만다행으로 여기는 것은 매우 어질지 못함 [출전] 春秋左氏傳 僖公
14年條

虛張聲勢(허장성세) 실속은 전혀 없으면서 오히려 큰소리치거나 크게 허세를 부림

兄弟姊妹(형제자매) 남자 동기의 형과 아우, 여자 동기의 언니와 여동생을 아울러서 이름

紅東白西(홍동백서) 제사 때 신위를 기준으로 하여 붉은 과실은 동쪽에, 흰 과실은 서쪽에 정성스럽게 차리
　　　　는 일종의 격식

灰色分子(회색분자) 흑백이 분명치 않게 재색을 띤 부분체. 사상적으로 그 경향 따위가 뚜렷하지 않은 그런 사람

會者定離(회자정리) 한번 만난 자는 반드시 헤어짐. 모든 것이 다 무상함. 만나면 언젠가는 헤어지게 되어있음

回轉木馬(회전목마) 놀이터에서 빙글빙글 돌아가는 나무 말. 기둥 둘레의 원판 위에 설치한 목마에 사람을
　　　　태워 빙글빙글 돌리는 놀이기구의 일종임

厚生事業(후생사업) 사람들의 생활을 보다 넉넉하고 윤택하게 하기 위한 정부의 사업

興盡悲來(흥진비래) 즐거운 일이 다하면 슬픈 일이 한꺼번에 닥쳐옴. 온갖 세상일은 점차적으로 순환되는
　　　　것임 [상이] 苦盡甘來

喜色滿面(희색만면) 좋은 일이 있어서 기쁜 빛이 얼굴에 가득함

喜喜樂樂(희희낙락) 아주 기뻐하고, 매우 즐거워함

3급Ⅱ

加減乘除(가감승제) [덧셈, 뺄셈, 곱셈, 나눗셈]을 아울러서 이르는 말

可居之地(가거지지) 머물러 살 만한 곳. 살기 좋은 곳이나 일정 장소 [유의] 可居之處

架空人物(가공인물) 연극이나 소설에서 등장하는 인물을 상상으로 꾸며냄

假弄成眞(가롱성진) 장난삼아 슬쩍한 것이 진심으로 한 것같이 되었음 [유의] 弄假成眞

家常茶飯(가상다반) 집에서 평소에 일상으로 먹고사는 식사. 일상으로 벌어지는 일이니 마땅히 당연지사
　　　　(當然之事)를 이르는 말임

可信之人(가신지인) 신뢰가 가서 믿을 만한 사람. 참으로 믿음직한 사람

假我年數(가아연수) 몇 년이라도 더 오래오래 살아주기를 바람 [출전] 論語

加用貢物(가용공물) 공물을 적어 놓은 장부인 공안(貢案)에는 들어 있지 않은 가외의 공물

佳人薄命(가인박명) 아름다운 여자들의 수명이 대체로 짧음 [출전] 蘇軾의 佳人薄命 시 [유의] 美人薄命, 紅顏薄命

刻骨銘心(각골명심) 뼈에 깊이 새기고 마음속으로 신중하게 새김. 마음속 깊이 오래 새겨두고 결코 잊지
　　　　아니함 [유의] 鏤骨銘心, 銘肌鏤骨

脚踏實地(각답실지) 발로 실제 땅을 밟음. 실제 사실을 확인하기 위해 발로 뛰며 답사함. 행실이 바르고
　　　　태도가 성실함을 말함. 품행이 단정하고 태도가 성실하며 일을 착실하게 처리하는 것을 비유함
　　　　[출전] 宋史 / 司馬光 康節邵雍

各得其所(각득기소) 저마다 가야 할 제 자리를 얻음. 결국에는 각자의 능력과 적성에 꼭 알맞게 적절한
　　　　위치에서 놓이게 됨 [출전] 漢書 東方朔傳

刻船求劍(각선구검) 칼을 물에 떨어뜨리고 움직이는 배에 위치를 새겼다가 배가 멈춘 뒤에 어리석게 칼을
　　　　찾음 [참조] 刻舟求劍

刻畵無鹽(각화무염) (추녀) 무염을 부각시킴(그림을 정교하고 섬세하게 그림). 비유가 타당하지 않거나,
　　　　도저히 비교 대상이 되지 않음. 너무 차이가 나는 물건을 비교하는 것을 비유함 [유래] 무염은 중국
　　　　齊(제)나라의 지명이며, 못생긴 것으로 이름 높은 제나라 선왕의 비인 종리춘(鍾離春)이 태어난
　　　　고장인바, 제아무리 얼굴을 잘 꾸며도 못생긴 무염에는 벗어날 수 없음. 얼굴이 못생긴 여자가
　　　　아무리 화장을 해도 미인과 비교할 바가 못 됨

幹國之器(간국지기) 나라를 잘 다스릴 만한 크고 훤칠한 그릇 [출전] 後漢書

干城之材(간성지재) 성(나라)을 확실하게 잘 지키는 훌륭한 인재 [참조] 棟樑之材

間世之材(간세지재) 수년의 세월이 흘러 여러 세대를 통하여 드물게 나는 인재

敢言之地(감언지지) 거리낌이 없이 자신만만하게 말할 만한 자리나 처지에 있음

感之德之(감지덕지) 배려가 참으로 분에 넘치는 듯싶어 아주 고맙게 여김

甲男乙女(갑남을녀) 갑이란 남자와 을이란 여자로 아주 평범한 사람들 유의 張三李四, 匹夫匹婦

綱擧目張(강거목장) 요점을 정확히 알고 이해가 매우 빠름 유래 후한 사람 정현(鄭玄)이 편찬한 시보(詩譜)
에서 나온 내용임. 이 책에 "벼리를 하나 들어 올리면 모든 그물코가 다 펼쳐진다(擧一綱而萬目
張)"는 말이 있으며, 수나라 때 왕통(王通)이라는 사람도 같은 말을 했음. 大綱(대강)을 들면 細目
(세목)도 저절로 밝히어짐 출전 詩經

强近之族(강근지족) 도움을 자주 줄 만한 아주 가까운 겨레붙이 참조 强近之親

强近之親(강근지친) 도움을 자주 줄 만한 아주 가까운 친척 유의 强近之族, 朞功親, 期功親, 朞功强近之親

剛木水生(강목수생) 물기가 없는 나무에서 물이 마구 솟아남 참조 乾木水生

强迫觀念(강박관념) 마음속에서 그만 떨쳐버리려 해도 결코 떠나지 아니하는 억눌린 생각

剛柔雙濟(강유쌍제) 강함과 부드러움이 경우에 따라서는 서로가 도움이 됨

改過遷善(개과천선) 허물을 서로 고쳐서 매우 착하게 됨 유의 改過自新, 悔過遷善

蓋世之才(개세지재) 세상을 뒤덮을 만큼 뛰어난 재주나 그런 재주를 가진 사람

擧國內閣(거국내각) 특정 정당이나 정파를 배경으로 하지 않는 전 국민적인 내각

車魚之歎(거어지탄) 수레와 고기가 없음을 탄식한다는 데서 사람의 욕심에는 한이 없음을 이르는 말
유래 전국시대 제나라 孟嘗君(맹상군)의 식객 중 풍훤이란 자가 처음에는 밥상에 고기가 없다고
노래했고, 고기가 나온 뒤에는 출입할 때 타고 다닐 수레가 없다고 노래했던 고사 출전 戰國策

車載斗量(거재두량) 커다란 수레에 싣고 말(斗)로 됨. 물건이나 인재 따위가 너무 많아서 그다지 귀하지
않음 출전 三國志 吳書 吳主孫權傳

乾木生水(건목생수) 깡마른 나무에서 물이 줄줄 나옴 참조 乾木水生

乾木水生(건목수생) 깡마른 나무에서 물이 줄줄 나옴. 재산이라고는 아무것도 없는 사람에게 무리하게 금
은보화를 내라고 요구함 유의 剛木水生, 乾木生水

隔世之感(격세지감) 오래지 않은 동안에 몰라보게 변하여 아주 다른 세상이 된 것 같은 느낌이 듦
유의 今昔之感

擊壤之歌(격양지가) 땅을 손바닥으로 힘껏 두드리며 부르는 노래 참조 鼓腹擊壤

犬馬之勞(견마지로) 개나 말 정도의 하찮은 힘이나 용기. 윗사람에게 충성을 다하는 자신의 노력을 낮추어
이르는 말 유의 犬馬之役, 犬馬之心, 犬馬之誠, 狗馬之心, 粉骨碎身, 盡忠竭力, 驅馳

犬馬之誠(견마지성) 하잘것없는 개나 말이 베푸는 정성 참조 犬馬之勞

犬馬之心(견마지심) 하잘것없는 개나 말이 베푸는 정성 참조 犬馬之勞

犬馬之養(견마지양) 개나 말을 기르는 것처럼 그렇게 부모를 모심(기름) 유래 부모를 모시는 데 먹는 것이나
돌보고 만다면 개와 말을 기르는 것과 다를 바 없다는 것으로 부모를 소홀히 대접하고 공경하지
않음을 뜻함 출전 論語 爲政篇

犬馬之役(견마지역) 개나 말이 성심성의껏 노역에 임함 참조 犬馬之勞

犬馬之齒(견마지치) 개나 말이 하는 일도 없이 나이만 계속 더함. 일없이 나이만 먹는 일이나 자기 나이를
겸손하게 이르는 말 출전 漢書 유의 犬馬之年, 犬馬之齡

見善從之(견선종지) 착한 일이나 착한 사람을 보면 그것을 좇아서 따름

犬牙相制(견아상제) 땅의 경계가 일직선으로 되어 있지 않고 개의 이빨처럼 들쭉날쭉 서로 어긋나 있음
참조 犬牙相錯

犬牙相錯(견아상착) 땅의 경계가 일직선으로 되어 있지 않고 개의 이빨처럼 들쭉날쭉 서로 어긋나 있음
출전 漢書 中山靖王傳 유의 犬牙相錯, 犬牙相制, 犬牙相値, 犬牙差互

犬羊之質(견양지질) 재능이라고는 아무것도 없이 이 세상에 태어난 바탕

堅忍不拔(견인불발) 굳게 참고 견디면서도 마음만은 결코 흔들리지 않음

犬兎之爭(견토지쟁) 개와 토끼가 서로 다툼. 두 사람의 싸움에 제삼자가 곁에서 이익을 봄 [출전] 戰國策 齊策 [유의] 蚌鷸之爭, 鷸蚌之爭, 漁父之利, 田夫之功, 漁人之功

結者解之(결자해지) 매듭을 맺은 사람이 그 매듭을 품. 자기가 저지른 일은 자기가 해결함 [유래] 이 말은 우리 속담으로 전하다가 "결국엔 맺은 놈이 풀지"를 홍만종(洪萬宗)이 순오지(旬五志)에 한역해서 처음 실은 것으로 알려짐

兼人之勇(겸인지용) 혼자서도 능히 몇 사람을 척척 당해낼 만한 용기가 있음 [출전] 論語 先進篇

兼聽則明(겸청즉명) 여러 사람의 의견을 자세히 들어보면 그 시비의 실마리를 정확하게 판단할 수 있음 [출전] 資治痛鑒 唐紀 太宗 貞觀 二年條

輕擧妄動(경거망동) 행동이 극히 가볍고 망령되고 버르장머리 없이 행동함 [상이] 隱忍自重, 思慮分別

輕車熟路(경거숙로) 경쾌하게 수레를 타고 익숙한 길을 빠르게 간다는 뜻. 일에 아주 숙달되어 조금도 막힘이 없이 척척 잘함 [출전] 韓愈

傾國之色(경국지색) 임금이 여자에 혹하여 나라가 기울어져도 이를 아무것도 모를 정도로 뛰어나게 아름다운 여인 [출전] 史記 項羽本紀 [유의] 傾國, 傾城, 傾城之色, 無比一色, 天下一色, 天下絶色, 絶世佳人, 萬古絶色, 羞花閉月, 閉月羞花, 國香, 國色, 丹脣皓齒, 明眸皓齒, 朱脣皓齒, 朱脣白齒, 皓齒丹脣, 沈魚落雁, 解語花, 花容月態, 雪膚花容, 月態花容, 雲鬢花容, 薄色

驚弓之鳥(경궁지조) 화살에 한 번 맞은 새는 구부러진 나무만 보아도 놀람 [참조] 懲羹吹虀

耕當問奴(경당문노) 농사일은 머슴에게 물어야 한다는 뜻. 일은 항상 그 부문에 종사하는 전문가와 반드시 상의하여야 함 [출전] 宋書

輕薄浮虛(경박부허) 말하고 행동하는 것이 신중하지 못하고 실속이 없음 [참조] 輕佻浮薄

傾城之色(경성지색) 성(나라)을 한꺼번에 기울어뜨릴 정도의 용모가 예쁨 [참조] 傾國之色

傾危之士(경위지사) 국가를 위태롭게 하는 사람

鷄犬昇天(계견승천) 다른 사람의 권세에 빌붙어서 자기만 승진하거나 한 사람의 급진적인 출세로 집안이 덕을 보는 일 [출전] 神仙傳 [유의] 淮南鷄犬, 拔宅飛升

桂冠詩人(계관시인) 국가나 왕에 의해 공식적으로 임명된 시인이나 그 칭호 [유래] 고대 그리스 신화에서 월계관은 아폴론 신에게 신성한 것을 상징하였고, 월계수 잎으로 만든 화환은 시인이나 영웅들에게 영광의 상징이었음

鷄群孤鶴(계군고학) 여러 마리 닭 무리 가운데의 한 마리 학 [참조] 群鷄一鶴

鷄群一鶴(계군일학) 닭 무리 가운데 특별한 학 한 마리 [참조] 群鷄一鶴

桂林一枝(계림일지) 대수롭지 않은 자기 출세를 일컬음. 사람됨이 비범하면서도 겸손함이나 대수롭지 않은 출세의 비유 [유래] 진(晉)나라의 詵(극선)이 현량(賢良) 제1호로 천거된 것을 가리켜 계수나무 한 가지를 얻은 데 불과하다고 한 데서 나온 고사 [출전] 晉書

鷄鳴之客(계명지객) 닭의 울음소리를 잘도 흉내를 내는 식객 [참조] 鷄鳴狗盜

季布一諾(계포일낙) 계포가 한 번 했던 약속이라는 뜻으로 매사에 틀림없이 승낙함을 뜻함 [유래] 초(楚)나라 계포는 약속을 반드시 지키는 사람이었다. 항우(項羽)와 유방(劉邦)이 천하를 걸고 싸울 때, 계포가 초나라 대장이 되어 유방을 여러 차례 괴롭혔는데, 한나라가 천하를 통일하자 쫓겨다녀야 하는 신세가 되었다. 그런데 그를 잘 아는 이가 유방에게 천거하여 사면시킨 뒤 벼슬까지 얻었음 [출전] 史記 [유의] 季札繫劍, 季札掛劍, 一諾千金

鷄皮鶴髮(계피학발) 닭의 가죽처럼 거칠고 머리칼은 학의 털처럼 희다는 뜻임. 나이 들어 쓸모가 없는 늙은 사람을 이르는 말 [출전] 唐玄宗 [유의] 鷄皮, 鶴髮

孤軍奮鬪(고군분투) 외롭게 멀리 떨어져 있는 군사가 많은 수의 적군과 용감하게 잘 싸우고 있음. 남의
　　　　도움을 전혀 받지 아니하고 힘에 벅찬 일을 잘 해나가는 것을 비유적으로 이름

高臺廣室(고대광실) 지대를 상당히 높게 다지고, 크게 지은 좋은 집

苦輪之海(고륜지해) 고뇌가 번민이 끊임없이 돌고 돌아가는 인간세계

鼓腹擊壤(고복격양) 하 많은 태평한 세월을 여유롭게 즐김 [유래] 요임금 때 한 노인이 배를 두드리고 땅을
　　　　치면서 요임금의 덕을 찬양하고 태평성대를 즐겼다는 고사 [출전] 十八史略 樂府詩集 擊壤歌
　　　　[유의] 擊壤之歌, 擊壤歌, 康衢煙月

古色蒼然(고색창연) 오래되어 예스러운 풍치나 모습이 참으로 그윽함

姑息之計(고식지계) 우선 당장이나 편안한 것만을 택하게 되는 꾀나 방법. 한때의 안정을 얻기 위하여 임시
　　　　로 둘러맞추어 처리하거나 이리저리 임시로 주선하여 꾸며내는 계책 [출전] 禮記 檀弓篇 [유의] 姑息
　　　　策, 目前之計, 凍足放尿, 下石上臺, 上石下臺, 上下撑石, 彌縫策, 彌縫之策, 臨時變通, 臨時防牌,
　　　　臨時方便, 臨時排布, 臨時處變, 颺湯止沸

高岸深谷(고안심곡) 처음엔 높은 언덕이었지만 결국엔 깊은 골짜기가 됨 [참조] 桑田碧海

苦肉之計(고육지계) 자신의 괴로움을 무릅쓰고 여러 가지로 꾸미는 계책 [참조] 苦肉之策

苦肉之策(고육지책) 적을 완전하게 속이기 위하여 자신의 괴로움을 무릅쓰고 잘 꾸미는 새로운 계책
　　　　[출전] 三國志 吳志 [유의] 苦肉之計

苦逸之復(고일지복) 현재의 안일이 있으므로, 다음에 고통이 찾아옴 [출전] 列子

孤掌難鳴(고장난명) 외손뼉 하나만으로는 알리는 소리가 울리지 아니함. 혼자의 힘만으로 어떤 일이라도
　　　　이루기가 썩 어려움 [출전] 水滸傳 [유의] 獨掌難鳴

曲高和寡(곡고화과) 곡이 너무 높으면 그에 화답하는 사람이 매우 적음. 사람의 재능이 너무 높으면, 그에
　　　　따르는 무리가 적음 [출전] 春秋戰國時代 宋玉의 말에 유래

穀倉地帶(곡창지대) 쌀 따위의 곡식이 아주 많이 생산되는 지대

曲學阿世(곡학아세) 바른 길에서 한참 벗어난 학문으로 세상 사람에게 많이 아첨함 [출전] 史記 儒林列傳

困獸猶鬪(곤수유투) 상황이 매우 위급할 때는 아무리 약한 짐승이라도 결판을 내면서 싸우려고 덤벼듦
　　　　[유의] 窮鼠齧猫

骨肉之親(골육지친) 부자나 형제자매와 같은 모든 육친(肉親) [출전] 呂氏春秋 精通篇 [유의] 骨肉, 血肉, 血肉之親

空谷足音(공곡족음) 아무도 없는 골짜기에서 은은히 울리는 사람 발걸음 소리

孔席墨突(공석묵돌) 공자의 자리와 묵자의 굴뚝이란 뜻. 몹시 바쁘게 돌아다니거나 열심히 일함. 할 일을
　　　　꾸물거리거나 미루지 않고 꾸준히 해야 성취를 맛볼 수 있음 [유래] 한(漢)나라 반고(班固)는 춘추전
　　　　국시대의 묵자의 유세활동을 "공자의 자리는 따뜻해질 틈이 없고, 묵자 집의 굴뚝에는 그을음이
　　　　낄 새가 없다(孔席不暖, 墨突不黔)"고 표현함 [출전] 班固의 答賓戲

空中樓閣(공중누각) 공중에 둥실 떠 있는 누각. 아무런 근거나 토대가 없는 사물이나 생각. 마치 신기루와
　　　　같은 현상 [출전] 沈括 夢溪筆談

過恭非禮(과공비례) 지나치게 상대방에게 베푸는 공손은 예의가 아님

誇大妄想(과대망상) 자기 스스로를 실제보다 크게 과장하거나 과대평가하면서 마치 그것을 현실인 것처럼
　　　　인식하는 정신적인 증상. 한 예를 들면, 자신이 다른 사람과 다르게 특별하게 많이 알려지지 않은
　　　　능력이 있다거나, 아주 유명인사와 특별한 관계를 맺고 있다고 믿음

寡頭政治(과두정치) 몇 사람의 우두머리가 국가의 최고 기관을 조직한 후에 행하는 독재적인 정치를 말함
　　　　[유래] 아리스토텔레스는 소수가 부당하게 통치권을 행사하는 것에 대해 '올리가르키아'라는 용어를
　　　　사용했다. 이는 오늘날 개발도상국의 이른바 금권정치를 의미함

寡不適中(과부적중) 적은 수효로 많은 수효를 대적하지 못함 [참조] 衆寡不敵

過猶不及(과유불급) 정도가 너무 지나침은 차라리 미치지 못함과 같음 [중용(中庸)] 사상이 가장 중요함
　　　　출전 論語 先進篇

冠蓋相望(관개상망) 수레 덮개만을 서로 바라본다는 뜻. 앞뒤의 차가 서로 잇달아 사신의 왕래가 그치지
　　　　않음 출전 史記

寬猛相濟(관맹상제) 너그러움과 엄격함이 서로가 조화를 이루어야 함을 의미. 관용과 엄한 징벌을 함께
　　　　시행한다는 뜻. 사람을 다스릴 때 부드러운 훈계와 엄벌이 서로 잘 어울려야 한다는 말이다
　　　　유래 공자(孔子)가 말했다. "옳도다. 정치가 관대하고 후덕해지면 백성들이 경박해지는데, 백성들
　　　　이 경박해지는 것을 시정하려면 엄격함으로 다스려 바로잡아야 한다. 엄한 정치는 백성들을 해치
　　　　는데, 백성이 해침을 당하면 관대함을 베풀어야 한다. 관후함으로써 엄격함을 조절하고 엄격함으
　　　　로써 관후함을 조절하면 정치는 이로써 조화를 이루게 된다." 출전 左傳

寬仁大度(관인대도) 마음이 매우 너그럽고 인자하며 생각하는 도량이 넓음

冠婚喪祭(관혼상제) [관례, 혼례, 상례, 제례]를 아울러 이름

狂言妄說(광언망설) 이치에 전혀 맞지 않고 도의(道義)에 어긋나는 말 유의 狂談悖說

巧言令色(교언영색) 남에게 아첨하는 말과 알랑거리는 태도. 남에게 잘 보이려고 그럴듯하게 꾸며대는
　　　　말과 알랑거리는 태도 유래 논어 학이와 양화에서 공자가 거듭 말한 것으로, "말을 그럴듯하게
　　　　꾸며대거나 남의 비위를 잘 맞추는 사람, 생글생글 웃으며 남에게 아첨하는 사람치고 진실한 사람
　　　　이 거의 없다"는 뜻임 출전 論語 學而篇 상대 剛毅木訥, 誠心誠意

交淺言深(교천언심) 사귄 지는 오래되지 않았으나 서로가 자기 심중을 털어놓고 허심탄회하게 이야기함
　　　　출전 戰國策

口蓋音化(구개음화) 우리말의 '입천장소리'로 됨. 끝소리가 'ㄷ, ㅌ'인 형태소가 구개음인 'ㅈ, ㅊ'이 되는 현상
　　　　을 이름

九曲肝腸(구곡간장) 굽이굽이 서리고 서린 창자. 깊은 마음속 또는 시름이 쌓인 속마음

丘里之言(구리지언) 시골 사람들의 말로 둘러 붙인 근거 없는 헛말 출전 莊子

口腹之計(구복지계) 잘 먹고 살아가는 자기만의 방법 출전 松南雜識

口若懸河(구약현하) 거침없이 말을 아주 잘 함 유래 이름 진(晉)나라 때 곽상(郭象)은 논쟁을 벌일 때마다
　　　　풍부한 지식을 바탕으로 이치를 논하였다. 왕연(王練)이 '곽상의 말을 듣고 있으면 마치 흐르는
　　　　물이 큰 물줄기로 쏟아져 마르지 않는 것과 같다(聽象語면 如懸河하여 瀉水注而不竭이라)'며 칭찬
　　　　한 데서 나온 고사 출전 韓愈 유의 口如懸河, 青山流水

口耳之學(구이지학) 들은 것을 그대로 남에게 전하는 것이 고작인 어설픈 학문 출전〉 荀子 勸學篇

求則得之(구즉득지) 어떤 것을 구하고자 하면 금방 얻을 수 있음 유래 [맹자(孟子)]가 말했다. "(어떤 것이든)
　　　　구하면 그것을 얻게 되고 버리면 그것을 잃게 된다. 이런 구함이 얻는 데 유익한 것은, 자신에게
　　　　있는 것을 구하기 때문이다. 구하는 데는 도가 있고, 얻는 데는 명이 있다. 이런 구함을 얻는
　　　　데 무익한 것은 내 밖에 있는 것을 구하기 때문이다(求則得之舍則失之] 출전 孟子

九尺長身(구척장신) 아홉 자쯤이나 되는 아주 큰 키. 또는 그러한 사람

口血未乾(구혈미건) 맹세할 때 입에 묻힌 피가 아직 마르지 않았다는 뜻. 굳게 맹세한 지가 오래되지 아니하
　　　　였음 출전 春秋左氏傳

口禍之門(구화지문) 입은 사람에게 큰 재앙을 불러들이는 문이란 뜻 유래 풍도(馮道)가 지은 설시(舌詩)에서
　　　　다음 시가 보인다. [입은 재앙의 문이요(口是禍之門) / 혀는 몸을 베는 칼이니(舌是斬身刀) // 입을
　　　　닫고 혀를 깊이 감추면(閉口深藏舌) / 처해 있는 곳마다 몸이 편하다(安身處處牢)라는 데서 나오
　　　　는 고사임. 전당시(全唐詩)에서 보임 참조 駟不及舌

國士無雙(국사무쌍) 나라에서는 아무도 견줄 사람이 없을 정도로 빼어난 선비라는 뜻 출전 史記 淮陰侯列傳

國威宣揚(국위선양) 나라의 위신을 널리 다른 나라에 크게 떨치게 함

國泰民安(국태민안) 나라가 전부 태평하고 백성이 모두 편안함

群鷄一鶴(군계일학) 여러 닭의 무리 가운데에서 한 마리의 학이란 뜻. 많은 사람 가운데서 특출하게 뛰어난 인물 출전 晉書 嵆紹傳 유의 鷄群孤鶴, 鷄群一鶴, 白眉

群盲評象(군맹평상) 여러 명의 장님이 코끼리를 두고 제각기 평가함 참조 群盲撫象

群雄割據(군웅할거) 여러 명의 영웅이 각기 한 지방씩 차지하고 그 위세를 부림

君爲臣綱(군위신강) 신하는 임금을 정성껏 섬기는 것을 근본으로 함

群策群力(군책군력) 많은 사람들이 자기의 지혜와 능력을 과시함

窮年累世(궁년누세) 자신의 아름다운 일생(一生)과 자손 대대로 권세를 누림

窮餘一策(궁여일책) 궁한 나머지 생각다 못하여 짜낸 또 하나의 계책 참조 窮餘之策

窮餘之策(궁여지책) 궁한 나머지 생각다 못해서 짜내는 또 다른 계책 유의 窮餘一策

窮鳥入懷(궁조입회) 쫓기던 한 마리 새가 사람의 품 안으로 날아듦. 사람이 궁하면 대적하는 적에게도 일시 의지함 출전 顔氏家訓

權謀術數(권모술수) 자기의 목적 달성을 위하여 온갖 수단과 방법을 가리지 아니하는 온갖 모략이나 술책 유의 權謀術策, 權數, 權術

權謀術策(권모술책) 자기 목적 달성을 위하여 수단과 방법을 가리지 아니하는 온갖 모략이나 술책을 말함 참조 權謀術數

歸命頂禮(귀명정례) 모든 불자 예불할 때 부르는 말로 두루 쓰임. 부처님께 돌아가 몸과 마음과 머리를 부처의 발에 대고 공손하게 절을 함

貴耳賤目(귀이천목) 귀를 귀하게 여기고 눈을 아주 천하게 여김. 비판적으로 가까운 것을 나쁘게 여기고, 먼 곳에 있는 것을 아주 좋게 여김 참조 貴鵠賤鷄

克己復禮(극기복례) 자기의 욕심을 마구 누르고, 자기의 착한 본성이나 예도를 이제 회복함 출전 論語 顔淵篇 유의 克復

克己奉公(극기봉공) 자기 자신의 욕망을 많이 억누르고, 나라와 사회를 위해 일한다는 것을 이르는 말 출전 論語

極樂淨土(극락정토) 아미타불(阿彌陀佛)이 살고 있다고 하는 정토(淨土) 유래 이 세상(世上)에서 서쪽으로 십만 억의 불토를 지나서 있으며, 모든 것을 완전히 갖추어 불과(佛果)를 얻은 사람이 죽어서 다시 태어나는 곳으로 불교에서 말하는 내세의 이상세계 유의 極樂安養淨土, 無量淸淨土, 安樂國, 安養界

克伐怨慾(극벌원욕) 네 가지 악덕(惡德)을 뜻함. |남을 이기려 하고, 자기를 자랑하는 일, 원망하고 화내는 일, 욕심을 내고 탐내는 일임 출전 論語

近墨者黑(근묵자흑) 먹을 가까이하는 사람은 겉과 속이 검어짐. 곧 나쁜 사람과 가까이 지내면 자기도 모르게 나쁜 버릇에 물들기 쉬움 유의 近朱者赤 상대 麻中之蓬

近悅遠來(근열원래) 가까운 곳에서는 기뻐하고 먼 곳에서는 찾아옴. 정치를 잘 하면 국내와 인근 국가의 사람들이 그 혜택을 입게 되어 기뻐하고 먼 나라의 사람들도 흠모하여서 상호 모여듦 출전 論語 子路篇

近憂遠慮(근우원려) 가까운 곳에서는 근심하고 먼 곳에서는 같이 염려함 참조 內憂外患

禽困覆車(금곤복거) 새도 자신이 곤경에 빠지면 수레를 뒤엎음. 약자도 위급한 상황이나 기운을 내면 큰 힘을 낼 수 있음을 비유적으로 이름 출전 史記

錦衣夜行(금의야행) 비단옷을 곱게 차려입고 밤길을 다님. 일을 하고도 생색이 나지 않음. 아무런 보람이 없는 헛일을 함. 입신출세하고도 결코 고향으로 돌아가지 않음 출전 史記 項羽本紀 유의 夜行被繡, 衣錦夜行, 繡衣夜行 상대 錦衣還鄕

錦衣玉食(금의옥식) 고운 비단옷과 먹음직스러운 흰 쌀밥. 호화스럽고 사치스러운 생활 [유의] 好衣好食, 暖衣
　　　　　飽食, 暖飽, 飽食暖衣 [상대] 惡衣惡食, 粗衣惡食, 粗衣粗食

錦衣晝行(금의주행) 비단옷을 곱게 차려입고 대낮에 사방을 다님

錦衣還鄕(금의환향) 비단옷을 잘 차려입고 드디어 고향에 돌아옴. 입신출세하여 고향을 찾아서 감
　　　　　[참조] 錦衣夜行

金冠朝服(금관조복) 조선시대에 벼슬아치들이 입던 금관과 조복을 아울러 이름 [유래] 금관조복이라고도 하
　　　　　며, 조근(朝槿)의 복이라고 하여 왕이나 신하가 천자에게 나아갈 때 입는 옷이라는 뜻에서 나왔다.
　　　　　외교용 옷으로 나라의 대사(大事)·경축일·원단(元旦)·동지 및 조칙을 반포할 때 두루 입었음

金蘭之契(금란지계) 쇠처럼 단단하고 난초의 향기처럼 그윽한 사귐이나 그런 의리를 맺음 [참조] 管鮑之交

金蘭之交(금란지교) 쇠처럼 굳고 단단하고 마치 난초 향기처럼 그윽한 사귐 [출전] 易經繫辭上傳 [참조] 管鮑之交

金石盟約(금석맹약) 쇠나 돌처럼 매우 굳고 변함이 없는 약속 [참조] 金石之約

金石之交(금석지교) 쇠나 돌처럼 매우 굳고 변함없는 사귐 [참조] 金石之約

金石之約(금석지약) 쇠나 돌처럼 굳고 변함없는 야무진 약속 [유의] 金石牢約, 金石盟約, 金石相約

金城湯池(금성탕지) 쇠로 만든 성(城)과, 그 둘레에 파놓은 뜨거운 물로 가득 찬 못. 방어시설이 매우 잘
　　　　　되어 있는 성 [출전] 漢書 蒯通傳 [유의] 金城鐵壁, 湯池鐵城, 難攻不落

金枝玉葉(금지옥엽) 금으로 된 가지와 옥으로 되어있는 이파리. 임금의 가족이나 또한 귀한 자손 [유의] 瓊枝玉葉

氣高萬丈(기고만장) 사기충천하여 기운이 높이 치솟고 멀리까지 뻗침. 매우 꺼드럭거리면서 우쭐하여 뽐내
　　　　　는 그런 기세가 대단함 [유의] 豪氣萬丈, 氣焰萬丈

記問之學(기문지학) 단순하게 책을 읽거나 외기만 할 뿐 제대로 이해하지 못하는 허튼 학문

起訴猶豫(기소유예) 검사가 일정한 형사 사건에 대하여 범죄의 혐의를 인정하고는 있으나 범인의 성격,
　　　　　연령, 환경, 범죄의 경중, 정상, 범행 후의 정황 따위를 모두 잘 참작하여 공소를 제기하지 않는
　　　　　일. 곧 기소유예는 피의사건에 대하여 소송조건이 구비되고 범죄의 객관적 혐의가 충분한 경우에
　　　　　도 검사가 범인의 연령·성행·지능·환경, 피해자에 대한 관계, 범행의 동기·수단·결과, 범행
　　　　　후의 정황 등을 참작하여 공소를 제기하지 않을 수 있음

騎獸之勢(기수지세) 짐승의 등을 타고 막 달리는 형세 [참조] 騎虎之勢

奇巖怪石(기암괴석) 매우 기이하게 생긴 바위와 모양이 괴상하게 생긴 돌

奇巖絶壁(기암절벽) 많이 기이하게 생긴 바위와 마치 깎아지른 듯한 낭떠러지

記憶喪失(기억상실) 이전의 어느 기간 동안의 기억이 완전히 사라져버리는 일

氣韻生動(기운생동) 화가의 글씨나 그림의 품위가 있는 기품이나 그 정취가 마치 생생하게 약동하는 듯한
　　　　　특별한 화법(畫法) [출전] 輟耕錄

騎虎難下(기호난하) 호랑이 등에 올라타고 달리면서 내리기가 매우 어려운 형세 [출전] 隋書 獨孤皇后傳

騎虎之勢(기호지세) 호랑이 등에 타고 달리는 형세라는 뜻. 이미 시작한 일을 중도에서 그만둘 수 없음
　　　　　[출전] 隋書 獨孤皇后傳 [유의] 騎獸之勢, 騎虎難下

吉凶禍福(길흉화복) 길흉과 화복을 모두 아울러서 이름

落月屋梁(낙월옥량) 꿈속에서 벗을 만나 한참을 즐기다가 꿈에서 깨어보니 벗은 온데간데없고 지붕 위에
　　　　　싸늘한 달빛만 흩어져 있었다고 함 [출전] 杜甫 夢李白

難伯難仲(난백난중) 누구를 형이라 하고 누구를 아우라고 하기가 썩 어려움 [참조] 難兄難弟

卵翼之恩(난익지은) 알을 까서 날개로 품어주신 은혜란 뜻임. 자기를 낳아 길러준 어버이의 은혜를 끝까지
　　　　　갚음을 말함 [출전] 左傳

男尊女卑(남존여비) 남자는 매우 존귀하고 여자는 아주 비천함. 여자보다 남자를 우대하고 존중함을 뜻함
　　　　　[출전] 列子 天瑞篇 [상대] 女尊男卑

郎廳坐起(낭청좌기) 벼슬이 낮은 낭관(郎官)이 제멋대로 나서서 함부로 일을 본다는 뜻. 수준이 낮은 사람이 수준이 높은 사람보다 더 지독하게 굶을 이름

內剛外柔(내강외유) 안으로는 아주 굳세고 밖으로 상당히 부드러움

內憂外患(내우외환) 나라 안팎의 여러 가지로 어려움을 이룸 출전 國語 晋語, 管子 戒篇 유의 近憂遠慮

內柔外剛(내유외강) 안으로 무척 부드럽고 밖으로 억세게 굳셈 참조 外剛內柔

內潤外朗(내윤외랑) 사람의 재주와 고른 덕망을 겸비한 것. 옥의 광택이 안에 함축된 것과 밖으로 나타난 것이라는 뜻으로 인물의 재덕을 형용해 이르는 말임. 곧 옥의 광택이 안에 함축된 것을 [내윤(來潤)]이라 하고, 밖으로 나타난 것을 [외랑(外朗)]이라 함

來者可追(내자가추) 이미 지나간 일은 더 이상 어쩔 수가 없으나 앞으로의 일은 더욱 조심하여 현명하게 대처할 수 있음(往者不可諫 來者猶可追) 출전 論語 微子篇 / 陶淵明 歸去來辭(悟已往之不諫 知來者之可追)

內助之功(내조지공) 안에서 도와주는 고마운 공. 아내가 가정에서 남편이 바깥일을 잘 할 수 있도록 도와줌 출전 三國志

冷汗三斗(냉한삼두) 식은땀이 서 말씩이나 나온다는 뜻. 자신에 대해서는 몹시 부끄러워하거나 무서워함을 이르는 말

怒甲乙移(노갑을이) 갑에게서 당한 노여움을 을에게로 옮기는 일 참조 怒甲移乙

怒甲移乙(노갑이을) 갑에게서 당한 온갖 노여움을 을에게 옮김. 어떠한 사람에게서 당한 노여움을 애꿎은 다른 사람에게 갚아 화풀이함 유의 怒甲乙移, 怒室色市

怒氣衝天(노기충천) 성질이 하늘을 찌를 듯이 차고 머리끝까지 치받쳐 있는 상태

老馬識途(노마식도) 늙은 말이 자기가 찾아서 갈 길을 앎 참조 老馬之智

老馬之智(노마지지) 늙은 말의 지혜. 아무리 하찮은 것일지라도 저마다 장기나 장점을 지니고 있음. 풍부한 경험에서 나오는 자기의 지혜 출전 韓非子 說林篇 유의 老馬識途

怒目疾視(노목질시) 분노한 눈으로 째려보거나 아주 밉게 봄. 서로가 미워하며 성난 눈으로 시기하면서 노려봄

怒髮衝冠(노발충관) 노하여 일어선 머리카락이 관을 추켜올림. 몹시 성이 난 모양 출전 史記 廉頗藺相如列傳 참조 怒發大發

爐邊談話(노변담화) 화롯가에 둘러앉아서 한가롭게 주고받는 이야기

爐邊情談(노변정담) 화롯가에 빙 둘러앉아 서로 한가롭게 주고받는 이야기 유의 爐邊談話

路不拾遺(노불습유) 길에 떨어진 물건도 주워가지 않음 참조 道不拾遺

勞思逸淫(노사일음) 일을 하면 좋은 생각이 나고, 안일한 생활을 하면 나쁜 마음이 생김

勞燕分飛(노연분비) 때까치와 제비가 서로 나뉘어 날아간다는 뜻. 사람들 사이의 자주 일어나는 이별을 뜻함

老莊思想(노장사상) 노자와 장자의 사상 유래 중국 춘추 전국 시대의 노자와 장자 등 도가의 학자들은 인위적인 도덕이나 제도를 배격하고 자연의 순리에 따를 것을 주장하였다. 노장사상은 '도'는 인위를 초월한 곳에 있으며 인위를 배제하고 무위자연이 될 것을 추구하였다. 후한 말부터 유학의 인기가 크게 하락하였고, 신선사상을 기반으로 노장사상, 유교, 불교 등 여러 신앙 요소가 결합하여 발생한 도교, 특히 노장사상이 주목받았음

綠林豪客(녹림호객) 화적이나 도둑이란 뜻으로 푸른 숲속의 호걸임 참조 綠林豪傑

綠林豪傑(녹림호걸) 푸른 숲속의 호걸. 화적이나 도둑을 달리 이르는 말 출전 後漢書 劉玄劉盆子列傳 유의 綠林豪客, 綠林客, 梁上君子, 無本大商

綠陰芳草(녹음방초) 푸르게 우거진 나무와 향기로운 풀이나 여름철의 자연경관을 이름

綠衣紅裳(녹의홍상) 연둣빛 저고리에 다홍치마. 젊고 아름다운 여자의 고운 옷차림

弄假成眞(농가성진) 장난삼아 한 것이 진심으로 한 것같이 되었음 참조 假弄成眞

弄瓦之慶(농와지경) 딸을 낳았던 그 즐거움 유래 예전에 중국에서 딸을 낳으면 흙으로 만든 실패를 장난감
　　　　으로 주었다는 고사 유의 弄瓦, 弄瓦之喜 상대 弄璋之慶

弄瓦之喜(농와지희) 딸을 낳았던 그들만의 기쁨 참조 弄瓦之慶

雷同附和(뇌동부화) 우렛소리와 같이하여 붙어 섞임 참조 附和雷同

雷逢電別(뇌봉전별) 우렛소리처럼 만났다가 천둥소리처럼 멀리 헤어짐, 곧 아주 잠깐 만났다가 곧 이별함

腦下垂體(뇌하수체) 간뇌 밑에 있으며 돌기 모양의 내분비샘을 이름

累卵之勢(누란지세) 달걀을 포개어 쌓아놓은 위험한 형세 참조 累卵之危

累卵之危(누란지위) 층층이 쌓아놓은 알의 위태로움. 몹시 아슬아슬한 위기 출전 史記 范睢蔡澤列傳
　　　　유의 累卵之勢, 危如累卵, 累卵, 百尺竿頭, 竿頭之勢, 風前燈火, 風燈, 風前燈燭, 風燭, 危機一髮,
　　　　危如一髮, 危如朝露

陵谷之變(능곡지변) 높은 언덕이 깊은 골짜기가 되고 깊은 골짜기가 높은 언덕으로 변한다는 뜻으로, 세상
　　　　일이 극심하게 뒤바뀜 유의 桑田碧海, 桑滄之變, 桑海之變, 滄桑之變, 滄海桑田 참조 桑田碧海

凌雲之志(능운지지) 구름을 쳐다보고 깔본다는 뜻. 속세를 떠나서 완전히 초탈하려는 마음. 큰 뜻을 펼치기
　　　　위하여 아주 높은 벼슬에 오르고자 하는 뜻 참조 靑雲之志

多賤寡貴(다천과귀) 많으면 천하고 적으면 귀하다는 말로 모든 물건은 많고 적음에 따라 그 가치가 따로
　　　　정하여짐

斷金之契(단금지계) 아주 두터운 우정. 쇠라도 자를 수 있을 만큼 강렬한 사귐 참조 管鮑之交

斷金之交(단금지교) 아주 두터운 우정. 쇠라도 자를 수 있을 만큼 강렬한 사귐 참조 管鮑之交

斷機之戒(단기지계) 짜던 베를 그만 끊고 나서 심하게 훈계함 참조 斷機之敎

斷機之敎(단기지교) 학문을 중도에서 그만두면 짜던 베의 날을 끊는 것처럼 아무 쓸모없음 출전 맹자가
　　　　수학(修學) 도중에 집에 돌아오자, 그의 어머니가 짜던 베를 끊어 그를 훈계하였다는 데서 유래
　　　　출전 列女傳 母儀傳 鄒孟軻母條 유의 孟母三遷, 孟母三遷之敎, 三徙, 三遷之敎, 孟母斷機, 斷機之戒

單刀直入(단도직입) 혼자서 칼 한 자루를 손에 쥐고 적진으로 향하여 곧장 쳐들어감. 여러 말을 늘어놓지
　　　　아니하고 바로 핵심적인 것을 말함

斷長補短(단장보단) 긴 곳을 잘라 짧은 곳을 보충함 참조 絕長補短

談笑自若(담소자약) 어려운 근심이나 놀라운 일을 당하였을 때도 보통 때와 같이 빙긋이 웃고 아주 쉽게
　　　　이야기하며 침착함 유의 言笑自若

淡水之交(담수지교) 맑은 물이 서로 사귐. 아주 담박하면서 서로가 변함이 없는 우정 출전 莊子 外篇 山木
　　　　第二十 참조 管鮑之交

當意卽妙(당의즉묘) 그 자리에서 잘 적응하고 아주 재치있게 행동함 또는 임기응변으로 말을 잘 골라서
　　　　쉽게 표현함

大器晚成(대기만성) 큰 그릇을 만드는 데는 시간이 오래 걸림. 크게 될 사람은 늦게 이루어짐 출전 老子
　　　　四十一章), 三國志 魏書 崔琰傳

大聲痛哭(대성통곡) 큰 소리로 몹시 슬프게 힘주어서 곡을 함

對岸之火(대안지화) 강 건너 불이라는 뜻으로, 아무 관계도 없다는 듯이 전혀 관심이 없음

對牛彈琴(대우탄금) 소귀에 거문고 소리란 뜻으로 어리석은 사람에게 깊은 이치를 알려주어도 소용없음
　　　　출전 南朝 梁나라 僧祐의 弘明集

大義滅親(대의멸친) 대의를 위해서는 친족까지도 쉽게 멸함. 국가나 사회의 대의를 위해서는 부모 형제의
　　　　정도 돌보지 않음 출전 春秋左氏傳 隱公 三四年條

大人虎變(대인호변) 호랑이털이 그만 가을이 되어 그 무늬가 뚜렷해지듯이, 훌륭한 사람은 스스로 자신을 새롭게 하여 큰 변화를 이룰 수 있음 출전 易經

大慈大悲(대자대비) 아주 넓고 커서 끝이 없는 부처와 보살의 자비. 관세음보살이 중생을 사랑하고 아주 불쌍하게 여기는 마음

對症下藥(대증하약) 병증세에 알맞도록 약을 정확하게 써야 함. 문제의 핵심을 바로 보고 그에 대처해야 함 유래 화타(華佗)가 증상이 똑같은 두 사람에게 각기 다른 약을 먹게 한 데서 나왔음 출전 三國志 魏書 華佗傳

大智如愚(대지여우) 슬기가 대단한 사람은 슬기를 함부로 나타내지 않으므로 도리어 어리석은 사람같이 보인다는 뜻. 사람의 슬기를 겉에 드러난 단순한 행동만 가지고 쉽게 판단하지 않도록 극히 경계 하여 이르는 말

陶犬瓦鷄(도견와계) 흙으로 빚어서 만든 개와 기와로 구워서 만든 닭이라는 뜻. 겉모습만 훌륭하고 실속이 없어 아무 쓸모도 없는 사람 출전 金樓子

倒履相迎(도리상영) 신발을 거꾸로 신고 나가 손님을 맞이한다는 뜻. 손님을 아주 반갑게 맞이함 출전 漢書 유의 倒履迎之, 倒履迎客

道謀是用(도모시용) 집을 짓는 데 길 가는 사람들에게 의견을 물으면 모두 달라서 집을 지을 수 없다는 말로 주관 없이 남의 의견만 좇는 사람은 성공할 수 없음을 이름 출전 詩經

道不拾遺(도불습유) 나라가 잘 다스려지고 풍속이 워낙 아름다워서 사람들이 길에 떨어진 물건도 감히 주워가지 않음 출전 韓非子 外儲說 左上篇 유의 路不拾遺, 塗不拾遺, 堯舜時代, 堯舜之節, 堯舜時 節, 太平聖代

桃色雜誌(도색잡지) 주로 성적으로 음란한 내용의 기사를 다루는 잡지. 색정에 관한 내용들을 주로 담은 잡지

盜亦有道(도역유도) 도둑에게도 도둑 나름의 또 한 편의 도덕이 있음을 이름

桃園結義(도원결의) 의형제를 맺음 유래 유비, 관우, 장비가 도원에서 의형제를 맺은 데서 유래 출전 三國志 演義 유의 結義兄弟, 盟兄弟

盜憎主人(도증주인) 도둑이 오히려 주인을 아주 미워함. 자기와 반대되는 입장에 있는 사람을 상관관계가 있어 오히려 미워함

倒行逆施(도행역시) 차례나 순서를 잠시 바꾸어서 행함

讀書尙友(독서상우) 책을 읽음으로써 옛날의 현인들과도 벗이 될 수 있음 출전 孟子 萬章下

獨掌難鳴(독장난명) 왼손바닥만으로는 울림을 내기가 극히 어려움 참조 孤掌難鳴

突然變異(돌연변이) 생물체에서 어버이 계통에 없던 새로운 형질이 나타나 유전하는 현상

東家之丘(동가지구) 다른 사람의 진가를 모르거나 가까이 있는 사람을 알아보지 못하는 것을 이르는 말 유래 동쪽 이웃집에 사는 공자를 어리석은 이웃 사람으로 알고 동가구(東家丘)라고 했다는 고사에 서 이웃에 사는 유명한 사람을 알아보지 못함 출전 공자가어(孔子家語)

同價紅裳(동가홍상) 같은 값이면 다홍치마라 했으니, 같은 값이면 좋은 물건을 가짐

同巧異曲(동교이곡) 같은 조건이나 재주로 만든 것의 또 다른 곡조 참조 同工異曲

同巧異體(동교이체) 같은 조건이나 재주로 만든 것의 또 다른 곡조 참조 同工異曲

同根連枝(동근연지) 같은 뿌리에서 나온 잇닿은 나뭇가지. 형제자매(兄弟姉妹)

動脈硬化(동맥경화) 동맥의 벽이 두꺼워지고 굳어져서 탄력을 잃어버린 질환의 일종

東奔西走(동분서주) 동쪽으로 마구 뛰고 서쪽으로 힘차게 뜀. 사방으로 이리저리 몹시 바쁘게 돌아다님 유의 東西奔走, 東走西奔, 東馳西走, 南船北馬

凍氷寒雪(동빙한설) 단단하게 얼어붙은 얼음과 차가운 눈. 극히 심한 추위를 이름

同床各夢(동상각몽) 같은 자리에 자면서 저마다 다른 꿈을 꾸었음 참조 同床異夢

同床異夢(동상이몽) 같은 자리에 똑같이 자면서 서로 다른 꿈을 꿈. 겉으로는 같이 행동하면서도 속으로는 각각 또 다른 생각을 하고 있음 유의 同床各夢

東西奔走(동서분주) 동쪽과 서쪽을 오고가면서 달려감 참조 東奔西走

同性戀愛(동성연애) 같은 성(姓)끼리 서로 사모하는 연애

東走西奔(동주서분) 동쪽으로 달리고 서쪽으로 달림 참조 東奔西走

東推西貸(동추서대) 이곳저곳에서 돈을 꾸어서 빚을 짐 유의 東西貸取, 東取西貸

東衝西突(동충서돌) 동쪽에서도 부딪히고 서쪽에서도 부딪힘 참조 左衝右突

東敗西喪(동패서상) 동쪽에서 패하고 서쪽에서 잃는다는 뜻으로, 여기저기 가는 곳마다 실패하거나 망함을 이르는 말. 이르는 곳마다 모두 실패하거나 망했음

斗折蛇行(두절사행) 물의 흐름이나 길 등이 구불구불 굽어 있는 형용. 북두칠성처럼 꺾여 구부러지고 뱀이 기어가듯 꼬불꼬불함 출전 柳宗元의 詩

得意揚揚(득의양양) 뜻한 바를 드디어 이루어내서 우쭐거리며 뽐냄 출전 史記 官晏列傳 유의 意氣揚揚

登高自卑(등고자비) 높은 곳에 오르려면 낮은 곳에서부터 점차로 시작함. 일을 순서대로 해야 한다는 가르침. 지위가 높아질수록 자신을 늘 낮추는 자세

馬脚露出(마각노출) 말의 다리가 드디어 드러난다는 뜻. 애써 숨기려던 속내의 모습이 드러남 출전 元曲

莫上莫下(막상막하) 누구를 위라고 하고, 누구를 아래라 하기가 껄끄럽고 썩 어려움

莫逆之友(막역지우) 사귐에 뜻이 맞아서 서로 거스르는 일이 전혀 없는 벗 출전 莊子 大宗師 참조 管鮑之交

幕天席地(막천석지) 하늘을 장막으로 삼고 땅을 거적자리로 삼는다는 뜻. 천지를 자기의 거처로 할 정도로 품은 뜻이 크고 넓음

萬頃蒼波(만경창파) 만 이랑이나 되는 한없이 넓고 넓은 바다 유의 萬里滄波

萬古風霜(만고풍상) 아주 오랜 세월 동안 수없이 겪어 온 많은 고생 유의 萬古風雪

萬不得已(만부득이) 매우 부득이(不得已)함. [萬은 '不得已'를 강조. '부득이' 즉 어쩔 수 없이를 강조해서 사용할 때 쓰임. 만(萬) 대신 막(莫, 없을 막)을 쓰기도 함 유의 莫不得已도 같은 뜻

萬夫之望(만부지망) 온 세상의 사람들이 우러러 사모함 또는 그러한 사람 출전 周易

萬死無惜(만사무석) 만 번이나 죽어도 아깝지 않을 만큼 죄가 큼

萬乘天子(만승천자) 많은 군대를 거느렸던 천자나 황제. 1승은 4필의 말이 끄는 兵車(戰車)

晩時之歎(만시지탄) 시기가 늦어 기회를 놓쳤음을 안타까워하는 탄식 유의 晩時之歎, 後時之歎

晩食當肉(만식당육) 늦게 배고플 때 먹는 것은 무엇이든 고기 맛과 같게 느껴짐

萬紫千紅(만자천홍) 울긋불긋한 여러 가지 꽃의 빛깔이나 그런 빛깔의 꽃 유의 千紫萬紅

萬全之計(만전지계) 모든 것에 빈틈없이 완전한 계책을 뜻함 참조 萬全之策

萬全之策(만전지책) 모든 것에 조금도 빈틈없이 완전한 계책 출전 後漢書 劉表傳 유의 萬全之計, 萬全策

亡國之音(망국지음) 나라를 망하게 할 음악. 꽤 저속하고 잡스러운 음악 출전 韓非子 十過篇 유의 亡國之聲, 鄭衛之音, 鄭音, 鄭衛桑間

亡國之歎(망국지탄) 고국이 멸망되었음을 극히 한탄함 유의 亡國之嘆, 麥秀之嘆

亡國之恨(망국지한) 고국의 멸망을 통탄하면서 한탄함 참조 亡國之嘆, 麥秀之嘆

亡羊之歎(망양지탄) 양을 잃어버리고 하는 탄식 유의 亡羊之嘆

望洋之歎(망양지탄) 큰 바다를 바라보며 하는 크게 통탄함. 어떤 일에 자기 자신의 힘이 미치지 못할 때 하는 탄식 출전 莊子 秋水篇 유의 望洋之嘆

望雲之情(망운지정) 고향 쪽의 구름을 바라보는 애절한 마음. 객지에서 고향에 계신 어버이를 생각하는 마음 출전 唐書 狄仁傑條 유의 望雲之懷

望雲之懷(망운지회) 고향 쪽의 구름을 바라보는 애절한 마음 [참조] 望雲之情

妄自尊大(망자존대) 망령되게 함부로 스스로를 높이고 애써 잘난 체를 함 [출전] 後漢書 馬援傳

賣劍買牛(매검매우) 칼을 팔아서 소를 삼. 전쟁(戰爭)에 사용(使用)하는 무기(武器)인 칼을 팔고 농사짓는 데 필요한 소를 삼. 검을 팔아서 소를 산다는 뜻으로, 병사를 그만두고 농사를 지으니 곧 평화로운 세상이 됨 [출전] 漢書

賣鹽逢雨(매염봉우) 소금을 팔다가 비를 만난다는 뜻. 일에 어려움을 만나게 되면 되는 일이 전혀 없음 [출전] 松南雜識

梅妻鶴子(매처학자) 매화 아내에 학 아들. 속세를 떠나서 유유자적하고 넉넉하게 생활하는 것 [출전] 詩話總龜 [참조] 悠悠自適

麥丘邑人(맥구읍인) 곱고 덕스럽게 늙은 사람, 곧고 슬기로워 인생의 바른길을 인도할 수 있는 노인을 말함 [유래] 제(齊)나라 환공(桓公)이 맥구(麥丘)로 사냥을 나갔다가 우연히 곱게 늙은 한 노인을 만나 깊은 깨달음을 얻게 되어 그 노인을 맥구의 우두머리로 임명했다는 고사 [출전] 新序 雜事

麥秀之歎(맥수지탄) 잘 자란 보리 이삭을 보고 하는 탄식. 고국의 멸망을 크게 한탄함 [유래] 기자(箕子)가 은(殷)나라가 망한 뒤의 폐허가 된 궁궐터에서도 보리는 잘 자라고, 기장은 윤기 있는 것을 보고 망국을 한탄하였다는 고사 [출전] 史記 宋微子世家 [유의] 麥秀之嘆, 亡國之歎, 亡國之恨, 麥秀黍油 [참조] 麥秀之歎

孟母斷機(맹모단기) 맹자의 어머니가 짜던 베의 날을 끊음. 학문을 중도에 그만두면 아무 쓸모가 없다는 것을 비유하는 말 [출전] [맹모의 성은 장(仉)씨로 맹자의 어머니다. 남편이 죽고 아들을 데리고 살았는데, 자식의 교육을 위해서 세 번이나 이사했다고 전함] [참조] 斷機之敎

孟母三遷(맹모삼천) 자식 교육에 정성을 다함 [유래] 맹자가 어렸을 때 묘지 가까이 살았더니 장사 지내는 흉내를 내기에, 맹자 어머니가 집을 시전 근처로 옮겼는데 이번에는 물건 파는 흉내를 내므로, 다시 글방이 있는 곳으로 옮겨 공부를 시켰다는 데서, 맹자의 어머니가 아들을 가르치기 위하여 세 번씩이나 이사를 하였음 [출전] 列女傳, 母儀傳

盲人直門(맹인직문) 소경이 정문을 바르게 잘 찾아서 들어감 [참조] 盲者正門

盲者正門(맹자정문) 소경이 정문을 바르게 잘 찾아서 들어감. 어리석은 사람이 어쩌다가 이치에 들어맞는 일을 잘함 [유의] 盲人直門, 盲者直門

盲者直門(맹자직문) 소경이 정문을 바르게 잘 찾아서 들어감 [참조] 盲者正門

猛虎伏草(맹호복초) 풀밭에 엎드려 숨어있는 범이란 뜻. 훌륭한 인물은 일시적으로 잠시 잠깐 숨어있지만, 때가 되면 반드시 어엿하게 세상에 드러남

綿裏藏針(면리장침) 솜 속에 바늘을 감추어 꽂는다는 뜻. 겉으로 보이기에는 부드러운 듯하지만 속으로는 아주 흉악함

面張牛皮(면장우피) 얼굴에 쇠가죽을 바름. 몹시 뻔뻔스러움 [유의] 鐵面皮, 強顏, 厚顏, 顏厚

面從腹背(면종복배) 겉으로는 적극적으로 복종하는 체하면서 내심으로는 배반하고 있음 [유의] 面從後言, 陽奉陰違

免責特權(면책특권) 국회의원이 국회에서 직무상 행한 발언과 표결에 대하여 국회 밖에서는 책임을 일절 지지 않는 특권이 있음

滅門之禍(멸문지화) 한 집안이 점차 멸망하여 없어져 버림 [유의] 滅門之患, 滅族之禍

滅私奉公(멸사봉공) 사사로움을 모두 버리고 오직 공익(公益)만을 받듦

明鏡高懸(명경고현) 높은 곳에 매달려 있는 맑고도 맑은 거울. 시비를 분명하게 잘 따지는 공정무사(公正無私)한 만인의 법관 [유래] 진(秦)나라에 있었다는 거울로 사람의 마음까지도 훤히 비추었다는 데서 유래한 고사 [출전] 西京雜記 卷三 [유의] 秦鏡高懸

名過其實(명과기실) 이름만 좋고 사실은 그만하지 못하다는 뜻. '빛 좋은 개살구'와 통함

命世之才(명세지재) 한 시대를 바로잡아 구원할 만한 큰 인재 [참조] 棟梁之器

名實相符(명실상부) 높은 이름과 현재의 실상이 서로 꼭 맞음

明若觀火(명약관화) 불을 보듯이 분명하고 너무도 뻔해 보임 [유의] 觀火, 不問可知, 不言可知, 不言可想

命在頃刻(명재경각) 거의 죽게 되어서 곧 숨이 끊어질 지경에 이름 [유의] 命在朝夕

明哲保身(명철보신) 총명하고 사리에 밝아 일을 잘 처리하여 자기 몸을 잘 보존함 [출전] 書經 說命(열명)

毛皮之附(모피지부) 가죽도 없는데 털이 붙는다는 뜻. 중요한 일은 처리하지 않으면서 부분적인 것만 해결하려고 노력함 [출전] 晉書

目不忍見(목불인견) 눈앞에 벌어진 상황 따위를 눈 뜨고는 차마 볼 수 없음 [유의] 不忍見

木偶人衣(목우인의) 나무 인형에 옷을 입힌다는 뜻. 쓸데없는 일을 계속함 [출전] 史記

目前之計(목전지계) 눈앞의 뻔히 보이는 계책 [참조] 姑息之計

夢想不到(몽상부도) 꿈에서도 생각하지 못한 매우 회괴한 일

夢外之事(몽외지사) 천만에 뜻밖의 일. 천부당 만부당하는 일

夢中占夢(몽중점몽) 꿈속에서 꿈에 대하여 점을 친다는 뜻. 사람의 인생이 덧없음을 이름 [출전] 莊子

無累之人(무루지인) 무슨 일에도 전혀 관련을 갖지 않으며 온갖 욕심에서 벗어난 사람 [출전] 淮南子

武陵桃源(무릉도원) 세상과 따로 떨어지는 새로운 별천지. 이상향 [유래] 晉나라 때 武陵의 한 어부가 복숭아 꽃이 핀 수원지로 올라가 굴속에서 秦나라의 난리를 피하여 온 사람들을 만났는데, 그들은 매우 살기 좋아 그동안 바깥세상의 변천과 많은 세월이 지난 줄도 몰랐다는 데서 유래한 고사 [출전] 陶淵明의 桃花源記 [유의] 桃源, 桃源鄕, 仙境, 仙界, 仙鄕, 仙寰, 桃源境, 理想鄕, 壺中天地, 壺中天, 壺天, 一壺天, 別世界, 別乾坤, 別有天地, 別天地, 別天界, 別有乾坤, 小國寡民

舞馬之災(무마지재) 말이 춤추는 꿈을 꾸게 되면 화재가 일어난다는 데서 나온 말. '화재'를 다르게 이르는 말 [출전] 全國策 [유의] 馬舞之災

無病長壽(무병장수) 병 없이 건강하게 오래 삶

無私無偏(무사무편) 개인적인 욕심이나 치우침이 없이 매우 공평함

無用之物(무용지물) 쓸모없는 물건, 아무리 생각해도 전혀 쓸모가 없는 사람

無用之用(무용지용) 쓸모없는 것의 쓰임. 언뜻 보기에 쓸모없는 것이 오히려 큰 구실을 함 [출전] 莊子 人間世篇

無爲之治(무위지치) 인위적인 노력을 하지 않아도 다스려지는 이상적 정치 [참조] 無爲而治

無人之境(무인지경) 사람이 살지 않는 외진 곳

無賃乘車(무임승차) 차비를 내지 않고 차를 탐

無知莫知(무지막지) 아는 게 전혀 없어 매우 상스러우면서도 포악함

無偏無黨(무편무당) 어느 한쪽으로 치우치거나 특정 무리에 속하지 않음 [유의] 不偏不黨

黙黙不答(묵묵부답) 잠자코 아무 대답도 하지 않고 가만히 있음

墨守成規(묵수성규) 춘추시대 송나라의 묵자(墨子)가 내기에서 성을 잘 지켜 초나라의 공격을 아홉 번이나 물리쳐 실제 전쟁을 막았다는 데서 유래한 고사. 자신의 의견이나 주장을 끝까지 지킴 또는 낡은 틀에만 한사코 매달림 [출전] 墨子 公輸盤篇 [유의] 墨翟之守

墨子悲染(묵자비염) 묵자(墨子)가 물들이는 것을 슬퍼함. 습관을 어떻게 들이느냐에 사람의 성품과 인생의 성패가 결정된다는 것을 비유하는 말 [유래] 중국 전국시대(戰國時代)의 사상가(思想家)였던 묵자가 하얀 실을 보고, 그것이 어떤 빛깔로도 물들 수 있음을 알고 울었다는 고사. 사람은 습관이나 환경에 따라 그 성품이 착해지기도 악해지기도 함을 이름 [유의] 墨子泣絲

文過飾非(문과식비) 허물도 꾸미고 자기 잘못도 꾸민다는 뜻. 잘못이 있음에도 뉘우침도 없이 숨길 뿐만 아니라 도리어 잘난 체함

文武兼全(문무겸전) 학문과 함께 무예까지 고루 갖추었음 [유의] 文武雙全

文武雙全(문무쌍전) 학문과 함께 무예까지 고루 갖추었음 유의 文武兼全

門庭若市(문정약시) 대문 안 뜰이 시장과 같음. 찾아오는 사람이 많음 참조 門前成市

勿輕小事(물경소사) 아무리 작은 일이라도 가벼이 보지 말라는 뜻. 작은 일에도 그 정성을 다하라는 가르침

物薄情厚(물박정후) 남과 사귐에 있어서 선물이나 향응만큼은 변변하지 않다고 하더라도 마음의 정만은
　　　　　두터이 함을 말한 것

物腐蟲生(물부충생) 물건이란 반드시 먼저 썩은 뒤라야만 그에 따른 벌레가 생김. 내부에 약점이 생기면
　　　　　곧 외부의 침입이 있게 됨 출전 蘇軾 范增論

勿失好機(물실호기) 좋은 기회를 놓치지 말라는 뜻 유의 時不可失

物我一體(물아일체) 외물(外物)과 자아(自我)는 물론 객관과 주관까지 포함됨, 또는 물질계와 정신계가 어
　　　　　울려 꽁꽁 하나가 됨

微官末職(미관말직) 지위가 아주 낮은 벼슬 또는 그런 위치에 있는 사람들 모임

未能免俗(미능면속) 아직도 속된 습관에서 벗어나지 못함. 또는 그런 습관은 버리기가 매우 어려움
　　　　　출전 世說新語 任誕

尾生之信(미생지신) 믿음이 두터움 출전 사기(史記) 소진전(蘇秦傳) 우직하여 융통성이 없이 약속만을 굳게
　　　　　지킴 유래 장자(莊子) 도척편(盜跖篇) 춘추시대에 미생(尾生)이라는 자가 다리 밑에서 만나자고
　　　　　한 여자와의 약속을 지키기 위하여 홍수에도 피하지 않고 기다리다가 마침내 익사하였다는 오직
　　　　　순고한 고사

美人薄命(미인박명) 미인의 목숨은 그 수명이 아주 짧음 참조 佳人薄命

薄利多賣(박리다매) 이익을 다소 적게 보고 더 많이 파는 것

薄氷如臨(박빙여림) 살얼음을 밟는 것처럼 아주 위태로움이란 지경 유의 如履薄氷

拍掌大笑(박장대소) 손뼉을 치면서 아주 크게 웃음 유의 拍笑

盤溪曲徑(반계곡경) 서려 있는 계곡과 많이 구불구불한 길. 일을 순서대로 정당하게 하지 아니하고 그릇된
　　　　　수단을 써서 억지로 함 유의 旁岐曲徑

反求諸己(반구저기) 돌이켜서 그 원인을 자기에게서 찾음이라는 뜻. 크게 반성하여서 자신을 꾸짖음
　　　　　출전 孟子, 中庸

盤根錯節(반근착절) 서려있는 뿌리와 얼크러진 마디마디. 처리하기가 매우 어려운 사건. 세력이 깊이 뿌리
　　　　　박고 있어 흔들리지 아니함 출전 後漢書 虞詡傳 유의 盤錯

反對給付(반대급부) 어떤 일에 선뜻 대응하여 쉽게 얻게 되는 이익

半面之分(반면지분) 얼굴만 약간 알 정도로 그 교분이 썩 두텁지 못한 사이 유의 半面識, 半面之識

半面之識(반면지식) 얼굴만 약간 알 정도로 그 교분이 두텁지 못한 사이 참조 半面之分

反覆無常(반복무상) 언행이 일관성 없이 이랬다저랬다 일정하지 아니함

半身不隨(반신불수) 병이나 사고로 인하여 반신이 함께 마비되는 일

般若心經(반야심경) ‘대반야바라밀다경’의 요점을 간결하게 설명한 짧은 경전

半子之名(반자지명) 사위를 거의 아들과 다름없이 여김. 딸의 남편인 사위 유의 百年之客, 佳婿, 佳壻, 嬌客,
　　　　　東床, 東廂, 東牀, 半子, 壻郞, 女壻, 令壻

反禍爲福(반화위복) 도리어 잘못된 화가 오히려 복이 됨

拔本塞源(발본색원) 뿌리를 다 뽑고 샘물을 꽉 틀어막음. 좋지 않은 일의 근본을 없애 다시는 그러한 일이
　　　　　생길 수 없도록 함 출전 春秋左氏傳 昭公 九年條

拔山蓋世(발산개세) 힘은 산을 뽑을 만큼 세고 기개는 세상을 덮을 만큼 웅대함 유래 항우(項羽)가 해하(垓
　　　　　下)에서 한(漢)나라 군사에게 포위되었을 때 적군들이 사방에서 초나라 노래를 부르는 것을 듣고
　　　　　읊었다는 시의 한 구절에 나온 고사 출전 史記 項羽本紀 유의 方拔山氣蓋世

放聲大哭(방성대곡) 목을 놓아서 크게 통곡하는 소리

方底圓蓋(방저원개) 밑바닥은 각이 져 모가 나고 덮개는 둥긂

排山壓卵(배산압란) 산을 떠밀어 달걀을 눌러 깨뜨린다는 뜻. 뜻하지 일이 아주 쉽게 됨 출전 晉書

背水之陣(배수지진) 강이나 바다를 등지고 치는 진. 결사항전 의지의 표현 유래 한(漢)나라의 한신(韓信)이
　　　　강을 등지고 진을 쳐서 병사들이 물러서지 못하고 힘을 다하여 싸우도록 하여 조(趙)나라의 군사
　　　　를 물리쳤다는 사기(史記)에 나온 고사 출전 史記 淮陰侯列傳 유의 背水陣, 濟河焚舟, 破釜沈舟
　　　　(船), 捨量沈舟

倍稱之息(배칭지식) 이자가 빌린 돈의 배가 된다는 뜻. 아주 비싼 이자를 합산하여 말함

百計無策(백계무책) 어떤 어려운 일을 당해도 아무리 생각해도 풀 만한 계책이 없음. 어려운 일을 당하여
　　　　온갖 계교를 다 써도 해결할 방도를 찾지 못함 유의 計無所出

百年佳期(백년가기) 평생을 같이 지낼 것을 굳게 다짐한 언약 참조 百年佳約

百年佳約(백년가약) 남녀가 결혼하여 평생을 함께 지낼 것을 다짐하는, 아름다운 언약. 젊은 남녀가 부부가
　　　　되어 평생을 같이 지낼 것을 다짐하는 아름다운 언약 유의 百年佳期, 百年言約, 百年之約

百年之客(백년지객) 딸의 남편인 사위를 말함. 언제나 깍듯하게 대해야 하는 어려운 손님이라는 뜻
　　　　참조 半子之名

百年之約(백년지약) 평생을 같이 지낼 것을 굳게 다짐하는 아름다운 언약. 百年佳約

百世之師(백세지사) 후세까지 모든 사람의 스승으로 존경을 받을 만한 훌륭한 사람

白手乾達(백수건달) 돈 한 푼 없이 빈둥거리며 놀고먹는 건달패

伯仲叔季(백중숙계) [백(伯)]은 '맏이', [중(仲)]은 '둘째', [숙(叔)]은 '셋째', [계(季)]는 '막내'라는 뜻. 사형제의
　　　　차례를 이르는 말 출전 禮記 檀弓上篇. 원래는 사형제일 때의 서열이고 반드시 셋째는 叔, 넷째는
　　　　季로 고정된 것은 아님. 남의 동생은 모두 季氏라 하며, 형제가 둘일 때는 兄의 아들이 아버지의
　　　　弟(둘째)를 叔父라고도 함

伯仲之間(백중지간) 누가 첫째이고, 누가 둘째인지 구분하기가 썩 어려움 참조 難兄難弟

伯仲之勢(백중지세) 누가 첫째이고 누가 둘째인지 구분하기가 아주 어려움 출전 위나라 文帝 曹丕 典論

百八念珠(백팔염주) 작은 구슬 108개를 꿴 염주. 흔히 '백팔번뇌(百八煩惱)'를 상징함

伐齊爲名(벌제위명) 겉으로는 어떤 일을 하는 체하고 속으로는 딴짓을 함 출전 전국시대 연나라 장수 악의
　　　　(樂毅)가 제나라를 칠 때, 제나라의 장수 전단(田單)이 악의가 제나라를 정복한 뒤에 제나라의
　　　　왕이 되려고 한다는 헛소문을 퍼뜨리자, 燕王이 의심하여 악의를 불러들였다는 고사

碧海桑田(벽해상전) 푸른 바다가 뽕나무밭이 됨 참조 桑田碧海

變化無雙(변화무쌍) 도무지 비할 데가 없이 변화가 아주 심함

補過拾遺(보과습유) 임금의 잘못을 바로잡아 고치도록 함 출전 한서(漢書)

保身之策(보신지책) 자기 몸을 잘 보전하는 계책

普天率土(보천솔토) 하늘 아래의 온 세상, 온 나라의 영토 안이란 뜻으로 온 천하를 이르는 말. '普天之下(보천
　　　　지하) 率土之濱(솔토지빈)'을 줄인 말로, 하늘과 땅을 덮고 있는 온 세상을 가리키는 말 출전 詩經

覆車之戒(복거지계) 앞의 수레가 엎어지는 것을 보고 뒤의 수레는 미리 경계하여 엎어지지 않도록 함. 남의
　　　　실패를 거울삼아서 자기 처신에 크게 경계함 출전 漢書 賈誼傳 유의 殷鑑不遠, 不踏覆轍, 以古爲鑑,
　　　　前車可鑑, 前車覆後車戒, 前覆後戒, 學于古訓

伏慕區區(복모구구) 흔히 '삼가 사모하는 마음 그지없다'라는 뜻으로 쓰임, 주로 한문 투 편지글에서 쓰는 말

伏慕無任(복모무임) 주로 한문 편지에서, '삼가 사모하는 마음 그지없어 어찌할 바를 참으로 모르겠습니다'
　　　　라는 뜻으로 쓰이는 글임

腹背之毛(복배지모) 배와 등에 난 털이라는 뜻. 비교적 쓸모없음을 이름

腹心之友(복심지우) 마음이 맞아서 매우 친한 친구 출전 漢書

腹藏遺物(복장유물) 불상 뱃속에 들어있는 '사리'나 '불경'과 같은 유물

本然之性(본연지성) 사람이 본디부터 가지고 있는 성품 출전 朱子語類

奉公滅私(봉공멸사) 이제 사욕을 다 버리고 오직 공익을 위하여 힘씀

附加價値(부가가치) 서로 가치 위에 덧붙이는 더 높은 가치

富貴浮雲(부귀부운) 뜬구름과 같이 하염없고 덧없는 부귀 출전 論語

不得其位(부득기위) 가의 실력은 충분하나 그 실력을 펴볼 자리를 얻지 못함

浮生若夢(부생약몽) 뜬 인생이 꿈과 같다는 뜻. 오직 인생의 허무함을 말함 참조 浮生如夢

扶養家族(부양가족) 처자나 부모 형제 등 자기가 부양하거나 부양하여야 하는 가족

浮雲朝露(부운조로) 뜬구름과 아침 이슬이란 뜻. 덧없는 인생이나 세상

夫爲婦綱(부위부강) 아내는 남편을 지극하게 섬기는 것이 근본임

父爲子綱(부위자강) 아들은 아버지를 지극하게 섬기는 것이 근본임

扶危定傾(부위정경) 위기를 맞아 잘못됨을 바로잡고 나라를 바로 세움

父慈子孝(부자자효) 부모는 자녀를 사랑하고, 자녀는 부모에게 효도함

賦存資源(부존자원) 경제적 목적에 이용할 수 있는 지각 안의 지질학적 자원들

不卽不離(부즉불리) 두 관계가 붙지도 아니하고 떨어지지도 아니함. 찬성도 아니고 반대도 아니함

不知其數(부지기수) 헤아릴 수가 없을 만큼 숱하게 많음

父執尊長(부집존장) 아버지의 벗으로 나이가 아버지와 비슷한 어른 유의 父執, 父交

夫唱婦隨(부창부수) 남편이 주장하고 아내가 이에 잘 따름 유의 唱隨, 倡隨

附和雷同(부화뇌동) 우렛소리에 함께 붙어서 섞임. 자기 주견이 없이 남의 의견에 따라 움직임 출전 禮記
　　　　　曲禮 유의 雷同, 雷同附和, 符同, 附和隨行, 隨衆逐隊, 旅進旅退

附和隨行(부화수행) 자기 주견이 없이 남의 의견에 따라 요리조리 움직임 참조 附和雷同

北門之歎(북문지탄) 북문(北門)은 궁궐의 상징어. 북문의 한탄. 벼슬자리에 나가기는 하였으나 자기 뜻대로
　　　　　성공하지 못하여 그 곤궁함을 여지없이 한탄하고 애석해함

北山之感(북산지감) 북산에서 느끼는 감회. 북산(北山)은 궁궐의 상징어. 나랏일에 힘쓰느라 부모봉양을
　　　　　제대로 못 한 것을 애석하게 슬퍼하는 마음

奔放自在(분방자재) 일정한 규정이나 규칙에 따르지 않고 제멋대로 행동함

粉靑沙器(분청사기) 청자에 백토로 분을 발라서 다시 구워내는 그릇이란 뜻

不刊之書(불간지서) 닳아 없어지지 않고 오래도록 세상에 전해질 귀중한 책

不求甚解(불구심해) 속 깊이 이해하기를 더는 구하지 않음 출전 陶淵明 五柳先生傳

不能不已(불능불이) 이제는 더 이상 그만두지 않을 수가 없음

不慮胡獲(불려호획) 깊이 생각하지 않는다면 좋은 결과를 얻지 못함 출전 書經

不眠不休(불면불휴) 더 이상 자지도 않고 쉬지도 않음. 모든 일에는 모든 힘을 다 쏟음

不費之惠(불비지혜) 자기에게 손해도 없이 남에게 무조건 베푸는 은혜

不世之才(불세지재) 세상에서 보기 드문 재주 또는 그러한 사람

不審檢問(불심검문) 아는 것이 의심스러운 대상을 더 두어서 멈추어 깊이 알아봄

不審之責(불심지책) 자세히 살피지 못한 것에 대한 무거운 책임감을 짐

不言之化(불언지화) 말하지도 않고 거기에 미치는 감화

不辱君命(불욕군명) 외국에 사신으로 가서 임금의 명을 욕되게 하지 않음이란 뜻으로 자기가 맡은 바를
　　　　　훌륭하게 마침 출전 論語

不意之變(불의지변) 뜻밖에 갑자기 일어나는 변고(變故)

不忍正視(불인정시) 잘못으로 인하여 차마 바로 볼 수가 없음

不恥下問(불치하문) 아랫사람에게 묻는 것을 부끄러워하지 않음. 손아랫사람이나 지위나 학식이 자기만 못한 사람에게 모르는 것을 묻는 일을 부끄러워하지 않음 [출전] 論語 公冶長篇 [유의] 孔子穿珠

不偏不黨(불편부당) 어느 한쪽으로 치우치거나 특정 무리에 속하지 않음 [참조] 無偏無黨

非禮之禮(비례지례) 예의에 어긋나지 않은 듯이 보이나, 실제로는 크게 어긋남 [출전] 孟子

非命橫死(비명횡사) 뜻밖에 큰 사고를 당하여 죽음

比比有之(비비유지) 어떤 일이나 또 다른 현상이 흔히 있음

比屋可封(비옥가봉) 집마다 상 받을 만한 사람이 많다는 뜻. 요순(堯舜)시대처럼 평화로움을 말함

比翼連理(비익연리) 비익조(比翼鳥)와 연리지(連理枝). 부부 사이가 아주 화목함 [유의] 琴瑟之樂

飛潛同置(비잠동치) 날고 잠기는 표현이 같은 작품에 놓여 있음. 옛날 한시를 지을 때 좋은 작품을 얻기 위한 기본적인 수사법을 이름

飛鳥驚蛇(비조경사) 새가 날아가는 듯하고 뱀이 놀란다는 뜻. 움직임이 너무 넘치는 글씨체 [출전] 法書苑 [유의] 打草驚蛇, 宿虎衝鼻, 驚蛇入草

氷淸玉潤(빙청옥윤) 차가운 얼음과 같이 맑고 해맑은 구슬과 같이 윤이 난다는 뜻. 장인과 사위의 서로 인물됨이 다 같이 뛰어남 [출전] 晉書

氷炭之間(빙탄지간) 얼음과 숯불과 같이 어긋나는 껄끄러운 그러한 사이. 서로 화합할 수 없는 사이 [출전] 楚辭 東方朔七諫傳 [유의] 氷炭不相容

士氣衝天(사기충천) 지금의 사기(士氣)가 하늘을 찌를 듯이 매우 높음

私利私慾(사리사욕) 사사로운 자기 이익과 가득 채우려는 욕심

四分五裂(사분오열) 여러 갈래로 서로 갈기갈기 찢어짐. 질서 없이 어지럽게 흩어지거나 헤어짐. 천하가 심히 어지러워짐 [출전] 戰國策 魏策 [유의] 四分五裂

邪不犯正(사불범정) 바르지 못하고 요사스러운 것이 바른 것을 감히 건드리지 못함. 정의가 필연코 이김 [참조] 事必歸正

砂上樓閣(사상누각) 모래 위에 세운 누각이라는 뜻. 기초가 튼튼하지 못하여 오래 견디지 못할 일이나 그러한 물건을 이르는 말

射石爲虎(사석위호) 돌을 호랑이로 알고 쏘았더니 돌에 화살이 꽂혔다는 뜻. 어떤 일이든지 최선을 다하면 이룰 수 있음을 이르는 말 [참조] 中石沒鏃

蛇身人首(사신인수) 뱀의 몸뚱이에 사람의 대가리 [유래] 중국 상고시대의 제왕 복희씨의 괴상한 모양을 이르는 말

蛇心佛口(사심불구) 뱀의 마음과 부처의 입이라는 뜻. 마음은 매우 간악하면서 입으로는 아주 착한 말을 함 또는 그러한 사람

辭讓之心(사양지심) 사람의 본성에서 우러나오는 겸손히 남에게 사양하는 마음. 禮의 실마리가 되는 마음 [참조] 四端

事已至此(사이지차) 이미 일이 여기에 이르렀다는 뜻. 이제 후회해도 소용이 없음

使人勿疑(사인물의) 의심스러운 사람은 일단 부리지 말고(疑人勿使), 사람을 한번 부리게 되었다면 그 사람을 의심하지 말아야 함

四柱八字(사주팔자) 사주(생년월일)의 干支(간지)가 되는 모두 여덟 글자. 사주에 따라 운명이 정하여 있다고 믿어 흔히 '타고난 운수'의 뜻으로 쓰임

沙中偶語(사중우어) 신하가 남몰래 임금을 몰아낼 꾀를 속삭임 [유래] 漢나라 高祖 때 벼슬을 받지 못한 신하들이 모래에 앉아 마주 보고 역모를 꾸몄다는 고사 [출전] 史記

使之聞之(사지문지) 자기의 뜻을 다른 사람을 통해 간접적으로 달리 전함

削奪官職(삭탈관직) 죄지은 자의 벼슬과 품계를 빼앗음. 빼앗은 벼슬아치의 명부에서 그 이름을 모두 지우던 일

山明水紫(산명수자) 산 모양이 선명하고 물이 단풍잎에 덮임 참조 山紫水明

山陽聞笛(산양문적) 이미 죽어버린 친구를 그리워하는 마음을 말함 유래 진(晉)나라의 향수(向秀)는 산양(山陽)을 지나가다가 피리소리를 듣고 어린 시절의 벗들을 그리워하며 사구부(思舊賦)라는 부(賦)를 지었다는 고사

山紫秀麗(산자수려) 산은 자줏빛으로 선명하고 물은 깨끗하다는 뜻. 경치가 매우 아름다움을 이르는 말

山紫水麗(산자수려) 산의 초목에 붉은 단풍이 들고 물은 대단히 곱다는 뜻

山紫水明(산자수명) 산의 초목에 붉은 단풍이 들고 물은 대단히 맑음. 경치가 매우 아름다움 유의 山明水麗, 山明水紫, 山明水淸, 山紫水麗

山珍海錯(산진해착) 산에서 나는 진귀한 것과 바다에서 나는 맛있는 것 참조 膏粱珍味

三綱五倫(삼강오륜) 유교의 도덕에서 기본이 되는 세 가지의 강령과 다섯 가지의 도리 유래 유교 도덕에서 기본이 되는 세 가지의 강령(君爲臣綱, 父爲子綱, 夫爲婦綱)과 지켜야 할 다섯 가지의 도리(君臣有義, 父子有親, 夫婦有別, 長幼有序, 朋友有信)

森羅萬象(삼라만상) 우주 안에 있는 온갖 사물과 현상 출전 法句經 유의 萬彙群象

三分五裂(삼분오열) 모두 셋으로 나뉘고 함께 다섯으로 찢어짐

參商之歎(삼상지탄) 두 사람이 헤어져 있어 서로 만나기가 어려운 것에 대한 탄식 유래 서쪽의 별인 삼성(參星)과 동쪽의 별인 상성(商星)이 서로 멀리 떨어져 있음

三旬九食(삼순구식) 삼십일 동안 아홉 끼니밖에 먹지 못함. 몹시 가난함 출전 陶淵明 擬古詩

三人成虎(삼인성호) 세 사람이 짜면, 거리에 범이 나왔다는 거짓말도 꾸밀 수 있음. 근거 없는 말이라도 여러 사람이 말하면 곧이 들음 출전 戰國策 魏策 유의 三人成市虎, 市虎, 投杼疑, 投杼踰牆

三從之德(삼종지덕) 평생에 세 사람을 좇는 아름다운 덕목 참조 三從之道

三從之道(삼종지도) 예전에, 여자가 따라야 할 세 가지 도리 유래 어려서는 아버지, 결혼해서는 남편, 남편이 죽은 후에는 아들을 따르는 도리 출전 禮記 儀禮 喪服傳 유의 三從, 三從依托, 三從之德, 三從之禮, 三從之法, 三從之義, 三從之托

三從之禮(삼종지례) 세 사람을 성심껏 좇는 예도 참조 三從之道

三從之法(삼종지법) 세 사람을 법도껏 좇는 법도 참조 三從之道

三從之義(삼종지의) 세 사람을 도덕껏 좇는 도의 참조 三從之道

三枝之禮(삼지지례) 세 가지 아래에 앉아 어미를 관찰하는 예의. 비둘기는 예의를 지켜 어미 새가 앉은 가지에서 세 가지 아래에 앉는다는 말

三尺童子(삼척동자) 아직은 철없는 어린아이. 키가 석 자 정도밖에 되지 않는 어린아이

三遷之敎(삼천지교) 부모가 자녀교육을 두고 정성을 다함 유래 맹자가 어렸을 때 묘지 가까이 살았더니 장사 지내는 흉내를 내기에, 집을 시전 근처로 옮겼더니 이번에는 물건 파는 흉내를 내므로, 다시 글방이 있는 곳으로 옮겨 공부를 시켰음 출전 列女傳 母儀傳

三寸之舌(삼촌지설) 세 치의 혀라는 뜻으로 뛰어난 말재주 출전 史記 平原君列傳

三秋之思(삼추지사) 하루만 만나지 않아도 삼 년 동안이나 만나지 않은 것처럼 그리움으로 생각함 유의 一日三秋, 一刻三秋

三皇五帝(삼황오제) 세 명의 임금과 다섯 명의 제왕 유래 중국 전설 속의 상고시대의 제왕으로, 이상적인 제왕의 상을 말함. 삼황(燧人氏, 伏羲氏, 神農氏)과 오제(黃帝, 顓頊, 帝嚳, 堯, 舜)를 아울러 이름

相驚伯有(상경백유) [백유(伯有)]라는 말에 서로 놀람. 일어나지도 않은 일에 놀라서 무서워하는 것을 비유하는 말 유래 춘추시대(春秋時代)에 사나운 [백유(伯有)]라는 사람의 이름만 들어도 정(鄭)나라 사람들은 놀랐다는 고사에서 온 말로 있지도 않은 일에 놀라서 두려워하며 어쩔 줄 모름 출전 左傳

傷弓之鳥(상궁지조) 화살에 맞은 경험이 있어 활을 두려워하는 새라는 뜻. 어떤 일로 한번 혼이 난 뒤부터는 그것을 두려워하는 마음을 가짐 참조 懲羹吹虀

喪頭服色(상두복색) 상여를 꾸미기 위해 둘러치는 오색 비단의 휘장. 겉으로는 번지르르하게 꾸몄으나 속으로는 보잘것없는 일이나 그러한 사람

上漏下濕(상루하습) 지붕에서 비가 새고 밑에서 습기가 올라온다는 뜻. 매우 가난하고 보잘것없는 집을 이름

桑麻之交(상마지교) 뽕나무와 삼나무를 벗을 삼아 초라하게 지낸다는 뜻. 검소하고 소박한 사귐 출전 杜甫 奇薛三郎中璩

喪明之痛(상명지통) 눈이 멀 정도로 슬프고 외롭다는 뜻. 아들을 잃었던 기막힌 슬픔

常目在之(상목재지) 늘 눈여겨서 자세히 봄

上奉下率(상봉하솔) 부모를 받들어 모시면서 처와 자식을 거느림

相扶相助(상부상조) 서로서로 도움

上石下臺(상석하대) 아랫돌 빼서 윗돌 괴고, 윗돌 빼서 아랫돌을 굄 참조 姑息之計

上善若水(상선약수) 지극히 착한 것은 그 모양이 마치 물과 같음 유래 물은 만물을 이롭게 하면서도 다투지 아니하고, 많은 사람들이 싫어하는 곳에 처하니, 그런 까닭으로 도에 가까움 출전 老子 八章

桑田碧海(상전벽해) 뽕나무밭이 많이 변하여 푸른 바다가 되었음. 세상일의 변천이 심함 유래 당나라 시인 유정지(劉廷芝)의 대비백두옹(代悲白頭翁)이라는 詩에 나옴 유의 碧海桑田, 桑碧, 桑田滄海, 桑海, 桑海之變, 滄桑, 滄海桑田, 滄桑之變, 高岸深谷, 陵谷之變, 白雲蒼狗

上下之分(상하지분) 위와 아래를 서로 분별(分別)함. 윗사람과 아랫사람을 잘 분별함

傷寒裏症(상한이증) 더운 것을 아주 싫어하고 찬 것을 아주 좋아하며, 목이 깡마르고 변비가 생기면서 헛소리를 하는 증세

桑海之變(상해지변) 뽕나무밭이 변하여 푸른 바다가 되거나 그와는 전혀 반대의 변화 참조 桑田碧海

上火下澤(상화하택) 위에는 불이 있고, 아래에는 못이 있음 유래 불이 위에 놓이고 못이 아래에 놓인 모습으로 사물들이 서로 이반하고 분열하는 현상을 상징함

上厚下薄(상후하박) 윗사람에게는 후하고 아랫사람에게는 박함

色卽是空(색즉시공) 형체가 모두 헛것이라는 뜻. 모두가 인연법에 따라서 생기는 것이 원칙인데 그 본질은 모두가 허무한 존재임 출전 般若經

生殺與奪(생살여탈) 살려내고 죽이는 일은 물론 서로 주고 모두 빼앗는 일. 어떤 사람이나 사물을 두고 제 마음대로 쥐고 흔듦을 비유적으로 이름

生者必滅(생자필멸) 생명이 있는 것은 반드시 죽음. 존재의 무상함(無常) 유의 雪泥鴻爪, 人生無常, 人生朝露

西方淨土(서방정토) 서녘에 있다고 하는 '아미타불'의 극락세계

書不借人(서불차인) 책을 아끼면서 남에게 절대로 빌려주지 않음

釋階登天(석계등천) 사다리를 버리고 하늘에 오르려 하는 것처럼 불가능한 일을 찾아서 애써 노력하려고 함 출전 楚辭

席卷之勢(석권지세) 모두가 거침없이 그 세력을 다 차지하려는 기세

釋眼儒心(석안유심) 석가의 눈동자와 공자의 심성이란 뜻. 곧 자비롭고 인애의 마음이 깊음

惜指失掌(석지실장) 손가락을 아끼려다 손바닥마저 잃는다는 뜻. 작은 것을 아끼려다 결국은 큰일을 그르침 유의 小貪大失, 矯角殺牛, 矯枉過直 참조 矯角殺牛

先見之明(선견지명) 어떤 일이 일어나기 전에 미리 앞을 내다보고 훤히 아는 지혜

善供無德(선공무덕) 부처에게 공양을 잘 하여도 아무런 공덕이 없다는 뜻. 남을 위하여 힘써 일하였으나 별 소득이 없음을 뜻함

先聲奪人(선성탈인) 소문을 미리 잘 퍼뜨려 남의 기세를 먼저 꺾음. 먼저 큰 소리를 질러 남의 기세를 분명히 꺾음 유의 先發制人, 先則制人

先憂後樂(선우후락) 근심할 일은 남보다 먼저 근심하고, 즐거워할 일은 남보다 나중에 즐거워함 출전 고문진보(古文眞寶) / 孟子 梁惠王下 유래 북송(北宋)의 정치가 범중엄(范仲淹)의 〈악양루기(岳陽樓記)〉에서 보인다. 글 중의 '천하가 근심하기 전에 먼저 근심하고, 천하가 즐거워한 후에 즐거워한다.'는 말에서 '선우후락'이 나왔다. '묘당'은 종묘(宗廟)와 정당(政堂)으로서 각각 중앙정부와 지방의 관아를 말함 참조 古文眞寶

善自爲謀(선자위모) 자신을 위한 일만을 잘 꾸민다는 뜻. 자기 속셈을 잘 차리고 꾸미는 데에 매우 뛰어남 출전 南齊書 王僧虔傳

雪上加霜(설상가상) 눈 위에 아롱아롱 서리가 덮여있는 증상. 난처한 일이나 불행한 일이 잇따라 일어남 출전 傳燈錄 유의 前虎後狼, 雪上加雪 상의 錦上添花

盛水不漏(성수불루) 그릇에 가득 찬 물이 조금도 새지 않음. 사물이 빈틈없이 꽉 짜였거나 매우 그 정밀함을 이름

盛者必衰(성자필쇠) 한때 융성했던 기록은 결국은 쇠퇴하고 망함 출전 仁王經 유의 生者必滅 참조 日月盈昃

城下之盟(성하지맹) 성 밑까지 쳐들어온 적군과 극비리에 맺는 맹약. 항복한 나라가 적국과 맺는 굴욕적인 맹약 출전 春秋左氏傳 桓公 十二年條

洗踏足白(세답족백) 상전의 빨래를 하여 주느라 종의 발꿈치가 희게 된다는 뜻. 남을 위하여 한 일이 자신에게도 얼마간은 넉넉하게 이득이 됨 출전 旬五志

洗耳恭聽(세이공청) 귀를 씻고 공손하게 듣는다는 뜻. 다른 사람이 하는 말을 잘 들음의 뜻이나 흔히 남의 말을 비웃는 경우나 농담으로도 쓰임 출전 高士傳 유의 潁川洗耳

世態炎凉(세태염량) 더웠다가 다시 서늘하여지는 세태. 권세가 있으면 아첨하고, 몰락하면 냉대하는 세상의 인심을 이르는 말 출전 송서(宋書) 악지(樂志)에 [교화를 다듬는 것은 추우나 더우나 고르게 하고, 정치를 베푸는 것은 더우나 서늘하나 두루 한다(裁化遍寒燠, 布政周炎凉)] // 백거이(白居易)의 '화원진송수시(和元稹松樹詩)'에서도 다음과 같이 보인다. [팔월에 흰 서리가 내리니(八月白露降) / 회나무 잎도 덩달아 누렇게 되누나(槐葉次第黃) / 마치 그 모습이 소인배 얼굴과 같이(此如小人面) / 덥고 서늘함에 따라 모양을 바꾸네(變態隨炎凉)라고 읊었음

細胞分裂(세포분열) 한 개의 모세포가 '핵분열과 세포질분열'에 의하여, 두 개 이상의 세포로 나누어지는 또 다른 현상

少見多怪(소견다괴) 본 것이 적으면 괴이한 일이 많다는 뜻. 견문이 매우 좁은 것을 비웃는 말 출전 弘明集理惑論

小國寡民(소국과민) 작은 나라 적은 백성. 老子가 그린 이상사회나 이상국가에서 나옴 출전 老子 八十章 참조 武陵桃源

笑裏藏刀(소리장도) 웃는 마음속에 칼이 있다는 뜻. 겉으로는 환하게 웃고 있으나 마음속에는 결단코 해칠 마음을 품고 있음 출전 唐書 유의 口蜜腹劍

素服丹粧(소복단장) 아래위를 하얗게 차려입고 곱고 맵시 있게 꾸밈. 또는 그러한 차림새

小乘佛教(소승불교) 수행을 통하여 개인의 해탈을 가르치는 교법으로 小乘을 主旨로 하는 모든 교파의 불교 조직구조

小心翼翼(소심익익) 세심하고 조심성이 많다는 뜻. 마음이 작고 약하여 작은 일에도 겁을 자주 내는 모양 `출전` 詩經

小人之勇(소인지용) 혈기에서 나오는 소인배의 용기. 글을 쓰는 사람, 풍류를 즐기고 읊는 사람. 즉, 문인이나 시인을 일컬음 `유래` 굴원(屈原)의 이소부(離騷賦)에서 유래 `참조` 匹夫之勇

笑中有劍(소중유검) 웃음 속에 비수가 담겨있음. 겉으로는 웃고 있으나 마음속에는 상대를 해칠 마음을 품고 있음 `참조` 口蜜腹劍

笑中有刀(소중유도) 웃음 속에 비수가 담겨있음. 겉으로는 웃고 있으나 마음속에는 결국 해칠 마음을 여실하게 품고 있음

速成疾亡(속성질망) 빨리 이룬 성과는 결국 빨리 망하게 됨

束手無策(속수무책) 손을 묶은 것처럼 어찌할 도리가 없이 꼼짝도 하지 못함 `유의` 束手

束之高閣(속지고각) 물건을 묶어서 높은 곳에 얹어둔다는 뜻. 한쪽에 치워놓고 쓰지 아니함을 이르는 말. '고각(高閣)'은 벽에 매단 높은 서가

率先垂範(솔선수범) 남보다 앞장서서 행동해 몸소 다른 사람의 본보기가 되고 있음

率獸食人(솔수식인) 폭정으로 백성들에게 고통을 줌 `유래` 궁궐 주방에는 고기가 있는데 들에는 굶어 죽은 백성들의 시체가 있다면 이것은 짐승을 몰아다가 사람을 잡아 먹이는 것과 다름이 없다는 孟子의 말씀에 의함 `출전` 孟子 梁惠王上

首丘初心(수구초심) 여우가 죽을 때 머리를 자기가 살던 굴 쪽으로 둠. 고향을 그리워하는 마음 `출전` 禮記 檀弓 上篇 `유의` 首丘, 狐死首丘, 胡馬依北風, 胡馬望北

隨機應變(수기응변) 그때그때 처한 상황에 맞추어 변화함 `참조` 臨機應變

殊途同歸(수도동귀) 길은 다르지만 이르는 곳이 같음을 비유한 말 `출전` 周易 繫辭 下

垂頭喪氣(수두상기) 온갖 근심걱정으로 고개가 푹 숙어지고 맥이 풀림

壽福康寧(수복강녕) 오래 살고 복을 누리며 건강하고 평안함 `유의` 壽便

手不釋卷(수불석권) 손에서 책을 놓지 아니하고 시간이 있을 때마다 글을 읽음

隨時應變(수시응변) 그때그때에 처한 상황에 따라 변화함 `참조` 臨機應變

修身齊家(수신제가) 몸과 마음을 닦아 수양하고 집안을 온전하게 다스림

水魚之交(수어지교) 물과 물고기의 사귐 `유래` 제갈량은 절묘한 계책과 국정으로 촉한의 기반을 튼튼히 하여 3국이 정립하여 유지할 수 있었다. 수어지교는 친구처럼 친밀한 관계를 넘어 운명적으로 같이할 수밖에 없는 관계를 일컬음 `출전` 三國志 蜀書 諸葛傳 / 管鮑之交 `참조` 水魚之親

水魚之親(수어지친) 물과 물고기의 친함 `참조` 管鮑之交

隨意契約(수의계약) 사적(私的)인 계약. 정당하게 경쟁이나 입찰에 의하지 않고, 상대편을 임의로 선택하여 체결하는 계약

守株待兔(수주대토) 한 가지 일에만 얽매여 발전을 모르는 어리석음. 또는 그런 사람 `유래` 宋나라의 한 농부가 우연히 나무 그루터기에 토끼가 부딪쳐 죽은 토끼를 잡은 후, 또 그와 같이 토끼를 잡을까 하여 아무런 일도 하지 않고 그루터기만 지키고 있었다는 고사 `출전` 韓非子 五蠹篇 `참조` 刻舟求劍

壽則多辱(수즉다욕) 더 오래 살수록 그만큼 욕됨이 많음 `출전` 莊子 天地篇

熟不還生(숙불환생) 한번 익힌 음식은 날것으로 되돌아갈 수 없음. 그대로 두면 쓸데없다는 뜻으로, 애써 장만한 음식을 남에게 권할 때 쓰는 말임

宿虎衝鼻(숙호충비) 자는 호랑이의 코를 찌름. 가만히 있는 사람을 공연히 건드려서 호를 입거나 일을 불리하게 만듦 `참조` 打草驚蛇

乘風破浪(승풍파랑) 뒤로 부는 바람을 타고 높은 파도를 헤쳐나감 `출전` 南史

時機尙早(시기상조) 어떤 일을 하기에는 아직 때가 너무 이름

市道之交(시도지교) 시장과 길거리에서 이루어지는 사귐. 단지 이익만을 위한 사귐 출전 史記 참조 管鮑之交

是非之心(시비지심) 사단(四端)의 하나로 옳고 그름을 가릴 줄 아는 마음. 사람의 본성에서 우러나오는 옳고 그름을 가릴 줄 아는 그런 마음. 결국은 知의 실마리가 되는 마음 출전 맹자의 四端 중 하나임 [①측은지심(惻隱之心), ②수오지심(羞惡之心), ③사양지심(辭讓之心), ④시비지심(是非之心)]

市井雜輩(시정잡배) 시정에 마구 떠돌아다니는 점잖지 못한 무리를 일컬음

始終一貫(시종일관) 일 따위를 처음부터 끝까지 오직 한결같이 열심히 함

試行錯誤(시행착오) 말과 행동에 이다금씩 잘못을 저지름. 시행과 착오를 되풀이하다가 점차 목표에 도달할 수 있게 된다는 원리

識字憂患(식자우환) 학식을 담고 있는 것이 오히려 큰 근심을 사게 됨 출전 蘇東坡 石蒼舒醉墨堂

申申當付(신신당부) 거듭에 거듭을 더하여서 간곡하게 하는 당부

信之無疑(신지무의) 꼭 믿고 더는 의심하지 아니함이 확고함

新陳代謝(신진대사) 새로운 것을 마구 늘어놓아 물러난 그것을 대신함. 생체에서 일어나는 물질의 변화. 이것은 많은 효소 반응이 복합된 화학 변화로 생물학적 기능이 분명한 여러 반응계로 나누어 생각할 수도 있음

神出鬼沒(신출귀몰) 귀신같이 갑자기 나타났다가 갑자기 사라짐. 행동이 신속하고 변화가 심하여 예측할 수 없는 것을 비유하는 말 출전 회남자(淮南子) 병략훈(兵略訓)에 다음과 같은 말이 있다. [교묘한 자의 움직임은 귀신처럼 나타나고 귀신처럼 다니며, 별이 빛나고 하늘이 운행하는 것 같아 진퇴 굴신의 조짐도 나타나지 않고 한계도 없어 난새가 일어나듯, 기린이 떨치고 일어나듯, 봉황새가 날듯, 용이 오르듯, 추풍과 같이 출발하여 놀란 용과 같이 빠르다(善者之動也, 神出而鬼行, 星耀而玄逐, 進退詘伸, 不見朕垓, 鸞擧麟振, 鳳飛龍騰, 發如秋風, 疾如駭龍)]라 했으니 바로 신출귀몰이 아닐 수 없겠음

深思熟考(심사숙고) 더 깊이 곰곰이 생각함 유의 深思熟慮

深思熟慮(심사숙려) 더욱 깊이 곰곰하게 생각함

深山幽谷(심산유곡) 깊이 들어간 산속의 더욱 으슥한 골짜기

十年減壽(십년감수) 수명이 십 년씩이나 줄어듦. 위험한 고비를 수없이 겪음을 비유

十伐之木(십벌지목) 열 번 찍어서 베는 나무. 열 번 찍어 안 넘어가는 나무가 없음

十步芳草(십보방초) 열 걸음 안에는 아름다운 꽃과 풀이 있을 것임. 이 세상에는 훌륭한 사람이 더욱 많음 출전 漢나라 劉向 說苑

十日之菊(십일지국) 가장 한창때인 9월 9일이 지난 9월 10일에 핀 국화. 이미 때가 늦은 일

雙務協定(쌍무협정) 쌍방이 서로가 대등한 의무를 지는 그러한 협정

阿修羅場(아수라장) 아수라장. 아수라왕이 제석천(帝釋天)과 싸운 마당. 끔찍하게 흐트러진 현장이란 뜻. 전란 등으로 인하여 큰 혼란 상태에 빠진 곳이나 법석을 떨어 야단이 난 곳을 말함 유래 '아수라(阿修羅)'는 산스크리트語 'Asura'의 음역임. '아'는 '무(無)', '수라'는 '단정(端正)'으로, '아수라'는 무단정 혹은 추악하다는 뜻임. 아수라는 본래 육도 팔부중(八部衆)의 하나로서 고대 인도 신화에 나오는 선신(善神)이었는데, 후에 하늘과 싸우면서 악신(惡神)이 되었다고 함. 그는 증오심이 가득하여 싸우기를 좋아하므로 전신(戰神)이라고도 함. 아수라가 하늘과 싸울 때 하늘이 이기면 풍요와 평화가 오고, 아수라가 이기면 빈곤과 재앙이 온다는 속설이 있음

我田引水(아전인수) 자기 논에다 물을 대기. 자기에게만 이롭게 되도록 생각하거나 행동함

眼高手卑(안고수비) 눈은 높으나 재주가 썩 낮음. 이상만 높고 실천이 따르지 못함 유의 眼高手低

眼中之人(안중지인) 눈(眼) 속에 은은하게 남아있는 사람이란 뜻. 정(情)든 사람이나 늘 생각하며 만나보기를 원하는 사람

暗行御史(암행어사) 자기의 정체를 숨기고 순행하는 어사 유래 조선시대에 임금의 특명을 받아 지방관의 치적과 비위를 탐문하고 백성의 어려움을 잘 살펴서 개선(凱旋)하는 일을 맡아서 했던 임시 벼슬아치

仰望不及(앙망불급) 아무리 우러러보아도 거기엔 미치지 못함

仰天大笑(앙천대소) 하늘을 멀리 바라보며 크게 웃음. 남의 행위를 보고 황당하거나 같잖아서 비웃는 것을 말함. 터져 나오는 웃음을 더는 참을 수 없어서 하늘을 쳐다보고 크게 웃음

愛之重之(애지중지) 매우 사랑하고 소중하게 여김

夜郎自大(야랑자대) 용렬하거나 우매한 무리 가운데서 가장 세력이 있어 잘난 체하고 뽐냄을 이름 유래 漢나라 때 서남쪽의 오랑캐 가운데서 야랑국이 가장 세력이 강하여 오만했음 출전 史記 西南夷 列傳

藥石之言(약석지언) 사람의 병을 고치는 약과 돌 바늘과 같은 말. 남의 잘못을 훈계하여 그것을 고치는 데 도움이 되는 말을 이름

良禽擇木(양금택목) 새도 작은 가지를 가려서 앉음. 현명한 선비는 좋은 군주를 가리면서 정성껏 섬김

讓渡所得(양도소득) 토지나 건물 따위의 자산을 다른 사람에게 양도함으로 발생하는 소득

梁上君子(양상군자) 들보 위의 군자. 도둑을 완곡하게 이름 출전 後漢書 陳寔傳 참조 綠林豪傑

羊質虎皮(양질호피) 속은 양이고 거죽은 범. 본바탕은 아름답지 아니하면서 겉모양만 그럴싸하게 잘 꾸밈 참조 羊頭狗肉

量體裁衣(양체재의) 몸에 적절하게 맞게 옷을 썩 잘 고침. 구체적인 상황에 근거하여 문제나 일을 신중하게 처리함 출전 南齊書 張融傳

陽春佳節(양춘가절) 따뜻한 봄날의 좋았던 그 시절

養虎遺患(양호유환) 범을 정성껏 길러서 결국 화근을 남김. 화근이 될 것을 길러서 오히려 후환을 당하게 됨 출전 史記 項羽本紀 유의 養虎後患

養虎後患(양호후환) 범을 길러서 뒷날의 화근을 남김 참조 養虎遺患

魚頭肉尾(어두육미) 물고기 머리와 짐승고기의 꼬리. 썩 맛있다는 고기 부위를 이름

魚目燕石(어목연석) 진짜와는 조금 비슷하나 본질만은 완전히 다른 것 유래 물고기의 눈과 중국 연산(燕山)에서 나는 돌은 구슬처럼 보이나 구슬이 아니라는 뜻의 고사 유의 魚目

漁夫之利(어부지리) 어부가 고기 잡아 얻은 이익 출전 戰國策 燕策 참조 犬兔之爭

漁父之利(어부지리) 어부가 고기 잡아 얻은 이익 출전 戰國策 燕策 참조 犬兔之爭

魚水之交(어수지교) 물고기와 물이 물속에서 잘 사귐 참조 管鮑之交

魚水之親(어수지친) 물고기와 물이 물속에서 잘 사귐 참조 管鮑之交

漁人之功(어인지공) 어부가 둘을 잡은 공로. 두 사람이 다투고 있는 사이에 이 일과 아무 관계도 없는 제삼자가 이익을 보게 됨을 이르는 말 유래 황새와 조개가 다투는 틈을 타서 어부가 둘 다 잡았다는 고사 참조 犬兔之爭

御前會議(어전회의) 임금 앞에서 중신들이 국가 대사를 의논하던 회의

抑強扶弱(억강부약) 강한 자를 억누르고 약한 자를 오히려 도와줌 상대 抑弱扶強

抑弱扶強(억약부강) 약한 자를 억누르고 강한 자를 오히려 도와줌 참조 抑強扶弱

億兆蒼生(억조창생) 수많은 종류의 무성한 생물. 수많은 백성을 이름

抑何心情(억하심정) '도대체 무슨 심정이냐'는 뜻. 도대체 무슨 생각으로 그러는지 마음을 알 수 없음을 이름

言笑自若(언소자약) 서로 웃으면서 이야기하며 아주 침착함 참조 談笑自若

言中有響(언중유향) 말 속에 어떤 울림들이 있음. 내용 이상의 깊은 뜻이 더 숨어있음

嚴父慈母(엄부자모) 엄격한 아버지와 사랑이 깊고 자상한 어머니. 아버지는 자식들을 보다 엄격히 다루어야 하고, 어머니는 자식들을 깊은 사랑으로 알뜰히 보살펴야 함을 이름

嚴妻侍下(엄처시하) 엄한 아내를 모시고 있는 현실의 처지. 아내에게 꽉 쥐여서 사는 남편의 처지를 놀림조로 일러줌

如履薄氷(여리박빙) 마치 살얼음을 밟는 것과 같음. 아슬아슬하고 위험한 일 **유의** 履氷

如是我聞(여시아문) '이와 같이 나는 들었다'라는 뜻 **유래** 모든 불경의 첫머리에 붙은 말로, 불경이 만들어낸 말이 아니라 석가모니께 들은 내용을 전하는 것임을 밝힘

與羊謨肉(여양모육) 양에게 양고기를 내어놓으라고 꾐 **참조** 與狐謀皮

女尊男卑(여존남비) 사회적 지위나 권리에 있어서 여자를 남자보다 우대하고 존중하는 일 **상대** 男尊女卑

如合符節(여합부절) 부절(符節)이 일치하듯이 모든 사물이 꼭 들어맞음

與虎謀皮(여호모피) 호랑이에게 가죽을 내어놓으라고 꾐 **참조** 與狐謀皮

易地思之(역지사지) 서로가 자기의 처지를 바꾸어서 다시 생각하여 봄

鉛刀一割(연도일할) 납으로 만든 칼로 한 번을 벰. 자기의 힘이 없음을 겸손하게 이르는 말. 다시는 더 이상 쓰지를 못함. 우연히 얻게 되는 공명이나 영예로움

連絡不絕(연락부절) 왕래가 잦아서 소식이 끊어지지 아니함 **유의** 絡繹不絕

連理比翼(연리비익) 연리지와 비익조가 합쳐진 말. 부부의 사이가 매우 좋음을 비유적으로 표현한 말. 서로 다른 환경에서 나고 자란 낯선 남녀가 결혼을 하여 한 가정을 이룸 **참조** 琴瑟之樂

聯立內閣(연립내각) 둘 이상의 정당 대표들로 구성되는 내각제

連鎖反應(연쇄반응) 연결된 사슬처럼 자극에 대한 대응이 잇따름

戀愛小說(연애소설) 남녀 간의 사랑을 주제로 하는 소설

連載小說(연재소설) 신문이나 잡지 따위에 계속해서 매회 싣는 소설

軟體動物(연체동물) 연(軟)하고 무른 몸을 가진 동물. 뼈가 없는 동물로 달팽이, 문어, 조개 따위가 이에 해당함

炎涼世態(염량세태) 권세가 있을 때는 앞에서 아첨하면서 좇고, 권세가 없어지면 푸대접하는 세상의 오묘한 인심 **유의** 世態炎涼

永久不變(영구불변) '길고 오래도록 변하지 않음'이라는 뜻. 오래도록 변하지 않음을 이르는 말. 한자 공부는 [어휘력, 문장력, 문제해결력]까지를 키워줌. 어린 시절부터 한자 학습을 가까이하기를 적극 권하는 학자들이 많음

英雄豪傑(영웅호걸) 영웅(英雄)과 호걸(豪傑)을 아울러서 이르는 말. 지혜와 용기가 뛰어나고 풍모가 있으며, 보통 사람이 하기 어려운 일을 해낼 수 있는 사람임

禮尙往來(예상왕래) 예절은 서로 왕래하면서 사귐을 귀하게 여긴다는 말

禮儀凡節(예의범절) 일상생활에서 자주 갖추어야 할 모든 예의와 절차를 일컬음

五車之書(오거지서) 다섯 수레에 실을 만한 책이라는 뜻. 많은 책을 이르는 말 **유래** 장자의 친구 혜시가 학식이 뛰어나 장자가 혜시를 보고 오거지사라고 했음 **참조** 독서에 관한 3공(功) ① 오거지서(五車之書): 다섯 수레에 있는 글이란 뜻인데, 다섯 수레에 실릴 만큼 많은 도서를 의미 ② 을야지람(乙夜之覽): 잠자기 전까지 독서를 꼭 한다는 뜻으로 열 시경까지 독서를 한다고 말함 ③ 삼여지공(三餘之功): 독서하기에 가장 좋은 3가지 조건으로 '겨울, 밤, 음우(陰雨: 비 오는 때)'를 가리킴 **참조** 한우충동(汗牛充棟 : 책이 매우 많음을 이르는 말)

烏雲之陣(오운지진) 까마귀나 구름이 모였다가 흩어지듯이 출몰(出沒) 변화가 매우 자유자재한 진법 **출전** 莊子 / 六韜 豹韜篇 烏雲山兵

五日京兆(오일경조) 오일 동안 서울시장을 함. 오랫동안 계속되지 못하는 짧은 일 **유래** 京兆는 京兆尹의 준말로 현재 한국의 서울市長급에 해당되는 벼슬 직위임 **출전** 漢書 張敞傳 **유의** 三日天下

烏鳥私情(오조사정) 까마귀가 행한 극히 사사로운 정. 지극한 효심. 까마귀가 자라면 그 어미에게 먹이를 물어다 먹였음 [출전] 晉나라 李密의 陳情表 [참조] 反哺之孝

烏合之卒(오합지졸) 까마귀가 모인 것처럼 질서 없이 모인 병졸. 임시로 모여들어서 규율이 없고 무질서한 병졸이나 군중 [출전] 後漢書 耿弇傳 [유의] 烏合之衆, 瓦合之卒

烏合之衆(오합지중) 까마귀가 모인 것처럼 질서가 없이 모인 무리 [참조] 烏合之卒

屋烏之愛(옥오지애) 매우 깊은 사랑. 그 사람을 사랑하면 그 지붕에 있는 까마귀까지도 사랑스럽게 보임

屋下架屋(옥하가옥) 지붕 아래 또 지붕을 새로 만듦. 선인(先人)들이 다 이루어놓은 일을 후세의 사람들이 무익하게 거듭하여 발전한 바가 조금도 없음

瓦合之卒(와합지졸) 쉽게 깨지는 기와를 모아 놓은 듯한 허약한 병졸 [참조] 烏合之卒

緩衝地帶(완충지대) 비무장지대나 중립지대. 한국의 휴전선과 같은 지역을 말함. 대립하는 나라들 사이의 충돌을 완화하기 위해 설치한 중립지대

外剛內柔(외강내유) 겉으로 보기에는 강하나 속은 부드러움 [상대] 外柔內剛

外柔內剛(외유내강) 겉은 부드럽게 보이나 속은 곧고 굳셈 [유의] 內剛外柔 [상대] 外剛內柔, 內柔外剛

欲求不滿(욕구불만) 하고자 하는 바가 방해를 받아 만족스럽지 못함

欲速不達(욕속부달) 일을 빨리하려고 하면 도리어 일을 다 이루지 못함 [출전] 論語 子路篇

龍頭蛇尾(용두사미) 용의 머리와 뱀의 꼬리와 같음. 처음은 왕성하나 그 끝이 지지부진한 현상 [출전] 碧巖錄

龍味鳳湯(용미봉탕) 용 고기로 맛을 낸 요리와 봉새로 끓인 탕 [참조] 膏粱珍味

龍蛇飛騰(용사비등) 용이 날아오르는 듯이 힘이 넘치는 필력

愚公移山(우공이산) 우공이 산을 옮김. 어리석은 일 같아도 끝까지 밀고 나가면 목적을 달성할 수 있다는 말. 티끌 모아 태산 [출전] 列子 湯問篇 [유의] 積土成山, 積小成大, 積塵成山, 塵合泰山, 磨斧爲針, 磨斧作針, 鐵杵成針, 磨杵作鍼, 面壁九年, 水滴穿石, 山溜穿石, 積水成淵

愚問賢答(우문현답) 어리석은 질문에 대한 현명한 대답

偶像崇拜(우상숭배) 신 이외의 사람이나 물체를 신앙 대상으로 숭배함

優柔不斷(우유부단) 마음이 부드럽고 순하여 매우 결단성이 없음. 쉽게 결정을 내리지 못해 이러지도 저러지도 못하는 상태

羽化登仙(우화등선) 사람의 몸에 날개가 돋아 하늘로 올라가 신선이 됨 [출전] 晉書 許邁傳 [유의] 羽化

雲泥之差(운니지차) 수많은 구름과 진흙의 차이. 서로 간의 차이가 매우 심한 상태 [유의] 天壤之判, 天壤之差, 天壤之間, 天淵之差, 霄壤之差, 霄壤之間, 霄壤之判

雲雨之樂(운우지락) 남녀 간의 육체적인 관계를 비유하는 말 [유래] 楚나라 혜왕이 운몽에 있는 고당에 갔을 때 꿈속에서 무산의 신녀를 만나 즐겼다는 고사 [참조] 巫山之夢

雲雨之情(운우지정) 남녀 사이가 깊어 육체적으로 관계를 맺음 [유래] 楚나라 혜왕(惠王)이 운몽(雲夢)에 있는 고당에 갔을 때 꿈속에서 무산(巫山)의 신녀(神女)를 만나 즐겼다는 고사 [참조] 巫山之夢

運轉免許(운전면허) 운전을 위해 관에서 발급한 면허증. 도로에서 자동차나 오토바이 따위를 운전할 수 있는 자격

雲中白鶴(운중백학) 구름 속을 나르는 백학. 고상한 기품을 가진 그 사람

雲蒸龍變(운증용변) 물이 증발하여 구름이 되고, 뱀이 변하여 용이 되어 하늘로 날아감. 영웅호걸이 기회를 얻어 그 기세가 드세게 일어남

月明星稀(월명성희) 달이 밝으면 별빛은 자연히 희미해짐. 새로운 영웅이 나타나면 다른 군웅(群雄)의 존재가 더욱 희미해짐 [출전] 曹操의 短歌行

位階秩序(위계질서) 지위나 품계 등 상하관계에 있어야 하는 차례와 순서

危如累卵(위여누란) 위험하기가 마치 달걀을 쌓아놓은 것같이 위중함 [참조] 累卵之危

危如朝露(위여조로) 해가 뜨면 사라지는 아침 이슬처럼 위험요소가 곧 다가옴 [참조] 累卵之危

柔能勝剛(유능승강) 부드러운 것이 오히려 굳센 것을 이김 [유의] 柔能制剛

柔能制剛(유능제강) 부드러운 것이 오히려 능히 굳센 것을 누름 [출전] 老子 三十六章 [유의] 柔能制剛

流芳百世(유방백세) 꽃다운 그 이름을 후세까지 전함 [출전] 晉書 桓溫傳 [유의] 流芳 [상대] 遺臭萬年

猶父猶子(유부유자) 아버지 같고 자식 같다는 뜻. 삼촌(三寸)과 조카 사이를 일컫는 말

有償增資(유상증자) 회사 설립 후 경영규모 확장을 위해 증자하는 것. 주식을 발행함으로써 주식을 늘려
　　　　　회사 자산이 실질적으로 증가함. 기업의 재무구조를 개선하고 부채금융에서 벗어나는 가장 기본
　　　　　적이며 원시적인 방법임

流水不腐(유수불부) 흐르는 물은 오래되어도 썩지 아니함. 움직이는 것은 썩지 아니함

悠然自適(유연자적) 한가하고 여유롭게 속박 없이 편안하게 삶 [참조] 悠悠自適

悠悠自適(유유자적) 한가하고 여유롭게 속박 없이 편안하게 삶 [유의] 悠然自適, 安閑自適, 梅妻鶴子, 東山高臥

六尺之孤(육척지고) 어려서 아버지를 잃은 임금. 육척은 15세 이하를 뜻함 [유래] 周나라에서 1尺은 이세반
　　　　　(二歲半)에 해당함. 그러므로 6尺은 15세를 의미. 15세의 고아. 나이가 젊은 후계자

隱忍自重(은인자중) 마음속에 감추어 견디면서 몸가짐을 비교적 신중하게 함 [상대] 輕擧妄動

衣錦歸鄕(의금귀향) 비단옷을 입고 고향으로 돌아감 [참조] 錦衣還鄕

衣錦夜行(의금야행) 비단옷을 입고 밤에 걸어 다님 [참조] 錦衣還鄕

衣錦之榮(의금지영) 비단옷을 입은 영예로운 길 [참조] 錦衣還鄕

意氣揚揚(의기양양) 뜻한 바를 펼치려는 기운이 호응을 얻어 만족한 빛이 얼굴과 행동에 나타남 [출전] 晏子春
　　　　　秋 內篇雜上 第五 [참조] 得意揚揚

依願免職(의원면직) 본인의 일시적인 청원에 의하여 직위를 해면함

離群索居(이군삭거) 벗들의 곁을 떠나 홀로 쓸쓸하게 지냄

以貌取人(이모취인) 능력보다 겉모습을 보고 사람을 뽑아 씀

異腹兄弟(이복형제) 배다른 형제. 아버지는 같고 어머니가 다른 형제

二姓之樂(이성지락) 남성(남자)과 여성(여자)의 즐거움 [참조] 琴瑟之樂

二姓之合(이성지합) 성이 다른 남자와 여자가 혼인하는 일

以實告之(이실고지) 모든 사실을 자세하게 아룀 [참조] 以實直告

已往之事(이왕지사) 이미 모두가 지나간 옛날의 일

二人三脚(이인삼각) 두 사람이 옆으로 나란히 서서 맞닿은 쪽의 두 발목을 함께 묶고 세 발처럼 뛰는 경기

以逸待勞(이일대로) 편안하게 쉰 군대가 멀리 오느라 피곤한 적군을 기다림

以長補短(이장보단) 남의 장점을 거울삼아 내 단점을 모두 보완함

人琴之歎(인금지탄) 슬픈 사람과 거문고의 애달픈 탄식

人面獸心(인면수심) 사람의 얼굴을 하고 있으나 마음은 짐승과도 같음. 마음이나 행동이 몹시 흉악함
　　　　　[출전] 漢書 匈奴傳

人生朝露(인생조로) 인생은 아침 이슬과 같이 덧없음 [참조] 生者必滅

仁者不憂(인자불우) 마음이 어진 사람은 분수를 지키어 걱정이 없음

人之常情(인지상정) 사람이면 누구나 가지는 보통의 선량한 마음

一家親戚(일가친척) 일가와 친족, 외척, 인척의 모든 겨레붙이 친척

日久月深(일구월심) 날이 오래고 달이 깊어감. 세월이 흐를수록 더함

日氣槪況(일기개황) 모모 지역의 기상 상황의 흐름을 대강 종합한 것

一騎當千(일기당천) 한 사람의 기병이 천 사람을 나서 당함. 싸우는 능력이 아주 뛰어남을 이름 [유의] 一人當千

一黨獨裁(일당독재) 하나의 정당이 국가 권력을 모두 장악함. 그러한 권력을 모두 독단적으로 행사하는 일

一刀兩斷(일도양단) 한칼에 똑같이 두 도막을 냄. 어떤 일을 머뭇거리지 아니하고 선뜻 결정함 [유의] 一刀割斷

一刀割斷(일도할단) 한칼에 쪼개어 도막을 냄 [참조] 一刀兩斷

一勞永逸(일로영일) 지금의 힘든 노고를 통해 오랫동안 안락을 누림

一飯千金(일반천금) 조그만 은혜에 크게 보답함 [유래] 漢나라의 한신(韓信)이 빨래하는 노파에게서 한 끼의
　　　　밥을 얻어먹고 뒤에 천금으로 사례했음 [출전] 史記 淮陰侯 列傳

一夫多妻(일부다처) 한 남편에게 동시에 여러 명의 아내가 있음

一世之雄(일세지웅) 그 시대의 가장 뛰어난 인물 [유의] 一時之傑

一言之下(일언지하) 한마디로 이를 잘라서 말함. 또는 그것은 두말할 나위도 없음

一以貫之(일이관지) 하나의 방법이나 태도로 처음부터 끝까지 한결같음 [출전] 論語 里仁篇 [유의] 一貫

一日之雅(일일지아) 잠시 잠깐의 교제나 사귐. 사귐이 극히 얕음. '雅(아)'는 평소의 교제나 관계를 나타냄

一日之長(일일지장) 하루 먼저 앞서 세상에 태어남. 나이가 그보다는 조금 위인 자. 조금 나음 또는 그러한
　　　　선배

一場春夢(일장춘몽) 한바탕의 봄꿈. 헛된 영화나 덧없는 일 [유의] 一炊之夢 [참조] 南柯一夢

一齊射擊(일제사격) 여럿이 한꺼번에 총포를 쏘는 일

一柱難支(일주난지) 기둥 하나로는 더는 버티기가 어려움 [참조] 一木難支

一陣狂風(일진광풍) 한바탕 휘몰아치는 아주 사나운 바람

一觸卽發(일촉즉발) 한 번만 건드리면 곧바로 폭발하게 됨. 사태가 몹시 위급한 상태

一片丹心(일편단심) 한 조각의 붉디붉은 마음. 진심에서 우러나오는 변치 아니하는 마음

一筆揮之(일필휘지) 글씨를 단숨에 써 내려감

臨機應變(임기응변) 그때그때 처한 사태에 맞추어 즉각 그 자리에서 침착하게 결정하거나 처리함 [유의] 應
　　　　辯, 臨時應變, 隨機應變, 隨機, 隨時應變

臨農奪耕(임농탈경) 농사를 지을 시기에 이르러 경작자를 바쁘게 바꿈. 남이 이미 다 마련하여 놓은 것을
　　　　순간에 가로챔

臨時方便(임시방편) 그때그때 처했던 상황에 맞추어 급하게 내놓은 방법 [참조] 姑息之計

臨時排布(임시배포) 그때그때 처했던 상황에 맞추어 급하게 내놓은 계획 [참조] 姑息之計

臨時變通(임시변통) 그때그때 처한 상황에 맞추어 급하게 내놓아 처리함 [참조] 姑息之計

臨時應變(임시응변) 그때그때 처한 상황에 맞추어 급하게 내놓아 변화함 [참조] 臨機應變

臨時處變(임시처변) 그때그때 처한 상황에 맞추어 급하게 내놓아 변화함 [참조] 姑息之計

臨戰無退(임전무퇴) 전쟁 통에 나아가서 절대 물러서지 않음

立身揚名(입신양명) 출세하여 그 이름을 세상에 널리 떨침 [유의] 立身出世

自激之心(자격지심) 자기가 한 일에 대하여 스스로 미흡하게 느끼는 마음

自手削髮(자수삭발) 자기 손으로 자신의 머리털을 깎아버림. 어려운 일을 남의 힘을 빌리지 않고 자기 혼자
　　　　의 힘으로 모두 감당함. 본인의 뜻으로 머리를 깎고 중이 되어버림

自淨作用(자정작용) 오염된 물이나 땅 따위가 저절로 깨끗해지는 자연작용

自中之亂(자중지란) 같은 편끼리 서로 엉켜서 하는 싸움 [유의] 蕭牆之變, 蕭牆之亂, 蕭牆之憂, 內訌, 內紛, 內爭

藏頭露尾(장두노미) 머리는 숨겼지만 꼬리는 숨기지 못하고 드러낸 모습을 가리킴 [출전] 중국 원나라의 문인
　　　　장가구가 지은 '점강진, 번귀거래사'와 왕엽이 지은 '도화녀'라는 문학작품 [유의] 藏形匿影

將相之器(장상지기) 장수(將帥) 또는 재상(宰相)이 될 만한 충분한 그릇(인물)

長夜之飮(장야지음) 밤새도록 술을 계속 마심. 또는 밤새도록 마시는 주량

長幼有序(장유유서) 五倫(오륜)의 하나. 어른과 어린이 사이에는 차례가 있음

莊周之夢(장주지몽) 장주의 꿈속 출전 莊子 齊物篇 참조 胡蝶之夢

掌中寶玉(장중보옥) 손안에 있는 보배로운 구슬. 귀하고 보배롭게 여기는 존재를 비유적 상징적으로 이르는 말

長風破浪(장풍파랑) 멀리 불어가는 대풍을 타고 끝없는 바다 저쪽을 향하여 배를 타고 달린다는 뜻. 비로소
　　　　대업을 이룬다는 의미 출전 李白의 詩 行路難

才勝薄德(재승박덕) 재주는 뛰어나지만 남을 다스리는 덕이 적음

才子佳人(재자가인) 재주 있는 남자와 아름다운 여자를 아울러 이름

爭先恐後(쟁선공후) 앞을 다투면서 뒤처지는 것을 매우 두려워함. 피나는 결렬한 경쟁 출전 韓非子 喻老篇

抵死爲限(저사위한) 죽기를 각오하고 저돌적으로 굳세게 저항함

赤手空拳(적수공권) 맨손과 맨주먹. 손에 가진 것이 아무것도 없음 유의 隻手空拳

赤子之心(적자지심) 갓난아이(赤子)의 철없는 마음. 죄악에 물들지 아니하고 순수하며 거짓이 없는 마음
　　　　출전 孟子 離婁章句下

傳家之寶(전가지보) 조상 때부터 대대손손으로 전해오는 보물

前途羊羊(전도양양) 사람들의 앞날은 한없이 넓고 고움. 발전 여지가 매우 많음을 이름

傳來之風(전래지풍) 예전부터 전하여 오는 아름다운 풍속

田夫之功(전부지공) 농부가 애써서 농사지은 큰 공덕

前人未踏(전인미답) 이제까지 그 누구도 밟아보지 못한 곳. 이제까지 그 누구도 이곳을 손을 대어본 일이
　　　　없음 참조 破天荒

轉地訓鍊(전지훈련) 신체의 적응력을 계발, 향상하기 위하여 환경조건을 바꾸어 훈련함. 다른 곳으로 옮겨
　　　　가서 하는 훈련

轉禍爲福(전화위복) 화가 바뀌어 오히려 더 좋은 복이 됨 출전 戰國策 燕策 참조 塞翁之馬

絶世佳人(절세가인) 세상에 끊어진 미인 참조 傾國之色

絶長補短(절장보단) 긴 것을 잘라서 짧은 것을 더 많이 보충함. 장점이나 넉넉한 것으로 그들의 단점이나
　　　　부족한 점을 더욱 보충함 유의 截長補短, 斷長補短

切齒腐心(절치부심) 몹시 분하고 원통해 이를 갈면서 속을 썩임 유의 切齒扼腕

漸入佳境(점입가경) 들어가면 들어갈수록 점점 경치가 좋음 유래 고개지(顧愷之)가 사탕수수를 먹을 때,
　　　　늘 가느다란 줄기 부분부터 먼저 씹어 먹었는데, 이를 이상하게 여긴 친구들이 물었더니 고개지가
　　　　갈수록 점점 단맛이 나기(漸入佳境) 때문이라고 대답했던 고사 출전 晉書 顧愷之傳 유의 蔗境,
　　　　佳境

靜觀默照(정관묵조) 조용하게 사물을 관찰하고 모든 잡념을 없애고, 차분하게 앉아서 진리를 깨닫고자 하
　　　　는 불가의 한 수행방법 유래 북종은 정관묵조(靜觀默照)를 중시하면서 개원·천보 연간에 극성하
　　　　고, 남종은 불립문자(不立文字) 돈오성불을 주장하면서 지덕 연간에 크게 성행했음

正面衝突(정면충돌) 두 물체가 서로 정면으로 부딪침. 두 편이 정면으로 맞부딪쳐 싸움

頂門一針(정문일침) 머리의 정수리에 침을 놓음. 따끔한 충고나 적절한 교훈

精神薄弱(정신박약) 정신 발달이 약해 환경에 잘 적응하는 것이 썩 어려운 상태

精神錯亂(정신착란) 의식 장애를 일으켜 지적 능력을 잃어버리는 그러한 상태

井中觀天(정중관천) 우물 속에서 하늘을 뻔히 쳐다봄 참조 井中之蛙

諸子百家(제자백가) 중국 춘추전국시대의 여러 가지 학설의 창시자와 선임자를 따르는 학파. 공자와 유가
　　　　그리고 노자와 도가 등의 여러 학자

朝刊新聞(조간신문) 아침이면 어김없이 간행하는 신문

朝不謀夕(조불모석) 아침에 저녁 일을 꾀하지 못함 참조 朝不慮夕

早朝割引(조조할인) 극장에서 이른 아침에 입장하는 사람들에게 입장요금을 깎아줌

鳥足之血(조족지혈) 새 발의 피. 매우 적은 분량 유의 蹄涔

足脫不及(족탈불급) 맨발로 죽도록 뛰어도 능히 따라가지 못함. 능력, 역량, 재질 따위가 두드러져 도저히
　　　　다른 사람이 따르지 못함

存亡之秋(존망지추) 존속과 멸망, 생존과 사망이 결정되는 절박한 경우나 시기

尊卑貴賤(존비귀천) 사람 지위나 신분의 높고 낮음과 귀하고 천함의 구분

縱橫無盡(종횡무진) 전후좌우로 마구 움직여 그 끝이 없음. 활약이 대단하거나 이야기 등이 끝이 보이지
　　　　않음을 이름

坐不安席(좌불안석) 앉아도 자리가 편안하지 않음. 마음이 불안하거나 걱정스러워서 한군데에 앉아 있지
　　　　못하고 안절부절못함

左右衝突(좌우충돌) 왼쪽으로 부딪치고, 오른쪽으로 돌진함 참조 左衝右突

坐井觀天(좌정관천) 우물 속에 앉아 하늘을 봄. 사람 견문이 매우 좁음 참조 井中之蛙

左之右之(좌지우지) 이리저리 제 마음대로 휘두르거나 다룸 유의 左右之, 左右

左衝右突(좌충우돌) 이리저리 마구 찌르고 부딪침 유의 東衝西突, 左右衝突

左側通行(좌측통행) 길을 갈 때 왼쪽으로 감. 한국은 대한제국 때 우측통행의 원칙을 따랐다가 일제 강점기
　　　　때 좌측통행의 원칙을 따랐음. 2010년 7월 1일부로 전부 우측통행으로 전환되어 우측통행이 시행
　　　　되었음. 요즈음은 대면통행(對面通行), 양방통행(兩方通行) 또는 쌍방통행(雙方通行)으로 마주 보
　　　　며 반대 방향으로 갈 수 있는 형태들도 있어 원활하게 통행함

株價指數(주가지수) 주가의 변동을 통합적으로 나타내는 지수

晝耕夜讀(주경야독) 낮에는 농사를 짓고, 밤에는 글을 부지런히 읽음. 어려운 여건 속에서도 꿋꿋이 공부함
　　　　유의 晴耕雨讀

周到綿密(주도면밀) 여러 가지가 두루 미쳐서 자세하고도 빈틈이 없음

株式會社(주식회사) 주식 발행을 통해 여러 사람으로부터 자본을 조달받는 회사

酒池肉林(주지육림) 술로 연못을 이루고 고기로 숲을 이룸. 호사스러운 술잔치 유래 殷나라 紂왕이 못을
　　　　파 술을 채우고 숲의 나뭇가지에 고기를 걸어 잔치를 즐겼던 고사임 출전 史記 殷本紀 유의 肉山脯林

竹馬之友(죽마지우) 대막대기 말을 타고 놀던 오랜 벗 참조 竹馬故友

衆寡不敵(중과부적) 적은 수효로 많은 수효를 대적하지 못함 출전 孟子 梁惠王篇 유의 寡不敵衆

仲秋佳節(중추가절) 음력 팔월 보름의 좋은 시절이라는 뜻. '추석'을 달리 이르는 말. 음력 팔월 한가위의
　　　　참 좋은 가을철

知己之友(지기지우) 자기를 잘 알아주는 진정한 벗 참조 管鮑之交

持己秋霜(지기추상) 자신을 대할 때 가을 서리처럼 엄히 함 상대 對人春風

之東之西(지동지서) 동쪽으로도 가고 서쪽으로도 간다는 뜻. 뚜렷한 목적도 없이 이리저리 갈팡질팡함을
　　　　이름

支離滅裂(지리멸렬) 흩어지고 찢기어 더는 갈피를 잡을 수 없음 유의 支離分散

知命之年(지명지년) 50세의 나이 유래 孔子가 나이 50에 비로소 天命을 알았다는 데서 오는 고사 유의 知天命,
　　　　知命, 艾年, 艾老, 半百

知足不辱(지족불욕) 만족할 줄 아는 사람은 욕되지 아니함 출전 老子 四十四章

指呼之間(지호지간) 손짓으로 흔들어 부를 만큼 아주 가까운 거리 참조 一衣帶水

直系卑屬(직계비속) 자기로부터 계속 직계로 이어져 내려가는 그러한 혈족. 아들, 딸, 손자, 증손 등을 이름

織錦回文(직금회문) 구성이 아주 절묘한 훌륭한 문학작품을 이름 [유래] 두도(竇滔)의 아내인 소혜(蘇蕙)라는 여인이 만든 선기도(璇璣圖)에는 모두 840자가 새겨져 있는데, 이들을 종횡, 상하, 좌우 등등 어떻게 읽어도 모두 훌륭한 시(回文詩)가 되었다는 고사 [출전] 晋書 列女傳 竇滔의 妻蘇氏條

進退幽谷(진퇴유곡) 앞뒤로 모두가 골짜기임. 이러지도 저러지도 못하고 꼼짝할 수 없는 처지에 놓인 궁지

進退維谷(진퇴유곡) 나아가고 물러날 길이 오직 골짜기뿐임 [참조] 進退兩難

執行猶豫(집행유예) 선고된 형을 집행하지 않고 미루는 제도. 3년 이하의 징역 또는 금고의 형이 선고된 범죄자에게 정상을 참작하여 일정 기간 형의 집행을 유예함. 그 기간을 사고 없이 넘기게 되면 형의 선고가 상실됨

此月彼月(차월피월) 이달 저 달하고 자꾸 기한을 미루는 모양 [참조] 此日彼日

此日彼日(차일피일) 이날 저 날하고 자꾸 기한을 미루는 모양 [유의] 此月彼月

借廳入室(차청입실) 대청을 빌려 쓰다 점차 안방까지 차지함. 처음에는 남에게 의지하다가 점차 그의 권리까지 침범함 [유의] 借廳借閨

參差不齊(참치부제) 길고 짧고 들쭉날쭉하여 가지런하지 못함

妻城子獄(처성자옥) 아내는 성(城)이요, 자녀는 감옥(監獄)이요 지옥은 아닐지. 즉 처자가 있는 사람은 거기에 얽매여 자유롭게 활동(活動)할 수 없음을 이르는 말. 휴가철이 되면 용광로(鎔鑛爐)와 같은 찜통더위에 예외 없이 찾아오는 아들, 딸, 사위, 며느리, 손자, 손녀 등 피붙이가 북적대면서, 야단법석을 떠는 정신없는 날들이 그 대열에 빠지지 않으려고 규환(叫喚)임

天高馬肥(천고마비) 하늘은 높고 말은 살이 토실토실 찐다. 하늘이 맑고 모든 것이 풍성함 [출전] 漢書 匈奴傳 [유의] 秋高馬肥

天壤之間(천양지간) 하늘과 땅의 천지의 사이 공간 [참조] 雲泥之差

天壤之差(천양지차) 하늘과 땅의 차이는 매우 큼 [참조] 雲泥之差

天壤之判(천양지판) 하늘과 땅 사이와 같이 엄청난 차이 [참조] 雲泥之差

千紫萬紅(천자만홍) 울긋불긋한 여러 가지 꽃송이 빛깔. 그런 빛깔의 꽃 [유의] 萬紫千紅

千載一時(천재일시) 천년에 한 번 올까 말까 한 오직 한 번의 때 [참조] 千載一遇

千載一遇(천재일우) 천 년에 단 한 번만의 만남. 만나기 어려운 좋은 기회 [출전] 문선(文選)에 실린 袁宏의 三國名臣序贊 [유의] 千歲一時, 千載一時

天井不知(천정부지) 높은 천장(天井=天障)을 잘 알지 못함. 하늘이 저리 높은 줄을 모름. 물가(物價) 따위가 한없이 오르기만 함

天下泰平(천하태평) 정치가 잘되어 온 세상이 매우 평화로움. 어떤 일에 전혀 무관심한 상태로 아무 걱정 없이 편안하게 있는 태도의 놀림조로 이르는 말

徹頭徹尾(철두철미) 처음부터 끝까지 빈틈이 없음 [유의] 徹上徹下

徹上徹下(철상철하) 위부터 아래까지 틀림없고도 빈틈이 없음 [참조] 徹頭徹尾

徹天之恨(철천지한) 하늘에 사무치는 매우 크고 크나큰 원한

靑丘永言(청구영언) 조선후기 시조작가 김천택이 시조 580수를 엮어 편찬한 가집(서지적 사항: 1권 1책. 필사본) ≪해동가요≫·≪가곡원류≫와 함께 3대 시조집의 하나. [청구는 본래 우리나라를 뜻하는 말이고, [영언은 노래를 뜻함(歌永言). 조선 영조 4년(1728)에 역대 시조를 수집하여 펴낸 최초의 시조집

靑雲之志(청운지지) 큰 뜻을 펼치기 위하여 벼슬길에 오르고자 하는 뜻. 높은 지위에 오르고자 하는 뜻. 혹 속세를 초탈하려는 뜻을 일컫기도 함 [출전] 王勃의 藤王閣詩序, 張九齡의 照鏡見白髮 [유의] 凌雲之志, 陵雲之志

草根木皮(초근목피) 풀뿌리와 나무껍질. 맛이나 영양 가치가 전혀 없는 거친 음식을 비유적으로 이름. 구황
　　　　식품이나 한약의 재료를 뜻하는 말 유래 예전에는 가을에 수확한 벼가 떨어지고 가을보리를 수확
　　　　하기 전인 이른 봄에 식량이 떨어져서 흔히 냉이와 같은 풀뿌리를 캐어 먹거나 소나무 속껍질을
　　　　벗겨서 주된 식량으로 삼았음

初度巡視(초도순시) 한 기관의 책임자나 감독자 등이 새로 부임하여 처음으로 그 관할지역을 순회하여 시찰함

初志一貫(초지일관) 처음으로 세웠던 뜻을 끝까지 계속 밀고 나감

秋高馬肥(추고마비) 가을의 하늘은 높고 말은 살찐다는 뜻. 하늘이 맑고 곡식이 결실을 맺는 좋은 계절이라
　　　　면서 가을을 수식하여 이르는 말 참조 天高馬肥

推己及人(추기급인) 자기 마음을 미루어보아 남에게도 그렇게 대하거나 유연하게 행동함 유의 絜矩之道

追友江南(추우강남) 친구 따라 강남에 감. 뚜렷한 자기주장이 없이 행동함

出沒無雙(출몰무쌍) 나타났다가 없어졌다 하는 것이 비길 데 없을 만큼 심함

醉生夢死(취생몽사) 술에 취하여 자는 동안에 꾸는 꿈속에서 살고 죽음을 형상화함. 한평생을 아무것도
　　　　하는 일도 없이 흐리멍덩하게 살아감 유의 醉死

層巖絕壁(층암절벽) 몹시 험하게 생긴 바위가 겹겹으로 쌓인 심한 낭떠러지

層層侍下(층층시하) 부모, 조부모 등까지 여러 어른을 함께 모시고 사는 처지

置之度外(치지도외) 법도 외의 것으로 상관하지 아니하고 내버려 둠 출전 後漢書 公孫述列傳 유의 度外視

七去之惡(칠거지악) 예전에, 아내를 내쫓을 수 있는 이유가 되었던 일곱 가지 허물 유래 [①시부모를 잘
　　　　섬기지 않는 것(不順父母), ②무자식(無子), ③부정(不貞), ④질투(嫉妬), ⑤못된 병(惡病), ⑥수다
　　　　(多言), ⑦훔치는 것(竊盜)] 등 출전 孔子家語 本命解篇) 유의 七去, 七出 참조 三不去

七步之才(칠보지재) 일곱 걸음을 걸을 동안에 시를 지을 만한 특출한 재주. 아주 뛰어난 글재주 유래 魏나라
　　　　의 시인 조식(曹植)이 형 조비(曹丕)의 명에 따라 일곱 걸음을 걸을 동안에 시를 지었다는 데서
　　　　유래된 고사 출전 世說新語 문학편 文學篇 유의 七步才, 倚馬之才, 七步成詩

快刀亂麻(쾌도난마) 잘 드는 칼로 마구 헝클어진 삼 가닥을 툭툭 자름. 어지럽게 뒤얽힌 사물을 강력한
　　　　힘으로 명쾌하게 처리함

他山之石(타산지석) 다른 산의 나쁜 돌일지라도 자신의 산에는 옥돌을 가는 데 쓸 수 있음. 본이 되지 않을
　　　　남의 말이나 행동도 자신의 지식과 인격을 수양하는 데는 큰 도움이 될 수 있음 출전 詩經 小雅篇
　　　　鶴鳴詩

他尙何說(타상하설) 다른 무엇을 어찌 말할 필요가 있겠는가? 한 가지를 보면 다른 것은 보지 않아도 헤아릴
　　　　수 있음

打草驚蛇(타초경사) 풀을 두들겨서 뱀(蛇)을 함부로 놀라게 함. 불필요하게 상대방을 자극함 출전 水滸傳
　　　　유의 宿虎衝鼻, 飛鳥驚蛇, 驚蛇入草

脫兔之勢(탈토지세) '우리'를 겨우 빠져나가 달아나는 토끼의 거센 기세. 매우 빠르고 날랜 기세

湯池鐵城(탕지철성) [끓는 못(池)과 쇠붙이로 만든 성(城)]이라는 뜻. 매우 견고한 성과 垓字(해자). 침해받기
　　　　어려운 장소를 비유함 참조 金城湯池

太剛則折(태강즉절) 너무 굳거나 빳빳하면 꺾어지기가 쉬움

太史之簡(태사지간) 역사를 기록함에 사실을 숨기지 아니하고 그대로 씀 유래 태사(太史)는 중국에서 기록
　　　　을 맡아보던 벼슬아치로 사관(史官)을 말하고, '簡은 문서를 말함. 역사가의 새로운 역사적 기록
　　　　참조 董狐之筆

泰山北斗(태산북두) 태산(泰山)과 북두칠성. 세상 사람들로부터 많이 존경받는 사람 출전 唐書 韓愈傳
　　　　유의 山斗, 泰斗

泰山壓卵(태산압란) 큰 산이 작은 달걀을 꽉 누름. 큰 위세와 위엄. 아주 쉬움 출전 晉書 孫惠傳

泰然自若(태연자약) 심리적으로 큰 충격을 받을 만한 상황인데도 표정은 전혀 변화가 없이 늘 하던 대로 그대로임. 곧 마음으로는 어떠한 충동을 받았을지라도 아무런 움직임도 없이 그렇게 크게 자연스 러워하는 것을 보아 저절로 그러하듯이 함

破鏡之歎(파경지탄) 이제는 부부의 이별을 서러워하는 기막힌 탄식. 깨어진 거울 조각을 붙들고 애타게 하는 탄식

破邪顯正(파사현정) 부처의 가르침에 어긋나는 생각을 버리고 올바른 도리를 따른다는 의미 유래 불교(佛敎) 삼론종(三論宗)의 근본 교의로 사견(邪見)과 사도(邪道)를 깨고 정법(正法)을 드러냄 출전 三論玄義 유의 破顯, 衛正斥邪, 衛正斥邪

破顏大笑(파안대소) 매우 즐거운 표정을 지어가며 활짝 피는 웃음 유의 破顏大笑

破顏一笑(파안일소) 얼굴 모양이 깨질 정도로 한 번 크게 웃음 참조 破顏大笑

破竹之勢(파죽지세) 한 결로 되어있는 대(竹)를 힘차게 쪼개는 기세. 대처하는 적을 거침없이 물리치고 다시 쳐들어가는 기세 참조 燎原之火 출전 晋書 杜預傳

捕盜大將(포도대장) 조선시대에 경찰청과 같은 격인 포도청의 으뜸 벼슬

布衣之交(포의지교) 베옷을 곱게 차려입고 다닐 때의 사귐. 아직 벼슬을 나가기 전 선비 시절의 사귐 또는 그렇게 사귄 벗들

表裏不同(표리부동) 겉과 속이 전혀 다른 모습. 마음이 음흉하고 매우 불량함

風木之悲(풍목지비) 바람이 잦아들 날 없이 몰아치는 나무의 외로움. 효도하고자 하나 부모가 이미 돌아가 셔서 그러지 못해 한탄함 참조 風樹之歎

風樹之感(풍수지감) 날마다 바람이 잦아들 날도 없는 나무의 사연. 효도를 다하지 못한 채 부모를 여읜 자식의 슬픔 참조 風樹之歎

風樹之悲(풍수지비) 긴 세월에 바람이 잦아들 날도 없는 나무의 슬픔. 효도를 다하지 못한 채 어버이를 잃은 자식의 슬픔을 이르는 말 참조 風樹之歎

風樹之歎(풍수지탄) 효도를 다하지 못한 채 그만 어버이를 여읜 자식의 애달픔 유래 나무는 고요하고자 하나 바람이 그치지 않고, 자식은 봉양하고자 하나 부모님은 기다려주시지 않네(樹欲靜而風不止, 子欲養而親不待)라는 구절에서 보임. 옛 시조 한 수가 떠오른다. [어버이 살아실 제 섬기기란 다하 여라 / 지나간 후면 애닯다 어이하리 / 평생에 고쳐 못할 일은 이뿐인가 하노라] 출전 韓詩外 傳 유의 風木之悲, 風樹之感, 風樹之悲

風雲之會(풍운지회) 용이 바람과 구름을 얻어서 활기찬 기운을 더 얻음. 총명하고 슬기로운 임금과 어진 신하 가 서로 뜻밖에 만남. 영웅호걸이 서로 때를 만나 자기들의 뜻을 이룰 수 있는 아주 좋은 기회

皮骨相接(피골상접) 삐쩍 마른 살가죽과 뼈가 서로 맞붙어 있음. 병세에 그만 시달려 몹시 깡마른 몸매를 이룸

被選擧權(피선거권) 선거에 입후보하여 최종으로 뽑힌 사람이 될 수 있는 참정의 권리

彼此一般(피차일반) 저것이나 이것이나 모두가 마찬가지임. 두 편이 서로 팽팽하게 똑같음

被害妄想(피해망상) 다른 사람이 자기에게 해를 입힌다고 굳게 생각하는 망상에 젖음

下石上臺(하석상대) 아랫돌을 빼서 윗돌 괴고 윗돌 빼서 아랫돌을 굄 참조 姑息之計

下愚不移(하우불이) 아주 어리석고 지지리 못난 사람의 기질은 조금도 변하지 아니함

下厚上薄(하후상박) 아랫사람에게 매우 후하고 윗사람에게는 그야말로 야박하게 굶

鶴首苦待(학수고대) 마치 학의 목처럼 목을 길게 빼고 오기만을 간절하게 기다림 유의 鶴首, 鶴望, 鶴企, 鶴立

學如不及(학여불급) 늘 배움은 나에게만 모자란 듯이 외롭게 여김 유래 현대 배움의 길은 끝이 없으므로 자만하지 말고 끊임없이 학문에 정진하여야 함

割席分坐(할석분좌) 합의를 하지 못해 늘상 자리를 갈라서 따로 앉음. 그만 교제를 끊고 같은 자리에 앉지 아니함을 뜻함 출전 世說新語 德行篇

含憤蓄怨(함분축원) 아직도 풀지 못한 분한 마음을 항상 품고 원한을 가득하게 쌓음

合從連衡(합종연횡) 복수의 사람이나 단체가 서로 연대하는 것을 비유하는 말 유래 소진(蘇秦)의 합종설과 장의(張儀)의 연횡설을 함께 아울러 이르는 말 출전 史記 蘇秦列傳

合浦珠還(합포주환) 잃었던 것을 찾거나 떠난 것이 돌아옴 유래 합포군은 진주조개로 유명하였으나 탐관오리들이 지나치게 많은 진주를 캐내는 바람에, 자취를 감추었다가, 맹상이 불법행위를 엄단하고 진주조개의 생산과 보호를 장려하자, 합포 바다에 다시 진주조개가 나타났다는 고사에 의함 출전 後漢書 孟嘗傳

恒茶飯事(항다반사) 밥을 먹고 차를 마시는 것처럼 늘상 있어 온 일. 항상 있어서 이상하거나 신통할 것이 전혀 없는 일 유의 茶飯事, 日常茶飯事

行不由徑(행불유경) 길을 가는데 지름길이나 뒤안길로 가지 않고 항상 큰길로만 감. 자기 행동을 공명정대(公明正大)하게 함 출전 論語 雍也篇 유의 君子大路行

虛禮虛飾(허례허식) 진실이 없이 헛된 예절이나 꾸미는 법식. 정성이 하나도 없이 겉으로만 번드르르하게 좋게 꾸밈

虛無孟浪(허무맹랑) 속되어서 참으로 터무니없이 거짓되고 실속이 하나도 없음

賢母良妻(현모양처) 온 고을에 소문이 자자하게 어지신 어머니이면서도 착한 아내

懸河口辯(현하구변) 경사가 매우 급하여 위에서 아래로 쏜살같이 흐르는 강과도 같은 말 참조 懸河之辯

懸河雄辯(현하웅변) 경사가 매우 급하여 위에서 아래로 쏜살같이 흐르는 강과도 같은 말 참조 懸河之辯

懸河之辯(현하지변) 경사가 매우 급하여 위에서 아래로 쏜살같이 흐르는 강과도 같은 말. 전혀 다른 새로운 말로 꾸밈. 더욱 거침없이 유창하게 엮어 내려가는 말솜씨 출전 晉書 郭象傳 유의 懸河口辯, 懸河雄辯, 靑山流水

血肉之親(혈육지친) 부자나 형제 등과 같이 아주 절친한 육친(肉親)

兄亡弟及(형망제급) 형님이 아들이 없이 죽었을 때, 아우가 그 혈통(血統)을 잇는 일

兄友弟恭(형우제공) 형은 아우를 사랑하고 아우는 형을 지성으로 공경(恭敬)함

虎溪三笑(호계삼소) 동양화의 화제(畫題) 중의 하나. 학문이나 예술에 더욱 열중함 유래 중국 진(晉)나라의 혜원 법사가 여산(廬山)의 동림사(東林寺)에 은거하면서, 호계(虎溪)를 건너지 않기로 하였으나 도연명, 육수정(陸修靜)을 배웅할 때 이야기에 도취해 무심코 건너버려 세 사람이 크게 웃었다는 고사 출전 廬山記 유의 三笑

虎口餘生(호구여생) 여러 차례 죽을 고비를 겪고 나서, 겨우 살아남은 초라한 목숨 유래 송(宋)나라 때, 호주(湖洲)에 사는 주태(朱泰)라는 사람이 호랑이에게 물려가다 겨우 살아났다는 고사에서 보임

豪氣萬丈(호기만장) 혼자서 꺼드럭거리는 기운이 지금까지 만 길임 참조 氣高萬丈

胡馬望北(호마망북) 북쪽 오랑캐의 말이 계속하여 북쪽만을 바라봄 참조 首丘初心

虎死留皮(호사유피) 호랑이는 죽어서 가죽을 남김 참조 人死留名

豪言壯談(호언장담) 조금도 거리낌이 없이 아주 씩씩하게 말함

浩然之氣(호연지기) 하늘과 땅 사이에 의기가 가득 차고 아주 넓고 큰 원기. 거침없이 넓고 큰 기개 출전 孟子 公孫丑 上篇 유의 浩氣, 正氣

豪雨警報(호우경보) 매우 세찬 큰비에 극히 주의하라는 소식

魂不附身(혼불부신) 그만 넋이 제 몸에 붙어 있지 않고 침통함 참조 魂飛魄散

魂不附體(혼불부체) 그만 넋이 제 몸에 붙어 있지 않고 침통함 참조 魂飛魄散

忽顯忽沒(홀현홀몰) 문득 갑자기 나타났다가 문득 이슬과 같이 없어짐

紅爐點雪(홍로점설) 빨갛게 달아오른 화로 위에 극히 약한 눈(雪). 큰일을 함에 있어 작은 힘으로는 아무런
　　　　도움도 되지 아니함. 사욕(私慾)이나 의혹(疑惑)이 일시에 꺼져 없어짐 유의 紅爐上一點雪

紅毛碧眼(홍모벽안) 붉은 털과 푸른 눈이란 데서 서양인의 표정을 가리킴

紅顔薄命(홍안박명) 붉은 얼굴(미인)을 하는 사람의 수명이 짧음 참조 佳人薄命

禍轉爲福(화전위복) 화근을 그쪽으로 옮기었더니 오히려 복이 됨 참조 塞翁之馬

畫虎不成(화호불성) 범을 그리려다가 끝내 다 이루지 못함. 천생으로 타고 난 부족한 자질로 이제 큰일을
　　　　하려다가 도리어 일을 그르침 참조 畫虎類狗

黃口幼兒(황구유아) 부리가 막 태어난 누런 새 새끼같이 생긴 어린아이 참조 黃口小兒

黃金分割(황금분할) 이등분 선분 부분으로 나눌 때 전체에 대한 큰 부분의 비와 큰 부분에 대한 작은 부분의
　　　　비가 같게 되게 하는 분할법 유래 곧 사람이 가장 아름답고 조화를 이루는 모양으로 받아들이는
　　　　분할형태로, 한 선분을 두 부분으로 나눌 때, 전체에 대한 큰 부분의 비와 큰 부분에 대한 작은
　　　　부분의 비가 같도록 나눈 것인데, 그 비율은 1,618:1이라고 알려짐

悔過遷善(회과천선) 이제는 자기 허물을 뉘우쳐서 착한 데로 옮겨감 참조 改過遷善

橫斷步道(횡단보도) 보행자가 안전하게 횡단하도록 도로에 새롭게 설치한 보행자 시설도로 〈현대 시설〉
　　　　사람이 가로질러 건너다닐 수 있도록 안전표지나 도로 표지를 설치하여 차도 위에 마련한 보행자
　　　　의 길

後起之秀(후기지수) 현재의 후배 중에서 아주 우수한 인물 출전 世說新語 賞譽篇

後時之嘆(후시지탄) 때가 아주 늦은 것을 두고 크게 탄식함 참조 晩時之歎

厚顔無恥(후안무치) 낮가죽이 아주 두꺼워 매우 뻔뻔스럽게 얼굴에는 부끄러움이 전혀 없음 출전 書經 夏書
　　　　五子之歌

後悔莫及(후회막급) 때가 늦은 뉘우침은 이미 벌어진 상황을 다시는 되돌릴 수는 없음. 이미 잘못된 뒤에
　　　　아무리 후회하여 봐도 더 이상 어찌할 수가 없음

訓蒙字會(훈몽자회) 한자 3,360자의 뜻과 음을 훈민정음으로 단 것이 그 내용 전체임. 이 책에서 처음으로
　　　　한글 낱자 이름으로 [기역, 니은, 디귿…] 등의 닿소리의 이름을 모두 붙였음 유래 조선 중종 22년
　　　　(1527)에 최세진이 지은 한자 학습서

胸有成竹(흉유성죽) 대나무의 그림을 그리기 이전에 화가의 마음속에 이미 완성된 대나무 그림이 미리
　　　　있음. 어떤 일을 처리함에 있어 미리 계산이 모두 서 있음 출전 蘇軾 篔簹谷偃竹記와 晁補之의
　　　　贈文潛甥楊克一學文與可畫竹求詩에서 보인 시

興亡盛衰(흥망성쇠) 어떤 상황이 서로 흥성하고 멸망함과 번성하고 쇠퇴함 참조 榮枯盛衰

稀代未聞(희대미문) 남아있는 것들이 매우 드물어 좀처럼 듣지 못함

喜怒哀樂(희로애락) 사람이 살아가면서 보통으로 느끼는 네 가지 감정. 기쁨, 노여움, 슬픔과 즐거움

稀少價値(희소가치) 아주 드물기 때문에 많이 인정되는 충분한 가치

3급

街談巷說(가담항설) 거리나 항간에 떠도는 소문 출전 漢書 藝文志 유의 街談巷語, 街談巷議, 街說巷談, 道廳
　　　　塗說, 流言蜚語

街談巷語(가담항어) 거리나 항간에 떠도는 소문 참조 街談巷說

街談巷議(가담항의) 거리나 여러 항간에 널리 떠도는 소문 참조 街談巷說

街說巷談(가설항담) 거리나 수많은 항간에 많이 떠도는 소문 참조 街談巷說

刻骨難忘(각골난망) 남에게 입은 은혜가 뼈에 새길 만큼 커서 잊히지 않음 참조 結草報恩

刻舟求劍(각주구검) 융통성 없이 현실에 전혀 맞지 않는 낡은 생각을 고집하는 어리석음. 초나라 사람이 배에서 칼을 물속에 떨어뜨리고 그 위치를 뱃전에 표시하였다가 나중에 배가 움직인 것을 생각하지 않고 칼을 찾았다는 고사 **출전** 呂氏春秋 察今篇 **유의** 刻船求劍, 守株待兎, 守株, 株守

刻燭賦詩(각촉부시) 일정한 시간 안에 시를 빨리 짓는 놀이

脚下照顧(각하조고) 자기의 발밑을 잘 비추어 돌이켜본다는 뜻. 가깝고 친할수록 삼가 조심해야 함

干卿何事(간경하사) 다른 사람의 일에 자주 참견하는 것을 비웃음 **출전** 南唐書 **유의** 底事干卿, 干卿底事, 干卿甚事

肝腦塗地(간뇌도지) 참혹한 죽음을 당한 간장(肝臟)과 뇌수(腦髓)가 땅에 널려 있음. 나라를 위하여 목숨을 돌보지 않고 애를 씀 **출전** 史記 劉敬列傳

干雲蔽日(간운폐일) 구름을 침범하고 해를 덮는다는 뜻. 큰 나무가 하늘을 찌를 듯이 그렇게 높이 솟았음

干將莫耶(간장막야) 중국 춘추시대의 도장(刀匠)인 간장과 그의 아내 막야가 만든 칼로 좋은 칼을 만듦 **출전** 吳越春秋 闔閭內傳 **유의** 雄劍

減價償却(감가상각) 토지를 제외한 고정자산에서 거저 생기는 가치의 소모를 셈하는 회계상의 절차로 소모 비율만큼 자산의 가치를 줄여 잡는 계산법의 행위

感慨無量(감개무량) 마음속에서 느끼는 감동이나 느낌이 끝을 알 수 없음

減之又減(감지우감) 덜어낸 데서 또다시 덜어냄

擧案齊眉(거안제미) 밥상을 눈썹과 가지런하도록 공손히 들어 남편 앞에 가지고 가는 자세. 남편을 깍듯이 공경함 **출전** 後漢書 逸民傳

乾畓直播(건답직파) 마른 논에 촉촉한 물을 대지 않고 그대로 씨를 뿌렸음

乞不竝行(걸불병행) 비럭질은 여럿이 모두 함께하지 않음. 어떤 것을 요구하는 사람의 숫자가 여럿이면 그것을 얻기가 퍽 어려움

乞人憐天(걸인연천) 거지가 하늘을 저렇게 불쌍하게 여김. 불행한 처지에 놓여 있는 사람이 부질없이 행복한 사람을 애타게 동정함

激濁揚淸(격탁양청) 흐린 물 몰아내고 맑은 물을 끌어들임. 惡을 미워하고 善을 좋아함

牽强附會(견강부회) 이치에도 맞지 않는 말을 억지로 끌어 붙여 자기에게 모두를 유리하게 덧붙임 **유의** 郢書燕說

見獵心喜(견렵심희) 사냥하는 용맹한 모습을 보니 마음이 기쁘다는 뜻. 어렸을 때의 아름다움을 그리워하는 마음

見不逮聞(견불체문) 보는 것이 듣는 것을 다 따라가지 못함. 눈으로 직접 보니 들었던 것보다 못하다는 뜻. 헛된 명성을 비유한다는 말 **유래** 당나라 때 청주 익도 사람 최신명(崔信明)이 시 쓰기를 매우 즐겼는데, 작품에 대한 자부심이 아주 컸음. 눈으로 직접 보니 들었던 것보다 못하다는 말로 헛된 명성을 이름 **출전** 唐書 **유의** 見不如聞

見善如渴(견선여갈) 착한 일 보기를 목이 마른 것같이 함

牽牛織女(견우직녀) 하늘의 견우와 직녀를 아울러 이르는 말 **유래** 음력 7월 초이렛날은 칠석으로 우리나라에서는 견우와 직녀가 칠석날이 되면, 일 년에 한 번은 은하수를 건너 만난다는 이야기가 전해져 내려온다. 직녀는 옥황상제의 딸이고, 견우는 소를 키우는 목동이었음

見兎放狗(견토방구) 토끼를 발견한 후에 사냥개를 풀어도 아직은 늦지 않음. 일이 되어가는 것을 본 뒤에 생각하여 대처함 **출전** 新序

卿士大夫(경사대부) 조선시대에 삼정승인 영의정, 좌의정, 우의정 이외의 모든 벼슬아치를 통틀어 이르는 말

庚戌國恥(경술국치) 경술년(1910년)의 우리 국가의 치욕. 일본이 대한제국을 한꺼번에 병탄한 일을 지칭함

敬而遠之(경이원지) 공경하기는 하되, 가까이하지는 않음 **출전** 論語 雍也篇 **유의** 敬遠

鷄鳴狗盜(계명구도) 하찮은 '재주'라도 쓰임이 있음 유래 제나라의 맹상군(孟嘗君)이 진(秦)나라 소왕(昭王)에게 죽게 되었을 때, 식객(食客) 가운데 개를 가장하여 남의 물건을 잘 훔치는 사람과 닭의 울음소리를 잘 흉내 내는 사람의 도움으로 위기에서 빠져나왔다는 고사 출전 史記 孟嘗君列傳 유의 鷄鳴之客

高官大爵(고관대작) 지위가 아주 높고 훌륭한 벼슬을 지냄. 또는 그러한 벼슬아치

枯木發榮(고목발영) 고목에서 꽃이 피고 죽은 사람이 다시 살아남 출전 曹植 유의 枯木生花

枯木死灰(고목사회) 겉모습은 깡마른 나무와 같고, 마음만은 죽은 재와도 같음. 생기와 의욕이 완전하게 없는 사람

枯木生花(고목생화) 마른 나무에서 꽃이 핀다는 뜻. 곤궁한 처지의 사람이 행운을 만나서 신기하게도 잘 되고 있음을 말함 출전 松南雜識 유의 枯木發榮

高枕安眠(고침안면) 베개를 높이 하여서 아주 편안하게 잠 출전 史記 참조 高枕而臥

高枕而臥(고침이와) 高枕安眠 참조. 베개를 매우 높이 하여 잠. 아무런 근심도 없이 편안히 지냄 출전 史記 張儀列傳 유의 高枕, 高枕安眠

困而知之(곤이지지) 몸이 아주 피곤해지도록 공부하여 앎 참조 三知

公私多忙(공사다망) 공적인 일과 사적인 일과로 아주 많이 바쁨

管絃樂器(관현악기) 긴 대롱과 실로 엮은 줄로 만든 악기의 통칭

怪常罔測(괴상망측) 괴이하고 이상하고, 추측이 불가능할 정도로 이치에 전혀 맞지 아니함

矯角殺牛(교각살우) 소의 뿔을 바로잡으려다 오히려 소를 죽임. 잘못된 점을 좋게 고치려다 그 방법이나 정도가 너무 지나쳐서 오히려 그 일을 그르침

巧遲拙速(교지졸속) 실력이 뛰어나지만 느린 사람보다 서투르지만 빠른 사람이 더 나음 출전 孫子

究竟不淨(구경부정) 모든 것이 깨끗하지 못함. 사람이 죽어서 파묻히면 흙이 되고, 벌레가 먹으면 똥이 되고, 불에 타면 재가 되므로 신체의 마지막은 너무 깨끗하지 못하다는 뜻 유래 사람 신체의 종말이 깨끗하지 못함을 이르는 말로 불교에서 쓰임

舊弓新矢(구궁신시) 오래된 활과 새 화살이라는 뜻. 의외로 서로 잘 맞는 것을 이르는 말. 각궁 기준으로 활은 해묵은 것이 성능이 좋고, 화살은 새로운 화살이 좋음

求道於盲(구도어맹) 길을 맹인에게 묻는다는 뜻. 활용 방법이 잘못되었기 때문에 아무런 효과도 없음 출전 韓愈 答陳生書

狗馬之心(구마지심) 개나 말이 주인에게 충성을 잘하는 마음 출전 漢書 참조 犬馬之勞

口蜜腹劍(구밀복검) 입에는 꿀이 있고, 배 속에는 칼이 있음(口有蜜腹有劍). 말로는 친한 듯하나 속으로는 해칠 생각을 하고 있음 출전 新唐書 資治通鑑 唐紀 유의 笑中刀, 笑裏藏刀, 笑中有劍, 笑中有刀

口尙乳臭(구상유취) 입에서는 아직도 젖비린내가 남. 말이나 행동이 아직까지도 유치하기 그지없음 출전 史記 高祖記 유의 黃口乳臭

求全之毁(구전지훼) 몸과 마음을 잘 닦아 행실을 온전하게 하려다가 뜻밖에 다른 사람에게 들었던 욕설 출전 孟子

窮拘莫追(궁구막추) 피할 곳 없는 개일랑 이제는 쫓지 말 것. 곤란한 지경에 있는 사람이 모질게 다루면 오히려 해를 입으니 건드리지 말 것 유의 窮寇勿迫, 窮寇勿追, 窮鼠莫追

勸善懲惡(권선징악) 착한 일을 늘 권장하고 악한 일을 자주 징계함 출전 春秋左氏傳 유의 勸懲, 懲勸, 勸誡, 彰善懲惡

龜毛免角(귀모토각) 거북이의 털과 토끼의 예리한 뿔. 있을 수 없는 일이 일어남

僅僅得生(근근득생) 겨우겨우 간신히 살아감

勤將補拙(근장보졸) 서투른 것을 충분하게 보충하는 데에는 부지런함이 으뜸임

近親相姦(근친상간) 촌수가 매우 가까운 일가 사이의 남녀가 서로 성적인 관계를 맺음

謹賀新年(근하신년) 삼가 새해를 맞이하여 축하함. 새해의 복을 비는 인사말

金迷紙醉(금미지취) 금종이에 그만 정신이 미혹되고 많이 취함. 사치스러운 생활 출전 宋나라의 陶谷이 편찬한 淸異錄

錦上添花(금상첨화) 비단 위에 아름다운 꽃을 더함. 좋은 일 위에 또 좋은 일이 더하여짐 출전 王安石의 詩 卽事 상대 雪上加霜, 前虎後狼, 雪上加雪

今昔之感(금석지감) 지금과 옛날의 차이가 매우 심하여 생기는 느낌 참조 隔世之感

己卯士禍(기묘사화) 반정공신들이 전횡을 저지름. 중종은 조광조의 개혁정치를 이해하지 못함 유래 1519년 (중종 14) 11월 남곤·심정·홍경주 등의 재상들에 의해 조광조·김정·김식 등 사림들이 큰 화를 입었던 사건. 중종 즉위 이후 정국을 주도한 훈구파에 대해 신진 사림파들이 정계에 진출해 세력 을 늘려가면서 갈등을 일으켰음

饑死僅生(기사근생) 거의 죽을 뻔하다가 겨우 되살아남 유의 起死回生

技成眼昏(기성안혼) 재주를 다 배우고 났더니 이제는 눈이 어두움

欺世盜名(기세도명) 세상 사람들을 모두 속이고 헛된 명예를 탐냄

旣往之事(기왕지사) 이미 지나간 옛날 옛적의 일들

旣定事實(기정사실) 이미 결정되어 있는 사실들

幾何級數(기하급수) 서로 이웃하는 항목의 비(比)가 일정한 급수임. 서로가 일정하게 배로 늘어나는 급수

棄灰之刑(기회지형) 길에 재를 버린 사람까지도 잡아 형벌을 내린다는 뜻. 엄격하고도 융통성이 없으며 지나친 형벌 출전 史記 李斯傳

樂而不淫(낙이불음) 많이 즐기는 하되 결코 음탕하지는 않음. 즐거움의 도를 지나치지 않음 출전 論語 八佾篇

難忘之恩(난망지은) 좀처럼 잊기가 어려운 큰 은혜 참조 結草報恩

難忘之澤(난망지택) 좀처럼 잊기가 어려운 큰 은택 참조 結草報恩

暖衣飽食(난의포식) 따뜻하게 입고 배불리 먹음 출전 孟子 滕文公上 참조 錦衣玉食

蘭亭殉葬(난정순장) 난정첩(蘭亭帖)을 순장한다는 뜻. 서화(書畵)나 도자기(陶瓷器) 등(等)의 물건(物件)을 사랑하는 마음이 두터움을 이르는 말 유래 당나라 태종이 왕희지(王羲之)의 난정첩을 몹시 사랑하 여 자기가 죽거든 관에 넣어달라고 한 고사. 서화나 도자기 등의 물건을 사랑하는 마음이 매우 두터움 출전 尙書故實

南郭濫吹(남곽남취) 무능한 사람이 재능이 있는 체하거나 실력이 없는 사람이 어떤 지위에 붙어 있음. 제 (齊)나라 때, 남곽이란 사람이 생황을 불 줄 모르면서 악사(樂仕)들 가운데 끼어 있다가 한 사람씩 불게 하자 모두 도망하였음 출전 韓非子 內儲說 유의 濫竽充數, 濫竽, 濫吹

廊廟之器(낭묘지기) 묘당에 앉아서 천하의 일을 보살필 만한 재상감으로 커다란 인물을 이름 출전 三國志 蜀書

內淸外濁(내청외탁) 속은 맑으나 겉으로는 마구 흐림. 어지러운 세상을 잘 살아가려면 마음은 맑게 가지면 서도 행동은 흐린 것처럼 이중으로 하여야 함

路柳墻花(노류장화) 아무나 쉽게 꺾을 수 있는 길가의 버들과 담 밑의 꽃. 길가의 창녀나 흔한 기생

勞而無功(노이무공) 애는 많이 썼으나 보람은 없음 출전 莊子 天運篇, 管子 形勢篇 유의 徒勞無功, 徒勞無益, 萬事休矣

鹿死誰手(녹사수수) '사슴이 누구의 손에 죽는가'라는 뜻. 승패(勝敗)를 결정하지 못하기에 이름 출전 晉書

綠楊芳草(녹양방초) 푸른 버드나무와 향기로운 풀. 녹음이 우거진 한여름철을 비유함

屢見不鮮(누견불선) 너무 자주 보아서 전혀 새롭지 않음 출전 史記 酈生陸賈列傳

多難興邦(다난흥방) 많은 어려운 일을 겪고서야 나라를 일으킨다는 뜻. 어려움을 극복하고 노력해야 큰일을 이룰 수 있음 출전 晉書

堂狗風月(당구풍월) 서당에서 기르는 개가 계속해서 글 읽는 소리를 들으면 풍월을 읊을 수 있음. 한 분야에서 오래 있으면 노력하지 않아도 상당한 경험과 지식을 지니게 됨

大巧若拙(대교약졸) 교묘한 재주를 가진 사람은 그 재주를 자랑하지 아니하므로, 언뜻 보기에는 서투른 것이 같이 보임

代人捉刀(대인착도) 남을 대신하여 어떤 일을 함 유래 흉노(匈奴)의 사신이 위(魏)나라 무제(武帝)를 만나러 왔을 때, 위무제는 대신(大臣) 최계각(崔季珪)으로 하여금 흉노의 사신을 접견하게 하고, 자신은 칼을 잡고 시위(侍衛)처럼 서 있었다는 고사 출전 世說新語 容止篇

大海一粟(대해일속) 큰 바다 속의 작은 좁쌀 하나 참조 九牛一毛

大海一滴(대해일적) 큰 바다 안의 극히 작은 물 한 방울 참조 九牛一毛

德必有隣(덕필유린) 덕이 있으면 따르는 사람이 많이 있어 결코 외롭지 않음 출전 論語 里仁篇 유의 德不孤 必有隣, 德不孤

道傍苦李(도방고리) 길옆에 있는 쓰디쓴 자두나무. 사람들이 버린 물건이나 무용지물 출전 晉書 王戎傳

塗不拾遺(도불습유) 차마 길에 떨어진 물건까지도 주워가지 않음

徒費脣舌(도비순설) 공연히 말만 많이 하고 아무런 보람도 없음

道聽塗說(도청도설) 길거리에 마구 떠도는 해괴한 소문 출전 論語 陽貨篇 참조 街談巷說

塗炭之苦(도탄지고) 진구렁에 빠지고 숯불에 타는 그러한 괴로움. 아주 비참한 생활 출전 書經 仲虺之誥篇

獨也靑靑(독야청청) 홀로 푸르름을 뽐냄 유래 남들이 모두 절개를 꺾는 상황 속에서도 홀로 절개를 굳세게 지키고 있음을 비유적으로 이름

同流合汚(동류합오) 온 세상의 흐름에 적극 동조하고, 세상의 더러운 것과도 합류함. 물 흐르는 듯이 살아감 출전 孟子 盡心章句下 [同乎流俗 合乎汚世]의 준말

同文同軌(동문동궤) 각 나라의 문자를 한가지로 하면서 수레의 너비를 같게 함. 천하가 통일된 상태 유의 車同軌, 書同文, 車同軌書同文

洞房華燭(동방화촉) 신부의 신방에 촛불이 아름답게 비친다는 뜻. 신랑이 신부의 방에서 첫날밤을 지내는 일 또는 결혼식을 이르는 말

同病相憐(동병상련) 같은 병을 앓는 사람들끼리 서로가 가엾게 여김. 어려운 처지에 있는 사람끼리 서로 매우 가엾게 여김 출전 吳越春秋, 闔閭內傳 유의 同舟相救, 同氣相求, 同聲相應, 類類相從, 草綠同色

東山高臥(동산고와) 동산에서 베개를 더 높이 하고 누워서 편하게 잠. 속세의 번잡함을 피하여 산중에 은거함 유래 진(晉)나라의 사안이 속진(俗塵)을 피하여 절강성(浙江省) 동산(東山)에 은거하였다는 고사 출전 世說新語 言語篇

同而不和(동이불화) 겉으로는 은근하게 동의를 표시하면서도 내심은 그렇지 않은 하찮은 소인배의 사귐 출전 論語 상대 和而不同

同舟相救(동주상구) 같은 배를 탄 사람끼리는 서로가 잘 도움. 같은 운명이나 처지에 놓이면 아는 사람이나 모르는 사람이나 서로 돕게 됨 출전 孫子 九地篇

得過且過(득과차과) 그럭저럭 되는대로 지냄. 별로 하는 일 없이 한가하게 세월을 보내는 것을 이르는 말 출전 南村輟耕錄 유래 중국 오대산에 다리 넷에 날개가 달린 괴상한 짐승의 울음소리가 '得過且過, 得過且過(그럭저럭 지내자, 그럭저럭 지내자)' 하는 것처럼 들려서 그 이름을 한호충(寒號蟲) 또는 한호조(寒號鳥)라고 했다는 고사가 있음

得意忘形(득의망형) 뜻을 얻어 자신의 형체마저 잊어버린다는 뜻. 우쭐거리는 태도 출전 晉書

得一忘十(득일망십) 한 가지를 얻고 열 가지를 잃어버림. 기억력이 매우 좋지 못함 상대 聞一知十

登高而招(등고이초) 높은 곳에 올라 사람을 부름. 수신을 하기 위해서는 배움에 의해야 함을 이르는 말. 효과를 얻기 위해서는 사물을 잘 이용해야 함 출전 순자(荀子)

馬好替乘(마호체승) 말도 이제 갈아타는 것이 좋다는 뜻. 예전 것도 좋기는 하지만 새것으로 바꾸어보는 것도 하나의 즐거움 출전 東言解

莫無可奈(막무가내) 한번 굳게 고집하면 도무지 융통성이 없음. [莫無可奈를 '어찌할 수 없는 것이 아님'으로 풀이하지 않도록 주의가 요망됨 유의 莫可奈何, 無可奈何, 無可奈

幕後交涉(막후교섭) 막사 뒤에서 바쁘게 교섭을 진행함. 겉으로 드러나지 아니하게 은밀하게 진행하는 교섭

萬事亨通(만사형통) 모든 일이 자기 뜻대로 잘 되어 감

萬事休矣(만사휴의) 모든 것이 헛수고로 돌아감 출전 宋史 荊南高氏世家 참조 勞而無功

罔極之恩(망극지은) 끝없이 계속 베풀어주는 혜택이나 그런 고마움

忘年之交(망년지교) 나이에 거리끼지 않고 허물없이 사귐 참조 忘年之友

忘年之友(망년지우) 나이에 거리끼지 않고 허물없이 사귄 벗 유의 忘年交, 忘年友, 忘年之交

茫茫大海(망망대해) 한없이 아주 크고 드넓은 저 바다

望梅解渴(망매해갈) 매실은 시기 때문에 생각만 하여도 침이 빙 돌면서 목마름이 해소됨. 공상으로 마음의 평안과 위안을 얻음 출전 世說新語 假譎篇 유의 望梅止渴

茫然自失(망연자실) 그저 멍하니 잠시 정신을 잃음

罔有擇言(망유택언) 말이 모두 법에 맞춰 골라낼 것이 하나도 없음 출전 書經

埋頭沒身(매두몰신) 그냥 일에 파묻혀 헤어나오지를 못함

每況愈下(매황유하) 매번 상황이 갈수록 내려감. 상황이 갈수록 나빠지거나, 형편이 날로 악화되는 것을 비유하는 말. 본래는 '매하유황(每下愈況)'으로 돼지의 몸통의 아랫부분으로 점점 밟아 내려갈수록 그 돼지가 비계가 많은지 적은지를 분명하게 알 수 있다는 것을 뜻했음 유래 동곽자(東郭子)가 장자(莊子)와 대화하는 고사에서 나온 말로 처음에는 매하유황이었던 말이 나중엔 매황유하로 바뀌고 뜻도 달라졌기에 갈수록 상황이 나빠짐을 이름 출전 莊子 知北遊篇

盲龜浮木(맹귀부목) 눈먼 거북이 우연히 떠 있는 나무를 붙잡음

盲龜遇木(맹귀우목) 눈먼 거북이 우연히 떠 있는 나무를 붙잡음. 어려운 형편에 우연히 행운을 얻게 됨 출전 阿含經 유의 盲龜浮木, 千載一遇 참조 盲龜遇木

冥冥之志(명명지지) 마음속 가운데 깊이 간직해두었던 깊은 뜻

明月爲燭(명월위촉) 방안에 비친 달빛을 촛불로 삼았음 출전 唐書

明察秋毫(명찰추호) 아주 지극하게 미세한 것까지 다 살핌. 눈이 밝고 날카로워서 사소한 일에 대해서까지 빈틈없이 샅샅이 잘 살핌. 사소한 일에 대해서 빈틈없이 살핌 출전 孟子

冒沒廉恥(모몰염치) 염치없는 줄 알면서도 이를 무릅쓰고 일을 행함 유의 冒廉, 冒沒

毛遂自薦(모수자천) 자기가 자기를 자리에 추천함 유래 춘추전국시대에 조나라 평원군(平原君)이 초나라에 구원을 청하기 위하여 사신을 물색할 때 모수가 자기 스스로를 추천하였음에 대한 고사 출전 史記 平原君傳

某也無知(모야무지) 밤이라 아무도 모름 유래 몰래 뇌물이나 선물을 주는 것을 비유해서 하는 말임. 후한 때 왕밀이 양진에게 말함. "한밤중이라 아무도 보는 사람이 없습니다." 그러자 양밀이 양진에게 말함. "하늘이 알고 신이 알고 내가 알고 그대가 알고 있는데 어찌 모른다고 말하는가?" 왕밀은 부끄러워하며 물러감[密曰, 暮夜無知者. 震曰, 天知. 神知. 我知. 子知. 何謂無知. 密愧而出)] 출전 後漢書 楊震傳)에 나옴 '하늘이 알고 신이 알고 내가 알고 그대가 안다.'라는 뜻인 '천지신지아지자지(天知神知我知子知)'가 그것임

夢中相尋(몽중상심) 몹시 그리워서 꿈에서까지 서로 찾는다는 뜻. 매우 친함을 보임 출전 (書言故事

無可奈何(무가내하) 몹시 고집을 부려 더는 어찌할 수가 없음 `출전` 史記 莊子 `유의` 莫可奈何, 莫無可奈, 無可奈

無愧於心(무괴어심) 마음으로는 조금도 부끄러움이 없음

無味乾燥(무미건조) 재미나 멋이 전혀 없이 메마름 `유의` 乾燥無味

無不干涉(무불간섭) 함부로 참견해 간섭하지 않는 일이 전혀 없음

無爲而治(무위이치) 아무것도 하지 않고 능히 다스린다는 뜻. 군주의 덕이 지극히 커서 천하가 저절로 잘 다스려짐을 이르는 말 `출전` 論語 衛靈公篇 `유의` 無爲之治

無爲而化(무위이화) 노력을 하지 않아도 스스로 자주 변화함. 성인의 덕이 클수록 백성들이 스스로 따라 감화됨 `출전` 老子 五十七章

無依無托(무의무탁) 몸을 의지하고 완전하게 맡길 곳이 없음. 몹시 가난하고 외로운 상태

無毁無譽(무훼무예) 이제는 욕할 것도, 더욱 칭찬할 것도 없음

文過遂非(문과수비) 자기 허물을 숨기고 조금도 뉘우치지 않음

門墻桃李(문장도리) 문과 담장, 복숭아와 오얏을 뜻함. '문장(門墻)'은 스승의 문하를 가리키고, '도리(桃李)'는 제자들을 가리킴. 스승이 길러낸 제자나 문하생을 비유적으로 이름 `출전` 叔孫武叔

門前乞食(문전걸식) 문 앞에서 음식을 구걸함. 이 집 저 집을 돌아다니며 빌어먹는 것을 이르는 말

物情騷然(물정소연) 세상이 아주 어수선하여 많이 시끄러움 `출전` 後漢書

眉目秀麗(미목수려) 눈썹과 눈이 매우 수려하다는 뜻. 얼굴이 특히 빼어나게 아름다움

微吟緩步(미음완보) 아주 작은 소리로 읊조리면서, 천천히 거닒

蜜月旅行(밀월여행) 신혼여행. '은월(蜜月)'은 꿀같이 달콤한 달이라는 뜻. 남녀가 결혼한 직후의 즐겁고 달콤한 시기를 비유적으로 이르는 말

波羅蜜多(바라밀다) 열반에 이르고자 하는 보살의 수행. 열반에 이르고자 하는 보살의 수행. 태어나고 죽는 현실의 괴로움에서 번뇌와 고통이 없는 경지인 피안으로 건넌다는 뜻 `유의` 到岸, 到彼岸, 波羅蜜

博而不精(박이부정) 독서에서 정독(精讀)의 중요성을 뜻함. 여러 방면으로 널리 알고는 있지만 학문이 깊지는 못함

半途而廢(반도이폐) 일을 진행하다가 도중에서 늘 그만둠 `유의` 中途而廢

伴食宰相(반식재상) 옆에서 밥만 먹는 재상. 자신은 재능이 없으면서도 유능한 재상 옆에 잘 붙어서 정사를 처리하는 재상

發憤忘食(발분망식) 끼니까지 잊을 정도로 어떤 일에 아주 열중함

傍若無人(방약무인) 곁에 사람이 없는 것 같음. 거리낌이 없이 함부로 말하고 행동하는 태도 `출전` 史記 刺客列傳 `유의` 眼下無人, 眼中無人

背恩忘德(배은망덕) 입은 은혜를 모두 저버리고 은덕을 망각함

杯中蛇影(배중사영) 술잔 속에 비친 뱀의 그림자. 쓸데없는 의심을 품고 스스로 고민함 `출전` 晉書 樂廣傳

白骨難忘(백골난망) 백골이 되어도 잊을 수는 없음. 잊지 못할 큰 은덕 `참조` 結草報恩

伯樂一顧(백락일고) 알아주는 사람이 있어야 능력을 발휘할 수 있음 `유래` 백락(伯樂)은 주(周)나라 때 사람으로 말을 잘 감정하였는데, 명마라도 백락을 만나지 못하면 소금수레를 끌 뿐이었다는 고사 `출전` 戰國策 燕策 `유의` 世有伯樂然後有千里馬

伯牙絶絃(백아절현) 자기를 알아주는 진정한 벗의 죽음을 슬퍼함 `출전` 춘추시대에 백아(伯牙)는 거문고를 매우 잘 탔고 그의 벗 종자기(鍾子期)는 그 거문고 소리를 잘 들었는데, 종자기가 죽어 그 거문고 소리를 들을 사람이 없게 되자 백아가 절망하여 거문고 줄을 끊어버리고 다시는 거문고를 타지 않았다는 고사 `출전` 列子 湯問篇과 呂氏春秋傳

白魚入舟(백어입주) 적이 항복하게 됨을 비유적으로 이름 **유래** 주(周)나라의 무왕(武王)이 은(殷)나라의 주
　　　왕(紂王)을 치려고 강을 건널 때 흰 물고기가 배에 뛰어들었는데, 이것이 승리의 징조가 되었으니
　　　'적의 항복(降伏)'을 뜻함 **출전** 史記

白雲蒼狗(백운창구) 흰 구름이 순식간에 푸른 개로 변한다는 뜻. 세상일이 뜻밖으로 빠르게 바뀜 **출전** 杜甫
　　　의 可嘆 **참조** 桑田碧海

伯夷叔齊(백이숙제) 형 백이(伯夷)와 아우 숙제(叔齊). 두 사람은 상나라 말기의 형제로, 끝까지 군주에
　　　대한 충성을 지킨 의인으로 알려짐. 두 사람 모두 은(殷)나라 고죽군(孤竹君)의 아들로 무왕(武王)
　　　이 은나라를 치고 주(周)나라를 세우자 주나라의 곡식 먹는 것을 부끄러워하여 수양산에 숨어서
　　　고사리를 캐서(菜薇) 먹고 살다가 끝내는 굶어 죽었음

百八煩惱(백팔번뇌) 사람이 지니고 있는 108가지의 번뇌. 사람의 마음속에 있는 엄청난 양의 번뇌
　　　유래 육근(六根: 눈, 귀, 코, 혀, 몸, 뜻)에 각기 고(苦), 락(樂), 불고불락(不苦不樂)이 있어서 모두
　　　18가지가 됨. 여기에 '탐(貪)과 무탐(無貪)'이 있어 모두 36가지가 되며, 이것을 다시 '과거, 현재,
　　　미래'로 각각 풀어서 승(乘)하게 되면 모두 108가지임 **유의** 百八

別有乾坤(별유건곤) 이 세상과는 전혀 따로 존재하는 세계 **참조** 武陵桃源

病風傷暑(병풍상서) 바람, 병, 더위, 상함이란 뜻임. 힘든 우리네 세상살이의 쪼들림

普遍妥當(보편타당) 두루 통하여 특별하지 않고 사리에 꼭 맞아 타당함

福輕乎羽(복경호우) 복은 새털보다 가벼운 것이라는 뜻. 자기의 마음 여하에 따라서 더한 행복을 찾을 수
　　　있음 **출전** 莊子

覆杯之水(복배지수) 엎지른 물이란 뜻. 다시 바로잡기가 어렵게 저지른 일 **출전** 松南雜識

卜晝卜夜(복주복야) 밤낮을 가리지 않고 술만 마시고 노는 것 **출전** 春秋左氏傳

封庫罷職(봉고파직) 관가 창고를 봉해 잠그고, 관직에서 파면함 **유의** 封庫 封庫罷黜

附炎棄寒(부염기한) 인정의 매우 가볍고 얕음을 말함. 권세를 떨칠 때 사람을 따르다가 그 권세가 쇠하면
　　　버리고 떠남

不軌之心(불궤지심) 법이나 도리에 아주 어긋난 마음. 반역을 꾀하는 그런 마음

不顧廉恥(불고염치) 염치를 전혀 돌아보지 아니함 **유의** 廉恥不顧

不愧屋漏(불괴옥루) 옥루(屋漏)는 방의 북서쪽(北西-)의 어두운 구석임. 군자는 사람이 보지 않는 곳에서도
　　　부끄러움이 없음

不期而會(불기이회) 약속을 하지 않고 우연하게 만남

不忘之恩(불망지은) 죽어서도 잊지 못할 커다란 은혜

不違農時(불위농시) 농사철을 어기지 않음이란 뜻임. 계절이 꼭 알맞을 때 농사를 지음 **출전** 孟子

崩城之痛(붕성지통) 성(城)이 무너질 만큼 큰 슬픔이라는 뜻임. 남편이 죽은 슬픔 **상대** 叩盆之痛, 鼓盆之痛,
　　　叩盆之歎(嘆), 鼓盆之歎(嘆), 鼓盆

朋友有信(붕우유신) 오륜(五倫)의 하나. 벗 사이에는 서로가 믿음이 있어야 함

非夢似夢(비몽사몽) 잠이 들지도, 잠에서 깨어나지도 않은 어렴풋한 상태 **유의** 似夢非夢

飛黃騰達(비황등달) 비황이 갑자기 위로 올라감. 지위가 급상승하거나 부귀와 권력을 갑자기 얻게 되는
　　　것을 비유함. 전설적인 말인 비황(飛黃)이 위로 올라감 **출전** 符讀書城南 **유의** 飛黃騰踏

賓至如歸(빈지여귀) 제집에 돌아온 것처럼 편안한 대접 **출전** 春秋左氏傳

四顧無親(사고무친) 의지할 만한 사람이 아무도 없음 **유의** 四顧無託

捨近取遠(사근취원) 가까운 것을 그냥 버리고 굳이 먼 것을 취함. 일의 순서나 차례를 바꾸어서 함

捨短取長(사단취장) 나쁜 점은 버리고 좋은 점만 받음 **출전** 漢書 **유의** 舍短取長

捨量沈舟(사량침주) 식량을 버리고 배를 침몰시킨다는 뜻임. 목숨을 걸고 어떠한 일에 대처함 **출전** 史記
　　유의 背水之陣, 濟河焚舟, 破釜沈舟(船)

似夢非夢(사몽비몽) 꿈인 듯도 하고, 꿈이 아닌 듯도 함

斯文亂賊(사문난적) 유교를 아주 어지럽히는 도적 무리. 교리에 어긋나는 언동으로 유교를 어지럽히는 사
　　람을 이르는 말 **유래** 斯文은 논어(論語) 자한(子罕)에 보이는바, 孔子는 文王과 周公이 남긴 학문
　　과 사상을 '사문(斯文)'이라 하고, 자신은 天命으로 斯文을 이어받았다고 자부한 데서, 斯文은 儒를
　　가리키는 독특한 용어가 되었음

四捨五入(사사오입) [4] 이하의 수는 버리고, [5] 이상의 수는 윗자리에 [1]을 더하여 주는 방법. 곧 '반올림'과
　　같은 어림짐작임

捨生之心(사생지심) 목숨을 버리면서까지 자기를 희생하겠다는 마음

捨生取義(사생취의) 목숨을 다 버리고 오직 의를 좇음. 목숨을 버릴지언정 옳은 일을 함 **출전** 孟子 告子
　　유의 殺身成仁, 殺身立節

捨小取大(사소취대) 작은 것은 버리고 큰 것을 취함

似是而非(사시이비) 그럴듯하기는 하지만 실제는 아님 **출전** 孟子 盡心章下篇 **유의** 似而非

捨身供養(사신공양) 불사(佛事)를 이루고 깨달음을 얻기 위한 공양. 손과 발 따위 신체의 온몸을 부처나
　　보살에게 바침

捨身成道(사신성도) 속계의 몸을 버리고 불문(佛門)에 들어가 도를 행함

死而無悔(사이무회) 죽어도 후회하지 않는다는 뜻. 무모한 행동을 구거서 말함 **출전** 論語

死而不亡(사이불망) 몸은 죽어도 遺德은 잊지 않는 것이 오래 사는 것임 **출전** 老子 **유의** 死且不朽

死而後已(사이후이) 죽은 뒤에야 그 일을 그만둠. 있는 힘을 다해 그 일에 끝까지 힘씀

斯人斯疾(사인사질) '이런 (아까운) 사람에게 이런 병이'라는 뜻임. 몹시 아끼는 사람이 질병으로 죽음에
　　놓였음. 조문할 경우에 주로 쓰인 말 **출전** 論語 雍也篇

巳進申退(사진신퇴) 조선시대 벼슬아치가 巳時(사시)에 출근하고, 申時(신시)에 퇴근하던 제도였음

山盡海渴(산진해갈) 이제 산길이 다하고 다시금 물길까지 다함

三省吾身(삼성오신) 자기에 대해 하루에 세 가지를 반성함 **출전** 論語 學而篇 **유의** 三省

三從依託(삼종의탁) 세 사람을 좇아서 자기를 의탁함 **참조** 三從之道

三從之托(삼종지탁) 세 사람을 좇아서 의탁하게 됨 **참조** 三從之道

喪家之狗(상가지구) 상갓집의 수척한 개. 몹시 초라하고 수척한 사람을 깔보는 표현. 자신의 뜻을 펼치지
　　못하여 실의에 빠진 사람 **출전** 史記 孔子世家

賞奇析疑(상기석의) 훌륭한 화가의 작품을 일일이 감상하고, 다소 미흡하고 미묘한 부분은 서로 따져가면
　　서 논의함 **출전** 陶淵明 移居二首

塞翁得失(새옹득실) 새옹의 얻은 것과 잃은 것들. 한때의 이익이 장래의 손해가 되기도 하고, 한때의 화가
　　장래에 복을 가져오기도 한다는 말 **참조** 塞翁之馬

塞翁之馬(새옹지마) 인생의 길흉화복은 예측하기가 어려움 **유래** 새옹이라는 노인이 기르던 말이 오랑캐 땅
　　으로 달아나 낙심하였는데, 그 후 그 말이 준마를 한 필 끌고 와서 기뻐하였고, 아들이 그 준마를
　　타다가 떨어져 다리가 부러져 노인이 다시 낙심하였는데, 그로 인해 아들이 전쟁에 끌려 나가지
　　아니하고 죽음을 면하여 다시 기뻐하였다는 이야기의 고사 **출전** 淮南子 人間訓 **유의** 塞翁馬, 塞翁
　　得失, 轉翁禍福, 轉禍爲福, 反禍爲福, 禍轉爲福, 黑牛生白犢

塞翁禍福(새옹화복) 새옹의 화와 복. 한때의 이(利)가 장래(將來)에는 도리어 해가 되기도 하고, 화가 도리
　　어 복이 되기도 함 **참조** 塞翁之馬

生而知之(생이지지) 태어나면서부터 알고 있음 **참조** 三知

旋乾轉坤(선건전곤) 천지를 앞에서 뒤집는다는 뜻. 천하의 난을 평정함. 나라의 나쁜 풍습을 한 번에 크게 고침

涉于春氷(섭우춘빙) 봄철의 얼음을 건너는 것처럼 매우 위험한 상황 [출전] 書經

燒眉之急(소미지급) 눈썹에 불이 붙은 지경의 화급함 [참조] 焦眉之急

昭昭白髮(소소백발) 온통 하얗게 센 머리 또는 그 머리를 한 늙은이 [유의] 皜皜白髮

騷人墨客(소인묵객) 시문(詩文)과 서화(書畵)를 직업으로 일삼는 사람

小株密播(소주밀파) 모를 심을 때에 포기당 주수를 적게 해서 심는 방법

小貪大失(소탐대실) 작은 것을 탐하다가 오히려 큰 것을 잃음 [참조] 矯角殺牛

率口而發(솔구이발) 입에서 나오는 대로 말을 가볍게 해버림

誰怨孰尤(수원숙우) 누구를 원망하고 누구를 탓할까 보냐? [참조] 誰怨誰咎

隨衆逐隊(수중축대) 무리를 따르고 대열을 쫓음. 자기의 주관이 없이 여러 사람의 틈에 끼어 덩달아서 행동함

脣亡齒寒(순망치한) 입술이 없으면 이가 시림 [유래] 이해관계가 서로 밀접한 사이에 어느 한쪽이 망하면 다른 한쪽도 그 영향을 받아 온전하기 어려움을 이름 [출전] 春秋左氏傳 僖公五年條 [유의] 脣齒之國, 脣齒輔車, 輔車相依, 輔車

脣齒之國(순치지국) 입술과 이처럼 이해관계가 밀접한 두 나라 [참조] 脣亡齒寒

乘勝長驅(승승장구) 승리나 성공에 대한 여세를 몰아 계속 나아감. 싸움에 이긴 형세를 타고 계속 몰아침

食少事煩(식소사번) 먹는 것은 아주 적고, 하는 일은 아주 많음. 건강을 돌보지 않고 일만을 열심히 함. 생기는 것도 없이 헛되이 바쁨 [유래] 삼국시대 위나라의 사마의가 제갈량을 두고 한 말인 고사. 食少事煩이었던 제갈량은 결국에는 병이 들어 54세에 죽었음

謁聖及第(알성급제) 임금이 성균관 문묘에 참배[謁聖]한 뒤 보이는 과거시험에 합격하던 일

殃及池魚(앙급지어) 엉뚱하게 재난을 몽땅 당함 [유래] 성문(聖門)에 난 불을 못물로 끄니 그 못의 물고기가 다 죽었다는 데서 유래 [출전] 呂氏春秋 必己篇 [유의] 橫來之厄, 橫厄, 池魚之殃

哀乞伏乞(애걸복걸) 소원이나 요구를 들어 달라고 애처롭게 빌며 엎드려 간절히 빎. 소원이나 요구 따위를 들어 달라고 애처롭고 간절하게 빌고 사정하면서 또 빎

哀而不悲(애이불비) 슬프지만, 겉으로는 슬픔을 나타내지 않음

羊頭狗肉(양두구육) 양의 머리를 걸어놓고 개고기라고 팖(懸羊頭賣馬肉). 겉보기만 그럴듯하고 속은 변변하지 아니함 [출전] 晏子春秋 內篇 [유의] 羊質虎皮

陽奉陰違(양봉음위) 겉으로는 받들고 속으로는 매우 어긋남

楊布之狗(양포지구) 겉모습이 변한 것을 보고, 속까지 변해버렸다고 판단하는 사람 [유래] 양포(楊布)가 외출할 때는 흰옷을 입고 나갔다가 비를 맞아 검은 옷으로 갈아입고 돌아왔는데, 양포의 개가 알아보지 못하고 짖어대서 개를 때리려 했더니, 형 양주(楊朱)가 말하기를 "네 개가 나갈 때는 흰옷을 입고 나갔다가 검은 옷을 입고 돌아온다면 너 역시 괴상하게 여기지 않겠냐"고 나무랐던 일화에서 보인 고사 [출전] 列子 說符篇

焉敢生心(언감생심) 어찌 감히 그런 생각까지 하는가? [참조] 敢不生心

言則是也(언즉시야) 말인 즉시 다 옳음. 오히려 말하는 것이 사리에 맞음

燕雁代飛(연안대비) 사람의 일이 서로 어긋남. 제비가 올 때 기러기는 떠나듯이 인사(人事)가 서로 어긋남을 비유

燕鴻之歎(연홍지탄) 제비가 날아올 때는 기러기가 날아가고 기러기가 날아올 때는 제비가 날아가 서로 만나지 못하여 탄식한다는 뜻. 길이 어긋나 서로 만나지 못하여 탄식함을 이르는 말

榮枯盛衰(영고성쇠) 꽃피고 마르고 번성하고 쇠락함. 천지의 시운(時運)이 끊임없이 변화하고 순환하는 일. 인생이나 사물의 번성함과 쇠락함이 서로 바뀜 [유의] 興亡盛衰

零細業者(영세업자) 작고 가늘어 보잘것없는 생산 규모와 적은 자본을 가지고 기업을 운영하는 커다란 상공업자

五里霧中(오리무중) 오리나 되는 짙은 안개 속. 무슨 일에 대하여 방향이나 갈피를 잡을 수 없음 출전 後漢書 張楷傳

吾不關焉(오불관언) 이제는 '내 알 바 아니다'고 부인함. 나는 앞으로 일체 모든 일에 관계하지 않겠음 유의 袖手傍觀

吾鼻三尺(오비삼척) 내 코가 이렇게 석 자임. 자기 사정이 급하여 남을 돌볼 겨를이 없음

烏飛梨落(오비이락) '까마귀 날자' 배가 떨어짐. 아무 관계도 없이 한 일이 공교롭게도 때가 같아 억울하게 의심을 받거나 난처한 위치에 서게 됨

傲霜孤節(오상고절) 절개가 넉넉한 선비. '국화 제일'을 비유적으로 이르는 말. 서릿발이 심한 속에서도 굴하지 아니하고 외로이 지키는 절개라는 뜻 유의 五彩玲瓏

吾舌尙在(오설상재) 나의 혀는 아직 있음. 아직도 천하를 움직일 수 있는 힘이 있다는 뜻 유래 전국시대 장의(張儀)의 말로, 과연 그는 혀(언변) 하나로 진(秦)나라의 재상이 되어 연횡책(連橫策)으로 일찍이 소진(蘇秦)이 이룩한 합종책을 깨고 진의 세력을 공고히 함 출전 史記 張儀列傳

吾亦不知(오역부지) 나도 역시 잘 알지 못함. 나 또한 그를 알지 못함

嗚呼痛哉(오호통재) '아, 비통하도다'라는 뜻으로, 슬플 때나 탄식할 때 하는 말

曰可曰否(왈가왈부) 어떤 일에 대하여 옳거니 옳지 아니하거니 하고 말함

王侯將相(왕후장상) 제왕, 제후, 장수, 재상을 아울러 이르는 말

搖之不動(요지부동) 흔들어도 더 이상은 꼼짝하지 아니함

欲巧反拙(욕교반졸) 잘 만들려고 하다 도리어 형편없는 물건을 만듦. 너무 잘하려 하면 도리어 잘되지 아니함을 이르는 말

欲取先予(욕취선여) 얻고자 하면 내가 먼저 줘야 함 유래 전국시대 진(晋)나라 임장(任章)의 말에서 나온 고사 출전 戰國策 魏策

優勝劣敗(우승열패) 더 나은 자는 이기고 못난 자는 짐. 생존경쟁(生存競爭)을 이름 유의 自然淘汰

牛耳誦經(우이송경) 쇠귀에 경(經) 읽기. 소귀에 대고 쓸데없이 경 읽기 참조 馬耳東風

願乞終養(원걸종양) 부모가 돌아가시는 날까지 봉양하기를 원함. 지극한 효성. 진(晋)나라 사람 이밀(李密)이 쓴 진정표(陳情表)에서 보임 참조 反哺之孝

遠禍召福(원화소복) 화를 멀리 물리치고 복을 앞으로 불러들임

威而不猛(위이불맹) 위엄이 있으나 사납지는 아니함. 공자의 인품을 한 마디로 나타낸 말 출전 論語 堯日篇

僞造紙幣(위조지폐) 진짜처럼 보이게 만든 가짜 지폐 유의 僞幣

唯我獨尊(유아독존) 오직 나만이 가장 존귀함. 세상에서 자기 혼자 잘났다고 뽐냄

有耶無耶(유야무야) 있는 듯이 없는 듯이 아주 흐지부지함

唯唯諾諾(유유낙낙) 맞다고 하면서 또한 그렇다고 함. 명령하는 대로 순종함

唯一無二(유일무이) 오직 하나뿐이고 둘도 없음을 뜻함

愈出愈怪(유출유괴) 갈수록 더 괴씸하고 괴상함. 愈~愈는 '하면 할수록 더욱더'의 뜻을 지님. 예를 들면 [愈往愈甚]은 '갈수록 더 심함'의 뜻이 되겠음

遺臭萬年(유취만년) 더러운 이름을 후세에 오래도록 남김 상대 流芳百世

乙丑甲子(을축갑자) 무슨 일이 제대로 되지 아니함. 순서가 완전히 뒤바뀜. 육십갑자에서 갑자 다음에 을축이 아니라 을축이 갑자보다 먼저 왔다는 뜻

吟遊詩人(음유시인) 시를 읊으면서 각지로 떠돌아다니는 시인. 중세 유럽에서 여러 지방을 떠돌아다니면서 시를 읊었던 시인들 유래 원래 고대로부터 중세 유럽에 이르기까지 직업적으로 자작시를 노래로 부르던 음악적 장르임. 음유시인(吟遊詩人)은 음유시가를 음악적으로 즐기던 사람을 의미하며, 트루바두르와 민스트럴 등도 음유시인으로 불리기도 했음

吟風弄月(음풍농월) 맑은 바람과 밝은 달을 벗 삼아 시를 짓고 즐김. 맑은 바람을 읊고 밝은 달을 즐긴다는 뜻으로, 아름다운 자연의 경치를 시로 노래하며 즐김을 이르는 말 유의 吟風詠月

以夷制夷(이이제이) 오랑캐로 오랑캐를 무찌름. 한 세력을 이용하여 다른 세력을 제어함

泥田鬪狗(이전투구) 진흙탕에서 열심히 싸우던 개. 자기의 이익을 위하여 비열하게 다툼. 강인한 성격의 함경도 사람을 이르는 말로도 씀

人琴俱亡(인금구망) 사람의 죽음을 몹시 슬퍼함 유래 진(晉)나라의 왕헌지(王獻之)가 죽자 그가 쓰던 거문고도 소리를 내지 않았다는 데서 유래 출전 世說新語 傷逝篇 유의 人琴幷絕, 人琴之歎

人飢己飢(인기기기) 남의 굶주림을 자기의 굶주림으로 여김 참조 己飢己溺

印度支那(인도지나) 나라 이름인 '인도차이나'의 음역어

因循姑息(인순고식) 낡은 습관이나 폐단에서 벗어나지 못하고 우선 눈앞의 편안함만을 구하고 취함

一蓮托生(일련탁생) 두 사람 이상이 사후에 극락정토에서 서로 같은 연대에 왕생하는 일. 이 말은 원래 죽은 뒤에 극락에서 함께 연꽃에서 왕생한다는 뜻임. 어떤 일의 선악이나 결과에 대한 예견과 관계없이 끝까지 행동과 운명을 함께함

一望無涯(일망무애) 아득히 넓고 멀어 끝이 없음. 다도해의 풍광을 바라보면서 '세상의 극치', '지구의 극치'라며 찬사를 아끼지 않았음. 한눈에 바로 바라볼 수 없을 정도로 아득하게 멀고 넓어 끝없음

日暮途窮(일모도궁) 날은 저물고 갈 길은 꽉 막혀 있음 유의 日暮途遠 참조 日暮途遠

日暮途遠(일모도원) 날은 점점 저물고 갈 길은 꽉 막힘. 늙고 쇠약하나 앞으로 해야 할 일은 많음 출전 史記 伍子胥列傳 유의 日暮途窮

一樹百穫(일수백확) 나무를 한 그루 심어서 백 가지의 이익을 봄. 유능한 인재 하나를 길러 여러 가지 효과를 얻음

一魚濁水(일어탁수) 한 마리의 물고기가 물을 흐림. 한 사람의 잘못으로 여러 사람이 피해를 보게 됨. 물고기 한 마리가 큰물을 흐리게 하듯 한 사람의 악행(惡行)으로 인하여 여러 사람이 그 피해를 몽땅 받게 됨

一言蔽之(일언폐지) 한마디 말로 능히 그 뜻을 다함 출전 論語 '一言以蔽之'

一葉片舟(일엽편주) 한 척의 쪽배 유의 一葉舟, 一葉小船

一敗塗地(일패도지) 싸움에 한 번 패하여 간과 뇌가 땅바닥에 으깨어짐. 여지없이 패하여 다시 일어날 수 없게 되는 지경에 이름. 완전히 실패하여 다시 수습할 방법이 없는 것을 비유하는 말. 싸움에 한 번 패하여 땅에 떨어진다는 뜻으로, 한 번 싸우다가 여지없이 패하여 다시 일어나지 못함

任人唯賢(임인유현) 인품과 능력을 보고서 사람을 임용함. 관중(管仲)의 말에서 유래함 출전 韓非子 外儲說左下

立稻先賣(입도선매) 벼가 서기도 전에 팖. 아직 논에서 자라고 있는 벼를 미리 돈을 받고 팖

自愧之心(자괴지심) 스스로 부끄럽게 여기는 측은한 마음 유의 自愧心

自欺欺人(자기기인) 자신을 속이고 남도 또한 속임. 자신도 믿지 않는 말이나 행동으로 남까지 속이는 사람을 풍자함

自動移替(자동이체) 계좌에서 예금을 자동적으로 출금하여 수취인 계좌에 대체하는 제도. 공공요금이나 급여 따위의 지급을 위탁받은 은행이나 우체국 등이 소정의 날짜에 지급함. 정한 날에 지급인 예금계좌에서 자동적으로 출금하여 받는 사람 계좌로 옮기는 것

自暴自棄(자포자기) 절망 상태에 빠져 스스로 자신을 내버리고 돌보지 않음. 절망에 빠져 자신에게 사납게 굴고 스스로를 돌보지 아니함 [출전] 孟子 離婁篇 [유의] 自棄, 自暴, 暴棄

殘月曉星(잔월효성) 새벽녘의 달과 샛별. 스러져 가는 달과 새벽녘에 보이는 무수한 별

積惡餘殃(적악여앙) 남에게 악한 짓을 많이 하여 재앙이 자손에게 미침. 남에게 악한 짓을 많이 하여 그 죄에 따르는 재앙이 자손에게 미침 [상대] 積善餘慶

前輪驅動(전륜구동) 앞바퀴로 (자동차를) 움직임

電子娛樂(전자오락) 컴퓨터 따위를 이용하여 놀이함. 컴퓨터 회로에 의해 작동되는 놀이를 통틀어 이르는 말

情狀參酌(정상참작) 쉽게 말해서 봐 주는 것. 법원의 판사가 납득할 만한 이유가 있다면 정상참작이 충분하게 인정됨. 범죄의 정상에 참작할 만한 사유가 있다고 판단되는 경우에, 법원이 그 형을 줄이거나 가볍게 하는 것

朝改暮變(조개모변) 명령이나 법령을 아침에 고쳤다가 또 저녁에 고침 [참조] 朝令暮改

朝令暮改(조령모개) 아침에 명령을 내렸다가 저녁에 다시 고침. 법령을 자꾸 고쳐서 갈피를 잡기가 어려움. 계획이나 결정 따위를 일관성 없이 자주 고침 [출전] 史記 平準書 [유의] 朝令夕改, 朝變夕改, 朝改暮變, 朝變暮改, 朝夕變改

朝變暮改(조변모개) 명령이나 법령을 아침에 고쳤다가 저녁에 또 고침 [참조] 朝令暮改

朝三暮四(조삼모사) 간사한 꾀로 남을 속여 희롱함 [유래] 宋나라 저공(狙公)의 고사로, 먹이를 아침에 세 개, 저녁에 네 개씩 주겠다는 말에는 원숭이들이 적다고 화를 내더니 아침에 네 개, 저녁에 세 개씩 주겠다는 말에는 좋아하였던 고사에서 보임. 생계(生計)를 달리 이르는 말로도 쓰임 [출전] 莊子 齊物論 [유의] 朝三

朝雲暮雨(조운모우) 아침에는 구름이 되고 저녁에는 비가 됨. 남녀 간의 애정이 깊음 [참조] 巫山之夢

足且足矣(족차족의) 적당히 흡족하고 넉넉하여 기준에 차고도 남음

左顧右視(좌고우시) 왼쪽을 돌아보고 오른쪽을 돌아봄 [참조] 首鼠兩端

罪中又犯(죄중우범) 죄를 짓고 형기를 마치기 전에 또 죄를 저지름

朱脣白齒(주순백치) 붉은 입술에 흰 치아. 아름다운 여자를 이르는 말 [출전] 楚辭 卷第十 大招章句 第十

晝而繼夜(주이계야) 낮이나 밤이나 쉬지 않고 일함. 낮에 하던 일을 이어 밤에도 계속해서 함 [참조] 不撤晝夜

舟中敵國(주중적국) 자기 배 안에 적국이 있음. 군주가 덕을 닦지 아니하면 자기편일지라도 모두 곧 적이 될 수 있음 [출전] 史記 孫子吳起 列傳

中道而廢(중도이폐) 어떤 일을 중간에서 그만둠. 일을 하다가 중간쯤에서 그만 종료시킴

中石沒矢(중석몰시) 쏘았던 화살이 돌에 처박힘 [참조] 中石沒鏃

中原逐鹿(중원축록) 군웅이 제왕의 지위를 얻기 위해 서로가 다투는 일. 서로 경쟁하여 어떤 지위를 얻고자 하는 일 [출전] 史記 淮陰侯列傳 [유의] 逐鹿, 角逐, 中原之鹿

知難而退(지난이퇴) 곤란한 것을 알고 물러섬. 자기의 역량을 알고 스스로 물러섬. 형세가 많이 불리함을 알면 물러서야 함 [출전] 春秋左氏傳 宣公 十二年條

指鹿爲馬(지록위마) 윗사람을 농락하여 권세를 마음대로 함. 모순된 것을 끝까지 우겨서 남을 속이려는 짓 [유래] 진(秦)나라의 조고(趙高)가 자신의 권세를 시험하여 보고자 황제 호해(胡亥)에게 사슴을 가리키며 말이라고 한 고사에 보임 [출전] 史記 秦始皇本紀

池魚之殃(지어지앙) 재앙이 연못 속의 물고기에 미침. 화가 엉뚱한 곳에 미침을 비유하는 말 [유래] 춘추시대 송(宋)나라의 사마(司馬)였던 환퇴(桓魋)는 천하의 진귀한 구슬을 가지고 있었는데, 죄를 지어 벌을 받게 되자 구슬을 가지고 도망했음 [참조] 殃及池魚

遲遲不進(지지부진) 더디고 더뎌서 잘 진척(進陟)되지 않음. 매우 더디어서 일 따위가 잘 진척되지 아니함

指天爲誓(지천위서) 하늘에 대고 맹세함. 하늘을 향해 굳게 맹세함

懲一勵百(징일여백) 한 사람을 벌하여 백 사람을 격동시킴 참조 一罰百戒

千辛萬苦(천신만고) 마음과 몸을 온 가지로 수고롭게 하면서 애씀. 천 가지 매운 것과 만 가지 쓴 것. 온갖 어려운 고비를 다 겪으며 심하게 고생함

千耶萬耶(천야만야) 썩 높거나 깊어서 천 길이나 만 길이 되는 듯함. 가파른 산이나 벼랑 같은 장애물이 천길만길이나 되는 듯 까마득하게 높은 모양

天定配匹(천정배필) 하늘에서 미리 정하여준 배필. 매우 잘 어울리는 한 쌍의 부부 유의 天生配匹, 天上配匹, 天生佳緣

晴耕雨讀(청경우독) 날이 개면 논밭을 갈고 비가 오면 글을 읽음. 부지런히 일하며 공부함. 갠 날에는 밖에 나가 농사일하고, 비 오는 날에는 책을 열심히 읽음 참조 晝耕夜讀

淸廉潔白(청렴결백) 마음이 맑고 깨끗하며 탐욕이 없음. 마음이 맑고 깨끗하며 재물(財物) 욕심(慾心)이 없음

淸純可憐(청순가련) 깨끗하고 순수하며 연민이 일 수 있도록 애틋함. 맑고 순수하며 가엾고 불쌍하게 여길 만함. 심성이 맑고 몸매가 작아 보여 동정심을 불러일으키는 여인의 모습을 형용하는 말

初動搜査(초동수사) 사건이 일어난 바로 뒤에 증거를 모으고 범인을 잡기 위해 행하는 첫 단계의 수사. 사건 발생 직후에, 범인을 검거하고 증거를 확보하기 위한 긴급 수사 활동

招搖過市(초요과시) 호령하고, 수레 소리 요란하게 울리면서 거들먹거리며 저잣거리를 지남. 요란하게 자랑하고 다님 유래 위(衛)나라 거백옥(蘧伯玉)의 행차 모양 출전 史記 孔子世家

推舟於陸(추주어륙) 뭍으로 배를 밀려고 함. 잘못을 인정하지 않고 억지를 씀 참조 漱石枕流

秋毫之末(추호지말) 가을의 짐승 털의 끝. 가을에 털갈이하여 가늘어진 짐승의 털끝. 매우 가늚 출전 孟子 梁惠王章句上 유의 分毫, 秋毫, 一毫, 毫釐, 毫末

逐條審議(축조심의) 한 조목씩 차례로 모두 심의함. 한 조목씩 차례로 모두 심의하는 일

取捨選擇(취사선택) 쓸 것과 버릴 것 선택. 여럿 가운데 쓸 것은 골라내고 버릴 것은 버림

七年大旱(칠년대한) 칠 년 동안이나 내리 계속되는 큰 가뭄 유래 殷나라 탕왕 때 7년 동안 이어진 큰 가뭄

七零八落(칠령팔락) 사물이 가지런하게 고르지 못함. 제각기 뿔뿔이 흩어지거나 이리저리 없어짐 유의 七落八落

沈魚落雁(침어낙안) 아름다운 여인의 용모. 미인 유래 미인을 보고 물 위에서 놀던 물고기가 부끄러워서 물속 깊이 숨고 하늘 높이 날던 기러기가 부끄러워서 땅으로 떨어졌다는 고사에서 보임 출전 莊子 齊物論 참조 丹脣皓齒

貪官汚吏(탐관오리) 백성의 재물을 탐내어 빼앗음. 행실이 깨끗하지 못한 관리

貪小失大(탐소실대) 작은 이익을 탐하여 큰 이익을 잃어버림 출전 劉子新論 貪愛篇

貪欲無藝(탐욕무예) 뇌물(賂物)을 탐함에 그 끝이 없음. 욕심에는 끝이 없음 출전 國語 晋語 유의 貪賂無藝

貪天之功(탐천지공) 하늘의 공을 탐함. 남의 공을 도용함 출전 春秋左氏傳 晋文公條

土崩瓦解(토붕와해) 흙이 무너지고 기와들이 깨짐. 어떤 조직이나 사물이 손을 쓸 수 없을 정도로 무너져버림

廢寢忘食(폐침망식) 잠을 못 자고 끼니를 거를 정도로 바쁘거나 열심히 공부함. 잠을 안 자고, 밥 먹는 것도 잊음. 매우 열심히 공부함 출전 宋史記事本末 王安石變法

抱腹絶倒(포복절도) 배를 안고 몸을 가누지 못할 정도로 몹시 웃음. 배를 그러안고 넘어질 정도로 몹시 크게 웃음 유의 捧腹絶倒, 絶倒, 抱腹

飽食暖衣(포식난의) 배부르게 먹고, 따뜻하게 입음 참조 錦衣玉食

抱痛西河(포통서하) 부모가 자식을 잃고 슬퍼함 유래 공자의 제자인 자하(子夏)가 서하(西河)에서 아들을 잃고 너무 비통해한 끝에 실명한 고사

風前燈燭(풍전등촉) 바람 앞의 등불처럼 쓰러지기 일보 직전 참조 累卵之危

風前燭火(풍전촉화) 바람 앞의 촛불처럼 사물이 매우 위험한 처지에 놓임 참조 累卵之危

匹馬單騎(필마단기) 한 필의 말을 혼자 탐. 지원세력이 전혀 없음

匹夫之勇(필부지용) 보잘것없는 사람이 깊이 생각하지 않고 내세우는 용기. 깊은 생각 없이 혈기만 믿고 함부로 부리는 소인의 용기 [출전] 孟子 梁惠王 下篇 [유의] 小人之勇

匹夫匹婦(필부필부) 한 사람의 남자와 한 사람의 여자 [참조] 甲男乙女

學而知之(학이지지) 배워서야 앎에 이름 [참조] 三知

咸興差使(함흥차사) 심부름을 가서 오지 아니함 [유래] 朝鮮 태조 이성계가 왕위를 물려주고 함흥에 있을 때, 태종이 보낸 차사를 죽이거나 잡아 가두어 돌려보내지 아니하였던 고사 [출전] 燃藜室記述 卷二 [유의] 終無消息., 一無消息

軒軒丈夫(헌헌장부) 외모가 준수하고 풍채가 당당한 남자 [유의] 軒軒大丈夫

螢雪之功(형설지공) 반딧불과 눈을 이용하는 공부. 고생하면서 부지런하고 꾸준하게 공부함 [유래] 晉나라 차윤(車胤)이 반딧불을 모아 그 불빛으로 글을 읽고, 손강(孫康)이 겨울밤 눈빛에 비추어 글을 읽었다는 고사에서 보임 [출전] 晉書 車胤傳) 孫康傳 [유의] 車胤聚螢, 孫康映雪

形而上學(형이상학) 세상의 본질을 파악하려는 전통적인 철학. 철학에서 형체를 갖추고 있는 사물을 넘어서는 사물의 본질. 존재의 근본 원리를 사유나 직관으로 탐구하는 학문

形而下學(형이하학) 자연과학을 이름. 철학에서 형체를 갖추는 사물을 연구한 학문

互角之勢(호각지세) 양쪽의 역량이 비슷해 서로 낫고 못함이 없이 맞선 기세. 역량이 서로 비슷비슷한 위세. 互角은 쇠뿔의 양쪽이 서로 길이나 크기가 같다는 데서 유래

號日百萬(호왈백만) 실상은 얼마 되지 아니한 것을 많은 것처럼 과장하여 말함

戶籍抄本(호적초본) 호적 원본에 기재된 것 가운데 특정인의 기록만 뽑아 베낀 증명문서

胡蝶之夢(호접지몽) 나비의 화려한 꿈. 나와 외물(外物)은 본디 하나이던 것이 현실에서 갈라진 것에 불과하다는 이치 [유래] 장자가 꿈에 나비가 되었다가 깬 뒤에 자기가 꿈속에서 나비가 되었는지 원래 나비였던 자기가 꿈속에서 장자가 되었는지 알 수 없게 되었다는 고사에서 유래 [출전] 莊子 齊物論 [유의] 莊周之夢, 胡蝶夢, 蝶夢

護疾忌醫(호질기의) 병을 숨기면서 의사에게 보이지 않음. 즉 문제가 있는데도 다른 사람의 충고를 듣지 않는다는 뜻 [유의] 諱疾忌醫

互惠關稅(호혜관세) 서로에게 혜택을 주는 관세. 통상협정을 한 두 국가 사이에 서로 관세를 인하해 무역증진을 꾀함

昏睡狀態(혼수상태) 완전히 의식이 없어진 상태. 완전히 의식을 잃고 인사불성이 된 상태

昏定晨省(혼정신성) 부모를 잘 섬기고 효성을 다함을 이르는 말. 밤에는 부모의 잠자리를 봐 드리고 이른 아침에는 부모의 밤새 안부를 여쭘 [출전] 禮記 曲禮篇 [유의] 定省, 朝夕定省, 扇枕溫度

弘益人間(홍익인간) 널리 인간을 이롭게 함. 고조선의 건국이념

畫蛇添足(화사첨족) 뱀을 다 그리고 나서 있지도 아니한 발을 덧붙여 그려 넣음. 쓸데없는 군짓을 하여 도리어 잘못되게 함 [출전] 戰國策 齊策, 史記 楚世家 [유의] 蛇足

和而不同(화이부동) 남과 사이좋게 지내기는 하나 무턱대고 한데 어울리지 않음. 남과 화목하게 지내기는 하나 중용을 넘어서까지 무턱대고 어울리지는 아니함

華而不實(화이부실) 꽃만 피고 열매는 맺지 않음 겉만 번지르르하고 실속이 없음. 꽃은 피었으나 열매가 없음. 가식과 허영에 지나지 않음 [출전] 春秋左氏傳) 文公 五年條

畫虎類狗(화호유구) 범을 그리려다가 개를 그림. 부족한 자질로 큰일을 하려다가 도리어 일을 그르침 [출전] 後漢書 馬援傳 [유의] 畫虎不成 [상대] 刻鵠類鵝, 刻鵠類鶩

黃口乳臭(황구유취) 부리가 누런 새. 새끼같이 어려서 아직 젖비린내가 남. 어리고 하잘것없음을 비난조로 이르는 말 [참조] 口尙乳臭

橫來之厄(횡래지액) 옆에서 오는 재앙. 뜻밖에 닥쳐오는 불행 참조 殃及池魚

後生可畏(후생가외) 장래성 있는 후배는 두려워할 만함 유래 "후배들은 두려워할 만하다. 장래에 그들이 지금의 우리만 못하리라는 것을 어찌 알 수 있겠는가. 그러나 40세, 50세가 되어도 세상에 이름이 나지 않는다면 두려워할 바 없다"라고 한 공자 말씀 출전 論語 子罕

黑衣宰相(흑의재상) 중의 신분으로 정치에 큰 영향을 주는 사람. 정치에 참여하여 큰 영향력을 행사하는 중. 黑衣는 중이 입는 가사나 장삼 따위의 옷을 나타냄

肝膽相照(간담상조) 간과 쓸개를 서로 비춤. 서로 속마음을 털어놓고 친하게 사귐 출전 韓愈 柳子厚墓誌銘 유의 披肝膽

肝膽濕熱(간담습열) 간담에 습열이 몰려서 생기는 병. 입이 쓰며 옆구리와 배가 아프고, 메스꺼워 토하며 헛배가 부름. 간담에 생긴 습기와 열기가 합쳐진 나쁜 기운 또는 그로 인한 병

肝膽胡越(간담호월) 멀리 떨어져 있어 소원한 관계를 말함 출전 淮南子 俶眞篇 참조 肝膽楚越

減壓療法(감압요법) 정상보다 높은 뇌압을 낮추는 치료법

擧棋不定(거기부정) 바둑돌을 들고 놓을 곳을 정하지 못함. 확고한 주관이 없거나 계획이 수시로 바뀜 출전 春秋左氏傳 襄公 二十五年條

擧措失當(거조실당) 모든 조치가 정당하지 않음 출전 史記 秦始皇本紀

季札掛劍(계찰괘검) 신의(信義)를 중히 여김 유래 오(吳)나라의 계찰(季札)이 서(徐)나라의 군주에게 자신의 보검을 주려고 마음먹었는데, 이미 그가 죽은 뒤라 자신의 보검을 풀어 그의 무덤가의 나무에 걸어놓고 떠났다는 고사 출전 史記 吳太伯世家

高水敷地(고수부지) 물이 차올랐을 때 [高水位]에만 물에 잠기는 땅. 큰물이 날 때만 물에 잠기는 하천 언저리의 터. 둔치. 강턱

孤身隻影(고신척영) 몸 붙일 곳도 없이 무척 외롭게 떠도는 홀몸

瓜田李下(과전이하) 의심받기 쉬운 행동은 피하는 것이 좋음 유래 [李下는 이하부정관(李下不整冠)이요, 瓜田은 과전불납리(瓜田不納履)의 준말로 오이밭에서 신을 고쳐 신지 말고 오얏(자두)나무 밑에서 갓을 고쳐 쓰지 말라는 뜻 출전 文選 君子行 유의 李下, 李下不整冠, 瓜田不納履

膠漆之交(교칠지교) 아교[膠]와 옻칠[漆]처럼 끈끈한 사귐 유래 당나라의 시인인 백거이(白居易)가 친구 원미지(元微之)에게 보낸 편지 출전 元微之 白氏文集 참조 管鮑之交

膠漆之心(교칠지심) 아교[膠]와 옻칠[漆]처럼 끈끈한 사귐 유래 당(唐)나라의 시인인 백거이(白居易)가 친구 원미지(元微之)에게 보낸 편지에 보임 출전 元微之 白氏文集 참조 管鮑之交

狗猛酒酸(구맹주산) 술집 개가 사나우면 손님들이 오지 않아 술이 시어짐. 한 나라에 간신배가 있으면 어진 신하가 한곳에 모이지 않음 출전 韓非子 外儲說

九重宮闕(구중궁궐) 겹겹이 문으로 막은 깊은 궁궐. 임금이 있는 대궐 안. 九重의 九는 반드시 아홉이 아니라 그만큼 많다는 뜻

群輕折軸(군경절축) 아무리 가벼운 것이라도 많이 모이면 수레의 굴대를 구부러뜨릴 수 있다는 뜻. 아무리 적은 힘이라도 협력하면 강적에 대항할 수 있다는 말 출전 史記

軍不厭詐(군불염사) 군사상의 일은 속임수를 싫어하지 않음 참조 兵不厭詐

掘井取水(굴정취수) 우물을 파서 드디어 물을 많이 얻음

閨中七友(규중칠우) 부녀자가 바느질하는 데 필요한 침선(針線)의 7가지 물건 [바늘, 실, 골무, 가위, 자, 인두, 다리미] 유래 조선 후기에 간행된 작자 미상의 [閨中七友爭論記]는 규중칠우를 의인화(擬人化)해 인간사회를 풍자한 작품임

及瓜而代(급과이대) 오이가 익을 무렵이 되면 교체해 준다는 뜻. 임기가 끝나면 자리를 옮겨준다는 말. 약속을 제대로 지키지 않는다는 뜻도 있음 출전 春秋左氏傳 유의 瓜代, 瓜時而代

己飢己溺(기기기닉) 내가 굶주리고 내가 물에 빠진 것과 같음. 다른 사람의 고통을 자신의 고통처럼 여기는 것을 비유함 유래 우(禹)는 자기 때문에 천하의 사람들이 물로 고초를 겪고 있다고 생각했고, 직 (稷)은 자기 때문에 천하의 사람들이 굶주리고 있다고 생각했음 출전 孟子 離樓上 유의 人溺己溺, 人飢己飢

技能妖術(기능요술) 고도로 숙련된 손기술로 사람의 눈을 속이는 요술. 요술배우의 기본 훈련 종목이며 기량과 자질에 대한 평가 기준

企業合倂(기업합병) 둘 이상의 기업이 하나의 기업으로 합병하는 일

落膽喪魂(낙담상혼) 실의에 빠지고 마음이 상해서 넋을 잃음 유의 喪魂落膽

落帽之辰(낙모지신) 소탈하면서도 활달한 풍모 또는 음력 9월 9일 중양절을 달리 이름 유래 중국 진(晉)나라 때 정서대장군(征西大將軍) 환온(桓溫)이 연 용산의 연회에서 참군(參軍) 맹가(孟嘉)의 관모(冠帽) 가 떨어졌던 고사 유의 孟嘉落帽, 龍山落帽

洛陽紙價(낙양지가) 낙양 땅의 종잇값이 매우 귀함. 책의 평판이 좋아 매우 잘 팔림 출전 晉書 文苑傳 유의 洛陽紙貴

洛陽紙貴(낙양지귀) 낙양 땅의 종잇값이 귀함. 책의 평판이 좋아 매우 잘 팔림 출전 진서(晉書) 문원전(文苑傳) 유의 洛陽紙價

爛商公論(난상공론) 충분하게 생각하고 서로 의견을 나누어 토의함 참조 爛商討議

爛商公議(난상공의) 충분하게 생각하고 서로 의견을 나누어 토의함 참조 爛商討議

爛商熟議(난상숙의) 충분하게 생각하고 서로 의견을 나누어 토의함 참조 爛商討議

爛商討論(난상토론) 충분하게 생각하고 서로 의견을 나누어 토의함 참조 爛商討議

爛商討議(난상토의) 충분하게 생각하고 서로 의견을 나누어 토의함 유의 爛商熟議, 爛議, 爛商公議, 爛商公論, 爛商討論

男負女戴(남부여대) 남자는 짐을 지고 여자는 짐을 인다는 뜻. 가난한 사람들이나 재난을 당한 사람들이 살 곳을 찾지 못하고 온갖 고생을 하며 이리저리 떠돌아다님을 비유적으로 이름

藍田生玉(남전생옥) 중국 진(秦)나라 때의 현(縣)으로 아름다운 옥으로 유명한 남전에서 옥이 난다는 뜻으 로, 명문 집안에서 뛰어난 젊은이가 나옴 출전 三國志

勞心焦思(노심초사) 몹시 마음속으로 애를 쓰면서 속을 태움 유래 우(禹)는 아버지 곤(鯀)이 공을 이루지 못하고 주벌을 당한 것을 마음 아파하여 노심초사했는데, 밖에서 13년을 지내면서 자기 집 문 앞을 지나가면서도 감히 들어가지 못했음 출전 孟子 滕文公上 유의 勞思, 焦勞, 焦心苦慮

籠鳥戀雲(농조연운) 새장 속에 갇힌 새가 구름을 그리워함. 속박을 받은 몸이 자유를 그리워하는 마음

能手能爛(능수능란) 달통한 솜씨가 익숙하고 썩 좋음. 어떤 일에 익숙한 솜씨와 재주

陵遲處斬(능지처참) 조선시대 대역죄를 범한 자에게 과하던 극형. 죄인을 죽인 뒤에 시신의 [머리, 몸, 팔, 다리 등을 토막 내서 각지에 돌려 보이는 형벌 유의 陵遲, 凌遲

斷爛朝報(단란조보) 여러 조각이 나온 조정(朝廷)의 기록물 유래 송나라의 왕안석(王安石)이 '춘추(春秋)'라 는 조보를 헐뜯어 한 말로 조각나고 낡은 조정의 기록이란 뜻

膽大心小(담대심소) 담은 크고 마음은 작아짐. 문장을 지을 때 담력은 크게 가지되 주의는 세심해야 함 출전 舊唐書 方伎傳 孫思邈條

膽大於身(담대어신) 쓸개가 몸보다도 크다는 뜻. 담력이 그만큼 큼을 말함 출전 唐書

膽如斗大(담여두대) 그의 배짱이 한 말들이 말처럼 크다는 뜻. 배짱이 두둑하여 웬만한 일에는 끄떡도 하지 않음의 비유 출전 三國志

談天彫龍(담천조룡) 제나라의 추연과 추석의 고사에서 인용. 천상을 이야기하고 조각한다는 뜻. 변론이나 문장이 원대하고 고상함의 비유 출전 史記 유의 談天雕龍

大膽無雙(대담무쌍) 담력의 크기가 어디에 비할 데가 없음을 비유함

悼二將歌(도이장가) 두 장수를 애도하는 노래 유래 고려 예종이 지은 8구체 향가로 예종 15년(1120) 서경 팔관회가 열렸을 때 개국공신인 두 장수 신숭겸과 김낙의 공을 추도하기 위하여 지음

倒置干戈(도치간과) 무기(干戈)를 거꾸로 놓았다는 뜻. 세상이 평화로워졌음을 이르는 말 출전 史記

棟梁之器(동량지기) 마룻대와 들보 역할을 할 만한 그릇. 한 집안이나 한 나라를 떠받치는 중대한 일을 맡을 만한 훌륭한 인재 출전 吳越春秋 句踐入臣外傳 유의 棟梁之材, 棟梁, 干城之材, 干城, 命世之才, 命世才

棟梁之材(동량지재) 마룻대와 들보 역할을 할 만한 넉넉한 재목 참조 棟梁之器

凍足放尿(동족방뇨) 언 발에 오줌 누기. 잠시 효력이 있으나 모두가 임시방편의 계책 참조 姑息之計

東海揚塵(동해양진) 넓은 동해에 작은 티끌만 날림. 바다가 육지로 변함. 세상일의 변화가 매우 큼 유의 桑田碧海

謄寫雜誌(등사잡지) 원본으로 등사기를 사용해 베끼어 발간한 잡지

騰勇副尉(등용부위) 조선 시대, 무관 잡직의 정칠품에 준하는 품계

萬里滄波(만리창파) 한없이 넓고 넓어서 매우 큰 바다 참조 萬頃蒼波

網開三面(망개삼면) 매우 관대히 대함. 그들을 관대하게 용서함 유래 탕왕(湯王)이 짐승들이 달아날 수 있도록 그물의 세 면을 모두 열어놓은 것처럼 어질고 너그러운 넋을 이름

罔赦之罪(망사지죄) 용서할 수 없을 정도로 커다란 죄 유의 罔赦

罔知所措(망지소조) 조치할 바를 알지 못함. 당황하거나 급하여 어찌할 줄을 모르고 갈팡질팡함 유의 罔措, 彷徨失措

望塵莫及(망진막급) 먼지를 바라보고 자기에게는 미치지 못한다는 말. 너무 작아 손에 넣지 못함을 뜻함 출전 南史

明目張膽(명목장담) 눈을 아주 밝게 하고 담을 넓게 함. 두려워하지 않고 용기를 내어 일을 함. 눈을 크게 뜨고 당당하고 거리낌 없이 처신함. 사람다운 사람이란 배움으로써 인격을 갈고 닦아서 높은 교양을 가져야 함.

蒙網捉魚(몽망착어) 그물을 쓰고 고기를 잡는다는 뜻. 그물을 물에 던져야 고기가 걸리는 법인데, 그물을 머리에 쓰고서도 고기가 잡힌다는 것은 운이 좋았음을 이름 출전 旬五志

無厭足心(무염족심) 더는 싫증이 나지 않는 마음이란 뜻. 그칠 줄 모르는 열의를 이름

防諜部隊(방첩부대) 적국의 간첩이나 첩보활동 등을 막은 임무를 맡는 부대

兵不厭詐(병불염사) 용병에 있어서는 속임수를 꺼리지 않음. 전쟁에서는 모든 방법으로 적군을 속여야 했음 출전 韓非子 難一 유의 軍不厭詐

不共戴天(불공대천) 하늘을 함께 이지 못함. 이 세상에서 같이 살 수 없을 만큼의 커다란 원한 유의 不俱戴天, 戴天之讐, 戴天之怨讐

不俱戴天(불구대천) 하늘을 함께 이지 못함 출전 禮記 曲禮篇 참조 不共戴天

不勝枚擧(불승매거) 너무 많아서 일일이 다 들 수 없음. 너무 많아서 다 헤아릴 수 없음

不撤晝夜(불철주야) 어떤 일에 몰두하여 조금도 쉴 사이 없음. 밤낮을 가리지 아니하며 일을 함 유의 夜以繼晝, 晝而繼夜, 不知寢食, 不解衣帶

匪石之心(비석지심) 돌처럼 마음대로 할 수 없는 마음이란 뜻. 참으로 굳은 마음을 말함

匪夷所思(비이소사) 보통 사람으로서는 헤아리지 못할 생각 출전 易經

四顧無託(사고무탁) 사방을 둘러보아도 의탁할 데가 없음 참조 四顧無親

酸性製鋼(산성제강) 북한어로 산성을 조업함. 산성 내화재를 사용하여 강철을 정련함

酸化水素(산화수소) '물'에 대하여 전문적으로 이르는 말. 산소와 수소의 화학적 결합물

上色琢器(상색탁기) 품질이 좋은, 틀에 박아 내어 다시 쪼아서 만든 그릇. 빛깔이나 품질이 썩 좋음. 쪼아서 다시 고르게 만든 그릇

桑田滄海(상전창해) 뽕나무밭이 변하여 푸른 바다가 됨 참조 桑田碧海

喪魂落膽(상혼낙담) 넋을 잃고 실의에 빠짐 참조 落膽喪魂

生口不網(생구불망) 산 입에 거미줄을 치지는 아니함. 아무리 곤궁하여도 그럭저럭 다 먹고도 살 수는 있음

碩果不食(석과불식) 큰 과실을 다 먹지 아니하고 반을 남김. 자기만의 욕심을 버리고 자손에게도 복을 내려줌

碩座敎授(석좌교수) 탁월한 학문적 업적을 이룬 당대의 석학을 초빙해 모시는 교수. 기업이나 개인이 기부한 기금으로 연구 활동하도록 지정한 교수 유래 碩座는 碩學(석학)을 위한 자리라는 뜻으로 학식이 높고 깊은 분을 모시려는 뜻이 담겨 있음

碩學鴻儒(석학홍유) 학문이 깊고도 매우 넓은 대학자 출전 晉書

先意順旨(선의순지) 남의 의중을 먼저 알아차리고 그 뜻을 따름. 처음에는 효도를 가리켰으나 나중에는 다른 사람의 의중을 미리 헤아려 알랑알랑 아부함을 말함 출전 石介의 擊蛇笏銘, 禮記 祭儀篇 유의 先意承志, 承意順旨

先斬後啓(선참후계) 먼저 처형하고 뒤에 임금께 아룀. 군율을 어긴 자를 먼저 처형한 뒤 임금에게 그 내막을 아뢰던 일

雪膚花容(설부화용) 눈처럼 흰 피부와 꽃처럼 아름다운 그 얼굴 참조 傾國之色

雪中松柏(설중송백) 눈 속의 빼어나게 보인 소나무와 잣나무 참조 歲寒松柏

纖纖玉手(섬섬옥수) 가냘프고 고운 여자의 손을 이름. 가냘프고 옥처럼 고운 여자의 손

歲寒松柏(세한송백) 추운 겨울의 소나무와 잣나무. 어떤 역경 속에서도 지조를 굽히지 않음. 또는 그런 지조 유래 歲寒然後 知松柏之後彫也(날씨가 추워진 뒤라야 송백이 늦게 시든다는 것을 안다)라는 고사 출전 論語 子罕 유의 雪中松柏

消費預金(소비예금) 개인이 소득을 소비할 때까지 금융 기관에 임시로 맡긴 예금. 소득자가 임금 따위의 소득을 재화나 용역을 구입할 때까지 일시적으로 맡기는 예금

松茂柏悅(송무백열) 소나무가 무성하면 잣나무가 기뻐함. 벗이 잘되는 것을 기뻐함 참조 蕙焚蘭悲

松柏之質(송백지질) 건강한 몸과 씩씩한 체질. 소나무와 잣나무는 서리를 맞고 더욱더 무성해지는 데서 유래 출전 世說新語 言語篇 참조 蒲柳之質

乘望風旨(승망풍지) 높은 망루에 올라 바람결을 헤아림. 망루에 올라 시원한 바람결을 헤아림. 남의 눈치를 보아가며 비위를 슬슬 잘 맞추어줌

屍山血海(시산혈해) 시체가 산같이 쌓이고 피가 바다같이 흐름. 매우 처참한 상태를 이르는 말

紳士協定(신사협정) 점잖은 사람들이 맺은 협정. 서로 상대편을 믿고 맺는 비공식적 협정 유의 紳士協約

申申付託(신신부탁) 거듭하여서 간곡하게 하는 부탁

身體髮膚(신체발부) 몸과 머리털과 겉 피부. 몸 전체를 이르는 말

腎虛腰痛(신허요통) 신장의 기능이 허약하여 나타나는 요통. 신장의 기능이 쇠약하거나 지나친 방사(房事)로 허리가 아픈 증상

阿房羅刹(아방나찰) 지옥에 있다는 옥졸(獄卒). 소머리에 사람의 손을 가지고 있고 발에는 소 발굽이 달려 있음. 산을 뽑아 들 만한 힘을 갖고 있으며 강철로 만든 창을 들고 있음

藥籠中物(약롱중물) 약롱 속에 있는 약품. 자기에게 꼭 필요한 사람. 가까이 사귀어 자기편으로 만든 사람. 병을 고치는 약처럼 사람의 잘못을 고치도록 하는 것 유의 藥籠之物

藥籠之物(약롱지물) 약롱 속에 들어있는 약품 참조 藥籠中物

魚網鴻離(어망홍리) 물고기를 잡으려고 쳐놓은 그물에 기러기가 걸림. 구하는 것이 아닌 엉뚱한 딴 것을 얻음. 남의 일로 엉뚱하게 화를 입게 됨

言近旨遠(언근지원) 말하기는 매우 쉬우나 뜻은 매우 심오함

厭世主義(염세주의) 세계와 인생에는 아무런 가치가 없으며, 개선이나 진보는 불가능하다고 보는 비관적인 사고방식. 비관주의(悲觀主義) 또는 페시미즘(pessimism)이라고도 하며, 세계는 원래 불합리하여 비애로 가득 찬 것으로 봄. 행복이나 희열도 덧없는 일시적인 것에 불과하다고 보는 자기 나름의 졸렬한 세계관임

榮枯一炊(영고일취) 인생이 꽃피고 시드는 것은 한번 밥 짓는 순간같이 덧없고 부질없음 [유래] 唐나라 소년 노생(盧生)이 도사인 여옹(呂翁)의 베개를 빌려 베고 잠이 들어 부귀영화를 누리며 80세까지 산 꿈을 꾸었는데, 깨어보니 아까 주인이 짓던 조밥이 채 익지 않았더라는 고사임

映畫俳優(영화배우) 영화에 출연하는 능숙한 연기자. 영화에 출연하여 연기하는 배우. 보통 텔레비전 배우(탤런트)나 연극배우를 겸하기도 함

欲燒筆硯(욕소필연) 붓과 벼루를 태워버리고 싶어 함. 남이 지은 문장의 뛰어남을 보고 자신의 재주가 그에 미치지 못함을 안타깝게 탄식함

憂國衷情(우국충정) 나랏일을 지극히 근심하고 염려하는 참된 마음

輪廻無常(윤회무상) 인생은 수레바퀴가 구르는 것과 같이 돌고 돌며 덧없음

人溺己溺(인닉기닉) 남이 물에 빠지면 자기가 물에 빠진 듯이 여김 [참조] 己飢己溺

一網打盡(일망타진) 한 번에 그물을 쳐서 고기를 모두 잡음. 어떤 무리를 한꺼번에 모조리 다 잡음 [출전] 宋史 范純仁傳 [유의] 網打

一炊之夢(일취지몽) 겨우 밥 한 끼 지을 동안의 짧은 꿈

臨渴掘井(임갈굴정) 목이 말라야 새 우물을 팖. 아무런 준비 없이 있다가 일을 당하여 허둥지둥 서두름

磁氣共鳴(자기공명) 전자기파 사이에서 작게 생기는 공명현상

自己矛盾(자기모순) 같은 사람의 말이나 행동이 앞뒤가 서로 맞지 아니함 [참조] 自家撞着

子膜執中(자막집중) 융통성이 전혀 없음 [유래] 전국시대에 자막이라는 사람이 중용(中庸)만을 지켰다는 고사

積塵成山(적진성산) 먼지가 높이 쌓여서 커다란 산을 이룸 [참조] 愚公移山

措手不及(조수불급) 손을 대고자 하나 거기에 미치지 못함. 손쓰기에는 때가 늦음

種瓜得瓜(종과득과) 외를 심은 데 외의 씨가 남 [참조] 種豆得豆

縱橫錯綜(종횡착종) 종과 횡의 모든 것들이 한데 뒤섞여서 모임

紙筆硯墨(지필연묵) [종이와 붓과 벼루와 먹을 아울러 이르는 말

塵合泰山(진합태산) 작은 먼지가 모여서 큰 태산이 됨 [참조] 愚公移山

借廳借閨(차청차규) 대청을 빌려 쓰다가 점차 안방까지 들어감 [참조] 借廳入室

滄桑之變(창상지변) 푸른 바다가 점차 뽕나무밭이 되는 변화 [참조] 桑田碧海

彰善懲惡(창선징악) 착한 것을 드러내고, 악한 것을 징계함 [참조] 勸善懲惡

彰往察來(창왕찰래) 이미 지난 일을 잘 밝혀서 장차 올 일의 득실을 분명하게 살핌

滄海桑田(창해상전) 뽕나무밭이 변하여 푸른 바다가 된다는 뜻으로 갑작스러운 변화를 의미 [참조] 桑田碧海

滄海遺珠(창해유주) 넓고 큰 바닷속에 캐어지지 않은 채 남아 있는 진주. 세상에 미처 알려지지 않은 드물고 귀한 보배. 세상에 미처 알려지지 않은 덕과 지혜가 높은 어진 사람 [출전] 唐書

滄海一粟(창해일속) 넓고 큰 바닷속의 좁쌀 한 알. 아주 많거나 넓은 것 가운데 있는 매우 하찮고 작은 것 [출전] 蘇軾의 前赤壁賦 [참조] 九牛一毛

滄海一滴(창해일적) 넓고 큰 바닷속의 물방울 하나 [참조] 九牛一毛

隻手空拳(척수공권) 외짝 손에 텅텅 빈주먹 [참조] 赤手空拳

天方地軸(천방지축) 하늘 방향이 어디이고, 땅의 축이 어디인지 모름 [참조] 天方地方

天衣無縫(천의무봉) 하늘나라 옷은 꿰맨 흔적이 전혀 없음. 일부러 꾸민 데 없이 자연스럽고 아름다우면서
　　　　완전함. 완전무결하여 아무런 흠이 없음. 세상사에 물들지 아니한 어린이와 같은 순진함. 주로
　　　　시가(詩歌)나 문장에 대하여 두고 이르는 말임 [출전] 太平廣記 鬼怪神奇 郭翰의 이야기

天眞爛漫(천진난만) 말이나 행동에 아무런 거짓이나 꾸밈이 없이 순수하고 참됨. 자연스럽고 참되어 말이
　　　　나 행동에 조금도 꾸밈이 없음

靑酸加里(청산가리) '시안화칼륨'을 일상적으로 이른 말. '청산칼리(靑酸kali)'의 음역어

靑出於藍(청출어람) 쪽에서 뽑아낸 푸른 물감이 쪽보다 더 푸름. 제자나 후배가 스승이나 선배보다 더 나음
　　　　[출전] 荀子 勸學篇 [유의] 出藍

焦眉之急(초미지급) 눈썹에 불이 붙은 상황처럼 매우 급박한 상황임 [출전] 五燈會元 [유의] 燒眉之急, 燃眉, 焦眉

焦心苦慮(초심고려) 마음으로 애태우며 애써서 깊이 생각함 [참조] 勞心焦思

衝擊療法(충격요법) 환자에게 급격한 충격을 줌으로써 치료효과를 얻음

託孤寄命(탁고기명) 후견인에게 어린 임금과 국정을 위탁함. 또는 어린 임금을 돕는 후견인으로 요청함
　　　　[유의] 託寄

脫脂粉乳(탈지분유) 지방분을 제거한 우유를 건조하여 만든 가루우유

胎生植物(태생식물) 태생하는 식물. 열매가 익은 후에도 한동안 모체 내에 머물러 거기서 종자가 발아하고
　　　　뿌리가 나서 떨어져 다시 번식함

兔營三窟(토영삼굴) 토끼가 위기에서 벗어나기 위해 세 개 굴을 파놓아 둠. 자신의 안전을 위하여 미리
　　　　몇 가지 대비책을 짜놓은 지혜

吐盡肝膽(토진간담) 아주 어지러운 상황에 간과 쓸개를 다 토함. 급박하여 실정(實情)을 숨김없이 다 털어
　　　　놓고 말함 [유의] 吐盡

破瓜之年(파과지년) [破瓜(파과)]는 여자의 생리나 처녀성 상실을 나타냄. 또 瓜를 破字하면 八八이 되므로
　　　　여자의 나이 16세, 남자의 나이 64세를 나타냄 [출전] 晉나라 孫綽의 詩 情人碧玉歌

八年風塵(팔년풍진) 오랜 세월 동안 바람 맞고 먼지를 뒤집어씀 [유래] 오랜 세월 고생함. 유방이 8년을 고생
　　　　한 끝에 항우를 멸한 데서 오는 고사

廢寢忘餐(폐침망찬) 잠자리를 폐하고 먹는 것도 다 잊음. 오직 일에만 몰두함

鋪裝道路(포장도로) 돌, 시멘트, 아스팔트 따위를 깔아 단단히 다진 도로. 길바닥에 돌이나 시멘트 따위를
　　　　깔고 평평하고 단단하게 다져 사람이나 자동차가 다닐 수 있도록 꾸민 비교적 넓은 길

風塵表物(풍진표물) 속세를 벗어난 사람 [유의] 風塵外物

風餐露宿(풍찬노숙) 바람과 이슬을 무릅쓰고 한데서 먹고 잠. 큰일을 이루려는 사람의 고초를 겪는 모양.
　　　　바람을 맞으며 밥을 먹고, 이슬을 맞으며 잠을 잔다는 데서 객지에서 겪는 숱한 고생을 이름

汗牛充棟(한우충동) 짐으로 실으면 소가 땀을 흘리고, 쌓으면 들보에까지 올라 참. 가지고 있는 책이 무척이
　　　　나 많음 [출전] 柳宗元 陸文通先生墓表 [유의] 五車, 五車書, 五車之書

合成樹脂(합성수지) 플라스틱이라 부름. 플라스틱이란 말은 가소성(힘을 받았을 때 모양이 달라졌다가 그
　　　　힘을 없애어도 다시 본래의 모양으로 되돌아오지 않는 성질)을 말함. 합성으로 만들어진 수지
　　　　모양의 고분자 화합물을 통틀어 이르는 말

航空母艦(항공모함) 항공기를 싣고 다니며 뜨고 내리게 할 수 있는 설비를 갖춘 큰 군함

海翁好鷗(해옹호구) 사람에게 야심(野心)이 있으면 새도 그것을 알고 가까이하지 않음 [유래] 바닷가의 어떤 사람
　　　　이 갈매기와 친하였는데, 하루는 그 사람의 아버지가 갈매기를 잡아오라고 하여, 바닷가로 나갔으나
　　　　전과 달리 갈매기들은 그 사람의 머리 위를 맴돌며 날 뿐 내려오지 않았다는 고사임 [출전] 列子 黃帝篇

好事多魔(호사다마) 좋은 일에는 흔히 방해되는 일이 많음. 또는 그런 일이 많이 생김 [유의] 鰣魚多骨

和光同塵(화광동진) 빛이 섞이어 먼지와 함께함. 자기의 어짊과 능력을 드러내지 않고 세속에 섞여 살면서
　　　도 본질은 변치 않음 [출전] 老子 [유의] 和光

換骨奪胎(환골탈태) 뼈대를 바꾸어 끼고 태를 바꾸어 씀. 사람이 보다 나은 방향으로 변하여 전혀 딴사람처
　　　럼 됨. 고인의 시문의 형식을 바꾸어서 그 짜임새와 수법이 먼저 것보다 잘되게 함을 이르는 말
　　　[출전] 중국 남송의 스님 혜홍(惠洪)의 냉재야화(冷齋夜話) [유의] 奪胎, 換骨, 換奪

喉舌之臣(후설지신) 임금의 명령을 비롯하여 나라의 중대한 언론을 맡은 신하(承旨(승지))를 달리 이르는 말
　　　[유의] 喉舌

吸收合倂(흡수합병) 합병회사 가운데 한 회사가 다른 회사를 흡수하는 방식의 합병 [유의] 竝呑合倂

興味津津(흥미진진) 흥과 맛이 넘쳐흐를 정도로 아주 많음

 2급 名

家鷄野雉(가계야치) 집의 닭을 미워하고 들의 꿩을 사랑한다는 뜻. 아내를 소박(素朴)하고 첩을 좋아함.
　　　좋은 필적(筆跡)을 버리고 나쁜 필적을 마냥 좋아함. 흔한 것을 멀리하고 언제나 새롭고 진귀(珍貴)
　　　한 것만을 중히 여김 [출전] 晉中與書 [유의] 家鷄野鶩

肝膽楚越(간담초월) 간과 쓸개의 거리가 초나라와 월나라 관계처럼 멀고 멂. 거리상으로는 서로 가까이
　　　있지만 관계가 매우 멂 [출전] 莊子 德充符 [유의] 肝膽胡越

間於齊楚(간어제초) 약자가 강자들 틈에 끼어서 괴로움을 겪음 [유래] 중국의 주나라 말엽 등나라가 제나라와
　　　초나라 사이에 끼어서 괴로움을 겪었다는 고사 [참조] 鯨戰蝦死

結弓獐皮(결궁장피) 활에다 끈으로 매는 노루 가죽

瓊枝玉葉(경지옥엽) 옥으로 된 가지와 잎 [유의] 金枝玉葉

高峰峻嶺(고봉준령) 높이 솟은 산봉우리와 아주 험준한 산마루

管鮑之交(관포지교) 아주 친한 친구 사이의 사귐 [유래] 春秋시대의 管仲과 鮑叔牙의 우정이 아주 돈독하였다
　　　는 고사 [출전] 史記 管仲列傳 [유의] 高山流水, 勿頸之交, 刎頸之友, 水魚之交, 水魚, 水魚之親, 魚水之
　　　交, 魚水親, 魚水之親, 金蘭之交, 金蘭之契, 金蘭契, 金蘭交, 金蘭之誼, 淡水之交, 淡交, 芝蘭之交,
　　　斷金之契, 斷金之交, 膠漆之交, 膠漆之心, 莫逆之友, 知己之友, 知己, 心友, 知音, 知音人 [상대] 市道
　　　之交

膠柱鼓瑟(교주고슬) 거문고의 기러기발을 갖풀로 붙임. 아무 소용도 없는 행위. 매우 고지식하여 조금도
　　　융통성이 없음 [출전] 史記 藺相如傳 [유의] 膠瑟

鷗鷺忘機(구로망기) 바닷가에서 갈매기와 해오라기가 재미있게 노는 것을 보며 세상일을 다 잊음. 은신처
　　　에서 숨어 살면서 속세의 일을 잊음

救死不瞻(구사불첨) 매우 곤란하여 다른 일을 돌아볼 겨를조차 없음

歸巢本能(귀소본능) 동물이 자기 서식처나 둥지로 되돌아온 성질이나 능력

琴瑟相和(금슬상화) 금슬(琴瑟), 즉 거문고와 비파 소리가 화음에 맞는 조화를 이룸. 부부 사이가 매우 다정
　　　하고 화목함 [참조] 琴瑟之樂

琴瑟之樂(금슬지락) 거문고와 비파를 부부에 비유. 부부간의 사랑. 조화를 잘 이루는 부부 사이의 즐거움
　　　[출전] 詩經 關雎篇 [유의] 琴瑟, 琴瑟相和, 如鼓琴瑟, 鴛鴦之契, 鴛鴦契, 二姓之樂, 比翼連理, 連理比翼,
　　　比翼, 連理, 比翼鳥, 連理枝 [참조] 琴瑟相和

金旺之節(금왕지절) 가을. [五行(오행)] 중에서 [金氣(금기)]가 가장 왕성한 절기

兢兢業業(긍긍업업) 항상 몸을 삼가고 조심하고 또 삼감

驥服鹽車(기복염거) 천리마가 겨우 소금수레를 끎. 유능한 사람이 알아주는 이를 만나지 못해, 천한 일에 종사하면서 삶 출전 戰國策

箕山之志(기산지지) 속세의 때를 묻히지 않고 은둔해 사는 고결한 뜻 유래 허유(許由)가 요임금이 자기에게 천하를 물려주겠다고 하는 말을 듣고 기산에 숨어 영수(潁水)에서 귀를 씻었다는 고사

樂而思蜀(낙이사촉) 지금의 즐거움 때문에 고국을 잊었음. 눈앞의 즐거움에 빠져 근본을 잊는 잘못을 지적하는 말 유래 중국의 삼국시대에 촉한(蜀漢)의 유선(劉禪)이 위나라에 굴복하여 사마소(司馬昭)가 잔치를 벌였다. 촉의 신하들은 망국의 슬픔으로 통한의 눈물을 흘렸지만 유선은 희희낙락하자 사마소가 경멸하며 촉이 그립지 않느냐 물으니 이곳이 즐겁다 보니 촉나라는 생각나지 않는다고 한 고사

南柯一夢(남가일몽) 꿈과 같이 헛된 한때의 부귀영화 유래 당나라의 순우분(淳于棼)이 술에 취하여 홰나무의 남쪽으로 뻗은 가지 밑에서 잠이 들었는데 괴안국(槐安國)으로부터 영접을 받아 20년 동안 영화를 누리는 꿈을 꾸었다는 고사 출전 明나라 때 탕현조가 지은 희곡 南柯記 異聞集 유의 槐夢, 槐安夢, 南柯夢, 南柯之夢, 邯鄲之夢, 邯鄲之枕, 邯鄲夢枕, 盧生之夢, 一炊之夢, 榮枯一炊, 黃粱之夢, 一場春夢

南柯之夢(남가지몽) 남쪽으로 뻗은 가지에서의 꿈 참조 南柯一夢

南箕北斗(남기북두) 이름만 있고 아무 쓸모가 없음. 있으나 없으나 도무지 유명무실함 유래 남쪽의 기성(箕星)은 키로 쌀을 까불지 못하고, 북두칠성(北斗七星)은 쌀을 되지 못한다는 고사

盧弓盧矢(노궁노시) 검은 칠을 한 활과 화살을 아울러 이름 유래 고대 중국에서 큰 공이 있는 제후에게 천자가 검은 활과 화살을 하사한 데서 정벌의 권한을 상징함

老萊之戲(노래지희) 효도. 자식이 나이가 들어도 부모의 자식에 대한 마음은 똑같으므로 변함없이 효도해야 함 유래 春秋時代 楚나라 사람 노래자(老萊子)가 칠십의 나이에 무늬 있는 옷을 입고 동자의 모습으로 재롱을 부려 부모에게 자식의 늙음을 잊게 해드린 일의 고사 유의 斑衣之戲

魯般之巧(노반지교) 유래하여 손재주가 있어 무엇이든 잘 만드는 것을 이름 유래 노반은 노(魯)나라 때의 유명한 목수 공수반(空輪班) 후세에 공인의 제신이 된 고사 출전 孟子

老生之夢(노생지몽) 노생의 꿈. 인생과 영화의 덧없음을 비유하는 말 참조 邯鄲之夢

魯陽之戈(노양지과) 노양공의 창이란 뜻으로 위세가 당당함을 이르는 말 유래 전국시대(戰國時代)에 초(楚)나라의 노양공이 한나라와 격전 중 해가 넘어가려 하자 창을 들어 해를 부르니 해가 그의 명령대로 군대의 하룻길인 삼사(三舍)나 뒷걸음질 쳤다는 고사에서 노양공의 창이란 뜻. 그 위세와 보무가 당당함을 이름 출전 淮南子

魯魚之誤(노어지오) 노(魯) 자와 어(魚) 자가 비슷하여 틀리기 쉽다는 데서 나온 말. 서로 비슷한 글자를 혼동하여 잘못 쓰기 쉬움 유의 魯魚亥豕

弄璋之慶(농장지경) 아들을 낳은 즐거움 유래 예전에, 중국에서 아들을 낳으면 규옥(圭玉)으로 된 구슬의 덕을 본받으라는 뜻. 구슬을 장난감으로 주었다는 고사

弄璋之喜(농장지희) 아들을 낳은 대단히 큰 기쁨. 구슬을 가지고 논다는 뜻으로 아들을 낳음을 빗대어 이르는 말 참조 弄璋之慶

多岐亡羊(다기망양) 달아난 양을 찾으려 할 때 갈림길이 많아 끝내는 양을 잃음. 학문의 길이 여러 갈래로 나뉘어 있어서 진리를 얻기 어려움. 여러 가지 방침이 많아서 도리어 갈 바를 모름 출전 列子 說符篇 유의 亡羊之歎, 亡羊, 亡羊歎

多錢善賈(다전선고) 밑천이 넉넉하면 장사를 잘할 수 있음 참조 長袖善舞

丹脣皓齒(단순호치) 붉은 입술과 하얀 치아. 아름다운 여자 참조 傾國之色

頓首百拜(돈수백배) 머리가 땅에 닿도록 수없이 계속 절을 함. [百拜(백배)]는 반드시 백 번 절한다는 뜻이 아니라 그만큼 많이 절한다는 뜻임

頓悟漸修(돈오점수) 문득 깨닫고 점진적인 수행. 한 번에 깨달음을 얻었다 할지라도 아직은 부족하기 때문에 지속적으로 부족함을 닦아 나가야 함 `유래` 불교에서 문득 깨달음의 경지에 이른 뒤에는 반드시 점진적 수행 단계가 따라야 한다는 고사

杜門不出(두문불출) 문을 닫고 일절 밖에 나가지 아니함. 집에서 은거하면서 관직에 나가지 아니하거나 사회의 일을 전혀 하지 아니함

馬首是瞻(마수시첨) 말 머리 가는 방향을 보고 따르라는 뜻이며 흐트러짐 없는 행동함을 이름 `유래` 춘추시대, 12개국과 연합하여 秦나라 공략에 나섰을 때 총지휘를 맡은 진(晉)의 장군 순언(荀偃)은 '오직 나의 말 머리가 향하는 쪽을 보고 따라오라(唯余馬首是瞻)'고 명령을 내렸다는 고사 `출전` 春秋左氏傳

麻中之蓬(마중지봉) 삼밭에 나는 쑥. 선한 사람과 사귀면 그 감화를 받아 자연히 선해짐 `참조` 近墨者黑

蠻貊之邦(만맥지방) 중국 북쪽과 남쪽에 사는 오랑캐의 나라라는 뜻. 아주 미개한 나라를 부름 `출전` 論語

萬世無疆(만세무강) 아무런 탈 없이 아주 오래 삶 `참조` 萬壽無疆

萬壽無疆(만수무강) 아무런 탈 없이 아주 오래 삶 `출전` 詩經 小雅 南山有臺 `유의` 萬世無疆, 壽考無疆, 壽考

望蜀之歎(망촉지탄) 蜀땅을 얻고 싶어 하는 탄식 `참조` 得隴望蜀

名列前茅(명렬전모) 이름이나 서열이 앞에 있음. 시험을 치러 이름이 앞에 있어 수석을 차지함 `출전` 春秋左氏傳

木石不傳(목석불부) 나무에도 돌에도 붙일 데가 없다는 뜻. 외롭고 가난하여 의지할 곳이 아무 데도 없는 서시를 비유직으로 이르는 밀 `유미` 木石難得, 木石難傳

木旺之節(목왕지절) 봄철. [五行(오행)]의 [木氣(목기)]가 성하는 시절

門前沃畓(문전옥답) 집 가까이에 있는 기름진 농토. 곧 많은 재산을 일컫는 말

文質彬彬(문질빈빈) 겉모양의 아름다움과 본바탕이 서로 잘 어울림 `출전` 論語 擁也篇

物以類聚(물이유취) 사물은 종류대로 그대로 모임. 같거나 비슷한 부류끼리 서로 어울림. 물건은 종류별로 모이게 마련이란 말이지만 부정적인 의미가 더 강함

彌縫之策(미봉지책) 꿰매어서 입기 위해 깁는 어떤 계책 `출전` 春秋左氏傳 桓公 五年條

迷津寶筏(미진보벌) 길을 헤매는 나루에서 길을 찾아가는 잘 꾸며진 배. 삶에 진실한 가르침을 일러주는 책

博引旁證(박인방증) 어떤 것을 설명할 때, 예를 인용하여 두루 증거를 보이면서 논함. 널리 예를 들어 그것을 증거로 하여 사물을 설명함 `상의` 單文孤證

拔山擧鼎(발산거정) 항우(項羽)는 중국 진(秦)나라 말기에 진승(陳勝)·오광(吳廣)의 난이 일어나자 숙부 항량(項梁)과 함께 오중(吳中)에 머물러 있을 때, 항우는 체구가 크고 용감하여 무거운 솥도 거뜬히 들어 올려서 거정(擧鼎)이라 불렸기에 산을 뽑고 솥을 들어 올린다는 고사. 신체 건강하고 힘이 매우 셈을 말함 `출전` 史記 項羽本紀

旁岐曲徑(방기곡경) 샛길과 굽은 길로서 많은 사람들이 다니는 큰 길이 아니라는 뜻. 바른길을 좇아서 일을 정당하고 순탄하지 않은 수단의 길. 일을 억지로 함을 비유하는 말

炳如日星(병여일성) 해와 별처럼 밝고 빛남

秉燭夜遊(병촉야유) 촛불을 들고 밤에 논다는 뜻. 때에 맞춰 즐김 또는 낮부터 밤중까지 놂

輔車相依(보거상의) 수레에서 덧방나무와 바퀴가 서로가 잘도 의지함. 긴밀한 관계를 맺으면서 서로 돕고 의지함

輔國安民(보국안민) 나랏일을 돕고 백성을 편안하게 함. "나라의 일을 돕고 백성을 편안하게 한다."는 뜻이 담겼음 `유래` 최제우(崔濟愚, 1824~1864)가 동학을 창도할 때에 외세로부터 국권을 지킬 것을 강조한 계책임

輔時救難(보시구난) 어느 시대를 도와서 환난을 급하게 구함. 잘못된 곳을 바로잡고 미치지 못하는 곳을 살펴서 보필함 `출전` 三國遺事

覆巢破卵(복소파란) '엎어진 둥우리 속의 알을 굴러서 깨다'라는 뜻으로, 어버이가 재앙을 받으면 자식도 같이 큰 상처를 입음 [유의] 覆巢餘卵

蓬頭亂髮(봉두난발) 쑥대강이같이 헙수룩히 흐트러진 머리털 [유의] 蓬頭突髮

蓬萊弱水(봉래약수) 봉래약수의 어떤 차이. 아주 큰 차이가 있음의 비유함 [유래] 봉래(蓬萊)는 봉래산으로 동쪽 바다에 있고 약수(弱水)는 서쪽 땅을 흐르는 강으로 이 사이가 30만 리 떨어져 있으므로 아주 큰 차이가 있음을 말함 [출전] 太平廣記 [상의] 一衣帶水

鳳麟芝蘭(봉린지란) '봉황, 기린'과 같이 잘난 남자와 '지초, 난초'와 같이 예쁜 여자라는 뜻. 젊은 남녀의 매우 아름다움을 말함

鳳毛麟角(봉모인각) '봉황의 깃털과 기린의 뿔'이라는 뜻. 보기 힘든 매우 희귀한 물건 또는 아주 뛰어난 인재를 가리킴 [출전] 남사(南史)

釜中生魚(부중생어) 집안이 매우 가난함. 솥 안에 물고기가 생겨났음. 몹시도 가난함을 비유함. 오랫동안 밥을 하지 못하여 솥 안에 물고기가 생김 [출전] 後漢書 范冉傳

釜中之魚(부중지어) 솥 속의 물고기가 새로 생김 [참조] 魚遊釜中

鵬程萬里(붕정만리) 붕새가 날아갈 길이 만 리라는 뜻. 가야 할 머나먼 길 또는 사람의 앞날이 매우 까마득한 천 리 길 [출전] 莊子 逍遙遊

泌尿器科(비뇨기과) 비뇨기에 관한 병을 연구하고 치료하는 의학, 또는 그러한 의원

四面楚歌(사면초가) 아무에게도 도움을 받지 못하는, 외롭고 곤란한 지경의 형편 [유래] 楚나라 項羽가 사면을 둘러싼 漢나라 군사 쪽에서 들려오는 楚나라의 노랫소리를 듣고 楚나라가 이미 漢나라에 다 넘어간 줄 알고 놀랐다는 고사 [출전] 史記 項羽本紀 [유의] 楚歌, 孤立無援

沙鉢農事(사발농사) '사발(沙鉢)'에 짓는 농사라는 뜻으로 밥을 빌어먹음

沙鉢通文(사발통문) 주모자가 누군지 알 수 없도록 원을 중심으로 참가자들의 이름을 적은 통문 [유래] 사발통문은 주모자를 알 수 없도록 사발을 뒤집어서 그린 원을 중심으로 참가자의 이름을 둘러가며 적은 통문으로 1894년 1월 고부농민 봉기 때 사용한 것이 대표적임

泗上弟子(사상제자) 공자의 제자 [유래] 공자가 회수(淮水)의 지류인 사수(泗水) 변에서 제자를 가르쳤다는 고사

事齊事楚(사제사초) 제나라를 섬겨야 할지 초나라를 섬겨야 할지 도무지 모르겠음. 두 나라의 중간에 이러지도 저러지도 못하는 아주 딱한 사정에 놓임 [출전] 孟子

三顧草廬(삼고초려) 인재를 맞아들이기 위하여 참을성 있게 노력함 [유래] 중국 삼국시대에, 蜀漢의 劉備가 난양(南陽)에 은거하고 있던 諸葛亮의 초가집으로 세 번이나 찾아갔다는 고사 [출전] 三國志 蜀志 諸葛亮傳 [유의] 草廬三顧

三國鼎立(삼국정립) 촉한(蜀漢), 위(魏), 오(吳) 세 나라가 솥발처럼 서로 견제하고 대립함

三釜之養(삼부지양) 비록 적은 월급으로도 부모님이 살아계셔 효도할 수 있는 즐거움 [출전] 莊子

三分鼎立(삼분정립) 촉한(蜀漢), 위(魏), 오(吳)의 천하를 셋으로 나누어 세 나라가 정립함

三戶亡秦(삼호망진) 초(楚)나라가 망하고 세 집만 남아도 그 억울함으로 진(秦)나라를 멸망시킨다는 뜻임. 아무리 힘이 작아도 큰 결심을 하면 승리하게 됨 [출전] 史記 項羽本紀

桑蓬之志(상봉지지) 남자가 세상을 위하여 공을 세우고자 하는 큰 뜻 [유래] 고대 중국에서 아들을 낳으면 뽕나무(桑) 활과 쑥대(蓬) 살로 천지사방을 쏘면서 성공을 축원했던 고사 [출전] 禮記 [유의] 桑弧, 桑弧蓬矢

釋迦如來(석가여래) 석가모니를 신성하게 이르는 말 [유래] 샤카족의 국가인 샤카 공화국(현재의 네팔)에서 국왕 슈도다나의 장남으로 태어났다. 인간의 삶이 생로병사가 윤회하는 고통으로 이루어져 있음을 자각하고 이를 벗어나기 위해 29세 때 출가했음

璇璣玉衡(선기옥형) 고대 중국에서 천체의 운행과 위치를 관측하던 장치로 지평선과 직각으로 교차하는 자오선을 나타내는 둥근 고리. 하늘의 적도와 위도 따위를 나타내는 눈금이 달린 원형의 고리를 한데 짜 맞추었음 유의 渾天儀 渾儀器 渾儀

性猶湍水(성유단수) 사람의 본성은 여울물과 같다는 뜻. 여울물이 동쪽으로도 서쪽으로도 흘러갈 수 있듯이, 천성적으로 착하지도 악하지도 않았다는 고자(告子)의 주장

巢林一枝(소림일지) 규모가 작은 집. 필요한 것만큼 만에 만족하는 삶의 지혜를 줌. 하나 있는 숲과 나뭇가지 하나처럼 규모가 작은 집으로 분수에 맞게 만족하고 사는 것을 말함 출전 莊子

蘇秦張儀(소진장의) 옛날 중국 전국시대에 말을 잘하기로 유명한 소진(蘇秦)과 장의(張儀)를 뜻하는 말로 말 잘하는 사람을 가리킴

巢毀卵破(소훼난파) 둥지가 부서지면 알도 깨진다는 뜻으로, 공동체가 붕괴되면 그 구성원도 모두 온전할 수 없음을 이르는 말. 조직이나 집단이 모두 무너지면 그 구성원들도 큰 피해를 입게 됨 출전 後漢書 鄭孔荀 列傳

宋襄之仁(송양지인) 너무 착하기만 하여 쓸데없는 아량을 베풀어 실속이 없음 유래 춘추시대에, 宋나라의 양공이 적을 불쌍히 여겨 공자목이(公子目夷)의 진언을 받아들이지 않았다가 오히려 楚나라에 패배하여 세상 사람들이 비웃었다는 고사 출전 春秋左氏傳 僖公 十八年條

壽考無疆(수고무강) 아무 병 없이 오래오래 삶. 목숨이 다함이 없음 참조 萬壽無疆

隋侯之珠(수후지주) 천하의 귀중한 보배, 隋나라의 국보였던 구슬 유래 수후(隋侯)가 뱀을 살려준 뒤 뱀으로부터 받은 보주(寶珠)로, 변화(卞和)의 화씨지벽(和氏之璧)과 함께 천하의 귀중한 보배를 나타냄 유의 隋珠

脣齒輔車(순치보거) 입술과 이 중에서 또는 수레의 덧방나무와 바퀴 중에서 어느 한쪽만 없어도 안 됨. 서로 없어서는 안 될 깊은 관계 참조 脣亡齒寒

魚魯不辨(어로불변) 어(魚) 자와 노(魯) 자를 구별하지 못함. 아주 무식함 참조 目不識丁

魚遊釜中(어유부중) 물고기가 솥 안에서 노닒. 살아 있기는 해도 생명이 얼마 남지 아니하였음. 상황이 극히 위험한 상태 출전 後漢書 張綱傳 유의 釜中之魚

如鼓琴瑟(여고금슬) 거문고와 비파의 합주처럼 부부가 화합함. 거문고와 비파를 타는 것과 같음. 부부 사이가 다정하고 극히 화목함

呂氏春秋(여씨춘추) 진(秦)나라의 呂不韋(여불위)가 여러 학자들에게 편찬하게 한 史論書

淵蓋蘇文(연개소문) 고구려의 대 정치가. 커다란 장군

閻羅大王(염라대왕) 저승을 다스리는 왕. 지옥에 떨어지는 사람이 지은 생전의 선악을 심판함 유래 죽은지 35일째. 악법을 따르고, 함부로 살생을 하고, 도둑질, 음행을 일삼고, 살인, 도를 구하는 자를 죽인 자를 심판하고 벌을 주는 그러한 판관

藝文類聚(예문유취) 唐나라의 歐陽詢(구양순)이 편찬했다고 하는 백과사전류 책

吳越同舟(오월동주) 서로 적의를 품은 사람들이 한자리에 있게 된 경우나 서로 협력하여야 하는 상황 유래 춘추전국시대에, 서로 적대관계인 吳나라의 왕 부차(夫差)와 越나라의 왕 구천(句踐)이 같은 배를 탔으나 풍랑을 만나서 서로 단합하여야 했다는 고사 출전 孫子 九地篇

沃野千里(옥야천리) 끝없이 넓게 펼쳐지는 기름진 저 들판

瓦釜雷鳴(와부뇌명) 기왓가마가 우레와 같은 소리를 내면서 저절로 끓음. 별로 아는 것도 없는 사람이 자기를 과장해서 말함

堯舜時代(요순시대) 요임금과 순임금이 덕으로 천하를 다스리던 태평한 시대. 치세(治世)의 모범 참조 道不拾遺

堯舜時節(요순시절) 요임금과 순임금이 덕으로 천하를 다스리던 태평시절 참조 道不拾遺

堯舜之節(요순지절) 요임금과 순임금이 덕으로 천하를 다스리던 태평시절 참조 道不拾遺

欲蓋彌彰(욕개미창) 진상을 감추려 하면 더욱 밝게 드러나게 됨 [유래] 춘추시대 주(邾)나라 대부 흑굉(黑肱)이 노나라에 투항하여, 그가 다스렸던 남(濫)땅이 노나라에 편입되었다. 공자는 흑굉으로 인하여 영토의 변동이라는 큰 사건이 발생하였기 때문에 불의를 징벌하기 위해 흑굉의 이름을 남겨야 한다고 주장하고, 그의 이름을 춘추에 기록했던 고사 [출전] 春秋左氏傳 昭公 31年條

旭日昇天(욱일승천) 아침 해가 하늘 높이 둥그렇게 떠오름

月盈則食(월영즉식) 달이 차면 반드시 이지러짐. 무슨 일이든지 성하면 반드시 쇠하게 됨 [참조] 日月盈昃

渭樹江雲(위수강운) 위수(渭水)의 나무와 강수(江水)의 구름. 멀리 떨어져 있는 벗이 서로 그리워하는 말로 쓰임

韋編三絶(위편삼절) 책을 열심히 읽음. 공자가 주역을 즐겨 읽어 책의 가죽끈이 세 번이나 끊어졌다는 데서 보인 고사 [출전] 史記 孔子世家 [유의] 三絶

俞扁之術(유편지술) 明나라의 '俞跗(유부)'와 '扁鵲(편작)'의 이름난 의술. 이름난 의사의 훌륭한 치료법이 있음

允文允武(윤문윤무) 진실로 文이 있고 진실로 武가 있음. 천자가 문무의 덕을 겸비하고 있음을 널리 칭송하는 말. 天子(천자)가 文武(문무)의 덕을 겸비하고 있음을 이르는 말

殷鑑不遠(은감불원) 다른 사람의 실패를 자신의 거울로 삼음 [유래] 殷나라의 거울은 멀지 아니한 前代의 夏나라에 있다는 것으로, 夏나라가 멸망한 것을 교훈으로 삼아 정치를 잘해야 함을 뜻함 [출전] 시경(詩經) 대아(大雅)편의 탕시(湯詩) [유의] 覆車之戒 [참조] 覆車之戒

乙卯倭亂(을묘왜란) 조선 시대, 1555년에 전남 해남군의 달량포에 왜구가 쳐들어온 사건 [유래] 을묘년(조선 명종 10년, 1555년)에 전남 해남군에 있는 達梁浦(달량포)에 倭人(왜인)이 배 60여 척을 끌고 쳐들어와 난리를 일으킨 폭동 사건

引繩批根(인승비근) 새끼줄을 걸어서 잡아당겨 뿌리째 뽑아버림. 둘이서 새끼를 꼬는 것처럼 힘을 합하여 남을 배척하고 그와 사귀지 않도록 함 [유의] 引繩排根

壬辰倭亂(임진왜란) 임진년(선조 25년, 1592년)에 왜인이 침범하여 난리를 일으킨 사건 [유래] 임진년에 처음 발생했다 하여 보통 '임진왜란'이라고 하며, '7년 전쟁'이라 한다. 1592년 4월 일본군 선봉대가 부산포로 쳐들어와 서울을 향한 북진을 계속해 2개월도 채 못 되어 전 국토가 유린되었다. 선조와 세자는 평양으로 피난했다. 한산도대첩 등 해전의 승리로 일본의 해상작전이 좌절되고, 전라도 곡창지대를 지킬 수 있었으며, 육지의 곳곳에서도 유학자들과 농민이 주축이 된 의병이 일어나 육상전을 승리로 이끌었다. 12월 명나라는 4만 3,000명의 병력을 파견했고, 1593년 1월 8일 조명연합군은 평양성을 탈환하고 일본과 협정했으나 강화가 결렬되자 일본은 1597년 다시 침입했다. 그러나 육지에서는 권율, 이시언의 조명연합군에 패하고 해상에서는 이순신에게 패하여 7년에 걸친 전쟁이 끝났다.

獐耳細莘(장이세신) 노루귀. 미나리아재빗과의 여러해살이풀. 잎은 뿌리에서 나고 세 갈래로 갈라짐. 이른 봄에 흰색 또는 연한 붉은색 꽃이 꽃줄기 끝에 잎이 나오기 전에 한 송이씩 피고 열매는 수과(瘦果)를 맺는다. 어린잎은 식용하고 전체를 약용한다.

積水成淵(적수성연) 한 방울의 물이 곱게 모여 연못을 이룸 [참조] 愚公移山

戰戰兢兢(전전긍긍) 몹시 두려워서 벌벌 떨며 삼가 조심함 [출전] 詩經 小雅篇)의 小旻 [유의] 戰兢

前瞻後顧(전첨후고) 앞을 멀리 바라보고 뒤를 우두커니 돌아봄. 일을 당하여 결단하지 못하고 앞뒤를 재며 어물어물함 [유의] 瞻前顧後

鄭衛桑間(정위상간) 춘추전국시대 정나라와 위나라에서 유행하던 음악은 뽕나무 사이의 소리처럼 음란함 [유래] 상간(桑間)은 난세(亂世)의 음(音)이라고 한 데서, 음란한 망국(亡國)의 음악을 이르는 말 [참조] 亡國之音, 鄭衛之音

鄭衛之音(정위지음) 춘추전국시대 정나라와 위나라에서 유행하던 음악. 난세(亂世)의 음(音). 음란한 망국(亡國)의 음악 [참조] 亡國之音

朝聚暮散(조취모산) 아침에 모였다가 저녁이면 헤어짐. 모이고 헤어짐이 반복해 덧없음

宗廟社稷(종묘사직) 왕실과 나라를 통틀어 이르는 말 [유래] 宗廟는 왕가 조상의 위패를 모시는 사당으로 왕실을, 社稷은 나라를 세울 때 천자나 제후가 제사를 지내던 토지신과 곡식신을 아울러 이르는 말로 나라를 나타냄

左瞻右顧(좌첨우고) 왼쪽을 돌아보고 오른쪽을 돌아봄 [참조] 首鼠兩端

朱脣皓齒(주순호치) 붉은 입술에 흰 이. 붉은 입술과 하얀 치아를 표현함 [출전] 楚辭 卷第十 大招章句 第十 [참조] 傾國之色

芝蘭之交(지란지교) 지초(芝草)와 난초(蘭草)가 서로 사귐 [참조] 管鮑之交

芝蘭之室(지란지실) 지초, 난초 향 같은 좋은 향기가 풍기는 방. 군자를 이름

秦鏡高懸(진경고현) 사람의 마음까지도 비추었다는 진(秦)나라 거울이 높게 매달려 있음 [참조] 明鏡高懸

車胤聚螢(차윤취형) 차윤이 반딧불이를 모음 [참조] 螢雪之功

天淵之差(천연지차) 하늘과 연못과의 상호 거리의 차이 [참조] 雲泥之差

天佑神助(천우신조) 하늘이 도와주고 신령이 적극 도움

草廬三顧(초려삼고) 보잘것없는 초가집을 세 번이나 돌아봄 [참조] 三顧草廬

鄒魯之鄕(추로지향) 공자와 맹자가 태어난 고향. 예절을 알고 학문이 왕성한 곳. [鄒魯(추노)는 공자는 노나라 사람이고 맹자는 추나라 사람이라는 데서, 공자와 맹자를 아울러 이르는 말

春秋鼎盛(춘추정성) 나이 젊고 혈기가 매우 왕성한 때. 나이가 솥발처럼 튼튼하게 서고 혈기가 매우 왕성하다는 데서, 제왕의 나이가 한창때임을 나타냄

春雉自鳴(춘지자명) 봄철의 꿩이 스스로 욺. 시키거나 요구하시 아니하여도 지기 쓰쓰고 힘

泰山峻嶺(태산준령) 매우 큰 산과 아주 험한 고개

太上皇后(태상황후) 황제의 살아 있는 현재 어머니. 선황제의 살아 있는 아내

破釜沈舟(파부침주) 밥 지을 솥을 깨뜨리고 돌아갈 때 탈 배를 가라앉힘. 살아 돌아올 기약을 하지 않고 결사의 각오로 싸우겠다는 굳은 결의 [출전] 史記 項羽本紀

阪上走丸(판상주환) 언덕 위에서 큰 공을 아래로 굴림. 어떤 세력에 힘입어 일을 꾀하면 쉽게 이루어지거나 일이 잘 진전됨

暴虎馮河(포호빙하) 맨손으로 범을 때려잡고 걸어서 황하(黃河)를 건넘. 매우 무모한 용기 [출전] 論語 述而篇

避獐逢虎(피장봉호) 그 기세에 가세해서 일이 쉽게 되는 것의 비유. 노루를 피하다가 호랑이를 만남. 작은 해를 피하려다 도리어 큰 화를 당함

亢龍有悔(항룡유회) 하늘 끝까지 다다른 용(항룡)이 내려갈 길밖에 없음을 후회함. 부귀영화가 극도에 다다른 사람은 쇠락할 염려가 있음. 욕심에 한계가 없으면 반드시 후회하게 됨 [출전] 易經 爻辭

許由巢父(허유소부) 부귀영화를 마다하는 사람 [유래] 요임금이 허유에게 천하를 주겠다고 하자 허유는 더러운 말을 들었다고 하여 潁水 강물에 귀를 씻었으며, 소부는 허유가 귀를 씻은 더러운 물을 소에게 먹일 수 없다고 하여 소를 끌고 돌아갔다는 고사

昊天罔極(호천망극) 하늘과 같이 다함이 없음. 어버이의 은혜가 지극히 넓고 큼. 주로 부모의 제사에서 祝文(축문)에 많이 쓰이는 말

皓齒丹脣(호치단순) 흰 이와 붉은 입술 [참조] 丹脣皓齒

豪華燦爛(호화찬란) 사치스럽고 화려하여 눈이 부실 정도로 빛남

洪範九疇(홍범구주) 우(禹)임금이 정한 도덕정치의 아홉 원칙. 홍범은 대법(大法)을 말하고, 구주는 9개 조(條)를 말하는 것으로, 즉 9개 조항의 큰 법이라는 뜻이다 [유래] 우왕이 홍수를 다스릴 때 하늘로부터 받은 낙서(洛書)를 보고 만들었다고 한다. 주나라 무왕(武王)이 기자(箕子)에게 선정의 방안을 물었을 때 기자가 이 홍범구주로써 교시함. ≪서경≫ 주서(周書) 홍범편에 수록되어 있다. 9조목은 오행(五行)·오사(五事)·팔정(八政)·오기(五紀)·황극(皇極)·삼덕(三德)·계의(稽疑)·서징(庶徵) 및 오복(五福)과 육극(六極)이다 [출전] 書經의 홍범

火繩拳銃(화승권총) 방아쇠가 있으나 격동쇠가 밖으로 나와 붙은 구식 권총

火旺之節(화왕지절) 여름. [오행(五行)]에서, [화기(火氣)]가 왕성한 절기

皇天后土(황천후토) 하늘의 준엄한 신과 땅의 예리한 신

1급

苛斂誅求(가렴주구) 세금을 가혹하게 거두어들이고, 무리하게 재물을 빼앗음

家貧落魄(가빈낙백) 집안이 가난하여 자기의 뜻을 얻지 못하고 그만 실의에 빠짐 출전 史記 酈生陸賈列傳 유의 落魄

加膝墜淵(가슬추연) 무릎에 앉혀 귀여워하거나 연못에 빠뜨린다는 뜻. 사랑과 미움을 기분(氣分)에 따라 나타냄으로써 그 언행(言行)이 예(禮)에 많이 벗어남 출전 禮記

家喻戶曉(가유호효) 집집마다 알려주어 알아듣게 한다는 뜻. 누구나 다 알고 있는 것을 이르는 말 출전 列女傳

恪勤勉勵(각근면려) 정성을 다하여 부지런하게 노력하면서 힘씀

竿頭之勢(간두지세) 대막대기 끝에 선 형세. 매우 위태로운 형세 참조 累卵之危

簡髮而櫛(간발이즐) 머리를 한 가닥씩 골라서 빗는다는 뜻. 몹시 조심스러워 하는 느낌 출전 莊子

奸臣賊子(간신적자) 간사한 신하와 부모님을 거스르는 무도한 자식 참조 亂臣賊子

葛巾野服(갈건야복) 칡으로 만든 두건과 베로 만든 옷. '隱士'나 '處士'의 거칠고도 소박한 옷차림

渴而穿井(갈이천정) 목이 마를 때에야 비로소 우물을 팜. 미리 대비를 하지 않고 있다가 뜻밖에 일이 닥친 뒤에 서두름을 비유함 출전 說苑 참조 亡羊補牢, 臨渴掘井

竭澤而漁(갈택이어) 연못의 물을 다 말려서 고기를 잡음. 좀 더 크고 멀리 내다보지 못하고 우선 눈앞의 이익만을 꾀함 출전 呂氏春秋 義賞篇

甘棠遺愛(감당유애) 팥배나무가 오래 남긴 사랑의 노래 유래 선정을 베풀었던 소공을 그리워하는 마음이 담겨 있는 이 노래는 ≪시경(詩經)·소남(召南)〈감당(甘棠)〉≫에 있음. '감당유애'는 '소공의 팥배 나무'라는 뜻으로 '소당(召棠)'이라고 하는데, 청렴결백하거나 선정을 베푼 사람을 진심으로 그리 워하는 마음을 담고 있음 출전 詩經

甘井先竭(감정선갈) 물맛이 아주 좋은 우물은 길어 가는 이가 많으므로 빨리 마름. 재주가 뛰어난 사람이 일찍 쇠함을 비유적으로 이르는 말 참조 甘泉先竭

甘泉先竭(감천선갈) 물맛이 너무 좋은 샘은 빠르게 마름. 재주가 뛰어난 사람이 일찍 쇠함 유의 甘井先竭

甘吞苦吐(감탄고토) 달면 삼키고 쓰면 뱉음. 사리(事理)의 옳고 그름을 우선 따지지 않고 자기 비위에 많이 맞으면 좋아하고, 맞지 않으면 그냥 싫어한다는 말

康衢煙月(강구연월) '강구'는 사통오달의 큰길로서 사람의 왕래가 잦은 거리이며 '연월'은 연기가 나고 달빛 이 훤하게 비친다는 뜻. 평화로운 큰 길거리에서 밥 짓는 연기에 취하면서 달빛이 훤하게 비치는 그러한 모습. 태평한 세상의 평화로운 풍경 참조 鼓腹擊壤, 堯舜之節, 太平聖代

强弩之末(강노지말) 비록 강대한 힘일지라도 마지막에는 맥없이 쇠약해짐 유래 센 놋쇠로 쏜 화살도 먼 데까지 다 가면 힘이 다해서 노(魯)나라에서 나는 얇은 명주도 뚫을 수 없음을 비유(强弩之末, 力不能入魯縞)하는 고사 출전 漢書 韓安國傳

剛戾自用(강려자용) 성품이 매우 억세고 비꼬여서 스스로의 지혜와 재주만을 믿고 씀. 남의 말을 전혀 듣지 않고 자기 멋대로 행동함을 이르는 말 유의 固執不通, 剛愎自用

剛毅木訥(강의목눌) 강직하면서 의연하고 질박하고 말이 어눌함 유래 공자(孔子)가 이르기를 "강직(剛直)하 고 굳세며 순박(淳朴)하고 말투가 어눌(語訥)함이 인(仁)에 가까우니라." 출전 論語 子路篇 상대 巧言令色

剛愎自用(강팍자용) 고집을 많이 부리면서 제멋대로 함 [유래] '강팍'이란 말과 '자용'이란 말을 함께 사용한 예로는 ≪금사(金史) 〈적잔합희전(赤盞合喜傳)〉≫의 다음 구절을 들 수 있다. "성격이 고집불통이어서 제멋대로 하기를 좋아함"(性剛愎, 好自用) 원래 고집이 센 사람은 남의 말을 듣지 않고 자기만 옳다고 여기며 제멋대로 행동하기 때문에 두 단어가 함께 쓰이는 것은 혹시 당연한 일은 아닐까? [출전] 左傳 [유의] 固執不通, 剛戾自用

蓋棺事定(개관사정) 시체를 관에 넣고 뚜껑을 덮은 후에야 일을 결정함. 사람에 대한 올바른 평가는 모든 일이 완전히 끝나기 전에는 아무도 알 수 없다는 것을 비유함 [출전] 杜甫의 君不見簡蘇徯系에 나온 시

開門揖盜(개문읍도) 문을 열어 도둑에게 예를 갖춤. 제 스스로 화를 불러들임. '읍(揖)'이란 두 손을 모아(拱手) 얼굴 앞으로 들고 허리를 앞으로 공손히 구부렸다가 다시 펴면서 손을 내리는 공손한 인사 태도임 [출전] 三國志 吳書 孫權傳 [유의] 開門納賊, 開門納盜

改善匡正(개선광정) 손질하여 고쳐서 좋고 바르게 함. 착한 것으로 고쳐 바로잡아 고친다는 뜻. 모든 잘못된 것을 바로잡아 착한 것으로 고친다는 의미임 [참조] 改過遷善

開川闢地(개천벽지) 중국의 창세신화로 하늘이 열리고 땅이 열린다는 뜻. 세상 창조신화인 반고신화와 인간 창조신화인 황제신화가 있다 [유래] 중국의 천지창조(天地創造) 신화에서 유래하고 있는바, 인간 창조를 어느 정도 마친 네 신은 인간에게 천명을 부여하고, 스스로 번식할 수 있도록 혼인 제도까지도 만들었음 [출전] 三五歷記 [유의] 天地開闢, 開闢

坑儒焚書(갱유분서) 선비들을 구덩이를 파서 묻고 책을 모두 불태움. 중국의 진시황이 학자들의 정치적 비판을 막기 위하여 '의약, 점복, 농업'에 관한 것을 제외한 민간의 모든 서적을 불태우고, 이듬해 유생까지 생매장했던 일 [참조] 焚書坑儒

去頭截尾(거두절미) 머리와 꼬리를 잘라버림. 오직 '원인과 결과'들을 모두 빼고 요점만을 간추려서 말함

去者日疎(거자일소) 죽은 사람에 대해서는 날이 갈수록 잊어버리게 됨. 서로 멀리 떨어져 있으면 점점 사이가 멀어짐을 이르는 말. 죽어서 이 세상을 떠나면 점점 서로의 정이 차츰 멀어짐

乾坤一擲(건곤일척) 하늘과 땅에 걸고 운에 맡겨 한번 던져본다는 뜻. 주사위를 던져 승패를 겪. 운명을 걸고 단판걸이로 승부를 겨룸 [출전] 韓愈의 過鴻溝 詩 [유의] 一擲乾坤

隔靴搔癢(격화소양) 가죽신을 사이에 두고 가려운 곳을 긁음. 신발을 신고 가려운 곳을 긁음. 무슨 일을 애써 하기는 하지만 핵심을 찌르지 못하고 아무런 성과도 얻지 못하는 것을 비유함 [출처] '방망이'를 가지고 달을 치고, 가죽신을 신고서 가려운 곳을 긁음(掉棒打月, 隔靴爬癢), 無門關 [유의] 隔靴搔癢, 隔靴爬癢

隔靴爬癢(격화파양) 신을 신고 발바닥을 긁음. 이 같은 성어가 전하나 무슨 일을 하느라고 애를 쓰기는 하지만 '정곡(正鵠)'을 찌르지는 못해 답답해함. 흔히 '삼두양서(三頭兩緒)'라고 했듯이 그 두서가 여러 갈래여서 하나로 되지 못하고 아주 번잡하게 되는 것을 말함 [참조] 隔靴搔癢, 隔靴爬癢

見蚊拔劍(견문발검) '모기를 보고 큰 칼을 빼어든다'는 뜻. 알고 보면 별일도 아닌 것에 크게 화를 내거나, 사소한 일에 지나치게 큰 대책을 세운다는 말 [유의] 怒蠅拔劍

鯨戰蝦死(경전하사) 고래들의 싸움에 새우 등이 터짐. 강한 자들이 싸우는 바람에 아무 관계도 없는 약한 사람이 피해를 입는 일을 비유적으로 이르는 뜻임 [유의] 間於齊楚

谿壑之慾(계학지욕) 그 끝이 보이지 않는 인간의 욕심. 시냇물이 흐르는 산골짜기의 더없는 욕심 [참조] 得隴望蜀

股肱之臣(고굉지신) 다리와 팔과 같이 중요한 신하. 왕이 가장 믿고 중하게 여기는 신하를 비유하는 말 [유래] 순(舜) 임금이 우(禹)와 대화를 하며 다음과 같이 부탁했다. "신하들은 짐의 팔과 다리요, 눈과 귀가 되어야 하오. 내가 백성들을 보살피려 한다면 그대는 (내 날개가 되어) 옆에서 도와주고, 내가 사방을 위해서 노력을 한다면 그대가 함께 해 주시오(臣作朕股肱耳目, 予欲左右有民汝翼, 予欲宣力四方汝爲)." [출전] 書經益稷篇 [유의] 股肱, 股掌之臣, 肱膂

叩頭謝罪(고두사죄) 머리를 조아려서 극진하게 사죄(謝罪)함 [유의] 叩謝

膏粱珍味(고량진미) 살찐 고기와 좋은 곡식으로 빚어서 만든 맛있는 음식 [출전] 孟子 告子上 [유의] 膏粱, 山海珍味, 山珍海味, 山珍海錯, 山珍海饌, 水陸珍味, 水陸珍饌, 海陸珍味, 龍味鳳湯

枯木朽株(고목후주) 마른 나무와 썩어빠진 그루터기. 매우 부실하여 쓰이지 못하는 사람이나 물건을 비유하거나, 겸허하게 자신을 낮추는 말로 사용됨 [유래] 한(漢)나라 경제(景帝) 때, 오왕(吳王) 유비(劉濞)가 반란을 꾀하자 휘하에 있던 추양(鄒陽)이 이를 말렸다. 그러나 유비는 이를 듣지 않았고 추양은 그를 떠나 양왕(梁王) 유무(劉武)에게로 갔다. 그러나 유무는 추양의 재능을 시기하는 심복들의 말만 믿고 추양을 옥에 가두고 말았다 [출전] 鄒陽 獄中上梁王書 [유의] 枯株朽木

叩盆之嘆(고분지탄) 아내가 죽은 한탄 [유의] 叩盆之嘆, 鼓盆之嘆, 鼓盆之歎

孤臣冤淚(고신원루) 임금의 신임이나 사랑을 받지 못하는 외로운 신하의 원통한 눈물 [유래] 광해군이 자신의 왕위를 지키기 위해 선조의 적자인 어린 영창대군을 죽이고, 그의 어머니인 인목대비를 폐위시키려는 계략을 세우고 있었다. 백사 이항복은 이것을 반대하여, 함경도 북청으로 귀양 가는 도중에 철령 고개를 넘으면서 시조 한 수를 읊었다. 이것이 서울까지 퍼져 궁중에서도 불렀는데 광해군이 나중에 듣고 눈물을 흘렸다고 한다. [철령(鐵嶺) 노픈 峯(봉)에 쉬여 넘는 저 구름아 / 孤臣冤淚(고신원루)를 비삼아 띄어다가 / 님 계신 九重深處(구중심처)에 뿌려본들 엇더리]

苦心慘憺(고심참담) 몹시 마음을 태우고 애를 쓰면서 심하게 걱정을 함

股掌之臣(고장지신) 다리와 손과 같은 아주 중요한 신하 [참조] 股肱之臣

孤注一擲(고주일척) 도박꾼이 마지막 밑천을 다 걸고 달라붙음. 홀로 (돈을) 쏟아붓고 한바탕 던진다는 뜻이었으니, 노름꾼이 있는 밑천을 다 걸고 일거에 승부를 겨룬다는 뜻. 전력을 기울여 어떤 일에 모험을 거는 것을 비유하는 말 [출전] 晉書

曲突徙薪(곡돌사신) 굴뚝을 구부리고 땔나무를 다른 곳으로 옮김. 화근을 미리 치움으로써 재앙을 미리 방지함 [출전] 漢書 霍光傳 [참조] 亡羊補牢, 有備無患

孔子穿珠(공자천주) 공자가 스스로 구슬을 뀀. 모르는 것이 있으면 자기보다 못한 사람에게 묻는 것이 부끄러운 일이 아니라는 것을 비유하는 말 [유래] 공자가 진(陳)나라에서 곤경에 처해 아홉 구비 구멍이 있는 구슬에 실을 꿰었는데, 뽕밭에서 뽕을 따는 아낙네가 방법을 가르쳐 주었다. "찬찬히 꿀을 가지고 생각해 보세요." 공자는 잠시 후 그 말뜻을 깨닫고 개미를 붙잡아 허리에 실을 묶어 구슬의 한쪽 구멍에 밀어 넣고 꿀로 유인하여 구슬을 꿰었다(孔子遂曉, 乃以絲繫蟻, 引之以蜜而穿之) [출전] 祖庭事苑 [참조] 不恥下問

管窺錐指(관규추지) 대롱으로 엿보고 송곳으로 바르게 잼. 견문이나 식견이 좁은 것을 이에 비유하거나, 자신의 견해를 말하면서 겸손하게 표현하는 경우를 비유함

管中窺豹(관중규표) 대롱 속으로 표범을 엿봄. 시야가 매우 좁음. 식견이 좁은 것을 이르거나, 자신의 견해를 말하면서 겸손하게 표현하는 경우를 비유하는 말 [유래] 동진(東晉)의 서예가인 왕희지(王羲之)에게는 현지(玄之), 응지(凝之), 휘지(徽之), 조지(操之), 헌지(獻之) 등 여러 명의 아들을 두었는데, 그중에서 현지가 많이 총명했음 [출전] 晉書 王獻之傳 [참조] 井中之蛙

刮垢磨光(괄구마광) 때를 벗기고 닦아 빛이 나게 닦는다는 뜻. 사람이 자기의 결점을 고치고 장점을 잘 발휘하게 함

刮目相對(괄목상대) 눈을 비비고 상대편을 본다는 뜻. 남의 학식이나 재주가 놀랄 만큼 부쩍 늘은 것을 이르는 말 [출전] 삼국지(三國志) 오지(吳志) 여몽전주(呂蒙傳注) [유의] 日就月將, 日進月步

狂言綺語(광언기어) 내용은 없으면서 흥미를 끌기 위하여 형식만 잘 꾸민 말. 이치에 맞지 않는 말이나 교묘하게 수식한 말. 도리에 맞지 않는 말과 교묘하게 표면만을 꾸미는 말. 곧 소설이나 이야기 따위를 이름 [출전] 白氏文集

光陰如箭(광음여전) 세월은 마치 화살과 같다는 뜻. 세월은 너무 빨리 지나가서 다시는 돌아오지 않음을 비유적으로 이르는 말 [유의] 光陰流水

曠日彌久(광일미구) 헛되이 세월을 보내며 일을 오래 끎. 하는 일도 없이 자꾸만 헛되이 세월만 보내어 오래 끌고 머묾. 쓸데없는 소모전을 이르는 말이기도 함 출전 戰國策 趙策 유의 曠日持久

曠日持久(광일지구) 헛되이 세월을 보내며 날짜만 더 많이 끎 참조 曠日彌久

曠前絕後(광전절후) 앞에는 텅 비었고, 뒤에는 완전히 끊어짐 참조 前無後無

蛟龍得水(교룡득수) 교룡이 물을 얻음. 좋은 기회를 얻음. 영웅이 때를 만나 의지할 곳을 얻는 것을 비유하는 말 출전 北史 楊大眼傳

驕兵必敗(교병필패) 자신의 힘을 과신하는 군대는 반드시 패한다는 뜻. 적의 힘을 가벼이 보는 군대는 반드시 패할 것임(輕敵必敗). 자기 군대의 힘만 믿고 교만하여 적에게 위엄을 보이려는 병정은 적의 군대에게 반드시 크게 패함

喬松之壽(교송지수) '교(喬)'는 주나라 시대의 신선 '왕자교(王子喬)'임. '송(松)'은 신농씨 무렵의 신선 '적송자(赤松子)'로, 교송(喬松)의 수명(壽命)처럼 오래 삶을 뜻함

矯枉過正(교왕과정) 굽은 것을 바로잡으면서 정도를 지나침. 잘못된 것을 바로잡으려다 너무 지나쳐서 오히려 나쁘게 됨 출전 後漢書 仲長統傳 유의 矯枉過直

矯枉過直(교왕과직) 굽은 것을 바로잡으면서 정도를 지나침 참조 矯枉過正

敎子採薪(교자채신) 자식에게 땔나무 캐오는 법을 가르침. 무슨 일이든 장기적인 안목으로 근본적인 처방에 힘씀 출전 續孟子

狡免三窟(교토삼굴) 교활한 토끼는 세 개의 숨을 굴을 파놓음. 사람이 교묘하게 잘 숨어 재난을 피함 출전 史記 孟嘗君列傳

鳩居鵲巢(구거작소) 비둘기가 제 스스로 집을 짓지 않고 까치집에서 사는 데서 나온 말. 시집온 아내가 남편의 집을 자기 집으로 삼는 것을 비유적으로 이르는 말

究竟涅槃(구경열반) 가장 높은 경지의 열반. 모든 번뇌를 완전하게 소멸시키고 최상의 깨달음을 얻기 위한 경지 유의 大般涅槃, 無上涅槃

口頭三昧(구두삼매) 입으로만 떠들고 실행하지 않음. 구두선(口頭禪)·구두변(口頭辨)·구피선(口皮禪) 등이라고도 함. 선의 이치를 체득하지 않고 선가의 상용어를 겨우 익혀서 말로만 분별하는 것이니, 화두(話頭)만을 맨 처음 주장하는 선(禪)임 유의 口頭禪

狗尾續貂(구미속초) 담비 꼬리가 모자라 개의 꼬리로 이음. 벼슬을 함부로 줌. 훌륭한 것 뒤에 보잘것없는 것이 뒤따름 출전 晉書 趙王倫傳

鳩首凝議(구수응의) 비둘기가 머리를 조아리고 모이를 쪼듯이 사람이 모여 이마를 맞대고 의논함 논의 인간의 교만은 이미 하늘 끝까지 닿았고, 스스럼없이 행해지는 낙태와 동성애가 인간이 당연히 누릴 수 있는 권리처럼 받아들이는 세태, 그 와중에 행해지는 수많은 음란죄는 하느님께서 세우신 자연 질서까지도 위협함 유의 鳩首會議

口誅筆伐(구주필벌) 말이나 글로써 권선징악의 뜻을 나타냄. 입과 붓으로 잘못을 꾸짖음

購捕贖良(구포속량) 조선 시대, 노비가 범인을 고발하여 잡게 함으로써 원래의 신분을 벗어나 양인 신분을 얻는 일을 이르게 하던 일

救火投薪(구화투신) 불을 끄기 위해 섶나무를 멀리 집어 던짐. 잘못된 일의 근본은 다스리지 않고 성급하게 행동하다가 오히려 그 해를 더 크게 함을 이르는 말 유의 抱薪救火, 負薪救火

鞠躬盡力(국궁진력) '국궁'은 존경하는 마음으로 몸을 구부린다는 뜻이고, '진력'은 온 힘을 다한다는 뜻임. 결국 '국궁진력'이란 존경하는 마음으로 몸을 구부려 온 힘을 다한다는 말임. 강희제의 입에서 나온 말인데, 상상하기 썩 어려운 말임. 몸과 마음을 다하여 나랏일에 힘씀

國步艱難(국보간난) 나라의 발걸음 곧 나라운명이 매우 어지럽고 어려움 출전 詩經

國憂民恤(국우민휼) 나라를 심히 걱정하고 국민을 불쌍히 여김. 나랏일을 근심하고 고통스러운 삶을 사는 백성을 불쌍하게 여김

群盲撫象(군맹무상) 여러 소경이 코끼리를 어루만짐. 모든 사물을 자기 주관대로 잘못 판단하거나 어느 일부밖에 파악하지 못하여 일을 망친다는 말 출전 涅槃經 유의 群盲評象

君子豹變(군자표변) 군자는 자기 허물을 고쳐 올바로 행함이 빠르고 뚜렷함. 군자는 가을에 표범이 털갈이 하는 것처럼 허물을 고치고 바른길로 나아감 출전 論語 子路篇

掘墓鞭屍(굴묘편시) 묘를 파헤쳐서 시체를 매질함. 통쾌한 복수 또는 지나친 자기 복수를 이르는 말. 유래 오(吳)나라로 망명한 자서(子胥)는 뜻을 이루어 초(楚)나라로 쳐들어가 자신을 죽이려 했던 평왕(平王)의 무덤을 파헤치고 시체에 분을 풀었다고 함 출전 伍子胥

窮寇勿迫(궁구물박) 더는 피할 곳이 없는 도적을 이제 쫓지 말 것 참조 窮拘莫追

窮寇勿追(궁구물추) 더는 피할 곳이 없는 도적을 이제 쫓지 말 것 참조 窮拘莫追

窮鼠莫追(궁서막추) 더는 피할 곳이 없는 쥐를 이제 더 쫓지 말 것 참조 窮拘莫追

捲土重來(권토중래) 어떤 일에 실패한 뒤 힘을 길러 다시 그 일을 시작함. 땅을 말아 일으킬 것 같은 기세로 다시 옴. 한 번 실패하였으나 힘을 회복하여 다시 쳐들어옴. 한 번 실패에 굴하지 않고 몇 번이고 다시 일어남 유래 항우가 유방과의 결전에서 패하여 오강(烏江) 근처에서 자결한 것을 탄식했던 고사 출전 杜牧의 詩 (題烏江亭

貴鵠賤鷄(귀곡천계) 따오기는 귀하게 여기고 닭을 천하게 여김. 먼 데 있는 것을 귀하게 여기고 가까운 데 있는 것을 천하게 여기는 것이 인지상정(人之常情)임. 고니를 귀하게 여기고 닭을 천하게 여김 유의 貴耳賤目

龜背刮毛(귀배괄모) 될 수도 없는 일을 턱없이 구하려는 것을 의미. 거북의 등에서 털을 깎음. 불가능한 일을 무리하게 하려고 함

規矩準繩(규구준승) 역할 분담과 지켜야 할 기준이나 법칙임. [규(規)]는 원을 그리는 컴퍼스, [구(矩)]는 네모를 그리는 곡척, [준(準)]은 수평을 재는 수준기, [승(繩)]은 직선을 그리는 먹줄이다. 이처럼 목수가 쓰는 그림쇠, 자, 수준기, 먹줄을 통틀어 이르는 말로 일상생활에서 지켜야 할 기준과 법칙을 이름 유의 規矩

橘中之樂(귤중지락) 바둑을 두는 즐거움을 이르는 말 유래 옛날 중국의 파공 땅에 살던 사람이 큰 귤을 쪼개었더니, 그 속에서 두 노인이 바둑을 두고 있었다는 고사에서 나온 말

橘化爲枳(귤화위지) 귤이 변하여서 나중엔 탱자가 됨 참조 南橘北枳

隙駒光陰(극구광음) 몹시 빠르게 지나가는 세월

錦心繡口(금심수구) 훌륭한 착상과 아름다운 말이나 글을 짓는 재주가 뛰어남

汲水功德(급수공덕) 목마른 사람에게 물을 길어다 주는 공덕

氣焰萬丈(기염만장) 꺼드럭거리는 기세가 대단하여 멀리까지 뻗침 참조 氣高萬丈

棄爾幼志(기이유지) 아이의 마음을 그만 버림. 그대는 동심(童心)을 버리라고 경계하는 말

杞人之憂(기인지우) 앞일에 대해서 쓸데없는 걱정을 함. 또는 그 걱정 유래 옛날 중국 기(杞)나라에 살던 한 사람이 '만일 하늘이 무너지면 어디로 피해야 좋을 것인가?' 하고 침식을 잊고 걱정하였다는 고사에서 나옴 출전 列子 天瑞篇 유의 杞憂

旗幟鮮明(기치선명) 깃발의 색깔이 아주 뚜렷함. 의견이나 입장이 매우 분명함

金蘭之誼(금란지의) 쇠처럼 단단하고 난초 향기처럼 그윽한 서로의 사귐 참조 管鮑之交

金石牢約(금석뇌약) 쇠나 돌처럼 군고 변함없는 약속 참조 金石之約

絡繹不絕(낙역부절) 실이 이어져 계속 끊어지지 않음. 왕래가 잦아 소식이 끊이지 아니함 유의 連絡不絕

落穽下石(낙정하석) 깊은 함정에 빠진 사람에게 돌을 떨어뜨림. 어려운 처지에 놓인 사람을 일른 도와주기는커녕 도리어 괴롭혔으니 이를 비유적으로 이르는 말 유의 下穽投石

蘭艾同焚(난애동분) 난초(蘭草)와 쑥을 함께 불태움. 군자와 소인을 구별하지 않고 처벌함을 이름 유의 玉石俱焚

爛若披錦(난약피금) 난초와 쑥을 함께 불태움, 군자와 소인의 구분 없이 함께 재액을 당함을 이르는 말 유래 손흥공(孫興公)이 '현란하기가 마치 비단을 펼친 듯하여 아름답지 않은 부분이 없다(爛若披錦 無處不鮮)'고 반악 문장을 칭찬했음. 빛나는 문체의 문장을 말함 출전 世說新語

南橘北枳(남귤북지) 강남에 심은 귤을 강북에 옮겨 심으면 탱자가 됨. 강남에 심은 귤을 기후와 풍토가 다른 강북에 옮겨 심으면 탱자가 되듯이 사람도 주위 환경에 따라 여러 가지로 달라진다는 것을 비유하고 있음 출전 晏子春秋 內雜 下篇 유의 橘化爲枳

南蠻北狄(남만북적) 남쪽에 사는 오랑캐와 북쪽에 사는 오랑캐. 중국을 중심으로 사방에 있었던 "동이(東夷), 서융(西戎), 남만(南蠻), 북적(北狄)"을 가리키는 말이다. 이것은 사방을 중국 중심의 관념체제로 이념화한 것인데, 현실적으로 존재하는 대외관계의 실상을 표현한 것이라기보다는 천하의 질서를 뜻함

狼多肉少(낭다육소) 이리는 너무 많은데 나눌 고기는 적음. 곧 돈은 적은데 몫을 원하는 사람이 많음을 비유하여 쓰는 말

狼子野心(낭자야심) 이리의 야성. 잘 길들여지지 아니함. 이리 새끼는 사람이 길들이려고 해도 본래의 야성 때문에 좀처럼 길들여지지 않음. 흉포한 사람이나 신의가 없는 사람은 쉽게 교화시킬 수 없음을 이름. 신의가 없는 사람은 쉽게 교화할 수 없음

囊中之錐(낭중지추) 주머니 속에 든 송곳은 끝이 뾰족하여 밖으로 나옴. 뛰어난 재주를 가진 사람은 숨기려 해도 저절로 드러난다는 뜻 출전 史記 平原君傳 유의 錐囊, 錐處囊中, 穎脫, 穎脫而出

囊中取物(낭중취물) 주머니 속에서 물건을 가져옴. 아주 쉬운 일. 주머니 속에 들어있는 물건을 꺼내 오는 것처럼 아주 손쉽게 얻을 수 있는 물건이나 쉽게 이룰 수 있는 일을 비유함 유의 探囊取物

內殿菩薩(내전보살) 내전에 가만히 앉은 보살. 알고 있으면서도 모르는 체하고 가만히 있는 사람을 비유적으로 이름

駑馬十駕(노마십가) 노마도 준마의 하룻길을 열흘에는 갈 수 있음. 재주가 없는 사람도 열심히 하면 훌륭한 사람에 미칠 수 있음을 비유적으로 이름. 말이 수레를 끌고 다니는 하루 동안의 노정(路程)은 [一駕]로, [十駕]는 열흘간의 노정임 출전 荀子 修身篇

奴顔婢膝(노안비슬) 사내종의 얼굴과 계집종의 무릎이라는 뜻. 사극(史劇)을 보면, 사내종은 아첨하는 얼굴로 주인에게 비굴하게 굴고, 계집종은 죄인처럼 고개를 숙이고 무릎을 꿇어 주인에게 꼼짝 못하는 모습을 보인다. 지나치게 굽실굽실하며 비굴한 태도를 말함

老婆心切(노파심절) 할머니가 걱정하는 친절한 마음. 남을 위하여 지나치게 걱정을 함. 노파처럼 마음 사용하는 것이 매우 자세하다는 말. 늙은 할머니가 어린 손자를 지극히 사랑하는 것처럼 스승이 제자를 매우 아끼고 사랑한다는 말. 지나치게 걱정하는 마음으로 '노파심(老婆心)'이란 말이 나오지 않았을까? 출전 전등록(傳燈錄)

碌碌之輩(녹록지배) '녹록(碌碌)'은 흔해 빠진 것을 뜻함. 곧 특별히 두드러진 데도 없이 평범한 인물을 이름. 곧 특별하게 두드러진 데도 없이 매우 평범한 인물을 이름

陋塵吹影(누진취영) 먼지에 이름을 새기면서 그림자를 입으로 분다는 뜻. 아무런 소득도 없이 쓸데없는 헛된 노력

訥言敏行(눌언민행) 말은 느려도 실제 행동은 아주 재빠르고 능란함 유래 공자가 말했다. "군자가 자기 주도적 인물이라면, 말할 때 굼뜨지만 실행할 때는 재빠르게 하려고 한다(君子欲 訥於言而敏於行)" 출전 論語 里仁篇

凌雲之志(능운지지) 높은 구름을 훨씬 넘는 뜻이라는 말. 속세에 초연한 태도. 속세를 떠나서 초탈하려는 마음을 이름. 구름을 깔보다는 뜻. 속세를 떠나서 초탈하려는 마음. 큰 뜻을 펼치기 위하여 더 높은 벼슬에 오르고자 하는 뜻. 참조 靑雲之志

陵遲處斬(능지처참) 대역죄를 범한 자에게 과했던 극형. 죄인을 죽인 뒤 시신의 [머리, 몸, 팔, 다리]를 토막내서 각지에 돌려 보이는 혹독한 형벌 유의 凌遲/陵遲

簞食豆羹(단사두갱) 대나무로 만든 밥그릇 하나에 담은 밥과 제기(祭器) 하나에 떠놓은 국. 변변치 못한 음식 출전 맹자(孟子) 유의 一簞食一豆羹, 單食壺漿

丹崖靑壁(단애청벽) 붉은 빛의 낭떠러지와 푸른빛의 석벽이 높고 아름답고 인품이 고상함. 아주 비범하고 고결한 인물을 가진 인물로 뵙기도 어려운 사람을 만남 출전 書言故事

螳臂當車(당비당거) 사마귀가 팔을 들고 수레를 막는다는 뜻. 자신이 대단한 능력이 있는 듯이 행세하거나 도저히 막을 수 없는 사태에 대항하려는 무모한 행동을 비유함 출전 淮南子

大喝一聲(대갈일성) 아주 크게 외치는 한마디의 소리 출전 수호전(水滸傳)

戴盆望天(대분망천) 머리에 동이를 이고 하늘을 바라보려고 함. 한 번에 두 가지 일을 함께하기가 어려움

戴天之讐(대천지수) 한 하늘을 이고 도저히 살지 못할 원수 참조 不共戴天

圖窮匕見(도궁비현) 지도가 펼쳐지자 비수가 드러나다. 일이 탄로 나거나 음모가 드러나는 것을 비유하는 말임 출전 전왕(秦王) 정(政 : 뒷날 진시황)을 암살할 계획을 꾸미던 형가(荊軻)라는 자객이 지도를 풀자 그 안에 감추었던 비수가 나왔다는 고사. 일이 미리 탄로가 나고 음모가 드러남을 뜻함 출전 史記

跳梁跋扈(도량발호) 마음씨가 아주 나쁜 사람들이 거리낌 없이 날뜀

屠龍之技(도룡지기) 용을 잡는 탁월한 재주. 쓸데없이 쓰이는 재주 출전 전국시대 주평만이라는 자는 용을 죽이는 방법을 지리익에게서 배우느라 천금이나 되는 가산을 탕진하여 삼 년 만에 그 재주를 이어받았지만, 그 재주를 쓸 데가 없었다는 고사 출전 莊子 列禦寇篇

屠門戒殺(도문계살) 푸줏간에서 죽이기를 경계한다는 뜻. 전혀 있을 수 없는 못된 일을 미리서 말함 출전 旬五志 유의 屠門談佛

讀書三昧(독서삼매) 오직 책 읽기에만 집중함. 독서삼매는 독서에 푹 빠져들어 다른 것에 정신이 가지 않는 일심(一心)의 경지를 가리키는 말 유래 여기 쓰인 '삼매'는 본래 불교용어로 산스크리트어 '삼마디(samadhi)'의 한자식 표기다. 이 말은 '마음을 한 곳에 집중한다'는 뜻으로, 이 '삼마디'의 경지는 곧 선(禪)의 경지와 같은 것이라고 가르침. 시대가 변하여 바뀐 뜻은 딴생각은 하지 않고 오직 책 읽기에만 골몰하는 일을 가리키는데, 그 정도가 곧 스님들이 선정(禪定)에 든 것과 같은 경지임을 가리키는 말

豚蹄一酒(돈제일주) 돼지 발굽 안주에 술 한 잔을. 작은 물건이나 정성으로 큰 것을 구하려고 하는 것을 비유함 유래 '제위왕(齊威王) 8년에 초나라가 많은 군대를 동원하여 제나라를 침공했음. 위왕은 순우곤(淳于髡)에게 조(趙)나라로 가서 원병을 청해 오게 했음 출전 史記 滑稽列傳

冬扇夏爐(동선하로) 겨울 부채와 여름 화로. 무용지물(無用之物)을 이름 참조 夏爐冬扇

同業相仇(동업상구) 일을 함께하면 이해관계로 서로 원수가 되기 쉬움 출전 素書

同夷西戎(동이서융) 동쪽 오랑캐와 서쪽 오랑캐

東馳西走(동치서주) 동쪽과 서쪽으로 각각 마구 달림 참조 東奔西走

董狐之筆(동호지필) 사실을 숨기지 않고 그대로 씀. 권세에 아부하거나 두려워하지 않고 원칙에 따라 사실을 바르게 기록함 유래 일곱 살의 어린 나이에 즉위한 진(晉)의 영공(靈公)은 무능하면서도 포악한 왕이었다. 당시 재상이었던 조돈(趙盾)이 여러 차례 간했으나 말을 듣지 않았음 출전 春秋左氏傳 宣公二年條 유의 太史之簡

頭童齒闊(두동치활) 머리가 벗겨지고, 이가 빠져 사이가 벌어짐. 서로 늙음을 이름

杜漸防萌(두점방맹) 퍼지기 전에 막아 싹이 못 나오게 함, 사전에 미리 방지함. '풀을 베면 뿌리를 없이하라' 란 속담이 있으니, 무슨 일이든 하려면 철저히 하라는 말. [점(漸)]은 사물의 처음. [맹(萌)]은 싹. 싹이 나오지 못하게 막음. 좋지 못한 일의 조짐이 보였을 때 즉시 그 해로운 것을 제거해야 더 큰 해(害)가 되지 않음

登樓去梯(등루거제) 다락에 오르도록 한 후 사다리를 치움. 사람을 꾀어 어려운 처지에 빠지게 만듦 **출전** 松南雜識

麻姑搔癢(마고소양) 전설에 나오는 신선 할미인 마고할미가 긴 손톱으로 가려운 데를 긁음. 일이 뜻대로 모두 다 잘됨을 이르는 말 **출전** 神仙傳 麻姑 **유의** 麻姑爬痒

麻姑爬癢(마고파양) 마고 선녀가 긴 손톱으로 가려운 데를 긁음 **참조** 麻姑搔癢

摩拳擦掌(마권찰장) 주먹을 문지르고 손바닥을 마구 비빔. 한바탕 야무지게 해보려고 단단하게 벼름을 이르는 말

磨斧爲鍼(마부위침) 도끼를 잘 갈아 가느다란 바늘을 만듦 **참조** 磨斧爲針

磨斧爲針(마부위침) 도끼를 잘 갈아 가느다란 바늘을 만듦 **참조** 愚公移山

磨斧作鍼(마부작침) 도끼를 잘 갈아 가느다란 바늘을 만듦 **참조** 磨斧作針

磨斧作針(마부작침) 도끼를 잘 갈아 가느다란 바늘을 만듦. 작은 노력이라도 끈기 있게 계속하면 결국엔 큰일을 이룰 수 있음 **출전** 唐書 文苑傳 **참조** 磨斧作針

摩頂放踵(마정방종) 정수리부터 갈아 잘 닳아져서 발꿈치까지 이름. 자기 자신을 돌보지 아니하고 온 힘을 다해서 닳음 **출전** 孟子

寞天寂也(막천적야) 아주 쓸쓸하고 매우 적적함 **유의** 寂寞江山

萬丈瀑布(만장폭포) 매우 높은 곳에서 떨어지는 우렁찬 폭포. [萬丈(만장)]은 실제 폭포의 길이가 아니라 폭포의 길이가 매우 길다는 상징을 나타냄

萬壑千峰(만학천봉) 첩첩이 겹치면서 깊고 큰 골짜기와 수많은 산봉우리

萬彙群象(만휘군상) 우주에 있는 수많은 온갖 사물과 현상 **참조** 森羅萬象

亡戟得矛(망극득모) 두 갈래로 갈라진 창인 극을 잃고, 자루가 긴 창인 모를 얻었음. 얻으면서 잃었음이 엇비슷하여 이익이 없음 **출전** 呂氏春秋

網漏呑舟(망루탄주) 배를 삼킬 만한 커다란 고기가 그물에서 새어 나감. 중죄인이라도 모두 법망을 빠져나감. 그물이 새면 배를 삼킴. 탄주는 본래 [呑舟之魚(탄주지로)]로 배를 삼킬 만한 큰 고기를 의미하며, [網漏呑舟(탄주지로)]는 큰 고기도 놓칠 그물이라는 뜻임. 법령이 지나치게 관대하면 큰 죄를 짓고도 피할 수 있게 되어 온갖 기강이 서지 않음 **출전** 史記 酷吏傳

亡羊補牢(망양보뢰) 우리 안에 양을 잃고 우리를 고침. 이미 어떤 일을 실패한 뒤에 뉘우쳐도 아무런 소용이 없음 **출전** 戰國策 楚策 **유의** 亡牛補牢, 死後藥方文, 渴而穿井 **상대** 曲突徙薪, 有備無患, 居安思危, 安居危思

亡牛補牢(망우보뢰) 소를 잃고 나서야 우리를 고침 **참조** 亡羊補牢

芒刺在背(망자재배) 가시가 등에 박혀있음. 주위에 꺼리고 두려워하는 사람이 있어 불안하거나 마음이 편치 않거나, 어떤 일을 비로소 도모하면서 주변의 눈치를 살피는 것을 비유함 **출전** 漢書 霍光傳

望風而靡(망풍이미) 소문에 미리 겁을 먹고 상대와 맞서려고도 하지 않고 뿔뿔이 흩어져 도망감을 이름

麥秀黍油(맥수서유) 잘 자란 보리의 이삭과 기장의 활기찬 윤기 **참조** 麥秀之歎

盲人摸象(맹인모상) 장님이 코끼리를 만진 후 자신이 만진 부분으로 전체를 짐작하도록 함

明珠闇投(명주암투) 명주를 어둠 속에서 남에게 던져줌. 귀중한 물건도 남에게 잘못 주면 오히려 큰 원망을 듣게 될 수 있음

明珠彈雀(명주탄작) 새를 잡으면서 비싼 명주를 사용함. 작은 것을 탐내다가 오히려 큰 것을 손해 보게 됨 **출전** 莊子 讓王篇

明窓淨机(명창정궤) 햇빛이 잘 비치는 창 밑에 놓여 있는 깨끗한 책상. 말끔히 정돈된 서재의 가지런한
　　　모습 출전 歐陽脩

毛骨悚然(모골송연) 두려움에 온몸의 털이 곤두서고, 뼈마디가 시림 출전 畵鑒 唐畵

矛盾撞着(모순당착) 같은 사람의 말이나 행동에 앞뒤가 맞지 아니함 참조 自家撞着

沐雨櫛風(목우즐풍) 비로 목욕하고 바람으로 머리를 빗음. 모진 비바람을 무릅쓰고 많은 고생을 함
　　　　　출전 北齊書 유의 艱難辛苦

夢寐之間(몽매지간) 곤한 잠을 자며 꿈에 젖어 꿈을 꾸는 동안 유의 夢寐間

夢幻泡影(몽환포영) 꿈과 허깨비 그리고 거품과 그림자와 같음. 인생의 덧없음을 이름 출전 金剛經

猫頭縣鈴(묘두현령) (쥐를 막기 위해) 고양이 머리에 방울을 달기

猫鼠同處(묘서동처) 고양이와 쥐가 함께 살고 있음. 곧 도둑을 잡아야 할 사람이 도둑과 한패가 된 것처럼
　　　온갖 부정을 다 저지름

猫項懸鈴(묘항현령) 쥐가 고양이 목에 방울을 닮. 실행할 수 없는 헛된 논의 유래 쥐가 고양이의 습격을
　　　미리 막기 위한 수단으로 고양이의 목에 방울을 다는 일을 의논하였으나, 결국은 실행 불가능으로
　　　끝났다는 우화 출전 宋世琳의 禦眠楯 유의 猫頭懸鈴

毋望之福(무망지복) 뜻하지 않게 갑자기 얻는 복 출전 全國策

無病自灸(무병자구) 질병이 없는데도 스스로 뜸질을 함. 불필요한 힘과 노력을 경주하여 그런 정력을 낭비
　　　함 출전 莊子 雜篇 盜跖條

巫山之夢(무산지몽) 무산의 꿈. 남녀의 정교(情交) 유래 초나라의 양왕(襄王)이 낮잠을 자다가 꿈속에서
　　　무산의 신녀(神女)를 만나 즐거움을 누렸다는 고사 출전 文選 宋玉 古唐賦 유의 巫山夢, 巫山雨,
　　　巫山雲, 巫山之雨, 巫山之雲, 雲雨之樂, 雲雨樂, 朝雲暮雨, 雲雨之情, 薦枕席

巫山之雨(무산지우) 무산의 비. 남녀의 정교(情交)를 이르는 말 유래 중국 초나라의 양왕(襄王)이 낮잠을
　　　자다가 꿈속에서 무산신녀(巫山神女)를 만나서 온갖 즐거움을 다 누렸다는 고사 참조 巫山之夢

巫山之雲(무산지운) 무산의 구름 참조 巫山之夢

撫育之道(무육지도) 어루만져 기르는 도리 손으로 어루만져 기르는 마땅한 도리

問安視膳(문안시선) 웃어른께 안부를 여쭙고 반찬의 맛을 살핌. 웃어른을 잘 모시고 받드는 것을 이르는 말

門前雀羅(문전작라) 문밖에 새그물을 침. 권력이나 재물을 잃으면 찾아오는 사람이 드물어짐을 이름
　　　　　출전 史記 汲鄭列傳 유의 門外可設雀羅 상대 門前成市, 門庭若市

勿揀赦前(물간사전) 특별 사면도 받지 못할 무거운 죄. 용서받을 수 없을 만큼 무거운 죄

尾大難掉(미대난도) 꼬리가 너무 커서 흔들기가 참 어렵다는 뜻. 일의 끝이 크게 벌어져서 이제는 처리하기
　　　가 어려움 유의 尾大不掉, 尾掉

靡不用極(미불용극) 어떤 일을 위하여 자기의 마음과 힘을 다함

米珠薪桂(미주신계) 식량은 주옥(珠玉)보다 비싸고, 땔감은 계수나무보다 비쌈. 物價가 너무 많이 치솟아
　　　오름 출전 戰國策 楚策

民膏民脂(민고민지) 백성의 피와 땀이라는 뜻. 백성에게서 지나치게 거둔 세금이나 재물

撲朔迷離(박삭미리) 남녀 구별이 어렵거나 일이 서로 복잡하게 얽혀 구분하기 매우 힘든 경우 출전 木蘭辭

飯囊酒袋(반낭주대) 밥을 가득 담는 주머니와 술을 차게 담는 부대 참조 酒袋飯囊

攀龍附鳳(반룡부봉) 훌륭한 임금을 좇아서 공명을 크게 세움 유래 제갈공명은 서천과 한중을 평정한 유비에
　　　게 황제에 등극하라고 주장한다. 하지만 유비가 거절하자 공명은 천하의 인재들이 바로 이런 목적
　　　때문에 군왕을 섬기는 것이므로, 계속 사양하면 그들을 실망시키게 될 것이라며 다시 설득하고
　　　난 후 결국 유비가 '한중왕'에 등극했다는 고사

班門弄斧(반문농부) 목장(木匠)의 시조라는 노반(魯班)의 집 문 앞에서 도끼를 다루는 솜씨를 자랑함. 전문
　　가 앞에서 얕은 재주를 뽐냄 출전 명(明) 梅之渙의 題李白墓詩

斑駁之歎(반박지탄) 한쪽으로 치우치고 공정하지 못함에 대한 탄식 유의 斑駁之嘆

斑衣之戲(반의지희) 늙도록 다하는 효도. 반의는 여러 빛깔의 옷감으로 지어 만든 어린아이의 옷을 말함
　　유래 春秋時代 楚나라 사람 노래자(老萊子)가 칠십의 나이에 무늬 있는 옷을 입고 동자의 모습으
　　로 재롱을 부려 부모에게 자식의 늙음을 잊게 해드린 고사 참조 老萊之戲

反哺之孝(반포지효) 까마귀 새끼가 자라서 늙은 어미에게 먹이를 물어다 먹인 효성. 자식이 자란 후에 어버
　　이의 은혜를 갚는 지극한 효성 유의 烏鳥私情, 願乞終養

班荊道故(반형도고) 형초(荊草)를 펼쳐 놓고 (그 위에 앉아) 옛 이야기를 나누다. 옛 친구를 만나 허심탄회
　　하게 대화를 나누며 회포를 푸는 것을 비유하는 말 유래 초나라의 오거(伍擧)와 공손귀생(公孫貴
　　生)은 정나라의 도읍 부근에서 만나 형초(荊草)를 깔고 앉아 함께 음식을 먹으면서 다시 돌아갈
　　것에 대하여 이야기했다는 고사(班荊相與食, 而言復故). 옛 친구를 만나 허물없이 옛정을 이야기
　　함을 이름 출전 春秋左氏傳 襄公

拔萃抄錄(발췌초록) 여럿 속에서 비교적 뛰어난 것을 가려 뽑아 간단히 적어 둔 것

杯盤狼藉(배반낭자) 잔과 접시들이 어지럽게 흩어져 있음. 잔치가 파할 무렵이나 파한 뒤의 어지러운 술자
　　리 출전 史記 滑稽列傳 유의 觥籌交錯

杯水車薪(배수거신) 한 잔의 물을 들어 한 수레의 장작불에 끼얹는다는 뜻. 아무 소용없음 또는 능력이
　　모자라 도저히 일을 감당할 수 없음 출전 孟子 유의 杯水救車, 杯水輿薪, 以卵擊石, 以卵投石, 漢江
　　投石, 紅爐上一點雪, 紅爐點雪

百孔千瘡(백공천창) 수많은 구멍과 수많은 상처. 온갖 폐단과 결함으로 엉망진창이 된 모양. [百]과 [千]은
　　꼭 백과 천이라는 수사가 아니라 '숫자가 많다'는 뜻

白駒過隙(백구과극) 인생은 빠르게 지나감 유래 인생은 문틈으로 흰 말이 지나가는 것을 봄과 같다는 데서
　　유래한 고사 출전 莊子 知北遊篇

百年偕樂(백년해락) 한평생 즐거움을 같이함 참조 百年偕老

百年偕老(백년해로) 부부가 되어 한평생을 사이좋게 지내고 즐겁게 함께 늙음 출전 詩經 擊鼓 유의 百年同
　　樂, 百年偕樂, 偕老同穴

白璧微瑕(백벽미하) 흰 옥에도 자세히 보면 흠이 있음. 훌륭한 것에도 약간의 결점이 있음

白刃可蹈(백인가도) 날카로운 칼날도 쉽게 밟을 수 있음. 말로 용기가 있으면 어려운 일도 헤쳐갈 수 있다는
　　말 출전 中庸

百折不撓(백절불요) 어떠한 난관에도 절대로 굽히지 아니함

白地曖昧(백지애매) 까닭 없이 죄를 뒤집어쓰고 재앙을 당하여 매우 억울함

百尺竿頭(백척간두) 백 자나 되는 높은 장대 위에 올라섬. 몹시 어렵고 위태로운 지경 출전 傳燈錄 참조 累卵之危

百骸俱痛(백해구통) 온몸의 모든 뼈가 으스러지게 다 아픔

伐性之斧(벌성지부) 사람의 본성을 끊는 도끼라는 뜻. 사람의 마음을 혼란하게 하는 여자의 진한 유혹
　　출전 呂氏春秋

病入骨髓(병입골수) 심한 병이 고치기 어렵게 온 몸속 깊이 파고듦 참조 病入膏肓

本末顚倒(본말전도) 사물의 순서나 위치 또는 이치가 거꾸로 된 것. 근본과 말단이 서로 바뀌었다는 뜻.
　　일의 근본을 잊고 사소한 부분에만 사로잡히는 것을 말함 유의 主客顚倒, 本末轉倒

奉檄之喜(봉격지희) 부모가 살아 있는 사람이 그 고을의 원(員)이 되었던 기쁨

捧腹絶倒(봉복절도) 배를 잡고 몸을 굽히면서 자빠질 정도로 크게 웃음 참조 抱腹絶倒

浮家泛宅(부가범택) 물에 떠다니는 배에서 하는 살림살이 또는 그 배

駙馬都尉(부마도위) 천자가 타는 수레에 딸린 말 타는 사람에게 준 칭호. 임금의 사위에게 주던 칭호 유의 駙馬, 都尉, 粉侯

剖腹藏珠(부복장주) 배를 가르고 구슬을 갈무리한다는 뜻. 재물에 도저히 눈이 어두움

負薪救火(부신구화) 섶을 등에 짊어지고 타오른 불을 끄려고 함 참조 救火投薪

負薪之憂(부신지우) 섶을 등에 지어야 할 만큼 매우 심한 근심 참조 採薪之憂

俯仰不愧(부앙불괴) 하늘의 굽어보나 사람을 우러러보나 부끄럽지 않음 출전 孟子 盡心上

赴湯蹈火(부탕도화) 끓는 물이나 뜨거운 불도 헤아리지 않고 뛰어든다는 말. 목숨을 걸고 하는 몹시 어렵고 힘든 일에 몸을 던지고 열심히 함 출전 한서(漢書)

浮萍轉蓬(부평전봉) 이제는 살 도리가 전혀 없어서 떠돌아다니는 낙오된 신세

負荊請罪(부형청죄) 가시나무를 짊어지고 자기 죄를 청함. 자신의 잘못을 인정하고 처벌을 자청하는 모범을 보임 출전 史記 廉頗藺相如 列傳

粉骨碎身(분골쇄신) 뼈가 가루가 되고 몸이 부서지도록 열심히 노력함 참조 犬馬之勞

焚書坑儒(분서갱유) 서적을 불태우고 유생들을 생매장해 묻음 유래 중국 진(秦)나라의 시황제가 학자들의 정치적 비판을 막기 위하여 민간의 책 가운데 의약(醫藥), 복서(卜筮), 농업에 관한 것만을 제외하고 모든 서적을 불태우고 수많은 유생을 구덩이에 묻어 죽였던 일 출전 史記 秦始皇紀 유의 坑儒焚書, 秦火

分袖相別(분수상별) 서로 소매를 나누고 헤어짐. 서로가 눈물을 흘리며 이별을 말함

粉身靡骨(분신미골) 몸이 가루가 되고 뼈가 문드러진다는 뜻. 온갖 정성과 힘을 다했음

糞土之言(분토지언) 이치에 도무지 닿지 않는 터무니없는 말

不可究詰(불가구힐) 내용이 복잡하여 참된 사실을 더는 밝힐 수가 없음

不敎而誅(불교이주) 제대로 가르치지 않다가 일을 저지르면 가볍게 사람을 죽인다는 뜻. 교육을 더욱 힘주어 강조하는 말 출전 논어(論語)

不倦不懈(불권불해) 이제는 싫증을 내지 않고 더 게을리는 하지 않음

佛頭著糞(불두착분) 부처님 머리에 붙은 똥. 훌륭한 책의 서투른 서문 또는 착한 사람이 모욕을 당함 출전 景德傳燈錄 如會禪師篇

不辨菽麥(불변숙맥) 콩과 보리까지도 구별하지 못할 만큼 세상 물정에 아주 어두움

不撓不屈(불요불굴) 한번 먹었던 마음이 결코 흔들리거나 굽힘이 없음

不寒而慄(불한이율) 춥지 아니한데도 몸을 떪. 몹시 두려워함 출전 史記 酷吏列傳

不遑啓處(불황계처) 집안에서 조금도 편히 쉴 틈이 없음

不朽功績(불후공적) 비록 썩지도 않고, 오래 다른 사람을 위해 애쓴 보람

比肩接踵(비견접종) 어깨가 서로 닿고 발뒤꿈치가 서로 맞닿을 만큼 인산인해. 사람이 많음

匪寇婚媾(비구혼구) 도적질하려고 온 것이 아니고 청혼하려는 좋은 뜻에서 왔음

誹謗之木(비방지목) 고대 중국에서 요임금이 자신의 정치에 대해 잘못된 점이나 불만을 품게 된 점을 써 붙이도록 궁궐 다리에 세웠던 기둥을 이르는 말 유래 요(堯)임금은 도당씨(陶唐氏) 제곡(帝嚳)의 아들로 큰 북을 걸어놓고 불만이 있는 사람은 그 북을 울린 후에 자기의 생각을 말하게 하여 더 좋은 선정을 베풀 수 있었다는 고사에서 '헐뜯는 나무'라는 뜻으로 훌륭한 정치의 본보기가 되는 물건이나 사건을 말함 출전 淮南子

臂不外曲(비불외곡) 팔은 밖으로 굽지 않는다는 뜻. 자신에게 애써서 도움이 되도록 함 출전 碧巖錄

飛揚跋扈(비양발호) 날아오르고 밟고 뛴다는 뜻. 날랜 새가 날고 큰 물고기가 날뛰는 것처럼 조금도 거리낌 없이 제멋대로 행동함 출전 北史

脾胃難定(비위난정) 비위가 그만 뒤집혀 가라앉지 아니한다는 뜻. 밉살스러운 꼴을 보고 마음이 썩 아니꼬움

徒家忘妻(사가망처) 이사 갈 때 아내를 잊고 두고 혼자 돌아감. 무엇을 잘 잊고 다님

射空中鵠(사공중곡) 무턱대고 쏘아 과녁을 맞혔다는 뜻. 멋도 모르고 한 일이 우연히 들어맞아 성공함
　　　　출전 旬五志(순오지)

師曠之聰(사광지총) 사광이가 귀가 매우 예민함을 이르는 말 유래 중국 진나라의 악사 사광(師曠)이 앞이
　　　　안 보이지만 음조를 듣고 잘 판단하였다는 데서 귀가 아주 예민함을 이름 출전 孟子

事貴神速(사귀신속) 일은 빨리할수록 더욱 좋음. 일은 신기할 만큼 빠르게 하는 것이 좋음을 이르는 말

使驥捕鼠(사기포서) 천리마로 하여금 쥐를 잡게 한다는 뜻. 사람을 쓸 줄 모르면 유능한 사람도 무능해짐
　　　　출전 莊子

徒木之信(사목지신) 나라를 다스리는 사람은 백성을 속이지 않아야 하고, 백성의 신임을 받아야 함
　　　　유래 진(秦)의 상앙(商鞅)이 법령을 개정하려 할 때, 수도 남문의 큰 나무를 북문으로 옮기는 백성
　　　　에게 상금을 걸었는데, 이를 옮기는 사람이 있자 약속대로 포상하여 법령을 신뢰할 수 있음을
　　　　보인 데서 유래 출전 史記 商君列傳

死不瞑目(사불명목) 죽어서도 차마 눈을 편히 감지 못함 유의 死不顚目

死僧習杖(사승습장) 죽은 중의 볼기를 친다는 뜻. 힘이 없는 사람을 폭행하거나 위엄을 부림

四十初襪(사십초말) 갓 마흔에 첫 버선이라는 뜻. 뒤늦게야 비로소 일을 해보았음

使羊將狼(사양장랑) 양으로 하여금 '이리의 장수'가 되게 한다는 뜻. 약자에게 강자를 도리어 이끌게 함
　　　　출전 史記 유의 羊將狼

獅子奮迅(사자분신) 사자가 성내는 듯이 그 기세가 거세고 날램

死且不朽(사차불후) 비록 죽더라도 이름만은 썩지 않는다는 뜻. 몸은 죽어 썩어 없어져도 그 명성은 길이
　　　　후세에까지 남음 유의 死而不忘

山溜穿石(산류천석) 산에서 떨어지는 작은 물방울이 바위를 뚫음 참조 愚公移山

山珍海饌(산진해찬) 산에서 나는 진귀한 것과 바다에서 나는 맛있는 것 참조 膏粱珍味

三頭六臂(삼두육비) 머리가 셋이요, 팔이 여섯이라는 말. 힘이 매우 센 사람을 일컬음

三面六臂(삼면육비) 얼굴이 셋이요, 팔이 여섯이라는 뜻. 혼자서 여러 사람 몫의 일을 다 처리함 유의 八面六臂

三寸之轄(삼촌지할) 사물의 요점이나 가장 중요한 곳. [할(轄)은 바퀴를 고정시키는 짧은 못으로 사물의
　　　　요점 또는 가장 중요한 곳을 가리킴 출전 淮南子

上樓擔梯(상루담제) 나무에 오르게 해놓고 사다리를 치워버린다는 뜻으로, 사람을 끌어들여 궁지에 몰아넣음
　　　　출전 世說新語 黜免 유의 上樓儋梯, 勸上搖木, 上樹拔梯, 登樓去梯

常鱗凡介(상린범개) 흔하디 흔한 물고기와 조개라는 뜻. 아주 평범함 사람을 말함

相鼠有皮(상서유피) 쥐를 보아도 가죽이 있다는 뜻. 예절을 모르는 사람을 말할 때 쓰는 말. [相은 [視의
　　　　뜻으로 쓰임 출전 詩經 國風 鄘風(第四)

象齒焚身(상치분신) 코끼리는 상아 때문에 살신(殺身)의 화(禍)를 당함. 재물이 많아서 도리어 화(禍)를 입음

上下撑石(상하탱석) 아랫돌 빼서 윗돌 괴고, 윗돌 빼서 아랫돌 굄 참조 姑息之計

桑弧蓬矢(상호봉시) 뽕나무 활과 쑥 화살이라는 뜻. 고대 중국에 남아(男兒)를 낳으면 상호봉시를 사방에
　　　　쏘며 장차 큰 뜻을 이루길 바라는 풍속에서 온 말로 남자가 큰 뜻을 세움을 이르는 말로 사용되었
　　　　음. 활과 쑥대로 만든 화살로 사방을 쏘아 장차 뛰어난 인물이 될 것을 빌었다는 데서 남자가
　　　　뜻을 세움을 말함 출전 禮記 유의 桑逢之志, 桑孤

生巫殺人(생무살인) 선무당이 사람을 잡는다는 뜻. 미숙한 사람이 오히려 일을 그르침

生吞活剝(생탄활박) 산 채로 삼키고 산 채로 껍질을 벗긴다는 뜻. 남의 글을 송두리째 쓰고 인용함
　　　　출전 大唐新語

鼠肝蟲臂(서간충비) 쥐의 간과 벌레의 팔이라는 뜻. 쓸모없고 하찮은 사람이나 물건을 이르는 말

胥動浮言(서동부언) 거짓말을 마구 퍼뜨려서 민심을 흉흉하게 선동함

黍離之歎(서리지탄) 나라가 멸망하여 궁궐터에 기장만이 자라 황폐해진 것을 보고 하는 탄식이라는 뜻. 부귀영화의 무상함을 노래함 **출전** 詩經 **유의** 黍離

西施捧心(서시봉심) 중국의 4대 미녀 西施(서시)가 가슴을 움켜쥐었다는 뜻으로 쓸데없이 남의 흉내를 내어 세상의 웃음거리가 됨을 비유하여 이르는 말. 또는 남의 단점을 장점인 줄 알고 본뜸을 비유하여 이르는 말 **유래** 춘추시대 월(越)나라의 미인 서시가 가슴앓이로 괴로워서 자주 가슴에 손을 얹고 얼굴을 찡그리자, 어떤 못생긴 여자가 이를 아름다운 자태라 여기고 흉내 내다가 웃음거리가 되었다는 고사로 함부로 남을 흉내 내다가 되레 웃음거리가 됨 **출전** 莊子 天運 **유의** 西施矉目, 西施顰目, 效顰

釋根灌枝(석근관지) 뿌리를 다 버려두고 가지에 물을 준다는 뜻. 근본을 잊고 눈에 보이는 것에만 힘씀 **출전** 淮南子

羨魚無網(선어무망) 그물이 없으면서 고기를 얻고 싶어 한다는 뜻. 얻을 수단이 없으면서 무엇을 모두 갖고 싶어 함

善游者溺(선유자익) 헤엄을 잘 치는 사람이 물에 빠지기 쉽다는 말. 한 가지 재주에 뛰어난 사람이 그 재주만 믿고 자만하다가 도리어 재앙을 당함 **출전** 韓非子

扇枕溫席(선침온석) 여름에는 부채질로 시원하게 겨울에는 체온으로 이부자리를 따뜻하게 한다는 뜻. 부모에게 효도를 다함 **출전** 東觀漢記 **유의** 定省, 朝夕定省, 昏定晨省 **참조** 昏定晨省

雪泥鴻爪(설니홍조) 눈이 쌓인 진흙 위에 난 기러기의 발자국. 눈이 녹으면 없어지는 인생의 자취가 눈이 그만 녹듯이 사라져 무상함을 비유

舌芒於劍(설망어검) 혀가 칼보다 훨씬 날카로움. 사건을 논하는 논봉(論鋒)이 날카로움

設心做意(설심주의) 일부러 자기를 과하기 위해서 간사한 꾀를 냄

舌底有斧(설저유부) 혀 아래(밑에) 도끼가 들어있다는 뜻. 극히 말조심하라는 뜻

城狐社鼠(성호사서) 성안에 살고 있는 여우와 사단(社壇)에 살고 있는 쥐. 임금의 곁에 있는 간신의 무리나 혹은 관청의 세력에 기대어 사는 무리

星火燎原(성화요원) 작은 불씨가 퍼지면 넓은 들을 태운다는 뜻. 작은 일이라도 처음에 그르치면 나중에 큰일이 되는 수가 많음 **출전** 書經

蕭規曹隨(소규조수) 앞사람이 만들어 놓은 제도를 그대로 잘 따름 **유래** [소하(蕭何)]는 한(漢)나라의 법령과 제도를 제정하였고, [조참(曹參)]은 모든 정책과 법령을 소하가 결정해 놓은 것에 따라 집행하였다는 고사에서 유래함 **출전** 楊雄의 解嘲

小隙沈舟(소극침주) 조그마한 틈새로 물이 조금씩 새어들어 배가 가라앉는다는 뜻. 작은 일을 게을리하면 큰 재앙이 닥치게 됨 **출전** 열자(列子)

續貂之譏(속초지기) 쓸 만한 인격자가 없어서 그만 못한 사람을 등용(登用)했음을 비웃는다는 말 **유의** 狗尾續貂

損上剝下(손상박하) 나라에 큰 해를 끼치고 백성들의 재물을 마구 빼앗음

松喬之壽(송교지수) 사람이 오래 삶을 비유적으로 이르는 말 **유래** 고대 중국의 전설상의 인물인 [적송자(赤松子)]와 주나라의 [왕지교(王之喬)] 두 사람이 모두 신선으로 장수하였다는 데서 유래함

碎首灰塵(쇄수회진) 자기의 머리를 마구 부스러뜨려 재와 티끌을 만든다는 뜻. 온갖 자기 정성을 다함 **출전** 三國史記

手脚慌忙(수각황망) 급작스러운 일에 당황하여 더 이상 어찌할 바를 모르고 어리둥절함. 뜻밖의 일에 많이 놀라고 당황하여 쩔쩔맴

垂簾之政(수렴지정) 임금이 어린 나이로 즉위하였을 때, 왕대비나 대왕대비가 이를 도와 정사를 돌보던
　　　　일. 왕대비가 신하를 접견할 때 그 앞에 [발]을 늘인 데서 유래 참조 垂簾聽政

垂簾聽政(수렴청정) 임금이 어린 나이로 즉위하였을 때, 왕대비나 대왕대비가 이를 도와 정사를 돌보던
　　　　일. 왕대비가 신하를 접견할 때 그 앞에 [발]을 늘인 데서 유래 참조 垂簾之政

水陸珍饌(수륙진찬) 물과 뭍에서 나는 진귀하고 육질과 맛있는 수산물

首鼠兩端(수서양단) 구멍에서 머리를 내밀고 나갈까 말까 망설이는 쥐. 머뭇거리며 진퇴나 거취를 정하지
　　　　못하는 상태 출전 史記 魏其武安侯列傳 유의 首鼠, 左顧右眄, 左右顧眄, 左顧右視, 左眄右顧, 左瞻右顧

袖手傍觀(수수방관) 팔짱을 끼고 보고만 있음. 간섭하거나 거들지 아니하고 그대로 버려둠 유의 吾不關焉

羞惡之心(수오지심) 사람의 본성에서 우러나오는 옳지 못함을 부끄러워하고 착하지 못함을 미워하는 마음.
　　　　義의 실마리가 되는 마음. 퇴계 이황의 사단(四端) : [측은지심(惻隱之心)·수오지심(羞惡之心)
　　　　·사양지심(辭讓之心)·시비지심(是非之心)]

繡衣夜行(수의야행) 비단옷을 입고 밤길에 다님 참조 錦衣夜行

水滴穿石(수적천석) 작은 물방울이 바위를 뚫음 참조 愚公移山

羞花閉月(수화폐월) 자연물인 꽃도 부끄러워하고 달도 숨음. 여인의 얼굴과 맵시가 매우 아름다움
　　　　참조 傾國之色

菽麥不辨(숙맥불변) 콩인지 보리인지를 잘 구별하지 못함. 사리 분별을 잘 하지 못함. 또 그렇게 모자라고
　　　　매우 어리석은 사람 유의 菽麥

夙興夜寐(숙흥야매) 새벽에 일어나 밤에 잠. 부지런히 일함

順風滿帆(순풍만범) 돛이 뒤에서 부는 바람을 받아서 배가 아주 잘 달리는 모양

膝甲盜賊(슬갑도적) 남의 글이나 저술을 베껴 마치 제가 지은 것처럼 하는 사람 유래 바지옷인 슬갑을 훔쳤
　　　　으나 용도를 몰라 머리에 써서 남의 비웃음을 산 데서 유래함 출전 洪萬宗의 旬五志 유의 文筆盜賊

實陣無諱(실진무휘) 사실대로 진술하고 숨기는 바가 없음 참조 以實直告

心在鴻鵠(심재홍곡) 학업을 닦으면서 마음은 다른 곳에 씀 유래 바둑을 두면서 마음은 기러기나 고니가
　　　　날아오면 쏘아 맞힐 생각만 한다면 성취가 없을 것이라는 맹자(孟子)의 말씀에서 유래 출전 孟子
　　　　告子章句上

十匙一飯(십시일반) [십시일반(十匙一飯)] 밥 열 술이 밥 한 그릇이 됨. 여러 사람이 조금씩 힘을 합하면
　　　　한 사람을 돕기 쉬움

十顚九倒(십전구도) 열 번 구르고 다시 아홉 번 거꾸러짐 참조 七顚八起

十寒一曝(십한일폭) 열흘 동안 춥다가 하루 볕이 쬠. 일이 꾸준하게 진행되지 못하고 중간에 자주 끊김
　　　　출전 孟子 告子上 유의 一曝十寒

阿鼻叫喚(아비규환) 현재 상태가 아비지옥과 규환지옥과 같음. 여러 사람이 비참한 지경에 빠져 울부짖는 참상

握髮吐哺(악발토포) 감고 있던 머리를 거머쥐고 먹던 것을 뱉고 영접함 참조 吐哺握髮

暗衢明燭(암구명촉) 어두운 거리에 매우 밝은 등불. 삶의 지혜를 제공하는 책

暗中摸索(암중모색) 물건 따위를 어둠 속에서 더듬어 찾음. 어림으로 무엇을 알아내거나 찾아내려 함. 은밀
　　　　한 가운데 일의 실마리나 해결책을 찾아내려 함 출전 隋唐佳話 유의 暗索

曖昧模糊(애매모호) 말이나 태도 따위가 매우 희미하고 흐려서 분명하지 아니함

夜行被繡(야행피수) 야밤에 번쩍거리는 비단옷을 입고 다님 참조 錦衣夜行

掩目捕雀(엄목포작) 눈을 가리고 나는 참새를 잡으려고 함. 일을 불성실하게 하는 것을 경계함

掩耳盜鈴(엄이도령) 귀를 틀어막고 방울을 잘 훔쳐서 닦음. 스스로 자기 자신을 속이거나, 얕은꾀로 남을
　　　　속이려는 그 심중을 비유하는 말. 자신에게 들리지 않는다고 남도 모르는 줄 아는 것과 같이,
　　　　남의 말을 듣지 않으려는 독선적이고 어리석은 사람을 가리킴 출전 呂氏春秋 不苟論의 自知篇

與民偕樂(여민해락) 임금이 모든 백성과 함께 마음을 트면서 즐김 참조 與民同樂

與狐謀皮(여호모피) 여우에게 어서 가죽을 내어놓으라고 꼬임. 호랑이한테 가죽 벗기자고 의논함. 나쁜 놈을 보고 그의 이익을 희생할 것을 은근하게 요구하는 것은 무모한 짓임. 곧 근본적으로 이룰 수 없는 일 출전 太平御覽 유의 與羊謨肉, 與虎謀皮

捐金沈珠(연금침주) 재물을 아주 가볍게 보고 부귀를 탐하지 않음 유래 금을 산에 버리고 구슬을 못에 빠뜨린다(捐金於山 沈珠於淵)는 말에서 유래된 고사 출전 班固의 東都賦

鳶飛魚躍(연비어약) 솔개가 훨훨 날고 물고기가 펄쩍 높이 뜀. 온갖 동물이 자기의 생을 즐김을 비유함 출전 詩經 大雅 旱麓篇

煙霞痼疾(연하고질) 연하(煙霞)인 안개와 노을. 고요한 산수의 경치를 몹시 사랑하고 즐기는 성벽(性癖) 유래 한 세상 벼슬하여 출세하고 부귀영화를 누리고 싶은 욕망은 변함없지만, 세상을 등지고 초야에 묻히어 더 의미 있고 가치 있게 살았던 옛 선비들뿐만 아니라 누구라도 천석고황(泉石膏肓)에 한 번 맛만 들여 놓으면 쉽게 빠져나가기 어려운 것이 연하의 고질(煙霞痼疾)은 아닐까 유의 煙霞之癖, 泉石膏肓

煙霞之癖(연하지벽) 고요한 산수의 경치를 몹시 사랑하고 이를 즐기는 성벽(性癖) 유의 煙霞之癖

斂膝端坐(염슬단좌) 무릎을 꿇고 바른 자세로 앉음 유의 斂膝危坐, 斂膝跪坐

曳尾塗中(예미도중) 벼슬을 전혀 하지 않고 한가롭게 세상을 즐김 유래 莊子가 거북이가 죽어서 대접받기보다는 살아서 흙 속에서 꼬리를 끌며 다니기를 바랄 것이라며 벼슬을 거부한 데서 유래한 고사 출전 莊子 秋水篇

寤寐不忘(오매불망) 자나 깨나 매양 잊지 못하는 정 유의 寤寐思服

寤寐思服(오매사복) 자나 깨나 늘 깊숙하게 생각함 참조 寤寐不忘

五色玲瓏(오색영롱) 여러 가지 색깔이 한데 섞이고 어울려서 매우 빛남

吳牛喘月(오우천월) 吳牛(물소)가 더위를 두려워한 나머지 밤에 달이 뜨는 것을 보고도 혹시 햇빛인가 하고 헐떡거림. 간이 작아 공연한 일에 미리 겁부터 내고 허둥거림. 또는 그러한 축의 사람들 출전 世說新語 言語篇 참조 懲羹吹虀(징갱취제)

五臟六腑(오장육부) 사람의 몸속에 있는 오장과 육부. 내장을 통틀어 이르는 말

玉石俱焚(옥석구분) 옥과 돌이 함께 불에 타버림. 옳은 사람이나 그른 사람의 구별 없이 모두 재앙을 입었음 출전 書經 夏書 胤征篇 유의 玉石同碎, 玉石混淆

玉石同櫃(옥석동궤) 옥과 돌이 같은 깊숙한 궤에 들어있음. 좋은 것과 나쁜 것, 혹은 똑똑한 사람과 어리석은 사람들이 한데 섞여 있는 경우를 말함

玉石同碎(옥석동쇄) 옥과 돌이 함께 어울려 잘 부수어짐 참조 玉石俱焚

蝸角之勢(와각지세) 달팽이에게 달린 더듬이 위의 형세 참조 蝸角之爭

蝸角之爭(와각지쟁) 달팽이 더듬이 위에서 서로 싸움. 하찮은 일로 벌이는 싸움. 작은 나라끼리의 다투어 싸움 출전 莊子 則陽篇 유의 蝸角觝, 蝸角之勢

臥薪嘗膽(와신상담) 섶에 몸을 눕히고 쓸개를 맛봄. 원수를 갚거나 마음먹은 일을 이루기 위하여 온갖 어려움과 괴로움을 참고 견딤 유래 춘추시대 吳나라의 왕 부차(夫差)가 아버지의 원수를 갚기 위하여 장작더미 위에서 잠을 자며 越나라의 왕 구천(句踐)에게 복수할 것을 맹세하였고, 그에게 패배한 越나라의 왕 구천이 쓸개를 핥으면서 복수를 다짐한 데서 유래한 고사 출전 史記 越王勾踐世家 유의 嘗膽

蝸牛角上(와우각상) 달팽이의 뿔 위의 더듬이를 말함. 매우 좁은 세상을 비유적으로 이르는 말 유의 蝸角

玩物喪志(완물상지) 매우 아끼는 물건을 가지고 놀면서 그냥 자기 뜻을 잃게 됨. 물질에 탐닉하다가 큰 뜻이나 자신이 세운 목표를 잃는 것을 비유함

完璧歸趙(완벽귀조) 빌린 물건을 정중히 돌려보냄 유래 전국시대 趙나라의 인상여(藺相如)가 진(秦)나라의 소양왕이 열다섯 성(城)과 화씨(和氏)의 벽(璧)을 바꾸자고 하여 진나라에 갔으나 소양왕이 거짓말을 하고 있다는 것을 알고, 목숨을 걸고 화씨지벽을 고스란히 도로 찾아왔다는 데서 유래하는 고사

玩火自焚(완화자분) 무모한 일로 남을 해치려다 결국 자신이 해를 입게 되는 경우 유래 무력이란 마치 불과 같은 것이어서, 단속하지 않으면 장차 자신이 그 불 속에서 타게 될 것이라는 노(魯)나라 중중(衆仲)의 말에서 유래의 고사 출전 春秋左氏傳 隱公 四年條

矮人看場(왜인간장) 키가 아주 작은 사람들이 마당극 보기 참조 矮子看戲

矮人看戲(왜인간희) 키가 아주 작은 사람들이 연극을 보기 참조 矮子看場

矮人觀場(왜인관장) 키가 아주 작은 사람들이 마당극 보기 참조 矮子看戲

矮者看戲(왜자간희) 키가 아주 작은 사람들이 연극을 보기 유래 키가 작은 사람이 큰 사람 틈에 끼여 구경은 못하고 앞사람의 이야기만을 대강 듣고는 자기가 본 체 또는 아는 체한다는 데서, 자신은 아무것도 모르면서 남이 그렇다고 하니까 덩달아서 그렇다고 하는 것을 말함에서 유래한 고사 유의 矮人看場, 矮人看戲, 矮人觀場

燎原之火(요원지화) 넓은 벌판을 모두 태우면서 나가는 불의 세력. 세력이 매우 대단하여 차마 막을 수 없음 출전 書經 盤庚 유의 破竹之勢, 勢如破竹

龍虎相搏(용호상박) 용과 범이 서로 치고 박고 죽기로 싸움. 강자끼리 서로 엉켜서 싸움

迂餘曲折(우여곡절) 서로의 사정이 뒤얽혀서 복잡해진 속사정

雨後竹筍(우후죽순) 비가 온 뒤에 여기저기 솟아난 죽순. 어떤 일이 한때는 더 많이 생겨남

雲上氣稟(운상기품) 이제 속됨을 벗어나는 고상한 기질과 그런 성품

願賜骸骨(원사해골) 늙은 재상이 벼슬을 내놓고 은퇴하기를 임금에게 청원하던 일 출전 史記 項羽本紀 張丞相列傳 유의 乞身, 乞骸, 請老, 乞骸骨

鴛鴦衾枕(원앙금침) 원앙을 수놓은 썩 아름다운 이불과 베개. 부부가 함께 덮고 자는 이불과 베는 베개를 뜻함

鴛鴦之契(원앙지계) 한 쌍의 원앙의 만남. 금실이 좋은 부부의 사이 참조 琴瑟之樂

怨入骨髓(원입골수) 깊은 원한이 뼛속에 사무쳐 있음. 몹시 원망함 출전 史記 秦本記

流言蜚語(유언비어) 사실 여부가 분명치 않은 사람 사이에 흐르는 소문과 바람과 함께 날아다니는 뜬소문 참조 街談巷說

肉山脯林(육산포림) 수많은 고기가 산을 이루고, 포(脯)가 숲을 이루었음. 몹시 사치스러운 주위의 잔치

衣架飯囊(의가반낭) 흔히 의식(衣食)이라 했으니 옷걸이와 밥주머니. 아무짝에도 쓸모가 없는 사람

意馬心猿(의마심원) 마음속의 생각은 말처럼 달리고 생각만은 원숭이처럼 설렘. 사람의 마음이 세속의 번뇌와 욕정 때문에 항상 어지러움

匿名批評(익명비평) 글쓴이가 자기 이름을 자주 감추고서 비평을 함

人爲淘汰(인위도태) 생물집단에서 좋은 것, 우성인 것만 살아남도록 인위적으로 만들어 도태시킴. 품종개량에서 특수한 형질을 지닌 것만을 가려서 교배함 유의 人爲選擇, 人工選擇, 人工淘汰 상대 自然淘汰, 自然選擇

一氣呵成(일기가성) 문장을 단숨에 지어내는 일. 일을 단숨에 매끄럽게 해낸다는 뜻도 있음. 아주 좋은 기회가 주어졌을 때 미루지 말고 속히 이뤄내야 한다는 뜻임 출전 胡應麟의 詩藪

一瀉千里(일사천리) 강물이 빨리 흘러서 저 멀리 천 리를 감. 어떤 일이 거침없이 생각보다는 빨리 진행됨 유의 九天直下

日曝十寒(일폭십한) 하루 동안에는 볕 쬐고, 열흘 동안은 추웠음 참조 十寒日曝

臨時防牌(임시방패) 무너진 성벽을 급한 대로 우선 방패로 막음 참조 姑息之計

臨淵羨魚(임연선어) 못에 겨우 다다라서 물고기를 보고 군침을 흘렸음. 바라기만 하고 실제로는 아무것도 하지 않음을 비유한 말

自家撞着(자가당착) 같은 사람의 말이나 행동이 앞뒤가 서로 맞지 아니한 경우 유의 矛盾, 矛盾撞着, 自己矛盾

刺股懸梁(자고현량) 허벅다리를 찌르고 머리털을 끈에 묶어 들보에 매닮 참조 懸梁刺股

自繩自縛(자승자박) 자기의 줄로 자기 몸을 꽁꽁 옭아서 묶음. 자기가 한 말과 행동에 자기 자신이 얽혀 매우 곤란하게 됨. 제 마음으로 자기 번뇌를 일으켜서 스스로 괴로움을 만듦

自業自縛(자업자박) 자기가 저지른 일의 결과로 자신이 얽힘 참조 自業自得

自然淘汰(자연도태) 자연계에서 그 생활조건에 적응하는 생물들은 잘 생존하고, 그렇지 못한 생물은 저절로 도태되어 사라지는 일. 영국의 저명한 의사 다윈(Darwin)이 최초로 도입한 개념 유의 自然選擇 상대 人爲淘汰, 人工選擇, 人工淘汰

長頸烏喙(장경오훼) 긴 목에 까마귀 부리. 긴 목에 까마귀 부리같이 뾰족한 입이라는 뜻임. 어려움은 서로 함께할 수 있으나, 즐거움은 함께 누리지 못할 관상을 가진 사람을 말함 유래 오왕(吳王) 합려(闔閭)가 월왕(越王) 구천(勾踐)과 싸우다 죽자 그의 아들 부차(夫差)는 복수의 칼을 갈았다. 이를 알게 된 구천이 먼저 부차를 공격하였으나, 도리어 대패하고 사로잡힌 신세가 되었다. 구천은 부차의 노예가 되어 부차를 섬기다 석방되어 돌아온 후에 쓸개를 맛보면서 역시 복수의 칼날을 다시 갈았다. 십여 년이 지난 후에 구천은 마침내 오나라를 쳐서 멸망시켰음 출전 史記 越世家

長袖善舞(장수선무) 사람의 소매가 길면 춤을 잘 출 수 있음. 재물이 넉넉한 사람은 일을 하거나 성공하기가 쉬움 출전 韓非子 五蠹篇 유의 多錢善賈

賊反荷杖(적반하장) 도둑이 도리어 주인에게 매를 듦. 잘못한 사람이 아무 잘못도 없는 사람을 나무람을 뜻함

前車覆轍(전거복철) 앞 수레가 가다가 엎어진 바퀴 자국. 이전 사람의 그릇된 일이나 행동의 자취가 남음 출전 漢書 賈誼傳 유의 前轍, 前軌, 覆轍

前倨後恭(전거후공) 예전에는 한참 거만하다가 나중에 가서는 매우 공손함. 상대편의 입지에 따라 대하는 태도가 일변하는 경우임 출전 史記 蘇秦列傳

輾轉反側(전전반측) 잠을 이루지 못하여 누워서 몸을 이리저리 뒤척임. 밤새도록 몸을 뒤척이며 잠을 이루지 못하는 것을 비유하는 뜻. 걱정거리로 마음이 괴로워 쉽게 잠을 이루지 못함. 사모하는 연인 때문에 얼른 잠을 이루지 못함 출전 詩經 周南 유의 輾轉, 輾轉不寐

輾轉不寐(전전불매) 누워서 몸을 이리저리 뒤척이며 잠을 이루지 못함 참조 輾轉反側

前虎後狼(전호후랑) 앞문에서 호랑이를 막고 있으려니까 뒷문으로 이리가 들어와 호랑이에게 당함. 운이 좋지 못해 재앙이 끊일 사이 없이 닥침

截長補短(절장보단) 긴 것을 곱게 잘라서 짧은 것을 쓸모 있게 보충함 참조 絶長補短

切齒扼腕(절치액완) 이를 으득으득 갈고 팔을 걷어붙이면서 몹시 분해함

井臼之役(정구지역) 물을 긷고 절구질하는 피곤한 일로 살림살이의 수고로움을 이르는 말

頂門一鍼(정문일침) 머리 정수리에 침을 놓음. 따끔한 충고나 그런 교훈 유의 頂上一鍼

頂上一鍼(정상일침) 머리 정수리에 따끔한 침을 한 방 놓음 참조 頂門一鍼

挺身出戰(정신출전) 앞장서서 먼저 나가 초전에 싸움. 위급할 때 과감히 나서서 모든 책임을 다함 출전 舊唐書 敬君弘傳

濟河焚舟(제하분주) 배를 타고 물을 건넌 후 배를 모조리 불을 태워버림. 결사 항전의 굳은 의지를 표현함 참조 背水之陣

糟糠之妻(조강지처) 지게미와 쌀겨로 겨우겨우 끼니를 이을 때까지 고생한 아내. 몹시 가난하고 천할 때 고생을 함께 겪어 온 어진 아내 [출전] 後漢書 宋弘傳 [유의] 糟糠

爪牙之士(조아지사) 손톱과 어금니와 같은 곧은 선비. 충성으로 임금을 모시는 어진 신하

粗衣惡食(조의악식) 거친 옷을 입고, 좋지 않은 음식이라도 잘 먹음 [참조] 惡衣惡食

粗衣粗食(조의조식) 거친 옷을 입고, 거친 밥일망정 맛있게 잘 먹음 [참조] 惡衣惡食

終南捷經(종남첩경) 종남산(終南山)은 벼슬길에 오르는 아주 좋은 지름길. 명리(名利)를 얻을 수 있는 가장 빠른 길이기도 함 [유래] 노장용(盧藏用)이 조정의 관심을 끌기 위해 종남산에 들어가 은둔생활을 하다가 바로 조정의 부름을 받고 기뻐하자, 사마승정(司馬承禎)이란 사람이 비꼬아 한 말에서 유래했다는 고사 [출전] 新唐書 盧藏用傳

左顧右眄(좌고우면) 왼쪽을 돌아본 후에, 오른쪽도 다시 돌아봄 [참조] 首鼠兩端

左眄右顧(좌면우고) 왼쪽을 돌아본 후에, 오른쪽도 다시 돌아봄 [참조] 首鼠兩端

左右顧眄(좌우고면) 왼쪽을 돌아본 후에, 오른쪽도 다시 돌아봄 [참조] 首鼠兩端

主客顚倒(주객전도) 주인과 손님의 위치가 서로 반대로 뒤바뀜. 사물의 경중, 선후, 완급 따위가 서로 뒤바뀌는 일임 [유의] 客反爲主

酒囊飯袋(주낭반대) 술을 담는 부대와 밥주머니 '역할'만 한다는 뜻. 별로 하는 일도 없이 빈둥빈둥 노는 사람을 이르는 말. 아무 일도 하지 않고 밥이나 축내는 쓸모없는 사람을 낮잡아 밥통이나 밥주머니라고 놀렸음 [참조] 酒袋飯囊, 飯囊酒袋

酒袋飯囊(주대반낭) 술 주머니와 밥주머니. 먹고 마실 줄만 알지 일할 줄을 모르는 쓸모없는 사람 [출전] 宋나라 曾慥의 類說 [유의] 酒囊飯袋, 衣架飯囊

走馬加鞭(주마가편) 한창 열심히 달리는 말에 채찍질함. 잘하는 사람을 더욱 장려하게 됨

竹頭木屑(죽두목설) 대나무 조각과 나무 부스러기. 쓸모가 적은 물건. 못 쓰게 된 것들을 모아서 재활용함의 정신 [출전] 晋書 陶侃傳

竹帛垂名(죽백수명) 죽백(역사서)에다 곱게 이름을 기록함. 명예로운 자신의 이름을 후세에 오래도록 남김

遵養時晦(준양시회) 道(도)를 좇아 덕을 기르고, 때에 따라서는 자기를 들어내지 아니하고 가만히 숨어서 독실한 언행을 삼감

櫛風沐雨(즐풍목우) 머리털을 바람으로 빗질하고 몸은 빗물로 목욕시킴. 오랜 세월을 객지에서 방랑하며 온갖 고생을 다 함 [유의] 櫛雨, 櫛風

珍羞盛饌(진수성찬) 아주 진귀한 반찬으로 가득 차린 먹음직스러운 음식

盡忠竭力(진충갈력) 나라를 위해 충성을 다하고 힘을 다하여 노력함 [참조] 犬馬之勞

懲羹吹菜(징갱취채) 뜨거운 국에 약간 데어서, 냉채를 후후 불고 먹었음

采薪之憂(채신지우) 기필코 섶을 만들어야 하는 근심스러움. 이제는 병이 들어서 땔나무를 할 수가 없음. 자신의 병을 겸손하게 이르는 말 [출전] 孟子 公孫丑篇 [유의] 負薪之憂

千峯萬壑(천봉만학) 수없이 많은 나라의 산봉우리와 산골짜기들 [참조] 萬壑千峯

徹地之冤(철지지원) 땅에 사무치도록 크나큰 나의 원한 [참조] 徹天之冤, 徹地之冤

徹天之冤(철천지원) 하늘에 사무치는 크나큰 원한 [유의] 徹地之冤, 徹天之恨

錐處囊中(추처낭중) 무기의 한 종인 송곳이 주머니 속에 있음 [참조] 囊中之錐

出嫁外人(출가외인) 시집간 딸은 남이나 마찬가지임

出爾反爾(출이반이) 너에게서 나와서 너에게로 다시 돌아감. 행불행과 좋은 일, 나쁜 일이 결국은 모두 자기 자신에 의하여 초래됨 [출전] 曾子의 말. 孟子 梁惠王 下篇

吹毛求疵(취모구자) 아픈 상처를 찾으려고 털을 불어서 헤침. 억지로 남의 작은 허물을 들추어냄 [출전] 韓非子 大體篇 [유의] 吹毛覓疵

吹毛覓疵(취모멱자) 아픈 상처를 찾으려고 털을 불어서 헤침 [참조] 吹毛求疵

惻隱之心(측은지심) 사람의 본성에서 우러나오는 불쌍하게 여기는 언짢아하는 마음. 仁의 실마리가 되는 마음 [유래] 맹자는 인간이 본래부터 선한 마음을 가지고 있다고 주장하는 성선설임. 이것이 사단인 측은지심(惻隱之心) · 수오지심(羞惡之心) · 사양지심(辭讓之心) · 시비지심(是非之心)으로 나누었으며 결국 仁, 義, 禮, 智의 사덕으로 발전했음.

層生疊出(층생첩출) 일이 여러 가지로 겹치고 또 겹쳐서 자주 생겨남

痴人說夢(치인설몽) 매우 어리석은 사람이 꿈 이야기를 자주 함. 허황된 말을 지껄임 [출전] 南宋의 釋惠洪이 쓴 冷齋夜話 卷九

七顚八起(칠전팔기) 일곱 번이나 넘어지고 다시 여덟 번째에 일어섬. 여러 번이나 실패하여도 굴하지 아니하고 꾸준히 노력하면서 앞으로 정진함 [참조] 七顚八倒, 十顚九倒

七顚八倒(칠전팔도) 일곱 번 구르고 여덟 번 거꾸러짐. 수없이 실패를 거듭하거나 매우 심하게 고생함 [참조] 七顚八起, 十顚九倒

七縱七擒(칠종칠금) 마음대로 잡았다 놓아주었다 계속함. 상대편을 마음대로 요리함 [유래] 蜀나라의 諸葛亮이 맹획(孟獲)을 일곱 번이나 사로잡았다가 일곱 번씩이나 놓아주었다는 데서 유래함 [출전] 三國志 [유의] 七擒

鍼小棒大(침소봉대) 작은 일을 매우 크게 불리어 떠벌림 [유의] 針小棒大로도 씀

針小棒大(침소봉대) 작은 일을 매우 크게 불리어 떠벌림 [유의] 鍼小棒大로도 씀

唾面自乾(타면자건) 다른 사람이 나의 얼굴에 침을 뱉으면 절로 그 침이 마를 때까지 기다림. 처세에는 인내가 필요함을 강조하여 이르는 말 [출전] 十八史略

探囊取物(탐낭취물) 주머니를 사정을 뒤져서 물건을 더 얻음 [참조] 囊中取物

貪賂無藝(탐뢰무예) 뇌물을 많이 탐함에 그 끝이 더는 없음 [참조] 貪慾無藝

兎死狐悲(토사호비) 토끼가 죽었더니 여우가 더욱 슬퍼함. 같은 무리의 불행한 일을 많이 슬퍼함 [유의] 狐死兎悲, 狐死兔悲

吐哺握髮(토포악발) 민심을 수렴하고 정무를 보살피기에 잠시도 편안한 날이 없음. 훌륭한 인물을 잃을까 두려워하는 마음 [유래] 周公이 식사 때나 목욕할 때 내객이 있으면 먹던 것을 그냥 뱉고, 감고 있던 머리를 거머쥐면서 크게 영접하였다는 고사 [출전] 韓詩外傳 [유의] 握沐, 握髮, 握髮吐哺, 吐握, 吐哺, 吐哺捉髮

吐哺捉髮(토포착발) 먹던 것을 그만 뱉고, 감고 있던 머리를 거머쥠 [유래] 吐哺握髮

投鞭斷流(투편단류) 채찍을 크게 휘둘러 던져서 흐르는 강물을 잘 막음. 병력이 많고 강대함을 비유하여 이르는 말 [출전] 晉書 堅載記

投筆從戎(투필종융) 드디어 붓을 던지고 이제 창을 좇음. 학문을 포기하고 종군하겠다는 뜻을 전함 [출전] 漢書 班超傳

波瀾萬丈(파란만장) 커다란 물결이 만 길이나 됨. 사람의 생활이나 일의 진행이 여러 가지 곡절과 시련이 많고 극히 변화가 심함 [유의] 波瀾重疊

波瀾重疊(파란중첩) 큰 물결 위에 더욱 커다란 물결이 침 [참조] 波瀾萬丈

悖入悖出(패입패출) 사리에 어긋나도록 비정상적인 방법으로 얻음. 모든 재물은 결국 비정상적으로 다시 되돌아 나감 [출전] 大學

鞭長莫及(편장막급) 많이 돕고 싶었지만 제 능력에는 미치지 못함 [유래] 아무리 채찍이 길다 해도 말의 배까지는 닿지 않는다(雖鞭之長不及馬腹)고 한 말에서 비롯된 고사 [출전] 春秋左氏傳 宣公 十五年條

閉月羞花(폐월수화) 미인. 여인의 얼굴과 매우 맵시가 있어 아름다운 미인을 비유적으로 이름 [유래] 미인을 보고 나서 꽃도 차마 부끄러워하고 달도 숨는다는 다는 고사 [참조] 傾國之色

弊袍破笠(폐포파립) 다 해진 옷에다 다 부서진 갓. 초라한 그들의 차림새 [유의] 敝袍破笠, 敝衣破冠, 敝衣破笠

蒲柳之姿(포류지자) 시냇가처럼 같은 곳에 나는 땅버들. 시냇가 부들이나 버들처럼 매우 가늘고 섬약한 체질. 몸이 몹시 허약한 것을 비유하는 말 [유래] 진(晉)나라 사람 '고열(顧悅)'은 '간문제(簡文帝)'와 동갑이었는데도 백발이 그냥 성성했다. 간문제가 물었다. "경은 어찌하여 (머리) 먼저 희어졌소?" 고열이 대답했다. "갯버들은 가을이 되면 떨어지지만 송백은 서리를 맞으면 더 무성해지지요(文曰, 卿何以先白. 對曰, 蒲柳之姿, 望秋而落, 松柏之質, 經霜彌弥茂)"라고 문답했던 데서 비롯됨 [참조] 蒲柳之質 [출전] 世說新語 言語篇

蒲柳之質(포류지질) 갯버들의 자질이란 뜻. 잎이 일찍 떨어지는 연약한 나무라는 뜻으로, 갯버들처럼 약한 체질을 이르는 말. 잎이 일찍 떨어지는 연약한 나무. 몸이 극히 잔약하여 허약한 몸이 병에 걸리기 쉬운 체질임 [출전] 世說新語 言語篇 蒲柳之姿, 蒲柳質 松柏之質

抱薪救火(포신구화) 땔나무를 안고 불을 끈다 뜻. 잘못된 방법으로 오히려 해로움을 막으려다가 도리어 더 해롭게 함을 이르는 말 [유래] 전국시대 위나라의 蘇代(소대)가 秦의 割讓 요구에 왕에게 충고하기를 "진나라의 목적은 위나라를 병합하는 것이므로 화의를 맺어도 침공은 그치지 않을 것입니다. 그러므로 진나라에 할양하는 것은 '땔나무를 안고 불을 끄려는 것(抱薪救火)'과 같아서 땔나무가 없어지지 않는 한 불은 꺼지지 않듯이, 땅을 할양하는 것도 이와 마찬가지입니다."라고 함에서 보임 [참조] 救火投薪 [출전] 史記 魏世家

庖丁解牛(포정해우) 기술이 매우 뛰어남. 고대의 이름난 요리사 포정(捕丁)이 소 몸의 생긴 대로 自然스럽게 칼질하여 소의 살과 뼈를 다치지 않는 것은 물론 칼날에도 손상이 가지 않도록 소를 잘 잡았다는 데서 유래함 [출전] 장자(莊子) 양생주편(養生主篇)에서 보임

豹死留皮(표사유피) 표범은 죽어서 마지막으로 가죽을 남기고 사람은 죽어서 명예를 남김 [참조] 人死留名 [출전] 歐陽脩 新五代史 死節傳

夏爐冬扇(하로동선) 여름에는 화로를 가까이하고, 겨울에는 부채를 가까이하고 지냄. 格(격)이나 철에는 다소 맞지 아니한 일 [출전] 論衡 逢遇篇 [유의] 冬扇, 冬扇夏爐 [상대] 夏葛冬裘

夏扇冬曆(하선동력) 여름에는 부채를 들고 겨울에는 새해에는 새로운 책력을 봄. 곁사람이 선사하는 물건이 철이나 제격에는 꼭 맞음

下穽投石(하정투석) 함정에 빠진 사람에게 오히려 돌팔매질을 함 [참조] 落穽下石

緘口無言(함구무언) 입을 꼭 다물고 아무런 말도 하지를 아니함 [유의] 緘口不言

緘口不言(함구불언) 입을 꼭 다물고 아무런 말도 하지를 아니함 [참조] 緘口無言

含哺鼓腹(함포고복) 음식을 잔뜩 먹고 배를 둥둥 두드림. 먹을 것이 아주 풍족하여 즐겁게 지냄을 알 수 있음

偕老同穴(해로동혈) 살아서는 서로가 같이 늙고, 죽어서는 한 무덤에 같이 묻힘. 생사를 같이하자는 부부의 굳은 맹세가 보임 [참조] 百年偕老 [출전] 偕老는 詩經 邶風 擊鼓篇, 墉風 君子偕老篇, 衛風 氓篇 同穴과 詩經 王風 大車篇

向隅之歎(향우지탄) 많은 사람들이 모두 다 즐거워하나 자기만은 유독 한 구석을 향하여 한탄함. 좋은 기회를 만나지 못함을 한탄하는 것을 이르는 말

虛心坦懷(허심탄회) 품었던 자기 생각을 마구 터놓고 말할 수 있을 만큼 아무런 거리낌이 없고 매우 솔직함을 이름

懸梁刺股(현량자고) 허벅다리를 찌르고 머리카락을 노끈으로 묶으며 노력함. 잠을 물리치며 학업에 크게 힘씀 [유래] 전국시대의 蘇秦(소진)은 졸음이 오면 송곳으로 허벅다리를 마구 찌르고, 초나라의 손경(孫敬)은 머리카락을 새끼로 묶어 대들보에 매달아 졸음을 쫓았음 [출전] 戰國策 秦策 / 三字經 [유의] 刺股, 刺股懸梁

狐假虎威(호가호위) 남의 높은 권세를 빌려서 아주 큰 위세를 부림 [유래] 여우가 호랑이의 위세를 빌려 호기를 부린다는 뜻 [출전] 戰國策 楚策

狐丘之戒(호구지계) 남에게 원한을 사도록 하는 일이 다시는 없도록 극진하게 조심함 [유래] 호구(狐丘)에 사는 한 노인이 초나라 대부 孫叔敖(손숙오)에게 사람들이 가지는 세 가지 원망, 즉 [고관에 대한 세인의 질투, 현신에 대한 군주의 증오, 녹봉이 많은 고관에 대한 세인의 원망을 조심하라고 충고했다는 고사에서 보임 [출전] 列子 說符篇

糊口之計(호구지계) 입에 겨우 풀칠이나 하는 계책 [참조] 糊口之策

糊口之方(호구지방) 입에 겨우 풀칠이나 하는 방책 [참조] 糊口之計

糊口之策(호구지책) 입에 겨우 풀칠이나 하는 계책 [참조] 糊口之策 [유의] 糊口之計, 糊口之方, 糊口策

虎狼之國(호랑지국) 호랑이와 같이 매우 무서운 나라. 신의가 없는 나라. 포악한 나라 [유래] 屈原(굴원)이 진(秦)나라를 가리켜 한 말에서 유래한 고사 [출전] 史記 屈原 列傳

毫毛斧柯(호모부가) 연약한 수목을 어릴 때 베지 않으면 마침내 결국 도끼를 사용하게 됨. 나쁜 버릇은 어릴 때 고쳐야 함 [유래] 화근(禍根)은 크기 전에 미리 없애야 함 [출전] 孔子家語 觀周篇

狐死首丘(호사수구) 머리를 자기가 살았던 구릉을 향해 두는 마음. 여우는 죽을 때 여우 굴이 있던 구릉을 향해 머리를 둠. 자신의 근본을 잊지 않거나 혹은 죽어서라도 고향 땅에 묻히고 싶어하는 마음을 비유한 말 [참조] 首丘初心 首丘之情

狐死兔悲(호사토비) 여우가 죽으면 토끼가 더욱 슬퍼함. 같은 무리가 당하는 불행을 슬퍼함을 비유적으로 이르는 말 [참조] 兔死狐悲

狐死兔泣(호사토읍) 여우가 죽으면 토끼가 매우 크게 욺. 같은 무리가 당하는 불행을 슬퍼함을 비유적으로 이르는 말 [참조] 兔死狐悲

虎視耽耽(호시탐탐) 범이 눈을 부릅뜨고 먹이를 노려봄을 뜻함. 남의 것을 빼앗기 위하여 기회를 노리고 형세를 살피는 모양을 비유적으로 이르는 말 [유래] 남의 것을 빼앗기 위하여 주변의 형세를 잘 살피며 가만히 기회를 엿봄. 또는 그러한 모양 [출전] 周易 頤卦篇

狐疑不決(호의불결) 의심이 많아서 쉽게 결단을 내리지 못함 [유래] 여우는 얼음 위를 걸을 때 이상한 소리가 나면 곧 얼음이 갈라지는 것을 예감하고 제가 가던 길을 되돌아오거나, 되돌아본다고 함 [출전] 述征記

浩浩蕩蕩(호호탕탕) 아주 끝없이 넓고도 넓음. 기세가 있고 더욱 힘참

惑世誣民(혹세무민) 세상을 마구 어지럽히고 백성을 미혹하게 하여 크게 속임

魂飛魄散(혼비백산) 죽은 혼백들이 어지러이 여기저기 흩어져 있음. 몹시 놀라서 그만 넋을 그만 잃음 [유의] 魄散, 魂不附身, 魂不附體

渾然一致(혼연일치) 의견이나 주장 따위가 주위의 모두가 완전하게 하나로 일치하게 됨

畫龍點睛(화룡점정) 무슨 일을 하는 데 있어서 가장 중요한 부분을 드디어 완성함. 글을 짓거나 일을 하는 데서 가장 요긴한 어느 한 대목을 성공적으로 완성함 [유래] 남북조(南北朝)시대에 양(梁)나라에 장승요(張僧繇)라는 사람이 용을 그리고 난 후에 마지막 작업으로 용의 눈동자를 그려 넣었더니 그 용이 실제 용이 되어 홀연히 구름을 타고 하늘로 날아 올라갔다는 고사 [출전] 水衡記 點睛

華胥之夢(화서지몽) 푹 자버린 낮잠 또는 아주 길고 좋은 꿈 [유래] 고대 중국의 황제(黃帝)가 낮잠을 자다가 꿈을 꾸었는데, 화서(華胥)라는 나라에 가서 그 나라의 어진 정치를 보고 깨어나 통치의 도를 깊이 깨달았다는 데서 나온 고사 [출전] 列子 黃帝篇

和氏之璧(화씨지벽) 화씨네의 구슬. 수후지주와도 같이 천하의 귀중한 보배라는 뜻. 뛰어난 인재를 비유적으로 이르는 말 [유의] 隋侯之珠, 隋珠

畫中之餅(화중지병) 그림의 떡. 보는 것으로만 만족해야지 그것을 먹거나 결코 얻을 수는 없음. 나에게는 이제 아무런 소용이 없음 [유의] 畫餅

歡呼雀躍(환호작약) 너무 기뻐서 크게 소리를 치며 이리저리 날뜀

黃粱之夢(황량지몽) 덧없는 꿈이나 한때의 헛된 부귀영화(富貴榮華)를 이르는 말. 전수일절 절개(節槪·節介)를 온전(穩全)하게도 잘 지킴 참조 邯鄲之夢, 戰守一節

懷璧有罪(회벽유죄) 분수에 맞지 않는 귀한 물건을 지니고 있으면 훗날 화를 초래할 수 있음 유래 주(周)나라의 속담에 '필부는 죄가 없어도 구슬을 가지고 있으면 그것이 곧 죄가 된다(匹夫無罪 懷璧其罪)'고 한다는 고사 출전 春秋左氏傳

繪事後素(회사후소) 그림 그리는 일은 흰 바탕이 있은 이후에 함. 먼저 바탕을 손질한 후에 그림을 그림. 사람은 조흥 바탕(어짊)이 있은 뒤에 형식(禮度)을 더해야 함. 형식적인 예(禮)보다는 그 예의 본질인 인(仁)한 마음이 중요함 출전 論語 八佾

橫說豎說(횡설수설) 말을 조리 없이 이러쿵저러쿵 마구 지껄임 유의 橫豎說去, 橫豎說話

橫豎說去(횡수설거) 말을 조리 없이 이러쿵저러쿵 마구 지껄임 참조 橫說豎說

橫豎說話(횡수설화) 말을 조리 없이 이러쿵저러쿵 마구 지껄임 참조 橫說豎說

孝悌忠信(효제충신) 어버이에 대한 효도, 형제끼리의 우애, 임금에 대한 충성, 벗 사이의 믿음을 아울러 이름

諱疾忌醫(휘질기의) 병을 속으로 숨기고 의사의 치료를 끝내 꺼림. 자신의 결점을 잘 감추고 고치려고 하지 않음 출전 周敦頤의 周子通書

=한자급수에 따라 보이는 뜻이 서로 반대(↔)되는 한자인 경우=
　❀(전) / 앞 한자　✿(후) / 뒤 한자　✱(전후) / 앞뒤 한자

=한자급수에 따라 보이는 뜻이 서로가 반대어(↔)인 경우=
　❀(전) / 앞 한자어 ✿(후) / 뒤 한자어 ✱(전후) / 앞뒤 한자어

=한자급수에 따라 보이는 뜻이 서로 비슷한(⇔) 한자인 경우=
　❀(전) / 앞 한자　✿(후) / 뒤 한자　✱(전후) / 앞뒤 한자

=한자급수에 따라 보이는 뜻이 서로가 유의어(⇔)인 경우=
　❀(전) / 앞 한자어 ✿(후) / 뒤 한자어 ✱(전후) / 앞뒤 한자어

 반대자, 반대어

8~1급 반대자

8급

8급 ✱(전후) 앞/뒤 한자

敎(교)	↔	學(학)
南(남)	↔	北(북)
大(대)	↔	小(소)
東(동)	↔	西(서)
父(부)	↔	母(모)
北(북)	↔	南(남)
水(수)	↔	火(화)
月(월)	↔	日(일)
日(일)	↔	月(월)
弟(제)	↔	兄(형)
中(중)	↔	外(외)
兄(형)	↔	弟(제)

7급II

7급II ❀(전) 앞의 한자

江(강)	↔	山(산)
男(남)	↔	女(녀)
內(내)	↔	外(외)
子(자)	↔	女(녀)
子(자)	↔	母(모)
後(후)	↔	先(선)

7급II ✿(후) 뒤의 한자

母(모)	↔	子(자)
父(부)	↔	子(자)
山(산)	↔	海(해)
先(선)	↔	後(후)

7급II ✱(전후) 앞/뒤 한자

上(상)	↔	下(하)

手(수)	↔	足(족)
右(우)	↔	左(좌)
前(전)	↔	後(후)
左(좌)	↔	右(우)
海(해)	↔	空(공)

7급

7급 ❀(전) 앞의 한자

問(문)	↔	答(답)

7급 ✿(후) 뒤의 한자

物(물)	↔	心(심)

7급 ✱(전/후) 앞뒤 한자

老(노)	↔	少(소)
冬(동)	↔	夏(하)

入(입) ↔ 出(출)
天(천) ↔ 地(지)
春(춘) ↔ 秋(추)
出(출) ↔ 入(입)
夏(하) ↔ 冬(동)

6급 II

6급 II ✿(전) 앞의 한자

高(고) ↔ 下(하)
短(단) ↔ 長(장)
身(신) ↔ 心(심)

6급 II ✿(후) 뒤의 한자

心(심) ↔ 身(신)
心(심) ↔ 體(체)
長(장) ↔ 短(단)
正(정) ↔ 反(반)

6급 II ✱(전후) 앞/뒤 한자

昨(작) ↔ 今(금)
和(화) ↔ 戰(전)

6급

6급 ✿(전) 앞의 한자

強(강) ↔ 弱(약)
古(고) ↔ 今(금)
苦(고) ↔ 樂(락)
多(다) ↔ 少(소)
死(사) ↔ 生(생)
死(사) ↔ 活(활)
新(신) ↔ 古(고)
言(언) ↔ 文(문)
朝(조) ↔ 夕(석)

6급 ✿(후) 뒤의 한자

教(교) ↔ 習(습)
今(금) ↔ 古(고)
分(분) ↔ 合(합)
生(생) ↔ 死(사)
祖(조) ↔ 孫(손)

6급 ✱(전후) 앞/뒤 한자

言(언) ↔ 行(행)
遠(원) ↔ 近(근)
朝(조) ↔ 野(야)
畫(주) ↔ 夜(야)

5급 II

5급 II ✿(전) 앞의 한자

勞(노) ↔ 使(사)
士(사) ↔ 民(민)
臣(신) ↔ 民(민)
陸(육) ↔ 海(해)
知(지) ↔ 行(행)
着(착) ↔ 發(발)

5급 II ✿(후) 뒤의 한자

功(공) ↔ 過(과)
空(공) ↔ 陸(륙)
美(미) ↔ 惡(악)
發(발) ↔ 着(착)
水(수) ↔ 陸(륙)
新(신) ↔ 舊(구)
愛(애) ↔ 惡(오)
利(이) ↔ 害(해)
主(주) ↔ 客(객)
海(해) ↔ 陸(륙)

5급

5급 ✿(전) 앞의 한자

去(거) ↔ 來(래)
輕(경) ↔ 重(중)
曲(곡) ↔ 直(직)
吉(길) ↔ 凶(흉)
冷(냉) ↔ 溫(온)
都(도) ↔ 農(농)
善(선) ↔ 惡(악)
因(인) ↔ 果(과)
終(종) ↔ 始(시)
寒(한) ↔ 溫(온)

黑(흑) ↔ 白(백)

5급 ✿(후) 뒤의 한자

高(고) ↔ 落(락)
功(공) ↔ 罪(죄)
來(내) ↔ 去(거)
當(당) ↔ 落(락)
動(동) ↔ 止(지)
登(등) ↔ 落(락)
白(백) ↔ 黑(흑)
本(본) ↔ 末(말)
成(성) ↔ 敗(패)
勝(승) ↔ 敗(패)
始(시) ↔ 末(말)
始(시) ↔ 終(종)
溫(온) ↔ 冷(랭)
有(유) ↔ 無(무)
入(입) ↔ 落(락)
自(자) ↔ 他(타)
重(중) ↔ 輕(경)
凶(흉) ↔ 吉(길)

5급 ✱(전후) 앞/뒤 한자

冷(냉) ↔ 熱(열)
賣(매) ↔ 買(매)
氷(빙) ↔ 炭(탄)
炭(탄) ↔ 氷(빙)
寒(한) ↔ 熱(열)

4급 II

4급 II ✿(전) 앞의 한자

官(관) ↔ 民(민)
背(배) ↔ 向(향)
悲(비) ↔ 樂(락)
師(사) ↔ 弟(제)
殺(살) ↔ 活(활)
常(상) ↔ 班(반)
細(세) ↔ 大(대)
受(수) ↔ 給(급)
收(수) ↔ 給(급)
玉(옥) ↔ 石(석)

往(왕)	↔	來(래)
陰(음)	↔	陽(양)
將(장)	↔	兵(병)
將(장)	↔	士(사)
將(장)	↔	卒(졸)
豊(풍)	↔	凶(흉)
虛(허)	↔	實(실)
好(호)	↔	惡(오)
興(흥)	↔	亡(망)
興(흥)	↔	敗(패)

4급II ✿(후) 뒤의 한자

加(가)	↔	減(감)
加(가)	↔	除(제)
去(거)	↔	留(류)
京(경)	↔	鄕(향)
高(고)	↔	低(저)
來(내)	↔	往(왕)
冷(냉)	↔	暖(난)
明(명)	↔	暗(암)
文(문)	↔	武(무)
民(민)	↔	官(관)
班(반)	↔	常(상)
方(방)	↔	圓(원)
夫(부)	↔	婦(부)
賞(상)	↔	罰(벌)
生(생)	↔	殺(살)
順(순)	↔	逆(역)
失(실)	↔	得(득)
陽(양)	↔	陰(음)
正(정)	↔	副(부)
正(정)	↔	誤(오)
罪(죄)	↔	罰(벌)
集(집)	↔	配(배)
出(출)	↔	缺(결)
敗(패)	↔	興(흥)
寒(한)	↔	暖(난)
向(향)	↔	背(배)
活(활)	↔	殺(살)
凶(흉)	↔	豊(풍)

4급II ✳(전후) 앞/뒤 한자

斷(단)	↔	續(속)
貧(빈)	↔	富(부)

續(속)	↔	斷(단)
送(송)	↔	受(수)
授(수)	↔	受(수)
收(수)	↔	支(지)
是(시)	↔	非(비)
往(왕)	↔	復(복)
增(증)	↔	減(감)
眞(진)	↔	假(가)
進(진)	↔	退(퇴)
忠(충)	↔	逆(역)
呼(호)	↔	吸(흡)

4급

4급✿(전) 앞의 한자

干(간)	↔	滿(만)
簡(간)	↔	細(세)
甘(감)	↔	苦(고)
巨(거)	↔	細(세)
攻(공)	↔	防(방)
攻(공)	↔	守(수)
君(군)	↔	民(민)
君(군)	↔	臣(신)
起(기)	↔	結(결)
得(득)	↔	失(실)
損(손)	↔	得(득)
損(손)	↔	益(익)
與(여)	↔	受(수)
與(여)	↔	野(야)
迎(영)	↔	送(송)
豫(예)	↔	決(결)
怨(원)	↔	恩(은)
隱(은)	↔	見(견)
隱(은)	↔	現(현)
異(이)	↔	同(동)
離(이)	↔	合(합)
存(존)	↔	亡(망)
存(존)	↔	無(무)
投(투)	↔	打(타)
顯(현)	↔	蜜(밀)
刑(형)	↔	罪(죄)
喜(희)	↔	怒(로)

喜(희)	↔	悲(비)

4급✿(후) 뒤의 한자

可(가)	↔	否(부)
開(개)	↔	閉(폐)
公(공)	↔	私(사)
起(기)	↔	伏(복)
難(난)	↔	易(이)
單(단)	↔	複(복)
當(당)	↔	否(부)
同(동)	↔	異(이)
動(동)	↔	靜(정)
登(등)	↔	降(강)
滿(만)	↔	干(간)
悲(비)	↔	歡(환)
悲(비)	↔	喜(희)
送(송)	↔	迎(영)
勝(승)	↔	負(부)
信(신)	↔	疑(의)
實(실)	↔	否(부)
安(안)	↔	否(부)
安(안)	↔	危(위)
良(량)	↔	否(부)
然(연)	↔	否(부)
恩(은)	↔	怨(원)
理(이)	↔	亂(란)
罪(죄)	↔	刑(형)
主(주)	↔	從(종)
增(증)	↔	損(손)
集(집)	↔	散(산)
出(출)	↔	納(납)
治(치)	↔	亂(란)
會(회)	↔	散(산)

4급✳(전후) 앞/뒤 한자

隱(은)	↔	顯(현)
姉(자)	↔	妹(매)

3급II

3급II✿(전) 앞의 한자

啓(계)	↔	閉(폐)

姑(고)	↔	婦(부)
及(급)	↔	落(락)
諾(낙)	↔	否(부)
旦(단)	↔	夕(석)
腹(복)	↔	背(배)
卑(비)	↔	高(고)
邪(사)	↔	正(정)
詳(상)	↔	略(략)
需(수)	↔	給(급)
乘(승)	↔	降(강)
昇(승)	↔	降(강)
乘(승)	↔	除(제)
雅(아)	↔	俗(속)
哀(애)	↔	樂(락)
哀(애)	↔	歡(환)
緩(완)	↔	急(급)
吏(이)	↔	民(민)
坐(좌)	↔	立(립)
憎(증)	↔	愛(애)
贊(찬)	↔	反(반)
淺(천)	↔	深(심)
吐(토)	↔	納(납)
廢(폐)	↔	立(립)
廢(폐)	↔	置(치)
皮(피)	↔	骨(골)
玄(현)	↔	素(소)
禍(화)	↔	福(복)
胸(흉)	↔	背(배)

3급II ✿(후) 뒤의 한자

高(고)	↔	卑(비)
貴(귀)	↔	賤(천)
急(급)	↔	緩(완)
起(기)	↔	陷(함)
老(유)	↔	幼(유)
多(다)	↔	寡(과)
頭(두)	↔	尾(미)
得(득)	↔	喪(상)
明(명)	↔	滅(멸)
夫(부)	↔	妻(처)
生(생)	↔	滅(멸)
生(생)	↔	沒(몰)
盛(성)	↔	衰(쇠)
首(수)	↔	尾(미)

受(수)	↔	拂(불)
深(심)	↔	淺(천)
愛(애)	↔	憎(증)
榮(영)	↔	辱(욕)
溫(온)	↔	涼(량)
往(왕)	↔	還(환)
任(임)	↔	免(면)
長(장)	↔	幼(유)
正(정)	↔	邪(사)
正(정)	↔	僞(위)
早(조)	↔	晚(만)
存(존)	↔	滅(멸)
存(존)	↔	沒(몰)
尊(존)	↔	卑(비)
尊(존)	↔	侍(시)
存(존)	↔	廢(폐)
衆(중)	↔	寡(과)
增(증)	↔	削(삭)
智(지)	↔	愚(우)
眞(진)	↔	僞(위)
天(천)	↔	壤(양)
出(출)	↔	沒(몰)
取(취)	↔	貸(대)
表(표)	↔	裏(리)
豊(풍)	↔	薄(박)
顯(현)	↔	微(미)
賢(현)	↔	愚(우)
形(형)	↔	影(영)
厚(후)	↔	薄(박)

3급II ✳(전후) 앞/뒤 한자

剛(강)	↔	柔(유)
乾(건)	↔	濕(습)
硬(경)	↔	軟(연)
供(공)	↔	需(수)
寬(관)	↔	猛(맹)
奴(노)	↔	婢(비)
貸(대)	↔	借(차)
浮(부)	↔	沈(침)
抑(억)	↔	揚(양)
炎(염)	↔	涼(량)
縱(종)	↔	橫(횡)
借(차)	↔	貸(대)
沈(침)	↔	浮(부)

彼(피)	↔	我(아)
彼(피)	↔	此(차)

3급

3급✿(전) 앞의 한자

騰(등)	↔	落(락)
煩(번)	↔	簡(간)
賓(빈)	↔	主(주)
朔(삭)	↔	望(망)
暑(서)	↔	寒(한)
伸(신)	↔	縮(축)
燥(조)	↔	濕(습)
贈(증)	↔	答(답)
遲(지)	↔	速(속)
添(첨)	↔	減(감)
添(첨)	↔	削(삭)
晴(청)	↔	雨(우)
晴(청)	↔	陰(음)
醜(추)	↔	美(미)
昏(혼)	↔	明(명)
毁(훼)	↔	譽(예)

3급✿(후) 뒤의 한자

乾(건)	↔	坤(곤)
經(경)	↔	緯(위)
慶(경)	↔	弔(조)
巧(교)	↔	拙(졸)
屈(굴)	↔	伸(신)
弓(궁)	↔	矢(시)
勤(근)	↔	慢(만)
勤(근)	↔	怠(태)
今(금)	↔	昔(석)
飢(기)	↔	飽(포)
美(미)	↔	醜(추)
叔(숙)	↔	姪(질)
榮(영)	↔	枯(고)
往(왕)	↔	返(반)
用(용)	↔	捨(사)
優(우)	↔	劣(열)
雨(우)	↔	晴(청)
陰(음)	↔	晴(청)

田(전)	↔	畓(답)
朝(조)	↔	暮(모)
坐(좌)	↔	臥(와)
淸(청)	↔	濁(탁)
取(취)	↔	捨(사)
快(쾌)	↔	鈍(둔)
閑(한)	↔	忙(망)
寒(한)	↔	暑(서)

3급✽(전후) 앞/뒤 한자

鈍(둔)	↔	敏(민)
銳(예)	↔	鈍(둔)

2급䄂

2급䄂 ✿(전) 앞의 한자

購(구)	↔	賣(매)
購(구)	↔	販(판)
濃(농)	↔	淡(담)
濃(농)	↔	薄(박)
溺(닉)	↔	浮(부)
裸(라)	↔	着(착)
拉(랍)	↔	推(추)
枚(매)	↔	總(총)
枚(매)	↔	咸(함)
碩(석)	↔	小(소)
紹(소)	↔	切(절)
紹(소)	↔	絕(절)
厭(염)	↔	好(호)
穩(온)	↔	危(위)
雌(자)	↔	雄(웅)
悽(처)	↔	歡(환)
悽(처)	↔	喜(희)
隻(척)	↔	雙(쌍)

2급䄂 ✿(후) 뒤의 한자

干(간)	↔	戈(과)
干(간)	↔	矛(모)
皆(개)	↔	枚(매)
男(남)	↔	姬(희)
斷(단)	↔	紹(소)
答(답)	↔	諮(자)

凍(동)	↔	熔(용)
凍(동)	↔	融(융)
郞(랑)	↔	姬(희)
漫(만)	↔	綜(종)
漫(만)	↔	輯(집)
微(미)	↔	碩(석)
班(반)	↔	綜(종)
防(방)	↔	歐(구)
保(보)	↔	歐(구)
分(분)	↔	綜(종)
散(산)	↔	綜(종)
散(산)	↔	輯(집)
析(석)	↔	綜(종)
守(수)	↔	歐(구)
悅(열)	↔	悽(처)
推(추)	↔	惹(야)

2급䄂 ✽(전후) 앞/뒤 한자

戈(과)	↔	盾(순)
矛(모)	↔	盾(순)

2급名

2급名 ✿(전) 앞의 한자

俛(면)	↔	仰(앙)
盈(영)	↔	虛(허)
陟(척)	↔	降(강)

2급名 ✿(후) 뒤의 한자

降(강)	↔	陟(척)
慨(개)	↔	兌(태)
槪(개)	↔	兌(태)
巨(거)	↔	扁(편)
坤(곤)	↔	旻(민)
坤(곤)	↔	昊(호)
空(공)	↔	盈(영)
廣(광)	↔	陜(협)
男(남)	↔	媛(원)
大(대)	↔	扁(편)
凍(동)	↔	溶(용)
郞(랑)	↔	媛(원)
漠(막)	↔	陜(협)
漫(만)	↔	聚(취)

問(문)	↔	俞(유)
微(미)	↔	价(개)
微(미)	↔	甫(보)
微(미)	↔	丕(비)
微(미)	↔	奭(석)
民(민)	↔	后(후)
博(박)	↔	陜(협)
放(방)	↔	秉(병)
普(보)	↔	陜(협)
悲(비)	↔	怡(이)
悲(비)	↔	兌(태)
妃(비)	↔	后(후)
卑(비)	↔	埈(준)
卑(비)	↔	峻(준)
卑(비)	↔	崔(최)
卑(비)	↔	亢(항)
散(산)	↔	聚(취)
小(소)	↔	价(개)
小(소)	↔	甫(보)
小(소)	↔	丕(비)
小(소)	↔	奭(석)
臣(신)	↔	后(후)
殃(앙)	↔	祐(우)
殃(앙)	↔	祚(조)
殃(앙)	↔	祜(호)
殃(앙)	↔	嬉(희)
哀(애)	↔	怡(이)
哀(애)	↔	兌(태)
嗚(오)	↔	怡(이)
嗚(오)	↔	兌(태)
災(재)	↔	祐(우)
災(재)	↔	祚(조)
災(재)	↔	祜(호)
災(재)	↔	禧(희)
低(저)	↔	埈(준)
低(저)	↔	峻(준)
低(저)	↔	崔(최)
低(저)	↔	亢(항)
地(지)	↔	旻(민)
地(지)	↔	昊(호)
淺(천)	↔	濬(준)
淺(천)	↔	滉(황)
醜(추)	↔	徽(휘)
醜(추)	↔	烋(휴)

醜(추)	↔	嬉(희)
太(태)	↔	扁(편)
虛(허)	↔	盈(영)
玄(현)	↔	皓(호)
浩(호)	↔	陝(협)
弘(홍)	↔	扁(편)
洪(홍)	↔	陝(협)
禍(화)	↔	祐(우)
禍(화)	↔	祚(조)
禍(화)	↔	祜(호)
禍(화)	↔	禧(희)
黑(흑)	↔	皓(호)

2급▨◈(전) / 2급▨✿(후) 앞/뒤 한자

悼(도)	↔	怡(이)
悼(도)	↔	兌(태)
汎(범)	↔	陝(협)
碩(석)	↔	扁(편)
悽(처)	↔	怡(이)
悽(처)	↔	兌(태)

1급

1급◈(전) 앞의 한자

艱(간)	↔	易(이)
昆(곤)	↔	弟(제)
舅(구)	↔	姑(고)
倦(권)	↔	勤(근)
戟(극)	↔	盾(순)
擒(금)	↔	縱(종)
肌(기)	↔	骨(골)
拮(길)	↔	抗(항)
斂(렴)	↔	散(산)
俯(부)	↔	仰(앙)
糞(분)	↔	尿(뇨)
臂(비)	↔	脚(각)
誹(비)	↔	譽(예)
醒(성)	↔	醉(취)
疎(소)	↔	密(밀)
瘦(수)	↔	肥(비)
爺(야)	↔	孃(양)
夭(요)	↔	壽(수)
嫡(적)	↔	庶(서)

吞(탄)	↔	吐(토)
鹹(함)	↔	淡(담)
弧(호)	↔	矢(시)
晦(회)	↔	朔(삭)

1급✿(후) 뒤의 한자

姑(고)	↔	舅(구)
考(고)	↔	妣(비)
廣(광)	↔	狹(협)
勤(근)	↔	惰(타)
冷(냉)	↔	煖(난)
蠻(만)	↔	狄(적)
鳳(봉)	↔	凰(황)
肥(비)	↔	瘠(척)
朔(삭)	↔	晦(회)
序(서)	↔	跋(발)
庶(서)	↔	嫡(적)
疏(소)	↔	阻(조)
壽(수)	↔	夭(요)
仰(앙)	↔	俯(부)
迎(영)	↔	餞(전)
翁(옹)	↔	壻(서)
恩(은)	↔	讎(수)
低(저)	↔	昂(앙)
絕(절)	↔	嗣(사)
淨(정)	↔	穢(예)
精(정)	↔	粗(조)
縱(종)	↔	擒(금)
主(주)	↔	僕(복)
晝(주)	↔	宵(소)
增(증)	↔	刪(산)
晴(청)	↔	曇(담)
推(추)	↔	挽(만)
推(추)	↔	輓(만)
忠(충)	↔	奸(간)
娶(취)	↔	嫁(가)
醉(취)	↔	醒(성)
親(친)	↔	疎(소)
吐(토)	↔	吞(탄)
寒(한)	↔	煖(난)
橫(횡)	↔	豎(수)

1급✽(전후) 앞/뒤 한자

嫁(가)	↔	娶(취)
舅(구)	↔	甥(생)

巫(무)	↔	覡(격)
匕(비)	↔	箸(저)
翡(비)	↔	翠(취)
匙(시)	↔	箸(저)
寤(오)	↔	寐(매)
凹(요)	↔	凸(철)
鴛(원)	↔	鴦(앙)
桎(질)	↔	梏(곡)
凸(철)	↔	凹(요)
褒(포)	↔	貶(폄)
膾(회)	↔	炙(자)

8~1급 반대어(2자)

6급

6급◈(전) 앞의 한자어

訓讀(훈독)	↔	音讀(음독)

6급✽(전후) 앞/뒤 한자어

遠洋(원양)	↔	近海(근해)

5급II

5급II✿(후) 뒤의 한자어

對話(대화)	↔	獨白(독백)

5급II✽(전후) 앞/뒤 한자어

感性(감성)	↔	理性(이성)
情神(정신)	↔	物質(물질)

5급

5급✿(후) 뒤의 한자어

結果(결과)	↔	原因(원인)

5급✽(전후) 앞/뒤 한자어

獨唱(독창)	↔	合唱(합창)

4급II

4급II ❀(전) 앞의 한자어

溫暖(온난) ↔ 寒冷(한랭)
應用(응용) ↔ 原理(원리)
人爲(인위) ↔ 自然(자연)
低下(저하) ↔ 向上(향상)

4급II ✿(후) 뒤의 한자어

加重(가중) ↔ 輕減(경감)
過失(과실) ↔ 故意(고의)
當番(당번) ↔ 非番(비번)
白晝(백주) ↔ 深夜(심야)
遠心(원심) ↔ 求心(구심)
許可(허가) ↔ 禁止(금지)
現實(현실) ↔ 理想(이상)

4급II ❈(전후) 앞/뒤 한자어

間接(간접) ↔ 直接(직접)
減産(감산) ↔ 增産(증산)
義務(의무) ↔ 權利(권리)
增進(증진) ↔ 減退(감퇴)
支出(지출) ↔ 收入(수입)
進步(진보) ↔ 保守(보수)
總角(총각) ↔ 處女(처녀)
忠臣(충신) ↔ 逆臣(역신)
退步(퇴보) ↔ 進步(진보)
夏至(하지) ↔ 冬至(동지)

4급

4급❀(전) 앞의 한자어

拒否(거부) ↔ 承認(승인)
複雜(복잡) ↔ 單純(단순)
容易(용이) ↔ 難解(난해)
怨恨(원한) ↔ 恩惠(은혜)
異端(이단) ↔ 正統(정통)
質疑(질의) ↔ 應答(응답)
聽者(청자) ↔ 話者(화자)
稱讚(칭찬) ↔ 非難(비난)
脫退(탈퇴) ↔ 加入(가입)
解散(해산) ↔ 集合(집합)

革新(혁신) ↔ 保守(보수)

4급✿(후) 뒤의 한자어

可決(가결) ↔ 否決(부결)
內包(내포) ↔ 外延(외연)
單式(단식) ↔ 複式(복식)
送舊(송구) ↔ 迎新(영신)
惡化(악화) ↔ 好轉(호전)
治世(치세) ↔ 亂世(난세)
快樂(쾌락) ↔ 苦痛(고통)
平等(평등) ↔ 差別(차별)

4급❈(전후) 앞/뒤 한자어

干潮(간조) ↔ 滿潮(만조)
困難(곤란) ↔ 容易(용이)
均等(균등) ↔ 差等(차등)
辭任(사임) ↔ 就任(취임)

3급II

3급II ❀(전) 앞의 한자어

架空(가공) ↔ 實際(실제)
幹線(간선) ↔ 支線(지선)
寬大(관대) ↔ 嚴格(엄격)
及第(급제) ↔ 落第(낙제)
弄談(농담) ↔ 眞談(진담)
農繁(농번) ↔ 農閑(농한)
漠然(막연) ↔ 確然(확연)
微視(미시) ↔ 巨視(거시)
富裕(부유) ↔ 貧窮(빈궁)
紛爭(분쟁) ↔ 和解(화해)
相逢(상봉) ↔ 離別(이별)
消滅(소멸) ↔ 生成(생성)
習得(습득) ↔ 遺失(유실)
韻文(운문) ↔ 散文(산문)
臨時(임시) ↔ 經常(경상)
潛在(잠재) ↔ 顯在(현재)
漸進(점진) ↔ 急進(급진)
左遷(좌천) ↔ 榮轉(영전)
贊成(찬성) ↔ 反對(반대)
破壞(파괴) ↔ 建設(건설)
廢業(폐업) ↔ 開業(개업)

被害(피해) ↔ 加害(가해)
畢讀(필독) ↔ 始讀(시독)
虛僞(허위) ↔ 眞實(진실)
紅顔(홍안) ↔ 白髮(백발)

3급II ✿(후) 뒤의 한자어

傑作(걸작) ↔ 拙作(졸작)
近接(근접) ↔ 遠隔(원격)
奇數(기수) ↔ 偶數(우수)
納稅(납세) ↔ 徵稅(징세)
朗讀(낭독) ↔ 默讀(묵독)
能動(능동) ↔ 被動(피동)
發生(발생) ↔ 消滅(소멸)
生面(생면) ↔ 熟面(숙면)
新婦(신부) ↔ 新郎(신랑)
安靜(안정) ↔ 興奮(흥분)
原告(원고) ↔ 被告(피고)
原書(원서) ↔ 譯書(역서)
精算(정산) ↔ 槪算(개산)
重厚(중후) ↔ 輕薄(경박)
必然(필연) ↔ 偶然(우연)
下待(하대) ↔ 恭待(공대)
顯官(현관) ↔ 微官(미관)
吸氣(흡기) ↔ 排氣(배기)

3급II ❈(전후) 앞/뒤 한자어

剛健(강건) ↔ 柔弱(유약)
槪述(개술) ↔ 詳述(상술)
高雅(고아) ↔ 卑俗(비속)
供給(공급) ↔ 需要(수요)
拘束(구속) ↔ 放免(방면)
滅亡(멸망) ↔ 隆盛(융성)
未熟(미숙) ↔ 老鍊(노련)
昇天(승천) ↔ 降臨(강림)
愼重(신중) ↔ 輕率(경솔)
抑制(억제) ↔ 促進(촉진)
外柔(외유) ↔ 內剛(내강)
柔和(유화) ↔ 強硬(강경)
隆起(융기) ↔ 沈降(침강)
超人(초인) ↔ 凡人(범인)
陷沒(함몰) ↔ 隆起(융기)
興奮(흥분) ↔ 鎭靜(진정)

3급

3급❀(전) 앞의 한자어

干涉(간섭)	↔	放任(방임)
僅少(근소)	↔	過多(과다)
濫用(남용)	↔	節約(절약)
忘却(망각)	↔	記憶(기억)
模倣(모방)	↔	創造(창조)
緩慢(완만)	↔	急激(급격)
弔客(조객)	↔	賀客(하객)
拙劣(졸렬)	↔	巧妙(교묘)
慘敗(참패)	↔	快勝(쾌승)
抽象(추상)	↔	具體(구체)

3급❀(후) 뒤의 한자어

公平(공평)	↔	偏頗(편파)
不當(부당)	↔	妥當(타당)
削減(삭감)	↔	添加(첨가)
洗練(세련)	↔	稚拙(치졸)
濕潤(습윤)	↔	乾燥(건조)
愛好(애호)	↔	嫌惡(혐오)
年頭(연두)	↔	歲暮(세모)
靜肅(정숙)	↔	騷亂(소란)
定着(정착)	↔	漂流(표류)
借用(차용)	↔	返濟(반제)
縮小(축소)	↔	擴大(확대)
統合(통합)	↔	分析(분석)
特殊(특수)	↔	普遍(보편)
下落(하락)	↔	騰貴(등귀)

3급✳(전후) 앞/뒤 한자어

敏速(민속)	↔	遲鈍(지둔)
飽食(포식)	↔	饑餓(기아)

2급❀(전) 앞의 한자어

揭揚(게양)	↔	下旗(하기)
濃色(농색)	↔	淡色(담색)
濃粧(농장)	↔	淡粧(담장)
濃厚(농후)	↔	稀薄(희박)
碩學(석학)	↔	淺學(천학)

禪尼(선니)	↔	禪門(선문)
融解(융해)	↔	凝固(응고)

2급❀(후) 뒤의 한자어

過激(과격)	↔	穩健(온건)
樂天(낙천)	↔	厭世(염세)
埋沒(매몰)	↔	發掘(발굴)
明朗(명랑)	↔	憂鬱(우울)
文明(문명)	↔	野蠻(야만)
分析(분석)	↔	綜合(종합)
仙界(선계)	↔	紅塵(홍진)
淑女(숙녀)	↔	紳士(신사)
王道(왕도)	↔	覇道(패도)
優待(우대)	↔	虐待(학대)
絶讚(절찬)	↔	酷評(혹평)
陳腐(진부)	↔	斬新(참신)
贊評(찬평)	↔	酷評(혹평)

2급❀✳(전후) 앞/뒤 한자어

減俸(감봉)	↔	增俸(증봉)
公翰(공한)	↔	私翰(사한)
舊型(구형)	↔	新型(신형)
大型(대형)	↔	小型(소형)
模型(모형)	↔	原型(원형)
搬入(반입)	↔	搬出(반출)
反託(반탁)	↔	贊託(찬탁)
上廻(상회)	↔	下廻(하회)
野圈(야권)	↔	與圈(여권)
入闕(입궐)	↔	退闕(퇴궐)
着帽(착모)	↔	脫帽(탈모)
彰善(창선)	↔	彰惡(창악)
酷暑(혹서)	↔	酷寒(혹한)

2급❀(전) 앞의 한자어

杜絶(두절)	↔	不絶(부절)
敷衍(부연)	↔	省略(생략)
溶解(용해)	↔	凝固(응고)

2급❀(후) 뒤의 한자어

薄畓(박답)	↔	沃畓(옥답)
薄土(박토)	↔	沃土(옥토)

2급❀✳(전후) 앞/뒤 한자어

可溶(가용)	↔	不溶(불용)
無柄(무병)	↔	有柄(유병)
不允(불윤)	↔	允許(윤허)

1급

1급❀(전) 앞의 한자어

苛政(가정)	↔	寬政(관정)
謙遜(겸손)	↔	傲慢(오만)
郊餞(교전)	↔	郊迎(교영)
內廓(내곽)	↔	外郭(외곽)
駑馬(노마)	↔	駿馬(준마)
老婆(노파)	↔	老翁(노옹)
訥辯(눌변)	↔	能辯(능변)
唐惶(당황)	↔	沈着(침착)
獨占(독점)	↔	均霑(균점)
反駁(반박)	↔	共鳴(공명)
潑剌(발랄)	↔	陰鬱(음울)
疎生(소생)	↔	密生(밀생)
疎遠(소원)	↔	緊密(긴밀)
疎遠(소원)	↔	親近(친근)
順坦(순탄)	↔	險難(험난)
永劫(영겁)	↔	瞬間(순간)
永劫(영겁)	↔	瞬時(순시)
永劫(영겁)	↔	瞬息(순식)
永劫(영겁)	↔	轉瞬(전순)
永劫(영겁)	↔	刹那(찰나)
永劫(영겁)	↔	片刻(편각)
玉碎(옥쇄)	↔	瓦全(와전)
咀呪(저주)	↔	祝福(축복)
咀呪(저주)	↔	祝願(축원)
咀呪(저주)	↔	祝賀(축하)
嫡家(적가)	↔	庶家(서가)
嫡女(적녀)	↔	庶女(서녀)
嫡流(적류)	↔	庶流(서류)
嫡孫(적손)	↔	庶孫(서손)
嫡子(적자)	↔	庶子(서자)
嫡統(적통)	↔	庶系(서계)
嫡派(적파)	↔	庶派(서파)
嫡兄(적형)	↔	庶兄(서형)
從僕(종복)	↔	從婢(종비)

1급✿(후) 뒤의 한자어

開口(개구)	↔	緘口(함구)
開封(개봉)	↔	緘封(함봉)
儉素(검소)	↔	奢侈(사치)
儉約(검약)	↔	奢侈(사치)
孤族(고족)	↔	蕃族(번족)
貫徹(관철)	↔	挫折(좌절)
廣義(광의)	↔	狹義(협의)
歸納(귀납)	↔	演繹(연역)
貴地(귀지)	↔	陋地(누지)
勤農(근농)	↔	懶農(나농)
勤勉(근면)	↔	怠惰(태타)
起工(기공)	↔	竣工(준공)
緊張(긴장)	↔	解弛(해이)
吉相(길상)	↔	兇相(흉상)
扶桑(부상)	↔	昧谷(매곡)
相生(상생)	↔	相剋(상극)
先祖(선조)	↔	後裔(후예)
收縮(수축)	↔	膨脹(팽창)
良俗(양속)	↔	陋俗(누속)
榮光(영광)	↔	羞恥(수치)
迎接(영접)	↔	餞送(전송)
勇敢(용감)	↔	卑怯(비겁)
利己(이기)	↔	犧牲(희생)
自由(자유)	↔	束縛(속박)
長壽(장수)	↔	夭折(요절)
節約(절약)	↔	奢侈(사치)
精巧(정교)	↔	粗惡(조악)
精農(정농)	↔	惰農(타농)
精密(정밀)	↔	粗雜(조잡)
左顧(좌고)	↔	右眄(우면)

1급✽(전후) 앞/뒤 한자어

左遷(좌천)	↔	喬遷(교천)
俊才(준재)	↔	駑才(노재)
俊才(준재)	↔	駑材(노재)
遲鈍(지둔)	↔	敏捷(민첩)
持續(지속)	↔	間歇(간헐)
進取(진취)	↔	退嬰(퇴영)
秩序(질서)	↔	混沌(혼돈)
創造(창조)	↔	摸倣(모방)
天才(천재)	↔	白癡(백치)
晴天(청천)	↔	曇天(담천)
推仰(추앙)	↔	凌蔑(능멸)
親家(친가)	↔	媤宅(시댁)
稱讚(칭찬)	↔	詰難(힐난)
下落(하락)	↔	昂騰(앙등)

強靭(강인)	↔	懦弱(나약)
謙遜(겸손)	↔	倨慢(거만)
謙遜(겸손)	↔	驕慢(교만)
股陰(고음)	↔	股陽(고양)
古註(고주)	↔	新註(신주)
灌木(관목)	↔	喬木(교목)
勤勉(근면)	↔	懶怠(나태)
旣娶(기취)	↔	未娶(미취)
吉卦(길괘)	↔	凶卦(흉괘)
內艱(내간)	↔	外艱(외간)
內廓(내곽)	↔	外廓(외곽)
當籤(당첨)	↔	落籤(낙첨)
大秤(대칭)	↔	小秤(소칭)
棟箭(동전)	↔	長箭(장전)
登盆(등분)	↔	退盆(퇴분)

無梗(무경)	↔	有梗(유경)
無莖(무경)	↔	有莖(유경)
敏腕(민완)	↔	鈍腕(둔완)
潑剌(발랄)	↔	萎縮(위축)
私函(사함)	↔	公緘(공함)
私函(사함)	↔	公函(공함)
上顎(상악)	↔	下顎(하악)
生鰒(생복)	↔	熟鰒(숙복)
先牌(선패)	↔	末牌(말패)
盛饌(성찬)	↔	粗饌(조찬)
受賂(수뢰)	↔	贈賂(증뢰)
收賄(수회)	↔	贈賄(증회)
衙奴(아노)	↔	衙婢(아비)
完帙(완질)	↔	落帙(낙질)
外殼(외각)	↔	內殼(내각)
外寇(외구)	↔	內寇(내구)
外壘(외루)	↔	內壘(내루)
凹面(요면)	↔	凸面(철면)
凹彫(요조)	↔	凸彫(철조)
前頸(전경)	↔	後頸(후경)
前肢(전지)	↔	後肢(후지)
縱斑(종반)	↔	橫斑(횡반)
縱綴(종철)	↔	橫綴(횡철)
左腕(좌완)	↔	右腕(우완)
左頰(좌협)	↔	右頰(우협)
捷徑(첩경)	↔	迂路(우로)
出牢(출뢰)	↔	入牢(입뢰)
出帆(출범)	↔	歸帆(귀범)
獻饌(헌찬)	↔	撤饌(철찬)

8~1급 반대어(3자)

上終價(상종가) ↔ 下終價(하종가)

5급

5급✿(후) 뒤의 한자어
勝利者(승리자) ↔ 敗北者(패배자)

5급✽(전후) 앞/뒤 한자어
落選人(낙선인) ↔ 當選人(당선인)

4급II

4급II❀(전) 앞의 한자어
大殺年(대살년) ↔ 大有年(대유년)

4급II✿(후) 뒤의 한자어
都給人(도급인) ↔ 受給人(수급인)

發信人(발신인) ↔ 受信人(수신인)
凶漁期(흉어기) ↔ 豊漁期(풍어기)

4급II ✳(전후) 앞/뒤 한자어

老處女(노처녀) ↔ 老總角(노총각)
白眼視(백안시) ↔ 靑眼視(청안시)
富益富(부익부) ↔ 貧益貧(빈익빈)
不文律(불문율) ↔ 成文律(성문율)
兩非論(양비론) ↔ 兩是論(양시론)

4급

4급 ✿(후) 뒤의 한자어

單純性(단순성) ↔ 複雜性(복잡성)
同質化(동질화) ↔ 異質化(이질화)
門外漢(문외한) ↔ 專門家(전문가)

4급 ✳(전후) 앞/뒤 한자어

可燃性(가연성) ↔ 不燃性(불연성)
輸入額(수입액) ↔ 支出額(지출액)
逆轉勝(역전승) ↔ 逆戰敗(역전패)
立席券(입석권) ↔ 座席券(좌석권)
就任辭(취임사) ↔ 離任辭(이임사)

3급II ❀(전) 앞의 한자어

高踏的(고답적) ↔ 世俗的(세속적)
及第點(급제점) ↔ 落第點(낙제점)
農繁期(농번기) ↔ 農閑期(농한기)
昇壓器(승압기) ↔ 降壓器(강압기)

3급II ✿(후) 뒤의 한자어

開放性(개방성) ↔ 閉鎖性(폐쇄성)
巨視的(거시적) ↔ 微視的(미시적)
奇順列(기순열) ↔ 偶順列(우순열)
買受人(매수인) ↔ 賣渡人(매도인)
必然性(필연성) ↔ 偶然性(우연성)

3급II ✳(전후) 앞/뒤 한자어

開架式(개가식) ↔ 閉架式(폐가식)
非需期(비수기) ↔ 盛需期(성수기)
夕刊紙(석간지) ↔ 朝刊紙(조간지)
小口徑(소구경) ↔ 大口徑(대구경)
送荷人(송하인) ↔ 受荷人(수하인)
輸入國(수입국) ↔ 輸出國(수출국)
拾得物(습득물) ↔ 紛失物(분실물)
始發驛(시발역) ↔ 終着驛(종착역)
嚴侍下(엄시하) ↔ 慈侍下(자시하)
外斜面(외사면) ↔ 內斜面(내사면)
外疏薄(외소박) ↔ 內疏薄(내소박)
賃貸料(임대료) ↔ 賃借料(임차료)
積極策(적극책) ↔ 消極策(소극책)
早熟性(조숙성) ↔ 晚熟性(만숙성)
縱斷面(종단면) ↔ 橫斷面(횡단면)
增加率(증가율) ↔ 減少率(감소율)
初盤戰(초반전) ↔ 終盤戰(종반전)
出發驛(출발역) ↔ 到着驛(도착역)
廢刊號(폐간호) ↔ 創刊號(창간호)
歡送宴(환송연) ↔ 歡迎宴(환영연)

3급

3급 ❀(전) 앞의 한자어

急騰勢(급등세) ↔ 急落勢(급락세)
旣決案(기결안) ↔ 未決案(미결안)
劣等感(열등감) ↔ 優越感(우월감)
販賣品(판매품) ↔ 非賣品(비매품)
暴騰勢(폭등세) ↔ 暴落勢(폭락세)

3급 ✿(후) 뒤의 한자어

具體的(구체적) ↔ 抽象的(추상적)
大丈夫(대장부) ↔ 拙丈夫(졸장부)
合憲性(합헌성) ↔ 違憲性(위헌성)

3급 ✳(전후) 앞/뒤 한자어

唯心論(유심론) ↔ 唯物論(유물론)
閑中忙(한중망) ↔ 忙中閑(망중한)

2급常

2급圈 ✿(전) 앞의 한자어
購買者(구매자) ↔ 販賣者(판매자)

2급圈 ✿(후) 뒤의 한자어
根本的(근본적) ↔ 彌縫的(미봉적)
樂天家(낙천가) ↔ 厭世家(염세가)

2급圈 ✳(전후) 앞/뒤 한자어
南極圈(남극권) ↔ 北極圈(북극권)
搬入量(반입량) ↔ 搬出量(반출량)
上位圈(상위권) ↔ 下位圈(하위권)
受託人(수탁인) ↔ 委託人(위탁인)
女俳優(여배우) ↔ 男俳優(남배우)
胞胎法(포태법) ↔ 避妊法(피임법)

2급名

2급名 ✳(전후) 앞/뒤 한자어
可溶性(가용성) ↔ 不溶性(불용성)

1급

1급✿(전) 앞의 한자어
愉快感(유쾌감) ↔ 不快感(불쾌감)

1급✳(전후) 앞/뒤 한자어
擒而縱(금이종) ↔ 縱而擒(종이금)
旣墾地(기간지) ↔ 未墾地(미간지)
落帙本(낙질본) ↔ 完帙本(완질본)
無夫妓(무부기) ↔ 有夫妓(유부기)
上顎骨(상악골) ↔ 下顎骨(하악골)
上顎部(상악부) ↔ 下顎部(하악부)
受賂罪(수뢰죄) ↔ 贈賂罪(증뢰죄)

8~1급 반대어(4자)

5급Ⅱ

5급Ⅱ✿(전) 앞의 한자어
卒年月日(졸년월일) ↔ 生年月日(생년월일)

5급

5급✳(전후) 앞/뒤 한자어
吉則大凶(길즉대흉) ↔ 凶則大吉(흉즉대길)

4급Ⅱ

4급Ⅱ✳(전후) 앞/뒤 한자어
樂觀論者(낙관론자) ↔ 悲觀論者(비관론자)
下意上達(하의상달) ↔ 上意下達(상의하달)

4급

4급✳(전후) 앞/뒤 한자어
暖房裝置(난방장치) ↔ 冷房裝置(냉방장치)
歲入豫算(세입예산) ↔ 歲出豫算(세출예산)
支出豫算(지출예산) ↔ 收入豫算(수입예산)
興盡悲來(흥진비래) ↔ 苦盡甘來(고진감래)

3급Ⅱ

3급Ⅱ✿(전) 앞의 한자어
景氣上昇(경기상승) ↔ 景氣下降(경기하강)
高臺廣室(고대광실) ↔ 微官末職(미관말직)
凍氷寒雪(동빙한설) ↔ 和風暖陽(화풍난양)

3급Ⅱ✿(후) 뒤의 한자어

高山流水(고산유수)	↔	市道之交(시도지교)
奇數拍子(기수박자)	↔	偶數拍子(우수박자)

3급Ⅱ✳(전후) 앞/뒤 한자어

輕擧妄動(경거망동)	↔	隱忍自重(은인자중)
始終一貫(시종일관)	↔	龍頭蛇尾(용두사미)
我田引水(아전인수)	↔	易地思之(역지사지)

3급✿(전) 앞의 한자어

高官大爵(고관대작)	↔	微官末職(미관말직)
錦上添花(금상첨화)	↔	雪上加霜(설상가상)
違法行爲(위법행위)	↔	適法行爲(적법행위)

3급✿(후) 뒤의 한자어

見利思義(견리사의)	↔	見利忘義(견리망의)
物價下落(물가하락)	↔	物價騰貴(물가등귀)
流芳百世(유방백세)	↔	遺臭萬年(유취만년)
積善餘慶(적선여경)	↔	積惡餘殃(적악여앙)

2급名✿(전) 앞의 한자어

管鮑之交(관포지교)	↔	市道之交(시도지교)
弄璋之慶(농장지경)	↔	弄瓦之慶(농와지경)
麻中之蓬(마중지봉)	↔	近墨者黑(근묵자흑)
麻中之蓬(마중지봉)	↔	近朱者赤(근주자적)
博引旁證(박인방증)	↔	單文孤證(단문고증)
蓬萊弱水(봉래약수)	↔	一衣帶水(일의대수)

1급✿(전) 앞의 한자어

渴而穿井(갈이천정)	↔	居安思危(거안사위)

###		
渴而穿井(갈이천정)	↔	安居危思(안거위사)
渴而穿井(갈이천정)	↔	有備無患(유비무환)
剛毅木訥(강의목눌)	↔	巧言令色(교언영색)
凌雲之志(능운지지)	↔	陵雲之志(능운지지)
凌雲之志(능운지지)	↔	靑雲之志(청운지지)
亡羊補牢(망양보뢰)	↔	安居危思(안거위사)
亡羊補牢(망양보뢰)	↔	有備無患(유비무환)
亡牛補牢(망우보뢰)	↔	居安思危(거안사위)
亡牛補牢(망우보뢰)	↔	安居危思(안거위사)
亡牛補牢(망우보뢰)	↔	有備無患(유비무환)
門前雀羅(문전작라)	↔	門庭若市(문정약시)
粗衣惡食(조의악식)	↔	飽食暖衣(포식난의)
粗衣惡食(조의악식)	↔	好衣好食(호의호식)
粗衣粗食(조의조식)	↔	飽食暖衣(포식난의)
粗衣粗食(조의조식)	↔	好衣好食(호의호식)

1급✿(후) 뒤의 한자어

錦上添花(금상첨화)	↔	前虎後狼(전호후랑)
錦衣玉食(금의옥식)	↔	粗衣惡食(조의악식)
錦衣玉食(금의옥식)	↔	粗衣粗食(조의조식)
暖衣飽食(난의포식)	↔	粗衣惡食(조의악식)
暖衣飽食(난의포식)	↔	粗衣粗食(조의조식)
門前成市(문전성시)	↔	門前雀羅(문전작라)
崩城之痛(붕성지통)	↔	鼓盆之歎(고분지탄)
崩城之痛(붕성지통)	↔	叩盆之歎(고분지탄)
崩城之痛(붕성지통)	↔	鼓盆之痛(고분지통)
崩城之痛(붕성지통)	↔	叩盆之痛(고분지통)
松柏之質(송백지질)	↔	蒲柳之姿(포류지자)
松柏之質(송백지질)	↔	蒲柳之質(포류지질)

1급✳(전후) 앞/뒤 한자어

渴而穿井(갈이천정)	↔	曲突徙薪(곡돌사신)
亡羊補牢(망양보뢰)	↔	曲突徙薪(곡돌사신)
亡牛補牢(망우보뢰)	↔	曲突徙薪(곡돌사신)
形骸之內(형해지내)	↔	形骸之外(형해지외)

유의자, 유의어

8~1급 유의자

村(촌) ⇔ 里(리)

7급II

7급II❀(전) 앞의 한자

家(가) ⇔ 室(실)

7급II❀(후) 뒤의 한자

生(생) ⇔ 活(활)
室(실) ⇔ 家(가)

7급II✽(전후) 앞/뒤 한자

方(방) ⇔ 道(도)
方(방) ⇔ 正(정)
安(안) ⇔ 全(전)
安(안) ⇔ 平(평)
正(정) ⇔ 方(방)
正(정) ⇔ 直(직)
平(평) ⇔ 安(안)

7급

7급❀(전) 앞의 한자

同(동) ⇔ 一(일)
出(출) ⇔ 生(생)
便(편) ⇔ 安(안)

7급❀(후) 뒤의 한자

生(생) ⇔ 出(출)
一(일) ⇔ 同(동)
土(토) ⇔ 地(지)

7급✽(전후) 앞/뒤 한자

洞(동) ⇔ 里(리)
算(산) ⇔ 數(수)

6급II

6급II❀(전) 앞의 한자

計(계) ⇔ 算(산)
計(계) ⇔ 數(수)
共(공) ⇔ 同(동)
光(광) ⇔ 色(색)
堂(당) ⇔ 室(실)
明(명) ⇔ 白(백)
樂(악) ⇔ 歌(가)
業(업) ⇔ 事(사)
運(운) ⇔ 動(동)
和(화) ⇔ 平(평)

6급II❀(후) 뒤의 한자

歌(가) ⇔ 樂(악)
工(공) ⇔ 作(작)
道(도) ⇔ 理(리)
同(동) ⇔ 等(등)
文(문) ⇔ 書(서)
事(사) ⇔ 業(업)
世(세) ⇔ 界(계)
世(세) ⇔ 代(대)
平(평) ⇔ 等(등)
平(평) ⇔ 和(화)

6급II✽(전후) 앞/뒤 한자

光(광) ⇔ 明(명)
明(명) ⇔ 光(광)
社(사) ⇔ 會(회)
身(신) ⇔ 體(체)
才(재) ⇔ 術(술)
集(집) ⇔ 會(회)
體(체) ⇔ 身(신)
會(회) ⇔ 社(사)
會(회) ⇔ 集(집)

6급

6급❀(전) 앞의 한자

區(구) ⇔ 分(분)
郡(군) ⇔ 邑(읍)
綠(녹) ⇔ 靑(청)
番(번) ⇔ 第(제)
樹(수) ⇔ 林(림)
樹(수) ⇔ 木(목)
習(습) ⇔ 學(학)
言(언) ⇔ 語(어)
行(행) ⇔ 動(동)
畫(화) ⇔ 圖(도)
訓(훈) ⇔ 敎(교)

6급❀(후) 뒤의 한자

科(과) ⇔ 目(목)
敎(교) ⇔ 訓(훈)
急(급) ⇔ 速(속)
道(도) ⇔ 路(로)
圖(도) ⇔ 畫(화)
等(등) ⇔ 級(급)
名(명) ⇔ 號(호)
文(문) ⇔ 章(장)
分(분) ⇔ 區(구)
分(분) ⇔ 別(별)
題(제) ⇔ 目(목)
靑(청) ⇔ 綠(록)
洞(통) ⇔ 通(통)
學(학) ⇔ 習(습)
海(해) ⇔ 洋(양)
形(형) ⇔ 式(식)
話(화) ⇔ 言(언)

6급✽(전후) 앞/뒤 한자

區(구) ⇔ 別(별)
根(근) ⇔ 本(본)

本(본) ⇔ 根(근)
式(식) ⇔ 例(례)
永(영) ⇔ 遠(원)
英(영) ⇔ 特(특)
例(예) ⇔ 式(식)
衣(의) ⇔ 服(복)

5급 II

5급 II ❀(전) 앞의 한자

格(격) ⇔ 式(식)
告(고) ⇔ 白(백)
過(과) ⇔ 失(실)
己(기) ⇔ 身(신)
發(발) ⇔ 展(전)
法(법) ⇔ 度(도)
法(법) ⇔ 禮(례)
法(법) ⇔ 式(식)
産(산) ⇔ 生(생)
說(설) ⇔ 話(화)
性(성) ⇔ 心(심)
首(수) ⇔ 頭(두)
實(실) ⇔ 果(과)
兒(아) ⇔ 童(동)
養(양) ⇔ 育(육)
練(연) ⇔ 習(습)
偉(위) ⇔ 大(대)
陸(육) ⇔ 地(지)
典(전) ⇔ 例(례)
典(전) ⇔ 式(식)
情(정) ⇔ 意(의)
調(조) ⇔ 和(화)
州(주) ⇔ 郡(군)
質(질) ⇔ 朴(박)
質(질) ⇔ 正(정)
品(품) ⇔ 物(물)

5급 II ❀(후) 뒤의 한자

家(가) ⇔ 宅(택)
果(과) ⇔ 實(실)
軍(군) ⇔ 旅(려)
軍(군) ⇔ 兵(병)

軍(군) ⇔ 士(사)
記(기) ⇔ 識(지)
頭(두) ⇔ 首(수)
等(등) ⇔ 類(류)
明(명) ⇔ 朗(랑)
物(물) ⇔ 品(품)
朴(박) ⇔ 質(질)
部(부) ⇔ 類(류)
生(생) ⇔ 産(산)
習(습) ⇔ 練(련)
式(식) ⇔ 典(전)
心(심) ⇔ 性(성)
言(언) ⇔ 說(설)
年(연) ⇔ 歲(세)
例(예) ⇔ 法(법)
例(예) ⇔ 典(전)
育(육) ⇔ 養(양)
自(자) ⇔ 己(기)
第(제) ⇔ 宅(택)
集(집) ⇔ 團(단)
寸(촌) ⇔ 節(절)
話(화) ⇔ 說(설)

5급 II ✳(전후) 앞/뒤 한자

客(객) ⇔ 旅(려)
結(결) ⇔ 束(속)
結(결) ⇔ 約(약)
到(도) ⇔ 着(착)
法(법) ⇔ 典(전)
變(변) ⇔ 化(화)
兵(병) ⇔ 士(사)
兵(병) ⇔ 卒(졸)
奉(봉) ⇔ 仕(사)
士(사) ⇔ 兵(병)
約(약) ⇔ 結(결)
約(약) ⇔ 束(속)
旅(여) ⇔ 客(객)
典(전) ⇔ 法(법)
卒(졸) ⇔ 兵(병)
知(지) ⇔ 識(식)
責(책) ⇔ 任(임)
化(화) ⇔ 變(변)
凶(흉) ⇔ 惡(악)

5급

5급 ❀(전) 앞의 한자

擧(거) ⇔ 動(동)
建(건) ⇔ 立(립)
景(경) ⇔ 光(광)
貴(귀) ⇔ 重(중)
規(규) ⇔ 格(격)
規(규) ⇔ 例(례)
規(규) ⇔ 式(식)
規(규) ⇔ 度(탁)
技(기) ⇔ 術(술)
談(담) ⇔ 設(설)
談(담) ⇔ 言(언)
談(담) ⇔ 話(화)
都(도) ⇔ 市(시)
都(도) ⇔ 邑(읍)
費(비) ⇔ 用(용)
思(사) ⇔ 念(념)
善(선) ⇔ 良(량)
選(선) ⇔ 別(별)
完(완) ⇔ 全(전)
料(요) ⇔ 度(탁)
願(원) ⇔ 望(망)
停(정) ⇔ 住(주)
終(종) ⇔ 結(결)
罪(죄) ⇔ 過(과)
唱(창) ⇔ 歌(가)
敗(패) ⇔ 北(배)
河(하) ⇔ 川(천)

5급 ❀(후) 뒤의 한자

歌(가) ⇔ 曲(곡)
家(가) ⇔ 屋(옥)
歌(가) ⇔ 唱(창)
强(강) ⇔ 健(건)
强(강) ⇔ 固(고)
江(강) ⇔ 河(하)
京(경) ⇔ 都(도)
告(고) ⇔ 示(시)
高(고) ⇔ 卓(탁)
過(과) ⇔ 去(거)
金(금) ⇔ 鐵(철)

命(명) ⇔ 令(령)
物(물) ⇔ 件(건)
法(법) ⇔ 規(규)
法(법) ⇔ 則(칙)
變(변) ⇔ 改(개)
別(별) ⇔ 選(선)
病(병) ⇔ 患(환)
使(사) ⇔ 令(령)
商(상) ⇔ 量(량)
時(시) ⇔ 期(기)
始(시) ⇔ 初(초)
失(실) ⇔ 敗(패)
良(양) ⇔ 善(선)
言(언) ⇔ 談(담)
例(예) ⇔ 規(규)
用(용) ⇔ 費(비)
意(의) ⇔ 思(사)
全(전) ⇔ 完(완)
戰(전) ⇔ 爭(쟁)
村(촌) ⇔ 落(락)
度(탁) ⇔ 量(량)
品(품) ⇔ 件(건)

5급✽(전후) 앞/뒤 한자

競(경) ⇔ 爭(쟁)
規(규) ⇔ 則(칙)
冷(냉) ⇔ 寒(한)
思(사) ⇔ 考(고)
料(요) ⇔ 量(량)
爭(쟁) ⇔ 競(경)
停(정) ⇔ 止(지)
終(종) ⇔ 末(말)
終(종) ⇔ 止(지)
敗(패) ⇔ 亡(망)
寒(한) ⇔ 冷(랭)
許(허) ⇔ 可(가)

4급 II

4급II ✿(전) 앞의 한자

街(가) ⇔ 道(도)
街(가) ⇔ 路(로)

監(감) ⇔ 觀(관)
減(감) ⇔ 省(생)
檢(검) ⇔ 查(사)
潔(결) ⇔ 白(백)
境(경) ⇔ 界(계)
經(경) ⇔ 過(과)
經(경) ⇔ 歷(력)
經(경) ⇔ 理(리)
慶(경) ⇔ 福(복)
慶(경) ⇔ 祝(축)
故(고) ⇔ 舊(구)
究(구) ⇔ 考(고)
宮(궁) ⇔ 家(가)
器(기) ⇔ 具(구)
起(기) ⇔ 立(립)
起(기) ⇔ 發(발)
難(난) ⇔ 苦(고)
努(노) ⇔ 力(력)
斷(단) ⇔ 決(결)
單(단) ⇔ 獨(독)
端(단) ⇔ 末(말)
斷(단) ⇔ 切(절)
端(단) ⇔ 正(정)
達(달) ⇔ 成(성)
達(달) ⇔ 通(통)
擔(담) ⇔ 任(임)
導(도) ⇔ 訓(훈)
毒(독) ⇔ 害(해)
配(배) ⇔ 分(분)
報(보) ⇔ 告(고)
報(보) ⇔ 道(도)
舍(사) ⇔ 屋(옥)
舍(사) ⇔ 宅(택)
想(상) ⇔ 念(념)
想(상) ⇔ 思(사)
聲(성) ⇔ 音(음)
素(소) ⇔ 朴(박)
素(소) ⇔ 質(질)
受(수) ⇔ 領(령)
修(수) ⇔ 習(습)
承(승) ⇔ 奉(봉)
申(신) ⇔ 告(고)
眼(안) ⇔ 目(목)
麗(여) ⇔ 美(미)

藝(예) ⇔ 術(술)
留(유) ⇔ 住(주)
肉(육) ⇔ 身(신)
肉(육) ⇔ 體(체)
律(율) ⇔ 法(법)
移(이) ⇔ 運(운)
認(인) ⇔ 識(식)
認(인) ⇔ 知(지)
製(제) ⇔ 作(작)
早(조) ⇔ 速(속)
造(조) ⇔ 作(작)
尊(존) ⇔ 高(고)
尊(존) ⇔ 貴(귀)
增(증) ⇔ 加(가)
志(지) ⇔ 意(의)
眞(진) ⇔ 實(실)
進(진) ⇔ 出(출)
次(차) ⇔ 第(제)
察(찰) ⇔ 見(견)
察(찰) ⇔ 觀(관)
創(창) ⇔ 始(시)
創(창) ⇔ 作(작)
創(창) ⇔ 初(초)
測(측) ⇔ 度(탁)
治(치) ⇔ 理(리)
統(통) ⇔ 領(령)
統(통) ⇔ 合(합)
豊(풍) ⇔ 足(족)
航(항) ⇔ 船(선)
解(해) ⇔ 放(방)
解(해) ⇔ 消(소)
鄕(향) ⇔ 村(촌)
虛(허) ⇔ 空(공)
許(허) ⇔ 無(무)
賢(현) ⇔ 良(량)
協(협) ⇔ 和(화)
貨(화) ⇔ 財(재)
確(확) ⇔ 固(고)
吸(흡) ⇔ 飮(음)
希(희) ⇔ 望(망)
希(희) ⇔ 願(원)

4급II ✿(후) 뒤의 한자

歌(가) ⇔ 謠(요)

加(가)	⇔	增(증)	安(안)	⇔	康(강)	極(극) ⇔ 端(단)
家(가)	⇔	戶(호)	良(양)	⇔	好(호)	羅(나) ⇔ 列(열)
決(결)	⇔	斷(단)	業(업)	⇔	務(무)	論(논) ⇔ 議(의)
界(계)	⇔	境(경)	念(염)	⇔	想(상)	斷(단) ⇔ 絕(절)
考(고)	⇔	究(구)	領(영)	⇔	受(수)	導(도) ⇔ 引(인)
苦(고)	⇔	難(난)	領(영)	⇔	統(통)	邊(변) ⇔ 際(제)
工(공)	⇔	造(조)	屋(옥)	⇔	舍(사)	保(보) ⇔ 衛(위)
空(공)	⇔	虛(허)	溫(온)	⇔	暖(난)	保(보) ⇔ 護(호)
過(과)	⇔	誤(오)	要(요)	⇔	求(구)	副(부) ⇔ 次(차)
課(과)	⇔	程(정)	音(음)	⇔	聲(성)	狀(상) ⇔ 態(태)
觀(관)	⇔	視(시)	意(의)	⇔	義(의)	說(설) ⇔ 施(시)
觀(관)	⇔	察(찰)	意(의)	⇔	志(지)	守(수) ⇔ 衛(위)
廣(광)	⇔	博(박)	利(이)	⇔	益(익)	純(순) ⇔ 潔(결)
舊(구)	⇔	故(고)	才(재)	⇔	藝(예)	施(시) ⇔ 設(설)
具(구)	⇔	備(비)	財(재)	⇔	貨(화)	試(시) ⇔ 驗(험)
救(구)	⇔	濟(제)	貯(저)	⇔	蓄(축)	硏(연) ⇔ 究(구)
規(규)	⇔	律(율)	典(전)	⇔	律(율)	連(연) ⇔ 續(속)
記(기)	⇔	錄(록)	切(절)	⇔	斷(단)	硏(연) ⇔ 修(수)
技(기)	⇔	藝(예)	停(정)	⇔	留(류)	恩(은) ⇔ 惠(혜)
勞(노)	⇔	務(무)	第(제)	⇔	次(차)	議(의) ⇔ 論(논)
團(단)	⇔	圓(원)	終(종)	⇔	端(단)	引(인) ⇔ 導(도)
到(도)	⇔	達(달)	質(질)	⇔	素(소)	絕(절) ⇔ 斷(단)
末(말)	⇔	端(단)	淸(청)	⇔	潔(결)	接(접) ⇔ 續(속)
每(매)	⇔	常(상)	初(초)	⇔	創(창)	除(제) ⇔ 減(감)
面(면)	⇔	容(용)	祝(축)	⇔	慶(경)	製(제) ⇔ 造(조)
門(문)	⇔	戶(호)	充(충)	⇔	滿(만)	包(포) ⇔ 容(용)
美(미)	⇔	麗(려)	宅(택)	⇔	舍(사)	惠(혜) ⇔ 恩(은)
朴(박)	⇔	素(소)	洞(통)	⇔	達(달)	興(흥) ⇔ 起(기)
發(발)	⇔	起(기)	通(통)	⇔	達(달)	
番(번)	⇔	次(차)	害(해)	⇔	毒(독)	
法(법)	⇔	律(률)	行(행)	⇔	爲(위)	
福(복)	⇔	慶(경)	形(형)	⇔	容(용)	

4급

4급✽(전) 앞의 한자

敢(감)	⇔	勇(용)
降(강)	⇔	下(하)
居(거)	⇔	家(가)
巨(거)	⇔	大(대)
居(거)	⇔	留(류)
居(거)	⇔	住(주)
擊(격)	⇔	打(타)
堅(견)	⇔	强(강)
堅(견)	⇔	固(고)
階(계)	⇔	級(급)

奉(봉)	⇔	承(승)
部(부)	⇔	隊(대)
分(분)	⇔	配(배)
査(사)	⇔	檢(검)
事(사)	⇔	務(무)
思(사)	⇔	想(상)
査(사)	⇔	察(찰)
省(생)	⇔	減(감)
鮮(선)	⇔	麗(려)
省(성)	⇔	察(찰)
術(술)	⇔	藝(예)
始(시)	⇔	創(창)

形(형)	⇔	態(태)
和(화)	⇔	協(협)
訓(훈)	⇔	導(도)
休(휴)	⇔	息(식)
凶(흉)	⇔	暴(포)

4급II ✽(전후) 앞/뒤 한자

監(감)	⇔	視(시)
監(감)	⇔	察(찰)
講(강)	⇔	解(해)
檢(검)	⇔	督(독)
檢(검)	⇔	察(찰)

季(계)	⇔	末(말)	轉(전)	⇔	回(회)	獨(독)	⇔	孤(고)

季(계) ⇔ 末(말)　　轉(전) ⇔ 回(회)　　獨(독) ⇔ 孤(고)
繼(계) ⇔ 續(속)　　帝(제) ⇔ 王(왕)　　名(명) ⇔ 稱(칭)
繼(계) ⇔ 承(승)　　存(존) ⇔ 在(재)　　毛(모) ⇔ 髮(발)
季(계) ⇔ 節(절)　　座(좌) ⇔ 席(석)　　發(발) ⇔ 射(사)
孤(고) ⇔ 獨(독)　　珍(진) ⇔ 寶(보)　　變(변) ⇔ 更(경)
攻(공) ⇔ 伐(벌)　　差(차) ⇔ 別(별)　　變(변) ⇔ 易(역)
管(관) ⇔ 理(리)　　册(책) ⇔ 書(서)　　變(변) ⇔ 革(혁)
構(구) ⇔ 造(조)　　聽(청) ⇔ 聞(문)　　別(별) ⇔ 離(리)
構(구) ⇔ 築(축)　　趣(취) ⇔ 意(의)　　別(별) ⇔ 差(차)
群(군) ⇔ 黨(당)　　探(탐) ⇔ 求(구)　　本(본) ⇔ 源(원)
君(군) ⇔ 王(왕)　　探(탐) ⇔ 訪(방)　　貧(빈) ⇔ 困(곤)
君(군) ⇔ 主(주)　　討(토) ⇔ 伐(벌)　　貧(빈) ⇔ 窮(궁)
群(군) ⇔ 衆(중)　　鬪(투) ⇔ 爭(쟁)　　思(사) ⇔ 慮(려)
屈(굴) ⇔ 曲(곡)　　鬪(투) ⇔ 戰(전)　　省(생) ⇔ 略(략)
窮(궁) ⇔ 究(구)　　判(판) ⇔ 決(결)　　書(서) ⇔ 籍(적)
窮(궁) ⇔ 極(극)　　疲(피) ⇔ 勞(로)　　書(서) ⇔ 册(책)
均(균) ⇔ 等(등)　　憲(헌) ⇔ 法(법)　　選(선) ⇔ 擇(택)
均(균) ⇔ 調(조)　　顯(현) ⇔ 現(현)　　姓(성) ⇔ 氏(씨)
均(균) ⇔ 平(평)　　刑(형) ⇔ 罰(벌)　　成(성) ⇔ 就(취)
納(납) ⇔ 入(입)　　喜(희) ⇔ 樂(락)　　授(수) ⇔ 與(여)
徒(도) ⇔ 黨(당)　　　　　　　　　　　宿(숙) ⇔ 寢(침)
逃(도) ⇔ 亡(망)　　**4급❽(후) 뒤의 한자**　　承(승) ⇔ 繼(계)
放(방) ⇔ 害(해)　　感(감) ⇔ 覺(각)　　語(어) ⇔ 辭(사)
辭(사) ⇔ 設(설)　　減(감) ⇔ 損(손)　　言(언) ⇔ 辭(사)
損(손) ⇔ 減(감)　　結(결) ⇔ 構(구)　　餘(여) ⇔ 暇(가)
損(손) ⇔ 失(실)　　決(결) ⇔ 斷(단)　　念(염) ⇔ 慮(려)
損(손) ⇔ 害(해)　　警(경) ⇔ 覺(각)　　榮(영) ⇔ 華(화)
崇(숭) ⇔ 高(고)　　警(경) ⇔ 戒(계)　　勇(용) ⇔ 敢(감)
略(약) ⇔ 省(생)　　境(경) ⇔ 域(역)　　意(의) ⇔ 趣(취)
樣(양) ⇔ 態(태)　　經(경) ⇔ 營(영)　　移(이) ⇔ 轉(전)
域(역) ⇔ 境(경)　　界(계) ⇔ 域(역)　　因(인) ⇔ 緣(연)
緣(연) ⇔ 因(인)　　考(고) ⇔ 慮(려)　　入(입) ⇔ 納(납)
援(원) ⇔ 救(구)　　果(과) ⇔ 敢(감)　　爭(쟁) ⇔ 鬪(투)
委(위) ⇔ 任(임)　　觀(관) ⇔ 覽(람)　　貯(저) ⇔ 積(적)
儒(유) ⇔ 士(사)　　關(관) ⇔ 與(여)　　典(전) ⇔ 範(범)
遺(유) ⇔ 失(실)　　區(구) ⇔ 域(역)　　典(전) ⇔ 籍(적)
離(이) ⇔ 別(별)　　救(구) ⇔ 援(원)　　戰(전) ⇔ 鬪(투)
資(자) ⇔ 財(재)　　權(권) ⇔ 稱(칭)　　節(절) ⇔ 季(계)
資(자) ⇔ 質(질)　　規(규) ⇔ 範(범)　　調(조) ⇔ 均(균)
資(자) ⇔ 貨(화)　　極(극) ⇔ 窮(궁)　　尊(존) ⇔ 崇(숭)
殘(잔) ⇔ 餘(여)　　極(극) ⇔ 盡(진)　　住(주) ⇔ 居(거)
積(적) ⇔ 貯(저)　　給(급) ⇔ 與(여)　　主(주) ⇔ 君(군)
積(적) ⇔ 蓄(축)　　勞(노) ⇔ 勤(근)　　重(중) ⇔ 複(복)
轉(전) ⇔ 移(이)　　大(대) ⇔ 巨(거)　　進(진) ⇔ 就(취)

參(참)	⇔	與(여)	依(의)	⇔	據(거)	克(극)	⇔	勝(승)
築(축)	⇔	構(구)	獎(장)	⇔	勸(권)	禽(금)	⇔	鳥(조)
蓄(축)	⇔	積(적)	賊(적)	⇔	盜(도)	企(기)	⇔	望(망)
侵(침)	⇔	犯(범)	組(조)	⇔	織(직)	祈(기)	⇔	祝(축)
打(타)	⇔	擊(격)	周(주)	⇔	圍(위)	緊(긴)	⇔	要(요)
態(태)	⇔	樣(양)	朱(주)	⇔	紅(홍)	絡(낙)	⇔	脈(맥)
特(특)	⇔	異(이)	差(차)	⇔	異(이)	磨(마)	⇔	研(연)
平(평)	⇔	均(균)	採(채)	⇔	擇(택)	猛(맹)	⇔	勇(용)
包(포)	⇔	圍(위)	層(층)	⇔	階(계)	猛(맹)	⇔	暴(포)
豊(풍)	⇔	厚(후)	疲(피)	⇔	困(곤)	滅(멸)	⇔	亡(망)
下(하)	⇔	降(강)	恨(한)	⇔	歎(탄)	慕(모)	⇔	愛(애)
解(해)	⇔	散(산)	抗(항)	⇔	拒(거)	茂(무)	⇔	盛(성)
害(해)	⇔	損(손)	混(혼)	⇔	亂(란)	貿(무)	⇔	易(역)
形(형)	⇔	象(상)	混(혼)	⇔	雜(잡)	尾(미)	⇔	末(말)
回(회)	⇔	歸(귀)	歡(환)	⇔	喜(희)	微(미)	⇔	細(세)
回(회)	⇔	轉(전)				微(미)	⇔	小(소)

4급*(전후) 앞/뒤 한자

3급Ⅱ

3급Ⅱ*(전) 앞의 한자

簡(간)	⇔	略(략)	刊(간)	⇔	刻(각)	迫(박)	⇔	急(급)
簡(간)	⇔	擇(택)	懇(간)	⇔	誠(성)	飯(반)	⇔	食(식)
激(격)	⇔	烈(렬)	懇(간)	⇔	切(절)	碧(벽)	⇔	綠(록)
階(계)	⇔	段(단)	剛(강)	⇔	健(건)	碧(벽)	⇔	靑(청)
階(계)	⇔	層(층)	剛(강)	⇔	堅(견)	逢(봉)	⇔	遇(우)
穀(곡)	⇔	糧(량)	綱(강)	⇔	紀(기)	附(부)	⇔	屬(속)
困(곤)	⇔	窮(궁)	距(거)	⇔	離(리)	賦(부)	⇔	與(여)
攻(공)	⇔	擊(격)	隔(격)	⇔	間(간)	扶(부)	⇔	助(조)
攻(공)	⇔	討(토)	契(계)	⇔	券(권)	附(부)	⇔	着(착)
屈(굴)	⇔	折(절)	契(계)	⇔	約(약)	扶(부)	⇔	護(호)
窮(궁)	⇔	困(곤)	溪(계)	⇔	川(천)	奔(분)	⇔	走(주)
窮(궁)	⇔	盡(진)	恭(공)	⇔	敬(경)	斜(사)	⇔	傾(경)
勸(권)	⇔	勉(면)	供(공)	⇔	給(급)	削(삭)	⇔	減(감)
勸(권)	⇔	獎(장)	貢(공)	⇔	納(납)	削(삭)	⇔	除(제)
段(단)	⇔	階(계)	供(공)	⇔	與(여)	森(삼)	⇔	林(림)
盜(도)	⇔	賊(적)	寡(과)	⇔	少(소)	喪(상)	⇔	失(실)
逃(도)	⇔	避(피)	慣(관)	⇔	習(습)	釋(석)	⇔	放(방)
模(모)	⇔	範(범)	貫(관)	⇔	通(통)	旋(선)	⇔	回(회)
批(비)	⇔	評(평)	怪(괴)	⇔	奇(기)	衰(쇠)	⇔	弱(약)
損(손)	⇔	傷(상)	怪(괴)	⇔	異(이)	壽(수)	⇔	命(명)
秀(수)	⇔	傑(걸)	巧(교)	⇔	妙(묘)	輸(수)	⇔	送(송)
肅(숙)	⇔	嚴(엄)	久(구)	⇔	遠(원)	殊(수)	⇔	異(이)
糧(양)	⇔	穀(곡)	鬼(귀)	⇔	神(신)	殊(수)	⇔	特(특)
嚴(엄)	⇔	肅(숙)				熟(숙)	⇔	練(련)
怨(원)	⇔	恨(한)				淑(숙)	⇔	淸(청)
隱(은)	⇔	祕(비)				愼(신)	⇔	重(중)
						審(심)	⇔	査(사)
						顔(안)	⇔	面(면)

壞(양)	⇔	土(토)	泰(태)	⇔	平(평)	廣(광)	⇔	漠(막)
御(어)	⇔	領(령)	透(투)	⇔	通(통)	光(광)	⇔	彩(채)
抑(억)	⇔	壓(압)	廢(폐)	⇔	亡(망)	橋(교)	⇔	梁(량)
役(역)	⇔	使(사)	弊(폐)	⇔	害(해)	求(구)	⇔	索(색)
戀(연)	⇔	愛(애)	皮(피)	⇔	革(혁)	窮(궁)	⇔	塞(색)
悅(열)	⇔	樂(락)	賀(하)	⇔	慶(경)	宮(궁)	⇔	殿(전)
靈(영)	⇔	神(신)	獻(헌)	⇔	納(납)	券(권)	⇔	契(계)
憂(우)	⇔	慮(려)	玄(현)	⇔	妙(묘)	勸(권)	⇔	勵(려)
憂(우)	⇔	患(환)	慧(혜)	⇔	智(지)	權(권)	⇔	衡(형)
幼(유)	⇔	少(소)	禍(화)	⇔	災(재)	歸(귀)	⇔	還(환)
裕(유)	⇔	足(족)	還(환)	⇔	歸(귀)	急(급)	⇔	迫(박)
隆(융)	⇔	盛(성)	皇(황)	⇔	王(왕)	急(급)	⇔	促(촉)
隆(융)	⇔	興(흥)	皇(황)	⇔	帝(제)	紀(기)	⇔	綱(강)
慈(자)	⇔	愛(애)	悔(회)	⇔	恨(한)	器(기)	⇔	械(계)
慈(자)	⇔	仁(인)	獲(획)	⇔	得(득)	奇(기)	⇔	怪(괴)
掌(장)	⇔	管(관)	稀(희)	⇔	貴(귀)	寄(기)	⇔	付(부)
丈(장)	⇔	夫(부)	稀(희)	⇔	少(소)	納(납)	⇔	貢(공)
栽(재)	⇔	植(식)	戲(희)	⇔	遊(유)	納(납)	⇔	獻(헌)
著(저)	⇔	作(작)				冷(냉)	⇔	涼(량)
抵(저)	⇔	抗(항)	**3급Ⅱ ✿(후) 뒤의 한자**			農(농)	⇔	耕(경)
寂(적)	⇔	靜(정)	價(가)	⇔	値(치)	道(도)	⇔	途(도)
淨(정)	⇔	潔(결)	刻(각)	⇔	銘(명)	徒(도)	⇔	輩(배)
征(정)	⇔	伐(벌)	覺(각)	⇔	悟(오)	洞(동)	⇔	穴(혈)
貞(정)	⇔	直(직)	間(간)	⇔	隔(격)	末(말)	⇔	尾(미)
齊(제)	⇔	整(정)	減(감)	⇔	削(삭)	脈(맥)	⇔	絡(락)
租(조)	⇔	稅(세)	強(강)	⇔	硬(경)	勉(면)	⇔	勵(려)
照(조)	⇔	映(영)	康(강)	⇔	寧(녕)	面(면)	⇔	貌(모)
珠(주)	⇔	玉(옥)	講(강)	⇔	釋(석)	面(면)	⇔	顔(안)
憎(증)	⇔	惡(오)	開(개)	⇔	啓(계)	文(문)	⇔	彩(채)
辰(진)	⇔	宿(수)	居(거)	⇔	館(관)	放(방)	⇔	釋(석)
陳(진)	⇔	列(열)	健(건)	⇔	剛(강)	配(배)	⇔	偶(우)
疾(질)	⇔	病(병)	激(격)	⇔	衝(충)	報(보)	⇔	償(상)
秩(질)	⇔	序(서)	堅(견)	⇔	剛(강)	奉(봉)	⇔	獻(헌)
疾(질)	⇔	患(환)	堅(견)	⇔	硬(경)	負(부)	⇔	荷(하)
徵(징)	⇔	收(수)	潔(결)	⇔	淨(정)	分(분)	⇔	割(할)
錯(착)	⇔	誤(오)	鏡(경)	⇔	鑑(감)	比(비)	⇔	較(교)
贊(찬)	⇔	助(조)	敬(경)	⇔	恭(공)	悲(비)	⇔	哀(애)
倉(창)	⇔	庫(고)	傾(경)	⇔	倒(도)	思(사)	⇔	慕(모)
彩(채)	⇔	色(색)	傾(경)	⇔	斜(사)	辭(사)	⇔	讓(양)
超(초)	⇔	過(과)	慶(경)	⇔	賀(하)	使(사)	⇔	役(역)
促(촉)	⇔	急(급)	計(계)	⇔	策(책)	山(산)	⇔	陵(릉)
追(추)	⇔	從(종)	孔(공)	⇔	穴(혈)	上(상)	⇔	昇(승)
畜(축)	⇔	牛(우)	關(관)	⇔	鎖(쇄)	相(상)	⇔	互(호)
衝(충)	⇔	激(격)	管(관)	⇔	掌(장)	色(색)	⇔	彩(채)

選(선)	⇔	拔(발)	智(지)	⇔	慧(혜)	丘(구)	⇔	陵(릉)
細(세)	⇔	微(미)	讚(찬)	⇔	譽(예)	耐(내)	⇔	忍(인)
消(소)	⇔	滅(멸)	天(천)	⇔	覆(부)	雷(뇌)	⇔	震(진)
小(소)	⇔	微(미)	鐵(철)	⇔	鋼(강)	樓(누)	⇔	閣(각)
收(수)	⇔	拾(습)	靑(청)	⇔	碧(벽)	樓(누)	⇔	館(관)
修(수)	⇔	飾(식)	淸(청)	⇔	淑(숙)	陵(능)	⇔	丘(구)
崇(숭)	⇔	尙(상)	淸(청)	⇔	淨(정)	刀(도)	⇔	劍(검)
習(습)	⇔	慣(관)	靑(청)	⇔	蒼(창)	突(돌)	⇔	忽(홀)
植(식)	⇔	栽(재)	卓(탁)	⇔	越(월)	慕(모)	⇔	戀(련)
神(신)	⇔	鬼(귀)	探(탐)	⇔	索(색)	謀(모)	⇔	策(책)
神(신)	⇔	靈(령)	土(토)	⇔	壤(양)	迫(박)	⇔	脅(협)
安(안)	⇔	寧(녕)	通(통)	⇔	貫(관)	繁(번)	⇔	茂(무)
壓(압)	⇔	抑(억)	統(통)	⇔	率(솔)	覆(복)	⇔	蓋(개)
愛(애)	⇔	戀(련)	統(통)	⇔	帥(수)	扶(부)	⇔	翼(익)
愛(애)	⇔	慕(모)	通(통)	⇔	徹(철)	卑(비)	⇔	賤(천)
女(여)	⇔	娘(낭)	通(통)	⇔	透(투)	徐(서)	⇔	緩(완)
研(연)	⇔	磨(마)	特(특)	⇔	殊(수)	訴(소)	⇔	訟(송)
燃(연)	⇔	燒(소)	波(파)	⇔	浪(랑)	訟(송)	⇔	訴(소)
永(영)	⇔	久(구)	包(포)	⇔	含(함)	獸(수)	⇔	畜(축)
領(영)	⇔	率(솔)	暴(폭)	⇔	露(로)	濕(습)	⇔	潤(윤)
映(영)	⇔	照(조)	表(표)	⇔	皮(피)	飾(식)	⇔	粧(장)
誤(오)	⇔	錯(착)	解(해)	⇔	釋(석)	阿(아)	⇔	丘(구)
屋(옥)	⇔	宇(우)	許(허)	⇔	諾(락)	戀(연)	⇔	慕(모)
要(요)	⇔	緊(긴)	虛(허)	⇔	僞(위)	靈(영)	⇔	魂(혼)
勇(용)	⇔	猛(맹)	顯(현)	⇔	著(저)	緩(완)	⇔	徐(서)
容(용)	⇔	貌(모)	形(형)	⇔	貌(모)	憂(우)	⇔	愁(수)
院(원)	⇔	宇(우)	形(형)	⇔	像(상)	羽(우)	⇔	翼(익)
危(위)	⇔	殆(태)	惠(혜)	⇔	澤(택)	宇(우)	⇔	宙(주)
流(유)	⇔	浪(랑)	和(화)	⇔	睦(목)	悠(유)	⇔	久(구)
遊(유)	⇔	戲(희)	歡(환)	⇔	悅(열)	幼(유)	⇔	稚(치)
音(음)	⇔	韻(운)	患(환)	⇔	憂(우)	潤(윤)	⇔	濕(습)
仁(인)	⇔	慈(자)	回(회)	⇔	旋(선)	潤(윤)	⇔	澤(택)
姿(자)	⇔	貌(모)	凶(흉)	⇔	猛(맹)	隆(융)	⇔	昌(창)
長(장)	⇔	久(구)	興(흥)	⇔	隆(륭)	忍(인)	⇔	耐(내)
獎(장)	⇔	勵(려)	喜(희)	⇔	悅(열)	賃(임)	⇔	貸(대)
帳(장)	⇔	幕(막)				刺(자)	⇔	衝(충)
將(장)	⇔	帥(수)	**3급II *(전후) 앞/뒤 한자**			著(저)	⇔	述(술)
裝(장)	⇔	飾(식)	綱(강)	⇔	維(유)	租(조)	⇔	賦(부)
災(재)	⇔	禍(화)	蓋(개)	⇔	覆(복)	彩(채)	⇔	紋(문)
積(적)	⇔	累(루)	訣(결)	⇔	別(별)	策(책)	⇔	謀(모)
靜(정)	⇔	寂(적)	謙(겸)	⇔	讓(양)	踐(천)	⇔	踏(답)
整(정)	⇔	齊(제)	貢(공)	⇔	獻(헌)	淺(천)	⇔	薄(박)
祭(제)	⇔	祀(사)	館(관)	⇔	閣(각)	滯(체)	⇔	塞(색)
中(중)	⇔	央(앙)	貫(관)	⇔	徹(철)	超(초)	⇔	越(월)

促(촉) ⇔ 迫(박)
催(최) ⇔ 促(촉)
追(추) ⇔ 隨(수)
衝(충) ⇔ 突(돌)
稚(치) ⇔ 幼(유)
沈(침) ⇔ 沒(몰)
沈(침) ⇔ 默(묵)
沈(침) ⇔ 潛(잠)
浸(침) ⇔ 透(투)
透(투) ⇔ 徹(철)
透(투) ⇔ 浸(침)
捕(포) ⇔ 獲(획)
陷(함) ⇔ 沒(몰)
脅(협) ⇔ 迫(박)
魂(혼) ⇔ 靈(령)
荒(황) ⇔ 廢(폐)

3급

3급☆(전) 앞의 한자

姦(간) ⇔ 淫(음)
乞(걸) ⇔ 求(구)
牽(견) ⇔ 引(인)
繫(계) ⇔ 束(속)
愧(괴) ⇔ 恥(치)
郊(교) ⇔ 野(야)
矯(교) ⇔ 正(정)
矯(교) ⇔ 直(직)
糾(규) ⇔ 結(결)
糾(규) ⇔ 明(명)
糾(규) ⇔ 察(찰)
糾(규) ⇔ 彈(탄)
龜(균) ⇔ 裂(열)
謹(근) ⇔ 愼(신)
旣(기) ⇔ 已(이)
忘(망) ⇔ 失(실)
募(모) ⇔ 集(집)
迷(미) ⇔ 惑(혹)
敏(민) ⇔ 速(속)
返(반) ⇔ 還(환)
邦(방) ⇔ 國(국)
煩(번) ⇔ 數(삭)

飜(번) ⇔ 譯(역)
墳(분) ⇔ 墓(묘)
崩(붕) ⇔ 壞(괴)
朋(붕) ⇔ 黨(당)
朋(붕) ⇔ 友(우)
賓(빈) ⇔ 客(객)
聘(빙) ⇔ 招(초)
賜(사) ⇔ 給(급)
逝(서) ⇔ 去(거)
誓(서) ⇔ 盟(맹)
暑(서) ⇔ 熱(열)
攝(섭) ⇔ 理(리)
蔬(소) ⇔ 菜(채)
睡(수) ⇔ 眠(면)
辛(신) ⇔ 苦(고)
辛(신) ⇔ 烈(열)
伸(신) ⇔ 張(장)
尋(심) ⇔ 訪(방)
殃(앙) ⇔ 災(재)
殃(앙) ⇔ 禍(화)
厄(액) ⇔ 禍(화)
掠(약) ⇔ 奪(탈)
楊(양) ⇔ 柳(류)
諒(양) ⇔ 知(지)
輿(여) ⇔ 地(지)
閱(열) ⇔ 覽(람)
閱(열) ⇔ 視(시)
閱(열) ⇔ 眼(안)
詠(영) ⇔ 歌(가)
零(영) ⇔ 落(락)
詠(영) ⇔ 唱(창)
銳(예) ⇔ 利(리)
娛(오) ⇔ 樂(락)
搖(요) ⇔ 動(동)
遙(요) ⇔ 遠(원)
庸(용) ⇔ 常(상)
云(운) ⇔ 謂(위)
違(위) ⇔ 錯(착)
泣(읍) ⇔ 哭(곡)
宜(의) ⇔ 當(당)
竊(절) ⇔ 盜(도)
舟(주) ⇔ 船(선)
俊(준) ⇔ 傑(걸)
遵(준) ⇔ 守(수)

贈(증) ⇔ 給(급)
贈(증) ⇔ 與(여)
懲(징) ⇔ 戒(계)
添(첨) ⇔ 加(가)
尖(첨) ⇔ 端(단)
替(체) ⇔ 代(대)
替(체) ⇔ 換(환)
聰(총) ⇔ 明(명)
抽(추) ⇔ 拔(발)
墮(타) ⇔ 落(락)
貪(탐) ⇔ 慾(욕)
販(판) ⇔ 賣(매)
抱(포) ⇔ 懷(회)
該(해) ⇔ 當(당)
絃(현) ⇔ 線(선)
嫌(혐) ⇔ 惡(오)
毫(호) ⇔ 毛(모)
毫(호) ⇔ 髮(발)
互(호) ⇔ 相(상)
毁(훼) ⇔ 壞(괴)
輝(휘) ⇔ 光(광)
携(휴) ⇔ 帶(대)

3급☆(후) 뒤의 한자

歌(가) ⇔ 詠(영)
加(가) ⇔ 添(첨)
街(가) ⇔ 巷(항)
講(강) ⇔ 誦(송)
乾(건) ⇔ 枯(고)
乾(건) ⇔ 燥(조)
檢(검) ⇔ 閱(열)
古(고) ⇔ 昔(석)
苦(고) ⇔ 辛(신)
哭(곡) ⇔ 泣(읍)
恐(공) ⇔ 懼(구)
官(관) ⇔ 爵(작)
光(광) ⇔ 輝(휘)
求(구) ⇔ 乞(걸)
究(구) ⇔ 竟(경)
郡(군) ⇔ 縣(현)
給(급) ⇔ 賜(사)
落(낙) ⇔ 墮(타)
浪(낭) ⇔ 漫(만)
奴(노) ⇔ 隸(예)

老(노)	⇔	翁(옹)
但(단)	⇔	只(지)
當(당)	⇔	該(해)
道(도)	⇔	塗(도)
渡(도)	⇔	涉(섭)
盜(도)	⇔	竊(절)
動(동)	⇔	搖(요)
盟(맹)	⇔	誓(서)*맹세(盟誓)
明(명)	⇔	輝(휘)
模(모)	⇔	倣(방)
排(배)	⇔	斥(척)
配(배)	⇔	匹(필)
憤(분)	⇔	慨(개)
分(분)	⇔	析(석)
悲(비)	⇔	慨(개)
悲(비)	⇔	慘(참)
査(사)	⇔	閱(열)
思(사)	⇔	惟(유)
散(산)	⇔	漫(만)
山(산)	⇔	岳(악)
洗(세)	⇔	濯(탁)
收(수)	⇔	穫(확)
愼(신)	⇔	謹(근)
暗(암)	⇔	冥(명)
淫(음)	⇔	姦(간)
依(의)	⇔	倣(방)
引(인)	⇔	牽(견)
災(재)	⇔	殃(앙)
災(재)	⇔	厄(액)
錢(전)	⇔	幣(폐)
終(종)	⇔	了(료)
地(지)	⇔	輿(여)
集(집)	⇔	募(모)
徵(징)	⇔	聘(빙)
菜(채)	⇔	蔬(소)
招(초)	⇔	聘(빙)
側(측)	⇔	傍(방)
侵(침)	⇔	掠(략)
奪(탈)	⇔	掠(략)
退(퇴)	⇔	却(각)
廢(폐)	⇔	棄(기)
捕(포)	⇔	捉(착)
畢(필)	⇔	竟(경)
懸(현)	⇔	掛(괘)

婚(혼)	⇔	姻(인)
混(혼)	⇔	濁(탁)
禍(화)	⇔	殃(앙)
禍(화)	⇔	厄(액)
貨(화)	⇔	幣(폐)
懷(회)	⇔	抱(포)

3급＊(전후) 앞/뒤 한자

枯(고)	⇔	渴(갈)
愧(괴)	⇔	慙(참)
苟(구)	⇔	且(차)
棄(기)	⇔	却(각)
欺(기)	⇔	詐(사)
飢(기)	⇔	餓(아)
忌(기)	⇔	嫌(혐)
跳(도)	⇔	躍(약)
敦(돈)	⇔	篤(독)
敦(돈)	⇔	厚(후)
憫(민)	⇔	憐(련)
聘(빙)	⇔	召(소)
詐(사)	⇔	欺(기)
憐(연)	⇔	憫(민)
詠(영)	⇔	吟(음)
傲(오)	⇔	慢(만)
汚(오)	⇔	濁(탁)
畏(외)	⇔	懼(구)
吟(음)	⇔	詠(영)
拙(졸)	⇔	劣(렬)
慙(참)	⇔	愧(괴)
濁(탁)	⇔	汚(오)
怠(태)	⇔	慢(만)
抱(포)	⇔	擁(옹)
嫌(혐)	⇔	忌(기)
昏(혼)	⇔	冥(명)
鴻(홍)	⇔	雁(안)
曉(효)	⇔	晨(신)

2급

2급＊(전) 앞의 한자

款(관)	⇔	項(항)
窟(굴)	⇔	穴(혈)

濃(농)	⇔	厚(후)
鍛(단)	⇔	練(련)
潭(담)	⇔	池(지)
潭(담)	⇔	澤(택)
爛(란)	⇔	曜(요)
爛(란)	⇔	華(화)
爛(란)	⇔	輝(휘)
魔(마)	⇔	鬼(귀)
紊(문)	⇔	亂(란)
紡(방)	⇔	績(적)
俳(배)	⇔	優(우)
倂(병)	⇔	合(합)
飼(사)	⇔	養(양)
纖(섬)	⇔	細(세)
穩(온)	⇔	全(전)
融(융)	⇔	通(통)
融(융)	⇔	和(화)
刃(인)	⇔	斤(근)
諮(자)	⇔	問(문)
偵(정)	⇔	探(탐)
綜(종)	⇔	合(합)
駐(주)	⇔	留(류)
窒(질)	⇔	塞(색)
撤(철)	⇔	收(수)
抛(포)	⇔	棄(기)
艦(함)	⇔	船(선)
峽(협)	⇔	谷(곡)
酷(혹)	⇔	甚(심)

2급＊(후) 뒤의 한자

干(간)	⇔	盾(순)
康(강)	⇔	穩(온)
慨(개)	⇔	悼(도)
慨(개)	⇔	悽(처)
巨(거)	⇔	碩(석)
車(거/차)	⇔	輛(량)
車(거/차)	⇔	軻(가)
拒(거)	⇔	沮(저)
擧(거)	⇔	揭(게)
結(결)	⇔	締(체)
兼(겸)	⇔	倂(병)
傾(경)	⇔	歪(왜)
卿(경)	⇔	尉(위)
契(계)	⇔	締(체)

攻(공)	⇔	毆(구)	藥(약)	⇔	劑(제)	冀(기)	⇔	願(원)
貢(공)	⇔	呈(정)	誤(오)	⇔	謬(류)	耆(기)	⇔	老(로)
恐(공)	⇔	怖(포)	浴(욕)	⇔	沐(목)	漣(련)	⇔	波(파)
功(공)	⇔	勳(훈)	運(운)	⇔	搬(반)	遼(료)	⇔	遠(원)
果(과)	⇔	菓(과)	園(원)	⇔	苑(원)	牟(모)	⇔	麥(맥)
冠(관)	⇔	帽(모)	元(원)	⇔	霸(패)	彌(미)	⇔	久(구)
廣(광)	⇔	汎(범)	委(위)	⇔	託(탁)	旻(민)	⇔	天(천)
掛(괘)	⇔	揭(게)	油(유)	⇔	脂(지)	輔(보)	⇔	助(조)
郊(교)	⇔	坪(평)	醫(의)	⇔	療(료)	妍(연)	⇔	麗(려)
宮(궁)	⇔	闕(궐)	意(의)	⇔	旨(지)	盈(영)	⇔	滿(만)
劇(극)	⇔	酷(혹)	引(인)	⇔	拉(랍)	旺(왕)	⇔	盛(성)
基(기)	⇔	垈(대)	引(인)	⇔	惹(야)	旺(왕)	⇔	興(흥)
畿(기)	⇔	甸(전)	一(일)	⇔	壹(일)	佾(일)	⇔	舞(무)
娘(낭)	⇔	姬(희)	障(장)	⇔	礙(애)	峻(준)	⇔	嚴(엄)
寧(녕)	⇔	穩(온)	店(점)	⇔	鋪(포)	峻(준)	⇔	險(험)
逃(도)	⇔	趨(추)	停(정)	⇔	駐(주)	聚(취)	⇔	集(집)
洞(동)	⇔	窟(굴)	贈(증)	⇔	呈(정)	耽(탐)	⇔	樂(락)
絡(락)	⇔	紹(소)	探(탐)	⇔	偵(정)	兌(태)	⇔	換(환)
兩(량)	⇔	貳(이)	投(투)	⇔	抛(포)	抛(포)	⇔	棄(기)
祿(록)	⇔	俸(봉)	把(파)	⇔	握(악)	昊(호)	⇔	天(천)
輪(륜)	⇔	廻(회)	偏(편)	⇔	僻(벽)	皓(호)	⇔	白(백)
侮(모)	⇔	蔑(멸)	暴(포)	⇔	虐(학)	欽(흠)	⇔	敬(경)
沒(몰)	⇔	溺(닉)	皮(피)	⇔	膚(부)			
飯(반)	⇔	餐(찬)	海(해)	⇔	滄(창)	**2급名 ✿(후) 뒤 한자**		
發(발)	⇔	敷(부)	休(휴)	⇔	憩(게)	看(간)	⇔	瞻(첨)
發(발)	⇔	鋪(포)				甲(갑)	⇔	鉀(갑)
否(부)	⇔	弗(불)	**2급常 ✳(전후) 앞/뒤 한자**			剛(강)	⇔	彊(강)
付(부)	⇔	託(탁)	雇(고)	⇔	傭(용)	剛(강)	⇔	桓(환)
紛(분)	⇔	紊(문)	戈(과)	⇔	矛(모)	巨(거)	⇔	价(개)
寺(사)	⇔	刹(찰)	爛(란)	⇔	熙(희)	巨(거)	⇔	甫(보)
産(산)	⇔	娩(만)	梧(오)	⇔	桐(동)	巨(거)	⇔	丕(비)
祥(상)	⇔	瑞(서)	艦(함)	⇔	艇(정)	巨(거)	⇔	奭(석)
祥(상)	⇔	禎(정)				拒(거)	⇔	杜(두)
恕(서)	⇔	赦(사)				拒(거)	⇔	斡(알)
船(선)	⇔	舶(박)	**2급名**			乾(건)	⇔	旻(민)
船(선)	⇔	艇(정)				乾(건)	⇔	昊(호)
巡(순)	⇔	廻(회)	**2급名 ✿(전) 앞의 한자**			傑(걸)	⇔	杰(걸)
息(식)	⇔	憩(게)	疆(강)	⇔	境(경)	境(경)	⇔	疆(강)
哀(애)	⇔	悼(도)	疆(강)	⇔	界(계)	境(경)	⇔	垠(은)
藥(약)	⇔	濟(제)	疆(강)	⇔	域(역)	庚(경)	⇔	奎(규)
揚(양)	⇔	揭(게)	瓊(경)	⇔	玉(옥)	頃(경)	⇔	疇(주)
輿(여)	⇔	軻(가)	鞠(국)	⇔	養(양)	敬(경)	⇔	欽(흠)
輿(여)	⇔	輛(량)	鞠(국)	⇔	育(육)	戒(계)	⇔	儆(경)
燃(연)	⇔	焦(초)	冀(기)	⇔	望(망)	庫(고)	⇔	庾(유)

高(고)	⇔	埈(준)	麥(맥)	⇔	牟(모)	悅(열)	⇔	怡(이)

高(고) ⇔ 埈(준)　　麥(맥) ⇔ 牟(모)　　悅(열) ⇔ 怡(이)
高(고) ⇔ 峻(준)　　孟(맹) ⇔ 允(윤)　　悅(열) ⇔ 兌(태)
高(고) ⇔ 崔(최)　　謀(모) ⇔ 謨(모)　　炎(염) ⇔ 炳(병)
高(고) ⇔ 亢(항)　　睦(목) ⇔ 穆(목)　　炎(염) ⇔ 燮(섭)
廣(광) ⇔ 衍(연)　　茂(무) ⇔ 旺(왕)　　映(영) ⇔ 燾(도)
廣(광) ⇔ 汪(왕)　　茂(무) ⇔ 郁(욱)　　映(영) ⇔ 暎(영)
廣(광) ⇔ 沆(항)　　微(미) ⇔ 扁(편)　　玉(옥) ⇔ 瓊(경)
廣(광) ⇔ 澔(호)　　美(미) ⇔ 徽(휘)　　玉(옥) ⇔ 璿(선)
丘(구) ⇔ 崗(강)　　美(미) ⇔ 烋(휴)　　玉(옥) ⇔ 瑗(원)
丘(구) ⇔ 皐(고)　　美(미) ⇔ 嬉(희)　　遙(요) ⇔ 遼(료)
丘(구) ⇔ 邱(구)　　傍(방) ⇔ 旁(방)　　越(월) ⇔ 踰(유)
久(구) ⇔ 彌(미)　　芳(방) ⇔ 馨(형)　　笛(적) ⇔ 琯(관)
拘(구) ⇔ 秉(병)　　白(백) ⇔ 皓(호)　　香(향) ⇔ 馥(복)
丘(구) ⇔ 阜(부)　　寶(보) ⇔ 鈺(옥)　　香(향) ⇔ 芬(분)
丘(구) ⇔ 峙(치)　　福(복) ⇔ 祐(우)　　香(향) ⇔ 闇(은)
丘(구) ⇔ 坡(파)　　福(복) ⇔ 祚(조)　　慧(혜) ⇔ 睿(예)
丘(구) ⇔ 阪(판)　　福(복) ⇔ 祜(호)
君(군) ⇔ 后(후)　　福(복) ⇔ 禧(희)　　**2급名 ❀(전) / 2급名 ✿(후) 앞/뒤 한자**
規(규) ⇔ 呂(려)　　扶(부) ⇔ 輔(보)　　潭(담) ⇔ 塘(당)
謹(근) ⇔ 毖(비)　　扶(부) ⇔ 毘(비)　　潭(담) ⇔ 沼(소)
謹(근) ⇔ 頊(욱)　　扶(부) ⇔ 襄(양)　　潭(담) ⇔ 淵(연)
禽(금) ⇔ 鵬(붕)　　扶(부) ⇔ 佑(우)　　爛(란) ⇔ 炅(경)
琴(금) ⇔ 瑟(슬)　　扶(부) ⇔ 翊(익)　　爛(란) ⇔ 彬(빈)
肯(긍) ⇔ 耽(탐)　　扶(부) ⇔ 弼(필)　　爛(란) ⇔ 燁(엽)
機(기) ⇔ 甄(견)　　寺(사) ⇔ 伽(가)　　爛(란) ⇔ 煜(욱)
旗(기) ⇔ 旌(정)　　師(사) ⇔ 傅(부)　　爛(란) ⇔ 耀(요)
基(기) ⇔ 址(지)　　士(사) ⇔ 彦(언)　　爛(란) ⇔ 燦(찬)
答(답) ⇔ 俞(유)　　索(삭) ⇔ 繩(승)　　爛(란) ⇔ 赫(혁)
稻(도) ⇔ 稙(직)　　殺(살) ⇔ 劉(류)
登(등) ⇔ 陟(척)　　商(상) ⇔ 賈(고)　　**2급名 ❀(전) / 2급名 ✿(후) 앞/뒤 한자**
朗(랑) ⇔ 亮(량)　　索(색) ⇔ 覓(멱)　　淵(연) ⇔ 潭(담)
朗(랑) ⇔ 昞(병)　　塞(색) ⇔ 邕(옹)　　燦(찬) ⇔ 爛(란)
朗(랑) ⇔ 昺(병)　　盛(성) ⇔ 旺(왕)
朗(랑) ⇔ 晟(성)　　盛(성) ⇔ 郁(욱)　　**2급名 ❀(전후) 앞/뒤 한자**
朗(랑) ⇔ 晳(석)　　孫(손) ⇔ 胤(윤)　　麒(기) ⇔ 麟(린)
朗(랑) ⇔ 昱(욱)　　隨(수) ⇔ 扈(호)
朗(랑) ⇔ 瑩(형)　　淑(숙) ⇔ 湜(식)
量(량) ⇔ 揆(규)　　淑(숙) ⇔ 晶(정)
梁(량) ⇔ 樑(량)　　淑(숙) ⇔ 澈(철)
麗(려) ⇔ 姸(연)　　淑(숙) ⇔ 瀅(형)　　 **1급**
嶺(령) ⇔ 峴(현)　　涯(애) ⇔ 洙(수)
老(로) ⇔ 耆(기)　　涯(애) ⇔ 墺(오)　　**1급❀(전) 앞의 한자**
里(리) ⇔ 閭(염)　　涯(애) ⇔ 汀(정)　　呵(가) ⇔ 責(책)
望(망) ⇔ 冀(기)　　易(역) ⇔ 兌(태)　　苛(가) ⇔ 虐(학)
　　　　　　　　　　　　　　　　　　　　苛(가) ⇔ 酷(혹)
　　　　　　　　　　　　　　　　　　　　駕(가) ⇔ 御(어)

恪(각)	⇔	謹(근)	魁(괴)	⇔	帥(수)	嗜(기)	⇔	好(호)
恪(각)	⇔	愼(신)	魁(괴)	⇔	首(수)	崎(기)	⇔	險(험)
殼(각)	⇔	皮(피)	宏(굉)	⇔	廓(곽)	綺(기)	⇔	絹(견)
奸(간)	⇔	邪(사)	宏(굉)	⇔	大(대)	肌(기)	⇔	膚(부)
奸(간)	⇔	僞(위)	攪(교)	⇔	亂(란)	譏(기)	⇔	弄(롱)
揀(간)	⇔	選(선)	驕(교)	⇔	慢(만)	懦(나)	⇔	弱(약)
揀(간)	⇔	擇(택)	驕(교)	⇔	傲(오)	拿(나)	⇔	捕(포)
艱(간)	⇔	苦(고)	驕(교)	⇔	逸(일)	緞(단)	⇔	絹(견)
艱(간)	⇔	困(곤)	驕(교)	⇔	恣(자)	遝(답)	⇔	至(지)
艱(간)	⇔	難(난)	仇(구)	⇔	敵(적)	撞(당)	⇔	突(돌)
竭(갈)	⇔	盡(진)	嘔(구)	⇔	吐(토)	堵(도)	⇔	墻(장)
勘(감)	⇔	檢(검)	寇(구)	⇔	盜(도)	屠(도)	⇔	殺(살)
勘(감)	⇔	校(교)	寇(구)	⇔	掠(략)	濤(도)	⇔	波(파)
勘(감)	⇔	查(사)	寇(구)	⇔	賊(적)	禱(도)	⇔	祈(기)
勘(감)	⇔	審(심)	寇(구)	⇔	奪(탈)	禱(도)	⇔	祝(축)
堪(감)	⇔	耐(내)	毆(구)	⇔	擊(격)	賭(도)	⇔	博(박)
堪(감)	⇔	忍(인)	毆(구)	⇔	打(타)	瀆(독)	⇔	汚(오)
慷(강)	⇔	慨(개)	矩(구)	⇔	度(도)	疼(동)	⇔	痛(통)
腔(강)	⇔	腸(장)	衢(구)	⇔	街(가)	遁(둔)	⇔	避(피)
愾(개)	⇔	憤(분)	謳(구)	⇔	歌(가)	懶(라)	⇔	慢(만)
倨(거)	⇔	慢(만)	謳(구)	⇔	吟(음)	懶(라)	⇔	怠(태)
倨(거)	⇔	傲(오)	軀(구)	⇔	體(체)	閭(려)	⇔	里(리)
渠(거)	⇔	率(수)	窘(군)	⇔	困(곤)	閭(려)	⇔	閻(염)
渠(거)	⇔	帥(수)	窘(군)	⇔	窮(궁)	黎(려)	⇔	黑(흑)
渠(거)	⇔	首(수)	窘(군)	⇔	急(급)	輦(련)	⇔	車(차)
虔(건)	⇔	恭(공)	窘(군)	⇔	迫(박)	擄(로)	⇔	掠(략)
虔(건)	⇔	誠(성)	窘(군)	⇔	塞(색)	虜(로)	⇔	獲(획)
虔(건)	⇔	肅(숙)	倦(권)	⇔	怠(태)	牢(뢰)	⇔	獄(옥)
劫(겁)	⇔	迫(박)	眷(권)	⇔	顧(고)	聊(료)	⇔	賴(뢰)
怯(겁)	⇔	怖(포)	蹶(궐)	⇔	起(기)	戮(륙)	⇔	殺(살)
偈(게)	⇔	頌(송)	潰(궤)	⇔	決(결)	淪(륜)	⇔	沒(몰)
梗(경)	⇔	槪(개)	潰(궤)	⇔	崩(붕)	凌(릉)	⇔	蔑(멸)
梗(경)	⇔	塞(색)	潰(궤)	⇔	裂(열)	稜(릉)	⇔	角(각)
拷(고)	⇔	打(타)	詭(궤)	⇔	怪(괴)	俚(리)	⇔	俗(속)
敲(고)	⇔	擊(격)	詭(궤)	⇔	詐(사)	彎(만)	⇔	曲(곡)
膏(고)	⇔	油(유)	詭(궤)	⇔	僞(위)	彎(만)	⇔	屈(굴)
鵠(곡)	⇔	的(적)	逵(규)	⇔	路(로)	挽(만)	⇔	引(인)
汨(골)	⇔	沒(몰)	隙(극)	⇔	間(간)	蔓(만)	⇔	延(연)
鞏(공)	⇔	固(고)	覲(근)	⇔	謁(알)	昧(매)	⇔	冥(명)
廓(확/곽)	⇔	大(대)	覲(근)	⇔	見(현)	煤(매)	⇔	煙(연)
匡(광)	⇔	矯(교)	擒(금)	⇔	捉(착)	邁(매)	⇔	進(진)
匡(광)	⇔	正(정)	矜(긍)	⇔	誇(과)	萌(맹)	⇔	芽(아)
壙(광)	⇔	穴(혈)	伎(기)	⇔	藝(예)	溟(명)	⇔	海(해)
卦(괘)	⇔	兆(조)	嗜(기)	⇔	慾(욕)	渺(묘)	⇔	茫(망)

誣(무)	⇔	欺(기)	洩(설)	⇔	漏(루)	穢(예)	⇔	濁(탁)
剝(박)	⇔	割(할)	殲(섬)	⇔	滅(멸)	裔(예)	⇔	孫(손)
搏(박)	⇔	擊(격)	蕭(소)	⇔	寂(적)	懊(오)	⇔	恨(한)
樸(박)	⇔	質(질)	逍(소)	⇔	遙(요)	蘊(온)	⇔	蓄(축)
頒(반)	⇔	布(포)	遜(손)	⇔	恭(공)	甕(옹)	⇔	塞(색)
坊(방)	⇔	里(리)	悚(송)	⇔	懼(구)	壅(옹)	⇔	滯(체)
幇(방)	⇔	助(조)	碎(쇄)	⇔	破(파)	訛(와)	⇔	謬(류)
胚(배)	⇔	胎(태)	狩(수)	⇔	獵(렵)	訛(와)	⇔	誤(오)
陪(배)	⇔	隨(수)	竪(수)	⇔	立(립)	訛(와)	⇔	僞(위)
陪(배)	⇔	侍(시)	羞(수)	⇔	愧(괴)	婉(완)	⇔	麗(려)
陪(배)	⇔	從(종)	羞(수)	⇔	恥(치)	婉(완)	⇔	美(미)
蕃(번)	⇔	茂(무)	蒐(수)	⇔	輯(집)	玩(완)	⇔	弄(롱)
蕃(번)	⇔	盛(성)	蒐(수)	⇔	集(집)	頑(완)	⇔	固(고)
蕃(번)	⇔	殖(식)	酬(수)	⇔	報(보)	頑(완)	⇔	鈍(둔)
氾(범)	⇔	濫(람)	讎(수)	⇔	敵(적)	頑(완)	⇔	愚(우)
璧(벽)	⇔	玉(옥)	猜(시)	⇔	忌(기)	枉(왕)	⇔	曲(곡)
僕(복)	⇔	奴(노)	拭(식)	⇔	拂(불)	枉(왕)	⇔	屈(굴)
僕(복)	⇔	隸(례)	呻(신)	⇔	吟(음)	矮(왜)	⇔	短(단)
僕(복)	⇔	從(종)	宸(신)	⇔	闕(궐)	猥(외)	⇔	濫(람)
鋒(봉)	⇔	刃(인)	薪(신)	⇔	柴(시)	寥(요)	⇔	寂(적)
剖(부)	⇔	判(판)	訊(신)	⇔	問(문)	撓(요)	⇔	屈(굴)
斧(부)	⇔	斤(근)	迅(신)	⇔	急(급)	擾(요)	⇔	亂(란)
腑(부)	⇔	臟(장)	迅(신)	⇔	速(속)	邀(요)	⇔	招(초)
扮(분)	⇔	飾(식)	迅(신)	⇔	疾(질)	饒(요)	⇔	足(족)
扮(분)	⇔	裝(장)	悉(실)	⇔	皆(개)	聳(용)	⇔	峙(치)
焚(분)	⇔	燒(소)	什(집)	⇔	器(기)	踊(용)	⇔	躍(약)
憊(비)	⇔	困(곤)	什(집)	⇔	物(물)	迂(우)	⇔	曲(곡)
沸(비)	⇔	湯(탕)	衙(아)	⇔	府(부)	迂(우)	⇔	遠(원)
裨(비)	⇔	補(보)	訝(아)	⇔	惑(혹)	迂(우)	⇔	廻(회)
裨(비)	⇔	助(조)	按(안)	⇔	檢(검)	冤(원)	⇔	痛(통)
憑(빙)	⇔	據(거)	按(안)	⇔	察(찰)	愉(유)	⇔	樂(락)
憑(빙)	⇔	依(의)	斡(알)	⇔	旋(선)	愉(유)	⇔	悅(열)
憑(빙)	⇔	證(증)	庵(암)	⇔	廬(려)	諭(유)	⇔	告(고)
些(사)	⇔	少(소)	闇(암)	⇔	冥(명)	戎(융)	⇔	兵(병)
嗣(사)	⇔	續(속)	秧(앙)	⇔	苗(묘)	擬(의)	⇔	像(상)
紗(사)	⇔	絹(견)	恙(양)	⇔	憂(우)	弛(이)	⇔	緩(완)
紗(사)	⇔	錦(금)	堰(언)	⇔	堤(제)	弛(이)	⇔	解(해)
刪(산)	⇔	削(삭)	奄(엄)	⇔	忽(홀)	爾(이)	⇔	汝(여)
刪(산)	⇔	省(생)	掩(엄)	⇔	蔽(폐)	咽(인)	⇔	喉(후)
滲(삼)	⇔	透(투)	捐(연)	⇔	棄(기)	湮(인)	⇔	沒(몰)
爽(상)	⇔	快(쾌)	筵(연)	⇔	席(석)	湮(인)	⇔	沈(침)
甥(생)	⇔	姪(질)	艶(염)	⇔	美(미)	剩(잉)	⇔	餘(여)
壻(서)	⇔	吏(리)	曳(예)	⇔	引(인)	孕(잉)	⇔	胎(태)
羨(선)	⇔	慕(모)	穢(예)	⇔	汚(오)	仔(자)	⇔	詳(상)

仔(자)	⇔	細(세)	註(주)	⇔	疏(소)	馳(치)	⇔	走(주)
棧(잔)	⇔	橋(교)	註(주)	⇔	解(해)	蟄(칩)	⇔	伏(복)
箴(잠)	⇔	警(경)	汁(즙)	⇔	液(액)	蟄(칩)	⇔	藏(장)
箴(잠)	⇔	戒(계)	祉(지)	⇔	福(복)	惰(타)	⇔	怠(태)
匠(장)	⇔	工(공)	嗔(진)	⇔	怒(노)	擢(탁)	⇔	拔(발)
齋(재)	⇔	潔(결)	叱(질)	⇔	責(책)	坦(탄)	⇔	夷(이)
齋(재)	⇔	戒(계)	迭(질)	⇔	代(대)	坦(탄)	⇔	平(평)
齋(재)	⇔	室(실)	斟(짐)	⇔	酌(작)	搭(탑)	⇔	乘(승)
邸(저)	⇔	舍(사)	澄(징)	⇔	清(청)	搭(탑)	⇔	載(재)
邸(저)	⇔	第(제)	嗟(차)	⇔	歎(탄)	汰(태)	⇔	沙(사)
邸(저)	⇔	宅(택)	撰(찬)	⇔	述(술)	撑(탱)	⇔	支(지)
塡(전)	⇔	塞(색)	纂(찬)	⇔	輯(집)	慟(통)	⇔	哭(곡)
塡(전)	⇔	充(충)	纂(찬)	⇔	集(집)	堆(퇴)	⇔	積(적)
奠(전)	⇔	定(정)	纂(찬)	⇔	奪(탈)	槌(퇴)	⇔	擊(격)
廛(전)	⇔	鋪(포)	僭(참)	⇔	濫(람)	妒(투)	⇔	忌(기)
悛(전)	⇔	改(개)	塹(참)	⇔	壕(호)	慝(특)	⇔	惡(악)
悛(전)	⇔	換(환)	塹(참)	⇔	濠(호)	悖(패)	⇔	亂(란)
癲(전)	⇔	狂(광)	懺(참)	⇔	悔(회)	悖(패)	⇔	逆(역)
箋(전)	⇔	釋(석)	讖(참)	⇔	緯(위)	鞭(편)	⇔	策(책)
銓(전)	⇔	衡(형)	倡(창)	⇔	優(우)	騙(편)	⇔	欺(기)
顚(전)	⇔	倒(도)	槍(창)	⇔	矛(모)	貶(폄)	⇔	降(강)
餞(전)	⇔	送(송)	凄(처)	⇔	涼(량)	貶(폄)	⇔	下(하)
截(절)	⇔	斷(단)	擅(천)	⇔	恣(자)	斃(폐)	⇔	死(사)
粘(점)	⇔	着(착)	闡(천)	⇔	明(명)	咆(포)	⇔	號(호)
霑(점)	⇔	潤(윤)	捷(첩)	⇔	速(속)	褒(포)	⇔	稱(칭)
挺(정)	⇔	傑(걸)	貼(첩)	⇔	付(부)	逋(포)	⇔	逃(도)
挺(정)	⇔	秀(수)	涕(체)	⇔	淚(루)	逋(포)	⇔	亡(망)
靖(정)	⇔	安(안)	醋(초)	⇔	酸(산)	剽(표)	⇔	勇(용)
啼(제)	⇔	哭(곡)	囑(촉)	⇔	託(탁)	逼(핍)	⇔	迫(박)
啼(제)	⇔	泣(읍)	忖(촌)	⇔	度(탁)	遐(하)	⇔	遠(원)
凋(조)	⇔	枯(고)	叢(총)	⇔	聚(취)	壑(학)	⇔	谷(곡)
嘲(조)	⇔	弄(롱)	塚(총)	⇔	墓(묘)	悍(한)	⇔	毒(독)
眺(조)	⇔	覽(람)	寵(총)	⇔	愛(애)	澣(한)	⇔	濯(탁)
眺(조)	⇔	望(망)	寵(총)	⇔	恩(은)	罕(한)	⇔	罔(망)
稠(조)	⇔	密(밀)	墜(추)	⇔	落(락)	緘(함)	⇔	封(봉)
肇(조)	⇔	始(시)	椎(추)	⇔	擊(격)	懈(해)	⇔	怠(태)
躁(조)	⇔	急(급)	酋(추)	⇔	帥(수)	楷(해)	⇔	正(정)
遭(조)	⇔	逢(봉)	黜(출)	⇔	斥(척)	諧(해)	⇔	和(화)
遭(조)	⇔	遇(우)	脆(취)	⇔	弱(약)	骸(해)	⇔	骨(골)
阻(조)	⇔	隔(격)	脆(취)	⇔	軟(연)	歇(헐)	⇔	息(식)
阻(조)	⇔	塞(색)	惻(측)	⇔	憫(민)	渾(혼)	⇔	濁(탁)
挫(좌)	⇔	折(절)	癡(치)	⇔	鈍(둔)	喚(환)	⇔	叫(규)
做(주)	⇔	作(작)	緻(치)	⇔	密(밀)	惶(황)	⇔	恐(공)
胄(주)	⇔	胤(윤)	馳(치)	⇔	驅(구)	惶(황)	⇔	懼(구)

遑(황)	⇔	急(급)	驚(경)	⇔	愕(악)	禁(금)	⇔	錮(고)
恢(회)	⇔	廣(광)	驚(경)	⇔	駭(해)	錦(금)	⇔	綺(기)
繪(회)	⇔	畫(화)	繫(계)	⇔	縛(박)	急(급)	⇔	躁(조)
彙(휘)	⇔	類(류)	繼(계)	⇔	嗣(사)	器(기)	⇔	皿(명)
諱(휘)	⇔	忌(기)	告(고)	⇔	諭(유)	器(기)	⇔	什(집)
諱(휘)	⇔	秘(비)	枯(고)	⇔	凋(조)	寄(기)	⇔	寓(우)
恤(휼)	⇔	救(구)	苦(고)	⇔	艱(간)	忌(기)	⇔	憚(탄)
兇(흉)	⇔	惡(악)	顧(고)	⇔	眄(면)	忌(기)	⇔	諱(휘)
欣(흔)	⇔	悅(열)	困(곤)	⇔	窘(군)	技(기)	⇔	倆(량)
欣(흔)	⇔	喜(희)	困(곤)	⇔	憊(비)	旗(기)	⇔	幟(치)
痕(흔)	⇔	跡(적)	困(곤)	⇔	乏(핍)	棄(기)	⇔	捐(연)
欠(흠)	⇔	缺(결)	骨(골)	⇔	骸(해)	棄(기)	⇔	擲(척)
詰(힐)	⇔	難(난)	工(공)	⇔	匠(장)	欺(기)	⇔	瞞(만)
詰(힐)	⇔	問(문)	恐(공)	⇔	怯(겁)	欺(기)	⇔	誣(무)
詰(힐)	⇔	責(책)	恐(공)	⇔	悸(계)	欺(기)	⇔	騙(편)
			恐(공)	⇔	慄(율)	祈(기)	⇔	禱(도)
1급✿(후) 뒤 한자			恐(공)	⇔	惶(황)	飢(기)	⇔	饉(근)
暇(가)	⇔	隙(극)	恭(공)	⇔	虔(건)	難(난)	⇔	艱(간)
街(가)	⇔	衢(구)	恭(공)	⇔	遜(손)	年(년)	⇔	齡(령)
覺(각)	⇔	寤(오)	誇(과)	⇔	矜(긍)	奴(노)	⇔	僕(복)
間(간)	⇔	隙(극)	過(과)	⇔	剩(잉)	斷(단)	⇔	截(절)
甲(갑)	⇔	殼(각)	寬(관)	⇔	宥(유)	島(도)	⇔	嶼(서)
強(강)	⇔	勁(경)	管(관)	⇔	轄(할)	度(도)	⇔	矩(구)
剛(강)	⇔	勁(경)	貫(관)	⇔	穿(천)	陶(도)	⇔	瓷(자)
剛(강)	⇔	毅(의)	廣(광)	⇔	闊(활)	鈍(둔)	⇔	頑(완)
改(개)	⇔	悛(전)	傀(괴)	⇔	儡(뢰)	亂(란)	⇔	攪(교)
開(개)	⇔	闢(벽)	怪(괴)	⇔	訝(아)	欄(란)	⇔	檻(함)
坑(갱)	⇔	塹(참)	愧(괴)	⇔	羞(수)	憐(련)	⇔	恤(휼)
健(건)	⇔	勁(경)	僑(교)	⇔	寓(우)	玲(령)	⇔	瓏(롱)
隔(격)	⇔	阻(조)	教(교)	⇔	誨(회)	靈(령)	⇔	魄(백)
堅(견)	⇔	勁(경)	校(교)	⇔	勘(감)	隷(례)	⇔	僕(복)
牽(견)	⇔	挽(만)	丘(구)	⇔	壟(롱)	弄(롱)	⇔	玩(완)
牽(견)	⇔	曳(예)	拘(구)	⇔	拿(나)	漏(루)	⇔	泄(설)
絹(견)	⇔	紗(사)	救(구)	⇔	恤(휼)	漏(루)	⇔	洩(설)
決(결)	⇔	潰(궤)	驅(구)	⇔	馳(치)	吏(리)	⇔	胥(서)
潔(결)	⇔	齋(재)	群(군)	⇔	黎(려)	里(리)	⇔	閭(려)
結(결)	⇔	紐(뉴)	屈(굴)	⇔	枉(왕)	摩(마)	⇔	擦(찰)
結(결)	⇔	縛(박)	屈(굴)	⇔	撓(요)	痲(마)	⇔	痺(비)
缺(결)	⇔	乏(핍)	窮(궁)	⇔	窘(군)	磨(마)	⇔	耗(모)
謙(겸)	⇔	遜(손)	圈(권)	⇔	牢(뢰)	亡(망)	⇔	逋(포)
敬(경)	⇔	虔(건)	軌(궤)	⇔	轍(철)	猛(맹)	⇔	悍(한)
更(경)	⇔	迭(질)	叫(규)	⇔	喚(환)	冥(명)	⇔	闇(암)
耕(경)	⇔	墾(간)	叫(규)	⇔	吼(후)	明(명)	⇔	瞭(료)
驚(경)	⇔	訝(아)	克(극)	⇔	堪(감)	模(모)	⇔	擬(의)

模(모)	⇔	楷(해)	束(속)	⇔	縛(박)	隱(은)	⇔	諱(휘)
蒙(몽)	⇔	昧(매)	修(수)	⇔	葺(즙)	依(의)	⇔	憑(빙)
廟(묘)	⇔	祠(사)	收(수)	⇔	斂(렴)	疑(의)	⇔	訝(아)
問(문)	⇔	迅(신)	首(수)	⇔	魁(괴)	移(이)	⇔	徙(사)
美(미)	⇔	艶(염)	巡(순)	⇔	邏(라)	妊(임)	⇔	娠(신)
敏(민)	⇔	捷(첩)	純(순)	⇔	粹(수)	恣(자)	⇔	擅(천)
密(밀)	⇔	緻(치)	習(습)	⇔	癖(벽)	臟(장)	⇔	腑(부)
迫(박)	⇔	劫(겁)	侍(시)	⇔	陪(배)	藏(장)	⇔	匿(닉)
伴(반)	⇔	侶(려)	柴(시)	⇔	薪(신)	財(재)	⇔	賄(회)
拔(발)	⇔	擢(탁)	身(신)	⇔	軀(구)	寂(적)	⇔	寞(막)
放(방)	⇔	蕩(탕)	辛(신)	⇔	辣(랄)	寂(적)	⇔	寥(요)
方(방)	⇔	隅(우)	深(심)	⇔	奧(오)	敵(적)	⇔	讎(수)
防(방)	⇔	禦(어)	阿(아)	⇔	諂(첨)	積(적)	⇔	疊(첩)
俳(배)	⇔	倡(창)	惡(악)	⇔	慝(특)	專(전)	⇔	擅(천)
煩(번)	⇔	苛(가)	安(안)	⇔	靖(정)	情(정)	⇔	誼(의)
煩(번)	⇔	悶(민)	暗(암)	⇔	昧(매)	旌(정)	⇔	麾(휘)
報(보)	⇔	酬(수)	愛(애)	⇔	寵(총)	正(정)	⇔	匡(광)
補(보)	⇔	裨(비)	液(액)	⇔	汁(즙)	靜(정)	⇔	謐(밀)
福(복)	⇔	祉(지)	御(어)	⇔	駕(가)	堤(제)	⇔	堰(언)
封(봉)	⇔	緘(함)	漁(어)	⇔	撈(로)	兆(조)	⇔	朕(짐)
浮(부)	⇔	泛(범)	餘(여)	⇔	饒(요)	助(조)	⇔	幇(방)
腐(부)	⇔	朽(후)	餘(여)	⇔	剩(잉)	從(종)	⇔	僕(복)
墳(분)	⇔	塚(총)	驛(역)	⇔	站(참)	罪(죄)	⇔	辜(고)
憤(분)	⇔	愾(개)	姸(연)	⇔	艶(염)	浚(준)	⇔	渫(설)
紛(분)	⇔	擾(요)	煙(연)	⇔	煤(매)	重(중)	⇔	疊(첩)
拂(불)	⇔	拭(식)	軟(연)	⇔	脆(취)	證(증)	⇔	憑(빙)
崩(붕)	⇔	潰(궤)	汚(오)	⇔	瀆(독)	支(지)	⇔	撐(탱)
悲(비)	⇔	愴(창)	汚(오)	⇔	穢(예)	脂(지)	⇔	膏(고)
費(비)	⇔	耗(모)	獄(옥)	⇔	牢(뢰)	脂(지)	⇔	肪(방)
飛(비)	⇔	翔(상)	玉(옥)	⇔	璧(벽)	至(지)	⇔	遝(답)
沙(사)	⇔	汰(태)	溫(온)	⇔	煖(난)	質(질)	⇔	樸(박)
邪(사)	⇔	慝(특)	畏(외)	⇔	怯(겁)	遮(차)	⇔	掩(엄)
削(삭)	⇔	剝(박)	妖(요)	⇔	艶(염)	慙(참)	⇔	羞(수)
殺(살)	⇔	戮(륙)	鎔(용)	⇔	冶(야)	悽(처)	⇔	愴(창)
傷(상)	⇔	痍(이)	愚(우)	⇔	頑(완)	斥(척)	⇔	黜(출)
傷(상)	⇔	愴(창)	愚(우)	⇔	癡(치)	天(천)	⇔	穹(궁)
選(선)	⇔	擢(탁)	違(위)	⇔	乖(괴)	遷(천)	⇔	徙(사)
洗(세)	⇔	滌(척)	柔(유)	⇔	懦(나)	淸(청)	⇔	澄(징)
召(소)	⇔	喚(환)	油(유)	⇔	膏(고)	請(청)	⇔	囑(촉)
消(소)	⇔	耗(모)	誘(유)	⇔	拐(괴)	靑(청)	⇔	翠(취)
燒(소)	⇔	焚(분)	胤(윤)	⇔	裔(예)	體(체)	⇔	軀(구)
燒(소)	⇔	灼(작)	恩(은)	⇔	寵(총)	招(초)	⇔	邀(요)
疏(소)	⇔	註(주)	隱(은)	⇔	匿(닉)	村(촌)	⇔	閭(려)
騷(소)	⇔	擾(요)	隱(은)	⇔	遁(둔)	抽(추)	⇔	擢(탁)

祝(축)	⇔	禱(도)	懷(회)	⇔	孕(잉)	訥(눌)	⇔ 澁(삽)
充(충)	⇔	塡(전)	曉(효)	⇔	喩(유)	撻(달)	⇔ 笞(태)
吹(취)	⇔	噓(허)	曉(효)	⇔	諭(유)	屠(도)	⇔ 戮(륙)
聚(취)	⇔	斂(렴)	後(후)	⇔	昆(곤)	淘(도)	⇔ 汰(태)
沈(침)	⇔	淪(륜)	訓(훈)	⇔	誨(회)	濤(도)	⇔ 瀾(란)
打(타)	⇔	撞(당)	毁(훼)	⇔	碎(쇄)	憧(동)	⇔ 憬(경)
打(타)	⇔	撲(박)	輝(휘)	⇔	煌(황)	懶(라)	⇔ 惰(타)
濁(탁)	⇔	穢(예)	胸(흉)	⇔	膈(격)	駱(락)	⇔ 駝(타)
彈(탄)	⇔	劾(핵)	胸(흉)	⇔	襟(금)	殮(렴)	⇔ 殯(빈)
怠(태)	⇔	惰(타)	胸(흉)	⇔	臆(억)	圄(령)	⇔ 圉(어)
胎(태)	⇔	孕(잉)	欠(흠)	⇔	乏(핍)	鈴(령)	⇔ 鐸(탁)
痛(통)	⇔	冤(원)	歆(흠)	⇔	饗(향)	陋(루)	⇔ 鄙(비)
投(투)	⇔	擲(척)	戲(희)	⇔	謔(학)	陋(루)	⇔ 隘(애)
波(파)	⇔	濤(도)				吝(린)	⇔ 嗇(색)
波(파)	⇔	瀾(란)	**1급*(전후) 앞/뒤 한자**			酪(명)	⇔ 酊(정)
破(파)	⇔	碎(쇄)	奸(간)	⇔	慝(특)	摸(모)	⇔ 擬(의)
編(편)	⇔	纂(찬)	柑(감)	⇔	橘(귤)	描(묘)	⇔ 寫(사)
平(평)	⇔	坦(탄)	漑(개)	⇔	灌(관)	杳(묘)	⇔ 冥(명)
幣(폐)	⇔	帛(백)	譴(견)	⇔	呵(가)	畔(반)	⇔ 畝(묘/무)
包(포)	⇔	括(괄)	勁(경)	⇔	健(건)	醱(발)	⇔ 酵(효)
怖(포)	⇔	悸(계)	悸(계)	⇔	慄(율)	彷(방)	⇔ 彿(불)
怖(포)	⇔	慄(율)	棍(곤)	⇔	棒(봉)	彷(방)	⇔ 徨(황)
拋(포)	⇔	擲(척)	棍(곤)	⇔	杖(장)	膀(방)	⇔ 胱(광)
捕(포)	⇔	拿(나)	顆(과)	⇔	粒(립)	徘(배)	⇔ 徊(회)
捕(포)	⇔	虜(로)	棺(관)	⇔	柩(구)	胚(배)	⇔ 孕(잉)
葡(포)	⇔	萄(도)	灌(관)	⇔	漑(개)	藩(번)	⇔ 籬(리)
標(표)	⇔	榜(방)	乖(괴)	⇔	戾(려)	氾(범)	⇔ 溢(일)
豊(풍)	⇔	饒(요)	乖(괴)	⇔	愎(팍/퍅)	堡(보)	⇔ 壘(루)
疲(피)	⇔	憊(비)	乖(괴)	⇔	悖(패)	棒(봉)	⇔ 杖(장)
被(피)	⇔	衾(금)	嬌(교)	⇔	艶(염)	芙(부)	⇔ 蓉(용)
旱(한)	⇔	魃(발)	狡(교)	⇔	猾(활)	吩(분)	⇔ 咐(부)
閑(한)	⇔	隙(극)	驕(교)	⇔	倨(거)	庇(비)	⇔ 蔭(음)
割(할)	⇔	剝(박)	仇(구)	⇔	讎(수)	沸(비)	⇔ 涌(용)
解(해)	⇔	弛(이)	枸(구)	⇔	杞(기)	琵(비)	⇔ 琶(파)
壕(호)	⇔	塹(참)	溝(구)	⇔	渠(거)	緋(비)	⇔ 緞(단)
濠(호)	⇔	塹(참)	溝(구)	⇔	瀆(독)	臂(비)	⇔ 膊(박)
豪(호)	⇔	宕(탕)	溝(구)	⇔	壑(학)	誹(비)	⇔ 謗(방)
豪(호)	⇔	俠(협)	倦(권)	⇔	憊(비)	譬(비)	⇔ 喩(유)
婚(혼)	⇔	娶(취)	倦(권)	⇔	惰(타)	鄙(비)	⇔ 陋(루)
昏(혼)	⇔	闇(암)	潰(궤)	⇔	瘍(양)	鄙(비)	⇔ 俚(리)
混(혼)	⇔	沌(돈)	矜(긍)	⇔	恤(휼)	鄙(비)	⇔ 吝(린)
魂(혼)	⇔	魄(백)	伎(기)	⇔	倆(량)	憑(빙)	⇔ 藉(자)
和(화)	⇔	諧(해)	羈(기)	⇔	絆(반)	奢(사)	⇔ 侈(치)
荒(황)	⇔	蕪(무)	譏(기)	⇔	謗(방)	瀉(사)	⇔ 痢(리)

紗(사) ⇔ 緞(단)	嫉(질) ⇔ 妬(투)	惶(황) ⇔ 怯(겁)
珊(산) ⇔ 瑚(호)	跌(질) ⇔ 宕(탕)	惶(황) ⇔ 悸(계)
泄(설) ⇔ 瀉(사)	蹉(차) ⇔ 跌(질)	惶(황) ⇔ 悚(송)
搔(소) ⇔ 爬(파)	饌(찬) ⇔ 膳(선)	慌(황) ⇔ 惚(홀)
梳(소) ⇔ 櫛(즐)	讒(참) ⇔ 謗(방)	賄(회) ⇔ 賂(뢰)
悚(송) ⇔ 慄(률)	漲(창) ⇔ 溢(일)	哮(효) ⇔ 咆(포)
悚(송) ⇔ 惶(황)	瘡(창) ⇔ 瘍(양)	哮(효) ⇔ 吼(후)
瘦(수) ⇔ 瘠(척)	瘡(창) ⇔ 痍(이)	洶(흉) ⇔ 涌(용)
弑(시) ⇔ 戮(륙)	瘡(창) ⇔ 腫(종)	痕(흔) ⇔ 迹(적)
猜(시) ⇔ 妬(투)	菖(창) ⇔ 蒲(포)	犧(희) ⇔ 牲(생)
薪(신) ⇔ 樵(초)	穿(천) ⇔ 鑿(착)	
按(안) ⇔ 撫(무)	諂(첨) ⇔ 諛(유)	
曖(애) ⇔ 昧(매)	憔(초) ⇔ 悴(췌)	
隘(애) ⇔ 陋(루)	叢(총) ⇔ 萃(췌)	
揶(야) ⇔ 揄(유)	贅(췌) ⇔ 瘤(류)	
圄(어) ⇔ 圇(령)	惻(측) ⇔ 愴(창)	
裔(예) ⇔ 冑(주)	癡(치) ⇔ 呆(매)	
婉(완) ⇔ 媚(미)	勅(칙) ⇔ 詔(조)	
迂(우) ⇔ 闊(활)	鐸(탁) ⇔ 鈴(령)	
萎(위) ⇔ 凋(조)	芭(파) ⇔ 蕉(초)	
諛(유) ⇔ 媚(미)	悖(패) ⇔ 戾(려)	
蹂(유) ⇔ 躪(린)	澎(팽) ⇔ 湃(배)	
佚(질) ⇔ 蕩(탕)	膨(팽) ⇔ 脹(창)	
疵(자) ⇔ 瑕(하)	鞭(편) ⇔ 撻(달)	
疵(자) ⇔ 痕(흔)	鞭(편) ⇔ 笞(태)	
薔(장) ⇔ 薇(미)	匍(포) ⇔ 匐(복)	
咀(저) ⇔ 嚼(작)	咆(포) ⇔ 哮(효)	
咀(저) ⇔ 呪(주)	泡(포) ⇔ 沫(말)	
詛(저) ⇔ 呪(주)	庖(포) ⇔ 廚(주)	
癲(전) ⇔ 癎(간)	慓(표) ⇔ 悍(한)	
箋(전) ⇔ 註(주)	瑕(하) ⇔ 疵(자)	
霑(점) ⇔ 洽(흡)	澣(한) ⇔ 濯(척)	
凋(조) ⇔ 萎(위)	銜(함) ⇔ 勒(륵)	
嘲(조) ⇔ 謔(학)	咳(해) ⇔ 喘(천)	
糟(조) ⇔ 粕(박)	懈(해) ⇔ 惰(타)	
詔(조) ⇔ 勅(칙)	諧(해) ⇔ 謔(학)	
腫(종) ⇔ 瘍(양)	邂(해) ⇔ 逅(후)	
冑(주) ⇔ 裔(예)	駭(해) ⇔ 愕(악)	
呪(주) ⇔ 詛(저)	狹(협) ⇔ 隘(애)	
紬(주) ⇔ 緞(단)	狹(협) ⇔ 窄(착)	
紬(주) ⇔ 綾(릉)	荊(형) ⇔ 棘(극)	
誅(주) ⇔ 戮(륙)	琥(호) ⇔ 珀(박)	
躊(주) ⇔ 躇(저)	渾(혼) ⇔ 沌(돈)	
叱(질) ⇔ 罵(매)	恍(황) ⇔ 惚(홀)	

8~1급 유의어(2자)

 6급

6급✿(후) 뒤의 한자어
部門(부문) ⇔ 分野(분야)

 5급II

5급II❀(전) 앞의 한자어
勞作(노작) ⇔ 力作(역작)

5급II✷(전후) 앞/뒤 한자어
氣品(기품) ⇔ 風格(풍격)
心友(심우) ⇔ 知音(지음)

 5급

5급❀(전) 앞의 한자어
大河(대하) ⇔ 長江(장강)
原因(원인) ⇔ 理由(이유)
操心(조심) ⇔ 注意(주의)

5급✿(후) 뒤의 한자어
名勝(명승) ⇔ 景勝(경승)
所望(소망) ⇔ 念願(염원)
始祖(시조) ⇔ 鼻祖(비조)

5급※(전후) 앞/뒤 한자어

考量(고량) ⇔ 思料(사료)

 4급^{II}

4급II✿(전) 앞의 한자어

器量(기량) ⇔ 才能(재능)
發端(발단) ⇔ 始作(시작)
素行(소행) ⇔ 品行(품행)
運送(운송) ⇔ 通運(통운)
留級(유급) ⇔ 落第(낙제)
認可(인가) ⇔ 許可(허가)
進步(진보) ⇔ 向上(향상)

4급II✿(후) 뒤의 한자어

高見(고견) ⇔ 尊意(존의)
貴家(귀가) ⇔ 尊宅(존택)
當到(당도) ⇔ 到達(도달)
事前(사전) ⇔ 未然(미연)
所願(소원) ⇔ 希望(희망)
下技(하기) ⇔ 末藝(말예)

4급II※(전후) 앞/뒤 한자어

講士(강사) ⇔ 演士(연사)
故友(고우) ⇔ 故舊(고구)
曲解(곡해) ⇔ 誤解(오해)
大寶(대보) ⇔ 至寶(지보)
武術(무술) ⇔ 武藝(무예)
密通(밀통) ⇔ 暗通(암통)
善治(선치) ⇔ 善政(선정)
說破(설파) ⇔ 論破(논파)
俗論(속론) ⇔ 流議(유의)
視野(시야) ⇔ 眼界(안계)
護國(호국) ⇔ 衛國(위국)
會得(회득) ⇔ 理解(이해)

 4급

4급✿(전) 앞의 한자어

傾向(경향) ⇔ 動向(동향)
過激(과격) ⇔ 急進(급진)

管見(관견) ⇔ 短見(단견)
窮民(궁민) ⇔ 難民(난민)
同甲(동갑) ⇔ 同齒(동치)
問候(문후) ⇔ 問安(문안)
私通(사통) ⇔ 通情(통정)
狀況(상황) ⇔ 情勢(정세)
成就(성취) ⇔ 達成(달성)
領域(영역) ⇔ 分野(분야)
壯志(장지) ⇔ 雄志(웅지)
專決(전결) ⇔ 獨斷(독단)
轉變(전변) ⇔ 變化(변화)
情趣(정취) ⇔ 風情(풍정)
痛感(통감) ⇔ 切感(절감)
顯職(현직) ⇔ 達官(달관)

4급✿(후) 뒤의 한자어

功業(공업) ⇔ 功烈(공렬)
極力(극력) ⇔ 盡力(진력)
給料(급료) ⇔ 給與(급여)
急所(급소) ⇔ 要點(요점)
發送(발송) ⇔ 郵送(우송)
方法(방법) ⇔ 手段(수단)
山林(산림) ⇔ 隱士(은사)
賞美(상미) ⇔ 稱讚(칭찬)
食言(식언) ⇔ 負約(부약)
野合(야합) ⇔ 私通(사통)
情勢(정세) ⇔ 狀況(상황)
進退(진퇴) ⇔ 去就(거취)
海外(해외) ⇔ 異域(이역)

4급※(전후) 앞/뒤 한자어

簡冊(간책) ⇔ 竹簡(죽간)
計略(계략) ⇔ 方略(방략)
求婚(구혼) ⇔ 請婚(청혼)
待遇(대우) ⇔ 處遇(처우)
祕本(비본) ⇔ 珍書(진서)
先納(선납) ⇔ 豫納(예납)
業績(업적) ⇔ 功績(공적)
逆轉(역전) ⇔ 反轉(반전)
然否(연부) ⇔ 與否(여부)
優待(우대) ⇔ 厚待(후대)
威儀(위의) ⇔ 儀觀(의관)
轉居(전거) ⇔ 移轉(이전)
尊稱(존칭) ⇔ 敬稱(경칭)

招請(초청) ⇔ 招待(초대)
特酒(특주) ⇔ 名酒(명주)
評論(평론) ⇔ 批評(비평)
抗爭(항쟁) ⇔ 抗戰(항전)
訓戒(훈계) ⇔ 勸戒(권계)

 3급^{II}

3급II✿(전) 앞의 한자어

架空(가공) ⇔ 虛構(허구)
佳約(가약) ⇔ 婚約(혼약)
古稀(고희) ⇔ 從心(종심)
貢獻(공헌) ⇔ 寄與(기여)
久疾(구질) ⇔ 宿病(숙병)
浪費(낭비) ⇔ 徒消(도소)
頭緒(두서) ⇔ 條理(조리)
晩年(만년) ⇔ 老年(노년)
謀略(모략) ⇔ 方略(방략)
沒頭(몰두) ⇔ 專心(전심)
未久(미구) ⇔ 不遠(불원)
凡夫(범부) ⇔ 俗人(속인)
比翼(비익) ⇔ 連理(연리)
散策(산책) ⇔ 散步(산보)
刷新(쇄신) ⇔ 革新(혁신)
首尾(수미) ⇔ 始終(시종)
熟歲(숙세) ⇔ 豊年(풍년)
昇進(승진) ⇔ 榮轉(영전)
我軍(아군) ⇔ 友軍(우군)
壓迫(압박) ⇔ 威壓(위압)
哀歡(애환) ⇔ 喜悲(희비)
御聲(어성) ⇔ 德音(덕음)
旅館(여관) ⇔ 客舍(객사)
戀歌(연가) ⇔ 情歌(정가)
永眠(영면) ⇔ 他界(타계)
維新(유신) ⇔ 革新(혁신)
倫理(윤리) ⇔ 道德(도덕)
潤澤(윤택) ⇔ 豊富(풍부)
利潤(이윤) ⇔ 利文(이문)
逸才(일재) ⇔ 秀才(수재)
入寂(입적) ⇔ 歸元(귀원)
在廷(재정) ⇔ 在朝(재조)
著姓(저성) ⇔ 名族(명족)

漸漸(점점) ⇔ 次次(차차)
仲介(중개) ⇔ 居間(거간)
贊反(찬반) ⇔ 可否(가부)
尺土(척토) ⇔ 寸土(촌토)
出荷(출하) ⇔ 積出(적출)
統率(통솔) ⇔ 統領(통령)
劃一(획일) ⇔ 一律(일률)

3급II ✿(후) 뒤의 한자어

強風(강풍) ⇔ 猛風(맹풍)
巨商(거상) ⇔ 豪商(호상)
決心(결심) ⇔ 覺悟(각오)
敬老(경로) ⇔ 尙齒(상치)
固守(고수) ⇔ 墨守(묵수)
古賢(고현) ⇔ 先哲(선철)
廣才(광재) ⇔ 逸才(일재)
歸宅(귀택) ⇔ 還家(환가)
奇計(기계) ⇔ 妙策(묘책)
短命(단명) ⇔ 薄命(박명)
同意(동의) ⇔ 贊成(찬성)
登極(등극) ⇔ 卽位(즉위)
望鄕(망향) ⇔ 懷鄕(회향)
面相(면상) ⇔ 容貌(용모)
目讀(목독) ⇔ 默讀(묵독)
反逆(반역) ⇔ 謀反(모반)
本末(본말) ⇔ 首尾(수미)
負約(부약) ⇔ 僞言(위언)
射技(사기) ⇔ 弓術(궁술)
仙境(선경) ⇔ 桃源(도원)
神算(신산) ⇔ 神策(신책)
約婚(약혼) ⇔ 佳約(가약)
領土(영토) ⇔ 版圖(판도)
應辯(응변) ⇔ 隨機(수기)
殘命(잔명) ⇔ 餘壽(여수)
精讀(정독) ⇔ 熟讀(숙독)
從心(종심) ⇔ 稀壽(희수)
天地(천지) ⇔ 覆載(부재)
寢床(침상) ⇔ 寢臺(침대)
破産(파산) ⇔ 倒産(도산)
風燈(풍등) ⇔ 累卵(누란)
閑居(한거) ⇔ 燕息(연식)
回覽(회람) ⇔ 轉照(전조)
興亡(흥망) ⇔ 盛衰(성쇠)

喜樂(희락) ⇔ 喜悅(희열)

3급II ✲(전후) 앞/뒤 한자어

簡拔(간발) ⇔ 選拔(선발)
開拓(개척) ⇔ 開荒(개황)
激勵(격려) ⇔ 鼓舞(고무)
敬仰(경앙) ⇔ 仰慕(앙모)
鼓吹(고취) ⇔ 鼓舞(고무)
根幹(근간) ⇔ 基礎(기초)
旣述(기술) ⇔ 前述(전술)
丹粧(단장) ⇔ 化粧(화장)
默諾(묵낙) ⇔ 默認(묵인)
薄情(박정) ⇔ 冷淡(냉담)
變遷(변천) ⇔ 沿革(연혁)
修飾(수식) ⇔ 治粧(치장)
承諾(승낙) ⇔ 許諾(허락)
幼稚(유치) ⇔ 未熟(미숙)
潤文(윤문) ⇔ 改稿(개고)
移葬(이장) ⇔ 遷墓(천묘)
摘出(적출) ⇔ 摘發(적발)
贊助(찬조) ⇔ 協贊(협찬)
蒼空(창공) ⇔ 碧空(벽공)
滯拂(체불) ⇔ 滯納(체납)
治粧(치장) ⇔ 裝飾(장식)
脫獄(탈옥) ⇔ 破獄(파옥)
吐說(토설) ⇔ 實吐(실토)
獻供(헌공) ⇔ 獻納(헌납)
脅迫(협박) ⇔ 威脅(위협)
忽變(홀변) ⇔ 突變(돌변)
皇恩(황은) ⇔ 皇澤(황택)

3급

3급☆(전) 앞의 한자어

乞身(걸신) ⇔ 請老(청로)
交涉(교섭) ⇔ 折衝(절충)
厥初(궐초) ⇔ 始初(시초)
濫用(남용) ⇔ 誤用(오용)
頭眉(두미) ⇔ 始終(시종)
叛徒(반도) ⇔ 逆黨(역당)
傍觀(방관) ⇔ 坐視(좌시)

白眉(백미) ⇔ 壓卷(압권)
普遍(보편) ⇔ 一般(일반)
暑衣(서의) ⇔ 夏服(하복)
廉價(염가) ⇔ 低價(저가)
零落(영락) ⇔ 衰落(쇠락)
拙稿(졸고) ⇔ 愚稿(우고)
遲參(지참) ⇔ 晚到(만도)
淸濁(청탁) ⇔ 好惡(호오)
遍歷(편력) ⇔ 轉歷(전력)
抱腹(포복) ⇔ 絕倒(절도)
抱負(포부) ⇔ 雄志(웅지)
螢窓(형창) ⇔ 學窓(학창)

3급✿(후) 뒤의 한자어

客房(객방) ⇔ 賓室(빈실)
冠省(관생) ⇔ 除煩(제번)
交番(교번) ⇔ 遞番(체번)
吉凶(길흉) ⇔ 慶弔(경조)
冷暖(냉난) ⇔ 寒暑(한서)
同類(동류) ⇔ 伴黨(반당)
模範(모범) ⇔ 龜鑑(귀감)
美酒(미주) ⇔ 佳酒(가주)
背恩(배은) ⇔ 忘德(망덕)
伏龍(복룡) ⇔ 臥龍(와룡)
信音(신음) ⇔ 雁書(안서)
禮物(예물) ⇔ 幣物(폐물)
緩急(완급) ⇔ 遲速(지속)
愚見(우견) ⇔ 拙見(졸견)
遊離(유리) ⇔ 漂迫(표박)
任意(임의) ⇔ 恣意(자의)
卒壽(졸수) ⇔ 凍梨(동리)
天地(천지) ⇔ 乾坤(건곤)
平凡(평범) ⇔ 尋常(심상)
凶報(흉보) ⇔ 哀啓(애계)

3급✲(전후) 앞/뒤 한자어

角逐(각축) ⇔ 逐鹿(축록)
詐稱(사칭) ⇔ 冒名(모명)
一毫(일호) ⇔ 秋毫(추호)
秋毫(추호) ⇔ 毫末(호말)
漂流(표류) ⇔ 漂泊(표박)
鴻業(홍업) ⇔ 鴻績(홍적)

2급常

2급常 ✿(전) 앞의 한자어

間諜(간첩) ⇔ 五列(오열)
改札(개찰) ⇔ 改票(개표)
坑夫(갱부) ⇔ 鑛夫(광부)
高紳(고신) ⇔ 貴人(귀인)
歐美(구미) ⇔ 西洋(서양)
闕字(궐자) ⇔ 逸字(일자)
爛商(난상) ⇔ 熟議(숙의)
矛盾(모순) ⇔ 背反(배반)
汎愛(범애) ⇔ 博愛(박애)
僻地(벽지) ⇔ 深巷(심항)
辛酸(신산) ⇔ 辛苦(신고)
焦思(초사) ⇔ 苦心(고심)
託送(탁송) ⇔ 傳送(전송)
奪胎(탈태) ⇔ 換骨(환골)
霸者(패자) ⇔ 王者(왕자)

2급常 ✿(후) 뒤의 한자어

佳氣(가기) ⇔ 瑞氣(서기)
干城(간성) ⇔ 棟梁(동량)
苦慮(고려) ⇔ 焦思(초사)
交涉(교섭) ⇔ 折衷(절충)
驅迫(구박) ⇔ 虐待(학대)
極署(극서) ⇔ 酷暑(혹서)
寄留(기류) ⇔ 託足(탁족)
寄贈(기증) ⇔ 贈呈(증정)
斷頭(단두) ⇔ 斬首(참수)
丹誠(단성) ⇔ 丹衷(단충)
妨害(방해) ⇔ 障碍(장애)
桑碧(상벽) ⇔ 滄桑(창상)
俗世(속세) ⇔ 塵世(진세)
瞬間(순간) ⇔ 刹那(찰나)
濕地(습지) ⇔ 沮澤(저택)
信音(신음) ⇔ 雁札(안찰)
失望(실망) ⇔ 落膽(낙담)
暗示(암시) ⇔ 示唆(시사)
燃眉(연미) ⇔ 焦眉(초미)
鍊磨(연마) ⇔ 鍛鍊(단련)
日給(일급) ⇔ 日俸(일봉)
座下(좌하) ⇔ 硯北(연북)
贈與(증여) ⇔ 贈呈(증정)
暴政(폭정) ⇔ 虐政(학정)

稀姓(희성) ⇔ 僻姓(벽성)

2급常 ✳(전후) 앞/뒤 한자어

瓜年(과년) ⇔ 瓜滿(과만)
魔法(마법) ⇔ 妖術(요술)
兵塵(병진) ⇔ 戰塵(전진)
沮害(저해) ⇔ 障礙(장애)

2급名

2급名 ✿(전) 앞의 한자어

琴瑟(금실) ⇔ 連理(연리)
　　　　　　※瑟(큰 거문고 슬)
董役(동역) ⇔ 監役(감역)
明晳(명석) ⇔ 聰明(총명)
彌滿(미만) ⇔ 充滿(충만)
鵬圖(붕도) ⇔ 雄圖(웅도)
耽美(탐미) ⇔ 唯美(유미)
欽慕(흠모) ⇔ 悅慕(열모)

2급名 ✿(후) 뒤의 한자어

巨商(거상) ⇔ 大賈(대고)
大功(대공) ⇔ 丕績(비적)
對立(대립) ⇔ 對峙(대치)
大商(대상) ⇔ 富賈(부고)
名馬(명마) ⇔ 逸驥(일기)
半百(반백) ⇔ 艾老(애로)
本源(본원) ⇔ 淵源(연원)
肥土(비토) ⇔ 沃土(옥토)
刷新(쇄신) ⇔ 鼎新(정신)
漁夫(어부) ⇔ 淵客(연객)
知命(지명) ⇔ 艾年(애년)
革新(혁신) ⇔ 鼎新(정신)
鴻圖(홍도) ⇔ 丕圖(비도)
和顔(화안) ⇔ 怡顔(이안)

2급名 ✿(전) / 2급名 ✿(후) 앞/뒤 한자어
驚蔘(경삼) ⇔ 長蘆(장로)

2급名 ✿(전) / 2급名 ✿(후) 앞/뒤 한자어
峻刑(준형) ⇔ 酷刑(혹형)

2급名 ✳(전후) 앞/뒤 한자어
驥足(기족) ⇔ 駿足(준족)

蟾輝(섬휘) ⇔ 蟾光(섬광)
佑命(우명) ⇔ 天佑(천우)
遺址(유지) ⇔ 舊址(구지)
駿馬(준마) ⇔ 駿足(준족)

1급

1급✿(전) 앞의 한자어

家眷(가권) ⇔ 家屬(가속)
家眷(가권) ⇔ 食率(식솔)
嘉月(가월) ⇔ 桃月(도월)
苛政(가정) ⇔ 暴政(폭정)
苛政(가정) ⇔ 虐政(학정)
苛責(가책) ⇔ 刻責(각책)
間隙(간극) ⇔ 間隔(간격)
艱難(간난) ⇔ 苦楚(고초)
奸臣(간신) ⇔ 妖臣(요신)
看做(간주) ⇔ 置簿(치부)
見黜(견출) ⇔ 見逐(견축)
缺乏(결핍) ⇔ 不足(부족)
警邏(경라) ⇔ 警巡(경순)
溪壑(계학) ⇔ 溪谷(계곡)
溪壑(계학) ⇔ 望蜀(망촉)
匡正(광정) ⇔ 矯正(교정)
矯誣(교무) ⇔ 矯僞(교위)
叫喚(규환) ⇔ 叫號(규호)
飢饉(기근) ⇔ 飢餓(기아)
祈禱(기도) ⇔ 祈求(기구)
祈禱(기도) ⇔ 祈望(기망)
祈禱(기도) ⇔ 祈願(기원)
忌諱(기휘) ⇔ 忌避(기피)
懶農(나농) ⇔ 怠農(태농)
懶怠(나태) ⇔ 怠慢(태만)
烙印(낙인) ⇔ 燒印(소인)
耐乏(내핍) ⇔ 耐貧(내빈)
怒濤(노도) ⇔ 怒潮(노조)
論劾(논핵) ⇔ 臺論(대론)
論劾(논핵) ⇔ 臺彈(대탄)
短頸(단경) ⇔ 短項(단항)
遝至(답지) ⇔ 殺到(쇄도)
代辦(대판) ⇔ 代辨(대변)
代辦(대판) ⇔ 代償(대상)
陶冶(도야) ⇔ 陶鑄(도주)

刀匠(도장) ⇔ 刀工(도공)	匿名(익명) ⇔ 埋名(매명)	**1급✿(후) 뒤의 한자어**	
名匠(명장) ⇔ 名工(명공)	一隅(일우) ⇔ 一角(일각)	佳客(가객) ⇔ 嘉賓(가빈)	
蒙昧(몽매) ⇔ 暗愚(암우)	一簇(일족) ⇔ 一群(일군)	佳境(가경) ⇔ 蔗境(자경)	
苗裔(묘예) ⇔ 苗胤(묘윤)	箴言(잠언) ⇔ 警句(경구)	可憐(가련) ⇔ 惻隱(측은)	
未洽(미흡) ⇔ 未滿(미만)	裝塡(장전) ⇔ 揷彈(삽탄)	佳名(가명) ⇔ 嘉名(가명)	
搏動(박동) ⇔ 脈動(맥동)	裝塡(장전) ⇔ 裝藥(장약)	假名(가명) ⇔ 假銜(가함)	
剝皮(박피) ⇔ 去皮(거피)	裝塡(장전) ⇔ 裝彈(장탄)	假睡(가수) ⇔ 假寐(가매)	
拔萃(발췌) ⇔ 拔抄(발초)	裝幀(장정) ⇔ 裝訂(장정)	假裝(가장) ⇔ 假扮(가분)	
拔萃(발췌) ⇔ 拔取(발취)	箭筒(전동) ⇔ 矢服(시복)	假裝(가장) ⇔ 粧撰(장찬)	
福祉(복지) ⇔ 福利(복리)	餞送(전송) ⇔ 祖送(조송)	刻銘(각명) ⇔ 勒銘(늑명)	
駙馬(부마) ⇔ 都尉(도위)	戰慄(전율) ⇔ 戰懼(전구)	強姦(강간) ⇔ 劫姦(겁간)	
駙馬(부마) ⇔ 粉侯(분후)	戰慄(전율) ⇔ 震恐(진공)	強姦(강간) ⇔ 劫辱(겁욕)	
訃音(부음) ⇔ 惡報(악보)	戰慄(전율) ⇔ 震懼(진구)	強姦(강간) ⇔ 劫奪(겁탈)	
訃音(부음) ⇔ 哀啓(애계)	戰慄(전율) ⇔ 震怖(진포)	強弓(강궁) ⇔ 勁弓(경궁)	
訃音(부음) ⇔ 凶聞(흉문)	前轍(전철) ⇔ 前軌(전궤)	強弓(강궁) ⇔ 勁弩(경노)	
訃音(부음) ⇔ 凶報(흉보)	絶崖(절애) ⇔ 斷岸(단안)	強記(강기) ⇔ 牢記(뇌기)	
訃音(부음) ⇔ 凶音(흉음)	嘲弄(조롱) ⇔ 欺弄(기롱)	強迫(강박) ⇔ 劫迫(겁박)	
不朽(불후) ⇔ 不磨(불마)	嘲弄(조롱) ⇔ 愚弄(우롱)	強奪(강탈) ⇔ 劫掠(겁략)	
不朽(불후) ⇔ 不滅(불멸)	遭遇(조우) ⇔ 會遇(회우)	強奪(강탈) ⇔ 劫奪(겁탈)	
緋衣(비의) ⇔ 朱衣(주의)	支撐(지탱) ⇔ 扶支(부지)	強奪(강탈) ⇔ 勒奪(늑탈)	
私邸(사저) ⇔ 私館(사관)	支撐(지탱) ⇔ 扶持(부지)	強風(강풍) ⇔ 勁風(경풍)	
使嗾(사주) ⇔ 敎唆(교사)	支撐(지탱) ⇔ 支持(지지)	改稿(개고) ⇔ 改敲(개고)	
曙光(서광) ⇔ 曉色(효색)	倡義(창의) ⇔ 起義(기의)	改稿(개고) ⇔ 敲推(고퇴)	
壻郎(서랑) ⇔ 東床(동상)	天誅(천주) ⇔ 天討(천토)	改稿(개고) ⇔ 推敲(퇴고)	
壻郎(서랑) ⇔ 半子(반자)	捷報(첩보) ⇔ 勝報(승보)	改過(개과) ⇔ 改悛(개전)	
洗滌(세척) ⇔ 洗淨(세정)	涕泣(체읍) ⇔ 流泣(유읍)	槪論(개론) ⇔ 汎論(범론)	
沼畔(소반) ⇔ 池邊(지변)	招撫(초무) ⇔ 招慰(초위)	開戰(개전) ⇔ 開仗(개장)	
贖罪(속죄) ⇔ 罪滅(죄멸)	寵愛(총애) ⇔ 特愛(특애)	開拓(개척) ⇔ 開墾(개간)	
殊寵(수총) ⇔ 殊恩(수은)	快癒(쾌유) ⇔ 快復(쾌복)	更生(갱생) ⇔ 甦生(소생)	
夙夜(숙야) ⇔ 晨夜(신야)	快癒(쾌유) ⇔ 快差(쾌차)	居甲(거갑) ⇔ 居魁(거괴)	
猜疑(시의) ⇔ 邪推(사추)	妥帖(타첩) ⇔ 打合(타합)	巨儒(거유) ⇔ 宏儒(굉유)	
宸臨(신림) ⇔ 臨御(임어)	退遁(퇴둔) ⇔ 退避(퇴피)	劍客(검객) ⇔ 劍俠(검협)	
失踪(실종) ⇔ 失跡(실적)	褪色(퇴색) ⇔ 減色(감색)	缺陷(결함) ⇔ 瑕疵(하자)	
阿諂(아첨) ⇔ 阿附(아부)	褪色(퇴색) ⇔ 退色(퇴색)	結婚(결혼) ⇔ 嫁娶(가취)	
斡旋(알선) ⇔ 周旋(주선)	悖德(패덕) ⇔ 敗德(패덕)	謙恭(겸공) ⇔ 謙遜(겸손)	
怏宿(앙숙) ⇔ 雍齒(옹치)	悖倫(패륜) ⇔ 背倫(배륜)	驚服(경복) ⇔ 駭服(해복)	
哀矜(애긍) ⇔ 哀憐(애련)	悖倫(패륜) ⇔ 不倫(불륜)	慶事(경사) ⇔ 嘉事(가사)	
煙筒(연통) ⇔ 煙管(연관)	悖倫(패륜) ⇔ 傷倫(상륜)	耕作(경작) ⇔ 耕墾(경간)	
枉臨(왕림) ⇔ 尊來(존래)	悖倫(패륜) ⇔ 逆倫(역륜)	京鄕(경향) ⇔ 都鄙(도비)	
邀擊(요격) ⇔ 逆擊(역격)	編纂(편찬) ⇔ 編修(편수)	苦懇(고간) ⇔ 懇囑(간촉)	
邀擊(요격) ⇔ 迎擊(영격)	剽竊(표절) ⇔ 盜作(도작)	枯渴(고갈) ⇔ 空竭(공갈)	
位牌(위패) ⇔ 靈位(영위)	解冤(해원) ⇔ 雪憤(설분)	高名(고명) ⇔ 嘉稱(가칭)	
類纂(유찬) ⇔ 類編(유편)	嫌嫉(혐질) ⇔ 嫌厭(혐염)	顧命(고명) ⇔ 遺詔(유조)	
疑訝(의아) ⇔ 疑惑(의혹)	詰難(힐난) ⇔ 指彈(지탄)	告白(고백) ⇔ 披瀝(피력)	

高山(고산) ⇔ 喬陟(교척)	老農(노농) ⇔ 老圃(노포)	放縱(방종) ⇔ 恣擅(자천)
古式(고식) ⇔ 舊套(구투)	老衰(노쇠) ⇔ 頹暮(퇴모)	防寒(방한) ⇔ 禦寒(어한)
古式(고식) ⇔ 陳套(진투)	露店(노점) ⇔ 亂廛(난전)	背叛(배반) ⇔ 乖叛(괴반)
苦役(고역) ⇔ 苛役(가역)	奴主(노주) ⇔ 主僕(주복)	背叛(배반) ⇔ 乖背(괴배)
困絕(곤절) ⇔ 困竭(곤갈)	鹿湯(녹탕) ⇔ 鹿羹(녹갱)	白眉(백미) ⇔ 錐囊(추낭)
公告(공고) ⇔ 頒布(반포)	論責(논책) ⇔ 論詰(논힐)	碧眼(벽안) ⇔ 綠瞳(녹동)
空前(공전) ⇔ 曠前(광전)	籠絡(농락) ⇔ 牢籠(뇌롱)	碧雲(벽운) ⇔ 翠雲(취운)
恐縮(공축) ⇔ 惶縮(황축)	弄舌(농설) ⇔ 饒舌(요설)	辨理(변리) ⇔ 辦理(판리)
寡妻(과처) ⇔ 荊婦(형부)	農閑(농한) ⇔ 農隙(농극)	辨償(변상) ⇔ 辦償(판상)
寡妻(과처) ⇔ 荊妻(형처)	漏出(누출) ⇔ 漏泄(누설)	兵甲(병갑) ⇔ 甲仗(갑장)
官界(관계) ⇔ 宦海(환해)	漏出(누출) ⇔ 漏洩(누설)	崩御(붕어) ⇔ 昇遐(승하)
寬免(관면) ⇔ 宥恕(유서)	踏襲(답습) ⇔ 蹈襲(도습)	非理(비리) ⇔ 悖理(패리)
官福(관복) ⇔ 宦數(환수)	大家(대가) ⇔ 巨匠(거장)	悲歎(비탄) ⇔ 傷嗟(상차)
廣義(광의) ⇔ 泛意(범의)	大哭(대곡) ⇔ 嗁哭(제곡)	死體(사체) ⇔ 死骸(사해)
交代(교대) ⇔ 交迭(교질)	大勝(대승) ⇔ 大捷(대첩)	詐取(사취) ⇔ 騙取(편취)
交分(교분) ⇔ 交誼(교의)	代任(대임) ⇔ 代辦(대판)	散策(산책) ⇔ 逍遙(소요)
交分(교분) ⇔ 情誼(정의)	大海(대해) ⇔ 鴻溟(홍명)	賞杯(상배) ⇔ 賞盞(상잔)
交戰(교전) ⇔ 交戟(교극)	悼歌(도가) ⇔ 輓歌(만가)	賞罰(상벌) ⇔ 褒罰(포벌)
究明(구명) ⇔ 闡究(천구)	悼歌(도가) ⇔ 挽歌(만가)	賞罰(상벌) ⇔ 褒懲(포징)
拘束(구속) ⇔ 羈束(기속)	盜殺(도살) ⇔ 私屠(사도)	署名(서명) ⇔ 著銜(착함)
拘束(구속) ⇔ 籠絆(농반)	陶枕(도침) ⇔ 瓷枕(자침)	先覺(선각) ⇔ 先醒(선성)
拘束(구속) ⇔ 束縛(속박)	毒刃(독인) ⇔ 兇刃(흉인)	船工(선공) ⇔ 船匠(선장)
具陳(구진) ⇔ 具稟(구품)	突變(돌변) ⇔ 豹變(표변)	選拔(선발) ⇔ 簡擢(간탁)
九天(구천) ⇔ 層霄(층소)	得談(득담) ⇔ 得謗(득방)	選擇(선택) ⇔ 選擢(선탁)
屈服(굴복) ⇔ 屈膝(굴슬)	登用(등용) ⇔ 登擢(등탁)	善行(선행) ⇔ 嘉行(가행)
權輿(권여) ⇔ 濫觴(남상)	登用(등용) ⇔ 昇擢(승탁)	善行(선행) ⇔ 馴行(순행)
權輿(권여) ⇔ 嚆矢(효시)	等閑(등한) ⇔ 疎忽(소홀)	小技(소기) ⇔ 些技(사기)
規範(규범) ⇔ 繩矩(승구)	面責(면책) ⇔ 面詰(면힐)	昭詳(소상) ⇔ 仔細(자세)
糾錯(규착) ⇔ 糾纏(규전)	名簿(명부) ⇔ 錄牒(녹첩)	俗談(속담) ⇔ 俗諺(속언)
近年(근년) ⇔ 輓近(만근)	名僧(명승) ⇔ 名衲(명납)	俗儒(속유) ⇔ 鄙儒(비유)
謹身(근신) ⇔ 恪謹(각근)	模作(모작) ⇔ 擬作(의작)	率家(솔가) ⇔ 牽眷(솔권)
謹身(근신) ⇔ 恪愼(각신)	模造(모조) ⇔ 擬製(의제)	誦文(송문) ⇔ 誦呪(송주)
急死(급사) ⇔ 猝死(졸사)	謀陷(모함) ⇔ 誣陷(무함)	衰落(쇠락) ⇔ 凋落(조락)
急所(급소) ⇔ 要諦(요체)	謀陷(모함) ⇔ 誣害(무해)	殊遇(수우) ⇔ 殊眷(수권)
寄居(기거) ⇔ 寓食(우식)	目擊(목격) ⇔ 目睹(목도)	殊才(수재) ⇔ 宏才(굉재)
器具(기구) ⇔ 什物(집물)	沒頭(몰두) ⇔ 汨沒(골몰)	守卒(수졸) ⇔ 戍人(수인)
技能(기능) ⇔ 技倆(기량)	妙理(묘리) ⇔ 妙諦(묘체)	隨行(수행) ⇔ 陪隨(배수)
奇談(기담) ⇔ 奇譚(기담)	問責(문책) ⇔ 叱責(질책)	隨行(수행) ⇔ 陪行(배행)
期待(기대) ⇔ 囑望(촉망)	問責(문책) ⇔ 詰問(힐문)	熟知(숙지) ⇔ 熟悉(숙실)
器物(기물) ⇔ 器皿(기명)	文華(문화) ⇔ 文藻(문조)	熟知(숙지) ⇔ 委悉(위실)
難解(난해) ⇔ 難澁(난삽)	物神(물신) ⇔ 呪物(주물)	熟知(숙지) ⇔ 知悉(지실)
內亂(내란) ⇔ 內寇(내구)	美德(미덕) ⇔ 嘉德(가덕)	宿患(숙환) ⇔ 痼疾(고질)
內紛(내분) ⇔ 內訌(내홍)	美酒(미주) ⇔ 嘉酒(가주)	昇進(승진) ⇔ 喬遷(교천)
冷官(냉관) ⇔ 薄宦(박환)	博覽(박람) ⇔ 洽覽(흡람)	市井(시정) ⇔ 閭閻(여염)

神慮(신려)	⇔ 宸慮(신려)	入侍(입시)	⇔ 入覲(입근)	探査(탐사)	⇔ 鉤校(구교)
信標(신표)	⇔ 信牌(신패)	入養(입양)	⇔ 養嗣(양사)	擇用(택용)	⇔ 鉤用(구용)
惡黨(악당)	⇔ 兇漢(흉한)	立後(입후)	⇔ 立嗣(입사)	痛哭(통곡)	⇔ 慟哭(통곡)
握髮(악발)	⇔ 吐哺(토포)	自覺(자각)	⇔ 自醒(자성)	破屋(파옥)	⇔ 頹屋(퇴옥)
惡筆(악필)	⇔ 粗筆(조필)	作黨(작당)	⇔ 作牌(작패)	八旬(팔순)	⇔ 杖朝(장조)
雁書(안서)	⇔ 雁帛(안백)	潛魚(잠어)	⇔ 潛鱗(잠린)	片舟(편주)	⇔ 芥舟(개주)
安息(안식)	⇔ 游息(유식)	財物(재물)	⇔ 財賄(재회)	便紙(편지)	⇔ 書函(서함)
安心(안심)	⇔ 安堵(안도)	著作(저작)	⇔ 撰述(찬술)	編輯(편집)	⇔ 纂輯(찬집)
案下(안하)	⇔ 机下(궤하)	的中(적중)	⇔ 臆中(억중)	編輯(편집)	⇔ 綴輯(철집)
暗誦(암송)	⇔ 諷讀(풍독)	全家(전가)	⇔ 渾家(혼가)	捕斬(포참)	⇔ 擒斬(금참)
暗示(암시)	⇔ 諷示(풍시)	展望(전망)	⇔ 眺望(조망)	抱恨(포한)	⇔ 抱冤(포원)
愛妾(애첩)	⇔ 寵妾(총첩)	折脚(절각)	⇔ 折跌(절질)	暴力(폭력)	⇔ 腕力(완력)
養豚(양돈)	⇔ 牧豬(목저)	絕後(절후)	⇔ 絕嗣(절사)	暴飮(폭음)	⇔ 宏飮(굉음)
魚龍(어룡)	⇔ 魚鱉(어별)	正誤(정오)	⇔ 勘誤(감오)	暴飮(폭음)	⇔ 轟飮(굉음)
御馬(어마)	⇔ 袞馬(곤마)	除煩(제번)	⇔ 刪蔓(산만)	風浪(풍랑)	⇔ 風濤(풍도)
御命(어명)	⇔ 勅命(칙명)	帝位(제위)	⇔ 宸極(신극)	寒暖(한란)	⇔ 寒煖(한란)
御筆(어필)	⇔ 宸筆(신필)	早朝(조조)	⇔ 詰朝(힐조)	寒暑(한서)	⇔ 冷煖(냉난)
嚴斷(엄단)	⇔ 嚴勘(엄감)	左遷(좌천)	⇔ 遷謫(천적)	咸池(함지)	⇔ 昧谷(매곡)
餘澤(여택)	⇔ 遺蔭(유음)	至誠(지성)	⇔ 虔誠(건성)	協力(협력)	⇔ 戮力(육력)
永眠(영면)	⇔ 潛寐(잠매)	珍寶(진보)	⇔ 琦賂(기뢰)	好雨(호우)	⇔ 膏雨(고우)
豫見(예견)	⇔ 逆睹(역도)	疾風(질풍)	⇔ 迅風(신풍)	酷吏(혹리)	⇔ 苛吏(가리)
傲慢(오만)	⇔ 倨慢(거만)	集錄(집록)	⇔ 纂錄(찬록)	酷評(혹평)	⇔ 苛評(가평)
傲慢(오만)	⇔ 驕慢(교만)	集注(집주)	⇔ 集註(집주)	婚需(혼수)	⇔ 資賄(자회)
汚點(오점)	⇔ 惡穢(악예)	着劍(착검)	⇔ 佩劍(패검)	荒墳(황분)	⇔ 荒塚(황총)
玉膚(옥부)	⇔ 玉肌(옥기)	唱隨(창수)	⇔ 倡隨(창수)	荒地(황지)	⇔ 曠土(광토)
沃土(옥토)	⇔ 膏壤(고양)	創造(창조)	⇔ 肇造(조조)	黃泉(황천)	⇔ 冥曹(명조)
溫室(온실)	⇔ 煖室(난실)	妻妾(처첩)	⇔ 嫡妾(적첩)	回答(회답)	⇔ 回貼(회첩)
溫衣(온의)	⇔ 煖衣(난의)	天賦(천부)	⇔ 天稟(천품)	回答(회답)	⇔ 回帖(회첩)
溫風(온풍)	⇔ 煖風(난풍)	天胤(천윤)	⇔ 天嗣(천사)	凶計(흉계)	⇔ 兇計(흉계)
畏懼(외구)	⇔ 憺畏(담외)	天裁(천재)	⇔ 勅裁(칙재)	凶黨(흉당)	⇔ 兇黨(흉당)
外城(외성)	⇔ 外廓(외곽)	天地(천지)	⇔ 堪輿(감여)	凶黨(흉당)	⇔ 兇徒(흉도)
勇猛(용맹)	⇔ 雄悍(웅한)	天險(천험)	⇔ 天阻(천조)	凶事(흉사)	⇔ 兇事(흉사)
友愛(우애)	⇔ 友誼(우의)	請老(청로)	⇔ 乞骸(걸해)	胸中(흉중)	⇔ 胸臆(흉억)
旭日(욱일)	⇔ 曙日(서일)	清掃(청소)	⇔ 掃拭(소식)	興亡(흥망)	⇔ 營悴(영췌)
遠望(원망)	⇔ 遠眺(원조)	請託(청탁)	⇔ 干囑(간촉)	喜悅(희열)	⇔ 欣悅(흔열)
遠行(원행)	⇔ 高蹈(고도)	請託(청탁)	⇔ 請囑(청촉)		

1급*(전후) 앞/뒤 한자어

偉功(위공)	⇔ 戎功(융공)	村婦(촌부)	⇔ 俚婦(이부)		
威光(위광)	⇔ 稜威(능위)	秋毫(추호)	⇔ 毫釐(호리)	家眷(가권)	⇔ 眷率(권솔)
流離(유리)	⇔ 漂寓(표우)	充滿(충만)	⇔ 洋溢(양일)	苛斂(가렴)	⇔ 箕斂(기렴)
隱蔽(은폐)	⇔ 隱匿(은닉)	寢具(침구)	⇔ 衾枕(금침)	苛政(가정)	⇔ 悖政(패정)
夷界(이계)	⇔ 蕃地(번지)	侵迫(침박)	⇔ 侵逼(침핍)	奸計(간계)	⇔ 奸策(간책)
耳順(이순)	⇔ 杖鄉(장향)	快活(쾌활)	⇔ 活潑(활발)	奸賊(간적)	⇔ 奸盜(간도)
異草(이초)	⇔ 異卉(이훼)	拓本(탁본)	⇔ 碑帖(비첩)	諫止(간지)	⇔ 諫制(간제)
逸才(일재)	⇔ 宏才(굉재)	脫獄(탈옥)	⇔ 牢脫(뇌탈)	揀擇(간택)	⇔ 揀選(간선)

堪耐(감내)	⇔ 堪忍(감인)	拿引(나인)	⇔ 拿致(나치)	鄙見(비견)	⇔ 陋見(누견)
勘罪(감죄)	⇔ 論勘(논감)	怒濤(노도)	⇔ 驚濤(경도)	鄙見(비견)	⇔ 陋心(누심)
釀出(약출)	⇔ 釀金(약금)	老鶯(노앵)	⇔ 殘鶯(잔앵)	庇護(비호)	⇔ 陰庇(음비)
巾櫛(건즐)	⇔ 梳洗(소세)	論駁(논박)	⇔ 駁論(박론)	撒布(살포)	⇔ 撒散(살산)
怯夫(겁부)	⇔ 懦夫(나부)	論駁(논박)	⇔ 駁設(박설)	壻郎(서랑)	⇔ 佳壻(가서)
隔阻(격조)	⇔ 久阻(구조)	論駁(논박)	⇔ 反駁(반박)	壻郎(서랑)	⇔ 嬌客(교객)
隔阻(격조)	⇔ 久闊(구활)	論劾(논핵)	⇔ 彈駁(탄박)	壻郎(서랑)	⇔ 女壻(여서)
隔阻(격조)	⇔ 積阻(적조)	論劾(논핵)	⇔ 彈劾(탄핵)	壻郎(서랑)	⇔ 令壻(영서)
缺乏(결핍)	⇔ 絕乏(절핍)	陋俗(누속)	⇔ 陋習(누습)	夕霞(석하)	⇔ 晚霞(만하)
鯨浪(경랑)	⇔ 鯨波(경파)	陋俗(누속)	⇔ 陋風(누풍)	閃光(섬광)	⇔ 閃火(섬화)
叩頭(고두)	⇔ 叩首(고수)	陋地(누지)	⇔ 鄙地(비지)	聖詔(성조)	⇔ 聖諭(성유)
固壘(고루)	⇔ 堅壘(견루)	陋巷(누항)	⇔ 隘巷(애항)	姓銜(성함)	⇔ 名銜(명함)
叩門(고문)	⇔ 叩扉(고비)	單袴(단고)	⇔ 袴衣(고의)	世仇(세구)	⇔ 世讎(세수)
高喊(고함)	⇔ 大喊(대함)	痰聲(담성)	⇔ 痰響(담향)	消耗(소모)	⇔ 費耗(비모)
孔隙(공극)	⇔ 空隙(공극)	屠殺(도살)	⇔ 屠獸(도수)	沼畔(소반)	⇔ 池畔(지반)
灌漑(관개)	⇔ 灌注(관주)	屠殺(도살)	⇔ 屠宰(도재)	掃蕩(소탕)	⇔ 掃攘(소양)
官邸(관저)	⇔ 公邸(공저)	淘汰(도태)	⇔ 陶汰(도태)	袖納(수납)	⇔ 袖傳(수전)
匡救(광구)	⇔ 匡濟(광제)	淘汰(도태)	⇔ 汰沙(태사)	瘦瘠(수척)	⇔ 憔悴(초췌)
匡正(광정)	⇔ 廓正(확정)	禿木(독목)	⇔ 禿樹(독수)	塾生(숙생)	⇔ 塾兒(숙아)
乖離(괴리)	⇔ 乖隔(괴격)	胴體(동체)	⇔ 胴部(동부)	馴育(순육)	⇔ 飼馴(사순)
槐宸(괴신)	⇔ 楓宸(풍신)	遁逃(둔도)	⇔ 逋逃(포도)	馴致(순치)	⇔ 敎擾(교요)
宏圖(굉도)	⇔ 宏規(굉규)	摩擦(마찰)	⇔ 抹擦(말찰)	宸念(신념)	⇔ 宸衷(신충)
宏圖(굉도)	⇔ 宏謀(굉모)	輓章(만장)	⇔ 挽詩(만시)	雙璧(쌍벽)	⇔ 連璧(연벽)
宏圖(굉도)	⇔ 宏謨(굉모)	輓章(만장)	⇔ 輓詩(만시)	雙璧(쌍벽)	⇔ 聯璧(연벽)
驕矜(교긍)	⇔ 驕誇(교과)	輓章(만장)	⇔ 挽章(만장)	按摩(안마)	⇔ 摩娑(마사)
攪亂(교란)	⇔ 亂攪(난교)	抹消(말소)	⇔ 抹去(말거)	按察(안찰)	⇔ 按視(안시)
攪亂(교란)	⇔ 擾亂(요란)	綿亘(면긍)	⇔ 連亘(연긍)	愛撫(애무)	⇔ 字撫(자무)
咬傷(교상)	⇔ 咬創(교창)	綿亘(면긍)	⇔ 延亘(연긍)	縊死(액사)	⇔ 勒死(늑사)
嬌兒(교아)	⇔ 嬌童(교동)	綿亘(면긍)	⇔ 聯亘(연긍)	釀成(양성)	⇔ 釀造(양조)
謳歌(구가)	⇔ 謳吟(구음)	冒瀆(모독)	⇔ 瀆冒(독모)	諺解(언해)	⇔ 諺譯(언역)
寇掠(구략)	⇔ 寇奪(구탈)	冒瀆(모독)	⇔ 汚瀆(오독)	掩蔽(엄폐)	⇔ 掩塞(엄색)
鉤狀(구상)	⇔ 鉤形(구형)	蒙昧(몽매)	⇔ 夷昧(이매)	艷美(염미)	⇔ 艷羨(염선)
鳩合(구합)	⇔ 鳩聚(구취)	描寫(묘사)	⇔ 描出(묘출)	艷色(염색)	⇔ 艷容(염용)
掘鑿(굴착)	⇔ 鑿掘(착굴)	微恙(미양)	⇔ 小恙(소양)	艷姿(염자)	⇔ 艷態(염태)
眷顧(권고)	⇔ 眷佑(권우)	敏捷(민첩)	⇔ 迅速(신속)	奧義(오의)	⇔ 奧秘(오비)
覲見(근현)	⇔ 觀光(근광)	放蕩(방탕)	⇔ 逸蕩(일탕)	玉饌(옥찬)	⇔ 佳饌(가찬)
覲見(근현)	⇔ 觀謁(근알)	法臘(법랍)	⇔ 戒臘(계랍)	玉饌(옥찬)	⇔ 嘉饌(가찬)
擒縱(금종)	⇔ 縱擒(종금)	瞥見(별견)	⇔ 瞥觀(별관)	渦形(와형)	⇔ 渦狀(와상)
矜大(긍대)	⇔ 矜伐(긍벌)	俯瞰(부감)	⇔ 瞰視(감시)	猥語(외어)	⇔ 猥言(외언)
綺羅(기라)	⇔ 羅綺(나기)	俯瞰(부감)	⇔ 下瞰(하감)	拗堂(요당)	⇔ 堂拗(당요)
起泡(기포)	⇔ 發泡(발포)	訃音(부음)	⇔ 告訃(고부)	容喙(용훼)	⇔ 開喙(개훼)
懶眠(나면)	⇔ 惰眠(타면)	訃音(부음)	⇔ 訃聞(부문)	寓居(우거)	⇔ 寓宿(우숙)
拿引(나인)	⇔ 拿來(나래)	訃音(부음)	⇔ 諱音(휘음)	元兇(원흉)	⇔ 渠首(거수)
拿引(나인)	⇔ 拿就(나취)	盆栽(분재)	⇔ 盆種(분종)	元兇(원흉)	⇔ 渠率(거수)

元兇(원흉)	⇔ 渠帥(거수)	凋盡(조진)	⇔ 凋弊(조폐)	蕩女(탕녀)	⇔ 蕩婦(탕부)
元兇(원흉)	⇔ 魁首(괴수)	挫傷(좌상)	⇔ 挫創(좌창)	蕩盡(탕진)	⇔ 蕩竭(탕갈)
慰撫(위무)	⇔ 存撫(존무)	駐輦(주련)	⇔ 駐駕(주가)	統括(통괄)	⇔ 統轄(통할)
誘拐(유괴)	⇔ 拐引(괴인)	誅殺(주살)	⇔ 誅戮(주륙)	頹落(퇴락)	⇔ 朽落(후락)
諭示(유시)	⇔ 曉諭(효유)	註釋(주석)	⇔ 註明(주명)	頹運(퇴운)	⇔ 頹勢(퇴세)
諭示(유시)	⇔ 曉喻(효유)	註釋(주석)	⇔ 註解(주해)	破碎(파쇄)	⇔ 碎破(쇄파)
隱迹(은적)	⇔ 遁迹(둔적)	蠢動(준동)	⇔ 蠢爾(준이)	偏嗜(편기)	⇔ 惑嗜(혹기)
恩恤(은휼)	⇔ 字恤(자휼)	重疊(중첩)	⇔ 千疊(천첩)	編纂(편찬)	⇔ 纂修(찬수)
恩恤(은휼)	⇔ 慈恤(자휼)	櫛雨(즐우)	⇔ 櫛風(즐풍)	貶斥(폄척)	⇔ 減黜(감출)
淫祠(음사)	⇔ 陰祠(음사)	證憑(증빙)	⇔ 憑證(빙증)	貶毀(폄훼)	⇔ 貶論(폄론)
揖讓(읍양)	⇔ 揖遜(읍손)	贈賄(증회)	⇔ 贈賂(증뢰)	貶毀(폄훼)	⇔ 貶辭(폄사)
罹災(이재)	⇔ 罹禍(이화)	珍羞(진수)	⇔ 盛饌(성찬)	逋脫(포탈)	⇔ 逋稅(포세)
釐正(이정)	⇔ 釐革(이혁)	珍羞(진수)	⇔ 華饌(화찬)	逋脫(포탈)	⇔ 逋租(포조)
入棺(입관)	⇔ 納棺(납관)	鑿空(착공)	⇔ 鑿路(착로)	咆哮(포효)	⇔ 哮吼(효후)
刺繡(자수)	⇔ 繡刺(수자)	饌間(찬간)	⇔ 饌房(찬방)	稟申(품신)	⇔ 稟告(품고)
雀盲(작맹)	⇔ 雀目(작목)	篡立(찬립)	⇔ 篡弑(찬시)	披覽(피람)	⇔ 披見(피견)
齋戒(재계)	⇔ 潔齋(결재)	篡立(찬립)	⇔ 篡位(찬위)	逼奪(핍탈)	⇔ 剽掠(표략)
嫡流(적류)	⇔ 嫡嫡(적적)	篡立(찬립)	⇔ 篡奪(찬탈)	遐鄕(하향)	⇔ 遐方(하방)
顚落(전락)	⇔ 顚隮(전추)	漲滿(창만)	⇔ 漲溢(창일)	饗宴(향연)	⇔ 宴饗(연향)
戰慄(전율)	⇔ 戰悸(전계)	冊匣(책갑)	⇔ 書帙(서질)	俠氣(협기)	⇔ 氣俠(기협)
戰慄(전율)	⇔ 振慄(진율)	寵兒(총아)	⇔ 寵人(총인)	虎狼(호랑)	⇔ 狼虎(낭호)
戰慄(전율)	⇔ 震慄(진율)	充塡(충전)	⇔ 塡充(전충)	灰燼(회신)	⇔ 燼灰(신회)
前轍(전철)	⇔ 覆轍(복철)	悴顔(췌안)	⇔ 悴容(췌용)	後嗣(후사)	⇔ 遺嗣(유사)
絕崖(절애)	⇔ 斷崖(단애)	蟄居(칩거)	⇔ 屈蟄(굴칩)	後嗣(후사)	⇔ 胤嗣(윤사)
靖國(정국)	⇔ 靖難(정난)	蟄居(칩거)	⇔ 閉居(폐거)	詰責(힐책)	⇔ 罵倒(매도)
造昧(조매)	⇔ 草昧(초매)	稱冤(칭원)	⇔ 呼冤(호원)		
粗食(조식)	⇔ 糲食(간식)	妥帖(타첩)	⇔ 妥貼(타첩)		

8~1급 유의어(3자)

6급

6급✿(후) 뒤의 한자어

不老草(불로초) ⇔ 不死藥(불사약)

5급II

5급II✱(전후) 앞/뒤 한자어

本土種(본토종) ⇔ 在來種(재래종)

5급

5급❀(전) 앞의 한자어

改良種(개량종)	⇔	育成種(육성종)
景勝地(경승지)	⇔	名勝地(명승지)
都大體(도대체)	⇔	大關節(대관절)
相思病(상사병)	⇔	花風病(화풍병)
魚水親(어수친)	⇔	知音人(지음인)

4급II

4급II❀(전) 앞의 한자어

極上品(극상품) ⇔ 最上品(최상품)

4급Ⅱ✿(후) 뒤의 한자어

地方色(지방색) ⇔ 鄕土色(향토색)

4급Ⅱ✳(전후) 앞/뒤 한자어

經驗談(경험담) ⇔ 體驗談(체험담)
設計圖(설계도) ⇔ 靑寫眞(청사진)
通俗物(통속물) ⇔ 大衆物(대중물)

 4급

4급✿(전) 앞의 한자어

巨細事(거세사) ⇔ 大小事(대소사)
儉約家(검약가) ⇔ 節約家(절약가)
孤兒院(고아원) ⇔ 保育院(보육원)
模造紙(모조지) ⇔ 白上紙(백상지)
私有地(사유지) ⇔ 民有地(민유지)
周遊家(주유가) ⇔ 旅行家(여행가)
推定量(추정량) ⇔ 想定量(상정량)

4급✿(후) 뒤의 한자어

訪問記(방문기) ⇔ 探訪記(탐방기)
精米所(정미소) ⇔ 製粉所(제분소)
合法性(합법성) ⇔ 適法性(적법성)

4급✳(전후) 앞/뒤 한자어

高潮線(고조선) ⇔ 滿潮線(만조선)
共通點(공통점) ⇔ 同一點(동일점)
毒舌家(독설가) ⇔ 險口家(험구가)
新年辭(신년사) ⇔ 年頭辭(연두사)
愛酒家(애주가) ⇔ 好酒家(호주가)
雜所得(잡소득) ⇔ 雜收入(잡수입)
紅一點(홍일점) ⇔ 一點紅(일점홍)

 3급Ⅱ

3급Ⅱ✿(전) 앞의 한자어

金蘭契(금란계) ⇔ 魚水親(어수친)
桃源境(도원경) ⇔ 理想鄕(이상향)
貿易國(무역국) ⇔ 通商局(통상국)
宇宙船(우주선) ⇔ 衛星船(위성선)
月旦評(월단평) ⇔ 月朝評(월조평)

休耕地(휴경지) ⇔ 休閑地(휴한지)

3급Ⅱ✿(후) 뒤의 한자어

空想家(공상가) ⇔ 夢想家(몽상가)
交通業(교통업) ⇔ 運輸業(운수업)
所有物(소유물) ⇔ 掌中物(장중물)
力不足(역부족) ⇔ 力不及(역불급)
再構成(재구성) ⇔ 再編成(재편성)

3급Ⅱ✳(전후) 앞/뒤 한자어

懇親會(간친회) ⇔ 親睦會(친목회)
開催者(개최자) ⇔ 主催者(주최자)
敎鍊場(교련장) ⇔ 訓鍊場(훈련장)
騎馬術(기마술) ⇔ 乘馬術(승마술)
未曾有(미증유) ⇔ 破天荒(파천황)
放浪者(방랑자) ⇔ 流浪者(유랑자)
浮浪者(부랑자) ⇔ 無賴漢(무뢰한)
比翼鳥(비익조) ⇔ 連理枝(연리지)
喪布契(상포계) ⇔ 爲親契(위친계)
瞬息間(순식간) ⇔ 轉瞬間(전순간)
永久性(영구성) ⇔ 恒久性(항구성)
鄕愁病(향수병) ⇔ 懷鄕病(회향병)

 3급

3급✿(전) 앞의 한자어

車同軌(거동궤) ⇔ 書同文(서동문)
別乾坤(별건곤) ⇔ 別天地(별천지)
普遍性(보편성) ⇔ 一般性(일반성)
隷屬物(예속물) ⇔ 從屬物(종속물)

3급✿(후) 뒤의 한자어

雲雨樂(운우락) ⇔ 薦枕石(천침석)
潤筆料(윤필료) ⇔ 揮毫料(휘호료)

 2급

2급✿(전) 앞의 한자어

揭示板(게시판) ⇔ 案內板(안내판)
軸馬力(축마력) ⇔ 實馬力(실마력)

2급名 ✿(후) 뒤의 한자어

未開人(미개인)	⇔	野蠻人(야만인)
不具者(불구자)	⇔	障礙人(장애인)
瞬息間(순식간)	⇔	一刹那(일찰나)
伸縮性(신축성)	⇔	融通性(융통성)
紙物商(지물상)	⇔	紙物鋪(지물포)

2급名 ✷(전후) 앞/뒤 한자어

交通網(교통망)	⇔	道路網(도로망)
藥劑室(약제실)	⇔	調劑室(조제실)
香味料(향미료)	⇔	香味劑(향미제)

2급名 ✿(후) 뒤의 한자어

姑息策(고식책)	⇔	彌縫策(미봉책)
禁足令(금족령)	⇔	杜門令(두문령)

2급名 ✷(전) / 2급名 ✿(후) 앞/뒤 한자어

傀安夢(괴안몽)	⇔	南柯夢(남가몽)

1급 ✷(전) 앞의 한자어

喫煙室(끽연실)	⇔	吸煙室(흡연실)
巫山夢(무산몽)	⇔	雲雨樂(운우락)
巫山夢(무산몽)	⇔	薦枕席(천침석)
紡錘形(방추형)	⇔	流線型(유선형)
賻儀金(부의금)	⇔	弔慰金(조위금)
賻儀金(부의금)	⇔	弔意金(조의금)
漁撈期(어로기)	⇔	漁獲期(어획기)
擬人化(의인화)	⇔	人格化(인격화)
悖倫兒(패륜아)	⇔	破倫者(파륜자)
荒蕪地(황무지)	⇔	荒廢地(황폐지)

1급 ✿(후) 뒤의 한자어

給水船(급수선)	⇔	水槽船(수조선)
期功親(기공친)	⇔	朞功親(기공친)
賣淫窟(매음굴)	⇔	私娼窟(사창굴)
模造品(모조품)	⇔	擬製品(의제품)
排氣管(배기관)	⇔	排氣筒(배기통)
辨明調(변명조)	⇔	辨明套(변명투)

比翼鳥(비익조)	⇔	鴛鴦契(원앙계)
先着手(선착수)	⇔	先着鞭(선착편)
雜花店(잡화점)	⇔	雜貨廛(잡화전)
展望臺(전망대)	⇔	眺望臺(조망대)
貨物船(화물선)	⇔	回漕船(회조선)

1급 ✷(전후) 앞/뒤 한자어

棄捐金(기연금)	⇔	義捐金(의연금)
起泡劑(기포제)	⇔	發泡劑(발포제)
起火箭(기화전)	⇔	神機箭(신기전)
摩擦傷(마찰상)	⇔	擦過傷(찰과상)
綿洋襪(면양말)	⇔	木洋襪(목양말)
巫山夢(무산몽)	⇔	巫山雨(무산우)
巫山夢(무산몽)	⇔	巫山雲(무산운)
民聲函(민성함)	⇔	輿論函(여론함)
復仇心(복구심)	⇔	復讐心(복수심)
汚物桶(오물통)	⇔	塵芥桶(진개통)
嫉妬心(질투심)	⇔	妬忌心(투기심)
簒立者(찬립자)	⇔	簒奪者(찬탈자)
歇泊地(헐박지)	⇔	歇泊處(헐박처)
詰問答(힐문답)	⇔	詰論議(힐논의)

8~1급 유의어(4자)

4급II ✤(전) 앞의 한자어

心心相印(심심상인)	⇔	以心傳心(이심전심)

4급II ✷(전후) 앞/뒤 한자어

因果應報(인과응보)	⇔	種豆得豆(종두득두)
一擧兩得(일거양득)	⇔	一石二鳥(일석이조)
通俗歌謠(통속가요)	⇔	大衆歌謠(대중가요)

4급 ✤(전) 앞의 한자어

各樣各色(각양각색)	⇔	形形色色(형형색색)
類類相從(유유상종)	⇔	草綠同色(초록동색)

4급✿(후) 뒤의 한자어

見利思義(견리사의)	⇔	見危受命(견위수명)
風前燈火(풍전등화)	⇔	危機一髮(위기일발)

3급Ⅱ

3급Ⅱ❀(전) 앞의 한자어

甲男乙女(갑남을녀)	⇔	張三李四(장삼이사)
傾國之色(경국지색)	⇔	月態花容(월태화용)
近墨者黑(근묵자흑)	⇔	近朱者赤(근주자적)
金城湯池(금성탕지)	⇔	難攻不落(난공불락)
難伯難仲(난백난중)	⇔	難兄難弟(난형난제)
累卵之危(누란지위)	⇔	風前燈火(풍전등화)
道不拾遺(도불습유)	⇔	太平聖代(태평성대)
愚公移山(우공이산)	⇔	積小成大(적소성대)
指呼之間(지호지간)	⇔	一衣帶水(일의대수)
虎死留皮(호사유피)	⇔	人死留名(인사유명)

3급Ⅱ✿(후) 뒤의 한자어

高山流水(고산유수)	⇔	淡水之交(담수지교)
百年河淸(백년하청)	⇔	何待歲月(하대세월)
山海珍味(산해진미)	⇔	龍味鳳湯(용미봉탕)

3급Ⅱ✳(전후) 앞/뒤 한자어

干城之材(간성지재)	⇔	命世之才(명세지재)
擊壤之歌(격양지가)	⇔	鼓腹擊壤(고복격양)
犬兔之爭(견토지쟁)	⇔	漁夫之利(어부지리)
高閣大樓(고각대루)	⇔	高臺廣室(고대광실)
姑息之計(고식지계)	⇔	臨時方便(임시방편)
骨肉之親(골육지친)	⇔	血肉之親(혈육지친)
金蘭之契(금란지계)	⇔	水魚之交(수어지교)
淡水之交(담수지교)	⇔	莫逆之友(막역지우)
莫上莫下(막상막하)	⇔	伯仲之間(백중지간)
麥秀之歎(맥수지탄)	⇔	亡國之恨(망국지한)
孟母斷機(맹모단기)	⇔	三遷之敎(삼천지교)
比翼連理(비익연리)	⇔	二姓之樂(이성지락)
上石下臺(상석하대)	⇔	姑息之計(고식지계)
首丘初心(수구초심)	⇔	胡馬望北(호마망북)
宿虎衝鼻(숙호충비)	⇔	打草驚蛇(타초경사)
臨時方便(임시방편)	⇔	目前之計(목전지계)
轉禍爲福(전화위복)	⇔	塞翁之馬(새옹지마)
天壤之差(천양지차)	⇔	雲泥之差(운니지차)

3급

紅顏薄命(홍안박명)	⇔	佳人薄命(가인박명)

3급❀(전) 앞의 한자어

刻骨難忘(각골난망)	⇔	結草報恩(결초보은)
刻舟求劍(각주구검)	⇔	守株待兔(수주대토)
口蜜腹劍(구밀복검)	⇔	笑裏藏刀(소리장도)
大海一滴(대해일적)	⇔	九牛一毛(구우일모)
同病相憐(동병상련)	⇔	草綠同色(초록동색)
東山高臥(동산고와)	⇔	悠悠自適(유유자적)
傍若無人(방약무인)	⇔	眼下無人(안하무인)
羊頭狗肉(양두구육)	⇔	表裏不同(표리부동)
沈魚落雁(침어낙안)	⇔	天下絶色(천하절색)
匹夫匹婦(필부필부)	⇔	甲男乙女(갑남을녀)
咸興差使(함흥차사)	⇔	終無消息(종무소식)

3급✿(후) 뒤의 한자어

馬耳東風(마이동풍)	⇔	吾不關焉(오불관언)
面從腹背(면종복배)	⇔	陽奉陰違(양봉음위)
興亡盛衰(흥망성쇠)	⇔	榮枯盛衰(영고성쇠)

3급✳(전후) 앞/뒤 한자어

街談巷說(가담항설)	⇔	道聽塗說(도청도설)
黃口乳臭(황구유취)	⇔	口尙乳臭(구상유취)

2급

2급❀✿(후) 뒤의 한자어

干城之材(간성지재)	⇔	棟梁之器(동량지기)
傾國之色(경국지색)	⇔	雪膚花容(설부화용)
姑息之計(고식지계)	⇔	凍足放尿(동족방뇨)
九牛一毛(구우일모)	⇔	滄海一粟(창해일속)
金蘭之契(금란지계)	⇔	膠漆之交(교칠지교)
斷金之交(단금지교)	⇔	膠漆之交(교칠지교)
面壁九年(면벽구년)	⇔	積塵成山(적진성산)
目不識丁(목불식정)	⇔	魚魯不辨(어로불변)
五車之書(오거지서)	⇔	汗牛充棟(한우충동)
愚公移山(우공이산)	⇔	積塵成山(적진성산)
一場春夢(일장춘몽)	⇔	一炊之夢(일취지몽)
借廳入室(차청입실)	⇔	借廳借閨(차청차규)

天方地方(천방지방) ⇔ 天方地軸(천방지축)

2급圖 ✽(전후) 앞/뒤 한자어

靑出於藍(청출어람) ⇔ 出藍之譽(출람지예)

2급圖 ✿(후) 뒤의 한자어

孤立無援(고립무원) ⇔ 四面楚歌(사면초가)
高山流水(고산유수) ⇔ 芝蘭之交(지란지교)
盛者必衰(성자필쇠) ⇔ 月盈則食(월영즉식)
水魚之交(수어지교) ⇔ 芝蘭之交(지란지교)
脣亡齒寒(순망치한) ⇔ 輔車相依(보거상의)
連理比翼(연리비익) ⇔ 琴瑟相和(금슬상화)
沈魚落雁(침어낙안) ⇔ 丹脣皓齒(단순호치)
花容月態(화용월태) ⇔ 皓齒丹脣(호치단순)

2급圖 ✤(전) / 2급圖 ✿(후) 앞/뒤 한자어

盧生之夢(노생지몽) ⇔ 榮枯一炊(영고일취)
孫康映雪(손강영설) ⇔ 車胤聚螢(차윤취형)

2급圖 ✽(전후) 앞/뒤 한자어

琴瑟相和(금슬상화) ⇔ 琴瑟之樂(금슬지락)
南柯一夢(남가일몽) ⇔ 盧生之夢(노생지몽)

1급✤(전) 앞의 한자이

奸臣賊子(간신적자) ⇔ 亂臣賊子(난신적자)
康衢煙月(강구연월) ⇔ 擊壤之歌(격양지가)
康衢煙月(강구연월) ⇔ 鼓腹擊壤(고복격양)
溪壑之慾(계학지욕) ⇔ 望蜀之歎(망촉지탄)
膏粱珍味(고량진미) ⇔ 山珍海味(산진해미)
膏粱珍味(고량진미) ⇔ 山珍海錯(산진해착)
膏粱珍味(고량진미) ⇔ 山海珍味(산해진미)
膏粱珍味(고량진미) ⇔ 水陸珍味(수륙진미)
膏粱珍味(고량진미) ⇔ 龍味鳳湯(용미봉탕)
膏粱珍味(고량진미) ⇔ 海陸珍味(해륙진미)
孔子穿珠(공자천주) ⇔ 不恥下問(불치하문)
管中窺豹(관중규표) ⇔ 望洋之歎(망양지탄)
管中窺豹(관중규표) ⇔ 井中觀天(정중관천)

管中窺豹(관중규표) ⇔ 坐井觀天(좌정관천)
刮目相對(괄목상대) ⇔ 日進月步(일진월보)
刮目相對(괄목상대) ⇔ 日就月將(일취월장)
群盲撫象(군맹무상) ⇔ 群盲評象(군맹평상)
窮鼠莫追(궁서막추) ⇔ 窮狗莫追(궁구막추)
貴鵠賤鷄(귀곡천계) ⇔ 貴耳賤目(귀이천목)
羈絆藝術(기반예술) ⇔ 效用藝術(효용예술)
董狐之筆(동호지필) ⇔ 太史之簡(태사지간)
磨斧作針(마부작침) ⇔ 面壁九年(면벽구년)
磨斧作針(마부작침) ⇔ 愚公移山(우공이산)
磨斧作針(마부작침) ⇔ 積小成大(적소성대)
磨斧作針(마부작침) ⇔ 積水成淵(적수성연)
磨斧作針(마부작침) ⇔ 積塵成山(적진성산)
磨斧作針(마부작침) ⇔ 積土成山(적토성산)
磨斧作針(마부작침) ⇔ 塵合泰山(진합태산)
麥秀之歎(맥수지탄) ⇔ 麥秀黍油(맥수서유)
反哺之孝(반포지효) ⇔ 烏鳥私情(오조사정)
反哺之孝(반포지효) ⇔ 願乞終養(원걸종양)
百年偕老(백년해로) ⇔ 百年同樂(백년동락)
百日祈禱(백일기도) ⇔ 百日致誠(백일치성)
分袖相別(분수상별) ⇔ 分手作別(분수작별)
些少之事(사소지사) ⇔ 細微之事(세미지사)
上樓擔梯(상루담제) ⇔ 勸上搖木(권상요목)
首鼠兩端(수서양단) ⇔ 左顧右視(좌고우시)
首鼠兩端(수서양단) ⇔ 左瞻右顧(좌첨우고)
水天彷彿(수천방불) ⇔ 水天一碧(수천일벽)
營營汲汲(영영급급) ⇔ 營營逐逐(영영축축)
自家撞着(자가당착) ⇔ 自己矛盾(자기모순)
自然淘汰(자연도태) ⇔ 自然選擇(자연선택)
長袖善舞(장수선무) ⇔ 多錢善賈(다전선고)
戰歿將兵(진몰징병) ⇔ 戰亡將卒(전망장졸)
頂門一鍼(정문일침) ⇔ 頂門一針(정문일침)
粗衣惡食(조의악식) ⇔ 惡衣惡食(악의악식)
主客顚倒(주객전도) ⇔ 客反爲主(객반위주)
珍羞盛饌(진수성찬) ⇔ 山海珍味(산해진미)
徹天之冤(철천지원) ⇔ 徹天之恨(철천지한)
魂飛魄散(혼비백산) ⇔ 魂不附身(혼불부신)
諱疾忌醫(휘질기의) ⇔ 護疾忌醫(호질기의)

1급✿(후) 뒤의 한자어

街談巷說(가담항설) ⇔ 流言蜚語(유언비어)
刻苦勉勵(각고면려) ⇔ 恪勤勉勵(각근면려)
間於齊楚(간어제초) ⇔ 鯨戰蝦死(경전하사)
開門納賊(개문납적) ⇔ 開門揖盜(개문읍도)

見卵求鷄(견란구계) ⇔ 見彈求炙(견탄구자)
犬馬之勞(견마지로) ⇔ 粉骨碎身(분골쇄신)
犬馬之勞(견마지로) ⇔ 盡忠竭力(진충갈력)
犬馬之齒(견마지치) ⇔ 犬馬之齡(견마지령)
兼奴上典(겸노상전) ⇔ 身兼奴僕(신겸노복)
傾國之色(경국지색) ⇔ 羞花閉月(수화폐월)
傾國之色(경국지색) ⇔ 閉月羞花(폐월수화)
驚弓之鳥(경궁지조) ⇔ 吳牛喘月(오우천월)
驚弓之鳥(경궁지조) ⇔ 懲羹吹菜(징갱취채)
姑息之計(고식지계) ⇔ 上下撑石(상하탱석)
姑息之計(고식지계) ⇔ 臨時防牌(임시방패)
固執不通(고집불통) ⇔ 剛戾自用(강려자용)
固執不通(고집불통) ⇔ 剛愎自用(강퍅자용)
管鮑之交(관포지교) ⇔ 金蘭之誼(금란지의)
光陰流水(광음유수) ⇔ 光陰如箭(광음여전)
矯角殺牛(교각살우) ⇔ 矯枉過正(교왕과정)
矯角殺牛(교각살우) ⇔ 矯枉過直(교왕과직)
巧言令色(교언영색) ⇔ 阿諛苟容(아유구용)
金石盟約(금석맹약) ⇔ 金石牢約(금석뇌약)
琴瑟之樂(금실지락) ⇔ 鴛鴦之契(원앙지계)
錦衣夜行(금의야행) ⇔ 繡衣夜行(수의야행)
錦衣夜行(금의야행) ⇔ 夜行被繡(야행피수)
氣高萬丈(기고만장) ⇔ 氣焰萬丈(기염만장)
落帽之辰(낙모지신) ⇔ 孟嘉落帽(맹가낙모)
南柯一夢(남가일몽) ⇔ 黃粱之夢(황량지몽)
老萊之戲(노래지희) ⇔ 斑衣之戲(반의지희)
累卵之危(누란지위) ⇔ 竿頭之勢(간두지세)
累卵之危(누란지위) ⇔ 百尺竿頭(백척간두)
逃避思想(도피사상) ⇔ 遁避思想(둔피사상)
東奔西走(동분서주) ⇔ 東馳西走(동치서주)
頭髮上指(두발상지) ⇔ 髮植穿冠(발식천관)
文筆盜賊(문필도적) ⇔ 膝甲盜賊(슬갑도적)
發光信號(발광신호) ⇔ 閃光信號(섬광신호)
背水之陣(배수지진) ⇔ 濟河焚舟(제하분주)
百折不屈(백절불굴) ⇔ 百折不撓(백절불요)
百花滿發(백화만발) ⇔ 百花燎亂(백화요란)
覆車之戒(복거지계) ⇔ 不踏覆轍(부답복철)
不俱戴天(불구대천) ⇔ 戴天之讐(대천지수)
死生同苦(사생동고) ⇔ 死生契闊(사생계활)
死而不亡(사이불망) ⇔ 死且不朽(사차불후)
森羅萬象(삼라만상) ⇔ 萬彙群象(만휘군상)
桑蓬之志(상봉지지) ⇔ 桑弧蓬矢(상호봉시)
生者必滅(생자필멸) ⇔ 雪泥鴻爪(설니홍조)
雪上加霜(설상가상) ⇔ 前虎後狼(전호후랑)

首丘初心(수구초심) ⇔ 狐死首丘(호사수구)
水火氷炭(수화빙탄) ⇔ 水火相剋(수화상극)
與民同樂(여민동락) ⇔ 與民偕樂(여민해락)
與羊謀肉(여양모육) ⇔ 與狐謀皮(여호모피)
吾不關焉(오불관언) ⇔ 袖手傍觀(수수방관)
雲雨之樂(운우지락) ⇔ 巫山之夢(무산지몽)
雲雨之樂(운우지락) ⇔ 巫山之雨(무산지우)
雲雨之樂(운우지락) ⇔ 巫山之雲(무산지운)
以卵擊石(이란격석) ⇔ 杯水車薪(배수거신)
以卵擊石(이란격석) ⇔ 杯水輿薪(배수여신)
以實直告(이실직고) ⇔ 實陳無諱(실진무휘)
人死留名(인사유명) ⇔ 豹死留皮(표사유피)
一瀉千里(일사천리) ⇔ 九天直下(구천직하)
自業自得(자업자득) ⇔ 自業自縛(자업자박)
藏頭露尾(장두노미) ⇔ 藏形匿影(장형익영)
前無後無(전무후무) ⇔ 曠前絕後(광전절후)
切齒腐心(절치부심) ⇔ 切齒扼腕(절치액완)
頂門一針(정문일침) ⇔ 頂門一鍼(정문일침)
頂門一針(정문일침) ⇔ 頂上一鍼(정상일침)
酒池肉林(주지육림) ⇔ 肉山脯林(육산포림)
卓上空論(탁상공론) ⇔ 机上空論(궤상공론)
貪欲無藝(탐욕무예) ⇔ 貪賂無藝(탐뢰무예)
抱腹絕倒(포복절도) ⇔ 捧腹絕倒(봉복절도)
閑談客說(한담객설) ⇔ 閑談屑話(한담설화)
昏定晨省(혼정신성) ⇔ 扇枕溫席(선침온석)

1급＊(전후) 앞/뒤 한자어

呵呵大笑(가가대소) ⇔ 哄然大笑(홍연대소)
甘井先竭(감정선갈) ⇔ 甘泉先竭(감천선갈)
乾坤一擲(건곤일척) ⇔ 一擲乾坤(일척건곤)
隔靴搔癢(격화소양) ⇔ 隔靴爬癢(격화파양)
股肱之臣(고굉지신) ⇔ 股掌之臣(고장지신)
膏粱珍味(고량진미) ⇔ 山珍海饌(산진해찬)
膏粱珍味(고량진미) ⇔ 水陸珍饌(수륙진찬)
枯木朽株(고목후주) ⇔ 枯株朽木(고주후목)
叩盆之歎(고분지탄) ⇔ 鼓盆之歎(고분지탄)
管中窺豹(관중규표) ⇔ 通管窺天(통관규천)
曠日彌久(광일미구) ⇔ 曠日持久(광일지구)
究竟涅槃(구경열반) ⇔ 大般涅槃(대반열반)
究竟涅槃(구경열반) ⇔ 無上涅槃(무상열반)
鳩首會議(구수회의) ⇔ 鳩首凝議(구수응의)
救火投薪(구화투신) ⇔ 負薪救火(부신구화)
救火投薪(구화투신) ⇔ 抱薪救禍(포신구화)
窮鼠莫追(궁서막추) ⇔ 窮寇勿迫(궁구물박)

窮鼠莫追(궁서막추)	⇔ 窮寇勿追(궁구물추)	首鼠兩端(수서양단)	⇔ 左顧右眄(좌고우면)
金盞玉臺(금잔옥대)	⇔ 金盞銀臺(금잔은대)	首鼠兩端(수서양단)	⇔ 左眄右顧(좌면우고)
落穽下石(낙정하석)	⇔ 下穽投石(하정투석)	首鼠兩端(수서양단)	⇔ 左右顧眄(좌우고면)
南橘北枳(남귤북지)	⇔ 橘化爲枳(귤화위기)	十寒一曝(십한일폭)	⇔ 一曝十寒(일폭십한)
南橘北枳(남귤북지)	⇔ 橘化爲枳(귤화위지)	握髮吐哺(악발토포)	⇔ 吐哺握髮(토포악발)
囊中之錐(낭중지추)	⇔ 錐處囊中(추처낭중)	握髮吐哺(악발토포)	⇔ 吐哺捉髮(토포착발)
囊中取物(낭중취물)	⇔ 探囊取物(탐낭취물)	寤寐不忘(오매불망)	⇔ 寤寐思服(오매사복)
屠門戒殺(도문계살)	⇔ 屠門談佛(도문담불)	玉石俱焚(옥석구분)	⇔ 蘭艾同焚(난애동분)
冬扇夏爐(동선하로)	⇔ 夏爐冬扇(하로동선)	玉石俱焚(옥석구분)	⇔ 玉石同碎(옥석동쇄)
麻姑搔癢(마고소양)	⇔ 麻姑爬癢(마고파양)	蝸角之爭(와각지쟁)	⇔ 蝸角之勢(와각지세)
磨斧作針(마부작침)	⇔ 磨斧爲針(마부위침)	矮人看戱(왜인간희)	⇔ 矮人看場(왜인간장)
磨斧作針(마부작침)	⇔ 山溜穿石(산류천석)	矮人看戱(왜인간희)	⇔ 矮人觀場(왜인관장)
磨斧作針(마부작침)	⇔ 水滴穿石(수적천석)	矮人看戱(왜인간희)	⇔ 矮子看戱(왜자간희)
萬壑千峯(만학천봉)	⇔ 千峯萬壑(천봉만학)	自家撞着(자가당착)	⇔ 矛盾撞着(모순당착)
萬壑千峯(만학천봉)	⇔ 千山萬壑(천산만학)	刺股懸梁(자고현량)	⇔ 懸梁刺股(현량자고)
亡羊補牢(망양보뢰)	⇔ 渴而穿井(갈이천정)	殘杯冷羹(잔배냉갱)	⇔ 殘杯冷炙(잔배냉적)
亡羊補牢(망양보뢰)	⇔ 亡牛補牢(망우보뢰)	寂寞江山(적막강산)	⇔ 寞天寂也(막천적야)
沐雨櫛風(목우즐풍)	⇔ 艱難辛苦(간난신고)	輾轉反側(전전반측)	⇔ 輾轉不寐(전전불매)
猫項懸鈴(묘항현령)	⇔ 猫頭懸鈴(묘두현령)	頂門一鍼(정문일침)	⇔ 頂上一鍼(정상일침)
尾大難掉(미대난도)	⇔ 尾大不掉(미대부도)	粗衣惡食(조의악식)	⇔ 粗衣粗食(조의조식)
飯囊酒袋(반낭주대)	⇔ 衣架飯囊(의가반낭)	徹天之冤(철천지원)	⇔ 徹地之冤(철지지원)
飯囊酒袋(반낭주대)	⇔ 酒囊飯袋(주낭반대)	吹毛覓疵(취모멱자)	⇔ 吹毛求疵(취모구자)
飯囊酒袋(반낭주대)	⇔ 酒袋飯囊(주대반낭)	七顚八倒(칠전팔도)	⇔ 十顚九倒(십전구도)
百年偕老(백년해로)	⇔ 百年偕樂(백년해락)	波瀾萬丈(파란만장)	⇔ 波瀾重疊(파란중첩)
百年偕老(백년해로)	⇔ 偕老同穴(해로동혈)	蒲柳之質(포류지질)	⇔ 蒲柳之姿(포류지자)
蓬頭垢面(봉두구면)	⇔ 蓬首垢面(봉수구면)	緘口無言(함구무언)	⇔ 緘口不言(함구불언)
負薪之憂(부신지우)	⇔ 采薪之憂(채신지우)	糊口之策(호구지책)	⇔ 糊口之計(호구지계)
焚書坑儒(분서갱유)	⇔ 坑儒焚書(갱유분서)	糊口之策(호구지책)	⇔ 糊口之方(호구지방)
死不暝目(사불명목)	⇔ 死不顚目(사불전목)	狐死兔悲(호사토비)	⇔ 兔死狐悲(토사호비)
酸洗滌酸(산세척산)	⇔ 酸洗滌劑(산세척제)	狐死兔悲(호사토비)	⇔ 狐死兔泣(호사토읍)
三頭六臂(삼두육비)	⇔ 三面六臂(삼면육비)	橫說竪說(횡설수설)	⇔ 橫竪說去(횡수설거)
上樓擔梯(상루담제)	⇔ 登樓去梯(등루거제)	橫說竪說(횡설수설)	⇔ 橫竪說話(횡수설화)
上樓擔梯(상루담제)	⇔ 上樹拔梯(상수발제)		

약자(8~1급)

8급

國(국) ⇒ 国(나라 국)
萬(만) ⇒ 万(일만 만)
學(학) ⇒ 学(배울 학)

7급Ⅱ

氣(기) ⇒ 気(기운 기)

7급

來(래) ⇒ 来(올 래)
數(수) ⇒ 数(셈 수)

6급Ⅱ

對(대) ⇒ 対(대할 대)
圖(도) ⇒ 図(그림 도)
讀(독) ⇒ 読(읽을 독/구절 두)
樂(락) ⇒ 楽(즐길 락/ 노래 요)
發(발) ⇒ 発(필 발)
藥(약) ⇒ 薬(약 약)
戰(전) ⇒ 战, 戦(싸움 전)
體(체) ⇒ 体(몸 체)
會(회) ⇒ 会(모일 회)

6급

區(구) ⇒ 区(구분할/지경 구)
禮(례) ⇒ 礼(예도 례)
溫(온) ⇒ 温(따뜻할 온)
遠(원) ⇒ 遠(멀 원)

醫(의) ⇒ 医(의원 의)
者(자) ⇒ 者(놈 자)
定(정) ⇒ 乄(정할 정/이마 정)
晝(주) ⇒ 昼(낮 주)
號(호) ⇒ 号(이름 호/부르짖을 호)
畫(화) ⇒ 画(그림 화)

5급Ⅱ

價(가) ⇒ 価(값 가)
觀(관) ⇒ 观, 覌, 観(볼 관)
關(관) ⇒ 関(관계할 관)
廣(광) ⇒ 広광(넓을 광)
舊(구) ⇒ 旧(예 구)
團(단) ⇒ 団(둥글 단)
當(당) ⇒ 当(마땅 당)
德(덕) ⇒ 徳(큰 덕)
獨(독) ⇒ 独(홀로 독)
練(련) ⇒ 練(익힐 련)
勞(로) ⇒ 労(일할 로)
變(변) ⇒ 変(변할 변)
歲(세) ⇒ 岁, 崴(해 세)
實(실) ⇒ 実(열매 실)
兒(아) ⇒ 児(아이 아)
惡(악) ⇒ 悪(악할 악)
傳(전) ⇒ 伝(전할 전)
節(절) ⇒ 節(마디 절)
卒(졸) ⇒ 卆(마칠 졸)
質(질) ⇒ 貭(바탕 질)
參(참) ⇒ 参(참여할 참/석 삼)
效(효) ⇒ 効(본받을 효)

5급

擧(거) ⇒ 挙, 舉(들 거)
輕(경) ⇒ 軽(가벼울 경)

賣(매) ⇒ 売(팔 매)
寫(사) ⇒ 写, 写, 冩(베낄 사)
船(선) ⇒ 舩(배 선)
爭(쟁) ⇒ 争(다툴 쟁)
鐵(철) ⇒ 鉄(쇠 철)
黑(흑) ⇒ 黒(검을 흑)

4급Ⅱ

假(가) ⇒ 仮(거짓 가)
減(감) ⇒ 減(덜 감)
監(감) ⇒ 監(볼 감)
個(개) ⇒ 个(낱 개)
檢(검) ⇒ 検(검사할 검)
缺(결) ⇒ 欠(이지러질 결/하품 흠)
經(경) ⇒ 経(지날/글 경)
句(구) ⇒ 勾(글귀 구)
權(권) ⇒ 权, 権(권세 권)
器(기) ⇒ 器(그릇 기)
單(단) ⇒ 単(홑 단)
斷(단) ⇒ 断(끊을 단)
擔(담) ⇒ 担(멜 담)
黨(당) ⇒ 党(무리 당)
毒(독) ⇒ 毒(독 독)
燈(등) ⇒ 灯(등 등)
兩(량) ⇒ 両(두 량)
麗(려) ⇒ 麗(고울 려)
錄(록) ⇒ 录(기록할 록)
滿(만) ⇒ 満(찰 만)
拜(배) ⇒ 拝(절 배)
邊(변) ⇒ 辺, 边(가 변)
寶(보) ⇒ 宝(보배 보)
富(부) ⇒ 冨(부유할 부)
佛(불) ⇒ 仏(부처 불)
師(사) ⇒ 师(스승 사)
殺(살) ⇒ 殺(죽일 살)
狀(상) ⇒ 状(형상 상)
聲(성) ⇒ 声(소리 성)

續(속) ⇒ 続(이을 속)
收(수) ⇒ 収(거둘 수)
壓(압) ⇒ 圧(누를 압)
餘(여) ⇒ 余(남을 여/나 여)
研(연) ⇒ 研(갈 연)
榮(영) ⇒ 栄(영화 영)
藝(예) ⇒ 芸, 藝(재주 예/심을 예)
謠(요) ⇒ 謡(노래 요)
員(원) ⇒ 負(인원 원)
爲(위) ⇒ 為(하 위/할 위)
應(응) ⇒ 応(응할 응)
將(장) ⇒ 将(장수 장/장차 장)
濟(제) ⇒ 済(건널 제)
準(준) ⇒ 準(준할 준)
增(증) ⇒ 増(더할 증)
處(처) ⇒ 処(곳 처)
總(총) ⇒ 総, 総(다 총/합할 총)
蟲(충) ⇒ 虫(벌레 충/벌레 훼)
齒(치) ⇒ 歯(이 치)
虛(허) ⇒ 虚(빌 허)
驗(험) ⇒ 験(시험 험)
賢(현) ⇒ 賢(어질 현)
鄕(향) ⇒ 郷, 郷(시골 향)
興(흥) ⇒ 兴(일 흥)

4급

覺(각) ⇒ 覚(깨달을 각)
據(거) ⇒ 拠(근거 거)
儉(검) ⇒ 倹(검소할 검)
擊(격) ⇒ 撃(칠(打) 격)
堅(견) ⇒ 坚(굳을 견)
繼(계) ⇒ 継(이을 계)
穀(곡) ⇒ 穀(곡식 곡)
鑛(광) ⇒ 鉱(쇳돌 광)
勸(권) ⇒ 劝, 勧(권할 권)
歸(귀) ⇒ 帰(돌아갈 귀)
亂(란) ⇒ 乱(어지러울 란)
覽(람) ⇒ 览, 覧(볼 람)
龍(룡) ⇒ 竜(용 룡)
離(리) ⇒ 难(떠날 리)
辭(사) ⇒ 辞(말씀 사)

屬(속) ⇒ 属(무리 속/이을 촉)
肅(숙) ⇒ 肃, 粛(엄숙할 숙)
嚴(엄) ⇒ 厳(엄할 엄)
與(여) ⇒ 与(더불 여/줄 여)
鉛(연) ⇒ 鈆(납 연)
營(영) ⇒ 営(경영할 영)
豫(예) ⇒ 予(미리 예/나 여)
圍(위) ⇒ 囲(에워쌀 위)
隱(은) ⇒ 隠, 隐(숨을 은)
殘(잔) ⇒ 残(잔인할 잔/남을 잔)
雜(잡) ⇒ 雑(섞일 잡)
壯(장) ⇒ 壮(장할 장)
裝(장) ⇒ 装(꾸밀 장)
奬(장) ⇒ 奨, 奬(권면할 장)
轉(전) ⇒ 転(구를 전)
錢(전) ⇒ 銭(돈 전)
點(점) ⇒ 点, 奌(점 점)
靜(정) ⇒ 静(고요할 정)
條(조) ⇒ 条(가지 조)
從(종) ⇒ 从, 従(좇을 종)
證(증) ⇒ 証(증거 증)
珍(진) ⇒ 珎(보배 진)
盡(진) ⇒ 尽(다할 진)
讚(찬) ⇒ 讃(기릴 찬)
廳(청) ⇒ 庁(관청 청)
聽(청) ⇒ 聴(들을 청)
稱(칭) ⇒ 称(일컬을 칭)
彈(탄) ⇒ 弾(탄알 탄)
擇(택) ⇒ 択(가릴 택)
險(험) ⇒ 険(험할 험)
顯(현) ⇒ 顕(나타날 현)
歡(환) ⇒ 欢, 歓(기쁠 환)

3급II

鑑(감) ⇒ 鑑(거울 감)
蓋(개) ⇒ 盖(덮을 개)
槪(개) ⇒ 概(대개 개)
劍(검) ⇒ 剣(칼 검)
徑(경) ⇒ 径(지름길 경)
寬(관) ⇒ 寛(너그러울 관)
館(관) ⇒ 舘(집 관)

壞(괴) ⇒ 壊(무너질 괴)
緊(긴) ⇒ 紧(긴할 긴)
寧(녕) ⇒ 寍, 寧(편안 녕)
腦(뇌) ⇒ 脳(골/뇌수 뇌)
臺(대) ⇒ 台, 臺(대 대)
涼(량) ⇒ 涼(서늘할 량)
勵(려) ⇒ 励(힘쓸 려)
戀(련) ⇒ 恋(사모할 련)
聯(련) ⇒ 联(연이을 련)
鍊(련) ⇒ 錬(불릴 련)
靈(령) ⇒ 灵, 霊(신령 령)
爐(로) ⇒ 炉(화로 로)
樓(루) ⇒ 楼(다락 루)
臨(림) ⇒ 临(임할 림)
麥(맥) ⇒ 麦(보리 맥)
貌(모) ⇒ 皃(모양 모)
夢(몽) ⇒ 梦(꿈 몽)
墨(묵) ⇒ 墨(먹 묵)
默(묵) ⇒ 黙(잠잠할 묵)
迫(박) ⇒ 廹(핍박할 박)
輩(배) ⇒ 軰(무리 배)
繁(번) ⇒ 繁(번성할 번)
拂(불) ⇒ 払(떨칠 불)
桑(상) ⇒ 桒(뽕나무 상)
緖(서) ⇒ 緒(실마리 서)
釋(석) ⇒ 釈(풀 석)
禪(선) ⇒ 禅(선 선)
燒(소) ⇒ 焼(불사를 소)
壽(수) ⇒ 寿(목숨 수)
獸(수) ⇒ 獣(짐승 수)
隨(수) ⇒ 随(따를 수)
帥(수) ⇒ 帅(장수 수/거느릴 솔)
濕(습) ⇒ 湿(젖을 습)
乘(승) ⇒ 乗(탈 승)
雙(쌍) ⇒ 双(두 쌍/쌍 쌍)
亞(아) ⇒ 亜(버금 아)
巖(암) ⇒ 岩, 巖(바위 암)
壤(양) ⇒ 壌(흙덩이 양)
讓(양) ⇒ 譲(사양할 양)
譯(역) ⇒ 訳(번역할 역)
驛(역) ⇒ 駅(역 역)
譽(예) ⇒ 誉(기릴 예/명예 예)
莊(장) ⇒ 荘(씩씩할 장)
臟(장) ⇒ 臓(오장 장)

藏(장) ⇒ 蔵(감출 장)
淨(정) ⇒ 浄(깨끗할 정)
齊(제) ⇒ 斉(가지런할 제)
縱(종) ⇒ 縦(세로 종/바쁠 총)
鑄(주) ⇒ 鋳(불릴 주)
卽(즉) ⇒ 即(곧 즉)
曾(증) ⇒ 曽(일찍 증)
蒸(증) ⇒ 茎(찔 증)
徵(징) ⇒ 微(부를 징)
贊(찬) ⇒ 賛(도울 찬)
淺(천) ⇒ 浅(얕을 천)
賤(천) ⇒ 賎(천할 천)
踐(천) ⇒ 践(밟을 천)
遷(천) ⇒ 遷(옮길 천)
觸(촉) ⇒ 触(닿을 촉)
醉(취) ⇒ 酔(취할 취)
澤(택) ⇒ 沢(못 택)
免(토) ⇒ 兎(토끼 토)
獻(헌) ⇒ 献(드릴 헌)
惠(혜) ⇒ 恵(은혜 혜)
懷(회) ⇒ 懐(품을 회)
戲(희) ⇒ 戯, 戱(놀이 희)

3급

慨(개) ⇒ 慨(슬퍼할 개)
繋(계) ⇒ 繋(맬 계)
龜(구) ⇒ 亀(땅이름 구/거북 귀/터질 균)
旣(기) ⇒ 既(이미 기)
棄(기) ⇒ 弃(버릴 기)
惱(뇌) ⇒ 悩(번뇌할 뇌)
濫(람) ⇒ 濫(넘칠 람)
獵(렵) ⇒ 猟(사냥 렵)
淚(루) ⇒ 涙(눈물 루)
廟(묘) ⇒ 庿, 庙(사당 묘)
屛(병) ⇒ 屏(병풍 병)
竝(병) ⇒ 並(나란히 병)
嘗(상) ⇒ 甞(맛볼 상)
敍(서) ⇒ 叙(펼 서/차례 서)
攝(섭) ⇒ 摂(다스릴 섭)
搜(수) ⇒ 捜(찾을 수)

鹽(염) ⇒ 塩(소금 염)
遙(요) ⇒ 遥(멀 요)
搖(요) ⇒ 揺(흔들 요)
僞(위) ⇒ 偽(거짓 위)
宜(의) ⇒ 宜(마땅 의)
哉(재) ⇒ 哉(어조사 재)
竊(절) ⇒ 窃(훔칠 절)
遲(지) ⇒ 遅(더딜 지)
慘(참) ⇒ 惨(참혹할 참)
遞(체) ⇒ 逓(갈릴 체)
聰(총) ⇒ 聡, 聰(귀 밝을 총)
墮(타) ⇒ 堕(떨어질 타)
廢(폐) ⇒ 廃(폐할 폐)
縣(현) ⇒ 県(고을 현/매달 현)
螢(형) ⇒ 蛍(반딧불이 형)
擴(확) ⇒ 拡(넓힐 확)
曉(효) ⇒ 暁(새벽 효)

2급常

歐(구) ⇒ 欧(구라파/칠 구)
膽(담) ⇒ 胆(쓸개 담)
藍(람) ⇒ 藍(쪽 람)
輛(량) ⇒ 輌(수레 량)
籠(롱) ⇒ 篭(대바구니 롱)
灣(만) ⇒ 湾(물굽이 만)
蠻(만) ⇒ 蛮(오랑캐 만)
倂(병) ⇒ 併(아우를 병)
敷(부) ⇒ 旉(펼 부)
揷(삽) ⇒ 挿(꽂을 삽)
纖(섬) ⇒ 繊(가늘 섬)
腎(신) ⇒ 肾(콩팥 신)
礙(애) ⇒ 碍(거리낄 애)
孃(양) ⇒ 嬢(아가씨 양)
穩(온) ⇒ 穏, 稳(편안할 온/은)
鬱(울) ⇒ 欝(답답할 울)
貳(이) ⇒ 弍, 弐(두 이)
壹(일) ⇒ 壱(한 일)
蠶(잠) ⇒ 蚕(누에 잠/지렁이 천)
劑(제) ⇒ 剤(약제 제/엄쪽 자)
霸(패) ⇒ 覇(으뜸 패/두목 패)
艦(함) ⇒ 艦(큰 배 함)

峽(협) ⇒ 峡(골짜기 협)
勳(훈) ⇒ 勲(공 훈)

2급名

燾(도) ⇒ 焘(비칠 도)
廬(려) ⇒ 庐(농막집 려)
蘆(로) ⇒ 芦(갈대 로)
彌(미) ⇒ 弥(미륵/두루 미)
燮(섭) ⇒ 変(불꽃 섭)
繩(승) ⇒ 縄(노끈 승)
淵(연) ⇒ 渕, 淵(못 연)
姸(연) ⇒ 妍(고울 연)
堯(요) ⇒ 尭(요임금 요)
蔣(장) ⇒ 蒋(성씨 장/줄 장)
瓚(찬) ⇒ 瓉(옥잔 찬)
鑽(찬) ⇒ 鑚(뚫을 찬)
沖(충) ⇒ 冲(화할 충/빌 충)
兌(태) ⇒ 兑(바꿀 태/기쁠 태)
陝(협) ⇒ 陕(좁을 협/땅이름 합)

1급

殼(각) ⇒ 殻(껍질 각)
箇(개) ⇒ 個, 个(낱 개)
漑(개) ⇒ 漑(물댈 개)
莖(경) ⇒ 茎(줄기 경)
鉤(구) ⇒ 鈎(갈고리 구)
廐(구) ⇒ 厩(마구간 구)
擡(대) ⇒ 抬(들 대)
鸞(란) ⇒ 鵉(난새 란)
籃(람) ⇒ 篮(바구니 람)
蠟(랍) ⇒ 蝋(밀 랍)
齡(령) ⇒ 齢(나이 령)
壘(루) ⇒ 塁(보루 루)
釐(리) ⇒ 厘(다스릴 리)
濱(빈) ⇒ 浜(물가 빈)
滲(삼) ⇒ 渗(스며들 삼)
澁(삽) ⇒ 渋(떫을 삽)
璽(새) ⇒ 壐(옥새 새)
粹(수) ⇒ 粋(순수할 수/부술 쇄)

穗(수) ⇒ 穗(이삭 수)　　　　豬(저) ⇒ 猪(돼지 저/암돼지 차)　　嘘(허) ⇒ 嘘(불 허)

髓(수) ⇒ 髄(뼛골 수)　　　　廛(전) ⇒ 厘(가게 전)　　　　俠(협) ⇒ 侠(의기로울 협)

繡(수) ⇒ **繍**, 繍(수놓을 수)　　慫(종) ⇒ 怂(권할 종)　　　　挾(협) ⇒ 挟(낄 협)

啞(아) ⇒ 唖(벙어리 아)　　　疊(첩) ⇒ 畳(거듭 첩/겹쳐질 첩)　狹(협) ⇒ 狭(좁을 협)

釀(양) ⇒ 醸(술 빚을 양)　　　囑(촉) ⇒ 嘱(부탁할 촉)　　　頰(협) ⇒ 頬(뺨 협)

爾(이) ⇒ 尔(너 이)　　　　　癡(치) ⇒ 痴(어리석을 치)　　繪(회) ⇒ 絵(그림 회)

棧(잔) ⇒ 栈(사다리 잔)　　　銜(함) ⇒ 啣(재갈 함)

醬(장) ⇒ 醤(장 장)　　　　　鹹(함) ⇒ 鹹(짤 함)

찾아보기

映 4급 비칠 영	322	
營 4급 경영할 영	322	
迎 4급 맞을 영	322	
影 3급II 그림자 영	445	
泳 3급 헤엄칠 영	552	
詠 3급 읊을 영	552	
暎 2급(名) 비칠 영	687	
瑛 2급(名) 옥빛 영	687	
盈 2급(名) 찰 영	687	
嬰 1급 어린아이 영	909	

[예]

藝 4급II 재주 예	248	
豫 4급 미리 예	322	
譽 3급II 기릴/명예 예	446	
銳 3급 날카로울 예	552	
預 2급 맡길/미리 예	618	
濊 2급(名) 종족이름 예	688	
睿 2급(名) 슬기 예	688	
芮 2급(名) 성 예	688	
曳 1급 끌 예	910	
穢 1급 더러울 예	910	
詣 1급 이를 예	910	
裔 1급 후손 예	911	

[오]

五 8급 다섯 오	38	
午 7급II 낮 오	59	
誤 4급II 그르칠 오	248	
悟 3급II 깨달을 오	446	
烏 3급II 까마귀 오	446	
傲 3급 거만할 오	552	
吾 3급 나 오	553	
嗚 3급 슬플 오	553	
娛 3급 즐길 오	553	
汚 3급 더러울 오	553	
梧 2급 오동나무 오	618	
吳 2급(名) 성 오	688	
墺 2급(名) 물가 오	689	
伍 1급 다섯사람 오	911	
奧 1급 깊을 오	911	
寤 1급 잠깰 오	911	

懊 1급 한할 오	912	

[옥]

屋 5급 집 옥	190	
玉 4급II 구슬 옥	249	
獄 3급II 옥 옥	446	
沃 2급(名) 기름질 옥	689	
鈺 2급(名) 보배 옥	689	

[온]

溫 6급 따뜻할 온	130	
穩 2급 편안할 온	618	
蘊 1급 쌓을 온	912	

[옹]

擁 3급 낄 옹	554	
翁 3급 늙은이 옹	554	
甕 2급(名) 독 옹	689	
邕 2급(名) 막힐 옹	690	
雍 2급(名) 화할 옹	690	
壅 1급 막을 옹	912	

[와]

瓦 3급II 기와 와	447	
臥 3급 누울 와	554	
渦 1급 소용돌이 와	913	
蝸 1급 달팽이 와	913	
訛 1급 그릇될 와	913	

[완]

完 5급 완전할 완	190	
緩 3급II 느릴 완	447	
莞 2급(名) 빙그레할 완/왕골 관	690	
婉 1급 순할/아름다울 완	914	
宛 1급 완연할 완	914	
阮 1급 성 완	914	
頑 1급 완고할 완	914	
玩 1급 즐길 완	915	
腕 1급 팔뚝 완	915	

[왈]

曰 3급 가로 왈	555	

[왕]

王 8급 임금 왕	39	
往 4급II 갈 왕	249	
旺 2급(名) 왕성할 왕	690	
汪 2급(名) 넓을 왕	691	
枉 1급 굽을 왕	915	

[왜]

歪 2급 기울 왜/외	619	
倭 2급(名) 왜나라 왜	691	
矮 1급 난쟁이 왜	916	

[외]

外 8급 바깥 외	39	
畏 3급 두려워할 외	555	
巍 1급 높고 클 외	916	
猥 1급 외람할 외	916	

[요]

要 5급II 요긴할 요	160	
曜 5급 빛날 요	190	
謠 4급II 노래 요	249	
搖 3급 흔들 요	555	
腰 3급 허리 요	555	
遙 3급 멀 요	556	
妖 2급 요사할 요	619	
堯 2급(名) 요임금 요	691	
姚 2급(名) 예쁠 요	691	
耀 2급(名) 빛날 요	692	
窈 1급 고요할 요	916	
窯 1급 기와가마 요	917	
邀 1급 맞을 요	917	
饒 1급 넉넉할 요	917	
僥 1급 요행 요	918	
凹 1급 오목할 요	918	
拗 1급 우길 요	918	
擾 1급 시끄러울 요	918	
夭 1급 일찍죽을 요	919	

[욕]

浴 5급 목욕할 욕	191	

慾 3급II 욕심 욕	447	
欲 3급II 하고자 할 욕	448	
辱 3급II 욕될 욕	448	

[용]

勇 6급II 날랠 용	105	
用 6급II 쓸 용	105	
容 4급II 얼굴 용	250	
庸 3급 떳떳할 용	556	
傭 2급 품팔 용	619	
熔 2급 녹을 용	619	
溶 2급(名) 녹을 용	692	
瑢 2급(名) 패옥소리 용	692	
鎔 2급(名) 쇠녹일 용	692	
鏞 2급(名) 쇠북 용	693	
涌 1급 물솟을 용	919	
踊 1급 뛸 용	919	
聳 1급 솟을 용	920	
茸 1급 풀날 용/버섯 이	920	
蓉 1급 연꽃 용	920	

[우]

右 7급II 오른쪽 우	59	
友 5급II 벗 우	160	
雨 5급II 비 우	160	
牛 5급 소 우	191	
優 4급 넉넉할 우	323	
遇 4급 만날 우	323	
郵 4급 우편 우	323	
偶 3급II 짝 우	448	
宇 3급II 집 우	448	
愚 3급II 어리석을 우	449	
憂 3급II 근심 우	449	
羽 3급II 깃 우	449	
于 3급 어조사 우	556	
又 3급 또 우	556	
尤 3급 더욱 우	557	
佑 2급(名) 도울 우	693	
祐 2급(名) 복 우	693	
禹 2급(名) 성 우	693	
隅 1급 모퉁이 우	920	
寓 1급 부칠 우	921	
迂 1급 에돌 우	921	

『한자·한문지도사검정』 시조 출제구성과 작법이해가 필수다

『자원대사전』 한자 3,500자 외 주관식 시조 짓기 3수 예시안(例示)

【1】 자원대사전은 한자 · 한문지도사 검정의 최대공약수이다

이 【자원대사전】은 한자 · 한문을 체계적으로 공부하는 學習者(학습자)에게는 더없이 중요한 학습서이고, 한자 · 한문을 지도하는 指導者(지도자)에게도 더 설명할 필요 없이 중요한 寶庫(보고)와도 같은 서적이다. 한자 · 한문의 현장 지도자가 읽을 필수교재다.

뜻글자인 한문이 이 땅에 뿌리를 내리려는 한사군 시대를 거쳐 오면서 〖수많은 시행착오를 거쳐서 그 뿌리를 튼튼하게〗 뻗어 내렸고 〈삼국시대→고려시대→조선시대〉 2천여 년을 거치면서 튼튼하게 자리를 잡았다. 일본이 우리에게 가나와 한자와 한문을 배워 익혔던 것처럼 그렇게, 우리에게 한자 · 한문 혼용문 읽기와 독해력 및 그 무수한 파급력을 이해하도록 하는 가르침을 주었다. 저네들이 쓰고 있는 〔가나와 한자 · 한문 혼용〕이란 틈바구니 속에서, 우리는 〔한글과 한자 · 한문 혼용〕이란 틈새를 옹골지게 비집고 들어가 한자급수검정시험을 시행하고 있다. 그래서 우리 실정에 알맞도록 조정하고 차분히 다독이며 【자원대사전】을 창안할 수 있었다. 새롭게 구상된 【자원대사전】 그림을 그리는 데 혼신의 노력을 해왔고 낱말을 우리 실정에 맞도록 〔기초-기본-발전〕으로 정리하는 안내자의 역할도 할 수 있게 되었다. 3,500자를 한 권의 책으로 묶어 만든 기적의 다리를 놓을 수도 있었다. 왕인 박사가 일본인들에게 한문과 유교를 잘 가르쳐 주었던 것처럼, 일본은 40여 년 전(1980년대 초반)부터 한자능력검정을 한국에 전해주어 우리의 실정과 체질에 맞도록 제도화하고 알맞게 익히고 있다.

【2】 한자 · 한문 먹물을 먹고 자란 시조 익히기는 필수다

우리 선현들은 후배나 제자들에게 한자와 한자어를 많이 그리고 노랫말과도 같은 시조를 통해 선현들의 은은한 숨결을 갈구했다. 시조 이전부터 이 땅에 향유되고 있던 민요나 속요와 같은 문학을 통해 '평측'이라는 장단음을 통해 한시도 충분하게 익혔다.

시조는 우리 선현들이 남긴 문학적인 노력의 산물로 평가된다. 시조사에서 흔하게 보인 악부란 중국 한대(漢代)에 음악을 관장하던 관부(官府)의 이름으로, 거기에서 불리던 노래 가사인 시가(詩歌) 이름을 넉넉하게 붙였다. 이런 악부 9수를 모아서 소악부란 이름을 붙였으니 고려말 익재 이제현(李齊賢)의 ≪익재난고(益齋亂稿)≫에 있다. 익재는 이를 소악부라 칭하며 당시의 고려속요를 한시로 번안했다. <처용가 · 處容歌> · <서경별곡 · 西京別曲> · <정과정 · 鄭瓜亭>이 전해지고 나머지 6수는 ≪고려사≫ 악지 등에 노래명과 내용에 곱게 전한다. 입으로 전하는 노래를 절구인 한시로 남겨 전해 주었다. 이런 소악부를 '시, 서, 화' 삼절(三絶)이라 일컫은 조선말 자하 신위(申緯)의 소악부 40수가 전하고 있으며, 이제현의 <소악부>에는 <장암 · 長巖> · <거사련 · 居士戀> · <처용 · 處容> 등 민요와 속요들이 한시로 전한다. 이제현의 작품에 대한 화답으로 민사평의 <소악부>와 동시대 문인들이 한역한 여러 편의 소악부가 두루 전해지면서 우리 시조의 전도를 밝게 했다. 곧 민요조인 악부를 소악부라는 필서(筆書)로 옮기면서 자연스러운 우리 노래가 되었으니, 우리는 이를 일러서 〔5언 절구~7언 절구〕 · 〔5언 율시~7언 율시〕 등으로 부른다. 한역 번안은 시조를 가슴에 품어 안기는 <마중물>이 되었다.

【3】 우리 시조! 한시의 평측(平仄)을 시조의 자수율로 치환

　　민간의 민요나 속요를 유일한 문자였던 한자를 사용하여 한시로 옮겼더니 숨을 고르는 식의 율격 안배가 필수적이었다. 우리 선현들은 음보를 통해 그 자리를 잘도 메웠다. 낮은 소리(평성)와 높은 소리(측성)를 고루 배분할 수밖에 없었기 때문이다. 음률을 자수율로 메운 것이다. 이로 인해 한자의 종주국인 중국에서는 이를 엄격히 지켰던 평측(平仄)이란 동기를 다듬어 냈다. 주술목(主述目) 구조인 중국말 구조상 시조에서 평측으로 안배할 수는 없었을 것이니 소리글자인 우리말의 구조상 어쩔 수 없는 선택으로 중하게 여기면서 자수율로 대신하게 되었다. 같은 언어 구조인 일본에서도 그런 예외규정은 같았으리라.

　　민간의 노래나 시조와 같은 형식을 염두에 두면서 문자로 옮기는 일은 매우 어려운 일 중의 한 가지였다. 가사가 상당히 길고 창이나 가락으로 뽑아낸 우리 노래를 흥얼거리는 가사나 리듬으로 짧게 끊어야 했고, 반복적인 가사는 독특한 한시의 규정상 1회만 사용하도록 했기 때문에 첩자(疊字)나 첩어(疊語) 사용을 허락하지 않는 규정도 까다로웠다. 심지어는 축약도 허락하지 않았다. 농부들의 『풍년가』나 어부들의 『풍어가』 등도 같은 상황이었다. 속요 3수라 하는 <처용가·處容歌>·<서경별곡·西京別曲>·<정과정·鄭瓜亭>과 같은 노래도 첨삭하는 것은 불가피할 수밖에 없었다.

【4】 한자·한문지도사 검정을 위한 필수자료 안내

　　【시험일시】 매년 4회 실시 : 3월 / 6월 / 9월 / 12월

　　【시험과목】 한자·한자어, 한문(한시 ↔ 시조)

　　　　3급 지도사 자격 ⇔《자원대사전》8급↔4급 1,000자 범위에서만 출제

　　　　　　〖번안시조〗 ⇔ 1권－2권－3권－4권－5권－21권⇒6권

　　　　　　〖운문비평〗 ⇔ 『정형시학 문을 열며』 26권. 전 급수에 해당

　　　　2급 지도사 자격 ⇔《자원대사전》8급↔3급 1,817자 범위에서만 출제

　　　　　　〖번안시조〗 ⇔ 〖6권－7권－8권－9권－10권－22권⇒6권

　　　　　　〖운문비평〗 ⇔ 『정형시학 문을 열며』 26권. 전 급수에 해당

　　　　1급 지도사 자격 ⇔《자원대사전》8급↔2급 2,355자 범위에서만 출제

　　　　　　〖번안시조〗 ⇔ 11권－12권－13권－14권－15권－23권⇒6권

　　　　　　〖운문비평〗 ⇔ 『정형시학 문을 열며』 26권. 전 급수에 해당

　　　　특급 지도사 자격 ⇔《자원대사전》8급↔1급 3,500자 범위에서만 출제

　　　　　　〖번안시조〗 ⇔ 16권－17권－18권－19권－20권－24권⇒6권

　　　　　　〖운문비평〗 ⇔ 『정형시학 문을 열며』 26권. 전 급수에 해당

【5】 한자·한문지도사 검정 응시지역, 응시자격, 응시검정료

　　★ 서울 / 부산 / 대구 / 광주

　　★ 누구나 응시 가능 단, 3급→2급→1급→특급(하위급수 순차적 응시)

　　　(한국어문회 1급 이상 합격자는 한자·한문지도사 3급 합격으로 인정)

　　★ 〔3급⇔2급⇔1급⇔특급〕 응시료 : 본원 인터넷 홈페이지 참조 바람

　　주관 : (사) 한국한문교육연구원 / **시행** : 한자·한문지도사자격검정회

　　　　02)929-2211　02)3494-2211 / 010-4609-9393

　　　　인터넷 홈페이지 http://www.hanjaking.co.kr

【6】 한자·한문의 물을 먹고 자란 시조 학습은 필수다

(1) 한시를 지우고 시조를 작시(作詩)하도록 하는 유형 : 1문제(10점)

《A》	《B》
무엇이 오든 당신 앞엔 땅이 되게 하시고	何物到來於汝上
눈이 와도 맞으며 비가 와도 스며드네	무슨 물건이 오든 너에게는 흙이고
그래서 나 꽃씨하나 젖을 어둡게 하소서.	雪來我雨雨來經
何物到來於汝上	눈 오면 내가 맞고 비가 와도 내가 맞네
雪來我雨雨來經	迎春祈禱山野動
迎春祈禱山野動	봄맞이 기도함에 산들이 다 감동하고
種子春花濕我冥	種子春花濕我冥
시제 : 봄의 기도(1) // 필자 : 한경희	그래서 봄꽃 종자는 나를 어둡게 적시겠지.

　♧ 위 〈A-B〉에서 한시 속에 담긴 뜻을 감안하여 위 예시처럼 한시 풀이로 시조를 작시한다.
　♧ 한시를 곰곰이 읽으면서 시조답게 비유법을 얽어가며 시조를 써가는 작법을 익힌다.
　♧ 시조 짓기 자수율인 [초장(天)·중장(地)·종장(人)]이라는 〈天地人 三才說〉에 의해서
　　그 기폭을 높이 다는 엄격한 평가로 하되 종장 비유법 마름을 제일의 원칙으로 한다.

(2) 시제를 안내한 후 시조를 작시(作詩)하도록 하는 유형 : 2문제(20점)

《Ⅰ》	《Ⅱ》
한시 옷 갈아입은 우리 노래 열한 수가	끊길 듯 이어질 듯 휠 듯이 곧게 서는
돌고 돈 노고 할매 구수한 옛날 얘기	도도한 우리 문화 한시와 번안시조
속눈썹 새끼줄 그네 소악부가 뛰 논다.	이 강산 차고 넘쳐서 세계회로 나간다.
시제 : 감상시조(4) // 필자 : 봉집 김용채	시제 : 감상시조(1) // 필자 : 맑은물 함세린
《Ⅲ》	《Ⅳ》
선인들이 지은 시조 흐려질라 염려되어	석굴암 부처처럼 지그시 눈을 감고
한시로 갈아입힌 사십 수 칠언절구	찬란한 동해 일출 저 정도는 빛나야지
실어 둔 경수당전고 노랫말들 무궁해.	온 세상 우뚝 솟아라, 하늘도 웃으리라.
시제 : 자하 신위(2) // 필자 : 여영 김영애	시제 : 결어부(4) // 필자 : 서정 김옥중
《Ⅴ》	《Ⅵ》
시조의 멋 한시의 멋, 합수되는 강물이다	아홉 수 한시 절창 난고(亂稿)에 앉혀놓고
역사의 수레바퀴 사랑으로 서로 얼려	사대부 한 수 읊고 서민들 또 한 수씩
연리지 나무와 같아 뗄 수 없는 인연일세.	한시창 은은히 울려서 반도땅에 두둥실.
시제 : 연리지 같아(4) // 필자 : 춘원 최윤병	시제 : 익재 이제현(2) // 필자 : 서운 장희구

　♧ [한자·한자어·한문]에 관한 문항은 총 70점 만점을 최고위 점으로 찍으면서 생각해 출제하고 시조 짓기와 합산하여
　　100점 만점으로 계산하여 자격증을 부여한다.
　♧ 한자 한문에 대한 소양이 다소 부족한 점을 감안하여 우리 노래인 시조를 작시한다.
　　가급적 비유법을 많이 써서 아름다운 우리말의 고급 소양인이 되는 목표로 삼는다.

　★ 위 〈Ⅰ⇔Ⅵ〉에서 보인 2종의 문항을 골라 [시제]로 제시하여 시조로 작시(作詩)하도록 한다.
　★ 한시에서 보인 기구(起句)를 시조의 초장으로, 승구(承句)를 시조의 중장으로, 그리고 전구(轉句)와 결구(結句)를 종장
　　으로 두어 상호 연결성 있는 큰 그림을 그리도록 한다.

(3) 시조가 지니는 구조적인 특징과 올바른 이해

　시조는 3장 6구 12음보로 이루어진다. 초장(初章)과 중장(中章)은 [3-4·3-4]로 되어 있지만, 종장(終章)은 [3-5·4-3]인 43~45자로 규정하였다. 또 하나의 엄격한 규정을 두었으니, 종장 첫음절은 3자로, 둘째 음절은 5~7자로 허락하면서, 셋째~넷째 음절은 4자와 3자로 특정하였다. 그리고 시조는 음수율과 음보율이 동시에 적용되어야 한다고 말한다. 이것이 한국 시조인이 불문율로 엄격하게 지키고 있는 시조 음보 규칙이자, 중량감 넘치는 음절 규칙임을 알려드린다.

┃저자소개

장희구

❀ [독실한 학문연구]에 안긴 향기 품은 길목에서
　　서광(敍光) · 서운(瑞雲) · 인광(印光) · 여명(黎明)/예명: 장강(張江)
　　조선대학교 대학원 국어국문학과 수료
　　조선대학교 교양학부 · 간호학부 명예교수
　　순천대학교 교양학부 교양국어 겸임교수(전)
　　송원대학교 교양학부 교양국어 겸임교수(전)
　　남부대학교 교양학부 교양국어 논술학 및 논문작법 선임교수
　　서울교대 · 광주교대 · 공주교대 초등한자 지도법 강의 10년

❀ [학회 동료와 함께함]에 안긴 향기 품은 길목에서
　　한국어문교육연구회 이사 및 상임위원(역임)
　　(사)한국어문회 비상임위원 및 급수한자 선정위원(역임)
　　(사)한국한문교육연구원 이사장
　　(사)한국시조협회 부이사장 및 국제교류소장(역임)
　　한국한자급수검정회 회장
　　한자한문지도사자격검정회 석좌교수
　　교원승진 직무연수를 위한 연수위원장 역임
　　(사)한국저작권등록협회 정회원

❀[후배들 힘찬 격려]에 안긴 향기 품은 길목에서
　　문학평론가 / 시조시인 / 소설가 / 수필가
　　(사)한국문인협회 정회원 및 윤리위원
　　(사)한국문인협회 강서지부 자문위원
　　(사)한국문인협회 관악지부 부회장
　　(사)한국문인협회 장흥지부 자문위원
　　별곡문인협회(기봉 백광홍 관서별곡 문학회) 자문위원
　　현대문학사조 주간 및 신인 등단 상임심사위원장(10년 역임)
　　문학신문 주필 및 신인상 등단 상임심사위원(역임)
　　시인들의 샘터문학 [감성시집] 심사위원장(역임)
　　호남교육신문 주필 및 자문위원
　　월간 글마루 [여는詩 : 시와 평론] 3년
　　국제공인 인증과 협정 MOU 추진위원장(중국 · 일본)

❀[일일한자 ↔ 번안시조 연재]에 안긴 향기 품은 길목에서
　　소년동아일보 [일일 한자 연재] 8년
　　광주일보 · 무등일보 · 매일신문(광주) [일일 한자 연재 통합 10년]
　　매일신문(광주) · 매일신문(대구) [번안시조 연재 통합 20년]
　　지역신문=서울자치신문 · 강남신문 · 강동신문 · 보은신문 · 강서양천신문 · 성동신문 · 시민의소리 · 장흥신문 ·
　　　　광양만신문 · 홍천신문 · 광진투데이 · 남부신문 · 충주신문 · 영주신문 · 진천신문 · 함안신문 外 15여
　　　　곳 연재 中 미래 여건을 감안하여 서울 시내 20여 개 신문에 확대 연재할 수도 있음

❀[한자능력검정을 위한 총 항목]에 푹 안긴 향기 품은 길목에서
  ❖ 漢 번에 익히는 한자급수와 중국어 정복 1집-2집-3집-4집 2355자 4권 [8급~2급](시대고시)
  ❖ 한자능력검정시험 [8급-7급-6급-5급] 500자 4권 [읽기용 ↔ 문제집 ↔ 쓰기집 外] (민중서림)
  ❖ 창의 인성 교육 체험교육 교육감 인정도서 한자 6단계 6권(21미래교육)
  ❖ 한자능력검정시험 자원대사전 3,500자(백산출판사)

❀[삽화와 함께 익히는 字源大事典 쓰기]에 안긴 향기 품은 길목에서
  〈1〉한자능력검정시험 [읽기·문제풀이·쓰기] 8급용   50자 〈발간 예정〉
  〈2〉한자능력검정시험 [읽기·문제풀이·쓰기] 7급용   150자 〈발간 예정〉
  〈3〉한자능력검정시험 [읽기·문제풀이·쓰기] 6급용   300자 〈발간 예정〉
  〈4〉한자능력검정시험 [읽기·문제풀이·쓰기] 5급용   500자 〈발간 예정〉
  〈5〉한자능력검정시험 [읽기·문제풀이·쓰기] 4급Ⅱ용   750자 〈발간 예정〉
  〈6〉한자능력검정시험 [읽기·문제풀이·쓰기] 4급용   1,000자 〈발간 예정〉
  〈7〉한자능력검정시험 [읽기·문제풀이·쓰기] 3급Ⅱ용   1,500자 〈발간 예정〉
  〈8〉한자능력검정시험 [읽기·문제풀이·쓰기] 3급용   1,817자 〈발간 예정〉
  〈9〉한자능력검정시험 [읽기·문제풀이·쓰기] 2급용(名)   2,355자 〈발간 예정〉
  〈10〉한자능력검정시험 [읽기·문제풀이·쓰기] 1급용   3,500자 〈발간 예정〉

❀[번안시조 전집(全集/選集)]에 안긴 향기 품은 길목에서
  한시향 머금은 번안시조 향기 〈1〉 = 향기 품은 양지 ↔ 최치원 外 150수 〈발간完〉
  한시향 머금은 번안시조 향기 〈2〉 = 용솟음친 향기 ↔ 정지상 外 150수 〈발간完〉
  한시향 머금은 번안시조 향기 〈3〉 = 시향 속에 스며서 ↔ 원천석 外 150수 〈발간完〉
  한시향 머금은 번안시조 향기 〈4〉 = 피어오른 향기 ↔ 유리왕 外 150수 〈집필完〉
  한시향 머금은 번안시조 향기 〈5〉 = 마음 밭의 향기 ↔ 최유정 外 150수 〈집필完〉
  한시향 머금은 번안시조 향기 〈6〉 = 향기로 뿜어내리 ↔ 일 연 外 150수 〈집필完〉
  한시향 머금은 번안시조 향기 〈7〉 = 향기 밭을 찾아서 ↔ 이인로 外 150수 〈집필完〉
  한시향 머금은 번안시조 향기 〈8〉 = 향기에 취해 보리 ↔ 김부식 外 150수 〈집필完〉
  한시향 머금은 번안시조 향기 〈9〉 = 향기를 품에 안고 ↔ 민사평 外 150수 〈집필完〉
  한시향 머금은 번안시조 향기 〈10〉 = 향기와 친숙하며 ↔ 김부의 外 150수 〈집필完〉
  한시향 머금은 번안시조 향기 〈11〉 = 향기여 영원하리 ↔ 강담운 外 150수 〈집필完〉
  한시향 머금은 번안시조 향기 〈12〉 = 향기를 맡아가며 ↔ 김극기 外 150수 〈집필完〉
  한시향 머금은 번안시조 향기 〈13〉 = 시향에 설레면서 ↔ 이제현 外 150수 〈집필完〉
  한시향 머금은 번안시조 향기 〈14〉 = 향기와 시향 사이 ↔ 정몽주 外 150수 〈집필完〉
  한시향 머금은 번안시조 향기 〈15〉 = 시향의 아름다움 ↔ 이 색 外 150수 〈집필完〉
  한시향 머금은 번안시조 향기 〈16〉 = 한양의 시향 뜰에 ↔ 이성계 外 150수 〈집필完〉
  한시향 머금은 번안시조 향기 〈17〉 = 충무공 시향 찾아 ↔ 이순신 外 150수 〈집필完〉
  한시향 머금은 번안시조 향기 〈18〉 = 여항시인 품속에는 ↔ 유희경 外 150수 〈집필完〉
  한시향 머금은 번안시조 향기 〈19〉 = 마음속의 여류시인 ↔ 이계랑 外 150수 〈집필完〉
  한시향 머금은 번안시조 향기 〈20〉 = 시향 밭을 찾아서 ↔ 박죽서 外 150수 〈집필完〉
  한시향 머금은 번안시조 향기 〈21〉 = 시통향기 짙어지고 ↔ 이규보 外 120수 〈집필完〉
  한시향 머금은 번안시조 향기 〈22〉 = 시향주머니 속에는 ↔ 김시습 外 120수 〈집필完〉
  한시향 머금은 번안시조 향기 〈23〉 = 사찰 속 시향 찾아 ↔ 한용운 外 120수 〈집필完〉
  한시향 머금은 번안시조 향기 〈24〉 = 시향이여! 어서 오라 ↔ 장희구 外 140수 〈집필完〉
  한시향 머금은 통합평론 향기 〈25〉 = 시학의 향기 문을 열며 ↔ 우경 최동섭 外 〈집필完〉

❀[한자한문지도사 양성과 검정]에 안긴 향기 품은 길목에서
- ❖ 100% 합격 한자・한문 지도사 자격검정 연수교재 『3급지도사』 어문교육사 2012
- ❖ 100% 합격 한자・한문 지도사 자격검정 연수교재 『2급지도사』 어문교육사 2012
- ❖ 100% 합격 한자・한문 지도사 자격검정 연수교재 『1급지도사』 어문교육사 2012
- ❖ 100% 합격 한자・한문 지도사 자격검정 연수교재 『사범지도사』 어문교육사 2012
  =초급과정부터 고급과정까지 지도사 양성 교재 기본서・문항집 종합
- ❖ 한자한문지도사검정회 수험준비용 『2・3급』 종합강의교재 시대고시 2007
- ❖ 해법한자(세진사) ↔ [일간지와 주간지]에 1995년 당시 연재되었던 1,836자 모음집
  =이희승 박사・이응백 박사 추천, 오지호 학술(예술)회원 감수=
- ❖ 삽화와 함께 익히는 [알기 쉬운 부수한자 214자] 부수의 모든 것, 어문교육사

❀[학문과 다양한 상관관계에 뒤얽히면서] 안긴 향기 품은 길목에서
박사학위논문 : 기봉 백광홍의 시문학 연구(기행가사 효시 작가)
석사학위논문 : 조선시대 초등과정 교재연구: 동몽선습을 중심으로
안중근 의사 동양평화론 심층적 연구
성웅 이순신 한시 작품 모음 평론집
대은 변안열 장군 시적인 지향세계
대은 변안열 돌비 문건을 바르게 잡아야
명월 황진이 시문학작품의 지향세계
십우도(十牛圖: 심우도) 한시 원운시과 차운시 연구
회재 이언적 시조 작품을 원운과 차운 연구 外 수십 편 시적 지향
청풍명월 정격시조 문학작품(시조) 심사위원장 역임

❀[학교 방과 후 교내학습 과정용 漢字完全學習]의 향기 품은 길목에서
교육감 인정도서(방과 후) : 초등 재미있는 한자학습 『1단계』 21C 미래교육 2006
교육감 인정도서(방과 후) : 초등 재미있는 한자학습 『2단계』 21C 미래교육 2006
교육감 인정도서(방과 후) : 초등 재미있는 한자학습 『3단계』 21C 미래교육 2006
교육감 인정도서(방과 후) : 초등 재미있는 한자학습 『4단계』 21C 미래교육 2006
교육감 인정도서(방과 후) : 초등 재미있는 한자학습 『5단계』 21C 미래교육 2006
교육감 인정도서(방과 후) : 초등 재미있는 한자학습 『6단계』 21C 미래교육 2006

❀[학원 학습-지도 과정용 漢字完全學習]에 안긴 향기 품은 길목에서
- ❖ 학원 교수학습용 『漢字完全學習('해설/문제풀이' 강의』8급용 어문교육사 2001
- ❖ 학원 교수학습용 『漢字完全學習('해설/문제풀이' 강의』7급II용 어문교육사 2001
- ❖ 학원 교수학습용 『漢字完全學習('해설/문제풀이' 강의』7급용 어문교육사 2001
- ❖ 학원 교수학습용 『漢字完全學習('해설/문제풀이' 강의』6급II용 어문교육사 2001
- ❖ 학원 교수학습용 『漢字完全學習('해설/문제풀이' 강의』6급용 어문교육사 2001
- ❖ 학원 교수학습용 『漢字完全學習('해설/문제풀이' 강의』5급II용 어문교육사 2001
- ❖ 학원 교수학습용 『漢字完全學習('해설/문제풀이' 강의』5급용 어문교육사 2001
- ❖ 학원 교수학습용 『漢字完全學習('해설/문제풀이' 강의』4급II용 어문교육사 2001
- ❖ 학원 교수학습용 『漢字完全學習('해설/문제풀이' 강의』4급용 어문교육사 2001
- ❖ 학원 교수학습용 『漢字完全學習('해설/문제풀이' 강의』3급II용 어문교육사 2001
- ❖ 학원 교수학습용 『漢字完全學習('해설/문제풀이' 강의』3급용 어문교육사 2001
- ❖ 학원 교수학습용 『漢字完全學習('해설/문제풀이' 강의』2급(常)용 어문교육사 2001
- ❖ 학원 교수학습용 『漢字完全學習('해설/문제풀이' 강의』2급(名)용 어문교육사 2001
- ❖ 학원 교수학습용 『漢字完全學習('해설/문제풀이' 강의』1급용 어문교육사 2001

❀[외국 강의와 한자문화권]에 안긴 향기 품은 길목에서
　미국 교민학교 〈교민 2세에게 우리의 얼(魂)을 : 1995〉 LA 타임스·미주 한국일보
　중국 인민대학 〈중국문자개혁의 得과 失 연구 : 2006〉 환구시보(環球時報)
　중국 연변대학 〈중국문자개혁의 得과 失 연구 : 2007〉 연변일보(延邊日報)
　일본 오사카교육대학 간체자를 통한 〈한중일 공통약자 제정제안 : 2008〉
　= 오사카교민신문 / 광주매일신문(光州每日新聞)

❀집필예정인 [소악부(小樂府) 3대시인]에 안긴 향기 품은 길목에서
　❖ 익재 이제현 소악부 9제가 우리 음악 정리에 끼친 최초의 영향
　❖ 자하 신위의 계남(溪南) 외 소악부가 우리 음악 정리에 미친 영향
　❖ 안서 김억의 창작적 역시(譯詩)와 근대시 번안의 형성과정과 영향
　　설도(薛濤: 768년?~832년) 당나라 시인) [춘망사(春望詞)] 셋째 수
　　=風花日將老 / 佳期猶渺渺 / 不結同心人 / 空結同心草←동심초(同心草)
　　꽃잎은 하염없이 바람에 지고 / 만날 날은 아득타 기약이 없네
　　무어라 맘과 맘은 맺지 못하고 / 한갓되이 풀잎만 맺으려는고

❀강의 예정인 [조선시대 초등교재]에 안긴 향기 품은 길목에서
　❖ 조선시대 초등과정 교재 내용 종합적인 분석 고찰〈예정〉
　　= 명심보감 신강, 동몽선습, 사자소학, 추구, 사략(史略) 外〈예정〉
　❖ 명심보감 서문(序文)과 발문(跋文) 등에 스민 종합적 분석〈예정〉
　❖ 율곡 이이의 격몽요결(擊蒙要訣) 해설과 현대적 평설〈예정〉

❀[단행본 품속 깊은 양지]에 안긴 향기 품은 길목에서
　❖아침이면 창창한 암송 한 마디 『明心寶鑑新講('원문과 해설' 강의)』
　❖수수께끼로 푸는 한자열쇠 『한자수수께끼 500選』 대한교육사. 1978.
　❖『북경과 서울! 사랑의 징검다리』 김형직·장희구 공동수필집. 2008
　❖『국제화 시대의 한자교육』 이응백·유정기·남광우 박사 세진사. 1995

한자능력검정시험 자원대사전

2021년 11월 15일 초판 1쇄 인쇄
2021년 11월 20일 초판 1쇄 발행

지은이 장희구
펴낸이 진욱상
펴낸곳 백산출판사
교 정 박시내
본문디자인 오행복
표지디자인 오정은

등 록 1974년 1월 9일 제406-1974-000001호
주 소 경기도 파주시 회동길 370(백산빌딩 3층)
전 화 02-914-1621(代)
팩 스 031-955-9911
이메일 edit@ibaeksan.kr
홈페이지 www.ibaeksan.kr

ISBN 979-11-6639-170-5 11710
값 70,000원